《中国政党制度年鉴》编委会

中国政党制度年鉴

2012

中央社会主义学院中国政党制度研究中心编

中央文献出版社

编辑说明

一、《中国政党制度年鉴》是中央社会主义学院中国政党制度研究中心主编的一部专业性年鉴。它全面、系统地记录和反映了一年内执政党建设理论和实践研究、政党制度理论创新和实践发展、参政党建设理论和参政能力建设的基本情况。鉴于目前国内关于执政党研究的理论和实践成果十分丰富，它突出介绍了我国政党制度和参政党的研究和实践状况。

二、《中国政党制度年鉴》以中国特色社会主义理论体系为指导，力争全面、客观地反映中国共产党领导的多党合作和政治协商制度的理论研究动态、实践成果、政党和政党制度建设情况。

三、本年鉴框架相对稳定。《中国政党制度年鉴·2012》共设中国政党制度研究，执政党研究，参政党研究，重要文献，政党活动纪要，政党人物，学术会议、学术人物，参政议政案例选，附录共九个栏目。

四、2012年，各党派中央均进行了换届，选出了新一届的领导班子，顺利完成了政治交接的任务。本年鉴政党人物一栏简要介绍了各党派中央委员会新任主席、常务副主席、副主席（含届中调整）的基本情况。

五、重要文献主要选编各民主党派本年度内关于参政议政、自身建设等重要文件、条例、规章制度、大会报告、修改后的章程及说明，新一届中央委员会名单；学术会议是指与政党和政党制度研究相关的学术会议；学术人物是指在政党和政党制度研究领域有较高社会知名度的学者和专家；附录一、二分别介绍了台湾政党制度、国外政党制度年度研究状况，附录三力求全面收录国内本年度关于政党制度相关研究的文献资料。欢迎社会各界积极推介有关政党制度的研究成果、学术会议和学术人物，我们将按标准收入年鉴。

六、鉴于中国政党制度的学科体系尚未规范，有关这方面的研究成果散见于各个学科之中，给资料收集工作带来很大困难，加上我们的学术水平和编辑能力所限，疏漏和不足之处在所难免，恳请广大读者不吝赐教，以便我们在今后的编辑工作中努力改进，使之不断完善。

目　录

中国政党制度研究

执政党研究

参政党研究

重要文献

政党活动纪要

政党人物

学术会议　学术人物

参政议政案例选

中国政党制度研究

中国政党制度研究述评

2012年多党合作制度研究，以学习宣传贯彻中共十八大精神、《中共中央关于加强新形势下党外代表人士队伍建设的意见》为契机，以多党合作制度建设中存在的疑难问题为线索，以多党合作制度化、规范化、程序化建设为重点，以协商民主、网络民主和“同心”思想为热点，以增强道路自信、理论自信和制度自信为目标，掀起了多党合作制度研究的热潮。从已经取得的丰硕成果看，既有原则问题的高度认同，又有具体问题的百花争鸣；既有理论上的高屋建瓴，又有实践上的丰富内容；既有历史经验的系统总结，又有未来发展的前瞻性研究。一致性和多样性的统一性研究，理论与实践的统一，历史与现实的统一是本年度政党制度研究的突出特点。现将主要研究成果概述如下：

一、多党合作制度的形成和发展

本年度关于多党合作制度的形成与发展研究，同往年相比，由于经过了长期发掘，新成果不是很多。但仍然有不少经典之作。研究者在以往研究成果的基础上，从中国特色社会主义政治发展道路、现代化建设、政治文化、生态文明等角度，对多党合作制度的形成和发展进行了深入探讨，取得了可喜的研究成果。

（一）多党合作制度的历史必然性

关于多党合作制度的历史必然性，研究者主要以民主政治建设和现代化进程为着眼点，进行了深入研究。

陈毅在《政党建设与现代国家发展的内在关联性——基于中国政党制度发展的考察与分析》（《山东大学学报·哲学社会科学版》2012年第1期）一文中认为，现代国家需要一个强有力的主导性的政党来领导和整合资源，确保政治稳定和政治秩序，政党的制度化建设促进国家的现代化发展。无论是从西方现代国家的确立和发展看，还是从后发展中国家迈向现代国家的进程看，无不例外。中国自辛亥革命始迈入现代国家已有百年的征程。现代国家对政党的选择和政党的自身建设，伴随着现代国家发展的全过程。无论是为取得革命的胜利，还是为巩固执政地位，政党作为一种主导性的力量领导着国家发展；同时，现代国家发展的难题和转折也在考问着政党的领导能力和执政水平。现代国家选择了政党，政党也领导着现代国家，但是只有把政党建设的逻辑嵌入到现代国家发展的逻辑中去，政党才能更好地服务于现代国家发展，政党也才能由此获得长盛不衰的法宝。

管新华、杜娟在《简析多党合作制度与中国特色社会主义政治发展道路的互动辩证关系》(《重庆社会主义学院学报》2012 年第 5 期）一文中认为，区别于西方政党制度和政治发展模式，多党合作制度与中国特色社会主义政治发展道路具有鲜明的中国特色、特殊的功能优势。多党合作制度是中国特色社会主义政治发展道路的重要组成部分和主要实现方式，而中国特色社会主义政治发展道路决定着多党合作制度的性质方向和程度实效，是多党合作制度的原则规范和路径依赖。理论逻辑和实践演进轨迹昭示，多党合作制和中国特色社会主义政治发展道路必然是良性互动、协同发展，作为必不可少、不可分割的两个方面统一于民主政治建设实践。

李博在《中国特色政党制度的历史必然性》(《科技信息》2012 年第 21 期）一文中认为，一个国家选择什么样的政党制度，主要由该国的国情、国家性质和社会发展所处阶段和历史任务所决定。国情包括基本国情和社会发展状况等。基本国情对一个国家的政治制度有着深刻和久远的影响，同时，一个民族的传统、习俗和人民的心理以及特定的社会历史条件也是一个国家政党制度得以形成的现实基础。任何一个国家的政党制度都是一定历史环境、经济基础和社会制度的产物和体现，不同的历史条件、经济基础和国家性质，产生不同类型的政党制度，而政党制度又反过来为一定经济基础和社会制度服务。从现实角度看，政党政治是一种政治制度形式，而政治制度的选择和建立总是要符合社会发展的需要，具有功能性目标。

熊必军在《现代化视域中的中国政党制度选择——兼论中国特色政党制度的历史必然性》(《上海市社会主义学院学报》2012 年第 3 期）一文中认为，从现代政治发展史来看，现代政党的产生主要有两种情形：一是现代国家制度的产物，如英国的政党，就是在英国议会制运行中逐渐产生和发展起来的；二是为确立和建设现代化国家制度而诞生的，许多发展中国家的政党是由此出现的。然而，政党不论产生于何种情形，其内在的根源都来自社会的现代化转型与社会结构分化，因此，对中国的政党制度产生、发展与变迁的必然性考察，以及近现代中国对政党制度的选择考察必须置于中国近现代的现代化背景之下。从某种意义上说，民国初期的竞争型多党制尝试失败、蒋介石一党独裁制以及中国共产党及其领导的多党合作制度的成功，其实质既是中国现代化运动对中国政党及政党制度的选择问题，又是由什么样的政党及政党制度来主导中国现代化进程的一种理性的制度选择。

侯竹青在《历史视域下的中国政党制度研究》(《中共福建省委党校学报》2012 年第 4 期）一文中认为，中国共产党领导的多党合作和政治协商制度，深深植根于中国的土壤，符合中国特色社会主义事业的发展要求和全国各族人民的根本利益，充分反映了社会主义民主政治的本质要求。首先，中国共产党领导的多党合作制是中国长期革命历史中形成的、符合中国国情的、行之有效的政党制度。其次，多党合作制符合中国文化传统和人民的期待，同“和为贵”理念相契合。第三，中国多党合作制吸取了苏联和西方政党制的优点，又避免了他们各自的缺点。第四，多党合作制符合时代潮流和历史发展的方向。当前西方一些思想家在反思西方政党制度的弊端时，提出了以“协商民主”来纠正并消除当前西方民主制度的困境。这一民主形式由于以合作为基本理念，正是中国多党合作制建立的初衷和精髓。

（二）多党合作制度的文化基础

文化、特别是中国的传统文化，对我国多党合作制度的产生了重大影响，也可以说多党合作制度就是建立在中华民族和而不同、兼容并蓄的优秀传统文化基础之上的。研究者关于生态文化与多党合作制度关系的研究是研究中的一大亮点。其中魏晓文、刘志礼的《中国特色政党制度的文化特征与文化建设》和刘秋岭、焦雪勐的《基于生态视角的多党合作分析》最具代表性。

魏晓文、刘志礼在《中国特色政党制度的文化特征与文化建设》(《理论探讨》2012年第5期）一文中认为，中国共产党领导的多党合作制度的形成与发展，是对“大一统”、“和为贵”、“求同存异”、“和而不同”传统文化的传承和创新，其独具特色的文化特征和制度优势与西方政党制度的文化机理和现实困境形成鲜明对比。应对来自国内外的文化安全风险，中国政党制度必须从理论和实践两个层面作出有力的回答，并通过中国政党制度的文化生态自身的完善和优化说明这种政党制度的科学性和合理性。首先，继承弘扬传统文化，与时俱进，传承创新，构建中国特色政党制度的优质文化生态。其次，要立足中国，面向世界，以宽广的世界眼光审视中国和世界的发展，学习和借鉴人类一切先进的政党文化成果，构建中国特色政党制度优质文化生态。

刘秋岭、焦雪勐在《基于生态视角的多党合作分析》(《山东青年政治学院学报》2012年第6期）一文中认为，生态学视角将多党合作看做一个生命体，其生态环境包括政治生态环境、经济生态环境、社会结构生态环境、文化意识生态环境，多党合作与其所处的生态环境共同构成了多党合作生态系统。社会转型中多党合作的生态环境发生剧烈变化，政治生态环境中受多元政治冲击明显，经济生态环境中矛盾凸显，社会结构生态环境中阶层分化增加，文化意识生态环境中文化心理结构多样化增加。多党合作在应对生态环境变化的适应性调整过程中产生层级不平衡、职能不平衡和地域不平衡。解决生态适应不平衡的策略在于加强多党合作的制度化、规范化和程序化。从制度的多层次性角度来看，在宏观层次上的制度相对健全，但在微观和具体运作层面存在严重“制度供给短缺”。应进一步扩大各民主党派及其成员知情的范围、渠道、广度和深度，增强信息的时效。程序化就是通过制度规范，明确规定多党合作关系中各主体做出各种政治行为的条件、方式、方法、步骤、实现效力及责任。规范化就通过权利义务关系将某项制度固定下来，使其具体化、明确化，便于人们遵守和执行。

刘蓉宝在《中国共产党政党文化与中国特色政党制度》(《重庆社会主义学院学报》2012年第1期）一文中认为，中国特色政党制度的产生发展依赖于政党文化。政党文化促进了中国特色政党制度的产生发展。中国共产党必须发扬自强不息、以人为本、求真务实创新的精神，发挥主体能动作用，探索政党文化创新的路径，推动政党文化的创新，进一步巩固和发展中国特色政党制度。一是保持意识形态的与时俱进，加强多党合作的法制化建设。二是创新政党政治价值，进一步规范多党合作的政治关系。三是创新政党制度规范，加强共产党与各民主党派的相互监督。

崔珏在《刍议政治文化对我国政党制度运行和发展的影响》(《岭南学刊》2012年第

6期）一文中认为，政治文化与政治制度相互作用、相互影响。长期、稳定的政治制度是塑造社会政治文化的重要因素，政治文化对政治制度也发挥着直接或间接的影响：政治文化是一国政治制度形成的背景，是制度运作和变迁的深层次原因。当代中国政党制度的形成有其特殊的文化土壤，中国文化中整体至上的价值取向，“统一”、“核心”的政治心理，求同存异的和谐精神，合作与协商的行为偏好形成了对制度运行的有力支撑。政党制度进一步发展有赖于培育参与型政治文化，为制度创新提供内在动力。

张慧艳、万利民在《中国多党合作制度的政治文化内涵探析》（《黑龙江省社会主义学院学报》2012年第3期）一文中认为，中国共产党领导的多党合作和政治协商制度，其政治文化源于博大精深、绚丽璀璨、源远流长的中华文化，既具有中华文化的一般属性，又吸收、借鉴了世界政党政治的文明成果。而传统“和合文化”是中国多党合作制度存在的文化基础。任何一套制度的“文化合理性”都是由这一制度与特定文化系统契合与否来评价的。中国共产党领导的多党合作和政治协商制度在今天之所以具备了“文化合理性”，也正是因为这一制度是建立在中国民族特有的文化传统及由之培育成的特定的思维方式和价值观念基础上的，这种文化传统就是中国自古以来就有的“和合文化”。

彭虎、孔祥林在《多党合作制度的传统文化土壤》（《江苏省社会主义学院学报》2012年第5期）一文中认为，一国的政党制度受到本国历史文化传统的制约，本身必然包含带有反映本国传统文化的因素，多党合作制度在中国的确立和发展表明这一制度包含传统文化因素，并且与传统文化有很强的契合性相融性。中国传统文化中具有超越时代的优秀成分，在一定程度上构成多党合作制度的价值基础和文化土壤。一是整体主义。在人与自然的关系上，传统文化提倡“天人合一”；在人与人的社会关系上，传统文化强调以血缘关系为纽带的宗法制度，在此基础上形成整体主义价值观。二是价值取向。爱国主义是传统文化中的宝贵财富，也是多党合作制度重要的共同政治基础。三是和谐思想。传统文化的和合思想是中华民族对世界文化的一个贡献。四是共同理想。

常庆林在《试论多党合作文化的思想内涵》（《天津市社会主义学院学报》2012年第3期）一文中认为，多党合作是中华传统文化与中国共产党领导的多党合作制度相结合的文化产物，是中华传统文化创新与发展的智慧结晶，具有独特、丰富的思想文化内涵。一是坚持团结和谐。二是主张民主协商。三是倡导合作共赢。其蕴含的中华文化内涵，主要包括三个要素：一是“和而不同”的“和合”文化。二是“一与多”的“多元一体”文化。三是“民本位”的“以人为本”文化。

（三）多党合作制度的历史发展

关于多党合作制度历史发展的研究，研究者主要回顾了政党和政党制度引进到中国后的发展历程，有贯通的，有断代的，有理论的，有实践的，也有阐述领袖人物在多党合作制度创立过程中的作用的。主要观点如下：

孙俊杰在《中国特色政党制度的历史必然选择》（《协商论坛》2012年第3期）一文中认为，中国共产党领导的多党合作和政治协商制度，植根于中华民族优秀历史文化的沃土，发端于民主革命时期竞争性的多党制和一党专制的失败，产生于中国共产党领导的各民主党派团结合作争取民族独立、人民解放的政治实践，发展于建设中国特色社会主义的伟大进程，是最适合我国国情的政治制度和政党制度，是中国共产党把马克思主义基本原理与中国革命和建设实践相结合的一项创造。

梁统锋在《民国初中国多党制的尝试》(《湖北省社会主义学院学报》2012 年第 2 期）一文中认为，中国民族资产阶级对多党制的尝试对于揭露袁世凯的独裁专制，唤起民众觉醒，增强人们的民主共和观念，推进中国的民主政治进程起到了进步作用。但最后还是以失败告终。它失败的原因和教训，对后世有很大的警示作用：任何制度只能从本国国情出发，真正为国家为人民求幸福的政治制度才具有强大的生命力。而中国共产党领导的多党合作和政治协商制度，是历史的抉择，人民的抉择。

吴丽萍在《奠基之伟贡献之巨——毛泽东对中国特色政党制度的艰辛探索与光辉实践》(《南华大学学报·社会科学版》第 2 期）一文中认为，毛泽东作为新中国的缔造者，是中国新型政党制度的设计者和始创者，他对这一基本政治制度进行了不懈的探索，做出了历史性的伟大贡献。一是开启了具有中国特色的多党合作的实践。二是奠定了多党合作的政治基础。三是创立了民主党派参政议政的机制。四是明确了多党合作的基本原则。即中国共产党领导的原则、各党派独立自主的原则、各党派之间互助互让的原则。五是确立了处理共产党与各民主党派关系的“长期共存、互相监督”的八字方针。六是建立和发展了人民政协这一重要组织和机构。

张新波在《中国共产党领导的多党合作制度的形成与发展》(《学理论》2012 年第 32 期）一文中认为，中国共产党领导的多党合作和政治协商制度是中国政党政治演变的结果。这一制度孕育并形成于新民主主义革命时期,新中国成立初期这一制度有了初步发展；1957 年以后中国共产党领导的多党合作遭受了严重挫折；中国共产党十一届三中全会以后，这一制度得到了恢复与发展；党的十三大以来这一制度不断巩固、完善。回顾这一制度的形成与发展，有助于我们借鉴多党合作的经验，进一步完善我国的政党制度，继续推进我国社会主义现代化建设。

（四）多党合作的历史经验

多党合作制度的发展和完善，离不开历史经验的总结。在多党合作历史经验的研究方面，也取得了一些研究成果。其中佟一的《中共十六大以来我国多党合作的理论、政策与实践》和郭锦杭的《从 1955 年中央统战文件看多党合作的意蕴》最具代表性。

郭锦杭在《从 1955 年中央统战文件看多党合作的意蕴》(《广东省社会主义学院学报》2012 年第 3 期）一文中认为，1955 年 1 月 17 日、3 月 9 日、3 月 31 日，中共中央相继发布了《中共中央关于统一战线工作的指示》、《中共中央关于市、县人民委员会中党员和非党人士的比例及市、县设置政协委员会等问题的规定》和《中共中央关于接收高级知识分子入党问题给上海局的复电》三个有关多党合作和政治协商制度的文件。这些文件的内容对推进和落实多党合作和政治协商制度作出了明确的界定。(1)《指示》确立了对协商的范围、协商的次数和协商时对党委的要求等议事规则。一是明确协商的范围及于有关国家政治生活和统一战线的重大问题，二是协商的次数每年至少不少于四次，三是党委主要负责人应亲自主持会议并保证委员畅所欲言、言无所忌。(2）保证政协中非党人士的最低比例。《指示》规定了全国和地方政协委员会中党外人士应占三分之二，党员只能占三分之一。实际负责党的工作的党委第一书记，一般的应任政协地方委员会主席，以便同非党人士保持必要的接触，进行必要的协商；明确了政协市、县委员会中党员和非党人士的比例，党员一般占四分之一到三分之一。（3）安排一定非党人士担任政府实职。1955 年中央统战的文件强调：中央和省一级人民政府，都应配备至少百分之二十到二十五比例的非党人士担任政府主要领导职务；省级以下的各级人民政府，下至乡镇一级，在领导集体成员中至少应有百分之二十到三十比例的非党人士；民主人士可以任正职。（4）强化党外人士培养的组织保障。多党合作和政治协商制度的意蕴：一是共产党的领导是思想领导。二是多党合作是制度的中心。政治协商只是合作共事的一个层面，合作共事才是这一中国特色。

刘诚、李琼琼在《中国特色政党制度创立和发展的历史经验——基于中苏比较的视角》（《毛泽东邓小平理论研究》2012 年第 10 期）一文中认为，中国特色政党制度是中国共产党把马克思主义和中国实际相结合的重要理论和实践创新。对无产阶级夺取政权后国家政治制度的科学构建是形成多党合作政党制度的理论基础；对同盟者的正确定位是多党合作政党制度形成和发展的政治基础；制定正确的政策是多党合作政党制度形成和发展的关键因素；经常进行党内教育，形成民主协商的传统，是多党合作政党制度形成和发展的重要因素。以上各种差异造成了中苏对政党制度的不同选择。

王淑华在《多党合作基本经验研究》（《辽宁省社会主义学院学报》2012 年第 3 期）一文中认为，坚持和完善多党合作制度，必须不断总结多党合作的基本经验。其经验主要有：坚持中国共产党的领导是多党合作制度的根本特点；坚持理论创新，创建并不断完善中国特色的政党理论体系；坚持多党合作的十六字方针，充分发挥民主监督职能；坚持执政党和参政党建设相互促进，实现多党合作可持续发展；坚持用开放的视野重视并加强中国特色政治文化建设。

吴棉国在《试论我国多党合作事业的新成果新经验》（《福建省社会主义学院学报》2012 年第 1 期）一文中认为，十七大以来多党合作事业的新成果：一是进一步丰富和发展了我国的政党制度和基本政策。二是进一步丰富和发展了新时期多党合作事业的理论。三是第一次明确提出中国政党制度的五项功能及其价值。四是第一次明确提出了多党合作的共同思想基础。五是在现实生活中开始了执政形式丰富化的实践探索。六是树立了“多党合作在经济建设时期的成功典例”。七是多党合作事业在科学化水平、制度建设上有了更多的保障。十七大以来我国多党合作事业理论与实践的基本经验：一是我国多党合作和政治协商制度，已经发展成为中国特色社会主义理论和实践的重要组成部分。二是坚持和完善多党合作制度，必须坚持六条重要的政治准则。三是我国多党合作和政治协商制度的发展，需要执政党和参政党的共同奋斗。四是在处理中共同民主党派关系的实践经验上，要强调在坚持“十六字方针”的基础上体现求同存异和体谅包容。五是保持宽松稳定和团结和谐的政治环境，是始终坚持和不断发展多党合作的一条重要原则。六是充分认识我国多党合作事业的理论创新与实践，是一个渐进的不断发展的过程。

佟一在《中共十六大以来我国多党合作的理论、政策与实践》（《中共中央党校学报》2012 年第 4 期）一文中认为，中共十六大以来，我国多党合作事业的稳步健康发展及其在国家政治生活中发挥的独特作用，带给人们深刻启示：一是必须始终高举中国特色社会主义伟大旗帜，坚持中国特色社会主义理论体系，坚持走中国特色社会主义道路，这是多党合作事业稳步健康发展的政治保证。二是必须始终立足于党和国家工作大局，立足于社会主义初级阶段的基本国情，立足于民主党派自身实际，根据我国社会主义民主政治的内在要求，研究制定多党合作政策，这是多党合作事业稳步健康发展的前提条件。三是必须始终抓住制度建设这个关键，坚持理论、政策和实践的良性互动，提高多党合作和政治协商的制度化、规范化、程序化建设水平，这是多党合作事业稳步健康发展的制度保障。四是必须始终坚持执政党建设同参政党建设互相促进，自觉贯彻执行多党合作的各项政策措施，提高执政党的领导水平和执政能力，提高参政党的参政能力，这是多党合作事业稳步健康发展的根本要求。

二、多党合作制度的格局和主体关系

关于多党合作制度概念的内涵和主体关系，一直是多党合作制度研究领域的一个重点内容。本年度研究的重点集中在多党合作制度概念的内涵和政党关系和谐两个方面。关于政党关系和谐，研究者们主要研究了政党关系和谐的依据、存在的问题和促进政党关系和谐的对策。而关于多党合作制度概念的内涵研究，则是本年度研究的热点和焦点问题，也是争议最大的问题。

（一）多党合作制度概念的内涵

中国共产党领导的多党合作和政治协商制度（我们简称多党合作制度），其内涵一直是学术界争论的焦点。第一种观点认为是一个制度，即多党合作制度；第二种观点认为是一个制度，即人民政协制度；第三种观点认为包括两个制度，即多党合作制度和人民政协制度。第四种观点认为包括三个制度，即共产党领导制度、多党合作制度和政治协商制度。本年度更是仁者见仁，智者见智，具体观点如下：

段援埃在《多党合作制和政治协商制度是相互包含的两项制度》(《重庆社会主义学院学报》2012 年第 2 期）一文中认为，中国共产党领导的多党合作和政治协商制度是基本政治制度。有人把人民政协制度当成多党合作和政治协商制度，这种理解是不全面的。中国共产党领导的多党合作和政治协商制度是由人民政协制度和多党合作制度两项密切相关的政治制度组成。人民政协是多党合作和政治协商的重要机构，不是唯一载体，多党合作和政治协商有很多是在人民政协以外进行；政治协商是人民政协的重要职能，但政治协商并不限于政党之间的协商。因此，人民政协制度和多党合作制度是两项相互交叉且不能完全重合的两项政治制度。从概念上看，“多党合作制”是对政党制度的表述，政治协商是多党合作制的一种运行方式，是一种民主参与制度。从范围上看，多党合作与政治协商制度是相互交叉且不能全覆盖的两项制度（一）政治协商是多党合作一个方面的重要内容，而不是多党合作的全部内容。从渊源上看，多党合作承袭“三三制”政权，而“政治协商”起源于“旧政协”。

于秋兰在《政协制度在我国政治制度中的地位》(《党政论坛》2012 年第 3 期）一文

中认为，关于政协制度在整个政治制度框架中的地位、特别是它与政党制度的关系，理论界大致有三种论调：（1）“分离论”——政协制度是一项有中国特色的基本政治制度，它和政党制度一样，都是作为非国家形态的基本政治制度而存在，政党制度和政协制度可视作两个制度。（2）“组成论”——人民政协作为政党制度的实践机构和载体，已经包含在其中，它们是一个相互联系、不可分离的完整的制度，没必要单列。（3）“等同论”——即认为政协制度=政党制度，两者是统一、重合的，其名称就是“中国共产党领导的多党合作与政治协商制度”。考虑政协制度的历史和现实，从促进新时期中国政治发展和为协商性民主发展提供制度保证的角度，笔者赞成将政协制度看做我国政治制度框架中一项单独的、具有独特意义的基本制度，它与政党制度紧密联系而又相对独立。

肖存良在《中国政治协商制度的理论资源》（《中国政协》2012年第10期）一文中认为，人民政协制度作为一种制度形式，其政治协商实际上包含两个层面，一是中国共产党同各民主党派之间的协商，也就是多党合作，多党协商，二是中国共产党在人民政协同各党派、各界别的协商。通过这两个层面的协商，中国共产党能够把社会各阶级阶层所代表人民的意愿反映到政治体系中来，实现政治体系与它们所代表阶级阶层之间的政治互动，以此来体现人民民主，反映人民的意愿。其次，中国共产党通过两个层面的政治协商又能够把社会各阶级阶层整合到政治体系中来，政治协商具有较强的政治吸纳功能，通过政治协商这种制度把人民吸引到政党周围来，突出人民民主体系中的政党领导。这样，政治协商既能够体现人民当家做主，又能体现人民民主中的政党领导结构，所以政治协商是人民民主的基本表现形式。中国政治协商制度包括中国共产党领导的多党合作和政治协商制度和人民政协制度，二者都是我国人民民主的制度表现形式。这也充分表明中国政治协商制度是我国人民民主的重要表现形式，也是我国人民民主得以实现的制度保障。

孙照红在《人民政协政治协商制度作用的客观评析》（《广东社会科学》2012年第6期）一文中认为，至今没有任何法律、文件对“政治协商制度”的概念进行专门的阐释。所以，这里首先需要厘清政治协商制度的含义。人们使用“政治协商”这一概念时有不同的所指，比较有代表性的有这样三种：（1）把政治协商制度作为“中国共产党领导的多党合作与政治协商制度”的简称，认为中国共产党领导的多党合作和政治协商制度形成和发展的历史都与人民政协密切相关，人民政协是中国共产党领导的多党合作和政治协商的重要机构，而“中国共产党的领导”和“多党合作”是“政治协商制度”的定语，是用来说明“政治协商制度”的，“政治协商制度”才是中心词。（2）政治协商制度是指在中国共产党领导下，各政党、各人民团体、各少数民族和社会各界的代表，以中国人民政治协商会议为组织形式，经常就国家的大政方针进行民主协商的一种制度，又称中国人民政治协商会议制度。这种理解侧重体现政协的性质和地位，即政协是中国人民爱国统一战线的组织，是中国共产党领导的多党合作和政治协商的重要机构，是我国政治生活中发扬社会主义民主的重要形式。（3）把政治协商制度理解为围绕人民政协的“政治协商”这一具体职能而形成的具体制度。人民政协的职能主要是政治协商、民主监督、参政议政，政治协商职能是人民政协最为基本的职能。人民政协的名称叫政治协商会议，进行政治协商也是其题中应有之意、首要之意。本文所指的政治协商制度主要是从政治协商职能所涉及的制度角度来讲的。

周维启在《当代中国政党制度的科学内涵与科学发展》(《上海党史与党建》2012年第12期)一文中认为，根据长期以来在党际关系、党政关系、党群关系方面所取得的实践成果，应超越单一的党际关系研究范式，创设政党三维关系研究范式，对当代中国政党制度的内涵展开新的研究。第一，当代中国以各政党为主体的政治关系主要有三类：一是共产党与最广大人民群众、各民主党派与各自联系的一部分人民群众之间的关系，二是共产党与人民民主专政的国家政权、各民主党派与人民民主专政的国家政权之间的关系，三是共产党与各民主党派之间的关系。这些关系形成一个以政党为主体、人民群众为基础、国家政权为中心的互动系统，构成当代中国政党政治的有机整体，其制度化成果则共同构成当代中国政党制度的完整内涵。在当代中国政党制度的正式名称“中国共产党领导的多党合作和政治协商制度”中，共产党领导制度(全面涉及政党三维关系)、多党合作制度(直接涉及党际关系)、政治协商制度(大量涉及各政党与各界别群众的关系)作为其主要成果和主要标志，本身就体现了三方面关系。可以根据政党三维关系对当代中国政党制度科学内涵作出新的揭示和新的概括，将长期以来中国政党制度全部成果整合为以“共产党领导、多党派合作，共产党执政、多党派参政，共产党代表、多党派为民”为显著特征的制度体系。

(二)政党关系

共产党领导、多党派合作、共产党执政、多党派参政是我国多党合作制度的基本特征，中国共产党和各民主党派都是政党，但他们在多党合作制度中的地位和功能却不尽相同，这也是人们经常提出的疑问。孙津的《政党分类的依据及其普适性——兼论领导党和参政党》、于洪生在《我国党际领导关系的定位及处理方式探析》和李金河的《多党合作制度创造了一种新型的民主实现形式》等文对此问题作出了很好的回答。

孙津在《政党分类的依据及其普适性——兼论领导党和参政党》(《中国政协理论研究》2012年第4期)一文中认为，中国将其存在的九个政党分为执政党和参政党两种类型，然而，执政和参政是功能的不同，并不能表明政党的性质。不仅如此，从普适性来讲，对于缺失执政功能的政党如何也具有政党属性这个问题，一直缺乏被认同的合理解释。因此，中国政党制度的创新在理论上必须由具有普适性的政党分类依据提供其合理支撑。政党分类的依据主要包括执政资格、价值导向、政治能力、组织形式等因素；而这些依据的普适性主要体现为执政的功能、国家运行的必需以及相应的政治理念等方面。由此，世界上现行的政党可以分为合法型、非法型、全能型、有限型以及极端型等类型。在中国政党政治的创制中，中共属于全能型政党，其功能属性为领导；八个民主党派属于有限性政党，其功能属性为参政。

于洪生在《我国党际领导关系的定位及处理方式探析》(《领导科学》2012年第17期)一文中认为，在多党合作中，中国共产党居于领导地位，各民主党派接受中国共产党的领导，构成了目前的党际领导关系。这种党际领导关系不同于一般的领导关系，它是一种集体对集体、组织对组织的领导关系。其显著特征在于，领导主体与领导客体都是政党，主客体之间不存在组织隶属和上下级关系，而是属于政治领导关系。中国共产党对民主党派的领导只能是政治领导，主要包括政治原则、政治方向和重大方针政策的领导。政治原则、政治方向和重大方针政策，从三个基本方面规范了中国共产党对民主党派政治领导的内涵。其中，政治原则是基础，它规范了党际合作的基本准则，明确了政党间关系互动的底线和边界，在政治领导内容中具有基础性；政治方向是目标，它规定了政党间合作的目的和路径，指明了政治发展的基本走向，在政治领导内容中带有根本性；方针政策是保证，它是政治原则和政治方向的具体化，只有政治原则和政治方向，没有相应的方针政策，任何政治目标的实现只能是一纸空文。可以说，三者互为补充，相辅相成，构成了一个统一的整体。中国共产党对民主党派的领导，更多的是通过软权力而非硬权力手段来实现的，其中最主要的是民主协商、率先垂范、权衡利益、教育引导和联谊交友几种方式。

李金河在《多党合作制度创造了一种新型的民主实现形式》(《人民政协报》2012 年 3 月 28 日）一文中认为，中国多党合作制度具备如下几方面极为鲜明的政治特质。首先是建构并实现了真正平等的党际关系。平等是人民民主的根本前提。党际关系平等是人民民主的内在要求，也是我国多党合作制度存在和发展的基石。在国家政治生活和多党合作中，中国共产党虽然居于领导和执政地位，但民主党派享有宪法规定的权利和义务范围内的政治自由、组织独立和法律地位平等。中国共产党与民主党派虽然有领导和接受领导、执政党与参政党之别，但共产党对民主党派的领导是政治领导，主要是政治原则、政治方向和重大方针政策的领导。党的领导本身就内涵了四个方面的统一：一是坚持党的领导和实现民主协商的统一；二是坚持党的领导和维护多党合作的统一；三是坚持党的领导和开展民主监督的统一；四是坚持党的领导支持和保障民主党派独立自主发挥作用的统一。其次是推动并实现了广泛的政治参与。第三就是促成并实现了积极的互相监督。

胡志宏在《党政关系与党际关系的历史困境与超越性追求》(《上海市社会主义学院学报》2012 年第 4 期）一文中认为，理顺党政关系和党际关系，应立足于在中国共产党领导的多党合作格局中构建合理的政党权力结构，发挥我国政治制度的特色功能和优势。一是合理的党权结构只能是在社会主义基本制度的政治框架内生成，需要在社会主义基本制度自我完善的历史过程中逐步完善。二是合理的党权结构要确保中国共产党的领导核心地位。三是合理的党权结构应充分体现民主党派的参政主体地位。四是合理的党权结构应将民主党派的权能配置于党政关系中。五是合理的党权结构应当是对不同权力的有机整合。

孙岩在《政治学视野中的现代党政关系探析》(《中共贵州省委党校学报》2012 年第 1 期）一文中认为，政党和政党制度的形成是政治现代化的标志。在以政党为核心的现代民主政治中，党政关系是现代民主政治，特别是政党政治研究的基本问题之一，其实质是执政党对国家政权的领导方式与领导形态问题。一般来说，现代社会各种政治关系都在一定程度上直接或间接、明显或隐含地包含着党政关系的因素。因此，任何一个国家在其现代化发展过程中都必须要重视和有效处理党政之间的关系问题。世界历史上不存在一成不变的党政关系，凡是能够促进经济社会进步、人民生活水平提高的党政关系就应该认为是合理有效的。只有从本国国情和实际出发形成的党政关系设计，才会有效地发挥作用，也才能够真正促进和维护本国政治现代化的进一步发展变革。

（三）政党关系和谐

政党关系和谐是我国多党合作制度的突出特点。研究者对政党关系和谐的含义、政党关系和谐的文化底蕴、历史和现实基础进行了深入研究，特别对如何促进政党关系和谐提出了建设性的建议。其中以刘慧娟、黄斌的《促进当代中国政党关系和谐发展路径的理性思考》和金筱萍的《论中国政党关系的长期和谐》最具代表性。

刘慧娟、黄斌在《促进当代中国政党关系和谐发展路径的理性思考》（《广东省社会主义学院学报》2012 年第 1 期）一文中认为，当代中国政党关系和谐的内涵是：中国政党关系和谐包括共产党内部和谐、民主党派内部以及共产党与民主党派两者之间关系的和谐，即共产党内部运行、民主党派内部运行及其共产党与民主党派之间相互关系的最优状态。这种最优状态既保证了团结与合作，又保持了监督与制约；既保证了稳定与秩序，又保持了差异与活力；既保证了效率与集中，又保持了协商与参与。具体表现在以下几个方面：（1）政党关系的和谐是指各政党要求同存异，和而不同。（2）政党关系的和谐是指四种关系的和谐。当代中国政党关系主要体现在四个方面：即政治上的领导与接受领导的关系；政权中的执政与参政的关系；政党间的合作协商关系；政党间的互相监督关系。（3）政党关系的和谐是指各政党之间要既有合作又有竞争，而且要把握好合作与竞争的度。

金筱萍在《论中国政党关系的长期和谐》（《武汉大学学报·哲学社会科学版》2012 年第 6 期）一文中认为，中国共产党和各民主党派在长期的政治实践中形成了一种和谐的政党关系。具体表现为：政治地位上的领导与接受领导、政权建设中的执政与参政、政治活动中的合作与监督、法律地位上的平等独立与相互尊重等关系的和谐。实现政党关系的长期和谐，是坚持中国多党合作制度的内在要求，是建设社会主义政治文明的客观需要，是构建社会主义和谐社会的重要内容。实现长期和谐的政党关系，是中国共产党始终不渝的价值追求，也是当前面临的一项紧迫而又艰巨的任务。一是要进一步提高思想认识，增强实现政党关系长期和谐的政治自觉与自信。二是要进一步推进民主政治建设，筑牢政党关系长期和谐的政治基础。三是要进一步加强政党能力建设，提高实现政党关系长期和谐的组织化程度。

李建、刘英英在《改革开放以来邓小平对和谐政党关系资源的开发》（《理论研究》2012 年第 1 期）一文中认为，邓小平作为第二代中共中央的领导核心，紧紧立足于当时中国国情，积极对和谐政党关系资源进行意识形态、合法性、制度性等方面的资源开发，从而充分发挥了和谐政党关系资源的价值，进一步推动了中国政党关系的和谐发展。（1）和谐政党关系意识形态资源的开发。一是重新确立了参政党在改革开放新时期的政治地位，增强了执政党和民众对各民主党派政治参与的价值认同。二是充分肯定了民主党派成员分子的特殊优势，强化了民主党派党员的使命感和责任感。三是赋予民主党派更多政治权利，加强了参政党与执政党之间的互相促进。（2）和谐政党关系合法性资源的开发。一是执政党执政资源的合法性开发。二是参政党参政资源的合法性开发。（3）和谐政党关系制度资源的开发。一是对中国政党制度框架体系的开发。二是对中国政党制度的必然性和科学性的开发。三是对中国政党制度评价标准的开发。

马晓梅在《从中国传统文化的历史演进看和谐政党关系》(《贵州社会主义学院学报》2012年第3期)一文中认为，中国传统文化的积极成分孕育了当代中国和谐政党关系的文化基因。从整体上对中国传统文化的辩证发展进行规律性的探寻，可以看出现代和谐政党关系的合理性的内在动因，即稳定性与融通性的辩证统一，统一性与多样性的辩证统一，连续性与变革性的辩证统一。所以，多方面、多层次、多角度开发中国传统文化所蕴含的现代价值，对中国政党关系的科学发展具有重要意义，主要在于：弘扬中国共产党与民主党派团结合作的优良传统，在发展中不断创新多党合作实践。

张梅龙、郭少华在《多党合作与和谐的政党关系的构建》(《马克思主义研究》2012年第7期)一文中认为，在政党政治世界里，政党关系是一种极其重要的政治关系。与竞争型和垄断型政党关系相比，中国共产党与民主党派所结成的合作关系是一种新型的政党关系，是被实践证明唯一适合中国国情、并与我国的政党制度相适应的政党关系。就我国政党关系的理想状态看，政党关系和谐是政党合作的发展趋势与目标。为了把和谐的政党关系构建好，这就需要中国共产党与民主党派在我国的政治制度框架内，继续坚持、完善多党合作与政治协商制度；加强、改进共产党对民主党派的领导；加强民主党派的自身建设；强化和谐意识，促进政党关系和谐。

刘红凛在《我国政党关系和谐面临的若干方面问题》(《上海市社会主义学院学报》2012年第1期)一文中认为从本质或应然层面看，政党关系和谐是我国政党关系与政党制度的本质属性。中国共产党领导的多党合作和政治协商制度为我国实现政党关系和谐提供了一定基础；但应然与实然存在一定的差距；而且，过去和谐并不意味着现在与将来和谐。从政党关系和谐角度看，面对时代发展，我国在政党关系认知、政党理性、政党制度乃至政党自身建设方面，都存在一些问题。这些问题，制约与影响着我国的政党关系和谐。面对时代发展与国内外政治形势的挑战，我国要继续保持政党关系和谐，需要与时俱进，树立科学的和谐的政党理念，进一步完善我国政党制度，进一步规范政党权力与利益行为，进一步加强政党自身建设，实现政党的协调发展。

鲍跃华在《中国党际和谐的文化基因及其优化》(《江苏省社会主义学院学报》2012年第6期)一文中认为，党际和谐是中国特色政党制度的制度优势和核心本质。党际和谐的政党关系因应了政治秩序和社会发展的需要。党际和谐的产生和维系不仅是主观设计和客观发展的契合成果，更是和谐文化的文化基因长期优化的结晶。党际和谐的基本精神继承了传统文化的和合理念，党际和谐的制度机体根植于和谐文化的深厚土壤，而党际和谐的发展完善，更需要和谐文化的培育和给养。提供党际和谐的健康文化基因，是保持党际和谐持续发展的重要保障。一是用以人为本的和谐文化统率党际和谐。二是用鼓励参与的和谐文化推动党际和谐。三是用发展民主的和谐文化促进党际和谐。四是用注重法治的和谐文化规范党际和谐。五是用多元统一的和谐文化激发党际和谐。

刘慧娟、黄斌在《促进当代中国政党关系和谐发展路径的理性思考》(《广东省社会主义学院学报》2012年第1期)一文中认为，影响中国政党关系和谐的主要因素有：中国共产党对民主党派的领导方式有待完善；民主党派参政议政的深度和广度有限；民主党派在与执政党的协商合作中处于弱势地位；民主党派对执政党的民主监督作用发挥不够。促进中国政党关系和谐的发展路径：一是要实现执政党内和谐，发挥执政党的主导作用，提高多党合作和政治协商的能力与成效。二是积极构建参政党内和谐，各民主党派作为参政党要不断加强自身能力建设，努力提高参政水平。没有参政党内的和谐，政党关系也不可能真正实现和谐。三是进一步加强多党合作和政治协商的制度化、规范化、程序化建设。

羿宗哲在《关于在多党合作制度中保持党际差异的初步思考》(《广东省社会主义学院学报》2012 年第 3 期）一文中认为，同是多党合作的基础，异是多党合作的必要。在政党趋同的现实条件下，存异、求异比起求同来更有内涵，更有挖掘的意义。这是因为：和而不同的思想为差异关系的存在奠定了辩证的哲学依据；各自代表性的差异是各民主党派存在的价值根本；差异性是多党合作制度建立的前提；差异并存为我国多党合作制度在运作过程中提供一种适度的缓冲方式。保持党际之间差异性的基本路径：在思想上保留观点；在目标上保有追求；在组织上保持独立；在制度上保存特色；在形式上保守阵地。

汪琳在《构建和谐政党关系》(《现代营销·学苑版》2012 年第 7 期）一文中认为，中国政党制度中蕴涵着和谐因素。即中国政党制度有着良好的历史基础；中国政党制度的特色，有利于和谐关系的建立；我国政党制度的独特性，有力地保证了党际间的和谐统一。构建和谐的政党关系关键是处理好“五个关系”。一是以权力和谐为目标改进党与人大的关系。二是以党政和谐为目标改进党与政府的关系。三是以司法和谐为目标改进党与司法机构的关系。四是以党群和谐为目标改进党与群众的关系。五是以规则和谐为目标改进政策与法律的关系。

李飞在《以政党关系和谐推进社会和谐》(《湖南省社会主义学院学报》2012 年第 4 期）一文中认为，中国共产党领导的多党合作和政治协商制度是中国的基本政治制度，体现了具有和谐性质和特点的政治文明，中国政党关系蕴含着社会主义和谐社会的精神实质，在构建社会主义和谐社会中发挥着重要功能。必须进一步坚持和发展中国政党制度，切实加强执政党建设和参政党建设，推动政党关系和谐，为构建社会主义和谐社会提供政治保障。

三、多党合作制度的特色和优势

关于多党合作制度特色和优势的研究，一直是多党合作制度研究领域的一个重点和难点，也是争夺政党政治话语权的一个制高点。本年度关于多党合作制度特色和优势研究以多党合作制度模式研究为基础、以发扬社会主义民主为主题、以践行“同心”思想为重点，取得了一大批优秀研究成果。

（一）多党合作制度的模式

我国多党合作制度的特点和优势，源于其是不同于西方国家政党制度的新型政党制度，是一种崭新政党制度模式。古洪能的《政党制度还是政党政治模式——中文世界里政党政治研究的一个习惯性错误》、周维启的《当代中国政党制度的科学内涵与科学发展》、薛奋飞的《中国特色政党制度模式的内在逻辑》和叶小文的《"中国气派"的制度创新》等文章，对我国多党合作制度模式进行了深入解读。

古洪能在《政党制度还是政党政治模式——中文世界里政党政治研究的一个习惯性错误》(《湖北行政学院学报》2012 年 1 期）一文中认为，人们常说的一党制、两党制和多党制，其实根本不是政党制度，而是多种因素共同作用所形成的实际的政党政治模式。制度是人为制定的行为规范，真正的政党制度是规范公民政党结社和政党运作的政治制度。实际上，过去西方的政党政治研究所采用的是系统研究范式，而不是制度研究范式。把模式误认为是制度，这是中文世界里政党政治研究存在的一个习惯性错误，由此导致了对政党政治的错误认识，并在实践上产生了严重的误导作用。比如说，我们反复声明不搞西方的多党制，就是被误导了的说法。其实通常所说的多党制根本就不是一种政治制度，而只是一种现实的政党政治模式，就此而论，中国不但不必搞，而且也根本搞不了西方的政党政治模式，因为那意味着要将西方相关的因素全部吸收过来才行。然而我们不采取西方的政党政治模式，却不意味着我们在真正的政党制度上就可以无所作为。中国政党制度的核心内容是中国共产党的一党执政，这是丝毫不能改变的。但是，我们在党的具体的执政方式上还有很多改革的空间，否则社会主义民主政治就无从发展。所以，只有厘清对于政党制度的误读，我们才能抛弃思想包袱，从而促进中国政治的改革和发展。

周维启在《当代中国政党制度的科学内涵与科学发展》(《上海党史与党建》2012 年第 12 期）一文中认为，当代中国政党制度早已超越了历史上和国外的多党纷争、轮流执政的"竞争型"政党制度模式，创立了"共产党领导、多党派合作"为显著特征的"合作型"政党制度模式；早已超越了历史上和国外的一党合法、独揽政权的"垄断型"政党制度模式，创立了"共产党执政、多党派参政"为显著特征的"参与型"政党制度模式；早已超越了历史上和国外的结党营私、党同伐异的"谋私型"政党制度模式，创立了"共产党代表、多党派为民"为显著特征的"为公型"政党制度模式。同时，也超越了新中国建立后为社会主义革命和"无产阶级专政下继续革命"服务的"革命型"政党制度模式，创立了改革开放后为中国特色社会主义建设服务的"建设型"政党制度模式。现在，正处于围绕科学发展与社会和谐，推进和完善"共产党领导、多党派合作，共产党执政、多党派参政，共产党代表、多党派为民"的集"政党——政权——人民群众"于一体的"科学发展型"政党制度模式的时空方位。

薛奋飞在《中国特色政党制度模式的内在逻辑》(《人民政协报》2012 年 2 月 1 日）一文中认为，中国政党制度是近代以来中国历史发展演进的产物，它既不同于西方国家的两党或多党竞争制，也有别于有的国家实行的一党制，形成了具有自身特色的制度模式，蕴含着符合中国国情的内在逻辑。第一，中国政党关系模式内含着多党合作、一党领导的辩证统一，形成了实现现代化和民族复兴的强大合力。第二，中国政党治国模式内涵着中国特色的精英代表制，构建了符合中国国情的社会——政党——政权关系。中国社会——政党——政权关系模式。第三，中国政党组织原则内含着对民主本身的科学理解，延伸为对国家民主制度的立体设计民主和集中的有机结合是民主制度的本质特征。第四，中国政党自身建设内含着自律、他律、法律三者的有机结合，建立了中国特色的权力监督制约体系。

叶小文在《“中国气派”的制度创新》(《人民日报》2012年10月12日）一文中认为，中国共产党领导的多党合作和政治协商制度，是在我国长期革命、建设和改革过程中形成和发展起来的，具有鲜明的中国特色和中国气派的政治制度。它从我国人民民主专政国体的本质特征和内在要求出发，通过对政党关系、政党与国家政权的关系进行制度规范，形成了两大制度特征：第一，与我国国体的阶级性质相适应，从基本政治制度层面确立了中国共产党的领导和执政地位，为中国共产党充分发挥领导和执政功能提供了制度基础和制度机制。中国共产党的坚强领导是巩固人民民主专政国家政权的根本保证，是把亿万人民团结起来、实现中华民族伟大复兴的根本保证。中国共产党的领导，是我国政治制度的巨大优势。第二，与我国国体的民主性质相适应，在政党制度结构上确立了有着广泛政治参与的、开放的、民主的制度架构，以体现人民民主。各民主党派、无党派人士的政治参与，展现了社会主义国家的民主性质和开放形象，强化了政治体系的合法性和包容性，广泛凝聚和调动了各种社会力量为建设中国特色社会主义服务，提高了政党制度的适应性和应对挑战的能力。

梁晓宇在《中国特色政党制度的形成与理论变迁》(《山西社会主义学院学报》2012年第3期）一文中认为，中国特色政党制度体现了我国民主政治的本质要求，体现了中华民族和而不同、兼容并蓄的优秀文化传统，具有鲜明的中国特色，符合中国特色社会主义事业发展的要求。与世界各国政党制度相比，这一政党制度具有显著的特征和优点，是一种崭新的政党制度模式，丰富了世界政治文明的理论宝库，为其他国家特别是发展中国家的政党制度建设提供了有益的启示和借鉴，从而对世界政治文明的发展作出了贡献。

（二）多党合作制度的特色

多党合作制度特在哪里？特就特在找到了一条实现人民当家做主的社会主义政治发展道路。研究者以发扬社会主义民主为主题，从不同的角度对这一问题展开了深入探讨。其中以潘跃的《多党合作：民主实现方式的“中国创新”》和李金河的《多党合作制度创造了一种新型的民主实现形式》最具代表性。

叶小文在《中国特色政治发展道路特在哪里》(《人民日报海外版》2012年8月18日）一文中认为，中国特色社会主义政治发展道路“特”在哪里？首先就“特”在这是一条发展更加广泛、更加充分的人民民主，保证人民依法享有广泛权利和自由的道路。中国特色社会主义政治发展道路“特”在哪里？关键就“特”在走出了一条既遵循民主发展的客观规律，又符合本国国情，以本国社会制度、历史传统、文化背景和经济发展水平为依据，坚持党的领导、人民当家做主、依法治国有机统一的政治道路。中国特色社会主义政治发展道路“特”在哪里？尤其还“特”在有一套包括人民代表大会制度、多党合作制度、基层民主自治制度在内的制度设计和成功实践。例如，共产党领导的多党合作制度，就是在我国长期革命、建设和改革过程中形成和发展起来的，具有鲜明中国特色和中国气派的政治制度。坚持和完善多党合作制度，走出一条有中国特色民主新路，是中国政治稳定和政治发展的必然要求。而盲目照抄西方政党制度，必将从根本上危害共产党的领导、危害我国政治制度，是取乱之道。通过坚持和完善多党合作制度发展社会主义民主，推进我国政治体制改革，是一项成本低、风险小、成效大的稳妥选择。

潘跃在《多党合作：民主实现方式的"中国创新"》(《人民日报》2012 年 10 月 12 日）一文中认为，中国共产党领导的多党合作和政治协商制度，以"共产党领导、多党派合作，共产党执政、多党派参政"为基本特征，为发展社会主义民主政治、建设社会主义政治文明，谱写了一曲曲华丽篇章。第一，健全制度，政治协商更加规范。通过建立健全重大决策和重要人事协商制度和重要情况通报制度，多党合作和政治协商制度的运行更加规范有序。民主党派和无党派人士在政治协商中提出的许多意见建议被中共各级党委及有关部门采纳。第二，参政议政，多党合作的作用更加凸显。截至 2011 年底，担任最高人民法院、最高人民检察院和国务院部委办、直属局领导职务的党外人士有 20 人，致公党中央主席万钢和无党派人士陈竺分别担任国务院科技部部长和卫生部部长；29 个省（自治区、直辖市）有民主党派成员和无党派人士担任副省长（副主席、副市长），省级政府工作部门有 35 名担任正职。第三，创新实践，大力推动参政党建设。中共十六大以来，中共中央提出执政党建设与参政党建设互相促进，以巩固和发展社会主义和谐政党关系为主线，以巩固多党合作的政治共识为根本，以充分发挥参政党作用为目的，大力支持和协助各民主党派加强思想建设、干部队伍建设、制度建设，参政党建设取得了新进展。

李金河在《多党合作制度创造了一种新型的民主实现形式》(《人民政协报》2012 年 3 月 28 日）一文中认为，多党合作制度作为社会主义民主政治的重要实现形式，充分体现了人民民主的基本精神。一个国家的政党制度是否具有民主价值，归根到底是看它是否能够体现民主精神，贯彻民主原则，实现民主要求。民主作为反映社会政治文明的基本概念和共同价值，是以权利平等为特征的，排斥少数人或个人独裁。但是民主有实质民主和形式民主的区分，不能仅仅意味着形式上的平等。同样的民主内容，在不同的国家原本就应当具有不同的性质和特点，在不同的社会条件下具有不同的实现形式。我国是人民民主专政的社会主义国家，多党合作制度是在中国这块土壤中生长起来的具有独创性的社会主义政党制度，无论是制度设计，还是政治实践，都体现了人民民主的基本精神、原则和要求，是社会主义民主政治的重要实现形式。

薛锋在《论中国政党制度的制度性民主》(《甘肃理论学刊》2012 年第 3 期）一文中认为，中国政党制度是中国共产党领导的多党合作制度，这一制度既体现了明显的中国特色，又体现了许多制度性民主。具体说，其体现的制度性民主包括各党派内部的制度性民主、各党派之间的制度性民主和各党派与群众之间的制度性民主三个方面。各党派内部的制度性民主是前提，各党派之间的制度性民主是核心和关键，各党派与群众之间的制度性民主是基础，三者是相互联系、相互促进的一个统一体，共同体现了中国政党制度的民主性。

耿百峰在《对中国特色政党制度基本内涵的解读》(《中央社会主义学院学报》2012 年第 3 期）一文中认为，中国特色政党制度既是世界政党制度的重要组成部分，又体现了中国社会发展的内在逻辑和必然要求，具有鲜明的中国特色和伟大的独创性。从中外对比的角度，对中国特色政党制度的基本内涵，可以从崭新的政党制度形式、崭新的政党关系模式、崭新的执政和参政方式、崭新的协商民主形式四个方面进行系统性解读。

陶建兵、徐罗卿在《论中国特色政党制度》(《中共太原市委党校学报》2012 年第 1 期)一文中认为，当代中国政党制度与世界各国已存的政党制度相比较而言，具有自己鲜明的特色。一是它使人们的政党观念发生了变化，赋予政党功能和目标以新的内涵。二是它提供了一个崭新的政党制度模式。三是它提供了新的民主形式，把民主制度的完善向前推进了一步。四是它能体现和代表全民性，能实现最大多数人的民主权利。中国特色政党制度的优势：一是中国特色政党制度能够保证国家政局的稳定，可以制订国家长远的发展规划。二是中国特色政党制度能够决策迅速，执行有力，效率高效。三是中国特色政党制度能够调动各方面的积极因素，集中力量办大事。

高育红在《浅议我国多党合作制度的优势和价值》(《中国统一战线》2012 年第 8 期)一文中认为，我国多党合作的政党制度把各种社会力量纳入了政治体系，创造了一种新型的执政方式；我国多党合作制度提供了协商民主的广阔平台，创造了一种新型的民主实现形式；我国多党合作制度构建了既通力合作又互相监督的友党与诤友的党际关系模式，创造了一种新型的党际合作关系。

梁晓宇在《中国特色政党制度的形成与理论变迁》(《山西社会主义学院学报》2012 年第 3 期)一文中认为，中国特色政党制度体现了我国民主政治的本质要求，体现了中华民族和而不同、兼容并蓄的优秀文化传统，具有鲜明的中国特色，符合中国特色社会主义事业发展的要求。与世界各国政党制度相比，这一政党制度具有显著的特征和优点，是一种崭新的政党制度模式，丰富了世界政治文明的理论宝库，为其他国家特别是发展中国家的政党制度建设提供了有益的启示和借鉴，从而对世界政治文明的发展作出了贡献。

（三）多党合作制度的优势

正确认识多党合作制度的优势，是增强制度自信的基础。本年度关于多党合作制度优势的研究从理论层面拓展到实践层面，对如何发挥好多党合作制度的优势进行了深入探讨。其中以任理轩的《当代中国发展进步的根本制度保障——关于坚持和完善中国特色社会主义制度的思考》和齐卫平的《为中国特色社会主义事业凝心聚力——论中国的政党制度优势》最具代表性。

任理轩在《当代中国发展进步的根本制度保障——关于坚持和完善中国特色社会主义制度的思考》(《人民日报》2012 年 6 月 13 日)一文中认为，中国特色社会主义制度是一整套相互衔接、相互联系的制度体系，由根本层面的制度、基本层面的制度、具体层面的制度以及中国特色社会主义法律体系组成，不同层面的制度在中国特色社会主义制度体系中具有不同的地位和作用。中国特色社会主义制度符合我国国情，顺应时代潮流，具有巨大的优越性和强大的生命力。这一制度有利于保持党和国家活力、调动广大人民群众和社会各方面的积极性、主动性、创造性，有利于解放和发展社会生产力、推动经济社会全面发展，有利于维护和促进社会公平正义、实现全体人民共同富裕，有利于集中力量办大事、有效应对前进道路上的各种风险挑战，有利于维护民族团结、社会稳定、国家统一。中国特色社会主义制度这一重大概念的明确提出，进一步丰富了中国特色社会主义的内涵。只要我们不断增强坚持和完善中国特色社会主义制度的自觉性和坚定性，使这一制度随着中国特色社会主义道路的拓展、中国特色社会主义理论体系的丰富而不断完善，就能为当代中国发展进步提供根本制度保障，不断开创中国特色社会主义事业新局面。

齐卫平在《为中国特色社会主义事业凝心聚力——论中国的政党制度优势》(《红旗文稿》2012 年第 16 期）一文中认为，中国特色社会主义政党制度作为民主实践的一种重要形式，具有发展社会主义民主的优势。我国的政党制度由我国人民民主专政的国体所决定，与人民代表大会制度相辅相成，是坚持协商民主实践的主要机制，在国内政治生活中具有不可替代的作用。这一政党制度是我国社会主义民主制度的重要内容和表现形式，反映了党的领导、人民当家做主和依法治国相统一的要求。以多党合作和政治协商为表现的民主形式，与选举民主的形式相结合，使发扬民主覆盖各个社会领域和各种政治力量，拓展了社会主义民主的深度和广度，创造了民主广泛性与有效性的民主实践载体。经过充分的政治协商，既符合多数人的意愿，又照顾了少数人的合理诉求，有利于最大限度地实现人民民主权利。中国特色社会主义政党制度搭建了公民有序政治参与的平台，有利于保障政治稳定、促进人民团结、实现社会和谐。中国特色社会主义政党制度能为各民主党派的政治参与开辟制度化的渠道，把各种社会力量纳入政治体系；能有效反映社会各方面的利益、愿望和诉求，畅通和拓宽社会利益表达渠道，协调利益关系，从而保持社会和谐稳定；能使中国共产党紧密团结各民主党派，形成高度的政治认同，促进政治资源的优化配置；能促进中国共产党与各民主党派互相监督，有利于强化体制内的监督功能；能以合作、协商代替对立、争斗，避免政党互相倾轧造成的政局不稳和政权频繁更迭，最大限度地减少社会内耗，化解各种社会矛盾和冲突，维护安定团结的政治局面，促进社会和谐发展。

岳世平在《当前多党合作优势未能充分发挥的主要原因及其对策建议》(《天津市社会主义学院学报》2012 年第 3 期）一文中认为，当前多党合作优势未能充分发挥的主要原因：即中共部分领导干部的思想观念和认识尚显模糊；民主党派自身建设即理论建设、组织建设、人才培养、特色建设尚显滞后；多党合作运行机制部分环节即政治协商机制、民主监督机制、参政议政机制等的可操作性尚不足。接着从对民主党派实行寓领导于协商之中、支持民主党派独立自主地开展工作、坚持团结——批评——团结的方式，做好政治引导工作、党委负责同志要同民主党派和无党派人士做知心朋友等着手改善中共领导干部对多党合作和政治协商的领导；从加强参政党思想理论建设、调整组织发展方针，增强政治包容性等方面与时俱进，进行参政党的现代化建设；从完善政治协商的程序、健全民主监督的机制和提高参政议政的实效等方面着手不断健全和完善多党合作机制。

伊胜利在《论有中国特色社会主义政党制度的优势》(《北方经贸》2012 年第 11 期）一文中认为，我国政党制度是世界历史上和当代世界上的一个完全新型的政党制度类型，即一党领导的多党合作型政党制度类型，既区别于西方资本主义国家那种竞争型政党制度，又区别于原来一些社会主义国家的一党制类型。这一政党制度的特点和优势概括起来有五个方面：第一，中国共产党是核心领导，实行多党派合作。第二，共产党是执政党，民主党派是参政党。第三，我国的政党制度有利于实现广泛民主与高度集中的统一。第四，我国的社会主义政党制度有利于充分反映、代表各阶层利益，有利于实现相互的监督。第五，我国的政党制度有利于社会和政治的稳定。

郝涛在《中国特色的政党制度：现实与展望》（《福建党史月刊》2012 年第 2 期）一文中认为，我国的政党制度既克服了一党制缺乏监督、大权独揽、易生腐败的不足，又防止了多党制彼此倾轧、互相攻讦、政局动荡的弊端，最大限度地减少了社会内耗，维护了国家长治久安和社会的和谐稳定，具有无比的优越性。一是有利于调动各方面的积极性。二是有利于加强和改善党的领导。三是有利于保持政局的稳定。

陶建兵、徐罗卿在《论中国特色政党制度》（《中共太原市委党校学报》2012 年第 1 期）一文中认为，当代中国政党制度与世界各国已存的政党制度相比较而言，具有自己鲜明的特色。一是它使人们的政党观念发生了变化，赋予政党功能和目标以新的内涵。二是它提供了一个崭新的政党制度模式。三是它提供了新的民主形式，把民主制度的完善向前推进了一步。四是它能体现和代表全民性，能实现最大多数人的民主权利。中国特色政党制度的优势：一是中国特色政党制度能够保证国家政局的稳定，可以制订国家长远的发展规划。二是中国特色政党制度能够决策迅速，执行有力，效率高效。三是中国特色政党制度能够调动各方面的积极因素，集中力量办大事。

苏日娜在《论衡量政党制度的标准》（《集宁师范学院学报》2012 年第 2 期）一文中认为，如今世界各国的政党制度形态各异，千差万别，没有一个国家的政党制度是同另一个国家的政党制度完全相同。这是因为一个国家的政党制度是由其政治经济、历史文化传统、民族特性等具体的国情所决定的，国情的差别决定了政党制度的多样性。怎样的标准来评判一个国家的政党制度是否合理、优越呢？首先，不论是政党制度、政治体制或是政府政策，其是否有效最显著最直接的体现就是经济发展与人民生活水平是否能够提高。其次，社会稳定也是一个十分重要的评价因素，因为没有稳定的社会环境就不能给经济发展提供有利的条件。

（四）“同心”思想是多党合作制度最鲜明的特质

胡锦涛同志在 2011 年 1 月 30 日全国政协新年茶话会的讲话中，首次提出“同心”思想。胡锦涛同志明确指出，中国共产党成立以来 90 年波澜壮阔的历史和实践充分证明，思想上同心同德、目标上同心同向、行动上同心同行，是中国共产党领导的多党合作和政治协商制度最鲜明的特质，是我们不断夺取革命、建设、改革事业胜利的有力保证。由此，“同心”思想成为本年度研究的重点。研究者围绕“同心”思想的内涵、成因、价值等展开了全面深入的探讨。其中以姚克的《树立“同心”理念永葆多党合作生机与活力》、刘志礼、魏晓文的《我国多党合作“同心”思想的后现代意蕴》和卢正涛、洪明星的《试论比较政党制度视野下的同心思想》最具代表性。

姚克在《树立“同心”理念永葆多党合作生机与活力》（《前进论坛》2012 年第 8 期）一文中认为，所谓“同心”，就是指心意、思想、理念、行动的一致性。具体来说：“思想上同心同德”，就是说我们与共产党有共同的理想，要一起致力于努力追求和实现中国特色社会主义；“目标上同心同向”，就是说我们与共产党有共同的目标，要一起致力于推动科学发展和促进社会和谐；“行动上同心同行”，就是说我们与共产党有共同的利益，要一起致力于全面建设小康社会、实现祖国统一和中华民族的伟大复兴，以维护和实现民族利益和国家利益。可以说，“同心”就是要通过多党合作制度这一优势，为我们共同的中国特色社会主义事业赢得民心、汇聚民心、稳定民心，获得人民的支持和信任，这样一来，不仅是执政党与参政党“同心”，也是执政党和人民群众“同心”。从“八字方针”到“十六字方针”再到提出“巩固和发展和谐政党关系”，“同心”思想其实一直贯穿于我国多党合作制度确立、发展、完善的全过程。可以说，“同心”思想是我国多党合作制度的核心价值，是多党合作事业的生命所在，也是多党合作优良传统的精髓所在。“同心”思想也是我们坚持中国共产党领导的多党合作和政治协商制度，坚持走中国特色社会主义道路所必须牢牢抓住的最基本的东西。

邱永文、张秀霞在《“同心”思想与多党合作之浅见》(《广州社会主义学院学报》2012 年第 4 期)一文中认为，深刻领会“同心”思想的具体要求。要在“存异”基础上的“求同”和“同心”，在多党合作的政党制度中，“同”与“异”始终是相辅相成，辩证统一的。我们的“同心”思想是坚持“和而不同”、“求同存异”和“互利共赢”的“同心”。第一，“同心”和“存异”是辩证统一的。这种辩证统一体现在只有坚持“和而不同”和“求同存异”才能“互利共赢”。第二，只有“求同存异，和而不同”，才能真正实现“同心”。第三，“存异”履职，实践“同心”。“同心”思想的主要内容“思想上同心同德，目标上同心同向，行动上同心同行”强调的是大方向，大目标的相同。在多党合作中强调民主党派与中国共产党同心同德，齐心协力，共同致力于中国特色社会主义现代化建设事业。民主党派要真正在这个过程中发挥作用，实践“同心”思想就要根据自己性质和特点，以及在多党合作中的功能定位，认真履行好参政议政和民主监督的职能。

彭雪莲在《从政党制度视角透视“同心”思想的价值》(《贵州社会主义学院学报》2012 年第 4 期)一文中认为，第一，“同心”思想诠释了中国政党制度的根本成因。中国共产党之所以愿意与各民主党派合作，而各民主党派之所以自愿接受中国共产党的领导，关键在于中国共产党和各民主党派具有“同心”思想。这种“同心”思想体现在三个方面：一是在理念上的同心。二是情感上的同心。三是行动上的同心。第二，“同心”思想展示了中国政党制度的鲜明特色。首先，中国共产党和八个民主党派具有共同的价值和目标，这就是“同”。其次，中国共产党和八个民主党派由于所代表的阶层不同，在根本利益一致的前提下，也有各自不同的利益，这就是“不同”。第三，“同心”思想彰显了中国政党之间的和谐关系。第四，“同心”思想体现了中国政党制度的具体运行效果。

郭清梅、梁捍东在《浅析多党合作制度下的“同心”思想》(《中央社会主义学院学报》2012 年第 5 期)一文中认为，“同心”思想是我国多党合作长期实践的思想理论成果，是统一战线服务社会长期实践的先进经验升华。“同心”思想丰富了马克思主义政党理论和统战思想，揭示了多党合作的本质要求，奠定了多党合作的思想基础，体现了多党合作的价值取向，标明了多党合作的行动指南，提供了多党合作的理论依据。“同心”思想要求坚持中国共产党的领导与保持民主党派独立性相结合，坚持“同心”思想与尊重差异相结合，坚持政治性与人民性相结合，坚持党派特色与结构优势相结合，坚持历史底蕴与丰富时代内涵相结合，坚持起作用和增能力相结合。贯彻落实“同心”思想，就是要在增进政治共识中加强“同心”，在继承优良传统中增进“同心”，在履行职能、服务社会中丰富“同心”，在推进和谐政党关系中凝聚“同心”，在坚持社会主义核心价值中提升“同心”，在加强自身建设中升华“同心”。

卢正涛、洪明星在《试论比较政党制度视野下的同心思想》(《理论与当代》2012年第2期）一文中认为，政党制度是有关政党围绕国家政权而产生的政党之间关系的制度。对比中国与外国的政党制度，政党之间的关系呈现出四种模式，即一党独大制的主导配合模式、两党制的分庭对抗模式、多党制的联盟对抗模式和中国的合作监督模式。同心思想是基于中国多党合作与政治协商的实践而提出来的，它是对中国共产党在行使决策权、制定政策和确定政策目标过程中与各民主党派合作实践的理论概括。同心同德，就是作为参政党的各民主党派把坚持、贯彻执政党——中国共产党就国家事务作出的决策作为自己的政治立场。同心同向，就是作为参政党的各民主党派把坚持、落实执政党——中国共产党决策所确定的政策作为自己的政治方向。同心同行，就是作为参政党的各民主党派把坚持、实现执政党——中国共产党决策确定的政策目标作为自己的政治责任。同心思想揭示了党际关系存在的基础是承认、尊重差异，揭示了中国政党制度即党际关系的实质、要义不是对立，而是合作。

刘志礼、魏晓文在《我国多党合作“同心”思想的后现代意蕴》(《马克思主义与现实》2012年第6期）一文中认为，我国多党合作“同心”思想是对中国传统文化精华的传承与创新，具有深厚的中国传统文化渊源，是对政党制度、文化价值理念的超越与创新，是在继承传统、反思现代、直面风险挑战，以及可持续发展要求的融合互动中的价值创新，体现了鲜明的“后现代”价值意蕴。一是“同心”思想蕴涵了鲜明的开放精神。多党合作本身表明了中国共产党并没有居功自傲、自我封闭，而是接纳了与其并肩奋斗的民主党派，并通过其实现社会各阶层、界别之间的沟通与合作。二是“同心”思想具有尊重差异的本质要求。中国共产党最大程度地尊重了各民主党派的历史传统，并保持其固有特色，进而发挥独特优势和功能。中国共产党倡导“同心同德”、“同心同向”、“同心同行”的同时，并没有同一化的要求，而是“求同存异”、“和而不同”，通过保持多党合作中的多样性与差异性，获得政党生态系统发展的持续动力。三是“同心”思想体现了鲜明的觉他意识。中国共产党在多党合作中设身处地、感同身受地体会同盟者诉求、照顾同盟者利益。四是“同心”思想倡导“和者生存”理念。基于对“适者生存”逻辑的反思和否定，中国共产党提倡相互合作、协同并进，在共同的奋斗中实现多元共同发展。

朱静芝在《践行“同心”思想共同谱写多党合作事业新篇章》(《前进论坛》2012年第9期）一文中认为，“同心”思想是中国共产党领导的多党合作和政治协商制度最鲜明的特质。第一,“同心”思想揭示了多党合作的本质特征。我国多党合作制度以合作、参与、协商为基本精神，以团结、民主、和谐为本质属性，其根本在于中国共产党与各民主党派、无党派人士同心。第二，“同心”思想丰富了多党合作方针的科学内涵。“长期共存、互相监督、肝胆相照、荣辱与共”方针，体现了中国共产党与各民主党派、无党派人士是不可分离的命运共同体、事业共同体、利益共同体和情感共同体。“同心”思想的提出，从根本上回答了长期共存的根基所在、互相监督的目标所系、荣辱与共的保障所依。第三，“同心”思想体现了多党合作的政治优势。同心，体现了共产党纳谏的宽广胸襟和气度，也体现了各民主党派、无党派人士谏言的真挚态度和勇气，从而形成既有统一意志，又有个人心情舒畅的政治局面。第四，“同心”思想明确了多党合作的目标方向。同心同德是思想上的最高境界，要求以中国特色社会主义理论体系武装头脑、增进共识；同心同向是目标上的高度契合，要求以全面建设小康社会、实现中华民族伟大复兴坚定信念；同心同行是行动上的根本准则，要求以推动科学发展、促进社会和谐共同实践汇聚力量，不断增强多党合作事业的生命力、凝聚力和创造力。

高体健在《践行“同心”思想推动多党合作事业持续健康发展》(《前进论坛》2012年第2期）一文中认为，“同心”思想既是多党合作历史经验的总结升华，也是多党合作未来发展的更高追求，是对新形势下多党合作理论的创新发展，具有丰富的历史底蕴和时代内涵。同心同德是思想上的最高境界，同心同向是目标上的高度契合，同心同行是行动上的根本准则。“同心”思想深刻揭示了多党合作的本质内核，高度凝练了多党合作的基本方针，集中体现了多党合作的政治优势，明确提出了多党合作的目标方向。践行“同心”思想，一是要不断增进政治共识，坚持走中国特色社会主义政治发展道路。二是要全面履行参政党职能，推动经济社会科学发展。三是要巩固发展和谐政党关系，推动参政党建设与执政党建设相互促进。四是要搞好政治交接，推动多党合作事业薪火相传。

四、多党合作制度的价值和功能

本年度关于多党合作制度价值和功能的研究，主要集中在功能研究上。既有对多党合作制度整体功能的研究，也有对政治参与、民主监督、维护稳定、现代化建设等具体功能的研究。既有对功能定位的研究、也有功能开发的研究，取得了具有一批既有理论意义又有实践价值的研究成果。

（一）多党合作制度的整体功能

关于对多党合作制度整体功能的研究，以袁廷华在《中国政党制度功能探析》一文的系统性研究和邱永文在《中国政党制度的功能与价值——一种政党理论的比较视角》一文中的比较视角研究最具代表性。

袁廷华在《中国政党制度功能探析》(《政治学研究》2012年第1期）一文中认为，政党制度是一个国家各个政党在政治生活中所处的政治社会地位和法律地位、政党与国家政权的关系、政党相互关系、政党执掌、参与或影响国家政权的制度模式和运行机制。功能是政党制度必备的属性，没有功能的政党制度是没有的。社会需要政党制度，就是因为政党制度在社会政治生活中担负着重要的功能。研究政党制度的功能有两个纬度：一是政党制度是国家政治上层建筑的重要组成部分，承载着重大的政治功能，它由经济基础所决定，又反过来维护经济基础以及整个社会制度；二是政党制度又是自成体系的独立的政治结构，发挥着与结构相关的功能。从意识形态功能和结构性功能出发，政党制度功能包括根本功能和基本功能两个方面。中国政党制度把领导核心的一元性与结构的多元性结合起来，形成共产党领导、多党派合作，共产党执政、多党派参政格局。中国政党制度的根本功能就是为巩固人民民主专政国体、社会主义经济基础和社会制度服务。

中国政党制度的基本功能包括：强大的整合功能、独特的民主功能和有效的稳定功能。

邱永文在《中国政党制度的功能与价值——一种政党理论的比较视角》(《当代世界与社会主义》2012 年第 1 期）一文中认为，政党的起源及功能作用不同是中国政党与西方政党最根本的区别。中国政党制度的功能研究为中国政党制度的合理存在确立了现实依据，而中国政党制度的价值研究为中国政党制度存在的意义和未来发展奠定了理论支撑。当前中国政党制度的功能主要体现在政党与国家、政党与社会和政党之间关系三个方面。特定的政党与国家关系决定当代中国政党制度的首要功能是政治稳定功能；在政党与社会关系问题上则表现为动员、影响和塑造社会的功能；在政党关系上，则发挥着对民主党派的政治领导和巩固、完善多党合作的政党关系的功能。

黄国雄、彭春宇在《论中国共产党领导的多党合作制的优越性》(《福建论坛·人文社会科学版》2012 年第 8 期）一文中认为，多党合作制度具有独特优越的政治功能。(1）政治稳定功能。一是多党合作制度是一种开放性的体系，它具有团结、吸纳新兴进步力量的功能。二是多党合作制度的利益表达和利益综合功能。(2）政治民主化功能。一是一党执政、多党参政的局面，从权力制约角度有利于政治民主化。二是党派之间互相监督，从权力监督的角度来说有利于政治民主化。三是党派之间的政治协商，从决策民主化和科学化的角度，有利于政治民主化。(3）组织动员功能。中国的政党制度在动员和组织功能主要表现在共产党一党领导，因而动员和组织的政治方向和目标十分集中和明确，由于有多党派的合作，因而在动员和组织上减少了强制性，增加了示范性，扩大了动员的群众基础。

曾庆亮在《中国特色社会主义政党制度的运行机制及功能》(《科学社会主义》2012 年第 2 期）一文中认为，中国特色社会主义政党政治制度的运行机制主要包括目标机制、领导机制、合作机制、协商机制、监督机制等。主要有政治参与、利益表达、社会整合、民主监督和维护稳定等功能。

石媛在《提高我国多党合作政党制度效能的路径选择》(《中共银川市委党校学报》2012 年第 6 期）一文中认为，中国共产党领导多党合作的政党制度，在其内在设计机理上，既避免了垄断型政党制度容易导致专制独裁和腐败丛生的弊端，增加了民主党派的民主监督功能；又避免了竞争型政党制度容易导致互相钳制、互相倾轧、内耗不已、难办大事的弊端，始终坚持共产党的领导，把一党领导整合功能较强、效率较高的长处与多党政治参与、利益要求表达较广泛的长处有机地结合在一起。这样的政党制度内在的设计机理十分有利于发挥政党功能，推动社会发展。

崔珏在《政治共识与多党合作制度的发展》(《湖北省社会主义学院学报》2012 年第 2 期）一文中认为，以多党合作为平台，推进程序性共识，进一步发挥政党制度整合社会的功能。只要社会利益是多元的，共识就不是绝对的。在社会层面上，不同利益客观存在，思想的整齐划一不可能真实存在，通过程序达成共识便是整合社会、维系社会稳定发展需要重视的途径。成熟的政党制度通常都能有效发挥社会整合功能。从我国政党制度的现实情况看，在通过执政党的意识形态实现对全社会的整合、通过多党合作的组织网络进行政治资源整合、通过政策过程中的民主协商和广泛参与促进利益整合等方面发挥了积极作用。从未来发展空间看，应当探索多党合作中将实体性制度与程序性制度结合起来、坚持价值共识的同时推进程序性共识的途径，更好地整合分化的社会利益，提升多党合作制度效能。

（二）多党合作制度的价值

关于多党合作制度价值研究的成果不多，主要有：

徐晓刚在《政治资源的合理配置与中国特色政党制度的价值实现》（《徐州工程学院学报·社会科学版》2012年第3期）一文中认为，政治资源是政党制度价值实现的最直接、最核心的资源体系。政治资源的流失必将导致执政党执政资源的短缺，影响政治系统功能的有效发挥。中国特色政党制度为中国政治资源的合理配置和各民主党派的政治参与开辟了制度化渠道。由于种种原因，中国民主党派政治资源配置中还存在不少亟待解决的问题。实现中国特色政党制度在合理配置政治资源中的政治价值，就要创新和完善政治制度，加强政党建设，拓宽政治参与渠道，健全政治参与机制，切实加强政治资源的开发和保护。

卢亮亮在《当代中国政党制度的政治价值探析》（《福建省社会主义学院学报》2012年第5期）一文中认为，中国共产党领导的多党合作与政治协商制度作为具有中国特色的政党制度在政党与社会、政党与政党、政党与国家三重关系方面有着独特的政治价值。（1）在党民关系方面，基本价值取向是致力于发展民主。（2）在党际关系方面，共产党领导、多党派合作的新型政党关系。（3）在党政关系方面，共产党执政、多党派参政。

梁晓宇在《中国特色社会主义政党制度的创造性价值研究》（《创新》2012年第4期）一文中认为，中国特色社会主义政党制度是符合中国国情的社会主义政党制度，是马克思主义基本原理同中国国情相结合的产物。中国共产党与各民主党派共同创立的这一政党制度的创造性价值在于，它开创了中国式协商民主的新局面，开创了新型政党关系学说，具有西方政党制度无可比拟的优势。

李铃在《浅析我国社会主义政党制度的坚持和完善》（《湖北函授大学学报》2012年第2期）一文中认为，我国社会主义政党制度具有强大的生命力。（1）中国共产党领导的多党合作和政治协商制度具有团结合作的鲜明特色，有利于最大限度地实现政治资源整合。（2）中国共产党领导的多党合作和政治协商制度具有包容协商的丰富内涵，体现了社会主义民主的本质要求。（3）中国共产党领导的多党合作与政治协商制度的其中一个共同目标都是创和谐，这有利于巩固安定团结的政治局面。（4）中国共产党领导的多党合作和政治协商制度具有凝聚力量的显著功能，能够为科学发展提供强大动力。

（三）多党合作与政治参与

政治参与是多党合作制度的重要功能，本年度专门研究这一功能的文章不多，孙存良的《中国政党制度是公民有序政治参与的“导航仪”》一文，仅从题目就可见新意。

孙存良在《中国政党制度是公民有序政治参与的“导航仪”》（《人民政协报》2012年7月11日）一文中认为，政党作为代表一定阶级、阶层和社会集团的组织，对公民有序政治参与发挥着重要作用。第一，中国政党制度是公民有序政治参与的动力机制参与政治生活，是公民基本的民主权利，是现代民主制度的重要特征，政治参与水平的高低体现着人民当家做主的程度。公民有序政治参与需要组织、动员和引导。中国政党制度，在公民有序政治参与方面起到了“发动机”和“导航仪”的作用。第二，中国政党制度是公民有序政治参与的制度平台政治参与必须通过一定的组织渠道、制度和程序，而且渠道越畅通、制度越完善、程序越规范，公民政治参与就越有序。中国政党制度，为公民有序政治参与提供了制度化平台，是公民进行利益表达和诉求的重要渠道。第三，中国政党制度是公民有序政治参与的质量保障。公民政治参与不是为了参与而参与，而是通过政治参与实现经济社会利益。中国政党制度，在提高公民有序政治参与质量和实效方面有着独特优势，能够合理反映各方利益，平衡各种利益关系，确保各方面利益诉求得到最大满足。

杜彧韬在《浅谈公民社会对我国民主政治和政党制度建设的重要影响》(《天津市社会主义学院学报》2012 年第 2 期）一文中认为，公民社会对我国民主政治和政党制度建设有着巨大的作用，两者关系相辅相成，密不可分。首先，发展公民社会，实现公民有序的政治参与，能为中国特色社会主义民主政治制度的发展，为社会主义政治文明的不断前进提供强大的动力支持和社会支撑。其次，中国共产党领导的多党合作和政治协商制度的完善和发展也要以和谐的公民社会作为基础。在社会利益不断分野，公民政治参与要求不断提高的情况下，我国合作型的政党制度的完善和发展，必须以建设和谐的公民社会环境为根本基础。同时，我国政党制度建设的不断完善和发展，也会对公民社会的健康发展与和谐发展起到积极的推动作用。

邱永文、马丽、田艳天在《完善多党合作和政治协商制度扩大公民有序政治参与》(《江苏省社会主义学院学报》2012 年第 5 期）一文中认为，公民政治参与的扩大是现代民主政治发展的标志和结果，扩大公民有序政治参与是我国政治体制改革的重要内容。政治参与的扩大与民主政治的发展关系复杂：爆炸式的政治参与不仅不会促进民主政治发展，而且还会导致政治失序，社会紊乱。因此，依托现有的制度渠道，巩固和完善我国的多党合作和政治协商制度，扩大我国公民的有序政治参与，就成了一个较为稳妥的路径选择。这其中，执政党要肩负维护政治稳定的领导之责，参政党要发挥自身的独特作用，同时也要更好地利用人民政协这一多党合作和政治协商制度的有力平台来实现。

（四）多党合作制度与民主监督

由于民主监督功能发挥得一直不很理想，研究者就如何提高民主监督职能进行了探讨，主要观点如下：

谢乾丰在《我国多党合作中民主监督的理论与实践问题管窥——以人民政协中各民主党派的民主监督为分析视角》(《前沿》2012 年第 22 期）一文中认为，我国监督体系包括社会监督、民主党派的民主监督、政协民主监督、人大法律监督、政府行政监督以及司法监督、党的纪律监督等。就性质而言，上述各种监督都是建立在社会主义民主基础之上，是一种民主监督，但从狭义上界定，民主监督一般特指民主党派的民主监督和政协民主监督。民主党派的民主监督和政协民主监督是一组内涵和外延并不完全相同的监督：相同的是，二者都是民主监督；不同的是，民主党派的民主监督侧重于党际监督，即中共和各民主党派之间的监督；政协民主监督，是参加政协的各党派、各人民团体、各族各界人士所履行的监督。政协民主监督包含了民主党派民主监督的部分内容；通过政协这个平台，实行民主党派与中共之间的互相监督，是实现民主党派民主监督职能的重要方式与途径。

郑宪在《我国民主监督的回顾与思考》（《湖南省社会主义学院学报》2012 年第 1 期）一文中认为，政党之间的监督是我国社会主义监督体系的重要组成部分，具有中国监督体系的特点和特色。民主监督作为中国政党制度的重要内容及民主党派和无党派人士的基本职能，直接体现着社会主义民主政治建设的发展程度和水平。作为发扬社会主义民主的重要手段，民主监督经过前期探索和发展，为我国经济和社会健康发展做出了有益的贡献。由于受历史因素、现实因素、体制机制因素和政治环境的影响，在民主监督中存在着认识不足、制度建设相对滞后、监督的实效难以保证等问题，要有今后努力加以解决。

蔡旺儒在《从党际监督机制探析中国政党制度的发展路径》（《广西社会主义学院学报》2012 年第 4 期）一文中认为，党际监督是中国特色政党制度的重要内容和内在机制，因此，发展和完善中国特色的政党制度必须加强制度本身的机制建设，以确保中国共产党领导的多党合作和政治协商制度的优越性得到充分发挥。一方面，要使已经存在的各种监督形式形成制度规范。因为监督形式的制度化，有利于提高监督主体的责任感，也有利于增强监督客体接受监督的自觉性，从根本上提高党派监督的质量和效果。同时，强化民主党派监督的权威性。按照马克思主义的观点，权威在社会生活中是绝对必要的，没有权威就没有秩序，生产就不能进行，社会就不能存在。另一方面，在已经存在的制度外壳里注入新的内容，在坚持中国共产党领导的前提下，在政党制度中引入合理的竞争机制，建立符合国情的有效的权力监督机制。在现有体制框架内及宪法和法律提供的规则范围内，合法的良性的竞争是政党政治合理运行的安全阀，也是维护中国政治生态平衡的有力武器，健全的监督机制是促进中国共产党领导的多党合作和政治协商制度科学发展的合理路径。

徐文娟在《国外政党党际监督有效性因素分析及启示》（《上海党史与党建》2012 年 7 月号）一文中认为，依靠政党治理的国家，能否对执政党采取有效监督对国家治理有着重要影响，党际监督是对执政党进行监督的重要形式。议会在国家权力结构中的地位是党际监督的决定性因素；法制化的监督机制和程序是党际监督的重要保障；国家政治生活的公开与透明是党际监督的必要条件；新闻与舆论自由是党际监督的必然要求；加强与选民联系和社会运动是党际监督的有效途径。国外政党党际监督的有效举措对我国民主党派民主监督职能的有效发挥具有一定的启示和借鉴意义：第一，中国共产党领导的多党合作和政治协商制度是我国民主党派民主监督的制度平台，强化人民政协在国家权力结构中的地位才能充分有效地发挥民主监督作用。第二，健全和完善法制化的监督机制和程序设计，为民主监督提供依据。第三，通过新闻舆论和政治公开透明等保证公众的知情权。第四，实现各种监督方式的协调和功能互补，才能形成有效监督。

（五）多党合作制度与社会稳定

转型期的社会稳定问题，是人们普遍关心的问题。维护社会稳定，既是多党合作制度的功能，也是多党合作制度的优势所在。研究者对这一问题进行了深入研究，其主要观点如下：

袁廷华在《中国政党制度与国家政治稳定》(《中央社会主义学院学报》2012 年第 5 期）一文中认为，政治稳定是政治和社会良性发展的必要条件。中国现代化的高速发展，伴随着政治与社会的不稳定状态。中国政党制度把领导核心的一元性与结构的多元性相结合，形成了强大的政治稳定功能。中国政党制度确立了中国共产党的领导核心地位，从而在制度层面有效地解决了中国现代化变迁对政治权威和社会主导力量的客观需求。中国共产党是引领中国走向现代化的权威力量，也是维护政治稳定和社会长治久安的中坚力量。中国政党制度把中国共产党的领导与各民主党派、无党派代表人士的广泛参政结合起来，构建了民主开放的政党制度结构，为不同社会群体和社会组织的政治参与提供了制度化渠道。中国政党制度实行多党派合作，强化了政党制度的兼容和同化功能，强化了政治参与的有序性，从而提高了政治制度和政党制度在现代化变迁和多元社会发展过程中的适应能力。中国政党制度以共同的政治目标凝聚各政党和社会成员，以合作、协商代替对立、争斗，能够有效地避免政党对立、政党竞争造成的政治动荡，防止政治量之间的重大和根本分歧，推动社会共识的形成，减少政治发展中的政治内耗，降低政治运行的成本，有利于促进政治稳定。中国政党制度在维护国家政局稳定、社会稳定、民族团结和国家统一等方面都发挥着至关重要的作用。

张文岩在《我国政党制度与社会稳定的关系：一种比较的视角》(《兰州大学学报·社会科学版》2012 年第 3 期）一文中认为，世界政党政治发展表明，政党制度与一个国家的社会稳定存在密切关系。中国共产党领导的多党合作和政治协商制度，由于拥有强大执政党及和谐稳定的政党关系，并且发挥了重要的社会整合功能，从而对于保持我国政治和社会稳定发挥了重要作用。多党合作制度可以通过增强我国政党制度的民主功能，发挥民主党派的民主监督作用和协调社会利益关系化解利益矛盾促进社会稳定。

程林顺、杨静在《社会稳定与中国特色政党制度的功能开发研究》(《江苏省社会主义学院学报》2012 年第 5 期）一文中认为，充分发挥中国特色政党制度政治参与、利益表达、社会整合、民主监督、稳定社会的功能，需要因应当前社会发展形势需要，对中国特色政党制度的功能进行开发，实现民主协商、民主监督的制度化、规范化，从而奠定社会稳定的民主化、法治化基石；中国特色政党制度的功能开发，将拓展维护社会稳定的政治参与形式，形成多元利益的协调与整合机制，促进社会稳定实现，体现了和谐社会的内在要求。

（六）多党合作制度与现代化建设

多党合作制度是重要的国家软实力，在社会主义现代化建设中发挥着重要作用。相关观点如下：

袁廷华在《中国政党制度与国家经济和社会现代化》(《中央社会主义学院学报》2012 年第 1 期）一文中认为，在发展中国家，政党和政党制度与现代化的关系同发达国家有着很大的不同。中国实现经济和社会现代化面临的特殊国情条件，决定了中国政党制度在推进国家经济和社会现代化过程中的重要作用。中国政党制度把领导核心的一元性和结构的多样性结合和统一起来，形成强大的整合功能、独特的民主功能和有效的稳定功能，这些功能与中国实现经济和社会现代化的功能需求有着紧密的内在契合性。一是确立了推进现代化发展的现代政治权威。二是能够立足于人民的长远利益和根本利益制定和实施长远发展规划。三是能够保证改革发展路线和政策长期稳定并一以贯之地实施。四是能够构建高效率、低代价的公共决策优化和社会动员机制。五是能够促进政治人才培育和避免人才浪费，满足现代化建设对政治人才的需求。六是能够有效地维护现代化进程中的政治稳定。

邱章乐、刘光复在《发挥多党合作优势，提升国家软实力》(《群言》2012 年第 3 期）一文中认为，政治文化是软实力的核心。我国的政治文化用一句话表述即“中国特色社会主义”，其中最有特色的、有别于他国的是“多党合作”制度。中国特色社会主义现代化建设是政府（执政党）推进型，民主党派是友好参政，政治文化依靠执政党和参政党来共同实现，无论是民族精神培育，传统文化的现代化转换，政治价值观与意识形态的统合等，都离不开执政党和参政党的共同合作。这几年我们在应对世界金融危机、汶川大地震等方面，表现了多党合作制度的优越性。因此，我们可以建立这样的构建与提升我国国家软实力的路径选择：加强多党合作，提升执政党的包容性，培育与形成新的政治文化，凝聚民族精神与激发创新意识，促进国内软硬实力的建设

沈丹萍在《多党合作与国家软实力问题研究》(《辽宁省社会主义学院学报》2012 年第 4 期）一文中认为，国家软实力是指一个国家制度、文化和意识形态的吸引力和向心力。多党合作是国家软实力的重要组成部分。政治软实力是政党运作的，政党是政治软实力构建与发挥的主体。亨廷顿认为，政治稳定的先决条件在于一个能够同化现代化过程中所产生的新兴社会势力的政党制度，这种制度将使社会长治久安。所以，作为现代民主政治重要组成部分的政党制度，是现代民主政治运行的必要条件，是国家软实力的重要组成部分，也是国家软实力的集中体现。

五、多党合作制度的思想和理论

本年度关于多党合作制度的思想和理论研究，学者们主要研究了领袖人物的多党合作思想、中共十六大以来多党合作理论的新发展、多党合作制度的理论基础、多党合作制度的理论框架和范畴。其中，理论基础研究为重点内容。

（一）多党合作思想

在多党合作思想研究方面，学者们主要研究了毛泽东、周恩来、胡锦涛、邓演达等伟人的多党合作思想，其中周桂芹的《胡锦涛多党合作思想论析》最富新意。

闫立光在《论邓演达的联共思想与实践——兼论坚持和完善我国的多党合作制》(《工会论坛》2012 年第 1 期）一文中认为，邓演达是中国农工民主党的创始人，是中国民主党派的先驱。在民主革命的过程中，邓演达坚决拥护和忠实执行孙中山“联俄、联共、扶助农工”的三大政策，一直坚持与共产党合作的主张。尽管由于各方面的原因，未能最终实现同共产党的合作。但是，探析其联共思想和实践，对于坚持和完善中国共产党

领导的多党合作制度有着重要的启迪：一是必须坚持中国共产党的领导。二是中国共产党要坚持求同存异的原则，正确处理与民主党派的关系。三是民主党派自身也要不断学习，提高各个方面的能力。

任世红在《毛泽东多党合作思想的战略思维》(《湖南省社会主义学院学报》2012年第3期）一文中认为，毛泽东是中国共产党领导的多党合作事业的开拓者、多党合作制度的奠基者和多党合作理论的创立者。新民主主义革命时期，毛泽东把中国建立多党民主联合政府看做是历史法则，折射出深邃的历史眼光。在社会主义条件下，毛泽东以苏为鉴，提出“长期共存、互相监督”，展现出宽广的国际视野。毛泽东关于社会主义矛盾学说的创立，为超越苏联斯大林模式的一党制，建立共产党领导的多党合作制，提供了坚实的理论支撑。推进多党合作事业的科学发展，必须承继毛泽东多党合作思想的战略思维，切实把多党合作制度和政策“在全党思想上和工作上确定下来”。

蒲跃在《毛泽东与中国特色多党合作理论的创立》(《湖南省社会主义学院学报》2012年第2期）一文中认为，有中国特色的多党合作理论作为毛泽东统一战线思想的重要组成部分，在当代新的实践中不断发展，成为有中国特色社会主义政党制度不断完善和发展的理论依据和政策原则。第一，争取中间力量，努力寻求与民主党派的联合。第二，强调“共存”，正确处理中共与各民主党派的关系。第三，注重“监督”，推进社会主义民主政治建设。第四，以“协商”制度化，确保“长期共存，互相监督”。

王武岗、肖玲令在《民主革命时期毛泽东多党合作思想的历史考察》(《福建党史月刊》2012年第8期）一文中认为，毛泽东的多党合作思想是毛泽东思想的重要组成部分，是我国多党合作政治制度建立和完善的重要指导思想。民主革命时期毛泽东的多党合作制思想是对马克思主义关于统一战线、党派合作思想的继承与发展，大致经历了三个阶段：大革命和土地革命战争时期是提出和形成阶段，抗日战争时期是成熟阶段，解放战争时期是进一步发展阶段。毛泽东论述了中国共产党与其他党派合作的必要性和可能性；中国共产党与其他党派合作中的领导权问题；中国共产党与其他党派合作实现领导权的策略；中国共产党与其他党派合作的具体方针、原则。

陶林、左用章在《论周恩来对马克思主义多党合作理论中国化的独特贡献》(《沧桑》2012年第2期）一文中认为，周恩来是中国共产党领导的多党合作政治协商制度的重要开拓者和奠基人，对于马克思主义多党合作理论作出了许多独特的贡献：多党合作是长期的而不是短期的暂时的；各党派的关系是平等独立的；根本方针是长期共存互相监督；重要途径是政治协商；共产党人要永远坚持民主协商。其当代价值有：有利于进一步坚持和完善中国共产党领导的多党合作和政治协商制度；学习周恩来的伟大人格，处理好共产党和民主党派的关系；研究周恩来多党合作的理论可以拓展马克思主义中国化研究的视野，推进我国多党合作政治协商制度及其运行机制的创新。

周桂芹在《胡锦涛多党合作思想论析》(《社会科学家》2012年1期）一文中认为，胡锦涛在建设中国特色社会主义政治的进程中，同样非常重视多党合作制度的建设，他依循社会发展的新情况，提出了一系列新的理论概括和工作思路，形成了理论上的新突破。胡锦涛多党合作思想具有鲜明的时代特色。一是民本性。以人为本是胡锦涛多党合作思想最为本质的特点，又是胡锦涛多党合作思想的理论归宿。二是实践性。突出理论对实践的指导。三是创新性。胡锦涛多党合作思想，丰富和发展了马克思主义关于多党合作学说的内容，为我国多党合作制度的完善提供了理论上的支撑，推动了我国社会主义民主政治建设的进程。

（二）多党合作理论的新发展

中共十六大以来，伴随着多党合作事业的发展，多党合作理论和政策也不断创新。研究者对多党合作理论和政策的新发展进行了梳理和总结。其中佟一的《中共十六大以来我国多党合作理论的创新与发展》和陈延武的《中国特色社会主义民主政治理论的创新》最具代表性。

佟一在《中共十六大以来我国多党合作理论的创新与发展》（《团结报》2012 年 7 月 10 日）一文中认为，中共十六大以来，以胡锦涛同志为总书记的中共中央进一步丰富了多党合作的理论体系。（1）提出多党合作是社会主义政治文明的重要组成部分。（2）明确多党合作和政治协商重要政治准则。（3)进一步充实和完善了民主党派性质的内涵。（4）明确无党派人士在多党合作中的地位、职能和作用。（5）明确了无党派人士在多党合作中的地位、职能和作用。（6）把政治协商纳入决策程序是政治协商的重要原则。（7）强调执政党建设与参政党建设互相促进。（8）提出巩固和发展社会主义和谐政党关系。（9）提出坚持中国特色社会主义政治发展道路是民主党派政治交接的核心。（10）提出“思想上同心同德、目标上同心同向、行动上同心同行”是多党合作制度最鲜明的特质。

陈延武在《中国特色社会主义民主政治理论的创新》（《光明日报》2012 年 8 月 22 日）一文中认为，党的十六大以来，以胡锦涛同志为总书记的党中央与时俱进，以科学发展观为理论指导，认真总结改革开放以来我国多党合作理论成果和实践经验，丰富了中国特色政党制度理论体系，推动了多党合作理论和实践的创新发展。（1）提出坚持和完善中国共产党领导的多党合作和政治协商制度是建设社会主义政治文明的重要内容。（2）充实完善多党合作和政治协商的政治准则。（3）进一步完善民主党派性质的内涵。（4）首次明确无党派人士在多党合作中的地位、职能和作用。（5）明确了政治协商的重要原则。（5)提出巩固和发展社会主义和谐政党关系。（6)提出“思想上同心同德、目标上同心同向、行动上同心同行”是多党合作和政治协商制度最鲜明的特质。

肖艳在《十六大以来多党合作和政治协商制度的发展创新及其现实意义》（《福建省社会主义学院学报》2012 年第 2 期）一文中认为，党的十六大以来，以胡锦涛同志为总书记的党中央，着力推进我国多党合作和政治协商制度建设。明确坚持和完善中国共产党领导的多党合作和政治协商制度是建设社会主义政治文明的重要内容；提出发展是中国共产党执政兴国的第一要务，也是各民主党派参政议政的第一要务；完善了对新世纪新阶段民主党派性质的表述；完善了政治协商的原则、形式、内容和程序；完善了民主监督机制。这一理论的发展创新及其实践将有助于增进国际国内社会对这一政治制度的认同，将会促进中国特色社会主义政治、经济、文化、社会等方面的发展，具有重大的现实意义。

范春婷在《十六大以来政党关系的理论发展及路径》（《天水行政学院学报》2012 年第 5 期）一文中认为，中共十六大以来，以胡锦涛同志为总书记的党中央在继承多党合作政党关系现有理论的基础上，创新了对民主党派性质的表述，进一步提出了建设和谐稳定的政党政治关系，丰富和发展了多党合作理论。（1）从现实变化的角度丰富和发展民主党派性质的内涵。（2）从和谐社会建设的高度来认识和处理我国政党之间的关系。建设和谐政党关系的路径：（1）加强和完善中国共产党的领导。（2）强化和拓展参政党自身的建设。（3）丰富和充实多党合作的制度与实践。

刘洁、陆翠岩在《马克思主义多党合作学说中国化的理论创新》（《社会科学战线》2012年第5期）一文中认为，中国共产党长达90年的革命、建设和改革的具体实践极大地丰富和完善了马克思主义多党合作学说，为马克思主义理论的发展作出了重要贡献。其一，坚持多党合作的长期性。其二，多党合作要坚持“互相监督”。其三，坚持平等、高效的党际协商民主。

佟一在《中共十六大以来我国多党合作的理论、政策与实践》（《中共中央党校学报》2012年第4期）一文中认为，中共十六大以来，多党合作理论的创新与发展，推动了政策措施的创新与发展。（1）加强和改善中国共产党对多党合作的领导中国共产党的坚强领导，是我国多党合作制度巩固和发展的根本保障。（2）进一步规范了政治协商的内容、程序与形式。（3）进一步规范了参政议政的内容、程序与形式。（4）规范了民主监督的内容、程序与形式。（5）支持和协助民主党派加强自身建设。（6）明确了民主党派代表人士队伍建设的相关政策。（7）进一步完善政策措施、健全工作机制。

（三）多党合作制度的理论基础

关于多党合作制度理论基础的研究是本年度研究的一个重点内容，观点比较多，争论也比较大。其中刘润堂的《中国特色政党制度理论体系的逻辑起点》和孙津、张丽的《中国政党制度创制得以成立的理论根据》最具代表性。

朱广亮在《略论中国特色社会主义政党制度的理论基础——一种系统论的解读》（《长春理工大学学报·社会科学版》2012年第6期）一文中认为，要弄清中国特色社会主义政党制度的理论基础，首先有必要科学界定中国特色社会主义政党制度理论基础的内涵。中国特色社会主义政党制度的理论基础是这一制度立足于中国实际国情、决定中国政党制度的性质、发展方向、政党互动模式和政治结构状态的理论依托或根据。它是多层次构成的有机整体。第一个层次即最内在、最本质的层次是马克思主义哲学，这是中国特色社会主义政党制度理论基础的哲学根基，是中国特色社会主义政党制度最根本的世界观和方法论基础。第二个层次是基本原理层次，即是马列主义多党合作思想。这一层次是中国特色社会主义政党制度理论基础的中间层，它在理论基础的结构中起着承上启下的桥梁作用。第三个层次是实践层次，即马列主义多党合作思想的中国化。中国特色社会主义政党制度的理论基础具有着鲜明的特性：整体性、传承性、实践性、先进性、目的性。

孙信在《论中国特色政党制度理论的理论基础》（《新视野》2012年第2期）一文中认为，贯穿1989年《中共中央关于坚持和完善中国共产党领导的多党合作和政治协商制度的意见》和2005年《中共中央关于进一步加强中国共产党领导的多党合作和政治协商制度建设的意见》的两条主线，一是坚持和改善中国共产党的领导，二是发扬社会主义民主，充分发挥民主党派的作用。这是中国特色政党制度理论的理论基础，是马克思主义多党合作的基本原理，是中国多党合作实践经验的科学总结，是中国政党制度与其他国家政党制度的根本区别，是中国特色政党制度的根本指导思想。

刘润堂在《中国特色政党制度理论体系的逻辑起点》（《新视野》2012 年第 5 期）一文中认为，中国特色政党制度理论体系是中国特色社会主义理论体系的重要组成部分。要构建中国特色政党制度理论体系，必须要紧紧把握住逻辑起点这一最本质、最基本的要素。从逻辑起点的基本条件来考察，政党关系是中国特色政党制度理论体系的逻辑起点。这是因为，政党关系是中国特色政党制度理论体系中最简单、最抽象的规定；政党关系揭示了中国特色政党制度理论体系的最本质规定，是中国特色政党制度理论体系的基石；政党关系贯穿于中国特色政党制度理论发展的全过程。

邸乘光、贾绍俊在《中国特色政党制度创设的理论依据》（《山西社会主义学院学报》2012 年第 1 期）一文中认为，中国特色政党制度即中国共产党领导的多党合作和政治协商制度。中国特色政党制度的理论基础，包括中国特色政党制度形成、确立和发展的思想渊源、理论依据和原则遵循。毛泽东及以其为核心的第一代中央领导集体在领导中国新民主主义革命的实践过程中，继承和发展了马克思列宁主义关于政党、统战和民主的理论，形成了具有中国特色的政党、统战和民主理论。中国特色政党制度就是在毛泽东关于政党、统战和民主的理论指导下形成和确立的。如果说马克思列宁主义关于政党、统战和民主的理论是中国特色政党制度形成的思想渊源，那么毛泽东思想关于政党、统战和民主的理论则是中国特色政党制度形成和确立的直接理论依据。

福建省社会主义学院课题组在《中国特色政党制度理论体系的理论基础研究》（《福建省社会主义学院学报》2012 年第 6 期）一文中认为，中国特色政党制度理论体系的理论基础包括三方面：马列主义多党合作思想是中国特色政党制度理论体系的理论渊源；马克思主义中国化的政党理论形成是中国特色政党制度理论体系的直接理论基础，标志着中国特色政党制度理论体系的初步形成；中国特色人民民主理论是中国特色政党制度理论体系的立论基石，是贯穿于整个理论体系的主线。

熊必军在《合作理论视域下的中国特色政党制度理论基础探源》（《黑龙江省社会主义学院学报》2012 年第 2 期）一文中认为，从合作理论的视角出发，就中国特色政党制度的政党合作理论基础而言，中华传统文化所蕴含的“合作”精神的文化特性是中国特色政党制度政党合作理论基础的文化之源；人类社会的合作思想探索是中国特色政党制度政党合作理论基础的思想之源；马克思主义政党学说中的政党合作理论、党的三代领导集体和以胡锦涛为总书记的党中央，对中国共产党领导的多党合作制度一系列的政党合作论断，是中国特色政党制度政党合作理论基础的理论之源。

孙津，张丽在《中国政党制度创制得以成立的理论根据》（《中国延安干部学院学报》2012 年第 6 期）一文中认为，中国的政党制度运作有效、成绩斐然，但却相对欠缺专门理论体系的根据支撑，而当今通行的（即所谓西方的）政治学又不能为这种理论根据提供准确理解和分类规范。针对这种情况，本文的分析论证表明，第一，中国政党制度创制得以成立的理论根据，在于它具有范畴沟通及其应用的普适性、特色创制的合法性，以及道义为善的合理性。第二，从学科意义上讲，中国政党制度的创制可以具有与通行政治学进行沟通和范畴应用的相应话语。第三，中国政党制度的特殊性和普适性提供了政治学理论的创新内容，其主要含义在于创制与发展相同一的政治文明。由于这三点，建构中国特色社会主义的政党理论就是完全必要、非常适时、切实可行的；而对于这三点的重视和认识，也为改变当前理论滞后于实践的情况、以及建构中国特色社会主义的政党理论体系提供了切合实际的思路。

白元祖、曾庆亮在《中国特色社会主义政党制度形成的理论渊源》(《学理论》2012年13期）一文中认为，中国共产党领导的多党合作制度和政治协商制度是毛泽东等中国共产党人自觉运用马列主义多党合作理论和统一战线思想，结合中国革命实践，在和民主党派紧密合作的基础上形成的。马克思恩格斯的多党合作理论和统一战线思想、列宁统一战线思想和多党合作理论为这一政党制度的产生提供了理论依据和科学指导。

（四）多党合作制度的理论框架和范畴

关于多党合作制度理论框架的研究，研究者对构建多党合作理论的重要性和必要性、理论框架的具体内容和构建方法等深入探讨，其中，以任春晓的《中国特色政党制度理论体系框架结构研究》最具代表性。程竹汝的《多党合作和政治协商制度的几个基本范畴》一文，也很有创意。

任春晓在《中国特色政党制度理论体系框架结构研究》(《中央社会主义学院学报》2012年第3期）一文中认为，中国特色政党制度理论体系框架结构研究的重点难点在于：一是准确把握研究过程中的度，使理论的出发点和落脚点始终围绕完善中国特色政党制度和发展社会主义民主政治来展开。二是摒弃或照搬西方的学术语言和政治逻辑，用洋瓶装土酒；或照搬中央文件和相关会议精神，用政策代替研究这种极端的研究方法。三是用马克思主义的政党理论指导中国特色政党制度理论的创建，在承认普世价值的同时展现中国特色的国家治理模式。四是立足于现实预测我国政党制度的变化趋势，充分发挥理论对现状的批判功能，通过对社会的弊端、旧制度和旧思想的批判来更新人的观念、解放人的思想；充分展现理论对时代的塑造引导功能，通过思想构造未来，提出社会发展的理想目标，进而动员和掌握群众，转化为变革社会的巨大物质力量。为此，要采用要素分析法、功能分析法、范式分析法和目标分析法，从中国特色政党制度的历史文化论、生态合力论、进化发展论三个方面来构建理论体系。

梁宏、马力在《关于构建中国特色政党制度理论体系的几点思考》(《江苏省社会主义学院学报》2012年第5期）一文中认为，构建中国特色政党制度理论体系的意义在于：(1）构建中国特色政党制度理论体系为坚持、完善和发展中国特色政党制度提供理论支撑和科学理论指导。(2）构建中国特色政党制度理论体系是总结我国多党合作成功经验的现实需要。(3）构建中国特色政党制度理论体系是应对当代世界西方政党理论和政党制度现实挑战的迫切需要。要正确把握中国特色政党制度理论体系与中国特色社会主义理论体系的关系。(1）中国特色社会主义理论体系是马克思主义中国化最新成果。(2）中国特色政党制度理论是中国特色社会主义理论体系的重要组成部分。(3）构建中国特色政党制度理论体系要积极借鉴人类政治文明的有益成果。

王远启在《打破西方政党制度话语遮蔽构建中国特色政党制度理论体系》(《江苏省

社会主义学院学报》2012 年第 1 期）一文中认为，西方政党制度对中国多党合作制的消极影响主要表现在三个方面：一是以西方民主价值观作为普世价值，对中国共产党领导的多党合作制进行理念侵蚀和价值瓦解。二是以西方民主理论的霸权地位，对中国共产党领导的多党合作制进行理论攻击和思想倾轧。三是以西方民主政治模式为标准，在世界范围内推广西方民主制度，企图对中国内地社会主义政党制度进行"西化"，对社会主义政权进行颠覆。对于其负面影响，则必须作出积极的防御性回应。一是理性对待西方政党制度的影响。二是倡导世界政党制度的多样性。三是借鉴西方政治制度文明。打破西方政党制度话语遮蔽，是为了中国多党合作制度理论体系的"立"。我们要正确处理这种"破"与"立"的辩证关系，打破西方民主政治的话语霸权，跳出西方政党制度模式的窠臼，努力探索形成有中国特色政党制度理论体系。"破"的要诀：改变思维定式，攻其要害。"立"的关键：构建特色理论，重在创新构建中国特色政党制度理论体系。重要原则：坚持中国特色社会主义政治发展道路。

王树臣在《中国特色政党制度基本架构探究》(《重庆社会主义学院学报》2012 年第 4 期）一文中认为，中国共产党领导的多党合作和政治协商制度在建立和发展过程中形成了价值理念、运行规则、政党主体、政治行为等框架体系，成为中国发展模式中的一大政治特色。价值理念是中国政党制度的立制之本。主要包括民主的理念、发展的理念和合作理念。运行规则是中国政党制度的发展之基。主要包括宪法至上的运行规则、适应国体的运行规则和政党定位的运行规则。主体关系是中国政党制度的存在之据。主要包括团结合作的关系、作用互补的关系和相互促进的关系。政治行为成为中国政党制度的力量之源。主要包括聚集行为、吸纳行为和选录行为。

周域在《深化当代中国政党制度理论研究应关注的几个重要问题》(《云南社会主义学院学报》2012 年第 3 期）一文中认为，当代政党制度的理论体系，内涵十分丰富，主要包括：第一，共产党领导，多党派合作。第二，共产党执政。第三，多党派参政。第四，共产党与各民主党派实行"长期共存，互相监督，肝胆相照，荣辱与共"的基本方针。第五，以人民政协作为多党合作的重要组织形式。第六，中国共产党和各民主党派坚持四项基本原则，共同致力于中国特色社会主义的伟大事业。此外，中国共产党在长期实践的基础上，还提出了衡量当代中国政党制度的基本标准。上述这些基本内容构成了当代中国政党制度理论体系的基本框架及运行机制。

程竹汝在《多党合作和政治协商制度的几个基本范畴》(《中国政协理论研究》2012 年第 1 期）一文中认为，观察改革开放以来中国的政治发展，就增量民主的维度而言，中国共产党领导的多党合作和政治协商制度数十年来的发展应是一个集中的体现。在政治制度史上，这项制度非常年轻且极具中国特色，它内含着的一系列基本关系和范畴正在实践中逐渐展开，这些基本关系或范畴主要包括：执政与参政、领导与合作、协商与监督、代表与参与。此四对基本关系或范畴构成了紧密联系的一个体系：执政与参政意指制度内主体不同的政治地位，领导与合作意指制度内主体不同的政治关系，协商与监督意指制度内主体的政治行动方式，而代表与参与则意味着制度内主体政治行动方式的性质。它们共同展现了中国共产党领导的多党合作和政治协商制度的基本内涵。

此外，施雪华的《中国共产党领导的多党合作和政治协商制度研究回眸与改进建议》

也很有颇有见地，并具有很强的操作性。

施雪华在《中国共产党领导的多党合作和政治协商制度研究回眸与改进建议》(《广州社会主义学院学报》2012 年第 4 期）一文中认为，中共领导的多党合作和政治协商制度的研究虽然取得了上述重要而丰硕的成果，然而，与目前国内外形势进一步强化中共领导的多党合作与政治协商工作的要求相比，依然存在一定的距离和不足，需要进一步强化如下十个方面的工作：(1）需要加强基础理论研究。(2）需要推进动态研究和定量分析。(3）需要加强微观研究和可操作性研究。(4）需要强化多学科研究与合作。(5）需要加速研究成果向实践运用的转化。(6）需要党政机关和研究机构联合搭建信息和研究平台。(7）需要建立一支专业的跨学科综合性研究队伍。(8）需要加强研究和发展规划及其政策指导。(9）需要加强研究经费的投入。(10）需要加强国际交流与合作。

六、多党合作制度的坚持和完善

本年度关于坚持和完善多党合作制度的研究，主要集中在巩固多党合作的思想政治基础、加强多党合作制度化、规范化、程序化和法制化建设、充分发挥网络民主的正能量和坚持和完善多党合作制度的路径选择四个方面。其中，加强多党合作制度化、规范化、程序化建设是重点，充分发挥网络民主的正能量是热点。

（一）巩固多党合作的思想政治基础

加强教育，增进共识，巩固多党合作思想政治基础，是坚持和完善多党合作制度的首要任务。杜青林的《加强政治共识教育不断夯实多党合作的共同思想政治基础》和龙兵的《部分大学生对我国政党制度产生困惑认识的原因及对策探析》为干部教育和学生教育指明了路径。

杜青林在《加强政治共识教育不断夯实多党合作的共同思想政治基础》(《中央社会主义学院学报》2012 年第 2 期）一文中认为，思想的统一、行动的一致、力量的凝聚，都需要以取得共识为前提。各民主党派、无党派人士与中国共产党在长期革命、建设和改革实践中所形成的政治认同、理论认同、情感认同，既是多党合作形成的重要条件，也是多党合作发展的思想根基。共识凝结多党合作的光荣传统，彰显多党合作的鲜明特质，体现多党合作的政治准则。多党合作的政治共识，具有深厚的历史底蕴、稳定的制度文化和鲜明的中国特色，主要包含：指导思想的统一、政党关系的认同、政治制度的遵循和共同目标的追求。强化政治共识，事关多党合作发展的根基，需要中国共产党与各民主党派、无党派人士的共同努力。各民主党派和无党派人士要把强化政治共识作为根本任务，以思想建设坚定共识，以服务大局深化共识，以政治交接巩固共识，以自我教育增进共识，不断夯实与中国共产党团结奋斗的共同思想政治基础。

乔方亭在《论增强我国多党合作制度的社会认同感》(《湖北省社会主义学院学报》2012 年第 1 期）一文中认为，增强我国多党合作制度的社会认同感有利于巩固我国多党合作制度的政治合法性，有利于增强人们坚持中国特色社会主义政治发展道路的自觉性和坚定性，有利于促进我国政党关系和谐，维护社会政局稳定，有利于抵制西方国家对我国政党制度的“西化”。认同感缺乏的主要表现为：一是只知道有中国共产党，而不知道还有八个民主党派和无党派人士，更不知道中国实行的是多党合作制。二是认为只有多党轮流执政才是民主。三是认为当前出现的腐败现象是共产党长期执政造成的。四是认为民主党派只是一般的社团，而不是真正意义上的政党。广泛宣传，重点教育是增强社会认同感的重要途径。首先，全社会各个阶层、各个方面的受众，不分学历高低，都是宣传的对象。其次，运用大众传播媒介。第三，我国多党合作制度的形成、确立与发展是一个历史的过程，是中国共产党和中国人民政治智慧的结晶，其内容非常丰富，是我们进行宣传的不竭资源。

马莎在《巩固多党合作的思想政治基础》(《前进论坛》2012 年第 10 期）一文中认为，中国特色社会主义共同理想是社会主义核心价值体系的主题，是社会主义意识形态的本质体现，也是巩固多党合作的思想政治基础。一要树立社会主义核心价值体系，夯实多党合作的思想政治基础。二要践行社会主义核心价值体系，提高履行参政党职能的水平。

龙兵在《部分大学生对我国政党制度产生困惑认识的原因及对策探析》(《思想政治教育研究》2012 年第 1 期）一文中认为，部分大学生对我国政党制度产生困惑认识的原因是多方面的：第一，西方文化和价值观念的强力渗透，是导致部分大学生对我国政党制度产生困惑认识的根本因素。第二，部分思政课教师和学生不了解我国政党制度发展演变的历史，对西方政党制度缺乏深刻认识，盲目崇拜甚至美化西方政党制度，是导致部分大学生对我国政党制度产生困惑认识的内在因素。第三，社会不良现象和社会体制转型时期面临的难题，是导致部分大学生对我国政党制度产生困惑认识的客观因素。对策和建议：第一，用社会主义核心价值体系武装大学生头脑，构筑抵御西方文化和西方价值观念渗透的“防火墙”。第二，多渠道、全方位、立体式对思政课教师和学生进行政党制度的历史教育，帮助他们正确认识我国政党制度的优越性。第三，通过发展解决改革开放和社会主义现代化建设过程中出现的各种矛盾和问题，从根源上消除大学生对我国政党制度的抵触情绪。第四，理论工作部门及时做出具有说服力的解答，从思想上消除大学生对我国政党制度的困惑认识。

（二）加强多党合作制度化、规范化、程序化和法制化建设

关于多党合作制度化、规范化、程序化和法制化建设，是本年度研究的重点内容。研究者对此问题进行了深入广泛的研讨，取得了一大批研究成果。熊必军的《制度设计理论对完善与发展中国特色政党制度的启示》、陈喜庆的《关于推进多党合作和政治协商程序化建设的认识》、上海市社会主义学院课题组的《完善中国特色政党制度的重点问题研究——政党规范的中国式表达》和孟大川的《论中国特色政党制度法治化的走向》最具代表性。

熊必军在《制度设计理论对完善与发展中国特色政党制度的启示》(《天津市社会主义学院学报》2012 年第 1 期）一文中认为，中国特色政党制度就是中国共产党领导的多党合作和政治协商制度，是中国的一项基本政治制度，是符合中国国情的社会主义政党制度。在我国的政治生活中，多党合作制度的制度结构已经适应了我国社会历史的发展，

确立了我国政党制度的基本模式，产生了很好的制度效率，是不需要改变的。但社会发展的持续性及人的有限理性要求要不断进行制度变革与创新，才能适应社会的发展趋势。因此，制度设计理论对在加强我国社会主义民主政治建设的进程中，如何加强中国特色政党制度安排的制度设计有着重要的启示意义。

安彩英在《浅析中国政党制度路径优化的选择》(《新乡学院学报·社会科学版》2012年第4期）一文中认为，坚持和完善我国的政党制度的主要路径为：一是执政党权威的重建与强化。中国共产党政党权威的重建,从根本上来说就是要增强执政党执政的合法性，创造新的合法性资源。二是加强参政党自身建设，提高参政党的参政能力。三是重新确立党与国家、社会的关系。四是优化党际关系，增强政党制度的包容力。

倪立新、石媛在《以“制度设计”的视角推进多党合作制度化》(《广东省社会主义学院学报》2012年第4期）一文中认为，我国多党合作政党制度的确立与发展，既是历史实践推动的结果也是我党“制度设计”的结果。我国多党合作制度化中“制度设计”要以坚持中国共产党的领导和坚持走中国特色政治发展道路为前提、以开发多党合作制度的社会整合和民主监督功能为重点、要注重细节与程序、增强制度落实的可操作性、要有配套制度设计，不容忽视法制化问题。

王远启、沈立铭在《中国多党合作制度化的原则阐释》(《天津市社会主义学院学报》2012年第2期）一文中认为，中国多党合作制度化不仅应坚持和体现、而且应内含与活化的基本原则是：体现我国国体的特点，体现人民民主的本质要求，体现多党合作的文化理念，体现多党合作的基本准则，体现我国政党制度的衡量标准，体现政党制度的中国特色，体现现代制度文明的重要成果。

徐彬在《以制度为基础健全和完善多党合作机制》(《云南社会主义学院学报》2012年第3期）一文中认为，建立科学、畅通的多党合作机制，是提高多党合作制度效能，促进多党合作制度化、规范化、程序化的重要内容，也是新形势下多党合作制度发展的必然要求。建立和完善多党合作的有机统一体、形成民主党派干部培养选拔和任用的长效机制、健全建言献策的运行机制、推动完善民主监督的工作机制等，是当前多党合作制度建设的重点。

许奕锋在《中国多党合作制度的变迁格局与逻辑展望》(《广州社会主义学院学报》2012年第3期）一文中认为，当下中国多党合作正在不断走向制度化、规范化和程序化的良性变迁，其形成与发展有着自身内在的深层逻辑。我国多党合作的制度变迁作为一项长期的、复杂的、艰巨的系统工程，需要我们站在世界政党政治的发展高度，从宏观战略角度来进行谋划，走一条有中国特色政党政治制度变迁之路。一是秉持建设原则。二是提升制度效能。三是坚持创新推动。

白树海、林萍在《加强多党合作制度化建设的几点思考》(《吉林省社会主义学院学报》2012年第3期）一文中认为，制度建设是一个在制定、执行和在实践检验中不断完善的过程，并且是一个动态的、在理论上永无止境的过程。由于多党合作制度实践的时间比较短，因此，提高多党合作制度化水平的空间比较大。第一，进一步完善政治协商。第二，进一步加强民主监督。应把民主党派的民主监督摆在更加重要的位置，置于国家整个监督体系之中，进一步强化民主党派在监督中的主体地位。第三，进一步加大对多党合作制度的宣传力度。

陈喜庆在《关于推进多党合作和政治协商程序化建设的认识》(《人民政协报》2012年5月2日)一文中认为，程序，规范着事情进行的步骤和次序。协商民主既是多党合作和政治协商制度的重要特征，也是重要内容，同样需要科学程序作保障。第一，这是由协商民主应用范围的广泛性决定的。第二，这是由协商民主目标达成的一致性决定的。第三，这是由协商民主尊重少数的原则性决定的。我国的多党合作和政治协商制度作为一种独具特色的新型政治制度和政党制度，其程序化建设没有先例可循，需要坚持不懈地在探索中推进。第一，坚持程序不能“怕麻烦”，不断增强程序意识。第二，设计程序不能“拍脑袋”，努力构建科学的程序体系。要本着实事求是的态度，着眼中国的国情，深入研究程序，科学论证程序，既注重顶层制度的程序设计，又注重具体制度的程序设计；既注重全国性的程序设计，又注重地方性的程序设计，逐步建立健全一整套科学、完备、管用的多党合作和政治协商程序体系。第三，执行程序不能“走过场”，切实提高程序的实效性。在多党合作和政治协商制度中，中国共产党作为执政党，在决策前的协商中，对党外人士的不同声音和批评建议听得进、容得下，正确的充分采纳；在决策后的施策中，党外人士提出合理意见，也应对落实工作及时调整和改进。

刘雪岩在《推进多党合作制度化规范化程序化建设要素探析》(《吉林省社会主义学院学报》2012年第3期)一文中认为，推进多党合作制度化、规范化、程序化的具体目标就是，使这项基本政治制度在政策上规范化，在制度上完善化，在运行程序上法制化。第一，构筑和完善制度体系。从历史和现实发展的角度看，多党合作制度化的核心，是要解决坚持中国共产党的领导与尊重民主党派在宪法和法律范围内的政治自由、组织独立和地位平等的关系问题。第二，建立和健全运行机制。要健全和完善政治参与机制、权利保障机制和，制衡监督机制。第三，重视程序环节中的创新。程序建设是高制度化的基础。多党合作制度如果缺少具体的规则和运行程序，制度高喊空转、制度形式主义等现象就会出现。所以，重视程序建设和创新，是提升我国政党制度制度化水平的必然要求。

上海市社会主义学院课题组在《完善中国特色政党制度的重点问题研究——政党规范的中国式表达》(《湖南省社会主义学院学报》2012年第2期)一文中认为，政党规范是社会主义政治文明的题中应有之义，也是坚持和完善中国多党合作制度的重要问题之一。从规范内容上分析，政党规范不仅是以法律规范为基础，而且以政党的党章与党纲、党的价值取向、伦理道德为基础。从规范的效应上分析，政党的规范不仅关系到政党与国家、政党与社会、政党与政党之间的关系，而且关系到政党制度的制度化、文明化的程度。政党规范是在政党制度的框架中进行的，所以政党制度的制度化、民主化水平折射出政党规范的程度。同样，政党规范的水平高低与否也将推动或阻碍多党合作制度的制度化、民主化的发展。因此，必须推进制度和文化的建设，提升政党规范的权威性。一是加强政党规范建设，注重政党规范的价值追求。二是坚持制度创新，提升多党合作制度的制度化水平。

岳世平在《浅析我国多党合作制度规范化的内涵与途径》(《天津市社会主义学院学报》2012年第4期)一文中认为，中国多党合作制度规范化有四个基本内涵：即依法治国内涵、充分协商内涵、建设性内涵、利益整合内涵。中国多党合作制度规范化有三个途径：即从充分发挥中国多党合作制度的政治功能着眼，健全和完善专项机制；从有序发挥中国多党合作制度的整体效能着眼，健全和完善工作机制；从稳定发挥中国多党合作制度的作用着眼，健全和完善保障机制。

郭祎在《我国多党合作制度规范化的宪法思考》(《广东省社会主义学院学报》2012年第4期）一文中认为，我国政党制度的“三化”建设是中国特色社会主义政治文明建设的必然要求，是我国政党制度进一步深化和发展的具体体现。可以说，我国多党合作制度朝着制度化、规范化和程序化发展方向的问题不是制度本身的再造或再选择的问题，而是如何适应时代和形势的发展要求来逐步发展及完善的问题。但就中国多党合作制度的“规范化”而言，一方面是实现多党合作制度的由政治逻辑向法律逻辑转变，尤其是向宪法治理逻辑转变；另一方面是确立多党合作制度的各种标准及行为规范，为我国多党合作制度及整个政党制度的科学发展创制条件。如果说法律逻辑的根本起点是宪法，那么标准规范的实施则需要宪法权威的强有力推动。宪法共识是多党合作制度规范化的前提；宪法精神是多党合作制度规范化的方向；宪法权威是多党合作制度规范化的路径。

孟大川在《论中国特色政党制度法治化的走向》(《理论与改革》2012年第2期）一文中认为，推进以中国共产党依法执政和领导为核心，各民主党派依法参政，各政党之间依法相互监督的中国特色的社会主义政党制度的法治化，是实现依法治国方略、完善我国基本政治制度、加强和改善党的领导、建设市场经济体制、加强和创新社会管理的客观要求。中国的政党制度，既是一项政治制度，也是一项法律制度。推进中国特色政党制度的法治化的基本路径主要有：第一，增强现代法治理念。第二，建立健全政党法制体系。第三，推进执政党依法执政。第四，促进参政党依法参政。

夏雨在《我国政党制度发展与改革的法学思考》(《社会科学家》2012年第3期）一文中认为，宪法及其逻辑运动结果的宪政与政党、政党制度关系密切，宪法、宪政内在地需要政党制度，并将其纳入自身的制度体系中，政党制度必然接受宪法的统治。因此，宪法构成了政党制度发展的重要制度条件，并且规约着政党制度的发展。因此，必须按照宪政与法治的要求发展,改革我国的政党制度。政党制度的一个重要价值就是表达民主。对民主的追求成为政党制度发展的动力之一。不过这样一种对政党制度的价值评价过于粗浅。如果说宪政和法治是政党制度发展的必然选择，那么从价值理念上看，政党制度所追求和表达的民主是一种受宪法和法律制约的民主，即宪政民主。宪政民主本身是一种不可多得的价值，但从终极意义看，宪政民主的目的是为了实现人民民主。所以作为政党制度所追求的价值理念分为两个层次：一个是宪政民主；一个是人民民主。当我们这样来定位政党制度的价值的时候，就为政党制度的改革与发展提供了不竭的动力。

惠晓峰、郝琦在《后改革时代多党合作与和谐发展》(《延安大学学报·社会科学版》2012年第4期）一文中认为，从2010年始，改革进入了被有的学者称之为的一个新的发展阶段，即“后改革时代”。后改革时代多党合作是中国共产党与各民主党派长期合作共事关系的继续和发展。这一时期多党合作的主题内容直接体现为和谐与发展，同时多党合作也呈现出全新的时代内涵：实现人民幸福成为直接目标，进一步提高执政能力和参政能力是突出任务,不断强化制度化建设是重要保证。我们要继续传承多党合作的优良传统，不断通过制度化建设保证多党合作的规范化、程序化，保证多党合作的有序性、可持续性。为此一方面执政党自身要率先垂范，认真贯彻落实多党合作和政治协商的制度规定，更应在具体工作中不断完善操作程序、规程等；另一方面应当将多党合作法制化。

（三）充分发挥网络民主的正能量

网络民主的兴起，对多党合作制度产生了重大影响。随着时光的推移，这种影响会越来越大。学者们敏锐地捕捉到了这一新生事物，并对其进行了系统的研究，这也就使网络民主对多党合作制度影响的研究成为今年多党合作制度研究的重点。学者们从网络民主的内涵和特点、对多党合作制度的正负影响和如何发挥网络民主的正能量进行了论证。也许是英雄所见略同，甚至连文章的标题都一样。其中，胡庆亮的《网络民主对我国政党制度的影响及因应对策》和张卫平、黎晓君的《网络民主对我国政党制度的影响和对策研究》最具代表性。

胡庆亮在《网络民主对我国政党制度的影响及因应对策》（《湖北社会科学》2012 年第 8 期）一文中认为，网络民主并不是一种独立的民主形态，而是公民借助网络技术，以网络公共空间为载体，参与社会生活的新型方式。网络民主一经兴起就产生了巨大影响，影响和冲击着既有的政党制度和国家制度。网络民主具有传统民主无可比拟的优越性，对进一步巩固和完善这一制度大有裨益。一是有利于了解民意，汇聚民智，提高中国共产党决策的科学化、民主化。二是有利于弥补制度性缺陷，提高民主党派的参政议政能力。三是有利于不同党派之间的沟通与协商，提高合作型政党制度的实效。四是有利于扩大公众的有序政治参与，提高现有政党制度的政治合法性。网络民主的兴起，也给我国的政党制度带来了前所未有的挑战。一是对主流意识形态的挑战。二是对执政党驾驭局势、应对社会变革能力的挑战。三是对党的新闻宣传的挑战。面对挑战，我们要经济应对。第一，准确理解和把握网络时代执政党所处的环境，牢固树立“网络意识”，掌握舆论主导权。第二，不断拓展政党利用网络的多样化，大力支持各界别组织、代表参与网络问政。第三，积极搭建电子党务平台，推动党务工作的公开化、信息化和高效性。第四，创新党员思想政治教育，扩大和增强执政党意识形态网络传播的实效性。第五，建设网络学习型政党，提高党员的媒介素养和适应环境的能力。

张卫平、黎晓君在《网络民主对我国政党制度的影响和对策研究》（《价值工程》2012 年第 7 期）一文中认为，伴随网络发展起来的“网络民主”不仅影响了人们的生活方式和思想观念，也对政党制度产生了重要影响。这种影响既有积极的方面，也有消极的方面。网络民主促进了政党一些功能的发挥：一是构建了利益表达途径的多样化。二是开创了政治协商的实时化。三是推动了网络问政的常态化。网络民主弱化了政党的某些传统功能。一是网络民主的开放性冲击了我国政党制度的思想基础。二是网络民主弱化了政党的影响力。三是网络民主加强了对精英人才的争夺。网络民主作为一种新型的民主方式，对促进我国的政党制度的完善带来了新的机遇。一是坚持中国共产党的领导核心地位。二是推动网络民主的繁荣健康发展网络民主已经成为凝聚民族和发挥民众创造力的重要源泉，成为丰富民众精神文化生活的重要力量。三是建立和完善网络化政党。我国政党顺应网络潮流已建立了一些政党网站来发布各种信息、加强沟通，增强吸引力和影响力。

网络化政党的核心是通过网络、手机和计算机等工具把民众的关注点联系起来，以此来扩大政党的影响力和活动范围。

华宇在《网络民主对我国政党制度的影响和对策研究》(《前沿》2012年第9期）一文中认为，网络民主是一把双刃剑，对我国政治发展和政党制度建设既是促进，也是挑战。网络民主对我国政治发展和政党制度建设的正面影响：为党主导政治文化社会化提供了新的途径和载体；增强了我国政党制度的监督和预警功能；推进学习型党组织的建设；有利于协商制度的完善和发展。网络民主对我国政治发展和政党制度建设的制约：网络民主使执政党的政治合法性受到一定程度的动摇；网络民主对党的思想建设和主流政治文化提出了新的挑战；网络民主对党员干部的领导水平提出了更高的要求；网络民主对政党制度建设本身也产生了一定的影响。网络民主时代推进中国政党制度建设的对策：第一，加强执政党和政党体系的自身建设。第二，加强党正确的思想领导，提高主导政治文化的先进性和适应性。第三，加快党和政府的信息化建设工作。第四，不断提高党员干部的领导和管理水平。

赵威在《网络民主对我国政党制度的影响及对策研究》(《辽宁行政学院学报》2012年第7期）一文中认为，网络民主是公众以网络空间为场所，基于计算机网络技术的数字互动，积极表达政治意愿，参与政治事务的一种新型民主形式，具有直接性、平等性、便捷性等特点。网络民主形式对我国政党制度提出了新的挑战，无论是执政党还是参政党都应该善用网络民主形式，提高自身执政能力和参政能力，完善我国的政党制度。一是善用网络民主形式，加强民主党派参政议政功能。二是善用网络民主形式，提高政治协商的质量和效率。三是结合网络监督，增强民主监督的实效性。

齐春雷在《网络政治参与对中国特色政党制度政治参与功能的优化》(《中央社会主义学院学报》2012年第1期）一文中认为，作为当代中国民主生活的主渠道，中国特色政党制度理应成为民众政治参与的优选路径，理应提供可靠的制度渠道向政治决策层及时导入网络民意，借助网络的力量建立与网民的常态化联系，健全利益表达和沟通协调机制，开辟了解民情、汇聚民智的新渠道，并及时将网络民意转变为政策依据。一是要利用网络加强政党同民众的联系。二是将政协民主与网络民主相衔接。三是要引导网络政治参与的正确走向。四是要加强网络设施建设。

刘小龙在《网络政治参与对我国政党关系发展的影响及应对思路》(《求实》2012年第3期）一文中认为，网络政治参与是网络时代一种重要的政治变革力量。从政党关系的视角来看，网络政治参与凸显了政党关系本质、丰富政党关系内容和开拓政党交往途径等积极功能，同时也带来了破坏政党关系基础、增加执政参政压力、影响有序参与等严峻挑战。应对网络政治参与、促进政党关系和谐的基本思路有如下三点。第一，完善体制建设是应对网络政治参与、构建和谐政党关系的根本途径。第二，完善网络统战工作是构建和谐政党关系、应对网络政治参与的重要举措。第三，发挥民主党派成员的沟通桥梁、意见疏导的网络功能，也是构建和谐政党关系、应对网络政治参与的有效路径。

王晶、秦树理在《“网络民主”对我国政党制度的影响及对策研究》(《广西社会主义学院学报》2012年第3期）一文中认为，作为一种新型的民主形式，“网络民主”具有传统民主无法比拟和替代的优势，是汇集民情、集中民智的一种方式和途径。“网络民主”充分利用网络的形式，将民主的内涵和实质发扬光大，扩大了公民的知情权、参与权、表达权和监督权，推动了民主政治的发展，也必将对中国特色政党制度的发展产生深远影响。一是“网络民主”能整合各种资源，促进利益整合，维护社会稳定。二是“网络民主”能充分发挥民主监督作用，有利于决策的科学化、民主化。三是“网络民主”为公民广泛参与提供了良好的平台，有利于促进多党合作事业的发展。网络对民主的发展有很大的推动力，政党尤其是执政党要利用好这个渠道。一是优化“网络民主”环境，促进“网络民主”规范化。二是培育公民意识，促进公民理性参与。三是加强法制建设，促进“网络民主”法制化。

王晓在《网络民主的兴起及其对我国政党制度建设的影响》（《辽宁省社会主义学院学报》2012 年第 3 期）一文中认为，网络民主意指以网络为媒介的民主或者是在民主中渗入网络的成分，具有多元性、开放性、匿名性和虚拟性等特征。网络民主的兴起对我国政党制度的利益表达、社会整合、民主监督以及维护稳定等功能带来一定的影响。为了实现对网络社会促进、控制、引导的功能，政党必须顺应历史潮流，不断更新自身的目标、运作机制和活动的方式方法，以推进网络社会建设的管理创新。第一，推动政党参与网络的法制建设，加强电子政府建设。一是加快网络的立法进程，完善虚拟社会的法制建设。二是大力促进“电子政府”建设，引导网络民主的发展。第二，加强政党与虚拟社会的制度化联系，积极创建网络信息的交互模式。一是促进政党与网络世界的制度化联系，积极参与并引导网络社会的活动与发展。二是构建网络信息的交互模式，促进政党和民众之间的交流。第三，不断搭建网络平台，加快政党党务信息公开化。第四，积极保障网络健康有序发展，维护社会和谐稳定。

（四）坚持和完善多党合作制度的路径选择

关于坚持和完善多党合作制度的路径选择，研究者们从不同的角度进行了广泛探讨，大体可分为以下几种情形：一是从当前多党合作存在的问题着手，找出解决问题的对策；二是着眼于多党合作制度的未来发展，提出建设性意见和建议；三是历史的角度，提出可以借鉴的经验和吸取的教训；四是从加强多党合作制度主体建设的角度，发挥多党合作制度的优势。其中，中国政协理论研究编辑部的《中国政党制度与人民民主——访林尚立教授》、周淑真的《中国特色政党制度发展应注重学习借鉴》、《新视野》和王小鸿的《加强党外代表人士队伍建设，坚持和完善多党合作制度》最具代表性。

中国政协理论研究编辑部在《中国政党制度与人民民主——访林尚立教授》（《中国政协理论研究》2012 年第 2 期）一文中认为，从中国政党制度的内在逻辑和发展空间来看，应该着力在理论、体制和机制上处理好四对基本关系：其一，党的领导与多党合作的关系。党的领导与多党合作的关系主要集中于领导与合作、执政与参政这两个基本关系上。这两个基本关系背后的核心问题是两个：一是如何通过多党派合作来巩固党的领导；二是如何通过多党派参政来提高党的执政能力。其二，多党合作与政治协商的关系。政治协商可以在党派之间直接进行，也可以通过人民政治协商会议这个制度进行。从长远发展来看，人民政协这个制度对于完善和充实多党合作更具有实质性意义。其三，政治协商与政治监督的关系。中国的政党制度，一方面源于各社会和政治力量联合对政治协商的内在要求；另一方面源于中国共产党一党领导和执政对民主监督的内在要求。协商固然能够创造监督，但不能替代监督。充实和完善政治监督是中国政党制度建设与发展的基本战略点。其四，政治协商与民主决策的关系。政治协商被纳入决策程序所产生的政治效应是双重的：一是改变决策的程序与过程；二是改变政治协商主体之间的政治关系以及协商形式。关键是要从法律和制度上更好地界定决策中的政治协商，使其有比较明确的边界、机制、程序与形式。

易光敏在《简论我国政党政治发展的三大挑战》（《内蒙古农业大学学报·社会科学版》2012 年第 6 期）一文中认为，（1）民主价值对中国政党政治发展的挑战。民主价值最突出的表现应该是利益的表达和诉求。市场经济利益多元化对政党政治提出了挑战。中国政党政治的发展必须以实现公民政治权利为立足点，而最关键点就是要注意把党内民主与社会民主有机联系起来，实现党内民主与社会民主的有机统一。（2）制度建设的缺失对中国政党政治发展的影响。制度建设是中国政党政治的落脚点。中国政党政治的发展无疑需要制度要素的建构和制度要素之间的相互衔接，形成一套制度体系。（3）社会稳定对中国政党政治发展的挑战。社会稳定是政党政治发展的保障，也是政党政治发展的目标。在过渡型社会，社会不稳定的诸多因素会阻碍政党政治的发展，而建立一个拥有制度化水平高、广大群众都支持的强大政党领导下的政党制度，是政党政治发展的必然要求和有力保障。在我国，这就要求我们在政党政治发展过程中，始终坚持中国共产党领导下的多党合作制度基础上，不断推进我国政党制度向更高水平方向发展。

曾仁端、彭光华在《坚持和完善我国的政党制度》（《湖北省社会主义学院学报》2012 年第 5 期）一文中认为，坚持和完善我国的政党制度，应着力抓好以下几项工作：（1）坚持“多党合作”的政党制度不能动摇。一要坚持多党合作理论建设。二要坚持中国共产党的领导。进一步坚持和完善中国共产党三要坚持“十六字方针”。（2）重视决策前和决策过程中的“政治协商”。民主党派主要领导应参加执政党为了制定重大政策而开展的一切调研活动，只要有执政党领导调研的地方，就应有参政党领导的身影。（3）进一步发挥参政党的民主监督作用。

侯竹青在《历史视域下的中国政党制度研究》（《中共福建省委党校学报》2012 年第 4 期）一文中认为，为了更好地坚持共产党领导的多党合作制，必须不断完善这一制度，根据时代的发展要求不断充实这一制度的基础。首先，中国共产党要重视民主党派的作用，充分尊重民主党派的权益，完善与民主党派的议事规则。其次，各民主党派要不断加强自己的组织建设，保持自己在思想上、政治上和组织上的独立性。再次，中国共产党在加强自身组织建设时，要注意为民主党派留出一定的空间。按照中国共产党的党章规定，新社会阶层也可以加入中国共产党。这对扩大党的执政基础无疑是十分重要的。但也应鼓励民主党派积极在新社会阶层中拓展自己的组织，使之纳入到多党合作的体制中来。同时，共产党的重视和各民主党派在多党合作制度建立以来形成的制度化的参与政治的渠道，以及法律对民主党派参与政治的方式和程序作出的明确规定，也为民主党派引导新社会阶层参与政治提供了前提和保障。最后，各民主党派要在尊重共产党的领导地位的前提下，不断提高自己参政议政的水平。

沈世培在《论发展多党合作事业的路径选择》（《安徽行政学院学报》2012 年第 1 期）

一文中认为，共产党领导的多党合作事业的发展要以科学发展观为指导，要加强民主党派理论学习，增强多党合作意识；要服务于中国特色社会主义现代化建设；符合社会主义民主政治发展方向和要求；处理好组织内合作与组织外合作的关系，合作与监督的关系；要以人为本，处理好各党派之间关系。

吴艳春在《社会主义民主政治视域下发展和完善我国政党制度的现实路径探析》(《黑龙江省社会主义学院学报》2012 年第 4 期）一文中认为，我国政党制度应随着社会主义民主政治的发展不断丰富和完善，为社会主义民主政治的发展提供新的动力资源、制度保障和发展空间。一是发挥我国政党制度党际关系和谐性的特点和优势，推动执政党和参政党建设的相互促进，为我国民主政治的发展提供持久的动力资源。二是发挥我国政党制度的适应性优势，积极拓展多党合作和政治协商的制度发展空间，为我国民主政治的发展提供制度保障。三是积极借鉴世界政党制度的有益成果，加强国际交流与宣传，为我国民主政治的发展创造有利的国际环境与空间。

常庆林在《现阶段中国特色政党制度运行中的问题与对策》(《广东省社会主义学院学报》2012 年第 4 期）一文中认为，现阶段中国特色政党制度运行过程中所面临的问题：一是社会各方面对中国共产党领导的多党合作和政治协商制度的认同程度不够。二是中国共产党领导的多党合作和政治协商制度理论及中国参政党理论建设相对滞后。三是参政党能力建设与执政党能力建设的不平衡。坚持和完善中国特色政党制度的对策：一是提高社会各方面对中国共产党领导的多党合作和政治协商制度的认同感。二是将“中国共产党领导的多党合作和政治协商制度”和“中国参政党建设理论”列入全国哲学社会科学中长期研究规划。三是加强参政党自身建设，提升参政党履行职能的能力。

张海英、沈艳在《中国特色的政党制度与国家政权关系的思考》(《辽宁省社会主义学院学报》2012 年第 4 期）一文中认为，在中国共产党与国家政权关系的目标模式的构建上，应当采取党的领导与国家权力（立法）机关行使权力实行某种方式的结合，而与国家行政机关行政和司法机关司法实行相对分离的做法；党通过国家权力机关，间接地实现对国家行政机关、司法机关的领导。特别是在涉及行政机关、司法机关一把手配备问题上，应严格遵循《公务员法》、《法官法》、《检察官法》和《警察法》等已有法律法规的规定，用人上应坚持依法行政、依法执政，而不应因执政党和参政党而有所区分，以确保中国共产党领导的多党合作和政治协商制度健康发展。

李京桦在《我国政党制度权威建设现状及其原因分析》(《河南师范大学学报·哲学社会科学版》2012 年第 3 期）一文认为，社会转型时期，我国的政党制度权威面临各种挑战：政党制度权威的历史合法性逐步减弱；世界民主化浪潮对我国政党制度权威造成冲击；主流意识形态遭遇思想多元化的樊篱。这其中的原因是多方面的，既是 1957—1977 年的波折对我国政党制度权威造成的深远影响，也受到个人权威和领导权威的制约；既是将政党制度权威等同于执政党权威的直接后果，也受到“政府失灵”和“绩效困境”的影响，而腐败现象的蔓延更加剧了政党制度权威弱化的趋向。因此，必须清楚当代中国政党制度权威弱化的现状，以重塑中国政党制度系统的权威。

周淑真在《中国特色政党制度发展应注重学习借鉴》(《新视野》2012 年第 1 期）一文中认为，政党制度有不同的类型和模式，中国特色政党制度体现了民主的基本价值，但也有监督不力易产生消极腐败的弱点。在未来发展中，既应借鉴苏共衰亡和国民党失去大陆的教训，防止权力高度集中和腐败，也应借鉴自己历史上同民主党派真诚合作的经验，尊重民主党派领导人的意见和建议，同时借鉴国外政党相互监督的一些做法尤其是其成熟的方法。学习借鉴时，要客观全面地分析借鉴对象，准确把握借鉴的要点。

王小鸿在《加强党外代表人士队伍建设，坚持和完善多党合作制度》(《湖南省社会主义学院学报》2012年第3期）一文中认为，加强党外代表人士队伍建设是坚持和完善多党合作制度的内在要求。党外代表人士是制度体系的重要组成部分，是合作、参与协商的重要力量。缺乏党外代表人士，多党合作就成为空中楼阁，失去存在的价值和意义。党外代表人士队伍的数量结构关系多党合作格局的巩固。党外代表人士是多党合作制度主体架构中的重要部分，这支队伍的数量多寡、结构优劣，直接关系着多党合作格局的巩固。多党合作事业的发展，当前，迫切需要培养和造就一大批党外代表人士，才能确保多党合作格局的巩固，制度的持续发展。党外代表人士队伍的能力素质关系多党合作效能的提升。多党合作制度效能的发挥和彰显，既需要中国共产党高度重视、领导推动，也需要党外代表人士的积极参与、主动作为、发挥优势，只有建设一支高素质党外代表人士队伍，才能不断提高多党合作的实际成效。党外代表人士队伍的作用发挥关系多党合作事业的发展。加强党外代表人士队伍建设有效发挥他们的独特作用，有利于进一步巩固党的执政基础和扩大党的群众基础，确保多党合作事业的健康发展。

七、多党合作和政治协商的重要机构

党的十八大报告提出了“社会主义协商民主是我国人民民主的重要形式”科学论断，并强调指出要“充分发挥人民政协作为协商民主重要渠道作用”。以此为契机，关于协商民主和人民政协的相关研究成果激增。本文仅就人民政协的地位、作用和协商民族与多党合作制度的关系概述如下：

（一）关于人民政协地位

关于人民政协地位的问题，一直是困扰人民政协的重大理论和实践问题。李君如的《中国的民主政治建设与人民政协》和李羚的《从中国特色政治制度看人民政协制度的发展与完善》都对人民政协的地位做出了很高的评价。而于秋兰在《政协制度在我国政治制度中的地位》一文中直接呼吁要给人民政协“正名”，使其成为我国的一项基本政治制度。具体观点如下：

李君如在《中国的民主政治建设与人民政协》(《中国政协》2011年4期）一文中认为，人民政协是我国政治体制的重要组成部分，在我国政治生活中具有不可替代的作用。首先，从历史上来看，人民政协是组织化、机构化、制度化的统一战线。其次，从职能来看，人民政协是具有广泛代表性的政协委员平等地参与的中国特色协商民主的主要形式。再次，从现实来看，人民政协同党委、人大、政府一起，构成中国政治体制的“四套班子”。进一步发挥人民政协在民主政治建设中的作用，是积极稳妥地推进我国政治体制改革的客观趋势和必然要求。这是因为，人民政协的性质、结构、功能及其特点，决定了它能够承担起这一历史重任。首先，人民政协的性质和结构同利益主体多元化的社会格局相适应。其次，人民政协作为中国特色协商民主的主渠道和主要形式，能够在经济建设与社会建设统筹发展中，反映各个界别群众政治参与的要求。再次，人民政协是中国特色政党制度的重要实现形式，能够有效地推进政党之间的合作和监督。

李羚在《从中国特色政治制度看人民政协制度的发展与完善》(《中国政协理论研究》2012 年第 1 期）一文中认为，从政治制度视角深化对人民政协制度价值的再认识，主要表现为，一是对民主政治多样性发展的创新。二是新型政党制度发展的创新。三是对国家建设的包容性机制创新。人民政协是中国民主未来发展的可资开发的资源。因此，我们一方面要把中国共产党领导的多党合作和政治协商制度这一制度安排所能给予人民政协的空间用足了、做好了。同时也希望人民政协可以从主要在政治生活层面发挥作用走到对民主政治制度建设施予影响。要从“三性”入手，深化政协体制改革。一是增强政治性，充分发挥人民政协的政治功能作用。二是提高实效性，加快政协组织结构改革。应在组织构成上更好地体现政协的广泛代表性和巨大包容性。三是立足程序性，构建人民政协政治协商的机制。中国政治制度的优势,越来越多地体现在共产党的强有力的领导、公共政策民主化、科学化和程序化和不断的改革创新思想。他还认为，协商民主理论的兴起，为我们提供了在新的语境下反思人民政协制度的契机，使得我们可以对政治协商程序性建设有了更深刻的需求。第一，在议题的内容和讨论层面建立严格的程序。第二，必须完善政治协商的实施机制。第三，对协商结果的落实情况应能够及时进行反馈和建立惩处机制，增强协商的权威性和反馈性。

于秋兰在《政协制度在我国政治制度中的地位》(《党政论坛》2012 年第 3 期）一文中认为，政协制度是指以中国人民政治协商会议及地方各级政治协商会议这一政治组织为中心，其政治行为和政治活动形成的制度，是一项单独的、具有独特意义的基本制度，它与政党制度紧密联系而又相对独立。明确政协制度作为我国一项基本政治制度，是对人民政协历史地位的理论认可，是对人民政协现实作用的制度确认。在实际工作中，政协工作和党派工作两者是并称的关系,后者的直接相关部门是中共党委的统战部。简言之，在现实中，人民政协在性质、职能和作用上都已经体现出独有的制度特点和属性，事实上已经与政党制度区别开来。为更好发挥其作用，与我国政治体制的基本架构相适应，应当及时给予“正名”，承认它基本政治制度的地位。理由如下：第一，明确政协制度作为我国一项基本政治制度，是对人民政协历史地位的理论认可。第二，明确政协制度作为我国一项基本政治制度，是对人民政协现实作用的制度确认。第三，明确政协制度作为我国一项基本政治制度，是扩大政治参与、发展协商民主的客观需要。从给协商民主发展提供制度示范和制度保证的客观需要出发，应当尽快确立政协制度作为国家基本政治制度的地位,形成两种民主形式（选举民主、协商民主）——两个机构（人大、政协）——两种制度（人大制度、政协制度）互相对应的格局，进一步完善我国政治制度框架体系，推进社会主义协商民主和政治文明建设。

（二）关于人民政协的职能和作用

关于人民政协的职能和作用，我们选取了具体代表性的观点。如：刘佳义在《大力发展社会主义协商民主》一文中，强调了人民政协在协商民主中作用；谢乾丰在《我国多党合作中民主监督的理论与实践问题管窥——以人民政协中各民主党派的民主监督为分析视角》一文中，强调了人民政协在民主监督中的作用。刘俊杰的《人民政协政治协商面临的问题与发展路径》和孙照红的《人民政协政治协商制度作用的客观评析》，对如何更好地发挥人民政协的作用进行了深入研究。具体观点如下：

刘佳义在《大力发展社会主义协商民主》(《人民日报》2012 年 12 月 24 日)一文中认为，人民政协是协商民主的重要渠道和基本实现形式。发挥人民政协协商民主重要渠道作用的着力点主要有三个方面。一是把人民政协协商民主制度建设纳入社会主义民主法治建设的总体布局。应认真研究关于人民政协的政策文件与宪法法律的有效衔接，明确人民政协协商民主的法律地位。二是增强协商主体的代表性、包容性。目前人民政协由 34 个界别组成，组成界别的各党派团体、各族各界代表人士是协商主体。目前政协的界别设置，体现了广泛团结、包容各界的特点，基本适应统一战线发展和人民政协的工作需要。但也存在与新的形势和任务不相适应的问题，应当逐步加以完善。三是提高协商主体的协商能力。政协委员参政议政的能力和水平直接影响着协商民主的成效。应在深入总结各地加强委员队伍建设的有益实践基础上制定出台全国性的指导意见，对委员的产生、管理作出明确规定。完善委员推选制度，改进委员产生办法，优化政协委员构成。

余源培在《人民政协体现中国特色包容性政治》(《中国政协理论研究》2012 年第 2 期)一文中认为，统一战线的特质是什么？就是具有中国特色的包容性政治。人民政协从制度上体现了中国特色包容性政治。包容性政治在从党的战略进入政党制度和政治制度之后，还要进一步有效地嵌入进巩固中国特色社会主义政治体系之中，可以强化有以下几个维度：第一个是政治或国家的维度。第二个是社会主义民主政治的维度。第三个是国家多元一体化的维度。第四个是科学决策的维度。为了更好地发挥人民政协体现的中国特色的政治包容性，需要处理好以下几个方面的关系：第一，包容性与领导性之间的关系。第二，包容性与统一性之间的关系。第三，包容性与原则性之间的关系。第四，包容性与思维创新。

唐华生在《人民政协在社会主义民主政治建设中的优势和作用管窥》(《四川文理学院学报》2012 年第 6 期)一文中认为，人民政协是中国人民爱国统一战线的组织，是中国共产党领导的多党合作和政治协商的重要机构，是我国政治生活中发扬社会主义民主的重要形式。人民政协在提高我国政治体制的社会适应性和有效性，尽可能地将民间的参政需求和民主冲动纳入到现行体制框架内来有序释放，不断提高党的科学执政、民主执政和依法执政的执政能力和领导水平，积极推进社会主义民主政治建设中，具有十分鲜明的独特优势。她是我国基本政治制度的重要机构；是进行政治协商的重要平台；是参政议政的重要场所；是履行民主监督的重要渠道。在工作中，我们要高举旗帜，突出主题，积极推进社会主义民主政治建设；要协调关系，化解矛盾，努力维护社会的和谐稳定；要突出优势，集思聚力，充分发挥人民政协的支持作用；要发扬民主，有序参与，开创社会主义民主政治建设的新局面。

谢乾丰在《我国多党合作中民主监督的理论与实践问题管窥——以人民政协中各民主党派的民主监督为分析视角》(《前沿》2012 年第 22 期)一文中认为，提高人民政协中各民主党派民主监督绩效，第一，提高对人民政协中各民主党派民主监督的重要性的认识。一是要把人民政协理论列入各级党校、行政学院、干部学院、社会主义学院的教学计划，加大对领导干部有关统一战线和人民政协理论知识的培训力度。二是正确认识民主监督的社会和政治效应。第二,加强制度建设。一是提高民主监督制度建设紧迫性认识。二是明确建立健全民主监督制度的主体。三是建立健全民主监督制度的具体内容。第三，创新民主监督的方法。加强与促进人民政协中民主党派民主监督作用，应积极探索履行民主监督的新思路和新方法，使民主监督由“软”变“硬”，由“虚”变“实”，由“被动”变“主动”。

刘俊杰在《人民政协政治协商面临的问题与发展路径》(《中州学刊》2012 第 1 期)一文章认为，政治协商是人民政协的首要职能，是人民政协存在和发展的重要依据。人民政协政治协商是中国共产党领导的多党合作的重要体现，是党和国家实行科学民主决策的重要环节，是党提高执政能力的重要途径。当前人民政协政治协商面临协商制度不健全、协商意识不强、协商过程不够民主等多种问题。促进人民政协政治协商的发展，第一，完善协商制度。一是完善协商实体制度。完善协商实体制度，就是要对协商的主要内容、主要形式、基本要求等，作出更为具体的规定。二是完善协商程序制度，制定统一明确的协商程序制度。三是完善制约激励制度。第二，加强主动协商。一是增强协商意识。二是投入协商实践。第三，推动民主协商。一是推动协商主体平等。二是推动协商过程公开。三是推动协商过程中的民众参与。

林凤根在《切实发挥各党派团体和各界人士在政协中的重要作用》(《江苏政协》2012 年第 3 期)一文中认为，各党派团体、工商联以及无党派人士是人民政协的重要组成部分，发挥党派团体在政协中的重要作用，既是人民政协作为多党合作的重要机构和参政议政的重要场所的根本体现，也是巩固和完善我国基本政治制度的必然要求。第一，畅通党派团体和各界人士协商议政渠道。第二,为党派团体和各界人士履行职能提供服务。第三，为党派团体和各界人士学习考察创造机会。第四，为党派团体和各界人士知情问政搭建平台。第五，开辟党派团体和各界人士实施民主监督的通道。第六，构筑党派团体和各界人士扩大影响的宣传阵地。

孙照红在《人民政协政治协商制度作用的客观评析》(《广东社会科学》2012 年第 6 期)一文中认为，人民政协政治协商制度仍然有较大的完善空间。首先，人民政协的界别设置不够合理。政协的界别必须具有广泛的包容性和代表性，把社会上的不同阶层、不同职业和方面都包容和吸纳进来。改革开放以来，我国社会结构发生了重大变化，出现了许多新的社会阶层，政协界别的设置也应与时俱进地做出相应的调整，把这些新的社会阶层和各方面的力量都吸纳进来。然而，人民政协现有界别设置滞后于形势发展的需要。比如，政协中没有与律师、法官、检察官等法律职业群体相对应的界别。其次，政协委员的产生机制存在弊端。协商产生政协委员应充分考虑到当事人的意愿，特别要考虑到被推选的政协委员是否具备政治协商、民主监督、参政议政的资格和能力。因此，很有必要对政协委员的条件、产生和淘汰程序以及如何对政协委员实施有效地监督制约等作出明确的要求和规定。第三，协商主体地位的不平等。政治协商要求参与主体之间地位平等，但是，在人民政协中，中国共产党不仅以执政党的角色对人民政协实施领导，而且以参与者身份成为人民政协的重要组成部分。这种“既当裁判员又当运动员”的形式，容易造成中国共产党作为领导者和参与者的角色关系的失衡，这也是造成实践中经常出现“提案回娘家”的主要原因。因此，如何保证政治协商主体地位的平等，是完善政治协商制度必须解决的一个非常重要的问题。

（三）协商民主与多党合作制度

不论人民政协和多党合作制度是一种制度还是两种制度，都丝毫不影响协商民主与多党合作制度密不可分的关系。刘佳义的《大力发展社会主义协商民主》、李金河的《多党合作制度创造了一种新型的民主实现形式》、肖存良的《中国政治协商制度的理论资源》、赵伟的《协商政治：中国特色政党制度的实践与探索》、高育红的《多党合作为协商民主提供广阔平台》、刘卫的《中国特色政治协商：从功能性的政治协商走向制度化的协商民主》、乔方亭的《发挥好人民政协维护中国政党关系的重要作用》赵淼的《多党合作协商与协商民主成长——多党合作参与毕节试验区建设的经验研究》都对这种密不可分的关系进行了充分论述。具体观点如下：

刘佳义在《大力发展社会主义协商民主》（《人民日报》2012 年 12 月 24 日）一文中认为，社会主义协商民主是伴随着新中国的建立和成长而不断发展完善的。在新民主主义革命时期，中国共产党人根据当时的国情与环境，提出了“几个革命阶级联合专政”的主张和长期与党外人士协商合作的理念，并进行了“三三制民主政权”建设，这是协商民主思想的萌芽和雏形。新中国成立后，中国共产党人探索新民主的实现形式，在理论上阐述了中国为什么要协商、怎样协商、协商什么、在哪里协商、协商的目的等问题，实践中构建了协商民主的运作平台——中国人民政治协商会议，为中国协商民主运作提供了制度保障。第一届政协全体会议的召开，标志着协商民主这种新型民主形式开始在全国范围内实施。改革开放新时期，党的十三大提出了社会协商对话制度的构想，把协商从政治领域扩展到整个社会生活领域，从国家层面的协商扩展到地方性的、基层群众组织，实践中形成了民主恳谈会、听证会、社区议事会、网络协商等基层协商民主形式。中共中央先后出台了《关于坚持和完善中国共产党领导的多党合作和政治协商制度的意见》、《关于进一步加强中国共产党领导的多党合作和政治协商制度建设的意见》、《关于加强人民政协工作的意见》等一系列重要文件，对协商民主的概念、地位、制度乃至具体运作问题等，进行了比较明确、系统的阐述，与此同时，中国共产党、人民代表大会、政府、基层等领域的协商机制和实践也在不断丰富，社会主义协商民主思想和实践得到进一步发展。党的十八大对社会主义协商民主概念和理论的重要阐述和部署，标志着社会主义协商民主理论的正式确立。

李金河在《多党合作制度创造了一种新型的民主实现形式》（《人民政协报》2012 年 3 月 28 日）一文中认为，政治民主需要通过不同的形式来实现。选举民主和协商民主都是现代民主最重要的实现形式。协商民主强调的是，由公民及其选举产生的代表、官员对政治行为的正当性进行论证。政党政府、政治领袖应当说明其决策的理由并回应公民对这些理由的质疑。并非一切都有审议、协商的必要。但是，政治行为及其理由都应当满足审议民主所追求的正当性要求，都必须为参与审议的全部公民所理解。当代中国的政治活动中，同样需要一个双向互动、动态延展的审议民主机制。特别是在当前中国选举民主尚不够发达的情况下，这就更加必要。在公民、社会与政党政府之间建构起良性的审议民主的政治机制，在双方持续的协商与妥协过程中，以谈判与再谈判的方式解决问题，不仅可以牵制执政党、决策主导者的自致倾向，还可以增进、密切各协商民主主体之间的关系，从而在确保正确决策、优质决策的同时，确保政党政府主导政策活动的政治合法性、正当性。基于上述要求来反观中国多党合作制度的价值问题，我们能够清楚地看到：在我国，人民代表大会制度与中国共产党领导的多党合作和政治协商制度有着相辅相成的作用。选举民主和协商民主结合，极大地拓展了社会主义民主的深度和广度，成为社会主义民主的基本特点。

肖存良在《中国政治协商制度的理论资源》(《中国政协》2012 年第 10 期）一文中认为，中国共产党领导的多党合作与政治协商制度是中国人民民主实践和发展的产物，是人民民主的基本制度体现。它随人民民主而来，也随人民民主的发展而发展。从制度的运行与实践来看，这个制度的展开所形成的民主政治生活，实际上是三大政治生活的有机统一：即党的领导、多党派合作和各党各界之间的协商的有机统一。领导、合作与协商在有机统一中的相互促进，将成为这个政党制度健全和完善的重要内在动力。共产党领导的多党合作和政治协商制度，既体现了人民民主对党领导的内在要求，也体现了人民民主所蕴含的多阶级力量的联合统治。从这个角度讲，中国的政党制度与中国的人民民主具有内在的契合性，是人民民主实践和发展的重要制度舞台，而政治协商作为政党制度的重要内容，也是人民民主的基本制度表现形式。和人民民主一样，中国共产党领导的多党合作与政治协商制度也必须在实践中进一步丰富和完善。中国共产党将协商民主确立为中国民主的基本形式之一的努力，将为我们坚持和完善中国共产党领导的多党合作和政治协商制度开启一个新的境界。

赵伟在《协商政治：中国特色政党制度的实践与探索》(《改革与开放》2012 年第 16 期）一文中认为，协商政治作为世界政治发展的一种新范式，广泛地存在于现代民主政治之中。多党合作制度作为具有中国特色的政党制度，一方面为中国协商政治的发展提供了政治基础和制度基础，另一方面规定了中国社会主义民主的本质要求和价值取向。协商政治在中国政党制度建设与发展过程中发挥了重要作用,但是有些方面还亟待完善。首先，协商过程形式化。其次，协商政治导致协商和监督成效的弱化。再次，政治协商作为执政党和参政党履行职能的结合点，是推动党内民主、党际民主和人民民主的关键。因此，通过协商政治发展社会主义民主，完善中国特色政党制度，才能推进社会主义政治制度的大发展。

高育红在《多党合作为协商民主提供广阔平台》(《人民日报》2012 年 6 月 20 日）一文中认为，我国政党制度的结构既不同于一党独揽政权的垄断型政党结构模式，也不同于多元竞争型的政党结构模式，而是“一”与“多”的结合和统一的政党结构模式，是把领导核心的一元性与结构的多元性有机结合和统一起来，形成了“共产党领导、多党派合作，共产党执政、多党派参政”的格局，洋溢着鲜明的中国特色和中国气派。民主党派虽然有各自所联系的阶层、群体，利益主张也不尽相同，但领导力量“一元化”所形成的合力指向是一致的，即中国共产党与各民主党派是在共同的思想政治基础上团结协作、奋斗，共同致力于建设中国特色社会主义事业，避免了多党制政治目标的分散和政治行为的软弱无力，同时还可以保证政治体制稳定以及社会各阶层、群体和社团参与政治的有序化、制度化和规范化。政党制度结构的“多元性”，使我国的政党制度具有一定的开放性和包容性，政党制度的“参与主体多元化”，使不同的利益群体通过与他们有密切联系的政党，把其利益要求、政治诉求、意见和建议反映到政治体系中来，具有较强的吸纳社会各阶层广泛参与政治的能力，能为政治参与提供组织、程序和途径的保障，并起到吸收、组织、引导和整合的作用。不仅能够为原有阶层，而且能够为社会变革中出现的新社会阶层、新利益群体的政治诉求、利益表达提供畅通的渠道。

刘卫在《中国特色政治协商：从功能性的政治协商走向制度化的协商民主》（《中央社会主义学院学报》2012 年第 3 期）一文中认为，政治协商制度是中国特色社会主义民主政治发展模式的重要构成，是中国民主政治的重要形式之一。中国共产党领导的多党合作和政治协商制度是中国协商民主政治的重要制度资源，而人民政协作为爱国统一战线组织和多党合作政党制度的重要机构，是中国协商民主的最主要载体和实践形式。现阶段，中国的多党合作和政治协商还不属于完全意义上的协商政治，完善中国特色社会主义民主，实现中国特色的协商民主，需要将政治协商制度发展成为更加完备的协商政治。一是完善多党合作和政治协商制度的理论内涵，保持社会主义政党制度的特色和政治优势。二是完善政治协商的具体机制，促进执政党与参政党的良性和有效的互动。三是加强人民政协自身建设，发挥其特有的政治优势。四是充分发挥人民政协的作用，构建并完善基于权利的制度平台。五是加强权力监督和制约，建构一种以社会制约权力的机制。

乔方亭在《发挥好人民政协维护中国政党关系的重要作用》（《新西部·中旬刊》2012 年第 10 期）一文中认为，中国政党关系是中国多党合作制度的基本属性，也是区别中国多党合作制度与一党制以及多党轮流制的最重要的内容。我们要走自己的“中国共产党领导的多党合作和政治协商”的政党制度之路，就必须维护好中国政党关系。而要维护好中国政党关系，就必须加强人民政协工作。从人民政协的产生看，中国的新的政党关系与人民政协是不可分的，良好的政协环境是维护中国政党关系的硬条件，加强人民政协工作是维护中国政党关系的必要之举。从人民政协的性质看，人民政协不是国家权力机关，它所实现的是多党合作和政治协商，亦即协商民主。人民政协一旦变成了议会，那就意味着中国的政党关系发生了根本的变化，中国政党制度的性质也将随之发生质变。因此，确保人民政协性质不变，是维护中国政党关系的必要条件。从人民政协的职能看，政治协商、民主监督、参政议政是人民政协的三项主要职能，是在在中国政党关系的逐渐形成和不断发展的过程中形成和确立的。切实履行好“三项主要职能”是发挥政协作用的基本途径，也是支持和维护中国政党关系重要途径。由于人民政协与中国政党关系之间密不可分的关系，因此，要维护中国政党关系以保持中国政党制度的特色，就必须加强人民政协工作。第一，坚持党的领导是加强人民政协工作的前提和保证。第二，推进政治协商规程的制定与完善，加强人民政协“三化”建设。第三，加强宣传教育，创建“绿色”政治生态环境。

赵淼在《多党合作协商与协商民主成长——多党合作参与毕节试验区建设的经验研究》《三峡大学学报·人文社会科学版》2012 年第 4 期）一文中认为，中国特色协商民主不是西方协商民主的中国“翻版”，而是利用中国内在的协商资源，塑造和支撑起中国民主的成长，建立起协商性的民主政治。中国协商民主在结构上主要包括政治制度层面的协商和社会领域的协商，在内容上则涵盖了社会政治生活的方方面面。作为党和国家聚合社会各种力量、广泛参与国家管理的基本政治制度，中国共产党领导的多党合作和政治协商是中国协商民主的制度化载体和组织形式。中国协商民主的发展需要多党合作和政治协商实践空间的深化与拓展，需要在公共决策中真正发挥民主党派的优势和作用。同时，协商民主的成长也需要各层面、各领域的参与、合作、协商相互统一，协调发展。多党合作在毕节试验区的成功实践，提供了中国协商民主成长的有益启示：其一，中国协商民主是一种民主集中制的、有序的民主，多党合作协商的展开离不开执政党的一元领导。其二，中国协商民主的成长不能仅仅寄希望于自上而下或自下而上的单向推进，而是需要政治制度层面的协商与社会生活领域的协商形成良性的多维互动。发展一种基于中国内在的协商资源开发而形成的中国特色的现代民主政治，这是中国协商民主的未来指向。

孙　信　中央社会主义学院中国政党制度研究中心副秘书长、教授
朱　虹　中央社会主义学院中国政党制度研究中心编辑

学术著作评介和论文观点摘要

一、学术著作评介

《中国特色政党制度理论》（中央社会主义学院中国政党制度研究中心编，九州出版社 2012 年版）

《中国特色政党制度理论》是全国社会主义学院系统理论研讨会暨中央社院中国政党制度研究中心第九届年论文集。全书收入论文 70 篇，共六编 43 万字，主要内容包括：主旨报告、基础问题、价值和功能、发展和完善、执政党与参政党建设、比较研究等。全书逻辑清晰、内容适度易懂、科学严谨，具有极高的参考价值。

第一编：主旨报告，包括在全国社会主义学院系统理论研讨会暨中央社院中国政党制度研究中心第九届年会上的讲话、中央社院政党制度研究中心第九届年会工作报告、全国社会主义学院理论研讨会暨中国政党制度研究中心第九届年会总结。第二编：基础问题，包括论中国特色政党制度理论的理论基础、论中国特色政党制度理论体系的理论基础、政党定位视野下的中国特色政党制度、多党合作制度与多党合作理论的概念分析、政党关系是中国特色政党制度理论体系的基本范畴、中国特色政党制度理论体系的基本范畴界说、中国特色政党制度范畴研究中一个重要问题——中国特色协商民主程序性特征初探、对构建中国特色政党制度理论体系有关问题的思考、关于建立中国特色政党制度理论体系的几点思考、规律与逻辑——对构建中国特色社会主义政党制度理论体系的几点思考、打破西方政党制度话语遮蔽构建中国特色政党制度理论体系、中国特色政党制度理论体系的框架理论构成、关于中国特色政党制度理论体系框架的思考、对构建中国特色政党制度理论体系框架结构的思考、中国特色政党制度理论体系框架探析、中国特色政党制度理论体系框架结构研究、胡锦涛同志对我国政党制度建设与发展的理论贡献。第三编：价值和功能，包括中国政党制度的功能与价值——一种政党理论的比较视角、中国特色政党制度的理论价值与基本内涵、中国特色政党制度的协调功能研究、现代性变迁与中国政党制度的政治稳定功能、民主党派的社会功能及其走向研究。第四编：发展和完善，包括中国特色政党制度的形成和发展、中国特色政党制度理论形成的历史探究、政治文化视野——中国特色政党制度形成的深层原因、中国政党制度发展三题、中国特色政党制度形成与发展的经济因素探讨、中国特色政党制度中的党际关系构建、论中国特色政党制度法治化的走向、党外代表人士队伍建设——中国多党合作发展完善的关键、在引导支持和帮助参政党能力建设过程中进一步加强和改善中国共产党对多党合作的领导。第五编：执政党与参政党建设，包括试论执政党建设理论与中国特色政党制度理论的关系、谈政党制度建设中的“执政党”理念、执政党要高度重视构筑和坚守多党合作的政治基础、试论中国共产党与民主党派党际关系的发展、科学化视野下的干部选任机制改革、从三次“生死劫”看民主党派的政治合法性、关于民主党派政治资源配置的两个问题中国特色政党制度理论体系框架结构研究、对民主党派职能定位与功能开发的思考。第六编：比较研究，包括浅谈比较政党政治关涉的范畴及其相互关系、中西党际监督之比较、比较视野下的香港政党政治、西方国家政党监督的形式与特点等。

《变革世界中的政党政治》（周淑真、陈勇主编，华文出版社 2012 年版）

本书出于建立中国特色政党政治学的学术自觉和服务于中国政党政治良性运转的社会责任，从中国特色政党制度研究、当前政党建设问题探讨、政党政治理论与实践探索三个方面对政党政治学的若干研究领域进行细化分析和深入探讨。作者认为：现代中国的迅速发展和外部世界了解我们的迫切愿望需要我们建立具有中国特色、中国气派、中国风格的政党政治学。中国特色政党制度的成功实践需要我们总结研究、中国政党政治发展的未来走向需要我们分析预测。这就要求政党政治领域的学者既要重视政党政治的客观规律性和共性，也要重视国情的特殊性。既要认真研究各类政党和政党制度各有什么特点，有哪些普遍性的规律，各有哪些利弊得失，也要分析哪些为我们必须力戒，哪些可提供我们参考，在坚定地走自己的路的同时，不断地充实和完善自己。

全书共分三个部分，24 万字。第一部分中国特色政党制度研究，收录论文 7 篇，分别是统一战线历史地位和现实作用的再认识、多党合作制度：中国共产党的伟大创造、中国多党合作制度为什么要坚持共产党领导、试论中国政党制度形成的历史规定性、中国特色政党制度的发展应注重借鉴、中国政党制度的社会稳定功能论析、中国特色政党制度与政治文明建设；第二部分当前政党建设问题探讨，收录论文 12 篇，分别是当代中国政党关系结构与廉政建设、有效性：共产党执政体系的治理绩效基础、时代要求与马克思主义学习型政党建设、当代社会结构变迁及中国共产党适应性分析、党校干部培训与中国共产党的适应性、中国共产党人实现民族伟大复兴运动的内涵、实践与启示、中国特色政党制度价值构成探析、中国特色社会主义政治发展道路探索的基本经验、建立民主党派的核心价值观、论中国的参政党认同：问题及对策、高校民主党派基层组织领导班子结构与效能分析、直选党代表：党内选举制度创新的重要路径路；第三部分政党政治理论与实践探索，收录论文 11 篇，分别是对当代中国政党制度科学表述的几点思考、论政党制度的分类、比较与评价标准、政党认同与政党生命力、现代化、法治化与规范化、互联网视域中政党形象的建构与传播、关于党和政府的关系思考、关于政党外交的几点认识和思考、论俄罗斯社会转轨时期的腐败难题与腐败治理、探究萧墙之祸——苏联时期的腐败及其危害、论德国联邦议会与政党的关系、比较视野下的香港政党政治。

二、论文观点摘要

《增进多党合作政治共识　夯实共同思想政治基础》（杜青林，《中国统一战线》2012 年第 4 期）

中共中央下发《关于加强新形势下党外代表人士队伍建设的意见》，对加强党外代表人士队伍建设进行了全面部署，这在中国共产党的历史上还是第一次，对于巩固壮大统一战线、推动党和国家事业发展，具有重要的里程碑意义。胡锦涛总书记在年初的党外人士迎春座谈会上强调，坚持走中国特色社会主义政治发展道路，是各民主党派、工商联和无党派人士在与中国共产党风雨同舟、患难与共的历程中取得的最基本、最重要的政治共识。无论国际风云如何变幻，只要我们不断巩固团结合作关系，不断增进政治共识，就没有战胜不了的困难。这深刻揭示了政治共识在加强党外代表人士队伍建设中的灵魂作用，指明了党外代表人士队伍建设的前进方向。

思想的统一、行动的一致、力量的凝聚，都需要以取得共识为前提。各民主党派、无党派人士与中国共产党在长期革命、建设和改革实践中，形成的政治认同、理论认同、情感认同，既是多党合作形成的重要条件，也是多党合作发展的思想根基。

共识凝结多党合作的光荣传统。

各民主党派、无党派人士与中国共产党的政治共识，根植于风雨同舟、互助共进的光辉历程，蕴涵着多党合作的历史经验，体现着社会主义民主政治的一贯要求，能够凝聚起团结合作的强大力量。

共识彰显多党合作的鲜明特质。

各民主党派、无党派人士与中国共产党的政治共识，以合作、参与、协商为基本精神，以团结、民主、和谐为本质属性，始终坚持思想上同心同德、目标上同心同向、行动上同心同行，能够为多党合作健康发展提供精神支撑。

共识体现多党合作的政治准则。

各民主党派、无党派人士与中国共产党的政治共识，确定了多党合作的政治方向，明确了多党合作的制度规范，规定了多党合作的方法路径，能够巩固和发展团结和谐的政党关系。

多党合作的政治共识，具有深厚的历史底蕴、稳定的制度文化和鲜明的中国特色，主要包含：指导思想的统一、政党关系的认同、政治制度的遵循和共同目标的追求。

在指导思想上，坚持中国特色社会主义理论体系。只有理论上成熟，才有政治的坚定、共识的自觉和行动的自信。毛泽东同志曾形象地指出：“主义譬如一面旗子，旗子立起来了，大家才有所指望，才知所趋赴。”60 多年来，各民主党派、无党派人士与中国共产党之所以始终肝胆相照、同心奋斗，就是坚持以科学理论巩固团结合作的思想政治基础。中国特色社会主义理论体系作为马克思主义中国化最新成果，是各民主党派、无党派人士与中国共产党共同的宝贵财富、精神支柱和行动指南。面对复杂多变的国际形势，面对艰巨繁重的改革发展稳定任务，更加需要以中国特色社会主义理论体系提供有力指导、增进广泛共识，保证多党合作坚定正确的政治方向。

在政党关系上，坚持共产党领导、多党派合作，共产党执政、多党派参政。政治共识体现为彼此的充分信任和对性质、职能定位的高度认同。无论是新中国成立初期的“团结、建设、进步”方针，社会主义时期的“长期共存、互相监督”方针，还是改革开放以来的“长期共存、互相监督、肝胆相照、荣辱与共”方针，都充分体现了我国政党关系的实质是团结合作，中国共产党处于领导和执政地位，各民主党派是亲密友党和参政党。共产党与各民主党派通过平等协商形成广泛共识，在思想上、政治上、行动上保持一致，能够有效防止多党竞争、互相倾轧造成的政治动荡，防止一党专制、缺少监督造成的种种弊端。这既是多党合作的鲜明特色，也是我国政党制度优势所在。

在政治制度上，坚持我国的根本政治制度和基本政治制度。政治共识源自社会主义政治制度的科学性和有效性。新中国成立以来，中国共产党在各民主党派、无党派人士的积极拥护和广泛参与下，不断健全和完善人民代表大会制度、多党合作和政治协商制度，推进实体性制度与程序性制度的互动衔接，促进选举民主与协商民主的协调发展，实现了坚持党的领导、人民当家做主、依法治国的有机统一，为党和国家各项事业发展提供了重要的制度保障。始终坚持我国的根本政治制度和基本政治制度，走中国特色社会主义政治发展道路，成为各民主党派、无党派人士与中国共产党最大的政治共识。

在奋斗目标上，共同致力中国特色社会主义伟大事业。共识因共同目标而确立，在目标实现中不断深化。从抗日战争时期的团结一致、抗战救国，到解放战争时期的反内战、反独裁；从响应“五一口号”、拥护中国共产党领导，到召开新政协、创建新中国；从进行社会主义改造、走社会主义道路，到致力改革开放、现代化建设，无不彰显着各民主党派、无党派人士与中国共产党共同的目标追求。发展中国特色社会主义，关系到全国各族人民根本利益的实现，也是执政党和参政党必须全力以赴的共同责任和神圣使命。只有坚持以广泛共识推进中国特色社会主义事业，多党合作的舞台才能更加广阔，才能永葆生机与活力。

强化政治共识，事关多党合作发展的根基，需要共产党与各民主党派、无党派人士的共同努力。希望各民主党派、无党派人士把强化政治共识作为根本任务，以思想建设坚定共识，以服务大局深化践行。

第二，要在推动科学发展中深化共识。政治共识既内化为服务科学发展的职责使命，也外显为服务科学发展的具体实践。要紧紧围绕实现经济社会发展稳中求进的工作总基调，针对“十二五”规划中的重点难点问题和重大政策实施，找准考察调研的切入点，提升议政建言的质量水平。要结合自身专业优势和社会资源，面向革命老区、贫困地区、民族地区，开展法律援助、支教助学、医疗卫生、扶贫帮困等社会服务，努力帮助特殊群体解决实际困难。要协助党和政府做好协调关系、化解矛盾的工作，既多渠道反映各自成员和所联系群众的合理要求、意见建议，又积极引导他们依法理性有序表达诉求，切实维护公平正义和社会和谐稳定。

第三，要在搞好政治交接中巩固共识。政治交接不仅是组织人事的新老交替，更是政治共识的薪火相传。要把强化政治共识作为搞好换届工作的重要任务，引导各自成员继承弘扬老一辈的优良传统，通过多党合作教育基地、革命旧迹等，深入学习统一战线史、多党合作史，进一步坚定在中国共产党领导下走中国特色社会主义道路的理想信念。引导各自成员深刻领会政治共识的时代要求，深入开展社会主义核心价值体系学与行活动，广泛挖掘和宣传新时期的典型事迹和先进人物，把政治共识转化为服务科学发展、促进社会和谐的自觉行动。引导各自成员始终站稳政治立场，充分认识我国发展取得巨大成就的制度基础和政治优势，自觉抵御西方政治理念和价值观念的渗透影响，在大是大非和重大原则问题上始终同中国共产党保持一致。

第四，要在加强自身建设中增进共识。政治共识的牢固程度，取决于自身建设的实践成效。要强化理论建设，深入研究新形势下政治共识的时代特点和实践要求，使之充分体现在政治纲领、素质作风和组织制度等各个方面。要加强代表人士队伍建设，将政治共识贯穿于全过程、各环节，发现时注重政治共识的表现，培养时强化政治共识的内容，使用时坚持政治共识的标准，管理时体现政治共识的要求。要深化自我教育，坚持自觉、自主、自为，主动提出问题、分析问题、解决问题，努力使政治共识成为各民主党派、无党派人士的内在自觉。

《“中国气派”的制度创新》（叶小文，《人民日报》2012 年 10 月 12 日第 7 版）

各民主党派、无党派人士的政治参与，展现了社会主义国家的民主性质和开放形象。

中国共产党领导的多党合作和政治协商制度，是在我国长期革命、建设和改革过程中形成和发展起来的，具有鲜明的中国特色和中国气派的政治制度。它从我国人民民主专政国体的本质特征和内在要求出发，通过对政党关系、政党与国家政权的关系进行制度规范，形成了两大制度特征：

第一，与我国国体的阶级性质相适应，从基本政治制度层面确立了中国共产党的领导和执政地位，为中国共产党充分发挥领导和执政功能提供了制度基础和制度机制。中国共产党的坚强领导是巩固人民民主专政国家政权的根本保证，是把亿万人民团结起来、实现中华民族伟大复兴的根本保证。中国共产党的领导，是我国政治制度的巨大优势。

第二，与我国国体的民主性质相适应，在政党制度结构上确立了有着广泛政治参与的、开放的、民主的制度架构，以体现人民民主。各民主党派、无党派人士的政治参与，展现了社会主义国家的民主性质和开放形象，强化了政治体系的合法性和包容性，广泛凝聚和调动了各种社会力量为建设中国特色社会主义服务，提高了政党制度的适应性和应对挑战的能力。

这无疑是一项伟大的制度创新，它创造了一种合作型政党制度模式，以协商、合作代替竞争、冲突；创造了一种新型的执政方式，把共产党的执政与民主党派和无党派人士的参政结合起来；创造了一种新型的政党关系，各政党围绕实现共同目标竭诚合作、团结奋斗；创造了一种崭新的民主实现形式，使选举民主与协商民主相结合，最大限度地保障人民民主的实现。它把中国共产党的领导与人民民主有机结合和统一起来，促进集中领导与广泛政治参与的统一，国家稳定与社会进步的统一，充满活力与富有效率的统一。

多党合作和政治协商制度具有强大整合功能，是中国作为“后发赶超型”国家实现现代化变迁的强大制度力量；具有独特的民主功能，继承和弘扬了中华民族兼容并蓄的优秀文化传统，也顺应了世界民主潮流，显示了中国民主的新形象，具有强大的生命力。

坚持和完善这一制度，我国的民主建设和政治发展就能够在我国政治体系框架内有序展开、积极稳妥推进。只要坚持和完善这一制度，中国共产党的领导就会得到加强和完善，社会主义民主就会不断发展，我国的民主建设和政治发展就能够在我国政治体系框架内有序展开、积极稳妥推进。应该说，通过坚持和完善多党合作制度发展社会主义民主、推进政治体制改革，是一项成本低、风险小、成效大的稳妥选择。

《关于推进多党合作和政治协商程序化建设的认识》（陈喜庆，《人民政协报》2012年5月2日第4版）

程序，规范着事情进行的步骤和次序。没有程序，生活将无序，工作将无规，社会也将失常。可以说，程序，无事不需要，无人离得开。程序有利于公正。

中国共产党领导的多党合作和政治协商制度，是中国特色社会主义制度的重要组成部分，是中国共产党与各民主党派和无党派人士长期探索形成的重要成果。在新的历史条件下，坚持和完善这一基本政治制度，必须不断推进多党合作和政治协商的制度化、规范化和程序化建设。制度化强调章法，规范化强调标准，程序化强调流程。长期以来，我们对制度化、规范化研究较多，对程序化的探讨相对较少。在此，我就推进多党合作和政治协商程序化问题谈点认识。

程序，规范着事情进行的步骤和次序。没有程序，生活将无序，工作将无规，社会也将失常。可以说，程序，无事不需要，无人离得开。程序有利于公正。哈佛大学著名教授罗尔斯在其名著《正义论》中引用了“分蛋糕”的案例，几个人分一块蛋糕，如何保证公平呢？最佳程序就是让切蛋糕的人最后挑选蛋糕。这样，为了使自己吃的不比别人少，切蛋糕的人将尽量把所有蛋糕都切得一样大。用程序保证公平，这可称为“程序公正”。程序有利于廉洁。腐败问题是困扰各国的顽疾，但联合国作为一个庞大机构，人员来自各地，经费开支浩繁，却无贪污现象。在联合国教科文组织供职30年、当过多年预算局局长的杨天全道出了其中奥秘：联合国并非君子国，而是一个严格程序使然。联合国预算局做预算，财务局支付，但要由3位官员共同签字才能开出支票。以严格程序保证廉洁，这可称为“程序廉洁”。程序有利于健康。人们往往习惯饭后吃水果，但专家提出这并不科学，容易造成消化不良，影响营养吸收。正确的程序应该是先吃水果，然后再吃饭。这可称为“程序科学”。

在政治领域，程序同样重要，因为程序是民主的保障，没有程序民主，实体民主就难以达到预期效果。中国特色社会主义民主的基本特点之一，是选举民主与协商民主的有机统一。选举民主需要程序保障，协商民主更加需要程序保障。协商民主既是多党合作和政治协商制度的重要特征，也是重要内容，同样需要科学程序作保障。

第一，这是由协商民主应用范围的广泛性决定的。中央明确规定，要切实做到协商于决策之前和决策执行过程之中，推进决策的科学化、民主化。可以说，相对于选举民主，协商民主的应用范围更广泛，既包括决策，还包括施策。因此，在协商民主中，既要有参与决策制定的程序设计，还要有参与施策的程序设计，使协商成为决策和施策的必经程序。

第二，这是由协商民主目标达成的一致性决定的。寻求共识是协商民主的目标，也是优势。越要达成一致的问题，越要制定科学的程序。提高政治协商的实效性，必须明确议题确定、通知、调研、协商、反馈和落实等各个环节，使协商各方提前知道议题，适时征询各自所联系成员的意见建议，及时了解采纳情况，并在政策出台后统一各自成员的思想，最大限度地形成共同落实的合力。

第三，这是由协商民主尊重少数的原则性决定的。在政治领域，往往是少数服从多数；但在科学领域，常常是多数认同少数。因为重大发明一般都来自少数科学家，真理往往掌握在少数人手中。哥白尼发表日心说，被认为是异端邪说而烧死，但被后来人证明是正确的。协商民主在服从多数的同时，注重听取并尊重少数人的意见，是对少数服从多数原则的重要补充，也是我国民主制度的鲜明特点。由于少数人意见往往处于弱势地位，更加需要程序民主保障他们的反映渠道，确保正确意见得到采纳。

新中国成立以来特别是改革开放以来，我国多党合作和政治协商的程序化建设取得了重要进展。但我国的多党合作和政治协商制度作为一种独具特色的新型政治制度和政党制度，其程序化建设没有先例可循，需要坚持不懈地在探索中推进。

第一，坚持程序不能“怕麻烦”，不断增强程序意识。受我国政治文化传统影响，有的人习惯一人说了算，喜欢随意作决策，不愿被程序约束、受程序“麻烦”。但要看到，决策往往决定政策，小到影响一个单位，大到影响一个地方、一个国家。省去了程序这个小麻烦，可能带来决策失误这个大麻烦。

第二，设计程序不能“拍脑袋”，努力构建科学的程序体系。正确的程序保障实体民主，错误的程序损害实体民主。因此，要本着实事求是的态度，着眼中国的国情，深入研究程序，科学论证程序，既注重顶层制度的程序设计，又注重具体制度的程序设计；既注重全国性的程序设计，又注重地方性的程序设计，逐步建立健全一整套科学、完备、管用的多党合作和政治协商程序体系。

第三，执行程序不能“走过场”，切实提高程序的实效性。在多党合作和政治协商制度中，中国共产党作为执政党，在决策前的协商中，对党外人士的不同声音和批评建议听得进、容得下，正确的充分采纳；在决策后的施策中，党外人士提出合理意见，也应对落实工作及时调整和改进。

各民主党派、无党派人士作为协商的重要参与者，也要大力加强自身建设，集中本党派、本群体智慧，提高议政建言水平和政治协商质量，确保协商民主取得实实在在的成果。

《中国政党制度功能探析》（袁廷华，《政治学研究》2012 年第 1 期）

政党制度是一个国家各个政党在政治生活中所处的政治社会地位和法律地位、政党与国家政权的关系、政党相互关系、政党执掌、参与或影响国家政权的制度模式和运行机制。功能是政党制度必备的属性，没有功能的政党制度是没有的。社会需要政党制度，就是因为政党制度在社会政治生活中担负着重要的功能。研究政党制度的功能有两个纬度：一是政党制度是国家政治上层建筑的重要组成部分，承载着重大的政治功能，它由经济基础所决定，又反过来维护经济基础以及整个社会制度；二是政党制度又是自成体系的独立的政治结构，发挥着与结构相关的功能。因此，从广义上讲，政党制度功能应包括根本功能和基本功能两个方面。

一、中国政党制度的根本功能

政党制度是政治制度的组成部分。在当代世界，政治制度有资本主义政治制度和社会主义政治制度两大类型。不管属于哪种政治制度类型，都有其一般的功能特征，主要是：其一，政治制度所承担的任务是落实统治阶级政治权力的归属、控制、调节和使用；其二，政治制度由经济基础所决定，又反过来维护经济基础以及整个社会制度；其三，政治制度是国家机器进行运转的框架和轴承，没有政治制度这个形态，统治阶级就无法进行统治和管理；其四，政治制度具有合法的强制性，既一般都用宪法、法律固定下来，必须按照执行。政党制度作为政治制度的组成部分，体现着政治制度的一般功能。考察当代世界政党制度可以发现，无论从政党制度的阶级性质来看，还是从实行政党制度的目的来看，政党制度都有一个共同的功能，即与一定经济基础和社会制度相适应，通过政党制度对政党关系、政党权力和权利进行制度化规范，使政治权力合法地掌握在统治阶级手里中，为一定经济基础和社会制度服务。这就是政党制度的根本功能。

人民民主专政从根本上规定了我国多党合作制度的核心价值和制度要素。其一，人民民主专政理论为中国政党制度提供了理论依据。其二，人民民主专政的国体为我国多党合作确立了共同的政治理念和价值目标。其三，人民民主专政国体决定了我国各政党在国家政治领域中的地位。其四，人民民主专政国体和与之相适应的国家政体，决定了我国政党制度的运作方式。由于我国不采取资本主义国家的三权分立和议会制，这就决定了我国政党制度的运作不可能采取政党竞争的方式，而必然是采取共产党与各民主党派、无党派人士以及各族、各界代表人士在人民政协中的协商与合作的方式。这样就形成了与西方政党制度截然不同的、具有中国特色的政党制度运行方式和参政党的政治参与方式。

一是规范政党之间的关系。二是规范政党与国家政权的关系。三是规范政党与政治资源的关系。通过对政党关系、政党与国家政权的关系、政党与政治资源的关系进行制度规范，形成了中国政党制度的两大特征：第一，在政党制度层面确立中国共产党的领导地位，以体现工人阶级(通过共产党)来领导国家。第二，在政党制度结构上确立了一个有着广泛政治参与的、开放民主的制度架构，以体现广泛的人民民主。

二、中国政党制度的基本功能

政党制度一方面是国家政治上层建筑的组成部分，另一方面又是自成体系的独立的政治结构。一定的结构产生一定的功能。政党制度作为一种政治结构，在作用于国家政权和社会生活的过程中，必然要发挥与其结构相关的功能。这种由结构产生的功能，就是政党制度的基本功能。

当代世界各国的政党制度，如果从结构模式上进行分析，主要有两种类型：第一类一元化的即一党独揽权力的政党制度结构模式；第二类是多元竞争的政党制度结构模式。中国政党制度的结构模式不同于以上二者，它既不是一党独揽，也不是多元竞争，而是把领导核心的一元性与结构多元性结合和统一起来，形成了共产党领导、多党派合作，共产党执政、多党派参政的结构模式。这种“一与多结合和统一”的制度结构，形成特有的功能。主要是：

(一) 整合功能

整合是政治和社会发展的必要条件。在现代社会，政党制度是实现政治和社会整合的重要机制。中国政党制度把中国共产党的坚强领导与民主党派亲密合作紧密结合起来，形成强大的整合功能。中国政党制度的整合功能主要体现在：

——意识形态整合。意识形态作为建立在一定经济基础之上的上层建筑的组成部分，对一个国家、一个民族来说，具有形成政治共识、规范政治行为、凝聚社会成员的重要作用。任何社会的整合最有效也是最为根本的方式和途径就是使某种意识形态社会化。中国共产党在坚持马克思主义基本原理基础上，提出一系列适应时代发展要求的思想和理论。通过实行多党合作，使我国各政党、团体和社会群众在邓小平理论和“三个代表”重要思想的旗帜下团结起来，以中国特色社会主义理论为最大的政治共识，以中国共产党在社会主义初级阶段的基本路线为团结合作的政治基础，以建设中国特色社会主义为共同的奋斗目标，从而在马克思主义理论基础上形成高度的政治认同和强大的社会凝聚力，为实现建设中国特色社会主义目标而共同奋斗。

——政治资源整合。我国各民主党派、无党派人士具有人才荟萃、智力密集、联系广泛等优势，在建设中国特色社会主义事业中具有不可替代的重要作用。通过实行共产党领导的多党合作，融合多种主体和各种政治资源，实现政治资源的优化配置，把民主党派、无党派人士的意志和智慧都凝聚到实现四化、振兴中华的总目标上来。这样，实现中华民族的伟大复兴就有了更加广泛而坚实的基础。

——政治发展整合。实行中国特色政党制度有利于在共产党的领导之下，有步骤地发展社会主义民主，通过制度化建设推进有序的政治参与，规范社会成员的政治行为，保证国家政治发展过程的有序展开，即推进了社会主义民主的发展，又维护了社会和政治的稳定。

——利益关系整合。中国共产党是社会利益调节机制的核心，党的政策是实现社会整合的重要源泉。中国共产党通过多党合作和政治协商，使执政党的政策能够广泛吸收和融合社会各种不同利益和要求，有效地协调各种利益关系，正确处理各种社会矛盾，从而能够有力地促进社会利益的整合，为改革开放创造良好的社会环境。

(二) 民主功能

中国的民主政治建设实际上是民主的普适价值与中国国情相结合基础上的制度再造。中国政党制度是人民民主的重要制度载体和实现形式之一，是中国共产党领导的人民民主在政党和政党关系层面的体现。中国“一与多结合和统一”的政党制度结构模式为中国共产党领导和组织人民当家做主提供了重要制度保障；同时，通过政治协商、参政议政、民主监督等制度形态和程序体系，实现各政党主体之间的良性互动，为社会主义民主政治的发展提供了制度空间，形成了独特的民主功能。主要体现在：

——利益表达功能。多元化的利益能否得到有效表达，是衡量一定政治制度民主化程度的重要标志。中国政党制度通过政治协商、参政议政等制度安排，构建了人民代表大会以外又一重要民意表达和提取机制，其利益表达具有广泛性特征，从而与人民代表大会的利益表达形成互补关系，能够有效反映社会各方面的利益、愿望和诉求，畅通和拓宽利益表达渠道，有利于协调利益关系，照顾同盟者利益，保持社会和谐和稳定。

——政治参与功能。政治参与程度是衡量民主制度实现程度的标志。中国政党制度通过政党合作和政治协商，开拓了政治参与的制度空间：一是强化了政治体系兼容和吸纳社会力量的功能。二是强化了公共政策决策中的咨询功能。三是强化了政治录用功能。

——民主监督功能。民主监督是我国多党合作的重要内容之一。一切权力都要受到监督，失去监督的权力必然导致腐败。在中国政党制度中，中国共产党与各民主党派实行互相监督。由于中国共产党处于执政地位，更加需要民主党派的监督。民主党派的监督是政治监督，即对中国共产党的执政行为和重大方针政策的制定与执行进行监督。民主党派监督的实质是对公权力的制约，但不是采取以权力制约权力的方式，而是采取以权利约束权力的方式，通过提出意见、批评、建议等方式实行监督。民主党派的监督是我国政治体系中的一种修错机制，也是社会舆情的一种反馈机制，具有咨询、反馈和警示等多种功能。

(三)稳定功能

政治稳定是社会良性发展的必要条件，也人类社会追求的基本目标之一。政党和政党制度是能够对政治稳定产生决定性影响的政治力量和制度机制，但不同的政党制度结构，在政治稳定方面所发挥的功能效用是不同的。中国“一与多结合和统一”的政党制度结构模式，能够发挥出有效的政治和社会稳定功能。主要是：

——强大政党的领导与政治稳定。在中国政党制度中，中国共产党作为执政党，党的阶级性质和觉悟程度，党的成熟性、组织性、创造性和兼容性，党与人民群众的联系，都体现了中国共产党的权威力量，也是维护政治稳定和社会长治久安的中坚力量。

——多党派政治参与与政治稳定。政治参与的制度化程度同社会稳定程度成正比例关系，一个能够兼容和同化社会群体和社会集团进人政治体系内的政党制度，是走向现代化的国家实现政治稳定的重要条件。由于多党派的参与，中国政党制度的兼容和同化功能得到强化，有利于满足了人们日益强烈的参政意识，把社会力量纳入到政治体系框架之内，促进人们对政治体系和政治权威的认同；有利于强化政治体系的传导和反馈系统，把执政党和政府的传导和反馈系统与公众政治参与形成政治传导和反馈系统有机结合起来，形成上下贯通、及时纠错的机制；有利于发挥“安全阀门”作用，为不同社会阶层和社会成员宣泄情绪、表达愿望提供了正常的、合法的、多样的渠道。通过“安全阀门”的作用，执政党可以体察到问题的性质、范围和严重程度，采取适时有力的措施，使矛盾和问题得到解决。

——政党制度运行方式与政治稳定。在利益格局日益分化的现代社会，一元化的政党制度模式的高度统治与社会多元化持续发展的内在矛盾不断强化，潜伏着内部的不稳定，以至于被不断发展壮大中的代表不同利益的政治势力所摧垮。在多元化的政党制度下，多个政党因相互之间激烈竞争导致内耗不断。尤其是在发展中国家，由于国情的差异，政党竞争催化或强化了原有的民族、部族、宗教和社会矛盾，成为社会不稳定的重要因素。中国政党制度的开放性结构与社会多元化的发展趋势有着内在的适应性，其制度运行方式能够有效地避免政党对立、政党竞争造成的政治动荡，防止了政治力量之间的重大分歧，推动社会共识的形成，减少政治发展中的政治内耗，降低社会运行的成本，对政治和社会稳定起到重要作用。

《多党合作制度创造了一种新型的民主实现形式》（李金河，《人民政协报》2012年3月28日第4版）

我国是人民民主专政的社会主义国家，多党合作制度是在中国这块土壤中生长起来的具有独创性的社会主义政党制度，无论是制度设计，还是政治实践，都体现了人民民主的基本精神、原则和要求，是社会主义民主政治的重要实现形式。

法国中国问题专家多梅纳克认为社会各个阶层广泛的政治参与和执政行为能够最大限度地反映广大民意是民主的本质，中国的改革为世界带来一种新的民主形式。我国的多党合作和政治协商制度，是中国特色的社会主义民主的一种重要实现形式，是社会主义理念与民主价值统一基础上的制度创新。

一、多党合作制度作为社会主义民主政治的重要实现形式，充分体现了人民民主的基本精神。一个国家的政党制度是否具有民主价值，归根到底是看它是否能够体现民主精神，贯彻民主原则，实现民主要求。民主作为反映社会政治文明的基本概念和共同价值，是以权利平等为特征的，排斥少数人或个人独裁。但是民主有实质民主和形式民主的区分，不能仅仅意味着形式上的平等。同样的民主内容，在不同的国家原本就应当具有不同的性质和特点，在不同的社会条件下具有不同的实现形式。我国是人民民主专政的社会主义国家，多党合作制度是在中国这块土壤中生长起来的具有独创性的社会主义政党制度，无论是制度设计，还是政治实践，都体现了人民民主的基本精神、原则和要求，是社会主义民主政治的重要实现形式。

二、中国多党合作制度具备如下几方面极为鲜明的政治特质首先是建构并实现了真正平等的党际关系。平等是人民民主的根本前提。党际关系平等是人民民主的内在要求，也是我国多党合作制度存在和发展的基石。我国多党合作的政治格局中，中国共产党与各民主党派具有不同的性质、作用和组织规模，但都是独立的政党，都以宪法作为活动的根本准则。在国家政治生活和多党合作中，中国共产党虽然居于领导和执政地位，但民主党派享有宪法规定的权利和义务范围内的政治自由、组织独立和法律地位平等。中国共产党与民主党派虽然有领导和接受领导、执政党与参政党之别，但共产党对民主党派的领导是政治领导，主要是政治原则、政治方向和重大方针政策的领导，主要依靠党的路线方针政策的正确、实行民主协商和发挥共产党员的先锋模范作用，使民主党派心悦诚服地接受共产党的主张。所以，党的领导本身就内涵了四个方面的统一：一是坚持党的领导和实现民主协商的统一；二是坚持党的领导和维护多党合作的统一；三是坚持党的领导和开展民主监督的统一；四是坚持党的领导支持和保障民主党派独立自主发挥作用的统一。由此可见，各民主党派接受共产党的领导，不是组织上对共产党的附属，而是对共产党政治主张的赞同，是对在共产党领导下可以实现其政治意愿和利益的确认。在合作共事中，中国共产党、各民主党派和无党派人士的关系和地位也是平等的。平等的党际关系反映了人民民主的本质要求，为形成党际民主奠定了坚实基础。

其次是推动并实现了广泛的政治参与。参与是人民民主的实现条件。没有政治参与就谈不上当家做主。我国是人民民主专政的社会主义国家，人民行使当家做主权利的根本途径和最高实现形式是人民代表大会制度，即人民通过自己选出的代表组成全国人大和地方各级人大，行使管理国家事务、管理经济和文化事业、管理社会事务的权力。此外，通过多党合作制度，通过政治协商、互相监督和民主党派参政议政，进一步体现和实现人民当家做主的权利，也是实现人民当家做主的重要形式。中国多党合作制度为实现社会各方面成员的有序政治参与开辟了规范化、制度化的渠道。人民政协 34 个界别涵盖了我国社会方方面面的代表性人士，民主党派成员和无党派人士在人民代表大会、国家政权机关、司法机关和政治协商机关，积极发表意见建议，反映各自所代表的社会阶层和人民群众的意见和要求，充分履行职能，使人民当家做主的民主权利通过多党合作与政治协商更加切实地反映出来。

第三就是促成并实现了积极的互相监督。监督是人民民主的重要保障。作为社会主义监督体系重要组成部分，中国多党合作制度所实现的监督具有无可替代的优势和作用。从本质上讲，这种监督是一种非权力性的、体制内的、党际间的民主监督，具有高层次、建设性、灵活性的特点，它使民主党派能够帮助共产党更好地执政兴国、执政为民，也使共产党能够帮助民主党派在建设中国特色社会主义中充分有效地发挥作用，因而更加深刻地体现了人民民主精神。

上述政治特质的存在、巩固和发展，充分体现了人民民主各方面的基本要求，它们也同时昭示并证明了这样一个结论：中国多党合作制度的存在和发展的确为一种新型民主的存在和发展提供了现实的支撑。

三、政治民主需要通过不同的形式来实现选举民主和协商民主都是现代民主最重要的实现形式。协商民主强调的是，由公民及其选举产生的代表、官员对政治行为的正当性进行论证。政党政府、政治领袖应当说明其决策的理由并回应公民对这些理由的质疑。并非一切都有审议、协商的必要。但是，政治行为及其理由都应当满足审议民主所追求的正当性要求，都必须为参与审议的全部公民所理解。

当代中国的政治活动中，同样需要一个双向互动、动态延展的审议民主机制。特别是在当前中国选举民主尚不够发达的情况下，这就更加必要。在公民、社会与政党政府之间建构起良性的审议民主的政治机制，在双方持续的协商与妥协过程中，以谈判与再谈判的方式解决问题，不仅可以牵制执政党、决策主导者的自致倾向，还可以增进、密切各协商民主主体之间的关系，从而在确保正确决策、优质决策的同时，确保政党政府主导政策活动的政治合法性、正当性。

基于上述要求来反观中国多党合作制度的价值问题，我们能够清楚地看到：在我国，人民代表大会制度与中国共产党领导的多党合作和政治协商制度有着相辅相成的作用。选举民主和协商民主结合，极大地拓展了社会主义民主的深度和广度，成为社会主义民主的基本特点。经过广泛、充分的政治协商，就能够既尊重多数的政治意愿、又尊重少数的合理要求，就能够最大限度地实现人民民主，促进社会的和谐发展。

具体来讲，政治协商体现在两个层面：一是中国共产党与各民主党派和无党派代表人士的协商；二是中国共产党在人民政协中与包括各民主党派、无党派代表人士在内的各族各界人士之间更加广泛层次上的协商。其中，中国共产党与各民主党派的党际协商是更具实际效果的协商，这种协商内在地贯穿于政治民主实现的过程之中。协商的内容广泛涉及党和国家领导人选的酝酿、宪法修改和法律制定等，监督的内容则全面涉及各政党、政治力量的所有政治主体及其政治(政策)行为。因此，在中国多党合作制度的规范和协调之下，无论是中共中央重要方针政策的出台，还是国家和地方经济社会发展中重大问题的解决等，都必须充分征求各民主党派和无党派人士的意见、接受来自社会各方面的民主监督。为充分发挥政治协商的功能，《中共中央关于进一步加强中国共产党领导的多党合作和政治协商制度建设的意见》明确提出，把协商纳入决策程序，坚持协商于决策之前和决策执行的过程中，这就使党际协商不仅成为广泛体现和表达人民意愿的重要民主通道，而且可以随时发挥参谋、完善、警示和纠错功能，使人民民主延伸到了国家和地方的各项重大决策之中。

正是因为有效的政党间的协商和监督，我国的选举民主才能真正获得并长期保持本民族的、社会主义的特色。正是因为多党合作、协商民主的充分发展，我国选举民主的发展才能不断走向深入和富于成效。选举民主不仅仅是选出人民代表那么简单，它更重要的目的是能够有效地影响政府权力运作，使之始终真正地以最大多数人民群众的最根本权利要求作为自己全部工作的出发点。正是因为中国多党合作制度及其所主导的有效的协商民主的存在，当代中国政治体制内部的监督、制约功能才得以实现，种种政治的、经济的弊端才得以避免和改进。在此基础上，中国多党合作制度以合作、协商代替了对立、争斗，有效避免了政党倾轧造成的政局不稳和政权频繁更迭，最大限度地减少了社会的内耗，有效化解了各种社会矛盾和冲突，长期保持政治的稳定和社会的和谐发展。正是在这个意义上讲：中国多党合作制度是一个能够促进中国选举民主和协商民主相得益彰的政党制度。

《合理的制度创造了中国进步与发展》（林尚立，《当代世界》2012 年第 8 期）

对制度的思考是贯彻人类发展始终的，不同时代、不同国家的智者会有不同的回答，但其精神是一致的：即一个国家的进步与发展，需要合理的制度。合理的制度一定基于国家对制度的自主选择；一定基于选择的制度具有坚实的现实基础；一定基于现实的制度拥有促进国家进步与发展的能力。中国改革开放以来的发展实践充分证明了这一点。

中国现行的制度体系是中国现代化实践与发展的产物

中国现行制度体系与中国传统帝国所形成的制度体系没有任何的历史继承性，是与中国成熟的传统帝国体系完全不同的制度体系。这说明中国现行的制度体系不是中国内生的，是外来的：在时间上，它来自现代；在空间上，它来自西方。然而，这个外来的制度体系在中国确立，是中国在特定的历史与时代条件下所进行的自主选择。虽然西方列强的入侵为这种制度选择提供了时代背景与现实动因，但新旧制度的更替及新制度的选择与建构，却是中国社会为摆脱民族危机、开辟中国现代化之路、实现国家复兴而进行的自主探索和实践。从这个意义上讲，中国确立并运行的这套现代制度体系是属于中国自己的。这一点与同样具有悠久历史的印度完全不同，印度的现代制度体系是在英国殖民统治过程中确立和发展起来的。

当然，中国自主建构现代制度体系并非一步到位，经历了一个艰难的试错和选择的过程。中国在辛亥革命结束千年帝制之后，首先是参照美国式的民主共和制进行现代民主制度建构。但现实的政治实践很快证明这个路径走不通，因为，美国的联邦制，不但不能解决中国的内部统一，反而可能加剧中国的分裂；而美国式的政党民主与政党分赃，不但不能保证民主在中国的正常运行，反而可能使民主成为内斗的根源。因而，袁世凯的称帝失败及随后而来的军阀割据使辛亥革命开启的民主共和彻底夭折之后，以孙中山为代表的中国国民党人就开始将现代制度体系的自主建构实践，超越出单纯的民主制度建构，将民主共和的制度建设整合到中国的现代国家建设的大框架之中，开始从美欧为师转向以苏俄为师。孙中山由此形成了以三民主义、五权宪法和建国方略为内在理论支撑，以革命党为领导核心和实践主体的制度建构实践。这个制度建构实践不再像此前的那样，局限于以民主结束帝制，其关注的是如何使中国在现代制度体系下重新获得秩序、统一与发展，从而实现民主与现代化的有效展开。然而，孙中山先生开启的这个国家建设实践很快就被蒋介石的一党军事独裁扭曲，并在抗日战争和国民党发动的内战中被冲毁。中国共产党承接了孙中山先生提出的建设现代国家的使命，但又力图在制度形态的选择上超越孙中山先生，因为，中国共产党认为新生的社会和国家应该是人民的国家，即人民当家做主的国家。为此，中国共产党在新民主主义革命的基础上，确立了以苏俄为样板，以根据地实践为基础，以社会主义为取向的新民主主义的政治、经济与文化制度体系，并在新中国完成社会主义改造之后，逐步地转向社会主义制度体系的建构，这个历史过程延续至今。

中国的现代制度体系就是在这样的历史运行中逐步确立和积累起来的，虽然它的每一次努力都与现实的革命任务有关，但都绕不过现代中国发展所面临的三大基本问题：第一，如何使具有千年传统的帝国顺利地向现代国家转型，既能用民主代替专制，也能用现代代替传统；第二，如何使帝国体系崩溃之后的大型国家能够在现代化转型中保持其内在的统一，避免中国出现欧洲的景象，即传统帝国碎裂为一系列小的民族国家；第三，如何使原先强大的帝国在现代国家制度框架内快速实现现代化，实现中华民族的复兴。正是这三大问题的不断拷问，使得中国现代制度体系的选择和建构，没有停步于一次性的实践和探索，而是努力在每一次的危机中寻求新的道路与新的实践；同时也正是这三大问题的不断拷问，使得中国现代制度体系的建构与选择，与中国社会现代转型面临的问题紧密结合，与中国历史、社会和文化所塑造出来的国情与民情紧密结合，从而将理想的追求和榜样的学习最终落实于中国实际问题的解决。

可见，中国现行的制度体系虽是外来的，但基于自主选择和自主建构而确立起来，所以获得相当充分的现实基础，与中国社会、历史和文化形成了一定的内在契合性，从而使这个外来的制度体系成为中国的现代制度体系，具有很强的中国特色。

民主推动中国转型，创造中国发展

近代中国的历史表明，中国传统帝国体系向现代转型的过程中，虽然有过在传统与现代、改良与革命、君主立宪与民主共和之间的挣扎，但其最终依然难以逃脱彻底崩解的命运。这是传统帝国体系难以自我转型的必然结果，也是时代发展的必然要求。

因而，中国现代制度体系是在传统帝国体系彻底崩解基础上建构的，其内在取向必然选择民主，不可能去重建一种比中国传统的君主专制更为精致的现代专制体系。这决定了中国在力图用现代制度体系解决中国转型与发展问题的时候，从一开始就将民主制度作为其必然的选项。中国近代以来的历史发展逻辑表明：民主推动了中国转型，同样，也是民主创造了中国发展。

然而，中国现代制度体系建构所承担的时代使命与现实任务，决定了中国的民主实践一开始就围绕着如何在传统帝国废墟上建构现代国家这个中心任务展开，因而，其出发点与西方的自由主义民主不同，即不是直接从强调个体自由的自由主义出发，而是从包括个体在内的各社会主体平等共存于国家这个政治共同体的共和民主出发。在这个出发点上，不论以孙中山为代表的国民党的民主主义实践，还是中国共产党为代表的民主实践，都将实现人民的解放和人民当家做主作为中国民主实践的首要任务与核心价值。国共两党这种努力背后的共同点和不同点，毛泽东在1949年发表的《论人民民主专政》一文中表达的十分清楚："一九二四年，孙中山亲自领导的有共产党人参加的国民党第一次全国代表大会，通过了一个著名的宣言。这个宣言上说：'近世各国所谓民权制度，往往为资产阶级所专有，适成为压迫平民之工具。若国民党之民权主义，则为一般平民所共有，非少数人所得而私也。'除了谁领导谁这一个问题以外，当做一般的政治纲领来说，这里所说的民权主义，是和人民民主主义或新民主主义相符合的。只许为一般平民所共有、不许为资产阶级所私有的国家制度，如果加上工人阶级的领导，就是人民民主专政的国家制度了。"要实现这种国家权力为平民所共有的民主、或者说人民民主，最关键的就是要保障国家权力属于全体人民，人民整体运行国家权力。为此，不论是孙中山基于"权能分治"理论所形成的制度设计，还是毛泽东基于人民民主理论所形成的制度设计，都将人民整体运行国家权力作为制度设计的基础，前者设计了国民大会制度，后者设计了人民代表大会制度。这种制度设计使得中国的民主实践及其制度化建构不同于西方经典的制度模式，具有鲜明的中国特色。

西方民主的经典理论与制度设计，强调国家权力来自人民，国家应当保障人民的权利；而中国的人民民主理论不仅强调国家权力来自人民，而且强调人民掌握国家权力，成为国家的主人。人们曾由此来直接断言人民民主高于西方的资产阶级民主，以至于在相当长的时间里忽视了作为人民中的个体而存在的个体自由权利的保障和实现。这种局面在中国改革开放之后的政治建设和发展中得到了根本改变。改变这种格局的根本动力是改革与社会主义市场经济体制所带来的人的社会存在属性的根本变化：即从单位制下的"共同体人"变化为法律契约制下的"个体人"。个体的独立与自主，使中国的民主在强调国家权力属于全体人民的同时，关注国家权力的内在使命：保障和维护每个人的自由权利，维护社会的公平正义。

正是在这样的新格局下，中国的民主开始迈向全面的制度化，形成了以保障人权、公民权与人民主权三位一体为基础的人民民主建设框架。

由此可见，中国现代制度体系的民主设计，虽然不同于西方的经典模式，但其精神和原则是现代的，其根本符合人与社会全面发展要求的，是现代民主的一种形式，对现代制度文明发展具有创造性的价值和意义。当然，它要达到成熟与完善，还需要在理论和实践上做出更大的努力。

合理的制度选择与建构创造了中国的现代化发展

综合上述分析，人们不难断定近代以来的中国现代制度体系建构，总体上是沿着合理性的方向演进的，不仅保持了制度建构的自主性，而且保持了制度建构的现代性；不仅保持了制度建构的民主性，而且保持了制度建构的适用性。正因为中国在向现代转型过程中，从 1911—1949 年不到 40 年的时间里比较快地奠定了中国现代国家建设的基本制度框架，中国在告别帝国体系之后，国家不但没有解体，而且还快速地迈上发展与复兴的道路。可以说，合理的制度选择与建构创造了中国的现代化发展。

理论与实践表明，合理的制度选择与建构，不是一次性的历史行动，相反，而是一个持续的制度建设过程。这不仅需要制度建构主体的前后统一，而且需要制度建构主体所秉承的制度建设目标与价值原则的前后统一。在中国现代制度体系的建构中，中国共产党的有效领导起到了重要作用。

中国共产党并不天生具有建构中国现代制度体系的能力。它在这方面的能力，一方面来自马克思主义的历史唯物主义世界观和方法论；另一方面来自马克思主义中国化的有效实践，这其中包括俄国经验所形成的根据地政权建设实践。中国共产党领导人民建构的现代制度体系，虽然有明确的价值取向和制度形态规定，但其根基是现实的，其结构是开放的。根植中国，使得中国现代制度体系建构不拘泥于现代制度的一般原则，强调应该从中国发展的实际需要出发来实践和活用现代制度建构的一般原则，例如大型国家的国家结构原则，中国就没有遵循联邦制，依然实行单一制，并用创造性的民族区域自治制度来解决在大型国家实现多民族共存的制度安排；结构开放，使得中国现代制度体系建构能够不断学习他国的制度经验，并积极地吸收他国的制度成就，例如中国在法治国家建设，现代政府建设及市场经济体系建设等方面，就充分学习和吸收外国的先进经验，为中国所用，并在实践中自主创新，形成中国特色。

在制度建设与国家成长上，邓小平在总结“文革”教训中形成的一个重要观点已成为中国共产党的基本信念：即制度问题更带有根本性、全局性、稳定性和长期性。正是在这种信念下，中国共产党将推进民主的制度化建设及全面建设社会主义法治国家作为其推动中国现代国家建设的基本战略。这个战略贯穿改革开放以来的中国变革和发展，大大优化了中国的制度体系，丰富了中国的制度资源，增强了中国制度自我完善的能力，更为重要的是全面确立了中国特色社会主义制度。胡锦涛在纪念中国共产党成立 90 周年的讲话中向世人宣布：“我们推进社会主义制度自我完善和发展，在经济、政治、文化、社会等各个领域形成一整套相互衔接、相互联系的制度体系。”

这套制度体系将成为中国未来发展的制度依据与制度保障。中国改革开放以来的发展，一方面表明这套制度体系不仅契合中国社会，而且能够有效地创造中国社会发展；另一方面表明这套制度只有在不断的自我完善和发展中才能成为推动中国发展的合理制度力量。由此，可以得出结论：合理的制度体系保障了中国发展；而中国制度体系所具有的不断合理化能力，将成为中国走向富强文明民主的根本保障。

《中国特色政党制度的思想渊源》（邸乘光、贾绍俊，《黑龙江社会科学》2012 年第 4 期）

政党制度是现代民主政治的重要组成部分。各国的政党制度，从根本上说是由各国国情、国家性质和社会发展状况所决定的，但同时也是以一定的思想理论为指导而形成、确立和发展的。用以指导某一政党制度形成、确立和发展的思想理论成为该政党制度的理论基础。按照政党制度在形成、发展的不同阶段所起作用的不同，理论基础又可分为形成的思想渊源、创设的理论依据和演进所遵循的原则。

一、中国特色政党制度形成的思想渊源

中国特色政党制度的理论基础对中国特色政党制度的形成和发展至关重要。它既是中国特色政党制度形成、确立和发展的思想渊源、理论依据和原则遵循，也是中国特色政党制度理论体系的基础和重要内容。中国特色政党制度的理论基础，即中国共产党领导的多党合作和政治协商制度形成、确立和发展的思想渊源、理论依据和原则遵循。

原则上讲，中国特色政党制度的理论基础就是“马克思列宁主义”，或者说是“马克思主义政党理论和统一战线理论”。但是作为理论研究，又有进一步细化的必要。首先，根据中国特色政党制度在形成和发展的不同阶段所起作用的不同，可以将其理论基础分为三个层次：一是制度形成的思想渊源；二是制度创设的理论依据；三是制度演进的原则遵循。其次，根据中国特色政党制度在形成和发展的具体方面所起作用的不同，可以将其理论基础的内容分为三个方面：一是马克思主义政党理论（包括共产党领导理论和多党合作理论等）；二是马克思主义统一战线理论；三是马克思主义民主理论。再次，根据中国特色政党制度理论基础自身的发展，可以将其分为“三大段六小段”：一是马列阶段（包括马克思恩格斯阶段和列宁阶段）——马克思列宁主义；二是毛泽东阶段——毛泽东思想；三是改革开放阶段（包括邓小平阶段、江泽民阶段和胡锦涛阶段）——中国特色社会主义理论体系（包括邓小平理论、“三个代表”重要思想和科学发展观）。

基于这样的理解和划分，我们可以把中国特色政党制度的理论基础大致概括为：马克思列宁主义关于政党、统战、民主的理论是中国特色政党制度形成的思想渊源；毛泽东思想关于政党、统战、民主的理论是中国特色政党制度创设的理论依据；中国特色社会主义理论体系关于政党、统战、民主的理论是中国特色政党制度演进的原则遵循。

中国特色政党制度，是中国共产党在马克思列宁主义的指导下形成和发展起来的。马克思列宁主义的政党理论、统一战线理论和民主理论是中国特色政党制度形成的思想渊源。当然，这里所说的马克思列宁主义关于政党、统一战线和民主的理论，并不是马克思列宁主义关于政党、统一战线和民主理论的全部内容，而是其中的一部分内容，即能够成为中国特色政党制度形成思想渊源的那一部分内容。

二、马克思恩格斯关于政党、统战、民主的理论

1. 马克思恩格斯关于政党的理论。在马恩的政党理论中，至少有以下两个方面的思想，即共产党领导的思想和多党合作的思想，它们是中国特色政党制度的形成和发展的重要思想渊源。

共产党领导的思想。马恩认为，建立一个独立的无产阶级政党——共产党，对工人阶级的解放是非常重要的。只有以工人阶级为阶级基础、由工人阶级中先进的有觉悟的

优秀分子所组成的共产党，才能领导无产阶级革命运动，“保证社会革命获得胜利和实现革命的最高目标”。共产党之所以能够成为无产阶级革命运动的领导者，从根本上说就在于其自身的先进性。关于这一点，马恩在《共产党宣言》中已经明确讲到。马恩的一系列阐述，为共产党的建立以及共产党在革命斗争中坚持自己的独立性和领导权奠定了思想基础。

多党合作的思想。共产党如何处理与其他政党的关系，是马恩对多党合作思想的具体表述和主要内容。首先，共产党必须团结其他工人政党，实现无产阶级的团结统一。其次，共产党可以而且应该与其他民主政党结成同盟。再次，共产党在与其他政党合作中必须保持独立性和原则性，掌握领导权和主导权。

2. 马克思恩格斯关于统战的理论。马恩关于统一战线的思想也是中国特色政党制度形成的重要思想渊源。马恩认为，无产阶级担负着解放全人类的历史使命，而且也只有解放全人类才能最终解放自己。这是无产阶级统一战线的根本指导思想。无产阶级的历史使命决定了无产阶级及其政党与其他阶级、阶层、政党、集团进行联合的必然性。

无产阶级内部的团结和统一包括两个方面，即一个国家内无产阶级自身的团结和统一与各国无产阶级之间的国际联合。无产阶级要努力同其他阶层或者阶级结成联盟。无产阶级及其政党在同其他阶级和政党联合行动时，必须坚持无产阶级的独立性，争取统一战线领导权。这同共产党在与其他政党合作中保持独立性和原则性、掌握领导权和主导权是同样的道理。

3. 马克思恩格斯关于民主的理论。推翻资产阶级的统治，建立无产阶级的政权，实现人民当家做主，这是马恩的一贯思想。马恩在原则上否定资产阶级民主和一切剥削阶级民主的同时，并没有将无产阶级民主与资产阶级民主完全割裂开来，相反，他们充分认识到这两种民主形式之间的继承性关系，并且在思考如何实现无产阶级民主的时候，认为可以利用民主共和制这种“现成的政治形式”。当然，民主并不是马恩的终极关怀，而只是实现人类解放、建立自由人联合体、实现人的全面自由发展的手段，是“社会解放的政治形式”。在马恩那里，民主政治是人民的统治，没有人民广泛的政治参与，就不可能实现真正意义上的民主。

马恩关于民主集中制的思想也是其民主思想的重要内容。民主集中制至少有两种：一种是无产阶级政党根本组织原则的民主集中制；另一种是社会主义国家政权根本组织原则的民主集中制。而有关后一种民主集中制的思想，应该属于民主政治思想的范畴。尽管马恩都不曾明确提出过民主集中制的概念，但马恩已经具有“民主集中制”的思想。这里应该明确指出的是，民主集中制作为无产阶级（社会主义）国家政权的根本组织原则，也是适用于无产阶级政党与其他党派的合作上的。

中国特色政党制度即中国共产党领导的多党合作和政治协商制度，就其实质而言，是一种民主政治制度。多党合作和政治协商都是民主的形式。过去，我们往往只将马克思主义政党理论和统一战线理论视为中国特色政党制度的理论基础，而忽略了马克思主义民主理论对于中国特色政党制度形成的重要意义。事实上，马克思主义民主理论也同马克思主义政党理论和统一战线理论一样，是中国特色政党制度形成的重要思想渊源。

三、列宁关于政党、统战、民主的理论

列宁在新的历史条件下，把马克思主义基本原理运用到俄国无产阶级革命、社会主义建设、国际共产主义运动的复兴以及对各种机会主义和错误思潮的批判中，多方面地丰富和发展了马克思主义，包括丰富和发展了马恩关于政党、统一战线、民主的理论，其中的一些重要思想理论观点是中国特色政党制度形成的重要思想渊源。

1. 列宁关于政党的理论。列宁的政党理论内容极为丰富，其中能够作为中国特色政党制度思想渊源的，主要是关于共产党领导和多党合作的理论。

共产党领导的理论。列宁关于共产党领导理论的核心是党的领导权问题。列宁明确指出，无产阶级政党是无产阶级的先进部队，是无产阶级和劳动群众的领导者和组织者；无论是在民主革命中，还是在社会主义革命和社会主义建设中，都必须毫不动摇地坚持党的领导权。当然，坚持党的领导，也要正确处理党同其他组织的关系，包括党政关系。

多党合作的理论。十月革命前，列宁就认识到多党合作的重要性，并重视争取联合其他党派。他指出："无产阶级决不应该把其他阶级和政党看做'反动的一帮'，恰恰相反，它应该参加整个政治生活和社会生活，应该支持进步阶级和进步政党去反对反动阶级和反动政党。"十月革命后，列宁仍然主张多党合作。首先，列宁坚持和发展了多党合作的独立性和领导权的思想。其次，列宁坚持和发展了多党合作的原则性和斗争性的思想。再次，列宁坚持和发展了多党合作的策略性思想。

2. 列宁关于统战的理论。列宁在领导俄国革命和建设的实践中，坚持并发展了马恩的统战理论：无产阶级必须同被剥削的劳动群众联合起来；无产阶级必须尽可能地争取同盟军；建立工人阶级内部的统一战线，工人阶级内部的统一战线既包括一国内部工人阶级的联合与团结，同时也包括各国工人阶级之间的联合与团结；建立共产党与非共产党员的联盟；无产阶级要掌握统一战线的领导权。

3. 列宁关于民主的理论。其中的一些重要思想理论观点包括：

没有民主就不可能有社会主义。列宁认为，民主是实现社会主义、巩固社会主义、消灭国家、实现共产主义的重要途径和手段。十月革命后，列宁进一步认为，民主是社会主义的根本标志之一，是社会主义制度不可动摇的政治原则。不实现民主，就不会真正建立起社会主义的经济制度、政治制度和文化制度，就不可能发展社会主义的经济、政治和文化，就不可能有效地防止社会主义国家蜕化变质。

苏维埃是一种新型的无产阶级民主制。列宁认为："苏维埃民主制即无产阶级民主制是最高类型的民主制。"这是对马克思主义无产阶级民主制思想的丰富和发展。

劳动者管理国家是民主的一个重要标志。列宁认为，广大劳动群众有没有权过问国家大事，是否参与国家管理，这是一个国家是否民主的一个重要标志。

坚持和实行无产阶级的民主集中制。列宁在布尔什维克提交代表大会的《策略纲领》中正式向全党宣告："党内民主集中制的原则是现在一致公认的原则。"把民主集中制作为一条原则写进党章之中，这在马克思主义建党学说史上是第一次。更为重要的是，列宁不仅把民主集中制作为俄共的根本组织原则，同时也把其运用于苏维埃的政权建设中，作为苏维埃政权的根本组织原则。

列宁关于政党、统战和民主的理论内容十分丰富。其中有很多思想对社会主义国家政党制度的形成产生了重要影响，成为以毛泽东为核心的中共第一代领导集体探索和创立中国特色政党制度最直接的思想渊源。

《中国特色政党制度与民主政治发展》（王韶兴，《中国社会科学报》2012年8月31日第A6版）

用丰富的民主政治实践检验已有的政党制度框架、发展现行的政党制度内涵，形成“经验推动”和“理念引导”的良性互动，是政党制度创新发展的内在要求。

中国特色政党制度作为中国民主政治的制度载体和实践机制，它的建设质量直接关系到中国民主政治的发展水平。根据中国民主政治新的实践和新的发展，以升华政党制度理论为首要任务，以强健政党制度主体为核心内容，以完善政党制度规则为重要环节的中国特色政党制度系统建设，是回应当下中国民主政治建设面临诸多挑战的现实需求，也是推进中国民主政治科学发展的必由之路。

升华中国特色政党制度理论

中国特色政党制度理论作为一种特定政治观念，体现着中国民主政治发展的路径和理论框架，标识着中国民主政治发展的逻辑演进和价值依归。

政党制度的形成和发展，取决于特定的价值取向、社会生态、力量对比及时代特点等关键变量。当代中国实行中国共产党领导的多党合作和政治协商制度，而不能实行西方的两党制或多党制，有其历史发展的必然性。以共产党领导的多党合作制为实践机制的民主政治建设，既体现了现代政治发展的基本特征——政党主导国家政治，又遵循了社会主义民主政治发展的一般规律——共产党主导国家政治，更表明了中国特色社会主义民主政治发展的具体规律——多党合作制主导国家政治。

以共产党领导、多党派合作为根本特征的中国特色政党制度，不仅蕴涵着政党制度的一般原理，而且体现着社会主义政党制度的基本原则，反映了中国社会历史发展的特点和规律。中国特色政党制度的民族特性和本质特征，从根本上决定了中国社会主义民主政治建设不能照搬西方发展模式，只能走中国共产党领导、人民当家做主和依法治国有机统一的民主政治发展之路。

实现民主政治发展与政党制度建设的相互促进，既要深刻认识以政党制度的民族性推进政治发展的现代性，以政治发展的现代性提升政党制度的民族性，是中国社会主义民主政治发展的基本路径；还要用丰富的民主政治实践检验已有的政党制度框架、发展现行的政党制度内涵，形成“经验推动”和“理念引导”的良性互动，是政党制度创新发展的内在要求。

强健中国特色政党制度主体

政党既是民主政治发展的产物，也是民主政治进一步发展的工具。当代中国政党作为中国特色政党制度的主体，其系统性能、民主能力以及政党关系的状况，直接关系到民主政治的建设质量。

政党系统性能根源于政党系统结构，是政党制度主体在实践中所呈现出来的治党管党、多党合作、执掌政权、参政议政、管理社会、党际交往以及政党学习诸能力的总和。

民主性是当代中国政党系统的根本属性，评价政党系统性能的根本标准，是看它在多大程度上为党内民主和党际民主的发展奠定了组织基础，在多大意义上为人民民主的发展提供了组织保障。

加强政党民主能力建设旨在提升政党发展人民民主的实际本领。对中国共产党来讲，就是要不断增强以民主执政为核心内容的民主理论创新能力、民主制度建设能力、民主发展领导能力以及民主风险化解能力；对各参政党来说，就是要不断增强以参政议政能力为核心内容的民主监督能力、民主协商能力和民主带动能力。

政党关系作为国家政治关系的重要内容，其基本性质和发展状况直接关系到民主政治的发展取向和发展质量。中国共产党与各参政党之间形成的领导与接受领导、执政与参政的政治性关系，合作协商的机制性关系以及互相监督的功能性关系构成了当代中国政党关系的基本内容。以坚持中国特色社会主义民主政治发展道路为政治前提，以坚持和完善中国共产党领导的多党合作和政治协商制度为制度保障，以实现多党合作和政治协商的制度化、规范化、程序化为实践要求的政党关系建设机制，是促进当代中国政党关系和谐发展的路径选择。

完善中国特色政党制度规则

制度规则是中国特色政党制度的核心要素。规则意识是否强化、内容是否健全以及对其评价是否得当，关系到中国特色社会主义民主政治发展的实践依据是否可靠，并影响到其科学化水平。

强化规则意识。规则意识是指政党组织及其成员对有关政党制度的“章程”、“意见”等规范性文件的基本看法。它作为一种特定政党文化现象，既具有标志规则性质的价值，又具有维系制度存在的功能。强化中国特色政党制度的规则意识，一要深刻认识规则形态的历史必然性、规则发展的客观必然性及其具体内容的可塑性；二要准确把握普遍约束性、结构合理性、系统完整性及实践操作性；三要明确看到实现政党行为的合理化、制度化和有序化；四要努力养成遵守政党制度规则的习惯，使之成为政党素质的重要内容、政党活动的自觉行为。

完善规则内容。中国特色政党制度规则建设的重点不在于单项规则的增多，而在于多项规则间的耦合；不在于某个领域规则的具体建设，而在于不同规则功能的挖掘及其相互间的有效连接和价值互补。其主要目的在于，以规则体系的整体性能保障民主政治的有效运行和科学发展。

健全规则评价体系。评价政党制度规则不仅要有“质”上的判断,还要有“量”上的评估。事实表明，以较少的“资源占用”获得较多的“资源产出”，是对政党制定与执行制度规则能力的集中检验。评价政党制度规则的优劣，不是取决于规则本身，而是取决于它在多大程度上培育了民主要素、提升了民主意识、激活了民主动力、拓展了民主空间。

《人民政协——协商民主的国家制度载体》（周淑真、降瑞峰，《人民政协报》2012年11月21日第C4版）

党的十八大报告首次明确提出，要“健全社会主义协商民主制度”，“完善协商民主制度和工作机制，推进协商民主广泛、多层、制度化发展。”报告指出要通过政协组织等渠道就经济社会发展重大问题和涉及群众切身利益的实际问题广泛协商，强调坚持和完善中国共产党领导的多党合作和政治协商制度，充分发挥人民政协作为协商民主重要渠道作用，推进政治协商、民主监督、参政议政制度建设。

健全社会主义协商民主制度对人民政协的新要求

党的十八大关于健全社会主义协商民主的论述，从执政党的政治高度和理论高度充分肯定了中国人民政治协商会议作为社会主义协商民主重要渠道的地位，充分肯定了在多党合作和政治协商这一国家基本制度在协商民主方面的主要价值，并对进一步发挥人民政协这一重要渠道的作用，推进社会主义协商民主提出了切实要求，充分认识人民政协在健全社会主义协商民主制度中的作用、优势及实现路径，对人民政协的发展提出了新要求。

在这种形势下，重新考察人民政协的发展历史，审视人民政协的基本结构，充分发挥人民政协推进协商民主的重要渠道作用，就显得尤为重要和紧迫。

中国人民政治协商会议是中国共产党把马克思列宁主义的统一战线理论与中国的具体实践相结合的伟大创造，是中国共产党同各民主党派、人民团体和各族各界爱国人士长期团结奋斗的成果。从这一制度的源头上讲，人民政协的制度基础来自于中国共产党与各民主党派以及各种进步力量的政治协商和民主协商。中国人民政治协商会议的发展轨迹清晰地展示了民主协商在其产生、发展中所起的关键作用。新的国家政权是通过中国人民政治协商会议产生的，通过协商民主而建政。可以说，中国人民政治协商会议是协商民主的制度载体，民主协商是中国人民政治协商会议的运行规则。

中国人民政治协商会议是推进协商民主的制度载体

“中国共产党领导的多党合作和政治协商制度将长期存在和发展。”中国人民政治协商会议是实现这一基本政治制度的重要组织形式，是多党在政治制度意义上合作的唯一载体，是我国社会各党派各方面就国家政治、经济和发展中的重大问题进行民主协商的重要机构，是反映社情民意、进行利益表达的重要渠道，是达成共识、形成合力的重要平台。

在半个多世纪的曲折发展过程中，中国人民政治协商会议与中国这样超大型、长历史、后发型的社会相适合，具有内在的合理性和优越性。中国人民政治协商会议的界别设置、构成方式、运行机制和组织特点有利于推进社会主义协商民主。主要表现在：

第一，中国人民政治协商会议的界别设置，为社会各界充分表达其利益，就重大政治问题广泛协商提供了制度保障。

任何一个社会都由多个具体利益群体组成。因此，一个良好的政治制度设计要考虑到不同利益群体的利益，体现社会的公平正义。

中国人民政治协商会议是由包括中国共产党在内的 8 个民主党派、无党派民主人士、人民团体、各少数民族代表，台湾同胞、港澳同胞和归国侨胞，以及特别邀请人士等 34 个界别组成，具有广泛的社会基础。由于各个界别的代表都体现了其所代表的社会群体的利益要求，因此，以不同界别构成为组织特点的中国人民政治协商会议，就在客观上集中了中国社会的各民族各党派各团体和海内外各个方面的代表和优秀人才，体现了社会各界别和各方面的意见要求，为社会各界充分表达其利益，就重大政治问题广泛协商提高了制度保障。

第二，中国人民政治协商会议是多党合作的重要场所，是各个政党开展政治对话、实现协商民主的制度载体。

政党是汇集不同政治意见、表达不同利益要求的重要形式与工具。中国共产党领导的多党合作制具有明显的适应中国现代化所要求的政党关系结构的特点。中国人民政治协商会议正是这一政党制度的组织形式。在我国的各种国家机构中，只有在中国人民政治协商会议，各民主党派才可以本党派的组织名义提出建议、提案和发言等，中国人民政治协商会议为这种合作性政党结构的存在和发展提供了制度支撑。这种合作性的政党结构既能发挥不断扩大政治参与的功能，融合各阶层利益，又有利于形成统一的意志和团结的力量，为社会政治参与提供制度化的组织、程序和途径；既避免了多党竞争制容易造成的政治不稳定，又可以避免一党制无视社会需求、脱离社会监控而导致严重的内部腐败；既可体现严格的统一与权威，又可促进并保障决策的科学化与民主化。这一制度创新可以很好地解决我们所面对的各种困难和问题，从容应对来自各方面的挑战。

在中国现实政治生活中，经济的多元、利益的多元不可能也不能形成执政党的多元，中国的执政党只有一个，即中国共产党。但是多元的利益都需要拥有表达的渠道，只有在中国人民政治协商会议这个多党合作的机构和重要场所，各个政党可以坦率地开展政治对话，表达各自的主张，实现协商民主。

人民政协制度与人大制度互为补充，实现人民民主中国人民政治协商会议制度与人民代表大会制度纵横交织，把协商民主和代议民主结合起来，为真正实现人民民主奠定了坚实的制度基础。

“协商民主”理论源于西方，旨在补救代议制的缺失，更多地表达公民的根本利益，实现公民的真正诉求。社会主义协商民主虽然也使用了“协商民主”的概念，但是其主旨在于推进社会主义政治对话和政治协商，更好地实现人民民主，让人民真正当家做主。

人民代表大会制度作为我国的根本政治制度，人民代表大会体现了人民主权原则和代议民主。与之相对应，中国人民政治协商制度是我国的基本政治制度。中国人民政治协商会议是以各族各界各党派为单位，以纵向结构为依托，旨在表达和体现各党派、各民族、各界别和各社会团体的团体利益。中国人民政治协商会议体现的是协商民主。

这两种纵横交织且互为补充的政治制度，通过代议民主和协商民主的形式，为凝聚人民力量、体现人民利益、真正实现人民当家做主奠定了坚实的制度基础，集中体现了社会主义民主政治的特点和优势。

当前，我们要健全社会主义协商民主制度，推进协商民主的广泛、高效、制度化发展，最根本的任务，就是要从制度上保障人民政协这个重要渠道切实发挥作用，大力提高民主党派的参政议政水平、鼓励对国家的大政方针提出建议和意见；逐步推进人民政协在党和政府的重大决策行动方面的监督工作、实现问责和问政；拓宽政协委员与人民群众的直接沟通渠道，设立委员工作机制和联系制度，允许其代表民意、体现民意、公开表达民意。推进政治协商、民主监督、参政议政制度建设。保持人民政协这一协商民主的重要渠道畅通高效，从而推进我国社会主义协商民主制度建设。

《中国特色政党制度创立和发展的历史经验——基于中苏比较的视角》（刘诚、李琼琼，《毛泽东邓小平理论研究》2012年第10期）

无产阶级夺取政权后，如何处理与其他党派的关系，实行何种政党制度，囿于实践的限制，马克思、恩格斯没有预先设定。但他们始终主张无产阶级政党在革命斗争中应团结一切反对现存政治制度的非无产阶级政党共同斗争以夺取胜利。列宁在领导俄国革命的实践中，继承和发展了马克思、恩格斯创立的多党合作理论，无论是在俄国资产阶级民主革命时期，还是在十月社会主义革命时期，他都努力同其他革命政党建立合作关系，以此来加速革命的进程。十月革命胜利后，列宁力倡和其他政党合作，成立联合政府。由于种种原因，短暂的合作未能在俄国形成多党合作的政党制度。以毛泽东为代表的中国共产党人在领导新民主主义革命的斗争中，正确地解决和处理了共产党与其他政党的关系，形成了相互信任的团结合作的政治格局。新中国成立后，中国共产党和各民主党派在民主革命时期形成的反帝反封建的政治联盟进一步发展为在国家政权领域内的继续合作，创立了中国共产党领导的多党合作的理论与制度。比较中苏两国在建国初期对政党制度的选择，总结其经验教训，无疑具有重要的理论价值和现实意义。

一、对无产阶级夺取政权以后国家政治制度的科学构建是形成多党合作政党制度的理论基础

十月革命胜利前夕，列宁撰写了《国家与革命》等重要著作，系统阐述了马克思主义的国家学说，论述了革命胜利以后建立无产阶级专政的历史必然性，但是他没有对农民人口占大多数的俄国在革命胜利后无产阶级专政实现的具体形式进行阐述。十月革命后，虽然布尔什维克党与其他党派有过短暂的合作，但由于缺乏理论的支撑和制度的安排，这种合作只能停留在布尔什维克党的策略层面。尽管如此，列宁提出的在社会主义国家可以实行无产阶级政党领导的多党合作的理论和政治实践依然具有重要的价值和示范效应。而中国共产党在深入分析中国国情的基础上对中国革命胜利后的政治制度和政党制度，从理论构建和实践探索方面取得了重要成果。

毛泽东的人民民主专政理论，从宏观上构建了新中国共产党领导的多党合作政治制度。中国革命胜利后将要建立一个什么样的国家政权，这是中国共产党和毛泽东长期探索的问题。在著名的《论人民民主专政》一文中，毛泽东深刻而清楚地阐述了中国革命胜利后，将要建立的新民主主义国家政权和将要实行的多党合作的政党制度，阐述了新民主主义国家政权和与之相适应的多党合作政党制度建立的历史必然性，并指出了新民主主义国家政权和政党制度与苏联的国家政权和政党制度的重大区别。这些思想有着十分鲜明的中国特色，是中国共产党的伟大创造。

中国共产党领导的多党合作政党制度的形成，是由新民主主义的国体即人民民主专政的国家政权性质所决定并为这一国体服务的，与民族资产阶级及其政党保持联盟关系，这是中国特定的历史条件所决定的，是中国共产党对马克思主义国家学说的重要发展。

邓小平提出中国共产党领导的多党合作和政治协商制度是我国政治制度的特点和优

点。中共十一届三中全会以来，邓小平进一步明确提出多党合作是中国政治制度的特点和优点的重要论断，在他的指导下制定的《中共中央关于坚持和完善中国共产党领导的多党合作制度和政治协商制度的意见》第一次明确指出："中国共产党领导的多党合作和政治协商制度是我国一项基本政治制度。"《意见》的制定和颁布，使中国共产党领导的多党合作和政治协商制度完成了由实然走向应然的过程。1993年，全国人大八届一次会议通过的宪法修正案,将"中国共产党领导的多党合作和政治协商制度将长期存在和发展"载入宪法,使政党制度纳入了宪法的框架体系。这在中国政党制度发展史上具有质的飞跃，标志着当代中国政党制度有了制度和法律的保障。而十月革命胜利后，布尔什维克党与其他党派虽然有过合作，但是始终未能上升到国家制度层面，更没有宪法和法律的保障，其夭折也就不奇怪了。

二、对同盟者的正确定位是多党合作政党制度形成和发展的政治基础

中国虽然小资产阶级人数众多，但是却没有小资产阶级的政党，中国的农民虽然占了全国人口的80%以上，但是也没有农民党。这是中国和苏俄的巨大差别。因此，中国共产党与其他政党的合作，主要是与民族资产阶级政党的合作，而布尔什维克党与其他政党的合作主要是与小资产阶级政党及孟什维克的合作。显然，中国的情况比苏俄要复杂得多，但是，由于中国共产党对同盟者的正确定位，中国的多党合作不论是在民主革命时期还是在新中国成立后，都得到了健康发展。

毛泽东关于中间阶级的理论是多党合作政党制度形成的政治基础。毛泽东关于中间阶级理论的实质是中间阶级属于人民的范畴，是要争取团结中间阶级使之成为无产阶级同盟军的一部分，坚持对中间阶级的政治引导原则，核心是引导他们走历史发展的必由之路。为此，中国共产党在团结中间阶级的过程中，根据历史进程的变化，及时提出基本的政治口号，并把同盟者提高到无产阶级当前革命纲领的水平上。在党的新民主主义革命总路线的感召下，在党倡导的人民民主统一战线阵营中，经过党的长期教育和帮助，作为中间阶级政治代表的各民主党派终于逐渐脱离了旧营垒，走向了新民主主义的光明大道。党在民主革命时期与各民主党派良好的合作关系在新中国建立后发展为在国家政权领域内的继续合作，形成了多党合作的政党制度。

把民主党派定位为参政党，是多党合作政党制度不断发展的重要因素。中国共产党成为执政党以后，对其他政党如何准确定位，也是多党合作能否坚持的重要因素。新中国成立后，中国共产党一直把民主党派定位为参政党。它是对民主党派在国家政治生活中所处地位的质的规定性，理顺了中国共产党和民主党派在中国民主政治进程中各自的角色定位，调动了民主党派参政议政的积极性。

苏俄的情况与中国有很大差别。十月革命后，布尔什维克党主要的合作对象是孟什维克和小资产阶级政党社会革命党，从阶级关系上说他们都属于人民的范畴，他们的分歧主要是关于路线、方针、政策和斗争策略的分歧，如果执政党能够对同盟者正确定位，把握分歧的实质并妥善处理，社会主义多党合作政党制度也许在苏俄首先形成。另外，十月革命后，苏俄多党合作的破裂，与执政党未能正确定位其他政党也有一定关系。

三、制定正确的政策，是多党合作政党制度形成和发展的关键

无产阶级政党和其他政党的合作能否形成和发展，党的政策和策略正确与否具有决

定性的作用。中国与苏俄建国初期政党关系的变迁，显现了党的政策和策略的极端重要性。

首先，党的政策必须符合实际。中国共产党在民主革命时期与其他政党的合作，在政策问题上有过“左”的和右的错误，“左”的错误就是要使革命队伍纯而又纯，把中间阶级当做最危险的敌人，拒绝和其他党派的合作，“一切斗争，否认联合”；右的错误就是“一切联合，否认斗争”，被资产阶级政党的右翼牵着鼻子走，导致革命的失败。遵义会议后，这种局面得到了根本转变，党制定了一系列正确的政策，使党和中间党派既团结合作，又保持了正确的方向。其次，党的政策要适应新情况。第三，党的政策不能超越阶段。十月革命胜利后，列宁领导的布尔什维克党和其他政党有过短暂的合作，合作的破裂，尽管原因很多，但是本文以为，实施战时共产主义政策是导致多党合作破裂的重要因素。

四、形成民主协商的传统，是多党合作政党制度形成和发展的重要因素

中国共产党领导的多党合作是以协商民主的发展为基础的，中国具有这样的实践和良好的传统，而苏俄则没有，这是苏俄多党合作未能形成制度的一个重要原因。

多党合作以协商民主为前提，而协商民主的发展以政党之间的相互平等为基础。作为多党合作的主导方面，中国共产党首先确立了平等对待其他政党的理念并付诸行动。

（一）协商民主的发展以协商国事为基础

早在民主革命时期，毛泽东就明确指出：“国事是国家的公事，不是一党一派的私事。”为调动一切抗日阶级、阶层、政党参政议政的热情，毛泽东提出了著名的三三制政权原则。三三制的实质是民主，就是使一切愿意抗日的阶级、政党均有参与国事的权利和机会，就是共产党不包办国事，而与其他阶级、政党共商国是。解放战争时期，三三制原则在各解放区政权中继续贯彻执行，中国人民政治协商会议正是在这样的基础上应运而生，成为中国人民民主统一战线的组织形式和中国共产党领导的多党合作的组织形式。以政治协商的方式筹建新中国，这是中国人民民主专政的政治制度建立的显著特点。中国人民政治协商会议为各党各派各界各阶层提供了过渡时期管理国家的最佳形式，成为新中国民主政治实现的重要方式。以政治协商为主要形式的中国协商民主的发展，为新中国成立后多党合作的有效运行奠定了坚实的基础。

（二）协商民主健康发展的关键，是教育党的各级干部要和民主党派干部真诚协商国事

国共产党成为执政党后，中共党内在如何对待民主党派问题上有一些错误的认识，毛泽东坚持不懈地对党内进行多党合作必要性和重要性的思想教育。从而使党和民主党派长期合作、协商共事的思想在全党牢固确立。

（三）不断总结经验，确立民主协商的基本原则

中共十一届三中全会以来，党中央恢复了和民主党派协商国事的传统，先后颁布了《中共中央关于坚持和完善中国共产党领导的多党合作和政治协商制度的意见》、《中共中央关于进一步加强中国共产党领导的多党合作和政治协商制度建设的意见》、《中共中央关于加强人民政协工作的意见》等，总结了我国多党合作、政治协商的经验，提出要切实把政治协商纳入决策程序、坚持在决策之前和决策执行过程中进行协商的重要思想。

《中国政党制度的功能与价值——一种政党理论的比较视角》（邱永文，《当代世界与社会主义》2012 年第 1 期）

中国政党制度的功能研究为中国政党制度的合理存在确立了现实依据，而中国政党制度的价值研究为中国政党制度存在的意义和未来发展奠定了理论支撑。政党和政党制度的存在及其运行是有一定规律的，这也是政党理论研究的基本逻辑起点，不承认这一点，就不存在政党理论研究；但政党及其政治活动在世界各国又表现出明显的差异和不同，这正是政党理论研究的基本动力和意义所在。政党理论研究的目的就是探讨政党运行的一般规律和各国政党运行的差异，以此相互比较借鉴，扬长避短，发挥优势，完善和发展本国的政党和政治制度，为本国的政治发展提供参考。所以，政党理论研究必然也须采用某种程度的比较研究。

一、中国政党制度的“中国特色”

政党既然是一种普遍现象，那么，它自身的存在和活动必然要遵循某种普遍规律，即政党的产生、政党的性质和特征具有一定的共性。

从政党的产生来看，政党既是一定政治环境的产物，也反作用于它所存在的政治环境。政党是一定阶级的政治组织，政党的性质是由其所代表的阶级属性决定的，政治纲领是其阶级性的反映。政党的主要特征包括：第一，政党是阶级的政治组织，具有鲜明的阶级性。第二，政党制定代表本阶级利益的政治纲领或章程，用以组织和领导本阶级群众和同盟者为实现其政治目标而共同斗争。第三，政党有一套组织系统和一定的纪律约束，以便为实现其政治纲领或章程进行有效的斗争，并在斗争中发挥其领导和指挥作用。第四，政党同社会特别是国家政权紧密相连。

中国的执政党——中国共产党，作为世界政党的重要组成部分，当然具有一般意义上的政党所具有的一般特征。但是，其起源、性质和特征，则与发展中国家的许多政党，特别是西方国家的政党具有明显的不同。具体表现在：

首先，中国执政党的产生具有“中国特色”。中国共产党在从成立到新民主主义革命胜利的过程中，绝大部分时间是被北洋政府和国民政府当做“非法”政治组织而存在的。而它自成立之日起，也先后以推翻北洋政府和国民政府为目标。它的产生既区别于西方的体制内政党，也不同于认可殖民地政治系统的印度国大党等政党。就其纲领和组织结构而言，中国共产党鲜明的政治纲领和严密的组织机构，与领导民族独立国家的政党如缅甸的自由同盟等也有很大区别。

其次，中国执政党的性质和特征具有“中国特色”。中国共产党第十七次代表大会通过的《中国共产党章程》，将党的性质表述为：中国共产党是中国工人阶级的先锋队，同时是中国人民和中华民族的先锋队，是中国特色社会主义事业的领导核心，代表中国先进生产力的发展要求，代表中国先进文化的前进方向，代表中国最广大人民的根本利益。新修订的党章中对中国共产党性质的表述与传统的马克思主义政党比有明显变化。即由阶级性特色向民族性特色转化，将阶级性和民族性合二为一，既要体现其鲜明的阶级先锋队的性质，又要注重体现其作为执政党的维护整个政治系统正常运转的整体民族利益的一面。就其属性来看，既有传统马克思主义政党的某些特征，又符合现代世界一般政党的发展趋势。

最后，中国政党制度具有“中国特色”。中国政党制度明显的“中国特色”，表现在政党之间就是中国共产党与民主党派之间是政治上的领导和被领导的关系。在政党与社会的关系方面，中国共产党起源于政治运动，是在动员社会、改变社会、重构社会关系中出现的，它先是重构社会关系的决定性力量，而后才表现为连接国家和社会的纽带。在政党与国家政权关系问题上，是中国共产党的政治活动产生了公共权力，而后成为国家的领导者。政党领袖首先是党的领导，其次才是政府首脑，表现为党对国家权力的全面控制。

中国共产党的产生背景、性质和特点以及中国政党制度的特征反映在中国政党制度的功能和价值上具有“中国特色”，与西方政党制度和世界其他国家的政党制度有明显的不同。

中国近代的政治系统是中国旧有的传统政治势力、帝国主义侵华势力和新兴的资产阶级政治力量共同塑造的。中国共产党是在近代中国这样一个特定的历史条件和政治环境下产生的，有其独特和鲜明的政治纲领，这就决定了它自诞生之日起就是现有政治系统的反抗者和改造者。经过政治运动和社会动员，中国共产党成功地重塑了旧有的社会关系，产生了新的政治系统、公共权力和国家。在此过程中，重塑了与国家政权、社会和其他政党的关系。认识到这一明显的不同，有助于我们更深入地理解和把握中国政党制度的价值和功能。

二、中国政党制度的功能和价值

政党制度的功能和政党的功能是既有联系又有区别的两个概念。政党功能的发挥有赖于政党制度的良好构架和运行，政党制度的功能则是政党功能发挥制度作用后的具体体现。而政党制度发挥作用又是以一定的政治系统为基础和条件的。所以，政党制度的功能发挥内在地由政党的功能决定着，外在地由政党制度与政治系统的互动关系决定着。

需要指出的是，不同的国家、不同的政治系统中，政党的功能并不完全相同。

中国政党制度的功能主要体现在政党与国家、政党与社会和政党之间关系三个方面。当代中国的政党制度和政治制度是在特定的历史条件和政治条件下形成的。中国共产党在这一过程中起着决定性的作用。中国共产党不仅是原有政治系统的颠覆者，而且是新的政治系统的构建者。即中国共产党不是国民政府政治体制内的政党，而是摧毁原有的政权建立新的政权的政治组织，也是新的国家的构建者。这种特定的政党和国家关系决定了当代中国政党制度的首要功能是政治稳定功能，即维护现有政治系统的正常运转，维护执政党的执政地位。在政党与社会的关系问题上，中国政党制度表现为动员、影响和塑造社会的功能，即政治社会化的功能，表现为对社会的控制功能。在政党关系上，则发挥着对民主党派的政治领导和巩固、完善多党合作的政党关系的功能。

政党和政党制度是现代民主政治的产物。政党和政党制度必定服从和服务于民主，反映其存在和意义。当代中国政党制度的功能和价值是特定的历史条件下政党、国家和社会关系的反映，但不是恒定不变的。当现有政治系统的合法性不再依靠政党制度的功能表达出来，中国的国家、社会和政党关系必然出现调整和重构，中国政党制度的功能和价值也必然遵循世界政党制度的一般规律，向着民族和民主的方向发展。

《中国特色政党制度的文化特征与文化建设》（魏晓文、刘志礼，《理论探讨》2012年第5期）

中国传统文化对当代中国政党制度的形成发展，产生的自觉或不自觉的影响不容忽视。这也是我们客观分析中国政党制度形成发展、基本特征、运行机理，直面其存在的现实生态，探寻具有可操作性的发展策略，不可或缺的重要因素。结合中国传统文化与近代以来的历史发展，在考察中国政党制度与文化互动过程的基础上，探寻中国政党制度的文化生态，是深入分析中国政党制度独特存在与未来发展的一个有效路径。

一、中国政党制度形成与发展的文化渊源探析

中国共产党领导的以多党合作和政治协商为主要特征和运行逻辑的政党制度，是在传承创新中国传统文化精华的基础上形成和发展起来的。

（一）中国传统文化对近代以来政党政治实践产生的影响

中国古代的历史传统主要表现为这样几个方面：一是基于家国共同体结构形成的大一统国家传统；二是基于伦理责任意识形成的以天下为己任的民族心理；三是基于前两个方面形成的“求同存异”、“和而不同”的和合文化。这几方面的有机融合影响着当代政党制度的产生、发展与创新。

需要指出的是，古代中国基于共同体结构而形成的“大一统”国家传统、基于伦理责任意识形成的以天下为己任的民族心理，以及基于“求同存异”、“和而不同”等理念而形成的和合文化，使得我们在追求统一的过程中，并不否认多元主体和谐共存、相互影响的合理性与必要性。历史显示，尽管儒家学说成为占统治地位的意识形态和主流文化，但道家等其他诸子百家的思想也极为深刻地影响了中国社会历史的发展和独特文化的形成，这种“百花争艳”的格局正是中国社会持续充满活力的源泉所在。

我国历史上形成的“家国共同体”、“大一统”、“以天下为己任”、“求同存异”、“和而不同”的历史传统，对当代中国政党制度和政党关系的形成发展产生了深远影响。西学东渐以来，西方个人主义、优胜劣败等思想逐渐被介绍到中国，人们在反思中国落后诸种原因的过程中，也引进了西方的政党学说，并实践了其政党制度。然而，多党制、两党制等等制度设计，在中国的具体环境下却水土不服、屡遭挫折，并最终导致了国民党一党专政及其政权的垮台。中国共产党与各民主党派在长期的共同奋斗中，形成了“同命相连”的相互关系和“生死与共”的共同体结构，保证了中国政党、国家、社会、个人等各个层面处于紧密联系与互动过程之中，这在客观上构成了中国政党制度独特结构、功能与价值的文化生态基础。

（二）中国政党制度对传统文化的传承与创新

中国政党制度核心一元性和结构多元性的特点体现了基于共同体结构、大一统传统而形成的“求同存异”、“和而不同”的“和合”传统价值理念。中国政党制度这种核心一元性和结构多元性的特点，使得共产党执政和民主党派参政具有共同的政治方向、奋斗目标、思想基础和历史使命。尽管这一政党制度在发展过程中，依然存在着诸多问题，但其不断成熟的历程，说明这种制度模式，适应了中国独特社会结构而形成的历史传统，并在二者的互动中实现由传统到现代的转型。

中国特色政党制度中这种核心一元性和结构多元性的独特结构体系，以及以合作、协商为旨归的制度安排和运行机制，可以充分考虑和最大限度地包容不同利益群体的利益诉求。加强和促进民主表达、民主协商和民主参与，不同政党、群体、公民与政府之间就会维持一种深层的相互理解，使人们看到每个个体都是更大社会的一部分，承担责任，有利于促进共同体的繁荣，从而成为建立参与持续性合作行为所需要的社会信任的基础，形成基于共同利益诉求和价值目标的"以天下为己任"的集体责任感，成为为了共同的理想和目标而齐心协力的动力源泉。

中国政党制度独特的功能培育了体现传统文化精髓的当代社会软实力。多党合作、政治协商、民主监督，这是中国政党互动关系中的主要实现方式，也使得中国政党制度具有了实现有序政治参与、多重利益表达、多元社会整合、体制内协商监督、维护社会稳定等诸多功能，影响着人们政治行为的内在动机和价值取向。基于特殊结构而形成的政党制度功能，在实践中培育了体现"求同存异"、"和而不同"理念的当代社会文化体系，并在与政党制度的互动过程中，形成体现时代要求的文化软实力。

二、中国政党制度的文化特征与价值：中西方比较的视野

基于中国传统文化而形成的当代中国政党制度，极大地影响制约着具有特定结构和功能的文化体系的培育与生成，二者在实践中形成了互为因果、相互促进的互动关系。

（一）西方政党制度的文化机理与现实困境

从西方国家现代意义政党的产生及行为过程来看，具有两个明显的特征，其一是这些政党都代表不同阶级（主要是资产阶级）的利益；其二是在议会内通过选举执政而实现所代表阶级的利益。西方国家特定历史条件下形成的这种政党制度，自然产生了通过竞争选举而实现轮流执政的政党文化。这种政党文化氛围中，竞争往往演变为政党之间的"内耗"和"无谓争斗"。显然，资本主义政党制度条件下的种种具体政策与体制，使社会处于分裂与争斗的恶性循环状态中，无法为真正促成全体社会成员的同心协力、实现整个社会的共同愿景提供根本政治前提、有效体制保障和现实机制支撑。

应该承认，这种以竞争生存、轮流坐庄为基本特征和运行逻辑的西方政党制度，打着"自由、民主、人权"的旗号，在反对神权、君权等历史发展的过程中确有其先进性和生命力，他们将"自由、民主、人权"等标榜为核心价值观念，并力图在世界范围内推广。然而，无论从其高扬的"自由、民主、人权"等观念产生的历史进程，还是其在实践中所起到的现实作用来看，都有其难以规避的缺陷。从根本上来说，正是这种单纯以满足社会个体心理诉求的思想理念，导致了人类社会尤其是西方国家在主导世界的过程中，制造了包括自然生态、社会发展、人的内心世界等各方面的危机与困境。面对当今世界人类社会发展的诸多困境，资本主义政党制度条件下形成的西方社会的认同基础、行为理念、核心价值，显然无法担当人类社会未来可持续发展的重任。

（二）中国政党制度的文化特征

与西方政党制度不同的是，我国多党合作的政党制度体现了中华民族和而不同、兼容并蓄的优秀文化传统，具有鲜明的中国特色。中国独有的历史传统，使得中国人形成了独特的思维方式，进而使得政党制度的运行具有注重整体与长远利益的鲜明特征。中国政党制度采取多党合作、政治协商、民主监督等多种方式，在不同阶级阶层、社会群体与利益

主体之间，寻求基于整体和长远利益的共同利益，形成多方认同的战略、政策并共同努力以实现之。

中国共产党领导的多党合作和政治协商制度之所以切合中国实际，是因为这一基本政治制度中所包含的合作协商的特点，鲜明地体现了中国传统文化里和而不同的包容精神。而这种包容精神正吻合了中国民主发展的要求，是共产党领导的多党合作的政党体制赖以生存的社会文化基础。注重整体与长远利益的中国政党制度，也逐渐发展形成了一套有效协调当前与局部利益关系的运行机制，也即中国特色的民主实现方式。

中国政党制度具有基于共同体关系的“求同存异”与“和而不同”价值追求，即和谐理念，坚持以社会主义核心价值体系引领社会思潮，尊重差异，包容多样，不仅给出了人人可以追求的具体目标，而且提供了实现这一目标的具体方法；不仅赋予了社会主义的价值诉求在当代中国的真实内涵，而且提供了不断推进人的自由和全面发展的实现途径。能够最大限度地形成社会心理共识，这在我国阶级阶层结构深刻变迁、社会价值观念日益多元的今天，可以为进一步形成全社会共同的理想信念和道德规范，提供基本的精神力量和纽带，其独具特色的文化生态和制度优势与西方政党制度的文化机理与现实困境形成鲜明的对比。

三、中国政党制度的文化安全与建设

在世界上不同国家、地区和民族的文化交流持续深入的条件下，处于发展中的中国政党制度，也面临着来自各个方面的文化安全风险。

（一）中国政党制度面临的内外部文化安全风险

首先，从世界范围看，政党政治方兴未艾，在绝大多数国家发挥着越来越重要的作用。一方面，世界上不少国家的政党在意识形态、组织形式、社会基础、运作方式等方面正在发生深刻的变化，呈现出政党意识形态的中间化、政党建设民主化、政党活动方式和平化、合法化，民主政治意识逐渐增强，西方政党危机不断加深等新的发展趋势。另一方面，世界走向政治多极化和经济全球化，多党制呈扩展势头，社会主义政党在世界政党格局中处于不利地位，中国社会主义政党制度面临严峻的挑战和考验。

其次，从国内环境来看，我国传统政治文化促成了中国特色政党制度和政党关系的形成和发展，但传统政治文化的消极部分如“官本位”意识、“权大于法”、“无为而治”等思想对政党关系的和谐也产生了一定的消极影响。也有些人把西方政治文化、政治实践与政治现代化混为一谈，把西方的政治文化和政治制度作为中国政治发展的一个坐标。主张照搬西方政治文化培育的政党制度，并攻击我国现在是“一党专政”，对中国政党制度建设和共产党与民主党派的相互关系都产生了不良影响，羁绊了中国特色政党制度向民主化、制度化前进的脚步，阻碍了社会主义政治文明的进程。

（二）中国政党制度的文化生态建设

应对来自国内外的文化安全风险，中国政党制度必须从理论和实践两个层面作出有力的回答，并通过中国政党制度的文化生态自身的完善和优化，用实践说明这种政党制度的科学性和合理性。首先，继承弘扬传统文化，与时俱进，传承创新，构建中国特色政党制度的优质文化生态。其次，应对国内外错综复杂的形势，要求我们立足中国，面向世界，以宽广的世界眼光审视中国和世界的发展，学习和借鉴人类一切先进的政党文化成果，构建中国特色政党制度优质文化生态。中国政党制度的历史发展、结构功能及价值诉求，内在地体现了既传承中国优秀传统文化，又符合事物发展规律，也顺应时代发展要求的基本行为理念，凸显出中国品质和中国气派，是中国人所遵循的基本行为准则。可见，中国的传统文化从精神层面影响了中国政党体制的面貌。就如同西方的宪政是建立在西方特有的文化土壤上一样，我们没有那种与生俱来的国情与传统，这就是中国不能简单地照搬西方的两党制或多党制的文化制约。但是这并不妨碍我们借鉴西方宪政文明中有利于我国政党制度建设的民主法治精神。同时我们要在自己的文化传统上，取其精华，去其糟粕，古为今用，继续探寻文化和政治的最佳契合点，使中国共产党领导的多党合作的政党制度更有文化内涵和民族精神。

构筑中国特色政党制度优质文化生态，需要我们顺应时代潮流，不断赋予政党文化传统新的内涵，推动中国政党制度文化的大繁荣、大发展。一方面要以理论创新的勇气去弘扬我国政党制度主流文化，增强其对人们的思想影响力。另一方面要以百倍的努力驱除落后传统政治文化的幽灵和自觉抵制西方政治文化的负面冲击，在建设社会主义政治文明中，不断扩大中国特色政党制度的文化动力，进一步发挥中国政党制度的功能和优势，为建设人类文明作出应有的贡献。

王小鸿　中央社会主义学院中国政党制度研究中心教授

执政党研究

执政党研究述评

2012年召开的党的十八大，不仅为今后中国发展指明了前进的方向，也实现了党中央领导集体的顺利换届。十八大报告对执政党建设作出了全面提高科学化水平的总体要求，明确了党的建设新的主线、总体布局、发展目标和具体任务，对加强反腐倡廉建设作了更为突出的要求。在这一背景下，2012年执政党建设的研究一个很重要的版块就是对党的十八大精神的解读，以及对于十六大、十七大以来党建理论与实践的发展进行总结回顾。与十八大报告相关的研究热点还有：先进性与纯洁性建设、群众路线与作风建设、反腐倡廉建设等。除此之外，2012年执政党研究的成果主要集中于干部制度、党内民主、执政理论、基层党建等领域。从研究的视角来看，既有理论上的深刻阐释，又有对现实问题的直面剖析，还有对创新经验的总结归纳，以及对于今后实践的对策建议。但是总体而言，关于执政党的研究，仍存在着学理性不足、系统性不强、创新性不够等问题。现将主要研究成果概述如下：

一、十八大报告解读及十六大、十七大以来党建的总结

党的十八大是在我国进入全面建成小康社会决定性阶段召开的一次十分重要的大会。十八大报告是我们党团结带领全国各族人民沿着中国特色社会主义道路继续前进、为全面建成小康社会而奋斗的政治宣言和行动纲领。学者们对十八大报告从主题主线到理论创新进行了多方位解读。十八大也是中央领导人换届的重要会议，以胡锦涛为总书记的党中央自十六大以来十年执政期间，在党建理论与实践方面多有创新发展。为此，学界和组织部门对十六大以来党建理论与实践进行了系统的总结与提炼。

（一）对十八大报告精神的解读

对于十八大报告精神的解读，学者们主要从大会和报告的主题、报告的理论贡献和理论创新、报告关于党建新的论述等方面进行了阐发。较有影响的有郑必坚的《牢牢把握党的十八大主题》、曲青山的《大会的主题是报告的灵魂——谈深入理解十八大主题》、李景田的《一篇马克思主义的光辉文献——党的十八大报告的历史性理论贡献》、严书翰的《党的十八大报告若干创新论断解析》、齐卫平的《十八大创新党的建设的六个关注点》和石仲泉在《十八大党建新论》等。这些解读作为学习宣传十八大报告的重要途径，对于全社会准确领会十八大精神起到了积极作用。

关于大会和报告的主题，郑必坚在《牢牢把握党的十八大主题》(《人民日报》2012年11月23日第6版）一文中从大会主题对今后中国发展的重要性进行了阐述，认为，党的十八大报告，一开头就阐明了这次大会的“主题”。这个主题，是大会的旗帜、灵魂，也是大会精神的根本标志。这个主题，提出“高举中国特色社会主义伟大旗帜，以邓小平理论、‘三个代表’重要思想、科学发展观为指导”，明确规定了我们党在全面建成小康社会决定性阶段要坚持举什么旗；提出“坚定不移沿着中国特色社会主义道路前进”，明确规定了我们党在全面建成小康社会决定性阶段要坚持走什么路；提出“解放思想，改革开放，凝聚力量，攻坚克难”，明确规定了我们党在全面建成小康社会决定性阶段要秉持什么样的精神状态；提出“为全面建成小康社会而奋斗”，明确规定了我们党在今后5到10年的奋斗目标。

曲青山在《大会的主题是报告的灵魂——谈深入理解十八大主题》(《北京日报》2012年11月29日第20版）一文中也认为，十八大主题提出和强调的问题，是旗帜问题、道路问题、精神状态问题、奋斗目标问题，十八大报告的显著特点和突出贡献，都涉及到这四个问题，准确把握十八大的主题是深入学习和领会十八大精神的一把钥匙。该文还对改革开放以来六次全国党代会报告关于中国特色社会主义这一共同主题的表述进行梳理，认为党代会主题的延续和变化体现了党的事业的继往开来和承前启后，反映了党的思想理论的与时俱进。

关于十八大报告的理论贡献，李景田在《一篇马克思主义的光辉文献——党的十八大报告的历史性理论贡献》(《光明日报》2012年11月21日第1版）一文中认为，十八大报告有五个方面的重大贡献。一是坚持以中国特色社会主义为主题推进理论创新。二是把科学发展观由重大战略思想确定为指导思想。认为这是十八大报告理论创新的最大亮点和最突出的贡献。三是对中国特色社会主义的认识提升到新水平，首次将“中国特色社会主义制度”写入党代会报告，科学阐释了道路、理论体系和制度的内涵和相互关系。四是对“什么是小康社会，如何建设小康社会”的认识提升到新境界，通过把“四位一体”布局拓展为包括生态文明建设的“五位一体”布局，明确了全面小康社会的美好图景。五是对党的建设科学化认识提升到新高度。报告对党的建设主线、总体布局、总体目标和要求作了新概括，明确把纯洁性建设与执政能力、先进性建设一同作为党建主线，使党建主线更为科学。

严书翰在《党的十八大报告若干创新论断解析》(《人民论坛》2012年11月下期）一文中认为十八大报告围绕坚持和发展中国特色社会主义这条主线提出一系列新思想、新观点、新论断，丰富和发展了中国特色社会主义理论体系。在论述具体的理论创新点时，该文除论及科学发展观指导思想、中国特色社会主义道路、党建科学化之外，还着重对“三个自信”和政治体制改革进行解析。认为，“全党要坚定道路自信、理论自信、制度自信”的论断是报告中振聋发聩的新论断，来自于我们党对中国特色社会主义的全面而深刻的把握，来自于我们党对我国国情的清醒认识。报告对于“推进政治建设和政治体制改革”的论断，主要体现在高扬一面旗帜，即人民民主的旗帜，坚持一条道路，即中国特色社会主义政治发展道路。这一论断的亮点是提出要健全社会主义协商民主制度，以党代会报告的形式肯定了选举民主与协商民主是我国社会主义民主的两种基本形式，把协商民主制度摆在了基本政治制度层面。

关于十八大报告对于党的建设的理论创新，齐卫平在《十八大创新党的建设的六个关注点》(《江西社会科学》2012 年第 11 期）一文中认为党的十八大阐述党的建设，形成了一系列思想理论创新。一是深化了党的建设科学化的理念，以“全面提高党的建设科学化水平”的新认识确立了其统领地位。二是将纯洁性纳入党的建设主线，使政党先进本质的体现与纯洁面貌的呈现相一致。三是在“五位一体”党建布局中，将反腐倡廉建设的位置挪到制度建设之前，突出了反腐倡廉建设的地位，强调腐败对党造成致命伤害甚至亡党亡国的危险性。四是提出全党必须不断增强“忧患意识、创新意识、宗旨意识、使命意识”，不断增强“自我净化、自我完善、自我革新、自我提高”能力，并以此作为保持党的先进性和纯洁性的新要求。五是形成“建设学习型、服务型、创新型的马克思主义执政党”的建设目标新概括。六是提出“以人为本、执政为民是检验党一切执政活动的最高标准”的新论断。这些思想理论成果，是对马克思主义党建学说的重大创新，对于指导新的历史条件下不断推进党的建设新的伟大工程具有极其重要的意义。

石仲泉在《十八大党建新论》(《上海党史与党建》2012 年第 12 期）认为十八大报告对全面推进党的建设新的伟大工程提出了许多新思想、新观点、新论断。一是从党肩负的全面建成小康社会、推进社会主义现代化、实现中华民族伟大复兴这三大历史重任的高度提出全面提高党的建设科学化水平。二是首次提出建设学习型、服务型、创新型的马克思主义执政党，使对党的品质的表述更为完全。三是将远大理想、信仰信念提到共产党人的精神追求和政治灵魂这一新的高度，是对思想理论建设根本的新感悟。四是围绕保持党的先进性和纯洁性，提出在全党深入开展以为民务实清廉为主要内容的党的群众路线教育实践活动，鲜明地体现了历史唯物主义的群众史观。五是提出积极发展党内民主的新部署，尤其是加强党内民主的制度建设。六是提出要建设高素质执政骨干队伍，作为干部队伍建设的重心。七是提出加快人才发展体制机制改革和政策创新，形成具有国际竞争力的人才制度优势。八是提出坚持中国特色反腐倡廉道路，做到干部清正、政府清廉、政治清明。

（二）对十六大、十七大以来党建理论与实践的总结

十六大以来，在推进科学发展、促进社会和谐的进程中，以胡锦涛为总书记的党中央高度重视党的自身建设，党建理论与实践不断得到创新和发展。在十八大召开之前，学者们对于十六大以来党建理论与实践方面的新发展，进行了多方面的总结回顾，涉及党建理论、执政理论、党内民主、基层组织建设等多个领域。较有代表性的有王炳林的《十六大以来党建理论的新发展》、唐晓清、潘立魁的《深化执政兴国规律认识的历史性飞跃——党的十六大以来执政理念的创新和发展》、孙兰英、孙迎辉的《十六大以来中国共产党执政理念及实践特色》、尹书博在《论十六大以来党加强执政能力建设的鲜明特色》和韩强的《党的十六大以来基层组织建设的创新与启示》等。中组部研究机构对于十七大以来党建工作的经验也进行了总结提炼，包括《党的十七大以来基层党组织建设的实践与思考》、《不断增强党员队伍的生机活力——关于党的十七大以来党员队伍建设情况的调研报告》和《党的组织制度和党内基层民主建设的创新实践——关于十七大以来党的组织

制度和党内基层民主建设情况的调研报告》等。这些总结既是对新时期党建工作阶段性成就与经验的回顾与提炼，对于今后全面推进党的建设科学化也提供了丰富的借鉴和启示。

关于十六大以来党建理论的阶段性发展，王炳林在《十六大以来党建理论的新发展》（《中国特色社会主义研究》2012 年第 5 期）一文中认为，主要包括四个方面。一是“五位一体”的党建新格局逐步形成，党建理论内涵更加丰富。十六大将制度建设与传统的思想、组织、作风三大建设相提并论，形成党建“四位一体”格局。十七大第一次将反腐倡廉建设与其他四项建设共同确定为党建的根本任务，形成了“五位一体”的新格局。二是确定了党的建设的主线，明确了新时期党的建设的战略方向。十六大首次提出“加强党的执政能力建设，提高党的领导水平和执政水平”的新命题。十七大首次提出党建主线的概念，把执政能力建设和先进性建设共同作为贯穿于党建各领域的主线。三是党内民主建设理论得到进一步发展。十六大从前所未有的高度指出党内民主是党的生命，对人民民主具有重要的示范和带动作用。之后，对于党内民主、党员主体地位、党员权利保障的论述不断加深。四是对党的建设面临的新课题新考验有更清醒的认识和更准确的把握，明确提出了提高党的建设科学化水平的战略目标和建设马克思主义学习型政党的战略任务。

关于十六大以来党的执政理念的创新发展，学者们分别从执政理念体系的形成和执政理念的核心与特色进行了论述。唐晓清、潘立魁在《深化执政兴国规律认识的历史性飞跃——党的十六大以来执政理念的创新和发展》（《中国井冈山干部学院学报》2012 年第 5 期）一文中认为，执政理念是贯穿党的执政活动的灵魂和精髓，十六大以来，我们党逐步确立和形成了较为全面的执政理念体系。这一体系的形成包括：坚持科学发展观，升华了党执政兴国的发展理念；坚持以人为本、执政为民，凝练了党执政的根本宗旨；坚持党的领导、人民当家做主、依法治国“三统一”原则，确立了中国特色的政治发展理念；坚持科学执政、民主执政、依法执政，形成了治国理政的领导理念；构建社会主义和谐社会，提供了执政党的社会建设理念；提高党的建设科学化水平，倡导了党的建设科学发展理念。执政理念体系的形成把中国共产党对执政本质和执政规律的认识提升到了新的境界。

孙兰英、孙迎辉在《十六大以来中国共产党执政理念及实践特色》（《天津大学学报·社会科学版》2012 年第 4 期）一文中对“以人为本”这一执政理念的核心思想的确立、形成及特点进行总结。该文认为，十六大以来，我们党正式将“执政理念”这一全新概念运用于党的建设领域，在执政兴国的实践中，从为谁执政和怎样执政这两个现实层面丰富了以人为本的执政理念。党的执政理念的建构原则表现为：恪守了执政为民的宗旨；遵循了“合规律性与合目的性”的统一；实现社会和谐、全面发展；破除了功利主义、精英主义、片面发展、单纯追求效率等认识误区。党的执政理念的实践特色体现为内在统一的时代化、科学化和人本化。

关于十六大以来党建工作实践的发展与创新，学者们从执政能力建设和基层组织建设两个方面进行了总结。尹书博在《论十六大以来党加强执政能力建设的鲜明特色》（《中国浦东干部学院学报》2012 年第 3 期）一文中对十六大以来我们党对执政能力建设的主要着力点进行了系统的梳理。一是把执政为民作为执政能力建设的核心理念与根本宗旨，正确认识和把握最广大人民群众的根本利益所在，切实加强领导干部作风、党政机关作风建设，坚决纠正损害群众利益的不正之风。二是把提高构建和谐社会的能力摆在重要位置，在科学发展中推进和谐社会构建，在促进社会公平中保障所有社会成员共享改革发展的成果，切实提高各级领导干部正确处理人民内部矛盾的能力。三是在妥善处置各类重大突发事件、应对世界金融危机的实践中不断磨炼各级领导干部驾驭复杂局势能力。

韩强在《党的十六大以来基层组织建设的创新与启示》(《中共杭州市委党校学报》2012年第1期）一文中对十六大以来基层组织建设的理论与实践进行总结，认为基层党建的创新主要体现在如下几个方面。一是以改革创新的精神全面推进基层组织建设成为全党的共识。二是明确了基层党组织推动发展、服务群众、凝聚人心、促进和谐的功能定位。三是明确了基层组织建设的发展方向，尤其是构建城乡统筹党建新格局。四是党员教育、组织设置、群众工作、党建责任制等有一系列创新举措。基层党建创新积累了诸多有益的经验和启示：必须以创新来提高基层党组织的吸引力、凝聚力、战斗力；创新必须围绕党的中心任务来展开，与党的重点工作同步推进；必须持理论创新和实践创新的良性互动；必须坚持制度创新、理论创新、实践创新的综合推进。

关于十七大以来党建工作取得的成绩与经验，陈向群在《党的十七大以来基层党组织建设的实践与思考》(《党建研究》2012年第8期）一文中对基层组织建设进行了系统总结。十七大以来基层组织建设的主要做法和成绩有六个方面：探索完善基层党组织设置形式，不断扩大党的组织和工作覆盖面，基层组织更加健全；创新党组织活动内容方式，充分发挥基层党组织和党员作用，基本活动更加有效；选优训强基层党组织带头人，大力实施大学生村官工程，基本队伍更加优化；加强村级组织活动场所建设，全面推进街道社区“三有一化”建设，基本保障更加有力；组织修订机关、高校党组织工作条例，总结推广“四议两公开”和“文建明工作法”，基本制度更加完善；全面落实基层党建工作责任制，形成齐抓共管的工作合力，基本责任更加强化。

中组部组织一局在《不断增强党员队伍的生机活力——关于党的十七大以来党员队伍建设情况的调研报告》(《光明日报》2012年10月29日第15版）一文中对十七大以来党员队伍建设的做法和成绩进行了总结。主要做法有：严把入口，着力提高发展党员质量；实施规划，大规模开展党员教育培训；破解难题，不断改进流动党员管理服务；强化服务，真诚关爱老党员和生活困难党员；注重激励，精心做好党内表彰工作；创先争优，积极搭建党员发挥先锋模范作用的有效平台。党员队伍建设成效显著，主要体现在力量进一步壮大、素质进一步提高、管理进一步加强、作用进一步发挥等方面。

此外，中组部组织一局在《党的组织制度和党内基层民主建设的创新实践——关于十七大以来党的组织制度和党内基层民主建设情况的调研报告》(《光明日报》2012年10月22日第15版）中对十七大以来党内基层民主和制度建设进行了总结。主要创新实践有：一是党的代表大会制度建设迈出新步伐，落实了党代表大会代表任期制，认真做好代表选举工作，继续开展县级党代表大会常任制试点。二是党内选举制度改革取得新进展，改进了候选人提名方式，拓宽了候选人介绍方式，完善了党内选举办法。三是党的地方委员会工作机制得到新规范，完善了集体领导与个人分工负责相结合的制度，健全了地方党委常委会向全委会报告工作并接受监督制度，推行了地方党委讨论决定重大问题和任用重要干部票决制。四是党内基层民主建设取得新成效，普遍实行了基层党务公开，稳妥开展基层党组织领导班子民主推荐和选举工作，积极推进基层民主议事决策，不断拓宽党内基层民主监督渠道。

二、创先争优和先进性、纯洁性建设

在党的基层组织和党员中深入开展创先争优活动，是党的十七大和十七届四中全会提出的加强党的建设的一项重要举措，也是彰显党的先进性和纯洁性的重要途径。经过三年的实践，创先争优活动取得阶段性成果，学界和组织部门对创先争优的意义、内涵及其与先进性、纯洁性的关系进行了深入探讨。先进性是马克思主义政党的本质属性，保持党的纯洁性是马克思主义政党的本质要求，先进性和纯洁性建设在十八大上被确定为党建的两条主线之一。为此，学者们对先进性和纯洁性建设进行了热烈讨论，尤其是对保持党的纯洁性的意义和对策的论述，成为2012年执政党研究的一个重大热点问题。

（一）对创先争优活动的总结和解读

创先争优是新形势下加强党的先进性建设的有效载体和有力抓手，自2010年4月部署以来，广大党员干部积极参与，在创先争优中努力推动改革、发展和党建各项工作，取得了显著成效。2012年5月，中央召开“全国创先争优研讨会”，对创先争优的相关理论问题和实践经验进行探讨与总结，李源潮在会上做了《关于深入开展创先争优的几个问题》的讲话。学界对于创先争优的内涵、定位、意义、长效机制也进行了多维解读。这些解读较有代表性的有全国党的建设研究会的《创先争优的深刻内涵和时代特征》、吴大兵的《历史经验启迪下创先争优长效机制的构建》、戴焰军的《“创先争优”与保持党的先进性》、程天权的《创先争优在党的先进性建设中的理论意义与实践意义》以及周金堂的《简析创先争优与保持党的纯洁性》等。

关于创先争优工作的理论和经验总结，李源潮在《关于深入开展创先争优的几个问题》(《党建研究》2012年第7期）一文中进行了系统的阐述。该文认为，创先争优的依据，从理论上看，体现为先进和优秀是中国共产党的特征和追求；从实践上看，体现为我们党在新形势下强党兴党的迫切需要。创先争优的主题是围绕中心、服务大局，总体目标是推动科学发展、促进社会和谐、服务人民群众、加强基层组织。创先争优的基本要求包括四个方面：立足本职岗位创先争优，把创先争优岗位化；把正在干的事情干得更好，把创先争优日常化；党内带党外、党员带群众，把创先争优群众化；领导机关和领导干部率先垂范，把创先争优普遍化。创先争优的动力机制体现为：紧紧围绕单位的中心任务开展创先争优，领导欢迎；促进党员素质提升，党员欢迎；解决群众反映强烈的问题，群众欢迎；形成良好社会风尚，社会欢迎。各地普遍推行的创先争优的有效做法有：确定具体鲜明的争创主题；公开承诺践诺；选树先进典型；开展群众评议。

全国党的建设研究会在《创先争优的深刻内涵和时代特征》(《光明日报》2012年6月24日第1版）一文中对创先争优的广义内涵和时代特征进行阐释。该文认为，虽然创先争优活动主要是指创建先进基层党组织、争当优秀共产党员，但创先争优作为我们党长期不懈的追求，具有更为广泛的含义和更为鲜明的特征。这一广义内涵指创先争优是一种追求先进和优秀的价值理念，是一种开拓进取、敢为人先的精神状态，是一种引领各界群众创先进、争优秀的社会风尚，也是规范化、经常化、长效化的行动机制，是党组织和党员发挥作用的有效活动方式，是着眼于实际问题、不断推进党的事业和自身建设的实践过程。当代中国共产党人创先争优的特征体现为六个方面：以推动科学发展为主题；以发展繁荣社会主义先进文化为先导；以实现好、维护好、发展好最广大人民的根本利益为核心；以提高党的执政能力和领导水平为根本；以保持和发展党的先进性和纯洁性为目标；以引领和带动全社会创先争优为着眼点。

关于创先争优活动的长效机制建设，吴大兵在《历史经验启迪下创先争优长效机制的构建》（《岭南学刊》2012年第2期）一文中认为，共产党员的先进和优秀本质，既要内化为党员个体的自觉行为，更需要依靠机制的构建来保障。鉴于历史经验的启示，结合创先争优活动目的要求和实际情况，构建创先争优长效机制应从五个环节着手：着眼于党员素质的提升，建立健全思想教育机制；着眼于基层党组织夯实，建立健全组织管理机制；着眼于党的宗旨的践行，建立健全服务群众机制；着眼于党员作用的发挥，建立健全模范带头机制；着眼于干部的选拔任用，建立健全考评激励机制。这五个机制中，思想教育机制是前提，组织管理机制是基础，服务群众机制是核心，模范带头机制是关键，考评激励机制是手段和动力。只有实现这五个机制的内在统一，才能从内容与手段上形成一个自律与他律、自觉与规制内在统一的创先争优长效机制系统。

关于创先争优活动与先进性建设的关系，戴焰军在《"创先争优"与保持党的先进性》（《理论视野》2012年第2期）一文中从解决党的先进性现实问题的角度进行了阐释。该文认为，党的先进性的实际体现形式是历史的、具体的、多方面的和与时俱进的。在实践中，尚存在着"一些基层党组织战斗堡垒作用不强，有的软弱涣散，有的领域党组织覆盖面不广，部分党员党员意识淡化、先锋模范作用不明显"的问题。"创先争优"作为一个全党范围的活动，从两个方面来解决先进性现实问题，一是从改进客观条件，创造更有利于发挥基层党组织的战斗堡垒作用和党员先锋模范作用的外部环境的角度来解决问题；二是从激发基层党组织内部活力和提高党员自身素质的角度来解决问题。通过创先争优活动的实践，为党的先进性在党的基层工作中的不断增强和更充分的体现搭建了更广阔的平台，开辟了更多样的途径，创造了更充分的条件。

程天权在《创先争优在党的先进性建设中的理论意义与实践意义》（《求是》2012年第2期）一文中从总体地位、创新作用和长效作用三个方面分析了创先争优对于先进性建设的意义。在总体地位方面，创先争优活动明确规定了先进基层党组织和优秀共产党员的基本要求，把党的先进性要求同基层党组织的工作职责、广大党员的岗位职责结合起来，指明了新形势下党的先进性建设的努力方向，具有十分重要的意义。在创新作用上，创先争优凸显了新时期加强基层党组织建设和党员队伍建设的极端重要性、明确了评价基层党组织和党员先进性的基本标准、树立了先进性的典范，因而赋予了党的先进性建设以鲜明的时代特色和崭新的时代内涵。在长效作用方面，创先争优的持续开展，其成功的做法和经验，实施内容和评判标准，有效的运行机制、制度规范和方式方法等，已转化为保持基层党组织和党员先进性建设的长效机制，并成为全党先进性建设长效机制的重要组成部分。

关于创先争优与保持党的纯洁性的关系，周金堂在《简析创先争优与保持党的纯洁性》（《党建研究》2012 年第 10 期）一文中从两者的本质、功能、相互结合三个方面进行了阐释。在本质上，创先争优是激发先进性的有效实践形式和载体，而保持纯洁性是保持先进性的必然要求，因而创先争优和保持党的纯洁性在本质上是一致的。在功能上，两者是互补的，创先争优活动能够深化保持党的纯洁性的思想、组织和群众基础，而保持党的纯洁性能够为不断深化创先争优活动和加强党的先进性建设增添活力。在相互结合上，两者的主要活动内容和工作要求是基本一致的，在思想、作风、组织和制度建设方面相互贯通、相互影响和相互作用，对党的建设产生增效作用。

（二）关于党的先进性建设

学者们对于这一问题的研究，一方面表现为对先进性建设的意义、动力机制等进行总结性阐释，主要有林尚立的《中国之理：党的先进性决定中国发展前途》和奚洁人的《中国共产党保持发展先进性的政治奥秘和内在机制》；另一方面着力于将先进性与纯洁性结合起来论述，分析两者关系及在党建总体布局中的定位，有代表性的是商志晓的《从党的建设总体布局看先进性和纯洁性问题——兼论党的先进性和纯洁性的辩证统一关系》。

关于党的先进性建设及其意义，林尚立在《中国之理：党的先进性决定中国发展前途》（《江苏行政学院学报》2012 年第 6 期）一文中从党、国家、人民三者关系的角度分析了先进性对于中国发展的关键作用。该文认为，党正是凭借其先进性创造了今天的中国格局，并使其先进性融入中国发展的内在逻辑之中，从而使中国发展离不开这种本性的要求。这就决定了中国越发展，越需要党的先进性支撑与保证，党的先进性不仅是中国共产党建设的根本，而且也是中国国家建设的根本，这是中国发展之理。党的先进性根本在于密切党与人民的关系，在中国的政治逻辑中，党与人民的关系不仅关系到党的领导与执政，而且关系到人民民主的实践与发展，党的先进性建设决定中国发展的前途。党要在今天的中国社会保持和弘扬其先进性，全面提高其先进性的素质，最关键的是要解决以下三个基本问题：第一，党成为社会主义核心价值的真正践行者，从而在利益多样化的社会成为社会道义力量的核心；第二，党的组织全面融入社会，切实表达、维护人民群众根本利益，从而真正成为社会与国家、民众与政府、民众与民众之间利益关系协调的核心力量。第三，党超越社会分化，时刻以全体人民利益的代表凝聚人民当家做主，成为社会团结的建设者与维护者，在创造社会活力和增强社会合力中起核心作用。

奚洁人在《中国共产党保持发展先进性的政治奥秘和内在机制》（《中国浦东干部学院学报》2012 年第 2 期）一文分析了党的先进性建设的动力机制。认为，坚持不懈地开展和加强党的先进性建设就是中国共产党保持和发展党的先进性的政治奥秘所在。党保持和发展先进性有四个重要的动力机制。第一，党的思想路线是保持发展先进性的思想动力机制，使我们党能够以科学态度对待马克思主义、对待客观实际与新的实践、对待时代发展，始终做到“与时俱进”。第二，党的群众路线是保持和发展先进性的社会机制。群众路线集中体现了党的先进性的政治价值和本质，是党的先进性的力量和智慧的源泉，也是党的先进的、科学的领导方法。第三，党的组织路线和人才战略是保持和发展党的先进性的组织机制和人才凝聚机制。最后，党的自我管理和改造是保持和发展先进性的自我约束和修复机制。

商志晓在《从党的建设总体布局看先进性和纯洁性问题——兼论党的先进性和纯洁性的辩证统一关系》(《江西社会科学》2012 年第 9 期）一文从党建总体布局的角度分析了先进性和纯洁性的关系。认为，新时期党的建设“五位一体”的总体布局，提供了科学认识和正确把握先进性问题和纯洁性问题以及各自地位作用的方法论指导。党的先进性和纯洁性之间存在辩证统一关系，总体上来讲，纯洁性是先进性的前提和基础，先进性是纯洁性的保障和归宿。具体而言，先进性和纯洁性是马克思主义政党的本质属性，是我们党执政的深厚基础和根本依赖；先进性和纯洁性具有内涵、指向、要求等方面的不同，其作用发挥和实现机制各有特点；先进性和纯洁性是主从、种属、包容被包容关系，具有质与量的区别与不同；先进性与纯洁性有着共同的指向和目标追求，都是当前党的建设不可忽视的重要内容。

（三）关于党的纯洁性建设

党的纯洁性建设是 2012 年执政党研究新的热点问题，中央对加强纯洁性建设作了多方部署，学者们也从历史经验、问题对策、工作机制以及思想纯洁等多个角度对党的纯洁性及其建设，进行了深入探讨。主要有康民的《学习党的历史经验，永葆党的纯洁性》、赵士红的《新形势下保持党的纯洁性面临的问题及对策》、葛本成的《论利益关系多样化条件下党的纯洁性建设》、刘红凛在《党的纯洁性建设的时代要求与制度保障》和朱继东的《党的纯洁性建设新机制的有效探索》等。这些探讨形成的理论成果，对今后深入开展纯洁性建设、构建保持纯洁性的长效机制有着重要的理论指导意义。

关于党的纯洁性的内涵及保持党的纯洁性的重要性，习近平在《扎实做好保持党的纯洁性各项工作》(《求是》2012 年第 6 期）的讲话中指出，党的纯洁性，体现在党的思想、政治、组织和作风各个方面，保持党的纯洁性是马克思主义政党的本质要求。保持党在思想上的纯洁性，是保证党的正确政治方向和党的团结统一的思想基础。保持党在组织上的纯洁性，是保持全党步调一致和增强党的创造力、凝聚力、战斗力的组织保证。保持党在作风上的纯洁性，是保持党同人民群众血肉联系和不断从人民群众实践中吸取经验、智慧和力量的固本之道。党的纯洁性同党的先进性一样，都不是静止的，也不可能一劳永逸，需要不断加强建设。保持党的纯洁性，关键在党的各级领导干部。党的纯洁性同一切腐败现象是根本对立的，反腐倡廉就是要同各种腐败现象作斗争，维护党的肌体健康，维护党的纯洁性。

一些学者从党史的角度分析了党的纯洁性的历史发展，以及党在历史上形成的有效经验和革命精神对于保持纯洁性的重要作用。康民在《学习党的历史经验，永葆党的纯洁性》(《中国监察》2012 年第 15 期)一文中总结了党在历史上进行纯洁性建设的主要经验：从思想上立党、兴党，是我们党保持纯洁性的制胜法宝；制定正确的政治路线、明确中心任务，是我们党保持纯洁性的基本前提；造就清正廉洁、团结奋进的干部队伍，是我们党保持纯洁性的决定因素；坚持、弘扬和发展党的优良作风，是我们党保持纯洁性的内在要求；贯彻好从严治党的方针，是我们党保持纯洁性的重要保证；根据形势发展需要，适时开展集中教育活动，是我们党保持纯洁性的有效途径。该文认为学习党的历史经验，对于在新的起点上继续保持党的纯洁性大有裨益。金延峰在《弘扬革命精神与保持发展党的先进性和纯洁性》(《观察与思考》2012 年第 10 期）一文中认为，党在不同历史时期形成的革命精神在共性特点上包括：坚定信念、百折不挠的奋斗精神；勇于创新、与时俱进的开创精神；解放思想、实事求是的政治品格；依靠人民、忠诚为民的奉献精神；艰苦奋斗、清正廉洁的浩然正气。这些革命精神是党的先进性和纯洁性的集中体现，也是保持和发展党的先进性和纯洁性的重要历史参照。

关于当前党的纯洁性建设所面临的问题和挑战，一些学者从党员队伍的现状、利益多元化的影响等角度进行分析。赵士红在《新形势下保持党的纯洁性面临的问题及对策》(《学习论坛》2012 年第 4 期）一文中对党员队伍存在的不纯洁现象进行分析，认为思想不纯洁突出表现为理想信念动摇、缺乏政治敏锐性和政治鉴别力、缺乏政治理论素养；组织不纯洁突出表现为本位主义严重，不坚持民主集中制等；作风不纯洁表现为缺乏求真务实的作风，群众观念淡漠，严重脱离群众，以及不敢开展批评与自我批评，明哲保身等；为政不纯洁表现为一些干部奢侈浪费、贪图享受、意志消沉、贪污受贿、腐化堕落。造成这些问题的原因包括社会环境、传统文化、制度因素、道德因素和忽视自我改造等方面。

葛本成在《论利益关系多样化条件下党的纯洁性建设》(《广州大学学报·社会科学版》2012 年第 12 期）一文中分析了利益关系多样化对党的纯洁性建设带来的冲击和挑战。认为，对党的思想建设的挑战主要是思想观念多元化和非主流思想的出现，加大了我们党维护主流思想观念的难度，尤其是加大了推进马克思主义中国化时代化大众化的难度。对党的组织建设的冲击与挑战主要是影响到党的人才选拔政策的贯彻执行。对党的制度建设的冲击与挑战主要表现在我们所建立的各项制度能否真正维护社会的公平与正义。对党的作风建设的冲击与挑战主要表现在如何加强党同人民群众的联系，确保党实现全心全意为人民服务这一根本宗旨。对党的反腐倡廉建设的冲击与挑战主要表现为利益诱惑不断增多，廉政风险进一步上升。

对于如何从全局来推进党的纯洁性建设，学者们从党建总体布局以及理论与实践创新等角度提出了自己的看法。刘红凛在《党的纯洁性建设的时代要求与制度保障》(《南京政治学院学报》2012 年第 5 期）一文中认为应当在党的建设整体布局中找准党的纯洁性建设的实践定位，以避免党的纯洁性建设的泛化。新时期，加强党的纯洁性建设，必须从严治党，对党性不纯、腐败现象等采取“零容忍”。更要“从严治吏”，抓住干部队伍建设、党风廉政建设这个关键点，通过干部制度民主化来保证党的纯洁性建设。还要适应民主法治时代要求，改进党的纯洁性建设的模式与方式，改变传统的自上而下的、以“封闭—集中—运动”为主要特点的党建模式，建立自上而下与自下而上相结合、以“民主、公开”为基本特点的现代党建模式。

张健在《在实践创新和理论创新中保持党的纯洁性》(《科学社会主义》2012 年第 5 期）一文中认为，保持党的纯洁性是党的事业发展的根本前提，实践创新和理论创新是党的事业发展的动力和保障，二者统一于党的建设伟大实践。保持党在思想上的纯洁性，需要坚持马克思主义为指导，并在与时俱进中推进马克思主义中国化；保持党在组织上的纯洁性，需要严格党的制度和纪律，并通过先进性建设实现党员队伍质和量的有机统一；保持党在作风上的纯洁性，需要继承党的优良作风，并通过路径创新提升作风建设成效。

对于推进党的纯洁性建设的具体对策，一些官员和学者从领导干部带头、保持思想纯洁以及党员出口机制等方面进行了论述。赵洪祝在《领导干部应带头维护党的先进性和纯洁性》(《中国监察》2012年第14期）一文中认为，党的先进性和纯洁性同一切消极腐败现象是根本对立的。领导干部在从政实践中，要做到讲党性，就是讲宗旨意识、讲理想信念、讲政治立场，这是维护党的先进性和纯洁性的内在要求。做到正作风，就是树立密切联系群众、求真务实、勤俭节约之风，这是维护党的先进性和纯洁性的外在表现。做到严律己，就是严守思想道德防线、严守党的纪律、严守廉政准则，这是维护党的先进性和纯洁性的基本要求。做到敢担当，就是善于决策、敢于担责，善作善成、狠抓落实，敢抓善管、有效应对复杂局面。这是维护党的先进性和纯洁性的责任所在。做到有作为，在发展经济、改善民生、文化繁荣、带好队伍方面有作为，这是维护党的先进性和纯洁性的检验尺度。

张伟斌在《论保持党的思想纯洁性》(《浙江学刊》2012年第4期）一文中认为保持思想纯洁性是马克思主义政党的根本要求，其中信仰纯洁是共产党人最根本的纯洁，崇尚气节是共产党人最本质的追求。永葆党的思想纯洁性，要把坚持马克思主义与推进马克思主义中国化结合起来，大力推进党的理论创新，这是保持党的思想纯洁性的前提；着力抓好理论武装，提升全党的马克思主义水平，是保持党的思想纯洁性的关键；正确进行党内思想斗争，开展批评与自我批评，不断加强党性修养和党性锻炼，是保持党的思想纯洁性的途径。

朱继东在《党的纯洁性建设新机制的有效探索》(《马克思主义研究》2012年第10期）一文中对作为保持党的纯洁性的重要举措——党员“出口”工作，以山东寿光的实践为对象进行了实证研究。寿光在2012年开展的党员登记工作中，畅通党员“出口”，对102名不合格党员不予登记，同时更注重严把党员“入口”关，形成党员“能进能出”的有效机制。寿光成功的实践证明，建立不合格党员退出机制不仅没有造成党员队伍的流失，更没有影响党在群众中的形象，而是在群众心中重新树立起共产党员的光辉形象，使党员的危机感、压力感和党员意识明显增强，更好地提升了党组织的凝聚力、号召力和吸引力，凸显了鲜明的时代价值，是保持党员队伍纯洁性的重要长效机制。

三、干部选任制度改革和干部队伍建设

干部选任制度改革和干部队伍建设是执政党建设的重要内容。坚持和发展中国特色社会主义，关键在于建设一支政治坚定、能力过硬、作风优良、奋发有为的执政骨干队伍。打造高素质执政骨干队伍，一方面要坚持党管干部原则，深化干部人事制度改革，提高选人用人的公信度，使各方面优秀干部充分涌现、各尽其能、才尽其用；另一方面要加强和改进干部教育培训，认真解决“本领恐慌”问题，把提高干部素质和能力纳入到党的执政能力建设的总体框架之中。学者们对于干部选任制度改革和干部队伍建设，结合

已有经验做法，针对现实突出问题，从多个方面进行了展开论述。

（一）关于干部选任制度改革

关于干部选任制度及其改革，学者们既有从总体上论述如何增强干部选任制度的民主性、竞争性，提高干部选任公信度，实现从“权力委任”的“权力民授”的转变，主要有包心鉴的《深化干部制度改革：从“权力委任”到“权力民授”》、赖宏的《防止干部任用“内部人控制”失控的党内民主路径研究》和宋佳蔓的《选人用人公信度：评价体系与提升路径》等；也有从干部选任的环节方面，对干部提名制度、民主推荐程序、公选制度、干部退出机制等进行深入探讨，较有代表性的有林学启的《干部选拔任用提名制度研究》、杨雪冬的《关于干部民主选拔改革的若干思考》、南京市党建研究所课题组的《完善竞争性选拔干部方法机制研究》、张伟、韩宏亮的《进一步改革和完善“干部能下”机制》和姜晓萍、史云贵的《当前我国干部退出机制存在的问题与对策论析》。

在增强干部选任制度民主程度的必要性方面，包心鉴在《深化干部制度改革：从“权力委任”到“权力民授”》（《理论视野》2012 年第 5 期）一文中认为，干部制度改革是政治体制改革的重要“突破口”。当前进一步深化政治体制改革，一个突出任务是要进一步解决好各级领导干部手中权力的来源、使用与监管问题。防止公共权力背离人民大众的利益而走向“异化”，最关键的环节是要从源头上解决“权力授受”的关系问题。只有回归政治权力的本质，坚持“权为民所授”，才能做到“权为民所用”，防止“权为私所属”。要切实处理好“党管干部”与“民管干部”的关系，将“党选干部”、“党管干部”与“民选干部”、“民管干部”有机地统一起来，进一步完善干部选拔过程中的民主化机制。要切实搞清权力监督的主体，警惕既得利益集团对干部队伍的侵害，进一步增强干部监督过程中的民主化权威，切实防止“权力私有化”和“权力利益化”。

赖宏在《防止干部任用“内部人控制”失控的党内民主路径研究》（《领导科学》2012 年 5 月中期）一文中借用了企业管理中的“内部人控制”概念，认为在干部任用中也实行“内部人控制”，即职能部门及其领导者实际控制了干部任用权。但是，由于监督缺失等原因，出现选人用人不公、不准、不透明等损害人民根本利益的结果，导致了干部任用的“内部人控制问题”。用党内民主来调控干部任用的“内部人控制”是必然而现实的选择。具体而言，应从用党内民主规范干部任用的信息披露、保障和加大干部任用的民意权重、营造干部政绩考核的民主氛围、加强干部任用的监督等方面大胆探索。

在增强干部选任制度的公信度方面，宋佳蔓在《选人用人公信度：评价体系与提升路径》（《科学社会主义》2012 年第 6 期）一文对用人公信度的内涵和评价方法进行了分析。认为选人用人公信度，就是指社会公众在一定的内心情感和价值标准的指引下，对领导干部选拔任用工作这一公共权力行为及其过程和结果所体现出的心理认同感和满意程度，包括对用人标准、用人程序、用人结果三个方面的认同和满意程度。影响用人公信度的因素有主观、制度、环境、信息四个方面。应从建立职位空缺公告制度、完善综合考评制度、完善和规范票决制度、加强选人用人的信息公开、建立有效的选人用人监督机制等方面着手提高用人公信度。

在干部选任的推荐和提名程序民主化方面，四川广安市委组织部课题组在《对增强民主推荐科学性真实性的调查与思考》(《领导科学》2012年1月上期)一文中对民主推荐科学性和真实性不足的表现和原因进行了分析。表现主要有：参与主体的民主素质不高、信息掌握不全、参与心态不正；操作过程中信息不够公开、组织不严密、程序不科学；票面设计比较概念化、空泛化，针对性、指向性不强；结果运用上，简单以票取人的问题未从根本上得到解决。从原因来看，主观原因是组织者、参与推荐者、被推荐对象的民主素养跟不上民主需求步伐；历史原因是长期以来形成的不良政治生态和官场文化的影响；客观原因是民主推荐工作本身制度机制不健全不完善；现实原因是干部民意情况了解等基础性工作薄弱滞后。

林学启在《干部选拔任用提名制度研究》(《中共中央党校学报》2012年第5期)一文中结合《党政领导干部选拔任用工作条例》分析了干部选任中提名环节的问题。这些问题包括：提名主体单一，局限于主要领导人；提名客体复杂，未量化具体推荐范围；民主推荐不定，未明确采取何种程序及民意的权重；提名程序颠倒，“先集中、后民主”根本违背了民主的意涵，是症结所在；提名责任模糊，只行使权力，不承担责任。规范提名制度的改革路径应当坚持单项突破与整体推进相结合、继承完善与创新规范相结合、充分授权与明确界限相结合的原则。具体做法上，坚持民主推荐，提高提名参与度；坚持程序规范，提高提名可靠度；坚持方式创新，提高提名公认度；坚持责任强化，提高提名准确度。

在增强干部选任的竞争性程度、优化竞争程序方面，杨雪冬在《关于干部民主选拔改革的若干思考》(《新视野》2012年第2期)一文中比较了干部民主选拔改革有两种基本形式：公推公选和公推直选。结合当前干部竞争性选任的实践，认为公推公选已经成为主要的选拔形式，并被应用到更大范围和更高行政层次。较公推直选而言，公推公选的程序和环节更加完善，过程的透明度和公众知晓度、参与度更高。公选制度的推广是多种因素促成的：全社会民主热情和素质的不断提升；社会主义民主政治建设战略的逐步确立；基层民主的发展要求向更高层次制度延伸；一些领导干部的直接推动等。但在实践中，公选制度也存在一些问题，如适应范围较混乱，未对干部类型作科学区分，在程序上存在着繁琐化的倾向等，对公选产生的干部，也要加强任期制，完善考核制度。

南京市党建研究所课题组在《完善竞争性选拔干部方法机制研究》(《中共南京市委党校学报》2012年第1期)一文中以南京市竞争性选拔干部的实践为研究对象，认为竞争性选拔已经成为选人用人的基本方式，要让符合条件者都有机会参与竞争，就必须：扩大竞争范围，做到公平竞争；突破身份壁垒，做到平等竞争；坚持民主公开，做到公开竞争。能岗相适的多元化竞争性选拔干部方式基本形成：公推直选、公推公选、公开选拔、竞争上岗四种方式分别对应基层党组织领导班子、党政主要领导干部、专业性较强的领导干部和机关事业单位内部中层干部。在竞争程序上，扩大民主，不断完善群众有序参与程序；坚持组织推荐、群众推荐和个人自荐的统一，不断完善初始提名程序；坚持民主决策依法办事，不断完善决策任用程序。还探索了多元竞争方法：实行全面的差额选拔，在充分竞争中实现好中选优；强化现场竞职方法，实现了从知识竞争向能力竞争的转变；创新现场竞职评判方法，不断提高评判的科学性；创新考核方法，提高组织考察的真实性。但是，竞争性干部选拔方式在实践中也存在难点：实践创新与现有制度制约的矛盾；仅有原则要求却缺乏刚性制度安排；规范性要求和操作中自由裁量空间过大的矛盾；充分竞争要求与风险控制的矛盾；坚持标准与岗位胜任力要求宽泛的矛盾；竞争选拔与后备干部队伍建设的矛盾等。

关于建立干部正常退出机制、实现干部“能上能下”的问题，学者们对当前干部退出的现状和障碍进行了评估，并提出针对性建议。张伟、韩宏亮在《进一步改革和完善“干部能下”机制》(《红旗文稿》2012 年第 6 期）一文中认为干部“能下”包括广义和狭义两种，狭义上指非出于干部本人的主观意愿的免职、辞职和降职。当前，干部能下问题并未解决，是人事制度的难点，原因包括利益诱惑、思维定式和体制约束等。该文认为，深入的思想教育依然是解决“干部能下”问题的基础，科学的监督考核是解决“干部能下”问题的保证，完善的制度机制是解决“干部能下”问题的关键。在机制建设方面，一是把能下与能上两种机制结合起来，二是尝试建立政务干部和事务干部分类管理的选任制度，三是尝试实行干部任期目标制和职级复零制。

姜晓萍、史云贵在《当前我国干部退出机制存在的问题与对策论析》(《新视野》2012 年第 5 期）一文中也认为目前干部工作中还普遍存在着“重选拔，轻退出”的现象。干部退出机制的问题主要有：存在着按年龄“一刀切”现象；对不适宜担任现职领导干部的调整存在着操作困境；“问责”退出存在着形式化；绩效考核“末位”退出缺乏操作的科学性；领导干部“变相”长期任职如退居人大、政协等问题比较严重。解决这一问题的对策：完善领导干部任期制；严格落实领导干部试用期制；加大治懒治庸力度，健全不适宜现职岗位的领导干部的调整机制；完善引咎辞职机制；完善常委会（全委会）的票决罢免机制；落实各级人大对领导干部的弹劾机制；探索“上评下议”评估淘汰机制等。此外，还需要积极创造条件，优化干部退出机制环境，保障退出干部权益。

（二）干部能力建设和队伍建设

学者们在这一方面的论述既有从整体上对干部队伍的结构缺陷进行分析，如王卓的《党政领导干部队伍的结构性缺陷探析》，更多地从官德、能力、勤政等方面分析领导干部的能力建设所面临的问题，并提出对策建议。较有代表性的有中组部专题调研组的《关于加强干部德的建设情况的调研报告》、聂世军的《领导干部创新社会管理能力的政治智慧衡量标准和提升途径》、张延生的《领导干部要提高正确处理人民内部矛盾的能力》、罗志坚、万高隆的《领导干部要以身作则带头具备和运用法治思维》、任贤良在《领导干部如何面对新兴媒体》以及贾海薇的《县处级党政干部工作倦怠的成因分析》等。

关于当前领导干部队伍的结构缺陷，王卓在《党政领导干部队伍的结构性缺陷探析》(《四川大学学报·哲学社会科学版》2012 年第 1 期）一文认为，干部队伍结构关系执政基础和政府稳固，体现执政党的先进性。当前干部队伍结构缺陷表现在：在来源背景上，年轻干部的基层工作经验较少；在任职年龄上，干部队伍的梯队搭配不合理，年龄上搞“一刀切”和层层递减，各层级领导班子的“年龄挤压”现象；在专业知识结构上，偏人文轻理工；在职位布局上，各方面的干部交流不顺畅；在数量分布上，乡镇干部严重不足。解决这一问题应从宏观布局和微观机制两方面着手：高度重视从基层一线发现和选拔领导干部；科学把握干部年轻化的内涵，破除单纯以年龄大小论上下的观念，算好干部成长的年龄账和干部资源的成本账，尽可能保持干部在基层工作的活力和对工作投入的兴奋期；统筹兼顾社会各阶层各领域人才的从政机会；切实做好干部的交流工作；加大干部资源开发的力度。

关于领导干部官德的培养，中组部专题调研组在《关于加强干部德的建设情况的调研报告》(《党员干部之友》2012 年 7 期）中对当前干部德的建设现状进行了系统的分析。当前干部德的方面存在的主要问题：政治品德方面，大局意识不强，形式主义、官僚主义，不讲真话；职业道德方面，创新意识不强，工作懈怠，责任心不强，抓落实不力，形象工程；社会公德方面，贪图享乐，摆官架子，处事不公；家庭美德方面，治家不严，生活不检点；个人品德方面，价值观扭曲，不愿吃苦，心胸狭隘。干部德的内涵应包括：政治品德要“忠”，忠于党和人民；职业道德要“公”，公道正派；社会公德要“诚”，诚实守信；家庭美德要“爱”，挚爱情真；个人品德要“正”，堂堂正正。要构建干部重德育德的动力机制：育德，创新干部德的教育培养，让德根基牢；考德，考准考实干部的德，让德看得见；比德，突出干部德的比较分析，让德能择优；律德，强化干部日常管理监督，让德受约束；尚德，努力营造良好社会氛围，让德更彰显。

领导干部施政能力的提升是学者们研究的重点，主要论述了领导干部如何增强创新社会管理的能力、处理人民内部矛盾的能力、遵循法治的能力、应对新兴媒体的能力和应对非传统履职风险的能力等问题。聂世军在《领导干部创新社会管理能力的政治智慧衡量标准和提升途径》(《领导科学》2012 年 1 月中期）一文中认为，目前领导干部社会管理能力的不足，从根本上讲是因为政治智慧不足。主要表现：一是没有意识到发展“崩盘”的风险，为所谓发展不择手段，甚至为政绩不顾一切；二是没有意识到可能成为人民利益对立面的风险，把社会管理当做固化特权地位基础之上的慈善行为；三是没有意识到技术颠覆政治的风险，对新媒体政治缺少重视和应对；四是没有意识到执政资源流失甚至枯竭的风险；五是意识不到“蝴蝶效应”的负外部性风险，缺少危机应对意识和措施；六是没有意识到党与社会一损俱损的风险，潜意识地凌驾于社会组织之上。提升领导干部政治智慧应从六个方面着手：一是要从党的宗旨中汲取政治智慧；二是要从开放性的学习中提升政治智慧；三是要从清醒地感知和理性地应对现实社会压力中增强政治智慧；四是要从放弃自身特殊利益中增强政治智慧；五是要从转变和创新领导方式中提升政治智慧；六是要从积极化解社会复杂矛盾中锤炼自身的政治智慧。

关于如何提高领导干部处理人民内部矛盾的能力，张延生在《领导干部要提高正确处理人民内部矛盾的能力》(《长白学刊》2012 年第 2 期）一文中认为，正确处理新形势下的人民内部矛盾，是推动科学发展、促进社会和谐的必然要求，也是领导干部领导科学发展能力的重要体现。领导干部要提高正确处理人民内部矛盾的能力，必须勇于正视和承认现存人民内部矛盾的客观性；必须认识到正确处理人民内部矛盾是关系改革发展稳定的全局性课题。领导干部要努力科学分析现存的人民内部矛盾问题并探求其形成缘由，认识到这一矛盾的根本原因是上层建筑领域中社会政治体制、领导制度以及干部人事制度改革没能跟上社会经济发展需要。努力创新新形势下正确处理人民内部矛盾的方法和途径：把握时机，及时解决矛盾；善于运用系统论的方法解决人民内部各类矛盾；善于用经济办法解决人民内部矛盾。

关于如何增强领导干部的法治思维，提升依法执政能力，罗志坚、万高隆在《领导干部要以身作则带头具备和运用法治思维》(《求实》2012 年第 8 期）一文中认为，建设社会主义法治国家这一系统工程中的关键环节就是领导干部以身作则带头具备和运用法治思维、率先垂范。这一方面是领导干部在贯彻落实依法治国基本方略中的引领和示范作用决定的；另一方面也是依法执政和依法行政常态化的必然要求。领导干部以身作则带头具备和运用法治思维，必须带头提高认识，增强建设法治政府、法治社会的使命感和责任感；带头学习法律知识，树立法治理念；带头具备和运用法治思维处理一切事务；带头接受各种监督。但是，仅靠领导干部自身努力是不够的，还必须通过进一步加强法律和制度建设、建立科学的干部政绩考核和选拔任用机制、注重行政执法和推进政府管理方式创新、注重行政监督和问责等举措，来营造领导干部具备和运用法治思维的良好外部环境。

关于如何提升领导干部应对新兴媒体的能力，任贤良在《领导干部如何面对新兴媒体》(《红旗文稿》2012 年第 9 期）一文认为，新兴媒体的异军突起，与深刻变革的现实社会相互激荡，与活跃的社会情绪相互作用，使社会管理环境发生了前所未有的巨变。新兴媒体的作用表现在：一是能影响事件走向，改变进程，异化性质，影响司法判决，也可推动制度创新；二是监督作用很强；三是诱发社会动荡，甚至足以颠覆政府。领导干部要充分认识新媒体的特点：层次性、从众性、爆发性、叛逆性、操控性和负面性。领导干部应对新兴媒体要善于科学地引导舆论。一是积极运用、寓管于用：善用本地论坛，集思广益；重视单位贴吧，化解矛盾；开办官博，服务群众。二是顺应形势，注重策略：坚决摒弃封堵思想，彻底打消侥幸心理，建立快速反应机制。三是善抓关键，重视网络精英，依靠广大网民，注重发挥党员的作用。四是大力扶持新兴媒体，培育骨干网站，培植网络文化。

关于领导干部如何提升应对非传统履职风险，蒋乃永在《领导干部非传统履职风险的类型、构成原因及应对方略》(《唯实》2012 年第 8 期）一文从“做官是高风险职业”的话题引入，认为在社会转型期，领导干部处于前所未有的履职环境，由此也面临着非传统的履职风险。官员的“高危”属于发展型的高危、弹性高危和主动型高危，只要领导干部能够做到廉洁奉公，无论在什么“高危”的领导岗位上，都不存在风险。领导干部非传统履职风险的成因：市场经济制度不完善带来的权钱交易；转型期法治的不完善；片面强调经济发展的政绩观；社会监督匮乏、公共领域发育不足；精神懈怠、价值观扭曲。对于领导干部来说，必须严于律己，禀持为政之德，把强自身作为履职根本；从制度层面上来说，必须加强法制建设，推进政务公开，创新干部考核方法，扩大社会监督，强化领导干部个人道德修养。

在世情、国情、党情发生深刻变化的新形势下，党的领导干部面临着四大危险，其中首要的就是精神懈怠的危险。对于领导干部精神懈怠、工作倦怠的现状、原因和对策，研究者们进行了调查分析。荣凌、石成银在《激励机制：防止党员干部精神懈怠的路径选择》(《廉政文化研究》2012 年第 3 期）一文中认为，当前党员干部中存在的“精神懈怠”现象包括作风养成之怠、执行落实之怠、改革创新之怠、自身修养之怠、廉洁自律之怠。应完善工作激励机制：以内激励增动力，通过理论创新、教育灌输和文化熏陶等，建构共产党人先进的精神、理想和信仰体系，培育自强不息、昂扬向上的精神动力，促使党员干部不想懈怠；以外激励加推力，通过制度保障、群众参与和科技推动，形成激励与约束共存、管理与监督并重的良性环境，促使党员干部不能懈怠；以正激励添引力，顺应人的正当的精神和物质需求，采取满足、促进和奖励措施，促使党员干部不愿懈怠；以负激励增压力，通过严格问责、严肃惩戒，形成对潜在惰性的强大威慑，促使党员干部不敢懈怠。

对于领导干部工作中的倦怠现象，贾海薇在《县处级党政干部工作倦怠的成因分析》（《政治学研究》2012 年第 1 期）一文中以在执政队伍中处于承上启下地位的县处级干部为对象进行分析，认为其工作倦怠表现在：生理上疲乏，体能衰退；情绪上沮丧，压抑困惑；认知上心智耗竭，失去理想；人际上，冷漠，缺乏信任；行为上，逃避责任，效率降低。造成县处级干部工作倦怠的原因。在工作因素方面：巨大权力和多重角色导致的角色冲突和角色模糊；工作长期超负荷，工作内容复杂。在组织因素方面：晋升机制单一，形成“晋升天花板”；奖惩制度缺陷，走过场，未形成有效激励；组织支持缺乏，个人所得与工作不相称；人际关系复杂，竞争与冲突激烈；决策参与不足，不民主更倦怠；组织公平欠缺，“清水衙门”更易倦怠；服务型、责任型政府的组织变革带来巨大压力，而干部的学习能力不足。在个人因素方面，许多官员心理稳定性与抗压能力差；科层制环境有时损害自尊，导致缺乏效能感和安全感；许多官员对成就和晋升期望过高；年龄因素，子女在 10 岁之前的中年干部压力最大，最易倦怠。

四、群众路线和作风建设

群众路线是我们党的根本工作路线，密切联系群众也是我们党三大优良作风之一。十八大报告提出要在全党深入开展以为民务实清廉为主要内容的党的群众路线教育实践活动，着力解决人民群众反映强烈的突出问题，提高做好新形势下群众工作的能力。对于作风建设，十八大也提出要下决心改进文风会风，着力整治庸懒散奢等不良风气，坚决克服形式主义、官僚主义，以优良党风凝聚党心民心、带动政风民风。学者们对于当前形势下如何坚持党的群众路线，开展好群众工作进行了较为集中的论述，对于党的作风建设，也从理论基础、作风改进、制度机制建设、历史借鉴等方面加以解读。

（一）群众路线和群众工作

群众路线是我们党的优良传统，在新形势下，群众的内涵与构成发生很大变化，对密切党群关系带来巨大的困难和挑战，要求群众路线理论不断与时俱进，也要求不断加强和改进党的群众工作。学者们对于群众路线和群众工作的研究，主要涉及了理论基础、挑战和问题、提升群众工作能力、加强基层群众工作、注重社会工作结合发展等方面。较有代表性的文章有俞良早的《党密切联系群众的理论认识及实践路径》、孙力的《群众路线三大开拓的时代新篇》、季建林的《群众内涵的变化和群众工作遇到的新情况新挑战》以及陈宏的《新形势下提升群众工作能力的路径探讨》等。

关于党群关系和群众路线的理论基础，俞良早在《党密切联系群众的理论认识及实践路径》(《马克思主义与现实》2012 年第 5 期）一文中认为，马恩在其著作中阐述了无产阶级政党密切联系群众的思想，列宁在社会主义实践中继承并发展了这一思想，提出了党密切联系群众的重要理论：工人阶级执政党只有密切联系群众，才能获取巩固政权的力量；才能动员和领导群众开展社会主义建设；脱离群众是工人阶级执政党最严重最可怕的危险之一。以经典作家的理论为基础，我们党不断提升密切联系群众的思想认识：密切联系群众是中国共产党执政为民的本色；以群众赞成不赞成、高兴不高兴作为党员干部行动的准则；密切联系群众同构建社会主义和谐社会息息相关。

关于我们党在新的历史条件下如何推进群众路线内涵的发展，孙力在《群众路线三大开拓的时代新篇》(《社会科学》2012 年第 7 期）一文中认为，党的群众路线在新的历史条件下有三大开拓。首先是价值层面的开拓，集中在以人为本的时代提升上：从认识论的层面，强化了人民群众在认识世界、改造世界中的主体作用；作为科学发展观的主题词，承接并凸显了人民群众是历史的创造者的命题；在社会结构呈现前所未有的变化的态势下，从“群众”到“人”的理念演进推动了群众主体前所未有的扩展。其次是制度层面的开拓，集中在民主模式的时代鼎新上：将民主定位提升到党的生命，凸显了群众路线的根基；党的领导、人民当家做主、依法治国三者统一，体现了现代政治机制创新的群众路线；基层民主的提升，体现了民众自治新生的群众路线。再次是运作层面的开拓，集中在公共服务的时代建构上：服务型政府建设，体现了时代进程中群众路线的新的生长点；弥补市场失灵的公共服务，催生了群众路线的新的生长点；均等化服务：消除了群众路线和群众工作中的历史性差异。

关于群众的内涵和构成的变化对党群关系和群众工作的挑战，季建林在《群众内涵的变化和群众工作遇到的新情况新挑战》(《中央社会主义学院学报》2012 年第 1 期）一文中认为，要做好新形势下群众工作，首先应该厘清“群众”以及相对应的“干部”的含义，还必须了解为什么会出现“群众脱离执政党”的现象。造成这一现象的原因有：以共产主义为目标的意识形态政治能量的逐渐减弱；对共产党执政高度认同的群众已自然更替；领袖魅力正在逐步递减；党处于群众利益诉求甚至发泄不满的第一线。解决这一问题的切入点在于：以现代执政党的执政理念给执政方式定位，执政行为要由领导者向服务者转变，真正以人民公仆的身份来施政，以人民公仆的身份来接受人民群众的监督批评，实行由上而下的统治型施恩型的执政方式向扁平化亲民化服务化的执政方式的转变。

对于在新形势下如何提升领导干部群众工作的能力，陈宏在《新形势下提升群众工作能力的路径探讨》(《中国井冈山干部学院学报》2012 年 4 期）一文中认为，做好新形势下的群众工作，必须坚持不断创新群众工作的机制和方法，努力取得群众满意，这就需要在坚持在深入群众上下功夫、在面对面沟通交流上下功夫、在及时有效化解矛盾纠纷上下功夫、在赢得群众信任上下功夫。必须牢固树立基层重要、群众第一的观念，坚持自觉扎根于群众，从群众中汲取执政智慧，在群众工作的实践中历练执政本领。必须坚持努力提升正确对待“权力观、政绩观和利益观”的能力，维护稳定、促进和谐、推进科学发展的能力，加强和创新社会管理的能力，抓班子、带队伍的能力，切实维护好、发展好群众利益，确保全面提高新形势下群众工作的水平。

辛向阳在《当前党的基层群众工作的几个问题研究》(《探索》2012 年第 4 期）一文中分析了新形势下如何加强和改进基层群众工作，认为领导干部要把握基层群众工作的新要求，这些要求集中体现在六个主要“点”上：端正党的作风是做好基层群众工作的关键点；解决群众实际问题是做好基层群众工作的基点；维护社会和谐稳定是做好基层群众工作的重点；完善各项制度建设是做好基层群众工作的节点；注重社会心理疏导是做好基层群众工作的支点；防止社会矛盾激化是做好基层群众工作的靶点。

此外，还有学者将党的群众工作与社会工作的发展联系起来，何历宇在《转型期党的群众工作创新与中国社会工作发展》(《上海行政学院学报》2012 年第 6 期）一文中认为，新形势下社会建设与社会管理已成为执政党的重要任务，但当前我国社会工作的发展仍存在严重问题：教育先行与实际工作的严重脱节；社会工作专业价值观的确立比较艰难；社会认可度很低。解决这些问题需要推动中国社会工作发展与党的群众工作创新相结合。这种结合在路径选择上存在两种可行模式：一是处于主导地位的行政吸纳式，即改造我国现有体制的社会救助与社会福利体系，使之吸纳专业社会工作的功能，在体制内建立党和政府的群众工作与专业社会工作相统一的体系；二是相对独立式，即专业社会工作机构相对独立，政府通过购买服务等方式发展专业社会服务。

（二）加强党的作风建设

党的作风建设是一个历久弥新的话题，对于这一问题的研究，主要涉及了党风理论的演化，思想作风、工作作风、文风的转变，制度体系建设，长效机制建设，历史经验借鉴等方面。较有代表性的文章有徐仲韬的《关于党风建设的几个基础理论问题》、齐卫平的《从“存亡”论到“危险”论：党的作风建设的语境转换》、唐志龙的《党的思想作风建设理论与实践》、张健的《加强党的文风建设路径探析》、张鑫的《领导干部作风建设长效机制研究》和肖纯柏的《延安整风对新时期党的建设的启示——纪念延安整风七十周年》等。

关于党的作风建设的基础理论研究，徐仲韬在《关于党风建设的几个基础理论问题》(《江汉论坛》2012 年第 2 期）一文中认为，加强党风建设，需要对党风的基础理论和基本问题作出思考，使党风建设建立在更加理性和自觉的基础之上。党风是一定数量的党员或组织在思想、学习、工作、领导、生活等各个方面表现出来的态度和行为的倾向性。党风具有一定的普遍性（群体性）、相对的局部性（地域性）、显著的实践性（直观性）等特点。党风、政风、民风，是三个互有区别而又有联系的概念，其中，党风是最重要的。党风建设的重点是执政党各级领导干部的作风。党风的实质是党群关系问题。党风建设的实质是加强党与人民群众的联系。

齐卫平在《从“存亡”论到“危险”论：党的作风建设的语境转换》(《河南师范大学学报·哲学社会科学版》2012 年第 1 期）一文中对我们党在不同历史时期关于党风建设的定性话语进行了比较分析。认为，改革开放之初，邓小平、陈云强调执政党的作风关系党的生死存亡。在新的历史条件下，胡锦涛提出“脱离群众的危险”“消极腐败的危险”，表现出强烈的党建关怀和鲜明的忧党意识。从“存亡”论到“危险”论，显示了党中央领导在加强党的作风建设上思想的继承和创新的统一。实事求是、群众路线等党的作风建设老话题，在新的历史条件下具有了时代新含义。党的作风表现在很多方面，但其中最根本的是由马克思主义群众观决定的紧密联系人民群众的作风。“以保持党同人民群众的血肉联系为重点加强作风建设”，是新的历史条件下马克思主义政党作风建设的战略聚焦。

关于党的思想作风建设，唐志龙在《党的思想作风建设理论与实践》(《理论探讨》2012 年第 2 期）一文中认为，思想作风建设，这是当前我们党所有作风建设的核心内容。加强思想作风建设，对党员、干部具备优良的领导作风、工作作风、生活作风等都具有基础性地位，起着支配与调控作用。坚持从思想上建党，加强党的思想作风建设，是我们党的优良传统与基本经验。加强思想作风建设不是转瞬即逝之事，而是长期战略任务，目的在于以优良思想作风锤炼党员、干部的党性修养，在实践检验中促进党的作风整体建设。为此，要将优良思想作风着力内化为党员、干部的基本素质；要以优良思想作风保证党员、干部坚守正确的价值取向；要用优良思想作风敦促党员、干部知行统一。

关于领导干部工作作风的改进，赵建平在《论新形势下党员领导干部工作作风之转变》(《学术交流》2012 年第 12 期）一文中认为，工作作风体现了共产党人的党性修养和政治本色。面对复杂多变的国际局势和艰巨繁重的国内改革发展任务，只有站在战略全局高度，才能充分认识新形势下领导干部转变工作作风对于坚持党的宗旨、推进科学发展、促进社会和谐、保持党的先进性和纯洁性的极端重要性。因此，必须围绕事关全局的重大问题，由领导干部以身作则，率先垂范，大力推进新形势下全党的工作作风转变。具体而言，应当把为群众谋取福祉作为转变工作作风的根本所在，把开拓创新作为转变工作作风的重要维度，把求真务实作为转变工作作风的本质。

关于党的文风建设问题，张健在《加强党的文风建设路径探析》(《中共中央党校学报》2012 年第 5 期）一文中认为，当前党内存在着顽固的不良文风，主要表现在四个方面。一是框架结构似曾相识，文稿内容干瘪空洞。二是语言缺少真情实感，党群距离渐行渐远。三是行文写作假手于人，报告演讲有口无心。四是调查研究粗枝大叶，对策建议脱离实际。改善文风相应地也要从如下四个方面着手。一是通过学习提升文稿驾驭能力，实现文稿内容实与形式美的有机统一。二是将立党为公执政为民的真情实感融入文稿，提升文稿的感染力和生命力。三是培养积极健康的勤政作风，肃清秘书代笔的官僚作风。四是牢固树立问题意识，通过开展调查研究进行科学决策，提升政策措施的现实针对性。

关于构建党的作风建设的长效机制，张鑫在《领导干部作风建设长效机制研究》(《当代世界与社会主义》2012 年 3 期)一文中认为中国共产党历来高度重视领导干部作风建设，积淀了许多好的经验和传统。然而，当前一些领导干部依然存在作风不正的问题，如宗旨意识不强、形式主义过多、工作懒惰漂浮、民主集中制贯彻不到位、贪图奢靡享乐等，其背后有着深刻的历史根源和社会根源。针对这些问题，应标本兼治、立足长远，进而构建领导干部作风建设长效机制。构建领导干部作风建设长效机制，需要在坚持现有体制机制的基础上，着力从建立健全领导干部作风建设相关制度规范、提高主体参与作风建设的积极性和主动性、构建长效机制运行的保障体系三个方面推进。

关于构建党的作风建设制度体系，蒿艾莉、徐根义在《干部作风建设制度体系问题研究——潍坊高新区干部作风建设实践与启示》(《中国浦东干部学院学报》2012 年第 5 期）

一文中以潍坊高新区的相关实践为基础，认为只有建立健全制度体系才能保证干部作风建设的系统性、科学性和稳定性。构建这一制度体系的做法包括：建立健全教育培训制度，形成干部作风思想引导机制；建立健全工作责任制度，形成干部作风实践养成机制；建立健全监督管理制度，形成干部作风行为规范机制；建立健全考核评议制度，形成干部作风激励导向机制；建立健全组织领导制度，形成干部作风政治保障机制。构建这一制度体系还应注重：把干部作风建设与经济社会发展中心工作紧密结合；不断增强构建干部作风建设制度体系的责任感使命感；把握和遵循干部作风建设制度体系的内在规律性，即自律性与他律性的有机统一，整体性与系统性的有机统一，传承性与创新性的有机统一。

此外，还有学者总结党史上的延安整风经验，认为对当前党的作风建设有重要的借鉴意义。肖纯柏在《延安整风对新时期党的建设的启示——纪念延安整风七十周年》(《理论导刊》2012 年第 8 期）一文中认为，以整风精神搞好教育实践活动，必须回顾延安整风的宝贵经验，借鉴历史智慧，居安思危。延安整风的历史经验启迪我们：加强党的建设要摒弃只有斗争才能解决矛盾的“斗争哲学”，但增强党的团结不是一团和气，不能放弃正确的党内斗争；群众运动不适合执政条件下的党内生活，但在不搞群众运动的情况下要注重提高党内监督和制度建设的质量，探索发挥党员主体作用的新途径；加强党员教育需要一定的形式，但更重要的是发扬整风精神，解决实际问题，防止新的教条主义、形式主义和“党八股”。

五、党内民主建设

党内民主是党的生命，是党的创造活力的来源。以党内民主带动人民民主，也是当代中国民主政治的发展路径。2012 年学界对于中国共产党党内民主的研究主要集中于三个问题：一是党内民主的相关理论尤其是党内民主与其他民主的关系；二是如何推进党内民主的发展；三是党内选举发展的困境和对策。学界对党内民主的深入探讨，不仅有利于促进党内关系优化和党的领导水平的提升，对于社会主义民主政治的进一步发展也有重要启示作用。

（一）党内民主及相关理论

关于党内民主的基本理论研究，学者们从党内民主的功能、党内民主与人民民主的关系以及党内民主与政党发展的关系等多个方面进行了再探讨。代表性文章有王长江的《党内民主须向纵深发展》、裴泽庆的《党内民主：功能、边界与发展逻辑》、毕德、刘朋的《党内民主与政党现代化》和杨光斌、李冬的《“以党内民主带动人民民主”还是“以党内民主带动国家民主”》等。这些探讨对于化解党内民主发展中的一些困惑，破解由这些困惑带来的障碍和难题，有着积极的探索作用。

关于党内民主在发展进程中存在的认识误区，王长江在《党内民主须向纵深发展》(《当代世界与社会主义》2012 年第 6 期）一文中认为，对党内民主和人民民主的关系，存在一种不正确的理解：这种带动就是要强调党内民主有发展优先权。正确的理解应该是：

让有控制能力的执政党通过努力发展自身的民主，为社会民主提供榜样，以优质民主的强大影响力，把社会民主的发展纳入可控的渠道。当前地方党内民主的探索未能在党内形成气候，客观说来，尚未起到引领人民民主的作用。必须更加重视按照民主发展的基本规律来设计和推动党内民主的发展。应该看到：民主具有系统性，是一个环环相扣的系统；民主是有逻辑的，不能忽视关键的授权环节；民主本质地内含着竞争；民主是有适用范围的，不能放任“该民主时不民主、不该民主时乱民主”的乱象。

杨光斌、李冬在《“以党内民主带动人民民主”还是“以党内民主带动国家民主”》（《探索与争鸣》2012年第10期）一文中也对党内民主与其他类型民主的关系提出了不同的看法。该文认为，“以党内民主带动人民民主”这种常见的说法在政治上模糊的，理论上具有误导性，最终会影响民主政治制度的实际建设。党内民主是一种制度形式，包括党员权利、党的民主会议制度、民主执政、党内选举、党管干部中的民主原则等。而人民民主更多的是一种体现“人民主权”的政治正确的理论主张。以“制度”带动“理论”之说缺少合理的逻辑性。事实上，官方常说的人民民主是作为制度形式的“国家民主”，准确的说法应该是“以党内民主带动国家民主”，即以一种制度形式去推动其他制度形式。

关于党内民主的功能及相关理论问题，裴泽庆在《党内民主：功能、边界与发展逻辑》（《中国井冈山干部学院学报》2012年第4期）一文中认为，党内民主具有择优功能，即由党员选择高素质执政团队；教育功能，即增强党员主体意识；约束功能，即对权力进行约束和制衡；纠错功能，推动执政党自我革新、自我净化。但是党内民主在实践中其发展受到三个向度的边界约束：一是“权利——义务”向度，不能过于强调权利而付出纪律松懈的代价；二是“工具理性——价值理性”的向度，在实践中两者存在尖锐冲突；三是“党文化—官文化—民文化”向度，必须推动民主型政治文化的形成。由党内民主的功能和边界推演出其发展的综合框架：一是“党内——社会”的互动式发展逻辑，发展参与式民主，培育公民文化；二是“选举——治理”融合式发展逻辑，更加重视选举之后的参与式治理；三是“实体——程序”交叉式发展逻辑，注重维护党员在各项制度中的实体权利；四是“试点——推广”嵌入式发展逻辑，总结推广基层已有党内民主发展经验。

毕德、刘朋在《党内民主与政党现代化》（《理论视野》2012年第10期）一文中也分析了党内民主的功能，认为党内民主是一种符合政党现代化精神的先进制度，因为党内民主能够最大限度地把民意纳入党的政策范畴，实现民主决策；能够高效、富有活力地制定政策应对发展难题；党内民主是集体民主，能够有效防止个人专断，优化治理结构。从推进政党现代化的角度来看，建设党内民主应注重党内民主文化的培养，尤其是通过党员参与在实践中学习民主；应走精细化民主之路，包括制度设计与衔接的精细化，权力运行机制的精细化；应扩大选举民主，实现党内候选人挑选的民主化。

（二）党内民主的具体发展途径

对于党内民主的具体发展途径，学者们大多从党员权利，党内选举、决策、监督等方面作了大致相似的论述。此外，对于发展党内民主所需的外部环境支持、党内民主的推动力和防范党内民主发展带来的风险等问题，也有涉及。代表性文章主要有杨小东的

《新时期新阶段党内民主发展途径研究》、黄金辉、丁忠庚的《论党内民主建设的交互性动力及其培育》和谭建的《发展党内民主的风险防范问题浅析》等。

关于党内民主发展的具体途径，杨小东在《新时期新阶段党内民主发展途径研究》(《中共福建省委党校学报》2012年第3期）一文中作了较为系统的论述。该文认为，应把党内民主作为一个系统工程来统筹思考，坚持突出重点和整体推进。一是要增强党内民主意识，这是前提。坚决清除封建主义政治文化影响，努力建构符合国情、顺应潮流的民主法治型政治文化；认真克服片面强调党员义务和组织本位的传统思维定式，不断强化全党的党员主体意识，着力促进党内民主意识的内生和发展。二是要完善党内民主制度，这是关键。完善党内领导体制，纠正权力行使错位现象；完善党内选举制度，根治选人用人不正之风；完善党内决策制度，克服独断随意盲目；完善党内监督制度，提升监督力度和实效；完善党员权利保障制度，确保党员主体地位。三是要健全党内民主程序，这是有效载体。坚决纠正重实体轻程序的错误观念，切实提高全党对党内程序民主重要意义的认识；把公开、平等、权威等三项原则贯穿于党内民主的程序设计之中；从党内权力的产生、赋予、行使、监督各个方面完善党内民主程序建设。四是要优化党内民主发展环境，这是必要条件。推动人民民主建设，提供良好的社会环境；坚持依法执政原则，提供良好的法治环境；科学界定派别活动，提供良好的内部环境。

关于党内民主发展的动力，学者们多从内部动力和外部压力两个角度去分析。在这一问题上，较有新意的是黄金辉、丁忠庚在《论党内民主建设的交互性动力及其培育》(《理论视野》2012年第12期)一文中提出的“交互性动力”。该文认为，在中国政治生态环境中，党内民主建设的动力主要来源于党与国家（政府）和社会的互动，其本质是一种交互性动力，主要包括党的现代转型的推动力，经济社会转型的驱动力，人民民主持续发展的“倒逼”效应，以及世界民主化浪潮对党内民主建设所产生的推动力。党内民主建设交互性动力的培育，应以促进党与国家和社会的良性互动为前提；以互动主体及其互动能力培育为着力点，尤其是社会民众方面的动力为重点；以动力传导机制建设为基础性平台，突破“下改上不改”的困境，实现“上下结合”的动力传导；重视对各种交互性动力的协调与整合。

关于党内民主发展的风险及其防范，谭建在《发展党内民主的风险防范问题浅析》(《理论学刊》2012年第1期）一文中认为，受时代条件、社会条件和国内外政治思潮影响，在推进党内民主建设的进程中，可能会发生某些风险。对于风险的防范与化解，首先应把握和遵循发展党内民主的原则：必须促进党的领导、党的团结、党内稳定和政治稳定；必须稳妥推进，其推进的力度、速度、规模应与经济社会发展和人民素质、觉悟程度相适应。其次，应当从培育党员正确的民主理念、选择合适的民主发展路径、设定适当的发展策略、构建结构严密和运转有效的民主制度体系入手。在发展策略方面，尤为重要的是实现最高领导集体产生的规范化机制化，避免权力转移风险，以及要勇于消除既得利益者的羁绊风险。

（三）党内选举制度改革

党内选举是党内民主的首要环节，反映了党内的权力授受关系，也是党员主体地位最重要的体现。长期以来，党内选举的发展面临很大的困境，其进展在地方和基层主要以公推直选的方式表现出来。对于党内选举的研究也主要围绕问题对策及对公推直选的评述展开。代表性文章主要有王光华的《完善党内选举制度面临的问题探析》、牛安生的《深化党内选举制度改革：问题与对策》、陈元中、郑颖瑜的《乡镇党委公推直选模式的比较与思考》和陈家喜、刘王裔的《党内公推直选的改革困境与发展路径》等。

关于党内选举制度存在的问题和发展障碍，王光华在《完善党内选举制度面临的问题探析》(《中共四川省委党校学报》2012 年第 3 期）一文中认为，在党内选举中，由于大量存在不按正确的制度规定实施的现象，以及制度本身不完善甚至相互矛盾的现象，使很多选举变成领导人主导的形式性选举，而不是充分体现党员意志的实质性选举，严重影响了党内选举的科学性和真实性。这一问题的主要表现有：任命制或变相任命制依然在党的各级干部产生中占主导地位；候选人提名制度不完善，提名渠道单一，情况介绍简单；直接选举的范围小层次低，目前仅局限于党的基层组织；在差额选举中存在着比例小、变相的等额选举和陪选等问题；思想观念上的偏差和运行程序上的失范使党内选举缺乏竞争性；党内选举制度不配套和有关规定过于笼统、弹性大、甚至相互矛盾；以坚持党管干部为由在选举中强化党委意图而否定或虚化选举人的选择权。

对于如何推进党内选举制度的改革，牛安生在《深化党内选举制度改革：问题与对策》(《中州学刊》2012 年第 2 期）一文中认为深化党内选举制度的改革，从规章制度上应当着手制定《中国共产党选举工作条例》。从匡正认识上应当正确区分党管干部和党委意图，科学认识党内竞争性选举，冷静分析拉票现象。从制度构建上，应完善与党内选举改革相配套的制度，营造改革的氛围，具体而言，完善委员会、常委会成员领导级别的规定，严格实行任期制、罢免制和辞职制，放宽党员参选的身份限制，党委和组织部门要转变职能。在选举的适用上，提高党内选举的地位，扩大党内选举的范围：逐步确立以党内民主选举为主要方式的干部任用制度，推广和扩大直接选举基层党组织领导班子成员的方式。在党代表选举制度完善方面，应合理设置、划分选区，明确代表资格；规范代表选举程序，逐步确立党内分层选举的制度。在党代会和全委会选举制度完善方面，要改进候选人提名方式；实行真正的差额选举，取消实际上的“陪选”现象；搭建平台，实行公平有序竞争；改进和规范选票设计和划票方式。最后，要加强对竞争性选举过程的监督：设立党内选举监督委员会，严格禁止严重违反党章和选举规则的非组织活动和非法行为，随时启动惩戒和制裁程序，营造强大的、公平竞争的选举舆论。

对于在基层实行较多的公推直选这一程序较为特殊的党内选举方式，学者们进行了总结分析。陈元中、郑颖瑜在《乡镇党委公推直选模式的比较与思考》(《湖北行政学院学报》2012 年第 4 期）一文中总结了当前乡镇党委选举中公推直选的四种模式：单选式，仅直选党委书记；同（联）选式，直选党委班子的同时选举人大和政府班子，实行三套班子交叉任职；倒选式，先选书记，再选委员；顺选式，先选委员，再选书记。这四种模式在实践中各有利弊，单选式书记和其他班子成员权力来源不同，易摩擦；同选式，效率高，班子内部顺畅，但架空了人大选举权；倒选式实现了直接选举，竞争性较强；顺选式难以保证书记、副书记在委员选举中一定获选。总体而言，后三种模式选举对象囊括整个党委班子，更为民主，有利于权力制约。

对于党内公推直选存在的困境及根源，陈家喜、刘王裔在《党内公推直选的改革困境与发展路径》(《理论视野》2012 年第 4 期）一文中认为，公推直选这一实践较广的党内选举改革面临一些法律制度以及体制机制层面的约束，陷入了四大困境：一是机制创新与制度衔接的张力，造成“违法式”创新；二是一直在“基层锁定”，改革探索难以在纵向升级；三是公推直选的探索方法虽然多元化，但在操作机制上却大同小异，对公推直选机制的完善、优化和制度化的贡献不足，呈现“内卷化”现象；四是选举竞争性与约束性的紧张，即选出的干部不一定得到上级党委认可。这些困境的深层根源在于民主与集中的张力，在制度层面的体现则是党管干部与竞争性选举的张力。

六、基层组织建设

党的基层组织是团结带领群众贯彻党的理论和路线方针政策、落实党的任务的战斗堡垒，基层组织建设的成效关系到党的执政基础与群众基础的巩固。2012 年理论界对于基层组织建设的研究成果分布于四个方面：一是服务型党组织建设以及基层组织的功能转换问题。二是农村党建，涵盖了农村党组织的服务职能、领导能力、干群关系、城乡党建一体化等问题。三是两新党建，主要包括非公党建工作机制的创新以及社会组织党建的困境和对策。四是基层党建与社会管理创新，主要从政党——社会关系的角度探讨基层党建对于社会管理、社会整合的作用发挥。

（一）基层党组织的服务功能与功能调适

十八大报告指出，基层党建要以服务群众、做群众工作为主要任务，加强基层服务型党组织建设。在此前后，学者们对于基层服务型党组织建设已经进行了初步的讨论。较有代表性的文章有王侃的《服务型基层组织建设——中国共产党的功能创新与调适》、李汴霞、袁建伟的《关于党组织“服务党员”问题探讨》。对于基层党组织的功能转型，学者们从宏观历史变迁和微观环境影响两个方面进行了分析，代表文章分别为彭勃、邵春霞的《组织嵌入与功能调适：执政党基层组织研究》和罗新阳的《生态变迁与基层党组织功能转型——基于对城市化进程中“村改居”社区的分析》。

关于基层服务型党组织建设，王侃在《服务型基层组织建设——中国共产党的功能创新与调适》(《浙江学刊》2012 年第 6 期）一文中认为，服务型基层党组织是中国共产党为了适应社会变迁，自觉进行政党功能创新调适的直接产物。服务型基层党组织建设的根本目的不是在与社会的妥协中削弱党的领导，而是在向社会回归中改革和完善党的领导，即通过“服务”这种非权力支配方式来体现领导核心地位。服务型基层党组织建设的路径和目标是：要充分发挥党员先进性，成为社会价值观的引导者；要充分发挥桥梁纽带作用，成为社会利益的代表者和协调者；要充分发挥组织优势，成为社会自我管理服务的培育者、监督者；要充分发挥核心地位，成为基层政府职能转型的驱动者；要充分发挥关怀机制，成为基层党员权益的维护者。从实践来看，服务型基层党组织建设切实解决了传统党建“功能虚置”、“功能空转”问题，破解了党建工作在党内循环的怪圈，通过完善领导方式、强化服务职能，正逐步演变成为执政党利益（领导核心地位）与社会利益(公共服务)的“倍增器”。

关于基层党组织的具体服务功能，李汴霞、袁建伟在《关于党组织“服务党员”问题探讨》(《河南社会科学》2012年第3期)一文中认为，服务党员是基层党组织的一项基本职责，体现了以党内和谐促进社会和谐的内在要求，也是激发和保持共产党员先进性的必然要求。深入推进基层党组织“服务党员”工作，一是要牢固树立服务理念；二是要构建上下联动的“服务党员”责任体系；三是要打造纵横交织的“服务党员”工作体系，这一体系包括层级化的“服务党员”机构、信息化的“服务党员”平台和一体化的“服务党员”体系；四是要建立健全长效化的“服务党员”机制，包括党员困难救助机制、党员权利保障机制、党员素质提升机制、党员精神关怀机制、党内互帮互助机制、服务党员经费筹措机制和服务党员责任落实机制。

关于宏观历史变迁中基层党组织的功能调适问题，彭勃、邵春霞在《组织嵌入与功能调适：执政党基层组织研究》(《上海行政学院学报》2012年第2期)一文中认为，中国共产党的基层组织体系是独具特色的。由于组织禀赋和政治使命的要求，执政党运用基层组织嵌入社会的方式，获得强大的动员和组织力量。改革以来的社会变迁，为执政党的基层建党策略提出新的问题。在新的社会背景下提高基层党组织活力，需要培育和统筹发展多重政治功能，包括动员、组织、利益聚合与协调等。在各种利益冲突的复杂的社会环境中，基层党组织应当着重发育利益协调功能。在利益协调中促进社会和谐，提升基层组织活力，为执政党谋求政治支持。

关于微观社会变迁中基层党组织的功能转换，罗新阳在《生态变迁与基层党组织功能转型——基于对城市化进程中“村改居”社区的分析》(《领导科学》2012年11月中期)一文对城市化进程“村改居”社区党组织的功能转型进行分析。该文认为，政党生态环境变迁，对“村改居”社区党建工作产生了巨大的影响：社区组织结构复杂化，对党组织领导核心地位提出了新挑战；社区利益群体多元化，对党组织发挥统筹协调作用提出了新命题；社区群众需求扩大化，对党组织提升服务能力提出了新要求；社区基层民主显性化，对党组织引导和推动社区治理提出了新考验。应对这些挑战，党组织应按如下路径推进功能转型：领导功能由领导核心转向政治核心与社会核心并举；社会角色由纵向领导到纵向领导与横向服务互动；利益协调由利益表达转变为利益表达与利益整合并重；工作方式由权威和指令的方式向制度治理和民主协商转变。

（二）农村党组织建设

关于农村党组织建设，较有新意的成果主要分布于农村党组织的角色功能定位、干部管理创新以及推进城乡党建一体化发展等方面。代表性的文章主要有陈宇宙的《农村基层党组织角色、功能定位及其实现途径》、唐晓清、刘杰的《农村基层干部职业化管理的理论分析与措施建议》和郭亚丁的《构建城乡基层党建一体化理论与实践的思考》。

对于农村党组织的角色功能定位，陈宇宙在《农村基层党组织角色、功能定位及其实现途径》(《长白学刊》2012年第2期)一文中认为，当前农村基层党组织在角色定位上不同程度地存在着角色模糊、角色冲突、角色中断和角色异化的情况，必须与时俱进地进行角色转换，从单一的“治理”角色走向“主导与服务”相结合的角色。在新农村建设过程中，农村基层党组织必须发挥四大基本功能，即领导核心和战斗堡垒；发展现代农业，带领农民致富；服务农民群众，凝聚人心；维护农村稳定，促进社会和谐。要真正实现农村基层党组织的基本功能，必须：优化领导班子整体结构，在重“德”的前提下突出能力本位；以经济建设为中心，突出绩效；切实加强农村基层党组织的作风建设，增强服务意识和服务本领；组织、协调农村各种社会关系，积极应对、妥善处理各种社会矛盾和冲突。

对于农村党建中的干部队伍建设，唐晓清、刘杰在《农村基层干部职业化管理的理论分析与措施建议》(《学习论坛》2012 年第 2 期）一文中认为，当前农村村干部队伍年龄结构偏大、文化素质偏低的问题十分突出，村级干部难选、难留、难有作为的“三难”问题已经逐步显现。针对这些问题，一些地方进行了农村基层干部职业化管理的探索，包括“公职化”管理模式和“岗位化”管理制度。从实践效果来看，职业化管理是根本解决问题的一条切实可行的路径选择。在实践中应进一步完善农村基层干部职业化管理制度：制定农村基层干部职业化管理标准体系，建立开放的农村基层干部职业化选拔制度，健全农村基层干部职业化岗位培训制度，完善农村基层干部职业化管理考核制度，健全农村基层干部职业化激励约束制度，健全农村基层干部职业化管理法律法规。

对于推进城乡党建一体化发展，郭亚丁在《构建城乡基层党建一体化理论与实践的思考》(《上海党史与党建》2012 年第 11 期）一文中进行了较系统的论述。该文认为，要推进党的基层组织建设从“城乡分割”、“以城带乡”、“城乡交融”最终走向“城乡一体”的发展格局。城乡基层党建一体化发展包括五个方面的关键要素：总体规划一体化、资源配置一体化、保障机制一体化、工作方式一体化、政策制定一体化。构建城乡基层党建一体化新格局的目标包括六个方面：组织阵地上的均衡布局；党建资源上的均等配置；党务管理上的协调统一；服务网络上的均匀分布；党员权利上的平等保障；党内文化上的同步发展。构建城乡基层党建一体化新格局应以“平等”为前提、以“协调”为关键、以“融合”为发展趋向、以“创新”为动力源泉、以“发展”为战略目标、以“服务”为功能核心。

（三）两新组织党建工作创新

非公企业党建和社会组织党建是基层党建的新领域，面临着与传统党建迥然不同的发展环境。加强两新组织党的建设，既是增强党的阶级基础、扩大党的群众基础、提高党的社会影响力的需要，也是保护非公经济组织中广大职工合法权益和引导非公经济健康发展的需要。理论界就如何推进非公党建发展、克服社会组织党建面临的困难等问题，结合一些地方的实践创新进行了总结分析。较有代表性的文章有：李俊伟的《非公有制经济组织党的建设的实践创新及意义追寻》、马慧吉、刘强的《新社会组织党建：经验、难题及破解》和石国亮、廖鸿的《社会组织党建的现状、难题与对策——基于一项全国性调查的深入分析》。

关于如何推进非公党建工作，李源潮在《以改革创新精神加强非公企业党的建设》(《党建研究》2012 年第 4 期）的讲话中做了系统的要求。一是通过发展壮大党员队伍、创新党组织设置方式以及坚持党群共建，加大非公企业党组织组建力度，扩大党的组织覆盖和工作覆盖。二是明确非公企业党组织功能定位，充分发挥党组织在职工中的政治核心作用和对企业发展的政治引领作用。这些作用要求非公党建紧紧围绕企业生产经营管理开展，保证党的路线方针政策在企业贯彻落实；切实维护职工群众合法权益，增强党组织对职工群众的凝聚力向心力；组织带领党员和职工群众创先争优，彰显党组织和党员的先进性；引领建设先进企业文化，培育积极向上的企业精神。三是通过坚持标准、拓宽渠道、加强教育培训、强化保障和激励等方式，选优配强非公企业党组织书记，培养壮大党建工作骨干力量。四是完善非公企业党建工作领导体制和工作机制，把党建工作任务落到实处。这就要求加大工作经费投入和阵地建设力度，着力解决非公党建缺经费、少场所等困难；还要抓好出资人的教育引导工作，争取其对党建工作的理解支持。

对于非公党建存在的困难及创新实践的发展趋势，李俊伟在《非公有制经济组织党的建设的实践创新及意义追寻》(《中国党政干部论坛》2012 年第 3 期）一文中进行了深入分析。该文认为针对非公党建一直存在的扩大组织覆盖难、党员发挥作用难、党组织负责人来源难、开展组织活动难等问题，各地进行了突破性的探索。这些探索主要有：以组建方式的区域化克服组建率的主客观条件限制；以服务为核心功能的功能定位社会化；以实际、实用、实效为原则的组织活动合作化。作者认为，深入推进非公党建工作，应当注重如下四个方面的探究：一是组织设置的成本效益分析，包括党组织和企业两个方面的；二是功能定位的政党——社会模式，注重各方利益表达和协调；三是党员作用的动机分析，党组织应当将党员先进性发挥与利益回报关联起来；四是组织建设的制度化和科学化路径。

关于新社会组织党建工作，学者们普遍认为是当前基层党建中相对薄弱的环节。马慧吉、刘强在《新社会组织党建：经验、难题及破解》(《理论探索》2012 年第 6 期）一文中总结了新社会组织党建的经验和存在的问题。经验主要有：新社会组织党建必须采取灵活多样的党建模式；必须准确定位党组织的功能；必须务求实效，不能单纯追求组建率，误将“建党”等同于“党建”；必须坚持群策群力，充分利用党委、政府、工会、民政、工商、统战等各方力量。当前新社会组织党建存在的问题：一是认识上仍存在不少误区，无论是业主还是党员干部都存在顾虑；二是传统工作方式无法适应新社会组织党建的需要；三是党员流动性大，业务跨度大，党员教育管理工作难度较大；四是新社会组织党建的领导体制和评估考核机制有待完善；五是新社会组织党建的自身保障包括经费和干部保障都不健全。

关于社会组织党建的基本模式和改进路径，石国亮、廖鸿在《社会组织党建的现状、难题与对策——基于一项全国性调查的深入分析》(《长白学刊》2012 年第 3 期）一文中基于全国范围开展的“社会组织党建情况”调查结果，进行了系统分析。该文认为，各地的创新实践已形成四类较有代表性的社会组织党建工作管理模式。一是广东、山东、黑龙江、湖南等地的“依托民政、集中管理、多头推进”模式。二是北京、上海、重庆等地的“单设机构、以条为主、枢纽管理”模式。三是大部分地区现行的“组织部门牵头、业务主管单位负责、民政部门协助”模式。四是律师、会计师领域的“主管部门负责、行业协会协助、会员参与”模式。进一步加强和改进社会组织党建工作，一是要做好顶层设计，特别是在《党章》中对社会组织中的党组织进行准确定位；二是要加大在社会组织中发展党员和建立党组织的工作力度，在更大程度上实现党的组织覆盖和工作覆盖；三是创新党组织在社会组织中的活动方式和社会组织中党员的教育、管理和服务方式，更好地发挥党员的先锋模范作用；四是在各级民政部门设立同级党委派出的社会组织党工委，理顺社会组织党建工作管理体制；五是加强党对社会组织党建的领导，优化社会组织党建工作的环境。

（四）基层党建与社会管理创新

社会管理创新是学术界讨论的热点和焦点问题，处于执政党与社会联结体位置的基层党组织，是党和政府加强社会管理的重要依托。学界对于以基层党建创新推动社会管理创新这一重大问题，从理念的耦合、基层组织的角色与功能、推动的路径、地方的实践等角度展开了热烈的讨论。较有新意的文章有：付翠莲的《结构耦合：以基层党建创新引领社会管理创新》、陈文新的《基层党组织：社会管理创新的政治资源》和胡序杭的《以基层党建创新推进社会管理创新——基于杭州市加强党的群众工作的思考》。

关于基层党建与社会管理在理念上的耦合，付翠莲在《结构耦合：以基层党建创新引领社会管理创新》(《中共宁波市委党校学报》2012 年第 5 期）一文认为,在社会转型期，社会管理理念与党的执政理念创新的耦合，其实质是政党与社会的调适，即政党在价值宗旨、组织结构以及制度规范等层面与社会现实和社会诉求的相互协调和契合。这种耦合源于党的基层组织与社会管理的共性：包括在工作对象上的重合性、工作方式上的互补性、工作内容上的一致性等。基层党建创新引领社会管理创新的路径：一是构建服务型政府，强化基层党组织的服务功能，提升社会管理水平；二是培育社会自主性，实现基层社会管理主体由一元向多元的转变；三是引入协商民主，健全公众政治参与的机制和平台；四是运用信息化手段，实现全方位服务型社会管理。

关于基层党组织在社会管理创新中的角色和功能，陈文新在《基层党组织：社会管理创新的政治资源》(《理论与改革》2012 年第 4 期）一文中认为，基层党组织是联系党和群众的桥梁、纽带，它天然是基层社会管理最活跃的力量，最重要的政治资源，在社会管理创新中理应扮演领导者、协调者、保障者、激励者等重要角色。在社会管理创新中，基层党组织应充分发挥自身的政治资源功能。一是要树立以人为本的理念，发挥基层党组织的服务功能。二是要以党组织为核心构建群众参与的多元治理主体。三是要把握社会利益格局的变化，抓住社会管理创新中的核心环节。四是要把基层党组织建设与民主政治建设结合起来。

关于以基层党建创新推动社会管理创新在地方的实践，胡序杭在《以基层党建创新推进社会管理创新——基于杭州市加强党的群众工作的思考》(《中共杭州市委党校学报》2012 年第 6 期）一文中基于杭州市的经验，认为创新是基层党组织建设的活力之源，以基层党建创新推进社会管理创新，总体要求是基层党组织要通过转型重构党与社会的关系。在功能上，要求基层党组织把传统的社会动员与组织的核心功能，转变为以社会关怀和利益协调为轴心的功能结构。具体职能发挥上，要以联系、服务群众为立足点，提高基层党组织参与社会管理的能力；要发挥利益表达和利益综合作用，提高基层党组织社会整合的能力。在基层党建格局构建上，统筹基层党建与基层社会治理，形成基层党建和基层社会治理良性互动的社会管理新格局。

七、权力监督和反腐倡廉建设

反腐倡廉建设是新时期党的建设五位一体布局的重要组成部分。反对腐败、建设廉洁政治，是党一贯坚持的鲜明政治立场，也是人民关注的重大政治问题。反腐败工作如果不能取得切实成效，就会对党造成致命伤害，甚至亡党亡国。对于反腐倡廉建设，学者们主要从三个方面进行论述，一是加强对权力的监督使其在阳光下透明运行；二是深入分析腐败现象的表现及成因；三是着重从制度建设的角度提升反腐倡廉的实效性。这些论述对于从根源上认识腐败现象、推动反腐倡廉长效化以及增强党组织的自我净化能力有重要的指导意义。

（一）加强对权力的监督和权力公开透明运行

监督机制薄弱，权力过于集中以及权力不透明运行，是导致腐败现象蔓延的重要制度性因素。学者们结合对党政权力运行机制存在的客观缺陷的分析，对加强权力监督工作以及推动权力公开透明运行提出了看法和建议。较有代表性的文章有：杨军的《官僚腐败症蔓延的危害与防治路径》、黄建国的《完善党政正职监督制度的思考》、易丽丽、贺海峰的《县委权力公开透明运行的困境与出路——基于三个试点县(区)的比较分析》和吴海红的《反腐倡廉建设中的社会监督机制研究》。

对于如何以强化监督来防治官僚腐败现象，杨军在《官僚腐败症蔓延的危害与防治路径》(《岭南学刊》2012年第6期）一文中认为，官僚腐败症的滋生蔓延已成为困扰中国共产党领导现代化建设的一个突出问题，必须要深化监督体制改革来加以防治。在监督的主体上，要改变监督权只专属于监督机构的传统格局，建立以人民监督为主体的、上下结合的、纵横交错的网络式社会监督系统。在监督对象上，要切实扭转对下不对上的倾向，“抓小放大”的软弱无力状态，从根本上治理“上梁不正下梁歪”的传统痼疾。在监督体系的构建上，要革新监督体系的建构原则、组织结构、人事安排，打破只有自上而下的传统监督格局，以及各类监督机构各自为政、软弱无力的樊篱。在监督功能上，要从单纯的事后监察为重点转向以事前监督为重点，从以个人违法乱纪现象为主转向关系全局的重大决策、重大行为的违法乱纪现象为主。

对于加强监督的对象，学者们认为应当以党政正职干部为重点，完善监督制度。黄建国在《完善党政正职监督制度的思考》(《理论视野》2012年第6期）一文中认为，完善对党政正职的监督制度，从我国党政领导体制的特点看，具有必要性；从反腐倡廉建设的现实情况看，具有紧迫性。当前，针对党政正职的专门监督制度比较少，总体来看，监督不够严密、不够科学、不够有效。如当前对“三重一大”事项强调集体决策，但权钱交易的现象多发生于非常具体的事项。再如，巡视工作更多地针对工作的成绩和不足，涉及廉政的较少。完善党政正职监督制度，一要从制度上对党政正职进行分权限权，既明确限权，又合理分权，还要规范用权程序。二要完善党政正职利益冲突防范制度，避免以形式上合法的决策方式或间接授意的方式对特定对象进行利益输送。三要打造以纪委全会为依托的综合性监督平台。四要建立标准化的廉政民意测评制度。

对于权力监督的重要改革举措——县委权力公开透明运行，易丽丽、贺海峰在《县委权力公开透明运行的困境与出路——基于三个试点县（区）的比较分析》(《新视野》2012年第2期）做了经验总结和比较分析。该文认为，中纪委在成都武侯区、河北成安县、江苏睢宁县的县权公开改革试点，积累了一些经验，但面临着一些共同的困境。一是县委、政府、人大三机构的权力职责界定不清晰；二是“县权公开”缺乏制度支撑，动力来自书记的“自我削权、主动还权”，仍属人治推动的思维。三是缺乏民主与科学的有效平衡，容易陷入越热闹、越多样化就越民主的误区。四是监督主体缺乏多元化及独立性。县权公开深入推进应通过一系列的综合配套改革来突破瓶颈。一是以用人权为改革突破口，保证被监督对象职、责、权、利的一致性。二是要强化顶层设计，理顺党与人大、政府的关系，改革县委书记兼人大常委会主任的做法，强化人大监督。三是要注重引导民意，完善监督制度与机制。四是要为改革营造更加宽松的政治和社会环境。

关于权力监督体系中的社会监督问题，吴海红在《反腐倡廉建设中的社会监督机制研究》(《探索》< 重庆 >2012年第1期）一文中认为，社会监督是权力制约的基本范式之一，当前，社会监督在我国反腐败中的作用还有待进一步加强。其限制性的因素：一方面，社会大众对于腐败问题的片面认知，如腐败的民俗化现象，对腐败侵害自身利益的直观感受不深，对参与反腐败的信心不够，使其参与反腐败的动力难以充分激发；另一方面，腐败隐蔽性和团体性的行为特征也使得社会参与反腐败面临很大阻力，公众参与反腐败的权益尚得不到充分保障。改变这种状况，关键是要为社会参与反腐败搭建有效平台：一是要摆正人民群众在反腐败中的主体地位；二是推进信息公开制度，满足公众的知情权，包括干部选拔任用、财政预算和官员财产申报等方面的信息公开；三是重视新形势下的网络监督作用；四是建立健全社会参与反腐败的保障和激励机制，尤其是要建立健全举报人保护的专门法律。

（二）关于腐败现象的表现

认清当前我国腐败的蔓延趋势、新形势下腐败现象的新表现以及反腐败的实际形势，是科学推进反腐倡廉工作的重要前提。学者们对这些问题进行了分析总结。较有新意的文章有：于学强的《论当前腐败的表现特征与反腐败的认识误区》、冯志峰的《县委书记权力腐败：现状、成因与对策》和肖云忠、郭诗宇的《日常生活世界视域下的腐败成因及治理》。

关于当前腐败现象的表现特征和反腐败存在的认识误区，于学强在《论当前腐败的表现特征与反腐败的认识误区》(《广州大学学报·社会科学版》2012年第4期）一文中进行了系统的归纳。该文认为，腐败者为规避被惩治和逃脱法律责任，不断变换腐败形式，使当前的腐败现象呈现如下十个特征：群体化，串案、窝案错综复杂；高位化，省部级落马增加；落势化，腐败逐步由中高层向基层渗透；低龄化，“35岁现象”出现；期权化，隐匿性和时空跨度增强；隐蔽化，圈子现象严重，发现较难；新型化，延伸到新兴经济社会领域，性贿赂常见，掺杂封建迷信；巨额化，涉及金额惊人；国际化，裸官现象严重；渗透化，从易腐领域向其他领域渗透，由有权者向无权者渗透。

对于当前较为严重的县委书记腐败现象，冯志峰在《县委书记权力腐败：现状、成因与对策》（《中共南京市委党校学报》2012 年第 1 期）一文中进行了分析。该文认为，当前县委书记的腐败包括五个方面。一是用人腐败，主要表现：违反程序规定，大量批发官帽；在程序内频繁动用干部；卖官环节有中介掺入；黑恶势力左右县委书记用人决策。二是经济腐败，主要表现：权钱交易，利用权力为对方“办事”；打着“发展经济”的旗号，利用项目捞钱；退休之前“放手一搏”；拉长腐败交易链，实施“期权型”腐败。三是作风腐败，表现：狂言乱语，专权独断，职务犯罪等。四是道德腐败，权色交易，夫妻反目等。五是生活腐败，追求超越法律制度之外的不正当待遇或特殊享受。

对于权力腐败的社会环境，肖云忠、郭诗宇在《日常生活世界视域下的腐败成因及治理》（《廉政文化研究》2012 年第 6 期）一文中认为，日常生活世界是人们的第一活动空间及互动交往的文化世界，其最显著的特征是重情感，其运行的基本规则是人情。日常生活世界是腐败发生的情境因素，其结构和规则直接影响公职人员对腐败的认知和行为取向。日常生活世界中的腐败现象包括：违规职务消费，“8 小时之外”的诱惑，权色交换的堕落，私人空间的失守（家风不严，身边人腐败）等。日常生活世界中的腐败其深层次的危害包括：导致了腐败文化的滋生，模糊了腐败和非腐败的界限；使人们对反腐败认识造成误区，认为腐败是现代化的必要成本；促进腐败的社会传播，形成了腐败潜规则。

（三）关于反腐败制度的建设

十八大要求，坚持标本兼治、综合治理、惩防并举、注重预防方针，全面推进惩治和预防腐败体系建设。通过制度建设构建反腐体系是反腐倡廉建设的重点。学者们对这个问题主要从两个方面深入论述：一是预防腐败方面，讨论了廉政风险和腐败风险预警机制的构建，代表文章是郭兴全的《关于完善廉政风险防控管理机制的思考》和李成言在《防止利益冲突与廉政预警模型设计研究》；二是制度的完善和执行方面，分析了当前反腐败制度在设计和执行方面存在的问题，并提出对策，代表文章有桑玉成、陈英波的《注意制度反腐中的一些倾向性问题》和杨根乔的《反腐倡廉制度执行问题调查与思考》。

廉政（腐败）风险防控和预警是反腐倡廉制度创新中从源头上预防腐败的一项重要探索，是惩防体系建设中“防”的重要组成部分。郭兴全在《关于完善廉政风险防控管理机制的思考》（《中州学刊》2012 年第 4 期）一文认为，廉政风险防控是指纪检监察机构针对反腐倡廉建设的重点领域和公职人员用权履职的关键岗位存在的潜在腐败风险，进行辨别分类、排查评估、科学防控，以防止公职人员在权力行使中出现偏离，化解和降低腐败发生的潜在风险。廉政风险防控管理包括三个方面。一是功能体系，主要由管理、预警、制约和挽救四项功能构成。二是内容体系，主要由思想道德、岗位职责、业务流程、制度机制、外部环境等五种风险类型构成。三是运行机制，包括风险识别、风险分析、风险处置、风险监控和风险效果评价等环节和程序。

李成言在《防止利益冲突与廉政预警模型设计研究》（《河南社会科学》2012 年第 2 期）一文中从廉政风险防控的关键即防止利益冲突的角度论述了如何构建廉政预警机制。该文认为，根据风险发生的特征，廉政风险可分为四种类型。一是伦理性廉政风险，主要是指领导干部个人道德、行为方面所存在的风险。二是结构性廉政风险，主要是指政府部门在廉政制度机制建设方面所存在的风险。三是功能性廉政风险，指政府部门在廉政监督制约方面所存在的风险。四是关联性廉政风险，指社会环境和市场主体可能给政府部门带来的风险。在廉政预警机制中，廉政风险信息收集是基础，廉政风险评估是核心，廉政风险防范和处理是中心内容。廉政预警机制的构建中，应以防止利益冲突为核心，结合社会舆情、岗位分析、特定事件等来构建预警模型。

关于反腐倡廉制度存在的问题，桑玉成、陈英波在《注意制度反腐中的一些倾向性问题》(《中国延安干部学院学报》2012 年第 4 期）一文中认为，当前反腐败的现实存在制度悖论：在反腐倡廉制度建设领域不断拓宽、成效不断显现的情况下，腐败问题依然十分严重，有些领域反而还出现了加重和蔓延的迹象。这种悖论的存在和制度建设中的一些倾向性问题密切相关。一是制度虚置，或是将反腐制度视为摆设，或是制度执行严重不力。二是制度短板，制度设计本身存在的缺陷和不足，或是设计滞后，“反腐制度跟着腐败行为跑”，或是设计质量缺陷，“重原则、轻细则；重口号、轻操作；重应急、轻长效；重训导、轻惩治；重禁止，轻指导；重下级、轻上级”。三是制度离散，各项制度缺乏系统性和完整性，处于离散状态而没有能够形成聚合一体的效应。四是制度冲突，由于制度设计主体不同，导致制度在政策与法律层面、中央与地方层面的不一致。五是制度盲区，几乎所有的制度无法触及到一些相关领域或相关人的“灯下黑”现象，主要集中于选官制度和对主要领导的监督上。

关于反腐倡廉制度执行的强化，杨根乔在《反腐倡廉制度执行问题调查与思考》(《毛泽东邓小平理论研究》2012 年第 3 期）一文中以安徽省为例，认为当前反腐倡廉制度存在着执行不力的问题，表现在如下方面：一是设计缺陷，低效执行；二是形式主义，虚置执行，这是反映最强烈的突出问题；三是实用主义，有限执行，执行中采用对己有利的多重标准；四是灵活变通，替代执行，曲解灵活性，信奉潜规则；五是藐视制度，对抗执行，制度意识淡薄；六是突破界限，过度执行，主要用于培植亲信、排除异己。该文认为，强化反腐倡廉制度执行应从如下方面着力：一是加强组织领导，着力增强贯彻制度的推动力；二是加强宣传教育，着力提升制度文化的认同力；三是发挥制度效能，着力强化制度的执行力；四是加强监督检查，着力维护制度的公信力；五是营造良好社会氛围，着力提高制度的保障力。

八、党的制度建设

制度建设在执政党建设总体布局中具有根本性、长期性、稳定性和全局性。将党的建设各项创新及时转化为全党遵循的制度规则，保证党内事务有序有效运行，是制度建设的根本任务。围绕执政党的制度建设，理论界就如下三方面问题展开了讨论：一是党规党法建设；二是民主集中制的理解与运作；三是党代会、党委会制度的规范化。

（一）党规党法建设

在实行依法治国战略和依法执政方略的条件下，加强党规党法建设，推进依法治党，对于党要管党、从严治党，对于增强政党的合法性、实现可持续发展，具有极其重要的意义。学者们对于党规党法的性质、作用、现状和建设途径进行了深入的讨论。代表性文章有：姜明安的《论中国共产党党内法规的性质与作用》、刘长秋的《软法视野下的党规党法研究》和操申斌的《论党内法规机制的构建与完善》。

关于党规党法的性质和作用，姜明安在《论中国共产党党内法规的性质与作用》（《北京大学学报·哲学社会科学版》2012 年第 3 期）一文中认为，“党内法规”的基本性质属于社会法和软法。但是由于我国宪法确立的中国共产党的特殊领导地位，中国共产党党内法规对党务的调整必然影响和涉及国务。从而，中国共产党的党内法规又同时具有一定的国家法和硬法的因素。中国共产党依法领导国家，依法执政。依法领导和依法执政既要依国家法律，又要依党内法规。但党内法规应服从国家法律，国家法律优位于党内法规。党内法规一般调整党的组织、活动与党员的权利、义务，在某些公共治理和社会管理领域，党内法规也调整国家公权力和社会公权力关系。因此，党内法规的建设，一是其制定在反映全党或最大多数党员意志和利益的同时，还要反映全体国民或最大多数国民的意志和利益；二是党规党法要体现公开性、规范性和相对稳定性；三是党规党法应纳入国家统一的违宪、违法审查机制，以保障国家法制的统一。

关于当前党规党法存在的问题和不足，刘长秋在《软法视野下的党规党法研究》（《理论学刊》2012 年第 9 期）一文进行了分析。该文认为，党规党法在实践中存在诸多问题，制约了党的治理乃至社会的治理。一是党规党法与国家法之间经常出现不协调，如在实践中偏重于教育而多以教育取代惩戒，引发“党规党法”优于“国法”适用的情况。二是党规党法规范存在重复现象，这种重复从侧面反映了“三令五申”也难使既有规范严格执行的尴尬。三是党规党法过软问题较为突出，其规范很多过于空洞和抽象，流于说教，而处理机制强调软处理，强调灵活性，影响了实效性。四是党规党法的立法机制尚需进一步优化，制定过程缺乏足够的开放性和吸纳性，存在关门立法现象。

对于如何优化党规党法建设，操申斌在《论党内法规机制的构建与完善》（《探索》2012 年第 2 期）一文中认为要提高党内立法科学化水平，应当建立健全五大工作机制。一是建立健全党内立法规划工作机制，要明确区分不同时间周期的党内立法规划；严抓党内立法规划实践中选项、实施和调整等具体环节；根据党内立法的轻重缓急进行统筹规划。二是建立完善党内法规制度归口统一管理和联系点工作机制。三是改革完善党内立法审议表决机制，明确法规草案审定的权限、内容及方法；参考国家立法经验，提高党规党法草案审定质量，完善审议表决方式。四是扎实推进党内法规制度备案审查与纠错机制。五是实施完善党内法规制度立法后评估机制，增强评估的民主性、规范性和科学性。

（二）民主集中制的理解与运作

民主集中制是我们党的根本组织原则，也是中国政府系统内部运作的基本原则。但民主集中制在实践中仍存在着很多认识上的歧义和运行上的不足。学者们就如何准确理解民主集中制，以及在新形势下如何推进民主集中制的发展进行了讨论。较有代表性的文章有何益忠的《民主集中制之“集中”考辨》和陈家刚的《科学决策的制度基础：民主集中制的制度化分析》。

关于对民主集中制的正确理解，何益忠在《民主集中制之“集中”考辨》(《理论学刊》2012 年第 3 期）一文中认为，民主集中制之“集中”源自“集权”、“中央集权(制)”，最初的含义是党的中央委员会在党内拥有绝对权威，党的各级组织、各个部门和党员必须服从党的中央委员会。从组织原则角度，民主集中制之民主与集中并不存在辩证统一关系，因为在这个意义上，民主对应的是专制，集中（集权）对应的是分权、自治，民主与集中（集权）并不对立，却可能统一。将“集中”理解为“集中正确意见”、实行个人负责仅是工作方法和执行角度的含义，并非组织原则的运用。区分不同领域中的“集中”，是澄清民主集中制理论研究、实践探索中的模糊认识，正确贯彻民主集中制的关键。

关于民主集中制在实践中的问题表现和解决途径，陈家刚在《科学决策的制度基础：民主集中制的制度化分析》(《岭南学刊》2012 年第 3 期）一文中从提高科学决策水平的角度进行了分析。该文认为，在现实的决策中，民主集中制主要面临三种问题：一是民主不够，民主范围小，敏感问题决策神秘化，少数人拍板，一把手说了算；二是集中不足，领导班子软弱无力，推卸职责，分歧严重，对上级决定阳奉阴违；三是形式主义，事先定调子，以形式上的集体决定赋予少数人决策合法化。应对民主集中制进行制度创新。一是在坚持多数裁决制的前提下，推行例外原则，对一把手决策给予一定的保障，但应担负全责。二是建立集体决策和个人决策差别化的决策问责制度，确保权责统一。三是应建立决策备案制，明晰责任。四是应建立决策公示制度，提高公开透明程度。五是推行无记名投票表决制度，保证真实意愿的反映。

（三）党代会、党委会运行机制

党的代表大会制度和委员会制度是党内民主运作的制度化平台，党代会常任制、党代表任期制以及规范党委议事规则一直是党内民主改革的重点内容。学者们的研究也围绕这些制度的内部运作、改革成效、发展方向而展开。代表性文章有李景治的《大力推进党代会常任制和党代表任期制》、沈士光的《论党代会常任制试行的特点、成效和方向》、张书林的《地方党的代表大会制度科学化论析》、李毅弘、张磊的《党委会制度建设新探》和戴辉礼的《中共常委会体制与执政架构的制度运作》。

关于党的代表大会制度及其改革，李景治在《大力推进党代会常任制和党代表任期制》(《江西师范大学学报·哲学社会科学版》2012 年第 3 期）一文中认为，进一步完善党的代表大会制度，大力推进党代会常任制和党代表任期制势在必行，迫在眉睫。要改变党代会和党代表“一次性”发挥功能和作用的状况，使其在任期内始终发挥作用。党代会实行常任制后，为避免与人大政协工作重复，平时的工作重点应转向执政党自身的建设。要合理规定实行常任制后各级党代会召开的次数，不宜一刀切的年会制。党代表实行任期制后，应积极参与党内事务的决策、重要干部推荐和民主评议工作，充分反映党员的意见和建议、监督党委和党员干部的工作。为此，需要建立健全党代表列席党委有关会议的制度，普遍建立党代表联络室。

关于党代会常任制的改革情况，沈士光在《论党代会常任制试行的特点、成效和方向》(《哈尔滨工业大学学报·社会科学版》2012 年第 3 期）一文中认为，近年来，党代会常任制试行具有三个方面的特点：一是制度建设的优先性，推动了党代表的选举制度、党代会年会制度、党代表履职制度、党代会质询和评议制度的建立和改革；二是广泛的制度认同性，已在党内形成一定气候和相当的共识；三是政治效用的多样性，符合党内各类主体的需要。党代会常任制增强了党代会作为权力机关的力量，一定程度上体现了带动基层人民民主的态势。进一步推进党代会常任制，需要合理调整党内权力结构，设立独立的常设办公机构，让纪委直接对党代会负责，对全委会成员的来源和功能重新定位。

对于党代会常任制的进一步发展，张书林在《地方党的代表大会制度科学化论析》（《学习论坛》2012 年第 1 期）一文中认为，当前这一改革举措面临困境，包括：常任制条件下党代会、人代会、政协会的关系问题；党代会常设机构的设置及在党内的定位问题；党代会常任制的党规党法依据问题等。推进党代会常任制改革，需要变革党内权力配置模式。一方面在常任制条件下合理配置党代会、全委会、常委会之间的权力，包括：从年度重大决策、重要决策、日常决策三层分类的角度重新划定"三会"的职权；明确"三会"的权力授受关系；充分发挥全委会的作用，使之由功能性会议发展为制度性会议。另一方面，在常任制条件下合理配置党代会、党委、纪委之间的权力，按照决策机构、执行机构、专门监督机构的关系构建党内分权型权力架构。

对于党代表任期制的实施情况，中组部组织一局在《为党代表发挥作用提供有力的制度保障——关于十七大以来党代表任期制工作推进情况的调查》（《光明日报》2012 年 8 月 7 日第 15 版）一文中认为，各地党委通过抓好代表的学习培训、管理服务，努力提供工作保障，使代表任期制工作初步实现了有专门的工作机构和力量抓，有配套的工作制度保障。党代表们通过任期制，更为充分地履职行权：一是开展联系党员群众活动，充分发挥宣传群众、组织群众、服务群众作用；二是开展提案、提议工作，充分发挥对党委决策的参谋作用；三是开展征求意见活动，充分发挥民意桥梁作用；四是邀请参与干部工作，充分发挥对领导干部和领导班子的评议监督作用；五是组织开展调研，充分发挥对党委重要工作任务的推动促进作用；六是邀请列席同级党委有关会议，充分发挥对党内事务的参与作用。

对于健全党的委员会制度，李毅弘、张磊在《党委会制度建设新探》（《科学社会主义》2012 年第 1 期）一文中认为党委会制度在功能、结构、合法性三个维度均存在问题。其中结构方面体现在：党委会制度依托的权力运行机制不畅，实际权力被常委会架空；"集体领导"原则的实施受到"一把手体制"的阻碍。党委会制度创新应从三个方面入手。一是科学配置权力以强化党委会制度的功能建设。加强党代会的权力地位，这是巩固党委会制度功能建设的基础。增加会议频次，健全议事规则，以落实党委会制度的功能。二是突破党内权力关系的集权形态以完善党委会制度的结构。突破党内集权性权力态势，理顺党委会制度依托的权力运行机制。加强监督机制建设，破除"一把手体制"的阻碍。三是加强党内民主制度建设以提升党委会制度的合法性。加强机制建设，保障党委成员之间的平等关系。加强党委会制度内部的沟通渠道，拓展党委会制度与外部环境之间的沟通渠道。

对于当代中国的核心权力体制——党的常委会体制，戴辉礼在《中共常委会体制与执政架构的制度运作》（《理论与改革》2012 年第 1 期）一文中进行了较为深入的分析。

该文认为，常委会体制是理解中国模式的一把钥匙。党正是通过常委会体制来引领归口管理制、党管干部制以及党组制的运作，从而实现对国家和社会的管理。归口管理是党介入国家公共权力系统，实施对国家事务的全面领导的重要制度安排。各级党委常委会通过常委分工领导制、对口设部以及领导小组制来具体实现归口管理。正是通过各级党委常委会事实上的干部任免与监督权，中国共产党最终掌控和驱动着整个国家政治权力体系的运行。党组源于其所属党委的直接授权而产生，其所属党委的常委会是党组的直接支配主体。正是通过这一权力结构关系，通过党组实现党对该部门的实际领导。归口管理制和党管干部制也正是通过党组制来具体实施和发挥作用。当前，党的常委会体制与科学执政、民主执政、依法执政的目标还存在着一定的矛盾和冲突，主要表现在内部决策民主不足、影响党政关系规范化以及制约责任政治的有效确立等方面。

九、执政理论研究

执政理论的研究对象是政党与公共权力的关系，这是当代中国政治系统中的核心与主轴。执政理论涉及的内容非常广泛，涵盖了执政党控制和运用权力从理念到实践的各个方面，以及蕴含在执行行为深处的执政规律。2012 年学术界对于执政理论的研究，一方面继续探讨执政规律、执政能力以及执政方式、执政资源、执政环境等“执政七谋”问题，代表文章有王长江的《执政党建设前沿问题研究》和施雪华、胡祥的《近年来中国共产党执政能力建设的举措、问题与对策》，其他较有新意的文章有：刘宗洪的《政党执政规律与党的执政方式现代化》、许耀桐的《党政关系的论点与新说》、吴晓敏的《中国共产党整合执政资源有效战胜困难的经验与启示》和兰华的《执政环境的变化对执政党执政方式的新要求》等；另一方面，对于执政生态、执政风险、执政公信力等新领域、新问题也进行了较多的探讨，较有新意的文章有：徐玉生的《执政生态的构成及其评价——兼论中国共产党执政生态的现状及其优化》、刘昀献的《中国共产党在当代面临的十大执政风险》和卢爱国的《中国共产党公信力建设：问题管窥、影响因素与提升策略》。

在执政规律的探寻方面，王长江在《执政党建设前沿问题研究》(《中共天津市委党校学报》2012 年第 1 期）一文从执政党建设研究的三个基本视角，即一般政党的视角、执政党的视角和在新的历史条件下执政的视角，对党的执政规律进行分析。首先，要研究政党运作的基本原理，深化对政党执政规律的认识。其次，要把握执政党的基本特点，探索推进执政党建设的途径。执政党掌握权力后，功能、目标和任务、活动方式、国家权力与党的关系等都发生了变化，更应体现为“整合的工具”，防范被权力腐蚀的风险。再次，要把握时代前进的脉搏，解决执政党建设的新情况新问题。比如，社会阶层结构的变化，要求我们深化对党的执政基础的认识。又如，执政党的历史责任，要求党的意识形态更加具有灵活性和包容性。再如，现代传媒技术的高度发展，要求我们有更强的吸引和引导公众的能力。还如，公民社会的兴起，要求我们有更加高超的协调和驾驭国家与社会的水平。

关于执政能力，施雪华、胡祥在《近年来中国共产党执政能力建设的举措、问题与对策》(《中共福建省委党校学报》2012 年第 8 期）一文较有代表性。该文在总结了近年来党的执政能力建设的多方成就之后，系统地指出了执政能力建设仍存在的诸多问题。一是对执政能力内涵的理论存在狭义和广义的分歧，影响了执政能力建设的系统构造和重心确认。二是执行党的执政纲领、路线的能力还有待提高。三是对现代化、市场经济的规律认识和掌握不够，加上党内腐败有所抬头，影响执政党的执政合法性。四是驾驭国家机构、协调各种政权组织相互关系的能力还有待提高。五是执政党运用国家机器、推动经济发展和社会进步的能力受到影响。六是满足人民群众利益要求、整合社会关系、解决社会矛盾、保持社会稳定的能力还不够高。七是在实际工作中将党的执政能力建设与党自身的先进性建设混为一谈。八是对党的执政能力建设的有效途径理论研究和实践探索不够。九是党的执政能力建设的评价体系还不够科学。

关于执政方式，刘宗洪在《政党执政规律与党的执政方式现代化》（《探索》2012 年第 5 期）一文中认为，政党执政规律决定了党的执政方式的选择：权力有变质的危险，党选择执政方式要着眼于管住公共权力；利益平衡是实现社会和谐的基本条件，党选择执政方式要着眼于构建公平正义的实现机制；政党执政取决于民意，党选择执政方式要着眼于多元社会的政治认同。政党执政是基于民众的认同；政党权威对经济社会发展有决定性意义，党选择执政方式要着眼于总揽全局的统筹力。基于此，该文认为实现党的执政方式现代化的关键性要素包括：以民主制度保证党员干部成为人民的公仆；以法治权威保障人民群众的合法权利；以高效行政推动经济社会的快速发展；以人民的政治参与平衡社会阶层之间的利益；以人民满意实现“人民当家做主”的政治理想。

党政关系是执政方式中的核心内容，也是执政理论研究中历久弥新的话题。许耀桐在《党政关系的论点与新说》（《领导科学》2012 年 6 月中期）一文中对此进行了梳理。该文认为，理论界对于党政关系的认识归纳起来有四种观点：一是前苏联创立的“党政合一”；二是西方国家的“党政分开”；三是“党政分工”，主张划分党管和政管的范围，实行权力分割，但如何分割很含混；四是“高层党政合一，其他层次党政分开”，试图将“党政合一”和“党政分工”在中央集权和地方分权的框架下捏合起来。该文在这四种观点的基础上，提出“党政分合”的新模式，主张在坚持党对国家事务的总体领导之下，党政关系既分又合，有分有合。“分”，就是把行政权、审判权、检察权、自治权等分出来，保持其独立性；“合”，就是在重大国家政策的决策权、重大人事的推荐权以及思想政治工作和监督权这些职权范围内，把党和政的关系更好地整合起来，使之相得益彰，更加顺畅。

在执政资源的研究方面，吴晓敏在《中国共产党整合执政资源有效战胜困难的经验与启示》（《江西社会科学》2012 年第 6 期）一文中对执政资源进行了新的定义：指执政党利用自身的执政地位和政治优势所能控制、支配并加以权威性分配的一切资源，是执政党实现执政目标可利用的各种积极因素与有利条件的总和。该文认为，党的执政资源具有鲜明的自身特色：阶级性、全面性、动态性、开发整合性。从种类上看，党的执政资源包括思想理论资源、组织资源、民心资源、制度资源、精神资源等。

关于执政环境的研究，兰华在《执政环境的变化对执政党执政方式的新要求》（《江汉论坛》2012 年第 10 期）一文中提出了新的定义和分析框架。该文认为，执政环境是与党的执政相互联系，并对党的执政产生影响的各种要素的有机组合体。这些要素包括执政党、民主党派、公民和社会、国际政治经济格局和自然条件。执政环境要素通过执政环境机理对党的执政产生影响。执政环境机理包括党的组织意识、国家基本政治制度、法律和人文传统等。当前阶段，党的执政环境的演变趋势主要有：执政党本身的作为对执政环境有巨大的持续性的影响；公民和社会对执政环境的影响越来越大，构成了对中国共产党执政的外部规制；组织意识逐渐淡化，治国走向制度化、法治化。

与执政环境相关的是，有学者从更为系统的角度提出执政生态的分析框架。徐玉生在《执政生态的构成及其评价——兼论中国共产党执政生态的现状及其优化》（《兰州大学学报·社会科学版》2012年第2期）一文中认为，互相制约的执政主体与执政客体的耦合构成执政生态系统，这一系统由政党生态、党内生态和社会生态三个子系统构成。健康的执政生态能强固执政党的执政地位，而不健康的执政生态则动摇甚至颠覆执政党的执政地位。中国共产党目前的执政生态主体是健康的，但存在“病毒”和“亚健康”现象。优化党的执政生态应从如下方面着力：加强多样性建设，强固执政生态的稳定性；弘扬主旋律，强化执政生态的健康因子；走“资源节约型”的党建道路，实现可持续发展；加强自身建设，建设学习型政党。

关于执政党与社会民众之间的关系，党的公信力是重要的衡量标准。卢爱国在《中国共产党公信力建设：问题管窥、影响因素与提升策略》（《湖南师范大学社会科学学报》2012年第5期）一文中认为由于执政环境变化的挑战、执政功能运转的微失以及民众期望与政绩感知的差距等因素影响，当前中国共产党的公信力建设存在“四个差异”：执政绩效与执政理念认同差异，理念认同度高，绩效认同度较弱；基层党组织与党中央认同差异，更信任党中央；传统阶层与新兴阶层认同差异，经理人员和私企业主对党信任度最高；共青团员与普通群众认同差异，团员对党的信任度比群众还低。提升党的公信力，应从如下方面着力：维护社会公平，积极保障和改善民生；坚持制度创新，有效预防和惩治消极腐败；永葆先进性，加强党的基层组织建设；弘扬主流价值，高度重视青年工作；增强忧患意识，提高应对突发事件的能力。

最后，对于党在新形势下面临的执政风险，刘昀献在《中国共产党在当代面临的十大执政风险》（《中国浦东干部学院学报》2012年第2期）一文中认为，如何应对执政风险是当今世界各国执政党面临的共同课题。中国共产党在当代面临的风险更加严峻、领域更加宽泛，既有内源性风险，也有外源性风险，突出表现为十个方面：动摇党的基本路线产生的风险，淡化党的意识形态带来的风险，党内民主不健全、权力过分集中产生的风险，精神懈怠、意志衰退产生的风险，故步自封、能力不足产生的风险，背离党的宗旨、官僚主义盛行产生的风险，忽视社会公正、动摇执政基础产生的风险，为政不廉、腐败变质产生的风险，权力异化、形成党内既得利益集团的风险，西方敌对势力西化分化的风险。该文认为，我们党历来具有战胜任何困难而不被困难所屈服的英雄气概，在新的形势下，只要全党勇于担当，不断提高应对和化解风险的能力，就一定能够带领全国人民科学应对并战胜各种风险，引领中国特色社会主义事业不断取得新的胜利。

学术著作评介和论文观点摘要

一、学术著作评介

《哈佛大学的中国共产党研究》（路克利著，山东大学出版社 2012 年版）

《哈佛大学的中国共产党研究》一书首次提出了海外中国学的概念，认为这是西方了解中国共产党的重要窗口。这门学科的兴起以美国哈佛大学东亚中心的成立为标志，以费正清、史华慈、麦克法夸尔等几代学人为代表。该书对哈佛学者的马克思主义中国化研究进行了较为系统的梳理，对其学术范式和方法论进行了较为系统的总结，介绍了哈佛学者研究中国的“刺激反应”模式、“隐退回归”模式、“冲击一突破”模式、“铁三角”模式等分析模式，并分析了“克里姆林宫学”等方法，对于我们了解西方的学术研究方法具有一定的积极意义。

该书正文分为三个部分。第一部分介绍哈佛学派的马克思主义中国化研究，涉及的问题包括：“毛主义”若干问题、毛泽东思想与马克思主义基本原理关系、马克思主义中国化概念、马克思主义中国化与中共理论自主性、中国共产党理论创新模式等。第二部分介绍哈佛学派对中共党史党建的研究，包括对中国共产党建立有关问题的研究、对延安时期中共党建的研究，以及费正清和麦克法夸尔对中共党史的分析。第三部分介绍哈佛大学学者对中国道路和中国模式的研究，包括对中国模式和中国道路特点的分析、中美关系的分析等。

《中国共产党执政行为的分析框架》（游斐著，北京大学出版社 2012 年版）

《中国共产党执政行为的分析框架》一书旨在为中共的执政史、执政理论研究提供一个分析工具，即通过经验事实的学理探究，从技术层面构筑中共执政行为的分析框架。在研究方法上，该书提出了“环境——主体——行为”范式，强调主体与环境的多维互动，以及主体的选择性与回应性的统一。在研究主线上，以“执政发展”这一核心主题进行建构。

全书分实然分析、应然分析、对策分析三篇。上篇执政生态论，分析了执政生态的系统构成、特性和内在运作动力，并从比较的视角分析了西方政党、苏共、中共执政生态演化的历史轨迹，落脚于执政党、国家、社会三者关系中政党体系的动态稳定与适应性革新的互动，认为执政生态的运行发展是中共执政行为发展的客观依据。中篇执政机制论，从合法性与执政合法性，执政合理性，执政有效性三个角度分析了中共执政的目标体系、手段体系和评价体系，认为马克思主义政治哲学视野下，执政机制是中共执政行为所应遵循的内在逻辑。下篇执政优化论，在界定了执政优化的概念后，分析了执政流程再造、执政资源规划、执政治理等优化的工具，认为执政优化是中共执政行为实践层面的基本路径。

《社会转型期中国共产党执政安全研究》（付铎著，中国财政经济出版社 2012 年版）

《社会转型期中国共产党执政安全研究》围绕中国共产党所处的内外环境生态尤其是转型社会对执政行为的影响，分析了中共的执政安全所面临的挑战、可利用的资源及巩固执政安全应当采取的应对措施等。该书对党的执政风险和执政安全所作的系统分析，具有较强的开拓性和参考价值。

全书分六章。第一章为导论。该部分主要阐述了新时期中国共产党执政安全研究的缘起和意义、逻辑结构、核心概念、创新点等内容。第二章为国际生态与执政安全，阐述了新时期挑战党的执政安全的国际生态因素，从和谐文化的反渗透功能、拓展与西方国家的交流对话机制、承担大国责任、巩固第三世界阵地、扩大党际交往等方面，提出了巩固党的执政安全的国际战略构想。第三章为国内生态与执政安全。在分析了执政的内部环境因素后，认为巩固党的执政安全要求党的执政系统适应国内生态变迁的要求，并能够促进国内生态的良性发展。第四章为党内生态与执政安全。着重分析了新时期影响党的执政安全的党内生态因素，如理想信念的淡化与凝聚力的下降、基层组织的涣散与战斗力的渐减、作风的嬗变与执政形象的恶化、制度的非健全对执政功能的制约、腐败的滋生和蔓延对执政安全的瓦解等。第五章为网络信息化与执政安全。网络信息化对党的执政安全构成的挑战，主要表现在网络信息化对党的意识形态的挑战、使社会控制难度加大、可能形成网络无政府主义和数字鸿沟使社会两极分化进一步加剧。第六章为执政合法性与执政安全。该部分分析了新时期党的执政合法性面临的问题及其给执政安全带来的冲击和应对。

《中国共产党执政方式研究》（葛海彦著，中央编译出版社 2012 年版）

《中国共产党执政方式研究》一书认为党的执政方式实质是党如何科学、高效运用国家政权，实现党的执政纲领和执政目标的方式，也就是党如何才能更好地履行自己领导国家、治理社会、整合利益、造福人民这一神圣职责的方式。改革完善党的执政方式，必须把党的领导、人民当家做主和依法治国有机结合起来。在民主法治条件下，法治是民主最有效的实现形式和保证。改进党的执政方式，最终应在法治的轨道上解决问题，真正把依法执政作为党执政的基本方式，实现党的执政方式法制化。

该书共四章。第一章是现代政党执政与执政方式理论分析。阐释了政党执政的基本内容，执政方式的含义、内容与制约因素，现代政党执政的主要模式。第二章是中国共产党执政方式历史考察。从革命时期党在根据地和解放区执政的方式、建国后党的执政方式的形成与历史演进、改革开放以来党的执政方式创新与发展三个历史时段，分析了不同时期党的执政的中心任务、执政方式的特点以及经验和启示。第三章是中国共产党执政方式现状分析。分析了决定和影响党的执政方式的基本因素和新的历史条件对党的执政方式提出新挑战，认为目前党的执政方式需要改进的主要问题有执政理念上的误区、权力过多集中在党组织手里以及执政方式缺乏法制规范。第四章实现中国共产党执政方式法制化，认为依法执政是改革完善党的执政方式的核心要求，必须把依法执政与党的领导和人民当家做主统一起来、与党科学执政和提高党的执政效率结合起来。依法执政要求树立科学的执政理念，要求党要在宪法和法律的范围内活动，要求党要保证国家政权机关依法独立行使职权。

《中国共产党干部选拔民主化研究》（于学强著，中国社会科学出版社 2012 年版）

《中国共产党干部选拔民主化研究》将政党理论、中国实际与论题结合起来，本着理论与实践统一、历史与现实统一的原则，阐明干部选拔民主化的理论渊源和实践进程，结合历史与现实指出了影响干部选拔民主化的诸种因素和条件，并结合了中外政治文明，从思维、制度、机制等方面提出了一套解决干部选拔民主化的方案。

该书由引论和五章内容构成。引论分析了干部选拔民主化的意义，强调以干部选拔民主化为切入点推进政治民主化。第一章干部选拔民主化的理论渊源，分别论述了人民主权理论、公仆理论、政党理论、选举理论中与干部选拔相关的理论原则和基本要求。第二章民主执政条件下的干部选拔，在论述了民主与中国特色社会主义的关系之后，分析了干部选拔民主化与选举制在实践和理论上的复杂关系，提出在干部选拔中贯彻党管干部和群众参与的一些原则。第三章干部选拔民主化的进程及障碍因素，分析了影响干部选拔的历史因素，如封建专制制度的余毒、以往选拔经验的固化、苏联选拔体制的影响等；现实因素，如思想认识不到位、民主意识不浓厚、体制机制不健全等。第四章推进干部选拔民主化的有利因素，主要有：经济水平的提高为干部选拔民主化奠定物质基础，民主政治的成效为干部选拔民主化提供信心支撑，政治文化的进步为干部选拔民主化提供思想条件，公民社会的发展为干部选拔民主化造就良好环境。第五章推进干部选拔民主化的策略，一是要解放思想，认识到干部选拔与干部提拔的差异、干部选拔与干部选举不是对立的、选拔效率与选拔民主是不矛盾的；二是要完善制度，建立选拔信息公开制度、选拔自主参与制度，完善竞争性的选拔制度；三是要创新机制，通过考评主体多元化、考核标准硬性化、民主监督制度化、责任追究实效化来推进干部选拔民主化。

《中国共产党执政文化建设研究》（陈元中著，人民出版社 2012 年版）

《中国共产党执政文化建设研究》一书认为，执政党尤其是长期执政的政党将其思想理论、理想信念、价值观念、制度规范等通过多种途径实现政治社会化，变成执政系统乃至全社会的政治思想、观念、态度、价值观和习惯等，成为政党政治和社会政治的主流文化，并形成了一种新的文化现象，可称之为执政文化。该书从执政文化相关理论、中国传统治国文化、中国共产党的执政文化分类建设三个方面对这一重大问题进行了历史与现实、理论与实践相结合的深入分析。

全书共十章。第一章执政文化概述，阐释了执政文化的含义、特征、功能和建设的意义。第二章执政文化与执政能力，认为执政文化是执政能力的重要源泉，而执政亚文化现象对执政能力造成伤害。第三章中共执政文化的文化生态，认为政党文化是执政文化的根本要素、政治文化是执政文化的重要基础、传统治国文化是中共执政文化的重要元素。第四章传统治国思想文化，论述了人性论、民本论、和谐论、为公论在传统治国文化中的地位和作用。第五章传统治国制度文化，分别论述了宗法制度文化、集权制度文化、礼法制度文化的内容。第六章传统治国文化的现代转化与中共执政文化建设，论述了传统治国文化对中共执政文化建设的积极价值和消极影响，以及传统治国文化现代转化的价值取向和基本原则。第七、八、九、十章分别论述了中国共产党执政思想文化、执政组织文化、执政制度文化和执政行为文化建设，探讨了执政文化这四方面构成的含义、要素、功能，已形成的建设成果和进一步推进的思路。

《社会转型期中国共产党社会整合能力问题研究》（姜卫平著，中国社会科学出版社2012年版）

《社会转型期中国共产党社会整合能力问题研究》一书认为，社会整合是政党的重要功能之一，也是执政党必须履行的基本职责。这直接关系到党的执政基础的巩固和扩大，是对党的执政能力和领导水平的重大考验。该书以社会转型期为背景，对党的社会整合能力加以系统研究。主要涉及了社会整合能力相关理论、转型期的社会问题、提高党的利益整合能力、意识形态整合能力和构建和谐社会能力等重大问题。

该书由导论、五章和结语构成。第一章梳理了社会整合能力的一般理论，包括社会整合理论，社会整合能力的概念，影响社会整合能力的政治文化、选举制度、政党体制、法律制度、社会因素等相关因素，以及社会整合能力与执政能力的辩证关系。第二章对中国的社会转型进行全面分析，认为转型期中国面临着劳资对立、干群对立、党群对立、贫富对立和仇富仇官心理等社会问题，而社会分层复杂化、价值观念多样化、全球化和信息化、公民社会等对党的社会整合能力提出新挑战。第三章从利益整合的角度分析如何提高社会整合能力。社会整合的本质是利益整合，执政党是利益整合的工具。确立“执政党思维”是中国共产党实现利益整合的前提，面对转型社会带来的巨大挑战，我们党要建立有效的利益表达机制、合理的利益分配机制和规范的利益均衡机制。第四章从意识形态的角度分析如何提高社会整合能力。意识形态工作是执政党社会整合的重要工具。执政党提高意识形态整合能力，需要根据构建社会主义核心价值体系的原则，推进马克思主义中国化、用社会主义核心价值体系引领社会思潮、实现意识形态的创新。第五章从构建和谐社会的角度分析了如何提高社会整合能力。提高党的社会整合能力，最终要落脚到构建和谐社会上。要切实维护和实现社会公平正义、保持民意表达渠道的畅通，还要完善多党合作制度的社会整合功能。

《中国社会阶层结构的变迁与党的执政基础研究》（游龙波、张诺夫、温敬元、徐彬等著，中国社会科学出版社2012年版）

《中国社会阶层结构的变迁与党的执政基础研究》一书首次提出了执政基础的三维结构理论，并运用这一理论分析框架，系统分析了执政基础的结构与要素，阐述了中国社会阶层结构变迁的现状、背景及其对中国共产党执政基础产生的正负两方面影响，提出了新形势下增强巩固党的执政基础具有前瞻性和可操作性的对策思路。

全书由导论和上、中、下三篇组成。导论执政党执政基础的三维结构分析，介绍了本文的理论分析三维框架，即制度形态维度（执政体制、组织机构和公共政策）、观念形态维度（意识形态、政治价值和政治心理）和社会形态维度（阶级基础和群众基础）。上篇我国社会阶层结构的变迁，包括第一、二、三章，分别介绍了我国社会阶层结构变迁的现状、原因和特征。这些特征包括社会阶层构成由同质向异质转变、阶层流动由封闭向开放转变、阶层认同由他者向自我转变、阶层利益由抽象向具体转变。中篇我国社会阶层结构变迁对党执政基础的影响，包括第四章，介绍了对党的领导和执政体制、党的组织结构、党的政策演进的影响；第五章思想、价值、文化层面的影响，主要有观念形态的神圣化向世俗化、同质化向异质化的转变。第六章，介绍了党的阶级基础和群众基础所面临的前所未有的新机遇和新挑战。下篇新形势下巩固党的执政基础的对策与思路，包括第七章完善党的执政体制与提高党的执政绩效，第八章加强思想文化建设，巩固党执政的观念形态基础，第九章增强党的阶级基础和扩大党的群众基础和第十章国外执政党巩固执政基础的主要做法与启示。

《发展党内民主维护党的团结问题研究》（颜杰峰著，中国社会科学出版社 2012 年版）

《发展党内民主维护党的团结问题研究》一书从政党比较、政党历史发展等角度，在梳理党内民主思想的源流与发展、国外共产党分裂的历史和经验的基础上论述了发展党内民主的必要性、要正确处理的矛盾关系以及如何以维护党的团结作为党内民主发展的边界。

该书共分五章。第一章党内民主含义及其边界，阐述了马克思恩格斯、列宁的党内民主思想的内容，中国共产党党内民主思想的发展脉络，以及党内民主的含义及其边界。第二章欧洲发达资本主义国家共产党分裂的历史及其经验，介绍和分析了英国共产党、西班牙共产党、意大利共产党的分裂过程及其原因。第三章苏联、东欧国家共产党分裂的历史及其经验教训，介绍和分析了 20 世纪 20 年代和 80 年代苏共党内派别斗争的历史过程和经验教训以及东欧剧变时东欧四国共产党的分裂过程和历史教训。第四章发展党内民主，保持党的先进性，认为先进性是马克思恩格斯建党的立论基础，先进性建设也是加强党的执政能力建设的关键，而党内民主是保持和发展党的先进性的内在要求。第五章发展党内民主必须正确处理好几对关系，这些关系分别是：党内民主与党内集中、党内纪律与党内自由、党内多数与党内少数之间的辩证关系。第六章发展党内民主不能危及党的团结统一，阐述了发展党内民主必须坚持的循序渐进原则，党内民主作为目的和手段的辩证关系，发展党内民主与促进党内和谐、落实科学发展观的关系以及在发展党内民主的进程中，必须警惕政党分裂。

二、论文观点摘要

《紧紧围绕坚持和发展中国特色社会主义，学习宣传贯彻党的十八大精神》，（习近平，《人民日报》，2012 年 11 月 19 日第 2 版）

党的十八大强调要高举中国特色社会主义伟大旗帜，强调中国特色社会主义是党和人民 90 多年奋斗、创造、积累的根本成就，必须倍加珍惜、始终坚持、不断发展。可以说，坚持和发展中国特色社会主义是贯穿党的十八大报告的一条主线。围绕这一主线学习宣传贯彻十八大精神，应从理论和实践的结合上把握好以下几个方面：

第一，深刻领会中国特色社会主义是党和人民长期实践取得的根本成就。中国特色社会主义是改革开放新时期开创的，也是建立在我们党长期奋斗基础上的，是由我们党的几代中央领导集体团结带领全党全国各族人民历经千辛万苦、付出各种代价、接力探索取得的。实践证明，中国特色社会主义是中国共产党和中国人民团结的旗帜、奋进的旗帜、胜利的旗帜。

第二，深刻领会中国特色社会主义是由道路、理论体系、制度三位一体构成的。党的十八大阐明了中国特色社会主义道路、中国特色社会主义理论体系、中国特色社会主义制度的科学内涵及其相互联系，强调：道路是实现途径，理论是行动指南，制度是根本保障，三者统一于中国特色社会主义伟大实践。这是中国特色社会主义的最鲜明的特色。

第三，深刻领会建设中国特色社会主义的总依据、总布局、总任务。党的十八大强调，建设中国特色社会主义，总依据是社会主义初级阶段，总布局是“五位一体”，总任务是实现社会主义现代化和中华民族伟大复兴。强调总依据，是因为社会主义初级阶段是当代中国的最大国情、最大实际。我们在任何情况下都要牢牢把握这个最大的国情，推进任何方面的改革发展都要牢牢立足这个最大实际。强调总布局，是因为中国特色社会主义是全面发展的社会主义。我们要牢牢抓好党执政兴国的第一要务，始终代表中国先进生产力的发展要求，坚持以经济建设为中心，在经济不断发展的基础上，协调推进政治建设、文化建设、社会建设、生态文明建设以及其他各方面建设。

第四，深刻领会夺取中国特色社会主义新胜利的基本要求。这些基本要求是根据党的基本理论、基本路线、基本纲领、基本经验，深刻总结 60 多年来我国社会主义建设特别是中国特色社会主义建设实践提出的，是最本质的东西，是体现共产党执政规律、社会主义建设规律、人类社会发展规律的东西，表明我们党对中国特色社会主义规律的认识达到了新水平。

第五，深刻领会确保党始终成为中国特色社会主义事业的坚强领导核心。要以改革创新精神全面推进党的建设新的伟大工程，全面提高党的建设科学化水平。坚定理想信念，坚守共产党人精神追求，始终是共产党人安身立命的根本。对马克思主义的信仰，对社会主义和共产主义的信念，是共产党人的政治灵魂，是共产党人经受住任何考验的精神支柱。密切党群、干群关系，保持同人民群众的血肉联系，始终是我们党立于不败之地的根基。一个政党、一个政权，其前途和命运最终取决于人心向背。反对腐败、建设廉洁政治，保持党的肌体健康，始终是我们党一贯坚持的鲜明政治立场。

《执政党纯洁性建设的挑战与对策》（刘宗洪，《中共福建省委党校学报》2012年第6期）

党的执政环境的变化，使党的纯洁性面临严峻的挑战。其一，执政党掌握国家的权力，纯洁性必然受到消极腐败的挑战。由于马克思主义政党在落后国家首先执政，需要强化国家权力，因而无法消除官员腐败的土壤和条件。事实上，在我国这样一个落后的国家从事现代化建设，领导干部腐败的可能性比西方国家的官员更大。一方面，预防腐败的体制机制不健全，加大了“消极腐败”的危险。另一方面，高度集中的权力也增加了领导干部腐败的可能性。

其二，执政党利用市场机制发展经济，纯洁性必然受到“两面人”的挑战。市场经济有追求公平、崇尚效率、坚守诚信的优点，但也有追逐私利、投机取巧、罔顾法纪等方面的自发倾向。市场经济的基本价值观与党的纯洁性要求是格格不入的，但双重的行为准则易使部分党员产生“双重人格”。一方面，党员要以市场的规则应对激烈的利益竞争，以实现个人或局部利益的最大化；另一方面，又要在党内以党性原则为指导，以保持共产党员的纯洁性形象。一些党员把市场经济的价值观念引入党的政治生活，从而产生了“两面人”现象，实质是党员受市场经济负面影响而产生了人格分裂。

其三，执政党重建核心价值体系，纯洁性必然受到行为失范的挑战。我国实行改革开放政策后，原有的价值体系受到了前所未有的挑战，一些党员开始崇尚自由主义、个人主义、享乐主义，行为规范也逐渐扭曲。我们党提出了建设社会主义核心价值体系的历史任务，但一个适应新时代的价值体系不可能一蹴而就。要建立和普及一个系统的、严密的、有操作性的社会主义核心价值体系也需一个历史过程。在这一历史过程中，一些党员和党员干部必然会受到消极价值观念的侵袭，行为失范难以避免。

其四，执政党处于社会转型的特定阶段，纯洁性必然受到信仰危机的挑战。在我们党内，信仰包含着全党对党的政治理想、价值体系、党内规则、生活方式等方面的自觉认同。从一定意义上说，党的纯洁性主要来自信仰的支撑。在社会转型期，改革在深化，开放在扩大，各种矛盾相互交织，党员的信仰必然会受到多重因素的影响。

时代发展又对党的纯洁性建设提出新的要求。首先，在确保社会稳定的特殊时期如何保持政治纯洁。在社会转型期，由于社会矛盾积聚，社会存在诸多不稳定因素，对党员政治的纯洁提出了新要求。第一，党员要讲政治，顾大局。第二，党员要有党的意识，不传播“谣言”。第三、党员要遵守党纪，不参与群体性事件。

其次，在社会思潮相互碰撞的形势下如何保持思想纯洁。要求党员在社会思潮碰撞的社会环境中保持思想理论的“主心骨”。首先，要坚信马克思主义理论的崇高性和科学性。第二，要真信中国特色社会主义理论是振兴中华的唯一指导思想。第三，要坚持党的基本路线不动摇，清醒认识各种错误思潮的危害。

再次，在经济社会多元化的格局中如何保持组织的纯洁。只有党员和党员干部队伍的纯洁，党的整个组织系统才能纯洁。首先，保持党的细胞的纯洁，要寻求不同社会成分党员的政治认同。第二，保持党的组织体系的纯洁，要坚决清理党内腐败分子。第三，保持党的机体纯洁，要求各级党组织有牢固的组织观念。

第四，在长期执政的条件下如何保持作风纯洁。党的作风是党的世界观的外在表现，核心问题是解决党和人民的关系问题。首先，要把维护群众的合法权益作为作风纯洁的新要求。其次，民主协商是作风纯洁的关键之举。最后，服务群众是作风纯洁的最重要体现。

最后，在社会存在多种诱惑的环境中如何保持行为纯洁。首先要求党员干部的生活情趣要纯洁。第二，要求党员干部的政治品格要纯洁。第三，要求党员干部在工作岗位上要纯洁。

《组织部长要选贤任能公道正派》（李源潮，《学习时报》2012年4月16日第1版）

组织部长是管干部的干部，管干部首先要公道，公道才能服众，公道才能出风清气正、出干部的积极性、出群众的满意度。怎样做到公道？第一，识别人要公道。组织部长识别人要出于公心、实事求是，不能先入为主，不能带成见，特别是不能受关系和利益的羁绊。要全面地、历史地、辩证地了解干部的德和才，不能以一时一事论英雄，不能只看过去或只看眼前，不能只看长处或只看短处。

第二，评价人要公道。考察干部关键要坚持德才兼备、以德为先标准，客观公正地评价干部。要严格遵循考察的办法和程序，提高考察的科学性规范性，防止主观随意性。要尊重考察的结果，不以个人喜好定优劣，而要按照事业需要和党的原则来衡量。

第三，选拔人要公道。组织部长讲公道，最重要的是选人用人要公道，要坚持因事择人，坚持好中选优，坚持优中选强，把最合适的人选放到所需要的岗位上去。要重用那些敢于坚持原则、敢于担当责任、敢于改革创新，埋头苦干不搞歪门邪道的干部，树立正确用人导向。

第四，处理人要公道。要坚持以事实为依据，以法规为准绳，让被处理者心服口服，让广大干部受到教育。要坚持纪律面前人人平等，不论亲疏远近一把尺子量到底。要坚持教育在先、防范在先、警示在先。要坚持惩前毖后、治病救人，对受处理的干部，除严重违法违纪者外，都应给出路，关心帮助而不是一棍子打死。

组织部长还要十分正派，公道是正派的外在表现，正派是公道的内在基础。怎么做到正派？第一，要五湖四海，不分亲疏。要千方百计把各方面的优秀人才凝聚到党的旗帜下，打破身份、地域、部门的界限，拓宽选人视野，不分亲疏远近，不在少数人中选人，反对搞团团伙伙、拉帮结派。

第二，要坚持原则，不徇私情。要严格按照党的干部政策办事，严格坚持干部选拔标准，严格履行干部选拔程序。要正确对待“上情”，支持党政主要领导按照事业需要选人用人，但必须实事求是反映干部的真实情况，不说违心话，不唯命是从，不绕过民主集中程序。

第三，甘为人梯，不妒贤能。当组织部长一定要淡泊名利、甘为人梯，把为党和国家举贤荐能、为干部成长导引扶持作为自己的价值追求。要有“为天地立心，为生民立命”的胸怀和气度，不谋一己之得失，而忧事业之兴衰。

第四，严守纪律，不谋私利。正人先要正己，律人先要律己。组织部长要带头遵守组织人事纪律，不许愿、不讨好、不跑风漏气，要求别人做到的自己先做到，要求别人不做的自己先不做。

选贤任能是组织部长的首要职责。贤的核心是德，能的基础是才。组织部长要敢于和善于选贤。第一，要看干部的立场。主要是政治立场，即理想信念是否坚定，是否对党忠诚、为国尽责、为民奉献。第二，要看干部的品德。干部的德首先是政治品德。第三，要看干部的作风。既要看继承和发扬党的优良传统的情况，又要特别关注当前人民群众反映强烈的突出问题。第四，要看干部的考验。看干部的德，很重要的是看关键时刻的表现。比如，在大事难事面前能否勇挑重担、敢于担当，在急事危事面前能否挺身而出、冲锋在前。

组织部长必须敢于和善于任能。第一，要看干部的实绩。要看科学发展的实绩，看造福百姓的实绩，看打基础利长远，经得起实践检验、历史检验和人民群众检验的实绩。第二，要看干部的经验。先要看经历，看他在哪些岗位上任过职，处理过哪些突出的矛盾和棘手的问题。但经历不等于经验，一个干部有没有经验还要看其是不是善于思考和总结，善于学习和借鉴。第三，要看干部的公论。干得怎么样，要请人民评判。扩大民主难免会有负面影响，但我们不能因为有负面影响而不扩大民主，也不能无视这些负面影响任其破坏扩大民主的改革。第四，要看干部的克难。要看解决难题的本领，要看是迎着困难上，还是畏缩不前；是有思路、有办法，还是束手无策；是改革创新、勇于探索，千方百计破解难题，还是因循守旧、积累矛盾，把难题推给别人、留给后人。

《社会阶层构成变化对党群关系的影响及对策》（湖北省党建研究会课题组，《中国延安干部学院学报》2012 年 2 期）

总的来看，当前我国社会阶层结构呈现多元性、复杂性、差异性、流动性、利益性等明显特征。具体表现为：一是阶层构成多样化。原有阶层迅速解构和分化，以职业为基础的阶层分化机制逐渐取代了过去以政治、户籍身份为依据的社会分层，形成了多阶层、多层次的社会结构。二是阶层成员动态化。户籍制度、劳动用工制度方面的改革和就业渠道、形式的多样化，导致人们的身份、职业经常变动，不同阶层之间的界限越来越模糊。三是收入差距扩大化。总体上中等收入群体在日益崛起，但贫富差距正迅速扩大。四是利益诉求显性化。阶层分化形成不同利益群体，其主体意识、自主意识不断增强，对社会资源的占有及表达利益诉求的要求更加直接、明显、公开。五是思想观念多元化。受多种因素影响，各阶层成员在思想认识、道德选择、价值取向等方面的独立性、多样性、多变性、差异性日益增强。

社会阶层的分化对党长期执政、经济发展和社会全面进步产生了多方面、持久的影响，反映在党群关系上尤为突出。一是社会分化条件下的阶层成员价值取向更加多元，我们党能否获得广泛持久的政治认同面临考验。二是工农阶层地位下降，新的社会阶层大量涌现，不断增强党的阶级基础和扩大党的群众基础尤显重要。三是阶层界限日益模糊，社会成员流动频繁，以户籍、身份、隶属为主的群众管理模式受到挑战。四是以利益诉求为主的群众问题和发展不平衡引发的社会矛盾叠加频发，群众工作难度更加凸现。五是社会阶层之间的利益之争日益突出，协调利益关系、缩小贫富差距十分紧迫。六是群众民主法制意识和社会公平正义愿景增强，群众工作策略方法亟待改进。七是宣传、动员和组织群众的主体增多，要求整合各类群众工作资源力量。

造成这些不利影响的原因主要有：一是经济发展与群众需求失衡，改革发展中的负面效应不断消解了群众对党和政府的认同。二是现行分配方式与共同富裕道路相悖，收入差距拉大引发的不满情绪日益加剧。三是民主法治滞后导致公平正义缺失，群众长期存在的不公平、不公正感成为群体性事件的重要诱因。四是向上通道不畅加剧阶层对立，"仇官"、"仇富"情绪转化为党群干群矛盾。五是群众工作手段与社会分化、利益多元、高度信息化新形势不相适应，科学、有效、配套的群众工作体系尚未形成。六是社会建设滞后于经济发展，现行社会组织架构及管理水平难以承载社会转型期矛盾多发的重负。七是基层党组织作用发挥不够，党员干部作风存在突出问题。

新的历史时期，我们党要进一步密切与各阶层群众的联系，不断夯实执政基础，就必须认真分析和准确把握社会阶层分化新趋向，自觉适应阶层变化新特点和各阶层群众的新期待，高度重视做好团结凝聚群众的工作。一是坚持以人为本、民生优先的发展导向，创造衣食无忧、安居乐业的生存环境以消解群众的社会焦虑。二是坚定不移地走共同富裕道路，让人民群众在切身感受到社会主义的优越性中增强对党的感情、对社会主义的信心。三是积极稳妥地推进政治体制改革，让人民群众在民主法治、公平正义的阳光下心情舒畅地生活。四是顺应时代发展要求和社会阶层成员的不同特点，更加注重群众工作方式方法的管用和体制机制的配套。五是坚持思想引领和文化感染，用社会主义核心价值体系矫正价值多元中的价值扭曲。六是充分发挥基层党组织和党员干部的作用，构建群众工作可靠的"桥头堡"和"生力军"。七是大力加强社会组织建设，充分发挥其为党和政府分忧、为群众解愁、为社会减压的作用。

《党内民主须向纵深发展》（王长江，《当代世界与社会主义》2012 年第 6 期）

发展执政党的党内民主，是有序推进中国特色社会主义民主政治和政治体制改革的必然要求。对党内民主和人民民主的关系，似乎存在一种不正确的理解。有一种观点认为，以党内民主带动人民民主，就是要强调党内民主有发展优先权。用这个观点来评判，似乎我们前一个时期的民主走了弯路，农村实行村民自治出现的乱象便与此有关。这种观点赋予了发展民主以太多的主观色彩，显然没有看到民主实际上是一种客观进程。当今世界，民主潮流浩浩荡荡、不可阻挡，断无想发展就发展、想不发展就不发展，也断无想让它停下来、它就停下来的道理。对一个执政党来说，区别只在于，如果它能看到这一大趋势，主动为民主发展提供足够的渠道，民主就会在有远见地设置好的体制内发展；看不到这一点，不能为民主发展提供渠道，民主就会溢出体制之外，对现有制度构成威胁。利用党内民主和社会民主的互动推进民主的发展，是我国建设社会主义民主政治的极好思路。民主虽然是不可阻挡的历史进程，却有有序和无序之分。无序的民主不但是低质量的，而且可能带来社会动荡，使国家发展停滞、经济倒退。有序的民主则可以在维持社会稳定、经济增长的情况下获得政治的发展和进步。要使民主有序发展，贵在引导。我们党的领导核心地位要求它义不容辞地担起这种引导的责任。从这个意义上说，发展党内民主，就是要让有控制能力的执政党通过努力发展自身的民主，为社会民主提供榜样，以优质民主的强大影响力，把社会民主的发展纳入可控的渠道。

当前地方党内民主的探索未能在党内形成气候，客观说来，尚未起到引领人民民主的作用。有的探索在发展到一定深度后，很难继续向前推进。例如，浙江台州和四川雅安的党代会常任制，这样一种事关全局的尝试，如果让一个试点去搞，显然难度太大了些。有的探索走在前面，然而不但缺乏激励机制，反而增加了探索者的风险，挫伤了他们的积极性。如公推直选产生的干部，任期之内便不好随意调整。结果出现了这样的反差：不是由选举产生、或是在选举中被淘汰的干部，有更多的机会得到组织部门调动。有的探索进退两难，处境尴尬。如公推公选，有些明显作为过渡的环节滞留时间过长，出现了越来越多的弊端。也有的探索看似有理，但越是向前推进，带来的矛盾和难题越多。如干部异地交流带来的巨大成本、个人困难和社会问题。党内民主方面存在的这些问题说明，随着改革的不断深化，今天对党内民主的探索不能再停留在浅层次、停留在细枝末节上，而要向纵深发展，从更高的、规律性的角度来认识和解决。

必须更加重视按照民主发展的基本规律来设计和推动党内民主的发展。首先，应该看到，民主具有系统性。能运行起来的民主不是简单的一人一票的权利，而是由授权（选举）民主、决策民主、参与民主、协商民主及民主监督等一系列环节环环相扣连接而成的一套闭合系统。这些环节之间相互联系，缺一不可。如果其中一些环节总是处于缺位状态，民主的运行可能会发生变形。其次，应该看到，民主是有逻辑的。选举民主是民主的起点。选举环节控制起来有相当的风险和难度，因而渐进式的改革往往是先不去动选举民主，而更喜欢在后面的各个环节上做文章。但权力来自何处的问题若久拖不决，这些环节的改革便会逐渐流于形式，失去作用。再次，应该看到，民主本质地内含着竞争。我们已经把“竞争”列为干部任用的重要原则之一。但在实践中，这种竞争很大程度上被扭曲了，变成了暗箱操作，内部确定，广大公众和普通党员实际上并未得到真正参与。还应该看到，民主是有适用范围的。不是什么事情都用投票来解决就算民主。不能再任“该民主时不民主、不该民主时乱民主”的现象发展下去。民众只是把权力委托给一小部分人，然后由这些人去分解这些权力，交给执行者分头行使，在这个范围内，任命制往往是强化这种责权关系的手段。

《党务公开论》（许耀桐，《理论探索》2012 年第 5 期）

党务公开，是共产党建立党的组织以及推进党的发展的基本要求和一贯主张，是实行党内民主的重要内容，是党走向民主化、体现民主性质的鲜明特征。党务公开对于保障党员民主权利、增强党组织的生机活力、加强党内监督、规范权力运行、推进党风廉政建设，都具有重大意义。

实行党务公开，首先要解决党务公开的内涵是什么。党务，是党的事务的简称；事务，又是党要做的事情和任务的简称。党所承担的事情和任务，需要开展各种活动和辅之以管理才能完成，因此，党务就是指党所开展的事情、任务、活动和管理。公开，就是公布开放。概言之，所谓党务公开，就是把党所开展的事情、任务、活动和管理向党内和党外公布开放，公布开放其过程，公布开放其结果，并接受有关的询问、回答有关的质疑。由于党务分为两个基本范畴，即外部事务和内部事务，因此党务公开这一概念也就有广义和狭义之分。从中国共产党的有关文献来看，党务公开，主要侧重于专指党的内部事务的公开，即党内事务公开。

究竟应该怎样实行党务公开呢？党务公开必须建立一套科学完善、运作协调和监督有力的制度机制，主要包含三个方面：一是关于党务公开的相关制度，二是关于党务公开的贯彻执行，三是关于党务公开的落实和监督。

首先，当前实行党务公开，必须建立科学的、有效可行的相关制度。必须加紧建立以下具体的六项制度。1. 建立党内情况通报制度，使党务能够在党内得以及时的传达。2. 建立党的重大决策征求意见制度，使党的决策遵循党的群众路线，充分反映各级党组织和广大党员的意愿，按客观规律办事。3. 建立党委新闻发言人制度，设立新闻发言人，具体负责各级党委新闻发布工作的规划策划和组织实施，在舆论传播中把握话语权、赢得主动权，为党的建设和经济社会发展营造良好的舆论环境。4. 办好党报党刊和党建网站，夯实宣传党的路线方针政策、加强自身建设、开展思想政治工作的重要阵地。5. 建立党务听证咨询制度，让党员、党的代表就党的重大政策或人民群众关心的热点难点问题向党的有关组织和部门提出要求，希望给予说明解答，以增加党务的公开透明。6. 建立党务问询制，党员、党的代表有权对党的路线方针政策、党的委员会全体会议决议和纪律检查委员会全体会议决议、决定等的执行情况以及执行中存在的问题提出询问或质询。

其次，要加大党务公开制度规定的执行力度。对于目前的党务公开工作，人们仍存有疑问。主要在于，党务公开是该公开的全部公开了，还是留有死角、仍然保留一些未公开的党务；党务公开究竟真的按照制度规定规范地运作了，还是做一些表面文章，绕过了一些关键的环节；党务公开的效果如何判断，是由党委班子和领导本人说了算，还是应该进行全面的、科学的考核评价，要不要由专门机构作出独立的调查评议。要解决党务公开中存在的上述问题以及对党务公开持有的回避心态，必须深化党的建设和改革，实现党内以党员为主体、社会以人民为主体，更好地让党员和人民群众了解党，落实其知情权、参与权、表达权和监督权。

最后，要抓好党务公开的落实和监督机制。监督权是保障党务公开能够得到贯彻落实的重要条件。在加强党的自身机构对党务公开的监督的同时，可以增加外部的介入和监督，例如，发挥民主党派和新闻媒体的监督作用。对党务公开的监督应做到“全、实、细”。全，即对党务公开进行系统的、全方位的监督；实，即监督党务公开是否得到很好落实；细，即重视对党务公开细节的监督，善于从细微处查处执行不力，杜绝违规情况的发生。

《政党建设与社会稳定——基于中国共产党维护社会稳定的视角》王韶兴，《理论探讨》2012 年第 4 期）

中国共产党维护社会稳定的科学性和有效性，是建立在党对自身建设与治国理政规律的深刻认识和自觉运用基础之上的。维护社会稳定能否更好地按照社会发展规律来进行，党的自身建设能否更好地遵循党建规律来加强，党的自身建设与社会稳定能否更好地按照相互促进的要求来发展，在很大意义上取决于能否从规律层面正确认识与准确把握中国共产党自身建设与社会稳定的关系问题。

维护社会稳定是中国共产党的重要职能，党的自身建设与社会稳定有内在关联。政党的社会稳定职能，是指其所应当具有的维持政治秩序，促进社会健康发展的政治品质与政治技能。对于中国共产党来说，这一职能主要表现在两个方面：一是组织领导各社会力量的政治参与，使社会公众的政治参与制度化、秩序化，以避免过分的政治偏激和无序的政治参与而引发政治躁动和社会动荡。二是通过提出正确的纲领路线和方针政策并经过法定程序将党的主张上升为国家意志，以此为政治、经济和社会的稳定发展提供必要的法治基础。

中国共产党在传统体制下确立的社会稳定模式有其历史必然性，但内含着社会发展的危机因素。建政之初，形成了以政党组织为核心，以国家强制力为依托、以单位体制为载体、以对社会生活实行全面控制为目标的社会稳定模式。这一社会稳定模式的存在，即使发生了像“大跃进”那样的经济灾难和“文革”那样的全局性政治动荡，中国社会的基本结构也没有发生改变。但是，这种模式本身就孕育着使社会陷于深刻危机的因素，其严重弊端必将随社会的现代化日益显露出来。

实现现代化是中国共产党的历史使命，而现代化过程则孕育着社会风险。在社会风险进一步加剧、社会危机因素不断积累的情况下，实现中国共产党的自身建设与社会稳定发展的良性互动，是中国共产党在历史方位和政党生态都发生深刻变化的背景下面临的迫切任务。将中国共产党建设成一个化解社会风险能力强、消除社会危机本领大、社会管理效果好的执政党是一个全新的课题。解决这一课题，要在正确认识马克思主义执政党自身建设与治国理政基本规律的基础上，深刻揭示中国共产党自身建设与维护社会稳定的内在联系，准确把握社会转型时期中国共产党为维护社会稳定而加强和改进自身建设的价值取向、重点内容及实现机制。

具体而言，加强中国共产党的社会稳定认知能力建设，是维护社会稳定的逻辑起点。加强中国共产党密切联系群众能力建设，是维护社会稳定的根本前提。加强中国共产党维护社会公正能力建设,是维护社会稳定的关键所在。加强中国共产党依法治国能力建设，是维护社会稳定的内在要求。加强中国共产党社会管理能力建设，是维护社会稳定的重要抓手。加强中国共产党民主能力建设，是维护社会稳定的政治保证。加强中国共产党反腐倡廉能力建设，是维护社会稳定的民心工程。加强中国共产党基层党组织的领导能力建设，是维护社会稳定的基本支撑。加强中国共产党舆论引导能力建设，是维护社会稳定的必要条件。加强中国共产党学习能力建设，是维护社会稳定的智力保障。

《现代政党发展规律探析：以党建科学化为视角》（胡伟，《天津社会科学》2012年第1期）

提高党的建设的科学化水平，核心问题是认识和把握马克思主义执政党建设的规律和现代政党运动的一般规律。当前需要在深化对马克思主义执政党建设规律认识的基础上，加强对现代政党发展的一般规律的研究，为中国共产党建设的科学化提供参照、借鉴和启示。本文旨在从政党现代化、政党类型、政党功能和执政党定位四个层面对现代政党的规律与逻辑进行一些初步的研究。

第一，政党现代化的逻辑：中国背景与世界经验。现代化就是一个连续的、整体的、系统的、没有终点的过程。包括中国共产党在内的许多政党历史上的确是现代化的产物，也符合了现代化发展的客观要求，但是后来又不能跟上现代化进程的步伐了，必须在一个新的起点上实现执政党的现代化转型。所谓政党的现代化转型，即政党适应现代化特别是政治现代化的发展进程与规律，使自身结构、功能和运作方式不断制度化和民主化，实现政党政治的民主转型的过程。在现代化进程中，执政党通常面临着双重任务：一方面，它要以自己的纲领、路线、方针和政策实施领导，以保证现代化的顺利进行；另一方面，它必须对自身不断进行改革，以适应领导现代化进程的要求。共产党作为社会主义国家的领导力量，其现代化转型的一个基本方面，是从“革命党”到“执政党”的转型。改革开放后，中国共产党在从革命党向执政党转变的历史进程中浴火重生，特别是“三个代表”重要思想提出后，更加自觉地意识到从革命党向执政党转变的重要性，并做出了加强党的执政能力建设的战略决策，从过去的“斗争哲学”转向“和谐社会”的建构，实现了中国共产党现代化转型的一次历史性跨越。但是，党的领导方式和执政方式、领导体制和工作机制、组织结构和运行模式等，仍带有“苏共模式”的烙印，尚未彻底完成从“革命党”到“执政党”的转型，对此还需要从科学建党的高度来进一步审视和推进。

第二，现代政党的发展趋势：政党类型学的探讨。如果要深化“革命党”向“执政党”转型的认识，把握政党现代化的逻辑，还需要进一步研究现代政党发展和演变的基本趋势、重要特点和一般规律。从阶级党向全民党的转变、群众党向干部党的转变、整合型政党向代表型政党的转变，大体可以反映现代政党发展的一般逻辑。首先，从政党的性质上说，可大体区分为阶级党与全民党。对于中国共产党来说，虽然与西方政党有着本质的不同，但是在从革命党向执政党转变的过程中，也不可避免地要在巩固党的阶级基础的同时扩大党的群众基础，这就是“三个代表”中“代表中国最广大人民的根本利益”的含义所在。其次，从政党的组织结构上说，可大体区分为群众党与干部党。中国共产党从建党之初就是一个典型的群众党，强调“支部建在连上”，非常注重党组织的活动和对党员的教育，党内权力高度集中，党员数量越来越庞大。但是，随着经济市场化、社会多元化的发展，这些群众党的特征维系起来也变得越来越困难，成本越来越高，而收益越来越小。最后，从政党的功能和使命上说，可大体区分为整合型政党与代表型政党。中国共产党已经在一定程度上弱化了“整合型政党”的某些特征。但总的来看，共产党还远没有实现向“代表型政党”的转型。

第三，现代政党的功能：政党应当做什么和不应当做什么。从广义上说，政党包括三方面的功能：(1) 领导和执政的功能，包括组织政府、执掌政权、制定政策以及实施政治领导、思想领导和组织领导的功能，这一部分功能主要涉及政党和国家或政府的关系；(2) 特殊性社会功能，亦即只有政党才具备的、独特的、具有社会政治性质的职能，如利益表达和综合、政治动员和参与动员、政治录用、政治社会化等，这一部分功能主要涉及政党和公民或社会的关系；(3) 自身维系功能，包括财政和资源汲取、政党内部管理（如党规党纪、党员发展）等，这一部分功能主要涉及政党自身。对于中国共产党来说，无论是党的建设还是执政模式的科学化，都要把握政党的活动规律和功能范畴，厘清政党应当做什么、不应当做什么。改革开放后，有些权力和资源被分解出去，党的权力有了“边界”，党的执政方式也需要从全能型走向有限型、从集权型走向民主型。这是历史的必然，是时代的潮流，也是发展的逻辑。

第四，政党、国家与社会的关系：执政党的科学定位。政党是政府与社会之间的纽带，是将国家机构与社会及公众联系起来的机制。一方面，政党是一个重要的“输入”装置，公民的需要与意愿通过政党更容易地为政府所倾听、重视。另一方面，通过选举，由选民的选择所决定，政党又可组织政府、主导政府。执政党经过一些法定机制的转化在一定意义上又可成为一个“输出”装置。政党只有保持那种既与国家和社会这两者紧密联系、又不等同于其中任何一方的地位，才能正确发挥作用。这就是政党应有的定位，也是政党执政的基本逻辑。无论政党模式怎样千变万化，政党作为国家与社会之间的中介和纽带这一基本属性不会改变。过去很长一个时期，社会主义国家的执政党在实践中都忽视了政党的这样一个定位，党的各级组织直接向政权机关发指示，直接任命政权机关的各级干部，甚至直接代替政府机关从事日常行政管理工作，事实上变成了国家权力的一部分。这一方面有碍政党与人民群众之间的沟通，另一方面也不利于人民群众对于国家权力的监督，因为国家作为凌驾于社会之上的力量，如果缺少了政党的中介作用，普通民众是可望而不可即的。因此，把握政党的执政规律，执政党首先要回到正确的定位上。当然，中国有自己的国情，不能消极地把执政党完全定位在“桥梁”上。但是，党不能替代国家权力，也不应代替人民当家做主，而应嵌入国家，回归社会，这一点是毋庸置疑的。政党执政的一切理念、内容和形式，都应当从这个基本的定位出发。

《执政党建设前沿问题研究》（王长江，《中共天津市委党校学报》2012 年第 1 期）

过去我们对党的建设的研究，往往比较多地是从工作的层面来看问题。这当然是必要的。但是，对执政党而言，这又是不够的。执政的复杂性，要求我们更多地从规律性上去认识问题。本文从执政党建设研究的三个基本视角，即一般政党的视角、执政党的视角和在新的历史条件下执政的视角，对这一规律谈点体会。

首先，研究政党运作的基本原理，深化对政党执政规律的认识。政党产生和发展的原理，对政党在政治体制中的定位、作用、功能等方面有许多有益的启示。第一，政党就阶级本质而言是社会各阶级用来获取自身利益的工具，就组织本质而言则是各阶级进行民主参与的工具。共产党成为执政党的环境和道路与西方国家的政党有很大的区别。在成为执政党后，必然面临一个从阶级斗争工具向政治参与工具的转型。第二，在正常发展状态下，政党得以发展的前提，是在市场经济推动下出现了公民的自主意识、民主意识和利益诉求，逐步形成了相对独立于国家的公民社会。第三，由政党对国家权力进行控制，是政党政治的通则，但这种控制以不改变权力运作的法理关系为边界。

其次，把握执政党的基本特点，探索推进执政党建设的途径。执政党和没有执政的党之间最根本的区别，就是它手中掌握了国家权力。执政党地位的这种根本性变化，使它产生了区别于其他政党的一系列鲜明特点。一是党的功能发生了变化。政党最基本的功能有两个。利益表达功能和利益综合的功能。执政之后，政党依然履行这些功能，但与不执政时出现了较大的差别。由于掌握的权力是公共权力，执政党政府必须以公允的面目出现，作为表面超越社会各种利益之上的力量，把集中起来的阶级意志上升为国家意志，整合方方面面的利益，减少不同阶级、阶层、集团和群体之间的矛盾和冲突。因此，执政党更体现为“整合的工具”。二是党的目标和任务发生了变化。执政党的根本任务，就是协调各阶级、阶层、集团的利益，设法把社会各方面的积极力量集合起来，造成一个和谐的局面，促进国家和社会的发展。三是党的活动方式发生了变化。一个政党一旦成为执政党，党起作用的最重要的渠道，就是通过运用权力来实现确定的目标。这是其他政党所不具备的优势。但实践表明，这一优势，只有在执政党采用科学的、符合政治运作规律要求的活动方式时,才能够表现出来。四是国家权力与党的关系发生了变化。执政党有了权力，同时有了被权力腐蚀的危险。这种危险，来源于国家权力的固有属性。如果国家权力不受到约束，就会产生异化，日益与社会相脱离，凌驾于社会之上，由人用来进行统治的工具变成统治人的工具。五是党的自身建设的内容发生了变化。

中国共产党除了具有一般执政党的特点外，还有自己独有的特点。这些特点是党执政的优势，但发挥不好也会在一定程度上给执政带来负面影响，其中最突出的有三点。一是由于先有了共产党，后才有新中国，在党的领导下建立了民主共和国，相比国家、政府，党处在第一位。二是共产党是国家唯一的执政党，民主党派是参政党，党与国家基本政治制度联系密切，并决定着它的命运。三是长期在计划经济的模式下执政，在思想观念、组织结构和行为方式等方面受这套模式影响甚深。

再次，把握时代前进的脉搏，解决执政党建设的新情况新问题。时代的发展向政党政治本身提出了新的要求。一个走在时代前列的党，必须是能够对这种时代的要求作出积极回应的党。比如，社会阶层结构的变化，要求我们深化对党的执政基础的认识。面对这种情况，我们党要充分发挥社会整合的功能，在认真体察和努力实现最大多数人的利益要求的同时，注意尊重和兼顾不同阶层、不同方面人民群众的利益，并把承认党的纲领和章程、自觉为党的路线和纲领而奋斗、经过长期考验、符合党员条件的其他社会阶层的先进分子吸收到党内来，增强党在全社会的影响力和凝聚力。

又如，执政党的历史责任，要求党的意识形态更加具有灵活性和包容性。执政党必须尽可能地赢得最广大人民群众的支持。但是，不同的阶层和群体，在利益、愿望和要求方面也不会完全相同，有时甚至会是矛盾的。这样一来，政党就必须把这些并不完全和谐的内容整合在一起，使它们变成一套大体一致的、至少不自相矛盾的东西。体现在执政党的意识形态上，就是要求它更具灵活性和包容性。一方面，从内容上讲，党的意识形态应能够反映更多群体的利益、愿望和要求。另一方面，从特性上讲，党的意识形态应当是辩证、灵活、务实的，而不应是僵化、保守、脱离实际的。

再如，现代传媒技术的高度发展，要求我们有更强的吸引和引导公众的能力。媒介民主作为现代社会活动的重要部分，对执政党的影响是两面的。一方面，发达的传媒使政党扩大了与民众沟通的渠道。另一方面，媒介民主也使民众相对于政党的独立性大大增强，使政党的影响力下降。面对这种状况，政党必须转变观念。一方面，积极开辟具有自己特色的、不可取代的渠道，巩固在政治体制中的领导地位；另一方面，也必须学会利用先进的传媒技术作为手段，把人们吸引到自己的周围。

还如，公民社会的兴起，要求我们有更加高超的协调和驾驭国家与社会的水平。要从观念上改变过去把它和国家对立起来、甚至作为执政党的对立面的认识，看到公民社会发展的必然的、不可逆转的趋势。要积极培育公民社会，促进公民社会的发展。要加强对公民社会的引导，遏制和消除公民社会发展过程中的消极现象，保证公民社会的健康发展。还要探索党对公民社会进行领导的实现方式。执政党面对公民社会的发展，一方面要强化自身作为人民群众表达利益和进行政治参与的工具的功能；另一方面，要通过对公民社会的引导、支持、控制，提高党的地位和作用。

《近年来中国共产党执政能力建设的举措、问题与对策》（施雪华、胡祥，《中共福建省委党校学报》2012 年第 8 期）

加强党的执政能力建设是中国共产党党的建设理论的重大突破，是事关党和国家发展的带有全局性、战略性、根本性和长期性的重大课题，也是新时期党的建设中值得在实践和理论中进一步探索的一个重要问题。近年来，中国共产党执政能力建设中存在的问题主要有如下九个方面。

一是对执政能力内涵的理解存在狭义和广义的分歧，影响了执政能力建设的系统构造和重心确认。党的执政能力狭义理解就是指十六大提出的五种能力，即科学判断形势的能力、驾驭市场经济的能力、应对复杂局面的能力、依法执政的能力以及总揽全局的能力。但大多数学者都主张广义上的理解。对党的执政能力内涵的理解，要从"五种能力"的视野中拓展开来，要进一步开阔眼界，实际上，执政能力的内涵可以有许多视角，应当加强系统性研究，要把执政主体和客体、理论范畴和实践要求、国内方面和国际形势等紧密结合起来进行深入、系统的研究。

二是落实科学发展观的力度、强度不够，执行党的执政纲领、路线的能力还有待提高。主要表现在两个方面，一方面是工作能力不适应，存在的问题一是知识欠缺，二是本领不强，三是经验不足；另一方面是干部作风不适应，表现为工作不够扎实，作风不够过硬，重当前轻长远，重经济增长轻环境保护，使得有的重大决策由于没有严格按照科学要求和民主程序进行，造成决策失误；有的政策措施缺乏稳定性、连续性，使国家和群众利益受到损害；有的在工作中不善于"弹钢琴"，作风漂浮，顾此失彼的现象时有发生。

三是对现代化、市场经济的规律认识和掌握不够，加上党内腐败有所抬头，影响执政党的执政合法性。市场经济的负面影响，容易造成人们思想扭曲和私欲膨胀，产生腐败行为。由于我国发展社会主义市场经济的时间短、进程快，一些领域制度和体制机制还不完善，管理和监督中存在漏洞，给腐败现象滋生蔓延留下可乘之机。这些问题已经严重影响到党执政的合法性基础。

四是驾驭国家机构、协调各种政权组织相互关系的能力还有待提高。目前，各种各类国家机构、政权组织相互关系中还有很多不顺的地方，包括利益矛盾和权能冲突等，影响党的形象，影响工作效能，需要党委和党组加以协调，可是，目前各级党委和党组的驾驭和协调能力还不是很高。

五是由于对政府职能与市场职能的把握不够到位，运用政治、行政手段过多，影响了执政党运用国家机器、推动经济发展和社会进步的能力。在一些地方和一些领域，市场在资源配置中的基础性作用常常不能得到有效发挥。市场在资源配置中的基础性作用常常被削弱的根本原因在于，我国社会主义市场经济体制还不完善，市场在资源配置中的基础性作用还没有形成规范的制度，加之对市场资源配置影响最大的政府职能转变还不到位，政府配置资源的权力过多过大，直接影响了市场在资源配置中的基础性作用的有效发挥。

六是在社会利益分化严重的情况下执政党、政府分配政策不够科学，造成社会贫富差距拉大，满足人民群众利益要求、整合社会关系、解决社会矛盾、保持社会稳定的能力还不够高。合理的收入分配制度是社会公平的重要体现，分配政策不够科学，社会贫富差距拉大，这在一定程度上造成当前的社会关系复杂化、社会矛盾尖锐化、社会稳定艰巨化。

七是在实际工作中人们往往很容易混淆党的执政能力建设与党的先进性建设两者的关系，将党的执政能力建设与党自身的先进性建设混为一谈。一方面，党的先进性是党存在和发展的根本依据。先进性建设是执政能力建设的基础和前提，离开了党的先进性，党的执政基础不可能巩固，执政能力不可能提高。另一方面，一个理论上先进的政党并不等于在现实中先进，需要通过其现实表现，包括治党治国的理念、体制、机制、行为的先进性来加以表征，特别是良好的政绩来表征。可见，执政能力建设是先进性建设的现实要求和具体体现，党的先进性建设不能简单代替党的执政能力建设。

八是对党的执政能力建设的有效途径理论研究和实践探索不够。由于党的执政能力建设问题涉及治国理政这一重大而又极其复杂的问题，有些方面的研究有待进一步深入和完善。党的执政能力建设是一个系统工程，因而，加强党的执政能力建设的途径方法也必然是全方位的、系统性的。

九是党的执政能力建设的评价体系还不够科学。目前，对党的执政能力建设的评价基本上停留在个案和定性的评价上，这里面价值偏好和主观判断的成分占得多了一点，显然不够客观和科学。如何通过一定的指标体系和定量分析来客观地考核与评价执政党执政能力建设的成效，是构建科学的执政能力建设理论体系不可或缺的内容之一。党的执政能力建设成效的评价体系，可以考虑从两个方面进行构建：一是从党自身推动国家社会全面协调发展的成效上从总体上评价党的执政能力建设成效；二是从对党政领导干部政绩的考评来评价党的执政能力建设具体执行情况。

胡小君　苏州大学政治与公共管理学院副教授

参政党研究

参政党研究述评

2012年理论界在对参政党的历史、参政党的地位与作用、参政党的职能与功能、参政党的核心价值、参政党的自身建设这些传统议题进行讨论的基础上，对参政党如何应对网络政治和时代发展带来的挑战，参政党在协商民主制度的建设与实践中处于什么地位等问题进行了探索，形成了一批比较有价值的理论成果。

一、历史研究

对民主党派历史上的重要人物、重要事件，对多党合作与民主党派工作的历史经验进行深入研究，对推动参政党的发展，坚持和完善中国共产党领导的多党合作和政治协商制度，具有非常重要的意义。

（一）民主党派重要人物研究

2012年的参政党研究中，研究者们通过对老一辈民主党派代表性人物的研究，展示了老一辈民主党派领导人和代表性人士的高风亮节、理论主张和民主党派的优良传统，再现了民主党派与中国共产党通力合作、荣辱与共的光辉历程。这其中对何香凝、邓演达等老一辈民主党派代表人物的研究比较深入而持续，丰富了民主党派史乃至中国近现代史，具有重要的理论价值。

何香凝是近代中国的伟大爱国主义战士和杰出民主革命活动家。她毕生奋斗不止，为我国新民主主义统一战线的建立和发展，及社会主义革命与建设时期中共领导下多党合作制之形成与巩固，都做出了历史性的贡献。对何香凝的研究也一直是史学研究的一项重要课题，2012年对这一课题研究有代表性的文章有：徐映奇在《何香凝：在民族主义与爱国主义之间》（《广州社会主义学院学报》2012年第3期）一文中认为，何香凝是坚定的爱国主义者，无论理想信念、革命道路、人生目标，一切以爱国为最高价值评判标准，其思想不断成熟的过程，就是其爱国主义内容不断丰富的过程，在何香凝看来，爱国高于一切，任何思想都服膺于爱国主义。作者指出，何香凝思想不存在由爱国主义、民主主义到社会主义的转变过程，或者由爱国主义到民主主义的转变过程。把是否存在以上转变，或者是否转变为社会主义者，作为何香凝思想进步的标志，从而肯定其历史贡献，不是科学研究应有的学术态度。刘斌在《抗战胜利后何香凝的民主斗争与思想发展》（《团结报·文史周刊》2012年10月25日）一文中认为，自20世纪20年代步入政治舞台前后，何香凝密切关注参与政局演变，她的民主观念和政治思想也实现了重要发展。在新中国成立以前，何香凝的政治生涯大约可以划分为三个时间段：第一阶段是国民革命时期，即1924年1月国民党“一大”至1927年7月武汉国民政府分共；第二阶段是1928年至1945年国共十年对峙和抗日战争时期；第三阶段是1946年至1949年解放战争时期。从抗战胜利到新中国成立前的五年，是何香凝政治活动自大革命失败后重新活跃的时期，也是她的民主思想与时俱进，实现巨大飞跃的时期。在这一时期，何香凝的政治信仰完成了由“革命的三民主义”向新民主主义的转变。周兴梁在《何香凝为创立与建设民革所作的贡献》（《团结报·文史周刊》2012年7月19日）一文中认为，何香凝的历史性贡献表现在以下几个方面：首先，在反内战反独裁斗争中凝聚国民党内民主力量。何香凝这期间开展的反内战、反独裁斗争，有两大特点：一是她在为民请命及同蒋介石独裁政府进行坚决斗争方面，给国民党内民主派和国人做出了表率。二是她从一开始即注重团结与联合党内同仁共同奋战，而不是单枪匹马地发起和进行这场正义战斗的。其次，为筹建民革出谋划策奔走呼号，早在日本投降后不久，何香凝即在广西与陈此生等草拟出中国国民党民主促进会（简称“民促”）的章程（草案），“并第一个在上面签了名”。第三，率领民革紧跟共产党走社会主义道路。她以民革代表身份参加新政协之筹备工作，出席了全国人民政协第一次会议，并在开幕式上作重要发言。第四，她作为民主党派的卓越领导人之一，在从事于繁忙国务活动的同时，常把主要精力花在领导民革方面，尤其重视加强民革的政治思想建设，始终要求民革成员自觉接受共产党的领导，坚决跟党走社会主义道路，在新形势下指明了并始终把握住民革的前进方向。

对邓演达的研究，有代表性的文章有：崔珏在《邓演达的政党建设思想及其影响》（《广州社会主义学院学报》2012年第1期）一文中认为，邓演达关于政党建设的思想，集中在北伐后期和临时行动委员会创建时期。他针对大革命时期国民党内出现的突出矛盾，提出了统一党的理论、统一党的领导机关和权力机关、恢复党权、树立党的权威的思想。大革命失败后，他积极筹组新党，以民权主义为重心、重视农民问题，将三民主义发展为平民革命理论。邓演达以平民革命理论为纲领、以军事抗争为革命路径、以代表和实现广大平民群众利益为己任、以社会主义为归宿的政党建设思想，对早期农工党的发展产生了深远影响。闫立光在《论邓演达的联共思想与实践——兼论坚持和完善我国的多党合作制》（《工会论坛——山东省工会管理干部学院学报》2012年第1期）中认为，邓演达是中国农工民主党的创始人，是中国民主党派的先驱。在民主革命的过程中，邓演达坚决拥护和忠实执行孙中山“联俄、联共、扶助农工”的三大政策，一直坚持与共产党合作的主张。然而，由于其本身存在的阶级局限性以及中共实际存在的“左”倾错误路线，使得两者未能最终实现合作。探析其联共思想和实践，对于坚持和完善中国共产党领导的多党合作制有着重要的启迪作用。黄济福在《邓演达创立农工党时期的建党特点》（《广州社会主义学院学报》2012年第1期）一文中认为，邓演达建党过程和建立的党（农工党的前身）很有特点，相对于其他民主党派，农工党的创立具有如下六个特点：它是第一个在中国大地上建立的民主党派；是由国民党左派和原共产党成员为骨干组成的；它是比较有理论素养、刚成立就有一个能统一全党的政治纲领；它是唯一一个公开表明自己是以最终实现社会主义为目标的革命党；是第一个公开表明开展武装斗争夺取政权的民主党派；只有它，拥有邓演达这样一个亲自建党、而又众望所归、全党公认的领袖。

对民主党派重要人物的研究，其他有代表性的文章还有：杨耀健在《民盟女记者浦熙修》(《公民导刊》2012 年第 12 期）一文中回顾了民盟著名女记者浦熙修的生平事迹。浦熙修历任民盟第二、三届中央候补委员、民盟北京市委常委兼副秘书长、《文汇报》副总编辑兼驻北京办事处主任，从 1937 年到 1957 年，从《新民报》到《文汇报》，浦熙修这个名字几乎风靡了新闻界二十年。在周恩来等人的影响下，为宣传中共坚持抗战和揭露国民党反动面目，浦熙修写了大量的新闻和特写。1947 年，国民党当局血腥镇压反内战、反迫害、反饥饿的群众运动，制造了五二〇大血案，浦熙修不顾个人安危，坚持报道事实真相，1948 年被国民党当局以共产党嫌疑为借口逮捕入狱。下关挨打，南京入狱，书写了她记者生涯中光荣的一页。1949 年 9 月，她以“自由职业界民主人士”身份出席全国政协一次会议，10 月 1 日，她应邀登上了天安门城楼，毛泽东“金口玉言”称她是“坐过班房的记者”。在 1957 年的“反右运动”中，浦熙修被错划为右派，1970 年去世，终年 60 岁。1981 年 8 月，全国政协和民盟中央为浦熙修举行了追悼会，肯定了她的一生。

徐忠友在《鲜英创建重庆“民主之家”始末》(《党史文苑》2012 年第 19 期）一文中，回顾了目前国内规模最大、材料最齐全的中国民主党派历史陈列馆的前身、曾被董必武命名为“民主之家”的“特园”的历史沉浮过程；分析了“特园”主人、我国著名民主人士鲜英先生的传奇人生。作者认为，鲜英先生受恩师张澜影响，逐渐从一个追求利润的商人变成一个民主自由的坚定信仰者和追求者，他不顾蒋介石政权的恐吓和镇压，苦心营造民主之家“特园”，见证了一段中国共产党与各民主党派和全国工商联风雨同舟、荣辱与共的往事，为中国革命作出了巨大的贡献。

赵晓宇、张文强在《论民国时期梁漱溟政治态度之转向》(《西南民族大学学报·人文社会科学版》2012 年第 8 期）一文中认为，民国时期梁漱溟对中国政治出路的思考有着前后不一的态度。清末民初，他热衷于西方的民主政治制度；民国十一年至十六年，他逐渐认识到西洋政治制度在中国行不通，中国必须建立自己的民主政治制度。梁漱溟政治态度转向的原因首先在于民国成立以来的政治现实与改造政治理想之间的巨大反差使然；其次是他通过对中西文化的比较研究，认识到政治的背后有更深的因素在，那就是民族的历史文化精神和社会构造，中西文化根本精神的不同是中国仿行西方政治制度不成功的根本窒碍，中国人必须寻求适合自己的民主政治之路。

陈莉在《解放战争时期的沈钧儒与人民民主统一战线》(《学理论》2012 年第 4 期）一文中回顾了解放战争时期沈钧儒反内战促和平、为建立民主和平自由新中国的奋斗过程，揭示他对人民民主统一战线形成、发展和胜利所作的积极贡献。作者认为，沈钧儒先生是中国共产党领导的爱国民主统一战线的忠实盟友，为新中国的诞生和建设作出不可磨灭的贡献，这些贡献表现在：赞成中国共产党提出的“和平、民主、团结”口号，发起反内战运动；改组救国会，旨在建立独立自由幸福民主的新中国；参加政治协商会议，领导民盟实现历史性转折，有力促进了统一战线的巩固和扩大；在香港积极活动，推动人民民主统一战线的发展；率先响应中共“五一”号召，吹响人民民主统一战线胜利的号角；筹备、参加新政协会议，分享人民民主统一战线的伟大胜利。

（二）民主党派与中国共产党合作共事研究

2012 年对于多党合作历史的研究，有的研究者着眼于中国共产党人与民主党派领导人的合作共事，有的研究者关注重大历史事件中民主党派的政治表现，有的研究者关注政党关系的变化，有的研究者关注党在历史不同时期多党合作政策的发展，有的研究者关注民主党派履行职能的情况，都从不同侧面、不同角度对中国共产党领导的多党合作和政治协商制度的运行过程进行了细节性的描述，为我们今天做好党外代表人士统战工作提供了丰富的实践经验。

关于中国共产党人与民主党派的合作共事，陈铁健在《毛泽东宋庆龄之争》（《人物汇报》2012 年 9 月 27 日）一文中分析了“文革”中，在思想立场上，毛泽东和宋庆龄之间发生了尖锐的冲突，再现了宋氏晚年遭际困惑无奈并勇于抗争的真实情景，从一个侧面反映了多党合作曾经遭遇的挫折。作者认为，经历了 1955 年工商业改造，1957 年反“右派”斗争，1958—1961 年大跃进、公社化、共产风、反“右倾”、大饥荒，1966—1976 年长达十年的“文化大革命”浩劫，晚年宋庆龄身心俱伤，备受磨难，她多次写信给中共中央表示自己的不理解，但是她的质疑没有发生任何作用。1955 年，毛泽东认为宋庆龄是“要代表资本家说话”的；1959 年，他反对宋庆龄出任国家副主席，认定宋是“民主革命时期的同路人，在社会主义革命时期，她和我们就走不到一起了。从不赞成我们的方针路线到反对我们的方针路线。我们同她是不同阶级”。毛泽东说：“她不愿意看到今天的变化，可以到海峡对岸，可以去香港，去外国，我不挽留。”宋庆龄的答复是：“是否嫌我还在？我的一生还是要在这块土地上，走完最后几步。”“我不想作政治上的点缀。”外国友人这样评价她：在革命的年代，她实在是革命与美丽的化身。陶利江在《董必武对党外人士统战工作的贡献》（《大庆师范学院学报》2012 年第 2 期）一文中回顾了董必武身体力行，重视与党外人士合作共事的历史。作者认为，不论是在革命战争时期还是在和平建设时期，董必武都高度重视对党外人士的统战工作，反复强调中国共产党与党外人士在共同的政治目标下实现长期合作的可能性，从多方面论证开展党外人士统战工作的必要性，并身体力行，积极开展对党外人士的统战工作，取得了重大的成绩，主要表现在：领导并推动了国统区的宪政运动；团结党外民主人士，积极应对国民党掀起的三次反共高潮；支持各民主党派联合起来，组成强有力的组织；揭露蒋介石假和谈真内战的真相，发展壮大人民民主统一战线。在此基础上，董必武还总结出一套开展党外人士工作的经验：让党外人士有职有权；生活上关心和爱护党外人士；对党外人士既团结又斗争。王海波在《胡乔木与民盟》（《群言》2012 年第 6 期）一文中回忆了胡乔木在 1941 年担任毛泽东秘书后与民盟几件往事，比如说当国民党当局宣布民盟为“非法团体”以后，胡乔木为新华社写了时评《蒋介石解散民盟》，控诉国民党对民盟的迫害，呼吁民盟放弃“中间路线”，两个月后，民盟在香港宣布放弃“中间路线”，与中共携手；1948 年民盟筹备《光明日报》时，时任中宣部副部长的胡乔木提出民主党派办报的方向是“为民主增加一个渠道，让人民多个说话的园地”；1951 年 11 月 20 日，民盟请胡乔木在民盟中常会上讲一讲思想改造，胡乔木以平等的态度，谦和的语气，说出中共高层对民主党派开展思想改造的看法，认为思想改造是共产党需要跟各民主党派共同来进行的，需要和朋友来合作，领导群众进行改造工作就必须首先改造自己，等等。

关于重大历史事件和重要历史关头民主党派的政治表现与政治作为，韦玉凤在《各民主党派为解放和接管上海作出的特殊贡献》（《黑龙江省社会主义学院学报》2012年第3期）一文中认为，在解放战争的最后决战时期，各民主党派发挥各自的优势，积极投身到战争中去，包括支前、策反、组织武装、开展游击战，配合中共向全国进军和将革命进行到底的斗争。在中国革命的战略大决战中，解放和接管上海，对于全国解放和维护生产生活秩序都具有重要的战略地位。各民主党派在参加解放战争的同时，注意发挥自己的特长和优势，配合中共的战略部署，宣传中共的方针政策，组织护厂、护校，迎接解放，参加接管工作，为上海解放、接收、管理和维护生产生活秩序都做出了特殊的贡献。罗炳权、孙宏霞在《旧政协会议期间，中央大学里的民主党派》（《民主》2012年第2期）一文中，回顾了旧政协会议召开的时候，在中央大学里共产党组织与国民党三青团的斗争，以及在这一过程中民主党派发挥了重要作用。作者指出，当时中央大学的主要民主党派组织有民盟，为了让共产党的主张能够在旧政协会议上顺利通过，像章伯钧、罗隆基这些民主党派领导人代表，周恩来和董必武等共产党领导人都亲自对他们做思想工作，争取他们站在共产党一边。中央大学的党组织和民主党派、民盟的关系一直都很密切，无论是对政治问题的表态还是学生自治会竞选，党的领导人和民盟领导人都充分交换意见，平等协商讨论，取得共识，共同行动。大多数民主党派成员特别是民盟成员都是共产党非常友好的朋友，旧政协会议上中国共产党的主张能得以通过、能达成五项协议，民主党派人士确实发挥了很大作用，是中国共产党领导，民主党派和无党派人士合作的典范。刘大禹、王球云在《旧政协前后民盟的政治参与（1945—1946）》（《党史研究与教学》2012年第4期）一文中认为，1946年1月的政治协商会议，是民盟真正意义上政治参与的初步尝试。重庆谈判后，民盟政治参与颇为积极，力促政协会议早日召开。会前，民盟准备充分，以实现其民主政治理念。会议中，民盟在国共之间左右逢源，促使会议通过了五大决议。然而，因政协会议的法律地位遭受质疑，政协决议缺乏实施保障与约束机制，民盟政治参与遭受挫折。但民盟的政治理念与政治参与的热情，为此后参加新政治协商会议奠定了基础。靳冬玲在《论民主党派对解放战争的贡献》（《今日中国论坛》2012年第12期）一文中探讨了解放战争的不同时期民主党派的贡献，并回顾了中共领导的多党合作制度的形成过程。作者认为，解放战争时期是新民主主义革命取得全国性胜利的重要历史阶段，也是我国各民主党派空前大发展的重大历史时期。解放战争时期，民主党派有着独特的内涵与外延，并在努力争取和平民主、强力反对内战独裁、积极筹建新中国等方面起到了重大作用，为战争的最终胜利与新中国创建作出了巨大贡献。康彦新、史进平、吴艳丽在《中共中央“五一口号”发布的前前后后》（《文史精华》2012年第2期）一文中详述了中共中央“五一口号”这一伟大历史事件，重温了中共领袖们与那些不惧危险前往解放区的民主人士和社会贤达共商建国大计的感人故事。作者认为，被誉为共和国建国宣言的“五一口号”发布后，得到各民主人士的热烈拥护，一时形成了众星拱北、万水朝东之势，成为中国共产党领导的多党合作和政治协商制度诞生的重要标志和里程碑。文章回顾了蒋介石集团奉行独裁导致民主党派在政治上与之彻底决裂、中共建立新中国的政治宣言伴随着历史的潮声应运而生的历史；重温了“五一口号”发布后，一石激起千层浪，各民主党派热烈拥护“五一”口号、积极参加新政协的光辉岁月；详述了中共中央坦诚备至广邀贤士参加新政，精心谋划，严密组织，力保民主人士和社会贤达安全北上，在西柏坡尊贤重士与各社会贤达坦诚相见，共谋建国大业的重要史实。

关于政党关系的变化，骆平、周巧生在《抗战时期民主党派与国民党关系衍变探析》（《云南社会主义学院学报》2012年第2期）一文中认为，抗战时期，民主党派成为活跃在中国政治舞台上的一支重要力量，它与传统的政治势力中国共产党和国民党之间的关系变化成为考量中国政治走向的重要窗口。这一时期，民主党派与国民党的关系经历了初期短暂的“蜜月期”，然而由于双方在如何对待“民主”这个问题上的根本差异，民主党派逐步认清了国民党一党专政本质，转而与中国共产党一道坚决反对蒋介石独裁统治。骆平、周巧生在《抗战时期民主党派与中国共产党关系衍变探析》（《广西社会主义学院学报》2012年第1期）一文中认为，抗日战争期间，在抗日救亡的旗帜下，一些民主党派一改在抗战初期对中国共产党不甚了解甚至抵触的态度，开始和中国共产党在抗战、民主、团结等方面达成共识并在此基础上形成了亲密合作的关系。这种亲密合作既是对蒋介石高压独裁统治的有力打击，也是对中国共产党统一战线政策的适时呼应，更是历史发展的必然。刘明辉在《排斥合作领导——中共和中国农工民主党关系的历史考察》（《福建省社会主义学院学报》2012年第6期）一文中分析了中国共产党与中国农工民主党关系的演变过程。作者认为，中国农工民主党和中共的关系经历了排斥、合作到领导的演变过程。排斥源于两党革命行动纲领在理论与主张上的差异，表现在两党对中国革命动力，革命政权建设理论，土地革命策略手段等问题认识和实践上的不同。合作与领导则取决于社会主要矛盾和革命任务的变更，中共统一战线理论的成熟和农工民主党对中共认识的深化。随着农工民主党对中共认识的不断深化，政治的不断认同，行动的不断靠拢，最终两党形成了同心同德同心同向同心同行的亲密友党关系。丁琳琳在《同舟共济风雨情——刍议民主党派接受中国共产党领导的原因》（《传承》2012年第10期）一文中认为，民主党派之所以最终接受中国共产党的领导，是经过反复比较并进行长期的思想博弈后做出的选择，是深思熟虑的结果，其在自身发展壮大过程中，不断地发现其与中国共产党在多方面的契合，从意识形态到政治基础，从政治理念到政治追求，内外因共同作用的结果使民主党派深切地感受到只有和中国共产党实现政治并轨才能完成国家富强，人民富裕的伟大历史目标。

关于党在历史上的多党合作政策，闻涛在《抗战时期中国共产党的民主党派政策考察》（《党史文苑》2012年第12期）一文中分析了中国共产党在抗战时期的党派政策，作者认为，抗战时期，基于夺取抗战胜利以及推动中国革命的需要，中国共产党对民主党派问题给予了前所未有的关注。尤其是在抗战全面爆发后，为维系、巩固抗日民族统一战线以及动员一切力量争取抗战的胜利，中国共产党对各民主党派采取团结争取的策略，并把他们看做合作抗日的友党。这促成了中国共产党与民主党派在政治上更加亲密无间，也为日后民主党派完全放弃第三条道路奠定了良好的历史基础。叶介甫在《我国民主监督的历史进程及启示》（《中共石家庄市委党校学报》2012年第10期）一文中认为，回顾中国共产党九十多年来的历史沧桑，考察我国民主监督的发端和曲折发展过程，清醒地认识到新中国建立以来在民主监督上的许多经验教训，具有重要意义。作者认为，马克思列宁主义是我国民主监督的理论主源，中国优秀的传统文化是民主监督的文化本源，社会政治思想改良是民主监督的实践根源，纵观我国各民主党派产生和发展的历史，中国共产党同民主党派的合作是在实现不同时期革命和建设的共同要求的基础上建立的，因而，从参政议政思想的提出到参政议政、民主监督的制度化，也是在革命和建设的实践过程中逐步形成、发展和不断完善的，期间经历了四个历史发展阶段。第一个阶段：抗日战争时期，民主党派民主监督的起始阶段；第二阶段，从新民主主义向社会主义转型时期，民主党派民主监督的探索和实施阶段；第三阶段，社会主义革命和社会主义建设时期，民主监督的曲折发展阶段。我国民主监督历史经验对现实的启示是，只有坚持民主监督，才能巩固和提高执政党的地位，才能使执政党的建设少走弯路，才能使党的民主政治建设更加完善。叶介甫在《党与党外人士合作共事的历史和现实考察》(《内蒙古统战理论研究》2012 年第 3 期）一文中，以马列阶段、毛泽东阶段、邓小平阶段、江泽民阶段、胡锦涛阶段为分期，总结了党与党外人士合作共事政策的历史发展，分析了党与党外人士合作共事在新世纪新阶段的新变化。作者认为，这些变化包括性质变了、任务变了、对象变了、标准变了、作用变了等方面。作者认为，在政权中实行党与党外人士的合作共事，存在党员干部与非党干部的相互关系。这对矛盾中，党员干部处于矛盾的主要方面、主导方面。合作共事搞得好不好，关键在党员干部，特别是党员领导干部。为此，党员领导干部要切实提高思想认识；要抓好思想政治引导；要保证有职有权有责；要一视同仁，有所照顾。对党外干部来说，要有坚定的政治信念；要充分认识自己的地位和作用；要自尊自信，心宽腰硬；要提高素质，敢于直谏。郑宪在《我国民主监督的回顾与思考》(《湖南省社会主义学院学报》2012 年第 1 期）一文中认为，我国多党合作中政党之间的监督活动可以追溯到 20 世纪 30 年代，具体可以说是“三三制”政权的实践活动开启了多党合作中民主监督的先河。1945 年，当六位党外人士访问延安，与毛泽东探讨如何跳出历史周期律时，毛泽东把民主监督的思想向前推进了一步。由于有了对民主监督的认识和初步实践，建国前后中共决定保留民主党派，作为实行党际“互相监督”的重要一方。以 1949 年 9 月，中国人民政治协商会议第一届全体会议召开和《中国人民政治协商会议共同纲领》颁布为标志，中国共产党与各民主党派的友党关系，进一步发展为在国家政权中的执政党与参政党关系。1956 年 9 月中共八大正式将“长期共存，互相监督”作为中共和各民主党派共同遵循的方针写入了政治报告，明确提出这是指导社会主义时期中国共产党与民主党派合作关系的方针，成为中国多党合作制度理论发展的重要内容。管仕福、刘紫萱在《建国以来中共安排党外人士的政策及其经验初探》(《衡阳师范学院学报》2012 年第 2 期）一文中认为，新中国成立以来，党对党外人士的政治和实职安排政策的发展历程，大致可分为四个阶段，即新中国成立初期、“左倾”错误泛滥时期、改革开放初期、改革开放的新时期。六十多年来，党在这些政策的制定和实施过程中取得了许多成功经验，如在安排民主党派成员时要有组织间的充分协商或由民主党派提名；对党外人士的政治与实职安排不仅要规范化、制度化，而且还要使规定大致明确化；要有不断的创新等。

（三）民主党派发展史研究

对民主党派历史的研究，理论界有的立足于民主党派的产生与发展，有的立足于民主党派政治路线的发展变化，有的立足于民主党派工作经验，从不同角度不同层次丰富了对民主党派的史学研究，具有一定的学术价值。

关于民主党派的政治路线及其选择，王会兰在《论抗战胜利后中间路线在中国实行的可能性及破产的原因》（《经济研究导刊》2012 年第 21 期）一文中认为，抗战胜利后，中国的去向如何，这是当时全国人民普遍关注的问题。国共双方的建国策略，众所周知，中共召开了七大，制定了建立一个人民民主专政的新民主主义共和国的方案；国民党也召开了“六大”，制定了建立一个大地主大资产阶级专政的半殖民地半封建国家的方案。在这两种方案之外，颇为引人注目的，是当时国内一部分民主人士提出的一条通过议会改良道路在中国建立一个资产阶级共和国，走把欧美的政治民主和苏联的经济民主融为一体的中间路线。中间路线在当时中国特定的历史条件下，有一定的可能性，但是，由于民主党派要在中国建立英美民主政治模式的主张脱离了当时中国的社会实际，不符合当时的中国国情；由于民主党派自身的软弱性，不能独立完成反帝反封建的革命任务，再加上帝国主义国家和蒋介石反动派的反动政策，中国共产党政策的正确性，诸多因素，加速了中间路线的破产。中间路线破产的种种原因给我们留下深刻的历史经验和教训，即：资产阶级共和国的方案，走资本主义的道路，在中国行不通，只有社会主义才能救中国。李庆华在《抗战结束后中国自由主义政党意识形态研究——以中国民主同盟为中心》（《广西师范大学学报·哲学社会科学版》2012 年第 6 期）一文中认为，20 世纪 40 年代，以民盟为代表的中国自由主义政党的意识形态臻于完备。自由主义政党围绕着建设一个什么样的国家，如何保障个人的自由权利，怎样制定宪法，政府应有哪些职责和权限，如何实行政党政治等问题，都有一系列具体的主张和措施。民盟一大通过的政治报告及其纲领，提出把中国建成一个十足地道的民主国家，在政治上实行英美式的议会民主政治，在经济上参照苏联的经济民主即社会主义原则，维护个人的自由民主权利，主张政府应该是一个有限的同时还应是一个有效的负责任的国家机构，主张实行政党政治等。民盟提出的这一方案在政协会议上被国共双方所接受，成为 1946 年初政协五项协议的蓝本，民盟的自由主义政党意识形态在民国政党意识形态格局中也就取得了和国民党三民主义、共产党新民主主义意识形态相颉颃的地位。胡晓静在《中国民主同盟的“变”与“不变”（1941—1948）——以梁漱溟为中心的分析》（《淮北职业技术学院学报》2012 年第 1 期）一文中认为，中国民主同盟是一个具有光荣历史的民主党派。梁漱溟作为发起人之一，主张民盟走“中间路线”用和平协商的方式实现和平与民主。但是经过一系列的斗争，他们逐渐放弃了“中间立场”，走上与中国共产党全面合作的新民主主义道路，完成了由“中间党派”到“民主党派”的历史转折。在其曲折的历史进程中，梁漱溟扮演着举足轻重的角色。梁漱溟作为民主同盟的创立者之一，其思想在某种程度上代表了民盟的主张，他及其代表的民盟始终追求国家的和平与民主，这也是梁漱溟在整个抗日战争和解放战争，乃至整个一生中都不曾偏离的核心。纵观民盟早期的历史，不论是坚持民主、团结抗日，还是争取和平、反对内战，都没有离开民主与统一。不论用和平方式，还是用革命方式，民盟要求实现民主与和平的愿望自始至终都不曾改变。民盟的宗旨和追求始终不变，但随着形势的变化，它经历了从“中间派”到“民主党派”的转变，从“调停者”到“一边倒”的发展过程，立场有着根本性的变化。随后，民盟领导广大成员支持和参加人民解放战争，为民主革命在全国的胜利做出了积极贡献。民主同盟也由此走上了与中国共产党全面合作的道路，进入了一个新的更加辉煌的历史时期。刘大禹、王球云在《论民盟与国民党的“制宪国大”》(《民国档案》2012 年第 1 期）一文中认为，国民党六届二中全会后，未能遵守政协决议，不顾多方反对，试图早日召开“制宪国大”，完成突破政协决议的法理程序。为此，国民党对民盟采用分化与拉拢策略，导致民盟内部分裂。民盟经过艰难抉择，抵制了“制宪国大”。国民党单方召开“制宪国大”，使其在此后的国共纷争中，处于不利地位。民盟与国民党完全疏离，与中共进一步接近，双方加快了合作的步伐，奠定了此后新政协召开的基础。

关于民主党派的产生与创立，金绮寅在《民革创建历史再回顾》(《团结报·文史周刊》2012 年 11 月 1 日）一文中认为，民革是在继承和发扬孙中山爱国革命和不断进步精神的过程中建立起来的，民革自酝酿至成立，自始至终都是在中国共产党的帮助和支持下进行的。1948 年民革的成立，标志着国民党民主派和国民党反动派的公开决裂，在国内外产生了很大影响。国民党各民主派别和其他爱国民主分子，在坚持孙中山先生三大政策和革命精神的基础上、在推翻国民党蒋介石集团反动统治的共同目标下，实现了大联合，也使中国共产党领导的人民民主统一战线增加了一支劲旅，从而扩大和加强了人民革命战线的力量，中国的政治格局发生了重要变化。蔡永飞在《“民主党派”名称的由来及其含义的演变》(《团结报·文史周刊》2012 年 5 月 10 日）一文中从“民主党派”这个概念的内涵的变化分析了民主党派的成长史，作者认为，民主党派人士最初都是追求资产阶级民主的人士，各民主党派先后三次推动形成了民主运动的高潮，即抗日救亡运动、国统区的两次民主宪政运动，这是民主党派最活跃、最有成就的一段时期，当时“民主党派”争取民主的政治活动，已经是一种“多党合作”，是共产党和其他民主党派共同反对蒋介石专制独裁的民主运动，也正是国共两党之间的斗争，使这些追求政治民主的爱国民主党派进入了政治生活，并发挥了一定的作用，由此也形成了它们的民主传统。新中国成立以后，各民主党派成为中国共产党领导的多党合作制度的成员，其名称中的“民主”的含义也逐步转变成为“社会主义民主”。

关于民主党派的发展，有研究者从民主党派的历次全国代表大会着眼，分析了民主党派随着时代的发展而不断进步的风雨历程，如杨博文在《民革历次全国代表大会回顾》(《团结报·文史周刊》2012 年 11 月 29 日）一文中回顾了从 1948 年 1 月民革在香港创建后先后召开的几次全国代表大会的基本情况，为了解民革的历史发展提供了重要参考。罗乐在《中国民主促进会历次代表大会综述》(《团结报·文史周刊》2012 年 11 月 22 日）一文中回顾了民进的十次全国代表大会，对这十次全国代表大会的背景、主题、意义、成绩进行了详细的综述。郑娟娟在《民建历史上的几次代表大会》(《团结报·文史周刊》2012 年 11 月 15 日）一文中分析、总结了民建历史上重要的几次全国代表大会的主要亮点。作者认为，适应新形势、新任务的需要，1955 年，民建在成立十年后终于迎来第一次全国代表大会，这是民建历史上的一件大事，是进一步团结、引导成员和工商业者积极接受社会主义改造，协助中共和政府完成过渡时期总任务的总动员，反映了民建在多党合作中的独特作用。在其后国家对资本主义工商业社会主义改造过程中，民建积极推动成员投入到公私合营高潮中去，在工商业者当中发挥了骨干带头作用。民建二大是畅所欲言的神仙会，形成并认真贯彻了自我教育的“自己提出问题、自己分析问题、自己解决问题”的“三自”方针和“不抓辫子、不扣帽子、不打棍子”的“三不”原则，提出了“听毛主席的话、跟共产党走、走社会主义道路”的口号，在广大成员和工商业者中发挥了广泛的指导作用。1988 年民建五大首开记者招待会，这是新中国成立后我国民主党派历史上的第一次中外记者招待会，显示了我国民主政治建设的一个新气象，引起了国内外和社会各界的热烈反响。1997 年民建七大明确会内领导职务任期制，规定“由选举产生的会的中央委员会和地方委员会的组成人员，每届任期与同级委员会相同，连选可以连任。会的各级领导职务都不是终身的。”2007 年民建九大提出加强参政党建设，形成了民建自身建设的基本思路。

关于民主党派工作，黄利新在《新中国成立初期广东省统一战线工作与民主党派地方组织的转变》（《当代中国史研究》2012 年第 3 期）一文中以广东省为个案，以档案资料为依据，分析了民主党派地方组织在新中国成立后对角色的不适应，探讨了参政党如何提高自身适应性的问题。作者认为，新中国建立后，中国的政党体制是中国共产党领导的多党合作与政治协商制度，各民主党派承认中共的领导地位，成为参政党。但民主党派尤其是各党派的地方组织还很难适应参政党的政治角色的需要，很难适应新的社会环境、制度空间带来的变化。为了增强各民主党派地方组织的适应性，作为执政党的中国共产党通过多种方式，帮助各民主党派适应参政党的角色，如中共华南分局统战部将对民主党派的统战工作视为统战的首要工作，积极协助民主党派进行思想建设、组织建设，领导民主党派参加新中国的各项建设。在中共的领导下，民主党派逐步适应了参政党的角色，并成为中共领导地位得以实现的重要因素。杨博文《我所知道的关于团结报创刊号问题》（《团结报·文史周刊》2012 年 2 月 16 日）一文在查阅相关档案史料、认真研究个中具体细节后，回顾了《团结报》创办的历史情况。作者认为，《团结报》的历史是民革党史的一部分，研究《团结报》不仅可以看出民革不断前进的步伐，亦可从一个侧面看出统一战线发展变化的轨迹。作者指出，《团结报》的问世是“应运而生”，因为在团结报创办前，各民主党派已经有了一份共同主办的报纸——《光明日报》。该报社长是章伯钧，总编辑是储安平，其他党派都有一人参加社务委员会。民革打算自己单独办一份报纸，很容易让人产生一些想法，故《团结报》创办多少带有一些“偶然性”的色彩，当时担任民革中央宣传部部长的王昆仑先生个人的影响力不可忽略。《团结报》并没有创刊号那期报纸，所谓试版，其实就算是“正式创刊”了，就是“第一号”。《团结报》这种“创办”特点，在新中国报刊史上可能也是“无人能出其右”。至于将 1956 年 4 月 25 日还是 1956 年 5 月 10 日算作《团结报》正式创刊，则是仁者见仁，智者见智。作者还认为，《团结报》是以原国民党及与原国民党有历史关系的中上层人士为主要对象的半月刊，当时获准的刊号为：北京市期刊登记证出期内字第〇一二号，20 个世纪 80 年代复刊以后才变成公开发行，从此民革终于有了自己的党报（其他民主党派迄今未能办报）。团结报的报头，经过比对最初应是从毛泽东手书中集字而成，之后又用过胡耀邦同志的题字，不过时间很短，现在报头则是集孙中山先生手书而成。

二、社会主义核心价值体系与民主党派

2012 年参政党研究对社会主义核心价值体系的关注，主要集中在核心价值体系与民主党派的关系、民主党派应该如何践行社会主义核心价值体系、民主党派核心价值观的内容等问题上。

（一）社会主义核心价值体系与民主党派的关系

对于社会主义核心价值体系与民主党派的关系这一话题，研究者们大都预设了一个理论前提，那就是民主党派是社会主义核心价值体系建设的一只重要的政治力量，以此为基础，研究者们从民主党派如何践行社会主义核心价值体系这一角度立论，有代表性的文章如下：

张凤玲在《民主党派践行社会主义核心价值体系的实证考察》（《广东省社会主义学院学报》2012 年第 3 期）一文中认为，当前民主党派践行社会主义核心价值体系，在认知方面是没有问题的，问题的关键在于，如何进一步在长期的思想认同、观念内化、行为践行中深化社会主义核心价值体系的践行，在体现社会主义核心价值体系的凝聚社会、滋养人心的功能方面有所突破。民主党派践行社会主义核心价值体系，要在参政议政的实践领域发挥自身独特的价值统合效应，真正起到政党组织的引领作用，重点从建立参政党自身特色的价值观，营造执政伦理环境、培养参政议政的政治美德、完善利益表达机制、加强自身建设等方面进行，并在此基础上引导社会价值观建设，为丰富和繁荣社会主义文化注入新活力。

陈端义在《民主党派树立和践行社会主义核心价值体系的问题与对策——基于思想政治教育学的视角》（《湖南省社会主义学院学报》2012 年第 2 期）一文中，用思想政治教育学的视角，分析了当前民主党派树立和践行社会主义核心价值体系的影响因素及存在的问题，提出了提升民主党派树立和践行社会主义核心价值体系效果的建议，主要包括调整方法和重点、优化教育环境、挖掘教育资源、发挥多种载体的教育作用等。

赵振洲在《民主党派树立和践行社会主义核心价值体系路径问题研究》（《四川省社会主义学院学报》2012 年第 3 期）一文中认为，社会主义核心价值体系是国家软实力和民族凝聚力的重要组成部分，是我们党在新形势下凝聚和统一社会各阶层、各方面成员思想的根本要求。树立和践行社会主义核心价值体系，是关系多党合作事业发展的基础工程、灵魂工程。民主党派树立和践行社会主义核心价值体系，要深入研究民主党派践行社会主义核心价值体系的内涵和外延，系统总结各民主党派践行社会主义核心价值体系的成功经验，强化民主党派成员信仰导向，探索民主党派践行社会主义核心价值体系的路径和载体等，为推动民主党派思想建设和多党合作事业的蓬勃发展提供强大的精神力量支持。

唐长久、周慧玲在《论民主党派成员树立和践行社会主义核心价值体系的内涵与途径》（《湖北省社会主义学院学报》2012 年第 6 期）一文中指出，民主党派成员群体具有政治

性、广泛性、代表性、知识性等特征，其树立和践行社会主义核心价值体系必然体现自身特色。民主党派成员树立和践行社会主义核心价值体系的基本内涵就是要把握政治立场———坚持走中国特色社会主义政治发展道路、树立爱国主义精神、发扬改革创新精神、养成高尚道德情操，主要途径包括加强政治学习、坚持改革创新、加强人格修养。

孙利宏、王金凤、任金霞、庞云在《民主党派建设、践行社会主义核心价值的几点思考》（《华章》2012 年第 17 期）一文中认为，民主党派在建设社会主义核心价值体系中有着独特的政治优势、人才优势和角色优势，应发扬优势，坚持中国共产党的领导，坚持中国特色社会主义政治发展道路，结合自身实际，体现参政党特色，在建设、践行社会主义核心价值体系中努力培育民主党派的核心价值观。

解小冬、陈山杉在《民主党派践行社会主义核心价值体系的现实路径探析》（《传承》2012 年第 8 期）一文中认为，社会主义核心价值体系是社会主义意识形态的核心内容和最重要的组成部分。在新时代下，作为中国共产党领导的多党合作和政治协商制度中的民主党派，要努力践行社会主义核心价值体系，从加强思想教育引导、树立模范代表、拓展舆论宣传和完善制度体系四方面着手，使广大民主党派成员更加快速有效地接受和贯彻社会主义核心价值体系，努力投身到中国特色社会主义建设事业中去。

雷转运在《社会心理视野之民建会员践行社会主义核心价值观路径与策略研究》（《社科纵横》2012 年第 12 期）一文中指出，在国际格局不断变化的复杂局势下，中国社会改革正在持续推进，但面临社会精神的严重危机。民建及其会员作为社会主义社会的新型参政党及其成员，同社会其他群体一样，也存在危机。因此，不管是从社会发展还是从自身建设思考，民建会员践行社会主义核心价值观，都是完全必要的。民建会员作为践行主体之一，必须沿着社会教化和个体内化的途径，进行政治社会化和道德社会化，坚持解放思想，科学进步；整合会内资源，引领会内思想；依靠创新理论指导实践创新，积极推进民建文化建设；加强领导干部的管理和监督，塑造典型，示范带动；高度重视现代传媒效用，建设学习型组织，注重人文关怀和心理疏导，将社会主义核心价值观纳入个体价值体系，形成自觉的行为。

王建康在《践行社会主义核心价值观的路径》（《团结报·团结周刊》2012 年 8 月 21 日）一文中认为，民主党派积极树立和践行社会主义核心价值观，是提高公信力、巩固多党合作思想政治基础的必然要求，也是参政党思想建设的重要内容。当前，民主党派要践行社会主义核心价值观，其路径应以民族精神为指引、以法治建设为保障、以舆论宣传为动力、以履行职责为责任、以道德重建为目标。

（二）民主党派的核心价值观

研究者们立足于对民主党派优良传统和政治地位的分析，对民主党派的核心价值进行了深入探讨，并形成了多种观点。有代表性的文章如下：

张献生在《试论当代中国民主党派的核心价值》（《新视野》2012 年第 5 期）民主党派作为我国重要政治行为主体，必须确立自己的核心价值。参政是民主党派作为政党的本质要求，是其政治实践和优良传统的集中体现，是发挥职能作用、体现基本价值的根本途径；为民是民主党派的政治生命，是其进步性的集中体现，是与中国共产党合作的基础。参政为民作为我国民主党派的核心价值，是一个互相联系、内在统一的整体，与社会主义核心价值体系一脉相承，既能紧密衔接、彰显特色，又涵盖包容了民主党派长期形成的政治理念、优良传统，具有稳定性、导向性和根本性。

田野在《关于新时期民主党派核心价值观的思考》(《江苏省社会主义学院学报》2012 年第 5 期）一文中认为，作为致力于中国特色社会主义事业的参政党，民主党派既是社会主义核心价值体系的建设者和参与者，也是遵循者和践行者。但作为现代政党，有其特殊性和针对性，探讨和提炼民主党派的核心价值观，无论对于增强其成员的认同感，更有效地推进其成员树立和践行社会主义核心价值体系活动，更好地发挥其在国家政治生活中参政议政、民主监督作用，还是对丰富社会主义核心价值体系和深化对社会主义核心价值观的认识，其裨益是显而易见的。研析我国各民主党派诞生之初，以及与中国共产党长期合作过程中所形成的精神传统和价值理念，作者认为新时期民主党派核心价值观可以概括为“爱国、民主、合作、参政、服务”五个方面。

邓伟志在《关于民主党派的核心理念》(《民主》2012 年第 8 期）一文中认为，作者指出，民主党派的核心理念，既要同全民的核心理念一致，又要有民主党派自己的特色；既考虑长远，又要针对当前；应当同民主党派的名称、性质、职能相符合；要兼顾八个党派的共性；要有时代特色。根据这几条原则，民主党派的核心理念应当是：“推进民主进程，坚持政党改革”。

赵小青在《刍议参政党价值与社会主义核心价值》(《太原城市职业技术学院学报》2012 年第 10 期）一文中认为，当前，我国正处在市场经济体制初步建立且不断发展与完善的过程中，经济体制的改革使得我国社会的物质层面产生了深刻的变革，同时也使得人民群众的思想文化和价值观发生了深刻的巨变。而参政党是我国重要的参政力量，因此必须要有一系列科学的详细体系作为根基，构建适应市场经济发展的思想体系以及价值观体系，才能够促进参政党价值的充分体现。参政党核心价值观具有一定的独立性，又与社会主义核心价值体系和谐统一，代表着各党派开展工作的基本的价值取向。从根本上说，需要具备以下几个特点：第一，民主党的核心价值观应当是一种普遍存在的、稳定性较强的意识形态，虽然历经了多年的变迁，但是民主党的核心价值观仍然能延续至今，并且发挥其重要的领袖作用。第二，民主党派的核心价值观应与中华民族的伟大复兴是紧密相连的，并且在一定的历史条件下为民族利益产生较强的促进作用，只有一个政党的核心价值观得到政党内部认可的同时，获得政党所代表的阶层甚至是大多数社会成员的认可，才说明该执政党的核心价值观是正确的而且是具有时代意义的。第三，民主党的核心价值观与中共核心价值观并不完全相同，在一定的历史条件下，民主党派对于中国共产党领导下的多党合作制予以认可并且接受的，但是这并不代表民主党自身的独立性就此消失，相反，这正是民主党派独立性的重要体现。

侯天佐在《参政党核心价值建设的主要内容及实现途径研究》(《贵州省社会主义学院学报》2012 年第 3 期）一文中认为，八大民主党派是中国共产党领导的多党合作制度中的参政党，树立和培育参政党核心价值，引领、教育和团结广大党派成员，巩固多党合作的政治基础，是摆在各党派面前的重大课题。关于参政党核心价值观的建构，作者认为，八大民主党派积累的政治文化传统是构建参政党核心价值的重要来源；中国特色社会主义核心价值体系的确立为构建参政党核心价值明确了指导方向；民主党派多年来的经验积累是构建参政党核心价值的实践土壤；当前民主党派成员的思想状况是构建参政党核心价值的动力要求；中国共产党及国外政党核心价值的建设提供了经验借鉴。参政党核心价值的主要内容是：立党为公，参政为民；民主监督、公平正义；改革创新，团结合作。

杜彧韬在《浅谈民主党派核心价值体系建设的几个问题》（《江苏省社会主义学院学报》2012 年第 2 期）一文中认为，在吸收和借鉴社会主义核心价值体系的基础上，在总结半个多世纪以来民主党派自身发展的优良传统的基础上，可以把民主党派自身的核心价值理念提炼为以下几个方面：永远的爱国主义情怀；始终坚持中国共产党领导的政治原则；追求民主、崇尚科学的价值理念；奉献社会的价值追求。

（三）社会主义核心价值体系与民主党派自身建设

以社会主义核心价值体系引领民主党派的自身建设，把社会主义核心价值变成民主党派成员的观念与行动，是研究者们的共识。在社会主义核心价值与民主党派自身建设的关系这个问题上，有代表性的文章有：

严隽琪在《学习践行社会主义核心价值体系切实推进“三个认同”》（《民主》2012 年第 5 期）一文中指出，学习践行社会主义核心价值体系是解决好民主党派自身建设两大历史性课题的基础工程和灵魂工程。为此，要在加强理论学习和应用研究，推进学习型参政党建设上下功夫；要继承和弘扬民进优良传统，在搞好政治交接上不断线；要发挥典型的示范和带动作用，在增强活动感染力上有举措；要在履行职能与自身建设相互促进，在提高能力和水平上见成效，从而切实推进全会的政治道路认同、奋斗目标认同、文化价值认同。

王明进在《论社会主义核心价值体系与民主党派的自身建设》（《陕西社会主义学院学报》2012 年第 1 期）一文中认为，民主党派是致力于中国特色社会主义事业的参政党，用社会主义核心价值体系引领民主党派的自身建设，是民主党派性质和奋斗目标与社会主义核心价值体系的要求的一致性所决定，是建设高素质的参政党的需要，同时也是民主党派自身建设面临的形势所要求的。民主党派应以树立和践行社会主义核心价值观为契机，从思想、组织和制度等方面抓好自身建设，做树立和践行社会主义核心价值体系的有力推动者。

邓凌在《社会主义核心价值体系与民主党派思想建设》（《四川省社会主义学院学报》2012 年第 2 期）一文中认为，中国社会结构及政治生态的变迁对民主党派的社会基础、成员构成影响重大，党派成员思想状况呈现出不少新情况、新问题，使参政党思想建设面临巨大挑战。社会主义核心价值体系是民主党派防止西化、分化，在政治上与共产党保持高度一致，履行好参政党基本职能的重要思想武器，也是民主党派思想建设的关键。加强民主党派思想建设，必须树立和践行社会主义核心价值体系，加强基本理论教育、参政党理论建设和理论研究、优良传统教育，增强参政党意识。

程喜真在《社会主义核心价值体系与民主党派思想建设》（《团结报 · 团结周刊》2012 年 2 月 14 日）一文中认为，社会主义核心价值体系是社会主义意识形态的本质体现，民主党派作为我国多党合作制度中的参政党，用社会主义核心价值体系引领思想建设，是坚持正确方向健康发展的需要，是巩固多党合作的思想政治基础的需要，为此，要传承民主党派优良传统，坚定理想信念；要宣传先进典型，发挥示范作用；要建立健全机制，提供有效保障；形成制度、建立机制，使工作更加有效而持久。

三、党际关系研究

“同心”思想是2012年参政党理论研究的又一热点。围绕着这一主题，研究者们对“同心”思想的产生、“同心”思想的价值、“同心”思想的践行方式、坚持共产党的领导与保持民主党派的自主性等问题，进行了深入的探讨，取得了一定的成果。除此之外，还有部分研究者从政治资源配置的角度，探讨了完善对民主党派的领导、优化党际关系的问题，表现出一定的创新性。

（一）“同心”思想

学者们普遍认为，“同心”思想对于坚持和完善中国共产党领导的多党合作和政治协商制度，对于推进新时期参政党的自身建设，具有重要的现实意义。参政党要准确把握同心同德、同心同向、同心同行的思想内涵，坚定践行，在坚持基本原则和基本任务的基础上建设适应时代要求的高素质参政党。

关于“同心”思想的历史源流，许峰在《同心思想的历史考察》（《湖南省社会主义学院学报》2012年第2期）一文中回顾了中国共产党与各民主党派团结合作的历史，认为“同心思想”产生于中国共产党成立以来与民主党派同心合作的历史和实践：一方面，中国共产党以高超的政治智慧实现了从争取民主党派与之同心到领导民主党派与之同心；另一方面，各民主党派在革命、建设和改革各个时期与中国共产党同心奋斗，共同致力于中华民族的伟大复兴。赵竹村在《从合作思维到“同心”思想》（《发展》2012年第3期）一文中认为，党的统一战线历史，可以追溯到党的创建时期。在新民主主义革命时期，我们党先后两次推动了国共合作。新中国成立前后，党又领导推进了多党合作的宏伟事业。改革开放以来，党领导的多党合作和政治协商制度不断焕发出独特的生机与活力。新时期，我们党进一步强调，思想上同心同德、目标上同心同向、行动上同心同行，是中国多党合作制度的最鲜明的特质。回顾党的统战事业发展历史，深深感到从合作思维到“同心”思想，作为党的统战理论的重大创新，必将成为今后一个时期引领统战事业科学发展的理论基石。

关于“同心”思想的价值，牛广明在《“同心”思想是民主党派发挥政治作用的核心保障》（《前进论坛》2012年第9期）一文中认为，“同心”思想是多党合作历史延续的升华，是多党合作政治准则的精髓，是民主党派发挥政治作用的核心保障。“同心”思想的现实价值主要体现在：其一，建设开放型政党需要倾听来自不同社会群体的声音；其二，多党合作制度只有以团结、民主为根本才能得以延续；其三，推动中国共产党党内民主，必须在一党权威体制和多党合作体制之间探索适合时代发展的路径；其四，政治进程首先要稳妥地处理好改革、发展与稳定的关系，要处理好中国共产党领导、多党派合作、人民当家做主和依法治国的有机统一。吴愿学在《"同心"思想与毕节试验区建设论纲》（《贵州省社会主义学院学报》2012年第1期）一文中认为，"同心"思想的价值，一是突出了"同心"作为世界独具特点的政党制度、协商民主的中国基本政治制度的独有特色和本质。二是强调了在注意吸收世界各政治共同体建设经验（如高度注重权力制衡等）的同时，更加突出把中国的政治共同体建设放在价值共同体建设基础上，把合规律性与合目的性有机结合，建设中国特色新型民主政治共同体。三是高度注重为政治共同体建设提供不竭生机和活力，既注重现有资源潜力发挥，又更加注重执政（参政）资源的可再生性。四是通过对人们价值判断和政治属性的强调，进一步淡化了阶层间的经济差别。从凝聚各基层的政治共识着眼，突出统一战线大团结、大联合的鲜明主题，强化多党合作、政治协商凝聚人心、汇聚力量的根本职能。五是以更加深刻全面的世界视角，明确回答了中国共产党和各民主党派、社会各界的执政（参政、政治协商）合法性问题。六是对"长期共存、互相监督、肝胆相照、荣辱与共"十六字方针与时俱进地进行了深化和具体化，更深刻全面的揭示和反映了新世纪、新阶段各阶层、阶级间关系具有着相互促进、共存共荣的社会特点。王俊华、杨爱珍在《民主党派"同心"思想研究》（《中央社会主义学院学报》2012年第4期）一文中认为，深入研究民主党派"同心"思想，不但能科学地分析我国多党合作制度框架中"一元"与"多元"的辩证统一关系，而且能更好地提炼我国多党合作制度的价值意蕴，把握其内在运作逻辑和制度创新能力，从而拓宽我国多党合作制度的合法性资源，在"同心"实践的推进上，一方面，要坚持用"进步性"引领"广泛性"，探索思想教育的新机制；另一方面，要坚持以"制度化"结合"民主化"，探索制度培育意识的新途径。谢忠文在《作为政治沟通方式的"同心思想"：结构、定位和意义》（《中共宁波市委党校学报》2012年第2期）一文中认为，"同心思想"作为一种新型的政治沟通方式，不仅突破了政治沟通的原初含义，而且还拓宽了沟通覆盖面，增强了沟通效能。"同心思想"是执政党和参政党在新形势下积极互动的结果，是我国党际关系发展的新阶段，是政治协商制度发展的必然逻辑，理论上实现了政党政治的知识增量，实践中对实现中国式民主政治具有重要的指导意义。

关于"同心"思想对参政党建设的指导与推动，杨关林在《践行"同心"思想强化民主党派组织建设》（《人民政协报》2012年1月4日）一文中认为，"同心"思想"同心"思想作为民主党派组织建设中的根本的指导思想，首先是要将"同心"思想作为政治理念，贯穿于民主党派基层组织建设的始终。其次要将"同心"思想作为政治原则，在民主党派组织建设过程中认真加以遵循。其三要将"同心"思想作为政治方向，在民主党派组织建设发展中就不会偏离正确的目标。其四要将"同心"思想作为政治素养，在民主党派组织建设中对每一位成员进行思想教育的重要内容。刘晓峰在《坚持参政党与执政党同心走中国特色社会主义政治发展道路》（《团结报·团结周刊》2012年6月12日）一文中指出，从文化自觉的角度来看，"与党同心"是参政党正确回应近代以来追求社会进步的文化自觉思潮；从思想来源的角度看，"与党同心"是多少年来民主党派紧跟中国共产党致力于社会主义建设实践的理论升华，因此，"与党同心"是参政党建设的价值追求。以"同心思想"为指引加强参政党建设，就要把与党同心同德作为参政党严守的政治立场，把与党同心同向作为参政党建设的政治方向，把与党同心同行作为参政党履行的政治责任。桑国卫在《实践“同心”思想深化政治交接》(《前进论坛》2012 年第 8 期)一文中认为，实践“同心”思想，是新形势下民主党派把握参政党建设规律，全面加强自身建设的需要。民主党派要加强“同心”教育,加强“同心”实践,加强“同心”研究,以“同心”思想为指导，认真学习借鉴中国共产党建设的成功经验，不断丰富和发展自身建设理论，不断加强参政能力建设，进一步探索新形势下加强自身建设的有效途径和方法，建设适应时代要求的高素质参政党。为此，要以“同心”思想凝聚共识，坚定理想信念；以“同心”思想指导实践，积极履行职能；以“同心”思想武装头脑，深化政治交接。

关于参政党践行“同心”的路径，戴秀英在《参政党践行“同心”思想的思考》(《前进论坛》2012 年第 11 期)一文中认为，参政党践行“同心”思想，要深刻理解同心思想的科学内涵，用“同心”思想指导民主党派的思想建设、组织建设、制度建设。深入调查研究，把践行“同心”思想与自身建设和履行职能结合起来，在实践中做到与中国共产党同心同德、同心同向、同心同行，把同心思想落实在行动中。为此，要加强理论学习，坚定政治信念；要提高自身修养，做合格主委；要提高参政议政水平，将社会服务工作做实。赵岐山在《参政党学习中共党史是深刻领会“同心”思想的重要路径》(《广西社会主义学院学报》2012 年第 2 期)一文中认为，参政党践行“同心”思想应以深化认知为基础，只有做到正确客观地深化认知“同心”思想的科学内涵，才能够积极、主动、自觉、切实地去贯彻落实。参政党学习中共党史是深刻领会“同心”思想的重要路径。参政党应结合近现代历史、各自党派史、国内外社会发展现状学习中共党史，深刻领会“同心”思想，将“同心”思想转化为自觉行动。郭辉在《贯彻“同心”思想重在为民主党派搭建“同心实践”的平台》(《中国统一战线》2012 年第 7 期)一文中认为,贯彻“同心”思想是执政党与参政党共同的政治任务。深入贯彻“同心”思想，实现参政党与执政党同心，重要的是帮助参政党更好地搭建履行职能的载体和平台，为参政党开展社会服务的实践提供可靠保障，在实践中把“同心”思想融之于内心、践之于行动。这种“同心实践”是增进政治共识的坚实基础，是确立共同奋斗目标的可靠途径，是将政治共识转化为共同行动的重要途径。唐华生在《学习践行“同心”思想再创多党合作事业新辉煌》(《西昌学院学报·社会科学版》2012 年第 4 期)一文中认为，参政党学习践行“同心”思想，要深刻理解同心同德是政治立场，同心同向是政治方向，同心同行是政治责任，以及三者之间的科学关系和逻辑内涵；要深刻理解“同心”思想是多党合作思想的继承和发展,是多党合作在新形势下实现新发展的需要,是多党合作作用发挥的重要保障。在全面推进中国特色社会主义事业的新征程中，各民主党派要深刻领会、务实践行“同心”思想,进一步强化政治共识,坚定不移地推进民主政治建设；进一步履行参政党职能，推动经济社会科学发展；进一步加强参政党自身建设，努力构建和谐政党关系；进一步搞好政治交接，推动多党合作事业世代薪火相传。骆平、万光碧在《增强多党合作政治共识——民主党派“同心思想”建设的本质要求》(《湖北省社会主义学院学报》2012 年第 2 期)一文中认为，多党合作的政治共识是中国共产党与各民主党派团结合作的基石，包含思想共识、制度共识、目标共识等内容。增强多党合作的政治共识是加强民主党派“同心思想”建设的本质要求。为此，要增强民主党派的自身特色，进一步发展协商民主，政治安排上注重保障民主党派的权益。

（二）中国特色政党关系研究

在我国的政党制度中，中国共产党和八个民主党派的关系将如何维系，八个民主党派之间的关系又将如何发展，已经成为很多政治理论家高度关注的课题，其中中国共产党和各民主党派领导与被领导的关系是如何形成的、党际领导与民主党派的自主性是什么样的关系、各民主党派之间又应该保持什么样的关系，如何实现政党关系的和谐等等，对这些问题的回答，是2012年政党关系研究中比较富有新意的内容，有代表性的观点如下：

关于党际领导关系，魏晓东在《我国民主党派接受共产党领导的成因及启迪》（《上海市社会主义学院学报》2012年第5期）一文中认为，我国民主党派接受共产党领导，经历了从排斥到合作再到接受的过程。主要原因有：一是"中间道路"的最终失败和对国民党专制统治的绝望相结合，构成了民主党派接受共产党领导的主观条件；二是中国共产党在争取民主政治实践中所表现出的群众拥护的先进性及其与民主党派合作过程中制定、实施的方针政策所产生的巨大吸引力，构成民主党派接受共产党领导的客观条件；三是在与专制势力的长期斗争中，民主党派同共产党在实现民主政治的目标方面逐步"合流"，主客观条件的结合使我国民主党派接受共产党领导成为必然。我国民主党派接受共产党领导的历史启迪在于：要做到能够吸引民主党派自觉地接受共产党的领导并确保共产党始终处在领导地位，必须正确理解中国共产党对民主党派领导的内容和实质。于洪生在《我国党际领导关系的定位及处理方式探析》（《领导科学》2012年17期）一文中认为，中国共产党与各民主党派的党际领导关系不同于一般的领导关系，它是一种集体对集体、组织对组织的领导关系。其显著特征在于，领导主体与领导客体都是政党，主客体之间不存在组织隶属和上下级关系，而是属于一种有限的领导关系。中国共产党对民主党派的领导，更多的是通过软权力而非硬权力手段来实现的，其中最主要的是民主协商、率先垂范、权衡利益、教育引导和联谊交友几种方式。

关于党际差异与民主党派的自主性等问题，羿宗哲在《关于在多党合作制度中保持党际差异的初步思考》（《广东省社会主义学院学报》2012年第3期）一文中认为，八个民主党派之间已经面临越来越趋同的问题，八个民主党派与中国共产党之间也越来越相似，这种格局和态势的出现，虽然有其历史必然性，但是，差异并存的关系却是历史进步的需要，是各民主党派存在的价值根本，是多党合作制度建立的基础。保持差异不是要刻意、人为地求异，不是标新立异，不是为了存异而求异，而是对那些合理、合法、合乎逻辑、符合规律的"异"进行有效的保护、开发和利用，这种差异的和谐共存是社会民主的一种体现，更是一种促进民主政治进步的催化剂，但它是要有尺度，需要有限度的。对我国各政党来说，保持差异性，需要中共和各民主党派的共同努力，但主要责任在于中共方面，应该帮助和支持各民主党派保持其合理的和必要的差异性。允许各民主党派在思想上保留观点、在目标上保有追求、在组织上保持独立、在制度上保存特色、在形式上保守阵地，是保持党际差异的必要途径。汪守军在《关于多党合作制度框架下民主党派自主性问题的探讨》（《探索》2012年第4期）一文中认为，中国共产党领导的多党合作制是适合中国国情的政党制度，但它也需要逐步发展和完善。民主党派参政党功能的充分发挥对促进中国政治体制改革的深入推进和民主政治的健康有序发展十分重要，但现实是，民主党派自身的自主性问题制约了其参政党功能的充分发挥，也影响到民主党派自主性、积极性、适应性和创造性的发挥，而目前深化经济体制和政治体制改革又处于一个重要的历史关头，因此民主党派自主性和适应性的拓展和转型至关重要。为此，要增强民主党派的参政党意识和政治责任意识；增强民主党派的代表性，加强其利益代表和整合功能；多党合作制度相关具体制度机制以及配套制度机制也要予以建立健全和改革完善。

关于党际关系和谐，刘小龙在《网络政治参与对我国政党关系发展的影响及应对思路》（《求实》2012 年第 3 期）一文中认为，网络政治参与是网络时代一种重要的政治变革力量，网络政治参与的发展，对我国的政党关系的影响是双重的，既有积极的促进作用，又有消极的破坏作用。从政党关系的视角来看，网络政治参与既凸显了体现政党关系本质、丰富政党关系内容和开拓政党交往途径等积极功能，也带来了破坏政党关系基础、增加执政参政压力、影响有序参与等严峻挑战。加强政党关系的制度建设、完善网络统战工作、发挥民主党派及其成员的网络功能是应对网络参与挑战、构建和谐政党关系的基本思路。董树彬在《协商民主：促进政党关系和谐的重要途径》（《马克思主义与现实》2012 年第 5 期）一文中认为，协商民主是一种植根于中国国情、凝聚着中华民族智慧、锤炼于中国历史进程、独具中国特色的土生土长的民主形式，它能够有效避免政党间的矛盾与冲突，满足各民主党派政治参与的诉求，从而有效地整合不同政党间的比较优势。具体而言，协商民主能够在推动共产党科学执政、增进民主党派参政能力以及完善中国多党合作制度的同时促进政党关系和谐。此外，协商民主通过人民政协所提供的平台，能够有效地促进政党关系和谐。

（三）民主党派的政治资源配置问题

中国共产党对民主党派的政治资源进行合理配置，是完善党的领导、优化党际关系的重要方面。对这个问题的探讨，是参政党理论创新的重要表现，有代表性的文章如下：

王建华、王云骏在《中国共产党对民主党派的资源配置研究——基于国家治理的考察视角》（《南京社会科学》2012 年第 4 期）一文中认为，探讨中国共产党对民主党派的资源配置是否合理，关键是看多党合作的制度建构与价值诉求是否匹配。由此出发可以看出，当前，对民主党派的资源配置还处在“量”的扩张阶段，民主监督还没走出参政议政的制度范畴，已不能适应国家治理的需要。解决上述问题，核心是超越资源配置的革命逻辑，回归国家治理的制度建构。为此，需要创新党派干部选用机制，建构党派监督的制度平台。同时，拓宽渠道，让民主党派参与社会管理。

刘亮红在《合理配置民主党派政治资源的对策建议》（《长沙大学学报》2012 年第 3 期）一文中认为，优化民主党派的政治资源配置，必须以制度建设为基础，积极推进多党合作制度化、规范化和程序化，实现民主党派政治资源配置效率化；必须以人才使用为保障，突出实职安排，优化政治安排，拓展社会安排，实现民主党派政治资源潜力现实化；以同心品牌为抓手，实现民主党派政治资源配置力最大化；以程序建设为重点，保证民主党派政治资源效益最优化。

龚继民在《民主党派政治资源建设机制初探》(《福建省社会主义学院学报》2012 年第 5 期）一文中认为，民主党派不仅具有特殊的政党政治资源的属性，而且自身发展本身也离不开其外部政治资源。实现民主党派政治资源的合理配置和使用，一方面是要发挥好民主党派特殊政治资源的属性，另一方面是要供给以良好的外部政治资源。当前实现我国民主党派政治资源的合理配置和使用是我国政党政治建设的一个重要课题。作者认为，发挥中国特色政党制度内在的民主协商机制的主导性作用，是实现民主党派政治资源合理配置和使用的关键。我们必须充分认识影响当前民主党派创新发展的机制性障碍因素，进一步加强民主协商机制建设，实现民主党派政治资源优化配置。

王志泓、陈忠全在《高校民主党派政治资源合理配置问题研究》(《理论界》2012 年第 5 期）一文中认为，加强高校民主党派政治资源合理配置工作是高校统战工作的重要环节，对于巩固和完善中国共产党领导的多党合作和政治协商制度维护国家的政治稳定和长治久安意义重大。目前高校民主党派政治资源合理配置方面存在着认识不高、工作不到位等问题，需要通过加强领导、完善规章制度、健全体制机制等实现高校民主党派政治资源合理配置，推动高校的科学发展。在切实加强和改善党委对统战工作的领导，促进民主党派政治资源的合理配置方面，需要从以下几个方面进行把握：加强领导，进一步完善统战工作组织机构；把党外干部培养列入组织发展规划；加强对民主党派政治交接工作的领导，注意把握高校民主党派组织发展；加大优秀民主人士的宣传力度，调动民主人士的积极性；加大统战工作的研究和宣传，发挥统一战线工作的影响面和服务面，使更多的人认识到这一工作的重要性，为民主党派政治资源合理配置问题的顺利解决创造条件。

四、民主党派的性质、地位与作用

民主党派的性质、地位与作用民主党派性质是多党合作中一个重要的理论和实践问题。虽然理论界对“民主党派是各自所联系的一部分社会主义劳动者、社会主义事业建设者和拥护社会主义爱国者的政治联盟，是接受中国共产党领导、同中国共产党通力合作的亲密友党，是进步性与广泛性相统一、致力于中国特色社会主义事业的参政党”这一表述并无异议，但是，“政治联盟”和“参政党”作为分别对民主党派性质和地位进行描述的概念，究竟应该如何理解，其内涵是什么，仍然是一个值得关注的理论问题。

（一）民主党派的性质和地位

2012 年对于民主党派性质和地位的论述，主要是结合“民主党派的代表性”、“参政党”等概念而展开的。在对民主党派代表性的理解中，在对参政党这一概念的分析中，民主党派作为政治联盟而存在的、为社会主义服务的政党性质得以凸显，民主党派在国家政治生活中的地位得以确立。

关于民主党派的性质，有论者认为民主党派是社会主义性质的政党，而有论者则对这种观点表示否定。比如常庆林在《从性质和任务双重维度论我国民主党派的代表性》(《河北省社会主义学院学报》2012 年第 3 期）一文中认为，民主党派的代表性是指我国民主党派代表各自所联系的以实现其政治思想为目的而结合成的政治团体的利益的属性，且在不同的历史时期代表性不同。从民主党派性质的角度看其代表性表现为两个方面：一方面我国的民主党派是社会主义性质的政党，不是资本主义性质的政党，其代表性具有社会主义性质；另一个方面我国的民主党派是致力于中国特色社会主义事业的参政党，而不是致力于其他模式的社会主义的参政党，其代表性具有强烈的中国特色。与这种观点不同，孙照红在《试析民主党派社会基础的特殊性和复杂性》（《吉林省社会主义学院学报》2012 年第 2 期）一文中则反对把民主党派称为“社会主义性质的政党”。作者认为，阶级性是政党的本质属性。但是，民主党派的社会基础是随着社会的发展而不断发展的，并且具有不同于其他政党的特殊性和复杂性，在讨论中国各民主党派问题时一般不采用“阶级基础”的提法，而是代之以“社会基础”。正确理解民主党派的社会基础是理解和坚持中国政党制度的前提。正是民主党派社会基础的特殊性和复杂性导致一些人对民主党派的性质不甚理解，以致出现模糊、错误的认识。比如，有人认为现阶段的中国民主党派是工人阶级属性的政党，也有人认为是社会主义性质的政党，作者认为这都是对民主党派性质的误解，各民主党派应当继续保持它作为政治联盟的特点，发挥它的历史作用。

超脱于民主党派是否是社会主义性质政党的争论，大部分研究者从民主党派的代表性和民主党派的社会基础来分析民主党派的性质，主张强化民主党派的利益代表性。马力在《关于新形势下民主党派代表性的思考》（《黑龙江省社会主义学院学报》2012 年第 2 期）一文中认为，在民主党派的发展历程中，其代表性是始终存在的，并随着时代的进步和发展不断地丰富和完善。新世纪新阶段，民主党派认真履行职能，在国家政治生活和社会生活中多角度、多层次地体现着代表性，展现出其丰富的内涵。民主党派的代表性是民主党派作为参政党所具有的基本属性，是民主党派性质、地位、作用和基本职能的集中体现。就民主党派的整体而言，民主党派的代表性是民主党派进步性与广泛性的高度统一；就民主党派的个体而言，具体体现为区分彼此不同、呈现鲜明个性的重要标志。民主党派的代表性反映着与不同社会层面、不同群体相联系的思想观念、价值取向和利益要求，体现为各民主党派相对不同的工作领域、工作特点和工作重心，其差异性与多样性及其必要的包容性是推动我国多党合作和政治协商制度建设的重要动能，也是我国政治制度和政党制度实现科学发展的重要条件。黄列在《利益代表机制的理论自觉和实践自信—民主党派应努力成为我国利益代表机制的完善者和担当者》（《江苏省社会主义学院学报》2012 年第 5 期）一文中认为，中国共产党所代表的“全体人民”是一个整体意义上的政治概念，具有同质性，但这并不意味着“人民”的具体内部构成没有差异性、多样性，如何反映和代表这些具体构成（各族各界）利益、价值等方面的多样性、差异性，如何整合这些多样性和差异性，这就需要一定的政治机构和政治机制来承担这样的政治使命。各民主党派正是担当这种使命的组织机构，它表达社会各界利益，扩大公民有序的政治参与，监督公共权力，是中国政治主权架构的重要组成部分，是连接中国共产党和社会各阶层的政治纽带，民主党派的这种利益代表性，需要更多的理论自觉和实践自信。任士敏在《民主党派社会基础的历史考察》（《江苏省社会主义学院学报》2012 年第 1 期）一文中认为，在政党代表民众与民众拥护政党的互动中，政党充当了民众的代言人和领路人，民众形成了政党的社会基础和力量源泉。中国社会的历史变迁和时代发展构成了民主党派社会基础演变的基本依据和主要线索。民主党派的社会基础适应中国社会的变动主要经历了“革命时期的阶级联盟”、“改造时期的特殊群体”和“改革时期的政治联盟”三个历史阶段。各民主党派形成时的社会基础，主要是民族资产阶级、城市小资产阶级及其知识分子，还有少数其他爱国民主分子。伴随中国社会性质和社会结构的深刻变化，民主党派的社会基础从“阶级联盟”逐步演变成“政治联盟”，民主党派所联系和代表的阶级阶层和社会群体也发生了质的嬗变。

部分研究者以民主党派的特点与优势立论，丰富了对民主党派性质的理解。刘菊香在《我国民主党派的特色初探》（《广西社会主义学院学报》2012 年第 2 期）一文中认为，政党特色是政党存在和发展的立足之基和前提，决定着一个政党的生命力。我国民主党派在与中国共产党长期合作的历史和实践历程中，形成并发展了自身的特色，主要有性质特色、政治特色、组织特色、价值取向特色、功能特色等。肖建东在《中国参政党与社会主义政治文明建设》（《湖北省社会主义学院学报》2012 年第 5 期）一文中认为，因历史与现实的原因，中国参政党在中国特色社会主义政治文明建设中具备了许多独特的优势与作用，主要是具有唯一合法存在的参政党政治地位和有序政治参与的独特优势，具有智力优势及其突出地位，是促进社会和谐与祖国统一的优势力量等。这些优势与作用反过来又大大地促进了中国特色社会主义政治文明建设的蓬勃发展，使得参政党成为中国特色社会主义民主政治建设中的优势力量。

还有个别研究者认为执政—参政二分法不能为政党的性质提供说明，应该建立一套具有普适性的分类标准，如孙津在《政党分类的依据及其普适性——兼论领导党和参政党》（《中国政协理论研究》2012 年第 4 期）一文中认为，中国将其存在的九个政党分为执政党和参政党两种类型，然而，执政和参政是功能的不同，并不能表明政党的性质。不仅如此，从普适性来讲，对于缺失执政功能的政党如何也具有政党属性这个问题，一直缺乏被认同的合理解释。因此，中国政党制度的创新在理论上必须由具有普适性的政党分类依据提供其合理支撑。政党分类的依据主要包括执政资格、价值导向、政治能力、组织形式等因素，而这些依据的普适性主要体现为执政的功能、国家运行的必需以及相应的政治理念等方面。由此，世界上现行的政党可以分为合法型、非法型、全能型、有限型以及极端型等类型。在中国政党政治的创制中，中共属于全能型政党，其功能属性为领导；八个民主党派属于有限性政党，其功能属性为参政。

关于民主党派的地位，王本奎、沈艳在《论参政党的内涵》（《中央社会主义学院学报》2012 年第 2 期）一文中认为，参政党是中国共产党领导的多党合作制度、特色之所在，民主党派发展至今成为国家政治生活中的参政党，不只是名称的变化，而是有了更加丰富的内涵，包含了参政党的组织构成及组织特点、其与执政党的关系、其政治属性和社会主义合法政党的质的规定性等内涵，它比较准确地表达了民主党派在国家政治生活和多党合作中所处的地位，既符合我国社会主义改造以来政党关系的实际情况，也符合我国民主党派的发展现状。刘雪岩在《参政党在国家政权建设中的地位与作用》（《新长征》2012 年第 2 期）一文中认为，从国体看，参政党在国家政权中的地位显著提升；从政体看，参政党在国家政权中居于显要地位；从政党制度看，参政党在国家政权中的地位不可或缺，因此，同所有其他类型的政党一样，民主党派的主要活动也是围绕着国家政治权力展开的。作为法定的参政党，主要通过参政议政、民主监督和政治协商来参与决策过程，其对决策过程的作用和影响，从总体上来讲是辅助性的。王彩玲在《论民主党派在构建社会主义和谐社会中的地位与作用》（《上海市社会主义学院学报》2012年第4期）一文中认为，中国的各民主党派作为中国一部分社会主义劳动者、社会主义建设者和拥护社会主义的爱国者的政治联盟，在中国共产党领导下参与国家政权和国家事务的管理，既是人民民主的深刻体现，也包含着对中国社会发展方向的积极探索，其参政具有制度规范的广泛领域。这种参政行为及其广泛领域实际上贯穿于社会主义和谐社会建设的方方面面，决定着各民主党派在构建社会主义和谐社会中积极参与的深度与广度，决定了各民主党派在构建社会主义和谐社会中的主体地位。

（二）民主党派的作用

2012年理论界对民主党派的作用的研究，主要围绕经济建设、政治建设、社会建设、文化建设和生态文明建设中民主党派应该有什么样的政治作为来进行，研究者们对民主党派在协商民主中的地位与作用，在社会管理创新具体领域应该发挥什么样的作用进行了广泛探讨。除此之外，民主党派如何推动社会主义文化建设也逐渐成为一个热点话题，积累了一定的理论成果。

1. 民主党派在协商民主建设中的地位与作用

在协商民主实践中，民主党派有什么样的角色定位？能够发挥什么样的作用？解决这些问题对我国的协商民主制度建设具有重要意义，研究者们对这些问题的思考，主要立足于党际政治协商来展开，认为民主党派在协商民主中的角色定位主要在党际协商，有代表性的文章如下：

刘洁在《党际政治协商民主的政治价值和发展路径——基于科学民主决策的思考》（《理论学刊》2012年第9期）一文中认为，我国协商民主分为国家政治层面和社会治理层面，其中国家政治层面协商民主指的就是党际协商民主，它是中国共产党和民主党派就国家政治社会发展重大问题所进行的政治协商，是科学民主决策的重要环节。党际政治协商民主主要运用于国家政治层面的决策创议、设计、通过、实施到达成预定目标的整个过程。中国共产党和各民主党派以决策前协商和决策执行中协商的形式实施对决策的影响，努力促成决策的科学化、民主化。总的来说，党际政治协商民主的政治价值主要在于，通过广泛的协商民主，使不同的利益主体、利益相关者参与到政治决策中来，保证政治决策得到民众普遍的认同和有效地实施，从而实现政治协商的政治性与公民诉求的多元性、政治协商的规范性与公民参与的有序性的有机结合。

刘俊杰在《对中国党际协商民主地位的思考》（《黑龙江社会科学》2012年第1期）一文中认为，中国共产党领导的党际协商民主是中国共产党与各民主党派围绕国家重大方针政策和重要事务进行平等协商的民主形式。对这一民主形式在中国民主政治中的地位的思考，直接反映了对其的重视程度。要弄清这一问题，需要理清三种关系：党际协商民主与协商民主的关系、党际协商民主与人民政协协商民主的关系、中国选举民主与协商民主的关系。作者认为，党际协商民主是中国协商民主的主要形式，而协商民主又是中国社会主义民主政治的两种重要形式之一。据此，可以将党际协商民主在中国民主政治中的地位作如下简要概括：党际协商民主是中国社会主义民主政治中协商民主形式的主要体现。

裴圣军在《论民主党派在我国协商民主中的地位及其实现》(《陕西社会主义学院学报》2012 年第 3 期）一文中认为，协商民主是对古典民主与代议民主的继承和超越。中国共产党领导下的多党合作制度和人民政治协商制度是我国实现协商民主的重要机制和组织形式。民主党派可以通过参政议政和民主监督,成为我国协商民主的中坚力量之一。

姜裕富在《协商民主：政治文明建设中民主党派政治协商的程序机制》(《云南社会主义学院学报》2012 年第 1 期）一文中认为，协商民主理论引入中国政治协商制度中，为民主党派的政治功能释放提供新的通途，也丰富了我国政治文明的实现形式。协商政治的本质是通过协商程序，制约政党掌握的公共权力，使公共权力在民众与政党之间、不同的党派之间达到均衡与相互制约，实现政治文明的制度化、规范化和程序化。程序性政治文明的实现，依赖于有效的政治机制的保障。首先，党际之间的尊重与信任是程序性政治文明实现的前提；其次，加强程序性的协商制度建设是实现程序性政治文明的保障；加强政治文化建设是实现程序性政治文明的社会基础。

2. 民主党派在社会管理创新中的作用

加强与创新社会管理，是我国平稳度过社会转型期、建设和谐社会和小康社会所必须不断实践的重大课题。统一战线是以“增进团结、维护稳定、凝聚人心、汇聚力量”为根本任务的，在加强和创新社会管理中更应当积极发挥作用，努力产生成效。而作为统一战线的重要一员，民主党派更要以其政治地位、功能特性在加强和创新社会管理中发挥其桥梁、献策、督促、凝聚等独特作用，使民主党派更好地参与和服务社会管理，做出其独特贡献，这已经是理论界的共识。有代表性观点如下：

黄玉燕在《民主党派参与社会管理创新问题研究》(《广西社会主义学院学报》2012 年第 6 期）一文中认为，通过对民主党派参加社会管理创新工作进行 SWOT 分析可知，民主党派参与社会管理创新是其履行职能的必然要求，各民主党派在参与社会管理创新工作中具有独特的优势，起着不可替代的积极作用。民主党派参与社会管理创新，应进一步加强参政党利益表达功能，建构参政党参与社会管理的基本理论，加强基层组织社会管理服务能力建设，增强民主监督的实效性和针对性，优化提升民主党派参政资源系统等。

高静在《民主党派参与社会管理的时代逻辑和实现路径》(《理论 观察》2012 年第 6 期）一文中认为，民主党派参与社会管理是政党属性功能和社会管理模式变革的必然要求，具有联系群众的广泛性、整合社会利益的便捷性和解决社会问题的实效性的独特优势。民主党派参与社会管理的立足点在于充分发挥和履行基本职能，寻求与社会管理具体事务的契合，着眼于社会民生的改善和决策信息的供给，以基层组织和社区为载体构建民主党派社会协商网络，健全相关制度保障民主党派参与社会管理的成效。

周长城、张锋在《试论民主党派在加强和创新社会管理中的角色定位》(《湖北省社会主义学院学报》2012 年第 3 期）一文中认为，加强和创新社会管理的伟大实践，对包括民主党派在内的社会各方都提出了特定的任务和要求。民主党派应当在其中扮演好智囊团、安全阀、服务者、宣传员、监督者等角色，不断提供智力支持，畅通利益诉求渠道，开展社会服务工作，营造有利社会氛围，推动政府职能转变，为加强和创新社会管理贡献自己的力量。

3. 民主党派在文化建设中的作用

文化建设是中国特色社会主义事业总体布局的重要组成部分，文化更加繁荣是全面建设小康社会的重要目标和重要保证。民主党派服务社会主义文化建设是职责所系，民主党派要发挥自身的特色优势，为社会主义文化建设提供独特的贡献，这已经是理论界的共识。那么，民主党派在文化建设中具体可以发挥什么样的作用，如何发挥作用？理论界对这一问题进行了深入探讨，主要文章如下：

陈述涛在《推动文化建设是民主党派职责所系》（《前进论坛》2012 年第 3 期）一文中认为，充分发挥民主党派优势和作用，为推动社会主义文化建设作出更大贡献，一要强化理论武装，坚持中国共产党领导的多党合作和政治协商制度，切实增强走中国特色社会主义政治发展道路的自觉性和坚定性；二要践行社会主义核心价值体系，打牢共同思想道德基础；三要认真履行职能，积极建言献策，努力为社会主义文化改革发展提供智力支持；四要建设统战文化，多党合作文化，为丰富社会主义文化作贡献；五要广泛凝聚力量，共同推动社会主义文化繁荣发展。

刘菊香在《民主党派服务社会主义文化建设初探》（《重庆社会主义学院学报》2012 年第 2 期）一文中认为，民主党派是我国社会主义文化建设的一支重要力量。民主党派为社会主义文化建设服务具有政治组织、人才智力、联系广泛、反映社情民意等优势。各级统战部门应充分尊重和保护各民主党派的民主权利，为各民主党派履行职能创造条件、提供服务，充分发挥民主党派优势和作用，为促进社会主义文化大发展大繁荣作出更大贡献。首先，健全调研制度，为民主党派服务文化建设建言献策的开展提供保障；其次，营造良好环境，为民主党派服务文化建设聪明才智的发挥创造条件；第三，创新工作机制，为民主党派服务文化建设社情民意的反映提供保证；第四，搭建活动平台，为民主党派发挥对外联系广泛优势的发挥提供支持。

王勒懿在《民主党派服务文化建设的渠道载体》（《团结报·团结周刊》2012 年 5 月 29 日）一文中认为，民主党派服务社会主义文化建设是职责所系，可从以下几个方面努力：一是加强思想道德建设。二是积极主动建言献策。三是搞好社会服务工作。四是推动文化对外交流。

4. 民主党派在其他领域的作用

民主党派除了在协商民主建设、社会管理创新和文化建设中发挥应有的作用，在其他领域，在中国特色社会主义建设的方方面面，同样具有不可替代的作用。理论界在这方面的探讨也在不断深化，主要文章如下：

孙照红《从章程看中国各民主党派纲领的同与不同》（《辽宁省社会主义学院学报》2012 年第 4 期）一文通过对各民主党派章程的分析，归纳了民主党派在中国特色社会主义建设中的独特作用。作者认为，民主党派的纲领是民主党派团结一致的政治基础和共同奋斗的行动准则。从各民主党派现行章程来看,虽然各党派对纲领的具体规定不尽相同，但其内容是有共性的，即：遵循中国特色社会主义理论，围绕全面建设小康社会的目标，充分发挥各自的特色和优势，积极履行参政议政和民主监督职能，针对经济、政治、文化和社会建设中的重大问题建言献策，为推进我国现代化建设、完成祖国统一、维护世界和平与促进共同发展作出应有的贡献。

姜丽华在《发挥参政党优势积极推动公民社会健康发展》(《中央社会主义学院学报》2012 年第 6 期）一文中认为，在我国，公民社会的健康成长是社会整体进步的必然趋势，作为中国特色政党制度的重要行为主体，无论是其角色定位还是功能价值，中国参政党都是联系国家与社会的天然纽带。因此，参政党应该发挥自身独特的优势，自觉培育并积极引导公民社会健康发展。为此，要充分发挥其在政治体制中的独特优势，广泛联系社会；充分发挥其在政党制度中的独特优势，积极沟通国家；充分发挥其在自身建设中的独特优势，切实发挥核心职能。

王远启在《民主党派对新社会阶层人士政治引导的内涵分析》(《湖北省社会主义学院学报》2012 年第 2 期）一文中认为，我国多党合作制度中的民主党派，是中国共产党的友党，是致力于中国特色社会主义事业的参政党，负有团结和引导新社会阶层人士的政治责任。在多党合作制度框架下，民主党派发挥对新社会阶层人士的政治引导作用，引导新社会阶层人士进行有序政治参与，实质上是民主党派政治社会化功能的表现，也体现了多党合作制度适应社会结构变化进行调整、不断发展和完善的时代要求。

宋春丽在《民主党派在预防化解社会矛盾纠纷维护社会稳定中的作用研究》(《黑河学刊》第 9 期）一文中认为，民主党派在预防化解社会矛盾纠纷维护社会稳定中具有独特的政治优势，在长期的参政工作中也取得了一些良好的工作经验和工作方法。但同时也存在着一些困难和问题，阻碍了化解社会矛盾冲突的能力，需要我们予以注意。

周松强在《民主党派在弱势群体权益维护中的作用研究综述》(《福建省社会主义学院学报》2012 年第 6 期）一文中把最近几年学术界对“民主党派在维护弱势群体利益中的作用”这一问题的研究进行了总结。作者认为，保障弱势群体各项权益，是促进社会公平正义的重要手段，学术界从政治价值论、经济价值论、社会价值论以及伦理价值论等角度，对于民主党派在弱势群体权益维护中作用发挥的价值与意义，进行了充分肯定；对民主党派在弱势群体权益维护中，拥有的比较政治优势、经济实力雄厚、社会影响力强以及智力密集等方面优势，进行了深入的分析；对于民主党派维护弱势群体权益这一问题存在的认识误区、缺乏有效的方式方法、保障机制建设不到位等方面问题进行了系统的归纳；对于如何发挥民主党派在弱势群体权益维护中的作用，提出了整合各方资源、优化工作机制、创新工作思路以及发挥政治优势等举措。

李朝林在《论参政党在增强公民政治参与有序性中的作用》(《重庆社会主义学院学报》2012 年第 4 期）一文中认为，扩大公民有序政治参与，是我国发展社会主义民主政治、建设政治文明的必然要求。“扩大参与”必须以“有序参与”为前提。民主党派参政具有法定性、制度化、规范化和程序化特征，符合有序性要求。增强公民政治参与有序性，必须充分发挥参政党的特殊作用，这些作用包括：广泛吸纳成员、整合利益诉求、充分发挥作用、加强自身建设等方面。

石文龙在《民主党派应在实践中积极探索符合自身特色的“民主样板”》(《上海市社会主义学院学报》2012 年第 1 期）一文中认为，在我国的民主政治中，民主党派是一支重要力量。因此，作为参政党，各民主党派应在国家的民主法制建设中“有所为”。当前，民主党派自身的理论建设仍有许多不足。事实上，民主党派理论越丰富，中国特色的民主制度就越完善。在民主监督中,民主党派应为国家的民主法制建设做出自己特殊的贡献。在民主政治建设的具体制度建设中民主党派也要有所作为。

五、民主党派的职能和功能

对民主党派的功能、职能与作用的研究，2012 年研究者们更加重视民主党派在民主政治建设中的职能和功能发挥状况，特别是在公共政策制定、创新社会管理等领域的发挥状况，更加强调民主党派在协商民主制度建设中的地位，主张进一步开拓民主党派发挥职能和功能的空间，具有一定的理论价值和实践指导意义。

（一）民主党派的职能研究

对民主党派职能的研究，2012 年理论界除了继续关注民主党派的基本职能即参政议政和民主监督外，对民主党派的社会服务职能给予了更多的重视，出现了一批研究社会服务的文章，丰富了对参政党职能的理论研究。

1. 参政议政

参政议政是民主党派的一项基本职能，新时期民主党派的参政议政面临什么样的挑战？参政党如何应对网络技术与网络政治的兴起，使之成为民主党派参政议政的有力助手？参政议政如何实现方法创新？如何提高民主党派参政议政的能力？这些问题引起了理论界的共同关注，成为民主党派参政议政研究的焦点。

关于民主党派参政议政面临的情况与问题，王孝询在《民主党派参政议政面临的形势和任务》(《团结报·团结周刊》2012 年 5 月 29 日）一文中认为，参政议政是参政党最基本、最重要、最具本质性的职能。新世纪新阶段，民主党派参政议政面临的新形势是：复杂多变的国际形势对民主党派参政议政提出了新考验；改革开放的伟大实践为民主党派参政议政提出了新课题；多党合作伟大事业对民主党派参政议政提出了新要求。民主党派参政议政遇到的新问题是：知情不够明政受限；人才不足实力不强，主要表现在智力优势面临挑战、人才结构不合理、整体功能发挥不够等方面。农工党河北省委会在《民主党派在参政议政中的问题与对策》(《前进论坛》2012 年第 3 期）一文中也表达了类似的观点。作者认为，虽然民主党派在参政议政过程中取得了很好的成绩，但是我们也应该看到，由于受一些因素的制约，民主党派参政议政作用受到一定程度的影响，不能充分发挥。这些因素主要包括民主党派自身建设和外部环境两个方面。从民主党派自身建设因素来看，一是参政议政人才不足。二是参政议政机制不健全。从外部环境因素来看，一是参政议政知情不够；二是对个别民主党派建议、提案承办和处理工作质量不高；三是参政议政认知度不够。

关于网络政治对民主党派参政议政的影响，刘向晖在《论网络政治发展对民主党派参政议政的挑战》(《福建省社会主义学院学报》2012 年第 1 期）一文中认为，互联网的高速发展催生了一种新的政治文明——网络政治，网络政治的发展既为民主党派参政议政带来了难得的机遇，也为民主党派做好参政议政工作提出了新的挑战。作者在考察了我国网络政治发展特点的基础上提出，民主党派的参政议政工作必须与时俱进，民主党派必须不断加强自身建设，正确认识网络政治的特点和规律，这样才能从容应对挑战，把握好机遇，把自己的参政议政工作做得更好。胡庆亮在《民主党派网络参政议政的困境与对策》(《福建省社会主义学院学报》2012 年第 1 期）一文中认为，网络参政议政是随着信息化时代的到来，在中国政治发展进程中出现的一种新型民主形式。它不仅为政府汇聚民智、沟通民意铺陈了新的渠道，也为民主党派发挥政党职能提供了新的途径。然而，当前民主党派在网络参政议政方面仍存在诸如硬件不足、意识不够、素质欠缺等问题。因此，它必须适应环境的变化，通过创新网络应用、建设网络文化、提高网络素养等，建立起民主党派网络参政的长效机制。

关于民主党派参政议政的方法论研究，汪辉在《完善参政议政方式研究》(《贵州社会主义学院学报》2012 年第 3 期）一文中认为，面向 21 世纪，中国共产党提出了“科学执政、民主执政、依法执政”的思想。为适应中共执政方式新变化，各参政党也要不断转变和完善参政议政方式，以实现“科学参政、民主参政和依法参政”。“科学参政”，是在中国共产党执政规律、社会主义建设规律和人类社会发展规律的共同作用下，按照政治发展逻辑和社会客观规律参政，以不断提高参政工作的科学化水平；“民主参政”，应以发展党内民主为基础，运用协商民主为途径，实施有序政治参与；“依法参政”是参政党实施参政的最主要和最重要的途径，参政的全部内容和行为都必须在宪法和法律范围内进行。李玲在《民主党派参政议政方法论研究的价值分析》(《广东省社会主义学院学报》2012 年第 2 期）一文中认为应该加强民主党派参政议政的方法论研究，这是新时期构建参政党理论体系的必然要求，是民主党派进一步完善自身机制、更好地应对挑战的内在需要，也是提高民主党派参政议政质量与水平、彰显参政党政治地位和政治功能的现实需求。李申在《系统论思想对参政议政的指导作用》(《江苏政协》2012 年第 10 期）一文中认为，参政党要完成好参政议政任务，取得良好成效，就必须用科学的理论指导参政议政的实践。对参政党成员特别是领导骨干来说，除了要掌握和运用马克思主义和中国共产党几代领导集体创立的一系列理论成果以外，还要掌握和运用一般的科学理论去认识世界，去分析研究经济社会发展中的各种问题。系统论就是这样一种科学理论。系统论对参政议政实践的指导作用主要体现在两个方面：第一，系统论思想有助于我们去发现和解决经济社会发展中许多违反客观规律的问题。第二，系统论思想有助于参政党队伍不断提高参政议政的水平和能力。谭净在《论民主党派参政议政的工作实践》(《重庆社会主义学院学报》2012 年第 5 期）一文中认为，参政议政是民主党派最基本和最重要的职能，主要方式有协商议政、课题调研、政协提案、社情民意等。有效认识和掌握参政议政工作的差异性与规律性，明确各专委会的职能定位，不断提升工作的组织化水平，增强党派成员参与工作实践的积极性，有助于民主党派更好地适应新形势新要求，更大限度地发挥参政党的作用。

关于民主党派参政议政的机制建设，张丽萍、马进在《加强各民主党派参政议政机制建设问题探讨》(《陕西行政学院学报》2012 第 1 期）一文中认为，民主党派参政议政机制建设的薄弱是妨碍民主党派参政议政的主要问题。机制建设应从四个方面着手：一是建立和健全话语表达机制，保证信息渠道；二是建立和完善参政议政联动机制，实现整体效能发挥；三是建立健全参政议政与重大决策相统一的机制，反映民主党派的利益诉求；四是建立和完善学习机制，构建学习型民主党派的党组织，培养参政议政的能力。顾榕昌在《关于加强民主党派参政议政制度化建设的思考》(《广西社会主义学院学报》2012 年第 5 期）一文中认为，改革开放以来，随着国家工作重心的转移，民主党派参政议政内容与形式不断丰富，工作机制不断健全，但也还存在参政议政制度不完善，措施不配套等问题。进一步完善和健全参政议政制度和程序应从把统战工作纳入地方党委政绩考核指标体系、逐步完善民主党派参政议政制度体系、加强民主党派组织建设、加大民主党派干部培养使用力度等方面努力。钟俊在《论民主党派参政议政工作机制的完善》(《重庆社会主义学院学报》2012 年第 4 期）一文中认为，近年来，民主党派的参政议政呈现出逐步边缘化的趋势，其原因主要有人才渠道不畅、资源整合不力、激励措施不当等。鉴于此，有必要建立健全人才保障机制、资源整合机制、评价激励机制等行之有效的参政议政工作机制，提升民主党派参政议政的质量和水平，扩大其社会影响。方光华、张卫平在《健全工作机制提高参政水平》(《团结报·团结周刊》2012 年 9 月 4 日）一文中认为，建立健全参政议政工作机制，提高参政议政的水平，应该从 4 个方面做好工作：不断加强学习，提高民主党派自身素质；建立健全以参政议政工作为核心的创新机制，包括参政议政工作的领导机制、参政议政人才培养机制、参政议政保障机制、民主党派参政议政的激励机制；突出民主党派界别特色，发挥群体优势；深入社会实践，加强宏、微观分析与调研。

关于提高民主党派的参政议政能力，张瑞琨在《提高民主党派参政议政能力问题刍议》(《中央社会主义学院学报》2012 年第 2 期）一文中认为，民主党派参政议政能力的提高，需要中国共产党的积极支持与帮助，需要外部环境的进一步优化，也需要民主党派自身建设的进一步加强。新形势下，民主党派提高参政议政的能力和水平，要注重以下四个方面：加强学习是提高民主党派参政议政能力的根本所在；加强实践锻炼是提高民主党派参政议政能力的关键之处；建立健全参政议政工作机制是提高民主党派参政议政能力的基础保障；发挥好社会主义学院的功能作用是提高民主党派参政议政能力的重要途径。农工党河北省委课题组在《对新时期民主党派提高参政议政能力建设问题的思考》(《河北省社会主义学院学报》2012 年第 2 期）一文中认为，参政议政是参政党发挥作用的重要环节。参加协商会、座谈会、政协会议建言献策、开展调查研究、视察等是参政议政的方式和途径。中共要为民主党派营造宽松、和谐的参政议政环境，并在全社会营造良好的参政议政氛围。为此，各级党委和政府要为民主党派知情议政提供平台，要为民主党派调研成果转化提供助力。各民主党派自身同时也要善于营造良好的参政议政内部环境。在思想建设、组织建设、作风建设和制度建设等方面更上一个台阶。同时，民主党派要加强参政能力建设，一是要进一步提高对参政议政工作重要性的认识；二是要进一步提高参政议政工作的质量和水平；三是要进一步完善参政议政工作机制。邓建平在《加强民主党派参政议政能力建设》(《团结报·团结周刊》2012 年 2 月 14 日）一文中认为，参政党必须不断学习，加强参政能力建设，才能适应时代发展的需要。为此，要从增强参政党意识、提高内在能力、加强外在机制等方面着手，特别是要加强内在能力和外在机制两个层面的建设。内在能力包括四个方面：一是提高政治把握能力；二是提高组织领导能力；三是提高参政议政能力；四是提高合作共事能力。外在机制主要有：参政议政、民主监督的工作机制，包括调研工作、提案工作、信息工作、提案反馈工作的制度化等；反映社会政治信息的机制，包括建立系统网络机制；联系、团结和自我教育的机制；参政议政人才储备和人才培养机制；民主党派机关工作机制。

部分学者从加强调查研究、提高建言立论质量的角度对民主党派如何提高参政议政的水平进行了探讨。彭桓在《探索科学规范有序的调研路径，不断提高民主党派参政议政的质量和水平》(《云南省社会主义学院学报》2012 年第 2 期）一文中认为，由于诸多原因，民主党派在调研过程中经常会遇到“信息不对称”而导致参政议政的效果大打折扣的尴尬。只有在宏观上和微观上全面准确地了解把握党委、政府所需要的决策咨询内容，尽量做到信息基本对称，才能避免少走弯路，摸索出一条科学、规范、有序的参政议政调研路径，才能进一步提高民主党派参政议政的质量和水平。宫捷、叶华青在《论公共政策功能性视角中民主党派调研课题的选择》(《上海市社会主义学院学报》2012 年第 5 期）一文中认为，参政议政是民主党派最为重要的一项职能，而搞好课题调研则是参政党履行职能和提升参政党核心竞争力的基础与源泉，与建设高素质的参政党关系重大。要做好课题研究，首先要做好选题工作。作者根据民主党派参政议政的对象主要是公共政策问题这一特点，突破了过去民主党派一贯采用的按政治、经济、文化、教育、科技、法律等行业划分进行选题的思路和范式，提出应该从公共政策功能性视角对民主党派的调研课题进行选择，有效提高调研报告的质量。张鹏在《关于民主党派运用提案履行参政议政职能的若干思考》(《辽宁省社会主义学院学报》2012 年第 4 期）一文中认为，提案是民主党派履行参政议政职能的一种最重要的形式。民主党派运用提案参政议政，是坚持和完善中国共产党领导的多党合作和政治协商制度的需要；是协助党和国家机关实行决策科学化、民主化的需要；是体现民主党派自身价值的需要。民主党派要坚持科学发展观，牢固树立以提案质量求发展的思想，精心打造精品提案，提高参政议政的能力和水平，充分发挥提案对经济和社会发展的促进作用。李剑中在《努力提高建言立论质量》(《团结报·团结周刊》2012 年 7 月 10 日）一文中认为，建言立论是民主党派发挥优势、履行职能的主要途径，也是集中展示民主党派工作成果、扩大民主党派社会影响力的重要载体。民主党派要提高建言立论质量，可以从以下几个方面进行积极的探索和实践：首先，坚持科学选题，在精选上做文章。要规范选题工作程序，突出选题的前瞻性、连续性、层次性。其次，搞好调查研究，在深入上下功夫。在调研工作中除求“深”、求“透”、求“细”之外，还要坚持时间前移，使调研更加充分；重心下移，使调研更加深入；视点外移，使调研更加全面。第三，注重思维创新，在立论上花气力。建言立论应具有一定的高度、具有较强的针对性、表述尽量生动鲜活。第四，推进成果转化，在实效上求突破。在推进建言立论成果转化方面，要注意抓好开展面对面协商、实行专题专递、跟踪问效三个环节。

2. 民主监督

2012年对于民主监督的研究，依然围绕民主监督的价值、方法以及面临的困难等问题进行，对如何提高民主监督的实效性也加大了研究力度，形成了一批理论成果。

关于民主监督的意义与价值，马英莉、周勇在《民主监督与党的执政实践》（《光明日报》2012年11月5日）一文中认为，民主监督是我们党执政实践的重要内容，对于发展社会主义民主政治、提升党的执政能力有着独特的作用。它萌芽于我们党领导人民夺取政权的历史过程中，即新民主主义革命时期，重点是抗日战争和解放战争时期，我们党与各民主党派虽然合作是重心，但也进行了互相监督。新中国成立后，民主监督得到有效发展。随着改革开放的深入推进和社会主义市场经济的发展，党的执政能力和先进性建设面临许多前所未有的新情况、新问题和新挑战，民主监督成为消除腐败、加强对权力的制约的重要途径。目前，我国正处于社会转型期、发展关键期和改革的攻坚期，全面履行“政治协商、民主监督、参政议政”是新时期我们党执政的重要内容和执政形式。民主监督是科学执政的重要基础，是民主执政的有效渠道，是依法执政的必要保障。李翠兰在《充分发挥民主党派的民主监督作用是坚持和完善多党合作制度的内在要求》（《吉林省社会主义学院学报》2012年第3期）一文中认为，民主党派的民主监督是参政党的基本职能之一，是参政党广泛参与、影响国家政治生活的主要方式，也是我国权力制约和监督体制不可或缺的重要组成部分。民主党派的民主监督是中国多党合作制度的内在要求，是巩固中国共产党执政地位和加强执政能力建设的重要保证，是参政党充分发挥自身职能的需要，同时也是坚持和完善多党合作制度的一项重要任务。随着我国政治体制改革的不断深化，加强民主党派的民主监督已经成为发展社会主义政治文明的重要课题，积极开展民主党派民主监督问题的研究，对于坚持和完善多党合作制度具有十分重要的理论和实践意义。靳晓光在《关于民主党派民主监督需要厘清的几个基本问题分析》（《山西高等学校社会科学学报》2012年第11期）一文中认为，民主党派的民主监督是中国共产党领导的多党合作和政治协商制度的重要组成部分，这种“异体”监督对于巩固共产党的执政地位，提高执政能力，预防腐败具有重要的作用；民主党派的民主监督在国家整个监督体系中具有独特的优势和作用，强化这种监督，是完善我国整个监督体系、发扬民主、建设社会主义民主政治的需要。除此之外，加强参政党对执政党的民主监督还基于以下原因：一是制约权力的需要；二是弥补合作性政党制度弊端的需要；三是确认和重建执政党的自由、平等等终极价值的需要。施志源在《民主党派在公共决策过程中的监督作用探析》（《重庆社会主义学院学报》2012年第1期）一文中认为，民主党派对公共决策过程的监督有其自身的特点和优势，是公共决策科学化与民主化的重要保证。充分发挥民主党派在公共决策过程中的监督作用，需要注意以下四个方面：一是要高度重视发挥民主党派的监督作用，营造有利于民主党派监督的良好环境；二是要建立健全公共决策领域监督机制，从制度保证民主党派的监督取得实效；三是民主党派要自觉增强监督意识，提高监督水平和监督效率；四是民主党派要积极主动占领网络阵地，与时俱进地开展监督工作。王祥修在《加强民主监督促进司法公正》（《上海市社会主义学院学报》2012年第 3 期）一文中认为，司法公正是人类永恒的追求，是法院的灵魂和生命。民主监督是我国民主党派作为参政党的基本职能之一，是民主党派广泛参与、影响国家政治生活的主要方式，也是促进司法公正的有效途径。只有切实加强党派对法院的民主监督，增进法院与党派之间的良性互动，才能更好地促进司法公正，实现社会和谐。

关于民主监督存在的问题，靳晓光在《关于民主党派民主监督意识的思考》(《求实》2012 年第 10 期）一文中认为，民主党派的民主监督是我国社会主义监督体系的重要组成部分，不可或缺。然而在实践中，我国民主党派的民主监督总体来说还处于“弱化”状态，存在着很多问题，如重参政议政、轻民主监督；重事务监督，轻党务和政务监督；重个人监督，轻整体监督；重形式监督，轻实质监督等等。究其原因，主要有意识层面和制度层面两个方面。在意识层面，由于我国民主、法治传统缺失，公民的民主、法治意识不强，执政党、参政党关于“权力”监督制约的意识不强，没有意识自然就不存在真正的监督。在制度层面，目前我国的监督制度体系还不够完善，存在制度缺位的问题，另外现有的监督制度存在执行不力，运行不畅的现象。要解决这些问题，我们必须真正厘清民主党派民主监督的基本问题，从强化民主监督意识入手，切实改变目前的监督现状。邱永文、张秀霞在《结构——功能主义视角下的中国民主监督》(《重庆社会主义学院学报》2012 年第 5 期)一文中用结构功能主义的相关理论对民主监督存在的问题进行了分析，作者认为，政治系统功能发挥得如何，有赖于组成系统各要素自身及其相关要素之间的互动关系以及系统与周围环境之间的相互作用。导致中国民主监督期望与现实有较大差距的主要原因，都可以从分析我国民主监督的结构入手找到答案。首先，从民主监督系统自身的结构看有明显不足，规范性文本文件规定民主监督的性质、目的、内容和方式等，但具体的监督程序环节却没有明确的规定。其次，从民主监督系统与外部环境（中国政治和社会环境）的相互关系看，外部环境制约着中国民主监督发挥实际功效。民主监督互动的行为主体之间的信息资源明显不对称，中国尚缺乏类似美国“阳光法案”的行政公开的法律规范，各级各地政府的行政决策公开透明度有明显差异，这在一定程度上制约了民主监督作用的发挥。最后，民主监督作为政协和民主党派的主要职能直接受到我国多党合作政党制度的影响。魏东在《社会整合视域下参政党民主监督问题与对策》(《云南行政学院学报》2012 年第 2 期）一文中认为，参政党的民主监督是国家整合机制的重要组成部分，但与参政党政治协商和参政议政功能的发挥相比，民主监督功能的发挥还受到诸多因素的制约，如党际监督缺乏实效性，对参政党民主监督的重视程度有待提高；参政党“重”参政议政，“轻”民主监督，民主监督主体意识薄弱；民主监督缺乏组织机构的“整体效应”，无法形成监督的合力；民主监督的规范性、操作性、权责性不强，参政党缺乏监督权运行的机制保障。郑宪在《我国民主监督的回顾与思考》(《湖南省社会主义学院学报》2012 年第 1 期）一文中认为，改革开放以来，我国的民主监督有了长足的进展。但是民主监督与多党合作制度设计的初衷，在适应现代民主政治发展的要求与时俱进地发展方面，还存在着很多不尽如人意的地方，存在着诸如监督的主体与客体信息不对称；监督的渠道不多；监督的组织性不强，整体功能薄弱；监督的具体行为多，宏观行为少；被动监督多，主动监督少；形式的东西多，实际效果少等现象。对民主监督存在认识误区、民主监督的制度建设相对滞后、民主监督的实效难以保证、民主监督的机制不健全等问题，都是民主党派民主监督功能弱化的重要原因。

关于民主监督的机制建设，张达青在《程序监督：参政党民主监督着力点》(《天津市社会主义学院学报》2012 年第 1 期）一文中认为，中国共产党领导的多党合作和政治协商制度蕴藏着政党“互相监督”政治资源，参政党民主监督是民主政治的促进力量。然而在现实层面，参政党民主监督运行机制存在程序缺陷，民主监督具有随意性和软弱性。为此，要建立民主监督的权利保障机制、重要情况重大问题的通报机制、政府同参政党的沟通联系机制、参政党批评意见的落实反馈机制等，实施民主监督。奥亚锋、梁万艺在《对民主党派监督机制的若干思考》(《广西教育学院学报》2012 年第 6 期）一文中认为，当前民主党派监督机制还存在着监督意识淡薄、监督机制不健全、监督反馈效力弱等问题，需要我们予以完善。完善民主党派监督机制是建设政治文明的内在要求，是保障人民当家做主的重要途径，是社会主义政治优越性的重要体现。在目前已有工作成果的前提下，对民主党派的民主监督，我们可以采取以下可行性的措施：增强民主监督意识；加强和改进民主监督机制；建立监督反馈的保障机制。姜仿其在《新时期民主党派民主监督的特点及改进对策》(《人民论坛》2012 年 23 期）一文中认为，进一步完善民主党派民主监督的机制，一是健全内部制度，形成民主监督合力。民主党派要建立民主监督制度，建议设立民主监督内设工作机构，要在工作机构的统一运作下，形成民主监督的合力。二是建立民主监督资料库和专家库。民主监督的内容主要在决策层面，政策性、科学性强，要充分发挥专家学者的优势作用。三是建立民主监督的信息共享机制,减少监督资源浪费，提升民主监督的质量。四是进一步完善执政党与参政党的政治协商机制，一般应规定未经协商不作决策，甚至可规定凡未经协商的议题，人大有权拒绝审议。

关于民主监督的实效性研究，邓凌在《参政党民主监督效能评估及影响因素的实证研究》(《中共浙江省委党校学报》2012 年第 6 期）一文中，构建了一套参政党民主监督效能评估体系，并以此为标准对参政党民主监督效能现状进行评估，分析了影响参政党民主监督效能的主要因素，提出了提高参政党民主监督效能的对策建议。作者认为，参政党民主监督效能是在中国民主政治运行过程中参政党民主监督达成预期结果或影响的程度。调查结果显示，被调查者对参政党民主监督实效的评价较低，普遍认为我国参政党民主监督的制度设计很好，但是实际效果不令人满意。要改善这种状况，就需要优化监督环境，保障参政党民主监督权利；明确参政党民主监督内容，突出监督重点；加强参政党自身建设，提高民主监督能力；创新参政党民主监督机制，推进民主监督制度化、规范化、程序化。吴棉国在《加强民主党派通过人民政协履行民主监督职能》(《团结报·团结周刊》2012 年 10 月 9 日）一文中认为，加强民主党派民主监督作用，可以从四个方面着手：中共各级党委和政府的高度重视是推动各民主党派在人民政协更好地履行民主监督职能的关键；各级人民政协的全力支持是推动各民主党派在人民政协更好地履行民主监督职能的保证；提高民主党派自身的整体素质是推动各民主党派在人民政协更好地履行民主监督职能的基础；完善有效的监督机制是推动各民主党派在人民政协更好地履行民主监督职能的途径。袁为海、吴辉在《论发挥参政党民主监督功能的价值与路径》(《长春市委党校学报》2012 年第 6 期）一文中认为，参政党的民主监督功能，是中国政党制度的一大特点和优势。充分发挥参政党的民主监督功能，提高参政党民主监督的效果，客观上有利于增强中国政党制度的合法性和正当性。发挥我国参政党的民主监督功能，提高参政党民主监督的效力，需要考虑从以下方面着手：提高对参政党履行民主监督功能的认识；提高参政党民主监督的法制化水平；不断增强参政党民主监督的实效；加强参政党建设，提升参政党民主监督的能力；保障参政党知情权，提高民主监督效力。颜桂平在《采柔性监督，显刚性约束——试论民主党派民主监督的形式和方法》(《湖南省社会主义学院学报》2012 年第 6 期）一文中认为，民主监督是宪法赋予各民主党派的一项重要职能，也是民主党派存在的价值基础。采柔性监督、显刚性约束是民主政治建设的很好途径，更是民主党派民主监督的有力形式，它采用相对平和的非权力监督的形式，强化内部控制制度的约束，增强风险预防意识，发挥沟通协调作用，为畅通社情民意的渠道，促进民主监督的效能和效果发挥作用。

3. 社会服务

随着改革开放的不断深入，民主党派社会服务工作的空间不断拓展，民主党派社会服务工作的内涵不断丰富，引发了理论界对民主党派社会服务职能的不断关注。2012 年理论界对社会服务的研究持续升温，对民主党派的社会服务也更加重视，较有代表性的观点有：

关于民主党派开展社会服务工作的意义和价值，何丕洁在《社会服务工作是民主党派践行同心思想的实践基础》(《团结报·团结周刊》2012 年 9 月 4 日）一文中认为，对于民主党派社会服务工作的认识，经历了一个较长的过程。现在认为社会服务工作属于不务正业的人已经没有了，不过还是有某些同志认为，所谓民主党派的参政议政，就是在大会上有发言，在协商会上有形象。社会服务的价值没有得到应有的肯定。作者指出，民革各级组织多年来形成的大量提案、建议，多数都是在社会服务实践中发现问题并进一步调查研究得以形成的，很多也是通过社会服务工作得以落实的。通过社会服务实践，民主党派树立了良好的社会形象，锻炼了广大干部，发展了基层组织。作者结合《统一战线参与毕节试验区建设调研报告》，认为毕节试验区已成为民主党派贯彻“同心”思想、推进“同心”实践的广阔舞台，社会服务工作已成为民主党派践行“同心”思想、打造“同心”品牌的实践基础。唐明远在《浅论社会服务的三种作用》(《团结报·团结周刊》2012 年 7 月 10 日）一文中认为，社会服务是民主党派的一项重要职能，表面看社会服务似乎是一种纯公益性的活动，其实不尽然。社会服务对构建和谐社会起着非常重要的作用，对促进民主党派自身建设也大有裨益。实践证明：社会服务对组织建设具有重要的助推作用，有助于增强组织凝聚力、影响力；社会服务也是一种生动、实在的思想教育，是对思想教育形式的扩充和内容的丰富，可以帮助思想建设增强实效；社会服务为民主党派成员提供了调查研究的极好机会，有助于提高参政议政的实效。陈晓晔在《多维度观照下的民主党派社会服务职能》(《民主》2012 年第 8 期）一文中认为，从现象看，社会服务就是一方付出，一方受益。这仅仅是直观现象。要建立对民主党派社会服务的深入一步的认知，必须有一个由表及里，由浅入深的考察、探索过程，从多个角度揭示事物的本质意义。首先，民主党派的社会服务具有促进欠发达地区和未富裕人群兴业致富的重要的经济学意义。其次，民主党派的社会服务具有促进党派政治参与和提高参政议政质量的深刻的政治学意义。再次，民主党派的社会服务具有促进社会主义精神文明建设的鲜明的伦理学意义。孙瑞华在《将社会服务确立为参政党职能的一点思考》(《江苏省社会主义学院学报》2012 年第 2 期）一文中认为，近年来，民主党派的社会服务工作开展得有声有色、有力有效，在参政党的履职实践中愈益显现其重要价值。应发展之需，将社会服务确立为参政党的基本职能之一，具有充足的现实与理论依据。

关于如何提高民主党派社会服务工作的质量和影响力，王勒懿在《倾力打造社会服务工作品牌》(《团结报·团结周刊》2012 年 1 月 31 日）一文中认为，社会服务工作是民主党派参政议政的延伸和拓展，是民主党派履行参政党职能的实践阵地。打造社会服务工作品牌，切实发挥民主党派社会服务工作的示范先导作用，可以提高社会服务工作的实效和影响，进一步凸显民主党派的参政党职能，体现与中国共产党同心同德、同心同行、同心同向。做好民主党派的社会服务工作，首先要准确定位。在功能价值上应定位于服务科学发展、促进民生改善；在层次范围上应实现品牌政治社会效益的最大化。其次要完善机制，包括领导机制、协作机制、保障机制、人才机制、考评机制。第三，在打造方式上要结合实际，注重实效。姚艺在《努力打造民主党派社会服务工作品牌》(《团结报·团结周刊》2012 年 8 月 21 日）一文中认为，社会服务工作要不断适应形势发展的需要，就必须提升工作的能力和水平，改变过去势单力薄、一盘散沙的格局，结合自身优势，精心选择项目，打造社会服务的品牌。打造社会服务品牌的前提是要求我们认识上有高度、眼界上有广度、服务上有速度。打造社会服务品牌还需加强机制建设，一是准确的项目定位和完善的策划；二是建立机构和队伍；三是整合资源，广泛动员社会力量参与，以提高社会服务的质量和水平。打造社会服务品牌还要加大宣传力度，传播和推广社会服务工作的成效，为此，要加强联系沟通，与地方新闻媒体建立良好的关系，加深新闻工作者对民主党派职能的认识，增加社会服务成果宣传力度；要尊重宣传工作的客观规律和特点；要增强宣传人员的主动性，避免宣传的随意性和盲目性。刘峻杰在《对新时期社会服务工作的思考》(《前进论坛》2012 年第 11 期）一文中认为，社会服务工作应该不断总结经验，摸索规律，树立规则标准，以切实提升新时期社会服务的整体水平。为此，民主党派可以发挥应有的作用。一是要提高对社会服务工作的认识；二是增强社会服务工作的创新能力；三是加强对社会服务工作的管理。目前，民主党派的社会服务工作需要把握几个问题。首先是关注点问题；第二是资源整合问题；第三是人才问题；第四是社会服务资金的来源问题；第五是社会服务方法问题。唐华生在《民主党派社会服务的内涵、价值和机制构建》(《四川统一战线》2012 年第 1 期）一文中认为，社会服务既是民主党派的社会职责，也是每个民主党派成员应尽的社会义务。同时，社会服务工作还是各参政党在国家政治和社会生活中发挥作用的另一种形式和途径，是社会责任的体现。新时期新阶段，为了确保参政党的社会服务工作取得实效，不仅要用科学发展观来指导社会服务工作，还要着眼于未来，建立长效工作机制，实现社会服务制度化、规范化。当务之急是要着力构建民主党派社会服务的五大机制，包括激励引导机制、组织管理机制、人才保障机制、经验推广机制、理论研讨机制。

（二）民主党派功能研究

民主党派的功能是什么？民主党派如何在多党合作的政治框架下实现其功能？民主党派的政治功能在新时期面临什么样的挑战？对这些问题，研究者们表达了普遍的关切。在此基础上，也有研究者开始关注参政党的社会功能问题，对参政党的政治功能与社会功能的关系进行了初步思考。

1. 参政党功能的内涵

究竟什么是参政党的功能，新形势下参政党的功能该如何定位，它与其他相似概念如参政党职能的关系等问题，是参政党功能的内涵研究中必须明确的问题，也是研究者们比较关注的问题。有代表性的观点如下：

郑宪、赵剑云在《浅析参政党社会功能与政治功能的关系》（《湖北省社会主义学院学报》2012 年第 5 期）一文中认为，参政党功能，是指我国各民主党派在中国特色社会主义政党制度系统中与中国共产党的执政党功能有机结合，通过履行参政议政、民主监督职能，辅助执政的中国共产党管理国家事务，在推动中国特色社会主义事业中发挥的作用，具体表现为利益表达、民主监督、社会整合和政治社会化四个方面。参政党的政治功能大体可以包括政治主张功能、政治参与功能和政治监督功能。参政党的社会功能包括社会服务功能、社会整合功能和社会反馈功能。参政党的政治功能决定社会功能的开发，参政党的社会功能反作用于政治功能。

崔珏在《试论我国民主党派的职能与功能》（《重庆社会主义学院学报》2012 年第 2 期）一文中认为，职能和功能是分析政党作用的两种视角。在中国政党制度中，民主党派作为参政党具有参政议政、民主监督和政治协商的主要职能，体现了参政党与政府、参政党与执政党之间关系的定位。作为政党组织，现阶段民主党派具有政治参与、利益表达和利益综合、政策咨询、社会服务、政治社会化等主要功能，体现了其在政治和社会领域的作用。在社会转型、政治发展有序推进的形势下，合理定位参政党职能，拓展开发参政党政党功能，有助于增强我国政党制度的包容性，推进社会主义民主政治发展。

邱永文、姜丽华在《中国政党制度的特点与参政党的功能定位》（《首都师范大学学报·社会科学版》2012 年第 5 期）一文中认为，政党制度是一种民主制度，各国政党制度虽然千差万别，但其价值追求和基本内涵大致相同。我国参政党作为政党制度中重要的行为主体，理应在中国政党制度的发展完善过程中发挥其应有的功能。结合中西方政党制度的内涵及中国政党制度的特点考虑，参政党的功能至少应该包含两个方面的内容：其一是参政党对于中国政治发展具有的功能；其二是参政党对于中国政党制度具有的功能。参政党对于中国宏观政治发展具有的功能应该是每一个政党对于民主政治所具有的一般意义的功能，即推动和促进民主政治的发展。结合中国政党制度的内涵和中国的政治实践，中国参政党对于中国政党制度的功能主要体现在政党与国家政权，政党与政党和政党与社会这三种关系方面。在中国的政党和国家政权关系问题上，参政党应该发挥好参政议政和有效使用国家权力的功能。在中国政党关系问题上，参政党应该发挥通力合作与有效监督相结合的功能。在政党与社会关系问题上，参政党应该主动发挥连接社会与国家的桥梁和纽带功能。

张弓长、郭晓明、王新英在《网络民主语境下民主党派政治功能　面临的挑战与对策》（《辽宁省社会主义学院学报》2012 年第 3 期）一文中认为，在网络民主语境下，民主党派政治功能的发挥面临着挑战，存在政治功能虚化，政治地位边缘化的危险。面对网络民主对我国政党制度的冲击，应与时俱进，适应新的时代，从以下几方面来提升民主党派的政治功能：首先，扩大民主党派政治权力，拓宽民主党派的政治作为空间，培育政治的多元力量，激活制度框架内的活力，完善现有代议民主。其次，调整和优化民主党派的角色和政治功能，使民主党派成为收集民意的“民意调查整合局”、征询民意的“义务监督员”和“免费咨询师”。第三，促进网络民主组织化和制度化，实现现实的政治系统与网络民主的对接，民主党派应成为现实力量。

2. 政治参与功能

2012 年对民主党派的政治参与功能的研究主要集中在民主党派在公共决策中的作用与优势、民主党派政治参与的方式与保障、民主党派充分发挥政治参与功能的举措以及民主党派政治参与功能面临的挑战等问题上。

民主党派在公共决策中发挥作用，是民主党派政治参与功能实现的重要方式之一，也是民主党派政治参与功能最有效的实现方式之一，因而一直引起理论界的热议。研究者们对民主党派参与公共决策的优势、路径、经验都进行了深入研究，有代表性的文章如下：

黄天柱在《在参与中成长：政策制定过程中的中国参政党》（《团结报·团结周刊》2012 年 6 月 26 日）一文中认为，公共政策制定是现代政治的焦点，公众广泛参与政策制定过程，是现代民主政治发展的重要特征和趋势。民主党派作为有别于人民团体、社团组织的参政党，是我国政策制定过程中的宝贵政治资源和重要政治力量，在政策制定、执行和监督中发挥了重要作用。而且与其他社会组织相比，民主党派参与政策制定有其独特优势，包括利益诉求的整合性、政策对话的高层性、人才资源的专业优势、立场的超脱性、信息传输的畅通性、参与方式的规范性、参与内容的广泛性等。

欧阳晓安、叶国平在《民主党派参与公共决策的现实效果及影响因素分析》（《湖南省社会主义学院学报》2012 年第 3 期）一文中认为，作为我国政治参与的重要主体，民主党派能够参与到公共决策的全部过程之中，对我国公共决策的民主化、公开化和科学化起到了积极的作用。但是由于我国公共决策程序存在的问题和民主党派自身的缺陷，民主党派参与公共决策在很多时候还流于形式，并没有达到理想的效果。因此，应当从公共决策过程的制度化、规范化和民主党派及其成员公共决策参与能力培养等方面着手，提高民主党派参与公共决策的有效性。

涂志凌在《完善民主党派参与公共政策制定的路径探析》（《团结》2012 年第 4 期）一文中认为，在我国现行的政党制度架构中，民主党派作为与执政党亲密合作的参政党，是我国政策主体重要的组成部分。民主党派紧紧围绕国家经济和社会发展中的重大问题建言献策，参与或影响公共政策过程的各个环节，在协调社会利益、化解社会矛盾冲突方面发挥着独特的优势和作用，在我国政治生活中的影响力不断提升。完善民主党派参与公共政策制定的路径，可以从以下三方面着手：首先，创造民主党派参与公共政策过程的制度保障，包括加强程序化、法制化建设；党政有关部门应为民主党派创造更多的知情条件；加强党外人士任职的制度化建设等方面。其次，要提高民主党派参与公共政策专业化水平，包括发挥民主党派的整体优势、打造民主党派在政策研究领域的优势和特色、加强组织建设，提升参政人才队伍素质、承担起“思想库”的作用等方面。再次，充分发挥民主党派的利益代表功能，包括明确利益代表主体、深化利益表达和利益综合机制建设等方面。

靳呈伟、刘玉在《西方国家非执政党参与政策过程的实践及对我国民主党派的启示》（《广州社会主义学院学报》2012 年第 1 期）一文中认为，在多数西方国家，不处于执政地位的政党在政策过程中也能发挥特定作用，它们可以借助制度保障参与影响政策过程。在中西不同政党制度背景下，尽管政党参与政策过程的实践是不同的，但中西政党制度都是人类政治文明的重要成果，都遵循一些基本规律，这为不同政治文明形式之间的相互借鉴提供了基础。西方国家非执政党参与政策过程实践对我国民主党派的启示是：第一，加强与人民的沟通，更好地汇集民意，让民意在公共政策中得到更多、更好地体现。第二，充分利用法定权利，依法参与政策过程。第三，加强民主监督。第四，加强自身建设，提高参与影响政策过程的综合能力。第五，注意利用相关技巧，提高参政议政效果。

关于充分发挥民主党派政治参与功能的途径，有的学者从提高政治参与的组织化程度立论，有的从加强政治参与的机制建设建言，有代表性的文章如下：

贺俊春、王相红在《关于民主党派政治参与组织化的理论探讨》（《湖北省社会主义学院学报》2012 年第 4 期）一文认为，在我国，政治参与的主体、形式、渠道比较多样，其中民主党派的政治参与尤具特色，成为沟通政府与公众的桥梁，在我国政治生活中发挥着重要作用。之所以如此，与其体制内参与特点，与其本身的政党层次，以及与政党层次相应的政治参与的组织化不无关系，其中，又以组织化的政治参与最为有力。在此基础上，作者探讨了民主党派政治参与组织化的内涵及意义，构建了衡量现阶段民主党派政治参与组织化程度和水平的指标体系，以期对提高民主党派政治参与组织化水平有所助益。

张丙宣《民主党派动员党外知识分子政治参与的机制研究——基于参与式治理的理论视角》（《天津市社会主义学院学报》2012 年第 3 期）一文从参与式治理的理论视角出发，研究了民主党派动员知识分子参与社会建设的机制。作者认为，当前党外知识分子结构复杂，参政议政的制度和机制不健全，参与能力不高，自治组织规模小、力量弱等；为此，应该建立赋权授能机制，建立利益表达、利益整合与价值整合的机制，完善信息沟通机制、冲突协调机制和相互嵌入机制，建立枢纽型社会组织，提高社会的凝聚力，增强政治体制的弹性。

关于民主党派政治参与功能的实现方式与政治保障，刘晓文、刘振清在《基于协商政治的中国参政党参政方式研究》（《福建省社会主义学院学报》2012 年第 6 期）一文中阐述了协商政治理论的内涵、特征和发展趋势，论述了我国政治协商理论的形成发展，以及参政党参政方式的演进过程，提出协商政治视角下发展和完善中国参政党参政方式应从以下路径入手：参政党政治协商职能需要在制度上进一步规范化；参政党民主监督职能需要进一步提升；参政党参政议政能力需要不断提高。李建、齐莹、齐志鹏在《论中国参政党有序政治参与的政治保障》(《理论界》2012年第2期）一文中认为，中国共产党领导的多党合作和政治协商制度是我国的一项基本政治制度。这一制度规定了共产党是执政党，各民主党派是参政党的政党地位，它为新时期参政党进行有序政治参与提供了坚实的政治保障。这种政治保障主要由参政党与执政党根本利益的一致性、参政党取得了政治参与地位的合法性、参政党民主监督和参政地位的平等性三个方面所决定。

关于民主党派政治参与功能面临的挑战与应对，邓敏秋在《网络政治对民主党派政治参与的挑战与影响》(《前进论坛》2012年第2期）一文中认为，网络政治利用互联网的优越性，架起了民主党派与“四大班子”(党委、政府、人大、政协）政治参与的桥梁，架起了普通民众与政府沟通的桥梁，成为撬动现实社会生活的有力杠杆，成为党派群团、各界民众参与国家政治生活的重要手段，成为民众意愿的常态表达和社会监督的重要形式，成为疏导和化解社会矛盾的渠道和载体。从目前情况看，民主党派关于网络政治的政治参与，还没有跟上时代的步伐，存在着仍需不断提高参政能力的历史课题，主要表现在：部分党派机关及成员网络政治的参与意识薄弱，甚至因网络政治的“双刃剑”带来认识偏差和误解；部分党派机关对网络政治介入需要的网络知识贫乏，网络专业能力建设滞后；部分民主党派机关对网络政治的政治参与方式尚未形成有序有效的思路。为此，需要民主党派明确在网络政治的政治参与的方向目标，需要民主党派拓宽在网络政治的政治参与的领域途径。孙忠良在《论微博时代民主党派的角色定位》(《贵州社会主义学院学报》2012年第1期）一文中认为，作为一种新兴网络沟通技术手段，微博的出现改变着互联网的舆论格局，并对中国社会产生深刻的影响。微博时代已悄然来临，但作为参政党的各民主党派，在微博时代中的角色定位却仍不够清晰，并不能完全适应当前网络民主发展的需要，具体表现为：微博时代民主党派的部分功能被取代和弱化；微博时代民主党派的某些观念和思维有待改善；微博时代民主党派的共同意志面临边缘化的危险。如何通过微博拓展民主党派政治参与的渠道，提升参政议政的能力，使之明确在微博时代中的角色定位，需要更多的思考。为此，民主党派要转换传统思维的束缚，树立正确的信息化观念，提高对微博等新型网络媒体工具手段的认识；加强“微博问政”的常态化和制度化建设,杜绝“作秀”和“虚热”行为；在充分利用微博功能优势的同时，还必须注重现实层面的建设，实现虚拟与现实的有效对接。

3. 社会整合和利益表达功能

关于民主党派的社会整合和利益表达功能，有代表性的文章有：

袁冬冬、王文龙在《民主党派在我国立法中的利益整合功能研究》(《郑州航空工业管理学院学报·社会科学版》2012年第3期）一文中认为，随着市场经济的发展，中国社会由传统向现代转型，社会阶层不断分化，出现了不同的利益诉求。在这一时期，民主党派的政治地位在经历了确立、发展、缺失之后逐步得到加强，在我国的法治建设中发挥着越来越重要的作用。民主党派成员主要通过提出立法建议、提交立法草案和参加座谈会与论证会的方式参与立法，有效促进了我国立法的民主化和理性化。但是在立法中也出现了民主党派代表性较弱，参与立法的过程缺乏制度与程序性保障，参与立法的积极性不高等现象。为此，我们需要完善民主党派参与立法的制度和程序，强化民主党派在立法中的利益代表性，提高民主党派成员在立法中的积极性，以加强民主党派利益整合功能。

赵晋阳在《试论中国参政党利益表达功能》(《民主》2012 年第 2 期）一文中认为，我国民主党派的利益表达应有两重功能，其一，民主党派所联系的群众是民主党派的基础，民主党派要表达自己所联系群体的利益需要，民主党派有义务为他们表达利益。其二，作为接受中国共产党领导的，与中共通力合作共同致力于中国特色社会主义事业的参政党，民主党派并不限于代表它所联系的三方面群众的利益，而是要更加广泛地为各个阶层、各个方面表达意愿，为促进社会和谐发展作出应有的贡献。民主党派要在履行参政党职能中发挥利益表达功能，包括发挥政治协商制度的优势、在参政议政过程中充分体现、在民主监督中表达诉求等。民主党派在利益表达中应把公平正义作为首要的价值观，无论是为其成员和所联系群众表达利益，还是为社会其他群体表达利益，都要尊崇公平正义的价值取向。

六、参政党建设研究

2012 年对参政党建设的研究，依然围绕参政党的思想建设、组织建设、制度建设等问题来展开。研究者们对参政党理论建设和文化建设更加深入，是本年度参政党建设研究的一个重要特点。此外，还有部分研究者开始关注参政党的形象建设，表现出一定的创新性。

（一）参政党建设的一般理论研究

进入新世纪，参政党建设面临什么样的挑战与问题，参政党建设有什么特点？参政党建设的目标是什么？参政党建设如何与执政党建设相促进？ 2012 年理论界除了对以上这些问题加强研究之外，对建设学习型参政党、建设高素质参政党等问题也加大了研究力度，丰富了参政党建设理论，对参政党建设的实践也有一定的指导意义。

1. 参政党建设的目标

参政党建设的目标设定，有的学者从建设高素质参政党角度进行论述，也有学者从建设学习型参政党组织的角度立论。此外，还有部分学者从方法论角度讨论了设定参政党建设目标时应该具备的视角，如邱永文在《论参政党建设的目标选择——以中国特色政党制度的功能与价值为视角》(《中央社会主义学院学报》2012 年第 3 期）一文中认为，政党建设目标，是政党自身建设所要达到的境地或标准。政党建设目标的确定，对于政党的发展具有重要意义。政党建设离不开它所处的政治系统，政党制度直接决定了政党建设的目标。参政党建设的目标选择，直接取决于中国特色政党制度。中国特色政党制度的功能决定着参政党建设的近期目标，价值决定和指导着参政党建设的长远目标。作者认为，参政党建设的近期目标是要促进和实现中国特色政党制度的功能发挥，以期更好地为现实的政治发展服务；长远目标则要体现和反映中国特色政党制度民主的价值内涵，推动中国政治文明的长久发展。

关于高素质参政党的研究，有代表性观点如下：周秀泉在《高素质参政党建设与当前面临的问题》（《天津市社会主义学院学报》2012年第1期）一文中认为，高素质参政党建设当前面临的问题有：在世界开放中如何面对各种思潮；在政治交接中如何继承民主党派的优良传统；在社会矛盾中如何面对政党考验；在社会民主中如何发挥参政党优势等。如何正确的面对这些问题，是高素质参政党建设的一个重要方面，而另一重要方面就是参政党的自身素质，包括：自省能力、精进态度、无私精神、求道理念的提高，只有这样，才能使高素质参政党建设在中国共产党领导的伟大事业中做出应有的贡献。

民进江苏省委课题组在《高素质参政党问题研究》（《江苏省社会主义学院学报》2012年第1期）一文中认为，推进高素质参政党问题研究，必须遵循理论与实践相结合的原则，采用理论分析和实证研究相结合的方法，从时空上进一步探讨参政党所处的历史方位以及参政党建设的时代要求，从理论上进一步搞清楚高素质参政党的基本内涵和本质特征，从实践中进一步总结建设高素质参政党的根本原则和基本经验，进而为推进高素质参政党建设提供理论支撑和对策思路。准确把握时代变化对参政党建设提出的新要求，是高素质参政党问题研究的逻辑前提；从理论上搞清楚高素质参政党的基本内涵和本质特征，是建设高素质参政党的理论基础；从实践中探索带有规律性的东西，把经验上升到理论高度，是推进高素质参政党的根本途径。

关于学习型参政党的研究，主要文章有：陈大明、曾昭富、杨斌斌在《借鉴中共建党经验建设学习型参政党》（《广州社会主义学院学报》2012年第3期）一文中认为，非学无以立党兴党，非学无以治国安邦。民主党派作为参政党，其最重要、最关键的是应借鉴中共加强学习型执政党建设，提高执政能力的经验，加强民主党派的学习型参政党建设。在开展树立和践行社会主义核心价值体系教育活动中，应进一步深入开展学习型参政党建设，弄清学习型参政党的内在规定与建设原则，注重学风、政风和党风，促进参政党参政议政能力和队伍的科学发展。

王恒在《南宁市民主党派建设学习型参政党的探索》（《中共南宁市委党校学报》2012年第4期）一文中认为，在中国共产党强调学习型政党建设的同时，民主党派只有与时俱进，建设学习型参政党，才能跟上执政党的步伐，才能更好履行参政党的职能。作者以南宁市民主党派建设学习型参政党的实践为例，分析了民主党派建设学习型参政党中存在的问题，总结了民主党派建设学习型参政党的经验，认为进一步推进学习型参政党建设，需要民主党派的领导班子在思想上要进一步提高认识，带头学习，发挥示范带头作用；切实把建设学习型参政党的任务落实到基层组织；加强理论研究工作，为建设学习型参政党提供理论支持；重视学习平台建设，充分发挥社会主义学院在学习型参政党建设中的作用；建立完善学习型参政党建设的长效机制，使学习常态化、制度化、长效化。

李晓艳在《探析学习型参政党建设的基本着力点》（《湖南省社会主义学院学报》2012年第2期）一文中认为，中共十七届四中全会提出了建设“马克思主义学习型政党”的战略任务。民主党派作为参政党，应当借鉴共产党建设学习型政党的宝贵经验，扎实推进学习型参政党建设：以明确目标为出发点，凸显参政党建设特色；以坚持原则为根本点，科学推进参政党建设；以完善内容为关键点，武装头脑坚定信念；以创新举措为突破点，切实增强建设实效。

潘慧春在《学习型参政党建设中存在的问题及对策研究》(《湖南省社会主义学院学报》2012年第4期）一文中认为，建设学习型参政党是各民主党派面临的新课题。营造良好的学习氛围，激发学习的内在动力，树立正确的学习观念，把握学习的主要内容，健全学习的相关制度应成为推进学习型参政党建设的主要途径。

2. 参政党建设的问题与挑战

克服新时期参政党建设存在的不足，应对参政党建设面临的挑战是搞好参政党建设的前提。2012年理论界对这些问题的研究，对参政党建设的实践是具有重要指导意义的，有代表性观点如下：

宋琳琳在《新时期民主党派自身建设问题的反思》(《赤峰学院学报·汉文哲学社会科学版)》2012年第1期）一文中分析了民主党派自身建设各个领域如思想建设、组织建设、形象建设及能力建设等方面存在的问题，并提出了加强民主党派自身建设的对策建议。作者认为，当前民主党派自身建设存在的问题是，民主党派成员政治诉求需更加明确，民主党派成员政治素质有待提高；各民主党派内队伍年龄结构不合理，组织制度不完备，组织文化建设任重道远；民主党派形象建设相对滞后，民主党派能力建设尚需提升等等。

吴学军在《论网络媒体给民主党派带来的机遇与挑战》(《四川省社会主义学院学报》2012年第4期）一文中认为，网络媒体极大地改变了民主党派的政治生态环境，对民主党派的自身建设及参政履职带来了深远的影响。我国网络媒体及网络政治参与的新情况给民主党派的发展提供了新的平台，有助于民主党派加强自身建设和参政履职，也给民主党派加强思想建设带来了挑战，要有针对性地提出应对网络媒体和参与网络政治的对策，争取思想政治工作的主动权。

张继兰、李良中在《参政党建设重要性与紧迫性分析》(《人民论坛》2012年第11期）一文中认为，中国共产党领导的多党合作和政治协商制度既是我国的政党制度，也是一项基本政治制度。参政党是多党合作政党制度中不可或缺的要素之一，加强参政党建设有利于彰显我国社会主义民主的独特性和我国政党制度的优越性，也有利于畅通多元利益的表达渠道。当前民主党派新成员的认同意识有待增加，参政议政整体素质也有待提升。如何依靠民主党派的整体智力水平来提高参政议政的能力和发挥参政党的影响力，是当前民主党派加强自身建设的重要课题。

连振波在《虚拟空间对民主党派发展和建设的意义》(《前进论坛》2012年第2期）一文中认为，通过计算机网络，使人类能实现远程信息交换和处理，共享彼此的资源，而不需要相互之间的现实接触。这样一个“虚拟世界”的出现，给党派建设带来新的机遇和挑战。一是虚拟世界并非游戏，而是与现实平行的一个世界，每个虚拟的形象背后都有一个现实的人；二是虚拟世界的疆域是全球性的，虚拟世界的伦理构建源于现实的“普世伦理”和“底线伦理”。这对党派建设来说，既是一个极大的挑战，又是一个全新的起点。与此同时，民主党派利用虚拟空间的现状是令人堪忧的。一是民主党派的网站充其量只是一个宣传版面，不是现代意义上的互联网空间网站；二是内容缺乏时代感，不能及时反映时代新生活，与青年人的距离特别远；三是网站不能与基层党员、民众形成沟通，产生共鸣；四是不能与国际接轨，缺少公民道德的引导力和话语权的开拓力。因此，民主党派应大力研究网络对民主党派的影响与意义，充分利用虚拟空间为民主党派的建设与发展服务。

3. 执政党建设与参政党建设相促进

参政党如何学习执政党自身建设的经验推动自身发展，执政党如何帮助参政党加强自身建设，履行自己的政治责任，是参政党建设理论不可回避的问题。2012 年对这一问题的研究主要侧重于参政党如何向执政党学习其经验，寻求其支持等方面。有代表性文章如下：

叶莲在《参政党建设的党际依赖分析》(《宁夏大学学报·人文社会科学版》2012 年第 3 期）一文中认为，随着我国民主政治的不断发展和完善，参政党在国家政治协商制度的作用日益凸显，为了更好地发挥参政党的参政议政能力，参政党需要加强和提高自身建设。其中最重要的是，必须处理好与中国共产党之间的党际依赖关系问题，主要表现为结构性依赖、行为性依赖和进化性依赖，从而利用自身的优势，发挥参政、议政的能力，形成促进社会和谐的思维导向和制度安排。作者认为，执政党在加强自身执政能力建设与和谐社会的构建中，必须依赖于客体化了的具有主体功能的各民主党派的支持和认同。同样，参政党要想获得成长的空间，必须给予自己准确的主体性定位，加强自身建设同样离不开中国共产党的支持和认同。

魏丽萍在《借鉴执政党建设经验，提高参政党建设科学化水平》(《湖北省社会主义学院学报》2012 年第 3 期）一文中认为，在当今中国，基于中国特色社会主义发展和建设的实际需要，同时也基于执政党、参政党自身建设的实际要求，将执政党建设和参政党建设紧密联系起来，相互借鉴、互相促进是非常必要的。在这一过程中，共产党除了加强自身建设以外，还要肩负起对民主党派建设的示范与引领作用；民主党派也要借鉴执政党建设经验，加强参政党理论建设、制度建设、能力建设、学习型参政党建设，通过自身建设来协助共产党搞好执政党建设。

姚俭建在《论共产党的执政能力建设对参政党的引领与启示》(《上海市社会主义学院学报》2012 年第 4 期）一文中认为，作为统一战线的领导力量，共产党在执政能力建设方面已经积累了丰富的经验，并对参政党的参政能力建设起到引领作用。参政党参政能力建设是一个不断探索、逐步提升参政议政能力的过程，也是不断借鉴执政党的执政经验、深入把握参政议政规律的过程。参政党需要实现与执政党的良性互动，并从共产党的执政能力建设经验中汲取营养，不断提升参政能力和水平，其启示主要表现在：一是要建设学习型参政党，夯实参政能力的理论基础；二是要立足科学发展，把发展作为参政能力建设的第一要务；三是要结合参政党的职能，探索和把握新时期参政能力建设的规律。

（二）参政党的理论建设研究

加强参政党理论建设，是参政党建设卓有成效的展开的前提，在这一共识的基础上，2012年理论界对参政党理论建设的意义、内涵和方法进行了研究，主要观点如下：

关于参政党理论建设的方法论研究，王小鸿在《关于参政党理论建设的几点思考》（《上海市社会主义学院学报》2012年第5期）一文中认为，参政党理论建设是中国特色政党理论体系中的一个重要组成部分，是中国多党合作制度建设中需要进一步加强的重要方面。弄清参政党理论建设的主要内容和历史进程，在参政党理论建设中处理好政治性与学术性、理论与实践、继承与创新、问题意识和成果意识的关系，并把参政党理论建设纳入中国特色社会主义理论体系之中，才能推进参政党理论建设的深入发展。

陈喜庆在《关于加强参政党理论建设的三点意见》（《民主》2012年第4期）一文中认为，加强参政党理论建设，一要准确把握我国参政党理论研究的历史进程，二要认真总结坚持参政党理论研究的基本经验，这些经验包括坚持政治性与学术性相结合；坚持理论与实践相结合；坚持继承与创新相结合；坚持问题意识和成果意识相结合；坚持党派研究与多方研究相结合。三要积极研究探索参政党建设规律。作者认为，探索参政党建设规律，是参政党理论研究的核心内容，也是提高参政党建设科学化水平的根本要求。总结60多年来参政党建设实践和理论研究成果，至少可以形成以下几条关于参政党建设的规律性认识：第一，加强参政党建设，要在中国共产党的领导下来进行；第二，加强参政党建设，要在多党合作制度框架内来推进；第三，加强参政党建设，要围绕提高参政能力建设来展开；第四，加强参政党建设，要在执政党建设与参政党建设相互促进中来实现。

王夫玉在《新时期民主党派建设理论创新与实践》（《江苏省社会主义学院学报》2012年第6期）一文中，从新时期各民主党派活动的恢复和发展、确立民主党派在国家政治生活中的地位、新时期民主党派实现稳妥的政治交接、民主党派掀起建设高素质参政党活动、进一步发挥民主党派在人民政协中作用、发挥民主党派在统一战线中的骨干支撑、民主党派社会主义核心价值体系教育活动、民主党派学习和践行同心思想行动、加强新形势下党外代表人士队伍建设等9个方面，对新时期中国共产党有关民主党派建设的重大理论创新成果和民主党派建设的重大实践进行了综述，为系统把握35年来民主党派建设理论创新与实践之发展脉络，从而更好地借鉴历史经验，推动理论创新，提供了清晰的线索。

邵明芳在《推动参政党理论建设的深化》（《团结报·团结周刊》2012年5月15日）一文中认为，理论是行动的指南，民主党派作为参政党要跟上时代发展潮流，增强三种意识，推动参政党理论建设深化则是势在必行之举，更是长远务实之策。各级民主党派组织要不断增强参政党理论建设的时代意识，为我国多党合作事业发展奠定深厚的思想基础；民主党派各级组织要不断增强参政党理论建设的责任意识，为我国多党合作事业发展提供行动指南；各级民主党派组织要不断增强参政党理论建设的发展意识，为我国多党合作事业发展谱写新的华章。

还有学者从史料文献开发的角度为参政党理论建设的开展提供了方法论支援，如倪文敏、文杰在《中国民主党派史料文献开发与建设的调研报告》(《中央社会主义学院学报》2012 年第 5 期)一文中认为，加强民主党派史料的搜集、考证、整理和利用，有利于促进多党合作研究的深入开展。作者通过与各民主党派机关的座谈，并且在走访调研了中央社会主义学院图书馆、各民主党派中央、国家档案馆、北京市档案馆以及浙江省档案馆的基础上，对民主党派史料文献开发与建设的效果与现状进行了分析，并就一些存在的问题提出了相关的建议。

关于参政党建设理论的内容建构，研究者们对参政党建设理论的研究范围进行了拓展，如范前锋在《应将无党派人士工作纳入到参政党理论研究范畴之内——兼谈无党派人士工作的研究方法》(《湖南省社会主义学院学报》2012 年第 6 期)一文中认为，无党派人士实质上是“有党派性的”，其参政属于我国多党合作制度应有之义，属于中国特色政党体制之内，因此，我们搞参政党理论研究，不能只局限于八个民主党派，要将中国共产党同无党派人士的团结合作纳入到我国政党制度及参政党理论的研究范畴之内。孙信在《参政党形象建设初探》(《重庆社会主义学院学报》2012 年第 6 期)一文中，把“形象建设”纳入参政党理论研究的范围，认为参政党形象建设是参政党建设的重要内容，也是参政党建设的当务之急。加强参政党形象建设，要以党纲为旗帜、以内强素质为依托、以党旗党徽为标识、以媒介为载体、以参政议政能力的提高和成果的增加为后援。

(三)参政党的思想建设研究

参政党的思想建设是参政党建设的核心，2012 年理论界对这一课题的研究主要集中在参政党成员的理想信念和政治认同、参政党思想建设的现状、参政党思想建设的方法和有效性、参政党思想建设理论的深化等问题上。

关于参政党成员的理想信念和政治认同问题，张峰在《同心同向——论参政党的理想信念选择》(《湖北省社会主义学院学报》2012 年第 4 期)一文中认为，民主党派要实现与中国共产党的同心同向，首先就涉及自身的理想信念的确立与选择。在理想信念上在与中共保持根本一致的前提下，其选择还应体现以下不同，即“高不成低不就”，体现务实性；“既不左也不右”，体现中庸性；“只向前不退后”，体现进步性。杜青林在《加强政治共识教育，不断夯实多党合作的共同思想政治基础》(《中央社会主义学院学报》2012 年第 2 期)一文中认为，多党合作的政治共识，具有深厚的历史底蕴、稳定的制度化和鲜明的中国特色。强化政治共识，事关多党合作发展的根基，需要中国共产党与各民主党派、无党派人士的共同努力。各民主党派和无党派人士要把强化政治共识作为根本任务，以思想建设坚定共识，以服务大局深化共识，以政治交接巩固共识，以自我教育增进共识，不断夯实与中国共产党团结奋斗的共同思想政治基础。金勤明在《高校民主党派成员的政党认同研究》(《上海市社会主义学院学报》2012 年第 4 期)一文中认为，高校民主党派成员的政党认同是指高校民主党派成员对自己所属政党的认同状况。从目前情况来看，高校民主党派成员对其所属政党有一定的认同和组织归属感，但也有一部分党派成员对自己所属政党缺乏认同和归属感。因此，作为政党存在和发展的最深层依据，提高民主党派成员的政党认同是统战工作必须面对的重大问题。

关于当前民主党派思想建设的现状，有的论者从民主党派成员的思想状况来分析，如杨选锋在《民主党派对多党合作制度的价值认同调查报告——以湖北省民主党派为视角》（《湖北省社会主义学院学报》2012 年第 1 期）一文中，通过对湖北省民主党派部分成员的调查，分析了民主党派成员对多党合作制度的价值认同程度。作者认为，民主党派成员总体上对多党合作制度比较熟悉，且熟悉程度与党（盟、会、社）龄、党派内任职成正相关；在对多党合作制度的地位与作用的认识中，68.9% 的人认为它是民主政治的制度保障和政党政治的一种形式；大部分民主党派成员对多党合作制度的价值与功能有一定了解，对多党合作制度的价值实现基本上有信心，但仍有 21.7% 人的在这一点上认识模糊，需要加强认识。有的论者分析了民主党派成员的思想态势，如蔡明浩在《影响民主党派成员思想态势的主要因素分析》（《湘潮》2012 年第 3 期）一文中认为，民主党派成员是统一战线的主体之一，是社会的特殊组成部分，他们的思想状况如何，将对国家的改革、发展和稳定产生不可忽视的影响。在目前大的社会背景和政治背景下，民主党派成员的总的思想态势是应当肯定的，是积极向上的，主要表现在接受中国共产党的领导方面立场坚定；于我国的多党合作和政治协商制度认同感很强；对于民主党派在我国革命和建设时期的作用有正确的认识；有浓厚的民主意识和强烈的爱国意识。当然，在民主党派成员的思想态势中有一些认识是比较模糊的。这些模糊的认识主要是指民主党派成员对于我国多党合作的理论和道路的认识以及对于当前社会上的一些社会问题和社会现象的认识。有的论者分析了思想政治工作作为思想建设的重要方法存在的问题，如罗佳在《新时期高校民主党派思想政治工作的现状与改进》（《广东省社会主义学院学报》2012 年第 1 期）一文中认为，从整体上来说，高校民主党派是一个素质较高的群体，其成员具有较好的政治意识、道德操守和文化修养，这为高校民主党派思想政治工作的顺利开展提供了比较扎实的基础。高校民主党派在向中国共产党学习、借鉴有益的思想政治工作经验的基础上，结合党派特点，形成了比较有特色的民主党派思想政治工作模式，其主要经验表现为以下两个方面的特点：一是高校民主党派思想政治工作的渗透性，二是高校民主党派思想政治工作的民主化。同时，高校思想政治工作还存在不少的问题，如思想政治工作缺少规范、完整的建设系统，成员的理论学习难以到位、收效甚微；思想政治学习内容和形式尚待完善等等，需要从加强思想建设、理论建设、组织建设和环境建设等方面改进思想政治工作，不断增强实效。

关于加强思想建设的重要性与必要性，杨爱珍在《思想建设是提升参政党素质的重要途径》（《重庆社会主义学院学报》2012 年第 2 期）一文中认为，思想建设是提升参政党素质的重要途径，有助于提高参政党的凝聚力、执行力和创新力。调查表明，民主党派成员思想状况总体是好的，但思想建设也存在一些需要改进的地方。提高参政党思想建设实效性，要尊重差异——坚持进步性与广泛性的有机结合，要着重价值建设——探索思想建设的新路径，要尊重规律——做到与组织建设、制度建设协调发展。崔璐璐在《新时期加强参政党思想建设的必要性》（《学理论》2012 年第 20 期）一文中认为，在新的历史条件下，国际敌对势力加强了对我国的渗透，西方国家加大了“西化”“分化”中国的步伐，加之改革开放以后开放性、多样性的社会环境给人们的思想观念、政治观念、价值形态、思维方式造成了不同程度的冲击，参政党成员队伍发生了很大变化，对参政党加强自身建设特别是思想建设提出了迫切要求。龙刚在《参政党思想建设初探》（《贵州省社会主义学院学报》2012 年第 2 期）一文中认为，任何一个政党，思想建设都是政党各项建设的基础。加强参政党思想建设，牢牢把握多党合作的政治基础，强化多党合作的政治共识，是统一思想、提高认识、凝聚力量，坚持和发展中国共产党领导的多党合作和政治协商制度的需要；是促进多党合作事业蓬勃发展、实现我国政党关系长期和谐的客观需要；是推动社会主义政治文明、民主政治建设，为全面建设小康社会服务的必然要求。

关于加强参政党思想建设，提高其实效的方法与途径，李其春在《参政党思想政治建设若干问题及对策研究》（《吉林省社会主义学院学报》2012 年第 1 期）一文中认为，应从如下几个方面重视和加强参政党理论研究和思想政治建设：一是调动民主党派成员的积极性，完善自身教育机制；二是定期开展对民主党派成员思想政治状况的调研，充分掌握广大成员的思想动态，以制订相应的整改方案；三是开辟思想建设新途径，充实新内容；四是民主党派的思想政治工作和理论研究要立足于履行职能的实践；五是打造上下联动的立体宣传格局。要本着合理配置资源的原则，充分运用现代传媒手段，建立省、市、基层组织三位一体、内外互抓的社会宣传网络。尚漪，周旭霞在《对做好高校民主党派思想政治工作的思考》（《安徽工业大学学报·社会科学版》2012 年第 3 期）一文中认为，高校做好民主党派思想政治工作对促进学校改革发展，构建和谐校园具有重要意义。新时期高校民主党派成员在年龄结构、精神状态、价值观念和行为方式等方面均发生新的变化，因此，要重视和加强民主党派负责人、干部队伍及其代表人士的思想政治建设，同时要加强对民主党派新成员的思想政治教育。汪宏莲、林秀清在《网络时代加强民主党派宣传思想工作的思考》（《福建省社会主义学院学报》2012 年第 1 期）一文中认为，民主党派宣传思想工作肩负着“内强素质，外塑形象”的重要职责，是民主党派自身建设的重要环节和基础性工程。面对网络时代迅猛发展给民主党派宣传思想工作带来的发展机遇和严峻挑战，要高度强化网络时代做好宣传思想工作的观念和意识，牢牢掌握宣传思想工作的主动权，充分利用网络资源加强民主党派宣传思想工作，增强宣传思想工作的针对性和实效性。

对参政党思想建设理论进行探讨是加强参政党思想建设的基础性条件，这方面的文章有：石光树在《要重视和加握参政党思想理论建设》（《中央社会主义学院学报》2012 年第 2 期）一文中认为，思想理论建设是参政党的根本建设，应该重视和加强。要从国内外形势变化和党派成员结构变化、参政党自身建设、提高参政党整体素质、始终保持进步性等方面，充分认识参政党思想理论建设的重要性和必要性；要澄清对参政党思想理论建设的一些认识误区，准确把握参政党思想理论建设的基本内涵；要根据时代发展和形势变化，正确认识和切实抓好当前参政党思想理论建设的重要任务。王彩玲在《论参政党思想建设理论的基本问题》（《中央社会主义学院学报》2012 年第 4 期）一文中认为，参政党思想建设理论的逻辑起点是“参政党”这个概念，其研究对象是参政党的思想状况及其改善，核心矛盾是社会发展对参政党思想状况的要求与参政党客观的思想状况之间的矛盾。因此，参政党思想建设理论的基本问题，就是参政党的政治理性认识与参政党的政治实践的关系问题，对参政党的基本问题及其派生的无数具体问题的回答，构成了参政党思想建设理论的知识系统。任世红在《民主党派思想建设的理论分层》（《中央社会主义学院学报》2012 年第 5 期）一文中认为，民主党派思想建设不能简单地等同于思想改造或思想教育，而是一个多层面的复杂的系统工程，大致可分为理论建设、政治建设和政党文化建设三个层次。从政党思想建设的一般规律和民主党派思想建设的特殊规律出发，建构民主党派思想建设的理论体系，既要准确反映民主党派的根本政治属性，又要结合参政党思想建设的实际，深入探讨参政党理论建设、政治建设和政党文化建设的内涵、特点及其相互之间的关系。

（四）参政党的组织建设研究

参政党组织建设是参政党建设的基础，2012年对这一问题的研究主要集中在民主党派的组织发展工作、基层组织建设、领导班子建设、机关建设等问题上。

关于参政党的组织发展工作，吉秀华在《民主党派组织发展的现状及特点》（《湖南省社会主义学院学报》2012年第6期）一文中认为，新世纪新阶段以来，我国各民主党派的组织发展工作取得了长足进步，呈现出许多新特点：组织发展工作与改善队伍结构相结合，重点发展符合本党派界别特色的中青年骨干成员；与参政议政工作相结合，重点发展参政议政能力强的代表性人士；与后备干部队伍建设相结合，注重成员的教育、培养和使用；与社会结构变化相适应，注重社会基础的巩固和扩大。魏银立、郝勇、杨勋兵在《广东高职院校民主党派党员发展的现状、问题与对策》（《经济研究导刊》2012年第30期）一文中认为，近年来，广东高职院校民主党派的党员发展工作取得一定进展，但也存在着若干问题，如年龄老化、素质下降和影响力削弱等。高职院校党委统战部门要教育与引导其处理好党员质量和党员数量、党员发展与培养发展程序和制度、发展与巩固、重点与非重点、发展骨干成员与发展一般成员、民主党派党员发展与中共党员发展的关系等关系，以使高职院校民主党派党员发展工作得以稳步健康可持续地发展。

关于基层组织建设，谢乐曦在《加强民主党派基层组织建设的几点思考》（《团结报·团结周刊》2012年8月21日）一文中认为，基层组织是民主党派成员融入民主党派活动的最直接平台，是社会各界了解民主党派的窗口。基层组织建设如何，直接关系到民主党派的发展和活力，关系到多党合作事业的巩固和发展。搞好民主党派基层组织建设，民主党派的工作才会有坚实的基础。做好基层组织建设工作，可以从以下几个方面着手：以领导班子建设带动基层组织建设；以思想建设带动成员能力建设；以参政议政为重点履行参政党功能；以发展的眼光培养民主党派后备干部；以组织活动增强成员凝聚力。梁晓宇在《关于民主党派基层组织发展现状的调研与思考》（《社会主义研究》2012年第6期）一文中认为，当前民主党派基层组织建设面临的问题有民主党派基层组织建设理论研究不够；基层组织党派成员管理没有形成长效机制；基层组织中的党派成员政党意识淡薄；领导班子结构不完善；缺乏开展活动的经费；民主党派组织发展的总量不足；政党趋同现象明显等问题。为此，执政党要加强对民主党派基层组织生活的指导和支持，重视政治待遇，不断照顾同盟者的利益；民主党派基层组织要积极主动争取中共组织的支持，以思想理论建设为突破口，完善民主党派基层组织制度建设；要加大党派新成员的教育培训力度；要突破“三个为主”限制，以中心城市带动周边城市发展成员；要加强对党派成员所在单位进行统战知识教育和考核，支持党派成员参政议政、使其有更广阔的平台。刘继华在《加强高校民主党派基层组织建设实践刍议》（《陕西社会主义学院学报》2012年第2期）一文中认为，加强高校民主党派基层组织建设是建设高素质参政党的必然要求，也是推进高校统战工作科学化的重要内容。当下结合统一战线和参政党建设的新形势、新任务以及创新统战工作机制的现实要求，在高校民主党派基层组织建设的具体实践上，应着力于抓好“五个一”工程，即物色好一个带头人、建设好一个领导班子、培养好一批骨干分子、营造好一个活动氛围、创建好一个参政机制。王荣贵在《新形势下民主党派基层组织建设的思考》（《重庆社会主义学院学报》2012年第2期）一文中认为，民主党派基层组织是民主党派的组织基础和工作基础，是民主党派成员参加党派活动的基本形式。民主党派基层组织建设首要问题是抓好领导班子建设，其次要以参政议政工作创新组织生活形式，加强制度建设、加强与中共基层党组织联系也是民主党派基层组织建设的重要内容。丘德珍《制约高校民主党派基层组织科学发展的因素及对策探讨》（《发展研究》2012年第9期）一文从高校民主党派组织的特点出发，阐述了高校民主党派基层组织科学发展的重要意义和重要内涵，并结合实际分析了制约科学发展的重要因素，有针对性地提出了五点对策：第一，大胆打破“渊源关系”和尽力克服“近亲繁殖”局限，科学发展新成员；第二，大力强化党派意识和统战意识培养，树立广大成员荣誉感和责任感；第三，强化制度建设和建立考察机制，严肃党派风气和营造发展氛围；第四，加快代表性人物的培养，为党派基层组织的科学发展选准领路人；第五，拓宽经费渠道，确保党派基层组织健康发展。

关于领导班子建设，中共江苏省委统战部课题组在《不断提高民主党派领导班子建设科学化水平——关于江苏省各民主党派省级组织领导班子建设研究报告》（《江苏省社会主义学院学报》2012年第3期）一文中认为，民主党派领导班子是民主党派的组织核心，民主党派领导班子建设关系到参政党作用的发挥、和谐政党关系的构建、多党合作事业的发展。2007年以来，江苏省各民主党派省级组织领导班子建设呈现出鲜明特点，积累了有益经验。与此同时，由于这样或那样的原因，各民主党派省级组织领导班子建设也存在一些需要进一步研究和破解的问题。结合新一轮换届，加强民主党派领导班子建设，必须搞好人事布局，加强教育引导，注重实践锻炼，健全制度机制，突破瓶颈制约。刘正方在《新形势两口强领导班子建设的几点思考》（《四川省社会主义学院学报》2012年第4期）一文中认为，新形势新任务对进一步加强参政党建设提出了更高的要求，继续弘扬民建优良传统与加强自身建设和参政能力建设，是民主党派发展兴会面临的两大历史课题。为此，必须牢固树立“民主立会、人才强会、文化育会、实干兴会”的新理念，以此来加强领导班子自身建设，不断提高领导水平和参政水平。

关于民主党派的机关建设，李媛在《强化创新民主党派机关建设》（《团结报·团结周刊》2012年2月14日）一文中认为，各级民主党派机关是民主党派组织开展日常活动，团结全体成员，发挥参政议政、民主监督职能作用的枢纽，在民主党派工作中发挥着组织、联络、协调、服务等多项职能，地位重要、作用重大。民主党派要搞好自身建设，首先应该抓住机关建设这个龙头。为此，要提升机关干部的整体素质，这是机关建设的主要内容；要强化各项制度的完善与落实，这是机关建设的关键环节；要规范机关干部的工作作风，这是机关建设的重要保证；要培育独具特色的机关文化，这是机关建设的强力支撑。王学东在《关于对党派机关干部培养选拔工作的思考》（《前进论坛》2012年第6

期）一文中认为，民主党派机关干部的培养选拔工作，是党派机关建设的重中之重。在培养选拔机关干部工作中如何知人善任，怎样用当其时、才尽其长；用当其位、才尽其用；用当其事、才尽其能是需要深思的问题。围绕民主党派机关干部的培养选拔问题，要以“四种能力”作为培养选拔干部的重要标尺；要以“两个杜绝”作为培养选拔干部的主要指南；要以“三个准则”作为培养选拔干部的首要抓手。陈恒礼在《浅议民主党派如何创建服务型机关》（《团结报》2012 年 5 月 15 日）一文中认为，民主党派机关工作牵涉到日常工作的方方面面，具体职责就是做好承上启下、左右衔接、组织协调、沟通四方、当好参谋，促进民主党派工作正常运转的枢纽机构，简单地说就是为民主党派搞好综合服务。从实际情况看，民主党派机关在服务方式、服务范围、服务对象等方面有着自身的特点。民主党派为更好地发挥参政党作用，机关服务质量至关重要。创建服务型机关必须从建章立制、以人为本、团结协作、求真务实、与时俱进、开拓创新等方面着手。

（五）参政党的文化建设研究

参政党文化不仅维系着参政党的前途与命运，而且能够培养和塑造参政党精英、推动国家政治经济社会的发展。参政党的文化建设不仅是一个政治文化问题，更是一个关系到我国政党制度优越性的问题。因此，尽管参政党建设的宏观框架是以思想建设为核心、以组织建设为基础、以制度建设为保障，这其中并没有标明参政党文化建设这个概念，但是，最近几年理论界逐渐观察到文化建设对参政党的重要价值和意义，因而加大了研究力度。2012 年对这一问题的研究，有代表性的文章有：

朱新光在《有效推进参政党文化建设》（《团结报·团结周刊》2012 年 4 月 3 日）一文中认为，参政党文化是参政党组织建设、制度建设、能力建设等方面的文化外延，也是参政党在履行参政议政、民主监督的政治职能中，培养并逐渐发展完善的具有中国特色政党制度的一种政治文化。加强参政党文化建设的原则，首先是高举爱国主义旗帜，坚定社会主义信念，成为名副其实的中国特色社会主义道路的拥护者。其次是大力弘扬民主党派的民主思想，积极充当中共领导下的多党合作的捍卫者。第三是坚持人文关怀的传统，关注社会发展和民生建设，努力实现社会主义和谐社会践行者的夙愿。加强参政党文化建设的途径，第一是大力加强传统教育，发扬民主党派的优良传统；第二，秉承“立党为公”、参政为民的理念，树立恪尽职守、乐于奉献的思想工作作风；第三，努力拓展参政议政新领域，争取在政治参与中拥有较大的话语权；第四，广泛运用大众传媒，全方位展示参政党文化建设成果。

谢炜如《参政党的政党文化构建刍议》（《广州社会主义学院学报》2012 年第 1 期）一文在政党文化的理论框架下，对“参政党的政党文化”的论题，从理论界定、主要内涵、核心要素、构建的路径选择等四个方面进行了初步探讨，作者认为，参政党的政党文化体系的主要内涵应该包括政党意识、组织心理、制度规范、行为作风和政党形象等五个子系统，其灵魂和核心要素是“政党意识”。参政党的参政党文化已经有了相对完整的理论框架，但是，还不能说在现实的参政党建设中已经形成和确立了其政党文化体系。参政党文化的具体建构应当选择社会化和个性化的路径，并且要消除帮会文化残余因素的影响。

吉秀华在《参政党文化的内涵及价值功能》(《重庆社会主义学院学报》2012 年第 5 期）一文中认为，参政党文化是在我国优秀传统文化的浸润和多党合作的历史实践中逐步形成的，是观念性文化和实体性文化的有机复合体。观念性文化主要是指各民主党派及其成员所认同的对参政党性质、地位、作用的认知和情感、态度等意识形态要素。实体性文化主要是指各民主党派的组织特色、行为习惯、行为作风等，即制度规范要素。参政党文化有整合价值，培育共同价值观、塑造和熏陶党员，培育政治精英、确立制度规范，保证政党行为的延续性等价值功能。

学术著作评介和论文观点摘要

一、学术著作评介

《同心同行》丛书（汪纪戎、刘峻杰主编，国家行政学院出版社 2012 年版）

《同心同行》丛书包括《同心同行社会服务理论探索》、《同心同行社会服务案例精选》。丛书是在深刻理解和践行“同心”思想基础上编纂的，以小见大，言微旨远。这不仅仅是对农工党社会服务工作的回顾和总结、对各基层组织的品评、对今后工作的展望，更是对“同心”内涵的全面解读和“同行”外延的深入实践。本丛书由农工党中央副主席汪纪戎、中央社会服务部部长刘峻杰主编。全国人大常委会副委员长、农工党中央主席桑国卫，全国政协副主席、农工党中央常务副主席陈宗兴分别为丛书题词并寄予厚望，汪纪戎亲自为丛书作序并作具体指导。

丛书以中共中央和农工党中央领导对民主党派社会服务工作的重要论述、有关社会服务工作的文件精神为指导，充分展现农工党社会服务工作的最新理论研究成果，学习和交流农工党各级组织开展社会服务工作的实践经验，并以典型案例的形式集中反映和总结农工党十四大以来社会服务工作所取得的显著成绩和宝贵经验，必将在理论和实践两个层面指导和推动新时期、新阶段农工党社会服务工作。

丛书以科学发展观和“同心”思想为指导，在广泛收集资料、认真归纳和总结五年来社会服务新的理论观点和实践成果的基础上，就我国社会服务理论创新和案例分析进行探索，并作了一些新的理论概括。丛书坚持理论与实践紧密结合，回答了什么是社会服务和怎样开展社会服务的问题，具有前瞻性、实用性、针对性和可操作性，对今后更好地开展社会服务工作能起到工具书的作用。丛书既可作为民主党派各级组织开展社会服务工作的参考书籍，也可作为相关工作人员的培训教材，还可作为党员了解社会服务的普及读本。同时，作为首部探讨社会服务工作的专著，对其他社会组织开展社会服务工作具有一定借鉴意义。

《同心往事》（尤兰田主编，群言出版社 2012 年版）

为宣传中国共产党与各民主党派风雨同舟、团结合作的光辉历史和优良传统，深入推进学习践行社会主义核心价值体系，搞好政治交接，中共中央统战部编辑了《同心往事》

一书，集中展现了八个民主党派16位领导人——宋庆龄、李济深、张治中、张澜、沈钧儒、费孝通、黄炎培、胡厥文、马叙伦、赵朴初、雷洁琼、周谷城、司徒美堂、许德珩、吴阶平、谢雪红与毛泽东、周恩来等中共领导人的交往，回顾了多党合纪实作历史进程中民主党派与中国共产党肝胆相照、同心同行的感人事迹。该书内容翔实，文字生动，并配有近百幅珍贵的历史图片，是深入推进开展学习践行社会主义核心价值体系活动的一份生动教材，对丰富与发展多党合作制度及八个民主党派历史研究具有重要的文献参考价值。

该书曾被中宣部、新闻出版总署评选为迎接党的十八大及社会主义核心价值体系建设“双百”出版工程项目100本重点图书出版物。

《何香凝传》（尚明轩著，人民文学出版社2012年版）

本书作者尚明轩先生是中国近代史界研究孙中山及国民党元老的著名专家，新版《何香凝传》，是在1994年和2004年版书的基础上，吸收多年来作者和学术界新的研究成果，进一步充实提高而成的。该书把何香凝这一中国近代史上具有传奇色彩的一代女杰、公认的伟大爱国者、中国民主革命先驱、中国国民党“左派”旗帜、中国共产党挚友、杰出政治活动家的传奇人生，及其为民族解放和国家富强立下的丰功伟绩，用生动活泼的笔墨描述出来。一位革命前辈的光辉形象，透过三十万文字、百余幅绘画作品和插图，跃然纸上。该书深入浅出，风格平易，很好地做到了学术性与可读性的统一。

该书通过夹叙夹议，史论结合的方式，完整的叙述了何香凝光彩夺目的一生，对学界的一些不实之说，则通过挖掘考订，予以纠正。何香凝一生跨越两个世纪，革命70年，历经清末、民国、新中国三个历史时期，该书对何香凝奋斗生涯中具有重要意义的时间，从少时顽强反抗封建陋习到志同道合与廖仲恺结为伉俪，从爱国启蒙到毁家出国寻求真理，从发表忧国忧民的处女作《敬告我同胞姐妹》到率先加入同盟会成为该会的第一个女会员，从坚定地追随孙中山倒袁护法到坚决执行和维护革命的三大政策，从率领妇女群众投身北伐到短暂苦闷和彷徨后毅然辞去国民党方面的一切职务，从为抗日救亡奔走呼号到力促第二次国共合作，从大力动员群众支援军队抗战到怒斥叛国投敌的民族败类，从太平洋战争爆发后香港脱险到颠沛广西仍为抗战事业尽力，从反内战争民主到发起组建中国国民党革命委员会与国民党反动派彻底决裂，从参加筹建新中国到为建设社会主义祖国奋斗不息，以及从因应革命需要而学习绘画到成为誉满中外的女画家等等，都有详细的叙述。

该书通过对何香凝由旧社会习俗的反叛者到自觉的革命民主主义者，由旧民主主义到新民主主义再到社会主义的转变的描写，再现了何香凝崇高的精神品格，伟大的爱国情怀，坚忍不拔、舍家忘我、愈挫愈奋的革命气概和与时俱进的可贵品格。1909年，当丈夫受孙中山委托冒着生命危险从日本回国从事秘密工作时，何香凝在赠诗中写道：“国仇未复心难死，忍作寻常泣虽声。劝君莫惜头颅贵，留取中华史上名。”1925年，丈夫被国民党右派暗杀，何香凝大义凛然地宣告：“苟利于国，则吾举家以殉，亦所不惜。”抗战中期流离广西，何香凝赋诗明志：“河山不复头可断，逆水行舟勇向前”。新中国诞生之时，她表示：“孙中山先生革命三民主义的信徒，今天，要来做一个模范的新民主主义工作者”。对孙中山所应师法和纪念的，是“中山先生永远前进的精神是发展的革命传统，是往前看而不是往后看”。共产党人、民主党派和无党派人士等革命前辈树立的革命精神和传统，是我们民族的宝贵财富，是推动事业前进的强大精神力量，是应该代代相传的。而以科学的态度传播前辈的革命精神，激励后人更好地完成振兴中华的大业，正是史学工作者在社会主义精神文明建设中应尽的职责。新版《何香凝传》除去其繁荣学术的价值外，在这方面所做的工作也是值得称道的。

《参政党与公共政策》（张惠康主编，中央党校出版社 2012 年版）

《参政党与公共政策》一书，是浙江社会主义学院主编的“参政党建设研究丛书”系列的第六本。之前，已陆续出版了《参政党建设与构建和谐社会》、《参政党功能与落实科学发展观》、《改革开放进程中的中国参政党》、《参政党民主监督功能研究》四本论文集和《当代中国政党制度格局中的参政党能力建设》专著。全国人大副委员长、民进中央主席、中央社会主义学院院长严隽琪高度评价了浙江社院策划出版国内第一套参政党建设研究丛书的重要意义，认为“对全国社会主义学院系统都有示范性”，并对此次推出的《参政党与公共政策》一书的价值给予了高度肯定，认为该书是“研究中心近三年理论研究成果的汇集，凝集了诸多专家和党派工作者的心血，值得所有关心和关注中国参政党的理论研究者和实际工作者用心一读”。

该书的主要观点是，民主党派作为有别于一般人民团体、社团组织的参政党，是我国公共政策过程中的宝贵政治资源和特殊的重要政治力量。在社会结构转型、公共决策民主化科学化的大背景下，全面总结民主党派在参与公共决策方面的成功经验，深入考察和分析民主党派政策参与的制度困境，积极探索适应国情的民主党派政策参与的制度创新路径，不仅对于健全和完善我国公共决策体制、坚持和发展多党合作制度具有重要现实意义，而且对于探索中国特色的和谐政党关系及中国社会主义民主政治发展的现实路径具有重要理论意义。该书围绕“参政党与公共政策”这一主题，就民主党派参与公共政策过程的法理基础、制度安排、历史演变、运行过程、绩效评估、影响要素、优化战略以及比较借鉴等内容展开了广泛而深入的研讨。

《参政党的思想建设研究》（王彩玲著，团结出版社 2012 年版）

《参政党的思想建设研究》在马克思主义立场、原则和方法的指导下，理论联系实际，运用调查法、文献研究法、跨学科研究法等社会科学研究方法，第一次把参政党思想建设理论当做一门学科进行研究，试图确立参政党思想建设理论的范畴体系和分析框架，在参政党思想建设的理论建构方面起到了拓荒作用，为中国参政党的成熟与发展提供了一些有价值的思路、为参政党研究的丰富与完善提供了有益的补充。

该书是以“参政党”这个概念为逻辑起点，在分析参政党思想建设理论的基本问题和具体问题的基础上形成自己的分析框架的。该书首先从“参政党”这个概念开始，探讨参政党的性质、地位、作用；参政党的历史使命与政治责任；参政党的功能与特征，在此基础上，进一步讨论社会发展和参政党的自身发展需要什么样的参政党，进而从“应然”的角度讨论了参政党应该具有的政治理性认识，包括社会历史观、政治伦理观、参政道德观。在此基础上，确立参政党思想建设的目标、任务与内容。要实现参政党思想建设的目标与任务，需要科学利用思想建设的实践形式，该书接下来探讨了参政党思想建设的意义、方法与原则，分析了参政党现有的思想状况，参政党面临的挑战，当前改善参政党思想状况的实践取得的成就与缺陷。最后，该书基于对参政党思想建设现状的分析，探讨了提高思想建设有效性的途径。

该书的创新之处在于它第一次把参政党思想建设当作一门正在形成中的学科，对其学科定位进行了分析，对其基本矛盾进行了探讨，对其基本问题和具体问题进行了探索，并在此基础上尝试着构建起参政党思想建设的理论框架。该书认为，学科的建设与成长是一个漫长的过程，尽管参政党的思想建设作为一门学科尚未获得国家制度层面的承认，但是，参政党的思想建设在事实上是作为一门学科而存在的，至少，它已经是一个学术门类。就参政党思想建设理论的研究对象而言，它是以参政党的思想状况及其改善为研究对象的，因而，涉及到哲学、政治学、伦理学、心理学、管理学等学科领域，需要多种学科的学者参与，形成跨学科的综合性研究，才能得以推动。同时，参政党的思想建设研究是为参政党自身建设的实践服务，进而为中国的多党合作事业，为中国特色政治发展服务的，因而它又是应用性很强的学科。因此，参政党的思想建设是交叉性、综合性、应用性研究，这正是对参政党思想建设的学科定位。在这一学科定位的基础上，该书以“参政党”这一概念为逻辑起点，试图构建起参政党思想建设理论的范畴体系，提炼出参政党思想建设的一般规律，探讨参政党思想建设的一般方法，取得了一定的成果。

二、论文观点摘要

《关于加强参政党理论建设的三点意见》（陈喜庆，《民主》2012 年第 4 期）

无论是对执政党来说，还是对参政党而言，思想理论建设都是奠基工程。1949 年新中国成立前夕，毛泽东同志在给民建负责人黄炎培同志的信中，第一次提出了建立民主党派理论的重大课题。1994 年，孙起孟同志回忆说，在经历了社会主义革命的风风雨雨，特别是参加了建设中国特色社会主义的伟大实践以后，重温毛泽东同志的指示，有了较之过去清醒得多、深刻得多的认识，其中最主要的是对民主党派理论建设的重要性和必要性的认识。在新的形势下，加强参政党理论建设，是民主党派自觉走中国特色社会主义政治发展道路的需要，是坚持完善中国共产党领导的多党合作和政治协商制度的需要，是提高参政党能力、发挥参政党作用的需要。60 多年来，在多党合作事业发展过程中，参政党理论研究不断深入，成为中国特色社会主义政党理论的重要组成部分，大致经历了四个阶段：

一是正式起步阶段。新中国成立后，研究明确了民主党派的存在依据、基本性质、显著特征、发展范围等重大问题，开启了多党合作制度正式确立后的参政党理论研究进程。

二是恢复发展阶段。改革开放后，研究明确了新时期民主党派的政治联盟性质、参政党地位、参政议政和民主监督职能等，1989 年中共中央制定下发的《关于坚持和完善中国共产党领导的多党合作和政治协商制度的意见》就是这一阶段研究成果的集中体现，搭建了参政党建设理论的主要框架。

三是全面推进阶段。1989 年 14 号文件下发后，研究完善了民主党派的性质、作用等，特别是全面研究了参政党的思想、组织、班子、作风、制度建设，其研究成果集中体现在 2005 年中共中央下发的《关于进一步加强中国共产党领导的多党合作和政治协商制度建设的意见》（中发 5 号文件）中，基本形成了参政党建设理论体系。

四是日益深入阶段。2005 年 5 号文件下发后，围绕为什么要建设参政党、建设什么样的参政党和怎样建设参政党等问题集中研究，形成了一批新的研究成果，进一步丰富发展了中国参政党理论。目前，这个阶段还在继续。

在长期的研究实践中，参政党理论研究取得了很大进展，也积累了宝贵经验，需要我们认真总结和坚持。

第一，坚持政治性与学术性相结合。参政党理论是社会主义政党理论的重要组成部分，具有很强的政治性，必须在研究工作中注意讲政治，自觉坚持以中国特色社会主义理论体系为指导，自觉遵守研究无禁区、宣传有纪律的规定，始终保持正确的研究方向。同时，参政党理论是一门科学，具有很强的学术性，必须遵循学术研究的一般规律，鼓励求异思维，倡导大胆创新，创造宽松活跃的研究氛围。

第二，坚持理论与实践相结合。实践性是参政党理论建设的显著特征，从实践中来、到实践中去是参政党理论研究的基本方法。要从理论、政策、举措三方面入手。理论研究着重解决参政党建设的指导问题，政策研究着重解决加强参政党建设的依据问题，举措研究着重解决落实参政党建设理论和政策的保障问题。

第三，坚持继承与创新相结合。没有继承理论研究就失去了根基，没有创新理论研究就失去了价值。要认真总结梳理长期以来参政党理论研究的成果，作为继续研究的基础。同时，要适应新形势新任务，围绕新情况新问题，积极开展原创性创新、完善性创新和集成性创新，保持研究的生机与活力。

第四，坚持问题意识和成果意识相结合。研究实际上就是主动找问题，实践中的问题就是研究的课题。破解的问题越多、获得的成果越多，破解的问题越大、取得的成果越大。要强化问题意识，特别是关注工作中的难点、热点和焦点问题，“研”出症结所在，“究”出破解之策。同时，强化成果意识，每项研究都努力形成有分量的成果，并注重成果的转化应用，更好地指导和推动实践。

第五，坚持党派研究与多方研究相结合。用统一战线团结联合方式开展参政党理论研究，是长期坚持的有效做法。要建立开放式社会化研究机制，既注重发挥各民主党派积极性开展研究，又注重依靠党委统战部门开展研究，还注重组织社会力量参与研究，努力形成参政党理论研究的整体优势和集群效应。

在参政党理论研究中，总结经验重要，升华理论重要，探索规律更重要。可以说，探索参政党建设规律，是参政党理论研究的核心内容，也是提高参政党建设科学化水平的根本要求。总结 60 多年来参政党建设实践和理论研究成果，至少可以形成以下几条关于参政党建设的规律性认识。

第一，加强参政党建设，要在中国共产党的领导下来进行。坚持中国共产党的领导，是多党合作和政治协商制度的显著特征，也是加强参政党建设的内在要求。在新的历史条件下，加强参政党的思想建设，坚持中国共产党的政治领导，集中体现为自觉与中国共产党思想上同心同德，目标上同心同向，行动上同心同行。

第二，加强参政党建设，要在多党合作制度框架内来推进。要正确把握坚持中国共产党领导的多党合作和政治协商制度对参政党建设的根本要求，自觉遵循多党合作的政治准则，坚决抵御西方两党制、多党制的影响，按照中国特色社会主义参政党的方向开展参政党建设，巩固发展社会主义和谐政党关系。

第三，加强参政党建设，要围绕提高参政能力建设来展开。要适应加强中国特色社会主义政治制度体系建设，全面推进中国特色社会主义事业需要，把提高参政党能力建设作为重点，不断提高参政议政、民主监督水平，进一步彰显参政党的独特优势和作用。

第四，加强参政党建设，要在执政党建设与参政党建设相互促进中来实现。中国共产党与各民主党派作为亲密友党，既需要在事业上相互支持，也需要在自身建设上相互帮助。中国共产党作为执政党，要虚心听取民主党派的意见建议，也要为参政党加强自身建设提供帮助、创造条件。民主党派作为参政党，要认真学习借鉴中国共产党自身建设的经验做法，在与执政党互动中共同提高。

《政党分类的依据及其普适性——兼论领导党和参政党》（孙津，《中国政协理论研究》2012 年 04 期）

尽管中国的多党合作制度已经在卓有成效地运行，但是一直以来各种理论（尤其是现行的政治学理论）并不足以对这个制度特性做出合理的解说，而且，对于如何从学科角度安置中共和八个民主党派都作为政党的分类依据更是存在很多误解。因此，本文试图在普适性的意义上，结合政党的性质规定，从分类学的角度为中国的多党合作制度提供一些理论支撑。现行的政治学的确无法解释中国政党制度中的各政党属性，这不仅因为中国政党制度是中国自己的创制，而且还因为现行政治学本身的理论缺陷和意识形态偏见。比如，按照数量来进行的一党制和多党制分类不仅失缺了对于政党性质的规定性，而且作为政党制度的分类也不全面。又比如，以民主与否对政党性质的分类基本上属于某种价值观，它不仅既泛化了又局限了政党性质的规定性，而且本身就缺乏科学分类的民主性，也就是片面地认定了某种政党的民主标准。或者说以某种片面的民主标准来区分不同的政党性质。

由于以上原因，一方面，中国需要有与政党制度创制相适应的政党理论和政党分类依据，另一方面，这种理论和分类依据必须具有普适性，也就是必须能够在现行政治学相关理论的通用意义上得到说明，而不仅仅是一种自说自话。具体说来，中共的执政地位及其具体执政都不是中共的政党属性，也不是政党分类的依据，而是政党的存在形态和实际功能；而这种执政党和参政党作为不同政党的范畴区分也是中国政党政治特有的创新，包括它们作为专门术语的创新含义。因此，这种执政党和参政党的对应存在必须能够在普适性的政党分类中找到各自的位置，才可能具有理论的科学性，执政党和参政党作为创新的专门术语也才是合理的和具有真实含义的。反过来说，如果能够以现行政治学为学科依据或基础，并结合或针对中国政党制度的创制提出新的政党分类依据或标准，那么，不仅这项工作将是对现行政治学相关理论的一种创新性贡献，而且中国政党在这种分类中的安置根据也必定是具有普适性的。

政党的分类与政党制度有关，但并不是政党制度分类。由于对民主的看法不仅涉及具体价值观的不同，而且民主本身就具有不同的形式，因此不适合作为政党分类的依据。同样，政党制度的分类不仅不能替代政党分类，而且还可能缺失了作为前提性存在的政党属性依据，或者不过是以某种政治理念或偏见隐去了政党属性从而造成政党分类的模糊和混乱。因此，政党的分类应该至少依据两个主要的条件或现实：其一，分类对象的属性是政党；其二，具体政党特有的功能形态。也就是说，如果确定了政党的一般属性，那么政党分类的必需前提就是被分类的对象都是政党。但是，政党的概念含义并不能直接用来作为分类依据或标准，因为同样属性的对象可以在组织结构、功能特征、政治理念、价值导向等方面有着不同的体现和侧重，因此，需要结合具体政党特有的功能形态来理解和确定政党分类的依据，也就是说，需要把政党属性中最普遍和最基本因素抽象出来，作为区别不同政党在功能形态方面的类型依据。如果现实存在各种不同的政党，那么，具体政党特有的功能形态就构成了相对区别的政党类型。这个依据既具有分类学的科学性，又避免了把不同价值观作为分类标准带来的争议。根据政党基本属性和功能形态特征的结合，政党分类的依据大致包括执政资格、价值导向、政治能力、组织形式等四个主要方面。

如果政党分类的依据本身是科学的和合理的，那么，它就应该对所有政党都适用，也就是具有分类依据的普适性。科学合理的政党分类依据的普适性是从事物最基本的规定性讲的，所以能够保证分类标准的包容性和可沟通性，避免单一僵化和挂一漏万。简括地说，这种分类依据的普适性主要体现为执政的功能、国家运行的必需以及相应的政治理念等方面。

虽然分类可以有多种角度，比如执政资格、价值导向、政治能力、组织形式等因素分别都可以作为分类的标准，但最基本的依据针对应该是所有这些主要因素作为一个整体所体现的功能特性。由于这些类型的分类依据是政党属性和功能形态的结合，因此，具体某一政党在主要方面被归为某种类型并不意味着它完全不带有其他类型的某些特征，而这正好表明了分类依据的普适性及其实际意义或作用。换句话说，这是分类的最高（或最基本）依据，其普适性不仅不排斥其他分类角度，而且还为它们提供依据。因此，不仅可以针对政党的某个功能形态进行分类，而且还可以有各种亚层次的分类，比如说某类政党是松散型还是紧密型等等。科学合理的分类依据不仅具有唯一性和包容性，而且便于在分类逻辑的意义上理解不同政党的政治特性。因此，在最根本和最具包容性的意义上，可以就整体功能形态的特征将政党分为合法型、非合法型、全能型、有限性以及极端型等五种主要类型。在方法论的意义上，区分这些类型的共同标准是一种中性的功能形态和特征，不过相对说来，极端型的标准更多带有政治理念和价值观方面的判定。在中国政党政治的创制中，中共属于全能型政党，其功能属性为领导；八个民主党派属于有限性政党，其功能属性为参政。

由于中国的政党制度是一个创制，与此相应，领导党和参政党也是政党类型的两个创新概念或术语，而且，本文问题的提出也具有为中国政党政治提供理论支撑的针对性，因此，有必要对理论界一些主要的相关误解做出纠偏说明。首先，关于革命党向执政党转型的说法。这种转型的说法含义模糊，而且并不符合事实。毫无疑问，中共作为马克思主义政党的根本政治特性没有改变，革命党的那些政治理念和品格也仍然自觉地延续着，中共的革命与执政是紧密结合的统一体。另外，不仅革命党与执政党不是对应的概念，而且中共的特性在于领导而不是执政。如果说，作为政党类型，革命党只是中共在非法状态下曾经具有的某种政党特征，那么无论从政治理念还是权力运作来讲，执政党作为一种中性的政党类型都不能说明中共的政党性质。中共的政党性质在于它是信仰马克思主义、坚持共产主义方向的政党，而作为权力运作最基本形式的执政是由中共的领导地位决定的。换句话说，中共的执政功能不是在与反对党或在野党相区别的意义上讲的，而是领导功能本身的主要和重要内容构成。称中共为执政党指的是多党合作的政党体系的内部分工，而不是指中共的政党性质；反过来说，只有在与参政党相区别的分工意义上，称中共为执政党才是合理的和有真实含义的。在完整政党体系及其制度内部，中共相对参政党来说可以叫做执政党，或者说具有执政党类型的特征；而对于整个中国政治来说，中共都应该叫做领导党。其次，关于参政党参与执政的特性。最为普遍的看法认为，“既然八个参政党的党章都宣布接受中共的领导，而且以参政党自称的做法也可以合乎逻辑地被认为是对其政党执政资格的放弃，那么严格说来，没有执政资格和功能的参政党能否作为普遍认同意义上的政党也成了疑问”，这种看法的根本误解，在于没有认识到中国政党政治的创制意义，或者干脆不承认这种创制。根据前述政党分类，参政党概念是中国的创制，但是，这个创制如果是合理的，就必须具有能够与其他政党类型既相一致又有特征的分类依据。显然，这个一致性的最基本内容就是执政资格和功能，而特征则在于这种资格和功能的不同形式。事实上，这两方面正是中国政党政治创制的重要具体内容。一方面，参政党与领导党的区分是指对多党合作这一政党制度而言的，九个政党构成的是一个合法的和排他性的政党体系；另一方面，参政党参加政权和商议政事的基本职能也是合法的和排他性的，因此，就执政资格和功能来讲，参政党与其他政党类型在分类依据上的一致性，就是它作为完整政党体系的构成部分与领导党共同实现着政党执政的功能。就分类依据的特征来讲，参政党是以参政这一有限的方式分享了完整政党体系的执政资格和功能。这两方面所体现的内在联系，就是参政党参与执政的特性。第三，关于民主与政党制度的关系。至少从实际情况来看，对民主的具体含义很难有一个普遍认同的表述：但是，作为某种道义为善的价值观，各种具体的民主所体现并保证的都是不同活动的交换关系。因此，从逻辑上就不难理解，政党制度的民主与否并不只体现为某一种形式。政治性质一致的政党完全可以采取合作制度这种民主形式，而其内部的执政与参政的职能分工也就具有了相应的民主特性。根据同样的道理，对于民主在质的方面的注重，就成为中国政党制度创制的一项重要内容，而作为衡量值的量也就具有了更加多样的运作形式。

《论参政党建设的目标选择——以中国特色政党制度的功能与价值为视角》（邱永文，《中央社会主义学院学报》2012 年第 3 期）

新世纪新阶段，作为中国特色政党制度中的一个重要的行为主体，作为与中国共产党共存于同一政治体制中的政党同盟，参政党要切实加强自身建设以适应新形势新任务的要求，也必须有一个明确目标。参政党建设目标的选择，内部受到参政党自身性质和定位的影响，外部受到中国宏观政治发展进程的影响，而最主要和最直接地取决于中国特色政党制度。中国特色政党制度的功能和价值取向直接影响到参政党建设的近期目标及长远目标。

政党政治是政治系统的重要组成部分。政党总是在既定的政治系统中通过各种方式参与政治活动，以实现本党的政治纲领和政治目标。所以，政党的一切活动——内部包括自身的建设发展，外部包括参与各种政治活动，都离不开它所处的政治系统。同时，政党的一切活动，也都与政治系统发生着相互作用。从政治系统的分析视角来看，政党的政治活动和自身的建设发展都是在既定的政治系统内部进行的，深受其所处的政治系统的作用和影响。简单来看，从宏观到微观，政党的政治活动在三个不同层级的政治系统内进行，即宏观层面的国家政治制度系统、中观层面的政党制度系统和微观层面的政党自身形成的政治系统。宏观层面的国家政治制度系统决定着政党制度系统，政党制度系统又直接而深刻地影响着系统内部各个政党的建设和发展，微观层面的政党自身的性质和地位也决定着政党的建设和发展方向。总体而言，政党制度是影响政党建设发展最主要、最直接的决定性因素。政党制度不仅决定了政党与国家政权、政党与社会、政党与政党之间的关系，而且也决定了政党自身的组织原则和组织体系，决定了政党在既定的制度下建设和发展的目标和方向。

政党建设的目标是在一定的政党制度下制定的，是政党为适应政党制度的发展变化、谋求在既定的政治系统内实现自己的政治抱负而制定的自身发展方向。政党建设的目标既要充分考虑到自身的发展为政党制度发挥最大功能提供推动作用，又要考虑到自身建设本身而体现和反映现有的政党制度设计所蕴涵的价值追求。政党和政党制度是现代民主政治的产物，必定服从和服务于民主，反映其存在的价值和意义。当代中国特色政党制度的功能是特定的历史条件下政党、国家和社会关系的反映，但不是恒定不变的。当代中国特色政党制度的价值内涵或者说价值取向也必然朝着现代民主政治的方向迈进。当现有的政治系统的合法性不再依靠政党制度的功能表达出来，国家、社会和政党关系必然出现调整和重构，中国特色政党制度的功能和价值也必然遵循世界政党制度的一般规律，向着民主的方向发展。所以，在中国特色政党制度下，参政党的建设目标也必须体现和反映这种政党制度的价值追求。

我国民主党派的建设目标伴随着中国特色政党制度的形成和发展，经历了一个较长时间的演变过程。从对历史的简单回顾中我们可以看出，民主党派建设是随着我国多党合作制度的建立和发展而发展起来的，而中国特色政党制度的建立、巩固和发展完善则是服从和服务于中国社会主义改造、社会主义建设和中国特色社会主义事业这样一些不同历史阶段的国家总任务的。为了使这种政党制度的功能更好地发挥出来，民主党派的政治纲领和建设目标也紧紧跟随党和国家不同历史阶段的历史任务而不断调整和变化。这一阶段，民主党派建设可以说只是根据政党制度的需要而被动地作出反应。1989 年《意见》的出台和参政党地位的确立，为民主党派建设提出了新的要求，从而开启了参政党主动寻求和探索自身建设目标的时代。

新世纪新阶段，参政党主动地迎接机遇和挑战，从理论和实践两个层面不断探索自身建设的目标。无论是“建设成为同中国共产党长期亲密合作、共同致力于中国特色社会主义事业的参政党”，还是“建设成为适应 21 世纪的高素质参政党”，这样的目标都反映出这方面探索的新成果。通过探讨政党制度和参政党建设的关系我们可以看出：政党建设是在既定的政党制度下进行的，政党建设的目标要体现和反映政党制度的功能和价值内涵。参政党建设的目标可以分为近期目标和长远目标。近期目标是要促进和实现中国特色政党制度的功能发挥，以期更好地为现实的政治发展服务；长远目标则要体现和反映中国特色政党制度民主的价值内涵，推动中国政治文明的长久发展。政党制度决定政党建设，政党建设的目标反映和体现了政党制度的功能与价值。中国特色政党制度是在特定的历史条件下形成和发展起来的，这就决定了其功能首先是建构和巩固新的政治秩序，实现维护政治稳定的功能。随着中华人民共和国的成立，新的政治秩序进一步建构和完善，政党制度所应该具有的政治参与、利益表达、社会整合特别是民主监督等功能，应该优先置于政治稳定的功能之上。因此，参政党自觉主动地树立政党意识和政党形象，共建求同存异、多样包容的政治文化就成为参政党建设的主要近期目标，而“发扬社会主义民主”，则是中国参政党建设的长远目标。

《在参与中成长：政策制定过程中的中国参政党》（黄天柱，《团结报·团结周刊》2012年6月26日）

民主党派是我国政策制定过程中的宝贵政治资源和重要政治力量。由于我国多党合作的制度设计与实际运行之间还存在较大差距，一些制度理念和制度安排尚未落到实处，这在很大程度上制约了参政党在政策制定中的作用发挥。如何解决和应对这些困境和挑战，切实提高民主党派参与政策制定的有效性，已成为实践层面的重大课题，这不仅是进一步健全和完善公共决策体制的需要，也是更好地坚持和完善多党合作制度的需要。

第一，推进多党合作的制度化和法制化。尽管中国共产党领导的多党合作和政治协商制度作为国家基本政治制度，已明确写入宪法，但在具体运作中，却始终是以执政党文件的方式加以规定和推动，没有上升到法律的层面，这使得民主党派的参与活动规范化程度低，随意性较大。在新的历史时期，依法治国是中国共产党的基本治国方略，依法执政是执政的基本方式，依法施政成为执政党和政府领导社会的基本要求。在此背景下，多党合作制度如何有效运作，如何正确处理政党与国家、政党与政党、政党与社会的关系，都需要从国家专门法律的层面进行引导、保障和规范，要从制度上保证民主党派能够对共产党的政策提供合理化建议，对共产党的领导权力实施有效监督。

第二，维护和保持民主党派的相对独立性。目前民主党派呈现出的独立性不强及“行政化”趋向，不利于其作用的发挥。民主党派的相对独立性包括两个方面：一方面是对中共而言，有一个善于领导的问题，即在坚持党的领导的同时，要切实尊重民主党派的政治自由、组织独立和法律平等地位。另一个方面是对民主党派而言，在保持与党政部门良好关系的同时，应该自觉保持一定距离，以防被部门利益所腐蚀而失去对权力的张力。

第三，提高民主党派参与政策制定的能力。一是强化精英吸纳，拓展民主党派组织发展空间。一定的人才规模、合理的人才结构、优良的人才素质是民主党派在政策制定中发挥作用的基本保证。二是加大对民主党派骨干的政策能力培训。很大一部分民主党派骨干虽然在专业方面具有较高素养，但却缺乏将专业问题转化为政策建议的能力。要通过充分发挥各级社会主义学院的作用，通过创造条件让民主党派骨干在实践中加强锻炼，提高其建言献策水平。三是完善机制，整合资源，发挥民主党派整体功能。要立足于依靠全体民主党派成员，发挥他们参与民主党派工作和参政议政的积极性，实现从注重个人素质提高转向注重整体素质提高，从注重少数代表人物作用的发挥转向注重全体成员积极性的发挥；要致力于民主党派内部组织结构和机制的优化，从仅仅依靠单个或少数职能部门转向依靠各个职能部门之间的协同配合，从仅仅依靠个别代表人物的个人威望、魅力转向依靠体制和机制的运作，转向依靠上下级组织之间的联动。

第四，培育民主党派参与政策制定的优势领域。要充分依托自身专业优势和行业优势选择参与的角度和课题，以此获得话语权，形成政策影响力。一是在界别特色的基础上形成优势领域。界别特色是历史孕育和形成的，体现了各民主党派之间的互补性和不可替代性。民主党派只有保持界别特色，才能集中精力、发挥优势，提出的政策建议才更有针对性、更能体现各民主党派的代表性。同时有利于优势互补，防止各民主党派之间围绕热点问题的低水平重复调研。二是在某一时期内就某一政策问题发表持续性政策见解的基础上形成优势领域。

第五，重视和发挥民主党派的利益代表功能。从实际来看，民主党派对利益代表问题，在认识上不十分统一，主要表现为部分民主党派成员对利益代表持谨慎态度，一提到“利益代表”就担心沦为“利益集团”；在实践中，则表现为与各自所联系群体之间的关系比较疏松。作为致力于促进国家发展的参政党，民主党派必须关注广大人民的利益要求。但民主党派的性质和特点，决定了其在维护社会整体利益的前提下，又必须反映其所代表成员和联系群众的利益愿望，做到“特殊性寓于公共性之中”。特别是在我国社会日益多样化，新的社会阶层不断产生，而民主党派又都已把他们作为发展对象，并且面临要求扩大公民有序政治参与的情况下，更应当注意拓宽社会利益表达渠道，把各种力量纳入到自己的视野中来。民主党派也只有联系反映社会不同方面的意见和要求，才“能够对于我们党提供一种单靠党员所不容易提供的监督，能够发现我们工作中的一些我们所没有发现的错误和缺点”。要明确，民主党派代表部分人的利益，并不表示其是利益集团的代表或者说其本身就变成了利益集团。这是因为，民主党派所代表的“部分”是构成“整体”的“部分”,而非对抗“整体”的“部分”。关键是在“特殊性”和“公共性”之间找到一个合理的平衡点。

《民主党派应在实践中积极探索符合自身特色的“民主样板”》（石文龙，《上海市社会主义学院学报》2012 年第 1 期）

在国家的民主政治中，民主党派是一支重要力量。各民主党派应积极探索，努力创造民主“样板”，在国家的民主法制建设中“有所为”，以促进我国政治体制改革的步伐，推动我国民主政治的进程。

首先，民主党派自身的理论建设是中国特色社会主义民主制度的重要内容。我国的各民主党派不是一般的文化性社会团体，而是与国家政权密切联系的政党。民主党派作为政党，具有一般政党的特征，具体表现为：一是民主党派作为一个政治组织，有自己的政治纲领和政治目标。二是民主党派与国家政权紧密联系，是民主党派区别于一般政治组织、社会团体的根本标志。三是民主党派具有自己的组织和纪律性。民主党派的理论建设具有特别重要的作用，民主党派理论越丰富，中国特色的民主制度就越完善。理论思维的成熟是民主党派成熟的一个重要标志。民主党派理论思维成熟的程度，同样取决于其自身致力于理论建设的程度。但是当前民主党派自身的理论建设仍有许多不足，社会转型时期，传统的理论需要更新，新时代呼唤新的理论。

其次，在民主监督中为国家的民主法制建设做出自己特殊的贡献。在多党合作中进一步发挥民主党派的民主监督作用，具有重大意义。民主党派由各界知识分子和有一定影响力的代表人士组成，其组织形式具有较广泛的代表性。因此，民主党派的民主监督具有层次高、范围广、形式灵活的特点与优势，而且，民主党派参政党的政治地位，也要求民主党派对共产党进行有效的监督。这也是人民行使民主权利的一个方面的体现。但是，目前民主党派的民主监督仍没有充分发挥，除了民主党派在参政议政方面的批评、建议之外，实践上主要表现为各个地方的各个机关聘请行风监督员，各个单位的民主恳谈会，双月报告会，等等。目前的这些形式还比较单一，行风监督员等措施仍然需要制度化，常规化，以改变这一监督形式目前作用有限、社会影响力不大等现实问题。事实上，民主监督的重点是对执政党的监督，而不是其他监督，因此，在这一方面应当着力探索。民主监督是民主党派工作的重要方式方法，也是参政的重要形式，是民主党派必须完成的大文章。

再次，在民主政治建设具体制度建设中有所作为。民主既是理论也是实践，政治建设既包括许多宏观方面，又离不开具体的细节。就民主政治建设的其他具体制度方面，民主党派宜在以下几个方面寻求突破。第一，差额选举。选举是民主制度的重要组成部分。在国家的政治生活中，差额选举是原则，等额选举是例外，但是在现实生活中，包括民主党派领导人的选举中，等额选举成了常态。在去年与今年的换届中，一般仍为等额选举。笔者认为，各民主党派应在差额选举上做出表率，推进我国选举制度的民主化。第二，退休制度。民主政治与退休制度有着极为重要的联系。在这方面，邓小平废除干部终身制，对我国的政治生活发生了重要的作用。在现实生活中，由于特殊原因，各地民主党派、包括政协主要领导人的退休年龄比一般机关要高，有些甚至可以到 70 岁。显然，这一年龄体现了共产党的善意，因为即使是高校博士生导师，退休年龄也仅为 65 岁。故笔者认为，作为各民主党派的领导人，特别是省市自治区的民主党派领导人的最高退休年龄，宜以博士生导师的退休年龄为标准，努力在退休制度上作出表率。第三，建立领导人自己写稿等民主工作习惯，民主也体现在工作作风与工作方式上，因此，民主思想也体现在工作等各个方面。例如目前的政治生活中，领导人能力已经离不开“写稿”，特别对于民主党派，撰写建议、提案等是民主党派极为重要的工作方式。现实生活中，有部分民主党派领导人因忙于其他事务，自己写的建议、提案不多，而由他人代写建议、提案的情况较为普遍。这样，民主党派领导人对建议、提案本身的体会不深，而且容易脱离实际，脱离群众，失去调查研究的优良传统与习惯。不仅如此，这样的做法会造成一种新的特权思想，因为体现了他人思想的建议、提案也是一种财富，是他人的知识产权。尊重“他人权利”是法治的精髓，即使在政治生活中同样如此。这对中国的民主政治建设也具有特别重要的意义。更为重要的是，自己写的文章如果需要整理成文集出版，不会存在任何权益上的争议。

今天，国家政治生活中的许多方面需要进行民主的探索与实践，在政治交接中需要民主的创造与“民主亮点”。这些方面需要有人起带头示范的作用，包括民主党派的带头作用。政党制度是现代民主政治的重要组成部分，民主党派应在民主制度建设中，为国家的民主政治与政治文明的发展做出自己特殊的贡献。

《论网络政治发展对民主党派参政议政的挑战》（刘向晖，《福建省社会主义学院学报》2012 年第 1 期）

随着中国经济社会的快速发展，中国已经成为当今世界上一个当之无愧的互联网大国。一方面，互联网用户数量快速增长，另一方面，互联网应用越来越丰富，已经渗透到了社会经济生活的各个方面。互联网的高速发展催生了一种新的政治文明——网络政治，网络政治的出现和发展则为民主党派参政议政带来了新的机遇和挑战。

互联网的发展形成了网络空间，进而形成网络社会，虚拟空间的政治现象——虚拟政治也随之出现。网络社会和虚拟政治必然对现实政治生活中的国家主权、政治体制、政府管理、社会治理和政治文化产生重大的影响，同时，现实中的政治权力也必然会作用于网络社会。这两者就构成了网络政治。网络政治主要涉及三个方面的内容：第一，网络空间中的政治问题，包括网络权力、网络内容审查、数字鸿沟等。第二，网络社会对人类现实政治生活的影响，突出表现在它改变了民主参与的内容和形式。一方面，网络降低了民主参与的成本，使公民参与政治的积极性空前高涨，另一方面，网络增加了政府对网络政治监控的难度，这对国家政治秩序的稳定提出了挑战。第三，网络社会的国家管理。网络政治促使人们通过政治制度和具体操作程序的创新来更好地利用网络管理社会，建设更高层次的政治文明。

我国网络政治产生的时间虽然不长，但是发展迅速，从最初以相对原始的电子公告板（BBS）为平台发展到今天以网络日志、维基、社会交往系统等社会媒体为主要平台，形式也从单一的讨论发展为具有网络转帖、网络推荐、网络签名、网络民意调查、网络公祭等多种形式的政治参与。随着网络政治的发展，通过网络关注政治事件、表达政治观点、参与政治活动的人数显著增加。有学者把我国公民网络政治参与的发展过程分为四个阶段。第一个阶段是萌芽阶段，时间大约是从 1996 年初到 2002 年初，主要表现为建立网络论坛，网民在论坛上关注与讨论时政并公开发表对于公共事务的看法。第二个阶段是起步阶段，时间从 2002 年底到 2006 年初，这一阶段网民在网上讨论政治事务的声音不断加强，政府大力发展电子政务，尝试与网民沟通交流并开始关注和听取网民的建言献策。第三个阶段是初步发展阶段，时间从 2006 年中期到 2007 年底，这一阶段表现为政府在完成政府网站建设之后，开始利用网络日志、论坛、电子邮件、即时通讯软件等方式与网民进行交流和互动。第四个阶段是快速发展阶段，时间从 2008 年初开始一直持续至今，表现为公民网络政治参与方式得到国家最高领导层的肯定，政府开始对公民参政方式进行制度上的重新设计。在这阶段，网民的政治参与热情空前高涨，网民集中关注公共事务的“网络群体性事件”频发。

网络政治参与成为了政治参与的一种主流方式，这既为我国民主党派的参政议政工作带来了历史性的机遇，也对民主党派传统的参政议政工作方法提出了严峻的挑战。新网络政治为民主党派参政议政带来的机遇主要在于：新网络政治为民主党派参政议政提供了新的舞台；新网络政治为民主党派做好参政议政工作提供了更为坚实的群众基础；新网络政治为民主党派做好参政议政共作提供了一个了解社情民意的便捷渠道；新网络政治为民主党派提高参政议政能力提供了一个社会学校。新网络政治为民主党派参政议政带来的挑战主要有：新网络政治对民主党派参政议政的内容和水平提出了更高的要求；新网络政治对民主党派参政议政的政治方向把握能力提出了新的要求；新网络政治剥夺了部分民主党派党员平等的参与机会。网络参与虽然是政治参与的一个有益补充，但它有自己的局限性，民主党派仍然要在网络之下做扎实的工作，保证与非网民党员和群众之间的联系畅通无阻，这样才能更具代表性，才能做好新时期的参政议政工作。

《参政党的政党文化构建刍议》（谢炜如，《广州社会主义学院学报》2012 年第 1 期）

“参政党的政党文化”是由参政党的政党意识、组织心理、制度规范、行为作风、政党形象等因素构成的体现参政党思想意识和观念形态的精神体系，其主要内涵应该包括政党意识、组织心理、制度规范、行为作风和政党形象等五个子系统。

“参政党的政党意识”是指参政党所奉行的意识形态、指导思想、价值观念、纲领路线、政治主张、指导其参政实践的政策方针等宏观的观念精神因素的总和。参政党的政党意识是参政党的政党文化的核心，对其他子系统产生决定性的深刻影响。

“参政党的组织心理”是指参政党成员以及民众对参政党基本价值取向的认知、情感、态度和政治倾向的总和。它在一定程度上反映了参政党成员对参政党组织的归属感和认同感，反映了民众对参政党的了解和认同意愿；且称之为“组织心理指数”，而指数的高低不是由宪法和法律决定，而是由这种归属感和认同感决定的。这种全党派的归属感、认同感以及全社会的了解和认同意愿不断孕育成长，就会形成了一种强烈的社会文化氛围，使参政党的社会地位更为巩固。

“参政党的制度规范”是指参政党在革命时期与共产党合作、在建设时期的政治协商参政议政实践中所形成的为全体党员所遵守的党内法规、条例、规则、规程等；“制度规范”是在参政党的“制度意识”指导下产生的与社会规范相一致的党内规范，以及党派成员遵守执行党内规范的成果的总和。当组织制度只是游离在书面层次时，它只是一系列的文献；当组织制度真正转化为参政党成员的自觉的党内行为和社会行为时，制度规范才能升华为一种文化；其最高境界是：在制度规范约束和影响之下，参政党的纲领路线、政治主张和核心价值观成功地转化为成员群体的自觉行为、心理定势和价值取向，成为维系参政党生存发展的精神支柱。

“参政党的行为作风”是指参政党领导干部和成员的行为姿态、思想作风、工作态度、生活做派、精神风姿、道德尺度等因素；参政党领导干部和成员的这些行为作风因素构成了参政党的党风党纪的整体水平，形成一种文化风貌；这种文化风貌必定影响参政党的凝聚力和向心力的形成，左右参政党对民众的辐射力的强弱，影响参政党参政能力和社会地位的消长；因此，这一文化风貌虽然是参政党的政党意识和制度规范的外在表现形式，但是，它比一些深层的、内在的文化因素更具影响力。

“参政党的政党形象”是参政党的本质体现；政党形象子系统由参政党的政治纲领、参政议政主张、党风党纪、政党领袖、旗帜性的精英人物等社会文化因素构成；它是执政党和民众对参政党的政党文化体系的外部评价的主要依据，是民众对参政党本身所形成的整体印象，是衡量参政党参政能力高下的标尺；政党形象的确立可以使参政党的组织实现人格化，成为一种可感性、具象化的精神文化力量向全社会辐射，产生社会效应。

参政党的政党文化体系的灵魂和核心要素是“政党意识”。在参政党的政党意识中，以马克思主义为指导思想、拥护中国共产党领导、走中国特色社会主义道路、拥护中共领导的多党合作和政治协商制度、弘扬爱国主义等意识形态范畴的基本理念已被无数论者所论及，笔者不再赘述。除此之外，参政党的政党意识的主要观念还应该特别彰显一些体现参政党特色的内容：

（一）“探寻真理、追求民主”的理念。

“探寻真理、追求民主”是参政党的政党意识中最重要的理念和特色，也是参政党的政党形象确立的重要支柱。民主党派是民主运动的产物，参政党中的各民主党派成立之初的政治纲领贯穿着民主精神，民主党派与共产党的共同理念是“追求民主，反对独裁”；在第一次宪政运动中，民主党派提出“期成会修正案”，突出“人民有权”“权能分治”的民主精神；民主党派发起的第二次宪政运动迫使蒋介石应允抗战结束后实行宪政；在宪政运动高潮中，各民主党派提出了“以民主方式改组国民政府，组织抗日民主联合政府”的主张，与共产党互相呼应；民盟主席黄炎培和毛泽东的“窑洞对”的共同理念是“以民主摆脱历史周期律”；邓演达、李公朴、闻一多等早期民主党派仁人志士们为追求民主反对独裁而不畏强暴甘洒热血；在五十年代中期开始的多党合作遭受劫难的时期，程潜、廖运泽、周培源、梁漱溟等民主党派前辈不顾个人安危，坚持真理，斗争不息，这是参政党的政党意识中深厚的民主元素浸染的结果。进入新世纪新时期，在协商型政党政治制度框架下，中国特色社会主义民主政治建设有着全新的内涵，参政党的参政行为模式会随着时代的变迁而发生演变，但是，在“民主”被公认为普世价值观的当代中国，参政党探寻真理、追求民主的政党意识绝不能消亡。参政党要在宪政视域下的参政议政，要在执政党的领导下，发展和改良协商型政党政治制度和协商型民主，要稳妥地、不失时机地为推进我国的政治体制改革作出贡献。

（二）“和而不同”的党际关系理念

维护和发展参政党与执政党之间的“和而不同”的党际关系的理念，是参政党的政党文化中具有个性意义的理念。“和而不同”是党际和谐的最高境界，要承认矛盾和尊重差异，正确认识和处理矛盾差异，达到双方和谐共处的目的。共产党和民主党派之间有共同理想、共同利益，也存在着政党的性质纲领、政党社会基础的差异，在国家政治社会生活中地位和作用方面更是存在着差异。党际和谐的精神实质是和而不同、求同存异。双方在共同政治目标指引下发挥不同的作用。

（三）“利益表达与代言”的理念

“利益表达与代言”的理念是形成参政党的政党文化的社会影响力和辐射力的关键因素。参政党在其政党意识中的要确立“利益表达与代言”的理念。要为各参政党所代表的社会界别或社会阶层表达拥有某种利益的正当愿望，当他们所代表的利益集团的整体利益遭受损害时，要为其争取正当的权益。这是参政党分内之事，如果参政党完全不顾及自己所代表的社会界别或社会阶层的合理权益，就必然脱离民众，动摇其界别基础，其社会影响就会逐渐消亡。

（四）创新的“士文化”理念

创新的“士文化”理念是参政党的政党意识中传统文化与现代文化相结合的复合元素。士文化有许多值得借鉴和创新意义的元素。在现代中国，各界别知识分子都相当于“士”的阶层。参政党成员多数是高学历的专业型人才；但如果他们只满足于做专业型知识分子，那么他就丧失了作为参政党成员应该具有的公共性社会身份，丧失了士文化中最优秀的品质——社会良知。参政党可以在“士志于道”、“士以天下为己任”等传统士文化元素中注入现代意义，构建和丰富自己的政党意识，引导其成员从专业视野出发去关注公众层面的社会事务，为公众利益鼓与呼，成为当代之“士”和“社会的良心”。

参政党的参政党文化已经有了相对完整的理论框架，但是，还不能说在现实的参政党建设中已经形成和确立了其政党文化体系。具体构建参政党的政党文化的途径主要有以下几个方面：首先，搭建社会化的展示平台。参政党的政党文化建设并非只是参政党内部事务，它与统一战线事业、中共执政地位密切相关。然而，参政党的政党文化建设缺少相应的展示平台，其讯息只局限在各参政党自己主办的报刊和网站上，主流媒体只是在每年“两会”召开期间偶尔报道。参政党即使是在参政议政方面成就巨大，民众大多不会知道这是某一参政党的所为，即使有轰动性的参政党文化建设的信息，也无法在主流媒体的平台上作常态性的表现；而执政党则起着关键作用，执政党有必要放宽意识形态方面的限制，放手让参政党搭建自己政党文化的社会化展示平台，将其优秀成果推向社会，为民众所知晓和认同。其次，走个性化的发展路径。目前必须消除各参政党的政党文化呈现的“双重同质化”的倾向：其一，消除某些文化元素与执政党同质化的倾向。其二，从加强党纲建设、设计党徽党旗、深化参政党党史教育、宣传参政党代表人物、营造各自的参政议领域等五个方面努力，消除各参政党的政党文化之间同质化倾向。第三，消除帮会文化残余因素的影响。帮会文化的主要特征是帮主专制、人身依附、权力等级、事务隐秘、崇尚暴力、神秘迷信等。帮会文化与政党文化格格不入。从历史上的党内宗派、领袖专制、一言堂、残酷斗争、无情打击、帝王思想等中均可以找到帮会文化残余因素影响的痕迹。要彻底消除帮会文化残余因素的影响，最有效的路径是构建和完善民主党派内部监督机制，依法依章建立各级纪律监督委员会，形成对主要领导干部的内部监督力量。

王彩玲　中央社会主义学院中国政党制度研究中心副教授

重要文献

中国国民党革命委员会

中国国民党革命委员会第十一届中央常务委员会工作报告

（2012 年 11 月 23 日在第十一届中央委员会第六次全体会议上）

周铁农

各位委员、同志们：

现在，我代表第十一届中央常务委员会向全会报告工作，请予审议。

2012 年的主要工作

2012 年是“十二五”时期承前启后的重要一年，也是全面建设小康社会和深化改革开放、加快转变经济发展方式的关键一年。这一年里，国际金融危机深层次影响继续显现，世界经济复苏步伐放缓，我国经济下行压力加大。面对复杂严峻的国际政治经济环境和艰巨繁重的国内改革发展稳定任务，以胡锦涛同志为总书记的中共中央高举中国特色社会主义伟大旗帜，以邓小平理论和“三个代表”重要思想为指导，深入贯彻落实科学发展观，团结带领全国各族人民，坚持“稳中求进”的基本方针，出台并落实了一系列“稳增长、控物价、调结构、惠民生、抓改革、促和谐”的政策措施，取得了社会主义经济建设、政治建设、文化建设、社会建设以及生态文明建设的重大成就。不久前，中国共产党第十八次全国代表大会胜利召开，为全面建成小康社会和实现中华民族伟大复兴规划了新的发展蓝图。

一年来，民革全党认真学习贯彻中共十七大和十七届三中、四中、五中、六中全会精神，认真学习领会中共十八大精神，以科学发展观为统领，紧紧围绕中共中央、国务院的中心工作，按照“三个牢牢把握”的民革工作方针，大力加强思想理论建设，全面完成省级组织换届，深入开展参政议政和社会服务工作、促进祖国和平统一工作，各项工作取得新进展。

一、以政治交接为主线，深入细致地组织和指导省级组织圆满完成换届工作，确保民革事业薪火相传

五年一次的换届工作，是对民革组织建设工作的一次集中体现和检验。民革各级组织的换届，不仅是完成人事上新老交替，更重要的是要实现政治上的交接，确保多党合

作事业巩固发展，确保民革优良传统代代相传，确保民革事业不断推向前进。

以政治交接为主线，认真组织和指导省级组织完成换届工作，是民革中央今年的一项重要工作。为搞好这项工作，民革中央在今年3月专门召开常委会，对换届工作进行研究和布置，要求民革各级领导和全体同志从全局和战略的高度，深刻认识这次换届工作的紧迫性和重要性，把换届作为进一步加强民革自身建设的重要契机，增强责任感、使命感和组织观念，努力营造团结民主、和谐稳定、积极向上的换届氛围。之后，民革中央领导同志陆续赴各地指导民革各省级组织开展换届工作。经过民革中央与中共中央统战部、各省委统战部及民革各省级组织的共同努力，到7月，30个民革省级组织全部圆满完成换届工作，实现了领导班子、领导机构的平稳过渡和新老交替，进一步巩固和发展了政治交接成果，为民革事业的进一步发展奠定了基础。省级组织换届工作基本完成后，民革中央在河南南阳召开常委扩大会议，总结省级组织换届工作的基本经验，并对新一届省级组织领导班子建设提出了希望和要求。

通过这次换届，一批年富力强、德才兼备的同志走上了省级组织领导岗位。新一届省级组织领导班子的年龄结构更趋合理，主委平均年龄55.2岁，副主委平均年龄51.4岁，常委平均年龄48.6岁，委员平均年龄48.9岁。同时，知识层次和综合素质也普遍较高，30位主委中有20人具有研究生学历，186位副主委中有117人具有研究生学历，还有很大比例的同志具有海外学习、工作经历。领导班子里，很多同志曾任或现任各级政府及司法部门领导职务，拥有丰富的从政经验。总的来说，新一届省级组织领导班子成员具有较强的政治把握能力、参政议政能力、组织领导能力、合作共事能力，有广泛的群众基础和代表性。

民革省级组织完成换届工作之后，民革中央站在搞好政治交接的高度，又重点开展了加强民革各级领导班子建设的工作。今年三季度，民革中央配合中共中央统战部分别举办了省级组织新任主委和新任专职副主委专题培训班，努力培养与中国共产党真诚合作、基本素质好、有影响的新一代代表人士。为抓好后备干部队伍建设工作，民革中央举办了第9期中青年干部培训班，并推荐37名党员参加中央社会主义学院举办的进修班和培训班，还为全国妇联人才库推荐了民革优秀女党员。

去年6月，民革十一届十五次中常会通过《关于成立民革中央2012年换届工作三个工作小组的决定》，成立了民革中央人事工作小组、党章修改小组和报告起草小组，全面启动了换届筹备工作。今年以来，民革中央各工作小组积极进行中央换届的筹备工作。目前，大会的各项筹备工作已基本就绪。

在重点抓好换届工作的同时，民革组织和党员发展工作也在积极、稳步推进。目前，民革共有267个市级委员会、52个县级委员会和386个总支、4248个支部。截至2012年6月底，共有党员101865人。

为适应新形势下自身建设的需要，民革中央大力加强机关建设工作。年前，民革中央在北京召开“民革全国机关工作先进集体、先进个人经验交流暨表彰会”，总结交流近年来特别是2008年以来机关工作经验，探索新形势下民革机关工作规律，研究部署今后机关工作思路和任务。今年8月，民革中央在内蒙古召开“民革全国机关建设工作研讨会”，按照“五型”机关建设的总要求和每年一个主题的具体安排，重点研讨建设创新型机关的工作途径和方法，有力地推动了民革各级组织机关建设。

二、深入学习多党合作理论，加强理论建设和宣传工作，不断提高民革全党的思想政治素质

思想建设是民革自身建设的核心，也是更好地履行参政党职能的保障和需要。一年来，民革中央把深入学习多党合作理论，作为民革全党思想建设的工作重点，认真组织，周密安排，积极创新活动形式，深化广大民革党员对多党合作理论的理解和认识，提高民革全党的思想理论水平，进一步巩固同中国共产党团结奋斗的共同思想政治基础，为民革加强自身建设和履行好参政党职能提供了思想保证。

为帮助广大民革党员深入学习多党合作理论，今年5月，民革中央下发通知，要求民革各级组织坚持服务大局、体现特色、继承创新、面向实际、注重实效的基本原则，积极开展以深入学习多党合作理论为主题的教育实践活动。通过这次活动，广大民革党员深化了对中国共产党领导的多党合作和政治协商制度的认识，提高了思想政治素质和理论水平，增强了参政履职的主动性和自觉性，更加坚定了走中国特色政治发展道路的信心与决心。

加强理论建设，是新形势下保持民革党员理论上成熟、政治上坚定的必然要求。今年，民革中央以深入学习多党合作理论为切入点，积极推进理论研究工作。2月，民革中央正式下发了《关于加强理论建设的意见》，对有关参政党理论建设的目的、原则、方法、人才保证、机制保障、理论研究的重点领域和课题，作了明确的规定和阐述，推动了民革全党的理论建设工作。9月，民革中央在湖南长沙召开“民革自身建设与实践回顾展望学术研讨会”，深入研讨和总结民革的理论建设工作，进一步夯实了全党思想理论基础。

为弘扬“振兴中华、祖国统一”的辛亥革命精神，继承和弘扬民革前辈的优良传统，给民革开展学习、践行社会主义核心价值体系活动提供更为丰富的内容载体，民革中央注意突出民革思想宣传特色，进一步加强对民革党史和孙中山思想的学习、研究、宣传工作。今年2月，民革中央在人民大会堂召开“辛亥百年纪念系列活动”总结座谈会。会后，民革中央向各省级组织宣传部门发出《关于报送纪念辛亥革命100周年书籍、音像制品的通知》，并在民革各级组织报送的179种出版物中，精心挑选40种分别赠送给国家图书馆等五个单位，得到了受赠单位的赞誉。7月，在广东广州召开“何香凝生平事迹研讨会暨民革前辈纪念场馆联谊会第一次年会”。9月，在四川成都召开“民革中央孙中山研究学会、中国辛亥革命研究会理事会会议”，并在山东枣庄市台儿庄建立了民革党员教育基地。另外，民革中央还编写出版了《民革前辈与辛亥革命》，策划出版了“民革纪念辛亥百年系列图书”、“民革前辈纪念场馆系列图书”等，在社会上产生了较大的影响。

今年，民革中央在坚持不断探索和把握参政党宣传工作规律的基础上，采用多种形式对自身建设和参政议政的各项成果进行重点宣传。《团结报》继续坚持“统战性、真实性、严肃性、不断提高可读性”的办报宗旨，进一步提高办报质量，圆满完成了“两会”报道、各民主党派省级组织换届、迎接中共十八大等一系列重大报道任务。民革中央网站的内容和形式也在不断丰富，成为民革党员与组织联系的重要渠道和社会各界了解民革的重要窗口。

三、围绕“稳中求进”的工作总基调，全面做好参政议政、社会服务工作

2012年，面对错综复杂的国际形势和国内经济社会发展环境，民革各级组织和广大党员深入贯彻落实科学发展观，按照“稳中求进”的工作总基调，坚定信心，扎实工作，充分发挥联系广泛、智力密集的优势，努力创新参政议政、社会服务工作机制和方式，积极履行参政议政职能，共有13份报告得到中共中央、国务院领导的批示，18件提案被全国政协确定为重点督办提案。

一年来，民革中央围绕转变经济发展方式、保持经济平稳较快发展和改善民生等国家建设中心工作，积极整合各方资源，组织党内外专家、学者集中研讨，深入调研。今年4月和9月，民革中央经济委员会分别在温州、上海召开专题座谈会，就中小企业发展、金融改革与实体经济互动发展等热点话题进行深入探讨。9月，民革中央与上海社科院共同举办“当前经济形势分析会”，就我国经济增长面临的问题进行研判和分析。根据调研、研讨中了解到的情况，民革中央在中共中央召开的党外人士座谈会，以及全国政协大会、常委会、专题协商会等会议上，提出了“进一步深化财税体制改革”、“促进实体经济和小微企业发展”、“加快垄断性国有企业改革”、“加快县域金融体制改革与发展”、“发展创意产业”、“加快文化产业发展与创新”等多项建议，得到中共中央、国务院及有关部门的高度重视。其中，《关于中国图们江区域（珲春）国际合作示范区建设与发展的几点建议》得到中共中央政治局常委、国务院总理温家宝的批示，《关于进一步促进文化产业与旅游产业融合发展的建议》得到中共中央政治局常委、全国政协主席贾庆林的批示，《关于采取有效措施，发展实体经济的提案》、《关于促进我国资本市场可持续健康发展的提案》、《关于以绿色经济为契机，进一步推动我国经济发展方式转变的提案》等被评为全国政协十一届五次会议重点提案，《关于大力发展县域金融，推进金融改革创新的提案》参加了现场办理协商会，《关于进一步加快格（尔木）库（尔勒）铁路建设的建议》被国务院采纳。在全国政协6月召开的常委会上，民革中央呼吁深化金融体制改革的大会发言，得到了有关各方的积极评价和充分肯定。

促进祖国和平统一，是民革参政议政工作的传统品牌和特色领域。全国政协十一届五次会议上，民革中央作了《坚持‘九二共识’，两岸共沐春风》的大会发言，50多家境内外媒体对此进行了专题报道，受到了台湾岛内的广泛关注。民革中央还就“加强两岸高科技产业、金融服务业交流合作”、“推进两岸文化交流合作机制化进程”、“做好台湾青年工作”等问题提交提案，其中《关于加强两岸金融服务业合作的提案》被全国政协列为重点督办提案。今年，民革中央先后赴福建、江苏就“两岸农业交流合作”、“深化两岸产业合作试验区建设”开展专题调研，所提出的深化两岸交流形式与内容的建议，得到了有关部门的高度重视。此外，就中日钓鱼岛争端和当前对台工作等热点问题，民革中央很快联系和拜访有关台湾研究专家，并就有关意见、建议及时报送中共中央、国务院、全国政协。

关注“三农”，为社会主义新农村建设献计出力，是民革中央参政议政重点工作之一。今年3月，民革中央就“发展农业循环经济”、“加强农村道路建设和养护的建议”、“做好农田水利建设”等问题，向全国政协十一届五次会议提交了多篇提案，其中《关于创

新农村土地流转方式，推进农村“两权”抵押的提案》、《关于大力加强林地保护管理的提案》、《关于加强少数民族农民工权益保护的提案》等被评为全国政协重点提案。5月，民革中央在辽宁就“农村文化建设”问题开展重点调研。调研后向中共中央、国务院提出的《关于进一步推动农村文化建设，促进社会主义新农村和谐发展的建议》，得到了贾庆林主席和中共中央政治局委员（十八届中央政治局常委）、中宣部部长刘云山，中共中央政治局委员、国务院副总理回良玉的批示。二季度以后，民革中央相继赴云南、宁夏、湖北、安徽、重庆、浙江等地，就“农村经济发展与环境资源有效保护利用”、“城乡居民安全饮水问题”、“种业安全与发展”、“农民持续增收”、“武陵山区区域发展”等问题开展调研考察，之后向中共中央、国务院提出了相关政策建议，其中《关于加大对“宁夏固原地区（宁夏中南部）城乡饮水安全水源工程”支持力度的建议》得到温家宝总理、回良玉副总理的批示，《关于建立健全商业化育种机制，推进现代种业健康发展的几点建议》得到贾庆林主席、回良玉副总理的批示，《关于统筹解决武陵山区等集中连片特困地区发展问题的建议》得到中共中央政治局常委、国务院副总理李克强的批示，《关于解决结构性缺水问题的建议》得到回良玉副总理的批示。10月，民革中央经济委员会与民革湖北省委会、宜昌市政协在秭归县共同主办“科技兴农与农业基础设施建设”专题座谈会，邀请国家发改委、农业部、科技部、水利部、林业局等有关部委负责同志一起，围绕农业科技创新与推广、水资源利用和节水农业、农业基础设施投入等方面的课题进行研讨，探求加快农业科技发展、推进社会主义新农村建设的对策和方法，取得了很好的效果。

今年，民革中央继续发挥社会法制人才荟萃优势，进一步拓展社会和法制领域参政议政工作的广度和深度。年初，在最高人民法院、最高人民检察院分别召开的党外人士座谈会上，民革中央领导同志就完善司法管理、提高司法公信力、加强司法队伍专业化建设等问题发表的意见和建议，得到高度评价。全国政协十一届五次会议期间，民革中央提交的社会和法制建设方面的提案，占民革中央所有提案的四分之一以上，其中《关于加强基层社会管理的提案》、《关于完善保障房管理制度的提案》、《关于进一步加强我国食品安全标准体系建设的提案》等被评为全国政协重点提案。5月和6月，民革中央与全国政协社法委、最高人民法院组成联合调研组，赴浙江、山东、河北就“司法公正与司法公信力建设”问题开展调研，积极探索解决司法建设重点、难点问题的方法和途径。

加强和创新社会管理，是民革中央今年参政议政的一个重点课题。今年以来，民革中央就“城市停车管理”、“社会组织参与社区建设”等问题，先后赴广东、上海、北京、山东等地调研。8月，民革中央与黑龙江省政协联合在大庆主办“加强和创新社会管理”研讨会，就“社会管理格局、机制的构建与创新”，“公共安全机制、体制与载体建设”，“健全社会稳定风险评价机制”等方面展开深入探讨。根据调研和研讨会的成果，民革中央在全国政协9月召开的“加强和创新社会管理专题研讨会”上，提交了《关于健全社会稳定风险评估机制的建议》、《建议发挥社会组织在国家应急体系建设中的作用》两篇大会发言，得到了有关方面的好评。

发挥好专委会的作用，是民革近几年来进一步做好参政议政工作的成功经验之一。今年，民革中央各专委会结合国家经济社会发展形势，相继就“工业文化遗产保护和利用”、“城市生活垃圾无害化处理”、“中华文化国内发展与海外传播”、“学生德育教育情况”、“中医药事业发展”、“西藏生态保护与建设”等问题开展调研，并向中共中央、国务院报送了相关意见、建议。为拓展参政议政的渠道，民革中央人口资源环境委员会组织专家，先后赴日本考察学习节能减排技术及绿色低碳经济发展模式、赴西藏开展环境外交调研，开创了专委会组团出境学习考察和到西藏调研的先例。在发挥专委会整体作用的同时，各专委会委员也从各自的研究领域出发，为民革中央建言献策提供了大量富有宏观性、前瞻性的素材。据统计，民革中央向全国政协十一届五次会议提交的提案中，由专委会调研和委员研究成果整理形成的提案共22篇，约占民革中央全部提案的二分之一。民革中央各专委会还注意发挥智力密集的优势，经常与地方组织共同开展相关课题调研，既提高了调研活动的质量和水平，也带动了全党参政议政工作的开展。9月，民革中央在浙江舟山举办“民革全国参政议政工作骨干培训班”，在对参政议政工作骨干进行培训的同时，还重点对做好专委会工作进行了探讨。目前，民革中央已基本形成各专委会主导开展课题调研、专题座谈会、主题研讨会等活动的局面，使专委会真正成为了民革中央参政议政工作的骨干力量。

反映社情民意信息工作，是民革履行参政议政职能的重要形式和渠道，也是调动民革全党力量、激发全党活力的重要途径和手段。今年，在民革中央的统一组织下，民革各级组织围绕“稳增长、控物价、调结构、惠民生、抓改革、促和谐”任务，提出了很多有价值的意见、建议。截至10月底，共有“推动两岸农业合作试验区发展”、“完善武陵山片区扶贫规划”、“健全核能安全立法”等42篇信息被全国政协报送中央领导同志和国家有关部委，所采用篇数比去年增加了23.5%。

社会服务工作是民革履行职责、发挥作用的重要形式之一。为深入贯彻落实胡锦涛总书记、贾庆林主席就统一战线参与毕节试验区建设作出的重要批示精神，民革中央今年多次与中国农业大学、安徽农业大学等国内知名大学和研究机构合作，邀请专家赴纳雍提供智力支持，同时帮助毕节地区引进了“旅游资源整合运营”和“无机粉体环保纸制造”两个大型项目。8月，民革中央组织北京、上海、天津、广东、福建、浙江、江苏、山东、辽宁、河北等东部十省市民革组织及部分民革党员企业家赴毕节开展“同心·博爱行”活动，达成“龙起创意产业园”、“卫生洁具生产基地”、“纳雍县三甲医院”和“城市生活垃圾处理中心”四个意向，总投资35.3亿元。另外，签订了援建中心村卫生院、建设“同心水窖”、建立“边远乡村优秀教师奖励基金”等多项帮扶协议，总援助资金达136万元。民革中央还积极拓展和深化社会服务工作的形式与内容，推动书画工作与扶贫工作相结合，相继组织民革中央画院的画家在贵州黔西南、重庆永川等地开展文化交流助推活动，为促进当地经济社会发展积极贡献力量。9月，民革中央画院举行第二届理事会第一次会议，圆满完成了首次换届。

作为积极履行参政党职能、加强为地方服务的一次探索，年初，民革中央与重庆市人民政府签订建立“民渝合作”关系协议。根据协议，民革中央把重庆市作为参政议政、社会服务工作的实践基地和思想建设、机关干部的教育基地。8月，民革中央组织党内专家、学者赴重庆石柱、武隆等地就农民增收问题实地考察调研，并积极协助引进项目、资金、技术、人才和先进管理经验，努力促进当地经济社会全面发展。11月，民革中央在北京召开“民革全国社会服务工作先进集体和先进个人表彰大会”，认真总结了近几年来民革全党开展社会服务工作的经验，树立了典型，为更加深入地开展民革社会服务工作提出了新的目标和任务。

四、顺应变化，创新思路，以深入做好台湾人民工作为重点，不断丰富对台交流的形式与内容

在两岸关系和平发展新形势下，民革全党始终把祖统工作摆在重要位置，深入学习中共中央对台大政方针，全面落实胡锦涛总书记在“纪念《告台湾同胞书》30周年座谈会”上的重要讲话精神，紧紧围绕中共中央对台工作大局，密切结合民革工作实际，努力把各项工作做新、做实、做深、做细，为进一步发展两岸关系作出了积极贡献。

今年以来，民革中央紧紧围绕两岸关系和平发展主题，按照“四个转变”、“三个深刻理解”和“三个坚持”等民革祖统工作方针的要求，把坚持做好台湾人民工作作为重点，积极开展形式多样的对台交流活动，先后接待了第十一届“台湾高校杰出青年赴大陆参访团”、第五届“台湾新同盟会中南部会员（会友）大陆参访团”、“台湾中华工商业联合会”大陆参访团、“中华资深青商总会参访团”、首届“台湾擎天协会暑期青年华夏文化参访团”、“台湾纵横北京教师参访团”、“高雄医学大学北京药学会议参访团”等来访团体，提升了民革对台、对外交流的层次和影响力。民革中央领导同志也分别率团赴中国台湾、香港以及西班牙、德国等地区和国家，出席“2012年中华插花艺术展”、“全球华侨华人促进中国和平统一大会”、“庆祝欧洲华侨华人社团联合会成立20周年暨欧华联会第17届大会”等会议，与台湾、香港同胞和各国侨界进行广泛交流，扩大了民革在海外的影响。此外，民革中央还举办或出席了“台湾暨两岸关系形势专题研讨会”、“台湾和国际问题专家研讨会”、“中国远征军赴缅作战70周年座谈会”、“台湾琉璃工房25周年特展”、“2012年海峡两岸龙舟赛”、“台湾玉山‘八部合音’申遗专场交流演出”等会议和活动，取得了很好的效果。

注重创新祖统工作的思路与方法，是今年民革中央祖统工作的一大亮点。6月，民革中央首次与农业部、水利部在厦门联合主办“海峡论坛·两岸农业水利合作发展论坛”，海峡两岸共260多人参加本次论坛，其中台湾嘉宾近170人。该论坛是第四届海峡论坛的重要活动之一，为第四届海峡论坛“两岸基层交流版块”的首项活动，被国务院台湾事务办公室列为本年度两岸交流的重点项目。8月，民革中央在北京主办以“创意创造·共创未来”为主题的第三届两岸青年创新创业论坛，并在论坛举办期间创办了大陆首个“两岸文化创意人才服务基地”。

为深入学习贯彻中共中央对台方针政策，进一步做好民革全党的祖统工作，今年10月，民革中央在陕西西安召开“民革全国祖统工作表彰会议”，对在祖统工作中作出突出成绩的101个民革组织和139名民革党员进行表彰，起到了提高认识、统一思想、树立典型的作用，推动了民革祖统工作的深入开展。

过去的一年，无论是在思想建设、组织建设、参政能力建设、机关建设等方面，还是在参政议政、社会服务和促进祖国和平统一工作方面，民革各级组织都取得了很大的进步和可喜的成绩。这些进步和成绩的取得，是以胡锦涛同志为总书记的中共中央正确领导的结果，是深入贯彻落实科学发展观的结果，也是民革各级组织和广大党员团结奋斗、努力工作的结果。在这里，我代表民革中央常委会，向大家一年来付出的辛勤努力和作出的无私奉献，表示衷心的感谢！

在看到进步和成绩的同时，我们也应清醒地看到，与新形势、新任务的要求相比，与民革承担的历史使命相比，我们的自身建设还有待加强，我们的履职能力还有待提高，我们的祖统工作还有待进一步做好，我们的参政议政、民主监督工作还有待更加深入。对此，我们需要在认真总结经验的基础上，进一步增强责任感和使命感，紧紧依靠民革广大党员，全面做好民革各项工作，力争取得更大的成绩和进步。

2013 年主要任务的建议

2013 年是认真学习领会、深入贯彻落实中共十八大精神的一年，同时也是民革各级组织和广大党员在邓小平理论、“三个代表”重要思想、科学发展观指导下，按照民革十二大制定的目标任务，更好地履行参政党职能的关键一年。全面做好明年的各项工作，意义重大。

为此，我们建议：

明年民革全党工作的总体要求是：高举中国特色社会主义伟大旗帜，以邓小平理论、“三个代表”重要思想、科学发展观为指导，认真学习贯彻中共十八大精神，按照民革十二大制定的目标任务和“三个牢牢把握”工作方针，进一步提高思想理论水平，全面加强以参政能力建设为核心内容的自身建设，保证民革政治坚定、组织有力、充满活力，更好地围绕科学发展做好参政议政、民主监督和社会服务工作，做好新形势下的促进祖国和平统一工作，为全面建成小康社会作出更大贡献。

一、认真学习贯彻中共十八大精神，不断强化民革理论研究和思想宣传工作

中共十八大是在我国进入全面建成小康社会决定性阶段召开的一次十分重要的大会。大会在邓小平理论、“三个代表”重要思想、科学发展观的指导下，认真总结了中共十七大以来五年工作和过去十年实践的经验，提出了新的历史条件下贯彻落实科学发展观的新要求，制定了全面建成小康社会和全面深化改革开放的新目标，就新形势下实现什么样的发展、怎样发展等重大问题作出了新的科学回答，对全面推进社会主义经济建设、政治建设、文化建设、社会建设、生态文明建设以及国防军队现代化建设、祖国统一事业、外交工作和全面推进党的建设新的伟大工程作出了战略部署，为未来国家的发展规划了蓝图、指明了方向。胡锦涛同志在大会上作的政治报告，高瞻远瞩、求真务实，反映了时代的要求和全国各族人民的心愿，是引领和激励全国各族人民团结奋斗的行动纲领，具有重要的现实意义和深远的历史意义。民革各级组织一定要把认真学习领会、深入贯彻落实中共十八大精神，作为当前和今后一段时期内的首要政治任务，切实抓好大会精神的学习贯彻工作。民革全体党员特别是各级领导干部，要认真学习中共十八大精神，准确把握国内外形势的新变化、新特点和我国经济社会发展的新要求，充分认识中共十八大的重要意义，切实把思想和认识统一到大会精神上来，把智慧和力量凝聚到实现中共中央的决策部署上来。要围绕认真学习贯彻中共十八大精神这条主线，开展形式

多样的教育宣传活动，帮助广大民革党员更好地学习领会中共十八大精神，进一步坚定理论自信、道路自信、制度自信。

深入贯彻落实中共十八大精神，就要进一步提高民革的理论水平，加强以民主党派建设规律、参政规律为研究方向的参政党理论建设。在新的形势下，加强参政党理论建设，是民主党派自觉走中国特色社会主义政治发展道路的需要，是坚持完善中国共产党领导的多党合作和政治协商制度的需要，是提高参政党履职能力、发挥参政党作用的需要。民革的各级领导同志要充分认识加强理论建设的重要性和紧迫性，带头搞好理论学习与研究。民革各级组织要按照《民革中央关于加强理论建设的意见》的要求，认真总结参政党理论研究的基本经验，进一步加强民革特色的理论研究，全面做好理论建设工作。

不断强化思想宣传工作，是民革思想建设的一项重要任务。明年，民革中央将在深入总结经验的基础上，以中共十八大精神为指导，继续依托孙中山研究学会、中国辛亥革命研究会、民革前辈纪念场馆联谊会等平台，发挥团结报社、团结出版社的独特优势，积极组织和参加相关学术交流活动，推动学习研究向更深、更广和更高层次发展。首先，做好中共十八大的学习和宣传教育工作，进一步统一思想、凝聚共识，增强民革党员走中国特色社会主义政治发展道路的信心与决心。其次，把握好思想宣传工作的政治特性，将民革思想宣传工作与国家各项建设联系起来，与国家重大纪念活动和民革重点工作联系起来，围绕建设中国特色社会主义和促进祖国和平统一等主题积极开展工作。再次，抓好工作机制建设，立足内地，面向海外，深入挖掘，整合好多方资源。最后，思想宣传工作要注意彰显民革特色、树立民革形象，扩大民革在社会上的影响，增强社会各界对民革的认知。

二、进一步加强领导班子建设，保证民革组织政治坚定、组织有力、充满活力

领导班子建设是民革组织建设的重点和核心，是民革沿着正确的政治方向不断前进的重要保证。明年是民革中央和省级组织换届后的第一年，能否在民革事业健康发展的基础上，不断将民革各项工作推向前进，领导班子建设是关键。

第一，以领导班子建设作为组织建设重点，巩固和发展政治交接成果。加强领导班子建设，是民革各级组织换届后一项重要而紧迫的工作。各级组织要认真落实《民革中央关于建立思想政治交接长效机制的实施意见》，把民革前辈坚定的政治信念、高超的政治智慧、高尚的道德风范真正继承好、发扬好。要着重提高领导班子成员的政治把握能力、参政议政能力、组织领导能力和合作共事能力，使他们成为政治坚定、作风优良、锐意进取的合格领导。同时，通过狠抓思想建设、制度建设、能力建设、作风建设和建立健全民主集中制，使民革各级领导班子成为思想坚定、政治可靠、作风务实、能力突出的领导集体。

第二，进一步加强后备干部队伍建设，积极培养与中国共产党真诚合作、基本素质好、有影响的新一代代表人士。后备干部队伍建设，关系到多党合作事业的发展和民革事业的兴衰。民革各级组织要认真学习《中共中央关于加强新形势下党外代表人士队伍建设的意见》精神，切实贯彻《民革中央关于加强后备干部队伍建设的意见》，不断健全干部选拔任用工作机制，着力发现、培养、使用与中国共产党在思想上同心同德、目标上同

心同向、行动上同心同行的高素质人才，逐步建立起一支政治坚定、代表性强、有培养前途和发展潜力的后备干部队伍。

第三,按照《民革章程》和《民革中央关于进一步做好组织发展工作若干问题的意见》的规定,切实做好组织发展工作。在开展组织发展工作时,一定要坚持“三个为主”的原则，注重发展质量，保证数量稳定增长。要下大力气，注意吸收高层次代表性人士和具有宏观战略思维的参政议政复合型人才，为民革的重点工作服务。特别是要注意发展那些热爱多党合作事业、有参政议政潜能和务实奉献精神的优秀中青年知识分子，从而不断优化人才结构，彰显界别优势，确保组织活力。

第四，继续探索建立一套符合民革实情、行之有效的党内监督制度，保证民革组织健康、有序发展。进一步加强党内监督，对于搞好民革自身建设有着十分重要的意义。各级民革组织要以贯彻执行《中国国民党革命委员会内部监督暂行条例》为契机，把加强党内监督工作与搞好政治交接结合起来，与领导班子建设结合起来，与履行参政党职能结合起来，与党员的政治安排、干部的提拔任用结合起来，积极探索和不断完善开展党内监督的原则、内容与形式。

三、围绕科学发展、社会和谐，进一步做好参政议政和社会服务工作

明年是全面贯彻落实中共十八大精神的第一年，也是全面完成“十二五”规划任务的关键之年。在中共十八大精神指导下，围绕国家各项事业的科学发展，围绕社会和谐稳定，进一步做好参政议政和社会服务工作，是民革全党的重要任务。

第一，发挥优势，突出特色，围绕加快转变经济发展方式、保障和改善民生、促进社会公平正义，特别是围绕加强和创新社会管理等重大问题积极建言献策。今年以来，在复杂严峻的国内外经济环境下，中共中央、国务院按照“稳中求进”的工作总基调，及时采取了一系列稳增长的政策措施，经济运行总体呈现缓中趋稳态势。但是也要清醒地看到，当前经济还没有形成稳定回升态势，经济困难可能还会持续一段时间。因此，保持经济较快增长、保障改善民生、维护社会和谐稳定和加强生态文明建设的任务也较为紧迫。民革各级组织和广大党员要充分发挥自身的优势和特点，以科学发展观为统领，为协助执政党和政府转变发展方式、破解发展难题建真言，为保障改善民生、维护社会和谐稳定献良策，在完成明年国家经济社会发展目标过程中作出参政党应有的贡献。

第二,整合资源,发掘人才,充实力量,进一步完善专委会工作机制。完善的工作机制，是做好专委会工作的重要保障。要抓好人才队伍建设，要以参政能力和参政热情为衡量标准，对新一届专委会委员进行全面推荐和选拔，打造一支高素质的民革参政议政骨干队伍。要在认真总结专委会工作成功经验基础上，加强专委会的制度建设，健全和完善现有的日常工作制度、联系委员制度和会议制度，完善委员的工作考评机制和激励机制，不断激发委员参政议政的积极性和主动性。要与时俱进，继续整合资源，不断探索和创新专委会的工作理念、工作思路和工作方法，充分发挥参政议政工作平台作用。

第三，在不断完善上下联动工作机制的基础上，进一步加强与执政党和政府部门、司法机关以及社会组织、研究机构的联系，拓宽参政议政渠道，提高参政议政质量和水平。近几年来，民革各级组织在参政议政实践中，既注意充分调动各级组织和广大民革党员

的积极性，创造了上下联动的工作机制，又注意借用民革党外的力量，取得了很好的效果。明年，民革各级组织要认真总结这方面的经验，完善上下联动的工作机制，加大与执政党和政府部门、司法机关以及社会组织、研究机构的联系力度，不断拓宽参政议政渠道，创新参政议政的形式和方法，提高参政议政的质量和水平。

第四，积极拓展智力支边扶贫工作的形式与内容，努力实现社会服务工作新突破。社会服务工作是民主党派直接服务国家经济社会发展的窗口和平台，是参政议政工作的延伸和拓展。作为共同建设中国特色社会主义的参政党，在智力支持、改善民生、生态建设、示范带动等方面献计出力，帮助执政党和政府解决边远山区、贫穷少数民族地区经济社会发展方面的突出问题，是民革义不容辞的责任。明年，要继续坚持“发挥优势，突出重点，量力而行，持之以恒，务求实效”的方针，结合中共十八大精神及《中国农村扶贫开发纲要（2011—2020年）》、《国家中长期教育改革和发展规划纲要（2010—2020年）》等文件的具体贯彻落实，进一步探索扶贫、办学、非公经济、书画工作的新思路、新举措，不断推进民革的社会服务工作。

四、把握机遇、巩固成果，为新形势下的祖国和平统一大业作贡献

近年来，两岸关系持续发展，这既给促进祖国统一工作提供了更为广阔的工作空间，也给民革提出了更高的工作要求。民革各级组织要把握当前难得的历史机遇，扎扎实实地做好促进祖国和平统一工作，为推动两岸关系和平发展、促进祖国和平统一大业做出新的更大贡献。

第一，认真学习贯彻中共十八大精神，学习贯彻中共中央对台工作方针政策，做好祖统工作规划。明年，民革各级组织要在认真学习贯彻中共十八大精神的基础上，在中共中央对台工作方针政策指导下，牢牢把握两岸关系和平发展这一主题，紧紧抓住争取台湾民心这条主线，做好祖统工作规划。要积极组织各种形式的学习、宣传、教育和培训活动，切实将民革全党的思想统一到中共十八大精神和中共中央对台工作决策、大政方针上来。

第二，充分发挥民革优势特色，在做好台湾人民工作方面深入调查研究，进一步做好涉台参政议政工作。民革各级领导和各级组织要深刻认识做好涉台参政议政工作的重要意义，紧紧围绕国家对台工作大局，紧紧围绕两岸关系发展中的重大课题，本着整合资源、精心谋划、常抓不懈、务求实效的精神，精心组织好涉台参政议政工作，不断提升涉台参政议政的质量和水平。

第三，充分发挥自身优势，多层次、多渠道地做好对台和对外交流工作。民革各级组织要根据自身条件，在继续巩固和深化做好台湾“泛蓝”阵营社团和人士工作的基础上，巩固成果、完善形式、丰富内涵、增加实效、凝聚人心，多层次、多渠道地做好对台交流工作。要继续加强海外联谊工作，把“请进来”和“走出去”更好地结合起来，进一步巩固和扩大与海外侨胞的联系，团结一切可以团结的力量，推动两岸关系朝着和平稳定方向发展。

第四，注重培养、壮大祖统干部队伍，不断提高民革祖统工作能力和水平。人才培养是最大限度发挥工作机制优势作用的基石。各级民革组织要加强祖统干部队伍建设，注意发现人才，善于使用人才，逐步建立起一支懂政治、懂政策、有理论、有能力、善于思考、勤奋工作的祖统工作干部队伍。

各位委员、同志们，本次会议是民革十一届中央委员会最后一次全体会议。在此，我代表十一届中央领导班子，对民革各级组织和各位委员五年来对常委会工作的支持表示衷心的感谢！希望你们接下来认真开好民革第十二次全国代表大会，完成中央领导机构的圆满换届，并一如既往地支持新一届中央常委会的工作，把民革各项工作全面推上一个新台阶。

让我们紧密地团结在以习近平同志为总书记的中共中央周围，高举中国特色社会主义伟大旗帜，以邓小平理论、“三个代表”重要思想、科学发展观为指导，继承和发扬孙中山爱国、革命、不断进步的精神，继续解放思想、实事求是、与时俱进、求真务实、齐心协力、扎实工作，为全面建成小康社会和实现中华民族伟大复兴作出新的更大贡献！

中国国民党革命委员会中央监督委员会工作报告

（2012 年 11 月 23 日）

何丕洁

各位委员、同志们：

现在，我受中央监督委员会和厉无畏主任委托，向十一届六中全会报告监督委员会工作，请予审议。

中央监督委员会成立四年以来的主要工作

随着我国社会主义民主政治进程的不断发展，中国共产党领导的多党合作和政治协商的制度化、规范化和程序化的不断推进，民主党派履行参政党职能的任务更加繁重，民主党派加强以参政能力建设为核心的自身建设任务更为紧迫。加强党内监督是民主党派搞好自身建设的有力保证。

2008 年 12 月民革十一届二中全会通过了《中国国民党革命委员会内部监督暂行条例》（以下简称《条例》），并成立民革中央监督委员会。中央监督委员会在中央委员会的领导下，认真贯彻落实《条例》精神，在开展自身建设工作的同时，积极指导省级组织建立内部监督机制和成立监督委员会，推动各级组织领导班子模范执行党章、贯彻民主集中制、开好民主生活会、加强议事决策的规范化、程序化、科学化，尤其在地市级、省级组织换届工作及中央领导机构换届筹备工作中，起到了积极作用。

一、全党重视党内监督工作，监督机制建设初见成效

民主党派内部监督工作是自身建设的重要组成部分，是民主党派加强自身建设的客观需要，是民主党派提高解决自身问题能力的重要手段。民革一直重视自身建设和党内

监督工作，自中央监督委员会成立以来，把进一步加强党内监督，健全和完善党内监督机制，作为民革各级组织的重要工作。2009 年 5 月十一届七次中常会将民革内部监督工作定为会议专题进行研究，周铁农主席、厉无畏第一副主席分别作了重要讲话。周铁农主席在讲话中对建立民革党内监督机制的重要性和必要性，开展党内监督工作应注意的几个问题和处理好几种关系等作了明确的阐述；对坚持民主集中制，加强领导班子作风建设和推进党内监督工作提出了要求。同年 11 月召开的民革全国组织工作会议特别强调民革党内监督是组织建设的重要组成部分，要进一步提高全党对此项工作的认识。2011 年 9 月召开的民革内部监督工作研讨会上，厉无畏第一副主席再次强调党内监督工作的重要意义和工作重点，并围绕建立预防机制，通过谈心会、民主生活会等增强领导班子团结，促进党内民主、和谐；加强宣传，营造良好的监督环境；有效发挥内部监督机制作用等问题提出了明确的要求。各级组织认真贯彻会议精神，民革党内监督工作取得了明显的成果。

今年 10 月，民革中央召开民革内部监督工作交流会，研讨总结中央监委会成立四年来所做的工作。与会同志一致肯定四年来民革党内监督工作所取得的成绩和发挥的作用，交流了各地方组织开展内部监督工作情况，同时对今后的工作思路提出了意见和建议。厉无畏第一副主席在会上结合进一步健全完善内部监督机制作了重要讲话，指出要充分认识完善内部监督机制的必要性和重要性，积极探索内部监督的内容和方式，加强内部监督机制的理论研究，以理论指导工作实际，有序推进党内民主，提高民革全党自身建设的科学化水平。这次会议对于进一步统一思想、提高认识、保障内部监督工作健康发展起到了积极的作用。

自 2009 年民革十一届三中全会开始，中全会都要专门听取并审议民革中央监督委员会的工作报告，至今已是第四次向中央全会报告工作。中央委员们认真讨论监委会的工作报告，提出意见和建议，对中央监委会的工作和党内监督机制的建立起到极大的推动作用。也正是在全体中央委员和全党广大党员的关心、支持、帮助下，民革党内监督工作才得以开展并取得初步成效。

按照《条例》和周铁农主席十一届七次中常会讲话精神，截至目前，已有北京、天津、河北、黑龙江、上海、江苏、江西、山东、重庆、云南、陕西、甘肃、青海、新疆等 14 个省级组织成立了监督委员会，制定了结合本省工作实际的内部监督条例，认真开展工作。特别是在今年的省级组织换届过程中，监督委员会认真履行职责，协助和督促本级委员会贯彻落实换届工作文件规定的各项要求和政策，严格工作程序，为圆满顺利作好换届各项工作发挥了应有的作用。一部分未成立监督委员会的省级组织目前正在积极筹备之中，条件成熟时将陆续成立。

根据《条例》规定，民革中央和 30 个省级委员会领导班子都建立了民主生活会、谈心会制度，进一步规范了领导机构议事决策的制度化、规范化、程序化。民革十一届中央主席班子自 2008 年 7 月以来共召开五次谈心会，分别就领导班子政治交接、自身建设以及民革组织发展、履行职责、参政议政等议题进行集体谈心，交流工作设想和经验体会，并提出意见和建议。通过谈心会这种形式，对民革全党工作起到了积极有效的推动作用，带动了各级组织的健康发展。《条例》要求，上级组织应当加强对下级组织领导班子谈心会的指导和监督。2010年中央监督委员会办公室重点了解了各省级组织开展民主生活会、谈心会、述职会的情况，并在2011年和2012年应邀参加了几个省级组织领导班子谈心会及与领导机构成员的思想沟通工作。在今年上半年的省级组织换届中，我们看到，民主生活会、谈心会等活动的开展，有效地促进了班子的民主作风，增强了班子的团结和合作共事能力，班子成员认真贯彻执行省级组织换届文件精神，30个省级组织领导班子都能得到广大党员的拥护，委员会的工作和领导干部的作风认可度普遍较高。

二、以换届为契机，强化内部监督的作用，营造风清气正的工作环境

2011到2012年民革地市、省、中央三级组织换届，这是在新世纪、新阶段进行的又一次政治交接、新老交替，面临新的形势，也呈现出新的特点。随着我国民主政治的发展，党员的民主参与意识越来越强，向组织表达诉求的意愿也越来越迫切，这就要求领导班子成员在工作中多听广大党员的意见，努力做到科学、民主决策。特别是比较敏感的换届人事问题，从中央到地方，均要求从建立后备干部队伍工作开始，创造民主氛围，营造风清气正的环境。推荐考察、选拔任用程序均要按照民主集中制原则。近几年我们各级组织在针对领导干部、后备干部推荐考核工作中基本形成的民主推荐、民主测评的工作程序和工作方法，在干部队伍建设上起到很好的作用，也为换届工作圆满顺利打下了良好的基础。

坚持原则、严格程序、严肃换届纪律，是确保换届工作风清气正、健康顺利进行的重要保障。去年地市级组织陆续换届，今年上半年省级组织全部成功换届，中央领导机构的换届工作也在筹备进行。党内监督工作在三级组织换届中，起到了和正在起到协助和督促各级委员会贯彻落实换届文件精神、按照文件要求严格工作程序的作用。中央监督委员会要求各省级监督委员会协助本级领导班子做好换届各项工作，协助班子成员对部分有不同意见的党员和领导干部从正面加以引导，使他们正确对待班子成员的新老交替和个人的进退；对广大党员和机关干部提出责任、义务和纪律要求，以保障换届选举工作健康顺利进行。

为搞好地市级组织换届工作，并为省级和中央换届打好基础，积累经验，2011年4月，由中央监督委员会建议，以民革中央名义向各省级组织下发了《关于做好民革地市级组织换届工作的通知》，要求各省级组织充分认识地市级组织换届工作的重要意义，以高度的政治责任感，加强对地市级组织换届工作的领导。

为做好今年上半年30个省级组织和今年下半年中央的换届工作，2011年9月的民革内部监督工作研讨会上，民革中央要求中央和各省级监督委员会协助本级组织领导班子做好换届工作，使监督工作贯穿于换届工作始终，为换届工作提供纪律保障，努力营造风清气正的换届环境。在此期间，根据地方的需要，中央监督委员会先后派员赴地方组织协助做了一些统一思想、履行程序的工作。各省级组织结合本省实际，从班子自身做起，积极开展遵守党章、增强团结、顾全大局、发扬民主、注重程序、匡扶正气的工作，遵循教育在先、警示在先、预防在先原则，制定了防范非组织活动、明确换届纪律的有关要求和措施，要求广大党员尤其是领导班子成员严格遵守。及时发现和纠正苗头性、倾向性问题，坚决抵制和认真查处各类非组织活动。

省级监督委员会在本级委员会换届工作中发挥的积极作用，也为做好今年年底民革中央换届工作积累了宝贵经验，奠定了良好基础。在10月召开的民革内部监督工作交流会上，各省级组织交流了监督委员会在本级组织换届过程中的做法和经验。

三、严格按照相关规定，做好日常工作

（一）信访工作。中央监督委员会办公室自成立以来，积极履行职责，认真做好各项具体工作，严格按照《中国国民党革命委员会中央监督委员会办公室工作规程》办事，同时按照《民革内部监督暂行条例》和《民革中央机关信访工作原则》处理来信来访，以省或反映内容为类建立专档。对党员的来信，无论是署实名的，还是不署实名的，中央监督委员会办公室都很重视。对署真实姓名和虽未具名但有具体线索的信件，积极与有关的省级组织或省级组织部门负责人联系，做好调查、调解和协调工作，并跟踪监督检查重要信访事项的处理情况，直至妥善解决。特别是从2011年地市级组织换届筹备工作启动后，反映班子成员个人问题、换届工作中出现的问题的来信明显增加，中央监督委员会办公室针对不同情况采用不同方式及时予以处理，避免因处理不及时或不妥而影响地方换届工作的进行。四年来，中央监督委员会办公室共收到来信294件（包括内容相同信件），接待来访7人次。

（二）党纪处分和通报批评事项。依据党章规定，自2009年以来，全党共开除了20名党员党籍。2012年2月，中央监督委员会对地市级组织换届中出现的两起严重违纪行为在党内进行了通报，以严肃党内纪律，起到警示教育的作用。

回顾四年来开展的民革内部监督工作，无论是工作实践还是理论研究，都还存在着很多不足，内部监督机制尚未健全，内部监督制度还不够完善，内部监督工作还需要在实践中不断进行探索。

今后五年的工作思路

今年年底，中央监督委员会将与中央委员会同步进行换届，《民革内部监督暂行条例》将作进一步修订。新一届监督委员会要在中央委员会领导下，贯彻落实新的内部监督工作条例精神，明确监督内容和对象，从实际出发，认真履行监督委员会职责，加大监督力度，提高监督质量，总结上一届的工作经验的同时，开拓创新，以期进一步推进民革全党自身建设取得更加显著的成果。

一、高度重视党内监督工作，强化监督意识

内部监督是民主党派加强自身建设的重要组成部分，是民主党派自我完善的必要途径，是建设适应新形势的参政党的必然要求，对于保持民主党派的进步性和纯洁性有着深远意义。民主党派内部监督最终目的是对违章违纪行为进行督促改进，在这个过程中，作为监督主体的全体党员和被监督对象的各级组织及其成员是否具有监督意识，成为内部监督能否良好运行的保证，而监督意识的强弱在于全党对党内监督的认识程度。必须把进一步加强党内监督作为民革自身建设的重要内容，特别要在各级领导班子中形成加

强党内监督的共识，增强进一步做好党内监督工作的自觉性和紧迫性，才能有效地推进党内监督工作的巩固和发展，党内监督机制的进一步健全、有效。领导班子及其成员要重视内部监督工作，认识到内部监督与领导班子建设是密不可分的，要认真听取党员提出的意见，虚心接受批评，提高自觉接受监督的意识，只有在领导班子中形成加强党内监督的共识，才能使这项工作健康有序的开展。

二、继续建立、创新、完善内部监督工作机制

要把健全和完善党内监督机制作为自身建设的有力保障，建立健全一系列具有长期性、实效性的制度，是加强民革内部监督工作的重要保证，执行制度的同时，要根据社会发展情况和民革实际，不断予以创新和完善，从而促进民革内部监督工作的正常开展，提高民革的整体素质和参政议政水平，增强民革组织的生机和活力，使民革成为适应新世纪新阶段要求的高素质参政党，适应时代赋予民革参与国家政治生活的使命，更好地担负起参政党的历史重担。

通过构建规范化、程序化的内部监督制度，确保监督工作机制的长效性，达到监督的预期效果。由于参政党的内部监督不同于执政党的监督，以当前民革内部监督工作的现状来看，仍应把党内监督工作重点，放在防范违规违纪行为的事前预防性监督上，周铁农主席在十一届七次中常会上提出的“预防性监督与查处性监督相结合，以预防性监督为主”的精神，为内部监督搭建出了框架。要建立谈话和诫勉制度，上级组织不定期的与下级组织领导班子成员谈话，了解班子建设情况。党员对班子成员在履行职责方面有情况反映时，上级组织要与其进行诫勉谈话。各级组织可以在《条例》的原则下大胆创新工作方法和机制，借鉴中共的经验，从单项制度入手，建立适合本省、本级组织的，具有可操作性的内部监督制度。

三、把内部监督与领导班子建设相结合，提高领导班子成员的四种能力

民革各级领导班子要把加强民革内部监督作为领导班子建设和政治交接的重要内容。这次省级组织换届后，有将近一半的同志是新进入领导班子的，要继承和发扬民革老一辈的优良传统，继续坚持民主集中制，保证广大党员的知情权、参与权和监督权。新一届领导班子要将党内监督与领导班子建设结合起来。领导班子成员是民革的骨干力量，是本级民革组织各项工作的决策者和带头人，代表着组织形象。一个高素质的领导班子能够带领广大党员充分发挥参政党职能。提高领导班子整体素质的重要途径之一便是加强内部监督工作，而内部监督的一项重要内容就是民主集中制的贯彻执行情况。认真贯彻执行民主集中制,是各级领导班子及其成员必须具备的基本素质。认真贯彻民主集中制，可以防止领导人独断专行，也可避免遇事推诿、无人负责。要按照民主集中、分工负责的原则，最大限度地发挥每位成员的作用。

要继续推动领导班子建立健全民主生活会、谈心会制度，这两项制度是党内监督工作的重要内容，更是领导班子建设必须时常开展的内容。通过召开民主生活会、谈心会，加强沟通，达成共识，检查领导班子成员贯彻执行民主集中制原则的情况，查找存在的问题，在提高领导班子政治把握能力、参政议政能力、合作共事能力的同时，提高自己

解决问题的能力，增进了解和信任，消除彼此误会，增强班子凝聚力，使领导班子在党员中更具号召力。

四、加强宣传，全党参与

做好民革内部监督工作的宣传，提高全党对党内监督的认识，让广大党员真正有热情、态度端正地参与到内部监督工作中来，克服不敢监督、不愿监督的心理。各级组织一要通过形式多样的学习教育活动，使广大党员通过学习新时期统一战线的方针、政策、多党合作理论和民革章程，认识到内部监督在民革加强全党自身建设、更好地履行参政党职能方面的意义和必要性；二要加强《条例》的宣传，提高全党对内部监督性质、原则、形式的认识，明确内部监督的内容，了解参政党内部监督与执政党内部监督的相同地方和不同之处，强化广大党员自觉、主动、正确进行监督的意识；三要营造有利于内部监督工作开展的环境，鼓励广大党员在《条例》规定的监督内容框架内正确行使监督权利，各级组织及领导班子成员要认真听取党员提出的意见，虚心接受批评，对违规违纪行为及时予以查处、纠正。

五、加强内部监督机制的理论研究与实践探索，以理论指导工作实际

民革内部监督工作开展已有将近四年了，需要我们进行阶段性的总结和思考，研究和解答内部监督机制建设中广大党员关心的、亟待解决的理论和实践问题，力求在理论探索中进行实践，在实践中丰富理论，用正确理论指导实践。

加强民革内部监督机制的理论研究，必须认真学习、借鉴执政党的理论建设经验。中国共产党历来十分重视党内监督，在九十余年的实践基础上，积累了大量宝贵的理论经验，形成了一套具有丰富内涵的理论体系。民革进行内部监督理论研究，必须结合自身实际，合理地吸收执政党内部监督的理论精髓，逐步形成有参政党特色的内部监督理论体系。

加强内部监督机制的理论研究，必须紧密结合工作实践。近年来，尤其是成立中央监委会以来，民革内部监督工作在实践中逐步推进，通过坚持民主集中制，完善监督制度，积极稳妥有序地推动党内民主和提高解决自身问题的能力，取得了不少成功的经验。深入开展理论研究，就要把民革在内部监督工作方面的好经验、好做法加以总结和升华，不断充实、丰富和完善，进而明确内部监督机制的目标、任务和原则，深化对内部监督机制建设规律、方法的认识。

要加强培训，通过定期组织关于内部监督工作的学习培训，或采取以会代训的方式，拓宽内部监督工作思路，改进思想作风和工作作风，探索内部监督工作的新形式、新内容，提高各级监委会自身建设的能力和水平，进而提高内部监督工作的规范化、制度化和实效性。

同志们，加强内部监督，是民革履行参政党职能，加强自身建设的需要，也是进一步推动民革工作制度化、规范化、程序化的需要。民革各级组织及广大党员既是监督者，也是被监督者，要通过不断的学习，提高责任意识、自觉意识，要站在对民革事业负责的高度，认识内部监督工作的重要性和紧迫性，逐步建立健全内部监督长效机制，有效地推进党内监督工作，使民革组织健康发展。

高举中国特色社会主义伟大旗帜，全面开创民革工作新局面

——在中国国民党革命委员会第十二次全国代表大会上的报告

（2012 年 12 月 12 日）

周铁农

同志们：

我受中国国民党革命委员会第十一届中央委员会委托，现在向大会作报告，请审议。

过去五年的工作

过去的五年，是我国发展极不平凡的五年。五年里，全国各族人民在中国共产党领导下，以邓小平理论、“三个代表”重要思想为指导，深入贯彻落实科学发展观，团结一致，攻坚克难，有效应对了国际金融危机冲击，顽强抗击了汶川特大地震、玉树强烈地震和舟曲特大山洪泥石流等严重自然灾害，成功举办了北京奥运会、上海世博会，隆重纪念了改革开放 30 周年、中华人民共和国成立 60 周年、中国共产党成立 90 周年和辛亥革命 100 周年，经受住了各种困难和风险考验，取得了一个又一个显著成绩。经过五年的共同奋斗，我国经济平稳增长，改革开放继续深入，人民生活显著提高，执政党建设全面加强，民主法制建设迈出新步伐，文化建设取得新突破，社会建设得到新进步，生态文明建设开始新进程，国防和军队建设开创新局面，祖国统一事业有了新进展，综合国力、国际竞争力、国际影响力迈上一个大台阶，国家面貌发生了新的历史性变化。过去五年卓有成效的工作，是中共十六大以来全面建设小康社会十年实践的重要组成部分，是深入贯彻落实科学发展观的成功实践，展现了中华民族团结奋斗、自强不息的伟大精神，为全面建成小康社会、实现中华民族伟大复兴打下了坚实基础。

五年来，民革全党在中国共产党领导下，认真学习贯彻中共十七大和十七届三中、四中、五中、六中全会精神，以科学发展观为统领，紧紧围绕国家中心工作，“牢牢把握政治交接这条主线和提高参政能力这个重点搞好自身建设，牢牢把握提高能力和水平这个关键搞好参政议政、民主监督，牢牢把握两岸关系和平发展这个主题搞好促进祖国和平统一工作”，积极履行参政党职能，各项工作都取得了很大成绩。

一、牢牢把握政治交接这条主线和提高参政能力这个重点，大力加强自身建设，夯实全面履行参政党职能的基础

加强民主党派自身建设，关系到坚持和完善中国共产党领导的多党合作和政治协商制度，关系到参政党作用的充分发挥。五年来，民革全党紧紧围绕“建设一个什么样的参政党和怎样建设参政党”这个问题，积极进行理论探索和大胆实践，形成了“与中国

共产党在思想上同心同德、目标上同心同向、行动上同心同行，为中国共产党和人民所信赖；有较强参政议政、民主监督能力，在中国特色社会主义事业中有所作为；组织严密、制度健全、机制灵活，处理内部事务能力较强，可以实现自身可持续发展”的自身建设目标。根据这个目标要求，民革各级组织始终坚持以政治交接为主线，以参政能力建设为重点，以思想建设为核心，以组织建设为基础，以制度建设为保障，大力加强自身建设，不断提高参政能力和水平。

（一）以参政能力建设为重点，全面提高参政能力和水平

中共十六大以来，以胡锦涛同志为总书记的中共中央从全面建设小康社会、加快推进社会主义现代化的新要求出发，高度重视统一战线和民主党派工作，先后颁发《关于进一步加强中国共产党领导的多党合作和政治协商制度建设的意见》、《关于加强人民政协工作的意见》、《关于巩固和壮大新世纪新阶段统一战线的意见》等与民主党派发展密切相关的重要文件，为新世纪新阶段民主党派的发展和履行职责，提供了重要的理论基础、政策依据和制度保障。

面对新形势新任务的迫切要求，面对全面履行好参政党职能的基本任务，2009年12月，民革十一届三中全会提出，认真学习、借鉴执政党的党建工作经验，结合民革自身优势和特点，大力加强民革的参政能力建设，不断提高参政能力和水平。2010年5月，民革十一届十一次中常会以如何加强参政能力建设为主题，专门研究和探讨加强民革参政能力建设的问题，认为参政能力建设包含在思想建设、组织建设、制度建设以及作风建设、机关建设等参政党自身建设的各个方面，具体体现于参政议政、民主监督工作中。12月，民革十一届四中全会正式通过《关于加强参政能力建设的意见》，进一步强调了加强参政能力建设的重要意义，明确了加强参政能力建设的基本内容，提出了加强参政能力建设的主要途径与方法，为民革全党大力加强参政能力建设提供了必要的理论依据和方法指导。

几年来，民革全党坚持以邓小平理论和“三个代表”重要思想为指导，深入贯彻落实科学发展观，以高度的政治责任感和使命感，大力加强参政能力建设，不仅各级组织的参政能力和水平有了较大提高，各级领导干部的政治把握能力、参政议政能力、组织领导能力、合作共事能力也得到明显增强，为民革全面履行好参政党职能奠定了坚实的基础。

（二）以思想建设为核心，夯实与中国共产党团结奋斗的思想基础

自身建设的核心，是思想建设。五年来，民革中央围绕自身建设目标，始终把思想建设作为自身建设的重点，常抓不懈、有效提升了思想政治教育的质量和水平。

社会主义核心价值体系，体现了社会主义现代化国家的发展要求，是社会主义制度的内在精神和社会主义制度在价值层面的本质规定，同时也是多党合作事业发展的重要基础和动力源泉。在社会意识形态更加多样、多元、多变的形势下，学习和践行社会主义核心价值体系，是民主党派在新的历史条件下自觉接受中国共产党领导的重要保障。2009年12月，民革十一届三中全会决定在全党深入开展学习和践行社会主义核心价值体系活动，要求把这一活动融入民革思想建设的全过程，贯穿到民革的宣传教育、组织建设、参政议政、民主监督等各项工作中，使学习和践行社会主义核心价值体系的成果最大程度地体现出来。根据民革中央的这一要求，民革各级组织把开展学习和践行社会主义价

值体系活动作为思想建设的重点，积极开展了一系列丰富多彩的学习活动。在此基础上，民革中央又制定了《关于建立思想政治交接长效机制的实施意见》，要求民革各级组织把学习和践行社会主义核心价值体系作为思想政治交接的重要内容，将政治交接的原则、精神与内涵，转化为民革党员的价值理念和行为规范，形成活动的长效机制。思想政治交接长效机制的建立，推动了民革自身建设的不断深化，为民革广大党员增强道路自信、理论自信、制度自信提供了坚实的思想认识基础。

加强参政党理论建设，夯实参政党思想基础，是民革思想建设的重要内容和基础性工程。为打牢参政党自身建设的理论基础，2008 年 11 月，民革十一届二中全会提出，要加强理论学习与研究，更好地用中国特色社会主义理论体系武装自己。几年来，民革党内陆续进行了参政能力建设、建立健全党内监督体系、参政议政机制建设等参政党理论问题及孙中山思想的探讨与研究，相继召开了“党建科学化与中国特色政党制度发展”、“民革自身建设理论与实践回顾展望”等学术研讨会。2011 年 12 月，民革十一届五中全会在认真总结开展参政党理论研究经验的基础上，通过了《关于加强理论建设的意见》，对有关参政党理论建设的目的、原则、方法、人才保证、机制保障，以及理论研究的重点领域和课题等，作出了明确规定，推动了民革全党的理论建设工作。

思想建设需要一定的形式来进行。五年来，民革中央根据民革思想政治工作的实际，针对形势教育的需要和理论学习的内在逻辑，坚持每年组织一个全党范围的主题教育活动，先后将思想教育重点与改革开放 30 周年、新中国成立 60 周年、建党 90 周年、辛亥革命 100 周年等重大纪念活动相结合，陆续开展了“坚持走中国特色社会主义政治发展道路，搞好政治交接”、“学习贯彻科学发展观”、“学习和践行社会主义核心价值体系”、“观故居，走多党合作之路”等一系列主题教育活动。通过坚持不懈地开展主题教育活动，使民革广大党员的思想认识水平和道德水平得到提高，更加坚定了与中国共产党同心同德、共同建设中国特色社会主义的信心与决心。

在大力加强思想建设的同时，民革各级组织也努力寻求宣传工作上的创新和突破。五年来，民革中央不断加强与各级各类媒体的合作，持续加大对民革各项工作，特别是对参政议政和自身建设成果的宣传报道力度，产生了广泛而积极的社会影响。《团结报》、团结出版社、《团结》杂志、民革中央网站始终坚持正确的政治方向和服务宗旨，坚持民革特色，紧密配合统一战线和多党合作事业发展的大局，不断加强队伍建设，着力提高工作水平，发挥了参政党舆论阵地的重要作用，为推进思想建设作出了积极贡献。

（三）以组织建设为基础，确保民革可持续发展

组织建设是自身建设的基础，是民革始终沿着正确政治方向前进和可持续发展的重要保证。五年来，民革中央高度重视组织建设，在组织建设工作上取得了突出进展。

领导班子建设是组织建设的重点和长期任务。民革十一大以来，民革各级组织始终把加强领导班子建设放在突出位置，在搞好政治交接的基础上，进一步明确职责、规范程序、加强团结、狠抓作风，提高了领导班子的领导能力和水平，巩固和发展了政治交接成果。通过狠抓思想、制度、能力、作风建设，民革各级领导班子正在朝着思想坚定、政治可靠、作风务实、能力突出的方向大步迈进。

搞好领导班子建设，关键是要抓好后备干部队伍建设，抓好人才的发现和培养工作。

2008年10月，民革中央制定了《关于加强省级组织领导班子后备干部队伍建设的意见》，明确了后备干部队伍建设工作的指导思想、工作原则和工作程序，推进了民革各级组织后备干部队伍建设的制度化、规范化和程序化。2010年1月，民革中央又制定了《2010—2013年民革全国党员、干部教育培训规划》，对民革党员、干部的教育培训工作作了统一安排，并将新党员培训、基层组织负责人培训、地方组织领导班子成员培训和中青年骨干党员培训作为民革党员、干部培训工作的四项重点工程。经过几年的努力，一支政治坚定、代表性强、有培养前途和发展潜力的民革后备干部队伍正在形成。

民革的组织发展工作也在稳步前进，显现出基层组织不断增加、党员人数稳步增长、新党员素质逐年提高的良好发展态势。2009年5月，民革中央下发《关于进一步做好组织发展工作若干问题的意见》，将社会和法制专业人士中的代表性人士作为民革组织发展的重点之一与界别特色，拓宽了民革组织发展工作的领域和范围。在民革各级组织的共同努力下，2008年以来，民革新增12个市级组织、64个总支、352个支部。目前，民革共有30个省级委员会、267个市级委员会、52个县级委员会和386个总支、4248个支部。截至今年6月，民革共有党员101865人，其中担任各级人大代表的1938人，担任各级政协委员的11342人，在政府、司法部门任厅局级实职职务的59人，担任中央和国家部委各类特邀（约）监督员的26人。

加强党内监督工作，是民革加强自身建设的必然要求，是参政党履行职能的重要保证。2008年12月，民革十一届二中全会提出要进一步加强党内监督，并提出了建立健全党内监督机制的目标和任务，制定了《中国国民党革命委员会内部监督暂行条例》，成立了中央监督委员会。2009年5月，民革十一届七次中常会对民革内部监督工作的内容、方法与形式作出规定，要求民革各级组织把进一步加强党内监督作为组织建设的一项重要任务，高度重视、全面做好。经过几年的工作，民革内部监督机制正在逐渐健全和完善，并在民革自身建设中发挥出越来越重要的作用。

（四）以制度建设为保障，努力提高工作效率和水平

作为自身建设的保障性因素，制度建设往往起着影响、制约自身建设整体成效与水平的作用。为全面搞好自身建设，五年来，民革中央着眼于各项制度、机制的建立健全和完善，做了大量工作。

首先，高度重视制度建设工作。民革十一大以后，民革中央明确把各项规章制度的建立健全工作摆在重要位置上，先后制定、修订了大量规章制度，进一步规范了各项工作程序与内容，逐步建立起按规章办事、靠制度管理的工作机制，保证了各项工作有序、有效进行。

其次，大力加强机关建设。一是坚持把制度化、规范化、程序化作为机关制度建设和工作机制建设的出发点、落脚点，根据工作需要，适当调整机关机构职能、机构设置、人员配备等，优化岗位和人员结构。二是根据新的形势和任务要求，推进学习型、服务型、和谐型、节约型和创新型机关建设，每年围绕一个主题召开民革全国机关建设工作研讨会，加强民革各级机关的交流与联系，进一步增强了各级机关的政治意识、大局意识和服务意识，为保证民革各项工作顺利运转发挥了重要作用。

二、牢牢把握提高能力和水平这个关键搞好参政议政、民主监督，全面做好参政议政及社会服务工作

民革十一大以来，民革中央在大力加强自身建设的同时，始终把抓好参政议政及社会服务工作放在突出位置。民革各级组织和广大党员在科学发展观的统领下，围绕全面建设小康社会宏伟目标和国家经济社会发展大局，结合民革实际，充分发挥人才荟萃优势，多渠道、多形式地开展参政议政和社会服务工作，取得了突出的成绩。

（一）认真履行参政党职能，参政议政成果丰硕

参政议政是民主党派最重要的职能之一，是民主党派参与国家各项建设、服务人民群众的主要工作形式。民革十一大以后，民革中央在深入学习中共十七大精神基础上，认真总结过去开展参政议政工作的成功经验，确立了“紧紧围绕国家中心工作，以‘三农’、祖统、社会法制为重点工作领域，以专委会为主要平台和抓手，充分发挥广大党员主动性、积极性、创造性，集全党之力搞好参政议政”的参政议政工作方针。五年来，民革各级组织在这个工作方针指导下，努力拓展参政议政工作渠道，积极创新参政议政工作形式，不断深化参政议政工作内容，使参政议政能力和水平有了很大提高，取得了突出的成绩。

以科学发展为主题，以加快转变经济发展方式为主线，围绕国家中心工作积极开展工作，是民革五年来参政议政的重要内容。2008 年以来，民革中央针对科学制定和全面实施“十二五”规划、发展战略性新兴产业和创意产业、积极推进城镇化建设、发展绿色经济、促进区域协调发展、保障和改善民生等热点、难点问题，积极建言献策。特别是国际金融危机爆发以来，民革中央本着高度的责任感和使命感，把协助执政党和政府有效应对危机、确保经济平稳较快增长，作为民革全党参政议政的首要任务。几年来，利用高层协商会、全国政协会议及专题报告、提案等形式，提出了实行“从紧适度，有保有压”的货币政策、推进财税体制和金融体制改革创新、促进实体经济发展、加快垄断性国有企业改革、调整投资结构抑制产能过剩、全面激活和扩大民间投资、调整收入分配结构、保证房地产市场健康发展、合理控制物价上涨空间、改革创新文化体制机制、将“中原经济区”建设作为国家战略等多项建议，为稳增长、惠民生、促和谐作出了贡献。

发挥优势、突出重点，是民革参政议政工作的一条重要经验。多年来，民革中央一直把关注“三农”、为社会主义新农村建设献计出力，作为参政议政的工作重点。过去五年，民革中央继续坚持把“三农”作为参政议政的重点工作领域，每年的年度重点调研都以“三农”问题为课题，由主要领导带队，先后围绕完善农村基本公共服务体系、规范农村土地承包经营权流转、推进城乡一体化建设、发展农村现代服务业、加强农村文化建设等课题展开调研。与此同时，民革中央还就创意农业、农村金融、粮食安全、农村环境保护、种业安全与发展等问题开展多次调研，共向中共中央、国务院提交涉农专题报告近 20 篇，向全国政协提交涉农大会发言和提案 40 篇。另外，民革中央还先后与黑龙江省政府、江苏省政府联合主办“新农村人才战略研讨会”、“培育创业人才，推进现代农业研讨会”，与农业部、国家旅游局、浙江省政府联合举办“中国（安吉）休闲农业与乡村旅游发展高层论坛”，积极协助执政党和政府破解“三农”难题，扩大了民革在“三农”问题上的影响力。

促进祖国和平统一，是民革的工作重点。为更好地突出民革特色，发挥民革优势，2008 年 12 月，民革十一届二中全会提出把祖统工作的重心向参政议政转变。按照这个要求，民革中央和地方组织积极健全机制、拓展渠道，不断加大涉台参政议政工作力度，使涉台参政议政成为民革参政议政工作中一个重点领域和有影响力的特色品牌。五年来，民革中央向中共中央、国务院和全国政协报送 40 余篇涉台专题建议和提案，得到中共中央、国务院的高度重视和社会各界的广泛关注，由民革中央率先提出的建设“海峡经济区”的构想已上升为国家战略。

在改善民生和创新管理中加强社会建设、健全法制，是中国特色社会主义建设事业中一项十分重要的工作。民革十一大以后，民革中央根据国家社会、法制建设需要，结合民革党内社会、法律专门人才较多的特点，决定把社会和法制确定为民革参政议政一个新的重点工作领域。五年来，民革中央充分发挥优势，不断加大在社会和法制建设领域里的参政议政工作力度，坚持每年都与全国政协、最高人民法院以及相关国家部委合作开展重点调研，并先后与中共重庆市委、黑龙江省政协联合主办了“中国新农村法制建设论坛”、“加强和创新社会管理研讨会”。经过几年的努力，社会法制领域的参政议政，已经成为民革中央参政议政的重点工作领域，不仅这方面的提案占到民革中央向全国政协提交提案总数的四分之一以上，而且在社会上也产生了越来越大的影响。

在全面建设小康社会过程中更好地履行参政党职能，进一步做好参政议政工作，除了根据经济社会发展需要和自身特点、优势，确定好参政议政重点工作领域外，还要解决参政议政工作的动力和平台问题。民革十一大以后，民革中央积极探索完善参政议政体制机制、加强参政议政平台建设的工作，提出了举全党之力抓参政议政和以专委会为平台全面带动参政议政工作的新思路。为适应这一转变，民革中央对专委会架构进行了调整和充实，界定了专委会性质、职能和作用，明确规定所有专委会的第一任务是参政议政，所有机关职能部门都要从事参政议政工作，初步形成了全党共抓参政议政的工作机制。2010 年 7 月，民革中央在内蒙古海拉尔召开“民革全国专委会工作会议”，对进一步规范专委会职能、履行专委会参政议政职能等问题，进行深入探讨和广泛交流，推动了民革各级组织专委会的工作。几年来，按照民革中央的要求，各级组织的专委会结合各自特点，及时转变工作方式和内容，积极将工作重点转移到参政议政上来，形成了各自的鲜明特色，取得了民革全党参政议政工作的新突破。目前，民革中央的参政议政工作形式，已经成功实现由参政议政职能部门主导向专委会主导的转变。在民革中央向十一届全国政协提交的集体提案中，超过半数的提案是在专委会调研和委员研究成果基础上形成的。

反映社情民意信息工作，是民主党派贯彻群众路线，帮助执政党和政府决策民主化、科学化的一项重要工作，也是民主党派开展参政议政工作的一个重要内容。为进一步做好反映社情民意信息工作，2008 年 12 月，民革中央下发《关于加强和改进反映社情民意信息工作的暂行规定》，对反映社情民意信息的收集、编辑、审批和报送工作进行了规范。之后，又专门召开“民革全国反映社情民意信息工作会议”，对民革反映社情民意信息工作作了进一步规范。按照民革中央要求，民革各级组织以信息工作制度化、规范化、程序化为重点，围绕深化改革开放、推动科学发展、促进社会和谐，广泛调动广大民革党员的积极性，努力探索、创新工作方式，积极开展反映社情民意信息工作。通过民革各级组织和广大党员的共同努力，一个初步完善的反映社情民意信息工作机制和工作网络已经建成，反映社情民意信息工作的质量也得到了显著提高。

五年来，在民革全党同志的共同努力下，民革的参政议政工作取得了丰硕的成果。截至今年 11 月底，民革中央共有 32 件报告或提案得到中共中央、国务院领导 44 人次批示，其中被温家宝、贾庆林、李长春、李克强等中共中央政治局常委批示 20 人次，领导批示件数、领导批示人次和中共中央政治局常委批示人次，分别比上五年增加 100%、158.8% 和 300%。前不久召开的"政协第十一届全国委员会优秀提案和先进承办单位表彰会"上，民革共有 6 篇集体提案和 17 篇个人提案被评为优秀提案，所获奖项比十届全国政协时增加 64.3%；所获优秀提案篇数约占十一届全国政协全部优秀提案的 8.2%，比十届全国政协时增加约二点三个百分点。另外，十一届全国政协期间，民革中央共有 45 篇集体提案被评为全国政协重点督办提案，比十届全国政协期间增加 55.2%；被全国政协报送中共中央、国务院领导及有关部门的反映社情民意信息有 194 件，比十届全国政协期间增加 94%。

（二）同心携手，扶贫助教，社会服务工作扎实推进

社会服务工作是民主党派履行职责、发挥作用的一种重要形式，是民主党派直接服务社会、服务人民群众的一项重要工作。五年来，民革各级组织围绕国家中心工作，充分发挥自身优势和特点，在支边扶贫、非公经济人士、书画和办学工作中取得了较大成绩。

扶贫开发一直是民革参与国家经济建设的重要实践之一。民革十一大以后，民革中央认真贯彻落实胡锦涛、贾庆林等中共中央领导的批示精神，努力拓展帮扶工作新领域，不断加大帮扶工作力度。五年来，民革中央和地方组织积极参与毕节试验区的建设工作，在坚持开展智力帮扶、捐资助学，积极探索参与式扶贫、村校一体化等帮扶新模式的同时，帮助毕节地区编制经济发展规划、落实重大项目投资和进行产业扶持，协助做好经济社会发展和改善民生的工作。为进一步做好帮扶工作，在民革中央的组织协调下，部分东、中部省市民革组织开展了联手帮扶纳雍的工作，并初步建立了工作机制。据不完全统计，五年中，民革中央促成民革党员和所联系人士达成向毕节地区意向投资 250 多亿元，促成帮扶项目 32 个，累计开展各类培训班 27 期，培训人员近 2000 人次，累计资助贫困学生 763 人次，并直接投入各类帮扶物资 700 多万元，为毕节试验区特别是纳雍县的建设作出了贡献。

2009 年，民革中央为拓展扶贫开发工作新途径，与国务院扶贫办外资中心达成了长期战略协作关系。几年来，与外资中心合作举办了"全国扶贫协作优势产业推介暨招商引资洽谈会"、"扶贫协作优势产业推介暨招商引资洽谈活动民革定点联系县专场"等活动，促进了中西部贫困地区与东部发达地区企业间的交流合作。今年 2 月，民革中央又与重庆市人民政府签订"建立民渝合作关系协议"，把帮扶工作范围拓展到了武陵山区。另外，民革中央还与中国医学基金会、中华慈善总会等单位合作，向多个中西部省份捐助物资，受到了当地政府和群众的欢迎。

为进一步深化扶贫开发工作，民革中央还将做好非公经济人士工作与扶贫开发相结合，动员和引导民革党内的非公经济代表人士积极参与社会服务实践。五年来，民革中央先后举办了"民革非公经济人士辽宁丹东商贸考察及培训活动"、"民革全国企业家会

议暨经济界人士吉林行活动”、“民革非公经济人士新疆行活动暨招商引资洽谈会”等，取得了很好的效果。

民革的书画工作也取得了突出成绩。五年来，民革中央画院在完善各项内部制度、建立富有活力的经营管理机制的同时，积极培养和推介优秀的民革中青年书画人才，努力为民革党员书画家搭建交流与合作平台，连续举办了两届高水平的美术培训班，带动了地方民革组织的书画工作。民革中央画院还积极配合各类重大活动主题，成功举办了多场特色鲜明的大型书画活动，在开展对外交流、扩大中华文化影响力、促进祖国和平统一方面发挥了积极作用。另外，民革各级组织的办学工作也在稳步发展。截至今年 11 月底，民革各级组织和党员个人创办的各类民办学校共 200 多所，累计为国家培养各类人才 300 多万人。

（三）团结一致抗天灾，服务奥运与世博

2008 年以来，我国相继发生南方大部分地区持续低温冰冻极端天气、四川汶川特大地震、西南地区特大旱灾、青海玉树强烈地震、甘肃舟曲特大山洪泥石流等严重自然灾害。特别是 2008 年 5 月 12 日发生的汶川特大地震，震惊了世界，造成了巨大损失。每次灾害发生后，民革中央都在第一时间动员各级组织和广大党员积极投入抢险救灾工作。面对大灾大难的严峻考验，民革各级组织和广大党员积极响应号召，或是通过各种渠道、各种形式向灾区捐款捐物，或是奔赴灾区直接参加救援。据不完全统计，民革各级组织、广大党员及所联系的海内外人士仅向汶川特大地震灾区的捐款，就超过 1.3 亿元。抢险救灾结束后，民革各级组织又积极参与灾区重建过程，不仅在灾区捐建了多所中山小学和希望小学，还对重建过程的一些具体问题进行深入调查研究，积极开展参政议政，为受灾地区重建美好家园献计出力，其中民革中央向中共中央、国务院报送的《关于进一步做好汶川特大地震灾后重建工作的建议》，得到了中共中央政治局常委、国务院总理温家宝等领导的批示。

举办一届有特色、高水平的奥运会，是中华民族的百年梦想；举办一届成功、精彩、难忘的世博会，是中国向世界的庄严承诺。为保证 2008 年北京奥运会和 2010 年上海世博会的成功举行，民革各级组织和广大党员充分发挥人才荟萃、智力密集的优势，把办好奥运会、世博会作为参政议政的重要内容，努力为办好奥运会、世博会建诤言、献良策。同时，民革各级组织还充分发挥社会联系广泛的优势，动员党员和所联系人士，以举办奥运会、世博会为契机，积极向台湾及海外朋友宣传和介绍北京奥运会和上海世博会，让更多的台湾及海外同胞感受奥运、感受世博，为成功举办北京奥运会和上海世博会作出了贡献。

三、牢牢把握两岸关系和平发展这个主题搞好促进祖国和平统一工作，推动祖统工作再上新台阶

促进祖国和平统一工作，是民革的工作重点和主要特色。五年来，两岸关系走过不平凡的发展历程，实现了重大转折。在这个两岸关系发展的新阶段，民革各级组织牢牢把握两岸关系和平发展这个主题，紧紧围绕中共中央对台工作大局，抓住纪念辛亥革命 100 周年这个契机，密切结合民革工作实际，充分发挥民革优势和特色，使民革的祖统工

作取得了突破性进展。

（一）创新思路，拓展渠道，深化内容，丰富形式，实现祖统工作“四个转变”

民革十一大以后，民革中央在认真学习中共十七大精神和胡锦涛同志在“纪念《告台湾同胞书》发表30周年座谈会”上的重要讲话，学习中共中央一系列对台工作方针政策基础上，全面总结了民革开展祖统工作的经验，在民革十一届二中全会上提出了“工作重心向参政议政转变，工作领域向多向型转变，工作渠道向多元化转变，工作主题向和平发展转变”的祖统工作方针。2009年6月，民革中央又提出“三个深刻理解”，要求民革全党“深刻理解当前对台工作形势，深刻理解胡锦涛同志提出的两岸关系和平发展思想，深刻理解民革中央提出的祖统工作‘四个转变’要求”。2012年10月，民革中央再次提出“三个坚持”，要求民革全党“坚持将促进两岸关系和平发展作为祖统工作的核心内容，坚持将做好台湾人民工作成效作为祖统工作的重要标准，坚持将开拓创新作为推动祖统工作的根本动力”。几年来，民革各级组织按照“四个转变”、“三个深刻理解”和“三个坚持”的要求，以做好台湾人民工作为核心任务，积极创新祖统工作思路、拓展祖统工作渠道、深化祖统工作内容、丰富祖统工作形式，深入开展促进祖国和平统一工作。

首先，民革中央及地方各级组织紧紧把握两岸关系和平发展这个主题，积极开展参政议政工作，完成了工作主题和工作重心的转变。在此基础上，努力拓展工作领域，按照向下沉、向南移的工作方针，把以前主要集中对台湾北部地区和国民党中上层人士的工作，逐渐向台湾中、南部发展，向工人、农民、教师、医生、律师、青年学生、工商业者、县市议员、乡镇村里长等台湾社会各个界别、各个阶层发展，向政治、经济、文化、教育、科技等各个领域发展，向海外发展，不仅巩固了长期以来做中国国民党、统派团体及重要代表人士工作的优势和特色，也开辟了祖统工作新领域。

与此同时，民革中央积极整合全党资源，加强与国家有关部门、高等院校、研究机构及台湾岛内相关社团机构的联系与合作，努力实现工作渠道向多元化的转变。一是积极“走出去”。2009年，民革中央恢复了中断近五年的入岛交流活动，民革中央领导多次率团访台，与台湾各界深入交流，广交朋友，取得了很好的成果。另外，民革中央坚持每年组团出访海外，出席“全球华侨华人促进中国和平统一大会”等会议，并与各国侨界社团和代表人士座谈，扩大了民革在海外华侨华人中的影响。二是主动“请进来”。几年来，民革中央积极邀请台湾及海外各阶层人士来大陆参访，先后邀请了“台湾高校杰出青年赴大陆参访团”、“中国国民党青年菁英大陆参访团”、“新同盟会、海峡两岸和平统一促进会、中国统一联盟三团体联合参访团”、“台湾新同盟会中南部会员（会友）大陆参访团”、“台湾南部基层乡里长大陆参访团”、“南台湾社团精英大陆参访团”、“台湾中华工商业联合会大陆参访团”和岛内重要代表人士许文龙等赴大陆参访，形成了“杰青团”等对台交流品牌。三是举办各类涉台论坛。作为主办单位之一，民革中央已参与主办四届“海峡论坛”。今年，民革中央与农业部、水利部联合，在“海峡论坛”内举办“两岸农业水利合作发展论坛”，取得了很好效果。为深化“杰青团”工作成果，打造两岸青年交流新平台，民革中央还与台湾“杰青会”及相关单位和地方组织合作，成功举办了三届“两岸青年创新创业论坛”。四是借助外力开展涉台研究。这些年来，通过与中国社会科学院、北京大学、清华大学、中国人民大学、厦门大学等研究院所、高校及台湾岛内相关社团机构合作,大大提升了民革的涉台研究水平。五是积极开展祖统宣传工作。为扩大影响，民革中央及地方组织不断加强和深化与各种媒体的互动合作，利用各种契机开展富有意义、形式多样的主题活动，举办各类学术研讨会、主题书画展、文艺演出等，取得了很好的社会反响，丰富和拓展了祖统工作渠道。

民革十一大以来，为切实做好新形势下的祖统工作，民革中央以建立健全民革祖统工作联动协调机制为突破口和着力点，加大了创新和完善祖统工作机制建设的力度。经过几年的努力，目前民革祖统工作联动协调机制已经初步建立，民革党内上下组织间的联系和互动局面已经基本形成，为民革祖统工作保持特色、提高水平提供了可靠的制度保障。

（二）隆重纪念辛亥革命 100 周年，开创祖统工作新形式

2011 年是孙中山先生领导的辛亥革命 100 周年。隆重纪念辛亥革命 100 周年，是全国人民政治生活中的一件大事，对继承和发扬孙中山精神的民革有着特殊和重大的意义。

2010 年 3 月，民革中央在全国政协十一届三次会议上作了《隆重纪念辛亥革命 100 周年,促进中华民族伟大复兴》的大会发言，建议国家以隆重纪念这一伟大历史事件为契机，深切缅怀孙中山先生等民主革命先驱，大力弘扬爱国主义精神，进一步推动两岸关系和平发展。10 月，民革十一届第十二次中常会通过《关于开展纪念辛亥革命 100 周年活动的决定》，要求民革各级组织结合实际，在中共各级党委领导下，有计划、有步骤地开展纪念辛亥革命 100 周年的活动。12 月，民革十一届三中全会决定，把隆重纪念辛亥革命 100 周年活动，作为民革各级组织 2011 年的工作重点之一。之后，民革中央成立了纪念辛亥革命 100 周年活动协调小组，统筹民革全党的纪念活动。

按照民革中央的统一部署，民革各级组织围绕纪念辛亥革命 100 周年这一重大主题，开展了一系列活动。民革中央相继与国家图书馆、北京大学、中国社科院等单位联合举办“百年辛亥”系列讲座，与中华文化发展促进会合作举办“百年复兴忆辛亥”大型系列活动，与中国文联、中央文史馆、中国美协、中国美术馆、全国政协书画室共同主办“纪念辛亥革命 100 周年全国中国画作品展”，与宋庆龄基金会、澳门辛亥革命与中山文化研究会联合举办“辛亥革命和民族振兴高峰论坛”、“孙中山与辛亥革命图片展”，与台湾新同盟会联合举办“纪念辛亥革命 100 周年座谈会”等活动。同时,民革中央还组织出版了《民革前辈与辛亥革命》、《辛亥革命著名人物传记丛书》等一批重点书籍，建立了辛亥革命网上博物馆。各地民革组织也通过研讨会、音乐会、书画展、文艺演出、座谈会、编撰研究著作等方式，积极开展纪念活动，共举办了上百场不同类型的活动。2011 年 10 月 9 日,民革中央代表各民主党派中央和全国工商联在“首都各界纪念辛亥革命 100 周年大会”上发言，引起了海内外很大的反响。

民革中央和地方各级民革组织开展的这些纪念活动，丰富和深化了民革祖统工作的内容与形式，开启了利用重大纪念日开展民革活动的成功范例，起到了扩大宣传、凝聚共识和提升民革形象的作用。

五年来民革取得的可喜成绩和明显进步，令全体民革同志骄傲和自豪。这是中共中央正确领导的结果，是民革各级组织和全体党员扎实工作、共同奋斗的结果，与中共各级

党委和各级人大、政府、政协的大力支持、帮助密不可分，与各兄弟党派、各界爱国人士、广大台湾同胞和海外侨胞的长期关注、支持密不可分。在这里，我代表民革第十一届中央委员会，向为民革发展作出过贡献、提供过帮助和支持的所有人士表示衷心的感谢！

面对成绩，我们也应当清醒地看到，与新形势新任务的要求相比，与人民群众和广大民革党员的期望相比，我们的工作还有很多不足，还需要进一步改善和提高。在以后的工作中，我们还需要探索更加有效的思想工作新思路、新办法，提高党员的思想素质，增强组织的凝聚力；还需要建立健全党员诉求表达机制，加强党内监督，发扬党内民主；还需要进一步做好参政议政工作，多建推动科学发展之言，多谋推动科学发展之策，多尽推动科学发展之力，多出精品，多作贡献；还需要解放思想，与时俱进，不断探索，勇于实践，善于实践，把民主监督工作积极、有序开展起来；还需要继续推动各项工作的制度化、规范化、程序化，进一步完善体制机制；还需要创新思路、拓宽渠道、丰富内容，不断深化促进祖国和平统一工作等。任重道远，民革全体同志一定要倍加努力，把民革工作不断推向前进。

过去五年工作的基本经验和体会

过去的五年，面对复杂多变的国际环境和艰巨繁重的改革发展稳定任务，以胡锦涛同志为总书记的中共中央团结带领全党和全国各族人民，经受住各种困难和风险考验，各项事业都取得了新的显著成绩。五年里，民革全党在中国共产党领导下，以科学发展观为统领，始终坚持“三个牢牢把握”工作方针，全面加强自身建设，认真履行参政党职能，在国家各项建设中作出了贡献，发挥了越来越重要的作用。

认真回顾五年的历程，全面总结五年的工作，我们认为必须坚持以下基本政治原则：

——必须坚持中国共产党领导，始终与中国共产党在思想上同心同德、目标上同心同向、行动上同心同行。中国近代以来100多年的历史充分证明，只有中国共产党才能救中国，才能发展中国。坚定不移地坚持中国共产党的领导，是民革在与中国共产党风雨同舟、患难与共的历程中取得的最基本、最重要的政治共识，是我国政党关系和谐的根本保证，是各民主党派与中国共产党合作共事的政治基础。作为与中国共产党一起共同建设中国特色社会主义的参政党，民革必须毫不动摇地始终坚持这个原则，在重大原则问题上与中共中央保持高度一致。

——必须坚持以中国特色社会主义理论体系为指导，坚定不移地走中国特色社会主义道路。中国特色社会主义道路，中国特色社会主义理论体系，中国特色社会主义制度，是中国共产党和中国人民长期奋斗、创造、积累的根本成就。邓小平理论、“三个代表”重要思想、科学发展观，是马克思主义与中国具体实际相结合的伟大理论创新，是马克思主义关于发展的世界观和方法论的集中体现，是我们必须长期坚持的指导思想。只有进一步增强道路自信、理论自信、制度自信，在邓小平理论、“三个代表”重要思想、科学发展观指导下，坚定不移地走中国特色社会主义道路，坚定不移地坚持和维护中国特色社会主义制度，民革事业才能不断发展、健康发展。

——必须坚持搞好政治交接，以“三个牢牢把握”工作方针不断推动民革事业向前发展。政治交接是民主党派可持续发展的必要条件和基本前提，是参政党自身建设的核心内容。“三个牢牢把握”工作方针是民革在十几年工作实践中不断探索、总结出来的一条重要经验，凝聚了民革广大党员、干部的智慧，符合民革所遵循的基本原则，符合新时期新阶段对参政党的基本要求，符合民革工作的基本规律和特点，对民革各项工作有着重要的指导意义。只有搞好政治交接，把民革老一辈领导与中国共产党团结合作的政治信念、优良传统不断继承、发扬下去，同时按照“三个牢牢把握”工作方针去开展各项工作，才能更加自觉地坚持中国共产党领导，坚持和维护中国共产党领导的多党合作和政治协商制度，进一步坚定走中国特色社会主义政治发展道路的信心与决心，从而确保民革事业薪火相传，保证民革在自身建设、履行职能、祖统工作等各方面不断发展和进步。

在以上三个基本政治原则之下，我们认为还应当坚持以下一些工作原则：

——必须坚持以参政能力建设为重点，不断提升参政能力和水平。参政能力是参政党影响力、生命力所在，是参政党自身建设的重要内容。在国家各项建设事业中，民革能否发挥好作用、履行好职能，关键就看参政能力强不强、参政水平高不高。只有在自身建设中以参政能力建设为重点，把参政能力建设贯穿于思想建设、组织建设、制度建设等建设中去，才能不断提升参政能力和水平，把民革真正建设成为一个适应新时期新阶段发展要求的有作为的参政党。

——必须坚持把参政议政作为民革工作的重中之重，举全党之力做好参政议政工作。参政议政是民主党派最基本和最主要的一项职能，是参政党参与国家各项建设、服务社会和人民的主要工作形式，是检验民主党派自身建设搞得好不好的一条主要标准。把参政议政作为民革工作的重中之重，既是题中应有之义，也是全面建成小康社会新阶段对民革的新要求。要保证参政议政在民革工作中的重中之重地位，就一定要发挥好整体优势，充分调动民革各级组织和广大党员的积极性、主动性、创造性，举全党之力去做好参政议政工作。

——必须坚持两岸关系和平发展主题，以做好台湾人民工作为民革祖统工作核心任务。以两岸关系和平发展为主题，是中共中央在新的历史起点上，从战略高度作出的开创两岸关系新局面的重大决策，是新形势下对台工作的指导方针。民革的祖统工作，必须紧紧把握两岸和平发展主题，把做好台湾人民工作为核心任务。只有这样，才能不断根据两岸关系发展的新变化、新趋势，做好祖统工作思路、形式与内容的转变、调整工作，全面提高民革全党的祖统工作能力和水平。

——必须坚持解放思想、实事求是、与时俱进、求真务实的思想路线，不断开拓创新。创新是一个政党永葆生机的源泉。不断创新工作形式、方法与内容，是建设高素质、有作为参政党的不竭动力和现实要求。只有在坚持解放思想、实事求是、与时俱进、求真务实思想路线的基础上，勇于实践和探索，不断开拓创新，才能全面加强自身建设，不断提高民革的参政能力，更好地履行参政党职能，开创各项工作的新局面。

——必须坚持紧紧依靠广大民革党员，形成全党团结一致、奋发向上的良好氛围。党员是政党的基本细胞，是一个政党素质高低、作用发挥如何的最基本因素。紧紧依靠广大民革党员，充分发挥他们的主体作用，是增强民革组织凝聚力、战斗力的关键，更是民革可持续发展的根本。因此，进一步发扬党内民主，充分相信和依靠广大党员，把民主集中制落到实处，营造出和谐、团结、向上的党内氛围，才能保持民革组织的生机与活力。

——必须坚持大力弘扬孙中山爱国、革命、不断进步精神，在各项工作中突出民革特色。孙中山先生是中国民主革命伟大先行者。作为与孙中山先生有深厚历史渊源的一个民主党派，民革对孙中山先生有着特殊的感情和崇高的敬意。长期以来，继承和发扬孙中山爱国、革命、不断进步精神，一直是民革特有的传统和特色。在民革工作中坚持和大力弘扬孙中山精神，既是继承和发扬民革优良传统，保持民革鲜明特色的需要，也是使广大民革党员进一步坚定信念、锤炼品格，保证民革事业薪火相传的需要。

以上三个基本政治原则和六个工作原则，是五年来我们在工作实践中的深刻感受和体会。我们认为，正是由于我们在工作中坚持了这些基本政治原则和工作原则，才使得民革各项工作在这五年里取得了很大的进展，上了一个新的台阶。

今后五年工作的指导思想和主要任务

今后五年，是全国各族人民在中共十八大精神指引下，全面建成小康社会、夺取中国特色社会主义新胜利的关键时期，同时也是民革全面加强以参政能力建设为重点的自身建设，更好地履行参政党职能的重要时期。

当前，我们面临的世情、国情已经并将继续发生深刻变化。摆在我们面前的，既有难得的发展机遇，有可以大有作为的重要战略机遇期，也可能面临前所未有的风险和挑战。站在新的历史起点上，民革全体同志一定要增强使命感和责任感，更加团结一致、奋发有为，在中国共产党领导下，努力推进科学发展、促进社会和谐，全面做好新时期民革的各项工作。

今后五年民革工作的指导思想是：高举中国特色社会主义伟大旗帜，以马克思列宁主义、毛泽东思想、邓小平理论、"三个代表"重要思想、科学发展观为指导，全面贯彻落实中共十八大精神，解放思想，实事求是，与时俱进，求真务实，开拓创新，坚持"三个牢牢把握"工作方针，按照自身建设目标要求，大力加强自身建设，切实提高参政能力和水平，进一步搞好参政议政、民主监督、社会服务和促进祖国和平统一工作，全面开创民革工作新局面。

一、全面准确学习领会和认真贯彻落实中共十八大精神，提高民革全党的思想理论水平

中共十八大是在我国进入全面建成小康社会决定性阶段召开的一次十分重要的大会，是一次高举旗帜、继往开来、团结奋进的大会。大会在邓小平理论、"三个代表"重要思想、科学发展观指导下，认真总结中共十七大以来五年工作和过去十年发展中国特色社会主义实践的宝贵经验，全面审视当今世界和当代中国发展大势，全面把握人民群众新期待，确立了科学发展观的历史地位，提出了夺取中国特色社会主义新胜利必须牢牢把握的基本要求，制定了全面建成小康社会和全面深化改革开放的新目标，就新形势下实现什么

样的发展、怎样发展等重大问题作出了新的科学回答，对全面推进社会主义经济建设、政治建设、文化建设、社会建设、生态文明建设以及国防军队现代化建设、祖国统一事业、外交工作和全面推进党的建设新的伟大工程作出了战略部署，为未来国家发展指明了方向。胡锦涛同志在大会上作的报告，描绘了全面建成小康社会、加快推进社会主义现代化建设的宏伟蓝图，是中国共产党团结带领全国各族人民夺取中国特色社会主义新胜利的政治宣言和行动纲领，是马克思主义的纲领性文件。报告关于“坚持走中国特色社会主义政治发展道路和推进政治体制改革”的论述,特别是对“健全社会主义协商民主”、“巩固和发展最广泛的爱国统一战线”的论述，体现了中国共产党对多党合作事业一以贯之的高度重视，为多党合作事业发展搭建了更加广阔的舞台。大会的胜利召开，对进一步统一思想、凝聚力量，更好地动员和团结全国各族人民奋力开创中国特色社会主义事业新局面，实现全面建成小康社会目标，具有重大的现实意义和深远的历史意义。民革各级组织和全体党员一定要把全面准确学习领会和认真贯彻落实中共十八大精神，作为全党当前和今后一段时期的首要政治任务，以高度的政治自觉和责任意识，全面准确学习领会好、认真贯彻落实好中共十八大精神，以中共十八大精神指导民革的各项工作。民革各级组织要切实加强对学习的组织领导，围绕全面准确学习领会和认真贯彻落实中共十八大精神这条主线，开展形式多样的教育宣传活动，帮助广大民革党员更好地学习领会中共十八大精神，进一步坚定道路自信、理论自信、制度自信。

全面准确学习贯彻中共十八大精神，首先要认真研读中共十八大文件，深刻领会中共十八大的主题、历史地位和时代意义，深刻领会过去五年和十年我国各项事业取得的新的历史性成就，深刻领会科学发展观的重大意义、精神实质和根本要求，深刻领会中国特色社会主义的丰富内涵，深刻领会夺取中国特色社会主义新胜利的基本要求，深刻领会全面建成小康社会和全面深化改革开放的目标，深刻领会社会主义经济建设、政治建设、文化建设、社会建设、生态文明建设等方面的重大部署。通过学习，切实把广大民革党员的思想和行动统一到中共十八大精神上来，把智慧和力量凝聚到落实中共十八大提出的目标任务上来，紧紧围绕中共十八大确定的奋斗目标、主要任务、工作要求和具体部署，在全面加强自身建设和不断提高参政能力基础上，踏踏实实做好参政议政、民主监督和社会服务工作，做好促进祖国和平统一工作。

全面准确学习领会和认真贯彻落实中共十八大精神，一定要坚持联系实际、推动工作、少说空话、多干实事，全面履行好参政党职能。首先，要把学习中共十八大精神与提高民革全党的思想理论建设水平相结合。思想理论建设是民革自身建设的基础性工作，是参政能力建设的核心和组织建设、制度建设、机关建设等其他建设的先导，是坚持正确政治方向的根本保证，同时也是提高民革广大党员素质的中心环节。不断提高民革全党的思想理论建设水平，对民革坚持和完善中国共产党领导的多党合作和政治协商制度，更好地发挥参政议政、民主监督作用，具有十分重要的意义。民革各级领导同志要充认识加强思想理论建设的重要性和紧迫性，带头搞好理论学习与研究，打牢思想根基。民革各级组织要按照《民革中央关于加强理论建设的意见》的要求，认真学习、借鉴执政党的理论建设经验，把学习中共十八大精神与探索民主党派建设规律、参政规律紧密结合起来，牢牢把握坚持中国共产党领导的多党合作制度这个根本要求，全面做好理论建设工作。

全面准确学习领会和认真贯彻落实中共十八大精神，还要与学习和践行社会主义核心价值体系活动相结合。加强社会主义核心价值体系建设，全面提高公民道德素质，是中共十八大提出的重要任务。民革各级组织要把学习和践行社会主义核心价值体系活动作为未来五年思想建设的重点，认真作好规划，将这项活动更加丰富多彩、形式多样地开展下去。要通过这项活动，倡导富强、民主、文明和谐，倡导自由、平等、公正、法治，倡导爱国、敬业、诚信、友善，引导和激励广大民革党员进一步端正价值追求，积极培育和践行社会主义核心价值观，纯洁思想道德，培养高尚情操，强化政治意识、奉献意识和责任感，把社会主义核心价值观念内化为自己的人生态度、行为准则和价值取向，从而更加坚定走中国特色社会主义政治发展道路的信念和决心。

多年来，民革各级组织始终坚持开展孙中山思想与民革党史的学习、研究和宣传工作，取得了很好的成效。今后，要继续在“政治性与学术性相结合，学术研究与纪念活动相结合”的原则指导下，加强孙中山思想和民革党史的研究，大力宣扬民革前辈的高尚品格和爱国情操，引导广大民革党员自觉传承老一辈的优良传统。要以民革中央孙中山研究会、中国辛亥革命研究会、民革前辈纪念场馆联谊会为平台，充分发挥民革党内外专家、学者作用，不断提高学术研究水平。

民革宣传工作要坚持整合资源，建设队伍，突出特色，注重创新。各级民革组织以及《团结报》、团结出版社要宣传好中国共产党领导的多党合作和政治协商制度，宣传好民革各级组织在参政议政、民主监督上的新成果、新进展，宣传好民革代表性人物的贡献和成绩，扩大民革的社会影响，树立民革的良好社会形象。

二、强化组织和制度建设，努力把民革建设成为高素质、有作为的参政党

组织建设是民主党派的一项基础性工作。大力加强组织建设，是坚持和完善中国共产党领导的多党合作和政治协商制度的必然要求，同时也是把民革建设成为高素质、有作为参政党的重要基础和长期工作重点。

大力加强组织建设，要以政治交接为主线，不断加大组织建设的制度性保障力度。政治交接的核心是坚持走中国特色政治发展道路，关键是领导班子建设。民革各级组织一定要高度重视领导班子建设。要坚持正确的政治方向，贯彻民主集中制原则，努力把各级领导班子建设成思想坚定、政治可靠、作风务实、能力突出和精诚协作、和谐共进的领导集体。要进一步完善集体领导和个人分工负责相结合的制度，建立领导班子成员的岗位责任制，注意发挥兼职领导的作用。要自觉维护领导班子的团结和集体威信，按照议事规则和决策程序办事，提高工作效率和工作质量。要建立健全学习、培训制度，努力使领导班子成员具备政治坚定、理论成熟、作风过硬、业务精通、工作勤奋、纪律严明的基本素质。

搞好政治交接和领导班子建设，重点之一是做好后备干部队伍建设工作。民革各级组织要高度重视后备干部队伍建设工作，严格把好“入口、考察、培养和使用”各个环节，选好苗、搭好台、铺好路，坚持考察与培养并重、滚动培养与择优使用相结合，形成后备干部科学选拔机制，建立起一支政治坚定、代表性强、有培养前途和发展潜力的后备

干部队伍，从而保证多党合作事业和民革事业健康发展。

组织发展工作关系到民革组织能否健康发展、长远发展，关系到民革组织能否充分履行参政党职能。民革各级组织要高度重视组织发展工作，按照民革组织发展方针，坚持以协商确定的重点分工为主、以大中城市为主、以有一定代表性人士为主，注重政治素质，正确处理发展与巩固、质量与数量的关系。要注意把具有广泛社会影响和代表性，在所从事专业领域中具有较深造诣，有一定社会活动能力，有较强参政议政能力的优秀人士吸收到民革组织中来。同时，还要注意研究组织发展工作中出现的新情况、新问题、新趋势，积极稳妥地做好组织发展工作。

建立健全党内监督体系，是今后五年民革组织建设的一项重要工作。民革各级组织要把加强民革内部监督作为领导班子建设和政治交接的重要内容，把健全和完善党内监督机制作为自身建设的有力保障，增强做好党内监督工作的自觉性和紧迫性，有效推进党内监督工作的发展。要认真学习、借鉴执政党的成功经验，大胆创新工作方法和机制，努力构建规范化、程序化的内部监督制度体系，力争在较短时间内探索出一套行之有效、符合实情的党内监督制度，基本建立起民革党内监督体系。要坚持“对组织监督与对领导班子成员及党员个人监督相结合，以对组织监督为主；整体监督与个案监督相结合，以整体监督为主；预防性监督与查处性监督相结合，以预防性监督为主；自下而上的监督与自上而下的监督相结合，以自下而上的监督为主”的原则，保证广大党员的知情权、参与权和监督权。

民主是社会主义的生命，也是民革健康发展、不断进步的生命。民革各级组织和领导要高度重视党内民主问题，把推进党内民主建设、扩大党内民主作为自身建设的重要内容，切实抓紧抓好。要严格落实民革章程赋予党员的各项民主权利，真正保障党员的选举权、被选举权、表决权、知情权、批评权、监督权。要继续坚持领导干部任期制，完善党内激励机制、竞争机制，不断推进党内民主。

制度建设是保障各项工作顺利进行的基础。民革各级组织要按照《民革中央关于进一步加强制度建设的意见》要求，坚持把制度化、规范化、程序化作为制度建设的重点，制定和完善各项规章制度，逐步形成按制度办事、靠制度管理的工作理念。在此基础上，强化机关建设，合理设置机构，提高机关干部的政治素质和业务水平，使民革各级机关呈现团结和谐、积极向上的良好工作氛围，为民革各级组织及广大党员履行职责提供良好服务和坚强保障。

三、大力加强参政能力建设，进一步做好新形势下的参政议政、民主监督及社会服务工作

今后五年，我国改革、发展、稳定任务十分繁重。以科学发展观为指导，按照中共十八大确定的战略部署和目标任务，全面履行好参政党职能，与全国各族人民一起奋力夺取中国特色社会主义新胜利，是民革各级组织和广大党员的神圣使命。

能否完成好时代赋予的这一神圣使命，关键就在于能否提高自己的参政能力。民革各级组织一定要按照《民革中央关于加强参政能力建设的意见》要求，把参政能力建设作为今后五年的中心工作之一，切实抓紧抓好。要通过大力加强参政能力建设，不断提高自己的参政能力和水平，为全面履行好参政党职能奠定坚实的基础。

要高度重视、大力加强参政议政工作，切实把参政议政作为工作的重中之重。要举全党之力抓参政议政，把得力的干部、最好的资源用在参政议政工作上，把政治安排、干部使用与参政议政工作联系在一起，充分调动广大民革党员的参政议政工作积极性、主动性、创造性，真正在民革党内形成“以参政议政为第一要务”的良好氛围。

做好参政议政工作，一定要按照民革参政议政工作方针的要求，坚持围绕中心、发挥优势、突出特色、有所侧重。要紧紧围绕国家经济社会发展大局，围绕保障和改善民生、社会管理、生态文明建设等方面的热点、难点问题，积极开展参政议政工作。要充分发挥人才优势，突出民革特色，继续巩固和加强在“三农”、祖统、社会法制等参政议政重点领域的工作，努力创新参政议政工作的形式、途径、内容与方法。要高度重视反映社情民意信息工作，切实把这项工作当作履行参政议政职能的一个重要形式和渠道，认真抓好组织、协调工作，努力使反映社情民意信息工作成为参政议政工作的一个新亮点。

做好参政议政工作，一定要进一步完善工作机制，大力加强专委会建设，做好搭建参政议政平台的工作。健全的工作机制，是有效整合全体民革党员智慧和力量的必要条件，是做好参政议政工作的基础和保证。民革各级组织要在认真总结经验的基础上，按照形势和任务发展新要求，强化参政议政工作的支持系统，提高参政议政的组织化水平。要充分认识参政议政平台建设的重要性，进一步健全和完善专委会的人才遴选机制和工作机制，强化专委会作为参政议政工作主要抓手和重要平台的地位，更好地发挥专委会和专委会委员的作用。

民主监督是参政党的一项重要工作，是参政党职能的基本构成之一。做好民主监督工作，是中国特色社会主义政治文明建设的需要，同时也是参政党全面履行职能的需要。民革各级组织要准确把握民主监督的定位、原则与功能，以高度的政治责任感和使命感，本着“讲原则、讲真话、讲方法、讲团结”的方针，积极探索、创新民主监督的理论与渠道、途径、方法，勇于实践，善于实践，不断提高监督意识和监督水平，不断推进民革的民主监督工作。

今后五年，民革各级组织要努力适应经济社会发展新要求，积极创新社会服务工作思路、形式与方法，把民革在“三农”、祖统、社会法制等方面的优势、特点与社会服务工作更好地结合起来。要加大与政府机构、社会团体联系与合作的力度，进一步拓展社会服务工作的渠道，深化和丰富社会服务工作的内容。要继续积极打造“同心　博爱”民革工作品牌，做好武陵山片区、乌蒙山片区、滇桂黔片区的支边扶贫工作，特别是扎实做好纳雍县的定点帮扶工作。要在“非公经济”、书画、社会办学工作上寻求新突破、新举措、新进展，打造民革社会服务工作新品牌。

四、发挥民革优势，坚持民革特色，进一步做好促进祖国和平统一工作

解决台湾问题，实现祖国完全统一，是不可阻挡的历史进程，是中华民族伟大复兴的重要组成部分。近年来，两岸关系发生了重大而深刻的变化，和平发展已经成为两岸关系发展主题。在这个两岸关系巩固和深化发展的新阶段，民革全党一定要紧紧围绕两

岸关系和平发展的主题，紧紧抓住广泛团结广大台湾同胞这条主线，坚持“和平统一、一国两制”方针，坚持发展两岸关系、推进祖国和平统一进程的“八项主张”，坚决反对“台独”分裂活动，全面推进民革的促进祖国和平统一工作。

做好今后五年的祖统工作，要认真学习贯彻好中共十八大关于推进祖国统一的重要精神和原则。要通过学习，切实提高对全面贯彻两岸关系和平发展重要思想的认识，切实提高对中共中央对台工作指导思想、基本判断、战略决策、主要目标和方针政策的认识，在做好“四个转变”的基础上，按照“三个坚持”的民革祖统工作方针，继续深入做好民革的祖统工作，为巩固和深化两岸关系和平发展的政治、经济、文化、社会基础，为增进两岸同胞的团结多作贡献。

做好今后五年的祖统工作，要进一步做好涉台参政议政和研究工作。促进祖国和平统一，是民革参政议政重点工作领域。民革各级组织要认真总结经验，完善体制机制，大力提升涉台参政议政工作的能力和水平。要进一步强化涉台研究工作，继续加大与祖国大陆高校、研究机构及台湾岛内相关社团的联系协作，围绕对台工作大局和两岸关系和平发展重大课题，积极组织，精心策划，深入研究，为民革涉台参政议政工作提供有力支持，同时也为执政党和政府决策提供有价值、有分量的参考。

做好今后五年的祖统工作，要注意巩固成果、完善形式、丰富内涵、增强实效，加大做好台湾基层群众工作力度，努力打造对台交流工作新品牌。做好台湾人民的工作，是两岸关系和平发展的有力保障；两岸同胞团结奋斗，是两岸关系和平发展的强大动力。民革各级组织要站在推进两岸关系和平发展的高度上，充分发挥岛内人脉资源广的传统特色优势，在不断巩固、深化对台湾“泛蓝”阵营社团和岛内统派人士工作的同时，多层次、多渠道地开展对台湾各阶层人士的工作，并稳妥推进对民进党、绿营人士及其支持群体的争取转化工作。要继续办好“台湾高校杰出青年大陆参访团”、“新同盟会大陆参访团”等品牌项目，努力打造“台湾青年创新创业基地”、“海峡论坛　两岸农业合作发展论坛”等新品牌项目。要加强与海外华人、华侨的联系与交流，通过“以侨带台”的方式，团结争取更多的海外华侨、华人社团和人士，进一步凝聚海外“反独促统”力量。

做好今后五年的祖统工作，要完善祖统工作联动协调机制，加强祖统工作干部队伍建设。完善的体制机制，是做好祖统工作的基础和前提。民革各级组织要着力做好祖统工作体制机制建设，通过加强祖统工作资源动态管理，有效整合全党资源，形成以点带面、上下结合、信息共享、人才共用的局面，更好地发挥民革祖统工作的整体功能。要重视祖统工作人才的发现、培养和使用，特别是要注意挖掘政治强、干实事、出成绩的年轻党员，努力建立起一支懂政策、有能力、善思考和勤奋工作的祖统干部队伍，从根本上推动民革祖统工作水平的提高。

同志们，中国特色社会主义事业是包括民主党派在内的全体中国人民的共同事业，实现中华民族伟大复兴是海内外全体中华儿女的共同心愿。民革全体同志一定要牢记自己的历史职责，不辱使命，不负重托，不愧时代，团结一致，苦干实干，全面开创民革工作新局面，把民革真正建设成为适应新时期新要求的高素质、有作为的参政党。

让我们紧密地团结在以习近平同志为总书记的中共中央周围，高举中国特色社会主义伟大旗帜，以邓小平理论、“三个代表”重要思想、科学发展观为指导，继承和发扬孙中山爱国、革命、不断进步精神，为完成中共十八大提出的各项目标任务，为全面建成小康社会和实现中华民族伟大复兴而努力奋斗！

关于中国国民党革命委员会章程（修正案）草案的说明

（2012年12月12日）

万鄂湘

各位代表：

我受第十一届中央委员会委托，就提请会议审议的《中国国民党革命委员会章程（修正案）》（草案）作如下说明。

现行民革章程，是在2007年第十一次全国代表大会上通过的。五年来，在民革全面推进自身建设、积极履行参政党职能的过程中，这一章程发挥了指导和规范作用。随着形势的发展和几年来组织运行过程中新问题的出现，特别是中国共产党第十八次全国代表大会在不久前召开，需要把中共十八大主要精神写入章程，这些都要求民革第十二次全国代表大会对现行章程进行适当修改。

民革中央十分重视本次章程的修改工作。2011年6月，经民革第十一届中央常务委员会第十五次会议研究决定，成立由万鄂湘同志为组长，修福金、程崇庆、傅惠民、田惠光、吴先宁、但昭颖等6位同志为成员的党章修改工作小组。2012年初，党章修改工作小组召开全体会议，研究制定了小组工作计划，党章修改工作正式启动。

在本次修改工作过程中，党章修改工作小组广泛征求各级组织、专家学者和基层党员的建议，认真听取各方面的意见，先后进行了五次修改，并经中央主席会议、十一届二十次中常会、十一届六中全会审议通过，形成了提交本次代表大会审定的章程（修正案）草案。

现将经民革第十二次全国代表大会主席团会议通过的《中国国民党革命委员会章程（修正案）》（草案）提交大会审定。

本次章程修改的原则是，以中共十八大精神为指导，以有利于坚持中国共产党领导的多党合作和政治协商制度，有利于加强民革自身建设、更好履行参政党职能为目的；根据形势发展和五年来民革工作的实践，完善有关制度和机制，调整有关表述，体现新形势下民革工作的新要求和特点。为保持章程的历史延续性，对章程只作适当修改，不作大改。可改可不改的尽量不改，能小改的不大改，对条件不具备的和考虑不成熟的问题，暂时不改。

下面对民革章程（修正案）草案的主要修改内容说明如下：

一、关于总纲部分的修改说明

总纲部分的修改，主要根据中共十八大精神，把中共十八大有关指导思想、奋斗目标等有关重要内容，写入总纲，并对有关表述作适当调整。

（一）明确写入“以邓小平理论、‘三个代表’重要思想、科学发展观为指导”，确立科学发展观与邓小平理论、‘三个代表’重要思想一起，作为民革全党的指导思想。

（二）明确写入以丰富“一国两制”实践、推进祖国统一，全面建成小康社会和富强民主文明和谐的社会主义现代化国家为民革全党的奋斗目标。

（三）把“促进公平、正义和社会和谐”，“以经济建设为中心，科学发展为关键，紧紧围绕加快完善社会主义市场经济体制、加快转变经济发展方式参政议政”，写入“总纲”的有关部分，在原有的“努力促进中国特色社会主义经济建设、政治建设、文化建设、社会建设”之后，加上“生态文明建设”，明确促进“五位一体”协调发展，是民革参政议政的重要任务。

（四）根据五年来民革工作的进展和经验，把“强化参政议政重点领域”，作为民革参政议政工作的重要实践经验，写入有关参政议政的部分。

根据上述内容，对其他章节部分也做了相应的增加和修改。

二、关于其他章节的修改说明

（一）第一章第二条、第五条、第六条中，“省级组织报中央组织部备查”改为“省级组织报中央组织部备案”，这是考虑到地方组织层报手续和省级组织报中央组织部手续前后统一，用词规范。

（二）第一章第六条，关于注销党籍的规定，改为“层报省辖市级组织（省直属支部报省级组织）、省级组织批准，注销其党籍”。将注销党员的批准权设置在省级组织，以便更慎重地管理党员注销工作。

（三）第二章第十一条“基层组织为支部、总支部”之后增加“基层委员会”一项。这是从民革基层组织的实际发展情况出发，增加此项内容。同时也对其他相关条款做了相应的调整。

（四）为适应加强民革自身建设、建立正常进退机制的需要，对第三章第二十二条中央委员会全体会议的职权进行了补充，增加了届中调整和增选中央委员会委员的款项。

（五）根据《民革中央关于进一步做好组织发展工作若干问题的意见》精神，在第二章第十八条“同台湾各界有联系的人士”之后加入“社会和法制专业人士”，明确新增的民革成员特色。

（六）为建设适应时代要求的参政党，进一步巩固和发展现有内部监督机制，分别在第二章组织制度、第三章中央组织和第四章地方组织中增写了中央和省级组织内部监督工作的内容。

将第二章第十三条进行了补充，表述为：“加强党内监督机制建设，保证章程的实施。本党党内监督是对各级组织和党员遵守本党章程的情况进行监督，重点是监督各级领导班子及其成员履行领导职责的情况。”

“中央和省级组织设立监督委员会。”

第三章第二十二条中央委员会的职权中增加了“审议中央监督委员会报告”的条款。

第三章增加第二十七条为：“中央监督委员会组成人员由主席会议提出名单，由中央委员会决定，任期与中央委员会相同。

“中央监督委员会在中央委员会的领导下履行职责，负责对本党中央领导机构及领导班子成员遵守多党合作政治准则，贯彻民主集中制和履行职责的情况进行监督，对违反民革章程的行为进行核查，提出意见和建议，并对省级监督委员会的工作进行指导。”

第四章增加第三十四条为：“省级组织监督委员会的设立和职责，参照中央监督委员会的相关规定。”

原有条款及后面各条款依次顺延。

（七）原章程为四十一条，修改章程增加了两条，修改后为四十三条。

以上是对民革章程修改的主要原则、重点内容和有关情况的说明。请审议。

中国国民党革命委员会章程

（民革第十二次全国代表大会部分修改，2012 年 12 月 16 日通过）

总　纲

中国国民党革命委员会（简称“民革”），是具有政治联盟性质的、致力于建设中国特色社会主义和祖国统一事业的政党，是中国共产党领导的多党合作和政治协商制度中的参政党。

民革由原中国国民党民主派和其他爱国民主人士所创建。中国民主革命的伟大先行者孙中山领导辛亥革命，于 1911 年推翻封建帝制，创建了共和国。孙中山逝世以后，中国国民党内的民主派和其他爱国民主人士，继承孙中山遗志，坚持“联俄、联共、扶助农工”三大政策，继续参加民族民主革命，为促进国共第二次合作，夺取抗日战争的胜利，发挥了重要作用。在此过程中，国民党各派爱国民主力量逐步发展和联合，于 1948 年 1 月 1 日成立了中国国民党革命委员会。在新民主主义革命时期，本党同中国共产党风雨同舟，共同战斗，为推翻帝国主义、封建主义、官僚资本主义的反动统治，建立中华人民共和国，作出了重要贡献。新中国成立以后，本党作为中国共产党领导的多党合作的成员，参加人民政权和人民政协的工作，为巩固人民民主专政，发展爱国统一战线，顺利实现社会主义改造和促进社会主义事业发展，发挥了积极作用。中国共产党十一届三中全会以来，本党适应社会主义建设新时期的要求，实现了工作重心的转移，为推进改革开放和社会主义现代化，为全面建设小康社会、促进社会和谐，为加强海峡两岸沟通与交流，推动祖国和平统一进程，作出了新的贡献。总结新中国成立以后特别是改革开放以来民革的历史经验，最根本的，就是要坚持中国特色社会主义政治发展道路，坚持中国特色社会主义理论体系，坚持中国共产党领导的多党合作和政治协商制度；高举爱国主义、社会主义旗帜，坚持“长期共存、互相监督、肝胆相照、荣辱与共”方针，巩固和发展社会主义和谐政党关系。不断加强自身建设，继承和发扬孙中山爱国、革命、不断进步的精神这一民革优良传统和基本特色，大力提高参政议政的质量和水平，为推动国家决策的科学化、民主化，发挥自身独特的优势和作用。

我国正处在全面建成小康社会新的发展阶段。本党现阶段的政治纲领是，坚持中国特色社会主义道路，以邓小平理论、“三个代表”重要思想、科学发展观为指导，继承和发扬孙中山爱国、革命、不断进步的精神，切实履行参政党职能；参加国家政权，参与国家大政方针和国家领导人选的协商，参与国家事务的管理，参与国家方针、政策、法律、法规的制定执行，实行民主监督；致力于推动科学发展、深化改革开放、促进公平正义和社会和谐；致力于健全社会主义法制、发展社会主义民主，巩固和扩大爱国统一战线、健全社会主义协商民主；致力于丰富“一国两制”实践、推进祖国统一；为全面建成小康社会，把我国建设成为富强、民主、文明、和谐的社会主义现代化国家，实现中华民族伟大复兴而努力奋斗。

参政议政、民主监督是本党的基本职能。本党坚持以经济建设为中心、科学发展为主题，紧紧围绕加快完善社会主义市场经济体制、加快转变经济发展方式，努力促进中国特色社会主义经济建设、政治建设、文化建设、社会建设和生态文明建设的协调发展参政议政。本党重视加强参政能力建设，不断建立和健全参政议政工作机制，强化参政议政重点领域。动员和鼓励全体党员与所联系人士发挥主动性、积极性和创造性，在各自岗位上努力工作，作出成绩，同时积极参与各级组织的参政议政、民主监督工作，以发挥整体优势，形成合力。本党代表与反映党员及所联系群众的具体利益和要求，积极协调关系，维护社会稳定，促进公平、正义和社会和谐。

本党以促进祖国和平统一为工作重点，拥护“和平统一、一国两制”的方针，坚定维护国家的主权和领土完整，坚决反对任何旨在制造台湾独立和分裂祖国的企图和行动；赞同和推动两岸关系和平发展；重视以孙中山爱国思想为纽带，团结海内外所联系人士，为祖国统一大业而努力。

本党把加强自身建设放在重要地位，以坚持共产党领导与发扬社会主义民主、体现政治联盟特点、体现进步性与广泛性相统一为原则，以继承和发扬孙中山爱国、革命、不断进步精神为特色，通过思想建设、组织建设、制度建设、作风建设，积极培育和践行社会主义核心价值观，不断提高干部、党员政治素质；发展党内民主、加强党内监督、巩固党内团结、促进党内和谐，增强组织活力，进一步把本党建设成为与中国共产党亲密合作、致力于建设中国特色社会主义的参政党。本党贯彻民主集中制，坚持群众路线，实现决策的民主化、科学化。

本党以中华人民共和国宪法为一切活动的根本准则，负有维护宪法尊严、保证宪法实施的职责；在宪法规定的权利和义务的范围内，享有政治自由、组织独立和法律地位平等，独立自主地处理自己的内部事务，开展各项活动。

本党履行中国人民政治协商会议章程，承担政协章程所规定的义务。

本党维护党员的合法权益。

第一章　党　员

第一条　中华人民共和国公民，符合本党发展党员条件，愿意遵守本党章程，可以申请加入本党。

第二条　申请入党，须有两名党员介绍，填写入党申请表，由支部和所属地方组织考察合格后，经支部大会通过，所属地方组织审核，报省辖市级组织（省直属支部报省级组织）批准，省辖市级组织报省级组织备案，省级组织报中央组织部备案，并书面通知本人及所在工作单位。党龄自支部大会通过之日起计算。

中央委员会和省、自治区、直辖市委员会必要时可以直接吸收党员。

第三条　党员享有下列权利：

（一）参加本党有关的会议和活动，阅读有关文件，对本党的工作提出建议；

（二）行使表决权、选举权，有被选举权；

（三）可以批评本党的任何一级组织和任何人员；

（四）对于组织的决议如有不同意见，可以保留或向领导机关提出，但在决议未修改以前，必须执行；

（五）基层组织对党员个人作党纪处分时，本人可以要求参加会议，并有权提出申辩；对处分决定有不同意见，可以要求复议，并有权向上级组织申诉；

（六）向上级组织直至中央提出请求、申诉和控告，并要求有关组织给以负责的答复。

第四条 党员履行下列义务：

（一）努力学习邓小平理论、“三个代表”重要思想、科学发展观；坚持中国共产党领导的多党合作和政治协商制度，学习和践行社会主义核心价值观，不断提高坚持中国特色社会主义道路的自觉性；

（二）遵守宪法和法律，维护国家利益，保守国家机密；

（三）遵守本党章程，继承和发扬民革优良传统；

（四）对党忠诚，维护党的团结和统一；

（五）执行组织决议，交纳党费，参加组织生活，开展批评与自我批评，积极参与参政议政、民主监督和其他各项工作；

（六）在本职工作中，认真负责，廉洁奉公，努力提高业务水平，积极完成各项任务，并接受组织和群众的监督。

第五条　党员有退党的自由。党员要求退党,须向所在支部提出本人的书面退党报告，支部层报省辖市级组织（省直属支部报省级组织）注销其党籍，省辖市级组织层报中央组织部备案，并书面通知本人及所在工作单位。

第六条　党员无正当理由长期不参加组织生活或不交纳党费，不履行党员义务，多次教育无效者，经支部大会通过，所属地方组织审核，层报省级组织批准，注销其党籍，省级组织报中央组织部备案，并书面通知本人及所在工作单位。

第七条　党员如有违反中华人民共和国宪法和国家法律、政策，或违反本党章程和纪律的行为，按情节的轻重，分别给予警告、严重警告、停止或撤销党内职务、留党察看、开除党籍的处分。留党察看的期限最多不超过两年。在留党察看期间，没有表决权、选举权和被选举权。

对党员的纪律处分，须经支部大会决定，报上一级地方组织批准，并层报中央组织部备案；开除党籍的处分，须经省级组织批准，报中央常务委员会备案。

对地方各级委员会委员的纪律处分，须经同级委员会或常务委员会决定，层报中央委员会批准。

对中央委员会委员的纪律处分，须经中央常务委员会决定。

以上纪律处分，由所属地方组织书面通知本人及所在工作单位。

第八条　党员从一个地区迁移到另一个地区，必须办理组织关系转移手续。

第九条　党员在工作中作出优异成绩的，给予表扬或奖励。

第十条　党员必须严格执行和维护本党政治纪律，任何情况下不得有违反或削弱本党政治纪律的行为。

第二章　组织制度

第十一条　本党各级组织是：

中央组织为中央委员会。

地方组织为省级、省辖市级、县级委员会。省级组织为省、自治区、直辖市委员会；省辖市级组织为省辖市（自治州、盟）、直辖市的区委员会；县级组织为县级市、县（旗）、省辖市的区委员会。

基层组织为支部、总支部、基层委员会。

第十二条　本党的根本组织原则和领导制度是民主集中制。

（一）实行民主基础上的集中和集中指导下的民主相结合的原则，切实保障各级组织和党员的民主权利；

（二）个人服从组织，少数服从多数，下级组织服从上级组织，全党服从中央；

（三）各级领导机关采用无记名投票方式选举产生。特殊情况，可由上一级组织的常务委员会指派负责人员主持工作，或对领导成员作个别调整；

（四）各级委员会对同级代表大会或党员大会和上级组织负责。下级组织要贯彻执行上级组织的决定，向上级组织反映情况，请示和汇报工作；上级组织要加强对下级组织的领导，经常听取和及时处理下级组织提出的意见和问题；党的各级组织要按规定实行党务公开，使党员对党内事务有更多的了解和参与；

（五）各级领导机关实行集体领导和个人分工负责相结合的原则。凡属重大问题必须经过集体讨论，方能作出决定。

第十三条　加强党内监督机制建设，保证章程的实施。本党党内监督是对各级组织和党员遵守本党章程的情况进行监督，重点是监督各级领导班子及其成员履行领导职责的情况。

中央和省级组织设立监督委员会。

第十四条　本党的最高领导机关是全国代表大会，在全国代表大会闭会期间是中央委员会。

地方领导机关是同级代表大会或党员大会，在各级代表大会或党员大会闭会期间是它们所选出的同级委员会。

第十五条　中央委员会必要时可以召集全国代表会议，讨论和决定需要及时解决的重大问题。代表会议代表的名额和产生办法，由中央委员会或中央常务委员会决定。

省、自治区、直辖市委员会必要时也可以召集代表会议，讨论和决定需要及时解决的重大问题。代表会议代表的名额和产生办法，由召集代表会议的委员会或常务委员会决定，并报中央委员会批准。

第十六条　凡成立新的省辖市级、县级组织或撤销原有的省辖市级、县级组织，须经省级组织提出，报中央委员会批准。

凡成立新的省级组织或撤销原有的省级组织，须经中央委员会决定。

第十七条　各级组织的工作机关应当做到队伍精干，纪律严明，制度健全，运转有序，办事高效，服务优质。

第十八条　发展党员，实行发展与巩固相结合，注重政治素质，坚持以大中城市为主，有计划地稳步发展的基本方针；发展对象是同原中国国民党有关系的人士、同本党有历史联系和社会联系的人士、同台湾各界有联系的人士、社会和法制专业人士以及其他人士，着重吸收其中有代表性的中上层人士和中高级知识分子。

第三章　中央组织

第十九条　本党全国代表大会每五年举行一次，由中央委员会召集，必要时可以提前或延期举行。全国代表大会代表的名额和产生办法，由中央委员会或中央常务委员会决定。

第二十条　全国代表大会的职权是：

（一）审议中央委员会报告；

（二）决定本党的方针、任务及其他重大事项；

（三）修改本党章程；

（四）选举中央委员会。

第二十一条　中央委员会每届任期五年。如果全国代表大会提前或延期举行，其任期也相应改变。

在全国代表大会闭会期间，中央委员会执行全国代表大会的决议，领导全党工作，对外代表全党。

中央委员会全体会议每年举行一次，由中央常务委员会召集，必要时可以提前或延期举行。

第二十二条　中央委员会全体会议的职权是：

（一）审议中央常务委员会报告；

（二）审议中央监督委员会报告；

（三）决定本党重大事项；

（四）选举中央委员会主席、副主席和常务委员；

（五）在全国代表大会授权下，调整和增选中央委员会委员。

第二十三条　中央常务委员会由中央委员会主席、副主席、常务委员组成，在中央委员会全体会议闭会期间，行使中央委员会的职权，领导全党工作。

中央常务委员会会议每三个月举行一次，由中央主席召集和主持，必要时可以提前或延期举行。

中央常务委员会定期向中央委员会全体会议报告工作，接受监督。

第二十四条　中央常务委员会闭会期间，由中央主席会议主持中央领导工作。

主席会议由主席、副主席组成。

主席会议由主席主持。

每届中央委员会产生的中央领导机构和中央领导人，在下届全国代表大会开会期间，继续主持中央日常工作，直到下届中央委员会产生新的中央领导机构和中央领导人为止。

第二十五条　中央委员会设秘书长一人、副秘书长若干人，中央工作机关根据工作需要设立若干职能部门。

秘书长、各职能部门正职负责人，由中央常务委员会任命；副秘书长、各职能部门副职负责人由主席会议任命。

第二十六条　中央委员会设立若干专门委员会。专门委员会的主任由中央常务委员会决定，副主任和委员由主席会议决定。

第二十七条　中央监督委员会组成人员由主席会议提出名单，由中央委员会决定，任期与中央委员会相同。

中央监督委员会在中央委员会的领导下履行职责，负责对本党中央领导机构及领导班子成员遵守多党合作政治准则，贯彻民主集中制和履行职责的情况进行监督，对违反本党章程的行为进行核查，提出意见和建议，并对省级监督委员会的工作进行指导。

第四章　地方组织

第二十八条　地方代表大会或党员大会，每五年举行一次，由同级委员会召集。必要时，经上一级组织批准，可以提前或延期举行。

地方代表大会代表的名额和产生办法，由同级委员会或常务委员会决定，并报上一级组织批准。

第二十九条　地方各级代表大会的职权是：

（一）审议同级委员会的报告；

（二）讨论并决定同级委员会的重要事项；

（三）选举同级委员会。

第三十条　地方各级委员会每届任期五年。如果同级代表大会或党员大会提前或延期举行，其任期也相应改变。

地方各级委员会委员名额，由上一级组织决定。

地方各级委员会在同级代表大会闭会期间执行同级代表大会的决议，领导本级组织的工作。

地方各级委员会的职权是：

（一）审议同级组织常务委员会（或主任委员会议）的报告；

（二）讨论并决定同级组织的重大事项；

（三）选举同级委员会主任委员、副主任委员和常务委员。

主任委员、副主任委员、常务委员的候选人名单，事先须经上一级组织批准。如果上述人员在任期内职务需要变动，须经上一级组织批准。

第三十一条　省级委员会设常务委员会，其他各级委员会可设常务委员会。

常务委员会由主任委员、副主任委员、常务委员组成。在同级委员会闭会期间，行使同级委员会的职权。

常务委员会定期向同级委员会全体会议报告工作，接受监督。

地方各级委员会的常务委员会，在下届代表大会开会期间，继续主持日常工作，直到新的常务委员会产生为止。

第三十二条　常务委员会闭会期间，由主任委员会议主持领导工作。

主任委员会议由主任委员、副主任委员组成。

主任委员会议由主任委员主持。

第三十三条　地方各级委员会设秘书长，根据工作需要，可以设立若干专门委员会。地方组织工作机关可以根据工作需要，设立若干职能部门。

秘书长、专门委员会和职能部门的负责人，由常务委员会任命，不设常务委员会的地方组织由同级委员会任命。

第三十四条　省级组织监督委员会的设立和职责，参照中央监督委员会的相关规定。

第五章　基层组织

第三十五条　凡基层单位有党员五人以上者，经上一级地方组织批准，可以成立支部。三人以上者，可以成立小组，也可以加入邻近地区或相近行业的支部。根据工作需要，同一单位、行业、地区设有两个以上支部的可以设总支部或基层委员会。

党员因特殊原因不能编入支部的，由所属组织直接联系。

第三十六条　支部、总支部、基层委员会由党员大会选举产生，每届任期三至五年。必要时经上一级地方组织批准，可以提前或延期换届。委员的名额和人选，须报上一级地方组织批准。

支部、总支部、基层委员会由主任委员、副主任委员、委员组成。主任委员、副主任委员由委员会推选。

支部、总支部、基层委员会贯彻民主集中制，实行在主任委员主持下的集体领导与个人分工负责相结合的原则。定期开展活动，健全组织生活。

第三十七条　基层组织的基本任务是：

（一）发扬自我教育优良传统，推动和组织党员学习邓小平理论、“三个代表”重要思想、科学发展观，学习和践行社会主义核心价值观，继承和发扬孙中山爱国、革命、不断进步精神，不断提高党员的思想政治素质；

（二）推动和组织党员学习本党章程和历史，遵守章程规定，继承和发扬民革优良传统；

（三）调动党员的积极性、创造性，教育和鼓励党员做好本职工作，协助本单位完成有关任务；积极参加本党各级组织的工作和活动；

（四）维护和执行本党纪律，开展批评与自我批评，教育和监督党员遵纪守法，廉洁奉公；维护党员的合法权益；

（五）反映群众的意见和要求，反映社情民意；

（六）教育党员自觉抵制社会不良倾向，维护社会稳定，坚决同违法犯罪和破坏安定团结局面的行为作斗争；

（七）发现、培养并向上级组织推荐优秀人才；

（八）发展党员，收缴党费，讨论对党员的奖励和处分。

第六章　干　部

第三十八条　本党各级领导干部是本党的骨干。要按照德才兼备的原则选拔和任用干部，建立高素质的干部队伍。

第三十九条　本党各级领导干部，须具备以下条件：

（一）认真学习邓小平理论、“三个代表”重要思想、科学发展观，学习和践行社会主义核心价值观；模范履行本党章程，接受组织和党员的监督；

（二）理论联系实际，解放思想，实事求是，与时俱进，开拓创新，注重调查研究，钻研业务，不断提高思想政治素质，提高政治把握能力、参政议政能力、组织领导能力和合作共事能力；

（三）坚持和维护党的民主集中制，作风民主，紧密联系群众；

（四）热爱民革工作，服从组织，遵守纪律，艰苦奋斗，廉洁奉公，努力为人民服务；

（五）胸襟宽广，顾全大局，善于团结同志。

第四十条　本党重视教育、培训、选拔和考核干部，特别是培养、选拔优秀年轻干部。

第四十一条　本党各级组织领导班子成员在同一职务上连任一般不超过两届，最多不超过三届。

第七章　附　则

第四十二条 本章程自全国代表大会通过之日起生效。

第四十三条 本章程的修改权属于全国代表大会，解释权属于中央委员会。

中国国民党革命委员会内部监督工作条例

（2012 年 12 月 17 日第十二届中央委员会第一次全体会议通过）

第一章　总　则

第一条　为加强党内监督机制建设，推进自身建设，提高履行职能能力，依据《中国国民党革命委员会章程》，制定本条例。

第二条　党内监督以邓小平理论、“三个代表”重要思想、科学发展观为指导，坚持中国共产党的领导，坚定不移地走中国特色社会主义政治发展道路。

第三条　党内监督以本党章程为准则，体现进步性与广泛性相统一的政治联盟特点，坚持民主集中制，坚持积极稳妥、循序渐进，惩防并举、重在预防的方针。

第四条　党内监督对象，包括党员和各级组织，重点是各级领导班子及其成员。

第五条　党内监督的重点内容：

（一）遵守本党章程和多党合作政治准则的情况；

（二）贯彻执行组织决议、决定和工作部署的情况；

（三）贯彻执行民主集中制和各项制度的情况；

（四）在人事安排和干部选用中，遵守相关制度和程序的情况；

（五）执行领导班子谈心会和民主评议制度的情况；

（六）保障党员权利的情况；

（七）廉洁自律和民主作风建设的情况。

第二章　监督机构

第六条　中央委员会设立中央监督委员会作为党内监督的专门机构。

中央监督委员会在中央委员会领导下工作，其组成人员由主席会议提名，提请中央委员会决定，每届任期与中央委员会相同。

中央监督委员会成员届中如需调整，由主席会议提出，中央委员会决定；在中央委员会全体会议闭会期间，由中央常务委员会决定。

中央监督委员会下设办公室，与组织部合署办公，承担中央监督委员会的日常事务。

第七条　省级组织设立内部监督机构，参照中央监督委员会的相关规定，积极稳妥地进行。

第三章　监督职责

第八条　各级委员会在党内监督方面履行下列职责：

（一）领导党内监督工作，贯彻落实上级组织和同级代表大会关于加强党内监督工作的决议、决定，研究解决党内监督工作中的重要问题；

（二）对下一级组织及其领导班子，特别是主要负责人进行监督；

（三）监督上一级组织工作，提出意见和建议。

第九条　监督委员会履行下列职责：

（一）在同级委员会的领导下和上级监督委员会的指导下开展党内监督工作，研究提出党内监督的有关意见；

（二）指导、督促下级组织开展党内监督工作；

（三）按照党内监督内容，分别对中央和省、市、县级组织的领导机构及其领导班子成员进行监督；

（四）受理涉及领导班子成员和党员违反本党章程等问题的来信来访，提出处理意见和建议；

（五）对党内监督工作的重要事项和重大问题与有关部门进行沟通和协商。

第十条　党员在党内监督方面的责任和权利：

（一）及时向组织反映对各项工作的意见和建议；

（二）对组织决议、决定如有不同意见，在坚决执行的前提下，可以向组织提出保留，并可将意见向上级组织直至中央反映，但不应公开发表同组织决定相反的意见；

（三）有权在有根据的情况下批评各级组织和党员违反本党章程的行为。

第四章　监督制度

第十一条　集体领导和分工负责制度

各级领导班子必须坚持集体领导和个人分工负责相结合的原则。凡属重大事项、重要问题、重要人事安排和干部选用，都要按照集体领导、民主集中、个别酝酿、会议决定的原则，由集体讨论作出决定。领导班子成员要根据集体的决定和分工，切实履行自己的职责；同时要关心全局工作，积极参与集体领导。

各级领导班子主要负责人应当带头执行民主集中制，支持领导班子成员在职责范围内独立负责地开展工作。领导班子成员要互相信任和支持，自觉维护班子的团结。

第十二条　领导班子议事决策制度

各级领导班子应当制定、完善并严格执行议事规则，保证决策科学、民主。

各级领导班子成员讨论决定事项，应当充分发表意见；对不同意见，应当认真考虑。对各种意见和主要理由应当如实记录。讨论干部选用事项，还应当如实记录推荐、考察、酝酿、讨论决定的情况。

各级领导班子决定重要事项，应当进行表决。表决采用口头、举手、无记名或记名投票等方式。表决结果和表决方式应当记录在案。

第十三条　工作报告制度

监督委员会向同级委员会全体会议报告工作，报告的内容和形式由同级委员会决定。

第十四条　领导班子成员谈心会制度

各级组织应当坚持领导班子成员谈心会制度，届内召开谈心会应不少于三次。通过谈心会，交流思想，统一认识，改进作风，增进团结，提高自身解决问题和矛盾的能力。

上级组织应当加强对下级领导班子谈心会的指导和监督。

第十五条　述职和民主评议制度

各级领导班子成员，于每届届中和届末在全委会或常委会的范围进行述职，并接受民主评议或民主测评。

第十六条　信访处理制度

监督委员会按照《民革中央机关信访工作原则》办理涉及监督内容的来信来访，对重要信访事项的办理应当监督检查，直至妥善处理。

第十七条　谈话和诫勉制度

各级领导班子主要负责人要不定期对下级组织领导班子负责人进行约谈，了解情况，听取意见，及早发现问题，及时进行诫勉。

第十八条　工作汇报制度

下级组织每年应向上级组织汇报工作，并对上级组织工作提出意见和建议（可书面）。汇报工作中要包括廉政建设等上述各项制度的制定执行情况。

第五章　监督保障

第十九条　监督委员会应当按照本条例规定切实履行监督职责，发挥监督作用。

结合党章制定相应的纪律约束和处分制度。

党员和党的各级领导干部应当自觉接受监督。

第二十条　各级组织应当加强思想政治教育，建立健全工作制度，有效防范各种违法违纪行为的发生。

第二十一条　对以真实身份反映问题的党员应予保护；对诬陷他人的在调查落实的基础上应予严肃处理。

第二十二条　党员对纪律处分的决定有不同意见的，可以向作出处理决定的组织申诉，对复议作出的结论仍有意见，可以向上级组织直至中央申诉。

第二十三条　各级组织发现违反本条例的行为或接到有关反映，认为需要查明事实、纠正错误的，必须按照职责和权限，及时调查处理。

第六章　附　则

第二十四条　本条例由中央监督委员会解释。

第二十五条　本条例由中央委员会全体会议通过后，自发布之日起施行。

中国国民党革命委员会第十二届中央委员会名单

主席：万鄂湘

副主席（10人）：

齐续春	修福金	刘　凡	程崇庆	傅惠民
何丕洁	田惠光（女）	郑建邦	邓力平	刘家强

常务委员（50人，按姓氏笔画为序）：

万鄂湘	马志伟	马志武	户思社	王世杰
邓力平	兰云升	冯　巩	卢晓光	田惠光（女）
刘　凡	刘　晓	刘　斌	刘家强	刘新文（女）
孙继业	朱成钢	汤维建	齐续春	何小平
何丕洁	吴　晶（女）	吴先宁	张友君	张伯军
李　崴	李英杰	张守志	李晓东	李惠东
李霭君（女）	杨天怡	杨保建	陈　莉（女）	麦康森
周天鸿	欧阳泽华	郑心穗	郑建邦	修福金
施中岩	赵世春	夏　涛	徐　勇	郭层城
高小玫（女）	傅惠民	程崇庆	蒋平安	谢德体

中央委员（225人，按姓氏笔画为序）：

丁小军	万鄂湘	于欣伟（女）	于雪鹰（女）	马志伟
马志武	马金刚	孔维克	尹晓芬（女）	户思社
文和群（女）	方　群	毛宗福	王　建	王　瑞
王　红（女）	王　征	王凤阳	王世杰	王世傅
王以新（女）	王四代	王玉佩	王光贤	王孙安
王安义	王红玲（女）	王丽方（女）	王怀信	王垂杰
王建康	王鸣歧	王鸿声	王新强	邓　红（女）
邓力平	韦启良	兰云升	冯　巩	冯战洪（女）
包　锐	占传忠	卢宁州	卢晓光	史小红（女）
叶美兰（女）	叶鉴铭	叶赞平	司徒伟湛	田红旗（女）
田惠光（女）	刘　凡	刘　枫（女）	刘　美	刘　晓
刘　斌	刘文英	刘同德	刘纪显	刘家强
刘晓静（女）	刘景旺	刘新文（女）	吕　元	孙　雷
孙传敏	孙继业	孙清宾	庄　严	朱　臣
朱　燕（女）	朱永志	朱庆跃	朱成钢	朱建军
毕继诚	汤维建	齐续春	但昭颖（女）	何　杰

何一立	何小平	何丕洁	余文森	吴　晶（女）
吴先宁	吴延利	吴泰然	宋　旭	宋余庆
宋新强	张　弓	张大杰	张广平	张友君
张文才	张全国	张兴凯	张华贤	张守志
张伯军	张寿全	张建国	张雪樵	李　希
李　良	李　崴	李　影（女）	李　瑾（女）	李广良
李玉生	李庆诚	李英杰	李晓东	李晓梅（女）
李惠东	李霭君（女）	杜　剑	杨　悦（女）	杨天怡
杨伟军	杨俊和	杨保建	杨逢珉（女）	杨景云（女）
沈泽民	沙振权	谷振春	邱华云	邹建平
闵　云（女）	闵　虹（女）	陈　莉（女）	陈　强	陈马林
陈永亮	陈邦利	陈定旺	陈春平（女）	陈博昌
陈澄波	麦康森	周　跃	周天鸿	周新萍（女）
周殿生	国桂荣（女）	季宇彬	欧阳泽华	苑春鸣
郑小平（女）	郑心穗	郑学炳	郑建邦	俞建民
修福金	施中岩	施建耀	柳　红（女）	柳玉滨
段会龙	段桂生	洪佳林	胡汉平	胡继明
胡望宇	荣　洋	赵　波	赵　澍	赵世春
赵国靖	赵学芝（女）	钟茂初	钟晓渝	党　志
凌　军	夏　涛	夏先鹏	徐　勇	徐　涛（女）
徐景坤	栾　莹（女）	殷　勤	殷志强	秦湘灵（女）
莫小莎（女）	郭乃硕	郭层城	郭原林	顾福林
高小玫（女）	屠大维	梁崎峰	章友竞	黄东红（女）
黄玲玲（女）	黄健儿	龚小雪（女）	傅莉娟（女）	傅惠民
彭中天	彭富春	彭颖红	曾　蓉（女）	温香彩（女）
温雪琼（女）	程　萍（女）	程崇庆	董　波	董　藩
蒋　健	蒋平安	谢阳举	谢碧玲（女）	谢德体
韩宝生	甄树清	蒲志强	廖　波	熊一娣（女）
翟志海	樊美清	黎智明	穆麒茹（女）	檀结庆

中国国民党革命委员会第十二届中央委员会监督委员会名单

（2012年12月17日第十二届中央委员会第一次全体会议通过）

主　任：何丕洁

副主任：田惠光（女）　　陈清华

委　员（16人，以行政区划为序）：

中央组织部	但昭颖（女）	北京	郭　耕
天津	崔可贤（女）	河北	沈　瑾
辽宁	温雪琼（女）	吉林	杜　剑
上海	王光贤	安徽	周世虹
福建	樊美清	河南	王建国
广东	沙振权	海南	陈马林
重庆	王世傅	云南	李　瑾（女）
陕西	高建民	甘肃	蒲志强

中国民主同盟

继往开来　团结奋进
为全面建成小康社会贡献更大力量

——在中国民主同盟第十一次全国代表大会上的报告

（2012 年 12 月 9 日）

蒋树声

各位代表、各位同志：

我受中国民主同盟第十届中央委员会委托，向大会作报告，请予审议。

中国民主同盟第十一次全国代表大会，是在我国进入全面建成小康社会决定性阶段召开的一次重要会议。大会的主要任务是，认真学习贯彻中共十八大精神，总结民盟十大以来的工作，明确未来五年全盟工作的目标任务，动员全盟以中共十八大精神为指导，奋发向上，开拓进取，努力发挥参政党作用，为全面建成小康社会贡献更大力量。

团结奋进的五年

民盟十大以来，全盟高举中国特色社会主义伟大旗帜，以邓小平理论和“三个代表”重要思想为指导，深入贯彻落实科学发展观，始终坚持走中国特色社会主义政治发展道路，继承发扬盟的优良传统，努力加强自身建设，积极履行参政党职能，各项工作都取得了新进展。

一、围绕改革发展大局，充分发挥民盟优势，参政议政工作成绩突出

五年来，全盟坚持以促进科学发展作为参政议政第一要务，围绕全面建设小康社会目标深入调查研究，建言献策。

——积极参与政治协商，推动决策科学民主。盟中央领导在中共中央、国务院和有关部门举行的协商会、座谈会和情况通报会上，对政府工作报告、“十二五”规划纲要、中共十八大报告等重要文件及事关全局的重大问题提出意见和建议。地方盟组织负责人积极参加与当地中共党委、政府的协商活动，提出了很多有价值的意见和建议。

十一届全国政协期间，盟中央作政协大会和常委会口头发言 15 次，提交书面发言 19

篇、提案143件，民盟组委员提交大会发言294篇、提案逾千件。盟中央每年均有两件以上的提案入选全国政协提案办理协商会。2009年,全国政协就盟中央提案《以“转方式、调结构”推动“保增长、扩内需”》单独进行协商，这在近年尚属首次。盟中央提交的解决高校贷款、解决高校毕业生就业难、扩大内需、发展新兴产业等4件提案，盟员委员提交的建立草原生态补偿长效机制、出台非物质文化遗产保护法、推进农村集体建设用地制度改革等21件提案，被评为十一届全国政协优秀提案。地方盟组织也充分利用政协平台建言献策，就地方经济社会发展的重大问题提出了很多高水平的发言、提案，为促进当地经济社会科学发展发挥了积极作用。

——围绕重大问题开展调研，提出意见建议。五年来，盟中央共提交政策建议信35件，均得到中共中央、国务院领导的重要批示。盟中央先后围绕完善收入分配机制、社会保障制度建设、城乡基本公共服务均等化和教育公平等问题开展系列调研，8次在高层协商会、全国政协常委会上提出建议，5次向中共中央、国务院提交政策建议信，取得积极效果。完善收入分配机制的建议受到国家有关部委的高度重视，进行了专门研究，为促进民生问题的解决发挥了重要作用。中央主流媒体对此广泛报道，引发社会强烈反响。

民盟对医疗改革、生态保护、区域经济发展等问题进行重点调研，取得了丰硕成果。就盟中央提出的加强坡耕地水土流失综合治理问题，国务院召开专门会议研究落实。《关于总结、推广新乡市城乡统筹发展经验和做法的建议》、《关于全面深化医改的建议》受到国务院主要领导高度肯定，“新乡经验”已得到推广，卫生部领导专程到盟中央征求医改意见。关于巢湖治理与保护、黄河河源区生态保护、祁连山生态保护与综合治理、将天津列为全国海洋经济发展试点等建议，以及推动山东半岛蓝色经济区、海峡西岸经济区、中原经济区建设的调研活动都受到高度关注，多项成果上升为国家决策。

——发挥界别特色，推进社会事业发展。盟中央高度重视教育、文化、科技事业发展。高等教育和基础教育研讨会质量不断提高，为全盟在教育领域建言献策提供了重要的智力支持。在深入调研基础上，盟中央就“中西部地区基础教育教师队伍状况”、“发展农村职业教育与技能培训”提交政策建议信，并就《国家中长期教育改革和发展规划纲要(2010—2020)》多次提出修改意见。十一届全国政协历次大会，盟中央均针对教育领域的重大问题提交多件大会发言或提案。《高等教育持续发展呼唤制度创新》、《统筹城乡教育，推进教育公平》等大会发言,引起较大的社会反响。《关于加快文化事业发展建设的提案》、《关于促进文化创意产业发展的提案》等，被全国政协列为重点督办提案。《关于加强质量体系与创新能力建设的建议》得到国务院主要领导批示。

——举办论坛、研讨会等多种活动，凝聚全盟智慧。经过多年的探索与完善，灾害与社会管理、发展海洋经济等方面的研讨活动不断深入，影响日趋扩大，灾害与社会管理专家论坛还得到了联合国专门机构的重视。盟中央专委会的作用得到进一步加强，专委会举办的民生、经济、法治、女性发展、现代农业、城市文化等主题的论坛，取得了一系列有价值的成果。一些省级盟组织结合实际，举办了教育、民生、中部地区崛起、人文奥运、金融发展等专题研讨活动，为参政议政工作提供了丰富的资源，很多成果转化为建议和提案。

通过政协渠道反映社情民意信息，已经成为参政议政的一种重要方式。五年来，民盟向全国政协报送社情民意信息4124件，被采纳419件，获得领导批示49件，在民主党派、工商联组评比中一直名列第一。

为推动两岸交流合作，弘扬中华民族优秀文化，民盟联合发起、主办了八届海峡两岸暨港澳地区大学校长联谊活动，共达成双边及多边合作项目100多个。该项活动层次高，影响大，受到海内外教育界的广泛关注。

——利用多种渠道和方式，更好地履行民主监督职能。民盟各级组织通过协商会发言、政协提案等多种形式提出意见和建议，发挥民主监督作用。盟中央领导多次出席最高人民法院、最高人民检察院等召开的座谈会，就民主法制建设的一些重要问题发表意见。担任各级人大代表和政协委员的盟员，依法履职，通过参与立法和执法检查、人大议案、政协提案、信息专报等方式开展工作，发挥作用。担任中央和地方各级特约监察员、检察员、审计员、教育督导员的盟员，积极参与行风政风评议，为推进依法行政和廉政建设作出了贡献。

二、创新形式，丰富内涵，社会服务工作扎实推进

各级盟组织把社会服务工作作为履行参政党职能的重要内容，努力发挥自身优势，不断拓宽工作领域，丰富工作内容，社会服务工作呈现新局面。

——参与扶贫开发的领域不断拓展。民盟继续稳步推进在贵州、河北、广西、甘肃等地的智力扶贫工作，并将重庆市彭水县列为新的帮扶点。以毕节试验区成立20周年为契机，盟中央联合东部十省市盟组织共同参与试验区建设，积极打造“同心品牌”。协调成立了毕节发展村镇银行，帮助编制了农业发展项目库，落实了一批项目和资金，促进了当地经济发展和民生改善。在盟中央和地方盟组织的大力协助下，渭河源区生态保护治理与水土保持、定西公路建设和坡耕地改造、遂宁水利建设等项目得到了落实。在纪念帮扶河北广宗20周年之际，盟中央帮助广宗制定农业产业发展中长期规划，引入先进农业技术和优质农业龙头企业，并帮助落实农业、水利综合开发等国家重大项目，资金总额逾2亿元。

民盟联合社会力量开展了“明眸工程”、“健康心动毕节行”、“健康呼吸万里行”等活动，产生了良好的社会影响。“明眸工程”获得中华慈善奖“最具影响力慈善项目”表彰。

——“农村教育烛光行动”内涵不断丰富。民盟与有关单位合作，为贫困地区引入优质教育资源和先进教学理念。“烛光行动”专家顾问组多次赴基层调研指导，提出了加强县级教师培训机构能力建设、提高农村教师专业水平等建议。各级盟组织创造出了东西合作、基地示范、结对帮扶、远程教研等工作模式。据不完全统计，“烛光行动”开展五年来，共培训农村中小学校长及一线骨干教师10万余人次，援建学校82所，捐赠图书30余万册，协调资金5000多万元，盟内外志愿者队伍近万人。“烛光行动”受到中共中央领导同志的肯定，产生了广泛的社会影响，荣获2011年度中国扶贫创新项目奖，盟中央职能部门被国务院评为全国“两基”工作先进单位。

——帮教和社区工作不断加强。各省的盟组织都开展了帮教工作，通过扩大与司法部门合作，摸索出了共建法制教育基地、开展职业技能培训、帮助刑释解教人员就业安

置回归社会等帮教工作的有效形式。一些地方盟组织开始在社区开展社会服务方面的探索和试点，推进社会服务工作创新，取得了初步成效。

——在抗灾救灾和灾后重建中作贡献。“5•12”汶川地震后，盟中央迅速成立抗震救灾工作领导小组，并向全盟发出捐款倡议书。各级盟组织和广大盟员积极响应号召，踊跃捐款捐物。民盟捐建的广元民盟烛光中学等学校已投入使用。战斗在抗震救灾一线的广大盟员，不畏艰险，日夜奋战，涌现出许多可歌可泣的先进事迹，一批盟员受到全国、省、市以及盟中央的表彰。在应对南方低温雨雪冰冻、青海玉树地震等重大自然灾害期间，各级盟组织和广大盟员积极捐款，有力支援了抗灾救灾和灾后重建工作，并就防灾减灾、灾后重建积极建言献策，得到各方面的一致好评。

三、适应时代发展需要，立足提高履职能力，自身建设全面加强

五年来，全盟坚持以思想建设为核心，以组织建设为基础，以制度建设为保障，全面加强自身建设，进一步增强了盟组织的凝聚力和影响力。

——思想建设取得新成效。全盟把学习践行社会主义核心价值体系作为思想建设的主线，深入开展政治交接主题学习教育活动，积极引导广大盟员与中国共产党思想上同心同德、目标上同心同向、行动上同心同行。十届三次中常会专题研究部署开展政治交接主题学习教育活动。盟中央和地方盟组织召开“五一口号”发布60周年、改革开放30周年和民盟成立70周年纪念大会和座谈会，举办张澜、史良、费孝通、钱伟长、苏步青等民盟领导人及李公朴、闻一多等先烈的纪念活动，以征文、演讲、报告、参观等形式重温多党合作历史，传承盟的优良传统。盟中央编辑出版《中国民主同盟70年》等盟史资料，为思想建设提供了生动教材。群言出版社策划的民盟历史文献系列丛书被列入“十二五”国家重点图书出版规划。各地加强盟史资料的收集、抢救、整理和研究，并创建了一批盟员教育基地。

十届七次中常会对思想建设进行专题研究，制定下发了关于加强思想建设的意见。全盟深入学习贯彻科学发展观，专题学习中共十七大、十八大及历次全会文件精神，学习中共中央领导在建国60周年、人民政协成立60周年、中国共产党成立90周年、辛亥革命100周年等重大活动上的讲话精神，并通过座谈会、研讨班等丰富多样的形式，不断提高盟员的思想政治素质，巩固多党合作的共同思想政治基础。

各级盟组织切实加强对理论研究工作的领导，盟中央成立参政党理论研究中心，一些地方盟组织也先后成立了理论研究会等机构，进一步健全工作机制，壮大研究队伍。盟中央积极开展课题招标工作，选题范围不断扩大，论文质量不断提高，推动了全盟参政党理论研究工作的深入开展。各级盟组织广泛参与政协、统战部、社会主义学院等单位组织的理论研究工作，举办专题理论研讨，出版理论文集，丰富和深化了对参政党建设规律的认识。

各级盟组织加强与新闻媒体的联系与沟通，不断拓宽宣传渠道，扩大民盟影响，为各项工作的开展营造了良好的舆论氛围。据不完全统计，五年来在中央级媒体上有关民盟的报道近3000篇。《群言》杂志和各级盟讯、网站开辟专栏，刊登理论和盟史文章，宣传自身建设和履行职能的优秀成果，报道优秀盟员事迹和基层先进经验，树立了民盟良好的社会形象。

——组织建设取得新进展。民盟十大以来，全盟继续实施“人才强盟”战略，盟员组成结构不断优化，在职盟员数量稳步增长。截至今年 11 月底，全盟共有盟员 230023 人，比上届增长了 24.7%；在职盟员占 63.4 %，比上届提高了 4.4 个百分点。根据《关于加强新形势下党外代表人士队伍建设的意见》等文件精神，有计划有重点地发展了一批高层次代表人士、参政议政人才和有发展潜力的中青年盟员。与有关单位联合举办 8 期中青年干部多党合作专题研究班，推荐 260 余名骨干盟员参加中央统战部举办的民主党派干部进修班、培训班及境外研讨班。通过分层次分类别培训，提升了后备干部政治素质和参政能力。推荐了一批优秀盟员进入政府部门、高等院校等单位担任领导职务。盟员担任政府和司法部门县处级以上领导职务的共有 861 名，担任大学校（院）长的共有 165 名。

目前，全盟共有省级组织 30 个，市级组织 314 个（含筹委会），县级组织 96 个，基层组织 6906 个。省市级组织顺利完成换届，实现了领导班子新老更替，推进了政治交接，领导机构的职数得到增加，班子成员的年龄结构和专业结构有所优化。地方盟组织通过加强规范化管理、合并改建部分基层组织等方式，有效增强了基层活力。

五年来，涌现出一大批优秀盟员和先进盟组织，为民盟赢得了荣誉。共有 154 人次获得国家科学技术奖，吴征镒、徐光宪、谷超豪、吴良镛荣获国家最高科学技术奖；王光谦等 7 人增补为中国科学院、工程院院士；张慧萍等 87 人获全国劳动模范、全国五一劳动奖章、优秀教师、高教名师等称号；丁建生等 5 人获得何梁何利基金奖；吴为山获“中华艺文奖”。在中央统战部等联合开展的“各民主党派、工商联、无党派人士为全面建设小康社会作贡献”评选表彰活动中，10 个盟组织被评为先进集体，14 人被评为先进个人，盟中央及民盟内蒙古、陕西、甘肃等省级组织的 5 项建议被评为建言献策优秀成果，“农村教育烛光行动”、“明眸工程”、“盟遂合作”、“恩施山区新农村建设”被评为社会服务优秀成果。在纪念民盟成立 70 周年大会上，盟中央隆重表彰了 512 个先进盟组织和 1059 名优秀盟员。

——制度建设、机关建设达到新水平。2008 年 12 月，民盟中央监督委员会成立，通过开展省级组织领导班子述职和民主评议等活动，进一步加强了盟内监督。各级盟组织坚持民主集中制，完善办公会、民主生活会等制度，领导班子建设的制度化水平不断提高。盟中央不断健全政协会议发言、提案遴选机制，试行“参政议政工作测评表彰办法”，开通“全盟参政议政成果共享平台”，逐步完善了参政议政激励共享及与地方盟组织、专委会的合作调研机制；摸索出了三级联动、东西携手、多省市共同参与的社会服务工作机制；陆续出台组织发展、后备干部队伍建设、盟员信息管理的规范性文件。制度的建立和完善，保证了各项工作有序高效运转。盟的各级机关以提高能力和转变作风为重点，进一步强化服务意识，健全内部管理，完善工作制度，提高工作效率，营造出团结和谐、积极向上的良好氛围；通过举办讲座、培训、挂职锻炼等形式，机关干部政治素质和业务水平不断提高。各级机关办公自动化水平进一步提高，办公条件有所改善。

回顾五年来走过的道路，总结各项工作取得的成绩，我们深切体会到：

1. 只有坚持中国共产党的领导，夯实共同思想政治基础，才能使盟的事业始终沿着正确方向前进。坚持中国共产党的领导，是我国政党制度的本质要求。只有坚持中国共产党的领导，才能保证多党合作事业不断发展完善，保证民盟在履行参政党职能的过程中始终坚持正确的政治方向。只有在全盟上下不断凝聚团结合作的思想共识，使广大盟员葆有共同的政治理想，秉持共同的价值追求，才能使全盟同志在思想上认同增强，行动上团结合作，成为一个为实现崇高目标努力奋斗的参政党。

2. 只有保持民盟特色，弘扬盟的优良传统，才能使盟的事业薪火相传。民盟在70多年不平凡的奋斗历程中，形成了爱国进步，追求真理，坚持民主、法治等现代政治理念的思想传统；形成了接受中国共产党的领导，走中国特色政治发展道路的政治选择；形成了心忧天下、奔走国是的道义担当。这是民盟的优良传统，也是民盟宝贵的精神财富，是民盟凝聚力和感召力的根源所在。只有继承和发扬民盟的优良传统，才能保持民盟的特色，发挥民盟的优势，才能做到在任何复杂形势下不迷失自我，自尊、自信、自强，推动盟的事业不断发展。

3. 只有加强队伍建设，增强盟组织的凝聚力和影响力，才能承担起时代赋予民盟的重要使命。当前国际国内形势错综复杂，改革开放事业进入关键时期，参政党承担的责任也将更加重大。要不辱使命，就必须把民盟这支队伍建设好。重视吸收更多优秀人才入盟，不断发展壮大队伍；加强基层组织建设，发挥盟员主体作用，不断增强队伍活力；加强领导班子和后备干部队伍建设，健全各项制度，形成人尽其才、才尽其用的良好局面。队伍建设抓好了，工作思路会更加开阔，工作方法会更趋科学，盟的履职能力才会显著提高。

4. 只有开拓创新，适应新的时代要求，才能开创民盟工作的新局面。创新是事业发展的动力，也是一个政党永葆生机的源泉。创新首先是思想的解放，认识的提高，不断深化对中国特色社会主义的理解，进一步增强道路自觉、理论自觉、制度自觉；创新也是根据参政党履职环境和条件的新变化，不断探索更加有效的工作机制，拓展新的工作领域，创造新的业绩；创新更是顺应盟员和广大民众的期待，在国家政治生活中发挥更大作用，更好地履行参政党职能。

在回顾过去、总结经验的同时，我们还要清醒地认识到工作中还有不少需要改进和提高的地方，比如，参政议政工作在精心选题、深入调研、充分挖掘和调动盟内资源、强化专委会工作等方面还有提升空间；民主监督要继续探索新的形式；社会服务要建立完善长效机制，加强资源整合；思想建设要更加贴近盟员思想实际，进一步创新形式、深化内容；组织建设要进一步加强代表性人士和后备干部队伍建设，增强基层组织活力；机关建设要强化服务和责任意识等。对这些问题我们必须高度重视，在今后的工作中认真研究，加以解决。

各位代表，过去的五年，是全盟与时俱进、不断创新的五年，是全盟凝聚力进一步增强、自身建设水平不断提高的五年，也是全盟参政议政、民主监督、社会服务工作取得丰硕成果的五年。在这里，我谨代表民盟中央，向领导我们前进的中共中央致以崇高的敬意！向关心和支持我们工作的全国人大、国务院、全国政协、各民主党派中央、全国工商联和中央统战部表示衷心的感谢！向为民盟事业发展做出辛勤努力的各级盟组织和广大盟员、盟务工作者致以诚挚的问候！

对今后五年工作的建议

中共十八大的胜利召开,掀开了建设中国特色社会主义伟大事业的新篇章。今后五年,既是我国全面建成小康社会和全面推进改革开放的关键时期,也是民盟充分履行参政党职能大有作为的重要时期。对今后五年全盟的工作,我们提出以下建议:

一、认真学习贯彻中共十八大精神,坚定不移地走中国特色社会主义政治发展道路

认真学习贯彻中共十八大精神,是民盟当前和今后一个时期的首要政治任务。要组织广大盟员认真研读中共十八大文件,全面理解中共十八大的主题、历史定位和重要意义,深刻领会全面建成小康社会的新要求和经济建设、政治建设、文化建设、社会建设、生态文明建设五位一体的新部署。通过学习,把全盟思想和行动统一到中共十八大精神上来,把智慧和力量凝聚到全面建成小康社会的宏伟目标上来。

全盟同志要深刻领会中共十八大对多党合作事业提出的新要求,认真遵循多党合作的政治准则,切实搞好政治交接,坚定不移地走中国特色社会主义政治发展道路,促进与中国共产党思想上同心同德、目标上同心同向、行动上同心同行,进一步夯实多党合作的共同思想政治基础。

当前,世情、国情继续发生深刻变化,我国面临的发展机遇和风险挑战前所未有。作为多党合作政治格局中的参政党,民盟一定要积极适应国际国内形势的深刻变化,准确把握历史定位,进一步增强履行参政党职能的使命感和责任感,为完成中共十八大确定的各项任务、实现全面建成小康社会目标作出新贡献。

二、切实增强盟的履职能力,努力推进中国特色社会主义建设事业

中共十八大对我国改革开放和社会主义现代化建设做出了一系列重大战略决策和全面部署,既为民主党派发挥参政党作用提供了广阔的舞台,也对民主党派的履职能力提出了新的更高的要求。全面提高盟的履职能力,是今后一个时期全盟面临的重要任务。

要把促进科学发展作为参政议政第一要务,更加重视调查研究,进一步完善调研选题机制,选取执政党和政府关注的重大问题及人民群众迫切希望解决的问题调查研究。健全中央与地方协作调研机制,吸收更多地方盟组织和政府部门以适当方式参与调研。积极探索深入调研的有效方式,更好地发挥专委会和盟员专家的作用。充分利用政协平台,不断提升政协发言、提案的质量和社会影响力。拓宽信息收集渠道,不断提高反映社情民意信息工作的成效和质量。巩固在教育、文化、科技、民生等重点领域的传统优势,不断开拓创新,进一步提高参政议政工作水平。

民主监督是民主党派的职能,也是我国社会主义监督体系的重要组成部分。各级盟组织要增强政党意识,提高政治把握能力,就贯彻和制定国家大政方针、管理国家事务、制定和执行法律法规等方面的问题,通过协商会和各级人大、政协平台等合适的渠道和方式,向执政党和政府提出意见和建议,推进社会主义民主法治进程。各级盟组织也要鼓励支持担任各级各类特约职务的盟员认真开展工作,充分发挥监督作用。

社会服务要在巩固既有成绩的基础上，突出重点、量力而行、持之以恒，积极探索尝试，丰富工作内容形式，注重政党属性，努力打造“同心品牌”。要充分发挥盟的优势、特色，加强盟内外的联合协作，吸收盟内外的资源，围绕重点工作，形成有效凝聚各方优势的长效工作机制，实现社会服务工作的新跨越。

三、以继续实施“人才强盟”战略为核心，全面提高民盟自身建设的科学化水平

建设与中国共产党亲密合作的高素质参政党，是民盟在新世纪以来一直努力的奋斗目标。为适应新形势新任务的需要，盟的自身建设要与时俱进，不断创新，努力实现建设高素质参政党的目标要求。

思想建设是盟的自身建设的首要任务。各级盟组织要把学习贯彻中共十八大精神与开展学习践行社会主义核心价值体系活动紧密结合起来，进一步增进政治共识。要结合盟员思想实际，改进思想工作方法，建立思想建设和宣传工作的长效机制。要进一步加强参政党理论研究工作，不断深化对参政党建设规律的认识，发挥理论对实践的指导作用。要加大盟史研究力度，加强盟的优良传统教育，提高盟员的政治素质和思想境界。要充分发挥好《群言》等盟内刊物、网站的阵地作用，加强与报纸、广播、电视、互联网等主流媒体的联系协作，立足民盟工作，突出民盟特色，提高盟的思想宣传工作的实效。

组织建设是盟的自身建设的基础性工作。各级盟组织要从盟的事业可持续发展的战略高度出发，继续贯彻实施“人才强盟”战略，大力推进代表性人士和后备干部队伍建设。要着眼于多党合作事业的长远发展和民盟事业大局，严格标准，注重质量，保持适当的发展速度。在保持民盟组织特色和传统优势的同时，进一步整合盟内人才资源，优化人才结构，提高盟员素质，以满足参政议政、盟务工作对人才的需求。要进一步加强各级领导班子建设，继承和发扬与中共团结合作的优良传统，切实搞好政治交接。要进一步加强基层组织建设，完善体制机制，促进基层组织工作制度化、活动经常化，增强基层组织活力。

制度建设是带根本性、长期性的一项重要工作。各级盟组织要继续完善各项规章制度，抓好制度的落实，实现用制度发展组织，用制度保障活动，用制度培养人才，用制度凝聚人心。进一步健全盟内监督制度，稳妥推进监督委员会工作，适时修订《民盟中央监督委员会工作试行条例》等文件。

机关是盟务工作的枢纽，担负着承上启下、统筹运作的重要职责。各级盟组织要把机关建设放到更加重要的位置，进一步优化机关干部结构，重视机关干部的培养使用，努力建设一支有较高政治素养、道德规范和业务水平的机关干部队伍。要加强机关作风建设，切实树立以盟员为主体的意识，为工作服务，为基层服务，为盟员服务，真正把机关建设成为盟员之家。

各位代表，各位同志！

我国改革开放和现代化建设事业正处于关键时期，中共十八大为我们指明了前进方向。民盟第十一次全国代表大会的胜利召开，标志着民盟的事业又发展到一个新的阶段，我们站在了一个新的历史起点上。面对改革开放和现代化建设的宏伟蓝图，面对执政党

和人民的殷切希望，面对广大盟员的重托，我们充满信心。让我们在中共十八大精神指导下，高举中国特色社会主义伟大旗帜，继承和发扬民盟优良传统，团结带领广大盟员，同心同德，开拓进取，为建设中国特色社会主义的伟大事业、实现中华民族伟大复兴而努力奋斗！

中国民主同盟章程修改报告

（2012 年 12 月 10 日）

各位代表：

现在，我受盟章修改委员会的委托，向大会作中国民主同盟章程修改报告。请予审议。

现行民盟章程由 2007 年民盟第十次全国代表大会通过，基本框架完善，整体内容基本满足指导、规范盟务工作的需要。五年来，全国人民在以胡锦涛同志为总书记的中共中央领导下，高举中国特色社会主义伟大旗帜，坚持以邓小平理论和"三个代表"重要思想为指导，深入贯彻落实科学发展观，全面推进社会主义经济建设、政治建设、文化建设、社会建设以及生态文明建设，为实现国民经济和社会发展第十二个五年规划和全面建设小康社会宏伟目标打下了坚实基础。五年来，多党合作理论不断发展和深化，多党合作制度在国家政治生活中的地位越来越重要，民主党派、无党派人士的作用得到更充分的发挥，统一战线工作呈现出新的局面。五年来，全盟各级组织积极贯彻"人才兴盟、人才强盟"战略，认真履行参政党职能，民盟的组织有新的发展，盟的参政议政、社会服务、自身建设等各项工作取得了新成绩，积累了新经验。在这种情况下，对现行章程进行部分修改，使其更符合时代发展的新要求、适应多党合作事业的新局面和体现广大盟员的新诉求，更好地指导和规范全盟工作，是非常必要的。

中国共产党第十八次全国代表大会，是在我国进入全面建成小康社会决定性阶段召开的一次十分重要的大会。大会回顾了中国共产党十七大以来的工作和取得的成绩，总结了改革开放的伟大历史进程和宝贵经验，对全面深化改革开放、全面建成小康社会的目标作出了全面部署。大会号召全国各族人民要高举中国特色社会主义伟大旗帜，以邓小平理论、"三个代表"重要思想、科学发展观为指导，解放思想，改革开放，凝聚力量，攻坚克难，坚定不移沿着中国特色社会主义道路前进，为全面建成小康社会而奋斗。这为民盟在新的历史起点全面履行参政党职能指明了正确的方向。今年，中共中央颁发了《中共中央关于加强新形势下党外代表人士队伍建设的意见》（以下简称为【2012】4 号文件），深刻论述了加强新形势下党外代表人士队伍建设的重要性和紧迫性，明确提出了党外代表人士队伍建设的指导思想、工作原则、目标任务和政策措施。这都为本次章程修改工作提供了重要的理论指导。

本次章程修改的主要原则为：

1. 既保持章程的相对稳定性，又坚持与时俱进的精神。贯彻中共十八大精神和【2012】4 号文件精神，对章程序言和总纲的内容作部分修改，使之增强前瞻性和指导性；序言和总纲以外的其他部分，除形成共识、必须修改之处，一般不作变动，可改可不改的不改，能小改的不大改，以保持章程的权威性、延续性和稳定性。

2. 既坚持政治原则的一致性，又注意体现民盟自身特色。对关系到我国多党合作事业可持续发展和民主党派在新的历史阶段发展方针的重大原则问题，在章程中进行明确规定；同时，在具体修改内容和提法上，应使章程充分体现民盟的性质、地位和特点，定位准确、表述适当。

3. 既立足民盟当前实际，又着眼民盟长远发展。章程应如实反映民盟现实状况，并充分体现五年来全盟在认真履行职能、加强自身建设等方面积累的好经验、好做法；同时，着眼于社会主义民主政治的发展，按照参政党建设的目标和原则，对章程中关于民盟组织发展、自身建设、履行职能等方面的规定，在现有基础上作进一步充实和完善。

现在根据修改的内容，作以下说明。

一、关于序言

现行章程的序言对民盟的建立和发展历程，以及民盟在各个不同历史时期性质、地位和作用的变化作了简要阐述，并着重突出了民盟坚定不移地接受中国共产党的领导、和中国共产党亲密合作这样一条主线。序言的结构合理清晰，所述内容实事求是。

此次修改中最为重要的调整，就是突出了科学发展观的指导作用，根据中共第十八次全国代表大会精神，将序言第六段修改为“坚持高举中国特色社会主义伟大旗帜，以邓小平理论、‘三个代表’重要思想、科学发展观为指导，继续解放思想，坚持改革开放，推动科学发展，促进社会和谐，坚定不移地沿着中国特色社会主义道路前进，为全面建成小康社会、建设富强民主文明和谐的社会主义现代化国家而奋斗”。以进一步夯实与中国共产党团结合作的思想政治基础，使民盟的政治纲领、政治路线得到延续和发展。

为使序言更加简明，删除序言第五段与总纲第三条及序言第六段相重复的内容。从盟章的结构来看，在总纲第三条中阐明中国民主同盟的政治路线、方针和政策也更为合适。

在第五段中经济、政治、文化和社会建设后加入生态文明建设的内容，表述为“为推进中国特色社会主义经济建设、政治建设、文化建设、社会建设和生态文明建设服务”，充分表明民盟为“五位一体”的中国特色社会主义事业服务的努力方向。

为体现语言表述的严谨性，在第二段“1944 年”后增加“9 月”；在第三段“1947 年”后增加“10 月”；将第四段的“一道前进，一道经受考验”修改为“共同前进，共同经受考验”；将第五段“在新的历史时期”修改为“改革开放后”。

二、关于总纲

在第三条中增加“促进思想上同心同德、目标上同心同向、行动上同心同行”的内容。胡锦涛同志提出的这一重要要求，是总结中国共产党领导的多党合作历史经验作出的深刻论述，体现了对统一战线本质规律的科学把握，揭示了统一战线成员鲜明的价值追求，为新形势下巩固发展统一战线提供了重要理论指导。从坚持中国特色社会主义道路、理论体系和制度的高度，认真贯彻落实这一重要要求，使之贯穿于工作的各个领域、各个层级、各个方面，应成为广大盟员的广泛共识和自觉行动。

在第六条中增加“为加强和创新社会管理、保障和改善民生、推动社会主义和谐社会建设而努力”。当前，我国正处于计划经济向市场经济转轨、农业社会向现代社会转型的关键时期，民生问题成为社会关注的焦点和热点问题。民生问题及其所引发的各种社会问题虽然会持续改善，但非短期可以完全改变。民盟应积极发扬“奔走国是、关注民生”的优良传统，将以保障与改善民生为核心内容的社会建设作为履行参政党职能的重要领域。此外，为适应时代发展的新要求、依据中共第十八次全国代表大会精神，将第六条中有关文化的表述调整为“为扎实推进社会主义文化强国建设、促进社会主义文化大发展大繁荣而努力”。

为体现语言表述的严谨性，将第四条修改为“中国民主同盟坚持以人为本，切实履行参政党职能，把推动科学发展作为广大盟员参政议政的第一要务，把中国特色社会主义政治发展道路作为必须牢牢把握的政治方向，把维护团结稳定、促进社会和谐、发展社会主义民主政治作为基本任务”；在第六条中增加“人才强国战略”，将“为推进决策科学化、民主化”修改为“为推进决策科学化、民主化和法治化”；将第十二条中国民主同盟自身建设的目标修改为“把民盟建设成为与中国共产党长期亲密合作、积极参政议政、致力于中国特色社会主义事业的高素质参政党”。

三、关于盟员、组织总则及各级组织

为使章程的各项规定更加规范、严谨，更加符合建设高素质参政党的需要，结合五年来民盟工作的实践，对现行章程的相关条文作以下补充和修改。

1. 关于入盟的基本程序。将第十四条相关内容修改为“吸收盟员，须由本人提出书面申请，经盟员两人介绍，由基层组织考察、讨论通过后，报设区的市、直辖市的区、自治州及其以上委员会审核批准，逐级上报，由民盟中央备案”。第十八条也据此进行修改。

2. 关于委员的选举方式。部分民盟地方、基层组织不实行代表大会制度，而是通过盟员大会履行职能。因此，将第二十条第二款相关内容修改为“各级委员会委员的选举方式，由同级代表大会（或盟员大会）决定”。第三十五条也据此进行修改。

3. 关于最高领导机关。将第二十条第三款修改为“最高领导机关，是全国代表大会。全国代表大会闭会期间，由其所产生的中央委员会领导全盟工作。地方各级领导机关，是地方各级代表大会（或盟员大会）。地方各级代表大会（或盟员大会）闭会期间，由其所产生的委员会领导地方盟务工作。各级委员会对同级的代表大会（或盟员大会）负责并报告工作”。

4. 关于各级组织负责人的任期。负责人的任期是各级组织在换届工作中遇到的较为普遍的问题。为了规范这一实际问题，经与中共中央统战部多次协商，并充分吸取其他兄弟党派的观点和意见，将第二十条第六款修改为“民盟各级组织负责人在同一职务上可连选连任两届，特殊情况下可连选连任三届”。

5. 关于全国代表大会。将第二十四条相关内容修改为“中国民主同盟的全国代表大会每五年举行一次，由中央委员会召集或中央委员会委托中央常务委员会召集，由代表大会预备会产生的主席团主持。”删除“全国代表大会选举主席团主持会议”的内容。

6. 关于届中调整。将第二十八条相关内容修改为“届中增补中央委员，可以由中央委员会选举产生；届中辞免中央委员，须由中央委员会决定。其结果由下次全国代表大会予以确认”。第三十五条也据此进行修改。

7. 关于监督委员会。在第三十二条中增加“中央监督委员会在中央委员会领导下开展工作”的表述。第四十条也据此进行修改。

8. 关于基层盟组织选举。在第四十三条中，明确规定民盟基层组织直属小组或支部所属小组，在“征得上一级组织同意后”，可推选副组长。

9. 关于基层组织的基本任务。为使盟章的表述与现在的职能相统一，将第四十四条第六款“协助有关部门落实知识分子政策”修改为“代表和维护其合法权益”。

此外，为使盟章更加简明，删除第十五条第一款，因其所述内容为公民的基本义务，无须在此赘述。将第二十条第二款相关内容修改为“地方组织和基层组织的领导人员在不能用选举方式产生的特殊情况下，因工作需要可以由上一级组织任免”；完善了第四十二条中关于基层组织构成的表述。

四、关于干部和纪律、附则

为避免重复，删除第四十五条，因其涉及的关于民盟自身建设等问题在第十二条中已有较为全面的阐述，为体现语言表述的严谨性，在第四十九条中，明确规定“盟员违反民盟的纪律，损害民盟的利益，应视情节轻重，分别予以批评教育或相应处分”；将第一款中处分盟员的原则移至第二款中，并修改为“处分盟员要做到事实清楚、证据确凿、程序合规、处理恰当，并须经基层组织讨论，上一级组织批准。开除盟籍，应由省、自治区、直辖市一级组织审核，并报民盟中央批准”，以便于在实际工作中做到操作有据、处罚有节；将第三款修改为“严禁打击报复或诬告陷害，严禁用违反盟章或违犯国家法律的手段对待盟员。违者必究”。

此次修改还明确了民盟章程修改的各项程序，第五十条规定“本章程的修改，由中央委员会提请全国代表大会进行，并须经超过半数的全国代表大会全体代表通过”。

现行盟章共五十二条，修改后为五十一条。详见中国民主同盟章程修正案。

盟章修正案及以上报告是否妥当，请审议。

中国民主同盟章程

（中国民主同盟第十一次全国代表大会部分修改，2012 年 12 月 12 日通过）

序　言

中国民主同盟是中国共产党领导的爱国统一战线的组成部分，是同中国共产党通力合作的参政党。

中国民主同盟是在中国共产党的抗日民族统一战线政策影响下，在民族危机空前严重时刻，由主张“团结、民主、抗日”的政团，于1941年3月19日在重庆组成的，当时的名称是中国民主政团同盟。1944年9月改组为中国民主同盟。

抗日战争和解放战争时期，中国民主同盟与中国共产党亲密合作，坚持抗战，争取民主，反对内战，为反对帝国主义、封建主义、官僚资本主义英勇斗争，作出了重要贡献。在民主宪政运动、政治协商会议、国共两党和谈、反对国民党当局召开“国民大会”的斗争中，与中国共产党密切配合，共同战斗，锻炼了自己，纯洁了组织。1947年10月，中国民主同盟被国民党当局宣布为“非法团体”，总部被迫解散。中国民主同盟在艰苦环境中，坚持斗争。1948年1月，在中国民主同盟一届三中全会上，制定了和中国共产党携手合作的政治路线，与中国共产党共同为建立和平、民主、统一的新中国而斗争。1949年1月，中国民主同盟公开宣告接受中国共产党领导。同年，参加中国人民政治协商会议第一次全体会议，民盟的历史揭开了新的篇章。

新中国成立后，中国民主同盟遵循中国人民政治协商会议共同纲领，参加政治协商、民主监督，参与国家事务管理；推动盟员和民盟所联系的知识分子学习马克思列宁主义、毛泽东思想；参加各项民主改革，参加社会主义革命。在社会主义建设时期，中国民主同盟同中国共产党共同前进，共同经受考验。广大盟员热爱祖国，拥护中国共产党，拥护社会主义，为社会主义建设作出了积极贡献。

改革开放后，中国民主同盟确立了参政党的性质、地位、作用，实现了工作重点转移，积极履行参政党职能，巩固和发展新时期的爱国统一战线，为推进中国特色社会主义经济建设、政治建设、文化建设、社会建设和生态文明建设服务，为维护安定团结的政治局面服务，为实现祖国统一服务，为维护世界和平和促进共同发展服务。

中国民主同盟坚持高举中国特色社会主义伟大旗帜，以邓小平理论、“三个代表”重要思想、科学发展观为指导，继续解放思想，坚持改革开放，推动科学发展，促进社会和谐，坚定不移沿着中国特色社会主义道路前进，为全面建成小康社会、建设富强民主文明和谐的社会主义现代化国家而奋斗。

第一章　总　纲

第一条　中国民主同盟是主要由从事文化教育以及科学技术工作的高、中级知识分子组成的，具有政治联盟特点的，接受中国共产党领导、同中国共产党通力合作，进步性与广泛性相统一、致力于中国特色社会主义事业的参政党。

第二条　中国民主同盟一切活动以《中华人民共和国宪法》为根本准则，在宪法赋予的权利和义务范围内，按照政治自由、组织独立、法律地位平等的原则开展工作。

第三条　中国民主同盟维护中国共产党的执政地位，坚持和完善中国共产党领导的多党合作和政治协商制度，坚持社会主义初级阶段的基本路线、基本纲领和基本经验，坚持“长期共存、互相监督、肝胆相照、荣辱与共”的方针，促进思想上同心同德、目标上同心同向、行动上同心同行，维护宽松稳定、团结和谐的政治环境。参加国家政权，参与国家大政方针和国家领导人选的协商，参与国家事务的管理，参与国家方针、政策、法律、法规的制定执行。在国家政治生活中积极发挥参政议政、民主监督作用。

第四条　中国民主同盟坚持以人为本，切实履行参政党职能，把推动科学发展作为广大盟员参政议政的第一要务，把中国特色社会主义政治发展道路作为必须牢牢把握的政治方向，把维护团结稳定、促进社会和谐、发展社会主义民主政治作为基本任务。

第五条　中国民主同盟坚持爱国主义、社会主义，坚定不移地贯彻“以经济建设为中心，坚持四项基本原则，坚持改革开放”的基本路线，促进大团结大联合。全盟要为推进现代化建设、完成祖国统一、维护世界和平和促进共同发展三大历史任务而奋斗。在新世纪新阶段，要为全面建成小康社会，加快推进社会主义现代化，努力作出新贡献。

第六条　中国民主同盟贯彻科教兴国战略、人才强国战略、可持续发展战略和依法治国方略。在建设社会主义物质文明、政治文明和精神文明的实践中，为发展教育和文化事业，提高全民族素质而努力；为促进经济和社会协调发展，推进依法治国而努力；为加强和创新社会管理、保障和改善民生、推动社会主义和谐社会建设而努力；坚持科学技术是第一生产力，为提高我国的科学技术水平、建设创新型国家而努力；坚持“百花齐放、百家争鸣”的方针，为扎实推进社会主义文化强国建设、促进社会主义文化大发展大繁荣而努力；为推进决策科学化、民主化和法治化，增强综合国力和实现各族人民共同富裕、共享发展成果而努力。

第七条　中国民主同盟反对任何分裂国家的企图和行为。努力发展海峡两岸关系，促进祖国完全统一。加强与台湾同胞、港澳同胞和海外侨胞的交往与合作。

第八条　中国民主同盟积极推进国际交往，维护世界和平、促进共同发展。

第九条　中国民主同盟的组织原则是民主集中制。贯彻群众路线，充分发扬民主，实行集体领导和个人分工负责相结合的制度。

第十条　中国民主同盟发扬自我教育的优良传统，加强思想道德建设，推动盟员学习中国特色社会主义理论体系，倡导爱国主义、集体主义、社会主义思想，发扬民主、科学精神，解放思想，实事求是，坚持理论与实践相结合。

第十一条　中国民主同盟坚持“尊重劳动、尊重知识、尊重人才、尊重创造”的方针，充分发挥盟员在改革开放和现代化建设中的作用；多做协调关系、化解矛盾、理顺情绪的工作，反映盟员和民盟所联系的知识分子的意见和要求，维护其合法权益。

第十二条　中国民主同盟自身建设的目标是，把民盟建设成为与中国共产党长期亲密合作、致力于中国特色社会主义事业的高素质参政党。自身建设的原则是，坚持中国共产党的领导与充分发扬社会主义民主；体现政治联盟的特点；体现进步性与广泛性的统一。

自身建设要以思想建设为核心，以组织建设为基础，以制度建设为保障，不断提高政治把握能力、参政议政能力、组织领导能力和合作共事能力。

第二章　盟　员

第十三条　从事文化教育以及科学技术和其他工作的中国知识分子，自愿遵守中国民主同盟章程，可以申请加入中国民主同盟。

第十四条 吸收盟员，须由本人提出书面申请，经两位盟员介绍，由基层组织考察、讨论通过后，报设区的市、直辖市的区、自治州及其以上委员会审核批准，逐级上报，由民盟中央备案。

必要时，设区的市、直辖市的区、自治州及其以上委员会可以直接吸收盟员。

第十五条 盟员有下列义务：

（一）遵守民盟章程，执行民盟决议，参加基层组织生活和民盟活动，交纳盟费；

（二）参加国家政治生活，坚持社会主义初级阶段的基本路线，维护社会主义民主和社会主义法制；

（三）认真做好本职工作，遵守职业道德，积极参加社会主义现代化建设事业；

（四）密切联系群众，接受民盟组织和群众的监督。

第十六条 盟员有下列权利：

（一）选举权、被选举权、表决权；

（二）参加民盟有关会议，讨论民盟工作，阅读盟内有关文件和刊物；

（三）参加民盟所组织的有关国家大事的讨论，反映情况，提出意见和建议；

（四）向民盟的各级组织提出请求、建议和批评；

（五）在合法权益遭受损害时，可请求民盟组织帮助。

第十七条 盟员工作调动或迁移时，应转移组织关系。

第十八条 盟员有退盟自由。盟员要求退盟，应以书面形式提出，由所在基层组织报请上一级地方组织注销盟籍，逐级上报，由民盟中央备案。

第十九条 盟员无特殊情况，连续一年不参加组织活动，不与组织联系，不交纳盟费，经教育仍不改正者，应予注销盟籍，由支部大会讨论通过，报上级民盟组织审核，经省、自治区、直辖市委员会批准，报民盟中央备案。

第三章 组织总则

第二十条 按照民主集中制的原则，中国民主同盟的组织制度是：

（一）个人服从组织，少数服从多数，下级组织服从上级组织，全盟服从中央。

（二）各级代表大会的代表和委员会委员，在发扬民主、充分协商的基础上，采用无记名投票差额或等额方式选举产生。地方组织和基层组织的负责人在不能用选举方式产生的特殊情况下，因工作需要可以由上一级组织任免。

各级委员会委员的选举方式，由同级代表大会（或盟员大会）决定。

（三）最高领导机关，是全国代表大会。全国代表大会闭会期间，由其所产生的中央委员会领导全盟工作。地方各级领导机关，是地方各级代表大会（或盟员大会）。地方各级代表大会（或盟员大会）闭会期间，由其所产生的委员会领导地方盟务工作。各级委员会对同级的代表大会（或盟员大会）负责并报告工作。

（四）建立集体领导、民主集中、个别酝酿、会议决定的原则和程序，完善议事、工作决策机制，使民主集中制规范化。

（五）上级组织实施对下级组织的领导，并经常听取下级组织和盟员的意见，了解情况，及时处理他们提出的问题。下级组织要贯彻执行上级组织的决定，向上级组织反映情况，请示和汇报工作，同时也要独立处理职责范围内的事务。上下级之间要互通信息，互相监督。

（六）民盟各级组织负责人在同一职务上可连选连任两届，特殊情况下可连选连任三届。

第二十一条　中国民主同盟发展组织，以大中城市为主，以高、中级知识分子为主，以从事文化教育工作的知识分子为主。发展盟员要注重质量，注意吸收政治素质高、有代表性的人士入盟。在工作中发展，发展为了工作，有计划地稳步发展，实行组织发展与后备干部队伍建设相结合、保持民盟特色与有利于参政议政工作相结合、发展与巩固相结合的组织工作方针。

第二十二条　县级以上（含县级）组织，必要时可召集代表会议，讨论决定需要及时解决的重大问题。

第二十三条　新建或撤销县级以上（含县级）组织，须报民盟中央批准。

第四章　中央组织

第二十四条　中国民主同盟的全国代表大会每五年举行一次，由中央委员会召集或中央委员会委托中央常务委员会召集，由代表大会预备会产生的主席团主持。必要时可提前或延期举行。

三分之一以上中央委员提出要求，可以召开临时全国代表大会。

全国代表大会的代表名额和产生办法，由中央常务委员会决定。

第二十五条　全国代表大会的职权是：

（一）听取和审议中央委员会的报告；

（二）决定民盟的方针、任务和重大事项；

（三）修改民盟的章程；

（四）选举中央委员，组成中央委员会。

第二十六条　中央委员会每届任期五年。全国代表大会如果提前或延期举行，中央委员会任期相应改变。

在全国代表大会闭会期间，中央委员会执行全国代表大会决议，领导全盟工作。

中央委员名额由全国代表大会决定。

第二十七条　中央委员会全体会议每年举行一次，由中央常务委员会召集。必要时可提前或延期举行。

第二十八条　中央委员会的职权是：

（一）贯彻执行全国代表大会的决议；

（二）听取和审议中央常务委员会的工作报告；

（三）讨论、决定民盟的重大事项；

（四）选举中央主席、副主席和常务委员，组成中央常务委员会。

中央委员会决定中央常务委员会委员的名额，有权罢免中央常务委员会委员。

届中增补中央委员，可以由中央委员会选举产生；届中辞免中央委员，须由中央委员会决定。其结果均须由下次全国代表大会予以确认。

第二十九条　中央常务委员会在中央委员会闭会期间，行使中央委员会的职权，领导全盟工作。常务委员会会议每季度举行一次，必要时可提前或延期举行。

中央委员会主席、副主席，同时是中央常务委员会主席、副主席，任期与中央委员会相同。

第三十条　主席主持中央工作，召集常务委员会会议。

在常务委员会闭会期间，主席、副主席组成主席会议，领导中央日常工作。

第三十一条　中央常务委员会根据主席会议提名，在中央常务委员会的委员中任命秘书长，必要时可任命副秘书长若干人。

中央常务委员会可以根据工作需要设立若干专门委员会和若干职能机构，其领导成员人选正职由中央常务委员会决定；副职由主席会议决定。

第三十二条　设立中央监督委员会。中央监督委员会在中央委员会领导下开展工作。

中央监督委员会对各级领导班子及其成员和各级组织遵守民盟章程的情况进行监督。监督的重点是各级领导班子及其成员履行盟的领导职务的情况。

第五章　地方组织

第三十三条　中国民主同盟的地方组织是：

（一）省委员会，自治区委员会，直辖市委员会；

（二）设区的市委员会，直辖市的区委员会，自治州委员会；

（三）县委员会，不设区的市委员会，设区的市的区委员会。

第三十四条　中国民主同盟的各级地方组织的代表大会（或盟员大会），每五年举行一次。必要时，经上一级组织批准，可提前或延期举行。

地方各级代表大会（或盟员大会），由同级委员会召集，选举主席团主持会议。代表大会的代表名额和产生办法，由同级委员会或其常务委员会决定，并报上一级组织批准。

地方各级委员会委员名额，由上一级组织决定。

第三十五条　地方各级代表大会（或盟员大会）的职权是：

（一）贯彻执行全国代表大会、中央委员会和所属上级组织的决议；

（二）听取和审议同级委员会的报告；

（三）讨论并决定同级委员会的重要事项；

（四）选举同级委员会委员组成同级委员会。

地方各级委员会经上一级委员会批准，可在届中增补或辞免委员。增补委员，可由同级委员会选举产生，辞免委员，须由同级委员会决定，其结果均须由下次同级代表大会（或盟员大会）予以确认。

第三十六条　省委员会、自治区委员会、直辖市委员会和设区的市委员会、直辖市的区委员会、自治州委员会选举主任委员、副主任委员。如设常务委员会，应选举常务委员。主任委员、副主任委员同时是常务委员会的主任委员、副主任委员，任期与同级委员会相同。在委员会闭会期间，由常务委员会领导工作。

第三十七条　县委员会、不设区的市委员会、设区的市的区委员会，选举主任委员、副主任委员，任期与同级委员会相同。根据工作需要可任命秘书长，可设必要的工作部门，其负责人选由同级委员会决定。

第三十八条　中国民主同盟的各级地方委员会，每届任期五年。委员会全体会议至少每年举行一次。各级代表大会提前或延期举行，各级委员会任期相应改变。

地方各级委员会在其代表大会（或盟员大会）闭会期间，领导本级地方组织的工作。

第三十九条　在同级常务委员会（或同级委员会）闭会期间，主任委员、副主任委员组成主委会议，领导民盟组织的日常工作。

常务委员会（或委员会）根据主委会议提名，在常务委员会（或委员会）的委员中任命秘书长；必要时可设副秘书长若干人，由同级常务委员会（或同级委员会）决定。常务委员会（或委员会）根据工作需要，可设立若干专门委员会和若干工作部门，其负责人选由同级常务委员会（或同级委员会）决定。

第四十条　省委员会、自治区委员会、直辖市委员会可设立监督委员会，并领导监督委员会日常工作。

设区的市委员会、直辖市的区委员会、自治州委员会不设立监督机构，可指定专人负责内部监督工作。

第六章　基层组织

第四十一条　中国民主同盟的基层组织是：基层委员会、总支部委员会、支部委员会（或地方委员会的直属支部委员会、直属小组）。

第四十二条　基层组织按盟员所在单位、系统、行业或地区建立。根据工作需要，可建立基层委员会、总支部委员会、支部委员会。支部委员会可划分小组。

地方委员会可根据不同情况设立直属支部或直属小组。因特殊情况不能编入支部的盟员，由所属民盟组织直接联系。

第四十三条　基层委员会、总支部委员会、支部（或直属支部）委员会由盟员大会或盟员代表会议选举，委员会名额由上一级组织决定。基层委员会、总支部委员会、支部（或直属支部）委员会推选主任委员、副主任委员以及组织、宣传等委员。直属小组（或支部所属小组）推选组长，征得上一级组织同意后，可推选副组长。

基层委员会、总支部委员会、支部（或直属支部）委员会、直属小组长，每届任期五年，必要时可以提前或延期改选。基层组织的建立、合并、撤销，须报上一级组织批准。

第四十四条　基层组织的基本任务是：

（一）组织盟员学习政治理论，学习时事政策，学习民盟章程和民盟历史；

（二）传达并贯彻上级组织的决议、决定，根据上级组织的工作布置，围绕所在单位的中心任务，开展组织活动；

（三）反映盟员对国家和地方的大政方针以及所在单位工作的意见和建议，发挥民主监督作用；

（四）培养推荐民盟的后备干部；

（五）关心盟员的工作、学习和生活，开展思想政治工作，推动盟员做好本职工作，组织盟员参加面向社会的活动；

（六）反映盟员及民盟所联系的知识分子的意见和要求，维护其合法权益；

（七）维护和执行民盟的纪律，讨论对盟员的奖励和处分；

（八）吸收盟员，收缴盟费。

（九）加强同盟员所在单位、系统、行业或地区中国共产党基层组织或地方组织的联系。

第七章　干部和纪律

第四十五条　中国民主同盟的各级干部必须模范地遵守本章程，并且具备以下基本条件：

（一）有履行职责所需要的政治理论水平，熟悉统一战线理论、方针、政策；

（二）有较强的事业心和政治责任感，坚持正确政治方向，热心民盟事业，有胜任领导工作的组织能力、文化水平和专业知识；

（三）坚持和维护民主集中制，有民主作风、有全局观念，善于团结同志，自觉接受民盟组织和盟员的批评与监督；

（四）遵纪守法，清正廉洁，以身作则，艰苦朴素，不谋私利。

第四十六条　中国民主同盟注重干部的思想政治素质，按照德才兼备的原则选拔和任用干部。选拔干部要充分发扬民主，严格贯彻执行有关程序和规定。重视后备干部队伍建设，重视教育、培训、选拔和考核干部，特别是培养、选拔优秀年轻干部。坚持任人唯贤，反对任人唯亲。建立内部监督机制，反对任何滥用职权、谋求私利的不正之风。

第四十七条　中国民主同盟的各级机关要执行《中华人民共和国公务员法》，加强职能部门的建设，实行岗位责任制，健全各项规章制度。机关工作人员要清正廉洁，克己奉公，尽职敬业，树立良好形象。

第四十八条　对在社会主义建设事业或盟务工作中成绩显著或有较大贡献的盟员和组织，民盟组织应给予表彰、奖励。

第四十九条　盟员违反民盟的纪律，损害民盟的利益，应视情节轻重，分别予以批评教育或相应处分。

（一）对盟员的处分分为：警告，严重警告，撤销盟内职务，留盟察看，开除盟籍。

留盟察看，最长不得超过二年。受留盟察看处分的盟员，在察看期间没有选举权、被选举权、表决权。确已改正错误的，可以按期或提前撤销处分，恢复上述权利。坚持错误不改的，开除盟籍。

（二）处分盟员要做到事实清楚、证据确凿、程序合规、处理恰当，并须经基层组织讨论，上一级组织批准。开除盟籍，应由省、自治区、直辖市一级组织审核，并报民盟中央批准。

处分盟员时，除特殊情况外，应通知被处分盟员到会，允许其申辩，允许其他盟员为其辩护。盟员对处分有不同意见，有权向上级民盟组织直至中央申诉，有关民盟组织必须负责处理或迅速转递，不得扣压。

（三）严禁打击报复或诬告陷害，严禁用违反盟章或违犯国家法律的手段对待盟员。违者必究。

第八章　附　则

第五十条　本章程经民盟的全国代表大会通过后施行。本章程的修改，由中央委员会提请全国代表大会进行，并须经超过半数的全国代表大会全体代表通过。

第五十一条　本章程的解释权属于中央委员会。

中国民主同盟第十一届中央委员会名单

主席： 张宝文

副主席：

陈晓光	郑兰荪	张　平	丁仲礼	徐　辉
温思美	欧阳明高	郑惠强	田　刚	龙庄伟
葛剑平	倪慧芳（女）	王光谦		

常务委员（70名，按姓氏笔画为序）：

丁仲礼	丁光宏	方精云	王光谦	王学成
王修林	邓秀新	田　刚	田　静	田树军
边发吉	龙庄伟	刘长铭	刘晓庄	刘慕仁
安纯人	朱家媛（女）	邢克智	何　力	吴　刚
吴为山	张　平	张世珍	张来斌	张宝文
张道宏	李　铀	李晓安	李竟先（女）	杜惠平
杨安娣（女）	杨维刚	沈志刚	陈　旗	陈晓光
郑兰荪	郑功成	郑永飞	郑惠强	俞敏洪
贺　林	赵雨森	赵振铣	倪慧芳（女）	徐　辉
徐一帆	贾庆国	郭生练	钱克明	顾　欣
高玉葆	高拴平	康耀红	曹卫星	梁晓声
黄维礼	储亚平	温乎江	温思美	葛剑平
董恒宇	董祚继	蒋庄德	韩建敏（女）	雷　蕾（女）
鲍义志	缪协兴	樊建人	潘功胜	欧阳明高

秘书长： 高拴平

中央委员：

丁元竹	丁仲礼	丁光宏	万　捷	于　扬
马　驰	马正强	马玉祥	马秋华（女）	马清林
亢官文	卞留念	尤江斌	尤建功	方精云
王　绚（女）	王　锋	王　静（女）	王云路（女）	王东林

王光谦	王红红（女）	王志山	王学成	王修林
王铭维（女）	王雪华	王雪莲（女）	王勤美	王新红
王蓉蓉（女）	王德明	王耀辉	车　竞（女）	邓飞其
邓秀新	韦　宁	付永全	仪平策	冉　霞（女）
冯　丹（女）	卢传坚（女）	厉　明	田　刚	田　静
田沁鑫（女）	田树军	田继万	由文辉	申金升
石岷嘉（女）	边发吉	龙庄伟	任江南	关　今（女）
刘　晖（女）	刘中民	刘文贤	刘长铭	刘长锁
刘玉芳（女）	刘吉开	刘灿铭	刘国安	刘建蓉（女）
刘泉声	刘晓庄	刘艳玲（女）	刘维维	刘慕仁
吉永华	孙　红（女）	孙丰月	孙国正	孙国良
孙敬忠	安纯人	师清翔	成岳冲	朱友林
朱家媛（女）	江志红（女）	汤　浊（女）	邢克智	阮诗玮
何　力	何　其	何茂春	何寄华	何福胜
冷金花（女）	吴　刚	吴　明	吴大器	吴小南
吴为山	吴以环（女）	吴汉宁	吴志实	吴信才
吴胜兴	宋纪蓉（女）	张　力	张　平	张　红（女）
张　颖	张　澍	张世珍	张永泉	张立斌
张改生	张来斌	张宝文	张冠生	张琪昌
张道宏	张福锁	李　刚	李　秋（女）	李　原（女）
李　铀	李戈美（女）	李成贵	李明蓉（女）	李若建
李洪连	李相合	李晓安	李竞先（女）	杜惠平
杨才明	杨云彦	杨永道	杨安娣（女）	杨志峰
杨国亭	杨金奎	杨金顺	杨春禧（女）	杨维刚
杨德妹（女）	汪利民	汪昌云	沈志刚	狄　文
花　蓓（女）	连　琏（女）	陈　力	陈　光（女）	陈　彤
陈　桦	陈　旗	陈幼平	陈向进	陈英南
陈振濂	陈晓光	陈晓明	陈温福	周　元
周　杰	周　梁	周　鹰	周剑平	周惠娣（女）
季加孚	尚绍华（女）	易敏利	罗远芳（女）	罗慧芬（女）
范　芳（女）	茅善玉（女）	郄秀书（女）	郑兰荪	郑功成
郑永飞	郑惠强	金道超	俞向前	俞敏洪
姚　飞	姚文兵	姜爱祖	施　平	施　哲
柳清菊（女）	柳锋波	种　明（女）	胡建波	胡树华
贺　林	赵　海	赵雨森	赵振铣	钟祖荣
闻德生	倪慧芳（女）	夏　静（女）	容　铁	徐　宁
徐　星	徐　彬	徐　翔（女）	徐　辉	徐一帆
徐向东	徐宝文	徐涤宇	聂国卿	袁　直（女）

袁晨野	贾庆国	郭广昌	郭生练	郭国庆
郭维丽（女）	钱克明	顾　欣	高玉葆	高旭敏
高诚辉	高拴平	崔　强	崔大庸	崔太平
崔永东	常　青	康耀红	曹义孙	曹卫星
曹幸穗	梁美生（女）	梁晓声	梁爱华（女）	梅志强
隋　军	黄世喆	黄先明	黄利鸣	黄改荣（女）
黄荣怀	黄海光	黄维礼	傅建荣	储亚平
彭于发	温孚江	温思美	程　苏（女）	程建国
葛剑平	董　瑞	董恒宇	董祚继	蒋庄德
蒋澄宇（女）	覃如中（女）	谢　卫	谢　军（女）	谢京江
辜　清	韩　卉（女）	韩圣浩	韩建敏（女）	鲁　平
鲁安怀	蒙自福	解应龙	雷　蕾（女）	雷群芳（女）
鲍义志	熊方军	缪协兴	蔡洪滨	蔡福安
樊建人	潘　红（女）	潘功胜	冀永强	薛德胜
霍金花（女）	欧阳明高			

民盟中央关于学习贯彻中国共产党第十八次全国代表大会精神的通知

民盟各省、自治区、直辖市委员会：

中国共产党第十八次全国代表大会是在我国全面建成小康社会决定性阶段召开的一次历史性的重要会议。大会高举中国特色社会主义伟大旗帜，回顾总结了过去五年的工作和中共十六大以来的奋斗历程及取得的历史性成就，确立了科学发展观的历史地位，提出了夺取中国特色社会主义新胜利的基本要求，确定了全面建成小康社会和全面深化改革开放的目标，对新的时代条件下推进中国特色社会主义事业作出了全面部署。这是一次高举旗帜、继往开来、团结奋进的大会，开启了中国共产党团结带领全国各族人民继续奋勇前进的新征程，具有重大的现实意义和深远的历史意义。

中国民主同盟坚决拥护胡锦涛同志所作的报告和大会通过的各项决议，拥护中共十八届一中全会选举产生的中共中央新的领导集体。民盟中央要求，全盟同志要紧密团结在以习近平同志为总书记的中共中央周围，高举中国特色社会主义伟大旗帜，以邓小平理论、“三个代表”重要思想、科学发展观为指导，认真学习贯彻中共十八大精神，把思想和行动统一到学习贯彻中共十八大精神上来，把智慧和力量凝聚到实现中共十八大确定的宏伟目标和各项任务上来。为此，特通知如下：

一、学习贯彻中共十八大精神，是当前和今后一个时期全盟的首要政治任务。全盟各级组织和广大盟员要深刻认识学习贯彻中共十八大精神的重要意义，以高度的政治责任感和使命感做好学习贯彻工作。要认真学习、深入理解中共十八大提出的重大理论观点、方针政策和工作部署，把握学习重点，提高学习实效。盟的各级组织要坚持领导干部带头，坚持理论联系实际，认真组织和部署，以多种形式的理论研讨和学习活动，迅速掀起学习中共十八大精神的热潮。

二、坚持和发展中国特色社会主义是贯穿中共十八大报告的一条主线。我们要紧紧抓住这条主线，并将其作为学习贯彻中共十八大精神的聚焦点、着力点、落脚点。要按照中共十八大提出的，把科学发展观同马克思列宁主义、毛泽东思想、邓小平理论、“三个代表”重要思想一道，确立为我们长期坚持的指导思想。全盟同志要深刻领会中共十八大对统一战线、多党合作事业提出的新要求，坚定不移地走中国特色社会主义政治发展道路，真正做到与中国共产党在思想上同心同德、目标上同心同向、行动上同心同行。

三、全盟要紧紧围绕中共十八大报告提出的各项目标任务，积极履行参政议政、民主监督职能，将中共十八大精神贯彻到履职实践中去。要结合我国社会主义经济建设、政治建设、文化建设、社会建设、生态文明建设，深入调查研究，积极建言献策。要发挥民盟优势特色，深入持久推进“同心”实践。中共十八大的胜利召开，为民主党派发挥参政党作用提供了更广阔的舞台，我们要以中共十八大精神为指导，紧密结合民盟工作实际，统一思想，凝聚力量，为促进科学发展、构建和谐社会、保障和改善民生作出新贡献。

四、学习贯彻中共十八大精神，要注重学习中国共产党的党建理论和经验，全面加强民盟自身建设。要用中共十八大精神指导盟的思想建设、组织建设、制度建设，全面提高民盟自身建设科学化水平。要进一步坚定中国特色社会主义的共同理想和信念，深入学习践行社会主义核心价值体系，继承和发扬盟的优良传统，深化政治交接，继续实施“人才强盟”战略，把民盟建设成为适应新形势要求的高素质参政党，以优异成绩迎接民盟第十一次全国代表大会的胜利召开。

中国民主同盟中央委员会
二〇一二年十一月十九日

民盟中央 2012 年工作要点

（2012 年 1 月 10 日民盟中央主席办公会议通过）

2012 年是承前启后，继往开来的一年，中共十八大和民盟十一大都将于年内召开。全盟工作总的要求是：认真学习贯彻中共十七届五中、六中全会精神，进一步夯实多党合作的思想政治基础；坚持把促进科学发展作为参政议政的第一要务，紧紧围绕“十二五”规划实施中的重大战略问题、实现文化大发展大繁荣的关键问题积极建言献策，扎实开展社会服务；做好换届工作，进一步加强组织建设，努力提高盟的参政能力。

一、努力学习，深化认识，不断夯实多党合作政治思想基础

全盟要认真学习十七届六中全会精神和十八大精神，总结全盟开展树立和践行社会主义核心价值体系活动的经验，努力巩固活动成果，进一步加强形势政策教育、国情教育、改革开放教育，坚持用社会主义核心价值体系引领盟员，不断夯实多党合作政治思想基础。

以纪念张澜、李公朴、童第周、苏步青、钱伟长等民盟主要领导人诞辰为契机，开展形式多样的纪念活动，缅怀民盟先贤，继承发扬民盟的优良传统，奔走国是，关注民生，为全面建设小康社会，推动社会主义文化大发展大繁荣积极贡献力量。

二、主席会和常委会发挥领导作用，推动全盟参政议政和自身建设向前发展

主席会和常委会要充分发挥全盟领导核心的作用，立足全局，着眼长远，就“十二五”规划实施中的重大战略问题、实现文化大发展大繁荣的关键问题做好研究和部署，提高全盟工作的针对性和实效性。

今年常委会的主要工作是：围绕民盟中央和省级组织的换届，认真做好人事交接和政治交接的各项工作。加强对参政议政工作的统筹规划，组织全盟结合自身优势，规划重点调研课题，努力形成高质量的调研成果。

三、注重实效，统筹规划，促进参政议政工作再上新台阶

参政议政要紧紧围绕实施“十二五”规划的重点问题、深化文化体制改革的关键问题做好工作，重点关注经济发展方式转变、经济结构战略性调整、科技进步和创新、创新型国家建设、文化大发展大繁荣等重大问题，进行深入的调查研究。继续做好教育、民生、区域经济、应急灾害管理、沿海经济发展等方面的参政议政工作。

开好年度参政议政工作会议，总结民盟十届及2011年参政议政工作，部署2012年调研、论坛、研讨、海外联谊等工作。做好2012年全国政协十一届五次会议民盟中央发言及提案工作。

充分发挥专门委员会的作用，并做好换届准备工作。进一步完善参政议政工作测评表彰办法，继续充实全盟参政议政成果资源共享平台内容。加强社情民意信息工作，努力提高质量，保持领先优势。

四、巩固现有工作格局，重点打造特色品牌，提高民盟社会服务的实效和影响力

积极参与毕节实验区建设，继续开展河北广宗、广西百色、甘肃定西、重庆彭水等地的智力支边扶贫工作。提高各地新农村建设联系点的工作水平，促进其全面发展。

认真开展“农村教育烛光行动”的经验总结和研究工作，健全各级专家顾问组并充分发挥其作用，重点加强“烛光行动示范校”建设。与扩大教师培训覆盖面并重，推动当地农村教育质量的提高，打造各地盟组织的品牌。探索“同心　明眸工程”的工作模式和合作机制，进一步拓展活动范围和规模，丰富工作内涵。

密切与司法部门的沟通，加强对干警的帮助和合作，总结经验，形成各地方工作特色，提高帮教工作的社会效益，稳步扩大到各省级盟组织。可以支持有条件的地方盟组织，

采取民盟社区服务志愿者队伍等形式，开展社区服务工作的探索和创新。

五、做好中央和省级组织换届工作，推进领导班子政治交接

积极稳妥地做好换届工作，推进领导班子的政治交接，严格掌握选人标准，优化领导班子的年龄、专业结构和专兼职比例，努力建设高素质的领导集体。按照换届工作意见要求，加强对换届工作的领导，严格规范各项工作程序，严肃换届纪律。

继续推进“人才强盟”战略，加强对全盟组织发展工作的指导，做好全盟未来五年的组织发展规划。大力推进后备干部和代表性人士队伍建设，加强对后备干部和代表性人士的培养和推荐，为其提供更多学习和实践机会。

按照《盟章》和有关条例要求，做好民盟中央监督委员会的换届工作，切实发挥监督委员会在盟务工作中的监督作用。

六、继续加强参政党理论研究，探索新形势下盟的思想宣传工作

围绕参政党建设和履行职能中的重大问题积极开展参政党理论研究，不断深化对参政党建设规律的认识。继续在全盟开展课题招标工作，不断提高课题成果质量，加强成果转化，健全理论研究激励机制。

适时成立民盟参政党理论研究中心，加强理论研究人才队伍建设，提高研究水平。对《理论研究信息》进行改版，扩大发放范围，实现研究成果交流和共享。

建立思想建设和宣传工作的长效机制，加强与基层组织的互动及各级媒体的联系。适时召开宣传工作会议，提高宣传干部的业务水平。加大对重大盟务活动、参政议政重要成果和先进模范盟员的宣传力度。做好中共十八大、民盟十一大会议精神的学习宣传工作。继续加强盟史资料的收集、整理和研究工作，加大成熟成果的出版力度。编辑出版《中国民主同盟历史文献》。

《群言》杂志要围绕学习贯彻十七届六中全会精神、文化建设大发展大繁荣等方面精心选题，深入探讨。逐步建立地方通讯员联系制度，稳步扩大作者队伍，不断拓宽组稿面。加大对盟内专家学术研究的宣传力度，及时反映盟内参政议政成果。

群言出版社重点出版《民盟历史文献　历史人物》系列图书，加大《群言教育丛书》等系列图书的出版力度，不断增加图书品种，扩大群言品牌。设立群言学术图书出版基金，支持青年盟员学者出版学术图书。

七、发挥优势，搭建平台，进一步做好对外联谊工作

认真办好第八届“海峡两岸暨港澳地区大学校长联谊活动”，推动两岸四地高等教育交流合作，加深两岸四地同胞之间的相互了解，扩大共识，增进友谊。

继续发挥民盟联系广泛的优势，做好台港澳同胞和海外侨胞的联谊和联络工作，为祖国和平统一大业做出应有的贡献。

八、加强机关建设，提高工作质量和水平

继续开展学习型机关建设，通过学习培训、轮岗交流、挂职锻炼等途径，为机关干

部创造良好的学习条件，尽快提高机关干部的综合能力和业务素质。

从完善内部管理入手，建立健全机关各项规章制度，规范工作程序，加强部门之间的联系和互动，提高工作效率和质量，努力建设团结、和谐、务实、高效的党派机关。

中国民主建国会

弘扬优良传统　努力开拓创新
推动民建事业沿着中国特色社会主义道路蓬勃发展

——在中国民主建国会第十次全国代表大会上的报告

（2012 年 12 月 16 日）

陈昌智

各位代表：

现在，我代表第九届中央委员会向大会作报告，请予审议，并请列席会议的同志提出意见。

中国民主建国会第十次全国代表大会，是在全国深入学习贯彻中共十八大精神、推进全面建成小康社会进程的新形势下召开的一次重要的大会。大会的主要任务是：以中共十八大精神为指导，回顾和总结本会九大以来的工作和经验，研究确定今后一个时期本会建设与发展的任务，修改会的章程，选举产生新一届会中央领导机构，团结带领全会为推进中国特色社会主义事业作出积极贡献。

一、九大以来的工作回顾

过去五年，面对复杂多变的国际政治经济环境和艰巨繁重的国内改革发展任务，全国各族人民在中国共产党领导下，团结一心，众志成城，战胜各种艰难险阻，取得了社会主义经济建设、政治建设、文化建设、社会建设和生态文明建设的巨大成就。五年来，本会以中国特色社会主义理论体系为指导，深入学习贯彻中共十七大和十七大以来中共中央作出的各项重大决策，按照本会九大确定的目标和任务，努力弘扬民建优良传统，不断开拓进取，全面推进自身建设，切实履行参政党职能，为促进深化改革、经济发展、社会和谐、祖国统一发挥了积极作用。

（一）加强思想宣传工作，全会政治素质不断提高

五年来，全会以思想建设为核心，以重大活动为契机，将继承优良传统与努力创新相结合，将学习研究与工作实践相结合，开展内容丰富、形式多样的学习教育活动，激

发广大会员爱国爱党爱会爱社会主义的情感，增进坚定不移地走中国特色社会主义政治发展道路的共识，与中国共产党同心同德、同心同向、同心同行，进一步夯实多党合作的思想基础。

主题教育活动丰富多彩。全会先后开展了政治交接学习教育、学习贯彻科学发展观、“弘扬民建优良传统，践行社会主义核心价值体系”等主题教育活动。会中央召开政治交接学习教育活动经验交流会、学习和践行社会主义核心价值体系活动座谈会等，总结经验，加强指导，推动各项学习教育活动不断深入。各级组织把握活动主题和重点，结合纪念建国 60 周年、中国共产党成立 90 周年、人民政协成立 60 周年、辛亥革命 100 周年、建会 65 周年和举办北京奥运会、上海世博会等重大活动，采取召开纪念会、座谈会、报告会、开展征文、组织参观、举办文艺演出等多种形式，丰富活动内容，增强思想教育效果。特别是通过政治交接学习教育活动，使广大会员尤其是各级领导集体成员普遍受到一次多党合作历史和理论的教育，增强了责任感和使命感，进一步坚定了走中国特色社会主义政治发展道路的信念。

优良传统不断弘扬。会中央举办纪念黄炎培诞辰 120 周年座谈会、孙起孟同志追思会、纪念孙起孟同志诞辰 100 周年展览，地方组织举行各种纪念活动，缅怀前辈光辉业绩，弘扬崇高风范。会中央编辑出版《中国民主建国会简史》和《中国民主建国会概述》，制作民建优良传统宣讲光盘，编写《改革开放中的中国民主建国会——民建三十年历史回顾》和《努力弘扬民建优良传统，共同致力于中国特色社会主义事业》，编辑《民建优秀会员风采录》和《民建全国先进基层组织事迹材料》，为全会深入开展优良传统教育活动提供了生动材料。各地积极组织会员学习会章、会史、会的优良传统，参观民主党派历史陈列馆、革命根据地、革命纪念馆和烈士陵园等，不断深化优良传统教育。民建中央画院举办纪念建党 90 周年“江山多娇·民族团结”大型书画展、纪念民建成立 65 周年书画精品巡展等活动，颂扬中国共产党的丰功伟绩，宣传会的优良传统。

理论研究深入开展。会中央每年确定一个重点理论研究课题，围绕建会 65 年自身建设的基本经验、会内监督机制建设、加强民建地方组织领导班子建设、民建会员树立和践行社会主义核心价值体系及其实现途径等，开展专题研讨，共收到理论研究文章 1300 多篇。会中央编辑出版了《孙起孟文稿选编》、《胡厥文文稿选编》、《成思危论民建工作》，加强对民建老一辈领导人的思想研究。会中央网站设立《理论园地》专栏，共刊发理论文章 162 篇。

舆论宣传影响广泛。会中央与有关方面合作制作了《中国民主建国会》电视文献片，支持拍摄的电视剧《黄炎培》在中央电视台成功播出，产生广泛社会影响。每年全国“两会”前夕，会中央召开新闻通气会，主动向媒体提供有关提案、大会发言等新闻素材，扩大参政议政成果的影响。每年会中央的重点调研专题都邀请主流新闻媒体参加，及时宣传报道。会中央网站不断推出新栏目、新内容，《民讯》加大会内宣传力度，《经济界》的影响不断扩大，民主与建设出版社出版不少好的文化书籍，省级组织的网站和刊物越办越好。《人民日报》、《人民政协报》、人民网、新华网等 30 多家新闻媒体有关民建的报道，年均 500 多条，充分展示了本会的良好形象和广大会员的时代风采。

（二）发挥自身特色和优势，参政议政和民主监督水平不断提高

五年来，我国经济社会发展经受了国际金融危机和国内重大自然灾害的严峻挑战。本会作为联系经济界的参政党，紧紧围绕党和国家的工作中心，密切关注经济社会发展中的重点、热点和难点问题，组织全会力量深入做好参政议政工作。会中央召开省级组织主委工作会议、民建中央专门委员会工作会议等，专题研究参政议政工作，明确重点，健全工作机制，发挥骨干作用，着力提高全会的参政议政水平。

参政议政成果丰硕。会中央领导共参加中共中央和国务院举行的高层协商会 26 次，对中共十八大报告、每年《政府工作报告》、编制和实施“十二五”规划以及其他关系经济社会发展的重大问题，代表民建中央提出意见建议，受到中共中央领导的重视。会中央及民建界别的政协委员共向全国政协大会提交提案 1511 件、大会发言 329 件，提交全国政协常委会发言 15 件、全国政协专题协商会发言 6 件。会中央 2008 年《关于完善我国多层次资本市场税收政策的提案》、2012 年与农工党中央和全国工商联联合提出的《关于强本固基维护实体经济坚实基础的提案》，被列为全国政协“一号提案”。有 9 件会中央提案和 11 件民建政协委员提案被全国政协评为优秀提案，在各民主党派中名列前茅，民建中央作为获奖提案党派、团体的代表在全国政协表彰会上发言。据统计，民建提案被全国政协编入《重要提案摘报》49 件、列入提案办理协商会 17 件。每年第三季度中常委会议坚持对经济形势进行研究分析，并形成对经济工作的建议，为中共中央、国务院决策提供参考。地方组织积极搞好参政议政，得到了中共党委和政府的高度评价，并向会中央提供参政议政成果。在会中央提交全国政协的提案中 50% 以上为地方组织提供。

民主监督有效开展。会中央领导在高层协商会上，对当前经济社会发展中存在的一些突出问题，包括反腐倡廉、行业不正之风等提出意见建议。本会担任各级人大代表、政协委员的会员积极提交议案、提案，积极参加各级人大的执法检查活动、各级政协的视察活动，对法律法规、方针政策在执行过程中出现的偏差和问题，提出改进的措施建议。担任各级特邀（约）职务的会员，认真履行职责，及时反映职能部门工作中存在的问题。会中央领导每年参加最高人民法院、最高人民检察院举行的征求意见座谈会，对改进工作提出中肯建议。会中央组织力量对全国人大常委会拟出台的部分法律草案进行认真研讨，提交修订建议。会中央及时报送社情民意信息，反映会员和人民群众关注的社会现象和问题，共收到社情民意信息 13138 篇，编辑并向全国政协等有关方面报送 3109 篇，356 篇被采用，其中 29 篇得到中共中央领导的批示，在报送的社情民意信息中 90% 以上为地方组织提供。

调查研究深入扎实。会中央领导带队，国务院有关部委、地方组织、会中央专门委员会、会外专家学者等参与，到 99 个地市进行调研，共完成 22 个重点专题，全部转化为参政议政的提案和大会发言，其中有些建议在国务院制定的《关于加快培育和发展战略性新兴产业的决定》、国务院批复的《武陵山片区区域发展与扶贫攻坚规划（2011—020 年）》、《中共中央、国务院关于深化科技体制改革，加快国家创新体系建设的意见》、国务院制定的《关于鼓励和引导民间投资健康发展的若干意见》中得到采纳，有的建议对我国推出世界第一个焦炭期货合约、对规范发展我国社会组织与创新社会管理起到了促进作用。为增

强调研时效性，会中央将调研取得的阶段性成果及时报送中共中央和国务院领导，提交书面专项建议42件，得到批示41件。为深化调研，会中央围绕转变经济发展方式、调整经济结构、发展区域经济、促进中小企业发展等方面，连续五年开展专题调研，深入分析问题，提出针对性强的措施建议。

专门委员会作用有效发挥。会中央制定《关于加强中央专门委员会工作的意见》，明确专门委员会在参政议政中的地位、职能和任务。各专门委员会认真制定规划，健全制度，抓好落实，不仅每年积极参与会中央的重点专题调研，还选择带有综合性、全局性、前瞻性的课题，精心组织力量开展调研，共提交调研报告74份，为做好会的参政议政工作作出了贡献。

两大论坛的品牌效应扩大。连续五年成功举办中国风险投资论坛、中国非公有制经济发展论坛，为促进企业发展和本会参政议政发挥了重要作用。中国风险投资论坛在国际国内风险投资领域产生广泛影响，参加论坛的国内外专家学者、企业界人士累计6900人次，会员企业参与程度不断提高，对企业发展起到了促进作用。中国非公有制经济发展论坛的举办水平不断提高，参加论坛的会内外企业家、专家学者累计7200人次，收到论文1039篇，项目签约金额1289.57亿元，促进了地方经济发展，增进了会员企业的交流与合作。

（三）推进组织建设，会的组织程度不断提高

五年来，全会以基层组织建设为基础，以领导班子建设为重点，大力加强组织建设，取得良好成效。会中央召开全国自身建设工作会议、省级组织主委工作会议等，认真研究自身建设的新情况、新问题、新特点，制定下发《关于新形势下进一步加强自身建设的意见》，有力推进了组织建设。到今年6月底，新增市级组织15个，新发展会员34435人（年均净增长4.9%），全会有会员139036人，其中大专以上学历会员占80.1%、企业界会员占62.2%、新社会阶层人士占26.2%，会员结构更趋合理，代表人士比例增大。据统计，五年有1455人次获得国家和省部级表彰奖励，为本会赢得了荣誉。

领导班子建设进一步加强。会中央坚持中心组学习制度和主席务虚会制度，及时学习中共中央各次全会的重要精神，结合会务工作认真领会，研究新问题，提出新举措。坚持民主集中制，进一步完善主席会议的议事规则、决策程序等制度，加强集体领导，落实领导责任。主席、副主席坚持联系基层制度，按照分工深入全会288个市级组织进行调研和指导。会中央领导分别参加省级组织谈心会，听取意见，交流思想，增进团结，促进工作。地方组织领导班子结合实际不断完善领导制度，落实责任，进一步推进班子建设。

地方组织和基层组织不断巩固。会中央制定下发《关于民建中央及省级组织换届工作的意见》，加强指导和协商，在中共地方党委的支持和帮助下，30个省级组织圆满完成换届，一批德才兼备、年富力强的同志进入领导班子，领导成员的年龄和知识结构更为合理，整体素质有了新的提高。会中央制定下发《关于进一步做好组织发展工作若干问题的意见》，对发展新社会阶层代表人士、保持界别特色等方面做出明确规定。召开全国市级组织主委工作会议，围绕提高“四种能力”、当好市级主委等专题交流经验，研讨工作。

举办基层组织建设工作研讨会，探索新形势下加强基层组织建设的新思路。会中央机关建立各部门联系基层支部的制度，地方组织经常深入支部和会员企业，有力促进了基层工作。在纪念建会65周年大会上，会中央表彰了153个先进基层组织、398名优秀会员。

骨干队伍建设力度加大。会中央制定下发《关于加强省级组织领导班子后备干部队伍建设的意见》，积极建立后备干部队伍，多种形式进行培训和岗位锻炼。本次省级组织换届新任主委和副主委70人，占领导班子成员总数的31.8%，都来自后备干部队伍。在会中央高度重视和各级组织的积极努力下，会的代表人士队伍建设进一步加强，目前，全会共有各级人大代表3338人、政协委员16637人、在政府及司法机关任实职3709人、任各级特邀（约）职务的4152人，他们认真履行职责，受到好评。加强培训工作。有18名省级组织主委和专职副主委参加中央统战部举办的专题研究班，214名代表人士参加民主党派中青年干部培训班和进修班，84名同志参加任政府和司法部门地厅级领导干部培训班，179名同志参加会中央举办的学习贯彻胡锦涛总书记“七一”讲话精神培训班，一些地方组织为提高培训质量还在中央社会主义学院举办会员骨干、机关干部培训班。会中央培训中心建立5个“建华课堂”分课堂，在15个省、自治区、直辖市组织培训280场，培训会员会友2万多人次。

会内监督稳妥推进。选举产生会中央监督委员会，制定《会内监督条例（试行）》及相关配套制度，设立监督委员会办公室，成立理论研究小组，积极开展工作。会中央通过试点，逐步推进省级组织开展监督工作，目前已有20个省级组织成立监督委员会。制定下发《关于建立健全省级领导班子谈心会制度的意见》，会中央监督委员会派员参加部分省级组织领导班子的民主测评会。下发《关于在市级组织中严肃换届纪律的通知》，严格换届程序和纪律。会中央监督委员会召开监督课题研讨会、工作交流会，推动监督工作深入开展。省级组织监督委员会注意在换届工作中发挥作用，取得较好效果。做好信访工作，共处理会内来信来访446件次，努力维护会员权益。

机关建设水平进一步提高。会中央召开两次全国省级组织秘书长和办公室主任会议，交流和探讨如何按照《公务员法》规范和加强机关建设。各级机关进一步健全日常管理、会务服务等机制，积极营造民主、团结、创新、敬业的氛围，努力提高工作效率和服务质量，为全会开展好各项工作和活动提供有力保障。坚持机关干部挂职锻炼，先后安排会中央机关19名干部到扶贫点和基层挂职、省级组织机关19名干部到会中央机关挂职。

（四）开拓思路，注重实效，社会服务取得显著成果

五年来，本会围绕服务经济社会发展，以中华思源工程扶贫基金会为载体，以地方组织和会员企业为依托，立足特色，发挥优势，动员全会力量做好社会服务工作，取得良好社会效益，赢得社会广泛赞誉。会中央召开全国社会服务工作会议，制定下发《关于新形势下进一步加强社会服务工作的意见》，表彰在社会服务工作中作出积极贡献的82个先进集体和370名先进个人。在各民主党派、工商联、无党派人士为全面建设小康社会作贡献表彰大会上，本会有5个先进集体、17名先进个人和12项建言献策社会服务优秀成果受到表彰；在第五次全国民族团结进步表彰大会上，民建重庆市委、四川省委、会中央社会服务部被授予“全国民族团结进步模范集体”称号；有14名会员被授予“第三届非公有制经济人士优秀中国特色社会主义事业建设者”光荣称号。

定点扶贫成效明显。会中央领导多次带领会员企业家深入定点帮扶的贵州省黔西县和河北省丰宁县考察，共签约42个项目、资金72.8亿元，协调毕节飞雄机场、黔西县附廓水库加高扩建、丰宁抽水蓄能电站、怀丰一级公路等重大项目获得批准。会中央为两县进行村干部培训、农民实用技能培训、乡村骨干教师培训等提供支持，向两县捐资2596万元、捐赠物资价值589.25万元，推动东部十省市民建组织与黔西县建立长期帮扶关系。为此，中央主流新闻媒体专题采访报道民建在黔西县定点帮扶工作取得的成效，产生广泛社会影响。

“思源工程”取得良好社会效益。会中央召开全国“思源工程”工作会议，推动“思源工程”深入开展。中华思源工程扶贫基金会共募集会内外资金4.45亿元，其中社会捐款2.28亿元，占51.2%。已投入资金3.14亿元，援建“思源学校”、“思源水窖”、“思源沼气池”等项目，实施“思源阳光计划”、“思源扬帆计划”等，涉及全国30个省、自治区、直辖市的230多个县，累计帮扶超过370万人次，荣获“中华慈善奖之最具影响力慈善项目奖”、“中国慈善推动者奖”等。

服务会员尽心尽力。会中央和地方组织积极帮助会员企业应对金融危机，多次召开会员企业投融资经验交流会、研讨会，推动会员担保公司发展。组织会员企业家参加各地举办的招商引资活动，帮助企业寻求发展机会。支持会员成立小额贷款公司、担保公司等投融资机构95家，这些机构为会员企业提供贷款80.4亿元，缓解了部分会员企业融资难的问题。

积极支援灾区和边疆建设。在我国遭受南方冰雪袭击、四川汶川特大地震、西南地区严重干旱、青海玉树地震、甘肃舟曲特大泥石流、云南彝良地震等严重自然灾害后，会中央及时研究和部署支援灾区工作。各级组织积极开展向灾区捐助活动，广大会员踊跃捐款捐物，据统计，全会共向灾区捐献款物12.5亿元，会中央表彰了在抗震救灾中作出突出贡献的698名优秀会员。中华思源工程扶贫基金会在每次灾情发生时，都第一时间向灾区捐款，组织人员赶赴灾区施救，被中共中央、国务院、中央军委授予“全国抗震救灾英雄集体”光荣称号。全会认真贯彻中央新疆工作会议精神，组织会员企业家赴新疆开展投资项目考察，积极参与新疆建设，据当地招商局统计，会员企业对新疆投资近1500亿元。

地方组织和会员企业在全会的社会服务中发挥了重要作用。地方组织不仅积极参加会中央开展的社会服务活动，而且努力为地方经济发展作贡献，共建立扶贫联系点116个，实施扶贫项目2039个，捐赠及协调资金14.3亿元。广大会员企业家踊跃参加全会的扶贫活动，慷慨捐助，积极投资，努力安置就业，为全会开展好社会服务作出突出贡献。

（五）广泛开展交流与合作，对外联络领域不断扩大

五年来，本会在开展对外联络工作中，认真贯彻中共中央对台工作方针，深化与港澳台各界的交往与合作，加强与国外工商界的联系与沟通，并将联络工作与参政议政、社会服务相结合，收到良好效果。共组织农业、职业教育、经济、金融等方面赴港澳交流团组3个，赴台团组11个，赴国外调研考察及培训团组16个；共接待港澳工商经济

界来访团组7个，接待台湾教育、农业、文化等方面来访团组24个，并促成多个合作项目。

对台工作逐步深入。会中央加强对台湾中南部地区的工作，在入岛交流和接待来访时，热情介绍大陆发展情况，增进相互了解和感情交流。支持地方组织举办了五届“海峡物流论坛”，该论坛今年正式纳入国台办和相关部委与台湾方面联合举办的“海峡论坛”。与台湾世新大学联合在大陆和台湾成功举办五届经济系列研讨会，就应对金融危机、新能源产业发展、海峡两岸经贸发展前景等课题开展研讨，该研讨会已成为经常性、有影响的合作交流项目。组织会内外知名书画家两次赴台湾举办两岸书画作品展览，促进了两岸文化交流与合作。

对港澳联络稳步推进。每年全国“两会”期间，会中央都邀请与本会保持良好关系的港澳人大代表和政协委员联谊交流。会中央领导率会内经济界人士访问港澳，会见港澳政要，与社会各界广泛接触，推进了与港澳的交流与合作，扩大了本会在港澳的影响。会中央每年邀请香港工商界人士赴内地考察，邀请香港爱心家庭访问团考察所援建的思源学校，为他们到内地投资兴业、支持内地欠发达地区基础教育事业发展牵线搭桥。

与海外工商经济界的交流富有成效。结合会中央的年度重点调研课题，组织专家团组赴境外考察调研，就社会保障机制建设、环境与资源保护、中小企业发展等方面，与所到国家官方机构、民间组织、企业界等进行广泛交流和研讨，借鉴国外好的经验和做法，及时为会中央的参政议政提供参考。

各位代表，过去五年，是全会不断弘扬优良传统，努力进取的五年；是全会进一步发挥参政党作用，为促进经济社会科学发展作出积极贡献的五年；是全会团结奋斗，不断推进会的建设和发展的五年。在这里，我谨代表会中央向为本会事业发展作出突出贡献的老同志，向全会各级组织、全体会员和会务工作者致以亲切的问候和崇高的敬意！向支持和帮助我们的中国共产党表示衷心的感谢！向关心和支持我们工作的全国人大、国务院、全国政协、各兄弟民主党派和全国工商联表示衷心的感谢！

二、五年工作的启示和经验

总结五年的发展历程，本会在中国共产党领导的多党合作政治格局中，努力发扬“坚持爱国主义，致力于中国特色社会主义事业；坚持接受中国共产党的领导，与中国共产党亲密合作；坚持遵从人民群众的根本利益，认真履行参政党职能；坚持与经济界的密切联系，努力发挥会的特色；坚持与时俱进，在自我教育中不断提高会的素质”的优良传统，积极弘扬“民主、团结、创新、奉献”的精神，围绕怎样建设新时期的参政党，在探索和实践中得到新的启示。主要是：

——以中国特色社会主义理论体系为指导，不断增强全会政治共识，巩固共同思想政治基础，是本会始终沿着正确政治方向不断推进事业发展的根本保证。五年来，通过深入开展各项思想宣传教育活动，我们深刻认识到：中国特色社会主义理论体系深化了对共产党执政规律、社会主义建设规律、人类社会发展规律的认识，不仅是指导中国共产党领导全国人民推进中国特色社会主义伟大事业的正确理论，也是指导本会一切工作和行动的指南。各民主党派与中国共产党风雨同舟、患难与共、亲密合作的历程表明，在中国实行“共产党领导、多党派合作，共产党执政、多党派参政”是历史的必然，各民主党派与共产党需要“长期共存，互相监督，肝胆相照，荣辱与共”，不断巩固团结奋斗的共同思想政治基础，与中国共产党思想上同心同德、目标上同心同向、行动上同心同行，坚定不移地走中国特色社会主义政治发展道路。

——以促进科学发展为第一要务，履职为民，突出特色，发挥优势，在参政议政中奋发有为，是本会履行好参政党职能的根本要求。五年来，通过着力加强参政能力建设，我们深刻认识到：参政议政是本会履行好参政党职能的重要任务，是发挥参政党作用的重要体现，必须始终牢牢把握。全会参政议政的实践表明，以科学发展观为统领，把促进科学发展作为根本任务，围绕中心，服务大局，才能不断提高参政议政的水平；正确认识国际国内形势发展的新特点、新趋势，把握党和国家的工作中心和重点，才能找准参政议政的结合点；整合全会资源，集中全会智慧，发挥全会优势，才能不断取得参政议政的新实效；建立健全组织有力、上下联动、运行有序的参政议政工作长效机制，才能为履行好参政党职能提供可靠保证。

——以加强基层组织建设为基础，增强活力，凝聚人心，汇集力量，在各项工作和活动中积极发挥作用，是本会发展壮大的不竭动力。五年来，通过坚持不懈地加强基层组织建设，我们深刻认识到：基层组织建设是提高本会自身建设水平和组织程度的重要基础，必须不断加强和巩固，使基层组织成为自我教育的学校、团结互助的集体、参政议政的桥梁、培养人才的基地。先进基层组织的经验和优秀会员的事迹表明，基层组织的创新力和吸引力强，才能增强会员对组织的热爱；领导班子的整体素质高、团结有力，才能增强组织的凝聚力；基层组织的活动丰富且适合自身特点，才能有效调动和发挥会员的积极性、主动性和创造性，不断增强会的发展动力。

——以服务社会为己任，扶贫帮困，尽心竭力，讲求实效，积极为小康社会建设作贡献，是本会服务科学发展的社会责任。五年来，通过积极开展社会服务活动，我们深刻认识到：做好社会服务工作是本会服务经济社会发展的直接体现，使人民群众对参政党作用有了切身感受，必须长期坚持和发展。全会社会服务的实践表明，围绕重点，务实求效，以改善民生、增强造血功能和可持续发展能力为重点，不断创新扶贫开发的方式方法，服务社会才能取得新进展；内引外联，形成合力，激发会员和社会爱心人士参与社会服务的热情，积极争取各级政府和社会各界的广泛支持，服务社会才能取得新成效；立足特色，创新工作思路，拓展服务领域，打造优势品牌，不断探索开展社会服务的新途径，服务社会才能取得新突破。

在五年的工作实践中，我们坚持求真务实，扎实开展各项工作，进一步提高了自身建设和履行职能的水平，积累了经验。主要是：

（一）在继承中发展，在发展中创新。本会在长期实践中形成的优良传统，是对会的建设和发展规律的深刻认识和总结。我们既以优良传统蕴含的政治经验和精神理念不断推动新的实践，又在新的实践中不断充实和丰富优良传统的时代内涵，将优良传统贯穿会的各项工作和活动，并注意正确认识和把握将中国共产党的理论、路线和方针政策与民建具体实际紧密结合的关系，正确认识和把握坚持自觉接受中国共产党的领导与独立自主地开展工作的关系，正确认识和把握国家改革和发展全局的要求与发挥民建特色和优势的关系，正确认识和把握民建组织发展与提高会员整体素质的关系，正确认识和把握坚持进行自我教育与加强制度建设的关系，从而在继承中发展，在发展中创新。

（二）凝聚全会力量，发挥整体优势。各级组织是本会开展各项工作的主体，各级代表人士和专门委员会是本会的骨干力量，全会是一个有机整体。我们在开展各项工作和活动中，注意加强会中央与地方组织的协作、会中央专门委员会与地方专门委员会的协作，努力为地方组织和会中央专门委员会开展工作创造有利条件，充分调动和发挥各方面的积极性，从而上下协调一致，凝聚全会力量，用好全会资源，发挥全会整体优势，取得良好工作成效。

（三）发扬会内民主，增进团结统一。会内民主是会的生命，团结统一是会的力量保证。我们在各项工作中，不但坚持民主集中制的组织原则，并且进一步提高会务工作的透明度，扩大会员有序的政治参与，开展会内监督，积极营造民主团结的氛围，切实维护和保障会员的民主权利，从而增强领导集体和领导成员贯彻执行民主集中制的自觉性，提高会员对会内事务的参与程度和积极性，使全会形成合力。

（四）深入调查研究，提高献策水平。调查研究是认识事物本质、正确解决问题和矛盾的基本方法，是本会履行好参政党职能的有效途径。我们对关系经济社会发展全局性的问题连续五年进行系列调查研究，深入剖析问题，认真探寻原因，在转变经济发展方式、调整优化经济结构、推动区域经济发展、促进中小企业发展等方面形成了独特优势，从而在参政议政中提出了质量和水平较高的政策建议。

（五）保持民建特色，扩大社会影响。密切联系经济界人士是本会在长期实践中形成的有别于其他民主党派的特色和标志，必须加强以企业经营管理者为主体的企业界人士和以专家学者为主体的专业人士的基本队伍建设。在加强与经济界人士密切联系的同时，与其他各界人士广泛交往，及时发展其中热爱民建事业、政治素质好、专业水平高、参政议政能力强的代表人士入会，从而增强组织活力，使我会在保持经济界特色的基础上，又具有更加广泛的代表性。

各位代表，在回顾工作、总结经验的同时，也要清醒看到，我们的工作中还存在不足：有的领导班子和领导干部的思想理论水平、自身素质和领导能力还不适应新形势新要求；有的地方后备干部数量不足，代表性不强，影响力不够；有的参政议政成果的针对性、时效性、可操作性不强；社会服务工作发展不够平衡，有的重点不够突出，等等。这些问题和不足必须引起全会的高度重视，切实加以解决。

三、今后五年的主要工作任务

中共十八大为推进全面建成小康社会进程、建设美丽中国、发展中国特色社会主义指明了方向。全会必须清醒认识到，当前世情、国情正在发生深刻复杂变化，世界多极化、经济全球化深入发展，国际金融危机影响深远，国内经济社会发展中不平衡、不协调、不可持续的问题依然突出，深化改革开放和转变经济发展方式的任务依然艰巨。因此，全会必须坚持从实际出发，深入研究在推进会的建设和发展中遇到的理论和实践问题，积极探索参政党的建设规律，把会的建设和发展提高到一个新的水平。

今后五年的主要任务是：深入学习贯彻中共十八大精神，以邓小平理论、“三个代表”重要思想和科学发展观为指导，大力发扬会的优良传统，全面推进自身建设，提高整体素质；充分发挥本会密切联系经济界的特色和优势，提高参政议政能力和水平，认真履行好参政党职能；充分发挥各级组织的积极性和创造性，团结带领广大会员与所联系群众投身中国特色社会主义建设事业的伟大实践，把本会建设成为适应新时期发展要求的致力于中国特色社会主义的参政党，为全面建成小康社会作出新的更大的贡献。

（一）以中共十八大精神统一思想认识，指导全会各项工作

中共十八大是在我国进入全面建成小康社会决定性阶段召开的一次十分重要的大会。大会科学总结了过去五年的工作和中共十六大以来的奋斗历程和宝贵经验，作出了高举中国特色社会主义伟大旗帜，以邓小平理论、“三个代表”重要思想和科学发展观为指导，解放思想，改革开放，凝聚力量，攻坚克难，坚定不移沿着中国特色社会主义道路前进，为全面建成小康社会而奋斗的重大战略部署，制定了全面建成小康社会和全面深化改革开放的目标、任务和方针，对于加快推进社会主义现代化、不断取得中国特色社会主义新胜利，具有重大而深远的意义。

全会要把深入学习贯彻中共十八大精神作为当前和今后一个时期的首要政治任务。各级组织要通过多种形式认真组织广大会员学习十八大精神，中心学习组要制订学习计划，确定学习主题，带头学习贯彻。通过学习，深刻认识中国共产党在中国特色社会主义建设事业中的领导核心地位和作用，始终不渝地坚持中国共产党的领导；深刻认识中国特色社会主义道路是实现社会主义现代化和创造人民美好生活的必由之路，坚定走中国特色社会主义发展道路的信念；深刻认识中国特色社会主义理论体系不仅是指导中国共产党和全国人民沿着中国特色社会主义道路实现中华民族伟大复兴的正确理论，也是指导本会推进事业健康发展的正确理论；深刻认识中国特色社会主义制度是当代中国科学发展进步的根本制度保障，中国共产党领导的多党合作和政治协商制度是符合中国国情的政党制度，集中体现了中国特色社会主义民主政治的特点和优势，要毫不动摇地坚持、发展和完善。全会要切实把思想和行动统一到十八大精神上来，进一步解放思想，振奋精神，开拓创新，为实现十八大制定的奋斗目标和任务贡献智慧和力量。

（二）全面加强自身建设，不断提高会的建设水平

本会已经走过 67 年的发展历程。在新的历史时期，会的自身建设任务十分繁重，必须从时代发展的要求出发，深入研究和认识会的建设和发展规律，以坚定理想信念为重点加强思想建设，以培养高素质代表人士队伍和增强基层组织活力为重点加强组织建设，以贯彻民主集中制为重点加强领导班子建设，以健全和完善各项工作机制为重点加强制度建设，不断提高会的自身建设水平和组织程度。

深入搞好政治交接。政治交接是促进民建各级组织建设的关键，对于全会保持坚定正确的政治方向至关重要。全会要加强各级组织的政治理论学习和领导班子成员的培训，不断提高政治素质，继承和发扬民建老一辈与中国共产党团结合作形成的优良传统，增强接受中国共产党领导的坚定性与自觉性，与中共中央在思想上、目标上、行动上保持

一致。各级组织要切实加强作风建设，认真贯彻民主集中制，发扬民主，增进团结，推动工作。各级领导班子成员要不断增强政治把握能力、参政议政能力、组织领导能力、合作共事能力，发挥示范带动作用。召开政治交接经验交流会，更好地弘扬光大民建优良传统。

大力加强思想宣传工作。坚持把思想建设放在自身建设的首位，进一步落实和完善各级领导班子、机关干部、基层组织的学习制度，把中共十八大精神、会章、会史和会的优良传统作为重要内容，精心组织，取得实效。以坚持走中国特色社会主义政治发展道路为主题，深化树立和践行社会主义核心价值体系教育活动，引导广大会员深刻领会中共中央致本会十大贺词中寄予的殷切期望。加强多党合作理论的研究，注意发挥老同志的作用，认真总结本会九大以来的建设和发展经验，结合工作实践确定研究课题，取得一批理论研究成果，适时召开理论工作会议。及时了解和掌握会员的思想动态，增强思想政治工作的针对性、主动性和实效性。筹办纪念建会70周年活动，广泛宣传民建先进集体和优秀会员事迹，利用社会主流媒体和统战系统网络宣传民建工作的新进展、新经验，努力将全会的思想宣传工作开展得有声有色、深入扎实。

积极稳妥推进组织建设。深入学习贯彻《中共中央关于加强新形势下党外代表人士队伍建设的意见》、《2010 ~ 2020年党外代表人士教育培训改革和发展纲要》的精神，认真落实以大中城市为主、以中上层人士为主、以经济界人士为主的组织发展方针，坚持注重质量、注意数量、保持特色、优化结构的组织发展原则，采取有效措施，切实做好有代表性和影响力的经济界人士、其他界别代表人士的培养和发展工作。认真抓好后备干部队伍建设，探索发现、培养和选拔后备干部人才的工作机制，建设一支政治坚定、素质优良、结构合理、代表性强、数量充足的后备干部队伍。大力加强基层组织建设。着力培养一批政治素质好、甘于奉献、作风民主、热心会务和组织协调能力强的支部工作骨干和会务工作者。认真落实会员的知情权、参与权、选举权、监督权。开展“争创先进支部”活动，发挥支部服务会员、凝聚人心、促进和谐的作用，不断增强基层组织的活力和凝聚力。加强会情分析，召开基层组织经验交流会，总结推广基层工作经验。重视和加强培训工作，5年内，对省级组织主委、副主委和市级组织主委培训一遍。各级组织要采取多种形式对会员进行培训。加强会内监督，3年内完成省级组织监督委员会的组建工作，适时召开会内监督工作经验交流会，提高会内监督工作的水平。加强信访工作，反映会员的合理诉求，维护会员的合法权益。

扎实搞好各级机关建设。健全和完善各项制度，努力形成制度完备、程序严密、工作高效的机关工作运行机制。倡导勤奋敬业、风清气正、绩效优先的机关作风，坚持德才兼备、以德为先的用人原则，完善民主、公开、择优、公正的选人用人机制，培养一支热心服务民建事业的机关干部队伍。加强各级组织网站和内部刊物的建设，充分运用现代化网络技术加强信息交流，增强会务工作的透明度，推进会务公开。

（三）围绕促进经济社会科学发展，认真履行好参政党职能

中共十八大制定的目标和任务对本会各级组织履行好参政党职能提出了更高要求。全会要以健全和完善参政议政工作机制为重点加强履职能力建设，以加大扶贫帮困力度

为重点加强社会服务工作，以服务祖国和平统一为重点加强对外联络工作，汇集全会人才，集中全会智慧，用好社会资源，创造有利条件，把参政议政、社会服务、对外联络工作提高到新水平。

坚持把促进科学发展作为参政议政的根本任务。始终以服务国家经济社会发展为己任，围绕党和国家的工作中心和大局，针对改革发展中出现的重点难点和前瞻性问题，发挥本会联系经济界的特色和优势，开展调查研究，多出调研精品。及时了解国内外形势变化，把握国家宏观政策方向，就深化经济体制改革、实施创新驱动发展战略、推进经济结构战略性调整、解决“三农”问题、推进城镇化建设、发展非公经济、推进文化建设和生态文明建设等，提出有分量、有水平的政策建议。密切关注民生，深入基层、深入群众，及时了解深化教育卫生体制改革、扩大就业、提高城乡居民收入、建立健全社会保障体系等领域的问题，努力提出有针对性、可操作的意见和建议。健全和完善组织有力、上下联动、内外协作、运行有序的参政议政工作机制。巩固和拓展本会参政议政的优势领域，充分发挥各级专门委员会和参政议政骨干的作用，不断提高高层政治协商、政协提案和大会发言的水平。调整或组建新的专门委员会，吸纳更多方面的专家学者，拓展更多的参政议政领域。召开参政议政工作会议，总结研究调研工作，集思广益，取长补短，探讨有效措施，进一步提高全会的参政议政水平。继续举办好中国风险投资论坛、中国非公有制经济发展论坛，突出特色，提升水平，扩大影响。

切实推进民主监督。参政党对执政党和政府进行民主监督，是中国共产党领导的多党合作的特点和重要内容。全会要认真履行民主监督职能，积极探索民主监督的有效形式，努力提高监督的水平。本会各级人大代表、政协委员要不断增强使命感和责任感，积极提交议案、提案，积极参加各级人大的执法检查活动、各级政协的视察活动，加强学习和调查研究，使提出的意见、批评和建议持之有据、言之成理。担任各级特邀（约）职务的会员，要认真履行职责，敢于监督，善于监督，坦诚己见，当好诤友。各级组织要关注人民群众反映强烈的问题，拓宽信息来源，畅通反馈渠道，提高社情民意工作质量。

进一步提高社会服务工作水平。适时召开社会服务工作会议，根据《中国农村扶贫开发纲要（2011 ~ 2020 年）》提出的新任务，创新工作思路，拓展工作领域，推进社会服务工作。积极参与中央统战部“同心工程”，努力探索服务贫困地区科学发展的新举措、新模式。以中华思源工程扶贫基金会为载体，以会内专家和企业家为骨干，围绕智力支持、改善民生和生态建设，重点打造“思源工程”教育移民示范项目，做好会中央定点帮扶县和国务院确定的集中连片特困地区的帮扶工作，助推当地经济发展。积极为会员企业做好服务。帮助会员企业了解行业、区域发展战略和政策信息，提供学习考察的机会，促进相互沟通与合作，支持和帮助企业做大做强。关注会员企业特别是小微企业遇到的问题和困难，探索和建立会员企业的权益维护机制，提供力所能及的支持和服务。通过培训提高会员企业家的素质。在社会服务工作中，要重视发挥各级组织和会员企业的作用，突出重点、注重实效，集中力量为贫困地区人民办实事、办好事。加强对社会服务工作的分类指导，帮助后进地区查找原因，学习借鉴成功经验，不断争取新的进步。

积极开展对外联络工作。继续扩大同港澳社会团体和代表人士的联系，促进内地与港澳的经济文化交流与合作，为维护港澳的繁荣稳定作出积极贡献。扩大同台湾社会组织和各界人士的交往，特别要加强与中南部地区民众的接触，推动对台合作务实发展。通过召开研讨会、组织港澳台人士到内地考察，介绍内地经济社会发展情况，增进港澳台同胞对中华民族的认同。不断扩大和加强同国外工商界的联系。继续推动与海外侨胞特别是新生代华人华侨的联系交往，为他们参与祖国建设牵线搭桥。将对外联络工作与参政议政有机结合，围绕社会热点和会中央重点调研课题开展出境考察活动，努力为参政议政提供有比较、可借鉴的事例和经验。

各位代表，我国改革开放和现代化建设的伟大事业正处于发展的关键时期，中共十八大为发展中国特色社会主义事业描绘了美好蓝图。新时期新阶段，本会作为我国多党合作政治格局中的参政党，使命光荣，责任重大，我们要继承会的优良传统，锐意进取，扎实工作，不断开创民建事业蓬勃发展的新局面。让我们更加紧密地团结在以习近平同志为总书记的中共中央周围，解放思想，开拓创新，为全面建成小康社会，为实现中华民族伟大复兴而努力奋斗！

关于《中国民主建国会章程（修改草案）》的说明

（2012 年 12 月 16 日在中国民主建国会第十次全国代表大会上）

马培华

各位代表：

我受中央委员会委托，向大会作《中国民主建国会章程（修改草案）》的说明，请予审议。

2007 年 12 月中国民主建国会第九次全国代表大会通过的章程，对于指导会的工作、推动会的事业的发展，发挥了十分重要的作用。本会九大以来，我国经济社会全面发展，我们面临的形势和任务也相应地发生了新的变化。中国共产党团结带领全国各族人民，高举中国特色社会主义伟大旗帜，紧紧抓住和用好我国发展的重要战略机遇期，战胜一系列重大挑战，经受住各种严峻考验，取得了社会主义经济、政治、文化、社会、生态文明建设的新成就，为全面建成小康社会打下了坚实基础，把中国特色社会主义推进到新的发展阶段。与此同时，本会努力弘扬优良传统，积极开拓进取，不断加强自身建设，努力履行参政党职能，在实践中积累了许多新的经验。不久前举行的中国共产党第十八次全国代表大会，深入分析了国际国内形势的发展变化，回顾总结了过去五年的工作和中共十六大以来的奋斗历程及取得的历史性成就，确立了科学发展观的历史地位，提出了夺取中国特色社会主义新胜利的基本要求，确定了全面建成小康社会和全面深化改革开放的目标，对新的时代条件下推进中国特色社会主义事业作出了全面部署。新的形势和任务，不仅为民建充分发挥参政党作用提供了更加广阔的舞台，也对会的工作和建设提出了新的更高要求。在总结经验的基础上，根据新的形势和任务，对会的章程进行适当修改是完全必要的。

这次修改章程的指导思想是，以宪法为根本准则，以中国特色社会主义理论体系为指导，认真贯彻中共十八大精神，遵循稳定与发展相结合的基本要求，在总结五年来会务实践的基础上，着眼于会的事业的长远发展，对九大章程进行必要的修改、补充，使会的章程既保持权威性和稳定性，又能够不断与时俱进，为本会今后的参政党实践更好地发挥指导作用。

根据上述精神，会中央章程修改领导小组进行了比较深入的调查和理论研究，经过在不同范围反复征求意见和讨论，形成了《中国民主建国会章程（修改草案）》。各级组织和广大会员对章程修改提出了很好的修改意见和建议，其中多数已经被吸收在修改草案中。下面，就修改草案的主要问题作如下说明。

一、关于总纲的修改

根据中共十八大确定的全面建成小康社会、加快推进社会主义现代化的目标和任务，以及本会九大以来会务实践所积累的经验，对章程的总纲作了适当的修改。修改草案同原章程相比，主要有四个方面的变化：

（一）充实了本会现阶段政治纲领的表述。

在政治纲领的表述中，遵循中共十八大精神，将“认真学习中国特色社会主义理论体系”充实调整为“坚持中国特色社会主义道路、理论体系和制度”。中国特色社会主义道路、理论体系和制度，是中国共产党和全国人民长期奋斗、创造、积累的根本成就。为了全面建成小康社会、实现中华民族的伟大复兴，必须倍加珍惜、始终坚持、不断发展。因此，把中国特色社会主义道路、理论体系和制度一道写入政治纲领，有助于全会同志深化对中国特色社会主义的认识、全面把握中国特色社会主义的内涵，更加坚定与中国共产党一道，共同致力于中国特色社会主义事业的信念。此外，政治纲领中还增写了“生态文明建设”的内容。建设生态文明，是关系人民福祉、关乎民族未来的长远大计。充实生态文明建设，使中国特色社会主义事业总体布局更加完善，也更加丰富了中国特色社会主义的科学内涵。这样，在原章程的基础上，充实后的政治纲领表述为“高举中国特色社会主义伟大旗帜，坚持中国特色社会主义道路、理论体系和制度，遵循社会主义初级阶段的基本路线，积极履行参政议政和民主监督职能，致力于发展社会生产力，促进社会主义经济、政治、文化、社会、生态文明建设，为把我国建设成为富强民主文明和谐的社会主义现代化国家努力奋斗。”

（二）提出了深入学习贯彻科学发展观的新要求。

在章程总纲和具体条文的有关条款中，修改草案表述为“学习马克思列宁主义、毛泽东思想、邓小平理论、‘三个代表’重要思想和科学发展观”。在本会现阶段的任务中，将“围绕全面建设小康社会的奋斗目标”充实调整为“围绕全面建成小康社会、实现中华民族伟大复兴的奋斗目标”；将“以促进发展为第一要务”修改为“以促进科学发展为第一要务”；同时，增写“努力服务社会”的内容。奋斗目标的充实调整，既遵循了中共十八大精神，也为本会的进一步发展指明了方向。科学发展观，是同马克思列宁主义、毛泽东思想、邓小平理论、“三个代表”重要思想一脉相承又与时俱进的科学理论，是马克思主义关于发展的世界观和方法论的集中体现，是马克思主义中国化的最新成果。科学发展观，不仅是执政党必须长期坚持的指导思想，也是民建加强自身建设、发挥参政党作用的行动指南。在章程中强调更加深入地学习贯彻科学发展观，有利于进一步增强全会贯彻落实科学发展观的自觉性和坚定性，把科学发展观落实到会的工作的各个方面。

（三）进一步强调贯彻落实好民主集中制。

认真贯彻民主集中制，是各级领导集体及其组成人员必须具备的基本素质。在加强领导集体建设的内容中，修改草案强调要发挥领导集体的作用，具体表述为“要切实加强会的领导集体建设，坚持和健全会的民主集中制，发扬会内民主，加强会内监督，注重发挥领导集体的作用，不断提高领导水平。”在章程总纲中进一步强调发挥领导集体的作用，目的是推动各级组织更加完整准确把握民主集中制的精神，增强领导集体的团结和凝聚力，调动全会的积极性和主动性。

（四）吸收了多党合作理论发展的最新成果。

主要是增写了“巩固和发展社会主义和谐政党关系”，“与中国共产党在思想上同心同德、目标上同心同向、行动上同心同行”，“深入推进政治交接”，“努力践行社会主义核心价值体系”。以上内容,是近年来我国多党合作制度在实践基础上的最新理论创新。巩固和发展社会主义和谐政党关系是构建社会主义和谐社会的重要内容，有助于发展社会主义民主政治，建设社会主义政治文明；坚持与中国共产党在思想上同心同德、目标上同心同向、行动上同心同行，将不断巩固多党合作在理想信念上的共识、道路方向上的一致、具体实践上的协力；深入推进政治交接，继承发扬本会与中国共产党团结合作的优良传统，有助于夯实打牢全会接受中共领导、坚持多党合作的政治思想基础；社会主义核心价值体系，集社会主义价值理念之大成，是社会主义制度精神之内核，参政党努力践行社会主义核心价值体系，对于巩固多党合作共同思想政治基础意义重大，将这些内容充实进章程，有助于教育引导全会成员进一步增强接受中国共产党领导的自觉性和坚定性，推动多党合作事业的健康发展。

二、关于条文的修改

根据九大以来会的建设和发展的需要，并与总纲部分的修改相衔接，修改草案对有关条文作了调整和补充。

（一）增加了中央和地方委员会的相关职权。

修改草案将原章程第二十四条中央委员会的职权由五款增至七款，增加“审查中央监督委员会的工作报告”与“选举中央监督委员会”。相应的，将原章程第三十二条地方委员会的职权也由五款增至七款，增加“审查同级监督委员会的工作报告”与“选举同级监督委员会”。近几年的实际工作中，中央委员会以及一些地方委员会每年都审查同级监督委员会的工作报告。此次修改，既体现了章程适应会务实践的发展而与时俱进，也使中央和地方委员会的工作更加规范。

（二）补充了会内监督的有关规定。

会内监督是民建自身建设的基本内容，是参政党健康发展的内在要求。有效的会内监督有利于推进会内民主，是加强领导集体建设，保持会的生机和活力的重要手段。从九届二中全会成立中央监督委员会至今，大多数省级组织也先后成立了监督委员会，会内监督工作不断发展。这次章程修改，一是将原第二十七条和第三十六条中有关监督委员会的规定单列成条，使之与目前监督委员会的地位相适应。二是在监督职责中补充了监督的重点，修改草案具体表述为"中央委员会设立监督委员会，负责维护会的章程、加强会风建设、检查会的决议和会的纪律的执行情况，重点是监督各级领导集体及其组成人员履行职责的情况。"三是明确监督委员会由选举产生，并对中央监督委员会组成人选作了规定，即"中央监督委员会设主任一人、副主任和委员若干人，由中央委员会选举产生，每届任期与中央委员会相同。主任由中央委员会副主席担任，副主任由常委会组成人员担任，委员由中央委员或会员中的代表性人士担任"。遵循这一精神，对地方监督委员会的相关规定也作了补充调整。这样修改，监督委员会由同级委员会选举产生，有利于扩大会内民主，更好地开展会内监督。而对中央监督委员会组成人选进行规定，则有利于实际工作的操作。

（三）增写了干部"四个能力"建设的内容。

干部队伍建设的状况如何，直接关系到本会参政党作用的发挥，关系到会的事业的长期发展，关系到和谐政党关系的构建以及我国多党合作事业的发展。适应多党合作事业的发展和本会建设的需要，修改草案对干部明确提出了"四个能力"建设的要求。修改草案规定"干部是会的事业的骨干。全会要重视对干部的教育、培养、推荐、选拔和考核，特别是培养、选拔优秀年轻干部，不断提高政治把握能力、参政议政能力、组织领导能力和合作共事能力，努力建设高素质的干部队伍。"加强干部队伍"四种能力"的建设，是新时期贯彻落实中共中央关于加强党外代表人士队伍建设的意见，更好地发挥参政党作用的必然要求，也是参政党健康发展保持旺盛组织活力的重要保证。

（四）调整了基层组织的有关规定。

基层组织的建设问题,事关参政党建设的全局。自九大章程确定增设基层委员会以来，对推动基层工作的开展起到了积极作用，但从具体实际来看，一些基层委员会规模较大、成员较多，召开会员大会存在许多现实困难。根据这一现实需求，修改草案规定"支部委员会、总支部委员会、基层委员会由支部会员大会、总支部会员大会、基层委员会会员大会或会员代表大会选举产生，任期三至五年。"这样规定，便于基层委员会实际工作的开展。另外，根据各地的建议将基层组织负责人由"主任"、"副主任"，改称为"主任委员"、"副主任委员"。

此外，章程修改草案还作了个别文字修改，根据各地讨论的意见，尽量减少使用"本会”、“会的”等用语，有的修改为“中国民主建国会”，有的作了直接删除，有的作了其他处理。这样修改，使章程更加规范和严谨。

各位代表，这次修改章程的工作，认真贯彻了民主集中制的原则。章程修改草案凝聚了全会的智慧，体现了全会的共同意志，是全会同志共同努力的结果。我们相信，新的章程通过以后，必将进一步把全会同志团结和动员起来，在中共十八大精神指引下，高举中国特色社会主义伟大旗帜，更加坚定致力于中国特色社会主义事业的信念，更好地发挥民建密切联系经济界的特色和优势，为全面建成小康社会、实现中华民族伟大复兴，作出新的更大的贡献！

中国民主建国会章程

（2012 年 12 月 19 日中国民主建国会第十次全国代表大会通过）

总　纲

中国民主建国会是主要由经济界人士组成的、具有政治联盟特点的、致力于中国特色社会主义事业的政党。

中国民主建国会自一九四五年十二月十六日在重庆成立以来，同中国共产党长期亲密合作，具有爱国、革命的光荣历史。在民主革命时期，团结爱国的民族工商业者和所联系的知识分子，为争取新民主主义革命的胜利和建立中华人民共和国作出了积极贡献。新中国成立后，参加了人民政权和人民政协的工作，为巩固人民民主专政，实现从新民主主义到社会主义的转变，积极配合国家实行对资本主义工商业的社会主义改造，确立社会主义制度，发挥了重要作用。进入社会主义现代化建设新时期以来，认真学习中国特色社会主义理论体系，贯彻社会主义初级阶段的基本路线，努力发挥参政党的作用，为我国的改革开放和现代化建设作出了应有贡献。在长期实践中，逐步形成了坚持爱国主义、致力于中国特色社会主义事业，坚持接受中国共产党的领导、与中国共产党亲密合作，坚持遵从人民群众的根本利益、认真履行参政党职能，坚持与经济界的紧密联系、努力发挥会的特色，坚持与时俱进、在自我教育中不断提高会的素质等优良传统。

中国民主建国会以中华人民共和国宪法为一切活动的根本准则，维护宪法尊严，保证宪法实施，享有宪法范围内的政治自由、组织独立和法律地位平等。

中国民主建国会是中国共产党领导的多党合作和政治协商制度中的参政党，始终贯彻中国共产党与各民主党派“长期共存、互相监督、肝胆相照、荣辱与共”的方针，接受中国共产党的领导，独立自主地开展工作。

中国民主建国会在现阶段的政治纲领是：高举中国特色社会主义伟大旗帜，坚持中国特色社会主义道路、理论体系和制度，遵循社会主义初级阶段的基本路线，积极履行参政议政和民主监督职能，致力于发展社会生产力，促进社会主义经济、政治、文化、社会、生态文明建设，为把我国建设成为富强民主文明和谐的社会主义现代化国家努力奋斗。

中国民主建国会在现阶段的任务是：围绕全面建成小康社会、实现中华民族伟大复兴的奋斗目标，以促进科学发展为第一要务，充分发挥密切联系经济界的特色和优势，积极参加社会主义现代化建设的实践活动，针对改革开放、经济建设和社会发展中的重大问题，开展调查研究，反映社情民意，积极建言献策，努力服务社会，更好地发挥参政党作用，在推进我国的现代化建设，完成祖国统一，维护世界和平与促进共同发展的过程中作出应有的贡献。

实现政治纲领和任务，必须全面加强自身建设。全会要继承和发扬会的优良传统，努力保持宽松稳定、团结和谐的政治环境，坚持进步性与广泛性的统一，巩固和发展社会主义和谐政党关系，自觉接受和维护中国共产党的领导，与中国共产党亲密合作，把中国民主建国会建设成为理论上清醒、政治上坚定、组织上巩固、制度上健全、充满活力的致力于中国特色社会主义事业的参政党。各级组织要始终把思想建设放在自身建设的首位，组织广大会员特别是各级领导集体成员努力学习马克思列宁主义、毛泽东思想、邓小平理论、"三个代表"重要思想和科学发展观，始终坚持走中国特色社会主义政治发展道路，与中国共产党在思想上同心同德、目标上同心同向、行动上同心同行，深入推进政治交接，努力践行社会主义核心价值体系，弘扬民主、团结、创新、奉献的精神，不断提高会员的觉悟程度。要保持和发挥与经济界密切联系的特色，努力改善会员结构，提高会的组织程度和整体素质。要切实加强会的领导集体建设，坚持和健全民主集中制，发扬会内民主，加强会内监督，注重发挥领导集体的作用，不断提高领导水平。要努力改进会的作风，坚持把中国共产党的路线、方针、政策与会的实际结合起来，解放思想，实事求是，与时俱进，奋发有为。要不断增进会的团结，密切联系群众，维护会员的合法权益，增强会的凝聚力，充分调动各级组织和会员的积极性和创造性，更好地担负起历史赋予的光荣使命。

第一章　会　员

第一条　凡经济界人士以及其他方面的专家学者，愿意履行会的章程，可以申请加入中国民主建国会。

第二条　会员必须热爱祖国，拥护社会主义初级阶段的基本路线，努力为人民服务，为社会主义现代化建设事业服务。

第三条　加入中国民主建国会，须由本人提出书面申请，由两名会员介绍，经过组织考察，填写入会申请表，由支部会员大会或支部委员会讨论通过，报省辖市以上委员会批准。中央委员会和省、自治区、直辖市委员会可以直接吸收会员。

第四条　会员享有下列权利：

（一）在会内有表决权、选举权和被选举权；

（二）参加会的有关会议和活动，阅读有关文件，对工作提出建议和批评；

（三）对国家大政方针以及地方重大问题提出意见和建议；

（四）在会内，批评会的任何一级组织和会员；

（五）对会的决议和决定如果有不同意见，在坚决执行的前提下，可以声明保留，并可向上级组织直至中央委员会提出；

（六）在合法权益遭受损害时，向会的组织反映，请求帮助。

第五条　会员履行下列义务：

（一）遵守宪法、法律和法规，维护国家利益，保守国家机密；

（二）遵守章程，学习会史，热爱会的事业，执行组织决议和决定，努力完成会的任务；

（三）学习马克思列宁主义、毛泽东思想、邓小平理论、“三个代表”重要思想和科学发展观，学习时事政策，学习科学技术和业务知识，积极参加社会主义现代化建设，爱岗敬业，廉洁奉公；

（四）相互帮助，增进团结，开展批评与自我批评，坚持真理，修正错误；

（五）密切联系群众，积极反映社情民意，在所联系的群众中发挥带头和桥梁作用；

（六）参加组织生活，交纳会费。

第六条　会员从一个地方迁移到另一个地方，应向原地方组织申请办理转移组织关系。会员如果迁移到没有建立组织的地方，仍应与原地方组织保持联系，或将组织关系转移到邻近的地方组织。

第七条　会员有退会自由。会员要求退会，须由本人提出书面申请，经所在支部讨论同意后，报省辖市以上委员会批准，注销其会籍。

第八条　会员不履行会员义务，经劝告无效者，由支部会员大会讨论通过，报省辖市以上委员会批准，劝其退会，注销其会籍。

第九条　会员的入会、转移组织关系、退会和劝退，应报省、自治区、直辖市委员会备案，并报中央委员会备查。

第十条　会员在为社会主义现代化建设服务，参加政治活动、社会活动和会务活动中有显著成绩的，经基层组织核实并讨论通过后，报请上一级地方组织给予表彰。对有重大贡献的，可由省、自治区、直辖市委员会报请中央委员会给予表彰。

第十一条　会员应自觉遵守会的纪律。会员违犯法律、政纪和会的纪律，应按其具体情节和对待错误的态度，分别给予警告、严重警告、撤销会内职务、留会察看、开除会籍的处分。

留会察看一般不超过两年。会员在留会察看期间没有表决权、选举权和被选举权。会员经过留会察看确已改正错误的，恢复其会员的权利；坚持错误不改的，开除会籍。

第十二条　对会员的警告、严重警告、撤销会内职务、留会察看的处分，须经支部会员大会讨论通过，经省辖市委员会批准，报省、自治区、直辖市委员会备案；对会员给予开除会籍的处分，须经支部会员大会讨论，由省辖市委员会审核，省、自治区、直辖市委员会批准，并报中央委员会备案。

对中央委员会委员的纪律处分，须经中央委员会讨论决定。

对地方各级委员会委员的纪律处分，须经同级委员会讨论决定，报上一级组织批准，并报中央委员会备案。

第十三条　各级组织对会员的处分，应实事求是地查清事实。所要作出的处分决定，必须书面通知本人，听取本人说明情况和申辩。如果本人不服决定，可以提出申诉。各级组织对会员的申诉，应认真负责处理。

第二章　组织制度

第十四条　中国民主建国会的组织原则是民主集中制。

（一）各级领导机关都由选举产生。

（二）全国代表大会和它所产生的中央委员会，是会的最高领导机关。地方各级代表大会或会员大会和它所产生的委员会，是会的地方各级领导机关。各级委员会向同级代表大会或会员大会负责并报告工作。

（三）会员个人服从会的组织，少数服从多数，下级组织服从上级组织，地方组织服从中央组织。

（四）各级委员会必须贯彻集体领导和个人分工负责相结合的原则。会的组织在讨论决定问题时，必须贯彻集体领导、民主集中、个别酝酿、会议决定的原则。凡属重大问题，都要由领导集体协商讨论，进行表决，作出决定。各级领导集体成员要根据集体的决定和分工，切实履行自己的职责。

（五）各级领导机关必须经常听取下级组织和会员的意见，研究他们的经验，解决他们提出的问题，不断改进工作；下级组织必须贯彻执行上级组织的决议和决定，向上级组织报告工作。下级组织要独立负责地解决自己职责范围内的问题，在工作中遇到应当由上级组织决定的问题，必须向上级组织请示。

第十五条　各级领导机关的选举，要体现选举人的意志。候选人名单应经充分酝酿协商，采用差额选举或等额选举的方式，进行无记名投票。

地方组织的领导成员，如果由于特殊原因不能用选举方法产生，可以由省级组织或中央委员会指定。在筹建中的地方组织和基层组织的领导成员，由上级组织决定。

第十六条　由选举产生的中央委员会和地方委员会的组成人员，每届任期与同级委员会相同，连选可以连任。

第十七条　中国民主建国会的组织系统是：中央委员会，省、自治区、直辖市委员会，省辖市、直辖市的区委员会，县级市、县、省辖市的区委员会，基层委员会、总支部委员会、支部委员会。

第十八条　成立新的地方组织，或撤销、合并、改建地方组织，须由中央常务委员会批准。

第十九条　中国民主建国会的发展工作要贯彻以大中城市为主，以中上层人士为主，以经济界人士为主，注重政治素质，发展与巩固相结合，有计划地稳步发展的方针。

第三章　中央组织

第二十条　全国代表大会每五年举行一次，由中央委员会召集。全国代表大会在必要的时候可以提前举行，如果没有特殊情况，不得延期举行。

全国代表大会代表名额和产生办法，由中央常务委员会决定。在举行全国代表大会期间，由选举产生的主席团主持会议。

第二十一条　全国代表大会的职权是：

（一）听取和审查中央委员会的报告；

（二）讨论并决定会的重大事项；

（三）修改会的章程；

（四）选举中央委员会。

第二十二条　中央委员会在必要的时候,可以召集全国代表会议,讨论决定重大问题。

第二十三条　中央委员会每届任期五年。全国代表大会如果提前或延期举行，它的任期相应地改变。

中央委员会委员的名额，由全国代表大会决定。

中央委员会全体会议每年举行一次，由中央常务委员会召集和主持；如果没有特殊情况，不得延期举行。

第二十四条　中央委员会是全国代表大会闭会期间会的最高领导机关，领导会的全部工作，对外代表中国民主建国会。它的职权是：

（一）贯彻执行全国代表大会决议；

（二）听取和审查中央常务委员会的工作报告；

（三）审查中央监督委员会的工作报告；

（四）讨论并决定会的工作方针和任务；

（五）选举中央委员会主席、副主席、常务委员，组成中央常务委员会；

（六）选举中央监督委员会；

（七）调整和增选中央委员会的部分委员。

第二十五条　中央常务委员会每届任期与中央委员会相同，在中央委员会全体会议闭会期间，行使中央委员会的职权。它的职权是：

（一）贯彻执行中央委员会的决议；

（二）听取和审查中央工作部门的工作报告；

（三）讨论并决定会的工作方针和任务；

（四）决定中央委员会秘书长、各工作部门主要负责人。

中央常务委员会全体会议每年至少举行四次。由中央委员会主席召集和主持。

中央委员会主席主持中央委员会、中央常务委员会的工作，副主席协助主席工作。

第二十六条　中央委员会主席、副主席组成主席会议，根据中央委员会和中央常务委员会的决定，讨论、处理中央日常领导工作中的重大事项。主席会议由中央委员会主席召集和主持。主席会议规程由中央常务委员会制定。

第二十七条　中央委员会设立监督委员会，负责维护会的章程、加强会风建设、检查会的决议和会的纪律的执行情况，重点是监督各级领导集体及其组成人员履行职责的情况。

中央监督委员会设主任一人、副主任和委员若干人，由中央委员会选举产生，每届任期与中央委员会相同。主任由中央委员会副主席担任，副主任由常委会组成人员担任，委员由中央委员或会员中的代表性人士担任。

第二十八条 中央委员会设秘书长和若干工作部门。中央委员会根据需要可设立若干专门委员会，专门委员会的设立由中央常务委员会决定。

第四章 地方组织

第二十九条 省、自治区、直辖市，省辖市、直辖市的区，县级市、县、省辖市的区的代表大会或会员大会，每五年举行一次。会的各级地方代表大会或会员大会由同级地方委员会召集。在必要的时候可以提前举行，如果没有特殊情况，不得延期举行。

各级地方代表大会代表名额和产生办法，由同级委员会或它的常务委员会决定，并报上一级组织备案。在举行代表大会或会员大会期间，由选举产生的主席团主持会议。

第三十条 各级地方代表大会或会员大会的职权是：

（一）贯彻全国代表大会和中央委员会的决议和决定；

（二）听取和审查同级委员会的工作报告；

（三）讨论并决定本地区会的重大事项；

（四）选举同级委员会。

第三十一条 省、自治区、直辖市、省辖市委员会在必要的时候可以召集代表会议，讨论决定重大问题。

第三十二条 省、自治区、直辖市，省辖市、直辖市的区，县级市、县、省辖市的区委员会每届任期五年。会的各级地方代表大会或会员大会如果提前或延期举行，由它产生的委员会的任期也相应地改变。

各级地方委员会的委员名额由上一级委员会决定。

第三十三条 各级地方委员会在同级代表大会或会员大会闭会期间领导本地区的工作。它的职权是：

（一）贯彻上级组织和同级代表大会或会员大会的决议，并定期向上级组织报告工作；

（二）听取和审查同级常务委员会（设常务委员会的地方）的工作报告；

（三）审查同级监督委员会的工作报告；

（四）讨论并决定本地区会的工作任务；

（五）选举主任委员、副主任委员、常务委员，组成常务委员会（不设常务委员会的地方组织不选举常务委员）；

（六）选举同级监督委员会；

（七）调整和增选同级委员会的部分委员。

第三十四条 各级地方代表大会或会员大会选举产生的各级委员会成员须报上一级组织备案，并报中央委员会备查。

第三十五条 各级地方委员会的常务委员会每届任期与同级委员会相同。在委员会全体会议闭会期间，行使同级委员会的职权。它的职权是：

（一）贯彻上级组织和同级委员会的决议和决定；

（二）听取和审查各工作部门的工作报告；

（三）讨论并决定本地区会的工作任务；

（四）决定地方委员会秘书长、各工作部门主要负责人（不设常务委员会的地方由同级委员会决定）。

第三十六条　各级地方委员会主任委员主持同级委员会、常务委员会的工作，副主任委员协助主任委员工作。

各级地方委员会主任委员、副主任委员组成主任委员会议，根据地方委员会和常务委员会的决定，讨论、处理地方日常领导工作中的重大事项。主任委员会议由主任委员召集和主持。

第三十七条　省、自治区、直辖市委员会设立监督委员会。监督委员会主任、副主任、委员由同级委员会选举产生，每届任期与同级委员会相同。

第三十八条　各级地方委员会根据工作需要可设秘书长和若干工作部门。各级地方委员会必要时可设立若干专门委员会，专门委员会的设立由同级地方常务委员会决定（不设常务委员会的地方由同级委员会决定）。

第五章　基层组织

第三十九条　中国民主建国会的基层组织是支部、总支部和基层委员会。有会员五人以上，可以成立支部。根据工作需要，一个单位、行业、地区设有两个以上支部的，可以设立总支部或基层委员会。

支部、总支部、基层委员会的建立、撤销和合并，由上一级组织决定。

在必要的时候，中央和地方委员会可以设立直属支部、总支部、基层委员会；省、自治区、直辖市委员会可设直属工作委员会。

由于特殊原因不能编入支部的会员，由有关地方组织直接与之保持联系。

第四十条　支部委员会、总支部委员会、基层委员会由支部会员大会、总支部会员大会、基层委员会会员大会或会员代表大会选举产生，任期三至五年。委员名额由上一级地方组织决定，必要时可以增补。

支部委员会、总支部委员会、基层委员会设主任委员一人，副主任委员若干人，由委员会推选产生。

不满七人的支部不设委员会，只选举主任委员一人，在必要的时候可选举副主任委员一人。

支部委员会、总支部委员会和基层委员会选出的主任委员、副主任委员，应报上一级地方组织批准。

第四十一条　基层组织是实现会的政治任务的基础，它的基本任务是：

（一）贯彻执行上级组织的决议和决定，组织会员参加各项会务活动；

（二）充分调动会员的积极性和创造性，围绕所在地区、单位的中心任务，努力做好本职工作，为社会主义现代化建设事业服务；

（三）组织会员对国家的大政方针和地方重要事务以及群众生活中的重要问题开展调查研究，提出意见和建议，反映社情民意；

（四）定期举行组织生活，结合会员的社会实践，开展思想政治工作，帮助会员进行自我教育，关心会员的工作、学习和生活，反映会员的意见和要求，互相学习、互相帮助、团结友爱，不断取得新的进步；

（五）维护和执行会的纪律，讨论对会员的表扬、奖励和处分；

（六）吸收会员，收缴会费。

第六章　干　部

第四十二条　干部是会的事业的骨干。全会要重视对干部的教育、培养、推荐、选拔和考核，特别是培养、选拔优秀年轻干部，不断提高政治把握能力、参政议政能力、组织领导能力和合作共事能力，努力建设高素质的干部队伍。

第四十三条　要坚持按照德才兼备的原则选拔和任用干部。干部的选拔和任用，要经过民主推荐、组织考察、酝酿协商、集体决定等程序，实行择优选拔。坚持任人唯贤，反对任人唯亲以及任何滥用职权、谋求私利的不正之风。

第四十四条　各级领导干部必须模范地遵守章程所规定的各项义务，并具备以下基本条件：

（一）具有履行职责所需要的理论政策水平，带头学习马克思列宁主义、毛泽东思想、邓小平理论、“三个代表”重要思想和科学发展观，把握正确的政治方向，坚持理论联系实际，创造性地开展工作；

（二）具有较强的事业心和政治责任感，热爱会的事业，有相应的实践经验以及胜任领导工作的组织能力、文化水平和专业知识；

（三）具有一定的社会影响力和参政议政能力，坚持实事求是，认真调查研究，讲实话、办实事、求实效；

（四）坚持和维护民主集中制原则，有民主作风，能顾全大局，维护会的团结，勇于批评和自我批评，善于与其他同志一道工作；

（五）严以律己，清正廉洁，艰苦奋斗，甘于奉献，密切联系群众，自觉接受组织和会员的监督。

第四十五条　会的各级领导职务，无论是由民主选举产生的，或是由领导机关任命的，都不是终身职务。

担任中央委员会主席、副主席和地方委员会主任委员、副主任委员职务的人员，同一职务连续任职一般为两届，特殊情况下不超过三届。

担任各级领导职务的人员，凡由于任职年龄、健康状况或其他原因不适宜继续担任领导职务的，可以依据相应的程序在任期内调整。

第七章　附　则

第四十六条　本章程经全国代表大会通过后施行。

第四十七条　本章程由中央委员会解释。

中国民主建国会第十届中央委员会名单

主席： 陈昌智

常务副主席： 马培华

副主席：

陈政立	张少琴	辜胜阻	宋　海	李　说（女）
周汉民	吴晓青	王永庆	郝明金	

常务委员（按姓氏笔画为序排列）：

马国湘	方光华	王　宁	车秀兰（女）	宁崇瑞
白重恩	刘汉元	孙东生	孙贵宝	孙菊生
李　兰（女）	李世杰	李冬玉（女）	李伯潭	李修松
李荣禧	李晓林	沈金强	苏　华	陈小平
陈文华	陈伟东	欧成中	武鸿麟	武献华
姜建初	施耀忠	洪慧民	秦博勇（女）	郭振家
郭爱玲（女）	郭跃进	钱学明	高　峰	高云龙
龚立群	程　京	董明珠（女）	董新光	赖明勇

秘书长： 孟孝忠

中央委员（215 名，按姓氏笔画为序排列）：

于永晖	干胜道	马国湘	马培华	亓久平
方光华	方怀瑾	王　宁	王　名	王　宏
王　欣	王　勇	王　舰	王　曦	王一莉（女）
王广林	王元勇	王永庆	王庆荣	王连灵（女）
王佳才	王宗华	王济光	王贵武	王爱俭（女）
王艳娟（女）	车秀兰（女）	车晓端（女）	邓华凤	邓路遥
付书全	冯　军	包瑞玲（女）	史红平	叶仙玉
宁崇瑞	田　伟	田　鸣	白重恩	石　勇
石守岭	仰　协（女）	任学良	伍晓芹（女）	刘　伟
刘长庚	刘永辉	刘汉元	刘江龙	刘志圣
刘炳江	刘惠好（女）	刘嗣元	刘蓉华（女）	吕岩峰
吕思清	吕培榕	孙东生	孙宝启	孙贵宝
孙敏杰	孙菊生	巩国顺	庄文忠	成　卓（女）
朱　皖（女）	朱新泉	毕春光（女）	许长新	许金和
闫立英（女）	何香久	余维祥	吴志明	吴忠泉
吴晓青	宋　海	宋钰勤	张　玲（女）	张　皎
张少琴	张文彤	张冬平	张亚平	张兆安
张国立	张尚建	张树华	张洪升	张秋利

张晓林	李　才	李　心（女）	李　兰（女）	李　峰
李　说（女）	李　瑶（女）	李　霞（女）	李世杰	李世俊
李冬玉（女）	李玉光	李伯潭	李君超	李忠民
李忠玉	李修松	李玲玲（女）	李荣禧	李晓林
杨　光	杨文龙	杨先明	杨成长	杨孝平
杨培君	杨雪梅（女）	汪　延	汪家权	沈金强
沈铁梅（女）	肖建敏	苏　华	陈　巳	陈　海
陈小平	陈广文	陈文华	陈正华	陈伟东
陈昌智	陈明键	陈政立	陈湘明	陈增敬
其　实	周　晶（女）	周汉民	周汉生	周来水
周歆昕	孟孝忠	林龙安	欧成中	武义青
武鸿麟	武献华	姜　明	姜长智	姜建初
姜维良	施耀忠	洪慧民	胡可一	胡淑珠（女）
荣兰祥	赵　波（女）	赵　强	赵　晹	赵延庆
赵保乐	赵晓晨（女）	郝士权	郝文书	郝明金
郝星辰	钟　杰（女）	倪晋仁	徐少春	徐钧健
徐艳梅（女）	秦博勇（女）	莫　非	郭　蓉（女）	郭士刚
郭长军	郭吉丰	郭学军	郭振家	郭爱玲（女）
郭彩云（女）	郭跃进	郭新平	钱弘道	钱学明
顾晓敏（女）	高　峰	高云龙	高天乐	高纪凡
康永恒	黄小杭	黄中伟	黄世忠	黄泽民
龚立群	富　强	强南山	曾　钫	曾　涛
程　京	程裕东	葛俊杰	董明珠（女）	董新光
谢商华（女）	辜胜阻	蒙晓灵（女）	赖明勇	廖晓龙
骞芳莉（女）	蔡　玲（女）	蔡根泉	潘胜燊	薛维梁

中国民主建国会第十届中央监督委员会名单

（2012 年 12 月 20 日中国民主建国会第十届中央委员会第一次全体会议通过）

主任： 马培华

副主任： 李　说（女）　郝明金

委员（16 名，按姓氏笔画为序排列）：

丁万明	毛　凯	车晓端（女）	任学良	刘江龙
刘惠好（女）	李　心（女）	李世杰	李忠民	杨培君
孟孝忠	荀少华	姜　明	贾晓东	郭彩云（女）
程裕东				

中国民主建国会第十次全国代表大会给不再担任中央领导职务的同志的致敬信

敬爱的张榕明等同志：

在中国民主建国会第十次全国代表大会即将闭幕之际，我们全体代表谨以诚挚的敬佩之情，向你们致以崇高的敬意！

长期以来，你们与全会同志一道，与中国共产党风雨同舟、同心同德、竭诚合作，在推进中国特色社会主义事业中发挥了重要作用。同时，积极探索新时期参政党建设的新思路、新方法、新途径，不断总结新经验，为实现会的历史任务，推动会的事业不断向前发展，作出了重要贡献。民建的不断发展与进步，都蕴含着你们的辛劳和智慧，凝聚着你们的心血和奉献。你们从会的全局和长远发展出发，积极推进新老交替，表现出重事业兴旺、轻个人进退的宽阔胸怀。你们为民建事业无私奉献的崇高精神，必将成为鼓舞我们继续前进的强大精神力量。

张榕明同志对多党合作事业满怀执著和忠诚，对民建事业饱含深情和热爱，全身心地投入民建事业，认真敬业、勇挑重担，倾注了大量心血，作出了重要贡献；在工作中，发扬民主、团结同志、作风务实，坚持民主集中制，营造团结、高效、务实的氛围，赢得了广大会员和机关干部的尊敬和爱戴；注重后备干部队伍与代表性人士的培养，悉心指导年轻同志工作，为民建的长远发展奠定了坚实的组织基础；坚持理论与实践相结合，推进会的思想理论建设，使会的优良传统得到继承和发扬。张榕明同志充满激情、尽心竭力地履职尽责，努力践行参政为民的理念，围绕科学发展这一主题，紧紧抓住我国经济社会发展和改革开放中的重点、难点问题，坚持不懈地深入调查研究，积极建言献策，特别就沿边开放和六盘山、武陵山区的发展建议以及对思源工程、温暖工程的大力推动，不仅得到了中共中央的充分肯定，也受到了社会的普遍赞誉。

当前，全国人民正在中共十八大精神的指引下，为夺取中国特色社会主义新胜利而团结奋斗，民建的事业也掀开了新的篇章。面对新的形势和任务，我们衷心希望你们一如既往，继续发挥自身的作用和影响，关心支持会的事业发展，与全会同志一道，更加紧密地团结在以习近平同志为总书记的中共中央周围，弘扬优良传统，不断开拓进取，为全面建成小康社会、实现中华民族的伟大复兴作出新的更大的贡献。

衷心祝愿你们身体健康，生活愉快！

中国民主建国会第十次全国代表大会全体代表
二〇一二年十二月二十日

民建中央关于认真学习贯彻十一届全国人大五次会议和全国政协十一届五次会议精神的决议

（2012 年 3 月 11 日中国民主建国会 第九届中央常务委员会第十八次全体会议通过）

中国民主建国会第九届中央常务委员会第十八次全体会议认真学习了十一届全国人大五次会议和全国政协十一届五次会议的精神，一致赞同温家宝总理所作的政府工作报告以及“两会”通过的其他文件。会议认为，2011 年党中央和国务院沉着应对复杂多变的国际国内形势，积极化解各种不利因素，着力稳物价、调结构、保民生、促和谐，带领全国人民团结一心，开拓进取，实现了“十二五”时期的良好开局，取得了社会主义经济建设、政治建设、文化建设、社会建设以及生态文明建设的新成就。民建各级组织深入贯彻科学发展观，认真履行参政党职能，为实施“十二五”规划、促进经济发展、维护社会和谐稳定作出了新的贡献。

会议强调，2012 年中国共产党将召开第十八次全国代表大会，本会将召开第十次全国代表大会。全会要以科学发展观为指导，深入学习贯彻中共十七大以来各次全会和 2011 年中央经济工作会议的精神，清醒认识和正确把握国内外形势的发展变化，遵照中共中央确定的关于经济社会发展工作稳中求进的总基调和开拓前进的工作总要求，紧密围绕党和国家的工作重点、关系经济社会发展的重大问题，深入调查研究，积极参政议政，为党和政府科学决策建言献策。同时，要切实做好中央和省级组织的换届工作，积极推进思想建设、组织建设、制度建设和领导班子建设，充分发挥各级组织和广大会员的积极性、主动性和创造性，扎实做好今年的各项工作。

会议号召，全会各级组织和广大会员要紧密地团结在以胡锦涛同志为总书记的中共中央周围，认真学习贯彻全国“两会”精神，团结进取，勇于创新，以良好的精神风貌和优异的工作成绩迎接中共“十八大”和本会“十大”的胜利召开！

民建中央关于深入学习贯彻中共十八大精神的通知

民建各省、自治区、直辖市委员会：

举世瞩目的中国共产党第十八次全国代表大会是在全面建成小康社会决定性阶段召开的一次十分重要的大会。大会高举中国特色社会主义伟大旗帜，以马克思列宁主义、毛泽东思想、邓小平理论、“三个代表”重要思想、科学发展观为指导，回顾总结了过去五年的工作和党的十六大以来的奋斗历程及取得的历史性成就，确立了科学发展观的历史地位，提出了夺取中国特色社会主义新胜利的基本要求，确定了全面建成小康社会和全面深化改革开放的目标，对新的时代条件下推进中国特色社会主义事业作出了全面部署，选举产生了新一届中央领导集体，必将进一步动员全党全国各族人民，在新的历史条件下为夺取中国特色社会主义新胜利，确保实现全面建成小康社会的宏伟目标而奋斗。胡锦涛同志在大会上所作的报告，描绘了全面建成小康社会、加快推进社会主义现代化的宏伟蓝图，为中国共产党和国家事业指明了方向，是中国共产党团结带领全国各族人民夺取中国特色社会主义新胜利的政治宣言和行动纲领，是马克思主义的纲领性文件。全会要把学习贯彻十八大精神作为当前和今后一个时期的重要政治任务，切实抓紧抓好。现通知如下：

一、认真学习，深刻领会中共十八大文件的精神实质。学习贯彻中共十八大精神，重点是学习贯彻胡锦涛同志的报告，学习习近平同志在中共十八届一中全会上的重要讲话精神，特别要全面深刻领会中国特色社会主义的丰富内涵，坚定坚持和发展中国特色社会主义的共同信念。各级组织要制订学习计划，集中一段时间，精心组织广大会员认真研读，深入思考，领会精神，努力贯彻，在全会掀起学习高潮。通过学习，深刻领会中共十八大的主题，深刻领会过去 5 年和 10 年中国共产党和国家事业取得的新的历史性成就，深刻领会科学发展观的历史地位和指导意义，深刻领会中国特色社会主义的丰富内涵，深刻领会夺取中国特色社会主义新胜利的基本要求，深刻领会全面建成小康社会和全面深化改革开放的目标，深刻领会社会主义经济建设、政治建设、文化建设、社会建设、生态文明建设等方面的重大部署，深刻领会全面提高执政党建设科学化水平的重大意义。通过学习，充分认识民建面临的形势和任务，更加自觉地全面加强会的自身建设，不断提高自身建设水平和履行参政党职能的能力。

二、充分发挥密切联系经济界的特色，为全面建成小康社会贡献力量。中共十八大根据我国经济社会发展实际，提出了夺取中国特色社会主义新胜利的基本要求，提出了全面建成小康社会和全面深化改革开放的目标，为民建充分发挥作用指明了方向，也对本会履行参政党职能提出了更高的要求。全会各级组织要牢牢把握科学发展这个主题和加快转变经济发展方式这条主线，坚持履职为民、服务社会，充分调动广大会员的积极性和创造性，广泛凝聚智慧和力量，充分发挥密切联系经济界的特色和优势，围绕实现经济平稳较快发展、增加城乡居民收入、加快经济结构战略性调整、促进区域协调发展、促进科技进步和创新、促进非公有制企业转型升级、建设资源节约型和环境友好型社会、发展文化产业等重大问题，深入调查研究，积极建言献策，反映社情民意，开展社会服务，为全面建成小康社会作出新贡献。

三、以中共十八大精神为指导，努力提高民建自身建设水平。中国共产党是中国特色社会主义事业的坚强领导核心。面对形势的发展、事业的开拓和人民的期待，中国共产党以改革创新精神全面推进自身建设新的伟大工程，全面提高执政党建设科学化水平。全会要认真学习借鉴执政党建设的成果和经验，以搞好政治交接为主线，继续深化学习践行社会主义核心价值体系活动，在任何时候、任何情况下，始终与中国共产党同心同德、同心同向、同心同行，坚定不移地走中国特色社会主义政治发展道路。各级领导集体成员要发挥表率作用，带头学习好、领会好中共十八大精神。要把学习贯彻十八大精神与加强自身建设的实践结合起来，深入研究和认识本会建设和发展的规律，全面推进自身建设，提高整体素质，把本会建设成为适应时代要求的致力于中国特色社会主义的参政党。当前，全会要发扬求真务实、民主团结的作风，抓紧十大各项筹备工作，讨论和修改好会的工作报告、章程，为十大的召开做好思想、组织和会务准备。通过各级组织、广大会员和机关干部的共同努力，确保把十大开成一次团结、民主、奋进的大会，进一步动员全会为全面建成小康社会、夺取中国特色社会主义新胜利作出更大的贡献。

各级组织要及时总结和研究在学习贯彻过程中的经验和问题，并将学习情况报告会中央。

民建中央 2012 年工作要点

2012 年，全会要以科学发展观为指导，深入学习贯彻中共十七届六中全会和中央经济工作会议精神，清醒认识和正确把握国内外形势的发展变化，围绕经济社会发展大局，认真履行参政党职能，大力推进思想建设、组织建设、制度建设和领导班子建设，切实做好中央和省级组织的换届工作，以良好的精神风貌和优异的工作成绩迎接中共“十八大”和本会“十大”召开。

1. 加强思想宣传教育。深入学习胡锦涛同志在中共十七届六中全会上重要讲话和《中共中央关于深化文化体制改革、推动社会主义文化大发展大繁荣若干重大问题的决定》精神，充分认识文化建设对本会建设和发展的重要意义，坚持用先进文化引领思想教育，凝聚政治共识，坚定发展理念，夯实共同团结奋斗的思想政治基础。继续深入开展树立和践行社会主义核心价值体系教育活动，通过多种形式开展会章、会史和会的优良传统教育，深刻领会“同心”思想内涵，教育各级干部和广大会员传承老一辈优良传统，积极投身社会实践，自觉地以社会主义价值观规范自己的行为。加强理论研究工作，认真总结本会“九大”以来的建设和发展经验，深入分析新形势下本会在建设和发展中面临的新情况、新问题，努力在参政党理论研究上取得新成果。加强舆论宣传，重点做好中共“十八大”精神、本会“十大”、全国“两会”、会中央重点调研课题等宣传工作。7 月份，会中央将召开思想宣传工作会议，围绕民建树立和践行社会主义核心价值体系进行研讨。编辑出版《胡厥文文稿选编》，编辑印发《民建优秀会员风采录》(第二册)。

2. 扎实做好两级代表大会各项工作。加强换届工作的组织领导，准确把握政策规定，发扬民主精神，充分酝酿协商，严格程序，严肃纪律，把好领导班子人选关、领导集体结构关和代表素质关。认真做好“十大”报告起草和会章修改工作，深入调查研究，凝聚全会智慧，总结本届工作的成绩和经验，明确今后的工作目标和任务，为本会在新形势下的建设和发展确定思路。做好思想政治工作，教育各级领导干部讲政治、讲大局、讲团结、讲奉献，服从组织安排；教育代表增强大局意识、责任意识，正确行使民主权利。加强会内监督，注重教育和预防，认真履行监督职责，及时发现和解决问题，保障换届工作平稳、健康、有序进行。换届之前开展省级组织换届工作培训，换届之后及时举办新任省级主委培训班。 以换届为契机推进自身建设。切实做好高层次有代表性和影响力的经济界人士的发展引进工作，注意发现和培养企业家、专家学者以及会务工作者中的优秀分子，加大向各级人大、政府、政协的推荐力度，努力培养和造就一支政治把握能力强、参政议政能力强、组织领导能力强、合作共事能力强的骨干队伍。认真总结推广基层组织开展工作的好经验、好做法、好形式，进一步增强基层组织活力，提高组织建设的规范化、程序化、制度化水平。

3. 切实履行参政党职能。遵照中央经济工作会议关于经济社会发展工作稳中求进的总基调，围绕实施“十二五”规划、转变发展方式、调整经济结构、加强和创新社会管理、改善中小企业经营环境、促进文化产业发展、做好“三农”工作、保障和改善民生等关系经济社会发展的重大问题，确定调研课题，深入调查研究。会中央拟对促进文化产业和旅游业发展、六盘山连片特困地区脱贫致富、提高企业核心竞争力、资本市场安全性问题、化解小微企业困境等方面开展重点专题调研，地方组织要结合当地实际确定重点调研专题。进一步完善调研选题机制，充分发挥人才优势，用好会内外资源，形成上下联动、横向联合的工作机制，实现人才、信息、成果共享。密切关注国际国内经济形势，跟踪国家政策措施的实施情况，做好应急研究，增强经济形势分析研究的针对性和时效性，不断提高向党和政府建言献策的质量和水平。继续举办“2012（第十四届）中国风险投资论坛”和“2012 中国（新疆）非公有制经济发展论坛”，突出特色，注重实效。切实履行民主监督职能，积极参加高层政治协商，充分发挥会内各级人大代表、政协委员、特邀人员在民主监督中的作用，对进一步改进党和政府的工作提出切实可行的建议措施。积极反映社情民意，进一步提高社情民意信息工作的质量和水平。加强专门委员会建设，总结经验，完善制度，创新工作，取得实效。

4. 进一步提高社会服务工作水平。认真贯彻执行《民建中央关于新形势下进一步加强社会服务工作的意见》，继续做好会中央两个扶贫县的帮扶工作，围绕县域经济发展、产业结构调整、农民技能培训、农村劳动力转移、招商引资等开展帮扶。积极推进“思源工程”，不断拓展新领域，培育新项目，扩大社会影响。努力为会员企业做好服务，关注会员企业特别是小微企业遇到的问题和困难，加强对会员企业走访，了解企业需求，积极为企业发展提供力所能及的支持和服务。地方组织的社会服务工作要突出自身特色，增强品牌效应，集中力量办实事、见实效。

5. 加强对外交流与合作。拓展对外联络的渠道和领域，扩大同国外工商经济界的交流与合作，围绕社会热点和调研课题开展出境考察活动，努力为参政议政提供有比较、可借鉴的事例和经验。继续推动港澳地区与内地的经济文化往来与交流，注重加强同两岸三地经济界、教育界代表人士的联系。积极为港澳台及海外各界人士参加国内建设和本会扶贫开发项目牵线搭桥。积极参与中华文化“走出去”工程，开展文化交流与合作。

中国民主促进会

集智聚力　开拓创新
为实现全面建成小康社会奋斗目标作出新贡献

——在中国民主促进会第十一次全国代表大会上的报告

（2012 年 12 月 15 日）

严隽琪

各位代表、各位同志：

现在，我代表中国民主促进会第十二届中央委员会向大会作报告，请各位代表予以审议，请各位列席的同志提出意见。

在全国人民认真学习贯彻中国共产党第十八次全国代表大会精神，开启全面建成小康社会新征程的形势下，我们迎来了中国民主促进会第十一次全国代表大会的胜利召开。

本次大会的主题是：认真学习贯彻中共十八大精神，高举中国特色社会主义伟大旗帜，以中国特色社会主义理论体系为指导，坚定走中国特色社会主义道路的信念，巩固和深化政治交接，努力推进适应时代要求的高素质参政党建设，为实现全面建成小康社会的奋斗目标作出新贡献。

一、五年工作回顾

五年来，民进全会以中国特色社会主义理论体系为指导，认真贯彻中共十七大精神，落实民进十大提出的各项任务，努力建设适应时代要求的高素质参政党，坚持“有思有行、集智聚力、顺势而为、开拓创新”的工作方针，努力实现执政党建设和参政党建设、会中央工作和地方组织工作、自身建设和履行职能、理论研究和实际工作的相互促进，自身建设取得新进展，履行职能取得新成就，全会呈现出团结奋进、务实创新的良好局面。

（一）思想建设取得新进展

民进中央牢牢把握坚持接受中国共产党领导，坚持中国特色社会主义政治发展道路的主题，不断丰富政治交接内涵，深化中国特色社会主义主题教育活动，学习践行社会主义核心价值体系，进一步巩固政治道路认同、奋斗目标认同和文化价值认同，推动全会思想建设工作取得新进展。

扎实推进以学习中国特色社会主义理论体系为重点的理论学习。民进中央结合形势要求和我会实际，带领全会深入开展中国特色社会主义主题教育、学习贯彻科学发展观、学习践行社会主义核心价值体系等系列活动，通过开展试点、调研、经验交流、专题研讨、成果展示、总结表彰等工作，推动系列主题教育活动取得积极效果，进一步增进了政治共识，巩固了政治交接成果；坚持和完善中心组学习制度，把中心组学习与主席会、常委会和全委会学习相结合，就学习贯彻中共十七大、十七届三中、四中、五中、六中全会，中共十八大精神等举行了 23 次专题学习，发挥了会中央中心组对全会学习的指导和领学作用，并通过专题报告、主题论坛、征文比赛、有奖征答等多种形式，组织广大会员积极参与学习，有效扩大了学习活动的覆盖面；深入总结全会开展主题学习教育活动的有效做法和宝贵经验，印发《民进中央关于推进学习型参政党建设的意见》，对建设学习型参政党作出部署。各级组织创新学习方法，丰富学习内容，完善学习制度，通过有效的学习引导广大会员不断提高政治素质、理论修养和业务能力，全会的凝聚力、创造力和执行力得到进一步提高。

积极开展参政党建设理论研究。五年来，会中央通过课题招标、专题研讨等方式，组织全会重点就民进与社会主义核心价值体系、学习型参政党建设、民进的优良传统及其时代价值、提高参政议政水平、增强民主监督实效、新形势下民主党派社会服务工作等多个问题，以及广大会员最关心、最困惑的重大理论问题，自身建设和履行职能中亟待解决的现实问题开展理论研究，形成了一批具有较高价值的研究成果。会中央成立了参政党理论研究会，同中央社会主义学院合作建立了参政党建设理论研究中心，整合会内外资源，形成了理论研究的合力。全会对理论研究重要性的认识进一步提高，理论研究在民进的各项实际工作中发挥了日益明显的促进作用，为进一步推进政治交接、加强自身建设和更好地履行参政党职能，提供了有力的理论支撑。

民进优良传统教育取得积极成效。会中央坚持以重大纪念活动、会史教育和宣传为重点，继承和弘扬民进优良传统。开展庆祝新中国和人民政协成立 60 周年、中国共产党成立 90 周年，纪念改革开放 30 周年、“五一口号”发布 60 周年、民进成立 65 周年等活动，深入进行中国特色社会主义伟大成就和多党合作宝贵经验的宣传教育，坚定了走中国特色社会主义政治发展道路的信念。召开雷洁琼同志追思会、座谈会，举行图片展，出版纪念文集等，进一步学习和弘扬雷老等老一辈的优良传统和崇高风范，召开民进全国会史工作会议，扩建民进会史展览，确定民进会史教育基地，开展征集民进创始人重要历史文物和“口述会史”工作，编辑出版《中国民主促进会年鉴》，有效地发挥了会史资政育人的作用。

高度重视和发挥先进典型的示范带动作用。会中央先后在北京和长春召开霍懋征、马恩正等优秀会员事迹宣讲大会，大力宣传他们的典型事迹，使之成为感染、带动广大会员学习践行社会主义核心价值体系的生动教材；积极鼓励和引导广大会员在本职岗位和会务工作中“双岗建功”，对活动中涌现出的 192 个学习践行社会主义核心价值体系先进集体和 143 位先进个人进行了表彰；编印了《文化民进》、《同心同行》、《大爱民进》等专辑，积极向中央媒体推荐采访对象和报道线索，在《人民日报》、《光明日报》、《民主》

杂志、民进网站上进行大力宣传，使广大会员学有榜样、行有示范。各级组织通过评选、表彰、宣讲等形式，推出并宣传了一批“双岗建功”的先进典型。

（二）组织建设再上新台阶

民进中央坚持以有序推进会内民主为主线，不断加强领导班子建设、人才队伍建设、基层组织建设，探索会内监督机制，进一步夯实了高素质参政党的组织基础。

着力加强领导班子的制度建设和作风建设。坚持以贯彻落实民主集中制为重点，坚持集体领导和个人分工负责相结合的原则，明确了领导班子的岗位责任、议事规则、工作程序，形成了以主席会议、常委会和中央全会为主要形式的重大事项决策体系，以部门负责人会议、专题会议和主席办公会议为主要形式的重大事项研究体系；加强了主席、副主席和中央常委的沟通协商，及时报告重大事项和征询各方面的意见，建立起科学高效的集体领导体制和工作机制。会中央制定了《民进中央建立健全领导班子谈心会制度的有关规定》、《民进中央领导下基层试行办法》、《民进全国代表大会代表联系办法（试行）》，领导班子定期召开谈心会和民主生活会，与中央常委、地方组织领导班子成员适时进行谈心，交流思想、沟通情况，努力营造民主务实、团结和谐的氛围；会中央领导每年赴 29 个省级组织进行调研，充分听取基层会员的意见建议；会中央和省级组织以多种形式保持与“十大”代表的联系，有效扩大了“十大”代表的知情权、建议权与监督权，密切了会中央与基层的联系。

代表性人士队伍建设取得积极成果。会中央按照《中共中央关于加强新形势下党外代表人士队伍建设的意见》的要求，加大培训力度，注重实践锻炼，加强人才推荐，共举办 7 期骨干会员培训班，培训了 300 多名后备干部；推荐 400 余名各级骨干会员参加了 30 期中央统战部和中央社会主义学院举办的各类研讨班、培训班；组织专委会委员、省级组织专职干部、中央国家机关特约人员等进行培训或座谈；向最高人民法院、最高人民检察院、教育部、国土资源部、审计署等中央国家机关推荐特约人员 28 人，向中华文化促进会、中国和平统一促进会、中华职业教育社等人民团体推荐理事、委员等 20 多人。

扎实开展创建先进地方组织活动。全会开展了为期一年半的创建先进地方组织、先进基层组织活动。会中央领导亲自带队，深入基层调研，与 100 多个市级组织、基层组织的会员进行了座谈，加强了会中央和地方组织、基层会员之间的联系；全会各级组织积极参与创建活动，把创建先进组织的过程作为总结工作经验、提高工作水平的过程，努力规范工作制度、创新活动形式、丰富活动内容，地方组织和基层组织的活力和凝聚力进一步增强。会中央召开“民进全国先进地方组织、基层组织表彰会”，64 个市县级组织和 299 个基层组织受到表彰。截至今年 6 月底，我会会员人数为 12.98 万人，五年发展会员 2.48 万人。

积极稳妥开展会内监督工作。民进中央监督委员会成立四年来，以会中央领导班子成员为重点监督对象，以执行制度、履行职能情况和机关建设作为重点监督内容，通过列席常委会、与常委谈话交流、查阅机关建设文件等形式，对会中央领导班子和机关工作提出意见建议；会中央领导班子和机关根据监督委员会的意见建议，提出整改措施，积极改进工作。会中央指导和帮助省级组织开展会内监督工作，不断深化述职评议、谈心会、民主生活会制度，增强领导班子自觉参与监督、接受监督的意识，在全会形成良好监督氛围，截至目前已有 12 个省级组织建立了省级监督委员会。

（三）履行职能取得新成就

民进中央坚持以推动科学发展为第一要务，以加强参政议政能力建设为主线，坚持以新作为巩固老阵地、在顺势中开拓新领域，建睿智务实之言，谋科学发展大计。

充分发挥参政党在国家政治生活中的作用，通过多种形式履行参政议政职能。会中央领导参加中共中央、国务院召开的党外人士座谈会近 30 次，就国家宏观经济政策的调整和重要方针政策的制订等重大问题参与政治协商，为推进决策的科学化、民主化作出贡献；向中共中央、国务院提交建议书 31 件，得到胡锦涛、温家宝等领导同志的批示，实际推动了相关工作的开展和重要政策文件的出台；十一届全国政协期间，作党派大会发言 5 次，在中共中央领导出席的联组讨论中发言 9 次，提交党派提案 108 件，民进组提案 36 件，内容涵盖了当前我国经济社会发展的众多领域，40 余件提案被全国政协列为重点调研提案、重点办理提案和重要提案摘报；向全国政协报送信息 2524 篇，被采用 277 篇，报送中央统战部 1176 篇，及时反映了全会对重大问题、重要事件以及关系群众利益的突出问题的立场观点和思考建议，有 34 篇得到中共中央、国务院领导的批示和相关部委反馈；就经济社会发展中的全局性、前瞻性问题开展专题调研 50 余次，形成一系列高质量的调研报告，为推动国家各项事业的发展发挥了积极作用。参政议政成果涉及改革发展中的重要领域和关键环节，主要形成了八个系列：

——围绕“深入落实科学发展观，推进经济社会科学安全发展”，从宏观的角度提出了要重视经济安全、金融安全、粮食安全、公共安全以及文化安全，并特别针对安全生产事故频发的现状，提出了要确立安全发展理念的建议，推动了《国务院关于坚持科学发展安全发展，促进安全生产形势持续稳定好转的意见》的出台。

——围绕“加快经济结构调整，促进经济发展方式转变”，提出了加强经济理论研究，提高应对复杂经济形势的主动性，优化投资导向，提高发展的可持续性，加快中小企业发展，提高经济发展质量，完善知识产权管理体制，推进知识产权战略实施，为中央适时调整宏观经济政策发挥了应有的作用。

——围绕“推进区域协调发展，实现包容性增长”，为中原经济区的建设、河北沿海地区的发展、云南桥头堡战略的实施、海南国际旅游岛的打造、湖北大别山革命老区与武陵山少数民族地区的建设等提出建议，并实际推动了《中原经济区发展规划》、《河北沿海地区发展规划》的出台。

——围绕“加大统筹力度，推进城镇化发展”，开展持续而深入的调研，递进式地提出了要将加强中小城市和小城镇发展作为统筹城乡发展，推进工业化进程，转移农村剩余劳动力，拉动内需的重要举措，完善引导性政策，修订发展规划，形成整体推进格局的建议。

——围绕“优化教育资源配置，推动城乡教育均衡发展”，提出了推进基本公共教育服务均等化，促进城乡师资均衡发展，优化高等教育资源配置等建议，为重大教育问题的决策提供参考。关于调整农村中小学校布局的建议得到教育部的采纳，切实推动了《规范农村义务教育学校布局调整的意见》的出台。

——围绕“实施文化强国战略，深化文化体制改革”，提出了建立国家层面的文化强国战略，理顺国家文化管理体制，构建中国特色社会主义文化法律体系，加强文化理论建设，完善促进文化产业发展的配套政策等建议，切实发挥了我会在文化领域的传统优势，为文化大发展大繁荣贡献了智慧和力量。

——围绕“以人为本，促进人口、资源、环境协调可持续发展”，提出了要完善奖励措施，坚持计划生育基本国策的建议，在国家“十二五”规划中得以体现。提出了《关于加快批复实施〈敦煌水资源合理利用与生态保护综合规划〉的建议》，推动国务院批准这个规划。提出了重视环境教育立法问题的建议，促成了《宁夏环境教育条例》的出台，宁夏成为全国第一个开展环境教育地方立法工作的省份，开创了我国环境教育立法的先河。

——围绕“加强社会建设，创新社会管理”，提出了要提升社会建设在“五位一体”总体布局中的定位，自上而下地完善和创新社会管理体制，重新构建基层社会的组织方式，保障社会建设与管理的投入等建议。

推动社会主义民主政治建设，重点就加强执政党建设、改进司法工作等发挥民主监督作用。围绕进一步推进党内民主、加强反腐倡廉建设、加强人大的法律监督力度、加强政协和民主党派的民主监督、推进司法领域的民主监督等问题，提出意见建议。

从加强参政议政能力的体制机制创新中迸发活力，集智聚力参政议政成为全会的积极共识。会中央着重加强人才队伍建设，既充分发挥专门委员会和特邀研究员等会内外专家的智力优势，又注重提升专职干部政治素质和业务素质，为履行职能提供强有力的支持；着重完善工作机制，将着眼点放在形成全会整体合力上，建立和完善了参政议政选题机制、课题申报立项机制、提案形成和成果奖励机制、成果转化机制，使参政议政工作更加程序化、规范化、科学化；着重搭建工作平台，与北京师范大学共同组建“中国教育政策研究院”，与上海社科院成立合作中心，与清华大学政治经济学研究中心建立合作关系，使民进在经济形势和社会建设的分析与对策研究方面有了稳固的“智库”；着重打造特色品牌，“中国教师发展论坛”、“长江保护与发展研讨会”成为民进推动师资队伍建设、推进流域综合管理的参政议政品牌，丰富了建言献策的源泉，展示了参政议政的成果，树立了民进参政为民的良好形象。

（四）社会服务取得新实效

民进中央坚持社会服务的政治性、公益性、务实性原则，按照找准角度、量力而行、竭尽全力、务求实效的要求，发挥智力优势，突出民进特色，完善机制平台，拓宽服务渠道，丰富服务内涵，为促进国家发展与社会和谐作出新贡献。

“同心·彩虹行动”取得积极成果。会中央以实施“同心·彩虹行动”为载体，以教育帮扶为重点，进一步加大支持毕节试验区的力度，发动18个省市级组织与毕节金沙县建立对口支持关系，先后组织专家学者991人次进行考察调研、开展咨询服务，资助现金物资折合人民币3165.66万元，举办培训班81期，共培训人员9399人次。依托中国林业科学院推进石漠化治理，改善当地生态环境，并为金沙县协调三个中央投资项目，到位资金共2265万元；鼓励支持会员企业家参与金沙经济社会建设，新建了开明·同心城、朗月煤机制造基地、朗月大厦、朗月4S店、温泉国际小镇、新城区污水处理系统、生猪养殖基地等项目，总投资将达80亿元人民币；为解决定点扶贫县——贵州安龙县群众缺水困难，募集资金259万元修建647口水窖，惠及农户600余户，得到了当地干部群众热情赞誉。会中央积极参与推动新疆跨越式发展和长治久安，鼓励支持会员企业在新疆投资80亿元建设“同心工业园”，在全国防盲指导组及北京同仁医院的大力支持下，为阿勒泰地区贫困白内障患者免费实施复明手术，在北京举办两期“同心·彩虹行动”新疆中小学校长培训班，捐赠价值500多万元的教育医疗设备和物资。联系落实会内企业家和公益组织帮扶实施四川藏区医疗项目，对改善当地医疗条件起到积极促进作用。

积极投入抗灾救灾和社会公益事业，不断服务改善民生。四川汶川特大地震发生后，会中央立即部署开展了“为了灾区的孩子们”系列爱心捐助活动，全会通过多种形式累计向灾区人民捐助款物1.4亿元；启动实施“紧急抢救、保护羌族文化遗产行动”项目，出版了5部关于羌族文化的图书；举办了地震灾区部分学校校长暑期培训班，帮助校长们提高教育管理水平和心理调节能力。西南五省特大旱情和青海玉树地震、甘肃舟曲特大泥石流灾害发生后，各级组织和广大会员通过捐款捐物、义卖义演等多种方式进行抗灾救灾。会中央与社会力量合作开展七次“光明行”活动，累计为国内外近万名白内障患者带来了光明，在国际社会产生较好反响。开展慈善公益活动在全会蔚然成风，累计开展医疗服务、文化下乡等活动2327次，参加服务的人员达20万人次，140多万人受益；全会累计为社会捐建学校94所，资助学生1.6万多名，培训西部地区教师6万多人次，培训农民近3万人次，有效扩大了民进的社会影响，树立了良好形象。

支持新社会阶层人士为和谐社会建设作贡献。坚持“充分尊重、广泛联系、热情帮助、积极引导”的工作方针，鼓励新阶层人士立足本职，提高素质，积极服务社会。举行了企业家联谊会联席会议、民进企业界会员培训班、民办教育研讨会等活动，搭建新阶层人士交流平台，进一步增进了新阶层人士对民进的认同，帮助他们提高服务社会的能力与水平。各级组织成立企业家联谊会，充分发挥联谊会的桥梁和纽带作用，引导新社会阶层人士通过参与社会服务，增强社会责任感。

不断拓宽服务社会的渠道。鼓励和支持叶圣陶研究会在凝聚教育界会员力量方面发挥独特作用，举办了“叶圣陶先生115周年诞辰纪念会暨叶圣陶教育思想当代价值研讨会”等系列活动，编纂出版了《叶圣陶研究年刊》等；成立了开明慈善基金会和民进中央开明画院，为企业界、文化界会员和基层会员更好地服务社会提供平台，完善社会服务长效机制。在全会开展了社会服务工作征文，对我会社会服务工作的特点和规律进行了探讨。

积极开展对台交流活动和海外联谊工作。紧紧依靠各级有关部门，联合有关社会团体和省市级民进组织，充分发挥教育文化领域的优势，统筹利用我会对外联系的多种资源，共举办了五届“海峡两岸中华传统文化与现代化研讨会”、两届“海峡两岸企业发展与合作论坛”和“海峡两岸基础教育论坛”，累计邀请两岸四地各界人士1500多位与会，共收到论文500余篇，对于推动两岸交流、加强经贸文化合作、弘扬中华传统文化起到了积极促进作用；先后接待台港澳客人62批次，约780人次，涵盖了文化教育、医卫、政党社团等多个领域，增进了互信与共识，加深了了解和友谊。会中央领导赴台湾和香港访问，通过学术文化交流等形式，做了大量争取人心、增信释疑的工作，有效宣传了中国共产党领导的多党合作和政治协商制度和改革开放以来的发展成果。

（五）机关建设迈出新步伐

民进中央把机关建设作为一项长期的素质工程来抓，坚持以学习和践行社会主义核心价值体系为核心，以提高机关的组织协调能力为重点，以创建先进机关为抓手，扎实推进全会机关的文化、制度、作风和长效机制建设，努力建设“和谐、高效、规范、阳光”的高素质参政党机关，取得了可喜的成绩。

积极推动在全会开展“创建先进机关”活动。各级组织积极响应，通过召开动员会、研讨会、机关建设工作会议、地区片会等多种形式，加强交流和研讨，共享成果和经验，切实推进机关建设。全会坚持把文化建设作为加强机关建设的着力点，高度重视社会主义核心价值体系的学与行，以重大活动为契机积极开展国情教育、政策法规教育、会章会史和优良传统教育，在机关中积极倡导树立正确的价值观和良好的道德风尚，逐步形成团结振奋、友爱和谐的氛围，干部职工精神风貌焕然一新。全面贯彻实施《公务员法》，坚持机关公务员招考录用主渠道，充实干部队伍力量，优化干部队伍结构，扩大干部交流范围，增强干部锻炼力度，进一步扩大干部视野，提高服务意识和综合素质。建立健全机关各项规章制度，调整内设机构，明晰部门权责，加强配合协作，提高了工作效率和质量。坚持“首问负责制”、“首办责任制”，不断强化胸怀全局、服务为本的理念。2011 年会中央召开了全国机关建设会议，对全会 29 个先进机关进行了表彰。机关建设的成效为我会更好地开展各项工作，提供了坚实的保障。

民进中央的各项工作虽然取得了一定的成绩，但距离时代的需要、执政党的要求以及广大会员的期望，还存在很大差距：对民进所面临的新问题、新挑战要进一步提高认识、加强研究；思想宣传工作还需要进一步贴近会员、贴近实际，提高针对性和实效性；代表性人士队伍建设需要进一步加强，在组织发展、保持联系、选拔培养、发挥作用等方面需要加大力度；民进的优势如何与国家大政方针紧密结合还需进一步加强研究；履行职能的能力还需要进一步提高；机关建设还需要进一步完善和加强等等。这些问题和不足，必须引起各级组织特别是各级领导班子的高度重视，切实研究解决。

各位代表、各位同志：

民进过去的五年，是在中国共产党领导下，继承和弘扬民进优良传统，始终与中国共产党同心同德、同心同向、同心同行的五年；是增强责任感、使命感，全面加强自身建设，不断探索参政党建设规律，积极推进高素质参政党建设，努力实现自身科学发展的五年；是围绕中心、服务大局，努力提高履职能力，为推动国家经济社会科学发展作出积极贡献的五年。

民进五年来取得的成绩，是各级组织和全体会员共同努力的结果，也是中共各级党委、政府及各部门、人大、政协及社会各界大力支持的结果。我代表民进中央向长期关心、支持、帮助民进工作的各级党政部门、各兄弟党派、有关社会团体及社会各界的朋友们表示衷心的感谢！向各级组织和全体会员表示诚挚的问候！

二、五年工作体会和经验

五年来,全会不断推进建设适应时代要求的高素质参政党的进程。所谓适应时代要求，就是坚持与时俱进，不断推进学习型参政党建设；所谓高素质，就是在自身建设上有高标准，在履行职能上有新要求。民进中央带领全会积极探索、开拓创新，不断深化对参政党工作特点和内在规律的认识，在服务国家科学发展的同时，积极推进民进自身的科学发展。我们的主要体会和经验是：

一是坚持接受中国共产党的领导，推进“三个认同”，在执政党建设和参政党建设的相互促进中，不断增强政治素质。坚持接受中国共产党领导，是民进自觉的历史选择，是民进优良传统的核心，也是民进持续健康发展、沿着正确道路前进的根本保证。在外部环境和会内成员构成发生较大变化的情况下，坚持政治交接，增进全会的政治共识，进一步保持民进的进步性，是我们面临的历史课题。民进必须坚持以政治交接为主线，并不断赋予其新的时代内涵，引导广大会员把民进老一辈自觉的历史选择转化为当代民进人的现实选择，切实推进三个认同：道路认同——坚持走中国特色社会主义的政治发展道路；目标认同——全面建成小康社会、巩固和发展中国特色社会主义制度；文化认同——以优秀中华文化的精华和民进的优良传统增强广大会员爱国爱会的情感。要按照执政党建设与参政党建设相互促进的要求，主动学习借鉴执政党建设经验，获取自身建设的资源和动力，不断提高自身建设的科学化水平。

二是坚持顺势而为，发扬开拓创新的精神，承担起参政党在新时期的历史使命。顺势而为，就是清醒认识我国经济社会发展的大局与趋势，就是研究掌握并遵循事物发展的内在规律，就是认识并发挥自身的特色优势。这样才能在机遇与挑战面前，准确地认识自身的定位和任务，按照时代的需要、执政党和参政党相互促进的要求、广大会员和人民群众的期待，不断提高自身建设和履行职能的能力水平。时代在进步，民进的发展必须与国家的发展相结合，必须在继承光荣传统的同时，勇于开拓创新，明确工作思路，积极探索实践，不断完善工作制度、改进工作方法，使民进的工作与时俱进，更好地承担起参政党在新时期的历史使命。

三是坚持有思有行，推动理论研究与实际工作的相互促进。理论是对规律的认识和揭示，理论上的清醒能使我们避免实践的盲目性、提高决策的科学性、加强政治上的坚定性。理论的价值在于指导实践。参政党建设的理论研究，不能脱离参政党自身建设和履行职能的实际情况，不能回避民进面对的挑战、困难和问题。要紧密结合新一代成员的特点，对中国特色社会主义政治发展道路进行深入地研究，为政治交接提供坚实的理论基础，使我们的宣传思想工作不仅“以情动人”，又能“以理服人”。要努力推进学习型参政党建设，善于及时总结实际工作中的经验，并努力将经验提升为理论认识，更好地指导工作实践，增强工作的预见性、主动性和有效性，以理论研究的成果推动参政党建设的实践创新和制度创新。

四是坚持集智聚力，推动会中央工作与地方组织工作的相互促进，会内资源与会外资源的有效结合。力量和资源的整合，是提高参政党履职能力的法宝，也是贯彻群众路线和民主作风的切实体现。民进各级组织和广大会员的积极性和创造性，是民进提高能力、增强活力的源泉。会中央通过加强对地方组织的引导，改进信息沟通的机制，重视面向基层的调查研究，努力扩大各项活动的参与面，创造跨层级、跨地域、跨领域的合作机会。这些举措得到了地方组织和广大会员们的热烈响应和积极支持，从而在参政议政的重大课题和社会服务的重大项目上，形成会中央与地方组织共同推动、扩大成效的良好局面。民进坚持开放包容的精神，高度重视聚集社会资源和力量的平台、机制建设，不拘一格地以多种方法汇集社会资源、吸取真知灼见、广交民进之友，改善会内外联动的工作环境，也为更多的会外专家投身多党合作事业拓宽了渠道。

五是坚持履行职能与自身建设的相互促进。自身建设是履行职能的前提和基础，履行职能的成果既体现着自身建设的水平，又激励和促进自身建设水平的进一步提高，两者互相渗透、互相影响、共同完善，辩证统一于高素质参政党的建设之中。通过加强思想建设和组织建设，为履行职能提供正确的政治导向和价值立场，增强政治鉴别力和敏感性，提供合理配置和优化整合的智力资源，奠定坚实的人才基础，使履行职能的能力得以提升、实效得以增强。通过履行职能的实践，进一步深化对参政党工作规律的认识，增强政党意识和全会的凝聚力、向心力，提升全会的思想政治素质和理论政策水平，在履行职能的过程中发现人才、发展人才、造就人才，推进人才强会战略的实施，使自身建设的成果不断巩固。履行职能和自身建设的相互促进，要求我们在谋全局、做决策时，树立全会一盘棋的观念，不断完善工作体制、改进工作方法，实现信息互通、资源共享，使不同工作之间互相支持、紧密合作、相得益彰。

六是坚持有序推进会内民主。有序推进会内民主，顺应了推进民主政治建设的需要，符合参政党自身建设的实际情况，是高素质参政党建设的新的时代课题。会中央坚持学习借鉴执政党扩大党内民主的做法和经验，使会内民主在决策、执行、监督等各个方面得到体现。会中央以贯彻民主集中制为核心，改进领导班子决策的制度和程序，不断提高决策的民主化和科学化水平；实行集体领导与分工负责相结合，发挥每位班子成员的作用，营造团结合力的氛围；进一步畅通下情上达和上情下达的渠道，重视听取基层会员的意见，创新代表大会代表在闭会期间参与会务、发挥作用的机制，在加强会内监督方面迈出了扎实的步伐。民进要顺应时代的要求和广大会员的需求，不断提高会内各项工作的合法性、规范性和程序性的水平，处理好积极推动和循序渐进的关系，在不断实践和总结中扎实推进会内民主。

三、今后工作建议

当今世界正处在大发展大变革大调整时期，世界多极化、经济全球化深入发展；随着我国工业化、信息化、城镇化、农业现代化的加快，经济社会发展呈现出一系列阶段性特征，出现一系列新情况新问题，推动科学发展、促进社会和谐的任务繁重而艰巨。统一战线和多党合作事业在蓬勃发展的同时，也面临着新形势、新情况和新问题，民进在成员结构、领导班子结构和领导方式等方面正在发生重大变化，面临的切实解决好政治交接、提高履行职能的能力两大历史性课题的挑战愈加突出。会内外形势的新变化新要求，使我们清醒地认识到：建设适应时代要求的高素质参政党，必须增强责任感、使命感、危机感，坚持与时俱进、开拓创新，不断提高参政党建设的科学化水平。

“参政党建设科学化”就是在正确认识参政党建设客观规律的基础上，尊重规律、遵循规律、运用规律和探索规律的过程。民进提高参政党建设的科学化水平，就是要始终坚持接受中国共产党领导的政治信念不动摇、坚持走中国特色社会主义道路不动摇；就是要正确认识、把握履行职能和自身建设的规律，建设学习型参政党，以科学的理论、制度和方法，保证民进的健康发展；就是要坚持和完善“有思有行、集智聚力、顺势而为、开拓创新”的工作方针和“四个促进”的工作要求，与时俱进、锐意进取，朝着高素质参政党的目标不断前进。

（一）深入学习贯彻中共十八大精神，坚定理想信念

中共十八大是在我国进入全面建成小康社会决定性阶段召开的一次十分重要的大会，中共十八大报告，是新的历史条件下夺取中国特色社会主义新胜利的政治纲领，是全面建成小康社会的行动指南。深入学习贯彻中共十八大精神，是民进当前和今后一个时期的一项重大政治任务。民进各级组织要通过多种形式，组织广大会员深入学习、深刻领会十八大精神，充分认识十八大将科学发展观同马克思列宁主义、毛泽东思想、邓小平理论、“三个代表”重要思想一道，确立为中国共产党必须长期坚持的指导思想的重大意义，全面认识和把握十八大作出的战略部署，把思想和行动统一到十八大精神上来，把智慧和力量凝聚到十八大提出的目标任务上来，为全面建成小康社会的奋斗目标作出新的贡献。

（二）深入学习实践社会主义核心价值体系，进一步深化政治交接成果

我国多党合作事业的发展历史和生动实践充分证明，思想上同心同德、目标上同心同向、行动上同心同行，是中国共产党领导的多党合作和政治协商制度最鲜明的特质，是我们不断夺取革命、建设、改革事业胜利的有力保证。在实现全面建成小康社会奋斗目标的伟大征程中，民进各级组织和广大会员要继承和弘扬我会的优良传统，体现优良传统的时代价值，不断深化学习实践社会主义核心价值体系，引导广大会员深刻认识中国共产党是我国革命、建设和改革开放事业的坚强领导核心，深刻理解中国特色社会主义政治发展道路的本质内涵，科学把握我国社会主义政治制度和政党制度特点优势，巩固多党合作的共同思想基础，坚定走中国特色社会主义政治发展道路的信念。

（三）以科学发展观为指导，提高履行职能的能力和水平

当前，随着世情、国情、党情的深刻变化，参政党履行职能所涉及的领域越来越广，参政议政的全局性、综合性、前瞻性要求越来越强。民进要立足实际，增强科学判断形势和把握大局的能力，明确参政议政工作的重点，完善参政议政工作机制，整合资源和力量，以理论创新和实践创新提高参政议政工作科学化水平。要围绕加快转变经济发展方式、健全社会主义协商民主制度、推动社会主义文化大发展大繁荣、加快推进以改善

民生为重点的社会建设、推进生态文明建设、建设美丽中国等方面建言献策；要坚持长短线相结合，既围绕国家的长远发展出谋划策，又针对当前存在的突出问题献计出力。要增强对参政议政方向和内容的战略研究，对国家经济社会发展中的重大课题建立长效机制，做到深度调研和持续建言，对重大问题和热点问题建立应急机制，做到反应迅速和有效应对；要坚持新老结合，既要持续关注多年来尚未解决的老问题，也要善于发现改革发展中遇到的新问题，切实做到“以新作为巩固老阵地，在顺势中开拓新领域”；要坚持参政议政与社会服务相结合，善于将社会服务工作中发现的问题，适时转化为参政议政课题；要坚持会内外力量相结合，会中央与地方组织相互促进，充分发挥代表人物、广大会员和专职干部的作用，提高参政议政的质量和水平。

社会服务工作要围绕经济社会发展和民生需要，以“同心工程”为载体，发挥优势、创新形式、优化机制、开拓资源，提高社会服务工作的实效，为参政议政工作提供助力，为服务国家发展作出贡献。要加强“同心・彩虹行动”的品牌建设，深入了解国情，积极探索参与推动贫困地区科学发展的新思路和新模式；要做好企业界会员的服务工作，团结和鼓励他们积极参与公益、回馈社会；要充分发挥叶圣陶研究会、开明画院、开明慈善基金会、企业家联谊会等社会服务平台的作用，为广大会员发挥自身优势服务社会提供条件、做好服务；要进一步加强海外联谊工作，积极拓展同台湾岛内各界人士的联系和沟通，支持地方组织开展海外联谊交流活动等，为推动两岸交流合作作出积极贡献。

（四）坚持进步性，努力提高自身建设的科学化水平

一是加强思想建设，提高理论政策水平，始终保持和巩固民进的进步性。要以中共十八大精神为指导，坚持以政治交接为主线，深化学习践行社会主义核心价值体系、深入推进学习型参政党建设，巩固多党合作的思想政治基础；将深入开展社会主义核心价值观教育，作为当前思想建设的重要内容，鼓励和引导广大会员在本职岗位和会务工作中作出贡献；建立和完善会员思想动态的反映和引导机制，努力回答广大会员最关心、最困惑的重大理论问题和现实问题，加强和改进工作方式方法，提高宣传思想工作的针对性和实效性；进一步研究和提炼民进优良传统的时代价值，为开展会史教育提供丰富教材；坚持应用研究和基础研究并重，大力推进参政党理论建设，不断深化对参政党建设规律的认识，努力实现与实际工作的相互促进。

二是加强组织建设，为提高履职能力提供坚实的人才基础。要以领导班子建设为重点，以人才队伍建设为根本，以基层组织建设为基础，以有序推进会内民主为保障，切实提高组织建设的科学化水平。各级组织的领导班子要不断增强大局意识、忧患意识和创新意识，努力提高政治把握能力、参政议政能力、组织领导能力、合作共事能力，树立群众观念、集体观念和民主观念，不断改进工作作风；要着眼于民进事业的可持续发展，切实贯彻《中共中央关于加强新形势下党外代表人士队伍建设的意见》，大力加强民进代表人士队伍建设，积极主动发现、凝聚、吸纳、推荐人才；要进一步完善后备干部队伍建设，着重在培养、选拔、推荐、任用等环节下功夫，不断充实后备人才库；要把组织发展工作与履行职能相结合，有重点地发展履行职能急需的专门人才，不断优化组织结构和人才结构；要进一步加强基层组织建设，充分发挥会员的积极性，增强基层组织活力，切实发挥基层组

织在凝聚会员、履行职能方面的作用；要积极发挥各级监督委员会的作用，继续开展对领导班子履职情况的监督检查，进一步探索会内监督规律，完善制度、健全机制，有序推进会内民主。

三是加强制度建设，建立健全以民主集中制为核心的会内制度体系。要坚持以章程为准则、以贯彻民主集中制为重点，推进会内制度建设，健全各级领导班子集体领导和个人分工相结合的领导体制，不断完善会内监督机制；要进一步完善领导班子学习制度、谈心制度、下基层制度、代表大会代表联系制度等；进一步拓展会员参与会内事务的渠道；要以贯彻落实《公务员法》为重点，完善和落实各级机关的学习制度、工作制度、会议制度和人财物管理制度，提高机关工作的制度化水平。

四是加强机关建设，提高机关执行力和服务水平。要坚持参政党机关建设的正确政治方向，弘扬民进的优良传统，营造团结和谐的机关环境，注重对干部的教育、培养、锻炼，推动学习工作化、工作学习化，提高综合素质和能力，要强化“机关就是服务”的理念，增强服务意识，努力建设“和谐、高效、规范、阳光”的高素质参政党机关。

各位代表、各位同志：

建设适应时代要求的高素质参政党，是时代赋予民进的光荣使命。我们要坚持以中国特色社会主义理论体系为指导，坚持走中国特色社会主义政治发展道路，坚持中国特色社会主义制度，主动把握国际国内形势的深刻变化，不断提高参政党建设的科学化水平，为巩固和发展中国共产党领导的多党合作事业，为推动我国经济社会协调健康可持续发展作出新的贡献。让我们紧密地团结在以习近平同志为总书记的中共中央周围，坚持与中国共产党在思想上同心同德、在目标上同心同向、在行动上同心同行，奋发有为，开拓进取，为全面建成小康社会、实现中华民族的伟大复兴而团结奋斗！

关于《中国民主促进会章程修正案（草案）》的报告

王佐书

各位代表、各位同志：

我受大会主席团的委托，向大会作关于《中国民主促进会章程修正案（草案）》的报告，请予审议。

中国民主促进会现行章程，是2007年民进第十次全国代表大会修改通过的。十大通过的章程贯彻了中共十七大精神和中共十六大以来治国理政的思想方略，并将两个5号文件和15号文件中关于民主党派性质和作用的新论断写入我会的章程，明确提出了为确保我会政治纲领的实现，应做到“五个必须坚持”，完善了我会自身建设的内容。这是一部凝聚了我会领导集体和广大会员智慧和心血、汇集了我会工作新鲜经验的会章。它对于新形势下我会进一步巩固政治交接，建设适应时代要求的高素质参政党，更好地履行参政党的职能，发挥了重要的指导作用。

五年来，国内外形势发生了很大变化，统一战线和多党合作的理论与实践不断丰富、发展和完善。十七大以来中共中央的一系列大政方针和关于统一战线、多党合作的新理论新观点，为进一步做好民主党派工作指明了方向。民进十大以来，我会积极推进自身建设，认真履行参政党职能，积累了新的经验。不久前，中国共产党第十八次全国代表大会胜利召开，大会高举中国特色社会主义伟大旗帜，把科学发展观和邓小平理论、“三个代表”重要思想一道列为中国共产党的指导思想，号召全党全国人民坚定不移沿着中国特色社会主义道路前进，对全面推进中国特色社会主义事业、巩固和发展最广泛的爱国统一战线，提出了一系列新思想、新论断、新要求。认真贯彻落实中共十八大精神，吸纳五年来理论创新和实践创新的成果，对会章进行必要修改，对于使我会的政治纲领和组织制度不断与时俱进，更好地统一全会的思想、意志和行动，保证全会始终沿着正确的道路前进，具有十分重要的意义。

本次会章修改的指导思想是：以宪法为根本准则，以中国特色社会主义理论体系为指导，贯彻中共十八大精神，坚持把中共中央的大政方针政策同我会的实际结合起来。既要继承和发扬我会的优良传统，保持章程的连续性和稳定性；又要总结新经验，适应新情况，使修改后的会章更好地体现时代精神和广大会员的共同意志，体现民进的特色，更有利于推动建设高素质参政党目标的实现。

修改原则是：（一）体现多党合作的理论创新和实践发展，符合民进的实际，代表广大会员的意愿。（二）既要保持会章的稳定性，又要与时俱进。遵循小改不大改、可改可不改的不改的原则，以保持会章的权威性、严肃性、连续性和稳定性。

修改重点是：（一）适应新形势，在总纲中体现时代精神与执政党治国理政的理论创新。（二）总结新鲜经验，在工作总则中反映民进十大以来建设高素质参政党的经验。（三）针对多党合作和民主党派工作面临的新形势、新情况和新问题，在组织条例方面作必要的调整和补充，完善组织制度和机制。

修改会章是本次代表大会的一项重要议程。会中央领导高度重视这次会章的修改。2011 年 12 月 6 日，经民进十二届十七次主席会议研究决定，成立民进十一大筹备委员会会章修改工作组。主席办公会对会章修改的指导思想、原则和重点以及会章修改的工作计划进行了认真的研究，并于 2012 年 3 月 26 日正式下发了《关于征求对〈中国民主促进会章程〉修改意见的通知》，面向全会充分征集意见，要求各省级组织召开不同层次的座谈会，把会章修改引导到搞好政治交接、继承优良传统、建设高素质参政党上来，把修改会章的过程作为学习会章和进行思想教育的过程，广泛听取各级组织和广大会员的意见建议。严隽琪主席、罗富和常务副主席等会中央领导亲自带队，专程或利用省级组织换届大会之机，在所有 29 个省级组织分别召开专题座谈会，全面听取十二届中央委员、十一大代表、各省委会领导、委员、机关专职干部、市、县（区）级组织负责人、基层干部，特别是基层会员代表的意见和建议。大家以高度的政治责任感、使命感和对民进的热爱之情，提出了修改意见和建议 200 余条。十一大筹备委员会会章修改组坚持集智聚力、遵循程序、求真务实，力求做到细致周密、精心研磨，充分梳理、吸纳各方面的意见、建议，对章程的总体思路和整体结构进行了通盘考虑，对章程的具体内容进行了逐句逐字的反复推敲。

现就章程修正案（草案）中的几个主要问题报告如下：

一

章程的总纲，是本会最基本的政治纲领和组织路线。章程修正案（草案）对总纲部分作了必要充实和适当修改。主要有以下几个方面：

（一）草案将本会的优良传统作为单独一段提出，更为明显突出，更强调其重要性，表述为："本会的优良传统是：坚持接受中国共产党的领导，坚持爱国、民主、团结、求实，坚持立会为公"。

（二）为强调本会是在法律允许的范围内活动，草案将"本会以中华人民共和国宪法为根本活动准则"一句加以充实，并作为独立一段提出。草案明确规定："本会以中华人民共和国宪法为根本活动准则，维护宪法尊严，保证宪法实施，在宪法规定的权利和义务范围内开展活动。"

（三）草案吸纳了中共十七大以来多党合作理论创新成果，增加了有关"同心"的内容，表述为："促进与中国共产党思想上同心同德、目标上同心同向、行动上同心同行"。2011 年初，胡锦涛同志在党外人士迎春座谈会上明确指出：思想上同心同德、目标上同心同向、行动上同心同行，是中国共产党领导的多党合作和政治协商制度最鲜明的特质，是我们不断夺取革命、建设、改革事业胜利的有力保证。这是对多党合作历史经验的总结升华，是对多党合作理论的创新发展，为参政党搞好政治交接、履行职能提供了新的理论指导。

（四）草案在十大章程的基础上，根据 2012 年 7 月 23 日胡锦涛同志在省部级主要领导干部专题研讨班上发表的重要讲话精神和十八大报告的精神，将生态文明建设作为本会基本任务的第五点，写入本会章程。草案明确提出，本会"致力于生态文明建设，坚持节约资源和保护环境的基本国策，坚持节约优先、保护优先、自然恢复为主的方针，推动绿色发展、循环发展、低碳发展，实现人与自然的和谐发展，促进经济社会和人口资源环境的可持续发展"。草案还对本会其他基本任务的表述加以调整，使之更为严谨、明确。

（五）根据本次修改会章的原则，草案对总纲最后一段内容不作结构性改动，仅对部分字句进行调整。

二

章程修正案（草案）根据新的形势、任务和要求，依据民进十大以来的新鲜经验，对"工作总则"部分条文作了修改和调整。主要有以下几点：

（一）根据《中共中央关于加强新形势下党外代表人士队伍建设的意见》（中发〔2012〕4 号）文件精神，草案第四条、第六条将本会推进会员履职及推荐人才相对应的部门加以充实、完善，表述为："各级人大代表、政协委员和在各级人大、政府及政府工作部门、政协、司法机关、国有企事业单位、社会团体等"，使之与文件精神一致。

（二）草案第八条把"学习践行社会主义核心价值体系"列入本会思想建设的内容。

近年来，本会把学习践行社会主义核心价值体系作为中国特色社会主义主题教育活动的延伸和深化，作为本会加强自身建设特别是思想建设的一项重大战略任务，坚持把学习践行活动贯穿于履行参政党职能与加强自身建设的全过程和各个环节，推动全会学习践行活动取得了阶段性成果。民进全会要进一步提高认识，继续深入开展学习践行活动，增进政治共识，搞好政治交接。

（三）参政党理论研究已成为建设高素质参政党的重要内容和紧迫任务，本会在实际工作中已积极开展相关工作。草案在十大章程的基础上，对第十二条加以完善，提出："本会加强对统一战线、人民政协、多党合作理论和会史的研究，积极推动参政党的理论创新和工作创新。"

三

面对世情、国情、党情、会情的新变化，为团结带领全会各级组织和广大会员迎接新挑战、完成新任务，对章程中关于会员、中央组织及地方组织的章节做了必要的修改和完善。

（一）为使会员的权利义务对等，草案第十七条对本会会员的义务进行了梳理，将七款合并为五款，即："（一）遵守国家法律，维护国家利益，严守国家秘密；（二）遵守本会章程，执行本会决议，完成本会任务，参加本会组织生活，交纳会费；（三）参加国家的政治生活，发扬社会主义民主，维护社会主义法制；（四）努力学习，不断提高思想政治水平和业务水平，做好本职工作；（五）联系群众，接受本会组织和群众的监督。"同时增加第十八条："会员工作变动或迁移他地时，应转组织关系。会员如迁移到没有建立组织的地方，其组织关系仍属原所属组织。"

（二）草案第三十条增加了对中央常务委员会会议的规定，表述为："中央常务委员会会议原则上每季度举行一次，必要时可以提前或延期举行。"第三十七条地方各级委员会全体会议举行时间不作修改，表述为："地方各级委员会全体会议每年举行一次，由地方各级委员会或常务委员会召集，必要时可以提前或延期举行。"

（三）草案第三十四条对本会地方组织的表述进行调整，使之更为全面，尽量涵盖本会所有地方组织。草案明确提出，本会的地方组织是："省（自治区、直辖市）委员会；省（自治区）辖市（自治州、盟）委员会，直辖市的区（县）委员会；县（旗）委员会，县级市委员会，省（自治区）辖市的区委员会。"

四

章程修正案（草案）针对实践中出现的一些新情况、新问题，进行了修改完善，力求形成新的规定和机制。

草案对监督委员会作出了新规定。根据本会监督委员会的实际工作情况，草案第二十八条规定，中央委员会在全国代表大会闭会期间，具有"听取中央监督委员会的报告"和"选举中央监督委员会主任、副主任、委员"的职权。第三十八条规定，省级委员会在省级代表大会闭会期间，具有“听取同级监督委员会的报告，选举产生同级监督委员会主任、副主任、委员”的职权。草案第四十八条规定：“中央和省级监督委员会由同级委员会全体会议选举产生，对同级委员会负责并报告工作，设主任一人和副主任、委员若干人，任期与同级委员会相同。”“中央监督委员会在中央委员会领导下进行工作。地方各级监督委员会在同级委员会领导和上级监督委员会指导下进行工作。”

草案对任期制也作出了补充。根据全会地方组织的情况，经与有关方面沟通协商，第四十七条对任期制问题表述如下：“本会各级领导干部，无论是选举产生的，或是由组织任命的，均实行任期制，在同一职务上连选连任一般不超过两届，特殊情况下最多不超过三届。”

同志们！修改会章是本次代表大会的一项重要任务。代表们都非常关心重视会章的修改。章程修正案（草案）已发给各位代表，请予审议并提出意见。我们相信，新的会章通过以后，必将进一步激发全会各级组织和广大会员的责任感和使命感，更加紧密地团结在以习近平同志为总书记的中共中央周围，高举中国特色社会主义伟大旗帜，以邓小平理论、“三个代表”重要思想、科学发展观为指导，深入学习贯彻中共十八大精神，同心同德，开拓进取，真抓实干，为全面建成小康社会、实现中华民族的伟大复兴，做出新的更大贡献！

中国民主促进会章程

（中国民主促进会第十一次全国代表大会 2012 年 12 月 19 日通过）

总　纲

中国民主促进会是以从事教育文化出版工作的高中级知识分子为主、具有政治联盟性质、致力于中国特色社会主义事业的政党。

本会是同中国共产党通力合作的参政党，是爱国统一战线的组成部分，是发展先进生产力、社会主义民主政治、社会主义先进文化和构建社会主义和谐社会，实现国家富强、祖国统一、民族振兴的重要力量。

本会自一九四五年十二月三十日创立以来，在中国共产党的指引和帮助下，积极投入反内战、反独裁的爱国民主运动，为争取新民主主义革命的胜利和建立中华人民共和国，作出了重要贡献，谱写了革命的光荣历史。新中国成立后，本会努力促进社会主义各项事业发展，为建立和完善社会主义制度，推进改革开放和现代化建设，促进祖国统一发挥了积极作用。

本会的优良传统是坚持接受中国共产党的领导，坚持爱国、民主、团结、求实，坚持立会为公。

本会以中华人民共和国宪法为根本准则，维护宪法权威，促进宪法实施，在宪法和法律的范围内活动。

本会坚持中国共产党领导的多党合作和政治协商制度，贯彻“长期共存、互相监督、肝胆相照、荣辱与共”的方针，促进与中国共产党思想上同心同德、目标上同心同向、行动上同心同行。积极参加国家政权，参与国家大政方针和国家领导人选的协商，参与国家事务的管理，参与国家方针、政策、法律、法规的制定执行。在国家政治生活中认真履行参政议政、民主监督的职责。

本会的政治纲领是：高举中国特色社会主义伟大旗帜，以邓小平理论、“三个代表”重要思想、科学发展观为指导，弘扬爱国主义精神，坚定不移地贯彻执行“以经济建设为中心、坚持四项基本原则、坚持改革开放”的基本路线，坚定不移地走中国特色社会主义道路，切实履行参政党职能，为全面建成小康社会，构建社会主义和谐社会，推进现代化建设，完成祖国统一，维护世界和平与促进共同发展，把我国建设成为富强民主文明和谐的社会主义现代化国家而奋斗。

本会的基本任务是：

（一）积极参加社会主义经济建设，促进先进生产力的发展，推进改革开放和社会主义市场经济的发展，贯彻科教兴国、人才强国战略，增强自主创新能力，为实现经济又好又快发展献计出力。

（二）促进社会主义政治建设，努力巩固和发展爱国统一战线，扩大社会主义民主，健全社会主义法制，推进社会主义政治制度完善和发展，促进政党关系和谐，维护社会和谐稳定，实现国家长治久安，巩固中华民族大团结。

（三）致力于社会主义文化建设，继承发展中华民族的优秀文化，吸收人类先进文明成果，建设社会主义核心价值体系，巩固共同思想道德基础，提高全民族的思想道德素质和科学文化素质。

坚持为人民服务、为社会主义服务的方向和百花齐放、百家争鸣的方针，推进文化创新，增强文化创造活力，繁荣文化事业，发展文化产业，建设社会主义文化强国。

（四）致力于社会主义社会建设，促进民生改善、发展成果共享，维护社会公平正义。推动全社会优先发展教育，促进教育改革和创新，促进社会体制改革和社会管理完善。

（五）致力于生态文明建设，坚持节约资源和保护环境的基本国策，坚持节约优先、保护优先、自然恢复为主的方针，推动绿色发展、循环发展、低碳发展，实现人与自然的和谐发展，促进经济社会与人口资源环境的可持续发展。

（六）按照“一个国家、两种制度”的方针，坚持一个中国原则，反对分裂国家，实现祖国的完全统一。

（七）拥护和支持我国独立自主的和平外交政策，积极参加对外交流和友好活动，为维护世界和平、促进共同发展作出贡献。

（八）尊重劳动，尊重知识，尊重人才，尊重创造，充分发挥会员和所联系知识分子的积极性和创造性，维护他们的合法权益，反映他们的意见与合理要求。积极提倡奉献和创新精神，推动会员为中国特色社会主义事业建功立业。

为确保政治纲领和基本任务的实现，必须坚持中国共产党的领导与发扬社会主义民主的原则，体现政治联盟的特点，体现进步性与广泛性的统一；必须坚持中国特色社会主义理论体系，以政治交接为主线，继承和发扬我会的优良传统及老一辈领导人的高尚风范，遵循多党合作的政治准则，坚定不移地走中国特色社会主义道路；必须坚持以思想建设为核心，以组织建设为基础，以制度建设为保障，全面加强自身建设，不断提高全会的整体素质和履行职责的能力；必须坚持贯彻民主集中制，促进领导决策的科学化、民主化；必须坚持解放思想、实事求是、与时俱进、开拓创新，努力把本会建成与中国共产党亲密合作、致力于中国特色社会主义事业和适应时代发展要求的高素质参政党，更好地担负起历史赋予的光荣使命。

第一章　工作总则

第一条　本会根据国家的法律法规和方针政策，紧密联系实际，创造性地开展工作，积极发挥参政党的作用。

第二条　本会以服务科学发展为参政议政第一要务，围绕中心，服务大局，加强与政府有关部门的联系，深入调查研究，对经济和社会发展中的重要问题提出意见和建议，参与协商决策和进行民主监督。

第三条　本会经常了解、及时反映社情民意，为化解矛盾、协调关系，促进社会和谐稳定发挥积极作用。

第四条　本会积极参加人民政协的各项活动，发挥本会在爱国统一战线中的作用。推动担任各级人大代表、政协委员和在各级人大、政府及政府工作部门、政协、司法机关、高等院校、科研院所、人民团体、企业和其他社会组织等任职的会员认真履行职责，支持担任特约人员的会员开展工作。

第五条　本会以服务为宗旨，面向社会，以人为本，关注民生，突出特色，开展社会服务工作，为人民群众多办实事。

第六条　本会加强代表人士队伍建设，发现和培养人才，向各级人大、政府及政府工作部门、政协、司法机关、国有企事业单位、社会团体等方面推荐人才，为各类人才充分发挥作用创造条件。

第七条　本会加强与台湾同胞、港澳同胞和海外侨胞的交往与合作，为实现祖国的繁荣和统一作出贡献。

第八条　本会把加强思想建设放在自身建设的首位，推动和帮助会员学习马克思列宁主义、毛泽东思想、邓小平理论、“三个代表”重要思想、科学发展观等重大战略思想，学习践行社会主义核心价值体系，深入进行坚持基本路线、爱国主义、集体主义、社会主义教育和会章会史教育。

第九条　本会的组织发展坚持以从事教育文化出版工作的知识分子为主、以大中城市为主、以有一定代表性的人士为主的原则。发展会员要注重质量，坚持发展与巩固相结合、有计划稳步发展的方针。

第十条　本会加强各级领导班子建设，坚持民主集中制，贯彻集体领导与分工负责相结合的原则，实行集体领导、民主集中、个别酝酿、会议决定的民主程序，把领导班子建设成为政治坚定、作风优良、工作高效、团结合作的领导集体。

第十一条　本会依法加强机关干部队伍建设、制度建设、作风建设、文化建设和信息化建设，强化服务意识，提高工作效率，推进机关工作的制度化、规范化和程序化。

第十二条　本会加强对统一战线、人民政协、多党合作理论和会史的研究，积极推动理论创新和工作创新。

第二章　会　员

第十三条　中华人民共和国公民，从事教育文化出版以及科技等其他工作的知识分子，承认并愿意遵守本会章程的，可以申请加入本会。

第十四条　本会会员必须热爱祖国，拥护中国共产党的领导，爱岗敬业，努力为中国特色社会主义事业服务。

第十五条　申请加入本会，应由本人填写入会申请表，两名会员介绍，经组织考察，由支部会员大会或支部委员会讨论通过，报省辖市或省级组织批准，并层报中央备案。

中央和省级组织必要时可以直接发展会员。

第十六条　会员有下列权利：

（一）会内的选举权、被选举权和表决权；

（二）参加本会有关会议和活动，阅读有关文件；

（三）参加本会组织的有关国家大事的讨论，反映意见，提出建议；

（四）对本会的工作和领导机构提出建议和批评；

（五）当合法权益遭受损害时，要求组织关心和帮助。

第十七条　会员应履行下列义务：

（一）遵守国家法律，维护国家利益，严守国家机密；

（二）遵守本会章程，执行本会决议，完成本会任务，参加本会组织生活，按时交纳会费；

（三）参加国家的政治生活，发扬社会主义民主，维护社会主义法制；

（四）努力学习，不断提高思想政治水平和业务水平，做好本职工作；

（五）联系群众，接受本会组织和群众的监督。

第十八条　会员工作变动或迁移他地时，应转组织关系。会员如迁移到没有建立组织的地方，其组织关系仍属原所属组织。

第十九条　会员要求退会，必须正式提出书面申请，经所在基层组织讨论并提出意见，报省辖市或省级组织批准，注销会籍，并层报中央备案。

第二十条　会员没有正当理由，长期不参加组织活动、不交纳会费、不履行会员义务，经教育无效，或有其他原因，不宜保留会籍的，可由所在基层组织讨论，报省辖市或省级组织批准，作自行退会处理，并层报中央备案。

第三章　组织制度

第二十一条　本会的组织原则是民主集中制。上级组织要经常听取下级组织和会员的意见，下级组织要及时向上级组织请示和汇报工作。下级组织要遵守和执行上级组织的决议。

第二十二条　本会各级组织的权力机构是各级会员大会或代表大会。在大会闭会期间，各级委员会即为领导机构。

第二十三条　本会各级委员会的人选，由同级会员大会或代表大会经过充分酝酿协商，采取无记名投票方式选举产生。

地方组织和基层组织的领导成员，由于特殊原因不能用选举办法产生的，可以由上级组织任命。

中央和省级组织在特殊情况下，经过一定程序，可以对所属组织领导机构的成员做适当调整。

第二十四条　地方组织的筹备、建立或撤销，须层报中央批准。

第二十五条　本会建立健全监督制度和机制，设立中央和省级组织监督机构，对领导班子成员遵守本会章程和履行领导职责的情况，对会员遵守本会章程的情况进行监督。

中央和省级监督委员会由同级委员会全体会议选举产生，对同级委员会负责并报告工作，设主任一人和副主任、委员若干人，任期与同级委员会相同。

中央监督委员会在中央委员会领导下进行工作。省级监督委员会在同级委员会领导和中央监督委员会指导下进行工作。

第四章　中央组织

第二十六条 全国代表大会是本会的最高权力机构，其职权是：

（一）听取、审议并批准中央委员会的报告；

（二）决定本会的方针、任务和其他重大事项；

（三）修改本会章程；

（四）选举中央委员会。

第二十七条　全国代表大会每五年举行一次，由中央委员会召集，必要时可以提前或延期举行。

出席全国代表大会的代表名额和产生办法，由中央委员会或中央常务委员会决定。

必要时可以召开全国代表会议，讨论和决定需要及时解决的重大问题。全国代表会议代表的名额和产生办法，由中央委员会或中央常务委员会决定。

第二十八条　中央委员会每届任期五年，全国代表大会如提前或延期举行，其任期也相应改变。

中央委员会委员的名额，由上一届中央委员会或中央常务委员会提出，全国代表大会决定。

第二十九条　中央委员会在全国代表大会闭会期间，贯彻执行全国代表大会的决议，领导全会工作，对外代表本会。其职权是：

（一）听取、审议和批准中央常务委员会的报告；

（二）听取中央监督委员会的报告；

（三）讨论和决定本会的重大事项；

（四）选举中央委员会主席、副主席、常务委员；

（五）选举中央监督委员会主任、副主任、委员；

（六）必要时可以调整少部分中央委员、中央监督委员会委员。

第三十条　中央委员会全体会议每年举行一次，由中央常务委员会召集，必要时可以提前或延期举行。

新一届中央委员会第一次全体会议，由代表大会主席团推定召集人主持会议。

第三十一条　中央常务委员会任期与中央委员会相同，在中央委员会全体会议闭会期间，行使中央委员会的职权。

中央常务委员会会议原则上每季度举行一次，必要时可以提前或延期举行。

第三十二条　中央委员会设主席一人，副主席若干人，任期与中央委员会相同。

中央委员会主席、副主席即为中央常务委员会主席、副主席。

中央委员会主席主持中央委员会的工作，召集中央常务委员会会议。副主席协助主席工作。

第三十三条　中央委员会主席、副主席组成主席会议，根据中央委员会和中央常务委员会的决定，领导中央日常工作。主席会议由中央委员会主席召集和主持。

第三十四条　中央委员会设秘书长，由主席会议提名，中央常务委员会任命。根据需要由中央常务委员会任命副秘书长，协助秘书长工作。

根据需要在中央机关中设立工作部门。各工作部门的负责人按国家公务员法的规定产生，由主席会议或主席办公会议任命，向中央常务委员会通报。

根据需要设若干专门委员会。其机构设置和主任人选，由中央常务委员会决定。

第五章　地方组织

第三十五条　本会的地方组织是：省（自治区、直辖市）委员会；省（自治区）辖市（自治州、盟）委员会，直辖市的区（县）委员会；县（旗）委员会，县级市委员会，省（自治区）辖市的区委员会。

第三十六条　本会地方各级会员大会或代表大会，每五年举行一次，必要时经上级组织批准可以提前或延期举行。

地方各级会员大会或代表大会由同级委员会召集。代表大会的代表名额和产生办法，由同级委员会或常务委员会决定。

第三十七条　地方各级会员大会或代表大会的职权是：

（一）执行全国代表大会、中央委员会和上级组织的决议和工作任务；

（二）听取、审议和批准同级委员会的报告；

（三）讨论并决定同级委员会的重大事项；

（四）选举同级委员会。

第三十八条　地方各级委员会每届任期五年。同级会员大会或代表大会如提前或延期举行，其任期也相应改变。

地方各级委员会委员的名额，由上一届同级委员会或常务委员会提出，报请上一级组织批准。

地方各级委员会全体会议每年举行一次，由地方各级委员会或常务委员会召集，必要时可以提前或延期举行。

新一届地方各级委员会第一次会议，由同级会员大会或代表大会主席团推定召集人主持会议。

第三十九条　地方各级委员会在同级会员大会或代表大会闭会期间，领导本级地方组织的工作，对外代表本级地方组织。

地方各级委员会的职权是：

（一）听取、审议和批准同级委员会或常务委员会的报告；

（二）讨论和决定本级组织的重大事项；

（三）选举同级委员会主任委员、副主任委员、常务委员；

（四）必要时经上一级组织同意，可以调整同级委员会的少部分成员。

省级委员会应听取同级监督委员会的报告，选举产生同级监督委员会主任、副主任、委员。

第四十条　地方各级委员会设主任委员一人，副主任委员若干人，由同级委员会全体会议选举，报请上一级组织批准。主任委员、副主任委员的任期与本届委员会相同。

第四十一条　地方各级委员会根据需要可设常务委员会。常务委员会由同级委员会全体会议选举产生，其任期与本届委员会相同。

常务委员会在同级委员会全体会议闭会期间，行使委员会的职权。

地方各级委员会的主任委员、副主任委员即为同级常务委员会的主任委员、副主任委员。

地方各级委员会的主任委员、副主任委员组成主委会议，领导委员会的日常工作。主委会议由委员会主任委员召集和主持。

第四十二条　地方各级委员会根据需要可设秘书长，由主委会议提名，同级常务委员会任命（在不设常务委员会的地方，由同级委员会任命），报上一级组织批准。

地方各级委员会根据需要可设副秘书长和必要的工作部门。各工作部门的负责人按国家公务员法的规定产生，由主委会议任命，向同级常务委员会通报（在不设常务委员会的地方，向同级委员会通报）。

根据需要设若干专门委员会。其机构设置和主任人选，由同级常务委员会决定（在不设常务委员会的地方，由同级委员会决定）。

第六章　基层组织

第四十三条　本会的基层组织是基层委员会、总支部委员会、支部委员会。

会员人数五人以上的可成立支部委员会。会员人数较多的支部委员会可设小组。省、自治区、直辖市委员会根据工作需要可在会员人数较多的单位或按会员的业务系统设立基层委员会或总支部委员会。基层委员会或总支部委员会可设支部委员会。

本会中央和各级地方组织根据不同情况，可设立直属支部委员会或直属小组。不能编组的会员，应由其所属会的组织直接联系。

第四十四条　基层委员会、总支部委员会和支部委员会的委员由会员大会或会员代表大会选举产生，委员名额由上一级组织决定。基层委员会、总支部委员会和支部委员会设主任委员、副主任委员，并根据实际情况，设组织、宣传等委员，由委员会选举。小组可推选组长一人。基层委员会、总支部委员会和支部委员会每届任期五年。必要时经上级组织批准，可提前或延期换届。

基层组织的设立、合并或撤销和所选出的负责人，须报上级组织批准。

第四十五条　基层组织是实现本会政治纲领的基础，其基本任务是：

（一）贯彻执行上级组织的决议和决定，组织会员积极参加本会的各项活动；

（二）结合本单位中心任务开展活动，推动会员努力做好本职工作，为社会主义经济建设、政治建设、文化建设、社会建设、生态文明建设贡献力量；

（三）了解会员对国家大政方针和地方重要事务的意见和建议，向上级组织和有关方面反映；

（四）组织会员过好组织生活，加强政治学习，关心会员的思想状况和工作、学习、生活情况，增强团结，共同进步；

（五）做好所联系群众的工作，积极开展调查研究，反映社情民意；

（六）教育会员遵纪守法，讨论对会员的表扬、奖励和处分；

（七）对申请入会对象进行考察和培养，做好发展会员的工作；

（八）收缴会费。

第七章　干　部

第四十六条　本会各级组织按照德才兼备、以德为先、注重实绩、会员公认、任人唯贤的原则选拔和任用干部。

本会各级组织应加强对干部的教育、培训和考核工作，努力提高干部队伍的整体素质，加强后备干部队伍建设，优化干部队伍结构。

第四十七条　本会各级领导干部必须具备以下基本条件：

（一）坚持用中国特色社会主义理论体系武装思想、指导工作，坚持走中国特色社会主义政治发展道路，具有一定的政治把握能力；

（二）了解国情，熟悉政策，把握大局，善于带领所在组织的会员开展各项会务工作，具有一定的参政议政、组织领导与合作共事能力；

（三）认真执行本会的各项决议，模范地履行本会章程，有较强的事业心、责任感和奉献精神，热心会务，积极主动地开展本会工作；

（四）作风民主正派，求真务实，密切联系群众，善于团结同志，自觉接受组织和会员的批评监督；

（五）坚持立会为公，服务社会，服务人民，勤奋工作，清正廉洁，严格自律。

第四十八条　本会各级领导干部，无论是选举产生的，或是由组织任命的，均实行任期制，在同一职务上连选连任一般不超过两届，特殊情况不超过三届。

第八章　奖励与处分

第四十九条　对地方组织、基层组织和会员在社会主义现代化建设中，在履行参政党职责和自身建设中，做出显著成绩的，其上级组织应给予表扬或奖励，贡献特别突出的，可由省、自治区、直辖市组织上报中央，在全会通报表彰。

第五十条　会员违反国家法律和本会纪律，所属组织应按其错误性质、情节轻重和对待错误的态度，分别给予警告、撤销会内职务、留会察看、开除会籍的处分。

第五十一条　对会员的处分须经所属组织委员会讨论通过，报上一级地方组织批准。其中撤销会内职务、留会察看的处分，须上报省级组织批准，层报中央备案；开除会籍的处分，须经中央批准。

留会察看处分，最长不得超过两年，在察看期间，没有会内的选举权、被选举权和表决权。

对会员的处分应严肃、慎重。

受处分的会员对处分有不同意见，有权向上级组织直至中央申诉。

第九章　附　则

第五十二条 本章程经全国代表大会通过后施行，解释权属于中央委员会。

中国民主促进会第十三届中央委员会名单

主席： 严隽琪（女）

副主席：

罗富和	王佐书	贺　旻（女）	刘新成	蔡达峰
朱永新	张　帆	姚爱兴	卫小春	张雨东

常务委员（共45人）：

卫小春	王　刚	王　铮	王　毅	王佐书
牛汝极	邓宗全	左定超	石爱中	史贻云
冯小宁	朱永新	朱晓进	刘宽忍	刘新成
汤建人	严隽琪（女）	李　斐	李和平	何志敏
张　帆	张　涛	张雨东	张俊芳（女）	张震宇
陈自力	陈贵云	尚勋武	罗富和	罗黎辉
周洪宇	庞丽娟（女）	郑福田	姚爱兴	贺　旻(女)
栗　甲	陶凯元（女）	黄　震	梅国平	程幼东
谢　勇	蔡达峰	蔡秀军	蔡继明	薛　康

中央委员（共205人）：

丁建勇	卫小春	马　露（女）	马余强	丰镇平
王　刚	王　铮	王　康	王　毅	王传荣（女）
王佐书	王建国	王燕玲（女）	牛汝极	方　漪
方中华	尹　岩（女）	邓　婕（女）	邓　辉	邓宗全
左定超	石爱中	龙耀宏	卢天锡	叶　青
史贻云	冯小宁	尧德中	吕桂茹（女）	朱　丽（女）
朱永新	朱晓进	朱毅民	向　德	刘　苏
刘　锋	刘文清	刘占芳	刘宏民	刘明国
刘凯欣	刘学安	刘宽忍	刘新成	汤泽培
汤建人	许政涛	严隽琪（女）	杜　军（女）	杜　耘
杜　婕（女）	李　斐	李凤民	李凤斌	李玛琳（女）
李进权	李和平	李春生	李格明（女）	李焕喜
杨立新	杨金龙	杨建德	杨瑞生	杨静华（女）
连建伟	肖云汉	吴　毅	吴文彦（女）	吴永发
吴庆宝	吴国平	吴尊友	吴寒飞	呙于明
邱立成	何志敏	佟　新（女）	余　岚（女）	邹　泓（女）
邹莉波（女）	汪叶菊（女）	沙　红（女）	张　帆	张　辰（女）
张　昕	张　波	张　政	张　洪	张　涛
张　野	张礼慧（女）	张传吉	张志勇	张志朝
张雨东	张金英（女）	张宝珍（女）	张建豪	张妹芝（女）
张显友	张俊芳（女）	张效民	张润锁	张颐武
张震宇	陆迎一	陈　奇	陈　鸣	陈正拜
陈亚岗	陈自力	陈贵云	陈振楼	陈维亚
武晓瑞（女）	林　阳	林圣雄	尚勋武	罗永章
罗富和	罗黎辉	金永伟	金红光	金德岭
周　信	周丹红（女）	周国韬	周洪宇	庞丽娟（女）
郑学实	郑家建	郑福田	赵光育	赵丽宏
赵建玲（女）	赵爱武（女）	胡　卫	胡　军	段维智
俞金尧	姜　军	姚树坤	姚爱兴	姚燕平（女）
贺　旻（女）	贺国庆	骆宝臻（女）	袁希钢	栗　甲
贾宝兰（女）	夏勇军	顾长卫	倪　阳	徐菊英（女）
殷之声	高　云	高友东	高正红（女）	唐　瑾（女）
唐援朝（女）	陶凯元（女）	黄　田	黄　震	黄　藤
黄卫东	黄天奇	黄晓娟（女）	黄蓓佳（女）	梅廷彦
梅国平	龚　辉	龚胜生	康凤英（女）	阎　堃
梁　勇	屠　杰	隋国庆	彭志敏	景喜猷
程幼东	程霄玉（女）	傅勇林	焦斌龙	鲁开垠

童兆玲（女）	曾凡平	曾阳素	谢　勇	谢　端（女）
谢双成	谢坚强	鲍英菁（女）	鲍虎军	褚以琳（女）
蔡达峰	蔡秀军	蔡继明	臧铁军	阚丽君（女）
薛　康	霍　勇	檀润华	魏　刚	魏敦友

民进中央关于学习贯彻中国共产党第十八次全国代表大会精神的决定

（2012 年 11 月 19 日）

中国共产党第十八次全国代表大会，是在我国进入全面建成小康社会决定性阶段召开的一次十分重要的大会。这次大会高举旗帜、继往开来、团结奋进，对于坚定不移地走中国特色社会主义道路，实现社会主义现代化和中华民族伟大复兴具有重大意义。

胡锦涛同志代表中国共产党第十七届中央委员会所作的报告，分析了国际国内形势的发展变化，总结了过去五年的工作和中共十六大以来的奋斗历程及取得的历史性成就，确立了科学发展观的历史地位，描绘了全面建成小康社会、加快推进社会主义现代化的宏伟蓝图，是在新的时代条件下夺取中国特色社会主义新胜利的政治宣言和行动纲领，是马克思主义的纲领性文献。

深入学习贯彻中共十八大精神，是中国民主促进会（以下简称民进）当前和今后一个时期的重要政治任务。民进中央要求，各级组织要高度重视、精心部署、抓好落实，深入学习贯彻中共十八大精神，在提高各级组织和广大会员的政治素质和履职能力上下功夫、见实效。

一、高举中国特色社会主义伟大旗帜，坚持中国特色社会主义道路、理论体系和制度，把思想和行动统一到中共十八大精神上来

中国特色社会主义是当代中国发展进步的根本方向。中国特色社会主义道路、理论体系和制度，是中国共产党和中国人民九十多年奋斗、创造、积累的根本成就，必须倍加珍惜、始终坚持、不断发展。民进要牢牢把握发展中国特色社会主义的基本要求，深刻领会推进中国特色社会主义事业的全面部署，把思想和行动统一到中共十八大精神上来，高举中国特色社会主义伟大旗帜，坚定不移地走中国特色社会主义道路，坚持以中国特色社会主义理论体系为指导，坚持和完善中国特色社会主义制度，进一步增强坚持接受中国共产党领导的自觉性和坚定性，积极投身中国特色社会主义伟大实践，为推进社会主义经济建设、政治建设、文化建设、社会建设和生态文明建设努力奋斗。

二、准确把握科学发展观的指导地位和深刻内涵，切实履行参政党职能，为全面深化改革开放、实现全面建成小康社会的目标贡献力量

科学发展观是中国特色社会主义理论体系的最新成果，是必须长期坚持的指导思想。面向未来，深入贯彻落实科学发展观，对坚持和发展中国特色社会主义具有重大现实意义和深远历史意义。民进要深入学习中共十八大关于科学发展观的重要论述，准确把握

科学发展观的指导地位和深刻内涵，更加自觉地把科学发展观贯彻到履行职能的全过程、体现到自身建设的各方面，使科学发展观成为推动民进工作的指导思想和行动指南。围绕全面建成小康社会和全面深化改革开放的宏伟目标，坚持以科学发展为主题，以加快转变经济发展方式为主线，找准履行职能、发挥作用的着力点，深入调查研究，积极建言谋策，反映社情民意，开展社会服务；立足民进界别优势，为坚持中国特色社会主义文化发展道路，建设社会主义文化强国作出新贡献。

三、学习借鉴执政党建设的成果和经验，以政治交接为主线提高自身建设的科学化水平，建设适应时代要求的高素质参政党

中国共产党是中国特色社会主义事业的坚强领导核心。面对形势的发展、事业的开拓和人民的期待，中国共产党以改革创新精神全面推进党的建设新的伟大工程，全面提高党的建设科学化水平。民进要认真学习借鉴执政党建设的成果和经验，促进思想上同心同德、目标上同心同向、行动上同心同行，以搞好政治交接为主线，深化学习践行社会主义核心价值体系活动，推进学习型参政党建设，进一步坚定政治立场、明确政治方向、凝聚政治共识；以提高履行参政党职能和发挥作用的能力为重点，进一步深化参政党理论研究，加强人才队伍建设，完善履行职能的工作制度，增强发挥作用的工作活力，推进适应时代要求的高素质参政党建设，更好地满足时代需要、满足人民需要。

民进中央号召各级组织和广大会员，更加紧密地团结在以习近平同志为总书记的中共中央周围，高举中国特色社会主义伟大旗帜，以邓小平理论、“三个代表”重要思想、科学发展观为指导，在中共十八大精神的指引下，扎实工作、锐意进取、攻坚克难，为全面建成小康社会，奋力开拓中国特色社会主义更为广阔的发展前景而不懈奋斗！

民进中央关于推进学习型参政党建设的意见

（2012 年 10 月 27 日民进十二届二十次中常会通过）

建设学习型参政党，是中国民主促进会（以下简称民进）第十二届中央委员会第三次全体会议从建设适应时代要求的高素质参政党出发作出的重大部署。学习型参政党的基本特征是，适应时代发展和中国特色政党制度需要，具有强烈的使命意识和创新追求，善于结合自身定位和特点，与时俱进地学习有关的理论与实践，善于理论联系实际，求真务实、注重实效，在学习中努力提高自身素质和能力。为贯彻落实民进十二届三中全会精神，深入总结民进学习践行社会主义核心价值体系的有效做法和宝贵经验，大力推进学习型参政党建设，现提出如下意见。

一、充分认识建设学习型参政党的重要意义

（一）建设学习型参政党是坚持和完善多党合作制度的需要。坚持和完善多党合作制度，对于坚持和拓展中国特色社会主义政治发展道路，对于在新的历史起点上继续推进中国特色社会主义事业，具有重要的历史和现实意义。任何一种政治制度和政党制度要坚持好、实践好，都必须适应时代发展的新要求，应对国内外形势变化带来的新挑战。当今世界正处在大发展大变革大调整时期，世界多极化、经济全球化深入发展，知识创造、信息传播速度大大加快，创新能力越来越成为综合国力和国际竞争力的核心因素。当前我国已进入新的发展阶段，经济社会发展呈现出一系列阶段性特征，推动科学发展、促进社会和谐的任务繁重而艰巨。民进作为多党合作制度中的参政党，必须切实增强学习的紧迫感和自觉性，更加重视和善于学习，努力掌握和运用一切科学的新思想、新知识、新经验，顺应时代发展，实现知识的不断更新。

（二）建设学习型参政党是解决民主党派两大历史性课题的需要。不断加强自身建设，切实搞好政治交接、提高参政党履行职能和发挥作用的能力，是民主党派面临的两大历史性课题。一方面，世界范围内各种思想文化交流、交融、交锋日趋频繁，我国经济社会转型期人们的价值观念更加多样、多元、多变，由此带来民主党派成员在价值取向、思维方式和愿望诉求方面的差异更加突显，民主党派搞好政治交接的任务更加突出。另一方面，中国特色社会主义事业进入新的发展阶段，在新形势下不断推进经济、政治、文化、社会以及生态文明建设，面临诸多新情况、新问题、新矛盾，履行参政党职能面临前所未有的外部挑战，提高履职能力的要求更加紧迫。民进要深刻认识学习型参政党建设的形势和任务，以政治交接为主线，以自身建设和履行职能为重点，坚持“有思有行、集智聚力、顺势而为、开拓创新”的工作方针，努力推动自身建设和履行职能各项工作取得新进展。

（三）建设学习型参政党是实现执政党建设与参政党建设相互促进的需要。执政党建设与参政党建设相互促进，要求参政党要不断学习掌握执政党理论创新的成果，学习借鉴执政党建设的经验，进一步加强自身建设。中国共产党作为执政党，清醒认识世情、国情、党情发生深刻变化的新形势，围绕建设什么样的党、怎样建设党这个重大课题，坚持以科学理论指导党的建设，以改革创新精神研究和解决党的建设面临的重大理论和实际问题，大力推进学习型党组织建设，不断提高党的建设科学化水平，探索形成了加强自身建设的基本经验。民进要以党为师，按照学习型政党建设的基本要求和参政党建设的根本规律，立足民进实际、突出民进特色，推进学习型参政党建设，不断增强民进组织的凝聚力、创造力和执行力。

二、总体要求和主要原则

（一）推进学习型参政党建设的总体要求是：高举中国特色社会主义伟大旗帜，坚持以邓小平理论、“三个代表”重要思想、科学发展观为指导，学习贯彻中共十八大精神，学习借鉴执政党建设学习型党组织的经验，按照加强理论武装、优化知识结构、把握工作规律、富有创新精神的要求，以搞好政治交接、提高履职能力，推进适应时代要求的高素质参政党建设为目标，以建设学习型组织、学习型领导班子、学习型机关为抓手，大力营造重视学习、崇尚学习、坚持学习的浓厚氛围，树立全员学习、终身学习的理念，推动学习工作化、工作学习化，提高全会的学习能力和实践能力，更好地服务国家科学发展，促进自身科学发展。

（二）推进学习型参政党建设，应当遵循以下主要原则：

1. 坚持正确的政治方向和政治立场，不断提高思想政治素质。推进学习型参政党建设，最根本的是要不断增强广大会员坚持接受中国共产党领导、坚持中国特色社会主义政治发展道路的自觉性和坚定性，自觉维护多党合作的政治格局，遵循多党合作的政治准则，不断夯实多党合作的思想政治基础。

2. 坚持理论联系实际，务求实效，切实推动实际问题的解决。大力弘扬求真务实精神，把学习型参政党建设与参政党工作实际紧密结合起来，努力提高学习的针对性、有效性和灵活性，不断完善知识结构，进一步拓展解决实际问题的工作思路，提高分析与解决实际问题的能力和水平，形成学以致用、用以促学、学用相长的良性循环。

3. 坚持领导干部作表率，调动广大会员的积极性主动性。各级领导班子成员要把学习作为提高素养、增长本领、做好领导工作的根本途径，先学一步，学深一些，作不断学习、善于学习的表率，不断提高政治把握能力、参政议政能力、组织领导能力和合作共事能力，积极引导和推动各级组织和广大会员的学习。要充分发挥广大会员的主体作用，激发会员的学习热情，满足会员多方面的学习需求。

4. 坚持“自觉、自主、自为”，营造宽松和谐的氛围。发扬民主党派自我教育的传统，坚持自己提出问题，自己分析问题，自己解决问题。坚持求同存异、体谅包容，在尊重差异中扩大认同，在包容多样中增进共识。坚持进步性与广泛性相统一，既要以社会主义核心价值体系为引领，又要从社会主义初级阶段基本国情和人们的思想实际出发，针对现实中存在的重大理论问题和现实问题析事明理、解疑释惑。

5. 坚持解放思想、实事求是、与时俱进，鼓励大胆探索。各级组织要适应时代发展、社会环境、生活方式和会员需求的新变化，按照体现时代性、把握规律性、富于创造性的要求，坚持继承与创新相统一，尊重各级组织和广大会员的首创精神，不断创新组织学习的思路，切实提高组织学习的效果，使学习型参政党建设更富有时代特点，更加生动活泼。

三、学习的主要内容

（一）坚持以马克思列宁主义、毛泽东思想、中国特色社会主义理论体系为指导

深入学习马克思列宁主义、毛泽东思想，深入学习邓小平理论、“三个代表”重要思想、科学发展观，准确把握中国特色社会主义理论体系的重大意义、科学内涵和精神实质，深刻领会贯穿其中的马克思主义立场、观点和方法，切实提高用科学理论分析和解决问题的能力，不断增强学习贯彻中国特色社会主义理论体系的自觉性和坚定性。

（二）深入学习贯彻科学发展观

认真总结全会深入开展学习贯彻科学发展观活动的经验，引导广大会员准确掌握科学发展观的科学内涵和精神实质，深刻理解学习贯彻科学发展观对民进工作提出的新要求，更加自觉地巩固与中国共产党团结合作的思想政治基础，努力在思想认识上有新提高；更加主动围绕经济社会又好又快发展，进一步明确服务科学发展的目标任务、主要内容和途径载体，努力在履行职能上有新作为；更加积极地加强领导班子建设，进一步提高促进自身科学发展的能力和水平，努力在自身建设上有新进步。要着力转变不适应不符合科学发展要求的思想观念，努力解决影响和制约民进科学发展的突出问题，推动形成

有利于民进科学发展的体制机制。

（三）学习践行社会主义核心价值体系

深入开展学习践行社会主义核心价值体系活动，增进政治共识，搞好政治交接，不断巩固全会的政治道路认同、奋斗目标认同、文化价值认同。加强理论学习和研究，准确把握社会主义核心价值体系的灵魂、主题、精髓和基础，切实提高理论和认识水平；以领导班子和骨干会员为重点，引导和带动广大会员进一步树立社会主义核心价值观，努力把社会主义核心价值体系的要求内化为价值取向，外化为行为准则；在学习践行活动中积极服务科学发展，把履行参政党职能的成效作为学习践行活动的重要着力点，坚持在履行职能中加强自身建设，以自身建设提高履行职能的能力和水平。

（四）学习多党合作理论、方针和政策

思想上同心同德、目标上同心同向、行动上同心同行，是中国共产党领导的多党合作和政治协商制度最鲜明的特质，是我们不断夺取革命、建设、改革事业胜利的有力保证。这一重要论述是对多党合作理论的创新发展，是对民主党派与中国共产党团结奋斗实践的总结升华，是新形势下坚持和完善多党合作制度的时代要求。要重点把握这一重要论述的深刻内涵，组织开展“同心”教育、“同心”实践、“同心”研究和“同心”宣传。加强新时期统一战线和多党合作理论、方针和政策的学习与培训，提高广大会员的政治素质和思想水平，引导广大会员深刻认识多党合作制度的历史必然性和现实必要性。

（五）学习民进章程、会史和优良传统

在全会广泛开展学习和遵守会章活动，通过学习不断深化对参政党地位、性质和历史使命的认识，进一步明确民进的政治纲领和基本任务，引导广大会员按照会章的规定和要求，履行自己的权利与义务。以重大纪念活动为契机，以会史学习宣传为重点，通过参观民进会史教育基地，开展“口述会史”，征集“亲历、亲见、亲闻”的史料等活动，重温民进的光荣历史，继承和弘扬民进的优良传统。

（六）学习掌握履行参政党职能所必需的有关知识

积极推动广大会员干部学习人类创造的文明成果，学习现代化建设所需要的经济、政治、文化、科技、社会和国际等多方面知识，学习反映当代世界发展趋势的现代市场经济、现代国际关系、现代社会管理和现代信息技术等方面知识。结合履行参政党职能的工作和民进界别特色，学习国家相关法律法规，了解国情和形势政策。各级领导干部要进一步提高认识，增强大局意识、忧患意识和创新意识，做到勤学、慎思、善用，成为带领各级组织履行参政议政、民主监督职能，开展社会服务的行家里手。

（七）学习总结实践中的成功经验

既要向书本学习，又要向实践学习、向群众学习。各级领导干部要结合本职岗位和履行参政党职能的工作，深入实践、深入基层、深入群众，加强调查研究，虚心向群众学习和请教。各级组织要结合工作中的典型案例，不断研究新情况、解决新问题，在推动实际问题的解决中深化规律性认识，积累宝贵工作经验。

四、不断探索学习型参政党建设的有效途径

（一）深化政治交接主题学习教育活动。深刻认识搞好政治交接的重要性、紧迫性和长期性，既要牢牢把握政治交接的核心和关键，又要随着时代的发展和形势的变化不断赋予其新的时代内涵。要把思想政治工作贯穿活动始终，针对会员关心的理论和现实问题，运用能够“入脑入心”的方式方法，为推进政治交接打下坚实的思想基础。要因地制宜地开展工作，不断丰富内容、创新形式、完善机制，推动学习教育活动深入持久、扎实有效地开展。

（二）加强理论学习和应用研究。更加自觉地把深化理论武装、提高思想政治素质作为学习型参政党建设的根本要求和首要任务，不断推进学习型参政党思想理论建设。按照“理论研究与实际工作相互促进”的要求，从实际问题入手，以课题研究为载体，推动全会广泛深入开展应用理论研究，通过研究成果转化，努力回答参政党理论与实践中提出的重大问题，以理论创新和工作创新促进学习型参政党建设。

（三）结合履行参政党职能的工作实践。坚持以履行参政党职能的工作实践为中心，加强科学理论的实际运用，加强实际问题的理论思考，把履行职能的工作实践作为推进学习型参政党建设的重要途径，把建设学习型参政党的成果和经验转化为履行职能的思路、举措和成效。要深刻认识民进履行参政党职能，已由主要在界别特色领域参政议政，向全面实现社会主义现代化的各个领域参政议政转变，坚持以新作为巩固老阵地、在顺势中开拓新领域，进一步加强人才队伍建设，完善人才发展机制，推动履行职能的工作制度与平台建设，不断在体制与机制的创新中迸发活力。

（四）健全推进学习型参政党建设的各项制度。建立健全中心学习组学习制度，发挥中心学习组的示范和带动作用，加强学习型领导班子建设。学习贯彻《2010—2020年党外代表人士教育培训改革和发展纲要》精神，有计划地做好代表人士的培训工作，将代表人士队伍建设与后备干部队伍建设相结合，建立健全分级分类培训工作制度，提高学习培训的针对性和有效性。建立健全学习考核制度，把学习情况作为民主评议、综合考核评价的重要内容，把理论素养、学习态度和学习能力作为选拔任用领导干部的重要依据，形成注重学习的用人导向。

（五）推进学习型机关建设。各级组织机关要按照学习型参政党建设的目标和要求，根据参政党机关工作的性质、特点和实际，针对机关干部的工作和学习需求，明确学习型机关建设的思路和举措。以学习型部门、学习型小组建设为重点，推动个人学习基础上的团队学习，促进学习与工作的有效结合，进一步提升干部素质、激发机关活力、提高工作水平。

五、切实抓好组织和落实

（一）提高思想认识。各级领导要高度重视，准确把握学习型参政党的理念、特征和要求，不断提高对建设学习型参政党意义、目的和任务的认识，把建设学习型参政党的工作摆在突出位置，列入重要议事日程，作出专门部署、精心组织实施。

（二）加强组织协调。各级组织要制定具体实施方案，提出操作性强的措施要求，确

保学习型参政党建设的任务落到实处。组织、宣传和其他有关部门要把建设学习型参政党与自身建设和履行职能的各项工作紧密结合起来，加强协调与配合，合力推动学习型参政党建设取得实效。

（三）注重经验总结。及时交流学习型参政党建设的工作和情况，不断总结工作中的有效做法和新鲜经验，把工作中的好做法、好经验进一步规范化、常态化，建立健全学习工作一体化的制度平台，坚持抓好制度的有效执行，为学习型参政党建设提供制度保障。

（四）营造良好氛围。充分利用会刊（报）、会讯和网站（页），开辟专栏、专版和专题，大力宣传各级组织推进学习型参政党建设的经验和典型，切实加强学习型参政党的平台和阵地建设，及时做好引导、示范和交流，努力营造浓厚氛围，积极扩大社会影响。

民进中央2012年工作要点

（2012年1月6日民进十二届十八次主席会议审议通过）

根据中共“十七大”和中共十七届六中全会精神，结合民进“十大”和民进十二届五中全会提出的工作任务，按照民进中央总体工作部署，2012年民进中央工作的总体要求是：以中国特色社会主义理论体系为指导，深入学习贯彻中共“十八大”精神、胡锦涛同志在庆祝中国共产党成立90周年大会上的重要讲话精神和中共十七届六中全会精神，坚持“有思有行、集智聚力、顺势而为、开拓创新”的工作方针，做好中央和省级换届工作，认真总结经验，加强思想建设、组织建设、制度建设和能力建设，提高参政党建设的科学化水平，以自身建设和履行职能的新成果，迎接我会“十一大”的胜利召开。据此，提出民进中央2012年工作要点如下：

一、加强理论学习，提高思想认识，进一步巩固多党合作的思想政治基础

1. 坚持和完善学习制度。以学习贯彻中共“十八大”、胡锦涛同志“七一”重要讲话、中共十七届六中全会、全国“两会”精神为重点，发挥民进中央中心组、常委会的引导和示范作用，促进全会的理论学习，为换届提供坚实的思想保证。

2. 召开“民进树立和践行社会主义核心价值体系总结表彰大会”，总结民进树立和践行社会主义核心价值体系的阶段性成果，表彰一批先进典型。

3. 总结全会推进学习型参政党建设的做法和经验，制定《民进中央关于推进学习型参政党建设的意见》。

4. 以民进中央—中央社院参政党建设理论研究中心为依托，加强参政党建设理论研究，系统总结本届中央委员会的工作经验和规律，起草好会中央换届文件。

5. 加强我会优良传统的学习与研究，筹建雷洁琼纪念馆，出版雷洁琼文集，充分发挥好会史教育基地在换届后培训工作中的作用。

二、以做好换届工作为契机，进一步提高组织建设的水平

1. 严格按照《民进中央关于2011—2012年省级组织换届工作的意见》精神和工作程序，加强与地方党委、统战部的协商与沟通，召开“民进省级组织换届工作座谈会”，支持省级组织做好换届的有关工作。

2. 在民进中央换届工作领导小组的领导下，制定《民进中央关于2012年中央换届工作的意见》，成立民进“十一大”筹备委员会，严格按照换届文件精神和工作程序，做好各项工作。

3. 有序推进会内监督。中央监督委员会指导地方组织监督委员会围绕换届开展工作；召开“民进会内监督工作座谈会”，积极推动部分省级组织成立监督委员会。

4. 开展培训工作。贯彻《2010—2020年党外代表人士教育培训改革和发展纲要》精神，将培训工作与换届工作相结合，加强对新任领导班子成员和专职干部的培训。

三、加强能力建设，进一步提高履行职能水平

1. 围绕中共“十八大”的召开建言献策，为推进经济发展方式转变，推进经济体制、政治体制、文化体制、社会体制改革创新履行参政议政、民主监督职能。

2. 以年度大调研为重点，以各专委会和地方组织的调研为基础，深入开展调查研究。继续做好课题立项工作，坚持专题调研、系列调研和地方组织调研相结合，形成“两会”上的大会发言、提案、议案和相关建议等。

3. 以“中国教育政策研究院”、民进中央—上海社科院合作中心、清华大学政治经济学研究中心等参政议政平台为依托，逐步完善和拓展我会参政议政平台建设；加强参政议政工作机制建设，推进参政议政工作的制度化、规范化；以专委会工作为重点，加强参政议政骨干队伍建设。

4. 办好“中国教师发展论坛”、“长江流域水环境安全与保护研讨会”，打造我会参政议政品牌。

5. 召开“民进全国出版界会员座谈会”，编印《民进出版界会员通讯录》。

6. 举办民进全国省级组织参政议政专职干部培训班，加强参政议政专职干部队伍建设。

四、突出同心主题，发挥界别优势，进一步提高服务社会的能力

1. 进一步深化彩虹行动，继续开展教育培训，促进帮扶地区提升“造血”功能；举办“同心　彩虹行动”金沙县部分校长、骨干教师暑期培训班和新疆少数民族中学校长暑期培训班。

2. 加大服务民企、民教的力度。遵循“充分尊重、广泛联系、加强团结、热情帮助、积极引导”方针，加强与基层企业界、民办教育界会员的交流；召开企业家联谊会联席会议；适时举办民进企业界会员培训班。指导、支持各地民进企业界会员联谊会开展活动。

3. 拓展渠道，开展海外联谊工作。贯彻中共中央对台工作指示精神，统筹利用我会对外联系的资源、机制与平台，充分发挥地方组织的积极性、主动性和创造性，稳步推进在文化、教育等领域两岸四地的交流交往。举办海峡两岸中华传统文化与现代化研讨会。

指导和支持叶研会、开明画院工作，成立开明慈善基金会。

五、加强机关建设，进一步提高机关服务工作的水平

1. 认真贯彻落实民进全国机关建设工作会议精神，不断改进机关作风，提高服务与管理水平，促进和谐机关建设。

2. 加强制度建设。修订《民进中央机关制度汇编》，编辑《民进中央机关各部门工作手册》，重点建立健全机关工作管理制度、完善各项人事工作制度、建立并规范会议制度，检查制度的执行和落实情况，进一步提高机关工作的制度化、科学化、规范化水平。

3. 加强干部队伍建设。制定2012年机关干部培训及培养计划，加强干部的思想品德教育，提高机关干部综合素质；坚持以促进干部的全面发展为目标，以提高干部能力、改进工作作风为重点，做好干部培训和培养工作；推动干部挂职锻炼、基层锻炼、岗位交流；建立干部选拔任用评价体系；继续办好机关“开明论坛”，贯彻落实“周学习日”制度；适时召开民进全国办公室主任工作研讨会。

4. 逐步推动信息网络建设。进一步完善机关信息化系统总体布局，更新信息化设备，加强使用管理，强化网络安全管理，提高安全保障能力，提高网络的可靠性和稳定性，为机关乃至民进全会信息化建设提供一个更加稳定、高效、安全的运行环境。

中国农工民主党

在中国农工民主党第十四届中央委员会第六次全体会议上的讲话

（2012年10月28日）

桑国卫

各位委员、各位同志：

经过大家的共同努力，我们圆满完成了本次会议的各项议程。各位委员从我国多党合作事业发展的战略高度出发，着眼于我党事业可持续发展，讲政治、讲大局，选举陈竺同志为我党中央领导人，这是我党政治交接和新老交替的重要举措，具有重要意义，体现了中共中央对我党的高度关爱和支持。陈竺同志是我国医药卫生界著名的领军人物，长期担任医药卫生领域相关重要领导职务，在国内外影响广泛，对于我党更好地突出特色，进一步发挥界别优势，具有重要的意义，将给我党各项事业带来新的发展。

各位委员、各位同志：

举世瞩目的中国共产党第十八次全国代表大会即将隆重召开。之后，我党第十五次全国代表大会也将于12月上旬召开。中共十八大是在我国全面建设小康社会的关键时期和深化改革开放、加快转变经济发展方式的攻坚时期召开的一次十分重要的会议，是全国各族人民政治生活中的一件大事，对于团结动员全国各族人民在中国共产党的英明领导下继续全面建设小康社会、加快推进社会主义现代化、开创中国特色社会主义事业新局面具有重大而深远的意义。

中共十七大以来的五年，是我国发展史上极不平凡的五年。在遭受强烈地震等特大自然灾害，遭受国际金融危机严重冲击，以及西方敌对势力日益强化的干扰遏制的情况下，以胡锦涛同志为总书记的中共中央，高举中国特色社会主义伟大旗帜，坚持抓住和用好战略机遇期，在国际上营造更加有利环境，维护国家主权、安全、发展利益；在国内确立科学发展观，引领发展思想的与时俱进，用发展和改革办法解决前进中的困难。过去的五年，是我国综合国力增强最快、民生改善最为显著的五年，充分体现了中国共产党执政为民的理念和与时俱进的精神，充分展现了以胡锦涛同志为总书记的中共中央驾驭严峻复杂局势、领导国家发展的坚强领导能力。国家发展的伟大成就使各族人民进一步增强了对中国共产党先进性的认识，增强了对中国特色社会主义制度的认同。作为致力于中国特色社会主义事业的参政党，我们为国家发展取得的伟大成就感到高兴，能为国家发展贡献一份力量，我们感到非常自豪。我们要始终坚持以中国特色社会主义理论体系武装头脑、指导实践、推动工作。我们要始终坚持在中国共产党领导的多党合作事业中发挥作用，紧密团结在以胡锦涛同志为总书记的中共中央周围，坚持“同心”思想，深入学习以胡锦涛同志为总书记的中共中央治国理政的一系列重要讲话精神，以中共中央决策部署统一思想和行动，始终做到与中国共产党在思想上同心同德、目标上同心同向、行动上同心同行。我们要始终坚持立足国家发展大局团结奋斗，牢记责任、恪尽职守，始终保持昂扬向上的精神状态和开拓进取的工作干劲，倍加珍惜经济发展、民生改善、民族团结、社会稳定的大好局面，努力维护好我国各政党民主团结、生动活泼的和谐政治关系，以新的工作业绩迎接中共十八大的胜利召开。

各位委员、各位同志：

我党第十五次全国代表大会将于今年12月上旬在北京召开，这是我党政治生活中的一件大事。开好这次大会，对于深入学习贯彻中共十八大精神，对于顺利实现我党中央领导机构的新老交替，并在此基础上进一步搞好政治交接，保证我党始终沿着中国共产党领导的多党合作道路继续前进，在国家政治生活中发挥积极作用，具有重大而深远的意义。筹备开好这次大会，是我党中央当前和今后一个时期重中之重的工作。中共十八大召开以后，我们要认真学习领会中共十八大精神，把中共十八大精神贯彻落实到我党第十五次全国代表大会的政治文件和各项工作中。各省级委员会的成功换届，为我党第十五次全国代表大会的召开积累了经验，我们要以高度负责的精神和求真务实的态度，以强烈的政治意识和大局意识，认真落实好各项工作要求，全力以赴把会议各项准备工作做好，确保我党第十五次全国代表大会取得圆满成功。

自2007年12月中旬换届以来，我党中央认真学习贯彻中共中央总书记胡锦涛同志、中共中央政治局常委、全国政协主席贾庆林同志在各民主党派中央、全国工商联新老主要领导人座谈会上的重要讲话精神，继承和发扬我党老一辈领导人与中国共产党长期亲密合作的优良传统，在政治上始终与中共中央保持一致，在工作中把发展作为参政议政的第一要务，在领导制度上贯彻民主集中制，在日常工作中保持与中共中央统战部的沟通，及时取得指导帮助。领导班子成员既分工负责，又同心协力，在自身建设和参政议政、社会服务等各项工作都取得了新的成绩。

例如，在参政议政工作方面，到2011年底，我党中央以提案、考察调研报告、社情民意信息专报等方式提出的意见和建议，中共中央、国务院领导同志作出重要批示的48件，其中考察调研报告16件、社情民意信息30件，这在我党的参政议政工作中，是成效较大的五年。在中共中央召开的党外人士座谈会上，我党中央的发言经常受到中共中央领导同志的褒扬肯定。提案工作也取得了很大成绩，五年来，我党中央有7件提案被评为全国政协的优秀提案。我党的参政议政成果，为科学决策、民主决策作出了积极贡献。

在社会服务工作方面，在四川汶川特大地震的救灾工作中，我党各级组织和党员向灾区捐款捐物价值1.2亿元，我党中央领导组织动员所联系的医药企业筹募捐助药品价值2.6亿元及现金7000多万元。在参与毕节试验区建设的工作中，我党中央针对毕节贫困山区实施“同心助医工程”，近几年筹集资金物资4000多万元，为改善当地的医疗卫生条件、提高医疗服务群众的能力作出了贡献。我们建言协调加快毕节试验区的铁路交通建设，取得重大进展。我们联络引进企业在大方县发展种植和加工中药材项目，联络促成中国石化集团在织金县投资680多亿元建设煤化气和烯烃项目，等等，这在我党的社会服务工作中，也是成绩较大的五年。

在组织建设工作方面，我们坚持贯彻民主集中制，进一步加强了领导班子建设和制度建设；组织发展的界别重点分工，增加了环境保护和人口资源领域的代表性人士；参加了民主党派代表人士队伍建设的课题调研工作，为进一步做好代表人士队伍建设获取了更多经验；干部培训、推荐工作进一步加强；党内监督工作稳步推进，等等。

在思想建设工作方面，我们坚持“同心”思想，坚持把思想建设作为政治交接和自身建设的核心，把树立和践行社会主义核心价值体系作为中国特色社会主义主题学习教育活动的深化和延伸，着力建立政治交接的长效机制，不断增强发展中国特色社会主义的政治共识，探索了思想政治工作的新举措，我党同志更加坚定了走中国特色社会主义道路的共同理想信念。

此外，我党中央主办的“中国生态健康论坛”、“中国环境与健康宣传周”活动，成为我党服务科学发展的重要活动。社会宣传、理论建设等方面也都取得了新的成绩。每年都有许多农工党员获得各级政府的各种表彰，由我党中央领导分别担任技术总师和办公室主任的国家科技重大专项“重大新药创制”专项，“十一五”期间取得重大成果，获国务院领导高度评价，“十二五”时期的专项规划顺利启动，等等，展现了我党广大成员的优良素质和奉献精神。

五年的工作实践，使我们进一步更加深化了对自身建设和履行职能、发挥作用的特点和规律的认识，更加丰富了我们的工作经验。我们深刻体会到：中国共产党领导的多党合作事业蓬勃发展，履行参政议政、民主监督职能的舞台广阔、大有可为。

五年来，我党同志围绕中心、服务大局，同心同德谋发展，凝聚力量作贡献，在贡献中发挥作用，充分展现了我党致力于中国特色社会主义事业的进步性。

五年来，我党中央的工作可圈可点。这些成果的取得来之不易，这既是我党第十四届中央委员会领导集体共同努力的结果，也是我党各级组织和全体党员共同努力的结果。各位委员尽职尽责，尽心尽力，各项工作都饱含着大家的责任和情感，浸透着大家的心血和汗水，凝结着大家的奉献和智慧。借此机会，我向大家表示衷心的感谢！

各位委员、同志们：

目前，我党第十五次全国代表大会的各项筹备工作进展顺利，人事安排、党章修改、文件起草、会务组织等各项工作正在有序进行。各省级委员会要认真做好出席会议的代表团的组团工作，并对代表进行培训，提出开好会议的要求。出席大会的代表使命光荣、责任重大，会议期间要认真履行职责，正确行使权利，讲政治、顾大局、守纪律，充分发扬党内民主，维护党内团结，保持风清气正、和谐和畅的良好风气，齐心协力，努力把我党第十五次全国代表大会开成一次继承和发扬我党优良传统、践行同心思想的大会，一次高举中国特色社会主义伟大旗帜、坚持中国特色社会主义政治发展道路的大会，一次开创我党工作新局面、凝聚力量为全面建设小康社会贡献智慧和力量的大会。

谢谢大家！

中国农工民主党第十四届中央监督委员会工作报告

（2012 年 12 月 5 日中国农工民主党第十四届中央监督委员会第六次全体会议通过）

农工党中央监督委员会自 2008 年底成立以来，在农工党第十四届中央委员会领导下，按照党章和党内监督条例要求，认真履行党内监督职责，以维护促进党内团结民主为目标，以建立健全党内监督机制为主线，以推动加强省级领导班子建设为重点，结合全党自身建设相关工作，主要通过组织监督、政治监督和制度监督，积极稳妥、循序渐进，开展了一系列建章立制、走访调研、学习教育、交流座谈等工作，党内监督工作取得初步成效。

一、工作总结

中央监督委员会坚持以邓小平理论、“三个代表”重要思想、科学发展观为指导，通过推进内部监督，确保我党各级组织和党员坚持中国共产党的领导，坚定不移地走中国特色社会主义政治发展道路。

（一）认真探索完善党内监督机制

初步建立党内监督机制。稳步推进和落实党内监督工作，是我党在新形势下面临的新任务，也是加强自身建设的一项重要内容，对于推动我党各项事业健康发展具有重要意义。我党十四大修改党章明确了设立内部监督机构相关问题。根据党章要求，党内监督开展的首要工作，是建立一套党内监督机制，使其既能坚持正确的政治方向，又能体现自身特色，既能切实推进党内监督工作，又有利于维护和促进团结和谐的政治局面。为此，中央在深入调研和反复征求意见的基础上，研究制定并于 2008 年 12 月经十四届四次中常会审议通过了《中国农工民主党党内监督条例（试行）》（下面简称《党内监督条例》），确定了党内监督工作的有关原则、监督机构设置、监督职责、监督制度等。根据党章和《党内监督条例》规定，随后召开的十四届二中全会审议成立了 7 人组成的中央监督委员会。这标志着我党党内监督工作迈出了第一步，形成了党内监督机制的基本框架。

规范中央监督委员会工作。中央监督委员会成立后，委员会办公室即根据《党内监督条例》，从工作实际出发，研究制定《中国农工民主党中央监督委员会工作规则（试行）（草案）》。2009 年 3 月，中央监督委员会第一次全体会议征求了对工作规则草案的意见。2009 年 12 月，中央监督委员会第二次全体会议审议通过了《中国农工民主党中央监督委员会工作规则（试行）》，从基本原则、工作程序、工作要求三个方面，对中央监督委员会开展党内监督工作进行了规范，为监督工作的有序开展提供了重要依据。

推动领导班子谈心会制度。领导班子谈心会是党内监督的一项重要制度，是我党各级领导班子成员的重要组织生活方式，也是进一步发扬党内民主，总结经验，增进团结，不断提高领导班子履职能力的重要措施。为适应领导班子制度建设新要求，在调研了解全党省级组织开展谈心会情况的基础上，2010 年 6 月，我党中央通过并下发了《关于建立健全中国农工民主党省级组织领导班子谈心会制度的意见（试行）》。该《意见》首次以正式文件明确了谈心会的参加范围、主要内容和工作要求，尤其规定谈心会必须以正式会议的形式开展，对推进和规范省级组织领导班子谈心会工作具有重要意义。

（二）大力推进领导班子作风建设

推动领导班子民主作风建设。中央监督委员会全体会议多次把推动领导班子民主作风建设作为一项重要工作来抓，要求中央监督委员会在工作中要推动各级领导班子继续养成坚持深入党员、深入实际、调查研究的作风，充分发挥班子兼职成员的作用，加强与基层组织的联系，形成讲和谐、促团结、讲民主的良好氛围。中央监督委员会主要以省级领导班子谈心会为抓手，通过帮助指导、检查落实、组织参加、归纳总结等，保证谈心会制度在推动领导班子民主作风建设中发挥实效。大部分省级组织按照谈心会文件精神和实际情况，尤其是结合地方换届工作，陆续开展领导班子谈心活动，取得了较好的效果。中央监督委员会积极推动省级领导班子述职和民主评议工作。各省级组织通过几年来的工作实践，领导班子及其成员述职和民主评议制度逐步规范化，得到了党员认可，基本适应了领导班子制度建设的需要。中央监督委员会还通过多种方式，促进省级领导班子成员进一步遵守多党合作政治准则，履行参政党职能，贯彻执行组织决议、遵守民主集中制原则，执行集体领导和分工负责制度，加强集体学习等。

加强廉洁自律宣传教育工作。2010 年 3 月，中央监督委员会第三次全体会议专门部署党风廉政建设工作，要求各级领导班子成员通过加强思想政治学习教育，自觉接受常委会、全委会和基层党员的监督，不断增强党纪意识，强化党性原则，一是管好自己，二是带好队伍；要求中央监督委员会在监督工作中要坚持以正面教育为主，以自我监督为主，以预防为主，坚持好教育、制度与监督并举，重在预防的原则，并进一步加强预防制度建设。中央监督委员会对近年来两起中央委员涉嫌贪污犯罪案件提出撤销其中央委员职务的处理意见，并经中央常委会审议批准，以引起全党尤其是各级领导班子高度警醒。中央监督委员会积极利用党刊、网站等平台进行廉洁自律宣传，在《前进论坛》推荐发表了中央监督委员会委员撰写文章《做一名清正廉洁的非党领导干部》、《加强民主党派领导班子建设的几点体会》等，在网站上对党员廉洁奉公的事迹进行报道；利用好考察调研、培训座谈等机会，对党员尤其是担任政府实职工作的党员开展廉洁自律、遵章守纪教育。

开展省级领导班子建设调研。中央监督委员会始终加强对省级组织领导班子建设特别是制度建设的调研工作，几年来先后调研了 16 个省级组织。调研组通过列席谈心会、主委会、常委会，召开座谈会，查阅有关文件、制度等方式，对调研省市组织加强民主集中制建设，贯彻集体领导和分工负责制，落实各项会议制度，履行党内领导职务、开展述职和民主评议等情况做了较为深入细致地考察等。调研组还走访了当地中共省委统战部，征求了对我党省级领导班子建设的意见。总体来看，我党省级领导班子在政治上是坚定的，理论上是清醒的，组织上是巩固的，能够自觉贯彻落实民主集中制原则，制定了比较完善的工作制度和会议制度，并认真落实，得到了有关部门较高评价。

（三）稳妥推动省级监督机构建立

按照积极稳妥、循序渐进的方针，中央监督委员会在调研中，对省级组织建立内部监督机构、推动党内监督工作试点的情况进行了研究。在自身条件成熟的情况下，湖南、重庆、贵州、河北、福建、北京先后成立了省级监督委员会，并根据《党内监督条例（试行）》制定了相应的工作条例或办法。省级监督机构的建立是完善党内监督机制的重要一步，有利于扩大党内监督影响，有利于加强监督理论研究，有利于积累监督工作经验，推动了党内监督工作进一步发展。

各省级监督委员会积极履行职责，发挥主观能动性，认真开展各项工作。其中湖南、重庆两省市监督委员会因成立较早，在这次地市和省级换届中也发挥了积极作用。如湖南省监督委员会起草了《中国农工民主党湖南省委监督委员会关于省委换届工作纪律要求的意见》，召开了湖南省委监督工作委员会会议暨地市级专职副主委座谈会；重庆市监督委员会积极推进区县委换届中的党内监督工作开展，设立党员意见信箱畅通反映渠道等。

（四）积极开展党内监督研讨交流

召开党内监督工作研讨会。2011 年 7 月，为了进一步总结交流经验，总结党内监督理论研究成果，中央监督委员会召开了第一次党内监督工作研讨会。中央监督委员会委员及来自部分省市同志共 20 余人参加会议。会议围绕党内监督定位、建立健全党内监督机制、进一步贯彻落实领导班子谈心会制度、在换届工作中发挥监督委员会作用等问题，紧密结合工作实际，进行了深入研讨，取得了一定成果。与会同志向会议提交了党内监督研究文章，其中中央监督委员会委员撰写的《关于民主党派党内监督的几点思考——以中国农工民主党为例》在《前进论坛》发表，促进了我党监督工作的开展。

参与党章修改有关工作。中央从 2011 年 10 月启动了党章修改工作，其中涉及党内监督条款的修改。中央监督委员会参与了中央举办的多次党章修改工作研讨会，就如何完善党章中关于党内监督内容，进一步明确党内监督机构的设置、产生、职责、运行等内容提出了建设性修改意见。

征求监督工作意见建议。随着党内监督工作的推进，地方各级领导班子和党员对党内监督工作的思考也在深入，在调研中提出了不少意见建议，涉及党内监督手段、监督形式、监督范围、监督体制、监督宣传等方面。这些理论思考和建议还是初步的，还需在实践中进一步探索，但体现监督工作在党内已得到了普遍重视，体现了开展党内监督适应了时代发展和自身建设需要。

总结中央监督委员会成立以来的工作，我们经历了初创适应期、逐步健全期、内容充实期和成果巩固期等阶段的积极探索和努力实践，为新一届党内监督工作开展打下了基础。四年来，我党党内监督工作机制不断完善，内容不断丰富，效力不断增强，全党监督意识不断提高，各级领导班子建设取得了较大成绩，领导班子能够团结一致，讲学习、讲民主、讲正气，履职尽责，起到了模范带头作用。同时，党内监督还存在一些问题：如对民主党派党内监督的理论研究还需进一步加强，监督制度和监督内容还需在实践中不断进行完善，监督机构还需进一步健全，与党内其他工作的配合还需进一步促进等。

二、工作体会

党内监督工作立足于学习和实践。中央监督委员会围绕“建立什么样的党内监督机制，怎样建立党内监督机制”，不断思考和探索，对监督工作逐步形成以下共识：

（一）坚持正确的政治方向和职责定位

要坚持正确的政治方向。党内监督工作的根本属性是政治属性，要牢牢把握“共产党领导、多党派合作，共产党执政、多党派参政”这个核心。党内监督工作的一个重要准则就是“按照国家干部管理体系、体制和干部管理工作的基本方针政策开展工作”，这一点落实到具体工作中，就是要坚持中国共产党的领导，坚持党管干部原则，坚持属地化管理的原则，按照干部管理权限开展工作。同时，党内监督工作要以我党章程为准绳，在组织原则上坚持民主集中制；在工作方针上坚持积极稳妥、循序渐进，惩防并举、重在预防。

要坚持正确的职责定位。党内监督主要是对各级组织和党员遵守本党章程的情况进行监督，重点监督各级领导班子及其成员履行党内领导职责和廉洁行政的情况，是一种主要通过组织监督实现的自我监督，是一种主要通过制度监督实现的政治监督，也是一种主要通过预防教育实现的纪律监督。通过建立健全监督机制，保证我党各项政策和制度的落实，提高我党各级领导班子成员的政治把握能力，参政议政能力，组织领导能力和合作共事能力，确保我党各级组织和党员始终坚持中国共产党的领导，坚定不移地走中国特色社会主义政治发展道路，密切领导班子和党员的联系，协调关系，化解矛盾，维护和加强农工党的团结和谐，为发展和完善中国共产党领导的多党合作和政治协商制度作出贡献。

（二）坚持不断完善党内监督机制

目前党内监督工作还处于在实践中学习、积累经验的初级阶段。党内监督基本框架确立了监督指导思想、方针原则、职责范围等，也决定了监督工作的系统性和长期性。进一步加大党内监督工作的深度和广度，不断完善党内监督机制，是参政党建设规律的客观要求，更是加快我党自身建设的实际需要。这要求我们既要坚持工作原则、扎实稳妥开展工作，又要从工作实际出发、创新工作思路，把完善党内监督机制落到实处。

党内监督机制包括监督机构和监督制度两方面。监督机构的逐步健全是监督工作开展的前提，监督制度的逐步完善是监督工作开展的关键。随着条件成熟的省级组织逐步成立监督委员会，党内监督的参与范围不断扩大。更多党员直接参与监督工作，将进一步提升监督实践和监督水平，将为建立健全党内监督制度创造更好地条件。随着领导班子谈心会制度、述职和民主评议等制度的实施完善，党内监督手段更加有力，监督渠道和平台更加丰富，将进一步提升监督工作实效。坚持不断完善党内监督机制，要坚持学习借鉴中共和其他民主党派在党内监督方面的经验，要坚持从实践中来，到实践中去，要坚持巩固监督的党员基础。通过积极稳妥的探索实践，保证党内监督机制运行顺畅和切实到位，从而不断增强党内监督工作的活力。

三、工作建议

下一个五年，中央监督委员会将在中央委员会领导下，以党章为准绳，严格遵行党内监督条例，坚持民主集中制原则和积极稳妥、循序渐进，惩防并举、重在预防的方针，扎实创新做好党内监督各项工作。

（一）进一步夯实党内监督工作基础

推动建立省级监督机构。近年来，各省级组织在思想建设、组织建设、作风建设和制度建设上进一步加强，尤其是领导班子建设水平不断提高，为省级监督机构的建立创造了良好的客观条件。中央监督委员会支持省级组织根据实际情况，积极稳妥开展成立监督委员会的相关工作。目前,已成立的6个省级监督委员会构成党内监督系统的6个点，需要逐步推动党内监督系统由点到面发展。中央监督委员会要加强对省级监督委员会的沟通指导，并推动监督工作机构建设。

开展党内监督宣传教育。开展监督宣传教育的目的是加强党员民主监督意识，宣传党内监督的方针政策，促进党内监督的交流研究。要制定关于监督规章制度的宣传计划，编写宣传资料，提高党内监督的影响力。要做好对所开展监督工作的宣传通报，信息发布要及时，内容要准确。要扩大监督工作的参与范围，如谈心会前征求对领导班子意见的范围可适当扩大，使党员在实际工作中接受监督宣传和教育。

加强党内监督理论研究。作为参政党理论研究的一部分，党内监督理论研究起步晚、底子薄，既要做前瞻性研究，更要做好基础性研究。要加强党内监督工作的交流研讨，建立交流平台，做好经验总结。要借鉴他人经验，积极探索加强监督新途径。要提出监督理论研究课题，可由中央监督委员会委员牵头，下大功夫解决一些理论和实际问题。要着手研究适合参政党特点、特色的党内监督机制的构架设计，使监督工作有的放矢。

（二）进一步推动党内监督“三化”建设

要不断推进党内监督工作的制度化、规范化、程序化，提高监督工作水平，发挥监督合力，实现有序监督和科学监督。

加大制度监督力度。制度层面的监督，是提高党内监督成效的有效途径。中央监督委员会要进一步推动省级领导班子谈心会制度的贯彻落实，保证谈心会不流于形式，并参加谈心会活动。要进一步总结省级组织开展领导班子述职和民主评议活动的宝贵经验，从中央层面再作进一步规范。要从预防角度探索建立中共党委走访制度，通过拜访党员干部所在地区或单位党委或党委统战部，推动干部队伍建设。要研究谈话和诫勉制度，及早解决党员干部有关苗头性、倾向性问题。要逐步完善党内奖惩制度，严肃纪律，提高各级组织的公信力和凝聚力。

规范监督工作程序。通过换届，党内监督在工作程序规范上又有所改进。中央监督委员会要进一步理清工作内容，进一步规范考察调研、办文办会、工作报告、信访办理等工作的流程，提高工作效率和水平。要明确分工，逐步实现中央监督委员会委员主动开展监督工作，充分发挥党内监督的职能。要自觉接受各级组织和党员的监督。要建立起科学有效的情况报告、信息反馈和预防处理机制，把在监督工作中了解的情况和发现的问题及时报告相关组织。

（三）进一步加强党内监督工作实效

推动加强领导班子建设。各省级组织换届后，新班子新气象，有利于党内监督工作推动加强领导班子建设。中央监督委员会要继续做好党内监督工作调研，了解领导班子有关情况，检查民主集中制、集体领导和分工负责制度等各项监督制度落实，听取党员对包括监督工作在内的党务工作的意见建议。要推动领导班子加强学习，不断提高政治把握能力、参政议政能力、组织领导能力、合作共事能力。要推动领导班子成员联系基层工作，进一步形成深入党员、深入实际的民主作风。要推动领导班子成员进一步自觉接受并正确对待组织和党员的监督。

积极开展党风廉政教育。党内监督工作重在预防的重要体现是做好党员干部的党风廉政教育。中央监督委员会要推动担任实职的党员干部的沟通交流。要使党内监督各项工作与代表人士队伍建设等我党自身建设其他工作紧密结合，积极配合各级组织特别是领导班子继续深入开展党性党风党纪教育，切实把遵章守纪、廉洁自律的理念和要求融入到党务工作和领导干部本职工作中去。要逐步使廉政教育工作与有关方面对接，提高教育成效。要重视舆论监督，按照自愿原则逐步推动党员干部开展“网络问政”等。

我国多党合作事业的蓬勃发展和我党自身建设水平的不断提高，赋予党内监督工作更多的机遇和更大的责任。中央监督委员会将在中央委员会领导下，自觉接受中国共产党领导，坚持以邓小平理论、“三个代表”重要思想、科学发展观为指导，努力践行“同心”思想，求实创新，稳步向前，为我党提高自身建设水平、实现可持续健康发展和我国多党合作事业发展壮大贡献力量。

坚定不移地走中国特色社会主义道路
为全面建成小康社会贡献智慧和力量

——在中国农工民主党第十五次全国代表大会上的报告

（2012 年 12 月 6 日）

桑国卫

各位代表，各位同志：

现在，我代表第十四届中央委员会向大会作报告。

中国农工民主党第十五次全国代表大会，是在我国进入全面建成小康社会决定性阶段、巩固壮大爱国统一战线和多党合作事业新时期召开的重要会议。

大会的主题是：高举中国特色社会主义伟大旗帜，以邓小平理论、“三个代表”重要思想、科学发展观为指导，学习贯彻中共十八大精神，弘扬优良传统，深化政治交接，统一思想，凝聚力量，坚定不移地走中国特色社会主义道路，为全面建成小康社会贡献智慧和力量。

不久前召开的中国共产党第十八次全国代表大会，是中国共产党带领全国各族人民继往开来、奋勇前进的一次十分重要的大会。胡锦涛同志的报告，高举旗帜、高瞻远瞩、思想深邃、鼓舞人心。报告回顾了中共十七大以来国家发展所取得的巨大成就，阐述了中国特色社会主义的伟大历史进程和宝贵经验，确立了科学发展观的重要历史地位，部署了全面建成小康社会和全面深化改革开放的目标任务，指明了国家前进的方向，反映了包括我党同志在内的全国各族人民的热切期盼。我党衷心拥护中共十八大的各项决定，衷心拥护以习近平同志为总书记的中共中央领导集体。我们决心紧密团结在以习近平同志为总书记的中共中央周围，牢记责任，始终保持昂扬向上的精神状态和开拓进取的工作干劲，凝聚力量，同心同德，以实干兴邦的精神，积极为全面建成小康社会作出新贡献。

我们为中华民族伟大复兴展现的光明前景倍感鼓舞，也为在中国特色社会主义伟大征程中作出的贡献感到自豪。我们要继续努力，为创造中国人民和中华民族更加幸福美好的未来而共同奋斗！

一、过去五年的工作回顾

过去的五年，是我国发展和改革开放取得伟大成就的五年，是中国共产党领导的多党合作事业巩固壮大的五年，是我党为发展中国特色社会主义作出重要贡献的五年。

五年来，在中国共产党的领导下，我党中央团结带领全党同志，高举中国特色社会主义伟大旗帜，坚持以邓小平理论和“三个代表”重要思想为指导，学习贯彻科学发展观，始终在政治上与中共中央保持高度一致，在工作中把推动科学发展作为履行职能的第一要务，各项工作都取得了新成果。

（一）认真履行参政党职能，在多党合作事业中发挥积极作用

坚持围绕中心、服务大局，切实履行参政议政、民主监督职能。五年来，我党中央以提案、考察调研报告、社情民意信息专报等方式提出的意见和建议，中共中央、国务院领导作出重要批示的53件。许多建议被吸收到国家法律法规、方针政策、重要规划和职能部门的工作中，为推动科学发展、促进社会和谐、着力改善民生发挥了重要作用。

积极参与政治协商。我党中央和地方组织领导人代表我党参与政治协商，出席中共党委召开的协商会、座谈会，参加重要外事和国事活动，列席国务院和地方政府的有关会议。五年来，我党中央领导人出席中共中央、国务院召开的党外人士座谈会28次，就中共中央重要文件、国家领导人选、政府工作、经济工作、国家“十二五”规划、文化繁荣发展等关系全局的重大问题积极建言。在全国政协召开的专题协商会上，我党中央

就医药卫生事业改革发展、开发新能源发展绿色经济、加强食品药品安全监督、加快收入分配制度改革、加强和创新流动人口管理、规范网络空间秩序维护国家文化安全等问题作专题发言。在最高人民法院、最高人民检察院召开的党外人士座谈会上，我党中央就廉政建设和反腐败工作、司法体制改革等问题发表意见。我党中央在座谈会、协商会提出的意见和建议，受到高度关注，许多建议被采纳。

在国家政权和人民政协中发挥作用。全党现有1899名党员当选为各级人大代表，10231名党员担任各级政协委员，699名党员在政府和司法机关担任处级以上领导职务，许多党员受聘担任各级政府参事、特约检察员、监察员、审计员、教育督导员等，他们在各自岗位上依法履行职责，发挥积极作用。在十一届全国政协会议期间，我党中央提交大会发言83件、提案170件。其中，《关于“十二五”期间加快城乡社会保障一体化发展的建议》等2件提案被列为一号提案；《关于减少出生缺陷，提高出生人口质量的提案》等28件提案入选《重要提案摘报》；《关于将西咸新区设为国家创新城市发展方式试验区的提案》等5件提案被列为重点督办提案；《关于加快建立生态补偿长效机制的建议》等13件提案被列为协商办理提案；《关于预防和减少未成年人违法犯罪的提案》等7件提案被评为优秀提案。《关于建立国家生态型多梯度高原训练基地，提升我国竞技体育核心竞争力的提案》、《关于在农村贫困地区实施儿童保健综合项目的提案》，国务院领导作了重要批示。

考察调研取得显著成果。五年来，我党中央在深入考察调研的基础上向中共中央、国务院报送调研报告40件，中共中央、国务院领导作出重要批示的19件。围绕汶川地震灾区的救灾和重建，邀请有关方面负责人和专家召开“支持地震灾区重建工作座谈会”，在汇集各方意见的基础上，我党中央向中共中央、国务院报送了关于《支持“5·12”地震灾区重建工作的若干建议》，温家宝总理高度重视，作出重要批示，并批转灾后重建组。围绕抵御国际金融危机影响、促进经济平稳较快发展，开展了有关西南国际大通道建设、两岸经贸合作、对俄贸易升级、新能源产业发展、中原经济区建设、革命老区发展等专题调研。我党中央向中共中央、国务院报送的《关于建设直通印度洋国际大通道的建议》，中共中央总书记胡锦涛作了重要批示；《关于加强三峡水库后续管理工作，建设和谐稳定新库区的建议》、《关于立足国家资源战略需求，推动对俄贸易升级的建议》、《关于用好后危机时代新机遇，积极扶持革命老区加快发展的建议》、《关于支持赣南中央苏区发展振兴的建议》、《关于促进山区科学发展的建议》等，温家宝总理等中共中央、国务院领导分别作了重要批示。围绕深化医药卫生体制改革、实施《中共中央、国务院关于深化医药卫生体制改革的意见》，开展了有关公立医院改革、国家基本药物制度、基层医疗卫生服务体系、医疗器械研制开发与产业化等专题调研。我党中央向中共中央、国务院报送的《关于设立基层卫生机构医疗器械装备技术改造和医疗器械创制专项，提升基层医疗服务能力，拉动内需的建议》，中共中央总书记胡锦涛作了重要批示；《关于加强我国职业病防治体系建设的建议》、《关于加强村卫生室建设，确保广大农民人人享有基本医疗卫生服务的建议》等，温家宝总理等国务院领导分别作了重要批示。我党中央向中共中央、国务院报送的《关于加强和创新流动人口服务管理的建议》、《关于建立宁夏内陆开放型经济试验区的建议》、《关于进一步巩固我国粮食安全基础的建议》等，中共中央、国务院领导都高度重视，作出重要批示。

我党中央支持地方组织积极推动云南省加快建设面向西南开放重要桥头堡、建设青海省柴达木循环经济试验区、构建中原经济区并上升为国家区域发展战略、支持赣南等原中央苏区振兴发展、建设宁夏内陆开放型经济试验区、建设鄱阳湖生态经济区等，促进了国家有关政策和规划的制定实施，助推了“中国吉林·东北亚投资贸易博览会”升级更名为“中国—东北亚博览会”。

反映社情民意信息工作取得新成绩。五年来，我党中央向全国政协报送社情民意信息2239件，其中298件由全国政协专报中共中央、国务院领导。关于《坚持计划生育国策不动摇，进一步完善计划生育利益导向政策体系建设》、《关于加快中国连接南亚、东南亚的西南国际大通道暨第三亚欧大陆桥建设的建议》、《关于大力扶持自主创新国产医疗器械产业的建议》等32件社情民意信息，国务院领导作了重要批示。

联络交流工作持续开展。各级组织和广大党员认真学习胡锦涛同志在纪念《告台湾同胞书》发表30周年座谈会上的重要讲话，学习贯彻中共中央关于港澳台工作的方针政策，把维护香港、澳门的长期稳定繁荣，促进两岸关系发展列为参政议政的重要工作，制定工作计划，建立工作机制和工作网络，通过组团互访，举办论坛，开展合作，参加“一国两制”理论与实践研讨会、世界客属恳亲大会、黄帝故里拜祖大典、海峡两岸中医药学术交流、海峡两岸关系史与台湾史学术研讨会、《海峡两岸经济合作框架协议》签订后的两岸关系研讨会等活动，开展与港澳台同胞及海外侨胞的交流联谊合作，促进两岸同根同祖的文化认同，努力为两岸关系和平稳定发展、促进祖国统一作贡献。

（二）落实中共中央对我党工作的新要求，积极推动环境保护和生态文明建设

落实中共中央致我党十四大贺词提出的在实施环境保护基本国策、加强生态文明建设方面加强调研、建言献策的要求，把推动环境保护和生态文明建设列为履行职能的重要工作。

组织专题考察调研。五年来，我党中央先后开展了农村饮水安全、海水淡化和海洋产业发展、土壤环境保护、新能源开发、区域生态环境建设等专题考察调研。在考察调研基础上向中共中央、国务院报送的《关于尽快将海水淡化作为解决我国水资源紧缺的重要举措的建议》，胡锦涛总书记、温家宝总理等中共中央、国务院领导作了重要批示；《关于做好三峡库区后续工作的建议》，温家宝总理等国务院领导作了重要批示；《关于以人为本，关注民生，切实解决农村饮水安全问题的建议》、《关于加强粮食主产区水利设施建设的建议》、《关于建设鄱阳湖生态可持续发展示范区的建议》、《关于完善国家空气质量标准和监测评价体系的建议》等，国务院领导作了重要批示。

开展宣传促进活动。创办“中国环境与健康宣传周”，举办“中国生态健康论坛”，联合国家部委、全国政协专委会和地方政府、政协及社团单位开展环境与健康宣传活动。各级组织也与所在地的政府部门和单位机构加强合作，开展各项活动，宣传科学发展理念，推动环境健康知识、生态文明意识进社区、进校园，取得了良好的社会效益，获得了各界的积极支持。

（三）围绕改善民生，积极开展社会服务

五年来，围绕汶川地震灾区救灾和灾后重建、贵州毕节试验区建设、环境保护和群众健康事业开展社会服务，坚持社会服务工作与促进经济社会发展密切结合，取得了明显成效。

为地震灾区救灾和重建作贡献。各级组织和党员向汶川地震灾区捐款捐物价值1.2亿元，我党中央领导人通过中国药学会动员所联系企业筹募捐助药品价值2.6亿元、现金7100万元。近2000名党员参加紧急救援、伤员救治等第一线工作，有的党员参加募捐义演、书画义卖活动，涌现出许多感人事迹。党员缴纳“特殊党费”和“爱心捐款”968万元，用于参与援建乡镇卫生院15所、妇幼保健院1所、村卫生室42个、畜牧兽医站6个。青海玉树发生强烈地震后，各级组织和广大党员同样迅速行动，参加抗震救灾，为灾后重建作贡献。

积极参与毕节试验区建设。坚持把参与毕节试验区建设作为围绕中心、服务大局的重要实践。与贵州省委会共同努力，协调援助资金7000多万元，组织项目50多个。实施“贵州毕节贫困山区同心助医工程”，筹集了4600多万元的资金和物资，支持了大方县33所乡镇卫生院、204个村卫生室的标准化建设，开展了3000多人次的医药卫生人员培训，赠送了大方县24辆流动医疗服务车等。推动建立了“毕节试验区食品药品同心产业园”，已有20多家企业投资20多亿元入驻园区；引进了两家我党党员兴办的企业在大方县投资两亿多元发展药材种植加工；协调了1490万元资金开展中药材规范化种植；促成了一家大型国企在织金县投资680多亿元建设煤化气和烯烃项目等。积极建言支持毕节试验区加快铁路交通建设，2010年铁道部与贵州省达成了在毕节地区“构建铁路综合枢纽，建设现代物流中心”的铁路建设方案，有的线路已经开工建设。支持毕节试验区开展职业技能培训，支持大方县大坝村示范点建设，建成了民族文化中心，扩建了民族文化广场，完成了环境综合治理项目等。

坚持开展各项社会服务。配合政府实施的东西互助、对口帮扶，我党东、西部各级组织加强合作，通过引进项目、援建学校、资助学生、培训人员等方式支持西部地区事业发展。通过专家辅导、技术示范、院长培训等方式，帮助定点帮扶的420多家乡镇卫生院提高医疗技术水平和管理能力。我党中央参与主办的“国际科学与和平周”，每年都在200多个城市开展科普、健康咨询和科技服务活动，深受群众欢迎。新农村建设服务点、和谐社会联系点、“三下乡”、心理咨询、法律援助、慢性病防治进社区等社会服务工作，也都取得了新成果。

（四）坚持正确的政治方向，多党合作的思想基础进一步巩固

坚持把思想建设作为政治交接的重要任务，继承和发扬优良传统，结合国内外形势的深刻变化及我党工作实际，不断深化政治交接主题教育活动，深入开展学习践行社会主义核心价值体系活动，广大党员的政治共识更加坚定，同中国共产党亲密合作的思想基础更加巩固。

坚持理论政策学习。坚持“理论学习中心组”学习制度，把学习领会中共中央治国

理政的重要思想和重大决策部署列为首要政治任务，深入学习领会中共中央的重要文件精神，学习领会胡锦涛同志在历次党外人士座谈会上的重要讲话精神，以及在纪念改革开放三十周年、庆祝中国人民政治协商会议成立六十周年、中华人民共和国成立六十周年、中国共产党成立九十周年、纪念辛亥革命一百周年等重要会议讲话精神。中央主席会议、常委会议带头学习，坚持以科学理论武装头脑，以中共中央的决策部署统一思想和行动。

主题学习教育活动取得积极成效。坚持开展中国特色社会主义主题学习教育活动，把树立和践行社会主义核心价值体系作为主题学习教育活动的深化和延伸。我党中央领导人参加了“统一战线深入学习贯彻中共十七大精神研讨会”、“纪念中共中央发布‘五一口号’六十周年座谈会”、“民主党派历史研讨会”、“重温历史、同心同行”统一战线主题教育活动等。在我党成立八十周年、邓演达殉难八十周年之际，通过召开纪念大会、中央领导班子成员集体拜谒邓演达烈士墓、举办党史图片展和邓演达生平图片展、拍摄电影《铁血丹心——邓演达》等活动，回顾革命先辈为民族解放作出的重要贡献，重温我党光辉历程，深化对我党爱国革命优良传统的认识。在主题学习教育活动中，突出坚持中国共产党的领导、坚持中国特色社会主义政治发展道路的主题，把践行社会主义核心价值体系与自身建设相结合，与履行职能相结合。主题学习教育活动取得了积极成效，全党同志的政治共识进一步增强，对发展中国特色社会主义充满信心。

宣传工作进一步加强。推进宣传工作经常化、规范化、制度化，加强对我党重点工作的社会宣传报道，宣传广大党员建功立业、报效国家的奉献精神，宣传我国政治制度和政党制度的巨大优势。近五年，中央级媒体刊登有关我党工作的报道3000多篇、专版20多个。《前进论坛》等各级党刊，坚持正确的舆论导向，对促进加强自身建设和提高履职能力发挥了重要作用。

理论建设不断推进。坚持理论学习、理论研究、理论与实践相结合，通过加强规划指导，完善工作机制，推进队伍建设，形成理论研究工作合力，完成了一批理论研究课题，出版了《中国特色和谐政党关系论》、《中国特色参政党理论概论》、《科学发展观和参政党建设研究》、《强学而力行——社会主义核心价值体系研究》等理论研究成果，为主题学习教育活动提供了理论支持。

党史工作取得新成果。中央和地方共同努力，基本完成了我党在各个历史时期的重要史料的抢救整理工作。近五年开展了社会主义过渡时期的农工党、农工党与“福建事变”、农工党人物等资料的收集整理工作；编印了《光辉历程——庆祝中国农工民主党成立八十周年》、《中国农工民主党革命活动史迹选编》等资料；完成了第一次全国干部会议会址挂牌；建立了党史陈列室和党史教育基地；支持了广东惠州“邓演达纪念园”、广东梅州“黄琪翔、郭秀仪纪念大楼”、江苏南通“季方史料陈列馆”、河北保定“保定军校毕业的农工党领导人陈列室”等场馆建设；支持重庆中国民主党派历史陈列馆丰富我党资料展示。党史资料和纪念场馆成为开展优良传统教育的生动教材。

（五）巩固政治交接成果，组织建设进一步加强

以建设同中国共产党长期亲密合作、致力于中国特色社会主义事业的参政党为目标，进一步加强各级领导班子建设，推进基层组织建设，加强组织发展和党员教育管理工作，

巩固政治交接成果，为履行职能提供了组织保障。

领导班子建设取得新成效。坚持把民主集中制作为根本组织制度和领导制度，结合主题学习教育活动，建立健全了领导班子理论学习制度、集体领导和分工负责制、会议制度、谈心会制度、述职和民主评议制度等。各级组织领导班子团结和谐，有力促进了各项工作的全面开展。

省级组织换届工作圆满完成。2012 年 4 月至 8 月，30 个省级委员会先后完成换届，一批政治素质好、有较强代表性和群众基础、比较年富力强的同志进入新一届领导班子。新一届领导班子人选普遍经历了不同范围的投票推荐和谈话推荐，具备了更广泛的民意基础。20 世纪 50 年代、60 年代出生的同志成为中坚力量，顺利实现了省级组织领导班子的新老交替。

组织基础扩大，基层组织建设进一步推进。根据中共中央致我党十四大贺词的精神，经各方协商确定，我党组织发展的重点分工增加环境保护和人口资源领域的代表性人士，扩大了我党的组织基础，新发展了一批人口资源环境领域的优秀人才，一些地方组织建立了环境保护支部。基层组织建设取得新成果，基层组织的凝聚力明显增强，组织生活的质量和水平进一步提高。新成立了 7 个省辖市级委员会，12 个省辖市级委员会的建立也已列入规划。

后备干部队伍建设继续加强，干部培训工作进一步开展。开展了代表人士成长规律课题调研，为进一步加强代表人士队伍建设积累了更多经验。中共中央统战部和我党中央联合举办了两期中青年干部多党合作专题研究班，体现了中共中央对党外代表人士队伍建设的高度重视。进一步加强了高层次人才的发展工作，加强了对党务干部和担任实职党员干部的培训。支持党员参加公开选拔和本单位竞争上岗，一批中青年党员被选拔到各级政府、机关和事业单位担任领导职务。一批党员被聘任为各级政府参事、文史馆员、司法机关和政府部门的特约人员等。

机关建设取得新进展。以建设和谐机关为目标，以能力建设为重点，中央机关进一步加强了思想建设、作风建设和制度建设，机关工作的制度化、规范化、程序化进一步加强，机关后勤保障工作与职能部门业务工作相互支持、相互促进，共同完成了中央确定的各项工作任务。机关工作人员认真履行岗位职责，讲学习、讲团结、讲奉献，服务参政议政和党务工作的能力进一步提高。

党内监督工作稳步推进。根据党章关于设立内部监督机构的规定，制定了《党内监督条例（试行）》，设立了中央监督委员会。中央监督委员会采取积极稳妥、循序渐进的工作方针，对领导班子遵循多党合作政治准则、贯彻执行我党中央工作部署、加强领导班子制度建设和开展谈心会的情况进行调研。根据党章和党内监督条例有关规定，处理了涉嫌违纪违法的党员领导干部。根据中共地方党委的统一规划，有 6 个省级组织建立了监督委员会。

截至 2012 年 9 月底，我党党员总数 12.56 万人，其中医药卫生、环境保护和人口资源界占 59.0%，文教界占 18.8%，科技界占 7.1%，其他界别占 15.1%。中央和地方各级组织通过各种方式积极支持党员发挥作用。广大党员立足岗位建功立业，为国家发展作出了重要贡献。据不完全统计，近五年有 2100 多名党员获得国家科学技术奖、全国劳动模范、全国三八红旗手等国家级和省部级的奖项和荣誉。我党中央领导人分别担任国家科技重大专项"重大新药创制"专项的技术总师和办公室主任，为促进我国生物医药产业发展作出了重要贡献。在2011年开展的"各民主党派、工商联、无党派人士为全面建设小康社会作贡献"评选表彰活动中，我党共获得5个先进集体、14名先进个人、11项建言献策优秀成果、4项社会服务优秀成果荣誉称号。还有许多党员在不同领域获得各种奖励和荣誉。

广大党员的突出表现，体现了报国为民的理想信念和奉献精神，为我党赢得了荣誉，展现了我党致力于中国特色社会主义事业的进步性。

各位代表，各位同志，过去五年我党工作取得的成绩，是中共中央坚强领导、重视关怀的结果，是中共各级党委热情帮助的结果，是各级政府、政协、各兄弟民主党派和社会各界鼎力支持的结果。在这里，我代表农工党第十四届中央委员会表示衷心的感谢！

我们各项工作能够取得这些成绩，是与中央和地方各级组织的历任领导多年奠定的基础分不开的，我代表十四届中央委员会向各位老领导、老同志致以崇高的敬意！各级组织、全党同志以及机关工作人员尽职尽力，付出了辛勤劳动，我代表十四届中央委员会向同志们表示亲切的慰问！

过去五年，我党各项工作在原有基础上有了新的发展和进步。同时也要看到，与我党履行职能、发挥作用的要求相比，还有许多需要重视和加强的方面，主要是：高层次人才储备不足，有较大社会影响和较强参政议政能力的代表性人士比较少；基层组织开展工作仍然面临较多实际困难；思想建设、理论建设、参政议政能力建设、机关建设等方面都需要进一步加强。我们要高度重视，不断研究新情况，解决新问题，推动全党工作继续向前进。

二、基本经验和体会

五年的工作实践，使我们更进一步深化了对自身建设和履行职能的特点和规律的认识。我们深刻感受到：中国共产党领导的多党合作事业蓬勃发展，履行参政议政、民主监督职能的舞台广阔，大有可为。我们的基本经验和主要体会是：

第一，必须始终坚持中国共产党的领导，坚定不移地走中国特色社会主义道路。社会主义在中国开创的辉煌局面和取得的巨大成就充分证明，只有中国特色社会主义能够发展中国、造福人民、振兴中华。中国特色社会主义深深植根于中国大地、符合中国国情、具有强大生命力，是全国各族人民团结奋斗的共同思想基础。接受和坚持中国共产党的领导，是我党的正确选择和主要经验。我党是致力于中国特色社会主义事业的参政党，坚持高举中国特色社会主义伟大旗帜，坚持中国特色社会主义道路，坚持中国特色社会主义理论体系和中国特色社会主义制度，是我党最大的政治共识。

第二，必须始终坚持加强自身建设，搞好政治交接，不断提高履行职能和发挥作用的能力和水平。重视和加强自身建设，是一个政党永葆生机活力的重要保证。不断巩固政治交接成果、提高履行职能和发挥作用的能力，是我党的两个重大课题。坚持开展主题学习教育活动，始终坚持与中国共产党在思想上同心同德、目标上同心同向、行动上同心同行。坚持解放思想、与时俱进，不断提高政治把握能力、组织协调能力、参政议政能力和合作共事能力，维护好我国各政党民主团结、生动活泼的和谐政党关系，搞好广大党员以及所联系群众的团结，形成共谋科学发展、共促社会和谐的强大合力，使我党始终作为发展中国特色社会主义、实现中华民族伟大复兴的一支重要政治力量发挥作用，是我党必须始终保持的时代精神。

第三，必须始终坚持围绕中心、服务大局，坚持把发展作为参政议政的第一要务。解放和发展社会生产力是中国特色社会主义的根本任务。履行好参政党职能、发挥好参政党作用，是坚持中国特色社会主义政治发展道路、坚持中国共产党领导的多党合作和政治协商制度的内在要求。我党要为全面建成小康社会作出新贡献，就必须坚持围绕发展主题履行职能、发挥作用。过去五年，我党的参政议政工作能够不断取得新成果，能够得到决策层的高度重视，就在于我们牢牢把握发展这个根本任务，自觉服务于改革发展稳定大局。坚持围绕中心、服务大局，坚持以经济建设为中心，以科学发展为主题，不断为国家的繁荣发展作贡献，是我党保持和发扬进步性的价值体现。

第四，必须始终坚持发挥组织优势，发挥广大党员的主体作用，形成履行职能、发挥作用的整体合力。组织体系覆盖全国、党员分布领域广泛，是我党开展工作的巨大优势。过去五年，我党在参政议政、社会服务、联络交流、自身建设等各项工作中所取得的成果，都是与中央和地方加强合作、广大党员的积极参与分不开的。各专委会为我党参政议政提供智力支持，发挥了“专家库”、“智囊团”的重要作用。广大党员通过组织渠道参政议政、反映社情民意，既体现了关注国家发展的责任精神，也体现了我国多党合作的制度优势。始终坚持发挥组织优势和广大党员的主体作用，形成整体合力，是我党必须始终坚持的工作机制。

三、今后五年的工作任务

中共十八大规划了开创中国特色社会主义事业新局面的宏伟蓝图，部署了全面建成小康社会和全面深化改革开放的目标任务，为我党工作指明了前进方向。今后五年，我党工作的主要任务是：高举中国特色社会主义伟大旗帜，以邓小平理论、“三个代表”重要思想、科学发展观为指导，贯彻中共十八大精神，坚持把推动科学发展作为履行职能的第一要务，坚定不移地走中国特色社会主义道路，全面加强自身建设，切实履行参政党职能，凝心聚力，奋发有为，为全面建成小康社会贡献智慧和力量。

（一）认真学习贯彻中共十八大精神

胡锦涛同志在中共十八大所作的题为《坚定不移沿着中国特色社会主义道路前进，为全面建成小康社会而奋斗》的报告，是中国共产党团结带领全国各族人民沿着中国特色社会主义道路继续前进、为全面建成小康社会而奋斗的政治宣言和行动纲领，我党同志要认真学习、深刻领会。通过认真的学习，深刻领会中共十八大的主题、科学发展观的历史地位和指导意义、中国特色社会主义的丰富内涵；深刻领会当代中国的国情特点、中共十七大以来国家发展取得的伟大成就以及过去十年所创造和积累的丰富的实践经验；深刻领会夺取中国特色社会主义新胜利的基本要求；深刻领会中国特色社会主义事业的总依据、总布局、总任务；深刻领会全面建成小康社会和全面深化改革开放的战略部署和目标任务；深刻领会协商民主、统一战线、多党合作的新论述；深刻领会社会主义核心价值观的新概括。坚持理论联系实际，联系我党工作实际，联系广大党员思想实际，以中共十八大精神统一思想和行动，在中共十八大精神指引下，推动我党各项工作迈上新台阶。

（二）围绕中共十八大确定的战略部署和各项任务履行职能

全面建成小康社会，是包括我党同志在内的全国各族人民的共同目标和共同事业。中共十八大确定的全面建成小康社会和全面深化改革开放的战略部署和目标任务，是我党履行职能、致力于中国特色社会主义事业的新舞台，我们要积极作为、努力奉献。

坚持以科学发展观为指导。科学发展观是中国共产党对中国特色社会主义规律在认识上的重要升华，是执政理念的一个飞跃，是中国特色社会主义理论体系最新成果。要以科学发展观为指导，坚持参政议政工作与科学发展观的要求在目标上相一致、在内容上相协调。要以解放思想、实事求是、与时俱进、求真务实的精神，为破解发展难题、促进科学发展努力作贡献。

紧密围绕全面建成小康社会的目标任务建言出力。要把完善社会主义市场经济体制、转变经济发展方式，推进依法治国、深化行政体制改革，推动社会主义文化大发展大繁荣、建设社会主义文化强国，改善民生、创新社会管理，实施创新驱动发展战略、提高抵御国际经济风险能力等重大问题列为议政建言的重点。要积极为推进医疗保障、医疗服务、公共卫生、药品供应、监管体制综合改革，完善国民健康政策、健全全民医保体系、提高人民健康水平建言献策。要将大力推进生态文明建设列为重点调研课题，积极推动优化国土空间开发格局、促进资源节约、生态文明制度建设，为建设美丽中国、实现中华民族永续发展贡献力量。要充分发挥我党人才优势，继续为推进国家科技重大专项“重大新药创制”作贡献，积极推动以新能源、新材料、节能环保、生物医药等为重点的战略性新兴产业的发展。

发挥民主监督作用。遵循“长期共存、互相监督、肝胆相照、荣辱与共”的方针，对国家宪法和法律法规的实施情况、执政党和政府重要方针政策的制定和贯彻执行情况、依法执政及领导干部履行职责、为政清廉等方面的情况，履行民主监督职能。要坚持多党合作的重要政治准则，增强责任感和使命感，发扬社会主义民主，积极反映社情民意，反映党员以及所联系群众的意见和建议。

在参政议政工作中，要更加注重立足于我国仍处于社会主义初级阶段、是世界最大发展中国家的国情实际，充分认识社会主义中国同西方发达国家在社会制度、发展水平、文化传统的区别；更加注重对涉及国家安全、经济安全、能源安全和金融安全等事关国家发展大局的长期性、战略性重大问题的调查研究；更加注重从健全完善体制、机制、制度、政策、措施等方面建言；更加注重发挥组织整体优势，加强中央与地方组织的合作，发挥专委会的优势，畅通渠道，搭建平台，支持广大党员立足岗位参政议政、反映社情民意。

（三）坚持以群众受益为宗旨开展社会服务工作

社会服务是我党发挥职能作用的重要工作。要紧密围绕全面建成小康社会的目标，把群众受益作为开展社会服务工作的出发点和落脚点，发挥人才智力优势，创新工作内容和形式，加强合作、汇聚资源，形成更大的力量和规模，发挥更好地社会效益。

坚持参与毕节试验区建设。以“助推发展、智力支持、改善民生、生态建设、示范带动”为工作指南，坚持参与毕节试验区建设。积极推进“毕节试验区食品药品同心产业园”发展，坚持实施“贵州毕节贫困山区同心助医工程”，继续支持大方县发展特色产业，推进大方县大山乡“农村社区综合发展扶贫项目”。继续协调有关方面支持毕节试验区加快发展步伐。支持鼓励各级组织和广大党员参与毕节试验区建设。

继续开展各项社会服务工作。坚持开展“中国环境与健康宣传周”、“国际科学与和平周”活动，继续开展智力支边扶贫工作，继续支持定点帮扶的乡镇卫生院提升管理水平和医疗技术水平，继续做好新农村建设服务点、和谐社会联系点、“三下乡”、心理咨询、法律援助等社会服务工作。

（四）坚持开展联络交流工作，促进祖国统一

香港、澳门回归祖国以来的实践表明，“一国两制”取得了举世公认的成功。我国中央政府对香港、澳门实行的各项方针政策，根本宗旨是维护国家主权、安全、发展利益，保持香港、澳门长期繁荣稳定。我党坚决拥护中央政府关于“一国两制”、“港人治港”、“澳人治澳”、高度自治的方针，坚决反对外部势力干预港澳事务。我们要继续加强与港澳同胞的交流合作，促进港澳同胞在爱国爱港、爱国爱澳旗帜下的大团结，为香港、澳门的长期稳定和繁荣发展作贡献。

两岸和平统一最符合包括台湾同胞在内的中华民族的根本利益。我党坚决拥护中共中央关于“和平统一、一国两制”的方针，坚定不移地捍卫国家主权和领土完整，坚决反对“台独”分裂图谋。我们要坚持把促进两岸关系和平发展作为参政议政、知情出力的重要工作，制订计划，编织网络，了解情况，广交朋友，建立两岸医药卫生、人口资源环境等领域的联络交流渠道，发挥中医药文化的纽带作用，通过开展交流与合作，促进两岸同胞的理解互信，增进维护一个中国框架的共同认知，促进海内外中华儿女的大团结、大联合，为推动两岸关系和平发展新前景、促进祖国统一作出新贡献。

（五）努力建设适应多党合作事业发展要求的参政党

坚持以搞好政治交接为主线，以思想建设为核心，以组织建设为基础，以制度建设为保障，努力把我党建设成为始终坚持与中国共产党长期亲密合作、致力于中国特色社会主义事业、适应多党合作事业要求的参政党。

坚持搞好政治交接。坚持开展学习践行社会主义核心价值体系活动，继承和发扬我党老一辈领导人长期与中国共产党团结合作形成的政治信念、优良传统和高尚风范，增强接受中国共产党的领导、走中国特色社会主义政治发展道路的自觉性和坚定性，巩固多党合作的思想政治基础，防止和排除各种错误思想干扰，始终做到：自觉接受中国共

产党领导的政治立场不变，与中国共产党亲密合作、同心同德的政治态度不变，致力于中国特色社会主义事业的团结奋斗精神不变。

继续加强思想理论建设。思想理论建设的首要任务，是为坚持走中国特色社会主义政治发展道路提供理论武装，为加强自身建设、履行职能提供理论支持。要以科学发展观为指导，遵循多党合作的重要政治准则，体现多党合作文化认同，探索自身建设和履行职能的特点和规律，为我党进一步搞好思想建设和组织建设、开展参政议政和社会服务提供理论指导。要进一步重视和支持理论人才建设，建立理论研究骨干队伍。

坚持建设高素质领导班子。要按照“政治坚定、团结民主、工作高效、关系和谐、廉洁自律”的要求，加强各级领导班子的思想建设、作风建设和能力建设。进一步加强各级组织专职领导干部队伍建设。各级领导班子要牢记政治职责，切实负起领导责任，团结带领广大党员，解放思想，与时俱进，求真务实，开拓创新，不断开创党务工作新局面，不断取得履行职能新成果。

继续加强代表人士队伍建设。认真贯彻中共中央关于加强新形势下党外代表人士队伍建设的新要求，努力培养更多的与中国共产党亲密合作、具有一定社会影响、在各自领域发挥重要作用的代表人士，不断充实到各级领导班子和后备干部队伍中。积极向中共各级党委推荐政治坚定、业绩突出、群众认同的我党代表人士，为多党合作事业持续发展输送人才。

进一步搞好基层组织建设。坚持“三个为主”的组织发展方针，保持我党以医药卫生和人口资源环境界别为主的特点，适应参政议政工作需要，坚持把高素质人才作为发展的重点，更加重视在经济、金融和国际关系等领域发展更多的学术水平较高、有代表性的人士。坚持把党员队伍建设好、管理好，支持广大党员发挥更大作用。加强对基层组织的分类指导，积极帮助基层组织解决实际困难，努力把基层组织建设成为政治上相互关心、业务上相互促进、工作上相互支持、生活上相互帮助的“党员之家”。

进一步加强制度建设。坚持以制度建设保障党内民主。保障党员民主权利，进一步健全各级代表大会、全委会、常委会的工作机制。贯彻民主集中制，坚持集体领导、民主集中、个别酝酿、会议决定的民主程序。继续健全和完善领导班子议事和决策规则、领导班子集体领导和分工负责制度、领导班子成员述职和民主评议制度、干部推荐选拔任用等制度。

继续完善党内监督机制。以党章为准绳，坚持积极稳妥、循序渐进、惩防并举、重在预防的方针，探索建立符合我党特点的监督机制和制度。中央监督委员会要以加强省级领导班子建设为重点开展工作，推动完善领导班子谈心会等制度建设。总结建立省级组织监督机构的经验，在中共地方党委的领导下，在条件成熟的省级组织稳妥有序建立监督机构。

坚持搞好机关建设。根据“政治坚定、业务精通、团结协作、作风务实”的要求，继续加强机关的思想建设、作风建设和能力建设。各级组织要加强对机关建设的指导，关心机关干部特别是青年干部的工作、学习和生活。根据参政党机关的特点，遵循多党合作事业发展对机关工作的要求，有计划地加强机关干部的教育培训、轮岗交流、挂职锻炼等工作，搞好传帮带，进一步增强机关干部服务参政议政和党务工作的能力。以建设和谐机关为目标，继续推进机关工作实现制度化、规范化和程序化。

各位代表，各位同志：

在中国共产党的领导下，生机盎然的社会主义中国巍然屹立在世界东方，中国人民正在中国特色社会主义伟大旗帜指引下，满怀自信走向中华民族伟大复兴。展望国家未来，我们充满信心。我们要紧密团结在以习近平同志为总书记的中共中央周围，凝聚力量，同心同德，共同谱写多党合作事业发展新篇章，为全面建成小康社会、夺取中国特色社会主义新胜利作出更大贡献！

在中国农工民主党第十五次全国代表大会闭幕会上的讲话

（2012 年 12 月 10 日）

陈竺

各位代表、各位同志：

首先，我向大家介绍第十五届中央委员会领导班子成员：

常务副主席　刘晓峰同志

副主席　陈述涛同志

副主席　何　维同志

副主席　姚建年同志

副主席　杨　震同志

副主席　朱静芝同志

副主席　蔡　威同志

副主席　龚建明同志

副主席　谢庆生同志

在今天上午举行的十五届一中全会上，选举我为中央主席，这是同志们的宝贵信任，我深感责任重大，一定不辜负全党同志的重托，与新一届领导集体的同志们一起，切实担负起领导全党工作的重任。我们将加强学习，加强团结，紧紧依靠各级组织，依靠全党同志，自觉接受党组织和党员的监督，为实现十五大确定的各项任务而努力工作。

十四届中央委员会以高度的政治责任感和历史使命感，团结带领全党同志，认真履行职能，为坚持和完善中国共产党领导的多党合作和政治协商制度，为巩固和发展社会主义和谐政党关系作出了重要贡献。本次大会上，从推动农工党事业和多党合作事业可持续发展的战略高度出发，桑国卫同志、陈宗兴同志、张大宁同志、王宁生同志、陈勋儒同志、汪纪戎同志不再担任我党中央领导职务，确保了政治交接和新老交替任务的顺利完成，赢得了全体与会代表和全党同志的钦佩和尊敬。他们的崇高品格和高尚风范为全党同志树立了榜样，让我们向他们致以崇高的敬意！

当前，祖国正朝着社会主义现代化强国的目标迈进，民族复兴展现出光辉灿烂的前景。同时，世情、国情继续发生深刻变化，国家面临的发展机遇和风险挑战前所未有。新一届中央委员会一定牢记全党同志的信任和重托，增强大局意识，始终坚持中国共产党的领导和中国特色社会主义道路不动摇；增强责任意识，始终注重增强我党发挥参政党作用的履职能力；增强服务意识，始终保持谦虚谨慎的工作作风；增强创新意识，始终注意发挥我党的界别特色和工作优势，在历届中央委员会创造的工作成果和宝贵经验的基础上，进一步解放思想、实事求是，与时俱进、求真务实，团结和带领广大党员在中国共产党领导的多党合作道路上继续前进，努力推动我党各项工作再上新台阶。

深入学习贯彻中共十八大精神，是十五届中央委员会的首要政治任务。中共十八大确定的全面建成小康社会和全面深化改革开放的战略部署和目标任务，是中国共产党团结带领全国各族人民沿着中国特色社会主义道路继续前进的政治宣言和行动纲领，为我党工作指明了方向。我们要以中共十八大精神统一思想、谋划工作，高举爱国主义、社会主义旗帜，与中国共产党思想上同心同德、目标上同心通向、行动上同心同行，紧密围绕中共十八大确定的战略部署履行职能、发挥作用，自觉服务于改革发展稳定大局，坚定不移地沿着中国特色社会主义道路奋勇前进。

报国为民、贡献力量，是我党履行参政议政、民主监督职能的政治责任和必然要求。实践发展永无止境，认识真理永无止境，理论创新永无止境。只有加强学习，才能跟上时代发展步伐、沿着正确方向前进；只有不断提升履职能力，才能实现参政议政为群众办实事、为科学发展作贡献的真诚愿望。参政党的民主监督是我国监督机制的重要组成部分，我们要发挥我党民主监督层次高、范围广泛、形式灵活的优势，遵循“长期共存、互相监督、肝胆相照、荣辱与共”的方针，谏真言，做中国共产党的诤友。调查研究是履行职能的智慧源泉。智慧来自群众，办法来自实践。我们要发扬调查研究的良好作风，深入实际、深入基层、深入群众，了解国情民情，以科学发展观为指导，牢牢把握推动科学发展这个根本任务，同心同德谋发展，凝心聚力作贡献，把报国之情、为民之志转化为贡献智慧和力量的无限激情，为巩固发展多党合作事业，为健全社会主义协商民主制度，发展更加广泛、更加充分、更加健全的人民民主贡献智慧，为全面建成小康社会献计出力。

形势的发展、多党合作事业的开拓，要求我们以改革创新精神继续推进自身建设。中共十八大之后，中共中央进一步加强党风政风建设，作出了关于改进工作作风、密切联系群众的八项规定，中共中央领导率先垂范，突出强调实干兴邦。我们要以执政党为师，坚持以人为本、参政为民，解放思想、改革创新，把改进机关作风作为贯彻中共十八大精神的实际行动，着力建设学习型、服务型机关，全面加强思想建设、组织建设、作风建设、制度建设，增强自我净化、自我完善、自我革新、自我提高能力，切实履行好有关职能，为全党各项工作做好支撑和服务。

我们要坚持发挥全党组织系统的优势和广大党员的主体作用，突出界别特色，把中共十八大报告中关于在改善民生和创新管理中加强社会建设、大力推进生态文明建设、扎实推进社会主义文化强国建设等重点任务作为我党服务中国特色社会主义事业的重点领域，努力调动和发挥全党各界别同志们的积极性和创造性，让我党的事业在建设社会主义美丽中国的征途中焕发出新的光辉和活力。

同志们，让我们紧密团结在以习近平同志为总书记的中共中央周围，在中共十八大精神的指引下，高举旗帜、坚定信念，统一思想、扎实工作，为巩固发展多党合作事业，为全面建成小康社会和全面深化改革开放作出新的更大贡献。

谢谢大家！

中国农工民主党第十五次全国代表大会决议

（2012 年 12 月 10 日大会通过）

中国农工民主党第十五次全国代表大会于 2012 年 12 月 6 日至 12 月 10 日在北京召开，这是在我国进入全面建成小康社会决定性阶段、巩固发展爱国统一战线和多党合作事业新时期召开的一次重要会议。大会的主题是：高举中国特色社会主义伟大旗帜，以邓小平理论、“三个代表”重要思想、科学发展观为指导，学习贯彻中共十八大精神，弘扬优良传统，深化政治交接，统一思想认识，坚定不移地走中国特色社会主义道路，为全面建成小康社会贡献智慧和力量。会议取得圆满成功，是一次高举旗帜、凝聚力量、团结奋进、继往开来的大会。

与会代表认真学习了中共十八大报告。大会认为，中共十八大高举中国特色社会主义伟大旗帜，以马克思列宁主义、毛泽东思想、邓小平理论、“三个代表”重要思想、科学发展观为指导，分析了国际国内形势发展变化，回顾总结了过去五年的工作和中共十六大以来的奋斗历程及取得的历史性成就，确立了科学发展观的历史地位，提出了夺取中国特色社会主义新胜利的基本要求，确定了全面建成小康社会和全面深化改革开放的目标，对新的时代条件下推进中国特色社会主义事业作出了全面部署，对于推动国家事业发展具有十分重大的意义。大会完全拥护中共十八大报告和通过的各项决议，衷心拥护以习近平同志为总书记的中共中央领导集体。

在大会开幕会上，中共中央政治局常委俞正声同志代表中共中央致贺词，充分肯定我党为中华民族解放事业，为社会主义革命、建设和改革开放事业作出的重要贡献，充分肯定过去五年我党在国家政治生活中所发挥的重要作用，并对我党今后工作提出了新的希望。与会代表一致表示，要认真学习领会中共中央贺词精神，坚持中国共产党的领导，坚定不移地走中国特色社会主义政治发展道路，切实履行好参政党职能，发挥好参政党作用，为实现中共十八大确定的目标任务而努力奋斗。

台盟中央主席林文漪同志代表各民主党派中央、全国工商联致贺词；全国人大、国务院、全国政协，以及中共中央统战部、国家机关有关部门、各民主党派中央和全国工商联的负责人应邀出席会议，表达对我党的深厚友谊和热情支持。大会对此表示诚挚的感谢。

大会审议并批准桑国卫同志代表中国农工民主党第十四届中央委员会所作的题为《坚定不移地走中国特色社会主义道路，为全面建成小康社会贡献智慧和力量》的报告。大会认为，报告贯彻了中共十八大精神，符合我党工作实际。大会高度评价十四届中央委员会所做的各项工作及取得的显著成绩，充分肯定过去五年我党围绕中心、服务大局，为推动科学发展、促进社会和谐、着力改善民生发挥的重要作用。大会认为，报告总结的基本经验和体会，是我党对自身建设和履行职能的特点和规律在认识上的进一步深化，对我党进一步巩固政治交接成果、提高履职能力有重要的指导意义。报告紧密围绕全面建成小康社会和全面深化改革开放的目标，提出了今后五年的工作任务，突出了我党界别特色，反映了新阶段进一步加强我党自身建设和履行参政党职能的新要求，全党要深入贯彻落实。

大会审议并通过《中国农工民主党章程（修正案）》。修改党章是我党与时俱进、提高履职能力、永葆生机活力的需要。大会认为，《党章（修正案）》贯彻了中共十八大精神，反映了全党的共同理想信念，适应了新形势下加强我党自身建设的新要求，体现了我党组织工作的新经验。全体党员要认真学习党章，严格遵守党章。

大会选举产生了第十五届中央委员会。大会坚信，新一届中央领导集体一定能够继承和发扬农工党同中国共产党风雨同舟、亲密合作的优良传统，切实担负起领导全党工作的重任，带领全党同志，解放思想、实事求是、与时俱进、求真务实，全面完成第十五次全国代表大会确定的各项任务。

大会强调，全党要更加注重和切实加强参政党能力建设，践行社会主义核心价值体系，巩固政治交接成果，始终与中国共产党在思想上同心同德、目标上同心同向、行动上同心同行，维护和谐政党关系，团结广大党员以及所联系群众，形成共谋科学发展、共促社会和谐的强大合力，不断提高自身建设科学化水平。

大会号召，全党同志要在农工党中央的领导下，更加紧密地团结在以习近平同志为总书记的中共中央周围，高举中国特色社会主义伟大旗帜，以邓小平理论、“三个代表”重要思想、科学发展观为指导，统一思想，奋发有为，共同谱写多党合作事业发展新篇章，为全面建成小康社会、夺取中国特色社会主义新胜利作出新的更大的贡献！

关于《中国农工民主党章程（修正案）》的说明

（2012 年 12 月 8 日）

刘晓峰

各位代表、各位同志：

现在，我就《中国农工民主党章程（修正案）》有关问题说明如下。

一、修改党章的基本考虑

《中国农工民主党章程》是指导全党工作的纲领性文件。现行党章自 2007 年农工党第十四次全国代表大会修订通过并施行以来，对规范和指导党的工作和党的建设，明确党的职能与任务，加强自身建设，规范组织运作，推动各项工作顺利开展发挥了重要作用。五年来的实践证明，十四大通过的党章是一部好党章，能基本适应中国共产党领导的多党合作和政治协商事业的发展需要，适应农工党履行参政党职能的需要，其内容应该保持稳定。在我国进入全面建成小康社会决定性阶段、爱国统一战线和多党合作事业蓬勃发展的新时期，对参政党工作提出了新要求，中央决定对党章进行适当修改。这有利于全党更好地学习和贯彻党章，调动全党积极性，坚定不移沿着中国特色社会主义道路前进，努力为推动科学发展、促进社会和谐、改善人民生活、增进人民福祉服务，为全面建成小康社会作出更大贡献。

这次修改党章遵循总的原则是：高举中国特色社会主义伟大旗帜，以邓小平理论、“三个代表”重要思想、科学发展观为指导，深入学习贯彻中共十八大精神，注重与中共中央提出的新的理论观点的衔接，适应新形势对参政党工作的新要求，努力反映农工党各级组织工作实践的成熟经验和成果，推进履行职能的制度化、规范化和程序化。坚持充分发扬民主，严格履行程序，广泛听取各方面的意见，了解各个方面的意愿和要求，集思广益、综合选优，形成一部符合实际、与时俱进的好党章，使修改党章的过程成为学习贯彻中共中央精神、明确目标任务的过程，成为统一思想、形成共识、凝聚力量的过程，成为明确党员权利和义务、增强政治责任和政党意识的过程。

现行党章总体上适应指导党的工作和党的建设的需要。因此，这次修改保持党章的总体稳定，作小改，不作大改。对各方面提出的修改建议，坚持不成熟的不改，可改可不改的原则上不改，只修改那些必须改的、在党内已经形成共识的内容。

二、党章修改工作的基本情况

修改党章是农工党十五大的一项重要政治任务，我党中央对此高度重视。2011 年 10 月 19 日中央换届工作领导小组会议研究成立了党章修改小组，由分管组织工作的副主席担任组长，中央研究室和中央组织部负责同志担任副组长，正式启动党章修改工作。

这次党章修改采取自上而下部署、自下而上反馈的方式，充分发扬党内民主，广泛征求各方面意见，集中全党智慧。2012 年 2 月中央发出通知，以 30 个省级组织为基本单位，向全党征求党章修改意见。各省级组织积极宣传、畅通渠道，广泛听取各层次、各方面对党章修改的意见建议，并上报了书面修改意见。党章修改小组先后组织召开了六次专题研讨会、座谈会，邀请了包括部分专职党务领导干部、中央委员、党内专家学者以及老同志等共 110 人次参与研讨，听取各方面意见。修改小组在认真研究各方面意见建议的基础上，提出了党章修正案初稿，并在一定范围内书面征求意见 239 人次。期间召开了若干次党章修改小组工作会议，经过反复讨论、修改，党章修正案初稿六易其稿。中共十八大以后，邀请党内专家学者，根据会议精神作了相应修改，并逐字逐句推敲全文，形成党章修正案（送审稿），提交中央换届工作领导小组审议。根据中央换届工作领导小组意见，形成党章修正案（征求意见稿），其后综合各方面的反馈意见，形成党章修正案（草案），依次提交中央主席会议、中央常委会、中央全会审议通过，形成了提交农工党第十五次全国代表大会审议的《中国农工民主党章程（修正案）》。

这次修改党章收到来自全党各级组织和广大党员的意见、建议共 400 余条，有 51 条在修正案中已经采纳，有的意见和建议还需要在实践中进一步研究和探索，还有些具体建议，可在党内其他文件、条例中体现。

三、总纲部分修改的主要内容

（一）增写了科学发展观的内容

科学发展观创新了发展观念、丰富了发展内涵、开拓了发展思路，是中国特色社会主义理论体系最新成果，是我国经济社会发展的重要指导方针，是发展中国特色社会主义必须坚持和贯彻的重大战略思想，中共十八大已将其列入中共的指导思想。我党将科学发展观同邓小平理论、“三个代表”重要思想一道确立为党的指导思想，有利于全党同志增强学习贯彻科学发展观的自觉性和坚定性，使全党工作与科学发展观的要求在目标上一致、在内容上协调，坚定不移地在中国特色社会主义道路上不断前进。

增加了“思想上同心同德、目标上同心同向、行动上同心同行”的表述，这对于我们在新形势下高举中国特色社会主义伟大旗帜，自觉践行社会主义核心价值体系，全面推进社会主义经济、政治、文化、社会和生态文明建设具有重要指导意义，有利于引导广大党员不断深化思想认识、提升精神境界，更好地服务中国特色社会主义伟大事业。

（二）增写了农工党主体界别的新内容

总纲第一自然段农工党主体界别改为“以医药卫生、人口资源和生态环境领域高中级知识分子为主”。为适应多党合作事业发展的新要求和参政议政工作的需要，经协商同意，农工党在保持原有重点分工的基础上，可以重点发展环境保护和人口资源领域的代表性人士。2009 年 7 月农工党十四届六次中常会审议通过了《中国农工民主党中央委员会关于进一步做好组织发展工作的若干意见》，确认增加农工党的主体界别。修正案中将新界别表述为“人口资源和生态环境领域”，使文字简练，表述准确，符合约定俗成，丰富农工党主体界别之内涵外延，方便开展工作。条文部分第一条、第十三条中涉及界别的描述也作了相应修改。

（三）丰富了农工党历史部分的内容

农工党发展的历史就是一部对中国共产党在认识上不断深化、政治上不断认同、行动上不断靠拢的历史；是一部在中国共产党的影响、帮助、指导下不断进步的历史；是一部逐步走向同中国共产党团结合作、走向接受中国共产党领导的历史；是一部始终为中华民族的解放事业和新中国的繁荣富强贡献力量的历史。这次向全党征求党章修改意见的过程中，各级组织和广大党员普遍认为，党章作为全党同志了解和学习党史的第一教材，有必要增写党史部分内容。修正案以 1930 年建党；1935 年率先响应中共《八一宣言》，与中共合作抗日；1948 年响应中共“五一口号”，接受中国共产党领导三个重要历史时期为主线，记录农工党与中国共产党团结奋斗的历史足迹，体现了农工党的特点，使农工党八十多年发展历程更加清晰，对全党同志深入理解农工党爱国革命的优良传统，增强自豪感和历史使命感，坚定不移地走中国共产党领导的多党合作道路具有十分重要的意义。

（四）完善了农工党的基本任务

我国已进入全面建成小康社会的决定性阶段，农工党在履行参政党职能上舞台广阔、大有可为，党的基本任务的内容根据新时期新要求进行了相应修改，使党章真正与时俱进，充分体现国家事业发展新要求，更好规范和指导当前和今后一个时期党的工作和党的建设。

修正案特别增写了“致力于推进生态文明建设的任务”一条。中共十八大要求全面落实经济建设、政治建设、文化建设、社会建设、生态文明建设五位一体的总体布局，把生态文明建设放在关系人民福祉、关乎民族未来的战略位置。中共中央在致农工党十四大贺词中，希望我党在实施环境保护基本国策、加强生态文明建设方面加强调研，建言献策。我党要进一步发挥医药卫生、人口资源和生态环境主体界别特色，继续为推进国家医疗卫生体制改革、完善全民医保体系，贯彻节约资源和保护环境的基本国策，加强生态文明建设方面积极建言献策，为建设美丽中国，实现中华民族永续发展贡献力量。

四、条文部分修改的主要内容

（一）完善了党内监督工作的有关内容

十四大以来，党内监督工作按照积极稳妥、循序渐进的方针，以建立健全党内监督机制为主线，以推动加强省级领导班子建设为重点逐步展开，中央监督委员会和已成立的省级监督委员会认真履行党内监督职责，取得了一定的实践经验。随着党内监督工作的深入，全党对党内监督的认识进一步提高，完善党内监督机构的条件进一步成熟，健全党内监督制度的要求进一步明确。为使党内监督工作不断适应新形势新要求，第十八条规范党内监督机构为监督委员会，监督委员会在同级委员会领导下工作；第二十四条第（五）项、第二十六条，增写了中央监督委员会产生、名额、任期等内容。第三十五条增写了省、自治区、直辖市监督委员会相关内容。党内监督工作的具体规定详见《中国农工民主党党内监督条例（试行）》。

（二）修改了党的纪律的相关规定

第七条党员退党的程序，经基层组织讨论通过，报“省辖市（含省辖市）以上组织”批准，并层报中央备案。根据党员发展程序，入党时须报省辖市（含省辖市）以上组织审查批准，对退党的程序作此修改后，使退党的审批权限与入党保持一致。第十一条规定各级委员会委员的处分由同级委员会讨论决定，不必在委员会全体会议上再次确认，因此取消了“开除党籍和撤销党内职务的各级委员会委员，须待召开委员会全体会议时予以确认”的规定。

除这些主要修改外，修正案还对党员的义务和权利，中央和地方各级代表大会调整和增、补选委员的程序，基层组织的任务等部分进行了文字上的规范和部分修改。

《中国农工民主党章程（修正案）》（草案）已经十四届七次中央全会审议，现提请十五大审议。

说明完毕。

中国农工民主党章程

（中国农工民主党第十五次全国代表大会部分修改，2012 年 12 月 9 日通过）

总　纲

中国农工民主党是以医药卫生、人口资源和生态环境领域高中级知识分子为主，由一部分社会主义劳动者、社会主义事业建设者和拥护社会主义的爱国者组成的政治联盟，是接受中国共产党领导、同中国共产党通力合作的亲密友党，是致力于中国特色社会主义事业的参政党。

中国农工民主党创始人、革命先烈邓演达等同志于 1930 年 8 月 9 日在上海创立了中国国民党临时行动委员会，确定了反帝反封建的革命纲领。1935 年 11 月，改党名为中华民族解放行动委员会，率先响应中共《八一宣言》，走向同中国共产党合作抗日的道路。1947 年 2 月，确定党名为中国农工民主党，加强与中国共产党全面合作，参加中国共产党领导的人民民主统一战线。1948 年 5 月，响应中共“五一口号”，自觉接受中国共产党的领导，参加中国人民政治协商会议，筹建新中国。在民主革命时期，中国农工民主党团结爱国知识分子和进步人士，同中国共产党团结合作，共同奋斗，经受了血与火的考验，为争取新民主主义革命的胜利，建立中华人民共和国作出了重要贡献。新中国成立后，中国农工民主党参加人民政权和人民政协，为巩固人民民主专政，完善和发展社会主义制度，推进改革开放和现代化建设，促进祖国和平统一发挥了重要作用。坚定不移地接受中国共产党的领导，坚定不移地传承和弘扬爱国革命的优良传统，坚定不移地走中国特色社会主义道路，才能为民族振兴、社会进步、国家富强和人民幸福贡献力量，这是中国农工民主党在长期艰苦曲折和不断前进的历史征程中形成的宝贵经验。

中国共产党领导的多党合作和政治协商制度是我国的一项基本政治制度，共产党领导、多党派合作，共产党执政、多党派参政是在中国革命、建设和改革开放的实践中形成和发展起来的，是符合中国国情的社会主义政党制度。中国农工民主党遵循的政治准则是：坚持以邓小平理论、“三个代表”重要思想和科学发展观为指导，坚持中国共产党的领导，坚持社会主义初级阶段的基本理论、基本路线、基本纲领和基本经验，坚持中国共产党领导的多党合作和政治协商制度，坚持“长期共存、互相监督，肝胆相照、荣辱与共”的基本方针。

中国农工民主党在国家政治生活中履行参政党职能，参加国家政权，参与国家大政方针和国家领导人选的协商，参与国家事务的管理，参与国家方针、政策、法律、法规的制定和执行，发挥参政议政、民主监督的作用。

中国农工民主党以中华人民共和国宪法为根本活动准则，负有维护宪法尊严、保证宪法实施的职责，在宪法规定的权利和义务范围内享有政治自由、组织独立和法律地位平等。

中国农工民主党高举中国特色社会主义伟大旗帜，坚持中国特色社会主义道路，坚持中国特色社会主义理论体系，坚持中国特色社会主义制度，按照中国特色社会主义事业总体布局，切实履行参政党职能，以经济建设为中心，把发展作为参政议政的第一要务，解放思想、实事求是、与时俱进、求真务实，为全面推进社会主义经济建设、政治建设、文化建设、社会建设、生态文明建设，实现祖国和平统一，促进人类和平与共同发展贡献力量，为全面建成小康社会、建设富强民主文明和谐的社会主义现代化国家、实现中华民族的伟大复兴而奋斗。

中国农工民主党的基本任务：

——高举爱国主义和社会主义旗帜，坚持走中国特色社会主义政治发展道路，巩固和发展爱国统一战线；坚持四项基本原则，贯彻依法治国基本方略，为发展社会主义民主，建设社会主义法治国家，建设社会主义政治文明而努力。

——坚持以经济建设为中心，立足社会主义初级阶段基本国情和全面建成小康社会的目标，以科学发展为主题，以加快转变经济发展方式为主线，贯彻科教兴国战略、人才强国战略、可持续发展战略，积极推进改革开放，推动创新驱动发展，为发展先进生产力、完善社会主义市场经济体制，建设创新型国家，促进经济持续健康发展献计出力。

——致力于社会主义文化强国建设。树立中国特色社会主义共同理想，践行社会主义核心价值体系，弘扬民族精神和时代精神，开展爱国主义、集体主义、社会主义教育，推进社会主义文化的发展和繁荣，为提高全民族思想道德水平和科学文化素质，增强中华文化国际影响力贡献才智。

——致力于以改善民生为重点的社会建设。推动社会保障体系建设，推动医药卫生体制改革，为提高全民健康水平，促进人口长期均衡发展，创新社会管理，促进社会公平正义，维护社会和谐稳定建言献策。

——致力于推进生态文明建设。坚持节约资源和保护环境的基本国策，树立尊重自然、顺应自然、保护自然的生态文明理念，推进绿色发展、循环发展、低碳发展，为实现中华民族永续发展贡献力量。

——致力于实现祖国统一大业。遵循“一国两制”方针，加强同香港、澳门特别行政区同胞、台湾同胞及海外侨胞的联谊、交流与合作，增进爱国大团结。反对一切分裂祖国的活动。

——拥护我国独立自主的和平外交政策，开展同世界各国人民及有关团体的友好往来，增进相互了解和合作，促进世界和平与共同发展，推动建设持久和平、共同繁荣的和谐世界。

——维护党员的合法权益，反映党员及所联系群众的意见和诉求，充分调动他们的积极性和创造性。

为实现中国农工民主党的任务，适应时代发展的要求，全党要以建设同中国共产党亲密合作，致力于中国特色社会主义事业的参政党为目标；以坚持中国共产党的领导和发扬社会主义民主、坚持政治联盟的特点、坚持进步性与广泛性相统一为原则，深化政治交接，全面加强自身建设，与中国共产党在思想上同心同德、目标上同心同向、行动上同心同行，巩固和发展社会主义和谐政党关系。

第一章　党员

第一条　凡从事医药卫生、人口资源和生态环境领域以及科技、教育和其他领域的高中级知识分子，承认中国农工民主党章程，愿意参加党的组织，参加组织活动，执行党的决议和履行党员义务的，可以申请加入中国农工民主党。

第二条　申请加入中国农工民主党，须由两名党员介绍，填写入党申请表。基层组织或地方组织对申请人进行初步审查，对确定为发展对象的申请人进行考察和培养教育，培养期一般为六个月以上，经考察后符合发展条件的，报省辖市（含省辖市）以上组织审查批准，并层报中央备案。在特殊情况下，中央和省、自治区、直辖市委员会可以直接吸收党员。

第三条　中国农工民主党对党员的基本要求是：热爱祖国，拥护社会主义初级阶段的基本路线，坚持中国特色社会主义政治发展道路，拥护中国共产党领导的多党合作和政治协商制度，积极参加社会主义现代化建设，努力为人民服务，为全面建成小康社会贡献力量。

第四条　党员履行下列义务：

（一）遵守宪法和法律，保守国家机密，遵守社会公德，维护国家利益和社会稳定。

（二）遵守党的章程，执行决议和决定，完成党组织交付的任务。

（三）学习马克思列宁主义、毛泽东思想、邓小平理论、“三个代表”重要思想和科学发展观，贯彻中国共产党和国家的路线、方针、政策，钻研业务，做好本职工作。

（四）密切联系群众，了解和反映社情民意，发挥桥梁和纽带作用。

（五）维护党的团结，遵守组织纪律，开展批评和自我批评。

（六）参加组织生活，按照规定缴纳党费。

第五条　党员有下列权利：

（一）党内的选举权、被选举权和表决权。

（二）参加党的有关会议和活动，阅读党的有关文件和刊物，参加组织的培训。

（三）参加党组织有关国家大事的讨论，了解和反映社情民意，提出意见和建议。

（四）对党的工作提出建议和批评，监督党的各级领导和工作人员。

（五）对党的决议和决定有不同意见，在执行的前提下，可以保留，也可以向上级组织直至中央提出。

（六）在合法权益遭受损害时，有权要求党组织提供帮助。

（七）在基层组织讨论对党员的纪律处分时，当事人有权参加和进行申辩，其他党员可以为其作证或辩护；如对处分不服，可以申诉，要求上级组织复议和处理。

第六条　党员迁移到另一个地方，须办理转移组织关系手续，如迁移到无党组织的地方，应与原地方组织保持联系。

第七条　党员退党，须书面申请，经基层组织讨论通过，报省辖市（含省辖市）以上组织批准，并层报中央备案。

第八条　党员无正当理由连续一年不参加组织活动、不与组织联系，也不缴纳党费的，经教育无效，基层组织可以建议上一级地方组织注销其党籍。注销党籍应层报中央备案。

第九条　党员在全面建设小康社会和参政议政、民主监督以及党的自身建设工作中做出显著成绩的，可由中央或地方组织决定，给予表彰和奖励。

第十条　党员违反党的章程，按照情节轻重，分别给予党内警告、撤销党内职务、留党察看、开除党籍的处分。

留党察看期限不超过两年。党员在留党察看期间，在党内没有选举权、被选举权和表决权。留党察看期间确已改正错误的，可以由作出处分决定的组织按期或提前撤销处分，恢复上述权利。坚持错误不改的，开除党籍。

触犯刑律，情节严重的党员应予开除党籍。

第十一条　对党员的处分，须经本人所在的基层组织党员大会讨论决定，报上一级地方组织批准。

对地方各级委员会组成人员的处分，须由同级委员会讨论决定，报上一级组织批准，并层报中央备案。

对中央委员会委员的处分，须报经中央委员会决定。

开除党籍的处分，须经省、自治区、直辖市委员会审核批准，报中央备案。

第二章　组织制度

第十二条　党的组织原则是民主集中制：

（一）党员个人服从党的组织，少数服从多数，下级组织服从上级组织，全党各个组织和全体党员服从党的全国代表大会和中央委员会。

（二）各级委员会由同级代表大会或党员大会选举产生。

（三）党的最高领导机构是全国代表大会和它选举产生的中央委员会。

地方各级领导机构是地方各级代表大会或党员大会和它选举产生的委员会。

各级委员会向同级的代表大会或党员大会负责并报告工作。

（四）各级委员会实行集体领导和分工负责制度。凡属重要决策、干部任免和重要事项，由领导班子充分酝酿，民主讨论并形成决议。重大事项须经常委会或全委会讨论通过。

（五）上级组织要加强对下级组织的领导，经常了解、听取下级组织和党员的意见，指导工作，及时处理他们所提出的问题。下级组织要执行上级组织的决议和决定，向上级组织请示和报告工作。

第十三条　党的组织发展方针是：坚持以医药卫生、人口资源和生态环境领域人士为主、以大中城市为主、以有一定代表性人士为主，注重质量，保持特色，组织发展与后备干部队伍建设相结合。

第十四条　各级代表大会、党员大会和委员会召开会议，必须超过应到人数的半数出席方能举行；通过决议和决定，执行少数服从多数的原则。

第十五条　各级代表大会的代表和各级委员会的委员，要广泛听取对候选人的意见，充分协商，采用无记名投票方式选举产生。选举办法须报上级组织批准。

必要时，上级组织可以调整下级组织的负责人。

第十六条　县级及以上委员会，必要时可以召集代表会议，讨论和决定需要及时解决的重大问题。代表会议的召开、代表的名额和产生办法，由召集代表会议的委员会决定，报上一级组织批准。

第十七条　地方组织的建立、撤销、合并、改建，须报中央批准。筹建中的地方组织领导班子成员，由上一级组织任命。

第十八条　党的内部监督机构为监督委员会，在同级委员会领导下，对党员和党组织遵守章程的情况进行监督，重点监督党的各级组织领导班子成员履行领导职务的情况。

第十九条　中央和省、自治区、直辖市级组织可设直属基层组织，必要时可设置直属工作委员会，领导和管理直属基层组织。直属工作委员会不是一级地方组织，其职权范围和组成人员由中央和省、自治区、直辖市组织决定。

第三章　中央组织

第二十条　全国代表大会每五年举行一次，由中央委员会召集。中央委员会认为必要，可以提前举行；如无特殊情况，不得延期举行。在举行全国代表大会时，选举主席团主持会议。全国代表大会代表名额和产生办法，由中央委员会或中央常务委员会决定。

第二十一条　全国代表大会的职权是：

（一）审议和批准中央委员会的报告。

（二）修改党的章程。

（三）选举中央委员会。

（四）讨论并决定党的重大事项。

第二十二条　全国代表大会闭会期间，可以由中央委员会全体会议调整和增、补选中央委员会的部分委员。调整和增、补选中央委员，数额不得超过全国代表大会选出的中央委员总数的十分之一。

第二十三条　中央委员会每届任期五年，全国代表大会如提前或延期举行，它的任期相应地改变。

中央委员会委员的名额，由全国代表大会决定。

中央委员会全体会议由中央常务委员会召集，每年至少举行一次。

第二十四条　中央委员会在全国代表大会闭会期间，领导全党工作，对外代表中国农工民主党。其职权是：

（一）贯彻执行全国代表大会的决议。

（二）审议中央常务委员会的工作报告。

（三）讨论和决定党的工作方针和任务。

（四）选举中央委员会主席、副主席、常务委员会委员。

（五）决定中央监督委员会主任、副主任、委员，审议中央监督委员会的工作报告。

第二十五条　中央常务委员会在中央委员会闭会期间，行使中央委员会的职权。

中央常务委员会委员的名额由中央委员会决定。

中央委员会主席、副主席，同时是中央常务委员会主席、副主席。

中央常务委员会全体会议，每年至少举行两次，由主席会议决定。

第二十六条　中央委员会主席、副主席组成主席会议，贯彻执行中央委员会和中央常务委员会的决议、决定，处理党的重要事项。主席会议由主席或主席委托的副主席召集和主持。主席会议工作规程由中央常务委员会决定。

中央监督委员会在中央委员会领导下负责党的内部监督工作，每届任期和中央委员会相同，列席中央委员会全体会议。中央监督委员会委员的名额由中央委员会决定。

第二十七条　中央委员会设秘书长，在主席会议领导下工作。中央委员会设职能工作部门组成中央机关。中央秘书长和职能工作部门的正职负责人由主席会议提名，中央常务委员会任命。副秘书长和职能工作部门的副职负责人由主席会议任命。

第二十八条　根据工作需要中央委员会可设置若干专门工作委员会。专门工作委员会的组建、调整、工作规程由中央常务委员会决定。专门工作委员会主任由主席会议提名，中央常务委员会任命。副主任和委员由主席会议任命。

第四章　地方组织

第二十九条　省、自治区、直辖市，省辖市的代表大会，直辖市的区（县）、省辖市的区、县（市）的代表大会或党员大会，每五年举行一次，必要时可提前或延期举行。在举行代表大会或党员大会时，选举主席团主持会议。地方各级代表大会或党员大会由同级委员会召集。代表名额和产生办法，由同级委员会或常务委员会决定，并报上一级组织批准。

第三十条　地方各级代表大会或党员大会的职权是：

（一）贯彻执行全国代表大会、中央委员会和上级组织的决议。

（二）审议和批准同级委员会的报告。

（三）选举同级委员会。

（四）选举出席上一级代表大会的代表。

（五）讨论并决定同级委员会的重要事项。

第三十一条　地方各级代表大会或党员大会闭会期间，经上一级组织批准，可以由它所产生的委员会全体会议调整和增、补选委员会的部分委员。调整和增、补选委员，数额不得超过代表大会或党员大会选出的委员总数的十分之一。

第三十二条　省、自治区、直辖市，省辖市、直辖市的区（县）、省辖市的区、县（市）的委员会，每届任期五年。代表大会或党员大会如提前或延期举行，其委员会的任期也相应改变。

地方各级委员会的规模要报上一级组织批准，由同级代表大会或党员大会决定。地方各级委员会全体会议，每年至少举行一次。

第三十三条　地方各级委员会在同级代表大会或党员大会闭会期间，领导本地的党务工作，其职权是：

（一）贯彻执行上级组织和同级代表大会或党员大会的决议，定期向上级组织报告工作。

（二）审议工作报告。

（三）制定工作计划，讨论决定本组织的重大问题。

（四）选举主任委员、副主任委员、常务委员会委员。

（五）决定省、自治区、直辖市监督委员会主任、副主任、委员，并报中央备案。审议监督委员会的工作报告。

第三十四条　省、自治区、直辖市、省辖市委员会可设常务委员会，每届任期和同级委员会相同，在委员会闭会期间，行使同级委员会的职权。

委员会的主任委员、副主任委员，同时是同级常务委员会的主任委员、副主任委员。

主任委员主持同级委员会和常务委员会的工作，副主任委员协助主任委员工作。

第三十五条　省、自治区、直辖市、省辖市委员会的主任委员、副主任委员组成主任委员会议，贯彻执行委员会和常务委员会的决议、决定，处理地方的重要工作。

主任委员会议由主任委员或主任委员委托的副主任委员召集和主持。

省、自治区、直辖市监督委员会在同级委员会领导和中央监督委员会指导下负责本组织的内部监督工作，每届任期和同级委员会相同，列席同级委员会全体会议并向其报告工作。

第三十六条　地方各级委员会可设秘书长，在主任委员会议领导下工作。地方各级委员会根据工作需要，配备专职工作人员，设立职能工作部门和专门工作委员会。

秘书长和职能工作部门的正职负责人由主任委员会议提名，同级常务委员会任命。副秘书长和职能工作部门的副职负责人由同级主任委员会议任命。

专门工作委员会的主任由主任委员会议提名，同级常务委员会任命，副主任和委员由主任委员会议任命。

不设常务委员会的地方组织，有关职务由主任委员会议提名，同级委员会任命。

第五章　基层组织

第三十七条　基层组织是指各级组织所辖的小组、支部、支部委员会、总支部委员会、基层委员会。

凡有党员三人以上，可以成立小组；党员五人以上，可以设立支部；有党员九人以上的支部，可以建立支部委员会。根据工作需要，在同一单位、业务系统或地区，可以建立总支部委员会、基层委员会。

基层组织的设立、合并或撤销，由上一级地方组织决定。

第三十八条　支部委员会由支部党员大会选举产生，总支部委员会、基层委员会由党员大会或代表大会选举产生，委员名额由上一级地方组织决定。支部委员会、总支部委员会、基层委员会选举主任委员、副主任委员，不设委员会的支部选举主任和副主任，小组选举组长，每届任期五年。

第三十九条　基层组织的任务是：

（一）接受中共基层党组织和中国农工民主党上级组织的领导，贯彻中国农工民主党上级组织的决议、决定，对上级组织的工作提出建议和意见。

（二）组织党员学习政治理论，学习中国共产党和国家的路线、方针、政策，学习中国农工民主党的历史、章程和文件，开展思想政治工作。

（三）配合所在单位的中心工作，鼓励党员立足岗位建功立业；围绕经济社会发展和国计民生，开展调查研究和社会实践活动，反映社情民意，积极建言献策。

（四）健全工作制度，开展组织活动，增强组织凝聚力。

（五）关心党员的思想状况和工作、生活情况，依法维护党员权益，按组织系统反映他们的意见和建议，协调关系、化解矛盾。

（六）严格按照党组织发展工作的规定，做好党员的发展、考察、培养和推荐工作。

（七）制定年度计划，总结年度工作，研究对党员的表扬、奖励和处分等重要事项。

（八）收缴党费，定期公布党费使用情况。

第六章　干　部

第四十条　按照德才兼备的原则选拔党的各级领导干部，建立健全民主评议机制、干部选拔任用机制和合理的进退机制。努力建设自觉接受中国共产党的领导，坚持走中国特色社会主义政治发展道路，团结和带领广大党员坚定不移地同中国共产党一道前进的政治坚定、团结民主、工作高效、关系和谐、廉洁自律的领导班子。

第四十一条　各级领导干部实行任期制，中央主席、副主席，地方组织主任委员、副主任委员，连续担任同一职务一般为两届，最多不得超过三届。各级委员会的领导成员，因工作需要，在任期内可进行调整。

第四十二条　各级领导干部必须模范地履行党的章程，并且要具备以下条件：

（一）坚持正确的政治方向，忠诚于中国共产党领导的多党合作和爱国统一战线事业，热心中国农工民主党的工作，有政治责任感。

（二）努力学习，不断提高政治思想素质和理论政策水平，不断提高政治把握能力、参政议政能力、组织领导能力、合作共事能力。

（三）作风民主、团结同志，按照民主集中制的原则办事。

（四）廉洁奉公，遵纪守法，以身作则，模范地执行各项规章制度，接受组织和党员的监督。

第四十三条　县级以上委员会的机关干部按照《中华人民共和国公务员法》管理。

第七章　附　则

第四十四条　本章程经全国代表大会通过后施行，解释权属中央委员会。

中国农工民主党党内监督条例（试行）

（2012 年 12 月 5 日中国农工民主党第十四届中央常务委员会第十八次会议通过）

第一章　总　则

第一条　为加强党内民主监督，发展党内民主，维护党的团结，严肃党的纪律，根据《中国农工民主党章程》等有关规定，制定本条例。

第二条　党内监督以邓小平理论、“三个代表”重要思想、科学发展观为指导，按照国家干部管理体系、体制和干部管理工作的基本方针政策开展工作。

第三条　党内监督以本党章程为准绳，体现进步性与广泛性相统一；坚持民主集中制原则；坚持积极稳妥、循序渐进，惩防并举、重在预防的方针。

第四条　党内监督主要是对各级组织和党员遵守本党章程的情况进行监督，重点监督各级领导班子及其成员履行党内领导职责和廉洁行政的情况。

第二章　监督机构

第五条　中央和省级组织设立监督委员会。地市级组织暂不设立监督委员会。监督委员会在同级委员会领导下履行职责。

省级监督委员会须在条件成熟的情况下，经报中央委员会批准后设立，并接受中央监督委员会指导。

第六条　监督委员会的规模由同级委员会决定，设主任、副主任、委员，由同级主席（主任委员）会议或常务委员会提名，提请同级委员会决定。

中央监督委员会规模一般为 19 人（单数）以内，主任一般由常务副主席兼任，副主任由副主席兼任，委员一般由中央委员会委员和其他具有代表性的党员担任。

省级监督委员会规模和组成人选可参照中央监督委员会规定，并在正式组成后报中央监督委员会备案。

第七条　监督委员会每届任期与同级委员会相同，每年向同级委员会报告工作，并列席同级委员会全体会议。

第八条　监督委员会全体会议由主任或主任委托的副主任召集和主持，每年至少举行一次。

第九条　监督委员会下设办公室，与组织部门合署办公，承办监督委员会日常事务。

第三章　监督职责

第十条　监督委员会的职责是：

（一）学习贯彻中共和本党关于党风廉政建设的重要精神、有关部署和要求，开展关于党风廉政建设的宣传教育工作，对本党廉政建设的有关政策、措施进行研究，提出意见和建议。

（二）对本组织内各级领导机构及其领导班子成员遵守多党合作政治准则、贯彻民主集中制、履行职责和廉洁行政的情况进行监督，对违反本党章程的行为进行核查，提出党纪处理意见和建议。

（三）受理涉及本组织内各级组织和党员违反本党章程和廉洁行政等问题的来信来访，提出处理意见和建议。

（四）负责对党内监督工作中的重要事项和重大问题与有关部门进行沟通和协商。

（五）指导下级组织在中共领导下加强党内监督工作，了解、反映各级组织和党员的意见要求，保障党员权利。

第十一条　监督委员会接受各级组织和党员的监督。

第四章　监督制度

第十二条　各级领导班子主要负责人应带头执行民主集中制，严格执行议事规则，应由集体讨论决定的事项必须列入相应会议议程。

第十三条　各级领导班子决定重要事项，应充分进行讨论、发表意见，对于少数人的不同意见应认真考虑，并可选用不同方式进行表决。议事过程和结果应做好会议记录。讨论干部任免事项，应记录推荐、考察、酝酿、讨论决定的情况。

第十四条　各级领导班子做出的重要决议、决定，应通过组织渠道按照有关规定及时向所属组织和党员通报。

第十五条　各级领导班子及其成员在任期内（届中或换届前）应向同级委员会述职或提交书面述职报告，述职应邀请部分党员代表参加会议。

第十六条　各级领导班子及其成员在述职后，接受民主评议或民主测评。

第十七条　各级领导班子应建立健全谈心会制度，并将召开谈心会的情况书面向上级组织或监督委员会报告。领导班子主要负责人对开好谈心会负责，承担谈心会的组织实施、制定和落实领导班子整改措施的领导责任。

第十八条　各级领导班子及其成员应廉洁奉公，遵纪守法，以身作则，自觉接受并正确对待组织和党员的监督。

第十九条　监督委员会参加本组织内各级领导班子述职、民主评议和谈心会活动。

第二十条　监督委员会建立健全走访制度，不定期走访本组织内各级领导班子成员所在单位中共党组织，沟通了解情况。

第二十一条　监督委员会建立健全谈话和诫勉制度，对党员干部在遵守多党合作政治准则、贯彻民主集中制、履行职责和廉洁行政等方面有关苗头性、倾向性问题进行及时谈话、诫勉教育。

第二十二条　监督委员会对于重要事项和重大决策，应及时提交同级常务委员会或委员会审议决定。对于违反本党章程和党内外纪律的情况，按章程有关纪律处分的规定和相关程序处理。

第五章　附　则

第二十三条　本条例由中央监督委员会负责解释。

中国农工民主党第十五届中央委员会名单

主席：陈　竺

常务副主席：刘晓峰

副主席：

陈述涛（满族）	何　维	姚建年	杨　震	朱静芝（女）
蔡　威	龚建明	谢庆生		

常务委员（按姓氏笔画为序）：

于文明	马光瑜	王　路	王正荣	王金南
王新陆	牛广明	牛立文	曲凤宏	吕忠梅（女）
朱静芝（女）	刘晓峰	寿子琪	苏文金	杜黎明
李朋德	杨　震	杨忠岐	杨鸿生	何　维
沈中阳	张　全	张周平	张新建	陈　竺
陈子江（女）	陈述涛（满族）	陈建国（中央）	陈绍军	周　然
周健民	郑小燕（女）	孟庆才	赵吉光	赵进才
段惠军	姚　克	姚建年	栗震亚	高体健
唐建武	黄峰平	龚建明	隋　路	彭　钊
蒋建东	焦　红（女）	游宏炳	谢庆生	蔡　威
戴秀英（女、回族）				

中央委员（按姓氏笔画排序）：

于文明	马立群	马光瑜	王　平（女）	王　永
王　勇	王　娴（女）	王　斌	王　焱	王　路
王正荣	王平道	王成祥	王延奎	王伦善
王安龙	王启仪（女）	王忠哲	王金南	王学东（女）
王爱萍（女）	王新陆	王福强	韦　唯（女、壮族）	云治厚（蒙古族）
牛广明	牛立文	方　才	龙国英（女）	卢志鹏
田晓峰	史若飞	史国良	包景岭	邢念增
邢学宁	巩富文	成　虎	毕　华	曲凤宏
吕忠梅（女）	吕善勇	朱静芝（女）	伍长南	任国胜
刘长青	刘月辉	刘文伟	刘启明	刘启德
刘冠贤	刘晓峰	刘献祥	许洪玲（女）	孙　袁（女）

孙建恒	孙晓青	孙晓梅（女）	孙铁英（女、满族）	寿子琪
花亚伟	苏文金	杜黎明	李 力	李力强
李夕兵	李坤成	李其春	李和跃	李朋德
李院生	李新有	杨 翔	杨 震	杨少杰
杨关林（锡伯族）	杨忠岐	杨鸿生	连庆泉	肖 渡（女）
肖惠宁（女）	吴 勇	吴 鸿	吴小华	何 刚
何 伟	何 维	何云葵（女）	何玉庭（壮族）	何学彬（女）
余伯阳	余明永	沈中阳	宋修岐	张 华（女）
张 全	张 明	张 波（女）	张光奇	张庆文（女）
张秀兰（女）	张伯群	张怀琼	张灼华	张周平
张宽寿（白族）	张喆人	张新民	张新建	陆国钦
陈 竺	陈 琪（女）	陈子江（女）	陈为能	陈兴生
陈芳源（女）	陈松岭	陈述涛（满族）	陈建国（中央）	陈建国（江苏）
陈绍军	陈晶莹（女）	邵旭东	尚 红（女）	罗良娟（女）
罗建红	罗胜联	金如颖（女）	周 俊	周 然
周健民	周超男（女）	郑小燕（女）	郑丙辉	郑伟达
郑金旭	郑新清（女）	孟庆才	赵 午	赵吉光
赵进才	赵荣国	赵耀华	郝 萍（女）	胡玉璋（女）
胡家正	钟国跃	钟勤建	段惠军	侯一平
侯欣一	侯治富（满族）	侯晓华	姜文奇	姚 进
姚 克	姚元根	姚建年	姚俭建	耿小平
栗震亚	夏之宁	夏华祥	顾 晋	徐 英
徐仁根	栾明拥	高 翔	高体健	高雁卿
郭天康	郭新志（女）	唐周怀	唐建武	黄 河
黄 煌	黄顺玲（女）	黄泰康	黄峰平	黄惠玲（女、布依族）
曹 荣	曹锡荣	龚建明	常纪文	梁 斌
梁志鹏	隋 路	彭 钊	董 峻	董众兵
蒋 巍	蒋和生	蒋建东	蒋厚琳（女）	景世刚
焦 红（女）	储昭平	鲁 成	曾成钢	曾宪初
游宏炳	谢庆生	赖应辉	雷 迅	蔡 威
管 飞	熊承良	熊战勋	樊东升	潘多俊
潘晓玲（女）	霍兴文	戴秀英（女、回族）	魏庆海	

中国农工民主党第十五届中央监督委员会名单

主任：刘晓峰

委员（按姓氏笔画排序）：

王建沂	方　才	曲凤宏	朱　航	朱书刚
刘迎（女、回族）	刘晓峰	江红兵	许淑清（女）	苏文金
李思进	李肇娥（女）	张汝林	金如颖（女）	侯欣一
姚　树	黄宝荣	龚振湘		

办公室主任：曲凤宏（兼）

中国农工民主党中央关于学习宣传贯彻中共十八大精神的通知

农工党各省、自治区、直辖市委员会：

中国共产党第十八次全国代表大会是在我国进入全面建成小康社会决定性阶段召开的一次十分重要的大会。大会批准了胡锦涛同志代表中共第十七届中央委员会所作的报告，批准了中央纪律检查委员会工作报告，审议通过了《中国共产党章程（修正案）》，选举产生了新一届中央委员会和中央纪律检查委员会。这是一次高举旗帜的大会、继往开来的大会、团结奋进的大会。认真学习宣传贯彻中共十八大精神是农工党当前和今后一个时期的首要政治任务，现将有关要求通知如下：

一、充分认识中共十八大的重大意义

中共十八大报告分析了国际国内形势发展变化，回顾总结了过去五年的工作和中共十六大以来的奋斗历程及取得的历史性成就，确立了科学发展观的历史地位，提出了夺取中国特色社会主义新胜利的基本要求，确定了全面建成小康社会和全面深化改革开放的目标，对新的时代条件下推进中国特色社会主义作出了全面部署，对全面提高中国共产党的建设科学化水平提出了明确要求。报告主题鲜明、内涵丰富、思想深刻、求真务实，描绘了全面建成小康社会、加快建成社会主义现代化的宏伟蓝图，为国家事业进一步发展指明了方向，是中国共产党团结带领全国各族人民夺取中国特色社会主义新胜利的政治宣言和行动指南，是马克思主义的纲领性文献。

中共十八届一中全会选举产生了以习近平同志为总书记的新一届中央领导集体，一大批德才兼备、年富力强的优秀领导干部充实到中央领导机构，反映了全国各族人民心愿，充分表明了中国共产党的兴旺发达、充满朝气、富有活力。中国农工民主党对此由衷高兴，完全拥护和支持。

认真学习贯彻中共十八大精神，关系中国特色社会主义事业的长远发展，对于动员农工党全体党员在以习近平同志为总书记的中共中央领导下，高举中国特色社会主义伟大旗帜，坚定不移沿着中国特色社会主义道路前进，为全面建成小康社会而奋斗具有十分重要的现实意义和深远的历史意义。

二、深刻领会中共十八大的精神实质

——深刻领会中共十八大的主题。中共十八大的主题是：高举中国特色社会主义伟大旗

帜，以邓小平理论、“三个代表”重要思想、科学发展观为指导，解放思想，改革开放，凝聚力量，攻坚克难，坚定不移沿着中国特色社会主义道路前进，为全面建成小康社会而奋斗。

——深刻领会科学发展观的历史地位和指导意义。中共十八大将科学发展观同马克思列宁主义、毛泽东思想、邓小平理论、“三个代表”重要思想一道，确定为必须长期坚持的指导思想，进一步明确了科学发展观的历史定位，实现了中国共产党指导思想的又一次与时俱进。

——深刻领会中国特色社会主义的丰富内涵。中国特色社会主义最核心的内涵就是中国特色社会主义道路、中国特色社会主义理论体系、中国特色社会主义制度，这是中国共产党和中国人民九十多年奋斗、创造、积累的根本成就。全面建成小康社会，加快推进社会主义现代化，实现中华民族伟大复兴，必须始终高举中国特色社会主义伟大旗帜，坚定不移地走中国特色社会主义道路，既不走封闭僵化的老路、也不走改旗易帜的邪路。

——深刻领会夺取中国特色社会主义新胜利的基本要求。中共十八大报告提出，在新的历史条件下夺取中国特色社会主义新胜利，必须牢牢把握八项基本要求，即必须坚持人民民主地位，必须坚持解放和发展生产力，必须坚持推进改革开放，必须坚持维护社会公平正义，必须坚持走共同富裕道路，必须坚持促进社会和谐，必须坚持和平发展，必须坚持共产党的领导。

——深刻领会社会主义建设事业“五位一体”的总体布局。中共十八大提出的社会主义经济建设、政治建设、文化建设、社会建设、生态文明建设总体布局，是指导中国特色社会主义事业全面发展的重大战略部署。强调把生态文明建设融入经济、政治、文化、社会建设各方面和全过程，努力建设美丽中国，实现中华民族永续发展。

——深刻领会全面建成小康社会和全面深化改革的目标。中共十八大提出，到2020年全面建成小康社会的目标包括，经济持续健康发展，人民民主不断扩大，文化软实力显著增强，人民生活水平全面提高，资源节约型、环境友好型社会建设取得重大进展。全面深化改革开放的目标，就是要坚决破除一切妨碍科学发展的思想观念和体制机制弊端，构建系统完备、科学规范、运行有效的制度体系，使各方面制度更加成熟更加定型。力争实现两个百年目标：在中国共产党成立一百年时全面建成小康社会，在新中国成立一百年时建成富强民主文明和谐的社会主义现代化国家。

——深刻领会协商民主、统一战线、多党合作的新论述。中共十八大报告强调，要健全社会主义协商民主制度，坚持和完善中国共产党领导的多党合作和政治协商制度；要巩固和发展最广泛的爱国统一战线，坚持长期共存、互相监督、肝胆相照、荣辱与共的方针，加强同民主党派和无党派人士团结合作，促进思想上同心同德、目标上同心同向、行动上同心同行。

——深刻领会社会主义核心价值观的新概括。中共十八大报告用24个字分三个层面概括了社会主义核心价值观，即国家层面是富强、民主、文明、和谐；社会层面是自由、平等、公正、法治；公民个人层面是爱国、敬业、诚信、友善。

三、认真学习宣传贯彻中共十八大精神

1. 精心部署，开展好各种形式的学习宣传活动。农工党各级组织要以高度的政治责

任感，精心安排部署，组织广大党员认真学习宣传贯彻中共十八大精神。要结合实际，制定好学习计划，提出具体要求，认真组织实施，加强督促检查，迅速兴起学习宣传贯彻中共十八大精神的热潮；要采取切实有效措施，通过集中培训、组织研讨班、举办报告会等多种形式，把个人自学与集中学习、通读文件与专题研讨相结合，认认真真研读中共十八大文件，原原本本学习中共十八大报告，全面准确领会中共十八大精神；要通过报纸杂志、广播电视、互联网等多种形式，及时宣传各级组织学习贯彻中共十八大精神的情况，总结推广好的经验和做法，不断把学习贯彻引向深入。

2. 深入研究，促进中共十八大精神的理论武装。中国共产党的理论创新每前进一步，农工党的理论武装就要跟进一步。中共十八大提出了一系列新思想、新观点、新论断，我们要结合实际，加强学习研究，加以阐释宣传，推进理论武装；要充分发挥我党理论研究点和各级组织理论学习中心组的作用，在深入学习领会基础上，编写辅导资料、党员读本等各种学习材料；要突出重点，组织攻关，努力推出一批结合我党实际、有较强实践指导意义的理论成果。

3. 联系实际，推动贯彻落实中共十八大精神。要坚持以科学发展为主题、以加快转变经济发展方式为主线，围绕国家和地方经济建设的中心工作，深入开展调研，积极建言献策，充分发挥参政党的作用。特别是要结合自身特点，发挥优势，在医药卫生事业、生态文明建设和人口资源环境领域深入调研，多建睿智之言，多献务实之策。要充分动员广大农工党员爱岗敬业、积极进取，在参与和推进深化医药卫生体制改革、健全基本医疗保障体系、加强环境保护、建设生态文明等方面提出意见建议，把智慧和力量凝聚到实现中共十八大确定的奋斗目标和各项任务上来。

中共十八大为我们描绘了中国特色社会主义更加灿烂壮丽的前景，让我们高举中国特色社会主义伟大旗帜，更加紧密地团结在以习近平同志为总书记的中共中央周围，解放思想、凝聚力量、同心同德、攻坚克难，为全面建成小康社会和实现中华民族的伟大复兴而顽强奋斗、艰苦奋斗、不懈奋斗，共同创造中国人民和中华民族更加幸福美好的未来！

中国农工民主党中央委员会
二〇一二年十一月二十日

中国致公党

凝心聚力　开拓创新
为全面建成小康社会贡献力量

——在中国致公党第十四次全国代表大会上的报告

万　钢

各位代表、各位同志：

现在，我代表中国致公党第十三届中央委员会向大会作报告，请各位代表予以审议，并请列席的同志提出意见。

中国致公党第十四次全国代表大会，是在全国各族人民深入学习贯彻中共十八大精神，推进实现全面建成小康社会的重要时刻召开的。刚刚胜利闭幕的中共十八大，对于我国承前启后、继往开来，开创中国特色社会主义事业新局面，具有重大而深远的意义。致公党衷心拥护中共十八大作出的各项决策和部署，衷心拥护以习近平同志为总书记的新一届中共中央领导集体。

本次大会的主题是：认真学习中共十八大精神，高举中国特色社会主义伟大旗帜，以邓小平理论、"三个代表"重要思想和科学发展观为指导，凝聚"侨"、"海"力量，深化政治交接，推进高素质参政党建设，为全面建成小康社会、加快推进社会主义现代化、实现中华民族伟大复兴贡献力量。

一、过去五年的工作

过去五年是我们继往开来的五年。五年来，按照致公党十三大提出的总体要求和工作部署，本届中央委员会先后召开了六次全会，就加强自身建设力度、提高参政议政能力、深化海外联络工作、提升社会服务质量等问题作出决定和部署，提出"侨海报国"、"人才兴党"等战略目标，推动全党在履行参政党职能、加强自身建设方面取得新的成绩。

（一）坚持正确的政治方向，切实加强思想理论建设

五年来，我们始终把思想理论建设摆在本党各项工作和建设的首要位置，结合国际国内形势的深刻变化以及本党的实际，深化政治交接，继承发扬优良传统，坚持正确的政治立场和政

治方向，始终保持本党政治联盟的进步性，多党合作的思想政治基础更加巩固。

坚持把理论学习作为首要任务。五年来，我们通过领导班子成员带头学习、常委会议专题学习、普通党员集中学习等方式，认真学习领会中共中央一系列重要会议、文件精神，促进全党不断增强坚持中国共产党领导的自觉性与坚定性。抓住五年来国家大事多、重大活动多的契机，大力开展深化政治交接、学习贯彻科学发展观、践行社会主义核心价值体系、推进“同心”行动等学习教育活动，引导广大党员认真学习中国特色社会主义理论体系，用马克思主义中国化最新成果武装头脑、指导实践。

深化参政党理论研究，重视党史工作。充分发挥党内老同志和专家学者的作用，协调力量就坚持和完善多党合作制度、统一战线理论与实践、自身建设等重大问题进行深入研究，取得重要理论成果，出版了《中国致公党简史（修订版）》、《中国致公党党员读本》、《中国致公党理论研究选集》等书籍。加强对本党党章、党史的学习研讨，组织专门力量对本党历史人物进行深入考证和研究分析。各级组织通过举办研讨会、新党员学习班、报告会、建立党史馆等多种形式，加大对党史的研讨和宣传工作。

进一步加强宣传工作。各级宣传部门努力把本党开展的重大工作项目、重要活动、有代表性人物以及党员中的先进典型，有计划地通过媒体广为宣传，努力激发广大党员为国家发展贡献智慧和力量的自豪感，增进社会各界对致公党的了解。《中国致公》等各级党刊和党务网站、中国致公出版社、中国发展杂志社，坚持正确的舆论导向，不断提高自身水平，成为宣传统一战线理论和多党合作事业的重要载体，成为广大党员交流思想的重要平台，成为展示本党精神面貌的重要窗口和联系社会各界的重要门户。

（二）服务科学发展，积极发挥参政议政、民主监督作用

五年来，我们紧紧围绕科学发展主题和加快转变经济发展方式主线献计出力，自觉履行参政党职能，积极探索新渠道、新思路和新方法，切实加强中央与地方组织的合作与交流，有效地促进了全党履职能力和水平的提高。

重视在国家政治生活中发挥积极作用。五年来，各级组织负责同志参加中共党委、政府召开的协商会、座谈会、情况通报会 4800 多次。本党中央领导参加中共中央和国务院召开的各种协商会、通报会、座谈会以及有关部门的研讨会近百次，对我国经济、政治、文化和社会生活中的重大事宜议政建言，为推进决策的科学化、民主化作出了贡献。本党现有各级人大代表 814 名，各级政协委员 3787 名，这些党员以高度的政治责任感、使命感和饱满的政治热情，通过会议发言、人大议案、政协提案等形式，对国家改革和建设中的重大问题及人民群众普遍关心的问题，提出了不少建设性的意见和建议，被政府有关部门所重视和采纳。本党现有 381 名党员在县级以上政府和司法机关担任领导职务，他们直接参加了政府管理和司法实践活动，较好地履行了自身的职责。

深入实际考察调研。在“发挥优势、积极有为”的思路下，各级组织认真开展专题调研，形成调研报告 4570 份，为地方政府决策提供了有力依据。本党中央大力推进和深化“科技创新驱动”“区域协调发展”“支持小微企业健康发展”“农业发展和农村建设”“生态建设和可持续发展”“支持‘侨’‘海’发展”“促进教育公平与深化改革”等七大系列课题的长期研究和跟踪；拓展“海岛保护与发展海洋经济”“碳汇林业与应对气候变化”“现代信息技术促进产业转型升级”等带有综合性、前瞻性的课题，深入基层，广泛开展调研，努力建言献策。五年来，本党中央累计向中共中央、国务院提交书面建议41件，不少建议被中共中央、国务院及有关部门采纳并产生实效。例如，《关于推进资源型城市可持续发展的建议》得到了中共中央领导同志的重视，要求国家相关部委认真加以研究落实，为我国生态文明建设贡献了力量；《关于推进攀西战略资源综合开发与西部发展的建议》得到了国务院领导同志的重要批示，有力地推进了攀西地区战略资源综合开发提升为国家战略；《关于加快海岛保护立法进程，加强海岛开发保护管理的建议》等系列建议有力地推动了我国海岛保护法的制定与出台，并对海洋经济建设起到了积极的促进作用；《关于加快推进我国信息化科学发展的若干建议》得到了贾庆林主席、李克强副总理、刘延东和马凯国务委员等中央领导同志的重要批示，要求有关部门认真加以落实。此外，我们还举办了12次中国发展论坛，努力促进调研成果的转化利用，扩大本党的社会影响。

高度重视发挥在人民政协中的作用。五年来，各级组织共提交党派发言材料1836件；提案9413件，其中1009件被评为优秀提案。本党中央累计向全国政协大会提交发言共80件，提案119件，其中7件被评为优秀提案，不少发言和提案引起社会各界的普遍关注和强烈反响。如在全国政协十一届一次会议上，本党中央的大会口头发言《吸引海外人才回国创业，共建人力资源强国》引起海内外媒体的广泛关注和中共中央、国务院及相关部门的高度重视。《关于解决国际金融危机影响下我国就业问题的提案》被列为政协十一届二次会议的“一号提案”，得到了全国政协的高度重视和国家有关部委的重点办理。

认真履行民主监督职能。各级组织努力通过各种渠道、各种方式，向中共党委和政府部门就方针政策的制定和执行以及各项工作提出加强领导、完善政策、改进工作的意见、建议。重视收集社情民意，及时报送有关部门，为政府部门科学决策提供参考。五年来，本党中央向有关部门报送信息1922篇，其中部分信息得到有关领导和主管部门的重视和采纳。本党854名党员被各级政府、司法部门聘请为特约人员，他们依法履行监督职责，勤政尽职，为国家发展和民主法制建设作出了贡献。

（三）发挥自身优势，不断深化海外联络工作

五年来，我们在中共中央的领导和有关部门的支持下，积极开展侨港澳台工作，在凝聚侨心、“反独促统”和促进公共外交等方面，发挥独特作用，取得显著成效。各级组织累计派出102个代表团访问32个国家和地区，接待490个团组，计8140人次；目前我们已与五大洲63个国家和地区的侨团和人士建立了友好联系。

坚持以亲情、乡情、友情为纽带，以血缘、地缘、学缘、业缘为基础，采取多种形式开展与海外侨胞的联络工作。通过“走出去、请进来”，进一步密切与广大海外爱国侨团的联系，拓展与他们多层次多渠道的沟通与交流，增强他们对祖（籍）国的凝聚力和向心力；利用与海外洪门社团的历史渊源关系，鼓励他们加强自身建设，更好地融入当地主流社会；广交新朋友，着力加强与新移民侨团的联谊工作，不断拓展海外联络工作的新领域。

进一步密切与港澳台同胞的联系，共同为祖国统一作贡献。根据“侨中有台、台中有侨”的特点，积极推动与台湾岛内侨团及海外台籍侨胞的联系；通过举办“海峡两岸中华武

术论坛”、“海峡科技论坛”等活动，直接推动与岛内各界人士的交流；加强同香港、澳门政团、社团及代表人士的联系，支持爱国爱港、爱国爱澳力量的发展壮大；积极开展与港澳地区的文化交流活动，努力推动中华文化在港澳地区的传播。

本着为公共外交服务的宗旨，着力做好与未建交国家的联络工作。通过高层出访，向未建交国家政要和民众介绍中国的政治制度和民主制度；通过邀请来访，让未建交国家政要、议员实地了解中国经济社会的发展和进步，亲身感受中国政治制度的特点和优势；通过赴多米尼加、巴拉圭、巴拿马等未建交国家进行文艺演出和文化交流，增进当地民众对中国的了解和认知。

加大涵养侨务资源力度，培育对我友好力量，促进海外侨务资源的可持续发展。以缅怀先贤、纪念传统节日和重大历史事件为主要内容，举办纪念司徒美堂诞辰 140 周年、庆祝建国 60 周年、纪念辛亥革命 100 周年等活动，增进广大海外侨胞对祖（籍）国和家乡的感情；举办重要侨团领袖、中青年骨干研讨班等，加强他们对我国发展状况和方针政策的了解；重视开展华侨华人及留学人员子女夏令营等寻根活动，增进华侨华人新生代对祖（籍）国的认知。

强化为留学人员服务意识，不断探索留学人员服务工作的新路径。进一步密切与海外留学人员的联系与交流，支持海外学者成立致公协会等组织；开展“留学报国”大型主题活动、实施“引凤工程”和举办留学人员论坛，着力搭建留学人员回国服务的交流平台；正式加入由国家科技部、教育部、人力资源和社会保障部及国家外国专家局相关部门共同组建的“中国留学人员创业园联盟指导委员会”，切实为归国留学人员回国创业解难题、做实事。

（四）促进民生改善，积极投身社会服务

五年来，我们始终以服务大局、服务民生为宗旨，以促进社会和谐为根本，按照“发挥优势、突出重点、量力而行、尽力而为”的原则，真抓实干，全面加强社会服务工作。各级组织协助落实各类项目 306 项，培训各类技术人员近 6 万人次；各级组织和党员通过多种渠道捐款捐物价值约 43.6 亿元，援建希望小学和卫生院 45 所，捐赠图书 37.8 万余册，取得了良好的社会反响。

加强对社会服务工作的领导，逐步建立和完善有利于汇聚全党力量的社会服务工作机构和机制。本党中央专门成立社会服务部，统筹协调全党社会服务工作，加强了对服务项目的考察、论证、策划和联络、组织、协调、落实工作。申请创办“致福慈善基金会”，汇聚本党和社会资源支持社会服务工作，努力使资金筹措工作规范化、制度化、透明化、常态化，为本党的社会服务项目整体布局提供有力保证。召开全党社会服务工作会议，从本党实际出发，进一步明确新时期社会服务工作的总体要求。

根据“长期坚持、不断创新”的理念，注重发挥社会服务工作的品牌效应。全党齐心协力打造“致福工程”品牌，重视其实践示范和理论支撑作用，围绕支边扶贫、民生改善、科技帮扶等六项内容积极开展工作，取得良好效果。积极参与在毕节试验区开展的“同心”工程，与其他兄弟党派和工商联一道推动毕节试验区新一轮全面发展。顺应形势发展，结合“致西合作”20 周年，创新帮扶思路，努力把“致西合作”推向更高层次。

动员一切可以动员的力量，踊跃投身特大自然灾害救灾和灾后恢复重建工作。在四川汶川特大地震、青海玉树地震、甘肃舟曲特大泥石流等灾害发生后，我们广泛动员海内外组织和爱心人士，热心救助灾区群众，全力参与灾区的灾后重建，涌现出了大批抗震救灾模范人物和感人事迹，他们以实际行动诠释了新时期致公党人的奉献精神和济世情怀。

鼓励和支持各级组织和党员结合自身优势和特点，做实事、干好事。他们在办学助教、送医送药、文艺下乡、社区建设等方面，各展所长，开展各具特色的工作，受到群众的真情欢迎，树立了致公党良好的社会形象，取得了较好的社会效果。在去年召开的各民主党派、工商联和无党派人士为全面建设小康社会作贡献表彰大会上，本党有 3 个先进集体和 8 个先进个人受到表彰。

（五）顺应形势发展，扎实推进组织建设

五年来，我们以“筑牢基础、增进团结、促进发展”为目标，以强化领导班子建设、推进组织发展、壮大人才队伍、优化机关建设为基本点，进一步明确组织建设的方向，夯实组织建设的基础，使全党组织工作的制度化、规范化、程序化建设进一步加强。

按照本党十三大提出的对加强领导班子的总体要求，各级组织进一步完善相关制度建设。本党中央制定和修订了常委会议、主席会议等 10 项议事和工作规则，逐步推行加强领导班子建设的专项制度。陆续健全了理论中心组学习制度、务虚谈心制度和民主推荐制度等，特别是中央领导班子成员的民主推荐制度，在原有的基础上又有了创新和突破，进一步扩大了党内民主。

坚持“三个为主”的原则，扎实推进组织发展工作。出台《致公党中央关于进一步做好组织发展工作若干问题的意见》，集中就发展新阶层代表性人士、保持界别特色等问题提出指导性意见。截至 6 月底，党员总数为 38794 人，比上届同期增长 9846 人，集中分布在科技、教育、经济、文化、环保、司法等领域；归侨侨眷和归国留学人员占 78.8%，具有中高级职称的占 78.5%；平均年龄 50.0 岁，比上届下降约 1 岁。本届新增 1 个省级委员会（筹）、1 个省级工委会、25 个市（区）级委员会。这次省级组织换届，委员增加 160 名、常委增加 83 名、省级领导班子成员增加 16 名，一大批政治素质好、参政议政能力强、有威信、有组织领导能力的中青年骨干党员充实到了省级领导班子，为本党注入了生机与活力。

着力加强人才队伍建设和基层组织工作。在本届第七次中常会上，我们首次提出“人才兴党”的战略目标，并在接下来的三中全会、第十次和第十九次中常会上进一步对“人才兴党”战略进行具体部署和推进。经过这些年的努力，全党上下对“人才兴党”有了普遍共识，各地陆续提出了具体实施建议和办法，进一步强化了对骨干党员和基层干部的培训力度，调整充实了后备干部人才库。继续采取措施，努力提升基层组织活力和凝聚力，稳步开展“基层组织建设年”活动，重视构建有利于发挥普通党员作用的平台。

深入开展党内监督的探索和实践。本届二中全会决定成立中央监督委员会，并制定《中国致公党党内监督条例》，明确了党内监督的对象、内容以及监督的途径和方式，并设立了工作机构。在此基础上，本党中央确立了具体的试点组织，并制定了《致公党中央监

督委员会工作规则（试行）》，逐步开展党内监督工作。四年来，各级组织逐步加强了对党内监督工作基本规律和方式方法的探索，基本建立了领导班子成员述职、民主评议等切实可行的具体措施，使本党党内监督工作迈出了新的步伐。

大力推进“学习型、服务型、和谐型”机关建设。各级组织根据公务员法及其实施方案的要求，切实加强机关公务员队伍建设。去年召开了全党机关建设工作会议，制定了《致公党中央关于在新形势下加强机关建设的意见》，进一步明确了全党各级组织加强机关建设的总体思路、工作重点和基本途径。本党中央机关不断加强机关干部的理论能力培养和干部管理制度建设，坚持举办每年一次的理论研究成果评选，并通过培训、轮岗、竞争上岗、挂职锻炼等方式，提高机关干部的政治素质和业务能力，加强对机关干部的培养和选拔。本党中央重视地方组织干部来中央机关挂职锻炼，并鼓励和支持地方组织机关之间加强联系与合作。

（六）注重工作实效，充分发挥专门委员会作用

五年来，我们注重发挥专门委员会的作用，强调要把加强和改进专门委员会工作作为履行职能的重要抓手，注重工作创新、制度创新，支持和鼓励专门委员会之间的合作，强化对专门委员会委员的联系与服务力度。

不断完善机构设置和工作机制。出台《致公党中央关于专门委员会换届工作的若干意见》，修订《中国致公党中央委员会专门委员会工作通则》，完善专门委员会工作机制。在 2008 年和 2010 年根据形势发展和工作需要，两次对专门委员会设置做了调整充实，目前本党中央成立了由 348 名党员组成的 12 个专门委员会。每年在全会期间，都组织召开中央专门委员会主任会议，相互交流工作经验，着力就遇到的问题与难点进行研究和讨论，并提出下一步工作思路。

积极发挥专业优势，凸显职能作用。在分管副主席牵头下，各专门委员会组成专题调研组，在经济、文化、教育、科技、医药卫生、法制、海外联谊、资源环境、归国留学人员创新创业、妇女权益保障、党史研究、社会发展等方面，积极开展调研，共形成 100 余份高质量调研报告，提炼成报送中共中央、国务院的意见建议和政协提案，不少得到中共中央和国务院领导的批示。五年间，在每次中共中央高层协商会、全国人大和全国政协常委会召开前，各专门委员会相关专家坚持召开座谈会、研讨会，为本党中央领导在高层建言、国家法律法规审议方面提供智囊服务。此外，积极参与和组织了近 10 场次的艺术展览和文艺演出活动，其中连续 4 年在本党中央全会期间组织文艺工作者为会议举办专场演出。

各位代表，各位同志！

在过去几年的全会上，我们都会提出本党急需解决的问题，并在第二年的全会给予总结和回应。在去年的全会上，我们提出如何提高建言献策质量、增强广大党员的责任感和荣誉感、完善基层组织建设、优化“侨”、“海”资源合理布局、加大海外中华文化弘扬力度等 5 个问题。经过一年的努力，我们深化了对一些关乎全局、具有前瞻性和战略性问题的基础性研究；开办了中央党史馆，加大了对党员和机关工作人员的培训力度；加强了对地方组织的调研和支持力度，着力解决地方组织发展不平衡问题；加大与重点

侨社的联系，扩大与海外致公协会的交流与合作；派团赴中南美洲进行文艺演出，向海外华人社区捐赠图书，积极弘扬中华文化。

总的来说，这五年是我们坚持中国共产党的领导，与中国共产党亲密合作、共同致力于中国特色社会主义事业的五年；是我们继承传统、与时俱进的五年；是我们全体致公党党员锐意进取、团结奋斗的五年。

五年来的成绩，是我们坚持中国共产党正确领导的结果，是全党同志齐心协力、团结合作、共同奋斗的结果。在这里，我代表致公党第十三届中央委员会，向长期以来关心和支持致公党工作的各级中共党委、人大、政府、政协、统战部门、兄弟党派、工商联、人民团体和“五侨”单位表示衷心的感谢！向德高望重、为致公党事业鞠躬尽瘁、不懈奋斗的老同志、老领导们表示崇高的敬意！向默默耕耘、辛勤工作在各条战线上的全体致公党员和机关干部表示诚挚的问候！

在看到成绩的同时，我们还要清醒地看到工作中存在的问题和不足。主要是：新时期党内思想教育的形式和方法有待创新与改进；各级地方组织在发挥参政议政作用上还存在不平衡；海外联络创新能力和为侨服务能力有待加强；全党社会服务工作的组织机构尚未完备；基层组织建设相对薄弱等。这些问题，都应在今后的工作中切实予以重视，采取积极措施，逐步加以解决。

二、经验和探索

回顾这五年，我们努力探索与实践，对如何建设一个高素质参政党加深了认识，积累了一些经验和体会。

第一，必须不断深化政治交接，继承老一辈的优良传统，始终坚持中国共产党的领导，保持正确的政治方向，坚定不移地走中国特色社会主义政治发展道路，在中国共产党领导的多党合作总格局中发挥作用。

第二，必须坚持以促进改革、发展和创新作为参政议政第一要务，恪守“深入基层、科学调研、精益求精、追求实效”的原则，充分发挥各专门委员会和各级组织的作用，纵横联动，凝智聚力，最大限度地发挥全党的智力优势，最大限度地提升建言献策水平。

第三，必须坚持凝聚“侨”、“海”之心、汇集“侨”、“海”之智、发挥“侨”、“海”之力、维护“侨”、“海”权益的工作思路，不断加深与广大海外侨胞、归侨侨眷和留学人员的联系，认真汇聚他们的智慧，切实反映他们的呼声，维护他们的合法权益，充分发挥他们的积极作用。

第四，必须坚持实施“人才兴党”战略，以更宽的视野、更高的境界、更大的气魄，广开进贤之路，努力在全党形成“尊重人才、爱惜人才”的良好氛围，创新育才、引才、聚才、用才的体制机制，用我们共同的事业感召、集聚、培养和造就一支热爱祖国和多党合作事业、乐于奉献、奋发有为的人才队伍。

第五，必须坚持从参政党的高度从事社会服务工作，着力形成自身特色，与群众团体和慈善机构互补，切实把社会服务与参政党自身建设、参政议政紧密结合起来，遵循发挥优势、讲求实效的原则，不断探索社会服务稳步有序、务实有效的办法和途径，尽力而为地解决人民群众最现实、最关注、最需要的问题。

第六，必须坚持以实事求是精神加强致公党自身建设，更加奋发有为、兢兢业业地工作，最大限度地做到政治上增进共识、思想上积极向上、组织上坚强有力、行动上规范有序、履行职能上毫不懈怠。

这些经验和体会，结合长期以来的具体实践，归结起来就是：我们在建设新世纪高素质参政党的历史进程中，必须继承传统，始终践行“致力为公、参政兴国”的宗旨；必须与时俱进，努力开创“侨海报国、人才兴党”的生动局面。这是我们顺应多党合作事业发展的要求，努力实践，悉心探索，在新时期全面推进高素质参政党建设的必由之路。

这条道路最基本的原则在于坚持“同心”实践。五年来，从政治交接到履行职能，从彰显“侨”、“海”特色到加强自身建设的各个领域，“同心”实践成为贯穿始终的基本准则；从中央组织到基层支部，从领导干部到普通党员，“同心”实践成为指导工作的基本要求。与中国共产党在思想上同心同德、目标上同心同向、行动上同心同行，已经成为全党的基本共识，成为保证我们事业健康发展的不竭源泉。

这条道路最鲜明的特点在于凝聚“侨”、“海”力量。作为涉侨的参政党，团结和引导广大归侨侨眷、海外侨胞和留学人员积极投身于中国特色社会主义的伟大事业是我们的重要职责。始终致力于最大限度地把归侨侨眷、海外侨胞和留学人员团结起来，最大限度地把他们的积极性调动起来，最大限度地把他们的优势发挥出来，已经成为我们五年来开展各项工作的鲜明特色和独特优势。

这条道路最坚实的基础在于践行履职为民。五年的实践告诉我们必须始终坚持把实现人民利益作为发挥参政党作用的出发点。只有这样，参政党才会被人民所认同，才会被历史所接纳。致公党作为参政党，只有倾听群众呼声，围绕群众普遍关心的民生问题开展调查研究，反映社情民意，积极建言献策，才能真正将自身建设成为一个受到人民群众尊重的高素质参政党。

实践永无止境，探索永无止境。全党同志要倍加珍惜，不断发展我们在全面推进高素质参政党建设上所坚持的这条道路。与时俱进，努力诠释“致力为公、参政兴国”的历史内涵；奋发有为，努力彰显“侨海报国、人才兴党”的时代气魄。使这条道路越走越宽广，让致公党在我国的政治生活中发挥更大的作用。

三、今后五年的任务

今后五年，是全国人民为实现全面建成小康社会和全面深化改革开放目标团结奋斗的五年，也是多党合作事业创造新业绩、谱写新篇章的五年。致公党要高举中国特色社会主义伟大旗帜，坚持以邓小平理论、“三个代表”重要思想和科学发展观为指导，坚持走中国特色社会主义政治发展道路，全面推进高素质参政党建设，切实履行参政党职能，团结全党同志及所联系的归侨侨眷、海外侨胞和留学人员，为全面建成小康社会、加快推进社会主义现代化作出贡献。

（一）深入学习贯彻中共十八大精神，进一步巩固团结奋斗的共同思想政治基础

中共十八大确立了科学发展观的历史地位，提出了夺取中国特色社会主义新胜利的基本要求，确定了全面建成小康社会和全面深化改革开放的目标，对在新的时代条件下推进中国特色社会主义作出了全面部署。认真组织学习中共十八大精神，把全党的思想和行动统一到中共十八大精神上来，是本党当前和今后一个时期首要的政治任务。

我们要紧紧抓住坚持和发展中国特色社会主义这条主线，深刻领会建设中国特色社会主义的总依据、总布局、总任务，引导广大党员进一步增强对中国特色社会主义的道路自信、理论自信、制度自信；要充分认识中国共产党是领导中国人民不断开创事业发展新局面的核心力量，推进政治交接，巩固政治共识，坚定不移地坚持中国共产党的领导，坚定不移地走中国特色社会主义政治发展道路；要把中共十八大确定的任务和目标与推进高素质参政党建设紧密结合起来，准确把握新形势下执政党关于全面推进中国特色社会主义各项事业的战略部署，明确履行参政党职能的方向和重点，与中国共产党共同致力于推进中国特色社会主义事业的伟大实践。

（二）增强自身活力，全面推进高素质参政党建设

把致公党建设成为高素质参政党，既是在新时期新阶段深化政治交接、履行参政党职能、发挥参政党作用的客观需要，也是实现新世纪新阶段统一战线和多党合作事业可持续发展的必然要求。建设高素质参政党的主要内涵是：始终坚持以中国特色社会主义理论体系为指导，增强坚持中国共产党领导的自觉性与坚定性；始终坚持以“同心”思想为引领，全面提高政治把握能力、参政议政能力、组织协调能力、合作共事能力；始终坚持发挥“侨”、“海”优势，团结广大归侨侨眷、海外侨胞和留学人员为实现中华民族伟大复兴而共同奋斗。

各级领导班子建设要以深化政治交接为主线，提倡创新思维，在继承老一代领导人优良传统的基础上，拿出新举措，尽快提高领导班子的整体履职能力；要进一步完善党内监督机制，领导班子成员要自觉接受本级常委会、委员会及广大党员的监督。思想建设要坚持自我教育为主的原则，积极探索为党员所易于接受、有说服力和影响力的工作方式和方法；要将思想建设与组织建设、参政议政、海外联络、社会服务等党派工作的实际相结合；要大力加强理论研究，提高全党同志的理论素养和理论水平。组织建设要将重点放在继续实施“人才兴党”战略和着力加强基层组织建设上来；要以《中共中央关于加强新形势下党外代表人士队伍建设的意见》为指导，制定并实施全党的人才发展、培养和使用规划，建立健全分层次的培训工作机制，全面提高干部队伍的政治素质和业务素质；要按照廉政建设的要求，加强对党员干部特别是在各级行政部门、单位机构担任领导职务的党员干部的廉洁教育和廉政监督，树立和营造致公党员参与公共管理事务的廉洁作风和清明形象。要大力加强基层组织建设，构建全国范围内的基层组织建设经验交流平台，制定切实可行的制度措施，激发基层组织的活力，更好地发挥基层组织的作用；要努力完善各级组织机关的内部设置，推进制度建设，更好地发挥机关的综合服务职能。

（三）发挥特色优势，切实提升参政议政整体水平

实现中共十八大描绘的宏伟蓝图，为全面建成小康社会打下坚实的基础，是全国各族人民的共同责任，也是新时期新阶段赋予各民主党派的光荣使命。全党要进一步加强和优化参政议政工作，紧紧围绕社会主义经济建设、政治建设、文化建设、社会建设、生态文明建设建言献策，努力做到内容、形式出新思路，方法、途径有新发展，质量、效果上新水平，切实将大有可为转化为大有作为。

要坚持以科学发展观为指导，围绕完善社会主义市场经济体制、加快转变经济发展方式、增强创新驱动发展新动力、促进城乡区域发展协调互动、推进资源节约和发展循环经济、推动“工业化、信息化、城镇化、农业现代化”同步发展、加强中华文化软实力建设、创新社会管理模式等重大课题，深入调研，精心提炼，长期跟踪，追求实效，努力构建一批具有致公党优势和社会影响力的参政议政精品。要将积极的民主监督寓于参政议政之中，做到经常性监督与重大问题监督相结合，积极反映社情民意，使国家的决策更符合广大人民群众的根本利益。要进一步完善上下互动、左右联动和资源整合机制，充分发挥专门委员会的作用，创新参政议政骨干人才培养机制，努力形成全党通力协作、集思广益、汇聚良策的新局面。

（四）坚持“侨”、“海”并重，积极拓展海外联络新领域

伴随我国对外开放和对外交往的不断深入，海内外侨情发生明显变化，本党海外联络工作面临的环境将更加复杂，工作方式将更趋多样化。各级组织在对外联络工作基本思路上，要坚持“依靠不依赖，深入不介入，引导不领导”的方针，积极配合国家总体外交部署，主动宣传中共十八大精神，在继续做实、做深对海外侨胞和留学人员联络与维护权益工作基础上，努力拓展本党在公共外交中的探索与实践。

要落实中共十八大对侨务工作的新要求，继续做好为侨服务工作，向海外侨胞提供力所能及的服务，积极反映他们的愿望和要求，促进海外侨社之间的团结与协作，鼓励他们融入当地主流社会，努力为更广泛的侨资、更充分的侨智参与我国现代化建设营造机会、搭建平台。要不失时机地开展侨务对台工作，要在国家对台工作方针的指导下，重点做好传统侨社的团结工作，扩大海外“反独促统”阵营；根据形势的发展，继续有计划、有步骤地与未建交国家开展工作，增进这些国家对我国的了解与认识。要积极稳妥地开展港澳台同胞的工作，在“一国两制”方针的指导下，团结港澳台同胞共同为维护港澳繁荣稳定、促进两岸和平统一贡献力量。要进一步做好留学人员工作，强化与他们的联系，继续支持他们成立相应的联谊组织，引导他们发挥所长回国工作或为国服务；积极主动关注和反映他们在回国创业中遇到的困难，通过加强与政府有关部门和其他“五侨”单位的联系与合作，切实维护他们的合法权益。

（五）创新工作思路，努力开创社会服务新局面

随着形势的发展，社会服务工作的领域将会越来越广，任务将会越来越重，作用也将会越来越重要。全党要根据形势发展的需要，创新社会服务的工作思路和工作模式，

争取更多更广的社会资源，努力开辟社会服务工作的新局面。

要以关注民生、服务社会为立足点，坚持集中力量办实事的原则，在项目选题和实施中强调社会服务工作的政党属性和示范意义，从力所能及的好事着眼、从群众需求的实事着手。要进一步提高扶贫帮困的整体能力和水平，对已有的帮扶地区和对象，要持之以恒，继续加大工作和投入力度；对新开展的领域，要量力而行，合理布局。要汇聚全党力量，支持即将成立的致福慈善基金会，合理配置组织机构，使基金会的运行健康有序,为全党的社会服务工作提供有力支撑。深入做好中央与地方社会服务重点项目互动，全面推进“致福工程”，继续支持“致西合作”、“致泸合作”等项目，大力加强社会服务品牌建设。要将社会服务与参政议政工作紧密结合，围绕教育、就业、社会保障、公共医疗卫生服务、住房保障建设等问题，畅通信息渠道，及时向各级政府提出合理建议和解决方案，着力促进民生改善与社会和谐。

各位代表，各位同志！

展望未来，我们充满着必胜的信心和昂扬的斗志。让我们高举中国特色社会主义伟大旗帜，坚持以邓小平理论、“三个代表”重要思想和科学发展观为指导，紧密团结在以习近平同志为总书记的中共中央周围，凝心聚力，开拓创新，努力把致公党建设成为新时期高素质参政党，为全面建成小康社会、加快推进社会主义现代化、实现中华民族伟大复兴作出新的更大的贡献！

关于《中国致公党章程（修正案）》的说明

王钦敏

各位代表、同志们：

我受第十三届中央委员会的委托，就本党章程修改的指导思想、工作方针和主要内容向代表大会作如下说明。

一、《中国致公党章程》修改的工作方针

《中国致公党章程》是本党政治纲领、组织方针的集中体现，是本党开展党务活动的基本准则和依据。本党现行章程以 1992 年中国致公党第十次全国代表大会通过的章程为基础，20 年来，章程的基本内容保持稳定，同时根据形势和任务的发展变化，十一大、十二大、十三大对章程作了不同程度的修改，既反映了时代特征和本党在不同时期、不同历史条件下的政治状况、组织状况，对于指导和推动本党更好地履行参政党职能和加强自身建设也起到了重要作用。

自 2007 年 12 月本党第十三次全国代表大会以来，面对新的形势和新的任务，本党在各项工作取得可喜成绩和宝贵经验的同时，也面临许多新情况、新问题。五年来，中国共产党提出了一系列治国理政的新思想、新理念、新目标、新任务，统一战线和多党合作事业在实践中不断发展、日趋完善，在这样的形势下，修改本党章程，进一步明确

党的政治纲领、奋斗目标、组织方针、基本任务和工作规范，对于本党深入贯彻落实中国共产党领导的多党合作和政治协商制度，始终坚持中国特色社会主义政治发展道路，解放思想，实事求是，与时俱进，开拓创新，努力建设适应时代发展要求的参政党，有着十分重要的历史意义和现实意义。

这次章程修改的指导思想是：以邓小平理论、“三个代表”重要思想和科学发展观为指导，学习贯彻中共十八大精神以及近年来统一战线和多党合作思想理论成果；既继承、发扬本党的优良传统，注意保持章程的连续性和稳定性，又总结新的经验，适应新的情况，更好地体现本党特色，为全党更好地履行参政党职能和进一步加强自身建设提供指导和规范。

这次章程修改工作充分发扬党内民主并严格遵循修订工作的程序。自今年 3 月《中国致公党章程》修订委员会成立，在章程修订委员会领导下，修订工作组向各省级组织发出通知，委托各省级组织在所属组织和党员中广泛收集对章程修改的意见；在认真研究各方意见建议基础上，提出修改方案、起草修订草稿；先后召开五次座谈会、两次研讨会，进一步听取意见、讨论修改的内容；在常委中进一步征求意见，提交主席办公会议研究。同时，在一些共性问题上，注意学习借鉴其他党派的经验和做法。中共十八大召开后，修订工作组认真学习胡锦涛同志的报告，根据报告中提出的思想、理论、方针、政策，对章程进行了重要修改和补充，形成“章程（修正案）征求意见稿”。经与有关部门协商并进一步修改，形成“章程（修正案）送审稿”提交章程修订委员会（即主席会议）审定，根据审定意见，形成“章程（修正案）讨论稿”依次提交常委会议、中央全会审议，最终形成提交代表大会审议的《中国致公党章程（修正案）》。

现行章程总体上适应指导本党履行职能和自身建设的需要，这次对章程只作适当修改并遵循以下原则：坚持积极稳妥、与时俱进；坚持民主集中、凝聚智慧；坚持承前启后、继往开来，对必须改和已形成共识的内容认真修改，对可改可不改和条件暂不成熟的不作修改。这次章程修改过程中，各级组织和广大党员提出的修改意见、建议，很多已被采纳；有的虽未采纳，但主要精神已体现在代表大会报告中；有的意见，还需要在实践中进一步研究、探索；也有些具体建议，可以通过其他的条例、细则来体现。

二、总纲修改的主要内容

章程的总纲，阐述了本党的性质、政治纲领、组织方针、奋斗目标和基本任务等内容。基于三个方面的重要因素——学习贯彻中共十八大精神、贯彻落实五年来统一战线和多党合作的思想理论成果、充分反映致公党特色，章程修正案对总纲部分作出以下四个方面的修改，力求使章程总纲的内容更加丰富，表述更加完整，更加适应时代发展的要求。

（一）根据中共十八大精神对党的政治纲领、基本任务和自身建设等内容作了修改和补充

中共十八大高举中国特色社会主义伟大旗帜，以马克思列宁主义、毛泽东思想、邓

小平理论、“三个代表”重要思想、科学发展观为指导，总结了过去五年的工作和中共十六大以来的奋斗历程，确立了科学发展观的历史地位，提出了夺取中国特色社会主义新胜利的基本要求，确定了全面建成小康社会和全面深化改革开放的目标，对新的时代条件下推进中国特色社会主义事业作出了全面部署。中共十八大所作出的重要论断、提出的重大战略部署和宏伟目标，也是本党在履行职能和自身建设的实践中需要长期遵循和努力贯彻的行动指南，应当体现在党的章程当中。为此，章程修正案作出如下修改：

一是在总纲部分关于本党政治纲领的表述和具体条文的有关条款中，将科学发展观与邓小平理论、“三个代表”重要思想等一道列入指导思想。中共十八大指出，全面建成小康社会、发展中国特色社会主义必须坚持以邓小平理论、“三个代表”重要思想、科学发展观为指导。本党深刻认识到，科学发展观是中国特色社会主义理论体系最新成果，是中国共产党集体智慧的结晶，是指导中国共产党和我们国家全部工作的强大思想武器。将科学发展观与邓小平理论、“三个代表”重要思想一道列入本党的重要指导思想，有利于引导全党用科学发展观武装思想、增进共识，落实到工作的各个方面。

二是完善了有关奋斗目标的表述。中共十八大提出了全面建成小康社会的宏伟目标和行动纲领，为民主党派发挥参政党作用提供了广阔舞台，同时，也对民主党派的政治素质、参政能力提出了更高要求。依据中共十八大精神，章程修正案将本党的奋斗目标表述为：“坚定不移沿着中国特色社会主义道路前进，为全面建成小康社会、继续实现推进现代化建设、完成祖国统一、维护世界和平与促进共同发展这三大历史任务，把我国建设成为富强民主文明和谐的社会主义现代化国家，实现中华民族的伟大复兴而共同奋斗”。这一修改，较好地体现了中共十八大精神，反映了本党在履行参政党职能、发挥参政党作用中的根本要求。

三是在党的基本任务及具体条文的有关条款中，增加了生态文明建设的内容。中共十八大将生态文明建设与经济建设、政治建设、文化建设、社会建设并列，提出建设中国特色社会主义“五位一体”的总布局，标志着生态文明建设上升到国家意志的战略高度并融入国家发展的全局中。将相关内容写入章程，将进一步推动本党按照科学发展观的要求，充分发挥在可持续发展领域的特色优势，更好地履行参政党职能。

四是在加强党的自身建设的要求中，增加了“学习践行社会主义核心价值体系”的内容。中共十八大报告对建设社会主义核心价值体系提出了新部署新要求，强调“要深入开展社会主义核心价值体系学习教育，用社会主义核心价值体系引领社会思潮、凝聚社会共识”。致公党广大党员，既是社会主义核心价值体系的建设者和参与者，也是社会主义核心价值体系的实践者。将这一内容写入自身建设的要求中，教育、引导党员从新的高度、深度理解和认识社会主义核心价值体系，对于加强全党思想建设、增进共识具有重要意义。

（二）学习贯彻近年来统一战线和多党合作的思想理论，对政治纲领及相关条文作出补充

一是充实了以宪法为根本准则的具体内容。依据《中华人民共和国宪法》和《中共中央关于坚持和完善中国共产党领导的多党合作和政治协商制度的意见》（中发〔1989〕

14 号文件）的有关规定，章程修正案对原有内容适当充实，表述为："中国致公党以《中华人民共和国宪法》为根本准则，维护宪法尊严，保证宪法实施；在宪法规定的权利和义务范围内，遵循政治自由、组织独立、法律地位平等的原则开展工作"。

二是补充了关于促进和发展和谐政党关系的内容。胡锦涛同志深刻论述了统一战线发挥作用和优势的"五大关系"，并指出："正确认识和处理中国共产党和民主党派的关系，保持和促进我国政党关系和谐，是发展社会主义民主政治、建设社会主义政治文明的重要内容，也是构建社会主义和谐社会的重要内容"。将促进和发展和谐政党关系的内容写入本党章程，对于本党自觉坚持和完善中国共产党领导的多党合作和政治协商制度，坚持中国特色社会主义道路，具有重要指导意义。

三是在政治纲领中贯彻"同心"思想。2011 年年初，胡锦涛同志提出以"思想上同心同德、目标上同心同向、行动上同心同行"为核心内容的"同心"思想，这既是对中国共产党领导的多党合作历史经验的深刻总结，也为新形势下巩固和发展统一战线提供了重要理论指导。将"同心"思想写入本党章程，对于本党从坚持中国特色社会主义道路、中国特色社会主义理论体系和中国特色社会主义制度的高度，认真贯彻落实"同心"思想，使之贯穿于工作的各个领域、各个层级、各个方面，成为广大党员的广泛共识和自觉行动，具有积极意义。

四是将"政治交接"的内容充实到具体条文中。政治交接是中共与民主党派在多党合作实践中提出的重大课题，随着多党合作实践的不断发展，积累了宝贵经验，其内涵也不断丰富。将"政治交接"的内容写入章程，对于推动本党各级领导机构在实现新老交替的同时，把致公党老一辈领导人在长期革命、建设和改革实践中形成的坚定政治信念、优良传统和高尚风范薪火相传，使多党合作的政治基础更加巩固、政党关系更加和谐、本党自身建设不断加强，具有重要的现实意义。

（三）在总纲第一句关于致公党性质的论述中进一步明确了党员的主体构成

根据各民主党派协商确定的发展范围和对象，本党发展党员的范围是"归侨侨眷中的中上层人士和其他有海外关系的代表性人士"、"其他方面有代表性的中高级知识分子"，其中发展的重点是"归侨侨眷中的中上层人士和其他有海外关系的代表性人士"，据此对章程总纲第一句进行补充，并在组织制度一章关于组织发展原则的具体条文中予以规范。

（四）简要补充了本党三大召开及响应中共"五一口号"的历史和意义

本党召开第三次代表大会及响应中共"五一口号"，是本党历史上的重大事件。本党第三次代表大会，在政治上比较鲜明地提出了反对帝国主义、封建主义和官僚资本主义的观点，表明本党在观察和处理中国革命问题上，上升到新民主主义革命的高度，由旧民主主义政党转变为新民主主义政党。继 1948 年 4 月底中共发布纪念"五一"劳动节口号、5 月 5 日本党领导人陈其尤与其他党派领导人、无党派民主人士共同通电响应之后，6 月 9 日，本党单独发表《响应中共中央"五一号召"宣言》，表示"中共在中国革命艰苦而长期的斗争中，贡献最大而又最英勇，为全国人民起了先导和模范作用，因此，这次新政协的召开，无疑我们得承认它是领导者和召集人"，这是本党自觉接受中国共产党领导的重要标志。关于这两个重大事件，章程修正案在关于本党历史的段落中以概括性语言作了简要补充。

三、条文部分修改的主要内容

根据五年来本党履行职能和自身建设的不断探索和实践，通过对基本经验的总结，章程修正案对以下内容进行了修改、补充。

（一）根据自身建设实践，补充和丰富了党的建设的成果与要求

一是在组织制度中补充了中央设立工作委员会的内容。现行章程规定："在尚未成立省级委员会的地方，根据工作需要并在条件成熟时，可设中央直属的组织。"根据近年来本党的客观实际，将本条修改为："在尚未成立省级委员会的地方，根据工作需要并在条件成熟时，可设中央直属的组织和工作委员会。"这样的修改，既涵盖了中央直属的设区市级组织，也包括了省级和设区市级工作委员会，更加全面，也更加切合本党实际。

二是根据本届以来开展党内监督的实践，在组织制度中对党内监督的内容加以充实。加强党内监督工作，是本党适应多党合作要求、切实加强自身建设的重要举措。本届以来，中央和一些地方组织设立监督机构并开展了党内监督的实践，在建立健全党内监督机制等方面不断探索并总结经验，为进一步加强党内监督工作奠定了必要的基础。总结几年来中央和省级组织开展党内监督的实践经验，章程修正案表述为："中央设立监督委员会；省、自治区、直辖市组织可根据工作需要和自身条件设立监督委员会。监督委员会在同级委员会领导下对所属各级组织及其领导班子遵守党的章程和履行职责等情况进行监督。"

三是对本党组织系统的阐述进行梳理，使之更加准确、规范。第一，梳理和厘清了组织与领导机构的概念，分别在组织制度、地方组织、基层组织等章节对组织系统阐述的相关内容作了修改，并在具体条文中规范了领导机构与组织的用法。第二，根据各地实际情况，完善了本党基层组织序列，将基层组织序列修改为总支部、支部、小组。

四是调整了届中调整和增补委员会部分委员的权限。章程修正案分别在中央委员会全体会议和地方各级委员会全体会议的职权中，增写了在任期内调整和增补同级委员会部分委员的条款。根据近年来的实践并借鉴其他党派经验，赋予中央和地方委员会在任期内调整和增补同级委员会部分委员的职权，是适应加强领导班子建设、建立正常进退机制的需要，也是切实可行的。

五是明确了对党员长期不参加组织活动、不与党组织联系和不履行党员义务等情况进行处理的具体规定。为便于对党员进行督促和管理，根据各地建议，章程修正案表述为："党员无特殊情况，连续两年不参加组织活动、不与党组织联系和不履行党员义务，经批评教育无效者，应劝其退党，由支部大会讨论通过，报上一级地方组织审核，经省、自治区、直辖市委员会批准，注销其党籍，并呈报中央备案。"

六是适应民主党派机关自身建设需要，将原来在中央组织、地方组织两章中分别表述的"加强本党机关建设"相关内容合并表述，调整到组织制度一章；并明确提出本党

各级机关干部履行职责的原则要求。

（二）对其他有关条文作适当规范、修改

在章程修正案各章中，根据新的形势，对文字表述、词语运用、内容安排等进行了一些修改，使内容的安排更规范有序、文字的表述更符合有关文件精神、词语的运用更准确，如：关于实行任期制，全国代表大会的代表名额与产生办法的决定权限，中央委员会委员名额的决定权限，中央专门委员会主任、副主任的任免权限，加强干部队伍建设，章程的解释权等，并对党员义务、基层组织任务、干部应具备的条件等条款局部顺序进行调整。这里不再一一说明。

此次章程修改集中了全党智慧，不少地方组织提出了宝贵的意见和建议，部分中常委和省级组织负责人，特别是一些老领导、老党员，更是对章程修改工作给予了很大的支持、帮助。

在章程修改过程中，许多有益的意见和建议已经吸收到章程修正案中，但章程作为指导和约束党的组织和党员的行为规范，不可能涵盖所有具体的、需要解决的问题，各级组织可以以章程为基本依据，结合各自工作实际，逐步制定和完善相关条例、制度，用以解决实际工作中的具体问题。

各位代表、同志们：这次章程修改工作，认真贯彻了发扬党内民主、集中全党智慧的精神，章程修正案体现了全党的共同意志，是全党同志共同努力的结晶。我们相信，新的章程修正案通过以后，必将进一步团结带领全党各级组织和广大党员，在中共十八大精神指引下，高举中国特色社会主义伟大旗帜，在全面建成小康社会伟大事业中，作出新的更大的贡献！

中国致公党章程

（中国致公党第十四次全国代表大会部分修改，2012 年 12 月 6 日通过）

总　纲

中国致公党是以归侨、侨眷中的中上层人士和其他有海外关系的代表性人士为主组成的，具有政治联盟特点的，致力于发展中国特色社会主义的政党。

中国致公党由华侨社团美洲洪门致公总堂发起，于 1925 年 10 月 10 日在美国旧金山成立。长期以来，中国致公党为争取国家独立、民族解放和维护华侨的正当权益而奋斗，在世界反法西斯战争中，积极支援祖国的抗日斗争。1947 年 5 月，中国致公党在香港举行了具有重大历史意义的第三次代表大会，由旧民主主义政党转变为新民主主义政党。1948 年 6 月 9 日，中国致公党发表《响应中共中央“五一号召”宣言》，声明接受中国共产党的领导，从此走上了同中国共产党真诚合作、共同奋斗的道路，为新民主

主义革命的胜利和建立新中国，为社会主义革命和建设事业，为推进改革开放和祖国统一大业作出了积极贡献。中国致公党在长期革命和建设的实践中，形成了自觉接受中国共产党领导，与中国共产党亲密合作，热爱祖国，致力为公，团结奋进，坚定走中国特色社会主义道路的优良传统。

中国致公党以《中华人民共和国宪法》为根本准则，维护宪法尊严，保证宪法实施；在宪法规定的权利和义务范围内，遵循政治自由、组织独立、法律地位平等的原则开展工作。

中国致公党是所联系的一部分社会主义劳动者、社会主义事业建设者和拥护社会主义爱国者的政治联盟，是接受中国共产党领导、同中国共产党通力合作的亲密友党，是进步性与广泛性相统一、致力于中国特色社会主义事业的参政党。中国共产党领导的多党合作和政治协商制度，是我国的一项具有中国特色的基本政治制度。坚持和完善中国共产党领导的多党合作和政治协商制度，致力于促进和发展社会主义和谐政党关系，坚持中国特色社会主义政治发展道路，是参政党崇高的政治责任，中国致公党将为此作出不懈努力。

中国致公党的政治纲领是：坚持以马克思列宁主义、毛泽东思想、邓小平理论、“三个代表”重要思想、科学发展观为指导，坚持中国共产党的领导，坚持社会主义初级阶段的基本路线、基本纲领和基本经验，坚持长期共存、互相监督、肝胆相照、荣辱与共的基本方针，保持宽松稳定、团结和谐的政治环境，坚持中国特色社会主义理论体系，切实履行参政党职能，弘扬爱国主义精神，团结全体党员和所联系的归侨、侨眷、留学回国人员及海外侨胞，同中国共产党在思想上同心同德、目标上同心同向、行动上同心同行，高举中国特色社会主义伟大旗帜，坚定不移沿着中国特色社会主义道路前进，为全面建成小康社会，继续实现推进现代化建设、完成祖国统一、维护世界和平与促进共同发展这三大历史任务，把我国建设成为富强民主文明和谐的社会主义现代化国家，实现中华民族的伟大复兴而共同奋斗。

中国致公党现阶段的基本任务是：

一、在国家政治生活中积极发挥参政议政、民主监督作用。参加国家政权，参与国家大政方针和国家领导人选的协商，参与国家事务的管理，参与国家方针政策、法律法规的制定和执行；与中国共产党在坚持四项基本原则的基础上，通过提出意见、批评、建议的方式实行互相监督。

二、充分发挥在人民政协中的作用。积极参与国家重大方针政策的讨论协商和履行职责的各种活动，以中国致公党名义在政协会议上发表意见和主张，积极开展视察、提出提案、反映社情民意、参与调查和检查等活动。积极支持担任政协委员、常委的中国致公党党员在政协大会、常委会议、专门委员会中充分发挥作用。

三、牢牢把握发展这个根本任务，紧紧围绕经济建设这个中心，自觉服务于改革发展稳定的大局，把中国致公党党员和所联系群众的智慧和力量凝聚到全面建成小康社会的奋斗目标上来，解放思想，实事求是，与时俱进，开拓创新，为促进社会主义经济建设、政治建设、文化建设、社会建设、生态文明建设而努力。

四、紧密围绕国家的中心任务，充分发挥中国致公党在反映社情民意、协调社会关系、维护社会稳定方面的作用，并积极开展社会服务活动，协助中国共产党和政府维护安定团结的政治局面，为构建社会主义和谐社会作出贡献。

五、维护党员和所联系的归侨、侨眷、留学回国人员的合法权益及海外侨胞的正当权益，积极反映他们的意见和合理要求，加强同政府及有关部门的联系和协商，协助和督促有关政策的制定和执行。

六、充分发挥中国致公党与海外联系广泛的特点，积极开展对海外侨胞、香港特别行政区同胞、澳门特别行政区同胞、台湾同胞和出国留学人员的联谊工作，推进经贸、科技、教育、文化等领域的交流交往，为维护香港、澳门的繁荣稳定和实现祖国的完全统一作出贡献。

七、积极组织和参加对外友好、民间交往和学术交流活动，努力促进中国人民与各国人民的友好往来和国际交流，为维护世界和平与促进共同发展作出贡献。

为了肩负起时代赋予中国致公党的光荣使命，全党必须学习践行社会主义核心价值体系，大力加强自身建设，按照坚持中国共产党的领导、发扬社会主义民主、体现政治联盟特点、体现进步性和广泛性相统一的原则，以思想建设为核心，以组织建设为基础，以制度建设为保障，努力把中国致公党建设成为与中国共产党亲密合作、致力于发展中国特色社会主义事业、适应时代发展要求的参政党。

第一章　党　员

第一条　凡是归侨、侨眷中的中上层人士和其他有海外关系的代表性人士，以及其他方面有代表性的中高级知识分子，承认并愿意遵守中国致公党章程的，可以申请加入中国致公党。

第二条　要求入党者，须由本人申请，填写入党申请表，两名党员介绍，经过考察，由支部大会或支部委员会讨论通过，报设区的市级或以上组织批准，并逐级呈报中央备案。必要时，中央和省、自治区、直辖市委员会可以直接吸收党员。

第三条　党员应当履行以下义务：

（一）努力学习马克思列宁主义、毛泽东思想、邓小平理论、“三个代表”重要思想、科学发展观，树立正确的世界观、人生观和价值观，不断提高思想政治水平。

（二）遵守宪法和法律，认真学习、宣传、贯彻执行国家的方针政策，维护国家利益。

（三）树立参政党意识，学习党的历史，遵守党的章程，执行党的决议和决定，参加党的活动，努力完成党交给的各项任务，交纳党费。

（四）刻苦钻研业务，努力做好本职工作，勤奋敬业，诚实守信，廉洁奉公。

（五）弘扬社会主义新风尚，实践社会主义荣辱观，遵守社会公德，维护社会公益。

（六）互相帮助，增进团结，开展批评与自我批评，坚持真理，修正错误。

（七）密切联系群众，反映群众的意见、要求和建议，发挥桥梁和纽带作用。

第四条　党员享有以下权利：

（一）在党内有表决权、选举权和被选举权。

（二）参加党的有关会议和活动，阅读党的有关文件，参加党的培训。

（三）对党的工作提出意见和建议。

（四）在党内，有权向党的各级组织、干部和党员提出意见、批评和建议，有权向上级组织直至中央，如实反映各级组织、干部和党员违反党的章程或违法乱纪的行为。

（五）对党的决议和决定如有不同意见，可以声明保留，并向上级组织直至中央提出，但在决议和决定未改变前，仍应当坚决执行。

（六）在本人合法权益受到损害时，有权要求党组织协助解决。

第五条　党员迁往异地居住、工作时，须办理组织关系转移手续。党员如迁至没有党组织的地方，应与原地方组织保持联系，或申请原地方组织将其组织关系转移到与新居住地邻近的地方组织。

第六条　党员在本职工作和党务工作中有显著成绩的，地方各级组织应给予表彰和奖励，对有重大贡献的，可由中央给予表彰和奖励。

第七条　党员有退党的自由。党员要求退党，须书面申请，经基层组织讨论通过，报上一级地方组织批准，并逐级呈报中央备案。

第八条　党员无特殊情况，连续两年不参加组织活动、不与党组织联系和不履行党员义务，经批评教育无效者，应劝其退党，由支部大会讨论通过，逐级报上一级地方组织审核，经省、自治区、直辖市委员会批准，注销其党籍，并呈报中央备案。

第九条　党员违反党的章程，经反复批评教育无效者，应按其情节轻重和对待错误的态度，分别给予警告、严重警告、撤销党内职务、留党察看、开除党籍的处分；党员受到政纪处分或刑事处分者，应根据不同情况，给予相应的党的纪律处分。

党员留党察看时间为一至两年。党员在留党察看期间没有表决权、选举权和被选举权。党员经过留党察看确已改正错误并已被撤销处分的，恢复上述权利；坚持错误不改的，应开除党籍。

第十条　对党员的纪律处分，必须经基层组织讨论决定，报上一级地方组织批准，并逐级呈报中央备案。

对中央委员的纪律处分，必须由中央委员会决定；对地方各级委员会委员的纪律处分，必须由同级委员会决定，报上一级组织批准，并逐级呈报中央备案。

在特殊情况下，对中央委员和地方各级委员会委员的纪律处分，可以先由中央常务委员会和地方各级常务委员会（不设常务委员会的由主委会议）作出决定，待召开委员会全体会议时予以追认。

第十一条　各级组织在处分党员时要实事求是，要有确凿的证据；讨论处分时，应允许本人参加，说明情况和进行申辩，其他党员可以为其作证和辩护。党员对组织处分决定有异议时，有权向上一级地方组织直至中央提出申诉，有关组织应当受理并给予答复。

第二章　组织制度

第十二条　党的组织系统包括中央组织、地方组织和基层组织。

第十三条　党的组织原则是民主集中制，其基本原则是：

（一）个人服从组织，少数服从多数，下级服从上级，全党服从中央。

（二）党的各级领导机构由选举产生。

（三）党的最高领导机构是全国代表大会和它所产生的中央委员会。地方各级领导机构是地方各级代表大会、党员大会和它所产生的委员会。基层组织的领导机构是基层委员会、总支部委员会、支部委员会或支部党员大会。各级委员会向同级代表大会或党员大会负责并报告工作。

（四）党的各级领导机构实行集体领导和个人分工负责相结合的制度，贯彻集体领导、民主集中、个别酝酿、会议决定的原则。

（五）党的上级领导机构要加强对下级组织的领导，经常听取并及时处理下级组织的意见和建议。下级组织要认真执行上级领导机构的决议和决定，向上级领导机构请示和汇报工作，如实反映情况。党的各级领导机构要按规定实行党务公开，使党员对党内事务有更多的了解和参与。

第十四条　党的各级委员会根据工作需要，可以召集代表会议，代表会议的代表名额和产生办法由召集会议的委员会决定。代表会议讨论决定需要及时解决的重要问题。地方各级组织召开代表会议应报上一级委员会批准。

第十五条　党的各级常务委员会在必要时可召集委员会扩大会议（地方组织不设常务委员会的由主委会议召集），讨论决定需要及时解决的重要事项，扩大的范围由召集会议的机构决定。

第十六条　党的各级委员会的产生，应经充分酝酿协商，由党的各级代表大会或党员大会采用等额或差额选举办法和无记名投票方式进行选举，以保障选举人充分行使民主权利。

地方组织和基层组织的个别领导成员，必要时可以由上级组织任免。筹建中的地方组织的领导成员，由上一级组织任免，并逐级呈报中央备案。

第十七条　由选举产生的中央委员会主席、副主席和地方各级委员会主任委员、副主任委员实行任期制，同一职务一般可以连选连任两届，最多不得超过三届，在任期中可以根据任职年龄界限、工作需要、本人意愿等情况进行调整。

第十八条　县级及以上地方组织的建立和变更，由上一级组织审核，并逐级呈报中央批准。

第十九条　在尚未成立省级委员会的地方，根据工作需要并在条件成熟时，可设中央直属的组织和工作委员会。

第二十条　中央和地方各级组织及其领导成员要加强思想政治建设，不断推进政治交接，切实提高政治把握能力、参政议政能力、组织领导能力和合作共事能力。要着眼于多党合作事业的长远发展，切实加强后备干部队伍建设。

第二十一条　组织发展应坚持以归侨、侨眷中的中上层人士和其他有海外关系的代表性人士为主，以大中城市为主和以有一定代表性人士为主，注重政治素质，发展与巩固相结合，有计划地稳步发展。

第二十二条　党的各级领导机构及其成员应模范遵守党的章程，发扬民主，密切联系党员群众，虚心听取党员群众的意见、批评和建议，认真接受党内监督。建立健全党内监督机制，并制定相关的制度和措施。

第二十三条　中央设立监督委员会；省、自治区、直辖市组织可根据工作需要和自身条件设立监督委员会。监督委员会在同级委员会领导下对所属各级组织及其领导班子遵守党的章程和履行职责等情况进行监督。

第二十四条　党的各级组织要切实加强机关建设，配备好机关工作班子，加强对机关干部的培养，健全以岗位责任制为核心的管理机制，提高工作质量和工作效率。

第三章　中央组织

第二十五条　全国代表大会每五年举行一次，由中央委员会召集，必要时可以提前或延期召开。全国代表大会的代表名额及产生办法由中央委员会决定。

第二十六条　全国代表大会的职权是：

（一）听取和审议中央委员会的工作报告；

（二）讨论并决定党的方针、任务和重大事项；

（三）修改党的章程；

（四）选举中央委员会。

第二十七条　中央委员会每届任期五年，全国代表大会如提前或延期举行，其任期相应改变。

新一届中央委员会委员名额由上届中央常务委员会提出，全国代表大会决定。中央委员会全体会议每年举行一次，由中央常务委员会召集，必要时可提前或延期召开。

第二十八条　全国代表大会闭会期间，中央委员会领导全党的工作，对外代表中国致公党。中央委员会全体会议的职权是：

（一）贯彻执行全国代表大会决议；

（二）听取和审议中央常务委员会的工作报告；

（三）讨论并决定党的工作方针和任务；

（四）选举中央常务委员会，选举中央主席、副主席；

（五）调整和增补中央委员会部分委员。

第二十九条　中央常务委员会是中央的决策机构，在中央委员会全体会议闭会期间，行使中央委员会的职权。中央常务委员会的任期同该届中央委员会。

中央委员会设主席一人、副主席若干人，组成主席会议。主席会议的任期同该届中央委员会。

中央常务委员会全体会议闭会期间，由主席会议领导全党工作。在主席会议闭会期间，由主席、驻会副主席组成主席办公会议，主持中央的经常性工作。

每届中央委员会选举产生的中央常务委员会、主席会议，在下届全国代表大会开会期间，继续主持党的经常性工作，直到下届中央委员会选举产生新的中央常务委员会、主席会议为止。

第三十条　中央委员会设秘书长一人，由主席会议提名，中央常务委员会任免。根据工作需要，中央委员会可设副秘书长若干人，协助秘书长工作，副秘书长由主席会议任免。

中央委员会根据工作需要，设立若干职能部门和办事机构。职能部门和办事机构的主要负责人由主席会议任免。

第三十一条　中央委员会根据工作需要，可设立若干专门委员会，专门委员会是中央委员会履行参政党职能的工作机构，专门委员会的任期同该届中央委员会。专门委员会主任、副主任由中央常务委员会任免。

第四章　地方组织

第三十二条　党的地方组织是省、自治区、直辖市组织，设区的市、自治州、直辖市区组织，县、自治县、不设区的市、市辖区组织。

第三十三条　地方各级代表大会每五年召开一次，必要时经上一级组织批准可提前或延期召开。

地方各级代表大会由同级委员会召集。代表大会的召开、代表名额和选举办法由同级委员会或常务委员会提出，报上一级组织批准。

第三十四条　地方各级代表大会的职权是：

（一）听取和审议同级委员会的工作报告；

（二）讨论并决定同级委员会的重要事项；

（三）选举同级委员会；

（四）选举出席上一级代表大会的代表。

第三十五条　地方各级委员会在同级代表大会闭会期间，领导本地区的全部党务工作，对外代表同级地方组织。地方各级委员会全体会议的职权是：

（一）贯彻执行上级委员会和同级代表大会的决议、决定，定期向上级委员会报告工作；

（二）听取和审议同级常务委员会（不设常务委员会的为主委会议）的工作报告；

（三）讨论并决定本地区组织的重要事项；

（四）选举同级常务委员会，选举同级委员会主任委员、副主任委员；

（五）调整和增补同级委员会部分委员。

第三十六条　地方各级委员会设主任委员一人、副主任委员若干人，组成主委会议。主任委员、副主任委员由同级委员会选举产生后，报上一级组织核准，并逐级呈报中央备案。主委会议的任期同该届委员会。

新一届地方各级委员会委员和常务委员会委员的名额，由上届同级常务委员会（不设常务委员会的为同级委员会）提出，报上一级组织批准。委员会委员和常务委员会委员选举产生后报上一级组织核准，并逐级呈报中央备案。

第三十七条　地方各级委员会的任期每届五年。同级代表大会或党员大会提前或延期举行，委员会的任期相应改变。

地方各级委员会全体会议每年至少举行一次，由同级常务委员会（不设常务委员会的为主委会议）召集，必要时可提前或延期召开。

第三十八条　地方各级常务委员会（不设常务委员会的为委员会）是地方各级组织的决策机构。在地方各级委员会全体会议闭会期间，常务委员会行使同级地方委员会的职权。地方各级常务委员会应定期召开会议，及时研究、解决本地区组织的重大问题。地方各级常务委员会的任期同该届委员会。

地方各级常务委员会全体会议闭会期间，由主委会议领导本地区各级组织的工作。

每届地方各级委员会选举产生的常务委员会、主委会议，在下届同级代表大会开会期间，继续主持经常性工作，直到下届代表大会选举产生新的常务委员会、主委会议为止。

第三十九条　地方各级委员会设秘书长一人，由地方各级主委会议提名，常务委员会任免，不设常务委员会的，由委员会任免。根据工作需要，地方各级委员会可设副秘书长若干人，协助秘书长工作，副秘书长由地方各级主委会议任免。

地方各级委员会根据工作需要，设立若干职能部门，其负责人由主委会议任免。

秘书长、副秘书长、职能部门负责人的任免，应报上一级委员会核准，并逐级呈报中央备案。

第四十条　地方各级委员会根据工作需要，可设立若干专门委员会，专门委员会是地方各级委员会履行参政党职能的工作机构，专门委员会的任期同该届委员会。专门委员会主任、副主任由同级常务委员会（不设常务委员会的由委员会）任免。

第五章　基层组织

第四十一条　党的基层组织是总支部、支部、小组。凡有党员三人以上可成立小组，五人以上可建立支部。有两个以上支部的单位、行业、地区，根据工作需要，可设立总支部。

基层组织的建立、合并和撤销，由上一级地方组织决定。

中央和省、自治区、直辖市委员会认为有必要并在条件具备时，可以设立直属基层组织。

第四十二条　党的基层组织根据工作需要，经上级地方组织批准，分别设立总支部委员会、支部委员会，领导基层组织工作。党员人数较多的单位，可设立基层委员会。

第四十三条　基层委员会、总支部委员会、支部委员会分别由所属组织的党员大会选举产生，每届任期三到五年，委员名额由上级地方组织决定。小组选举组长一人，任期三年。

基层委员会、总支部委员会、支部委员会各设主任委员一人、副主任委员若干人，分别由基层委员会、总支部委员会、支部委员会选举产生。不设委员会的支部，由党员大会选举主任和副主任。基层组织的负责人经选举产生后，均需报上一级地方组织核准。

第四十四条　基层组织的任务是：

（一）组织党员学习马克思列宁主义、毛泽东思想、邓小平理论、“三个代表”重要思想、科学发展观，学习宪法、法律法规、方针政策和时事政治，学习党的历史和章程。

（二）积极引导党员做好本职工作，并围绕本单位、本地区的中心工作，充分发挥协调关系、化解矛盾、促进工作和维护社会稳定的积极作用。

（三）组织党员积极参加社会主义经济建设、政治建设、文化建设、社会建设、生态文明建设，深入开展调查研究，反映情况，提出意见，为开展参政议政、民主监督和社会服务活动提供信息和建议。

（四）根据上级组织的决议、决定，结合本单位、本地区的实际情况，积极主动开展各项活动。

（五）定期开展组织活动，做好党员的思想政治工作，增强团结，共同进步。

（六）关心党员的工作、学习和生活，为党员服务，向上级组织和有关部门反映党员和所联系群众的意见、要求和建议。

（七）执行和维护党的纪律，讨论对党员的表彰、奖励和处分。

（八）发展党员，收缴党费。

第六章　干　部

第四十五条　党的干部是党的事业的骨干，为了更好地发挥参政党的作用，必须大力加强干部队伍建设，提高广大干部特别是领导干部的素质。

第四十六条　从中央到地方各级组织，要重视教育、培训、选拔和考核干部，特别是重视后备干部队伍建设，按照德才兼备、以德为先的原则，培养和选拔中青年干部，以推进新老合作交替、政治交接和人才兴党。

第四十七条　党的各级领导干部，应模范地履行党的章程所规定的党员义务，并具备以下基本条件：

（一）自觉接受中国共产党的领导，坚持中国特色社会主义政治发展道路；

（二）热心党的工作，有较强事业心和政治责任感，有与时俱进、开拓创新的精神；

（三）牢记为人民服务、致力为公的宗旨，密切联系党员群众，热心为党员群众服务；

（四）遵纪守法，清正廉洁，发扬艰苦奋斗的精神；

（五）刻苦学习，勤奋敬业，不断提高政治水平和工作能力；

（六）坚持和维护民主集中制，作风民主，善于团结同志，包括团结和自己有不同意见的同志一道工作，认真开展批评与自我批评，自觉接受党组织和党员的批评与监督。

第四十八条　党的各级机关干部要认真履行公务员职责，清正廉洁，克己奉公，尽职敬业，树立良好形象。

第七章　附　则

第四十九条　本章程自党的第十四次全国代表大会通过之日起施行。

第五十条　本章程的解释权属于中央委员会。

中国致公党第十四届中央委员会名单

主席： 万 钢

常务副主席： 蒋作君

副主席：

王 章	程津培	杨邦杰	严以新	黄格胜
曹小红（女）	李卓彬	闫小培（女）		

常务委员（34名，按姓氏笔画排序）：

万 钢	王 章	甘 霖（女）	吕彩霞（女）	刘 珂（女）
闫小培（女）	闫傲霜（女）	严以新	李 羚（女）	李 嵘
李卓彬	李昭玲（女）	杨邦杰	杨兴平	张 玲（女）
张柏青	张恩迪	陈 超	林方略	郑继伟
赵进东	赵家军	胡旭晟	黄格胜	曹小红（女）
曹鸿鸣	麻建国	蒋作君	程津培	谢广祥
谢晓尧	蔡建国	滕卫平	薛卫民	

中央委员（118名，按姓氏笔画排序）：

丁 明	于 炼	于圣臣	万 钢	马传凯
王 元	王 坚	王大平	王小云（女）	王公聚
王 跃	王松灵	王 章	王鹏杰	王增祺
毛有碧（女）	甘 霖（女）	龙炳煌	卢保江	叶 敏
田成有	史维学	冯小明	边 海	巩 沙
曲 维	吕彩霞（女）	伍中信	向 宇	刘 珂（女）
闫小培（女）	闫傲霜（女）	江曙霞（女）	许 怡（女）	许 虹（女）
许振东	孙立坚	孙国萍（女）	严以新	李 敏（女）
李 羚（女）	李 嵘	李台然	李卓彬	李秉记
李昭玲（女）	杨 英	杨邦杰	杨兴平	杨杰孚
杨德才	吴 毅	吴学斌	吴建东	吴晓蓓（女）
何 悦（女）	应仲树	应若平（女）	沈仁芳	沈国军
张 玲（女）	张云云（女）	张立军	张行如	张柏青
张恩迪	陈 仲	陈 超	陈光标	陈仲强
陈国鹰	陈怡霓（女）	陈铭福	邵志清	范 谊
林 强	林方略	林金星	罗 霞（女）	罗双全（女）
罗志芳（女）	罗新星	郑继伟	赵进东	赵家军
荣伟东	胡臣杰	胡旭晟	骆瑞麟	袁 雯（女）
徐 芃	徐文方	徐平东	徐利明	徐晓兰（女）
高吉喜	高雪松（女）	郭 滨	唐九红（女）	黄格胜

曹小红（女）	曹鸿鸣	麻建国	梁伟华	董配永
蒋志雄	蒋作君	程津培	谢广祥	谢晓尧
谢朝华	鄢　萍（女）	蔡建国	裴达树	谭　净
谭汝新	滕卫平	薛卫民		

关于学习贯彻中国共产党第十八次全国代表大会精神的通知

致公党各省、自治区、直辖市及中央直属组织：

在我国经济社会发展进入关键阶段召开的中国共产党第十八次全国代表大会，高举中国特色社会主义伟大旗帜，回顾总结了过去五年的工作和中共十六大以来的奋斗历程及取得的历史性成就，确立了科学发展观的历史地位，提出了夺取中国特色社会主义新胜利的基本要求，确定了全面建成小康社会和全面深化改革开放的目标，对新的时代条件下推进中国特色社会主义事业作出了全面部署。这次大会的召开，对于中国共产党团结带领全国各族人民，全面建成小康社会，加快推进社会主义现代化，开创中国特色社会主义事业新局面，具有重大而深远的影响。

本党当前和今后一段时期的首要政治任务，就是认真学习贯彻十八大精神，把思想和行动统一到十八大精神上来。

一、学习贯彻十八大精神，要坚持以科学发展观为指导，把促进科学发展贯穿于致公党工作的各个方面。科学发展观是马克思主义同当代中国实际和时代特征相结合的产物，是中国特色社会主义理论体系最新成果，把我们对中国特色社会主义规律的认识提高到新的水平，开辟了当代中国马克思主义发展新境界，并明确地把科学发展观确立为全党全社会必须长期坚持的重要指导思想。致公党作为参政党，要深刻理解科学发展观的科学内涵、精神实质和根本要求，着力转变不适应不符合科学发展的思想观念，切实增强深入贯彻落实科学发展观的自觉性和坚定性；要把促进发展作为参政议政的第一要务，按照中国特色社会主义事业“五位一体”的总体布局，为实现全面协调可持续的科学发展作出新贡献。

二、学习贯彻十八大精神，要围绕十八大提出的各项任务，积极履行参政党职能。中共十八大确定了全面建成小康社会和全面深化改革开放的目标，对新的时代条件下推进中国特色社会主义事业作出了全面部署，实现这一宏伟目标，需要包括各民主党派在内的全国各族人民的共同努力。围绕十八大提出的奋斗目标，各级组织和广大党员要高度关注经济社会发展和改善民生工作中的热点难点问题，积极为促进社会主义经济建设、政治建设、文化建设、社会建设和生态文明建设建言献策；要发挥党员的主体作用，调动全党的积极性、主动性和创造性，积极反映广大党员和所联系群体的意见、建议和合理要求，为巩固和发展安定团结的政治局面和构建社会主义和谐社会作出贡献；要以服务大局、服务民生为宗旨，明确民主党派社会服务工作在新形势下所呈现出的新变化、新特点，努力创新社会服务工作的新形式、新内容，开辟社会服务工作的新局面；要充分发挥致公党的“侨”“海”特色，深入了解和研究国内外侨情，进一步在凝聚侨心、汇聚侨智、涵养侨力、维护侨益等方面多做工作，促进侨务资源的可持续发展。

三、学习贯彻十八大精神，要借鉴执政党建设经验，进一步加强自身建设。中国共产党作为执政党，坚持以改革创新的精神全面推进党建工作，加强执政能力建设和先进性建设，为各民主党派树立了榜样。我们要学习中国共产党的党建经验，切实加强自身建设。要不断增强学习意识，坚持中国特色社会主义理论体系，巩固多党合作的思想基础；要不断提高政治把握能力、合作共事能力、参政议政能力、民主监督能力和组织协调能力，继续加强参政能力建设；要进一步加强领导班子建设和后备干部队伍建设，努力探索新形势下基层组织工作的新思路，为巩固和发展多党合作事业提供有力的组织保证；要坚持民主集中制的原则，进一步建立健全党内民主制度和党内监督制度，推进各项工作的制度化和规范化，努力把致公党建设成为理论上清醒、政治上坚定、组织上巩固、制度上健全的充满活力的参政党，在多党合作的政治格局中发挥更大的作用。

各级组织要精心筹划、周密安排，组织党员认真研读十八大文件，全面准确地领会十八大精神；要紧密联系广大党员的思想实际，坚持学以致用、用以促学，用十八大精神指导实践、推动工作；要通过不断深入的学习，进一步统一思想、凝聚力量，更好地履行参政党职能，为全面建成小康社会、实现中华民族伟大复兴作出贡献。

二〇一二年十一月二十二日

九三学社

2012 年工作报告

（2012 年 11 月）

韩启德

各位委员、同志们：

我受九三学社第十二届中央常务委员会委托，向全会报告工作，并就我社第十次全国代表大会报告起草工作作说明，请予审议。

一、2012 年工作回顾

2012 年，我社认真贯彻中共中央的决策部署，努力推进政治交接，深入细致做好换届各项准备工作，紧密围绕国家经济社会发展履行职能，不断加强自身建设，各项工作取得了新的成绩。

（一）全面做好我社第十次全国代表大会筹备工作

开好第十次全国代表大会，对于我社统一思想，明确任务，搞好政治交接，动员全社各级组织和广大社员，坚定不移沿着中国特色社会主义道路前进，为全面建成小康社会而奋斗，具有十分重要的意义。根据社十二届五中全会的部署，我们对社十大筹备工作进行了精心组织安排。目前，社十大各项准备工作已经全部就绪。

社中央高度重视社十大报告的起草工作，认为集中全社智慧，起草出一篇既体现时代发展要求又符合我社实际、顺应全体社员意愿的大会报告，对于社十大取得圆满成功至关重要。关于社十大报告的起草工作，后面我会向大家作详细说明。

社中央认为，社九大以来，随着我国经济社会全面发展，我们面临的形势和任务也相应地发生了变化，有些经验、认识和做法应当进一步提升和规范，并且在《社章》中有所反映。为此，社中央决定成立社章修改组，对社章进行修改。这次对社章只作适当修改，不作大改；不成熟的不改，可改可不改的原则上不改。

社中央在深入调查研究、广泛听取意见、集中全社智慧的基础上，形成了提交这次全会讨论的社章修正案。有关情况，将由丛斌副主席专门进行说明。

社中央高度重视并认真做好社十大的有关人事准备工作。2011 年 10 月，十二届十六次中常会审议通过并印发了《关于九三学社中央 2012 年换届工作的意见》，对第十次全国代表大会代表的产生和第十三届中央委员会委员候选人提名条件及提名办法作出明确规定。第十次全国代表大会代表由选举代表和提名代表两部分组成。选举代表由省级代表大会无记名投票等额选举产生，提名代表由社中央按提名原则产生。第十次全国代表大会代表共计 700 名，已由社中央换届领导小组和十二届二十次中常会审议确认。在地方组织和有关方面民主推荐基础上，社中央换届领导小组集中研究、遴选，并经过与地方组织、地方和中央有关部门反复协商，严格按照规定程序提名，第十三届中央委员会委员候选人建议名单已由社中央换届领导小组和十二届二十一次中常会审议通过，将提请第十次全国代表大会酝酿和选举。

（二）胜利完成省级组织换届任务

今年 4 月开始，我社省级组织换届工作全面展开。到 8 月底，30 个省级组织换届圆满结束。这次省级组织换届工作有以下几个特点。

一是整个换届过程平稳顺利。各地代表大会准备充分，秩序良好，工作报告普遍得到好评，经过广泛协商的候选人认可度高，领导班子候选人全部高票当选。另外，有 3 个省级组织的监督委员会同步进行了换届，2 个省级组织换届后成立了监督委员会，使我社省级组织监督委员会达到 8 个。

二是领导班子调整幅度较小而规模扩大。与 2007 年相比，本次换届只有河北、贵州、宁夏 3 个省级组织更换主委。安徽、山东、河南、新疆 4 省区领导班子整体留任，其余 26 个省级组织进多出少。17 个省级组织增加了领导班子职数，28 个省级组织增加了常务委员会和委员会职数。

三是领导班子结构进一步改善。换届后，社省级组织主委、副主委共计 221 人，平均年龄 52 岁。除专家学者、政府实职领导及社务工作者以外，还有部分国企领导，文艺界人士，新阶层人士，以及省人大、政协的专职领导干部进入领导班子，领导班子的代表性有所扩展。具有博士学位的 114 人，占领导班子成员的 51.6%, 具有正高级专业技术资质的 162 人，占 73.3%。其中包括两院院士 6 人，长江学者 3 人，大学校长 27 人，国家重点实验室负责人 9 人，比上届有较大增加。

四是离任同志体现高风亮节。本次省级组织换届离任的 43 位副主委中，受任期制影响到届未到龄的 19 人。这些同志以九三学社的事业为重，为顺利实现新老交替，推进政治交接作出了表率。

省级组织换届的圆满成功，离不开各地中共党委的领导和支持，也充分说明我社近年来推进人才强社战略，加强各项自身建设取得了实实在在的成绩，同时也为未来五年我社工作的发展奠定了坚实的基础。

（三）参政议政和民主监督取得新成绩

一年来，我社深入贯彻落实科学发展观，围绕我国经济社会发展中的重大问题以及人民群众普遍关心的热点问题，深入调查研究，积极建言献策，在参政议政和民主监督方面发挥了积极作用。

一是高层政治协商建言议政质量明显提高。社中央主要领导多次参加中共中央、国务院就《政府工作报告》、经济形势分析和经济工作、中共十八大报告征求意见稿等举行的高层政治协商活动，分别围绕推动社会主义民主政治发展、深化科技管理体制改革、进一步提高自主创新能力、切实解决分配不公和贫富差距过大、深化国有企业改革、着力改善中小企业发展环境、房产税改革和住房信息系统建设、推进城镇化发展、促进实体经济发展、改善民生、新型农村社区建设等问题在高层政治协商会议上发言，针对存在的问题，提出富有建设性和具有操作性的建议，受到中共中央、国务院的高度重视。

二是调查研究广泛深入，工作机制持续完善。我社就经济结构调整、经济社会绿色发展、城乡统筹发展、生态建设和环境保护以及区域协调发展等问题深入调查研究，并提出切实可行的建议，产生了良好的政治影响和社会效应。譬如，今年长沙主题常委会提出“整合全社力量，围绕‘城乡统筹与新型农村社区建设’问题开展研究”。此后，社中央与社河南省委联合国家发改委、国土资源部、住建部和社科院等部门，两次赴河南进行调研，形成了《关于建设新型农村社区，推进城乡统筹的调研报告》，得到中共中央和国务院有关领导的批示和重视。又如，社中央调研组赴贵州调研并提出将兴义市纳入有关扶贫攻坚规划的建议，被政府采纳落实。一年来，我们再次聚焦经济绿色发展和工业转型升级问题，在多次调研的基础上，分别就促进工业绿色发展、加大生活废弃物资源化利用力度、深化林改等问题提出建议，得到中共中央和国务院有关领导的高度重视。加强专委会作用，建立和实行参政议政课题合作研究机制，完善与政府有关部门协作机制，健全专家论证和咨询制度，加强与社各省级组织以及国务院和地方有关部门的联合调研，例如，社重庆市委积极推动，并联合社四川省委、湖北省委、云南省委、贵州省委，与社中央一同开展“三峡库区及长江上游水污染防治”课题的调查研究，取得了成效。社中央妇女工作委员会将妇女工作与参政议政工作相结合，组织社各级组织就“提高家政服务业战略地位，扩大城乡妇女就业领域”开展专题调研。社经济、科技、社法等专委会多次组织并参与调研课题，充分发挥专业专长，展现了九三学社特色。

三是在政协中的作用充分发挥。我社积极履行政治责任，在全国政协十一届五次大会上，以九三学社中央名义提交大会发言 15 篇，被政协选用大会口头发言 2 篇，书面发言 13 篇。其中，《完善科技评价奖励制度，营造良好科研环境》、《着力克服制度缺陷，推进股市健康发展》等发言，得到媒体的广泛关注和一致好评。以社中央名义提交提案 42 件，占各民主党派中央和全国工商联提案总数的 14%；以九三界别名义提交提案 28 件，占界别、小组提案总数的 70%。在提交的提案中，有 4 件被选为全国政协重点督办提案，有 12 件入选全国政协《重要提案摘报》。大会期间，九三界别委员积极参政议政，共提交个人提案和联名提案百余件，产生了积极社会影响。会后，我社又以社中央名义提交平时提案 11 件，占各民主党派和全国工商联总数的 60% 以上。同时，各省级组织也在省政协会议上取得很好的成绩，得到了地方省委、省政府的高度重视，为各地经济社会发展作出了贡献。

四是反映社情民意的信息工作扎实推进。一年来，社中央从 2400 余篇来稿中采编形成《九三信息》、《九三信息专报》526 篇，向全国政协、中央统战部等部门报送了近 400

篇有情况、有分析、有建议、质量较高的社情民意信息，被全国政协采用70篇，采用率位居各民主党派中央和全国工商联之首。其中，《贷款高利率情况下中小企业欠税应引起重视》、《关于延期和调整“家电以旧换新”政策的建议》、《关于调整和优化政协界别设置的3点建议》等6篇信息得到中共中央和国务院有关领导的批示，对有关工作起到了促进作用。

五是民主监督工作尽职尽责。全社上下高度重视履行民主监督职能，并在实践中把民主监督寓于履行职能的各项工作中，通过高层政治协商、“直通车”建议、政协发言和提案以及反映社情民意的信息工作等方式，积极发挥民主监督作用。如提出《关于加强公共财政支出监督机制的建议》、《关于化解地方政府债务和防范风险的建议》、《关于加大政府投资建设项目审计监督的建议》等，得到高度重视和切实采纳。应邀出席最高人民法院、最高人民检察院、中央统战部召开的座谈会和情况通报会，就有关方面的突出问题提出建议，发挥了民主监督作用。全社上下广开言路、完善载体，不断丰富监督形式，拓宽监督范围，细化监督程序，推动有关方面将特约监督员等监督方式规范化、制度化；我社担任各级特约监督员、监察员、检察员、审计员和教育督察员的社员，以高度的政治责任感，认真参加执法监督检查、行风政风评议，在加强廉政建设，推进依法行政中发挥了积极作用。

（四）社会服务工作呈现新局面

编制《九三学社社会服务工作2012—2016年发展规划汇编》，明确了今后五年社会服务的指导思想、基本原则、主要任务和保障措施。

一是“九地合作”稳步推进，多党合作社会主义新农村建设示范项目进展顺利。社各级组织积极探索“九地合作”新模式，“九地合作”的规范化和制度化程度不断提高。“沪豫科技合作”对接成功项目8个，“晋豫合作”相互推介农业产业项目17个，“沪皖合作”达成了初步意向；社河南省委与有关企业、学校整合资源共建的研究所已进入实施阶段，为“九校企合作”模式提供了成功范例；社北京市委与市科协合作，建立技术转移基地、院士专家服务中心和科技工作者之家等；社内蒙古区委与土左旗人民政府开展“医疗技术合作项目”，提高了当地的医疗水平；社广州市委会与南沙区人民政府签署“九南合作”协议并成立了广东省第一家“九地合作”工作站；“九漯合作”通过推广绿色生态农业技术、协调资源助推水患治理等工作倾力推进社会主义新农村建设。多党合作社会主义新农村建设示范项目在广西、宁夏、内蒙和贵州选址进行。试点工作以产业发展为核心，立足当地农业资源条件，注重发挥我社智力优势，邀请专家实地考察论证，并结合项目内容进行农民培训。

二是科普工作影响日益扩大。科普工作服务领域不断拓宽、内容不断丰富、载体不断创新、受众群体日益广泛。社中央院士工作委员会举办了院士专家行、院士专家报告团活动，先后赴湖南、甘肃、新疆等地，为地方经济社会发展提供了有益建议。社北京市委与市科协共同举办“首都科学讲堂”，由名家讲科普，以贴近群众、贴近生活的特点深受欢迎；社上海市委开辟“科普之旅”绿色通道，组织学生和教师参观科研单位、博物馆及国家重点实验室，拉近了科学家与中学生的距离；社山东省委与省科协合作，开展“百名专家企业行”活动,指导企业生产经营活动,反响强烈；社江苏省委探索出的“专家工作站”模式周期长、范围广、内容实、形式新；社广州市委在当地中学开展“科普小喇叭”活动，极大地激发了学生学科学、爱科学、用科学的热情。

全社各级组织共开展“百名专家进乡村入学堂”和“国际科学与和平周”活动2500余场，受众近60万人，捐款捐物赠药价值251万元人民币，发放科普资料100余万份；招商引资项目推介165项。社中央与社北京市委等在清华大学联合举办“九三学社院士专家进校园”活动，产生了一定的社会反响。

三是“亮康行动”获得新进展。在社中央的组织下，河北、山东两支医疗队坚持公益善举不辍，在青海、宁夏、湖北等地高质量地完成手术共计336例。社江苏省委继2011年度在本地开展“亮康行动”成功范例的基础上，再次探索深入挖掘社内力量，为当地贫困白内障患者免费实施复明手术,完成手术430例。在社中央的接洽和积极协调下，贵州威宁县接受香港有关方面援建的“亮睛点”于今年9月正式挂牌成立。截至目前共完成手术698例。

四是支边扶贫取得新进步。赴威宁开展“同心·智力行·企业行”活动；组织社员为威宁经济发展出谋划策，为学校捐赠学习用品；举办“农村经济管理”培训班，培训威宁县乡镇党政干部40人；开展“学校结对子”活动，培训威宁教师和学生。社中央投入资金15万元，在威宁开展互助借款金融试验。社上海市委会组织教育、农业、畜牧业专家赴威宁进行培训指导；接纳威宁教师、医技人员赴沪免费进修。社江苏省委会在中药材种植、保护价收购、干部挂职等方面对威宁县进行了积极帮扶。全社倾力支持云南彝良、贵州威宁抗震救灾，社中央捐款18万元，社云南省委和贵州省委分别捐款5万元。

（五）港澳台和海外联络工作进一步加强

全社积极拓展与港澳台同胞、海外侨胞和国际友人的经济和文化交流。社中央先后组织3个团组赴5个国家和地区，围绕“许德珩同志在法情况”、“环大陈地区海峡两岸交流”、“中国企业走出去”等课题进行调研。在南宁举办“2012年海峡两岸经贸发展论坛”。社中央文化工作委员会与社宁波市委、宁波市文联在宁波联合举办了“两岸四地”中华文化联谊活动。周培源基金会接待了台湾女子高级中学赴京交流访问团。许多地方组织也结合自身优势开展了形式多样的海外联谊活动。

（六）自身建设再上新台阶

全社以搞好政治交接、抓好换届工作为主线，在思想理论建设、组织建设和机关建设等方面都再上新台阶。

一是思想理论建设常抓不懈。全社认真学习贯彻中共十八大精神，举办各种学习会、座谈会，深刻领会中共十八大对多党合作事业的新部署、新要求；把学习贯彻中共十八大精神与学习和践行社会主义核心价值体系活动有机结合起来，作为推进新老交替和政治交接的重要内容，融入组织换届和履行参政党职能的各项工作中。紧扣参政议政、社会服务工作，切实搞好新闻宣传，撰写多篇具有一定深度的报道；着力加强与各种主流媒体和新媒体的联络，大力推进社刊社讯和社内网站建设；与中央社会主义学院等单位积极合作，承担了一些理论研究课题；继续推动参政党理论研究课题招标活动；召开全社参政党理论研究和社史研究工作研讨会。《民主与科学》杂志突出办刊理念，强调精品意识，办刊质量不断提高。

2010年初，社中央启动了学习践行社会主义核心价值体系活动。3年来，全社共举办报告会、学习会、座谈会1213次，建立学习践行基地132个，树立先进典型574个，培训骨干社员15687名，开展参观考察活动632次，举办主题征文、知识竞赛、图片（书画）展281次。在全社上下共同努力下，这次历时3年的学习教育活动实现了预期目标，取得了显著成效。

这次活动呈现出以下几个特点。第一，注重学习研讨。在全社开展征文活动并召开9次理论研讨会。组成专题调研组赴四川等地，了解社员的认识情况。第二，注重典型示范。在全社推荐的53个先进典型基础上，精心遴选4名个人和1个集体，在“主题常委会”上做事迹宣讲并刻成光盘下发全社；大力宣传荣获国家最高科学技术奖的师昌绪和谢家麟院士以及2012年6名新当选院士的突出业绩；拍摄杨佳先进事迹专题片，组织学习征文，配合中央统战部在10多个省市和高校巡回报告；在基层组织开展“讲述身边人故事”活动。第三，注重发挥社史作用。大力推进社史工程，九三学社人物丛书招标立项的27个课题中，《王选传》等10部传记首批出版；拍摄5集社史专题片；举办社史研究骨干培训班；召开九三学社创始人后裔座谈会；搜集和抢救我社老一辈代表人物史料；举办吴阶平同志追思会和社章社史知识竞赛；多个省级组织出版或正在编撰本省的社史社志；举办社史资料影像巡回展。第四，注重培育“九三文化”。开展“学哲学、学历史、读经典”活动；举办“九三讲堂”、“文化系列讲座”、“理论研究沙龙”、科学精神研讨会等一系列文化活动；全社共组建“九三书画院”37个，“九三艺术团”24个。第五，注重与履职结合。把社会主义核心价值体系丰富内涵和基本要求体现于履职思路和实践过程，着眼群众之需和我之所能，不断拓展服务社会新领域。第六，注重机制建设。逐步健全以社章为根本、以民主集中制为核心的制度体系。第七，注重率先垂范。把领导干部和骨干社员作为学习践行活动重点，坚持上级为下级作表率，骨干为社员作表率，领导班子为机关作表率，有效带动了广大社员的学习践行。

三年来，在学习践行社会主义核心价值体系活动中，全社涌现出许多优秀的基层组织和先进个人，在本次会议上，社中央将对100个先进集体和100名优秀社员予以表彰。

二是组织建设稳步发展。一年来，全社各级组织大力贯彻人才强社战略，组织工作继续沿着积极、健康、有序的轨道前进。干部教育培训进一步加强，共推荐40余人参加中央社会主义学院举办的民主党派干部培训班和进修班。制定实施《九三学社中央基层组织和社员、社务工作者先进评选表彰办法》。运用现代科技手段建立了社员和组织信息管理系统。目前，系统已经录入10余万名社员的基本信息，正准备进行数据整理和二期开发。社中央监督委员会在中央委员会领导和地方组织支持下，积极探索监督机制，推动各级组织开展谈心会、民主评议活动。

截至2012年6月30日，全社拥有30个省级组织，289个设区市市级组织，26个县级组织，5236个基层组织，132639名社员。社员中具有高级职称的78204人，占社员总数的58.96%，继续保持高水平；两院院士68人。老龄化问题进一步得到改善，离退休社员比例继续下降。

三是机关建设进一步加强。7月中旬，社中央在青岛召开全社机关工作会议，对全社推进机关作风建设和文化建设进行了研讨和布置。社中央机关认真抓好学习培训，建设学习型机关，不断提高机关工作人员的政策理论水平和思想业务素质，及时做好各项服务工作；加强机关制度化建设，编印了《九三学社中央及机关文件制度汇编》，为机关正常运行提供有力保障；努力拓展外部挂职锻炼渠道，定期选派机关干部到机关扶贫点贵州威宁挂职锻炼；继续实行社中央与地方组织机关公务员双向挂职锻炼工作。认真做好基金会等专门事务的管理协调服务工作。王选基金会资助社员22位，资助额66万元，在北京、上海等地分别开展送健康行动和眼科医疗保健服务。机关信息化建设取得新进展。

各位委员、同志们，一年来，我社的各项工作成绩都是在中共中央领导下，在中央统战部的支持下，也是在各位中央委员和全社同志共同努力下取得的，在这里我谨代表九三学社中央常务委员会，向中共中央、中央统战部，向各位中央委员和全社同志表示衷心感谢！

在肯定成绩的同时，我们也要清醒地看到，还有许多工作需要进一步加强，比如，如何进一步提高思想政治工作的针对性和实效性，增强社员的政党意识、大局意识、责任意识和团结意识；如何进一步提高参政议政和民主监督水平；如何培养更多的旗帜性人物和社会活动家等等。希望大家对我们的工作提出宝贵意见和建议，帮助我们把工作做得更好。

二、2013年工作的总体要求

九三学社中央2013年工作的总体要求是：高举中国特色社会主义伟大旗帜，以邓小平理论、“三个代表”重要思想、科学发展观为指导，深入学习贯彻中共十八大精神，学习传达好社十大精神，发挥特色和优势，紧密围绕全面建成小康社会履行参政议政和民主监督职能，着力推进社会服务工作，切实加强自身建设，整合力量、健全机制，努力开创各项工作新局面。

关于2013年的各项具体工作，因为社十大即将召开，十二届中央常委会建议在社十大选举产生新一届领导班子后，由新一届领导班子根据社十大精神再进行安排部署。

三、关于第十次全国代表大会报告起草工作的说明

社十大报告的起草工作是十大筹备工作的重要组成部分。社中央对社十大报告的起草工作非常重视，专门召开会议进行研究部署。社中央对社十大报告起草工作提出的要求是：要把社十大报告写成一个政治报告，要体现九三学社作为参政党的思想与纲领；要对过去五年成熟的经验进行认真总结；要对形势有清楚的认识，把握方向，理清下一步工作的思路。

根据以上要求，报告起草组确定了报告起草的指导原则，这就是：高举中国特色社会主义伟大旗帜，坚持以邓小平理论和“三个代表”重要思想为指导，全面贯彻落实科

学发展观，实事求是地总结九大以来我社的工作和经验，在认真分析形势的基础上，以战略性思维和前瞻性眼光规划我社今后五年发展的蓝图；既要充分体现中共十八大精神，又要充分体现九三学社的鲜明特色，力求做到历史与现实、理论与实践、当前与长远、目标任务与部署措施、发挥参政党作用与加强参政党建设的有机结合，写成一篇继往开来、与时俱进、务实创新的报告。

根据这一指导思想，报告起草组在起草报告时特别注意把握四点：一是充分体现中共十八大精神；二是把报告作为政治报告来起草，力求站得高，看得远，强调思想性、时代性、前瞻性、指导性；三是文字力求凝练，文风力求朴实，用我们自己的语言把九三学社自身的特色与优势充分地表达出来，总结成绩尽量用数字和实例说话，力求客观实在；工作部署尽量翔实，有具体目标和落实措施。四是既要在报告中全面体现九三学社爱国、民主、科学的精神，又在起草过程中充分发扬民主与科学精神，加强调查研究，广泛听取意见，集中全社智慧。报告起草过程完全体现了上述要求。

2012 年 3 月 6 日，第四十三次主席办公会议决定正式启动社十大筹备工作，成立了由赖明副主席任组长，邵鸿、张桃林副主席任副组长，研究室全体成员和其他部门有关同志组成的报告起草组。报告起草组开始进行报告起草的前期准备工作。

6 月下旬至 9 月下旬，报告起草组下发通知，请各省、自治区、直辖市委员会和社中央机关各部门提供五年来的工作情况等书面材料；分华东、华北、东北 3 个片区召开社十大报告提纲征求意见专题研讨会，召开社中央参政党理论研究中心和社史研究中心专题研讨会，召开全社参政党理论研究和社史研究工作研讨会，听取了 13 个省级组织和所属的市级组织、基层组织以及社内专家对报告起草的意见、建议；经认真学习研讨，确定了报告主题、内容、结构，拟出报告提纲，并根据主席办公会议精神对报告提纲进行了修改。

9 月 24 日至 10 月 28 日，报告起草组完成报告初稿。经各位主席审阅修改后形成征求意见稿，寄送各位常委、各省级组织和社中央各部门征求意见。报告起草组根据反馈意见，对报告进行了修改，再度形成征求意见稿，提交十二届二十次中常会进行审议。

10 月 29 日至 11 月中旬，报告起草组对各方面修改意见和建议进行了认真整理和汇总，扣除重复意见后为 170 条。经过研究，对报告稿进行了增写、改写和文字精简，力求做到能吸收的尽量吸收，覆盖了 153 条意见和建议。

11 月 27 日，十二届二十一次中常会审议了修改后的报告稿，同意把报告稿提交这次全会审议。

目前整个报告有 16300 字，分为三个板块七个部分，在框架结构上基本延续了九大报告的写法。

第一板块是第一部分，主要总结过去五年的工作和基本经验。第二板块是第二部分，主要在分析形势的基础上提出今后五年各项工作的总体要求。第三板块包括第三至第七部分，是对今后工作的建议。

第一部分从六个方面总结了过去五年的工作。写法上高度概括，不再罗列工作情况和一般成绩，而是虚实结合，突出五年来工作的新进展、新举措、新特点，力求使大家有深刻印象，给大家鼓劲，增强信心。关于经验和体会，我们认为，既要把往届中央委员会的工作经验涵盖其中，保持连续性和稳定性，又要能够体现本届中央委员会工作的开拓性和创造性。出于这样一种考虑，经反复推敲研究，写了六条。

第二部分在分析世情、国情的基础上，对我社社情的阶段性特征进行了总结：一是社内思想主流健康平稳，但仍需进一步凝聚社员的思想共识；二是参政议政和民主监督水平不断提高，但与广大社员和人民群众的期待相比，仍有较大差距；三是组织队伍不断发展壮大，但在质量和结构上仍存在隐忧。然后根据社情的阶段性特征，提出了今后五年全社工作的总体要求，明确了我社未来发展的根本目标，即思想上坚定、履职上坚实、组织上坚强，强调把握好这三个方面，就抓住了社情变化对我们工作新要求的关键，就抓住了未来一段时期推动我社事业发展的核心。

第三部分强调认真学习贯彻中共十八大精神，坚定不移地走中国特色社会主义道路。第四部分强调加强以爱国民主科学为核心价值理念的参政党文化建设，以此全面带动自身建设。第五部分强调更加自觉地以科学发展观指导我社各项工作和实践，努力提高参政议政、民主监督的能力和水平。第六部分强调发挥特色和优势，积极开拓社会服务的新领域和新途径。第七部分强调继续实施“人才强社”战略，永葆社组织的生机与活力。

关于社十大报告的说明就是这些，请各位委员和列席人员认真予以审议，使报告进一步完善。

各位委员、同志们：这次全会担负着为召开我社第十次全国代表大会做好准备的重要使命，希望大家按照全会的部署，认真开好会议，圆满完成全会的各项任务，迎接我社第十次全国代表大会胜利召开。

弘扬传统　凝心聚力　坚定不移沿着中国特色社会主义道路前进

——在九三学社第十次全国代表大会上的报告

（2012 年 11 月 30 日）

韩启德

各位代表：

现在，我代表九三学社第十二届中央委员会向大会作报告，请予审议。

九三学社第十次全国代表大会，是在全社深入学习贯彻中共十八大精神、奋力开创各项工作新局面的关键时期召开的一次十分重要的会议。本次大会的主要任务是：深入学习中共十八大精神，回顾社九大以来的工作，总结经验、分析形势、思考不足、探索对策，谋划与部署今后五年的工作，修改社章，选举新一届社中央领导机构，动员全社各级组织和广大社员，坚定不移沿着中国特色社会主义道路前进，为全面建成小康社会、不断开创我社各项工作新局面而奋斗。

一、过去五年的主要工作和基本经验

过去的五年，是全国各族人民在中国共产党的正确领导下，各项事业取得重大成就的五年，是统一战线和多党合作事业快速、健康、和谐发展的五年，也是九三学社事业取得长足进步和突出成绩的五年。

（一）参政议政和民主监督取得新成就。五年来，我社深入学习贯彻科学发展观，围绕经济社会发展中的重大问题以及人民群众普遍关心的热点问题，深入调查研究，积极建言献策。

一是高层政治协商建言议政质量显著提高。社中央主要领导参加中共中央、国务院就《政府工作报告》、经济形势分析和经济工作、“十二五”规划、文化体制改革等举行的高层政治协商活动，分别围绕推进政治体制和行政体制改革、深化科技管理体制改革、进一步提高自主创新能力、推动战略性新兴产业发展、促进医疗体制改革、推动城镇化健康发展、切实解决分配不公和贫富差距过大、加强党风廉政建设、细化“十二五”规划实施方案、深化国有企业改革、着力改善中小企业发展环境、应对结构性就业难题、稳健调控房地产市场、推进人民币国际化以及促进文化产业发展等问题发言，提出具有操作性的建议，受到中共中央、国务院的高度重视。

二是在政协中的作用充分发挥。在全国政协大会上共提交大会发言70篇、社中央提案193件、政协九三学社界别提案136件，政协常委会发言20篇。其中，《关于在新农村建设中加强环境保护与生态建设》、《关于推动我国经济社会低碳发展》以及《关于发展服务外包业，促进我国资源枯竭型城市转变经济发展方式》等60件提案，或入选全国政协《重要提案摘报》，或入选提案办理协商会，成为全国政协重要提案；《关于加强我国农田水利基础设施建设，保障粮食生产安全》、《关于改变高等教育行政化趋向》以及《关于发展绿色建筑，推动建筑节能》等11件提案被评选为十一届全国政协优秀提案，在各民主党派中名列前茅；《深化改革，提高自主创新能力》、《改变行政化趋向，推动高等教育健康发展》、《着力克服制度缺陷，推进股市健康发展》以及《着力加强制度建设，努力遏制公款吃喝》等9篇政协大会口头发言引起很大社会反响。

三是民主监督工作有所作为。社中央高度重视履行民主监督职能，并在实践中把民主监督寓于履行职能的各项工作中，通过高层政治协商、“直通车”建议、政协发言和提案以及反映社情民意的信息工作等方式，积极发挥民主监督作用。除了前面提及的方面，还提出了《关于深化预算监督机制改革，进一步强化人大监督力度》、《关于尽快建立环境公益诉讼制度》等提案和建议，得到有关部门高度重视；多次就《教育中长期发展规划纲要》的修改完善向有关部门提出意见，并以政协大会发言和提案等方式，为推动做好规划实施工作积极努力。应邀出席最高人民法院、最高人民检察院、中央统战部召开的座谈会和情况通报会，就有关方面的突出问题提出建议，发挥了民主监督作用。全社上下广开言路、完善载体，不断丰富监督形式，拓宽监督范围，细化监督程序，推动有关方面将特约监督员等监督方式规范化、制度化；我社担任各级特约监督员、监察员、检察员、审计员和教育督察员的社员，以高度的政治责任感，认真参加执法监督检查、行风政风评议，在加强廉政建设，推进依法行政中发挥了积极作用。

四是调查研究广泛深入，工作机制不断完善。我社就经济结构调整、经济社会绿色发展、低碳技术、城乡统筹发展、生态建设和环境保护以及区域协调发展等问题深入调查研究，并提出切实可行的建议，产生了良好的政治影响和社会效应。如提出《将中国特色低碳发展道路确定为经济社会发展重大战略的建议》，其中不少具体意见被中共中央采纳，相关提案被全国政协十一届三次会议列为大会一号提案，引起社会广泛关注；提出《关于全面发展绿色建筑的建议》，直接促进国家绿色建筑行动计划的出台和实施；在跟踪调研基础上持续推动三江源生态保护与建设，促进国家再次加大对三江源保护区的投资力度；就做好南水北调中线水源保护工作，建立国家生态保护综合改革试验区提出建议，得到中共中央领导的高度重视，并被纳入相关规划；对玉树灾后重建和生态恢复工作积极建言献策，发挥了良好的作用；连续四年围绕“统筹城乡经济社会发展”这一党和国家的中心任务开展调研，相关建议得到中共中央领导的高度重视，并被采纳；通过实地调研就辽宁沿海经济带、海峡西岸、河西走廊、滇桂黔石漠化贫困片区等地的实际情况，提出促进区域经济社会发展的对策建议，推动相关发展规划出台。建立和实行参政议政课题合作研究机制，完善与政府有关部门协作机制，健全专家论证和咨询制度；加强与社各省级组织以及国务院和地方有关部门的联合调研，如与社四川省委以及国家发改委、科技部、环保部和农业部等联合开展川西北地区生态保护调研，与社河南省委以及国家发改委、国土资源部、住建部和社科院等联合开展统筹城乡发展与新型农村社区建设调研等，形成的报告建议通过不同方式产生了显著成效。社中央各专门委员会多次组织并参与调研课题，充分发挥专业专长，为推动参政议政工作创新作了有益探索。

五是反映社情民意的信息工作效果良好。社中央从近万份的来稿中采编形成《九三信息》、《九三信息专报》，向全国政协、中央统战部等部门报送了2600多篇有情况、有分析、有建议、质量较高的社情民意信息，近430篇被全国政协采用，连续多年被全国政协评为信息工作先进单位。其中，《建议将辽宁沿海经济带开发建设纳入国家总体发展战略》、《关于用科学发展观统领医改，避免过度政绩化》、《政府在经济萧条时要注意处理好眼前利益和长远利益之间的关系》、《关于调整与优化政协界别设置的3点建议》以及《汲取美金融人才莫失良机》等45篇信息得到中共中央和国家领导人的批示，对有关工作起到了促进作用。

六是论坛活动取得实效。五年来，举办了五届“九三论坛”，涉及“新农村建设”、“城乡统筹与城镇化”以及“产业转型升级”等主题，汇集了各地各方专家学者的真知灼见，拓展了参政议政的渠道和领域，提高了建言献策的质量。主办或与相关单位联合举办“低碳经济与绿色建筑产业发展高峰论坛”、两次“医疗设备自主创新发展研讨会”、“南水北调中线水源区生态建设论坛”、“三江源生态保护与平衡发展暨玉树灾后生态重建实践论坛”、“第二届创业资本论坛”等，扩大了我社的影响。

七是地方参政议政工作成绩斐然。地方各级组织和广大社员围绕地方经济建设和社会发展认真履行职责，多项建议得到相关中共省委书记或省长的重视和批示，多件提案成为地方政协重点督办的提案，被有关部门采纳；在社重庆市委积极推动下，社中央联合社重庆市委、四川省委、湖北省委、云南省委、贵州省委，共同开展“三峡库区及长江上游水污染防治”课题调研，取得了初步成效。同时，地方各级组织积极参与社中央课题招标工作，为提升我社的“两会”提案、议案品质提供了保障；切实完成各项调研任务，为参政议政和民主监督提供了支撑；圆满承接“九三论坛”、参政议政和信息工作会议，为提升全社参政议政和信息工作能力及水平作出了贡献。

（二）社会服务着力打造“九三”品牌。精心编制社中央和各省级组织社会服务工作五年发展规划，提高了社会服务水平。

一是“九地合作”不断深化，多党合作社会主义新农村示范项目成效显著。出台《九三学社中央关于加强和完善“九地合作”工作的意见（试行）》，目前已有21个省级组织与50多个地方政府开展了“九地合作”。建立了“推动企业自主创新试点单位”，共建研究所，形成“九校地合作”、“九企合作”等产学研相结合的新模式。“沪豫科技合作”、“晋豫合作”等省际间的跨区域合作成绩显著；先后为合作地开展544次咨询建议活动，协助引进项目1786个，协调落实资金12亿元，开展涉及工业、农业、服务业等合作研究和开发推广项目上百项，推广绿色生态农业技术并进行新品种示范100多万亩。多党合作社会主义新农村示范项目在北京、河南、重庆等省市选择了10个试点，围绕产业发展、科技培训、生态建村、文化强村等方面开展合作，有力促进了当地经济结构调整，培育了优势产业，增加了当地农民收入，改善了当地农村环境。

二是推动全民科普。开展“百名专家进乡村入学堂”和“国际科学与和平周”活动共9000余场次，受众达200万人次；捐款及捐赠药品价值682万元，发放科普资料105万份；推介招商引资项目463项。建立“九三院士工作站”、“九三专家工作站”、“九地合作专家工作站”、“科普进学堂活动基地”、“科技服务直通车”、“一村一博”、“九三院士专家讲科普”、“九三名家科普讲坛”、“九三学社院士专家行”、“高校巡回学术报告团”以及“九三学社博士工作站”等具有我社自身特色的社会服务平台。

三是“亮康行动”不断延伸，扶贫工作再上新台阶。组织医疗队累计实施贫困白内障患者复明手术2万余例。在山东、河北、湖北建立3个“九三学社亮康行动推广基地”。联系协调有关基金援建贵州威宁县眼科中心，启动“共创威宁无白内障盲县”项目计划；联系协调有关基金与社内蒙古区委、海南省委合作，启动实施贫困少儿大病救治合作项目。2009年我社被国务院扶贫开发领导小组评选为中央国家机关等单位定点扶贫先进单位。建立并完善了社河北、上海、江苏、浙江、福建和广东等六省市分别对口帮扶威宁县六个乡镇的对口帮扶机制，协调外地优质教育资源培训教师，提高教师水平；向威宁县有关中学先后捐赠价值110多万元的学习用品等。积极争取、多方联系有关基金会，引进资金500多万元用于支持四川省旺苍县、贵州省安顺市、青海省贵德县等贫困地区教育事业。围绕定点帮扶地区的新农村建设、产业结构调整等方面争取多方支持，扎实推进帮扶工作。

四是积极投身抗灾救灾工作。“5·12”汶川特大地震发生后，社中央在向中共中央、国务院积极建言献策的同时，号召和组织全社向灾区捐款捐物，全社捐助累计折合人民币6千余万元，并完成“帮扶青川县沙州镇江边村第二合作社灾后恢复与重建”、“帮扶成都都江堰天马敬老院生活配套设施用房建设”、“帮扶绵阳游仙区新桥镇民主村灾后重建”和“帮扶德阳什邡市南泉镇农村新能源建设”等四个项目，总投入资金382万元。

其中江边村轻钢结构农房建设项目被四川省政府确定为灾后重建推广模式之一。全社各级组织和广大社员，还积极开展义务献血、义务诊疗、开办励志夏令营和帮扶伤残单亲母亲等活动，为抗灾救灾作出了贡献，产生了良好的社会效益。

（三）港澳台和海外联络工作稳步发展。社中央先后组织 12 个团组赴 14 个国家和地区参加“中国的和平崛起与亚洲的关系”、“中华文化与交流”、“首届城市化可持续发展”等论坛或研讨会，开展科技管理体制、城镇化发展、推动两岸乡情延续工程、中国企业走出去等课题调研。社中央主办或与地方组织等联合举办“皖台农业合作高层论坛”、“2012 年海峡两岸经贸发展论坛”、“首届海峡两岸生态旅游高峰论坛”和以建设中华民族共有精神家园等为主题的两岸四地文化交流、联谊活动；组织 3 个团组 20 人次赴台交流考察。社中央领导多次会见港澳台以及海外来访团。社中央和地方组织还开展了形式多样的海外联谊活动。周培源基金会先后 9 次接待 600 多名台湾学生到大陆参访，组织 4 个团组 26 人次访台；学苑出版社组团赴台参加“第三届海峡两岸民间文化论坛”暨“成功大学闽南文化论坛”；茅以升科技教育基金会多次与台湾科技、教育界人士进行互访，开展海峡两岸学术交流活动；社北京市委接待 7 批来大陆交流的台湾科技、教育和经济等领域的相关人士；社江苏省委联合江苏棋院主办“中国象棋走进外国留学生”系列活动；社中央和社浙江省委共同开展了“推进大陈岛科学发展”的课题调研；社福建省委借助“海峡农业科技论坛”平台，推动漳州市申报并获批“中国食品名城”称号；社四川省委加强同台湾、香港慈善团体和友人的交流，建立长期帮扶贫困山区教育的工作基地。

（四）思想理论建设开创新局面。全社各级组织开展以“坚持走中国特色社会主义政治发展道路”为主题的政治交接学习教育活动，学习践行社会主义核心价值体系活动，坚定了广大社员坚持中国共产党领导、走中国特色社会主义道路的信心和决心。抓住“五一”口号发表 60 周年、改革开放 30 周年、新中国成立 60 周年、多党合作制度确立 60 周年、中国共产党成立 90 周年和辛亥革命 100 周年等重大时机，组织专题学习会、报告会和座谈会，组织社员重访延安、西柏坡、重庆中国民主党派历史陈列馆和九三学社成立旧址纪念碑等，引导广大社员继承优良传统，践行“同心”理念。开展“讲述身边人故事”人物专访系列活动。推出杨佳、刘瑞玉等一批先进典型。深入基层走访地方组织和基层社员，发放调查问卷，了解和掌握社员思想状况，编发《社员思想动态》。社中央文化工作委员会、书画院、艺术团和地方组织的各类艺术团体积极开展文化交流、送文化下乡等活动，提升了社员及所联系群众、机关工作人员的文化素养。在加强与传统媒体联系的同时，探索开辟与新兴媒体的合作，积极向人民网、光明网等推荐稿件；社中央有关领导做客人民网，就重大民生、经济热点等问题与网友在线交流。充分利用社刊社讯、网站等媒体展示我社参政议政、社会服务和自身建设取得的丰硕成果。《民主与科学》杂志办刊质量不断提高，社会影响进一步扩大。学苑出版社与文化工作委员会共同主办三届海峡两岸民间文化论坛。

制定九三学社参政党理论研究和社史研究五年规划，成立九三学社中央参政党理论研究中心和社史研究中心，召开“社会主义核心价值体系”和“九三学社与马克思主义”等专题研讨会。开展参政党理论研究课题招标活动。表彰参政党理论研究与社史研究征文活动获奖者。社史工程取得重要成果。“九三学社人物丛书”招标立项 27 个课题，《王选传》等10部传记首批出版，其余课题进入后期整理阶段；社史专题片完成全部五集的拍摄、后期制作；编写出版6期《社史研究通讯》。各级地方组织的理论研究和史志编撰工作也取得了较好成绩。

（五）组织建设全面推进。制定实施《九三学社中央关于进一步做好组织发展工作若干问题的意见》，明确对新的社会阶层代表性人士的发展政策。建立健全内部监督机制，制定实施《九三学社中央监督委员会工作条例》和《九三学社中央关于地方组织建立健全领导班子谈心会制度的意见》。社中央及8个省级组织成立了监督委员会。制定实施《九三学社中央关于加强省级组织领导班子后备干部队伍建设的意见》，进一步规范相关工作。启动社员和组织信息管理系统，初步形成覆盖全社、信息全面、动态即时、查找方便的全社人才信息网络。加强与中共统战部、组织部的沟通协商，积极举荐后备干部，努力为社员施展才华、锻炼提高提供机会。有计划、分层次地安排后备干部到各级社会主义学院等地进行培训，通过推荐实职，安排挂职等，使他们在实践中得到锻炼和提高。制定实施《九三学社中央关于加强基层组织建设的意见》和《基层组织和社员、社务工作者先进评选表彰办法》等制度，基层组织活动内容和形式不断丰富创新。王选基金会资助患病困难社员122人，资助金额达281.5万元。

五年来，我社新增设区市市级组织14个，县级组织4个，新发展社员25913人。截至2012年6月30日，我社拥有30个省级组织，289个设区市市级组织，26个县级组织，5236个基层组织，132639名社员。社员中具有高级职称的78204人，占社员总数的58.96%，两院院士68人。政治安排上，有各级人大代表1382人，各级政协委员7029人；实职安排上，在各级政府和司法机关拥有5名省部级干部，158名厅局级干部，728名县处级干部。五年来，广大社员奋发进取，建功立业，获国家级奖励1105人次，省部级奖励5446人次。师昌绪、谢家麟两位院士分别于2010年和2011年获得国家最高科学技术奖，为我社赢得了崇高荣誉。

（六）机关建设不断加强。五年来，社中央三次专题研究部署机关建设工作，着力加强制度建设。制定发布适应我社新时期工作需要的规章制度，有力推进了机关各项工作的制度化、规范化、程序化。努力推进学习型机关建设，办好“九三讲堂”、文化系列讲座、理论研究沙龙，机关人员素质得到提升，机关学风、文风和工作作风均有较大改善。我社各级地方组织也采取各具特色的有效措施不断加强机关建设。

五年来取得的成就令人鼓舞。实践充分证明，我社九大以来确定的指导思想、目标任务和一系列决策部署是科学的、正确的，发挥了重要的指导作用。五年的实践留给我们的经验和体会是：

第一，坚持中国共产党的领导，走中国特色社会主义政治发展道路，是我社发挥作用的政治保证。历史雄辩地证明，中国共产党不愧为中国特色社会主义事业的坚强领导核心，只要坚持中国共产党的领导，我们就能战胜前进道路上的一切艰难险阻，不断取得新的胜利；九三学社的发展就有了可靠的政治保证，就能始终沿着正确的政治方向前进。坚持中国共产党的领导，要求我们必须把坚持爱国民主科学的优良传统与坚持多党合作制度、坚持走中国特色社会主义政治发展道路有机统一起来，在思想上、行动上和目标上与中共中央保持一致。

第二，坚持把推动科学发展作为履行职能的第一要务，是我社实现自身价值的主要途径。在当代中国，任何组织能否在社会生活中找到自己的位置，体现应有的价值，归根结底取决于在推动科学发展方面的成效。九三学社只有围绕国家科学发展的大目标，立足国家建设的大格局，才能有所作为、多作贡献。这就要求我们必须发挥优势和特色，体现社会责任和担当，深入实际、深入基层，了解民情、反映民意，为促进我国经济社会全面协调可持续发展提出具有战略性、前瞻性、可行性的建议，为推动科学发展作出实实在在的贡献。

第三，坚持弘扬民主精神，实行民主集中制原则，是实现我社正确决策和团结和谐的坚实基础。我社从诞生之日起，就高举起民主的旗帜。民主的精神早已成为我社承前启后、薪火相传的宝贵精神财富。弘扬民主精神，首先要从社内做起，从自身做起。必须坚持“集体领导、民主集中、个别酝酿、会议决定”的原则，坚持发挥常委会作为工作班子的作用，广泛听取不同意见，坚持尊重并善于吸纳地方组织和基层组织的意见和建议，坚持认真听取广大社员的意愿和呼声。

第四，坚持科学求实精神，不断开拓创新，是我社科技特色的集中体现。作为一个以科技界高中级知识分子为主体的参政党，科学求实精神是我社一脉相传的精神特征，是我社一以贯之的思想和工作作风。必须解放思想、实事求是、与时俱进、开拓创新，敢于摆脱束缚、打破框框，勇于纠正错误，不断探索履行职能和加强自身建设的新思路新做法。

第五，坚持完善工作机制，整合全社力量，是推动社务工作发展的重要方法。有没有一套管用的机制，把全社力量整合起来，对于各项社务工作的绩效，关系重大。必须把各项工作纳入制度化、规范化轨道，建立健全各项制度和机制，完善组织网络，搭建力量整合平台，加强各级地方组织之间的统筹，围绕重点任务，凝聚全社力量，共同努力奋斗。

第六，坚持以人为本，实施“人才强社”战略，是保证我社事业持续发展的根本举措。背离了这一条，九三学社履行职能、发挥作用就会成为无源之水、无本之木。必须相信、依靠和服务社员，高度重视并充分反映和维护广大社员的合法权益，努力帮助社员解决实际困难，最大限度地调动和发挥社员的积极性、主动性和创造性；必须尽最大努力吸引和发展优秀的旗帜性人物，增强社组织的感召力、凝聚力，培养和造就大批优秀人才。

以上六个方面，是长期以来全社同志共同创造的宝贵精神财富，也是未来我社发展必须遵循的重要经验，务必长期坚持、不断完善。

各位代表：五年来我们取得的一切成绩，是全社各级组织和全体社员团结奋斗、共同努力的结果，也是中共中央、中央统战部和社会各界关心、支持的结果。借此机会，我谨代表九三学社中央，向为我社发展作出突出贡献的老同志，向全社各级组织和全体社员，表示亲切的问候和衷心的感谢！向中共中央，向全国人大、国务院、全国政协和中共中央统战部，向各兄弟民主党派、全国工商联和无党派人士，致以崇高的敬意和诚挚的感谢！

二、当前的形势和任务

九三学社从诞生到现在，已经走过了67年的光辉历程。67年来，九三学社与中国共产党同心同德、同心同向、同心同行，共同致力于民族独立、国家富强和人民幸福，共同战胜了前进道路上的各种艰难险阻，共同谱写了中国特色社会主义建设事业的新篇章。在这一历程中，九三学社也从最初的学术性政团，发展成为一个政治比较成熟、组织比较健全、在国家政治生活中作用日益彰显的参政党。

当前，中国正站在一个新的历史起点上。环顾全球，和平、发展、合作仍是时代潮流，世界多极化和经济全球化深入发展，科学技术日益成为经济社会发展的重要驱动力。但也要看到，世界仍然很不安宁，霸权主义和强权政治依然存在，文化文明的碰撞与交融更加频繁，国际金融危机的影响持续发酵；中国周边也存在着诸多不稳定因素，有的还日益尖锐突出。综观国内，中国特色社会主义道路成功开辟并取得举世瞩目的成就，中国共产党领导的多党合作和政治协商制度不断发展和完善，我国仍处于进一步发展的重要战略机遇期，经济长期向好发展的基本面没有改变。但也要看到，我国社会和利益结构发生重大变化，社会生活方式和价值取向日益多样化，发展中不平衡、不协调、不可持续的问题依然突出，面临着诸多可以预见和难以预见的风险和挑战，全面建成小康社会的任务还十分艰巨。国际国内的新形势，既为我们展示民主党派自身价值提供了难得机遇和良好条件，但也对我们履行职能和加强自身建设提出了新的任务和更高要求。

更进一步思考和分析，我社的社情也随着世情、国情的新变化，已经并正在发生全面、深刻、重大的变化，呈现出一系列新的阶段性特征。主要体现在：

一是社内思想主流健康平稳，但仍需进一步凝聚社员的思想共识。在社会多元化和信息化的影响下，社内各种观念、思想日渐活跃，互相交织影响，诉求出现差异化的趋势。这就要求我们必须进一步提高思想政治工作的针对性和实效性，增强政党意识、大局意识、责任意识和团结意识，筑牢多党合作的共同思想政治基础。二是参政议政和民主监督水平不断提高，但与广大社员和人民群众的期待相比，仍有较大差距。我们有不少建言献策的水平还不高，尤其是在参政议政的创新与聚焦方面，亟须下更大的功夫。我们不仅要继续关注科技、经济、民生、生态环境等有关经济社会发展的重大问题，同时也要对社会主义民主政治建设、法治建设、公共权力的监督以及社会公平正义的保障等重大问题加强建言献策的力度。三是组织队伍不断发展壮大，但在质量和结构上仍然存在一些问题。我社新成员不断增加，而且素质普遍较高，社会上普遍反映我社“门槛”较高。但我社的旗帜性人物和社会活动家仍然比较缺乏，许多社员的政党意识和参政议政能力有待提高。此外，民主党派组织的趋同化、老龄化，基层组织活力不足等问题也都更加凸显，必须引起我们的高度重视，切实加强我社的组织建设和工作创新。

如何在以上三个方面有所突破，是我们在未来发展中必须面对和破解的重大课题。九三学社各级组织和全体社员，必须增强忧患意识，勇敢担当起历史重任，立足新起点，把握新特点，发挥新优势，把我社各项工作不断推向新的更高水平。

根据新时期的新特征，今后五年全社工作的总体要求是：高举中国特色社会主义伟大旗帜，以邓小平理论、“三个代表”重要思想、科学发展观为指导，学习贯彻中共十八大精神，着力加强以爱国民主科学为核心价值理念的文化建设，努力提高参政议政、民主监督的能力和水平，积极开拓服务社会新机制和新途径，继续推进人才强社战略，为全面建成小康社会、把我社建设成为一个思想上坚定、履职上坚实、组织上坚强的参政党而奋斗。

思想上坚定，就是要始终保持对中国特色社会主义的高度自觉和自信，把坚持和发展中国特色社会主义，作为同中国共产党亲密合作的最大共识，作为巩固共同思想政治基础的着力点；履职上坚实，就是要弘扬我社优良传统，求真务实，突出科技特色，为国家科学决策、民主决策建诤言、献实策，作出实实在在的新贡献；组织上坚强，就是要建立一支由高素质人才组成的、具有完善组织和纪律的、紧密团结的、能战斗的队伍。

把握好以上三个方面，就抓住了新时期对我社工作新要求的关键，就抓住了未来一段时期推动我社事业发展的核心。在今后五年，我们既要认真立足做好各项具体工作，又要有前瞻性和预见性；既要保持工作的一贯性和连续性，又要根据形势的发展有所创新；既要全面履行参政党职责，推动面上工作有序进行，又要集中力量抓好重点，使我们的事业再上新的台阶。

三、学习贯彻中共十八大精神，坚定不移地走中国特色社会主义道路

不久前闭幕的中共十八大，是在我国进入全面建成小康社会决定性阶段召开的一次十分重要的大会。胡锦涛同志代表中共十七届中央委员会所作的报告，分析了国际国内形势的发展变化，回顾总结了过去五年的工作和党的十六大以来的奋斗历程及取得的历史性成就，确立了科学发展观的历史地位，提出了夺取中国特色社会主义新胜利的基本要求，确定了全面建成小康社会和全面深化改革开放的目标，对新的时代条件下推进中国特色社会主义事业作出了全面部署，描绘了全面建成小康社会、加快推进社会主义现代化的宏伟蓝图，为各民主党派致力于中国特色社会主义事业指明了方向。

学习贯彻中共十八大精神，是当前和今后一个时期九三学社的首要政治任务。全社各级组织和广大社员要认真学习中共十八大文件，全面理解报告内容，深刻把握中国特色社会主义的新阐述，坚持中国特色社会主义道路、理论体系和制度，把广大社员紧密团结在中国共产党的周围，共同推进中国特色社会主义事业；深刻把握全面建成小康社会奋斗目标的新要求，积极履行参政党职能，为促进我国经济建设、政治建设、文化建设、社会建设、生态文明建设创造新业绩；深刻把握推进政治体制改革的新思路，为推进社会主义民主政治制度化、规范化、程序化，为健全社会主义协商民主制度贡献力量；自觉把思想和行动统一到中共十八大精神上来，把力量凝聚到实现中共十八大确定的各项任务上来。

学习贯彻中共十八大精神，对民主党派来讲，非常重要的一点就是始终做到与中国共产党思想上同心同德、目标上同心同向、行动上同心同行，最大限度地凝心聚力。值得注意的是，“同心”不是“同一”，不是追求表面的一致或形式的雷同，而是求同存异、增同化异、整合同异，从而达到更高层次的协调统一。“同心”是求同存异的目标追求，

求同存异是“同心”的实现途径。增进政治共识，既要避免原则分歧，也要保持自身特色，以体现多党合作事业的差异性和包容性。我社要秉承爱国、民主、科学的优良传统，发挥自身独特的政治优势，紧密团结广大社员和所联系群众，用共同事业感召、共同情感维系、共同利益激励，整合全社资源，汇聚全体社员的智慧和力量，敢担当，做诤友，献良策，为中国特色社会主义事业的发展同心求进。

四、着力加强以爱国民主科学为核心价值理念的文化建设

政党文化是政党的血脉和纽带，孕育着政党的思想、制度和行为，体现着政党的精神和形象。九三学社从诞生之日起，就高举爱国、民主、科学的思想旗帜，成为爱国、民主、科学精神的忠实传承者和积极倡导者，并在以后的长期发展中，逐步形成了以爱国、民主、科学为核心价值理念，具有自身特色、风格和气质的文化。然而，这样的文化需要随着实践和时代变化而与时俱进、不断发展。在新世纪新阶段，我们要充分认识到，文化建设是我社自身建设的重要组成部分，直接关系到我社的生存和发展，关系到我社的凝聚力和生命力。我们必须在准确把握我社阶段性特征的基础上，赋予爱国、民主、科学精神新的内涵，顺应全体社员精神文化的新期待，着力加强九三学社文化建设，以此全面带动自身建设。

（一）坚持社会主义核心价值体系，增强对爱国、民主、科学核心价值理念的真诚认同。社会主义核心价值体系不仅内在地包含了爱国、民主、科学的价值，而且赋予爱国、民主、科学新的时代内涵，将其提升到新的高度；而爱国、民主、科学核心价值理念则是社会主义核心价值体系在我社文化建设中的具体展开和生动体现。我们要在履行职责和加强自身建设中发扬光大爱国、民主、科学传统，以此召唤、团聚和影响广大成员，共同奋斗，实现使命。要发挥社刊、社讯、网站和图书出版媒体的宣传教育作用，加强爱国民主科学精神的教育，遵循民主的原则、精神和方法，提倡平等包容、协商对话；倡导科学方法、传播科学思想、弘扬科学精神。增强社内外协作，密切同主流媒体和政协、统战系统媒体的联系，继续加强重要社情和典型事迹的深度报道，不断扩大我社的社会影响，增强我社优秀文化的影响力，使其成为中国特色社会主义文化家园的重要组成部分。

（二）积极推进思想理论和社史建设。加强对九三学社历史和传统的研究，是对我们自身历史文化的尊重，有助于广大社员树立正确的价值追求和行为准则。九三学社有着丰富的历史与文化资源，各级组织要及时发掘，倍加珍惜，加强研究，充分利用。坚持办好“九三讲堂”、文化系列讲座、理论研究沙龙，抓好思想理论和社史学习，在全社形成认真研究、学习思想理论和社史的风气，形成运用思想理论和社史研究成果解决问题的风气。发挥各级参政党理论研究中心、思想建设研究中心和社史研究中心的作用，加强思想理论和社史研究人才队伍建设。关注社员思想动态，把思想政治工作落到实处，不断增强工作的实效性和针对性。整合全社力量，做好社史陈列馆和口述史工作，继续编辑出版“九三学社人物丛书”，进一步推进社史工程。

（三）不断完善制度规范。文化决定了制度规范的性质和方向，而制度规范又直接影响着社员对九三学社文化的认同。要充分发挥制度规范的导向作用，坚持和完善民主集

中制，充分发扬社内民主，保障社员民主权利，拓宽社内民主渠道，使社员对社内事务有更多的了解和参与。进一步完善内部监督制度、学习培训制度、调查研究制度、机关工作制度等一系列基本制度和具体工作制度。

（四）进一步加强作风建设。作风建设是九三学社文化建设的重要内容之一，也是我社事业长期健康发展的要求。要进一步树立勤奋好学、理论联系实际的良好学风；树立言之有物、有的放矢的良好文风；树立维护大局、民主团结，科学求实、不断创新，心系社员、服务社员，廉洁自律、甘于奉献的工作作风。

五、紧紧围绕推动科学发展，努力提高参政议政、民主监督的能力和水平

科学发展观是马克思主义同当代中国实际和时代特征相结合的产物，对新形势下实现什么样的发展、怎样发展等重大问题作出了新的科学回答，是中国特色社会主义理论体系的最新成果。我们必须准确把握新形势下我国各项事业发展面临的新问题新矛盾，更加自觉地以科学发展观指导我社各项工作和实践，始终把推动科学发展贯穿于参政议政、民主监督的各个方面，深入调查研究，为执政党和政府科学决策建良言、献实策。这是我们履行职能、有所作为、实现自身价值的重要要求。

（一）加强创新和聚焦。创新是参政议政的动力。我们的履职要保持生机和活力，就必须增强创新意识，不断进行创新实践，着力提升创新能力，积极探索参政议政的新理念、新形式、新举措。聚焦是提高参政议政质量的着力点。围绕经济社会发展中的突出问题和关系群众切身利益的热点难点问题参政议政，关键就是要凝聚焦点，聚焦到解决什么问题、怎么解决问题、解决问题的成效这些具体的环节上，在选择切入点、创新立意上狠下功夫。

（二）进一步完善机制，整合力量。力量整合是对广大社员智慧的动员能力，展现的是组织的整体实力。参政议政内容丰富，涉及面广，仅靠社中央和各级地方组织的部门和机关工作人员是难以胜任的，必须完善机制，整合调动全社的力量，充分发挥社员的聪明才智和积极性、主动性、创造性，扬长补短，把现有资源整合好、运用好。要集中全社力量，继续抓好“统筹城乡发展”、“绿色发展与生态建设”和“深化科技管理体制机制改革”等长期调研课题；同时，要努力推动民主政治发展，围绕强化人大、政协作用，加强对行政权力的监督，推进依法治国，促进社会公平，扩大公民有序政治参与等问题积极建言献策。建立健全课题征集、经验交流、合作研究和能力培训等工作机制，整合和凝聚全社力量；建立健全专家论证和咨询制度，充分发挥社内外专家作用；逐步健全与政府部门的交流与合作机制；充分发挥专委会的作用。通过机制建设，实现参政议政工作新突破。

（三）突出科技特色。九三学社人才荟萃、智力密集。我们要坚持特色，充分发挥我社在科技界的优势与影响力，牢牢把握科技革命新方向，更加关注科技发展中的重大问题，更加注重在推动发展中使用科学的方法，更加善于从我国经济社会发展的战略需求中提炼重大科学技术问题；充分调动广大社员的积极性、创造性，围绕深化科技体制改革，推动科技和经济紧密结合，加快建设国家创新体系等关键问题，做好调查研究，提出具

有远见卓识的、科学的、突破性的、切实可行的建议，为实施创新驱动发展战略，坚持走中国特色自主创新道路献智出力。

（四）更好地发挥民主监督作用。参政党履行民主监督的能力和水平，与参政党自身建设水平密切相关。参政党充满朝气、活力、干劲，具有凝聚力和战斗力，具有较高的责任意识和权利意识，履行民主监督的能力就强，水平就高。要推动加强民主监督制度化、规范化、程序化建设，使民主监督的运行程序、工作机制与民主政治建设、法治建设相协调，增强民主监督的实效性。强化社员的政党意识，增强参与国家政治生活的自觉性和使命感，增强民主监督的责任意识和权利意识。做好民主监督的计划安排、工作动员、人员调集、信息反映等工作，为履行民主监督职能提供组织保障。重视发展和培养那些参政议政能力强、社会责任感强的人才，同时注重对社员进行教育培训，提高他们的自身素质，提升他们的民主监督能力。要通过制度和机制设计、具体工作安排和人才队伍建设等一系列举措，将爱国民主科学精神融入到参政议政和民主监督的实践中。

六、发挥特色和优势，积极开拓服务社会的新机制和新途径

积极发挥自身特色和优势，不断开拓直接为中国特色社会主义服务的新领域和新途径，是展现参政党社会价值、扩大参政党社会影响的必然要求。我们必须适应时代要求和形势变化，善于在执政党和政府的中心任务中找准工作切入点，在实际工作中为执政党和政府分忧，为人民解难。要采用灵活多样、丰富多彩的服务形式，调动多方力量和资源，把主动引导与自觉参与相结合，把典型示范与整体推进相统筹。紧密结合服务对象状况和实际需要，形成自己的工作特色，使我们的工作得到广大社员及人民群众的认可，为经济发展和社会和谐作出贡献。

（一）探索社会服务工作的新思路。社会服务工作要做到尽力而为、量力而行，争取做一件成一件。将社会服务工作与参政议政、自身建设等工作相结合，与社员本职工作相结合。通过社会服务实践，为参政议政工作提供第一手的素材和社情民意信息，指导基层组织参与单位的民主协商、参与基层的民主管理，帮助执政党和政府协调关系、化解矛盾，在协助执政党和政府加强和创新社会管理方面发挥作用。进一步提高社会服务的组织化程度，为加强科普工作，探索建立科普委员会；为加强扶贫工作，探索建立服务地方经济工作委员会。整合优化资源，进一步规范社会服务项目经费的使用，健全激励机制，最大程度地发挥社员作用，调动社员的积极性。继续巩固和深化“九地合作”，延伸“亮康行动”的内容。

（二）围绕重点开展社会服务工作。一是文化服务领域。组织、支持各级组织和社员参与文化建设，特别是举办一些面向基层的公益文化活动，包括授课、科普宣传、生态文化理念传播、举办各种有针对性的主题论坛等。要把农村的文化服务作为社会服务的重点，进一步做好“百名专家进乡村入学堂下企业”活动。二是科技服务领域。包括传授技术、建立技术平台、协助科技项目的立项及实施，推动科学技术进基层。三是利用我社独特优势，在科研院校、企业及省市之间，围绕科技、教育、文化及资源等方面发挥推介和引荐作用。四是社会事业服务领域。包括医疗卫生、新农村建设、支边扶贫、

法律援助及咨询、养老事业、慈善济困事业、抢险救灾以及灾后重建等。

（三）为祖国和平统一以及对外交流贡献力量。抓住两岸四地中华儿女对中华文化的共鸣点，适时举办文化交流活动；抓住两岸四地投资主体寻求合作的融汇点，为促进两岸经贸交流做出积极努力；抓住两岸关系持续向好的有利时机，为推进祖国和平统一大业作出应有贡献。善于用世界眼光看中国，抓住事关国家改革发展的全局性问题、前瞻性课题，走出国门考察调研，借鉴经验、吸取教训，提出科学建议，推动科学发展。

七、继续推进“人才强社”战略，永葆社组织的生机和活力

五年来的实践印证了“人才强社”战略的突出成效。要认真学习贯彻《中共中央关于加强新形势下党外代表人士队伍建设的意见》精神，继续推进“人才强社”战略，加强全社人才信息共享机制建设，建设一支高素质的专兼职干部队伍。不仅要更加努力吸引优秀人才入社，更应着重于为社员成长创造好的环境，让优秀人才有更为广阔的发展空间，使“人才强社”战略成为永葆社组织生机与活力的重要抓手。

（一）继续坚持组织发展的方向和方针政策。在坚持“三个为主”、注重质量、保持特色原则的基础上，妥善处理好质量与数量、发展与巩固、重点与一般的关系，做好成员年龄结构、专业结构的调整和优化，坚持重点分工内的人士占社员总数的70%左右。不断提高社员整体素质，保持我社进步性与广泛性相统一的特点。加强与省级组织的沟通协商，制定未来五年设区市新建市级组织的总体规划。进一步完善社员和组织信息管理系统，推动各级组织数据库建设。

（二）坚持不懈地抓好领导班子建设。继续按照规划做好领导班子成员的教育培训工作，不断提高领导班子成员的政治把握能力、参政议政能力、组织协调能力和合作共事能力，增强责任感和使命感。社中央和各级组织要积极沟通协调，妥善处理党派干部转岗任用难、交流难等问题，为解决这些问题尽量创造制度化的条件。

（三）继续做好后备干部队伍建设。社各级领导都要把物色和培养优秀后备干部当作一件重要工作来抓。继续完善健全后备干部工作的长效机制，做好后备干部的发展、培养工作，并加大培养力度。积极为后备干部成长铺台阶，做好推荐、使用工作，努力培养一支政治素质好，代表性强，年龄和知识结构合理，充分体现我社界别特色，有一定群众基础的后备干部队伍。

（四）加强基层组织建设。社的各级领导干部要坚持联系基层的工作制度，关心支持基层组织工作，及时帮助解决基层的困难和问题。重视选拔有一定思想政治水平，热心社务工作，有组织能力，有较好群众基础的同志担任基层组织负责人；建立和完善基层组织工作制度，不断改进活动形式，丰富活动内容；根据各地特点，因地制宜，科学合理的调整基层组织结构。

（五）进一步加强以自我约束为重点的内部监督机制建设。社中央监督委员会要深入调研，加强对省级监督委员会的指导。检查《九三学社中央关于地方组织建立健全领导班子谈心会制度的意见》落实情况，继续在条件成熟的省级组织成立监督委员会，并通过深入基层、处理来信来访等方式和渠道做好内部监督工作。

（六）扎实推进机关建设。继续修订完善机关规章制度。抓好机关干部的政治理论、业务知识的学习培训，加大机关干部轮岗和挂职锻炼的力度。充分发挥机关的枢纽作用，促进机关与基层组织及广大社员的沟通交流，增强服务意识，提升服务水平。

各位代表：未来五年我社的发展目标已经明确，我们要以只争朝夕的进取精神和脚踏实地的务实作风，把各项工作部署落到实处，努力创造经得起实践和历史检验的成绩，决不辜负全社同志的重托！

各位代表：自 1840 年以来，经过近两个世纪的艰难曲折的转型进程，我们已探寻到一条生机勃勃的现代化发展道路，即中国特色社会主义道路，初步实现了民族的崛起和国家的富强，并将沿着这条道路朝着实现中华民族伟大复兴的目标继续迈进。“周虽旧邦，其命惟新”。我们的国家正处在一个伟大的变革时代，改革开放的历史潮流滚滚向前、不可阻挡；我们有幸生活在这样一个变革的时代，亲身参与中国特色社会主义的伟大实践。把我社建设成为一个思想上坚定、履职上坚实、组织上坚强的参政党，为坚持和发展中国特色社会主义而不懈努力，是时代赋予我们的崇高使命，虽苍黄而不渝，历万难而不怠。让我们紧密团结在以习近平同志为总书记的中共中央周围，高举中国特色社会主义伟大旗帜，以邓小平理论、“三个代表”重要思想、科学发展观为指导，大力弘扬爱国、民主、科学的优良传统，坚定信心，凝聚力量，锐意进取，扎实工作，坚定不移沿着中国特色社会主义道路前进，为全面建成小康社会作出新的更大贡献！

关于《九三学社章程修正案》（草案）的说明

各位代表、同志们：

我受九三学社第十二届中央常务委员会的委托，向大会作《九三学社章程修正案》（草案）的说明。

这次修改《社章》的基本指导思想和原则是：1. 认真贯彻中共“十八大”会议精神；2. 尽量体现我社作为参政党的性质、特点和特色，为建设适应新时代要求的参政党准确定位；3. 保持社章的连续性和稳定性，只小改而不大改。

社中央十分重视《社章》修改工作。今年“两会”之后，社中央成立了《社章》修改工作组。随后社中央有关领导在一些省召开了小型座谈会，征求对《社章》的修改意见。7 月份，社中央向各省级组织发出通知，要求各省级组织广泛征求《社章》修改意见。在认真研究各类意见的基础上，《社章》修改工作组开始对《社章》修改，形成了修正案第一稿。9 月份，将其送社中央领导征求意见，10 月，社中央领导审议了《社章》修正案第一稿，提出了进一步修改的意见。工作小组根据社中央领导及省级组织有关负责同志意见再次进行了修改，形成了《社章》修正案第二稿。中共十八大闭幕后，根据十八大会议精神和十八大报告对某些问题的表述方式，工作小组再次进行修改，形成了《社章》修正案第三稿。并提交十二届社中央第二十八次主席会会议和社中央常委会二十一次会议审议。根据主席会和常委会的意见进行了修改，最后形成了提交本次大会审议的《九三学社章程修正案》（草案）。

现在，我就《九三学社章程修正案》（草案）的主要修改内容做如下说明：

一、关于总纲的修改

社章总纲是本次修改的重点。修改总纲的基本原则是贯彻中共十八大精神，更好地体现我社在建设中国特色社会主义伟大事业中的历史使命和履行参政党职能、加强参政党自身建设的要求。

（一）关于九三学社的指导思想

任何政党都必须有一定的理论作指导。改革开放三十多年来所取得的伟大成就充分说明，只有中国特色社会主义才能使国家繁荣富强、人民幸福安康，只有坚持马克思列宁主义的基本原理同中国具体实践相结合，不断丰富中国特色社会主义理论体系，我国的改革开放才能取得成功。科学发展观是同马克思列宁主义、毛泽东思想、邓小平理论和“三个代表”重要思想既一脉相承，又与时俱进的科学理论，是我国经济社会发展的重要指导方针，是发展中国特色社会主义必须坚持和贯彻的重大战略思想。因此，在社的“指导思想”一段（《社章》第4段），修改表述为“本社以马克思列宁主义、毛泽东思想、邓小平理论、‘三个代表’重要思想、科学发展观为指导，高举中国特色社会主义伟大旗帜，坚持中国特色社会主义道路、中国特色社会主义理论体系和中国特色社会主义制度，为把我国建设成为富强、民主、文明、和谐的社会主义现代化国家而奋斗”。

（二）关于九三学社的基本任务

首先，根据十八大报告，在章程修正案中用国家总任务是实现社会主义现代化和中华民族伟大复兴，代替原来国家根本任务的描述。此外，章程修正案对我社的基本任务作了补充。当前，我们正处在新的历史起点，国家正处在新的发展阶段。在新的发展阶段，必须在坚持以邓小平理论、“三个代表”重要思想和科学发展观为指导的基础上，为全面建成小康社会、发展中国特色社会主义不懈奋斗。中国特色社会主义道路是中国历史的必然选择，中国特色社会主义理论体系是经济社会发展的理论基础，中国特色社会主义制度是中国特色社会主义实践的制度保障。因此，在基本任务一段（《社章》第6段），增写了坚持“中国特色社会主义”这一重要内容。全面建成小康社会是我国在重大战略机遇期提出的明确目标，直接关系到亿万人民福祉。而经济建设、政治建设、文化建设、社会建设、生态文明建设五位一体总体布局，是建设中国特色社会主义的新要求，将对全面建成小康社会提供强有力的保障。因此，对基本任务一段进行了改写和增补，增加“推动全面落实经济建设、政治建设、文化建设、社会建设、生态文明建设五位一体总体布局”，来反映这些重要内容。

（三）关于九三学社自身建设

加强自身建设是我社坚持正确政治方向、巩固和发展与中国共产党亲密合作关系、更好发挥参政党作用的关键。“同心”思想体现了新阶段多党合作的鲜明特质，是统一战线重大理论创新成果。深入学习践行“同心”思想，对我社坚定政治信念，提升思想境界，提高自身素养，充分发挥政治优势、智力优势、联系广泛优势至关重要。修改时根据中共十八大、中共中央 [2005]5 号等文件精神和我社“九大”以来在自身建设上取得的实践经验，作了一些修改和补充。将“与中国共产党通力合作的参政党”修改为“与中国共产党同心同德、通力合作的参政党”。邓小平理论和“三个代表”重要思想是中国特色社会主义理论体系的重要组成部分,故思想建设部分将“邓小平理论、‘三个代表’重要思想”修改为“中国特色社会主义理论体系”。组织建设是我社自身建设的基础，是多党合作实践中提出的重大课题，搞好政治交接事关民主党派在新形势下的发展。故此，在自身建设中还增加了“搞好政治交接”这一重要内容。此外，在文字上还作了一些调整，删去了部分重复性文字，在只作小改不作大改的前提下，尽量使表述更加简洁、明晰。

二、关于条文部分的修改

根据各民主党派中央换届工作座谈会的精神和社组织建设与发展的需要，对《社章》的条文部分也作了部分修改，现说明如下 :

（一）关于社员的义务

根据十八大精神，在第三条第四项增加了“生态文明建设”内容。

（二）关于监督委员会

我社开展社内监督工作 4 年，很多工作还在探索和总结中。本次根据实际工作的进展，在第十四条“社组织设监督机构，履行社内监督职能”之后，增加“重点监督领导班子及其成员遵守本社章程、履行领导职责的情况”，并在第二十三条之后增加第二十四条“中央委员会设监督委员会，并在中央委员会领导下进行工作。中央监督委员会每届任期与中央委员会相同”。

（三）关于社的地方组织问题

在第二十八条删去了“一般不在县建立地方组织”的内容，主要是因为目前全国已有 26 个县级行政区建立了九三学社基层组织，加之其他党派的章程也没有作这样的限制。将本社地方组织构架表述为 :“本社地方组织一般分省（包括自治区、直辖市）、设区的市（包括自治州、直辖市的区）、不设区的市（包括市辖区）三级”，意味着我社的地方组织仍是省地市三级。

（四）关于社的基层组织问题

在第三十八条第二款将“邓小平理论、‘三个代表’重要思想”修改为“中国特色社会主义理论体系”。

（五）关于社的干部

根据各民主党派中央换届工作座谈会的精神，各民主党派章程对于干部任期制表述一致，在第四十二条“社的中央和地方组织的各级领导干部实行任期制，对同一职务任期一般不超过两届”后，增加“对于特殊情况，需要连选连任的，最多不超过三届”。将这一但书条款作为本条第二款。

（六）其他

由于增加在第二十三条之后增加第二十四条，原第二十四条至第四十三条编号，递变为第二十五条至第四十四条编号。

以上修改是否妥当，请予审议。

九三学社章程

（2012 年 12 月 4 日九三学社第十次全国代表大会审议通过）

总　纲

九三学社是以科学技术界高、中级知识分子为主的具有政治联盟特点的政党，是接受中国共产党领导、同中国共产党通力合作的亲密友党，是进步性与广泛性相统一、致力于中国特色社会主义事业的参政党。

本社前身为抗日战争后期一批进步学者发扬五四运动反帝反封建的爱国精神，以民主、科学为宗旨，在重庆组织的“民主科学座谈会”。后为纪念 1945 年 9 月 3 日抗日战争和世界反法西斯战争的伟大胜利，改建为“九三学社”。国共和谈和旧政协期间，本社支持中国共产党的主张，反对内战，反对独裁。解放战争期间，本社严正声明不承认伪“国民大会”，赞成中国共产党的各项主张，与中国共产党团结合作，积极参加反对国民党独裁统治的民主运动，为争取新民主主义革命的胜利而斗争。随后，本社响应中国共产党召开新政协，成立民主联合政府的号召，接受中国共产党的领导，参加了中国人民政治协商会议，为建立新中国作出了积极贡献。新中国成立后，本社以中国人民政治协商会议《共同纲领》和政协章程总纲为自己的政治纲领，积极参与国家政治生活中重大问题的协商，组织成员参加民主改革和社会主义改造运动，为发展科学技术、教育和医药卫生等事业作出了重要贡献，走上了为社会主义服务的道路。中共十一届三中全会之后，在邓小平理论的指引下，本社进一步明确了性质、地位和作用，以经济建设为中心，坚持四项基本原则，坚持改革开放，履行参政议政、民主监督职能，为建设中国特色社会主义事业作出了显著成绩。半个多世纪以来，本社秉承爱国、民主、科学的优良传统，同中国共产党在争取民族独立和人民解放的宏伟事业中风雨同舟，在社会主义革命和建设的历史进程中携手前进，在改革开放和社会主义现代化建设的伟大实践中团结奋斗，发展成为一支建设中国特色社会主义事业、维护国家安定团结的重要力量。

中国共产党领导的多党合作和政治协商制度，是适合我国国情的一项基本政治制度，本社坚持并认真实践这一制度。在中国共产党的领导下参加国家政权，参与国家大政方针和国家领导人选的协商，参与国家事务的管理，参与国家方针政策、法律法规的制定和执行。

本社以马克思列宁主义、毛泽东思想、邓小平理论、“三个代表”重要思想、科学发展观为指导，高举中国特色社会主义伟大旗帜，坚持中国特色社会主义道路、中国特色社会主义理论体系和中国特色社会主义制度，为把我国建设成为富强、民主、文明、和谐的社会主义现代化国家而奋斗。

本社的一切活动以中华人民共和国宪法为准则，并负有维护宪法尊严、保证宪法实施的职责，享有宪法规定的权利和义务范围内的政治自由、组织独立和法律地位平等。

我国现在处于并将长期处于社会主义初级阶段，国家的总任务是实现社会主义现代化和中华民族伟大复兴。本社的基本任务是：坚定不移地坚持中国特色社会主义，贯彻执行“长期共存、互相监督、肝胆相照、荣辱与共”的方针，维护宽松稳定、团结和谐的政治环境，高举爱国主义、社会主义旗帜，团结全体社员和所联系的知识分子，牢牢把握发展这个第一要务，不断解放思想，坚持改革开放，推动科学发展，促进社会和谐，为全面落实经济建设、政治建设、文化建设、社会建设、生态文明建设五位一体总体布局，为实现全面建成小康社会、加快推进社会主义现代化、开创中国特色社会主义新局面的奋斗目标，为实现推进现代化建设、完成祖国统一、维护世界和平与促进共同发展的新世纪三大任务贡献力量。

本社弘扬民主与科学精神。在建设中国特色社会主义新的历史时期，弘扬民主与科学精神，要在发展社会主义民主政治中，把坚持中国共产党领导、人民当家做主和依法治国有机统一起来，为建设社会主义政治文明，推进社会主义民主与法制建设，作出不懈努力；要贯彻“科教兴国”和可持续发展战略，大力推进创新型国家建设，积极发挥我社科技人才比较集中的特点和优势，充分调动广大社员的积极性、创造性，努力弘扬科学精神，倡导科学方法，崇尚高尚的学术道德和职业道德，为推进科技创新、促进科技进步、培育科技人才、发展先进文化、普及科学知识，提高全民族的科学文化水平，不断作出贡献。

本社积极开展海外联络工作，促进祖国统一。

本社努力促进与各国人民的友好往来和国际交流，维护世界和平。

本社积极反映社员的意见和建议，维护社员的合法权益。

为适应中国特色社会主义和多党合作事业的需要，本社要不断加强自身建设，把我社建成坚定不移地接受中国共产党领导，坚持中国特色社会主义政治发展道路，能够经受各种困难和风险考验，不断提高履行职能的能力，与中国共产党同心同德、通力合作的参政党。自身建设的原则是，坚持中国共产党的领导，发扬社会主义民主，体现政治联盟特点，保持进步性与广泛性相统一。自身建设要以思想建设为核心，努力学习马克思列宁主义、毛泽东思想、中国特色社会主义理论体系，学习中国共产党领导的多党合作和统一战线理论，继承、发扬我社优良传统，搞好政治交接，不断提高成员的政治素质；要以组织建设为基础，实施人才强社战略，坚持民主集中制，切实做好各级领导班子建设、后备干部队伍建设、机关建设和基层组织建设工作，建立内部监督机制，增强社的活力和凝聚力；要以制度建设为保障，建立健全参政党工作机制，使各项工作走上制度化、规范化轨道，以肩负起历史赋予的光荣使命。

第一章　社　员

第一条　从事科学、技术工作以及高等教育、医药卫生等方面的高、中级知识分子，赞成并愿意遵守本社章程，可申请加入本社。

第二条　发展社员，由申请人向社组织递交入社申请书，社组织经过联系培养、认真考察后，由社员二人介绍，填写入社登记表，经基层组织讨论通过，报设区的市以上地方组织批准，层报社中央备案。

社中央和省（自治区、直辖市）委员会必要时可直接发展社员。

第三条　社员有下列义务：

（一）遵守社章，执行社的决议，参加基层组织生活和社的活动，缴纳社费。

（二）遵守宪法、法律和社会公德，维护安定团结，维护国家和人民的利益。

（三）拥护中国共产党领导的多党合作和政治协商制度，继承和发扬本社优良传统。

（四）努力学习，做好本职工作，为社会主义经济建设、政治建设、文化建设、社会建设、生态文明建设贡献力量。

第四条　社员享有以下权利：

（一）表决权、选举权和被选举权。

（二）参加社内组织的关于国家大事和有关工作的讨论，反映意见，提出建议。

（三）对社的工作和社的各级领导机构提出建议和批评。

（四）在合法权益遭受侵害时，要求社的组织给以关心和帮助。

第五条　社员在社会主义现代化建设、祖国统一事业和社的工作中作出显著成绩，社组织可给予表彰、奖励。

第六条　社员违反社章，按错误性质和情节轻重，社组织给予批评教育直至纪律处分。

社的纪律处分为：警告、严重警告（同时撤销社内职务）、留社察看（留社察看期最长不超过两年）、开除社籍。

对社员的纪律处分，须经所在基层组织讨论通过，由设区的市以上地方组织批准。对中央委员会和地方各级委员会委员的纪律处分，须经同级委员会全体会议讨论通过；地方各级委员会委员的纪律处分，须报上一级组织批准。开除社籍，须经省级组织批准，报社中央备案。

社员对处分不服，可以向上级组织直至中央提出申诉。

第七条　社员有退社的自由。社员要求退社须由本人提出书面申请，经所在基层组织研究确定，由设区的市以上地方组织终止其社籍，层报社中央备案。

第八条　社员无正当理由，长期不参加社的活动，不缴纳社费，经教育仍不改正者，经所在基层组织讨论通过，由省级组织批准，可终止其社籍，并报社中央备案。

第九条　社员工作地点变动时，应按规定办理转移组织关系的手续。

第二章　组织制度

第十条　本社的组织原则是民主集中制。个人服从组织，少数服从多数，下级组织服从上级组织，全社服从中央。

第十一条　本社组织系统分为：中央组织，地方组织和基层组织。在社内实行分级领导，上级组织要经常听取下级组织和社员的意见，下级组织要认真贯彻执行上级组织的决议和决定，按有关规定向上级组织请示和汇报工作。

第十二条　本社各级组织的领导机构，是各级社员大会或代表大会及其选举产生的各级委员会。各级委员会实行集体领导和个人分工负责相结合的制度，重大问题需经集体讨论才能做出决定。各级委员会对同级社员大会或代表大会负责，并受其监督。

根据工作需要，上级组织可对下级组织的领导机构成员进行届中调整。领导机构成员进行届中调整须经同级委员会全体会议或扩大会议通过。

第十三条　经社的各级委员会全体会议或其常务委员会会议决定，可召开代表会议或全体委员扩大会议，讨论决定需要及时解决的重大问题。

第十四条　社组织设监督机构，履行社内监督职能。重点监督领导班子及其成员遵守本社章程、履行职责的情况。

第十五条　本社组织发展坚持以大、中城市为主，以科学技术界为主，以有一定代表性的高、中级知识分子为主的原则；坚持注重质量，保持特色，组织发展与后备干部队伍建设相结合的原则。

第十六条　社的中央和地方组织的机关，要根据工作需要和精简、统一、效能的原则，合理设置机构，完善部门职责，按照《中华人民共和国公务员法》加强对机关干部的管理，健全机关工作机制和各项工作制度。

第十七条　社的地方组织和基层组织在社会主义现代化建设、祖国统一事业和社的工作中作出显著贡献，上级组织可给予表彰、奖励。

第十八条　社的地方组织和基层组织违反社章，损害社的声誉和人民利益时，视情节轻重，分别给予责令检查、改组领导机构的处分。对社组织的处分，须由上一级组织提出意见，层报社中央批准。

第三章　中央组织

第十九条　社的全国代表大会每五年举行一次，由中央委员会召集。

必要时可提前或延期举行。

全国代表大会的规模及代表产生办法，由中央常务委员会决定。代表大会选举主席团主持会议。

第二十条　社的全国代表大会的职权是：

（一）讨论并决定本社的工作方针、任务和其他重大事项。

（二）听取和审议中央委员会的报告。

（三）修改社的章程。

（四）选举中央委员会。

第二十一条　中央委员会每届任期五年。如全国代表大会提前或延期举行，其任期相应改变。

中央委员会全体会议原则上每年举行一次，由中央常务委员会召集，必要时可提前或延期举行。

第二十二条　中央委员会在全国代表大会闭会期间领导全社工作，其职权是：

（一）执行全国代表大会决议。

（二）听取和审议中央常务委员会的报告。

（三）讨论并决定本社的重大问题。

（四）选举中央委员会主席、副主席、常务委员，组成中央常务委员会。

（五）决定召开全国代表大会。

第二十三条　中央委员会设主席一人、副主席若干人，他们同时是中央常务委员会的主席、副主席。

第二十四条　中央委员会设监督委员会。并中央监督委员会在中央委员会领导下进行工作，每届任期与中央委员会相同。

第二十五条　中央委员会设秘书长和若干工作部门。

第二十六条　中央常务委员会的任期与同届中央委员会相同，在中央委员会全体会议闭会期间领导全社工作。中央常务委员会会议由主席会议召集并主持，原则上应每季度举行一次。中央常务委员会的职权是：

（一）组织实施中央委员会全体会议的决议和决定。

（二）召集并主持中央委员会全体会议。

（三）讨论并决定本社工作中的重大问题。

（四）讨论并决定社中央工作部门的设置及秘书长和其他重要人事任免。

第二十七条　中央委员会主席、副主席组成中央主席会议，在中央常务委员会会议闭会期间，主持中央工作。

中央委员会主席、专职副主席组成主席办公会议，研究、决定需要及时处理的重要问题并主持日常工作。

中央主席会议和主席办公会议均由中央委员会主席召集并主持，也可由中央委员会主席委托一位副主席召集并主持。

第二十八条　每届中央委员会选举产生的中央领导机构和中央领导人，在下届全国代表大会开会期间，继续主持社的日常工作，直到下届中央委员会产生新的中央领导机构和中央领导人为止。

第四章　地方组织

第二十九条　本社地方组织一般分省（包括自治区、直辖市）、设区的市（包括自治州、直辖市的区）、不设区的市（包括市辖区）三级。

社的各级地方组织的社员大会或代表大会每五年举行一次，由同级委员会召集，必要时可提前或延期举行。

地方组织代表大会的规模及代表产生办法，由地方常务委员会决定，不设常务委员会的地方组织由主委会议决定。代表大会选举主席团主持会议。

第三十条　地方各级社员大会或代表大会的职权是：

（一）贯彻、执行社的全国代表大会、中央委员会和上级组织的决议和决定。

（二）听取和审议同级委员会的报告。

（三）讨论、决定同级委员会的工作。

（四）选举同级委员会。

第三十一条　地方各级委员会由同级社员大会或代表大会以无记名投票方式选举产生。候选人提名应充分发扬民主，认真酝酿协商，并报请上级组织审批。

地方组织的委员会因故不能选举产生时，由上级组织指定适当人选组成临时领导机构。

筹建地方组织，其领导成员由上级组织指定。

第三十二条　地方各级委员会在同级社员大会或代表大会闭会期间领导本地区社的工作，其职权是：

（一）贯彻、执行上级组织和同级社员大会或代表大会的决议、决定，定期向上级组织报告工作。

（二）听取和审议同级常务委员会或主委会议的报告。

（三）讨论、决定本地区重大社务。

（四）选举主任委员、副主任委员，有一定规模的地方组织可选举常务委员组成同级常务委员会。

第三十三条　地方各级委员会设主任委员一人，副主任委员若干人组成主委会议，主持本级社组织的工作。主委会议由主委召集并主持，也可由主委委托一位副主委召集并主持。

地方委员会的主任委员、副主任委员同时是该地方常务委员会的主任委员、副主任委员。

第三十四条　地方各级委员会设秘书长和若干工作部门。

第三十五条　地方常务委员会在地方委员会全体会议闭会期间，行使地方委员会职权，领导本地区社的工作。讨论决定社地方组织工作部门的设置及秘书长和其他重要人事任免。

第三十六条　地方各级委员会每届任期五年。如同级社员大会或代表大会提前或延期举行时，其任期相应改变。地方常务委员会和地方领导人，在下届社员大会或代表大会开会期间，继续主持社的日常工作，直到新的常务委员会和地方领导人产生为止。

第五章　基层组织

第三十七条　本社基层组织有：直属小组、支社和委员会。基层组织的领导成员每届任期五年。

在同一单位、系统或地区有社员三人以上，可建立直属小组；有社员七人以上，可建立支社；在社员人数较多的单位、系统或省辖市的区，有三个支社以上时，可设立委员会。

第三十八条　直属小组设组长一人，必要时可设副组长一人；支社和委员会设主任委员一人、副主任委员和委员若干人；均由民主选举产生。

第三十九条　基层组织是社的工作的重要基础，其主要任务是：

（一）根据上级组织的决议和指示精神，结合本单位、本系统、本地区的中心任务开展工作。

（二）组织社员结合实际学习马克思列宁主义、毛泽东思想、邓小平理论、“三个代表”重要思想和科学发展观，学习有关方针、政策以及社章、社史，学习科学、文化、法律和业务知识，提高社员的素质。

（三）努力发挥我社组织的特点和优势，在推动社员做好本职工作的同时，注重调查研究，围绕国家大政方针、社会重大问题开展议政活动，并按社的组织系统反映意见、建议。

（四）关心社员的工作、学习和生活，发现、培养并向上级组织推荐优秀人才。

（五）联系群众，协调关系，加强团结，认真开展组织生活。

（六）发展社员，收缴社费。

第六章　社的干部

第四十条　本社按照德才兼备的原则选拔干部，努力建设高素质的干部队伍。

建立健全民主推荐培养选拔干部制度，重视教育、培训、选拔和考察干部，不拘一格地选拔在改革开放和社会主义现代化建设以及社务工作中实绩突出的、社员信任的优秀干部。

第四十一条　社的各级领导干部必须模范地履行本章程第三条所规定的社员的各项义务，具有坚定正确的政治信念和较强的政治把握能力、参政议政能力、组织领导能力和合作共事能力，具备以下的基本条件：

（一）具有履行职责所必需的理论政策水平，努力运用马克思列宁主义的立场、观点、方法分析和解决实际问题。

（二）热爱社组织，有强烈的事业心和政治责任感，有胜任领导工作的组织能力和领导水平。

（三）清正廉洁，谦虚谨慎，联系群众，有开拓进取和奉献精神。

（四）坚持民主集中制，顾大局，识大体，作风民主，公道正派，善于团结同志一道工作。

第四十二条　社的中央和地方组织的各级领导干部实行任期制，对同一职务任期一般不超过两届。

特殊情况下，需连任的，不得超过三届。

第四十三条　建立对社的各级领导干部的考核和评议制度，健全社内自我约束和自我监督机制。

第七章　附　则

第四十四条　本章程经社的全国代表大会通过后施行。解释权属中央常务委员会。

九三学社第十三届中央委员会名单

主席： 韩启德

副主席： 邵　鸿　谢小军　张桃林　赖　明　马大龙　从　斌　赵　雯（女）　卢　柯　武维华　印　红（女）

常务委员（按姓氏笔画排序）：

马大龙　马秀珍（女）　王宇田　王林旭　王随莲（女）
支建华　方　炎　印　红（女）　卢　柯　田玉科（女）
从　斌　刘政奎　刘晓梅（女）　刘新乐　刘滇生
严　俊　杜德志　杨　佳（女）　李　彬　李华栋
张大方　张亚忠　张桃林　陈永川　姒健敏
邵　鸿　武维华　周卫健（女）　姚志彬　孟　白
赵　雯（女）　赵　韩　赵海英（女）　洪捷序　贾殿赠
徐国权　谢小军　陶夏新　黄宗洪　黄润秋
葛会波　葛均波　韩启德　韩忠朝　曾　华
赖　明　潘建伟

秘书长： 印　红（兼）

中央委员（共240名，按姓氏笔画为序）：

万卫星　万建民　马大龙　马秀珍（女）　王　东
王大陆　王元丰　王云月（女）　王云龙　王仁祥
王正刚　王训练　王江滨（女）　王汝芳　王宇田
王志玉　王志新　王林旭　王学求　王祖申
王爱琴（女）　王随莲（女）　王绪本　王辉耀　王智彪
支建华　巨拴科　方　炎　印　红（女）　边占喜
卢　柯　申　丹（女）　叶　真　叶　勇　叶烈窑（女）
叶培贵　田玉科（女）　史大卓　付志峰　从　斌
包宗顺　冯丹龙（女）　冯守华　朱自强　朱诚身
朱春云（女）　朱修林　朱祖德　朱惠英（女）　朱程清（女）
刘　伟（女）　刘　野　刘云艳（女）　刘月宁（女）　刘林平（女）
刘国华　刘忠范　刘建军　刘建明　刘政奎
刘晓梅（女）　刘梦海　刘智慧　刘新乐　刘滇生
齐　新（女）　闫　伟　米志芳（女）　许　进　许　皞
邱树毅　毕志夫　孙玉良　孙运锋　孙德兰（女）
严　俊　严慧英（女）　杜德志　杨　丹　杨　佳（女）
杨　玲（女）　杨社堂　杨慧琼（女）　李　奇　李　彬
李广振　李子林　李玉浸　李有泉　李华栋

李兴钢	李迅雷	李志平	李青山	李青峰
李昕欣	李佐成	李柏林	李国琳（女）	李建阳
李振华	吴 明（女）	吴金明	吴河勇	吴乾渝（女）
沈光明	宋 飞（女）	宋传杰	宋如亚	宋丽英（女）
张 健	张大方	张卫明	张凤宝	张红星
张亚忠	张其林	张国浩	张明森	张鸣实
张学栋	张建申	张桃林	陆延青	陆杰华
陈 东	陈 栋	陈 敏（女）	陈 锋	陈义华
陈代杰	陈永川	陈江华	陈兴冲	陈还堂
陈利浩	姒健敏	邵 鸿	邵峰晶（女）	武维华
范柏乃	林绍彬	欧阳建平	罗卫红（女）	罗立民
罗晓明	罗家均	罗懋康	季晓烨	金 莉（女）
周 锋	周卫健（女）	周兴江	周建军	周浙昆
周耀柒	庞 达	庞学光	郑 瑜	段 雄
段昌群	屈 谦	屈建军	姚志彬	孟 白
孟庆海	孟安明	封亚培	赵 炎	赵 雯（女）
赵 韩	赵力强	赵春华	赵海英（女）	胡安美（女）
施卫东	骆正明	顾也力	顾东风	顾亚平
侯义斌	姜刚杰	洪三国	洪捷序	贾伟平（女）
贾殿赠	钱 锋	钱海鑫	徐 昭	徐国权
栾 波	郭粤梅（女）	唐 颐	唐春发	唐德瑞
阎建国	谢小军	陶夏新	黄兆鸽	黄宗洪
黄骁卓	黄爱龙	黄润秋	黄培强	戚建庄
盛颂恩	唱贺奇	彭喜元	蒋宇扬	蒋春澜
葛会波	葛均波	葛春启	敬忠良	韩启德
韩忠朝	韩慎贵	程 红（女）	程永毅	程绍雨（女）
游庆仲	曾 华	曾晓非（女）	温 洋	楼玉宇（女）
赖 明	解士杰	蔡建平	蔡鹏飞	蔡耀军
廖昌永	谭建荣	潘建伟	潘复生	缴 远
戴红兵	戴晓雁	檀 莉（女）	魏学峰	魏德敏（女）

台湾民主自治同盟

坚持走中国特色社会主义政治发展道路
为全面建成小康社会和实现祖国和平统一同心奋斗

——在台湾民主自治同盟第九次全盟代表大会上的报告

（2012 年 12 月 11 日）

林文漪

各位代表：

现在，我代表台盟第八届中央委员会向大会作报告，请予审议。

台湾民主自治同盟第九次全盟代表大会，是在中国特色社会主义建设新的历史起点上召开的一次重要会议。大会的主题是：在中国共产党的领导下，高举中国特色社会主义伟大旗帜，以邓小平理论、“三个代表”重要思想、科学发展观为指导，认真学习贯彻中国共产党第十八次全国代表大会精神，坚定不移地走中国特色社会主义政治发展道路，团结带领全盟为全面建成小康社会和推进祖国和平统一大业同心奋斗。

一、五年工作回顾

台盟第八次全盟代表大会以来，我们与全国人民一起，走过了不平凡的五年。我们共同经历了改革开放 30 周年、新中国成立 60 周年、中国共产党成立 90 周年、辛亥革命 100 周年和北京奥运会、上海世博会、载人航天等重大活动，奋力克服国际金融危机的影响，战胜汶川、玉树特大地震等重大自然灾害，经受住各种困难和考验，改革开放和社会主义现代化建设取得重大成就，国家面貌发生新的历史性变化；我们共同见证了社会主义核心价值体系建设引领中国特色社会主义事业全面发展，中国共产党领导的多党合作和政治协商制度不断健全完善，中共中央 4 号文件的颁布推动统一战线事业稳步前进，我国社会主义民主政治建设取得重要进展；我们共同迎来了两岸全面实现“三通”和《两岸经济合作框架协议》的签订实施，两岸关系实现历史性突破，和平发展的格局不断深化。

中国共产党领导全国人民全面建设小康社会的伟大实践，为台盟履行职能、发挥作用提供了更加广阔的空间。五年来，台盟八届中央委员会高举中国特色社会主义伟大旗帜，以科学发展观为指导，坚持解放思想、团结奋进，推动台盟各项工作取得显著成效，圆满完成了台盟八大确定的各项任务。

五年来，我们主要开展了五个方面的工作：

（一）积极参与政治协商，充分发挥参政党独特作用

参与政治协商，是参政党的光荣使命，是发挥作用的关键环节。五年来，台盟各级组织负责同志参加与中共各级党委的政治协商1410次。其中，台盟中央领导同志参加由中共中央、国务院召集的高层协商会议92次，围绕政府工作报告、“十二五”规划、文化体制改革、司法体制改革等关系国计民生的重大问题建言献策，受到高度重视；台盟界别委员在十一届全国政协会议期间，先后三次在联组会议上与胡锦涛、吴邦国、贾庆林等中共中央领导同志面对面交流，就两岸关系发展中的重大问题提出建议，得到与会领导同志的高度肯定；在十一届全国政协优秀提案表彰中，4件台盟中央党派提案、3件台盟界别委员提案被评为优秀提案，占获奖总数的2.5%。

五年来，全盟高度重视将服务国家中心工作与突出特色优势相结合，大力提升高层协商中建言献策的质量，提出了一系列有分量、有创见、可操作的政策建议。围绕深化两岸交流与合作，台盟中央自2008年在胡锦涛同志主持的高层协商会上，提出构建“海峡经济区”的战略设想以来，不断进行丰富和深化，相继提出“构建海峡两岸经济合作试点链”、“两岸共同修复和建设台湾海峡生态系统”、“打造海峡两岸港口群”等建议，产生了突出的品牌效应。围绕国家区域经济发展的战略部署，台盟中央不仅逐年就推动海峡西岸经济区建设以及促进西部大开发、加快东北老工业基地振兴、实施原中央苏区发展战略等提出政策建议，并在深化研究的基础上进一步提升，从全局性的宏观视角提出了强化顶层设计、统筹协调区域发展总体战略的建议，为中共中央科学民主决策提供了重要参考。

五年来，全盟高度重视参与政治协商工作的制度化、规范化，凝聚全盟力量，通过人民政协的协商平台积极发挥作用。台盟中央建立健全了全国政协大会发言及提案素材征集制度，在各级组织的积极参与下，推动了全盟调研成果的有效转化。五年来，全盟各级组织提供的发言和提案素材数量和质量稳步提升，从2008年的57件上升到2012年的214件。在此基础上，台盟中央共向十一届全国政协会议提交大会口头发言5篇，书面发言6篇，党派提案105件。其中，党派提案入选全国政协重点提案的数量逐年增加。关于“切实帮助三峡库区移民致富”、“促进台湾农民创业园健康发展”等提案，还获得中共中央领导同志的重要批示。此外，五年来，台盟界别委员共提交个人及联名提案687件，2012年比2008年增长220%。在重庆、上海、辽宁、南京、云南、浙江等台盟地方组织的大力支持下，台盟中央在全国政协常委会、专题协商会上作了关于“应对粮油价格上涨”、“完善住房保障体系”、“发展文化创意产业”、“深入开展诚信教育”等大会发言，提出许多务实和前瞻性较强的建议，引起社会各界的广泛关注。

五年来，全盟高度重视寓民主监督于政治协商之中，充分发挥人大代表、政协委员和各类特约人员在民主监督中的作用。台盟中央领导同志五年来定期参加廉政建设通报会，听取中共中央关于党风廉政建设和反腐败工作情况的报告；参加最高人民法院、最高人民检察院召开的专题座谈会10次，就加强反腐倡廉、推进两岸司法互助等提出了一

系列意见建议。担任全国人大代表的盟员，认真履行人民代表的职责，反映人民意愿，参与了台湾同胞投资保护法、妇女权益保障法等执法检查和视察工作。担任国土资源部、国家税务总局、公安部、教育部、审计署等部门特约人员的盟员，认真参加有关执法监督工作，充分履行了民主监督职责。

（二）深入开展参政议政，稳步提升参政党履职能力

参政议政是民主党派的主要职能，也是民主党派最重要、最根本的工作。通过全盟上下的不断探索和实践，台盟参政议政工作形成了目标明确、团结协作、整体推进的良好局面。五年来，台盟中央组织全盟各地方组织共同开展了年度重点课题调研 43 项。其中，先后围绕海西经济区建设、台资向中西部地区转型发展、辽宁沿海经济带开发开放、原中央苏区振兴等主题，进行了五次党派大考察活动。在扎实深入调研的基础上，全盟各级组织共完成调研报告 1391 篇，2012 年比 2008 年增长 200%。其中，台盟中央向中共中央、国务院报送相关专题报告 8 篇，其中 6 篇获得胡锦涛、温家宝等中共中央领导同志的重要批示。五年来，全盟各级组织共向相关部门报送社情民意信息 4024 篇，及时对经济社会发展中的新情况新问题提出了意见建议。

五年来，全盟着力增强参政议政工作的计划性和连续性，为提高履职能力打下了坚实基础。台盟八届中央委员会成立以来，首次制定了《参政议政工作五年（2008—2012 年）规划纲要》，明确了参政议政工作的任务目标，并统筹规划了五年内要集中全盟力量开展的重点参政议政课题。这一创新之举得到贾庆林同志的高度肯定。台盟上海市委、吉林省委、南京市委等地方组织也结合实际，分别制定了《规划纲要》的实施意见或自身的五年规划。在规划的引领和指导下，全盟参政议政工作的持续性不断增强，逐步形成了具有台盟特色的优势领域。其中，围绕海峡西岸经济区建设课题，台盟中央及地方组织连续多年开展深入持久的调研。2008 年在大考察的基础上，形成了《关于构建“海峡经济区”的几点建议》及相关研究报告，报送中共中央、国务院。温家宝、贾庆林、李克强等中共中央领导同志都做了重要批示，商务部等部门还专门邀请台盟中央召开座谈会，当面交换意见。此后，台盟中央及相关地方组织又围绕着进一步发挥厦门在海西经济区建设中的龙头作用，推动粤东、赣南等地区更好地融入海西经济区建设等问题，持续开展跟踪调研，形成《关于支持厦门综合配套改革试验的几点建议》、《关于深化赣台经贸文化交流，促进原中央苏区振兴发展的几点建议》及相关调研报告，均得到胡锦涛同志的亲笔批示，高度肯定了台盟的参政议政工作。

五年来，全盟着力建立科学的工作机制，形成参政议政工作合力。五年来，台盟各级组织着力加强制度建设，逐步建立起一套适合台盟自身特点、科学合理的参政议政工作机制。第一，在“上下联动、横向联合”工作机制有效运行的基础上，创新实施了调研课题地方组织牵头负责制，进一步加强了全盟各级组织之间纵向与横向的配合。其中，上海、安徽、吉林、陕西、重庆、南京、湖北、广东等地方组织还采取跨省市联合调研的方式，取得了很好的效果。第二，建立健全参政议政工作量化评价体系，采用成果导向、客观量化、公开公平的评选先进办法，科学全面地反映了全盟各级组织的参政议政成果，对提升全盟参政议政工作水平发挥了重要的引导和激励作用。第三，大力推动参政议政信息化建设，创建参政议政骨干队伍数据库、参政议政成果电子资料库以及电子申报系统三套数据库，极大地提高了工作效率。

五年来，全盟着力加强资源整合，促进参政议政工作取得实效。五年来，台盟各级组织注重与国家部委、地方政府加强联系，着力提高参政议政工作的针对性和实效性。2009 年，台盟中央与重庆市人民政府签订合作协议，连续多年在重庆开展调研工作，形成"台资西进、IT 先行"等多篇专题报告，两次得到温家宝、贾庆林、李克强等中共中央领导同志的重要批示，工业和信息化部专门召开会议落实相关建议。2010 年，台盟中央与农业部就推动台湾农民创业园发展签署合作备忘录，共同举办了"两岸乡村座谈"、"台湾农民创业园实践与发展研讨会"等系列活动。台盟中央还在持续深入调研基础上，形成了《关于促进台湾农民创业园健康发展的几点建议》及调研报告，胡锦涛同志两次做出重要批示，国台办、农业部积极落实，有力地推动了相关工作的开展。

（三）扎实推进对台工作，切实彰显参政党党派特色

深入开展对台工作，是台盟彰显党派特色、发挥独特优势的重要领域。五年来，全盟各级组织切实遵循两岸关系和平发展重要思想，本着"专精深久"的工作方针，实现对台工作重点明确、特色突出、深入持久、富有成果。台盟各级组织五年共接待台胞来访 1163 批 1 万 5 千人次，以教育、医疗、民间信仰、农业、妇女等领域的交流为主题，组织 93 批 541 人次赴台专题访问考察，并组织了 14 批 54 人次赴德国、法国、美国、意大利、加拿大等地访问，加强了与海内外台胞的交往。同时，台盟中央与相关地方组织配合，举办了 39 项两岸主题交流活动，组织全盟各级组织开展 25 项涉台课题研究，完成研究报告 87 篇。

五年来，全盟在加强与岛内代表人士的联络交流方面取得重要进展。一是重点加强与岛内知名工商界人士的联络交流。长期以来，台盟与一批在岛内和海外都有重大影响的台湾人士建立了深厚的感情，支持他们到中西部办学、投资、兴业，参与祖国发展建设，取得良好成效。其中，台盟中央倡导台资高科技企业参与西部大开发的项目，在为全面建设小康社会作贡献评选活动中获得表彰。二是重点加强与台南医师公会等岛内专业团体的联络交流。以亲情乡情为纽带，以专业对口交流为载体，通过耐心细致的工作，增进了这部分台胞对祖国大陆的了解和热爱，坚定了他们对两岸关系和平发展的信心。三是重点加强与岛内民间信仰团体的联络交流。充分发挥妈祖、保生大帝等民间信仰文化资源的独特作用，通过组织民俗研讨、祖庙祭拜等丰富的互动交流活动，密切与岛内信众间的民族感情，增进其中华文化认同。四是重点加强与政治受难人互助会、原住民发展协会等岛内团体组织的联络交流。着力将交往对象和团体长期化、稳定化，把工作做精做细，通过连续多年邀请参加国庆参访等活动，使他们共享祖国繁荣发展的荣耀与自豪。

五年来，全盟在自主组团入岛访问方面取得重要进展。自 2009 年首次组织医疗考察团赴台访问交流以来，台盟赴台考察活动的专业性不断提高。在团组人员的构成上，由全盟各级组织中具有相关专业背景的盟员组成，如医疗考察团成员中专业医务工作者的比例达到 70%。在行程及活动安排上，台盟考察团紧扣主题，以实效性为目标，与相关单位开展对口交流，如妇女考察团与台湾国民党妇委会、功文文教基金会等组织，共同

就两岸妇女所关注的问题开展了深入交流。

五年来，全盟在举办主题鲜明的两岸交流活动方面取得重要进展。一是围绕搭建两岸民间大交流重要平台，连续参与主办了四届“海峡论坛”，并参与主办了“海峡经济区高层研讨会”、“平潭旅游开放开发研讨会”、“海峡两岸闽南文化节”、“台湾农民创业园发展研讨会”等多项分论坛活动。二是围绕两岸农业交流与合作，连续三年与海南省人民政府联合举办了“海峡两岸观光休闲农业”论坛及研讨会，连续两年与重庆市人民政府联合举办了“西部国际农产品交易会”，为推动两岸农业合作双赢发挥了积极作用。三是与上海、重庆、浙江、福建、广东等台盟地方组织合作，举办了“沪台城市发展与合作论坛”、“‘重庆与台湾：历史和未来’学术研讨会”、“‘五·四’运动与台湾文学发展学术报告会”、“海峡两岸船政文化研讨会”、“海峡两岸妇女终身教育研讨会”、“粤台中医药产业交流合作研讨会”等形式多样的活动。四是围绕两岸青少年交流，连续五年举办了“台南大（中）学生海西乡土文化研习营”，通过中华文化的研习与交流增进两岸青少年的团结与民族认同。此外，台盟中央还支持北京、上海、天津、浙江等台盟地方组织，充分发挥地方特色，连续多年举办了“‘交流与共享’研讨会”、“海峡两岸医务合作研讨会”、“津台休闲农业研讨会”、“海峡两岸（浙江·景宁）山区经济发展研讨会”等活动。台盟各级组织举办的这些独具特色的两岸交流活动，为推动两岸合作深入基层、深入文化层面、深入专业领域发挥了积极作用。

五年来，全盟在台情研究工作上取得重要进展。台盟中央坚持定期召开全盟范围的台情研讨会、地方性的片会及动态座谈会，坚持每季度召开在京老同志为主要成员的政策策略咨询会，坚持举办青年盟员和机关干部的台情培训班，坚持加强与在京涉台专家学者的联系和互动，坚持刊发《海峡快讯》共计 485 期。台盟各地方组织也积极开展台情研究工作，如重庆台盟与市社科院等单位合作，专门成立了相关研究机构。上海等地的许多盟员也发挥专长，定期整理编发《台湾民调》等参阅资料，形成了多方面的台情研究成果。围绕台湾“选举”与两岸关系走势、ECFA 对发展两岸关系的作用等热点问题，台盟及时报送的分析及建议，为政府决策部门提供了重要的参考。

五年来，全盟在探索涉台宣传的新形式和新方法上取得重要进展。以台湾人民“二·二八”起义、中共中央发布“五一口号”、台湾光复等重大事件纪念日为契机，举办形式多样的纪念活动，表达台湾同胞期盼祖国统一的强烈心声。2010 年，台盟中央还与重庆市人民政府共同在渝树立了台湾光复纪念碑，借此客观还原台湾光复的历史史实，促进两岸同胞铭记历史、共创未来。此外，台盟中央高度重视涉台图书的出版和入岛宣传工作。2011 年至今，由台盟中央主编和策划、台海出版社出版的《纪念“二·二八”六十周年文集》、《台湾同胞与八年抗战》等 215 种图书成功入岛销售。

（四）务实推动社会服务，积极承担参政党社会责任

积极开展社会服务工作，是参政党承担社会责任、树立良好社会形象的重要途径。五年来，台盟各级组织发挥联系广泛的优势，开展专项帮扶工作 33 项，帮助中西部及相关贫困地区吸引投资项目 29 项，累计意向投资金额达 24 亿元，为经济社会发展做出了积极的贡献。

一是凝聚全盟力量投入“同心工程”，大力支持贵州毕节试验区发展建设。在参与“同心·智力支持工程”方面，促成台资企业在贵州贫困地区创办公益性的盛华职业学院，致力于帮助优秀贫困学生“零成本”完成学业，成为引入台湾职业教育成熟经验开展教育扶贫的一次有益尝试。广大盟员也踊跃向赫章县海雀小学捐款，资助教师和贫困女童就学。台盟上海市委还举办夏令营，邀请海雀小学的部分师生到上海与台胞小朋友开展交流。在参与“同心·示范带动工程”方面，协助台盟定点帮扶的赫章县开展种植业科技示范项目和能源项目，并成功申请可乐遗址发掘保护项目总投资 1.8 亿元，是贵州省近年来获得的文物保护开发利用的最大投资项目。在参与“同心·改善民生工程”方面，全盟各级组织广泛动员盟员和所联系的爱心人士，向赫章县捐款捐物累计折合人民币 1100 万元，用于发展社会事业，改善当地民生。在参与“同心·助推发展工程”方面，台盟中央先后在北京、福建举办了两次赫章县“项目招商洽谈会”和“招商引资推介会”，邀请 120 余位台商、闽商参会，成功签订了多项投资协议。

二是不断创新工作方法，以推动自主脱贫为目标，大力帮扶中西部贫困地区。台盟中央与台盟重庆市委共同在重庆市万州区启动了“海峡两岸同心助推重庆万州残疾人万元增收活动”，建立了全国首个台盟助残基地。台盟中央相关职能部门还与河南省焦作市签署合作协议，助推豫台产业合作与文化交流。在台盟中央的积极协助下，河南省焦作市成功申请设立了中原腹地首个国家级台湾农民创业园。台盟中央和台盟福建省委还协调有关企业向河南省捐助价值 200 万元人民币的学生电脑，支持当地教育事业发展。

三是广泛宣传动员，积极开展捐资救灾等社会服务活动。在汶川地震、台湾“莫拉克”台风侵袭、玉树地震、舟曲特大山洪泥石流以及北京“7•21”特大暴雨等严重自然灾害面前，广大盟员、机关干部以及所联系的台湾同胞表现出了高度的政治责任感和使命感，采取捐款捐物等方式，为解决灾区群众的燃眉之急贡献力量。据不完全统计，台盟各级组织累计捐款捐物折合人民币近 400 万元。台盟中央还号召具有专业特长的盟员，积极参与灾区抢险、卫生防疫和心理抚慰等工作，并为灾区恢复重建贡献智慧和力量。

四是积极支持广大盟员在本职岗位上为我国的现代化建设和多党合作事业奉献才智、建功立业，涌现出一大批勤于工作、勇于创新、甘于奉献的先进典型。在各民主党派、工商联、无党派人士为全面建设小康社会作贡献评选活动中，台盟 2 个地方组织被评选为先进集体，4 名盟员被评选为先进个人，2 项建议被评选为建言献策优秀成果，2 项帮扶工作被评选为社会服务优秀成果。台盟南平市委作为全国 50 个先进集体的代表，在表彰大会上发言，产生了良好的社会反响。

（五）不断加强自身建设，大力提高参政党能力素质

加强自身建设，是适应多党合作事业发展新形势、新要求，提高参政党能力素质的重要基础。五年来，台盟组织的队伍不断壮大。在地方组织发展方面，重庆台盟于 2008 年在原工委的基础上成立了市委会；市级委员会中，台盟上海市杨浦区委，台盟天津市滨海新区工委，台盟重庆市巴南区工委，台盟北京市东城区委、西城区委，台盟深圳市委先后成立；直属组织中，台盟安徽总支、台盟江西支部先后成立。至此，台盟在全国 17 个省、直辖市建立了组织，省辖市级组织达到 24 个。目前，台盟盟员总数已达 2637 人，

五年内新发展盟员 535 人。同时，还在广西、贵州两个省发展了 15 位盟员，进一步填补了组织发展的空白。

五年来，全盟以学习践行社会主义核心价值体系为引领，全面推进宣传思想工作。通过讲座报告、内部交流讨论、宣传典型经验以及参观考察等多样形式，认真学习中共十七大及十七届历次中央全会精神，深入开展学习践行社会主义核心价值体系活动，不断深化政治交接学习教育活动，进一步增强了全盟走中国特色社会主义政治发展道路的自觉性和坚定性。以盟史教育为切入点，台盟各级组织积极协助重庆特园中国民主党派历史陈列馆的扩建展陈工作，通过史料展现台盟走过的光辉历程，并专程组织广大盟员和机关干部赴当地开展“多党合作历史回顾”主题教育活动；台盟中央组织机关中青年干部撰写了一批具有较高质量的盟史研究文章，并赴重庆、天津、陕西、北京、湖北等地开展了一系列宣讲活动；台盟北京市委、上海市委、南京市委等地方组织开展了对老盟员的采访工作，通过摄像、录音、照相、资料收集等形式，留下台盟的宝贵财富，为传承台盟历史，弘扬老一辈的坚定政治信念和光荣爱国爱乡传统发挥了重要作用。

五年来，全盟以提高盟员干部能力为目标，大力加强组织建设。一是实现组织工作的制度化、规范化、程序化。台盟八届中央委员会成立以来，出台了《关于进一步做好组织发展工作若干问题的意见》以及《台盟组织发展规划（2010—2012 年）》，首次编发了《台盟组织工作文件汇编》，制定了《台盟盟内监督条例》并成立了台盟中央监督委员会，还就老盟员慰问等工作形成了一系列规章制度。二是大力加强人才队伍建设。五年来，台盟中央选送了 140 人参加中共中央党校、中央社会主义学院的进修以及境外培训，多次举办参政议政骨干培训班、中青年干部培训班等，为盟员干部搭建学习提高的平台。台盟各地方组织以青年盟员为重点，加强盟史及参政能力等方面的教育和培养。其中，台盟南京市委开创了“盟员学堂”的全新学习教育载体，深受盟员好评。五年来，台盟共推荐 47 位盟员担任十一届全国人大代表和政协委员，32 位盟员担任全国有关人民团体、协会的理事、代表，15 位盟员担任国家各部委特约人员。通过系统地培训、有计划地推荐，盟员干部的政治把握能力、参政议政能力、组织领导能力和合作共事能力得到进一步提高。

五年来，全盟以成立七个专门委员会为契机，充分发挥盟内老同志的独特优势，开展了卓有成效的工作。参政议政工作委员会在沟通协调各级地方组织，推动全盟参政议政工作形成合力等方面发挥了重要的指导作用；妇女工作委员会紧扣女性特点，组织了一系列独具特色的研讨交流活动，密切了两岸女同胞间的亲密感情；两岸关系研究委员会与涉台政策策略咨询委员会密切结合岛内形势，开展台情研究，为相关部门提供了许多有价值的信息和对策建议。其他专委会也都积极开展相关的研究与交流活动，对台盟各项工作的开展发挥了重要的推动作用。

五年来，全盟以转变作风为重点，大力加强学习型和服务型机关建设。一方面，通过研讨、交流、自学等形式，进一步形成良好的机关学习氛围和风气。另一方面，加强制度建设，推动目标管理，进一步实现机关各项工作的规范化和程序化，提高了工作效率。台盟中央连续三年选派干部赴贵州省毕节地区赫章县及所属乡镇挂职，进一步拓宽了机关干部实践锻炼的途径。全盟各级组织机关人员不断充实，干部队伍力量不断增强，为全面提升机关服务能力和水平提供了重要保障。

五年来，全盟以政治交接为主线，积极开展与有关部门的沟通、协调，稳步推进换届工作开展。台盟中央于2011年制定下发了《台盟中央关于做好换届工作的意见》，明确换届工作的整体思路。在换届领导小组的指导下，台盟省级组织严格按照有关文件的精神，坚持以政治交接为主线，认真贯彻民主集中制原则，营造风清气正的换届环境，保证了换届工作的顺利进行。截至2012年9月，全盟省级组织已完成换届工作，一批年富力强的同志进入领导班子，台盟地方组织更具生机和活力。

各位代表：

在充分肯定成绩的同时，我们也应该清醒地看到，与新形势新任务的要求和广大盟员的期望相比，我们的工作还有不少差距。主要是：参政议政还需要与对台联络、台情研究等工作更加紧密结合，进一步建立统筹联动的工作机制；对台联络还需要与岛内形势发展变化更加紧密结合，进一步提高工作实效；社会服务还需要与台盟的独特资源优势更加紧密结合，进一步创新方式方法；自身建设还需要与履职尽责更加紧密结合，进一步提高台盟的可持续发展能力等。这些不足都需要在今后的工作中采取有效措施加以改进。

总的来说，这五年，是我们与中国共产党同心奋斗，坚定不移地走中国特色社会主义政治发展道路的五年；是我们围绕中心、服务大局，在社会主义现代化建设与祖国统一大业中切实发挥参政党作用的五年；是我们全体盟员积极进取、团结奋斗、开拓创新的五年；也是凝心聚力，继往开来，为台盟长远发展打下坚实基础的五年。

台盟能取得这样的成绩，是中国共产党正确领导的结果，是我国多党合作和政治协商制度巩固和发展的结果，是全盟各级组织和广大盟员齐心协力、开拓进取的结果。在这里，我代表台盟第八届中央委员会，向辛勤工作在各条战线上的全体盟员和机关干部表示诚挚的问候！向长期关心和带领台盟不断前进的中国共产党，向一贯支持台盟工作的全国人大、国务院、全国政协和各兄弟民主党派、工商联以及各有关人民团体，向致力于祖国统一事业的台湾同胞、港澳同胞和海外侨胞表示衷心的感谢！

二、五年工作的经验与体会

过去的五年，全盟各级组织通过不断探索实践，不断改革创新，在参政议政、对台联络、社会服务、自身建设等方面都形成了一套比较系统的工作思路，在“提高参政党履行职能、发挥作用的能力”这一重大课题的探索中，积累了宝贵的经验，为台盟事业进一步发展奠定了坚实的基础。

回顾五年的历程，我们体会最深的是：

（一）更好地履行参政党职能，必须坚持坚定政治信念与推进政治交接相统一

台盟在与中国共产党团结奋斗的历程中，形成了坚定的政治信念与优良传统。广大盟员不断传承老一辈与中国共产党风雨同舟、肝胆相照的信念，传承台湾人民爱国爱乡的炽热情怀，在推进政治交接的过程中将台盟的光荣传统薪火相传，并不断赋予其新的时代内涵和特色。

五年来，台盟各级组织和广大盟员坚持中国共产党的领导，坚持中国特色社会主义道路、理论体系和制度，自觉践行社会主义核心价值体系，始终与中国共产党同心同德；高举中国特色社会主义伟大旗帜，共同致力于全面建设小康社会和中华民族伟大复兴，始终与中国共产党同心同向；自觉投身中国特色社会主义伟大实践，积极推动社会主义经济、政治、文化、社会以及生态文明建设，始终与中国共产党同心同行。

实践证明，这些宝贵经验是台盟最核心的政治信念与价值追求。只有把台盟与中国共产党“同心”的理念和事业代代相传，不断发扬光大，才能切实巩固多党合作的共同思想政治基础，台盟才能在多党合作政治格局中更加有所作为。

（二）更好地履行参政党职能，必须坚持服务发展大局与彰显党派特色相结合

在我国多党合作的政治格局中，参政党要发挥独特的政治优势，必须立足国家发展大局，将履行职能的过程融入中国特色社会主义建设的全局之中，同时注重突出党派的鲜明特色。

通过近年来的积极探索，全盟形成了参政议政的优势领域，在服务国家区域发展总体战略中选准切入点，重点关注海峡经济区的构建、新一轮西部大开发与台资西进、东北老工业基地体制机制创新等课题，在服务经济发展方式转变时重点关注建设现代农业与两岸农业合作、城市资源循环再利用、发展文化创意产业等课题；形成了对台联络的重点对象，在致力于服务两岸关系和平发展的过程中，充分发挥亲情乡情优势，重点深化与台湾中南部医疗等领域专业人士、青少年等群体的交流交往；形成了社会服务工作的独特思路，将服务地方经济发展与推动两岸经贸往来有机结合，协助中西部地区引进台湾资金、技术、人才和管理经验，协助台资企业融入大陆市场。

实践证明，服务科学发展与两岸关系和平发展的大局，是我们宏观谋划工作的立足点；坚持彰显党派特色，探索形成自身独特的工作思路与重点，是我们有效开展工作的关键所在。只有将二者有机结合，才能体现出台盟作为参政党独特的政治价值。

（三）更好地履行参政党职能，必须坚持凝聚全盟力量与借力外部资源相促进

台盟的人员有限，要想在多党合作格局中发挥同样重要的政治作用，必须注重凝聚全盟力量，充分发挥参政党的整体作用。同时，合理地借助外部资源，形成合力。

近年来，全盟各项工作的一个突出特点就是地方组织广泛参与，广大盟员踊跃投入。我们在参与高层协商时注重提炼萃取全盟精华成果，提出的建议中由地方组织提供素材而直接转化形成的比例，由 2008 年的不到 20%，增长到目前超过 80%。目前，全盟开展的每一项调研课题、台情研究课题，平均都有超过一半以上的地方组织参与其中，共同开展调研，共享研究成果。在联络接待、支边扶贫、盟员培训等各项工作中，全盟也都密切配合与协作，集中力量开展工作。本届成立的七个专委会，更是在密切中央与地方之间的纵向联系，畅通地方组织之间的横向沟通渠道方面发挥了重要作用。

与此同时，我们还注重借力盟外资源。一方面，与高校、科研院所等相关单位的一大批宏观经济、台湾研究等领域的专家学者建立了长期联系，广开思路，多角度地吸纳意见建议。另一方面，首次与农业部、重庆市人民政府等相关部门建立了长期合作关系，

有效提高了履职尽责的针对性与实效性。

实践证明，构筑开放的工作平台，多方整合资源、凝聚力量，可以产生乘数效应，最大限度地实现台盟各项事业整体推进。

（四）更好地履行参政党职能，必须坚持规划顶层设计与建立科学机制相统筹

从台盟组织的实际情况出发，我们尤其注重集中力量、有的放矢地开展工作。通过强化工作要点、工作纲要、工作规划等顶层设计，明确履职尽责的方向和重点。同时，逐步建立起一套适合台盟自身特点、科学合理的工作机制，确保规划目标的落实。

五年来，我们研究制定了《台盟中央参政议政工作五年（2008—2012年）规划纲要》、《台盟中央对台联络工作四年（2012—2015）规划要点》、《台盟组织发展规划（2010—2012年）》，从全盟统筹的角度出发，首次以规划的形式对参政议政、对台联络、组织发展的整体思路和框架、工作重点和目标、工作机制和方法做出提前谋划，使各项工作更加有制可依、有规可守、有章可循。

在规划的引领下，全盟着力在建章立制上下工夫，确保规划实施科学有序。五年来，全盟各级组织不断完善“上下联动、横向联合”的调研工作机制，“专精深久”的联络工作方针，服务型机关的各项运行机制；探索建立了调研课题地方组织牵头负责制、参政议政工作量化评价体系、参政议政电子数据库，专委会工作制度，盟内监督机制等，全方位地促进了工作的规范化和科学化。

实践证明，把握工作规律，加强工作的预见性和计划性对于提高全盟的履职能力至关重要。只有充分发挥规划的引领作用，不断建立健全运行机制，才能确保各项工作运转协调、规范有序。

三、对今后五年工作的建议

当今世界正在发生深刻复杂的变化，和平与发展仍然是时代主题。刚刚胜利闭幕的中国共产党第十八次全国代表大会，描绘了全面建成小康社会、加快推进社会主义现代化的宏伟蓝图。当前，我国发展仍处于可以大有作为的重要战略机遇期，两岸关系和平发展正在由开创期进入巩固深化的新阶段。在新的形势和任务面前，我们面临的发展机遇和风险挑战前所未有。台盟作为参政党，肩负着更加光荣而艰巨的使命，必须着力提高履职尽责的能力，与中国共产党共创伟业。在今后五年里，我们要高举中国特色社会主义伟大旗帜，坚持以邓小平理论、“三个代表”重要思想、科学发展观为指导，深入学习贯彻中共十八大精神，广泛动员全体盟员和所联系的台胞，着力提高履职尽责的能力与水平，与中国共产党同心同德、坚定信念，同心同向、共同担当，同心同行、协力攻坚，为全面建成小康社会和实现祖国和平统一作出新的更大的贡献。

（一）巩固履职尽责的思想基础，认真学习贯彻中共十八大精神

中国共产党第十八次全国代表大会，是在我国进入全面建成小康社会决定性阶段召开的一次十分重要的大会。会议回顾总结了中国共产党团结带领全国各族人民全面建设

小康社会十年实践的光辉历程和宝贵经验，科学分析了国际和国内形势。会议提出的各项大政方针和决策部署，对夺取中国特色社会主义事业新胜利、创造中华民族更加幸福美好的未来，具有重大战略意义。会议选举产生的新一届中共中央领导集体，年富力强、德才兼备，必将带领全国各族人民在发展中国特色社会主义的伟大征程中继续阔步前进。

深入学习、领会和贯彻中共十八大精神，是台盟当前和今后一个时期重要的政治任务。要将学习贯彻中共十八大精神与学习践行社会主义核心价值体系活动相结合，始终保持对中国特色社会主义的高度自觉和自信，坚定不移地走中国特色社会主义政治发展道路。要认真学习科学理论，深入理解中国特色社会主义理论体系，特别是结合工作实际，准确领会科学发展观的科学内涵、精神实质、根本要求。要以学习贯彻中共十八大精神为指导，进一步明确履行参政党职能的方向和重点，不断巩固与中国共产党团结奋斗的思想基础。

（二）把握履职尽责的第一要务，为推动科学发展献计出力

服务科学发展是民主党派参政履职的第一要务。全盟各级组织要坚持服务于科学发展主题和加快转变经济发展方式主线，选择具有全局性、战略性、前瞻性的课题，集中力量深入调研，为社会主义经济建设、政治建设、文化建设、社会建设以及生态文明建设建科学发展之言，献求真务实之策。

要继续通过规划明确履职尽责的主攻方向。围绕中共十八大确定的为全面建成小康社会而奋斗的战略目标，按照国家“十二五”规划的具体部署，在总结台盟参政议政第一个五年规划的成功经验基础之上，研究制定新的五年规划，确定全盟参政议政的总体思路和框架，并逐年细化、调整和补充。要从促进城乡区域协调发展、建设文化强国、推动社会管理体制创新等国家重大战略规划着眼，从推动两岸互利合作、反映台湾同胞诉求着手，积极议政建言。要注重巩固参政议政的优势领域，保持工作的连续性和持续性，不断深化已有成果。

要不断加强参政议政的制度化与信息化建设。进一步推动“上下联动、横向联合”的工作机制有效运行，广泛整合凝聚盟内外参政议政力量与资源；进一步完善参政议政工作量化评价体系，不断提高激励机制的科学性和可操作性；进一步构建参政议政信息化平台，推动资源与信息的实时共享。要通过合理的制度与机制设计，引导广大盟员把专业知识与建言献策结合起来，把本职工作与民主党派成员参政议政的政治责任结合起来，激发全盟参政议政的积极性。

（三）突出履职尽责的着力重点，为持续推进两岸关系和平发展贡献力量

当前，两岸关系和平发展进入巩固深化期。全盟各级组织要以持续推进两岸关系和平发展为主题，以深入贯彻寄希望于台湾人民的方针为主线，充分发挥台盟自身特点和优势，坚持“专精深久”的工作方针，为巩固深化两岸关系和平发展的政治、经济、文化和社会基础作出新的贡献。

要致力于巩固两岸关系和平发展的政治基础。利用各种接待场合、采取适当方式，宣传一个中国的原则，宣传中国特色的多党合作制度，积极回应台湾同胞的关切，切实增进两岸同胞间的政治互信，切实增进反对“台独”、认同“九二共识”的共同基础。

要致力于巩固两岸关系和平发展的经济基础。着力推动两岸经济合作框架协议以及各项后续协议的落实，以台湾农民创业园为切入点，为两岸农业合作牵线搭桥；以科技环保领域为着力点，推动两岸新兴产业的合作；以协助大陆台资企业为落脚点，帮助他们了解政策，更好地融入大陆市场；以参与“同心”工程为结合点，将中西部地区引进资金技术与台资企业开拓内需、实现转型进行对接。

要致力于巩固两岸关系和平发展的文化基础。以闽南文化、客家文化、妈祖文化、抗战文化以及涉台文物史迹等独特文化资源为基础，以邀请台湾中南部基层民众和青少年参与为重点，精心设计、持续打造台盟特色品牌活动，大力促进两岸文化交流，巩固发展同胞同根文化。

要致力于巩固两岸关系和平发展的社会基础。充分发挥台盟独有的亲情乡情优势，深入做好与台湾工商界、医疗界、农业界等重点领域和重点台胞团组的持续联络交往，逐步形成“新老并重、联研结合、跨越蓝绿、突出重点”的联络工作体系。要加强台情研究，贴近基层民众，广泛收集、及时反映岛内民情，助力维护两岸同胞的合法权益，不断推动两岸同胞对两岸关系和平发展理念的共同认知。

（四）彰显履职尽责的民生本色，扎实开展社会服务工作

开展社会服务工作是履行参政党职能的重要内容，是切实践行参政为民、履职惠民价值追求的生动实践。全盟各级组织要积极参与“同心”实践，不断深化“同心”品牌，本着“尽力而为，突出实效”的原则，组织开展各种形式的帮扶活动，为推动民生改善、促进社会和谐贡献力量。

要继续全力参与贵州毕节试验区建设。发挥台盟独特优势，将推动两岸经贸往来与开展社会服务有机结合，协助毕节地区引进台湾资金、技术、人才和管理经验，持续推进实施“五大工程”。要统筹全盟各级组织的智力资源和对台联络资源，形成举全盟之力开展工作的集群效应。

要拓展“毕节模式”，开辟新的扶贫开发工作区域。围绕中央扶贫工作新精神，扩大“毕节模式”成果，将设有台盟组织的云南、四川、重庆和江西等省市贫困地区和藏区增设为台盟参与国家扶贫开发的工作区域，做好与当地相关部门的协调协商工作，帮助更多群众实现共同富裕。

要把参与社会服务工作作为锻炼干部队伍、加强自身建设的重要途径，引导广大盟员在了解国情中统一思想，在服务社会中提高认识，在投身实践中得到锻炼，深刻认识中国特色社会主义发展道路的客观必然性和独特优势，切实增强贯彻落实科学发展观的自觉性和坚定性。

（五）强化履职尽责的基础保障，切实加强自身建设

加强自身建设是有效履行参政党职能的客观需要，是一项长期而艰巨的任务。全盟各级组织要认真借鉴和汲取中国共产党在加强自身建设中的成功经验和做法，按照科学发展观的基本要求和根本方法，全面推进高素质参政党建设，着力提高履行职责的能力

和水平。

要进一步加强思想建设，着力学习践行社会主义核心价值体系，不断增进对中国特色社会主义道路的共识。要引导广大盟员不断传承优良传统，通过回顾台盟老一辈与中国共产党团结奋斗的历程，确保风雨同舟、荣辱与共的坚定信念薪火相传。要强化先进典型的示范效应，及时把优秀盟员的先进事迹和典型事例宣传好，使全盟学有榜样，行有目标。

要进一步加强领导班子队伍建设，学习贯彻中共中央4号文件精神，根据换届后各级领导班子的新情况、新特点，有针对性地加强能力培养，不断健全工作制度，健全盟内监督机制。要进一步加强盟员骨干队伍建设，强化理论培训，注重实践锻炼，着力增强政治素质和业务能力。根据台盟的实际情况，要大力加强盟务工作者队伍建设，切实提高素质、发挥作用，不断提升台盟各级机关的工作效率和服务质量。

要进一步加强后备干部队伍建设，特别是着力加强青年盟员的培养工作，创造条件吸引他们参与盟内工作，不断增强参政党履职意识。要帮助青年盟员在本职工作中不断进步，同时创造机会推荐更多的人才到政府挂职或任实职，在实际工作中锻炼成长，确保台盟事业后继有人。

各位代表：

我国改革开放和现代化建设的伟大事业正处在一个关键时期，中共十八大为中华民族的伟大复兴指明了前进的方向，描绘了美好的蓝图，中国特色社会主义事业必将取得更加辉煌的成就。全盟一定要振奋精神，不辱使命，不负重托，为全面建成小康社会，为推动祖国和平统一大业同心奋斗。让我们更加紧密地团结在以习近平同志为总书记的中共中央周围，解放思想，开拓奋进，为实现祖国的富强、民主、文明、和谐作出新的更大的贡献！

台湾民主自治同盟第九次全盟代表大会闭幕词

（2012年12月15日）

林文漪

各位代表、同志们：

台湾民主自治同盟第九次全盟代表大会，经过全体代表及工作人员的共同努力，圆满完成了预定的各项议程，现在就要闭幕了。回顾这短暂的五天，尽管任务繁重，但是大家齐心协力，务实高效，会议自始至终充满了奋发有为、团结向上的气氛，开得很成功。在此，我代表台盟第九届中央委员会，向关心支持台盟工作的各位领导和朋友们表示衷心的感谢！向为本次大会各项工作付出辛勤努力的同志们致以诚挚的谢意！

从成果上看，这是一次坚定理想信念，明确目标任务的大会。大会在中共中央的高度重视和亲切关怀下召开，在深入学习贯彻中国共产党第十八次全国代表大会精神的热烈气氛中进行。中共中央政治局常委王岐山同志莅临大会，代表中共中央致词祝贺，明确指出，台盟的光辉历程充分证明，台盟不愧为与中国共产党和衷共济、通力合作的亲密友党，不愧为致力于中国特色社会主义事业的参政党，不愧为实现国家富强、祖国统一、民族振兴的重要依靠力量。同时，充分肯定了台盟五年来的工作，对台盟下一阶段履行职能提出了明确要求。全体与会代表结合学习领会王岐山同志的重要讲话精神，进一步统一了认识，坚定了弘扬老一辈优良传统、不断深化政治交接成果、自觉走中国特色社会主义政治发展道路的信心和决心。

这是一次生动活泼、务实进取的大会。与会同志本着对中国共产党领导下的多党合作和政治协商事业高度负责、对祖国统一大业高度负责、对台盟事业发展高度负责的精神，认真总结了中央委员会五年来的工作，对报告进行了审议，对台盟《章程》做了修改完善。大家畅所欲言，集思广益，在充分肯定成绩的同时，也中肯地指出了工作中的不足，更对台盟的发展建设提出了宝贵的建议。

这是一次发扬民主、团结鼓劲的大会。全体代表以饱满的政治热情，充分行使民主权利，正确履行代表职责，在充分酝酿协商的基础上，经过民主公正的程序，选举产生了新一届中央委员会，并在九届一中全会上，选举产生了主席、副主席和中央常务委员，顺利实现了新老交替。

特别令我们感动的是，在这次大会上，一大批德高望重、贡献突出的老同志由于年龄原因主动退出了中央委员会和各级领导岗位。他们以台盟的事业为重，用自己无私的实际行动推进了新老交替和政治交接，为全盟树立了榜样。在此，我代表中央委员会，向他们致以诚挚的敬意！

各位代表，同志们，站在新的历史起点上，作为参政党，我们发挥作用的舞台更为广阔，我们肩负的责任更加重大。古人说，慎之如初，则无败矣。面对新的形势和任务，全盟同志要以更加昂扬的斗志、更加勤勉的精神、更加务实的作风，全面提高政治把握能力、参政议政能力、组织协调能力和合作共事能力，自觉地承担起时代赋予的重任，为实现祖国统一加倍努力工作。

我们要以台盟九大为新的起点，进一步坚定信念，在实现政治交接上取得新进展。要把坚持中国共产党的领导这个台盟发展建设的根本前提铭记于心；把坚持走中国特色社会主义政治发展道路这个台盟65年来与中国共产党风雨同舟、患难与共取得的最基本、最广泛、最深刻的政治共识代代相传；把台盟老一辈与中国共产党团结合作形成的优良传统发扬光大。全盟要以这次大会为契机，深入学习贯彻中共十八大精神，大力践行社会主义核心价值体系，在为实现理想而奋斗的实践中完成好政治交接，开创台盟各项事业发展的新局面。

我们要以台盟九大为新的起点，加快解放思想、探索创新的步伐，在发挥参政党作用上取得新成绩。未来五年，我们要把开创两岸关系和平发展新前景作为首要任务，在巩固传统优势领域的基础上，努力打造出更多更好地参政议政、对台联络、社会服务、组织宣传等优质品牌，发出独特而响亮的声音，体现台盟作为参政党独特的政治价值。

未来五年，我们要继续探索实践，把整合盟内力量与善用社会资源相结合，变资源有限、人员比较分散的劣势为“集人之智则强，聚人之力则盛”的优势，高水平地发挥台盟整体作用，使台盟的履职工作更加富于生机和活力。

未来五年，我们要以参政履职为平台，广泛凝聚青年盟员，扶持青年人才锻炼成长。

中共十八大报告强调指出，中国特色社会主义事业是面向未来的事业，需要一代又一代有志青年接续奋斗。国家的未来在于青年，台盟的发展也在于青年。这次代表大会之后，台盟中央将筹备成立青年委员会，并采取多种形式，大力培养青年骨干，为青年人才发展创造条件。广大青年盟员也要虚心学习政策理论，学习盟史盟务，学习前辈的优良品质和作风，自觉增强履职意识、政治意识、大局意识、责任意识，善于把参政履职与做好本职工作结合起来，勇于在实践中接受锻炼和考验，为切实肩负起台盟事业薪火相传的责任打好基础。

我们要以这次大会为新的起点，认真学习借鉴中共十八大关于“提高党的建设科学化水平”的重要部署，在加强自身建设上迈出新步伐。新一届中央委员会将把带领全盟深入学习邓小平理论、“三个代表”重要思想、科学发展观作为加强自身建设的基础工作来抓，为巩固与中国共产党的团结合作打下更加坚实的思想政治基础。

新一届中央委员会将把建立健全一整套符合中国特色政治发展道路、体现台盟自身特点和发展规律的科学化的运行机制作为重要着力点，继续实施以工作要点、工作纲要、工作规划为主体的顶层设计，不断完善“上下联动、横向联合”、“专精深久”等工作机制，探索发展专委会工作制度、盟内监督机制等高标准、规范化的制度，促进全盟工作再创佳绩。

新一届中央委员会将不负厚望与重托，继承和发扬优良传统，认真贯彻民主集中制，增强领导班子的凝聚力和向心力，进一步提高决策水平和工作效率，开好局、起好步，努力营造风清气正、民主和谐、集中精力干事业的良好氛围，团结带领全体盟员努力奋斗。

各位代表，同志们：

千里之行，始于足下。中共十八大描绘了实现中华民族伟大复兴的宏伟蓝图，也明确了台盟为实现祖国统一而同心奋斗的目标任务。让我们振奋精神，凝心聚力，在邓小平理论、“三个代表”重要思想、科学发展观的指导下，紧密团结在以习近平同志为总书记的中共中央周围，积极履行参政党职能，为实现十八大确定的各项目标，为发展、巩固和壮大爱国统一战线，为实现祖国统一和中华民族伟大复兴做出新的更大贡献！

在新的一年到来之际，祝各位同志身体健康，工作顺利，家庭幸福，万事如意！

谢谢大家！

关于修改《台湾民主自治同盟章程》的说明

（2012年12月11日台湾民主自治同盟第九次全盟代表大会）

杨　健

各位代表：

受台湾民主自治同盟第八届中央委员会的委托，我就提请第九次全盟代表大会审议的《台湾民主自治同盟章程（修正案）》，作如下说明。

一

《台湾民主自治同盟章程》是台盟政治纲领的集中体现，是台盟发挥参政党作用，加强自身建设与促进长远发展的基本准则和行为规范。现行章程于 2007 年 12 月经台盟第八次全盟代表大会审议通过。该章程以中共十七大精神为指导，明确规定了坚持中国共产党的领导，高举中国特色社会主义伟大旗帜，遵循多党合作的政治准则，坚持走中国特色社会主义政治发展道路，对于台盟各级组织坚持正确政治方向，发挥自身特色优势，认真履行参政党职能和加强自身建设等方面，都起到了重要的指导和保证作用。

台盟第八次全盟代表大会以来，我国社会主义现代化建设取得了重大成就，国家面貌发生了新的历史性变化。国家综合国力大幅提升，改革开放取得重大进展，人民生活水平显著提高，民主法制建设迈出新的步伐。两岸关系实现了历史性突破，实现了两岸全面双向“三通”，签署和实施了两岸经济合作框架协议，形成了两岸全方位交往格局，开创了两岸关系和平发展的新局面。各民主党派在发挥参政党作用和加强自身建设方面积累了新的有益经验，在推进政治交接、巩固和发展和谐政党关系方面取得了新的进展。同时，我们也要看到，国内改革发展稳定任务繁重，我国进入到深化改革、加快转变经济发展方式的新的发展阶段。国际局势风云变幻，各种思潮和价值观念激烈交锋。我国的发展既处于大有作为的重要战略机遇期，也面临着一系列严峻挑战。

不久前，中国共产党召开了第十八次全国代表大会。这是在我国全面建设小康社会关键时期和深化改革开放、加快转变经济发展方式攻坚时期召开的一次十分重要的大会。大会的胜利召开，对于鼓舞和动员全国各族人民坚定不移推进全面建成小康社会进程、加快推进社会主义现代化、坚持和发展中国特色社会主义具有重大意义。

面对新的形势和任务，我们既要肯定现行章程在指导工作、推动发展方面发挥的积极作用，又要从历史和全局的高度，以与时俱进的精神，对章程加以适当的修改和完善，从参政党的角度，体现中国共产党第十八次全国代表大会确立的重大理论观点和重大战略思想，使我们的章程更具时代特征，更好地指导和规范台盟今后的发展。

二

（一）章程修改的指导思想：坚持中国特色社会主义理论体系，以邓小平理论、“三个代表”重要思想和科学发展观为指导，坚定不移地走中国特色社会主义政治发展道路。贯彻中共十八大精神，体现多党合作的政治准则，为不断推进政治交接，巩固和发展社会主义和谐政党关系，更好地反映台盟参政党的性质、地位、作用以及台盟自身特色，为提高履职参政能力，全面加强自身建设和台盟的长远发展，发挥更加积极的指导作用。

（二）章程修改的基本原则：

1. 既要审视形势的发展变化，体现与时俱进精神，又要根据台盟的发展历程，保持章程的权威性、延续性和稳定性，在维持总体框架不变的基础上，反映时代前进的特征。总纲以外的具体条款可改可不改的不改，能小改的不大改，没有考虑成熟的暂时不做修改。为使部分表述更为规范、准确，在不改变条文原意的前提下，对部分条文的词语进行调整和精炼。

2. 既要坚决维护参政党政治原则的一致性，又要充分体现新形势下台盟发挥优势的界别特色。对于凡是已经各民主党派协商一致，并以不同形式作过宏观的、严肃的定义或规定的，坚持不作调整。对于两岸关系和平发展进入巩固深化的新时期，台盟以自身特色和优势更好地发挥桥梁纽带作用，推进祖国和平统一进程，要在章程中充分体现。

3. 认真总结实践中的有益经验，着眼参政党建设的长远发展。要充分肯定五年来现行章程对于台盟各级组织履行职能、发挥作用以及自身建设的指导、规范和保证作用。同时，要着眼多党合作事业发展的要求，适应广大盟员和所联系台胞的普遍期待，结合参政党建设的目标原则和工作实践，对履职参政、组织发展、内部监督机制等方面，对现行章程进行精炼、充实和适当调整。

（三）章程修改的工作进程：

台盟中央领导高度重视章程修改工作，2012 年 3 月，台盟中央换届工作领导小组即指定专人负责此项工作，并要求在章程修改过程中充分发扬民主，集中全盟智慧，以不同方式听取各级组织、广大盟员和有关方面的意见，集思广益，切实做好章程修改工作。

章程修改历经了几上几下、反复协商、广泛征求各方面意见的过程。今年 5 月，各民主党派中央召开了关于章程修改的座谈会，交流了各党派关于章程修改的思路及工作部署。会后，台盟中央向各省级组织、直属单位发出通知，并请省级组织联系所辖地市级组织和所在地中央委员及老同志就章程修改工作听取意见。同月，向全体现任中央常委、各专门委员会主任及曾任中央副主席以上领导职务的老同志征求意见。7 月，在台盟八届十九次中常会上，又向部分中常委征求了意见。在集中各方面意见并认真研究了兄弟党派章程相关规定的基础上，台盟中央负责章程修改工作的同志们着手起草了章程修正案的初稿。7 月下旬，各民主党派中央再次召开章程修改工作座谈会，进一步交流了各党派章程修改工作的情况，并听取了有关部门的意见建议。

从初稿到提交第九次全盟代表大会审议期间，征求了部分地方组织专职组工干部的意见，听取了台盟中央各职能部门领导和各专委会主任的意见。同时，就一些条款的修改问题与部分兄弟党派进行了交流。章程修改经过了换届工作领导小组会议、专职主席办公会议、主席会议的多次讨论，经过了两次中常会的审议。中共十八大召开后，章程修改工作小组认真学习了十八大相关文件，对照十八大精神进一步对章程修正案进行修改和完善，经台盟八届二十一次中常会审议通过，最终形成了今天的《台湾民主自治同盟章程（修正案）》。

三

台盟现行章程包括总纲和五章二十九条，修改主要围绕以下几个方面进行：

（一）总纲部分

1. 关于指导思想。将原“以马克思列宁主义、毛泽东思想、邓小平理论和‘三个代表’重要思想为指导，深入贯彻落实科学发展观”，修改为“以马克思列宁主义、毛泽东思想、邓小平理论、‘三个代表’重要思想和科学发展观为指导”。体现将“科学发展观”与马克思列宁主义、毛泽东思想、邓小平理论和‘三个代表’重要思想一起作为我们长期坚持的指导思想；

2. 关于奋斗目标。中央已经明确提出到2020年将全面建成小康社会，将原“本盟继承和发扬台湾人民爱国爱乡的光荣传统，团结广大盟员和所联系的台胞，与时俱进，为全面建设小康社会、实现祖国完全统一而奋斗”修改为“本盟继承和发扬台湾人民爱国爱乡的光荣传统，团结广大盟员和所联系的台胞，为实现祖国完全统一和中华民族的伟大复兴而奋斗”，以体现把更为宏伟的目标列为本盟的奋斗目标；

3．关于坚持中国共产党领导的多党合作和政治协商制度,遵守多党合作的政治准则。增加了台盟“与中国共产党在思想上同心同德,目标上同心同向,行动上同心同行”的表述,体现中国共产党领导的多党合作和政治协商制度的鲜明特质。增加了“不断推进政治交接,巩固和发展和谐政党关系”的表述,体现五年来多党合作在理论和实践方面取得的新进展；

4. 发展两岸关系，促进祖国统一是台盟最鲜明的特色，这一段文字的修改在不改变原意基础上作了一些调整。主要参照中共十八大报告新的提法，保留两岸同胞骨肉亲情的原意，强调了两岸同胞“同属中华民族”，同时增加了“贯彻两岸关系和平发展的重要思想”和“巩固和深化两岸关系和平发展的政治、经济、文化、社会基础”的表述。

5. 关于自身建设。增加了“继承和发扬优良传统,学习践行社会主义核心价值体系”。原文中关于思想建设、组织建设、制度建设的具体内容展开得比较具体，本次修改根据部分地方组织和盟员的意见，在维持原意的基础上对文字进行了部分修改。

（二）第一章　盟员

第十条，在盟的各级领导干部必须具备的基本条件之二中，在“贯彻社会主义初级阶段基本路线和基本纲领”的后面，增加了“自觉学习贯彻科学发展观”，强调盟的各级领导干部要具备在参政议政中为大局、为发展服务的观念。

（三）第二章　盟的中央组织

1. 第十三条，增加了“根据工作需要，中央委员会全体会议可以调整、增选部分中央委员”的规定，同时规定了要“报下一次全盟代表大会予以追认”，保留了届中“调整和增选的人数，不得超过原有中央委员总数的五分之一”的规定。主要考虑原章程中规定调整、增选中央委员需要召开全盟代表会议，但若干年来在实际工作中基本上都是由中央委员会全会进行调整和增选。在修改章程的过程中，台盟中央章程修改工作小组的同志，了解了其他民主党派中央的情况。尽管各民主党派章程中这方面的规定不尽相同，但大多数党派在实际工作中也是由中央委员会全体会议进行增选的。现在增加这一规定，使届中调整工作更具可操作性，使工作实践有章可依。同时规定增选委员资格须报下一次代表大会予以追认，以维护全盟代表大会的权威，并体现届中调整、增选工作的严肃性。

2. 第十七条 对中央监督委员会作了比较具体的规定，在各民主党派协商一致的基础上，进一步明确和规范了中央监督委员会的职责、定位、产生程序及任期。

（四）第三章　盟的地方组织

1. 第二十三条，在不改变原意的前提下，增加和明确了“委员会全体会议闭会期间，常务委员会行使委员会职权”，使设常务委员会的地方组织，其委员会、常委会的权力、职责与中央委员会、中央常务委员会相一致。

2. 第二十五条，参照第十三条，对地方各级委员会届中调整、增选同级委员会委员作了规定，使其与中央委员会届中调整、增选委员的规定相一致。由于地方各级委员会委员职数差别较大，此处未规定调整及增选的比例。

3. 第二十六条，对省级组织设立内部监督机构规定了可“参照中央监督委员会的规定”。规范省级组织内部监督机构的设立和运作，有利于加强省级组织内部监督机制建设。

（五）其他

为了表述更加规范、准确，对个别字句做了修改。因未改变原意，不在此一一列举。

四

在章程修改工作过程中，各地方组织，各位中常委、专委会主任，老领导、老同志对章程修改工作给予了极大的关心、支持和帮助，提出了很多宝贵的意见和建议。我代表大会章程修改委员会和台盟中央章程修改工作小组向大家表示衷心的感谢。

同时，对有关问题作一些说明。

（一）2007 年，台盟第八次全盟代表大会修改章程的过程中，有些同志提出希望适当扩大组织发展的范围，这次仍然有这方面的意见。前面在章程修改的基本原则中讲过“凡是已经各民主党派协商一致，并以不同形式作过宏观的、严肃的定义或规定的，坚持不作调整。”各民主党派中央曾在共同协商的基础上以《纪要》的形式对各自的组织发展范围进行过规范。多年来，各民主党派关于组织发展、自身建设的各类会议及出台的文件都继续坚持了同一精神。台湾省人士的要求确实限制了台盟的发展范围，但也是我们独具特色的优势所在。作为民主党派，保持特色是自身生存、发展和发挥作用的必要条件。因此，在此次章程修改过程中，仍继续坚持了原已确定的组织发展原则，未作任何改动。

（二）章程是民主党派政治纲领的集中体现，是组织行为的基本准则，不可能涵盖过多、过细的问题，很多问题还要靠出台相关条例、制度进行规范，靠我们在推进制度建设的过程中加以解决。

以上是对本次章程修改工作和主要修改内容的说明，请各位代表对《台湾民主自治同盟章程（修正案）》予以审议。

台湾民主自治同盟章程

（台湾民主自治同盟第九次全盟代表大会部分修改，2012 年 12 月 13 日通过）

总　纲

台湾民主自治同盟是由台湾省人士组成的社会主义劳动者、社会主义事业建设者和拥护社会主义爱国者的政治联盟，是接受中国共产党领导、同中国共产党通力合作的亲密友党，是进步性与广泛性相统一、致力于中国特色社会主义事业的参政党。

本盟是在台湾省人民“二・二八”起义以后，由一部分从事爱国民主运动的台湾省人士继承台湾人民的爱国主义光荣传统，根据当时台湾人民反对国民党独裁统治、实现民主政治和地方自治的愿望，以“台湾民主自治同盟”作为名称，于 1947 年 11 月 12 日在香港成立。本盟成立后接受中国共产党的领导，参加中国共产党领导的新民主主义革命，支持台湾人民的反帝爱国民主斗争；响应中国共产党提出的召开新的政治协商会议、成立民主联合政府的“五一口号”，参加了中国人民政治协商会议第一届全体会议，参与了中华人民共和国的创建。新中国成立以来，本盟参加人民政权和人民政协的工作，推动盟员和所联系的台湾同胞，为社会主义革命和建设，为改革开放、建设中国特色社会主义和促进祖国统一大业作出了贡献。

本盟以中华人民共和国宪法为一切活动准则，负有维护宪法尊严、保证宪法实施的职责。本盟高举中国特色社会主义伟大旗帜，坚持中国特色社会主义理论体系，以马克思列宁主义、毛泽东思想、邓小平理论、“三个代表”重要思想和科学发展观为指导，坚定不移地走中国特色社会主义道路。本盟继承和发扬台湾人民爱国爱乡的光荣传统，团结广大盟员和所联系的台胞，为实现祖国完全统一和中华民族的伟大复兴而奋斗。

中国共产党领导的多党合作和政治协商制度，是在长期革命、建设和改革实践中形成和发展起来的、符合我国国情的社会主义政党制度。本盟遵循中国共产党和各民主党派在多党合作和政治协商的长期实践中形成的重要政治准则，坚持中国共产党的领导，坚持社会主义初级阶段的基本路线、基本纲领和基本经验，与中国共产党在思想上同心同德，目标上同心同向，行动上同心同行。坚持长期共存、互相监督、肝胆相照、荣辱与共的基本方针，维护宽松稳定、团结和谐的政治环境，坚持走中国特色社会主义政治发展道路，不断推进政治交接，巩固和发展和谐政党关系。本盟作为参政党，参加国家政权，参与国家大政方针和国家领导人选的协商，参与国家事务的管理，参与国家方针、政策、法律、法规的制定执行，履行参政议政、民主监督的职能。

世界上只有一个中国，大陆和台湾同属一个中国，中国的主权和领土完整不容分割。本盟坚决维护祖国的主权和领土完整，反对“台独”分裂图谋，反对外国势力干涉。中国是两岸同胞的共同家园，两岸同胞同属中华民族，是血脉相连的命运共同体。本盟坚持一个中国原则，遵循“和平统一、一国两制”方针和坚持发展两岸关系、推进祖国和平统一进程的八项主张，全面贯彻两岸关系和平发展重要思想，广泛联系台湾岛内外各界人士，推动两岸同胞的往来，大力促进两岸经济合作和各项交流，巩固和深化两岸关系和平发展的政治、经济、文化、社会基础，为完成祖国统一大业而努力。

本盟坚持中国共产党的领导，按照发扬社会主义民主、体现政治联盟特点、体现进步性与广泛性相统一的原则，继承和发扬优良传统，学习践行社会主义核心价值体系，以思想建设为核心、组织建设为基础、制度建设为保障，全面提高整体政治素质，努力把本盟建设成为与中国共产党亲密合作、共同致力于中国特色社会主义事业、适应时代发展要求的参政党。

本盟维护盟员和所联系台胞的合法权益，反映他们的意见和要求。

本盟的组织原则是民主集中制，并在贯彻民主集中制的同时，加强内部监督。

第一章　盟员

第一条　凡居住在祖国大陆的台湾省人士，愿意遵守本章程者，可以申请加入本盟。

第二条　盟员必须拥护中国共产党的领导，坚持中国特色社会主义，为建设富强民主文明和谐的社会主义现代化国家和实现祖国完全统一而奋斗。

第三条　发展盟员要贯彻巩固和发展相结合的方针，注重素质，有领导、有计划地稳步发展，坚持以大中城市、中上层、有一定代表性的人士为主。申请入盟者，须提出书面申请，由盟员二人介绍，经组织考察和盟的基层组织通过，报盟的省、直辖市委员会审核批准，并报盟中央备案。盟中央必要时可直接发展盟员。

第四条　盟员应履行下列义务：

（一）遵守宪法和法律，维护国家利益，保守国家机密；

（二）遵守盟的章程和盟组织纪律，执行盟的决议，参加盟的组织生活，完成盟组织的任务；

（三）学习马克思列宁主义、毛泽东思想、邓小平理论、“三个代表”重要思想和科学发展观，学习中国共产党和国家的各项方针政策特别是对台方针政策，学习科学技术和文化知识，提高政治思想水平和参政议政能力；

（四）密切联系群众，接受盟组织和群众监督；

（五）按期缴纳盟费。

第五条　盟员享有下列权利：

（一）参加盟的会议，阅读盟的有关文件和刊物，在盟的会议和刊物上讨论盟的工作；

（二）行使表决权，有选举权和被选举权；

（三）参加盟所组织的有关国家大事的讨论，反映情况，提出意见和建议；

（四）向盟的各级组织提出质询、批评和建议。

第六条　盟组织鼓励和支持盟员积极从事社会主义现代化建设和统一祖国的伟大事业，并对有显著贡献者给予表彰和奖励。

第七条　盟员违反纪律者，盟的组织要进行教育。如教育无效，应给予相应处分。受处分的盟员如对处分决定有不同意见，可以要求复议，并有权向上级组织申诉。

第八条　盟员工作调动或迁移时，应该转移组织关系。

第九条　盟员有退盟的自由。盟员要求退盟，须向盟地方组织提出书面申请，由盟的省、直辖市委员会审核批准，并报盟中央备案。

无正当理由一年不参加盟的组织生活、不缴纳盟费，本人又不提出退盟的盟员，视同自动退盟。

第十条　盟的各级领导干部一般应实行任期制，在同一职务上可连选连任两届，最多不超过三届。盟的各级领导干部，除履行盟员的各项义务外，必须具备下列基本条件：

（一）具有一定的政治把握能力、参政议政能力、组织领导能力和合作共事能力；

（二）贯彻社会主义初级阶段的基本路线和基本纲领，自觉学习贯彻科学发展观，献身于社会主义现代化建设和祖国统一大业；

（三）坚持民主集中制原则，维护团结，有民主作风，有全局观念；

（四）热心盟务，廉洁奉公，自觉接受组织和盟员的监督。

第二章　盟的中央组织

第十一条　本盟的最高权力机关是全盟代表大会，大会闭会期间是它选举产生的中央委员会。

全盟代表大会每五年举行一次，由中央委员会召集，必要时可以提前或推迟举行。

第十二条　全盟代表大会的职权是：

（一）听取和审议中央委员会的工作报告；

（二）讨论并决定盟的方针、任务和重大事项；

（三）修改盟的章程；

（四）选举中央委员会。

第十三条　中央委员会每届任期五年。如全盟代表大会提前或延期举行，其任期相应地缩短或延长。中央委员会每年举行一次全体会议。

根据工作需要，中央委员会全体会议可以调整、增选部分中央委员，调整和增选的人数，不得超过原有中央委员总数的五分之一，并报下一次全盟代表大会予以追认。

第十四条　中央委员会选举产生主席、副主席和常务委员，组成中央常务委员会。中央委员会全体会议闭会期间，中央常务委员会行使中央委员会职权。主席、副主席组成主席会议，处理中央常务委员会的日常工作。经主席会议提名，由中央常务委员会任命秘书长。

第十五条　中央常务委员会在中央机关设立若干职能机构并任命其正职负责人。

第十六条　中央常务委员会必要时可设立若干非职能机构并任命其正职负责人。

第十七条　设立中央监督委员会。中央监督委员会在中央委员会领导下，对盟的中央领导机构履行职责进行监督。重点对领导班子及其成员遵守章程、遵守多党合作政治准则、贯彻民主集中制和履行领导职责的情况进行监督。中央监督委员会委员的名额由中央委员会决定，组成人员由主席会议提名，中央委员会决定。中央监督委员会的任期同中央委员会。

第十八条　中央委员会必要时可召集全盟代表会议，讨论和决定重大问题。

第十九条　全盟代表大会和全盟代表会议的代表名额和产生办法，由中央常务委员会决定。

中央委员会委员的名额，由全盟代表大会决定。

中央常务委员会委员的名额，由中央委员会决定。

第三章　盟的地方组织

第二十条　盟的地方组织是：

（一）省委员会、直辖市委员会；

（二）省辖市委员会、直辖市的区委员会和区工作委员会。

第二十一条　盟的各级地方组织的最高权力机关为地方各级盟员大会（或盟员代表大会），大会闭会期间是它选举产生的同级委员会。

地方各级盟员大会（或盟员代表大会）每五年召开一次，由同级委员会召集，必要时可提前或推迟召开。

地方各级盟员代表大会的代表名额和产生办法，由同级委员会决定。

地方各级委员会委员的名额由上届同级委员会决定，并报上一级委员会批准。

第二十二条　地方各级盟员大会（或盟员代表大会）的职权是：

（一）贯彻执行全盟代表大会、中央委员会的决议和决定；

（二）听取和审议同级委员会的工作报告；

（三）讨论和决定同级委员会的重要事项；

（四）选举同级委员会。

第二十三条　地方各级委员会每届任期五年。委员会选举产生主任委员、副主任委员，根据需要可设常务委员会，常务委员会委员亦由同级委员会选举产生。委员会全体会议闭会期间，常务委员会行使委员会职权。主任委员、副主任委员组成主任委员会议，处理委员会的日常工作。经主任委员会议提名，由常务委员会或委员会任命秘书长。

第二十四条　地方各级委员会根据需要，设若干职能机构，也可设非职能机构的专门委员会。

第二十五条　根据工作需要，经上级委员会批准，地方各级委员会全体会议可以调整、增选部分同级委员会委员，并报下一次盟员大会（或盟员代表大会）予以追认。

地方各级委员会必要时经上一级委员会同意，可召开盟员代表会议，讨论和决定重大问题。盟员代表会议的代表名额和产生办法由同级委员会决定。

第二十六条　省、直辖市委员会根据内部监督机制建设的需要，经报盟中央批准，可参照中央监督委员会的规定，设立相应的内部监督机构。

第四章　盟的基层组织

第二十七条　盟员三人以上可成立基层组织。根据工作需要和盟员人数，并经上级委员会批准，分别设立盟的总支部委员会、支部委员会或小组，按盟员所在单位、职业系统、工作或居住地区建立。

总支部委员会、支部委员会由总支部、支部盟员大会选举产生，每届任期五年。经上级委员会批准，选举可以提前或延期举行。总支部委员会、支部委员会设主任委员一人，委员若干人，必要时可设副主任委员。主任委员、副主任委员由总支部、支部委员会选举产生。小组可以推选组长。

第二十八条　盟的基层组织的任务是：

（一）贯彻上级组织的决议和决定；

（二）组织盟员学习马克思列宁主义、毛泽东思想、邓小平理论、“三个代表”重要思想和科学发展观，学习中国共产党和国家的各项方针政策特别是对台方针政策，对盟员进行思想教育，开展盟内的批评和自我批评，协调关系，加强团结；

（三）根据上级组织的要求，结合本盟基层工作开展活动；

（四）推动盟员做好本职工作，并根据需要和可能，组织盟员参加面向社会的活动；

（五）反映盟员及所联系台胞的意见和要求，帮助他们解决实际问题，并积极反映基层的社情民意；

（六）发展盟员；

（七）收缴盟费；

（八）维护和执行盟的纪律，决定对盟员的奖励和处分。

第五章　附　则

第二十九条　本章程解释权属于中央委员会，中央委员会闭会期间属于中央常务委员会。

台湾民主自治同盟第九届中央委员会名单

主席： 林文漪（女）

副主席： 汪毅夫　吴国祯　陈蔚文　杨　健　黄志贤
苏　辉（女）

常务委员（24名，按姓氏笔画为序）：

王　中　王　松　王天戈　叶惠丽（女）　江尔雄（女）
江利平　吴国华（女）　吴国祯　张　宁　张泽熙
李钺锋　杨　健　杨晓红（女）　汪毅夫　苏　辉（女）
连介德　陈蔚文　林文漪（女）　郑　凡　郑建闽
胡有清　骆沙鸣　黄志贤　蔡国雄

中央委员（共68人，按姓氏笔画为序）：

马克宁（女）　王　中　王　松　王二虎　王天戈
卢　馨（女）　叶惠丽（女）　刘　艳（女）　刘朝霞（女）　庄琼菊（女）
江小艾（女）　江中联（女）　江尔雄（女）　江利平　江国强
许　沛（女）　吴　敏（女）　吴利薇（女）　吴国华（女）　吴国祯
张　宁　张天弓　张泽熙　张嘉极　李珊珊（女）
李钺锋　杨　健　杨　谦　杨晓红（女）　汪　舟
汪毅夫　苏　辉（女）　连介德　陈　军（女、高山族）
陈　杰（女、高山族）　陈宜安（女）　陈建飚　陈俊骢
陈清玲（女）　陈紫萱（女）　陈蔚文　林文漪（女）　林永中
郑　凡　郑广台　郑吉虎　郑建闽　柯英明
洪　净（女）　胡　军　胡亚芳（女、高山族）　胡有清
骆沙鸣　高美琴（女、高山族）　符之冠　黄志贤
董卫红（女）　谢正观　雷献禾　廖志豪　蔡　勉（女）
蔡扬生　蔡国斌　蔡国雄　蔡宪沙（女）　蔡振翔
潘裕萍（女）　潘新洋

政党活动纪要

中国共产党

一、重要会议及活动

1. 隆重举行国家科学技术奖励大会。2月14日上午，中共中央、国务院在北京隆重举行国家科学技术奖励大会。党和国家领导人胡锦涛、温家宝、李长春、李克强出席大会并为获奖代表颁奖。温家宝代表党中央、国务院在大会上讲话。中共中央政治局常委、国务院副总理李克强在主持大会时强调，科学技术在一定意义上是经济社会发展中最活跃、最具革命性的因素，是推动社会发展进步的决定性力量。广大科技工作者以获奖者为榜样，以科教兴国为己任，把自己的事业抱负、科技专长同国家发展、社会进步、人民幸福更加紧密地联系起来，为加快转变经济发展方式、推动科学发展、建设创新型国家提供强大科技支撑。

2. 中共中央政治局召开会议讨论政府工作报告。2月20日，中共中央政治局召开会议，讨论国务院拟提请第十一届全国人民代表大会第五次会议审议的《政府工作报告》稿。中共中央总书记胡锦涛主持会议。会议强调，2012年是“十二五”时期承前启后的重要一年。各级党委和政府要高举中国特色社会主义伟大旗帜，以邓小平理论和“三个代表”重要思想为指导，深入贯彻落实科学发展观，坚持稳中求进，加强和改善宏观调控，继续处理好保持经济平稳较快发展、调整经济结构、管理通胀预期的关系，加快推进经济发展方式转变和经济结构调整，着力扩大国内需求特别是消费需求，着力加强自主创新和节能减排，着力深化改革开放，着力保障和改善民生，全面推进社会主义经济建设、政治建设、文化建设、社会建设以及生态文明建设，努力实现经济平稳较快发展和物价总水平基本稳定，保持社会和谐稳定，以经济社会发展的优异成绩迎接党的十八大胜利召开。

3. 纪念中国共产主义青年团成立90周年大会举行。5月4日，纪念中国共产主义青年团成立90周年大会在北京人民大会堂隆重举行。胡锦涛出席大会并发表重要讲话。吴邦国、温家宝、贾庆林、李长春、习近平、李克强、贺国强、周永康出席纪念大会。习近平在主持会议时指出，胡锦涛总书记的重要讲话充分肯定了90年来我国青年在党的领导下为革命、建设、改革事业作出的突出贡献，高度评价了90年来各级团组织带领团员青年为党和人民事业不懈奋斗的辉煌业绩，对广大青年提出了殷切希望，对共青团工作提出了明确要求。胡锦涛总书记的讲话思想深刻、内涵丰富，语重心长、情真意切，具有重要指导意义。各级团组织一定要认真学习、宣传、贯彻胡锦涛总书记的重要讲话精神，进一步统一团员青年思想和行动，指导团的工作和建设，推动共青团事业不断开创新局面。希望广大团员青年牢记党的殷切嘱托和人民的殷切期望，勇敢肩负起时代重任，在全面建设小康社会中奋发有为，在树立社会主义新风尚中勇于争先，继续为党和人民建功立业。

4. 胡锦涛在省部级主要领导干部专题研讨班开班式上发表重要讲话。7 月 23 日上午，省部级主要领导干部专题研讨班开班式在京举行。中共中央政治局常委吴邦国、温家宝、贾庆林、李长春、李克强、贺国强、周永康出席开班式。胡锦涛发表重要讲话。胡锦涛强调，高举中国特色社会主义伟大旗帜，以邓小平理论、“三个代表”重要思想为指导，深入贯彻落实科学发展观，解放思想，改革开放，凝聚力量，攻坚克难，坚定不移沿着中国特色社会主义道路前进，为全面建成小康社会而奋斗。习近平在主持开班式时指出，胡锦涛总书记的讲话十分重要，讲话科学分析了当前我国面临的新形势新任务，深刻阐述了事关党和国家全局的若干重大问题，深刻回答了党和国家未来发展的一系列理论和实践问题，对进一步统一党的高级干部思想认识具有十分重要的指导意义。

5. 首都各界向人民英雄纪念碑敬献花篮。10 月 1 日上午，在中华人民共和国成立 63 周年纪念日，党和国家领导人胡锦涛、吴邦国、温家宝、贾庆林、李长春、习近平、李克强、贺国强、周永康等来到北京天安门广场，与首都各界代表一起，向人民英雄纪念碑敬献花篮，深切缅怀为民族独立和人民解放、国家富强和人民幸福英勇献身的革命先烈，充分表明全党全国各族人民继承先烈遗志、奋力推进中国特色社会主义伟大事业的坚定信念。

6. 十七届七中全会举行。11 月 1 日至 4 日，中国共产党第十七届中央委员会第七次全体会议在北京举行。会议由中央政治局主持。中央委员会总书记胡锦涛作了重要讲话。会议决定，中国共产党第十八次全国代表大会于 2012 年 11 月 8 日在北京召开。会议听取和讨论了胡锦涛受中央政治局委托作的工作报告。全会讨论并通过了党的十七届中央委员会向党的第十八次全国代表大会的报告，讨论并通过了《中国共产党章程（修正案）》，决定将这两份文件提请党的第十八次全国代表大会审议。习近平就党的十七届中央委员会向党的第十八次全国代表大会的报告讨论稿和《中国共产党章程（修正案）》讨论稿向全会作了说明。全会审议并通过了《中共中央纪律检查委员会关于薄熙来严重违纪问题的审查报告》、《中共中央纪律检查委员会关于刘志军严重违纪问题的审查报告》，确认中央政治局 2012 年 9 月 28 日作出的给予薄熙来开除党籍、2012 年 5 月 28 日作出的给予刘志军开除党籍的处分。全会全面分析了当前形势和任务，深入讨论了新形势下发展中国特色社会主义伟大事业、推进党的建设新的伟大工程的若干重大问题，为召开党的第十八次全国代表大会作了充分准备。

7. 第十八次全国代表大会开幕。11 月 8 日上午，举世瞩目的中国共产党第十八次全国代表大会在人民大会堂开幕。吴邦国主持大会 。吴邦国宣布，党的十八大应出席代表 2268 人，特邀代表 57 人，共 2325 人，实到 2309 人。他对列席大会的党外朋友和有关方面负责同志表示热烈的欢迎。胡锦涛代表第十七届中央委员会向大会作了《坚定不移沿着中国特色社会主义道路前进，为全面建成小康社会而奋斗》的报告。胡锦涛强调，中国共产党第十八次全国代表大会，是在我国进入全面建成小康社会决定性阶段召开的一次十分重要的大会。大会的主题是：高举中国特色社会主义伟大旗帜，以邓小平理论、"三个代表"重要思想、科学发展观为指导，解放思想，改革开放，凝聚力量，攻坚克难，坚定不移沿着中国特色社会主义道路前进，为全面建成小康社会而奋斗。胡锦涛强调，总结十年奋斗历程，最重要的就是我们勇于推进实践基础上的理论创新，围绕坚持和发展中国特色社会主义提出一系列紧密相连、相互贯通的新思想、新观点、新论断，形成和贯彻了科学发展观。面向未来，必须把科学发展观贯彻到我国现代化建设全过程、体现到党的建设各方面。报告分 12 个部分：一、过去五年的工作和十年的基本总结；二、夺取中国特色社会主义新胜利；三、全面建成小康社会和全面深化改革开放的目标；四、加快完善社会主义市场经济体制和加快转变经济发展方式；五、坚持走中国特色社会主义政治发展道路和推进政治体制改革；六、扎实推进社会主义文化强国建设；七、在改善民生和创新管理中加强社会建设；八、大力推进生态文明建设；九、加快推进国防和军队现代化；十、丰富"一国两制"实践和推进祖国统一；十一、继续促进人类和平与发展的崇高事业；十二、全面提高党的建设科学化水平。

8. 十八届一中全会选举产生中央领导机构。11 月 15 日，中国共产党第十八届中央委员会第一次全体会议在北京举行。出席会议的有中央委员 205 人,候补中央委员 171 人。中央纪律检查委员会委员列席会议。全会选举了中央政治局委员、中央政治局常务委员会委员、中央委员会总书记；根据中央政治局常务委员会的提名,通过了中央书记处成员,决定了中央军事委员会组成人员；批准了十八届中央纪律检查委员会第一次全体会议选举产生的书记、副书记和常务委员会委员人选。习近平任中央委员会总书记、中央军委主席。习近平、李克强、张德江、俞正声、刘云山、王岐山、张高丽任中央政治局常委。习近平同志主持会议并作了重要讲话。

9. 中共中央政治局召开会议研究部署学习宣传贯彻党的十八大精神。11 月 16 日，十八届中共中央政治局召开会议，对学习宣传贯彻党的十八大精神进行研究部署。中共中央总书记习近平主持会议。会议指出，党的十八大是在我国进入全面建成小康社会决定性阶段召开的一次十分重要的会议。认真学习宣传贯彻党的十八大精神，关系党和国家工作全局，关系中国特色社会主义事业长远发展，对于动员全党全国各族人民在以习近平同志为总书记的党中央领导下，高举中国特色社会主义伟大旗帜，满怀信心为全面建成小康社会、夺取中国特色社会主义新胜利而奋斗，具有重大现实意义和深远历史意义。

10. 习近平参观《复兴之路》展览阐述"中国梦"。11 月 29 日，中共中央总书记、中央军委主席习近平和中央政治局常委李克强、张德江、俞正声、刘云山、王岐山、张高丽等来到国家博物馆，参观《复兴之路》展览。习近平强调，回首过去，全党同志必须牢记，落后就要挨打，发展才能自强。审视现在，全党同志必须牢记，道路决定命运，找到一条正确的道路多么不容易，我们必须坚定不移地走下去。展望未来，全党同志必须牢记，要把蓝图变为现实，还有很长的路要走，需要我们付出长期艰苦的努力。习近平指出，每个人都有理想和追求，都有自己的梦想。现在，大家都在讨论中国梦，我以为，实现中华民族伟大复兴，就是中华民族近代以来最伟大的梦想。这个梦想，凝聚了几代中国人的夙愿，体现了中华民族和中国人民的整体利益，是每一个中华儿女的共同期盼。历史告诉我们，每个人的前途命运都与国家和民族的前途命运紧密相连。国家好，民族好，大家才会好。实现中华民族伟大复兴是一项光荣而艰巨的事业，需要一代又一代中国人共同为之努力。空谈误国，实干兴邦。我们这一代共产党人一定要承前启后、继往开来，把我们的党建设好，团结全体中华儿女把我们国家建设好，把我们民族发展好，继续朝着中华民族伟大复兴的目标奋勇前进。习近平最后强调，我坚信，到中国共产党成立100年时全面建成小康社会的目标一定能实现，到新中国成立100年时建成富强民主文明和谐的社会主义现代化国家的目标一定能实现，中华民族伟大复兴的梦想一定能实现。

11. 中央政治局就坚定不移推进改革开放进行集体学习。12月31日下午，中共中央政治局就坚定不移推进改革开放进行第二次集体学习。中央党史研究室李向前研究员、国家发展改革委宏观经济研究院王一鸣研究员就这个问题进行了讲解，并谈了他们的意见和建议。中共中央政治局各位同志认真听取了他们的讲解，并就有关问题进行了讨论。中共中央总书记习近平在主持学习时强调，改革开放是一项长期的、艰巨的、繁重的事业，必须一代又一代人接力干下去。必须坚持社会主义市场经济的改革方向，坚持对外开放的基本国策，以更大的政治勇气和智慧，不失时机深化重要领域改革，朝着党的十八大指引的改革开放方向奋勇前进。习近平强调，必须认真总结和运用改革开放的成功经验。他就此提出五点意见。

二、经济政治文化社会建设及生态文明建设

（一）经济建设

1. 全国金融工作会议举行。1月6日至7日，全国金融工作会议在北京举行。温家宝出席会议并讲话，他在讲话中系统总结近几年来的金融工作，分析当前金融改革开放发展面临的新形势，对今后一个时期的金融工作作出部署。中共中央政治局常委、国务院副总理李克强出席会议。

2. 中共中央、国务院印发《关于加快推进农业科技创新持续增强农产品供给保障能力的若干意见》。2月2日，《人民日报》发表《关于加快推进农业科技创新持续增强农产品供给保障能力的若干意见》。《意见》共分六个部分：（1）加大投入强度和工作力度，持续推动农业稳定发展。（2）依靠科技创新驱动，引领支撑现代农业建设。（3）提升农业技术推广能力，大力发展农业社会化服务。（4）加强教育科技培训，全面造就新型农业农村人才队伍。（5）改善设施装备条件，不断夯实农业发展物质基础。（6）提高市场流通效率，切实保障农产品稳定均衡供给。

3. 中共中央政治局进行集体学习。5月28日下午，中共中央政治局就坚持走中国特色新型工业化道路和推进经济结构战略性调整进行第三十三次集体学习。中国电子信息产业发展研究院罗文研究员、中国社会科学院工业经济研究所金碚研究员就这个问题进行讲解，并谈了他们的意见和建议。中共中央政治局各位同志认真听取了他们的讲解，并就有关问题进行了讨论。中共中央总书记胡锦涛在主持学习时强调，要牢牢把握科学发展这个主题，紧紧围绕转变经济发展方式这条主线，遵循工业化客观规律，适应市场需求变化，根据科技进步新趋势，积极发展结构优化、技术先进、清洁安全、附加值高、

吸纳就业能力强的现代产业体系，提高工业发展质量和效益，努力从工业大国向工业强国转变，为全面建设小康社会、加快推进社会主义现代化奠定坚实物质基础。

4. 两院院士大会开幕。6 月 11 日上午，中国科学院第十六次院士大会、中国工程院第十一次院士大会在人民大会堂隆重开幕。胡锦涛出席并发表重要讲话。吴邦国、温家宝、贾庆林、李长春、习近平、李克强、周永康出席。胡锦涛强调，两院院士和广大科技工作者要肩负起自己的使命和责任，坚定不移地走中国特色自主创新道路，坚持自主创新、重点跨越、支撑发展、引领未来的方针，把推动科技创新驱动发展作为重要任务，紧紧围绕改革开放和社会主义现代化建设的紧迫需求，抓住新科技革命的战略机遇，大幅提高自主创新能力，大力推动科技惠及民生，推动我国经济社会发展尽快走上创新驱动的轨道。胡锦涛就实现创新驱动发展对两院院士提出六点希望：（1）坚持勇于创新，积极引领科技加快发展。（2）坚持服务发展，积极推动科技与经济紧密结合。（3）坚持创新为民，积极促进科技成果造福人民。（4）坚持锐意改革，积极推动科技发展体制机制创新。（5）坚持甘为人梯，积极培养和提携优秀青年才俊。（6）坚持建言献策，积极发挥决策咨询重要作用。

5. 全国科技创新大会举行。7 月 6 日至 7 日，全国科技创新大会在北京举行。胡锦涛、温家宝发表重要讲话。吴邦国、贾庆林、李长春、习近平、李克强、贺国强、周永康出席会议。胡锦涛在会议上发表重要讲话强调，大力实施科教兴国战略和人才强国战略，坚持自主创新、重点跨越、支撑发展、引领未来的指导方针，全面落实国家中长期科学和技术发展规划纲要，以提高自主创新能力为核心，以促进科技与经济社会发展紧密结合为重点，进一步深化科技体制改革，着力解决制约科技创新的突出问题，充分发挥科技在转变经济发展方式和调整经济结构中的支撑引领作用，加快建设国家创新体系，为全面建成小康社会进而建设世界科技强国奠定坚实基础。温家宝指出，深化科技体制改革的中心任务，是解决科技与经济结合问题，推动企业成为技术创新主体，增强企业创新能力。这是一项事关国家长远发展的基础性、全局性、战略性重大任务。企业强则国家强。我国是制造业大国，已经具备很强的制造能力，但仍然不是制造业强国，总体上还处于国际分工和产业链的中低端，根本原因就是企业创新能力不强。如果能在“中国制造”前面再加上“中国设计”、“中国创造”，我国的经济和产业格局就会发生根本性变化。企业的创新能力，很大程度上决定我国经济的发展前景。温家宝对增强企业创新能力提出了具体要求。

6. 中共中央政治局召开会议研究经济工作。7 月 31 日，中共中央政治局召开会议，分析研究上半年经济形势和下半年经济工作。中共中央总书记胡锦涛主持会议。会议指出，下半年经济工作要全面贯彻党的十七大和十七届三中、四中、五中、六中全会精神，以邓小平理论和“三个代表”重要思想为指导，深入贯彻落实科学发展观，以科学发展为主题，以加快转变经济发展方式为主线，坚持稳中求进的工作总基调，把稳增长放在更加重要的位置，以扩大内需为战略基点，以发展实体经济为坚实基础，以加快改革创新为强大动力，以保障和改善民生为根本目的，统筹当前与长远，更加注重拓宽增长空间，更加注重提高增长质量，更加注重激发发展活力，更加注重共享发展成果，着力破解经济社会发展中的难题，促进经济平稳较快发展，保持社会和谐稳定，努力实现经济社会发展预期目标，以优异成绩迎接党的十八大胜利召开。

7.《关于深化科技体制改革加快国家创新体系建设的意见》发布。9月24日《人民日报》：中共中央、国务院近日印发了《关于深化科技体制改革加快国家创新体系建设的意见》。《意见》包括八部分：（1）充分认识深化科技体制改革、加快国家创新体系建设的重要性和紧迫性。（2）深化科技体制改革、加快国家创新体系建设的指导思想、主要原则和主要目标。（3）强化企业技术创新主体地位，促进科技与经济紧密结合。（4）加强统筹部署和协同创新，提高创新体系整体效能。（5）改革科技管理体制，促进管理科学化和资源高效利用。（6）完善人才发展机制，激发科技人员积极性创造性。（7）营造良好环境，为科技创新提供有力保障。（8）加强组织领导，稳步推进实施。

8. 中央经济工作会议举行。12月15日至16日，中央经济工作会议在北京举行。习近平、温家宝、李克强、张德江、俞正声、刘云山、王岐山、张高丽出席会议。习近平在会上发表重要讲话，分析国际国内经济形势，提出2013年经济工作总体要求和主要任务。温家宝在讲话中总结2012年经济工作，对2013年经济工作作出部署。李克强主持会议并在会议结束时作了总结讲话。会议强调，明年是全面贯彻落实十八大精神的开局之年，是实施“十二五”规划承前启后的关键一年，是为全面建成小康社会奠定坚实基础的重要一年。做好明年经济工作，要深入学习和全面贯彻落实党的十八大精神，坚持以邓小平理论、“三个代表”重要思想、科学发展观为指导，紧紧围绕主题主线，以提高经济增长质量和效益为中心，稳中求进，开拓创新，扎实开局，进一步深化改革开放，进一步强化创新驱动，加强和改善宏观调控，积极扩大国内需求，加大经济结构战略性调整力度，着力保障和改善民生，增强经济发展的内生活力和动力，保持物价总水平基本稳定，实现经济持续健康发展和社会和谐稳定。会议认为，做好明年经济工作，要继续把握好稳中求进的工作总基调，立足全局，突出重点，扎扎实实开好局。会议提出了2013年经济工作的主要任务：（1）加强和改善宏观调控，促进经济持续健康发展。（2）夯实农业基础，保障农产品供给。（3）加快调整产业结构，提高产业整体素质。（4）积极稳妥推进城镇化，着力提高城镇化质量。（5）加强民生保障，提高人民生活水平。（6）全面深化经济体制改革，坚定不移扩大开放。

9. 中央农村工作会议召开。12月22日，为期两天的中央农村工作会议在京闭幕。会议认真贯彻党的十八大精神，系统总结2012年和过去10年农业农村发展成就，深刻分析“三农”工作面临的新形势新挑战，重点研究加快发展现代农业、进一步增强农村发展活力，全面部署当前和今后一个时期的农业农村工作。会议讨论了《中共中央、国务院关于加快发展现代农业进一步增强农村发展活力的若干意见（讨论稿）》。国务院副总理回良玉出席会议并讲话。会议提出，2013年要扎实做好以下工作：（1）继续抓好农业生产，稳定发展粮食等重要农产品生产，加强以农田水利为重点的农业基础设施建设，强化农业科技支撑，发挥市场对农业生产的带动作用。（2）继续发展农村公共事业，加强农村基础设施建设和农村社会事业发展。（3）继续深化农村改革，积极创新农业生产经营体制，稳步推进集体产权制度改革，加快推进其他各项改革。（4）继续加强和创新农村社会管理。强化以党组织为核心的农村基层组织建设，强化农村基层民主管理，强化农村社会公共安全保障。会议强调，重中之重的战略思想不能动摇、强农惠农富农的政策力度不能减弱、农村改革发展的步伐不能放慢。要紧密团结在以习近平同志为总书记的党中央周围，举全党全国之力持之以恒强化农业、惠及农村、富裕农民，努力谱写农村改革发展新的篇章，奋力创造城乡共同繁荣新的辉煌。

（二）政治建设

1. 中共中央印发《关于加强新形势下党外代表人士队伍建设的意见》。2月2日中共中央颁发了《关于加强新形势下党外代表人士队伍建设的意见》。《意见》以邓小平理论和“三个代表”重要思想为指导，深入贯彻落实科学发展观，适应党和国家事业发展、统一战线巩固壮大的新要求，结合党外代表人士的新特点，对进一步加强新形势下党外代表人士队伍建设作出全面部署，提出明确要求，是指导新形势下统一战线事业发展的纲领性文件。

2. 学习贯彻《中共中央关于加强新形势下党外代表人士队伍建设的意见》电视电话会议举行。2月24日，全国学习贯彻《中共中央关于加强新形势下党外代表人士队伍建设的意见》电视电话会议在北京人民大会堂举行。贾庆林出席会议并讲话。贾庆林指出，党外代表人士队伍建设是党和国家工作全局的重要方面，是中国共产党治国理政的政治优势。为进一步巩固壮大统一战线、推动党和国家事业发展，最近中共中央颁发了《中共中央关于加强新形势下党外代表人士队伍建设的意见》，这是新中国成立以来第一次以中共中央名义制定的关于党外代表人士队伍建设的专门文件，在统一战线发展史上具有里程碑意义。《意见》深刻论述了加强新形势下党外代表人士队伍建设的重要性和紧迫性，明确提出了党外代表人士队伍建设的指导思想、工作原则、目标任务和政策措施，是指导当前和今后一个时期党外代表人士队伍建设和统一战线工作的纲领性文件。贾庆林强调，要着眼全局，充分认识加强新形势下党外代表人士队伍建设的重大意义。贾庆林指出，要突出重点，切实做好加强新形势下党外代表人士队伍建设工作。贾庆林强调，当前和今后一个时期，各地各部门要把贯彻落实《意见》精神作为一项重要任务，加强领导、健全机制，深入学习、广泛宣传，联系实际、突出重点，明确责任、强化监督，确保中共中央的精神和要求落到实处，努力开创党外代表人士队伍建设工作新局面。

3. 全国政协十一届五次会议开幕。3月3日下午，中国人民政治协商会议第十一届全国委员会第五次会议在人民大会堂开幕。胡锦涛、吴邦国、温家宝、李长春、习近平、李克强、贺国强、周永康等出席，祝贺大会召开。贾庆林代表政协第十一届全国委员会常务委员会，向大会报告工作。贾庆林从七个方面总结了过去一年的工作。贾庆林强调，2012年是实施“十二五”规划承上启下的重要一年，中国共产党将召开具有重大而深远意义的第十八次全国代表大会。人民政协承担的任务重大，肩负的责任光荣。我们必须认清使命、恪尽职守，始终保持昂扬向上的精神状态和开拓进取的工作干劲，努力为推动党和国家事业发展作出应有的贡献。人民政协今年工作的总体思路是：全面贯彻中共十七大和十七届三中、四中、五中、六中全会精神以及中央经济工作会议精神，坚持以邓小平理论和“三个代表”重要思想为指导，深入贯彻落实科学发展观，牢牢把握团结和民主两大主题，牢牢把握稳中求进的工作总基调，着力加强履职能力建设，着力提高议政建言质量，着力突出社会服务成效，更好地发挥协调关系、汇聚力量、建言献策、服务大局的重要作用，以优异成绩迎接中国共产党第十八次全国代表大会胜利召开。

4. 十一届全国人大五次会议开幕。3 月 5 日上午，第十一届全国人民代表大会第五次会议在北京人民大会堂开幕。会议由大会主席团常务主席、执行主席吴邦国主持。胡锦涛、温家宝、贾庆林、李长春、习近平、李克强、贺国强、周永康等出席。温家宝代表国务院向大会作政府工作报告。政府工作报告共分三部分：2011 年工作回顾；2012 年工作总体部署；2012 年主要任务。温家宝着重从五个方面总结了 2011 年的工作：加强和改善宏观调控，遏制物价过快上涨，实现经济平稳较快发展；加快转变经济发展方式，提高发展的协调性和产业的竞争力；大力发展社会事业，促进经济社会协调发展；切实保障和改善民生，解决关系群众切身利益的问题；深入推进改革开放，为经济社会发展注入新的活力和动力。温家宝从九个方面报告了 2012 年的主要任务：促进经济平稳较快发展；保持物价总水平基本稳定；促进农业稳定发展和农民持续增收；加快转变经济发展方式；深入实施科教兴国战略和人才强国战略；切实保障和改善民生；促进文化大发展大繁荣；深入推进重点领域改革；努力提高对外开放的质量和水平。

5.《中共中央国务院关于分类推进事业单位改革的指导意见》发布。4 月 17 日，《人民日报》发布《中共中央国务院关于分类推进事业单位改革的指导意见》。《意见》共分九个部分：(1) 改革的重要性和紧迫性。(2) 改革的指导思想、基本原则和总体目标。(3) 科学划分事业单位类别。(4) 推进承担行政职能事业单位改革。(5) 推进从事生产经营活动事业单位改革。(6)推进从事公益服务事业单位改革。(7)构建公益服务新格局。(8) 完善支持公益事业发展的财政政策。(9) 认真做好组织实施工作。

（三）文化建设

1. 李长春出席全国宣传部长会议并讲话。1 月 4 日，全国宣传部长会议在北京举行。中共中央政治局常委李长春出席会议并讲话。他强调，宣传思想文化战线要按照高举旗帜、围绕大局、服务人民、改革创新的总要求，坚持中国特色社会主义文化发展道路，坚持贴近实际、贴近生活、贴近群众，紧紧围绕党和国家工作大局，紧紧围绕学习宣传贯彻党的十七届六中全会精神和中央经济工作会议精神，紧紧围绕迎接宣传贯彻党的十八大，着力为稳增长、控物价、调结构、惠民生、抓改革、促和谐，实现稳中求进营造良好的氛围，着力推进社会主义核心价值体系建设，着力巩固壮大积极健康向上的主流思想舆论，着力深入推进文化改革发展，为迎接党的十八大胜利召开，为推动科学发展、促进社会和谐，为夺取全面建设小康社会新胜利、开创中国特色社会主义新局面提供强大思想保证、精神动力、舆论支持和文化条件。

2. 李长春主持中央精神文明建设指导委员会全体会议并讲话。1 月 13 日，中央精神文明建设指导委员会召开全体会议，研究部署 2012 年精神文明建设工作。中共中央政治局常委、中央精神文明建设指导委员会主任李长春主持会议并讲话。他强调，精神文明建设要认真贯彻落实中央决策部署，按照高举旗帜、围绕大局、服务人民、改革创新的总要求，着力推进社会主义核心价值体系建设，着力加快文化改革发展，着力深化群众性精神文明创建，着力提升公民思想道德素质和社会文明程度，更好地统一思想、凝聚力量，为迎接党的十八大胜利召开，为推动科学发展、促进社会和谐，开创中国特色社会主义事业新局面提供强大思想保证、精神动力和文化条件。

3.《国家“十二五”时期文化改革发展规划纲要》印发。2月16日，《人民日报》发布消息：中共中央办公厅、国务院办公厅印发《国家“十二五”时期文化改革发展规划纲要》并发出通知，要求各地区各部门结合实际认真贯彻执行。《规划纲要》围绕建设社会主义文化强国的宏伟目标，明确了“十二五”时期我国文化改革发展的指导思想、方针原则、具体目标任务和重大举措，对文化改革发展作出了全面部署。《规划纲要》重申了十七届六中全会提出的文化改革发展的指导思想和重要方针，将《决定》中提出的主要任务进行了量化、项目化、具体化。《规划纲要》提出了到2015年我国文化改革发展的10项主要目标，进一步明确了具体要求。《规划纲要》提出以重点工程带动的工作思路，明确了九大重点工程，并细化分解为若干具体项目。为保障《规划纲要》的实施，提出了五个方面的政策措施，包括政府投入保障政策、文化经济政策、文化贸易促进政策、版权保护政策、法制保障政策等。

4. 全国文化体制改革工作会议举行。2月17日至18日，全国文化体制改革工作会议在太原举行。中共中央政治局常委李长春对会议作出重要批示，强调要深入学习贯彻党的十七届六中全会精神，认真落实胡锦涛总书记“三加快一加强”要求，以组织实施《国家“十二五”时期文化改革发展规划纲要》为重要抓手，加大力度、加快进度、巩固提高、重点突破、全面推进，毫不动摇地把文化改革发展继续推向前进。中共中央政治局委员、中央书记处书记、中宣部部长刘云山，中共中央政治局委员、国务委员刘延东出席会议并讲话。

5.《关于深入开展学雷锋活动的意见》发布。3月3日，《人民日报》发布中共中央办公厅印发的《关于深入开展学雷锋活动的意见》。《意见》包括四部分：(1) 深入开展学雷锋活动的重要意义。(2)开展学雷锋活动的总体要求。(3)学雷锋活动的常态化项目。(4)抓好学雷锋活动的组织实施。

6. 纪念毛泽东同志《在延安文艺座谈会上的讲话》发表70周年座谈会举行。5月23日上午，纪念毛泽东同志《在延安文艺座谈会上的讲话》发表70周年座谈会在北京人民大会堂举行。胡锦涛作出重要指示。李长春出席座谈会并讲话。李长春在讲话中说，胡锦涛总书记的重要指示，深刻阐明《讲话》的历史地位和重要作用，高度赞扬70年来一代又一代文艺工作者作出的重要贡献，对新形势下进一步继承和弘扬《讲话》精神、繁荣发展社会主义文艺事业提出了明确要求。这充分体现了党中央对文化工作的高度重视和对广大文艺工作者的殷切期望，必将鼓舞和激励广大文艺工作者沿着《讲话》指引的正确方向，在新的历史起点上推动社会主义文艺繁荣发展。

7. 中共中央政治局召开会议研究深化科技体制改革、加快国家创新体系建设。5月28日，中共中央政治局召开会议，研究深化科技体制改革、加快国家创新体系建设。中共中央总书记胡锦涛主持会议。会议强调，深化科技体制改革，要高举中国特色社会主义伟大旗帜，以邓小平理论和“三个代表”重要思想为指导，深入贯彻落实科学发展观，大力实施科教兴国战略和人才强国战略，坚持自主创新、重点跨越、支撑发展、引领未来的指导方针，全面落实科技规划纲要，以提高自主创新能力为核心，以促进科技与经济社会发展紧密结合为重点，着力解决制约科技创新的突出问题，充分发挥科技在经济发展方式转变和经济结构调整中的支撑引领作用，加快建设国家创新体系，为2020年进入创新型国家行列、全面建成小康社会和新中国成立100年时成为世界科技强国奠定坚实基础。

8. 马克思主义理论研究和建设工程工作会议召开。6月2日，马克思主义理论研究和建设工程在京召开工作会议，对八年来的工作进行系统总结，对深入推进工程进行全面部署。中共中央政治局常委李长春出席会议并讲话。他指出，要深入贯彻党的十七届六中全会精神，以高度的理论自觉和理论自信深入推进工程，更好地推动党的思想理论建设，推动哲学社会科学繁荣发展，为党的十八大胜利召开营造良好的思想理论氛围。

9. 党和国家领导人会见天宫一号与神舟九号载人交会对接任务航天员和参研参试人员代表。7月27日上午，党和国家领导人胡锦涛、吴邦国、温家宝、贾庆林、李长春、习近平、李克强、贺国强、周永康等在北京人民大会堂会见天宫一号与神舟九号载人交会对接任务航天员和参研参试人员代表。

10. 第十二届精神文明建设“五个一工程”颁奖晚会举行。9月24日晚，第十二届精神文明建设“五个一工程”颁奖晚会在北京举行。中共中央政治局常委李长春出席观看，并为获奖代表颁奖。他勉励广大文化工作者全面贯彻“二为”方向、“双百”方针和“三贴近”原则，始终坚持以人民为中心的创作导向，努力创作生产更多思想性艺术性观赏性相统一、人民群众喜闻乐见的优秀作品，为推动文化大发展大繁荣、建设社会主义文化强国作出新的更大贡献。

11. 国第一艘航空母舰正式交付海军。9月25日上午，我国第一艘航空母舰“辽宁舰”已按计划完成建造和试验试航工作，在中国船舶重工集团公司大连造船厂正式交付海军。中共中央总书记、国家主席、中央军委主席胡锦涛出席交接入列仪式并登舰视察。中共中央政治局常委、国务院总理温家宝一同出席并宣读党中央、国务院、中央军委的贺电。

12. 胡锦涛会见全国文化体制改革工作表彰大会代表。9月26日下午，全国文化体制改革工作表彰大会在北京人民大会堂举行。会前，胡锦涛亲切会见全体与会代表，向受到表彰的全国文化体制改革工作先进地区、先进单位、先进个人表示热烈的祝贺，向全国广大文化工作者表示诚挚的问候。温家宝、习近平、李克强参加会见。李长春参加会见并在会上作重要讲话。

（四）社会建设

1. 周永康主持召开会议研究部署信访工作。1月13日，中共中央政治局常委、中央政法委书记周永康在北京主持召开会议，研究部署2012年信访工作。他强调，要认真贯彻落实胡锦涛总书记在中央纪委七次全会上的重要讲话精神，在新形势下保持党的纯洁性，保持密切联系群众的优良传统和作风，带着深厚的感情做好群众工作，深入开展领导干部接访下访活动，着力解决信访突出问题，为党的十八大胜利召开创造和谐稳定的社会环境。

2. 李克强主持召开国务院食品安全委员会第四次全体会议并讲话。2月8日，中共中央政治局常委、国务院副总理、国务院食品安全委员会主任李克强主持召开国务院食品安全委员会第四次全体会议并讲话。他强调，食品安全是关乎人人的重大基本民生问题，要深入贯彻落实科学发展观，坚持标本兼治，主动出击，把解决影响人民群众食品安全的突出问题同构建长效机制更好地结合起来，把综合整治攻坚战持久战引向深入，坚决依法严惩重处食品安全违法犯罪行为，完善全程监管体制，着力提高食品安全水平。

3. 中共中央政治局就实施更加积极的就业政策进行集体学习。2月20日下午，中共中央政治局就实施更加积极的就业政策进行第三十二次集体学习。中共中央总书记胡锦涛在主持学习时强调，实施更加积极的就业政策，把促进就业放在经济社会发展的优先位置，努力实现社会就业更加充分，关系亿万人民群众切身利益，关系改革发展稳定大局，对推动科学发展、促进社会和谐具有十分重要的意义。

4. 第十三次全国民政会议举行。3月19日，第十三次全国民政会议在北京举行。会前，胡锦涛、温家宝、习近平、李克强等会见全体与会代表。温家宝在座谈会上讲话。温家宝指出，当前民政事业面临新的机遇和挑战。随着工业化、城镇化、市场化、信息化的发展，我国社会结构、社会形态和利益格局深刻变革，人们的社会心理、行为方式和利益诉求明显改变，对生活有了更高期待，对获得公平的机会、实现全面发展有了更迫切的愿望。相比之下，我国的社会管理和公共服务体制改革相对滞后，公共管理服务还不能满足人们的期待和愿望。要准确把握社会发展的趋势，加快民政事业改革和发展。温家宝强调，全面加强民政工作，必须坚持以人为本，构建政府管理与社会自治相结合、政府主导与社会参与相结合的社会管理和公共服务体制，最大限度地调动各方面积极性，激发社会活力。优化政府机构设置和职能配置，整合资源，构建直接面向基层、面向社区、面向家庭和群众、职能有机统一的管理服务体制。一要发展基层民主，增强社会自治功能。二要加强城乡社区建设，提高基层社会管理服务效能。三要加快完善社会救助和社会福利体系，完善制度，提高保障水平，解决好城乡困难群众基本生活问题。四要进一步完善政策措施，积极支持发展社会互助团体和组织，鼓励企业、团体、家庭及个人开展社会互助和慈善活动。

5. 第七次全国信访工作会议召开。7月13日至14日，第七次全国信访工作会议在北京召开。胡锦涛、温家宝、习近平、李克强、周永康等亲切会见与会代表。周永康讲话指出，在多年的信访工作中，各地各部门创造积累了许多宝贵经验。一是必须牢固树立全局观念，坚持从维护重要战略机遇期改革发展稳定大局的高度，主动正视社会矛盾，充分发挥信访工作在构建社会主义和谐社会中的基础性作用；二是必须始终站稳群众立场，坚持以人为本、执政为民，主动回应群众诉求，切实维护合法权益，不断密切党同人民群众的血肉联系；三是必须更加注重标本兼治，坚持从信访问题主要反映利益诉求和民生困难这一最大实际出发，以事要解决为核心，以源头治理为重点，落实和完善维护群众利益的政策和制度；四是必须有效整合各种力量资源，综合运用多种方法手段，建立健全群众诉求表达机制、利益协调机制、矛盾调处机制和权益保障机制，不断提高信访工作科学化水平。周永康提出五点工作要求：一要着力加强源头预防。二要着力解决突出问题。三要着力夯实基层基础。四要着力创新体制机制。五要着力完善工作格局。

6. 全国就业创业工作表彰大会召开。7月17日，国务院在北京人民大会堂隆重举行全国就业创业工作表彰大会。中共中央政治局常委、国务院总理温家宝出席会议并讲话。他强调，扩大就业是保障和改善民生的头等大事，各级党委、政府要进一步提高对就业工作极端重要性的认识，切实把促进就业创业摆在各项工作的优先位置。中共中央政治局常委、国务院副总理李克强出席会议。

7. 全国新型农村和城镇居民社会养老保险工作总结表彰大会召开。10 月 12 日，全国新型农村和城镇居民社会养老保险工作总结表彰大会在北京人民大会堂召开。中共中央政治局常委、国务院总理温家宝出席会议并讲话。他强调，实现“老有所养”是社会保障的重要目标，要进一步提高认识、完善制度、改进工作，推动养老保险制度建设取得新进展，更好地保障和改善民生。中共中央政治局常委、国务院副总理李克强，中共中央政治局委员、国务院副总理回良玉出席会议。

（五）生态文明建设

1. 生态文明贵阳会议召开。7 月 27 日，由全国政协人口资源环境委员会、科学技术部、环境保护部、住房和城乡建设部、北京大学和贵州省人民政府共同主办的 2012 生态文明贵阳会议 27 日在贵阳召开。中共中央政治局常委、全国政协主席贾庆林作出重要批示。贾庆林在批示中指出，从 2009 年开始，全国政协人资环委、北京大学、贵州省政府等单位连续三年举办生态文明贵阳会议，对探索生态文明建设规律、推广生态文明建设经验起到了积极作用。2012 生态文明贵阳会议以“全球变局下的绿色转型和包容性增长”为主题，顺应了绿色经济、可持续发展的世界潮流。希望会议深入贯彻落实科学发展观，认真研究如何统筹兼顾经济发展、社会进步和环境保护，为传播生态文明理念、推动生态文明建设作出更大贡献。

2. 全国已有 15 个省份开展生态省建设。8 月 27 日《人民日报》：近日召开的第七届生态省论坛暨生态文明建设工作会议披露：生态省、市、县的建设自 2000 年开始启动以来，目前全国已有海南、吉林、黑龙江、福建、浙江、山东、安徽、江苏、河北、广西、四川、辽宁、天津、山西、河南等 15 个省份开展了生态省建设，超过 1000 个县（市、区）开展了生态县的建设，并有 38 个县（市、区）建成了国家级生态县，1559 个乡镇建成国家级生态乡镇。最近，又有四川省郫县、蒲江县，辽宁省沈阳市辽中县、苏家屯区、于洪区、棋盘山开发区，江苏省无锡市、苏州市、常州市、溧阳市、南京市浦口区，山东省文登市、乳山市，安徽省绩溪县、宁国市，广东省深圳市罗湖区，新疆维吾尔自治区克拉玛依市克拉玛依区，陕西省西安市曲江新区等 18 个地区的生态市、县建设通过了考核验收，公示完毕。

三、多党合作和政治协商

1. 中共中央举行党外人士迎春座谈会。1 月 18 日下午，中共中央在中南海召开党外人士迎春座谈会，邀请各民主党派中央、全国工商联领导同志和无党派人士代表共商国是。座谈会上，民革中央主席周铁农、民盟中央主席蒋树声、民建中央主席陈昌智、民进中央主席严隽琪、农工党中央主席桑国卫、致公党中央主席万钢、九三学社中央主席韩启德、台盟中央主席林文漪、全国工商联主席黄孟复、无党派人士代表陈竺等先后发言。中共中央总书记胡锦涛在认真听取大家的发言后发表了重要讲话。胡锦涛指出，2012 年是实施“十二五”规划承上启下的重要一年，中国共产党将召开第十八次全国代表大会。做好2012年改革发展稳定各项工作，具有十分重要的意义。胡锦涛在讲话中提出三点希望。第一，进一步增进政治共识。坚持走中国特色社会主义政治发展道路，是各民主党派、工商联和无党派人士在与中国共产党风雨同舟、患难与共的历程中取得的最基本、最重要的政治共识。无论国际风云如何变幻，只要我们不断巩固团结合作关系，不断增进政治共识，就没有战胜不了的困难。第二，进一步提高履职水平。要紧紧围绕服务主题主线，聚焦稳增长、控物价、调结构、惠民生、抓改革、保稳定等重大问题考察调研、建言献策，为促进经济社会又好又快发展作出新贡献。第三，进一步搞好政治交接。要弘扬老一辈的优良传统，坚定理想，锤炼品格，不断提高政治把握能力、参政议政能力、组织领导能力、合作共事能力，让多党合作事业薪火相传。胡锦涛强调，中共各级党委要把加强党外代表人士队伍建设纳入重要议事日程，研究解决重大问题，完善政策措施，积极为党外干部履职尽责创造条件，更好发挥我国社会主义政治制度的特点和优势。

2. 贾庆林为各民主党派学习践行社会主义核心价值体系活动经验交流会作重要批示。4月28日，实践“同心”思想，深化政治交接——各民主党派学习践行社会主义核心价值体系活动经验交流会在北京举行。中共中央政治局常委、全国政协主席贾庆林作出重要批示。贾庆林在批示中指出，两年来，各民主党派通过开展多种形式的学习践行社会主义核心价值体系活动，取得了阶段成果，积累了宝贵经验。将这项事关多党合作事业发展的长期战略任务继续推向深入，责任重大，意义深远。希望认真总结经验，以“同心”思想为指导，着眼增进政治共识，深入搞好政治交接，不断丰富和展示学习践行活动的成果。

3.《关于进一步加强人民政协提案办理工作的意见》印发执行。6月5日《人民日报》报道：近日，中共中央办公厅、国务院办公厅印发了《关于进一步加强人民政协提案办理工作的意见》，要求各地区各部门结合实际认真贯彻执行，全面提升政协提案办理工作科学化水平。《意见》指出，人民政协事业是中国特色社会主义事业的重要组成部分。提案是人民政协履行政治协商、民主监督、参政议政职能的重要形式，办理好政协提案是各级党政机关的重要职责。《意见》强调，做好政协提案办理工作，对于坚持和完善中国共产党领导的多党合作和政治协商制度，发展人民民主、加强民主监督，更好地发挥我国政治制度和政党制度的优势，深入推进社会主义民主政治建设；对于凝聚各方面智慧和力量，调动社会各界积极性主动性创造性，形成推进中国特色社会主义事业的强大合力；对于充分发挥人民政协作为党和政府联系群众、团结各界的重要桥梁纽带作用，切实做好新形势下群众工作，实现好、维护好、发展好最广大人民根本利益；对于提升决策科学化、民主化水平，加强和改进党和政府工作，具有十分重要的意义。各地区各部门一定要从党和国家事业长远发展的高度，进一步深化对政协提案办理工作重要意义的认识，把做好这项工作作为一项重要政治责任，摆在更加突出的位置，采取切实有效措施，努力推动政协提案办理工作迈上新台阶。

4. 中共中央召开党外人士座谈会。7月26日，中共中央在中南海召开党外人士座谈会，就当前经济形势和下半年经济工作听取各民主党派中央、全国工商联领导人和无党派人士的意见和建议。中共中央总书记胡锦涛主持座谈会并发表重要讲话。中共中央政治局常委温家宝、贾庆林、习近平、李克强出席座谈会。温家宝通报了上半年经济工作有关情况，介绍了中共中央、国务院关于做好下半年经济工作的考虑。座谈会上，民革中央主席周铁农、民盟中央第一副主席张梅颖、民建中央主席陈昌智、民进中央主席严隽琪、农工党中央主席桑国卫、致公党中央主席万钢、九三学社中央主席韩启德、台盟中央主席林文漪、全国工商联主席黄孟复、无党派人士林毅夫先后发言。他们赞同中共中央、国务院对当前我国经济形势的分析和对下半年经济工作的考虑，并就加强和改善宏观调控、增强消费对经济稳定发展的支撑作用、落实结构性减税政策、加快推动金融体制改革、促进创新成果转化和产业化、推进城镇化进程、发展文化旅游产业、深化医药卫生体制改革、加强经济安全研究和风险防范等提出意见和建议。在认真听取了大家的发言后，胡锦涛总书记作了重要讲话。他表示，大家在发言中充分肯定了今年上半年以来经济工作取得的成绩，并围绕做好全年经济工作提出了具有针对性和可操作性的意见和建议，对我们做好下半年经济工作很有帮助，我们将认真研究。胡锦涛表示，今年以来，面对错综复杂的国内外经济形势，我们按照稳中求进的工作总基调，正确处理保持经济平稳较快发展、调整经济结构、管理通胀预期三者关系，保持了经济平稳较快发展。各民主党派中央、全国工商联和无党派人士紧紧围绕中央决策部署，聚焦“十二五”规划目标任务、经济社会发展重大问题、人民群众关注的重点难点问题，发挥各自特色和优势，深入开展调查研究，为中共中央、国务院决策提供了有益参考，为推动科学发展、维护社会和谐稳定作出了积极贡献。胡锦涛代表中共中央、国务院，向各民主党派、工商联和无党派人士表示衷心感谢。胡锦涛就做好下半年经济工作提出六点意见。胡锦涛强调，做好下半年经济工作，任务艰巨，需要各方面共同努力；希望各民主党派中央、全国工商联和无党派人士准确把握中共中央关于当前经济形势的判断和稳增长的各项决策部署，深入调查研究，积极建言献策，做好各自成员和所联系群众的团结稳定工作，为实现今年各项工作目标广泛凝聚共识、汇聚力量。

5. 中共中央办公厅转发《中共政协全国委员会党组关于〈中共中央关于加强人民政协工作的意见〉贯彻落实情况的报告》。8 月 21 日《人民日报》报道：中共中央办公厅转发了《中共政协全国委员会党组关于〈中共中央关于加强人民政协工作的意见〉贯彻落实情况的报告》，并发出通知，要求各地区各部门结合实际认真贯彻执行。《报告》包括三部分：(1)《意见》颁发以来人民政协事业取得的主要进展。(2)《意见》颁发以来人民政协工作积累的重要经验。(3) 进一步推动《意见》精神深入贯彻落实。《报告》总结人民政协工作积累的六条重要经验：第一，必须不断巩固人民政协的共同思想政治基础。第二，必须准确把握人民政协的性质和方向。第三，必须着眼党和国家工作全局发挥人民政协作用。第四，必须把维护最广大人民的根本利益作为人民政协工作的出发点和落脚点。第五，必须充分发挥政协委员的主体作用。第六，必须以改革创新精神推进人民政协事业。《报告》提出进一步推动《意见》精神深入贯彻落实的六个方面：第一，进一步加强和改善党对人民政协的领导。第二，进一步加强人民政协的思想理论建设。第三，进一步坚持和完善人民政协民主形式。第四，进一步完善人民政协履行职能的制度规定。第五，进一步加强政协委员队伍建设。第六，进一步提升政协工作科学化水平。

6. 全国地方政协工作经验交流会闭幕。8 月 24 日，全国地方政协工作经验交流会在北京闭幕。中共中央政治局常委、全国政协主席贾庆林出席闭幕式并发表重要讲话。中共中央政治局委员、全国政协副主席王刚主持会议。贾庆林指出，这次会议深入学习胡锦涛总书记7月23日在省部级主要领导干部专题研讨班上的重要讲话精神，认真总结十届全国政协特别是十一届全国政协以来政协工作的经验，进一步深化对人民政协事业发展规律的认识，对于推动人民政协事业不断发展必将产生重要作用。各级政协组织要认真学习贯彻胡锦涛总书记重要讲话精神，深刻理解高举中国特色社会主义伟大旗帜的重大意义，准确把握推进全面建成小康社会的战略部署，切实把思想和行动统一到讲话精神上来，强化理论武装、增进政治共识，积极议政建言、服务科学发展，全力协调关系、促进社会和谐，以优异成绩迎接党的十八大胜利召开。贾庆林强调，用经验指导和推动工作，是做好人民政协工作的基本方法。这些年来，各级政协组织在实践中创新，形成了许多工作经验，主要有：必须始终坚持中国共产党的领导，保持人民政协事业发展的正确方向；必须高举爱国主义、社会主义两面旗帜，不断巩固团结合作的共同思想政治基础；必须把人民政协工作放到党和国家工作大局中谋划和推进，充分发挥人民政协的独特优势和重要作用；必须始终把维护人民群众根本利益作为出发点和落脚点，真正做到人民政协为人民；必须适应发展社会主义民主政治的时代要求，充分发挥人民政协作为协商民主重要渠道的作用；必须大力推进人民政协制度化规范化程序化建设，切实增强人民政协履职尽责的成效；必须加强中国特色社会主义人民政协理论建设，不断以理论创新推动实践创新；必须统筹全国政协和地方政协两支力量，形成推进人民政协事业发展的整体合力；必须加强人民政协自身建设，不断提高人民政协工作科学化水平；必须充分认识人民政协的重要地位作用，切实增强推进人民政协事业发展的责任感和使命感。

7. 全国政协召开专题协商会。9月11日，全国政协在政协礼堂召开专题协商会，围绕“加强和创新社会管理”问题建言献策。中共中央政治局常委、全国政协主席贾庆林出席并讲话。中共中央政治局常委、中央政法委书记、中央社会管理综合治理委员会主任周永康到会听取委员建议并讲话。贾庆林指出，协助党和政府做好社会管理工作、促进社会和谐，是人民政协职责所系、优势所在。当前，我国既处于发展的重要战略机遇期，也处于社会矛盾凸显期。在经济体制深刻变革、社会结构深刻变动、利益格局深刻调整、思想观念深刻变化的新形势下，社会管理领域还存在许多紧迫的重要问题，加强和创新社会管理的任务仍然艰巨而繁重。他强调，我们要深入学习贯彻胡锦涛总书记在省部级主要领导干部专题研讨班上的重要讲话精神，深刻认识加强和创新社会管理的重要性和紧迫性，牢牢把握最大限度激发社会活力、最大限度增加和谐因素、最大限度减少不和谐因素的总要求，充分发挥人民政协的优势和作用，找准人民政协推动社会建设和管理的着力点和切入点，积极协助党和政府解决影响社会和谐稳定的突出问题，要重点围绕加快推进以改善民生为重点的社会建设、加强基层社会管理服务、加强社会管理制度建设等问题，深入调查研究，多提针对性强、切实可行的对策建议，为建设中国特色社会主义社会管理体系作出新的更大贡献。周永康强调，当前，加强和创新社会管理仍处于探索之中，必须付出长期艰苦努力。下一步，我们将围绕全面建成小康社会的总目标，正确认识和把握我国基本国情和人民群众的新期待新要求，正确认识和把握新形势下社会管理的规律特点，以改革创新的精神，加快建设中国特色社会主义社会管理体系，加快完善党委领导、政府负责、社会协同、公众参与的社会管理格局，全面提升社会管理科学化水平，确保人民安居乐业、社会安定有序、国家长治久安。主要工作考虑：一是进一步搞好统筹规划，对社会管理进行系统设计、整体推进；二是进一步保障改善民生，使社会管理成为服务群众、温暖人心、凝聚民心的事业；三是进一步激发社会活力，形成社会管理人人参与、和谐社会人人共享的良好局面；四是进一步创新体制机制，走出一条具有中国特色、时代特点的社会管理之路；五是进一步夯实基层基础，把各项公共服务和社会管理措施落实到城乡社区、基层单位、每家每户；六是进一步加强法治建设，更加善于运用法治思维和法律手段管理社会。

8. 全国政协文史工作座谈会召开。9月21日，全国政协文史工作座谈会在北京召开。中共中央政治局常委、全国政协主席贾庆林会见与会代表并讲话。贾庆林强调，当前，我国文化事业发展面临前所未有的机遇。广大政协委员和文史工作者要认真学习贯彻中共十七届六中全会和胡锦涛总书记在省部级主要领导干部专题研讨班上的重要讲话精神，高举社会主义和爱国主义旗帜，继承和发扬优良传统，不断推动文史资料工作的理论创新和实践创新，切实提高文史资料工作科学化水平，努力开创文史资料工作新局面，以优异成绩迎接党的十八大胜利召开。他对做好人民政协文史资料工作提出三点要求：第一，要始终坚持统战和“亲历、亲见、亲闻”特色。坚持从巩固发展统一战线出发，突出对重点人物和重点史料的“抢救”工作，更好地将统一战线各方面人士参与中国特色社会主义建设伟大进程的文史资料留存下来。第二，要始终坚持存真求实。坚持历史唯物主义的科学态度和踏实细致的工作作风，准确反映历史的本来面目。第三，要始终坚持工作创新。高度重视对文史资料工作的理论研究，大力推进文史资料工作的实践创新和方式手段的创新，更好地适应政协文史资料工作的新要求。

9. 全国政协召开优秀提案和先进承办单位表彰会。10月12日，政协第十一届全国委员会优秀提案和先进承办单位表彰会在北京召开。中共中央政治局常委、全国政协主席贾庆林出席会议，接见获奖代表，向获奖单位颁发奖状，并参观了“十届、十一届全国政协提案工作成果展”。贾庆林在接见获奖代表讲话中指出，提案工作是人民政协履行职能的重要方式，是一项特色鲜明、影响深远的全局性工作。党中央、国务院历来高度重视和支持人民政协通过提案履行职能。2003年，中共中央办公厅、国务院办公厅联合转发了《全国政协办公厅关于办理政协提案的意见》。2005年、2006年中共中央相继颁发的两个5号文件，对人民政协运用提案履行职能、发挥好政协提案的作用，进一步作了规定。今年4月，中办、国办联合颁发了《关于进一步加强人民政协提案办理工作的意见》，对做好提案办理工作提出明确要求，为提案工作的发展指明方向。贾庆林强调，中国共产党第十八次全国代表大会就要胜利召开，这是一次十分重要的会议，将在新的历史起点上为我国各项事业的发展进一步指明方向。新的形势和任务对做好人民政协提案工作提出了新的更高要求。我们要认真贯彻落实中央的决策部署，坚持围绕中心、服务大局，更加注重提高提案质量，在多出精品上狠下功夫；更加注重提案办理，在增强实效上狠下功夫；更加注重制度建设，在强化保障上狠下功夫；更加注重统筹协调，在形成合力上狠下功夫，不断提高政协提案工作的科学化水平，为推进人民政协事业发展、实现全面建设小康社会的宏伟目标贡献力量。

10. 中共中央召开党外人士座谈会征求对中共十八大报告的意见。9 月 3 日，中共中央在中南海召开党外人士座谈会，就中共十八大报告征求意见稿听取各民主党派中央、全国工商联领导人和无党派人士的意见和建议。中共中央政治局常委贾庆林、习近平、李克强出席。民革中央主席周铁农、民盟中央主席蒋树声、民建中央主席陈昌智、民进中央主席严隽琪、农工党中央主席桑国卫、致公党中央主席万钢、九三学社中央主席韩启德、台盟中央主席林文漪、全国工商联主席黄孟复、无党派人士陈竺先后在会上发言。他们认为，中共十七大以来，以胡锦涛同志为总书记的中共中央，坚持以邓小平理论和“三个代表”重要思想为指导，深入贯彻落实科学发展观，全方位推进改革开放，我国经济建设、政治建设、文化建设、社会建设以及生态文明建设取得显著成就，民生持续改善，综合国力持续增强，国际地位持续提高。他们认为，中共十八大报告征求意见稿高屋建瓴、总揽全局，是一个解放思想、实事求是、与时俱进的报告，反映了时代发展要求，体现了人民热切期盼，是中国共产党面向世界、面向未来的政治宣言，是对马克思主义中国化成果的丰富和发展，是引领中华民族走向伟大复兴的旗帜。他们就努力实现稳增长、调结构目标，坚持和完善中国共产党领导的多党合作和政治协商制度，深化基础教育体制改革，发展社会主义先进文化，加强和创新社会管理，促进社会公平正义，加强和改进党的建设，加大制度反腐力度等问题提出了意见和建议。听取了大家的发言后，胡锦涛作了重要讲话。他指出，同志们本着知无不言、言无不尽的精神，提出了许多好的意见和建议，对修改好报告很有帮助。胡锦涛代表中共中央向大家表示感谢，并要求报告起草组认真研究吸收大家提出的意见。胡锦涛强调，全面建成小康社会，是包括广大统一战线成员在内的全国各族人民的共同目标和共同事业，需要中国共产党和各民主党派、工商联和无党派人士共同努力。希望同志们加深对国内外发展大势的认识，加深对中国特色社会主义的认识，加深对全面建成小康社会和全面深化改革开放目标的认识，加深对中国特色社会主义事业总体布局的认识，为全面建成小康社会作出新的更大的贡献。中国共产党坚持长期共存、互相监督、肝胆相照、荣辱与共的方针，加强同民主党派团结合作，巩固和发展最广泛的爱国统一战线，最大限度凝聚和运用各方面的智慧和力量，最大限度调动和发挥全社会的积极性、主动性、创造性，共同为坚持和发展中国特色社会主义而努力奋斗。

11. 中共中央召开党外人士座谈会征求对经济工作的意见和建议。11 月 30 日，中共中央在中南海召开党外人士座谈会，就当前经济形势和明年经济工作听取各民主党派中央、全国工商联领导人和无党派人士意见和建议。中共中央总书记习近平主持座谈会并发表重要讲话。国务院总理温家宝，中共中央政治局常委李克强、张德江、俞正声、刘云山、王岐山、张高丽出席座谈会。温家宝通报了经济工作有关情况，介绍了中共中央、国务院关于做好明年经济工作的考虑。座谈会上，民革中央主席周铁农、民盟中央主席蒋树声、民建中央主席陈昌智、民进中央主席严隽琪、农工党中央主席桑国卫、致公党中央主席万钢、九三学社中央主席韩启德、台盟中央主席林文漪、全国工商联主席黄孟复、无党派人士林毅夫先后发言。他们赞同中共中央、国务院对当前我国经济形势的分析和对明年经济工作的考虑，并就促进居民增收、加大与民生直接相关的基础设施建设、加强生态文明建设、深化国企改革、加大战略性新兴产业扶持力度、实施创新驱动发展战略、提高财政投入效率、加快金融体制改革步伐、加快推进完善营业税改增值税试点工作、深化两岸经贸合作等提出意见和建议。在认真听取了大家的发言后，习近平作了重要讲话。他表示，大家在发言中充分肯定了今年以来经济工作取得的成绩，并围绕做好经济工作提出了具有针对性和可操作性的意见和建议，对做好经济工作很有帮助，我们将认真研究。习近平指出，今年以来，面对国际经济的复杂环境，面对国内改革发展稳定的繁重任务，我们坚持以科学发展为主题、以加快转变经济发展方式为主线，按照稳中求进的工作总基调，及时加强和改善宏观调控，把稳增长放在更加重要位置，在稳增长、调结构、促改革、惠民生等方面都取得了积极进展。各民主党派中央、全国工商联和无党派人士坚持服务国家中心工作，紧扣主题主线，深入基层，就公共服务、金融改革、资源环境、科技创新、社会管理、节能环保、城乡统筹、农村文化事业等方面进行了认真调研，向中共中央、国务院提出意见和建议，为我们科学决策、科学施政发挥了重要作用，为推动经济社会发展作出了重要贡献。习近平代表中共中央、国务院，向各民主党派、工商联和无党派人士表示衷心的感谢。习近平最后希望各民主党派、工商联和无党派人士深入学习贯彻中共十八大精神，把各级组织和广大成员思想认识统一到中共十八大确定的大政方针和工作部署上来，增进对中国特色社会主义的道路自觉、理论自觉、制度自觉，发挥自身优势和特点，抓住重点，认真履职，为实现中共十八大确定的目标更加广泛地凝聚人心、汇聚力量。

12. 习近平走访各民主党派中央和全国工商联。12月24日至25日上午，中共中央总书记习近平和中共中央政治局常委俞正声一起，分别走访了中国国民党革命委员会、中国民主同盟、中国民主建国会、中国民主促进会、中国农工民主党、中国致公党、九三学社、台湾民主自治同盟中央和中华全国工商业联合会，共商巩固和发展爱国统一战线、坚持和完善中国共产党领导的多党合作和政治协商制度的大计。习近平同各民主党派中央和全国工商联的领导机构成员进行了座谈，并发表重要讲话。他强调，要坚定不移坚持和完善中国共产党领导的多党合作和政治协商制度，支持民主党派更好履行参政党职能，充分发挥自身优势，最大限度调动一切积极因素、凝聚一切积极力量，为实现中共十八大确定的奋斗目标和工作任务而奋斗。习近平强调，实现中华民族伟大复兴，需要全体中华儿女携手努力。中共中央将坚定不移坚持和完善中国共产党领导的多党合作和政治协商制度，坚定不移贯彻长期共存、互相监督、肝胆相照、荣辱与共的方针，加强同民主党派合作共事，支持民主党派更好履行参政议政、民主监督职能。各民主党派人才荟萃、各具优势。希望各民主党派弘扬优良传统，团结带领广大成员为全面建成小康社会、实现社会主义现代化、实现中华民族伟大复兴作出新的贡献。在全国工商联的座谈会上，全国工商联主席王钦敏介绍了情况。习近平希望全国工商联新一届领导班子团结带领广大会员牢牢把握促进非公有制经济健康发展和非公有制经济人士健康成长的工作主题，引导非公有制经济人士做合格的中国特色社会主义事业建设者。

13. 全国统战部长会议举行。12月29日，全国统战部长会议在北京举行。中共中央政治局常委俞正声出席会议并讲话，强调统一战线要把学习贯彻党的十八大精神作为当前和今后一个时期的首要政治任务，牢牢把握坚持和发展中国特色社会主义这条主线，紧密结合党外人士的思想实际和统一战线的工作实际，引导统一战线广大成员切实增强道路自信、理论自信、制度自信，把智慧和力量凝聚到实现十八大确定的目标任务上来。俞正声指出，党的十七大以来，统一战线围绕党和国家工作全局作出了重要贡献，为今后工作打下了坚实基础。在新形势下，我们党建立的一整套完备的统一战线理论政策体系需要继续学习落实，统一战线形成的团结、和谐、开拓、活跃的良好局面需要不断巩固发展，各级统战部门创造和积累的实践经验需要深入总结运用，努力推动统一战线接续发展。俞正声强调，统一战线历来是党和国家全局工作中一个极为重要的方面。在社会主义初级阶段，我们长期面临生产力不够发达的现实，需要调动各方力量共同奋斗；面对各种利益关系调整所带来的矛盾，需要协调关系、积极化解；处于社会结构剧烈变动、思想观念多元多样的状态，需要开放包容、凝聚共识；坚持不懈地追求中华民族伟大复兴的“中国梦”，需要创造和谐的外部环境、推进祖国和平统一。这些都有赖于充分发挥统一战线法宝作用，也对统一战线提出了新的时代课题。俞正声指出，各领域统战工作都有各自特点，也具有共性要求，必须善于把握规律、抓住重点。要正确处理一致性和多样性的关系，始终坚持并不断增进共识，以博大的胸怀对待不同党派、民族、阶层、宗教信仰者以及不同社会制度下的广大成员，实现和而不同基础上的团结。要充分发挥党外人士的监督作用，真心诚意地欢迎党外人士帮助我们改正工作中的缺点和错误。要广交深交党外朋友，虚心向他们学习，认真听取他们的意见，切实解决他们遇到的困难，真正为党交到一批挚友、诤友。俞正声要求各级党委高度重视统战工作，认真落实中央关于加强党对统战工作领导的要求，积极为统战部门工作开展创造条件。广大统战干部要切实转变工作作风，加强理论学习，深入研究问题，不断在实践中创造新经验、实现新发展。

四、港澳台工作

1. 贾庆林出席对台工作会议并作重要讲话。2 月 29 日至 3 月 1 日，2012 年对台工作会议在北京举行。中共中央政治局常委、全国政协主席贾庆林出席会议并作重要讲话。贾庆林强调，各地各部门要坚持中央对台工作大政方针，继续深入贯彻胡锦涛总书记“12•31”重要讲话精神，以持续推进两岸关系和平发展为主题，以深入贯彻寄希望于台湾人民的方针为主线，进一步扎实有效做好各项对台工作，进一步巩固深化两岸关系和平发展，为实现祖国和平统一大业创造有利条件。会议强调，各地各部门要按照中央的要求，围绕持续推进两岸关系和平发展这一主题开展各项工作，把贯彻寄希望于台湾人民的方针落到实处，积极进取，务求实效，推动两岸关系取得更扎实的进展、更丰硕的成果。要巩固大陆和台湾同属一个中国的框架，努力增进两岸政治互信，继续反对和遏制“台独”分裂活动，使台湾民众进一步认识到台湾和大陆不能对立和分割，维护两岸关系继续稳定发展的宏观环境。要务实推进两岸协商，全面深化经济合作，促进两岸经济合作框架协议后续商谈取得新进展，并且继续为今后破解两岸政治难题创造条件。要大力促进各领域交流，继续加强文化教育交流，积极扩大两岸人民往来，努力为两岸同胞谋福祉，使交流合作的成果惠及更多台湾基层民众。要不断团结和汇聚一切支持两岸关系和平发展的各界人士，不断筑牢两岸关系和平发展的政治、经济、文化、社会基础，继续构建两岸关系和平发展框架。

2. 胡锦涛会见吴伯雄。3 月 22 日下午，中共中央总书记胡锦涛在人民大会堂会见了中国国民党荣誉主席吴伯雄。胡锦涛强调，在反对“台独”、认同“九二共识”的基础上推动两岸关系和平发展，符合两岸同胞的共同愿望，符合中华民族的整体利益，符合时代发展进步的潮流。我们应该沿着这条正确道路继续向前迈进，不断巩固成果、深化合作，努力再创新局，为台海地区谋和平，为两岸同胞谋福祉，为中华民族谋复兴。

3. 温家宝会见梁振英。4 月 10 日，国务院总理温家宝在中南海紫光阁会见了新当选并获任命的香港特别行政区第四任行政长官梁振英，代表国务院向梁振英颁发了任命他为中华人民共和国香港特别行政区第四任行政长官的国务院令。

4. 胡锦涛会见梁振英。4 月 11 日下午，国家主席胡锦涛在中南海会见了新当选并获任命的香港特别行政区第四任行政长官梁振英。胡锦涛对梁振英当选并被任命为香港特别行政区第四任行政长官表示祝贺。胡锦涛说，作为香港特别行政区新一任行政长官，你责任重大，使命光荣。中央对你寄予厚望，香港市民对你充满期待。中央相信你和新一届特区政府一定能够团结带领香港社会各界人士，和衷共济、同心协力、继往开来，努力发展经济、改善民生、推进民主、促进和谐，共同开创香港长期繁荣稳定的新局面，为“一国两制”在香港的成功实践作出更大贡献。中央将继续坚定不移地贯彻“一国两制”、“港人治港”、高度自治的方针，严格按照基本法办事，全力支持你和特区政府依法施政。我们对香港的美好未来充满信心。

5. 贾庆林会见中国共产党全国台湾省籍党员代表会议代表。4 月 27，中国共产党全国台湾省籍党员代表会议在北京闭幕。中共中央政治局常委、全国政协主席贾庆林会见全体代表并讲话。贾庆林说，党的十八大将于今年下半年在北京召开。这是我们党在全面建设小康社会的关键时期和深化改革开放、加快转变经济发展方式的攻坚时期召开的一次十分重要的会议，是全党全国各族人民政治生活中的一件大事。希望当选的台湾省籍党员代表，不辜负广大台籍党员和群众的重托，以高度的政治责任感和历史使命感，认真履行职责，为开好十八大作出应有的贡献。贾庆林指出，当前两岸关系和平发展正在由开创期进入巩固深化的新阶段。希望大家继续发挥自身优势，进一步广泛团结岛内、港澳和海外台湾同胞，引导和争取更多的台湾同胞共同致力于促进两岸关系和平发展。要大力推进两岸文化交流合作，共同继承和弘扬中华优秀文化，为深化两岸关系和平发展夯实思想文化基础。要坚持深入基层、深入民众，了解台湾同胞的思想状态和实际需求，有针对性地开展为民谋利和争取民心的工作。

6. 贾庆林出席第二届台胞社团论坛开幕式。5 月 11 日上午，第二届台胞社团论坛在北京人民大会堂举行。中共中央政治局常委、全国政协主席贾庆林出席并讲话。贾庆林希望包括台胞社团在内的广大民间组织，充分发挥各自优势，更广泛地团结两岸各界各阶层民众，更积极地促进两岸民间大交流大合作，为巩固深化两岸关系和平发展作出新的更大贡献。第一，实现中华民族伟大复兴应当成为共同旗帜。要从民族大义出发，凝聚起共同意志，保两岸同胞之福祉，扬中华儿女之尊严，共享中华民族伟大复兴的辉煌与荣耀。第二，扩大两岸关系和平发展成果应当成为共同使命。要在增强两岸关系和平发展的政治、经济、文化和社会基础方面多下功夫，在清除“去中国化”的“台独”思想方面多做努力，在推动两岸经贸合作、文化交流、人员往来等方面多做实事，努力使交流合作的成果惠及更多台湾基层民众。第三，深化两岸民间交流应当成为共同任务。要全方位、多领域推动两岸民间交流往来，不断开辟新渠道，构建新平台，创造新形式，汇聚一切支持两岸关系和平发展的各行各界民间人士，投身于两岸大交流大合作的时代潮流。两岸同胞应当牢牢把握两岸关系和平发展的主题，心手相连，情谊相牵，为两岸关系和平发展，为中华民族繁荣昌盛共同努力奋斗。

7. 第四届海峡论坛大会举行。6 月 17 日上午，第四届海峡论坛大会在厦门海峡会议中心隆重举行。中共中央政治局常委、全国政协主席贾庆林出席并致辞。受胡锦涛总书记的委托，贾庆林代表中共中央，对第四届海峡论坛的举办表示热烈祝贺。贾庆林就新形势下如何扩大和深化两岸民间交流，提出四点意见：第一，进一步保持两岸民间交流蓬勃发展的良好势头。第二，进一步发挥两岸民间交流汇聚民意的积极作用。第三，进一步通过两岸民间交流增进广大民众的福祉。第四，进一步提高两岸民间交流的质量和水平。

8. 庆祝香港回归祖国 15 周年大会暨香港特别行政区第四届政府就职典礼隆重举行。7 月 1 日上午，庆祝香港回归祖国 15 周年大会暨香港特别行政区第四届政府就职典礼在香港会展中心隆重举行，中共中央总书记、国家主席、中央军委主席胡锦涛出席并发表重要讲话。胡锦涛强调，中央政府实行“一国两制”、“港人治港”、高度自治方针将毫不动摇，全力支持香港特别行政区行政长官和政府依法施政将毫不动摇，同香港各界人士一道维护和促进香港长期繁荣稳定将毫不动摇。在中央政府、香港特别行政区政府和社会各界人士共同努力下，“一国两制”实践一定会越来越丰富，香港与祖国内地共同繁荣发展的道路一定会越走越宽广。

9. 贾庆林会见中国国民党荣誉主席吴伯雄。7 月 27 日下午，中共中央政治局常委、全国政协主席贾庆林在哈尔滨太阳岛宾馆会见了中国国民党荣誉主席吴伯雄和应邀出席第八届两岸经贸文化论坛的两岸各界人士。贾庆林指出，今年 3 月，在两岸关系面临继往开来新形势的时刻，胡锦涛总书记与吴伯雄荣誉主席在北京会见，围绕进一步发展两岸关系达成重要共识，明确了努力方向；就两岸同属一个中国形成了更为清晰的共同认知，增进了政治互信。我们两党应当本着对历史负责、对人民负责的态度，继续落实好这些共识，推动两岸关系不断向前迈进，把两岸关系和平发展的根基扎得更牢固，让两岸同胞、所有中华儿女都拥有充满光明的愿景。贾庆林强调，两岸目前尚未统一，双方对一个中国的政治意涵存在某些分歧是难以避免的，在这些分歧没有解决之前，只要双方确认中国的领土和主权没有分裂、两岸同属一个中国、两岸关系并非国与国关系这一客观事实，都是有积极意义的，都是有利于维护一个中国框架和两岸关系和平发展的。贾庆林指出，过去几年两岸关系发展的经验表明，只要两岸双方在建立政治互信基础上搁置争议、求同存异，保持良性互动、相互释放善意，两岸关系就会呈现积极和谐气氛，就比较容易取得实际成果。当前两岸关系和平发展进入巩固深化的新阶段，希望双方进一步加强沟通，善意互动，使两岸关系保持良性健康的发展势头，不断取得新的成果，更多地造福两岸同胞。

10. 第八届两岸经贸文化论坛开幕。7 月 28 日上午，第八届两岸经贸文化论坛在黑龙江省哈尔滨市隆重开幕。中共中央政治局常委、全国政协主席贾庆林和中国国民党荣誉主席吴伯雄出席开幕式并致辞。贾庆林指出，过去四年是台海局势最为安定祥和、两岸关系改善发展取得成果最为丰硕的四年，是两岸关系发展进程中具有里程碑意义的四年。两岸关系开创了和平发展新局面，焕发出蓬勃的生机和活力，已经并将继续对台海局势及其发展趋势产生深刻影响，具有重大而深远的意义。四年多来两岸关系和平发展的全新实践给我们带来许多有益的启示，积累了十分宝贵的经验。第一，两岸关系和平发展符合两岸同胞的共同期待和中华民族的根本利益，是一条正确的康庄大道。第二，在建立政治互信基础上求同存异、良性互动，是两岸关系改善发展的重要条件。第三，按照先易后难、循序渐进的思路推进两岸协商和各领域交流，是拓展两岸关系的有效途径。第四，两岸同胞的广泛参与和普遍支持，是两岸关系持续发展的根本动力。贾庆林强调，当前，两岸关系和平发展已是人心所向、大势所趋，虽然前进道路上还将遇到各种困难和挑战，但我们坚信，只要最广泛地团结两岸同胞，沿着这条道路坚定不移地走下去，就一定能不断开辟两岸关系和平发展更加光明的前景。贾庆林为此提出四点意见：一是巩固政治基础，保持和平发展势头。二是深化经贸合作，扩大和平发展成效。三是加强文教交流，拓展和平发展内涵。四是造福两岸同胞，汇聚和平发展力量。

11. 贾庆林会见澳门地区中国和平统一促进会访京团。8 月 23 日，中共中央政治局常委、全国政协主席、中国和平统一促进会会长贾庆林在人民大会堂会见了以崔世昌、刘艺良为团长的澳门地区中国和平统一促进会访京团一行。贾庆林指出，澳门回归 13 年来的成功实践充分证明，“一国两制”方针顺应了时代潮流和历史趋势，把握了民族根本利益和国家核心利益，激发了澳门同胞的主人翁责任感，具有强大的生命力，是完成祖国和平统一大业的正确方针。贾庆林说，爱国爱澳始终是澳门社会的主流核心价值。澳门地区中国和平统一促进会是推动反“独”促统运动、推进两岸关系和平发展的重要力量。贾庆林对澳门统促会提出四点希望。一是切实维护澳门的长期繁荣稳定，更好地发挥“一国两制”的示范作用；二是牢牢把握持续推进两岸关系和平发展主题，为巩固深化两岸关系和平发展凝聚共识和力量；三是紧紧抓住争取台湾民心这一工作主线，不断深化澳台两地交流合作；四是高举反“台独”、反分裂的鲜明旗帜，坚定不移地反对一切分裂祖国的行径。

12. 贾庆林会见海基会新任董事长林中森。10 月 17 日下午，中共中央政治局常委、全国政协主席贾庆林在人民大会堂会见了海基会新任董事长林中森。贾庆林强调，当前，两岸关系和平发展进入巩固深化的新阶段。两岸双方都应该顺应两岸民众的愿望，采取进一步积极措施，为不断开创两岸关系和平发展的新局面作出更大努力。一是要进一步坚定信念。实践已经证明，两岸关系和平发展符合两岸同胞的共同期待，符合中华民族的整体利益，也增进了台湾同胞的福祉。坚定走两岸关系和平发展道路的信念，就是对历史负责，对人民负责，对未来负责。二是要进一步巩固基础。其中的首要关键是巩固和强化反对“台独”、坚持“九二共识”的政治基础。两岸关系越往前发展，越需要双方在事关维护一个中国框架这一原则问题上形成更为清晰的共同认知和一致立场，促进民众更为明确地树立两岸同胞一家人的观念。这样就能为再创两岸关系新局提供新的动力，为解决两岸之间的难题开辟新的前景，为扩大两岸同胞尤其是台湾同胞的福祉创造新的条件。三是要进一步发挥智慧。要在建立互信基础上求同存异，管控分歧，进而逐步聚同化异，不断克服前进道路上的各种干扰；要相互释放善意，加强良性互动，按照先易后难、循序渐进的思路和互惠互利、共创双赢的方向推进商谈，不断拓展两岸关系前进的道路。四是要进一步增强勇气。两岸关系不进则退，前进道路上虽然有困难和阻碍，但不能因此裹足不前，应该积极有为，努力推动两岸关系继续向前迈进。希望台湾方面奉行更加积极的大陆政策，切实促进和深化两岸各领域的合作，并以此推动台湾经济社会的健康发展。

13. 习近平会见崔世安。12 月 20 日下午，中共中央总书记、国家副主席习近平在中南海会见了来北京述职的澳门特别行政区行政长官崔世安，听取了他对澳门当前形势和特别行政区政府工作情况的汇报。习近平表示，今天是澳门回归祖国 13 周年的日子，首先请崔世安转达对澳门同胞的亲切问候和良好祝愿。当前澳门总体形势良好，崔世安和特别行政区政府团结社会各界人士共同努力，保持了澳门繁荣稳定和发展，中央对崔世安和特别行政区政府的工作是肯定的。习近平指出，中央会一如既往贯彻执行“一国两制”、“澳人治澳”、高度自治的方针和澳门基本法，一如既往支持行政长官和特别行政区政府依法施政，一如既往支持澳门特别行政区发展经济、改善民生、推进民主、促进和谐。我们对国家和民族的未来充满信心，也坚信澳门各项事业一定会发展得更好。

14. 习近平会见梁振英。12 月 20 日下午，中共中央总书记、国家副主席习近平在中南海会见了来北京述职的香港特别行政区行政长官梁振英，听取了他对香港当前形势和特别行政区政府工作情况的汇报。习近平表示，新一届特别行政区政府就任以来，梁振英带领特别行政区政府管治团队奋发进取、务实有为，中央对梁振英和特别行政区政府的工作是肯定的，将继续坚定支持特别行政区政府依法施政。习近平指出，大家都很关心中央领导集体实现新老交替后，中央对香港、澳门的方针政策会不会发生变化。今天，我想借此机会重申：中央贯彻落实“一国两制”、严格按照基本法办事的方针不会变；支持行政长官和特别行政区政府依法施政、履行职责的决心不会变；支持香港、澳门两个特别行政区发展经济、改善民生、推进民主、促进和谐的政策也不会变。中共十八大提出的关于港澳工作的大政方针，同中央长期以来对港澳工作的方针政策是一脉相承的。关键是要全面准确理解和贯彻“一国两制”方针，切实尊重和维护基本法权威。习近平强调，国家发展形势很好，全面建成小康社会、实现中华民族伟大复兴的壮丽前景已经展现在我们面前。我说过，实现中华民族伟大复兴是中华民族近代以来最伟大的梦想。我相信，广大香港同胞对此也是念兹在兹的。我也相信，具有强烈民族自尊心和自豪感的广大香港同胞，一定会同全国人民一道，为实现中华民族伟大复兴贡献力量。

五、党际交往活动

1. 李长春会见越共中央政治局委员苏辉若。2 月 16 日，中共中央政治局常委李长春在人民大会堂会见了越共中央政治局委员、中央书记处书记、中央组织部部长苏辉若。李长春积极评价中越关系的良好发展势头。他说，去年 10 月，两党总书记就新形势下加强中越两党两国关系达成重要共识，一致表示要增进政治互信，促进互利合作，妥善处理分歧，推动中越关系稳定健康发展。中方愿与越方一道，坚持“长期稳定、面向未来、睦邻友好、全面合作”方针和“好邻居、好朋友、好同志、好伙伴”精神，全面落实上述共识，共同把中越传统友谊维护好、巩固好、发展好，推动两国全面战略合作伙伴关系深入发展。李长春说，加强党建经验交流，是中越两党交往的重要内容，对加强和改进两党建设、推进各自社会主义现代化建设具有重要意义。中国共产党愿同越南共产党一道，认真落实好两党2011—2015年合作计划，为两党两国事业兴旺发达提供坚强的思想、组织、作风和人才保障。

2. 胡锦涛会见朝鲜劳动党代表团。4月23日下午，中共中央总书记、国家主席胡锦涛在人民大会堂会见了由朝鲜劳动党中央政治局候补委员、中央书记、国际部部长金永日率领的朝鲜劳动党代表团。胡锦涛表示，中朝传统友谊是两党两国老一辈革命家亲手缔造和培育的，是我们共同的宝贵财富。不断巩固和发展中朝友好合作关系是中国党和政府坚定不移的方针。我们将一如既往本着继承传统、面向未来、睦邻友好、加强合作的精神，同朝鲜同志一道，保持高层交往和党际交流，促进务实合作和睦邻友好，加强在重大国际和地区问题上的战略沟通和协调，为维护半岛持久和平稳定，实现东北亚长治久安，促进共同发展而不懈努力。

3. 胡锦涛致信祝贺梅德韦杰夫当选俄罗斯统一俄罗斯党新一届主席。5月26日，中共中央总书记胡锦涛致信梅德韦杰夫，祝贺他当选俄罗斯统一俄罗斯党新一届主席，祝愿统一俄罗斯党在实现国家繁荣富强的伟大事业中取得更大成就。胡锦涛在贺信中表示，中国共产党与统一俄罗斯党友好关系的建立，丰富了中俄关系的内涵，拓展了双方交流合作的领域，为相互学习借鉴治国理政经验搭建了重要平台。中国共产党愿进一步巩固和加强同统一俄罗斯党的友好关系，推动平等互信、相互支持、共同繁荣、世代友好的中俄全面战略协作伙伴关系深入发展。

六、自身建设

1. 十七届中央纪律检查委员会第七次全体会议召开。1月8日至10日，中国共产党十七届中央纪律检查委员会第七次全体会议在北京举行。会议全面贯彻党的十七大和十七届三中、四中、五中、六中全会精神，高举中国特色社会主义伟大旗帜，以邓小平理论和“三个代表”重要思想为指导，深入贯彻落实科学发展观，回顾总结了2011年党风廉政建设和反腐败工作，科学分析了当前的反腐倡廉形势，研究部署了2012年任务。全会审议通过了贺国强同志代表中央纪委常委会所作的《统一思想认识，加大工作力度，坚定不移将党风廉政建设和反腐败斗争引向深入》的工作报告。中共中央总书记胡锦涛出席全会第二次大会并发表了重要讲话。吴邦国、温家宝、贾庆林、李长春、习近平、李克强、贺国强、周永康等党和国家领导人出席了会议。全会认真学习了胡锦涛同志的重要讲话，一致认为，讲话从党和国家事业发展全局和战略的高度，全面总结了党风廉政建设和反腐败斗争取得的新成效和新经验，科学分析了当前的反腐倡廉形势，明确提出了今年党风廉政建设和反腐败工作的总体要求和主要任务，深刻阐述了保持党的纯洁性的极端重要性、紧迫性以及总体要求、工作重点。胡锦涛同志的重要讲话，是对马克思主义党的建设理论的创新和发展，对于指导当前和今后一个时期党风廉政建设和反腐败斗争、全面推进党的建设新的伟大工程、保持党的先进性和纯洁性，对于推动全面做好党和国家各项工作、夺取全面建设小康社会新胜利、开创中国特色社会主义事业新局面，具有重大而深远的意义。全党同志特别是广大纪检监察干部一定要认真学习领会、坚决贯彻落实。全会强调，2012 年党风廉政建设和反腐败工作总的要求是：全面贯彻党的十七大和十七届三中、四中、五中、六中全会精神，高举中国特色社会主义伟大旗帜，以邓小平理论和“三个代表”重要思想为指导，深入贯彻落实科学发展观，坚持标本兼治、综合治理、惩防并举、注重预防的方针，严明党的纪律，加强党的作风建设，推进惩治和预防腐败体系建设，着力解决反腐倡廉建设中人民群众反映强烈的突出问题，突出工作重点，狠抓任务落实，以党风廉政建设和反腐败斗争的新成效迎接党的十八大胜利召开。全会号召，全党同志要更加紧密地团结在以胡锦涛同志为总书记的党中央周围，振奋精神、开拓进取、团结奋斗、努力工作，不断取得党风廉政建设和反腐败斗争新成效，为推动经济社会又好又快发展、迎接党的十八大胜利召开作出应有贡献！

2. 习近平出席全国创先争优理论研讨会并讲话。5 月 21 日，全国创先争优理论研讨会在北京召开。中共中央政治局常委、中央书记处书记、国家副主席习近平出席会议并讲话。他强调，创先争优活动是在新的形势下保持党的先进性和纯洁性的一次有益探索。通过开展创先争优活动，提高了基层党组织的战斗力和党员队伍的素质，密切了党群、干群关系，增强了各级党委聚精会神抓党建和重视基层、加强基层、服务基层的自觉性，为加强党的先进性和纯洁性建设提供了新的经验和重要启示。

3.《关于加强和改进非公有制企业党的建设工作的意见（试行）》印发执行。5 月 25 日《人民日报》：中共中央办公厅近日印发了《关于加强和改进非公有制企业党的建设工作的意见（试行）》，并发出通知，要求各地区各部门结合实际认真贯彻执行。《意见》分为七个部分：（1）明确非公有制企业党组织的功能定位。（2）建立健全领导体制和工作机制。（3）努力推进党的组织和工作覆盖。（4）探索党组织和党员发挥作用的有效途径。（5）加强以党组织书记为重点的党务工作者队伍建设。（6）加强对非公有制企业出资人的教育引导。（7）强化非公有制企业党建工作保障。

4. 全国创先争优表彰大会召开。6 月 28 日下午，全国创先争优表彰大会在北京人民大会堂召开。会前，中共中央总书记、国家主席、中央军委主席胡锦涛亲切会见与会的全国创先争优先进基层党组织、优秀共产党员和创先争优活动先进县（市、区、旗）党委代表。胡锦涛总书记代表党中央，向全国 8200 万名共产党员表示诚挚问候，向受到表彰的创先争优先进基层党组织和优秀共产党员表示热烈祝贺。习近平、贺国强参加会见并出席表彰大会。习近平系统阐述了新的形势下充分发挥党的独特优势问题。他指出，中国共产党在 91 年的奋斗中形成了自己的理论优势、政治优势、组织优势、制度优势和密切联系群众的优势。这种独特优势，具有决定性的意义和力量，是我们党始终保持先进性和纯洁性的根本法宝。正是这种优势的坚持发挥，使我们党能够由小到大、由弱到强，团结带领全国各族人民谱写了中国革命、建设、改革的壮丽篇章，根本改变了中国人民和中华民族的前途和命运。习近平强调，在新的形势下，我们要十分珍惜这些优势，在建设中国特色社会主义历史进程中始终坚持和充分发挥这些优势。

5. 中央纪委第八次全会举行。11 月 3 日至 4 日，中国共产党第十七届中央纪律检查委员会第八次全体会议在北京举行。中央纪律检查委员会常务委员会主持会议，中共中央政治局常委、中央纪律检查委员会书记贺国强作了重要讲话。全会审议并通过了中共中央纪律检查委员会向党的第十八次全国代表大会的工作报告，同意将报告提请党的第十八次全国代表大会审查。全会要求，各级纪委要紧密团结在以胡锦涛同志为总书记的党中央周围，勇于进取，扎实工作，不断取得党风廉政建设和反腐败斗争新成效，为圆满完成党的十八大各项战略决策部署、实现全面建成小康社会的奋斗目标作出更大贡献！

6. 中共中央政治局召开会议审议八项规定。12 月 4 日，中共中央政治局召开会议，审议中央政治局关于改进工作作风、密切联系群众的八项规定，分析研究 2013 年经济工作。中共中央总书记习近平主持会议。会议一致同意关于改进工作作风、密切联系群众的八项规定：（1）要改进调查研究，切忌走过场、搞形式主义；要轻车简从、减少陪同、简化接待。（2）要精简会议活动，切实改进会风；提高会议实效，开短会、讲短话，力戒空话、套话。（3）要精简文件简报，切实改进文风，没有实质内容、可发可不发的文件、简报一律不发。（4）要规范出访活动，严格控制出访随行人员，严格按照规定乘坐交通工具。（5）要改进警卫工作，减少交通管制，一般情况下不得封路、不清场闭馆。（6）要改进新闻报道，中央政治局同志出席会议和活动应根据工作需要、新闻价值、社会效果决定是否报道，进一步压缩报道的数量、字数、时长。（7）要严格文稿发表，除中央统一安排外，个人不公开出版著作、讲话单行本，不发贺信、贺电，不题词、题字。（8）要厉行勤俭节约，严格执行住房、车辆配备等有关工作和生活待遇的规定。

7. 中共中央政治局召开会议研究部署党风廉政建设和反腐败工作。12 月 31 日，中共中央政治局召开会议，听取中央纪律检查委员会工作汇报，研究部署 2013 年党风廉政建设和反腐败工作。中共中央总书记习近平主持会议。会议指出，党的十八大科学判断反腐败斗争形势，对当前和今后一个时期党风廉政建设和反腐败工作作出新部署。新形势下，反腐败斗争形势依然严峻，少数党员干部宗旨意识淡薄，形式主义、官僚主义问题突出，奢侈浪费现象严重，一些领域消极腐败现象易发多发，个别领导干部特别是高级干部严重违纪违法。全党必须增强忧患意识、风险意识、责任意识，既坚定果断刹风整纪，加大办案力度，坚决遏制腐败现象蔓延势头，又树立长期作战思想，注重深化改革，健全体制机制，加强源头治理，不断铲除腐败现象滋生蔓延的土壤，不断以反腐倡廉实际成效推进廉洁政治建设。会议强调，2013 年，各级党委、政府和纪检监察机关要以党的十八大精神为指导，认真学习贯彻习近平同志关于反腐倡廉的重要论述，坚持党要管党、从严治党，坚持标本兼治、综合治理、惩防并举、注重预防，全面推进惩治和预防腐败体系建设，着力严明党的纪律特别是政治纪律，切实转变领导机关和领导干部工作作风，认真解决反腐倡廉中的突出问题，明确重点、狠抓落实，改革创新、攻坚克难，推动党风廉政建设和反腐败斗争向纵深发展。会议要求，坚决维护党章的权威性和严肃性，加强对党的路线方针政策和决议执行情况的监督检查，加强对党的政治纪律、组织纪律、宣传纪律、群众工作纪律执行情况的督促检查，维护党的集中统一。认真落实中央关于改进工作作风、密切联系群众的八项规定，严格执行廉洁从政有关规定，反对形式主义、官僚主义，坚决制止奢侈浪费。把监督执行八项规定作为经常性工作，制定监督检查办法和纪律处分规定，强化日常监督，做到出实招、动真格、见实效。坚持有案必查、有腐必惩，严肃查办违纪违法案件，保持惩治腐败高压态势。加大预防腐败工作力度，加强反腐倡廉教育，强化对权力运行的制约和监督，推进反腐倡廉法规制度建设。加强基层党风廉政建设，深入开展纠风和专项治理，认真解决发生在群众身边的不正之风和腐败问题。用铁的纪律打造人民满意的纪检监察干部队伍，树立纪检监察干部忠诚可靠、服务人民、刚正不阿、秉公执纪的良好形象。

贾小明　中央社会主义学院科研部主任

中国国民党革命委员会

2012年,民革全党认真学习贯彻中共十七大和十七届三中、四中、五中、六中全会精神,认真学习领会中共十八大精神，以科学发展观为统领，紧紧围绕中共中央、国务院的中心工作，按照“三个牢牢把握”的民革工作方针，大力加强思想理论建设，全面完成省级组织换届，深入开展参政议政和社会服务工作、促进祖国和平统一工作，各项工作取得新进展。

一、重要会议及活动

2012年，民革中央领导机构根据党章规定，通过召开全国代表大会、中全会、中常会、中央监督委员会会议、专题工作会议来领导全党工作，同时民革中央还在本年的有关重大事件和纪念日召开了多种形式的座谈会和纪念会。

（一）民革第十二次全国代表大会

12月12日至18日，中国国民党革命委员会第十二次全国代表大会在北京召开。

12月12日下午，民革第十二次全国代表大会开幕会在人民大会堂隆重举行。中共中央政治局常委、国务院副总理张德江会见全体与会代表，并代表中国共产党中央委员会向大会致贺词。贺词中说，民革成立60多年来，始终与中国共产党风雨同舟、同心同德，在争取民族独立和人民解放的伟大斗争中并肩作战，在社会主义革命和建设的伟大进程中携手前行，在改革开放和社会主义现代化建设的伟大实践中亲密合作，为中国革命、建设、改革作出了重要贡献。希望民革带领广大成员，深入学习贯彻中共十八大精神，积极履行参政议政、民主监督职能，以更加饱满的政治热情投身改革开放伟大实践，发挥社会和法制领域人才优势，围绕加强和创新社会管理、全面推进依法治国等经济社会发展中的重要问题深入考察调研，积极建言献策，为社会主义现代化建设作出更大贡献。希望民革充分发挥在台湾和海内外联系广泛的优势，巩固交往成果、深化交流内涵、拓展工作领域，为促进两岸交流合作、实现祖国和平统一贡献力量。相信民革新一届中央领导机构一定能够继承优良传统，深化政治交接，团结带领广大成员坚持中国共产党的领导，坚持走中国特色社会主义政治发展道路，加强自身建设，提高履职能力，开创各项工作崭新局面。

大会主席团常务主席厉无畏主持开幕会。大会主席团常务主席周铁农致开幕词，他首先代表大会主席团，向莅临大会的中共中央、全国人大、国务院、全国政协的领导同志，向中共中央统战部、各民主党派中央、全国工商联和各有关部委、团体的领导同志表示热烈的欢迎和衷心的感谢，向出席大会的全体同志致以亲切的问候。

周铁农同志说，在中国国民党革命委员会第十二次全国代表大会召开的庄严时刻，我们深切缅怀伟大的革命先行者孙中山先生，深切怀念民革名誉主席宋庆龄同志，深切怀念为民革的创立和发展作出卓越贡献的老一辈民革领导人，深切怀念为建立新中国而英勇牺牲的民革先烈，他们的光辉业绩和崇高品质将永远铭记在我们心中。这次大会要在中国特色社会主义伟大旗帜指引下，以邓小平理论、“三个代表”重要思想、科学发展观为指导，认真学习贯彻中共十八大精神，总结成绩和经验，部署今后的工作。这次大会还将产生第十二届中央委员会，实现新老交替和政治交接，意义十分重大。全体代表要以高度的政治责任感、历史使命感和饱满的热情开好这次大会，正确行使民主权利，认真履行代表职责，确保大会各项议程顺利完成。

全国人大常委会副委员长、民建中央主席陈昌智代表各民主党派中央、全国工商联向大会致贺词。中共中央政治局委员、国务委员、国务院秘书长马凯，全国政协副主席王刚，全国人大常委会副委员长路甬祥，中共中央统战部部长令计划，民革中央原主席何鲁丽，中共中央统战部常务副部长张裔炯，中共中央台湾工作办公室主任王毅及各民主党派中央、全国工商联有关领导同志，国家有关部委、人民团体负责同志出席开幕会。

随后，周铁农同志代表民革第十一届中央委员会作《高举中国特色社会主义伟大旗帜，全面开创民革工作新局面》的工作报告。报告指出，过去五年来，民革牢牢把握政治交接这条主线和提高参政能力这个重点，大力加强自身建设，夯实全面履行参政党职能的基础；牢牢把握提高能力和水平这个关键搞好参政议政、民主监督，全面做好参政议政及社会服务工作；牢牢把握两岸关系和平发展这个主题搞好促进祖国和平统一工作，推动祖统工作再上新台阶。

报告指出，认真回顾五年的历程，全面总结五年的工作，我们认为必须坚持以下基本政治原则：一是必须坚持中国共产党领导，始终与中国共产党在思想上同心同德、目标上同心同向、行动上同心同行。二是必须坚持以中国特色社会主义理论体系为指导，坚定不移地走中国特色社会主义道路。三是必须坚持搞好政治交接，以“三个牢牢把握”工作方针不断推动民革事业向前发展。

报告要求，今后五年民革全党要全面准确学习领会和认真贯彻落实中共十八大精神，提高全党的思想理论水平；要不断强化组织和制度建设，努力把民革建设成为高素质、有作为的参政党；要大力加强参政能力建设，进一步做好新形势下的参政议政、民主监督及社会服务工作；要发挥民革优势，坚持民革特色，进一步做好促进祖国和平统一工作。

万鄂湘同志在会上作了关于中国国民党革命委员会章程（修正案）草案的说明。

与会代表结合中共十八大精神、中共中央致民革十二大贺词、第十一届中央委员会工作报告、民革章程（修正案）草案及大会各项决定、决议草案进行了分组讨论。

12 月 16 日下午，民革十二大举行全体会议。周铁农同志主持会议。大会通过了中国国民党革命委员会章程（修正案）和关于民革章程（修正案）的决议。大会经过无记名投票，选举产生了由 225 人组成的民革第十二届中央委员会。

12 月 18 日上午，中国国民党革命委员会第十二次全国代表大会在北京闭幕，齐续春同志主持闭幕会。大会通过了民革第十二次全国代表大会授权决定、民革十二大决议、关于民革第十一届中央委员会工作报告的决议。

万鄂湘同志致闭幕词。他说，民革第十二次全国代表大会在全体代表的共同努力下，完成了各项议程，大会取得圆满成功。这次大会是一次深入学习贯彻中共十八大精神，统一思想、提高认识、振奋精神的大会；是一次总结经验，继承和弘扬民革优良传统的大会；是一次薪火相传，实现民革中央领导集体新老交替和政治交接的大会；同时还是一次团结鼓劲、明确任务、全面推进民革各项工作的动员大会。代表们以高昂的热情、强烈的政治责任感和使命感参加会议，就民革自身建设和各方面工作的发展，提出了许多很好的意见和建议。

万鄂湘同志表示，新一届中央领导集体一定不辜负全党同志的期望和重托，决心发扬民革的优良传统，树立良好的工作作风，认真履行自己的职责，团结和带领全党同志，坚定不移地走中国特色社会主义政治发展道路，认真贯彻落实中共十八大和民革十二大精神，为全面建成小康社会，为开创民革工作新局面而勤奋工作。

万鄂湘同志说，回顾过去，我们为取得的成绩和进步感到自豪，为多党合作事业的发展感到振奋；展望未来，我们对全面建成小康社会、夺取中国特色社会主义事业新胜利充满信心。在这样一个承前启后、继往开来的重要历史时期，我们深感肩负的责任光荣而重大。让我们紧密团结在以习近平同志为总书记的中共中央周围，高举中国特色社会主义伟大旗帜，以邓小平理论、“三个代表”重要思想、科学发展观为指导，在中共十八大精神的指导下，继承和发扬孙中山爱国、革命、不断进步的精神，团结一致、扎实工作、锐意进取，为全面建成小康社会和实现中华民族伟大复兴而努力奋斗！

12 月 18 日晚，中共中央政治局常委俞正声在中共中央统战部会见了民革十一、十二届中央领导班子成员。周铁农、厉无畏、万鄂湘、齐续春、修福金、刘凡、傅惠民、何丕洁、田惠光、郑建邦、邓力平、刘家强、钮小明同志参加会见。

十二届一中全会

12 月 17 日，民革第十二届中央委员会第一次全体会议在民革十二大期间举行。会议经过无记名投票，选举万鄂湘同志为民革第十二届中央委员会主席，选举齐续春、修福金、刘凡、程崇庆、傅惠民、何丕洁、田惠光、郑建邦、邓力平、刘家强同志为民革第十二届中央委员会副主席，选举万鄂湘等 50 位同志为民革第十二届中央委员会常务委员。会议还通过了民革内部监督工作条例和第十二届中央委员会监督委员会组成人员名单，何丕洁同志为第十二届中央监督委员会主任，田惠光、陈清华同志为副主任。

十二届一次中常会

12 月 17 日，民革第十二届中央常务委员会第一次会议在民革十二大期间举行。民革中央常务副主席齐续春主持会议。会议通过了民革第十二届中央委员会秘书长任命名单，任命李惠东同志为第十二届中央委员会秘书长。民革中央主席万鄂湘，副主席修福金、刘凡、程崇庆、傅惠民、何丕洁、田惠光、郑建邦、邓力平、刘家强及中央常委参加会议。

民革第十二届中央监督委员会第一次全体会议

12 月 18 日，民革第十二届中央监督委员会第一次全体会议在北京召开。民革中央副主席、中央监督委员会主任何丕洁，民革中央副主席、中央监督委员会副主任田惠光及监督委员会委员出席会议。

会议研究了中央监督委员会近期工作。与会委员认为，中央监督委员会成立四年多以来，在中央委员会领导下，对内部监督的工作方式和运行机制进行探索，取得了一定成效，在省级组织和中央领导机构换届中发挥了重要作用。未来五年，新一届中央监督委员会要推动民革党内监督工作在原有基础上稳步推进，形成良好的工作模式。

与会委员提出，搞好内部监督工作，关键是要贯彻民革十一届七次中常会关于搞好民革党内监督工作的精神，抓住重点，探索工作方式方法，各级组织领导班子要开好谈心会、民主生活会，要从理论和实践中不断探索内部监督工作的新形式。同时，要推动民革各省级组织建立内部监督机制。

（二）民革中央全会

1. 十一届六中全会

11 月 23 日至 24 日，中国国民党革命委员会第十一届中央委员会第六次全体会议在北京召开。会议的主要内容是学习贯彻中共十八大 精神，听取和审议第十一届中央常务委员会工作报告和中央监督委员会工作报告，审定提交第十二次全国代表大会的有关文件及事项。民革中央主席周铁农、第一副主席厉无畏、常务副主席万鄂湘，副主席齐续春、谢克昌、修福金、刘凡、傅惠民、何丕洁、田惠光、郑建邦及中央委员出席会议。

周铁农同志代表第十一届中央常务委员会作工作报告。他在报告中指出，2012 年，民革中央以政治交接为主线，指导 30 个民革省级组织全部圆满完成换届工作，实现了领导班子、领导机构的平稳过渡和新老交替，进一步巩固和发展了政治交接成果，为民革事业的进一步发展奠定了基础。同时，民革组织和党员发展工作也在积极、稳步推进。目前，民革共有 267 个市级委员会、52 个县级委员会和 386 个总支、4248 个支部。截至 2012 年 6 月底，共有党员 101865 人。

周铁农同志指出，一年来，民革中央把深入学习多党合作理论，加强理论建设，作为民革全党思想建设的工作重点，认真组织，周密安排，积极开展主题教育实践活动，不断提高民革全党的思想政治素质。民革中央正式下发了《关于加强理论建设的意见》，推动了民革全党的理论建设工作。同时，注意突出民革思想宣传特色，进一步加强对民革党史和孙中山思想的学习、研究、宣传工作。

周铁农同志指出，2012 年，民革各级组织和广大党员深入贯彻落实科学发展观，按照“稳中求进”的工作总基调，充分发挥联系广泛、智力密集的优势，努力创新参政议政、社会服务工作机制和方式，积极履行参政议政职能，取得了显著成绩。

周铁农同志指出，今年以来，民革中央紧紧围绕两岸关系和平发展主题，把坚持做好台湾人民工作作为重点，积极开展形式多样的对台交流活动，注重创新祖统工作的思路与方法，为进一步发展两岸关系作出了积极贡献。

周铁农同志强调，2013 年，民革全党要认真学习贯彻中共十八大精神，不断强化民革理论研究和思想宣传工作；要进一步加强组织建设，保证民革组织政治坚定、组织有力、充满活力；要围绕科学发展、社会和谐，进一步做好参政议政和社会服务工作；要把握机遇、巩固成果，为新形势下的祖国和平统一大业作贡献。

会议听取了齐续春同志关于民革第十二次全国代表大会筹备工作情况的汇报、郑建邦同志关于第十一届中央委员会工作报告起草情况的说明、修福金同志关于民革章程（修正案）草案的说明。何丕洁同志在开幕会上代表中央监督委员会作工作报告，报告回顾总结了中央监督委员会成立四年以来的主要工作，对今后五年的工作进行了整体部署。

与会同志就中央常务委员会工作报告、中央监督委员会工作报告进行了热烈的讨论，并审议了第十一届中央委员会向第十二届全国代表大会的工作报告稿。

11 月 24 日下午，民革十一届六中全会在北京闭幕。万鄂湘同志主持闭幕会。会议通过了提交第十二次全国代表大会审议的第十一届中央委员会工作报告、民革章程（修正案）草案、关于民革章程（修正案）草案的说明；通过了第十二次全国代表大会主席团、秘书长建议名单，第十二次全国代表大会代表资格审查委员会名单和民革十一届六中全会决议。厉无畏同志在闭幕会上讲话，他要求民革全党同志认真学习贯彻中共十八大精神，以高度的政治责任感和使命感开好民革第十二次全国代表大会。要围绕科学发展、社会和谐，进一步做好参政议政、社会服务和促进祖国和平统一工作。民革中央原主席何鲁丽，原副主席李赣骝、胡敏、朱培康、刘民复，民革中央顾问出席开幕会，中央各工作部门负责人，机关服务中心、团结报社、团结出版社负责人列席会议。

（三）民革中央常务委员会会议

2012 年，民革第十一届中央常务委员会根据党章规定和履行职能需要，共召开了四次会议。

1. 十一届十八次中常会

3 月 9 日，中国国民党革命委员会第十一届中央常务委员会第十八次会议在北京召开。周铁农、厉无畏、万鄂湘、齐续春、谢克昌、修福金、刘凡、程崇庆、傅惠民、何丕洁、田惠光、郑建邦和中央常委出席会议。部分省级组织主要负责人，中央各工作部门、团结报社、团结出版社负责人列席会议。厉无畏同志主持会议。

会议学习座谈了十一届全国人大五次会议和全国政协十一届五次会议精神，原则通过了关于学习贯彻十一届全国人大五次会议和全国政协十一届五次会议精神的决议。会议书面报告了民革中央自十一届五中全会以来工作情况和 2012 年第二季度工作安排，通过了关于民革党员党纪处分的备案事项。

周铁农同志在会上作重要讲话，就学习贯彻“两会”精神、做好今年民革各项工作提出如下意见：第一，认真学习和全面贯彻“两会”精神，把民革全党力量凝聚到完成“两会”提出的目标和任务上来。第二，围绕稳中求进的经济工作总基调，进一步履行好参政党的职能，为稳增长、控物价、调结构积极献计出力。第三，加强领导，精心组织，坚持以政治交接为主线，全面做好民革的换届工作。第四，进一步加强民革的思想理论建设，继续深入学习和践行社会主义核心价值体系，以良好的精神风貌和实际行动，迎接中国共产党第十八次全国代表大会和民革第十二次全国代表大会的胜利召开。

2. 十一届十九次中常会（扩大）

7 月 10 日至 11 日，中国国民党革命委员会第十一届中央常务委员会第十九次会议（扩大）在河南省南阳市召开。会议主题是总结省级组织换届工作。周铁农、厉无畏、万鄂湘、齐续春、修福金、刘凡、傅惠民、何丕洁、田惠光及中央常委、各省级组织主要负责人出席会议。中央各工作部门负责人、团结报社负责人、团结出版社负责人列席会议。

万鄂湘同志主持开幕会。厉无畏同志在开幕会上作重要讲话，对民革省级组织换届工作进行全面总结。他指出，各省级组织严格按照民革中央有关换届文件的要求，认真做好各项工作，换届工作平稳顺利，选举产生了省级组织新一届委员会和领导班子，代表大会都开得圆满成功。总结本次省级组织换届工作的成功经验，一是指导思想明确，各级领导高度重视；二是有中共党委的领导和统战部门的具体指导；三是认真贯彻民主集中制；四是严肃换届纪律。

厉无畏同志就统一思想，提高认识，切实做好中央领导机构换届提出四点要求：一是学习贯彻本次常委会精神，充分认识搞好中央换届工作的重要性。二是认真贯彻民主集中制原则，深入细致地做好思想引导工作。三是明确换届纪律，确保换届风清气正。四是加强领导，深入细致地做好各项具体工作。

会议书面报告了民革中央2011年第二季度工作情况和第三季度工作安排。与会同志围绕厉无畏同志重要讲话和省级组织换届工作进行了充分讨论。

厉无畏同志主持闭幕会，会议通过了《关于召开民革第十一届中央委员会第六次全体会议的决定》、《民革中央2012年换届工作人事工作小组增补成员名单》；通过了有关人事任免决定；通过了关于民革党员党纪处分的备案事项。

周铁农同志在闭幕会上作重要讲话，他说，这次省级组织换届的成功，很好地检验了各省级组织五年来在加强自身建设方面所取得的成果，也是我们多年来坚持中国共产党的领导，切实加强自身建设的一个必然结果。他对各省级组织新一届领导班子主要负责同志提出六点要求：一是讲政治。胡锦涛同志提出的“思想上同心同德、目标上同心同向、行动上同心同行”的“同心”思想，是总结中国共产党领导的多党合作历史经验作出的深刻论述，标志着中国特色的政党关系进入到了一个新的阶段，各省级组织主委要认真学习领会“同心”思想，保证民革和中国共产党保持“同心”。二是讲学习。要认真学习马列主义、毛泽东思想、邓小平理论、“三个代表”重要思想和科学发展观。要清醒认识到当前国际国内环境变化对民革组织的领导提出的新要求，大力加强哲学、经济学、政治学、社会学、法学等人文学科知识的学习。三是讲团结。要加强民主集中制建设，确保民主集中制的贯彻执行，重视班子内部的相互支持与合作。要始终把班子的团结放在最重要的位置上，发现任何一点不团结的苗头就要及时的加以解决。四是讲奉献。各省级组织主委要带领新一届领导班子和广大党员，进一步加强自身建设，不断提高参政能力，全面履行好参政党职责。要善于根据目标任务建立合理的机制；善于把各种不同才能的人聚集起来，建立一支高素质人才队伍；善于应用组织权责，发挥领导权威，推动组织活动开展。五是讲合作。要处理好和执政党、人大、政府、政协和各兄弟党派的关系。六是讲形象。要注意在专业素质、人格魅力、生活作风、勤政廉洁等方面加强修养，以良好的个人形象为组织增光添彩。

厉无畏同志在闭幕会上指出，各省级组织新一届领导班子要带领各级组织和广大党员继承民革优良传统，搞好政治交接；学习实践“同心”思想，加强领导班子建设；积极履行职责，做好民革各项工作，为民革事业的不断发展作出应有的贡献。

会议期间，与会全体同志还听取了河南省水利厅党组书记、厅长王树山关于南水北调中线工程基本概况的介绍，并赴南阳市中山林参加了植树活动。

3. 十一届二十次中常会

11 月 22 日，中国国民党革命委员会第十一届中央常务委员会第二十次会议在北京召开。民革中央主席周铁农、第一副主席厉无畏、常务副主席万鄂湘，副主席齐续春、谢克昌、修福金、刘凡、傅惠民、何丕洁、田惠光、郑建邦和中央常委出席会议。部分省级组织主要负责人，中央各工作部门负责人，机关服务中心、团结报社、团结出版社负责人列席会议。厉无畏同志主持会议。

会议学习了中国共产党第十八次全国代表大会精神，审议并通过了关于学习贯彻中国共产党第十八次全国代表大会精神的决定。会议书面报告了民革十一届十九次中常会以来工作情况和下一阶段工作安排，审议并通过了民革十一届六中全会议程（草案）、十一届六中全会日程，十一届六中全会小组召集人名单；审议并通过了提交十一届六中全会审议的第十一届中央常务委员会工作报告、第十一届中央委员会工作报告、民革章程（修正案）草案、关于民革章程（修正案）草案的说明；通过了民革第十二次全国代表大会主席团、秘书长初步建议名单，第十二次全国代表大会代表资格审查委员会建议名单；会议还听取了何丕洁同志关于换届工作有关人事事项的说明。

4. 十一届二十一次中常会

12 月 11 日，中国国民党革命委员会第十一届中央常务委员会第二十一次会议在北京召开。周铁农、厉无畏、万鄂湘、齐续春、谢克昌、修福金、刘凡、程崇庆、傅惠民、何丕洁、田惠光、郑建邦及中央常委参加会议。部分省级组织主要负责人、中央各工作部门负责人，中央机关服务中心、团结报社、团结出版社负责人列席会议。厉无畏同志主持会议。

会议审议并通过了民革第十二次全国代表大会议程（草案）、第十二次全国代表大会日程；通过了第十二次全国代表大会主席团常务主席建议名单、第十二届中央委员会委员候选人建议名单。何丕洁同志就第十二届中央委员会委员候选人建议名单产生过程作了说明。

（四）民革中央监督委员会全体会议

11 月 22 日，民革第十一届中央监督委员会第六次全体会议在北京召开。民革中央第一副主席、中央监督委员会主任厉无畏主持会议。民革中央副主席、中央监督委员会副主任何丕洁和监督委员会委员出席会议。

会议通过了提交民革十一届六中全会审议的中央监督委员会 2012 年工作报告，总结了监督委员会一年来的工作。

（五）民革中央学习组学习活动

11 月 15 日，民革中央中心学习组在中央机关举行学习中共十八大精神专题座谈会。周铁农、厉无畏、万鄂湘、齐续春、谢克昌、修福金、刘凡、傅惠民、何丕洁、郑建邦参加会议。厉无畏同志主持座谈会。

周铁农同志在会上作主题发言。他说，中共十八大是在我国进入全面建成小康社会决定性阶段召开的一次十分重要的大会，取得了十分丰硕的成果。民革要以中共十八大精神为指导，紧紧围绕中共十八大报告提出的各项目标任务，开展参政议政、民主监督工作，为全面建成小康社会的宏伟目标作贡献。

周铁农同志指出，中共十八大报告从中国共产党九十多年的历史中、从过去十年的基本经验中、从五年来的辉煌成就中，总结和提出了中国特色社会主义道路，中国特色社会主义理论体系，中国特色社会主义制度，是党和人民长期奋斗、创造、积累的根本成就，必须倍加珍惜、始终坚持、不断发展。

周铁农同志指出，中共十八大报告对今后一个阶段执政党的建设进行了全面部署，提出了一系列新观点、新举措，表明中国共产党对党建规律的认识提升到一个新的高度。民革作为参政党，对此感到由衷的欣慰，极大地增强了我们坚持中国共产党领导的信念和信心。同时，我们还要以执政党为榜样，努力加强民革自身建设，为实现到 2020 年全面建成小康社会的宏伟目标，打好坚实基础。

周铁农同志要求，民革各级组织和全党同志要立即行动起来，认真深入学习报告精神，全面领会报告的丰富思想和重要内容，在中共中央新一届领导集体的领导下，以更大的热情、更坚定的信念，为实现到 2020 年全面建成小康社会的宏伟目标而奋斗。

万鄂湘、谢克昌、刘凡同志在会上分别发言，畅谈了学习中共十八大精神的体会。

（六）民革中央专题工作会议

2012 年，民革中央召开了一系列专题工作会议，通过这些会议总结经验、指导和推动工作。

1.“辛亥百年纪念系列活动”总结座谈会

2 月 24 日，民革中央在北京人民大会堂召开“辛亥百年纪念系列活动”总结座谈会。民革中央主席周铁农、常务副主席厉无畏，中国宋庆龄基金会党组书记、常务副主席常荣军，中国文联党组书记、副主席冯远，民革中央副主席齐续春、谢克昌、修福金、傅惠民、何丕洁等出席座谈会。齐续春同志主持座谈会。

周铁农同志在会上讲话。他指出，辛亥百年纪念系列活动以民革全党学习中共中央总书记胡锦涛在首都各界纪念辛亥革命 100 周年大会上的重要讲话为高潮，紧紧围绕“振兴中华，祖国统一”这一主题，形式多样，参与面广，社会影响良好，充分实现了以辛亥百年纪念活动为契机，对民革全体党员、干部进行思想政治教育、推动祖国和平统一进程的目的。通过活动，极大激发了广大民革党员、干部的爱国主义热情、坚持中国共产党领导的多党合作制度的信念，为振兴中华作贡献的奉献精神。纪念活动还推动了民革参政议政工作，取得了一系列参政议政成果。民革全党开展辛亥革命百年纪念系列活动呈现出“提前筹划、充分准备，主题突出、重点明确，彰显特色、扩大参与，整合资源、丰富形式，宣教并重、成效显著”五个特点。

周铁农同志强调，要在民革各级组织和全体党员中，继续弘扬“振兴中华、祖国统一”的辛亥精神；要持续推进对辛亥革命的研究和辛亥精神的宣传，要以中国辛亥革命研究会、民革中央孙中山研究学会为平台，使这一研究和宣传经常化。在相关工作中，要做到学术性和普及性并重，重点活动和常规活动并重，专家与党员群众的参与并重。把以弘扬“振兴中华、祖国统一”精神为主题的辛亥革命研究和宣传，做成民革的品牌。

座谈会上，中国文联副主席冯远、澳门辛亥革命与中山文化研究会会长黄世兴、民革上海市委会主委高小玫、广东省中山市政协主席丘树宏分别作了发言，从不同角度介绍了所在单位开展辛亥革命百年纪念活动的情况。

中共中央统战部、国务院台湾事务办公室、匈牙利中国和平统一促进会、国家图书馆、中央文史馆、中国文物信息咨询中心、中国评剧院、中国社会科学院近代史所、当代中国研究所等单位领导同志及部分专家学者、艺术家，民革部分在京中央委员，民革部分省、市级组织负责人、民革中央各工作部门负责人，团结报社、团结出版社负责人等参加会议。

2. 民革中央与中共中央统战部联合举办各民主党派中央、全国工商联、无党派人士代表与各省、自治区、直辖市统战部长联谊会。

3 月 2 日，民革中央与中共中央统战部联合举办各民主党派中央、全国工商联、无党派人士代表与各省、自治区、直辖市统战部长联谊会。民革中央主席周铁农、常务副主席厉无畏，中共中央统战部部长杜青林及各民主党派中央、全国工商联主要负责同志，无党派人士代表，中共中央统战部有关负责同志，各省、自治区、直辖市统战部长出席联谊会。联谊会由厉无畏同志主持。

周铁农同志在会上代表各民主党派中央、全国工商联和无党派人士讲话，向长期以来给予各民主党派、全国工商联、无党派人士大力指导、支持和帮助的中共中央统战部和各级统战部门表示衷心的感谢。周铁农同志指出，一年来，各民主党派和无党派人士坚持与中国共产党思想上同心同德、目标上同心同向、行动上同心同行，以中国共产党成立 90 周年和辛亥革命 100 周年纪念活动为契机，以搞好政治交接为主线，以为“十二五”规划积极献计出力为重点，围绕改革与发展大局，积极履行参政党职能，大力加强自身建设，为实现国家经济发展和社会稳定作出了应有的贡献。一年来，全国工商联认真学习贯彻《中共中央国务院关于加强和改进新形势下工商联工作的意见》，以改革创新精神深入开展中小企业综合性调研、树立宣传非公有制经济先进典型、切实加强基层组织建设、不断提高干部能力等重点工作，全面提升了工商联的凝聚力、影响力、执行力。

周铁农同志强调，在新的一年里，我们将继续高举中国特色社会主义伟大旗帜，以邓小平理论和“三个代表”重要思想为指导，深入贯彻落实科学发展观，认真学习领会中共十七大和十七届六中全会精神，紧紧围绕党和国家工作大局，不断提高履职水平，全面做好换届工作，更好发挥协调关系、汇聚力量、建言献策的重要作用，以优异的成绩迎接中国共产党第十八次全国代表大会的胜利召开。衷心希望各省、自治区、直辖市统战部门能够继续对各民主党派、工商联地方组织的工作给予帮助和指导，共同为中国特色社会主义事业作出新的更大贡献。

中共中央统战部常务副部长朱维群和中共天津市委常委、统战部长刘长喜在会上分别代表中共中央统战部和各省、自治区、直辖市统战部讲话。

3. 民革中央祖国和平统一促进委员会 2012 年全体会议

4 月 15 日至 16 日，民革十一届中央祖国和平统一促进委员会 2012 年度全体会议在江苏扬州召开。民革中央副主席修福金、郑建邦，民革中央祖统委员会全体委员及部分特邀民革党员、民革中央联络部有关负责同志、民革江苏省委会、扬州市委会、镇江市委会有关负责同志参加会议。

会上，民革中央联络部负责同志报告了2012年民革中央祖统工作计划，郑建邦同志作了当前台海形势报告，有关专家介绍了当前中美关系和美国对台政策。与会委员就当前两岸关系形势、今年工作计划安排进行了认真研讨，就对台工作中的具体做法和今后有关工作的思考及建议作了交流发言。修福金同志作了总结讲话。与会同志还对扬州市城市建设和改造进行了实地考察。

4. 何香凝生平事迹研讨会暨民革前辈纪念场馆联谊会第一次年会

7月18日至19日，民革中央在广州市召开何香凝生平事迹研讨会暨民革前辈纪念场馆联谊会第一次年会。民革中央副主席、民革前辈纪念场馆联谊会会长修福金，民革广东省委会主委周天鸿，中共广东省委统战部副部长何文洪等出席会议。全国妇联、中国美协、何香凝美术馆及广东省、广州市有关方面负责同志，有关专家学者，民革前辈纪念场馆联谊会理事单位代表参加会议。

修福金同志在会上讲话，他指出，何香凝先生是中国民主革命的先驱，著名的政治活动家，妇女运动的领袖，画坛杰出的美术家。我们研讨何香凝的生平事迹，就是要学习她不畏艰难、坚持真理、勇于斗争的爱国革命风范，学习她高举孙中山旗帜、继承和发扬孙中山精神的品德操守；学习她报效国家、无私奉献的高尚情操。

修福金同志还对民革前辈纪念场馆联谊会成立以来民革中央与各理事单位的主要工作进行了总结。他指出，一年来，民革前辈纪念场馆的修缮和保护力度得到不同程度的加强。广西李济深、江苏王昆仑、陕西屈武、上海朱学范、甘肃邓宝珊等故居所在地的政府，分别投入巨资，对故居进行修缮，并完善相应设施。故居的面貌普遍得到改善，展陈内容得以充实，宣传力度得到加大，形势喜人。2011年，民革中央从中选取了条件较为成熟的李济深故居、王昆仑故居、朱学范故居等单位作为民革党史教育基地，并举行了挂牌仪式。

19位来自全国各地的专家、代表作了大会发言，与会同志围绕何香凝生平事迹、纪念场馆的保护和利用进行了热烈探讨。

修副金同志在闭幕会上对会议成果进行了总结，并就民革党史学习、研究与联谊会工作提出三点希望。一要在民革党内积极营造学习研究民革前辈生平事迹的氛围和风气；二要积极主动发挥民革前辈生平事迹研讨会与纪念场馆联谊会的互动合作作用；三做好联谊会工作，做好民革前辈纪念场馆的保护利用工作，以贯彻落实中共十七届六中全会提出的促进社会主义文化大发展大繁荣的精神。

5. 加强和创新社会管理研讨会

8月4日至6日，民革中央和黑龙江省政协在黑龙江大庆市联合举办加强和创新社会管理研讨会。周铁农、万鄂湘，民革黑龙江省委会主委何小平、四川省委会主委刘家强、吉林省委会主委张伯军等出席会议。中共黑龙江省委常委、中共大庆市委书记韩学键到会祝贺。

周铁农同志在会议开幕式上讲话指出，加强和创新社会管理，是中国共产党在深刻分析全面建设小康社会的关键时期和深化改革开放、加快转变经济发展方式的攻坚时期我国经济社会基本国情的基础上，从党和国家事业发展全局出发确定的一项重大战略任务，是新形势下实现科学发展、构建和谐社会的必然要求；是确保社会正常运转、化解社会矛盾、完成日益繁重的社会管理任务的迫切需要。

周铁农同志强调，民革作为致力于中国特色社会主义事业的参政党，为加强和创新社会管理献计出力，是我们义不容辞的责任。民革各级组织和广大党员在今后的工作中，要准确把握加强和创新社会管理的内涵，充分认识服务于加强和创新社会管理是民主党派坚持围绕中心、服务大局原则的必然要求，也是推进我们参政议政事业创新发展的必然要求。围绕社会管理，积极履行参政议政、民主监督职能是民主党派参与加强和创新社会管理的重要途径。加强专题调研力度，深化问题的研究，争取在系统性研究方面有突破，在对策建议上有创新，切实履行好参政议政职能。协助中共党委和政府协调关系、化解矛盾，是民主党派参与加强和创新社会管理的重要职责，要广泛联系社会各界人士，及时掌握社情舆情，反映人民群众的意见、建议和要求。抓好社会服务是民主党派参与加强和创新社会管理的重要方式，要继续搞好过去的服务项目，更要服从、服务于加强和创新社会管理大局，开展新的社会服务，突出新的服务理念。

万鄂湘同志在闭幕式上作总结讲话。他指出，民革现阶段参与加强和创新社会管理工作还可以在几个方面发挥作用，包括积极参与社会管理创新的法制化保障工作，为保障经济又好又快发展和社会和谐稳定发挥更大作用；进一步促进农村社会管理工作，通过实地调研，为各级政府提出各种解决方案和专门立法建议；参与培育和发展社会组织工作，民革各级组织要高度重视积极引导和依法管理并举的重要性，积极促进建立健全统一登记、各司其职、协调配合、分级负责、依法监督的社会组织管理体制，协助政府进一步完善社会组织工作协调机制，逐步促进政府将社会组织业务主管单位调整为业务指导单位，并建立健全异地社团和涉外社会组织管理机制。

民革中央社会和法制委员会委员及民革党内研究社会管理问题的专家学者 80 余人出席会议。与会人员围绕加强和创新社会管理工作这一主题，分别从社会管理格局和机制的构建与创新，公共安全机制、体制与载体建设，健全社会稳定风险评价机制等方面进行了探讨。

6.2012 年经济形势分析与政策展望座谈会

9 月 1 日，民革中央与上海市社会科学院在上海联合召开 2012 年经济形势分析与政策展望座谈会。民革中央第一副主席厉无畏、副主席齐续春，民革上海市委会主委高小玫等出席座谈会。民革中央经济委员会委员参加会议。

座谈会围绕中国经济发展中的竞争性优势和保护性优势、中国经济转型短中长期政策取向、中国经济增长下行趋势分析与“保增长、软着陆”对策选择等问题进行判断分析，并提出相关政策建议。

厉无畏同志在会上指出，对中国未来的发展，须把握好战略机遇。当前国际形势复杂，国内又处于转型关键期，虽然欧债危机对中国经济产生一定影响，有关中国危机的言论也不少，但事实上我们同样面临很多的机遇，潜在增长率还是有的。至于如何实现，要看政策取向，看方向的调整，看如何充分有效地利用市场经济手段。

民革中央与上海社科院于 2009 年签约共建，双方建立了领导层联系制度，采取委托和合作等形式开展课题研究，开展国情调研活动，并在学术交流、资源共享、人才培养方面进行互动。

7. 民革中央孙中山研究会学会、中国辛亥革命研究会理事会会议

9 月 5 日，民革中央孙中山研究学会、中国辛亥革命研究会理事会会议在四川成都市召开。会议主题是总结两个学会自 2008 年换届会以来的成绩和经验，加强理事之间的交流和联系，研究和推动今后的工作。周铁农、修福金、田惠光，中共四川省委统战部常务副部长尧斯丹、民革四川省委会主委刘家强等出席会议。

周铁农同志在开幕式上作重要讲话，他指出，两个学会近五年来在学习、研究、宣传孙中山，研究、宣传辛亥革命方面形成了三个鲜明特点，即把握政治性，增强学术性；始终彰显民革特色，社会影响日益扩大；立足内地，面向海外，深入挖掘、整合资源。

周铁农同志强调，两个学会始终坚持学术性、政治性并重，将学会工作与改革开放和和谐社会建设联系起来，使研究始终围绕着建设中国特色社会主义、促进祖国统一的主题，为现实服务，体现民革作为参政党的特色和特点。同时，学会在充分发挥自身学术力量的基础上，广泛调动民革党员中的辛亥志士后裔积极性，加强学会和有关单位之间、和民革地方组织之间的合作。在去年的辛亥百年纪念活动中，学会因地制宜，多方联合，举办了不同类型、不同规模的纪念和研究活动，丰富了活动的形式，提升了活动的内涵和深度。

周铁农同志要求，两个学会要积极争取各方特别是中共党委的支持，要配合国家重大纪念活动开展工作，要多方整合资源，包括民革党内资源、社会资源及海外资源。他殷切希望民革的孙中山、辛亥革命研究工作，要形成与民革自身建设、与“同心”行动互相促进、共同发展的新局面。

修福金同志在会上作工作报告，全面回顾了两个学会近 5 年来的工作，并就学会今后的工作提出了建议。部分民革中央孙中山研究学会省级组织分会的代表、理事作了大会发言。

8. 民革中央理论研究与学习委员会工作会议

9 月 16 日，民革十一届中央理论研究与学习委员会工作会议在辽宁盘锦市召开。民革中央副主席、理论研究与学习委员会主任修福金、民革辽宁省委会主委施中岩等出席会议。会议总结了民革十一届中央理论研究与学习委员会五年来的工作成绩与经验，并对今后的工作进行了探讨。修福金同志在会上讲话，总结了理论研究与学习委员会工作的三点主要经验：一是服务中心工作，突出理论研究必要性；二是注重理论人才培养，突出整合全党智力资源作用；三是发挥专委会作用，彰显抓手优势。对于理论研究与学习委员会下一步工作，修福金同志希望理论委贯彻落实好《民革中央关于加强理论建设的意见》，围绕学习贯彻“同心”思想开展工作，进一步加大理论研究的力度。民革中央有关部门负责人，民革中央理论研究与学习委员会委员，民革辽宁省委会、盘锦市委会相关负责同志等参加会议。

9. 自身建设理论与实践回顾展望学术研讨会

9 月 27 日，民革中央在湖南长沙市召开自身建设理论与实践回顾展望学术研讨会。

民革中央主席周铁农、副主席修福金，民革湖南省委会主委刘晓等出席会议。

周铁农同志在开幕式上作重要讲话，他说，十年来，特别是民革第十一届中央以来，民革自身建设的主要经验，一是加强和推进自身建设，必须把思想政治工作作为灵魂工程放在首位；二是加强和推进自身建设，必须把提高参政能力作为关键紧抓不放；三是加强和推进自身建设，必须把制度、机制建设作为保障工程不断完善；四是加强和推进自身建设，必须把明确重点、大力创新、整体推进，作为基本工作思路不断落实；五是加强和推进自身建设，必须把民革优良传统作为思想政治教育的重要内容，坚持特色。

周铁农同志对今后民革自身建设工作从四个方面提出了要求，要深入贯彻“同心”思想，始终把思想建设放在首位；以全面推进自身建设为基础，把参政能力建设提高到一个新的水平；以保障党员民主权利、加强党内监督为两翼，不断推进党内民主；继承传统，不断创新，把民革建设成为适应时代要求的参政党。

修福金同志在闭幕式上讲话，他希望与会同志认真学习，从思想上深刻认识加强民革自身建设理论与实践研究的重要性；着重落实，从组织上保证民革自身建设理论与实践研究的实效性；探索规律，从机制上保障民革自身建设理论与实践研究的可持续性。以这次会议为契机，进一步推进民革自身建设理论和实践研究。

民革各省级组织有关负责同志、民革中央理论研究与学习委员会部分委员，民革中央有关部门负责人及有关高校负责同志、专家学者参加会议。与会同志全面、系统地对中共中央（1989）14号文件发布以来，特别是中共中央（2005）5号文件发布以来民革自身建设的理论与实践进行了回顾和总结，探讨了民革自身建设存在的问题，并对今后的发展进行展望。

10. 内部监督工作交流会

10月9日至10日，民革中央在江西南昌召开民革内部监督工作交流会。厉无畏、何丕洁出席会议。中央监督委员会委员，各省级组织监督委员会主任，未成立监督委员会的省级组织有关领导同志参加会议。

厉无畏同志在会上作重要讲话，就继续健全完善内部监督机制提出三点意见：一要充分认识完善内部监督机制的必要性和重要性。健全完善内部监督工作机制，是民革作为参政党在新时期加强自身建设的必然要求，也是发扬党内民主、维护党内团结的重要保障。二要积极探索内部监督的内容和方式，有序推进党内民主。建立和完善民革内部监督机制体系是一个较为复杂和困难的系统工程，需要根据实际情况，积极稳妥推进和完善工作机制，在实施过程中不断予以改进，有了阶段性成果，再逐步深入开展。三要加强内部监督机制的理论研究，用理论指导工作实际。内部监督作为民革自身建设的重要组成部分，需要发挥理论建设的指导作用。加强民革内部监督机制理论研究，必须学习和借鉴执政党的理论建设经验，同时还必须紧密结合工作实践。

何丕洁同志在会上作工作报告，全面回顾了中央监督委员会成立三年多以来履行职能的情况，并对下一阶段做好内部监督工作、健全完善民革内部监督机制提出了具体意见。

与会同志结合各地实际工作，围绕内部监督工作取得的成绩和经验，以及实践中遇到的问题进行了热烈的交流，并就党内监督工作提出了建议和意见。

11. 全国祖统工作表彰会

10月11日至13日，民革全国祖统工作表彰会在陕西西安召开。周铁农、修福金、郑建邦，民革陕西省委会主委李晓东等出席会议。中共陕西省委副书记孙清云到会祝贺。民革中央有关部门负责人和民革各省级组织有关负责同志、祖统工作部门负责人参加会议。

周铁农同志在会上作重要讲话，他指出，本次会议承载着学习贯彻中共十七大以来一系列对台大政方针的指导精神，总结民革十一大以来全党祖统工作宝贵经验并结合当前两岸关系和平发展新形势，对今后一个时期民革祖统工作目标和任务进行全面部署的重要使命。

周铁农同志说，五年来，民革全党始终牢牢把握两岸关系和平发展的主题，以中共十七大报告、胡锦涛总书记“12•31”重要讲话精神为指导，积极把握新机遇、应对新挑战，以科学务实的精神，立足现实、着眼长远，不断在台湾民情研究、交流联谊、涉台宣传和参政议政等方面创新工作思路、开拓交流渠道、创造新鲜经验、打造工作精品。经过全党同志的努力，民革祖统工作取得了一系列新进展、新突破和新成绩，并积累了丰富的宝贵经验，成功实现了民革祖统工作水平的整体提升。

周铁农同志强调，当前两岸关系和平发展局面使人备受鼓舞，但是也要清醒地认识到，两岸关系正在由开创期进入巩固深化期，民革的祖统工作在迎来新的发展机遇的同时，更面临着新的考验。面对当前的新形势，民革全党要做到以下几点：一是深刻学习领会中共中央对台方针政策，努力提高思想政治素质。二是在新形势下深入贯彻“三个坚持”，统一民革全党祖统工作的指导思想。三是进一步加强民革自身建设，积极推动民革祖统工作的全面发展。

修福金同志在会上作民革祖统工作报告，郑建邦同志作会议总结讲话。会上，民革北京市委会祖国统一工作委员会等101个单位和王瑾等169位同志分别被授予“民革全国祖统工作先进集体”和“民革全国祖统工作先进个人”荣誉称号。部分先进集体和先进个人代表进行了大会发言，相互交流了做好民革祖统工作的经验体会。与会同志还听取了海峡两岸关系协会副会长王在希所作的台情报告。

12. 全国思想宣传工作暨优秀宣传干部表彰大会

10月27日至28日，民革全国思想宣传工作暨优秀宣传干部表彰大会在北京举行。周铁农、修福金、傅惠民、郑建邦以及中共中央统战部、民革中央各工作部门有关负责人，民革各省级组织分管思想宣传工作的领导同志、宣传部门负责人、受表彰的民革优秀宣传干部代表100余人参加会议。

周铁农同志在会上作重要讲话，他深入阐述了思想宣传工作对民革自身建设的重要作用，充分肯定了民革思想宣传理论研究工作五年来取得的成绩。他指出，五年来，民革的思想宣传和理论研究工作服务于民革自身建设的目标，形成了从理论到实践一套较为完整的理念、方法和工作内容，初步厘清和把握了其中的基本规律，取得了新的进展和成绩。

周铁农同志对今后五年民革思想宣传、理论研究工作提出三点要求：一是中共十八大召开以后，民革各级组织要认真学习中共十八大精神，以中共十八大精神为指导，进一步增强走中国特色社会主义政治发展道路的自觉性和坚定性。二是民革各级宣传部门要不断探索总结民革宣传工作的基本规律，紧紧围绕民革参政议政重点领域，突出民革特色；要把宣传民革新一代代表性人物作为宣传工作重要任务，积极为民革新一代代表性人物铺台阶、搭舞台，扩大他们的社会影响。三是要紧密结合民革实际，重点选取事关参政能力建设的课题开展研究，开拓理论研究工作的新局面；要充分发挥民革党内专家作用，吸引和联合社会专家学者，一起进行研究；要着力建立和完善理论研究工作机制，从制度和机制上保障民革理论研究工作顺利开展。

修福金同志在会上作工作报告，他指出，5年来，民革思想工作探索出“三个坚持”的规律，即坚持把思想政治工作重心放在基层，坚持把领导班子思想建设作为自身建设的一个关键环节和长期任务抓好抓紧，坚持把民革优良传统作为思想教育重要内容；总结出宣传工作“四个结合”，即弘扬主旋律与突出民革特点相结合，常规宣传与重点宣传相结合，加强和主流媒体的联系与加强自身宣传阵地建设相结合，着力建设一支民革专业宣传队伍与整合民革全党资源相结合。

会议对100名优秀宣传干部进行了表彰。与会人员围绕周铁农同志重要讲话和修福金同志的工作报告进行了讨论和发言，交流了省级组织思想宣传工作经验，并就如何进一步加强民革思想宣传和理论研究工作进行了深入探讨。

13. 全国社会服务工作表彰会

11月16日至17日，民革全国社会服务工作表彰会在北京举行。本次会议主题是学习中共十八大精神，总结民革十一大以来社会服务工作取得的成绩和经验，部署今后一段时期的社会服务工作主要任务。周铁农、厉无畏、谢克昌、修福金、傅惠民、郑建邦参加会议。

周铁农同志在会上作重要讲话，高度肯定了民革十一大以来的社会服务工作。他指出，近年来，民革直接参与创办养老院、职业学校、书画院以及长期坚持开展支边扶贫、医疗捐助、人才培训、救助弱势群体等社会实践，得到中共各级党委、政府的肯定，增进了与人民群众的感情，生动地体现了中国共产党领导的多党合作和政治协商制度的优越性和生命力。

周铁农同志指出，要认真学习贯彻中共十八大精神，推动社会服务工作深入开展，激发广大民革党员将个人理想抱负转化为国家建功立业、服务社会的实际行动，共同推动中国特色社会主义伟大事业不断前进；勇于探索、开拓创新，努力提高社会服务工作整体水平，进一步挖掘和激发各种优势及潜能，实现社会服务工作的高效化、制度化、规范化、程序化；着力打造“中山”和“博爱”等社会服务工作品牌，并通过媒体宣传推介，扩大民革社会影响。

何丕洁同志在会上作工作报告，从支边扶贫、服务“三农”、书画工作、非公经济人士联系、民办教育、扶危济困六个方面，全面总结了民革十一大以来的社会服务工作。

会议对77个民革全国社会服务工作先进集体和152名先进个人进行了表彰，部分先进集体代表和先进个人代表作了经验交流发言，畅谈了开展社会服务工作的体会。民革各省级组织主管社会服务工作负责人，中央机关有关工作部门负责人及受表彰的先进集体代表、先进个人共200余人参加了会议。

14. 全国参政议政工作暨成果交流会议

11月26日至27日，民革全国参政议政工作暨成果交流会议在广东省广州市举行。本次会议的主题是学习中共十八大精神，回顾总结民革全党五年来参政议政工作成果和经验，为今后的参政议政工作明确方向和任务。民革中央主席周铁农、副主席何丕洁，中共广东省委常委、统战部部长林雄，民革广东省委会主委周天鸿出席开幕会。

周铁农同志在开幕会上作重要讲话，他指出，中共十八大是在我国进入全面建成小康社会决定性阶段召开的一次十分重要的大会，民革全体同志一定要认真学习领会中共十八大精神，全面贯彻落实中共十八大精神，在中共十八大的精神指引下全面做好各项工作。

周铁农同志指出，五年来，民革各级组织坚持把抓好参政议政工作摆在突出位置，紧紧围绕国家经济社会发展大局，结合民革实际，充分发挥人才荟萃、特色鲜明的优势，突出“三农”、祖统和社会法制三个重点领域，积极探索参政议政规律，努力拓展参政议政工作渠道，大胆创新工作形式，不断深化工作内容，把民革的参政议政工作推上了一个新台阶。

对如何进一步做好新时期新阶段民革的参政议政工作，周铁农同志提出五点要求：第一，认真学习贯彻中共十八大精神，紧紧围绕全面建成小康社会目标，进一步做好参政议政工作。第二，以科学发展观为指导，大力加强参政能力建设，不断提高参政议政工作能力与水平。第三，真正把参政议政作为民革工作的重中之重，举全党之力做好新形势下的参政议政工作。第四，围绕中心，服务大局，发挥优势，坚持突出三个重点工作领域，大力加强专委会建设。第五，牢牢把握两岸关系和平发展的历史机遇，不断提高涉台参政议政工作水平，为新形势下的祖国和平统一大业作贡献。

何丕洁同志在会上作工作报告，报告从服务大局、品牌建设、发挥专委会作用和信息工作新进展四个方面，全面回顾了民革十一大以来的参政议政工作，总结了做好参政议政工作的主要经验。

会议对2012年度为民革中央提案工作作出贡献的7个集体和21名个人，6个2012年度民革全国反映社情民意信息先进集体和3名先进个人进行了表彰。民革各省级、副省级组织主管参政议政工作的负责同志，受表彰的先进集体代表、先进个人及民革广东省部分市委会代表共130余人参加会议。

（七）民革中央举办的有关纪念会、座谈会

1.2012年迎春茶话会

1月12日，民革中央在机关举行2012年迎春茶话会。民革中央主席周铁农出席茶话会并讲话说，2011年，以胡锦涛同志为总书记的中共中央团结带领全国各族人民，同心协力，锐意进取，全面推进社会主义经济建设、政治建设、文化建设、社会建设及生态文明建设，实现了“十二五”时期良好开局。同时，在海峡两岸同胞的共同努力下，两岸关系继续保持和平发展的势头，取得了一系列重要成果，增进了两岸同胞福祉，融洽了两岸同胞感情。今天，两岸协商的一系列成果已经并将继续使两岸广大民众实实在在受益，支持两岸关系和平发展已经成为两岸同胞的普遍共识。我们将坚定不移地坚持“和平统一，一国两制”的方针，牢牢把握两岸关系和平发展主题，团结广大台湾同胞，共同

维护两岸关系发展成果，坚决反对“台独”分裂活动，不断巩固和加强两岸关系和平发展的政治、经济、文化和民意基础，努力保持两岸关系发展的正确方向和良好势头。

周铁农说，过去的一年，民革全党认真学习贯彻中共十七大和十七届三中、四中、五中、六中全会精神，以科学发展观为统领，紧紧围绕国家的中心工作，以隆重纪念辛亥革命100周年为契机，以加强理论建设、搞好政治交接为主线，以为“十二五”规划圆满开局积极献计出力为重点，大力加强自身建设，努力开展参政议政和促进祖国和平统一工作，各项工作取得新的进展。民革中央围绕转变经济发展方式、保障和改善民生，以专门委员会为重要平台，在促进祖国和平统一、“三农”及社会和法制等民革参政议政重点领域内，先后开展20余次调研活动，其中不少调研报告得到中共中央、国务院领导同志的重视和重要批示，为“十二五”规划良好开局作出了贡献。民革中央还在民革全党开展了“观故居，走多党合作之路”主题教育活动。通过这次活动，广大民革党员增进了对民革前辈与中国共产党风雨同舟、亲密合作、团结奋斗历史的了解和认识，更加坚定了走中国特色政治发展道路的信心与决心。

周铁农同志强调，在新的一年里，民革全党将继续高举中国特色社会主义伟大旗帜，以邓小平理论和“三个代表”重要思想为指导，深入贯彻落实科学发展观，认真学习领会中共十七届六中全会精神，以加强思想理论建设为抓手，以搞好政治交接为主线，全面完成换届工作任务。同时，进一步总结经验、探索规律、拓宽渠道、完善机制，努力做好参政议政和促进祖国和平统一工作，以优异成绩迎接中国共产党第十八次全国代表大会及民革第十二次全国代表大会的胜利召开。衷心希望我们的工作继续得到各位朋友的关心、支持，共同为“十二五”规划的实施、为社会主义文化大发展大繁荣，为推进祖国和平统一大业献计出力。

海峡两岸关系协会副会长王在希、欧洲中国和平统一促进会主席张曼新先后在会上发言。民革党员中的文艺工作者为茶话会奉献了精彩的歌曲、戏曲等文艺节目。

茶话会由郑建邦主持。民革中央常务副主席厉无畏，全国政协港澳台侨委员会副主任陈佐洱、全国政协副秘书长蒋作君、全国政协文史和学习委员会副主任卞晋平，民革中央副主席万鄂湘、齐续春、修福金、刘凡、何丕洁，原副主席李赣骝、胡敏、朱培康、刘民复及中共中央统战部、国务院台湾事务办公室、国务院侨务办公室、外交部、国资委、中央社会主义学院、中国社会科学院等单位有关局室负责人，部分海外中国和平统一促进会负责人，部分高校中共党委统战部负责人、有关专家学者，民革在京中央委员、顾问、各专委会负责人、老同志参加茶话会。

2. 纪念孙中山先生逝世87周年仪式

3月12日上午，民革中央在北京中山公园中山堂举行仪式，纪念孙中山先生逝世87周年。纪念仪式由民革中央常务副主席厉无畏主持。参加仪式的各界人士在孙中山先生塑像前肃立静默。全国政协副主席孙家正，民革中央主席周铁农，中共中央统战部副部长尤兰田，北京市副市长程红，民革中央副主席、民革北京市委会主委傅惠民分别代表全国政协、民革中央、中共中央统战部、北京市人民政府、民革北京市委会向孙中山先生像敬献花篮。与会同志向孙中山先生像三鞠躬，共同缅怀这位伟大的民主革命先行者。

3. 党史教育基地揭牌仪式

7月19日，民革中央在广州市廖仲恺何香凝纪念馆举行中国国民党革命委员会党史教育基地揭牌仪式。民革中央副主席、民革前辈纪念场馆联谊会会长修福金、民革广东省委会主委周天鸿等出席揭牌仪式。出席何香凝生平事迹研讨会暨民革前辈纪念场馆联谊会第一次年会研讨会的有关方面负责同志，专家学者参加揭牌仪式。

揭牌仪式上，修福金同志宣读了《民革中央关于命名廖仲恺何香凝纪念馆为民革党史教育基地的决定》。修福金、周天鸿等共同为廖仲恺何香凝纪念馆揭牌。仪式后，与会同志参观了廖仲恺何香凝纪念馆和孙中山大元帅府。

4. 党员教育基地、中央画院创作写生基地揭牌仪式

9月14日至15日，民革中央在山东枣庄市举行民革党员教育基地、民革中央画院创作写生基地揭牌仪式。厉无畏出席仪式并为两个基地揭牌，民革山东省委会主委孙继业等出席揭牌仪式。

台儿庄在海内外具有重要影响，2009年12月，国台办批准在台儿庄古城设立大陆首家“海峡两岸交流基地”，近20家台商在此入驻，海峡两岸艺术馆已建成开放，台儿庄古城已经成为两岸交流的重要平台。为充分发挥民革组织与原中国国民党历史渊源关系的影响力和台儿庄古城“海峡两岸交流基地”的平台作用，经民革山东省委会、枣庄市委会多次协调，民革中央在这里设立了民革党员教育基地和民革中央画院创作写生基地。

5.《民革前辈与辛亥革命》出版座谈会暨民革纪念辛亥百年出版物赠送仪式

10月10日，民革中央在机关举行《民革前辈与辛亥革命》出版座谈会暨民革纪念辛亥百年出版物赠送仪式。民革中央主席周铁农、副主席修福金，全国政协文史和学习委员会副主任卞晋平，以及中共中央统战部、各民主党派中央宣传部、中央社会主义学院等单位有关部门负责同志出席座谈会。

座谈会上，周铁农同志向有关单位对民革的辛亥革命研究工作的重视和支持表示感谢。他指出，这次赠书，一方面是对于社会各界，特别是学术界提供研究辛亥革命的史料和成果，推动辛亥革命研究工作，尽一点民革的微薄力量，同时也是展示民革作为参政党的历史特色。周铁农同志对《民革前辈与辛亥革命》一书给予了充分肯定和高度评价，并对民革今后如何进一步开展党史工作提出了三点意见：一要积极争取各方特别是中共党委支持，加大对民革党史研究投入；二要顺势而为，将民革党史研究工作与国家重大纪念活动有机结合；三要多方整合资源，不断探索适合民革党史研究工作的途径和形式。

赠书仪式上，周铁农同志向中国国家图书馆、中国政协文史馆、中共中央统战部政策理论研究室、中国社科院近代史所、中央社会主义学院图书信息中心进行了赠书。

《民革前辈与辛亥革命》由民革中央宣传部组织编写，收录了79位民革前辈在辛亥革命中的事迹。

6. 纪念贾亦斌同志诞辰100周年座谈会

11月18日，民革中央在北京人民大会堂召开贾亦斌同志诞辰100周年座谈会。民革中央主席周铁农、第一副主席厉无畏，全国政协机关党组书记、副秘书长孙怀山，海峡两岸关系协会会长陈云林、中共中央统战部副部长林智敏、国务院台湾事务办公室副主任叶克冬、人力资源和社会保障部副部长王晓初，民革中央常务副主席万鄂湘，副主席齐续春、修福金、刘凡、傅惠民、何丕洁、郑建邦，原副主席李赣骝、朱培康、刘民复

及解放军总政治部、各民主党派中央、全国工商联、中国和平统一促进会、中国人民抗日战争纪念馆等有关方面负责同志，贾亦斌同志的亲属、家乡代表、生前友好等出席座谈会。厉无畏同志主持座谈会。

周铁农同志在座谈会上讲话，向贾亦斌同志表示深切的怀念和崇高的敬意，向贾亦斌同志的家属表示亲切的慰问。他说，贾亦斌同志是我国著名的爱国民主人士，为民主革命的胜利和新中国的建立作出了积极的贡献。他一生以民族大义为重，以实现中华民族的独立、民主、和平为人生奋斗理想。贾亦斌同志是民革的杰出领导人，为中国共产党领导的多党合作事业的发展作出了积极的贡献。他长期致力于祖国和平统一事业，并为此付出了大量心血与努力；他一生热爱学习，笔耕不辍，先后出版多部著作，是值得我们认真学习的宝贵史料。

周铁农同志指出，贾亦斌同志的一生，是爱国的一生、革命的一生，是不断追求真理和进步的一生。我们纪念贾亦斌同志，不仅仅是为了重温他的光辉事迹，缅怀他的道德风范，更重要的是为了激励和启迪后人，真正做到政治交接，薪火相传。现在，中国共产党第十八次全国代表大会刚刚胜利闭幕，我国的发展又站在一个新的历史起点上。实现国家富强、民族振兴，既是贾亦斌同志等先辈的毕生追求，也是全体中华儿女的共同心愿。我们要借座谈会召开之机，认真学习贯彻中共十八大精神，继承和发扬贾亦斌等民革前辈的优良传统，为实现中华民族的伟大复兴而努力奋斗。

孙怀山代表全国政协办公厅在会上讲话，高度评价贾亦斌同志为人民政协事业和促进祖国统一事业作出的突出贡献。郑建邦和贾亦斌同志之子贾浩分别在座谈会上发言，深切缅怀贾亦斌同志。

7. 纪念郑洞国诞辰 110 周年座谈会暨郑洞国教育基金接受捐赠仪式

12 月 1 日，民革中央与民革湖南省委会、黄埔军校同学会、湖南省黄埔军校同学会在湖南长沙联合举办纪念郑洞国诞辰 110 周年座谈会暨郑洞国教育基金接受捐赠仪式。周铁农、修福金、郑建邦，海峡两岸关系协会副会长王在希，民革湖南省委会主委刘晓、湖北省委会主委郑心穗、陕西省委会主委李晓东、青海省委会主委马志伟以及湖南省有关方面负责同志出席会议。

周铁农同志在会上作重要讲话，他说，郑洞国同志是我国著名的爱国民主人士、功勋卓著的抗日将领,为抗日战争胜利作出了突出的贡献。郑洞国同志是民革的卓越领导人，为我国多党合作事业的发展和完善，为推进祖国和平统一进程作出了自己的贡献。郑洞国同志非常重视教育，重视对人才的培养，在家乡创办中学，目的是要通过对人才的培养来实现振兴中华的宏伟理想。周铁农同志指出，郑洞国同志的一生，是经受革命斗争锻炼和考验的一生，是为国家、为民族尽心竭力，不断奋斗、不断进步的一生。我们学习和纪念郑洞国等老一辈民革领导人，就是要进一步传承和弘扬民革的优良传统，坚定自觉接受中国共产党领导的信心和信念，在中国共产党的领导下，为实现全面建成小康社会的宏伟目标而努力奋斗。

郑建邦同志在讲话中深情回顾了先祖父郑洞国不平凡的一生，表示将以先辈为榜样，坚定不移地走中国特色社会主义道路，努力尽自己的绵薄之力，为祖国的和平统一，为中华民族的伟大复兴添砖加瓦。

会上，还举行了郑洞国教育基金接受捐赠仪式，香港百宏实业控股有限公司董事长施天佑、民革企业家等社会各界人士为郑洞国教育基金捐赠127万元。

会议期间还举行了“郑洞国教育基金会”第五期园丁奖、助学金颁发仪式，修福金、郑建邦同志出席仪式并为获奖师生颁奖。

（八）民革中央领导出访活动

1. 何丕洁同志率团赴日本访问

7月22日至27日，民革中央副主席何丕洁率民革中央人口资源环境委员会调研组，以中华中山文化交流协会代表团名义赴日本，就绿色循环经济发展模式及节能环保新技术进行考察。

在日本期间，调研组一行先后访问了知床世界自然遗产管理机构、钏路国立湿地管理机构，实地考察了当地自然遗产及湿地保护经验；现场参观了日本唯一现存的煤炭企业——钏路煤炭公司及下属煤矿、学员培训中心、废旧汽车回收处理厂，并与公司管理人员进行了座谈。在中国驻日使馆协调下，何丕洁同志等与东亚环境节能协会负责人进行了民间会晤，双方就PM2.5等环境问题展开广泛交流，并希望今后进一步加强联系与合作。调研组一行还参观学习了京都古建筑保护方面的管理经验。

此次赴日考察活动是民革中央专门委员会首次赴境外学习考察，对于扩大宣传民革在海外的影响，拓展国际合作领域，提高参政议政专业水平，具有积极重要的意义。

2. 郑建邦同志率团赴西班牙、德国、比利时访问

为进一步加强民革与海外华侨华人的联系，增进相互之间的了解，交流反独促统经验，8月7日至20日，民革中央副主席郑建邦率中华中山文化交流协会代表团赴西班牙，出席欧洲华侨华人社团联合会成立20周年庆典暨全球华侨华人促进中国和平统一（马德里）大会，会后顺访德国和比利时。

在德国期间，郑建邦同志一行出席了欧洲华侨华人社团联合会成立20周年庆典暨全球华侨华人促进中国和平统一大会。全国政协、国侨办、国台办、致公党中央、中国驻西班牙大使馆有关负责同志以及来自全球47个国家的华侨华人代表及中国内地和港澳台的嘉宾约800人出席会议。会议通过了《马德里宣言》，呼吁广大旅欧侨胞以弘扬中华文化为桥梁，大力开展公共、民间外交，提升中国软实力；提高侨社领袖自身综合素质，引导侨团朝现代化、功能多元化方向发展；不断增强融入与遵纪守法意识，营造良好生存环境，共建和谐社会，促进中欧友好关系。

代表团在西班牙、德国和比利时三国访问期间，先后拜会了中国驻三国大使馆，拜会了巴塞罗那、慕尼黑侨界，德国中国和平统一促进会及比利时中国和平统一促进会等社团组织。代表团在访问期间向当地侨界广泛宣传大陆对台方针政策，畅谈改革开放30多年所取得的成就，介绍中国共产党领导的多党合作和政治协商制度，高度评价海外华人华侨在中欧经贸文化各项交流及促进中国和平统一大业所作出的贡献。

二、参政议政

2012 年是“十二五”时期承前启后的重要一年，也是全面建设小康社会和深化改革开放、加快转变经济发展方式的关键一年。这一年里，国际金融危机深层次影响继续显现，世界经济复苏步伐放缓，我国经济下行压力加大。面对错综复杂的国际形势和国内经济社会发展环境，民革各级组织和广大党员深入贯彻落实科学发展观，按照“稳中求进”的工作总基调，坚定信心，扎实工作，充分发挥联系广泛、智力密集的优势，努力创新参政议政、社会服务工作机制和方式，积极履行参政议政职能。

（一）在高层政治协商和征求意见座谈会上提出意见和建议

2012 年，中共中央、国务院、最高人民检察院等分别就《政府工作报告（征求意见稿）》、经济形势和经济工作、人民检察院工作情况、等重大问题举行高层政治协商和征求意见座谈会，民革中央领导同志参加会议并就协商的专题发表了意见和建议。以下是部分座谈会及民革中央领导发言的情况。

1 月 9 日，最高人民检察院召开各民主党派中央、全国工商联负责人和无党派人士代表座谈会，听取对 2011 年检察工作的意见和对 2012 年工作的建议。最高人民检察院检察长曹建明出席会议，最高检常务副检察长胡泽君向各民主党派中央、全国工商联负责人和无党派人士代表通报了 2011 年检察工作的主要情况和 2012 年检察工作的总体安排。郑建邦出席座谈会并代表民革中央发言。他说，多年来，特别是最高检本届班子成立以来，高度重视与各民主党派中央，全国工商联领导同志和无党派代表人士的沟通联络工作，为我们开展参政议政、民主监督工作提供了很大的帮助。他结合民革相关工作实践，就进一步做好检察工作提出三点建议：一是以中共十七届六中全会精神为指导，为社会主义文化大发展大繁荣提供有力的司法保障。二是充分发挥检察职能，为加强和创新社会管理工作提供良好的司法保障。三是着力推进检察队伍专业化建设，强化对各级检察人员的教育、管理和监督工作，以切实行动取信于民。

1 月 18 日下午，中共中央在中南海召开党外人士迎春座谈会。中共中央总书记、国家主席、中央军委主席胡锦涛代表中共中央、国务院，向各民主党派中央、全国工商联领导同志和无党派人士，向统一战线广大成员，致以诚挚的问候和新春的祝福。座谈会由中共中央政治局常委、全国政协主席贾庆林主持。中共中央政治局常委、书记处书记、国家副主席习近平，中共中央政治局常委、国务院副总理李克强，中共中央书记处书记、中央办公厅主任令计划，全国政协副主席、中央统战部部长杜青林出席座谈会。周铁农、何鲁丽、厉无畏出席座谈会。周铁农同志代表民革中央在会上发言。他说，过去的一年，民革在中共中央及各级党委的指导和大力支持、帮助下，结合庆祝中国共产党成立 90 周年活动，大力加强思想理论建设和参政能力建设，努力在促进祖国和平统一、“三农”、社会和法制等重点领域做好参政议政工作。同时，以纪念辛亥革命 100 周年为契机，充分发挥民革在促进祖国和平统一工作中的独特作用，积极开展各种形式的对台交流工作，取得了很好的成果。在新的一年里，我们决心按照中共中央、国务院的决策部署，围绕科学发展这个主题和加快转变经济发展方式这条主线，围绕稳中求进工作总基调，在进一步加强以参政能力建设为重点的自身建设基础上，全面做好参政议政、民主监督工作。周铁农同志就更好地贯彻落实“四个牢牢把握”，实现我国经济社会科学发展、稳中求进谈了几点看法：一是推进社会主义文化大发展大繁荣是今年及今后的一项重要工作。二是中央经济工作会议确定的“牢牢把握发展实体经济这一坚实基础”的工作方针，充分体现了先进生产力的发展要求。三是保障好、改善好民生是维护最广大人民群众根本利益的具体体现。

2月9日，国务院总理温家宝在中南海主持召开党外人士座谈会，听取各民主党派、全国工商联负责人和无党派人士对《政府工作报告（征求意见稿）》的意见和建议。周铁农、厉无畏出席会议。周铁农代表民革中央在会上发言。他说，改革是经济社会发展的强大动力。当前垄断行业改革明显滞后，造成不公平竞争，成为加快转变经济发展方式亟待解决的关键问题之一。建议《报告》稿增加深化垄断行业改革的内容，提高各级领导干部的认识，回应人民群众的呼声。周铁农同志还针对《报告》稿中关于促进农业稳定发展和农民持续增收、加大知识产权保护力度等方面问题提出了意见和建议。

7月26日，中共中央在中南海召开党外人士座谈会，就当前经济形势和下半年经济工作听取各民主党派中央、全国工商联领导人和无党派人士的意见和建议。中共中央总书记胡锦涛主持座谈会并发表重要讲话。中共中央政治局常委温家宝、贾庆林、习近平、李克强出席座谈会。温家宝同志通报了上半年经济工作有关情况，介绍了中共中央、国务院关于做好下半年经济工作的考虑。周铁农、厉无畏、万鄂湘出席会议。周铁农同志在会上代表民革中央发言，他说，尽管当前我国经济社会发展面临的国际环境仍很严峻，经济发展还面临诸多困难和挑战，但我国经济发展的基本面是好的，仍处于重要战略机遇期。对此，应当坚定信心，坚持发展目标不动摇。周铁农同志结合在调研中了解的情况对下半年及以后的经济社会发展提出以下建议：一是坚持社会主义市场经济改革方向，保持宏观调控政策的一致性、连续性、有效性，全面做好调控工作。二是提高消费能力，改善消费环境，完善消费结构，拓展消费领域，增强消费对经济稳定发展的支撑作用。三是更加重视城镇化建设，积极探索农民“两权”资产化的途径与方法，使广大农民群众成为城镇化建设的主体。四是加大农村公共文化建设力度，积极发展农村文化产业，进一步健全农业业态。

11月30日，中共中央在中南海召开党外人士座谈会，就当前经济形势和明年经济工作听取各民主党派中央、全国工商联领导人和无党派人士意见和建议。中共中央总书记习近平主持座谈会。国务院总理温家宝，中共中央政治局常委李克强、张德江、俞正声、刘云山、王岐山、张高丽出席座谈会。温家宝同志通报了经济工作有关情况，介绍了中共中央、国务院关于做好明年经济工作的考虑。周铁农、厉无畏、万鄂湘出席座谈会。周铁农同志在会上代表民革中央发言，他说，按照中共中央、国务院的决策部署，做好明年的经济工作，有着十分重要的意义。通过学习中共十八大精神，我们认为，在把握2013年经济发展总体要求的基础上，有必要进一步搞好具体工作的统筹协调：一是在坚持扩大内需、促进经济稳定运行过程中，更加注重统筹国内国际两个大局。二是在坚持创新引领、推动发展方式转变过程中，更加注重推动科技与经济紧密结合，产业与市场有效衔接。三是在坚持改革开放、完善体制机制环境过程中，更加注重统筹处理好政府与市场、政府部门之间、国企与民企之间的关系。四是在坚持民生优先、提升公共服务水平过程中，更加注重深刻理解社会主义初级阶段基本国情的总依据与全面建成小康社会奋斗目标的辩证关系。周铁农同志表示，有效发挥我国消费潜力巨大的优势，大力实施扩大内需战略，应当是明年乃至更长一段时间经济工作的重点，为此提出以下建议：一是调节收入差距，促进居民增收；二是稳定消费预期，改善消费环境；三是积极引导消费，扩大消费亮点。

11 月 28 日，中共中央统战部在京召开党外人士学习贯彻中共十八大精神座谈会。中共中央政治局常委俞正声出席会议。周铁农、万鄂湘、修福金、刘凡、傅惠民、何丕洁、郑建邦出席会议。周铁农同志在会上代表民革中央发言，他说，中共十八大报告提出了“确保到 2020 年实现全面建成小康社会”的宏伟目标，对全面建设小康社会作了最全面的描述和最有力的动员，既为全国各族人民指明了前进方向，也为各民主党派履行参政议政、民主监督职能指明了前进方向，是民革今后一切工作的中心。民革各级组织和全体党员一定要把全部智慧和力量凝聚到这一宏伟目标上来，紧紧围绕全面建成小康社会宏伟目标开展参政议政工作，为全面建成小康社会作出民革独特的贡献。周铁农同志说，中共十八大报告关于坚持走中国特色社会主义政治发展道路和推进政治体制改革，特别是报告围绕“健全社会主义协商民主制度”、“巩固和发展最广泛的爱国统一战线”提出的政策措施，体现了中共中央对多党合作事业一以贯之的高度重视，为参政党在国家政治生活中进一步发挥积极作用提供了广阔的空间。当前，我们要集中精力组织和推动民革全党同志认真学习中共十八大精神，为实现中共十八大提出的宏伟目标而努力奋斗。

12 月 28 日，最高人民检察院召开各民主党派中央、全国工商联负责人和无党派人士代表座谈会，通报今年检察工作情况和明年工作安排，征求对检察工作的意见和建议。最高人民检察院检察长曹建明主持座谈会，高检院常务副检察长胡泽君介绍了 2012 年检察工作主要情况和 2013 年检察工作主要安排。中共中央统战部副部长林智敏出席座谈会。齐续春出席会议并代表民革中央发言，他表示，2012 年各级检察机关在发挥法律监督职能、促进社会和谐稳定、加快司法改革、完善相关工作制度、加强队伍建设、提高司法能力等方面做了很多工作，取得了很好的成绩。为更好地履行参政党对国家司法工作的参政议政、民主监督职能，推进检察机关的法律监督同民主监督的有机结合，做好明年的检察工作，民革中央提出以下意见和建议：一要有效应对《刑事诉讼法》的修改，确保正确行使检察权。二要充分发挥检察建议在加强和创新社会管理工作的作用。三要不断加强检察机关内部建设，做好内部监督工作。

（二）以民革中央名义向中共中央和国务院提交专项建议

2012 年，民革中央先后就推进农村文化建设、解决结构性缺水、促进文化产业与旅游产业融合发展、支持革命老区扶贫开发、发展职业教育、加强中医药事业发展扶持力度等问题进行了专题调研，并以调研成果为基础向中共中央、国务院提出专项建议。主要有：

2 月 8 日，民革中央通过中共中央统战部向中共中央、国务院呈报了《关于进一步发展完善两岸农业合作试验区暨台湾农民创业园的建议》。该建议是在 2011 年 12 月，民革中央副主席郑建邦率民革中央调研组赴福建省福州、漳州、厦门等地，就两岸农业合作发展问题进行专题调研的基础上形成的。《建议》介绍了当前闽台农业交流合作的基本情况和存在的主要问题，并就重点发展福建、海南等东南沿海地区台湾农民创业园，加大对台湾农民创业园的支持扶助力度，推动台湾农产品通关检疫更加便捷化，解决来大陆投资的台湾农业企业特别是中、小企业的融资困难，强化为台商服务意识等方面提出了建议。

6月11日，民革中央通过中共中央统战部向中共中央、国务院呈报了《关于加快我国城市停车立法的建议》。该建议是在今年5月民革中央对深圳、北京、上海等城市的停车问题进行调研的基础上形成的。《建议》总结了我国城市“停车难”问题对城市居民生活质量及城市可持续发展的不利影响，分析了“停车难”问题的主要原因，并提出以下建议：其一，从整个国家层面制定有关城市停车的法律法规，指导地方立法和执法，推动整个停车行业健康有序发展。其二，通过立法对停车场重新进行定义。其三，通过立法对道路停车进行定义。其四，通过立法明确停车行政主管部门及职责。其五，规范停车行业管理和准入制度。其六，引导和支持停车行业协会的健康发展。

6月14日，民革中央通过中共中央统战部向中共中央、国务院呈报了《关于加大对“宁夏固原地区（宁夏中南部）城乡饮水安全水源工程”支持力度的建议》。该建议是在今年5月民革中央副主席齐续春率队赴宁夏固原，就宁夏固原地区（宁夏中南部）城乡饮水安全水源工程建设问题进行调研的基础上形成的。《建议》介绍了固原地区由于水资源长期严重匮乏给当地各族群众生活带来的严重影响，分析了目前制约安全水源工程进展的主要因素，并提出以下建议：一是落实国家有关投资政策，确保中央补助工程投资比例不少于80%。二是加快项目审批进度，力促工程早日开工。三是加快研究制定区域发展和扶贫规划，促进六盘山片区整体协调发展。民革中央主席周铁农同时致信温家宝总理，介绍了固原地区城乡居民饮水困难情况，希望在中央的关心下，加快项目审批进度，以使工程尽早开工，早日造福当地城乡居民。温家宝总理就周铁农同志的信函及《建议》作出重要批示，要求抓紧开展固原地区城乡饮水安全水源工程前期工作，落实国家有关投资政策，力促工程早日开工。

7月16日，民革中央通过中共中央统战部向中共中央、国务院呈报了《关于推进新疆库尔勒至青海格尔木铁路工程的建议》。该建议是在今年5月29日至6月2日，民革中央副主席齐续春率领民革中央调研组赴青海省西宁、格尔木等地就“建设新疆库尔勒至青海格尔木铁路”问题进行专题调研的基础上形成的。《建议》总结了库格铁路建设对改善西部地区交通运输环境，解决长期困扰新疆发展的出疆运输通道问题，推动两省区跨越式发展，保持民族地区长治久安，确保国家能源战略安全等方面的重要作用，并提出以下建议：一是希望铁道部尽快联合青海、新疆两省区向国家发改委上报项目建议书，争取早日得到批复，2013年开工建设。二是鉴于库格铁路在国防保障、巩固边疆、实现我国中长期能源战略、推动西部民族地区的经济社会可持续发展方面具有重要意义，请中央在财政资金等政策方面给予一定支持。三是在开工建设库格铁路的同时，希望铁道部尽快完成规划中的格尔木至成都铁路的前期工作，及早形成贯通西北与内地新的交通大动脉，从而更加充分的发挥库格铁路的作用。

9月3日，民革中央通过中共中央统战部向中共中央、国务院呈报了《关于进一步推动农村文化建设，促进社会主义新农村和谐发展的建议》。该建议是在今年5月民革中央主席周铁农率调研组赴辽宁就推动农村文化建设问题进行调研的基础上形成的。《建议》介绍了辽宁省在农村文化建设方面取得的成绩及目前我国农村文化建设存在的主要问题，并提出以下建议：一是进一步加强和改进中国共产党对农村文化建设的领导。二是坚持正确的文化导向，不断满足农民群众不断增长的文化需求。三是把农村公益性文化事业和经营性文化产业作为当前投资的重点方向，推进城乡文化发展一体化新格局。四是加大政府投入力度，建立同国力相匹配、同农民群众文化需求相适应的保障机制。五是不断创新服务形式和活动内容，在注重硬件建设的同时也要注重软件的建设。六是把农村文化产业发展置于新农村建设和城乡统筹的大视野中。七是把发展农村文化产业作为创新和健全农业业态、推进现代农业发展的重要途径。9月20日，中共中央政治局委员、国务院副总理回良玉就民革中央呈报的《关于进一步推动农村文化建设，促进社会主义新农村和谐发展的建议》作出重要批示。10月15日，时任中共中央政治局常委、全国政协主席贾庆林就民革中央呈报的《关于进一步推动农村文化建设，促进社会主义新农村和谐发展的建议》作出重要批示。10月17日，时任中共中央政治局委员、中央宣传部部长刘云山也对《建议》作出重要批示。

9月12日，民革中央通过中共中央统战部向国务院呈报了《关于解决结构性缺水问题的建议》。该建议是今年7月民革中央副主席齐续春率调研组赴湖北就水利改革发展问题进行调研的基础上形成的。《建议》介绍了三峡库区部分山区县目前出现的结构性缺水问题现状，并提出以下建议：一是紧紧抓住当前“稳增长、调结构”的有利契机，把农田水利作为当前农村基础设施建设的重点任务和拉动内需、促进就业的重要抓手，加大投入力度。二是高度重视丰水地区结构性缺水问题，支持湖北宜昌解决结构性缺水问题的实践，总结探索从根本上解决结构性缺水问题的经验。三是希望中央和省级财政加大对水利建设、特别是水源工程建设的投入，适度降低山区县（市）的配套要求，让民生工程能尽快发挥作用。9月27日，回良玉同志就民革中央呈报的《关于解决结构性缺水问题的建议》作出重要批示。

9月20日，民革中央通过中共中央统战部向中共中央、国务院呈报了《关于进一步促进文化产业与旅游产业融合发展的建议》。该建议是今年7月民革中央副主席齐续春率调研组赴河北就文化旅游产业发展问题进行调研的基础上形成的。《建议》介绍了目前各地在文化与旅游融合发展方面取得的成效及存在的主要问题，并提出以下建议：一是提高认识，创新体制机制，推进文化产业和旅游产业深度融合和互动发展。二是区域协同，做强做大产业，提升文化产业与旅游产业融合发展的水平。三是突出重点，完善培养体系，打造适应文化产业和旅游产业融合发展的高素质人才队伍。10月15日，时任中共中央政治局常委、全国政协主席贾庆林就民革中央呈报的《关于进一步促进文化产业与旅游产业融合发展的建议》作出重要批示。

10月15日，民革中央通过中共中央统战部向中共中央、国务院呈报了《关于建立健全商业化育种新机制、推进现代种业健康发展的几点建议》。该建议是在今年8月民革中央副主席齐续春率调研组赴安徽省合肥、淮北、宿州等地，就国务院《关于加快推进现代农作物种业发展的意见》贯彻落实情况进行调研的基础上形成的。《建议》介绍了安徽省贯彻落实《意见》的总体情况以及存在的主要问题，并提出三点建议。10月29日，时任中共中央政治局常委、全国政协主席贾庆林就民革中央呈报的《关于建立健全商业化育种新机制、推进现代种业健康发展的几点建议》作出重要批示。10月30日，时任中共中央政治局委员、国务院副总理回良玉也对《建议》作出重要批示。

10月15日，民革中央通过中共中央统战部向中共中央、国务院呈报了《关于统筹解决武陵山区等集中连片特困地区发展问题的建议》。该建议是在今年8月民革中央主席周铁农率调研组赴重庆石柱、武隆县等地，就武陵山区城乡统筹问题开展调研的基础上形成的。《建议》介绍了武陵山片区区域发展与扶贫攻坚试点工作启动后，重庆市为农民增收和城镇化建设以及破解城乡发展难题进行的一系列有益探索，以及在片区规划编制和实施过程中存在的问题和不足，并提出五点建议。11月7日，中共中央政治局常委、国务院副总理李克强就民革中央呈报的《关于统筹解决武陵山区等集中连片特困地区发展问题的建议》作出重要批示。

10月23日，民革中央通过中共中央统战部向中共中央、国务院呈报了《关于加大宣传三祖文化，增强中华民族凝聚力的建议》。该建议是在今年8月民革中央副主席齐续春率调研组赴河北省张家口市涿鹿县，就三祖文化的保护与利用进行专题调研的基础上形成的。《建议》介绍了涿鹿县在三祖文化开发与建设方面取得的成绩，以及当前三祖文化历史文化价值的挖掘和利用在学术研究、社会宣传、社会文化活动中面临的一些困境，并提出三点建议。

11月13日，民革中央通过中共中央统战部向中共中央、国务院呈报了《关于进一步发展农民职业教育的建议》。该建议是在今年9月民革中央副主席齐续春率调研组赴浙江省嘉兴市，就农民职业教育发展现状进行专题调研的基础上形成的。《建议》介绍了浙江省在农民职业教育方面采取的创新举措，并就进一步加强农民职业教育提出六点建议。11月24日，国务院副总理回良玉就民革中央呈报的《关于进一步发展农民职业教育的建议》作出重要批示。

11月13日，民革中央通过中共中央统战部向中共中央、国务院呈报了《关于加强中医药事业发展扶持力度，促进我国医疗体制改革的建议》。该建议是在今年8月民革中央副主席傅惠民率调研组赴甘肃省，就扶持和促进我国中医药事业发展进行专题调研的基础上形成的。《建议》介绍了甘肃省大力发展中医药事业所取得的成效和当前我国中医药事业发展面临的主要困难，并提出六点建议。12月9日，中共中央政治局常委、国务院副总理李克强就民革中央呈报的《关于加强中医药事业发展扶持力度，促进我国医疗体制改革的建议》作出重要批示。

11月22日，民革中央通过中共中央统战部向中共中央、国务院呈报了《关于加快建设深化两岸产业合作试验区的建议》。该建议是在2012年10月，民革十一届中央主席周铁农同志率调研组赴江苏昆山，就“深化两岸产业合作试验区”建设问题进行调研的基础上形成的。《建议》介绍了当前大陆台资企业推动内地经济发展、扩大我国进出口贸易、促进社会就业等方面的情况，并就打造两岸产业转型升级的重要载体、建立两岸中小企业深度合作的平台提出两点建议。

（三）在全国政协会议上的提案和发言（办复）

1. 全国政协十一届五次会议上提交大会发言和提案

会上，民革中央共提交大会发言三件，分别是：《坚持“九二共识”，两岸共沐春风》（郑建邦副主席在会上作口头发言）、《发展创意产业，建设文化强国》、《关于大力发展农村现代服务业，进一步推动我国农业现代化进程的建议》；提交提案46件，分别是：《关于加强少数民族农民工权益保护的建议》、《关于完善特殊教育财政保障机制的建议》、《关于破解台湾南部民众“政经分离”心态的对策建议》、《关于加强两岸高科技产业交流合作的几点建议》、《关于加强两岸金融服务业合作的几点意见和建议》、《关于两岸合作向金门供水的建议》、《关于推进两岸文化交流合作机制化进程的建议》、《关于在两岸和平发展新时期进一步做好台湾青年工作的几点建议》、《关于加快推进原国民党陆军新编第一军印缅抗日阵亡将士公墓迁建的建议》、《关于加强上海四行仓库保护和开发的建议》、《改变治水观念，提高抗旱能力》、《以绿色经济为契机，进一步推动我国经济发展方式转变》、《关于继续在国家层面实施退耕还林的建议》、《关于加快城市生活垃圾无害化处理的建议》、《大力发展农业循环经济，促进现代农业可持续发展》、《加快废旧汽车回收拆解与再制造行业健康发展，推动资源节约型、环境友好型社会建设》、《深化大区域合作，打造中部崛起新引擎》、《关于优化我国乙型肝炎预防免疫接种、随访和监管计划的建议》、《关于解决南海问题的几点建议》、《关于大力加强林地保护管理的建议》、《关于进一步深化司法鉴定管理体制改革的建议》、《关于完善保障房管理制度的建议》、《关于加强基层社会管理的建议》、《理顺体制、创新机制，构建城市基层社会管理新格局》、《关于完善行政问责制的建议》、《关于修改〈中华人民共和国证券法〉的建议》、《关于在海南建立国际海事争端解决中心的建议》、《关于发展以汉语为翻译中介语言的“语联网”经济，提升中国发展“软实力”的建议》、《关于进一步提高居民消费能力，拉动内需的建议》、《关于促进我国资本市场可持续健康发展的建议》、《关于大力发展县域金融，推进区域金融改革创新的建议》、《关于采取有效措施，发展实体经济的建议》、《关于稳步推进我国财税制度改革的建议》、《关于进一步推动垄断性国有企业改革的建议》、《关于增强资本社会责任，促进民生的建议》、《关于加强和创新农村社会管理，确保农村社会和谐稳定的建议》、《关于加强农村道路建设和养护的建议》、《关于进一步做好农田水利建设的建议》、《关于创新农村土地流转方式，推进农村“两权”抵押的建议》、《关于加快文化科技创新的建议》、《促进科技成果有效转化，加快我国科学技术创新》、《关于建立集中、统一、高效的知识产权行政管理体制的建议》、《关于进一步加强我国食品安全标准体系建设的建议》、《关于进一步规范全国综合性体育赛事的建议》、《探索可持续发展与资源模式，开创节能减排新局面》及八个民主党派联合提案《关于促进〈团结报〉加快发展的几点建议》。

6月12日，科技部对民革中央在全国政协十一届五次会议上提交的《关于采取有效措施，发展实体经济的建议》提案作出答复，就通过科技创新促进产业结构优化升级、提高企业创新能力、优化创新创业环境等方面介绍了国家有关部委在促进实体经济发展工作上采取的政策措施。

6月12日，国家体育总局对民革中央在全国政协十一届五次会议上提交的《关于进一步规范全国综合性体育赛事的建议》提案作出答复，就转变体育发展观念、改革体育管理体制、规范申办和举办大型综合性运动会、提高运动会市场化水平等方面介绍了国家有关部门采取的政策措施。

7月2日，中共中央统战部对民革中央在全国政协十一届五次会议上提交的《关于促进〈团结报〉加快发展的几点建议》提案作出答复,就《团结报》变更为日报、将《团结报》定性为公益性事业单位、拨款解决《团结报》办公场所等问题提出相关意见。

7月3日，国家民族事务委员会对民革中央在全国政协十一届五次会议上提交的《关于加强少数民族农民工权益保护的建议》提案作出答复，就维护少数民族合法权益、建立少数民族劳动力有序流动的机制体制、大力提高少数民族劳动力素质等方面介绍了国家有关部委采取的政策措施。

7月6日，中央社会管理综合治理委员会对民革中央在全国政协十一届五次会议上提交的《关于理顺体制、创新机制、构建城市基层社会管理新格局的建议》提案作出答复，就从政策上进一步推动完善城市基层社会管理体制机制、加强对各地创新城市基层社会管理体制机制经验的总结、加强对社会组织的服务管理等方面介绍了国家有关部委采取的政策措施。

7月6日，中央社会管理综合治理委员会对民革中央在全国政协十一届五次会议上提交的《关于加强和创新农村社会管理，确保农村社会和谐稳定的建议》提案作出答复，就夯实农村社会和谐稳定的基础、构建与农村实际相适应的社会管理模式、深化农村社会治安综合治理、健全完善农民群众依法表达诉求的机制、加强农村文化建设等方面介绍了国家有关部委采取的政策措施。

7月6日，国务院国有资产监督管理委员会对民革中央在全国政协十一届五次会议上提交的《关于进一步推动垄断性国有企业改革的建议》提案作出答复，就铁路系统等垄断行业的政企分开、在国有企业内部建立上下垂直管理的法律和监管体系、在垄断性国有企业建立现代化人事制度等方面介绍了国家有关部委采取的政策措施。

7月6日，广东省人民政府对民革中央在全国政协十一届五次会议上提交的《关于加快推进原国民党陆军新编第一军印缅抗日阵亡将士公墓迁建的建议》提案作出答复。《答复》指出，广州市政府将继续推进新一军公墓异地迁建工作，抓紧开展对新一军公墓的现状测绘，进一步完善迁建方案，推进项目立项，争取尽早实施。

7月13日，科技部对民革中央在全国政协十一届五次会议上提交的《促进科技成果有效转化，加快我国科学技术创新》提案作出答复，就加大政府科技资源向企业倾斜、促进政产学研用更紧密结合、加强科技中介服务建设、加快科技成果向现实生产力转化等方面介绍了国家有关部委采取的政策措施。

7月13日，科技部对民革中央在全国政协十一届五次会议上提交的《关于加快文化科技创新的建议》提案作出答复，就加强国家级文化和科技融合示范基地管理、实施一批文化科技创新项目、推动文化领域科技型企业认定工作在中关村试点、加强文化科技人才培养等方面介绍了国家有关部委采取的政策措施。

7月16日，财政部对民革中央在全国政协十一届五次会议上提交的《关于采取有效措施，发展实体经济的建议》提案作出答复，就积极实施结构性减税政策、减轻收费负担等方面介绍了国家有关部委采取的政策措施。

7月16日，卫生部对民革中央在全国政协十一届五次会议上提交的《关于优化我国乙型肝炎预防免疫接种、随访和监管计划的建议》提案作出答复，就修订乙肝防治方案、做好预防接种的推广和治疗感染者的工作、做好乙肝免疫接种后的跟进工作、部分人群需要多次免疫接种、跟踪计划等方面介绍了国家有关部委采取的政策措施。

7月17日，中国证券监督管理委员会对民革中央在全国政协十一届五次会议上提交的《关于采取有效措施，发展实体经济的建议》提案作出答复，就促进实体经济与虚拟经济协调发展、改善中小微企业融资环境、支持战略性新兴产业发展、促进资本市场规范发展等方面介绍了国家有关部委在促进实体经济发展工作上采取的政策措施。

7月26日，交通运输部对民革中央在全国政协十一届五次会议上提交的《关于加强农村道路建设和养护的建议》提案作出答复，就理顺农村公路发展的体制环境、完善相应的配套设施、加强农村道路养护管理等方面介绍了国家有关部委采取的政策措施。

7月27日，国家发展和改革委员会对民革中央在全国政协十一届五次会议上提交的《关于增强资本社会责任促进民生的建议》提案作出答复，指出国家发改委在今后的工作中将针对增强国有资本的社会责任、积极推进工资集体协商等建议内容，加强与有关部门的配合协商，加大相关体制改革的工作力度，以更好地保障和改善民生。

7月30日，国家发展和改革委员会对民革中央在全国政协十一届五次会议上提交的《关于以绿色经济为契机，进一步推动我国经济发展方式转变的建议》提案作出答复，就启动和实施绿色GDP核算、推动绿色就业、加强对政府部门绿色发展硬约束等方面介绍了国家有关部委采取的政策措施。

8月1日，工业和信息化部对民革中央在全国政协十一届五次会议上提交的《关于采取有效措施发展实体经济的建议》提案作出答复，就促进工业转型升级、积极营造有利于企业发展的环境、鼓励自主创新和科技成果产业化等方面介绍了国家有关部委采取的政策措施。

8月2日，水利部对民革中央在全国政协十一届五次会议上提交的《关于进一步做好农田水利建设的建议》提案作出答复，就进一步提高对农田水利建设工作的重视程度、重点突出与统筹兼顾相结合有序推进农田水利工作、科学制定农田水利建设规划、加大资金投入力度提高资金使用效率、积极探索农田水利建设新机制以适应现代农业发展需要等方面介绍了国家有关部委采取的政策措施。

近日，水利部对民革中央在全国政协十一届五次会议上提交的《关于改变治水观念，提高抗旱能力的建议》提案作出答复，就加强退耕还林（草）和水土保持工程建设，开展湖底清淤、退耕还湖等工作，在特殊干旱时期加大三峡对下游补水和修建三峡至丹江口引水渠道、限制超采地下水和在华北干旱地区开展地下水回灌等问题介绍了国家有关部委采取的政策措施。

8月17日，国家发改委对民革中央在全国政协十一届五次会议上提交的《关于采取有效措施，发展实体经济的建议》提案作出答复，表示目前发改委正在对支持实体经济特别是实体型中小企业发展有关问题进行专题研究。

8 月 25 日，中国人民银行对民革中央在全国政协十一届五次会议上提交的《关于加强两岸金融服务业合作的建议》提案作出答复，就细化两岸金融服务业制度合作的框架性协议、逐步规范和协调两案涉及金融领域的法律法规、建立两岸金融业信息交换和共享机制、建立两岸金融业协调与监管合作机制、搭建两岸金融服务业合作的组织架构等问题介绍了国家有关部委采取的政策措施。

8 月 29 日，财政部对民革中央在全国政协十一届五次会议上提交的《关于完善特殊教育财政保障机制的建议》提案作出答复，就加大财政投入力度，确保“保基本”财政投入逐年增长和增设“促发展”专项财政资金、建立中央与地方财政投入分担机制、建立科学的财政经费监管评估机制等问题介绍了国家有关部委采取的政策措施。

9 月 3 日，证监会对民革中央在全国政协十一届五次会议上提交的《关于促进我国资本市场可持续健康发展的建议》提案作出答复，就强化资本市场长期投资和资源配置功能、完善投资者合法权益保护机制，监管机构弱化审批、强化监督，改革发行审核制度，逐步向注册制过渡，限制过度股权激励、推动全员持股公司上市融资，改善民营上市公司的公司治理，降低系统性风险等问题介绍了国家有关部委采取的政策措施。

10 月，卫生部对民革中央在全国政协十一届五次会议上提交的《关于进一步加强我国食品安全标准体系建设的建议》提案作出答复，《答复》指出，对成立独立的食品安全监管部门的建议，中央编办等部门将在深化行政管理体制改革和机构改革中，结合近期食品安全监管体制调整后的实际运行情况，认真研究，统筹考虑。

10 月，国家发展和改革委员会对民革中央在全国政协十一届五次会议上提交的《关于深化大区域合作，打造中部崛起新引擎的建议》提案作出答复，就制定湘鄂赣跨区域规划、给予湘鄂赣老少边穷山区特殊支持政策、发挥城市群核心作用、推进基础设施建设等问题介绍了国家有关部委采取的政策措施。

10 月，国家发展和改革委员会对民革中央在全国政协十一届五次会议上提交的《关于进一步提高居民消费能力拉动内需的建议》提案作出答复，就进一步推进收入分配制度改革，切实提高居民收入水平；财政补贴政策转向以民为本；推进税制改革，让利于民；完善社会保障体系，免除居民消费的后顾之忧等问题介绍了国家有关部委采取的政策措施。

10 月，财政部对民革中央在全国政协十一届五次会议上提交的《关于稳步推进我国财税制度改革的建议》提案作出答复，就增强财政宏观调控能力、大幅度提高关系民生的公共投入、稳步改革现行税制体系、税制改革与完善财政体制相结合等问题介绍了国家有关部委采取的政策措施。

10 月，国家发展和改革委员会对民革中央在全国政协十一届五次会议上提交的《关于探索可持续发展与资源模式开创节能减排新局面的建议》提案作出答复，就树立生态文明意识、完善体制机制、完善有利于节能减排的财税政策、构建有利于节能减排的市场机制、大力发展循环经济等问题介绍了国家有关部委采取的政策措施。

10 月，财政部对民革中央在全国政协十一届五次会议上提交的《关于增强资本社会责任促进民生的建议》提案作出答复，就取消过度激励资本的政策措施；强化针对资本利得的税收，降低劳动所得税负等问题介绍了国家有关部委采取的政策措施。

10月，国家发展和改革委员会对民革中央在全国政协十一届五次会议上提交的《关于继续在国家层面实施退耕还林的建议》提案作出答复。《答复》指出，国家有关部门将认真总结经验，进一步推进退耕还林，坚持突出重点，集中连片安排，做到退耕一片、巩固一片、片内不留死角。

2. 全国政协十一届十八次常委会上大会发言

在6月18日开幕的政协十一届全国委员会常务委员会第十八次会议上，来自各民主党派的政协常委，围绕“牢牢把握稳中求进的工作总基调，促进经济平稳较快发展”主题，深入讨论、各抒己见，积极建言献策。民革中央第一副主席厉无畏，常务副主席万鄂湘，副主席修福金、刘凡、程崇庆、傅惠民、何丕洁、郑建邦出席会议。

修福金同志代表民革中央作大会发言，他指出，当前金融服务实体经济的能力与经济社会发展的需要相比还有不小差距，有可能对我国经济增长和金融运行产生负面影响。解决这些问题的核心在于深化金融体制改革，重点要在金融机构体系多元化、完善多层次资本市场体系、推进金融创新和完善金融监管体系。为此，民革中央建议重点在以下四个方面进行积极探索：一是丰富地方金融机构体系，支持小微企业发展；二是完善多层次资本市场，支持企业发展壮大；三是积极推动金融创新，支持重点领域健康发展；四是完善金融监管体制改革，建设金融安全网。

3. 全国政协“大力发展实体经济，打牢经济发展基础”提案办理协商会发言

3月8日，全国政协提案委员会举行“大力发展实体经济，打牢经济发展基础”提案办理协商会。全国政协副主席白立忱，各民主党派中央和全国工商联等提案单位有关负责同志出席协商会。

民革中央副主席何丕洁出席会议并代表民革中央发言，他指出，大力发展实体经济，要和经济结构调整紧密结合，用转型升级带动实体经济发展。要促进传统产业的提升改造，加快产业结构优化升级。要按照循环经济理念，通过技术创新和空间布局的优化组合，促进实体经济积聚发展。要采取适当的宏观经济政策提高实体经济的相对收益率，为实体经济发展创造更加宽松的环境。在大力发展实体经济的基础上，也要继续积极稳妥地推进虚拟经济各层次的发展，充分发挥好虚拟经济对实体经济的支持作用。

（四）专门委员会参政议政工作会议、专题会议

1. 专门委员会工作会议

专门委员会是民革各级组织做好参政议政工作的参谋和助手，是民革参政议政工作的重要平台和依托。民革中央各专委会在2012年分别召开会议，部署具体工作。

12月11日，民革十一届中央社会和法制委员会第五次全体会议在北京召开。民革十一届中央常务副主席、中央社会和法制委员会主任万鄂湘出席会议并讲话。万鄂湘同志在讲话中指出，五年来，民革中央社会和法制委员会围绕我国经济和社会发展的重大问题，结合委员的专业特点，认真履行职责，深入开展调查研究，积极建言献策，取得了明显的成绩和实效。由社法委及委员们提交的提案素材、调研报告、社情民意信息有很多都得到了国家领导人的重要批示和充分肯定，有的还被执政党和政府吸纳，体现在出台的政策和措施之中。他要求，社法委要认真学习贯彻中共十八大精神，积极就司法

体制和工作机制改革建言献策。着眼专业领域，着力调查研究，推进成果转化，为执政党和政府建有益之言，献务实之策。与会委员围绕“司法公正与司法公信力建设”调研报告初稿的修改与完善，以及2013年提交全国政协会议的提案素材和社会法制领域的调研选题展开了热烈讨论，提出了富有建设性的意见和建议。

12月11日，民革十一届中央经济委员会第五次全体会议在京召开。民革十一届中央副主席、经济委员会主任齐续春出席会议并讲话，民革中央副主席、经济委员会主任刘凡主持会议。齐续春同志在讲话中对委员们五年来为民革中央履行参政议政职能所作的大量卓有成效的工作给予高度肯定，并对经济委员会今后的工作提出了六点要求：第一，必须坚持中国共产党的领导，坚持以邓小平理论、“三个代表”重要思想、科学发展观为指导，坚定不移地走中国特色政治发展道路。第二，必须以科学发展观为指导，以思想建设为核心，以组织建设为基础，以制度建设为保障，大力加强参政能力建设，不断提高参政议政工作能力与水平。第三，必须真正把参政议政作为民革工作的重中之重，努力在民革党内形成“以参政议政为第一要务”的良好氛围，举全党之力做好新形势下的参政议政工作。第四，必须围绕国家的中心工作，服务经济社会发展大局，发挥民革的整体优势，坚持突出三个重点工作领域，为完成国家经济社会发展目标作出参政党应有的贡献。第五，必须大力加强专委会建设，进一步健全和完善专委会的人才遴选机制，更好地发挥专委会和委员的作用，做好搭建参政议政平台的工作。第六，必须按照形势和任务发展的新要求，不断完善参政议政工作机制，强化参政议政工作的支持系统，提高参政议政工作的组织化水平。与会委员针对2013年民革中央参政议政领域，围绕“三农”、宏观经济、对外投资等多个议题交流研讨并提出了建议和意见。

12月11日，民革十一届中央教科文卫体委员会第五次全体会议在北京召开，民革中央副主席、教科文卫体委员会主任傅惠民出席会议并讲话。傅惠民同志在讲话中指出，五年来，教科文卫体委员会与时俱进、开拓创新，努力探索新形势下履行职能的途径和方法，关注民生和社会热点难点问题，围绕促进我国教育、科技、文化、卫生、体育等社会事业发展积极建言献策，切实履行职能，为推进科学发展、建设和谐社会做了许多实事，积累了许多经验，较好发挥了专委会的基础性作用。他要求全体委员要认真学习领会、全面贯彻落实中共十八大精神，在中共十八大的精神指引下做好各项工作。希望全体委员能够始终保持昂扬向上的精神状态，更加珍惜机遇和荣誉，认真履行职责，努力开拓创新，共同推动民革参政议政工作取得更大成绩，为国家和人民作出应有的贡献。与会委员围绕经济社会发展的重大课题和人民群众关注的热点问题，结合各自专业领域的研究成果，提出了许多有价值的观点和思路。

12月18日，民革十一届中央妇女和青年工作委员会第五次全体会议在北京召开。民革中央副主席、妇女和青年工作委员会副主任田惠光出席会议并讲话，民革中央原副主席、妇女和青年工作委员会主任钮小明在会上作了妇青委五年工作报告。钮小明同志在报告中介绍了中央妇青委自2008年转变工作职能后的各项工作情况，特别介绍了妇青委行使参政议政职能取得的成绩和基本经验、体会。田惠光同志在讲话中凝练了本届妇青委的工作特点，指出了工作中存在的问题，并从“加强学习、提高认识、形成共识”，“以制度建设为抓手，促进平台建设”，“加强合作与联动，促进工作拓展与延伸”，“继续发挥联系联谊纽带作用,促进民革组织自身发展”等几个方面提出了对妇青委未来工作的建议。她希望在新的一年里，各位委员更加齐心合力地工作，在民革的整体工作中发挥出更大的作用，为民革的参政议政工作取得更好地成绩作出应有的贡献。与会委员围绕妇青委工作以及 2013 年课题调研进行了热烈讨论。

12 月 26 日至 29 日，民革十一届中央人口资源环境委员会第五次全体会议在海南省海口市召开，民革中央副主席、人资环专委会主任何丕洁出席会议并作工作报告。何丕洁同志在报告中指出，自 2008 年成立至今，人资环专委会按照民革中央总体工作要求，充分发挥专家优势，拓宽领域、创新机制、树立品牌，围绕我国经济社会发展中人口、资源、环境领域热点难点问题，深入调查研究，积极建言献策，已逐步打造成为一个成绩突出、特色鲜明、团结和谐的团队。人资环专委会以资源节约和环境保护为主线，深入开展专题调研，取得了多项重要成果；以提案和社情民意信息为重点，发挥专委会平台作用，提高了参政议政能力和水平；积极与中央其他专委会合作，加强联系交流，拓展合作渠道；加强了自身建设，完善了工作机制。何丕洁同志强调，今后五年，人资环专委会要以科学发展观为指导，以生态文明建设为重点，积极建言献策；继续树立精品意识，打造精品成果；进一步完善工作机制，提高工作成效。与会委员围绕今后工作设想及 2013 年全国政协会议提案工作进行了讨论交流，并就专委会制度建设等方面提出了意见和建议。

2. 专题研讨会

9 月 1 日至 2 日，民革十一届中央经济委员会在上海召开“创新驱动，转型发展”专题座谈会。民革中央副主席、经济委员会主任齐续春、民革上海市委会主委高小玫，民革中央经济委员会委员参加会议。齐续春同志在会上指出，“创新驱动、转型发展”是上海“十二五”期间的发展方针，希望各位委员一起学习和探讨上海在“创新驱动，转型发展”道路中的成功经验、问题和对策。同时希望研究和找准民革中央下一步参政议政工作的选题切入点，为明年的“两会”提案提供素材和做好准备。民革中央愿和上海市有关部门建立起更加广泛的联系和合作，共同为加快转变经济发展方式，为全面建设小康社会贡献新的力量。与会同志围绕金融工作与实体经济的融合发展等问题进行了研讨与交流。

10 月 10 日至 12 日，民革中央经济委员会与民革湖北省委会、宜昌市政协在宜昌市秭归县共同主办科技兴农与农业基础设施建设专题座谈会。民革中央副主席齐续春、民革湖北省委会主委郑心穗出席会议，国家发改委等有关部委负责人，民革中央经济委员会、人口资源环境委员会部分委员，湖北省及有关市、县相关部门负责人参加会议。齐续春同志在会上表示，我国要实现全面建设小康社会的总体目标，重点和难点都在“三农”，解决好“三农”问题是一项长期而艰巨的任务，也是一项系统工程，需要各方面深入研究和广泛参与。对“三农”工作积极建言献策，是民革作为参政党义不容辞的责任，要通过此次会议，研究和找准民革中央下一步“三农”参政议政的选题切入点，为明年的“两会”提案和重点调研提供素材和做好准备，使民革的参政议政在顶层设计上取得重大突破。宜昌市政协负责同志介绍了宜昌市农业基础设施建设的主要思路和成功做法，与会同志重点探讨了农业科技创新与推广、水资源利用和节水农业、农业基础设施投入、新农村建设等方面的课题，并实地考察了秭归新农村建设和小农水利工程，深入探求加快我国农业科技发展、推进社会主义新农村建设的对策和建议。

3. 专题调研

6月3日至8日，民革中央妇女和青年工作委员会由民革中央副主席田惠光和前副主席钮小明同志带队赴川渝两地就“我国学生德育教育情况”开展调研活动。调研组充分了解了川渝两地大中小学学生的德育教育现状，看到了一些有利于学生发展的优秀的教育方式，也发现了德育教育中存在的问题，这些情况将以调研报告和提案建议的形式反映出来，为促进我国学生的德育教育发展和社会道德状况的进步提供一定的支持。

（五）促进祖国和平统一工作

1月16日，民革中央在京召开台湾暨两岸关系形势专题研讨会，针对台湾地区“二合一”选举结果展开研讨。民革中央副主席郑建邦出席研讨会。与会专家学者结合各自研究领域，围绕如何看待选举中表现出来的岛内民意倾向，此次选举结果对两岸关系将会产生的影响等议题展开研讨。来自中国社科院台湾研究所、全国台湾研究会、中国人民大学、北京联合大学台湾研究所、中央民族大学、对外经贸大学等单位的专家学者参加会议。

2月6日上午，民革中央副主席郑建邦在民革中央机关会见了“第十一届台湾高校杰出青年赴大陆参访团”一行并与参访团成员进行座谈。郑建邦同志在致辞中充分肯定了“台湾高校杰出青年赴大陆参访团”多年来在两岸交流中所作出的努力。他说，当前两岸关系发展正处于承前启后的关键时期，要和平不要对抗，要稳定不要动荡，要发展不要倒退，这是两岸关系发展的大势，也是两岸同胞的共同期盼。只要两岸双方沿着和平发展的正确道路坚定走下去，继续在反对“台独”、坚持“九二共识”的共同基础上携手努力，就一定能进一步开创两岸关系和平发展的新局面。同时，也将为两岸青年才俊展示才华提供更加广阔的舞台。在京期间，参访团一行赴故宫、长城等历史古迹进行参访，参观了北京中轴线古建筑群。离开北京后，参访团还赴河南、四川等地进行了参访。

应台湾中华花艺文教基金会邀请，中华中山文化交流协会代表团一行于3月29日至4月7日赴台湾，参加“2012年中华插花艺术展”开幕式及相关活动。代表团先后赴台北、桃园、花莲、台东、屏东、高雄、台南、嘉义、南投等9个县市参访，参加了“2012年中华插花艺术展”开幕式，拜会了新党主席郁慕明、中华花艺文教基金会董事长黄永川、中华两岸和平促进会会长冯沪祥、奇美集团董事长廖锦祥、中国统一联盟主席纪欣、海峡两岸和平统一促进会会长郭俊次、新同盟会执行副会长陈志奇等重要人士，与第十一届“台湾高校杰出青年大陆参访团”代表和新同盟会高雄分会乡（里）长代表进行了座谈，与岛内各界人士就进一步巩固深化友谊，共同推动两岸关系和平发展进行了广泛而深入的交流。代表团还参观了孙中山纪念馆、台北故宫博物院、台北101大楼、台南奇美博物馆等地，深入了解岛内的社情民意，充分感受了台湾同胞的亲情与热情。

4月4日至9日，民革中央副主席郑建邦率民革中央调研组赴四川，就开展促进祖国和平统一工作进行专题调研。调研组在民革四川省委会机关召开专题报告会，郑建邦同志和民革中央联络部负责人针对当前台海形势进行了细致的分析并作了深入浅出的讲解。郑建邦同志在报告中指出，几年来，两岸关系和平发展深入人心，“九二共识”为岛内大多数民众所接受，越来越多的台湾同胞从两岸关系的和平发展中感受到了来自祖国大陆的善意。他强调，民革的祖统工作必须要以中央提出的“四个转变”为要求，坚定不移地将和平发展作为两岸交流的主题，努力做好争取人心的工作，在未来几年，要积极为两岸经济、文化发展交流献计出力、建言献策，要让更多的台湾同胞感受和享受到两岸关系和平发展的红利。报告会结束后，调研组一行与民革四川省委会、成都市委会、雅安市委会、省直属支部负责祖统工作的相关同志和部分党员代表进行了座谈。四川省委会有关负责同志就近年来省委会祖统工作的开展情况作了汇报。郑建邦同志在听取汇报后表示，民革四川省各级组织及党员在对台工作方面作出了积极的努力并取得了显著的成绩。在新的历史时期，民革四川省委会要努力推动两岸关系和平发展，扎实做好台湾人民工作，创新、积极的把民革祖统工作推上一个更高的台阶。随后，调研组一行赴德阳、雅安、南充、都江堰等地市进行了实地调研考察。

5 月 10 日，民革中央副主席郑建邦在民革中央机关会见了以陈志奇为团长的第五届台湾新同盟会中南部会员（会友）大陆参访团一行。民革中央有关部门负责人及部分民革基层代表人士参加会见。郑建邦同志在致辞中以自己先后五次到访台湾的亲身经历，介绍了近年两岸关系的改善与发展。他指出，两岸关系近几年经历了非常大的变化，这种变化是符合两岸同胞共同利益的。两岸结束了历史上的敌对状态，经贸、文化等各方面的联系更加紧密，这些都有赖于全体中华儿女的共同努力。郑建邦同志还向参访团介绍了大陆的经济形势，以及民革的具体职责。他希望未来在两岸同胞的共同努力下，更好地落实 ECFA，成为经济共同体。座谈会上，两岸各界人士各抒己见，相互探讨交流，为两岸和平发展建言献策。会见后，民革中央赠予参访团《富春山居图》纪念邮票，参访团也赠予民革中央“同根同源”牌匾。自 2006 年起，民革中央已连续五年邀请台湾新同盟会中南部会员（会友）参访大陆，此次参访团成员包括来自高雄市、台南县、云林县、彰化县等地妇女会、企业、职业公会等机构的 30 多位基层人士。

6 月 17 日，民革中央与农业部、水利部在福建厦门联合主办两岸农业水利合作发展论坛。本次论坛是第四届海峡论坛的重要子论坛之一，也是民革中央首次参与主办海峡论坛子论坛。周铁农、郑建邦，新党主席郁慕明，亲民党秘书长秦金生出席论坛开幕式。周铁农同志在致辞中指出，推动海峡两岸农田水利方面优势资源的充分整合，并形成一个坚实的经济共同体，是大家所翘首期盼的美好愿景。两岸农业水利合作是两岸交流与合作的重要组成部分，也是两岸众多基层同胞切身利益所系，海峡两岸在农业水利交流合作方面有着深厚基础和广阔空间。两岸应珍惜当前两岸农业和水利交流合作面临的难得机遇，全面探索两岸农业和水利合作长效机制，为两岸经济合作的深化和扩大打下更为坚实的基础。郁慕明主席在致辞中表示，当今两岸都面临着水资源分布不均、对粮食需要迫切的问题。两岸农业水利交流合作迫切而有意义，相信两岸有智慧共同处理好农业水利问题。农业部发展计划司有关负责人介绍了大陆农业现代化建设情况；台湾新竹农田水利会负责人介绍了台湾农田水利建设与两岸农田水利合作愿景。随后，两岸与会人士围绕“两岸农业科技交流与合作”、“两岸农田水利建设与防灾减灾”两个议题展开深入交流，并达成了两岸农业水利合作大有可为等共识。本次论坛规模约 260 人，其中台湾嘉宾近 170 人，包括台湾中南部基层农民和农会、农田水利会成员、农业水利专家以及在大陆发展的台湾农民。

8月27日，由民革中央办公厅、北京歌华文化发展集团和台湾中华杰出青年交流促进会共同举办的第三届两岸青年创新创业论坛在京开幕。民革中央第一副主席厉无畏，副主席傅惠民、郑建邦以及中共中央统战部、国台办，教育部、科技部、人力资源和社会保障部、中共北京市委宣传部、北京市台办等有关部门领导同志出席论坛。本次论坛以创意创造·共创未来为主题，旨在进一步加强对两岸青年创业的指导和培育，搭建交流、合作、扶持、发展的平台，帮助更多的有志青年创新创业。论坛上举行了两岸文化创意人才服务基地揭牌仪式。厉无畏同志在论坛上作《全球视野下的创意产业与两岸合作机遇》的报告，以创意旅游、创意农业等丰富生动的实例，说明了所有的传统产业都可以利用创意产业的思维逻辑和发展模式来改造自身的发展模式，实现产业的创新。厉无畏同志指出，近年以来，大力发展文化创意产业已经成为各国和地区在国际竞争中获得优势的新举措。目前，海峡两岸的创意产业正在蓬勃发展，两岸应抓住机遇，加强合作，实现共同繁荣。郑建邦同志在论坛上致辞说，两岸青年创新创业论坛创办三年来，通过广泛交流、深入探讨，不断扩大和拓展交流平台，实现了两岸青年增进了解、交流情感、交流合作的共同期盼；设立了台湾青年在大陆创业的孵化基地，点燃了两岸青年合作创业的热情，促进了两岸青年创业梦想的实现。台湾中华杰出青年交流促进会荣誉理事长冯沪祥致辞表示，青年是两岸关系今后发展以及实现中华民族复兴的希望和力量，社会各界支持两岸青年创新创业论坛意义重大。他结合文化创意的重要功能，强调此次论坛引进了文化创新的观念，迈出了关键一步。150余位来自海峡两岸的创意产业领域的青年企业家以及学生，围绕两岸关系和平发展形势下，两岸创意产业的合作与发展、两岸青年的创业环境与机遇等议题各抒已见。论坛举办前，主办方还联系安排了部分台湾优秀青年来北京企业实习。

9月25日，由民革中央、民革北京市委会和台湾中华花艺文教基金会联合主办的“2012北京·海峡两岸中华插花艺术交流展”在北京中华世纪坛开幕。周铁农、傅惠民、何丕洁、郑建邦以及中共中央统战部、国台办有关负责同志出席开幕式。郑建邦同志代表中华中山文化交流协会在开幕式上致辞，他说，中华花艺文教基金会多年来致力于中华传统插花艺术的振兴和推广，为弘扬和发展中华传统插花艺术作出了重要贡献。台湾中华花艺文教基金会理事长黄永川致辞，他希望两岸花艺界人士以花会友、以花结缘，共同促进两岸业界花艺水平的提高以及两岸同胞的情感互动。傅惠民同志代表民革北京市委会致辞，他说，交流展已发展成为两岸插花文化交流合作的重要平台和著名品牌，愿今后以交流展为契机，进一步深化交流合作。本次展览是由民革中央和台湾中华花艺文教基金会共同发起的两岸文化交流项目，以传承和弘扬中华传统花艺文化为宗旨。本次展出的插花作品由来自两岸的40余位花卉师制作完成。

12月19日至24日，民革中央副主席郑建邦率民革中央调研组赴海南省，就进一步推动民革祖统工作和联动协调机制建设进行专题调研。民革海南省委会有关负责同志陪同调研。

三、社会服务

（一）智力支边扶贫和科技推广工作

1 月 16 日，民革中央主席周铁农，副主席何丕洁在中央机关会见了中共贵州省毕节市人大常委会主任安金黎一行。在听取关于毕节试验区 2011 年经济社会发展情况、民革中央帮扶情况以及今后工作思路介绍后，周铁农同志表示，过去一年，毕节在经济、社会等方面实现了快速平稳的发展，取得了喜人的成绩。他强调，毕节的发展要重点抓住两点：一是千方百计把自身发展战略融入到国家发展的总体战略中去，二是要抓住毕节试验区这一平台，充分发挥试验区的特点和优势，凝聚各方面的力量参与毕节发展。

同日，周铁农、何丕洁同志在中央机关会见了中共贵州省纳雍县人大常委会主任刘茂高一行。在听取关于 2011 年纳雍县经济社会发展状况等的介绍后，周铁农同志表示，过去一年，纳雍在经济总量、财政收入、基础设施建设、民生改善等方面取得了很大的成绩。在纳雍的发展过程中，民革利用中央搭建的平台，通过对口扶贫、对口支援，和纳雍县各级干部和广大人民群众结下了深厚的友谊。他希望纳雍在新的一年里，随着十二五规划的进一步实施，取得更大的成绩。同时希望民革纳雍县支部在纳雍经济社会发展中发挥更大作用。

2 月 13 日，民革中央与重庆市人民政府签订建立合作关系协议，共同推动重庆经济社会科学发展。民革中央主席周铁农，中共重庆市委副书记、市长黄奇帆，民革中央副主席何丕洁及重庆市有关领导同志出席签约仪式。周铁农同志在签约仪式上说，此次是民革中央首次与地方省级政府签订关于加强合作的协议，民革中央将其作为履行参政党职能、加强地方服务的一次探索，也是拓宽多党合作领域的一次有益尝试。多年来民革始终关注重庆的改革发展、民生改善、生态环保等，民革中央领导曾多次到重庆调研，课题包括库区可持续发展、三峡移民、工业企业发展、“三农”问题等，并向中共中央、国务院和有关部门提交了很多报告，一些报告得到中央领导人的重视或采纳，此次又选择石柱县作为民革中央的定点帮扶对象。民革也一直将重庆作为参政议政和社会服务的基地，加强自身建设和思想教育的基地，培养干部的教育基地。希望通过此次协议的签订，民革中央长期以来与重庆保持的良好合作关系能得到进一步发展，希望双方精心组织，使合作不断取得实际成效，希望合作能成为我国多党合作的一个典范。根据协议，民革中央将充分利用民革的智力和人才优势，鼓励、支持和引导民革及所联系专家、学者深入重庆展开考察、调研，以专题报告、提案等形式，围绕重庆经济社会发展的重大课题提出意见和建议。同时，民革中央将石柱县作为定点帮扶对象，并支持民革重庆市委会深化“民万合作”、“民涪合作”，助推万州、涪陵等地区城乡统筹发展。

2 月 21 日至 25 日，民革中央社会服务部调研组赴贵州省纳雍县，考察 2011 年帮扶项目落实情况，探讨下一步开展“同心工程”的具体行动。调研组先后深入到纳雍县乐治镇青杠村、阳长镇核桃寨村、新房乡、董地乡，与农户座谈，详细了解他们在生产生活中遇到的困难，认真听取他们对民革中央帮扶工作的意见和建议，并就今年拟开展的部分重点帮扶项目进行了前期实地考察。期间，调研组农业专家为纳雍县核桃产业培训班 90 余名学员授课并作现场指导。调研组与中共纳雍县委统战部、县政府、县人大、农业局、扶贫办等有关部门领导同志进行了座谈。全面了解民革全党 2011 年在纳雍县开展“同心·博爱行”活动帮扶援建项目的推进落实情况，并就推进 2012 年民革拟在纳雍县实施的 10 余个“同心工程”扶贫工作项目与相关部门交换了意见。调研组表示，今年民革中央将在纳雍县继续开展生态建设、教育帮扶、创业培训、新农村建设等方面的帮扶工作，积极帮助纳雍县引进国家有关项目，继续做好阳长镇核桃寨村参与式扶贫示范点的有关帮扶工作。

3 月 28 日，民革中央与科技部中国农村技术开发中心联合召开“学习中央一号文件精神，推进农村科技发展”座谈会。民革中央主席周铁农出席座谈会并讲话，民革中央副主席何丕洁主持会议。周铁农同志首先对科技部和中国农村技术开发中心长期以来重视和支持民主党派工作及民革围绕“三农”问题开展调研工作表示感谢。他表示，多年来，民革始终关注“三农”问题，先后就农村综合改革、农村土地承包经营权流转、农村现代服务业等开展专题调研，并提出意见和建议。今后，民革将和科技部及中国农村技术开发中心保持紧密合作，更多关注农村科技创新等问题，共同为推动“三农”问题的解决作出贡献。科技部中国农村技术开发中心主任贾敬敦介绍了改革开放以来中共中央通过一号文件推动农村工作开展的历程和 2012 年中央一号文件的有关内容和出台背景，并提出了在农业产业发展等方面的思考与建议。中心有关人员分别从该中心近年来开展农村科技的调研情况、农业前沿技术与战略性新兴产业的研究工作等方面作了发言。民革中央有关部门负责人就民革中央围绕“三农”参政议政的有关情况作了交流。

茶叶产业是民革中央在纳雍县重点关注和支持的扶贫项目之一。7 月 21 日至 26 日，应民革纳雍县支部请求，民革中央社会服务部会同民革安徽省委会在安徽农业大学举办了一期“纳雍县红茶生产技术安徽培训班”。来自纳雍县茶叶企业的 15 名技术和管理人员，参加了专家讲授的红茶生产加工技术、红茶市场分析及营销策略、红茶审评等课程培训，并赴祁门县茶园和红茶加工厂进行了参观考察和座谈交流。

8 月 6 日至 8 日，民革中央“同心·博爱行”活动在贵州毕节举行，傅惠民、何丕洁及民革东部十省市社会服务部负责人、民革党员企业家代表参加活动。8 月 6 日，民革中央在毕节召开“同心·博爱行”座谈会。座谈会上，民革相关省市社会服务部负责人及企业家畅谈了帮扶纳雍的有关情况，表达了投资意向。在毕节及纳雍期间，“同心·博爱行”一行先后参观了毕节试验区成果展，考察了纳雍县“同心新村”建设、特色小城镇建设项目及相关帮扶镇的进展情况，参观了纳雍同心工业园区并对贫困户进行慰问。8 月 8 日，“同心·博爱行”帮扶项目资金捐赠及招商引资项目签约仪式在纳雍举行，共援建 6 个帮扶项目，签订 4 个招商引资项目。活动期间，由民革党员投资 3 亿元开发的贵州纳雍县总溪河旅游开发项目和投资 20 亿元的无机粉体环保纸项目正式奠基动工。傅惠民和何丕洁同志表示，纳雍县是民革中央定点扶贫联系县，是民革全党贯彻落实同心思想、服务科学发展的重要实践基地。今后民革将一如既往地关心和支持纳雍各项事业的发展，进一步凝聚力量，发挥优势，助推纳雍新一轮发展。

8 月 10 日，民革中央在贵阳市举办东部十省市民革组织帮扶纳雍县工作研讨会暨第二次联席会议，传达和学习胡锦涛、贾庆林等中央领导同志对毕节试验区的批示和统一战线参与毕节试验区建设第五次联席会议精神，总结民革帮扶纳雍县、实施“同心工程”的情况，研究部署新一阶段帮扶毕节试验区及纳雍县工作。会上，傅惠民副主席、何丕洁副主席分别发表了重要讲话，对新阶段民革社会服务工作提出了具体要求。与会人员还对建立项目监督机制、整合资源、发挥联动优势和挂职锻炼等工作提出了具体意见和建议。

8 月 21 日至 26 日，周铁农主席、何丕洁副主席率调研组赴重庆石柱、武隆等地就农民增收问题实地考察调研。周铁农主席一行考察了“同心·情系武陵”——民革中央定点帮扶石柱县项目重庆地球卫士石头纸业有限公司，以及当地乡镇新区建设和旅游发展。周铁农主席强调，重庆要继续发挥自然优势、区位优势、资源优势和生态优势，争取在今后让政治优势、制度优势、后发优势更加凸显，促进地方经济社会全面发展。此前，何丕洁副主席与调研组同志在石柱县黄水镇考察了当地莼菜产业发展和“黄水人家”乡村旅游项目。此次调研中进一步了解到，武陵山区已探索出一条具有石柱发展特色的新路子，对全国其他连片特困地区发展具有重要的借鉴和启发意义。

（二）办学和非公经济人士工作

2 月 23 日，民革中央致信五名在 2012 年国家科学技术奖励大会上获得表彰的民革党员，对他们获得殊荣表示热烈祝贺和鼓励。获奖的五名民革党员及获奖项目分别是：西南林业大学杜官本和山东大学钟世航分别以《防潮型刨花板研究及工业化生产技术》项目和《隧道含水构造等不良地质超前预报定量识别及其灾害防治关键技术》项目荣获科学技术进步奖二等奖；中南大学田红旗和北京林业大学冯仲科分别以《列车结构塑变吸能技术及装置》项目和《森林计测信息化关键技术与应用》项目荣获技术发明奖二等奖；同济大学部洪文参与的《典型污染物环境化学行为、毒理效应及生态风险早期》项目荣获自然科学奖二等奖。

为贯彻落实《国家中长期教育改革和发展规划纲要（2010 年—2020 年）》，了解民革组织和个人办学工作现状、发展过程中遇到的问题，5 月 4 日至 8 日，民革中央社会服务部调研组赴四川省成都市、崇州市、自贡市，就办学工作进行专题调研。调研组先后到崇州市中山小学、自贡市中山学校进行实地考察，与两校校长，民革四川省委会，成都、崇州、自贡市委会负责同志，当地政协、统战部门、教育部门负责同志进行交流，了解学校建设所取得的成绩及当前面临的主要问题，征询对民革办学工作的意见和建议。调研组负责人对民革四川省各级组织坚持组织办学给予了充分肯定，对各级中共党委、政府给予民革工作的支持表示衷心的感谢，并介绍了民革中央副主席何丕洁在全国政协常委会上作的关于认真落实《国家中长期教育改革和发展规划纲要（2010 年—2020 年）》、促进民办教育健康发展的大会发言内容。调研组负责人希望民革组织所办学校始终依靠当地中共党委、政府，依靠全体教职员工，紧紧贴近西部发展的需要，把学校办得更好。

（三）书画工作

1 月 7 日，民革中央画院在京举行新春联谊会。民革中央主席、民革中央画院名誉院长周铁农，民革中央副主席齐续春、何丕洁、郑建邦，原副主席朱培康等出席联谊会。周铁农同志在会上讲话指出，民革中央画院一直秉承孙中山先生爱国、革命和不断进步的精神，以弘扬中华民族优秀传统文化为己任，开展了一系列的活动，在社会上产生了较大的影响。去年是辛亥革命100周年，民革中央和中国文联、中央文史馆、中国美协、中国美术馆、全国政协书画室共同举办了纪念辛亥革命100周年全国书画展览及其全国巡展活动，用爱国的热情和艺术的笔触，深切缅怀孙中山先生等革命先驱的历史功勋，学习和弘扬他们为振兴中华而矢志不渝的崇高精神，激励海峡两岸中华儿女为实现中华民族伟大复兴而共同奋斗，得到了社会各界的高度评价。周铁农同志希望，在新的一年里，民革中央与书画界各位名家携手共进，以高标准做好中央画院自身建设，为弘扬和繁荣中华民族优秀传统书画艺术、推动社会主义文化大发展、大繁荣作出应有的贡献。民革中央画院院长宋雨桂等出席联谊会。

9月24日，民革中央画院第二届理事会第一次会议在北京召开。周铁农、修福金、何丕洁、郑建邦，原副主席朱培康等出席会议开幕式。周铁农同志在开幕式上讲话指出，五年来，在各界人士的努力和支持下，民革中央画院始终秉承伟大的革命先行者孙中山先生“爱国、革命、不断进步”的精神，坚持建院之时确立的宗旨，逐步成长为一个在社会上有较大影响的参政党画院，一个社会主义先进文化的生产基地和传播阵地。周铁农同志希望民革中央画院将自身发展与深化文化体制改革结合起来，与完善多党合作制度结合起来，与提升我国软实力结合起来，进一步健全各项规章制度、完善经营管理模式、明确自身发展方向、扩大画院影响力。何丕洁同志作民革中央画院工作报告，全面回顾了画院五年来取得的成绩和存在的不足，总结了做好民革书画工作的经验和认识，提出了关于未来5年画院工作的具体任务和目标。会议期间举办了民革中央画院美术作品成果展,共展出各地民革艺术家们五年来创作的精华之作200余幅；放映了“探索与实践——民革中央画院五年历程专题片”。会议进行了分组讨论和交流笔会，与会者畅所欲言，集思广益，对画院发展进行了深入探讨，并提出了意见和建议。民革中央画院负责人，第二届团体理事（单位）代表、个人理事以及民革各省级组织分管书画工作的负责人约300人参加会议。

（四）人资环委员会工作

7月22日至27日，民革中央副主席何丕洁率领民革中央人口资源环境委员会专家一行6人，以中华中山文化交流协会的名义组团，赴日考察学习绿色循环经济发展模式及节能环保新技术。在日本期间，何丕洁一行先后访问了多家机构、公司和民间组织，学习了当地自然遗产及湿地保护经验，考察了日本唯一现存的煤炭企业，了解了京都古建筑保护方面的管理经验，就PM2.5等环境问题展开了广泛交流。此次赴日考察活动，开创了民革中央专委会赴境外学习的先例，对于扩大宣传民革在海外的影响、拓展国际合作领域、提高参政议政专业水平都具有极其重要的意义。

9月3日至9日，何丕洁副主席率民革中央人资环委员会调研组赴西藏，就青藏高原环境现状及污染物来源等问题进行了为期一周的实地调研和座谈。调研发现，近年来国家用于西藏生态环境保护与建设方面的投入不断加大，工作全面加强。根据调研中对有关研究观测站点的环境科学数据初步分析，现在全区大部分森林、江河、湖泊、草场、湿地、冰川、雪山和野生动植物等都得到了较好保护。调研也收集掌握了南亚有关国家空气污染造成青藏高原环境变化的有力证据，对我国在环境外交领域赢得话语主动权具有重要意义。此次调研为民主党派参政议政开辟了一个崭新领域，开阔了议政思路和视野，提高了履职能力和水平。

四、自身建设

（一）思想宣传工作

4月9日至12日，民革中央副主席修福金率调研组赴安徽省，就民革前辈纪念场馆保护利用情况进行专题调研。调研组实地考察了位于合肥市巢湖市的张治中故居、冯玉祥故居和位于合肥市包河区的卫立煌故居，对纪念场馆的建设情况、人员、制度、管理情况以及馆藏资料、文物情况进行了实地了解。随后，调研组赴朱蕴山同志家乡——六安市金安区东河口镇，对朱蕴山纪念堂筹建情况进行调研。在合肥、六安两市召开的座谈会上，调研组听取了当地中共党委、政府和文物管理部门以及两市民革组织的相关工作汇报。修福金同志在会上肯定了两市各级党委、政府、政协在民革前辈纪念场馆建设、恢复、保护、利用等方面所做的工作，对安徽民革组织在“观故居，走多党合作之路活动”中所做的工作和取得的成效予以肯定。他建议当地政府以红色旅游为平台，以繁荣文化为切入点，以发展经济为目的，科学制定规划，打造好民革前辈纪念场馆这一地方名片，打造特色文化产业链，多方争取国家项目支持。他希望纪念场馆要在现有基础上，更好地体现民革前辈在多党合作方面作出的贡献。

6月3日至4日，民革中央网站特约编辑培训班暨优秀特约编辑表彰会在海南海口举行，民革中央第一副主席厉无畏出席会议并讲话，民革中央副主席修福金主持会议。民革各省级组织宣传部门负责人、民革中央网站特约编辑参加会议。厉无畏同志在讲话中强调了做好网络媒体对民革宣传工作的重要性，肯定了民革中央网站建立以来所取得的创新、进步和特约编辑工作的成绩、进展。在表彰民革中央网站优秀特约编辑时，厉无畏同志提出三点希望：一要注重学习，提高政治理论水平和政治把握能力，提升业务水平；二要了解和掌握民革宣传工作规律、增强新闻敏感度；三要紧跟时代潮流，利用网络新科技的发展为民革宣传工作服务。会议对2011年度工作成绩突出的12位特约编辑进行了表彰。 培训班上，中共中央统战部信息中心、人民网有关负责人分别作了《把握规律、突出特色、发挥优势——关于办好党派门户网站的思考与建议》、《网络媒体的特点、规律及其运作》专题讲座。部分省级组织宣传部门负责人、网站特约编辑介绍了新闻采编、民革宣传工作、网站专题制作等方面的心得体会。与会同志还围绕民革各地网站资源共享和网站推广进行了分组讨论。修福金同志在会上作总结讲话，回顾了近年来民革中央网站宣传工作取得的经验和方法，对下一阶段网络宣传工作提出了具体要求。

（二）组织建设

8月24日，民革中央在京召开参加中央社会主义学院培训的民革省级组织新任主委座谈会。厉无畏、修福金出席会议。厉无畏同志在座谈会上讲话指出，作为民革省级组织新任主委，要有总揽大局的眼光，把握好方向，团结好班子，努力提升民革的社会形象；要注重整合并充分利用资源，在挖掘党内资源，发挥党员特长的同时，善于借助社会力量，推动民革工作向前发展；要注重加强省级组织间的合作，发挥自身优势和协作精神，共同致力于民革事业；要努力挖掘人才，做好人才培养工作；在做好祖统工作、“三农”、社会法制等品牌工作的基础上，要善于结合自己特点，根据当地实际情况，努力打造自己的地方品牌。修福金同志在会上作了民革党史培训报告。他指出，回顾总结民革63年的历史，我们可以得到以下启示：一要坚持正确的指导思想；二要坚持中国共产党领导的多党合作和政治协商制度；三要坚持党务工作的制度化、规范化、程序化建设；四要坚持发扬民主，增强党内团结，实现党内和谐。与会省级组织新任主委结合自身实际，交流了当选主委后的感受和打算。大家一致表示，要继承发扬老一辈的光荣传统，坚持中国共产党领导的多党合作和政治协商制度，坚定不移地走中国特色政治发展道路，认真做好民革各项工作。河北、山西、内蒙古、辽宁、吉林、浙江、福建、江西、山东、海南、四川、贵州等省级组织新任主委及民革中央机关有关部门负责人参加座谈会。

8月27日，第九期民革中青年干部培训班在中央社会主义学院开班，民革中央副主席何丕洁出席开班仪式并讲话。何丕洁同志在讲话中要求学员以“同心”思想为指导，进一步打牢思想基础，增进政治共识；要加强学习，增强综合素质，不断提高履职能力和水平；充分认识岗位的重要性、特殊性，发扬理论联系实际的优良学风。何丕洁同志指出，思想建设是民革自身建设的根本，更是领导班子建设的主线。民革党员要深刻领会“同心”思想的丰富内涵，不断增进对“同心”思想的自觉认同，确保在任何情况下都能够与中国共产党同心同德、同心同向、同心同行。民革各级领导干部学习“同心”思想要有更高定位、要求和标准。要坚持正确的政治方向，始终坚持中国共产党的领导，着眼于民革自身建设的新任务，围绕各项工作，以“同心”思想自觉指导履职实践。此次培训班是在民革30个省级组织全部顺利圆满完成换届之际举办的，学员是民革各省级组织专职副主委及秘书长，其目的是进一步提高专职副主委、秘书长的思想理论水平和加强岗位责任、团结协作意识，使省级组织的各项工作协调发展、稳步前进。

9月4日至6日，民革中央在浙江舟山市举办民革全国参政议政工作骨干培训班。民革各省级组织和副省级市委员会参政议政工作负责人和反映社情民意信息工作专职干部参加培训班。齐续春同志在培训班上讲话指出，参政议政是参政党在国家政治生活中发挥作用的重要方式，搞好参政议政工作是一项系统工程。民革全体党员要围绕改革与发展中的突出矛盾和关键问题积极建言献策，为政党和政府科学决策提供参考。齐续春同志为与会代表就如何进一步做好参政议政工作作了专题报告。报告从参政党的功能定位着眼，分析了参政议政工作的技巧和思路，并对重视和做好参政议政工作的重要性和必要性进行了深刻阐释。他强调，积极履行参政议政职能是由民主党派的性质和地位决定的，是民革党员的一项重要职责，也是民革形象、地位和作用的重要体现。广大民革党员尤其是参政议政工作骨干，要加强学习，总结经验，提高参政议政工作能力；要认清形势，牢固树立发展观念，切实履行好参政议政职能；要贯彻“同心”思想，推动参政议政工作取得实效；要坚持平和心态，多为参政议政工作作贡献。全国政协提案委员会办公室和民革中央调研部相关负责同志分别就提案工作、反映社情民意信息工作为与会代表作了专题报告。

（三）制度建设　机关工作

1月13日，民革中央机关召开2011年度总结述职表彰大会。民革中央主席周铁农、常务副主席厉无畏，副主席齐续春、何丕洁、郑建邦及机关全体干部职工参加大会。会议由齐续春同志主持，中央各工作部门主要负责人在会上就2011年工作情况进行了述职。周铁农同志在会上作重要讲话，他说，过去的一年，民革中央机关的工作主要呈现出以下几个亮点：一是以辛亥革命100周年为契机，积极开展系列纪念活动。二是继续加强参政议政工作，不断提升参政能力。三是着力加强民革理论建设，努力推进理论学习、实践和研究工作。四是进一步推动机关建设，首次对民革机关工作先进集体和个人进行了表彰。希望同志们再接再厉，把2012年的工作做得更好。周铁农同志着重就创新型机关建设提出几点意见：一要建设创新型机关、推动机关创新能力不断提高，首先要有创新意识。要树立没有创新，工作就不能前进、事业就不能发展的理念。二建设创新型机关需要在不断总结经验的基础上加强理论研究和创新。三要进一步注重加强机关文化建设，并以此作为学习贯彻中共十七届六中全会精神的一个具体举措。会议对机关2011年优秀公务员和先进职工进行了表彰。

3月27日至29日，民革中央调研组赴山东省枣庄市，就民革中央在枣庄市台儿庄区“海峡两岸交流基地”设立民革中央党员教育基地、台湾青年创业基地和民革中央画院创作基地等工作开展专题调研。调研组一行深入考察了“海峡两岸交流基地”建设情况，并与民革山东省委会、枣庄市委会及台儿庄区政府有关同志就调研情况进行座谈。调研组认真听取了枣庄市的相关介绍，并就民革中央“三个基地”设立的具体事宜提出了建议和意见。调研组负责人表示，民革中央领导同志非常重视在台儿庄古城“海峡两岸交流基地”建立民革中央“三个基地”。通过调研我们进一步了解了有关情况，同时也感到非常振奋。台儿庄古城的重建必将使其成为文化大发展的一个生动典范。希望民革山东省委会和枣庄市委会积极协助、配合中共枣庄市委、市政府进一步做好“三个基地”的各项筹备工作，发挥民革优势和地方优势，为推动两岸经济文化交流合作作出更大贡献。中共枣庄市委书记陈伟会见了调研组一行，双方就加强民革中央与枣庄市合作，推动大陆首家“海峡两岸交流基地”建设进行了座谈。

5月下旬至6月下旬，民革中央办公厅调研组分别赴陕西、湖南、湖北、安徽、内蒙古等五省、区，就省市级民革组织学习贯彻周铁农主席在民革全国机关工作先进集体、先进个人经验交流暨表彰会上的讲话和在2011年民革中央机关年终总结大会上的讲话精神的落实情况，本级组织在开展创新型机关建设方面的做法和经验以及换届后进一步加强机关建设工作的思路和措施等情况进行调研。调研组先后与五个省级组织及十余个市级组织机关干部进行座谈。在听取情况介绍后，调研组对省级组织机关及各地民革机关工作给予了充分肯定。调研组负责人希望，民革各级组织进一步加强机关建设，重视机关干部的学习和培训，不断提高机关干部的政治和业务素质，建立健全各种规章制度，进一步提高服务质量和水平，坚持以人为本，努力构建学习型、服务型、节约型、和谐型和创新型机关。

8月23日至24日，民革全国机关建设工作研讨会在内蒙古自治区兴安盟阿尔山市召开。民革中央副主席齐续春、郑建邦，民革中央有关工作部门负责同志，民革各省、自治区、直辖市委员会驻会副主委、秘书长、办公室主要负责人；民革各副省级市级组织有关负责同志；民革中央办公厅及各处（室）负责人出席会议。中共兴安盟委、盟政协及中共阿尔山市委有关负责同志出席开幕式，中共兴安盟委委员、统战部部长崔景英同志在会上致辞。齐续春同志在会上作重要讲话，总结了近年来民革机关建设取得的成绩。他说，近年来，民革各级组织领导班子高度重视机关工作，在各级机关的努力下，各项工作取得了很大成绩。机关建设思路更加清晰，目标更加明确。各级组织积极探索机关建设规律，建立健全各项工作机制，机关团结和谐，呈现出积极向上的氛围。齐续春同志指出，本次会议的主题是创新型机关建设，各级组织必须充分认识到，加强民革创新型机关建设，是民革参与创新型国家建设的需要，是民革组织和民革机关适应社会转型和社会制度创新的需要，是民革组织加强自身建设的需要。加强民革创新型机关建设，一是要在思想理论上不断创新，二是在工作制度和工作机制上不断创新。三是在工作思路和工作方法上不断创新。齐续春同志强调，加强民革创新型机关建设，要深入实际调查研究，保持对新形势、新情况、新问题的高度敏锐性。要牢固树立创新意识，既要脚踏实地，也要敢想敢干。要不断总结经验，力求为创新型机关建设提供理论指导。齐续春同志对换届后各级机关建设提出三点要求：一是深入学习和实践“同心”思想，进一步加强机关思想建设。二是继续以“五型”机关为目标，提高机关整体工作水平和质量，为履行参政议政职能服好务，尽好职。三是推进机关干部队伍建设，全面提高干部素质。郑建邦同志在会上作台湾形势和对台工作专题报告。他围绕当前台海形势和如何做好祖统工作，全面阐述了中央对台工作方针政策，详细介绍了近期两岸关系的主要发展趋势、台海形势的主要变化，以及下一步做好对台工作需把握的主要原则。民革中央部分工作部门负责同志就有关重点工作情况作了交流发言。与会同志围绕会议主题以及有关讲话、报告和交流发言进行了热烈的讨论。大家围绕什么是创新型机关，如何建设创新型机关各抒己见，充分交流，并对今后如何进一步加强机关建设、做好机关工作提出了很有价值的意见和建议。民革中央秘书长兼办公厅主任李惠东在闭幕会上作总结讲话。他指出，各级机关要进一步学习、领会会议精神，不断提高对加强机关建设特别是创新型机关建设工作的认识；及时传达会议精神，抓紧研究贯彻措施；深入贯彻会议精神，进一步加强机关建设，推进机关各项工作更好开展。

9月5日至9日，民革中央办公厅调研组一行赴广西开展机关建设工作调研。本次调研的重点是了解各地民革组织学习贯彻落实周铁农主席在2011年民革全国机关工作先进集体、先进个人表彰会上的讲话精神的情况。调研组在民革广西区委会机关召开座谈会，广西区委会、南宁市委会负责同志代表自治区、市民革组织汇报了开展机关建设活动的基本情况。调研组负责人对民革广西区委会、南宁市委会在学习贯彻落实周铁农主席关于加强机关建设的重要讲话精神，积极开展“五型三化”机关建设活动所取得的成绩和经验给予了充分的肯定和高度的评价，并指出，民革各级组织要按照周铁农同志讲话精神，以推进服务型机关建设为抓手，继续大力加强机关自身建设，全面带动机关的思想、组织、作风、制度建设；通过继续开展学习型、服务型、节约型、和谐型、创新型机关建设活动，以更加良好的精神风貌和团结、高效、务实的作风推动机关工作不断创新发展，争取更大成绩。调研组还赴民革防城港、北海市委会开展机关建设工作调研，并与机关干部及部分党员进行了座谈。

10月下旬至11月上旬，民革中央办公厅调研组赴江西、江苏两省，就民革省、市级组织机关档案工作和信息化建设工作开展专题调研。调研组分别与江西、江苏两省的省级和部分市级组织进行座谈交流，听取有关负责同志的情况介绍，并实地考察了机关档案工作和信息化建设工作情况。调研组负责人在座谈中表示，近年来，民革各级组织全面贯彻落实科学发展观，适应经济发展和社会进步要求，坚持以着眼大局、做好服务为宗旨，克服各种困难和挑战，全力提升档案工作和信息化建设工作，取得了可喜的成绩。各级组织高度重视，加大投入，提升了档案和信息化建设工作水平；健全制度，规范管理，完善了档案和信息化建设工作体系；借本级政府系统信息化建设东风，加快了自身信息化建设步伐。调研组负责人表示，针对在调研中发现的问题和不足，调研组将建议有关方面研究对策，逐步加以改善。

（四）成员及组织发展概况

截至2012年12月底，共有地方组织339个。其中包括省级委员会30个，市地级委员会259个，县市区级委员会50个。基层组织4541个，其中基层委员会9个，总支355个，支部4110个。成员总数104842人，其中女党员38679人，占总数的36.9%。全党党员平均年龄53.5岁，40岁以下党员20611人。具有民革特色党员占党员总数的36.2%。

界别分布上看，民革全党党员的构成主要如下：公有制经济界占19.55%、普通教育界占17.42%、医药卫生界占11.98%、政府机关约占12.76%、高等教育界占10.61%、新社会阶层人士界占11.4%。这六大界别占党员总数的83.72%。从城市分布上看，大中城市占91.7%，小城市、县市占8.3%。

民革党员中担任各级人大代表的共有2046人。全国人大代表39人，其中常委5人，副委员长1人；省级人大代表250人，其中常委43人，副主任6人；市地级人大代表887人，其中常委172人，副主任37人；县市区级人大代表870人，其中常委225人，副主任93人。

民革党员中担任各级政协委员的共有12133人。全国政协委员92人，其中常委24人，副主席1人；省级政协委员895人，其中常委199人，副主席19人；市地级政协委员4777人，其中常委917人，副主席148人；县市区级政协委员6369人，其中常委1372人，副主席195人。

民革党员中担任政府及司法机关县处级以上领导职务的共有711人，其中地方政府担任厅局级领导50人，地市级28人，县处级633人。

民革党员中担任中央有关部门特约（邀）工作的共有23人次，其中最高人民检察院特约检察员4人，最高人民法院特约监督员1人，监察部特邀监察员5人，公安部特邀监督员5人，国家审计署特约审计员1人，国家特邀国土资源监察专员3人，教育部特约教育督导员1人，国家税务总局特邀监察员2人，环境保护部国家环境特约监察员1人。

从民革党员学历看，大学以上占55.2%，有中、高级职称的占61.4%。民革党员中担任中国工程院院士的共有2人。

在 2012 年度国家科学技术奖励大会上，民革党员孙笑涛、孙继敏获得自然科学奖二等奖，王淦获得科学技术进步奖二等奖。

刘则永　民革中央宣传部党史处处长
张　栋　民革中央宣传部干部

中国民主同盟

2012年是民盟历史上承前启后、继往开来的重要一年。作为我国多党合作政治格局中的参政党，一年来，民盟高举中国特色社会主义伟大旗帜，坚持中国特色社会主义政治发展道路，始终把促进科学发展作为参政议政的第一要务，紧紧围绕“十二五”规划实施中的重大战略问题，切实履行参政议政、民主监督职能，扎实开展社会服务，认真做好换届工作，思想建设、组织建设、理论建设、机关建设等自身建设各个方面也都取得了新的成绩。

一、重要会议及活动

（一）民盟第十一次全国代表大会

12月9日至13日，民盟第十一次全国代表大会在京举行。大会圆满完成了各项议程，认真学习了中国共产党第十八次全国代表大会精神，听取并审议通过了民盟第十届中央委员会工作报告，审议通过了《中国民主同盟章程修正案》，选举产生了由282名委员组成的新一届中央委员会，讨论通过了《中国民主同盟第十一次全国代表大会决议》。

中共中央政治局常委张高丽会见与会代表，并代表中共中央在开幕式上致贺词。贺词说，中国民主同盟具有爱国、革命的光荣历史，成立70多年来，为国家民族振兴不懈奋斗，为经济社会发展建言献策，为人民幸福安康献计出力。

贺词指出，中共十七大以来的五年，是我们在中国特色社会主义道路上奋勇前进的五年，也是统一战线和中国共产党领导的多党合作事业蓬勃发展的五年。五年来，民盟认真履行参政党职能，紧紧围绕经济建设中心任务，自觉服务改革发展稳定大局，发挥优势，突出特色，为推进中国特色社会主义伟大事业作出了新贡献。

贺词说，全面建成小康社会，在中国特色社会主义道路上实现中华民族伟大复兴，必须最广泛凝聚包括民主党派和无党派人士在内的全国各族人民的智慧和力量。希望民盟大力弘扬老一辈的优良传统，拓展学习践行社会主义核心价值体系活动成果，深化政治交接，坚定理想信念，始终与中国共产党亲密合作；增强大局意识、战略意识，把推动科学发展、加快转变经济发展方式作为参政议政的着力点，深入开展调研，积极议政建言，不断提升履职能力和水平；充分发挥特色优势，积极推进科教兴国战略和教育领域综合改革，推动社会主义文化大发展大繁荣，扎实开展社会服务，为保障和改善民生、推动科学发展作贡献；按照参政党建设的目标要求，进一步加强代表人士队伍建设，提高政治把握能力、组织协调能力、参政议政能力、合作共事能力，不断巩固和发展我国社会主义政党关系。

大会主席团常务主席张梅颖致开幕词。她说，中共十八大描绘的宏伟蓝图和确定的奋斗目标，也是中国民主同盟为之奋斗的目标。全盟上下要同心同德，开拓进取，把履行参政党职能、加强盟的自身建设与践行社会主义核心价值观结合起来，继承与发扬盟的优良传统，坚定不移地走中国特色社会主义政治发展道路，增进对中国特色社会主义的道路自觉、理论自觉、制度自觉，为全面建成小康社会、不断夺取中国特色社会主义新胜利、共同创造中国人民和中华民族更加幸福美好的未来贡献智慧与力量。

全国人大常委会副委员长、民革中央主席周铁农代表各民主党派中央和全国工商联致贺词。贺词说，中国民主同盟是中国共产党领导的爱国统一战线的重要成员，具有光荣的历史和优良的传统。民盟十大以来，各级组织积极履行参政党职能，大力加强自身建设，各方面工作取得了显著成绩。各民主党派、工商联要紧密团结在以习近平同志为总书记的中共中央周围，坚定不移地走中国特色社会主义政治发展道路，为全面建成小康社会、夺取中国特色社会主义新胜利而努力奋斗！

大会主席团常务主席蒋树声代表民盟第十届中央委员会作工作报告。报告在回顾和总结中国民主同盟五年来的主要工作和基本经验后提出，中共十八大的胜利召开，掀开了建设中国特色社会主义伟大事业的新篇章。今后五年，既是我国全面建成小康社会和全面推进改革开放的关键时期，也是民盟充分履行参政党职能大有作为的重要时期。全盟同志要把思想和行动统一到中共十八大精神上来，把智慧和力量凝聚到全面建成小康社会的宏伟目标上来，深刻领会中共十八大对统一战线、多党合作事业提出的新要求，切实搞好政治交接，继承和发扬民盟优良传统，团结带领广大盟员，同心同德，开拓进取，为建设中国特色社会主义的伟大事业而努力奋斗！

中共中央政治局委员、国务委员、国务院秘书长马凯，全国人大常委会副委员长陈一立，全国政协副主席李金华和中共中央统战部部长令计划，以及民盟中央原主席丁石孙出席开幕会。大会主席团常务主席张梅颖和张宝文分别主持开幕会。大会主席团常务主席吴正德、李重庵、郑兰荪、张平、索丽生、丁仲礼、陈晓光、徐辉、温思美、欧阳明高、郑惠强出席大会。

12 月 10 日下午，中共十八大精神中央宣讲团成员、十八大报告起草组成员、中央党史研究室欧阳淞主任为民盟十一大代表作中共十八大精神辅导报告。大会主席团常务主席郑兰荪主持报告会。

12 月 11 日，大会主席团常务主席索丽生向大会作《中国民主同盟章程修改报告》。与会代表认为，这次盟章修改充分体现了中共十八大精神，体现了形势发展的需要，体现了广大盟员的意愿，反映了民盟建设高素质参政党的新经验，保持了盟章的延续性和相对稳定性。

大会采取无记名等额选举的方式，选出了由 282 名委员组成的中国民主同盟第十一届中央委员会。

大会 13 日上午胜利闭幕。闭幕会上，通过了《中国民主同盟第十一次全国代表大会决议》。

大会主席团常务主席蒋树声在闭幕会上讲话。他说，这次代表大会是在我国进入全面建成小康社会决定性阶段，民盟正处于新老交替、政治交接重要时期召开的具有历史意义的会议。在全体代表的共同努力下，会议开得隆重热烈、卓有成效，取得了圆满成功。相信新当选的中央委员一定会牢记自己的神圣职责，继承和发扬盟的优良传统，锐意进取，扎实工作，不负重托，不辱使命，带领全盟不断开创民盟事业的崭新局面，为实现全面建成小康社会的宏伟目标作出更大的贡献。

大会认为，学习贯彻中共十八大精神，是当前和今后一个时期民盟的首要政治任务。全盟各级组织和广大盟员要深刻领会中共十八大的精神实质和重要部署，增进对中国特色社会主义的道路自觉、理论自觉、制度自觉，积极履行参政议政、民主监督职能，努力为我国社会主义经济建设、政治建设、文化建设、社会建设、生态文明建设作出新贡献。

大会要求，全盟要紧紧围绕全面建成小康社会目标，把促进科学发展作为参政议政第一要务，充分发挥盟的特点和优势，进一步提高参政议政工作水平，努力打造社会服务“同心品牌”，全面提升民盟自身建设的科学化水平，增强文化自觉，以学习践行社会主义核心价值体系巩固政治共识，以实施“人才强盟”战略夯实人才基础，把中国民主同盟建设成为符合新时代要求的高素质参政党。

大会号召，全盟同志要在中共十八大精神指导下，紧密团结在以习近平同志为总书记的中共中央周围，高举中国特色社会主义伟大旗帜，坚持和完善中国共产党领导的多党合作和政治协商制度，坚定不移地走中国特色社会主义政治发展道路。全盟要认真贯彻落实民盟十一大精神，继承和发扬民盟优良传统，同心同德，开拓进取，为建设中国特色社会主义伟大事业贡献力量！

闭幕式上还宣读了《给光荣退出中央委员会的同志们的致敬信》。

闭幕会由大会主席团常务主席张宝文主持。大会主席团常务主席李重庵、郑兰荪、张平、索丽生、丁仲礼、陈晓光、徐辉、温思美、欧阳明高、郑惠强等出席闭幕会。

（二）民盟中央常务委员会会议和中全会

1. 民盟十届十八次中常会

3 月 10 日，民盟十届十八次中常会在京召开。全国人大常委会副委员长、民盟中央主席蒋树声主持会议，全国政协副主席、民盟中央第一副主席张梅颖出席会议。会议讨论通过了《民盟中央关于学习贯彻十一届全国人大五次会议和全国政协十一届五次会议精神的决定》。

会议认为，十一届全国人大五次会议和全国政协十一届五次会议是在我国改革发展进入关键时期召开的一次重要会议。认真学习贯彻全国“两会”精神，对于全盟同志认清形势，统一思想，凝心聚力，更好地发挥自身特点和优势，履行参政议政、民主监督职能，具有十分重要的意义。

会议强调，2012 年是我国发展进程中具有特殊重要意义的一年。面对新的形势和任务，全盟必须认真贯彻中共十七大和十七届六中全会精神，以邓小平理论和“三个代表”重要思想为指导，深入贯彻落实科学发展观，始终坚持立盟为公、参政为民的宗旨，把服务科学发展和实现自身科学发展作为全盟的自觉行动，不断加强履职能力建设，提高议政建言质量，扩大社会服务成效，努力发挥民盟在我国多党合作政治格局中的重要作用。

会议要求，全盟各级组织和广大盟员要认真学习贯彻全国“两会”精神，和中共中央领导同志在政协民盟联组会上的重要讲话精神，大力弘扬优良传统，凝聚多党合作政治共识，充分发挥智力优势，促进经济社会平稳较快发展和社会和谐稳定，为建设社会主义文化强国，实现全面建设小康社会宏伟目标发挥更大的作用，以优异成绩迎接中共十八大和民盟十一大的胜利召开！

会上，主席蒋树声还就全盟贯彻落实中共中央《关于加强新形势下党外代表人士队伍建设的意见》的工作和做好民盟省级组织换届工作作出了部署。

秘书长高拴平汇报了自上次中常会以来民盟中央的主要工作。常务副主席张宝文，副主席吴正德、李重庵、郑兰荪、张平、索丽生、丁仲礼、陈晓光、徐辉、温思美、欧阳明高、郑惠强出席会议。民盟中央部分专门委员会主任和机关各部门负责同志列席会议。

2. 民盟十届十九次中常会

7 月 16 日至 17 日，民盟十届十九次中常会在黑龙江省哈尔滨市举行。会议的主题是总结今年民盟省级组织的换届情况，研究部署下半年盟中央的换届工作。主席蒋树声，第一副主席张梅颖出席会议。

在开幕会上，主席蒋树声作了主题报告。他在报告中首先通报了今年民盟省级组织换届的基本情况和主要经验。在总结经验的基础上，蒋树声希望新一届省级组织领导班子要坚持正确的政治方向，做好盟员队伍的带头人，努力践行“同心”思想，带领广大盟员始终不渝地走中国特色社会主义政治发展道路；尽快适应岗位需要，立盟为公、参政为民，紧紧围绕国家大局和本地党委、政府的中心工作，充分履行参政党职能；加强团结协作，建设民主高效的领导班子，增强班子的凝聚力和战斗力，树立民盟在社会上的良好形象；继续实施“人才强盟”战略，不断完善后备干部和代表性人士队伍建设的长效机制，建立起适应不同层次需要的高素质干部队伍，确保盟的事业后继有人。

蒋树声还对召开民盟第十一次全国代表大会的有关工作做出了部署。他强调，召开民盟第十一次全国代表大会，是今年下半年全盟的中心工作，也是全盟政治生活中的一件大事。开好这次代表大会，对于全盟更好地发挥参政党作用，推动民盟事业和多党合作事业的可持续发展，具有重大而深远的意义。他要求认真做好民盟十一大报告的起草、民盟章程的修改以及人事、宣传等各项筹备工作。

常务副主席张宝文在会议闭幕时作总结讲话。他强调，下半年，新一届省级组织领导班子要在认真学习思考、深入总结调研的基础上，科学制定五年发展规划，有条不紊地推进新一届委员会的各项工作；全力做好民盟新一届各级人大代表、政协委员、各级政府及司法机关领导职务和有关群团机构的人选推荐安排工作；切实加强培训工作力度，特别是对新任各级组织领导班子成员、骨干盟员和专职干部的培训。

秘书长高拴平汇报了自上次中常会以来民盟中央的主要工作。副主席李重庵、郑兰荪、张平、索丽生、丁仲礼、陈晓光、徐辉、温思美、欧阳明高、郑惠强和民盟中央常委出席会议。新当选的部分民盟省级组织主委，部分专职副主委，民盟中央机关各部门负责人，部分民盟中央专门委员会主任列席会议。

3. 民盟十届二十次中常会

12月7日，民盟十届二十次中常会在京举行。会议的主要内容是研究召开民盟十届六中全会和第十一次全国代表大会的有关事项。主席蒋树声主持会议，常务副主席张宝文，副主席吴正德、李重庵、郑兰荪、索丽生、丁仲礼、陈晓光、徐辉、温思美、欧阳明高、郑惠强出席会议。

会上，常务副主席张宝文，副主席李重庵、索丽生分别就十一大代表、十一届中央委员建议名单，十一大报告起草情况和民盟章程修改情况等，向会议作了汇报。会议讨论通过了关于召开民盟十届六中全会的决定，通过十届六中全会的议程、日程，讨论通过了民盟第十一次全国代表大会日程（草案），议程（草案），分组召集人名单（草案），主席团成员、秘书长名单（草案），常务主席团成员、秘书长名单（草案），副秘书长和工作机构负责人名单（草案），代表资格审查委员会、盟章修改委员会、文件起草委员会、选举工作委员会名单（草案），第十一次全国代表大会选举办法（草案），酝酿通过了第十一届中央委员会委员候选人建议名单（草案）。还讨论通过了民盟十一大开幕词（草稿）和第十届中央委员会工作报告（草稿），并分别推定了报告人。其中部分文件还将提交给民盟十一大预备会议和主席团会议审议。

副主席吴正德、郑兰荪、丁仲礼、陈晓光、徐辉、温思美、欧阳明高、郑惠强和秘书长高拴平出席会议。民盟中央常委出席会议，新当选的民盟省级组织主委和民盟中央机关各部门负责同志列席了会议。

4. 民盟十届六中全会

12月7日至8日，民盟十届六中全会在京召开。会议审议并原则通过了中国民主同盟第十届中央委员会工作报告（征求意见稿）等提交民盟第十一次全国代表大会的有关文件，并推定由蒋树声同志代表第十届中央委员会向第十一次代表大会报告工作。会议由主席蒋树声主持，第一副主席张梅颖，常务副主席张宝文，副主席吴正德、李重庵、郑兰荪、张平、索丽生、丁仲礼、陈晓光、徐辉、温思美、欧阳明高、郑惠强出席会议。

蒋树声在回顾2012年民盟工作时说，一年来，民盟坚持中国特色社会主义政治发展道路，把促进科学发展作为参政议政第一要务，努力加强自身建设，积极发挥参政党作用，各项工作均取得了新的成绩。全盟正确把握科学发展主题和加快转变经济发展方式主线，高度关注民生，重视实现社会公平正义，围绕社会热点难点问题进行重点调研，取得了有价值的成果。灾害与社会管理、发展海洋经济、教育改革与发展等方面的研讨不断深入，影响日趋扩大。海峡两岸暨港澳地区大学校长联谊活动达成多项双边及多边合作项目，促进了海峡两岸及港澳地区高校间的交流与合作。

蒋树声指出，省级组织换届是今年民盟工作的重点之一，30个省级组织圆满完成换届工作。省级换届工作准备充分、组织严密、程序规范、纪律严明、会风和谐，既是一次组织上的新老更替，也是一次思想上的政治交接，为民盟各省级组织今后五年工作的顺利开展奠定了坚实的组织基础。

蒋树声强调，即将召开的中国民主同盟第十一次全国代表大会的主要任务是学习贯彻中共十八大精神，总结民盟十大以来的主要工作和基本经验，提出未来五年的工作部署，会议还将选举产生新一届中央领导机构。认真学习贯彻中共十八大精神，是民盟当前和今后一个时期的首要政治任务。全盟同志要深刻领会中共十八大对统一战线、多党合作事业提出的新要求，促进与中国共产党思想上同心同德、目标上同心同向、行动上同心同行，进一步夯实团结合作的思想政治基础。

常务副主席张宝文，副主席李重庵、索丽生分别就民盟十一大代表、十一届中央委员建议名单、十一大报告起草情况和民盟章程修改情况等，向大会作了汇报。会议还将审议并原则通过《中国民主同盟第十届中央委员会工作报告（征求意见稿）》、《中国民主同盟章程修正案（草案）》等。

副主席吴正德、郑兰荪、张平、丁仲礼、陈晓光、徐辉、温思美、欧阳明高、郑惠强，秘书长高拴平以及民盟中央委员出席会议。

5. 民盟十一届一中全会

12 月 13 日，民盟十一届一中全会在京举行。会议选举出由 70 名委员组成的第十一届中央常务委员会和新一届中央领导机构。其中，张宝文当选主席，陈晓光、郑兰荪、张平、丁仲礼、徐辉、温思美、欧阳明高、郑惠强、田刚、龙庄伟、葛剑平、倪慧芳、王光谦当选副主席。

主席张宝文在民盟十一届一中全会上作了讲话。他说，中共十八大对我国全面建成小康社会和“五位一体”建设作出了新的重要战略部署，为我们今后更好地履行参政党职能指明了努力的方向。全盟各级组织要以中共十八大精神为指引，把促进科学发展作为参政议政第一要务，围绕中心，服务大局，充分发挥整体优势、突出重点领域，多献科学发展之计，多谋改善民生之策，多做构建和谐之事，充分发挥参政党作用。

他表示，新一届领导班子会继承传统，团结进取，扎实工作，绝不辜负同志们的期望和信任。让我们高举中国特色社会主义伟大旗帜，紧密团结在以习近平为总书记的中共中央周围，紧紧围绕中共十八大提出的战略部署，更好地履行参政党职能，为推动经济社会科学发展，夺取全面建成小康社会的新胜利贡献力量。

6. 民盟十一届一次中常会

12 月 13 日下午，民盟十一届一次中常会在京举行。主席张宝文主持会议。会议任命高拴平同志为民盟中央秘书长。常务副主席陈晓光，副主席郑兰荪、张平、丁仲礼、徐辉、温思美、欧阳明高、郑惠强、田刚、龙庄伟、葛剑平、倪慧芳、王光谦等出席会议，民盟十一届中央常委出席会议，部分专门委员会主任、民盟中央机关各部门负责同志列席了会议。

（三）民盟中央监督委员会会议及活动

12 月 7 日下午，民盟中央监督委员会一届五次会议在京召开。常务副主席、监督委员会主任张宝文作民盟中央第一届监督委员会工作报告，副主席、监督委员会副主任索丽生出席会议。常务副主席张宝文首先向监督委员会委员们总结了这届监督委员会成立四年来的工作情况。他说，自 2008 年底成立以来，民盟中央监督委员会从无到有，组织逐渐完善，制度不断健全，监督逐见成效，取得了一定的成绩。主要体现在四个方面：一是建立健全监督委员会各项制度和机制。二是积极参与指导各地述职和民主评议活动，促进各省级组织监督机制的建立。三是监督开除盟籍工作，确保该项工作的严密性，纯洁盟员队伍。四是将监督机制引入换届工作，保证了换届风清气正。他指出，这届民盟中央监督委员会的工作是开创性的，是卓有成效的，各位委员的同心协力，无私奉献，给监督委员会的工作开了一个好头，接下来监督委员会也要进行换届，在即将召开的民盟十一届一中全会上将决定新一届民盟中央监督委员会组成人员。人员分布、专业结构更趋完善，工作力度也将更为加强。相信新一届的监督委员会将继续坚持以中国特色社会主义理论为指导，按照《盟章》和监督委员会各项制度的要求，努力开展工作、提高监督水平，使监督委员会的影响力不断提升，为推动民盟各项事业的稳步前进贡献更多的力量。最后，他代表民盟中央监督委员会对各位委员四年来兢兢业业、坚持不懈地参加活动、辛勤付出，表示真挚的感谢，对因各种原因不再担任新一届监督委员会工作的同志们致以崇高的敬意。委员们认真听取了工作报告，对报告的内容进行了讨论，并对监督委员会今后的工作提出了自己的想法和建议。

12 月 13 日下午，经民盟第十一届中央委员会一次会议主席团推举，由民盟第十一届中央委员会一次会议通过，成立民盟第十一届中央监督委员会，其中包括一名主任、一名副主任和十七名委员。在随后召开的民盟第十一届中央监督委员会一次会议上，推选民盟中央常务副主席陈晓光担任监督委员会主任，民盟中央副主席龙庄伟担任副主任，民盟中央副秘书长、组织部部长陈幼平担任办公室主任，并研究酝酿了监督委员会下一阶段的工作。

（四）部门专题会议

1. 民盟参政议政工作会议

3 月 26 日至 27 日，2012 年民盟参政议政工作会议在甘肃省兰州市召开。会议总结了 2011 年参政议政工作，安排部署了 2012 年工作。主席蒋树声出席会议并讲话，副主席索丽生作参政议政工作报告，秘书长高拴平作闭幕讲话。民盟甘肃省委主委张世珍与民盟各省级组织负责参政议政工作的领导，民盟中央各专门委员会负责人等出席会议。

主席蒋树声在传达了贾庆林同志在全国政协民盟界政协委员联组会议上的重要讲话精神后。他说，去年一年，全盟坚持把促进科学发展作为履行职能的第一要务，为我们国家实现“十二五”的良好开局，作出了我们民盟应有的贡献。各级盟组织围绕中心、服务大局，关注民生、奔走国是，深入调查研究，积极建言献策，也有很多政策建议为当地的党政领导所重视和采纳，取得了出色的成绩。他指出，民盟今后参政议政工作的重点，是促进经济平稳较快发展和社会和谐稳定、共同推进社会主义文化事业的改革与发展。

副主席索丽生作参政议政工作报告，详细回顾、认真总结了 2011 年民盟中央各项参政议政工作。他强调指出，2012 年全盟要突出特点、发挥优势，正确把握科学发展主题和加快转变经济发展方式主线，围绕“十二五”规划的贯彻实施，聚焦社会的重大问题和热点难点问题，广泛调研，深入研讨，积极参政议政、建言献策。

会议对 2011 年度民盟参政议政工作先进单位以及民盟反映社情民意信息工作先进单位和个人进行了表彰。民盟甘肃省委、民盟河北省委、民盟安徽省委、民盟宁夏区委、民盟辽宁省委和民盟中央农业委员会的代表作了大会发言，介绍交流了各自开展参政议政工作的情况。

开幕式前一天，主席蒋树声亲切会见了甘肃省委书记、省人大常委会主任王三运，甘肃省委副书记、省长刘伟平等人。

2. 民盟思想宣传工作会议

9 月 25 日至 26 日，民盟思想宣传工作会议在北京召开。会议的主要内容是：总结近年来民盟思想建设和宣传工作的成绩和经验，研究分析新形势下民盟思想建设和宣传工作的新任务、新要求，把民盟的思想建设和宣传工作提高到一个新的水平；对在思想建设和宣传工作方面做出优异成绩的省、市、县级委员会和基层组织进行表彰。常务副主席张宝文，副主席李重庵、索丽生、陈晓光等出席会议。

张宝文代蒋树声主席在开幕式上讲话。讲话中就充分认识民盟思想建设和宣传工作的重要性，进一步促进思想宣传工作与盟的各项工作相结合，与时俱进、勇于创新等方面谈了对思想宣传工作的意见和要求。他希望通过这次会议，能集全盟之力，推动民盟思想建设和宣传工作再上一个新台阶，为把民盟建设成为符合时代要求的高素质参政党提供最坚实的思想保证，为迎接中共十八大和民盟十一大的召开营造良好的舆论氛围。

李重庵在开幕式上作工作报告

回顾了自 2009 年以来全盟的思想宣传工作，指出了面临的挑战，并就做好新形势下的思想宣传工作提出了要求。来自吉林、上海、山东、广东、重庆和甘肃盟组织的代表在会上作了经验交流发言。在 26 日的闭幕会上，索丽生宣读了《关于表彰“民盟思想宣传工作先进集体”的决定》，授予 30 个省级组织“民盟思想宣传工作先进集体（工作创新奖、组织策划奖、团队建设奖）”称号，授予 76 个地市、区县、基层组织“民盟思想宣传工作先进集体”称号。李重庵作闭幕讲话，他说，我们要在理念、内容、方法和形式上不断创新提高，要在“大宣传”的理念下建立健全工作机制，加强各级组织和各职能部门的配合与协作。

3. 民盟理论研究工作会议

9 月 27 日，民盟理论研究会议在北京举行。会议的主要内容是总结交流近年来民盟理论研究工作的成绩经验，明确今后一个时期的目标任务，推动盟的理论研究工作再上新台阶；成立民盟中央参政党理论研究中心。副主席陈晓光出席开幕会并讲话，高拴平秘书长主持开幕会。

副主席陈晓光在讲话中，肯定了近年来民盟理论研究工作的成绩和经验。一是盟中央理论研究课题招标突出实证研究导向。二是注重理论联系实际，讲究学以致用，始终把研究和解决实际问题作为理论工作的根本出发点。在课题选择上贴近实际，理论调研时深入基层，研究成果的科学性、针对性持续增强。三是结合重大纪念活动，以举办大型理论研讨会、座谈会和征文活动为形式，推动理论研讨工作的深入开展，形成了一批研究成果。他认为，加强参政党理论研究，是构建中国特色社会主义政党制度理论体系的必然要求，是提高参履职能力的重要环节，是夯实多党合作的共同思想政治基础，更好地实现多党合作可持续发展的有效途径。总之，加强参政党理论研究、科学把握参政党建设的规律是十分必要的。对做好今后的参政党理论研究工作，他提出了三点要求：一是参政党理论研究要始终坚持正确的政治发展方向。二是参政党理论研究必须紧紧围绕中心，服务大局，推动工作实践。三是参政党理论研究必须加强人才队伍建设，不断完善工作机制，充分整合研究资源。

副主席陈晓光为民盟中央参政党理论研究中心成立揭牌。会议通过了《中国民主同盟中央委员会参政党理论研究中心章程》，向112位民盟中央参政党理论研究中心特邀研究员颁发了聘书，对25篇参政党理论研究获奖论文进行了表彰。王海波等四位同志在闭幕会上就分组讨论情况和参政党理论研究中心工作先后做了发言。

来自全盟30个省级组织的参政党理论特邀研究员、各省级盟组织机关理论研究工作负责人及有关工作人员共70余人参加了会议。

（五）其他重要活动

1月1日，主席蒋树声、第一副主席张梅颖出席全国政协新年茶话会。胡锦涛、吴邦国、温家宝、贾庆林、李长春、习近平、李克强、贺国强、周永康等党和国家领导人同各民主党派中央、全国工商联领导人和无党派人士代表、中央和国家机关有关方面负责人以及首都各族各界人士代表欢聚一堂，共庆2012年元旦。

1月6日，民盟中央美术院院长扩大会议在民盟中央机关召开。会议讨论审议了民盟中央美术院章程、组织机构名单等事项，并研究了2012年工作。副主席、民盟中央美术院院长李重庵，执行院长吴为山，副院长陈振濂、徐勇民、张万凌、马三喜及部分理事出席会议。常务副主席张宝文到会讲话，表示希望盟员美术家们能在民盟美术院这个平台上展示才华、交流经验，为中国优秀文化的传承及发展，为社会主义文化大发展大繁荣作出自己的贡献。

1月12日，主席蒋树声，副主席李重庵、索丽生会见来访的水利部副部长刘宁一行。主席蒋树声高度评价了水利部与民盟中央的合作及其成效。他希望水利部和民盟中央能够长期合作，为水利工作出更大的贡献。副主席李重庵、索丽生对水利部长期以来对民盟中央的支持表示了感谢，双方就2012年社会服务工作、参政议政工作的具体合作内容交换了意见。水利部水土保持司、农村水利司，民盟中央社会服务部、参政议政部有关负责同志参加会见。

1月16日，民盟中央领导与专门委员会联谊活动在京举行。常务副主席张宝文，副主席李重庵、索丽生，秘书长高抢平出席活动。各专门委员会主任、副主任、部分委员及参政议政部同志50余人参加了联谊。副主席索丽生代表民盟中央在联谊活动中讲话。他说，2011年，民盟中央在建言献策、调查研究、论坛研讨等工作方面都取得了新的成绩，这与各专门委员会的大力支持是分不开的，他代表民盟中央对此表示感谢。

2月1日上午，常务副主席张宝文会见了来访的中共上海市委常委、统战部部长杨晓渡一行。副主席李重庵、索丽生、陈晓光参加了会见。张宝文对杨晓渡一行的到访表示热烈的欢迎和衷心的感谢。他说，上海是盟员最多的省级组织，在中共上海市委的领导下，民盟上海市委的工作有声有色，在参政议政、社会服务、自身建设、组织发展和统战理论研究等方面都做出了很大的成绩，同时也感谢中共上海市委和统战部对民盟的组织建设和换届工作给予高度重视和大力支持。中共上海市委统战部副部长吴捷介绍了上海市各民主党派换届的有关情况。秘书长高抢平，副秘书长、组织部部长陈幼平参加了会见。

2月15日下午，第一副主席张梅颖会见了来访的中共河北省委书记、省人大常委会主任张庆黎一行。常务副主席张宝文，副主席李重庵、索丽生、陈晓光，秘书长高拴平和河北省副省长、民盟河北省委主委龙庄伟参加会见。张梅颖对张庆黎一行的到访表示热烈的欢迎和衷心的感谢。她说，民盟中央一向支持河北省的工作，将以扶贫工作为重点，加强与民盟河北省委的联系，更好地为河北省经济社会发展建言献策。中共中央统战部一局副局长刘海富，民盟中央副秘书长、组织部部长陈幼平，中共河北省委常委、秘书长景春华，中共河北省委常委、统战部部长田向利等参加了会见。

2月16日，第一副主席张梅颖、副主席索丽生由民盟中央妇女委员会举办的《言为民生》、《盛世观察》新书首发式暨新时期“关注民生、关注基层”社会责任座谈会。《言为民生》、《盛世观察》两书由民盟中央妇女委员会委员、人民政协报新闻评论部首席记者张春莉同志撰写。书名分别由主席蒋树声、第一副主席张梅颖题写。内容汇集了近三年来作者采访过的各类社会热点及全国人大代表、政协委员参加“两会”时提出的关系国计民生的议案、提案等高端建言。民盟中央妇女委员会主任尚绍华、副主任沈正华，文化委员会主任梁晓声等在会上发言。参加会议的还有部分全国人大代表、政协委员、专家学者、媒体记者等四十余人。

2月21日，副主席李重庵出席由民盟中央等单位共同主办的卡雷拉斯·巅峰之夜2012北京演唱会新闻发布会，并为活动启动仪式剪彩。世界三大男高音之一、西班牙著名歌唱家拉雷拉斯，于4月1日在人民大会堂举行卡雷拉斯·巅峰之夜演唱会。民盟历来重视文化建设，本次演唱会的举行是民盟为更好地履行参政党职能，深入贯彻落实中共十七届六中全会精神，促进社会主义文化大发展大繁荣，丰富首都人民业余文化生活奉献的一道精神大餐。

3月6日，由中共中央统战部主办、民盟中央承办的第二届“同馨·相约春天”三八妇女节联谊活动在京举行，第一副主席张梅颖与各民主党派在京女领导、领导夫人及机关女同志代表出席活动。

3月19日，副主席索丽生会见了来访的中共攀枝花市委副书记赵辉一行，双方就建设“中国钒钛产业高技能人才培养基地”等问题进行了座谈。民盟中央教育委员会副主任、民盟四川省委副主委田继万，秘书长高拴平，副秘书长、组织部部长陈幼平参加会见。赵辉首先向民盟中央领导长期以来对攀枝花经济社会的发展及城市建设的关注、关心、关怀，对民盟攀枝花市委工作的帮助指导和支持表示衷心的感谢。索丽生指出，人才是经济社会持续发展的坚实基础，民盟中央非常愿意与民盟四川省委以及攀枝花市委、市政府、市盟一道，为大力发展教育、培养人才、夯实发展基础贡献力量。

6月24日，中国共产党优秀党员，中国民主同盟优秀盟员，第八、九届全国政协常委，著名数学家、教育家，国家最高科学技术奖获得者，中国科学院院士，复旦大学数学研究所名誉所长、数学科学学院教授谷超豪同志因病医治无效，在上海逝世，享年87岁。主席蒋树声、第一副主席张梅颖等民盟中央领导同志以各种不同方式表示了深切哀悼。谷超豪院士是一位蜚声海内外的科学家，在微分几何、偏微分方程及数学物理等数学领域取得了开创性成果，作出了突出贡献，受到国际同行高度赞誉，始终走在国际数学研究的最前沿，1980年当选为中国科学院院士（数学物理学部委员），1994年当选国际高等学校科学院院士。他撰有《数学物理方程》等多部专著，研究成果“规范场数学结构”、“非线性双曲型方程组和混合型偏微分方程的研究”、“经典规范场”分别获全国科学大会奖、国家自然科学二等奖、三等奖。曾获得第一届“上海市科技功臣”称号和第二届“上海市教育功臣”称号。2009年8月，经国际小行星中心和国际小行星命名委员会批准，国际编号为171448的一颗小行星被命名为“谷超豪星”，作为对这位著名数学家、教育家的褒奖。2011年获各民主党派工商联和无党派人士为全面建设小康社会作贡献先进个人。

7月21日，马大猷同志遗体送别仪式在八宝山革命公墓举行。第一副主席张梅颖、常务副主席张宝文、副主席丁仲礼亲自前往送别。民盟中央其他领导同志及各级民盟组织分别以不同形式对马大猷同志的逝世表示沉痛哀悼。马大猷是我国著名物理学家和教育家、国际著名声学家、中国现代声学的重要开创者和奠基人、中国科学院电子学研究所和声学研究所的创建者之一、中国共产党党员、中国民主同盟盟员、原民盟中央副主席、名誉副主席、中国科学院资深院士，因病医治无效，于2012年7月17日在北京逝世，享年97岁。马大猷长期从事声学研究工作，在物理声学、建筑声学、语言声学、大气声学等方面提出了多项重要理论。他提出的简正波理论，是当代建筑声学发展的里程碑；他创建的声学微穿孔板和小孔消声器理论，在国内外得到广泛应用，为噪声控制和环境科学作出了重要贡献。马大猷曾获1978年全国科学大会奖，1980年中国科学院重大成果奖，1981年国家自然科学奖，1997年德国夫琅和费协会金质奖章及建筑物理研究所ALFA奖，1998年何梁何利科学与技术进步奖。

8月15日下午，常务副主席张宝文在民盟中央机关会见来访的中共天津市委常委、统战部长刘长喜一行。常务副主席张宝文对刘长喜部长一行的到来表示欢迎。他说，这几年，中共天津市委、市政府做了大量卓有成效的工作，民盟天津市委也积极发挥智力优势，为天津的发展出谋划策，取得不少成绩。希望民盟天津市委继续关注“十二五”期间天津发展过程中遇到的问题，多做调研，多提建议，为天津四大发展战略的实施作出应有的贡献。副主席李重庵、陈晓光，秘书长高拴平，副秘书长兼组织部部长陈幼平，中共天津市委统战部有关负责同志等参加会见。

9月11日上午，中共中央书记处书记、中央统战部部长令计划和统战部常务副部长张裔炯、副部长陈喜庆等一行到民盟中央机关走访，并与民盟中央领导座谈。主席蒋树声出席座谈会并讲话，常务副主席张宝文主持座谈会，副主席李重庵、索丽生、陈晓光，秘书长高拴平出席座谈会。主席蒋树声向令计划一行简要介绍了民盟的历史和近年来民盟各级组织在思想建设、参政议政、社会服务和自身建设等方面的情况。令计划充分肯定了近五年来民盟中央在思想建设、参政议政、社会服务和自身建设等工作中取得的成绩，并对民盟下一步的工作提出了希望。他说，希望同志们高举中国特色社会主义伟大旗帜，以邓小平理论和“三个代表”重要思想为指导，深入落实科学发展观，坚持求同存异，体谅包容的原则，思想上同心同德，目标上同心同向，行动上同心同行，按照既定思路和既定部署，扎扎实实做好各项工作，在全面建成小康社会进程中发挥更大作用。中央统战部秘书长安七一，中央统战部一局局长吴晓礼陪同走访。民盟中央机关各职能部门负责同志参加座谈。

9月14日，副主席李重庵出席民盟西部省（区、市）第十二次盟务工作会议，并代表民盟中央讲话。他就如何在新时期新阶段推进盟务工作提出了三点要求：第一，在中国共产党的领导下，高举中国特色社会主义伟大旗帜，坚定不移地走中国特色社会主义政治发展道路的决心不动摇。这是我们作为参政党的共同思想政治基础。第二，继承发扬民盟光荣历史传统和民盟先辈爱国知识分子的良知风范，对立盟为公、奔走国是、保持特色的坚守不后退。这是我们作为政治团体的根和作为知识分子群体的魂。第三，勇于承担社会责任，提高履职水平、探索工作创新的努力不松懈。这是民盟事业发展、为国家民族作出历史贡献的必由之路。会议还举办了“新时期民盟的发展及特色论坛”，参会代表围绕论坛主题进行了交流发言，探索在新时期如何保持民盟特色、发挥民盟优势、履行自身职能，更好地发挥参政党的作用。民盟宁夏区委主委安纯人，以及来自全国21个省级盟组织的负责人参加会议。

9月15日，民盟中央与兄弟民主党派中央共同发表联合声明，反对日本对中国领土钓鱼岛及其附属岛屿实施所谓的“国有化”。声明指出：钓鱼岛及其附属岛屿自古以来就是中国的神圣领土，中国拥有充分的历史和法理依据。日方对钓鱼岛及其附属岛屿的任何单方面行动，都是非法的、无效的，也是徒劳的。日方的所作所为丝毫不能改变钓鱼岛及其附属岛屿属于中国的事实。中国各民主党派绝大多数成立于抗日战争时期，参与了中国人民争取民族独立和解放的斗争，有着热爱祖国和爱好和平的光荣传统，是国家领土主权的坚定捍卫者。我们坚决支持中国政府为维护国家领土主权所采取的一切必要措施。

9月25日，主席蒋树声出席河南大学建校100周年庆祝大会并致辞，中共河南省委书记、河南省人大常委会主任卢展工，中共河南省委副书记、省长郭庚茂，民盟河南省委主委储亚平等出席会议。蒋树声向河南大学全体师生员工和海内外校友表示热烈的祝贺。他指出，河南大学是一所老校，也是一所有着爱国革命传统和追求科学进步的名校，100年来，为推动社会进步不懈努力，为国家培养了一大批优秀人才，也为我国高等教育作出了重要贡献，有着重要的地位和作用。百年华诞，是河南大学发展的里程碑，也是未来发展的新起点，既面临机遇，又面临挑战。希望河南大学一定要以提升人才培养水平为核心，以增强科学研究能力为关键，以服务经济社会发展为导向，以实现文化传承创新为己任，坚持走内涵式发展道路，实现由“大”到“强”的历史跨越。民盟河南省委副主委、河南大学校长娄源功陪同出席。

10月18日，副主席索丽生出席在江苏吴江举行首届“费孝通学术成就奖”颁奖典礼并代表民盟中央致辞。索丽生在致辞中说，费老作为一位以社会人类学为职志、始终关注社会文化变迁的学者，作为带领民盟脚踏实地为中国的繁荣与富强不懈努力的卓越领导人，抱着终其一生的“富民”理想，“行行重行行”，艰苦探索我国不同地区实现现代化的道路。作为费老的家乡和两次学术生命的起点，吴江依照费老提出的一系列发展思路与建议，取得了发展建设的累累硕果，向着率先基本实现现代化迈进，为其他地方的小城镇发展建设提供了成功范例。相信“费孝通学术成就奖”的评选将进一步鼓励广大学人，推进中国社会学、人类学、民族学等社会科学的繁荣与发展。著名社会学家陆学艺、郑杭生获得此项大奖，副主席索丽生等为二人颁奖。来自全国部分知名高校、研究院所的40多位知名社会学专家、教授，费孝通先生亲属等参加了颁奖典礼和研讨会。会后，索丽生副主席等参观了位于吴江市七都镇开弦弓村的费孝通纪念馆。

11月8日，主席蒋树声，第一副主席张梅颖，常务副主席张宝文，副主席李重庵、索丽生、丁仲礼、陈晓光、欧阳明高及民盟在京全国人大、全国政协常委应邀列席中国共产党第十八次全国代表大会开幕式。11月14日，主席蒋树声，第一副主席张梅颖，常务副主席张宝文，副主席李重庵、索丽生、丁仲礼、陈晓光、欧阳明高及民盟在京人大、政协常委应邀列席中国共产党第十八次全国代表大会闭幕式。

11月13日，副主席温思美出席民盟中南六省（区）第十三次盟务工作会议。温思美代表民盟中央、民盟广东省委对会议的成功召开表示热烈祝贺。他在讲话中指出，学习、宣传、贯彻中共十八大精神是当前民盟首要政治任务，民盟组织要把思想和行动统一到十八大精神上来，统一到中央的科学决策和战略部署上来。民盟要把促进科学发展作为履行职能的第一要务，围绕党和政府中心工作，多建推动科学发展之言，多谋推动科学发展之策，努力将参政党的特点和优势转化为推动当地经济社会发展的强大动力。民盟甘肃、四川、江西省委有关同志在会上作了专题发言，就民盟发展和盟务工作方面的诸多问题进行了广泛深刻、求真务实的研讨。下午，河南、湖南等省份代表做了经验交流发言。民盟湖南省委主委杨维刚，中南六省（区）民盟省级组织的负责人出席会议。会议还特别邀请了福建、四川等11个省级盟组织的专职副主委出席。

11月19日，民盟中央召开学习中共十八大精神座谈会。主席蒋树声出席座谈会并讲话，常务副主席张宝文主持会议。蒋树声首先指出，中共十八大是在我国进入全面建成小康社会决定性阶段召开的一次会议，具有重要的历史意义。大会确立了科学发展观的历史地位，描绘了全面建成小康社会、加快推进社会主义现代化的宏伟蓝图，为党和国家事业进一步发展指明了方向。他希望全盟在全面建成小康社会的过程中，深刻认识履行参政党职能的责任更大，担子更重。他号召全盟同志要坚定不移地走中国特色社会主义政治发展道路，力求把民盟建设成为符合时代要求的高素质参政党。会上，常务副主席张宝文，副主席索丽生、陈晓光先后作了发言。秘书长高拴平和民盟中央机关各部门负责同志出席座谈会。

12月24日，中共中央政治局常委、中共中央总书记习近平，中共中央政治局常委俞正声，中央政治局委员、中央书记处书记栗战书，中央统战部部长令计划等一行走访民盟中央机关，观看了盟史图片展，听取了民盟中央社会服务工作的介绍，并与民盟中央新老两届领导班子成员座谈。原主席蒋树声、主席张宝文分别代表民盟两代领导集体发言。主席张宝文在座谈时对中共中央一直以来高度重视统一战线和多党合作事业表示感谢，并借此机会就民盟干部培养等工作中所面临的困难向习近平总书记作了反映。常务副主席陈晓光，副主席张平、徐辉、丁仲礼、欧阳明高、田刚、龙庄伟，原副主席李重庵出席座谈会。座谈结束后，中共中央领导与民盟中央领导及机关同志合影留念。中央统战部常务副部长张裔炯、副部长林智敏等陪同走访座谈并合影。

二、参政议政

2012 年是落实“十二五”规划承上启下的关键之年。全盟密切关注影响经济社会发展全局的战略性、关键性问题和社会集中关注的热点、难点问题，深入调查研究，积极建言献策，形成了一批质量高、影响大、实效强的参政议政成果。

（一）总揽全局，聚焦热点，高层协商成果丰硕

1 月 12 日，主席蒋树声、第一副主席张梅颖代表民盟中央向中共中央、国务院递呈了《关于推进我国基本公共服务体系全面建设的建议》，提出六点建议：加快统筹城乡基本公共服务体系顶层设计，努力推进城乡基本公共服务的均等化；改革公共服务领域的投资体制，加大投入力度，提高公共财政投资效率和基本公共服务质量；合理界定政府与市场的边界，优化公共资源配置，积极探索社会力量参与基本公共服务体系建设的有效办法；加大基层组织建设力度，强化基层服务机构的管理、服务能力；加速城镇化进程，消除城乡体制分割，实现各种体制对接；积极探索跨区域协作机制，妥善解决跨区域的基本公共服务需求问题。建议得到了胡锦涛总书记、温家宝总理等中央领导的批示。

1 月 18 日，主席蒋树声、第一副主席张梅颖、常务副主席张宝文出席中共中央党外人士迎春座谈会。蒋树声代表民盟中央发言，提出转变观念，统筹协调，加快社会保障制度建设；加强体制机制创新，推动高等教育创新人才培养两条建议。

2 月 9 日，主席蒋树声、第一副主席张梅颖、常务副主席张宝文出席中共中央、国务院党外人士座谈会。蒋树声代表民盟中央发言，就《政府工作报告（征求意见稿）》提出四点建议：一是坚持多策并举，努力扩大就业；二是进一步推进收入分配体制改革，力争在调整利益关系上取得实质性进展；三是进一步深化农村产权制度改革，促进农民财产性收入较快增长；四是加快城乡统筹的基本公共服务体系建设，推进基本公共服务均等化。

2 月 10 日，主席蒋树声，常务副主席张宝文，副主席李重庵、索丽生、陈晓光出席中共中央统战部党外人士座谈会。蒋树声代表民盟中央发言，就中共十八大报告提出两条建议：第一，进一步推进社会建设和管理的改革创新，为实现社会和谐稳定提供保障；第二，更好地发挥市场在资源配置中的基础性作用，构建科学合理的宏观调控体系。

2 月 16 日，主席蒋树声、第一副主席张梅颖代表民盟中央向中共中央、国务院递呈了《关于加强质量体系与创新能力建设的建议》，提出两条建议：第一，增强质量意识，转变经济发展方式，全面提升产品质量；第二，建立有利于激发创新活力和保护知识产权的机制与环境。建议得到了胡锦涛总书记、温家宝总理的重要批示。

3 月 12 日，主席蒋树声、第一副主席张梅颖代表民盟中央向国务院递呈了《关于加强“两江一水”生态保护与综合治理的建议》信，提出四条政策建议：编制“两江一水”区域综合治理规划；实施“两江一水”地区生态环境保护与综合治理工程；提高地质灾害生态治理综合防治能力；设立国家级地质灾害和生态灾害防治、山区特困片带扶贫综合开发示范区。建议得到温家宝总理的批示。

5月26日，主席蒋树声、第一副主席张梅颖代表民盟中央向中共中央、国务院递呈了《关于提升国家综合防灾减灾能力的建议》信，提出五条政策建议：以增强综合防灾减灾能力为导向进行体制改革；加快建设综合防灾减灾体系；加大投入，优化结构，实现防灾减灾效益最大化；建立科学的防灾减灾指标体系；重视提升国民防灾减灾意识和素质。建议得到温家宝总理的批示。

6月2日，主席蒋树声、第一副主席张梅颖代表民盟中央向中共中央、国务院递呈了《关于完善和健全我国养老保险制度的建议》信，提出六条政策建议：一是加快职工基本养老保险制度全国统筹步伐，完善优化相关制度；二是加快机关事业单位退休制度改革，分三步使这一制度与职工基本养老保险制度并轨；三是尽快完善农民养老保险制度，使之步入定型、稳定的发展轨道；四是尽快制定对老年职工的分类补偿政策，适当弥补原国有企业退休人员的利益损失；五是加快制定养老保险基金投资政策，切实保证基金的保值增值；六是合理界定养老保险的性质，促进老年保障事业发展。建议得到温家宝总理的批示。

6月4日，第一副主席张梅颖将民盟中央同志在福建了解到的地方截留挪用临床用血收费的情况上报给李克强副总理，指出这种情况应得到及时纠正，建议财政部出台法规，保证将公民临床用血收费汇入地方财政专户，使血费专款专用，不得截留挪用；财政部应出台血站财务（会计）制度，统一规范血站财务管理；对于地方财政专户（血费）的收支和血站财务收支定期进行国家审计。李克强副总理批示，请财政部商卫生部认真研处。

6月26日，主席蒋树声、第一副主席张梅颖代表民盟中央向中共中央、国务院递呈了《关于进一步推进徽州文化生态保护区建设的建议》信，提出四条政策建议：一是进一步重视徽州文化的价值和作用，加强对徽州文化、徽学的理论研究，对徽州文化实行整体性的积极保护、生态保护；二是制定保护规划、细化保护方案，建议成立更高层次的文化生态保护协调机构；三是建立完善的资金投入机制和人才培养机制，加快保护速度，建立文化生态补偿机制；四是理顺管理体制，适时调整行政区划，将现有的黄山市、绩溪县和婺源县合并为统一的行政区域，并以“徽州”命名。

7月26日，第一副主席张梅颖，常务副主席张宝文出席中共中央党外人士座谈会。会议征求了各民主党派中央、全国工商联和无党派人士对经济工作的意见。张梅颖代表民盟中央发言。

9月3日，主席蒋树声，第一副主席张梅颖，常务副主席张宝文出席中共中央、国务院党外人士座谈会。会议征求了各民主党派中央、全国工商联和无党派人士对中共十八大报告的意见、建议。主席蒋树声代表民盟中央发言。

10月16日，第一副主席张梅颖、副主席陈晓光等在民盟中央机关会见了卫生部部长陈竺，卫生部党组书记、副部长张茅一行，双方就全面深化医药卫生体制改革相关问题交换了意见。不久前，主席蒋树声、第一副主席张梅颖代表民盟中央向中共中央、国务院主要领导同志递交了关于全面深化医改的政策建议信。建议得到中共中央领导同志和相关部委办的高度重视，温家宝总理、习近平副主席、李克强副总理等先后作出重要批示。张梅颖说，卫生部陈竺部长、张茅书记亲自来到民盟中央，当面听取意见，充分反映了我国多党合作制度的优越性，说明了党和政府对参政党意见的高度重视。她充分肯定了三年医改取得的丰硕成果。她说，医改成果来之不易，但也要看到，相对于人民的重托、百姓的期盼，这些成果仍是初步的和阶段性的。围绕启动公立医院改革、坚持依法办医院、建立公私并重的医疗卫生服务体系、完善医保制度、加强医学人文素养教育等问题，张梅颖深入阐述了意见和建议。

12 月 28 日，常务副主席陈晓光出席最高人民检察院党外人士座谈会并代表民盟中央发言，对检察工作提出了三条建议：一是加大民事诉讼监督工作力度，提高抗诉制度的法律监督效力，切实保护公民的合法权益；二是完善检察机关对行政执法监督的主动性制度，设计更加合理的防重于治的工作机制，强化对行政执法行为的检察监督；三是加强宣传和舆论引导工作。会上，最高人民检察院负责同志向与会人士介绍了 2012 年检察工作主要情况和 2013 年检察工作主要安排。

经统计，民盟中央全年向中共中央、国务院报送政策建议信 10 件，分别就推进我国基本公共服务体系全面建设、加强质量体系与创新能力建设、健全和完善我国养老保险度、全面深化医改、进城务工人员随迁子女义务教育、提升国家综合防灾减灾能力、保护和促进少数民族文化发展、加强“两江一水”生态保护与综合治理、财政挤占挪用血费的潜在影响、推进徽州文化生态保护区建设等问题提出政策建议，获胡锦涛、温家宝、习近平和李克强等领导同志的批示。部分建议已被吸收采纳，上升到国家政策层面。

（二）结合时事，体现特色，发言提案广受关注

1. 大会提案、大会发言

在 2012 年全国政协十一届五次会议期间，民盟中央共向大会提交口头发言 1 篇，书面发言 3 篇、提案 25 篇。内容涉及教育、科技、文化、“三农”问题、经济与金融、社会及生态文明建设等问题。大会口头发言的题目是“坚定不移地加速推进社会保障体系建设”，由欧阳明高副主席代表民盟中央发言。发言中提出，我国社保总体水平仍然很低、实际覆盖率不高、群体间待遇差距大、公平性缺失。亟须树立信心、明确目标，坚定不移地加速推进我国社保体系建设。建议：(1) 尽快明确这一制度的建制理念、战略目标与发展路径，树立公平、正义、共享的核心价值取向。(2) 设立常态化的社会保障统筹设计或咨询委员会，条件成熟时成立大社会保障部；同时尽快提升社会保障经办能力，为持续发展提供组织保障。(3) 加大配套改革和投入力度，从弥补制度缺失、完善与人民群众福祉密切相关的养老、医疗、社会救助制度开始，大幅提升保障水平并切实做到全民参保。(4) 根据现实需要及可能，建议“三步走”：第一步，2013 年前构建起“二免除一解除”社保体系骨架。第二步：到 2020 年，形成完整的社保体系并全面定型，在普惠基础上大幅缩小当前过大的待遇差距，较全面地解除国民生活的后顾之忧。第三步：到新中国成立一百年前后，进一步完善保障制度，不断提高保障水平，全方位满足国民对社保及相关服务的需求，迈向中国特色社会主义福利社会。

民盟中央参加了全国政协举办的现场提案办理协商会。3 月 8 日，全国政协举行主题为“大力发展实体经济打牢经济发展基础”的提案办理协商会，国家发改委、中国人民银行、银监会等承办单位负责人对各自的部门的应对举措进行了介绍，并对相关问题进行了解答。民盟中央因提交《关于规范小额贷款公司发展的提案》受邀参加会议。提案中提出

小额贷款公司发展情况不平衡，总体实力偏弱；对小额贷款公司存在着多头监管的问题，监管主体不明确、不固定。为小额贷款公司健康发展营造一个良好的政策生态环境，建议：（1）进一步明确政府对小额贷款公司的监管主体和监管职责。（2）将小额贷款公司的发展纳入到普惠金融体系建设中。（3）将小额贷款公司纳入金融部门支持地方经济发展的考核体系。（4）鼓励小额贷款公司拓宽融资渠道，宏观层面放宽对小额贷款公司的融资限制。（5）建立对小额贷款公司的风险补偿机制。（6）借鉴当前商业性小额贷款公司试点的成功经验，试点成立公益性小额贷款公司，专注于服务贫困人群。副主席欧阳明高代表民盟中央参加了此次提案办理协商会。

3月10日，全国政协举行主题为“统筹城乡社会发展促进农民工融入城市”的提案办理协商会，中央政法委、国家发改委、国务院发展研究中心等提案承办单位的负责人与各提案人坦诚交流，协商沟通。民盟中央入选本次提案办理协商会的是《关于推进城市中务工人员子女教育的提案》，其中提出流动儿童大量涌入城市，使得政府教育经费的筹措、公办学校的接收能力、进城务工人员子弟学校的教学质量和务工人员随迁子女入学负担等问题凸显。建议：（1）改革完善教育管理制度。（2）改革教育财政管理制度。（3）实现流入地政府与流出地政府双主体模式有效运行的切实保障。明确政府的教育供给、经费投入、教育管理和引入竞争机制等职能，以保障“双主体”模式的有效实施；明确流入地、流出地政府的责任；地方政府有责任扶持民办教育发展。（4）建立完善的社会救助制度。副主席温思美代表民盟中央参加此次提案办理协商会。

经不完全统计，民盟组委员提交书面发言58篇，提交大会提案251篇，社情民意信息13篇。3月10日下午，副主席、民盟上海市委主委郑惠强以“轨道交通安全容不得半点大意”为题作了大会口头发言。他提出，建立健全覆盖规划、设计、建设、运营等全过程的安全防范和评估体系等建议。原副主席厉以宁以“教育资源的均衡配置和城乡收入差距的缩小”为题像作了大会发言。他指出，要缩小城乡收入差距，就要提高教育投入在国内生产总值中的比例；应多办职业技术学校和高等职业技术学院，使农村学生有较好的谋职能力。

经不完全统计，在会议期间民盟组委员接受采访350余次，在《人民日报》、《人民日报海外版》、《光明日报》、《人民政协报》、《团结报》等全国性纸质媒体中宣传民盟盟员及提案的报道累计70余篇。

2. 委员讨论情况

会议期间，民盟组委员认真审议政协常委会工作报告、提案工作情况报告以及各项决议草案；认真讨论政府工作报告和计划报告、预算报告、“两高”报告和刑事诉讼法修正案草案；并结合常委会工作报告和履行职责实践，讨论了政协工作。

民盟组委员高度评价过去一年党和国家所取得的重大成就。一致认为，过去一年，中共中央和国务院带领全国各族人民同心协力、锐意进取，隆重庆祝中国共产党成立90周年，制定实施“十二五”规划，统筹做好稳物价、调结构、保民生、促和谐的各项工作，巩固和扩大了应对国际金融危机成果，取得了社会主义经济、政治、文化、社会及生态文明建设的重大成就，实现了“十二五”时期良好开局，谱写了全面建设小康社会、加快推进社会主义现代化的崭新篇章。委员们对完成党和国家今年工作任务充满信心。民盟组委员高度评价温家宝总理所作的政府工作报告，一致认为，报告紧扣科学发展主题和加快转变经济发展方式主线，突出了稳中求进的工作总基调，总结成绩客观实在，分析问题清醒深刻，部署工作求实创新，是一份求真务实、开拓创新、鼓舞人心的好报告。民盟组委员高度评价常委会一年来的工作，一致认为，贾庆林主席所作的常委会工作报告，内容丰富，文风朴实，重点突出，总结成绩客观全面，概括经验凝练深刻，部署工作切实可行，贯彻了中共中央的精神，体现了人民政协的特色，是一个融政治性、思想性和指导性于一体的好报告。委员们对林文漪副主席所作的提案工作情况报告给予了充分肯定。民盟组委员对刑事诉讼法修正案草案表示赞同。对最高人民法院工作报告、最高人民检察院工作报告以及计划报告、预算报告都给予充分肯定。

3 月 8 日下午，中共中央政治局常委、全国政协主席贾庆林参加民盟 5、6 组联组讨论。主席蒋树声出席联组会，第一副主席张梅颖主持会议。中共中央政治局委员、全国政协副主席王刚，全国政协副主席杜青林、陈宗兴、王志珍参加了联组讨论。文化部、国土资源部和国家预防腐败局的相关负责同志参加联组讨论。民盟 5、6 组共有 13 位委员发言。

听取了委员们的发言后，贾庆林同志发表了重要讲话。他说，民盟作为与中国共产党风雨同舟、和衷共济的亲密友党，成立 70 多年来，为中国革命、建设和改革事业作出了不可磨灭的历史功绩。在过去一年里，民盟充分发挥界别优势，紧扣主题主线深入考察调研，帮助解决贫困地区上学难、看病难等问题，积极促进两岸教育、文化等领域交流合作，着力加强自身建设，各方面工作都取得很好成绩。

贾庆林强调，今年是我国发展进程中具有特殊重要意义的一年。深入实施“十二五”规划，为中共十八大召开营造良好环境，是全党全国各族人民的共同任务，也是包括民盟在内的各民主党派的重要责任。他希望民盟广大成员紧紧围绕党和国家中心工作，积极参政议政，搞好政治交接，进一步提升履职能力和水平，推动统一战线和多党合作事业健康发展，为改革开放和社会主义现代化建设作出更大贡献。要大力弘扬优良传统，不断增进多党合作的政治共识，始终与中国共产党在思想上同心同德、目标上同心同向、行动上同心同行；充分发挥智力优势，深入开展调查研究，促进经济平稳较快发展和社会和谐稳定；广泛凝聚智慧力量，进一步调动文化界盟员的积极性、主动性和创造性，共同推进文化改革发展；切实加强队伍建设，协助做好党外代表人士工作，为我国多党合作事业发展提供人才支持。

3. 其他

5 月 30 日，副主席索丽生会见民政部救灾司副司长李保俊一行，双方围绕民盟中央 2012 年全国政协大会提案《关于完善紧急救援体系的提案》办复等进行座谈，并就今后进一步加强合作达成共识。索丽生简要介绍了《关于完善紧急救援体系的提案》的形成过程，并介绍了民盟中央近十年来持续关注灾害与社会管理领域的相关活动，还就社区防灾、财力投入、保险“软措施”、灾情发布中的统计口径和公开层次等问题，进一步阐述了民盟中央的建议。希望在今后的民盟中央灾害与社会管理专家论坛和其他工作中，能够与民政部继续增强交流、加大合作力度。

10 月 12 日，陈晓光副主席出席政协第十一届全国委员会优秀提案和先进承办单位表彰会。民盟中央四份提案被授予优秀提案奖。

2012年，民盟中央根据有关成果提炼出5篇全国政协常委会的大会和书面发言，就深化金融改革、助推实体经济，维护国家尊严、完善管理制度、推动海洋经济发展，教育公平等积极呼吁，为促进科学发展、推动加快转变经济发展方式作出了努力。民盟中央还向全国政协提交了5件平时提案，就长江（中游）经济带开放开发、完善大湄公河次区域便利运输协定、科学规划城市建设、中学校本课程发展、加强社区医院建设等问题提出意见、建议。

（三）上下联动，紧密配合，调查研究卓有成效

1月6日至8日，第一副主席张梅颖率全国政协、民盟中央和国务院相关部委组成的联合考察组，就国有企业自主创新、人才培养机制、走出去等问题在上海进行调研。第一副主席张梅颖代表调研组提出了三点建议：一是发挥上海早期改革创新的传统，大力促进企业体制机制改革，让企业成为自主的、社会化的和国际化的企业集团；二是适度收缩战线，推行多元化经营，争取中央及地方支持，帮助企业渡过目前的经济困境；三是将“以人为本”理念落到实处，以培训促进人才结构调整，真正实现人尽其才。

6月3日至8日，受中共中央委托，主席蒋树声和常务副主席张宝文率民盟中央调研组在湖北就“统筹教育资源配置，促进教育公平发展”进行调研。此次赴鄂调研，是民盟中央“保障和改善民生、提升公正水平、构建和谐社会、促进科学发展”系列性重点调研的内容，今年将其延伸和深化到教育领域。调研组采取实地考察、座谈研讨等方式，重点调研了不同教育阶段、不同区域和不同性质的学校在统筹教育资源配置和教育公平发展方面的推进情况、存在的问题和改进办法。主席蒋树声在调研中指出，教育是国家富强和民族振兴的基石，而教育公平是社会公平的起点和重要基础。建立覆盖城乡的基本公共服务体系、实现基本公共教育服务均等化，对于促进社会公平正义、实现我国从人力资源大国向人力资源强国的转变，具有重大的现实意义和深远意义。调研组在与湖北省座谈时建议：要加快制度设计，根据不同教育阶段分别确定战略目标、步骤和实施路径；要继续深化户籍制度、管理体制、服务体制改革；要建立科学、合理的财政分担体制，重点支持义务教育的健康发展。副主席索丽生、陈晓光、徐辉，中共中央统战部常务副部长朱维群，民盟湖北省委主委郭生练，民盟中央常委刘长铭等参加调研。期间，中共湖北省委书记、省人大常委会主任李鸿忠，省委副书记、省长王国生会见蒋树声主席及调研组全体成员。

4月17日至24日，第一副主席张梅颖率全国政协民宗委和民盟中央联合调研组赴云南，就“保护少数民族优秀传统文化，促进少数民族文化产业发展”进行实地调研。民盟云南省委主委倪慧芳，民盟中央文化委员会主任梁晓声、民盟中央文化委员会中国民族文化产业研究中心常务副主任陈忱等参加调研。调研组采取实地考察、召开座谈会、与村民联谊等方式，深入调研了云南少数民族传统文化传承保护和民族文化产业发展取得的成绩、存在的问题，并就云南如何继续做好传统文化的传承保护、如何处理好文化保护与经济发展的关系提出了建议。24日上午，在反馈调研情况时，第一副主席张梅颖指出，保护文化是一个民族的责任；传承文化是一个民族的生命。在坚持以经济建设为

中心的同时，要坚持以文化建设为灵魂，这是实现科学发展的内在要求。针对云南的具体情况，她建议：要在原有记录整理的基础上，将云南少数民族优秀传统文化进行数字化工程，有步骤有计划地适度进行保护传承和产业发展；在形成非政府（NGO）组织行业协会的基础之上，设立专项基金，启动“云南边疆少数民族文化传承发展计划”等。调研期间，中共云南省委书记秦光荣、副书记仇和分别会见张梅颖一行。

5月9日至12日，副主席索丽生率民盟中央、水利部科技委联合调研组，在江苏无锡、苏州和浙江嘉兴调研国务院《关于实行最严格水资源管理制度的意见》的实施情况。调研组采取座谈和现场考察等方式深入调研了《意见》中作为最严格水资源管理制度中的水资源开发利用控制、用水效率控制和水功能区限制纳污的落实情况，并就落实最严格水资源管理制度的体制建设、流域管理与区域管理的关系、监测能力建设和指标体系建立等进行了探讨。副主席索丽生在咨询座谈会上发言说：太湖流域实施最严格水资源管理制度的首要任务是饮用水水源地水质达标和保护，应将此作为对地方政府责任最重要的考核内容；也应围绕这一任务，建立和落实水资源保护的补偿制度和约束制度。要坚持流域管理与行政区域管理的结合，但管理权力应下放，主要发挥和依赖地方的积极性；同时，应逐步完善流域管理机构，吸收地区代表和不同行政主管部门的代表。在区域水资源管理体制方面，应建立涉水事务的统一管理。民盟江苏省委副主委、江苏省水利厅副厅长陆桂华等民盟专家参加调研。

6月14日，副主席索丽生一行在江西南昌市青云谱区就“区域文化旅游发展情况”进行调研。调研组对南昌青云谱区以八大山人传统文化为主轴，着力将八大山人梅湖景区打造成为集传统风貌、民俗风情、文化艺术、休闲旅游等于一体的都市历史文化生态景区给予了高度评价。副主席索丽生提出，作为江西建设文化产业的示范窗口，要更好地将文化资源优势转化为产业优势，做到又好又快发展，为文化大发展大繁荣增添新的亮点。民盟中央、民盟江西省委、中共青云谱区委和民盟青云谱区支部部分负责人陪同调研。

7月11日至13日，第一副主席张梅颖到宁夏就当前水资源情况进行调研。调研期间，张梅颖一行先后走访高效节水灌溉灌区、饮水安全设施工程、黄河水利枢纽工程坝区及生态移民生活区等地，重点调研黄河水利、水安全、百姓饮水安全、大柳树水利工程，与生态移民区移民亲切交流，了解移民群众的生活情况。在情况反馈会上，调研组专家先后发言，从不同角度发表调研感想、介绍相关情况，提出观点与建议。张梅颖在讲话中高度肯定了宁夏在解决黄河安全问题，为黄河沿岸地区经济发展等方面所取得的成绩。她希望通过此次调研进一步了解与南水北调西线工程及大柳树水利工程一级方案等决策相关的实际情况，通过民盟中央的议政建言工作，促进宁夏水资源的科学合理开发利用，促进宁夏经济社会的全面发展。自治区党委书记、人大常委会主任张毅，自治区党委副书记、主席王正伟，自治区政协党组书记、主席项宗西，自治区党委常委、统战部长马三刚，副主席索丽生，民盟宁夏区委会主委安纯人，民盟中央教育委员会主任、清华大学水利系教授王光谦及水利部等相关领导陪同调研。

8月20日至23日，副主席索丽生率队在四川攀枝花市和凉山州调研“中国钒钛产业高技能人才培养基地建设”筹备情况。调研组听取了当地关于“中国钒钛产业高技能人才培养基地建设”等情况的汇报，并先后考察了攀枝花钒钛产业园区、攀钢集团有限公司、攀钢集团研究院有限公司、四川机电职业技术学院和攀钢集团西昌钢钒公司。索丽生在调研中说，钒钛产业高技能人才培养基地建设过程中，要注意两点：第一，作为钒钛产业的高技能人才培养，要坚持“两条腿走路”，一是本土人才培养，一是优秀人才引进。第二，要将学历教育与在职培训相结合，职业教育和职业培训结合起来，形成涵盖学术型人才和中、高等应用型人才的各层次人才培养体系；发挥研究机构优势，将研究院、实验室、博士后流动站等均纳入人才培养基地建设的框架中，做到产学研用相结合。他指出，民盟中央有意愿、有信心扎扎实实推动“中国钒钛产业高技能人才培养基地建设”，并做出成果。民盟四川省委副主委陈放，民盟中央教育委员会副主任田继万等参加调研。

9月5日至7日，第一副主席张梅颖率民盟中央调研组赴河北调研民办教育情况。调研组一行先后实地考察了河北传媒学院、河北外国语学院等多所民办学校，了解他们的办学情况。在调研反馈座谈会上，张梅颖对河北民办教育的发展给予了高度肯定。她强调一定要改变政府的教育政绩观，完善以能力为标准的多元化人才评价体系，完善教育督导、考核奖惩，打破唯学历是举的应试教育怪圈，注重品德教育和人格养成，强调人才培养的知识、能力并重；深化教育改革，创新教育机制，多管齐下，民办教育和公办教育除了投资主体不同，其他应该一视同仁。希望公办教育与民办教育成为车之两轮、鸟之两翼，齐头并进。民盟中央教育委员会主任王光谦院士等专家学者以及教育部有关部门负责人参加调研。河北省政协副主席刘永瑞，民盟河北省委专职副主委鲁平，民盟河北省委副主委、河北省文化厅副厅长边发吉等陪同调研。调研期间，河北省委副书记赵勇，省委常委、统战部长田向利拜会了张梅颖一行。

9月18日至19日，副主席李重庵率队先后赴北京市高级人民法院和文化部，就“文化大发展大繁荣的法治保障”课题进行调研。民盟中央社会与法制委员会副主任崔永东、冯永华随同调研。18日下午，调研组在北京市高级人民法院召开座谈会。最高人民法院负责同志详尽介绍了文化执法行政案件和文化产业知识产权案件审理的情况，并结合实际工作就进一步加强文化产业发展行政审判司法保障提出了意见建议。19日下午，调研组在文化部召开座谈会。文化部相关部门负责人就文化立法的思路、文化产业的立法工作和公共文化立法中存在的问题，阐述了自己的观点，提出了意见建议。在调研中，副主席李重庵就课题中的重点和难点问题，与相关部门的负责同志进行了深入交流。他说，此次调研选择“文化大发展大繁荣的法治保障”课题，是对中共中央十七届六中全会精神的贯彻落实，也是民盟文化和法律界别特色和人才优势的体现。他表示，调研组将对座谈会中得到的信息和建议进行整理，形成调研报告，并以合适的方式向国家层面反映。

10月9日至12日，副主席索丽生率调研组赴浙江舟山调研新区海洋科教事业发展情况。民盟中央常委、山东省委副主委王修林，民盟中央科技委员会副主任、中国科学院南海海洋研究所研究员施平等盟内外7位专家参加调研。调研组采取实地调研与座谈相结合的方式，先后赴浙江海洋学院、舟山市普陀旅游职业技术学校、浙江国际海运职业技术学院、舟山经济开发区、浙江海洋开发研究院（创业园区）考察并座谈。12日上午，调研组向中共舟山市委、市政府反馈交流了调研情况、初步意见和建议。副主席索丽生在反馈时谈到，较之浦东、滨海和两江新区，舟山群岛新区进一步发展的主要困难在于人才缺乏，并提出四条建议：一是三措并举，两类并重，破解人才难题。二是推动新区发展与教育进步相得益彰。三是科技支撑，形成优势，打造品牌。四是高度重视海洋资源和环境保护。索丽生副主席说，建设舟山群岛新区、发展海洋经济意义重大，民盟中央愿意加强合作，为新区建设贡献智慧和力量。在调研结束后，我们将深入思考、扎实研究，为舟山群岛新区建设发展建言献策。

10 月 30 日至 11 月 2 日，副主席索丽生带队赴沪调研“太湖流域水资源保护与社会经济关系分析”课题，国家行政学院决策咨询部副主任丁元竹、水利部水文局副总工程师周国良、国家环保部环境与经济政策研究中心环境法规与体改研究室副主任殷培红等盟员专家参加调研。调研组先后考察了崇明县青草沙水库、东滩及西滩湿地、杨树浦自来水厂和苏州河展示中心，了解了作为太湖下游区域的上海在水资源保护及经济社会协调发展方面的情况，并就课题调研报告初稿召开座谈。31 日上午，副主席、民盟上海市委主委郑惠强陪同课题组考察了苏州河展示中心。在 31 日下午举行的课题座谈中，盟中央赴沪专家就课题中采用的“库兹涅茨”数学建模分析的科学性、流域社会经济协调发展情况、流域水利工程对水质改善的作用、相关环境监测的标准统一及开展方式等问题进行了深入讨论，并就调研报告初稿提出修改建议。在座谈会的最后，副主席索丽生肯定了民盟上海市委课题组的研究工作，课题资料搜集翔实、数据分析充分、对水资源保护和社会发展相关问题的梳理中肯，他建议课题组在报告中进一步强调跨水利专业的、具可操作性的建议，以期依托党派参政议政的平台，推动课题调研成果的转化。

11 月 9 日至 13 日，副主席索丽生率民盟中央与民盟甘肃省委联合调研组，就“先秦及秦早期文化保护与开发”进行调研。调研组先后在甘肃省庆阳市、平凉市、天水市、陇南市等地进行实地调研，期间召开座谈会两次。副主席索丽生指出，甘肃历史源远流长、自然风光迤逦、文化积淀深厚，是一座富矿，就看如何保护和利用。要做好文化保护和合理开发利用，首先，要处理好历史和现实的关系，脱离现实、空谈历史、单纯为保护而保护的文化发展之路会很窄；历史文化遗迹的保护、发掘、展示要为现实服务，适度的开发和旅游从某种意义上也促进了文化的保护。其次，调整观念，正确认识“政府主导”。政府主导绝不是政府包揽，政府主要职责是统筹规划、出台政策、把握项目进度；同时，处理好文化事业和文化产业的关系。第三，要指导规划区域的文化保护和合理开发利用。文化事业和产业的发展绝不是各自为政的单个文化项目的简单累加，而应放在文化长远发展繁荣框架内讨论；要做好文化旅游环路规划，更要捆绑打造形成完整的区域文化保护生态圈，并努力上升到国家层面。民盟甘肃省委主委张世珍，民盟中央文化委员会副主任、雅昌企业（集团）有限公司总裁万捷，民盟中央文化委员会副主任、群言出版社社长兼总编辑范芳，民盟中央文化委员会委员、北京前门文化有限公司总经理陈斌等参加调研。

（四）精简数量，提升质量，论坛研讨务实有效

2 月 11 日至 12 日，副主席索丽生出席“中国社会保障 30 人论坛年会（2012）”，并作题为“统筹规划有序推进，加快社会保障制度建设”的主旨报告。副主席索丽生向与会者报告了民盟中央 2011 年受中共中央委托开展社会保障体系建设与基本公共服务均等化的调研成果。他强调指出，国家宜确立构建完整的中国特色社保体系、实现国民福利可持续发展的新理念，尽快明确社保体系建设的战略目标与基本步骤，逐步将人民引领入中国特色社会主义福利社会。为此，需要设立常态化的社会保障统筹设计或咨询委员会，条件成熟时成立大社会保障部；同时尽快提升社会保障经办能力，为可持续发展提供强有力的组织保障。本届年会是中国社会保障30人论坛举行的第三届年会，10多位中央部门的司局长与地方政府负责人和40多位知名专家学者在各分论坛上发表了自己的最新成果。民盟中央常委、中国社会保障30人论坛总干事郑功成教授主持了论坛开幕式及主旨报告会，并在会上发布了2011年中国社会保障十大事件的评选结果。

3月9日，民盟中央群言杂志社召开"加快文化强国建设，促进文化繁荣发展"专题座谈会。副主席张平主持座谈会并讲话。出席全国政协十一届五次会议的部分专家学者从不同角度、不同层面，就建设文化强国进程中存在的问题、挑战及如何应对等方面进行了探讨。副主席张平说，中共十七届六中全会通过的《决定》，标志着我们真正走出了一条中国特色社会主义文化发展道路，开创了文化建设新局面。他指出，推动文化大发展大繁荣，提升必须坚持文化软实力和硬实力并重。软实力必须硬投入推进、硬实力支撑、硬措施支持、硬指标衡量。反过来，软实力增长又为硬实力增长提供支持和保障。正确处理好两者关系，正确处理好投入与产出关系，对当前文化改革发展意义尤为重大。

5月8日至10日，第一副主席张梅颖莅川出席南充市工作汇报暨投资说明会、广安市工作汇报会、2012绿色经济遂宁会议，并发表讲话。副主席吴正德出席会议。在南充市工作汇报暨投资说明会上，张梅颖指出，不要走先污染后治理的老路，发展绿色经济，建设生态文明。不要盲目跟风，要因地制宜，扬长避短，找到一条适合自己的科学发展道路。在广安工作汇报会上，她强调，广安要进一步加深对转型发展方式的理解，深刻认识传统产业与现代工业体系的关系。她希望广安进一步挖掘自身特色，注重发挥后发优势，抓住川渝合作示范区建设的大好机遇，坚持转化政治、地缘、资源等优势，加快推进工业化、城镇化、农业现代化"三化联动"。在2012绿色经济遂宁会议上，张梅颖强调，发展绿色经济已经成为当今世界一个重要趋势。要把推动绿色经济发展、建设生态文明作为一项长期战略，正确认识环境保护与经济发展的关系，从国家发展战略层面解决环境问题，实行最严格的环境保护制度，动员全社会力量共同参与绿色发展和生态文明建设。民盟四川省委主委赵振铣参加会议。

6月6日至9日，第一副主席张梅颖出席太湖文化论坛中医药文化发展（南昌）高级别会议并作主旨演讲。张梅颖认为，中医药是中国独具特色的医学科学。人类已经进入21世纪的第二个10年，中医药文化发展面临新的机遇和挑战。我们以什么样的态度对待中医药文化，体现着人类对发展方向的认识。为此，她提出四点倡议：一是促进中医药文化的传承。要加强中医药典籍的整理，深化基础理论的研究；二是推动中医药领域的创新。需要与时俱进，吐故纳新，不断总结医疗实践，加强自主创新与传承创新，同时注重吸收现代医学发展成果，利用现代科技手段，提高质量标准体系及制作工艺；三是加强中医药文化同其他医药文化的交流。相互借鉴，取长补短；四是推进中医药文化的国际化。用国际社会能接受的方式，使更多国家和人民了解中医、热爱中医。期间，她还出席了凤凰卫视举办的题为"自然·和谐·健康"的中外名家对话中医药文化高端论坛，并会见了土库曼斯坦副总理托伊雷耶夫、越南前国家主席陈德良等外国政要及中外嘉宾。3月28日，第一副主席张梅颖会见法国前总理拉法兰，为他颁发太湖文化论坛名誉主席证书。

6月29日，第五届中国民族文化产业发展论坛在全国政协礼堂开幕。本届论坛由民盟中央、全国政协民族和宗教委员会支持，民盟中央文化委员会、中国法学交流基金会主办。第一副主席、中国民族文化产业发展论坛常设组委会主席张梅颖宣布论坛开幕并作主旨演讲，副主席李重庵代表主办单位致辞。论坛主题为“中国民族文化产业体制机制创新与人才培养”，百余位各领域嘉宾就中华传统文化创意原则与国际合作、少数民族题材的挖掘保护与文化产业、本土文化产业人才培养与学科建设、法治建设保障文化产业发展等议题热烈探讨。张梅颖在演讲中提出，民族文化产业发展中必须重视三种关系：一是传统文化与当代文化的对接，处理好传统与创新的关系；二是中华文化与世界文化的对接，处理好中国与世界的关系；三是文化资源与文化产业的对接，处理好保护与开发的关系。全国政协民族和宗教委员会、中国法学会、全国政协社会与法制委员会有关负责人，民盟云南省主委倪慧芳，民盟中央文化委员会主任梁晓声等出席开幕式。下午，论坛设立“少数民族题材的挖掘保护与文化产业”和“法治建设保障文化产业发展”的分论坛。5月8日，第五届中国民族文化产业发展论坛新闻发布会在民盟中央机关召开。副主席李重庵、民盟中央文化委员会主任梁晓声，民盟中央文化委员会中国民族文化产业研究中心常务副主任陈忱和本届论坛形象大使六小龄童、景宜等出席发布会并讲话。

9月21日至22日，民盟基础教育研讨会在广东省深圳市举办，主题是“落实规划纲要精神，推进基础教育发展”。会议由民盟中央教育委员会、民盟广东省委主办。秘书长高拴平代为宣读主席蒋树声的讲话稿。主席蒋树声提出，必须坚持改革创新，通过制度设计、机制建设、政策完善等手段，科学调整资源配置，逐步缩小城乡、区域教育差距，向着义务教育均衡发展的目标不断前进。一是加大经济社会发展中的改革力度，打破二元分割的教育体制和政策限制；二是扩大财政投入，拓宽投资渠道，建立科学的教育经费投入分担和使用分配机制；三是加强体制机制的改革与创新，保障义务教育均衡发展的有序有效推进。本次会议经过专家评审，有18篇论文被遴选为大会发言。22日上午，会议开展了“第三会议室”活动，嘉宾与代表围绕“民办基础教育改革、创新与发展”主题，进行了交流。副主席温思美，民盟广东省、民盟中央机关、群言杂志社的有关同志以及来自30个省级盟组织和广东、深圳相关盟组织、深圳市教育局的100余位领导、专家和盟员参加了会议。研讨会前，8月28日，副主席索丽生在深圳考察民盟基础教育（深圳）研讨会筹备情况。

9月24日，常务副主席张宝文，副主席、民盟上海市委主委郑惠强出席由民盟中央、民盟上海市委等共同主办的“文化自觉——当代中国文化发展的反思与前瞻”论坛。张宝文在讲话中指出，费老的文化自觉理论，对于科学对待中西方文化和提高我国的文化软实力，具有十分重要的意义；对于研究构建社会主义和谐社会、建设和谐文化与树立社会主义核心价值体系有着重要的启示作用。在费老的影响带动下，民盟作为以文教科技界为主的参政党，多年来一直对“文化自觉”进行着思索、解说、强调和呼吁。希望大家能够继承费老的衣钵，以费老“文化自觉”理念所追求的“加强文化转型的自主能力，取得适应新环境、新时代文化选择的自主地位”的理想目标共勉，为提高国家文化软实力和综合竞争力，继续作出不懈努力。民盟中央文化委员会副主任陈力，民盟上海市委文化委员会主任马驰作主题发言，章义和、蒋连华等盟员就“文化自觉”这一主题进行了研讨，120余位盟员参加论坛。

10月30日，第一副主席张梅颖出席民盟山东省委文化发展论坛暨参政党理论研究会揭牌仪式。民盟山东省委主委温孚江出席论坛。张梅颖分文化和教育两个主题为论坛作专题报告。她从如何对待文化的多样性、充分认识文化自觉的重要性、文化的力量三个方面阐述了文化建设应理清的一些问题。她指出，对待不同的文化、宗教都应当做到包容和尊重，不能党同伐异，而是求同存异，进而敬其所异，从而达到费孝通先生提出的“各美其美，美人之美，美美与共，天下大同”。针对教育改革问题，张梅颖结合自己近年来视察和调研的情况，充分肯定了教育发展的巨大成就，详细分析了教育发展的情况问题，提出了改革财政性教育投入体制、正本清源办出老百姓满意的基础教育、改变政府的教育政绩观、深化教育改革等看法和建议。会上，张梅颖和温孚江主委共同为民盟山东省委参政党理论研究会揭牌。民盟中央研究室负责同志，以及来自山东省17个市委会盟员代表围绕“文化发展”、“民盟文化建设”这一主题进行了研讨。中共山东省委常委、统战部长颜世元在论坛举行期间会见了张梅颖一行。

12月20日上午，由民盟中央主办，民盟中央经济委员会及民盟北京市委承办的“第十次灾害与社会管理专家论坛（2012）：综合防灾减灾与社会管理”在北京举行。主席张宝文出席论坛并致词，常务副主席陈晓光出席会议。主席张宝文代表民盟中央对论坛的举行表示热烈祝贺，他在致词中指出，中国民主同盟作为参政党，持之以恒地举办这样的专家论坛，就是想搭建一个交流平台，集中盟内外专家的智慧，共同为国家的防灾减灾事业尽一份力量。他还指出，应当确立综合治理的新理念，加大对防灾减灾事业的公共投入并力争有效地带动社会资源与市场资源的投入，同时与时俱进地重塑防灾减灾体制，创新防灾减灾机制，努力形成举国减灾、全民防灾的新局面。国务院参事、国家减灾委专家委副主任闪淳昌，国家减灾委专家副主任、民盟中央常委、郑功成，民盟中央经济委员会副主任，国土资源部规划司司长董祚继，民盟中央委员、国家海洋局预报减灾司司长王锋，民盟水电支部主委、水利部水文局副总工程师周国良作了主题报告。民盟中央经济委员会主任郑功成教授在论坛总结中指出，减灾已经成为国家发展进程中的一项十分重要且紧迫的任务，应当树立灾情即国情、减灾是发展、减损即增长的新理念，突出增长与减灾同步的发展取向，将综合防灾减灾上升为国家战略，力争形成全民防灾、举国减灾的新局面。来自国家有关部委、民盟组织及首都高校代表约100人出席论坛。

12月20日下午，由民盟中央经济委员会、民盟北京市委员会主办的“第三届民生论坛（2012）：构建民生优先的社会公平保障体系”在北京举行。副主席、民盟北京市委主委葛剑平出席论坛，并代表民盟中央和主席张宝文对第三届民生论坛的举行表示热烈祝贺。他在致词中指出：这次论坛以“构建民生优先的社会公平保障体系”为主题，是民盟学习、贯彻“十八大”精神的具体体现。民盟成立七十多年来，素有“奔走国是，关注民生”的优良传统。近几年来，民盟中央更是将民生领域作为参政议政的重点领域，先后围绕收入分配改革、社会保障制度建设、基本公共服务体系构建、全面深化医改等重大民生问题组织了系列化的深入调研，形成了一系列有影响力的调研成果，受到了党中央、国务院领导及有关部委的高度重视，为国家推进上述领域的改革与制度建设做出了相应的贡献。论坛开幕式与主题报告会由民盟中央常委、经济委员会主任郑功成主持。民盟中央经济委员会副主任、北京大学光华管理学院院长蔡洪滨教授等知名专家学者从宏观与专题视角出发，作了主题报告。来自国家有关部委领导、民盟系统及首都高校专家学者和代表约 100 人出席论坛。

（五）集思广益，群策群力，信息工作保持领先

反映社情民意信息，是民主党派履行职能的重要途径。民盟中央一向重视这项工作，并长期在全国政协的有关评比中保持领先。2012 年，民盟中央共收到各省级组织，各专门委员会报送的信息 4577 件，报送全国政协 719 件，其中全国政协采用 67 篇，中央领导批示 3 篇，在 2012—2013 年度全国政协反映社情民意信息工作评比中列民主党派、工商联组首位。同时，民盟中央还积极组织专职干部赴北京、福建、上海、河南、河北、重庆、山东等地，参加地方的参政议政工作会议，就反映社情民意信息工作进行交流、培训。

（六）积极开展对港澳台和海外联络工作

5 月 19 日至 24 日，第一副主席、中国花卉协会名誉会长张梅颖代表中国政府出席在荷兰芬洛举行的世界园艺博览会中国馆日活动。21 日上午，张梅颖宣布中国馆日活动开幕。在开幕活动前，张梅颖会见了 2012 荷兰世园会组委会主席嘉伯，她阐明了中国园、花卉文化与中华民族传统文化的关系。在会见欧洲前议会主席、荷兰参议院前议长范德林登时，张梅颖对中荷建交 40 周年来的双边关系给予高度评价。荷兰世园会官员，世园会各参展国代表，以及国内外花卉企业代表 1000 多人参加了中国馆日活动。

7 月 22 日至 26 日，第八届海峡两岸暨港澳地区大学校长联谊活动在江苏举行。主席蒋树声，副主席李重庵、索丽生、陈晓光以及来自香港、澳门、台湾地区和大陆的 29 所大学 41 位校长、前任校长参加活动。22 日，“海峡两岸暨港澳地区大学校长论坛”在南京大学隆重举行，主题为两岸四地大学如何共同弘扬中华文化和推进教育合作。主席蒋树声在论坛上发言说，文化是一个民族的灵魂，如果一个民族没有文化就谈不上崛起。我们两岸四地同根、同族、同文化，大家如果能在弘扬中华文化上做一些有战略意义的、有前瞻性地为中华民族崛起的事情，一定能够创造我们中华民族美好的未来。论坛共分为三个环节，南京大学校长陈骏、北京大学校长周其凤、香港大学校长徐立之分别主持。论坛上，大家一致认为，近年来海峡两岸以及港澳地区之间教育、经贸、文化等的交流合作更加频繁，高等教育合作发展前景广阔；大家希望，联谊活动能够继续举办下去，为进一步加强学生和教师队伍的交流互访、共同开发教育领域的务实合作，为弘扬和传播优秀中华传统文化做出更多贡献。在充分讨论的基础上，与会大学校长签署了《关于合作推动中华文化传承与发展的备忘录》。在后续活动中，与会代表还拜谒了中山陵，参观了南京大屠杀遇难同胞纪念馆，考察了太湖治理情况，参观了苏州文化艺术中心等。

12 月 13 日，第一副主席张梅颖应邀率团对巴西、秘鲁、委内瑞拉进行友好访问。17 日下午，张梅颖在巴西利亚会见了巴西众议院巴中议员友好小组主席奥斯马尔·茹尼奥尔和众议院教育和文化委员会委员伊萨尔西。张梅颖首先回顾了中巴两国关系发展历程，并介绍了中国政协的性质、职能、构成及在我国政治生活中的地位和作用。她说，加强对外交往，增进中国人民与世界各国人民的了解和友谊，是中国全国政协的一项重要任务。中国全国政协与巴西众议院都秉持“广集民意、广开言路”的理念，在国家政策的制定和实施过程中发挥着重要作用。希望双方加强相互学习和借鉴，共同推动中巴战略伙伴关系深入发展。当日，张梅颖一行参观了巴西国家图书馆，并向该馆赠送了介绍中国历史文化的图书。21 日上午，张梅颖会见了秘鲁国会副主席何塞·鲁纳·加尔维斯。当日，张梅颖一行出席了在里卡多·帕尔玛大学文化中心举行的“中华文化”讲座。原副主席吴正德等陪同出访。

三、社会服务

一年来，民盟社会服务工作在探索中有了新的发展，努力在做实事当中出主意，在做好事当中想办法，进一步树立了民盟良好的社会形象，产生了广泛的社会影响。

（一）响应打造“同心品牌”号召，全力助推扶贫联系点经济社会发展

1. 情系乌蒙，积极参与毕节试验区建设

民盟中央领导高度重视参与毕节试验区建设工作，主席蒋树声亲自为毕节“同心阁”题词，4 月副主席陈晓光亲赴毕节考察调研，出席在毕节市黔西县举办的第七届贵州旅游产业发展大会，为毕节旅游产业发展出谋划策，并代表民盟中央接受了时任中共贵州省委书记栗战书同志赠送的“同心合力促跨越”纪念牌匾。

1 月 16 日下午，副主席李重庵会见了来访的毕节市人大常委会主任安金黎、副市长刘加文一行。副主席李重庵首先对安金黎主任一行的来访表示欢迎，对毕节市近年来经济社会高速发展取得的成绩给予高度肯定。对于毕节市委、市政府提出建设“文化乐园，生态田园，特色庄园，致富家园，旅游庭园”五园特色乡镇这一农村乡镇建设规划思路，李重庵表示：生态立市、旅游兴市立足长远发展，五园特色乡镇规划思路符合科学发展观理念，使青山绿水得以保留、保护，避免了城镇化过程中的诸多城市病，避免了水泥森林的盲目出现，是值得推广和借鉴的。在帮助毕节市招商引资方面，民盟中央将总结过去的帮扶经验予以继续推动，人才培训方面，希望毕节市就职业技能培训等人才培训方面提出具体需求，民盟将结合自身资源优势，为毕节市在职业技术培训等方面继续提供帮扶支持。

4 月份，“同心·健康心动”毕节行二期活动在贵阳顺利启动，该活动将按照既定工作计划，继续为毕节的贫困心脏病患者提供免费医疗救助。2012 年度 5 例手术的患者筛查以及手术都已顺利完成。民盟中央与民盟四川省委、成都市委联合开展“同心·康宁项目”，协调四川大学华西医院与毕节市人民政府签署协议，全方位对口帮扶毕节卫生事业发展，帮助毕节培训医务人员，建设华西医院远程教学系统。此外，民盟中央协调倍肯集团捐资援建的 20 个乡镇卫生院整体化验室及中心服务站、北京市康益德医院与七星关区朱昌镇中心卫生院共建工作也已顺利完成。

2012年，民盟中央积极发挥自身优势，依托“烛光行动”这一“同心品牌”载体，帮助毕节当地学校提高软硬件建设水平，帮助引入北京汇文中学、北京四中网校等优质教育资源，并组织盟内优秀教师，在当地开展多学科专业培训，有效实现了优质教育资源的社会共享，促进城乡均衡发展；民盟中央协调中关村教育基金会出资50万元，继续做好毕节地区贫困大学生资助及当地中小学教师培训工作。

2. 沙里淘金，促进河北广宗县域经济发展

河北省广宗县是国务院扶贫开发领导小组确定的民盟中央的定点扶贫县。针对广宗县农业基础设施薄弱和产业化水平不高的情况，2012年，民盟中央加大对广宗的农业产业帮扶力度，积极争取国务院有关部委支持，帮助广宗县协调落实了国务院扶贫办福利彩票基金革命老区重点县项目和水利部的小型农田水利建设示范县项目，共计落实资金9900万元。此外，民盟中央还帮助广宗协调农业部食用菌种植基地和科技部农畜废弃物资源化利用项目，项目申报进展顺利，预计项目资金支持可达4000万元以上。

1月8日至9日，副主席李重庵冒着岁末隆冬的严寒赶赴广宗县，实地调研五里庄村大棚蔬菜产业和农村学校建设，并走访慰问困难群众。李重庵首先走访慰问了五里庄村的多户困难群众，送去了慰问金及和粮、油、被褥等生活用品，又前往五里庄小学慰问了教师及三好学生代表。李重庵向孩子们转达了主席蒋树声的关怀，在得知五里庄小学的师资力量进一步加强，孩子们在新的一年里学习又取得了新的进步，李重庵欣然为五里庄小学题字“崇真向善、抱朴归真”，鼓励师生们继续努力，争取新的提高。在随后举行的捐赠仪式上，李重庵代表民盟中央向广宗捐献了10万元帮扶资金，贫困户春节慰问金3万元，由民盟盟员冯艺东先生捐资的奖教奖学基金一期5万元也同期送至广宗县教育局。李重庵一行又实地察看了蔬菜大棚，对在冬季利用大棚种植黄瓜、西红柿等蔬菜取得较好经济收益给予了充分肯定。李重庵仔细查看了大棚支撑材料，并就改进制作工艺、增强支架强度提出了具体建议。

为进一步提升广宗农业产业现代化水平，民盟中央帮助广宗积极引进外部智力资源和农业龙头企业，先后协调中国农业大学盟员专家和上海、山东等地盟员企业家赴广宗考察调研，与广宗县合作建设农业科技示范园。该示范园占地300余亩，已完成土地流转、水电管线布设工作。待建成后，示范园将通过良种引进、科技示范的方式带动广宗食用菌种植、设施蔬菜产业发展，从而有效推动广宗农业产业升级，带动农民致富。

3. 整合资源，推动彭水经济社会事业全面进步

民盟中央在重庆彭水的帮扶工作得到了民盟中央领导的高度重视，常务副主席张宝文，副主席李重庵、温思美会同有关专家先后赴彭水实地考察调研，详细了解彭水的基本县情和教育、医疗、民生等工作情况，为彭水县经济发展和社会事业建设提出意见建议，围绕教育、人才培养、农技推广和医疗卫生等重点领域开展工作，推动彭水经济社会事业的全面进步。

民盟作为以科技文教界中高级知识分子为主要界别特色的民主党派，关注教育一直是民盟的传统。与彭水县结对帮扶后，民盟中央依托“烛光行动”，积极动员盟内外力量，在彭水开展了大量支教助学活动。2月，在了解到彭水县许多贫困女大学生因家庭困难面临失学后，主席蒋树声亲自协调广州嘉博文生物科技有限公司总经理陈宝财先生出资80

万元资助200名彭水县贫困家庭女生完成大学学业，一次性给每位贫困女大学生发放助学款4000元人民币；民盟中央协调北京佳莲万达投资有限公司出资50万元完善彭水县清平小学教学设施，为清平小学建设学生宿舍楼及食堂配套设施。4月，民盟中央协调群言出版社和学苑出版社向彭水一中捐赠了价值47万元的图书及价值17.5万元的《几何王》教学软件，协调戴尔公司向该校捐赠电脑56台，并向彭水县图书馆捐赠了价值30万港币的港版图书。民盟“烛光行动”在积极帮助彭水改善基层学校办学条件的同时，更加注重帮助教师的专业发展，提高当地教师队伍建设水平，以提高农村教育水平和教学质量，促进城乡教育均衡发展。民盟中央先后为彭水引入北京四中网校和北京汇文中学等名校资源，北京四中网校将彭水一中作为北京四中远程教育合作学校，并捐赠了价值20多万元的网上学习全套资料；北京汇文中学与彭水一中结成合作共建关系，两校教师定期互访学习，实现了优质教育资源的共享，有效提升了彭水一中教育教学质量和彭水教育事业发展水平。

在彭水的帮扶工作中，民盟中央将医疗扶贫活动作为一项重要工作内容。民盟中央社会服务部负责同志在彭水考察期间了解到县结防所条件简陋，诊室分散于数处租用的民房中，患者完成一次诊疗需要反复奔波数次，于是向重庆市政府副市长、民盟重庆市委主委吴刚反映了这一情况，吴刚副市长当即表示关注，并将积极协调相关项目资金，帮助彭水县结防所改善诊疗条件。该所已暂时迁入县传染病医院开展业务，以待新所建成。10月，民盟中央协调北京市康益德医院为彭水县卫生系统捐赠了价值50万元的常用药品，由民盟中央发起，康益德医院承办的“同心·健康呼吸万里行”活动也将择期在重庆开展，为符合条件的贫困呼吸病患者提供免费医疗救助。

4. 突出重点，继续深化扩大“盟遂合作”

为进一步深化“盟遂合作”，民盟遂宁市委与安居区委签署了为期十年的“盟安合作”协议，安居区将成为今后“盟遂合作”的重点区域。主席蒋树声同志亲自致信国土资源部徐绍史部长，帮助安居区协调解决了2200亩工业及教育建设用地指标，为安居区新能源汽车产业发展和劳动力资源结构优化奠定了坚实基础。

（二）深入开展“烛光行动”努力打造精品工程

1. 援建农村学校，改善办学条件

2012年，民盟中央协调北京佳莲万达投资有限公司出资100万元完善彭水县清平小学和广西田东县林逢小学的教学及配套设施。

5月29日，民盟中央社会服务部、群言出版社和北京康益德中西医结合肺科医院负责人，前往秦皇岛光明爱心孤儿院慰问孤儿院全体师生。此行专门为孤儿院的学生们送去了新近创作、推出的儿童读物《童话乐园》。这本书是致力于孤残儿童教育的国内首部童话手绘本。此书的编撰、出版得到了主席蒋树声的亲切关怀和支持。群言出版社还特别邀请了中央电视台著名主持人陈小雨女士朗诵、录制了此书配套光盘的全部内容。首印的10000套《童话乐园》绘本和光盘，将作为儿童节的爱心礼物，全部赠送给贫困地区和孤儿院的孩子们。此次群言出版社还为学生们带来另外两百本启智类的图书，并表示以后将继续加大对孤儿院的捐助力度。

9 月 19 日，四川省德阳市旌旗阳区天元小学彩旗飘扬，一片热烈隆重的景象，全校师生身着节日盛装，庆祝新学校的迁址典礼。从新学期开始，全体师生搬进了由新东方教育科技集团援建的新学校，学校正式更名为新东方德阳天元烛光小学。民盟中央常委、新东方教育科技集团董事长兼首席执行官俞敏洪出席乔迁仪式，并致辞。在 2008 年的汶川特大地震中，四川省德阳市旌阳区天元小学遭受重大损失，造成中心校 1 号教学楼倒塌、2 号教学楼和两所村小的教学平房受到中等损毁，受损面积达 6753 平方米，直接经济损失 1065 万元。“5.12”汶川大地震后，全体师生均在板房中工作和学习，严重影响了师生的工作、学习以及生活。为帮助解决天元小学受灾学生无学可上的难题，2009 年，新东方教育科技集团、民盟四川省委、德阳市教育局三方签订援建协议，由新东方教育科技集团无偿捐助人民币 1000 万元参与重建。

2. 扩大合作领域惠及更多师生

“烛光行动”得到了各地教育、统战部门和有关方面的大力支持和热情参与。中共广西区委统战部结合开展的“同心 • 经济统战、文化统战、和谐统战”品牌建设活动，号召统一战线成员共同参与，打造“同心 • 农村教育烛光行动”品牌，并提出了具体实施方案。2 月 28 日，由中共广西区委统战部主办的广西统一战线“同心 • 农村教育烛光行动”品牌建设启动仪式在南宁市那楼中学隆重举行。秘书长高拴平，民盟广西区委主委刘慕仁等领导出席启动仪式。秘书长高拴平代表民盟中央对启动仪式表示热烈祝贺，他在讲话中指出，广西统一战线“同心 • 烛光行动”品牌建设，是民盟中央、民盟广西区委与中共广西区委统战部经过半年多来的协商沟通、探讨研究，共同推出的一项重大举措，既是多党合作事业的一个创举,也是广西统一战线工作的创举。“同心 • 农村教育烛光行动”采取“条块结合”的方式，在全国也属首创，充分展现了广西统一战线解放思想、与时俱进、“创新争先”的精神。各民主党派区委、区工商联、自治区党委统战部及各地市委统战部等单位领导，各民主党派南宁市委、邕宁区有关单位负责人及那楼中学师生近 400 多人参加活动。

民盟中央“烛光行动”专家顾问组与北京师范大学教师教育研究中心合作，在全国部分省市开展专题调研基础上，围绕农村教师队伍专业发展的需求与支持条件等问题进行调查研究，提出了对策和政策建议，并在 2012 年全国政协会议期间提交了两份提案。

民盟中央与民盟中央常委俞敏洪担任总裁的北京新东方教育科技集团，继续合作开展“烛光行动——新东方教师社会责任行”活动，2012 年暑期，在河北、安徽、福建、重庆、辽宁、内蒙、河南、贵州、甘肃等九省市培训农村中小学英语教师 2400 余人次。

美国科技教育协会（ESS）由在美华裔学人成立，致力于协助改善中国农村教育，主要从提供图书、改进教学、提供助学金等三个领域资助国内教育。由于在关注中国农村教育、促进义务教育均衡发展等方面的共识，它成为民盟中央农村教育“烛光行动”的合作伙伴。

7 月 23—26 日，民盟中央联合美国科技教育协会（ESS）在贵阳成功举办“第四十八届海内外基础教育研讨会”，邀请了原民盟贵州省委主委顾久在研讨会上作《阅读经典对学生智育与教师师德的影响》的首场讲座，还资助重庆、贵州等省市的 68 名校长和骨干教师参加研讨会。本届大会旨在配合国内教育改革，加强海内外基础教育交流，协助提升基础教育质量，促进基础教育的改革与发展。研讨会期间，海内外知名教育专家和一线教师、校长，以短期密集的培训方式，与参会人员分享了先进教育理念和教学经验，开阔了视野，拓宽了思路，更新了观念，促进了教师的专业成长。此次基础教育研讨会在校长培训、语文教育、科学（数学）教育、学前教育、音乐教育等方面进行了专题研讨。来自全国 20 多个省市的近 800 名中小学校长和骨干教师应邀参加会议。

8 月 6 日至 10 日，民盟中央、ESS、民盟山东省委合作在山东聊城市水城中学开展“乡村少年科学营”。副主席李重庵出席开营仪式并亲自讲授夏令营首课。李重庵在讲话中指出，乡村少年科学营活动是民盟“农村教育烛光行动”的一部分，“烛光行动”的目的在于推动中国城乡义务教育的均衡发展和城乡教育公平。长期以来，我国的基础教育尤其是农村基础教育中的科学教育一直比较薄弱，这也正是举办而且要办好乡村少年科学营活动的原因。希望通过科学营的讲课和实践活动，激发农村学生对科学的兴趣，训练他们的学习实践和创新能力。随后李重庵还旁听了夏令营其他实验课程。科学营 75 名营员全部为来自聊城农村的初中在校生，指导教师为山东师范大学 10 名大学生志愿者。活动共为期 5 天，内容丰富、形式多样，密切联系生活实际，对加强和改善乡村学校科学教育起到一定示范作用。

民盟“农村教育烛光行动”与北京四中网校 2011 年确立战略合作关系，签署远程教育烛光行动合作协议以来，双方合作范围不断扩大。2012 年，北京四中网校先后在河北平山、贵州毕节、凯里、重庆彭水和四川邛崃捐赠价值 450 万元的远程教学资源。

12 月 10 日，副主席李重庵出席北京四中网校远程教育合作学校捐赠仪式，邀请出席大会的相关代表参加捐赠仪式，座谈合作事宜。民盟中央常委、北京四中校长刘长铭，民盟湖北省委、民盟武汉市委、民盟黑龙江省委相关负责人参加座谈。民盟盟员、北京四中网校校长黄向伟简要介绍了北京四中网校开展远程教育烛光行动的有关情况。刘长铭校长介绍了北京四中的办学理念。民盟湖北省委和黑龙江省委有关负责同志代表受援学校感谢民盟中央和北京四中网校为促进当地基础教育发展付出的不懈努力，并表示将按照北京四中网校的硬件标准，选择好合作学校，做好后续的对接和协调工作。李重庵感谢北京四中和网校对民盟“农村教育烛光行动”的大力支持，他希望两省的民盟组织认真探索研究，把三所学校打造成为远程教育烛光行动的典型。希望“烛光行动”与北京四中网校探索建立长效合作机制，进而带动民盟社会服务工作的创新与发展。

2012 年，由上海盟员徐方瞿教授发明的《烛光行动·几何王》智能型教育软件捐赠活动在贵州、重庆、湖北等省市继续开展，共捐赠价值 60 万元的软件 900 套。

3. 烛光行动已经成为民盟社会服务工作的优质品牌

据不完全统计，截至 2012 年 12 月，“烛光行动”已在全国 30 个省、自治区、直辖市盟组织中全面开展，共培训乡镇、农村中小学校长及一线骨干教师 13 万余人次，援建学校 110 余所，捐赠图书 45 万册，协调资金 8400 余万元，建立了一支近万人的志愿者队伍。

“烛光行动”已经成为民盟社会服务工作的优质品牌，并得到中共中央习近平总书记的高度评价。12 月 24 日，中共中央政治局常委、中共中央总书记习近平走访民盟中央机关时，与民盟中央社会服务部工作人员进行了交流互动，他认为，“烛光行动”意义深远，对推动“两基”工作作出了重要贡献，树立了民盟良好的社会形象。

2012年9月，负责“烛光行动”的联系、协调、调研、推广等具体业务的民盟中央社会服务部教育处荣获国务院授予的全国“两基”工作先进单位荣誉称号。2012年底，“烛光行动”成功入选国务院扶贫办评选的100个社会扶贫创新案例。

（三）继续开展“明眸工程”，造福贫困眼疾患者

“同心·明眸工程”是由民盟中央牵头协调，在温州各爱心机构和爱心人士的支持下，由温州医学院附属眼视光医院具体实施的，旨在帮助中西部贫困地区眼病患者重见光明，提高中西部贫困地区医疗机构眼视光诊疗水平的医疗扶贫活动。

4月6日，2012“明眸工程”工作交流会在温州医学院附属眼视光医院举行，副主席李重庵出席会议并讲话。来自浙江、贵州、云南、四川等地民盟组织负责人以及“明眸工程”各实施定点合作单位代表参加会议，交流和研究明眸工程的核心理念、运行模式和合作机制。民盟中央委员、温州医学院附属眼视光医院执行院长王勤美作了明眸工程的项目小结。李重庵高度评价了“明眸工程”实施三年来取得的成绩，高度赞赏“爱心温州·善行天下·明眸工程”的先进理念和创新实践，认为它是对温州精神和温州模式的拓展和提升，会对新阶段我国的社会管理创新和社会建设作出新的贡献。李重庵认为，明眸工程的内容和模式具有三方面深层意义：明眸工程不仅还患者以健康，更使他们全面提升生活质量，从而促进人的自由全面发展；明眸工程的各个实施主体基本都属于社会力量，社会力量的逐渐成熟与壮大，有助于形成政府、市场、社会三支力量共同支撑和管理国家和社会；明眸工程包含了一个非常重要的实践探索，即各社会组织、专业机构、企业、个人等社会力量，如何协调、有效、有序地共同参与社会管理和社会服务，从而形成社会管理新格局。

2012年，“同心·明眸工程”先后在宁夏、安徽、湖北、湖南等地启动，获赠价值115万元的500枚进口折叠式人工晶体，开展白内障、低视力康复等手术700余例。

据不完全统计，截至2012年底，“明眸工程”共募集捐款2100余万元，已资助贵州、云南、青海等十一省（区、市）的3100余名贫困眼疾患者复明，在青海玉树藏族自治州援建一所眼科医院，与中西部地区15家医院结成合作或帮扶关系，培养100多名眼科医务人员和业务骨干，帮助当地建立高水平的眼视光中心，协助开展扶贫白内障、角膜移植及低视力康复等防盲治盲工作。4月，“明眸工程”荣获第七届“中华慈善奖”最具影响力慈善项目，12月成功入选国务院扶贫办评选的100个社会扶贫创新案例。

（四）开展“同心·健康呼吸万里行”，为尘肺病患者送温暖

7月26日，民盟中央倡导发起“健康呼吸万里行”慈善公益活动。该活动由中国中西医结合学会、民盟北京市委等十个省级民盟组织协办，北京康益德中西医结合肺科医院承办。活动主要由义诊、捐赠、救助三方面内容组成。“健康呼吸万里行”作为一项医疗帮扶活动，它带给患者的不仅仅是健康，而且能够帮助他们提高生活质量和幸福指数。

“健康呼吸万里行”得到了民盟中央领导的高度关注和大力支持，主席蒋树声题词，常务副主席张宝文同志出席启动仪式并讲话。张宝文表示，“健康呼吸万里行”活动作为

一项医疗帮扶活动，秉承了中医“济世救人”的传统，同时富有“同心，人本，和谐”的新内涵。“健康呼吸万里行”活动是民盟中央积极开展“同心”行动，打造“同心”品牌的又一重要内容，是始终坚持与党同心的具体实践。它带给患者的不仅仅是健康，而且能够帮助他们在提高自身生活质量的同时，实现自我的全面自由发展。我们开展“健康呼吸万里行”活动，也是希望能够号召动员更多的社会力量关心帮助困难群众，共同促进社会和谐公平。启动仪式上，张宝文代表民盟中央向董瑞院长授予“健康呼吸万里行”肺纤维化爱心义诊活动标志旗和“健康呼吸万里行”肺纤维化公益救助平台牌匾。

2012 年，民盟中央联合有关民盟组织，先后在河北石家庄、内蒙古乌海市和山西晋城市展开活动，共救助患者 300 余人、捐赠药品 90 余万元。该活动还将在山东、重庆、河南、辽宁、吉林、黑龙江等地继续开展。

（五）积极开展帮教工作，促进社会和谐

1 月，民盟中央、民盟北京市委组织民盟中央艺术团部分成员到北京延庆监狱慰问干警，副主席、民盟中央艺术团团长李重庵向大家致以节日的问候和新春的祝福。10 月，民盟中央、民盟北京市委组织盟内艺术家盟员赴北京市监狱局清河分局开展了以“喜迎十八大”为主题的慰问干警文艺演出。

12 月 4 日，民盟中央、民盟北京市委等单位组织 15 名来自中日友好医院、北京安贞医院、北京中医药大学、北京民航总医院的医卫专家为北京市劳教局所属的 7 个劳教所的 120 余名干警们进行了义诊。副主席李重庵出席义诊活动，并慰问干警和医卫专家。在与北京市劳教局领导座谈时，李重庵提出，劳教系统的工作量非常大而且特别辛苦，在这条战线上工作的干警令人钦佩。民盟组织愿意为劳教系统的干警做一些慰问、义诊等力所能及的事情，同时也可以使盟员自身受到教育。他介绍了民盟中央帮教工作的开展情况，介绍了开展帮教工作的意义，并谈到司法体制改革中还存在一些需要完善的地方，民盟可以发挥作用，建言献策。他认为义诊不仅可以帮助干警预防疾病，建立合作关系，还可以帮助劳教系统的医院提高医务水平。

四、自身建设

一年来，全盟坚持以思想建设为核心，以组织建设为基础，全面加强自身建设，进一步增强了盟组织的凝聚力和影响力。

（一）思想建设、理论建设不断深入

2012 年是原中华人民共和国中央人民政府副主席、全国人大常委会副委员长、全国政协副主席、民盟中央主席、老一辈民主革命家张澜先生诞辰 140 周年。3 月底—5 月上旬，民盟中央部分领导分别出席了纪念张澜诞辰 140 周年系列活动。

3 月 30 日下午，民盟中央隆重举行纪念张澜先生诞辰 140 周年座谈会。主席蒋树声出席会议并发表了重要讲话，第一副主席张梅颖出席座谈会，中共中央统战部副部长黄跃金同志在会上讲话。会议由常务副主席张宝文主持。主席蒋树声代表民盟中央讲话。他说：张澜先生的一生，是光辉的一生，是艰辛前进、追求真理的一生。他的非凡业绩和杰出贡献，深深铭记在我们的心中；他的高尚品格和奋斗精神，永远值得我们学习和怀念。我们纪念张澜先生，要学习他胸怀祖国、情系人民的爱国主义精神，学习他衷心拥护和坚持中国共产党领导、矢志不渝走社会主义道路的坚定信念，学习他光明磊落、清正廉洁、宽厚待人的高尚品德。座谈会上，副主席吴正德，民盟中央常委、文化委员会主任梁晓声，民盟四川省委常委崔太平等同志分别从不同角度，深情缅怀了张澜先生的丰功伟绩和高尚风范。全国政协常委、政协理论研究会副会长李昌鉴，副主席李重庵、索丽生，秘书长高拴平，中共中央统战部一局局长吴晓礼等领导同志也出席了座谈会。

3月31日至4月1日，主席蒋树声在四川省南充市西充县，先后参加了《张澜画传》首发仪式、中国民主同盟林开林仪式、纪念张澜诞辰140周年座谈会等活动并参观张澜故居、考察中国民主同盟历史陈列馆。在座谈会上，主席蒋树声发言时说，张澜是伟大的爱国主义者，著名的民主主义革命家、教育家，我国德高望重的领导人之一，中国民主同盟的创建者和领导者。为了中国的独立、自由、民主、和平，为了把中国建设成为一个社会主义强国，坚定不移地同中国共产党合作，在中国历史的关键时刻，他敢于挺身而出，经受住了严峻的考验，顽强奋斗了一生。为了更好地学习和纪念张澜，进一步服务西充建设、造福当地百姓，民盟中央提出了“我为张澜故里植棵树”活动倡议，得到了全国各级盟组织和广大盟员的响应。在张澜故里——西充县莲池乡，蒋树声宣布“中国民主同盟林”开林，并带头植下一棵民主同盟之树。副主席吴正德、郑兰荪、徐辉、温思美，民盟重庆市委主委吴刚和北京、上海、浙江、福建等地民盟省、市委员会专职副主委以及盟员代表等参加系列纪念活动。民盟四川省委主委赵振铣主持开林仪式和座谈会。

4月1日上午，为深切缅怀民盟前辈的丰功伟绩和高尚风范，继承和发扬民盟前辈的优良传统，第一副主席张梅颖，常务副主席张宝文，副主席李重庵率民盟中央机关全体干部，赴八宝山革命公墓祭奠民盟先辈并敬献花篮。在民盟中央领导的带领下，大家首先来到张澜先生墓前，敬献了花篮，向张澜先生的墓碑三鞠躬，表达对他的纪念和缅怀。副主席李重庵发表了讲话。他说，我们满怀敬意伫立张澜先生墓前，重温先生走过的道路，追忆他恪守操节、修身养德的一生，感受他崇高政治品格和完美人格道德的魅力，再次回顾他在献身于中国多党合作事业中所发挥的重要作用及影响，这对于加强民盟的自身建设和提高我们每个人的道德修养，都具有重要的现实意义。随后，大家又到革命公墓骨灰堂，分别向黄炎培、沈钧儒、杨明轩、史良、胡愈之等民盟先辈遗像敬献花篮并三鞠躬，寄托民盟后辈的怀念和崇敬之情。民盟中央机关共百余人参加了此次活动。

5月9日上午，第一副主席张梅颖、副主席吴正德、陈晓光出席在四川西充张澜故居举行的“中国民主同盟历史陈列馆”开馆仪式。张梅颖、吴正德、陈晓光与当地领导共同为“中国民主同盟历史陈列馆”揭幕，并参观了陈列馆。随后，张梅颖、吴正德、陈晓光一行来到张澜故居，向张澜铜像敬献花篮，并参观了故居。随后，各位领导同志还参加了民盟林植树活动。当天下午，来到广安中学，参加了“邓小平、张澜铜像”揭幕仪式。铜像由盟员、雕塑家吴为山精心设计制作。民盟四川省委主委赵振铣、民盟青海省委主委鲍义志等参加相关活动。

5月11日，第一副主席张梅颖出席由民盟四川省委、四川大学联合主办的“纪念张澜诞辰140周年暨张澜教育思想研讨会”。她在讲话中说，举行张澜先生教育思想研讨会，是对这位革命老人、民主战士、杰出的人民教育家最好的追思与怀念。张澜先生教育思想的内涵首先是体现在他包容、开放、民主的办学方针上。张澜先生的教育实践，强调学用结合，培养学生运用知识解决实际问题的能力，以适应国计民生之需。同时，他倡导思想自由和学术研究自由，鼓励各种学派百家争鸣。其次，体现在他强调教育改造社会的责任。他重视教育对人性的培养，认为人格教育是教育永恒的主题。对学生进行正确的世界观教育，是张澜教育思想的核心。研讨会后，与会人员共同参观了《辛亥川大》展览。副主席吴正德，民盟四川省委主委赵振铣，张澜先生家乡的代表，四川大学师生代表近百人参加研讨会。

2月6日，民盟中央举办纪念叶笃义诞辰100周年座谈会。主席蒋树声、第一副主席张梅颖、常务副主席张宝文、副主席李重庵与叶笃义同志家属及生前友好、机关同志共100余人出席会议，共同缅怀叶老追求真理和进步的一生。张梅颖代表民盟中央讲话，李重庵主持会议。张梅颖在讲话中说，叶老的一生，是旧中国知识分子在黑暗中探寻光明的人生道路的缩影。他忠于祖国，忠于人民，历经坎坷却矢志不渝。她指出，叶老把自己的一生毫无保留地交给了祖国，交给了民盟。从以叶老为代表的老一辈知识分子走过的崎岖路、蹚过的激流河，爬过的艰险坡中，我们能对中国这一段波澜曲折的历史，对中国一代知识分子的风骨与坚守，对民盟与中国共产党风雨同舟、患难与共的传统，获得更为深刻的理解，也能激励年轻盟员，把老一辈爱国、民主等优良传统，把他们百折不挠的品格、理想和信念传承下去，这才是对叶老最好的纪念。

4月28日，实践“同心”思想，深化政治交接——各民主党派学习践行社会主义核心价值体系活动经验交流会在北京举行。主席蒋树声代表民盟中央讲话。他介绍了民盟在学习践行社会主义核心价值体系活动中，围绕四个结合开展的工作和取得的成果：结合中国特色社会主义主题学习教育活动；结合履行参政党职能、加强自身队伍建设；结合缅怀学习民盟老一辈光辉典范、继承发扬民盟光荣传统；结合总结学习广大盟员中先进代表人物、先进盟员事迹。并且提出，民盟要把今年的换届作为“同心思想”的贯彻过程，作为社会主义核心价值体系的践行过程；要以与时俱进的品格和海纳百川的气度推进学习践行活动；要在推进文化体制改革、提升我国“文化软实力”、建设社会主义文化强国等课题上建言；要把实现人民利益作为参政党一切工作的出发点，把民生问题作为参政议政和服务社会的重点课题之一，不断推进多党合作事业的兴旺发展。

7月3日，主席蒋树声、常务副主席张宝文出席中共中央统战部“同心”论坛，主席蒋树声代表民盟中央发言。他说，多党合作波澜壮阔的历史和实践充分证明，思想上同心同德、目标上同心同向、行动上同心同行，是中国共产党领导的多党合作和政治协商制度最鲜明的特质，是我们不断夺取革命、建设、改革事业胜利的有力保证。“同心思想”的贯彻过程，同时也是民盟优良传统的传承过程，是社会主义核心价值体系的践行过程，是参政党职能的履行过程。当前，中共十八大和民盟十一大即将召开，民盟将结合学习践行社会主义核心价值体系，继承和发扬优良传统，积极稳妥地做好政治交接工作；继续围绕保障和改善民生这一国之根基、民之福祉，抓住加快经济结构战略性调整、深化文化体制改革等重大问题，深入调研，建言献策；同时结合民盟特色优势，积极开展“同心”实践，打造“同心”品牌，以工作成果来凝聚共识，展示多党合作制度的巨大优越性。

9月14日，主席蒋树声出席民盟广西区委召开的纪念民盟广西地方组织成立70周年大会。民盟广西区委主委刘慕仁、原主委梁超然出席大会。蒋树声代表民盟中央致辞。他说，民盟在广西有着深厚的根基，广西民盟组织是民盟最早的地方组织之一，在各个历史时期都发挥了重要作用。他希望广西各级盟组织和广大盟员，以此次纪念活动为契机，进一步深入学习贯彻“同心”思想，继承和发扬民盟优良传统，不断增进多党合作的政治共识，不断提升自身建设的科学化水平，为实现富民强桂新跨越，为实现全面建设小康社会宏伟目标做出新的更大的贡献。出席会议的还有自治区党委统战部、各兄弟党派负责人，民盟广西区委领导班子成员、区委委员和各市委、区直属基层组织负责人及盟员代表。会上还表彰了40个先进集体和200名先进个人。会后，主席蒋树声参观了民盟广西区委机关，并与各市县级组织负责人和机关干部进行座谈。

9月15日，副主席郑惠强出席“风雨三十载，同心铸辉煌”民盟新疆区成立30周年表彰大会暨专场交响音乐会。副主席郑惠强在讲话中希望新疆各级盟组织及广大盟员以庆祝民盟新疆区委会成立30周年为契机，把继承和发扬民盟光荣传统作为加强自身建设、切实提高履职能力的重要内涵，牢牢把握科学发展这一主题，始终围绕改善和保障民生这一出发点和落脚点，积极发挥民主党派凝聚改革共识与力量的独特作用，推动新疆科学跨越、后发超越，为新疆的经济社会发展贡献力量。大会对30年来为新疆民盟工作作出突出贡献的集体和个人进行了表彰。秘书长高拴平，原主委朱振中，民盟新疆区委会主委陈旗等出席表彰大会并同广大盟员一起欣赏了音乐会。

9月23日，常务副主席张宝文出席民盟（上海）传统教育基地上海院士风采馆挂牌仪式。上海院士风采馆是全国首家以集中展示两院院士风采为主题的专门展馆，记录了220位上海院士生平事迹，其中苏步青、钱伟长、谈家桢、李国豪、谷超豪等14位院士是民盟盟员。挂牌仪式结束后，常务副主席张宝文与杨浦区盟员座谈。副主席、民盟上海市委主委郑惠强，《群言》杂志副主编曲伟等出席座谈。常务副主席张宝文在讲话中谈到，上海民盟组织近年来工作成效突出，活力很强。希望大家充分发挥人才优势，切实发挥专委会作用，发挥各级人大代表、政协委员的作用，牢记为民立言，唯真唯实，参政参到点子上，议政议到关键处，把上海民盟建成一个理论上清醒、政治上坚定、组织上巩固、制度上健全的高素质参政党地方组织。

9月23日，常务副主席张宝文，副主席、民盟上海市委主委郑惠强出席纪念民盟卓越领导人、著名数学家、中科院院士、中国近代数学的主要奠基者之一苏步青先生诞辰110周年系列活动。张宝文、郑惠强等为苏步青先生铜像揭幕，民盟中央、民盟上海市委及复旦大学领导，苏老家属代表、生前好友和学生等也出席铜像揭幕仪式。常务副主席张宝文在纪念苏步青诞辰110周年座谈会上讲话指出，苏步老不仅是蜚声海内外的著名数学家和具有崇高师德的教育家，在我国的科学、教育事业方面贡献突出，成就卓著，而且是一位杰出的民主党派老一辈领导人。我们要学习苏步老高尚的爱国情操，学习他对中国共产党、对社会主义事业坚定的理想信念，学习他务求真知、笃行不倦的治学精神，更好地继承和发扬民盟与中国共产党同心同德、同向同行的光荣传统，并作为代代相传的精神支柱和宝贵财富，以此激发我们更好地爱国奉献、建功立业，为实现民族复兴谱写更加辉煌的新篇章。

9月22日至23日，副主席李重庵到浙江上虞考察已故代主席胡愈之故居的布展情况，并与当地盟员进行交流。胡愈之故居坐落在上虞市丰惠镇，是一幢有着300年历史的古老建筑，白墙黑瓦，青砖墁地，古朴、沧桑，已被列为省文物保护单位。李重庵一行参观了经过整修的第一进院落，认真听取了当地文管部门对布展方案的介绍，并仔细参观了故居中现有的展览内容。李重庵指出，胡愈之是民盟德高望重的领导人，解放后长期在民盟中央工作，为民盟在社会主义建设时期和改革开放以来的发展作出了重要贡献。做好胡愈之故居的布展工作，既可以为广大盟员开辟一个传统教育基地，让广大盟员了解民盟前辈的光辉业绩和道德风采，又可以让社会各界了解民盟，宣传中国共产党领导的多党合作和政治协商制度。这对于在全盟进行政治交接学习教育，坚定全盟走中国特色社会主义政治发展道路的信心和决心，有着非常重要的意义。民盟浙江省委会、中共上虞市委及统战部门领导陪同考察。

10月9日，由全国政协办公厅、中共中央统战部、民盟中央主办的“纪念钱伟长同志诞辰100周年座谈会”在北京举行。中共中央政治局常委、全国政协主席贾庆林出席会议并讲话。中共中央政治局委员、全国政协副主席王刚，中共中央政治局委员、国务委员刘延东，第一副主席张梅颖，常务副主席张宝文等出席座谈会。全国政协副主席杜青林主持座谈会。中共中央统战部副部长林智敏、副主席李重庵等在会上发言。李重庵在发言中说，钱老是民盟的卓越领导人，著名的科学家、教育家，杰出的社会活动家。他一生以国家富强和人民幸福为己任，把毕生精力都献给了祖国和人民，献给了民主科学事业。今天我们纪念、学习钱老，对于继承发扬民盟的优良传统，学习践行社会主义核心价值体系，始终不渝地走中国特色政治发展道路，具有重要意义。钱老的一生是报国为民、无私奉献的一生；是始终坚持中国共产党领导，为社会主义事业奋斗的一生；是自强不息、献身科学与教育事业的一生；是为多党合作事业和民盟发展呕心沥血、不懈追求的一生。他的伟大精神和崇高风范，永远是激励广大盟员奋发有为、开拓进取的宝贵财富。让我们秉承钱老对国家忠诚，对人民热爱，对理想执著的精神，更好地履行民盟的参政党职能，把他献身的伟大事业继续推向前进。钱伟长同志亲属、生前友好和身边工作人员代表及在京民主党派人士代表等出席座谈会。

11月4日，副主席李重庵出席由民盟江苏省委会等单位联合举办的李公朴诞辰110周年系列纪念活动。上午，李重庵一行参观了李公朴故居，并为李公朴故居“民盟爱国主义教育基地”揭牌。下午，李重庵在李公朴诞辰110周年纪念大会上讲话。他指出，李公朴先生的一生是不断追求进步、顽强斗争的一生，是忠诚于中华民族和平民主进步事业的一生，是献身中国文化教育事业的一生。在他的身上集中体现了民盟以关注国家命运前途为己任，勇于承担历史责任的精神；集中体现了民盟老一辈领导人与中国共产党风雨同舟、亲密合作的优良传统；集中体现了民盟先辈们爱国忧民、无私献身的可贵精神，追求真理、与时俱进的高尚品格，光明磊落、克己奉公的道德情操。中共常州市委、市政府，武进区委、区政府相关部门的领导，中国李公朴研究会的领导，李公朴先生家属代表和家乡代表，民盟江苏省委、常州市委、武进区委及部分地市级组织盟员代表等参加了纪念活动。

11 月 25 日，副主席李重庵应邀出席民盟湖南省委举行的纪念我国著名冶金物理化学家、教育家、社会活动家陈新民先生诞辰 100 周年座谈会，并代表民盟中央讲话。副主席李重庵在讲话中指出，陈新民先生是卓越的科学家，我们要学习他以一生报国的志向担当，为民奉献的高尚品德；陈新民先生是著名的“有色之师”，我们要发扬他忠诚教育的进取精神，志在育人的远见卓识；陈新民先生是杰出的社会活动家，我们要传承他心怀天下的诤友胆识，奔走国是的赤子热忱。今天我们追思陈新民先生就是要更好地总结他的光辉业绩，大力弘扬他所代表的民盟老一辈的光荣传统，爱国敬业、追求真理、勇于创新，对国家忠诚、对人民热爱，对理想忠贞，更好地履行民盟的参政党职能，为全面建成小康社会、实现中华民族的伟大复兴而不懈努力。中共湖南省委常委、统战部部长李微微，民盟湖南省委主委杨维刚，原主委谢佑卿等出席座谈会。部分在长沙的民盟湖南省委副主委、常委，机关部门负责人，陈新民同志亲属、生前友好和身边工作人员代表等出席座谈会。

11 月 27 日，第一副主席张梅颖、副主席吴正德出席中国民主同盟成都史实陈列馆开馆仪式。民盟四川省委主委赵振铣等出席开馆仪式张梅颖为张澜铜像揭幕，并宣布“中国民主同盟成都史实陈列馆”开馆。吴正德宣读《中国民主同盟成都史实馆馆记》。成都是中国民主同盟的发祥地之一，是张澜先生早年从事民主革命活动的地方，成都民盟也是在张澜先生影响和指导下较早成立的民盟地方组织之一。成都民盟成立六十七年来，与中共合作共事，为成都的解放和社会主义革命和建设作出了应有的贡献，也留下了许多珍贵的历史文物和文献。陈列馆的建立是成都民盟再次学习中国民主同盟光荣历史的过程，是坚定走中国特色社会主义政治发展道路的过程，是深刻领悟张澜先生崇高思想和博大胸怀的过程，是坚定理想信念勇于担当政治责任和社会责任的过程，对弘扬民盟优良传统，深入开展学习和践行社会主义核心价值体系活动，更好地践行“同心”思想，具有十分重要的意义。民盟成都市委委员，基层主要负责人，部分盟员书画家、部分盟员企业家及盟员代表参加活动。

（二）组织建设、机关建设稳步推进

省级组织换届是今年全盟工作的重点。从 4 月初到 7 月下旬，全盟 30 个省级组织圆满完成了换届工作。民盟中央各位领导分别出席各省级组织代表大会。这次省级组织换届，既是对民盟多年来深入开展政治交接活动、实施“人才强盟”战略成效的重要检验，也是新形势下民盟省级组织参政党精神风貌的集中展现。与前几次换届相比，这次换届呈现出一些新的特点：一是省级主委调整幅度较小，但副主委特别是专职副主委调整幅度较大。二是省级组织领导班子和领导机构的职数得到较大幅度增长。三是任期制的首次落实给换届工作带来一定影响。四是换届后班子的整体结构进一步优化。在 239 名省级组织领导班子成员中，有博士学位的有 123 人，占 51.5%，硕士学位或研究生学历的有 58 人，占 24.2%, 分别比上届提高了 6.5% 和 1.3%。班子成员的平均年龄 52.3 岁，比上届增长 2.2 岁。班子成员中主界别的有 110 人，占 46.0%，政府司法机关的有 57 人，占

23.8%，专职干部有 36 人，占 15.1%，人大政协有 28 人，占 11.8%，新社会阶层有 7 人，占 2.9%，公有制经济有 1 人，占 0.4%，基本符合当前盟员队伍的整体结构和发展状况。7 月 31 日，常务副主席张宝文出席中共中央统战部“各民主党派省级组织换届工作总结座谈会”，并代表民盟中央发言。

在龙年新春佳节之际，民盟中央领导陆续慰问了在京离退休老领导、老盟员及家属，为他们带去春节的祝福。1 月 12 日，主席蒋树声、常务副主席张宝文、副主席陈晓光前往前主席丁石孙先生家中，为丁先生带去了新春的问候。蒋树声问候了丁先生及夫人的身体、饮食起居状况，向丁先生汇报了民盟一年来参政议政、社会服务、自身建设等方面的工作。丁先生对大家的到来表示欢迎和感谢，并与大家谈起民盟的工作与发展，交谈亲切而温馨。1 月 16 日，第一副主席张梅颖亲切探望了原副主席厉以宁、袁行霈、卢强、王维城。张梅颖与老领导们分别就文化建设、经济、电力等问题沟通了看法，祝愿他们学术长青，为国家各方面的建设继续贡献力量。张梅颖还希望老领导们保重身体，多多关注民盟的发展。1 月 5 日，常务副主席张宝文看望了原副主席吴修平和俞泽猷。1 月 9 日下午，高拴平秘书长看望了原副主席冯之浚。1 月 13 日，副主席李重庵看望了萧乾同志遗孀文洁若女士和千家驹同志遗孀赵甲素女士。1 月 16 日，副主席陈晓光看望了陶大镛同志遗孀牛平青同志。1 月 17 日下午，秘书长高拴平看望了张毕来同志遗孀夏云女士和张纪域遗孀张祖贻女士。民盟中央领导还以不同方式慰问了马大猷、邬沧萍等老领导、老盟员，对老领导、老盟员们长期以来支持民盟工作和所作出的贡献表示感谢，希望他们继续发挥余热，为民盟的发展积极建言献策，并叮嘱他们保重身体，安享晚年。

1 月 11 日，民盟中央机关举行新春联欢会。主席蒋树声，常务副主席张宝文，副主席李重庵、索丽生、陈晓光，原副主席吴修平，秘书长高拴平等出席。蒋树声代表民盟中央的主要领导对机关全体同志、群言杂志社、出版社和服务中心的同志们表示衷心的感谢！对为民盟事业打下坚实基础的老同志表示崇高的敬意！联欢会前，民盟中央领导向机关 2011 年度先进集体和优秀个人颁发了奖状和证书。联欢会上，机关同志表演了精彩的文艺节目。

3 月 5 日，民盟中央机关召开部门负责人会议，学习讨论全国政协主席贾庆林同志在政协第十一届全国委员会第五次会议上所作的常委会工作报告。秘书长高拴平主持会议。与会同志结合各自工作，交流了学习感受与体会。大家一致认为，全国政协去年的工作亮点突出，为发展经济和改善民生、为实现“十二五”时期的良好开局作出了积极贡献。结合报告精神，与会同志从加强民盟自身建设、巩固共同思想政治基础，服务公共文化服务体系建设、推动社会主义文化大发展大繁荣，围绕国计民生和社会热点问题建言献策，加强反映社会民间的信息工作，提升工作的科学化水平等方面谈了今年各部门的工作方向，并提出自己的意见与建议。

3 月 23 日，民盟中央机关召开传达“两会”精神报告会。副主席李重庵传达了十一届全国人大五次会议精神，秘书长高拴平传达了全国政协十一届五次会议精神。报告会由秘书长高拴平主持。副主席李重庵传达了十一届全国人大五次会议的概况，重点传达了政府工作报告、人大常委会工作报告、计划报告、预算报告、刑事诉讼法修正案和“两高”报告等精神。高拴平秘书长传达了全国政协十一届五次会议的总体情况，重点介绍了民盟的提案发言情况、联组讨论情况、参加提案现场办理协商会的情况和记者会的情况，并介绍了委员们关注的重点问题。机关全体干部，群言杂志社、出版社和机关服务中心的全体工作人员参加报告会。

4月10日，民盟中央机关总支第一支部举行学习座谈，邀请文化部中国艺术科技研究所综合发展部主任、中国书法家协会理事、中国美术家协会会员、西泠印社社员容铁和中国书法家协会会员、晋唐书画院副院长高国庆两位民盟盟员就“书法艺术的实用与审美”与大家进行了交流座谈。副主席李重庵、陈晓光出席。第一支部20多名盟员参加活动。5月24日，民盟中央机关总支第一支部和民盟防灾科技学院支部举行联合活动，参观考察国家地震救援训练基地。副主席李重庵、索丽生、陈晓光，原副主席吴修平参加考察。大家观看了国家地震救援训练基地介绍片和中国救援队纪念片，并参观了地震救援设备库和废墟训练场。民盟中央副秘书长、组织部长，机关总支主委陈幼平以及第一支部近30名盟员和防灾科技学院10余名盟员共同参加活动。

5月30日，副主席陈晓光出席北京大学民盟组织成立60周年纪念大会，并代表民盟中央致贺词，民盟北京市委主委葛剑平代表民盟北京市委致贺词。陈晓光副主席指出，北京大学民盟组织有着光荣的历史和优良的传统，六十年来北大盟员积极关心和参与学校建设和改革，关注社会事务和国家政策，向党和政府提出了大批有建设性意义的优秀提案,促进了我国高等教育的改革与发展。希望民盟北京大学委员会和广大盟员再接再厉，为推进改革开放和社会主义现代化建设事业，为北京大学的建设与发展再立新功。主席蒋树声，原主席丁石孙，原副主席厉以宁，原副主席袁行霈等为纪念大会亲笔题写贺词，第一副主席张梅颖向大会发来贺信。近百名北京大学盟员参加了纪念活动。

11月8日，民盟中央组织机关干部收看中国共产党第十八次全国代表大会开幕式电视实况。上午9时，中国共产党第十八次全国代表大会在人民大会堂隆重开幕，胡锦涛同志代表十七届中央委员会向大会作《坚定不移沿着中国特色社会主义道路前进为全面建成小康社会而奋斗》的报告。全体同志认真收看，仔细记录。大家坚决拥护胡锦涛同志所作的报告。大家一致认为，党的十八大报告是一篇闪耀着马克思主义思想光辉的重要文献，指明了中国未来前进发展的方向。大家纷纷表示，要把思想和行动统一到中共十八大精神上来，进一步解放思想、改革开放、凝聚力量，攻坚克难，坚定不移地沿着中国特色社会主义道路奋勇前进，为全面建成小康社会作出自己应有的贡献。民盟中央机关、党支部、盟支部还陆续举办了各种形式的活动，深入学习贯彻中共的十八大精神。

12月25日，民盟中央机关召开全体工作人员大会，介绍调任民盟中央领导并通报主席、专职副主席分工，总结民盟第十一次全国代表大会工作。会上，主席张宝文对新调任的各位副主席作了介绍，并通报了各专职副主席的分工。新到任的副主席张平、徐辉、龙庄伟先后讲话。他们首先对全盟的信任表示感谢,对调任决定和分工安排表示坚决拥护；他们回顾了自身的工作经历，表示将尽快投入新的工作，恪尽职守、尽心竭力，不辜负大家的信任与期望。常务副主席陈晓光对民盟第十一次全国代表大会工作进行了总结。他指出，会议圆满完成了各项议程，取得了丰硕成果，会前准备工作部署周密、扎实细致，会中各项工作井然有序、高速运转，充分体现了民盟中央机关工作人员的良好素质。机关各部门、群言杂志社、服务中心的负责人和全体工作人员参加会议。

（三）盟员及组织概况

截至2012年12月底，民盟共有地方组织437个。其中包括省级委员会30个，市地级委员会311个，县市区级委员会96个。基层组织6910个，其中基层委员会527个，总支647个，支部5570个。全年新加入成员12691人。成员总数235863人，其中女成员99803人。平均年龄54.6岁。离退休86598人。

从界别分布上看，高等教育界57782人，占24.5%；普通教育界75797人，占32.1%；科学技术界22019人，占9.3%；医药卫生界19804人，占8.4%；文化艺术界11720人，占5.0%；新闻出版界1991人，占0.8%；公有制经济界11807人，占5.0%；新社会阶层人士界12343人，占5.2%；机关、团体和其他界别22590人，约占9.5%。从城市分布上看，大中城市占89.3%，小城市、县市占10.7%。

盟员中担任各级人大代表的共有2903人。全国人大代表74人，其中常委10人，副委员长1人；省级人大代表404人，其中常委50人，副主任6人；市地级人大代表1271人，其中常委216人，副主任60人；县市区级人大代表1154人，其中常委266人，副主任157人。

盟员中担任各级政协委员的共有13608人。全国政协委员136人，其中常委31人，副主席1人；省级政协委员1245人，其中常委274人，副主席15人；市地级政协委员6371人，其中常委1265人，副主席179人；县市区级政协委员7205人，其中常委1554人，副主席325人。

盟员中担任政府及司法机关县处级以上领导职务的共有912人，其中在中央政府及司法机关担任领导职务13人，在地方政府及司法机关担任省级领导职务6人，厅局级62人，地市级43人，县处级788人。

盟员中担任中央有关部门特约（邀）工作的共有21人次，其中最高人民检察院特约检察员6人，最高人民法院特约监督员3人，监察部特邀监察员3人，国家审计署特约审计员1人，国家特邀国土资源监察专员4人，教育部特约教育督导员1人，国家税务总局特邀监察员2人，环境保护部国家环境特约监察员1人。

从盟员学历看，大专所占比例为19.6%，大学以上占71.8%，有研究生以上学历的占11.1%，有中、高级职称的占82.8%。盟员中担任中国科学院院士的共有34人，盟员中担任中国工程院院士的共有18人，其中2人为两院院士。盟员中担任大学校长、院长的共有171人，省级以上科研院所领导职务的共有43人，盟员中承担教育部“长江学者奖励计划”特聘教授的共有49人。

广大盟员在本职岗位上建功立业，为盟组织增光添彩。

在2012年度国家科学技术奖励大会上，民盟盟员、中国科学院院士和中国工程院院士、著名力学家和爆炸力学专家、中国科学院力学所研究员郑哲敏，荣获国家最高科学技术奖。这是继2007年度吴征镒、2008年度徐光宪、2009年度谷超豪、2011年度吴良镛之后，民盟盟员第五度荣获国家最高科学技术奖。郑哲敏，1956年12月加入民盟。1980年当选为中科院院士，1994年当选为中国工程院院士。早期在水弹性力学研究中取得成就。长期从事固体力学研究，开拓和发展了我国的爆炸力学事业。擅长运用力学理论解决工程实际问题，提出了流体弹塑性体模型和理论，并在爆炸加工、岩土爆破、核爆炸效应、穿甲破甲、材料动态破坏、瓦斯突出等方面取得重要成果。倡导海洋工程力学、材料力学性能、环境灾害力学的研究，创建了中国科学院力学研究所非线性连续介质力学实验室，为推动我国力学事业的发展作出了贡献。会上，杨志峰等 21 名盟员分别荣获国家科学技术进步奖、国家技术发明奖和国家自然科学奖二等奖。

获得重大奖项的盟员还有：赵杰文荣获何梁何利科技创新奖，李彦群等 4 人荣获“全国五一劳动奖章”，邬沧萍荣获首届吴玉章人文社会科学终身成就奖。

6 月 4 日，五位国家最高科学技术奖获奖者小行星命名仪式在京举行。其中，民盟盟员、中国科学院院士、中国科学院昆明植物研究所研究员吴征镒获此殊荣，国际永久编号第 175718 号小行星被命名为“吴征镒星”。吴征镒院士曾经荣获 2007 年度国家最高科学技术奖和 2009 年度国家自然科学奖一等奖。小行星是目前各类天体中唯一可以根据发现者意愿进行提名，并经国际组织审核批准从而得到国际公认的天体。由于小行星命名的唯一性和永不可更改性，获得小行星命名是国际公认的殊荣。

6 月 15 日，民盟中央常委、国家统计局副局长徐一帆被聘任为国务院参事，民盟中央常委、北京语言大学人文学院教授梁晓声、山东大学易学与中国古代哲学研究中心主任刘大钧被聘任为中央文史研究馆馆员。中共中央政治局常委、国务院总理温家宝在北京中南海向新聘任的国务院参事和中央文史研究馆馆员颁发聘书，并同参事、馆员座谈。原副主席、中央文史研究馆馆长袁行霈参加座谈会。

周　荣　民盟中央研究室理论处副处长
马向东　民盟中央社会服务部办学处副处长

中国民主建国会

2012年，是中国发展进程中具有重大而深远意义的一年。中国共产党第十八次全国代表大会和十八届一中全会，描绘了全面建成小康社会和深化改革开放的宏伟蓝图，顺利实现了中国共产党中央领导机构新老交替。中国人民同心协力、攻坚克难，中国经济社会发展呈现稳中有进的良好态势，各项事业全面推进。一年来，民建坚持以中国特色社会主义理论体系为指导，与中国共产党在思想上同心同德、目标上同心同向、行动上同心同行，立足自身特点和优势，自觉服务改革发展稳定大局，努力提高自身建设水平，认真履行参政党职能，在继承中发展，在发展中创新，为促进深化改革、经济发展、社会和谐、祖国统一作出了重要贡献。

一、重要会议及活动

（一）民建第十次全国代表大会

中国民主建国会第十次全国代表大会于12月16日至20日在北京举行。

中共中央政治局常委、中央书记处书记刘云山会见全体与会代表，并代表中共中央在大会开幕式上致贺词。贺词说，中国民主建国会成立67年以来，高举爱国主义、社会主义伟大旗帜，与中国共产党真诚合作，为夺取中国革命、建设、改革胜利，为推进统一战线和中国共产党领导的多党合作事业发展作出了重要贡献。贺词指出，中国特色社会主义政治发展道路是团结包括中国民主建国会广大成员在内的亿万人民共同奋斗的正确道路。希望中国民主建国会继承和发扬优良传统，不断凝聚思想共识，坚定不移地走中国特色社会主义政治发展道路；进一步增强履行参政党职能的使命感和责任感，动员和组织广大成员为推进社会主义经济建设、政治建设、文化建设、社会建设、生态文明建设建言献策、建功立业；充分发挥密切联系经济界的特色和优势，在加快转变经济发展方式、调整优化经济结构、保障和改善民生等方面发挥更大作用；全面加强自身建设，进一步提高政治把握能力、组织协调能力、参政议政能力、合作共事能力，夯实基础，健全机制，不断推进中国共产党领导的多党合作事业健康发展。贺词表示，相信民建新一届中央领导机构一定能够肩负起历史使命和广大成员的重托，切实搞好政治交接，使民建的光荣传统薪火相传；一定能够适应新形势新任务的要求，团结带领广大成员，切实履行参政议政、民主监督职能，不断开创民建工作新局面。

全国政协副主席、致公党中央主席万钢代表各民主党派中央和全国工商联致贺词。贺词说，民建自九大以来，与中国共产党在思想上同心同德、目标上同心同向、行动上同心同行，努力提高自身建设水平，认真履行参政党职能，为促进深化改革、经济发展、社会和谐、祖国统一作出了独特而重要的贡献。相信民建十大的胜利召开将推动多党合作事业持续发展，为全面推进社会主义经济、政治、文化、社会和生态文明建设，实现中华民族伟大复兴，作出新的更大的贡献。

大会主席团常务主席陈昌智代表中国民主建国会第九届中央委员会作工作报告。报告在回顾和总结中国民主建国会五年来的主要工作和基本经验后提出，民建要深入学习贯彻中共十八大精神，以邓小平理论、“三个代表”重要思想、科学发展观为指导，继承和发扬优良传统，全面推进自身建设，提高整体素质；充分发挥密切联系经济界的特色和优势，提高参政议政能力和水平；充分发挥各级组织的积极性和创造性，团结带领广大会员与所联系群众投身建设中国特色社会主义的伟大实践，把民建建设成为适应新时期发展要求的、致力于中国特色社会主义的参政党。

中共中央政治局委员、国务委员刘延东，全国人大常委会副委员长路甬祥，全国政协副主席阿不来提·阿不都热西提和中共中央统战部部长令计划，以及民建中央原主席成思危等出席开幕会。中国民主建国会第十次全国代表大会主席团常务主席张榕明主持开幕会。

会议期间表决通过了《中国民主建国会第十次全国代表大会关于九届中央委员会报告的决议》，审议通过了新的《中国民主建国会章程》，选举产生了由215名中央委员组成的新一届中央委员会。中国民主建国会第十届中央委员会第一次全体会议，选举产生由51人组成的第十届中央常务委员会，陈昌智连任主席，马培华、陈政立、张少琴、辜胜阻、宋海、李说、周汉民、吴晓青、王永庆、郝明金当选副主席。

大会20日在北京闭幕，陈昌智在闭幕会上讲话。他指出，中国民主建国会第十次全国代表大会是在中共十八大精神指导下举行的一次重要会议，是一次民主求实、团结奋进的大会。在全体代表们的共同努力下，大会认真学习贯彻了中共十八大精神，统一了思想认识，明确了努力方向，确立了今后的主要工作目标和任务。陈昌智强调，全体民建十大代表和各级领导班子成员要牢记使命，带头学习好、深刻领会好、切实贯彻好中共十八大精神，同时也要学习贯彻好中央经济工作会议精神，以积极态度、实干精神落实好民建十大确定的工作目标和任务。要转变作风，树立良好学风、文风、会风，模范遵守会章，认真履行职责，起好表率作用。要密切与基层的联系，认真倾听呼声，真实反映意见。要组织引导广大会员为促进经济社会发展贡献智慧和力量。要不断推进会的事业发展，努力把民建建设成为适应新时期要求的致力于中国特色社会主义的参政党。

大会强调，中共十八大为全面建成小康社会、发展中国特色社会主义指明了方向。深入学习贯彻中共十八大精神，是当前和今后一个时期民建的首要政治任务。民建各级组织要按照中共中央贺词中提出的希望和要求，以中国特色社会主义理论体系为指导，坚定不移地走中国特色社会主义道路，明确目标，扎实工作，进一步推进会的建设，为坚持和发展中国特色社会主义作出新贡献。大会号召，民建全会同志要在民建中央的领导下，紧密地团结在以习近平同志为总书记的中共中央周围，深入学习贯彻中共十八大精神，认真落实民建十大确定的工作目标和任务，团结一心，锐意进取，为全面建成小康社会、实现中华民族伟大复兴而努力奋斗。

闭幕会上还宣读了给不再担任中央领导职务的同志的致敬信。闭幕会由大会主席团常务主席马培华主持。大会主席团常务主席张榕明、马培华、陈政立、张少琴、辜胜阻、宋海、李説、周汉民、吴晓青、王永庆和新当选的副主席郝明金出席了闭幕会。

（二）习近平等中共中央领导走访民建中央机关

12 月 24 日下午，中共中央总书记习近平，中共中央政治局常委俞正声，中共中央政治局委员、中央书记处书记、中共中央办公厅主任栗战书，中共中央统战部部长令计划，中共中央统战部常务副部长张裔炯，中共中央统战部副部长林智敏，中共中央统战部秘书长安七一等领导走访民建中央机关。

在陈昌智、张榕明、马培华等民建中央领导的陪同下，习近平、俞正声、栗战书等中共中央领导同志首先参观了民建中央会史展览馆。观看民建会史展览时，习总书记看得很仔细，在看到孙起孟同志的照片时，深情地回忆说他的父亲习仲勋当年与起孟同志关系非常密切。随后，他还询问了职教社的情况。接着，习近平等中共中央领导同志与民建中央领导进行了座谈。座谈会由俞正声同志主持，俞正声说，今天习近平总书记带着我们来到民建，与大家交流思想，听取大家的意见建议。这次到各个党派来，是十八大以后中央确定的增进各政党友好合作一件大事，这种作法会进一步促进长期共存、互相监督的政党之间的合作，也会增进我们的彼此了解，使我们大家更加齐心聚力地投入到建设中国特色社会主义伟大事业中去。陈昌智在汇报工作时说，今天民建机关上下都非常高兴，也很激动。十年前的今天，锦涛同志来看望我们，今天近平同志又来走访，我们倍感亲切。多年来，各民主党派坚定不移地在中国共产党的领导下，做好多党合作，不断把社会主义政治发展道路推向前进。陈昌智简要回顾了民建的历史，介绍了近年来民建思想建设、组织建设、参政议政、社会服务等方面的工作情况。

习近平同志在听取汇报后说，我们很有幸在十年前胡锦涛总书记走访民主党派的同月同日来到民建，这充分体现了中共中央一如既往地支持和重视多党合作工作。十八大刚刚开过了一个多月，我们就到民主党派中央来拜访，恰逢民主党派中央也刚刚换完届，在此代表中共中央对民建十大选出的新一届领导班子表示热烈的祝贺，向榕明等同志表示良好的祝愿，向民建中央全体干部职工和广大成员致以诚挚的问候！

习近平同志说，民建成立 67 年来，与中国共产党通力合作，为革命、建设、改革事业作出了重要贡献。回首往事，黄炎培与毛泽东同志关于历史周期率的窑洞对话，已成佳话，对现在的共产党人同样是一个鞭策和警示。发展更加广泛、更加充分、更加健全的社会主义人民民主，是中国共产党和各民主党派的共同追求。1993 年在民建的建议下，正式把中国共产党领导的多党合作和政治协商制度载入宪法修正案。进入新世纪以来，民建注重发挥密切联系经济界的特色，围绕转变经济发展方式、产业结构调整、推动区域经济发展、加快欠发达地区经济社会发展、促进中小企业发展、深化金融财税体制改革等重大问题，积极建言献策，开展多种形式的社会服务活动。借今天这个机会，我们向民建的同志表示敬意和感谢。中共中央将坚定不移地坚持和完善中国共产党领导的多党合作和政治协商制度，坚定不移地贯彻长期共存、互相监督、肝胆相照、荣辱与共的方针，加强和民主党派合作共事，支持民主党派更好地履行参政议政、民主监督职能。

习近平同志说，刚才昌智同志特别提到了民主监督的问题，这是今后我们需要继续加强的一个方面，共同探索加强民主监督的途径和措施。新一届民建中央领导班子一定能够团结和带领广大成员，学习贯彻中共十八大精神，切实履行参政党职能，充分发挥自身优势，为推动金融财税体制改革、促进非公有制经济和中小企业发展，多进良言，多献良策，为全面建成小康社会贡献智慧和力量。昌智同志刚才提到的党派机关干部交流的问题，民主党派机关干部的出路问题应该酌情改善。目前，中央和国家机关都有干部交流的实际需要，下一步应该进一步研究措施，加强交流，将民主党派机关的干部纳入其中。新年到了，祝愿民建中央的全体同志新年快乐，工作进步，生活幸福！

习近平同志讲话结束后，俞正声同志说，刚才，近平总书记回顾了民建60多年来与中共合作共事的进程，也充分肯定了民建围绕中心、服务大局、为国家的改革开放建设作出的贡献，并且要求我们认真贯彻十八大精神，把中国共产党领导的多党合作制度在新形势下推向一个新的高度，希望大家共同努力，为我们国家的民族振兴作出应有的贡献。

随后，习近平等中共中央领导同志还亲切看望了民建中央机关工作人员。进入调研部研究室办公室后，习近平总书记与机关干部代表逐一亲切握手，非常感兴趣地翻看了民建中央近年来的一些参政议政成果。陈昌智介绍了民建中央近几年的调研及参政议政成果。看到民建中央关于推动沿边开放促进边境少数民族地区经济的调研后，习近平指出，调研有深度、很专业。对于民建中央连续五年围绕转方式、调结构开展调研，习近平评价，抓住重点，锲而不舍，引起重视。看到民建中央对于武陵山区、六盘山区的扶贫调研，习近平关切地问，特别穷吧？张榕明回答，武陵山区稍微好一些，最困难的是六盘山区。习近平说，是啊，西海固一带，左宗棠曾说陇西苦瘠甲天下。我担任福建省委副书记时曾去过。周生贤陪同时建议我们搞一点特殊化，就是喝啤酒和矿泉水，不喝当地的水，否则就会拉肚子。结果我们搞了些特殊化，喝矿泉水，而那些没喝矿泉水的代表团的同志都拉肚子。那里的水是咸水，外地人去了很不适应。张榕明说，这次我们调研后提出了建议。国家发改委把苦咸水与海水淡化一道纳入“十二五”治理的范围内，可能会有所改善。习近平肯定地说，这个工作你们做得很深入、很扎实。看了民建中央关于住房保障、加强和改善社会管理等建议，习近平指出，这些都是当前的重点。最后，习近平说，这些成果也反映了你们有一批人才，而且通过这些工作也锻炼了一批年轻同志。谢谢你们，谢谢你们的工作。

最后，习近平等中共中央领导同志与民建中央机关处级以上干部合影留念。参加座谈合影的民建中央在京副主席还有张少琴、辜胜阻、宋海、李谠、吴晓青、王永庆、郝明金。

（三）民建九届六中全会

中国民主建国会第九届中央委员会第六次全体会议12月15日在北京举行。全国人大副委员长、民建中央主席陈昌智出席会议并讲话。全国政协副主席、民建中央第一副主席张榕明主持会议。

陈昌智说，这次会议是民建第九届中央委员会的最后一次会议，是一次统一思想、深化认识、明确方向的会议。全体中央委员要以高度的责任感和使命感开好此次会议，为民建第十次全国代表大会的顺利召开做好准备。陈昌智指出，即将召开的民建第十次全国代表大会，是在全国深入学习贯彻中共十八大精神、推进全面建成小康社会进程的新形势下召开的，是新时期民建又一次承前启后、继往开来的大会。这次会议的任务是认真学习贯彻中共十八大精神，回顾总结民建九大以来的工作和经验，研究确定今后一个时期民建建设与发展的任务，修改民建章程，选举产生新一届中央领导机构。参会代表要坚持民建的优良传统，同心同德，齐心协力，把民建第十次全国代表大会开成一次继往开来、团结奋进的大会。

会议决定，中国民主建国会第十次全国代表大会于12月16日至20日在北京举行。会议审议通过了中国民主建国会第九届中央委员会报告（草案）、中央监督委员会工作报告、中国民主建国会章程（修改草案）等。会议决定陈昌智代表民建第九届中央委员会向代表大会作报告。

民建中央常务副主席马培华，副主席陈政立、张少琴、辜胜阻、宋海、李谠、周汉民、吴晓青、王永庆及民建中央委员出席会议。民建中央机关工作部门主要负责同志列席会议。

（四）民建中央常务委员会会议

1. 九届十八次中常会

3月11日，民建九届十八次中常会在北京召开。民建中央主席陈昌智，第一副主席张榕明出席会议。会议审议通过了《民建中央关于认真学习贯彻十一届全国人大五次会议和全国政协十一届五次会议精神的决议》，听取了民建北京市委会、浙江省委会的工作汇报，审议通过了《第十届中央委员会委员名额分配方案》和《关于第十届中央委员会委员候选人产生办法的意见》，通报了民建中央2012年重点调研题目。陈昌智主持会议并发表讲话。他在讲话中对全会工作提出几点意见：

一是提高认识，切实做好两会的各项工作。全国“两会”期间是民建中央各项参政议政成果集中见效的关键时期。大会发言和提案紧紧围绕中央经济工作会议精神，是全会集体智慧和辛勤汗水的结晶，体现了我们民建的特色，具有较高水平。会后要做好传达贯彻《民建中央关于认真学习贯彻十一届全国人大和全国政协十一届五次会议精神的决议》工作。

二是把握重点，积极参政议政。2012年是实施“十二五”规划承上启下的重要一年。要突出把握好稳中求进的工作总基调。今年的参政议政工作重点做好三件事。要做好重点专题调研。要认真做好2012年民建中央春秋两季调研成果征选工作。要继续重视和支持社情民意工作。

三是抓住机遇，推进会的代表人士队伍建设。中共中央颁发的《中共中央关于加强新形势下党外代表人士队伍建设的意见》，是指导当前和今后一个时期党外代表人士队伍建设和统一战线工作的纲领性文件。全会一要认真学习领会文件精神，切实把文件精神学深吃透，领会准确，把握到位。二要找准定位，我们的工作重点是要摆正位置，努力在“怎么配合、怎么配合好”上想办法、定措施，配合有关方面开展工作。三要积极配合，抓住发现吸收、培养锻炼、推荐使用和动态管理四个环节。

四是要再接再厉，确保换届工作任务落到实处。换届工作千头万绪，每一项都不能放松。要认真贯彻民建组织工作会议精神，落实《第十届中央委员会委员名额分配方案》、《关于第十届中央委员会委员候选人产生办法的意见》，要以高度负责的精神，认真学习，理解和掌握文件的精神和内容，加强沟通协调，深入细致地开展思想工作，形成工作合力。民建中央常务副主席马培华，副主席陈政立、张少琴、辜胜阻、宋海、李说、吴晓青、王永庆出席会议。

2. 九届十九次中常会

7月25日，民建九届十九次中常会在哈尔滨召开。会议学习了统一战线“同心”论坛精神，听取了民建省级组织换届情况报告，听取了民建福建省委会和民建山东省委会的工作情况汇报，会议还审议决定了其他事宜。民建中央主席陈昌智主持会议并讲话。陈昌智在讲话时说，7月23日，胡锦涛同志在省部级主要领导干部专题研讨班上发表了重要讲话。这次讲话科学分析了当前我国全局的若干重大问题，深刻回答了党和国家未来发展的一系列理论和实践问题，是为中共十八大胜利召开统一全党和全国人民思想的政治纲领，是解放思想、改革开放、凝聚力量、攻坚克难的精神动员，要认真学习、深刻领会讲话精神，指导和推动民建工作开展。要坚定不移地走中国特色社会主义道路，科学看待最近十年，坚持改革开放，坚持科学发展。陈昌智指出，要继续推进学习践行社会主义核心价值体系活动，弘扬优良传统，坚持长期开展活动，抓学习见行动，把活动从思想建设领域向自身建设的各个领域延伸，并最终在参政议政、民主监督、社会服务等方面见到实效。在分析当前经济形势后，陈昌智强调，这次民建省级组织换届的全过程是全会统一部署、各省全力配合，中央和地方各级党委领导支持帮助的结果，是贯彻民主集中制、严格依法依程序办事的具体体现。要切实做好中央换届工作，发扬成绩、解决不足，承上启下、积极作为，把握重点、扎实求效。作为联系经济界的参政党，为国家经济尤其是非公有制经济健康发展建言献策是民建的重要政治任务。由民建中央倡导的非公有制经济发展论坛已经成功举办10届，陈昌智要求，要好好总结经验，共同努力，把中国非公有制经济发展论坛越办越好。民建中央常务副主席马培华，副主席陈政立、张少琴、宋海、李说、周汉民、吴晓青、王永庆出席会议。

3. 九届二十次中常会

10月9日至10日，中国民主建国会第九届中央常务委员会第二十次全体会议在武汉召开。会议通过了关于召开民建九届六中全会的决定，进行了第十届中央委员会委员候选人推荐名额人选的遴选，听取并讨论了中央经济委员会、财政金融委员会、企业委员会对当前经济形势分析，听取了广西区委会和陕西省委会的工作汇报。民建中央主席陈昌智主持会议并讲话。民建中央第一副主席张榕明出席会议。陈昌智指出，即将召开的中国共产党第十八次全国代表大会，是我们党在全面建设小康社会的关键时期和深化改革开放、加快转变经济发展方式的攻坚时期召开的一次十分重要的会议，民建各级组织和广大会员要认真学习贯彻中共十八大精神，高举中国特色社会主义伟大旗帜，坚持思想上同心同德、目标上同心同向、行动上同心同行，把推动科学发展、促进社会和谐作为共同责任，在全面建成小康社会进程中发挥更大作用。陈昌智强调，民建十大将在年底召开，全会要团结协作，周到细致，以饱满的热情做好各项筹备工作。把这次会议开成一次成功、团结、奋进的大会，确保民建会的政治方向不变、优良传统不变，推进多党合作事业持续发展。最后，陈昌智主席要求，民建各级组织和广大会员要充分发挥自身优势，围绕社会主义政治经济体制改革中一些综合性、全局性、前瞻性的问题积极建言献策，努力提出一批有分量、高水平的意见建议，为明年两会议案、提案作好准备。中共湖北省委书记李鸿忠出席开幕会并致辞。民建中央常务副主席马培华，副主席陈政立、张少琴、辜胜阻、宋海、李谠、周汉民、吴晓青、王永庆出席会议。

4. 九届二十一次中常会

12 月 14 日，民建第九届中央常务委员会在京召开第二十一次全体会议，审议民建九届六中全会及第十次代表大会有关事宜。民建中央主席陈昌智主持会议并讲话，民建中央第一副主席张榕明出席了会议。

陈昌智指出，五年来中国民主建国会的工作任务完成的比较圆满，在组织建设、参政议政、社会服务、联络工作等各方面取得明显成绩，有了较大的进步，他对大家五年来兢兢业业的工作表示感谢。陈昌智强调，即将召开的民建第十次全国代表大会是在全国深入学习贯彻中共十八大精神、推进全面建成小康社会进程的新形势下召开的又一次承前启后、继往开来的大会。他希望全体同志继续发扬民建的优良传统，以中共十八大精神为指导，顾全大局、齐心协力，把民建十大开成一个民主求实、团结奋进的大会。

民建中央常务副主席马培华就第九届中央委员会报告（草案）、章程修改的情况，以及第十次全国代表大会代表名单（草案）和列席人员名单（草案）、十大主席团组成办法和秘书长人选的意见（草案）、十大主席团和秘书长名单（草案）、第十届中央委员会委员名额的决定（草案）和候选人建议名单（草案）以及十大选举办法（草案）作了说明。

民建中央副主席陈政立、张少琴、辜胜阻、宋海、李谠、周汉民、吴晓青、王永庆等出席了会议。

（五）民建中央中心学习组会议

2 月 8 日，民建中央中心组学习扩大会议在机关会议室召开。民建中央主席陈昌智、第一副主席张榕明、副主席张少琴出席会议。会议由民建中央常务副主席马培华主持。会上，来自民建中央机关及民建北京市委会约 100 余位同志共同观看了《中国民主党派之民建》文献纪录片。该片是中国民主党派系列文献纪录片中的一个专题，由民建中央宣传部、中共中央统战部宣传办和中国传媒大学合作，从收集资料、编写脚本，到采访拍摄历经三年多的时间完成。它以民建的历史为线索，以会的著名人物和重要事件为重点，生动地反映了民建 65 年来与中国共产党亲密合作，共创伟业的历史进程，形象地介绍了民建成员在不同历史时期作出的重要贡献，很好地体现了民建在长期实践中形成的优良传统和核心价值观。在观看影片以后，大家普遍感到上了一堂生动的民建会史教育课，该片内容全面，生动客观，其中不少资料为首次接触，十分珍贵，鼓舞人心。民建在新时期要继续继承老一辈光荣传统，自觉接受中国共产党的领导，坚定不移地走中国特色社会主义道路。

2 月 23 日，民建中央中心组学习扩大会议在机关召开。民建中央主席陈昌智、第一副主席张榕明、副主席张少琴、辜胜阻出席会议，常务副主席马培华主持会议。本次会议邀请了中央宣传部副部长、中央文化体制改革和发展工作领导小组办公室主任孙志军以“深化文化体制改革，加快文化事业文化产业发展”为题，为大家作报告。孙志军是十七届六中全会通过的《中共中央关于深化文化体制改革、推动社会主义文化大发展大繁荣若干重大问题的决定》起草人之一，对我国文化体制改革的背景和意义有深刻的理解和认识。会上，他紧密联系文化体制改革发展实际，运用大量客观翔实的数据和生动的实例，深入阐述了中共中央关于文化发展战略决策部署的重要意义，全面论述了我国推进文化体制改革以来所做的探索实践和主要成就，系统介绍了下一步我国文化体制改革的工作重点和明确要求。最后他表示，受刘云山部长委托，代表中宣部向民建近年来在文化体制改革方面所作出的贡献表示衷心感谢。报告内容丰富、分析精辟，具有很强的思想性和指导性。民建中央机关和民建北京市委会的一百余位同志参加了本次会议。

3 月 1 日，民建中央中心学习组在机关召开学习会，会议由民建中央主席陈昌智主持，第一副主席张榕明，常务副主席马培华，副主席张少琴、辜胜阻，以及机关各部门负责人参加。会议集中学习《中共中央关于加强新形势下党外代表人士队伍建设的意见》的精神。讨论中大家认为，中共中央颁发的《中共中央关于加强新形势下党外代表人士队伍建设的意见》，是新中国成立以来第一次以中共中央名义制定的关于党外代表人士队伍建设的专门文件，在统一战线发展史上具有重要的里程碑式的意义。在今后的工作中，民建要努力做好发现人才、储备人才、推荐人才工作，做到尽早发现、尽早培养，要实现党内推荐与党外推荐、组织推荐与个人推荐、定期推荐与日常推荐相结合。重点做好以下工作：一是进一步拓宽发现人才的视野，制定人才培养计划，加强会的领导班子后备干部培养。二是进一步提升教育培训质量。加强会员政治共识教育，积极推进民建思想教育基地建设，加大会内干部交流力度。三是进一步加大人才推荐选拔力度。认真贯彻中共中央有关党外代表人士安排的政策要求，积极向当地中共党委和政府推荐会内优秀人才。四是进一步建立健全工作机制。与各地中共党委和政府密切配合，努力形成政策完善、权责明晰、机制健全、程序规范、运行科学的工作格局，为会内人才脱颖而出创造条件。民建要利用自我教育的优势，在会内加强对会员的教育引导工作。建立健全制度、加强管理，开展好相关培训工作。继续发挥各级组织监督委员会作用，对代表性人士选拔任用加强监督。在本次中央和省级组织换届工作中，要认真学习领会文件精神，选好人、用好人，建设一个好的领导班子。

7 月 13 日，民建中央中心学习组在机关召开学习会，会议由民建中央主席陈昌智主持，第一副主席张榕明，常务副主席马培华，副主席张少琴、辜胜阻，和机关各部门负责人参加。会议首先由马培华作题为“加快以企业为主体的国家技术创新体系建设，促进产业优化升级”的中心发言。发言从三个方面作了具体阐述：一是我国企业的技术创新现状；二是我国企业技术创新面临的困难与问题；三是加快以企业为主体的技术创新体系建设的对策建议。发言指出：改革开放 30 多年来，我国经济持续快速发展，经济总量不断扩大，但经济结构不合理的矛盾长期积累，发展不平衡、不协调、不可持续的问题日益显现，突出表现在产业布局不合理、需求供给不平衡、要素利用效率低下、资源环境压力大等方面。“十二五”时期，中国要在国际经济竞争新格局中占据有利位置，必须重点引导和支持企业技术创新，加快构建企业为主体的国家技术创新体系，掌握核心关键技术及相关知识产权，培育壮大战略性新兴产业，加快发展生产性服务业，着力推进产业结构转型升级。加快以企业为主体的国家技术创新体系建设，是加快科技发展、建设创新型国家的重大战略举措，更是加快经济发展方式转变的首推力量，对促进我国重要产业跨越式发展，优化调整产业结构，提升产业技术水平意义深远。大家一致表示，近期召开的科技创新大会是在我国全面建设小康社会和深化改革开放、加快转变经济发展方式的关键时期召开的，意义重大，影响深远，充分体现了党中央、国务院对科技改革发展的高度重视。加快以企业为主体的技术创新体系建设,既是企业自身发展壮大的根本动力，也是改变粗放型增长方式、走新型工业化道路、促进产业优化升级的需要。只有我国的科技创新水平走到世界的前列，我们才能真正完成从世界大国向世界强国的转变。

8 月 21 日，民建中央中心组在机关召开学习会，会议由民建中央主席陈昌智主持，第一副主席张榕明，常务副主席马培华，副主席张少琴、辜胜阻，和机关各部门负责人参加。会议首先由张少琴副主席以“认真学习贯彻同心思想，毫不动摇地坚持走中国特色社会主义道路”为题作中心发言。发言从三个方面作了具体阐述：一是民主党派思想建设的关键是以“同心”思想为指导，深入开展学习践行社会主义核心价值体系，坚定不移地走中国特色的社会主义道路；二是民主党派的参政党建设要以“同心”思想为指引，不断加强自身建设，提高履职能力和水平；三是民主党派的社会服务活动必须以“同心”思想为引领，努力打造服务社会“同心品牌”，为构建社会主义和谐社会作贡献。发言指出：思想上同心同德、目标上同心同向、行动上同心同行，是中国共产党领导的多党合作和政治协商制度最鲜明的特质，是我们不断夺取革命、建设、改革事业胜利的有力保证。“同心”思想的提出，深刻总结了中国共产党领导的多党合作和政治协商制度的历史经验，极大地丰富了中国共产党领导的多党合作和政治协商制度的理论内涵，凝结了当代中国共产党人和各民主党派、无党派人士的理论智慧和政治智慧，为我们在新的历史条件下更好地坚持中国共产党领导的多党合作和政治协商制度指明了方向，对于指导我们在中国共产党领导下同心协力、扎实工作，推进小康社会建设具有重大的实践意义、深刻的理论意义和深远的历史意义。与会同志踊跃发言，畅谈学习体会。大家一致表示，60 多年的实践证明，民建之所以能够在中国革命和建设各个历史阶段不断发展进步，得益于中国共产党的正确领导，得益于中国共产党的正确领导，得益于多党合作的政治制度和坚持发扬民建老一辈的优良传统。“同心”思想既是基于历史经验的总结升华，也是着眼未来发展的更高要求。只有在思想上同心同德，在目标上同心同向，在行动上同心同行，才能不断增强多党合作事业的生命力，凝聚力和创造力，实现多党合作事业的新发展。胡锦涛总书记“7・23”重要讲话从坚持和发展中国特色社会主义的政治高度和宽广视野，精辟分析了我国面临的新形势新任务，科学阐述了事关党和国家全局的若干重大问题，对发展完善我国基本政治制度，对民主党派做好参政议政、社会服务等工作具有十分重要的指导意义。民建各级组织和广大会员要认真学习领会，并将其精神实质贯彻落实到当前和今后的工作中。

11 月 9 日，民建中央中心组在机关召开专题学习会，集体学习了胡锦涛总书记在中共十八大开幕式上作的《坚定不移沿着中国特色社会主义道路前进为全面建成小康社会而奋斗》的报告，进行了热烈的讨论。会议由民建中央主席陈昌智主持，第一副主席张榕明、常务副主席马培华、副主席张少琴、辜胜阻、宋海，和机关各部门主要负责人参加了学习会。张榕明指出，中共十八大报告是在胡锦涛总书记七次主持座谈会，广泛征求专家学者和社会各界意见之后形成的，非常鲜明地对我国改革开放几十年的发展成就进行了归纳总结，对中国特色社会主义总体布局有了新构建和新概括。针对中国的发展问题，结合前段时间出访欧洲原社会主义国家的经历，她谈了三点认识：一是必须坚持中国特色社会主义道路；二是必须坚持改革开放；三是必须坚持自力更生。同时，进一步指出民建组织也应加大对中国特色社会主义道路和发展方向的宣传力度，民建组织和广大会员要通过不懈努力，高举中国特色社会主义伟大旗帜，以实际行动积极投身于全面建成小康社会的实践中来。陈昌智谈了自己四个方面的学习体会：一是更加坚定了中国特色社会主义理想信念，理论是行动的指南，中国特色社会主义是当代中国发展进步的旗帜，是中国在当前发展阶段的行动指南；二是更加明确了发展的方向，即克服困难，科学发展；三是更加坚定了走中国特色社会主义政治道路的信念，特别是要巩固和发展统一战线，更好地推动多党合作；四是民建要认真学习中共十八大报告，要联系实际，融会贯通，把学习十八大精神作为全会思想建设的重要内容，加大对学习的宣传力度，提高干部和会员的政治把握能力，加强自身建设。他还要求全会各级组织和广大会员要针对报告中提到的问题和我国目前存在的困难，积极开展调研，探寻解决办法，为党和政府分忧解难。

（六）民建中央工作会议

1. 民建组织工作会议

2月14日至15日，民建组织工作会议在北京国际会议中心召开，民建中央主席陈昌智、常务副主席马培华出席会议。陈昌智在讲话中强调了换届工作对会的事业发展的重要意义、提出了原则要求和换届过程中要注意的一些问题。他指出换届工作不仅是人事上的更迭，同时也肩负着实现政治交接的重要任务，更是加强自身建设的重要契机和检验我们自身建设水平的试金石。我们还要高度重视，广泛听取意见，认真总结工作，部署下一个五年的任务，为今后更好地履行参政党职能奠定基础。针对换届工作，他提出五点要求：一是加强学习，认真学习换届文件，理解、掌握各项文件精神和内容；二是加强领导，建立换届领导机构，配齐人员，强化对换届工作的领导；三是严肃纪律，遵守会章，严格换届工作要求，高度重视并正确处理换届过程中出现的问题，杜绝不正之风和非组织活动；四是坚持换届工作程序，抓好落实，避免因程序上的问题带来的负面影响；五是以人为本，交心谈心，做好思想工作，特别是对退下来的同志要深入细致地做好工作，积极争取合理安排，解决他们的实际困难。马培华提出四点意见：一是提高认识，切实增强做好换届工作的政治责任感。要准确把握我们面临的形势任务，将换届工作提到关系多党合作事业持续发展的高度，坚持搞好政治交接，确保政治信念薪火相传、优良传统发扬光大。二是突出重点，确保各项政策得到落实。要坚决贯彻执行《关于民建中央及省级组织换届工作的意见》精神，切实选好配强领导班子，做好思想工作，要形成一个好的工作报告。三是精心部署，确保代表大会取得圆满成功。要把发扬民主贯穿于换届工作的全过程，严格遵守选举的程序要求，严肃换届纪律，营造风清气正的换届环境。四是加强领导，高质量完成换届工作各项任务。要科学安排部署，明确职责任务，加强沟通协调，形成工作合力。与会同志学习了《关于民建中央及省级组织换届工作的意见》，交流了市级组织换届工作和省级组织换届筹备工作的经验、体会，结合领导讲话和工作实际对省级组织换届工作进行研讨，6位省级组织专职副主委和2位组织处长作了大会交流。在讨论中，大家纷纷表示这次会议开得非常及时、重要、务实，对于即将开始的省级组织换届工作平稳、健康、有序进行帮助很大。全国30个省级组织的专职副主委和组织部门负责同志以及民建中央组织部有关同志共70余人参加会议。民建中央组织部部长李世杰出席会议。

2. 对外联络委员会全体会议

3月23日，民建中央对外联络委员会2012年全体会议在京召开，民建中央主席陈昌智出席会议并作重要讲话。

陈昌智对联络委员会过去所做的工作和取得的成绩给予了肯定。他说，作为参政党的专门委员会，对外联络委员会过去四年做了不少工作，加强了与港澳台和国外的交流与合作，发挥了特色和优势，在参政议政、社情民意以及自身建设等各方面取得了不错的工作成效。对外联络委员会在今后的工作中，要继续坚持和发挥过去的优良传统，同时，要研究推出有亮点的拳头产品。

民建中央副主席张少琴认真听取了各位委员的发言，并作总结讲话。他指出，此次全体会议既有共识，也有新的思想。同志们的发言从不同的角度探索了对外联络委员会各方面的工作。主席提出的要打造品牌，打造亮点的指示精神，每位同志都要好好领会、认真把握。他说，品牌是智慧与创造力的结晶，有着不可替代性。他要求对外联络委员会和联络部在今后的工作中，要注意把握规律性，顺势而为。他指出，对外联络委员会要为统一战线服务，为参政议政服务，为民建培养人才服务，为履行职责与自身建设服务，为服务社会、报效国家服务，为祖国统一大业服务。

李晓林主任代表对外联络委员会作了工作报告。报告总结了对外联络委员会过去四年来的工作，布置了今年的工作任务。会议由对外联络委员会副主任王济光主持。民建中央联络部副部长金德安、汪洋以及30多位对外联络委员会委员出席了此次会议。会后，与会同志实地参观了新浪网、华旗资讯科技公司以及门头沟黄芩生产加工基地。

3. 财政金融委员会全体会议

7月20日至23日，民建中央财政金融委员会2012年全体会议在青海省西宁市召开。民建中央副主席宋海出席会议并讲话。

宋海指出，国际金融危机发生以后，我国政府打出的宏观调控组合拳，有效应对了危机，效果良好。诸多深不可测的因素还将深刻影响中国未来发展，最核心矛盾是金融资源配置不合理。为此，应建立健全金融结构调控机制，不断调整金融结构。他希望，各位委员在研究探讨的时候，不仅仅作出判断，还要认真对待实践中的问题，提出供决策参考的建议。会议当天，民建青海省委主委、青海省副省长高云龙同志介绍了青海省的基本省情及金融、教育、科技发展等方面的情况，他对委员们就青海发展提出的意见建议表示衷心感谢。出席会议的委员围绕“中国金融发展与宏观经济调控研讨”主题，就宏观经济调控、发展方式转变、货币政策、金融体制改革、宏观决策中应引起注意的问题等进行了热烈研讨。

财政金融委员会主任黄泽民，副主任武胜利、王爱俭，宋钰勤委员分别主持了会议。民建中央调研部副部长孙敏奇参加会议。

4. 学习践行社会主义核心价值体系活动座谈会

7月25日，民建中央学习践行社会主义核心价值体系活动座谈会在哈尔滨举行。民建中央主席陈昌智出席会议。会议学习了7月23日胡锦涛在省部级主要领导干部专题研讨班开班式上的讲话，交流了各省级组织学习践行社会主义核心价值体系活动的经验体会，部署了下一阶段学习践行活动。

陈昌智在讲话中指出，民建要认真学习领会胡锦涛在省部级主要领导干部专题研讨班开班式上的讲话精神，站在时代和战略的高度，以讲话精神指导民建参政议政和自身建设等各项工作，深入推进学习践行社会主义核心价值体系活动，努力将学习践行成果体现为民建与中国共产党一道，共同致力于发展中国特色社会主义事业的强大动力和实际行动。

陈昌智说，民建中央召开的这次学习践行社会主义核心价值体系活动座谈会十分重要，很有意义，是一次启迪思维、提高认识的学习会，是一次实践经验、工作成果的展示会，也是一次统一思想、推进工作的动员会。在总结学习践行社会主义核心价值体系活动阶段性成果时，陈昌智指出，两年多来，全国民建各级组织紧紧围绕坚持中国共产党领导、坚定不移地走中国特色社会主义政治发展道路这一主题，结合民建自身建设实际，大力弘扬优良传统，认真开展学习践行社会主义核心价值体系活动，工作卓有成效，特点鲜明突出。一是认真组织谋划，扎实有序推进。从2010年3月，民建九届十次中常会，对贯彻胡锦涛总书记在党外人士迎春座谈会上的讲话精神，开展学习践行社会主义核心价值体系活动进行了研究部署。随后民建中央发出《关于开展"弘扬民建优良传统、努力践行社会主义核心价值体系"系列活动的方案》。各省级组织根据《方案》要求，结合当地实际，认真动员部署，精心组织实施。二是开展学习研究，突出领导带头。全会坚持以学习为先导，突出领导干部学习这个重点，着重抓好学习培训工作。坚持和完善各级中心组学习制度，把社会主义核心价值体系作为重要学习内容。各级领导班子成员带头撰写理论文章，探索行之有效的形式，扩大教育范围。积极开展主题宣讲，各级组织主要领导以及一些具有丰富会务经验的老同志身体力行，深入基层和广大会员中间，宣讲社会主义核心价值体系和民建优良传统，加强舆论宣传，营造良好氛围。三是重温光荣历史，坚持榜样引领。民建中央编辑出版了《中国民主建国会简史》、《中国民主建国会概述》，制作完成了"中国民主党派之民建"大型电视文献片，组织完成了"民建如何树立和践行社会主义核心价值体系"的理论课题。各级组织以全国性和会内重大庆祝、纪念活动为契机，以会员中的先进人物作为"身边的榜样"，学习弘扬民建老一辈的优秀品质和崇高风范，推动学习践行活动深入开展。四是结合履职实践，提升活动成效。各级组织坚持知行合一，充分利用会内外媒体，开辟学习践行活动专栏，交流学习活动情况，介绍典型经验，选登辅导材料，对活动开展情况、经验成果进行宣传报道，把学习教育贯穿到履职实践的全过程。各地方组织也将学习与研究相结合，组织理论研讨，编写学习资料，发放基层组织，确保会员学习有内容、有依据。扩大社会影响。

对于今后时期学习践行活动,陈昌智向全会提出要求：一是要以“同心”思想为统领，深化学习践行活动的时代内涵，不断提高理论认识水平。“进一步深化学习践行活动，必须坚持以“同心”思想为统领，着眼于增进政治共识，把“同心思想”贯穿于活动全过程、体现到各个方面。二是要以思想建设为核心，丰富学习践行活动的内容和形式，推进新一轮政治交接。抓住思想建设这个核心,在深化学习践行活动中切实贯彻落实“同心”思想，成为现阶段民建推进政治交接的重要载体和崭新内容。三是要以服务发展为宗旨，促进学习践行活动的成果转化,积极参政为民、履职惠民。要坚持以“同心”思想为引领，把学习践行活动中提升的理性认识寓于围绕中心、服务大局的实践，把学习践行活动中增进的思想共识融入发挥优势、履职尽责的过程。四是要以舆论宣传为推手，扩大学习践行活动的影响力，营造多党合作浓厚的“同心”氛围。我们要通过加强舆论宣传，巩固共识，凝聚人心。树立形象，打造品牌。记录历程，提炼经验。

中共黑龙江省委常委、统战部部长夏杰等省委、省政府、省人大和省政协等有关领导出席开幕会议。民建中央副主席宋海主持会议。民建中央常务副主席马培华，副主席陈政立、张少琴、李谠、周汉民、吴晓青、王永庆出席了会议。

5. 科教委员会全体会议

8月2日，民建中央科教委员会在青岛经济技术开发区召开2012年全体会议。民建中央常务副主席马培华出席会议并讲话。

在听取了部分委员的成果汇报后，马培华作了讲话。他强调，民建作为密切联系经济界的参政党，有着其独特的人才优势和智力优势。如何发挥民建特色推动经济和社会发展，是民建中央科教委员会的重要职责。希望大家要从国家的整体发展要求出发，不断提高自身的政治把握能力、参政议政能力、合作共事能力和组织协调能力，努力把参政议政工作做好，为国家发展、为中华民族伟大复兴作出应有的贡献。会上，委员们分别就国家技术创新体系建设、政府医疗卫生投入、医疗卫生体制改革、民办高校师资队伍建设等作了主题发言并进行了讨论。共同确定了向民建中央提交的研究报告，议定了下一年度科教委员会的工作计划。此次会议,共收到了委员们提交会议讨论的成果10多篇。民建山东省委主委郭爱玲、民建中央科教委员会主任方光华出席会议。民建青岛市委主委于萍致辞。

6. 经济委员会全体会议

8月10日至8月13日，民建中央经济委员会全体会议在青海召开。会议期间，经济委员会与民建青海省委共同主办了“柴达木盆地循环经济与绿色发展”论坛，民建中央副主席辜胜阻在会议上作了重要讲话。青海省副省长、民建青海省委主委高云龙出席会议并致欢迎辞。

会议由民建中央经济委员会主任、中国科技大学管理学院院长方兆本主持。民建中央经济委员会委员近30人参加会议，并提供了36篇近期研究成果。会议就当前经济形势展开了热烈讨论，与会委员针对宏观经济形势和经济增长、区域经济发展、地方政府债务、我国对外经济关系等问题发表了意见。会议还讨论了本届经济委员会的工作总结，提出了意见建议。

辜胜阻结合当前经济形势，对青海省柴达木地区的区域发展作了重要分析和判断并提出建议。他指出，当前宏观经济下行压力较大，当前宏观经济最重要的任务是“稳增长”，而新一轮稳增长要与转方式、调结构相结合，加大欠发达地区发展力度。结合青海省和柴达木地区的实际情况，辜胜阻指出，循环经济是一种新的经济发展方式，是实现绿色发展的理性选择。柴达木盆地拥有宏观环境好、政策环境优越、国家战略支持、对口支援帮助、基础设施好等发展循环经济的条件，也面临增长方式限制、产业结构单一、区域竞争加剧、科技创新不足等困难。针对这些困难，他提出在柴达木盆地推进新型工业化和城镇化发展；依托自然优势和产业优势，大力发展新材料、新能源、生物医药等战略性新兴产业；积极承接东部沿海地区产业转移；大力发展旅游业，打造新的经济增长点等对策建议。

经济委员会副主任杨先明、张兆安、白重恩和杨明洪委员分别作了发言。民建中央调研部部长蔡玲等出席会议。

7. 人口资源环境委员会全体会议

8 月 23 日至 24 日，民建中央（以下简称人资环委）全体会议在京召开。民建中央主席陈昌智、副主席吴晓青出席会议。

会议听取了人资环委主任王曦所作的工作汇报，以及与会委员对专委会五年工作的体会和进一步做好专委会工作的建议。陈昌智对人资环委五年来的工作给予了充分肯定，对委员们提出的意见建议表示赞许，并对人资环委如何做好下一步工作提出了五点要求：一是要深刻认识人口资源环境问题是关系经济社会发展的重大问题，做好相关问题研究并建言献策具有重要意义；二是要加强制度建设，探索鼓励委员更多参与专委会活动的方法，逐步培养并形成一支骨干力量；三是要进一步发扬奉献精神，主任们以身作则，全体委员齐心协力做好专委会的工作；四是要充分调动委员的积极性，更好地将专委会工作与委员本职工作结合起来；五是要加强与民建地方组织相应专委会的联系，通过联合调研等方式进行交流与合作。吴晓青强调，要准确把握专委会参政议政的重点方向，要注意研究新问题、新政策、新建议，要按照昌智主席的要求更好地为参政议政工作献计献策。

会议期间，与会委员前往中国环境监测总站进行实地考察，听取了人资环委副主任刘炳江所作题为“大气环境中 PM2.5 的防治对策”的报告并进行了研讨。民建中央调研部部长蔡玲等出席会议。

8. 民建省级组织调研处长会议

8 月 11 日至 13 日，民建省级组织调研处长会议在青海西宁召开，总结参政议政工作经验，分析新形势下参政议政的方法和途径，讨论提高参政议政水平的思路和举措。民建中央副主席辜胜阻出席会议并作讲话。青海省副省长、民建青海省委主委高云龙出席开幕式并致词。会议由民建中央调研部蔡玲部长主持。

会议总结了去年以来民建省级组织参政议政及调研工作的情况。辜胜阻结合民建经济界别特色和当前参政议政调研工作重点，就当前宏观经济形势做了分析并提出建议。蔡玲就当前宏观调控政策取向及主要措施举办了专题知识讲座，并对民建中央今年参政议政工作情况进行了介绍，就大家提出的意见建议给予了回应。北京、上海、广东、湖南、青海、甘肃、浙江等省市代表作了典型发言。会议期间，调研处长们还列席旁听了民建中央经济委员会和民建青海省委共同举办的“柴达木循环经济与绿色发展”论坛。来自全国各民建省级组织的调研处长共30余人参加会议

9. 理论研究委员会全体会议

9月18日，民建中央理论研究委员会全体会议在浙江省杭州市召开。民建中央第一副主席张榕明出席会议并讲话。民建中央理论研究委员会主任吴国华主持会议并作理论研究委员会五年工作报告。民建浙江省委会主委陈小平致欢迎词。会上，委员们认真讨论总结理论研究委员会过去五年的工作，并对今后理论研究工作提出建议。在认真听取了委员们的发言以后，张榕明作了讲话，她对民建中央理论研究委员会五年来取得的成绩表示祝贺，对理论研究委员会不断创新研究内容、方式，围绕会的中心工作，每年确定一个重点课题开展理论研究的做法给予了充分肯定。对民建今后如何进一步做好理论研究工作，张榕明提出了几点建议：一是建议理论研究委员会继续发挥集体力量，凝聚集体智慧，出集体成果；二是建议民建中央理论研究委员会与省、市地方理论研究工作结合起来，围绕会的中心工作开展理论研究；三是建议聘请到龄退休的理论研究骨干为顾问，形成老中青结合的理论研究人才队伍；四是建议上下联动多开展一些调研，增加直观感受，拓宽研究思路；五是建议多召开几次专题研讨会议，增进沟通交流，让思想在碰撞中绽放智慧的火花。民建中央理论研究委员会顾问、浙江省委会原主委程炜，民建中央宣传部部长孟孝忠，民建中央理论研究委员会委员及民建中央机关工作人员等20余人参加会议。

10. 全国省级组织社会服务处长会议

10月16日至17日，2012年民建全国省级组织社会服务处长会暨民建教育移民研讨会议在北京召开。民建中央第一副主席张榕明、副主席张少琴出席会议。10月16日上午，民建教育移民研讨会议首先召开，张少琴副主席主持会议。张榕明在讲话中就思源“教育移民”计划的起源、它的重要意义和未来要达到的目标等做了详尽的阐述。并就进一步做好“教育移民”工作提出了四点具体要求：一是要求各省保证学员的质量，把肯学、愿意学、刻苦努力、具有求知渴望的学生选拔到“教育移民”班来；二是原则上集中连片贫困地区在一个县办一个班，争取让更多的县受益，要优化资源配置；三是社会服务部门的同志要经常关注、关心了解学生的学习生活情况和思想状况，引导学生努力学习知识，掌握本领，报效祖国，回馈社会；四是要加强资金的管理，用好企业家捐赠的善款，让学生在校期间生活、学习得更好。16日下午至17日上午，2012年全国省级组织社会服务处长会召开。会上，30个省级组织汇报了2011年民建全国社会服务工作会议以来，各省在开展社会服务工作方面的主要成果和经验。针对下一步的社会服务工作，张少琴强调，一是要认真学习陈昌智主席在民建全国社会服务工作会议上的重要讲话精神，贯彻落实《民建中央关于新形势下进一步加强社会服务工作的意见》，把握社会服务工作目标和方向，扎实做好全会的社会服务工作。二是充分发挥专家和企业家两支骨干队伍力量，调动社会力量，围绕助推发展、智力支持、改善民生、生态建设、示范带动五大方面，凝心聚力，积极做好扶贫帮困工作；三是要重视服务会员和会员企业，构建社会服务新平台，为国家作出更大贡献；四是以“同心思想”为引领，以基金会为平台，整合会内资源，

联系会外力量，推广“教育移民”模式，推动“思源工程”活动深入开展。民建广西区委主委钱学明，民建中央社会服务部部长包瑞玲，中华思源工程扶贫基金会秘书长李晓林，全国30个省级组织社会服务处长参加了会议。

11. 法制委员会全体会议

11月2日至4日，民建中央法制委员会全体会议在北京召开。民建中央副主席王永庆出席会议并讲话。

会议总结了法制委员会五年来的工作，并就年度课题落实情况和人民法院、人民检察院工作中存在的问题进行了热烈讨论。王永庆对本届法制委员会的工作给予充分肯定，对大家付出的艰辛劳动和无私奉献表示衷心感谢。他说，五年来，民建中央法制委员会取得了令人瞩目的成绩，为民建中央参政议政工作作出了应有的贡献，非常欣慰和感谢。就进一步做好法制委员会的工作，王永庆提出四点意见：第一，要通过专门委员会的活动，不断增强民建组织的凝聚力。这一点法制委做得非常好，各位委员除了参加每年一次的全体会之外，也积极参与会中央组织的其他各类活动，并踊跃发言，积极献策，法制委员会的特点得到了应有发挥，专委会的作用得到了应有体现。第二，要正确认识专委会换届调整工作，正确看待个人进退得失。这是本届法制委员会最后一次会议，明年专委会要进行换届调整，部分委员可能不在担任，新鲜血液会补充进来。希望大家提高思想认识，正确面对个人进退，争取今后继续为民建事业作出新的贡献。第三，要尽快确定法制委员会年度重点课题，争取提出有分量、高水平的政策建议。第四，法制委员会在参政议政方面要有自己的特色，不仅要不断巩固和拓展本专委会的优势领域，还要与整个宏观形势和经济社会发展实际紧密结合起来，围绕中心，服务大局，形成一个完整的体系，突出自己的特色和影响，不断提高参政议政水平。

会议由法制委员会主任李峰、副主任黄勇分别主持。与会委员提交了20余份近期研究成果。民建中央调研部部长蔡玲参加会议。

12. 监督委员会第五次全体会议

11月29日，中国民主建国会中央监督委员会第五次全体会议在北京举行。民建中央主席陈昌智出席会议并作重要讲话。民建常务副主席、中央监督委员会主任马培华主持会议。会议讨论和审议了中央监督委员会向中央委员会的工作报告。

陈昌智主席在听取了各位委员讨论工作报告后说，报告很好的概括总结了中央监督委员会成立以来的工作和体会，提出了今后的工作思路，指明了各级监督委员会的工作方向。作为民主党派的新生事物，会内监督目前处于探索阶段，没有前人经验可借鉴。四年来，在中央委员会的领导下，中央监督委员会立足会的实际，积极稳妥开展工作，各位委员付出大量时间和精力，会内监督工作取得了可喜成绩，为下一步开展工作打下了良好的基础。对今后工作，陈昌智提出三点要求：一是进一步提高认识，真正认识到会内监督的重要性。加强会内监督不仅是新时期中国共产党领导的多党合作事业发展的必然要求，也是党派自身建设的需要。二是通过会内监督，保持党派干部政治上的清醒。会内监督要以预防为主，教育优先。要善于发现思想上、组织上的问题，通过谈心、批评教育等方式协助解决问题。三是推进会内监督向实质性方向发展。监督委员会要有主动监督意识，探索有效的监督手段和途径，使会内监督不断取得新成效。

马培华希望在今后工作中，一要加强学习，深化认识，发扬民主，构建会内监督良好氛围；二要健全体系，完善制度，以贯彻落实各项制度为重点，积极稳妥推进会内监督；三要勇于探索，努力实践，不断深入，开拓会内监督工作的新局面。最后希望大家团结协作，共同努力把本会十大开好。

（七）主要论坛、座谈会、研讨会等

1. 风险投资论坛

6 月 8 日，由民建中央、科学技术部、广东省人民政府和深圳市人民政府共同主办的 2012（第十四届）中国风险投资论坛在深圳隆重召开。本届论坛以"完善中国风险投资模式，助推经济发展方式转变"为主题，围绕"国家产业转型升级背景下，金融创新和风险投资发展"这一核心议题，进行深入分析和互动讨论，为海内外风险投资家和企业家的交流合作提供契机。在 6 月 8 日下午举行的开幕式主旨演讲上，民建中央主席陈昌智发表了《完善规范制度环境，促进 VC 助力经济发展方式的转变》的精彩演讲。陈昌智指出，当前我国经济发展中不平衡、不协调、不可持续的矛盾和问题仍很突出，经济发展面临着环境资源紧张、产业结构不合理、投资和消费比例长期失衡、技术创新对经济增长的贡献力偏低、金融资本盈利过高等诸多问题，办实业困难重重。经济增长方式转变，已刻不容缓。陈昌智指出，随着 2011 年中央经济工作会议精神的贯彻落实，实体经济的发展被摆在重要的位置；国务院研究部署进一步支持小型和微型企业健康发展的措施也逐步到位。在此背景下，相信我国的风险投资行业将在推动经济结构调整和经济发展方式转变的过程中，更好地发挥创新经济的引擎作用，同时，行业本身也将得到更有品质的提升。民建中央副主席辜胜阻在会上指出，促进我国 VC、PE 行业健康发展，要通过专业化实现理性发展，去投机化，投资的行业要专注，投资策略要独特，投资的地域要多样，退出的渠道要多元。同时，政府也要营造良好的环境，要推动适度的监管和行业相结合。要服务经济转型的大势，特别要帮助企业向外走。辜胜阻副主席认为，中国企业向美国投资已经成为热潮，去年一年，中国企业到美国并购的项目，就超过了 80 例，PE 在中国企业走向海外过程中来帮助企业实现海外并购将是下一步发展的机会。本届论坛汇聚了各界精英代表逾 1400 人，民建中央副主席陈政立等参加了论坛。

2. 非公有制经济发展论坛

7 月 16 日，2012’中国（新疆）非公有制经济发展论坛在乌鲁木齐市举行。全国人大常委会副委员长、民建中央主席陈昌智出席开幕式并作主旨演讲。中共新疆维吾尔自治区党委书记张春贤在开幕式上致辞，自治区党委副书记、自治区主席努尔·白克力主持了论坛开幕式。

本届论坛是第十届非公有制经济发展论坛，由中国民主建国会中央委员会、工业和信息化部、新疆维吾尔自治区人民政府共同主办，以"鼓励民间投资，助推区域经济发展"为主题，推动新疆非公有制经济进一步发展为使命，分为开幕式、主题论坛、新疆专题论坛、投资合作交流推介会暨项目签约仪式和参观考察活动五大板块。陈昌智在演讲中指出，这次论坛的主办，对于我国加快转变经济发展方式，推动区域经济合作，促进广大民营企业转型升级和提升自我发展的能力，优化新形势下民营中小企业的发展环境，都具有积极而重要的意义。“十二五”开局，民营经济的战略地位凸显，中西部地区民营经济发展迅速。对于推动民营经济的发展，他认为政府应加大政策力度，鼓励民间投资进入各种新领域，让民间资本发挥更大的作用。中共新疆维吾尔自治区党委书记张春贤在开幕式上致辞。民建中央副主席辜胜阻、中共中央党校国际战略研究所副所长周天勇、中共中央党校经济学教研部教授杨秋宝、清华大学经济学院副院长白重恩先后作主题演讲，探寻新疆的新机遇，讨论非公有制经济的增长潜力和发展前景，为推动全国非公有制经济新一轮的经济增长出谋划策。16 日下午，举行了新疆专题论坛。7 月 17 日上午，在 2012’中国（新疆）非公有制经济发展论坛投资合作交流推介会暨项目签约仪式上，新疆维吾尔自治区招商系统与来自国内的 70 家非公有制企业签订了 70 个合作项目，签约总额为 613.91 亿元，创历届新高。

3. 中华思源工程扶贫基金会第二届理事会第五次会议

1 月 14 日，中华思源工程扶贫基金会第二届理事会第五次会议在北京召开，全国人大常委会副委员长、民建中央主席、基金会理事长陈昌智出席会议。会议由民建中央副主席、基金会理事张少琴主持。

会议审议并通过了由基金会副理事长兼秘书长李晓林作的《华思源工程扶贫基金会 2011 年工作报告及 2012 年工作部署报告》和《关于设立“思源蒲公英基金”等三个专项基金的工作报告》、审议并通过了副理事长曾钫作的《2011 年度财务工作报告》，原则通过了副秘书长陶鸣作的关于修订《行政管理条例》、《财务管理规定》、《人力资源管理条例》、《项目管理办法》和《专项基金管理办法》的报告。

这次“思源工程”理事会打破只有理事成员才能参加理事会的做法，其非理事单位的专项基金管委会均派人参加会议。会议不仅详细公布了基金会财务数据，以及项目执行情况，而且对存在的不足也不回避，这种公开透明、阳光式的做法，得到与会人员的一致赞许。与会人员在充分肯定“思源工程”年度工作的同时，更是发扬民主，各抒己见，共商“思源工程”发展大计。

3. 2012 年提案论证会

2 月 9 日至 10 日，民建中央在北京组织召开了 2012 年提案论证会，围绕民建中央提交全国政协十一届五次会议的提案初稿进行座谈和论证。民建中央副主席辜胜阻出席论证会并讲话。

辜胜阻对各位专家提出的意见表示充分肯定和感谢，指出现有提案初稿要结合各位专家的修改建议，从敏感性、准确性、前瞻性、操作性、创新性、政策性等八个方面作进一步完善，减少交叉重复，避免虚话套话，做到选题好，立意准，观点新，操作强，质量精。同时，辜主席还对提案提出了具体修改指导意见。全国政协提案委员会办公室巡视员陶建平，以及熊大方、吕益民、白重恩、肖治合、黄石松、黄勇、王玉梅、刘勇、李黛青等 10 多位专家学者、教授参加了论证会。

会议由民建中央调研部部长蔡玲主持，民建中央调研部副部长孙敏奇参加会议。

4. 两会提案新闻通气会

2 月 24 日下午，民建中央在机关召开 2012 年“两会”提案新闻通气会。民建中央副主席辜胜阻出席会议并答记者问。辜胜阻就“两会”热点经济问题谈了自己的观点。他认为，今年是“十二五”时期承前启后的重要一年，如何在进一步巩固去年改革发展成果的基础上，坚持稳中求进，切实将稳增长、调结构、惠民生、抓改革更好地结合起来是今年宏观调控的重要考验。他还就如何规范民间借贷市场，促进民间金融“阳光化”、“规范化”；如何应对我国经济面临的产业“空心化”的潜在风险，避免经济“硬着陆”；对于目前中国的税负水平来说，未来究竟有多大的减税空间；借鉴国外发达国家社区银行经验和我国村镇银行经验，构建草根金融支持草根经济等问题回答了现场记者的提问。会上，民建中央调研部部长蔡玲通报了民建中央向全国政协十一届五次会议所提交提案的相关情况。截至目前，民建中央将向全国政协十一届五次会议提交38件提案，具体内容包括大力发展实体经济、保障和改善民生、社会管理、完善金融体系建设、“三农”问题等，基本囊括了民建中央近年所重点关注的有关国计民生的热点问题。今年民建中央的提案工作有三个明显的特色：一是质量优先；二是工作程序规范，所有提案均经过主席办公会确定；三是提案内容广泛。42家新闻媒体的50余位记者参加了通气会。民建中央宣传部部长孟孝忠主持会议。全国人大代表、民建中央社会服务部部长包瑞玲，全国政协委员、民建中央组织部部长李世杰，民建中央办公厅副主任王慧仙以及民建中央有关部门的同志参加了会议。

5. 发展文化旅游产业专题座谈会

2月24日下午，民建中央重点专题“大力发展文化旅游产业，促进经济结构调整”座谈会在京举行。民建中央主席陈昌智出席并主持座谈会。国家旅游局副局长杜江、政策法规司副司长周久才，文化部文化市场司副司长庹祖海等政府相关部门同志应邀出席。

杜江和庹祖海分别介绍了国家旅游局和文化部在推动文化旅游产业发展方面所做的工作，当前存在的主要问题及对策建议。与会人员结合自身工作，分别就文化旅游产业的概念和内涵、完善体制机制、创新文化资源利用方式、推动文化旅游与现代科技相结合、加大对文化旅游产业政策扶持力度等方面提出意见建议。陈昌智认为大家提出的观点和建议对做好课题帮助很大。他强调，文化旅游产业是现代服务业的重要组成部分，发展文化旅游产业，对于当前转方式、调结构、促就业意义重大。要站在一定的高度，从产业发展角度做好这一课题，注重研究文化和旅游的深度结合，就如何推动文化旅游产业的发展提出对策建议。

李修松、安金明、田地、李健、王富德、张广玉、赵亮等民建会员专家学者及部分政府任职人士，民建中央秘书长张皎、调研部部长蔡玲等参加了座谈会。

6. “优化实体经济环境，提高企业竞争力”专题座谈会

3月7日，民建中央“优化实体经济环境，提高企业竞争力”重点专题座谈会在北京召开。会议围绕专题的研究重点及调研方向进行深入讨论。

民建中央常务副主席马培华主持会议并作重要讲话。他指出，受国际环境变化以及国内政策环境影响，当前我国实体经济正面临着包括金融支持、技术创新、市场机制、劳动力、税收、资源、环境等因素的制约，发展比较困难。课题组首先要围绕实体经济发展环境开展调研，切实了解有关情况和存在的问题。提出的意见建议要综合考虑其必要性、可行性和可操作性。

云南大学发展研究院院长杨先明，广西银河集团有限公司董事长潘琦，长春鸿达高

技术集团有限公司董事长王欣，天津庆达投资集团董事长孙太利，科技部高技术研究发展中心处长耿建东，北京金源化学集团董事长张和平，东方高圣投资顾问公司首席执行官陈明键，理实国际咨询集团中国区董事长王颖，民建中央调研部部长蔡玲出席会议。

7. “深化改革，促进资本市场安全健康发展”专题座谈会

3 月 21 日上午，民建中央召开“深化改革，促进资本市场安全健康发展”重点专题座谈会，民建中央副主席张少琴出席会议。

张少琴副主席指出，资本市场的改革与健康发展具有国家安全战略意义。资本市场的安全对国家经济的健康发展至关重要，金融市场的发展目标归根到底要服务于实体经济的发展、现代社会需求和占据国际竞争的制高点。他进一步要求，要高度关注作为企业重要融资平台的二级资本市场的健康和可持续发展，要在法律、制度、政策、服务和监管等方面加强研究，在深化改革，促进资本市场安全健康发展上提出高质量的意见建议。

中国证监会发行监管部罗卫、信达证券有限公司吴立光、泰康资产管理有限公司王贵平、申银万国证券研究所魏强等专家介绍了资本市场的总体情况和存在的问题，就其中主要的二级市场风险做了揭示。民建中央调研部部长蔡玲及有关人员参加了会议。

8. “加强和创新社会管理”专题座谈会

3月31日上午，民建中央“加强和创新社会管理”重点专题座谈会在民建中央机关举行，会议围绕该专题的研究重点及调研方向进行深入讨论。民建中央副主席宋海主持会议并作重要讲话。

宋海副指出，加强和创新社会管理，是适应我国进入社会矛盾凸显期的迫切需要，民建作为民主党派认真做好该课题研究责无旁贷。专题组要全面了解我国社会管理工作的基本情况，并重点了解社会管理工作起步较早地区的经验和存在的问题，在此基础上提出加强和创新社会管理的意见建议。提出的意见建议要充分考虑其合理性、合法性和可操作性。民建中央调研部部长蔡玲、副部长孙敏奇出席会议。

9. “深化金融改革创新，促进实体经济发展”专题座谈会

4 月 10 日，民建中央“深化金融改革创新，促进实体经济发展”重点专题座谈会在京召开。民建中央常务副主席马培华主持会议并作重要讲话。

马培华在讲话中指出，当前，我国实体经济增长面临着要素市场全面紧张、企业成本大幅攀升、实体经济“空心化”等问题，形势不容乐观。影响实体经济发展的因素是复杂的，是国际性的问题，也是长期积累的系统性的问题。当前，应牢牢把握实体经济这一经济发展的重要根基，着力解决好金融创新发展与实体经济客观需求的矛盾、大银行与小企业的矛盾、小型金融机构发展与现行政策制约等矛盾，进一步强化市场机制，加强金融监管，注重制度建设，营造实体经济总体发展的良好环境。

与会专家围绕专题的研究重点及报告初稿进行了深入热烈的讨论。近 20 位专家参加会议。

10. “金融与文化创意产业发展”专题研讨会

5 月 22 日下午，民建中央主席陈昌智在京出席了民建中央调研部和民建北京市中信支部联合主办的“金融与文化创意产业发展”专题研讨会。

陈昌智指出，当前文化产业发展仍面临着一些问题：一是思想认识不到位。虽然中

央将文化产业定位为国民经济支柱产业，但仍有一些同志出于对 GDP、财政收入增长等政绩考核指标的考虑，更习惯于抓一般工业、上项目，而对发展文化产业重视不够，不能认识到文化产业在转变经济增长方式、促进经济结构调整中的重要作用与地位。二是创新意识不强。主要表现是思想不解放，不敢想象，怕犯错误。我国深厚的文化内核还没有被现代科技和文化艺术自觉发掘利用，并用群众喜闻乐见的形式表现出来。三是科技支撑不足。应用于文化事业的高新技术还比较少。四是品牌战略缺乏。近年来我国文化产业取得了很大发展，但现有产业基础仍十分薄弱，缺乏有竞争力的文化企业集团，与欧美日韩相比，品牌文化企业更是少之又少。陈昌智主席强调，促进文化事业和文化产业协调发展，其载体就是旅游。通过大力发展旅游业，做大做强文化产业，加快文化事业发展，促进发展方式的转变和产业结构的调整。

中信支部副主任、中信证券董事总经理徐刚博士主持会议。民建中信支部、朝阳区科教委、朝阳东方支部部分会员，民建中央调研部部长蔡玲及调研部全体干部等共 40 余人参加了研讨会。

11. “思源工程”援助新疆光伏电站揭牌仪式

7 月 17 日上午，由中华思源工程扶贫基金会、通威集团共同捐资建设的 1MWp 光伏电站在新疆阜康市举行揭牌仪式。全国人大常委会副委员长、民建中央主席、中华思源工程扶贫基金会理事长陈昌智与新疆维吾尔自治区人大常委会副主任栗智共同为该光伏电站揭牌。该光伏电站投入使用后，预计年发电量约为 140 万千瓦时，将每年为当地产生 140 万元的收益。长期以来，民建中央十分关心新疆地区人民生活水平状况，并号召民建会员参与新疆地区的经济建设和社会事业的发展。其中，民建会员企业通威集团积极进军多晶硅及太阳能光伏产业，致力于打造世界级太阳能光伏企业和清洁能源公司，与新疆维吾尔自治区政府签订了光伏一体化发电项目战略合作协议，投资兴建且末 1GW 光伏发电站、和静 1GW 光伏电站及光伏产业一体化项目，并与中华思源工程扶贫基金会合作实施了“思源阳光计划”扶贫项目，向阜康市捐赠 1MWp 光伏发电项目。17 日，陈昌智实地调研在戈壁滩上兴建的阜康“思源阳光计划”捐赠项目，先后考察了太阳能电池板安装现场和配电机房，听取昌吉州常务副州长黄志忠，阜康市市委书记李成辉，通威集团董事局主席刘汉元的项目情况汇报。他表示，一定要把“思源阳光计划”落实好，为改善农牧区和偏远地区贫困群众的生活条件，提高他们的生活水平，保护生态平衡，发展新农村绿色能源建设和改善当地的生态环境尽心尽力，从而为帮助贫困群众脱贫致富，促进各民族团结进步、维护社会稳定以及建设新农村起到积极的推动作用。

12. “中国风险投资论坛——振兴东北投资高峰会”

9 月 13 日，全国人大常委会副委员长、民建中央主席陈昌智在沈阳出席由民建中央、科学技术部、辽宁省人民政府、沈阳市人民政府主办，沈阳市人民政府、辽宁省科学技术厅与中国风险投资研究院承办的“中国风险投资论坛——振兴东北投资高峰会”并致辞。陈昌智指出，实施东北地区等老工业基地振兴战略以来，东北地区经济发展明显加快，奠定了深厚的物质基础，经济发展和社会进步取得了积极可喜的成绩。在这样的基础上，随着广泛关注的各部委 42 项民间投资实施细则的出台，创业投资制度建设和政策扶持日臻完善，我国的创投市场也取得了重大进步，整个行业正在向着更加良性发展的方向前进。

相信在资本的助推下，东北地区产业结构调整和经济发展方式转变将会取得更加可喜的成绩。陈昌智主席表示，本次高峰会为各方提供了良好的交流平台，希望大家充分利用这次机会深入探讨并挖掘发展的契机，扶持一批优质企业，帮助创新企业、高技术企业做大做强，真正的发挥风险投资在社会发展中积极的促进作用，为东北的振兴贡献力量。民建中央副主席辜胜阻出席会议并作主旨报告。民建辽宁省委主委武献华等参加。

13. 海峡物流论坛

6月17日至18日，以“两岸产业合作，绿色物流先行”为主题的“第五届（2012）海峡物流论坛”在厦门隆重举行。本届论坛由民建福建省委员会、民建中央企业委员会、厦门市发展现代物流产业协调小组、台湾全球运筹发展协会、福建省交通运输集团联合主办。全国政协副主席、民建中央第一副主席张榕明出席开幕式，致辞并宣布论坛开幕。“海峡物流论坛”已经连续举办五届，是民建福建省委连续多年强力打造的业界盛典，从2008年第一届开始，就以关注行业热点、促进两岸产业交流与发展为已任，经过多年的努力和务实的运作，已经成为中国著名的专业论坛之一，连续多年被国台办列入两岸重点交流项目，今年更成为“第四届海峡论坛”组成部分。五年来，海峡物流论坛得到各主办单位和相关政府部门的全力支持，已成功吸引了3000多名各界嘉宾出席，历届论坛都有20多个省市区组团参会，在凸显两岸有关物流及相关产业在资本融合、项目对接、拓宽合作平台等方面发挥了重要的推手作用，在两岸具有较高的知名度和影响力。

14. 黔西县教师培训班开班典礼

8月17日，贵州黔西县教师培训班开班典礼在北京教育学院礼堂举行。民建中央副主席张少琴，王永庆出席。

贵州黔西县教师培训班是民建中央重要扶贫项目之一的黔西县基础教育“千名教师培训”系列活动的一部分，由民建北京市委负责为贵州省黔西县百名初中教师提供培训，以提高教师的教学设计能力，为黔西县基础教育的持续发展提供智力支持。张少琴、王永庆对教师们的到来表示热烈的欢迎，对教师们的辛勤工作表达崇高的敬意，并对他们提出了殷切希望，希望他们珍惜这次难得的学习和进修机会，把先进的教学理念、教书育人的好经验带回去，提升黔西县的义务教育水平，为黔西县培育出更多的人才。

15. 章程修改征求意见座谈会

9月5日至7日，民建中央章程修改小组先后赴杭州和南京召开章程修改征求意见座谈会，民建中央常务副主席马培华出席会议并讲话。

民建浙江、江苏、北京、吉林、上海、安徽、湖北、湖南、广东、广西、陕西等11个省级组织20多名同志先后在座谈会上发言，提出了很多宝贵意见和建议。马培华常务认真听取发言，并就章程修改工作提出明确要求。他说，各地对会章修改工作十分重视，所提意见和建议十分中肯，民建中央将认真研究并吸纳到章程修改工作之中去。此次章程修改工作要把握稳定与发展相结合的原则，既要保持章程的权威性和稳定性，又要与时俱进。对一些问题要结合实际分门别类，通盘加以研究；着眼于会的实际工作的发展，对一些尚待科学规范、表述模糊、难以操作的问题等，进行必要的修改，更好地促进会的工作。为做好《中国民主建国会章程》的修改工作，民建中央于今年初就对此项工作进行了安排部署。及时成立了章程修改领导小组，认真进行基本资料的收集和研究工作，并向省级组织发出了关于章程修改征求意见的通知。从二季度起，章程修改小组陆续到部分省级组织进行了专题调研，并结合省级组织换届听取了对章程修改的意见。此次座谈会主要是在调研和征求意见的基础上就反映比较集中的几个问题再次征求会内老同志、会务工作者和部分会员代表的意见和建议。

民建中央章程修改小组副组长孟孝忠、李世杰分别就各地方组织对《中国民主建国会章程》修改反映比较集中的几个问题作了说明。程炜、龙国键、吴国华等会内老同志，民建浙江省委主委陈小平，民建江苏省委主委洪慧民等参加了座谈会。

16. 十大报告征求意见座谈会

9 月 17 日，民建中央在京召开民建十大报告征求意见座谈会。民建中央主席陈昌智，常务副主席马培华，秘书长张皎出席会议，24 个省（自治区、直辖市）的驻会副主委参加。

马培华主持会议，并对报告起草情况作了说明。他说，报告起草组自今年 2 月以来，首先拟定报告提纲，向部分省级组织中熟悉会情且文字功底深的同志、机关退休老同志和各部门负责人征求意见，进一步修改后开始起草报告。期间，经过两次主席办公会议、一次主席务虚会议研究，并做过多次修改。这次会议，希望借助各省级组织的集体智慧，发现和查找存在问题，提出修改意见建议，帮助会中央对报告（稿）做进一步的修改，提高报告的质量。

座谈会上,与会同志踊跃发言,各抒已见。大家认为,《民建十大报告（稿）》主题鲜明，内容客观，实事求是，具有较高水平。同时，大家还就报告（稿）的篇幅平衡性、内容的全面性以及在有的文字表述方面提出了修改意见和建议。在座谈中，陈昌智认真倾听大家的意见建议，并不时插话，与大家共同讨论有关问题。陈昌智对参会同志的发言给予了充分肯定。他表示，同志们所发表的意见和建议很有见地，让人深受启发，对于工作报告的起草工作起到了积极作用。报告起草组要认真研究，在内容上归纳整理，在文字上精雕细琢，进一步修改提高报告（稿）的质量。

17. 学习贯彻中共十八大精神座谈会

为认真学习、深刻领会中共十八大精神，把思想和认识统一到中共十八大精神上来，11 月 19 日，民建中央在京召开学习贯彻中共十八大精神座谈会。民建中央主席陈昌智主持座谈会并作重要讲话。民建中央常务副主席马培华，副主席张少琴、辜胜阻出席座谈会并作了发言。陈昌智在讲话中对学习贯彻中共十八大精神提出了要求，他强调，认真学习中共十八大精神，要在领会精神实质上下功夫。一是要深刻理解和坚持科学发展观的指导地位；二是要全面认识中国特色社会主义内涵的新阐释；三是要准确把握对全面建成小康社会作出的新部署。他指出，民建作为中国共产党领导的多党合作格局中的参政党，要把学习贯彻中共十八大精神作为当前和今后一个时期首要的政治任务，以中共十八大精神为指导，进一步修改好民建十大报告、修改好会的章程，筹备和开好民建第十次全国代表大会，要把中共十八大精神贯彻落实到全会履行职能和自身建设的各个方面，紧紧围绕十八大确定的目标任务，充分发挥密切联系经济界的特色和优势，为全面建成小康社会，夺取中国特色社会主义新胜利建功立业。马培华在发言中说，中共十八大对新的时代条件下推进中国特色社会主义事业作出了全面部署，选举产生了新的中央领导集体，必将对开创中国特色社会主义事业的新局面，实现中华民族的伟大复兴产生巨大而深远的影响。民建作为参政党，要组织广大会员认真研读会议文件，紧紧围绕大会提出的重大战略思想和重大工作部署，全面准确地领会大会精神，切实将中共十八大精神贯彻到今后的工作之中。要深刻认识十年辉煌成就，坚定走中国特色社会主义道路的信心和决心。要以科学发展观为指导，为五位一体的中国特色社会主义事业贡献力量。要适应多党合作新要求新期待，努力建设高素质参政党。张少琴发言指出，中国特色社会主义道路是在人类文明史上探索出来的最符合中国国情的道路，中国共产党领导的多党合作和政治协商制度是老一辈革命家为我们留下的宝贵政治财富，是我国的基本政治制度，要坚定不移地坚持和完善。他强调，在今后的工作中要全面学习贯彻中共十八大精神，坚定理想信念，坚持党的领导，紧密团结在党中央周围，高举中国特色社会主义伟大旗帜，坚定不移地沿着中国特色社会主义道路前进，为全面建成小康社会贡献力量。辜胜阻副主席认为：中共十八大在中国经济转型的关键时期召开，为中国的经济转型提供了新设计和新理论。报告提出的到2020年居民人均收入要实现倍增，对小康社会目标提出了新的量化，是报告最大的亮点。报告要求将“创新驱动”作为新经济发展方式的新动力，提出指导经济体制改革的“三个平等”的不同市场主体公平竞争的理论，以及推动经济可持续发展的“四化同步”的新观点，为下一阶段中国经济转型与发展指明了前进的方向。民建中央机关各部门代表结合实际，分别从不同的角度畅谈了对中共十八大精神的理解和认识。民建中央机关全体同志参加了座谈会。

18. “发展并购基金促进产业结构调整”专题研讨会

11月22日下午，民建中央调研部、中信支部联合在北京召开“发展并购基金，促进产业结构调整”专题研讨会。民建中央副主席辜胜阻出席会议并讲话。

研讨会上，高伟绅律师事务所合伙人张莹、宏源证券公司并购私募融资部总经理洪涛围绕“大力发展并购基金，促进产业结构调整与升级”作了专题发言，分别从并购基金产生发展的背景及起因、并购基金对实体经济的促进作用、国内并购基金发展现状等方面做了详细阐述。随后，与会人员就发展并购基金的目的意义、存在问题及相关政策建议，以及如何就此课题进一步做好提案转化工作，进行了广泛深入的交流和探讨。

辜胜阻对各位专家关于并购基金最新研究成果给予了高度评价，对大家提出的关于大力发展并购基金的目的作用及相关政策建议给予了积极肯定。他指出，发展并购基金对促进产业结构调整和升级具有非常重要的作用。当前，中国经济发展存在的一个突出问题就是产业过剩和结构分散，要通过大力发展并购基金，实施兼并重组，推动产业整合和升级，提高行业集中度和企业运行质量。他强调，发展并购基金的关键是培育和完善并购市场，通过建立并购基金募资和退出机制，切实改变私募股权投资退出渠道不畅状况，切实解决实体经济发展资金不足困局，为产业结构调整和升级作出积极贡献。他表示，该课题转化提案还需认真分析，仔细研究，反复推敲，去粗取精，去伪存真。提案的选题一定要有新意，要有提出解决问题的新的办法和建议，要有独到而新的见解，要有明确的承办单位和部门，只有这样才能引起领导及有关各方的重视，所提问题才能纳入政府主管部门的决策视野，从而推动提案意见建议得到更好地落实。

（八）民建中央领导出访活动

5月20日至29日，民建中央副主席辜胜阻率领由金融专家学者、金融企业家和在金融主管部门任职的民建会员组成的金融与经济改革访问团对美国和古巴进行了考察访问。此访旨在深入了解金融危机以来世界经济形势的发展变化，实地考察美国金融机构支持中小企业创新发展的组织运行模式；亲身感受古巴经济改革给百姓生活带来的变化，了解古巴改革开放的情况和市场机会，为中国中小企业发展壮大“寻方问药”。访问团在10天行程中进行了16场公务活动，获得了大量有价值的信息，访问取得圆满成功。辜胜阻还为中国驻古巴使馆全体人员做了题为“十二五经济转型与企业国有化”的精彩演讲，受到在场人员的一致好评，反响热烈。

6月28日，全国人大常委会副委员长陈昌智在华盛顿分别会见了美国国会参议院临时参议长井上健、参议院对华交流机制共同主席默里和钱布利斯以及众议院少数党领袖佩洛西。陈昌智表示，中美建交30多年来的历史充分证明，中美关系是互利共赢的合作关系，不是你输我赢的“零和”竞争关系。中美合作不仅使两国人民深受其益，也积极影响着整个世界。新形势下，中美双方应不断加强对话交流，深化互利合作，妥善处理分歧和敏感问题，共同建设相互尊重、互利共赢的中美合作伙伴关系。中国全国人大愿与美国国会参众两院共同努力，保持高层交往势头，巩固和发展定期交流机制，为促进中美关系持续健康稳定发展发挥积极作用。美方表示，美中作为两个重要大国，拥有广泛共同利益，应当也必须加强合作，应对挑战，共同维护亚太地区乃至世界的和平、稳定、繁荣。美方愿与中方一道，充分利用已有机制，推进两国立法机构之间的交流与合作，促进两国人民之间的友谊。中国驻美大使张业遂、全国人大常委会预算工作委员会主任廖晓军、华侨委员会副主任委员虞云耀、海南省人大常委会副主任毕志强、全国人大代表姜明等陪同参加了上述活动。

7月3日，全国人大常委会副委员长陈昌智分别会见了多米尼克总统利物浦和总理斯凯里特。多米尼克领导人请陈昌智转达对胡锦涛主席和温家宝总理的亲切问候。他们表示，多中建交8年来，两国关系全面深入发展，经贸、人文等领域合作全面展开。多方对两国关系发展感到满意。多米尼克珍视同中国的友谊，坚定奉行一个中国政策，将同中方共同努力，进一步扩大双方各领域合作，不断提升两国关系水平。陈昌智分别向对方转达了胡锦涛主席和温家宝总理的亲切问候和良好祝愿。陈昌智说，中多建交以来，两国关系保持快速稳定发展势头。双方高层往来频繁，政治基础不断巩固，经贸、旅游、文教、卫生等领域交流与合作日益扩大，在国际和地区事务中保持密切沟通和协调。中方感谢多方坚持一个中国政策，愿本着平等互利、共同发展的原则，与多方共同努力，加强各领域务实合作，推动两国互利友好合作关系不断向前发展。访问期间，陈昌智还同多议长博伊德-奈茨举行了会谈，就双边关系和两国立法机构交流与合作等问题交换意见，并在多议会发表了演讲。中国驻多米尼克大使王宗来参加了上述活动。

7月5日，正在格林纳达进行友好访问的中国全国人大常委会副委员长陈昌智在首都圣乔治会见了格总督格林和代总理、财政部长伯克。陈昌智分别转达了胡锦涛主席和温家宝总理对格林总督和托马斯总理以及伯克代总理的亲切问候。陈昌智表示，中国政府对中格复交七年来，两国政治、经贸、人文等领域友好合作关系的持续快速发展感到满意。中方赞赏格方坚定奉行一个中国政策，愿同格方一道，不断充实和丰富双边关系内涵，继续加强在国际事务中的沟通协调，推动两国关系不断向前发展。格林总督、伯克代总理欢迎陈昌智率中国全国人大代表团访格，并请陈昌智转达他们对胡锦涛主席和温家宝总理的诚挚问候。他们表示，格林纳达是小岛屿国家，独立时间不长，格政府致力于国家的发展和人民生活的改善。在此过程中，格与中国的合作十分重要，在基础设施建设、投融资，文教，卫生等各个领域均富有成效，格人民获益良多。格政府高度重视对华关系，视中国为朋友和伙伴，将继续坚定奉行一个中国政策，同中方通力合作，促进两国关系全面深入发展。中国驻格林纳达大使徐建国，全国人大常委会预算工作委员会主任廖晓军、华侨委员会副主任委员虞云耀、海南省人大常委会副主任毕志强、全国人大代表姜明等参加上述活动。

10 月 26 日，摩尔多瓦总统蒂莫夫蒂和议长卢普在首都基希讷乌分别会见了全国政协副主席张榕明率领的中国全国政协代表团一行。张榕明向摩方转达了中国领导人的问候。她说，今年是中摩建交 20 周年，20 年来，中摩关系持续健康稳定发展。两国高层交往频繁，政治互信不断加深，各领域合作成果显著。双方在国际事务中密切合作，在彼此关切的重大问题上相互支持。不断深化的中摩关系给两国和两国人民带来实实在在的利益。中国高度重视发展对摩关系，视摩为中东欧和独联体地区的好朋友、好伙伴。中方愿同摩方共同努力，以两国建交 20 周年为契机，继续深化政治互信，扩大互利合作，推动中摩关系迈上新台阶。蒂莫夫蒂和卢普对张榕明访摩表示热烈欢迎，并请转达对中国领导人的问候。他们表示摩高度重视对华关系，对中国的经济社会发展取得的巨大成就表示钦佩，赞赏中国在国际事务中发挥的重要作用。摩政府和议会将积极促进对华友好关系，希望在经贸、人文、教育等领域同中方进一步加强务实合作。摩政府和议会重申将坚定不移奉行一个中国政策。

10 月 30 日、31 日，阿尔巴尼亚总统尼沙尼和议长托帕利分别于在地拉那会见了全国政协副主席张榕明一行。张榕明向尼沙尼和托帕利转达了中国领导人的亲切问候和良好祝愿。她表示，中阿两国和两国人民之间有着深厚的传统友谊，中方高度重视中阿关系，近年来两国领导人互访频繁，政治互信日益巩固，经贸、人文、旅游等领域务实合作不断扩大，党际、地方和民间友好交往日趋活跃，两国关系保持良好稳定发展的势头。希望通过双方共同努力，进一步深化各领域互利合作，推动两国传统友好关系迈上新台阶。张榕明表示，中国全国政协珍视与阿议会的传统友好关系，愿继续加强两组织间的交流与合作，为推动中阿两国关系不断向前发展作出积极贡献。尼沙尼和托帕利请张榕明转达对中国领导人的诚挚问候。他们表示，阿尔巴尼亚人民对中国人民有着深厚的友谊，阿一贯坚定不移地奉行一个中国政策，希望在多领域与中国进一步加强务实合作。阿议会希望密切同中国全国政协的友好关系，学习中国的成功经验，为增进两国和两国人民之间的传统友谊而努力。访问期间，张榕明还会见了阿副议长库尔图及议会阿中友好小组成员。代表团主要成员全国政协教科文卫体委员会副主任王全书，全国政协常委、外事委员会委员高中兴，全国政协常委、江西省政协副主席郑小燕以及中国驻阿尔巴尼亚大使叶皓参加了上述活动。

11 月 1 日，塞尔维亚议长斯泰法诺维奇和总理兼内务部长达契奇在贝尔格莱德分别会见了全国政协副主席张榕明一行。张榕明表示，中国和塞尔维亚传统友谊深厚，双边关系发展顺利。自 2009 年两国建立战略伙伴关系以来，在两国领导人共同关心和推动下，政治互信加深，经贸领域合作不断取得新成果。塞方在中方关切的重大问题上一贯予以坚定支持，我们对此表示赞赏和感谢，并重申中国政府坚定支持塞维护主权和领土完整的立场。张榕明强调，中方高度重视发展中塞关系。当前，中国同包括塞尔维亚在内的中东欧国家关系面临广阔发展前景和良好机遇，中方愿与塞方共同努力，认真落实两国领导人达成的重要共识，充分利用中国—中东欧国家合作平台，加强两国在基础设施、能源、文化、教育、旅游等各领域务实合作，不断充实两国战略伙伴关系内涵。斯泰法诺维奇和达契奇表示，塞尔维亚人民对中国人民有真挚友好的情谊，重申塞议会和政府坚定奉行一个中国政策。塞议会和政府把发展对华关系作为对外政策的重点，将积极致力于推进塞中友好合作与交流，为两国战略伙伴关系增添活力。当日，张榕明还分别会见了塞第一副总理兼国防部长、前进党主席武契奇，塞议会副议长波波维奇和议会各党派议员团代表。

11 月 22 日至 12 月 1 日，应土耳其 KASID 商业协会以及以色列 Shirat 投资有限公司的邀请，民建中央副主席张少琴就中小企业和资本市场安全课题率团赴土耳其、以色列考察。考察团走访了伊斯坦布尔 KASID 商业协会总部、以色列 Shirat 投资有限公司、以色列 BenGurion 大学等，围绕促进中小企业发展、防范金融风险等问题与当地工商界人士、金融领域专家学者、企业家等座谈，并实地考察了 KASID 商会规模最大的房地产会员企业以及 BenGurion 大学。张少琴副指出中国和土耳其人民的友好关系源远流长，特别是近些年来，中土之间在政治、经济、文化等各方面关系发展迅速，希望今后进一步加强两国之间中小企业方面的合作，充分发挥商会的作用，促进两国经济交流与合作。随访团员和企业家与商会秘书长进行了热烈讨论和交流，并建立了友谊和联系。在以色列，Shirat 投资有限公司总裁 EliezerManor 先生和 BenGurion 大学副校长 AmodDror 教授等向考察团作了专题演讲，并与考察团就促进高科技创业、技术产业化、防范金融风险、促进资本市场安全的经验和教训等问题进行座谈和交流。考察团对以色列完善的科技创新体系及运作模式、从创业国度到智慧国度的发展经验以及金融体系创新与风险防范等内容有了深入了解，为今后提交的政协提案提供了有价值的参考信息。随同张少琴副主席考察的有民建会员中的政府任职人士、金融领域专家学者、企业家等。

（九）民建中央领导其他重要活动

1 月 7 日，全国人大常委会副委员长、民建中央主席陈昌智在京出席第四届建设创新型国家大会开幕式。他在讲话中指出，随着经济全球化的深入发展，我国在全球化调整发展中占据了新的优势。按照经济学原理，每一次世界经济危机后，经济复苏的基础都来自技术进步、产业重组和设备更新，经济发展不仅体现在量的增长，更多体现在质的飞跃，核心是创新能力各种要素的构建，所以中国企业的崛起创新是根本。他提出四点建议：一是进一步夯实企业的创新主体地位。二是政府要着力构建创新发展的氛围。三是努力打造创新型优势产业集群。四是构筑创新型人才的战略高地。

1月8日上午，全国人大常委会副委员长、民建中央主席陈昌智在京出席由国务院发展研究中心主办的第十届中国企业发展高层论坛，并作题为“经济结构调整与企业创新发展”的主旨演讲。在结构调整的大背景下，企业如何实现创新发展，他提出三点建议：一是抓住新兴产业领域技术变革和商业模式创新的机遇。二是抓住新一轮全球化带来的人才与技术流动的黄金期。三是探索传统产业领域转型升级的新路径。

1月9日，全国人大常委会副委员长、民建中央主席陈昌智在京出席由中国人民银行研究生部、各省（市、区）金融办及小额信贷协会、中国小额信贷机构联席会主办的第二届中国小额信贷机构联席会年会开幕式并讲话。陈昌智说，目前，农村金融、微型金融和小额信贷已成为中国金融改革的热点、难点和焦点。党中央、国务院高度重视培育微小型的金融组织和机构。他对进一步做好小额信贷工作提出几点意见：一是进一步深化金融体制改革，推动统筹城乡发展，实现共同富裕。二是促进县域经济和中小企业的可持续发展，需要因地制宜创新和完善基层金融服务体系。三是探索解决小微企业和农户融资难问题，创新贷款技术和手段。

1月10日，全国人大常委会副委员长、民建中央主席陈昌智在京出席2012搜狐新视角地产论坛并作题为“坚持调控不动摇促进房地产行业稳健发展”的主旨发言。陈昌智指出，中国房地产发展的大方向、大前景，是和中国经济发展趋势相一致的，是充满希望和机会的。一是中国人口基数大，对房地产具有刚性需求；二是中国城市化正处于高速发展期，房地产业的发展对城市化进程具有强劲的支撑；三是中国经济发展快捷，人民收入不断增长，生活水平提高，随之而来，老百姓对住房条件的改善和升级具有长期需求；四是中国人的传统观念，认为有房产就有安全感，房产具有绝对的财产属性；五是中国区域经济发展不平衡，房地产业发展具有区域差异大、收益极差大的特点。

1月17日，民建中央主席陈昌智、常务副主席马培华在民建中央机关会见了河北省丰宁满族自治县县委副书记李树德一行。李树德就丰宁“十一五”期间，丰宁县经济社会发展取得的成绩、丰宁县“十二五”规划发展及重大项目进展情况作了汇报，并代表丰宁县委、县政府及丰宁县40万人民对民建中央多年来的无私援助和倾情帮扶表示衷心的感谢。陈昌智对丰宁县取得的各项建设成果表示肯定，特别是在丰宁这样一个国家级贫困县，利用水资源丰富的优势，建设一个全国乃至世界最大的抽水蓄能电站工程，是个很大的亮点。他表示民建将充分发挥联系经济界的优势，继续帮助丰宁，推进抽水蓄能电站项目建设。陈昌智询问了丰宁村级思源卫生室目前的运行情况，指出建好村级卫生室、满足农民的基本医疗卫生需求，是关系到构建和谐社会的重大民生问题。民建中央社会服务部副部长夏赶秋陪同会见。

1月18日上午，民建中央主席陈昌智在民建中央机关会见了贵州省毕节市市长张吉勇一行。张吉勇就“十一五”期间，毕节市经济社会发展取得的成绩、毕节市“十二五”规划发展的重点作了汇报，并代表毕节830万人民对民建中央多年来的无私援助和倾情帮扶表示衷心的感谢。陈昌智对毕节扶贫开发取得的显著成绩表示赞赏，对毕节的工业化、城镇化、农业产业化战略表示肯定。他说，毕节的干部群众干劲很大，毕节发展前景很好，在这种良好的发展态势下，毕节市委、市政府要立足实际，放眼未来，在经济社会发展的谋划中既要注重发展的速度，又要注重发展的质量和效益。毕节既要统筹兼顾目前的发展，又要积极调整结构应对将来世界经济复苏对市场的挑战，用更多的高新技术产品占领市场。民建中央秘书长张皎和社会服务部副部长夏赶秋参加了会见。

1月31日至2月3日，民建中央常务副主席马培华赴湖南省调研基层组织建设情况，分别与民建益阳市委、民建常德市委班子成员及骨干会员座谈，认真听取基层民建会员关于加强会的自身建设、努力发挥参政党作用的意见和建议。马培华指出，民建各级组织在新时期要继承老一辈光荣传统，自觉接受中国共产党的领导，坚定不移地走中国特色社会主义政治发展道路；加强民建组织建设，增强会员与组织、会员与会员之间的沟通与交流，加强学习培训，不断提高参政议政的能力；充分利用民主党派参政议政的平台，紧紧围绕党和政府中心工作，广泛深入地开展调研，积极建言献策；创新社会服务方式，打造民建特色品牌，努力为提升人民的幸福指数添砖加瓦，经济社会发展作出新的更大贡献。民建湖南省委主委赖明勇等陪同调研。

2月4日至5日，民建中央副主席辜胜阻就组织建设工作和企业发展问题先后赴黑龙江省七台河市、鸡西市进行调研。民建黑龙江省委主委孙东生陪同。辜胜阻先后参加了民建七台河市委会、鸡西市委会的座谈会，亲切看望、慰问市委领导班子成员、骨干会员、机关工作人员。他希望大家要进一步加强学习、加强自身建设，继续做好社会服务工作，立足于当地经济社会实际积极开展调查研究活动，积极建言献策，认真履行参政党职能。同时希望民建会员企业家要把中小企业做专、做精、做稳、做优，发挥自身优势，努力为推动当地经济社会发展作出贡献。调研期间，辜胜阻出席了在哈尔滨举办的2012亚布力中国企业家论坛第十二届年会并作《高度重视实体经济空心化的潜在风险》的专题报告。

2月14日下午，民建中央副主席辜胜阻在北京会见了世界银行中国局局长克劳斯·罗兰德（KlausRohland）先生，就当前中国经济发展方式转变、实体经济与产业升级等问题进行了广泛深入地交流与探讨。随后辜胜阻还会见了美国华采商业银行董事会主席、CEO、行长黄建庚（Mr.ChrisHuang）先生一行。双方就民间金融、中小企业融资、社区银行的建立和发展等问题进行了交流探讨。

2月15日下午，民建中央主席陈昌智，第一副主席张榕明，常务副主席马培华，副主席张少琴、辜胜阻等会见中共河北省委书记、河北省人大常委会主任张庆黎一行到访民建中央。陈昌智代表民建中央感谢中共河北省委及统战部对河北民建的关心和支持，并要求民建河北省委认真学习贯彻河北省第八次党代会精神，更好地开展工作。对于河北的经济社会发展，陈昌智提出三点建议：一是继续贯彻科学发展观，始终坚持科学发展，注重发展的质量和效益。二是注重经济结构调整，把改造传统产业和发展现代服务业结合起来，实现更好更快发展。三是在经济发展的同时，注重社会发展和改善民生。张庆黎简要介绍了河北省经济社会发展情况，希望民建中央一如既往地关心河北、支持河北，为河北的经济社会发展提出更多更好地意见和建议。

2月16日上午，民建中央主席陈昌智、常务副主席马培华会见了到访的国家旅游局局长邵琪伟一行，就大力发展文化旅游产业专题进行座谈。陈昌智介绍说，近几年民建中央的重点调研专题一直围绕“转方式、调结构”这一主题，连续就城乡统筹发展、促进节能减排、发展战略性新兴产业和发展现代服务业进行了深入调研，并形成了参政议政成果。发展文化旅游产业，既有利于转变经济发展方式、调整产业结构、提高服务业增加值在国民经济中的比重，又可以缓解就业压力，提高居民收入水平，同时还能够推动文化交流传播，促进社会主义文化大发展大繁荣。2012 年，民建中央将就文化旅游产业发展问题开展一系列调查研究，形成建议报送中共中央、国务院，希望能够得到国家旅游局的支持，加强合作，共同做好这一工作。

2 月 27 日，全国人大常委会副委员长、民建中央主席陈昌智在北京饭店亲切接见第七届“紫荆花杯杰出企业家奖”获奖企业家。“紫荆花杯杰出企业家奖”由香港理工大学主办，并由中华全国工商联合会、中国民营科技实业家协会、工业总会（台湾）、香港工业总会、香港中华厂商联合会、香港中华总商会、香港总商会和紫荆花杯杰出企业家协会协办，旨在表彰对中国工商业及科技发展和社会进步做出积极贡献的优秀民营企业家，并借助香港这一国际渠道，提高其国际知名度，加强与港澳台乃至亚太地区工商界的交流与合作,进一步拓展国际市场。陈昌智充分肯定了“紫荆花杯杰出企业家奖”评选活动，指出评选活动对于加强香港和内地工商界的联系，促进两地企业整体科技及管理水平的提高，宣传内地企业形象，为企业创新与可持续发展创造更多机会具有重要意义。他也对获奖企业家提出两点希望：一是希望民营企业要加快创新，在企业规模不断做大的同时，在企业管理、科技发展、经营水平、国际化发展方面不断总结经验，探索适合企业自身发展的模式，力争有所创新。二是希望能够积极履行社会责任，民营企业在创造利润的同时，也要承担起对员工、消费者、社区和环境的责任和义务。

2 月 29 日上午，民建中央第一副主席张榕明在民建中央机关会见了到访的甘肃省副省长李建华一行。双方就《关于六盘山连片特困地区的调研》重点专题进行了座谈。张榕明表示，甘肃省在扶贫工作上有不少好的做法，值得借鉴。她希望在 4 月份的调研中，更为深入的了解当地的环境资源、生产生活、人民收入等情况，做好建言献策工作，帮助贫困人群脱贫致富奔小康。李建华介绍了甘肃省的基本情况，以及部分地区贫困程度较深，生态环境恶劣，边远山区行路难、饮水难、住房难、就医难、上学难、增收难等问题十分突出，亟须通过连片开发的方式进行帮扶。受邀座谈的还有国家发展和改革委员会地区司巡视员王新怀、国务院扶贫办规划财务司副司长张广平。民建中央调研部部长蔡玲等出席了座谈。

3 月 7 日晚，民建中央主席陈昌智在北京设宴招待来京出席两会的部分港澳代表和委员，并与他们亲切交流。陈昌智在讲话中回顾了过去一年来我国经济发展与社会建设取得的主要成就，分析了全球经济复苏形势，以及未来一年我国经济发展可能面临的不确定性因素和可能出现的困难与问题。他感谢各位与民建有着密切友好关系的港澳老朋友，多年来在支援内地经济建设与文化扶贫等工作上给予民建的帮助。希望广大民建会员与香港和澳门的工商经济界保持密切的联系与交往，为国家的发展和民族的复兴作出新的贡献。民建中央副主席辜胜阻，民建中央秘书长张皎，民建中央对外联络委员会主任李晓林、副主任叶青，民建中央联络部副部长金德安、副部长汪洋等来宾出席了交流会。

3 月 19 日至 23 日，民建中央常务副主席马培华率调研组就“深化金融改革创新，促进实体经济发展”重点专题赴浙江省考察。调研组一行深入杭州、宁波、台州和温州等地，实地调研了雅戈尔集团、星星集团、浙江俊尔新材料有限公司等企业，并就当前实体经济的发展情况、存在问题及意见建议，与相关政府部门和企业交流座谈。马培华在调研中指出，浙江省在实体经济发展方面先行先试，尤其在金融支持实体经济发展方面有很好的经验可以借鉴。大力发展实体经济是促进经济平稳较快发展、改善人民生活水平的重大战略选择。当前在复杂而严峻的形势下，实体经济受到前所未有的挑战，应进一步深化金融改革，牢牢把握实体经济这一坚实基础，促进金融更好地服务实体经济，着力改善实体经济发展环境，助推民营经济转型发展，提高实体经济发展质量。民建浙江省委主委吴国华，丰陪同考察。

3月19日下午,民建中央副主席辜胜阻在北京会见了古巴驻华大使阿尔贝托·亥苏斯·布朗科·希尔瓦先生。阿尔贝托大使介绍了古巴的总体情况，就辜胜阻即将率团访问古巴表示欢迎。他说古巴是拉美地区第一个与中国建交的国家,与中国人民有着深厚的友谊。中国已连续六年成为古巴的第二大贸易伙伴，这份关系是独一无二的。辜胜阻认为，中古经济体制改革具有三个共同点。首先，在开展大范围的改革之前都进行了广泛的、群众性的大讨论，都具备解放思想的过程；其次，中古进行的都是结合自身发展特色的渐进式改革，也就是邓小平说过的“摸石头过河”；再次，古巴共产党“六大”文件里体现了非常重要的一点，社会主义对于任何人来说是机会权利平等，公平不等于平均。这也是中国的改革所强调的，一定要打破平均主义。民建中央联络部副部长汪洋陪同会见。

3月21日至22日，民建中央主席陈昌智到民建北京市西城、东城区委参加座谈会，听取工作汇报，与会员代表座谈并作讲话。陈昌智充分肯定了民建西城、东城区委在加强自身建设、参政议政、社会服务等方面所取得的成绩，对他们发挥专委会作用，召开提案分析会，探索家访支部模式，努力挖掘“沉淀”会员，发挥品牌示范带动作用和民建期刊宣传作用等工作特点、做法给予了充分认可。希望大家重视思想建设，加大对新会员的思想教育培训力度，引导和培养他们正确的政治意识和政党意识。做好组织发展工作，从区情出发做好高层次代表性人士发展工作。积极支持、配合市委会今年的换届工作。在参政议政方面，要调动广大会员的积极性，充分发挥现有各方面的人才优势，在围绕区委、区政府中心工作认真履行参政党职能的同时，拓宽视野，拓展参政议政的范围，可以对全北京市以及中央政策措施提出建议意见。在社会服务方面，要进一步拓展社会服务的范围，组织与北京市其他区县以及周边省、市联合活动。民建中央副主席、北京市委主委王永庆、民建中央组织部部长李世杰陪同调研。

3月21日，民建中央副主席张少琴出席民建中央“深化改革，促进资本市场安全健康发展”重点专题开题会。张少琴指出，资本市场的改革与健康发展具有国家安全战略意义。资本市场的安全对国家经济的健康发展至关重要，金融市场的发展目标归根到底要服务于实体经济的发展、现代社会需求和占据国际竞争的制高点。他进一步要求，要高度关注作为企业重要融资平台的二级资本市场的健康和可持续发展，要在法律、制度、政策、服务和监管等方面加强研究，在深化改革，促进资本市场安全健康发展上提出高质量的意见建议。中国证监会发行监管部罗卫、信达证券有限公司吴立光、泰康资产管理有限公司王贵平、申银万国证券研究所魏强等专家介绍了资本市场的总体情况和存在的问题，就其中主要的二级市场风险做了揭示。民建中央调研部部长蔡玲及有关人员参加了会议。

3 月 27 日，民建中央副主席辜胜阻在京出席了由中国企业家论坛举办的“第四届法中企业总裁会晤”活动。25 位来自中法两国重量级企业的高管参与了高层对话。其中包括法国液化空气集团、法国圣戈班集团、法国达索系统公司、法国燃气苏伊士集团、法国塞博电器集团、标致雪铁龙集团、道达尔集团、法国万喜集团等世界 500 强企业和四环生物、泰康人寿、美特斯邦威等国内知名企业。辜胜阻副在活动中与中外企业家交流对话，并就欧元区债务危机对中国和欧洲公司的影响、中国新经济发展模式等话题进行了深入探讨。

4 月 12 日下午，民建中央主席陈昌智莅临四川眉山调研。汇报会上，中共眉山市委书记李静就眉山市的基本市情、经济社会发展及支持加强民主党派建设情况作了介绍，民建眉山市委主委祝明洪也就自身建设工作作了汇报。陈昌智在讲话中对眉山的经济社会发展与民主党派建设工作给予了充分肯定。他指出，地方政府在抓经济社会发展的时候，一定要注意经济质量和经济效益的提高。要积极改造传统产业，以新技术提升与带动传统产业发展。眉山文化旅游资源丰富，距离成都近，可以对文化旅游进行很好的打造包装，要进一步做好规划，开拓思路，创新手段，多形式开发旅游资源，将眉山文化旅游做强做大。陈昌智指出，民建眉山市委队伍年轻，注重思想建设与队伍建设，在参政议政和社会服务方面都取得了很好的成效。民建四川省委主委、省人民政府副省长陈文华，民建四川省委副主委王元勇陪同调研并参加了汇报会。

4 月 13 日上午，全国人大常委会副委员长、民建中央主席陈昌智在成都出席“第三届中国（西部）高新技术产业与金融资本对接推进会”，并作题为“推动金融资本与战略性新兴产业结合，助力经济结构调整和经济发展方式转变”的主题发言。陈昌智强调，战略性新兴产业是推进经济结构调整和经济发展方式转变的重要途径。他提出以下建议：一是加快金融体制改革，加大金融对战略性新兴产业的支持。二是优化科技金融生态环境。三是发挥好政府引导和服务职能。四是大力推进科技金融创新。

4 月 14 日下午，民建中央主席陈昌智在民建中央机关亲切接见正在国家行政学院学习的中组部第 18 期厅局级公务员进修班和中央社会主义学院学习的成都市党外人士、统战部长培训班的民建学员，与大家座谈并合影留念。陈昌智希望大家通过这次集中学习，更深入了解掌握多党合作理论和统一战线知识，不断地提高政治觉悟和政党意识，明确地认识中国的政党制度和中国特色社会主义民主政治，要学透会章会史，把历史与现实结合起来，融会贯通，指导我们的工作实践。民建中央组织部部长李世杰主持了座谈会。

4 月 16 日至 20 日，民建中央第一副主席张榕明率民建中央“六盘山连片特困地区的调研”重点专题调研组赴甘肃开展调研。调研组行程 900 多公里，先后到定西市岷县、通渭县，平凉市庄浪县的十几户农民家中，了解当地的环境资源、生产生活、人民收入等情况。先后在兰州市和定西市召开了“甘肃六盘山集中连片特困地区座谈会”和“甘肃西部片专题调研座谈会”，分别听取了甘肃省政府、省扶贫办、省发改委、省交通运输厅以及甘肃西部 5 个市、22 个县的工作汇报。张榕明指出，甘肃的发展要集全国之力、集全社会之力。一方面，要积极争取国家政策支持，另一方面，要动员社会各界爱心人士，全力帮助甘肃发展。民建中央将在深入调研的基础上，积极建言献策，为贫困人群脱贫致富多办实事。

4月18日下午，民建中央副主席辜胜阻在北京会见了中国美国商会会长孟克文（ChristianMurck）先生。孟克文向辜胜阻介绍了中国美国商会的性质，会员构成和主要工作。双方就美国企业在中国的投资现状等问题展开探讨。宾主双方都认为现阶段国内人力成本上涨是影响外资企业运营的一个重要因素。尽管中国人口结构变化带来的工资上涨、劳动力结构调整等问题对在华企业而言是一个新的挑战，但是相对于世界其他地区，中国仍具竞争优势。辜胜阻高度评价了中国美国商会撰写的年度商务环境调查报告，对商会引导、扶持美国小型企业来华投资，以及组织各类企业交流活动表示赞赏，希望有机会参与其中。双方还就辜胜阻五月份率团赴美访问的相关事宜、温州金融体制改革等问题交流了意见。民建中央联络部副部长汪洋陪同会见。

4月19日至26日，民建中央副主席辜胜阻就“化解小微企业困境”和农业科技等问题在河北省进行了调研。辜胜阻先后在石家庄、三河市燕郊经济技术开发区与当地部分会员企业家进行了座谈，就小微企业在当前发展中面临的问题进行了探讨。

4月23日至25日，民建中央副主席宋海率民建中央“加强和创新社会管理”重点专题调研组在上海调研。民建中央副主席周汉民参加调研。课题组先后与上海市发改委、市社团管理局、市妇联等相关职能部门和部分行业协会、组织代表进行座谈，听取上海社会管理基本情况介绍以及在创新社会管理方面的举措和探索。并与静安区民政局、区社建办、区社联会负责同志座谈，详细了解区内社会管理现状、面临困难和压力、政府购买社会组织服务等情况。宋海对此次调研成果给予了充分肯定。他说，加强和创新社会管理是我国当前面临的一个重大任务，通过座谈会和实地考察，上海的社会管理很多好的经验和做法值得学习，令课题组深受启发，对于进一步提升和优化课题报告起到重要作用。他还肯定了上海首创、民建会员积极参与的“上海市精神文明建设市民巡访团”，巡访团在上海社会管理中发挥的独特作用。调研期间，宋海还前往民建静安区委考察，对区委在民主监督、参政议政方面取得的成绩表示赞许。

4月25日，辜胜阻赴河北省任丘市，就农业技术推广法修正案草案开展立法调研，实地考察了任丘市农业技术综合区域站、农业局原种场和丰丽园农业发展股份有限公司，仔细询问了任丘农技推广工作开展、实施成效、公益定位、人才建设、经费保障等几个方面的情况，并与基层单位负责人和工作人员进行广泛座谈，就贯彻农业技术推广法的基本情况，存在的主要困难和问题，以及下一步如何修改完善，认真听取他们的意见和建议。在石家庄期间，辜胜阻副还出席了华北浙商峰会并作演讲。

4月26日下午，民建中央主席陈昌智在京亲切会见到访的中国国民党副主席、海基会董事长江丙坤先生一行，宾主双方就感兴趣的话题开展了热情友好的交流。陈昌智向客人介绍了民建的发展以及参与国家政治经济生活的主要情况，回顾了民建近年来开展对台交流取得的主要成果。江丙坤愉快回忆了2006年应民建中央之邀来京出席台北女性画会作品联展开幕式的盛况，感谢民建中央对两岸文化交流和经贸合作的鼎力推动。全国人大常委、民建中央副主席辜胜阻，中共中央台办综合局副局长郑崇阳，民建中央联络部副部长金德安、副部长汪洋等陪同会见。

5月7日至11日，民建中央常务副主席马培华就民建市级组织自身建设工作先后赴四川乐山、广元、巴中调研，并与三地市级组织领导班子、支部主任、骨干会员亲切座谈。马培华对乐山、广元、巴中的各项工作给予了充分肯定，并就市级组织建设工作提出三点要求。一是要弘扬民建优良传统,夯实思想基础。二是要加强代表性人士队伍建设。要把培养选拔素质优良、结构合理、数量充足、同中国共产党同心同德的党外代表人士作为加强参政党建设的重要内容。三是要结合当地实际，提高参政议政能力，认真履行参政党职能，为促进经济发展、社会和谐作出贡献。调研期间，马培华会见了三地党政主要领导。在广元市，马培华还视察了广元市总工会以及惠民帮扶中心，并对惠民中心着力保障和改善民生所做出的积极努力表示赞赏，对惠民帮扶中心在维护困难群众合法权益、促进经济社会和谐发展发挥的重要作用给予充分肯定。

5月8日，民建中央主席陈昌智带队就“大力发展文化旅游产业、促进经济结构调整”重点调研专题在北京调研。中共中央政治局委员、中共北京市委书记刘淇会见了考察团一行。陈昌智介绍了民建中央五年来围绕转方式、调结构所做的重点专题调研情况，对中共北京市委、市政府对民建工作的支持表示了感谢。刘淇简单介绍了北京市文化旅游发展的工作思路，感谢民建对北京市经济社会发展的关心和帮助。专题组实地考察了什刹海历史文化旅游区、恭王府、历代帝王庙、“798”艺术园区等，听取了情况介绍，了解了北京市西城区、朝阳区文化旅游产业发展的有关情况。陈昌智说，北京发展文化旅游产业有很好的基础，要注意处理好开发旅游资源和文物保护之间的关系，要注意研究消费者的需求，多种形式开发更为丰富的旅游项目和旅游产品。中共北京市委常委、统战部长牛有成，北京市人大常委会副主任吴世雄，民建中央副主席王永庆等陪同调研。

5月9日至12日，民建中央副主席张少琴带队就“深化改革，促进资本市场安全健康发展”重点专题赴上海调研。调研过程中，张少琴说，经过不断的探索和努力，我国资本市场功能和作用日益显现，规范化程度不断提高，在融资、优化资源配置等方面为我国经济的发展发挥着越来越重要的作用。同时我们应该清醒地看到，我国资本市场的安全在发展中面临着新的挑战和机遇，资本市场日益成为各种金融力量“竞技”的场所，股票市场异常动荡与“失灵”的风险不可忽视。

5月11日至12日，民建中央副主席张少琴赴山东省东营市、滨州市就民建市级组织工作进行调研。民建山东省委主委郭爱玲陪同调研。张少琴在调研座谈会上分别听取了民建东营市委会和滨州市委会的工作汇报，他对东营和滨州市委会在组织建设、制度建设、参政议政、社会服务等各项工作中取得的成绩给予充分肯定。张少琴强调，民建各级组织要进一步统一思想、坚定信心，集中精力把全国“两会”的精神学习好、贯彻好、落实好；要认真学习《中共中央关于加强新形势下党外代表人士队伍建设的意见》和贾庆林同志的重要讲话精神；要大力弘扬民建的优良传统，发扬“五个坚持”和“四种精神”，自觉与中国共产党在思想上同心同德、目标上同心同向、行动上同心同行；要发挥民建密切联系经济界的优势，调动广大会员积极性，为推动当地经济社会发展作出更大贡献。

5月11日至12日，民建中央副主席辜胜阻就“化解小微企业困境”问题在浙江绍兴考察调研。辜胜阻指出，当前民营企业转型升级面临六大机遇：人口城镇化、经济服务化、发展低碳化、产业高端化、企业信息化和经营国际化。人口城镇化将为民企创造巨大消费市场和投资空间，发展低碳化将为企业带来绿色经济机遇，产业高端化将推进企业的转型升级，企业信息化将帮助企业应对高层次竞争，服务产业发展将会提供巨大的市场需求,而经营国际化将扩大企业的海外进程。辜胜阻还就企业家关注的产业技术创新、知识产权保护、人才教育培养等问题，发表了自己的看法。

5 月 16 日下午，民建中央副主席辜胜阻到长沙三一工业城，听取了三一重工股份有限公司生产经营情况的介绍，并到三一重工服务调度中心及生产车间进行了实地考察。在调研中辜胜阻指出，当前我国经济面临实体经济空心化的问题，巩固实体经济基础是成功实现“软着陆”、避免经济“硬着陆”的关键，而实体民营企业目前看来还面临很多困难和问题。三一重工近年来在工程机械行业不断开拓进取，锐意创新，取得了快速的发展。同时三一重工也在不断坚持走国际化道路，逐步实现了“从商品输出到资本输出”、“从中国制造到中国所有”，这些成功的经验都很值得国内其他企业借鉴。在长沙期间，辜胜阻还出席了“2012 世界华商领袖峰会”并进行了演讲。

5 月 24 日至 28 日，民建中央副主席张少琴赴贵州省六盘水市、黔南州和黔东南州就民建市级组织工作进行调研。张少琴在调研座谈会上分别听取了民建六盘水市委会、黔南州委会和黔东南州委会的工作汇报，对他们在组织建设、制度建设、参政议政、社会服务等各项工作中取得的成绩给予充分肯定。张少琴强调，民建各级组织要进一步统一思想、坚定信心，认真学习《中共中央关于加强新形势下党外代表人士队伍建设的意见》和贾庆林同志的重要讲话精神；要大力弘扬民建的优良传统，发扬“五个坚持”和“四种精神”，自觉与中国共产党在思想上同心同德、目标上同心同向、行动上同心同行；要发挥民建密切联系经济界的优势，调动广大会员积极性，为推动当地经济社会发展作出更大贡献。调研期间，张少琴还考察了民建会员企业，他希望民建地方组织继续重视对会员企业的关心和帮助,希望民建会员企业家把握机遇，增强创新意识，在加快经济发展方式转变、保障和改善民生上有更大作为。

5 月 25 日上午，民建中央主席陈昌智在中共中央统战部会见香港城市大学“城贤汇”访问团一行。陈昌智简要向客人介绍了祖国实行改革开放以来特别是近阶段国家的发展情况，也对香港形势谈了谈看法，并提出三点希望：第一，发扬传统，始终坚持爱国爱港立场。第二，发展会务，努力建设城大校友之家。第三，发挥优势，共同构建繁荣和谐香港。中央统战部副部长尤兰田等参加会见。

5 月 29 日,民建中央第一副主席张榕明同民建湖北省、市级组织的负责同志进行座谈。张榕明第一副主席首先对民建湖北省委新一届领导集体表示祝贺，对第六届民建湖北省委的工作给予充分肯定，并提出五点希望：一是认真贯彻学习胡锦涛总书记在党外人士迎春座谈会上的讲话精神，进一步增进政治共识、进一步提高履职水平、进一步搞好政治交接；二是要认真贯彻落实中共十八大精神，用十八大精神指导今后的工作；三是组织好代表参加民建第十次全国代表大会；四是加强团结、加强学习、加强思考、加强民主；五是切实履行好参政党职能，特别是在当前转型跨越发展时期，要紧密结合湖北省的省情和各地的实际情况，关注人民群众关心的突出问题，关注贫困地区和弱势群体的发展。同时，要对社会服务工作进行认真谋划，集中物力财力，长期持续关注某一领域，努力扩大民建的社会影响。民建湖北省主委郭跃进主持座谈会。

5月29日至6月1日,民建中央常务副主席马培华赴云南省调研,亲切看望了民建保山、昭通市委班子成员及骨干会员，听取大家对做好会的各项工作的意见和建议，并就进一步加强自身建设、履行好参政党职能提出要求。在滇调研期间，马培华常务副主席听取了民建云南省委主委、云南省副省长高峰同志关于即将召开的民建云南省委第八次代表大会筹备情况的汇报，分别会见了保山、昭通两地的党政领导。

5月31日，民建中央主席陈昌智在青海调研民建会员企业。陈昌智主席一行考察了青海西旺实业（集团）有限公司、西宁市第一职业技术学校、泰丰先行锂能科技有限公司，陈昌智勉励民建青海省委会持之以恒，把同心品牌建设基地进一步做好做实，不断扩大民建的影响力。中共青海省委书记强卫，省委常委、秘书长王小青，民建省委主委、副省长高云龙陪同调研。

6月15日，民建中央第一副主席张榕明在福建泉州调研。张榕明一行先后视察了民建会员企业大帝集团、石狮市佳龙石化纺纤有限公司，并分别召开了调研座谈会。亲切接见了民建泉州市委领导班子及机关有关部门负责人。民建泉州市委主委戴仲川简要汇报了泉州民建各级组织在组织建设、参政议政、社会服务等方面所取得的成就。张榕明要求全市各级民建组织要围绕中心，服务大局，加强民主、加强团结、加强学习、加强思考，针对广大民营企业在发展过程中遇到的降低成本、开拓市场、融资难题等，积极建言献策，为助力民营企业转变发展方式，为推动泉州经济社会健康快速发展献智出力。

6月15日，民建中央副主席辜胜阻在宁夏银川召开座谈会，就当前经济形势及中小企业发展面临的困难和问题，与部分当地会员企业家、经济界人士进行座谈和交流。辜胜阻强调，实体经济发展，则国家兴盛；实体经济衰退，则国家没落。当前要高度重视如何夯牢实体经济的坚实基础，采取有效措施优化中小企业外部发展环境，防止实业“空心化”经济大幅下滑风险。为此，政府要深化改革，加强服务，为实体企业发展营造宽松的经营环境和安全的法治环境。通过对垄断行业、财税体制、要素市场、金融体系等一系列改革，缓解企业融资困难，拓宽民间投资渠道，降低“用工荒”压力，减轻企业税费负担，完善创新政策体系，助推企业转型升级。同时，希望企业能够不断提高管理水平，重视技术创新，提高产品附加值，做长产业链，以更好地适应当前的困境。在宁夏期间，辜胜阻副主席还赴银川金凤区实地视察了宁夏西海固生态移民安置区工程。民建宁夏区委主委孙贵宝陪同调研并参加座谈。

6月21日，民建中央主席陈昌智到湖北宜昌视察民建工作，与宜昌民建企业家会员座谈。湖北省政协副主席仇小乐，民建湖北省委主委郭跃进陪同调研。陈昌智主席一行会见了民建宜昌市委会全体班子成员，召开了民建企业家会员座谈会。陈昌智主席在认真听取汇报后充分肯定了宜昌民建在各方面工作取得的成绩，并对今后的工作提出了继续加强自身建设、积极做好参政议政工作、坚持做好社会服务工作等几点要求。

6月27日至28日，民建中央副主席辜胜阻在广东佛山就当前经济形势和企业运行情况进行调研，并召集部分当地企业家代表、政府主管部门负责同志进行座谈和交流。座谈会气氛热烈，与会人员各抒己见，畅所欲言，就当前经济形势、企业运行情况、面临困难和问题及下一步发展趋势，纷纷发表不同见解和看法，提出了很多建设性的意见。辜胜阻指出，当前经济最重要的任务就是要处理好“稳增长”和“促转型”之间的关系，既要防止经济“硬着陆”的风险，又要防止经济增长持续放缓。一是放宽市场准入，激活民间投资；二是促进消费，财政补贴汽车下乡和节能家电；三是对中小企业或小微企业实行定向宽松的货币政策；四是把减税费作为积极的财政政策。

7月5日至12日，民建中央副主席张少琴率“环首都欠发达地区发展”调研课题组赴河北省开展调研。调研课题组听取了承德市政府及有关部门、丰宁县、兴隆县、滦平县的工作汇报。深入滦平县两间房乡、长裕谷镇考察了肉鸡加工企业并看望了贫困农户。在座谈会上张少琴说，河北省委书记张庆黎热情邀请民建对环首都欠发达地区的科学发展进行调研，民建中央高度重视，专门组织专家学者成立了调研课题组，对环首都欠发达地区和贫困县进行实地调研，并与地方政府相关部门领导深入交流座谈，专家们对贫困地区艰苦奋斗的精神以及在河北省委省政府的正确领导下取得的丰硕成果，表示了赞扬。同时就欠发达地区如何发挥自身优势脱贫致富、科学发展提出了很多宝贵的建议，得到了地方政府的高度赞同。本次调研取得了好成果，产生了好影响，是一次共产党领导下的多党合作的生动实践。

7月9日至10日，民建中央第一副主席张榕明一行赴江西考察调研，与民建江西省委新一届领导班子亲切座谈。张榕明认真听取了民建省委会领导班子和常委的发言。她对民建江西省委在自身建设、参政议政、社会服务和推动地方经济发展中所做的工作给予了肯定，并对进一步做好民建工作提出了要求。7月10日上午，张榕明一行还前往民建会员企业煌上煌集团有限公司、八大山人画院进行考察。江西省人大常委会副主任胡振鹏，民建江西省委主委孙菊生陪同调研。

7月12日下午民建中央副主席辜胜阻专程到北京中关村科技园区调研企业转型升级。北京金和软件股份有限公司董事长兼总裁栾润峰介绍了公司的转型情况及成功做法，随后就上地科技园区企业发展情况及转型存在的困难和问题作了专题汇报。辜胜阻指出，当前经济下行压力很大，中小企业发展面临的环境较为复杂，需要大力推进以技术创新、服务创新、管理创新为主要内容的企业创新体系建设，加快推动企业的转型升级步伐，以更好地应对目前较为复杂困难的局面。

7月13日上午，民建中央主席陈昌智出席上海佑华实业向思源工程捐赠仪式。陈昌智对于方永章先生及上海佑华实业发展有限公司的致富思源、回报社会的实际行动给予了充分肯定。他说，关注弱势群体，帮助贫困地区群众解决生产生活问题，是一个社会问题，需要全社会共同关心和努力。他希望有更多爱心人士、爱心企业在不断发展壮大的同时能够主动承担更多社会责任，积极投身于社会公益事业，为改善贫困地区人民群众的生产生活状况，不断提高我国的综合国力作出更大的贡献。民建中央副主席张少琴等出席仪式。

7月16日至17日，民建中央第一副主席张榕明一行来宁夏视察工作。自治区党委书记张毅，自治区政府主席王正伟，自治区政协主席项宗西，自治区党委常委、统战部长马三刚会见了张榕明副主席一行，并商谈了成立宁夏中华职业教育社的相关事宜。随后，张榕明与民建宁夏区委会新一届领导班子亲切座谈，并提出了“四个加强”的要求。一要加强团结，班子成员要注意培养工作的默契，建设一个互相支持、互相学习的团结集体；二要加强学习，通过学习会史，学习民建老一辈的先进事迹和高尚风尚，把老一辈的开拓精神传扬下去，推动社会主义核心价值体系学习教育活动的深入开展；三要加强思考，加强对国情和会情的思考，对民建工作、民建发展多调查，勤思考；四要加强民主，确保民建会员做到科学参政、民主参政、依法参政，确保民建会员做到多建推动科学发展之言，多谋推动科学发展之策，多尽推动科学发展之力，为全面建设小康社会作出积极的贡献。

7月20日，民建中央副主席辜胜阻就组织建设工作和城市经济发展问题赴黑龙江省黑河市进行调研。调研期间，辜胜阻看望了民建黑河市委领导班子成员和骨干会员，并召开了座谈会。座谈会上，辜胜阻副主席认真听取了市委主委张岭关于近年来黑河民建主要工作的情况汇报。他首先代表民建中央对广大会员表示问候，肯定了民建黑河市委的工作，同时要求市委在省委的支持和关心下，进一步做好组织建设工作。辜胜阻还就中小企业发展现状、当前经济形势走向、黑河市经济发展问题与前景与参会的企业家会员进行了讨论和交流。他希望大家处理好用工成本、融资成本和各种税费繁杂等问题，抓住黑河大力发展旅游产业和对俄贸易契机，坚持在困难中前行，使企业顺利发展。

7月31日，民建中央主席陈昌智到民建北京大兴总支第四支部参加支部活动。他视察了会员单位——北京永林医院，听取了民建大兴总支的工作汇报，对大兴总支成立以来取得的成绩予以肯定。对今后总支工作，陈昌智特别指出：一是进一步加强思想政治建设，尤其是对年轻会员的会史及统一战线理论教育不能放松；二是支部工作要按照中央要求结合实际出实效；三是要继续做好参政议政工作，为区域发展献计出策；四是在社会服务工作上要集中力量，突出重点，形成自己独特的品牌。民建中央副主席、民建北京市委主委王永庆等陪同参加活动。8月8日至9日，民建中央第一副主席张榕明一行到青海省调研。张榕明听取了民建青海省委在加强领导班子和领导集体建设、推进基层组织建设和提高参政议政质量等方面的工作汇报。她对民建青海省委在参政议政、自身建设等方面取得的工作成绩给予充分肯定，希望民建青海省委在今后工作中，要紧密结合学习贯彻胡锦涛总书记7月23日在省部级主要领导干部专题研讨班发表的重要讲话精神，进一步增进政治共识，进一步提高履职水平，进一步加强政治交接，通过加强学习、加强团结、加强民主、加强思考，不断增强凝聚力和向心力，推动民建各项事业蓬勃发展。张榕明也听取了省中华职业教育社的工作汇报，对青海省中华职业教育社努力推动职业教育事业发展所取得的成绩给予充分肯定并提出指导意见。调研期间，张榕明出席了“第三届海峡两岸（西宁）终身教育论坛”开幕式并作了主旨演讲。

8月8日至10日，民建中央副主席周汉民赴葫芦岛、锦州市就民建市级组织建设工作进行调研，分别听取民建市委的工作汇报，并与领导班子成员、支部主任等骨干会员亲切座谈交流。民建省委主委武献华陪同调研。在充分肯定了民建葫芦岛、锦州市委在组织发展，参政议政，社会服务等项工作的同时，周汉民提出了几点希望：一要加强学习，当前重点是学习胡锦涛总书记的“七一”重要讲话和在“省部级主要领导干部专题研讨班”开班式上的重要讲话。二要加强研究当前世界经济和国内经济。要特别关注当前世界经济形势严峻性。三要内强素质，外塑形象。周汉民要求全体会员立足葫芦岛市的经济发展，热爱这座历史名城、英雄之城。为该市的经济社会发展做出无私的奉献，积极为2013中国锦州世界园林博览会的成功举办作出贡献。调研期间，周汉民副主席还分别会见了中共葫芦岛、锦州市的党委、政府、统战部的主要领导。

8月16日，民建中央主席陈昌智在京出席了2012年中外投资机构暨民营企业北京投资发展洽谈会并致辞。陈昌智说，2012年是实施“十二五”规划承上启下的重要一年，为落实首都科技和文化创新双轮驱动格局的发展目标，建设现代服务业中心城市，促进创业投资、私募股权投资以及民营企业在北京投资发展，民建北京市委携手北京市投资促进局、北京市产权交易所共同举办“2012年中外投资机构暨民营企业北京投资发展洽谈会”，这是民建北京市委引领会员企业家积极参与首都建设，践行“北京精神”，落实“同心”思想的具体体现。陈昌智指出，参会的代表中不仅有北京市的企业家，也有各地的著名民营企业家，其中有相当一部分是民建会的优秀企业家。这次大会也为国内外创业投资、私募股权投资以及各行业民营企业搭建了一个推介北京投资环境和重点项目的平台。近年来，北京市政府在推动科学发展，加快转变经济发展方式，吸引优秀人才落户北京等方面，出台了诸多优惠政策。北京作为首都和最具创新活力的城市具有得天独厚的优势，希望股权投资机构和民建企业家，抓住机遇到北京来投资到首都来发展，参加到中国特色世界城市建设中来，为首都创新发展，和谐发展出谋划策、献计出力。民建中央副主席辜胜阻、王永庆等出席会议。

9月4日至7日，民建中央副主席王永庆赴江苏省调研民建组织建设。王永庆先后走访了南京、扬州、泰州、南通等地，参加了各地举办的与支部、市委会领导班子成员和民建会员代表的座谈会，听取了当地民建市委会的工作汇报。王永庆充分肯定了各地民建市委各项工作取得的成绩，并对工作给予了指导。他说，第一，各级组织要以邓小平理论和“三个代表”重要思想为指导，认真学习贯彻科学发展观，坚定正确的政治方向，始终与党中央保持高度一致性；第二，要不断加强基层组织建设，创新工作思路，开展丰富多样的基层组织活动，进一步提高服务能力和履职能力，更好地发挥出团结和凝聚广大会员的作用；第三，要积极履行参政议政职能，把参政议政工作纳入重要工作议事日程，要引导会员立足自己的本职工作，发挥专长，积极参与课题调研，建言献策，反映社情民意，撰写参政议政文章，发挥好民主党派的参政议政作用。王永庆还要求各级组织和广大会员要进一步做好社会服务，对外联系，信息沟通等方面的工作，努力为民建事业作出自己更大的贡献。调研期间，王永庆还与中共江苏省泰州市委统战部负责同志就有关问题交换了意见。

9月7日，民建中央常务副主席马培华在江苏调研期间考察了民建会员企业天合光能，并与民建常州市委领导班子及骨干会员亲切座谈。中共常州市委书记阎立、副书记戴源，民建江苏省委主委洪慧民，民建常州市委主委邵明等陪同考察，会员企业家、天合光能董事长高纪凡汇报工作。马培华在考察时强调，如何利用好、发展好可再生能源不仅关系到环境质量，同时也关系到产业结构调整与新兴产业发展。作为光伏产业的龙头企业，天合光能要多与政府相关部门做好联合项目，多关注缺电少电的落后地区；作为民建会员企业，天合光能支部要充分利用好多党合作的平台，发挥统一战线力量。马培华还调研了民建常州市委机关工作和各基层委员会的主要工作，勉励民建市委继承和发扬传统，领导班子要有干劲、有思路、有激情，充分调动会员的积极性；民建市委机关要有责任、有热心，服务好广大会员；民建会员要有使命感和社会责任感，为经济社会发展多作贡献。

9月8日至9日，民建中央副主席辜胜阻在黑龙江省齐齐哈尔市调研民建地方组织建设和企业发展情况，并召集部分民建基层会员及企业家代表进行座谈和交流。辜胜阻对民建齐齐哈尔市委的工作给予了充分肯定，并对今后工作提出了具体要求。他强调，解决问题的关键是大力发展民营经济，发挥拥有大量熟练产业工人的优势，通过招商引资、政策引导和扶持，促进齐齐哈尔民营企业的快速发展和提升，实现促进经济增长、产业结构调整、增加就业和财政增收的多重发展目标。在黑龙江期间，辜胜阻还实地考察了哈尔滨邦尼老年服务机构、齐齐哈尔轨道交通装备有限责任公司，出席了哈尔滨商业大学建校60周年活动并作了“中国‘十二五’产业升级与企业转型”的学术报告。民建黑龙江省委主委孙东生陪同调研。

9月11日，民建中央主席陈昌智、第一副主席张榕明与前来走访民建中央的中共中央统战部部长令计划、常务副部长张裔炯、副部长陈喜庆等一行座谈。陈昌智简要介绍了民建五年来在自身建设、参政议政、社会服务等方面的主要情况。陈昌智表示，中共十八大即将召开，民建将切实把思想和行动统一到十八大精神上来，进一步解放思想、振奋精神、开拓创新，在坚持和发展中国特色社会主义中更好地发挥参政党的作用，为实现十八大提出的奋斗目标和任务贡献智慧和力量。令计划向民建领导班子、机关干部和广大成员表示诚挚的问候，对民建的工作给予了充分肯定。他说，民建自60多年前成立以来，始终与中国共产党风雨同舟、亲密合作，广泛团结爱国的民族工商业者和所联系的知识分子，为推进多党合作事业，为夺取中国革命、建设和改革事业胜利都作出了独特而重要的贡献。民建要继续加强理论学习，增进政治共识，认真贯彻落实胡锦涛总书记“7•23”重要讲话精神，坚定不移地走中国特色社会主义道路；认真做好换届工作，深化政治交接，确保民建的政治方向不变、优良传统不变，推动多党合作事业持续发展；着力提高履职水平，搞好参政议政，广泛调动广大成员的积极性、主动性、创造性，履行好参政党职能；大力加强队伍建设，以加强代表人士队伍建设为核心，为更好地发挥参政党作用奠定人才基础。座谈会由民建中央常务副主席马培华主持。民建中央副主席辜胜阻、宋海、李谠、吴晓青、王永庆，秘书长张皎和机关部门负责人参加座谈。中共中央统战部秘书长安七一，中共中央统战部一局局长吴晓礼陪同走访。

9月14日，民建中央主席陈昌智在宁波与部分会员进行座谈。在听取了民建宁波市委会主委张明华介绍市委会的有关情况，和部分会员代表的发言后，陈昌智主席作了讲话。他对市委会的各项工作特别是关心老会员方面给予了肯定，希望市委会能够继续发扬优良传统。陈昌智并对市委会的各项工作提出希望：在参政议政工作方面，希望围绕中共市委、市政府的中心工作，围绕人民群众关心的热点难点问题积极建言献策，抓准问题，提出有针对性的政策建议；在社会服务工作方面，希望会员积极履行企业公民的职责，保持传统，争取更大的成绩。此外，针对当前严峻的国内外形势，陈昌智勉励会员保持头脑清醒，在发扬传统的基础上，大胆创新，保持生机和活力，积极应对困难的局面。民建浙江省委原主委吴国华参加了会议。

9月18日上午，民建中央主席陈昌智在民建中央副主席周汉民的陪同下，出席民建上海中医药大学委员会成立大会，并与会员亲切座谈。陈昌智代表民建中央向新成立的民建上海中医药大学委员会表示热烈的祝贺，对校党委对民建工作的关心支持、及校党委统战部对民建工作的具体指导表示诚挚的感谢。陈昌智说，民建上海中医药大学委员会的成立，标志着民建事业又有了新的发展。多年来，民建上海中医大支部在校党委的领导下，在思想建设、参政议政等各项工作中取得了积极的成果，在学校、上海民建各级组织中产生了良好的影响。此次上海中医药大学民建组织由支部升格为委员会，不仅是组织形式上的变化，更要体现到能力的提升上。会后，陈昌智一行参观了上海中医药博物馆。该馆馆藏丰富、陈列精彩，是博大精深的中医药学和中医药文化的缩影。陈昌智兴致勃勃地参观了互动感应式针灸铜人、中医数字化四诊仪等项目，并不时询问有关情况。他对上海中医药博物馆在弘扬中医药文化、普及中医药知识方面所取得的成绩表示了肯定。

9月18日，民建中央主席陈昌智在民建中央副主席、民建上海市委主委周汉民陪同下，出席民建上海市委创意产业委员会揭牌仪式暨会员座谈会，并共同为创意产业委员会揭牌。陈昌智认真听取了创意产业委员会会员结合各自创意产业工作的实践情况，围绕创意产业发展环境、加强政策支持和管理等问题所作的发言，向大家提出了三点希望：一是坚持创新。创意产业的存在和发展主要是依靠创新，需要有新的观念和理念，新的思路和方式，不能束缚思想，要勇于开拓。二是要办好企业。创意产业办的还是企业，企业要有效益，要把创新的意识与物资、人才、技术手段等结合起来，这样才能产生效益和利润，企业才能壮大，产业才能发展。三是要紧密结合参政议政。创意产业作为新事物，管理体制、扶持政策等都还不完善，会员们提出的意见和建议对产业的发展会有积极的促进和帮助。

9月18日下午，全国人大常委会副委员长、民建中央主席陈昌智出席由民建上海市委与普陀区政协联合举办的2012“苏州河论坛”暨“浦江论坛”。陈昌智在讲话中说，随着经济的发展，商贸业已成为国民经济的重要组成部分，是现代经济社会发达程度的重要标志之一，在经济结构中居于重要位置。“十二五”时期，是我国经济社会发展的重要一年，也是上海国际贸易中心建设的功能突破期。应该认识到，打造成为国际贸易中心，是一项庞大而复杂的系统工程，要根据新形势、新特点，建设与中国国际贸易地位相匹配、具有国际国内两个市场资源配置功能、现代服务业发达的国际贸易中心。

9月21日，民建中央主席陈昌智出席南充民建成立60周年庆祝大会。陈昌智希望南充民建各级组织和广大民建会员，发扬民建优良传统、加强学习和思想建设，围绕党委政府中心工作抓好参政议政和社会服务，为地方发展多作贡献，以良好的精神风貌和优异成绩迎接中共十八大和民建十大的胜利召开。

9月27日，全国人大常委会副委员长、民建中央主席陈昌智出席在成都举行的第四届中国西部国际资本论坛，并作主旨演讲，本届论坛主题为“构建西部资本市场高地、推动股权投资与企业上市”。陈昌智在主旨演讲中指出，在新一轮西部大开发的背景下，构建西部资本市场高地、推动股权投资与企业上市，具有重要的现实意义。他强调，民间资本发展关乎经济发展的动力、活力和可持续性。西部地区要支持民营经济发展壮大和民间资本积累；采取经济手段，以利益驱动，鼓励民间资本参与西部大开发；加快金融体制改革，为民营资本参与西部大开发提供投融资条件。

10月10日至13日，民建中央副主席周汉民赴渭南、汉中、榆林三市的民建组织就民建市级组织建设工作进行调研，分别听取民建市委的工作汇报，并与领导班子成员、支部主任等骨干会员亲切座谈交流，参观了会员企业陕西汉王药业股份有限公司。民建陕西省委主委李冬玉陪同调研。周汉民充分肯定了民建渭南、汉中、榆林市委在组织发展、参政议政、社会服务等项工作，并提出了几点希望：一要加强学习，重点是学习即将召开的中国共产党第十八次代表大会和年底前将召开的本会十大的重要文件精神。二是加强自身建设。要秉承民建的优良传统，积极履行参政党职能，要做好自己的事，做好会员的事。三是抓好会的组织发展。会员发展比例不高，发展人数少，要积极推进会员发展工作。四是要谋大局，想长远，干实事。和平和发展是当今世界的主流，机遇与挑战并存，我们要抓住机遇迎接挑战。虽然有很多不确定的因素，但经济建设绝不可动摇，民建要在紧紧围绕当地的经济建设多做文章。虽然我们是业余闹“革命”，但成绩要是一流的。参政议政、民主监督是我们民主党派的主要工作，不要本末倒置。社会服务要尽力而为，量力而行。

10 月 12 日，民建中央常务副主席马培华出席全国政协优秀提案和先进承办单位表彰会并发言。马培华在发言中介绍了民建中央通过提案履行职能的成功经验和体会，提出民建中央提案工作的五个特点：一是领导高度重视，调研基础扎实，提案持续反映重大的宏观问题；二是发挥特色优势，提案持续反映民生热点问题；三是举全会之力，拓宽提案素材来源；四是创新机制，提案工作不断进步；五是加强沟通协商，切实发挥提案实效。民建中央共有 9 件提案被评为优秀提案，占民主党派中央、全国工商联优秀提案总数的 15.8%，在党派、团体中名列前茅。民建中央《关于进一步推动沿边开放、促进边境少数民族地区发展的提案》等 9 件优秀提案反映问题具体翔实、建议切实可行，得到了全国政协和承办单位的好评。

10 月 15 日，全国人大常委会副委员长、民建中央主席陈昌智在陕西西安出席西北大学建校 110 周年庆祝晚会并致辞。陈昌智说，西北大学具有厚重的办学历史和光荣的办学传统。作为西部地区历史最悠久的综合大学，110 年来，西北大学不仅见证了中国高等教育的现代化进程，也见证了中华民族，特别是西北地区从积贫积弱逐步走向繁荣富强的伟大变迁。学校今后一个时期的发展理念和建设思路，既脚踏实地，又志存高远，充分体现了扎根西北、放眼世界的宏大追求。西部这方热土上，有西北大学这样一所充满理想的大学，有这样一群充满活力的师生，是民族的骄傲，是祖国的自豪。

10 月 16 日，全国人大常委会副委员长、民建中央主席陈昌智在西安出席第一届中国民营航空产业发展论坛并致辞。陈昌智说，本次论坛以“军民融合，创新机制，优势互补，共赢发展”为主题，是一次展开交流对话、积极务实的盛会，也是一次谋求合作、共同发展的盛会。战略性地引导民营经济进入中国航空产业，构建多元化的经济结构和市场体系，促进制造技术和管理模式与国际接轨，是中国航空工业加速产业化发展，实现跨越式发展的必由之路和战略选择。

10 月 17 日，民建中央主席陈昌智在陕西与民建西安市委会部分会员座谈。在听取了会员的情况介绍后，陈昌智主席对民建西安市委五年来的各项工作给予肯定。围绕结合实际进一步推动民建工作，他指出，首先要加强自身建设，特别是加强思想建设，促进会员主动学习政治理论和会章会史，积极继承老一辈的优良传统和可贵品质，切实提高政治意识、政党意识和会员意识。其次要紧紧围绕党和政府的中心工作参政议政、履行职能，注重凝聚民建同仁的整体力量，充分发挥专委会和专家学者的重要作用。同时，要突出重点开展社会服务，集中领域、选准目标，追求实效、形成品牌，尤其要在提高经济发展质量和效益，推动民生保障和改善等方面，切实发挥民建的优势，作出应有的贡献。民建陕西省委主委李冬玉参加。

10 月 28 日，民建中央主席陈昌智，常务副主席马培华，副主席王永庆出席中国民主建国会北京大学委员会成立大会。陈昌智主席代表民建中央对民建北京大学委员会的成立表示衷心的祝贺，对北京大学党委和统战部对民建工作的支持表示感谢。陈昌智说，民建北京大学委员会的成立对中国民主建国会来说，是一件令人高兴的事情，它对民建的事业发展将起到一个推动和促进作用。陈昌智提出了三点希望：第一，希望民建北京大学委员会新一届班子做到政治过硬，业务精干，团结协作，甘于奉献，能够带领会员认真履行参政议政的职责，发挥好会员作用；第二，希望民建北大委员会认真开展自身建设，开展好思想建设，一定要有参政党和会员的意识，在重大事件上要有政党和会员意识，要把各项工作做好，加强理论学习，做好政治交接，坚持有中国特色的社会主义政党制度；第三，希望民建北京大学委员会进一步加强组织建设，不仅要注重质量，也要注意数量。民建北京大学委员会要放宽视野，要为北京大学、海淀区、北京市和全国的发展多作贡献，为民建中央多提优秀提案，搞好参政议政工作。

10 月 29 日至 11 月 1 日，民建中央常务副主席马培华就地方组织建设赴四川省雅安市、凉山州调研。马培华充分肯定当地民建近年来的工作，对当地中共党委和政府一直以来对民建工作的关心和支持给予高度赞赏，并表示由衷的感谢。他寄望民建组织在参政议政、服务社会等方面开阔视野，利用好资源，紧紧围绕地方党委、政府工作中心，充分发挥每一位会员的积极性，把参政议政工作提高到一个新的水平。在川期间，马培华常务副主席看望了民建四川省委班子成员，并就进一步做好民建工作进行了深入交流。

11 月 6 日至 7 日，民建中央副主席辜胜阻在甘肃省天水市调研民建地方组织建设和企业发展情况，并召集民建天水市委领导班子、部分基层会员和企业家会员代表进行座谈。辜胜阻对民建天水市委的工作给予了充分肯定，同时对今后的工作提出了具体要求。他指出，在当前复杂的经济形势下，企业生存和发展面临多重困境，一是用工难；二是融资难；三是税费重；四是用地难。他强调，解决当前经济发展面临的问题首先要解决企业发展问题，经济发展靠企业，要自上而下的帮助企业改善经营环境，让企业有利可图，并形成雇主与员工共同体、企业与政府共同体，多方面共同推动企业的良性发展，以保持经济的平稳增长。

11 月 13 日，民建中央主席陈昌智、常务副主席马培华在民建中央机关亲切接见正在中央社会主义学院学习的第 28 期民主党派干部培训班的民建七位学员，与大家座谈并合影留念。座谈中，学员们畅谈了两个多月来学习的收获和体会。陈昌智在听取大家的发言后，希望大家要带着问题来学习，在理论联系实际的学习中去思考和解决问题。进一步搞好会务工作。坚持把思想建设放在首位，组织发展工作要坚持“注重质量，注意数量，保持特色，优化结构”的原则，特别要善于发现、吸收经济界高层次代表性人士，也包括其他界别高层次代表人士。要发挥优势，搞好参政议政。参政议政要与会员的专业行业相结合，要及时了解和研究会员结构，多动脑筋，充分发挥和利用会员之所长，发挥民建的整体作用。

11月21日，全国人大常委会副委员长、民建中央主席陈昌智在京出席第十届中外跨国公司国际年会并致辞。陈昌智说，本届国际年会邀请中外财经政要、跨国公司领袖、经济学界专家，共同分析国内外经济形势、探讨经济政策取向、交流企业成功经验、谋划经营战略和策略，对贯彻落实十八大提出的各项战略任务，推进企业改革发展，十分及时。陈昌智提出几点意见：第一，转变发展方式、调整经济结构依然是企业的首选之策。第二，深化国企改革、提高市场化程度是一个必须勇敢面对的问题。第三，稳步走向世界、拓展国际市场必须坚定不移、坚持不懈。陈昌智表示，目前的当务之急是要冷静分析内外形势，学习国外跨国公司经验，适当调整经营战略，制定灵活的经营策略，内部建立适应全球化经营的管理体系和文化理念，对外树立合作共赢的企业形象，靠诚信和实力赢得信任，闯过难关，拓宽市场。

11月25日下午，全国人大常委会副委员长、民建中央主席陈昌智在京出席第七届中国中小企业家年会开幕式并作题为“发展实体经济，解决融资难题，加快中小企业发展”的讲话。陈昌智说，中小企业是我国国民经济和社会发展的重要力量，促进中小企业发展，是保持国民经济平稳较快发展的重要基础，是关系民生和社会稳定的重大战略任务。当前从宏观经济各项指标来看，我国经济社会发展形势是符合预期的，经济增速仍保持在年初确定的目标区间内。但受国内外复杂多变经济形势的影响，我国经济运行出现了不少值得关注的新情况，特别是中小型，尤其微型企业面临的困难和问题比较突出。对于解决中小企业发展中遇到的问题，陈昌智提出要破除行业壁垒、深化金融体制改革、减轻税费负担、重视中小企业产业集群与工业园区高新区的建设和发展等建议。

12月4日至5日，民建中央副主席、环保部副部长吴晓青先后在河南省三门峡市、新乡市就民建组织建设问题进行调研，分别出席了民建三门峡市委、新乡市委召开的会员座谈会。民建河南省委主委龚立群陪同调研。吴晓青围绕市级组织的工作提出三点希望：一是加强学习。要始终把思想教育放在首位。当前要认真学习中共十八大会议精神，深刻理解和坚持科学发展观的指导地位，全面认识建设中国特色社会主义的深刻内涵，准确把握对全面建成小康社会作出的新部署。学习民建的光荣历史和优良传统，从而自觉维护中共的执政地位，做到同心同德、同心同向、同心同行。二是发挥作用。作为联系经济界的参政党，应继续围绕地方政府的中心工作谋大事，为地方经济社会发展献良策，立足优势，有所作为。三是搞好自身建设。抓好班子建设和支部建设，内强素质，外塑形象。联系本地实际，努力吸收代表性人士入会，让会员有特长，企业有特色，支部有活力，更好地建设适应新世纪要求的参政党。调研期间，吴晓青副主席还考察了豫飞重工集团和河南诚城集团两家会员企业；听取了河南省环保厅有关环境监测工作的汇报，检查了郑州市空气质量信息发布情况。

12月11日，全国人大常委会副委员长、民建中央主席陈昌智在京亲切会见一国两制研究协会理事长、台湾嘉农农业发展基金会总裁蔡武璋先生一行四人。陈昌智对蔡武璋通过一国两制研究协会以及蔡氏宗亲总会等民间组织广泛团结爱国人士，为祖国的和平统一事业献计出力表示高度肯定。他说，蔡先生对祖国充满感情，也为推进祖国和平统一做了大量工作。蔡氏在全球有1000多万人，不可小看，是个不小的力量。通过宗亲会来凝聚宗亲力量，将会积极推动全球华人的团结与合作，推动祖国的和平统一。陈昌智指出，当前两岸关系进入了一个比较好的发展机遇期，希望两岸广大民间社团，抓住机遇推动合作与发展，造福两岸人民。陈昌智强调，加深两岸同胞的感情联络，是两岸和平统一的基础。他希望蔡先生多来大陆，多为两岸和平发展做实事。他说，大陆始终是台湾人民的坚强后盾，大陆广阔的市场同时也是广大台商最大的发展舞台。

12月13日，民建中央主席陈昌智出席“思源工程”第二届理事会第七次会议。陈昌智听取“思源工程”五年来的工作及2012年度工作情况等汇报后表示，“思源工程”多年来倡导“饮水思源，回报社会”的理念，得到民建会员和广大社会爱心人士的积极响应和踊跃践行，成为和谐社会的正能量。希望“思源工程”在良好的社会氛围中，发扬优良传统，创新工作方式，凝集民建及社会各界爱心企业和人士，按照中共十八大提出的总要求，为全面建成小康社会贡献做出新的更大的贡献。

12月27日，民建中央主席陈昌智、副主席王永庆在京出席了民建中科院委员会成立大会。陈昌智代表民建中央对民建中科院委员会的成立表示热烈的祝贺，对中科院党组、京区党委和统战部对民建工作的支持表示感谢。陈昌智希望中科院委员会新一届领导班子政治上过硬，能够团结协作，甘于奉献，带领会员认真履行参政议政的职责，发挥好民主党派作用。他指出，民建中科院委员会要组织会员认真学习中共十八大精神，重视组织建设，多发展优秀人才入会，同时也希望中科院党组、京区党委和统战部为民建中科院委员会多推荐优秀人才。最后，陈昌智希望民建中科院委员会要为中科院、海淀区、北京市乃至全国的发展建设多作贡献，多提优秀提案，积极做好参政议政工作。

二、参政议政

2012年，民建认真学习贯彻中共十八大精神，充分发挥密切联系经济界的特色和优势，紧密围绕十二五规划的实施，深入调查研究，积极建言献策，取得了参政议政工作的新成果。

（一）全国政协十一届五次会议提案、发言材料

在2011年民建中央重点专题报告、专委会课题报告以及春秋季成果征选材料的基础上，经过认真分析、加工转化，以及专家论证，最后经主席、各位副主席认真审阅、亲自修改，主席办公会研究讨论，完成了民建中央向全国政协十一届五次会议提交的4件大会发言材料和39件政协提案。其中，《大力发展现代服务业推进产业结构调整》为政协大会口头发言，《持续推动沿边开放促进边境少数民族地区发展》、《创造良好制度环境帮助中小企业应对“用工荒”》、《加快以企业为主体的国家技术创新体系建设促进实体经济可持续发展》为政协大会书面发言；由民建中央、农工党中央、全国工商联联合提交的《关于强本固基维护实体经济坚实基础的提案》被列为全国政协一号提案，《关于防范我国地方政府投融资平台风险的提案》、《关于加快文化创意产业发展的提案》2件提案被全国政协评为优秀提案，《关于持续推动沿边开放提高边境少数民族地区生产生活水平的提案》被列为全国政协办公厅与提案委员会联合重点督办提案，《关于加强和创新我国社会管理问

题的提案》被列为全国政协社会和法制委员会重点督办提案，《关于强本固基维护实体经济坚实基础的提案》、《关于加大金融改革力度优化民间借贷环境的提案》、《关于加强劳动保障法制建设维护农民工合法权益的提案》、《关于加强食品安全检验检测体系建设的提案》等4件提案参加全国政协提案办理协商会，《关于支持现代服务业发展加快经济发展方式转变的提案》、《关于采取有效措施治理农产品重金属污染的提案》等19件提案被全国政协《重要提案摘报》采用。

民建中央提案得到了承办单位的高度重视和认真办理，39件提案在正式答复之前均得到了承办单位通过电话、电子邮件、传真等不同形式的专门沟通和反馈，并已全部收到了承办单位的书面答复意见。其中，教育部、人力资源和社会保障部、工业和信息化部、商务部、住房和城乡建设部等多个部委通过召开专门会议或亲自派人到民建中央拜访等方式就有关提案的承办情况和回复意见进行了当面沟通和反馈。

此外，民建中央在全国政协常委会上作了《坚定信念改革创新全力推进科学发展》的口头发言材料和《深化金融改革创新，促进实体经济发展》的书面发言材料；在全国政协专题协商会上作了《规范发展我国社会组织，创新社会管理方式》的发言。

（二）围绕专题，开展调研工作

围绕民建中央年初确定的六个重点调研专题，在各位领导直接指导下，分别确定了工作计划、调研方案，组建调研队伍，开展不同形式的调研和座谈活动。

1. “大力发展文化旅游产业，促进经济结构调整”重点专题。该专题由民建中央主席陈昌智负责，是中央统战部支持的大考察调研专题。按照陈昌智要求，成立重点专题调研组，建立与文化部、国家旅游局的日常联系，筹备并召开重点专题开题会，分别到河南、北京、海南、安徽等地进行调研，期间共召开9场不同层次的座谈会，实地考察部分当地文化和旅游资源，详细了解文化旅游产业发展现状，并向中共河南省委、省政府提交了书面交换意见材料，起草了重点专题调研报告。在广泛征求各方意见基础上，经陈昌智审定，最终报送中共中央、国务院，得到了国务院领导同志的批示。此外，调研报告还为高层协商和三季度政协常委会发言提供了素材。

2. “六盘山集中连片特困地区”重点专题。该专题由民建中央第一副主席张榕明负责，她亲自召开了由甘肃副省长李建华、宁夏副主席屈冬玉等有关领导参加的调研专题座谈会，组建了民建专题调研组，赴甘肃省定西、平凉、庆阳三市深入县、乡、村、贫困户进行调研，期间召开了3场座谈会，听取了甘肃、陕西、宁夏、青海四省区政府和兰州等8个市级政府及近40个县区政府的工作汇报。最后形成了调研报告，并通过中央统战部报送中央领导，得到多位中央领导同志的批示。8月，国家出台的六盘山片区区域发展与扶贫攻坚规划中采纳了调研报告中的全部10条建议，并在甘肃定西召开了扶贫攻坚启动会议。

3. “深化金融改革创新，促进实体经济发展”重点专题。该专题由民建中央常务副主席马培华负责，组建了专家队伍，筹备并召开了开题座谈会，分别到浙江杭州、宁波、台州、温州等地进行了调研，起草了调研报告提纲。在此基础上，筹备并召开了专家座谈会，联系广东、福建、北京、江苏、陕西、湖南、河南等地民建组织和专家学者，提供成果材料并反馈报告意见，最终形成了重点专题调研报告，并通过中央统战部报送中央领导，得到了国务院领导同志的批示。此外，调研报告还为高层协商和三季度政协常委会发言提供了素材。

4. “深化改革，促进资本市场安全健康发展”重点专题。该专题由民建中央副主席张少琴负责。按照领导要求，组建了专题调研组，筹备并召开了专题开题会，草拟了调研提纲。在张少琴带领下，赴上海市和深圳市开展调研，与券商、上市公司分别召开座谈会，到上海证券交易所和深圳证券交易所进行深入交流，实地考察了部分上市公司，最终形成了题为《深化改革，促进资本市场安全健康发展》的专题调研报告终稿，提交民建九届六中全会审议。

5. “关于化解小微企业困境的调研”重点专题。该专题由民建中央副主席辜胜阻负责，调研组就小微企业融资难、融资贵、成本高、税负重等发展困境，先后赴 21 个省市自治区进行了调查，召开了数十场座谈会，听取了逾 300 名企业家、专家和职能部门的业内人士意见，同时还实地考察了几十家小微企业，了解他们的生产经营和企业发展情况。根据调研发现的问题，认真收集材料，及时归纳梳理，最终形成了《缓解小微企业发展困境的调查与政策建议》的专题调研报告。此外，调研报告的部分内容已分作 6 份社情民意报送全国政协，在多次召开的中共中央党外人士高层协商会议的发言中也吸纳了调研报告里的部分内容，专题调研组的相关调研报告还得到了国务院领导同志的批示。

6. “规范发展我国社会组织，创新社会管理方式”重点专题。该专题由民建中央副主席宋海负责。按照领导安排，广泛搜集整理了有关社会管理方面的材料供领导参考，筹备并召开了开题会，成立了专题调研组，分别到广东、上海、北京等地进行调研，召开了不同形式的座谈会，认真了解和收集有关方面的意见建议，起草了专题调研报告，经广泛征求意见和宋海审定，最终通过中央统战部报送中央领导，得到国务院领导同志的批示。此外，其阶段性调研成果为政协专题协商会发言提供了素材。

民建中央调研部还就上述重点调研专题向民建各省级组织、各位中央委员发出了《关于做好 2012 年会中央六个重点专题调研工作的通知》，大部分省级组织和中央委员选择了至少一个课题进行研究，部分为民建中央重点专题调研报告提供了素材。

（三）围绕热点问题，开展应急调研活动

应中共河北省委的邀请，民建中央增加了“环首都欠发达地区发展”专题调研，该专题由民建中央副主席张少琴负责。专题调研组赴河北省保定、张家口、承德三市，深入县、乡、村，实地考察了一批企业，走访了一批贫困户，召开了三场座谈会，听取了部分副市长、市直部门、县长的工作汇报；同时，还召开了五次专题调研组讨论会。根据调研情况，最终形成了《支持环首都扶贫攻坚示范区发展的调研报告》，通过中央统战部报送中央领导，得到了国务院领导同志的批示。

此外，通过中共中央统战部向中共中央领导报送了《关于中国民主建国会企业家会员拟筹建民营银行致温总理的一封信》和《强本固基维护实体经济坚实基础》两篇专项书面建议，均得到了国务院领导同志的批示；就“现代农业发展”赴吉林进行了专项调研，并为高层协商发言提供了素材。

（四）参加高层政治协商及其他重要会议

民建中央领导参加新春座谈会、征求政府工作报告意见座谈会、半年经济形势分析座谈会、全年经济形势分析座谈会、最高人民检察院民主监督座谈会，在会上积极发言，提出意见建议，受到高度重视。

（五）反映社情民意工作

做好社情民意的日常编辑、报送，来稿采稿的登记、统计、分析，以及定期通报、反馈等工作。截至12月31日，共收到各级组织的社情民意来稿2676篇，编辑并向全国政协、中央统战部报送727期。截止到11月底，被全国政协采用62期，其中《建议对西部地区未利用土地的开发实施差异化政策》得到了中共中央领导同志批示。同时注意加强与地方组织、全国政协等相关单位的联系，参加了全国政协信息工作座谈会，并参加民建安徽、江西、北京等省市举办的社情民意信息员培训班并作辅导报告。

三、社会服务

2012年，民建中央统筹兼顾，突出重点，扎实有效地推动社会服务顺利开展，以务实的态度和创新的精神，较好地完成了各项工作任务。

（一）深入贯彻民建中央《关于新形势下进一步加强社会服务工作的意见》，扎实有效地开展定点扶贫工作

1. 进一步理清帮扶思路，助推地方县域经济发展。在帮扶黔西工作中，针对黔西县独特的喀斯特地质地貌，民建中央确定了帮助黔西发展旅游业的扶贫新思路。今年2月，组织中国社会科学院旅游研究中心和北京第二外国语学院旅游发展研究院专家深入黔西县新仁乡、协和乡开展调研，形成了《对促进黔西县旅游业跨越式发展的认识》和《民建中央的旅游扶贫模式——“黔西模式”》等调研成果，为地方领导提供了重要的决策依据。4月，民建中央社会服务部与贵州省旅游局、毕节市委、毕节市人民政府共同主办的首届国际喀斯特生态旅游论坛。促成北京第二外国语学院下属的旅游发展研究院在黔西县洪水乡解放村设立乡村旅游研究基地，这是该院在北京之外设立的第一个乡村旅游发展研究基地。该基地将以黔西县乡村旅游发展研究为核心，充分发挥二外在教学科研方面的人才优势，为黔西旅游经济服务，为黔西旅游业发展提供智力支持和科研保障。

促成民建会员企业、秦皇岛泰昌房地产开发有限公司与黔西县政府合作，拟投资4亿元建设黔西县南部新区纵一线市政道路及配套设施，双方已于7月签订了框架合作协议。协调民建会员企业、四川现代教育集团投资1亿元在黔西建设现代职业教育中心项目。

深入大别山区安徽省金寨县果子园乡吴湾村建设油茶基地，开展系列扶贫项目的考察、对接工作。组织部分民建会员企业家组团赴贵州安顺和黔西县投资考察，动员企业界会员为贵州省的民建中央帮扶定点县的区域经济发展助一臂之力。应民建四川省委邀请，组织专家和会员企业家赴泸州开展旅游资源调研与招商引资活动，随行专家为泸州

旅游业出谋划策，为泸州进一步挖掘旅游资源潜力、推动旅游业发展提供了重要的决策依据。

2. 加强智力支持，助推人才培养。民建中央以人才培训和技能培训为切入点，先后组织开展了百名乡村干部培训、百名乡村骨干教师培训等工作，着力提高贫困地区人力素质，为脱贫致富打下坚实基础。在长沙市、黔西县举办黔西县村干部培训班，培训了138名村干部；在天津和北京举办黔西县第一期乡村骨干教师培训班，培训了207名乡村教师；在云南举办了第五期“园丁计划”培训班，培训了84名基层教师；在黔西县举办乡村医生培训班，培训了100名乡村医生。协调黔西县20名品学兼优学生参加扬帆计划2012年暑期夏令营的工作，协调通威饲料公司对黔西县500名农民进行致富技能培训。

3. 关注改善民生，促进农民增收。联系会员企业家与中华思源扶贫工程基金会共同出资350万元，在黔西实施了贫困残疾人治疗计划、“同心新村”饮水工程、援建图书室和电脑室项目，目前上述项目正在进展当中。协调落实捐资50万元，在新仁乡化屋村、群益村实施百亩樱桃种植项目，目前两百亩樱桃长势良好。开展向黔西县困难群众捐赠衣物的活动，共收到捐赠衣物1182件，已送往黔西。

在帮扶丰宁工作中，落实多个帮扶项目：为丰宁县天桥镇前沟门村援建灌溉管道6500米；捐资25万元，修建沼气池100口；捐资10万元在前沟门村建设200个沼气罐，首批42个已经安装完毕；为丰宁希望小学和思源卫生室捐赠25台电脑、打印机等教学和办公设备，目前已全部送至受捐学校和村委会；此外还为丰宁捐赠1台救护车、7套办公桌椅，3台冰柜和衣物。协调基金会、爱心会员企业向丰宁医疗事业捐资80万元，为丰宁援建10个村级卫生室，为300名白内障患者免费施行复明手术。在黔西、丰宁两县组织了两次送医下乡活动，并分别捐赠了价值1万元的药品，共接诊患者200人次，受到当地群众和医护人员的热烈欢迎。

4. 发挥示范带动作用，建设“同心·思源”生态农业示范园。为打造产业化扶贫的新领域，今年2月民建中央社会服务部与民建贵州省委联系会员企业，共同在黔西县协和乡实施“同心·思源”生态农业示范园建设，并协调落实对该示范园建设支持项目资金56万元。在示范园启动仪式上，会员企业、贵州赖永初酒业有限公司与该乡签订了10000亩红英子高粱种植的合作协议；贵州北极熊实业有限公司与该乡签订了5000亩黑莓示范种植基地合作协议；贵州恒霸药业有限公司与该乡签订了1000亩中药材种植合作协议。据估算，村民每种一亩高粱、黑莓和中药材，分别每亩每年最低可增收1200元、1000元和1300元。目前，高粱已喜获丰收、黑莓和中药材长势良好，项目进展顺利。

（二）成功实施民建思源教育移民计划

中华思源工程扶贫基金会与地方组织共同出资1000多万元，从2012年9月起，在六盘山区、武陵山区、大别山区、原中央苏区实施“思源·教育移民计划”。该计划涉及湖北、湖南、重庆、贵州、安徽、河南、陕西、甘肃、青海、宁夏、江西11个省、直辖市、自治区。根据该计划，每年将在上述11个省、直辖市、自治区连片特困地区的贫困县开办民建“思源·教育移民班”，每班50名学生，连续三年开设新班，共招收2050名学生。

为更好地开展这项工作，民建中央社会服务部与中华思源工程扶贫基金会拟定了“思源·教育移民计划”实施方案，积极与民建各省级组织及统战部、教育部门沟通协调，寻找合作学校，并筹措资金、选拔学生，稳步推进各项工作。9月，在各省级组织的紧密配合和努力下，“思源·教育移民计划”正式启动，16个民建“思源·教育移民班”在湖北、湖南、重庆、贵州等11个省、直辖市、自治区正式开班，来自在六盘山区、武陵山区、大别山区、原中央苏区的800名家庭贫困的优秀小学毕业生受益。10月15日，民建“教育移民”研讨会在北京成功召开，展示了“教育移民”工作的做法和成果，分析了存在的问题，提出了下一步工作努力方向。

（三）积极服务会员企业

1. 认真组织,成功筹办2012’中国（新疆）非公论坛。7月16日至17日,民建中央、工业和信息化部与新疆维吾尔自治区人民政府在新疆乌鲁木齐市共同举办了“2012中国（新疆）非公有制经济发展论坛”。各界各地代表共计1500人参会。论坛对当前宏观经济形势以及如何鼓励民间投资进一步发展等问题进行了深入研讨，取得了圆满成功。一是本届论坛以“鼓励民间投资助推区域经济发展”为主题，专家学者们在论坛上发表真知灼见，与参会企业家代表共商破解中小企业发展困局的良策。本次论坛开展了征文活动，并对征文进行了评选，共征集论文191篇，选出其中的优秀论文90篇。二是产生了一定的社会影响,在本次论坛上,与会企业家提出了很多促进民营企业健康发展的看法和建议。社会各界给予了高度关注,数十家媒体对论坛进行了集中报道。三是促成了一批招商项目,本届论坛的招商引资工作取得了显著成绩，共签订各类合作项目70个，签约总额613.91亿元。

2. 积极开展为会员服务工作，促进会员企业发展。民建中央社会服务部与国务院发展研究中心合作，联合开展会员企业发展情况的问卷调查，掌握一手资料，提高服务会员企业工作的针对性。调研、走访会员企业20余家，就企业发展现状和面临的困难进行座谈，为会员企业融资牵线搭桥。为帮助会员企业解决融资难问题，连续多年推动地方组织会员成立小额贷款和投融资公司，截至目前，会员成立投融资机构95家，近五年为会员企业实现贷款和融资80亿元。为进一步加强对优秀民建会员企业家的宣传工作，民建中央社会服务部与《中国报道》杂志社合作，精选49篇来自全国各地的优秀民建企业家的文章汇编成册，与中国报道杂志社合作出版了《中国报道——民建企业家专刊》。

（四）援助彝良、定西等地抗害救灾

9月7日，云南省昭通市彝良县、贵州省毕节市威宁回族苗族自治县交界地区发生5.7级地震。灾情牵动着全国人民的心，也牵动着民建领导和广大会员的心。全国人大常委会副委员长、民建中央主席陈昌智，全国政协副主席、民建中央第一副主席张榕明，民建中央常务副主席马培华对灾区灾情高度关注，立即作出指示，并要求中华思源工程扶贫基金会下拨救灾款70万元援助云南地震灾区。正在北京学习的云南省副省长、民建云南省委主委高峰第一时间电话指示民建省委，要求尽快联系民建昭通地方组织，迅速了解灾情，了解当地受灾情况和急需物资，及时安排部署参与抗震救灾工作，并号召云南民建会员与党和政府同心同行，动员全省广大民建会员积极为抗震救灾工作作出贡献。

民建云南省委同行公益基金会筹备组紧急划拨30万元，汇同民建中央救灾款，迅速购买灾区急需的大米、食用油、方便面等救灾物资立即送往灾区。

5月10日，甘肃省定西市部分地区发生大范围冰雹及强降雨，引发山洪泥石流灾害，给人民群众生命财产、农业生产和基础设施造成严重损失。陈昌智得知灾情后，立即指示民建中央及中华思源工程扶贫基金会启动救灾应急预案，全力以赴援助灾区群众。张榕明刚刚带领民建中央调研组在甘肃六盘山集中连片特困区调研回京，了解此次雹洪灾害对当地老百姓的生活造成的不利影响，当即提出要对灾区开展救助工作。先期向甘肃省岷县雹洪灾区捐款50万元，并尽快将捐款送到灾区。

四、联络工作

2012年民建中央积极开展对外联络工作，总计派出赴境外交流团组6个，累计46人次。其中，赴国外考察调研团组3个，赴台交流团2个，赴港澳团1个，接待涉台团组8个，累计107人；接待港澳团组3个，累计48人。

（一）发挥联系经济界特色和优势，促进两岸经济界的交流与合作

与世新大学在上海联合举办了第十四届两岸经济研讨会，会议的主题是“两岸经济合作前景与展望”。4月邀请了台湾一国两制研究协会代表团24人赴云南普洱茶都进行了考察。台湾有关企业家与地方政府就台商投资建设“中国勐海（国际）普洱茶都”达成一致，签署了总计10亿元投资的合作协议。

积极破解就业难题，开展两岸就业及职业教育方面合作。从民建从事职业教育以及就业培训方面的专家会员中遴选出19人，组成大陆职业教育考察团赴台湾交流考察。与各校进行了广泛交流，分享了台湾职教的成功经验。10月接待了台湾中华就业服务协会总会会长、宜兰县议会资深议员杨政诚先生率领的宜兰县政学产业界访问团一行6人。详细了解了当前台湾中小企业的发展状况和面临的困境，并就两岸房地产业发展和就业形势进行了比较分析和探讨，研究了两岸未来劳动力市场的发展趋势。

贯彻中央三农战略规划，推动两岸农林渔业等相关产业合作。9月，接待了台湾渔业访问团一行11人访问辽宁，就两岸水产业的合作开展会谈。接待台湾嘉农农业基金会访问团，推动嘉农农业基金会与中国中纺集团的合作并签署协议。10月，应嘉义大学的邀请，组织了现代农业考察团一行18人赴台交流，考察团访问了云林县专业化农业企业，参访嘉义大学，与嘉义县布袋镇农会交流座谈，走访农民家庭。

响应中共中央文化大发展大繁荣的战略号召，大力推进两岸文化交流。以民建书画院的名义，协助组织了大陆知名画家赴台举办两岸书画作品展，让广大台湾人民分享中华文化艺术的盛宴，从艺术的角度认知、认同中华文化，取得了很好的对台宣传效果。

推动两岸高层之间的往来。今年9月，接待了台湾民意代表及立法委员访问团，接待了国民党副主席、海基会董事长江丙坤，民建中央主席陈昌智与江丙坤以及台湾民意代表团饶颖奇等一行进行了交流。

（二）积极开展海外交流工作

5月下旬，组织了金融与经济改革访问团对美国和古巴进行了考察访问。代表团访问了世界银行、国际货币基金组织、联合国开发计划署、和古巴经济学家协会等逾十家机构，深入了解了金融危机以来世界经济形势的发展变化，实地考察美国金融机构支持中小企业创新发展的组织运行模式，了解了古巴改革开放的情况和市场机会。

6月，组织了新兴产业考察团赴加拿大和英国访问。代表团访问了优势能源、普适太阳能等科技创新型企业，与欧洲最大的管理咨询机构安博思集团等座谈交流。了解加拿大促进产研结合的合作社性质的机构运行情况，以及加、英两国目前经济现状，可再生能源的发展趋势，环境保护的相关立法等。

11月底组织了中小企业和资本安全考察团赴土耳其和以色列访问。考察团走访了伊斯坦布尔KASID商业协会总部、以色列Shirat投资有限公司、以色列BenGurion大学等，围绕促进中小企业发展、防范金融风险等问题与当地工商界人士、金融领域专家学者、企业家等座谈。就促进高科技创业、技术产业化、防范金融风险、促进资本市场安全的经验和教训等问题进行座谈和交流，考察团对以色列完善的科技创新体系及运作模式、从创业国度到智慧国度的发展经验以及金融体系创新与风险防范等内容有了深入了解。

民建中央领导先后会见了美国中国商会、古巴驻华大使、法国企业家高层人士、美国银行家等驻华使节、政府官员和工商经济界高层人士。访问层级高，内容丰富，有的放矢，开拓了民建与国外企业、国际商会交往的渠道，为民建开展参政议政、搭建会员企业对外合作平台起到了积极作用。

（三）有效开展港澳联络工作

民建中央主席陈昌智利用两会在京召开之机，亲自开展对港澳工作，与港澳人大代表政协委员25人交流联谊。12月，应澳门两岸四地经济合作交流峰会暨第二届文化传媒论坛组委会的邀请，民建中央副主席辜胜阻赴澳门出席论坛，并发表专题演讲。解读中共十八大相关经济政策及理论创新，宣讲中央经济政策，受到澳门工商经济界的欢迎与好评。接待香港专业及资深行政人员协会访问团一行24人访问江苏南京盐城，推动香港与江苏等地的经贸合作。邀请香港爱心会友家庭访问团参访他们援建的思源学校，为香港爱国人士支援内地基础教育事业牵线搭桥。

五、自身建设

2012年民建各级组织紧紧围绕中共十八大召开和民建十大召开这两个重大活动，深入推进学习践行社会主义核心价值体系活动，发扬优良传统，发挥特色，不断加强思想建设、组织建设、制度建设，努力建设适应新世纪要求的参政党。

（一）认真学习贯彻中共十八大精神，深入开展学习践行社会主义核心价值体系活动，进一步加强全会的思想建设

为了深刻领会中共十八大精神实质，更加自觉地把思想和认识统一到十八大精神上来，民建中央召开学习贯彻中共十八大精神座谈会。会后，民建中央及时下发通知，要求全会把学习贯彻中共十八大精神作为当前和今后一个时期的重要政治任务，切实抓紧抓好。重点学习贯彻胡锦涛同志的报告，学习习近平同志在中共十八届一中全会上的重要讲话精神，特别要全面深刻领会中国特色社会主义的丰富内涵，坚定坚持和发展中国特色社会主义的共同信念。各级地方组织按照通知要求，制订学习计划，通过举办报告会、座谈会、学习班、培训班等多种形式开展学习活动，在全会掀起了学习贯彻中共十八大精神的热潮。

深入推动全会开展学习践行社会主义核心价值体系活动，民建中央召开学习践行社会主义核心价值体系活动座谈会。会议学习了7月23日胡锦涛同志在省部级主要领导干部专题研讨班开班式上的讲话，部署了下一阶段学习践行活动，18个省级组织的代表交流了各自学习践行社会主义核心价值体系活动的经验体会，编发了30个省的交流材料汇编。会后，民建中央发出《关于深入开展学习践行社会主义核心价值体系活动的通知》和《关于深入学习贯彻胡锦涛同志重要讲话精神的通知》，要求各地认真传达贯彻会议精神，坚持贯彻科学发展观，以“同心”思想为指导，研究和制定适应本地实际的贯彻措施，努力推动学习践行社会主义核心价值体系活动的深入开展，取得新的更加切实的效果。为推动工作，民建中央宣传部赴浙江、江苏、广东、云南、贵州等地就宣传思想工作进行调研，与当地民建组织和会员进行沟通交流，了解会员思想动态和活动开展情况。在广东、贵州调研期间，举行学习孙起孟同志高尚品德，践行社会主义核心价值体系专题报告会。

开展理论和会史研究工作，大力弘扬会的优良传统。一是完成理论研究委员会的相关工作。9月，筹备召开本届理论委员会最后一次全体会议，总结五年来的理论研究工作，研讨下一届理论研究委员会工作思路，为将来新一届理论研究委员会的工作打下了良好的基础。编印《民建中央理论研究委员会成果汇编》，并向全国各省市级组织寄送，为推动全会开展理论研究工作提供指导和参考。二是组织全会开展理论研究。为加强参政党社会主义核心价值体系建设，在以往研究的基础上，今年组织全会以民建会员如何树立社会主义核心价值观为题开展理论课题研究，共收到研究成果300余篇，评选出一等奖、二等奖和组织奖若干，并寄送表彰奖金和证书，为推动会的思想建设不断向前发展，激励各级组织和会员深入研究参政党理论，起到了一定的促进作用。此外，还完成或委托完成了其他的一些理论研究成果。为全国政协提供孙起孟同志关于多党合作和政治协商理论的相关文稿，委托民建上海市委组建课题组完成全国政协的《人民政协在社会公共领域中彰显中国特色政党制度的优势和价值研究》的理论研究课题。三是编辑出版《胡厥文文稿选编》，并向民建全国各省市级组织寄送。该书较好地反映了胡厥老生前的思想脉络，至此，包括《孙起孟文稿选编》、《成思危论民建工作》和《胡厥文文稿选编》在内，加上中华职教社出版的《黄炎培日记》，这四套书已经形成了民建领导人论著选编系列，

为全会学习老一辈的优良传统和精神风范提供了较为全面的素材。撰写了2011年民建工作纪要，总计13万字，收入中央社会主义学院所编的《中国政党制度年鉴》。

积极拓展新闻舆论宣传，扩大会的影响，树立参政党良好形象。一是做好日常新闻报道工作。认真组织了民建中央常委会、九届六中全会以及全国“两会”期间的宣传报道。两会前夕，组织召开了民建中央两会提案新闻通气会，民建中央副主席辜胜阻出席会议并答记者问，民建中央向记者通报有关提案、发言情况。人民日报社、新华社、中央电视台、中新社、中央人民广播电台、中国国际广播电台等42家媒体的56名记者到会。“两会”期间，积极向媒体提供新闻素材、联系采访对象。初步统计，“两会”期间，中央及地方主要新闻媒体、重点新闻网站以及部分专业媒体直接登载的有关民建的报道达400余条。二是联系记者对民建中央重要活动、重要会议和优秀会员事迹进行报道。主动联系媒体记者，提供新闻线索，对2012’中国（新疆）非公有制经济发展论坛、民建中央学习践行社会主义核心价值体系活动座谈会、学习贯彻中共十八大精神座谈会以及民建中央参与扶贫支边工作等进行活动和会议都进行了认真策划和宣传报道，在会内外引起很大反响。三是在《民建会员风采录》（第一册）的基础上，对征集到的先进典型人物事迹材料继续进行筛选和编辑，编印了《民建会员风采录》（第二册），正式出版并发至各省级组织。进行民建中央2011—2012年度新闻宣传工作的评比及表彰工作。评选出先进单位23个，优秀作品30篇。四是精心筹划、周密安排、认真落实，做好民建十大的新闻报道工作。十大召开前，联系新华社、中央电视台、人民日报等中央媒体参与民建十大的报道；在《人民政协报》、《团结报》刊登民建十大专版，并于十大期间发送到与会代表手中，加强宣传力度。会议期间，共有16家媒体的90余人次记者到会报道十大开、闭幕会等相关活动。十大闭幕会后，组织中央主要新闻媒体对陈昌智主席进行联合采访。分别按《团结报》“2012代表风采”和“同心工程展示”专版的要求，收集、整理相关材料，于民建十大期间在《团结报》上进行刊登。

认真组织会章修改工作。从年初开始，民建中央就对会章修改工作进行了安排部署，组成了由常务副主席马培华牵头的章程修改工作领导小组。随后，即着手进行基本资料的收集和研究工作。3月，向各省级组织下发了《关于章程修改征求意见的通知》，就总纲和条文需要修改的内容，向各地征求具体修改意见和建议。从第二季度起，先后到江苏、浙江、广东等地进行专题调研，召开章程修改座谈会广泛听取意见。在调研和征求意见的基础上，对地方组织和会员提出的章程修改建议进行汇总整理，开展了会章和其他政党章程的对比研究。会前形成了章程修改的说明和修改草案，会上深入各小组会听取代表意见并整理汇总，形成书面文件交大会主席团，最后完成会章及会章修改的说明定稿。

（二）搞好换届工作，加强组织建设

1. 认真组织好换届工作。2012年是民建换届年，上半年是省级组织换届，下半年是中央换届。在民建中央换届领导小组领导下，相关部门全力以赴，积极开展工作，成功完成了换届任务，为民建今后五年的发展奠定了组织基础。

从2010年开始，民建中央就着手换届的思想准备、组织准备和工作准备。2010年6月，出台了《民建中央关于新形势下进一步加强自身建设的意见》，作出了全面部署。不断深

化学习践行社会主义核心价值体系活动，推动思想建设，做好政治交接的准备。进一步加强领导班子建设和后备干部队伍建设，做好组织准备。在协商的基础上，建立了省级组织领导班子后备干部名单。2011 年 6 月，民建中央制定了《关于民建中央及省级组织换届工作的意见》，明确换届的指导思想、方针原则和政策规定。并召开省级组织主委工作会议研究落实。9 月，民建中央举办学习贯彻胡锦涛总书记“七·一”讲话精神培训班，对 179 名后备干部进行培训。2012 年 2 月，为把换届准备工作落到实处，召开省级组织驻会副主委和组织处长工作会议，专门研究讨论换届工作。同时，民建中央组织部制定工作流程和操作范本，发各省级组织，进一步严格程序、做出规范。

为有条不紊推进换届工作，在换届文件下发后，民建中央修改下发了《民建省级组织代表大会有关文件参考范本》，并及时对各省区市换届工作进行指导。换届前，民建中央换届领导小组指派组织部负责同志提前到重点省了解换届准备情况，与当地有关部门交换意见，研究措施，积极做好化解矛盾工作。换届期间，民建中央主席、副主席亲自到会指导换届工作，与班子成员进行谈话，采取多种方式，做深入细致的思想工作；在预备会等会议上发表讲话，统一思想，教育和引导代表服从大局，维护和树立民建形象；参加各省代表大会分组讨论会，了解动态，鼓舞士气，增强代表的责任意识和荣誉感。各省级组织召开代表大会前，要求各地把全套换届文件报来帮助把关。组织部干部提前两天到会，一方面按照《会章》和《参考范本》再次审阅会议的有关文件，查漏补缺，防止出现问题；另一方面，了解情况、掌握动态，化解矛盾。各省级组织把换届作为民建政治生活中的大事，从讲政治的高度做好每一项具体工作。在换届筹备、实施的大量会务工作中，精心组织、反复演练，为代表大会顺利进行提供了保证。选举结束后，民建中央领导召开新任领导班子成员座谈会，与大家谈心交流，帮助衔接换届前后工作，对新一届班子提出要求。这些切实的努力，为各省级组织换届的顺利进行发挥了重要保障作用。从 3 月底至 8 月初，全国 30 个省级组织全部完成换届，选举产生了新一届领导机构，选举了出席第十次全国代表大会的各省代表。30 个省级组织换届共选举出主委 30 人、副主委 190 人。

为做好中央换届准备工作，根据中共中央统战部《各民主党派中央关于做好换届工作的座谈会纪要》精神，首先对民建中央委员分配名额、推荐名额进行了分析和测算，起草下发了《关于中国民主建国会第十届中央委员候选人产生办法的意见》、《中国民主建国会第十届中央委员名额分配方案》。系统分析和研究了各种基础数据，为换届提供了参考依据。起草了遴选第十届中央委员候选人推荐名额人选办法（草案）、关于《遴选第十届中央委员候选人推荐名额人选办法（草案）》的说明，编印了按地区、按结构的十届中央委员会委员候选人推荐名额人选名册及名单，在民建中央常委会上成功从 125 名推荐名额中遴选出 61 名十届中央委员候选人人选。按照民建中央的周密部署，组织部门认真分析了十届中央委员会、中央常务委员会的知识结构、年龄结构、专业结构。对地方更换代表人选的情况进行反复协商，严格履行程序。精心组织实践演练，严格把关计票程序、选票的设计制作、选举票箱等具体程序，做好前期准备工作，为顺利完成民建中央第十次全国代表大会和十届一中全会的选举工作打下了良好的基础。通过换届，一大批德才兼备、年富力强，具有较强的政治把握能力、参政议政能力、组织领导能力和合作共事能力的同志进入领导集体和领导班子，顺利实现了新老交替，推进了政治交接。

2. 继续稳妥推进会内监督。为推进建立健全省级组织监督委员会做好基础工作，2012年，民建北京市委、广西区委、吉林、青海、安徽、福建省委先后成立了省级监督委员会。目前，已有20个省级组织成立了监督委员会。在省级组织换届中，有5个省的监督委员会也进行换届。发挥监督委员会在换届中的作用。今年各省级组织开始换届，民建中央监督委员会要求各地在换届过程中要严格遵守换届纪律，严格执行换届程序。各级领导要高度重视，加强对换届工作的领导。民建中央监督委员会成员在省级换届过程中，对自己分工联系的省、市换届工作进行监督，保证换届工作的顺利进行。规范有序地做好中央监督委员会办公室的日常工作。不定期编制中央监督委员会情况通报，方便大家了解会内监督工作的新情况、新进展，全年编制情况通报3期。11月，召开了民建中央监督委员会第五次全体会议，审议了民建中央监督委员会工作报告，并将报告提交到九届六中全会上审议通过。顺利完成了民建十届一中全会上选举新一届中央监督委员会的相关工作。

3. 加强培训工作。稳步推进建华课堂会员培训，一是根据各地需求举办专题讲座。截至12月中旬，建华课堂在江苏、北京、广西、浙江、湖南等地就金融改革、突发事件、心理健康、知识产权、科技创新以及风险投资等多个方面开展培训活动40余场，培训会员、会友近4000人次。培训活动举办地新闻媒体给予了及时的报道。二是在条件成熟的地区举办区域分课堂。为不断扩大建华课堂培训范围，打造建华课堂培训品牌，在已有8家建华课堂分课堂的基础上，努力与条件成熟的地区联系沟通，成立更多区域分课堂。湖南分课堂已于9月成立，宋海副主席出席揭牌仪式并致辞。陕西分课堂成立事宜正在积极联络。三是逐步建立信息完备的教师数据库。建华课堂依托民建的优势，汇聚了涉及经济、金融、艺术、法律、管理等多个领域的优秀教师，民建中央培训中心根据他们的专业分门别类，逐步建立信息完备的教师数据库。

此外，民建中央组织部协助中央社会主义学院完成第27、28期进修班培训班招生工作。参与中共中央统战部组织的两期“民主党派省级组织新任主委、专职副主委多党合作专题研究班”的培训工作。

4. 做好信访和困难补助工作。全年共处理来信来访2962件次，其中会内信访41件次。坚持每月进行信访情况汇总，定期出信访简报，对于领导交办的信访案件，认真处理，及时汇报。在生活困难原工商业者会员的慰问补助工作方面，2012年春季前继续向生活困难的原工商业者寄发慰问金，这些老同志在收慰问金后，纷纷写信或打电话感谢民建中央领导对他们的关怀。2012年共补助105人，涉及21个省级组织，总计58479元。

5. 机关建设进一步加强。组织机关干部深入学习贯彻《公务员法》，自觉树立公务员意识，按照《公务员法》的标准严格要求自己，规范自己的行为，同时充分认识把握参政党的工作性质和特点，提高服务参政议政和会务工作的能力，努力造就一支适应参政党工作需要的高素质的公务员队伍。继续抓好机关干部的培养、使用，做好招考录用、竞争上岗、轮岗交流、挂职锻炼、管理考核等工作，充分调动大家的积极性和创造性。继续推进学习型机关建设，使机关干部在不断学习中坚定理想信念，提升精神境界，增长知识才干。积极开展丰富多彩的文化活动，营造“民主、团结、创新、敬业”的文化氛围，形成健康、有序、和谐的工作环境。推进制度建设，切实提高工作效率和质量。民建中央机关采取专家授课、举办系列讲座、参观纪念展览、考察会员企业等方式，丰富机关的学习形式和内容。各级机关围绕会务、行政、人事、财务、档案等方面的工作，进一步加强制度建设，完善考核和激励机制，为民建事业发展提供良好保障。

（四）组织发展概况

截至2012年12月底，民建共有地方组织373个。其中包括省级组织30个，省辖市级组织288个，县级组织55个。基层组织6579个，其中基层委员会253个，总支540个，支部5786个。全年新入会8676人。会员总数144150人，其中女会员48662人。会员平均年龄50.8岁。

经济界会员113262人，占78.6%。其中企业界会员89740人，占会员总数的62.3%。企业界会员中担任各种经济实体的正、副董事长、总经理、厂长等高级管理人员27343人，占企业界会员的30.5%，占会员总数的19.0%；其中私营企业主20568人，占企业界会员的22.9%，占会员总数的14.3%。新社会阶层人士39116人，占会员总数的比例27.1%。政府机关18496人，占会员总12.8%。司法机关777人，占会员总数0.5%。党派机关2617人，占会员总数1.8%。高等教育8891人，占会员总数6.2%。普通教育6196人，占会员总数4.3%。科技界3673人，占会员总数2.5%。医药卫生5867人，占会员总数4.1%。文化艺术1324人，占会员总数0.9%。新闻出版905人，占会员总数0.6人。社会团体2089人，占会员总数1.4%。其他3575人，占会员总数2.5%。

会员中人大代表3480人，其中全国人大代表62人，常委6人，副委员长1人；省级人大代表312人，常委44人，副主任7人；市地级人大代表1190人，常委238人，副主任44人；县市区级人大代表1161人，常委286人，副主任129人。会员中政协委员16876人，其中全国政协委员90人，常委18人，副主席2人；省级政协委员809人，常委257人，副主席12人；市地级政协委员5191人，常委1349人，副主席172人；县市区级政协委员6733人，常委1934人，副主席309人。

担任政府及司法领导职务的中央部级干部3人；地方省级干部3人，厅局级80人，地市级47人，县处级1182人。担任各级特邀（约）职务的4121人。

会员学历其中有大专以上学历的占80.9%；有大本以上学历的占50.4%；有研究生以上学历的占9.1%；有中、高级职称的占54.3%。担任两院院士的共有5人。担任长江学者6人。

孟孝忠　民建中央秘书长
王永飞　民建中央宣传部宣传处处长

中国民主促进会

2012年，中国民主促进会（以下简称民进）坚持与中国共产党思想上同心同德，目标上同心同向，行动上同心同行，以建设适应时代要求的高素质参政党为奋斗目标，坚持“有思有行、集智聚力、顺势而为、开拓创新”的工作方针，努力实现执政党建设和参政党建设、民进中央工作和地方组织工作、自身建设和履行职能、理论研究和实际工作的相互促进，自身建设取得新进展，履行职能取得新成就，全会呈现出团结奋进、务实创新的良好局面。

一、重要会议及活动

2012年，为加强对民进全会工作的指导，根据民进会章的规定，共举行了全国代表大会一次，中全会一次，中常会五次。根据工作需要举行了一系列专项工作会议和纪念座谈会，研究部署并推动各项工作的开展。

（一）民进第十一次全国代表大会

2012年12月15日至21日，中国民主促进会第十一次全国代表大会在北京召开。

12月15日，中国民主促进会第十一次全国代表大会开幕。中共中央政治局常委俞正声会见全体与会代表，并代表中共中央致贺词。贺词指出，中国民主促进会具有光荣历史和优良传统。民进与中国共产党团结奋斗，在新民主主义革命的伟大斗争中患难与共，在社会主义革命和建设的伟大实践中协力同心，在中国特色社会主义事业的伟大进程中和衷共济，共同赢得民族独立和人民解放，共同致力国家富强和人民幸福，一代又一代民进中央领导人带领广大成员与中国共产党凝结了肝胆相照、荣辱与共的深厚友谊。民进不愧为与中国共产党和衷共济、通力合作的亲密友党，不愧为致力于中国特色社会主义事业的参政党，不愧为实现国家富强、祖国统一、民族振兴的重要依靠力量！贺词说，五年来，民进坚持立会为公、参政为民的宗旨，弘扬爱国、民主、团结、求实的光荣传统，按照有思有行、集智聚力、顺势而为、开拓创新的工作方针，团结带领广大成员积极投身改革开放伟大实践，为建设中国特色社会主义作出了新的贡献。贺词表示相信，民进中央新一届领导机构一定能够团结带领广大成员，传承老一辈领导人与中国共产党风雨同舟的优良传统，保持多党合作正确方向，坚定不移地走中国特色社会主义道路；围绕中心，服务大局，深入调查研究，积极建言献策，努力推进社会主义经济建设、政治建设、文化建设、社会建设、生态文明建设，尤其要发挥教育、文化、出版领域的人才智力优势，在教育事业改革发展、推动社会主义文化大发展大繁荣、提高国家软实力等方面发挥更大作用；以保障和改善民生为出发点和落脚点，围绕人民最关心最直接最现实的利益问题，充分反映社情民意，积极支持贫困地区加快发展，促进全体人民共享改革发展成果；按照参政党建设的目标和原则，切实加强思想建设、组织建设和制度建设，努力开创各项工作新局面，为发展中国特色社会主义事业作出新贡献。

全国人大常委会副委员长、九三学社中央主席韩启德代表各民主党派中央、全国工商联致贺词。贺词说，民进是中国共产党领导的爱国统一战线的重要成员，具有光荣历史和优良传统。民进自十大以来，坚持执政党建设和参政党建设、会中央工作与地方组织工作、自身建设与履行职能、实际工作与理论研究相互促进，呈现出团结务实、开拓奋进的良好局面。

大会主席团常务主席严隽琪代表民进第十二届中央委员会向大会作工作报告。报告在回顾和总结民进五年来的主要工作和基本经验后提出，建设适应时代要求的高素质参政党，必须增强责任感、使命感，坚持与时俱进、开拓创新，不断提高参政党建设的科学化水平。民进全会要深入学习贯彻中共十八大精神，坚定理想信念；深入学习践行社会主义核心价值体系，进一步深化政治交接成果；以科学发展观为指导，提高履行职能的能力和水平；坚持进步性与广泛性相统一，提高自身建设的科学化水平，为巩固和发展中国共产党领导的多党合作事业，为实现全面建成小康社会的奋斗目标不懈努力。

中共中央政治局委员、国务委员孟建柱，中共中央书记处书记、全国政协副主席杜青林，全国人大常委会副委员长华建敏和中共中央统战部部长令计划，以及民进中央原主席许嘉璐、原第一副主席张怀西出席开幕会。大会主席团常务主席罗富和主持开幕会。

12 月 21 日，中国民主促进会第十一次全国代表大会在北京闭幕。本次大会听取并审议了民进第十二届中央委员会报告，审议通过了《中国民主促进会第十一次全国代表大会决议》和《中国民主促进会第十一次全国代表大会关于〈中国民主促进会章程〉修正案的决议》，选举产生了由 205 人组成的新一届中央委员会。

会议期间举行的民进第十三届中央委员会第一次全体会议，选举产生了由 45 人组成的第十三届中央常务委员会，严隽琪连任主席，罗富和、王佐书、贺旻、刘新成、蔡达峰、朱永新、张帆、姚爱兴、卫小春、张雨东当选副主席，决定高友东为秘书长。

大会强调，学习贯彻中共十八大精神是民进当前和今后一个时期首要的政治任务，要把全会的思想和行动统一到中共十八大精神上来，贯彻落实到民进的各项工作中去。要认真学习贯彻中共十八大精神，坚定理想信念；要坚持以科学发展观为指导，提高履行职能的能力和水平；要深入学习践行社会主义核心价值体系，进一步深化政治交接；要坚持进步性与广泛性相统一，进一步提高自身建设的科学化水平。

大会号召，民进各级组织和广大会员要紧密团结在以习近平同志为总书记的中共中央周围，坚持以创新的精神全面推进适应时代要求的高素质参政党建设，促进与中国共产党思想上同心同德、目标上同心同向、行动上同心同行，奋发有为，开拓进取，为全面建成小康社会、实现中华民族的伟大复兴而团结奋斗。

严隽琪在大会完成各项议程后讲话。她说，这次大会是在中共十八大精神指引下举行的一次重要会议。大会自始至终充满着民主、团结、和谐、求实、奋进的气氛，是一次增进共识、凝聚力量、继往开来的大会。大会认真学习了中共十八大精神，坚定了走中国特色社会主义政治发展道路的信念，增强了为实现全面建成小康社会奋斗目标的信心。新一届中央委员会一定不辜负全体会员的期望和重托，继承和发扬民进的优良传统，坚持搞好政治交接，团结和带领全会在中国特色社会主义伟大旗帜指引下，为全面贯彻民进十一大精神、开创民进事业新局面而勤奋工作。

（二）民进十三届一中全会

2012 年 12 月 20 日，民进十三届一中全会在京召开。会议召集人严隽琪主持会议。

到会的民进第十三届中央委员会委员以无记名投票方式，选举产生了 45 人组成的民进第十三届中央常务委员会，民进第十三届中央委员会主席、副主席；表决通过了十三届中央监督委员会主任、副主任、委员。

新当选的民进第十三届中央委员会主席严隽琪发表讲话。她说，民进发展的接力棒交到了我们手中，体现了全会十三万会员和全体与会代表对我们的信任与期待，这既是沉甸甸的担子，更是历史使命。作为新一届主席，深感任务艰巨，责任重大。

严隽琪结合民进历史和近年来的履职实践指出，回顾过去，民进始终与时代同进步；展望未来，任重而道远。作为致力于中国特色社会主义事业的参政党，民进要准确判断和正确把握重要战略机遇期的内涵及其变化，紧紧围绕全面建成小康社会这一奋斗目标，发挥自身优势，提高履职水平，多建睿智之言，多献务实之策，在推进中国特色社会主义伟大事业中再创佳绩。

严隽琪指出，民进第十三届中央委员会履职的五年，将是在我国全面建成小康社会决定性阶段作出积极贡献的五年。我们要认真学习贯彻中共十八大精神，深刻领会中共中央致民进十一大贺词的精神，将中共中央的殷切期望，转化为坚定的理想信念和求真务实的实际行动，按照执政党建设和参政党建设相互促进的要求，进一步增进全会的政治共识，始终保持民进的进步性和广泛性；增强责任感、使命感和大局意识、危机意识，不断提高组织的凝聚力和战斗力；以科学发展观为指导，进一步发挥民进的优势和特色，认真履行参政议政、民主监督职能，积极开展社会服务。

严隽琪强调，每一位中央委员要从自身做起，继承优良传统，发挥表率作用，珍惜事业平台，将自己的学识和精力投入到改革开放和现代化事业之中，投入到中国共产党领导的多党合作事业之中，做到不负重托，不辱使命。

严隽琪表示，民进第十三届中央委员会一定能够团结带领十三万民进会员，认真落实民进十一大提出的各项任务和要求，为全面建成小康社会、加快推进社会主义现代化、实现中华民族伟大复兴作出更大的贡献。

（三）民进中央常务委员会会议

1. 十二届十八次中常会

2012 年 3 月 9 日，民进十二届十八次中常会在京召开。民进中央主席严隽琪主持会议并讲话。民进中央常务副主席罗富和，副主席冯骥才、潘贵玉、王佐书、贺旻、刘新成、蔡达峰、朱永新（兼秘书长）、张帆和中央常委出席会议。

严隽琪在讲话中就做好民进代表人士队伍建设工作谈到，当前和今后一个时期，全会要把贯彻落实《中共中央关于加强新形势下党外代表人士队伍建设的意见》精神作为一项重要任务，主要负责同志要带头学习有关精神，加强学习、提高认识；各级组织要结合我会实际，针对我会代表人士队伍的状况和存在问题，结合贯彻《国家中长期人才发展规划纲要（2010—2020 年）》和《2010—2020 年党外代表人士教育培训改革和发展纲要》；制定相关计划和落实举措。同时，要加强研究思考，努力做到理论研究与实际工作相互促进。

会议审议通过了《民进中央关于学习贯彻十一届全国人大五次会议和全国政协十一届五次会议精神的通知（草案）》和《中国民主促进会第十一次全国代表大会筹备委员会成员名单（草案）》。

民进重庆市委主委陈贵云，民进河南省委主委张震宇，民进甘肃省委主委尚勋武，民进广东省委主委陶凯元，民进中央副秘书长及各部门负责人列席会议。

2. 民进十二届十九次中常会

2012 年 7 月 3 日至 4 日，民进十二届十九次中常会在石家庄市召开。本次中常会的主要议程是：听取故宫博物院院长单霁翔关于城市文化建设与文化遗产保护问题的专题报告；听取常委对本届委员会工作的思考和体会；报告民进中央 2012 年上半年工作情况；审议通过《民进中央关于 2012 年中央换届工作的意见》（草案）。

7 月 3 日上午会议开幕。民进中央主席严隽琪出席并主持会议，民进中央常务副主席罗富和出席会议。中共河北省委书记、省人大常委会主任张庆黎，省委副书记赵勇，省委常委、秘书长景春华出席开幕式。

民进中央副主席潘贵玉、贺旻、刘新成、蔡达峰、朱永新（兼秘书长）、张帆和常委出席会议。

严隽琪在讲话中对中共河北省委、省人大、省政府、省政协的大力支持，对民进河北省委为筹备这次会议付出的辛勤劳动表示感谢。对中共河北省委长期重视多党合作事业、支持民进的工作表示感谢，并祝愿河北省各项事业蓬勃发展。

赵勇在开幕式上致词，对民进十二届十九次中常会在河北召开表示热烈祝贺，向民进对河北长期以来的支持关心和厚爱表示衷心感谢。

7 月 3 日下午，民进十二届十九次中常会举行专题报告会，特邀单霁翔作《城市文化建设与文化遗产保护》的专题报告。严隽琪、罗富和、潘贵玉、贺旻、刘新成、蔡达峰、张帆和常委出席报告会。报告会由朱永新主持。朱永新在主持讲话中对报告给予高度评价。

7 月 4 日下午，为期两天的中国民主促进会第十二届中央常务委员会第十九次会议圆满完成各项议程闭幕。严隽琪出席会议并讲话。罗富和、贺旻、刘新成、蔡达峰、朱永新、张帆和常委出席会议。闭幕式由潘贵玉主持。

严隽琪在闭幕讲话中对会议进行了总结，对今年下半年和今后一段时期的工作提出了要求。她说，中共十八大不久将胜利召开，学习贯彻中共十八大精神，是民进全会今后一个时期的一项重大政治任务。中共十八大召开后，民进中央将对学习贯彻会议精神作出具体部署，民进各级组织要及时通过报告会、学习会、座谈会等多种形式，组织广大会员充分认识中共十八大的重大意义，深刻领会中共十八大的精神实质，掀起学习贯彻中共十八大精神的热潮。

严隽琪说，胡锦涛同志提出的“同心”思想，对多党合作提出了新要求，也对我会加强参政党建设提出了新要求。民进要在已有工作的基础上，继续深入开展学习践行社会主义核心价值体系活动，把“同心”作为鲜明主题，把学习践行活动作为推进政治交接的重要途径，在“同心”思想的教育、实践、研究、宣传四个环节上下功夫，在自身建设和履行职能方面取得新成绩。

严隽琪说，民进各省级组织换届后，要认真贯彻落实《中共中央关于加强新形势下党外代表人士队伍建设的意见》精神，增强全局观念和大局意识，清醒认识人才队伍建设的紧迫性，把加强换届后的培训工作提到日程上来，对新任领导班子成员、骨干会员和专职干部进行分类培训，为民进事业的可持续发展、为新一届领导班子工作的良好开局提供人才支持，推动民进事业的科学发展。

严隽琪强调，各省级组织顺利、圆满完成换届，为会中央换届提供了一个很好的基础。各省级组织领导班子要统一认识，提高对会中央换届重要意义的认识，带头履行好自己的职责。各省级组织要协助和配合会中央做好年底的换届工作，加强对十一大代表的学习培训，严格纪律要求；要结合各地实际情况，继续做好下半年的工作，计划和布置好明年的工作；要保持良好的精神状态，奋发有为，锐意进取，为多党合作与民进事业的发展作出更大的贡献。

罗富和在会议期间报告了民进中央 2012 年上半年工作情况，就《民进中央关于 2012 年中央换届工作的意见》（草案）作了说明。

会议听取了与会常委对本届中央委员会工作的思考与体会，审议通过了《民进中央关于 2012 年中央换届工作的意见》（草案）。

严隽琪、罗富和等在中常会闭幕后会见了民进河北省委会班子成员。

中央统战部一局、民进部分省级组织负责人和民进中央各部门负责人列席中常会。

3. 民进十二届二十次中常会

2012 年 10 月 27 日至 28 日，民进十二届二十次中常会在北京召开。会议的议程是：学习胡锦涛总书记“7•23”讲话精神，迎接中国共产党第十八次全国代表大会召开，审议通过《民进中央关于推进学习型参政党建设的意见（草案）》，听取中国民主促进会第十一次全国代表大会有关事项的说明，报告民进中央 2012 年重点调研项目成果。

民进中央主席严隽琪主持开幕式并作闭幕讲话。民进中央常务副主席罗富和向会议报告了民进十一大筹备工作情况。民进中央副主席潘贵玉、王佐书、贺旻、刘新成、蔡达峰、朱永新（兼秘书长）、张帆和常委出席会议。

严隽琪在讲话中就深入学习贯彻胡锦涛总书记“7•23”重要讲话精神、建设学习型参政党、开好民进第十一大提出四点意见。一是要全面认识中共十六大以来我国改革开放取得的巨大成就，满怀信心迎接中共十八大的胜利召开。二是要深入学习和贯彻落实科学发展观。科学发展观是关于发展的重大战略思想，是学习“7•23”讲话的精髓所在。三是要继续推进学习型参政党建设，不断提高自身建设的水平。四是要以高度的政治责任感开好民进十一大。

罗富和向会议报告了民进十一大筹备工作情况。民进十一大筹委会设人事工作组、会章修改组和文件起草组，主要负责换届人事工作、会章修改工作和民进十一大报告起草工作。目前三个工作组的工作有序进行，大会各项筹备工作进展有条不紊。

王佐书主持闭幕式，并就《民进中央关于推进学习型参政党建设的意见（草案）》起草的情况作了说明。

会议审议通过了《民进中央关于推进学习型参政党建设的意见（草案）》（以下简称《意见》）。《意见》强调，建设学习型参政党是民进十二届三中全会从建设适应时代要求的高素质参政党出发作出的重大部署，是坚持和完善多党合作制度的需要，是解决民主党派两大历史性课题的需要，是实现执政党建设与参政党建设相互促进的需要。《意见》对推进学习型参政党建设提出了总体要求、主要原则、主要内容和有效途径，并对如何抓好组织落实提出建议。

朱永新报告了民进中央2012年重点调研项目成果。他对重点调研的基本情况以及形成的思考和建议作了介绍。2012年，民进中央重点调研课题为《加强社会建设，推进基层社会管理创新》。调研组在山东进行了重点调研，并先后在江苏、北京、广东等地进行了预调研和补充调研，部分省级组织在本省（市）范围内同步调研。

就学习胡锦涛总书记“7•23”重要讲话精神，11位常委在会上交流心得体会。

中共中央统战部有关同志，部分民进省级组织负责人，民进中央监督委员会委员，民进中央副秘书长、部门负责人列席会议。

4. 民进十二届二十一次中常会

2012年12月14日，民进十二届二十一次中常会上午在京召开。民进中央主席严隽琪主持会议并讲话。民进中央常务副主席罗富和，副主席潘贵玉、王佐书、贺旻、刘新成、蔡达峰、朱永新（兼秘书长）、张帆和常委出席会议。

会议听取了罗富和所作的民进十一大筹备工作情况报告和民进十一大代表情况报告；审议了民进十二届中央委员会报告（草案），并推定严隽琪为报告人；审议了《中国民主促进会章程修正案（草案）》及会章修改的报告，并推定王佐书为报告人；审议了十一大代表资格审查委员会名单（草案）、会章修改审查委员会名单（草案）、文件起草委员会名单（草案）；审议了民进十一大议程、日程（草案）及开幕式程序（草案）；审议了民进十一大主席团、主席团常务主席、秘书长、副秘书长名单（草案）；审议通过了民进十三届中央委员会委员候选人建议名单。

会议还听取了潘贵玉所作的民进中央监督委员会工作报告，审议通过了民进第十三届中央监督委员会主任、副主任、委员候选人建议名单（草案）。

严隽琪在讲话中说，这次常委会是民进十二届中央常委会的最后一次会议，本届常委会始终坚持立会为公的信念，注意团结，真诚待人，顾全大局，老实做人，认真做事，推动了民进工作发展，全会呈现出团结民主、求真务实、开拓进取的良好局面。她代表主席班子向各位常委五年来的无私付出、辛勤工作和大力支持表示衷心感谢，并希望各位常委站好最后一班岗，确保民进第十一次全国代表大会圆满顺利完成，为下届中央委员会工作奠定良好的基础。

民进部分省级组织主委、民进中央部门负责人列席会议。

5. 民进十三届一次中常会

2012 年 12 月 21 日，民进十三届一次中常会在京举行。严隽琪、罗富和、王佐书、贺旻、刘新成、蔡达峰、朱永新、张帆、姚爱兴、卫小春、张雨东及民进中央常委出席会议。严隽琪主持会议并讲话。

严隽琪报告了民进中央十三届一次主席会议情况。会议任命高友东为民进中央秘书长，王建国为民进中央副秘书长；研究决定了民进中央专门委员会机构设置，并任命各专门委员会主任；报告了民进中央各部门负责人和各专门委员会副主任名单。

严隽琪在讲话中说，本次会议是民进十三届中央常务委员会召开的第一次会议，意味着新一届常委会已经开始正式履行职责。民进十三届一中全会选举我们担任中央常委，从组织程序上讲，顺利完成了新老交替，从政治交接上讲，需要政治信念、政治立场的薪火相传，需要民进优良传统的继承与弘扬。她强调，新一届中央常委会要增强责任感和使命感，做与中国共产党在思想上同心同德、目标上同心同向、行动上同心同行的促进派，促进多党合作事业可持续发展。

关于新一届中央常委会的工作，严隽琪指出，一要统一思想、提高认识。要在中共十八大精神指导下，统一认识，把智慧和力量凝聚到十八大提出的奋斗目标上来，切实履行好常委的职责。二要加强学习、提高素质。要建设学习型参政党，树立良好浓厚的学习风气，“思行合一”，体会党派工作规律与特点，积累和丰富党派工作经验，努力争取本职工作与会务工作两不误、两促进。三要勇于实践、提高能力。要不断提高政治把握能力、组织领导能力、参政议政能力、合作共事能力，“在游泳中学习游泳”、在实践加反思中提高觉悟，增长才干。四要求真务实，转变作风。开会、讲话、搞调研、提建议都要务求朴实、真实、务实，实实在在地推动工作，不说或少说套话空话，力戒形式主义，扎扎实实推进自身建设，提高履职能力。

民进中央部门负责人列席会议。

（四）民进中央监督委员会会议

1. 民进第一届中央监督委员会第八次全体会议

2012 年 7 月 2 日至 4 日，民进十二届十九次中常会期间，民进第一届中央监督委员会在石家庄召开第八次全体会议。民进中央常务副主席、民进中央监督委员会主任罗富和出席会议，民进中央副主席、民进中央监督委员会副主任潘贵玉主持会议。

会议听取了 2012 年民进省级组织换届情况及民进中央换届筹备情况的报告。2012 年上半年，民进各省级组织陆续召开代表大会，截至目前，已有 23 个省完成了省级组织换届工作；2012 年 3 月，民进中央成立了“十一大”筹备委员会，人事工作组、会章修改组和文件起草组有条不紊地开展工作，有序推进中央换届筹备。

会议报告了民进中央监督委员会 2012 年上半年工作情况。2012 年上半年，中监委结合民进省级组织换届开展监督委员会工作，继续推动建立省级监督委员会试点工作，指导已成立的省级组织监督委员会平稳换届，督促省级组织落实谈心会制度，有序推进会内民主。

会议期间，中央监督委员会委员分成两组，就民进中央 2007 至 2012 年工作和换届工作，与11名中央常委进行了个别交谈。常委们充分肯定了近五年来民进中央工作，并提出了意见建议。

2. 民进第十三届中央监督委员会第一次全体会议

12月20日，中国民主促进会第十三届一中全会选举产生了第十三届中央监督委员会。中央监督委员会召开了第一次全体会议，民进中央主席严隽琪出席会议并作重要讲话。

严隽琪指出，当前随着我国社会主义民主政治进程的加快、中国共产党领导的多党合作和政治协商制度的发展和完善，参政党的自身建设也在整体推进。新的形势对参政党的监督工作提出了新的要求。建立健全内部监督机制是我会新时期履行参政党职能，加强自身建设的必然要求，也是探索建立我会各级领导班子建设长效机制的一项长期任务。当前，我会会内监督工作距离制度化、规范化、程序化建设的要求还有一定的差距，监督的定位、监督的对象、监督内容和途径还需要继续探索，建立会内监督的省级试点工作还要进一步推进，建立健全会内监督机制工作任重道远。相信新一届中央监督委员会一定能在上届工作的基础上，取得新的成绩。

会议由民进中央常务副主席、中央监督委员会主任罗富和主持。他说，我们要进一步提高对会内监督工作的认识，切实加强对会内监督工作的组织领导；要结合实际，认真探索，有序推进会内民主，要明确工作重点。

民进中央副主席、中央监督委员会副主任卫小春出席会议并讲话。

中央监督委员会委员出席会议，并就会内监督工作提出了建议。民进中央组织部负责人及中央监督委员会办公室成员列席会议。

（五）专项工作会议

1. 民进网站2012年度工作会议

2012年1月17日，民进网站2012年度工作会议在民进中央召开。会议总结了民进网站2011年度工作，表彰了2011年度“好编辑”，讨论了2012年网站工作计划。民进中央副主席、民进网站管理委员会主任王佐书，民进中央副主席兼秘书长、民进网站管理委员会副主任朱永新出席会议并讲话。

朱永新对网站2011年的工作给予充分肯定，并对民进网站下一步的工作提出具体要求：要在提高新闻的时效性、增加新闻的可读性、图文并茂等方面下功夫；要合理安排栏目，搞活栏目；要充分利用现有工作资源充实网站内容，服务好各级组织和会员。

王佐书作总结讲话。他说，“严密、细致、科学、人性”是思考制度的方法，民进网站总编室要善于总结、积累经验，及时研究如何把成功的经验固定下来，上升为管理制度；也要分析、研究不足之处，查找原因，改进不足，进一步提高网站建设的质量和水平。他要求与会同志要从如何为党派功能服务的角度思考今后的工作,要利用高科技手段，为会员提供更方便的学习条件；要多宣传会员中的好人好事，特别是善于从凡人小事中发现闪光点，为提升社会道德风尚服务；2012年换届是全会重点工作，民进网站要围绕重点，配合各部门工作，千方百计为中央和地方换届做好服务。

会上，民进网站对2011年网站工作进行了总结。一年来，民进网站总编室在民进网站管委会的领导下，在民进中央各部门支持下，以深化树立和践行社会主义核心价值体系、推进学习型参政党建设为重点，以纪念中国共产党成立 90 周年、学习和贯彻“十二五”规划纲要为契机，以着力打造宣传平台、工作平台和交流平台为目标，扎实有序地推进各项工作，在提高网站栏目维护合格率、提高网站新闻时效性、丰富和拓展网站服务功能、建立健全网站建设和管理制度等方面取得了积极进展。

民进网站着重从学习贯彻中共十八大精神、做好民进十一大精神的学习宣传、建立民进网站特约通讯员队伍、推动互动交流等四个方面对 2012 年网站工作计划进行了说明。与会同志对 2012 年工作计划进行了热烈的讨论并提出意见建议。

民进中央及各部门、民进网站总编室负责人，民进网站编辑共 40 余人参加会议。

2. 民进中央机关第十一次部门负责人新春研讨会

2012 年 2 月 1 日至 2 日，民进中央机关第十一次部门负责人新春研讨会在京召开。严隽琪、罗富和、王佐书出席研讨会并讲话。朱永新主持会议。

各部门负责人围绕 2007 年换届以来部门工作的经验进行了规律性的总结，并结合换届报告起草，畅谈了体会、思考并认真提出改进工作的意见和建议。

民进中央领导对各部门工作逐一点评，并对换届报告起草工作予以指导，对机关部门负责人和机关部门工作表示充分肯定。

民进中央领导指出，此次会议是学习型参政党建设的一次有力实践，对民进中央乃至全会工作都具有重要意义。希望各部门以此为契机，进一步梳理全会 5 年工作，认清形势，积极谋划，以更为扎实有效的工作业绩迎接民进“十一大”的顺利召开。

民进中央副秘书长、各部门负责人出席会议。民进“十一大”报告起草组全体成员列席会议。

3. 民进省级组织换届工作座谈会

2012 年 2 月 15 日，民进省级组织换届工作座谈会在京举行。罗富和出席会议并讲话。他说，民进中央领导班子高度重视省级组织换届工作，此次会议旨在以会代训，规范程序，严肃纪律，为民进省级组织平稳换届助力。

罗富和说，第一，必须清醒认识我们今年换届工作的基础，一分为二看待现状。后备干部队伍是组织工作的基础。2007 年换届后，民进的后备干部从数量到质量都有了很大提高，但不可回避也有一些薄弱环节，增加了工作难度。换届工作面临的考验，需要我们保持高度清醒。第二，要遵守程序步骤。工作的制度化、规范化、程序化是民主集中制的保障。第三，严肃换届纪律。要区分什么是允许的，什么是不允许的，要旗帜鲜明的反对非组织活动，弘扬风清气正的换届氛围，正面要求、正面宣传，发现问题及时提醒、及时帮助、及时纠正。第四，扎实细致地做好思想工作、引导工作。细节决定成败，一个细节没做好可能会引发较大的矛盾，不回避、多沟通、抓苗头、多引导，多做一些面对面的工作，特别要分门别类地做好进退留转四种类型同志的工作。

与会同志对市级组织换届工作进行了简要总结，就省级组织换届筹备工作进行了交流。大家认为，换届工作要严格工作规范与程序，加强协商协调，做好深入细致的思想工作，要精心组织，反复推敲、注重细节，通过换届凝聚人心、增强团结、振奋精神，为开创工作新局面提供强有力的组织保证。大家表示，将深刻准确把握换届工作指导思想和总体要求，紧密依靠中共地方党委和民进中央的领导，认真贯彻本次会议精神，力争开好省级组织代表大会。

民进中央组织部主持座谈会。民进各省级组织专职副主委及组织部（处）长约60余人出席座谈会。

4. 民进会内监督工作座谈会

2012年2月16日，民进会内监督工作座谈会在民进中央召开。民进中央主席严隽琪出席会议并讲话。民进中央常务副主席、监督委员会主任罗富和，副主席、监督委员会副主任潘贵玉，副主席兼秘书长朱永新出席会议。

严隽琪在讲话中指出，2007年换届以来，民进积极学习借鉴执政党党建经验，结合自身实际，以加强领导班子的决策民主和作风民主、加强会内监督为切入点，建章立制、多措并举，有序推进会内民主。一是加强制度建设，切实贯彻民主集中制，做到决策民主；二是加强作风建设，深入联系基层，做到工作程序民主；三是根据民进实际情况，积极探索会内监督的内容和形式。这些都是加强会内监督、有序推进会内民主、确保各项工作更加规范有效的有益创新和尝试。

严隽琪强调，在下一阶段的工作中，我们要围绕参政党搞好政治交接和提高履职能力这两大历史性课题，进一步研究会内监督的理论依据、主要任务以及由此带来的规则、程序、方法、保证措施等诸个方面，使会内监督工作能够积极稳妥地推进。

罗富和就会内监督工作提出了三点意见。一是要充分认识会内监督工作的重要性。二是要总结会内监督工作经验，提高认识，理清思路，结合各级组织自身实际情况，通过理论研究与实践的结合来解决问题。三是积极推进，逐步完善会内监督。监督机制的设定作为建设高素质参政党的必要内容来探索已是势在必行。监督委员会的设立为会内监督工作带来了制度范围内的权威，会内监督效果明显提高。当前监督委员会主要围绕领导班子和机关建设两个重点开展工作，并取得了一定成效，但真正出现问题时仍缺乏有法律地位的监督手段，需要积极推进，逐步发展、探索和完善。

潘贵玉回顾了民进第一届中央监督委员会成立三年多来的工作，对下一阶段工作提出了要求。2008年12月，民进第一届中央监督委员会成立，有序部署了相关工作，积极监督各级领导班子及其成员履行职能的情况；征求民进中央常委对中央工作的意见、建议；认真开展会内监督工作调研和交流；与各省级组织加强联络，先后赴10余个省级组织积极开展会内监督调研；协助省级组织进行监督委员会试点建设；不断深化述职评议、谈心会、民主生活会制度；妥善处理会员来信来访；会内监督工作提高到一个新水平。下阶段，民进各级组织要进一步提高会内监督工作认识的水平，构建适应民进自身建设的监督体系，开拓会内监督工作的新局面。

上海、广东等9个已成立监督委员会的民进省级组织分别作大会发言，介绍各自会内监督工作情况。

与会同志就民进会内监督工作情况开展了交流。大家集思广益，畅所欲言，就监委会工作的定位定性、评价标准、监督工作的内涵、监督效果的评价和反馈，存在的困惑和一些思路发表了各自的见解，提出意见和建议。大家表示，这次会议召开及时，内容重要，收获很多，要及时把会议精神带回去汇报传达，为本级组织更好开展会内监督提供指导。

民进中央第一届监督委员会成员，已成立监督委员会的民进省级组织监督委员会负责人、监委会办公室主任，未成立监督委员会的省级组织负责人、组织部（处）负责人，民进中央副秘书长、组织部负责人参加会议。

5. 民进中央社会服务理论专题研讨会

2012 年 3 月 19 日，民进中央社会服务理论专题研讨会（浙江）在杭州召开。会议研讨的主题是民主党派开展社会服务的定位、载体、特点及形式。王佐书主持会议并讲话。

王佐书在讲话就社会服务工作的新趋势和开展社会服务的形式，多功能作用，如何更有效地发挥会员在社会服务工作中的作用和民主党派的职能、社会服务的意义、做好社会服务的基本条件、组织层次、载体、特点等内容进行了具体阐述。

会上，多位来自不同领域的与会代表进行了发言，介绍自己多年来社会服务工作的经验，王佐书一一对这些发言进行了点评。

民进中央社会服务部、研究室、宣传部，民进浙江省委、民进杭州市委负责人出席会议。

6. 参政党建设理论研讨会

2012 年 4 月 6 日至 7 日，参政党建设理论研讨会在京举办。研讨会由民进中央—中央社院参政党建设理论研究中心举办。

4 月 6 日上午，参政党建设理论研讨会在京开幕。严隽琪出席并讲话。王佐书、朱永新出席开幕式。

严隽琪在讲话中重点就当前形势下做好参政党理论研究工作提出三点意见。一是要进一步重视参政党理论研究工作。二是要进一步总结参政党理论研究工作的经验。三是要进一步紧密结合参政党建设的实践，切实开展应用研究。

研讨会期间，民进中央参政党理论研究会 2011 年研究课题中标的民进江苏省委统战理论研究会课题组和民进河南省委课题组围绕高素质参政党问题研究作主旨发言。30 名论文作者围绕高素质参政党的内涵外延、评价标准、面临问题、实现途径等各方面的内容进行了大会交流。

4 月 7 日下午，由民进中央—中央社院参政党建设理论研究中心举办的参政党建设理论研讨会在京闭幕。王佐书作闭幕讲话。

王佐书就进一步开展参政党建设理论研究提出自己的思考。他说，建设适应时代要求的高素质参政党，是新形势下民主党派面临的重大历史任务。高素质参政党要能增强接受中国共产党领导的自觉性和坚定性，能高水平地履行参政党的职能并取得一流的工作业绩，能自觉地与时俱进地加强自身建设。要建设高素质参政党，迫切需要加强参政党理论建设。参政党建设的理论来源于参政党建设的实践；它既指导实践，也要经受实践的检验。同时，要以党为师，借鉴中国共产党理论建设的经验。他还从方法论的角度提出遵循规律、把握方向、重视体系等 10 种方法和与会同志交流。

研讨会期间，与会人员听取了中央编译局副局长俞可平所作的“中国民主政治的几个问题”专题报告。

民进部分省级组织领导同志，民进中央副秘书长、研究室负责人，参政党理论研究会负责同志，来自民进 23 个省级组织和中央社院的论文作者，民进十一大报告起草小组成员，中央社院部分教师参加研讨会。

7. 民进中央工作座谈会

2012 年 8 月 1 日至 2 日，民进中央工作座谈会在京召开。座谈会全面总结民进十大以来各项工作取得的成绩，梳理五年来的工作经验与体会，与时俱进、实事求是地对下一届工作提出建议，分别就宣传思想、社会服务、组织工作和参政议政工作进行专题研讨。严隽琪、罗富和出席会议并讲话。会议分别由王佐书、朱永新主持。

严隽琪在讲话中分别针对宣传思想工作、社会服务工作、组织工作和参政议政工作做了深入分析。罗富和、王佐书、朱永新也分别对各方面工作提出改进意见。

在京民进中央委员，民进十大代表，民进中央各专门委员会主任、副主任，民进中央及各部门负责人，民进北京市委及区级组织基层支部的负责人等出席本次座谈会。

参加会议的还有民进第十一次全国代表大会报告起草组成员。

8. 民进全国办公室主任工作研讨会

2012 年 8 月 30 日至 31 日，民进全国办公室主任工作研讨会在黑龙江省哈尔滨市召开。

8 月 30 日上午，研讨会开幕，罗富和出席并讲话。长朱永新主持开幕式。

罗富和在讲话中说，此次研讨会是在中共十八大、民进十一大即将召开之前的大好时机所举办的“以会代训”的一次重要会议，是通过组织国情教育、考察，进一步坚定接受中国共产党领导信念的一次重要会议，是为加快建设符合时代要求的高素质参政党培训人才的重要环节。他强调，新形势下做好参政党机关办公室工作要做到三点。一是认清形势，肩负使命。二是提高组织协调能力。三是建设学习型参政党机关。

罗富和希望大家会后及时向主委班子汇报此次会议精神，进一步增强对机关办公室工作重要性的认识，提高机关建设的整体能力和水平。

来自黑龙江、天津、湖北、成都、福建、青岛、宁夏、合肥等 8 个民进地方组织的同志分别作大会发言。几位同志在发言中探讨和交流了新时期办公室工作的经验和方法，并表示要以本次民进全国办公室主任工作研讨会为契机，带着对民主党派履行职能强烈的责任感和使命感，扎实做好办公室各项工作，推动机关建设再上新台阶。

8 月 31 日上午，民进全国办公室主任工作研讨会闭幕。闭幕式前，大会进行了分组讨论，各小组代表分别汇报了 6 个小组讨论情况。

民进中央有关副秘书长及办公厅、社会服务部、参政议政部负责人，民进各省级组织和部分地方组织办公室负责同志，民进中央办公厅各处负责人近百人参加会议。

9. 民进中央专门委员会会议

2012 年 10 月 12 日至 13 日，民进中央专门委员会会议在京召开。会议的主题是，总结民进中央各专门委员会五年来的工作成绩与经验，交流体会与思考，共商未来如何进一步发挥专门委员会的作用。

严隽琪、罗富和、王佐书、朱永新，民进中央各专门委员会委员出席会议。

民进中央教育委员会、文化艺术委员会、出版传媒委员会、科技医卫委员会、经济委员会、社会法制委员会、妇女儿童委员会、联络委员会等八个专门委员会，分别总结了本届专委会五年来的工作。委员们还广泛交流了参与专委会工作的经验与体会，并就未来如何改进和加强专委会工作提出意见和建议。民进中央有关领导参加了各专门委员会的讨论。

民进中央副秘书长、各部门负责人等 170 余人出席和参加会议。

10. 民进中央参政议政特邀研究员会议

2012 年 11 月 4 日，民进中央参政议政特邀研究员会议在京召开。严隽琪出席并讲话。朱永新主持会议。

严隽琪在讲话中强调，当前做好参政议政工作，需要集智聚力，也需要顺势而为。所谓“势”，是国家的发展趋势、社会的走向规律。认识“势”，需要有足够的信息量和眼光；把握“势”，则需要智慧与胆识。希望大家集思广益、加强研究，为民进中央认识和把握好国家走势，明确参政议政的思路和重点提出参考和建议，以保证民进的特色和优势不断根据时代的要求进行发展。

会上，与会人员结合自身工作，围绕如何加强参政议政特邀研究员队伍建设，完善参政议政工作机制，以及今后如何策划参政议政研究课题和方向提出了意见建议。

民进中央参政议政部介绍了本届特邀研究员队伍议政建言的情况。五年来，特邀研究员队伍广泛参与民进中央各类参政议政会议和调研活动，支持民进中央参政议政工作，参与民进中央反映社情民意信息工作，为民进更好地履行参政议政职能贡献智慧和力量，发挥了会内外专家优势互补的独特作用，取得了实效，获得了认可。

18 位民进中央参政议政特邀研究员出席会议。

11.2012 年民进中央参政议政年会

2012 年 11 月 5 日至 6 日，2012 年民进中央参政议政年会在京举行。严隽琪作主题报告。朱永新主持会议并讲话。会议学习了胡锦涛总书记“7•23”讲话精神，迎接中共十八大召开；讨论了参政议政工作主题报告；总结交流了民进全会加强参政议政能力建设的成果和经验，提高参政议政工作水平；表彰了民进中央 2012 年参政议政成果。

11 月 5 日上午，2012 年民进中央参政议政年会在京开幕。严隽琪出席开幕式，作《再接再厉，继续提升参政议政能力》的主题报告。朱永新主持开幕式并致词。

严隽琪在讲话中说，五年来民进全会深入贯彻会中央提出的“有思有行、集智聚力、顺势而为、开拓创新”的工作思路，“以新作为巩固老阵地，在顺势中开拓新领域”和“以开拓创新激发新活力”的参政议政工作方针，坚持将推动科学发展作为履行参政议政职能的第一要务，坚持多种方式、多个渠道团结人才，加强能力建设。参政议政课题涉及改革发展中的许多重要领域和关键环节，参政议政成果及时反映出民进对重大问题、重要事件以及关系群众利益的突出问题的立场观点和思考建议，工作平台有了新拓展，特色品牌效应更加显现，人才队伍有所加强。

严隽琪就继续提升参政议政能力提出三点意见。一要全面认识中共十六大以来我国改革开放取得的巨大成就与历史性进步，坚定不移地沿着中国特色社会主义伟大道路奋勇前进。二要深入学习和贯彻科学发展观。三要坚持不懈地提高参政议政能力。一方面继续推进学习型参政党建设，处理好学习与实践的关系。

会议期间，19 位同志作大会发言，交流参政议政工作经验。

11 月 6 日下午，2012 年民进中央参政议政年会圆满完成各项议程在京闭幕。朱永新出席并讲话。

朱永新就如何认识和继续加强参政议政能力建设提出七点意见。一是围绕科学发展献可行之策，把影响经济、社会、民生等热点难点问题作为参政议政的主要内容，从如何通过科学发展来破解的角度出发，寻找符合各方利益的可行的解决方法。二是不断提升工作水平，认真学习中共十八大及民进十一大两次大会的重要精神，结合实际工作培养提高自身政治素质和业务素质，增强对国家法律法规、方针政策等政治理论的把握能力。三是推进工作的制度化、规范化和程序化。四是切实加强参政议政专职干部队伍建设。五是加强参政议政专委会建设。六是加强参政议政平台建设，更好地整合资源，展示成果。七是加强参政议政调研工作，找准选题、全面深入基层，提高建言献策的针对性、可行性与可操作性。

会议对民进中央 2012 年度参政议政成果进行了表彰，其中获得一等奖成果 23 项，二等奖成果 21 项，三等奖成果 7 项。

民进中央参政议政特邀研究员，民进中央各专门委员会主任、副主任，民进中央部门负责人，民进各省级组织分管副主委、参政议政部门负责人和专职干部等 120 余人出席会议。

12. 民进省级组织负责人会议

2012 年 12 月 21 日，民进省级组织负责人会议上午在北京举行。罗富和出席并讲话。王佐书、蔡达峰、朱永新出席会议。姚爱兴宣读表彰决定。

罗富和在讲话中针对民进中央明年的工作强调了四个方面：一是深入学习贯彻中共十八大精神，进一步增进全会的政治共识，结合面临的形势和任务，结合民进的实际情况，按照执政党建设和参政党建设相互促进的要求，继续深化学习践行社会主义核心价值体系活动，推进学习型参政党建设，提高民进自身建设和履行职能的水平。二是切实加强组织建设，加强代表人士队伍建设，加强后备干部、骨干会员的培训和培养，增强人才推荐工作的主动性和计划性，加强领导班子建设，建立健全会内监督机制。三是立足民进特色，进一步完善工作机制，围绕未来五年国家经济社会的科学发展建言献策，坚持政治性原则、公益性原则、务实性原则做好社会服务工作，切实提高履职能力，为全面建成小康社会作出新的贡献。四是要进一步加强机关建设，改进作风，提高服务水平。

会议对民进省级组织专项工作先进单位进行了表彰，对《民进中央 2013 年工作要点》（草案）作了简要说明。

民进中央、民进各省级组织、民进中央部门负责人出席会议。

二、参政议政

2012 年，民进全会深入贯彻“有思有行、集智聚力、顺势而为、开拓创新”的工作方针，将推动科学发展作为履行职能的第一要务，围绕“加快转变经济发展方式”、“加强社会建设和创新社会管理”、“资源节约与环境保护”，深入开展调查研究，建睿智务实之言，谋科学发展大计。

（一）围绕经济社会发展中的重大问题，做好高层协商工作

在中共中央、国务院召开的党外人士座谈会上，民进中央围绕党和政府关心、人民

群众关注的重点、热点、难点问题，积极建言献策。围绕推进经济结构战略性调整，加快转变经济发展方式，提出了构建内需增长长效机制；促进经济增长向第一、第二、第三产业协同融合发展转变；实施国际化的和整体化的知识产权战略，以促进企业成为创新的主体；统筹城乡发展，积极稳妥推进城镇化；深入实施主体功能区战略等建议。围绕推动文化大发展大繁荣，建设社会主义文化强国，提出了明确提出实施“文化强国战略”；完善国家的文化法律体系深化文化体制改革；建立健全公共文化服务体系；推动文化产业成为国民经济支柱性产业；推进社会主义核心价值体系建设等建议。围绕大力加强社会建设，创新社会管理，提出了加快发展各项社会事业，推进基本公共服务均等化；加快覆盖城乡居民的社会保障体系建设，稳步提高社会保障水平；加强公共安全体系建设，保障人民生命财产安全；加强和创新社会管理，维护社会和谐稳定等建议。围绕大力推进社会主义民主政治建设，走中国特色社会主义政治发展道路，提出了坚持和完善中国共产党领导的多党合作，进一步规范和拓宽政治协商、民主监督、参政议政的形式和渠道；深化行政管理体制改革，规范政府行政管理行为；深化司法体制改革，着力推进法制建设；以完善惩治和预防腐败体系为重点，加强反腐倡廉建设等建议。

（二）围绕转变经济发展方式、保障和改善民生，做好政协的发言、提案和信息工作

全国政协十一届五次会议期间，民进中央提交党派发言 3 件，党派提案 28 件，民进组提案 7 件。民进中央副主席蔡达峰作了《推进基本公共教育服务均等化，夯实社会公平的基石》的发言，民进中央常委蔡继明作了《完善惠农强农富农政策确保国家粮食安全》的发言。在周永康同志参加的民进、农工、九三联组会上，民进组委员会分别作了《改革城市基层社会管理体制，夯实社会建设的基石》、《做好网络舆情引导，防范社会危机》、《援疆工作应着力促进新疆可持续发展和各民族群众安居乐业》、《加强社会管理亟须培育和发展社会组织》的发言。《关于促进我国传统制造业转型升级的提案》、《关于尽快构建具有符合我国国情的食品安全标准体系的提案》、《关于进一步规范“农民工”称呼的提案》等 5 件提案被列为重点办理提案，全国政协专门召开了提案办理协商会；《关于完善知识产权管理体制，推进知识产权战略实施的提案》、《关于加强农业转基因生物研发和生产安全监管的提案》、《关于调整规范民办学校法人登记类型，促进民办教育发展的提案》等 4 件提案被列入重要提案摘报。

关于制定《农村学校布局调整若干规定》的提案得到了教育部的高度重视，教育部并着手起草《规范农村义务教育学校布局调整的意见》。在起草《意见》过程中，教育部多次与民进中央沟通，征求意见。提案中提出的明确农村学校撤并的基本程序及标准，明确规定农村新建扩建学校的标准以及对村小和教学点的支持性措施等建议，基本都在《意见》中得到体现。与全国政协人口资源环境委员会联名提出的《关于进一步加强我国水利工作、促进流域综合管理的提案》得到高度重视，水利部与民进中央、全国政协人口资源环境委员会共同组成调研组，就流域综合管理问题赴辽河流域开展调研，为推动国家水利事业的发展进一步建言献策。

（三）关注重要领域和关键环节的改革发展，深入开展调查研究

为进一步了解我国基层社会管理体制改革创新的情况，形成关于推进基层社会管理改革创新的政策性建议，民进中央将“加强社会建设，推进基层社会管理创新”作为2012年的专题考察题目，民进中央主席严隽琪、常务副主席罗富和率考察团在山东进行了专题调研。调研期间，考察团深入烟台、潍坊、泰安和济南4个市，召开了5场专题座谈会，实地考察了15个基层社会管理创新的经验典型，通过梳理调研成果，民进中央向中共中央报送了《关于加强社会建设，推进社会管理创新的建议》，受到高度重视。胡锦涛、温家宝、习近平、周永康、回良玉、马凯等领导人很快先后作出重要批示，高度评价调研成果，认为“所提思考建议深入深刻，很有针对性”，并要求有关方面和部门“高度重视，认真研究，顺应形势发展需要及时研拟制定相应政策措施”。

此外，民进中央还在深入调研的基础上，向中共中央报送了《关于进一步加强林业建设的几点建议》、《关于进一步重视养成教育，加强学校德育建设的建议》、《关于深化中非合作的几点建议》、《关于进一步加强林业建设的几点建议》等多份建议书。

（四）反映社情民意

2012年，民进中央向全国政协报送信息447期，向中央统战部报送34期，被全国政协采用56期。其中，《西藏安居工程和新村建设应避让地震带及其次生灾害》、《乌外籍穆斯林在华死亡事件应予以高度重视》等信息得到有关领导的批示，《完善案件审理期限制度的建议》等信息得到有关部门的办理。

（五）各类论坛、研讨会、座谈会

1. 2012年基础教育改革座谈会

2012年1月14日，由民进中央教育委员会和中国教育学会高中教育专业委员会联合主办的2012年基础教育改革座谈会在京举行。本次会议的主题是“高中学校特色发展的途径与策略”。严隽琪出席并讲话。罗富和、朱永新分别主持会议。

严隽琪在讲话中说，教育改革要避免碎片化，各个学段要进行配套改革和协调发展。高中是教育阶段的转折点，必须高度重视。关于高中学校特色发展问题，一是为什么要强调特色办学。特色办学对学生来说是为了让学生有更大发展空间，得到因材施教的机会；对学校和老师来说，是为实现教育家办学提供教育实践的基地；对社会来说，需要不拘一格的人才。二是什么是特色。特色就是多元化，这种多元化不是基于历史条件、现实条件不一致呈现的差异，而是从办学理念和人才观出发，对教育应有的本质内涵的认识和实践；是通过办学者充分考虑学生的天赋和培养目标，通过理性选择、科学规划和努力探索形成的特色；是长期办学过程积累的、被广泛认同的一种优势。三是怎样达到多元化办学。从学校来说，要有正确的办学理念和价值取向，以学生为本，挖掘资源、用好资源；对学生来说，必须挖掘每个学生潜质，尊重学生的差异。这也特别需要社会提供相应的环境，在探索和试点上要放宽松，联动改革，解放思想。

教育部副部长刘利民就我国当前基础教育发展状况、深化办学体制改革、高中课改、

改善办学条件、多样化建设和特色发展等问题作介绍，并回答了部分校长提出的有关教育热点问题。

来自北京、河北、青海、广西、宁夏等10个省、区、市的15位中学校长先后在座谈会上发言。大家围绕高中学校特色发展的途径与策略这一主题，就培养高素质的创新性人才、敬畏教育规律、实现高中特色发展的资源保障、实施积极心理健康教育、“全人”教育模式、提升学生幸福指数等话题进行了热烈的讨论，交流了办学理念和实践经验。

教育部、民进中央、中国教育政策研究院、中国教育学会高中教育专业委员会有关负责人出席会议。

严隽琪、罗富和在座谈会后会见刘利民。

2. 高考改革专题研讨会

2012年3月28日、31日，民进中央先后在北京、上海分别召开高考改革专题研讨会。

3月28日上午，民进中央在北京召开高考改革专题研讨会。严隽琪、罗富和出席并讲话。朱永新主持会议。

严隽琪在讲话中说，高考是实现教育公平乃至社会公平的重要制度，是国家选拔高素质人才的重要途径。因此，我们对高考改革的目标要有共识，要设计路线图。高考的功能不是选拔而是选择，要为终身教育和全民教育服务。高考改革要有多责任主体，一方面要增加学校自主性，并有刚性原则监管；另一方面，要增加区域自主性，并合理分配名额。

罗富和在讲话中说，要强化中学会考，加强对学习过程的信息化管理，实施高考专业化，招生双向选择。

教育部高校学生司副司长张浩明，教育部教改办成员彭斌柏等到会听取意见并发言，介绍了高考改革情况。

研讨会上，民进中央参政议政部汇报了民进《关于高考改革问题的思考》，中国人民大学教育学院教授程方平代表民进“中国高考改革的主要矛盾、思路与对策”课题组，汇报了课题进展情况。中国教育政策研究院特聘研究员余雅风汇报了中国教育政策研究院《关于制定当前异地高考政策的几点建议》。民进会内外多位专家学者针对高考改革发表了意见。

3月31日，民进中央高考体制改革座谈会在上海召开。严隽琪出席并讲话。蔡达峰主持会议。

严隽琪在讲话中强调，高考改革首要的是确定正确的改革方向与目标。其次，在改革的过程中，既要认清当前高等教育正在从精英教育走向大众化、多元化的现实，又要考虑到现在是知识爆炸的时代，要更重视学习能力和学习习惯的养成，以及市场化对高等教育的影响。第三，要加快建立健全教育部门信息系统，提高管理的精确性、决策的准确性。第四，加强人事制度改革，赋予高校更多的自主权，使其更有利于学校的发展和人才的配置。

与会人员就高考改革的目的、考试方法和招生办法等问题进行了研讨。

教育部原副部长吴启迪，上海市教委副主任李瑞阳，上海市教育评估院院长王奇，民进上海市委副主委黄震、陈强努、许政涛，上海市控江中学校长张群，民进上海市委、民进中央参政议政部有关负责人参加座谈会。

3. 2012’民进全国出版界会员座谈会

2012年8月7日至8日，2012’民进全国出版界会员座谈会在京召开。会议的主题是学习贯彻中共十七届六中全会精神和胡锦涛总书记“7·23”重要讲话精神，坚持正确方向，研究实际问题，交流工作经验，认识工作规律，在发扬传统中促进发展。

8月7日上午会议开幕。严隽琪出席并讲话。罗富和主持会议。国家新闻出版总署署长柳斌杰出席并讲话。

严隽琪在讲话中结合民进的历史和民进出版界先贤的业绩对“出版人精神”作了深刻解读。她说，“出版人精神”体现在对思想进步的追求；体现在关心国家和民族命运，与时政、与社会现实的紧密结合；体现在“百分之百的不马虎”。出版界会员要对出版娱乐化、商业化始终保持一份清醒，在心底里对出版工作怀有一份神圣和纯粹，有一份坚定、自觉和坚守。要在对话中逐渐形成国际文化共识并强调自己的文化特性，从而生出一种真正的文化精神，这应该是中国出版人的责任。要有严肃认真的工作态度、“甘当人梯”的无私奉献和“尤爱真理”的科学精神，才能保证出版事业健康发展，发挥其教育效益和社会效益。

柳斌杰在讲话中强调，出版界要认真学习贯彻胡锦涛总书记“7·23”重要讲话，把思想和行动统一到讲话精神上来，以讲话精神指导出版行业改革发展的各项工作，以实际行动迎接十八大的胜利召开，为建设社会主义文化强国作出出版界应有的贡献。

8月8日下午，会议在京闭幕。罗富和出席闭幕式并讲话。朱永新主持闭幕式。

罗富和说，这次会议形成了三点共识：一是加强出版传媒工作是民进的文化自觉。二是增强了吸纳人才、壮大队伍、加强组织建设的紧迫感。三是要集智聚力、发挥优势、有为有位。他要求，民进各省级组织要及时传达和贯彻会议精神，及时交流经验，认真研究部署推进工作措施，密切联系出版界会员，调配多方资源、创建更多平台、拓宽工作思路，形成集智聚力的机制。

会议期间，国家新闻出版总署办公厅主任、新闻出版体制改革办公室主任范卫平作专题报告。会议围绕出版业改革发展面临的形势和挑战、民进在出版界组织发展工作的成绩、存在问题和未来五年应采取的举措，以及参政议政的重点领域和主要问题进行了充分交流、深入探讨，提出了有建设性、针对性的意见建议。

民进中央出版委员会委员，各省级组织有关负责人，来自28个省、自治区、直辖市的民进出版界会员代表130多人出席会议。

4. 2012·长江保护与发展研讨会

2012年8月17日至18日，2012·长江保护与发展研讨会在长沙举行。本次研讨会的主题是“长江流域经济社会发展与水环境保护”。

8月17日，2012·长江保护与发展研讨会在长沙开幕。严隽琪出席并讲话，罗富和主持开幕式。研讨会主办、承办、协办单位的领导和专家学者，有关科研院所负责人和专家，长江流域民进省级组织有关负责人和专家学者100多人参加开幕式。

严隽琪对给予本次研讨会大力支持的各个方面表示衷心感谢。她在讲话中说，湿地的共用性非常显著，它不仅是一种资源，还是一种文化，对湿地的重要性有待我们更深刻的认识。湖南是长江中游十分重要的湿地大省，也是中国湿地保护的先行者之一，湖南取得的这些经验值得全国借鉴。民进长期关注湿地资源保护，希望与会专家和朋友们在接下来的研讨中，围绕“长江流域区域经济社会发展与水环境保护”的主题，“集多方之智，聚众人之力”，共同为实现长江流域的长远科学发展献计出力。她对给予本次研讨会大力支持的各个方面表示衷心感谢。

全国政协人口资源环境委员会副主任、原国家环保总局副局长、中国环境科学学会理事长王玉庆就绿色发展与长江流域的生态保护讲话，他深刻阐述了绿色发展的重要意义，就加强长江流域环境保护建设提出意见建议。水利部长江水利委员会主任蔡其华以“洞庭湖与三峡工程”为题作主题报告。国家水利部副部长胡四一对长江流域控制性水库群建设、综合调度等方面提出了思考与建议。国家林业局副局长张永利就协同推进长江流域管理制度、重点生态保护工程建设提出政策建议。国务院三峡工程建设委员会办公室水库管理司司长阮利民，环境保护部污防司副司长凌江出席开幕式并讲话。

8 月 17 日至 18 日，2012 • 长江保护与发展研讨会进行研讨发言。罗富和出席会议。19 位与会专家学者按照大会安排，围绕长江流域的区域经济社会发展与水环境保护问题，结合各自的工作实际，就“2011 年中央 1 号文件及中央水利工作会议后的进展与问题”、“跨行政区水问题的协调机制与流域综合管理体制探索”、“长江流域区域绿色经济转型与生态环境保护”、“长江中上游水资源可持续利用与生态调度”、“洞庭湖水环境保护与区域可持续发展”、“三峡水库水资源的综合调度与长江中下游水生态系统保护”等议题做了精彩的交流发言，提出了宝贵的意见，为促进长江的保护与发展提供了丰富的信息。

8 月 18 日，2012 • 长江保护与发展研讨会在长沙闭幕。罗富和出席闭幕式并讲话。

罗富和强调，水的安全就是国家安全，水的安全就是粮食安全、农业安全、生态安全、民生安全、经济发展安全，是国家的安全。加快推进长江流域的综合管理，要适时出台长江水资源保护的管理条例，为水资源的综合利用提供一个比较坚实的法律法规支持，加大科技支撑，动员广大群众特别是沿江的群众参与保护长江、保护母亲河的环境生态建设。

此次研讨会形成的研究成果将作为意见建议、社情民意信息报送国家有关方面，在此基础上产生民进中央提交 2013 年全国政协大会的有关发言和提案，会后将编印论文集和研讨会纪要，为以后的研究奠定基础。

5. 2012’中国教师发展论坛

2012 年 9 月 7 日，2012’中国教师发展论坛在重庆市永川区召开。论坛主题为“加强职业教育师资队伍建设，服务城乡统筹发展”。受严隽琪委托，罗富和出席论坛开幕式并讲话。朱永新主持开幕式。

罗富和在讲话中说，目前我国职业教育发展正处在一个新的历史阶段，既面临着一个难得的发展机遇，也面临着经济社会发展对职业教育提出的新要求，要依靠深化改革推动职业教育的发展。民办教育在职业教育发展中具有重要作用，在深化改革的过程中应保护和发挥民办教育的积极性。发展职业教育的关键是加强师资队伍建设，要把师资队伍建设摆在突出的位置，从教师队伍整体结构上推动建立“双师型”职业教师队伍，着力培养学生善于学习、勇于思考、敢于创新的能力。

两岸四地教育界人士共200多人出席了开幕式。

9月7日下午，2012’中国教师发展论坛闭幕。朱永新出席闭幕式并作总结讲话。

朱永新说，要进一步完善教育培育体系，以推动教师专业化为引领，以加强“双师型”教师队伍建设为重点，以创新制度和机制为动力，以完善培养培训体系为保障，加快建设一支数量充足、素质优良、机制合理、专兼结合，适合职业教育改革发展要求的高素质专业化教师队伍。职业教育首先是人的教育，其次才是职业的教育；职业教育首先是职业精神的教育，其次才是职业技能的教育。建设一支高素质专业化教师队伍，一是要加强校企合作，建设“双师型”教师队伍；二是要进一步明确政府、行业组织、企业、学校、师生等相关主体的责任或义务；三是强化政府各职能部门的公共服务保障。

论坛期间，与会专家和教育界人士共同围绕“加强职业教育师资队伍建设，服务城乡统筹发展”这一主题进行了深入的研讨，有六位来自内地和港澳台地区的专家学者在论坛上作主题演讲。论坛还设立了职业教育师资培养体系建设、“双师型”教师培养模式建设、职业教育师资培养的过程评价机制建设、职业教育教师在职培训模式建设、“兼职型”教师培训与资格认定机制建设等五个分论坛。

教育部普通高校人文社会科学重点研究基地北京师范大学教师教育研究中心主任朱旭东宣读了《永川宣言》。《永川宣言》号召进一步完善职业教育教师培养培训体系，进一步加强“双师型”教师队伍建设，进一步深化职业学校人事制度改革，进一步推进师资评价模式改革。

教育部职业教育与成人教育司，民进重庆市委及永川区委，中共永川区委、政府、政协及统战部有关负责人等出席闭幕式。

6. 民进中央2012年度文化领域参政议政务虚会

2012年11月26日，民进中央2012年度文化领域参政议政务虚会下午在京召开。严隽琪出席并讲话。蔡达峰出席会议。长朱永新主持会议。

本次务虚会的议题是，学习领会中国共产党第十八次全国代表大会精神，认识建设社会主义文化强国的战略任务，分析推进社会主义文化大发展、大繁荣的关键问题；探讨民进中央未来一段时期在文化领域着力开展参政议政的中长期课题；研究民进中央在文化领域献计出力的平台和品牌建设问题。

严隽琪在讲话中说，中共十八大体现了执政党对未来五年和更长时间的思想理念和规划布局，是民进参政议政重要的背景，要认真加以学习领会。党的十八大提出“扎实推进社会主义文化强国建设”，这与民进长期以来的呼吁完全一致。文化具有广泛性、深刻性、渗透性和很长的时效性，必须要用宏大的历史观和全人类的视角来看待。文化与政治、社会息息相关，在文化法制建设、文化体制改革、公民文化权益、社区文化建设方面都有很多重大问题值得民进深入探讨和推进。

十余位民进会内外专家学者出席会议。大家围绕文化立法、全球化时代文化发展、环太平洋文化生态、海洋文化、公共文化、社区文化、城市文化、两岸文化认同、中国价值观等文化领域重大问题各抒己见，畅所欲言，相互交流，献计谋策，会场气氛十分热烈。

文化部政策法规司副司长李红琼应邀参加会议。她就文化部机构设置、主要职能、当前和今后一段时间的主要工作谋划与安排等作了介绍，并希望民进会内外专家继续关注社会资本投入文化建设政策、民营文化、文化立法等相关问题，为文化发展繁荣献计出力。

民进中央部分部门负责人参加会议。

三、社会服务

2012年，民进中央深入贯彻落实科学发展观，以服务国家发展和社会建设为宗旨，以“同心”思想为统领，发挥智力优势，突出党派特色，努力坚持政治性原则、公益性原则、集智聚力的务实性原则，坚持找准角度、量力而行、尽力而为、务求实效，围绕国家中心任务和民生需要开展社会服务实践，取得一定实效。

（一）积极参与推动毕节试验区建设

为深入推进“同心·彩虹行动”实施，民进中央进一步总结把握规律，提炼升华工作模式。深入学习贯彻中共中央领导同志重要指示精神，学习领会“同心”思想，围绕帮扶思路进行细致分析，概括提出民进服务试验区建设的优势、特征、理念与工作安排等。目前，全会参与试验区建设的方向更加明确，思路更加清晰，内涵更为丰富。各级组织积极响应会中央的号召，参与对口支持金沙的“同心·彩虹行动”工作。

1. 2012年3月27日至28日，王佐书带队在贵州省毕节市金沙县考察调研，召开专题座谈会，举行捐赠仪式，深入参与毕节试验区建设，助推金沙经济社会全面发展。

王佐书先后考察了金沙县沙土镇中医院、沙土中学、中心联合卫生院、同心大市场和朗月煤机制造基地等，并于28日上午出席民进中央赴金沙考察调研座谈会。

他认真听取了各方面汇报，并说民进中央将在“找准角度、力所能及、竭尽全力、务求实效”的社会服务工作方针指导下开展支边扶贫工作，寻求最优化的发展道路。他还就民进支持金沙教育、卫生、旅游事业发展和人才培养等问题作出了统筹规划。

座谈会上，中奥（福建）体育用品有限公司、助兴（福建）儿童用品有限公司向金沙县太平乡、马路乡捐赠价值50余万元的童鞋，民进会员企业、贵州朗月集团公司向金沙县桂花乡捐赠100万元建设“同心·朗月文化广场”。

座谈会上，毕节市人大常委会、金沙县委县政府、民进金沙支部分别介绍了有关工作，毕节市委统战部、毕节市扶贫办、金沙县委统战部负责人出席会议。

王佐书在金沙期间走访民进毕节市金沙支部，与支部主委深入交谈，了解支部建设和支部服务金沙事业发展情况。

2. 2012年6月1日，王佐书在贵州省毕节市金沙县箐门苗族彝族仡佬族乡中心完全小学出席座谈会和慰问活动，他向金沙县、菁门乡和中心完小的同学们致以节日的问候，祝愿小朋友们学习进步、茁壮成长。

在“六一”儿童节来临之际，为帮扶改善学生生活状况，同时也是在实践中锻炼、培养民主党派干部，王佐书率民进建德市委、绍兴市委有关同志和部分建德企业家前往中心完小，慰问全校师生，向学校捐赠校服、鞋袜、食品等生活物资；同时，举行“公仆型参政党成员流动实践基地”授牌仪式。

王佐书在座谈中对县乡对学校工作的重视表示肯定。他指出箐门乡教育扶贫工作的重要性，对工作组前期工作表示认可，希望工作组在今后工作中逐步、千方百计、力所能及地解决学生的生活、学习基本问题，要求工作组在开展工作中配合当地教育规划，兼顾当前和长远，适用，节俭，讲求质量，尊重民俗民风。

活动中，浙江建德企业家、民进建德市委、民进绍兴市委、民进中央联络委员会分别向学校捐赠现金 7 万元、物资 3.2 万元、物资 4.16 万元、款物 9.5 万元。

王佐书在金沙期间为箐门乡教师作提高教育质量的专题讲座，并考察民进贵州省委参与桂花乡建设情况。

3. 2012 年 7 月 29 日，民进中央“同心・彩虹行动”——“开明・同心城”一期工程竣工典礼暨捐赠仪式上午在金沙县黎明澳斯特酒店举行。罗富和出席活动，并为“开明・同心城”揭幕。

民进中央联络委员会副主任、开明实业股份有限公司董事长陈正拜介绍了“开明・同心城”一期工程建设情况，并在仪式现场向金沙县政府捐赠价值 4000 万元的安置房 100 套，向毕节市红十字会捐赠 50 万元善款。

开明・同心城是目前为止民进中央“同心・彩虹行动”最大的投资项目。

该项目 2011 年 3 月 20 日举行奠基仪式，6 月 30 日正式开工建设，经过历时 385 天的努力，完成投资 6.2 亿元，建成 C 区一期工程 12 万平方米，首期向毕节试验区创业青年、农村劳动力转移人员免费提供三年免租门面 220 个。

4. 2012 年 7 月 29 日，民进中央“同心・彩虹行动”——“多彩贵州・魅力金沙”开明画院文化采风公益活动及捐赠仪式上午在毕节金沙县金沙一中举行。罗富和出席活动，并向金沙县捐赠了由 10 位书画家联合创作的国画《春沐金沙》。

罗富和在捐赠仪式前，参观了民进书画家金沙采风作品展。来自民进全国的 38 位书画家深入金沙采风写生，用笔墨丹青珍藏多彩贵州、魅力金沙的原生态文化印象，现场创作书画作品 62 幅，全部捐赠给金沙县。

民进会员企业分别向金沙中小学美术教师捐赠美术教案电脑 72 台、向县教育局捐赠价值 500 万元的基础教育同步学习软件。在活动现场还举行了一个简朴的收徒仪式，38 名民进书画家分别与金沙县 92 名中小学美术教师结成师徒帮扶关系。

同日上午，举行了美术专题辅导讲座。开明画院理事、民进合肥市委专职副主委韩一民主讲《美术与漫画及它的创新思维》，民进会员李强主讲《书法与孩子们的未来》。来自金沙县的美术教师及书画爱好者共计 200 人参加了讲座。

罗富和还参观了设在金沙一中的民进毕节金沙支部办公室。与民进金沙支部会员亲切交谈并合影留念。

（二）积极促进民族地区经济发展与社会稳定

民进中央发挥作为参政党的自身优势，牢牢把握各民族共同团结奋斗、共同繁荣发展的主题，在扶持贫困少数民族地区、支持民族地区教育事业发展等方面付出了一定的努力，为促进民族团结、共同发展、共同进步发挥了积极作用。

1. 参与支持新疆文教事业发展和民生改善

2012 年 2 月 14 日至 16 日，受严隽琪委托，王佐书在新疆考察座谈。

王佐书与新疆生产建设兵团农六师五家渠市领导举行座谈，实地考察了新疆天达生物工程有限公司、共青团农场花卉养殖基地、新疆正大食品有限公司蛋鸡、种猪示范场等基地，并为兵团农六师五家渠市干部职工作专题报告。

2012 年 8 月 9 日至 13 日，"同心 • 彩虹行动"2012 年新疆少数民族校长培训班在京举行。罗富和出席开班式并讲话。朱永新主持。

来自乌鲁木齐市、吐鲁番地区托克逊县以及和田地区的 53 名校长和骨干教师，将通过听取讲座、参观考察、交流座谈等形式，接受为期 5 天的培训。

罗富和在讲话中强调，中共中央高度重视教育对于新疆等民族地区发展的支撑作用，《国家中长期教育改革和发展规划纲要（2010—2020 年）》也特别提出支持民族教育事业发展的内容。民进作为以教育为主要界别的参政党，与教育有很深的渊源，愿意为教育事业的改革发展尽己所能。希望培训班可以真正起到帮助大家开拓视野、更新观念、提升业务水平、提高自身素质的作用。

国家民委教育科技司、中央统战部二局有关负责人分别代表国家民委和中央统战部致词。民进中央社会服务部向铁道部运输局赠送了"同心合力、共架彩虹"的锦旗。

开班式后，教育部民族教育司负责人为学员们作了解读教育规划纲要的讲座。

8 月 13 日下午，朱永新为"同心 • 彩虹行动"2012 年新疆少数民族校长暑期培训班作专题报告——《过一种幸福完整的教育生活》。报告详细介绍了新教育的发展历程和学理基础，提出新教育强调"过一种幸福完整的教育生活"，这既是对教育终极意义的思考与追求，也是对当下畸形教育提出疗治的愿望与计划。在素质教育成为越来越多人共识的同时，学生的童年和青春却充满失败，许多学生已失去了追求理想的冲动，失去了淳朴的情怀和感恩之心，新教育实验提出"教育幸福"，首先针对的就是这些畸形的教育而言的。朱永新认为，教育本身就是生活，教育就是生活的方式、行动的方式，教育在作为促进美好生活的手段的同时，本身就应该是幸福的生活，是存在的目的。教育生活不仅存在于学校，父母与子女的沟通、职业生涯的学习，都在其列。他还特别强调了反思和阅读的重要意义。

8 月 13 日，"同心 • 彩虹行动"2012 年新疆少数民族校长暑期培训班举行结业式。朱永新出席结业式，为学员代表颁发结业证书并作总结讲话。

朱永新总结此次培训班体现出三个特点：一是教学安排上部署周密，重点突出；二是学员们思想上高度重视，精力集中；三是学习生活上严肃活泼，紧张高效。培训班有四个主要收获：一是聆听名家讲座，开阔了视野，明确了方向。二是加强了工作交流，增强了信心，建立了深厚的友谊。三是深入名校考察，启迪了教育思维。四是很好地接受了优秀传统文化教育和民族团结教育，对中国共产党领导的多党合作和政治协商制度也有了更多认识。

闭幕式上三位学员代表先后发言，汇报了几天来的学习研讨情况和参观考察的切身感受。

近年来，民进全面贯彻中央新疆工作座谈会精神，将"同心 • 彩虹行动"推进到新疆地区，开展了一系列援疆工作。如，深入托克逊县等地调研经济社会发展情况；发动企业界经济界会员积极投身于新疆地方经济建设，新疆圣雄能源开发有限公司董事长林圣雄在托克逊县投资建设同心工业园，已完成投资近30亿元；开展“光明行”活动，为阿勒泰、喀什等地的贫困白内障患者免费实施复明手术；在伊犁、阿勒泰和乌鲁木齐等地开展“专项帮扶”，等等。

2. 帮助贵州黔西南州经济社会发展

2012年3月29日至30日，王佐书带队在贵州省安龙县考察调研，举行民进中央对口帮扶安龙县扶贫项目捐赠仪式，召开民进中央对口帮扶安龙座谈会，助推当地经济社会全面发展。

30日上午，民进中央对口帮扶安龙县扶贫项目捐赠仪式在安龙人民会场举行。民进中央联络委员会委员、江苏慧翔纺织科技股份有限公司董事长周文涛捐赠240万元修建600口水窖，民进北京市西城区综合支部捐赠4万元修建10口水窖，河仁慈善基金会捐赠100万元修建学生宿舍及食堂，南昌女子职业学校免费培训当地女学生200名。

王佐书向捐赠方对民进中央工作和安龙帮扶工作的支持表示衷心感谢。

30日下午，召开民进中央对口帮扶安龙座谈会。座谈会围绕支援安龙县经济建设社会发展，有关工业、文化、农业现代化、金银花深度扶持等开展深入座谈。王佐书在听取各方面意见后，对民进支持安龙各项事业发展作出统筹规划，就水窖建设、金银花种植等具体项目提出要求，部署下一步扶贫工作。

王佐书在安龙还考察了安龙轻工业园区、安龙经济开发区、安龙物流园区、教育园区等的建设情况，他为安龙县党委、人大、政府、政协领导及县直部门干部职工、各乡镇负责人作了专题讲座。

2012年8月21日至25日，“同心·彩虹行动”2012年暑期骨干教师培训班在中央社会主义学院举办。

8月21日，培训班在中央社会主义学院举行开班式。王佐书出席开班式并为学员授课。本次培训共有来自贵州省金沙县、安龙县，广西壮族自治区上思县和民进各省级组织推荐的基层骨干教师163人参加。

王佐书在授课中从思考问题的若干方法开始，分析了学校的功能、教育方针与素质教育。他说，教育应遵循三个基本规律，即育才规律、用才规律和可持续发展规律，由教育行政官员、校内行政官员、教师、教研员、教育督导员和教育科研人员组成的“5+1”支队伍共同为教育服务、为学生服务，都要遵循教育的规律，推动教育发展。

王佐书说，学校的定位、目标、特色，规章制度，评价量表和教学目的是学校最重要的四个基本方面，评价任何学校都可以从这四个方面入手，研究提高学校的教育、教学水平，应该着眼于研究这四个基本文件。教学目的可以从不同角度加以研究，具体来看，包括知识结构、技能结构、能力结构、智力、非智力、学习方法、思想品德、思维方式、习惯态度、实践能力、团队精神、情商等十二项目标。他还强调了结构对于教学的重要性。他还为大家解读了“三材一化”的概念、教学方法和学习方法的两个定理。

8月25日，“同心·彩虹行动”2012年暑期骨干教师培训班圆满完成既定议程，举行结业式。王佐书出席并作总结讲话。他向完成学习顺利结业的各位学员表示祝贺，向为培训付出辛勤劳动的北京睿升培训学校和提供支持帮助的金沙县、安龙县、上思县教育部门表示感谢，并向学员代表颁发了结业证书。

4位学员代表先后发言，汇报了五天来的学习研讨情况和培训参观的切身感受。

培训期间，共举办了七场专题讲座，包括教育思想与教育理念，课程改革，教师专业发展，中国传统文化与现代生活，课程建设与教师发展，有效课堂教学的思考，立足课堂教学、做好职业规划等内容。

8月22日晚，“同心·彩虹行动”2012年暑期骨干教师培训班召开了一场小型的新闻通气会，4位受到媒体广泛关注的教师学员与首都几家新闻媒体记者进行了交流。来自中国新闻出版报、中国教师报、团结报、腾讯网、中国教育报的记者参加了通气会。

3.2012年11月9日至11日，民进中央副主席王佐书率民进中央调研组到贵州省黔西南州，就“星火计划、科技扶贫”试验区工作和安龙县定点扶贫工作进行调研。

王佐书一行先后到兴义市丰都万亩保供蔬菜基地、兴义市顺琼养殖场、安龙毛草坪小学、安龙新桥金银花加工项目润土生物制品有限公司等地调研。并对安龙万峰湖小学、龙广镇十二个小学的“同心彩虹水窖工程”实施地进行了选点。

调研期间，分别召开黔西南州工作和安龙县工作座谈会。受中共黔西南州委介绍了黔西南州经济社会发展和“星火计划、科技扶贫”工作情况。安龙县负责人介绍了县经济社会发展和定点扶贫工作进展情况。

王佐书在调研中说，此次来黔西南调研主要是了解情况，进一步找准帮扶的角度，确立帮扶的具体方向和项目，大力支持黔西南发展。在下一步帮扶中，民进中央将结合实际，按照“找准角度、力所能及、竭尽全力、务求实效”的原则进一步深化对安龙县的对口帮扶工作，一如既往地加大力度推进民进中央及其民进地方各级组织、民进企业家对安龙县的帮扶。继续协调慈善机构支持安龙县同心水窖建设、中小学图书室建设等。协调有意向的企业入驻黔西南，建设薏仁米精加工厂和物流中心；协调大型药业企业对金银花成分进行研究，提升其综合利用价值，推动产业发展，促进农民增收。

（三）积极开展对台交流活动和海外联谊工作

民进充分发挥教育、文化、出版领域的优势，拓宽工作思路，积极开展海外联谊工作。

1. 2012年9月1日、2日，严隽琪、罗富和先后在京会见由海峡两岸民意交流基金会董事长、两岸客家文经交流协会理事长饶颖奇率领的2012台湾民意代表参访团主要成员。刘新成、朱永新出席。

9月1日晚，严隽琪在2012台湾民意代表参访团下榻的酒店会见参访团成员。

严隽琪说，现在的世界瞬息万变，我们面临很多挑战与困难，但是浅浅的海湾却阻挡不了大陆和台湾地区血脉相连的亲情。在台湾地区，中国民主促进会结识了政治、经济、文化、医药卫生等等各个领域的很多朋友，我们有许多可以携手共同努力的事情，正所谓“家和万事兴”，大家求同存异，一起解决历史遗留问题，希望我们尽自己一份力量为下一代创造一个更和平更美好的环境。

9月2日上午，罗富和在民进中央接待2012台湾民意代表参访团并座谈。座谈会由刘新成主持。

罗富和向参访团成员介绍了中国民主促进会的成立和发展历程，全国人大和全国政协的职责与功能，以及民进近年来履行参政议政、民主监督职能的具体情况。他诚挚邀请台湾地区各界朋友与中国民主促进会多沟通、多往来，共同促进两岸教育、文化和出版业的交流合作。

全国政协委员、中国电影家协会主席、著名导演李前宽，民进中央教育委员会副主任、中国人民大学教育学院教授程方平，中国美术出版总社总编辑林阳参加会见。双方就海峡两岸电影文化的交流合作，提高中国电影在国际上的地位，文化传播与原创作品的版权保护，书画交流，教育领域推进立法、开启民智等问题进行热烈的讨论。

全国政协港澳台侨委员会办公室、民进中央有关副秘书长及部分部门负责人会见时在座。

2.2012 年 11 月 1 日至 2 日，第十届海峡两岸中华传统文化与现代化研讨会在江苏省如皋市召开。严隽琪出席开幕式并讲话。罗富和到会听取发言,并作闭幕式讲话。王佐书、朱永新出席会议。

本届研讨会的宗旨是以中华传统文化为纽带，通过研讨和实地考察，增进台湾学者对祖国大陆的了解，加深其对“和平统一、一国两制”的认识和信心，为促进祖国和平统一大业发挥积极作用。研讨会主题为养生文化与社会和谐，分议题为传统养生观念的文化内涵与历史经验；自然环境、社会环境对养生文化的影响；科技进步、科学发展与养生文化创新和养生文化的当代价值。

11 月 1 日上午，第十届海峡两岸中华传统文化与现代化研讨会在如皋开幕。严隽琪出席并讲话。王佐书主持开幕式。朱永新出席。来自海峡两岸和香港地区的近 100 位文化界专家学者出席开幕式。

严隽琪在开幕式上说，海峡两岸中华传统文化与现代化研讨会至今已成功举办十届，研讨会以中华传统文化为纽带，发挥了推动两岸文化交流的良好作用，对扩大两岸在多领域的合作产生了积极的影响。如今两岸关系处在和平发展的新阶段，研讨会对于实现中华文化自觉和促进两岸关系发展依然具有独特的意义。民进中央将听取大家的意见，在新的时期与时俱进、坚持不懈地办好研讨会，继续为服务两岸关系的和平发展发挥好作用。

严隽琪说，中华民族的传统养生文化糅合了儒、道、佛及诸子百家的思想精华，蕴含了中医基本理论，汇集了自古至今中国百姓防病健身的众多方法，在与不同文化的交流交融中根繁叶茂，为世界全面了解中华文化发挥着积极作用。希望通过本次研讨会推动和加强两岸四地养生文化及养生产业的交流与合作，这符合两岸关系和平发展的需要，也符合海内外中华儿女的共同利益。

严隽琪与饶颖奇、丁解民、罗一民等六人共同按动水晶球，为研讨会揭幕。

会议期间，进行了主题演讲以及分议题研讨交流，罗富和到会听取发言。王佐书、朱永新出席研讨会。

本届研讨会的举办地如皋，享有世界长寿养生福地的美誉。来自海峡两岸和香港地区的专家学者齐聚长寿乡，围绕中国传统养生观念的文化内涵，养生长寿与和谐社会的关系，自然环境、社会环境对养生文化的影响，中医养生，中国古代经典中的养生之法以及人口老龄化等课题畅所欲言、各抒己见。

11月2日上午，第十届海峡两岸中华传统文化与现代化研讨会闭幕。罗富和出席并讲话。饶颖奇、王佐书出席闭幕式。朱永新主持闭幕式。

罗富和说，将“养生文化与社会和谐”作为主题进行研讨，具有深远的历史意义、重大的现实意义，也符合长远发展的需要。他以“养生重养心，携手促和谐”为题，对本届研讨会的主题进行了进一步的阐述。

罗富和说，当前我国处于工业化、信息化、城镇化、市场化、国际化的新阶段，在实现现代化的过程中，关键是人的发展，关键是要从养生到养心，从养心到构建身心和谐、人际之间和谐、人与社会之间的和谐、人与自然的和谐，最终实现社会和谐。构建和谐社会需要携手，需要努力，需要大家的共识，从而带动新的社会风尚。政府要引导，社会组织要帮助，家庭要关心，个人要能动，共同促进和谐社会的建设。相信在大家的共同努力下，养生文化与社会和谐一定会得到很好的结合和促进，一定能为全面小康社会建设作出积极的贡献。

与会专家学者，民进中央联络委员会、有关部门，民进江苏省委、人民教育出版社、南通市如皋市负责人和嘉宾出席闭幕式。

（四）坚持集智聚力的务实性原则，社会服务平台建设有新进展

1. 充分发挥新的社会阶层人士的作用

民进全会贯彻“充分尊重，广泛联系，热情帮助，积极引导”的工作方针，调动新的社会阶层人士服务社会的积极性。

2012年4月8日至12日，2012年民进企业家培训班在京举办。

4月8日，培训班举行开班式。开班前，罗富和、王佐书、朱永新专程看望学员并合影留念。王佐书在开班式上为学员们讲第一课。

本次培训班为期五天，邀请民进中央领导与中央社会主义学院、清华大学、中国人民大学、天津大学等高校的专家、学者为学员授课。培训课程安排富有针对性，包括思考问题的方法和启示、宗教信仰与企业文化、六西格玛战略管理、中国经济发展过程中的若干问题、评价企业、孔子与儒家的管理思想、国际经济形势分析等方面内容。此外，培训班还安排参观民进会史展馆和中关村国家自主创新展示中心、座谈交流、国家建设桥头堡战略与商机推介会（云南）等诸多活动。

来自26个省区市的民进企业家会员及民进中央联络委员会部分成员共120多名学员参加培训。

4月12日下午，2012年民进企业家培训班在京举行结业式。王佐书出席并讲话。他感谢中央社院和全体学员对培训班的参与和支持，高度评价了培训班取得的成果，并代表民进中央和严隽琪主席对各位学员顺利结业表示祝贺。

王佐书等在结业式上向全体学员颁发了结业证书，分别向优秀学员、优秀班干部、优秀小组颁发了荣誉证书；培训班学员向民进中央、中央社院赠送了锦旗。李晓荣等三位学员代表作了热情洋溢、充满感情的发言。

2012年9月20日至21日，2012年民进企业家联谊会联席会议在南昌召开。罗富和出席开幕式，并会见出席会议的民进各省区市企业家联谊会会长和企业家代表。王佐书出席会议并在闭幕式上作报告。长朱永新出席会议并作开幕讲话。

9月20日，2012年民进企业家联谊会联席会议开幕。罗富和出席。朱永新在开幕式上讲话。

朱永新在讲话中对当前国际国内经济形势作了深入细致的分析，对各地民进企业家联谊会的工作给予充分肯定。他希望出席此次会议的民进企业家们充分利用这次机会，多了解江西，参与到江西省举行的经贸洽谈、招商引资、商务考察活动中，紧密结合江西区域发展的需求，争取对江西有所贡献、有所促进，同时也为自己的企业找到更多更好地发展机遇。

民进中央社会服务部、各省级组织社会服务工作负责人和来自全国各地的民进企业家共230余人出席开幕式。

开幕式后，江西省社会科学院院长汪玉奇为大会作经济形势辅导报告。他从学习胡锦涛总书记“7·23”讲话入手，为与会人员分析了当前我国发展面临国际国内形势、发展面临巨大的挑战与机遇，分析了当前国家的稳增长政策，分析了江西省的省情与发展机遇。与会企业家们就当前我国经济社会改革发展中面临的困惑提问，汪玉奇以渊博的知识和独特的视野给予解答。

会议期间，举行了2012年民进企业家联谊会联席会行业交流。交流会按行业分为文化教育出版、房地产物流、信息制造等三个会场同时进行。王佐书、朱永新出席并讲话。

宜春市发展和改革委员会、新余市对外贸易经济合作局有关负责人参加各交流会并作招商项目推介。

9月21日，2012年民进企业家联谊会联席会议闭幕。王佐书出席闭幕式并作报告。

王佐书在报告中分析了当前国际国内形势。他就企业发展中的文化提升、执行力培养、思维方法和企业实力打造等进行了阐述。

王佐书要求全会各级组织和广大会员继承民进优良传统，坚定服务社会、服务人民的信念；民进企业家们要加强学习，提高认识，实现企业的可持续发展；民进各级组织要积极发挥企业家联谊会作用，引导会员企业健康发展，加强与政府有关部门的联系和协调，维护会员的合法权益，帮助会员排忧解难；在做好为会员服务工作的同时，做好参政议政和社会服务工作；联谊会要围绕党委和政府的中心工作，积极组织和带领会员充分发挥自身优势，多建保增长之言，多献保民生之策，多尽保稳定之力，以优异的成绩迎接中共十八大和民进十一大的胜利召开。

闭幕式前，与会同志出席了“同心·振兴赣南等原中央苏区广昌示范区”招商项目推介会。

2. 继承发展叶圣陶学术思想，努力推进叶研会工作

2012年5月28日，为纪念著名教育家、民进中央原主席叶圣陶先生从教100周年，叶圣陶教育思想展馆在江苏苏州揭牌，同时拉开了系列纪念活动的序幕。严隽琪为展馆揭牌并讲话。朱永新出席仪式。

严隽琪代表叶圣陶研究会向叶圣陶教育思想展馆的顺利落成表示祝贺，并表示相信在不久的将来，展馆会发展成为宣传、研究叶圣陶教育思想的新阵地，成为有志于实践、

弘扬叶圣陶教育思想的朋友们相互联系的新平台。

5月28日，叶圣陶教育思想与当代价值研讨会在苏州市吴中区甪直镇叶圣陶实验小学举行，朱永新出席并讲话。

朱永新说，要将如何“像叶圣陶先生一样做老师”作为当前教师的重要课题，以叶圣陶为榜样，让叶圣陶的人格感召更多当代的年轻教师；要进一步将叶圣陶教育思想发扬光大，用以指导一线教师的实践；要进一步解读和研究叶圣陶教育思想，形成新的思想、阐释和发现，实现对叶圣陶教育思想的增值、升华、发展和创造。希望能有更多的年轻教师加入到“研陶”、“说陶”、“用陶”的行列中，推动中国教育的发展。

研讨会上，与会人员分别围绕叶圣陶教育思想的当代意义、叶圣陶终身教育思想、如何深化和发展叶圣陶研究等主题展开深入研讨。

来自全国各地的专家学者80余人参加了系列活动。

3. 有序推动开明慈善基金会成立并正式运作

2012年3月1日，开明慈善基金会第一届理事会第一次会议在民进中央召开。严隽琪、罗富和、王佐书出席会议。朱永新主持。

会议审议并原则通过了《开明慈善基金会章程》。

会议选举产生了开明慈善基金会领导机构。理事会聘任严隽琪为开明慈善基金会名誉理事长。选举罗富和为开明慈善基金会理事长，王佐书、朱永新、林圣雄、丁建勇、陈正拜、吴文彦为基金会副理事长，并任命了基金会秘书长、副秘书长和基金会监事。

严隽琪在被聘任为开明慈善基金会名誉理事长后讲话。她说，开明慈善基金会承载着民进组织和民进会员的重托，面对着社会的复杂需求和期待，要正确处理好智力资源与财力资源的关系，中央与地方、基层组织互动的关系，社会服务品牌与深入地温暖普通民心的关系，以及民进会员广泛参与的问题，进一步整合会内资源优势，推动基金会工作与民进社会服务工作“双促双进”。

罗富和在当选开明慈善基金会理事长后发表讲话。他说，自觉接受理事会的监督，以具体的工作回报民进中央、基金会以及会内各级组织的信任和支持；依托民进中央，依靠基金会全体同仁，以“两个为主”原则为工作的出发点和基准点，有思有行，务实创新，确保基金会稳健开步，实现良性发展。

王佐书在会上作《开明慈善基金会筹备工作报告》。报告从起步阶段“高度重视，多方支持”、推进阶段“实践实验，稳中求进”、成立阶段“建章立制，规范程序”等三个方面简要介绍了基金会筹备工作的开展情况。

会议还听取了《关于开明慈善基金会理事会议事规则、项目管理办法、善款管理办法和财务管理制度等四项制度（试行）（草案）的说明》，审议并原则通过了《开明慈善基金会理事会议事规则（试行）》、《开明慈善基金会项目管理办法（试行）》、《开明慈善基金会善款管理办法（试行）》、《开明慈善基金会财务管理制度（试行）》和《开明慈善基金会2012年慈善项目实施方案》。

5月9日，开明慈善基金会业务主管单位备忘录签字暨颁证仪式在民政部举行。罗富和出席仪式并讲话。他对民政部在开明慈善基金会筹备期间给予的支持、帮助表示衷心的感谢，表示基金会一定会按照国务院制定的《基金会管理条例》，按照民政部的要求，有重点地开展公益活动。

罗富和领取批复，并与民政部副部长姜力共同签署了《民政部作为开明慈善基金会业务主管单位有关事宜备忘录》，委托民政部担任开明慈善基金会业务主管单位。

开明慈善基金会启动资金2000万元人民币，为民政部主管的非公募基金会。获批登记后，它将正式成为以从事公益事业为目的的非营利法人，可以依法独立地接受捐款，开展慈善活动，践行“致力于公益慈善事业，开展扶贫济困、助学兴教等各种社会公益慈善活动；资助教育、文化、出版、医卫等方面公益慈善项目，为建设和谐社会尽一份力量”的宗旨。

7月20日，由民进中央发起、民政部担任业务主管单位的开明慈善基金会上午在京举行成立大会。严隽琪、罗富和出席会议并讲话。朱永新主持会议。

开明慈善基金会第一届理事会成员，部分民进中央部门负责人、民进省级组织负责人和民进会员代表出席大会。

严隽琪在讲话中强调，开明慈善基金会的定位是非营利性公益组织，要以服务为本，以扶贫济困、温暖普通民心作为工作的主调，体现民进“立会为公”的价值追求，体现民进的文教界别特色。开明慈善基金会起步伊始，一方面要努力实现与民进已有社会服务资源的共享与互动，另一方面要积极发挥理事会的作用，坚持“公开、透明、直接、有效”的原则，逐步建立和完善慈善项目制度，以及集智聚力的工作机制。开明慈善基金会要与民进新时期社会服务工作的重点和品牌——“同心·彩虹行动”形成互动，为参政党履行社会服务职能探索新的经验。

罗富和在讲话中宣布开明慈善基金会第一届理事会组织机构及人员名单，并介绍了民进中央筹备成立开明慈善基金会的情况。他表示，开明慈善基金会的成立，标志着民进参与我国公益慈善事业有了一个新的平台。基金会将着力做好三方面工作：一是加强规范化管理，学习法规，遵章守法，提高社会公信力和透明度；二是充分依托全会力量，提高筹资能力，稳步推进各省级组织专项基金的建立，建立持续稳定的资金捐赠渠道；三是形成富有民进特色的慈善文化氛围，为培养积极向上的公益慈善文化，推动社会进步出力。

严隽琪在成立大会上为首批捐赠人颁发证书，罗富和与孙伟林共同为开明慈善基金会揭牌。张少琴代表各民主党派中央、全国工商联致贺词，孙伟林宣读了民政部批复文件并讲话。

“微公益”是民进的传统，早在上世纪八十年代，时任民进中央主席的雷洁琼同志就在全会倡导建立“一元钱基金”，开展“尊师重教一元钱奉献活动”。开明慈善基金会的公益慈善活动与民进全会形式多样的“微公益”活动相互配合，将成为民进社会服务工作的一大特色。

7月20日上午，开明慈善基金会举行一届二次理事会议。严隽琪、罗富和出席会议。朱永新主持会议。

严隽琪在讲话中指出，开明慈善基金会是由民进中央成立的，须依托全会力量，进而引领全社会积极参与，大家都来为基金会出力。基金会要有健全的机构，更要有各方面的配套机制，如项目产生机制、专项基金工作机制，等等。民进许多省级组织已经开展了丰富多样的社会服务和公益慈善工作，各具特色，理事会要重点思考和研讨怎样将这些项目和资源进一步整合提升，打造过硬的公益品牌。

罗富和希望理事会全体成员共同研究好、策划好开明慈善基金会的实施项目，尽职尽责的履行好为民解忧、为民解困的公益使命。

与会同志围绕开明慈善基金会成立后，如何实现基金会的宗旨，科学合理的设计公益项目，努力创出自己的公益品牌，实现与民进中央和各省级组织原有社会服务项目的对接整合，提高筹资能力、汇集爱心、凝聚共识等问题展开热烈讨论。

四、自身建设

（一）思想建设

2012年，民进中央牢牢把握坚持接受中国共产党领导、坚持中国特色社会主义政治发展道路的主题，以搞好政治交接为主线，带领全会深化中国特色社会主义主题教育活动，学习践行社会主义核心价值体系，不断巩固政治道路认同、奋斗目标认同和文化价值认同。

1. 纪念雷洁琼逝世一周年

2012年1月5日，由民进中央和世界华侨华人社团联合总会共同举办的“世纪革命老人雷洁琼百年光辉人生爱国主义图片展览”上午在京开幕。严隽琪出席并讲话，罗富和主持开幕式。

严隽琪在讲话中深情回顾了雷洁琼同志的百年光辉人生。她强调指出，图片展是一部展现民进前辈为中华民族复兴不断探索、勤勉工作、不惧牺牲的奋斗史；是体现民进前辈与中国共产党几代领导人肝胆相照、荣辱与共的历史画卷；是宣传中国共产党领导的多党合作制度的生动教材，对于弘扬以爱国主义为核心的民族精神，推进社会主义现代化建设事业具有重要意义。

1月9日是雷洁琼同志逝世一周年纪念日。本次图片展通过大量弥足珍贵的照片，真实生动地展示了雷洁琼一个多世纪的传奇人生。图片展以时间为主轴，共分七个不同阶段，收录雷洁琼各个历史时期的照片250余幅。图片展中的多数照片都是第一次公开展出。北京展出后，展览还将到国内外进行巡展。

2. 以搞好政治交接为主线，在不断深化中国特色社会主义主题教育活动中提高政治素质

2012年9月12日至13日，民进学习践行社会主义核心价值体系总结表彰暨工作推动会在京召开。会议的主题是“坚持同心同行，深化政治交接”。罗富和出席开幕式并为荣获先进集体和先进个人称号的代表颁发奖牌和证书。朱永新出席会议并讲话。

9月12日会议开幕。王佐书出席并讲话，朱永新主持开幕式。

民进中央授予民进北京市西城区委员会等192个集体“民进学习践行社会主义核心价值体系先进集体”称号，授予马静等143人“民进学习践行社会主义核心价值体系先进个人”称号。罗富和、王佐书、朱永新为荣获先进集体和先进个人称号的代表颁发奖牌和证书。

王佐书代表民进中央作题为“深入践行‘同心’思想、不断巩固‘三个认同’，为建设高素质参政党奠定基础”的开幕讲话。他说，“同心”思想强调多党合作的根基在于具有共同的思想政治基础，深入开展学习践行活动就是要从根本上解决自身建设和履行职能的“方向”与“动力”问题，不断巩固多党合作的思想政治基础。“同心”思想强调多党合作的目的在于实现共同的奋斗目标，深入开展学习践行活动就是要在履行参政党职能的实践中不断巩固对奋斗目标的认同，不断提高履职能力和水平，为实现经济社会发展目标作出更大贡献。“同心”思想的基本精神是强调一元的主流价值引领多样的思想观念，深入开展学习践行活动就是要不断促进形成文化价值理念的共识，进一步发挥文化领域的界别优势，为推动社会主义先进文化建设作出应有贡献。

大会宣读了《关于表彰民进学习践行社会主义核心价值体系先进集体、先进个人的决定》。

会议期间进行了大会交流，十位代表分别作大会发言。

会议期间还举行了专题报告会，朱永新出席会议。中央统战部办公厅副主任章建敏作“学习‘同心’思想,推进‘同心’实践”专题报告。报告从“同心”思想的形成依据、科学内涵和精神实质、实践“同心”思想的方法路径三个方面，进行了深入的讲解。报告从历史、理论、现实三个层面阐释了同心思想的形成依据，强调同心思想的提出是中国科学发展、和平崛起的时代要求，是统一战线自身科学发展、服务科学发展的客观需要，是“毕节模式”的理论升华。

9 月 13 日下午，会议闭幕，王佐书、朱永新出席闭幕式。

朱永新代表民进中央作闭幕讲话。他对三年来全会开展学习践行活动的主要做法、体会和成效进行了总结，并就下一阶段以“同心”为主题，深入开展学习践行活动提出了具体意见。

朱永新说，全会各级组织要按照民进中央有关《通知》的精神，着力抓好以下几方面工作：一是深入学习贯彻中共十八大精神,凝聚思想共识、明确前进方向；二是加强“同心”思想的教育，推进新一轮政治交接；三是深化“同心”思想的实践，促进学习践行活动的成果转化；四是开展“同心”思想的研究，夯实学习践行活动的理论基础；五是扩大“同心”思想的宣传，提高学习践行活动的影响力。

闭幕式前，五位小组代表分别发言，汇报参加会议的收获和体会，并对今后进一步深入开展学习践行活动提出意见建议。

民进中央宣传部、民进各省级组织及宣传部门负责同志，先进集体、先进个人代表 100 余人参加本次会议。

（二）机关建设

民进中央把机关建设作为一项长期的素质工程，坚持以树立和践行社会主义核心价值体系为核心，以提高干部队伍能力建设为重点，扎实推进文化建设、制度建设、作风建设和长效机制建设，努力建设高素质参政党机关。

1. 积极推动机关文化建设

民进中央把机关文化建设作为加强机关建设的着力点，高度重视社会主义核心价值体系的学与行，在机关中积极倡导树立正确的价值观、良好的道德风尚和积极向上的精神风貌，逐步形成团结振奋、友爱和谐的氛围。

民进中央充分发挥机关“四位一体”的群团组织协调合作机制，为各群团组织开展活动提供大力支持和必要的后勤保障，通过举办开明论坛等专题讲座和开展职工运动会、优秀影片欣赏、舞蹈兴趣小组活动等文体活动，充分发挥文化在融洽工作氛围、增强机关凝聚力方面的积极作用。

2. 重视培训和实践锻炼

民进中央注重实践锻炼，不断加强对青年干部的培养，努力推动机关轮岗工作交流、到地方政府部门挂职锻炼、基层支教锻炼、竞争上岗等，进一步改善干部队伍的结构，实现人员的合理搭配和优势互补。同时，通过组织干部出国、出境考察，以会代训，社会实践学习考察等，开展国情教育、政策法规教育、会章会史和优良传统教育，干部队伍的综合素质、服务能力有大幅度提高。

3. 工作程序进一步规范

2012 年，民进中央重新制定和修订完成了《民进中央机关管理制度汇编》、《民进中央机关工作手册》，并完成了《民进中央制度汇编》的结构设计，使机关工作逐步实现了管理科学化、办事公开化和工作程序化。办公厅还编辑了《民进中央机关干部应知应会手册》，进一步明确机关干部行为规范、能力素质标准、公务礼仪等。

4. 召开处长工作研讨会

2012 年 5 月 8 日至 9 日，民进中央机关 2012 年处长工作研讨会在京召开。研讨会贯彻落实民进全国机关建设工作会议精神，进一步加强机关处级干部队伍建设，深入研讨新形势下机关处室建设面临的新情况新问题。严隽琪、罗富和、朱永新出席研讨会。

严隽琪在研讨会上讲话。她说，机关建设的本质是文化建设。机关文化建设的任务在于树立和传播价值观，使人从追求满足个人生存所需的物质欲望，提升到“求知”的境界，成为爱学习、讲道德、负责任的人。再进一步就是超越“求知”的认识关系，达到一种“情景交融”的“意境”，能够美人以美，达到“审美”的境界，成为幸福的、坦荡的、宽容的人。机关作为一个集体，文化建设就是要使内部形成认同，使整体素质得到提高。她就如何加强机关文化建设提出了三点意见。一是促进“认同”、增强责任。二是完善制度、严格执行。三是加强学习、学用结合、提高能力。

罗富和结合机关近期工作指出，细节决定成败。他强调，民进十一大的成功筹备和举办对机关建设和机关工作提出了新要求，希望大家抓好各项工作的落实。一是对细节重要性的认识要再提高；二是流程要更规范；三是细节要落实；四是协调要加强；五是检查要交叉；六是预案要准备，防止一切可能的漏洞。希望大家能以身作则，把工作提升到新的水平，以应有的姿态向全会交出优异答卷。

民进中央副秘书长、各部门负责人和 20 多名处级干部参加会议。与会的处级干部围绕机关建设大局，结合本职工作实践，就如何加强处室建设，增强大局意识、服务意识，提高处室的执行力和服务能力等议题，交流体会、总结经验，查找不足、分析原因，剖析个案、提出建议，进行了广泛而深入的研讨。

（三）组织建设

2012 年，民进中央努力做好中央和省级组织换届工作，贯彻《中共中央关于加强新形势下党外代表人士队伍建设的意见》精神，将换届工作与提高组织工作水平相结合，在顺利完成新老交替的同时，全会各项组织工作水平都得到加强。

2012 年，民进中央召开了“担任中央国家机关特约人员的民进会员座谈会”，对进一步建立健全骨干会员推荐机制、加强特约人员工作进行了总结和部署。

3 月 21 日上午，担任中央国家机关特约人员的民进会员座谈会上午在民进中央召开。严隽琪出席并讲话。罗富和主持座谈会。朱永新出席。

严隽琪在讲话中说，开展特约人员工作，是按照中国的国情，按照在中国实现社会主义民主政治的需要，为加强党和政府以及司法机关同人民群众的联系而建立起来的一种重要渠道，是党外人士发挥民主监督作用的一种有效方式。事实证明，特约人员的聘任对于坚持和完善中国共产党领导的多党合作和政治协商制度，建立健全民主监督机制，促进社会主义政治文明具有重要意义；同时也为民主党派发挥参政党民主监督职能、培养锻炼自身骨干队伍起到了重要作用。民进中央进一步做好今后的特约人员工作要从四个方面入手。一是高度重视该项工作，加强制度化建设。民进中央要认真贯彻落实《中央中央关于加强新形势下党外代表人士队伍建设的意见》精神，加大推荐力度，建立健全骨干会员推荐机制。二是采取切实措施，加强特约人员队伍建设，各级组织要加强与特约人员的信息沟通，关心和了解他们的工作情况。三是及时总结工作经验，宣传报道特约人员在民主监督中发挥的作用，并积极鼓励将民主监督与参政议政有机结合，提高履职水平。四是加强对特约人员制度的研究，对外促进民主监督制度不断完善，对内合理配置会内资源。

严隽琪对于特约人员履行好职责提出三点期望。一是一定要珍惜信任，不负重托，坚持共产党领导、多党派合作，共产党执政、多党派参政的政治准则，正确认识参政党与执政党的关系，以强烈的政治责任感和使命感为国为民服务，展现民进会员的良好形象。二是一定要加强学习，努力掌握特约人员工作的有关知识，不断提高自身修养，提高政治鉴别能力和业务能力，主动学习工作涉及的法律法规、相关政策、工作制度和运行程序，使自己的工作更有作为和成效。三是做好多党合作制度的宣传员，在化解矛盾、增进理解方面发挥作用。

15 位特约人员出席座谈会并结合各自的实际工作发表看法与体会，提出完善特约人员制度的建设性意见。

民进中央副秘书长、有关部门负责人参加座谈会。

（四）组织及成员概况

截至 2012 年 12 月底，民进共有地方组织 357 个。其中包括省级组织 29 个，省辖市级组织 273 个，县级组织 55 个。基层组织 6816 个，其中基层委员会 181 个，总支 433 个，支部 6068 个。全年新加入成员 6427 人。成员总数 133560 人，其中女性成员 64874 人。平均年龄 50.5 岁。离退休 44674 人。

从会员界别分布上看，高校 17835 人，百分比 13.4；普教 68315 人，占 51.1%；科技界 3143 人，占 2.4%；文化艺术 7824 人，占 5.9%；医药卫生 8431 人，占 6.3%；机关团体及其他人 12875，占 9.6%。

担任各级人大代表的共有 2074 人，其中全国人大代表 56 人、常委 5 人、副委员长 1、专职副秘书长及专委会主任副主任 1 人，省级人大代表 224、常委 39、副主任 5、市地级人大代表 670、常委 170、副主任 38 人，县市区级人大代表 581、常委 200、副主任 85 人。

担任各级政协委员共有 11606 人，其中全国政协委员 66 人、常委 13 人、副主席 1 人、专职副秘书长及专委会主任副主任 1 人，省级政协委员 645 人、常委 199 人、副主席 16 人，市地级政协委员 3755 人、常委 962 人、副主席 151 人，县市区级政协委员 4406 人、常委 1171 人、副主席 221 人。

担任中央机关部级干部 1 人，省、市、自治区领导 3 人，厅局级 72 人（中央司局级 4 人，地市级 45 人），县处级 795 人。

成员学历中有中、高级职称的占 83. 9%。担任中国科学院院士的共有 6 人。担任中国工程院院士的共有 2 人。

石树梅　民进中央研究室副主任
沈轶筠　民进中央办公厅干部

中国农工民主党

一、重要会议及活动

（一）农工党第十五次全国代表大会

2012年12月6日至10日，中国农工民主党（以下简称“农工党”）第十五次全国代表大会（以下简称“十五大”）在北京隆重召开。这是在我国进入全面建成小康社会决定性阶段、巩固发展爱国统一战线和多党合作事业新时期召开的一次重要会议。

12月4日晚，农工党十五大代表团团长会议在会议驻地——北京会议中心召开。农工党十四届中央主席桑国卫同志主持会议并讲话。他指出，农工党十五大的召开，是农工党政治生活中的一件大事。开好这次大会，对深入学习贯彻中共十八大精神，顺利完成农工党中央领导机构的新老交替，保证农工党始终沿着中国共产党领导的多党合作道路继续前进，在国家政治生活中发挥积极作用，都具有重大而深远的意义。

12月5日晚，农工党十五大预备会议在北京会议中心召开。农工党十四届中央主席桑国卫主持会议，十四届中央常务副主席陈宗兴，十四届中央副主席陈竺、张大宁、王宁生、陈勋儒、汪纪戎、刘晓峰、陈述涛、何维、姚建年、杨震等出席会议。会议听取了刘晓峰同志作的农工党第十五次全国代表大会筹备工作报告。关于十五大报告，他说，指导思想是：高举中国特色社会主义伟大旗帜，以邓小平理论、“三个代表”重要思想、科学发展观为指导，凝聚全党力量，同心同德，为实现中共十八大提出的宏伟目标和各项任务，为全面建成小康社会而奋斗。关于党章的修改，他说，总的考虑是：适应新形势新任务对参政党提出的新要求，在保持总体稳定的前提下，对党章做适当的修改。在谈到十五大代表人选和十五届中央委员人事安排时，他说，十五大代表既具有进步性，也具有广泛代表性。他强调，开好十五大对于深入学习贯彻中共十八大精神，顺利实现农工党中央领导机构的新老交替，进一步搞好政治交接，具有重大而深远的意义。会议审议通过了农工党第十五次全国代表大会议程、主席团名单、秘书长名单、代表资格审查委员会名单，通过了《关于确认十四大以来增补的第十四届中央委员会委员的决定》。出席、列席大会的农工党十五大的代表等800余人参加会议。

12月6日上午，农工党十五大开幕式在人民大会堂隆重举行。中共中央政治局常委俞正声，全国人大常委会副委员长华建敏，国务委员梁光烈，全国政协副主席孙家正，全国政协副主席、台盟中央主席林文漪，中共中央统战部部长令计划以及中央和国家机关有关部门、各民主党派中央和全国工商联的负责同志到会祝贺。

开幕式上，农工党十四届中央主席、大会主席团常务主席桑国卫同志致开幕词。他说，农工党的工作，始终得到中共中央的亲切关怀，得到有关方面的大力支持。不久前召开的中共十八大，确立了科学发展观的重要历史地位，阐述了中国特色社会主义的伟大历史进程和宝贵经验，部署了全面建成小康社会和全面深化改革开放的目标任务，指明了国家进一步前进的方向，反映了包括农工党同志在内的全国各族人民的热切期盼。农工党衷心拥护中共十八的各项决定，衷心拥护以习近平同志为总书记的中共中央领导集体。农工党成立 80 多年来，走过了一条从爱国主义到社会主义的历史道路，形成了爱国革命的优良传统，为中华民族的解放事业，为社会主义革命、建设和改革开放事业作出了重要的历史贡献。在全面建成小康社会的新阶段，农工党要有新的作为、新的贡献。

开幕式上，中共中央政治局常委俞正声同志会见全体与会代表，并代表中共中央致贺词。贺词说，农工党具有光荣历史和优良传统。1930 年成立以来，一代又一代农工党中央领导人带领广大成员与中国共产党亲密合作、团结奋斗，经受了血与火的考验，走过了不断追求进步的光辉历程。贺词指出，过去的五年，是我们在中国特色社会主义道路上奋勇前进的五年，是我们经受住各种困难和风险考验、夺取全面建设小康社会新胜利的五年。五年来，农工党紧紧围绕改革发展稳定大局，充分发挥在医药卫生、人口资源和生态保护领域的独特优势，积极参政议政、建言献策，全面加强自身建设，各项工作都取得了新的重要进展。贺词表示，全面建成小康社会，在中国特色社会主义道路上实现中华民族伟大复兴，必须最广泛地凝聚包括民主党派和无党派人士在内的全国各族人民的智慧和力量。希望农工党深入学习贯彻中共十八大精神，进一步与中国共产党团结合作，坚定不移地走中国特色社会主义道路；深入贯彻落实科学发展观，动员广大成员立足本职岗位建功立业，同时充分发挥自身优势，围绕提高人民健康水平、推动医疗卫生事业改革发展、推进生态文明建设等方面深入调研、建言献策；积极适应时代发展要求，不断深化学习践行社会主义核心价值体系活动成果，着力加强代表人士队伍建设，不断提高自身建设科学化水平。

开幕式上，全国政协副主席、台盟中央主席林文漪同志代表各民主党派中央和全国工商联致贺词。贺词说，农工党围绕中心，服务大局，在推动科学发展、促进社会和谐、着力改善民生等方面作出了积极贡献，赢得了社会各界的广泛赞誉，各民主党派、全国工商联为此感到由衷高兴和钦佩。在新的历史条件下，相信农工党一定能够高举中国特色社会主义伟大旗帜，认真学习贯彻中共十八大精神，不断加强自身建设，更好地履行参政党职能，为全面建成小康社会、实现中华民族伟大复兴作出新的更大贡献。

开幕式上，农工党十四届中央主席、大会主席团常务主席桑国卫同志代表农工党第十四届中央委员会作了《坚定不移地走中国特色社会主义道路　为全面建成小康社会贡献智慧和力量》的工作报告。报告指出，本次大会的主题是：高举中国特色社会主义伟大旗帜，以邓小平理论、“三个代表”重要思想、科学发展观为指导，学习贯彻中共十八大精神，弘扬优良传统，深化政治交接，统一思想，凝聚力量，坚定不移地走中国特色社会主义道路，为全面建成小康社会贡献智慧和力量。报告高度评价了农工党第十四届中央委员会的工作。报告认为，五年来，在中国共产党的领导下，农工党中央团结带领全党同志，高举中国特色社会主义伟大旗帜，坚持以邓小平理论和“三个代表”重要思想为指导，学习贯彻科学发展观，始终在政治上与中共中央保持高度一致，在工作中把推动科学发展作为履行职能的第一要务，各项工作都取得了新成果：一是认真履行参政党职能，在多党合作事业中发挥积极作用；二是落实中共中央对农工党工作的新要求，积极推动环境保护和生态文明建设；三是围绕改善民生，积极开展社会服务；四是坚持正确的政治方向，多党合作的思想基础进一步巩固；五是巩固政治交接成果，组织建设进一步加强。报告在总结基本经验和体会时指出，我们深刻感受到：中国共产党领导的多党合作事业蓬勃发展，履行参政议政、民主监督职能的舞台广阔，大有可为。报告总结了四点基本经验和体会：第一，必须始终坚持中国共产党的领导，坚定不移地走中国特色社会主义道路；第二，必须始终坚持加强自身建设，搞好政治交接，不断提高履行职能和发挥作用的能力和水平；第三，必须始终坚持围绕中心、服务大局，坚持把发展作为参政议政的第一要务；第四，必须始终坚持发挥组织优势，发挥广大党员的主体作用，形成履行职能、发挥作用的整体合力。报告指出，今后五年，农工党工作的主要任务是：高举中国特色社会主义伟大旗帜，以邓小平理论、“三个代表”重要思想、科学发展观为指导，贯彻中共十八大精神，坚持把推动科学发展作为履行职能的第一要务，坚定不移地走中国特色社会主义道路，全面加强自身建设，切实履行参政党职能，凝心聚力，奋发有为，为全面建成小康社会贡献智慧和力量。报告提出了五项工作任务：一是认真学习贯彻中共十八大精神；二是围绕中共十八大确定的战略部署和各项任务履行职能；三是坚持以群众受益为宗旨开展社会服务工作；四是坚持开展联络交流工作，促进祖国统一；五是努力建设适应多党合作事业发展要求的参政党。报告号召，全党同志在中国特色社会主义伟大旗帜的指引下，满怀自信地投入到中华民族伟大复兴的建设中。展望国家未来，我们充满信心。我们要紧密团结在以习近平同志为总书记的中共中央周围，凝聚力量，同心同德，共同谱写多党合作事业发展新篇章，为全面建成小康社会、夺取中国特色社会主义新胜利作出更大贡献。

开幕式由农工党十四届中央常务副主席、大会主席团常务主席陈宗兴同志主持。农工党中央原主席蒋正华、原常务副主席李蒙，农工党中央副主席陈竺、张大宁、王宁生、陈勋儒、汪纪戎、刘晓峰、陈述涛、何维、姚建年、杨震，原副主席陈灏珠、阎洪臣、宋金升、朱兆良、陈建生、左焕琛及大会主席团成员出席开幕式，并在主席台就座。出席、列席大会的农工党十五大代表、特邀人员和中央机关部分在职及离退休干部等近千人参加开幕会。

12 月 7 日上午，大会举行第二次全体会议。会议听取了中共十八大精神宣讲团成员、国务院法制办公室副主任袁曙宏同志所作的学习中共十八大精神的辅导报告。

12 月 8 日上午，大会举行第三次全体会议。会议听取了大会主席团常务主席刘晓峰所作的关于中国农工民主党党章(修正案)(草案)的说明和农工党十四届中央常务副主席、大会主席团常务主席陈宗兴所作的关于第十五届中央委员会委员候选人建议名单的说明。

12 月 9 日下午，大会举行第四次全体会议。在会议审议通过了《关于〈党章〉(修正案)的决议》、十五大《选举办法》以及十五大选举监票人、总监票人名单后，全体代表在隆重、热烈的气氛中，严肃地对第十五届中央委员会委员候选人投下了庄严一票。下午5时许，大会执行主席刘晓峰宣布，于文明等214位同志得票超过法定半数，当选为中国农工民主党第十五届中央委员会委员。

12月10日下午，大会举行新任主席记者见面会。新当选的农工党中央主席陈竺出席记者见面会，并回答了记者提问。农工党中央宣传部部长石光树主持见面会。中央及首都二十余家主要媒体的记者参加了见面会。

大会期间，在会议驻地举行了“同心同德 共铸辉煌”图片展。图片展主要分为“参政议政谱新篇”、“自身建设全面加强”、“地方组织开拓创新”三个部分，包含图片900余张，75000余字。本次图片展充分反映了农工党五年来贯彻落实科学发展观，认真履行参政党职能，在政治协商、参政议政、社会服务和促进祖国统一大业等各方面取得的显著成绩，是农工党全党智慧的结晶、农工党员团结奋斗的写照，也是鼓舞农工党继续前进的教材，对进一步增强广大党员的责任感和使命感，进一步激发大家积极参政议政、加强自身建设具有重要意义。

12月10日下午，大会闭幕式在北京会议中心举行。闭幕式上，宣布了新当选的中国农工民主党第十五届中央委员会主席、常务副主席、副主席、常委、秘书长名单。

农工党十五届中央主席陈竺同志发表讲话。他表示，新一届中央委员会一定牢记全党同志的信任和重托，增强大局意识，始终坚持中国共产党的领导和中国特色社会主义道路不动摇；增强责任意识，始终注意增强农工党发挥参政议政、民主监督的履职能力；增强服务意识，始终保持谦虚谨慎的工作作风；增强创新意识，始终注意发挥农工党的界别特色和工作优势，在历届中央委员会创造的工作成果和宝贵经验的基础上，进一步解放思想、实事求是，与时俱进、求真务实，团结和带领广大党员在中国共产党领导的多党合作道路上继续前进，努力推动农工党各项工作再上新台阶。陈竺指出，深入学习贯彻中共十八大精神，是农工党第十五届中央委员会的首要政治任务。中共十八大确定的全面建成小康社会和全面深化改革开放的战略部署和目标任务，是中国共产党团结带领全国各族人民沿着中国特色社会主义道路继续前进的政治宣言和行动纲领，为农工党工作指明了方向。我们要以中共十八大精神统一思想、谋划工作，高举爱国主义、社会主义旗帜，与中国共产党思想上同心同德、目标上同心通向、行动上同心同行，紧密围绕中共十八大确定的战略部署履行职能、发挥作用，自觉服务于改革发展稳定大局，坚定不移地沿着中国特色社会主义道路奋勇前进。

大会通过了《中国农工民主党第十五次全国代表大会关于第十四届中央委员会报告的决议》，批准了桑国卫同志代表农工党第十四届中央委员会所作的工作报告。大会认为，报告贯彻了中共十八大精神，符合农工党工作实际。大会高度评价农工党第十四届中央委员会所做的各项工作及取得的显著成绩，充分肯定了过去五年农工党围绕中心、服务大局，为推动科学发展、促进社会和谐、着力改善民生发挥的重要作用。大会认为，报告总结的基本经验和体会，是农工党对自身建设和履行职能的特点和规律在认识上的进一步深化，对农工党进一步巩固政治交接成果、提高履职能力有重要的指导意义。报告紧密围绕全面建成小康社会和全面深化改革开放的目标，提出了今后五年的工作任务，突出了农工党界别特色，反映了新阶段进一步加强农工党自身建设和履行参政党职能的新要求。全党要深入贯彻落实。

大会审议通过了《中国农工民主党章程（修正案）》。大会认为，《党章（修正案）》贯彻了中共十八大精神，反映了全党的共同理想信念，适应了新形势下加强农工党自身建设的新要求，体现了农工党组织工作的新经验。全体党员要认真学习党章，严格遵守党章。

大会通过了《中国农工民主党第十五次全国代表大会决议》。《决议》指出：大会坚信，新一届中央委员会要继承和发扬农工党同中国共产党风雨同舟、亲密合作的优良传统，切实担负起领导全党工作的重任，带领全党同志，解放思想、实事求是、与时俱进、求真务实，全面完成农工党十五大确定的各项任务。大会强调，全党要更加注重和切实加强参政党能力建设，践行社会主义核心价值体系，巩固政治交接成果，始终与中国共产党在思想上同心同德、目标上同心同向、行动上同心同行，维护和谐政党关系，团结广大党员以及所联系群众，形成共谋科学发展、共促社会和谐的强大合力，不断提高自身建设科学化水平。大会号召，全党同志要在农工党中央的领导下，更加紧密地团结在以习近平同志为总书记的中共中央周围，高举中国特色社会主义伟大旗帜，以邓小平理论、“三个代表”重要思想、科学发展观为指导，统一思想，奋发有为，共同谱写多党合作事业发展新篇章，为全面建成小康社会、夺取中国特色社会主义新胜利作出新的更大的贡献。

农工党十五届中央副主席兼秘书长何维同志宣读了《中国农工民主党第十五次全国代表大会给不再担任中央委员同志的致敬信》，向不再担任中央委员的同志们致以崇高的敬意和诚挚的问候，赞扬老同志们从推动农工党事业和多党合作事业可持续发展的战略高度出发，重事业兴衰、轻个人进退，高风亮节、举贤荐能，以实际行动支持和鼓励一大批新人担当重任，确保了政治交接和新老交替任务的顺利完成。

大会主席团常务主席桑国卫同志致闭幕词。他说，农工党十五大，是在我国进入全面建成小康社会决定性阶段、巩固发展爱国统一战线和多党合作事业新时期召开的，是高举旗帜、学习贯彻中共十八精神的大会，是继承和发扬优良传统、践行“同心”思想的大会，是凝聚力量、共同谋划为全面建成小康社会贡献智慧和力量的大会，是求实奋进，继往开来的大会。他希望同志们把大会精神带回去，落实到工作实践中。各级组织要组织广大党员认真学习贯彻大会精神，并与学习贯彻中共十八大精神相结合，与农工党工作实际相结合。他指出，我们要紧密团结在以习近平同志为总书记的中共中央周围，高举中国特色社会主义伟大旗帜，以邓小平理论、“三个代表”重要思想、科学发展观为指导，牢记责任，凝聚力量，始终保持昂扬向上的精神状态和开拓进取的工作干劲，同心同德，奋发有为，以实干兴邦的精神，共同谱写多党合作事业发展新篇章，为全面建成小康社会、夺取中国特色社会主义新胜利作出更大贡献。

闭幕式由农工党十五大主席团常务主席陈宗兴主持。农工党第十五届中央委员会常务副主席刘晓峰，原常务副主席李蒙，副主席陈述涛、何维、姚建年、杨震、朱静芝、蔡威、龚建明、谢庆生，原副主席陈灏珠、阎洪臣、宋金升、朱兆良、陈建生、左焕琛、张大宁、王宁生、陈勋儒、汪纪戎及大会主席团成员出席出席开幕式，并在主席台就座。出席、列席大会的农工党十五大的代表800余人参加会议。

（二）中央委员会会议

1. 农工党十四届六中全会

10 月 28 日，中国农工民主党第十四届中央委员会第六次全体会议在京召开。农工党中央主席桑国卫主持会议并讲话，常务副主席陈宗兴出席会议。

桑国卫简要回顾了农工党过去五年的主要工作。他指出，中共十七大以来的五年，是我国发展史上极不平凡的五年。农工党始终坚持在中国共产党领导的多党合作事业中发挥作用，深入学习以胡锦涛同志为总书记的中共中央治国理政的一系列重要讲话精神，以中共中央决策部署统一思想和行动，始终做到与中国共产党在思想上同心同德、目标上同心同向、行动上同心同行。桑国卫指出，今年 12 月，农工党十五大即将召开。筹备开好这次大会，是农工党中央当前的重要工作。我们要以高度负责的精神和求真务实的态度，以强烈的政治意识和大局意识，认真落实好各项工作要求，全力以赴把会议各项准备工作做好，确保这次大会取得圆满成功。桑国卫强调，广大农工党员要始终保持昂扬向上的精神状态和开拓进取的工作干劲，倍加珍惜经济发展、民生改善、民族团结、社会稳定的大好局面，努力维护好我国各政党民主团结、生动活泼的和谐政治关系，以新的工作业绩迎接中共十八大的胜利召开。中共十八大召开以后，农工党要认真学习领会中共十八大精神，把中共十八大精神贯彻落实到农工党十五大的政治文件和各项工作中。

会议审议通过了《中国农工民主党第十四届中央委员会第六次全体会议议程》、《中国农工民主党第十四届中央委员会第六次全体会议选举办法》，增选陈竺为中国农工民主党第十四届中央委员会委员、常务委员、副主席。

农工党中央副主席张大宁、王宁生、陈勋儒、汪纪戎、刘晓峰、陈述涛、何维、姚建年、杨震，农工党中央委员及列席会议的代表等 200 余人参加会议。

2. 农工党十四届七中全会

12 月 5 日下午，中国农工民主党第十四届中央委员会第七次全体会议在京召开。农工党中央主席桑国卫主持会议并讲话，常务副主席陈宗兴出席会议。

桑国卫指出，这次会议是农工党第十四届中央委员会的最后一次全体会议，会议将研究审议提交农工党十五大的有关文件，为开好农工党十五大做好最后的准备。全体与会代表要统一思想，提高认识，增进团结，要以高度的责任感和使命感履行好各项职责，开好此次会议，确保农工党十五大的顺利进行。桑国卫强调，即将召开的农工党十五大，要认真学习中共十八大精神，以邓小平理论、“三个代表”重要思想和科学发展观为指导，认真总结农工党五年来的成绩和经验，明确今后一个时期的工作方针和主要任务，会议将选举产生新的领导班子和领导机构，实现新老交替。我们要努力把农工党十五大开成一个继承和发扬优良传统、巩固和发展与中国共产党的团结合作、开创农工党工作新局面的大会，开成一个团结、民主、求实、奋进的大会。

会议决定，农工党十五大将于 12 月 6 日至 10 日在京召开。会议审议通过了中国农工民主党第十四届中央委员会的报告（草案）、《中国农工民主党章程（修正案）》（草案），提交农工党十五大审议；审议通过了《中国农工民主党第十五次全国代表大会日程》（草案）、农工党十五大主席团名单（草案）、农工党十五大秘书长名单（草案）、农工党十五大代表资格审查委员会名单（草案），提交农工党十五大预备会议审议；会议推举桑国卫为第十四届中央委员会报告的报告人。

农工党中央副主席陈竺、张大宁、王宁生、陈勋儒、汪纪戎、刘晓峰、陈述涛、何维、姚建年、杨震，农工党中央委员及列席会议的代表等200余人参加会议。

3. 农工党十五届一中全会

12月10日上午，农工党十五届一中全会在北京会议中心召开。农工党第十五届中央委员会全体委员出席会议。上午8时30分，十五届一中全会举行第一次全体会议。陈竺同志主持会议并作《关于十五届中央主席、副主席、常委候选人建议名单的说明》。他说，根据中央常务委员会的构成原则，十五届中央常务委员会拟由三部分人员组成：一是十五届中央领导班子成员；二是省级组织主委和部分中央机关部门负责同志；三是优秀代表性人士，主要包括专家学者、担任正厅级以上职务的实职干部等。与会委员讨论通过了第十五届中央委员会主席、副主席、常委候选人建议名单，提请十五届一中全会第二次会议审议；审议通过了十五届一中全会《选举办法》（草案）、十五届一中全会选举监票人、总监票人名单，提请十五届一中全会第二次会议审议。上午10时，十五届一中全会举行第二次全体会议。会议审议通过了十五届一中全会《选举办法》（草案），审议通过了监票人、总监票人名单。经到会的中央委员以等额无记名投票的形式进行选举，陈竺当选为中国农工民主党第十五届中央委员会主席，刘晓峰等51人当选为中国农工民主党第十五届中央常务委员会委员。会议审议通过了农工党十五届中央监督委员会组成人员名单，刘晓峰任主任，王建沂等17人任委员，曲风宏兼任办公室主任。

（三）农工党中央常务委员会会议

1. 农工党十四届十四次中常会

3月9日晚，中国农工民主党第十四届中央常务委员会第十四次会议在京召开。农工党中央主席桑国卫主持会议并讲话，常务副主席陈宗兴出席会议。

会议研究部署了全党学习贯彻十一届全国人大五次会议、全国政协十一届五次会议精神的工作。会议强调，要认真学习贯彻“两会”精神，切实把思想和行动统一到中共中央对形势的分析判断和对工作的决策部署上来。要增强政治责任感，增强危机意识和忧患意识，始终保持昂扬向上的精神状态和开拓进取的工作干劲，把“两会”精神贯彻落实到参政议政和自身建设的工作实践中。会议指出，要切实加强自身建设，不断提高参政能力和水平。要把凝聚共识作为思想政治建设的根本，把服务大局作为参政议政的中心，把制度化规范化程序化作为发挥作用的保障，把深入调研作为建言献策的根基，把改革创新作为推进工作的动力，不断提高参政能力和水平。会议要求，全党要认真学习贯彻中共中央关于加强新形势下党外代表人士队伍建设的精神，充分认识加强新形势下代表人士队伍建设的重大意义。要把换届作为加强代表人士队伍建设的关键环节，将一大批德才兼备的，有较强的政治把握能力、参政议政能力、组织协调能力、合作共事能力的代表人士充实到各级领导班子和后备干部队伍中，为中国共产党领导的多党合作事业的可持续发展提供坚实的人才保障。

会议审议通过了《中国农工民主党中央关于认真学习贯彻十一届全国人大五次会议和全国政协十一届五次会议精神的通知》。

农工党中央副主席张大宁、王宁生、陈勋儒、汪纪戎、刘晓峰、陈述涛、何维、姚建年、杨震以及农工党中央常委等50余人出席会议。非中央常委的省级组织主委和中央机关各部门负责人等列席会议。

2. 农工党十四届十五次中常会在京召开

7月14日至15日，中国农工民主党第十四届中央常务委员会第十五次会议在京召开。农工党中央主席桑国卫出席会议并作工作报告，常务副主席陈宗兴主持会议。

桑国卫首先通报了十四届十四次中常会以来中央开展的主要工作：基本完成了各省级组织的换届工作，参政议政工作取得新成果，继续参与毕节试验区建设，组织举办第五届“中国环境与健康宣传周”活动，继续深入开展学习践行社会主义核心价值体系活动等。桑国卫对新一届省级组织领导班子提出几点希望。一是要扎实搞好领导班子建设；二是加强代表人士队伍建设；三是加强参政议政能力建设。桑国卫指出，农工党第十五次全国代表大会，将于12月上旬在北京召开，这是农工党政治生活中的一件大事，要扎实做好农工党十五大的各项筹备工作。五年来的实践更加深化了农工党对自身建设和履行职能、发挥作用的特点和规律的认识，更加丰富了工作经验。希望各位常委和与会同志对五年来的工作如何总结提出思路或建议，集思广益，共同努力把本届工作总结好。桑国卫强调，要深刻认识“同心”思想的丰富内涵，扎实推进“同心”行动。一是要深刻认识“同心”思想是中国共产党领导的多党合作制度理论创新的新发展；二是要深刻领会“同心”思想对各民主党派共同推进中国特色社会主义事业的新要求；三是要以“同心”思想为指导深入推进“同心”行动。要正确认识当前经济形势，紧密围绕中共中央重大决策部署参政议政，以新的工作业绩迎接中共十八大和农工党十五大的召开。

会议期间，陈宗兴通报了省级组织换届情况及部署中央换届工作安排，刘晓峰作关于《中国农工民主党第十五届中央委员会委员名额分配及提名办法（草案）》的说明。会议审议通过了《中国农工民主党第十五届中央委员会委员名额分配及提名办法》。

农工党中央副主席张大宁、王宁生、陈勋儒、汪纪戎、刘晓峰、陈述涛、何维、姚建年、杨震及农工党中央常委等50余人出席会议。非中央常委的省级组织主委和中央机关各部门负责人等列席会议。

3. 农工党十四届十六次中常会

10月16日上午，中国农工民主党第十四届中央常务委员会第十六次会议在京召开。农工党中央主席桑国卫出席会议并讲话，常务副主席陈宗兴主持会议。会议通报了农工党十五大筹备工作情况，对中央换届有关工作进行了部署。农工党中央副主席张大宁、王宁生、陈勋儒、汪纪戎、刘晓峰、陈述涛、何维、姚建年和中央常委等出席会议。非中央常委的省级组织主委和中央机关各部门负责人及部分在京中央委员列席会议。会议听取了卫生部部长陈竺作的《深化医药卫生体制改革的进展与展望》的报告。

4. 农工党十四届十七次中常会

10月28日上午，中国农工民主党第十四届中央常务委员会第十七次会议在京召开。农工党中央主席桑国卫主持会议，常务副主席陈宗兴出席会议。

会议审议通过了《中国农工民主党第十四届中央委员会第六次全体会议议程(草案)》、《中国农工民主党第十四届中央委员会第六次全体会议增选中央委员、常务委员、副主席候选人建议名单》《中国农工民主党第十四届中央委员会第六次全体会议选举办法》(草案)。

农工党中央副主席张大宁、王宁生、陈勋儒、汪纪戎、刘晓峰、陈述涛、何维、姚建年、杨震和中央常委等50余人出席会议。非中央常委的省级组织主委、中央机关各部门负责人列席会议。

5. 农工党十四届十八次中常会

12月5日上午,中国农工民主党第十四届中央常务委员会第十八次会议在京召开。农工党中央主席桑国卫主持会议,常务副主席陈宗兴出席会议。

会议审议通过了提交中国农工民主党第十五次全国代表大会的中国农工民主党第十四届中央委员会的报告(草案)、《中国农工民主党党章(修正案)》(草案)、农工党十四届七次中央全会议程(草案)、农工党十五大主席团名单(草案)、农工党十五大秘书长名单(草案)、农工党十五大代表资格审查委员会名单(草案),提交农工党十四届七中全会审议;会议审议通过了《中国农工民主党党内监督条例(试行)(修正案)》;会议审议通过了农工党第十五届中央委员会委员候选人建议名单,提交农工党十五大主席团审议;会议推举桑国卫为第十四届中央委员会报告的报告人,提交农工党十四届七中全会审议。

农工党中央副主席陈竺、张大宁、王宁生、陈勋儒、汪纪戎(女)、刘晓峰、陈述涛、何维、姚建年、杨震等中央常委50余人出席会议。非常委的省级组织主委以及中央机关各部门负责人列席会议。

5. 农工党十五届一次中常会

12月10日下午,农工党十五届一次中常会在北京会议中心召开。农工党中央主席陈竺主持会议,常务副主席刘晓峰,副主席陈述涛、何维、姚建年、杨震、朱静芝、蔡威、龚建明、谢庆生,以及新一届中央常委出席会议。农工党中央宣传部部长石光树、社会服务部部长刘峻杰列席会议。会议任命何维兼任中国农工民主党第十五届中央委员会秘书长。

(四)农工党中央监督委员会会议

1. 农工党十四届中央监督委员会第六次全体会议

12月5日上午,中国农工民主党第十四届中央监督委员会第六次全体会议在京召开。农工党十四届中央常务副主席、第十四届中央监督委员会主任陈宗兴,农工党十四届中央副主席、第十四届中央监督委员会副主任刘晓峰,农工党第十四届中央监督委员会全体委员出席会议。会议由农工党中央组织部部长、第十四届中央监督委员会委员兼办公室主任曲凤宏主持。会议听取和审议通过了刘晓峰作的《中国农工民主党第十四届中央监督委员会工作报告》,听取了曲凤宏作的《关于中国农工民主党第十四届中央监督委员会换届有关情况的说明》。陈宗兴作了总结讲话。他对十四届中央监督委员会的工作给予充分肯定,强调要总结好几年来的工作实践经验,按照积极稳妥、循序渐进的方针,继续稳步推进农工党党内监督工作。

2. 农工党十五届中央监督委员会第一次全体会议

12 月 10 日下午，中国农工民主党第十五届中央监督委员会第一次全体会议在京召开。农工党中央常务副主席、第十五届中央监督委员会主任刘晓峰，农工党第十五届中央监督委员会全体委员出席会议，部分省级监督委员会负责同志参加会议。会议由农工党中央组织部部长、第十五届中央监督委员会委员兼办公室主任曲凤宏主持。会议审议通过了《中国农工民主党第十五届中央监督委员会第一次全体会议议程》、《中国农工民主党第十五届中央监督委员会 2013 年工作计划》。刘晓峰作了总结讲话。他指出，新一届中央监督委员会重任在肩，要在总结工作经验的基础上，按照积极稳妥、循序渐进方针，进一步加强党员干部廉洁自律、党内监督机制完善等各项工作，希望全体委员提高责任意识，认真履行职责，共同推动农工党党内监督工作迈上新台阶。

（五）部门工作会议

1. 农工党组织工作研讨会

2 月 23 日至 25 日，农工党组织工作研讨会在浙江省富阳市召开。会议对 30 个省级组织的组织部长和负责党员信息工作的干部进行了培训，强调各省组织部长要认真学习掌握《省级组织换届工作程序》，并对农工党十五大代表材料、组织发展数据统计和代表人士信息维护等工作提出了规范化的要求。农工党中央组织部部长曲凤宏出席并主持会议，组织部副部长杨小娟等出席会议。

2. 农工党组织建设研讨会

2 月 26 日至 28 日，农工党组织建设研讨会在浙江省富阳市召开。会议就如何做好五年组织工作总结进行了研讨。农工党中央办公厅主任游宏炳，组织部部长曲凤宏、组织部副部长杨小娟等出席会议。会议由曲凤宏主持。

3. 农工党中央参政党理论研究点工作会议

3 月 27 日上午，农工党中央参政党理论研究点工作会议在安徽省合肥市召开。农工党中央宣传部部长石光树主持会议并讲话，农工党中央宣传部副巡视员刘保明等出席会议。七个理论研究点所在的省委会专职副主委或宣传部长参加会议。与会人员就研究点的工作及本年度的工作计划进行了深入的交流和探讨。

4. “农工党与福建事变”史料工作研讨会

4 月 24 日至 26 日，“农工党与福建事变”史料工作研讨会在江西省井冈山市召开。农工党中央副主席刘晓峰出席会议并讲话，农工党江西省委会主委郑晓燕、原主委万学文，农工党中央研究室副主任姜天麟等出席会议。

刘晓峰指出，农工党的历史，是农工党前辈们怀着满腔的爱国热情，坚持不懈地追求真理、追求进步，历经无数的困难和考验，在不断地探索中找到正确的方向、并在正确的方向上不断前进而创造出来的。挖掘农工党在探索正确的政治道路过程中的历史资料，比如参与“福建事变”的历史资料，对于引导教育广大党员，心悦诚服地接受中国共产党的领导、为中国特色社会主义现代化事业贡献力量，能提供直接而真实可信的教材，具有独特的感染力和说服力。刘晓峰强调，农工党各级组织的党史研究工作者，在广泛收集历史资料的基础上，开展深入研究，多出成果，给各级组织和党员们提供集成优良传统、搞好政治交接的生动教材。

与会同志根据收集和掌握的“农工党与福建事变”的有关材料，针对农工党于事变策划、发动等各阶段在军事、政治等各方面发挥的作用，以及事变本身对农工党发展的影响，开展了深入研讨。

农工党江西、福建、江苏、广东省委会和农工党中央研究室党史处的同志，以及对“农工党与福建事变”有深入研究的专家、学者参加会议。

5. 农工党实践“同心”思想深化政治交接经验交流暨理论研讨会

7月6日至8日，农工党实践“同心”思想深化政治交接经验交流暨理论研讨会在广西区南宁市召开。农工党中央副主席王宁生，中共广西区委常委、统战部部长范晓莉，农工党广西区委会主委彭钊，农工党中央宣传部部长石光树等出席会议并讲话。

王宁生指出，农工党各级组织深入开展“同心”教育，扎实推进“同心”实践，不断深化“同心”研究，着力强化“同心”宣传，取得到很好的效果。希望农工党各级组织要准确把握“同心”思想的科学内涵，以“同心”思想凝聚共识，指导实践，积极履行职能，加强队伍建设，深化政治交交接，努力建设高素质的参政党。范晓莉指出，政治交接是民主党派一项长期的战略任务，我们要按照“同心”思想的内涵要求深化政治交接，弘扬“同心”传统，践行“同心”思想，进一步推进和深化广西开展的政治交接教育实践活动。彭钊提出，农工党广西各级组织要长期坚持，深入探索，不断创新，将政治交接实践中的成功做法和经验上升为理论认识，并在各个不同时期赋予新的内涵，用于指导实践，不断提升服务广西科学发展和实现自身科学发展的能力和水平。

来自农工党全国各省、自治区、直辖市委员会的同志在会上作了交流发言。

6. 农工党反映社情民意信息工作交流会

7月8日至10日，农工党反映社情民意信息工作交流会在宁夏区银川市召开。农工党中央副主席刘晓峰出席会议并讲话，农工党宁夏区委会原主委冯炯华、主委戴秀英，中共宁夏区委统战部巡视员杨惠玲，农工党宁夏区委会副主委潘多俊、邢学宁，农工党中央研究室副主任姜天麟等出席会议。会议由姜天麟主持。

刘晓峰指出，近年来，农工党全国各级组织和广大党员进一步加强反映社情民意信息工作，取得了很大成绩，为参政议政、民主决策发挥了重要作用。他要求参会代表要提高认识，进一步增强反映社情民意信息的责任感和使命感；加强学习，切实提高社情民意信息采编报水平；拓宽渠道来源，形成反映社情民意信息工作的整体合力；推动农工党反映社情民意信息工作再上新台阶。

会议先后听取了全国政协信息局副巡视员贾燕赓、全国政协信息局委员信息处处长于保政和姜天麟作的专题报告，总结了近两年来农工党中央和各省级组织开展反映社情民意信息工作的成果，交流了反映社情民意信息工作的经验，研究和讨论了在新形势下进一步加强农工党反映社情民意信息工作的思路和措施。

来自农工党全国30个省级组织的信息联络员参加会议。

7. 农工党反映社情民意信息工作研讨会

8月3日，农工党反映社情民意信息工作研讨会在内蒙古呼和浩特市召开。农工党中央副主席刘晓峰出席会议并讲话，农工党内蒙古区委会主委牛广明，中共内蒙古区委统战部副部长、内蒙古社会主义学院党组书记侯世忠，农工党中央办公厅主任游宏炳、研究室副主任姜天麟、办公厅副主任王素芳等出席会议。

刘晓峰强调，要进一步增强对反映社情民意信息工作重要性的认识，加强对信息工作的领导；要建立和完善工作机制，为做好反映社情民意信息工作提供保障；要加强队伍建设，为反映社情民意信息工作培养人才资源；要拓宽渠道来源，形成反映社情民意信息工作的整体合力。真正把这次研讨会开成总结经验规律、研究解决问题、明确发展思路、创新工作方式，推动农工党反映社情民意信息工作不断前进的会议。希望农工党各级组织，进一步增强责任感和使命感，提高主动性和积极性，为推动反映社情民意信息工作再上新台阶而共同努力。牛广明在欢迎词中，对农工党内蒙古区委会进一步做好反映社情民意信息工作提出了意见。

会议通报了农工党反映社情民意信息工作的基本情况，交流了开展反映社情民意信息工作的情况和经验，讨论了如何提高 2012 年至 2013 年社情民意信息工作水平。

来自农工党全国各省、自治区、直辖市委员会的专职副主委、有关部门负责人 30 余人参加会议。

8. 农工党全国宣传部长会议

9月 17 日至 19 日，农工党全国宣传部长会议在陕西省西安市召开。农工党中央副主席、云南省委会主委陈勋儒出席会议并讲话。陕西省副省长、农工党陕西省委会主委朱静芝致欢迎词。农工党中央宣传部部长石光树作工作报告。农工党陕西省委会副主委王安龙、农工党中央宣传部副巡视员刘保明等出席会议。

陈勋儒就做好新形势下农工党宣传思想工作提出了具体要求：一要认真学习、深刻领会胡锦涛总书记“7·23”重要讲话精神，坚决按照“7·23”讲话统一思想、履行职能，为实现中华民族伟大复兴贡献力量；二要以“7·23”重要讲话精神为指导，做好新形势下参政党宣传思想工作，要把巩固发展政治交接成果与学习贯彻“7·23”重要讲话精神相结合，在领导班子和广大成员中深入践行“同心”思想，以“同心”理念武装头脑，用“同心”宣传营造氛围，以“同心”思想凝聚共识，用“同心”理论指导实践，引导广大成员继承优良传统，坚定理想信念，沿着中国特色社会主义政治发展道路不断前进。朱静芝强调，农工党陕西省委会将以这次会议为契机，学习借鉴兄弟省市的成功经验，认真做好中共十八大和农工党十五大的学习宣传工作，积极践行“同心”思想，切实加强舆论宣传，努力使农工党陕西省委会的宣传工作迈上一个新台阶。石光树在工作报告中，回顾了去年全国宣传思想工作会议以来，各级组织认真学习领会桑国卫主席的重要讲话精神，宣传思想工作取得的进展，并部署了今后宣传思想工作各项任务。

会议期间，农工党陕西省、江苏省、贵州省、杭州市、河南省、内蒙古区、吉林省、安徽省、济南市、宁波市等十个省、市级组织代表作了大会发言，总结交流了一年来开展思想宣传工作的情况和经验。会议研究部署了中共十八大和农工党十五大的学习宣传工作。会议安排部署了 2013 年《前进论坛》的征订工作，并对 2012 年度在《前进论坛》征订发行工作中成绩突出的先进单位和个人，2011 年《前进论坛》优秀“三特”人员、“好文章”奖获得者、“我与党刊”征文获奖者进行了表彰。

来自农工党各省、自治区、直辖市委员会的宣传部长及副省级城市负责人 60 余人参加会议。

9. 农工党中央2012年参政议政会议

10月10日至12日，农工党中央2012年参政议政会议在四川省西昌市召开。农工党中央副主席刘晓峰出席会议并讲话。中共凉山州委书记翟占一、农工党四川省委会主委王正荣在会议上致辞。中共四川省委统战部副部长聂文强，中共凉山州委副书记、州长罗凉清，中共凉山州委副书记苏嘎尔布，农工党中央参政议政部部长隋路等出席会议。会议由隋路主持。

刘晓峰在全面回顾了近五年来农工党中央参政议政工作后。他强调，农工党各级组织要认清新形势，明确新任务，将加强参政议政能力建设和提高参政议政工作水平列入重要议事日程，始终把促进发展作为参政议政的第一要务，始终把以人为本，改善民生作为参政议政的重点，把实现好、维护好、发展好最广大人民群众的利益作为参政议政的出发点和落脚点，积极引导广大党员为实现经济社会又好又快发展建睿智之言、献管用之策。要继续发挥人才优势，进一步做好参政议政的基础工作，通过建立人才库、信息库等形式，把智力资源和信息资源开发好、配置好、运用好，努力推动社情民意信息工作再上新台阶。要进一步加强联络交流工作，最大限度地挖掘资源，不断扩大团结面，尤其是要充分发挥中医药文化的纽带作用，探索加强联络交流的新思路，拓宽联络交流的新领域。要强化参政议政意识，在开拓参政议政新领域的同时，进一步巩固和体现参政议政的界别优势，不断完善参政议政机制体制，优化参政议政人才结构，改善参政议政手段，精选参政议政课题。要不断加强学习，强化参政议政职能部门建设，不断完善和健全参政议政工作机制和制度，努力培养参政议政能力。

会议先后听取了农工党中央医药卫生工作委员会、黑龙江省委会、江苏省委会、江西省委会、四川省委会的大会交流发言，对近五年来农工党取得的126项参政议政优秀成果进行了表彰。

农工党中央8个专门工作委员会的负责同志，农工党各省、自治区、直辖市委员会的专职副主委或参政议政部门的负责同志共50余人参加会议。

10. 党章修改专家学者座谈会

11月15日，农工党中央在京召开党章修改专家学者座谈会。农工党中央副主席刘晓峰出席会议，办公厅主任游宏炳，组织部部长曲凤宏、副部长杨小娟及党内有关专家学者参加会议。

（六）其他重要会议和活动

1. 农工党中央领导应邀出席全国政协2012年新年茶话会

1月1日上午，中国人民政治协商会议全国委员会在全国政协礼堂举行新年茶话会。农工党中央主席桑国卫，常务副主席陈宗兴，原常务副主席李蒙，副主席汪纪戎、刘晓峰等应邀出席茶话会。

2. 农工党2012年在京中青年党员迎春座谈会

1月9日上午，农工党2012年在京中青年党员迎春座谈会在中央机关召开。农工党中央主席桑国卫出席会议并作总结讲话，常务副主席陈宗兴，副主席汪纪戎、刘晓峰出席会议。

桑国卫在讲话中指出，中青年党员是农工党党员干部队伍的主体，也是农工党履行参政党职能的中坚力量。要注意加强政治修养，增强政治敏锐性和政治鉴别力，自觉抵制各种错误思想影响，保持政治上的清醒和立场上的坚定，无论什么时候都不迷惘，无论什么情况都不动摇。要把提高能力素质作为一种责任、一种追求，通过多种方式锻炼自己、提高自己，在攻坚克难、完成本职工作的过程中积累经验、增长才干，在本职工作中做出一流成绩，成长为具有一定影响力的代表性人士。要增强责任意识，处理好本职工作和党务工作的关系，多关心、多思考、多参与农工党的工作，以平和的心境和积极的态度对待换届，经受住关键时刻的考验。要严格自我要求，立言、立行、立德，始终保持高尚的精神追求，注意培养健康的生活情趣，不断加强人格修养，以良好的个人形象增强农工党组织的凝聚力和吸引力。

参加座谈会的 20 名中青年党员，来自医药卫生、环境保护、文化和其他一些界别。他们当中，既有 2011 年刚入党的新党员，也有 2011 年在本职岗位上取得新成绩的老党员，既有在高等院校、科研院所、医疗卫生机构工作的专家学者，也有在政府部门工作的实职干部，普遍知识层次较高，工作经验丰富，社会接触面广。座谈会上，与会同志分别介绍自己的工作情况，交流入党后的心得体会，中央领导不时与他们互动交流，气氛轻松热烈。

农工党中央秘书长陈建国以及组织部部长曲凤宏、副部长杨小娟，宣传部部长石光树，社会服务部部长刘峻杰，研究室副主任姜天麟等参加座谈。

3. 农工党中央、北京市委会机关春节团拜会

1 月 10 日上午，农工党中央机关、北京市委会机关 2012 年春节团拜会在中央机关举行。农工党中央主席桑国卫出席团拜会并致新春贺词，常务副主席陈宗兴，原常务副主席李蒙，副主席汪纪戎、刘晓峰、姚建年等出席团拜会。

桑国卫指出，刚刚过去的 2011 年，农工党中央认真贯彻中共中央的各项决策部署，服务科学发展大局，认真履行参政议政职能，积极开展社会服务工作，践行社会主义核心价值体系活动，各项工作都取得了新成绩。桑国卫强调，2012 年是实施“十二五”规划承上启下的重要一年。我们要认真贯彻胡锦涛总书记在全国政协新年茶话会上的讲话精神，在新的一年里，要坚持和完善中国共产党领导的多党合作和政治协商制度，坚持长期共存、互相监督、肝胆相照、荣辱与共的方针，坚持思想上同心同德、目标上同心同向、行动上同心同行，巩固和发展中国特色社会主义多党合作事业。要团结广大党员在中国共产党领导的多党合作道路上奋勇前进，为推动经济社会又好又快发展作出新的贡献，以新的工作业绩迎接中共十八大、农工党十五大的胜利召开。

农工党北京市委会专职副主委赵荣国代表农工党北京市委会致新春贺词。

团拜会上，农工党中央、北京市委会、大兴区工委的机关工作人员和文艺工作者表演了精彩的文艺节目。农工党中央、北京市委会机关工作人员及离退休同志，部分在京农工党员 200 余人观看了演出。

4. 农工党中央与毕节市、大方县举行 2012 年新春座谈会

1 月 17 日上午，中共毕节市委副书记、市长张吉勇，中共大方县委书记卢林等率市、

县走访团走访农工党中央并座谈。农工党中央主席桑国卫出席座谈会并讲话，副主席汪纪戎主持座谈会。

桑国卫代表农工党中央对毕节市、大方县党政干部的来访表示欢迎和感谢，并对毕节试验区的发展给予了高度评价。他表示，农工党中央将进一步学习贯彻胡锦涛同志重要批示精神，践行“同心”思想，一如既往地重视对试验区的帮扶工作，与试验区保持长期紧密的联系，积极推动煤化工建设、“助医工程”和辛香料生产基地建设等工作，促进毕节市的新一轮改革发展。

座谈会上，张吉勇向长期以来关心和帮助毕节试验区的农工党中央表示感谢，并就毕节市经济社会发展情况和今年的工作思路进行了简要介绍。卢林就大方县近几年社会发展情况作了汇报。

农工党中央办公厅主任游宏炳、副主任王素芳，宣传部部长石光树，社会服务部部长刘峻杰、副部长张庆伟等参加座谈。

5. 农工党中央领导应邀出席中共中央、国务院 2012 年春节团拜会

1 月 21 日上午，中共中央、国务院 2012 年春节团拜会在人民大会堂举行。农工党中央主席桑国卫，常务副主席陈宗兴，副主席汪纪戎、何维、姚建年等应邀出席团拜会，农工党中央办公厅主任游宏炳等应邀参加团拜会。

6. 农工党中央领导接待前来走访的中共河北省委书记张庆黎一行

2 月 15 日上午，农工党中央主席桑国卫、常务副主席陈宗兴、副主席刘晓峰等在中央机关接待前来走访的中共河北省委书记张庆黎，中共河北省委常委、秘书长景春华，中共河北省委常委、统战部部长田向利，农工党河北省委会主委段惠军等一行并进行座谈。农工党中央秘书长陈建国以及办公厅主任游宏炳、副主任王素芳等参加座谈。张庆黎一行参观了“农工党历史陈列室”，并向农工党中央赠送铜制浮雕《万里长城》。

7. 农工党中央领导出席全国学习贯彻《关于加强新形势下党外代表人士队伍建设的意见》电视电话会议

2 月 24 日上午，全国学习贯彻《关于加强新形势下党外代表人士队伍建设的意见》电视电话会议在人民大会堂举行。中共中央政治局常委、全国政协主席贾庆林出席会议并讲话。会议由全国政协副主席、中共中央统战部部长杜青林主持。农工党中央主席桑国卫，常务副主席陈宗兴，副主席汪纪戎、刘晓峰等在主会场出席会议。农工党中央秘书长陈建国以及办公厅副主任王素芳，社会服务部副部长张庆伟，参政议政部部长隋路、副部长姚秀元等在主会场参加会议。

8. 农工党中央召开首都新闻媒体联谊暨“两会”情况通报会

2 月 24 日下午，农工党中央召开首都新闻媒体联谊暨“两会”情况通报会。农工党中央常务副主席陈宗兴出席会议并讲话。农工党中央秘书长陈建国，社会服务部部长刘峻杰，参政议政部部长隋路，宣传部部长石光树、副巡视员刘保明，中共中央统战部宣传办负责同志及 20 余位新闻媒体记者出席会议。会议由石光树主持。

陈宗兴指出，过去的 2011 年，农工党积极履行参政党职能，切实加强自身建设，努力践行“同心”思想，在参政议政、民主监督、社会服务、反映社情民意等方面都取得了新的进步。陈宗兴指出，“两会”是共商国是的盛会，举世瞩目。这既是我国全面建设

小康社会、努力构建社会主义和谐社会的生动展示，也是民主党派履行参政议政、民主监督职能的重要平台，是民主党派参政议政能力和水平的集中展示。农工党中央准备了大量高质量的提案，有许多可供报道的资源。陈宗兴强调，农工党中央历来高度重视“两会”的宣传报道工作，希望各位新闻界的朋友给予我们一如既往的关注和厚爱，全方位、多层次地开展宣传。农工党中央宣传部也要积极配合，认真组织提供稿源，切实做好采编服务工作，要与记者多交朋友，主动与记者联系，加强沟通和交流。

据悉，本次政协会上，农工党中央紧密围绕2012年国家经济工作重点任务积极建言献策，提交全国政协十一届五次会议提案共44篇，其中医卫方面的提案6篇，环境保护方面的提案6篇，民生方面的提案2篇，其他有关农业、新能源、经济等方面的提案30篇。

9. 迎三八妇女节参观考察活动

2月24日至25日，为迎接三八妇女节，农工党中央妇女工作委员会与农工党北京市委员会妇女工作委员会在河北省廊坊市开展参观考察活动。农工党中央副主席、全国妇联副主席汪纪戎参加了考察活动。这次考察主要是了解我国现阶段云存储建设的有关情况。廊坊市开发区有关领导，农工党中央妇女工作委员会副主任、润泽科技发展有限公司董事长周超男分别就国际、国内云存储发展历史及现状作了介绍，并结合现阶段打造国际领先的润泽科技港有关情况作了汇报。全国妇联组织联络部的有关同志应邀参加本次活动。参加考察的还有农工党中央妇女工作委员会主任孙晓梅，中央参政议政部部长隋路，中央科技工作委员会副主任、河北省科技厅巡视员王福强，北京市委会秘书长刘迎等。

10. 农工党中央出席统一战线参与毕节试验区建设联席会议

2月29日，统一战线参与毕节试验区建设联席会议第五次全体（扩大）会议在京召开。中共中央政治局常委、全国政协主席贾庆林作出重要批示。全国政协副主席、中央统战部部长杜青林出席会议并讲话。

会上，农工党中央副主席刘晓峰结合工作实际，就统一战线参与毕节试验区建设提出工作思路和部署，表示要全面落实2012年工作计划和任务，精心组织实施“同心工程”，以“同心”思想增进共识、凝聚力量，以“同心工程”服务发展、惠及民生，努力推进毕节试验区经济社会又好又快发展。

农工党中央社会服务部部长刘峻杰参加会议。

11. 农工党中央领导出席“两会”

3月3日至13日，全国政协十一届五次会议在京召开。全国人大常委会副委员长、农工党中央主席桑国卫应邀出席了3日下午的开幕式和13日上午的闭幕式。全国政协副主席、农工党中央常务副主席陈宗兴，全国政协常委、农工党中央副主席张大宁、陈勋儒、刘晓峰、何维，全国政协常委、农工党中央原副主席左焕琛，以及农工党员担任政协委员的同志出席会议。

3月5日至14日，十一届全国人大五次会议在京召开。全国人大常委会副委员长、农工党中央主席桑国卫出席会议。全国政协副主席、农工党中央常务副主席陈宗兴应邀出席了5日上午的开幕式和14日上午的闭幕式。全国人大常委、农工党中央副主席王宁生、汪纪戎、陈述涛、姚建年，全国人大代表、农工党中央副主席杨震，以及农工党员担任全国人大代表的同志出席会议。

12. 农工党中央领导出席“同馨·相约春天”三八妇女节联谊会

3月6日下午，中共中央统战部和民盟中央在中央统战部礼堂联合举办了2012年“同馨·相约春天”三八妇女节联谊会。农工党中央副主席汪纪戎和部分在京副主席的夫人等应邀出席联谊会。农工党中央秘书长陈建国、办公厅副主任王素芳、组织部副部长杨小娟等应邀参加联谊会。农工党中央机关女同志表演的集体舞《和谐中国》获得了一致好评。

13. 农工党中央领导接见参加第27期民主党派进修班、培训班的农工党学员

3月13日下午，农工党中央邀请在中央社会主义学院参加第27期民主党派进修班、培训班学习的农工党学员来中央机关座谈。农工党中央副主席刘晓峰出席座谈会。农工党中央组织部部长曲凤宏、副部长杨小娟等参加座谈。

刘晓峰与学员们一起回顾了农工党的历史道路，勉励学员们坚持“同心思想”，珍惜机会，加强学习，提高政策理论水平和履职能力；并结合今年“两会”精神，勉励学员们在参政议政中多讲实话、讲真话，做执政党的“诤友”和“挚友”。座谈会气氛热烈，学员们介绍了各自成长经历及工作情况，汇报了在中央社会主义学院的学习体会及旁听“两会”的所闻、所感，并就加强农工党基层组织建设和机关建设提出了意见和建议。

14. 纪念严信民同志诞辰110周年座谈会

3月21日上午，纪念严信民同志诞辰110周年座谈会在中央机关召开。农工党中央常务副主席陈宗兴出席座谈会，副主席刘晓峰出席座谈会并作总结讲话。座谈会由秘书长陈建国主持。

座谈会上，严信民之子严晓燕和老同志代表孟庆厚、蒋春松等先后发言。严晓燕介绍了严信民同志一生的丰富经历和主要成就，代表家属表达了对严信民同志的无限怀念。孟庆厚、蒋春松两位老同志，回忆了生活中与严老的接触和在严老领导下工作的经历，向大家讲述了许多鲜为人知的往事，通过许多具体事例，向大家展现了严信民同志作为一个可亲、可敬的农工党领导人的光辉形象。刘晓峰在总结讲话中，回顾了严信民对祖国对人民作出的重要贡献，对他为中国革命和建设事业所作的辛勤工作，给予了高度的评价；对他为农工党思想建设和组织建设所作的贡献，给予了高度赞赏。刘晓峰强调，严信民同志等前辈们，以毕生的经历为我们今天的农工党人作出了榜样。我们要教育广大农工党员，继承和发扬前辈们高尚的革命情操，继承和发扬爱国革命的优良传统，自觉接受中国共产党的领导，增强走中国特色社会主义政治发展道路的共识。

座谈会结束后，陈宗兴、刘晓峰与参加会议的严信民同志家属代表、老同志代表及部分机关干部合影留念。农工党中央办公厅主任游宏炳、研究室副主任姜天麟等参加了座谈会。

15.《科学发展观与参政党建设研究》、《强学而力行——社会主义核心价值体系研究》出版座谈会暨首发式

3月22日上午，农工党中央《科学发展观与参政党建设研究》、《强学而力行——社会主义核心价值体系研究》出版座谈会暨首发式在中央机关举行。农工党中央常务副主席陈宗兴，中共中央统战部副部长、中国统一战线理论研究会副会长陈喜庆出席座谈会

并讲话。农工党中央副主席刘晓峰出席会议，秘书长陈建国参加并主持会议，宣传部部长石光树等参加会议。

陈宗兴指出，由农工党中央提出、重庆和湖北理论研究点承担的两项重点研究课题正式出版发行，对于教育和引导农工党成员深入学习贯彻科学发展观，积极践行社会主义核心价值体系，增强走中国特色社会主义政治发展道路的自觉性和坚定性，具有积极的现实意义。陈宗兴对抓好思想理论建设提出三点意见：一是要坚持科学理论武装，切实抓好中国特色社会主义理论体系的学习教育，这是参政党思想理论建设的首要任务；二是要学习贯彻中共十七届六中全会精神，努力践行社会主义核心价值体系，这是参政党思想理论建设的重大课题；三是要坚持和完善中国共产党领导的多党合作和政治协商制度，坚持走中国特色社会主义政治发展道路，这是参政党思想理论建设的根本目的。

陈喜庆对农工党的思想理论建设给予了充分肯定。他指出，长期以来，农工党中央坚持把思想理论建设作为战略任务和基础工程，取得了丰硕的成果。他就加强参政党理论建设、推进多党合作事业健康发展，提出了三点意见：一要准确把握参政党理论研究的历史进程；二要认真总结坚持参政党理论研究的基本经验；三要积极研究探索参政党建设规律。

来自中共中央统战部、中国人民政协理论研究会、中央社会主义学院、各民主党派中央、中共党史出版社、部分农工党省级委员会代表等60余人出席了座谈会。

16. 农工党中央传达2012“两会”精神报告会

3月26日上午，农工党中央传达2012年“两会”精神报告会在中央机关召开。农工党中央副主席汪纪戎、秘书长陈建国分别传达了十一届全国人大五次会议、全国政协十一届五次会议的重要精神和有关情况。农工党中央机关在职与离退休干部70余人参加了报告会。

报告会上，汪纪戎从人大代表的角度结合会议的主要内容，从社会保障、收入分配、医疗改革等民生问题成为两会热点、政府工作报告重点关注“改革”、审议通过《刑事诉讼法》修正案、通过第十二届全国人大代表名额和选举问题的决定、“两会”受到广泛媒体报道等方面介绍了参加会议的感受和体会。陈建国在传达全国政协十一届五次会议精神时，从本次会议概况、农工组委员参会和履行职能情况、“两会”期间广大媒体对农工党的宣传报道等方面传达了会议的主要情况，并结合自身经历，交流了身为全国政协委员的履职体会。

17. 农工党中央参政党理论研究安徽点授证仪式及理论研讨会

3月26日下午，农工党中央参政党理论研究安徽点授证仪式及理论研讨会在安徽省合肥市举行。农工党中央常务副主席陈宗兴出席仪式并发表重要讲话。农工党安徽省委会主委牛立文、中央宣传部部长石光树等出席会议。

授证仪式上，陈宗兴向农工党安徽省委会授予农工党中央参政党理论研究点证书，同时为农工党安徽省委会在理论研究方面取得突出成绩的先进集体颁奖。陈宗兴在总结讲话中，充分肯定了农工党安徽省委会在参政党理论研究方面所取得的成绩，对其以正确的思想理论为指导，在自身建设、参政议政、社会服务、思想宣传等方面所做的大量卓有成效的工作表示赞赏。他希望，农工党安徽省委会以此次建立参政党理论研究点为契机，进一步加强思想理论研究，加大自身建设力度，充分发挥自身的界别优势，增强履职为民的能力，为农工党组织在安徽的发展以及加速安徽崛起、实现兴皖富民大业作出积极的贡献。

牛立文代表农工党安徽省委会接受证书，并在会上作了《打牢理论功底 推动各项工作全面发展》的报告。授证仪式由农工党安徽省委会副主委、合肥市委会主委储昭平主持。农工党省委会副主委方才致欢迎辞。

农工党各参政党理论研究点负责人、中共安徽省委统战部理论研究负责同志、农工党安徽省理论研究骨干以及省直基层组织负责人等参加会议。

18. 第四届农工党全国副省级城市工作联席会议

4月25日至26日，第四届农工党全国副省级城市工作联席会议在浙江省杭州市、宁波市举行。来自全国各副省级城市的农工党地方组织领导出席会议。

25日，联席会议在杭州开幕。农工党浙江省委会主委姚克、中央组织部部长曲凤宏、杭州市委会主委周智林等开幕式并讲话。会议总结和交流了全国各副省级城市在基层组织建设工作上的经验成就，共同探讨了基层组织建设工作面临的新情况、新问题。会议就基层组织建设发展中存在的问题，特别是支部建设进行了深入的研讨。会议认为基层组织是民主党派最基本的细胞，是发挥参政党职能、增强党派活力、实现党派政治任务的基础，只有搞好基层组织建设，才能为参政党履行职能、发挥作用提供组织保证。

26日，联席会议在宁波闭幕。农工党中央组织部部长曲凤宏、浙江省委会副主委陆国钦、宁波市委会主委陈为能等出席闭幕式。会议就基层组织建设发展中存在的问题进行了深入的研讨。会议希望各副省级城市的农工党市委会以此次会议为契机，认真学习好做法、好经验，进一步开拓思路，创新载体，促进基层组织工作再上新台阶。

19. 农工党中央领导出席“深化政治交接，实践同心思想——学习实践社会主义核心价值体系活动经验交流暨工作推动会”

4月28日上午，中共中央统战部在京召开“深化政治交接，实践同心思想——学习实践社会主义核心价值体系活动经验交流暨工作推动会”。中共中央政治局常委、全国政协主席贾庆林作出重要批示。全国政协副主席、中共中央统战部部长杜青林出席会议并讲话。

农工党中央主席桑国卫出席会议并作了《学行并举 努力践行社会主义核心价值体系》的发言，对农工党开展学习践行活动的主要做法作了介绍。他表示，我们要深刻领会“同心”思想的根本要求、价值体现和鲜明特点，自觉践行社会主义核心价值体系，积极开展“同心”实践活动，努力为全面建设小康社会而同心奋斗。一是进一步增进政治共识；二是进一步提高履职水平；三是进一步搞好政治交接。

农工党中央副主席汪纪戎、刘晓峰、姚建年出席会议，秘书长陈建国、办公厅副主任王素芳、组织部副部长杨小娟、宣传部部长石光树、参政议政部副部长姚秀元参加会议。

20. 农工党组织“中央新闻媒体记者采访团”赴贵州省毕节市、大方县开展采访宣传活动

5月8日至13日，农工党中央联合农工党贵州省委会组织了“中央新闻媒体记者采访团”赴贵州省毕节市、大方县开展“同心”主题采访宣传活动。农工党中央宣传部部

长石光树、社会服务部部长刘峻杰参加采访宣传活动。

新闻媒体包括中央电视台、新华社、《人民日报》、《光明日报》、《科技日报》、《农民日报》、《人民政协报》、《团结报》、《中国政协》、《前进论坛》、人民网、贵州电视台、《贵州政协报》等13家单位，随行记者18人。5天中，采访团一行先后召开了两次座谈会，走访9个乡镇，参观5个乡镇卫生院及4个村卫生室，3个中药材种植基地，还采访了同心食品药品产业园、同心中等职业学校，参观了毕节试验区建设成就展等。

本次采访活动通过记者的实地采访，集中、系统地对农工党多年来为毕节试验区，特别是为大方县建设作出的贡献以及大方县的经济社会发展情况进行了全面报道，扩大了统一战线和多党合作的社会影响，增进了“同心”共识，巩固了多党合作的思想基础，对于推进民主党派更好地服务科学发展和促进自身科学发展、更好地发挥参政党作用具有重要意义。

21.《仁义礼智信》丛书——入选“百种优秀思想道德读物”书目

今年4月，中共中央宣传部等10个部门联合发出通知，号召在全国开展“弘扬雷锋精神 建设心灵家园”主题读书活动。为此，中宣部、中央文明办、新闻出版总署经组织专家评审，推介了100种优秀思想道德读物，作为主题读书活动的参考书目。由全国政协副主席、农工党中央常务副主席陈宗兴担任顾问，农工党中央文化工作委员会主编的《“仁义礼智信”丛书》入选参考书目。

农工党中央文化工作委员会长期致力于我国文化的宣传，为弘扬文化而高声呐喊。此次选准题目、精心策划，终于从全国报送的几千种图书中脱颖而出，跻身前列。当前，我国正在着力构建和谐社会，建设社会主义核心价值体系。值此之际，在青少年中广泛开展“仁、义、礼、智、信”的道德教育，将会大力促进和谐社会的构建和核心价值观的形成，因而这套丛书的选编意义深远。农工党中央文化工作委员会组织国内专家学者，对“仁”、“义”、“礼”、“智”、“信”逐字加以诠释，并赋予时代内涵。该丛书通过一个个生动真实的历史故事，弘扬中华传统美德，帮助广大青少年读者树立正确的人生观、价值观，养成高尚的思想品质和良好的道德情操。

22. 农工党中央领导出席“扶贫助学爱心工程”启动仪式

5月19日，由农工党河北省委会、中国初级卫生保健基金会和石家庄市教育局共同主办的“扶贫助学爱心工程”启动仪式暨“孔子雕塑像”揭幕仪式在石家庄市第一职业中专学校举行。农工党中央原主席蒋正华出席仪式并讲话。农工党河北省委会主委段惠军，中央秘书长、中国初级卫生保健基金会副理事长陈建国，中国初级卫生保健基金会秘书长周庆年，中共河北省委统战部常务副部长潘爱良、副部长李文杰，农工党河北省委会副主委王福强、徐英、王宝山，石家庄市副市长张妹芝，周恩来之侄周秉和、博古之子秦铁和凯丰之子何明，农工党中央文化工作委员会副主任韩卫国等出席了启动仪式。

23. 农工党中央领导接见花园村二小师生

5月29日上午，农工党中央原常务副主席李蒙，副主席、中央书画院院长汪纪戎在中央机关出席中央书画院与北京市海淀区花园村第二小学的部分师生庆祝“六一”儿童节活动。李蒙、汪纪戎亲切接见了师生，勉励孩子们努力学习，祝贺他们“六一”儿童节快乐，并愉快接受了参加该校举行的艺术节的邀请。农工党中央秘书长陈建国、办公厅副主任王素芳、社会服务部副部长张庆伟及机关部分干部一起观看了孩子们表演的精彩节目。

24. 同心携手 捐赠扶贫——沪皖两地农工党捐赠认购书画活动

6月14日下午，农工党上海市委会和农工党安徽省委会在浦东联合举办“同心携手、捐赠扶贫”书画捐赠认购活动。农工党中央副主席汪纪戎、上海市委会主委蔡威、安徽省委会副主委方才，中共上海市委统战部副部长吴捷出席活动并讲话。农工党中央社会服务部部长刘峻杰，上海市委会专职副主委金如颖、秘书长王晓东等参加活动。

汪纪戎对活动的举办成功表示热烈祝贺。她说，此次活动以贯彻落实“同心”思想为主题，以扶贫帮困为目的，以推动社会主义文化大发展大繁荣为宗旨，是对社会主义核心价值体系的一次有益践行，也开创了省级组织联合开展社会服务活动的先河，希望通过大家的努力将此项活动打造成为农工党社会服务工作的一个新亮点，谱写出农工党社会服务工作的新篇章。

活动展示了农工党上海市、安徽省书画家的68幅佳作。农工党企业家积极参与活动，认购了全部书画作品，筹得善款51万元，该款项将用于农工党上海市委会的帮困扶贫和援建资助项目。活动通过书画慈善认购的形式筹集帮扶援建资金，为党内艺术工作者、企业家搭建了社会服务的新平台。

25. 农工党中央领导出席韩卫国书法作品展

6月29日下午，由农工党中央、中国美术馆、中国书法家协会行书艺术委员会、中国国际书画研究会联合举办的“韩卫国书法作品展”开幕式在中国美术馆举行。农工党中央常务副主席陈宗兴，原主席蒋正华，原常务副主席李蒙，副主席王宁生、汪纪戎、陈述涛、姚建年，全国文联党组书记赵实，中国国家博物馆馆长吕章申，中国美术馆副馆长马书林，中国书法家协会原副主席刘艺，著名音乐家、指挥家滕矢初，农工党中央书画院副院长、中国国家画院院务委员史国良，农工党中央经济委员会副主任蒋贤云等出席开幕式并剪彩。农工党中央秘书长陈建国主持开幕式。农工党中央办公厅副主任王素芳，宣传部部长石光树，社会服务部部长刘峻杰、副部长张庆伟，参政议政部副部长姚秀元，研究室副主任姜天麟等参加开幕式。

韩卫国现为农工党党员，是国家一级美术师、中国书法家协会会员、农工党中央文化工作委员会副主任、农工党中央书画院副院长兼秘书长、文化部国际书画研究会常务理事兼秘书长，他师从著名书法家、艺术大师启功先生，深得启功先生的赏识，1998年中央电视台制作、播出“韩卫国书法艺术”专题片。他的书法从唐碑《灵飞经》入手，在学习古人诸家名碑帖的基础上，形成了自己独特的风格，被中国美术馆、国家图书馆、日本、韩国等官方机构收藏。

本次书法作品展共为期10天，展出了韩卫国先生潜心创作的60余幅作品，有小楷、隶书、行书、临帖等。

26. 中国初级卫生保健基金会第三届理事会第二次会议

7月2日上午，中国初级卫生保健基金会第三届理事会第二次会议在农工党中央机关举行。农工党中央副主席、基金会理事长汪纪戎，中央副主席、国家自然科学基金委员会副主任、基金会副理事长姚建年，中央秘书长、基金会副理事长陈建国，中央组织部原部长、基金会副理事长肖燕军，中央社会服务部副部长、基金会常务理事张庆伟，国家卫生部机关党委常务副书记、基金会理事姚晓曦，中国证监会市场监管部副主任、基金会理事王娴，农工党中央经济工作委员会副主任、基金会秘书长周庆年等出席会议。会议由陈建国主持。

周庆年同志作《基金会2011年度工作报告》。会议审议通过了《中国初级卫生保健基金会公益项目管理办法》、《中国初级卫生保健基金会公益项目基金管理办法》、《中国初级卫生保健基金会志愿者管理办法》。

汪纪戎作重要讲话，她充分肯定了基金会2011年度工作成绩，对当前社会公益慈善环境、基金会未来发展方向和目前存在的问题进行了高屋建瓴的阐述，同时要求基金会进一步加强规范管理，努力提高核心竞争力，为我国的初级卫生保健事业作出更大的贡献。

27. 农工党中央领导出席统一战线“同心”论坛

7月3日，统一战线“同心”论坛在京举行。中共中央政治局常委、全国政协主席贾庆林作出重要批示。全国政协副主席、中共中央统战部部长杜青林出席论坛并讲话。农工党中央主席桑国卫出席论坛并作了《践行“同心”思想 深化政治交接》的发言。他表示，农工党作为与中国共产党风雨同舟、肝胆相照的亲密友党，要坚持在中国共产党领导的多党合作事业格局中发挥作用，就必须紧密团结在以胡锦涛同志为总书记的中共中央周围，坚定不移地以“同心”思想引领各项工作，真正做到思想上与中国共产党同心同德、目标上与中国共产党同心同向、行动上与中国共产党同心同行，牢记责任，恪尽职守，凝聚力量，奋发有为，以新的工作业绩迎接中共十八大的胜利召开。农工党中央副主席汪纪戎等出席论坛，宣传部部长石光树参加论坛。

28. 农工党中央举办机关公务员培训班

7月17日至21日，农工党中央举行中央机关公务员培训班，对机关处级及以下公务员进行在职培训。农工党中央主席桑国卫，常务副主席陈宗兴，副主席汪纪戎、刘晓峰，秘书长陈建国，以及机关局级干部在开班式上与中央机关公务员培训班全体学员合影。这次培训，农工党中央联系邀请了中央社会主义学院、北京师范大学、中国社会科学院和外交部等单位的教授、研究员、参赞等授课，受到了机关干部的一致好评。

29. 农工党中央领导出席党外人士学习胡锦涛同志“7·23”重要讲话精神座谈会并讲话

7月25日下午，中共中央统战部在京召开党外人士学习座谈会，学习贯彻胡锦涛总书记在省部级主要领导干部专题研讨班上的重要讲话精神。农工党中央主席桑国卫出席座谈会并发言，常务副主席陈宗兴、副主席汪纪戎出席座谈会，秘书长陈建国参加座谈会。

桑国卫指出，我们深刻体会到，近代以来中国社会的发展历程充分证明，中国的革命、中华民族的解放事业，只有在中国共产党的领导下，走出自己的道路才能获得成功；中国的建设、中华民族的繁荣富强，只有开创出自己的道路才能实现；我们深刻认识到，牢牢抓住和用好我国发展的重要战略机遇期，是我们赢得主动、赢得优势、赢得未来的关键；我们深刻感受到，改革开放是坚持和发展中国特色社会主义、实现中华民族伟大复兴的必由之路。桑国卫强调，农工党各级组织一定要把学习贯彻胡锦涛总书记重要讲话精神作为当前重要政治任务：一是要迅速组织学习，不断深化思想认识；二是要积极履行职责，全力服务科学发展；三是认真搞好中央换届，扎实推进自身建设；四是真抓实干，保持良好精神状态。确保各项工作取得新进展，用扎扎实实的工作业绩向中共十八大和农工党十五大胜利召开献礼。

30. 农工党省级组织新任主委座谈会

8 月 24 日下午，农工党省级组织新任主委座谈会在中央机关举行。农工党中央主席桑国卫出席座谈会并讲话，常务副主席陈宗兴，副主席汪纪戎、刘晓峰，农工党中央秘书长陈建国、机关各部门负责人，以及天津市委会主委沈中阳、辽宁省委会主委唐建武、广东省委会主委马光瑜、重庆市委会主委杜黎明、四川省委会主委王正荣、云南省委会主委杨鸿生、宁夏区委会主委戴秀英、新疆区委会主委孟庆才等八位新主委出席座谈会。座谈会陈建国主持。

桑国卫在听取各位新任主委发言和机关各部门负责人介绍情况后指出，省级组织主委是农工党在当地的旗帜型人物，对外代表农工党的形象，又是农工党在一省的带头人和领军人，在农工党领导体制中处于承上启下的重要位置，使命光荣，责任重大。桑国卫强调，做一名称职的一把手，关键是要处理好四个关系：一是要处理好与中共各级党委的关系。要摆正位置，认真践行“同心”思想，自觉接受中共党委的领导，主动加强与中共各级党委的沟通协调，积极争取中共方面的支持和帮助。二是要处理好与领导班子成员的关系。要虚怀若谷、以身作则、立好标杆、当好表率；要坚持用制度管人、用制度治事，认真贯彻民主集中制，通过领导班子谈心会等方式，及时化解矛盾、理顺情绪，确保班子协调有序、高效运转。三是要处理好与各级组织和广大党员的关系。要带领班子成员养成深入基层、密切联系党员的作风，加强与党员的沟通，深入了解党员的需求，把广大党员的积极性有效调动起来，发挥组织的整体优势。四是要处理好本职工作与党务工作的关系。要有高度的政治责任感，当好领导，不负众望，做到本职工作和党派工作两不误。桑国卫希望，新任主委一定要以胡锦涛总书记“7·23”重要讲话精神为指导，深入学习践行“同心”思想，扎实做好各项工作。当前的首要任务是，按照农工党十四届十五次中常会的要求，抓紧做好农工党十五大代表团组建以及中央委员提名等工作，确保开好农工党十五大，圆满完成中央换届。

与会新主委满怀激情地讲述了自己的成长经历，信心百倍地畅谈了今后的工作思路，表示一定要在农工党中央的指导和支持下，加强与中央的沟通，共同努力，继往开来，推动全党工作再上一个新台阶。

31. 农工党中央领导接见在中央社会主义学院学习的农工党学员

9 月 11 日，农工党中央副主席刘晓峰在中央机关接见了参加中央社会主义学院第 18 期民主党派干部进修班、培训班的农工党学员并进行座谈。农工党中央办公厅主任游宏炳，组织部部长曲凤宏、副部长杨小娟等参加座谈。

32. 中共中央统战部领导走访农工党中央机关

9 月 14 日上午，中共中央书记处书记、中央统战部部长令计划，在中央统战部常务副部长张裔炯，中央统战部副部长、全国工商联党组书记、第一副主席全哲洙，中央统战部副部长陈喜庆、林智敏等陪同下，专程走访农工党中央机关。令计划一行先后参观了农工党中央党史陈列室、书画院，走访了机关办公室，与机关干部亲切交谈，最后与农工党中央领导班子成员进行了座谈。农工党中央常务副主席陈宗兴对令计划一行表示热烈欢迎。农工党副主席刘晓峰主持座谈会，副主席何维、姚建年，秘书长陈建国以及中央机关局以上干部参加座谈。

座谈会上，陈宗兴介绍了农工党历史沿革和近年工作的进展情况以及下一步工作重点，并感谢长期以来中央统战部各位领导对农工党的各项工作的指导和帮助。他表示，农工党将一如既往地在中国共产党的领导下，坚持正确的政治立场和政治方向，努力为多党合作事业与国家的科学发展作出贡献。

令计划表示，这次走访是一个很好的学习、沟通、协商的机会，也对农工党的工作有了更深入的了解，希望农工党中央今后继续高举中国特色社会主义伟大旗帜，以邓小平理论和“三个代表”重要思想为指导，深入贯彻落实科学发展观，坚持求同存异、体谅包容的原则，切实做到“思想上同心同德、目标上同心同向、行动上同心同行”，扎扎实实把各项工作做好，在全面建设小康社会进程中发挥更大的作用。

33. 农工党中央与各民主党派联合声明，严厉谴责日本政府“购岛”行为

9月15日，中国农工民主党中央委员会与中国国民党革命委员会中央委员会、中国民主同盟中央委员会、中国民主建国会中央委员会、中国民主促进会中央委员会、中国致公党中央委员会、九三学社中央委员会、台湾民主自治同盟中央委员会发表联合声明，严厉谴责日本政府“购岛”行为。

34. 农工党中央召开参加民主党派省级组织新任专职副主委多党合作专题研究班的农工党学员座谈会

9月18日下午，农工党中央在中央机关召开参加民主党派省级组织新任专职副主委多党合作专题研究班的农工党学员座谈会。农工党中央常务副主席陈宗兴、副主席刘晓峰出席会议，秘书长陈建国，组织部部长曲凤宏、副部长杨小娟，社会服务部部长刘峻杰，参政议政部部长隋路，研究室副主任姜天麟参加座谈。

35. 农工党中央领导出席全国政协文史工作座谈会

9月21日，全国政协文史工作座谈会在京召开。中共中央政治局常委、全国政协主席贾庆林会见与会代表并讲话。全国政协副主席、农工党中央常务副主席陈宗兴出席相关活动。

36. 农工党中央领导出席农工党新疆区委会成立20周年纪念大会

9月24日，纪念农工党新疆区委会成立20周年大会在新疆乌鲁木齐市召开。农工党中央副主席汪纪戎出席大会并讲话。新疆区政协副主席、统战部部长王伟，农工党中央组织部部长曲凤宏、社会服务部部长刘峻杰，农工党新疆区委会主委孟庆才，新疆区委统战部副巡视员孙钢，农工党新疆区委会副主委王平道、王晓敏，江苏省委会专职副主委肖渡等出席了大会。

汪纪戎指出，二十年来，尤其是国家西部大开发战略实施以来，农工党新疆区委会团结带领全区农工党员，认真履行参政党职能，坚持把发展作为参政议政的第一要务，坚持务实创新做好各项工作，积极维护民族团结和社会稳定，为新疆全面建设小康社会和构建社会主义和谐社会作出了积极贡献。希望农工党新疆区委会紧紧围绕中共自治区党委的工作重心，以换届为起点，继续坚持正确的政治方向，继承和发扬优良传统，主

动适应新形势、新任务、新要求，立足自身特色和优势，不断提高各项工作的能力和水平。

孟庆才表示，农工党新疆区委会将在中共自治区党委和农工党中央的领导下，团结带领新疆广大农工党员，不懈努力，创造业绩，铸造辉煌，为实现新疆的跨越式发展和长治久安作出新的贡献。

37. 农工党中央领导应邀出席全国政协办公厅、中央统战部等国庆招待会

9 月 28 日晚，全国政协办公厅、中共中央统战部、国务院侨办、国务院港澳办和国务院台办在人民大会堂联合举行国庆招待会。农工党中央主席桑国卫，常务副主席陈宗兴，副主席刘晓峰等应邀出席招待会。

38. 农工党中央领导应邀出席国务院国庆招待会

9 月 29 日晚，国务院在人民大会堂举行国庆招待会，热烈庆祝中华人民共和国成立 63 周年。农工党中央主席桑国卫，常务副主席陈宗兴，原主席蒋正华，原常务副主席李蒙，副主席汪纪戎等应邀出席招待会。

39. 农工党中央领导出席庆祝中华人民共和国成立 63 周年首都各界向人民英雄纪念碑敬献花篮活动

10 月 1 日上午，为庆祝中华人民共和国成立 63 周年，党和国家领导人胡锦涛、吴邦国、温家宝、贾庆林、李长春、习近平、李克强、贺国强、周永康等来到北京天安门广场，与首都各界代表一起，向人民英雄纪念碑敬献花篮，深切缅怀为民族独立和人民解放、国家富强和人民幸福英勇献身的革命先烈，充分表明全党全国各族人民继承先烈遗志、奋力推进中国特色社会主义伟大事业的坚定信念。农工党中央常务副主席陈宗兴，副主席汪纪戎、何维等出席敬献花篮仪式。

40. 农工党中央发贺信热烈祝贺中共十八大胜利召开

在中国共产党第十八次全国代表大会开幕之际，农工党中央发去贺信，热烈祝贺中共十八大胜利召开，并预祝大会取得圆满成功。

农工党中央在贺信中表示，过去的 10 年，是我国综合国力增强最快、民生改善最为显著的 10 年，充分体现了中国共产党执政为民的理念和与时俱进的精神，充分体现了以胡锦涛同志为总书记的中共中央驾驭严峻复杂局面、引领国家发展的高超领导能力。过去的 10 年，是多党合作事业大发展的 10 年。中国共产党始终坚持长期共存、互相监督、肝胆相照、荣辱与共的方针，不断推进多党合作制度化、规范化、程序化建设，积极为各民主党派充分发挥自身优势和职能作用搭建平台、创造条件，为巩固和完善更加和谐稳定的政党关系打下坚实基础。

贺信指出，农工党是与中国共产党亲密合作、致力于建设中国特色社会主义事业的参政党。80 多年来农工党与中国共产党风雨同舟、患难与共的历史，使我们深深体会到，没有中国共产党，就没有多党合作事业的兴旺发达。我们将认真学习贯彻中共十八大精神，高举中国特色社会主义伟大旗帜，与中国共产党保持思想上同心同德、目标上同心同向、行动上同心同行，努力加强自身建设，不断提高参政议政、民主监督水平，紧紧围绕大会提出的奋斗目标和主要任务，多建科学发展之言，多献改善民生之策，多尽促进社会和谐之力，多做团结鼓劲之事。

41. 农工党中央领导应邀列席中共十八大开、闭幕会

11 月 8 日至 13 日，举世瞩目的中国共产党第十八次全国代表大会在京隆重召开。8 日上午，中共十八大在人民大会堂开幕。农工党中央主席桑国卫、常务副主席陈宗兴，原主席蒋正华，原常务副主席李蒙，副主席陈竺、汪纪戎、刘晓峰、何维、姚建年等应邀列席开幕会，听取了胡锦涛同志代表第十七届中央委员会向大会作的题为《坚定不移沿着中国特色社会主义道路前进，为全面建成小康社会而奋斗》的报告。14 日上午，中共十八大在人民大会堂闭幕。农工党中央主席桑国卫，常务副主席陈宗兴，原主席蒋正华，原常务副主席李蒙，副主席陈竺、汪纪戎、刘晓峰、何维、姚建年等应邀列席闭幕会。

42. 各民主党派、全国工商联史料征集座谈会

11 月 7 日，由全国政协文史和学习委员会召集的各民主党派、全国工商联史料征集座谈会在农工党中央机关举行。农工党中央副主席刘晓峰，全国政协文史和学习委员会副主任卞晋平出席会议并讲话。会议由农工党中央秘书长陈建国主持。

刘晓峰在讲话中，介绍了农工党开展文史资料工作的情况和主要成果，提出了对开展这项工作重要意义的认识，表达了对各民主党派中央、全国工商联在文史资料工作中互相借鉴、互相学习、共同进步的期望。卞晋平指出，政协文史资料工作，与社会上的历史研究工作相比有其独特之处，它能够从亲见者、亲历者、亲闻者的角度，留下许多保持历史细节因而更有说服力的珍贵资料。在当前，文史资料工作不仅不能淡化，反而要继续加强。他强调，民主党派、全国工商联的史料征集，是政协系统史料征集工作中的重中之重，各单位要给予重视并有领导、有计划地推进。

各民主党派中央、全国工商联从事文史资料工作的同志，以及全国政协文史和学习委员会办公室的同志 20 余人参加了会议并先后发言，介绍各自的工作经验和取得的成果，并就历史研究的专业性、文史资料工作的评价体系等问题进行了探讨。座谈会召开前，与会同志一同参观了农工党历史陈列室。

43. 农工党中央领导出席农工党重庆市委会委员学习贯彻中共十八大精神暨政治交接学习研讨班

11 月 15 日晚，农工党中央副主席刘晓峰在中央社会主义学院出席重庆市委会委员学习贯彻中共十八大精神暨政治交接学习研讨班并讲话，秘书长陈建国、宣传部部长石光树参加。

44. 农工党召开学习贯彻中共十八大精神座谈会

11 月 16 日上午，农工党学习贯彻中共十八大精神座谈会在京召开。农工党中央主席桑国卫出席会议并讲话，常务副主席陈宗兴主持会议。

桑国卫指出，刚刚闭幕的中国共产党第十八次全国代表大会，是在我国改革发展关键阶段召开的一次十分重要的大会。胡锦涛同志的报告高瞻远瞩，思想深邃，突出体现了解放思想、实事求是、与时俱进的精神，反映了时代发展要求，体现了包括农工党同志在内的各族人民的热切期盼，鼓舞人心、催人奋进。中共十八大在许多方面都取得了重要的成果，即发展了新理论，总结了新经验，提出了新目标，作出了新部署，产生了新班子。桑国卫表示，中共十八届一中全会选举产生了以习近平同志为总书记的新一届中共中央领导集体，农工党衷心拥护、坚决支持。农工党全体党员要更加紧密地团结在以习近平同志为总书记的中共中央周围，坚持以中共中央的决策部署统一思想和行动，

始终作为一支积极健康的力量，在国家政治生活中发挥积极作用，为全面建成小康社会，夺取中国特色社会主义新胜利作出新的更大的贡献。桑国卫要求，农工党当前和今后一个时期的首要政治任务，就是要认真学习、深刻领会中共十八大精神，掀起学习宣传贯彻十八大精神的高潮。要以中共十八大精神为指导，开好农工党十五大。要把中共十八大精神贯彻落实到农工党十五大的政治文件和各项工作中，努力把农工党十五大开成一次学习领会、宣传贯彻十八大精神的大会，一次高举中国特色社会主义伟大旗帜、坚持走中国特色社会主义政治发展道路的大会，一次开创农工党工作新局面、凝聚全党力量为全面建成小康社会而奋斗的大会。

陈宗兴指出，中共十八大成果丰硕，内容丰富，我们按照桑主席的讲话要求，尽快制定学习贯彻中共十八大精神的意见，并下发到地方组织，开展形式多样的学习活动。各级组织要密切联系自身实际，领会精神实质，坚定理想信念，搞好政治交接，全面加强自身建设，始终与中国共产党同心同德、同向同行，坚定不移地沿着中国特色社会主义道路前进，开创中国特色社会主义新局面。

农工党中央副主席陈竺、汪纪戎、刘晓峰，原副主席宋金升，秘书长陈建国，农工党北京市委会主委于文明，离退休党员代表，农工党北京市委会党员代表等先后发言，畅谈体会。大家高度评价了中共十八大的历史意义，充分肯定了中共十八大的重大成果，表示要认真学习贯彻中共十八大精神，同心同德，矢志追随，为科学发展凝心聚力，共创中华民族复兴伟业。

农工党在京中央委员、中央机关各部门负责人、中央机关全体干部、离退休老同志及农工党北京市委会机关干部、党员等170余人参加了座谈会。

45. 第五届农工党全国副省级城市工作联席会议

11月18—20日，第五届农工党全国副省级城市工作联席会议在深圳、广州两地召开。农工党中央副主席王宁生，中央组织部部长曲凤宏，广东省委会主委马光瑜，广东省委会副主委、广州市委会主委余明永，广东省委会副主委姜文奇，农工党中央委员、深圳市委会主委陈思平，中央组织部副巡视员刘然等出席会议。本次会议的主题是认真学习贯彻中共十八大精神和中共中央4号文件精神；交流研讨新形势下副省级城市农工党代表人士队伍建设工作。

18日，联席会议在深圳开幕。20日，联席会议在广州闭幕。王宁生对会议的召开表示充分肯定和祝贺，并希望这种会议形式能长期坚持下去，各地市委会之间通过学习和交流宝贵的经验，共同促进今后代表性人士队伍建设更上一个台阶。马光瑜、余明永、陈思平等在开、闭幕会上讲话。

会议期间，与会代表围绕会议主题进行了充分的讨论和交流。与会同志赴惠州邓演达纪念园参观学习，出席了《邓演达研究概览》首发仪式，到广州辛亥革命纪念馆和黄埔军校旧址参观考察，共同缅怀先烈，重温中国近代革命历史、农工党党史，回顾农工党组织走过的光辉历程。

46.《邓演达研究概览》首发式

11月20日，《邓演达研究概览》首发式于在邓演达先生故乡——广东惠州市举行。农工党中央组织部部长曲凤宏，中共惠州市委常委、宣传部部长黄雁行，农工党广东省委副主委、惠州市委会主委、惠州市副市长刘冠贤，以及参加农工党第五届全国副省级城市工作联席会议的代表、惠州市各民主党派的代表等100多人出席首发式。

本书从策划到编辑出版，得到农工党中央、广东省委会领导以及中共惠州市委领导的关心和支持。农工党中央主席桑国卫为书题写书名，常务副主席陈宗兴题词“浩然正气”，副主席、广东省委会原主委王宁生为书作序。中共惠州市委书记黄业斌为书题词“弘扬演达精神，建设幸福惠州”。

曲凤宏对《邓演达研究概览》一书的出版表示祝贺。他说，结集出版《邓演达研究概览》，对于我们更广泛地宣传邓演达先生的光辉事迹，继承和发扬多党合作的优良传统，进一步搞好政治交接、加强自身建设具有深远而重要的意义。刘冠贤介绍《邓演达研究概览》一书的编辑出版情况。

《邓演达研究概览》由农工党惠州市委会和惠州市社会科学界联合会主持编印，全书由“邓演达传”、“邓演达年谱”、“论文选粹”、“研究文集”、“论文索引”、“研究机构与收藏”、“纪念场馆”、“纪念图集”八部分组成，共约50万字，集结了邓演达研究的主要成果，是目前邓演达研究较为齐备的资料集之一。

47.“同心·产业促进工程”农产品播出周开机仪式

11月23日上午，由农工党中央和中央电视台农业影视中心共同主办的“同心·产业促进工程”农产品播出周开机仪式在中央机关举行。农工党中央副主席刘晓峰，贵州省副省长、农工党贵州省委会主委谢庆生出席开机仪式并讲话。农工党中央秘书长陈建国，宣传部部长石光树，社会服务部部长刘峻杰、副部长张庆伟参加开机仪式。开机仪式由石光树主持。

刘晓峰指出，实施“同心·产业促进工程”是农工党贯彻落实今年2月国务院发布的《关于进一步促进贵州经济社会又好又快发展的若干意见》的有力举措，通过加大宣传力度，以推动品牌战略为抓手，用宣传重点企业等方式，带动、促进企业不断做强做大。“同心·产业促进工程”集合了民主党派的政治优势，是农工党与中国共产党在思想上同心同德、目标上同心同向、行动上同心同行的生动体现，也是我国多党合作事业中执政党与参政党团结合作的生动实践。谢庆生代表贵州省人民政府和农工党贵州省委会对中央电视台对贵州和毕节试验区的经济社会发展的大力支持和关注表示衷心感谢。他指出，此次播出周活动的举办对于推动毕节发展，创造品牌，展示毕节的资源优势、产业优势具有重要的推动作用。

农工党中央机关工作人员、中央电视台编辑记者、各相关媒体记者等30余人一起出席了开机仪式。

48. 农工党中央领导慰问方荣欣同志家属

11月23日是农工党中央已故常务副主席方荣欣同志诞辰100周年，农工党中央副主席刘晓峰代表中央前往家中慰问纪念。农工党中央秘书长陈建国、办公厅副主任王素芳等陪同慰问。

49. 农工党中央领导出席党外人士学习贯彻中共十八大精神座谈会并发言

11月28日上午，党外人士学习贯彻中共十八大精神座谈会在京召开。中共中央政治局常委俞正声出席座谈会并讲话。

座谈会上，农工党中央主席桑国卫作了发言。他指出，我们将坚定不移地高举中国特色社会主义伟大旗帜，始终坚持中国共产党的领导。中共十八大报告将坚持和完善中国共产党领导的多党合作和政治协商制度，巩固和发展最广泛的爱国统一战线作为坚持走中国特色社会主义政治发展道路和推进政治体制改革的核心内容之一，我们将认真学习贯彻执行，在中共十八大的精神指引下，认真做好这次换届工作，在做好人事更替的同时，尤其要做好政治交接，加强领导班子和代表人士的思想建设，把中国共产党领导的多党合作和政治协商制度坚持好、完善好、发展好，为发展中国特色社会主义作出积极贡献。我们要深入学习贯彻科学发展观，作为农工党的理论武器和实践指南。中共十八大报告和中国共产党章程从坚持和发展中国特色社会主义的战略全局，高度评价科学发展观的重大理论贡献和实践价值，明确提出科学发展观同马克思列宁主义、毛泽东思想、邓小平理论、“三个代表”重要思想一道，是中国共产党必须长期坚持的指导思想，实现了共产党指导思想的又一次与时俱进。我们要以学习贯彻中共十八大精神为契机，在全党进一步兴起学习贯彻科学发展观的高潮，引导广大农工党员认识和理解科学发展观的重大意义、科学内涵、精神实质和根本要求，不断增强贯彻落实科学发展观的自觉性和坚定性，与全国人民一道，在中国共产党领导下奋力开拓中国特色社会主义更为广阔的发展前景。我们要正确把握全面建成小康社会的新要求，把智慧和力量凝聚到实现中共十八大确定的宏伟目标和各项任务上来。中共十八大根据我国经济社会发展实际，提出“全面建成小康社会”的奋斗目标，明确了经济持续健康发展、人民民主不断扩大、文化软实力显著增强、人民生活水平全面提高、资源节约型和环境友好型社会建设取得重大进展的新要求。农工党作为以医药卫生界、环境保护和人口资源领域高中级知识分子为主的参政党，在贯彻落实“五位一体”总布局方面，特别是在医疗卫生体制改革、生态文明建设和加强社会建设等方面可以大有作为。

中共中央书记处书记、全国政协副主席杜青林出席座谈会。农工党中央副主席刘晓峰等出席座谈会。

50. 农工党中央领导出席首都各界纪念现行宪法公布施行30周年大会

12月4日下午，首都各界在人民大会堂集会，隆重纪念中华人民共和国宪法公布施行30周年。农工党中央主席桑国卫，常务副主席陈宗兴，副主席刘晓峰等出席了纪念大会。

51. 农工党江苏省委会捐赠党史资料仪式

12月7日下午，农工党江苏省委会向农工党中央陈列室捐赠党史文物、资料仪式在中央机关举行。此次活动正值农工党十五大隆重召开，更具有特别的意义。农工党十四届中央副主席刘晓峰，江苏省委会主委周健民，农工党中央原副主席、江苏省委会原主委朱兆良，江苏省委会原副主委管仲伟，以及出席农工党十五大的江苏代表团代表50余人参加了捐赠仪式，并参观了农工党历史陈列室。捐赠仪式由农工党中央研究室副主任姜天麟主持。

捐赠仪式上，周健民向刘晓峰副主席呈送了党史文物、资料及上报清单，并接过刘晓峰副主席亲授的荣誉证书（内附上报的物品资料清单照片）。刘晓峰作了重要讲话。他首先对农工党江苏省委会开展党史研究工作所取得的积极成果给予了充分肯定。他强调，忘记历史就意味着背叛，指出每一位农工党员都要认真学习农工党的光荣历史，都要代代传承农工党的优良传统。他要求大家要围绕中共十八大设定的各项奋斗目标，积极履行参政党职能，进一步搞好自身建设，为全面建成小康社会新目标，为多党合作事业的良性发展，作出新的更大的贡献。

据介绍，本次上报的党史文物、资料共计16件，是农工党江苏省委会开展党史研究、注重史料收集、整理的成果展示。其中，有毛泽东于1938年5月12日赠施方白题词及毛泽东亲笔签名赠予施方白的照片；有从俄罗斯国家档案馆收集到的农工党主要创始人邓演达于1925年4月25日在柏林写给彼得舍夫斯基的信俄文原件；有建国初期邓演达烈士墓建造时的设计图纸和邓演达烈士安葬后，建造于墓内的墓志铭碑文拓片；有从农工党一千会议25名干事之一谢树英亲属处征集到的、其于20世纪20年代同邓演达留学德国时所用的相机等。

52. 中共中央领导接见农工党十四届、十五届中央委员会主席、副主席

12月11日晚，中共中央政治局常委俞正声在中共中央统战部礼堂接见农工党十四届、十五届中央委员会主席、副主席。十四届中央主席桑国卫、常务副主席陈宗兴，十五届中央主席陈竺、常务副主席刘晓峰，十四届中央副主席张大宁、王宁生、陈勋儒、汪纪戎，十五届中央副主席陈述涛、何维、姚建年、杨震、朱静芝、蔡威、龚建明、谢庆生参加。

53. 中共中央领导同志走访农工党中央机关

12月24日下午，在农工党十五大刚刚闭幕不久、全党上下认真学习贯彻中共十八大精神之际，中共中央总书记习近平、中共中央政治局常委俞正声等中共中央领导同志冒着严寒，走访农工党中央机关，与农工党新老领导人座谈，共商巩固和发展爱国统一战线、坚持和完善中国共产党领导的多党合作和政治协商制度的大计。

座谈会上，农工党中央主席陈竺首先介绍了农工党的主要情况和最近召开全国代表大会的情况等，并就有关问题提出意见和建议。

最后，习近平总书记发表重要讲话。他首先代表中共中央，向农工党十五大选出的新一届领导班子表示衷心的祝贺，向农工党广大成员表示诚挚的问候。习近平充分肯定了农工党的光荣历史和革命传统，充分肯定了农工党为民主革命事业，为社会主义革命和建设事业，为改革开放、建设中国特色社会主义作出的积极贡献，特别是充分肯定了近年来的工作，并对农工党今后的工作提出了殷切的期望。讲话中，习近平深情回顾了同农工党老一代领导人交往的情景，积极回应了农工党提出的意见和建议。习近平强调，中共中央坚定不移地坚持和完善中国共产党领导的多党合作和政治协商制度，坚定不移地贯彻长期共存、互相监督、肝胆相照、荣辱与共的方针，加强同民主党派合作共事，支持民主党派更好地履行参政议政、民主监督的职能。

走访活动中，习近平等中共中央领导同志参观了农工党历史陈列室、五年来工作成果展等，并看望机关工作人员，同大家进行亲切交流。座谈会结束后，习近平总书记等与农工党中央新老领导人、机关局级干部、部分处级干部合影留念。

中共中央政治局委员、中央办公厅主任栗战书，中共中央统战部部长令计划、常务副部长张裔炯、副部长林智敏等参加走访活动并座谈。农工党中央主席陈竺、常务副主席刘晓峰陪同参观并参加座谈，原主席桑国卫、原常务副主席陈宗兴、副主席何维、姚建年、龚建明，原副主席汪纪戎等参加座谈。

54. 农工党中央理论学习中心组会议

12 月 24 日晚，农工党中央理论学习中心组在中央机关举行学习中共十八大精神座谈会。农工党中央主席陈竺出席会议并讲话，常务副主席刘晓峰主持会议。副主席兼秘书长何维，副主席姚建年、龚建明等出席会议。农工党中央机关各部门负责人参加了此次学习活动。座谈会上，大家结合习近平总书记走访农工党中央发表的重要讲话以及学习贯彻中共十八大精神畅谈体会和感想。

陈竺指出，农工党十五大刚刚闭幕，习近平总书记和中共中央有关领导一行来到农工党中央机关走访，的确确体现了对我们的亲切关怀，我感到如沐春风。习近平总书记是从战略和全局的高度，再次阐述了完善中国共产党领导的多党合作和政治协商制度的重大意义，阐述了坚持“长期共存、互相监督、肝胆相照、荣辱与共”十六字方针的重大意义。我们要把习总书记的重要讲话，作为我们学习贯彻中共十八大精神的重要内容之一，仔细研读，认真领会，全面贯彻落实。陈竺强调，中共十八大报告将巩固和发展最广泛的爱国统一战线作为坚持走中国特色社会主义政治发展道路和推进政治体制改革的核心内容之一，农工党要积极响应中共十八大号召，全面贯彻在新的历史条件下夺取中国特色社会主义新胜利需要牢牢把握的基本要求，进一步坚定对中国共产党领导的决心，坚定对多党合作和政治协商制度的信心，坚定对中国特色社会主义道路、理论体系、制度的信念，增强道路自信，理论自信，制度自信。下一步，农工党要团结一心，把思想和行动凝聚到贯彻中共十八大精神、实现中共十八大确定的宏伟目标和各项任务上来。

刘晓峰指出，习近平总书记提到了建设美丽中国，中共十八大把生态文明建设纳入“五位一体”建设，给我们农工党的工作指明了方向。我们要以此作为重点，聚焦于此进行建言献策，用农工党全党力量来推动这方面工作。我们要学习共产党党建工作的先进经验，学习共产党居安思危的思想，农工党中央机关要加强团结，拧成一股绳，心往一处想，劲往一处使，把多党合作事业推向前进。

55. 外事和出访活动

1 月 9 日下午，全国人大常委会副委员长、农工党中央主席桑国卫，农工党中央副主席刘晓峰在人民大会堂陪同国家主席胡锦涛出席欢迎韩国总统李明博访华仪式及宴会。

3 月 7 日下午，全国妇联副主席、农工党中央副主席汪纪戎在人民大会堂出席中外妇女招待会。

3 月 29 日至 4 月 14 日，全国人大常委会副委员长、农工党中央主席桑国卫率全国人大代表团出访非洲。

4 月 16 日晚，全国人大常委会副委员长、农工党中央主席桑国卫在北京出席中国与毛里求斯建交 40 周年招待会。

4 月 24 日下午，农工党中央副主席汪纪戎在人民大会堂陪同国家主席胡锦涛出席欢迎南苏丹共和国总统萨尔瓦・基尔・马亚尔迪特访华仪式及宴会。

5 月 18 日晚，农工党中央副主席、黑龙江省人大常委会副主任、农工党黑龙江省委会主委陈述涛在哈尔滨会见了以日本千叶市议会议员、日中友好议员联盟会长三须和夫为团长的日本千叶市议会日中友好议员联盟代表团。

5 月 24 日上午，全国政协副主席、农工党中央常务副主席陈宗兴在浙江杭州出席中共中央对外联络部主办的“理解与合作国际会议”。

6月10日至21日，农工党中央常务副主席、中国国际交流协会副会长陈宗兴率中国国际交流协会访问团出访意大利、塞浦路斯、马耳他、以色列四国。

7月17日至26日，农工党中央组团赴美国、加拿大考察公立医院管理。

8月20日，全国政协副主席、农工党中央常务副主席陈宗兴在钓鱼台国宾馆会见了由尼科斯·阿纳斯塔夏季斯主席率领的塞浦路斯民主大会党代表团。

9月5日至7日，全国人大常委会副委员长、农工党中央主席桑国卫在北京接待俄罗斯联邦委员会主席马特维延科访华。

9月7日至9日，全国人大常委会副委员长、农工党中央主席桑国卫陪同俄罗斯联邦委员会主席马特维延科访问四川省成都市。

9月10日上午，全国人大环资委副主任、农工党中央副主席汪纪戎在人民大会堂会见并宴请意大利废品贸易委员会代表一行。

10月19日至11月7日，农工党中央办公厅副主任王素芳在美国参加中共中央统战部“第53期党外领导干部赴美国市场经济研修班”学习。

11月15日上午，全国人大常委会副委员长、农工党中央主席桑国卫在北京会见美国瓦里安公司总裁。

二、参政议政

2012年，农工党坚持把服务科学发展作为参政议政的第一要务，围绕中心，服务大局，凝聚全党智慧和力量，紧密围绕医药卫生事业改革发展、生态文明建设、区域经济、社会协调可持续发展、加强和创新社会管理等重大问题，深入开展调查研究，积极建言献策，不断提高参政议政的能力和水平。

（一）在高层政治协商中提出意见和建设

1月9日下午，最高人民检察院召开各民主党派中央、全国工商联负责人和无党派人士代表座谈会。最高人民检察院检察长曹建明主持座谈会。座谈会上，农工党中央副主席汪纪戎发言，对2011年检察工作取得的新进展、新成效给予了积极评价，对做好2012年检察工作提出了富有针对性、建设性的意见和建议。

1月18日下午，中共中央在中南海召开党外人士迎春座谈会，农工党中央主席桑国卫参加座谈会。桑国卫发言认为，2011年，在中共中央的坚强领导下，我国积极应对国内外经济形势复杂严峻挑战，实现了“十二五”时期良好开局。桑国卫表示，完全赞同中共中央、国务院对国家经济形势的总体判断。中央经济工作会议对2012年经济工作作了全面部署，我们一定要认真学习贯彻，努力在推动科学发展、促进社会和谐等方面积极开展工作。桑国卫还就继续巩固医改成果,发挥医药卫生事业在扩大内需中的重要作用；加快建立分级医疗服务体系，引导合理的就医流向；加强流动人口服务管理，维护社会稳定等有关问题提出了意见和建议。农工党中央常务副主席陈宗兴、原主席蒋正华、原常务副主席李蒙等应邀出席座谈会。

2月9日下午，国务院总理温家宝在中南海主持召开党外人士座谈会，听取对《政府工作报告（征求意见稿）》的意见和建议。座谈会上，农工党中央主席桑国卫发言，认为《政府工作报告（征求意见稿）》突出坚持科学发展，强调发展惠及民生，是一个求真务实、坚持以人为本和改革开放、鼓舞人心的好报告。桑国卫还就《政府工作报告（征求意见稿）》有关问题提出了意见和建议。农工党中央常务副主席陈宗兴等应邀出席座谈会。

2月10日上午，中共中央统战部部长杜青林在中央统战部礼堂主持召开党外人士座谈会。农工党中央主席桑国卫出席会议并发言，建议要对中国特色社会主义伟大进程和经验作出系统总结；要进一步强调我国未来发展必须坚定不移地依靠改革开放；要进一步强调对国家经济安全、产业安全和金融安全的战略管理；要进一步强调生态文明建设在国家现代化发展全局中的地位；要坚持中国共产党领导的多党合作和政治协商制度等。农工党中央常务副主席陈宗兴、副主席刘晓峰等应邀出席座谈会。

7月26日下午，中共中央在中南海召开党外人士座谈会，就当前经济形势和下半年经济工作听取意见和建议。座谈会上，农工党中央主席桑国卫发言表示，完全赞同中共中央、国务院对当前我国经济形势的分析和对下半年经济工作的考虑，并就坚持引导投资与调结构、保民生紧密结合，促进经济社会协调发展；进一步深化医药卫生体制改革，巩固完善基本药物制度，推进县级公立医院改革；加强对自主创新的财政金融政策与产业政策、价格政策的协调管理，促进创新成果转变与产业化，加速生物医药产业发展等有关问题提出了意见和建议。王岐山、回良玉、令计划、王沪宁、马凯、杜青林和中共中央、国务院有关部门负责人出席座谈会。农工党中央常务副主席陈宗兴等应邀出席座谈会。

9月3日，中共中央在中南海召开党外人士座谈会，就《中共十八大报告（征求意见稿）》听取意见和建议。座谈会上，农工党中央主席桑国卫发言认为，《中共十八大报告（征求意见稿）》高屋建瓴、思想深邃，指明了新阶段国家前进的方向，具有极强的战略性、针对性和指导性，是体现各族人民愿望、适应时代要求的好报告，对于进一步统一思想、凝聚力量，坚定中国特色社会主义共同理想，为中华民族的伟大复兴而共同奋斗意义深远。桑国卫还对《中共十八大报告（征求意见稿）》有关问题提出了意见和建议。刘云山、令计划、王沪宁、杜青林和中央有关部门负责人出席座谈会。农工党中央常务副主席陈宗兴等应邀出席座谈会。

11月30日，中共中央在中南海召开党外人士座谈会，就当前经济形势和明年经济工作听取意见和建议。座谈会上，农工党中央主席桑国卫发言表示，完全赞同中共中央、国务院对当前我国经济形势的分析和对明年经济工作的考虑，并就坚持“稳增长”的政策取向，促进经济持续健康发展；加大战略性新兴产业扶持力度，推动发展方式转变和经济结构调整进程；把支持医疗保健服务产业的加快发展列为扩大消费需求的重要政策等相关问题提出意见和建议。马凯、王沪宁、回良玉、栗战书、杜青林和令计划，中共中央、国务院有关部门负责人出席座谈会。农工党中央常务副主席陈宗兴等应邀出席座谈会。

12月28日上午，最高人民检察院召开各民主党派中央、全国工商联负责人和无党派人士代表座谈会，通报2012年检察工作情况和2013年工作安排，征求对检察工作的意见和建议。最高人民检察院检察长曹建明主持座谈会。座谈会上，农工党中央副主席何维发言，对 2012 年检察工作给予了积极评价，对做好 2013 年和今后一个时期的检察工作，提出了意见和建议。

（二）在全国政协会议上提交提案和发言

3 月 3 日至 13 日召开的全国政协十一届五次会议，是一次共商国是的盛会。既是农工党履行参政议政、民主监督职能的重要平台，也是体现农工党参政议政能力和水平的集中展示。

在本次政协会议上，农工党中央紧密围绕 2012 年国家经济工作重点任务，积极建言献策。据不完全统计，以农工党中央名义向全国政协十一届五次会议提交提案 44 件（其中医卫方面提案 6 篇，环境保护方面提案 6 篇，民生方面提案 2 篇，其他有关农业、新能源、经济等方面提案 30 篇）、大会书面发言 15 件；以农工组委员个人名义通过会议秘书组提交提案 175 件、大会书面发言 28 件、社情民意 1 件；还有部分委员通过网络平台自行提交了提案和发言。

3 月 4 日下午，中共中央政治局常委、中央政法委书记周永康看望了出席全国政协十一届五次会议的民进、农工党、九三学社界委员，并与委员们共商国是。全国人大常委会副委员长、农工党中央主席桑国卫，全国政协副主席、农工党中央常务副主席陈宗兴，全国政协常委、农工党中央副主席张大宁、陈勋儒、刘晓峰、何维以及农工组的其他政协委员参加了联组会。

出席联组会的农工组政协委员围绕政协常委会工作报告和提案工作情况报告进行了分组讨论，联系实际谈感受、献良策。其中，全国政协委员、农工党中央常委、湖南省委会主委龚建明代表农工党中央作了《关于加强流动人口服务管理体系建设》的发言，建议：一是建立综合协调机制，科学制定流动人口发展中长期规划，将流动人口服务管理纳入流入地经济社会发展规划；二是加大产业布局调整力度，积极扶植人口流出地区产业发展，制定差别化的人口迁移管理政策，引导人口合理流动；三是加强制度机制建设，通过户籍管理制度的改革，城乡财政投入保障机制的统筹，稳步推进流动人口基本公共服务均等化。全国政协常委、农工党中央常委、江西省委会主委郑小燕代表农工党中央作了《关于支持中央苏区发展振兴》的发言，建议：一是尽快批复《中央苏区振兴发展规划》，使之上升为国家战略，同时加快整合赣、闽、粤三省的资源和优势，促进原中央苏区的全面、协调与可持续发展；二是建立支持原中央苏区发展振兴的长效机制；三是完善支持原中央苏区振兴发展的政策体系，支持产业结构优化调整，规划建设一批基础设施建设项目，支持基本公共服务均等建设。全国政协委员、农工党中央常委、吉林省委会主委赵吉光代表农工党中央作了《关于积极推进县级公立医院改革发展》的发言，建议：一是进一步明确县级公立医院改革和发展的根本目标是满足县域内人民群众就医需求；二是确立县级公立医院的服务功能定位，建立长效机制，加快人才队伍建设；三是加大财政补偿机制创新模式改革；四是出台“四个分开”实施指导意见，明晰政府、卫生行政部门、医疗机构的责、权、利；五是加快基本药物配送改革。全国政协委员、农工党中央常委、北京市委会副主委、文化部信息网络中心副主任张新建代表农工党中央作了《关于规范网络空间秩序 维护国家文化安全》的发言，建议：一是要把互联网发展纳入国家的核心战略，不仅要在“十二五”规划中作为重中之重，而且要制定中国互联网以及“三网合一”的中长期战略规划；二是建立以权利与责任为主题的互联网文化，严厉打击损害公众利益，危害国家安全和社会和谐稳定的违法行为；三是尽快建立和完善互联网方面的相关法律；四是加强主流意识形态的网络话语权，提高公共部门应对公共危机的能力，建立党和政府新型群众工作机制，以及预防性社会舆论引导机制；五是进一步明确网络运营商、服务商的法律责任；六是建立统一的“三网合一”管理机构，以形成统一、高效的全方位管理体系。

周永康同志对农工党中央发言的情况十分关注，多次和发言的同志交流互动，并就相关问题作了重要指示。尤其是对赣南中央苏区的问题，周永康在联组会上强调，像赣南这样的中央苏区，是在革命的过程中作出了特殊贡献的，国务院的同志要把农工党反映的这些问题带回去研究，具体由出席会议的国家民委主任杨晶同志负责。

3月5日，为进一步发挥建言献策的实效性，农工党中央按照桑国卫主席、陈宗兴常务副主席指示，联系农工党江西省委会，深入贯彻周永康同志在联组会上的讲话精神，对《关于支持中央苏区发展振兴》的发言进行了进一步修改完善，整理出《关于支持赣南中央苏区发展振兴》的建议报告，以农工党中央和农工党中央办公厅的名义分别报送了周永康同志和国家民委主任杨晶同志。

3月7日上午，农业部副部长牛盾、卫生部副部长马晓伟、中华全国供销总社理事会副主任顾国新、农业部政法司巡视员李生、农业部渔业局局长赵兴武等列席农工组小组会议，与委员们一起就医疗体制改革、现代农业和粮食安全、区域经济经济发展等问题进行深入讨论和交流。全国政协副主席、农工党中央常务副主席陈宗兴出席会议。本场会议气氛热烈，农工组政协委员们就医卫体制改革、医患关系处理、现代农业发展、粮食和种子安全、战略新型产业发展等问题与各部委领导展开了深入讨论和交流，提出了许多宝贵的意见和建议。

3月8日下午，全国政协专门就发展实体经济问题召开提案办理协商会。由农工党中央和民建中央、全国工商联共同提交的《关于强本固基、维护实体经济基础》的提案，是全国政协历史上第一次由多家党派团体联合提交的提案，作为本次大会的“一号提案”被列为重点办理提案，这也是农工党中央连续第二年提案被列为全国政协会议“一号提案”。农工党中央提交的《关于进一步发展生产性服务业，促进经济结构转型升级的提案》也在提案办理协商会上列出。全国政协常委、农工党中央副主席、云南省委会主委陈勋儒，农工党中央参政议政部部长隋路等参加了协商会，并与国家发展改革委、科技部、工业和信息化部、财政部、商务部、中国人民银行、国资委、国家税务总局、中国银监会等九个承办单位负责人坦诚交流，共商“大力发展实体经济，打牢实体经济发展基础”大计。

3月10日上午，全国政协专门就农民工融入城市问题召开提案办理协商会。农工党中央提交的《关于创新社会管理 改革户籍制度的几点建议》的提案，入选重点办理提案。全国政协常委、农工党中央原副主席、上海市委会原主委左焕琛，农工党中央参政议政部部长隋路等参加了协商会。

3月10日下午，全国政协十一届五次会议第三次全体大会上，全国政协委员、农工党中央常委、湖北省委会主委周宜开代表农工党中央作了《土壤污染防治刻不容缓》的大会发言。发言指出，土壤是农业生产的基础，也是人类生存与发展环境的重要组成部分。土壤污染防治事关农产品质量和人体健康，事关经济社会发展和生态安全，既是环境与发展问题，更是民生问题。发言建议：一是抓紧制订《土壤污染防治法》；二是尽快实施土壤污染防治战略；三是严格保护耕地土壤环境。

6月20日下午，在全国政协十一届十八次常委会上，全国政协常委、农工党中央常委、江西省委会主委郑小燕代表农工党中央作了《着力扶持实体经济 振兴发展原中央苏区》的发言。发言指出，受多种因素制约，(原中央苏区)总体上还很落后，仍然是全国较大的集中连片特殊困难地区，其实体经济的发展更面临许多困难和挑战。实体经济是原中央苏区发展命脉所在，实体经济兴，则原中央苏区兴。为此建议：一是尽快将“振兴发展原中央苏区”上升为国家战略，为实体经济发展创造良好的政策发展环境；二是加快战略性新兴产业发展与传统支柱产业转型升级，推进实体经济结构优化调整；三是加快基础设施建设步伐，服务实体经济发展；四是创新机制，优化环境，多引人才，夯实实体经济发展基础；五是因地制宜，发展特色实体经济，推进生态建设与经济建设统一协调发展；六是创新金融服务体制，提高金融业对实体经济发展的贡献度。

9月11日，全国政协在京召开“加强和创新社会管理”专题协商会。全国政协副主席、农工党中央常务副主席陈宗兴，农工党中央副主席刘晓峰出席会议。全国政协常委、农工党中央常委、河南省委会主委高体健代表农工党中央作了《关于加强和创新流动人口服务管理的建议》的发言。建议：一是加快编制促进城镇化健康发展规划，制定差别化的人口迁移管理政策；二是以社会保障、住房和子女教育为重点，大力推进流动人口基本公共服务均等化；三是促进中西部地区劳动密集型产业发展，拓宽就地就近就业渠道；四是加强职业技能培训和就业服务，提高流动人口家庭发展能力；五是统筹推进财税、行政管理体制和土地制度改革；六是适应新时期人口和经济社会发展需要，提升人口管理科学化水平。农工党中央参政议政部副部长姚秀元参加了专题协商会。

10月12日，全国政协在京召开优秀提案和先进承办单位表彰会。中共中央政治局常委、全国政协主席贾庆林出席会议，接见获奖代表，向获奖单位颁发奖状，并参观了“十届、十一届全国政协提案工作成果展”。中共中央政治局委员、全国政协副主席王刚出席会议并讲话。全国政协副主席兼秘书长钱运录主持会议。农工党中央副主席汪纪戎、参政议政部副部长姚秀元出席表彰会。会议表彰了281件优秀提案和46家提案先进承办单位。其中，农工党中央提交的《关于采取切实措施保障精神病患者的治疗和监管的提案》、《关于加强三峡工程后续工作管理，建设和谐稳定新库区的提案》、《关于预防和减少未成年人违法犯罪的提案》、《关于加快建立环境绩效评估制度的提案》、《关于“十二五”期间推进农业产业化发展，加快实现农业现代化的提案》、《关于推动中央苏区发展振兴的提案》和《关于进一步夯实实体经济基础的提案》等七件提案被评为优秀提案。

11月21日上午，在全国政协十一届十九次常委会上，围绕学习贯彻中共十八大精神，全国政协常委、农工党中央副主席、云南省委会主委陈勋儒代表农工党中央作了《更新观念，完善体制，强化创新，着力推进生态文明建设》的发言。发言指出，中共十八大报告中对生态文明建设的论述，是中共中央坚持以科学发展观统领经济社会发展全局，指导经济社会与资源环境可持续发展的最新理论成果。建设生态文明永远是人类社会义不容辞的职责和永恒的主题，也是建设美丽中国，实现中华民族永续发展的正确选择。就生态文明建设的严峻形势，发言建议：一是着力更新观念，树立符合生态文明的生产生活理念；二是着力完善体制，从战略高度认真搞好生态文明建设；三是着力技术创新，切实推进生态文明建设。

12 月 13 日，全国政协人口资源环境委员会在京举办第五届中国人口资源环境发展态势分析会，以“保护湿地和开发利用新能源”为主要议题深入研讨分析。农工党中央常委王金南代表农工党中央作了《完善湿地生态补偿政策，建立湿地保护长效机制》的发言，全面论述了湿地在生态环境中的重要地位、面临的严峻现实和当前存在的问题，并就完善湿地生态补偿制度等提出建议：一是从顶层角度加快推进生态补偿立法和湿地保护立法进程；二是坚持“谁保护谁受益，谁破坏谁赔偿”严重，湿地生态补偿必须要抓“两头”；三是建立国家湿地保护专项资金，把湿地保护投入列入各级政府财政核算体系；四是坚持突出重点和统筹兼顾原则，明确湿地生态补偿范围和补偿对象；五是逐步提高湿地生态补偿标准，实现湿地的可持续保护。农工党中央参政议政部副部长姚秀元参加会议。

此外，2012 年提交全国政协提案中，《关于将西咸新区设为国家创新城市发展方式试验区的提案》被全国政协列为 2012 年 5 件重点督办提案之一，《关于稳步推进县级公立医院改革发展的建议》等八件提案入选全国政协重要提案摘报。

（三）精心组织调研，积极建言献策

2012 年，农工党中央领导带队先后赴江西、云南、四川、湖北、浙江、陕西、宁夏、吉林等地，就赣南原中央苏区振兴发展、县级公立医院改革发展、流动人口服务管理体系建设、城市发展方式、宁夏内陆开放、提升东北亚博览会战略平台建设、食品安全监管体系建设等问题开展调研。

1. 关于赣南等原中央苏区振兴发展的调研

在 2009 年农工党常务副主席陈宗兴等赴福建、江西、陕西等地开展“加大对革命老区的扶持力度、推进革命老区新农村建设”调研基础上，2012 年 1 月 9 日至 13 日，农工党中央再次派调研组，就原中央苏区发展振兴问题赴江西省进行调研。在专题座谈会上，调研组认真听取了江西省发改委、扶贫和移民办等部门的情况汇报，并与当地相关部门人员着重就出台《中央苏区发展振兴规划》和《关于加快赣南中央苏区发展振兴的若干意见》进行了深入的交流和探讨。在深入调研基础上，3 月 4 日，在全国政协十一届五次会议民进、农工党、九三学社界联组会上，全国政协常委、农工党中央常委、江西省委会主委郑小燕代表农工党中央作了《关于支持原中央苏区发展的建议》的发言，发言引起了出席联组会的中共中央政治局常委周永康同志的高度关注。3 月 5 日，农工党中央向中共中央、国务院报送了《关于支持赣南中央苏区发展振兴》的建议报告。3 月 7 日，周永康在全国人大十一届五次会议江西代表团会议的讲话中对赣南中央苏区发展振兴作出重要指示。3 月 20 日，周永康在农工党中央报送的《关于支持赣南中央苏区发展振兴》的建议报告上作出重要批示。同日，中共中央政治局常委、国务院副总理李克强批请发改委认真研究，积极支持。为落实批示精神，4 月，国家发改委副主任杜鹰率 49 个相关

部门、140余人赴中央苏区调研。6月，《国务院关于支持赣南等原中央苏区振兴发展的若干意见》正式出台。《若干意见》全面吸收了农工党中央所提建议，这是对农工党中央多年来为中央苏区的振兴崛起所做努力的充分肯定。6月20日，在全国政协十一届十八次常委会上，郑小燕又代表农工党中央作了《着力扶持实体经济，振兴发展原中央苏区》的发言，充分体现了农工党中央持续对苏区人民的真心牵挂和对苏区未来的美好期盼。

2. 关于将西咸新区设立为国家创新城市发展方式实验区的调研

1月4日至6日，由农工党中央科技工作委员会主任、中国工程院院士王如松，农工党中央参政议政部部长隋路等13人组成的调研组，就"新型城市化发展道路"问题赴陕西省西咸新区进行专题调研。调研主要围绕西咸新区的设立背景、总体规划理念、项目推进；西咸新区探索新型城市化发展道路过程中转变经济社会发展方式的具体措施；如何在探索新型城市化发展道路过程中统筹解决环境保护与资源开发的关系；如何处理人口增长与土地集约、农村劳动力转移等问题；西咸新区探索新型城市化发展道路过程中的优势与不足；西咸新区目前的资金投入情况和当前亟待解决的问题等方面进行详细了解,并提出了新型城市化发展的意见和建议。调研组一行与西咸新区管委会党工委副书记、常务副主任、陕西西咸新区发展集团有限公司董事长王军，管委会副主任、总规划师李肇娥，西咸新区管委会副主任、泾河新城管委会主任李益民等相关负责人、有关专家进行座谈。在深入调研基础上，形成了《关于将西咸新区设立为国家创新城市发展方式实验区的建议》，作为农工党中央提案提交全国政协十一届五次会议。该提案被全国政协列为2012年5个重点督办提案之一。4月，农工党中央应邀派员参与全国政协提案委员会就该重点提案组织的调研，调研后提交的调研报告得到了中共中央、国务院和全国政协领导人的重要批示。

3. 关于发展实体经济的调研

2月13日至15日，农工党中央参政议政部部长隋路、中央经济工作委员会副主任王茁等一行，就如何发展实体经济在湖南省进行调研。会议由湖南省政协副主席、农工党湖南省委会主委龚建明主持。农工党湖南省委会副主委李松龄以及20多位专家、企业家参加了座谈会。到会的专家、企业家们就如何发展实体经济畅所欲言，纷纷就当前实体经济发展的现状、问题发表了意见和建议。大家认为：发展实体经济，一靠政府强力扶持实力经济发展的措施，二靠营造全社会支持实体经济发展的氛围，两者互为促动，政府措施可激发社会热情，社会热情则有助于政策措施的真正落实。当前，要侧重于把积极的财政政策和稳健的货币政策有机结合起来，围绕转变发展方式的任务，通过财政政策引导，引导社会资金的投向，引导到结构调整所需要的方向上来，引导到转变发展方式所需要的行业上来，才能够有效地把实体经济做大、做强。

4. 关于县级公立医院改革发展的调研

3月26至4月1日，农工党中央副主席刘晓峰率调研组在四川省就"县级公立医院改革发展"进行调研，为农工党中央2012年大考察做前期调研。本次调研是农工党中央2012年的重点调研课题，意在了解县级公立医院改革的宏观政策环境，东西部地区不同服务能力决定的不同改革起始条件和公立医院付费方式存在的问题。3月27日，调研组到三台县人民医院实地调研，听取了四川省、绵阳市、三台县的医改工作推进情况，详细询问了医院运行管理情况等，深入科室与医务人员和患者亲切交谈，了解基层医务工作者和群众的建议。28日，调研组考察了新津县人民医院，详细询问了县医院门诊就诊流程以及检验科和医学影像集中诊断中心运行情况等，并进行座谈。29日至31日，调研组前往攀枝花市米易县人民医院、仁和区人民医院、市中心医院等地进行实地查看，并与市县两级相关单位领导举行座谈会，听取当地公立医院改革情况的汇报。调研中，农工党中央参政议政部部长隋路，北京师范大学社会发展与公共政策学院院长张秀兰，陕西省榆林市政协副主席麻宝玉，农工党中央社会与法制工作委员会副主任赵合宇等调研组成员详细询问了解了各县级公立医院改革发展的措施与成效，农工党四川省委会主委、四川省卫生厅副厅长王正荣，农工党四川省委会副主委侯一平、张庆文等也与市县两级相关单位的领导、专家深入交换意见。调研组认为，县级公立医院改革发展是医药卫生体制改革的关键环节，是破除群众看病难、看病贵问题最行之有效的措施，一定要坚持因地制宜、循序渐进、分步实施、稳妥推进的原则，进一步巩固扩大改革发展成果，为广大人民群众谋福祉。

5. 关于流动人口服务管理体系建设的补充调研

在2011年陈宗兴常务副主席赴湖南调研“创新体制机制，加快流动人口服务管理体系建设”的基础上，2012年4月17日至19日，农工党中央邀请国家计生委的专家赴浙江省嘉兴市进行补充调研,农工党中央参政议政部部长隋路参加调研,调研形成了新的《加强流动人口服务管理体系建设的建议》。

6. 关于积极推进县级公立医院改革发展的农工党中央大考察

2012年，农工党中央将“县级公立医院改革发展”定为重点调研课题。1月至5月，农工党中央先后在江西、云南、四川、湖北等地进行了一系列大考察的前期调研，掌握了大量第一手资料，形成了《积极推进县级公立医院改革发展的前期调研报告》，深刻认识到县级公立医院改革是破除群众看病难、看病贵问题最行之有效的措施。5月底，农工党中央邀请国务院医改办、卫生部、人社部、财政部、中医药管理局、北京市卫生局、湖北卫生厅等部门的专家学者以及部分县级医院的院长召开了“积极推进县级公立医院改革发展”专题座谈会，明确调研思路，细化调研方案。

6月4日至8日，全国人大常委会副委员长、农工党中央主席、中国工程院院士桑国卫，农工党中央副主席刘晓峰率考察团，赴湖北省武汉市、黄冈市、黄石市等地，就“积极推进县级公立医院改革发展”进行专题调研。湖北省政协副主席、农工党湖北省委会主委周宜开，农工党中央秘书长陈建国、参政议政部部长隋路等农工党内领导和专家与中共中央统战部、国务院医改办、卫生部、财政部、人力资源与社会保障部、国家中医药管理局、北京市卫生局、河南省卫生厅、中国药学会医药政策研究中心、北京师范大学等有关单位的领导和专家参加了调研。中共湖北省委书记李鸿忠、省长王国生会见了考察团一行。

8日上午，考察团在武汉市召开了“积极推进县级公立医院改革发展”专题座谈会，中共湖北省委常委、副省长张岱梨及湖北省有关部门负责同志、县级公立医院代表向考察团介绍了湖北省县级公立医院改革发展的相关情况。桑国卫指出，搞好县级公立医院改革不仅是有效缓解“看病贵”、“看病难”的关键举措，更是推进公立医院改革的战略选择。要遵循“维护公益性、调动积极性、保障可持续”的原则，真正做到使“人民群众得实惠、医务人员受鼓舞、医院管理更规范、政府管理更科学”，进一步强化政府责任。要完善补偿机制和支付制度改革，加强人才队伍建设和培养，提高医务人员技术服务水平，切实把县级公立医院改革。各级政府要把支持公立医院改革当作改善民生、考核政绩的大事来抓，不仅要让老百姓“看上病”，更要让老百姓能“看好病”。桑国卫表示，中共湖北省委、省政府一直高度重视县级公立医院改革发展工作，各试点地区都实现了政府投入和医疗资源总量、医疗质量的同步增长，为推进县级公立医院改革打下了良好基础。希望湖北能够在已有成绩的基础上，继续结合本地实际，在政策支持、医院管理机制方面狠下功夫，努力加强人才队伍培养，认真落实补偿机制，总结试点地区好的经验，为继续推进湖北省县级公立医院的改革乃至全国的医改提供有益的示范。桑国卫指出，要在县级公立医院改革中，充分发挥中医药价廉质优的作用，落实好对中医药倾斜政策。在建立公立医院补偿机制过程中，充分考虑中医院特点和困难，使中医院能够可持续发展。

在与黄冈市政府有关部门座谈时，桑国卫强调，各地各部门要认真贯彻落实中共中央的决策部署，坚持把基本医疗卫生制度作为公共产品向全民提供的基本理念，坚持保基本、强基层、建机制的基本原则，坚持统筹安排、突出重点、循序推进的基本路径，齐心协力，攻坚克难，一是要进一步强化政府责任；二是要解决医院管理体制方面的问题；三是要进一步完善补偿机制和支付制度改革；四是要加强人才队伍建设和培养，提高医务人员技术服务水平。

调研期间，考察团一行实地考察了武汉市红钢城社区卫生服务中心、二桥街社区卫生服务中心、武汉市第五医院、黄冈市红安县人民医院、红安县中医院、麻城市人民医院、黄石市大冶市人民医院等，认真听取了基层医务工作者、患者及家属的意见、建议。考察团一行还参观了红安黄麻起义和鄂豫皖苏区革命烈士陵园，并向革命烈士纪念碑敬献花篮。

考察团认为，推进县级公立医院改革要与“新农合”紧密结合，遵循“维护公益性、调动积极性、保障可持续”的原则，不仅要让老百姓“看上病”，更要让老百姓能“看好病”。

农工党中央此次专题调研，是中共中央委托中央统战部组织各民主党派中央、全国工商联和无党派人士开展年度专题调研的重要组成部分，中共中央统战部、国务院医改办、卫生部、财政部、人力资源和社会保障部、国家中医药管理局及中国药学会、北京师范大学社会政策与公共管理学院等单位对本次调研给予了大力支持。7 月，农工党中央通过中共中央统战部向中共中央、国务院报送了《关于积极推进县级公立医院改革发展的建议》。

7. 关于建立宁夏内陆开放型经济试验区的调研

6 月 11 至 13 日，农工党中央副主席汪纪戎率调研组在宁夏回族自治区就“建立宁夏内陆开放型经济试验区”进行调研。宁夏区人大常委会副主任、农工党宁夏区委会主委冯炯华等陪同调研。农工党中央参政议政部部长隋路参加调研。汪纪戎一行先后到中阿经贸论坛会址、中华回族医药博物馆进行了调研，并召开座谈会，就“将宁夏建设成为民族地区和谐发展示范区”问题进行讨论。汪纪戎说，宁夏积极探索面向穆斯林世界的经贸文化合作，确立了建设“内陆开放试验区”的目标，做了大量卓有成效的工作。通过对宁夏经济社会发展的深入调研，我们看到，西部大开发10多年来，宁夏经济实力不断增强，城乡面貌、基础设施明显改善，社会和谐发展，农工党中央调研组将会围绕“将宁夏建设成为民族地区和谐发展示范区”的议题向中央反映，为建设和谐富裕新宁夏提供支持。中共宁夏区委常委、统战部部长马三刚会见了汪纪戎一行。在深入调研基础上，农工党中央修改完善了《关于建立宁夏内陆开放型经济试验区的建议》，并上报中共中央、国务院领导同志，该建议得到了李克强副总理批示。

8. 关于提升东北亚博览会层次、促进东北亚区域和谐发展的调研

6月20日至21日，农工党中央副主席、黑龙江省委会主委陈述涛率调研组在吉林省长春市就“提升东北亚博览会层次、促进东北亚区域和谐发展”进行专题调研。吉林省政协副主席、农工党吉林省委会主委赵吉光，吉林省政府副秘书长丛红霞等陪同调研。农工党中央秘书长陈建国参加调研。期间，调研组听取了东北亚博览会秘书处就东北亚博览会的发展概况、存在和亟待解决的问题、提升博览会层次的重要意义以及需要各方帮助解决的有关事项作的专题汇报。农工党吉林省委会、东北亚博览会秘书处、吉林省商务厅、省经合局等部门领导，吉林省社会科学院、吉林大学东北亚研究中心的专家学者就如何提高东北亚博览会层次与农工党中央调研组进行了充分交流。陈述涛指出，东北亚博览会作为推动东北亚区域合作、促进东北老工业基地振兴、扩大吉林省对外开放水平的重要平台，举办七年来取得了令人瞩目的成绩。陈述涛表示，农工党中央将全力支持办好东北亚博览会，进一步提升东北亚博览会的层次和水平，充分发挥东北亚博览会的功能作用。在新形势下，东北亚博览会要更加突出其国家战略平台作用，要不断提高办会档次，增强东北亚博览会对世界的吸引力。调研结束后，农工党中央向温家宝总理报送了《关于尽早将“中国吉林·东北亚投资贸易博览会”升级为“中国—东北亚博览会”的建议》。9月7日，国务院批准从第九届开始，“中国吉林·东北亚投资贸易博览会”正式更名为“中国—东北亚博览会”。

9.“加强食品安全监管体系建设”专题座谈会

9月17日，农工党中央在京召开“加强食品安全监管体系建设”专题座谈会。全国政协副主席、农工党中央常务副主席陈宗兴出席会议并讲话。国家发改委、国务院食品安全办公室、卫生部、农业部等主管部门相关负责同志应邀出席座谈会。农工党中央参政议政部部长隋路参加座谈。陈宗兴指出，食品安全是重大的民生问题，关系人民群众身体健康和生命安全。近年来，各相关部门对食品安全监管力度不断加大，统筹协调能力明显加强，食品安全监管体制不断完善，取得了明显成效。但是我们还应该看到，食品安全监管工作难度进一步加大，形势依然比较严峻，这些都凸显了食品安全监管工作的重要性和紧迫性。我们要在学习国外先进管理经验的同时，加强构建政府力量，明确各个部门总体责任，综合协调，严格监管，加强自律，整合各方面力量，努力搭建平台，推动科技进步，加强人才培养，开创食品安全工作新格局。与会同志分别介绍了各部委相关工作进展、我国食品安全监管领域目前存在的主要问题以及进一步加强我国食品安全监管体系建设的对策和建议，并围绕主题展开了热烈地讨论。

10. 关于促进山区科学发展的建议

在2008年农工党中央与环保部、国家林业局联合举办的“中国山区生态经济与新农

村建设高峰论坛”的基础上，按照农工党中央领导要求，结合国家最新政策，农工党中央向中共中央、国务院报送了《关于促进山区科学发展的建议》。10月，贾庆林和回良玉同志分别对报告作出批示。

（四）举办论坛活动，打造品牌项目

1. 关中—天水经济区中医药发展论坛

7月1日至2日，由中国中医药研究促进会、农工党甘肃省委会、农工党陕西省委会、甘肃省卫生厅、天水市人民政府等单位共同主办的以“扬国粹、显特色、促发展”为主题的“关中—天水经济区中医药发展论坛”在甘肃省天水市举行。全国政协副主席、农工党中央常务副主席陈宗兴出席论坛并讲话。农工党中央副主席、中国中医药研究促进会会长张大宁，山西省政协副主席、农工党山西省委会主委、山西中医药大学校长周然，甘肃省政协副主席、农工党甘肃省委会主委、甘肃省食品药品监督管理局局长栗震亚，农工党中央社会服务部部长刘峻杰、参政议政部部长隋路，中共甘肃省委统战部副部长张文学，天水市委常委、常务副市长郭奇若，天水市政协副主席、统战部长蒲军，中国中医药研究促进会副会长张春云等出席论坛。论坛开幕式由甘肃省卫生厅厅长刘维忠主持。

陈宗兴指出，关中—天水经济区是华夏文明和中华民族最早的发祥地之一，拥有大量珍贵的历史文化遗产和丰富的人文自然资源。陕、甘两省也是中医药文化重要的发祥地，中医药文化源远流长，博大精深，中医药发展氛围浓厚，为我国中医药的发展和进步作出了重要贡献。两省天然中草药蕴藏丰富，素有我国“天然药库”之美誉，在全国具有比较突出的优势和发展潜力。陈宗兴强调，甘肃、陕西两省农工党组织主动作为，与地方党委和政府加强合作，通过举办论坛，邀请众多著名的中医药专家参会，积极为关中—天水地区中医药文化研究和产业发展献智出力，是一次很好的尝试。希望大家通过这次论坛，更好地交流中医药发展方面的好经验、好做法，为助推关中—天水经济区经济社会科学发展献务实之策、建睿智之言。希望通过这样一些举措，能够为唤起全社会对祖国传统医学更大的关注和支持，为更好地推动我国中医药事业的可持续发展作出积极贡献。

栗震亚代表陕、甘两省农工党省委会致辞。中共天水市委副书记、市政协主席杨维俊代表天水市致欢迎辞。论坛开幕式后，农工党中央副主席、中国中医药研究促进会会长张大宁以及北京顺天德中医医院院长王承德、兰州大学第一医院主任医师刘东汉、陕西省中医药研究院中医研究所所长冯一凡等7位专家学者紧紧围绕弘扬中医药文化、发展中医药产业、推动中医药事业发展等分别作了精彩的演讲。来自陕、甘两省的中医药专家、学者200多人参加了论坛。

2.2012年全国县级医院院长论坛

9月15日至16日，由农工党中央医药卫生工作委员会主办的“2012年全国县级医院院长论坛”在北京市密云县举行。论坛围绕“全国县级医院实用人才队伍建设机制探讨”主题，邀请全国部分县级医院负责人参加会议，共同探讨县级医院的人才发展战略、业务培养、晋升培训等人才建设问题。农工党中央副主席刘晓峰出席论坛开幕式并讲话。

农工党中央医药卫生工作委员会主任、北京市医院管理局副局长顾晋，北京市卫生局副局长郭积勇，北京市密云县委常委、组织部部长、统战部部长韩耕，北京市密云县委常委、常务副县长王稳东等参加论坛。论坛开幕式由农工党中央参政议政部部长隋路主持。

刘晓峰指出，医疗体制改革是个世界性的难题。我国改革开放30年来，经济上取得了举世瞩目的成就，为我国医疗体制改革的顺利推进打下了坚实的基础。经过近5年的研讨和酝酿，2009年3月，按照“保基本、强基层、建机制”的基本原则，我国出台了《关于深化医药卫生体制改革的意见》及近期重点实施方案，初步实现了我国医疗服务的广覆盖、高效率、低成本和持续性。刘晓峰说，三年医改的成就可以用“人民群众得实惠、卫生事业得发展、医务人员得鼓舞、党和政府得民心”四句话来概括。截至2011年，全国职工医保、城镇居民医保、新农合参保人数超过13亿，覆盖率达到95%以上，人均期望寿命从2000年的71.4岁提高到2010年的74.8岁。但是，由于长期以来我国医疗资源配置总量相对不足，优质资源绝对匮乏，分布不科学，基层医疗服务能力难以满足人民群众健康需求的根本矛盾仍然突出。他强调，大家要统一思想认识，站在社会发展和人类进步的高度来看待医疗卫生工作，综合考虑公平、效率、效益等问题，直面改革中可能出现的发展风险，始终把人民利益放在第一位。

论坛上，卫生部医疗服务监管司副司长孙阳、北京大学医学部教授周子君、郑州大学公共卫生学院副教授吴建、北京市密云县医院院长王森林四位专家学者从政策角度、研究领域和一线工作经验方面作了主题报告。与会人员围绕如何在县级医院建立实用人才队伍培养机制进行了热烈的讨论和交流。大家一致认为，县级医院人才培养应立足所在地区的基本情况，深入分析医院实用人才队伍建设中的内外因，以挖掘自身资源和潜力为基础，以“引得来、留得住、用得上”为原则，多渠道地开展人才队伍建设。

（五）完善工作机制，反映社情民意

多年来，通过创新工作思路，完善工作机制，反映社情民意信息工作，已经成为农工党参政议政工作的新亮点。

2012年，农工党中央共收到中央机关各部门、各专委会、地方组织和党员报送的社情民意信息2809件，经遴选编辑后，向全国政协编报社情民意信息532期。其中，有59件社情民意信息由全国政协专报中共中央、国务院领导同志或相关部委，《建议加强环渤海区域环境安全建设》、《建议建立全国统一的药品包装条形码制度》两件社情民意信息获得相关单位回函，《警惕广西龙江流域镉污染紧急措施可能引发长期次生危害》社情民意信息得到国家领导人重要批示。

1. 完善信息工作机制

加强与全国政协信息局联系。通过邀请全国政协信息局领导座谈、委派工作人员参与全国政协十一届五次会议文件起草组工作、定期对全国政协信息局走访、参加全国政协信息局组织的相关会议等多种方式，了解其用稿重点和工作方向。

加强与农工党各级组织联系。及时与各级组织联系，有针对性地组织了一批高质量信息，取得了较好效果。强化与各级组织负责信息工作领导和信息联络员的交流机制，及时下发季度重点选题，反馈稿件采用、回函情况，沟通稿件修改信息。委派工作人员

参加北京、天津、江苏、浙江、福建等省级组织开展的反映社情民意信息工作培训班，介绍工作情况和经验。组织召开全党反映社情民意信息工作交流会和反映社情民意信息工作研讨会，通过多种方式帮助地方组织开展反映社情民意信息工作。

修订完善信息工作相关制度。按照全国政协新修订的《反映社情民意信息工作评选表彰办法》的精神，对《中国农工民主党中央反映社情民意信息工作采编评分办法》和《中国农工民主党中央反映社情民意信息编报工作奖励表彰办法》进行了修订，并在此基础上编印、下发了《中国农工民主党反映社情民意信息工作手册》。

积极拓宽社情民意信息用途。除了报送全国政协外，对于不涉及保密问题、不易引起争议的信息积极加以利用。充分利用农工党中央网站、党刊和各大报纸杂志等平台刊登优秀社情民意信息，介绍反映社情民意信息工作开展情况。此外，编印、下发了《2011年信息专报选编》，作为农工党中央和各省级组织开展社情民意信息工作的培训材料。

2. 与专题调研相结合

通过主动开展专题调研，在调研过程中锻炼干部、发掘信息点，将调研成果整理为社情民意信息稿件，是农工党中央开展反映社情民意信息工作的重要做法。农工党中央积极参与部分省级组织承担的重点课题，先后两次派出干部参与山西省委会《以煤为基，发展符合山西省情的循环经济》课题的调研，并形成调研报告送中共山西省委；参与浙江省委会《浙江科技创新体系建设》课题的调研，形成的社情民意信息被全国政协信息局采用，有效推动了工作的开展。

为交流农工党各级组织、党员的调研成果，向农工党中央和各省级组织领导提供参政议政的参考材料，编辑《调研报告（摘报）》，报送农工党中央领导、各省级组织主委。据统计，2012年农工党中央共收到各级组织、党员的调研报告140篇，编辑、印发《调研报告（摘报）》10期，完成了2011年度《调研报告（摘报）》的表彰工作。

（六）发挥专家优势，做好专委会工作

2012年，专委会工作重点是积极调动农工党内专家、学者的智力资源，充分发挥专家、学者参政工作的热情和积极性；争取更加广泛的合作，借助社会资源服务农工党参政工作，较好地完成了各项工作。

1. 组织协调专委会积极参政议政

2012年初，各专委会完成了2011年确定的调研任务，在全国十一届五次会议上，9个专委会共向农工党中央提交提案和调研报告36份，以中央的名义采用了19份。全国“两会”后，各专委会及时组织召开年度会议，确定本年度工作任务，并按照各委员会确定的调研课题及工作任务组织开展各项活动，主要有：“尽快建立环渤海区域环境安全预警应急机制”、“医药卫生体制改革”、“加强中医药在基层卫生机构中作用”、“区域城镇化与乡村工业化的生态管理”等重点调研课题。此外，9月，农工党中央医药卫生工作委员会在北京市密云县主办了“2012年全国县级医院院长”论坛（详见“举办论坛活动，打造品牌项目”栏“2012年全国县级医院院长论坛”项），活动取得了显著成果。

2. 争取广泛合作，做好专委会工作

一是立足委员本职，发挥委员间的优势合作与互补。把委员专业领域研究成果经过

专委会集体研究、论证，使之向党派参政成果转化，既为专委会委员提供了关注民情、反映民意的参政渠道，也让委员的专业研究对国家的发展和经济建设进一步发挥作用。二是充分利用人大、政协专家、名家、大家的资源优势。2012 年，专委会与全国政协专委会等有关单位联合、合作，参与全国政协经济委、提案委、人资环委、教科文卫体委、民宗委、社法委合作课题 20 余项，形成了一批调研报告和提案。特别是与教科文卫体委员会联合开展的“医疗体制改革情况”和“加强中医药在基层卫生机构中作用”的调研受到政府部门的高度重视，国务院主管领导作了批示。三是争取与地方组织纵向合作。充分发挥农工党组织优势，上下合力对重点课题共同调研，成果共享。

专委会的主要调研及活动还有：

6 月 5 日上午，《问题少年心路探寻》一书在农工党中央机关举行出版座谈会。农工党中央宣传部部长石光树出席座谈会。该书的出版，是农工党中央妇女工作委员会（以下简称“妇委会”）持续关注未成年人的健康成长并不断为之奔走呼吁的又一重要成果。近年来，农工党中央将预防未成年人犯罪问题列为参政议政的重要课题之一。2009 年 6 月，农工党中央妇委会以问卷调查的形式开展了“全国未成年人犯罪现状调查”，31 个省（区、市）管教所服刑的 3000 多名未成年犯参与了问卷调查。农工党中央副主席、全国妇联副主席汪纪戎还带领农工党中央妇委会，深入宁夏等地对未成年人犯罪问题进行专题调研。2012 年，农工党中央妇委会将调研收集到的大量资料编辑整理起来，出版了《问题少年心路探寻》一书。该书通过 87 个少年犯案例，真情袒露少年犯的内心世界，深刻剖析少年犯的犯罪土壤，让未成年人在故事感染中做到学法、知法、守法、用法，为我国预防未成年人犯罪工作提供了很好的警示和教育材料。来自中国关心下一代工作委员会、全国妇联、国家行政学院出版社、中华女子学院、北京市公安局监管总队收容教育所等相关部门人员以及从事预防少年犯罪问题研究的部分专家出席了座谈会，并就社会关注预防未成年犯罪问题展开座谈。

9 月 19 日至 21 日，农工党中央科技工作委员会主任、中国工程院院士王如松率调研组在山东省聊城市进行“区域城镇化与乡村工业化的生态管理”调研。农工党中央参政议政部部长隋路，中国生态道德教育促进会副会长王景福，中国城市科学研究会理事长助理、原建设部城市规划司副司长顾文选，农工党中央科技工作委员会副主任、华南农业大学副校长吴鸿，农工党中央科技工作委员会副主任、中科院高能物理研究所研究员张新民等参加调研。调研组与聊城市有关部门及相关企业进行了座谈。王如松表示，调研组将对聊城的经验和模式进行深入研究，对区域城镇化与乡村工业化过程中急需解决的具有普遍性的政策问题和建议形成提案和建议，发挥农工党的界别优势，为生态文明建设建言献策。调研组一行先后实地考查调研了泉林集团、聊城经济开发区污水处理厂、山东茌平信发集团、中通客车控股有限公司、小湄河生态建设带、阳谷祥光铜业有限公司，参观考察了水城明珠剧场、中国运河博物馆、西安交大聊城科技园等地。每到一处，调研组都深入实地详细听取汇报，了解区域城镇化与乡村工业化的生态管理的现状和已经取得的成绩，以及发展中存在的问题和困难等。

9 月 24 日至 25 日，农工党中央经济工作委员会在辽宁省沈阳市就未成年人保护有关问题进行调研，农工党中央参政议政部部长隋路参加调研。

11月6日至7日，农工党中央人口资源环境委员会在辽宁省大连市就尽快建立环渤海区域环境安全预警应急机制进行调研，农工党中央参政议政部部长隋路参加调研。

（七）积极拓宽渠道，搞好联络工作

近年来，农工党充分调动自身积极性，多渠道、多形式开展联络工作，取得了较好效果。2012年，农工党中央深入贯彻中发〔2012〕4号文件和统发〔2011〕10号文件精神，总结过去几年来开展对台工作的经验，创新思路，制定了“农工党中央2012年至2015年对台工作计划”，以求把工作做深、做实、做细、做活，达到更好地效果。

2012年，农工党开展的对台活动有：

1月9日上午，由农工党福建省委会与福建省卫生厅、福建省台办联合主办，的闽台医疗卫生合作论坛暨第六届海峡眼科学术交流会在福建省福州市举行。农工党福建省委会副主委赖应辉出席大会。论坛闭幕后，农工党福建省委会宴请了参会的台湾来宾，希望双方能通过进一步的交流合作，共叙同仁友情，为海峡两岸医学事业的繁荣发展作出贡献。

5月7日至14日，应台北市文化教育交流发展协会邀请，农工党中央副主席、黑龙江省人大常委会副主任、农工党黑龙江省委会主委陈述涛率黑龙江省人大、黑龙江省政协和有关市（区）领导及企业界人士参加的7人团组，赴台就文化、教育、经济等问题进行了深入考察。农工党黑龙江省委会副主委刘长青等参加考察活动。

8月7日，农工党中央接待了以台湾退役空军上将夏瀛洲为团长的台湾医务人员参访团。双方就两岸医疗保健、医院管理、社区和诊所如何更好地为民众健康服务等议题进行了交流。这是近年来农工党中央接待的规格较高的参访团，进一步拓宽了农工党中央与台湾各界人士的交往领域。农工党中央秘书长陈建国、参政议政部部长隋路等参加座谈。

三、社会服务

2012年，农工党坚持以科学发展观为指导，把保障和改善民生作为社会服务工作的出发点和落脚点，利用自身优势和党派特色，凝神聚力，团结奋进，发挥优势资源，调动多方力量，社会服务取得了可喜成绩。

（一）继续参与毕节试验区的建设

2012年，农工党社会服务工作继续坚持把参与毕节试验区的建设作为围绕中心、服务大局的重要实践，以打造品牌工程为抓手，利用党派特色和社会资源，用实际行动体现“同心”意愿。

主要完成了以下几个品牌项目：

1. 推进“同心助医工程”项目建设

“贵州毕节贫困山区同心助医工程”是近年来农工党社会服务工作资金投入最多、直接参与建设取得效果最好、直接受益人群最广的一项民生示范项目。据统计，整个项目实施至今，已累计投入款物达4600多万元。

大方县乡镇卫生院、村卫生室标准化建设项目。截至2012年，项目累计投入4000多万元的款物，基本完成了大方县31个乡镇卫生院和160个村卫生室的基础设施改造、维修和扩建工程，按照卫生部标准和各机构服务功能、需求配置了29种1886台（套、个）医疗设备，结合实际对环境进行了绿化、硬化、亮化。另有2个乡镇卫生院和46个村卫生室正在建设中。

医疗卫生人员培训培训项目。截至2012年，举办了11个乡村医生中医适宜技术培训班、培训了535人；举办了大方县新录用卫生人员岗前培训班，培训了190人；邀请卫生部和相关专家到大方县为乡镇卫生院管理人员和县乡两级医院专业人员举办讲座；投入40万元资金，在武汉为大方县举办了一期40人的乡镇卫生院长培训班；农工党天津市委会、上海市委会帮助医疗卫生人员培训，大方县人民医院选派了6名医生到天津市进行为期1年的培训，选派了1名医生到上海市进行为期1年的培训；协调国家中医药管理局派专家指导大方县开展“中医先进县”建设。

帮助大方县整体提升应急救护能力。针对大方县地处典型山区、医疗救护任务重的实际，累计向大方县捐赠总价值679.2万元的24辆流动医疗服务车和两辆“流动医院车”（其中2012年捐赠了8辆价值128万元的流动医疗服务车），同时为大方县培训了171名急救人员。目前，大方县33个乡镇卫生院都有了自己的救护车和两组以上急救人员。推动大方县建立了农村紧急救援救护系统，建立了以县120为中心、乡镇卫生院为救援站的急救系统。与大方县共同制订了《农村巡回医疗工作方案》，充分利用“流动医院车”，组织具有中级以上职称的医务人员参加巡回医疗队，以偏远、乡镇卫生院服务能力比较落后地区为主，兼顾覆盖人口多的乡镇卫生院，每月开展2次以上巡回医疗活动。

除以上项目，农工党中央还通过推进大方县医改工作促进卫生事业发展，帮助大方县出台了《关于进一步深化医药卫生体制改革积极探索医疗卫生事业科学发展路子的实施意见》，制定了《大方县基层医疗卫生服务体系建设实施细则》，推出了一系列强劲的医疗卫生事业改革发展举措。

“同心助医工程”项目得到了贵州省政府、省卫生厅的充分肯定。7月20日，贵州省农村医疗卫生能力建设示范现场会暨“贵州毕节贫困山区同心助医工程”项目推进会在大方县召开。贵州省副省长、农工党贵州省委会主委谢庆生，农工党中央社会服务部部长刘峻杰，贵州省委统战部常务副部长陈庆义，省卫生厅党组书记宋宇峰，农工党贵州省委会副主委、省卫生厅副厅长张光奇，农工党贵州省委会副主委梁斌、黄惠玲，毕节市副市长冉霞，农工党毕节市委会主委辜康乐，大方县委书记卢林等出席会议。谢庆生在总结讲话中指出，“同心助医工程”项目的实施，大方县乡村医疗卫生机构面貌焕然一新，服务环境和服务条件显著改善，服务能力、服务水平和乡村医务工作者积极性普遍提高，常见病、多发病的门诊人次和住院人次稳步上升，次均费用普遍降低，强力助推了大方县医药卫生体制改革进程，广大群众充分享受到了项目成果的实惠，初步探索出了一条同心共建、符合西部贫困山区实际的农村医疗卫生事业科学发展的路子。

9月22日至26日，“同心助医工程”项目通过了贵州省卫生厅“同心助医工程”指导组专家、毕节市卫生局专家的评估验收，得到了专家组的充分肯定。在9月26日召开的反馈座谈会，专家组一致认为，农工党中央牵头在大方县实施的“同心助医工程”基础设施建设成效显著，农村基层卫生机构服务能力明显提升，基层卫生队伍建设效果显著；农村卫生管理能力明显提高，基层卫生服务网络不断完善，乡村一体化管理工作得到加强，乡镇卫生院的内部管理制度健全完善，主动发展的意识增强；医院文化建设富有特色，健康教育形式多样；该项目探索了西部贫困山区农村卫生事业发展的路子，项目实施产生了显著的示范效应。农工党中央社会服务部副部长张庆伟、中国医药卫生事业发展基金会副秘书长白慧良、国土资源部扶贫办主任王爱民、贵州省卫生厅副厅长杨克勤、农工党毕节市委会主委辜康乐等出席会议。

12月18日，国务院医改领导小组副组长、卫生部党组书记、副部长张茅一行，对大方县乡村医疗改革工作进行了考察调研并给予了肯定。

2. 拍摄文化扶贫电影《情系喀斯特》，加大毕节试验区对外宣传力度

以宣传毕节试验区、推广试验区精神为载体的帮扶模式，是农工党社会服务工作一直秉持的做法。

6月10日上午，由农工党中央筹拍的中国首部文化扶贫电影《情系喀斯特》首映式在全国政协礼堂隆重举行。农工党中央主席桑国卫，副主席汪纪戎、刘晓峰，民革中央副主席何丕洁等出席首映式，亲切会见了影片创作和演职人员，并兴致勃勃地观看了电影。

该片是农工党中央响应中共十七届六中全会推动“文化大发展大繁荣”的决定，利用自身优势开展的一项文化扶贫活动，被中共中央统战部列为2012年统一战线参与毕节试验区建设“同心工程”文化扶贫项目。既是毕节试验区成立二十多年来艰苦创业、摆脱贫困的真实写照，也是我国扶贫开发事业的一个缩影。影片讲述了一个外来挂职干部带领毕节百姓克服艰难险阻修路、种茶、摆脱贫困的故事，集中表现了中国扶贫开发事业在中共中央、国务院的领导下取得的伟大成就，全面展示了毕节试验区人民与贫困顽强斗争的精神。该片由农工党中央社会服务部联合毕节市委市政府，在毕节试验区实地取材取景拍摄。影片由广州嘉禾影视制作公司、中共黔西县委宣传部联合拍摄，总策划为刘峻杰、秦如培，总顾问为厉以宁、胡富国，编剧为刘峻杰、刘新等，导演杜云萍是我国第六代知名女导演，主演为著名演员江涛、金巧巧、石凉等。为了拍摄好这部公益电影，农工党中央克服资金短缺、条件艰苦等困难，历时三年筹备，在中共中央统战部、各民主党派中央和全国工商联等多方支持下完成了拍摄和制作。

首映式由各民主党派中央、全国工商联社会服务部，中共毕节市委、毕节市人民政府和中国电影家协会共同主办。中共中央统战部秘书长安七一，农工党中央秘书长陈建国，办公厅副主任王素芳，宣传部部长石光树，社会服务部部长刘峻杰、副部长张庆伟和来自中共中央统战部、各民主党派中央、毕节试验区的领导以及40多个中央国家机关的嘉宾到场祝贺观影并对电影给予高度肯定。

据悉，该片还得到了联合国秘书处的充分肯定和支持，特许其在联合国大厦举行首映观摩放映活动。随后，该片在美国纽约孔子学院举行了海外观摩看片活动，并获得高度赞扬。作为我国首部文化扶贫影片，该片之后还要开展“百座城市、万场电影送百姓”公益活动。2012年10月，影片入围在美国洛杉矶好莱坞举行的中美电影节并参与角逐该电影节的“金天使”国际大奖。

3. 着力改善毕节试验区社会民生

协调企业投资大方，积极推进大方食品药品工业园区建设。在农工党贵州省委会的参与下，邀请中恒集团、威门药业到园区考察投资，推动中恒集团、威门药业分别与大方县签订了规模达2亿多元的中药材加工、保健食品加工、中药材种植投资协议。目前，园区共引进企业21个，其中已开工建设12个，已进行规划选址7个，共计投资28.28亿元。该园区“十二五”末将实现总投资100亿元以上，工业产值150亿元以上，带动相关产业实现产值400亿元。同时，联系、引入贵州同济堂等多家中药产业龙头企业，示范带动全县中药产业发展，种植中药材共计14万亩。帮助推动大方县辣椒产业发展。

继续支持大山乡农村社区综合发展建设扶贫项目。援助大山乡农村社区综合发展建设扶贫项目，是农工党中央通过协调爱德基金会，在当地开展的一项综合扶贫项目，至今已实施3年。2012年，实施项目8个，投资120万元，完成杂交玉米种植2100亩，脱毒马铃薯种植2000亩，学校建设课桌凳采购355套，农民健康培训2400人，沼气池建设60个，使全乡16000多群众不同程度受益，大部分群众生产生活得到明显改善。

协调党员捐资兴建职业技术学校。“毕节同心农工中等技术学校”是由农工党员企业家高翔在当地原有中学基础上捐资兴建的职业技术学校。目前，该校已投入500多万元，多媒体教室22间，专业实训室12间，共有在校学生1000余人，已申报开设了计算机、中草药种植、汽车应用与维修、数控加工技术等8个专业。

（二）举办中国环境与健康宣传周

6月2日至8日，“2012（第五届）中国环境与健康宣传周”活动在全国开展。该活动由农工党中央、教育部、科学技术部、国土资源部、环境保护部、住房城乡建设部、水利部、农业部、卫生部、国家林业局联合主办；中华环境保护基金会、中国初级卫生保健基金会为协办单位；国家发展和改革委员会、联合国环境规划署、联合国人类住区规划署为支持单位。本届活动主题是“绿色经济与健康”，活动口号是“迈向绿色经济，实现可持续发展”，“绿色，低碳，健康，和谐”，“发展绿色经济，享受健康生活”等。该活动的开展，对于进一步增强全民环保意识、提高人民群众的健康水平具有重要意义。

1. 举行宣传周启动仪式

6月2日上午，“2012中国环境与健康宣传周”启动仪式在人民大会堂隆重举行。全国政协副主席、农工党中央常务副主席陈宗兴，农工党中央副主席汪纪戎，国家发展改革委副主任解振华，环境保护部副部长李干杰，水利部副部长胡四一，卫生部副部长陈啸宏，中纪委驻国家林业局纪检组组长、国家林业局党组成员陈述贤，国土资源部总工程师钟自然，住房城乡建设部总工程师陈重，联合国环境署驻华代表张世钢，联合国人居署驻华代表张振山等出席了启动仪式。中国环境与健康宣传周的两位形象大使——联合国环保艺术大师袁熙坤先生和国际著名影星成龙先生也出席了仪式。启动仪式由陈述贤主持。

启动仪式上，环境保护部副部长李干杰，卫生部副部长陈啸宏代表“宣传周”主办单位分别致词。水利部副部长胡四一宣读《关于颁发第四届中国环境与健康宣传周突出贡献奖的决定》，对在2011年第四届“中国环境与健康宣传周”活动期间作出突出贡献的单位进行颁奖。中国环境与健康宣传周的两位形象大使，联合国环保艺术大师袁熙坤先生和国际著名影星成龙先生分别作了致词。成龙先生还介绍了“2012‘善—行传递和微电影计划’全球华人环保公益活动”。最后，全国政协副主席、农工党中央常务副主席陈宗兴宣布：“2012中国环境与健康宣传周”正式启动。

农工党中央秘书长陈建国，办公厅副主任王素芳，社会服务部部长刘峻杰、副部长张庆伟参加启动仪式。来自中央国家机关、北京市机关、企事业单位、新闻界、文化艺术界、公益组织、部队、科研院所、高等院校及全国各地的代表共200余人出席了启动仪式。

2. 开展宣传周系列活动

（1）举办义诊咨询进社区活动。6月16日，由农工党中央社会服务部、北京市委会、中国初级卫生保健基金会、白求恩基金管理委员会主办，北京市东城区委会、北京市东城区交道口街道办事处承办的中国环境与健康宣传周“慢性病防治知识咨询义诊”活动，在北京市东城区交道口街道交东社区举行。农工党中央副主席汪纪戎、社会服务部副部长张庆伟，白求恩基金管理委员会会长于宗河，中国初级卫生保健基金会秘书长周庆年等参加活动。仪式结束后，汪纪戎还考察了东城区交道口街道交东社区卫生服务站。来自北京医院、北京同仁医院、北京安贞医院、北京天坛医院、北京中医药大学东直门医院等医院的各科医疗卫生专家，为交道口街道交东社区的300多名社区居民进行了义诊咨询服务。此次活动内容，还包括普及慢性病相关知识，指导居民怎样合理膳食，免费发放慢性病防治手册与生活健康用品等。

（2）排演环保主题戏剧。10月31日晚，由中国环境与健康宣传周秘书处主办的“环保戏剧展演”剧目《魔幻森林》，作为北京市东城区戏剧公益演出季三大剧目之一，在北京市东城区第一文化馆举行首演。农工党中央秘书长陈建国，社会服务部部长、剧目总监制刘峻杰，社会服务部副部长张庆伟出席了首演活动。演出获得了观剧领导和观众们的一致好评，充分宣传了环保理念和公益精神。“环保戏剧展演”是中国环境与健康宣传周秘书处长期打造的系列精品，2012年已是第三届，活动围绕“宣传周”的主题，专门创作排演以保护环境为主要内容的公益戏剧，这种宣扬环保理念的新颖做法受到了群众的广泛欢迎和认可。在之前举行的戏剧公益演出季媒体见面会上，刘峻杰指出，“环保戏剧展演”是创新“宣传周”活动形式的有益尝试，活动以公益戏剧的形式宣传环保，倡导低碳生活、宣传人与自然和谐相处的理念，对于动员全社会投入环保与健康事业具有积极意义。

“宣传周”期间，还举办了“绿色经济与健康”主题论坛；联合有关单位举行了“第二届室内环境与健康活动周”；举办了“2012‘善—行传递和微电影计划’全球华人环保公益活动”和“环境与健康—成龙爱心演唱会”等活动。农工党各级组织举办了一系列丰富多彩、形式多样的宣传活动，广泛、深入的弘扬环境与健康的活动理念，各地在“宣传周”活动中形成的好品牌、好做法继续得到实施，或围绕2012年的主题和基本精神开展相关活动。

2012年的“宣传周”活动，通过充满亮点的宣传活动、新颖动人的宣传方式以及贴近实际的宣传内容，使环境与健康的理念更加深入人心，促进全社会可持续发展能力的提高，达到了推动共建生态文明、构建和谐社会的活动初衷。

（三）参与国际科学与和平周活动

2012年，是农工党参与举办“国际科学与和平周”（以下简称“和平周”）活动20周年，为此农工党中央编辑出版了《为了科学与和平——农工党参与联合国国际科学与和平周二十周年纪念册》。20年来，农工党中央及各级组织充分发挥自身优势，关注医药卫生、关注基层、关注民生，开展了丰富多样的活动，把“和平周”理念推向了全国。经过20年持之以恒的努力，“和平周”已成为农工党社会服务的一个重要品牌，多年来持续以送医送药、义诊咨询、捐款捐物、定点帮扶等多种形式服务群众，成效显著。

11月11日至18日，农工党在全国范围内举办了第24届“国际科学与和平周”活动，从形式和内容上都做了很好的拓展和创新，为实现科学发展与永续和平、共创幸福生活作出了积极贡献。

（1）11月11日上午，由农工党中央、“和平周”中国组委会和农工党湖北省委会共同主办的第24届“国际科学与和平周”活动启动仪式在武汉市汉口百步厅社区广场隆重举行。本次活动，大力宣传食品安全法，深入普及食品安全知识，倡导健康的生活理念和生活方式，得到了民众的广泛关注和参与。

农工党中央副主席汪纪戎，“和平周”中国组委会主任高潮，湖北省人大常委会副主任周洪宇、省政府资政段轮一、省政协副主席涂勇，农工党湖北省委会副主委、国家食品药品监督管理局副局长焦红，农工党中央社会服务部部长刘峻杰，中共湖北省委统战部副部长黄波等出席启动仪式。活动由农工党湖北省委会主委、湖北经济学院院长吕忠梅主持。汪纪戎指出，24年来，“和平周”活动持续不断、深入人心，为构建和谐社会、促进和谐世界发挥了积极作用。本次“和平周”活动以“关心食品安全、促进社会和谐”为主题，积极宣传和普及食品安全知识，倡导健康的生活方式，形式新颖、内容充实、贴近百姓，是贯彻落实中共十八大有关精神的具体体现。

11月11日下午，农工党中央社会服务部和农工党湖北省委会还联合举办了以“食品安全的监管与企业社会责任”为主题的论坛。来自湖北省卫生厅、人力资源和社会保障厅、食品药品监督管理局、武汉市食品药品监督管理局、华中科技大学、中南财经政法大学和湖北经济学院等部门和大学的官员和专家学者共聚一堂，从食品安全监管和企业社会责任等方面认真研讨了食品安全问题，气氛热烈、成果丰富。

农工党中央社会服务部副部长张庆伟，“和平周”中国组委会常务副主任、中国社工协会国际科学和平促进会副会长陈一雄，农工党湖北省委会专职副主委曾宪初，农工党湖北省委会副主委、武汉市委会主委侯晓华，湖北省卫生厅副厅长张俊超，湖北省食品药品监督管理局副局长曹敬兰，湖北省科协副主席徐菊明等和当地民众300余人一起参加了活动。

（2）11月25日上午，第24届“国际科学与和平周”开幕式在人民大会堂举行。全国政协副主席张榕明、全国人大常委会原副委员长顾秀莲等出席开幕式。本届“和平周”主题为“促进科学发展，推动文化建设，共建和谐世界”。由于为“和平周”活动作出的突出贡献，农工党中央再次获得“和平周”中国组委会颁发的“最佳活动组织奖”。来自农工党中央、九三学社中央、中国科学院、中国工程院、全国总工会、全国妇联等主办、协办单位的代表和其他各界人士约 800 人参加了开幕式。

据不完全统计，第 24 届“国际科学与和平周”活动期间，农工党各级组织在 30 个省、自治区、直辖市，150 多个城市，围绕“和平周”主题举办了丰富多样的社会公益活动，邀请了 2400 余名医学、法律、科技等各个领域的农工党专家参加活动，共发放宣传资料 5.6 万余份，捐赠了药品、物资和现金总价值达 140 余万元，受益群众 7 万余人。

（四）开展多种形式社会服务活动

1. 组织开展“杏林春雨行动”

“杏林春雨行动”活动旨在通过组织开展多种形式的社会服务活动，培养基层医药卫生人才，宣传普及中医药科学和文化、推广使用中医药适用技术、总结交流中医药学术经验，从而推动我国医药卫生事业的发展，推动中医药事业的振兴和发展。不仅发挥了农工党在医药卫生领域的人才优势，也体现了农工党对医药卫生事业发展的长期关注和支持。

（1）“杏林春雨行动——农工党推动医药卫生事业发展项目”正式启动。1 月 8 日，由农工党中央社会服务部主办，吴阶平医学基金会检验专项基金和《前进论坛》杂志社承办的“杏林春雨行动——农工党推动医药卫生事业发展项目”启动仪式在农工党中央机关举行。“杏林春雨行动”专家指导委员会和组织委员会宣告成立。“杏林春雨行动——农工党推动医药卫生事业发展项目”将在 2012 至 2014 年开展三项主要活动：一是每年举办 3 期基层医药卫生人才培训班，提高基层医药卫生人员的业务水平和综合素质，每期培训 100 至 200 人；二是每年举办 1 次中国医药卫生发展论坛，邀请医疗卫生服务机构负责人、医疗卫生行业专家学者及医药行业企业代表等，交流和探讨我国医药卫生改革和发展中的重点问题和突出问题以及解决之道；三是每年举办 1 次两岸四地中医药发展论坛，交流和探讨大陆、台湾、香港、澳门四地的中医药事业发展发展状况，推动中医药理论和技术的传播和发展。农工党中央秘书长陈建国、宣传部部长石光树、社会服务部部长刘峻杰，农工党中央医委会副主任、国家中医药管理局科教司司长苏刚强，社会服务部副部长张庆伟，吴阶平医学基金会副秘书长管昌平等 100 多人参加了启动仪式。

（2）6 月 8 日，“杏林春雨行动”唐山市基层医疗技术培训班开班仪式在河北省唐山市举行。本次培训班由农工党中央社会服务部、农工党河北省委会、河北省卫生厅共同主办。培训班重点在于加强受训人员的基层临床诊疗能力和公共卫生服务能力，使学员胜任基层全科医疗岗位的要求等。农工党中央社会服务部副部长张庆伟，农工党河北省委会副主委徐英，农工党河北省委会副主委、唐山市委会主委、唐山市副市长高瑞华等出席了开班式。培训班为期 2 天，邀请了来自河北医科大学二院、河北医科大学三院、湖南湘雅医学院、唐山工人医院、开滦总院的 6 名教授授课，来自唐山市的 120 名中心卫生院院长、检验师和全科医生参加了此次培训。

（3）10 月 28 日，“杏林春雨行动”吉林省基层医疗技术培训班开班仪式在吉林省长春市举行。本次培训班由农工党中央社会服务部主办，吉林省卫生信息学会、农工党长春市委会、长春海外联谊会医学分会承办。农工党中央社会服务部、吉林省卫生信息学会、吉林省卫生信息学会、农工党长春市委会等单位相关同志出席了开班式。培训课程包含心梗快速定量诊断临床应用、心肌梗塞的临床防治、乳腺疾病诊治新技术等基层实用内容，主办方邀请到中华医学会检验分会主委、首都医科大学检验系主任、北京天坛医院检验科主任康熙雄，吉林大学第一医院心内科教授张昱等知名专家为学员们授课，来自吉林省各地基层医疗卫生机构负责人、医务人员共100余人参加了培训。

（4）中医特色专科建设座谈会。11月27日，农工党中央社会服务部、中国初级卫生保健基金会在四川省成都市召开“中医特色专科建设”座谈会。农工党中央社会服务部部长刘峻杰、国家中医药管理局医政司司长许志仁、农工党四川省委会专职副主委张庆文等出席会议。刘峻杰指出，提升基层中医药服务能力，更好地满足广大群众对中医药服务的需求，不断提高人民的健康水平，是我们努力的方向。许志仁对农工党中央社会服务部、中国初级卫生保健基金会积极参与和促进中医药事业的发展高度赞赏。成都肛肠专科医院院长杨向东、绵阳市三台县刘营中心卫生院院长武公富分别代表培训基地和受训基层卫生机构作了发言。座谈会上，中国初级卫生保健基金会向成都肛肠专科医院、刘营中心卫生院等捐赠了价值100余万元的电子胃肠镜。来自四川省中医药管理局、成都市卫生局，以及四川省各地的中医院院长、专家共50余人参加了会议。

2. 推动“中华母亲节”系列活动

近年来，农工党中央大力支持并推进“中华母亲节”这一新的节庆活动，旨在倡导以孟子母亲仉氏为形象代表，以仉氏生孟子（农历四月初二）之日作为中华儿女共同的节日至—中华母亲节。这一活动的开展，进一步彰显了中华母亲节的现实意义，使感恩母爱深入人心，营造“感恩母爱　崇尚美德”的良好氛围，弘扬了中华孝文化，增强了文化自信和自强。

（1）2012中华母亲节推动大会暨中国·太谷孟母文化园奠基主题活动

3月27日上午，2012中华母亲节推动大会暨中国·太谷孟母文化园新闻发布会在京召开。农工党中央社会服务部部长刘峻杰、副部长张庆伟出席发布会。会议主要介绍了2012中华母亲节推动大会暨中国·太谷孟母文化园的基本情况。农工党中央原宣传部部长、中华母亲节促进会会长李汉秋，山西省社会科学院研究员孟繁仁分别就孟母的历史地位、思想教育内容及推广价值，太谷孟母故里的考证情况作了介绍。刘峻杰在会上为太谷县授予“中华母亲节活动基地”铜牌。

3月31日，2012中华母亲节推动大会暨中国·太谷孟母文化园主题活动开幕式在山西晋中市太谷县隆重举行的全国政协副主席、农工党中央常务副主席陈宗兴宣布活动开幕。农工党中央副主席、广东省委会主委王宁生出席开幕式。农工党中央副主席汪纪戎、全国老龄办副主任肖才伟、晋中市委书记张璞分别在大会上致词。开幕式由山西省政协副主席、农工党山西省委会主委周然主持。本次活动由农工党中央指导，农工党山西省委会、中华母亲节促进会等单位主办，由中共晋中市委、晋中市人民政府、中共太谷县委、太谷县人民政府承办。活动期间，由全国政协副主席、农工党中央常务副主席陈宗兴提写的“孟母故里”牌匾在太谷县揭牌；以深具地方特色的太谷秧歌为表现形式的新编母爱戏剧《孟母三迁》举行了首演，生动再现了孟母明理知信、践行承诺、言传身教的形象；此外，还举行了《孟母故里》邮票首发仪式、孟母文化园奠基仪式、“中华母亲节活动基地”授牌仪式及孟母文化经验交流会等。农工党中央社会服务部副部长张庆伟，农工党各级组织、中华母亲节促进会的相关领导和专家，山西省和晋中市有关部门的领导和同志200余人参加了主题活动。

（2）2012孟子故里·中华母亲文化节活动

4月28日，2012孟子故里·中华母亲文化节活动在孟子故里——山东邹城市开幕。该活动由中华母亲节促进会、农工党山东省委会、济宁市人民政府主办，邹城市人民政府承办。4月28日晚，“母爱无疆——中华儿女大孝在行动”大型主题晚会拉开了2012孟子故里·中华母亲文化节的序幕。4月29日上午，在邹城孟庙，隆重举行了纪念孟母、孟子大典，海内外孟子后裔和社会各界人士近千人参加了纪念大典。农工党中央原宣传部部长、中国民协节庆研究会主任、中华母亲节促进会会长李汉秋，农工党中央社会服务部副部长、中华母亲节促进会副会长张庆伟，农工党山东省委会副主委吕善勇等参加了活动。

3. 帮扶老少边穷地区

9月24日，农工党中央在新疆昌吉回族自治州人民医院隆重举行援疆医疗设备、图书捐赠暨捐资助学仪式。农工党中央副主席、中国初级卫生保健基金会理事长汪纪戎出席仪式。农工党中央此次援疆社会服务活动共向昌吉州人民医院、乌鲁木齐县、乌鲁木齐市第23中学、伊犁州霍城县人民医院捐赠了价值近300万元的医疗设备、助学金及图书。其中农工党员、南京路美医学科技有限公司董事长耿献会为此次捐赠活动提供了价值近300万元的医疗设备、助学金及图书。此次活动还邀请了农工党北京市西城区委会主委、北京市广安门医院肿瘤科副主任张培彤教授和农工党员、北京市安贞医院心外科副主任黄方炯教授对新疆自治区中医院、人民医院作了详细的技术指导。

此外，农工党中央加大对云南、河北、贵州等地的帮扶力度，继续推动“农安合作”项目等。向农工党云南省委会拨5万元，支持楚雄州姚安县左门乡左门村的道路建设；向河北省委会拨5万元，支持统一战线的发源地平山县移民搬迁村李家庄村扬水站的建设；向农工党安顺市委会拨4.7万元，支持中药材桔梗种植，举办农民种植技术培训班，培训农民200人；向农工党新疆区委会拨款5万元，资助贫困生等。

4. 积极参与慢性病防治宣传活动

10月24日，由全国政协教科文卫体委员会、农工党中央、卫生部、民政部和国家中医药管理局共同主办，全国爱国卫生运动委员会办公室、中国社区卫生协会、香港嘉里集团协办，人民政协报社、益海嘉里集团承办的“慢性病防治知识进社区”系列宣传活动第一阶段总结会在全国政协礼堂举行。该活动从2011年2月到2012年8月，在北京、武汉、福州、南京和西安开展。活动期间，邀请专家近百人，在100个社区就当前高发慢性病开展防治知识专题讲座100场，直接听取讲座的居民逾5万人。全国政协副主席、农工党中央常务副主席陈宗兴，全国政协常委、教科文卫体委员会主任张文康，全国政协副秘书长蒋作君、政协教科文卫体委员会办公室主任邬旦生等出席会议。农工党中央社会服务部部长刘峻杰、副部长张庆伟参加会议。会议由全国政协教科文卫体委员会驻会副主任张秋俭主持。

农工党中央及地方组织高度重视慢性病防治工作，在近年来开展的一系列社会服务工作中有所体现，如贵州毕节贫困山区同心助医工程、定点帮扶乡镇卫生院、基层卫生人员培训、各类义诊咨询服务、慢性病免费筛查等，取得了显著成效。农工党中央领导高度重视“慢性病防治知识进社区”系列宣传活动的组织举办，常务副主席陈宗兴多次出席活动并给予重要指导，副主席汪纪戎作为活动组委会副主任直接参与活动的领导。农工党相关地方组织积极协调配合各方会场活动的举办，邀请了一批知名的党员专家参与活动。在下一阶段的活动中，农工党中央将会一如既往地积极参与并给予活动大力支持。

会议还对优秀组织单位和讲座专家进行了表彰，农工党党员、著名中医肿瘤专家李佩文，农工党党员、著名中医药骨伤科专家温建民获得“优秀科普专家奖”。

会后，与会领导和嘉宾还参观了“十一届政协医药卫生界、体育界全国政协委员参政议政履职成果展”暨“慢性病防治知识进社区系列宣传活动”第一阶段成果展。

2012 年，农工党在全党范围内还开展了文化工作调研，同时在定点帮扶乡镇卫生院、新农村建设服务点、和谐社会联系点、心理咨询、法律援助等传统社会服务工作中都取得了新的进展。

四、自身建设

（一）思想理论建设

2012 年，农工党坚持以科学发展观为统领，突出坚持中国共产党领导、坚持中国特色社会主义政治发展道路这一主题，始终把思想建设作为政治交接和自身建设的核心，加强学习，深化认识，坚定信念，积极探索思想理论工作的新思路、新途径、新举措，不断巩固多党合作的思想政治基础，始终做到与中国共产党在思想上同心同德、在目标上同心同向、在行动上同心同行。

1. 坚持以思想建设为核心

高度重视政治学习，努力加强思想建设。2012 年，农工党先后围绕学习宣传贯彻全国“两会”精神、胡锦涛同志“7·23”重要讲话精神和中共十八大精神等重点，努力加强思想建设。全国“两会”结束后，农工党中央制定下发了《关于认真学习贯彻十一届全国人大五次会议和全国政协十一届五次会议精神的通知》。胡锦涛同志 7 月 23 日在省部级主要领导干部专题研讨班上发表重要讲话后，农工党迅速组织开展学习。中共十八大召开前，我们在对如何学习宣传贯彻中共十八大精神作了安排和部署。中共十八大胜利闭幕后，11 月 16 日上午，农工党中央迅速组织召开了学习贯彻中共十八大精神座谈会，农工党中央主席桑国卫，常务副主席陈宗兴，副主席陈竺、汪纪戎、刘晓峰，原副主席宋金升及中央机关代表、离退休党员代表、北京市党员代表等先后发言，畅谈体会。农工党在京中委、中央机关全体同志、离退休老同志及北京市委会机关干部、党员等 170 余人参加了座谈会。11 月 20 日，农工党中央制定下发了《关于学习宣传贯彻中共十八大精神的通知》，进一步推动在全党掀起学习宣传贯彻中共十八大精神的高潮。此外，为加强思想建设，推动宣传思想工作互通信息、交流情况，编印了三期《宣传思想工作通讯》。

深入开展学习践行社会主义核心价值体系活动。根据农工党中央《树立和践行社会主义核心价值体系三年工作规划》安排部署，以换届工作为契机，以政治交接为主线，继续深入开展学习践行社会主义核心价值体系活动，以推动形成有利于学习践行活动的长效机制，进一步推动学习践行活动产生实际成效和发挥积极作用。5月25日，农工党中央制定下发了《关于深入开展学习践行社会主义核心价值体系活动的通知》，要求在认真贯彻执行《树立和践行社会主义核心价值体系三年工作规划》、切实抓好2012年“总结提高年”要求的基础上，深入开展以“实践‘同心思想’、深化政治交接”为主题的学习教育活动。7月6日至7日，在广西壮族自治区南宁市召开了“实践‘同心’思想、深化政治交接经验交流暨理论研讨会”，农工党中央副主席王宁生、广西区委会主委彭钊、中央宣传部部长石光树等出席会议并讲话，20多个省委会的专职副主委或宣传部长参加会议。会议认真总结交流了各地深化政治交接的成果、经验和体会，深入研讨了“同心”思想的理论价值、科学内涵和指导意义，研究部署学习贯彻“同心”思想的具体措施，推进各项工作。

2. 不断推进理论建设水平

继续推动参政党理论研究点建设。2012年，经过严格挑选和充分准备，农工党中央批准建立了第七个参政党理论研究点——安徽点。3月26日，农工党中央参政党理论研究安徽点授证仪式暨研究点工作会议在安徽省合肥市举行。同时，召开了参政党理论研究点工作会议，就研究点的工作及本年度工作计划进行了深入的交流和探讨。

努力加强理论研究成果的转化。由农工党重庆市委会、湖北省委会分别承担的农工党中央的两项重点课题成果《科学发展观与参政党建设研究》、《强学而力行：社会主义核心价值体系研究》，经过两年多时间集体攻关、反复研讨审改，于2012年初正式出版发行。3月22日，农工党中央召开了两本专著的出版座谈会暨首发式。

稳步推进日常工作。根据下发的《2011年理论研究课题年度计划》，结合实际确定重点研究课题，对2011年理论研究先进组织、优秀成果进行了表彰评选工作。经过认真评选，评出“2011年理论研究先进组织工作奖”11名；从收到的200余篇论文中，评出“2011年理论研究优秀成果奖”：一等奖7名，二等奖10名，三等奖30名。这些成果收集编入了《2011年中国农工民主党理论研究优秀论文集》。此外，还编印了《理论研究参考》6期，刊出文章40余篇。

（二）社会宣传及党内宣传

1. 社会宣传取得丰硕成果

农工党中央高度重视宣传工作，中央领导几次作出批示和要求，宣传部也多次就进一步提高宣传水平和效果进行研究。据不完全统计，一年来《人民日报》、《光明日报》、《经济日报》、《科技日报》、《人民政协报》、《团结报》等中央级媒体，共刊登有关农工党的文章600余篇，报道的数量、质量稳中有升，对农工党凝聚力量、社会影响和形象塑造都起了很好的作用。

围绕全国“两会”以及农工党有关会议进行宣传。全国“两会”前夕，农工党中央召开了中央和首都新闻媒体记者新春联谊会暨“两会”情况通报会，重点介绍了农工党参政议政工作及重点提案等内容。针对农工党部分重点提案，策划专题稿件，推荐给各大媒体发表。挖掘农工党在全国“两会”上的亮点，积极为各新闻媒体提供稿件，关于强本固基维护实体经济坚实基础的“一号提案”、农工党在履行参政党职责中彰显业绩等方面文章被各大媒体纷纷转载，扩大了农工党的宣传面；还在《人民政协报》、《团结报》、《科技日报》等报刊刊登了“两会”专版。据不完全统计，全国“两会”期间，共有200余篇有关农工党的稿件见诸报端。为切实做好农工党十五大及其前后的宣传报道工作，营造良好的舆论氛围，农工党中央制定了详细的宣传报道方案，认真开展好各项宣传报道工作。具体工作包括：会前的预热宣传，包括撰写、整理新主委访谈，主流媒体高端访谈，五年工作综述，《科技日报》、《人民政协报》、《团结报》专版等；会议期间的宣传，包括对十四届七中全会、十五大开幕式、十五大闭幕式、十五届一中全会的宣传报道；会后的各项宣传，包括召开新任主席与各媒体记者的见面会，新华社、《人民日报》、《人民日报（海外版）》、《光明日报》、《人民政协报》、《团结报》、《健康报》、中新社等有关媒体的专访报道等。

围绕农工党参政议政、社会服务的重点进行宣传。农工党把中央大考察、环境与健康宣传周、生态健康论坛等活动，以及农工党在履职过程中所发挥的作用和取得的成果等作为宣传重点，通过邀请主流媒体记者参与重点考察、加强成果重点宣传等措施，加大宣传报道力度。例如，为反映大考察取得的成果，《公立医院考察纪实》一文刊登在《人民日报》、《团结报》等相关媒体；为宣传农工党中央近年来为赣南等原中央苏区的振兴发展所付出努力，《为赣南苏区的振兴发展助力——农工党中央支持赣南等原中央苏区振兴发展工作纪实》一文发表在各大媒体。此外，还就社会服务的重点工作进行专题宣传。5月8日至13日，农工党中央组织了包括中央电视台、新华社、《人民日报》、《光明日报》、《科技日报》、《农民日报》、《人民政协报》、《团结报》、《中国政协》、《前进论坛》、人民网、贵州电视台、《贵州政协报》等13家媒体记者、18名记者组成的中央新闻媒体记者采访团，赴贵州毕节、大方开展主题采访宣传活动，实地了解和宣传农工党中央及各级组织20多年来帮扶毕节市、大方县的情况及产生的巨大变化。中央电视台《东方时空》栏目特别播出了大方专题，经济频道和农业频道再次派员赴大方深入采访报道，《科技日报》刊出专版，《团结报》连续刊出系列报道，新华社、《光明日报》、《农业日报》、《人民政协报》、《中国政协》等媒体刊出数十篇高质量报道，掀起了宣传多党合作服务科学发展“毕节模式”的高潮。

积极开拓社会宣传的新思路、新渠道。2012年5月，农工党中央起草了《农工党中央实施“同心”行动方案》。依据《方案》安排，开展了一系列卓有成效的活动。由农工党中央宣传部、中央社会服务部和贵州省委会联合组织，确定选题，中央电视台七频道将农工党“同心·产业促进工程”的成果拍摄为四个短片，汇成一个专题播出。11月23日，在农工党中央机关举行了“戮力同心·产业致富”农产品播出周的开机仪式。该系列片于12月5日起连续在中央电视台农业频道及网络电视台播出。此次与中央电视台的合作，为宣传农工党帮扶贵州毕节试验区取得的新成绩以及宣传我国多党合作事业蓬勃向上的良好风貌提供了重要平台，也是农工党社会宣传开拓新思路、新渠道的一个有益尝试。

扎实做好日常宣传。围绕农工党中央及各部门主要工作展开的宣传，如：农工党中央全会、常委会、理论中心组学习座谈会、流动医院汽车捐赠、参政党理论研究点建立、“杏林春雨”行动启动、理论研究成果出版座谈会、农工党著名书画家的书画展、专委会工作、参政议政调研活动等，展开一系列宣传报道工作。此外，整理出版了三期《社会宣传成果专报》。

2. 努力推进信息化建设水平

当前，网络已经成为参政党展现自身形象、扩大对外影响的重要平台，成为提高工作成效、支持参政工作的重要抓手。农工党中央秉承安全、稳定的指导思想，不断加强中央网站宣传能力，努力推进机关信息化建设。

一年来，农工党中央网站及时宣传报道农工党各项工作情况，共编发稿件 2298 篇、图片 3491 张，受关注度不断增加，在展示中国特色社会主义政治制度和政党制度的特点和优越性、服务党务工作、服务党员等方面发挥了积极作用。

加强制度建设，及时做好网站内容的更新和调整。2012 年是农工党中央和省级组织的换届年，网站与农工党中央组织部密切配合，开设省级组织换届专栏，及时更新各省级组织的换届工作进展。中共十八大召开后，网站及时学习宣传贯彻中共十八大精神，宣传中国共产党领导的多党合作和政治协商制度，取得了良好效果。农工党十五大前后，网站开设宣传专栏，整合“同心同德、共铸辉煌”图片展的内容，展现农工党五年来的工作成果，展示农工党十五大代表风采，记录政治交接的重要时刻，深受代表和广大党员的热烈欢迎。此外，进一步完善中央机关网络编辑制度，组建网络编辑小组，不定期开展研讨、培训活动。

做好安全管理，不断改善网络运行环境和服务能力。2012 年，农工党中央完成了中央网站的域名信息备案核验工作、继续做好中央已有域名的注册续费和网站服务器租用续费事宜等，保障了中央网站的正常运转。进行了安全改造，进一步放开网站的查询检索功能、提高网站的安全性、实用性。认真做好机关内、外网的物理隔离，通过用户管理、应用控制、网页过滤、内容审计、流量管理等手段提高改善网络运行环境，推进机关信息化建设。

加强与省级组织网站的工作联系，中央网站与 23 个省级组织网站建立了链接，对其网站建设工作进行交流指导，提高各省级组织网站的维护管理水平。

3.《前进论坛》工作不断前进

2012 年，党刊《前进论坛》始终坚持正确政治方向，牢牢把握舆论导向，坚持思想性、指导性、知识性相结合，为国家中心任务和统一战线工作服务，为农工党中心工作服务，为广大农工党党员服务，充分发挥党刊的思想保障和舆论支持作用。

在宣传内容上既突出重点又涵盖全面。2012 年，《前进论坛》大力宣传中国共产党的理论政策，热情讴歌中国共产党领导的多党合作和政治协商制度，紧密围绕农工党中心工作进行宣传报道。如，报道农工党中央全会和常委会等重要会议和重大活动，发表农工党中央领导的重要文章，报道为小康社会作贡献、人口资源、环境保护、生态健康论坛、“中国环境与健康宣传周”、“国际科学与和平周”等方面农工党参政议政、社会服务的成果；通过“树立和践行社会主义核心价值体系”专栏，阐述观点、宣传典型，推进树立践行活动；重点抓好“理论研究”、“参政议政”、“观察与思考”、“党建视线”、“党员风采”、“党员之声”等栏目，发表有关参政议政、社会服务、自身建设的真知灼见；介绍优秀党员的先进事迹，评析党员关注的社会问题，展示亮点和成果等。

在栏目构思和选题设置上不断开拓思路。2012年,《前进论坛》新增了"同心"思想和"学习中共十八大精神"栏目，按照"走基层、转作风、改文风"活动的要求，组织策划了到江西省吉安革命老区、广东省惠州市等地进行采访报道，深入基层实践，转变作风文风。通过上述开设新专栏、挖掘新选题的举措，使党刊立意更加高远，内容更加突出地方和基层，文风更加追求短、实、新，不断创新，与时俱进，始终保持旺盛的生命力。

坚持高标准严要求，提高办刊质量。《前进论坛》始终坚持把提高质量作为办刊第一要务，进一步抓紧抓实党刊质量。主要做法有：充分调动"三特"人员（特约记者、特约通讯员、特约撰稿人）的积极性和主动性，从源头上保障党刊质量；加大了有分量稿件的约稿力度，刊发了一批质量较高、针对性较强、思想较为深刻的稿件；不断提高编辑校对水平，最大限度地降低差错率；改进封面和内文版面设计，既反映了党刊风貌，又体现了时代特征。

不断完善健全体制机制和规章制度。《前进论坛》进一步加强内部整顿，强化管理，完善了《档案管理制度》、《版式设计规范》、《编辑岗位职责》、《终审、复审、执行编辑及编辑校对工作责任制度》等规章制度，并确保贯彻落实。进一步规范工作程序，严格执行编前会制度、稿件"三审制"和"三校一读"制度，保证杂志社工作高效有序。杂志社全体人员参加了中共中央宣传部开展的"杜绝虚假报道、增强社会责任、加强新闻职业道德建设"专项教育活动，以总结形式向专项教育活动领导小组进行了汇报。

发行工作取得良好成绩。2012年，《前进论坛》进一步完善了党刊发行管理制度和党刊征订奖励制度，完善了征订发行工作机制，围绕发行工作想了很多办法，从各个环节都尽可能地减少纰漏，发行质量有了较大提高。针对征订工作的特点，先后下发了8期《关于2012年度〈前进论坛〉征订工作的通报》和《2010、2011、2012年度〈前进论坛〉全党订阅情况统计对照表》，及时通报信息。同时，加强对相关省级组织的联系、指导，敦促搞好订阅工作。2012年，党刊订阅份数为6万8千余册，在2011年基础上增加了4千余册，订阅率达到党员总数的56%，订阅总数再创历史新高。在发行工作中，有23个省级委员会和120个省辖市级委员会被评为发行工作先进集体，4个省级委员会受到表扬，27位党刊征订负责人被评为发行工作先进个人。

（三）组织工作与党内监督

2012年是农工党省级组织和中央换届年，在农工党中央换届工作领导小组的领导下，我们以《中国农工民主党章程》和《中国农工民主党中央关于做好2011—2012年省级组织和中央换届工作的意见》为指导，以保证换届工作平稳有序进行为工作重心开展工作。

1. 省级组织换届工作

认真做好省级组织换届相关工作。按照农工党中央换届领导小组的统筹安排，农工党中央组织部在认真总结、评价各省五年工作的基础上，起草贺词；分多个工作组，配合农工党中央领导赴各省参加换届工作，全程跟进代表大会；会后第一时间，更新农工党中央网站"2012年省级组织换届专题"内容，制作换届简报等。

高度重视换届中的三方协商工作。换届人选的确定，需要经过中共中央统战部、各民主党派中央和地方统战部共同协商、达成共识。农工党中央高度重视这一工作，对30

个省级领导班子的进退情况进行了详细测算，并针对每个省的具体情况进行了认真的分析，在坚持“党管干部”与尊重民主党派独立自主相统一的原则下，做到充分协商，发表意见。在换届过程中，三方共担政治责任，维护统一意志，确保了班子候选人顺利当选。

协调中央领导出席各省代表大会。各省级组织代表大会召开时间确定后，经与11位主席、副主席分别沟通协商，听取各位领导出席省级代表大会的意见，并有针对性地进行协商，保证每个省代表大会都有中央领导出席。

制订严格的工作程序和应急预案。农工党中央制定了《省级组织换届工作程序》，规范文件报批程序和代表大会的流程，并要求各省参照该程序，结合本省实际，制定各自的工作程序。考虑到个别省份存在的复杂因素，农工党中央组织部又制定了《省级代表大会应急预案》，明确了遇到复杂情况时的应对措施和出现问题后的解决办法，确保相关省级组织圆满完成了换届工作。

这次省级组织换届，时间较紧，任务较重，全党上下都做到了思想重视、目标明确、措施得力。在中共地方党委、统战部的指导帮助下，经过农工党中央和各省级组织的共同努力，圆满完成了预定目标，做到了广大党员满意、农工党中央满意、中共地方党委、统战部满意，是一次平衡顺利、圆满成功的换届。

2. 中央委员会换届工作

在新一届中央委员人选的酝酿提名过程中，我们采取了自上而下部署、自下而上推荐、多次沟通、反复协商的办法。

为保证换届顺利，农工党中央组织部对中央委员的进退情况进行了详细测算，并针对每个省的具体情况进行了认真的分析，准备出了每个省需要协商的重点和难点问题的背景资料。

9月，农工党中央组织部召开协商会，邀请各省委主委、专职副主委、组织部长来京协商中央委员人选名单，充分听取他们的意见，最终名单是各方协商一致达成的共识。

第十五届中央委员，共214人。其中连任133人；新任81人，占37.9%。平均年龄52.5岁。男同志174人；女同志40人，占18.7%，比十四届提高了0.5个百分点。医药卫生界89人，占41.6%；人口资源环境界29人，占13.6%，两项合计占55.2%。具有研究生学历的162人，占75.7%；具有大学学历的52人，占24.3%。具有高级职称的181人，占84.6%。新一届中央委员会的构成，综合考虑了知识结构、能力结构、界别特色、地域分布、年龄梯次和性别比例等因素，界别特色突出，结构比较合理，是一个考虑周全、比较成熟的方案。

在农工党十五大会前和会中，农工党中央组织部完成了大会代表和中央委员候选人的材料收集、核对、修改、编辑、印制工作；完成了设计、制作选票工作；完成了大会选举等工作。

农工党十五大和十五届一中全会通过选举，顺利产生了新一届中央委员会和新一届中央领导班子，所有候选人均高票当选，得到了中共中央统战部和中央领导的高度评价。

3. 党章修改工作

2011年10月19日，农工党中央换届工作领导小组会议研究成立了党章修改小组，正式启动这项工作。这次党章修改，采取自上而下部署、自下而上反馈的方式，充分发扬党内民主，积极宣传，畅通渠道，广泛听取各层次、各方面对党章修改的意见和建议。

2012 年 2 月，农工党中央发出通知，通过 30 个省级组织向全党征求党章修改意见。此后，先后组织召开了六次专题研讨会、座谈会，邀请了包括部分专职党务领导干部、中央委员、党内专家学者以及老同志等共 110 人次参与研讨，听取各方面意见。在认真研究各方面意见建议的基础上，提出了《党章修正案》（初稿），并在一定范围内书面征求意见 239 人次。期间，农工党中央组织部召开了若干次党章修改小组工作会议，经过反复讨论、修改，《党章修正案》（初稿）六易其稿。中共十八大后，邀请党内专家学者，根据会议精神作了相应修改，并逐字逐句推敲全文，形成《党章修正案》（送审稿），提交农工党中央换届工作领导小组审议。根据农工党中央换届工作领导小组意见，形成《党章修正案》（征求意见稿），其后综合各方面的反馈意见，形成《党章修正案》（草案）。

经农工党十四届七中全会审议通过后，形成了提交农工党十五大审议的《中国农工民主党章程（修正案）》。在农工党十五大上，通过了新的《中国农工民主党章程》。

4. 中央监督委员会换届

修订了《中国农工民主党党内监督条例（试行）》，并下发各省级组织；起草了农工党第十四届中央监督委员会工作报告、中央监督委员会换届情况说明、领导讲话等文件，筹办了农工党第十四届中央监督委员会第六次全体会议；起草了中央监督委员会换届方案，完成了农工党第十五届中央监督委员会的组建；起草了农工党第十五届中央监督委员会 2013 年工作计划、领导讲话等文件，筹办了农工党第十五届中央监督委员会第一次全体会议。

5. 其他常规工作

深入学习领会中共中央 4 号文件精神，做好代表人士队伍建设工作。

做好组织数据统计。完成 2011 年第四季度至 2012 年第三季度以及 2011 年度和 2012 年半年度的全党组织发展情况统计数据的收集、审核和汇总工作。

做好干部推荐工作。完成中央社院第 27、28 期共计 4 个班次的民主党派干部进修班、培训班学员推荐、成立临时支部、拨发活动经费和组织学员到中央机关参观并与中央领导座谈等各项工作。推荐第 53、54 期民主党派领导干部出国研修班农工党学员等工作。

（四）党史研究

1. 继续加强党史研究工作

继续修改、完善《过渡时期的中国农工民主党（1949—1956）》。为全国政协文史馆《人民政协光辉历程》展览提供了展品和材料。召开了两次专题会议，组织完成 27 万字文稿的撰写、审核和资料收集，编写了《中国农工民主党与“福建事变”史料研究汇编》。承办了纪念严信民同志诞辰 110 周年座谈会和各民主党派中央和全国工商联史料征集座谈会。进一步加强了与地方党史工作者的业务联系。

2. 做好党史资料收集工作

进一步完善党史资料收集办法，通过从有关方面征集和社会途径购买两种方式收集党史资料。2012 年，新增党史资料 72 件：其中，从黄琪翔、丘哲后人处征集到黄琪翔、丘哲编著的刊物复制件 39 本、其他文物复制件 1 件；从农工党江苏省委会征集到党史资料 16 件；通过社会途径购买党史书籍 16 本。

3. 推动党史教育基地建设

完成“中国农工民主党历史陈列室”的维护和参观接待工作，根据农工党十五大情况进行了部分内容的调整，全年共接待党内外参观者 23 批、310 余人次。支持农工党河北省委会在保定军校建设“保定军校毕业的农工党领导人陈列室”，支持农工党福建省委会在福州于山建设“农工党与福建事变陈列馆”，加强与重庆“特园”民主党派历史陈列馆和惠州“邓演达纪念园”的交流，提供补充资料，促进相关内容的更新。

（五）机关建设

2012 年，农工党各级机关围绕学习贯彻中共十八大精神和顺利实现农工党中央和省级组织换届等重点工作，以建设和谐机关为目标，以加强能力建设为重点，进一步推进思想建设、作风建设和制度建设，机关工作制度化、规范化、程序化进一步加强。机关工作人员认真履行岗位职责，讲学习、讲团结、讲奉献，服务参政议政和党务工作的能力进一步提高。

开展学习贯彻中共十八大精神系列活动。11 月 8 日上午，中共十八大隆重开幕，这是党和国家政治生活中的大事，也是民主党派政治生活中的大事。农工党各级组织机关干部集中收看了开幕式，认真聆听了胡锦涛同志代表中共十七届中央委员会向大会作的报告，并要求各部门充分利用电视、广播、报纸、互联网等媒体，认真组织好机关同志在会议期间的收听收看工作。机关干部纷纷盛赞中共十六大以来我国各项事业尤其是多党合作事业取得的辉煌成就，满怀无比喜悦心情庆祝中共十八大胜利召开。

进一步加强机关公务员工作。2012 年，农工党中央紧紧围绕中心，服务大局，结合实际，突出重点，积极稳步推进完成了公务员录用、考核、晋升、培训和老干部管理服务等各项工作，并不断创新工作机制和服务方式，进一步提高了工作水平和服务质量。其中，中央机关新招录公务员 3 名，晋升处级干部 9 名，科级干部 7 名，并选派 1 名干部到贵州毕节地区挂职锻炼。加强机关培训工作，7 月 17 日至 21 日举办了以“更新知识，提高履职工作能力和水平”为主题的机关干部培训班，丰富业务知识，了解前沿问题，同时在培训工作中创新培训模式，将授课培训与实践考察、互动交流相结合，组织全员赴河北省承德市进行社会实践，拓宽工作视野，增强社会实践。同时，积极选派中央机关干部参加中组部、统战部等单位组织的各类培训学习，不断提高干部队伍素质。

进一步规范机关办文工作。按照农工党中央领导促进机关公文办理制度化、规范化的要求，严格执行收文、发文程序，不断提高办文工作质量。在公文制发过程中，认真履行职责，细心审核文稿，严把公文办理关，切实提高公文质量，以保证准确传达贯彻中央的精神。一是严把核稿关，仔细审读文件，做到用词规范，标点正确，符合行文规范；二是严把审核关，严格审核公文的报批程序是否完备，文稿是否符合起草要求，合理有序地履行会签手续等，对不符合办理程序和要求的文稿退文重办；三是严把缮印关，文稿不符合审批程序或不完整的不予印制；四是严把校对关，特别是会议文件在印制前反复校对核稿。

进一步加强机关档案工作。为顺应档案工作信息化的发展趋势，参照多家中央国家机关的成功经验，在充分调研基础上，农工党中央筹备并召开多次档案数字化建设工作会议，启动了档案整理和数字化加工项目。为做好这一项目，我们认真选定项目承接公司，编辑《档案整理操作手册》，并对项目合同书多方征求修改意见，及时申请采购所需物品和设备。2012 年 10 月，农工党中央机关档案数字化项目正式启动，中央办公厅积极配合项目承接公司的工作，及时进行档案的出库和入库，推动项目稳步实施。此外，派员参加了中央国家机关档案工作第十业务协作组会议和国家档案局档案馆（室）业务指导司组织召开的中央和国家机关所属机构档案工作会议，学习有关会议精神和好经验、好做法。

进一步加强资产管理工作。为落实建设节约型机关精神，按照国家有关规定和财政部的要求，农工党中央逐步完善机关固定资产管理制度，对机关固定资产和其他资产进行有效的重新清理、登记、造册工作；按时上报行政、事业单位固定资产管理系统的统计；做好行政管理和后勤保障工作。

进一步做好机关工会工作。2012 年，农工党中央机关工会以“有利于团结和谐、有利于工作学习、有利于健身强体”的工作思路，以及“群众性、参与性、普及性”的工作原则，组织开展工会工作，各项工作取得了新进展、新成绩。一是积极参加中直机关工会组织开展的各项活动。6 月 12 日，由于在职工健康生活工作中的优秀表现，农工党中央机关工会被推荐到“中央直属机关推进健康计划座谈会”作大会发言，受到中直机关工会领导及兄弟单位的好评。二是落实中直机关工会“职工健康推进计划”，组织开展春季、秋季户外锻炼等健身活动。三是坚持开展关心会员送温暖活动。机关工会鼓励支持会员互相关心、互相支持、互相帮助，工会也把对会员的关心落到实处，以开展送温暖看望慰问活动等多种形式体现工会组织对会员的关心，努力把机关工会建设成为“职工之家”。四是女工委积极开展关心女职工工作。五是坚持办好会刊《会员之友》。农工党各级地方机关工会也积极发挥作用，做了许多工作。

此外，农工党中央及地方组织机关党团组织在各自机关建设中也发挥了重要作用。

（六）组织及成员概况

截至 2012 年 12 月底，农工党共有地方组织 355 个。其中，包括省级组织 30 个，省辖市级组织 276 个，县级组织 49 个。基层组织 6050 个，其中基层委员会 158 个，总支 580 个，支部 5200 个。全年新加入成员 6424 人。成员总数 129105 人，其中女成员 64346 人。平均年龄 51.3。离退休 41533 人。

农工党界别分布如下：医药卫生界 75505 人，百分比 58.5%；普通教育界 10635 人，占 8.2%；高等教育界 9744 人，占 7.5%；科学技术界 8990 人，占 7%；政府司法机关 6688 人，占 5.2%；新的社会阶层人士 5172 人，占 3.9%（其中私营企业主 2437 人，占 1.9%）；文化艺术界 3885 人，占 3%；公有制经济界 3171 人，占 2.5%；党派机关 1763 人，占 1.4%；新闻出版界 453 人，占 0.4%；团体 304 人，占 0.2%；其他 2795 人，占 2.2%。

担任各级人大代表的共有 1974 人。其中，全国人大常委会副委员长 1 人、人大常委 5 人、人大代表 52 人；省级人大常委会副主任 4 人、人大常委 38 人、人大代表 284 人；市地级人大常委会副主任 37 人、人大常委 238、人大代表 874 人；县市区级人大常委会副主任 76 人、人大常委 261 人、人大代表 764 人。

担任各级政协委员共有 10852 人，其中全国政协副主席 1 人、政协常委 14 人、政协委员 87 人；省级政协副主席 18 人、政协常委 213 人、政协委员 905 人；市地级政协副主席 163 人、政协常委 1105 人、政协委员 4590 人；县市区级政协副主席 198 人、政协常委 1272 人、政协委员 5270 人。

政府及司法机关中，担任中央机关部级干部 1 人，省、市、自治区领导 2 人，中央司局级干部 4 人、地方厅局级干部 63 人、地方地市级干部 44 人，县处级干部 680 人。

农工党成员学历情况如下：有大本以上学历的占 69.3%；有中、高级职称的占 87.9%。担任中国科学院院士的共有 8 人。担任中国工程院院士的共有 7 人。

石光树　农工党中央宣传部部长
常云岐　农工党中央宣传部主任科员

中国致公党

2012年,致公党以科学发展观为统领，坚持中国特色社会主义政治发展道路，围绕中共中央和国务院的中心任务，充分发挥致公党的“侨”、“海”特色，切实履行参政议政、民主监督职能，在自身建设,海外联络，社会服务等方面取得了新成绩。

一、重要会议及活动

（一）致公党第十四次全国代表大会

12月3日至6日,中国致公党第十四次全国代表大会在北京召开。中共中央政治局常委、国务院副总理张德江会见全体与会代表，并代表中共中央致贺词。

中国农工民主党中央主席桑国卫代表各民主党派中央和全国工商联致贺词。国务院侨务办公室主任李海峰代表全国人大华侨委员会、国务院侨务办公室、全国政协港澳台侨委员会和中国侨联致贺词。

大会主席团常务主席万钢代表中国致公党第十三届中央委员会作工作报告。报告在回顾和总结中国致公党五年来的主要工作和基本经验后提出，中国致公党作为多党合作政治格局中的参政党，要深入学习贯彻中共十八大精神，进一步巩固团结奋斗的共同思想政治基础；要增强自身活力，全面推进高素质参政党建设；要发挥特色优势，切实提升参政议政整体水平；要坚持“侨”、“海”并重，积极拓展海外联络新领域；要创新工作思路，努力开创社会服务新局面，为全面建成小康社会、实现中华民族伟大复兴作出新的更大的贡献。

中共中央政治局委员、国务委员刘延东，中共中央书记处书记、全国政协副主席杜青林，全国人大常委会副委员长司马义·铁力瓦尔地和中共中央统战部部长令计划，以及致公党中央原主席罗豪才等出席了开幕会。

本次大会认真学习了中共十八大精神，听取和审议了中国致公党第十三届中央委员会工作报告，审议通过了《中国致公党第十四次全国代表大会关于第十三届中央委员会报告的决议》和《中国致公党章程修正案的决议》，选举产生了由118名中央委员组成的新一届中央委员会。会议期间举行的致公党第十四届中央委员会第一次全体会议选举产生了由34名委员组成的第十四届中央常务委员会和新一届致公党中央领导机构，万钢连任主席，蒋作君、王珣章、程津培、杨邦杰、严以新、黄格胜、曹小红、李卓彬、闫小培当选副主席。

大会号召，全党要高举中国特色社会主义伟大旗帜，坚持以邓小平理论、“三个代表”重要思想和科学发展观为指导，紧密团结在以习近平同志为总书记的中共中央周围，在中共十八大精神的指导下，高举中国特色社会主义伟大旗帜，凝心聚力，开拓创新，为全面建成小康社会和实现中华民族的伟大复兴而努力奋斗。

万钢在闭幕式上讲话。闭幕式还宣读了《给不再担任中央领导职务的同志的致敬信》。全国政协原副主席、致公党中央原主席罗豪才，原常务副主席杜宜瑾、王钦敏，副主席蒋作君、王珣章、程津培、杨邦杰、严以新、黄格胜、李卓彬、闫小培，原副主席郑守仪、王宋大、吴明熹出席了闭幕式。

（二）致公党第十三届中央委员会第六次全体会议

12 月 2 日，中国致公党第十三届中央委员会第六次全体会议在北京举行。致公党中央主席万钢出席会议并讲话。

万钢指出，这次会议是致公党第十三届中央委员会的最后一次全体会议，全体中央委员要以中共十八大精神为指导，以高度的责任感和使命感履行好各项职责，开好此次会议，确保致公党第十四次全国代表大会的顺利进行。

万钢强调，即将召开的致公党第十四次代表大会，要高举中国特色社会主义伟大旗帜，认真学习中共十八大精神，以邓小平理论、“三个代表”重要思想和科学发展观为指导，认真总结致公党五年来的成绩和经验，明确今后一个时期的工作方针和主要任务，选举产生新的领导班子和领导机构，实现新老交替。

万钢要求全体与会代表要统一思想，提高认识，增进团结，把十四大开成一个集思广益、务实创新、民主团结的大会，将致公党的各项工作不断推向前进，为建设中国特色社会主义事业、全面建成小康社会作出新贡献。

会议决定，中国致公党第十四次全国代表大会于 12 月 3 日至 6 日在北京举行。会议讨论通过了《中国致公党第十三届中央委员会的报告（草案）》、《中国致公党章程（修正案）》（草案），决定提请致公党十四大审议，并推举万钢为第十三届中央委员会报告的报告人；会议讨论通过了《中国致公党第十四次全国代表大会全体会议主持人、报告人、说明人、致词人名单（草案）》、《中国致公党第十四次全国代表大会日程（草案）》，决定提请十四大第一次主席团会议审议；会议讨论通过了《中国致公党第十四次全国代表大会议程（草案）》，决定提请十四大预备会审议；会议还听取了《中国致公党第十三届中央委员会监督委员会工作报告》。

致公党中央常务副主席王钦敏主持会议，副主席王珣章、程津培、杨邦杰、严以新、黄格胜、曹小红、李卓彬、闫小培和中央委员及列席会议代表逾百人参加会议。

（三）致公党第十四届中央委员会第一次全体会议

12 月 6 日，中国致公党第十四届中央委员会第一次全体会议在北京举行。

会议审议通过了中国致公党第十四届中央委员会第一次全体会议选举办法；审议通过了中国致公党第十四届中央委员会第一次全体会议总监票人、监票人名单；选举产生了由 34 名委员组成的第十四届中央常务委员会和新一届致公党中央领导机构，万钢连任主席，蒋作君、王珣章、程津培、杨邦杰、严以新、黄格胜、曹小红、李卓彬、闫小培当选副主席；选举中国致公党第十四届中央委员会监督委员会主任、副主任和委员。

（四）致公党中央常务委员会会议

1. 致公党第十三届中央常务委员会第十八次全体会议

3 月 9 日，中国致公党第十三届中央常务委员会第十八次全体会议在北京召开。致公党中央主席万钢，常务副主席王钦敏，副主席王珣章、程津培、杨邦杰、严以新、曹小红、李卓彬、闫小培及中央常委出席了会议，参加“两会”的人大代表、政协委员和有关人员列席了会议。常务副主席王钦敏主持会议。

会议传达学习了“两会”精神；通报了《致公党中央 2012 年工作要点》；审议通过了《中国致公党第十四次全国代表大会筹备委员会名单》；审议通过了《中国致公党章程修订委员会名单》；讨论并通过了《致公党中央关于学习贯彻“两会”精神的决议》。

万钢在会上发表重要讲话，他指出，在实施“十二五”规划承上启下之年召开的这次“两会”，对于进一步凝聚全国人民智慧，推动科学发展，推进中国特色社会主义伟大事业，具有重大意义。认真学习、深刻领会和切实贯彻“两会”精神，是致公党当前与今后一个时期的重要任务。各级组织和广大党员要认真研读“两会”有关文件，将学习贯彻“两会”精神与全面认识和把握当前形势结合起来，与积极致力于推动科学发展结合起来，与积极致力于促进社会和谐结合起来，不断加强自身建设，切实履行参政党职能。

万钢强调指出，吴邦国同志在致公侨联联组会上发表了重要讲话，各级组织和全体党员要认真学习讲话精神，充分发挥致公党的“侨”“海”特色与优势，及时了解和研究侨情，以增进乡情、亲情和友情为重点，多渠道多层次多形式地开展海外联谊工作，凝聚侨心、发挥侨力、集中侨智、维护侨益，切实发挥好在侨务工作中的独特作用，把吴邦国同志对本党提出的殷切希望和要求落实到工作的各个方面。为加快我国现代化建设事业的发展，推进我国统一大业进程作出我们应有的贡献。

万钢强调，今年下半年将召开致公党第十四次全国代表大会，致公党各级组织和广大党员要以政治交接为主题，以践行社会主义核心价值体系为主线，进一步增进全党的政治共识；要以参政为民、侨海报国为内涵，认真总结经验，进一步把握参政规律；要以建设新世纪参政党为目标，认真做好致公党第十四次全国代表大会的各项筹备工作。

2. 致公党第十三届中央常务委员会第十九次全体会议

7 月 14 日，中国致公党第十三届中央常务委员会第十九次全体会议在湖北武汉召开。致公党中央主席万钢，常务副主席王钦敏，副主席王珣章、程津培、杨邦杰、严以新、黄格胜、李卓彬、闫小培及中央常委出席会议，部分省级组织主委、专职副主委，中央机关部门负责人列席会议。

会议主要学习贯彻了中共中央 4 号文件精神，推进政治交接主题教育；审议通过了《中国致公党第十三届中央委员会专门委员会调整和增补主任、副主任建议名单》；审议通过了《中国致公党第十四届中央委员会委员人选提名及名额分配办法（草案）》。

万钢指出，要以学习贯彻 4 号文件为契机，以“人才兴党”为着力点，全面加强本党人才队伍建设。建立一支高素质的复合型人才队伍，是新时期各民主党派更好地为多党合作事业服务的内在要求。我们要准确把握“人才兴党”工程的鲜明主线是尊重人才、服务发展。深刻认识“人才兴党”工程的核心内容是优化党员人才结构。始终坚持“人才兴党”工程的基本途径是理论培训与实践锻炼相结合。从而打造一支具有致公特色、时代特色的高素质人才队伍，积极为推进多党合作事业服务、为推动科学发展服务。

万钢强调，要以做好换届工作为基础，以“同心”思想为引领，继续推进政治交接主题教育活动。要坚持继承传统与弘扬时代精神相结合、政治引导与自觉自主自为相促进，进一步明确政治交接的重要内涵；要以“同心”思想为动力，积极拓展和把握致公党“历史同心”、“党员同心”、“侨海同心”等“同心”思想内涵与党派特色，切实把握学习教育活动的着力点；要坚持学习教育活动与履行自身职能相结合，积极服务科学发展、促进民生改善、增进社会和谐，把学习教育活动内化于心、外践于行。

万钢还指出，要以服务科学发展为目标，以科学把握参政议政规律为要求，切实加强建言献策工作。各级组织要传承在参政议政实践形成的先进经验、优良作风和有效的工作机制与方法，努力做好今年的参政议政工作，并为今后五年的参政议政工作奠定扎实的人力和资源基础。要正确处理好保持传承与加强创新的关系，处理好“发挥传统优势”和“拓展新兴领域”的关系。各级组织要摸清家底，总结前几年调研的体会，整合现有的参政议政资源，有继承、有选择地聚焦我们建言献策的主导领域，真正将这方面的调研做深、做强、做扎实。要不断开拓视野和思路，与时俱进地扩展参政议政的新领域，特别是通过加强与部委、地方党委政府的合作，充分利用党外力量，充实和拓展调研成果。以优异成绩迎接中国共产党第十八次全国代表大会和中国致公党第十四次全国代表大会的召开。

3. 致公党第十三届中央常务委员会第二十次全体会议

10 月 29 日，中国致公党第十三届中央常务委员会第二十次全体会议在北京召开。致公党中央主席万钢，常务副主席王钦敏，副主席王珣章、程津培、杨邦杰、严以新、黄格胜、曹小红、李卓彬、闫小培及中央常委出席会议，部分省级组织及中央直属组织主委，中央机关局级干部列席会议。

会议学习了胡锦涛总书记在省部级主要领导干部专题班上的重要讲话。听取了关于中国致公党省级组织换届工作的情况报告。听取了关于中国致公党第十四次全国代表大会代表推选情况的说明，并进行了部分中央提名代表的推选。会议还审议通过了《中国致公党第十四次全国代表大会中央代表建议名单》。讨论了《中国致公党章程》修订草稿。万钢在会议上作了重要讲话。

万钢在讲话中说，十三届常务委员会即将完成任务。五年来，全党围绕中心、服务大局，立足自身特点和优势，坚持致力为公、侨海报国，认真履行参政党职能，思想建设抓出了新成效、参政议政体现了高水平、海外联谊发挥了新优势、社会服务形成了新品牌，全党凝聚力进一步增强，各项工作得到全面推进。

万钢要求，全党同志要认真学习贯彻胡锦涛总书记在省部级主要领导干部专题班上的重要讲话精神，筑牢思想上的共同基础，确保与中国共产党在政治上的共识、方向上的一致、行动上的协同。中共十八大召开之后，全党要把学习贯彻十八大精神作为首要的政治任务，在吃透精神、融会贯通上狠下功夫，切实把思想认识统一到十八大精神上来，把智慧力量凝聚到落实大会提出的目标任务上来，坚定不移地走中国特色社会主义道路。要深刻领会中共十八大精神，全面准确把握新形势对参政党工作的新要求；要注重落实中共十八大精神，扎实推进重点工作，不断开创本党工作新局面；要学习执政党的党建经验，全面推进高素质参政党建设。

万钢指出，人才培养和锻炼是一项长期工作，希望大家继续做好“人才兴党”这项工作。特别是要结合这次换届，总结在换届工作中，我们在吸纳人才、加强后备干部队伍建设方面的好经验、好做法，针对薄弱环节，对下一阶段的工作提出具体的部署。希望在省级组织换届工作中新上来的同志可以做到热爱党派工作，乐于奉献统战事业；加强自身理论与业务学习；增强综合协调能力；顾全大局、注意班子团结。

万钢指出，致公党第十四次全国代表大会将在12月初召开，目前筹备工作已经全面启动，各项工作平稳有序。当前，希望大家继续抓好建言献策工作，大力加强队伍建设。再接再厉，团结协作，努力把本党的各项工作不断推向前进，以优异的成绩迎接中共十八大的胜利召开。

4. 致公党第十三届中央常务委员会第二十一次全体会议

12月1日，中国致公党第十三届中央常务委员会第二十一次全体会议在北京召开。致公党中央主席万钢，常务副主席王钦敏，副主席王珣章、程津培、杨邦杰、严以新、黄格胜、曹小红、李卓彬、闫小培及中央常委出席会议，部分省级组织及中央直属组织主委，中央机关局级干部列席会议。

会议进行了以下主要议程：审议通过了致公党十三届六中全会议程；审议通过了致公党十三届六中全会日程；讨论通过了中国致公党第十三届中央委员会的报告；讨论通过了《中国致公党章程（修正案）》；讨论通过了关于《中国致公党章程（修正案）》的说明；审议通过了中国致公党第十四次全国代表大会筹备工作报告；审议通过了中国致公党第十四次全国代表大会代表名单；讨论通过中国致公党第十四届中央委员会委员候选人名单（草案）；讨论通过中国致公党第十四次全国代表大会代表资格审查委员会名单（草案）；讨论通过中国致公党第十四次全国代表大会主席团、秘书长名单（草案）；讨论通过中国致公党第十四次全国代表大会副秘书长名单（草案）；讨论通过中国致公党第十四次全国代表大会主席团常务委员会名单（草案）；讨论通过中国致公党第十四次全国代表大会秘书处机构设置（草案）；审议通过中国致公党第十三届中央委员会监督委员会工作报告（草案）；讨论通过中国致公党第十四次全国代表大会议程（草案）；讨论通过中国致公党第十四次全国代表大会日程（草案）。

5. 致公党第十四届中央常务委员会第一次全体会议

12月6日，中国致公党第十四届中央常务委员会第一次全体会议在北京召开。致公党中央主席万钢，常务副主席蒋作君，副主席王珣章、程津培、杨邦杰、严以新、黄格胜、曹小红、李卓彬、闫小培及中央常委出席会议。

会议审议通过了中国致公党第十四届中央委员会秘书长建议名单。

（五）致公党第十四届中央委员会监督委员会第一次全体会议

12 月 6 日，中国致公党第十四届中央委员会监督委员会第一次全体会议在北京召开。致公党中央常务副主席、中央监督委员会主任蒋作君主持会议。致公党中央副主席、中央监督委员会副主任杨邦杰和新一届监督委员会委员出席会议。会议指出新一届监督委员会工作重点是在总结试点单位经验的基础上进一步落实并完善党内监督机制。会议决定结合党务工作实际，对党内监督工作条例进行修订完善，进一步健全和完善谈心会、领导班子述职和民主评议等制度；在条件成熟的情况下，在全党范围内稳步推进党内监督工作的开展。

（六）中国发展论坛 •2012

9 月 17 日至 18 日，中国发展论坛 •2012——可持续发展 20 年暨资源枯竭型城市转型在湖北黄石召开。致公党中央主席万钢出席论坛开幕式并作主旨报告。中共湖北省委副书记、省长王国生出席开幕式并讲话。中共黄石市委书记王建鸣致辞。全国人大常委、华侨委副主任、致公党中央副主席杨邦杰主持开幕式。

万钢在报告中指出，今年是中国实施可持续发展战略二十周年，又适逢党的十八大即将召开，致公党中央与湖北省人民政府在黄石共同主办中国发展论坛，交流和探讨可持续发展和资源枯竭型城市转型的思路、目标、定位、途径等重大问题，具有十分重要的意义。万钢强调，当前，世情、国情正在发生深刻变化，我国经济社会发展呈现出新的阶段性特征。深入推进我国的可持续发展战略，既面临难得的历史机遇，也面对诸多压力与挑战。特别对于资源枯竭型城市而言，在推进资源枯竭型城市可持续发展的道路上更是任重道远。

万钢认为，进一步明确发展思路和发展重点，抓住并用好新的历史发展机遇和挑战形成的“倒逼”机制，努力在经济结构调整、发展方式转变上探出一条新路，已经成为资源枯竭型城市谋求新一轮发展的重要课题，也成为我国推进可持续发展的重要一环。他建议，应该把坚持加快经济转型升级作为实现资源枯竭型城市可持续发展的重大举措；把科技创新作为实现资源枯竭型城市可持续发展的不竭源泉；把全面改善民生作为实现资源枯竭型城市可持续发展的内在要求；把促进生态建设作为实现资源枯竭型城市可持续发展的重要任务。

最后，万钢希望与会嘉宾能够围绕本次论坛主题，交流经验、探讨问题、共商对策，更好地研究和破解我国可持续发展和资源枯竭型城市转型中遇到的难点和挑战，为促进我国科学发展贡献力量。

中共湖北省委副书记、省长王国生代表湖北省人民政府向论坛的举办表示热烈祝贺。他说，近年来，湖北坚持以构建促进中部地区崛起重要战略支点为总目标、总任务，以追求可持续发展为根本行动准则，基本形成了覆盖全省、统筹集成的“一元多层次”战略体系。当前，湖北正在致力于建设富强湖北、创新湖北、法治湖北、文明湖北、幸福湖北，奋力实现富民强省目标。本届论坛的举办，必将对湖北科学发展、跨越发展产生积极的促进作用，要认真学习、研究和采纳与会领导和专家的真知灼见，切实改进工作，为构建促进中部地区崛起重要战略支点作出不懈努力。

中共湖北省委常委、副省长、统战部长张岱梨，湖北省政协副主席仇小乐，湖北省政府秘书长王祥喜，中共黄石市委副书记、市人民政府市长杨晓波、黄石市人大常委会主任吴兴龙、黄石市政协主席郭远东等黄石市有关领导，科技部、工业和信息化部、国土资源部、环保部、国家林业局等部委有关同志，致公党中央秘书长曹鸿鸣、致公党广西、云南、辽宁、海南、湖北、河南等地方组织代表，天津市政协原副主席、致公党中央环发委顾问、南开大学教授朱坦等专家学者共一百三十余人参加开幕式。

为期两天的论坛，来自可持续发展领域的16名专家、学者，结合各自研究成果和体会，从前沿理论视野和丰富的实践层面对资源型城市转型发展的科学路径以及如何实施可持续发展战略等重大课题进行深入研讨，为城市加快推进资源枯竭型城市转型发展建言献策。其中，朱坦就《资源型城市产业园区循环化改造时实现可持续发展的重要途径》，孙立坚就《创新驱动和转型发展急需金融改革》，高吉喜就《资源型城市转型报告》，徐晓兰就《全国云计算产业发展现状及胡北云计算发展》，杨德才就《究竟是什么决定经济发展——论资源枯竭型城市的转型发展之道》、王军就《盘锦资源型城市转型报告》，王少平就《资源枯竭型城市的创新——机遇上海杨浦老工业城区创新转型的思考》进行发言。

闭幕式上，中共黄石市委常委、组织部长、统战部长冯艳飞致答谢辞。杨邦杰副主席作论坛总结并对中共湖北省委、湖北省人民政府，中共黄石市委、黄石市人民政府，致公党湖北省委会、致公党黄石市委会以及市直有关部门对本届论坛的成功举办作出的贡献表示感谢。

本届论坛由致公党中央和湖北省人民政府共同主办，由黄石市人民政府、致公党中央环境与可持续发展委员会、致公党湖北省委员会和中国发展杂志社承办，中共黄石市委统战部和致公党黄石市委会协办。

（七）第三届海峡科技论坛

11月2日，由中国致公党中央委员会主办，江苏省科学技术厅、中国致公党江苏省委员会、江苏省人民政府台湾事务办公室、昆山市人民政府承办的“2012海峡科技论坛”在江苏昆山举行。致公党中央主席万钢，中国国民党原副主席、海基会原董事长、台湾三三会会长江丙坤，江苏省副省长何权，海峡两岸关系协会执行副会长兼秘书长李亚飞出席论坛并致辞。

万钢在致辞中指出，过去四年，海峡两岸科技交流规模持续扩大，成果日益显著。经过几年的共同努力，两岸科技合作初步形成了常态化和机制化的良好局面，为今后进一步推动两岸科技合作奠定了很好的基础。目前，两岸科技界正同样面临全球产业变革的重大机遇和挑战，海峡两岸科技界、经济界应加强交流与合作，共商大计、共谋发展、共创双赢。万钢强调，当前一是要共同推进战略性新兴产业发展，发挥各自优势，围绕产业发展和市场需求部署研发创新，探索建立科技支撑产业发展的良好机制。二是切实加强两岸科技协同创新，在公益性领域加强交流与共享，在互补性领域加强分工与合作。三是要携手实现创新驱动发展，共同研究世界科技发展新趋势，探讨国际科技竞争格局及产业转移的规律，研究两岸在全球价值链中的优势与定位，寻求切实可行的制度性合作框架，建立共同的知识产权保护机制和技术标准体系，实现两岸创新体系的系统对接。要在合作中加强科技人才的培养，提升两岸的综合竞争力，为民众谋福祉，为两岸和平发展大局作出更大贡献。

来自两岸科技界、企业界人士约400人应邀出席了论坛。致公党中央常务副主席王钦敏，致公党中央副主席闫小培等也参加了论坛。

（八）“留学报国”大型主题活动

2012年，致公党中央留学人员委员会联合科技部火炬高技术产业开发中心、教育部留学服务中心、中国国际人才交流协会（中心）共同主办“留学报国”大型主题活动。该活动旨在宣传留学人员回国创业的成绩，引起社会对他们的广泛关注，同时进一步推动各地留创园的发展，广泛争取社会各界对留学人员创业园的支持、理解与协作，共同营造一个鼓励、支持并服务留学人员回国创业的良好社会环境。

3月，组委会在扬州举办新闻发布会，宣布活动正式启动。严以新副主席出席启动仪式并致辞。在扬州站活动中，组委会举办了“留学报国”暨国家“千人计划”特聘专家代表扬州座谈会，传播创新理念，分享创新经验。同时活动组委会与教育部、科技部、扬州市委、市政府合作举办了第四届“春晖杯”中国留学人员创新创业项目（扬州）视频对接洽谈会和“Made For China”创业大赛等活动。参加活动的高层次企业人才代表1000多人，与国外留学人员举行了37场视频项目对接，签约落户的高科技人才项目达36个。

5月，组委会在河南举办了以“新郑州、新海归、新发展”为主题的“中国发展论坛•郑州论坛”暨“留学报国”郑州行主题活动，邀请有关专家学者就“人才建设与科技进步”、“产业聚集与国家宏观政策”、“投融资平台的基本理念和发展趋势”、“对接国家发展战略需求带动中原经济区创新发展”等话题作了主旨演讲。活动期间还召开了国家郑州经济技术开发区发展座谈会，组织企业路演、投融资对接等活动，并邀请了十余家媒体代表参观当地留学人员企业，开展媒体调研。

8月，组委会在包头召开“留学报国”包头行大型主题活动暨2012中国留学人员西部科技交流洽谈会。致公党留学人员委员会自2010年起每年都参与主办中国留学人员西部科技交流洽谈会。今年，共有179名海外高层次人才携带有180个高新产业项目参会，创出“西洽会”举办以来的海归参会人数的新高。据不完全统计，本次洽谈会后有34名海外高层次人才的34个项目达成了入园创业或项目合作意向。

9月，“留学报国”活动组委会着手启动2012“中国留学人员创业园百家最具潜力创业企业”和2012“中国留学人员创业园十大创业领军人物”评选活动。经过2个多月的初审、复审和终审，最终有来自北京、上海、广州、厦门、西安等全国各地的73家企业入围2012“中国留学人员创业园百家最具潜力创业企业”，同时有10名优秀留学人员获得首届“中国留学人员创业园十大创业领军人物”称号。

12月18日，留委会在广州召开“珠江创新论坛”暨“留学报国”大型主题活动——2012科技创业神州行总结大会，论坛还为2012“中国留学人员创业园百家最具潜力创业企业”和“中国留学人员创业园十大创业领军人物”获奖者进行颁奖，为钟南山院士与霍震宇共同建立的“英东南山医药创新有限公司”举行签字仪式。科技部、教育部、外专局、致公党中央等单位领导，广东省有关领导，国内外知名专家学者，留学人员，百家企业入围代表，十大领军人物，园区参会代表，区县代表，海内外媒体等共约 300 人参加了活动。

（九）其他重要会议及活动

1.2012 年“两会”前新闻通气会

2 月 23 日，致公党中央召开了“两会”前新闻通气会。致公党中央副主席杨邦杰出席会议。

杨邦杰介绍了致公党中央过去一年在参政议政方面所做的主要工作，以及此次为即将召开的全国政协十一届五次会议所准备的发言、提案情况。他还向与会记者介绍了致公党成员中参加此次全国“两会”的人大代表和政协委员的主要情况，并欢迎广大媒体记者宣传报道他们在全国“两会”上提出的意见建议。

致公党中央拟向全国政协十一届五次会议报送的提案、发言，既涵盖了突出致公党“侨”“海”特色的内容，也对“十二五”规划的实施、发展方式转变、经济结构调整、区域发展以及涉及民生的社会热点给予了重点关注。

十余家中央媒体记者参加了此次会议。

2. 中国致公党展馆开馆仪式

3 月 9 日晚，中国致公党展馆开馆仪式在京举行。致公党中央主席万钢出席开馆仪式并讲话。

万钢指出，展馆的建设是致公党自身建设的重要组成部分，是传承历史、教育党员、发扬传统的文化殿堂。历史的经验告诉我们：一个政党要生存和发展，至少有两条需要紧紧把握：一是该党性质和宗旨，一是该党历史和现状。离开这两条，该党就难以生存，更谈不上发展。一个政党只有不断研究和传承它的历史，才能得到历史的启迪，开启未来的道路。致公党中央展馆虽然占地面积不大，但是凝集了致公党在各个历史时期的图文资料和文物。这对于认识和了解致公党风雨兼程的过去、积极有为的现在、光明美好的未来具有重要的意义，它也必将成为我们优良传统教育、熏陶爱国主义精神、宣传多党合作的重要平台，必将成为广大海外侨胞和社会各界了解致公党的一个重要窗口。

万钢强调，中国致公党展馆作为我们“致公党传统教育基地”，要努力在教育党员、构建社会主义核心价值体系上发挥作用，在传播和弘扬致公党优秀传统、推动坚定信念、增强凝聚力上发挥作用，在加强提升党史研究水平和创新能力、推进学习型参政党建设上发挥作用。全党要以此为契机，把学习贯彻“两会”精神与加强自身建设、提高履职能力有机结合起来，锐意创新、砥砺奋进，以优异的成绩迎接中国共产党第十八次全国代表大会和本党第十四次全国代表大会的胜利召开。

中国致公党展馆位于致公党中央办公楼地下一层，面积近 300 平方米。展馆共分前言、历届领导、多党合作、历史简况、参政议政、联络工作、社会服务、宣传教育、机关建设九大板块，运用大量的图片和实物展示了致公党的历史和现状。

开馆仪式由致公党中央常务副主席王钦敏主持。副主席王珣章、程津培、杨邦杰、严以新、曹小红、李卓彬、闫小培等致公党中央常委，参加全国“两会”的致公党员中的人大代表、政协委员及中央机关局级干部，中央统战部有关同志逾百人出席了开馆仪式。

3.“两会”精神学习会

3月19日，致公党中央机关召开全体会议，传达学习“两会”精神。致公党中央常务副主席王钦敏，副主席杨邦杰、严以新、闫小培出席会议，中央机关全体同志参加了学习活动。

王钦敏常务副主席、杨邦杰副主席、严以新副主席分别传达了刚刚闭幕的全国人大十一届五次会议和十一届全国政协五次会议的主要精神。

会议要求中央机关全体同志要认真学习、深入领会“两会”精神，统一思想、明确方向、推动实践，按照本党十三届五中全会的部署和安排，认真做好致公党第十四次全国代表大会的筹备工作，把致公党的各项工作不断推向前进。

4.致公党中央宣传部理论研究会会议

4月13日至15日，致公党中央宣传部理论研究会在武汉召开会议。会议交流和研讨了《中国致公党理论研究成果选集（第一辑）》的部分文章，总结了2011年理论研究会的主要工作，部署了2012年的工作重点，并研究了理论研究会近期的工作思路。

与会人员结合《中国致公党理论研究选集（第一辑）》的内容，从政党理论、统一战线、多党合作、自身建设、履行职能、人民政协等角度，进行了交流和研讨。与会人员探讨了进一步树立和践行社会主义核心价值体系的工作设想，并讨论了理论研究会2012年的工作重点，大家认为，应该围绕参政党建设科学化、如何把“同心同德、同心同向、同心同行”融入民主党派的工作实际等问题开展理论研究。

9月10日至11日，理论研究会在杭州召开全体会议。会议讨论了入选《中国致公党理论研究选集（第二辑）》的理论文章，研究了理论研究会近期的工作重点，并制定了“同心实践”“人才兴党”等课题的研究计划。

5.在全党范围开展“同心”行动

为进一步贯彻落实胡锦涛同志在2011年初党外人士迎春座谈会上提出的“思想上同心同德，目标上同心同向，行动上同心同行”讲话精神，致公党中央决定在全党范围内开展同心行动。5月17日，致公党中央召开主席办公会议研究部署实施“同心”行动。会议学习传达了《关于在统一战线实施“同心”行动的意见》等有关文件，讨论研究了《中国致公党关于实施“同心”行动的方案（草案）》。

会后，致公党中央向全党下发《关于在全党实施“同心”行动的通知》，要求各级组织认真落实中央第十三届第三十次主席办公会议要求，结合“历史同心”、“党员同心”、“侨海同心”等内容，推动全党开展贯彻“同心”思想、推进“同心”实践活动。8月起，致公党中央先后赴浙江、天津、山东、湖北、广东等地开展调研和座谈活动，进一步下基层、摸情况，指导各级地方组织推动“同心”行动。

6.致公党中央社会服务工作南方片会

7月25日，致公党中央社会服务工作南方片会在四川省峨眉山市召开。致公党中央秘书长曹鸿鸣出席会议并讲话。四川省政协副主席、致公党中央常委、原致公党四川省委主委陈杰，乐山市政协副主席、市委统战部部长张刚远，致公党中央社会服务部副部长李万通、李曼出席会议。

致公党重庆、广东、福建、广西、云南、四川、安徽、湖南、海南及贵州省各地方组织代表40余人参加会议，并就进一步探讨“致福工程”的理论及内涵和对新时期全党如何进一步深入开展社会服务工作等相关问题进行交流发言。

7.“致西合作”考察捐赠活动

9月，致公党中央副主席闫小培率京、津、渝三地的企业界致公党员代表赴酉阳，就新形势下如何进一步推进“致西合作”事宜进行考察调研。调研组先后到酉阳渝东南现代物流园、渝东南现代农业科技示范园、板溪轻工业园、钟渤快速通道、桃花源国家5A级旅游景区等地进行项目考察。闫小培在考察中表示，致公党将一如既往地支持酉阳的发展，进一步深刻认识“致西合作”的重大意义，在科技扶贫、新农村建设、旅游产业发展上尽其所能，助推酉阳发展。具体帮扶方式将由捐款捐物转向帮助酉阳提高自我发展能力，依靠科技创新，推动酉阳发展，再谱“致西合作”新篇章。考察期间，致公党中央向酉阳县黑水镇卫生院扩建项目捐赠善款，其中包括香港同胞洪元标捐赠港币30万元，深圳万泽集团董事长林伟光捐赠人民币30万元及重庆名瑞服饰集团董事长苏定瑞捐赠人民币40万元。

8.致公党中央第七期参政议政干部培训班

9月3日至5日，致公党中央第七期参政议政干部培训班在河南省郑州市举办。3日上午，致公党中央副主席杨邦杰，中共河南省委常委、统战部部长史济春，统战部副部长赵太安，致公党河南省工委主委王鹏杰出席培训班开班仪式。开班仪式由参政议政部副部长程向前主持。

致公党中央副主席杨邦杰，全国提案委办公室副主任刘晓冰，致公党江苏省委会副主委、致公党中央经济委员会副主任杨德才等领导和专家先后为学员授课，并与学员进行了交流。培训期间，致公党中央参政议政部有关同志还为学员作了社情民意（信息）报送流程的说明。按照会议要求，培训班举行了座谈会，学员们交流了工作经验，畅谈了学习体会并对参政议政工作提出了宝贵意见建议。

来自致公党全国20个省（自治区）、市、直属组织的七十多位同志参加了培训班。自2006年以来，致公党中央参政议政部通过每年举办参政议政干部培训班，对全党从事参政议政工作的同志进行轮训，收效显著。培训班为总结交流参政议政工作经验、提高地方组织的参政议政能力和水平提供了平台，有力地促进了致公党参政议政、建言献策总体水平的持续提高。参政议政部副部长王启平，副巡视员郑业鹭等同志参加会议。

9.第三届“引凤工程”暨“2012海外留学人员江苏行考察联谊活动”

9月8日至17日，致公党中央留学人员委员会和致公党江苏省委会成功举办了第三届“引凤工程”暨“2012海外留学人员江苏行考察联谊活动”。活动邀请了来自11个国家和地区的60多位海外高端人才到访江苏，并赴苏州、南通、盐城、连云港、南京5市作重点考察，有13位留学人员与6家用人单位现场签订了意向性协议。而自2009年活动启动实施以来，活动已成功引入18位海外名校博士、博士后落户江苏，还帮助7名高端人才在国内其他省市创业、就业。

10.《中国致公》特约人员及网站管理员培训会议

9月20日至21日,《中国致公》特约人员及网站管理员培训会议在成都召开。致公党四川省委会主委杨兴平，致公党中央宣传部部长王翔,致公党各省级组织主管宣传的领导、《中国致公》特约人员、网站管理员参加了会议。

会议邀请《团结报》副总编汪业芬作题为“努力做好民主党派人物宣传报道”的讲座，会议还组织参会人员围绕新媒体运用和网站建设进行讨论和交流。

11. 中国致公党社会服务工作会议暨表彰大会

9月25日至26日，“中国致公党社会服务工作会议暨表彰大会”在京举行，致公党中央主席万钢、常务副主席王钦敏、副主席闫小培出席会议并讲话。闫小培宣读了《致公党中央关于表彰社会服务工作先进集体、先进个人和优秀成果的决定》，秘书长曹鸿鸣主持开幕式。

万钢亲切会见了参加会议的各地方组织代表，为受到表彰的46个先进集体、30个优秀成果和151名先进个人颁发了奖牌和荣誉证书，并与大家合影留念。万钢代表致公党中央对受到表彰的先进集体、先进个人和荣获优秀成果奖的单位代表表示热烈祝贺。万钢在讲话中指出，社会服务工作是民主党派的重要工作和基本职能之一，长期以来全党各级组织和广大致公党员认真履职尽责，在社会服务工作中取得了重要成绩，有力地展现了民主党派的良好形象。万钢还就今后全党社会服务工作开展方向进行了亲切的指导，并勉励各省委会、基层组织和广大党员学习典型、再接再厉，结合时代发展需要，努力为全面建设小康社会宏伟目标再立新功。

会议期间，12位来自农业、教育、医疗等不同领域的社会服务工作先进获奖代表就各自开展工作的经验和体会作了大会发言，全体同志围绕社会服务工作进行了分组讨论。中央统战部一局有关同志和致公党中央机关各部门负责同志出席了会议。

12. 庆祝建国63周年国庆招待会

9月27日，致公党中央在京举行了庆祝建国63周年国庆招待会。来自巴拿马中华总会和巴拿马华人工商总会联合代表团、阿联酋华侨华人联合会代表团、港澳工商专业人士访问团、全美萃胜工商总会代表团、巴西中国和平统一促进会代表团等百余名海内外各界人士应邀出席了招待会。

致公党中央主席万钢在招待会上致辞。他指出，63年来，中国取得了举世瞩目的辉煌成就，是全国各族人民团结奋斗的结果，同时也离不开广大海外侨胞和港澳台同胞的关心、支持和帮助。今后，中国致公党将一如既往秉承致力为公的宗旨，关心海外侨胞和港澳台同胞的生存发展，保护海外侨胞的正当和合法权益，继续加强与海外侨胞和港澳台同胞的联系、交流与合作，为实现国家强盛和民族复兴大业而不懈努力。

致公党中央副主席闫小培主持招待会。原全国政协副主席、致公党中央主席罗豪才出席招待会。致公党中央副主席程津培、李卓彬，致公党中央秘书长曹鸿鸣和机关各部门负责人、致公党中央海联会部分委员出席了招待会。

13. 参政议政工作研讨会

11月6日至8日,致公党中央参政议政工作研讨会在辽宁大连召开,来自致公党各省、自治区、直辖市、中央直属组织以及部分副省级城市分管参政议政领导和参政议政部门同志60多人出席了会议。致公党中央副主席杨邦杰出席开幕式并致开幕词。致公党中央原副主席吴明熹，辽宁省副省长、致公党辽宁省委会主委滕卫平，中共大连市委常委、市政协常务副主席、中共大连市委统战部长董长海，大连市政协副主席、致公党大连市委主委曲维，中共大连市委统战部副部长孔丽红等领导出席开幕式。开幕式由致公党中央参政议政部副部长程向前主持。

开幕式上，杨邦杰代表致公党中央致开幕词，他简要介绍了 2012 年度全党参政议政工作的主要成绩，并代表致公党中央向各地方组织的到会表示欢迎，同时对中共大连市委、中共大连市委统战部以及致公党大连市委会对会议的支持表示感谢。

董长海同志和滕卫平同志分别代表中共大连市委、致公党辽宁省委会以及致公党大连市委会致辞，对与会领导和代表的到来表示欢迎，并预祝研讨会圆满成功。

杨邦杰指出，2012 年是机遇与挑战并存的关键一年，也是我国重点领域和关键环节一系列改革稳步推进的一年。一年来，致公党中央及地方各级组织以科学发展观统领参政议政工作，精心组织、深入调研，不断提高建言献策的能力和水平，在政治协商、建言献策、民主监督等方面成绩显著。杨邦杰还对全党的参政议政工作成果进行了通报，并对做好 2013 年参政议政工作提出了新的要求。他希望通过参政议政工作研讨会的召开，汇聚全党参政议政力量。

会议对《关于妥善解决新型农村合作医疗制度实施中存在的若干问题的建议》等 117 件致公党中央 2011 年度参政议政优秀成果进行了表彰。

与会代表还开展了大会交流、分组讨论以及相关学习活动，北京等 21 个地方组织利用多媒体介绍了各自的参政议政经验和成果，并对进一步推进全党参政议政工作提出了建议。

14. 海外洪门负责人文化研习班暨全党海外联络干部培训班

11 月 12 日至 13 日，由致公党中央主办，致公党海南省委会承办的“海外洪门负责人文化研习班暨致公党海外联络干部培训班”在海南海口举行，来自世界各地 14 个国家和地区的近 40 名海外洪门负责人以及 20 余名致公党各地方组织的海外联络干部进行了为期两天的学习交流。

11 月 12 日上午，致公党中央主席万钢，海南省政协副主席张海国，海南省副省长、致公党海南省委主委林方略等出席了开班仪式，开班仪式由致公党中央副主席闫小培主持。

万钢在开班仪式上讲话。他说，中国致公党与海外洪门社团有着深厚的渊源关系，1925 年 10 月致公党由美洲洪门致公总堂发起在美国旧金山成立，因而 80 多年来致公党与世界上许多国家的爱国、进步的洪门社团保持密切联系；他肯定了海外洪门社团对中国革命、建设和改革发展事业的历史贡献，并强调广大洪门人士经过长期以来的艰苦奋斗，已成为海外侨界的一支重要力量，赢得了海内外的尊重；他还对洪门社团未来的改革发展提出了殷切期望，希望洪门社团团结合作，建立和谐侨社；抓住中国发展机遇发展自身事业，同时为促进中国经济发展作出贡献；继承和发扬中华文化，为中华文化走向世界做出努力；继续为“反独促统”事业贡献力量。

本次研习班是历年来致公党中央主办的规模最大、层次最高、人数最多、涵盖范围最广的一届，研习班邀请海外洪门主要负责人参加，围绕洪门历史文化、中国的民族宗教问题、中外关系中的热点问题等，采取专家授课与学员互动讨论的形式开展。研习班学员还就洪门的改革与发展等话题展开了热烈的讨论。大家一致反映，此次学习交流使他们更深刻地感受到中国致公党与海外洪门的深厚友谊，深入了解了中国的民族宗教及涉外政策，开拓了洪门今后改革发展的思路，收获很大。同时，致公党各地海联干部也借此加强与洪门负责人的联系，拓宽了工作渠道。

研习班结束后，海外洪门负责人赴福建、广东等地访问考察。

15. 致公党中央理论学习中心组（扩大）学习会

11 月 15 日，致公党中央理论学习中心组召开扩大学习会，学习贯彻中共十八大精神。致公党中央主席万钢出席会议并讲话。

万钢指出，中共十八大是在我国经济社会发展进入关键阶段召开的一次重要会议，对于中国共产党团结带领全国各族人民，全面建成小康社会，加快推进社会主义现代化，开创中国特色社会主义事业新局面，具有重大而深远的影响。胡锦涛同志代表第十七届中央委员会在大会上所作的报告，确立了科学发展观的历史地位，提出了夺取中国特色社会主义新胜利的基本要求，确定了全面建成小康社会和全面深化改革开放的目标，对新的时代条件下推进中国特色社会主义事业作出了全面部署，为我国各项事业的进一步发展指明了方向。

万钢强调，中共十八大的召开，为致公党今后的发展指明了努力的方向。认真学习、全面贯彻中共十八大精神，是致公党当前和今后一段时期的首要政治任务。致公党各级组织和广大党员要认真学习、深刻领会，把思想和行动统一到十八大精神上来。要继承和发扬致公党老一辈领导人的优良传统和高尚风范，进一步搞好政治交接，把坚持和发展中国特色社会主义，作为同中国共产党亲密合作的最大共识，作为巩固共同思想政治基础的着力重点；要高度关注民生问题，把关注民生、保障民生、改善民生作为致公党履行职能的重要内容，围绕加快完善社会主义市场经济体制和加快转变经济发展方式，积极开展参政议政和建言献策工作；要充分发挥“侨”“海”特色和优势，团结广大归侨侨眷、归国留学人员、港澳台同胞和海外侨胞，努力推动中国和平统一；要学习执政党的党建经验，进一步加强自身建设，积极履行参政党职能，全力服务科学发展、促进社会和谐。

与会同志畅谈了学习十八大报告的体会，并一致表示，要结合自身工作实际，认真贯彻十八大精神，把学习成果体现在工作中、落实到行动上，为进一步开创致公党工作新局面而奋斗。

致公党中央常务副主席王钦敏，副主席杨邦杰、严以新、闫小培，秘书长曹鸿鸣及中央机关各部门负责人参加了学习会。

16.《与祖国同心——致公党员风采录》新书首发式

为刚刚闭幕的中国共产党十八大献礼，为迎接中国致公党的十四大的召开，中国致公党中央宣传部组织编写、中国致公出版社出版发行了《与祖国同心——致公党员风采录》。该书首发式于 2012 年 11 月 28 日上午在中国致公党中央举行。中国致公党中央领导，中国致公党宣传部，本书的部分受访对象、采写者等参加了会议。

中国致公党中央主席万钢为该书专门作序指出，中国致公党自 1925 年成立以来，一直以动员和团结归侨侨眷、留学人员和海外侨胞为己任，一直为争取民族独立、祖国富强，和维护华侨正常权益而奋斗。尤其是新中国成立以来，始终坚持和完善中国共产党领导的多党合作和政治协商制度，与中国共产党“思想上同心同德、目标上同心同向、行动上同心同行”，在引导党员立足本职、关注民生、用实际行动奉献社会、报效祖国等方面作出了显著的成绩。在主题学习教育活动和为全面建设小康社会作贡献的过程中，中国致公党涌现了一批在本职岗位、参政议政、社会服务、党务工作和抗震救灾中表现突出的先进集体和个人，分别受到了中共中央、致公党中央、各级统战部的表彰。

《与祖国同心——致公党员风采录》，收录了包括海洋生物学家、中科院院士郑守仪，藻类生物学家、中科院院士赵进东，南航总信息师胡臣杰，北大青鸟集团董事长许振东，以及致公党重庆市委会、江苏省委会、四川省委会、河南省工委等21个成绩优异的个人或组织的事迹，力图通过这些先进典型的示范、辐射和引导作用，倡扬一种责任和担当的精神，进一步广泛凝聚致公党党员以及所联系的归侨侨眷、留学归国人员和海外侨胞，包括港澳同胞，团结一致，为实现祖国统一和中华民族的伟大复兴做出更多扎扎实实的工作。

17. 纪念陈其尤诞辰120周年座谈会

12月2日，中国致公党在职工之家举行座谈会，纪念已故著名民主人士、中国致公党卓越领导人陈其尤诞辰120周年。致公党中央主席万钢出席座谈会并讲话。

万钢谈到，陈其尤同志作为中国致公党的主要创始人之一，为中国致公党的发展和建设，为中华民族解放事业和社会主义建设事业立下了不朽的功勋。他主动接受中国共产党的帮助，勇敢地承担起恢复、改组和重建中国致公党的历史重任，推动了中国致公党走向同中国共产党真诚合作、共同奋斗的道路，为中国致公党的发展做出了突出贡献。今天，在中国致公党第十四次全国代表大会召开前夕，我们纪念和缅怀陈其尤同志，就是要学习他与时俱进、追求真理、追求革命的坚强意志，学习他热爱祖国、热爱人民、勇于承担的崇高精神。中国致公党将继续传承老一辈无产阶级革命家与中国共产党肝胆相照、风雨同舟、真诚合作的光荣传统，发挥“致力为公”、“侨海报国”精神，以社会主义核心价值体系为引领，在促进经济社会发展、构建和谐社会中发挥积极作用。

中共中央统战部副部长林智敏出席座谈会并讲话。她说，陈其尤同志的一生面临过多次重大选择，为了国家和民族的兴亡，他总是毅然选择虽充满荆棘，但面向光明的道路，勇往直前。我们应当永远铭记并学习陈其尤同志顺应潮流、追求真理的革命精神，深明大义、公而忘私的爱国情怀，追求民主、致力为公的革新气概，立场坚定、执守道义的政治品质。今天，我们满怀深情，向这位著名的革命家、爱国民主人士、中国致公党的卓越领导人、中国共产党的老朋友致以敬意，寄托思念，回忆他的传奇经历，缅怀他的卓越贡献，弘扬他的高尚品德。

座谈会上，陈其尤之子陈惟理、广东海丰县委领导分别进行了发言。致公党中央常务副主席王钦敏主持座谈会。

全国政协原副主席、致公党中央原主席罗豪才出席会议。各民主党派中央、全国工商联领导，中央“五侨”领导，陈其尤家乡代表，以及致公党中央领导、老同志、十三届中央常委、机关局级干部等出席了座谈会。

18. 致公党中央外事工作联席会议

12月21日，致公党中央外事工作联席会议在京召开。会议邀请了中央统战部、外交部、国台办、全国人大华侨委、全国政协港澳台侨委、国侨办、中国侨联、科技部、教育部、国家汉办、中国和平统一促进会、欧美学会、中国留学人才发展基金会等18家单位和部门的代表出席会谈，交流经验。

此次会议是由致公党中央举办的首次外事工作联席会，目的在于加强相关部门在工作层面上的交流与联系。致公党中央副主席闫小培出席会议并作了重要讲话。她代表致公党中央和万钢主席感谢各部门长期以来对致公党工作尤其是对外联络工作的指导和支持，介绍了致公党作为涉侨参政党在联系海外华侨华人和开展对外联络工作上的主要途径、近年来举办的卓有成效的外事品牌活动以及在出访和接待中取得的重要调研成果，并希望各单位在今后的外事工作中继续保持密切的联系与合作，相互借鉴经验，更好地为国家建设和发展服务。参会代表们积极互动，结合本部门的工作特点介绍了各自的外事工作情况，并就与致公党合作开展对外联络工作提出了许多宝贵的意见和建议。

二、参政议政

2012年，致公党中央不断凝聚各方面的智慧和力量，围绕“十二五”规划的实施，积极参政议政、建言献策，取得了显著成绩。

（一）参加高层协商会

一年来，围绕我国宏观经济形势，致公党中央先后六次在党外人士座谈会上就积极培育和提高我国创新型企业和优势产业的核心竞争力、扩大内需和结构调整、破解“三农”问题、海外高端人才引进和使用等问题重大问题发表意见，不少意见得到重视和采纳。为做好党外人士座谈会的发言工作，致公党中央多次召开专家座谈会，征求意见建议。并经反复修改论证，最终形成在党外人士座谈会上的发言。

（二）担任全国人大代表的致公党员向全国人大提出的议案和发言情况

在致公党员中，担任十一届全国人大代表的有37名。他们在2012年十一届全国人大五次会议期间，踊跃提交了多篇有关经济社会发展方面的大会议案，引起良好反响。

在2012年第十一届全国人民代表大会常务委员会历次会议上，担任全国人大常委的致公党成员程津培、杨邦杰、严以新等人积极配合人大立法工作，先后就《资产评估法（草案）》、《关于修改〈清洁生产促进法〉的决定（草案）》、《出入境管理法（草案）》、《军人保险法（草案）》、《民事诉讼法修正案（草案）》、《农业技术推广法修正案（草案）》、《劳动合同法修正案（草案）》《老年人权益保障法（修订草案）》《预算法修正案（草案）》《证券投资基金法（修订草案）》等十余部法律、法规的立法、修改等问题提出相关意见建议。为配合这项工作，致公党中央法制建设委员会继续发挥在法律研究方面的优势，根据全国人大常委会立法安排和立法动向，选择相关法律及法规在制定、修订过程中的问题，及时召开研讨会，提供相关法律方面的建议和咨询服务。

（三）致公党中央和担任全国政协委员的致公党员向全国政协提出的提案和发言情况

2012年全国政协十一届五次会议上，致公党中央向全国政协会议提交大会发言24篇，提案24篇。这些提案发言是本党中央从地方各级组织及中央专委会、本党党员征集到的225篇素材的基础上筛选、加工而成，集中体现了时代特色和当前的热点、难点问题。48篇提案发言，主要具有以下特点：一是内容广泛，包含了经济、科技、文化、医药、法律、社会保障等多个领域；二是重点突出，特色鲜明，突出团结侨心、维护侨益、引进海外人才等体现致公党侨海特色的内容，也兼顾到科技创新和人才培养问题，环境监测与治理问题，以及农村基础设施建设、劳动力转移与农民增收问题等热点、难点；三是紧扣时代主题，关注实体经济发展、社会管理创新、文化大繁荣大发展等热点话题。

政协会议期间，大会先后举办了两场提案协商办理会，本党中央《关于进一步优化税收政策，支持科技自主创新的提案》、《关于促进新生代农民工落户城市的提案》均入选这两次集体协商办理会。来自中央政法委、国家发改委、科技部、工信部、财政部、商务部、中国人民银行、国资委、国家税务总局、中国银监会、教育部、公安部、人力资源与社会保障部、农业部、卫生部和国务院发展研究中心等提案承办单位负责人，现场与各民主党派中央及部分提案委员共商大计，获得了广泛的社会关注。

政协会议期间，致公党中央主席万钢、副主席李卓彬、闫小培等分别接受有关媒体的专访，就科技创新、科技成果转化、新能源开发利用、海岛开发与保护、海外高层次人才引进、华人华侨回国创业、产业转型、文化发展、教育改革等一系列问题发表了自己的看法。致公组其他委员也就不同的社会热点问题接受采访，向社会展示了致公界政协委员参政议政、共商国是的风采。中央电视台、北京卫视、《光明日报》、《人民政协报》、《经济参政报》、《团结报》、《证券时报》、中国新闻网、中国网等媒体围绕致公党中央及委员提出的华侨华人特别身份证件颁发、实体经济可持续发展、环境空气质量标准监测、养老服务多元化供给体系、社会管理创新等议题进行了报道。

10月，全国政协表彰十一届全国委员会优秀提案，致公党中央提出的《关于建立稳定的农产品价格长效机制的提案》、《关于加强内河航道资源的保护和开发，促进江河水资源综合开发利用的提案》、《关于加快转变环渤海港口发展方式的提案》、《关于加快海岛保护立法进程加强海岛开发保护管理的提案》、《关于加快资产评估立法步伐的提案》、《关于深入推进文化与科技融合，促进社会主义文化大发展大繁荣的提案》、《关于解决金融危机影响下我国就业问题的提案》共7件提案入选，在党派中央、全国工商联系统排名并列第三位。

（四）致公党中央组织的考察调研情况及主要成果

2012年，致公党中央充分发挥本党中央各专门委员会及地方各级组织的特色和优势，围绕“职业教育发展”、“农村金融发展”、“京津冀区域水资源协调发展”等课题组织进行了12项调研活动。调研范围涉及京、津、沪、冀、川、陕、鄂、苏、浙、闽、粤、辽、皖、湘、陇等15个地区。根据这些调研形成建议，上报中共中央、国务院后，得到了相关领导的高度重视。其中，《关于加快和深化职业教育改革的建议》、《关于优化农村金融组织，促进农业与农村发展的建议》、《关于环首都区域水资源保护与协调发展的对策与建议》、《关于推进陕甘宁革命老区振兴与可持续发展的建议》、《关于大力发展现代信息技术，促进产业转型升级的建议》、《关于推动我国社会资本办医健康发展的建议》、《关于推进中小企业科技创新能力建设的建议》、《关于推进资源型城市可持续发展的建议》、《关于进一步加强和完善政府购买社会组织公共服务的建议》等9项建议得到了中共中央、国务院相关领导的批示。

2月20日至24日，由致公党中央副主席、致公党中央教育委员会主任严以新带致公党中央教育委员会调研组，赴四川、江苏两省开展有关“职业教育发展”问题的调研。调研形成《关于加快和深化职业教育改革的建议》报送国务院后，得到了国务院总理温家宝以及国务委员刘延东、马凯的批示。

3月中下旬，致公党中央副主席杨邦杰、严以新率领致公党中央调研组在河北、江苏、安徽就“农村金融发展”情况进行调研。调研组先后在唐山、南京、扬州、镇江、马鞍山、池州等地召开座谈会，听取当地金融机构介绍农村金融的发展情况。通过调研，形成了报送国务院的建议《关于优化农村金融组织，促进农业与农村发展的建议》，得到了国务院副总理王岐山的批示。

4月9日至12日，致公党中央副主席杨邦杰、严以新率领调研组赴河北承德、张家口等地就“京津冀区域水资源协调发展”问题进行调研。调研形成《关于环首都区域水资源保护与协调发展的建议》，报送国务院后，得到了国务院副总理回良玉的批示。

4月10日至16日，致公党中央副主席闫小培率领致公党中央调研组在广东、浙江就“社会管理创新·政府购买社会组织公共服务”情况进行调研。通过调研，形成了《社会管理创新——政府购买社会组织公共服务调研报告》，报送国务院后，得到国务院总理温家宝，国务委员、国务院秘书长马凯批示。

5月2日至6日，致公党中央常务副主席王钦敏率致公党、工信部、科技部联合调研组赴湖南长沙、湘潭、株洲等地，围绕“长株潭自主创新体系建设”课题进行调研。通过调研,形成了报送国务院办公厅的建议《关于加强自主创新,深入推进长株潭城市群“两型社会”发展的建议》。

5月22日至26日，致公党中央副主席杨邦杰、严以新率致公党中央调研组就“推进陕甘宁革命老区振兴与可持续发展”赴甘肃省的庆阳市和陕西省的延安市、榆林市等地调研。调研形成了《关于推进陕甘宁革命老区振兴与可持续发展的建议》以及调研报告，报送中共中央和国务院后，得到了国务院副总理李克强的亲笔批示。

6月10日至15日，受中共中央委托，在中央统战部的协调下，万钢主席、王钦敏常务副主席、杨邦杰副主席率致公党中央调研组，赴广东省就“现代信息技术促进产业转型升级”课题调研。中共中央统战部、科技部、工信部、致公党广东省委会等有关部门的领导及专家学者参加调研。调研组对番禺国家数字家庭应用示范产业基地、广东新岸线公司、广州市动景计算机科技有限公司（UC）等进行了实地考察，听取了广州市近年来在发展现代信息技术产业方面的具体经验和做法的情况介绍，并与相关企业负责人进行了座谈交流。为做好此次大调研，3月26日至30日，致公党中央常务副主席王钦敏，国家工业与信息化部副部长杨学山率调研组赴福建厦门、泉州、福州等地就信息化建设、“两化融合”、“数字福建”等问题进行调研。根据调研情况，形成了《“大力发展现代信息技术，促进产业转型升级”专题调研报告》和报送中共中央的《关于大力发展现代信息技术，促进产业转型升级的建议》，建议报送后，得到了贾庆林、李克强等党和国家领导人的高度重视和亲笔批示。

7月15日至19日，致公党中央副主席杨邦杰率致公党中央调研组在湖北省恩施土家族苗族自治州就“民族地区文化发展”调研。

7月15日，致公党中央常务副主席王钦敏，副主席程津培率领调研组赴湖北黄石就资源枯竭型城市转型发展开展调研；7月31日至8月3日，致公党中央副主席杨邦杰率领调研组赴辽宁盘锦就“资源枯竭型城市转型发展”开展调研。根据调研情况以及“中国发展论坛”上专家的建议，形成了《关于推进资源型城市可持续发展的建议》并报送中共中央、国务院，该建议得到国务院副总理李克强批示。

8月13日至15日，致公党中央常务副主席王钦敏率致公党中央医药卫生委员会“民营医院发展”调研组在福建、广东调研，根据调研情况，形成了报送国务院办公厅的《关于推动我国社会资本办医健康发展的建议》。建议报送中共中央和国务院后，得到了国务院副总理李克强的亲笔批示。

9月24日至29日，致公党中央副主席严以新率队赴江苏、福建调研中小企业科技创新能力发展情况，通过调研，形成了《中小企业科技创新能力调研报告》。得到国务委员、国务院秘书长马凯批示。

在去年活动的基础上，2012年，致公党中央继续在全党范围内开展以“中国乡村发展模式研究”为主题的调研活动。

（五）各方联动，专委会工作不断拓展

致公党中央设有十二个专门委员会，其成员主要由致公党内热心专委会工作、在各自专业领域有代表性的专家学者、骨干党员组成。一年来，各专门委员会紧紧围绕国家中心工作，通过召开座谈会、开展调查研究、举办论坛研讨会、促进海外交流和联谊、募捐助学开展公益活动等方式，为致公党中央履行参政党职能，充分发挥参谋、助手和智囊团的作用。如致公党中央经济委员会就“农村金融发展”课题、致公党中央留学人员委员会联合科技委员会就“中小企业科技创新”课题、致公党中央医药卫生委员会就“民营医院发展”课题、致公党中央环境与可持续发展委员会就“资源枯竭型城市转型”课题等分别组织开展了多项调研活动，取得了很好的效果。致公党中央文化与体育委员会还于年底组织“致公心、侨海情”文艺演出。此外，各专委会围绕高层协商、全国政协常委会、中央统战部相关会议的相关主题，积极开展座谈会、研讨会，为相关发言提供智力支撑。

（六）反映社情民意信息情况

2012年，致公党中央反映社情民意信息工作稳步推进，参政议政取得显著成效。据统计，全年共收集各地方组织和中央专委会报送的信息1233篇，通过整理、编辑，最终

向有关部门报送339篇。其中,《我国化工产业基地居民重大疾病发病率偏高亟待引起重视》等43篇信息被中共中央统战部采用，所提建议得到中共中央统战部和有关部门的高度肯定和重视；《全国政协委员建议扩大中医药文化海外传播，促进华侨华人爱国凝聚》等29篇信息被全国政协信息局采用。在近百家报送单位中，连续被全国政协评为信息工作先进单位。

特别是，各地方组织报送出现了一些新特点，形成了一些好做法，具体是：紧跟社会热点，加强信息的针对性和时效性，积极反映代表人士对社会热点问题和重大问题的意见建议。例如，广东、上海、四川、福建、重庆等地积极报送对《胡锦涛总书记在庆祝香港回归祖国15周年大会暨香港特别行政区第四届政府就职典礼上的讲话》的情况反映；此外，一些地方充分发挥本党“侨”“海”特色，及时反映海外华侨华人对国际问题以及祖国发展的真知灼见,《关于宗教信仰影响中缅关系的情况反映》、《关于黄岩岛事件中菲律宾华侨华人心态的情况反映》、《海外华人建议我国驻外机构规范管理提升服务质量》等一大批“侨”“海”特色信息得到了有关部门重视，形成了致公党“侨”“海”信息的特色和品牌。

三、海外联谊和港澳台工作

2012年，致公党中央联络部共派出6个出访团组赴14个国家进行访问，同时派出1个团组访问港澳地区，拜会侨团90多个，公费邀请团组9个（未建交国家团组2个)，与侨胞、港澳台同胞、留学人员和国际友人加深了解，增进友谊，凸显了参政党在国家公共外交中的特色和价值。

（一）通过出访活动，进一步提升致公党的影响力

5月24日至6月2日，应美国洪门致公总堂和多米尼加玫瑰鲜花基金会的邀请，以致公党中央常务副主席王钦敏为团长的中国致公党中央代表团一行14人访问了美国和多米尼加。访美期间，代表团参加了美国洪门致公总堂在巴尔的摩举办的第28届恳亲大会，走访了纽约洪门致公总堂、福建公所、美国安生文教交流基金会，与华盛顿和纽约的留学科技人员举行了两场座谈,为150多名美国中学生举办了一场中国文化的教学展示活动，在纽约皇后区公共图书馆进行了中文图书捐赠仪式，收到热烈欢迎。拜会中国驻美使馆和驻纽约总领馆时，得到张业遂大使和孙国祥总领事亲切款待。访多期间，王钦敏团长分别与多米尼加现任总统费尔南德斯、新当选总统梅迪纳和经济部长蒙塔斯会面并交谈。代表团还与多米尼加致公总堂、华侨总会、中多联合总商会、玫瑰鲜花基金会等团体举行座谈，为多米尼加各界人士举行了中华文化展演，与华侨进行了文艺联欢，受到侨团和中国驻多米尼加商代处高守坚参赞的热情接待。

6月4日至6月13日，应日本新华侨华人会和中国在韩侨民协会的邀请，致公党中央副主席闫小培率中国致公党中央代表团一行6人访问了日本和韩国。访日期间，代表团拜访了中国驻日本大使馆，受到了韩志强公使的热情接待，并与在日留学生进行了座谈。随后，代表团分别走访了日本华侨华人联合总会、东京华侨总会、日本新华侨华人会、

横滨华侨总会等日本华侨社团，与旅日新老华侨进行了亲切的会谈和深入的交流。代表团还分别参观了由孙中山先生1898年倡议创办的横滨山手中华学校和位于名古屋的爱知大学孔子学院，详细调研了日本华文学校的生源、经费、资质、教师、教材等方面的具体情况和华侨子女接受中文教育现状，以及在日孔子学院的具体办学情况。访韩期间，张鑫森大使会见代表团一行，并就中韩关系发展、在韩华文教育、侨务工作等进行了亲切交流。随后，代表团走访了中国在韩侨民协会总会、韩国外国语大学孔子学院，与旅韩侨界、留学生代表和孔子学院对外汉语教师举行座谈。

6月5日至17日，应菲律宾中国洪门联合总会、澳大利亚洪门致公总堂和新西兰海南同乡会的邀请，致公党中央副主席严以新率中国致公党中央代表团一行5人赴菲律宾、澳大利亚和新西兰访问。访菲期间，代表团拜访了中国驻菲律宾大使馆；参加了菲律宾中国洪门联合总会第七十九届理事会就职典礼，与菲律宾洪门五属昆仲进行了密切交流；拜会了菲华商联总会和菲华各界联合会等当地重要侨团，了解了菲华社会的侨情；参观了菲律宾侨中学院、洪门近南学校，了解了当地华文教育情况。访澳期间，代表团拜访了中国驻澳大利亚大使馆和悉尼总领馆；出席了"侨心光明万里情——青海行"慈善筹款晚会；拜会了澳大利亚洪门致公总堂，澳大利亚中国和平统一促进会等侨团，与澳大利亚侨界进行了广泛接触。访新期间，代表团拜访了中国驻奥克兰总领馆；参观了奥克兰大学孔子学院，并与孔子学院的老师和志愿者进行了座谈，了解中华文化在海外的推广情况；与奥克兰的留学生进行了座谈，了解其学习及工作的情况，听取其对中国经济社会发展及留学人员政策法规的意见建议；和与包括新西兰海南同乡会在内的侨胞进行了亲切会谈，了解新西兰侨胞的生活和发展情况。

8月1日至8月11日，全国政协副主席、致公党中央主席万钢率全国政协代表团访问法属波利尼西亚、阿根廷、巴西，致公党中央副主席闫小培参团出访。在访问法属波利尼西亚期间，万钢会见了法波高专秘书长，法波政府主席加斯通·弗罗斯，当地的主要侨胞团体"信义堂"，还走访了大溪地洪门致公堂，并慰问了正在访问法波的中国海军"郑和"号训练舰全体官兵。访阿期间，万钢会见了阿根廷众议长胡里安·多明格斯，双方就两国关系、议会交往及经济合作广泛交换了意见。代表团还与阿根廷华侨华人代表二十余人就旅阿华社华文教育问题进行座谈。访巴期间，万钢与巴西农业部长里贝罗进行了工作会谈，双方在亲切友好的气氛中，就进一步加强两国农业科技合作交换了意见。会谈结束后，万钢与里贝罗部长一起，为设在巴西农牧业研究院的巴中农业科学联合实验室揭牌。

8月7日至8月18日，应欧洲华侨华人社团联合会、荷兰中国商会和比利时青田同乡会的邀请，致公党中央副主席程津培率中国致公党中央代表团一行六人访问了西班牙、荷兰和比利时。在西班牙访问期间，代表团参加了在马德里召开的庆祝欧华联会成立20周年暨欧华联会第17届大会及全球华侨华人促进中国和平统一马德里大会。会后，代表团拜访了我驻西班牙大使馆，受到了朱邦造大使的热情接待；应邀参加了由凤凰卫视主办的"危机深重，出路何在"欧洲华商峰会，听取旅欧侨胞对经济危机下如何发展提出的意见和建议；考察了华为西班牙分公司，与公司员工进行了深入的座谈。访荷期间，张晋雄代办在大使官邸会见了代表团一行，并与程主席就中荷关系发展，科技交流，侨务工作等进行了亲切友好的交流。随后，代表团与旅荷留学生和科技界代表进行了座谈，并分别走访了荷兰中国商会、旅荷华侨总会、荷兰国际商会和荷兰华人总会等侨团，与旅荷新老华侨进行了亲切的会谈和深入的交流。代表团还应邀考察了汉能集团荷兰分公司和华为荷兰分公司，并与员工进行座谈，深入了解企业的科技优势及经营发展情况。访比期间，卓瑞生代办在大使官邸热情接待了代表团一行。代表团分别出席了比利时青年联合会、比利时中华商会和比利时青田同乡会举办的欢迎活动，并与旅比科技界人士进行了座谈。

10月10日至19日，应缅甸洪门致公堂总会和泰国华人青年商会的邀请，致公党中央秘书长曹鸿鸣率中国致公党中央代表团一行五人访问了泰国、缅甸。访缅期间，代表团拜会了洪门侨团——缅甸洪门致公堂总会、洪顺总堂、青莲堂和胜公司，并分别与各侨团座谈，了解缅甸洪门的发展现状；拜访了福建同乡总会暨福星孔子课堂、缅甸华商商会和仰光云南会馆等在缅较有影响力的侨团。访泰期间，代表团拜会了中国驻泰国大使馆，受到管木大使的热情接见；拜访了泰国中华总商会、泰国华人青年商会、泰国潮州会馆和泰国中国和平统一促进会，参观了广肇华人学校，考察当地的华文教育情况。

（二）通过邀请和接待活动，进一步增强致公党与各界的沟通和联谊

4月23日至28日，应致公党中央邀请，以菲律宾中国洪门联合总会理事长吴永乐为团长的菲律宾中国洪门联合总会访问团来北京、福建访问。4月23日，致公党中央常务副主席王钦敏，副主席闫小培在京亲切会见并宴请了菲律宾中国洪门联合总会访问团一行。在会见中，王钦敏代表致公党中央对代表团一行的到来表示欢迎，对菲洪总积极推动洪门五属团结合作，努力传承中华文化，维护华侨华人的合法权益，造福当地民众表示充分肯定。他向访问团介绍了致公党的有关情况，希望双方进一步加强沟通与联系，为促进中菲之间的交流与合作共同努力。访问团团长吴永乐代表全体团员感谢王钦敏常务副主席的亲切会见。他表示，今后菲洪总将进一步推进改革，加强团结，努力构建和谐侨社，并一如既往地坚持一个中国，为早日实现中国的统一大业作出应有的贡献。这次是菲洪总第一次以总会名义组团来华访问，成员涵盖了五属各个组织，体现了菲律宾洪门努力加强团结的新面貌。会见前，代表团还参观了新落成的中国致公党展馆。

5月6日至5月15日，应致公党中央邀请，以卡洛斯·阿富为团长的巴拿马议员及侨界人士访华团来北京、上海、广西访问。5月8日，致公党中央主席万钢在京亲切会见并宴请了巴拿马议员及侨界人士访华团一行。在会见中，万钢代表致公党中央对访问团一行的到来表示欢迎。万钢回顾了致公党与巴拿马进行海外联络交流的历史，对在座各位议员和侨胞为推动中巴经济文化交流所作出的努力表示感谢，并向访华团详细介绍了致公党的基本情况和我国由中国共产党领导的多党合作和政治协商的基本政治制度，希望双方进一步加强沟通与联系，为促进中巴经济、科技等多领域的交流与合作共同努力。访华团团长、巴拿马华裔议员卡洛斯·阿富代表全体团员感谢万钢主席的亲切会见，对致公党为推动中巴两国联络交流所做出的贡献表示感谢，并对中国经济社会发展取得的巨大成就表示赞叹，希望能为增进中巴两国友谊，推动经济文化交流作出更多的贡献。致公党中央常务副主席王钦敏，副主席闫小培，全国政协外事委员会副主任赵进军等陪

同参加了会见宴请活动。

5月11日，致公党中央副主席闫小培在机关会见并宴请了美国旧金山中华总会馆主席团访问团一行。闫小培首先对访问团的来访表示欢迎，对旧金山中华总会馆成立以来在维护侨胞权益、促进侨社发展、弘扬中华文化、增进中美交往等方面所作出的贡献表示肯定和赞赏。闫小培向访问团介绍了中国致公党的有关情况，并对包括旧金山中华总会馆在内的美国侨社对致公党工作的支持表示感谢。她希望双方进一步加强沟通与联系，为促进中美民间交流共同努力。访问团团长伍璇灿代表全团对闫小培副主席的亲切会见表示感谢。他说，中国致公党成立于美国旧金山，长期以来湾区爱国侨团与中国致公党保持着广泛密切的联系。特别是去年9月，万钢主席率团访美，与旧金山华侨华人进行座谈，勉励侨胞弘扬优秀文化，树立良好形象，融入主流社会，给予了湾区广大侨团极大的鼓舞。他表示希望进一步加强与致公党的交流与联系，为构建和谐侨社，加强中美友好作出新的贡献。

6月12日，致公党中央主席万钢在京会见了以李大西博士为团长的美国国际华人科技工商协会代表团一行10人。团员包括美国工程院院士、著名半导体专家马佐平和著名桥梁专家邓文中。万钢认真听取了来自美国的华人科技专家的发言，对他们关心的问题一一作了解答。万钢感谢大家为推进中国科技发展以及中美科技合作所作的贡献，欢迎大家回来交流与合作，共同推动中国科技事业发展。

9月20日至29日，应致公党中央邀请，以阿联酋华侨华人联合会秘书长徐小平为团长的阿联酋华侨华人联合会访问团一行12人来北京、天津、山东访问。致公党中央副主席闫小培会见了访问团一行，并与访问团成员亲切会谈。会见中，闫小培代表致公党中央对访问团的到来表示热烈欢迎，她向访问团介绍了致公党的基本情况和中国共产党领导的多党合作和政治协商制度，高度肯定了阿侨联在团结华侨华人、带动投资和促进中阿友谊方面的作用，她希望阿侨联继续发挥民间外交使者作用，为国家发展献计出力。访问团团长徐小平先生代表阿侨联对致公党的邀请表示感谢，他介绍了阿联酋在阿拉伯世界的独特地位、发展优势以及阿侨联的发展情况。会谈中，双方就中阿关系、文化交流、民间外交、投资合作、华文教育等话题进行了深入探讨。双方表示将进一步加强沟通与联系，为促进多领域的交流与合作而共同努力。

9月25日至9月29日，应致公党中央邀请，以巴拿马中华总会会长、巴拿马洪门民治党主席黎焕欣为团长的巴拿马中华总会与巴拿马华人工商总会联合会代表团来北京、天津访问。9月26日，致公党中央副主席闫小培在京亲切会见了代表团一行。在会见中，闫小培代表致公党中央对访问团一行的到来表示欢迎。闫小培回顾了致公党与巴拿马侨界联络交往的历史，对在座各位侨胞热爱祖（籍）国，致力维护两岸和平统一，维护旅巴侨胞权益，热心参与当地社会公益事业及为推动中巴经济文化交流所做出的努力表示感谢，并向代表团详细介绍了致公党的基本情况和中国共产党领导的多党合作和政治协商制度。她希望与旅巴侨界进一步加强沟通与联系，为促进中巴之间在经济、科技等多领域的交流与合作共同努力。代表团团长黎焕欣先生代表全体团员感谢闫主席的亲切会见，他介绍了巴拿马侨界的相关情况，并热情邀请致公党代表团访问巴拿马。

10月21日至28日，应致公党中央邀请，以北美致公协会主席董黎明先生为团长的北美致公协会访问团一行 18 人来北京、江苏、浙江、云南访问。10 月 22 日，致公党中央常务副主席王钦敏会见了访问团一行，并与访问团成员亲切会谈。会见中，王钦敏代表致公党中央对访问团的到来表示热烈欢迎，他向访问团介绍了致公党的基本情况和中国共产党领导的多党合作和政治协商制度，高度肯定了北美致公协会藉与中国致公党的联系，为留学人员回国创业和中国企业走出去投资兴业提供的独特平台作用。他表示，中国的发展正处于一个重要的战略机遇期，急需包括海外留学人员在内的各类高层次人才，也是海外留学人员发展自己，报效国家的良好时机。中国致公党将广泛团结凝聚海内外留学人员，为其施展才华提供帮助，为其投身祖国现代化建设搭建舞台。访问团团长董黎明先生介绍了北美致公协会成立以来的发展情况，访问团主要成员就各自所从事领域的科技成果和交流转化情况作了说明，并就中国的经济社会发展、中国的海外留学人员工作、国家的侨务工作等方面提出了意见和建议。访问团参观考察江苏、浙江、云南等地的有关生物科技项目，并与当地科技、人事部门进行座谈。

10 月 22 日，致公党中央副主席、致公党广东省委会主委王珣章在广州会见并宴请了以加拿大安省印第安联盟副主席尼尔森为团长的加拿大安省原住民经贸访问团一行。王珣章向远道而来的客人介绍了广东的经济社会发展情况，他希望通过来访，进一步加强广东省与加拿大安省在经贸、文化等领域的交流与合作，共同发展。尼尔森先生介绍了加拿大安省经济发展情况，希望通过此次访问，与广东企业建立交流合作的机会。本次加拿大安省商贸团来华访问，是加拿大渥太华洪门民治党分部主委邓家昌先生努力促成的。在粤期间，访问团还拜访了广东省侨办，参观了广东华侨博物馆。

10 月 29 日至 11 月 9 日，应致公党中央邀请，以荷兰中国商会会长张巧忠先生为团长的欧洲中青年侨领考察访问团一行 17 人来北京、湖南、浙江访问。10 月 30 日下午，致公党中央副主席闫小培在中央机关亲切会见并宴请了欧洲中青年侨领考察访问团一行。在会见中，闫小培代表致公党中央和万钢主席对来自欧洲 10 国家不同侨团的 17 位中青年侨领的到来表示欢迎。闫主席回顾了中欧关系的发展情况和致公党与欧洲各国侨界交往的历史，对在座各位侨胞热爱祖（籍）国，致力于维护祖（籍）国统一，推动中欧交流，热心参与侨社事务和社会公益事业，维护旅欧侨胞权益表示感谢，并向访问团详细介绍了致公党的基本情况和中国共产党领导的多党合作和政治协商制度。代表团团长张巧忠先生代表全体团员感谢致公党中央的邀请和闫主席的亲切会见，并表达了代表团投资和推动国内高科技农业发展和中欧农业技术交流的愿望。各位侨领也分别介绍了社团的基本情况和所在国的侨情，并就国家经济发展、海外华文教育、中欧科学技术交流等方面提出了意见和建议。访问团拜访了北京、湖南、浙江的农业部门，并参观考察了当地高科技农业项目。

（三）发挥自身优势，对港澳工作取得新突破

7 月 4 日至 10 日，应香港侨界社团联会和澳门归侨总会邀请，致公党中央常务副主席王钦敏率致公党代表团一行六人访问了香港和澳门。访问期间，访问团拜会了香港侨界社团联会、香港广东社团总会、香港中华总商会、中国和统会香港总会、香港友好协进会、香港浙江省同乡会联合会、香港福建社团联会、香港广西社团总会、香港港区省

级政协委员联谊会、香港潮州商会、香港华侨华人社团总会、香港侨友社和澳门归侨总会、澳门中华总商会、中国（澳门）致公协会、澳门地区中国和平统一促进会等社团协会，与社团负责人和当地侨领进行了亲切的会谈和深入的交流。会谈时，王钦敏介绍了内地经济社会形势，介绍了致公党和我国的多党合作和政治协商制度，并认真听取了对祖国发展和国家港澳政策等多方面的意见和建议。在香港期间，访问团还参观了香港中文大学太空与地球信息科学研究所，出席了“陈述彭地球信息科学书廊”命名典礼，受到了署理校长华云生的热情接待，并与香港科技界人士座谈。

7 月 25 日，致公党中央常务副主席王钦敏在京会见并宴请了应国侨办邀请来访的香港侨友社北京新疆访问团一行 32 人。王钦敏代表致公党中央对访问团一行到来表示热烈的欢迎，并介绍了多党合作和政治协商制度情况以及致公党近几年的发展情况。他说，致公党与侨界一直有着密切往来，肩负着反映侨声、为侨服务的使命。致公党希望与包括侨友社在内的爱国爱港侨团建立更为紧密的联系，积极反映广大侨胞的意见和建议，维护侨胞权益，共同为祖国的繁荣昌盛，为香港的繁荣稳定，为两岸的和平统一作出新的贡献。访问团荣誉团长余国春、团长黄英来等对致公党中央的热情招待表示感谢。他们介绍了香港侨友社的相关情况，并就下一步开展侨务交流提出了建议。

9 月 26 日至 9 月 29 日，应致公党中央邀请，以香港致公协会会长曹桂发为团长的港澳工商专业人士访问团一行 15 人访问北京。9 月 27 日，致公党中央副主席闫小培在京会见了访问团一行。闫副主席对访问团的到来表示欢迎，向来宾介绍了致公党的历史和工作。访问团团长曹桂发、副团长梁树森、团员梁秋平分别介绍了港澳致公协会和香港专业人士（北京）协会情况，表达了加强交流合作愿望。

（四）突出重点，积极开展对台工作

3 月 22 日，致公党中央副主席闫小培在京会见了来访的台湾全球洪门联盟总会长刘会进一行二人。闫小培对刘会长的到访表示欢迎，对刘会长多年来为推进两岸交流尤其是和致公党的交流与合作所作的贡献表示赞赏和感谢。她希望今后加强联系，将双方的交流与合作向前推进。双方还交流了对近期台湾情况及今后交流合作的看法和意见。

6 月 3 日至 6 月 10 日，应致公党中央邀请，以台湾传统伦理文化发展协会理事长陈孝忠为团长的台湾文教界人士京鲁访问团一行 19 人来北京、山东访问。6 月 4 日，致公党中央常务副主席王钦敏在京会见并宴请了来访的台湾文教界人士京鲁访问团一行 19 人。著名歌唱家朱明瑛、著名舞蹈家陈爱莲等参加了会见宴请活动。王钦敏代表致公党中央对访问团一行的到来表示热烈的欢迎。他结合中国的多党合作和政治协商制度详细介绍了致公党近几年的发展情况。他表示，台湾文化是中华文化的一部分。中国致公党愿意积极加强与台湾同胞的沟通与联系，推动与台湾同胞在各个领域尤其是文化教育领域的交流与合作。访问团团长陈孝忠对致公党中央的热情招待表示感谢。他介绍了当前台湾文化发展的现状，并就下一步的文化交流合作提出了初步意见。

6 月 15 日至 6 月 19 日，应致公党中央邀请，以台湾国际洪门中华总会创会理事长刘沛勋为团长的台湾人士福建访问团一行 46 人参加了第四届海峡论坛。6 月 17 日，致公党中央常务副主席王钦敏，副主席闫小培在厦门会见宴请了 46 位台湾嘉宾。此次是致公党中央作为海峡论坛主办单位，第一次邀请台湾人士组团来闽参加海峡论坛活动。论坛期间，全体嘉宾出席了海峡论坛的开幕式暨综合晚会，参观了两岸书法笔会、台湾特色庙会，部分台湾嘉宾还参加了贾庆林等中央领导的会见、论坛组委会的宴请和论坛大会。访问团还参观访问了漳州。

8月1日，致公党中央常务副主席王钦敏在京会见来访的台湾中华全球洪门联盟总会长刘会进一行二人。王钦敏对刘会进的到访表示欢迎。在听取刘会进关于部分台资企业在大陆发展面临维权困难的汇报后，王钦敏表示，致公党中央关心台湾同胞在大陆事业的发展，愿意为维护台胞在大陆的正当合法权益而努力。

四、社会服务

2012年，致公党中央在继续做好各项传统工作的基础上，适时召开社会服务工作会议，认真总结交流致公党社会服务工作长期以来的重要经验，对以往社会服务工作战线上涌现出的先进集体、先进个人、优秀成果进行了表彰；并结合时代发展所需，进一步发挥致公党中央对各地方组织开展社会服务工作的组织和协调作用，发挥全党各领域人才优势，积极打造社会服务工作品牌，努力开创社会服务工作新机制、新渠道。

（一）参与毕节试验区建设工作

致公党中央积极响应中央统战部号召，围绕“同心工程”，进一步动员致公党东部地区组织及致公党贵州省委会，切实加大致公党参与毕节试验区建设工作力度，通过彰显“同心”品牌和“毕节模式”效能，实施了大批惠民和强市项目，取得明显成效。

1. 助推发展工程

4月21日，经致公党广东省委会牵线搭桥，广州吉隆集团在毕节投资建设的毕节市南山公园项目正式启动，总投资额约20亿元，预计用五年时间完成。

2. 智力支持工程

3月以来，致公党中央在2011年基础上，继续发动致公党内农业专家帮助毕节发展科技农业项目。

3月，致公党上海市委会捐赠38万元，在毕节市实验中学为毕节市七星关区援建中小学生科普中心。

4月，致公党江苏省委会正式在毕节市金沙县沙土镇、七星关区海子街镇开展“致福工程”——免费培训农民学电脑活动，全年已举办培训班十余期，培训农民学员200余人。

7月，致公党江苏省南京市委会在毕节市正式举办“致公课堂”，免费为当地近800名中小学英语教师进行了三天专项培训。

7月，致公党浙江省委会联系浙江省出版社，为曾经帮助毕节引进的两所健华图书馆捐赠书籍；浙江省委会还与致公党贵州省委签署帮扶合作协议，由致公党浙江省委会对毕节市七星关区卫生局进行为期三年的结对帮扶工作：由致公党浙江省委会资助毕节市七星关区价值人民币30万元的医疗设备，并联系相关单位对其相关人员（约30人）进行免费培训，帮助参加培训的人员技术水平达到卫生部有关卫生院建设标准（医疗设备已到位）。

8 月 7 日，致公党天津市委会发起第二届“致力为公同心同行”助医工程，在天津为来自毕节乡镇的骨干医生进行为期 3 个月的免费培训，并发动党员企业为此次培训捐赠了医疗器械。

3. 改善民生工程

年初至今，致公党中央联系深圳万泽集团，继续在七星关区梨树镇车坝村修建“同心·致福引水渠”，为该村 5 个村民组解决人畜饮水问题；致公党中央协调致公党大连市委会，继续实施小坝镇幼儿园援建项目。

2 月，致公党中央派遣慰问组前往毕节市七星关区大新桥办事处、野角乡、青场镇，慰问当地贫困群众并发放慰问金。

4 月 25 日，致公党中央副主席闫小培率队赴北大附属实验学校亲切看望了“春晖行动——致公爱心培养计划”受资助的贵州班学生，观看了同学们自编自演的文艺节目和书画、文学展，向每位同学赠送了《现代汉语词典》和《朗文多功能英汉双解词典》，并与大家亲切合影留念。闫小培勉励同学们珍惜时光，勤奋学习，以更加优异的成绩回报父母的养育之恩，回报社会各界的关爱，并将爱心接力棒传递下去，让更多的人感受到社会大家庭的温暖。

8 月 22 日，致公党中央与北大青鸟集团合作，正式启动第三届“致公学生培养计划”，由北大青鸟集团捐资 2300 万元，招收百余名贵州省优秀贫困学生来京进行六年的免费学习，截至目前，三届“致公学生培养计划”总计投入资金 5250 万元，帮扶贵州贫困学生 233 名。

8 月，致公党中央继续与新东方教育科技集团联系，为毕节试验区 2012 年考上大学的 20 名优秀贫困高中毕业生发放“新东方”奖学金 10 万元，这项活动自 2004 年起已开展 9 年，帮扶毕节贫困学生 180 名。

（二）“致西合作”情况

年初开始，致公党中央、致公党重庆市委会、致公党江苏省委会继续在酉阳县开展和推广“免费培训农民学电脑”项目，争取到重庆市扶贫办 200 万元培训经费支持，致公党江苏省委会继续为培训项目提供免费教材。据统计，该项目在 2012 年共举办培训班 44 期，培训学员总计 5000 人。

1 月，致公党中央、致公党重庆市委会派遣慰问组，深入酉阳县麻旺镇长兴村、兴复村及丁市镇沙溪村，为当地贫困群众送去慰问金，共慰问贫困群众 430 户，捐赠资金 13 万元。

1 月，致公党重庆市委会继续在酉阳县开展“一对一”帮扶学生活动，共帮扶贫困学生 166 名，发放助学金 5 万元。

8 月，致公党重庆市委会与重庆机械电子高级技工学校合作，继续在该校开办“致公酉阳班”，面向酉阳招收 200 名初中毕业贫困生，为酉阳培养专门人才。

9 月，致公党中央副主席闫小培率京、津、渝三地的企业界致公党员代表赴酉阳，就新形势下如何进一步推进“致西合作”事宜进行考察调研。调研组先后到酉阳渝东南现代物流园、渝东南现代农业科技示范园、板溪轻工业园、钟渤快速通道、桃花源国家5A级旅游景区等地进行项目考察。闫小培在考察中表示，致公党将一如既往地支持酉阳的发展，进一步深刻认识“致酉合作”的重大意义，在科技扶贫、新农村建设、旅游产业发展上尽其所能，助推酉阳发展。具体帮扶方式将由捐款捐物转向帮助酉阳提高自我发展能力，依靠科技创新，推动酉阳发展，再谱“致酉合作”新篇章。考察期间，致公党中央向酉阳县黑水镇卫生院扩建项目捐赠善款，其中包括香港同胞洪元标捐赠港币30万元，深圳万泽集团董事长林伟光捐赠人民币30万元及重庆名瑞服饰集团董事长苏定瑞捐赠人民币40万元。

（三）2012年度社会服务工作务虚会

12月18日，致公党中央社会服务部召开2012年度社会服务工作务虚会，研讨2013年及今后五年致公党社会服务工作规划，致公党中央副主席闫小培出席会议并讲话，闫小培围绕全党社会服务工作的总体思路提出了几点意见：一要深刻认识社会服务工作面临的新形势，围绕坚定不移改革开放，完善落实科学发展观与构建和谐社会的任务制定好未来五年的社会服务工作规划纲要。二要研究总结社会服务工作的经验和规律，在此基础上进行理论的研究和探索，确定未来社会服务工作的目标、任务和方法。三要研究并处理好六个方面的关系：研究社会服务与政党属性的结合，彰显参政党履职尽责的民生本色；研究社会服务工作与“侨”“海”特色的结合，打造致公社会服务特色品牌；研究社会服务与基金会工作的结合，搭建社会服务新平台；研究中央与地方组织社会服务工作的结合，鼓励创新，推动全党社会服务工作全面发展；研究党内资源和党外资源的有机有效结合，做大、做强、做实社会服务平台；研究机制建设和工作实施的结合，保障社会服务工作高质高效的推进。四要充分利用好信息技术，完善社会服务工作信息系统平台，以及完成中央社会发展与服务工作委员会的换届工作，充实完善社会服务专委会机构。致公党中央秘书长曹鸿鸣以及来自北京、天津市委会的副主委、社会服务工作负责同志以及部分党员应邀参加了会议。

五、自身建设

（一）思想建设

一年来，致公党积极学习贯彻中共中央会议精神，认真研究新形势下民主党派宣传思想工作的特点和规律，积极开辟新途径、探索新方法、创造新经验，使全党始终保持坚定正确的政治方向，党员保持较高思想和道德水准，为充分履行参政党职能和各项工作的开展提供了有力的思想保障和精神动力。

1. 组织政治、形势学习，开展主题教育活动，多种形式巩固多党合作的思想政治基础

2012年，致公党围绕中共十八大精神、全国“两会”精神等重要内容，通过下发全党学习通知、结合形势组织专题讲座等活动组织开展全党的学习活动，并指导和推动全党地方组织学习。

同时还在全党范围内开展“同心”行动主题教育活动，通过举办座谈会，学习会，征文活动等形式使各级干部和广大党员坚定了中国特色社会主义的理想和信念，增强了与中国共产党思想上同心同德，目标上同心同向，行动上同心同行的自觉性和责任感。

2. 坚持开展理论研究，提高党员理论素养

2012 年，致公党充分发挥中央宣传部理论研究会的骨干和核心作用，组织开展理论研究。4 月和 9 月，理论研究会两次召开会议，讨论评选党内近年来发表和撰写的理论文章，编辑出版了《中国致公党理论研究选集》(第一、二辑)，激发了党员理论研究的积极性。

3. 加强载体建设，努力发挥舆论阵地的宣传引导作用

近年来，包括《中国致公》在内的各级党刊、坚持正确的办刊方针，在栏目设置上不断推陈出新，在内容编辑上继续加强与基层组织和党员的互动与交流。2012 年，《中国致公》加强了策划选题和深入采访，也更注意反映基层党员和基层组织的先进事迹。同时根据本党宣传工作的实际要求，《中国致公》及时设立了“为全面建设小康社会作贡献”、“发挥侨海优势，为社会主义文化建设献计出力”、“加强党外代表人士队伍建设”、“聚焦两会”等专栏。结合各省级组织的换届，推出了“结识新主委”专栏，配合“同心”活动的开展，开设了“同心行动”专栏，使《中国致公》真正起到指导党务、传播信息、研讨理论、宣传典型的作用。

2012 年，致公党中央网站立足于网站更新快、容量大、传播广的特性，积极探索工作新方式，注重与《中国致公》的联动，加强整合党内宣传资源。中央网站将后台上稿权限下放至各省级组织的网站特约编辑，有效地提高了各地方组织发稿的积极性和时效性。据统计，2012 年采用新的发稿方式后，致公党中央网站发稿量较上一年翻了一番。同时，为了体现致公党的“侨海”特色，致公党中央网站于 2012 年开通了英文版。

4. 做好对外宣传报道工作，着力塑造致公党良好社会形象

2012 年，致公党以继续深化、扩大与主要新闻媒体的合作为目标，充分、及时提供本党各项重大活动的新闻线索和稿件，使本党工作中的新举措、新成就、新经验和新发展得到及时反映。如在“两会”前组织召开记者新闻通气会，邀请 10 多家媒体前来参加活动，集中展示本党参政议政的成果；主动联系中央电视台四台对致公党举办的海峡科技论坛进行报道，组织策划《人民日报》关于参政议政大调研的相关报道，策划《团结报》对致公党“同心工程”的报道。

为迎接中共十八大，致公党分别组稿在《人民政协报》头版头条、《经济日报》、新华社刊登了主席和领导专访。

致公党十四大期间，致公党除了在十余家报纸广播报道了六中全会、代表大会开幕式、闭幕式以及十四届一中全会的新闻，还通过组织新任主席媒体见面会，在《人民日报》、新华社、中央人民广播电台等八家社会主要媒体刊登了万钢主席的专访，积极宣传致公党五年来取得的成绩，扩大致公党的社会影响。

（二）组织建设

2012 年组织工作以政治交接为主线，围绕中央和省级组织换届工作，逐项展开工作。

1. 圆满完成省级组织换届工作

2012年初，致公党中央下发《关于严肃换届纪律保证换届风清气正的意见》，就严肃换届纪律、营造风清气正换届环境提出要求，为换届工作有序、健康、平稳地开展创造了良好氛围。

各省级组织认真贯彻落实致公党中央和中共省（自治区、直辖市）委关于做好换届工作的政策要求，深入扎实做好思想动员，以选好人选、配好班子为出发点，充分发扬民主、严格组织程序，认真细致地做好人选酝酿、协商、考察工作，确保人选的政治素质、业务能力和群众公认度。各省级组织在主委会议领导下，陆续成立当地换届领导小组，认真执行换届文件要求，严格换届工作程序。截至7月底，各省级组织及中央直属组织换届工作全部顺利完成，领导机构均高票当选。

8月，致公党省级组织换届工作总结会在天津召开。会议总结了省级组织换届工作的成功经验，指出此次换届工作圆满完成主要得益于中央领导的高度重视和精心部署，有关部门的大力支持和协助，地方组织的充分准备和得力措施。会议还分析了此次工作中存在的不足和遇到的问题，并就进一步完善工作程序和工作规范进行了研究。

致公党各省级组织新一届领导班子成员共119（含秘书长2名）人，平均年龄52.1岁；大学以上共计116人，占97.5%，博士56人，占47.1%；具有高级职称94人，占79%；有侨海关系的103人，占86.6%，突出显示了本党“侨”“海”特色。通过此次换届，省级领导班子的知识结构、年龄结构和专兼职比例得到改善，保持了“侨”“海”特色优势，为领导班子成员优势互补、发挥整体功能、更好地履行职能打下良好的基础。

2. 顺利完成中央换届工作

2012年1月，根据十三届五中全会精神，致公党中央将《中国致公党第十四次全国代表大会代表名额分配及产生办法》下发各选举单位，对选举产生代表和中央提名代表的名额进行分配，并原则规定了代表应具备的条件。

各选举单位高度重视代表选举工作，结合自身实际，坚持民主集中制原则，坚持自下而上、上下结合、反复酝酿、逐级遴选的工作方法。截至7月底，21个选举单位全部按规定程序，召开代表大会或代表会议，以等额选举、无记名投票方式，选举产生了出席致公党十四大的代表。10月，致公党十三届中常会第二十次会议听取了关于中央提名代表有关情况的说明，对部分代表人选进行了民主推荐，并审议通过了中央提名代表名单。出席致公党十四大的485名代表的年龄结构、性别结构、知识结构、层次结构、侨海比例和界别分布与致公党全体党员结构基本相同，体现了致公党的特色，具有广泛性和代表性。

12月3日至6日，致公党第十四全国代表大会在北京召开。会议选举产生118名致公党第十四届中央委员会委员。十四届一中全会选举产生34名常务委员会委员；选举万钢同志为致公党中央主席；选举王珣章、程津培、杨邦杰、严以新、黄格胜、曹小红（女）、李卓彬、闫小培（女）、蒋作君等9人为副主席。十四届第一次主席会议任命蒋作君为致公党十四届中央委员会常务副主席。十四届中常会第一次会议任命曹鸿鸣为致公党十四届中央委员会秘书长。

3. 章程修订工作

3月，《中国致公党章程》修订工作正式启动，致公党中央主席万钢任章程修订委员会主任。在修订工作委员会领导下，5月，中央下发《关于就修订〈中国致公党章程〉征求意见的通知》，面向各省级组织和广大党员征集关于章程修订的建议；此后，章程修订工作组相继在北京、广东、湖南召开五次座谈会，并先后于5月、9月召开两次研讨会，反复讨论章程框架和修订内容；经与有关部门反复协商，并向中央常委再次征求意见，于11月报修订委员会审定，形成提交代表大会审议的章程修正案；于12月6日由致公党第十四次全国代表大会通过。

致公党中央高度重视此次章程修订，充分听取各方意见，反复修改20余次。修订后的章程既贯彻了中共十八大精神以及五年来统一战线和多党合作理论成果，又吸收了近年来工作的新鲜成果和成功经验，更好地体现了致公党的特色，进一步明确了致公党的政治纲领、奋斗目标、组织方针、基本任务和工作规范，对于致公党努力建设适应时代发展要求的参政党，有着十分重要的历史意义和现实意义。

4. 深入做好组织发展工作

2012年，组织建设工作继续取得新成绩。经过致公党中央的不懈努力，在中共省委和有关部门的大力支持、帮助下，6月，在致公党中央直属河南省省直、郑州、洛阳等三个支部的工作基础上，成立致公党河南省工作委员会；9月，在致公党西安市委会的工作基础上，成立致公党陕西省筹备委员会。

针对党员发展工作实际，致公党中央定期通报各地发展情况的统计与分析，及时与地方组织沟通情况，交换意见，有针对性地对部分组织进行督促与指导，并通过横向比较，互相促进。各地方组织认真落实“三个为主”原则，积极稳妥做好党员发展工作，党员质量稳步提高，党员队伍结构持续优化，为致公党更好地履行职能提供了坚强的人才保证。

同时，致公党中央积极配合有关部门，安排好各种常规培训班的工作。特别是2012年省级组织换届完成之后，结合换届情况，分别组织新任主委、专职副主委参加在中央社院举办的“民主党派省级组织新任主委多党合作专题研究班”和“民主党派省级组织新任专职副主委多党合作专题研究班”，进一步强化责任意识，明确工作重点，帮助新任主委、专职副主委更快地转变角色、更好地履职尽责。通过对各级干部的教育培训，本党各级领导干部的政治立场、政治信念更加坚定，视野更加开阔，履职能力不断提高。

截至2012年12月底，全党有省级委员会18个、河南省工作委员会及陕西省筹备委员会，省辖市级组织126，县级委员会15个。基层组织2086个，其中基层委员会72个，总支163个，支部1820个。全年新加入成员2744人。成员总数40434人，其中女成员18730人。平均年龄50.2。离退休11713人。现有成员中教育界13503人，占33.4%；科技界3018人，占7.5%；医卫界6241人，占15.4%；文艺及新闻出版1442人，占3.6%。担任各级人大代表的共有866人，其中全国人大常委、代表37人，省级人大副主任、常委、代表135人，市地级人大副主任、常委、代表375人，县级人大副主任、常委、代表319人。担任各级政协委员的共有3787人，其中全国政协副主席、常委、委员56人，省级政协副主席、常委、委员393人，市地级政协副主席、常委、委员1773人，县级政协副主席、常委、委员1974人。担任县处级以上政府及司法机关领导职务的共有428人，其中在中央政府及司法机关担任领导职务的部级2人、司局级12人，在地方政府及司法机关担任领导职务的省级4人，厅局级50人，地市级18人，县处级343人。成员中大学文化程度以上30185人，占74.7%；有中、高级职称的31161人，占77.1%；担任中国科学院院士的共有4人，担任中国工程院院士的共有2人。

（三）机关建设

2012年，致公党中央继续推进“三型”（学习型、服务型、和谐型）机关建设。深入贯彻人事制度改革精神，加强干部队伍建设。继续组织开展机关公务员论文竞赛活动。

积极做好第中国致公党第十四次全国代表大会的相关筹备工作。2011年底，致公党十三届五中全会决定，致公党第十四次全国代表大会于2012年底召开。致公党中央机关围绕十四次代表大会的相关事项，积极筹备，顺利保证了大会圆满成功。

致公党中央机关严格按照公务员法和《党政领导干部选拔任用工作条例》组织开展了局级干部的竞争上岗工作，坚持用好的作风选人、选作风好的人，在全机关范围内通过报名、进行笔试、面试，积极与有关部门进行协调沟通，选拔了优秀干部走上领导岗位。同时落实中央相关会议精神，继续选派机关干部到基层挂职锻炼，并接收地方组织机关干部到本党中央机关挂职锻炼。其中，中央机关赴贵州毕节挂职1人，向湖北恩施选派第13批博士服务团成员1人；省级组织到中央机关挂职锻炼2人，借调4人。

加强中央机关档案管理工作，督促中央机关各部门及时归档建档。

周　慧　致公党中央联络部处长
刘　曦　致公党中央宣传部主任科员
宋亚轲　致公党中央办公厅主任科员
董巍伟　致公党中央参政议政部主任科员
黄鹏飞　致公党中央社会服务部主任科员
曹若愚　致公党中央组织部副主任科员

九三学社

2012年，九三学社认真贯彻中共中央的决策部署，努力推进政治交接，深入细致做好换届各项准备工作，紧密围绕国家经济社会发展履行职能，不断加强自身建设，各项工作取得了新的成绩。

一、重要会议及活动

（一）九三学社全国代表大会

11月30日至12月4日，九三学社第十次全国代表大会在北京召开。开幕会上，中共中央政治局常委、国务院副总理李克强会见与会代表并代表中共中央致贺词。贺词说，九三学社具有爱国民主科学的优良传统。建立伊始，九三学社就以追求民主、弘扬科学为己任，走上了与中国共产党并肩战斗、风雨同舟的历史性道路。贺词说，希望九三学社团结和带领广大成员，进一步继承和发扬老一辈领导人的优良传统，筑牢思想基础，深化政治交接，提高自身建设水平，为统一战线和中国共产党领导的多党合作事业的巩固发展作出新贡献；适应全面建成小康社会的新要求，进一步提高履职能力，发挥科技界智力密集、人才集中的优势，紧紧围绕实施科教兴国战略、人才强国战略、可持续发展战略等深入调查研究，积极建言献策，为全面深化改革开放，夺取中国特色社会主义新胜利贡献智慧和力量。

全国人大常委会副委员长、九三学社第十次全国代表大会主席团常务主席韩启德致开幕词并代表九三学社第十二届中央委员会作《弘扬传统凝心聚力坚定不移沿着中国特色社会主义道路前进》的报告。韩启德代表九三学社第十二届中央委员会所作的报告分为：过去五年主要工作和基本经验；当前形势和任务；学习贯彻中共十八大精神，坚定不移地走中国特色社会主义道路；着力加强以爱国民主科学为核心价值理念的文化建设；紧紧围绕推动科学发展，努力提高参政议政、民主监督能力和水平；发挥特色和优势，积极开拓社会服务新领域新途径；继续推进人才强社战略，永葆组织生机和活力等七个部分。全国人大常委会副委员长、民盟中央主席蒋树声代表各民主党派中央和全国工商联致贺词。

大会表决通过了《九三学社第十次全国代表大会关于第十二届中央委员会报告的决议》和《九三学社第十次全国代表大会关于九三学社章程修正案的决议》，选举产生了由

240人组成的新一届中央委员会。

（二）九三学社中央全会

1. 九三学社十二届六中全会

11月28日至29日，九三学社第十二届中央委员会第六次全体会议在北京召开。全国人大常委会副委员长、九三学社中央主席韩启德代表第十二届中央常务委员会作工作报告。韩启德说，九三学社中央深入贯彻落实科学发展观，围绕推动社会主义民主政治发展、深化科技管理体制改革、提高自主创新能力、解决分配不公和贫富差距过大、深化国有企业改革、着力改善中小企业发展环境、房产税改革和住房信息系统建设、推进城镇化、促进实体经济发展、改善民生、新型农村社区建设等问题，深入调查研究，积极建言献策，在参政议政和民主监督方面发挥了积极作用。“九地合作”稳步推进，多党合作社会主义新农村建设示范项目进展顺利，“亮康行动”和科普工作影响日益扩大，社会服务工作呈现新局面。

韩启德强调，即将召开的九三学社第十次全国代表大会的主题是，高举中国特色社会主义伟大旗帜，以邓小平理论、“三个代表”重要思想和科学发展观为指导，认真总结九三学社九大以来的工作经验，以战略性思维和前瞻性眼光规划今后五年发展的蓝图；既要体现中共十八大精神，又要彰显九三学社特色，做到历史与现实、理论与实践、当前与长远、目标任务与部署措施、发挥参政党作用与加强参政党建设的有机结合。

九三学社中央副主席丛斌作了《九三学社章程修正案（草案）》的说明。全会审议并通过第十二届中央常务委员会2012年工作报告、《关于召开九三学社第十次全国代表大会的决定》、《九三学社第十次全国代表大会报告（草案）》、《九三学社章程修正案（草案）》，表彰了学习践行社会主义核心价值体系全国先进集体和优秀社员。开幕会上还举行了院士科学报告会。

全国政协副主席、九三学社中央副主席王志珍，九三学社中央副主席冯培恩、邵鸿、谢小军、张桃林、赖明、马大龙、丛斌以及第十二届中央委员会委员和列席人员250余人出席会议。九三学社中央原常务副主席陈抗甫，原副主席贺铿出席开幕会。

2. 九三学社十三届一中全会

12月4日，九三学社第十三届中央委员会第一次全体会议在北京召开。会议选举产生了由47人组成的新一届九三学社中央常务委员会和九三学社中央领导机构。韩启德连任主席，邵鸿、谢小军、张桃林、赖明、马大龙、丛斌、赵雯、卢柯、武维华、印红当选副主席。会议还选举产生了由16名委员组成的九三学社第十三届中央委员会监督委员会，邵鸿当选主任委员，丛斌、刘政奎当选副主任委员。九三学社第十三届中央常务委员会第一次会议任命印红为九三学社中央委员会秘书长。

（三）九三学社中央常务委员会会议

1. 九三学社十二届十八次中常会

3月6日，九三学社第十二届中央常务委员会第十八次会议在北京召开。会议审议并通过了《九三学社中央关于学习贯彻十一届全国人大五次会议和全国政协十一届五次会议精神的决议》。学习了《中共中央关于加强新形势下党外代表人士队伍建设的意见》精神，研究了贯彻落实措施。通报了5月上旬在湖南省长沙市召开第十二届中央常务委员会第十九次会议的准备情况。全国人大常委会副委员长、九三学社中央主席韩启德主持会议并讲话。

韩启德说，“两会”是我国政治生活中的大事，各位常委都是全国人大代表或全国政协委员，希望大家充分利用“两会”这一重要平台，认真履职、积极建言，集中精力把会开好。韩启德指出，今年的中央政治局第一次会议通过了《中共中央关于加强新形势下党外代表人士队伍建设的意见》，体现了中共中央对加强多党合作制度特别是党外代表人士队伍建设的高度重视。意见提出了一系列新举措，更多的是把这些年来的有效做法和新鲜经验制度化、规范化，使做好党外代表人士工作有了政策依据。这是在新形势下，中共中央对参政党最大的关怀和支持，为参政党更好地履行职责奠定了基础，创造了条件。九三学社各级组织要认真学习贯彻意见精神，继续实施人才强社战略，加强后备干部队伍建设，处理好保持特色与发挥作用的关系、制定措施，强化责任，抓好落实。

全国政协副主席、九三学社中央副主席王志珍，九三学社中央副主席冯培恩、邵鸿、谢小军、张桃林、赖明、马大龙、丛斌和社中央常委出席会议，社中央机关各部门负责人列席会议。

2. 九三学社十二届十九次中常会

5月30日至31日，九三学社第十二届中央常务委员会第十九次会议在湖南省长沙市召开。会议主要任务是，研究如何整合全社力量、推进社务工作。全国人大常委会副委员长、九三学社中央主席韩启德出席会议并讲话。

韩启德说，加强机制建设、整合全社力量，是九三学社肩负参政党责任和使命的迫切需要。韩启德在回顾了近年来九三学社在力量整合方面取得的经验以后说，要进一步加强九三学社组织纵向和横向之间的力量整合，加强参政议政、社会服务和自身建设各项工作之间的力量整合，加强九三学社组织与政府有关部门之间的力量整合，加强九三学社组织与中共党委统战部门之间的合作，努力形成左右互动、上下联动的工作格局。韩启德强调，要认真研究加强机制建设的途径，健全组织网络，搭建活动平台，完善课题招标制度，加强组织培训活动，健全各项制度，加强九三学社省委与所在地市委之间力量整合，适时组织大型活动，积极发现培养使用人才，建立实用的网络信息系统，有效推进力量整合工作。

会上，11位常委和4位九三学社中央机关部门负责人从不同角度作了主旨发言。与会人员就如何加强机制建设、整合全社力量交流经验，相互切磋启发，凝聚思想共识，重点围绕“建设新型农村社区、推动新型工业化、城镇化和农业现代化”，“百名专家进乡村入课堂下企业”，“社史陈列馆和口述史”、“健全信息系统”等4个项目的整合，共同探讨如何举全社之力，形成有机合力，在参政议政、社会服务工作的广度、深度上，从覆盖面和社会影响上创出新品牌，以工作机制创新实现各项工作跃上新台阶。会前还举行了“同心系湘江，共护母亲河”活动启动仪式和九三学社“院士专家湖南行”报告会。

全国政协副主席、九三学社中央副主席王志珍，九三学社中央副主席冯培恩、邵鸿、谢小军、张桃林、赖明、马大龙、丛斌和社中央常委出席会议，社中央机关各部门负责人列席会议。

3. 九三学社十二届二十次中常会

10月28日，九三学社第十二届中央常务委员会第二十次（扩大）会议在北京召开。会议分组讨论了《九三学社第十次全国代表大会报告（征求意见稿）》，审议通过了《关于九三学社中央2012年换届工作的意见》的补充内容、九三学社第十次全国代表大会提名代表名单、九三学社第十三届中央委员会部分委员候选人初步名单、《关于九三学社中央监督委员会2012年换届工作的意见》、九三学社第十三届中央委员会监督委员会委员组成人员初步名单、《关于召开九三学社第十二届中央委员会第六次全体会议的决定》、《关于召开九三学社第十次全国代表大会的建议》。全国人大常委会副委员长、九三学社中央主席韩启德出席会议并讲话。

韩启德指出，常委们从标题、结构、文字等方面对《九三学社第十次全国代表大会报告（征求意见稿）》提出了很好的意见建议，报告进一步修改时要予以充分考虑。韩启德强调，在当前新形势下，九三学社要始终坚持对中国特色社会主义的高度自觉和自信，把坚持和发展中国特色社会主义作为同中国共产党亲密合作的最大共识，作为巩固共同思想政治基础的着力点；要与中共中央保持高度一致，深入贯彻“同心”思想，带领全体社员坚守政治原则，做到澄怀观道，努力做好自己的事情，干好本职工作，以优异成绩迎接中共十八大的顺利召开。

全国政协副主席、九三学社中央副主席王志珍，九三学社中央副主席冯培恩、邵鸿、谢小军、张桃林、赖明、马大龙、丛斌和社中央常委出席会议，社中央机关各部门负责人列席会议。

4. 九三学社十二届二十一次中常会

11月27日，九三学社第十二届中央常务委员会第二十一次会议在北京召开。会议审议了九三学社第十次全国代表大会议程（草案）和日程（草案），第十次全国代表大会报告（草案），社章修正案（草案），社十大主席团、常务主席团、秘书长建议名单，社十三届中央委员会委员候选人建议名单等事项；审议通过了《关于九三学社中央2012年换届工作的意见》补充内容，第十二届中央常务委员会2012年工作报告。

全国政协副主席、九三学社中央副主席王志珍，九三学社中央副主席冯培恩、邵鸿、谢小军、张桃林、赖明、马大龙、丛斌和社中央常委出席会议，社中央机关各部门负责人列席会议。

（三）九三学社中央监督委员会会议

12月4日，九三学社第十三届中央委员会监督委员会第一次全体会议在北京召开。全国人大常委会副委员长、九三学社中央主席韩启德出席会议并讲话。

韩启德肯定了十二届中央委员会监督委员会四年来的工作。他说，中央监督委员会自成立以来在建立谈心会制度、参与各省领导班子述职和民主评议以及推进建立省级监督委员会等工作中进行了尝试和探索，取得了一定的效果和经验。至今全社有八个省级组织成立了监督委员会，监督机构已初具规模。现在，监督委员会的工作仍处在探索阶段，新一届监督委员会要继续保持积极稳妥的工作态度，加强学习研究，积累经验，逐步完善民主生活会制度、领导班子述职制度，加强对领导班子履行职能的监督，在工作中加强交流、不断拓展工作领域，逐渐形成和完善内部监督工作机制。

监督委员会副主任丛斌、刘政奎先后讲话。监督委员也围绕社内监督工作、监督委员职责等问题展开热烈讨论。监督委员会主任邵鸿在总结发言中说，今天的会议形成三点共识，第一是实事求是，立足实际开展工作；第二是积极探索，在工作中摸索经验；第三是注重实效，在实效上下工夫。

（四）其他重要会议及活动

1月1日，全国人大常委会副委员长、九三学社中央主席韩启德，全国政协副主席、九三学社中央副主席王志珍，九三学社中央副主席邵鸿，原常务副主席陈抗甫在北京出席全国政协2012年新年茶话会。

1月17日，由科技部基础研究管理中心组织实施的“2011年度中国科学十大进展”评选结果在北京公布，中国科学院金属研究所所长、九三学社沈阳市委主委卢柯的“揭示梯度纳米晶铜本征塑性变形机制”和中国科学院金属研究所副所长、九三学沈阳市委副主委成会明的“利用化学气相沉积法制备出石墨烯三维网络结构材料”两项成果榜上有名。

1月18日，全国人大常委会副委员长、九三学社中央主席，副主席王志珍，全国政协副主席、九三学社中央副主席王志珍，九三学社中央原常务副主席王文元在中南海出席中共中央2012年党外人士迎春座谈会。

1月25日至26日，全国人大常委会副委员长、九三学社中央主席韩启德一行赴天津参加由九三学社天津市委主办的系列新春联欢活动。韩启德参加了由九三学社天津书画院组织举办的笔会，并与社市委新老领导班子成员亲切交谈。在迎新春联欢会上，韩启德充分肯定了社天津市委取得的成绩，并对新一年的工作提出了希望。

1月27日，全国人大常委会副委员长、九三学社中央主席韩启德赴福建调研考察，福建省人民政府副省长、九三学社福建省委主委洪捷序等陪同考察。韩启德在泉州会见了部分九三学社社员，并与大家亲切座谈。在听取了大家的发言后，韩启德对九三学社福建省委近年来所取得的成绩给予充分肯定，对海西建设、两岸和平统一以及福建省社的发展寄予了殷切关怀和厚望，并代表社中央向福建九三学社社员及其家属致以新春的美好祝福。

2月3日，全国人大常委会副委员长、九三学社中央主席韩启德，全国政协副主席、九三学社中央副主席王志珍，在九三学社中央机关会见全国政协副主席、国家科技部部长万钢。九三学社中央副主席赖明参加会见。韩启德对万钢一行的来访表示热烈欢迎，对科技部长期以来对九三学社的信任和期许表示衷心感谢。韩启德、王志珍等还就第四代移动通讯技术的推广瓶颈、电动汽车产业的有序发展、半导体照明的市场推广等问题，与科技部有关部门进行了交流。

2月14日，九三学社中央主席韩启德出席由中共中央、国务院举行的2011年度国家科学技术奖励大会。九三学社社员、加速器物理学家谢家麟获2011年度国家最高科技奖；60名九三学社社员参与完成的50项科研成果分别获得国家自然科学奖、国家技术发明奖和国家科技进步奖。九三学社社员所获奖项中包括自然科学奖3项，技术发明奖4项、科技进步奖43项。九三学社社员作为项目第一完成人的奖项12项。

2月14日，全国人大常委会副委员长、九三学社中央主席韩启德，在九三学社中央机关会见中共河北省委书记、省人大常委会主任张庆黎。韩启德对河北省长期以来对九三学社工作的支持表示感谢。韩启德指出，2012年是九三学社河北省委的换届年，希望中共河北省委继续关心支持九三学社的工作，帮助搞好组织换届、推进政治交接，不断巩固多党合作的政治基础。韩启德还就发展农业节水、推进农业现代化、生物制药产业自主创新等问题与来宾进行了交流。会见结束后，张庆黎向九三学社中央赠送了紫铜浮雕万里长城壁画。

2月18日至3月1日，应沙特协商会议、约旦众议院和阿曼国家委员会的邀请，全国人大常委会副委员长、九三学社中央主席韩启德率团赴沙特出席第三届二十国集团议长大会并对约旦和阿曼进行了友好访问。

2月23日，徐邦达同志逝世。徐邦达（1911—2012），浙江海宁人。1980年加入九三学社。早年从事美术创作，后从事古书画鉴定工作，是我国书画鉴定、创作、书画史研究的大家。

2月29日，由民主与科学杂志社主办的“将科学精神注入我们的文化”专题研讨会在九三学社中央机关举行。全国政协副主席、九三学社中央副主席王志珍，九三学社中央副主席冯培恩，九三学社中央院士委员会主任王志新，科学界、社科人文界30多位学者参加了专题研讨研讨会。

3月30日，全国政协副主席、九三学社中央副主席王志珍在钓鱼台国宾馆出席庆祝中国与瓦努阿图建交30周年招待会。来自外交部、中联部、商务部、教育部、全国妇联等部委以及来自瓦努阿图、新西兰、斐济等国的驻华使节等中外代表共约80人出席了招待会。

4月8日，洪绂曾同志逝世。洪绂曾（1932—2012），江苏南京人。1983年加入九三学社。中国农业科学家，农业部原副部长，九三学社第九、十、十一届中央委员会副主席，第七届全国政协委员，第八届全国人大代表，第九届全国人大常委会委员、农业与农村委员会副主任委员，第十届全国政协常委、经济委员会副主任。

4月17日，九三学社中央参政党理论研究中心在九三学社中央机关召开理论研讨会，研讨主题是“如何加强机制建设、整合全社力量、推进参政党理论研究工作”。九三学社中央副主席邵鸿出席研讨会并讲话。邵鸿说，参政党理论研究是一件很重要的事情。要做好参政党理论研究，就要通过机制建设来整合全社力量。具体来讲就要做好规划，要制定好各种各样的相关制度，比如课题制度、研讨制度，要搭好制度平台，做好评估和服务等等。

4月18日，九三学社中央社史研究中心在九三学社中央机关召开“加强机制建设、整合全社力量、推进社史研究工作”研讨会。九三学社中央副主席邵鸿出席会议并讲话。邵鸿表示，社中央将在已有工作基础上，针对相对滞后的工作，推动社史工作上一新台阶，将社史工作做得更好，使社史工作能够对全社的工作产生积极的促进作用。

4月26日，九三学社全国副省级城市第六次工作联席会暨参政议政工作研讨会在四川成都召开。会议以“参政议政工作经验分享”为主题进行了交流和研讨。九三学社中央副主席赖明出席会议并作重要讲话。赖明说，九三学社作为参政党，做好参政议政工作是第一要务，也是我们的根本工作。坚实推进参政议政工作是一个艰巨使命，提高自身参政议政能力是一项系统工程。大家务必要脚踏实地，以务实的态度来总结我们的过去；务必要胸怀社稷，以负责的心态来完成我们的工作；务必要高瞻远瞩，以历史的眼光来看待我们的未来。

5月14日，九三学社中央、北京九三王选关怀基金会、九三学社北京市委在北京联合举办“北京王选关怀基金会”送健康行动启动仪式。九三学社中央副主席、北京九三王选关怀基金会副理事长邵鸿出席活动并讲话。“北京九三王选关怀基金会”送健康行动是“北京九三王选关怀基金会”与北京五洲医院合作，将在2012年至2016年五年内完成对近千名社员的免费体检工作，为九三学社社员办实事、办好事，传递组织温暖，不断增强组织的感召力、凝聚力，为促进社会主义和谐社会的建设贡献力量。

5月16日至21日，全国政协副主席、九三学社中央副主席王志珍作为国家主席胡锦涛特别代表，率全国政协代表团出访东帝汶。访问期间，王志珍副主席出席了东帝汶总统交接仪式、庆祝中国——东帝汶建交10周年招待会、庆祝中国——东帝汶建交10周年书法展、东帝汶恢复独立10周年庆典等活动，会见了东帝汶新任总统鲁阿克、原总统奥尔塔等。九三学社中央副主席冯培恩等一同出访。

6月11日，出席中国科学院第16次院士大会、中国工程院第11次院士大会的九三学社“两院”院士相聚在九三学社中央机关，畅叙友情，共谋发展。全国人大常委会副委员长、九三学社中央主席、中国科学院院士韩启德出席活动并讲话。韩启德说，虽然大家从事专业各不相同，加入九三学社的时间有长有短，相互间可能不太熟悉；但有一点是相通的，那就是都秉承了九三学社薪火相传的民主科学精神。院士是九三学社的一笔宝贵财富，是每位社员努力的标杆，也是全社会衡量和评价九三学社的重要标准。大家要珍惜荣誉，努力工作，在做好科学家的同时牢记社员身份，积极为国家经济社会发展建言献策。全国政协副主席、九三学社中央副主席、中国科学院院士王志珍，九三学社中央副主席邵鸿、赖明，九三学社中央副主席、中国工程院院士丛斌出席招待会。

7月3日，全国人大常委会副委员长、九三学社中央主席韩启德在北京出席统一战线“同心”论坛，并代表九三学社中央发言。韩启德在简要回顾九三学社与中国共产党同心同德、风雨同舟67年的历史以后说，追求爱国民主科学，与中国共产党思想上同心同德、目标上同心同向、行动上同心同行，是九三学社历久弥坚的政治信念，是多党合作的认识论基础和实践基础。韩启德指出，九三学社要进一步深化理论研究，加强“同心”宣传，推广“同心”典型，通过多种方式不断深化广大社员的思想认识，不断提升精神境界，不断夯实团结奋斗的政治基础，以奋发有为的精神风貌迎接中共十八大和九三学社十大的召开。

7月16日，刘瑞玉同志逝世。刘瑞玉（1922—2012），河北乐亭人，中国共产党党员、九三学社社员，1997年当选为中国科学院院士。中国科学院海洋研究所第三任所长，著名海洋生物学家、甲壳动物学家、中国海洋底栖生物生态学奠基人和甲壳动物学开拓者。

7月18日，全国政协副主席、中国国际交流协会副会长王志珍在钓鱼台国宾馆会见了非洲国家传统领导人考察团一行。

7月22日，“百年启功：中国文化传承创新——启功先生诞辰百年纪念大会”在北京师范大学举行。本次活动由九三学社中央、北京师范大学、全国政协书画室、中国文学艺术界联合会、中国国家博物馆和故宫博物院共同主办。九三学社中央邵鸿副主席出席会议并讲话。

7月24日至25日，九三学社全国参政议政和信息工作会议在芜湖召开。全国政协副主席、九三学社中央副主席王志珍出席会议并讲话。王志珍回顾总结了九三学社一年来参政议政与信息工作取得的成绩。她说，要围绕改革与发展中的突出矛盾和关键问题积极建言献策，提出意见和建议，多出精品，为执政党和政府科学决策提供参考。要不断加强参政议政工作机制建设，在完善领导机制、健全人才机制、完善资源整合机制、加强学习机制上下功夫，努力提高参政议政工作的质量，重视调查研究，凝聚焦点，强化科技特色，把参政议政工作推向更高地水平。

8月6日至10日，全国人大常委会副委员长、九三学社中央主席韩启德赴黑河视察工作，指出黑河要充分发挥好独特的口岸优势，挖掘厚重的历史文化底蕴，努力让更多的人了解黑河、喜欢黑河、支持黑河，加快推进黑河经济社会发展。黑龙江省政协副主席、九三学社黑龙江省委主委陶夏新等陪同考察。

8月7日至13日，“三峡库区及长江上游水污染防治对策研究”课题座谈会分别在武汉和重庆召开。九三学社中央副主席谢小军、赖明出席座谈会。在武汉座谈会上，谢小军介绍了课题的背景及实施情况，指出九三学社中央高度关注三峡库区及长江上游水污染问题，为进一步摸清三峡库区及长江上游水污染的情况，课题组已实地调研多次，并多次召开研讨会，各项工作成效显著、成果丰硕。在重庆座谈会上，赖明对重庆市在长江上游水污染治理方面取得的成绩给予充分肯定。同时，希望九三学社重庆市委要深入调研、凝练问题焦点，并采取有力措施，为向中共中央、国务院提出进一步搞好长江上游水污染治理的对策建议，做出更多更大的贡献。

8月21日，由北京九三王选关怀基金会主办，张家港市政府、市高新医疗器械产业园协办，国家卫生部、科技部、食品药品监督局、专利局等相关部委办局支持的“第二届中国医疗设备自主创新研讨会（骨科）”在张家港市举行。全国人大常委会副委员长、九三学社中央主席、北京九三王选关怀基金会理事长韩启德出席研讨会并讲话。韩启德在讲话中强调，没有创新就没有生命力，推动创新一定要建立一个创新体系，政府要为企业提供法规政策和良好的市场环境。目前我国的创新产业链缺乏中间环节，中间企业要联系好研发单位和生产企业，使得每一个环节的科研成果都能产生价值，整个产业链的各个环节协作发展。希望医疗设备创新能在骨科方面有重点突破。

8月21日，全国人大财经委副主任、九三学社中央原副主席贺铿应中共德州市委、市政府邀请，在德州出席了“中国德州城镇化暨两区同建首次研讨会”，并作以小城镇建设为主题的演讲报告。

8月29日，九三学社“十大”报告提纲征求意见专题研讨会在江苏省无锡市召开。全国政协副主席、九三学社中央副主席王志珍，全国政协常委、九三学社中央副主席、“十大”报告起草组组长赖明出席会议。王志珍要求“十大”报告起草组尽量吸纳大家的建议和意见。与会同志对“十大”报告提纲的修改提出了不少好的建议和意见。会议还就《社章》修改问题征求了大家的意见。

9月3日，九三学社中央与中国科协在北京联合召开纪念周培源诞辰110周年座谈会。全国政协副主席、九三学社中央副主席王志珍出席会议并讲话。王志珍说，周培源先生一生向往光明进步，追求真理，以国家独立、民族振兴、社会进步、人民幸福为己任，把毕生精力献给了祖国和人民，献给了民主科学事业。王志珍指出，我们纪念周老，就要学习他热爱祖国、热爱和平的赤子情怀，学习他始终接受共产党领导，为党的事业而奋斗的坚定信念，学习他追求真理、敢于直言的科学精神，学习他无私奉献、严于律己的高尚情操。

9月3日，九三学社中央在机关召开九三学社创始人后裔座谈会。座谈会上，褚辅成之孙褚律元，吴藻溪之子吴维扬，张西曼之女张小曼，涂长望之女涂多彬，彭饬三之女彭兆苏、彭兆红，潘菽之孙潘尧天，谢立惠之女谢慧媛，张雪岩之女张国华，黎锦熙之外孙女张黎熹，许德珩之孙许进先后发言。全国人大常委会副委员长、九三学社中央主席韩启德出席会议并讲话。韩启德说，要继承我们的传统，学习社史是其中的一个重要环节。所以这些年来社中央特别强调要推进社史工作，并启动了社史工程。同时我们也强调九三学社的成员都要学习历史。研究我们的社史，其中最重要的就是研究我们的创始人。希望在座的各位今后更多地参与我们的社史工作，作更多的贡献。九三学社中央副主席邵鸿主持会议。

9月4日，“九三学社人物丛书”首发式在九三学社中央机关举行。全国人大常委会副委员长、九三学社中央主席韩启德出席首发式并讲话。韩启德说，“九三学社人物丛书”的出版发行是一件可喜可贺的大事。九三学社的历史，就是无数优秀人物引领广大成员不断前进、执著追求的历程。我相信，此套图书的出版，必将激发我社成员和广大读者更好地继承九三学社先辈的优良传统，学习九三学社旗帜性人物的优秀品德，努力修身、砺志、做人、成事，为九三学社各项事业，为中国特色社会主义事业作出更大贡献。

9月5日，九三学社中央参政党理论研究中心和社史研究中心在机关分别召开“五年来的工作经验”专题研讨会。九三学社中央副主席邵鸿，九三学社中央副主席、“十大”报告起草组组长赖明出席会议。

9月10日，九三学社“十大”报告提纲征求意见专题研讨会（华北片会）在机关召开。九三学社中央副主席邵鸿，九三学社中央副主席、“十大”报告起草组组长赖明，九三学社中央副主席、九三学社北京市委主委马大龙出席会议。与会同志围绕会议主题，从理论研究、组织机制、同心思想、基层建设、履职培训、报告行文等方面对“十大”报告提纲提出了修改意见，还对如何修改社章提出了许多建议。

9月10日，全国政协副主席、九三学社中央副主席王志珍在钓鱼台国宾馆会见了以德国社民党联邦理事会成员、黑森州主席兼议会党团主席君贝尔为团长的德国社民党青年政治家代表团。

9月11日，中共中央书记处书记、中央统战部部长令计划，中央统战部常务副部长张裔炯，副部长陈喜庆一行来到九三学社中央机关，看望九三学社中央领导和全体机关工作人员。全国人大常委会副委员长、九三学社中央主席韩启德，全国政协副主席、九三学社中央副主席王志珍，九三学社中央副主席邵鸿、张桃林、赖明、马大龙、丛斌出席走访活动。

9月15日，九三学社中央与各民主党派联合发表声明，厉谴责日本政府“购岛”行为。声明表示，日本政府不顾中方坚决反对，对中国领土钓鱼岛及其附属岛屿实施所谓的“国有化”。这是对中国领土主权的严重侵犯，是对中国人民感情的严重伤害，是对世界反法西斯战争胜利成果的公然否定，是对战后国际秩序的严重挑战。中国各民主党派对此表示强烈愤慨和严厉谴责。

9月23日至25日，九三学社理论研究与社史研究工作研讨会在海南省海口市召开。会议认真研究了九三学社面临的重大理论和实际问题，总结交流了近年来理论研究和社史研究工作的经验体会，深入探讨了工作中存在的困难和问题，明确了今后一段时期内理论研究和社史研究工作的目标和方向。九三学社中央副主席邵鸿出席会议并作主题报告。

10月10日，九三学社中央副主席、中国工程院院士丛斌一行前往九三学社四川省委机关检查指导工作，并与全体机关干部及部分在蓉学习的社员亲切座谈。

10月11日，九三学社中央妇女工作委员会在上海召开“提高家政服务业战略地位、扩大城乡妇女就业领域”专题研讨会。九三学社中央副主席邵鸿出席会议并讲话。

10月12日，郑国锠同志逝世。郑国锠（1914—2012），江苏常熟人。1954年加入九三学社。中国科学院院士、植物细胞学家、中国科学院细胞生物学研究所所长。历任九三学社甘肃省第二届委员会主委，第三、四、五届委员会名誉主委，并先后当选第三、四、五届全国人大代表。

11月6日至10日，九三学社全国参政议政和信息工作研讨培训会议在河北衡水市召开。会上，全国政协常委、全国政协提案委员会副主任、九三学社中央副主席邵鸿作了《怎样做好政协提案建议》的专题培训报告，全国政协常委、九三学社中央副主席赖明作了《关于做好参政议政工作的几点思考》的专题培训报告，与会人员观看了十八大开幕式并就报告进行了分组讨论。会议总结了2012年参政议政和信息工作情况，交流了开展参政议政和信息工作的经验，培训了省级组织参政议政和信息工作专职干部，布置了下一阶段参政议政和信息工作，并围绕贯彻落实中共十八大精神，进一步研究完善参政议政和信息工作体制机制，提高参政议政和信息工作水平进行了研讨，探索了新形势下做好参政议政工作的新方式新方法。

11月8日，九三学社中央发出贺信，热烈祝贺中共十八大胜利召开，并预祝大会取得圆满成功。贺信指出，九三学社中央将把学习贯彻中共十八大精神作为今后一个时期的首要政治任务，教育引导广大社员把思想和认识统一到中共十八大精神上来，把智慧和力量凝聚到实现中共十八大确定的宏伟目标和各项任务上来，努力发挥参政议政、民主监督作用，不断加强自身建设，锐意进取、扎实工作，为巩固和完善中国共产党领导的多党合作和政治协商制度，为全面建成小康社会、实现中华民族伟大复兴作出新的更大贡献。

12月10日，全国政协副主席、九三学社中央原副主席王志珍率团前往阿联酋出席首届“中国—海湾阿拉伯国家可持续发展论坛”并访问波兰和柬埔寨。在波期间，王志珍副主席出席了“中国—欧洲：非政府组织的作用”国际研讨会开幕式等活动。九三学社中央副主席卢柯、武维华参加出访。

12 月 25 日，中共中央总书记习近平和中共中央政治局常委俞正声等中央领导同志走访九三学社中央机关并座谈。九三学社中央主席韩启德，常务副主席邵鸿，副主席赖明、马大龙、丛斌、武维华、印红，原副主席王志珍、贺铿，原常务副主席陈抗甫出席座谈会。

二、参政议政

2012 年，九三学社坚持把科学发展观贯彻落实到履行职能的各个方面，围绕我国经济社会发展中的重大问题以及人民群众普遍关心的热点难点问题，深入调查研究，积极建言献策，取得了显著成绩。

（一）努力提高高层政治协商建言议政质量

1 月 9 日，九三学社中央副主席赖明在北京出席最高人民检察院征求各民主党派中央、全国工商联和无党派人士对人民检察院工作的意见和建议座谈会，并代表九三学社中央建言。赖明充分肯定了近年来人民检察院工作取得的成绩，同时提出了一些加强和改进人民检察院工作的意见和建议。

2 月 9 日，全国人大常委会副委员长、九三学社中央主席韩启德在中南海出席国务院总理温家宝主持召开的党外人士座谈会，并代表九三学社中央就 2012 年政府工作报告建言。韩启德表示，九三学社赞同《政府工作报告》的主要内容，并结合近期的调研和座谈，提出五点具体建议：一是整顿学风和政风，营造良好科研环境；二是深化财税体制改革，提高财政投入效率；三是强化城乡规划的严肃性、权威性；四是把握重点，切实推进行政管理体制改革；五是扎实推进“三公”经费公开。

2 月 10 日，全国人大常委会副委员长、九三学社中央主席韩启德在中央统战部出席党外人士座谈会，并代表九三学社中央就中共十八大议题建言。韩启德说，党的十八大，是在国际形势错综复杂和我国改革发展稳定关键时期召开的一次十分重要的会议，对于指导今后五年工作，夺取全面建设小康社会新胜利，开创中国特色社会主义事业新局面具有重大而深远的影响。韩启德围绕中共中央起草十八大报告提出四点具体建议：一是坚定信心，实现改革新突破；二是关注民生，促进和谐；三是积极稳妥地推动民主政治发展；四是深化行政体制改革，切实转变党的作风。全国政协副主席、九三学社中央副主席王志珍，九三学社中央副主席邵鸿、赖明出席会议。

7 月 26 日，全国人大常委会副委员长、九三学社中央主席韩启德在中南海出席中共中央举行的党外人士座谈会，并代表九三学社中央就做好下半年经济工作建言。全国政协副主席、九三学社中央副主席王志珍出席会议。

9 月 3 日，全国人大常委会副委员长、九三学社中央主席韩启德在中南海出席中共中央举行的党外人士座谈会，并代表九三学社中央就中共十八大报告征求意见稿建言。

11 月 30 日，全国人大常委会副委员长、九三学社中央主席韩启德在中南海出席中共中央召开的党外人士座谈会并代表九三学社中央就当前经济形势和明年经济工作建言。全国政协副主席、九三学社中央副主席王志珍出席会议。

12月28日，最高人民检察院召开各民主党派中央、全国工商联和无党派人士座谈会。九三学社中央常务副主席邵鸿出席座谈会，并代表九三学社中央就检察工作提出建议。邵鸿说，检察机关的司法鉴定是检察权的重要组成部分，也关系到检察机关法律监督能力的发挥，建议结合检察业务需要，大力开展司法鉴定科技科研工作，积极推进检察系统司法鉴定重点实验室体系的建设，给予相应的资金投入，重点突破鉴定实践亟须的关键技术，大力提高科技保障能力；建立司法鉴定专家库，为解决综合性的重大疑难复杂问题、鉴定争议以及应对新的技术难题提供智力和人才支撑；与有关部门协作，建立司法鉴定行业科技需求与相关科技领域研究成果的信息共享平台，有效促进科技成果在司法鉴定领域的转化应用。邵鸿还建议，加大对查办渎职侵权犯罪工作的宣传力度，加强检察理论调研工作，进一步充实基层检察院的办案力量，提高队伍的整体素质。

（二）深入开展专题调研

2月9日，九三学社中央副主席邵鸿到国家教育部调研《高等学校信息公开办法》实施情况，对这一社会关注热点再次予以关注。《高等学校信息公开办法》于2010年4月以国家教育部第29号令公布，自2010年9月1日起施行。在促进出台这一规章，以及其制定和实施过程中，九三学社中央都给予了极大关注。邵鸿在调研时说，《高等学校信息公开办法》实施时间还不长，在具体实施过程中可能还面临这样那样的难题，但只要按照这个《办法》一步一步往前推进，高校信息公开工作一定会取得切实成效。

3月16日至19日，九三学社中央原副主席洪绂曾到四川广元、南充进行了考察调研。在广元期间，洪绂曾一行先后出席了苍溪县第十届梨花节开幕式，考察了苍溪县的新农村及现代农业示范园建设、苍溪职业高级中学。在南充期间，洪绂曾对九三学社南充市委发挥科技优势服务地方经济所做的工作给予了充分肯定；在参观考察阆中古城时，对阆中市依托旅游资源带动相关产业发展的思路提出了意见和建议。

3月23日至27日，全国政协常委、九三学社中央副主席赖明率九三学社中央调研组赴浙江调研。在考察舟山群岛新区建设后，赖明表示，调研组将在认真梳理后向中央提出支持新区和国家海洋经济发展的意见和建议。在考察大陈岛后，赖明指出，大陈岛具有特殊的政治意义，在两岸关系和平发展中具有非常重要的作用。下一步九三学社中央将认真和国家有关部委商议，继续深化对课题的调研，与中共浙江省委、省政府，台州和椒江有关部门共同推动大陈岛有关工作的开展。

3月28日至31日，全国人大常委会副委员长、九三学社中央主席韩启德一行在江苏省考察了“工业绿色发展”情况。在听取汇报后，韩启德对江苏省工业绿色发展情况给予了充分肯定。他希望，下一步江苏省继续贯彻落实好全国“两会”精神和胡锦涛总书记对江苏工作的新要求，走出一条科技含量高、经济效益好、资源消耗低、环境污染少、人力资源优势得到充分发挥的新型绿色工业化道路。期间，中共江苏省委书记罗志军、省长李学勇分别会见了韩启德一行。九三学社中央副主席冯培恩、赖明，江苏省政协副主席、九三学社江苏省委主委许仲梓等陪同考察调研。

4月7日至9日，全国政协副主席，九三学社中央副主席王志珍率九三学社中央调研组在重庆市就三峡库区及长江上游水污染防治情况进行调研。九三学社中央副主席赖明参加调研。

4月15日至19日，全国政协副主席，九三学社中央副主席王志珍率九三学社中央调研组在福建省就“进一步深化林权改革、推进林业与林业碳汇发展”问题进行调研。九三学社中央副主席赖明参加调研。期间，中共福建省委书记孙春兰、省长苏树林、省政协主席梁绮萍会见了王志珍一行。

4月29日至5月3日，全国政协副主席、九三学社中央副主席王志珍就“少数民族贫困地区经济发展与生态保护”主题率队赴贵州考察调研。在贵州期间，王志珍出席了在黔西南自治州兴义市召开的第九届中国生态旅游发展论坛暨中国州长论坛并讲话，出席了黔西南布依族苗族自治州建州30周年庆祝大会。期间，中共贵州省委书记栗战书、省长赵克志、省政协主席王正福等分别会见王志珍一行，并汇报了贵州省经济社会发展情况。全国政协副秘书长、九三学社中央原常务副主席陈抗甫和九三学社中央副主席赖明等参加考察调研，贵州省政协副主席、九三学社贵州省委主委刘鸿庥等陪同考察调研。

5月7日至12日，九三学社中央副主席赖明率调研组赴河南省就“新型农村社区建设”问题进行调研。期间，调研组听取了河南省及有关城市政府的情况介绍，考察了安阳市、鹤壁市、济源市、新乡市、平顶山市相关的二十余个新型农村社区项目，并召开了五次专题座谈会交流城乡统筹和新型农村社区建设的情况。赖明副主席在调研中指出，全面建设小康社会的重点在农村，难点也在农村。河南以“两不三新、三化协调”为基本理念，开展新型农村社区建设，是统筹城镇化、工业化和农业现代化建设协调发展，加快城乡一体化进程的重大实践，其经验值得其他地区特别是与河南条件相似的粮食主产区借鉴。

6月13日至15日，全国人大常委会副委员长、九三学社中央主席韩启德带领调研组前往河南，就“统筹城乡发展与新型农村社区建设”进行专题调研。期间，调研组听取了河南省及有关城市政府的情况介绍，考察了鹤壁市中鹤社区等相关的新型农村社区项目，并召开了两次专题座谈会交流城乡统筹和新型农村社区建设的情况。韩启德在调研中指出，我国城镇化进展很快，但也面临城市过度扩张、生态环境破坏和社会矛盾突出等诸多问题。作为人口大省、农业大省的河南，探索走一条以新型城镇化为引领“三化”协调科学发展的路子，是统筹城乡发展的重要实践，有利于促进土地流转和规模经营，有利于农民在当地实现就业，有利于扩大内需拉动消费，有利于保障粮食生产，有利于实现新型农业现代化和新型城镇化。希望河南认真总结经验，深入思考“三化”协调科学发展的途径和方法，在这条道路上走得更加顺利。

6月29日至7月5日，全国政协副主席、九三学社中央副主席王志珍率九三学社中央调研组前往四川，就“农业发展与工业转型”课题先后赴遂宁、攀枝花等地考察调研。调研结束后，王志珍强调，在总结成绩的同时，要关注过去发展中存在的问题，要认识当前发展中面对的挑战，更要看清未来发展中面临的机遇。期间，王志珍一行在攀枝花与九三学社攀枝花市委基层组织负责人进行了座谈。王志珍强调，九三学社攀枝花市委要紧紧围绕中共攀枝花市委、攀枝花市政府中心工作，充分发挥参政议政职能，利用自身人才优势，积极为攀枝花快速发展献计出力。

7月30日下午，全国政协副主席、九三学社中央副主席王志珍率九三学社中央科技考察团，到浙江中科院应用技术研究院进行实地考察和调研。调研中，王志珍说，我们尤为需要重视在高科技的支撑下，加强科技与经济"两张皮"的贴合，把科研成果转变为生产力，推进国家更快更好地发展。

8 月 2 日至 6 日，全国人大常委、九三学社中央副主席、中国工程院院士丛斌在黑龙江省查哈阳农场就农业现代化进行专题调研。丛斌指出，在实现绿色发展、构建以高端绿色水稻产业为核心的绿色产业体系的进程中，科技是个关键因素。希望查哈阳农场紧紧抓住与袁隆平院士合作的契机，积极开展与国内科研院所的科技共建，推广应用先进技术，把查哈阳农场打造成区域科技水平最高、科技推广能力最强的科技高地。

8 月 31 日至 9 月 1 日，全国政协副主席、九三学社中央副主席王志珍率九三学社中央调研组，就“高效绿色经济发展”课题赴山东东营调研。

10 月 15 日至 16 日，九三学社中央副主席谢小军率调研组赴贵州就《三峡库区及长江上游水污染防治对策》课题开展调研。调研组一行参观了贵阳市乌当新庄污水处理厂，听取了相关水污染防治工作介绍；对南明河流域进行了重点考察。在随后召开的座谈会上，省政府及省发改委等部门负责人参会就贵州水污染防治相关工作情况进行了介绍，与会人员对三峡库区及长江上游水污染防治问题进行了深入讨论交流，并提出相关建议。

10 月 18 日至 19 日，九三学社中央副主席丛斌率队在石家庄调研“推进司法鉴定管理体制改革”问题。在调研中，丛斌一行就相关问题认真听取了河北省法院、检察院、司法厅、公安部门一线工作人员以及有关司法鉴定机构代表的意见和建议，就业内普遍关心的若干问题进行了深入探讨，并实地走访了石家庄市司法鉴定中心、河北盛唐司法鉴定中心、河北医科大学第一医院司法鉴定中心。期间，丛斌召开九三学社社内思想动态和社会服务工作座谈会。

（三）在政协充分发挥作用

在全国政协十一届五次会议上，九三学社以九三学社中央名义提交大会发言 15 篇，被政协选用大会口头发言 2 篇，书面发言 13 篇。其中，社中央常委武维华院士代表社中央作了《完善科技评价奖励制度，营造良好科研环境》的发言，引起了社会的高度关注。全国政协常委、社中央副主席冯培恩作了《着力克服制度缺陷，推进股市健康发展》的发言，得到媒体的广泛关注和持续热议。

提案方面，九三学社以社中央名义提交提案 42 件，占各民主党派中央和全国工商联提案总数的 14%；以九三界别名义提交提案 28 件，占界别、小组提案总数的 70%；其中，有 4 件提案成为全国政协重点督办提案，有 12 件提案入选全国政协《重要提案摘报》。大会期间，九三界别委员积极参政议政，据统计共提交个人提案或联名提案近百件，受到媒体广泛关注和好评，产生了积极的社会影响。会后，又以九三学社中央名义提交平时提案 11 件，占各民主党派和全国工商联总数的 60% 以上。

2 月 22 日，九三学社中央召开全国“两会”新闻通气会，全国人大常委、九三学社中央副主席丛斌出席会议。会上向各新闻媒体介绍了九三学社中央拟提交全国政协十一届五次会议的提案、大会发言准备情况，推荐了重点采访对象和采访线索。受邀媒体记者就关注焦点、采访线索、联络方式等情况进行了询问。

3 月 4 日，中共中央政治局常委、中央政法委书记周永康参加了民进、农工党、九三学社界委员联组会。委员们联系实际谈感受、献良策，周永康同大家一起讨论。

7月5日，"力争将川西北地区纳入'三江源国家生态保护综合实验区'的建议"重点提案联合督办会在成都召开。全国政协副主席、九三学社中央副主席王志珍和全国政协常委、九三学社中央副主席赖明率有关负责同志出席督办会，并对这一重点提案与四川省政协进行联合督办。

（四）信息工作效果良好

2012年，九三学社各级组织继续加强和改进反映社情民意的信息工作。九三学社中央加强了对省级组织的指导，广泛调动起广大九三社员的积极性，工作机制更加健全，工作网络更加完善，报送数量和质量有了比较大的提高。九三学社中央共收到来稿近2600篇，采编形成《九三信息》、《九三信息专报》526篇，向全国政协、中央统战部等部门报送了多篇有情况、有分析、有建议、质量较高的社情民意信息，被全国政协采用82篇。其中，有4篇信息得到党和国家领导人批示，部分信息得到中央统战部、全国政协和有关部门的高度重视，产生了良好的社会效益和参政议政效果。

（五）民主监督工作有所作为

2012年，九三学社高度重视履行民主监督职能，全社上下广开言路、完善载体，不断丰富民主监督形式，拓宽民主监督范围，细化民主监督程序，如将特约监督员等民主监督方式规范化、制度化等。九三学社各级组织通过"直通车"建议、政协提案、反映社情民意的信息工作等方式，积极发挥民主监督作用。如提出《关于发展服务外包业，促进我国资源枯竭型城市转变经济发展方式的建议》、《关于将环洞庭湖生态经济圈纳入国家发展战略的建议》等，得到高度重视和切实采纳；应邀出席最高人民法院、最高人民检察院、中央统战部召开的座谈会和情况通报会，就经济社会发展中的突出问题和法制建设等问题提出建议，发挥了民主监督作用。九三学社担任各级特约监督员、监察员、检察员、审计员和教育监督员的同志，以高度的政治责任感，认真参加执法检查监督、行风政风评议，在加强廉政建设，推进依法行政中发挥了积极的作用。

（六）论坛活动稳步开展

7月8日，由九三学社中央主办、九三学社广西区委承办的2012年海峡两岸经贸发展论坛在南宁举行。与会专家学者、经贸界和各领域代表人士从当前国内国际经济形势、两岸产业经贸合作发展历程及展望、资源环境、投资环境等方面进行了深入交流与探讨。全国政协常委、九三学社中央副主席邵鸿，全国人大常委、九三学社中央原副主席贺铿出席论坛。邵鸿在致辞中说，加强两岸经贸交流与合作，有利于发挥各自的优势、互惠互利，完全符合两岸同胞的共同利益，合作的前景十分广阔，大有可为。此次论坛的举办，就是充分发挥九三学社科技人才密集、联系广泛的优势，通过搭建一个良好的平台，借助海峡两岸的专家学者、经贸界人士和其他各个领域代表人士的智慧，深入探讨如何应对挑战，解决实际问题，实现两岸在经贸往来中优势互补，拓宽两岸经贸合作的广度和深度，为进一步繁荣和发展两岸经济作出贡献。

8月29日至31日，由九三学社中央委员会主办，九三学社江苏省委员会承办，九三学社无锡市委员会协办的第七届“九三论坛”在江苏省无锡市举行。论坛期间，九三学社中央、国家部委和全国各地的150多位专家学者围绕本届论坛“产业转型升级”主题进行了深入研讨和交流。全国政协副主席、九三学社中央副主席王志珍出席开幕式并讲话，全国政协常委、九三学社中央副主席赖明主持开幕式，并作主旨发言。王志珍在讲话中说，推动产业升级，应遵循科学发展观的指导，在实际工作中需要完善各项政策，协调、引导和推动并重，营造有利于产业转型升级的环境；要因地制宜，加强区域统筹协调，形成有利于产业转型升级的区域分工格局。同时，产业转型升级需要与城镇化结合，进一步加强自主创新，充分发挥科技创新对产业转型升级的驱动和支撑作用，鼓励各类企业之间的合作研发与创新，营造企业群落内部知识交流与共享的良好氛围。

（七）加强港澳台和海外联络工作，为扩大爱国统一战线作贡献

4月1日至7日，全国政协常委、九三学社中央副主席邵鸿率代表团赴法国对以孔子学院为代表的中外文化交流情况进行考察，同时寻访九三学社创始人许德珩先生在法国的足迹，查阅许德珩的档案资料。

7月10日，全国人大常委会副委员长、九三学社中央主席、中国和平统一促进会副会长韩启德在北京人民大会堂会见了台湾“一国两制”研究协会访问团一行。韩启德表示，近年来，在两岸同胞的共同努力下，两岸关系实现了历史性转折，取得了一系列突破性进展，开创了前所未有的和平发展新局面。他希望在座的各位有识之士，以振兴中华、实现祖国和平统一为己任，继续深入研究和广泛介绍“一国两制”方针，让更多的台湾同胞了解和认识“一国两制”。

9月17日，九三学社中央文化工作委员会、宁波市文联、九三学社宁波市委员会在宁波联合举办“秋实咏书画·音乐雅集——龙年两岸四地中华文化（书画·音乐）联谊活动”。全国人大常委会副委员长、九三学社中央主席韩启德院士为本次活动题词“弘扬优秀传统文化，增强中华民族自信”。全国政协常委、九三学社中央副主席冯培恩、邵鸿出席开幕式。

三、社会服务

2012年，九三学社社会服务工作着力于助推经济发展，促进民生改善，编制了《九三学社社会服务工作2012—2016年发展规划汇编》，明确了今后五年社会服务的指导思想、基本原则、主要任务和保障措施。

1月18日，九三学社中央书画院和北京九三书画院在北京某部队联合举办“九三学社送文化进军营”书画笔会活动。书法家们挥毫泼墨，为军人们送上了近百幅精美的书法和绘画作品。部队首长也向北京九三书画院赠送了锦旗。九三学社中央副主席邵鸿出席活动并讲话。邵鸿说，书画笔会活动既是传承中国传统文化，展现社会主义文化发展繁荣的重要平台，也是折射社会主义核心价值观的重要窗口。九三学社送文化到军营，表达了军民携手共建，为社会主义文化的大繁荣、大发展贡献力量的美好愿望。

5月29日，湖南省统一战线“同心系湘江·共护母亲河”活动启动仪式暨九三学社院士专家学术报告会在长沙举行。全国人大常委会副委员长、九三学社中央主席韩启德宣布活动启动。仪式上，与会领导共同启动了湘江水样标志仪。启动仪式后，举行了九三学社院士专家学术报告会。九三学社中央原副主席贺铿和中科院院士、九三学社中央常委武维华、周卫健分别以“农业现代化与城镇化问题”、“农业资源高效利用与可持续发展”、“环境变化与低碳经济”为主题作了报告。

7月10日至13日，全国人大常委、九三学社中央副主席、中国工程院院士丛斌率考察团赴贵州威宁自治县开展“同心·智力行·企业行”活动。来自山西、北京、四川、广东的9位企业家社员参与了本次活动。在草海镇梨营小学，考察团一行为该校及白岩小学的贫困学生捐赠学习用品230份，价值3.5万元。在五里岗中学，丛斌代表九三学社中央为该校捐赠了价值4.5万元的图书1800册。丛斌说，“教育兴才百业兴”，帮扶教育意义深远、功效卓著。在威宁开展结对帮扶，是一种双向促进：帮扶以来，威宁县的中小学校在教学内容、教师素质和学生精神面貌等方面都有了长足进步，发达省市的学校也从老区师生身上学习到了朴实的作风和脚踏实地的精神。丛斌强调，我们要深刻领会、积极实践中共中央大力弘扬的新时期延安精神，务必继续保持谦虚、谨慎、不骄、不躁的作风，务必继续保持艰苦奋斗的作风。九三学社将一如既往地通过挂职干部做好联系协调工作，做好牵线人。

7月13日至14日，九三学社多党合作社会主义新农村建设项目经验交流会在贵州省安顺市召开。会上，来自北京、河南、重庆、贵州、湖北、四川、广西、宁夏、内蒙等9个项目承担单位就当地的试点项目做了介绍，并就各项目点的实施内容、实施效果、实施体会及意见建议等进行了深入交流。

7月20日，九三学社海南省委与北京成龙慈善基金会在海南省人民医院达成并签署了“海南省贫困少儿大病救治项目”合作协议，北京成龙慈善基金会将捐助海南省首期项目资金200万元，以用于海南省贫困少儿大病救治，并委托九三学社海南省委员会组织实施。全国人大常委、九三学社中央副主席丛斌出席签约、启动仪式。

7月31日至8月2日，九三学社全国社会服务工作研讨会在浙江省温州市召开。九三学社中央副主席丛斌出席会议并讲话。丛斌说，社会服务工作是民主党派深入理解“同心”思想的深刻内涵，努力践行“同心”思想的重要举措和抓手；为了适应新的形势，社会服务的内容应该在智力服务、社会建设服务、推介引荐服务和文化服务这四方面的基本内容上有所拓展。

8月10日，湖北潜江市金融专家智囊团组建暨金融专家潜江行活动启动仪式在潜江举行。全国政协常委、九三学社中央副主席邵鸿出席启动仪式。潜江市为8位国内著名金融专家颁发了潜江金融智囊团聘书。全国政协委员、九三学社中央经济专门委员会主任、中国投资有限责任公司执行委员会成员兼中央投资有限责任公司副总经理赵海英任金融智囊团团长。

8月15日至17日，“亮康行动2012宁夏行”活动在宁夏石嘴山市平罗县举行。九三学社中央副主席丛斌出席活动启动仪式。这次行动，累计为72名深受白内障疾病困扰的贫困患者实施了复明手术，帮助他们解除了病痛，体现了九三学社“扶贫济困、助残复明”

的宗旨。

9月11日，“九三学社中央院士专家西北行”活动开幕式暨报告会在甘肃农业大学举行。中科院院士、中国农业大学教授武维华，九三学社中央人口资源环境委员会副主任、国务院南水北调工程建设委员会办公室环境保护司副司长刘国华，九三学社社员、“长江学者奖励计划”特聘教授、中国农科院作物科学研究所所长万建民分别就“农业资源高效利用与可持续发展”、“开展生态文明建设，促进水资源保护利用”、“中国作物分子育种研究进展”作报告。

9月14日，九三学社广州市委与南沙区人民政府在南沙区举行“九南合作”协议签约暨“九南合作工作站”揭牌仪式。九三学社中央副主席、中国工程院院士丛斌出席了签约仪式并讲话。

10月13日，“同心亮康行动2012湖北・巴东行”在湖北省巴东县人民医院正式启动。全国人大常委、九三学社中央副主席、中国工程院院士丛斌，全国人大常委、湖北省科协副主席、九三学社湖北省委主委田玉科出席启动仪式。

10月18日，由九三学社中央、清华大学、九三学社北京市委员会、国际科学与和平周中国组委会共同主办的“第24届国际科学与和平周暨九三学社院士专家进校园——生态与健康高端对话”活动在清华大学举行。武维华等五位九三学社院士专家走进清华园，围绕“生态与健康”主题进行高端对话,与清华师生互动交流。全国人大常委会副委员长、九三学社中央主席韩启德，九三学社中央副主席邵鸿等出席活动。

四、自身建设

2012年，九三学社高举中国特色社会主义伟大旗帜，以搞好政治交接、抓好换届工作为主线，不断加强思想建设、组织建设和机关建设，取得了新的成绩。

（一）思想建设

1月13日，九三学社中央思想建设研究中心2012年工作会议在社中央机关举行。会议认真学习了九三学社中央主席韩启德在九三学社第十二届中央委员会第五次全体会议闭幕会上的讲话和九三学社中央2012年宣传工作要点；总结了去年各项工作；围绕如何牢固树立“同心”理念、充分调动成员政治热情、将思想建设工作引向深入展开研讨；对2012年工作进行了部署。九三学社中央副主席丛斌出席会议并讲话。丛斌对2012年国内外形势进行了分析解读，对今年的任务提出了要求。他强调，思想建设研究中心的重要任务，就是要认真思考在当前国际国内大环境下，作为参政党，应该如何通过我们所联系的群众理顺思路、疏导情绪，围绕团结、和谐、稳定的主题做好工作。丛斌对思想建设研究中心下一阶段任务提出四点要求。一是要牢固树立马克思主义的世界观和方法论。二是要深刻理解中国共产党治国理政的方法理念以及存在的必然性和长期性。三是要坚持主流文化意识，营造风清气正的换届环境。四是要树立依法治国理念。

3月20日，九三学社中央和九三学社北京市委联合召开学习会，传达十一届全国人大五次会议和全国政协十一届五次会议精神。全国人大常委会副委员长、九三学社中央主席韩启德出席会议并讲话。九三学社中央副主席丛斌、邵鸿分别传达了十一届全国人大五次会议和全国政协十一届五次会议精神。九三学社中央副主席、社北京市委主委马大龙出席会议。会议由九三学社中央副主席赖明主持。韩启德指出，当前，世界经济复苏举步维艰、国内改革发展稳定任务艰巨，九三学社作为与中国共产党同舟共济的参政党，一定要深刻领会、贯彻落实“两会”对今年工作的部署，更加坚定对中国特色社会主义事业的信念和信心，围绕“稳增长、控物价、调结构、惠民生、抓改革、促和谐”的中心工作履行参政党的职能，充分调动和激发九三学社各级组织和全体成员的积极性和潜能，整合全社力量，为巩固和发展“十二五”开局良好的可喜势头，夺取全面建设小康社会新胜利作出新贡献。

7月24日至26日，九三学社与马克思主义研讨会在河北省张家口市举行。会议以中国特色社会主义理论为指导，认真学习贯彻胡锦涛同志“同心”思想，深入研讨马克思主义作为九三学社指导思想的重要意义和时代特征、马克思主义与九三学社历史的关系、马克思主义与九三学社自身建设的关系、马克思主义与九三学社履行职能和发挥作用的关系、马克思主义与“同心”思想的关系，探讨用马克思主义中国化时代化大众化的最新成果加强九三学社自身建设，指导履职实践的有效途径。全国人大常委、九三学社中央副主席丛斌出席会议并讲话。丛斌说，要历史地、全面地、具体地看待马克思主义，与时俱进地发展马克思主义。丛斌指出，要深刻理解“同心”思想的理论贡献。九三学社要在学习践行活动中，突出“同心”思想的本质要求，紧扣组织换届年的着力重点，把握“同心”内涵，做到思想上认同、目标上趋同、行动上协同。

8月29日，九三学社中央在京召开刘瑞玉同志先进事迹座谈会。全国政协常委、九三学社中央副主席邵鸿出席会议。九三学社中央副主席丛斌出席会议并讲话。丛斌说，刘瑞玉同志的事迹令人震撼，给人启迪，使人信服，使我们看到了一位杰出科学家、一名九三学社老社员的价值追求和人生境界。九三学社要在全社广泛深入开展向刘瑞玉同志学习活动，引导广大社员自觉把个人事业同祖国前途和民族命运紧密联系起来，把对祖国和人民的热爱，化为真诚奉献的实际行动，为建设创新型国家作出更大贡献。

11月16日，九三学社中央在社中央机关召开学习中共十八大精神座谈会。全国人大常委会副委员长、九三学社中央主席韩启德出席会议并讲话。韩启德说，这次应邀列席中共十八大开闭幕会议，感到特别荣幸。通过学习胡锦涛同志的报告，有四点体会。一是不能盲目自信，但不能没有自信；二是既要坚持经济建这个中心，又要注重维护社会公平正义；三是既要深化改革，又不能自乱阵脚；四是要实现科学发展，必须依靠民主。全国政协副主席、九三学社中央副主席王志珍，九三学社中央副主席邵鸿、赖明、丛斌等在会上发言，交流了学习认识和体会。

（二）组织建设

6月26日，九三学社河北省委委员、市级组织及省直属组织主委班子成员培训班在中央社会主义学院举办开学典礼。九三学社中央副主席邵鸿出席并讲话。邵鸿代表九三学社中央对学员们的到来表示热烈欢迎，勉励学员们要重视和珍惜学习机会，集中精力认真学习；要积极思考、广泛交流，结合实际与老师、同学深入讨论，解决困惑；要认真总结知识，消化吸收，通过总结把学习到的知识形成自己的收获体会。

7月9日，九三学社江苏省第五期中青年骨干培训班在中央社会主义学院开班。九三学社中央副主席邵鸿出席开班仪式并讲话。邵鸿欢迎学员的到来并指出在当前形势下加强对民主党派成员特别是中青年骨干成员培训的重要意义。本期培训班是江苏省连续第五年举办的中青年骨干培训班。

7月30日至8月1日，全国政协副主席、九三学社中央副主席王志珍一行考察了嘉兴、绍兴地方组织社务工作，九三学社中央副主席冯培恩、赖明参加考察。在嘉兴期间，王志珍一行参观考察了褚辅成史料陈列室等。王志珍、冯培恩、赖明对九三学社嘉兴市委长期以来奔走呼吁筹建褚辅成先生纪念设施表示充分肯定，并接见了九三学社嘉兴市委领导班子。

8月6日，九三学社中央副主席丛斌在九三学社黑龙江省委机关召开座谈会，征求对社章修改的意见和建议。丛斌传达了中央统战部对修改社章工作的要求，阐述了此次修改社章的必要性和意义。在谈到修改原则时，他指出，社章修改要遵循实事求是的原则，重点围绕如何更加充分地发挥参政党作用，使九三学社思想建设、作风建设、机关建设等，都能有平稳、明显提升。

8月11日，九三学社中央副主席邵鸿一行赴湖北江汉油田调研座谈。江汉石油管理局有关领导和潜江市委统战部以及九三学社油田支社成员代表参加了座谈。邵鸿肯定了油田九三学社所做的各项工作。他要求油田支社成员结合油田实际和自身建设的需要，加强理论学习，进一步提高综合素质，为油田的发展建设作出更大的贡献；同时，希望管理局党委大力支持油田支社的工作，更加关爱和帮助支社社员，切实帮助解决民主党派基层组织建设存在的困难，关心退休社员的生活。

8月13日，九三学社中央副主席丛斌一行来到九三学社甘肃省委机关，召开社章修改意见座谈会。会上，社员们就任期制，监督委员会设立及职能发挥，基层委员会的设置权限、义务的规定和秘书长的设置等问题发表了看法，对现行《九三学社章程》的修改提出了意见。

8月23日至26日，九三学社社员和组织信息管理系统启动暨培训会议在江苏省淮安市召开。九三学社中央副主席邵鸿出席启动仪式并亲手启动系统。邵鸿说，信息管理系统是实现九三学社组织科学管理的基础，对于提高工作效率、实现数据信息的科学管理有着重要作用；是九三学社自身建设的前提，通过对大量数据和情况汇总分析，为工作决策提供科学依据和参考；也是九三学社参政议政工作重要帮助，对于充分调动整合全社资源，更好履行参政党职责起着重要作用。启动仪式后，40余位来自九三学社中央及全国各省级组织负责和参与数据库建设的同志参加了为期三天的培训。

8月24日，九三学社中央主席韩启德在九三学社中央机关会见了在中央社会主义学院参加“民主党派省级组织新任主委多党合作专题研究班”的九三学社四位新任主委——河北省委主委葛会波、贵州省委主委黄宗洪、甘肃省委主委刘晓梅、宁夏区委主委马秀珍。九三学社中央副主席邵鸿、丛斌参加会见。韩启德勉励大家，未来在工作中顺境和逆境都会遇到，大家的心情可能会有起伏，但无论如何做人的原则不能变；要多读书，多思考生命的意义，总结人生的真谛，把自己和所从事的事业放到更长的时间和更大的空间尺度中去，从历史和文化中得到更加深厚的精神滋养，回报国家、服务社会。

截至 2012 年 12 月底，九三学社共有地方组织 346 个。其中包括省级组织 30 个，省辖市级组织 316 个，县级组织 28 个。基层组织 5398 个，其中基层委员会 594 个，支社 4628 个，小组 176 个。全年新加入成员 6821 人。成员总数 136758 人，其中女成员 55283 人。平均年龄 54.05 岁。离退休 48715 人。

成员中高校 32298 人，占 23.62%；普教 3729 人，占 2.73%；科技界 47864 人，占 34.99%；文化艺术 1663 人，占 1.22%；公有制经济界 8114 人，占 5.93%；新阶层人士 4446 人，占 2.25%，其中私营企业主 1291 人，占 0.94%；医药卫生 26103 人，占 19.09%；机关团体及其他 11563 人，占 8.47%。

担任各级人大代表的共有 1938 人，其中全国人大代表、常委、副委员长、专职副秘书长及专委会主任副主任 64 人，省级人大代表、常委、副主任、专职副秘书长及专委会主任副主任 295 人，市地级人大代表、常委、副主任 912 人，县市区级人大代表、常委、副主任 667 人。

担任各级政协委员共有 10029 人，其中全国政协委员、常委、副主席、专职副秘书长及专委会主任副主任 107 人，省级政协委员、常委、副主席、专职副秘书长及专委会主任副主任 1074 人，市地级政协委员、常委、副主席 4843 人，县市区级政协委员常委、副主席 3985 人。

担任中央机关部级干部 1 人，省、市、自治区领导 4 人，厅局级 163 人，县处级 874 人。

担任中央、省级、地市级有关部门特约（邀）工作的共有 2000 余人。

成员中有大学以上学历的占 93.25%；有中、高级职称的占 95.52%。担任中国科学院院士的共有 53 人。担任中国工程院院士的共有 15 人。

（三）机关建设

2 月 20 日，“九三学社中央机关理论研究课题组成立大会”在社中央机关举行。九三学社中央主席韩启德对“机关理论研究课题组活动方案”批示：“活动方案很好，希望能发动大家认真进行，贵在坚持。”九三学社中央副主席邵鸿批示：“很好，望切实做起来。”成立机关理论研究课题组，是九三学社中央机关为贯彻社中央领导指示精神，整合机关力量，加强机关学习，促进机关干部向“专家化、学者化”方向努力的一项重要举措。

2 月 23 日，北京师范大学外文学院副教授张源博士以“从中美文化交流谈‘文化强国’战略”为题，为九三学社“文化系列讲座”主讲了第一课。九三学社中央副主席邵鸿、丛斌出席讲座。张源从中美关系开始谈起，分析了“文化强国”战略提出的背景和意义，回顾了中国文化体制改革的历程，剖析了文化强国中的问题与隐患，探究了中美文化交流与“文化强国”的关系。九三学社“文化系列讲座”由社中央研究室、社会服务部、参政议政部联合举办，旨在拓展社员文化视野，激发机关工作人员学习热情，推进机关文化建设。

3 月 27 日，中国工程院院士、清华大学教授倪维斗做客九三讲堂，在九三学社中央机关作了题为“如何开启我国低碳转型窗口”的报告。九三学社中央主席韩启德出席讲座。讲座由九三学社中央副主席邵鸿主持。倪维斗从未来 40 年全世界一次能源消费预测、各种能源在一次能源消费中所占比重及全球能源消费产生的二氧化碳排放量三方面介绍了全球能源使用及环保面临的严峻形势。然后具体分析了我国煤炭、可再生能源、天然气的开发利用情况，强调要合理、科学地应用各种资源。

5月22日，中国传媒大学文化发展研究院院长、博士生导师范周教授以“攻坚年：我国文化产业发展中的新思考”为题，为九三学社“文化系列讲座”主讲了第二课。九三学社中央主席韩启德，副主席邵鸿、赖明、丛斌出席讲座。范周介绍了我国文化产业的总体概况，详细剖析了我国文化产业亟待解决的十大问题，并就有关问题回答了听众提问。

6月13日，九三学社中央副主席邵鸿在九三学社中央机关主持召开机关文化建设作风建设座谈会。会议座谈了九三学社中央机关文化建设作风建设取得的成绩和存在的问题，提出了一些意见建议。邵鸿说，作风建设也是文化建设的一部分，机关文化决定了一个机关的风貌。文化建设需要制度保障和一定的物质条件、一定的环境酿造。机关文化建设需从自己做起，从小事做起，在现有条件下做得更好，创造一个和谐舒心的环境。

7月13日，九三学社全国机关建设工作会议在山东省青岛市召开。九三学社中央副主席兼秘书长邵鸿出席会议并讲话。会议以加强机关文化建设和作风建设为主题，总结交流两个建设的工作经验，剖析机关工作的难点及存在的问题，研讨两个建设的新思路、新举措，全面推动社的机关建设与发展。邵鸿说，要统一思想，提高对加强机关文化建设和作风建设重要性的认识；明确任务，扎实推进和加强机关文化和作风建设；加强组织领导，确保机关两个建设取得实效。河北、吉林、上海、湖南、海南、青岛、哈尔滨、杭州等8个省级和副省级组织的代表在会上作了交流发言，其他省级和副省级组织作书面交流发言。会上还统一下发了《九三学社中央及机关文件制度汇编》。

9月26日，北大哲学系主任王博做客九三讲堂，以“中国哲学中的爱与宽容”为题作报告。九三学社中央主席韩启德，副主席丛斌出席讲座。讲座由九三学社中央副主席邵鸿主持。王博认为，哲学总是与心灵相关，哲学家看到的世界始终是矛盾的。接着他以“爱”和“宽容”分别概括中国哲学中的两个基本流派——儒家和道家，指出二者也是中国哲学最大的矛盾。王博还就爱与宽容的普世性、是否存在终极价值、用宽容概括道家是否准确等问题回答了听众提问。

10月25日，著名作家王宏甲做客九三学社中央，以“中国需要新教育”为题，主讲了九三学社“文化系列讲座”第三讲。九三学社中央副主席邵鸿、丛斌出席讲座。王宏甲提出，所谓新教育就是伴随着社会经济发生重大转型，建立在新经济基础上的教育。王宏甲认为，每当人类生产力发生革命性进步，引起经济社会重大转型时，教育就一定会发生重大转型，世界上任何国家的教育发展莫不遵循此规律。中国历史上有过三次重大教育转型：第一次是以孔子开立私塾为代表的“春秋时期的教育嬗变”；第二次是以西学东渐、科举废除为标志的“大清帝国教育转轨”；第三次就是当今计算机应用环境下的教育变革。

乔发进　九三学社中央研究室综合处副处长

台湾民主自治同盟

2012年是实施“十二五”规划承上启下的关键之年。一年来，面对日趋严峻的国际经济形势和国内改革发展稳定的繁重任务，中国共产党团结带领全国各族人民，推动转变经济发展方式取得新进展，科技创新取得新成绩，改革开放取得新突破，改善民生取得新成效。

作为参政党，台盟始终与中国共产党同心奋斗，坚持服务大局、突出特色，在实现国家繁荣进步和推进祖国和平统一进程中发挥了重要作用。

一、重要会议及活动

（一）台盟第九次全盟代表大会

台湾民主自治同盟第九次全盟代表大会12月11日在北京开幕。中共中央政治局常委、中央纪委书记王岐山会见全体与会代表，并代表中共中央致贺词。

贺词说，台湾民主自治同盟具有光荣的爱国、革命传统。自成立以来，台盟始终拥护和坚持中国共产党的领导，积极投身中国革命、建设、改革，在实现国家繁荣进步和推进祖国和平统一进程中发挥了重要作用。

贺词指出，过去的五年，是我们在中国特色社会主义道路上奋勇前进的五年，是我们经受住各种困难和风险考验、夺取全面建设小康社会新胜利的五年。五年来，台盟坚定不移地走中国特色社会主义政治发展道路，充分发挥自身优势，紧紧围绕国家经济社会发展的重大战略部署积极参政议政、建言献策；牢牢抓住两岸关系和平发展的契机深入扎实地做好对台工作，广泛团结台湾各界人士，在促进两岸经贸文化等领域交流、增进两岸同胞情感认同中发挥了不可替代的作用，工作成果丰硕，成效显著。

贺词表示，全面建成小康社会，在中国特色社会主义道路上实现中华民族伟大复兴，必须最广泛地凝聚包括民主党派和无党派人士在内的全国各族人民的智慧和力量。实现祖国和平统一，是两岸同胞的共同心愿，也是全体中华儿女的不懈追求。当前，两岸关系保持和平发展良好势头，台盟发挥作用的舞台更加广阔。希望台盟牢牢把握巩固深化两岸关系和平发展的重要契机，积极与台湾社会各界人士和基层民众开展交往，努力团结台湾同胞共同反对“台独”、认同“九二共识”，密切两岸经济交流，增进两岸文化认同，不断增强感情基础。

全国人大常委会副委员长、民进中央主席严隽琪代表各民主党派中央、全国工商联致贺词。贺词说，过去五年，台盟高举中国特色社会主义伟大旗帜，切实履行参政党职能，在促进海西经济区等地区的建设发展、争取台湾民心工作、强化“同心工程”等方面发挥了重要作用。伴随着台盟第九次全盟代表大会的胜利召开，全盟必将进一步统一思想，坚定信念，在全面建成小康社会的征程上，谱写台盟与中国共产党通力合作的历史新篇章。

中华全国台湾同胞联谊会会长梁国扬代表全国台联致贺词。

大会主席团常务主席林文漪代表台湾民主自治同盟第八届中央委员会作工作报告。报告在回顾和总结了台盟五年来的主要工作和基本经验后提出，台盟要高举中国特色社会主义伟大旗帜，坚持以邓小平理论、“三个代表”重要思想、科学发展观为指导，深入学习贯彻中共十八大精神，着力提高履职尽责的能力与水平，切实加强自身建设，坚持服务科学发展主题和加快转变经济发展方式主线，充分发挥自身特点和优势，广泛动员全体盟员和所联系的台胞，为全面建成小康社会和实现祖国和平统一作出新的更大的贡献。

全国人大常委会副委员长乌云其木格、国务委员戴秉国、全国政协副主席李金华和中共中央统战部部长令计划，以及台盟中央原主席张克辉等出席开幕式。

12 月 15 日上午，台湾民主自治同盟第九次全盟代表大会在京闭幕。大会圆满完成各项议程，表决通过了《台湾民主自治同盟第九次全盟代表大会决议》、《关于台湾民主自治同盟第八届中央委员会报告的决议》、审议通过了《台湾民主自治同盟章程（修正案）》，选举产生了由 68 人组成的新一届中央委员会。

会议期间举行的台盟第九届中央委员会第一次全体会议选举产生了由 24 人组成的第九届中央常务委员会，林文漪当选主席，汪毅夫、吴国祯、陈蔚文、杨健、黄志贤、苏辉当选副主席。

台盟中央主席林文漪在闭幕会上指出，这是一次坚定理想信念、明确目标任务、生动活泼、务实进取、发扬民主、团结鼓劲的大会。在全体与会代表的共同努力下，大会认真学习贯彻了中共十八大精神，进一步统一思想、明确方向，确立了今后五年的工作目标和任务。

林文漪强调，我们要以台盟九大为新的起点，在实现政治交接上取得新进展；加快解放思想、探索创新的步伐，在发挥参政党作用上取得新成绩；认真学习借鉴中共十八大关于“提高党的建设科学化水平”的重要部署，在加强自身建设上迈出新步伐。

林文漪表示，台盟新一届中央委员必将不负厚望与重托，继承和发扬优良传统，认真贯彻民主集中制，增强领导班子的凝聚力和向心力，进一步提高决策水平和工作效率，开好头，起好步，努力营造风清气正、民主和谐、集中精力干事业的良好氛围，团结带领全体盟员努力奋斗。

大会指出，中共十八大是在我国进入全面建成小康社会决定性阶段召开的一次十分重要的大会。会议提出的各项大政方针和决策部署，对夺取中国特色社会主义事业新胜利，创造中华民族更加幸福美好的未来，具有重大战略意义。深入学习贯彻中共十八大精神，是台盟当前和今后一个时期的首要政治任务。全盟要将学习贯彻中共十八大精神与学习践行社会主义核心价值体系活动相结合，深入理解中国特色社会主义理论体系，坚定不移地走中国特色社会主义政治发展道路，不断巩固与中国共产党团结奋斗的思想基础。

大会要求，全盟要把推动科学发展、转变经济发展方式作为着力点，深入开展调研，为社会主义经济建设、政治建设、文化建设、社会建设、生态文明建设积极建言献策，不断提高参政议政、民主监督水平。要以持续推进两岸关系和平发展为主题，以深入贯彻寄希望于台湾人民的方针为主线，充分发挥台盟自身特点和优势，推动两岸各领域的交流合作，致力于巩固深化两岸关系和平发展的政治、经济、文化和社会基础，在推进祖国和平统一进程中发挥更大作用。要积极参与“同心”实践，组织开展各种形式的社会服务工作，为推进民生改善、促进社会和谐贡献力量。要认真借鉴中国共产党加强自身建设的成功经验和做法，按照科学发展观的基本要求和根本方法，全面推进台盟自身建设，着力提高履行职责的能力和水平。

大会号召，全盟要高举中国特色社会主义伟大旗帜，更加紧密地团结在以习近平同志为总书记的中共中央周围，解放思想，开拓进取，为全面建成小康社会、实现祖国和平统一和中华民族伟大复兴而同心奋斗！

闭幕会上还宣读了《给不再担任台盟领导职务同志的致敬信》。

（二）台盟中央常务委员会会议

1. 八届十八次中常会

3 月 7 日，台湾民主自治同盟第八届中央常务委员会第十八次全体会议在北京召开。全国政协副主席、台盟中央主席林文漪出席并讲话。

会议研究部署了全盟学习贯彻十一届全国人大五次会议、全国政协十一届五次会议精神和《中共中央关于加强新形势下党外代表人士队伍建设的意见》精神的工作，审议通过了《台盟中央 2012 年工作要点》。

会议指出，中共中央颁发的《关于加强新形势下党外代表人士队伍建设的意见》，是新中国成立以来第一次以中共中央名义制定的关于党外代表人士队伍建设的专门文件，在统一战线发展史上具有里程碑的意义。《意见》深刻论述了加强新形势下党外代表人士队伍建设的重要性和紧迫性，明确提出了党外代表人士队伍建设的指导思想、工作原则、目标任务和政策举措，是指导当前和今后一个时期全盟工作的纲领性文件。

会议要求，各级地方盟组织在开展换届工作中，要认真贯彻《意见》精神，特别是在加强后备干部队伍建设中，积极发现优秀人才，把具有培养潜力的中青年纳入联系培养范围，努力形成老中青相结合的队伍结构。同时，有针对性地做好培养工作，加大推荐力度，适时形成人才培养规划，在贯彻《意见》过程中努力推动台盟自身建设迈上新台阶。

会议指出，为了深化和拓展推动海西经济区建设等具有延续性的参政议政重点课题，在已有的调研基础上进行深入挖掘，继福建、广东调研之后，台盟中央将今年的党派大调研地点确定在江西，着重就赣台经贸文化交流合作以及江西四个相关地市融入海西发展的情况进行调研。希望各地方盟组织能够结合各地实际情况，扎实深入地开展调研，争取形成一批高质量的政策建议，为地方经济社会健康发展发挥应有作用。

会议强调，对台工作历来是台盟的一项突显自身特色、发挥党派优势的重点工作，在当前两岸关系和平发展趋势进一步增强的大环境下，台盟要继续深化与台湾各界人士的交流，不断夯实反对“台独”、坚持“九二共识”的政治基础，进一步巩固两岸和平发展的民意基础，为两岸关系和平发展凝聚力量。

会议要求，全盟要认真学习贯彻“两会”精神，以良好的精神风貌和丰硕的工作成果迎接中共十八大和台盟九大的胜利召开。

台盟中央常务副主席汪毅夫，副主席吴国祯、陈蔚文、杨健、黄志贤及台盟中央常委出席会议。台盟中央各专门工作委员会和机关各部门负责人列席会议。

2. 八届十九次中常会

7月4日至5日，台湾民主自治同盟第八届中央常务委员会第十九次会议在吉林省长春市召开。会议学习了关于深入践行社会主义核心价值体系相关精神，听取了台盟中央上半年工作情况，并对下半年工作提出了具体建议。全国政协副主席、台盟中央主席林文漪出席会议并讲话。中共吉林省委副书记竺延风到会致贺。

会议指出，认真履行参政党职能，积极推动两岸和平发展，是台盟各级组织的使命和职责所在。会议要求，全盟要深入实际，调查研究，坚持特色，发挥优势，以对台交流成果充实参政议政内容，以参政议政成效支持对台交流领域的开拓，推动参政议政工作开创新局面，推动对台交流实现新突破。

会议指出，即将召开的第九次全盟代表大会是台盟在全面建设小康社会进入关键时期的一次具有承先启后、继往开来重要意义的大会。会议要求，全盟要进一步强化政治意识、大局意识、责任意识，坚持正确的价值导向，努力营造风清气正的换届环境，确保换届工作健康有序进行。

会议要求，全盟务必始终保持理论上清醒、政治上坚定，把“同心”思想作为思想教育的重要内容，传承台盟与中国共产党团结合作的优良传统，自觉维护多党合作的政治格局，自觉抵御错误思潮的影响，保持政治坚定和思想清醒，巩固多党合作的共同思想政治基础。

会议要求，全盟要认真学习贯彻《关于加强新形势下党外代表人士队伍建设的意见》精神，建好盟员人才库，将德才兼备的代表人士充实到后备干部队伍中，有针对性地加大优秀人才的推荐力度，加强对优秀青年盟员的培养和使用，为台盟事业持续发展提供坚强的组织保障。

会议强调，提高领导班子的政治素质和领导能力，造就一批能担当起新形势新任务领导责任的人才，是台盟自身建设中首要而且至关重要的工作。台盟各级领导班子要加强学习，健全领导机制和工作制度，努力建设成为具备政治把握能力、参政议政能力、组织协调能力、合作共事能力的团结和谐的领导集体，以良好的精神风貌和优异的工作实绩迎接中共十八大和台盟九大的胜利召开!

会前，中共吉林省委书记孙政才、省长王儒林、省政协主席巴音朝鲁等会见了与会代表。

台盟中央常务副主席汪毅夫，副主席杨健、黄志贤及中央常委出席会议。

3. 八届二十次中常会

10月30日至31日，台湾民主自治同盟第八届中央常务委员会第二十次会议在北京召开。会议传达学习了中共中央领导同志近期讲话精神及有关会议精神，通报了台盟中央第三季度工作和台湾民主自治同盟第九次全盟代表大会的有关筹备情况，审议了《台湾民主自治同盟第九次全盟代表大会工作报告（审议稿）》、《台湾民主自治同盟章程（修改草案）》和《关于修改〈台湾民主自治同盟章程〉的说明》（草案），审议了有关换届文件。全国政协副主席、台盟中央主席林文漪出席并讲话。

会议表示，举世瞩目的中国共产党第十八次全国代表大会将于11月8日在北京召开。这次大会是在我国全面建设小康社会关键时期和深化改革开放、加快转变经济发展方式进入攻坚阶段召开的一次十分重要的大会。大会对于进一步动员全国各族人民坚定不移地沿着中国特色社会主义道路前进，继续推动科学发展、促进社会和谐，为全面建成小康社会而奋斗具有重大的现实意义和深远的历史意义。大会选举产生的新一届中共中央领导集体，必将继承优良传统，继续领导全国各族人民开创中华民族伟大复兴的光辉未来。

会议要求，深入学习贯彻中共十八大精神，是包括台盟在内的各民主党派今后一个时期的首要政治任务。我们要本着高度的政治责任感，认真理解和认识十八大报告所富含的深刻意义，切实贯彻和履行十八大作出的决策部署，坚持中国共产党的领导，坚定走中国特色社会主义道路，以科学发展观为指导，围绕中心，服务大局，进一步推动全盟参政议政、联络交流、社会服务和自身建设再上新台阶，努力开创全盟工作新局面，为实现十八大确定的各项任务作出应有的贡献。

会议强调，全盟各级组织要积极行动起来，振奋精神、齐心协力，按照各项换届工作意见和规定的要求开展工作，圆满完成换届工作，把台盟九大开成一个团结民主、务实奋进的大会。

台盟中央常务副主席汪毅夫，副主席陈蔚文、杨健、黄志贤，秘书长张宁及台盟中央常委出席会议。台盟中央各专门工作委员会和机关各部门负责人列席会议。

4. 八届二十一次中常会

12月10日，台湾民主自治同盟第八届中央常务委员会第二十一次会议在北京召开。台盟中央主席林文漪、常务副主席汪毅夫，副主席吴国祯、陈蔚文、杨健、黄志贤等出席。

（三）重要国事和外事活动

2012年，台盟中央领导同志多次应邀参加重要外事、内事活动，其中包括参加纪念中国共产主义青年团成立90周年大会、庆祝中华人民共和国成立63周年招待会、纪念中华人民共和国宪法公布施行30周年大会等重要庆典、慰问、纪念活动，陪同中共中央和国家领导人会见印度尼西亚总统苏西洛等外宾。

（四）专题工作会议

3月21日，台盟中央2012年参政议政工作专题会议在深圳召开。台盟中央副主席、广东省政协副主席、台盟广东省委主委陈蔚文出席开幕式并致词，全国政协常委、台盟中央副主席黄志贤作总结讲话。台盟中央常委孙南雄、马克宁、王松、王天戈、李钺锋等出席会议。中共深圳市委统战部部长张思平会见了与会代表。陈蔚文在讲话中指出，2011年以来，台盟中央围绕党和国家各项中心任务，深入开展参政议政工作，先后完成了11项重点调研课题，调研成果受到中共中央、国务院高度重视。在刚刚闭幕的全国政协十一届五次会议上，台盟中央充分整合全盟各级组织提供的200余件课题调研素材，加强成果转化，形成3篇大会发言和26件党派提案，提交全国政协。黄志贤在总结讲话中提出，一是要高度重视课题调研，打造有影响的精品力作；二是要坚持整合力量、团结协作，促进台盟参政议政工作再上新台阶；三是要努力建设高素质调研工作队伍，促进台盟事业长远发展。在以往工作的基础上，进一步总结经验、创新机制，推动台盟参政议政工作取得新的更大进展，以优异成绩迎接中国共产党第十八次全国代表大会和台盟第九次代表大会的胜利召开。会议期间，台盟各省级组织就落实台盟中央2012年各项重点调研课题进行了深入的研究讨论。台盟中央参政议政专委会领导以及台盟各省级组织相关负责同志参加会议。

10月12日，台盟八届中央委员会妇女工作总结大会在上海召开。台盟中央副主席、台盟上海市委主委杨健出席大会并代表台盟中央致辞。上海市妇联主席张丽丽应邀出席开幕式表示祝贺。台盟中央妇委会主任郭理作工作总结。台盟中央副秘书长、办公厅主任、妇委会副主任吴国华主持会议并转达了全国政协副主席、台盟中央主席林文漪对大会召开的祝贺。杨健在致辞中对台盟中央妇委会在过去五年工作中展现出的良好精神风貌和取得的成绩表示肯定。他勉励台盟中央妇委会继续团结广大女盟员和两岸姐妹，充分发挥两岸妇女在推动两岸和平发展事业中“半边天”的作用，希望继续围绕中心、服务大局，以优异的成绩迎接中共十八大和台盟九大的胜利召开。郭理代表台盟八届中央委员会妇委会作五年工作总结。总结中指出，本届妇委会紧紧围绕台盟八届中央委员会的工作部署，坚持从实际出发，充分发挥特点优势，开拓进取、务实创新，在参政议政、联络交流、社会服务、自身建设等方面，收获了新成果、取得了新进展、实现了新突破。台盟北京市委、上海市委、湖北省委妇委会的负责同志分别作了大会发言。大会还进行了分组讨论和交流，对今后的工作提出了许多很好的意见和建议。台盟中央妇女工作委员会全体委员，台盟省级组织及直属组织分管领导和妇委会主任30余人参加了会议。

10月16日，台盟中央盟史研究委员会主任会议在安徽召开。台盟中央副主席黄志贤出席会议并作总结讲话，台盟中央盟史研究委员会主任蔡世彦主持会议，副主任陈正统、简少玉、杨晓东，委员安宗国，台盟安徽总支部主委陈清海等参加会议。蔡世彦、陈正统、简少玉、杨晓东、安宗国、陈清海等同志先后发言，认真总结本届盟史研究委员会的工作，对今后如何开展工作提出很好的意见建议。黄志贤在讲话中对盟史研究委员会五年来工作中取得的成绩给予充分肯定。黄志贤指出，这是一次非常重要的会议，与会同志进行了认真深入的讨论，回顾总结了本届盟史研究委员会五年来的工作，提出了一些针对性和可操作性强的意见和建议，为下一届盟史研究委员会开展工作奠定了良好的基础。

12月26日至27日，台盟中央2012年参政议政工作会议在北京召开。全国政协副主席、台盟中央主席林文漪出席开幕式并讲话，台盟中央副主席黄志贤、苏辉出席会议，台盟各级组织的参政议政议政主管领导、具体负责人，台盟中央参政议政工作委员会委员以及部分青年盟员代表80余人参加了会议。开幕式由台盟中央秘书长张宁主持。本次会议的主题为学习贯彻中共十八大会议精神，传达贯彻习近平总书记走访台盟中央机关时的重要讲话精神，研究讨论2013年台盟参政议政重点工作。全国政协副主席、台盟中央主席林文漪在讲话中表示，习近平总书记走访各民主党派是中国共产党与各民主党派肝胆相照的真实写照。习近平总书记在走访台盟中央时对台盟的参政议政、对台联络等工作给予了高度评价，让我们倍感振奋，也更加深刻地体会到责任重大。林文漪主席指出，台盟九大明确了未来五年全盟要着力完成好的五项任务，其中在参政议政工作方面提出了明确的目标和要求。结合学习贯彻中共十八大精神，林文漪主席就落实台盟九大制定的参政议政目标任务提出了两点要求。一是坚持走中国特色社会主义政治发展道路，切实增强做好参政议政工作的责任感和使命感。希望大家树立大局观念，提升自身素质，真正深入实际，认真思考，负责任地提出建议，为发展社会主义协商民主、促进社会主义民主政治建设做出我们应有的贡献。二是坚持以科学发展观为指导，全面提升全盟的参政议政工作水平。要坚持把服务科学发展作为参政议政的第一要务。按照"十二五"规划的具体部署，通过制定新的五年规划明确参政议政、履职尽责的主攻方向；紧扣主题主线，巩固参政议政的优势领域。要坚持以人为本，切实加强参政议政人才队伍建设。不断激发广大盟员特别是青年盟员参政议政的积极性；加强对从事参政议政工作的机关干部的使用、培养和锻炼；注重借力盟外资源，积极吸才引智。要坚持统筹兼顾、全面协调地做好参政议政工作。将参政议政与对台工作更加紧密地结合起来；将推动工作与完善制度更加紧密地结合起来。全国政协常委、台盟中央副主席黄志贤作了《凝聚力量、同心奋斗，扎实推进台盟参政议政工作取得新成效》的工作报告，在总结 2012 年工作成绩的同时，就下一阶段的参政议政工作做出了重要部署。他指出，2012 年台盟中央进一步贯彻"上下联动、横向联合"的工作方针，扎实推进参与政治协商、组织调查研究、开展主题活动等各项工作，参政议政工作成果在数量和质量上都得到稳步提升。关于 2013 年的参政议政工作，黄志贤副主席提出，要贯彻落实台盟第九次全盟代表大会精神，进一步明确参政议政工作的目标和任务；要将顶层设计与制度建设相结合，进一步促进参政议政工作运转协调、稳步推进；要将广泛动员与骨干培养相结合，进一步加强参政议政人才队伍建设。会议上，还对台盟中央 2012 年度参政议政先进集体和先进个人以及五年地市级参政议政先进集体和先进个人进行了表彰。

（五）座谈会、纪念会

1 月 10 日，台盟中央秘书长张宁在机关礼堂会见了中共赫章县委副书记、县长孙逊一行。张宁对孙逊一行的到来表示热烈欢迎。他说，过去的一年，在中共赫章县委、县政府的领导下，赫章经济社会快速发展、人民生活水平进一步提升，各项事业不断取得新突破。一年来，台盟各级组织积极开展对赫章的帮扶工作，围绕促进毕节和赫章实现跨越式发展的奋斗目标，林文漪主席、汪毅夫常务副主席和黄志贤副主席都先后到贵州进行了工作座谈和考察。展望新的一年，台盟将会继续发挥与台胞联系密切的优势，进一步整合全盟资源，支持和推动赫章县有关项目的建设、落实和实施。孙逊代表中共赫章县委、县政府，对台盟中央给予赫章县的关心和帮助表示了感谢。他着重就赫章县 2011 年经济社会发展情况以及下一步的工作安排做了工作交流。座谈期间，宾主双方畅叙友谊，互致新春的问候。台盟中央副秘书长、办公厅主任吴国华，宣传部部长郑世凯，联络部副部长潘新洋、唐涓等参加会见。

1月13日，台盟中央、全国台联共同主办2012年在京台胞新春同乐会。全国政协副主席、台盟中央主席林文漪，十届全国政协副主席、台盟中央原主席张克辉，中央统战部副部长尤兰田，全国台联会长梁国扬，台盟中央副主席吴国祯、黄志贤，中国侨联副主席李卓彬，全国台联创会会长林丽韫等出席。台盟中央副主席黄志贤代表台盟中央和全国台联致辞。黄志贤表示，过去的一年，两岸关系在要和平不要对抗、要稳定不要动荡、要发展不要后退的大趋势下，取得了新的进展。政治互信基础得以维护增强，两岸各界大交流全方位展开并向基层延伸，惠及两岸民众的政策措施持续贯彻，两岸同胞感情更加融洽，合作更加深入。黄志贤说，台盟、台联与岛内以及海外台胞有着广泛联系和深厚的乡亲情谊，我们将紧紧围绕两岸关系和平发展的主题，真诚为两岸同胞谋福祉，让更多的台湾同胞感受到我们是血脉相连的命运共同体。我们衷心期待，两岸同胞能够抓住机遇，站在新的历史高度，顺应时代潮流，加强相互交往，拓展交流领域，厚植两岸共同利益，为中华民族的伟大复兴而共同奋斗。同乐会由全国台联副会长陈杰主持。中央和北京市有关部门的领导、部分在京台胞约400人欢聚一堂，共庆新春佳节。

1月16日，台盟中央副主席黄志贤在机关礼堂会见了毕节市人大常委会主任安金黎一行。黄志贤对于安金黎一行的到来表示热烈的欢迎。黄志贤表示，台盟将进一步整合盟内外资源，突出“台”字特色，在中共中央统战部的统一协调和指导下，继续做好对毕节试验区的帮扶工作，为毕节的经济社会发展贡献应有的力量。安金黎向台盟中央简报了毕节2011年以来的经济社会发展情况，并着重就台盟中央和各级地方组织一年来给予试验区的大力帮扶表示衷心的感谢。同时，结合2012年的工作安排，他还介绍了毕节市今后发展的总体思路和工作设想。座谈会由台盟中央秘书长张宁主持，机关各部门负责人参加了上述活动。

1月17日，全国政协副主席、台盟中央主席林文漪会见了来访的教育部党组成员、副部长郝平一行五人。林文漪对郝平一行的到来表示热烈欢迎。林文漪说，台盟作为由台湾省籍人士组成的参政党，与台湾同胞有着天然的亲情乡情联系，我们愿与教育部进一步加强联系，在全面落实“十二五”规划与《国家中长期教育改革和发展规划纲要（2010—2020年）》的基础上，就推进两岸教育交流合作等问题，充分发挥与台湾同胞交往密切的优势，积极参政议政，努力建言献策，发挥参政党应有的作用，共同为促进两岸关系和平发展作出贡献。台盟中央副主席黄志贤参加会见。黄志贤说，台盟将整合盟内资源，突出“台”字特色，努力促进两岸教育文化的交流与合作。郝平介绍了教育部2012年工作要点和《国家中长期教育改革和发展规划纲要（2010—2020年）》的实施情况，并征求了台盟中央对促进两岸教育文化交流的意见建议。台盟中央秘书长张宁，副秘书长宋焱、吴国华及机关各部门负责人参加了会见。

2月1日，全国政协副主席、台盟中央主席林文漪在机关礼堂会见了来访的中共上海市委统战部长杨晓渡一行。林文漪对杨晓渡一行的到来表示热烈欢迎，并感谢上海市委统战部对台盟上海市委工作的关心和支持。杨晓渡着重介绍了上海市民主党派的换届工作情况。台盟中央副主席黄志贤，秘书长张宁，副秘书长宋焱、吴国华，组织部副部长蔡国斌，组织部副巡视员冉永进参加了会见。

2月14日，全国政协副主席、台盟中央主席林文漪在机关礼堂亲切会见了河北省委书记张庆黎。河北省委常委、秘书长景春华，河北省委常委、统战部长田向利等陪同张庆黎来访。张庆黎简要介绍了河北省的自然条件和经济社会发展情况，热情邀请台盟中央到河北省考察访问，同时也希望台盟中央积极关注、大力支持河北的发展建设，为把河北建设为经济强省出谋划策。林文漪对张庆黎一行的来访表示热烈欢迎。林文漪说，张庆黎书记高度重视多党合作事业和统一战线工作，春节甫过，即亲临台盟中央，令我们十分感动。林文漪感谢张庆黎的热情邀请，表示一定到河北省参观学习，努力发挥台盟特色，为河北的经济建设、社会发展贡献力量。台盟中央秘书长张宁及机关各部门负责人参加了会见。

2 月 20 日，全国政协副主席、台盟中央主席林文漪，全国政协常委、台盟中央副主席黄志贤在台盟中央机关会见来访的中共武汉市委常委、统战部部长张学忙一行。张学忙感谢台盟中央对武汉的大力支持。他表示，武汉市当前发展势头良好，机遇与挑战并存，已取得的成绩固然可喜，仍然面临很多困难，需要各民主党派积极发挥优势，协助事业发展。他高度评价台盟中央在武汉发展过程中所起的作用，尤其是为东西湖保税经济区发展和汉台直航所付出的努力。他表示，欢迎台盟中央多到武汉调研，为武汉发展出谋划策，希望进一步深化与台盟的合作，推动武汉更好更快发展。林文漪对张学忙一行表示欢迎，并感谢中共武汉市委和统战部多年来对台盟武汉市委各项工作的重视、指导和支持。她表示，台盟中央将继续发挥自身特点和优势，努力为武汉市经济社会发展尽绵薄之力。中共武汉市委统战部常务副部长胡继堂等有关同志陪同来访。台盟中央秘书长张宁，台盟中央机关各部门负责同志参加了会见。

3 月 1 日，台盟中央妇委会在机关礼堂召开纪念“三八”国际妇女节茶话会。台盟中央副主席黄志贤出席，并代表林文漪主席、汪毅夫常务副主席向与会者表达节日的问候。台盟中央妇委会副主任、副秘书长兼办公厅主任吴国华主持茶话会。茶话会邀请原北京市服装研究所所长、高级服装设计师陈富美女士作女性如何展示完美形象的专题讲座。陈富美女士就春夏秋冬职业女性的服饰和化妆知识，职场、休闲和家居场合女性服饰的搭配知识等进行了声情并茂的讲解。茶话会上，夕阳红模特队的模特们还进行了精彩的服装表演。台盟中央、台盟北京市委有关领导，台盟中央妇委会在京委员，台盟中央机关女干部职工及部分在京女盟员、女台商共 60 余人参加了茶话会。

3 月 29 日，台盟中央召开传达学习十一届全国人大五次会议、全国政协十一届五次会议精神会议。全国政协常委、台盟中央副主席黄志贤主持会议。会上，台盟中央秘书长张宁，副秘书长宋焱、吴国华，宣传部副部长穆学锋分别传达十一届全国人大五次会议精神，全国政协十一届五次会议精神和通报台盟组参会情况，通报台盟八届十八次中常会有关情况,通报“两会”期间与台盟相关的媒体报道情况。黄志贤在总结讲话中表示，希望大家结合工作实际,认真贯彻落实全国“两会”精神,积极稳妥地做好今年各项工作。台盟中央机关各部门负责人和全体机关干部参加了会议。

4 月 22 日，来沪参加上海台盟换届大会的全国政协副主席、台盟中央主席林文漪亲切会见了上海台盟的老盟员。林主席在会见时表示，台盟的事业是几代台盟前辈宝贵经验的传承和发展，延续与开创。台盟的工作和所取得的成绩离不开老盟员老同志的支持和帮助，凝聚了老盟员老同志对台盟的拳拳爱心和殷殷期望。诚恳地希望老盟员能继续关心台盟的事业，对台盟的工作多提意见和建议。台盟中央副主席黄志贤、杨健陪同会见。老领导郑励志、石四箴，老盟员黄瑞霖、廖炯模、欧国苏、林真意、林胜兴、朱实、邱正义参加会议。

5月16日，台盟中央机关学习践行社会主义核心价值体系活动报告会在北京召开。全国政协常委、台盟中央副主席黄志贤出席报告会并讲话。台盟中央秘书长张宁主持会议。黄志贤说，胡锦涛总书记提出的“同心”思想，是对多党合作历史经验的总结升华，也是对统一战线本质规律的深刻揭示，不仅具有深刻的理论价值，而且具有重要的实践指导意义。在学习践行社会主义核心价值体系过程中，台盟要把贯彻“同心”思想作为鲜明主线，坚持以“同心”思想武装头脑，传承与中国共产党同心同德的政治信念，坚持与中国共产党同心同向的奋斗目标，凝聚与中国共产党同心同行的团结力量，指导工作，推动实践。黄志贤表示，台盟中央将向全盟下发《台盟中央关于深入开展学习践行社会主义核心价值体系活动的通知》，对全盟深入开展学习践行活动提出具体要求和部署。希望台盟中央机关各部门积极行动起来，认真学习，深刻领会，加强对地方盟组织工作的指导，围绕国家中心工作特别是“十二五”规划的贯彻实施，认真参政议政，努力建言献策，大力开展对台联络和宣传，继续推进社会服务工作，不断加强自身建设，为全面建设小康社会贡献力量。今后，要继续通过报刊和网站积极向社会各界介绍台盟开展学习践行活动的情况，宣传先进人物和典型事例，让大家学有榜样，赶有目标，并从中受到熏陶、感悟和启迪，让社会各界了解他们，并通过他们的事迹更好地展示台盟的风采。会上，北京社会主义学院教授孙瑞华作了深入学习践行社会主义核心价值体系辅导报告，会议传达学习了民主党派学习践行社会主义核心价值体系经验交流会精神，台盟北京市委常务副主委陈军介绍了台盟北京市委开展学习践行活动的经验和做法。在京台盟中央委员，台盟中央机关各部门负责人及机关全体干部、台盟北京市委及各区（工）委负责人共40余人参加了会议。

6月7日，全国政协副主席、台盟中央主席林文漪在机关礼堂会见了来访的台湾功文文教机构总裁、财团法人功文文教基金会执行长蔡雪泥博士一行。林文漪对蔡雪泥博士一行的来访表示热烈欢迎。她说，蔡雪泥博士和功文文教基金会多年来一直致力于推动两岸在教育、文化等领域的合作，为推动两岸民间交流作出了积极贡献。希望蔡博士和功文文教基金会今后一如既往地支持两岸在教育、文化等领域全方位的交流，为两岸关系发展作出更大的贡献。会见后，林文漪向蔡雪泥博士一行赠送了《富春山居图》图卷。全国政协常委、台盟中央副主席黄志贤，台盟中央秘书长张宁、副秘书长吴国华，台盟中央妇委会主任郭理及机关部门负责人参加会见。

6月28日，全国政协副主席、台盟中央主席林文漪一行在广州会见了中共中央政治局委员、广东省委书记汪洋，双方进行了亲切交谈。汪洋对林文漪到访表示欢迎，对台盟中央长期以来给予广东经济社会发展的大力支持表示衷心感谢。汪洋说，在粤台资企业众多，特别是在科技创新、金融服务等领域发展迅速，对广东加快产业转型升级有积极推动作用。希望台盟中央继续发挥密切联系台胞的优势，支持粤台交流合作，共同推进海峡西岸经济区建设。林文漪对广东经济社会发展和粤台经贸文化交流取得的成绩表示祝贺，对台盟广东省委的工作给予充分肯定，表示台盟中央将在新时期继续支持广东充分发挥区位优势，推动海峡两岸经贸文化交流迈上新台阶。全国政协常委、台盟中央副主席黄志贤，广东省委常委、统战部长林雄，台盟中央副主席、广东省政协副主席、台盟广东省委主委陈蔚文等参加会见。

7 月 3 日，全国政协副主席、台盟中央主席林文漪一行在长春会见了中共吉林省委书记孙政才，省委副书记、省长王儒林，省政协主席巴音朝鲁。孙政才说，长期以来，台盟吉林省委及其成员，紧紧围绕吉林振兴发展大局，充分发挥自身界别优势，认真参政议政，深入调查研究，积极建言献策，持续加强对台工作，为吉林扩大对外开放、促进经济社会发展和民主政治建设作出了重要贡献，赢得了全省各方面的广泛认同。当前，吉林正处于振兴发展的关键阶段，推动吉林“科学发展、加快振兴，让城乡居民生活得更加美好”，离不开包括台盟在内各民主党派的积极参与和大力支持。希望台盟中央和林文漪副主席继续关心和支持吉林发展。林文漪感谢中共吉林省委等长期以来给予台盟工作的大力支持。在高度评价了吉林省经济社会发展取得的突出成就后，林文漪表示，台盟今后将会继续关心关注吉林发展，认真开展调查研究，积极建真言、献良策，努力为吉林老工业基地振兴作出新的更大的贡献。中共吉林省委副书记竺延风，省政协副主席任凤霞，省政府秘书长李福春；台盟中央常务副主席汪毅夫，副主席杨健、黄志贤等出席上述活动。

7 月 17 日至 20 日，台盟九大报告起草专题座谈会先后在南京、杭州、上海三市举行。全国政协常委、台盟中央副主席黄志贤率台盟中央调研组一行与会就如何起草一份高质量的台盟九大工作报告征求当地台盟地方组织的意见、建议。台盟中央副秘书长兼研究室主任宋猋随行。

7 月 25 日至 26 日，台盟中央在京召开学习践行社会主义核心价值体系活动经验交流会。全国政协副主席、台盟中央主席林文漪出席。全国政协常委、台盟中央副主席黄志贤主持开幕会。中央社会主义学院党组副书记、副院长周宁，中央社会主义学院副院长张峰，台盟中央秘书长张宁出席会议。会前，7 月 24 日上午，台盟中央召开专职主席办公会议，会上认真学习了胡锦涛总书记 7 月 23 日在省部级主要领导干部专题研讨班开班式上的重要讲话精神，并对下一步的学习作出部署。林文漪在开幕会上说，胡锦涛总书记在省部级主要领导干部专题研讨班开班式上的重要讲话，科学分析了当前我国面临的新形势新任务，深刻阐述了事关中国共产党和国家全局的若干重大问题，深刻回答了中国共产党和国家未来发展的一系列理论和实践问题。认真学习胡锦涛总书记的重要讲话精神，是当前全国各族人民政治生活中的一件大事。沿着中国特色社会主义道路奋勇前进，是重要讲话的主题和核心。我们学习领会胡锦涛总书记重要讲话精神，更加坚定了走中国特色社会主义道路的决心和信心。林文漪强调，今后的工作中，希望大家结合对胡锦涛总书记重要讲话精神的理解认识，结合自身的工作实际，着眼于多党合作事业持续发展的大局，切实把学习践行社会主义核心价值体系活动与贯彻“同心”思想紧密结合起来；着眼于台盟事业长期发展的大局，切实把学习践行社会主义核心价值体系活动与提高履行参政议政、民主监督能力紧密结合起来；着眼于两岸关系和平发展的大局，切实把学习践行社会主义核心价值体系活动与拓宽对台交流和服务领域紧密结合起来，不断开创台盟各项工作的新局面，为中国特色社会主义伟大事业作出新的更大的贡献。黄志贤说，全盟各级组织和广大盟员要认真学习、深刻领会胡锦涛总书记的重要讲话精神，把学习贯彻讲话精神与学习践行社会主义核心价值体系紧密结合起来，以“同心”思想为引领，不断深化学习践行活动的丰富内涵；以“同心”思想为指导，切实提高履职实践能力；以换届工作为契机，不断加强自身建设，扎实推进学习践行社会主义核心价值体系活动，以良好的精神风貌和优异的工作实绩迎接中共十八大和台盟九大的胜利召开。会议期间，与会同志对学习贯彻胡锦涛总书记“7•23”重要讲话精神、进一步深入开展学习践行社会主义核心价值体系活动以及做好盟刊、网站工作进行了深入的交流，并对加强台盟宣传思想工作提出了建议。与会同志还听取了中央社会主义学院副院长张峰教授关于学习践行社会主义核心价值体系辅导报告和《人民政协报》时政部主任张淑君作宣传工作业务培训讲座。台盟中央机关各部门负责人，台盟各省（直辖市）、地市级委员会，安徽总支，江西支部，成都支部主管宣传工作的负责人和宣传工作专职干部共60余人参加了会议。

8月2日，2012海峡两岸闽南文化研习营专题讲座《从台语（闽南语）复原到国语推广——台湾光复初期的国语运动》在漳州举行。全国人大常委、台盟中央常务副主席汪毅夫主讲。台盟漳州市委主委李珊珊、漳州师范学院党委书记林晓峰与参加2012海峡两岸闽南文化研习营活动的营员们一起聆听讲座。讲座围绕台湾光复初期官方、学者及民间的国语推广方式及其效果等，讲述了台湾光复初期由闽南语复原到国语推广的发展历程和变化，提出了许多新颖独到的见解。汪毅夫副主席还向漳州师院闽南文化研究院捐赠了《国语对台湾话新歌》、《台湾国语运动史》以及相关学术论文等一批有关台湾光复初期国语运动的宝贵文献资料。

8月5日，全国人大常委、台盟中央常务副主席汪毅夫为参加一年一度的湖北省台盟盟员、台联理事学习会作《台盟的光荣历史和光荣传统》专题报告。汪毅夫通过台盟与“二•二八”起义、台盟与“五一”口号、台盟与新政协、台盟的进步与进步性等若干问题的阐述，以大量翔实的史料证明了台盟“追求民主、追求和平，拥护中共，反对‘台独’，参加合作，共同进步，爱国爱乡，互助友爱”的光荣传统。汪毅夫谈到，台盟创立初期，有谢雪红、杨克煌等广为人知的代表人物，还有一大批默默无闻的优秀台胞为台盟创立作出了卓越贡献，希望新时期成长起来的年轻盟员要牢记这些前辈，续写台盟的光荣。与会盟员、理事表示，聆听报告，获益匪浅，要进一步学习领会胡锦涛总书记“7•23”重要讲话精神，继承台盟优良传统，深入学习践行社会主义核心价值体系，积极投身“同心”实践活动。湖北省政协副主席、省台联会长吴秀凤主持会议。台盟湖北省委主委江利平，副主委张天弓、刘江东，台盟湖北省委老领导张荣国等70余人参加了学习。

8月14日，台盟九大报告起草专题座谈会在天津举行。全国政协常委、台盟中央副主席黄志贤带队的台盟中央调研组一行与会，听取天津台盟组织及盟员对台盟第九次全盟代表大会工作报告起草工作的意见和建议，与台盟天津市委围绕参政议政、对台联络、组织建设、宣传思想等工作中的好经验、好做法，以及对台盟中央未来五年工作的建议进行座谈。黄志贤充分肯定了台盟天津市委在过去五年所取得的成绩。黄志贤表示，调研组将把大家提出的建议和意见带回去，认真总结归纳，努力起草好台盟中央八届委员会工作报告，为开好台盟九大打下坚实基础。座谈会由台盟天津市委主委叶惠丽主持。天津市台联会长蔡世彦、台盟天津市委原副主委张肇毅，台盟天津市委副主委刘朝霞、董卫红、孙昌隆及各区级组织负责人、出席台盟九大会议代表、机关干部 20 余人参加座谈会。

8 月 15 日，台盟九大报告起草专题座谈会在北京举行。全国政协常委、台盟中央副主席黄志贤率台盟中央调研组一行与会。围绕如何评价台盟中央委员会五年来的工作、地方组织和盟员对台盟中央委员会五年来工作的体会和经验总结、对台盟中央未来五年工作的希望和建议等方面，台盟北京市委杨晓东、欧国菁、黄幸、张金凤、洪静等同志作交流发言。黄志贤对委员、代表、盟员以及机关同志发言中表现出对台盟的热爱、对台盟工作的关心和体现出的责任感表示由衷的感谢。黄志贤表示，与会者畅所欲言，有思想、有理论、有高度，符合台盟的实际。大家本着热爱台盟、关心台盟的良好愿望，提出了许多建设性的意见，谈出了很多可操作性的建议，调研组将把大家提出的意见和建议带回去，合理地融入到九大工作报告中，为台盟今后的工作提供帮助。座谈会由台盟北京市委主委蔡国雄主持。部分台盟中央委员、九大代表、区级组织负责人、盟员骨干、机关处（室）负责人 35 人出席了座谈会。

8 月 16 日上午，全国政协副主席、台盟中央主席林文漪在台盟中央机关会见中共天津市委常委、统战部长刘长喜一行，双方进行了亲切交谈。林文漪对刘长喜到访表示欢迎，并感谢天津市委统战部长期以来对台盟天津市委工作的关心和支持。林文漪表示，今后台盟将一如既往发挥自身优势，继续在参政议政、引进台资等方面开展扎实有效的工作，支持天津发展。刘长喜介绍了天津市经济社会发展情况及各民主党派市委会换届的有关情况，对台盟多年来对天津经济社会发展的支持表示感谢，并就下一步工作进行了交流。全国政协常委、台盟中央副主席黄志贤，台盟中央秘书长张宁，台盟中央组织部副部长冉永进等参加了会见。

8 月 22 日，全国政协副主席、台盟中央主席林文漪，全国政协常委、台盟中央副主席黄志贤，在台盟中央机关礼堂会见了河南省焦作市市长孙立坤一行。会见中，林文漪对孙立坤一行到访台盟中央表示欢迎，并就焦作市给予台盟中央参政议政、对台联络和社会服务等工作的大力支持和帮助表示感谢。林文漪简要回顾了台盟中央与焦作市开展合作交流以来所取得的成绩，对焦作市所作出的努力给予充分肯定。林文漪表示，台盟中央将继续运用参政议政渠道和在岛内联系广泛的资源优势，助推焦作市乃至中原经济区发展战略的实施，希望焦作市围绕中原经济区转型示范市建设，进一步与台盟中央加强合作和联系，共同推动更多像台湾农民创业园这样的优质项目落地焦作，共同促进两岸农业、文化特色交流，为巩固深化两岸关系和平发展成果再作贡献。孙立坤对台盟中央长期以来关心、支持焦作市经济社会发展表示感谢，并着重介绍了修武台湾农民创业园等重点合作项目的发展情况。孙立坤表示，焦作市有决心和信心，在台盟中央和社会各界的关心支持下，努力把焦作市台湾农民创业园建成全国一流的台湾农民创业园区。台盟中央副秘书长宋焱、吴国华及机关相关部门负责人参加会见。

8 月 27 日，台盟九大报告起草专题座谈会在湖北省武汉市举行。全国政协常委、台盟中央副主席黄志贤率台盟中央调研组一行与会，听取台盟湖北省委对台盟第九次全盟代表大会工作报告起草工作的意见和建议。湖北省政协副主席、台盟湖北省委原主委、省台联会长吴秀凤，台盟湖北省委副主委胡霜红、张天弓、刘江东参加座谈。与会人员对过去五年台盟中央在参政议政、对台联络、社会服务、自身建设等工作中的好经验、好做法给予肯定，对未来五年的工作提出了建议，并就参政党如何在发展社会主义民主政治进程中更好地发挥作用进行讨论。黄志贤充分肯定台盟湖北省委在过去五年中取得的成绩，并表示调研组将把大家提出的建议和意见带回去，总结归纳，切实做好台盟八届中央委员会工作报告的起草工作，为台盟九大的胜利召开打下坚实基础。台盟湖北省委委员、出席台盟九大会议代表、机关干部等20余人参加座谈会。

8月29日，台盟九大报告起草专题座谈会在海南省海口市举行。台盟中央副主席陈蔚文率台盟中央调研组一行与会，就台盟第九次全盟代表大会工作报告起草工作听取地方盟组织及基层盟员的意见与建议。台盟海南省委组织部分九大代表与省委会机关干部参加专题座谈会。与会人员一致认为台盟中央五年来切实履职，在参政议政、民主监督、对台宣传与联络工作、社会服务中充分发挥优势，成绩斐然。同时，与会人员针对新形势发展的需要与现实工作中出现的问题和困难提出意见建议。陈蔚文指出，调研组将把大家提出的意见建议带回去，认真总结归纳，起草好台盟第八届中央委员会工作报告，为开好台盟九大打下坚实基础。座谈会由台盟海南省主委连介德主持，海南省台联会长吴琼开及九大代表、盟员骨干、机关干部共20余人参加座谈会。

8月31日，台盟中央机关、台盟天津市委深入学习胡锦涛总书记“7·23”重要讲话精神专题报告会在津召开。全国政协常委、台盟中央副主席黄志贤，中共中央党校党史教研部主任柳建辉，台盟天津市委主委叶惠丽，台盟中央盟史研究委员会主任、天津市台联会长蔡世彦，中央统战部一局张文波出席会议。台盟中央秘书长张宁主持会议。黄志贤指出，胡锦涛总书记在省部级主要领导干部专题研讨班开班式上发表的重要讲话总揽全局、内涵丰富、思想深邃，精辟分析了我国面临的新形势新任务，科学阐述了事关中国共产党和国家工作全局的若干重大问题，深刻回答了中国共产党和国家未来发展的一系列理论和实践问题，全面总结了中共十六大以来中国特色社会主义经济建设、政治建设、文化建设、社会建设、生态文明建设和党的建设的巨大成就。讲话高屋建瓴、意义深远，是一篇马克思主义中国化的光辉文献，是坚定不移推进中国特色社会主义事业的政治宣言，是夺取全面建成小康社会新胜利的行动纲领。黄志贤强调，学习贯彻胡锦涛总书记重要讲话精神，是包括台盟在内的各民主党派的重要政治任务。我们要着眼于全面建成小康社会的全局，围绕主题主线，选择具有全局性、战略性、前瞻性的课题，集中力量，深入调研，多建务实之言、多献科学之策，为各级中共党委和政府的科学决策提供有价值的参考。今年是台盟换届年，当前，省级台盟组织的换届工作即将完成，台盟中央换届工作正在紧张有序地进行。我们要以换届工作为契机，把自身建设提高到一个新水平。要把学习贯彻胡锦涛总书记“7·23”重要讲话精神体现到换届工作之中，针对换届后的新情况，着力搞好政治交接，以领导班子建设带动盟员队伍建设、代表人士队伍建设、后备干部队伍建设和基层组织建设，不断提高政治把握能力、参政议政能力、组织领导能力和合作共事能力，努力开创多党合作事业新局面。会议特别邀请柳建辉教授作深入学习胡锦涛总书“7·23”重要讲话精神辅导报告。台盟中央机关、台盟天津市委各部门负责人、机关全体干部，部分天津盟员参加会议。

9月11日，中共中央书记处书记、中央统战部部长令计划，中央统战部常务副部长张裔炯、副部长陈喜庆及秘书长安七一、一局局长吴晓礼等同志走访台盟中央机关，看望台盟中央领导班子及机关工作人员，并与台盟中央领导及机关干部座谈。全国政协副主席、台盟中央主席林文漪对令计划一行表示欢迎和感谢，并就台盟的基本情况以及台盟在参政议政、对台联络、社会服务、自身建设等方面的履职情况作简要介绍。林文漪说：作为由居住在祖国大陆的台湾省人士组成的参政党，台盟的广大盟员与岛内台胞有着广泛、密切的联系，着力突出自身特色，认真履行参政党职能；充分发挥亲情、乡情优势，本着“专、精、深、久”的工作方针，积极促进两岸同胞的往来和加强各领域的交流合作；继续发挥台盟履职能力，整合全盟资源投身同心工程，服务经济发展与推动两岸经贸往来有机结合；加强自身建设，以良好的精神状态迎接中共十八大和台盟九大的胜利召开！令计划对台盟工作给予充分肯定，他指出：台盟思想建设卓有成效，参政议政成果丰富，对台联络用情深厚，社会服务贡献突出，自身建设措施得力。希望台盟着力提高履职水平，大力加强队伍建设，认真做好换届工作，在全面建成小康社会和实现祖国和平统一的伟大征程中发挥更大作用。台盟中央副主席吴国祯、黄志贤，秘书长张宁，副秘书长宋焱、吴国华及机关各部门负责人参加活动。

9月24日，台盟中央、全国台联主办“2012年在京台胞中秋茶话会”。全国政协副主席、台盟中央主席林文漪，全国政协原副主席、台盟中央原主席张克辉，全国人大常委、全国台联会长梁国扬，全国人大常委、内务司法委副主任陈斯喜，全国政协常委、台盟中央副主席黄志贤，中国侨联副主席李卓彬，全国台联原会长、海协会顾问林丽韫，全国政协委员、全国台联副会长史茂林，北京市政协副主席、台盟北京市委主委蔡国雄，全国台联副会长、北京市台联会长苏辉等中央和北京市有关部门的领导，与在京台胞、台商、台生共380余人欢聚一堂，畅叙友情，共庆中秋佳节。茶话会由梁国扬主持，黄志贤致辞。黄志贤首先代表台盟中央和全国台联向与会的各位来宾和台湾乡亲致以节日的问候和良好的祝愿。黄志贤说，驻足即将召开的中国共产党第十八次全国代表大会这一重大的历史节点，回眸新世纪以来社会主义中国奋斗崛起的艰辛历程，令我们倍感骄傲。近年来，两岸关系实现历史性转折，两岸关系和平发展进入巩固深化的新阶段，形成了全方位、宽领域、多层次的大交流、大融合、大发展的新局面，呈现出和平发展的光明前景，令我们深感欣慰。同时，台盟、台联和所联系的广大台胞自觉与祖国俱进、与时代同行，扎实工作、奋发有为，在履职尽责、发展两岸关系和加强自身建设等方面取得了显著的成绩，令我们尤感欣然。黄志贤说，最近日本政府在钓鱼岛问题上不顾中方坚决反对，对钓鱼岛及其附属岛屿实施所谓的“国有化”，是对中国主权和领土完整的严重侵犯，是对两岸同胞民族感情的严重伤害。钓鱼岛及其附属岛屿自古以来就是中国的神圣领土，日方任何单方面行动都是非法的、无效的，更是徒劳的，丝毫不能改变钓鱼岛及其附属岛屿属于中国的事实。黄志贤表示，当前，两岸关系正面临继往开来的新形势，同时也面对巩固深化的新要求，机遇和挑战并存，但机遇远大于挑战。让两岸同胞携起手来，共同努力，进一步推动两岸关系和平发展，为实现祖国和平统一和中华民族伟大复兴而奋斗。茶话会上，来自台盟中央、全国台联、台盟北京市委、北京市台联以及在京高校就读台生，为大家表演了形式多样的文艺节目，精彩的演出不时赢得阵阵热烈的掌声。出席茶话会的还有全国人大、全国政协、中央统战部，教育部、国台办、中央党校、中国和平统一促进会、全国妇联、中央社会主义学院、台湾同学会以及北京市人大、台盟北京市委、市台办、市台联等有关部门的同志。

9月28日，全国政协副主席、台盟中央主席林文漪在台盟中央机关礼堂会见了应邀前来参加国庆63周年系列活动的岛内及海外嘉宾。林文漪亲切会见了嘉宾代表，并和大家合影留念。林文漪说，在北京看到各位新老朋友，感到格外亲切和高兴。希望通过大家的共同努力，进一步促进两岸关系和平稳定发展。本次应台盟中央邀请来京的岛内及海外嘉宾，由台湾戒严时期政治事件处理协会、台中市原住民社会发展协会、台南市医师公会、台南中小企业代表以及海外的中国和平统一促进会代表共51人组成。他们将在北京参加一系列国庆庆祝活动。全国政协常委、台盟中央副主席、台盟广东省委主委陈蔚文出席活动。全国政协常委、台盟中央副主席黄志贤致欢迎辞。嘉宾在互动交流中愉快地谈到与台盟的亲密乡情和良好关系，并围绕共同促进两岸关系和平发展进行了座谈交流。本次活动由台盟中央秘书长张宁主持，台盟中央机关各部门负责人参加。

10月9日，台盟中央、全国台联联合举办“纪念张我军先生诞辰110周年座谈会”。全国政协副主席、台盟中央主席林文漪，全国政协常委、台盟中央副主席黄志贤，台盟中央秘书长张宁，张我军先生之子、台盟中央涉台政策策略咨询委员会委员何标，台海出版社社长马铁，中国人民大学中文系教授赵遐秋，北京市社会科学院研究员、北京市文艺学会会长、台湾清华大学客座教授张泉，中国社会科学院文学研究所研究员、台港澳文学与文化研究室主任黎湘萍以及中国作家协会有关领导等出席会议。会议由全国台联副会长纪斌主持。黄志贤在讲话中指出,文化是国家和民族的灵魂。中华文化源远流长、博大精深，积淀着我们民族最深层次的精神追求。作为台湾文化的根基，中华文化在台湾根深叶茂，深深溶入台湾同胞的血脉之中，内化为台湾同胞的精神品格。同时，台湾文化也丰富了中华文化内涵，为中华民族绚烂多姿的文化殿堂贡献了一块夺目的瑰宝。今天，我们纪念和缅怀张我军先生，就是要学习以他为代表的老一辈文化先驱捍卫中华文化的高尚品格，进一步加强两岸同胞的文化交流，增强休戚与共的民族认同，在海峡两岸凝聚共谋中华民族伟大复兴的精神力量。黄志贤表示，台盟、台联作为由居住在祖国大陆的台湾省人士组成的参政党和人民团体，长期以来在中国共产党的领导下，努力发挥与台湾同胞天然的亲情、乡情优势，继承发扬台湾同胞的爱国光荣传统，真诚团结、服务台胞乡亲，积极促进两岸关系和平发展，在祖国和平统一事业中发挥了重要作用。近年来，台盟围绕国家经济社会工作重心和对台工作大局，以国家区域经济发展战略和两岸经贸文化交流等问题为切入点，提出“建设海峡西岸经济区”、“加强两岸文化交流合作，共同塑造中华文化的时代形象”、“促进台湾农民创业园建设”等提案建议，举办小天使合唱团、青少年夏令营以及台湾少数民族展览等活动，从多方面入手，大力推动两岸交流交往和人员往来，努力推动两岸经济、科技、文化等领域的交流合作，切实维护在祖国大陆台商、台生的合法权益。今后，台盟仍将继续为推动两岸关系和平发展发挥更大作用。座谈会上，专家学者从不同侧面回顾了张我军先生在不同时期对传承民族文化，抵抗外来侵略作出的贡献。台盟中央老领导，台盟中央涉台政策策略咨询委员会委员，台盟盟史研究委员会委员，两岸关系研究委员会委员，部分在京盟员、台胞、学者以及台盟中央、全国台联机关有关部门负责同志约60人参加会议。

10月10日，全国政协副主席、台盟中央主席林文漪带队赴台盟北京市委机关视察走访。台盟中央秘书长张宁，副秘书长宋焱，组织部副部长蔡国斌、冉永进，办公厅副主任陈静陪同。中共北京市委统战部常务副部长闵克代表中共北京市委常委、统战部部长牛有成欢迎林文漪一行。林文漪感谢中共北京市委统战部多年来对台盟北京市委工作的关心、支持和指导，并衷心希望把这种良好关系保持下去。北京市政协副主席、台盟北京市委主委蔡国雄表示，台盟北京市委将把林主席此次来京视察走访作为工作的动力，作为对台盟北京市委的鞭策和鼓励，并将在台盟中央和中共北京市委的领导下，带领各区级组织和全体盟员更好地发挥台盟作为参政党地方组织的作用，为国家和北京市各项事业发展和工作开展做出应有的努力和贡献。林文漪充分肯定了台盟北京市委在各项工作中付出的巨大努力和取得的可喜成绩，她指出：台盟中央工作的点点滴滴都是建立在各省工作的基础之上，特别是近几年来，台盟中央在参政调研、党派提案、对台联络和社会服务等方面都取得了很大的成绩，这些都与各地方组织的辛勤工作息息相关。台盟盟员少，资源少，但在发挥党派作用方面没有落后，这与台盟各级组织任劳任怨的优秀品质密不可分。林文漪希望台盟北京市委：继续发扬爱国爱乡的优良传统，认真履行参政党职能，通过上下联动和横向联合，团结带领广大盟员，积极参政议政，扩大对台交流，广泛服务社会，在工作中相互了解，相互体谅，相互扶持，把工作做好；认真学习“同心”思想，进一步深入开展学习践行社会主义核心价值体系活动，做好宣传思想工作，把广大盟员团结起来；加强与台盟中央的沟通和联系，有困难、有问题及时反映，共同努力，做好台盟的各项工作。座谈会由台盟北京市委常务副主委陈军主持，副主委蔡勉、苏辉、汪舟、江小艾，秘书长彭京玉，原副主委杨晓东以及各区级组织领导、盟市委机关各处室负责同志等参加会议。

10月18日至19日，台盟中央在上海大厦召开部分青年盟员专题座谈会。全国政协副主席、台盟中央主席林文漪，全国政协常委、台盟中央副主席黄志贤出席会议并与大家座谈。黄志贤表示，青年盟员是台盟能够继续发展的基础，要认真学习台盟光辉、奋进的历史，要继承老盟员的优良传统，薪火相传，把台盟建设好；青年盟员肩负台盟组织发展的重任，要自觉地培养和锻炼自己，增长自己的才干，提升自己的能力；青年盟员要敢于探索，积极工作，敢于担当，创造未来，在艰苦磨炼中不断成长成熟。林文漪指出，青年是台盟的未来，台盟的生命在于青年。此次召开青年盟员座谈会，就是来听取大家的意见和建议，未来台盟中央将进一步搭建平台，凝取青年人才；加强培训，锻炼青年骨干；创造机会，促进青年成长。林文漪希望，年轻盟员要有全局和战略眼光，将国家的全局工作、台盟的中心任务与本地区本单位的工作融为一体加以思考；要在本职工作和台盟工作中找准结合点和切入点，发挥团结带动作用共同为台盟作出贡献。台盟中央副秘书长宋焱主持会议，13个省市台盟组织近20位青年盟员参加座谈会。

10月21日，由台盟中央、全国台联及台盟北京市委、北京市台联，中国人民抗日战争纪念馆、台湾抗日志士亲属协进会联合举办的“纪念台湾光复67周年座谈会”在中国人民抗日战争纪念馆举行。座谈会由全国政协常委、台盟中央副主席黄志贤主持，全国人大常委、全国台联会长梁国扬出席并讲话。台湾抗日志士亲属协进会会长、台湾抗日志士丘逢甲的后人邱秀芷，台湾抗日志士亲属协进会荣誉会长、台湾抗日志士林祖密之孙林光辉，中央及北京市有关部门，台湾抗日志士亲属协进会大陆参访团等100余人参加活动。梁国扬在座谈会上表示，台湾的命运与祖国的命运息息相关、密不可分。台湾光复彰显了“祖国的命运，亦台湾的命运，祖国存，则台湾亦存”，启示我们要牢牢树立两岸同胞命运共同体的理念；台湾光复彰显了“一个中国”的法理和事实基础，即台湾作为中国领土一部分的地位从未改变，也绝不容改变；台湾光复彰显了两岸人民血脉相连的民族纽带，揭示了中华民族始终无法分割、永远也不能分离的历史渊源，激励两岸同胞团结合作共同捍卫国家主权和领土完整、实现民族复兴；台湾光复彰显了台湾同胞不屈不挠抗击外敌侵略的爱国主义精神，这也必将成为两岸同胞推动两岸关系和平发展、促进祖国完全统一的宝贵精神财富。梁国扬说，前不久日本政府实施所谓“国有化”钓鱼岛闹剧，遭到包括两岸同胞在内的海内外中华儿女的一致谴责。众所周知，钓鱼岛及其附属岛屿自古以来就是中国的固有领土，中国对这些岛屿拥有无可争辩的主权，有着充分的历史和法律依据。历史不容篡改，领土不容侵犯。我们强烈呼吁，两岸同胞应站在民族大义的立场上，以各自的方式共同维护和捍卫国家的主权和领土完整，维护中华民族的整体和根本利益。梁国扬强调，67年前，两岸同胞用生命和鲜血共同赢得了抗日战争的伟大胜利，台湾重新回到了祖国的怀抱；67年后的今天，两岸关系历经风云坎坷，站在了新的历史起点上。让我们共同努力，牢牢把握两岸关系和平发展的主题，深化两岸各领域合作，积极扩大两岸各界往来，坚决反对“台独”分裂活动，坚决维护两岸关系得来不易的良好发展局面，共同为巩固深化两岸关系和平发展、实现中华民族伟大复兴而努力奋斗！黄志贤指出，台湾同胞反抗日本殖民统治，争取回归祖国的斗争是近现代中国人民反抗外来侵略斗争的重要组成部分，台湾光复是中国人民抗日战争伟大胜利的重要成果，祖国的抗日斗争台湾同胞没有缺席。历史充分说明了台湾同胞具有爱国主义的光荣传统，两岸同胞同宗同源，不可分割。黄志贤表示，大陆同胞和两千三百万台湾同胞是血脉相连的命运共同体，两岸的前途应该牢牢掌握在两岸同胞自己手中。当前两岸关系和平发展已经进入巩固深化的新阶段，这是人心所向、大势所趋。让我们海峡两岸的全体中华儿女携起手来，众志成城，共同创造祖国光辉灿烂的明天，共谋中华民族的伟大复兴！中国人民抗日战争纪念馆馆长沈强，台湾抗日志士亲属协进会会长、台湾抗日志士丘逢甲的后人丘秀芷，在京台胞代表林力、蔡宁及北京联合大学台湾研究院徐博东教授围绕台湾同胞抗日斗争的历史在座谈会上分别作了发言。座谈会前，来自台湾抗日志士的亲属向中国人民抗日战争纪念馆捐赠了先辈们浴血抗日的珍贵历史文物及文献。

11月12日，纪念台盟成立65周年座谈会隆重举行。全国政协副主席、台盟中央主席林文漪，十届全国政协副主席、台盟中央原主席张克辉，全国人大常委、台盟中央常务副主席汪毅夫，全国政协常委、台盟中央副主席吴国祯，全国政协常委、台盟中央副主席黄志贤，全国台联副会长纪斌，台盟中央秘书长张宁，北京市政协副主席、台盟北京市委主委蔡国雄，以及台盟的老领导田富达、刘亦铭、李敏宽、陈炳基等出席会议。林文漪在讲话中指出，65年前的今天，在中国共产党的帮助下，谢雪红等一部分台湾有识之士在香港发起成立了台湾民主自治同盟。汲取了“二·二八”起义失败的经验教训，承载着台湾人民爱国民主的希望与期盼，台盟自成立伊始即投入了波澜壮阔的新民主主义革命。1948 年 5 月，台盟发表《告台湾同胞书》，公开响应“五一口号”，从此掀开了台盟与中国共产党通力合作，共同致力于中国革命、建设和改革事业的历史新篇章。林文漪表示：65 年弹指一瞬，映射着台盟老一辈盟员高瞻远瞩的胸怀和大公无私的奉献。老一辈盟员始终坚持中国共产党的领导，与中国共产党休戚与共、亲密合作，他们高尚的品格，他们艰苦的作风，他们对多党合作事业的赤诚，是台盟最宝贵的精神财富，是广大盟员永远学习的榜样。老一辈盟员为国家经济社会建设尽心竭力，为两岸关系发展和祖国统一大业殚精竭虑，为新一代盟员的成长苦心孤诣，他们的谆谆教诲，他们的奋斗足迹和辉煌成就，时刻激励全盟不断前进。65 年春华秋实，积淀了台盟全体盟员不懈奋斗的辉煌成就和累累硕果。“五一口号”发布后，台盟参加新政协的筹备，参与《共同纲领》的制定和中央人民政府的选举，使台湾人民的悠悠爱国情、拳拳报国志得以永载新中国和新政协的创建史册。新中国成立后，在中国共产党的领导下，台盟团结和带领广大盟员，为巩固人民民主专政政权、恢复国民经济和推动祖国统一大业做了大量的工作。进入新时期，台盟各级组织和广大盟员坚持以经济建设为中心，以服务改革发展稳定大局和祖国统一大业为己任，以建设适应时代发展要求的参政党为目标，在参政议政、对台联络、社会服务和自身建设等方面都取得了显著的成绩，推动台盟的整体面貌发生了重大的历史性变化。林文漪强调，11 月 8 日，举世瞩目的中国共产党第十八次全国代表大会在北京胜利召开。这次大会是我国全面建设小康社会关键时期和深化改革开放、加快转变经济发展方式攻坚时期召开的一次十分重要的大会。深入学习贯彻中共十八大精神，是台盟今后一个时期的首要政治任务。我们要认真总结台盟 65 年来与中国共产党亲密合作的宝贵经验，紧密联系广大盟员的思想实际，用十八大精神武装头脑，更加坚定不移地高举中国特色社会主义伟大旗帜，沿着中国特色社会主义道路阔步前进。要全面回顾台盟 65 年与中国共产党合作共事的奋斗历程，紧密联系台盟的工作实际，用十八大精神指导实践，坚持以科学发展观为指导，服务改革发展稳定的大局，推动全盟参政议政、联络交流、社会服务工作迈上新台阶。要充分发挥台盟在推动两岸关系发展方面的独特优势，牢牢把握两岸关系和平发展的主题，积极投身两岸交流合作的洪流，努力开创全盟对台工作的新局面。要全面加强台盟的自身建设，着眼于多党合作事业的持续健康发展，进一步深化政治交接，增强大局意识和责任意识，努力营造风清气正的换届环境，以优异的工作成绩迎接台盟九大的胜利召开。汪毅夫主持会议，并指出，65 年来，台盟与中国共产党通力合作，共同奋斗，协商建国，共议国是，为中国的革命、建设和改革事业作出了贡献。台盟 65 年的发展历史，就是坚持中国共产党的领导、坚定走中国特色社会主义道路的历史，就是传承弘扬台湾同胞爱国爱乡光荣传统的历史。如今，台盟已在 17 个省、直辖市建立了组织，盟员发展到 2600 多人，不仅在履行参政议政、民主监督职能方面发挥了重要作用，而且在促进两岸交流交往、增进两岸同胞的了解和认同方面起到了不可替代的作用。当前，中共十八大已经顺利召开，作为致力于中国特色社会主义事业的参政党，台盟要深入学习贯彻中共十八大精神，更加坚定地坚持中国共产党的领导，坚定不移地走中国特色社会主义道路，围绕中心，服务大局，认真做好参政议政工作，进一步扩大两岸联络交流，继续推进社会服务工作，全面加强自身建设，不断提高履职参政的能力和水平，为全面建成小康社会、实现中华民族伟大复兴作出新的更大的贡献！

会上，台盟老同志田富达、李玲虹、林力分别发言，林东海作书面发言。台盟中央机关各部门负责人和机关干部，台盟中央涉台政策策略咨询委员会委员，台盟北京市委领导和各区（工）委负责人，部分在京盟员约60人参加会议。

11月19日，台盟中央、台盟北京市委联合举办学习贯彻中共十八大精神座谈会。全国政协副主席、台盟中央主席林文漪，全国政协常委、台盟中央副主席黄志贤，全国政协常委、台盟浙江省主委张泽熙，北京市政协副主席、台盟北京市委主委蔡国雄，中共十八大代表、全国台联副会长苏辉，全国政协委员、台盟中央秘书长张宁，以及台盟老领导田富达、李敏宽，台盟北京市委有关负责同志出席会议。林文漪指出，中国共产党第十八次全国代表大会是在我国进入全面建成小康社会决定性阶段召开的一次十分重要的大会。大会指明了当今中国发展的方向，反映了时代发展的新要求和全国各族人民的新期待。胡锦涛同志代表中国共产党第十七届中央委员会所作的报告，总揽全局、高屋建瓴、旗帜鲜明、求真务实、部署全面，是新的历史条件下夺取中国特色社会主义新胜利的政治宣言和行动纲领，是全面建成小康社会的行动指南。大会选举产生了以习近平同志为总书记的新一届中共中央领导集体，是一个实践经验丰富、勇于改革创新、深得人民信赖的领导集体。台盟完全赞成胡锦涛同志所作的报告和大会通过的各项决定，坚决拥护以习近平同志为总书记的新一届中共中央领导集体，传承弘扬与中国共产党风雨同舟、肝胆相照的优良传统，与中国共产党一道，同心共建伟业，协力再创辉煌。林文漪表示，十八大进一步明确了科学发展观的历史地位、指导意义，提出了新形势下深入贯彻落实科学发展观的明确要求。科学发展观是中国特色社会主义理论体系最新成果，是马克思主义同当代中国实际和时代特征相结合的产物。十八大报告明确科学发展观作为中国共产党指导思想的历史地位，进一步丰富了中国共产党指导思想的内涵，体现了国家事业发展的内在要求，反映了全国各族人民的共同愿望，对坚持和发展中国特色社会主义具有重大现实意义和深远历史意义。科学发展观内涵丰富、思想深刻。只有坚持把科学发展观作为国家各项工作的根本指针，作为全国各族人民的行动指南，才能在新的历史征程上有效应对各种风险挑战、战胜一切艰难险阻，才能确保实现全面建成小康社会宏伟目标，不断开创中国特色社会主义事业新局面。面向未来，我们继续深入学习和贯彻落实科学发展观，要着重领会和把握十八大报告阐述的“四个更加自觉”。即必须更加自觉地把推动经济社会发展作为深入贯彻落实科学发展观的第一要义，必须更加自觉地把以人为本作为深入贯彻落实科学发展观的核心立场，必须更加自觉地把全面协调可持续作为深入贯彻落实科学发展观的基本要求，必须更加自觉地把统筹兼顾作为深入贯彻落实科学发展观的根本方法。我们一定要按照十八大的要求，把全面贯彻落实科学发展观贯穿于台盟的全部工作之中，努力推动参政议政、对台联络、社会服务和自身建设工作迈上新台阶。林文漪认为，十八大树立了中国特色社会主义的光辉旗帜，开创了中国特色社会主义发展的伟大道路。中国特色社会主义是新时期中国共产党的全部理论和实践主题。十八大深入总结实践经验特别是十六大以来的新鲜经验，从理论上对中国特色社会主义作出了重要的新概括和新阐述。一是系统阐述了中国共产党对中国特色社会主义的艰辛探索和成功实践。二是精辟阐明了中国特色社会主义道路、中国特色社会主义理论体系、中国特色社会主义制度的相互联系。三是科学概括了建设中国特色社会主义，总依据是社会主义初级阶段，总布局是五位一体，总任务是实现社会主义现代化和中华民族伟大复兴。四是鲜明提出了夺取中国特色社会主义新胜利必须牢牢把握的基本要求。当代中国的历史和现实都昭示，只有中国特色社会主义才能发展中国、造福人民、振兴中华，才能有效解决我国发展面临的突出矛盾和问题，推动以人为本、全面协调可持续的科学发展，才能应对前进道路上的各种风险和挑战，确保各项事业破浪前进。我们一定要按照十八大的要求，高举中国特色社会主义伟大旗帜，坚定不移地沿着中国特色社会主义道路前进，进一步巩固台盟与中国共产党团结合作的思想政治基础，使坚持中国共产党领导、为中国特色社会主义事业奋斗终生的理想信念在盟员中深深扎根。林文漪指出，十八大勾画了全面建成小康社会的宏伟蓝图，吹响了全面推进改革开放和社会主义现代化建设的嘹亮号角。综观国际国内大势，我国发展正处于大有作为的重要战略机遇期。中共十六大以来，中国共产党团结带领全国各族人民为实现全面建成小康社会奋斗目标奠定了坚实基础。十八大提出了全面建成小康社会和深化改革开放的新要求，勾画了中华民族未来发展的宏伟蓝图，描绘了中华民族光辉灿烂的美好明天。我们对此有着坚定的信念：只要坚持科学发展，就一定能推进中国特色社会主义经济建设、政治建设、文化建设、社会建设、生态文明建设的全面发展；只要坚持改革开放，就一定能继续改善人民生活、增进人民福祉，实现 2020 年国内生产总值和城乡居民人均收入比 2010 年翻一番的目标。今后的工作中，台盟各级组织和全体盟员要按照十八大的部署，紧紧围绕十八大对中国特色社会主义事业的五位一体布局和全面建成小康社会目标要求献计出力。要在十八大精神指引下，选择具有全局性、战略性、前瞻性的课题，特别是就加快转变经济发展方式、坚持走中国特色社会主义政治发展道路、大力推动生态文明建设以及促进社会主义文化大发展大繁荣等重大问题，多建科学发展之言，多献科学发展之策，多尽科学发展之力，为实现十八大提出的各项目标任务贡献智慧和力量。林文漪表示，十八大开启了两岸关系发展的崭新起点，展现了中华民族伟大复兴的光辉未来。中共十六大以来，中央一系列对台重大决策和部署始终贯穿着以人为本的思想理念，把为两岸同胞谋福祉作为发展两岸关系的根本归宿，两会恢复协商，两岸双向、直接“三通”全面实现，《海峡两岸经济合作框架协议》成功签订，民间交流、人员往来日益频繁，两岸关系和平发展不断巩固深化。十八大报告强调，和平统一最符合包括台湾同胞在内的中华民族的根本利益。我们对此有着满怀的信心，只要坚持两岸关系和平发展的主题，祖国完全统一就一定能早日实现；只要互相理解、彼此尊重、加强交流、深化合作，两岸同胞就一定能共同开创中华民族伟大复兴的美好未来。今后的工作中，台盟各级组织和全体盟员要深入学习贯彻十八大精神，充分发挥自身优势和作用，进一步弘扬中华优秀文化传统，发挥好各种民间交流平台的作用，不断扩大与岛内民众特别是专业人士和基层民众的联络。要进一步关注两岸经济、文化合作，协助政府落实好各项决策部署，维护好、实现好广大台胞的合法权益，为促进两岸关系沿着和平发展的轨道不断前进作出新的贡献。林文漪强调，中共十八大是一次高举旗帜的大会、继往开来的大会，是一次凝心聚力、团结奋进的大会。我们要把认真学习贯彻十八大精神作为全盟当前和今后一个时期的首要政治任务，抓紧抓实抓好。要大力开展各种学习培训活动，认真研读大会文件，准确把握十八大的精神实质，全面理解十八大的决策部署；要坚持理论联系实际，联系台盟的工作实际，联系盟员的思想实际，努力做到学以致用、用以促学；要加强领导、精心组织，特别是各级领导班子要发挥模范作用，身体力行，先学先行，带领广大盟员自觉把思想和行动统一到十八大精神上来，把智慧和力量凝聚到贯彻落实十八大提出的战略部署和各项任务中去。黄志贤主持会议并指出，台盟中央、台盟北京市委联合举办此次座谈会，就是为了认真学习贯彻中共十八大精神，统一思想，凝心聚力，推动台盟事业不断向前发展，为完成十八大提出的战略目标作出应有的贡献。近期台盟中央将向全盟部署学习贯彻中共十八大精神，台盟各级组织和广大盟员要按照部署要求，认真组织内容丰富、形式多样的学习活动，将学习贯彻中共十八大精神的工作落到实处。座谈会上，蔡国雄、苏辉分别发言。部分在京盟员和台盟中央、台盟北京市委机关干部参加会议。

12月24日，中共中央总书记习近平和中央政治局常委俞正声一起，在中央政治局委员、中央办公厅主任栗战书和中央统战部部长令计划等陪同下，走访台盟中央机关。习总书记参观了台盟历史及工作成果展览，并在与台盟新一届中央领导机构成员座谈交流时发表了重要讲话，强调要坚定不移地坚持和完善中国共产党领导的多党合作和政治协商制度，支持台盟更好地履行参政党职能，充分发挥自身优势，最大限度地调动一切积极因素、凝聚一切积极力量，为实现中共十八大确定的奋斗目标和工作任务而奋斗。全国政协副主席、台盟第九届中央委员会主席林文漪介绍了台盟的历史和现状，以及最近召开的台盟第九次全盟代表大会有关情况。台盟第九届中央委员会副主席、全国台联会长汪毅夫和台盟第九届中央委员会副主席黄志贤、苏辉，秘书长张宁出席座谈会。

（六）论坛、研讨会

1月5日至8日，由台盟中央与农业部、重庆市人民政府共同主办、台盟重庆市委承办的第十一届重庆·中国西部国际农产品交易会在重庆市南坪国际会展中心隆重召开。台盟中央副主席黄志贤出席开幕式并致辞。重庆市常务副市长马正其、市人大常委会副主任郑洪、市政协副主席陈贵云出席开幕式。黄志贤在致辞中说，台盟作为参政党，对推动两岸经贸交流，特别是农业合作格外关注。近年来，台盟围绕台湾农民创业园、城乡统筹发展试验区的建设，助推重庆加快实施“两翼”农户万元增收工程以及支持台资企业西进、促进渝台交流合作等课题，牵线搭桥帮助重庆招商引资，积极促进创建助推重庆万州残疾人万元增收猕猴桃产业发展基地，多次组团赴渝开展调研。这次农交会以“绿色、品牌、开放、合作”为主题，吸纳境内外力量，大力帮助重庆实施现代农业的开放开发战略和打造内陆开放城市，具有重要的意义。为期四天的交易会共吸引了全国28个省（区、市）的60个各级政府组团和美国、日本、马来西亚及台湾等11个国家和地区1780余家农产品生产、加工、经销企业参展。开幕式当天，共有62个项目正式签约，总投资162亿元。黄志贤，马正其，台盟重庆市委主委李钺锋、副主委许沛，台盟中央联络部副部长潘新洋等出席见证了首场签约仪式。交易会上，黄志贤、马正其一行兴致勃勃地参观了交易会展区。当他们走到台湾观光夜市名小吃的展位时，专程看望了参展的台湾客商，对台商的参展表示欢迎。在渝期间，黄志贤还出席了重庆台湾同胞投资企业协会2012年新春联谊会。

2月24日，台盟中央、全国台联和中国社科院台湾史研究中心在京共同举办纪念台湾人民“二·二八”起义65周年学术研讨会。全国政协常委、台盟中央副主席黄志贤主持会议。台盟中央原副主席李敏宽、全国台联副会长纪斌、台盟中央秘书长张宁等出席会议。黄志贤说，纪念台湾人民“二·二八”起义65周年，不仅是为了缅怀起义中被捕和牺牲的先烈与同胞，更是为了继承和弘扬台湾同胞爱国爱乡的光荣传统，坚决反对“台独”势力的分裂活动，努力维护好、建设好两岸同胞的共同家园。黄志贤表示，面对两岸关系发展的新形势，我们要牢牢把握两岸关系和平发展的主题，继续促进两岸各领域的交流交往，不断夯实两岸关系和平发展的基础，为促进祖国和平统一和中华民族伟大复兴而努力。纪斌代表台盟中央、全国台联讲话。纪斌表示，1947年爆发的“二·二八”起义，是台湾同胞反对当时国民党当局专制统治的爱国、民主、自治运动，是中国人民解放斗争的一部分，是台湾同胞光荣爱国主义传统的重要体现。60多年来，为实现祖国的完全统一，中华儿女进行了长期不懈的努力。40年前，中美两国于1972年发表上海（联合）公报，确立了“一个中国”原则，为台湾问题的和平解决创造了有利的外部条件。20年前，两岸授权民间团体海协会与海基会，达成各自以口头方式表述坚持“一个中国”原则的共识，即“九二共识”，奠定了两岸协商的政治基础，开启了海峡两岸中国人沟通对话、协商合作的历史新篇章。纪斌强调，两岸同胞是血脉相连、唇齿相依的命运共同体。坚持两岸关系和平发展，符合两岸同胞的根本利益，表达了两岸同胞的共同愿望，给台海地区带来了安定祥和,给两岸同胞带来了实实在在的利益。在当前承前启后的历史时刻，两岸同胞应共同巩固好已有成果，并继续不断务实向前推进，凝聚共识，累积互信，拉近情感，互利双赢。台盟中央联络部副部长潘新洋，全国台联文宣部部长杨毅周，中国社科院台湾史研究中心副研究员冯琳、程朝云，《两岸关系》杂志总编辑汪舟分别在会上作了发言。中央和北京市有关部门领导，“二·二八”起义亲历者，台盟中央涉台政策策略咨询委员会委员，专家学者及部分在京盟员、台胞共约50人参加了会议。

5月12日至13日，由台盟中央主办，福建省等离子体与磁共振研究重点实验室和台盟厦门市委协办的“两岸等离子体科学与技术及应用研讨会”在厦门召开。两岸40多位相关专家和学者，共同就等离子体科学的发展、当前的最新技术和在生活领域的应用进行了学术研讨。全国政协常委、台盟中央副主席吴国祯出席会议并致辞。台盟中央委员杨思泽主持会议。吴国祯说，当今世界科学技术竞争日趋激烈和广泛，加强两岸科技交流与合作，有利于两岸科技发展，有利于两岸互惠双赢，有利于增强中华民族整体竞争力。多年来，台盟致力于推动两岸各项交流与合作，今后仍将继续为促进两岸和平进程而不懈努力。研讨会上，与会专家结合各自研究方向，对等离子体理论研究热点，以及其在能源、医学、材料、力学、化学等方面的应用进行了深入交流。此次研讨会，邀请了中科院等离子体所万元熙院士、台湾科技大学工程学院副院长朱瑾等两岸等离子体科学的著名专家和学者，旨在为两岸等离子体领域研究人员提供交流平台，促进两岸等离子体研究的发展与合作。台盟中央相关领导，台盟厦门市委主委陈紫萱参加研讨会。

6月16日至22日，台盟中央与相关部门合作，共同主办了第四届“海峡论坛”。以“扩大民间交流、加强两岸合作、促进共同发展”为主题的海峡论坛，是专为两岸普通民众而打造的交流平台，已成功举办了三届。第四届海峡论坛在保持和突出活动的民间性、基层性和广泛性的同时，积极创新活动方式，提升活动内涵。论坛共举办五大板块 29 场交流活动，主要有海峡两岸商会经济论坛、闽台佛教文化交流周、第三届海峡两岸闽南文化节、郑成功收复台湾 350 周年纪念活动、第二届海峡两岸关帝文化节、第六届闽台对渡文化节和泉州市首届创意产业节等活动。论坛开幕式于 6 月 16 日在福建厦门举行。中共中央政治局常委、全国政协主席贾庆林出席并宣布论坛开幕。全国人大常委会副委员长陈至立，全国政协副主席黄孟复、张榕明、林文漪，十届全国人大常委会副委员长顾秀莲，中共中央台办、国台办主任王毅，福建省省委书记孙春兰，海协会会长陈云林，以及来自台湾的中国国民党副主席洪秀柱，新党主席郁慕明，亲民党秘书长秦金生，无党团结联盟主席林炳坤，中国统一联盟主席纪欣，人民最大党主席许荣淑，与两岸各界 1700 余名嘉宾出席了开幕式。开幕式由福建省省长苏树林主持。作为论坛的重要分活动之一，由台盟中央与泉州市政府、福建省文化厅、台湾成功大学、中华闽南文化研究会共同主办的第四届海峡论坛•闽南文化节于 6 月 17 日在泉州开幕。全国政协副主席、全国工商联主席黄孟复，国台办副主任叶克冬，福建省政协副主席张燮飞和来自台湾的台湾无党团结联盟主席林炳坤出席开幕式。本届闽南文化节包括泉州首届创意产业节、纪念郑成功收复台湾 350 周年、闽台佛教文化交流周、第六届闽台对渡文化节暨蚶江泼水节等系列活动。台盟中央常务副主席汪毅夫，副主席黄志贤，副秘书长宋焱和机关有关部门负责人出席上述有关活动。

7 月 6 日，由台盟中央、华夏文化促进会共同主办，台盟福建省委会承办，福建省关心下一代工作委员会等单位协办的“2012 台南大（中）学生海西乡土文化研习营暨台湾青年闽南之旅”开营式在永定举行。有关单位领导、来宾和参加研习营的台湾南部大（中）学师生，以及永定侨育中学师生共 200 多人出席了开营仪式。台盟中央领导致辞并宣布开营，华夏文化促进会领导为活动授旗。台南大（中）学生海西乡土文化研习营已连续五年邀请来自台湾南部、从未到过大陆的大中学生来闽研习。开营式上，台南大学附中与永定侨育中学签约为友好学校。活动期间，近 60 名台南地区大（中）学师生共参加了为期 7 天在永定、武夷山、厦门等地举办的研习营活动。海西乡土文化研习营的总领队、台南大学附属高级中学校长管志明说：“参加研习营的同学，绝大多数都是第一次到大陆。希望同学们把握这个难得的机会，通过开展研习营活动，能加深台湾青少年对祖地文化的了解和认识。”

9 月 20 日，由台盟中央支持，2012 海峡两岸企业家紫金山峰会组委会主办，江苏省台湾务办、江苏省商务厅、中共淮安市委、淮安市人民政府承办，淮安市台办、淮安市商务局、淮安日报社、淮安市广播电视台协办的第七届台商论坛在周恩来总理故乡——江苏淮安开幕。本届论坛作为第四届海峡两岸企业家紫金山峰会的重要板块，以“两岸智慧共话发展大计，携手合作共绘美好愿景”为主旨，以“产业合作与文化融合”为主题。包括两岸高层领导、知名学者、企业巨子、商界领袖等在内的 1200 多人齐聚淮安，共同探讨如何推动科技创新引领，深化淮台产业合作，加快淮台文化融合，共谋淮台发展大计。国台办主任王毅为论坛的成功举办发来贺信。两岸共同市场基金会最高顾问钱复、江苏省副省长傅自应、国台办主任助理李亚飞、江苏省台办主任王荣平、中共淮安市委书记刘永忠、淮安市人民政府市长曲福田共同开启论坛序幕。淮安市人民政府市长曲福田主持开幕式。论坛上，中共淮安市委书记刘永忠、国务院参事室特约研究员姚景源、台湾中华经济研究院经济展望中心主任刘孟俊、厦门大学台湾研究中心副主任李非、台湾中央大学产业经济研究所单骥作主旨演讲。淮安市人民政府市长曲福田、淮安经济技术开发区党工委书记周毅、国家发展和改革委员会宏观经济与技术研究所副所长杨玉英、北京师范大学金融研究中心主任钟伟、台湾交通大学科技管理研究所教授袁建中、敏实集团董事局主席秦荣华在主席台对话。淮安市人民政府副市长陈涛、淮安经济技术开发区管委会主任陶光辉、台盐集团董事长洪玺耀进行互动访谈。

11 月 16 日，由台盟中央与福建省人民政府、农业部、全国供销总社、国台办、国家工商总局、国家质检总局、全国台联、台湾区制茶工业同业公会、台湾区茶输出业同业公会、台湾茶商业同业公会联合会、海峡两岸茶业交流协会、中国国际茶文化研究会、华侨茶业发展研究基金会、中华茶人联谊会、台湾省农会、台湾茶协会、中国茶叶流通协会共同主办的第六届海峡两岸茶业博览会在武夷山隆重开幕。十届全国政协副主席、台盟中央原主席张克辉为茶博会按下开幕启动键，全国人大常委、台盟中央常务副主席汪毅夫致词。汪毅夫在致辞中说，福建产茶历史悠久，具有“茶之乡、茶之祖、茶之缘、茶之韵”的独特魅力，在中国茶业发展乃至世界茶业发展史上具有重要地位。长期以来，福建人民在继承发扬茶文化精神、发展提升茶产业经济、促进两岸茶业交流合作等方面，取得了可喜成绩。举办茶博会，既是福建茶事活动的盛典，也是中国茶业发展的盛事、国际茶界人士的盛会，将进一步增进两岸茶产业交流合作。全国台联副会长史茂林、福建省台联副会长柯连妹出席开幕式。本届茶博会展览面积达 41000 平方米，展位数为 1183 个，参展商超过 500 家，是海峡两岸规模最大的专业茶业博览会，历时为期 3 天。在本届茶博会上，重大投资项目签约的项目达 62 项，总投资金额约 154 亿元。南平市重大投资项目签约 43 个，总投资 111 亿元（总投资 5 亿元以上项目 10 个，总投资约 66 亿元）；其他设区市共签约农业项目 19 项，总投资约 43 亿元。据悉，茶博会期间，将举办海峡两岸文艺晚会、展览展销、海峡两岸武夷茶道高峰论坛、海峡两岸投资洽谈会、海峡两岸茶界民间斗茶赛、武夷山国际禅茶文化节、“大红袍杯”第四届海峡茶艺电视公开赛决赛和颁奖仪式、“透过香港、走向世界”香港、南平服务业研讨会、“凯捷杯”茶王拍卖会等 10 多个专场活动。

11 月 29 日，由台盟中央、海南省政府指导，台盟海南省委、海南省台办、澄迈县政府和台湾省农会主办的“2012 海峡两岸休闲农业发展（海南）研讨会”在海南澄迈举行。本次研讨会以“持续深化海峡两岸休闲农业的交流合作，推进生态文明建设，助推海南国际旅游岛建设为宗旨”为主题，探讨两岸休闲农业发展现状和面临挑战。近 200 名海峡两岸专家学者和企业界代表出席。开幕式上，海南省副省长符跃兰致辞表示，海峡两岸休闲农业论坛及研讨会已经在海南成功举办了两届，今年在澄迈举办，是海南农业以及休闲农业发展的又一重要契机，对开辟琼台以及两岸休闲农业交流合作途径、促进两岸休闲农业的健康发展，将起到积极作用。台盟中央副主席黄志贤在致辞中表示，农业是海峡两岸交流与合作的重点领域之一，在两岸关系中处于重要地位。进一步拓宽两岸农业交流渠道，有利于推进两岸农业合作向纵深发展，实现两岸经济发展互利双赢。他希望业界以本次研讨会为契机，携手合作，共谋发展，将两岸休闲农业交流合作推向纵深。

台盟海南省委主委连介德表示，希望两岸专家学者以本次论坛为契机，紧密携手，抓住海南建设国际旅游岛的良好机遇，把两岸观光休闲农业合作推向一个更加紧密和务实的新阶段。海南省台办主任刘耿表示，热带现代农业发展是海南国际旅游岛建设的基本内容之一，目前海南休闲观光农业总体尚处于初步发展阶段，希望海峡两岸专家学者积极建言献策，促进两岸休闲农业合作发展。台湾省农会理事长蔡庆章表示，海南地理气候条件优越，十分适宜发展农业，台湾在热带农产品和休闲观光农业经验丰富，琼台农业优势互补性强，通过研讨，将有助于提升琼台农业合作水平。会议期间，与会代表赴澄迈县考察休闲农业企业，台湾休闲农业专家还为澄迈县负责休闲农业、旅游业发展的各级政府工作人员、休闲农业经营者举办一期休闲观光农业专题培训班。

12 月 1 日，由台盟中央指导，台盟福建省委、福州市政协、福建省文史研究馆、马尾区人民政府主办，中国社科院台湾史研究中心、台湾中华日报、福建省华侨历史学会、福建师大社会历史学院、福建福马海军联谊会、台盟福州市委、福州海峡两岸交流协会、福州晚报等单位协办的“第三届海峡两岸船政文化研讨会”在福州开幕。来自海峡两岸和美国、加拿大、澳大利亚等国的船政精英、船政先贤的后裔以及专家学者 200 多人，围绕“福州船政与台湾近代化”的主题，深入探讨福州船政在开启和推进台湾近代化中发挥的重要作用，涉及诸如确立台湾近代民族精神、推动台湾近代防务、开辟台湾近代化进程、台湾近代化中的政治建制与军事建设、台湾近代农业、邮政与文化产业建设，以及船政官员与船政学员在台湾向近代化转型中的作用与贡献等议题。全国政协副主席、台盟中央主席林文漪为大会发来贺电，表示相信“研讨会必将进一步促进以船政文化为纽带的两岸交流与合作，必将对推动两岸关系和平发展产生积极的影响”。国民党荣誉主席连战也为大会题词“促进交流 造福两岸”，祝贺大会取得圆满成功。12 月 2 日，与会者还在马江之滨举行缅怀船政先辈花祭活动，并在福建船政天后宫举行船政后裔平安祈福仪式等活动。

二、参政议政

一年来，台盟各级组织齐心协力，不断探索和实践，推动台盟参政议政工作形成了目标明确、团结协作、整体推进的良好局面。

（一）积极参与政治协商

台盟各级组织高度重视政治协商这个参政党参与国家政治生活的重要途径，坚持发挥优势，明确重点，集中围绕国家中心工作与对台工作大局的结合点，积极协商议政。一年来，台盟中央领导参加由中共中央、国务院召开及委托相关部门召开的协商会、座谈会、情况通报会等 16 次，围绕国家中心工作，结合促进两岸关系和平发展，提出了一系列有分量、有创建、可操作的建议，彰显了台盟的特色与优势。

1 月 18 日，中共中央在中南海召开党外人士迎春座谈会，邀请各民主党派中央、全国工商联领导同志和无党派人士代表欢聚一堂，共商国是，畅叙友情，喜迎新春。台盟中央主席林文漪出席座谈会并发言。发言围绕解决好我国经济社会可持续发展的突出瓶颈问题、加强“和平统一,一国两制”宣传引导等问题提出了具体建议。

2月9日，国务院总理温家宝在中南海主持召开党外人士座谈会，听取各民主党派中央、全国工商联负责人和无党派人士代表对《政府工作报告（征求意见稿）》的意见。台盟中央主席林文漪出席座谈会并发言。发言围绕实施创新驱动战略促进西部地区加快发展、进一步深化海峡两岸人才交流合作等问题提出了具体建议。

7月26日，中共中央总书记胡锦涛在中南海主持召开党外人士座谈会，就当前经济形势和下半年经济工作听取各民主党派中央、全国工商联领导人和无党派人士的意见和建议。台盟中央主席林文漪出席座谈会并发言。发言围绕实现经济稳中求进、支持原中央苏区振兴、把两岸关系和平发展的原则具体化等问题提出了具体建议。

9月3日，中共中央总书记胡锦涛在中南海主持召开党外人士座谈会，听取各民主党派中央、全国工商联领导人和无党派人士对中共十八大报告征求意见稿的意见和建议。台盟中央主席林文漪出席座谈会并发言。发言围绕以社区建设为突破口加强和创新社会管理、深化两岸关系和平发展良好局面等问题提出了具体建议。

11月30日，中共中央总书记胡锦涛在中南海主持召开党外人士座谈会，就当前经济形势和明年经济工作听取各民主党派中央、全国工商联领导人和无党派人士的意见和建议。台盟中央主席林文漪出席座谈会并发言。发言围绕创新发展驱动力、创新两岸经贸合作、深化两岸金融合作等问题提出了具体建议。

（二）在全国政协会议上的发言和提案

1. 全国政协十一届五次会议

全国政协十一届五次会议期间，台盟中央共提交大会发言三篇。其中，骆沙鸣委员代表台盟中央、全国台联作了《加强两岸文化交流合作，共同塑造中华文化时代形象》的大会口头发言。发言提出，文化引领时代风气之先。随着两岸关系进入和平发展的新阶段，特别是《海峡两岸经济合作框架协议》签署，两岸经贸等领域的交流合作取得重要成果，当前应不失时机地推进两岸文化交流与合作，不断提升两岸中华文化的文化自觉、文化自信与文化自强，从而使两岸关系和平发展的民意基础更为牢固，推动“和平统一，一国两制”方针的落实取得实质性进展。发言建议，一是推动海峡两岸文化交流合作实现制度化，借鉴ECFA的成功经验，推动两岸文化层面的议题协商，适时商签两岸文化领域交流合作协议。二是加强两岸文化产业合作。对文创合作项目给予扶持，优先发展与网络信息等高科技关联度高的产业门类并延伸文化产品从创意到品牌直到销售的产业链，发挥两岸文化产业行业协会的作用，严格执行《海峡两岸知识产权保护合作协议》。三是为两岸文化合作培养高端复合型人才。以更加开放的姿态吸纳台湾优秀的文化人才，推进两岸高校与文化企业合作，大力提升文化人才的自主创新能力。四是努力塑造中华文化的时代形象。把文化交流纳入两岸关系各种交流沟通平台，两岸相关方面充分沟通以确立文化合作专案，设置“中华文化大奖”以表彰两岸为中华文化保护、传承和发展做出突出贡献者，充分发挥两岸民间团体、学术机构和文化企业的文化优势与创造活力的氛围。此外，台盟中央还向会议提交了题为《加快先行先试步伐，促进海峡西岸经济区全面协调发展》和《抓住机遇，促进两岸文化创意产业合作发展》的书面发言2件。

会议期间，台盟中央共提交党派提案 26 件。提案内容涉及促进两岸交流合作的 5 件、促进经济与城乡建设的 11 件、促进文化教育发展的 3 件、加强和改进民生与社会管理的 6 件、促进民主法制建设的 1 件。其中，关于健全社区医疗卫生服务体系、促进物联网产业健康发展、积极有序推进农民工市民化、推进农村新型股份合作社发展、促进海西经济区全面协调发展、加强养老护理服务人员队伍建设、加强社会建设和创新社会管理等 7 件提案入选全国政协重点督办提案。此外，台盟组的政协委员共提交大会书面发言 31 件，个人提案 213 件，社情民意信息 1 件。

会议期间，台盟台联于 3 月 7 日上午召开联组会议，邀请监察部、国务院参事室及国台办等部门的负责同志参加，与委员们进行面对面的交流座谈。台盟界别的五位委员，杨健、李钺锋、张华军、谢正观、王天戈分别围绕着进一步深入做好争取台湾民心工作、加强对中条山抗战英勇事迹的纪念和宣传，以及预防和惩治腐败等两岸关系及社会发展中的重要问题作了精彩的发言。

会议期间，台盟组委员共进行了 10 场小组讨论，围绕政府工作报告、政协常委会工作报告、提案工作情况报告、“两高”报告、《刑事诉讼法修正案（草案）》，以及人民政协工作等畅谈了体会和感受，并提出了许多建设性意见。

2. 全国政协十一届常委会第十八次会议

全国政协十一届常委会第十八次会议上，台盟中央就发展战略性新兴产业、促进自主信息技术应用等问题提交了四篇书面发言。其中，《优化初创环境，促进微型企业健康发展》的发言提出，当前微型企业发展的初创环境依然十分严峻，严重制约了微型企业的发展，包括创办筹资难、运行融资难、税费负担重、准入门槛高等。发言建议，成立初期的一至两年，对于微型企业发展至关重要。各级政府应进一步加大政策扶持力度，在贯彻落实《关于进一步支持小型微型企业健康发展的意见》过程中，将政策扶持的重点放在初创阶段的微型企业，着力优化初创环境，如加大财政金融扶持力度、减轻微型企业税费负担、进一步降低行业准入门槛、建立针对微型企业的创业培训长效机制等。《促进国内自主信息技术应用，保障国家信息安全》的发言提出，当前，通过顶层设计加强通信信息安全保障刻不容缓，建议国家有关部门加快完善和实施涉及国家安全和信息安全的相关法律法规，加紧完善我国政府信息安全体系，进一步加大扶植有关芯片、操作系统、整机等核心安全技术研发力度，从源头确保信息安全。《提升制造业自主创新能力，加快推进经济转型升级》的发言提出，国际金融危机后，制造业在集中体现技术创新和集成创新等方面的优势，越来越受到重视。先进的制造业将是我国未来竞争力发展的优势所在，在新一轮产业革命中，其重要性将愈加凸显。发言建议，进一步落实相关优惠政策，优化创新环境；坚持产业融合，提升传统制造业创新升级的层次；进一步加大扶持力度，完善创新资金链；进一步突破产业关键技术，消除影响竞争力提高的瓶颈；进一步优化吸引人才的体制机制，大力引进和培养高层次创新人才。《加快战略性新兴产业发展，加快形成生产能力和核心竞争力》的发言提出，发展战略性新兴产业当前应关注以下问题，包括战略性新兴产业需要经历较长的培育期，关键性核心技术瓶颈有待突破，产业发展存在“重规模扩张，轻技术创新”的问题，政府推动科技成果应用和产业化的力度有待加强等等。发言建议，进一步加强产业发展规划部署，进一步加大科技资金投入，进一步着力突破关键技术，进一步规范产业发展，进一步完善产业链条、提升整体竞争力，进一步加强创新人才的培养。

3. 全国政协十一届常委会第十九次会议

全国政协十一届常委会第十九次会议上，全国政协常委、台盟中央副主席黄志贤代表台盟中央做了题为《加快区域协调发展，筑牢“稳增长”的基础》的发言。发言提出，当前公共财政投入应更加有力地向中西部地区、连片贫困地区等经济和民生建设的薄弱环节倾斜，以尽快改善落后地区的面貌，提高人民生活质量。这既是加快转变经济发展方式的要求，也是增强长远发展后劲的重要举措。发言建议，加大支持原中央苏区发展振兴力度，推动革命老区加速实现工业化、城镇化，并吸引台湾和东南沿海地区台资向中西部转移，促进海峡西岸经济区全面协调发展，从而为稳增长打下更为牢固的基础。一方面建议加强对赣、闽、粤三省原中央苏区经济和社会发展情况的综合性比较研究。针对三省原中央苏区发展水平不均衡的现状，提出差别化、个性化、分类指导、分阶段推进的发展指标。另一方面建议充分发挥海峡西岸经济区的整体效应。发言认为，以原中央苏区加快发展为基础，海峡西岸经济区将有望形成“东有厦门，西有赣州，北有温州，南有汕头”的科学均衡发展格局，将为落实十八大确定的各项发展目标作出贡献，并为推进祖国和平统一发挥更大的作用。

4. 全国政协“加强和创新社会管理”专题协商会

全国政协“加强和创新社会管理”专题协商会上，全国政协委员、台盟重庆市委主委李钺锋代表台盟中央做了题为《深入开展诚信教育，营造诚实守信的社会环境》的大会发言。发言提出，当前，造成诚信缺失现象的原因是多方面的，除了诚信制度建设滞后等原因之外，诚信教育的不到位和表面化是一个不可忽略的重要方面。发言建议，一是出台国家诚信教育规划，建议制定诚信教育的长期、中期和近期规划，把诚信教育贯穿于整个国民教育体系，逐步实施、不断完善。二是以制度保证诚信教育的落实，建议制定和完善相关法律法规，逐步建立不诚信行为的记录机制，加强对不诚信行为的惩戒，使不诚信者付出的代价远超其所获，以保证诚信教育的效果。三是各级党委政府应高度重视诚信教育，起到良好的带头作用。

此外，台盟中央还就社区建设问题提交了两篇书面发言。其中，《关于加快推进政府公共服务覆盖到社区的建议》的发言提出，当前还存在着社区公共服务综合覆盖率不高、服务手段和方式单一等一些亟待解决的问题。导致这些问题的主要原因包括：社区职能行政化倾向严重，社区公共服务设施建设仍然滞后，社区经费投入严重不足，社区服务内容和方式单一，社区工作人员社会保障水平低等。发言建议，进一步理顺社区工作职能职责；加强规划及管理，保障社区办公服务用房空间落地；建立财政长效投入机制，加快社区公共服务设施建设；积极推动社区公共服务主体的多元化；加快修订居民委员会组织法，为社区公共服务全覆盖提供法律保障。《加强城乡社区建设，打牢社会管理的基础环节》的发言提出，近年来，我国的社区建设工作积累了许多成功的经验，但是在发展的过程中还存在一些亟待解决的问题，主要包括：社区硬件设施落后，难以满足服务与管理等多方面需求；社区工作者队伍的数量、结构、素质等与社区工作的要求不相适应；服务于社区建设工作的社会组织发展还需要进一步加强；社区服务与管理功能不能满足居民日益增长的物质文化需求；社区建设经费难以满足日益发展的社区服务与管理的需求；社区建设的体制机制以及管理水平有待进一步完善提高；群众参与社区建设的程度不够；法律法规以及规章制度建设不能满足快速发展的社区建设工作需求；城市和农村社区建设存在差距，等等。发言建议，进一步为社区建设提供完备的法律制度保障体系；进一步推进社区建设的体制机制创新；有效完善和提升社区服务与管理功能；不断完善社区硬件设施建设；大力加强社会工作人才队伍的职业化、专业化建设；不断推进包括社区组织在内的社会组织的发展；采取多种方式，解决社区建设的经费来源；不断拓展居民参与渠道，创新社区自治建设方式；不断推动城乡社区建设协调发展；加强和改善党的领导，建立强力推进的落实机制，等等。

（三）与政府部门、国家部委和司法机关开展联系合作情况

1. 进一步落实与农业部签署的合作备忘录

为落实台盟中央与农业部于2010年签署的合作备忘录，2012年，台盟中央与农业部共同举办了多次以推动两岸农业交流为主题的论坛、研讨会等活动。其中包括，1月在重庆举办的第十一届重庆·中国西部国际农产品交易会，11月在福建举办的第六届海峡两岸茶业博览会等。此外，台盟中央由台盟上海市委牵头负责的台湾农业法律法规研究专题调研，完成调研总报告1篇、分报告7篇。

2. 加强与司法部门的联系沟通

台盟中央重视加强与最高人民法院、最高人民检察院的联系和沟通，积极发挥参政议政、民主监督的作用。1月9日，最高人民检察院检察长曹建明主持召开与各民主党派中央、全国工商联负责人和无党派人士代表座谈会，听取对2011年检察工作的意见和建议。台盟中央副主席黄志贤出席会议并发言，围绕进一步健全完善诉讼活动法律监督体系，进一步加强海峡两岸刑事司法互助等问题提出了建议。12月28日，最高人民检察院再次召开座谈会，通报2012年各级人民检察院工作概况，并就今后如何进一步开展工作征求各民主党派中央、全国工商联领导和无党派人士代表的意见、建议。台盟中央副主席苏辉出席会议并发言，围绕进一步推广检司协作法律援助机制，进一步完善行政执法与刑事司法衔接机制等问题提出了建议。

（四）专题调查研究

2012年，台盟中央以服务国家中心工作和两岸关系发展大局为目标，按照适当收缩、紧抓实效的原则，确定了平潭综合实验区管理体制创新、促进中央苏区振兴、台湾农业法律法规研究与借鉴、发挥“海峡两岸交流基地”平台作用、促进西部地区开发开放、加强和创新社会管理、促进实体经济发展等七项年度重点调研课题。

为了扎实深入地做好年度重点课题调研工作，台盟中央组织了民主党派大考察，以及各级组织共同参与的联合调研等多层次考察调研活动，并且在联合调研中进一步深入实施重点课题牵头负责制，有效地强化了台盟各级组织之间的纵向与横向交流合作。据不完全统计，2012年台盟各级组织结合当地实际，围绕经济社会和两岸关系发展中的重要问题开展考察调研，共形成调研报告438份。其中，台盟各地方组织围绕台盟中央年

度重点调研课题共完成调研报告 35 篇。

1. 党派大考察

5 月 3 日至 9 日，全国政协副主席、台盟中央主席林文漪率台盟中央调研组，赴江西南昌、吉安、井冈山、赣州等地，围绕“深化赣台经贸文化交流，促进原中央苏区振兴”主题开展调研。

5 月 4 日，调研组在南昌召开座谈会，听取江西省经济社会发展和赣南等原中央苏区振兴发展情况，以及赣台经贸合作和文化交流情况的汇报。全国人大常委、台盟中央常务副主席汪毅夫，全国政协常委、台盟中央副主席黄志贤出席座谈会并参加调研。

中共江西省委书记苏荣、省长鹿心社在南昌会见了林文漪一行。江西省委常委、常务副省长凌成兴在座谈会上向调研组汇报了江西省经济社会发展和赣南等原中央苏区振兴发展情况，江西省委常委、省委秘书长赵智勇，省委常委、省委统战部部长蔡晓明，省政协副主席陈清华、肖光明分别出席座谈会或陪同参加有关调研活动。

林文漪指出，在中共中央、国务院的亲切关怀下，在中共江西省委、省政府的正确领导下，江西人民齐心协力、顽强拼搏，经济社会发展取得了不同凡响的成就。特别是江西省充分发挥对台工作优势，在高水平承接台湾地区和沿海地区乃至海峡西岸经济区产业梯度转移、服务台商台胞、开展两岸文化交流并拓展交流领域等方面进行了卓有成效的工作，取得了可喜的成绩，开创了赣台交流合作、共谋发展的黄金时期。

林文漪强调，台盟是我国民主党派中的一员，认真履行参政议政职能，为国家经济社会发展大局和祖国统一大业服务，是台盟的重要责任和使命。加快赣南等原中央苏区振兴发展，这是一个造福苏区人民的重大举措，是值得关注和研究的战略性、全局性的重大课题。希望通过此次在江西调研，能更加深入、全面地了解江西省落实科学发展观和推进经济社会又好又快发展的情况，特别是学习调研江西省在加快原中央苏区振兴、推动对台工作中的好做法好经验。同时把在调研中了解到的新经验以及好的意见建议，及时向中共中央和国家有关部门反映，帮助呼吁国家有关部委加大对江西革命老区振兴发展的政策支持力度，促进江西加快崛起。

在赣期间，调研组还实地考察了菱光高科技有限公司、英华达科技有限公司、联创电子有限公司、博硕科技有限公司、华忆职业学校、庐陵新名婚纱时装有限公司、光宝力信科技有限公司、华坚国际鞋城有限公司等台资企业，并参观了井冈山革命博物馆，凭吊了井冈山革命烈士。

为组织好这次调研，台盟中央作了精心准备，提前进行了“预调研”，确保调研工作的有序进行。2 月 12 日至 16 日，全国政协常委、台盟中央副主席黄志贤率调研组赴江西省，就赣台交流合作情况，以及江西省相关地市融入海峡西岸经济区的情况开展“预调研”。调研活动受到了中共江西省委、省政府的高度重视。在赣期间，黄志贤先后会见了中共江西省委常委、秘书长赵志勇以及省委统战部和南昌、吉安、赣州等地市的领导，出席了由中共江西省委和赣州市委召集的两次调研座谈会，实地考察了菱光科技、统一食品、华坚国际等多家台资企业。黄志贤对江西省贯彻落实科学发展观，建设鄱阳湖生态经济区，制定实施中央苏区振兴规划，特别是充分发挥对台工作优势，加强赣台交流合作取得的成绩给予了充分肯定，并与江西的同志一起总结经验，分析形势，研究解决工作中存在的困难和问题的方法，鼓励江西省相关地市加快融入海西，为促进两岸关系和平发展共同作出应有的贡献。台盟中央副秘书长、研究室主任宋焱，联络部副部长潘新洋，台盟江西支部主委何大欣等陪同调研。

2. 两岸文化交流与涉台文物专题调研

（1）4月10日至15日，全国人大常委、台盟中央常务副主席汪毅夫一行赴贵州省就历史文化资源与对台工作进行调研。调研期间，汪毅夫先后前往镇远县“和平村”和贵阳市档案局，围绕“历史文化资源和贵州的对台工作”进行专项考察，搜集到大量台湾珍贵史料，取得了三项重要成果。一是确认了清代610名贵州籍进士名录，彰显了贵州文化大省的历史底蕴；二是充实了贵州贵筑人蒋允焄历任台湾府知府、台湾兵备道，以及贵州贵筑人陈炳极任职台湾知县时爱民重礼的史料；三是考据镇远县“和平村”史实对中国和平崛起及两岸关系和平发展的重要意义

（2）5月11日至15日，全国政协常委、台盟中央副主席吴国祯一行赴泉州、漳州调研涉台文物及古桥文化。台盟泉州市委主委骆沙鸣，洛江区政协主席江贻万，盟市委副主委苏耿聪、洪元程等陪同调研。在泉期间，吴国祯实地考察了洛阳桥、施琅将军墓、俞大猷纪念馆、草庵摩尼教遗址、龙山寺和五里桥等地，听取有关情况介绍，并详细了解泉州市涉台文物及古桥文化的保护、修缮和管理情况。在漳期间，吴国祯副主席一行参观考察了南靖土楼、漳州百花村、威镇阁、天福茶博物院、东山等地。漳台两地相同的语言让吴国祯一行倍感亲切。吴国祯指出，泉州、漳州旅游资源丰富，文化积淀十分深厚。涉台文物是中华民族文化遗产的重要组成部分，它凝结着海峡两岸人民深厚的情谊。闽南文化是中华文化的重要组成部分。台湾同胞祖籍地大多在闽南地区，两岸地缘近、血缘亲、文缘深、商缘广、法缘久。闽南文化以其博大精深、源远流长，深深地扎根在台湾民众生活之中，成为联结两岸同胞和海内外闽南儿女的重要精神纽带。希望泉州、漳州能发挥自己的独特优势，为海西建设、为海峡两岸和平发展贡献力量吴国祯强调，要加强对涉台文物的保护和利用，进一步发掘其文化内涵，充分发挥涉台文物在促进两岸文化交流上的重要作用，为海峡两岸和平发展贡献力量。

（五）反映社情民意

台盟各级组织持续推进反映社情民意信息工作，充分发挥其时效性强的特点，对经济社会发展以及两岸关系发展中的新情况新问题做出快速反应，及时提出意见建议，为政府分析判断形势提供参考。一年来，全盟各级组织共向各级政协、统战部等相关部门报送社情民意信息1787篇。其中，台盟中央综合编发并报送全国政协《台盟社情民意信息》39期，在保持数量相对稳定的同时，信息质量较上年得到了显著提高。关于完善刑事诉讼法中审查批捕相关规定、完善《中华人民共和国道路交通安全法》、促进国内自主信息技术应用等信息被全国政协采用。其中，《促进国内自主信息技术应用，保障国家信息安全》得到了时任国务院副总理李克强、国务院副秘书长肖亚庆的重要批示。

（六）开展民主监督

担任各级人大代表、政府和司法机关领导职务以及特约人员的盟员，充分发挥参政

议政、民主监督职能。其中，担任全国人大代表的盟员，认真履行人民代表的职责，反映人民意愿，参与了预防未成年人犯罪法等的执法检查和视察工作。担任国土资源部、公安部、审计署等部门特约人员的盟员，认真参加有关执法监督工作，发挥了参谋咨询作用和联系人民群众的桥梁纽带作用。

三、对台工作

2012 年，台盟各级组织认真贯彻落实中共中央对台工作方针，牢牢把握两岸关系和平发展这一主题，紧紧抓住争取台湾民心这一主线，按照“专精深久”的工作方针，实现对台工作重点明确、特色突出、深入持久、富有成果。

（一）接待联络工作

一方面将做好岛内精英人士和领军人物工作作为对台交流的重点工作，通过影响精英人士和领军人物，扩大岛内代表性人士的工作资源，争取他们所联系的岛内人士民心。台盟中央通过密切联系、频繁交流，与岛内政界、商界和文化界精英人士建立了深交朋友、长交朋友的合作关系，逐步建立互访、互信、互助的良好机制。

另一方面按照夯实渠道、巩固基础、深化成果的原则，结合不同参访团体的人员结构、交流层次和以往参访内容，精心安排参访行程，达到了积累共识、增进情感、强化认同的效果。2 月 25 日至 29 日，台南台商投资考察团一行 30 人赴天津、辽宁参访，台盟安排了以“与领导座谈、进企业参观”为主要内容的参访活动，使团员们感受到大陆的无限商机。

5 月 13 日至 18 日，台盟中央与台盟厦门市委共同举办“两岸等离子体科学与技术及应用”研讨会，这是台盟中央首次主办由两岸高级知识分子参加的高科技领域专门会议，台盟中央副主席吴国祯出席研讨会。会间，台盟安排了以“扩大视野、加强连接、深化认知”为目的的参访活动，通过以闽茶文化、海洋文化、客家文化为主的参访行程，促进了台胞对“闽台同源、两岸同根”的认同。

7 月 10 日至 18 日，台湾台中市原住民社会发展协会一行 24 人，赴陕西、山西两省进行参观考察。由于该协会政治上支持中国统一大业，情感上认同“中华民族”和“两岸同属中国人”，台盟精心安排了山西太原、陕西西安、延安一线的红色之旅，进一步深化了他们对祖国的了解，强化他们对祖国政治经济制度的认同。

10 月 11 日至 17 日，台南市医师公会理事长王正坤一行 25 人，赴广东省广州、肇庆、珠海等地参观访问，台盟安排了以医学专家、卫生院所、台籍医生为主的参访行程，帮助他们进一步了解祖国大陆医药卫生事业改革发展的现状，推动两岸医药界人士的合作交流。

2012 年国庆期间，全国政协副主席、台盟中央主席林文漪还在台盟中央机关礼堂分别会见了应邀前来参加国庆 63 周年系列活动的 51 名岛内及海外嘉宾，与大家畅叙乡谊乡情，同庆祖国华诞，并一一合影留念，让台胞备受感动。

（二）赴台交流工作

2012年，台盟中央组织了医疗卫生、农业、文化教育等不同领域的专业考察团组赴台交流，拓宽与岛内专业人士的交流渠道，形成了人员往来、专业对接、情感交融的互访交流机制。5月12日，受台南市医师公会邀请，台盟中央副主席陈蔚文率医疗卫生考察团赴台考察，参加“台南县、市医师公会合并庆祝大会”，并与岛内医界人士进行交流。作为台湾地区行政区划调整后第一个由原县、市医师公会成功合并的社会团体，台南医师公会的合并成立大会是岛内医界的一件大事。台盟中央组团参加大会，进一步巩固了与重点联络对象的交流交往，拓展了做好岛内中南部代表性人士和泛绿人士民心工作的渠道。在台期间，陈蔚文副主席一行还分别拜会了多家台盟中央传统联络社团以及数位台南市、新北市工商业者，围绕台商赴祖国大陆投资兴业、发挥台湾统派团体作用等议题进行深入座谈交流。8月底至9月初，台盟中央又组织农业考察团和文化教育考察团赴台考察，就建立两岸农业交流合作平台和台湾文化产业发展状况等两项议题进行考察调研，并形成调研报告，为台盟中央参政议政工作、对台工作提供了有益参考。同时，两个团组均拜会了台湾台中市原住民社会发展协会、中华基金会和台湾地区戒严时期政治事件处理协会等传统联系社团，进一步加深了彼此情谊，密切了相互合作。

（三）出访工作

2012年，台盟中央落实年度出访计划，密切与海外华侨华人社团联系，出访工作持续发展。海外和平统一促进会和华人华侨社团是遏制“台独”分裂活动、促进两岸交流交往的重要力量。经过多年的努力，台盟中央已经与欧洲、美洲等多国的和平统一促进会和海外台胞社团组织建立了良好的互动关系。

为巩固工作成果，2012年台盟中央继续组织赴法国、意大利、美国、加拿大等国家的参访考察团组，进一步加强与上述四国华人华侨社团的联系与友谊，在继续做好海外反“独”促统工作的同时，也提出了一些关于海外华侨华人社团发展的有针对性的意见建议。

6月13日至6月22日，台盟中央赴法国、意大利参访团在意大利和平统一促进会的介绍下考察了意大利普拉托华人华侨联谊会所属中文学校，了解海外华文教育发展情况。参访团了解到海外华文教育面临着“资金、师资、教材”三大难题。据此，参访团提出了加大对海外华文学校的支持力度、加大对华文师资的培训力度，和进一步完善华文教材体系建设的三项建议。

6月20日至6月29日，台盟中央赴美国、加拿大参访团在拜会加拿大中国统一促进会、全加华人联会等社团时听取了各位侨领对进一步推动两岸关系和平发展、促进祖国统一工作的意见建议。同时，参访团也深入了解到了海外华侨华人社团在发展中面临的一些困扰。如加拿大中国统一促进会创办的《环球华报》在加拿大有着广泛的影响力，但却面临着资金短缺的严峻问题。据此，该参访团提出了进一步发挥海外华侨华人为祖国发展建言献策的优势，以及开展关于海外爱国华侨华人社团发展的调研工作的两项建议。

（四）台情研究工作

台盟各级组织将对台交流作为丰富舆情信息来源、提升台情研究质量、促进台情研究成果转化的重要渠道，通过所联系的台胞获得岛内政情民意的第一手资料，为正确研判岛内民意走向、预测岛内政局变化提供了有益参考。2012 年 1 月，台盟中央针对台湾地区选举形势及对两岸交流的影响提出的工作建议，得到中央领导同志的批示。

四、社会服务

2012 年，台盟各级组织注重突出自身优势和特色，继续深耕海雀村等品牌项目，积极深化与河南焦作等地方政府的合作关系，扎实开展社会服务工作，为地方经济社会发展做出了积极的贡献。

（一）凝聚全盟力量投入“同心工程”，大力支持贵州毕节试验区发展建设

在参与“同心·智力支持工程”方面，“六·一”儿童节前夕，全国政协常委、台盟中央副主席黄志贤赴赫章看望了海雀小学师生代表，向他们赠送教学设备和学习用品。黄志贤勉励同学们勤奋学习，团结友爱，争做家中的好孩子，学校的好学生，社会的好公民，早日成为国家的栋梁之材。广大盟员也踊跃向赫章县海雀小学捐款，资助教师和贫困女童就学。台盟上海市委还举办夏令营，邀请海雀小学的部分师生到上海与台胞小朋友开展交流。

在参与“同心·示范带动工程”方面，在毕节试验区继续加大智力支边力度，支持当地农业产业不断发展，践行科技支农。上半年，邀请中国林科院的核桃专家继续到赫章县做技术指导，并为该县各乡镇和相关业务单位举办农技讲座，进一步增强当地群众通过种植核桃发家致富的信心。下半年，台盟上海市委又针对赫章县的土壤情况，联系盟员技术专家，开展大棚蔬菜种植交流合作和技术培训。

在参与“同心·改善民生工程”方面，台盟中央以及上海、浙江、天津等地的台盟组织，以对口帮扶点赫章县海雀村为主，捐款 15 万元，捐赠价值 3 万元的文体用品和价值 4 万元的港版图书，帮助当地改善教育和医疗卫生环境。

在参与“同心·助推发展工程”方面，4 月 13 日，台盟中央赴黔考察团捐赠仪式在贵阳市举行。全国人大常委、台盟中央常务副主席汪毅夫出席。仪式上，考察团成员、全国政协委员、万利达集团董事长吴惠天向修文县、锦屏县捐赠 200 台电脑，连捷地产集团总经理许清水向赫章县捐献 100 万元人民币用于旅游设施建设。汪毅夫表示，支持和帮助贵州实现跨越发展，与全国同步迈入小康，是包括台盟在内的各民主党派中央义不容辞的责任，台盟中央今后将继续支持和帮助贵州加快发展。14 日，汪毅夫出席在毕节市赫章县江南村举行的“同心”连捷旅游饭店奠基仪式。汪毅夫表示，台盟中央将进一步践行“同心”思想，积极参与支持毕节试验区建设，推动毕节试验区又好又快，更好更快发展。5 月 25 至 27 日，全国政协常委、台盟中央副主席黄志贤率台商和种植专家，

赴贵州省赫章县进行工作考察。考察期间，黄志贤一行参观了赫章县种草养羊草地生态畜牧业科技扶贫项目，了解畜牧业发展及农民专业合作社运行情况。在松林坡乡，考察团参观了蔬菜大棚种植技术，并对相关技术人员进行喷涂式农膜流滴、消雾等棚膜技术培训。在水塘乡，考察团参观了国家核桃良种基地，中国林科院核桃种植专家裴东现场对赫章县各乡镇技术主管和科研人员进行核桃无性繁殖技术培训。考察过程中，台湾正欣骏生物科技有限公司还与赫章县领导洽谈投资事宜，并达成初步投资意向。

（二）不断创新工作方法，以推动自主脱贫为目标，大力帮扶中西部贫困地区

2月19日，台盟中央在京举办台商座谈会，邀请安徽省蚌埠市有关负责同志与在京台商代表就招商项目、投资环境、投资政策等议题座谈交流。

五、自身建设

一年来，台盟各级组织通过开展主题鲜明、内容丰富、形式多样的活动，动员和引导广大盟员深入学习贯彻中国特色社会主义理论体系和社会主义核心价值体系，强化了全体盟员对我国多党合作政治协商这一基本政治制度的认识，鼓舞了广大盟员的干劲，进一步提高了全体盟员的政治素质和履职能力。

（一）思想建设

台盟各级组织继续深入开展学习践行社会主义核心价值体系活动，坚持同心引领，围绕坚持中国共产党的领导、坚定走中国特色社会主义政治发展道路这一主题，不断深化政治交接学习教育活动、深化中国特色社会主义主题学习教育活动，牢固树立中国特色社会主义共同理想，矢志不渝地坚持我国社会主义政治制度和经济制度，大力弘扬多党合作的优良传统，进一步巩固台盟与中国共产党亲密合作、共同团结奋斗的思想政治基础。

围绕重大历史事件、重要纪念日和重要活动开展宣传思想工作是台盟的光荣传统。今年以来，台盟中央主办和参与主办了纪念台湾人民“二·二八”起义65周年学术研讨会、纪念台湾光复67周年座谈会、纪念张我军先生诞辰110周年座谈会等纪念活动，组织盟员和机关干部座谈、参观、学习，进行盟史、盟章教育，传承弘扬台盟老一辈爱国爱乡的光荣传统，进一步增强台盟组织的凝聚力。

台盟各级组织和广大盟员高度重视对中共十八大精神的学习，通过组织专题研讨、辅导报告、座谈交流等内容丰富、形式多样的学习活动，进一步加深对中共十八大精神的认识和理解，把学习贯彻中共十八大精神不断引向深入。

2012年是台盟成立65周年，台盟中央通过召开纪念台盟成立65周年座谈会，并制作宣传品，重印台盟早期出版物《新台湾丛刊》，编辑《台盟一至八大专刊》，回顾台盟与中国共产党亲密合作、同心奋斗的光荣传统，展望美好的发展未来，进一步增强全盟的凝聚力。

（二）组织建设

2012 年，台盟省级组织在换届领导小组的指导下，严格按照有关文件的精神，坚持以政治交接为主线，认真贯彻民主集中制原则，营造风清气正的换届环境，保证了换届工作的顺利进行。截至 2012 年 9 月，全盟省级组织已完成换届工作，一批年富力强的同志进入领导班子，台盟地方组织更具生机和活力。

截至 2012 年 12 月底，共有地方组织 38 个。其中包括省级组织 13 个，省辖市级组织 25 个，基层组织 112 个，其中基层委员会 5 个，总支 4 个，支部 94 个。全年新加入成员 140 人。成员总数 2733 人，其中女成员 1359 人。平均年龄 50 岁。离退休 850 人。

成员中高校 222 人，百分比 8.1%；普教 255 人，百分比 9.3%；科技界 173 人，百分比 6.3%；文化艺术 51 人，百分比 1.9%；公有制经济 589 人，百分比 21.6%；新社会阶层 425 人，百分比 15.5%；私营企业主 91 人，百分比 3.3%；医药卫生 313 人，百分比 11.5%；机关团体及其他 673 人，百分比 24.6%。

担任各级人大代表的共有 101 人，其中全国人大代表、常委、专职副秘书长及专委会主任副主任 15 人，省级人大代表、常委、副主任、专职副秘书长及专委会主任副主任 31 人，市地级人大代表、常委、副主任 36 人，县市区级人大代表、常委、副主任 19 人。

担任各级政协委员共有 501 人，其中全国政协委员、常委、副主席、专职副秘书长及专委会主任副主任 31 人，省级政协委员、常委、副主席、专职副秘书长及专委会主任副主任 115 人，市地级政协委员、常委、副主席 212 人，县市区级政协委员常委、副主席 143 人。

担任中央机关厅局级 9 人。担任省级司法机关领导职务 2 人。

成员中有大本以上学历的占 62.1 %；有中、高级职称的占 45.9%。

（三）专委会工作积极开展

一年来，台盟中央各专门委员会发挥各自特点和优势，开展了卓有成效的工作。参政议政工作委员会在沟通协调各级地方组织，推动全盟参政议政工作形成合力等方面发挥了重要的指导作用；妇女工作委员会紧扣女性特点，组织了一系列独具特色的研讨交流活动，密切了两岸女同胞间的亲密感情；两岸关系研究委员会与涉台政策策略咨询委员会密切结合岛内形势，开展台情研究，为相关部门提供了许多有价值的信息和对策建议。其他专委会也都积极开展相关的研究与交流活动，对台盟各项工作的开展发挥了重要的推动作用。

（四）机关建设稳步推进

台盟各级组织大力加强学习型和服务型机关建设。一方面，通过研讨、交流、自学等形式，进一步形成良好的机关学习氛围和风气。另一方面，加强制度建设，推动目标管理，进一步实现机关各项工作的规范化和程序化，提高了工作效率。此外，按照中共中央统战部的统一部署，台盟中央机关继续选派干部赴贵州省毕节地区赫章县挂职，进一步拓宽了机关干部实践锻炼的途径。

郭　婷　台盟中央研究室干部

政党人物

中国国民党革命委员会中央委员会新任主席、副主席（含届中调整）

万鄂湘，男，汉族，1956年5月生，湖北公安人。1990年10月加入民革。1974年3月参加工作，武汉大学法律系国际法专业毕业，研究生学历，博士，教授。现任民革中央主席，全国人大常委会副委员长。

1974年3月—1977年3月，湖北省公安县达河乡联华村知青。1977年3月—1980年1月，武汉大学外语系英语专业大学普通班毕业。1980年1月—1981年9月，任武汉大学外语系教师。1981年9月—1988年12月，武汉大学法律系国际法专业硕士研究生、博士研究生毕业，分获硕士、博士学位（期间：1986年8月—1988年3月，美国耶鲁大学法学院研究生学习）。1988年12月—1991年1月，任武汉大学国际法系副主任、副教授。1991年1月—1992年1月，德国海德堡马普法学研究所访问学者。1992年1月—1993年7月，任武汉大学法学院国际法研究所副所长、教授。1993年7月—1997年1月，任武汉大学法学院国际法研究所所长、教授。1997年1月—1999年12月，任武汉市中级人民法院副院长。1999年12月—2000年4月，任湖北省高级人民法院副院长。2000年4月—2013年3月，任最高人民法院副院长、审判委员会委员、大法官。2012年12月起，任民革中央主席。

民革第八届中央候补委员，第九届中央常委，第十届中央副主席，第十一届中央副主席、常务副主席；民革湖北省第七届委员会常委，第八届副主委。第十二届全国人大副委员长，湖北省第九届人大代表；武汉市第九届、十届人大代表。第九届全国政协委员，第十届、十一届全国政协常委。

齐续春，男，满族,1946年2月生，北京市人。1995年1月加入民革，1969年9月参加工作，北京大学数学力学系计算数学专业毕业，大学学历。现任民革中央常务副主席、全国政协副主席。

1964年9月—1969年7月，北京大学数学力学系计算数学专业本科毕业。1969年7月—1970年3月，北京大学待分配。1970年3月—1971年10月，河北省承德县下院公社知青，承德县广播站技师。1971年10月—1987年6月，任河北省承德县一中教师、物理教研组组长。1987年6月—1990年6月，任河北省承德县人民政府副县长。1990年6月—1991年4月，任河北省承德市政协副主席。1991年4月—1996年8月，任承德市人民政府副市长。1996年8月—2000年6月，任河北省教委副主任（期间：1998年1月—2000年6月兼任河北省政协副主席）。2000年6月—2007年10月，任全国政协专职副秘书长（期间：2004年12月起任民革第十届中央副主席）。2007年10月—2007年12月，任民革中央副主席。2007年12月—2008年11月，任民革中央专职副主席兼秘书长。2008年11月—2012年12月，任民革中央专职副主席。2012年12月起，任民革中央常务副主席。

民革第九届中央常委，第十届中央常委、副主席，第十一届中央副主席；民革河北省第七届委员会副主委、八届主委；民革承德市委员会主委。第十一届全国人大常委会委员。第八届全国政协委员，第九届、十届全国政协常委；河北省第六届政协委员，第七届政协常委、副主席，第八届政协副主席；承德县第一届、二届、三届政协副主席。

田惠光，女，汉族，1950年7月生，山东文登人，1997年8月加入民革，1968年6月参加工作，芬兰库奥皮奥大学公共卫生系公共卫生专业毕业，研究生学历，博士，主任医师。现任民革中央副主席、监督委员会副主任，民革天津市委员会主任委员，全国政协常务委员，天津市政协副主席，天津市卫生局副局长，天津市社会主义学院院长。

1968年6月—1973年9月，吉林省金宝屯农场知青。1973年9月—1976年9月，天津轻工业学院食品工程系大学普通班毕业。1976年9月—1988年4月，天津市食品卫生监督检验所技师、主管技师。1988年4月—1989年10月，菲律宾大学研究生院食品与营养学专业硕士研究生毕业，获硕士学位。1989年10月—1993年6月，天津市食品卫生监督检验所副主任医师。1992年3月—1995年1月，芬兰库奥皮奥大学公共卫生系公共卫生专业博士研究生毕业，获博士学位。1995年1月—1997年9月，天津市食品卫生监督检验所营养科主任、副主任医师、主任医师。1997年9月至1998年10月，天津市食品卫生监督检验所副所长。1998年10月—1999年6月，天津市卫生防病中心副主任，天津市食品卫生监督所所长。1999年6月—2001年8月，天津市卫生局公共卫生监督所所长。2001年8月—今，天津市卫生局副局长。

民革第十届中央委员，第十一届中央常委、副主席，十二届中央副主席；民革天津市第八届委员会常委、副主委，第九届副主委，第十届、十一届主委。第十届、十一届全国政协委员；天津市第十届政协常委，第十二届、十三届政协副主席。

郑建邦，男，汉族，1957年1月生，湖南石门人，1986年4月加入民革，1976年8月参加工作，东北师范大学政治教育系政治经济学专业毕业，大学学历，学士。现任民革中央专职副主席，全国政协常务委员、港澳台侨委员会委员。

1976年8月—1978年8月，辽宁省阜新县建设公社知青。1978年8月—1982年

8月，东北师范大学政治教育系政治经济学专业本科毕业，获学士学位。1982年8月—1982年10月，待分配。1982年10月—1985年2月，北京建筑工程学院马列主义教研室教师。1985年2月—2010年12月，民革中央宣传部主任科员、副处长，联络部副处长、处长、副部长、部长（期间：1999年10月—2000年10月北京市崇文区人民政府挂职任区长助理）。2010年12月—2012年7月，民革中央专职副主席兼联络部部长。2012年7月至今，民革中央专职副主席。

民革第九届中央委员，第十届中央常委，第十一届中央常委、副主席，十二届中央副主席；民革北京市第九届委员会候补委员，第十届、十一届委员，第十二届副主委。第九届、十届全国人大代表。第十一届全国政协常委。

邓力平，男，汉族，1954年11月生，福建沙县人。2010年12月加入民革，1974年3月参加工作，加拿大达尔豪西大学经济系毕业，研究生学历，博士，教授。现任民革中央副主席，民革福建省委员会主任委员，全国人大常委会委员，福建省人大常委会副主任，厦门国家会计学院院长、博士生导师。

1974年3月—1976年6月，厦门市灌口公社田头大队知青。1976年6月—1978年10月，厦门外贸土畜产公司工人。1978年10月—1984年7月，厦门大学外贸系本科、硕士研究生毕业，分获学士、硕士学位。1984年7月—1986年9月，任厦门大学外贸系助教、讲师。1986年9月—1989年9月，任加拿大达尔豪西大学博士资格候选人、讲师。1989年9月—1990年9月，任加拿大圣玛丽大学讲师。1990年9月—1993年9月，任加拿大奥尔克玛大学经济系讲师。1993年9月—1994年6月，加拿大达尔豪西大学经济系博士研究生毕业，获博士学位。1994年6月—1996年4月，任加拿大蒙克顿大学经济系访问教授。1996年4月—2000年6月，任厦门大学国际贸易系教授、博导、系主任（期间：1999年7月—2001年7月，兼任厦门大学经济学院副院长）。2000年4月—2003年9月，任厦门大学校长助理、副校长（2000年8月—2001年7月兼任厦门大学网络教育学院院长）。2003年9月至今，任厦门国家会计学院院长、博导。

民革福建省第十二届委员会主任委员。第九届、十届、十一届全国人大代表；福建省第十二届人大副主任。福建省第十届政协副主席。

刘家强，男，汉族，1962年5月生，四川新都人。1988年12月加入民革，1978年1月参加工作，西南财经大学人口学专业毕业，研究生学历，博士，教授。现任民革中央副主席，民革四川省委员会主任委员，全国政协常务委员，四川省人大常委会副主任。

1978年1月—1980年9月，四川省新都县三河乡知青。1980年9月—1984年7月，西南财经大学政治经济学系本科毕业，获学士学位。1984年9月—1987年7月，西南财经大学人口学专业硕士研究生毕业，获硕士学位。1987年7月—2002年6月，任西南财

经大学人口研究所讲师、副教授、教授，副所长、所长、博导（期间：1992 年 9 月—1995 年 6 月，西南财经大学人口学专业博士研究生毕业，获博士学位）。2002 年 6 月—2009 年 4 月，任四川省劳动和社会保障厅副厅长（期间：2002 年 5 月—11 月，武汉市洪山区人民政府挂职任区长助理；2006 年 5 月—2007 年 7 月，中国长江三峡工程开发总公司总经理工作部挂职任副主任）。2009 年 4 月—2011 年 9 月，任成都市人民政府副市长。2011 年 9 月起，任四川省人口和计划生育委员会主任。

民革第十届、十一届中央委员；民革四川省第七届委员会常委，第八届常委、副主委，第九届、十届副主委，第十一届主委；民革成都市第七届委员会委员，第八届常委。四川省第十二届人大副主任；成都市第十届人大代表。第十一届全国政协委员；四川省第八届政协委员，第九届、十届政协常委。

中国民主同盟中央委员会新任主席、副主席
（含届中调整）

张宝文，男，汉族，1946 年 11 月生，陕西省兴平市人。1986 年 12 月加入民盟。1968 年 12 月西安外语学院毕业。现任民盟中央主席、教授、博士生导师，全国人大常委会副委员长。

1968年12月，西安外语学院毕业。1968年12月—1974年3月，先后在陕西省西骆峪水库、解放军 21 军农场、铜川市歌舞剧团等地劳动锻炼和工作。1974 年 3 月—1998 年 8 月，在西北农业大学工作，历任校长办公室副主任、校长助理、副校长、校长等职（期间：1984 年 3 月—1986 年 5 月，美国明尼苏达大学学习农业教育管理）。1997 年 12 月—2000 年 3 月，任民盟中央副主席兼秘书长。2000 年 3 月—2008 年 8 月，任农业部副部长，兼任中国农学会会长、中央农业广播电视学校校长、国际水稻研究所（IRRI）理事等。2007 年 12 月—2012 年 12 月，任民盟中央常务副主席。2012 年 12 月起，任民盟中央主席。

第九届全国政协常委兼副秘书长、第十届全国政协常委、第十一届全国政协常委兼副秘书长；民盟第七届中央委员，第八、九届中央副主席、第十届中央常务副主席，陕西省委第七、八届副主委。

陈晓光，男，汉族，1955 年 5 月生，吉林省梨树县人。1992 年 2 月加入民盟。1989 年 3 月在吉林工业大学获博士学位。现任民盟中央常务副主席、教授、博士生导师，全国政协副主席。

1970 年 3 月—1978 年 8 月，在吉林省梨树县鹿场工作。1978 年 9 月—1985 年 6 月，在吉林工业大学学习，先后获学士、硕士学位。1985 年 6 月—1986 年 3 月，在长春汽车工业高等专科学校任教。1986 年 3 月—1989 年 3 月，在吉林工业大学学习，获工学博士学位。1989 年 3 月—1997 年 11 月，留校任教，历任副教授、教授、博士生导师、系副主任、系主任、副院长、院长等职。1997 年 11 月—2002 年 3 月，任长春市人民政府副市长。2002 年 3 月—2003 年 1 月，任吉林省人民政府副秘书长。2003 年 1 月—2011 年 4 月，任吉林省人民政府副省长。2011 年 4 月—2012 年 12 月，任民盟中央专职副主席。2012 年 12 月起，任民盟中央常务副主席。

第九、十届全国政协委员，第十一届全国人大代表，吉林省第十、十一届人大代表；民盟第八届中央委员、第九届中央常委、第十届中央副主席，民盟吉林省委第十届副主委、第十一、十二届主委。

郑惠强，男，汉族，1953年2月生，广东省潮阳人。1990年5月加入民盟。1998年9月在同济大学获博士学位。现任同济大学副校长、教授、博士生导师，全国政协常委，上海市人大常委会副主任，民盟中央副主席、上海市委主委，中国工程机械学会理事长，中国科学技术协会全国委员会委员，上海市楼宇科技研究会理事长，上海市统战理论研究会副会长。

1970年3月—1973年9月，安徽省淮北凤台县当知青。1973年9月—1977年1月，同济大学工程机械专业学习。1977年1月—2003年4月，同济大学工作，历任助教、讲师、副教授、教授、博士生导师、研究生院培养处处长、研究生院副院长等职（期间：1985年3月—1986年3月，德国达姆斯塔特工业大学做访问学者；1994年9月—1998年9月，本校机械设计及理论专业在职学习，获博士学位）。2003年4月—2006年6月，任上海应用技术学院副院长。2006年6月—2007年12月，任上海市信息化委员会副主任。2007年12月至今，任同济大学副校长。

第十届全国人大代表，上海市人大第十三届副主任；第十一届全国政协常委；民盟第九届中央常委、第十届中央常委、副主席，民盟上海市委第十三届主委。

田刚，男，汉族，1958年11月生，江苏省南京市人。2010年2月加入民盟。1988年6月在美国哈佛大学获博士学位。现任北京大学校务委员会副主任、数学科学学院院长、教授、博士生导师、北京国际数学研究中心主任，教育部“长江学者奖励计划”特聘教授，“千人计划”国家特聘专家，中国科学院院士，全国政协常委，民盟中央副主席。

1978年2月—1982年1月，南京大学学习，获学士学位。1982年2月—1984年8月，在京大学学习，获硕士学位。1984年9月至今，北京大学工作，历任数学科学学院副教授、教授、博士生导师、北京国际数学研究中心主任、校务委员会副主任、数学科学学院院长等职（期间：1984年9月—1988年6月，美国加州大学圣地亚哥分校、哈佛大学学习，获博士学位）。

第十届全国政协委员，第十一届全国政协常委。

龙庄伟，男，苗族，1956年1月生，湖北省恩施市人。1994年3月加入民盟。1986年6月在河北师范学院获硕士学位。现任民盟中央副主席、教授，全国人大常委、农业与农村委员会副主任，中国音韵学会常务理事。

1971年2月—1974年8月，湖北省恩施县沐抚区东方红公社任民办教师。1974年9月—

1976年8月，湖北省恩施县师范学校学习。1976年9月—1978年9月，恩施县城关镇东方红中学任教师。1978年10月—1981年8月，恩施师范专科学校中文系学习。1981年9月—1983年8月，恩施市教育局任干部。1983年9月—1986年6月，河北师范学院中文系学习，获硕士学位。1986年7月—1998年3月，河北师范学院（现河北师范大学）工作，历任助教、讲师、中文系副主任、主任、教授、院长助理等职。1998年3月—2003年1月，任石家庄市人民政府副市长（期间：1999年5月—11月，文化部市场司挂职任副司长）。2003年1月—2013年1月，任河北省人民政府副省长。2012年12月起，任民盟中央副主席。

第九、十届全国人大代表，第十一届全国政协委员，河北省第十、十一届人大代表，河北省政协第七届常委；民盟第八届中央委员、第九、十届中央常委，民盟河北省委会第六、七届副主委、第八、九、十届主委。

葛剑平，男，汉族，1962年6月生，甘肃省民乐县人。1993年4月加入民盟。1993年8月在东北林业大学获博士学位。现任北京师范大学副校长、教授、博士生导师，全国政协常委、人口资源环境委员会委员，北京市政协副主席，民盟中央副主席、北京市委主委。

1980年9月—1984年7月，新疆农业大学数学生态学专业学习，获学士学位。1984年9月—1987年7月，北林业大学生态学专业学习，获硕士学位。1987年7月—1999年11月，东北林业大学任教，历任讲师、副教授、教授、博士生导师、教研室主任、研究所所长等职（期间：1991年9月—1993年8月，东北林业大学生态学专业学习，获博士学位）。1999年11月至今，北京师范大学工作，历任科学技术处处长、生命科学学院院长、副校长等职。

第十一届全国政协常委，北京市政协十一届副主席，北京市第十二届人大代表；民盟第九届中央委员、第十届中央常委，北京市委第九届副主委、第十届主委。

倪慧芳，女，汉族，1953年8月生，云南省昆明市人。1989年8月加入民盟。1988年7月在北京大学获研究生学历。现任云南省人民检察院副检察长、教授、二级大检察官，全国政协常委、云南省政协副主席，民盟中央副主席、云南省委主委。

1969年2月—1971年10月，德宏州瑞丽县当知青。1971年10月—1979年7月，任昆明钢铁公司钢铁车间化验室化验员。1979年9月—1983年7月，云南大学学习，获学士学位。1983年8月—1985年10月，云南省委党校任教。1985年10月—2005年5月，云南大学工作，历任讲师、副教授、教授、副校长等职（期间：1986 年 9 月—1988 年 7 月，在北京大学学习，获研究生学历）。2005 年 5 月至今，任云南省人民检察院副检察长。

第十一届全国政协委员，云南省政协第八届常委、第十届副主席，云南省第十届人大常委；民盟第九届中央委员、第十届中央常委，民盟云南省委会第九、十、十一届副主委、第十二届主委。

王光谦，男，汉族，1962 年 4 月生，河南省南阳市人。1994 年 4 月加入民盟。1989 年 12 月在清华大学获博士学位。现任青海大学校长，清华大学水利水电工程系研究员、博士生导师、水沙科学与水电工程国家重点实验室主任，全国政协常委、人口资源环境委员会委员，民盟中央副主席、北京市委副主委，中国科学院院士，教育部“长江学者奖励计划”特聘教授，国家自然科学基金委员会工程与材料科学部主任。

1978 年 9 月—1982 年 7 月，武汉水利电力学院河流泥沙工程系学习，获学士学位。1982 年 9 月—1989 年 12 月，清华大学水利水电工程系学习，先后获硕士、博士学位。1989 年 12 月—1992 年 6 月，中国科学院力学研究所博士后流动站工作。1992 年 6 月至今，清华大学水利水电工程系工作，历任副研究员、研究员、博士生导师、国家重点实验室主任等职。2011 年 8 月—2013 年 1 月，任北京市水务局副局长（挂职）。2013 年 7 月，任青海大学校长。

第九届全国政协委员，第十、十一届全国政协常委；民盟第八、九届中央委员、第十届中央常委，民盟北京市委会第十届副主委。

中国民主建国会中央委员会新任副主席
（含届中调整）

吴晓青，男，1956 年 3 月生，满族，辽宁凤城人，大学本科毕业，学士学位，工程师。1995 年 3 月加入民建。现任环境保护部副部长，民建中央副主席、人口资源环境委员会委员，全国政协委员、人口资源环境委员会委员。

1974 年 9 月—1976 年 8 月，十四冶技工学校学习；1978 年 2 月—1982 年 2 月，云南大学物理系物理专业学习，获学士学位。

1973 年 8 月—1974 年 8 月，云南省个旧市安宁县知青；1976 年 8 月—1978 年 7 月，十四冶运输队工人；1982 年 3 月—1984 年 3 月，昆明钢铁公司钢铁研究所工作；1984 年 3 月—1986 年 7 月，昆明工学院建工系任教；1986 年 7 月—1998 年 11 月，云南省科委历任科技开发中心副主任、产业处处长、主任助理、科委副主任；1998 年 11 月—2003 年 1 月，云南省环境保护局局长；2003 年 1 月—2005 年 10 月，云南省人民政府副省长；2005 年 10 月—2008 年 3 月，国家环保总局副局长；2008 年 3 月至今，环境保护部副部长。2010 年 12 月—今，任民建中央副主席。

民建第八、九届中央常委，第九届中央副主席，第五届云南省委副主委，第六届云南省委主委；第九、十届全国政协委员。

王永庆，男，1954 年 6 月生，汉族，吉林省吉林市人，硕士研究生毕业，硕士学位，高级审计师、注册会计师。1991 年 3 月加入民建。现任国务院国有资产监督管理委员会监事会办事处主任，民建中央副主席，民建北京市委会主委，全国政协常委、北京市政协副主席，监察部特邀监督员。

1978 年 9 月—1982 年 9 月，吉林财贸学院（现长春税务学院）会计专业学习，获经济学学士学位；1982 年 9 月—1985 年 9 月，辽宁财经学院（现东北财经大学）会计专业学习，获经济学硕士学位。

1970 年 12 月—1978 年 9 月，吉林省机械厂工人；1985 年 9 月—1986 年 10 月，财

政部主任科员；1986年9月—1998年4月，国家审计署历任副处长、处长、副司长；1998年4月—2000年3月，国务院稽察特派员总署办事处负责人；2000年3月—2003年3月，中央企业工作委员会办事处主任；2003年3月至今，国务院国有资产监督管理委员会监事会办事处主任。

2010年12月至今，任民建中央副主席；2007年5月至今，任民建北京市委主委。

郝明金，男，1956年12月生，汉族，山东嘉祥人，博士研究生毕业，博士学位，教授。2004年2月加入民建。现任监察部副部长，民建中央副主席、监督委员会副主任，全国政协委员、社会和法制委员会委员。

1978年9月—1982年7月，山东师范大学历史系学习，获学士学位；1982年9月—1985年7月，东北师范大学历史系学习，获硕士学位；2001年9月—2004年6月，中国政法大学行政诉讼法专业学习，获博士学位；1989年1月—1990年6月，美国路易斯安纳州格兰布林大学作访问学者。

1971年12月—1978年10月，菏泽地区、梁山县邮电局工作；1985年7月—1996年12月，山东大学法学院（系）历任法律系副主任、法学院副院长兼民商法系副主任，先后被聘为讲师、副教授，1998年被评定为教授；1996年12月—2007年12月，山东省高级人民法院副院长，2003年12月晋为正厅级；2007年12月至今，任监察部副部长。2012年12月起，任民建中央副主席。

民建第八届中央委员，第九届中央常委，第七届山东省委会主委；第九、十届全国政协委员。

担任副院长期间，先后分管行政审判、国家赔偿、民商事审判工作，行政审判工作多年保持在全国法院的领先位置；民事审判工作创造了便民诉讼网络、法庭文化建设、法官进社区等经验，制定下发了《关于规范民事诉讼调解工作的意见》；向最高人民法院提出扩大山东省涉外案件管辖法院范围的建议，得到最高人民法院的批复并在全国法院推广；较早提出“商事审判”的工作思路，促进了全省法院商事审判工作的开展。

担任监察部副部长期间，分管执法监察室、第一纪检监察室，兼任中国行政监察学会会长。几年来，参与调查处理了一批煤矿、铁路、公路、航空、输油管道、火灾等特别重大事故，查处纠正发生在土地、环保、城建、规划等领域的违纪违法行为。促进国有企业反腐倡廉建设，开展工程建设领域突出问题专项治理。

出版专著2部，著作7部，发表学术论文30多篇。《国家人权法》一书获1994年山东省高校社会科学一等奖。

履行政协委员职责中，提出的《法院、检察院不宜纳入政府部门行风评比》、《精神损害赔偿应纳入国家赔偿范围》、《建立“三合一”知识产权审判新模式》等提案。

中国民主促进会中央委员会新任副主席

姚爱兴，男，汉族，1962 年 1 月生，宁夏中卫人，1996 年 5 月入会，研究生，博士，教授。现任宁夏回族自治区政府副主席，民进中央副主席、宁夏区委会主委，全国政协常委，宁夏人大代表，宁夏红十字会会长。

1984 年毕业于宁夏农学院畜牧兽医系畜牧专业。1984 年—1986 年，宁夏农学院畜牧兽医系任助教。1986 年—1989 年，南京农业大学畜牧系饲料科学专业硕士研究生。1989 年—1993 年，宁夏农学院畜牧兽医系讲师。1993 年—1995 年，北京农业大学动物科技学院草业科学专业博士研究生。1995 年—2001 年，宁夏农学院动物科学系副教授、教授、系副主任，教务处长，草业研究所所长。2001 年—2003 年，任宁夏科技厅副厅长。2002 年—2003 年，任民进中央委员、宁夏区委会副主委（2002 年 5 月—11 月，国家科技部挂职，任农村与社会发展司副司长）。2003 年—2007 年，任民进中央委员、宁夏区委会副主委，银川市副市长（2006 年 5 月—2007 年 6 月，国务院南水北调中线水源公司挂职，任副总经理）。2007 年—2008 年，任民进中央常委、宁夏区委会主委（驻会），银川市副市长。2008 年至今，任民进中央常委、宁夏区委会主委，宁夏回族自治区政府副主席，宁夏红十字会会长。2012 年起，任民进中央副主席。

卫小春，男，汉族，1959 年 12 月生，山西曲沃人，1999 年 12 月加入中国民主促进会，研究生学历，医学博士，教授、主任医师、博士生导师。民进中央副主席、监督委员会副主任，山西省委主委，全国政协常委，山西省政协副主席，山西省卫生厅厅长，山西欧美同学会 • 山西留学人员联谊会会长，山西医科大学第二医院院长，中华医学会山西骨科分会主任委员。

1976 年—1978 年，山西省曲沃县西常村插队知青。1978 年 1 月—1982 年 12 月，南京铁道医学院医疗系学习，获学士学位。1982 年—1985 年，南京铁道医学院外科住院医师。1985 年—1988 年，山西医学院骨科研究生，获硕士学位。1988 年—1993 年，山西医学院第二附属医院主治医师。1994 年—1998 年，瑞典林雪平大学学习，获博士学位，并赴瑞士苏黎世大学进行博士后研究。1999 年—2001 年，任山西医科大学第二医院骨科副主任、主任，副院长。2002年，任民进山西省委副主委。2004年—2010年，任山西省科协副主席。2006年，中华医学会骨科学会常务委员。2007年起，任民进山西省委会主委。2008年，任山西省政协副主席。2009年起，任山西欧美同学会•山西留学人员联谊会会长。2010年11月—2011年1月，中央党校省部级干部进修班学习。2011年起，任山西医科大学第二医院院长。2012年12月起，任民进中央副主席、监督委员会副主任。

第十届全国人大代表，第十一届全国政协委员。

张雨东，男，汉族，1964年4月生，福建闽侯人，1993年10月入会(2003年7月加入中国共产党)，工学博士，研究员、博士生导师。现任四川省政协副主席，民进中央副主席、四川省委会主委，中国科学院成都分院院长，中国科学院光电技术研究所所长，第十二届全国人大代表。

1980年—1984年，浙江大学光仪系学习，获学士学位。1984年—1987年，中国科学院光电技术研究所学习，获理学硕士学位。1987年—1991年，中国科学院上海光学精密机械研究所学习，获工学博士学位。1991年—1998年，中国科学院福建物质结构研究所工作，历任助理研究员，副研究员、研究员。1998年—1999年，任中国科学院光电技术研究所第八研究室副主任。1999年—2003年，任中国科学院光电技术研究所副所长。2003年至今，任中国科学院光电技术研究所所长。2011年至今，任中国科学院成都分院院长。2001年，任民进四川省委会副主委，2002年，任民进中央委员，2007年起，任民进中央常委、四川省委会主委。2008年起，任四川省政协副主席，第十一届、十二届全国人大代表。2012年12月起，任民进中央副主席。

中国农工民主党中央委员会新任主席、副主席

陈竺，男，汉族，1953 年 8 月出生，江苏镇江人。研究生学历，科学博士学位，教授，研究员。2012 年 9 月加入农工党。现任全国人大常委会副委员长农工党中央主席，中华医学会会长，上海交通大学医学院附属瑞金医院终身教授，中国科学院院士。

1970 年 4 月—1975 年 8 月，江西省信丰县、横峰县插队知青。1975 年 8 月—1977 年 7 月，江西省上饶地区卫生学校医士专业学习。1977 年 8 月—1978 年 8 月，江西省上饶地区卫生学校教员。1978 年 9 月—1981 年 9 月，上海第二医学院医疗系血液病学专业学习，获硕士学位。1981 年 9 月—1984 年 9 月，任上海第二医学院附属瑞金医院内科住院医师。1984 年 10 月—1985 年 9 月，为法国巴黎第七大学附属圣·路易医院外籍住院医师。1985 年 10 月—1989 年 6 月，法国巴黎第七大学肿瘤发病基础专业学习，获科学博士学位，并从事短期博士后研究。1989 年 7 月—1993 年 8 月，历任上海第二医科大学附属瑞金医院内科主治医师，上海血液学研究所分子生物学实验室主任、研究员。1993 年 8 月—1995 年 10 月，任上海第二医科大学附属瑞金医院上海血液学研究所副所长（1995 年当选中国科学院院士）。1995 年 10 月—2007 年 6 月，任上海第二医科大学附属瑞金医院上海血液学研究所所长（2000 年当选第三世界科学院院士）。1998 年 5 月起，任国家人类基因组南方研究中心主任。2000 年 12 月—2007 年 6 月，任中国科学院副院长（2003 年当选国际科学院协作组织主席、美国科学院外籍院士，2005 年当选法国科学院外籍院士）。2005 年起，兼任上海交通大学系统生物医学研究院院长。2007 年 6 月起，任卫生部部长。2010 年 4 月起，任中华医学会会长。2012 年 10 月—2012 年 12 月，任农工党十四届中央副主席。2012 年 12 月，当选农工党十五届中央主席。

第十届、十一届全国政协委员。

刘晓峰，男，汉族，1947 年 1 月出生，四川成都人。大学学历，高级工程师。1995 年 4 月加入农工党。现任全国政协副主席，农工党中央常务副主席、农工党中央监督委员会主任。

1965 年 9 月—1970 年 8 月，重庆交通大学水港系水道与港口的水工建筑专业学习。1970 年 8 月—1972 年 12 月，任江西九江港务局冷轧工。1972 年 12 月—1978 年 2 月，任成都 420 厂钳工、技术员。1978 年 3 月—1979 年 4 月，北京钢铁学院金属物理专业进修。1979 年 4 月—1984 年 12 月，任成都 420 厂助理工程师、工程师，高温强度室主任，情报室援助巴基斯坦技术翻译。1984 年 12 月—1994 年 11 月，历任四川省交通厅航务管理局工程师、科长、高级工程师、副局长（期间：1991 年 3 月—1992 年 2 月，挂职任

四川省沐川县交通局副局长）。1994年11月—2003年1月，任四川省交通厅副厅长。2003年1月—2008年1月，任四川省人民政府副省长。1996年1月—2002年4月，任农工党四川省委会副主委。2002年4月—2011年5月，任农工党四川省委会主委。2007年12月—2012年12月，任农工党第十四届中央副主席。2008年3月起，任十一届全国政协常委、副秘书长（兼职）。2012年12月起，任农工党十五届中央常务副主席、农工党十五届中央监督委员会主任（按部长级待遇）。

第九、十届全国人大代表。第十一届全国政协常委、副秘书长。

朱静芝，女，汉族，1955年8月出生，陕西武功人。在职研究生学历，高级农艺师。2004年11月加入农工党。现任农工党中央副主席、陕西省委会主委，全国人大常委，陕西省人大常委会副主任。

1978年9月—1982年7月，在西北农学院农学专业学习，获农学学士学位。1982年7月—1991年6月，汉中地区农技中心、农技站工作，任农技中心副主任、农技站站长。1991年7月—1996年6月，汉中地区农牧局工作，任副局长。1996年7月—2003年1月，汉中市人民政府工作，任副市长、市工商联主席、残联主席（期间：1998年9月—2000年12月，在西北农林科技大学农业经济管理专业研究生班学习）。2003年1月，任陕西省人民政府副省长。2005年3月起，任农工党陕西省委会主委。2012年12月，当选农工党中央副主席。

第十、十一届全国政协委员。

蔡威，男，1959年11月出生，汉族，浙江萧山人。研究生学历、医学博士学位，教授，主任医师。1999年7月加入农工党。现任农工党中央副主席、上海市委会主委，全国政协常委会，教科文卫体委员会副主任，上海市政协副主席，上海交通大学副校长，上海市儿科医学研究所所长。

1978年9月—1983年8月，上海第二医学院本科生。1983年8月—1990年9月，任上海第二医科大学新华医院小儿外科住院医师。1986年9月—1989年6月，上海第二医科大学小儿外科系硕士研究生。1990年9月起，历任上海第二医科大学新华医院主治医师、副主任医师、主任医师、教授，上海第二医科大学附属新华医院副院长。1997年7月至今，任上海市儿科医学研究所所长。2001年2月—2003年3月，任上海第二医科大学教务处处长、博士生导师。2003年4月—2005年7月，任上海第二医科大学副校长。2005年7月—2005年12月，任上海交通大学医学院副院长。2005年12月—2007年9月，任上海市卫生局副局长。2006年—2007年4月，任农工党上海市委会副主委。

2007 年 4 月起，任农工党上海市委会主委。2007 年 12 月起，任上海市交通大学副校长。2008 年 1 月起，任政协上海市十一届副主席。2012 年 12 月，当选农工党中央副主席。

第十届全国政协委员、十一届全国政协常委。

龚建明，男，汉族，1956 年 12 月出生，湖南澧县人，2001 年 6 月加入农工党。现任农工党中央专职副主席、湖南省委会主委，全国人大常委环境与资源保护委员会副主任，湖南省政协副主席。

1974 年 12 月—1978 年 1 月，澧县道河茶场下放知青。1978 年 1 月—1982 年 1 月，大连铁道学院机械制造工艺系焊接专业学生。1982 年 1 月—1988 年 4 月，任铁道部武昌车辆厂助理工程师。1988 年 4 月—1996 年 10 月，历任澧县农机公司、县国土局干部，澧县国土局副局长，澧县经委副主任，澧县人民政府副县长。1996 年 10 月—1998 年 1 月，任常德市人民政府市长助理。1998 年 1 月—2005 年 12 月，任常德市人民政府副市长。2005 年 12 月—2008 年 11 月，任湖南省劳动和社会保障厅副厅长。2008 年 1 月起，任政协湖南省第十届副主席。2005 年 10 月—2007 年 6 月，任农工党湖南省委会副主委。2007 年 6 月起，任农工党湖南省委会主委。2012 年 12 月，当选农工党中央副主席。

第十、十一届全国政协委员。

谢庆生，男，汉族，1954 年出生，贵州贵阳人。博士研究生，教授。2001 年加入农工党。现任农工党中央副主席、贵州省委会主委、贵州省监督委员会主任，全国人大常委，贵州省人民政府副省长，贵州省科协主席。

1970 年 11 月—1974 年 9 月，为成都铁路局贵阳铁路分局车辆段工人。1974 年 9 月—1977 年 7 月，西南交通大学机械系铁道车辆专业学习。1977 年 7 月—1979 年 1 月，贵阳铁路分局车辆段实习。1979 年 1 月—1985 年 9 月，贵州工学院基础部教师。1985 年 9 月—1988 年 7 月，为新疆石河子农学院农机系研究生。1988 年 7 月—1992 年 11 月，贵州工学院基础部教师。1992 年 11 月—1994 年 7 月，为贵州工学院计算机中心副主任。1996 年 1—2009 年 1 月，历任贵州工业大学科研处处长兼 CAD 研究所所长，贵州工业大学副校长，贵州大学副校长（期间：1998 年 1 月—1998 年 6 月，在美国奥克兰大学作高级访问学者；1999 年 5 月—1999 年 11 月，挂职任南京高速齿箱厂副厂长；2003 年 2 月—2006 年 5 月，英国利兹城市大学工程学院制造工程专业学习；2007 年 10 月起，兼任教育部省部共建现代制造技术重点实验室主任）。2001 年 7 月—2007 年 4 月，任农工党贵州省委会副主委。2007 年 4 月起任农工党贵州省委会主委。2008 年 1 月，任贵州省人民政府副省长（期间：2011 年 2 月—2011 年 5 月，在中共中央党校省部级干部高级研修班学习）。2012 年 8 月起，任贵州省科协主席。2012 年 12 月，当选农工党中央副主席。

第十届全国政协委员。

中国致公党中央委员会新任副主席
（含届中调整）

蒋作君，男，汉族，1955年7月生，安徽怀宁人。赴美高级访问学者，博士研究生，教授，博士生导师。1993年10月加入致公党。现任全国政协常委、副秘书长，致公党中央常务副主席，中共中央社会管理综合治理委员会委员，中国社区卫生协会会长。

1974年3月—1978年2月，安徽省歙县森村乡插队知青。1978年2月—1982年8月，安徽医学院医疗系学习，获医学学士学位。1982年8月—1985年6月，南京医学院病原生物学硕士研究生，获医学硕士学位。1985年6月—1986年6月，南京医学院助教。1986年6月—1989年6月，南京医学院病原生物学博士研究生，获医学博士学位。1989年6月—1990年5月，任安徽医学院讲师。1990年5月—1990年11月，任安徽医学院副教授、教研室主任。1990年11月—1993年2月，任安徽省青联常委，安徽医学院副教授、教研室主任。1993年2月—1995年5月，任安徽省政协常委、社会和法制委员会副主任，安徽省青联常委，安徽医学院教授、教研室主任（期间：1993年10月—1994年11月，纽约州立大学布法罗分校高级访问学者）。1995年5月—1997年1月，任安徽省政协常委、社会和法制委员会副主任，安徽省青联常委，安徽医科大学教授、基础部主任。1997年1月—1997年4月，任致公党安徽省委会主委，安徽省政协常委、社会和法制委员会副主任，安徽省青联常委，安徽医科大学教授、基础部主任。1997年4月—1997年5月，任安庆市副市长，致公党安徽省委会主委，安徽省政协常委、社会和法制委员会副主任，安徽省青联常委，安徽医科大学教授、基础部主任。1997年5月—1998年1月，任安庆市副市长，致公党中央常委、安徽省委会主委，安徽省政协常委、社会和法制委员会副主任，安徽省青联常委，安徽医科大学教授、基础部主任。1998年1月—2000年11月，任安徽省副省长，致公党中央常委、安徽省委会主委，安徽省青联常委。2000年11月—2004年2月，任安徽省副省长，致公党中央常委、安徽省委会主委。2004年2月—2004年12月，任卫生部副部长，致公党中央常委、安徽省委会主委。2004年12月—2007年7月，任卫生部副部长，致公党中央常委，暨南大学副董事长。2007年7月—2007年10月，任卫生部副部长，致公党中央常委，中国社区卫生协会会长，暨南大学副董事长。2007年10月—2008年3月，任全国政协副秘书长，致公党中央常委，中国社区卫生协会会长，暨南大学副董事长。2008 年 3 月—2008 年 11 月，任全国政协常委、副秘书长，中共中央社会治安综合治理委员会委员，致公党中央常委，中国社区卫生协会会长，暨南大学副董事长。2008 年 11 月—2012 年 12 月，任全国政协常委、副秘书长，中共中央社会治安综合治理委员会委员，致公党中央常委，中国社区卫生协会会长。2012 年 12 月至今，任全国政协常委、副秘书长，致公党中央常务副主席，中共中央社会管理综合治理委员会委员，中国社区卫生协会会长。

闫小培，女，汉族，1956 年 3 月出生，重庆人。英国留学回国，博士研究生，教授。1989 年 5 月加入致公党。现任全国政协委员，致公党中央副主席，中山大学教授、博士生导师。

1974 年 4 月—1977 年 1 月，四川苍溪县知青。1977 年 1 月—1978 年 9 月，西南师范大学气象站气象员。1978 年 9 月—1982 年 7 月，西南师范大学地理系学生。1982 年 7 月—1991 年 2 月，任西南师范大学地理系助教、讲师（1985 年 8 月—1987 年 9 月，英国南安普顿大学地理系硕士研究生）。1991 年 2 月—1993 年 11 月，任中山大学地理系讲师、副教授。1993 年 11 月—2000 年 3 月，任中山大学城市与区域研究中心副主任、教授、博士生导师（1995 年 3 月—1997 年 12 月，中山大学人文地理专业博士研究生）。2000 年 3 月—2002 年 8 月，任中山大学地球与环境科学学院副院长，城市与区域研究中心主任，教授、博士生导师。2002 年 8 月—2002 年 12 月，任致公党广东省委会副主委，中山大学地球与环境科学学院副院长，城市与区域研究中心主任，教授、博士生导师。2002 年 12 月—2004 年 4 月，任致公党广东省委会副主委，中山大学城市与区域规划系主任、城市与区域研究中心主任，教授、博士生导师。2004 年 4 月—2004 年 9 月，任致公党广东省委会副主委，深圳市人民政府副市长，中山大学教授、博士生导师。2004 年 9 月—2007 年 12 月，任致公党广东省委会副主委、深圳市委会主委，深圳市人民政府副市长，中山大学教授、博士生导师。2007 年 12 月—2010 年 6 月，任致公党中央常委、广东省委会副主委、深圳市委会主委，深圳市人民政府副市长，中山大学教授、博士生导师（2008 年 3 月为全国政协委员）。2010 年 6 月—2011 年 12 月，任致公党中央常委、广东省委会副主委、深圳市委会主委，深圳市人大常委会副主任，中山大学教授、博士生导师。2011 年 12 月—2012 年 1 月，任致公党中央副主席、广东省委会副主委、深圳市委会主委，深圳市人大常委会副主任。2012 年 1 月—2012 年 5 月，任致公党中央副主席、广东省委会副主委。2012 年 5 月年至今，任致公党中央专职副主席。

九三学社中央委员会新任副主席
（含届中调整）

邵　鸿　男，1957 年 11 月出生，辽宁盖州人，汉族。2002 年加入九三学社。现任九三学社中央委员会常务副主席，九三学社中央委员会监督委员会主任委员，教授，全国政协常委副秘书长，中央社会主义学院副院长。

1975 年参加工作。1978 年—1982 年，就读于江西师范学院历史系，获学士学位。1982 年—1985 年，在中山大学经济系攻读研究生，获硕士学位。1985 年—1987 年，历任江西大学历史系助教、讲师。1987 年—1991 年，在南开大学历史系攻读研究生，获博士学位。1991 年—2005 年，历任江西大学、南昌大学历史系讲师、副教授、教授，历史系副主任，人文学院副院长，历史系主任，研究生处处长，副校长，副校长兼中德联合研究院院长。2004 年—2005 年，兼任江西省社会主义学院院长。2005 年至今，历任九三学社中央委员会副主席、副主席兼秘书长、常务副主席。

九三学社第十一届中央委员会常委、副主席，第十二届中央委员会副主席，江西省第五届委员会主委；第十、十一届全国政协常委；江西省第八届政协常委，第九届政协常委、副秘书长；江西省历史学会会长，江西省社会科学联合会副主席。

从　斌　男，1957 年 7 月出生，山东文登人，汉族。1991 年加入九三学社。现任九三学社第中央副主席，九三学社中央委员会监督委员会副主任，河北医科大学副校长、法医系主任；教授、主任法医师，博士生导师，中国工程院院士全国人大常委法律委员会副主任。

1974 年参加工作。1978 年—1982 年，就读于河北医学院医学系，获学士学位。1983 年—1986 年，历任河北医学院党委宣传部编辑、病理教研室助教。1986 年—1989 年，西安医科大学法医学专业攻读研究生，获硕士学位。期间，1984 年—1985，在西安医科大学全国法医高级师资班学习；1985 年—1988 年，就读于中华律师函授学院（在西北政法学院夜大听课）。1989 年—1995 年，历任河北医学院法医学教研室助教、讲师、副教授。期间，1994 年，赴日本信州大学医学部法医学专业做访问学者。1995 年—1999 年，历任河北医科大学法医学教研室教授，实验动物学部副主任、分子生物学研究室主任。

1995年—1998年，河北医科大学病理生理学专业攻读研究生，获博士学位。1999年至今，历任河北医科大学研究生部主任，研究生学院院长、法医学教研室主任，副校长、法医系主任。2010年至今，任九三学社中央委员会副主席。期间，1988年参加全国律师资格考试，取得律师资格；1988年—2003年任兼职律师；1994年—1996年就读于中国社会科学院研究生院民商法专业在职硕士研究生。

九三学社第十一、十二届中央委员会常委，第十二届中央委员会副主席；河北省第四届委员会副主委，第五、六届委员会主委。第十、十一届全国人大常委；河北省第八届政协常委，第九、十届政协副主席；石家庄市第八届政协委员。

赵　雯　女，1956年11月出生，安徽安庆人，汉族。1994年加入九三学社。现任上海市人民政府副市长；教授，博士生导师；九三学社中央会副主席，上海市第十六届委员会主委。全国政协常委，上海市人大代表。全国妇联执委。中国市长协会副会长，中国女市长协会会长。

1974年—1976年，任安徽省潜山县油坝中学教师。1976年—1983年，任南京航道局财务处主办会计。1983年—1985年，就读于武汉交通管理干部学院会计系。1985年—1986年，任长江航道总局财务处主办会计。1986年—1993年，任武汉交通管理干部学院企业管理系讲师。期间，1989年—1992年，在中南财经大学会计系审计专业攻读研究生，获硕士学位。1993年—1996年，任广东商学院会计系审计教研室主任、副教授。1996年—1997年，任上海市五角场高新技术产业园区管委会副总会计师。1997年—2001年，历任同济大学商学院会计系副教授，经济与管理学院会计系副主任（主持工作）、主任，校长助理。2001年—2003年，任上海市南汇区人民政府副区长，同济大学教授、博士生导师。期间，1999年—2002年，在同济大学经济与管理学院技术经济与管理专业攻读研究生，获博士学位。2003年—2008年，历任上海市人大常委、市人大常委会预算工委副主任、市人大财经委委员、市人大常委会副秘书长。2008年至今，任上海市人民政府副市长。

九三学社第十一届中央委员会委员、第十二届中央委员会常委，上海市第十四届委员会副主委、第十五届委员会主委。第十一届全国政协委员，上海市第十二届人大常委、第十三届人大代表。上海市第十二届妇联执委。

卢　柯　男，1965年5月出生，甘肃人，汉族。1993年加入九三学社。中共党员。现任中国科学院金属研究所沈阳材料科学国家（联合）实验室主任，研究员，博士生导师；中国科学院院士，发展中国家科学院院士，德国科学院院士；九三学社中央副主席，辽宁省第七届委员会副主委，沈阳市第十二届委员会主委；沈阳市第十四届政协副主席；全国政协常委，沈阳市政协副主席。1981年—1985年，就读于南京理工大学，获学士学位。1985年—1990年，中国科学院金属研究所金属材料及热处理专业攻读研究生，先后获硕士、博士学位。1990 年—1997 年，历任中国科学院金属研究所助理研究员、副研究员、研究员、博士生导师。1997 年—2001 年，任快速凝固非平衡合金国家重点实验室主任。2001 年至今，任沈阳材料科学国家（联合）实验室主任。2001 年—2012 年，任中国科学院金属研究所所长。2005 年—2006 年，兼任上海交通大学材料科学与工程学院院长。

九三学社第十、十一届中央委员会委员，第十二届中央委员会常委；辽宁省第六届委员会副主委，沈阳市第十一届委员会主委。第十、十一届全国政协委员，辽宁省第八、九届政协常委，沈阳市第十三届政协副主席。第十届全国青联副主席。

武维华 男，1956 年 9 月出生，山西孝义人，汉族。2010 年加入九三学社。现任中国农业大学植物生理与生化国家重点实验室主任，教授；中国科学院院士，长江学者特聘教授；九三学社中央委副主席；中国植物学会副理事长，国家自然科学基金委生命科学部主任。全国政协常委；1974 年参加工作。1978 年—1982 年，就读于山西大学生物系，获学士学位。1982 年—1984 年，中国科学院上海植物生理研究所攻读研究生，获硕士学位。1984 年—1987 年，任北京农业大学（现中国农业大学）生物学院讲师。1988 年—1989 年，赴美国新泽西州立大学植物科学系做访问研究；1989 年—1991 年，美国新泽西州立大学植物科学系攻读研究生，获博士学位。1991 年—1993 年，赴美国哈佛大学做博士后研究。1994 年至今，历任中国农业大学生物学院副教授、教授、植物科学系主任，生物学院院长，植物生理与生化国家重点实验室主任。期间，2011 年—2012 年任北京市农村工作委员会副主任（挂职）。

九三学社第十二届中央委员会常委。第十届全国政协委员，第十一届全国政协常委。

印　红 女，1956 年 10 月出生，江苏泰兴人，汉族。1994 年加入九三学社。现任九三学社中央副主席兼秘书长，高级工程师全国政协常委。

1975 年参加工作。1978 年—1981 年，就读于西北农业大学林学系林学专业，获学士学位。1982 年—1998 年，历任林业部森林保护局、林政保护司、林政资源司主任科员，野生动物和森林植物保护司自然保护区管理处助理调研员。1998 年—2013 年，历任国家林业局野生动植物保护司湿地保护处副处长、处长，《湿地公约》履约办公室常务副主任（副司局级），林业工作站管理总站站长（正司局级），副局长。期间，1989 年，获得律师资格证书；2003 年，参加国家行政学院第 16 期司厅（局）级公务员任职培训；2008 年，参加中央党校省部级深入贯彻落实科学发展观专题研讨班；2009 年，参加中央党校第 46 期省部级深化行政体制改革专题班；2011 年，参加中组部、商务部、国家行政学院省部级干部提高对外开放能力培训班。2012 年至今，任九三学社中央委员会副主席兼秘书长。

九三学社第十二届中央委员会委员，第十一届全国政协委员。

台湾民主自治同盟中央委员会新任副主席

苏　辉，女，汉族，台湾台南人，1956年5月出生于吉林长春。1984年6月加入中国共产党，2007年12月加入台盟。现任台盟中央副主席，台盟北京市委会副主委，全国人大常委、内务司法委员会副主任，全国台联副会长，北京市台联会长，北京市统计学会会长。

1975年7月参加工作，中央财经大学财政系财政学专业毕业，大学学历，经济学学士，高级会计师。1975年5月—1978年12月，任中国计量科学研究院电磁室工人。1978年12月—1982年9月，中央财经金融学院财政学专业学习。1982年9月—1986年11月，任北京市财政局工管处干部。1986年11月—1990年3月，任北京市财政局驻厂员处副处长、房改管理处副处长。1990年3月—1994年3月，任北京市财政局驻厂员处副处长、房改管理处副处长，北京市税收、财务、物价大检查办公室综合处副处长。1994年3月—2000年12月，任北京市财政局城建处处长、预算处处长。2000年12月—2002年11月，任北京市财政局副巡视员。2002年11月—2009年3月，任北京市财政局党组成员、副局长。2009年3月—2012年12月，任北京市统计局党组书记、局长。2012年12月至今，任台盟中央专职副主席。

中共十七大、十八大代表。第十届台盟北京市委副主委。第十四届海淀区人大代表，第八届全国台联副会长，第八届、九届北京市台联会长。

学术会议　学术人物

学术会议

第二届参政党建设论坛

3月26日，第二届参政党建设论坛暨湖北省参政党理论研究专委会第六届年会在湖北省社院隆重召开，会议主题“同心思想与参政党建设”。湖北省委常委、统战部长张岱梨、民革中央副主席修福金、中央社会主义学院副院长张峰、湖北省政协副主席、民革湖北省委会主委郑心穗、武汉大学党委副书记骆郁廷、湖北省参政党理论研究专委会会长、湖北省社会主义学院院长黄利鸣等领导莅会致辞并作重要讲话。部分省、市社院的专家学者，武汉大学马克思主义学院、统战部相关领导及专家，武汉理工大学文法学院、统战部相关领导及专家，中国统战理论研究会党外知识分子统战工作理论研究基地的相关领导及专家，参政党理论研究专委会领导及工作人员，专委会第六届年会部分论文作者参与该会。可谓社院、党派、社团、高校多方荟萃，领导、专家、学者济济一堂，共同深入研讨同心思想与参政党建设问题。会议发言及参会论文主要观点如下：

一、同心思想对参政党建设的意义和作用的探讨

社会主义核心价值体系与“同心”思想建设密切相关，学习、践行社会主义核心价值体系，打造“同心”品牌，其实质都事关参政党的思想本体问题。与会论文对参政党思想的核心———参政党的核心价值观作了深入思考。农工党湖北省委会理论组《试论社会主义核心价值体系与民主党派核心价值观的辩证转化》一文认为社会主义核心价值体系与民主党派核心价值观之间存在辩证转化的问题，认为核心价值体系的本质就是核心价值观念体系。价值观是主体对价值的判断与评价，有核心价值观，有一般价值观。核心价值体系的内化是使其入脑、入心，转化为核心价值观。核心价值观的外化是使反映其根本要求的核心价值观转化为实践目的和行为规范。建设社会主义核心价值体系应做到内化于心、外化于行、固化于制。其中，内化于心是认识过程的第一次飞跃，外化于行是第二次飞跃，固化于制是以“他律”的制度保障推动“自律”的品德养成；内化是前提和基础，外化是外显和表现，固化则实现内化与外化的相互促进、相得益彰，三者辩证统一。文章认为要实现社会主义核心价值体系内化于心，就要推进社会主义核心价值观的凝练工作；同样，也应当推进当代中国民主党派核心价值观的提炼工作。在民

主党派核心价值观的提炼中，应当避免陷入把非价值等同于价值的误区（“真理”、“科学”不适合归结为其价值观乃至核心价值观）、价值等同于价值观的误区、公民价值观等同于政党核心价值观的误区（“敬业奉献”、“双岗建功”等不适合归结为其核心价值观）；要注重同中之异与异中之同，即要注意把握两个基本层次：民主党派与中共核心价值观的同一性与差异性，各民主党派之间核心价值观的同一性与差异性。作者尝试对民主党派的核心价值观提炼为立党为公（价值理想）、参政为民（价值定位）、促进民主（价值功能）、传承进步（价值传承）、共创和谐（价值追求）。有文章认为同心思想是新的历史条件下参政党建设的重要指导思想，它丰富和发展了中国参政党建设的理论。认为“新的历史条件”中有三因素应当注意，即：一是中国特色社会主义基本经济制度和社会主义市场经济条件下多种所有制经济共同发展以及利益主体多元的客观实际，是当代中国多党合作制度的社会基础和物质基础；二是构建社会主义和谐社会进程中尊重不同、尊重多样性的价值取向，这是当代中国多党合作制度的思想文化基础；三是多党合作制度处于“中国特色社会主义发展阶段”的历史方位（认为中国特色社会主义发展阶段由社会主义初级阶段和比较发达的社会主义阶段构成。前者从1956年底社会主义改造基本完成、确立社会主义基本制度到本世纪中叶，达到中等发达国家水平、基本实现现代化；后者从本世纪中叶以后一直到我们建成高度发达的社会主义），在整个该阶段，中国政党制度都有其存在和发展的必然性，与中国特色社会主义基本经济制度是相适应的，是构成中国特色社会主义制度体系的重要组成部分。目前，我们正处于由社会主义初级阶段向比较发达的社会主义阶段过渡的关键时期，各参政党应在中国共产党的领导下，为在中国特色社会主义道路上实现中华民族伟大复兴共同奋斗。所以，同心思想是新的历史条件下中国参政党建设的重要指导思想，也是新的历史条件下实现执政党建设与参政党建设相互促进的重要政治基础。

有学者认为“同心同向”的根本是参政党的理想信念选择问题。要实现同心同向，就参政党而言，首先就是理想信念的确立。我国各民主党派的理想信念在根本上保持与中国共产党一致的前提下，还要兼顾好参政党的内在规定性，做到同中有异。其异在：其一，“高不成低不就”，体现务实性。当前民主党派的理想信念有三个选项，即共产主义、中国特色社会主义、新民主主义，其中，共产主义是共产党人的理想信念，新民主主义作为一个总体是已经实现的事情，参政党的理念信念只能定位于中国特色社会主义。其二，“既不左也不右”，体现中庸性。当前，在意识形态领域仍存在“左”和“右”的交锋。我国民主党派成员面对这两种倾向，应当始终保持清醒的头脑，贵和持中。其三，“只向前不退后”，体现进步性。认定民主党派具有进步性是一种很高的政治评价，参政党在引领所联系成员和群众在致力于共同事业中发挥了特殊作用，彰显了自身的进步性。与会很多专家都强调了在辩证理解同心思想的科学内涵的同时，必须注意保持参政党的相对独立性问题。《多党合作视域下参政党“同心”解析》一文也对参政党“同心”思想进行了解析。

二、同心思想与参政党建设关系的探讨

与会专家学者也试图探讨同心思想与参政党建设的关系。其中比较典型的有从文化

角度入手的，认为“文化同心”就是价值观和行为方式上的认同。要真正贯彻落实“同心思想”，“文化同心”是前提和基础。在中国，博大精深的中华传统文化、波澜壮阔的中国近代革命传统文化、新中国成立六十多年来的社会主义文化、包括有中国特色的统战文化，是“文化同心”的深厚的历史、现实基础。当前，“文化同心”要求不断开拓先进文化发展的新途径，深化文化体制改革，推动社会主义文化大发展大繁荣。文化大发展大繁荣需要全民族的文化自觉，包括民主党派的文化自觉。“文化同心”的关键是树立和践行社会主义核心价值体系，着眼点是加强参政党文化建设。参政党文化是中华传统文化核心价值同现代政党制度相融合的结晶，加强其建设能够使民主党派成员从文化的角度审视、理解、认同我国政党制度，能够促进并提升民主党派基层组织建设，对参政党思想建设有巨大的引领作用。

也有从政治共识角度入手的，与会论文《增强多党合作政治共识——民主党派“同心思想”建设的本质要求》认为多党合作的政治共识包含思想共识——坚持中国特色社会主义理论体系、制度共识——实现多党合作和政治协商制度的可持续性发展、目标共识——共同致力于中华民族伟大复兴。多党合作的政治共识集中反映了民主党派“同心思想”建设的本质要求。文章认为在民主党派增强政治共识、开展“同心思想”建设的过程中，应当意以次几点：增强民主党派的自身特色，进一步发展协商民主，政治安排上注重对民主党派权益的保障。

与会论文也有认为应当以“同心”思想促进参政党建设的，如《坚持“同心”思想建设高素质参政党》一文认为要建设适应时代要求的高素质参政党，必须准确把握“同心”思想的内涵，思想上坚持中国共产党的领导，目标上坚持正确的政治方向，行动上坚持和共产党同心同行，共同推动各时期工作任务落实。

三、同心思想与中国政党制度关系的探讨

会议还探讨了同心思想与多党合作的关系。其中，《同心思想与多党合作》一文探讨了同心思想视域下的多党合作。该文认为：首先，思想就是旗帜，要以共同的理想信念构筑高度的政治认同，执政党和参政党要同心同德弘扬社会主义核心价值；其次，目标就是方向，要以和谐的政党关系（求同存异、互相促进）带动和谐的社会关系，同心同向建设社会主义和谐社会；最后，行动就是实践，要以科学发展观推动社会现代化，同心同行巩固政党政治联盟的社会基础。文章认为现阶段要以有序的政治参与来促进政治现代化的发展，形成有序的政治参与、渐进的政治制度化和稳定的社会秩序之间的良性互动，推动社会现代化的发展，从而以社会的现代化巩固政党政治的社会基础。

《政治共识与多党合作制度的发展》一文则探讨了政治共识与多党合作的关系，认为它是我国多党合作制度建立的基础。多党合作制度对政治共识的基本要求主要体现为：坚持中共领导，基本目标一致，求同存异，共存共享。改革开放以来，社会多元发展，发展政治共识，提升多党合作制度效能，应重视在执政党与参政党之间巩固实质性共识，以政治协商制度为平台推进程序性共识，进一步发挥政党制度整合社会的功能。《“同心”思想：和谐视野中政党关系的重新解读》一文认为政党和谐是社会和谐的政治保证，它是构建和谐社会的需要，是落实科学发展观的重要保障。而践行“同心”思想，即构建

和谐的政党关系。践行“同心”思想，必须切实加强参政党自身建设。

四、社会主义核心价值体系及“同心”思想关系的探讨

会议探讨了社会主义核心价值体系与“同心”思想的关系。其中，《社会主义核心价值体系及“同心”思想研究》一文认为“同心”思想是对统一战线和多党合作理论的创新发展，是不同政党全面合作、始终保持团结，不同力量有序参与、始终维护和谐，以求同存异弥合分歧，以协商民主扩大共识，从而充分体现和而不同；以和谐共赢深化合作，以荣辱与共坚定信念，从而达到思想、目标和行动上始终同心。“同心”是多党合作的本质和政治优势。“同心”思想具有厚重的历史性、鲜明的时代性和巨大的包容性。认为思想上同心同德是对我国多党合作历程的真实写照，目标上同心同向是中国特色政党制度的动力之源，行动上同心同行是中国特色政党制度的鲜明特色。树立和践行社会主义核心价值体系的目的是巩固“同心”基础，而实现“同心”又必须经由树立和践行社会主义核心价值体系。阐述两者关系的文章还有林颖《社会主义核心价值体系与“同心”思想》。

《从文化认同到文化自觉——以文化社会学视野论社会主义核心价值体系与“同心”思想》一文则试图以文化社会学为分析框架分析社会主义核心价值体系与“同心”思想的内在逻辑，认为其是从文化认同到文化自觉的过程。

五、对其他参政党建设问题的探讨

会议也有直接探讨参政党能力建设问题的，有学者阐述了如何提高参政党的“四种能力”，认为中共中央［2005］5号文件的出台为充分发挥民主党派作用提供了广阔的制度空间和保障，但能不能在所提供的制度空间和保障里充分发挥自身作用，还要看民主党派，特别是民主党派领导班子的能力怎样。当前，从政协大会民主党派提案质量少见有令人瞩目的提升，可见民主党派的能力提高距各方期待还有很大距离，多党合作所提供的制度空间也还有许多空置。因此民主党派提升“四种能力”意义重大，事关社会主义民主政治的发展。“四种能力”是参政党整体能力，但要落实到个体。“四种能力”中每一种能力本身都有着自身的结构和内涵：政治把握能力就是要能把握政治方向（以树立信念和信心）、政治形势（即认清矛盾、困难和任务）和执政党的大政方针（即明确解决矛盾和困难、完成任务的方针、路线和战略）；参政议政能力要以专业性为基础，以宏观性、全局性为导向，以代表性为旨归；组织协调能力即提出明确具体的组织目标（出主意、用干部）的能力、整合资源的能力、控制工作流程的能力。“四种能力”的提高，从组织讲必须从制度上、政策上着力，从个体讲可从博学、慎思、平心三个方面入手。

有直接探讨中国政党制度的，《协商民主视阈下中国政党制度的传承与创新》一文认为协商民主具有票决民主不可比拟的合法性优势，协商民主视阈下中国政党制度闪耀着可贵的合法性价值。认为中国政党制度的协商原则与协商的基本精神在很大程度上是一致的，这种一致性表现在：就协商民主而言，其社会基础是多元化的，其参与主体是平等的，其形式是包容和开放的，其参与者具有公共理性和对社会的共同责任；就中国政党制度而言，其特点是，它有利于实现最广泛的政治参与，有利于最大限度地包容和表达各种利益诉求，有利于促进党和国家决策的民主化、科学化，有利于加强对国家权力

运作过程的民主监督。在以协商民主关照中国政党制度的合理内涵与制度资源的同时，还应当认识到从性质上说在中国政党制度中还只是一种咨询性参与而非程序性参与，其属于执政党政策调节的范围而不是国家法制调节的范围，中国政党制度的民主协商与协商民主之间还存在很大的差异，应以协商民主的理念进一步充实、完善我国的政党制度，推进我为的民主政治建设，即应做到：必须充分重视协商主体的自由、平等地位及权利，保证党际协商的平等性；必须加强协商过程的公开性、规范性和程序性建设，实现党际协商的制度化；加强协商场域建设，为党际协商提供良好的平台。

综上所述，会议发言及参会论文围绕同心思想对参政党建设的意义和作用、同心思想与参政党建设关系、同心思想与中国政党制度关系、社会主义核心价值体系及“同心”思想关系以及其他参政党建设问题进行了深入探讨。

参政党与协商民主建设研讨会

农工党中央“参政党与协商民主建设”研讨会 3 月 28 日在北京召开。全国政协副主席、农工党中央常务副主席刘晓峰出席并讲话。

刘晓峰说，中共十八大报告首次提出“社会主义协商民主是我国人民民主的重要形式”的论断，引起了方方面面的高度重视。中共中央率先垂范，把政治协商纳入决策程序，坚持协商于决策之前，坚持协商于决策之中，就国家的重大方针政策与参政党进行充分的协商讨论。农工党作为八个参政党之一，承担着政治协商、参政议政、民主监督的重要职责。要按照俞正声在全国政协十二届一次会议闭幕会上的讲话精神，始终不渝地坚持中国共产党的领导，坚持和完善中国共产党领导的多党合作和政治协商制度，坚定地走中国特色社会主义政治发展道路。

刘晓峰指出，农工党要深入研究协商民主的内涵、形式和机制，丰富和拓展协商民主的形式和内容，创新工作方式，拓宽参与渠道，更好地展现社会主义协商民主的优势和价值。为此，我们要坚持围绕中心、服务大局，自觉将农工党工作置于党和国家工作大局中来谋划和部署，围绕事关全局的重大问题开展调研视察和协商议政；要加强对参政党协商民主理论与实践的研究探索，加快协商民主的制度建设和制度创新；要切实提高参政党协商能力，强化协商成果的运用和反馈，增强协商实效。

来自农工党内外的全国政协委员、理论专家、学者十余人参加研讨，围绕社会主义协商民主的地位、作用、主要内涵及重要功能进行了热烈讨论，就参政党在协商民主建设中的基本经验、特点和优势以及如何发挥作用进行了深入探讨，就如何推进协商民主的制度建设与制度创新积极建言献策，就农工党如何发挥自身优势推进协商民主建设提出对策建议。

如国家测绘局副局长、全国政协委员李朋德认为，参政党只有提升自身能力，才能适应协商民主建设的要求。农工党应发挥自身优势，突出界别支撑，创新专委会工作，加大宣传力度，完善交流平台。

国资委监察局监察员黄宝荣认为，参政党不仅要参与民主协商，还要充分发挥民主监督的作用。

农工党中央办公厅主任、全国政协委员游宏炳指出，民主是一个过程。协商民主应在多党合作制度的大前提下，结合参政党实际，稳步推进。

整个研讨会气氛热烈，发言踊跃。农工党中央宣传部部长石光树主持会议。

参政党建设理论研讨会

4月6日，由民进中央—中央社院参政党建设理论研究中心举办的参政党建设理论研讨会在京举行。全国人大常委会副委员长、民进中央主席、中央社会主义学院院长严隽琪出席开幕式并作重要讲话。中央社会主义学院党组书记、第一副院长叶小文主持开幕式。全国人大常委、民进中央副主席王佐书，全国人大常委、民进中央副主席兼秘书长朱永新，中央社会主义学院党组副书记、副院长周宁，副院长张峰、袁廷华出席开幕式。

严隽琪首先代表民进中央和中央社院对参加会议的同志表示欢迎，对大家积极参与参政党建设的理论研究表示感谢。她指出，今年是民主党派的换届年，换届是民进自身建设可持续发展的一个重要节点，也是回顾总结本届工作的一个重要时机，民进全会要以换届为契机，全面总结工作经验，研究工作规律，完善相关制度。举行本次理论研讨会，专题研讨高素质参政党建设的问题，就是民进进行大总结的重要组成部分。

严隽琪重点就当前形势下做好参政党理论研究工作提出三点意见。一是要进一步重视参政党理论研究工作。随着中国民主政治进程的不断推进，多党合作事业不断发展，参政党将长期面临两大历史性课题，即：如何在外部环境不断变化和参政党成员队伍发生很大变化的情况下不断凝聚政治上的共识，保持参政党的进步性；如何不断提高履行参政党职能的能力和水平，为全面建设小康社会作出更大的贡献。参政党理论研究应该围绕这两大历史课题展开。

二是要进一步总结参政党理论研究工作的经验。要注意把握政治性原则、理论联系实际的原则和坚持集智聚力的原则，特别要立足于参政党工作实践，以工作中的实际需求和现实问题为导向，就参政党成员最关心、最感困惑的重大理论问题、参政党建设和履行职能中亟待解决的现实问题开展理论研究。

三是要进一步紧密结合参政党建设的实践，切实开展应用研究。随着形势的发展变化和民进工作的推进，不断有新的问题摆在我们的面前，有待进行理论研究。这些问题都是我们在实际工作中遇到的，有的已经作了一些研究，但还需要进一步深化；有的问题是全新领域，需要我们积极探索，深入研究。

叶小文在主持讲话中指出，建设高素质参政党，对于推进中国的民主政治建设，巩固和发展中国共产党领导的多党合作和政治协商制度具有重要意义。严隽琪同志的重要讲话不仅为本次研讨会确定了具体的研究内容，也为今后研究中心的工作指明了方向。他表示，要以本次研讨会为契机，充分发挥各自优势，不断深化双方合作，进一步推进中央社院的学科建设。

民进中央——中央社院参政党建设理论研究中心于2011年12月成立，是民主党派和研究院校在参政党建设理论研究方面联合开展工作的一次全新的尝试。本次研讨会是该中心成立以来首次举办的研讨会，研讨的主题是高素质参政党建设。参加研讨会的30篇论文是从2011年民进“高素质参政党建设”理论征文活动征集的119篇论文中经过专家评审出来的。

民进中央副秘书长兼办公厅主任高友东、副秘书长兼组织部部长王建国，民进中央相关部门负责同志，民进部分省级组织领导同志、参政党理论研究会负责同志，来自民进23个省级组织和中央社院的论文作者，民进十一大报告起草小组的同志，中央社院部分教师参加开幕式。

中国致公党参政党理论建设研讨会

4月13日至15日，中国致公党参政党理论建设研讨会暨理论研究会工作会议在武汉举行。会议交流和研讨了《中国致公党理论研究成果选集（第一辑）》的部分文章，总结了2011年理论研究会的主要工作，部署了2012年的工作重点，并研究了理论研究会近期的工作思路。

全国人大常委、致公党中央副主席严以新出席会议并讲话。他指出，对于一个政党来说，没有理论上的清醒，就不可能有政治上的坚定。只有在理论上成熟了，才能在实际行动中有所作为。理论研究会自成立以来，在推动全党对重大理论和现实问题的研究方面，进行了多方努力。比如，研究会成员围绕“侨海报国”、“树立和践行社会主义核心价值体系”、“参政党建设”、“庆祝中国共产党建党90周年和纪念辛亥革命100周年”等撰写了一批有深度、有分量的理论文章；编辑出版了《中国致公党党员读本》、《中国致公党理论研究选集（第一辑）》等书籍；在北京、上海和福建围绕社会主义核心价值体系认知状况开展了广泛的问卷调查活动；组织理论研究会成员分赴各地开展党章、党史和理论专题讲座等。这些活动的开展，对全党范围内的理论学习、研究和宣传工作，起到了很好的推动作用。他希望，各级组织和广大党员要坚持理论联系实际，提高认识、统一思想，把理论研究与履行职能结合起来，在理论的指导下深入考察调研，积极为国家的经济社会发展献计出力，为维护社会和谐稳定建言献策，为实现国家现代化发展目标积极贡献智慧和力量。

与会人员结合《中国致公党理论研究选集（第一辑）》的内容，从政党理论、统一战线、多党合作、自身建设、履行职能、人民政协等角度，进行了交流和研讨。与会人员探讨了进一步树立和践行社会主义核心价值体系的工作设想，并讨论了理论研究会2012年的工作重点，大家认为，应该围绕参政党建设科学化、如何把“同心同德、同心同向、同心同行”融入民主党派的工作实际等问题开展理论研究。会议还研究了《中国致公党理论研究选集（第二辑）》的编辑出版工作。

致公党中央宣传部部长王翔主持会议。来自致公党各级组织的专家学者、致公党员和党务工作者30余人参加了会议。

九三学社中央社史研究研讨会

4月18日，九三学社中央社史研究中心在社中央机关召开“如何加强机制建设、整合全社力量、推进社史研究工作”研讨会。九三学社中央副主席邵鸿出席会议并讲话。

研讨会上，各研究员围绕会议主题，就近几年社史研究取得的成果，从事社史研究的体会，研究中存在的困惑、困难进行了充分的交流；对进一步加强社史工作提出了很多建议。有的研究员认为研究九三学社的历史要重视对当时国内外背景的研究。有的研究员建议社中央建立健全的工作机制、经费投入机制和评比奖励机制。有的研究员提出要抓紧对老一辈社员的采访；重视发挥退休老同志的力量，抢救社史资料。有的研究员建议社中央下发文件，明确省、市级组织成立社史研究领导机构，设立专门的机构或明确专人研究。有的研究员认为在理论研究很难突破的情况下，先注重收集整理资料，做资料长编。有的研究员建议发动社员征集史料、捐献文物。有的社员建议社中央加强指导、培训，构建开放的研究队伍、定期召开研讨会。

九三学社研究室主任岳庆平概括了社中央社史工程各个项目进展情况，“九三学社人物丛书”将于9月3日前出版14本左右、社史专题片已完成前两集，后三集也要在换届前完成，《社史研究通讯》已经出版6期，口述史将参照人物丛书系列进行招标，陈列馆场地问题也将尽力解决。岳庆平表示将充分吸纳大家意见，进一步推进社史研究工作。

邵鸿副主席总结发言，指出社中央社史工程从开展到现在已有5年多时间，取得了一定的成绩，但存在着一些不足，主要表现在：一、社中央对社史工作虽高度重视，但在机制上还是存在着问题。目前各地社史研究工作发展很不均衡，其发展情况主要取决于领导是否重视和是否有专门的人才，这就表示我们在整体机制上推动工作的保证还不够。二、到目前为止，社史研究的成果还不够理想，已开展的项目精品不够多，还有一些项目由于各种原因至今仍未开展。比如展览和文物征集工作还没很好的开展。

邵鸿表示，今天的会议大家提了很好的意见，有些事情我们已经开始做，有些还没有做，会后我们会认真梳理大家意见，有针对性的健全改进。对于机制问题，今后我们将以中央文件的形式去要求和规范社史研究；对于大家提出的具体意见，如整合老同志力量、利用网络查找资料问题、加强培训辅导问题、社中央提供相关服务等，我们也将充分考虑各种因素，充分吸收。总之我们将在已有工作基础上，针对相对滞后的工作，推动社史工作上一新台阶，将社史工作做得更好，使社史工作能够对全社的工作产生积极的促进作用。

会议由九三学社中央研究室主任岳庆平主持。九三学社中央社史研究中心研究员共14人参加会议。

加强党外代表人士队伍建设学术研讨会

6月26日至27日，由中央社会主义学院和安徽社会主义学院联合举办的“加强党外代表人士队伍建设”学术研讨会，在安徽社会主义学院成功召开。中央社会主义学院党组成员、副院长张峰到会并作了《学习贯彻中央 4 号文件精神》主题报告。

这次研讨会共收到论文 39 篇，论文主要观点涉及如下几方面：

一、政策解读

中央社会主义学院王小鸿教授认为，《意见》的颁发，对加强党外代表人士队伍建设的意义重大。她认为，加强党外代表人士队伍建设是坚持和完善多党合作制度的内在要求，党外代表人士队伍的数量结构关系多党合作格局的巩固，党外代表人士队伍的能力素质关系多党合作效能的提升，党外代表人士队伍的作用发挥关系多党合作事业的发展。

广东省社会主义学院肖承罡副院长认为，《意见》是新中国成立以来，第一次以中共中央名义下发的仅是指导新形势下统一战线事业发展的纲领性文件和行动指南，更重要的是，这一纲领性文件的颁发充分体现了作为执政党的中国共产党在政治上的高度自觉与自信。这种高度的政治自觉与政治自信有着深厚的理论与实践基础。其一，这种高度的政治自觉与政治自信来源于中国共产党执政理论的不断发展、完善，以及丰富的执政成就与经验。其二，这种高度的政治自觉与政治自信来源于中国共产党在执政实践中不断保持和发展自己的先进性。其三，这种高度的政治自觉与政治自信来源于中国共产党人深刻的、高度的文化自觉。其四，这种高度的政治自觉与政治自信来源于中国共产党对中国特色社会主义制度的高度自信与自豪。其五，这种高度的政治自觉与政治自信来源于中国共产党同党外人士合作共事的光荣历史与传统。其六，这种高度的政治自觉与政治自信来源于中国共产党对统一战线法宝作的深刻体认与坚信不疑。

二、定义概念

成都市社会主义学院黄国华教授提出了党外代表人士代表性问题。代表性问题第一个层面是“党外代表人士”概念中蕴含的代表性。中共中央在意见中首次明确提出了党外代表人士的概念：“党外代表人士是与中国共产党团结合作、做出较大贡献、有一定社会影响的非中共人士”。第二个层面是“党外代表人士”范围中蕴含的代表性。意见高度概括了党外代表人士代表的社会范围主要由六部分构成：一是“民主党派代表人士”，二是“无党派代表人士”，三是“少数民族代表人士”，四是“宗教界代表人士”，五是“非公有制经济代表人士”，六是“港澳台海外代表人士”。这六个部分实际上概括了党外代表人士代表性的六个方面的主要社会属性。第三个层面是党外人士中的领导属性。意见明确提出了五类“主要”的党外代表人士：第一类是“人大代表、政协委员中的党外代表人士”，第二类是“在人大、政府及政府工作部门、政协、司法机关、国有企事业单位担任县处级（或相当于县处级）以上职务的党外人士”，第三类是“民主党派各级组织领导班子成员”，第四类是“工商联各级组织领导班子成员中的党外人士”，第五类是“在有关社会团体担任一定职务并发挥较大作用的党外代表人士”。

哈尔滨社会主义学院常庆林认为，从广义上看，“党外人士”一词是统战工作中约定俗成的用语，它特指非中共人士。“党外代表人士”应该是指中共党员以外，具有较高文化知识水平、在本工作领域具有一定造诣和成就、具有较强参与政治活动的意愿并能够代替所联系的群体表达诉求、在社会上有一定影响的人物。从狭义上看，党外代表人士，它应该是指“已在各级人大、政协、参事室、文史馆和具有统一战线性质的社会团体领导班子中，在政府及其工作部门、司法机关和高等学校、科研院所、国有大中型企业和人民团体领导班子中，在各级民主党派组织、爱国宗教团体领导班子中等作出安排的具有较高文化知识水平的非中共人员。”

三、教育培训

天津市社会主义学院王竞、马东升认为，贯彻《意见》与《纲要》，加强党外人才队伍建设，教育培训工作极为重要。一方面，加快改革与创新，即升华培训工作理念，树立并不断强化人本意识、树立并不断强化素质意识、树立并不断强化开放意识、树立并不断强化问题意识。另一方面，改革创新内容体系，就是要深刻认识用“同心”思想增进政治共识是教育培训的核心内容、处理好“一个主题、四个方面”的关系、处理好继承与改革创新的关系、完善内容体系。同时，还要改革创新培训方式与教学方法。

广州市社会主义学院田金星、刘强认为，为更好地做好党外代表人士教育培训工作，一要建立党外代表人士信息资料库，二要创新培训的内容和方式，三要加快社院系统的科研和教材建设步伐，四要完善学习培训管理制度。甘肃社会主义学院祁振仓、满瑛两位同志则认为，为了做好教育培训，要将党外代表人士的教育培训列入党委教育培训总体规划，要认真分析党外代表人士的成长特点及其规律性，还要对党外代表人士的教育培训因需施教。广西社会主义学院邓路遥、周益和、李艺等同志认为，贯彻落实 4 号文件精神，就要充分发挥党外代表人士教育培训主阵地——社会主义学院——的作用。始终围绕党外代表人士队伍建设大局开展培训、努力实现教育培训工作“三贴近”、努力推进党外代表人士教育培训工作纳入党委政府干部队伍建设大工程。

四、队伍建设

如何加强党外代表人士队伍建设？长春市社会主义学院周承铭、羿宗哲提出要把握好七个环节：一要帮助党外代表人士认清当前面临的重大发展机遇。二要 坚持把握特色原则,确保党外代表人士教育培训的实效。三要突出统战特点注重能力培养的教育培训内容。四要采取灵活多样的教育培训方式方法。五要通过教育培训，使党外代表人士具备扎实的四种能力。六要积极引导党外代表人士在经济社会发展和民主政治建设中发挥重要带头作用。七要加强组织领导，完善党外代表人士教育培训制度和机制。

福建省社会主义学院龚继民提出要建立“科学的党外代表人士队伍建设评价体系”。一要有构建党外代表人士队伍建设评价体系的目标和原则；二要有党外代表人士队伍建设评价体系的基本要素；三要有评价党外代表人士队伍建设的指标体系。建构评价党外代表人士队伍建设的指标体系必须根据党外代表人士队伍建设包含的几个基本环节，即发现、培养、开发、使用、管理等环节，确定必要的主要指标，作为评价指标体系中的一级指标，然后再将它们进一步分解量化设立二级指标。

湖北省社会主义学院张永红、邓方国认为，至关重要的是尽快建立新一代党外人士队伍建设工作机制，即从物色到培养的机制、从推荐到使用的机制、从管理到监督的机制、从联系到服务的机制、从关怀到领导的机制等。辽宁省社会主义学院王本奎、王淑华同志认为，要努力建设高素质的党外代表人士队伍，一要搞好对党外代表人士队伍建设的顶层设计，二要营造良好的选人用人的政策环境，三要制定科学合理的综合评价体系，四要提供平台跟进培养等等。

如何加强民族地区党外代表人士队伍建设？宁夏社会主义学院倪立新、李淑萍等同志认为：一是加强总体规划，确保党外代表人士数量足。二是加强教育培养，提高党外代表人士的综合素质。三是加强安排使用，让党外干部在合作共事中有所作为。四是大胆选拔任用，加快党外代表人士队伍建设推进步伐。五是加强机制建设，确保党外代表人士工作长期化、规范化、制度化。而青海省社会主义学院马占彪同志认为，一方面，加强党外干部和少数民族干部队伍建设。另一方面，加强和改进民族地区党外代表人士教育培训工作。

关于党外人才队伍建设的主线，重庆社会主义学院汪守军认为，加强民主党派人才队伍建设需要以增进和强化政治共识为方向重点，以促进参政党建设、提高参政议政能力为切入点，以保证党外人才质量为基础和前提，更好地发挥党外代表人士的优势作用，从而大大降低中国社会的转型成本，有效分担和化解几乎由执政党独自承担的社会改革带来的全部压力和可能的执政风险，为促进科学发展，推进改革和扩大开放，促进社会和谐和社会全面进步服务。

安徽社会主义学院党组成员、副院长高曙东主持会议。中央社会主义学院科研部主任贾小明，32 家省、自治区、直辖市、副省级城市社会主义学院的领导和专家学者共 65 名与会代表参加了研讨交流。

九三学社与马克思主义研讨会

九三学社与马克思主义研讨会 7 月 24 日至 26 日在河北省张家口市举行。会议以中国特色社会主义理论为指导，认真学习贯彻胡锦涛同志“同心”思想，深入研讨马克思主义作为九三学社指导思想的重要意义和时代特征、马克思主义与九三学社历史的关系、马克思主义与九三学社自身建设的关系、马克思主义与九三学社履行职能和发挥作用的关系、马克思主义与“同心”思想的关系，探讨用马克思主义中国化时代化大众化的最新成果加强九三学社自身建设，指导履职实践的有效途径。全国人大常委、九三学社中央副主席丛斌出席会议并讲话。

丛斌说，马克思主义是被 160 多年来世界历史发展进程，特别是中国革命、建设和改革实践反复证明了的科学真理。掌握马克思主义基本原理，学会运用马克思主义立场观点方法，分析和解决社务工作中的实际问题，是九三学社事业持续健康发展的基础工程，是积极应对国际国内形势发展变化，增强中国特色社会主义理论吸引力和凝聚力的重要抓手，是深化学习践行社会主义核心价值体系活动的重要举措。要以科学态度对待马克思主义，作为中国立国指导思想的马克思主义，是由马克思、恩格斯创立并由列宁和中国共产党人继承和发展了的关于无产阶级和人类解放的科学思想体系。坚持马克思主义，不是它的词句，不是它的个别结论，而是它的基本原理，它的立场观点方法。要历史地、全面地、具体地看待马克思主义，与时俱进地发展马克思主义。

会议共收到112篇论文，经过遴选，来自北京、河北、江苏、浙江、福建、重庆、山东、甘肃、四川等地区的10位论文作者做了大会发言。

关于指导思想：以什么样的思想理论为指导，是任何一个政党都必须回答的首要问题。九三学社作为政治联盟性质的民主党派，为什么要以马克思主义作为指导思想？如果九三学社也以马克思主义作为指导思想，与中国共产党不是一样了吗？……研讨会一开场，与会人员首先围绕这一问题展开思辨。九三学社中央宣传部部长穆建民以《浅议九三学社的“魂”与“道”》为题做了大会发言。他说，马克思主义指导思想是九三学社的“魂”，民主科学精神是九三学社的“道”。一个人如果丢掉了“魂”，就会六神无主；如果失去了“道”，就会俗不可耐。一个党如果丢掉了“魂”，就会迷失方向，如果失去了“道”，就会成为一盘散沙。生动有趣的比喻引起与会人员的强烈共鸣，也成为小组讨论中使用频率最高的“引文”。九三学社甘肃酒泉市委专职副主委董万泉认为，九三学社坚持马克思主义的指导思想，源于国家政权中参政议政的需要，源于多党合作制度中的作用、价值、功能和职能发挥的需要，源于民主党派政治联盟性质的必然要求，源于九三学社作为独立政党的自身诉求。九三学社中央思想建设研究中心研究员、浙江省政协研究室处长郭峻认为，坚持以当代中国马克思主义指导九三学社新实践，就要坚持中国特色社会主义共同理想，坚持政治正确；就要学习和掌握中国特色社会主义理论体系，保持思想清醒；就要树立和践行社会主义核心价值体系，实现价值统合；就要认真履行参政党职责，促进人民民主。九三学社江苏无锡市委会宣传处干部刘玲媚，从马克思主义中国化与九三核心精神具有同根性、与九三核心精神思想高度一致、为九三精神注入深刻的时代内涵等三方面入手，阐述了马克思主义中国化与九三学社核心精神本质上的契合与交融。九三学社云南省委专职副主委周勇对马克思主义作为外来产物，如何与我国实际相结合、如何解决“接地气”的问题发表了自己的看法。

关于自身建设：九三学社在它成立的60多年里，形成了科学、民主的优良传统，这一传统的形成与马克思主义关于科学、民主的思想一脉相承，符合中国马克思主义的科学内涵，和当代中国马克思主义的基本要求高度一致。九三学社中央思想建设研究中心研究员、北京石油化工学院副教授罗道全，从九三学社发展历史的角度，回顾了九三学社优良传统与马克思主义的关系。唐山学院文法系副主任张卉芳认为，在用马克思主义指导九三学社文化建设时，坚持马克思列宁主义、毛泽东思想、邓小平理论和“三个代表”重要思想的指导地位，保证先进文化的发展方向；加强社史建设，增加九三学社的感召力和凝聚力，弘扬九三学社文化；加强九三学社机关建设，把九三学社文化建设成为提高社员精神境界的良好途径，建设成为展示多党合作成果的重要窗口。九三学社重庆市北碚区委专职副主委胡一珊提出，随着改革开放的深入，社员的民主意识、自主意识、政党意识有所加强，迫切要求扩大民主权利，更多地参政议政，参加协商和监督，这不但要求执政党与九三学社等民主党派保持良好的对话沟通，更要求九三学社内部有较好的民主机制和民主氛围。福建农林大学知识产权管理处处长林修凤建议，通过自由辩论和自我批评的形式加强思想建设的成效；海南三亚学院跨文化研究中心主任王宏海希望，仿效中国共产党的党建工作，进一步重视我社的思想建设和社史工作；民主党派作为参政党，在各项社务工作中，尽可能体现自身的语言特色，形成有别于执政党的话语体系。九三学社内蒙区委宣传部部长苗平表示，宣传干部的理论水平和工作能力决定了各项工作的水平，建议加强宣传干部队伍的培训工作。

关于履职实践：福建省莆田市荔城区干部郭青萍认为，把开展社会主义核心价值体系学习教育作为重要任务，以理想信念为重点，提升学习认识，营造学习氛围，打造学习平台，拓宽学习渠道，创新学习手段，改善学习行为，创新学习制度，不断学习中国共产党领导的多党合作和统一战线理论，继承、发扬学社优良传统，努力使社会主义核心价值体系成为广大社员的心灵共鸣、思想共识、情感共振、价值共求、信仰共守。东营市副市长、九三学社山东省营口市委主委温晓杰认为，要创新发展马克思主义民主理论，就要把法治基础上的民主思想作为社员学习马克思主义的重点，将以人为本，构建和谐社会的科学发展理念根植于自己的思想中，紧紧围绕执政党和国家的中心工作，发挥人才优势，以促进经济、社会全面协调可持续发展作为九三学社参政议政的重点领域，真正服务于国家科学发展和实现自身科学发展，真正体现出参政党的自身价值。九三学社成都市委宣传处李竹海介绍，成都市委的参政议政工作坚持实践第一、坚持唯物辩证法、坚持群众民生等作法，受到了广泛关注。他说，进入21世纪以来，执政党的执政实践从经济建设压倒一切转向追求公平正义、人权保障、社会福利、文化重构和生态保护等多目标和谐发展，这就要求民主党派的参政议政重心也要随执政重心转移而转移，体现时代特色；要深入基层、深入群众，了解民情，体察民意，全方位、多角度、多形式地开展调查研究，体现实践特色；要围绕科技发展中的体制、机制、政策、环境、战略、规划、管理等方面问题参政议政，紧紧抓住“促进科技发展和自主创新”这一条主线扎实积累、深入研究，体现界别特色。丛斌认为，“同心”思想既是对马克思主义历史合力理论的新发展，又是对多党合作本质特征的概括凝练。要把“同心”思想的基本要求融入履职尽责全过程，使二者紧密结合、互相促进。例如，延伸“九地合作”和“多党合作新农村建设示范”项目，实现项目对接，搞好牵线搭桥，加强横向协作；整合力量，加大投入，支持毕节扶贫事业发展；将“百名专家进乡村入学堂下企业”、“九三学社支教团”、“亮康行动”作为“同心·智力行”活动的重要载体，实现同心、履职、惠民的有机统一。

九三学社中央及各省级和市级思想建设研究机构负责人，九三学社张家口市委委员等共60余人参加会议。

全国社会主义学院系统理论研讨会暨中国政党制度研究中心第十届年会

8月11日至13日，2012年“全国社会主义学院系统理论研讨会暨中央社会主义学院中国政党制度研究中心第十届年会”在吉林省社会主义学院召开，会议主题为“中国多党合作制度化建设问题研究”中央社会主义学院党组书记、第一副院长叶小文，吉林省政协副主席、中共吉林省委统战部部长刚占标，吉林省人大常委会副主任、民建吉林省委主委、吉林省社会主义学院院长车秀兰，中央社会主义学院副院长袁廷华等出席开幕式。

中共吉林省委统战部副部长、吉林省社会主义学院党组书记刘青春主持开幕式。

中央社会主义学院党组书记、第一副院长叶小文在会上发表了讲话。他指出，十年来，中国政党制度研究中心深入探讨多党合作重大理论和实践问题，取得了丰硕成果，为坚持和完善多党合作制度作出了积极贡献。他强调，当前，认真学习领会胡锦涛同志不久前在省部级主要领导干部专题研讨班上的讲话精神，是全党的一项重要政治任务，也是本次会议的一项重要内容。全国社会主义学院系统的教职员工要深入学习领会这篇坚持和发展中国特色社会主义的政治宣言，着眼全局谋划社会主义学院建设，联系大事推进教学科研。一是要以中国特色社会主义伟大旗帜引领方向、凝聚力量；二是应从开辟和坚持中国特色社会主义政治发展道路的高度，深入研究、扎实推进和完善中国共产党领导的多党合作和政治协商制度，加强政党制度的研究和教学，为发展更加广泛更加充分的人民民主作贡献；三是加强政党制度研究要坚持正确政治方向，把握好三对关系，即政治与学术的关系、理论创新与坚持正确政治方向的关系、理论研究与课堂教学的关系。

本次会议适值中国政党研究中心成立十周年。中央社会主义学院副院长、中国政党制度研究中心主任袁廷华在报告中对中国政党研究中心十年来的工作作了总结。他指出，十年来，中国政党制度研究中心通过全体人员的辛勤工作取得了可喜的成绩，如建立健全了各项工作制度，整合力量形成了稳固的科研团队，搭建了多种科研平台，构建了与地方社院的科研合作机制，积极开展了对外学术交流；也获得了一些宝贵的经验，即中国政党制度研究应坚持正确的政治方向、坚持为多党合作实践和教学服务、发挥社会主义学院的独特优势、重视政党制度理论的学理性研究、拓宽理论研究的视野。他还指出，中国政党研究中心今后研究的方向和目标是推进中国特色政党制度理论研究。当前，应着力于四个方面的研究：一是关于中国特色政党制度理论体系研究；二是关于中国特色政党制度价值研究；三是关于完善政党制度、推进社会主义民主的研究；四是关于理论为教学服务的研究。

九三学社中央研究室主任岳庆平作为民主党派中央理论研究机构代表、中共中央编译局马克思主义研究部主任季正聚作为兄弟研究机构代表、北京社会主义学院副院长卢晓华作为地方社会主义学院代表分别在会上致辞祝贺中国政党制度研究中心成立十周年。

为充分认识中国特色社会主义的优越性，坚定走中国特色社会主义道路的信念，更加自觉地高举中国特色社会主义伟大旗帜，会议特邀请山东大学当代社会主义研究所博士生导师、教授蒋锐作题为“中国特色社会主义与民主社会主义”的学术报告。报告从源流关系和思想理论来源上对中国特色社会主义和民主社会主义进行了比较分析，重点阐述了二者在指导思想、奋斗目标、策略手段以及在民主、国家、所有制等问题上的根本分歧，明确了中国共产党与当代社会民主党的本质区别。

与会代表共计120人，收到代表提交的参会论文70来篇。根据提交的论文和会议发言、小组讨论的情况，本次会议围绕主题着重研讨了四个方面的重要问题：

一、多党合作制度化、规范化、程序化的内涵

当前，中国共产党领导的多党合作和政治协商制度，已作为我国一项基本的政治制度得到确立和加强。在新的历史条件下，大力推进多党合作的制度化、规范化、程序化，

是坚持和完善中国共产党领导的多党合作和政治协商制度的重要内容。关于多党合作制度化、规范化、程序化的内涵，主要观点有：

第一，多党合作的制度化、规范化、程序化，就是通过权力配置、利益协调、权利救济等制度化、规范化的手段，将已有的各种多党合作的方法和措施上升为法律和政策，将多党合作中的权力——权利的配置、合作的程序和合作的方法与内容固定下来，使之成为具有稳定性、权威性、连续性和普遍适用性的规则的过程。多党合作的制度化、规范化、程序化的表述，事实上可以用制度化进行概括，因为程序化属于制度化，而规范化正是制度化的一种状态。多党合作制度化的内涵，包含理论与实践两方面的内容，即制度体系和运行机制两个方面。

第二，多党合作制度规范化的基本内涵包含四个方面，即依法治国内涵、充分协商内涵、利益整合内涵、建设性内涵。依法治国内涵的提出基于当前执政党不仅面临着发展市场经济的任务，而且面临着建设、完善社会主义民主政治的任务。这些因素使得中国共产党成为整个社会发展和国家权力运作的主要推动力量。执政党这种特殊的地位，客观上提出了一个新的课题：从法理上讲，法是整个体制的核心，是民主政治的基石，国家权力必须严格按照法律要求来运作；从实践上讲，共产党是整个体制的核心，党的领导是社会主义建设的前提，国家权力必须服从党的领导。执政党应当遵从这种法理关系，并且利用这种法理关系来对公共权力的运作施加影响。充分协商内涵是指当代中国多党合作制度规范中的充分协商原则，也就是指执政党与参政党在国家政治生活中要互通信息、充分研讨，求同存异、共同发展。利益整合内涵是指在当代中国，社会各阶级、阶层、利益群体和个人主要是通过共产党和各民主党派来表达自己的利益、愿望和要求。建设性内涵实际上是指当代中国多党合作制度的目的性问题，即在当代中国政党合作中，各党派对国家和社会的发展是建设性的互相支持，而非破坏性的互相拆台。

第三，多党合作制度的规范化有其特定的内涵，就是要建立一套适宜的评价体系。要按照政治体系内蕴的。标准。衡量、评估和健全多党合作制度，遵循多党合作和政治协商的内在规律与发展要求，稳步提升我国政党制度的科学化水平。多党合作制度的规范要体现如下几个方面的要求：体现我国国体的特点，体现人民民主的本质要求，体现多党合作的文化理念，体现多党合作的基本准则，体现我国政党制度的衡量标准，体现政党制度的中国特色，体现现代制度文明的重要成果。

第四，我国多党合作制度的规范化，一方面，要实现多党合作制度由政治逻辑向法律逻辑转变；另一方面，要确立多党合作制度的各种标准及行为规范，为我国多党合作制度及整个政党制度的科学发展提供条件。

第五，多党合作制度化建设至少包括以下六大机制的建设，即共识机制、监督机制、协调机制、表达机制、整合机制、自我修复机制等。

二、多党合作制度化、规范化、程序化理论的发展历程

中国共产党领导的多党合作和政治协商制度的发展和完善，其实质就是一个不断制度化、规范化、程序化的发展进程。

关于多党合作制度化、规范化理论的正式提出，有学者认为，改革开放初期，邓小平

率先从国家政治制度的高度肯定多党合作，其讲话。必须使民主制度化、法律化，使这种制度和法律不因领导人的改变而改变，不因领导人的看法和注意力的改变而改变。则是多党合作制度化的发端；有学者提出，最早可追溯至1986年12月全国政协召开的地方政协工作座谈会；也有学者认为，1993年全国人大八届一次会议所通过的宪法修正案把中国政党制度载人宪法，不仅开创了中国政党制度的宪法化过程，更标志着中国共产党领导的多党合作从法外制度转化为由根本大法确认的法内制度，多党合作、政治协商、民主监督要经常化、制度化就曾作为会议成果被正式提出。

大家一致认为，1989年12月正式颁发的《中共中央关于坚持和完善中国共产党领导的多党合作和政治协商制度的意见》，是我们党历史上第一个对多党合作的政策和制度进行全面规范的中央文件，标志着中国共产党领导的多党合作进入到制度化、规范化建设的新的发展阶段，为新时期中国共产党领导的多党合作和政治协商的制度化建设指明了方向，第一次使我国政党民主建设走向制度化的轨道。在党的十六大上，多党合作制度被写入党章总纲中，表明了中国共产党对中国特色政党制度的认识和定位，从党内政策层面上升到党内最高法规，在法制化建设的轨道上又向前迈出了新的步伐。2005年颁发的《中共中央关于进一步加强中国共产党领导的多党合作和政治协商制度建设的意见》和2006年颁发的《中共中央关于加强人民政协工作的意见》，使中国共产党领导的多党合作和政治协商内容更加丰富、机制更加健全，为多党合作制度在具体操作层面的运行作出了明确的规定，是贯彻落实多党合作制度化、规范化、程序化的重要指导性文件，也使得我国多党合作制度化建设进入到一个新的阶段。

三、影响多党合作制度化发展的要素

中国共产党领导的多党合作和政治协商制度是具有中国特色的政党制度。它是在我国独特的经济、政治、传统文化的基础上，依据马克思主义政党而建立的，是把具体的中国国情与普遍的马克思主义建党理论相结合的产物。多党合作制度化的设计必然是牢牢立足于中国特定的政治经济社会基础之上的。

学者们认为，推进多党合作制度化、规范化、程序化发展的要素有四：一是社会因素。在社会转型期，社会经济文化有了深刻的变化，社会经济成分和社会利益格局、就业方式和社会组织方式、社会分配方式和社会价值取向呈现多样化。社会的发展为我国政党制度的发展提出了新的时代要求。阶级和阶层的多样化，需要政党制度提供一系列的制度安排，使各阶层的利益得以表达、利益矛盾得以整合，这就要求我国政党制度在表达社会各成员的政治意愿和实现政治参与上发挥更大的作用。二是政治因素。中国政党制度建设，一方面，要与中国共产党领导的执政体系相统一；另一方面，要与中国的国家制度体系相统一。政党制度要与党的领导和执政体系相统一，就必须在制度上实现党的领导、多党合作和政治协商的有机统一，使多党合作和政治协商有效地成为党的领导与执政的重要政治基础；政党制度要与国家制度体系相统一，就必须使参政议政、民主监督和政治协商转化为具体的制度安排。而从国家制度体系发展趋势上来看，也呼唤着多党合作制度化规范化程序化建设的进一步推进。三是实践因素。一些所谓的制度软弱现象在多党合作制度运行中仍明显存在，在制度运行的许多方面和环节上，还没有形成配套、具体、

细化的规范，致使政党制度的规范化、程序化水平偏低，在实践操作中的随意性很大，制度的某些功能难以有效发挥，制度设计与制度绩效之间存在距离。这些现实问题的解决，也需要多党合作在实践中进一步制度化、规范化、程序化。四是文化因素。一个国家政党制度模式的选择，必定是各种因素综合作用的结果，政治文化作为其中的要素之一，为制度的生成提供了发展空间和文化资源。

鉴于此，有学者专门研究了我国政治文化与政党制度之间的密切关系，提出二者在以下几个方面相契合：一是整体至上的价值取向表现在多党合作的实际运作中，民主党派参政议政通常强调围绕大局、围绕政府中心工作而展开，既要表达局部利益、具体利益，更要重视整体利益、共同利益。二是传统政治文化中"统一"、"核心"的政治心理在现实社会延续，并在很大程度上影响和塑造了当代中国的基本政治形态，形成了政党制度"共产党领导、多党派合作，共产党执政、多党派参政"这样一种中心一元、结构多元的独特形式。三是求同存异的和谐精神，使得多党合作制度本身具有很强的包容性，形成了不同政党一致性和自主性之间的空间和张力。 四是合作与协商的行为偏好，使得协商精神更贯穿于制度的各个环节和机制之中，形成参政议政机制、民主监督机制、合作共事机制。更是在执政党和参政党之间建立了制度化的沟通对话机制，形成了一种独特的党际关系模式，为一党执政注入了民主元素。这既适度满足了发扬民主、扩大参与的需要，也有助于减少社会分化、增进社会共识，使党的方针政策获得广泛的社会认同。

四、多党合作制度化发展路径

关于如何有效推进多党合作制度化，学者们就此作出了认真思考，并从不同的角度提出了一些好的思路。主要有：

第一，坚持中国共产党的领导，坚持走中国特色社会主义政治发展道路，坚持依法治国、依法执政、依法参政，这是推进多党合作制度化的重要前提。

第二，从有序发挥我国多党合作制度的整体效能着眼，全面推进多党合作的制度化、规范化和程序化建设。一是要以制度建设为核心，健全和完善工作机制和专项机制，如政治协商机制（扩大有序的政治参与，拓宽党派参与渠道，明确协商时限规定）、民主监督机制（提高监督层次，保证监督实效，民主监督同法律监督、党内监督特别是舆论监督有机结合）、参政党建设机制、党外干部培养选拔使用机制等；二是要健全和完善保障机制，如法律保障机制、制度保障机制、政策保障机制；三是要健全和完善统战部门联系沟通、协调服务和组织推动多党合作和政治协商的机制，充分发挥各级党委在多党合作制度化、规范化和程序化建设中的政治核心作用，并整合实力，使党委、政府、政协"协同作战"；四是要认真总结多党合作制度的实践经验，不断探索多党合作制度化、规范化、程序化建设的新形式、新方法，不断改善政党活动方式，实现执政党的执政方式和参政党的参政方式科学搭配和统一协调。

第三，按照科学发展观的要求全面提高执政党的领导能力和执政水平。一是必须充分发扬社会主义民主，实现党的领导程序化，实现决策的科学化和民主化，用正确的路线方针政策来实现正确领导；二是必须适应依法治国的根本方略，探索建立和发展社会主义市场经济条件下党的领导方式和执政方式，实现党的活动法规化，即党必须在宪法和法律范围内活动，实现党的领导、人民民主和依法治国的有机统一；三是必须寓党的领导于民主协商、经常性的思想政治工作、党员的先锋模范作用和对民主党派具体的支持和帮助之中，以各民主党派对共产党的充分信赖和对党的路线、方针、政策的自觉贯彻执行来实现党的领导；四是必须实现干部任免规范化，即在重要干部产生的途径和任免程序上要依法进行，重要干部的产生要由党组织提出人选，由有关机关通过法定程序予以认可。

第四，健全参政党自身建设机制。多党合作是以参政党的存在和发展为前提的，参政党自身建设水平的高低直接影响和决定着多党合作的效果。要想促使我国政党制度的优越性得以充分发挥，必须加强参政党的自身建设，提高其自身素质。对此，学者们主要从以下五个层面进行探讨：

一是参政党的形象建设。在建设高素质参政党的历史进程中，加强参政党形象建设，对于参政党健康发展，对于坚持和完善中国共产党领导的多党合作和政治协商制度，对于抵制西方敌对势力“西化”和“分化”图谋,对于坚持中国特色社会主义政治发展道路，具有重大的现实意义和深远的历史意义。有学者提出，参政党的形象建设应涵括：参政党的政党形象，如政党的代表性，政党传统的传承，参政议政、民主监督、建言献策能力和水平的发挥，重大政治事件、国际交往、外事活动上表现出的政治立场和形象等等；参政党的社会形象，如参政党为经济发展和社会稳定所作出的贡献；参政党的人文形象，主要由精神、品德、操守、气质、素质和专业等各方面综合而成；参政党的领袖形象，主要是指民主党派领袖人物的个人魅力；此外还有机关形象、参政党成员个体形象等。

二是参政党的思想建设。参政党核心价值观是民主党派成员对本党派性质、宗旨和价值追求的根本看法。树立参政党核心价值观，是参政党思想建设的重要内容。构建参政党核心价值观践行机制，有利于坚定参政党成员的政治信仰、引导参政党成员的价值取向、规范参政党成员的道德行为。有学者提出，构建参政党核心价值观践行机制主要在于：加强政治共识教育，构建参政党核心价值观教育引导机制；弘扬传统薪火相传，构建参政党核心价值观认同传承机制；增强履职意识能力，构建参政党核心价值观评价激励机制；强化服务奉献意识，构建参政党核心价值观创新发展机制。

三是参政党的组织建设。只有加强参政党的组织建设，才能不断增强其组织活力。要抓好民主党派领导班子建设，建立健全民主党派干部队伍的发现储备、教育培养、选拔任用和管理等机制，加大民主党派干部的培养和使用；要做好党派成员发展及教育培训工作，不断提高其政治素养和业务水平；要切实加强民主党派机关作风建设，推动机关民主建设，完善机关规章制度建设、民主党派组织文化建设，增强机关活力和党派组织的凝聚力；要健全民主党派参政议政激励和约束机制，健全党派领导班子及党派成员参政议政考核制度。

四是参政党的制度建设。参政党的制度建设是寻求共识的过程，应该具备法律意识和规则意识。参政党各项制度的设计、制定和完善，参政党制度建设的执行、落实和监督，都要符合我国宪法和各项法律；参政党的制度建设还应注重学习和反思，根据参政党的发展状况，适应新形势新任务的要求，不断修订废改已经不适应的制度，以保证制度的协调性、统一性和系统性。

五是参政议政能力建设。有学者提出，要提高对参政议政工作重要性的认识，必须站在全局和战略的高度，进一步提高认识、统一思想，不断增强做好参政议政工作的光荣感、使命感和责任感；要提高参政议政工作的质量和水平，注重提高政治修养和政策水平，注重围绕中心选题，注重方式方法创新；要完善参政议政工作机制，特别是要建立健全参政议政部的工作机制，如建立信息收集机制、信息员队伍建设机制、借助外智外力的机制。

另有学者提出，参政党理论建设正是我国多党合作制度建设中需要进一步加强的重要方面，并就参政党理论建设与参政党建设理论之间的联系和差异进行了辨析，认为参政党建设理论是参政党理论建设的内容之一。参政党理论建设应包含参政党自身建设理论，主要包括：参政党基本理论、参政党自身建设理论、参政党产生和发展的客观规律等主要内容。具体而言，参政党基本理论建设应包含：参政党的概念、性质、地位、作用研究，参政党的指导思想、基本原则、主要功能研究，参政党的基本职能研究，参政党运行机制研究等；参政党自身建设理论应包含：参政党思想建设，参政党组织建设，参政党制度建设，参政党能力建设等；参政党产生和发展的客观规律应包含：多党合作史、中国近现代政党史、民主党派史等。

民革自身建设理论与实践学术研讨会

9 月 27 日至 28 日，民革自身建设理论与实践回顾展望学术研讨会在湖南长沙举行。全国人大常委会副委员长、民革中央主席周铁农出席会议并讲话；湖南省人大常委会副主任谢勇，湖南省政协副主席、民革湖南省委会主委刘晓出席会议并致欢迎词；民革中央副主席修福金主持会议开幕式。

周铁农主席在会议开幕式上作了重要讲话，从大力加强思想建设、制度建设、后备干部队伍建设、机关建设、理论建设等方面，对民革自身建设的主要工作进行了回顾与梳理，提炼出民革自身建设的五点经验。他说，十年来，特别是民革第十一届中央以来，民革自身建设的主要经验，一是加强和推进自身建设，必须把思想政治工作作为灵魂工程放在首位；二是加强和推进自身建设，必须把提高参政能力作为关键紧抓不放；三是加强和推进自身建设，必须把制度、机制建设作为保障工程不断完善；四是加强和推进自身建设，必须把明确重点、大力创新、整体推进，作为基本工作思路不断落实；五是加强和推进自身建设，必须把民革优良传统作为思想政治教育的重要内容，坚持特色。

对于今后民革自身建设工作，周铁农从四个方面提出了要求。他强调，要深入贯彻“同心”思想，始终把思想建设放在首位；以全面推进自身建设为基础，把参政能力建设提高到一个新的水平；以保障党员民主权利、加强党内监督为两翼，不断推进党内民主；继承传统，不断创新，把民革建设成为适应时代要求的参政党。

9 月 28 日上午，在圆满完成各项议程后，民革自身建设理论与实践回顾展望学术研讨会闭幕。修福金在闭幕式讲话中指出，此次研讨会厘清思路、突出实效，全面客观地回顾了民革自身建设发展脉络；研讨理论、把握规律，准确系统地总结了民革自身建设发展经验；明确目标、夯实基础，全面谋划民革自身建设发展方向。修福金希望与会同志认真学习，从思想上深刻认识加强民革自身建设理论与实践研究的重要性；着重落实，从组织上保证民革自身建设理论与实践研究的实效性；探索规律，从机制上保障民革自身建设理论与实践研究的可持续性。以这次会议为契机，进一步推进民革自身建设理论和实践研究，为发展和完善中国共产党领导的多党合作和政治协商制度、更好发挥参政党作用提供有力的理论支撑。

会议为期两天，围绕“民革自身建设理论与实践”的主题，收到征文86篇，并通过主题发言、分会场研讨等形式，全面、系统地对中共中央（89）14号文件发布以来，特别是中共中央（2005）5号文件发布以来民革自身建设的理论与实践进行了回顾和总结，探讨了民革自身建设存在的问题，并对其今后的发展进行展望。

参加这次会议的还有民革各省、自治区、直辖市委员会的领导同志和宣传工作部门的负责同志，民革中央理论研究与学习委员会委员，民革中央工作部门的负责同志，以及来自中共中央党校、中央社会主义学院、北京大学、上海师范大学、华东师范大学、湖北省社会主义学院、浙江省社会主义学院、安徽省社会主义学院等单位的专家学者。

第四届中国政党研究论坛

由北京大学政党研究中心、中央社会主义学院政党制度研究中心、民进中央参政党建设理论研究中心、山东大学政治学与公共管理学院、山东大学政党研究所主办，山东大学政治学与公共管理学院、山东大学政党研究所承办的第四届中国政党研究论坛，于10月20—21日在山东大学举行。全国人大常委、民进中央副主席王佐书，山东省政协副主席、民进山东省委主委栗甲，中央社会主义学院中国政党制度研究中心副主任兼秘书长李金河，国家行政学院科研部主任许耀桐，山东大学终身教授赵明义，山东大学党委副书记尹作升，中共中央对外联络部研究室副主任周余云，山东省委统战部副部长曲涛，北京大学政党研究中心主任金安平教授、山东大学统战部部长戴智章研究员、山东大学政治学与公共管理学院葛荃教授、山东大学政治学与公共管理学院党委书记高山研究员、山东大学政治学与公共管理学院副院长王学玉教授、山东大学政治学与公共管理学院副院长王佃利教授出席开幕式。山东大学政党研究所长王韶兴教授主持开幕式。

王佐书在致辞中分析了政党制度理论研究的重要意义，强调探索、创新、整合多党合作制度理论研究，需要把从事政党研究和中国政党制度研究的力量结合起来，需要把理论研究者和实践工作者的力量结合起来。尹作升在致辞中表示，在党的十八大召开前夕，在学校刚刚度过111周年校庆的喜庆时刻，第四届中国政党论坛在山东大学举行，意义非凡。多年来，山东大学人文社会科学学科为国家战略和经济社会发展做出了独特的贡献。山东大学政党研究所已经成为学术研究队伍稳定、学科优势突出、学术特色鲜明的科学研究和人才培养基地。他希望与会师生能以此次会议为契机，积极讨论，激荡思想，进一步提升研究水平，拓展研究领域，使山东大学政党研究再上新台阶。葛荃在致辞中介绍了学院概况、学科特色以及发展设想等相关情况。他坚信政党政治学术团队将会以此次论坛为契机，在已经取得发展优势的基础上，进一步提升科学研究水平，进一步提升人才培养质量，进一步提升为国家政治发展服务的能力。

论坛前期收到学术论文80余篇，经筛选，共有63篇优秀论文收入会议文集。中央国家机关、党派机关、大专院校、科研机构等52个单位的120余人参加了论坛，27位代表作了大会发言。大家围绕"政党制度与国家政治建设"这一主题，就世界政党政治的历史发展与基本经验、国外政党制度与国家政治发展、中国政党制度与国家政治建设等专题展开了热烈的学术研讨。

关于政党政治的综合与比较研究。有学者认为，政党政治的综合研究涉及到党务公开、政党法制、执政行为文明等一系列复杂的相关问题。当下党民、党国、党政、党际关系错综复杂。要理顺党权、国权和民权，需要"党要管党，从严治党"，还要"民要管党"。这就需要进一步强调文明执政、依法执政、科学执政。执政党要善于运用自身的政党文化、党内法规和党内民主机制的约束作用，把自身的执政行为主动引导和调整到法律框架和法治精神的轨道上来。

关于中国政党制度建设与国家政治发展研究。有学者认为，政党制度与国家政治建设，是世界政党政治中的老问题、大问题，是每一个民族国家现代化过程中都不能回避的问题。当下中国的改革已经进入攻坚阶段，要想深化改革，首先必须要确保中国政党制度的稳定性。中国在通往现代化的道路上，要警觉"多党制幻觉"，在政党体制上搞"进口替代"，简单移植别国的政党体制会造成水土不服。中国要在坚持和完善中国共产党领导的多党合作和政治协商制度的过程中，闯出一条具有中国特色的政治文明发展之路，丰富世界民主政治的内涵与形式，为人类社会的政治文明作出独特贡献。

关于中国政党制度的价值研究。有学者认为，中国政党制度本身所具有的制度价值，对未来中国政治的发展影响重大。中国政党制度为社会组织与公民的政治参与提供了制度化渠道，为协商民主提供了广阔平台，构建了友党与诤友的党际关系模式，保证了我国政治制度的平稳运行。因此要进一步从改革和完善党的领导制度、加强和完善多党合作制度、加强政治协商制度建设等方面推进多党合作和政治协商制度化建设。

关于中国特色政党制度建设的理论和实践研究。有学者认为，政党政治是当代世界政治文明的重要组成部分，一个国家采取什么样的政党体制，一切要以国情为依据。国情不同，政党政治的体制模式、理论与实践规则也不可能相同。当代中国确立的政党制度模式，是中国共产党把马克思主义政党学说和统一战线理论与中国具体实际相结合的伟大创造，是中国共产党与各民主党派和无党派人士一起建立起来的一种独具特色的新型政党制度。它在社会主义政党政治史上创立了崭新的政党政治关系、崭新的政党执政方式和崭新的民主实现机制，是被实践证明了的符合中国国情的政党制度。该议题的论文探讨了如何完善党的民主建设。中央新的领导集体应做到既有识又有胆，撰写《关于新形势下加强党和国家领导制度改革的决定》，并建议修改党章，针对民主集中制特别强调集中的情形，应增补"个人监督组织、下级监督上级、多数保护少数、全党监督中央"的内容。

关于国外政党政治的新变化与借鉴研究。有学者认为，不论是在社会主义国家还是资本主义国家，不论是在发达国家还是发展中国家，世界多极化、经济全球化、政治民主化、社会信息化、发展模式多元化都使得政党受到了极大的挑战。而一种政党体制的产生受制于经济、文化等各种因素，这正体现了世界政治文明的多样性。该议题考察了西欧、亚太和拉美等国家和地区政党发展的新动向，并对相关国家和地区的政党的功能性差异进行了深入探讨，特别指出当前研究国外政党问题一定要落脚于中国自身建设，否则就失去了研究的价值和意义。

与会专家和学者一致认为，本届中国政党研究论坛适逢十八大召开的前夕，与会学者对加强政党制度与国家政治建设这一重大论题进行深入研究和认真思考，特别从世界政党政治发展的视域中进行探索和争鸣，对于我们坚持和完善中国特色的社会主义政党制度，增强我国政党制度抵御风险的能力必将发挥积极的作用。

民进中央参政议政年会

11 月 6 日，2012 年民进中央参政议政年会圆满完成各项议程在京闭幕。民进中央副主席兼秘书长朱永新出席会议并讲话。闭幕式由民进中央参政议政部部长陈鸣主持。

朱永新指出，本次参政议政年会是在全会上下喜迎中共十八大和民进十一大召开之际的一次重要会议，也是学习贯彻民进十二届二十次中常会精神、统一思想认识、部署未来五年参政议政工作的重要会议。他说，当前复杂多变的国内外形势对民主党派参政议政提出了新考验，执政党自身执政能力的提高对民主党派参政议政也提出了新要求。民进全会的参政议政工作仍存在人才结构不够均衡，工作机制尚未完全理顺，调查研究深度有待进一步加强等问题与不足。

就如何认识和继续加强参政议政能力建设，朱永新提出七点意见。一是围绕科学发展献可行之策，把影响经济、社会、民生等热点难点问题作为参政议政的主要内容，从如何通过科学发展来破解的角度出发，寻找符合各方利益的可行的解决方法。二是不断提升工作水平，全会上下要认真学习中共十八大及民进十一大两次大会的重要精神，结合实际工作培养提高自身政治素质和业务素质，增强对国家法律法规、方针政策等政治理论的把握能力。三是推进工作的制度化、规范化和程序化。民进中央将继续完善课题立项、项目审核、调研实施、提案形成和成果奖励等机制。四是切实加强参政议政专职干部队伍建设。组织部门应注重把后备干部、中青年骨干放在参政议政工作岗位上发挥作用、成长成才。同时，积极吸收会外优秀人才充实民进的专干人才队伍，加大培训力度。五是加强参政议政专委会建设，民进中央将根据实际需要对专委会的专业领域进行细化，加强专委会与会外专家资源的结合，以各种专业化团队对相应的领域进行深入调研，对专委会人员的调整、增补也将继续保持常态化。同时完善专委会工作的联动机制，促进专委会之间的横向合作。六是加强参政议政平台建设，更好地整合资源，展示成果。特别是网上参政议政平台，除资源共享、信息互通和工作交流的现有作用，还应建立起高层协商的应急机制，为提高发言质量提供保障。七是加强参政议政调研工作，找准选题、全面深入基层，提高建言献策的针对性、可行性与可操作性。

朱永新代表民进中央、严隽琪主席、罗富和常务副主席感谢各省级组织、各专门委员会委员及各位特邀研究员的辛勤工作，并希望与会同志围绕本次年会主题，进一步调动各级组织和广大会员的积极性，继续深入总结和剖析，查找问题和不足，提出对策和建议，推动全会参政议政工作取得新进展、迈上新台阶。

闭幕式当天上午，与会同志分成五个小组进行了分组讨论。闭幕式上，五个小组的代表分别汇报了各自小组讨论的具体情况。

会议对民进中央2012年度参政议政成果进行了表彰，其中获得一等奖成果23项，二等奖成果21项，三等奖成果7项。

部分民进中央参政议政特邀研究员，民进中央专委会主任、副主任，民进省级组织分管副主委、参政议政部门负责人和专职干部参加了闭幕式。

参政党的社会基础与社会功能理论研讨会

11月21日至22日，中央社院—民进中央参政党建设理论研究中心与浙江省社会主义学院参政党建设研究中心联合举办的“参政党的社会基础与社会功能”理论研讨会在浙江社院召开。民进中央副主席王佐书出席研讨会并讲话，中央社院副院长袁廷华作主题报告，浙江省委统战部副部长、浙江社院党组书记、浙江社院参政党建设研究中心主任张惠康在开幕式上致辞。

王佐书副主席在开幕式讲话中指出，召开“参政党的社会基础与社会功能”理论研讨会，探讨参政党建设对推动国家政治建设的重要作用，探讨多党合作理论和实践中的热点、重点和难点问题并力图解决好这些问题，为不断完善和发展我国的多党合作制度，促进我国政治文明的发展作出应有的贡献，是参政党应当与时俱进地做好的课题，也是指导参政党与时俱进地做好工作的需求。

张惠康书记在致辞中说，参政党建设的进一步推进和加强，参政党建设理论的进一步完善和发展，是多党合作事业发展的要求，是与执政党建设相适应的要求。如何在新的形势下努力建设适应时代要求的高素质参政党，必须从理论上做出回应，参政党建设理论研究的重要性日益凸显。浙江社院将继续高举旗帜、把握方向，解放思想、开拓创新，联系实际、服务现实，加强协作、形成合力，在推进和深化我国参政党建设理论研究的征程上不断作出新的贡献、取得新的成果。

中央社院副院长袁廷华作了《中国政党制度功能探析》的主题报告。报告剖析了研究政党制度功能的意义，明确了政党功能与政党制度功能的区别，从政党制度功能的含义、中国政党制度的根本功能、中国政党制度的基本功能和中国政党制度功能与经济社会现代化四个方面进行深入探析。他指出，中国政党制度立足于人民长远利益和根本利益，确立了现代化发展的现代政治权威，保证了改革发展路线政策长期稳定并一以贯之地实施，构建了高效率和低代价的公共决策优化机制，维护了中国现代化进程中的政治稳定。

本次研讨会采取主题报告、专家点评和自由交流的形式，全面、系统地探讨了参政党的社会基础与社会功能等问题。在会议研讨交流阶段，来自民进中央、中央社院、各省社院、民主党派省委会、相关院校的九位专家学者就各自的研究成果进行了交流发言，与会的另九位专家分别对交流发言者的论文或课题观点作了精到的点评。在会议闭幕式上，中央社院统战理论教研部主任李金河作了会议总点评。浙江社院副院长冯宇甦作会议小结。民进中央、民革中央、中央社院、浙江社院、外省市区社院、民主党派省委会的领导、专家及课题负责人等共50余人参加了本次研讨会，全面、系统探讨了参政党的社会基础与社会功能问题。大家普遍认为，参政党的社会基础与社会功能是一个很有研究价值的题目，也有着广阔的研究空间，不仅在基础理论层面需要大胆创新，而且在实证研究层面需要扎实推进，这对于参政党的可持续发展以及我国多党合作制度的良性发展具有重要意义。

研讨的主要内容包括以下四个方面：

一、参政党的社会基础问题

参政党社会基础问题是学界长期关注的一个重大问题。有学者认为，所谓参政党的社会基础，就是参政党生存、活动、发展的社会条件。与会学者普遍认为，我国各民主党派自产生以来，随着社会结构的不断变化，其社会基础经历了一个不断发展变化的过程。实践证明，民主党派有没有活力，很大程度上取决于其是否能根据社会结构的变化不断调适自己，是否能将自己的根基深深扎根于社会的土壤之中。有学者认为，中国现代国家建设所面临的一个基本任务就是如何处理好一体与多元的关系，从这个角度来看，民主党派与中国共产党并存发展，正是这种一体多元关系在政党制度层面的要求和体现。而民主党派所体现出来的“多元”之所以重要，并非主要因为民主党派及其成员本身，而是因为其身后所联系和代表的社会群体。民主党派的社会基础是民主党派活力和影响力的根源所在，民主党派社会基础的趋同化、民主党派与其社会基础之间关系的疏离化是民主党派政党意识薄弱、民众认同度低、社会影响力小的症结所在，而能否重塑社会基础则是未来民主党派能否巩固和提高代表性，进而能否实现可持续发展的关键所在。

第一，关于参政党社会基础的研究路径。有学者指出，参政党的社会基础研究必须依托中国的政治制度、政党制度、宪法、参政党定义、中国共产党对参政党的政治领导、多党合作的政治基础和参政党的政治准则及多党合作的制度保障等八个方面来认识和把握，从贴近参政党的政治实践和社会功能发挥来定位。

第二，关于参政党社会基础的历史演变。有学者指出，中国社会的历史变迁和时代发展构成了民主党派社会基础演变的基本依据和主要线索。民主党派的社会基础适应中国社会的变动主要经历了“革命时期的阶级联盟”、“改造时期的特殊群体”和“改革时期的政治联盟”三个历史阶段。革命时期的社会基础主要是民族资产阶级、城市小资产阶级及其知识分子。改造时期民主党派的社会基础逐渐演变成接受改造的特定社会群体。改革开放新时期民主党派社会基础的主体是中高级知识分子以及新的社会阶层。

第三，关于参政党社会基础转型和演变的影响因素。有学者认为，主要有三方面影响因素：一是社会分层；二是政策变量；三是政党权威。社会分化为政党提供了一定的社会基础，执政党的政策对非执政党能够拥有的社会资源进行一定限制性的配置，政党权威性和政党形象则是政党巩固和扩大社会基础的最关键的主观条件。有学者认为，新中国建立后，民主党派由社会性存在向制度性存在转型之后，改变了原来的行为方式、交往方式和社会影响方式。在制度性存在情况下，参政党的社会基础建设要在国家制度框架下实行两个契合：一是与执政党建设及其执政党的社会基础相契合；二是要与执政党所领导的国家中心工作相契合。两个契合推动了参政党社会基础的重建与转型。

第四，关于参政党社会基础所面临的主要挑战。有学者认为，一是参政党的社会基础在不断流失，其中知识分子在新时期的不断分化是造成参政党社会基础流失的主要原因；二是参政党界别趋同化现象越来越严重；三是面对新的社会阶层变化，参政党不能有效作出回应。

第五，关于如何优化、巩固和扩大参政党的社会基础。有学者提出，一是通过多党合作制度的改革创新为拓展参政党的社会基础赢得新的空间；二是以利益代表机制的再造巩固已有的社会基础；三是以社会利益聚合功能来扩大社会基础；四是以构建权力制衡机制为切入点培育新的社会基础。有学者认为，综观民主党派社会基础的演变，可以看出其基本特点有二：一是社会结构中的“中间层”；二是社会分工中的“知识界”。当前，新的社会阶层成为中国社会“中间阶层”的主体力量，自由择业的党外知识分子的队伍迅速壮大。在这样的背景下，成为“中间阶层”和“党外知识分子”的利益表达和政治参与的政党组织，从而既保持民主党派的历史特点，又体现出时代特征，是优化民主党派社会基础的路径选择。有学者认为，民主党派社会基础建设要在与执政党建设相契合的过程中加强以下几个方面工作：一是与中国共产党基层党建相契合，推动民主党派社会基础向基层延伸；二是与两新组织党建相契合，建立党派的社会组织基础；三是与社会结构变迁相适应，适当拓展党派发展的范围和对象。有学者认为，从社会主义和谐社会构建的要求和现代政党的社会性向度出发，提升民主党派在利益代表方面的功能是优化民主党派与其社会基础之间关系的重要切入点。

二、参政党的社会功能

第一，关于参政党社会功能的定义和内容。有学者将参政党的社会功能定义为：参政党在活动范围内对社会应尽的责任。有学者认为，参政党的社会功能主要表现在社会利益的表达与整合、社会关系协调、社会服务等方面。其中，社会利益的表达与整合是参政党社会功能中最根本的因素。有学者认为，从国家—政党—社会关系的视角看，参政党应具有社会管理功能、社会建设功能和利益表达功能。其中，社会管理功能会逐步自我弱化，推进社会建设是当前参政党的首要任务，增强社会代表性功能是完善参政党社会功能的目标和方向。有学者认为，参政党的社会功能包括社会服务功能、社会整合功能、社会反馈功能。

第二，关于开发参政党社会功能的意义。与会学者普遍认为，参政党社会功能是参政党功能的重要组成部分，开发参政党社会功能，将执政党与参政党之间的合作从政治领域拓展到社会领域，不仅可以拓展参政党发挥功能的领域，而且通过其社会功能的发挥，可以进一步提升社会对参政党的认同度，巩固和扩大参政党的社会基础，进而反过来推动参政党在国家政治领域更好发挥作用。有学者提出，开发参政党社会功能有助于坚持和完善我国政党制度，有助于维护社会稳定，有助于提高共产党执政能力，有助于推进社会主义民主政治的发展。

第三，关于参政党社会功能与政治功能关系。有学者认为，一方面，参政党的政治功能决定社会功能，政治功能是核心功能，决定着社会功能必须服务于政治功能；另一方面，参政党的社会功能反作用于政治功能，参政党社会功能是履行政治功能、发挥参政作用的突出表现，是政治功能的基础和外化，并且反过来制约政治功能的方向和尺度。

第四，关于参政党社会功能的开发。有学者认为，一是社会服务功能需要特色化、机制化；二是社会整合功能需要系统化、综合化；三是社会反馈功能需要多元化、信息化。有学者认为，首先，要加强参政党自身建设，明晰所代表的社会阶层，凸显政党价值；其次，要深入社会基层，增加社会认同；最后，要提高参政绩效，整合社会民意。有学者提出，参政党社会功能的实现途径主要有意识形态整合、利益整合、政治资源整合和社会服务。

第五，关于参政党某一具体社会功能的发挥。比如利益协调功能，有学者认为，应充分发挥民主党派利益协调机制在体现所代表群体的利益需求、保护不同主体的合法权益、促进社会稳定方面的积极作用。要加强民主党派利益协调功能建设，需要从加强中共各级党委和政府的统战意识、加强利益协调的科学性、建立考核考评机制等方面着手。比如政治社会化功能，有学者认为，必须要加强对政治社会化功能的重视和研究，要创造更多政治参与机会，要提高塑造民主党派成员政治意识、政治情感、培养政治人格的主动性，要扩大政治社会化的影响力和辐射力。比如社会联系功能，有学者认为，在市场化、社会利益分化快速发展的转型期中国社会，民主党派社会联系机制创新遇到严峻的时代挑战，可以考虑通过扩大民主党派的底层来源基础，探索民主党派参政议政的法律化，发挥民主党派的利益整合功能等途径予以应对和解决。

有学者专门研究了公民社会与参政党的关系，认为在中国，公民社会与参政党之间是一种非竞争关系，公民社会为参政党的人才培养减少成本，公民社会为参政党的利益表达提供参照。并指出，在我国当前社会发展过程中，参政党在引导公民社会发展、维护公民社会利益上应有所作为：一是参政党应注意吸纳社会组织中的优秀人才；二是参政党应改善自身在公民社会中形象与认同；三是参政党应健全利益代表机制。

三、参政党与社会管理

第一，关于参政党参与社会管理的优势和作用。有学者认为，加强和创新社会管理关系到国家长治久安和人民安居乐业，是执政的中国共产党与参政的民主党派的共同责任。参政党在社会管理中具有人才密集、智力荟萃的资源优势，民主监督、议政建言的渠道优势，协调关系、化解矛盾的功能优势。有学者认为，民主党派具有位置超脱的角色优势，在协调社会关系方面能够发挥整合凝聚的功能作用；具有品德高尚的道德优势，在规范社会行为方面能够发挥示范带动的功能作用；具有学识渊博的知识优势，在应对社会风险方面能够发挥预警消解的功能作用；具有参政议政的渠道优势，在化解社会矛盾方面能够发挥迅捷直达的功能作用；具有登高望远的舆论优势，在促进社会公平正义方面能够发挥监督引领的功能作用。有学者指出，民主党派以自身的资源优势完全可以在协调社会关系、规范社会行为、解决社会问题、化解社会矛盾、促进社会公正、应对社会风险、保持社会稳定等方面，发挥重要的协同地位和独特的参与作用。有学者从中国政党制度设计的角度看参政党在社会管理中的优势：一是引领团结优势；二是利益规范优势；三是示范带动优势。

第二，关于参政党参与社会管理的价值和意义。有学者提出，参政党参与社会管理为参政党实现政党功能开拓了空间。一方面，有助于参政党更好地发挥国家与社会的桥梁作用，更好地实现利益表达；另一方面，有助于实现自身社会基础的再发现。参政党积极参与社会管理，直接接触、服务社会，与一定社会阶层建立稳固的社会联系和利益代表关系，有助于不断明晰其所服务的阶层、行业和人群，从而使其社会基础日渐清晰。

第三，关于参政党参与社会管理面临的问题与挑战。一是面临复杂多变的国际环境，包括面临西方社会意识形态、价值观念的冲击以及国际网络媒体的新挑战。二是面临国内社会转型的严峻挑战，包括：社会结构的深刻变化使民主党派内部构成处于不断发展变化之中，区域性和国际性流动显著增强，党派工作出现一些空白点或薄弱环节；社会阶层的日益分化使其利益诉求的差异性明显增强，社会不稳定因素增多，价值观念结构变迁过程中民主党派成员利益诉求取向和行为选择方式发生转型，民主党派思想政治工作难度加大；政府管理模式由行政管理向社会管理转型，出现了思想舆论统一难、各方利益协调难、矛盾纠纷化解难、突发事件处置难、流动人口管理难等新挑战。

第四，关于如何更好发挥参政党在社会管理中的作用。有学者指出，应着重从两方面切入：一是创新参政党内部机制，增强党派的组织程度和凝聚力；二是创新参政党与社会联系机制，做好党派成员所联系群体的凝聚、利益整合和表达，协助党和政府做好不同利益主体之间的利益平衡。有学者建议：一是坚持和谐理念，注重构建协调型社会管理模式；二是坚持依法依理，注重构建法治型社会管理模式；三是坚持以人为本，注重构建情感型社会管理模式；四是坚持群众路线，注重构建参与型社会管理模式；五是坚持科学民主，注重构建选择型社会管理模式。有学者提出三个主要着力点：一是发挥社会整合功能，积极化解社会矛盾，夯实社会管理有序化的社会基础；二是有重点地加强队伍建设，提高民主党派参与社会管理的水平与能力；三是围绕经济建设中心，服务大局，有序参与社会管理。有学者认为，当前尤其要做好以下几项工作：一是逐渐明确参政党的利益表达的社会定位，加强代表性建设，实现有效的利益表达与利益整合；二是做好沟通协调工作，发挥协调稳定功能；三是强化社会服务职能，直接参与社会管理。

四、参政党的代表性问题

第一，关于参政党代表性的内涵。有学者对政党代表性和政党社会基础这两个概念进行了厘清，认为这是两个既相互联系又有所区别的概念。政党代表性实际上是一个结构，这个结构里面的内容和序列可以并且必然会随着社会的发展发生相应的变化。但不论怎么变化，政党社会基础在这个结构中始终具有基础意义。关于中国共产党的“三个代表”与民主党派的代表性问题，有学者认为，需要厘清两点：一方面，民主党派的代表性表现在他们代表和反映一部分群体的具体利益和诉求；另一方面，民主党派的代表性又不仅仅只代表和反映一部分群体的具体利益和诉求，也要、更要代表和反映广大人民群众的根本利益和要求。这两方面不是对立的、矛盾的，而是统一的、关联的。关于民主党派的趋同性与代表性问题，有学者认为，表面上看这是两个不同的问题，但实际上是两个相互关联的问题。民主党派的趋同性说到底是自身代表性的丧失，而民主党派一旦没有了代表性，就失去了存在的根据。趋同性问题，从本质上看，涉及代表性问题。只有从代表性来讨论趋同性，才能得出正确的结论，才能真正解决趋同性问题。

第二，关于加强参政党代表性建设的路径和意义。有学者认为，民主党派的代表性是民主党派的立身之本。民主党派之所以存在，之所以发挥参政党的作用，是因为它们所具有的代表性。有学者认为，参政党的代表性建设是一个必须加强的课题，否则它所影响的不仅仅是参政党的形象，更会影响到多党合作制度的合法性基础。参政党要通过代表性建设，通过组织功能的深层变革，真正承担起社会的沟通、表达和引导功能，使不同社会利益群体都能充分表达，实现社会利益的聚合，为构筑一个有机的、完整的社会共同体作出自己的贡献。有学者认为，民主党派要适应日益市场化、多元化、利益分化的中国社会，成为一个具有社会利益整合担当的现代政党，必须打破其内部结构和成员的趋同性，代表更多利益群体的利益。

第三，关于参政党代表性的研究路径。有学者通过整理不同流派的政党理论，概括出了政党代表性的四种研究视角：一是社会学视角；二是经济学视角；三是制度视角；四是精英视角。并以此为借鉴，就如何进一步加强参政党代表性研究提出了路径和方法：一是坚持阶级、阶层分析；二是重视实证研究；三是加强组织分析、策略分析；四是注重制度分析；五是开展对互动过程的研究；六是重视对党派精英的研究。

王佐书副主席高度评价了本次会议。他指出，这次会议时间虽短，但是成果丰硕。会议为参政党的社会基础和社会功能的研究提供了新鲜的血液，为统一战线工作作出了贡献，也为与会者今后的深入研究提供了更高层次的阶梯。他认为这次会议提供了值得学习的内容、提出了值得借鉴的方法、代表了本领域研究的水平、体现了今后研究的趋势。

党外人士学习贯彻十八大精神座谈会

11 月 28 日党“外人士学习贯彻中共十八大精神座谈会”在京召开。中共中央统战部中共中央政治局常委俞正声出席座谈会并讲话。他强调，学习贯彻中共十八大精神，是当前和今后一个时期全党全国各族人民的首要政治任务，也是统一战线的首要政治任务。我们要深刻领会、全面把握中共十八大的精神实质和部署要求，把学习贯彻会议精神与增进思想共识相结合，与谋划发展思路相结合，与履行职责要求相结合，切实把统一战线广大成员的思想和行动统一到十八大精神上来，把智慧和力量凝聚到十八大提出的宏伟目标和各项任务上来，推动统一战线和多党合作事业蓬勃发展，为全面建成小康社会作出新贡献。

俞正声在认真听取党外人士发言后说，统一战线学习贯彻中共十八大精神，最根本的是始终坚持和发展中国特色社会主义不动摇、不放松、不偏离，巩固统一战线和多党合作团结奋进的共同思想政治基础。要充分把握科学发展观的深刻内涵、精神实质和内在要求，充分发挥统一战线服务科学发展的优势作用，不断提高统一战线事业实现自身科学发展的水平。要准确把握全面建成小康社会的战略部署，立足凝聚人心、汇聚力量，在挖掘资源优势中突出特色，在创新发展思路中提升水平，在服务科学发展大局中彰显价值，为全面建成小康社会提供广泛而强大的力量支持。

俞正声指出，十八大报告全方位、多角度对统一战线方针政策进行了深刻阐述，全面反映了十六大特别是十七大以来统一战线理论创新和实践发展的重要成果，体现了中共中央对统一战线发展规律的深刻把握，为做好当前和今后一个时期的统战工作指明了方向。统一战线要在全面系统学习中共十八大精神的基础上，重点加强对统一战线新论述新要求的学习领会和贯彻落实，切实把十八大精神转化为推进统一战线事业发展的强大动力。

俞正声希望各民主党派认真开好全国代表大会，遵循参政党建设的目标和原则，全面加强思想、组织、制度和作风建设，特别是要围绕坚持和发展中国特色社会主义，开展多种形式的学习教育活动，在搞好新老交替基础上顺利实现政治交接，确保多党合作优良传统薪火相传，推动多党合作事业蓬勃发展。希望工商联坚持统战性、经济性和民间性有机统一，不断增强工商联组织的吸引力和凝聚力，更好地发挥桥梁和纽带作用，进一步团结、服务、引导、教育非公有制经济人士积极投身中国特色社会主义建设事业。希望无党派人士进一步提升自身素质，认真履行职能，贡献聪明才智，更好地发挥在我国政治生活中的重要作用。

座谈会上，民革中央主席周铁农、民盟中央主席蒋树声、民建中央主席陈昌智、民进中央主席严隽琪、农工党中央主席桑国卫、致公党中央常务副主席王钦敏、九三学社中央主席韩启德、台盟中央主席林文漪、全国工商联主席黄孟复、无党派人士林毅夫先后发言。他们畅谈了学习中共十八大精神的体会，高度评价了十六大以来在中国共产党正确领导下，我国改革开放和现代化建设取得的辉煌成就，表示要认真学习贯彻好中共十八大精神，坚持和拥护中国共产党的领导，进一步加强自身建设、提高履职水平，始终与中国共产党在思想上同心同德、目标上同心同向、行动上同心同行，坚定不移地沿着中国特色社会主义道路奋勇前进，为全面建成小康社会作出新贡献。

中共中央书记处书记、全国政协副主席杜青林出席座谈会。

张梅颖、张榕明、王志珍以及各民主党派中央、全国工商联在京副主席和无党派人士代表等出席了座谈会。

世界政党格局变迁与中国政党制度发展研讨会

2012 年 12 月 16 日至 17 日，“世界政党格局变迁与中国政党制度发展”学术理论研讨会在北京举行。会议由中国统一战线理论研究会政党理论研究基地、中国人民大学当代中国政党研究中心主办。

会议就世界政党格局的发展趋势、政党制度比较与借鉴、中国共产党的执政能力建设与中国特色政党制度的发展等问题进行了深入探讨，就汲取和借鉴当代世界政党发展中的经验教训，进一步从学术理论上阐释中国的政党制度的内涵、发展规律和基本特征，推动中国政党制度发展和执政党建设的创新，推动统一战线的理论和时间的创新作出新的探索。

中国人民大学党委书记、中国统一战线理论研究会副会长、中国统一战线理论研究会政党理论研究基地主任程天权致辞，中央统战部研究室副主任张健，北京市委统战部巡视员刘先传，中国统一战线理论研究会政党理论研究基地副主任、中国人民大学当代中国政党研究中心主任周淑真出席会议。中国统一战线理论研究会政党理论北京研究基地副主任、北京市委统战部研究室主任陈勇主持会议开幕式。来自北京大学、中国人民大学、北京师范大学、复旦大学、同济大学、南开大学、南京大学、武汉大学、山东大学，中共中央党校、北京市委党校、上海市委党校等高等院校、党校和相关学术期刊的近 100 位学者参加会议，提交论文近 100 篇，40 多位专家学者作了主题发言、评议，20 多位学者发言参与讨论。

一、关于政党政治的基本规律和理论研究

在当今世界，政党活跃于绝大多数国家政治舞台的中心，政党政治无疑已经成为 21 世纪的全球现象。因此，对政党政治的基本理论问题的研究极为重要。

（一）政党政治的基本规律

中国人民大学周淑真教授从最近学术界热议的“新政治观”展开分析。她认为新政治观的核心应该是政党政治理念的变革，即政党面对已经并正在继续发生的社会变化所造成的各种问题，在思想理论、组织结构、运行机制等方面主动或被动地作出的反应，是政党在新的历史环境中寻求继续生存所进行的选择。执政党需要新的动力、思想和远见，回应时代，以更开放、更加多元化的方式面对大众，这是政党政治理念变革的核心价值。

山东大学王韶兴教授在逻辑和概念上区分了“领导党”与“执政党”，阐释了对政党职能再定位、再思考并使之清晰化的重要性，重点提出应该从概念、内容、类型、体系等方面研究政党能力问题。

上海师范大学李路曲教授从比较政治的视角论述了政党制度的制度化与民主化的关系。他指出，政治制度的制度化发展常与民主化过程相伴随。处于同一发展阶段上的政治体制，其制度化水平越高，民主化程度通常就越强。政党制度的制度化和民主化程度从根本上取决于一个国家社会分裂的强度和性质。无论欧美还是东亚国家，都要根据自身发展阶段在竞争性与合作性政党关系间寻找一个合适的平衡点，以保证政党制度的高效运作，提高政党制度的制度化与民主化水平。

中国青年政治学院柴宝勇副教授通过政治发生学的角度思考政党与民主的关系，并试图解答是民主催生了政党还是政党缔造了民主和政党与民主能否永伴终生的问题。他认为，如果从现代政治学的角度来界定政党和民主，则可能会得出民主缔造政党的结论，这也是公共选择理论的一个必然逻辑。然而，另一方面，政党与民主在相辅相成之间也存在着相互背离的趋势：政党吞噬民主与民主抛弃政党。中国人民大学张广生副教授则认为政党作为一种客观存在的政治现象，应该超出“民主”、“自由主义”、“社会主义”这样的语境。周淑真教授认为政党与现代民主有着复杂的政治关系，尽管政党是在现代民主兴起之后才成熟和普遍化，但是政党的操控能力、执政水平和组织机构对于促进或延迟政治的民主化起着重要的作用。

中共中央党校孙林讲师分析了当代政党的经费问题，他认为任何政党都有一个经费

结构，这一结构主要由党费、党产收入、社会捐赠、公共财政补助和其他收入组成，根据政党经费结构的不同可以将政党划分为党内融资型、社会捐赠型、公共财政补助型和混合型，而以此为视角可以考察政党与社会的关系。

复旦大学浦兴祖教授认为应当对政党职能的边界问题进行思考，因为，政党作为国家建设和发展的主导力量，其具体职能如果超出限度，可能会使国家机器丧失自主性，而沦为政党的工具。

（二）政党政治的理论研究

与会学者还深入分析了政党政治的论述范围、研究范式和分析现状。多数专家认识到，政党政治研究在当代中国学术界已经形成基本的理论范畴和初步的学科规范，汇集一大批年富力强的中青年学者。中国的政党政治研究已经取得了初步进展，但是，相较于中国政党政治的伟大实践，建构完善、系统、具有中国特色的政党政治学仍然需要更长的时间。

对于当下如何进一步推动中国的政党政治研究，周淑真教授强调指出，政党政治研究者应该贯彻习近平总书记提倡的“空谈误国、实干兴邦”精神，做到三个加强。第一，要加强对当代中国政党政治的研究。中国共产党是当今世界最大的执政党，中国的多党合作制度在世界政党政治中独具特色，要想在政党政治领域取得重大研究成果，首先就要做好对中国共产党、各民主党派和中国政党制度研究的基本功。第二，要加强对发展中国家、社会主义国家和原苏联、东欧地区转型国家的政党政治研究。中国是一个正处于快速发展期和正在进行渐进改革的社会主义国家，研究发展中国家、社会主义国家以及原苏联、东欧地区转型国家的政党政治研究对于今天中国政党政治的良性发展和长久运作更具有切实的借鉴意义。第三，要加强政党政治基本理论的研究。没有政党政治的基本理论作支撑，对政党和政党制度的比较研究、实证研究和系统研究就难于持续和深入，因此，我们要鼓励更多的政党政治研究学者、尤其是青年学者做好“板凳须坐十年冷”的准备，在政党政治的基本理论上有积累、有突破。

具体到中国政党政治研究，周淑真教授从中国政党制度分析、执政党廉政建设和推进中国政党政治学研究三个维度作了发言。她指出，分析当代中国的政党制度要着重放在纵向和横向两个比较中研究。从纵向比较来看。要比较中国历史上曾经执过政的国民党与现在执政的共产党，同时要比较借鉴历史上前苏联的经验教训，从治国理政的实际状况中比较其政治得失和隐藏在背后的原因。第二个比较是横向比较。要将中国的政党制度和广大发展中国家的政党制度进行比较，分析其成败得失，找出一般规律。

周淑真教授指出，当代中国政党政治长期平稳运转遇到的最紧迫、最重要的问题就是廉政建设问题。从学术上破解这一难题已经有了初步成果，现在重要的问题是要切实从党的生死存亡高度和国家长治久安的大局出发，迈出廉政建设的关键步伐。执政党要勇于承担重大政治责任，兑现从严治党、依法治国的庄重承诺。当代中国政党制度在建设廉洁政治的地位和作用、民主党派如何在制度机制和具体措施方面实现干部清廉、政府清正、政治清明献计出力值得认真研究。

周淑真教授指出建设有中国特色的政党政治学需要在引进国外经典政党政治学术著作、加强国际学术交流上更下功夫；需要在中国政党政治的运行实践进行深入调研，在把中国政党实际运作的成功经验、典型案例和理论思考进一步提升，不断充实政党政治学的内涵，推动当代中国政党制度的创新和发展。

二、世界政党发展的经验教训及其启示

针对当前世界政党格局的变迁，会上，既有学者从宏观的历史角度论述了国外政党自身建设的经验教训，也有学者从微观的角度具体就某个政党的发展进行论述，分别涉及法国社会党、马来西亚巫统、新加坡人民行动党、美国“茶党”、德国海盗党和极右翼政党、苏联共产党、俄罗斯政党制度等。

（一）世界政党格局变迁的基本情况及其启示

2008年开始的世界性金融风暴使各国政党面临严峻考验。在这一不断变化的历史过程中，世界政党的诞生、消亡与发展留下了宝贵的经验教训，在一定程度上，有值得学习借鉴的方面，也有需要警惕防范的方面。

中国人民大学程天权教授指出，近几年来，世界政党格局发生了新的变化，体现了新的特点。第一，推动经济发展成为世界各国政党面对的主要执政课题。2008以来，由金融风暴引发的世界经济危机还在继续蔓延。世界各国执政党都把推动经济发展作为第一要务。从整体形势来看，经济发展较好的国家政局平稳，执政党也相应地得到民众的支持；经济发展不好甚至糟糕的国家或政府，其执政党更迭频繁、受到换位的威胁更是习以为常。第二，扩大政治参与成为各国政党持续发展、顺利执政的合法民意基础。近几年来，媒介技术的日益更新和新型社会组织不断涌现，民主政治的浪潮风起云涌，各国民众要求参政、议政和问政的呼声越来越强烈。各国政党为了争取更多民众的支持，吸引日益壮大的中间阶层，在政治参与的程度和参与的层次上都有了较大的扩展和开放。第三，反对政治腐败、提高政党能力成为发展中国家执政党面临的主要问题。清除政治腐败是世界各国政党共同面临的重要任务。长期以来，发达国家发展出一套由政治体制制衡、政党格局约束、大众传媒问责和普通民众监督组成的完善的监督体系，在反对政治腐败方面取得了一定的成果。相对而言，发展中国家的政党更需要在反对腐败、保持廉洁和提高政党能力方面有根本举措和实质行动。

中国共产党是当今世界规模最大、党员人数最多、执政时间较长的执政党。当前，中国共产党正肩负着治国理政的重要任务，如何在新的形势下不断提高党的领导水平和执政水平、提高拒腐防变和抵御风险能力、增强自我净化自我革新的能力，在世界政党变迁的整体格局中体现更好地执政能力，真正得到人民群众长期、真心的拥护和支持，既是中国共产党需要认真解决的实际政治问题，也是政党理论研究领域不断关注和需要持续研究的政治课题。

（二）国外政党自身建设的经验教训及其启示

北京师范大学施雪华教授分析了冷战后国外政党自身建设的经验教训及其对中国的启示。他阐释了民主与自由的关系，认为西方是先实现了自由，进而才催生民主，而在中国，还未能实现充分完全的自由。另外，他重点阐释了“执政联盟”的概念，认为如果将中国共产党和各民主党派界定为“执政联盟”，既可以在理论上驳倒西方国家一直指责我国为“一党制专政国家”的谬论，又可以在实践中为中国共产党与各民主党派的进一步合

作提供理论解释。

中国人民大学郭春生教授分析了从 1953 赫鲁晓夫上台到 1982 年勃列日涅夫去世近 30 年时间苏联共产党的党建问题。他认为，这 30 年，苏共在党的建设上从改革转而停滞，终又回到了“左”的老路。具体地，政治上，从追求党内民主重又回到个人集权；经济上，从追求发挥地方、企业、个人积极性到重回高度集中的计划经济体制的老路；在外交上，从追求和解和平重新回到争霸的路线。这一“左”的路线最终为以后的僵化变质埋下了伏笔。他说，中国共产党要避免重蹈历史覆辙，就要认真践行十八大提出的“不走封闭僵化的老路”。

山东大学臧秀玲教授分析了俄罗斯政党政治发展的制约因素，认为俄罗斯多党制始于苏联后期的政治改革和苏联解体过程中，经过新宪法的通过、政党法的实施和六届国家杜马选举，俄罗斯多党制格局已趋于成熟，政党体制运作逐渐步入正轨。但同时也要看到俄罗斯政党政治还存在诸多局限。俄罗斯当前的政党政治是其特殊政治生态的必然结果。

北京大学郇庆治教授和上海市委党校刘红凛教授都对法国社会党于 2012 年胜选作出各自分析，前者通过由“执政表现、选举战略和政治机会环境”组成的三维分析框架，对法国 2012 年大选的结果进行解释，认为相对糟糕的执政政绩尤其是经济危机背景下的宏观经济表现，再加上并不成功的选举战略和不怎么有利的政治机会环境，共同决定了萨科齐及其领导的中右政党的败选或奥朗德及其领导的社会党的成功，结论是对于一个长期执政的政党来说，竞选连任的最重要条件是能够根据所处的国内外环境适时制定或调整契合选民意向的竞选策略，否则的话，那些相对客观性的变量比如执政表现和执政周期压力就会成为决定性的因素。后者则从民情民意、结盟策略到政党调适对法国社会党进行了三维理论分析，认为这三个方面在体现法国政党—国家—社会之间关系的同时，深刻反映了奥朗德胜选、萨科齐败选的深层原因：其中，民情民意影响法国的总统选举与政党格局；法国总统具有精神与世俗两个层面的含义，总统选举制度是法国政治体制的核心，它影响着法国的政党政治与政治生活；法国的政治生活以政党体制为轴心、以左右派政党的“两极化”对峙为特点。结论是法国总统选举既是民意的较量，也是左派与右派的政治较量，也是对政党自身建设成效的一次检验。

中国人民大学孟虹教授、同济大学杨云珍讲师、上海市委党校周敬青教授则分别对德国的海盗党、极右翼势力和德国政党民意调查三方面进行了阐释分析，提供了关于德国政党的最新研究资料与分析视野。黑龙江大学叶富春教授与深圳大学陈家喜副教授共同关注了东南亚政党，前者比较分析了新加坡与马来西亚一党独大制的异同，后者分析了马来西亚巫统的危机与调适并尝试预测了第 13 届大选马来西亚路在何方。辽宁大学唐彦林教授通过描述“茶党”在美国兴起的过程,分析了“茶党”运动对美国政党政治的影响,认为“茶党”不是革命性和颠覆性的力量，是在美国政治体制框架内寻求政策诉求和利益实现。

三、中国政党制度的建设与发展

针对中国政党制度建设与发展，与会学者主要就中国共产党的自身建设、多党合作与统一战线等问题进行了深入探讨。

（一）中国共产党的自身建设问题

在中国特有的政党政治生态下，中国共产党的自身建设问题不仅关系到党自身的成败，而且比世界上任何一国的执政党对其国家建设与发展起着更为重要的作用。

山东大学王韶兴教授对新时期执政党的职能转变问题进行了探讨。他指出，政党的领导职能和执政职能不是并列关系，政党职能的本质属于领导。但政党的执政时间越长，越容易淡化其领导意识而不恰当地强化执政意识，逐渐由原本的尽服务之责变为行管制之权，产生利用执政权力谋取私利的腐化现象。因此，强化领导意识，实现由权力本位向能力本位的转变，增强党在治党管党、政党合作、执掌政权、领导社会、党际交往以及政党学习诸方面能力，建设一个廉洁、廉价与高效的领导党，是中国共产党在新的社会历史条件下政治上的新觉醒和自身发展的总目标。

陕西师范大学张亚泽副教授对利益集团兴起背景下执政党与社会的联结机制进行了分析，提出执政党应通过机制创新，重视社会组织的功能，通过群体吸纳的方式整合社会利益，完善执政党与社会之间的联结机制。

山东大学方雷教授从改革的视野谈了执政党权力的划分与规范问题，他认为还权于社会和党内分权机制的建立是改革的两个向度，提出了中国共产党应该考虑政党如何介入国家政权、是否应该颁布政党法、“民主集中制”再思考、党产、党员正常推出机制等六大问题。在党内分权问题上，华中师范大学贺东航教授认为，从实际政治过程来看，中国共产党的党内分权尽管暂时没有制度性的成果，但是事实上已经出现。

南开大学徐行教授分析了中国共产党的党内监督问题，认为目前中共党内的监督机制可分为功能性监督和结构性监督两部分。多年来执政党的自我监督虽然取得了一定成就，但仍存在着许多问题，如党内纪检机关的独立性不强、权威性不够、监督权无力，党代会与全委会地位虚化造成的党内权力隶属关系倒置等等。为健全和强化执政党自我监督机制，必须调适和完善党内功能性监督机制，对纪委的机构设置、隶属关系、职能权限进行新的界定，同时必须改进党内结构性监督，进一步落实党代会常任制，规范全委会的监督作用，重点加大对“一把手”的监督，从而确保执政党自我监督的有效性和党组织的先进性与纯洁性。苏州大学田芝健教授则认为以执政党廉洁执政带动国家和社会廉洁政治建设，是当代中国坚决反对腐败、建设廉洁政治的有效路径。

北京师范大学施雪华教授指出中国共产党要想长期成功执政，在吸取国外一些政党在自身建设方面的经验教训的基础上，必须要与时俱进地发展政党的理论纲领，使之更加符合国情民意；适应新的阶层变化，夯实党的社会基础；改革和完善党的纪律检查体制；从国情出发，坚持中国特色的政党制度；完善党内民主，增强党的感召力与向心力。

北京市委党校何军分析了中国共产党执政体系的治理绩效基础，认为政府和执政党治理的绩效是政治合法性的必要条件，但不是充分条件。不同历史时期，治理绩效基础是不断变化的，需要正确地认识治理绩效作为党的执政体系的基础之一所具有的科学性和局限性，并在政策层面加以调整完善。

与会专家认为，中国共产党是当今世界规模最大、党员人数最多、执政时间较长的执政党。正如党的十八大指出，“我们党担负着团结带领人民全面建设小康社会、推进社会主义现代化、实现中华民族伟大复兴的重任。”中国共产党的发展进程直接影响到中国现代化建设事业的兴衰。从理论上说，只要党循着历史的规律，纲领、路线正确，团结一致，始终同人民保持血肉联系，党的领导执政地位就不会动摇，国家就繁荣稳定，人民就幸福安康。

（二）多党合作与统一战线问题

中国共产党领导的多党合作与政治协商制度是中国的基本政治制度。与会学者指出，这一政党制度还有许多资源未能充分挖掘，尤其是民主党派在多党合作中所能发挥的作用。

程天权教授指出，在政党制度类型繁多复杂的当代世界，中国共产党领导的多党合作和政治协商制度是“中国模式”在政治方面的重要组成部分，具有鲜明的特点，是世界政党制度中的重大制度创新，为世界政治文明的多样化作出了贡献。第一，这一制度是在长期的革命和建设过程中形成的，符合中国的国情，是马克思主义和中国实际相结合的产物，具有历史合理性和必然性。第二，这一制度具有根植于中国的传统文化，体现并吸收了中华文化中和而不同、兼容并蓄、众志成城等文化因素。第三，这一制度与时俱进，不断完善和丰富，显示出巨大的优越性。中国共产党领导的多党合作和政治协商制度为各民主党派和无党派人士等社会各界各方面人士的政治参与提供了制度化渠道和广阔的平台，创设了广泛有序的政治参与渠道，滋养着中国的社会政治文化，实现有效的社会整合，为我国经济发展、政治文明和社会进步做出了重要的贡献。

程天权教授强调，我们主张学习借鉴西方政党制度中有益的成分，但西方政党制度有其自身产生、发展的重要历史条件和现实基础；有重上台执政，轻在台治国的一面；有重许诺、轻可持续发展等弊端。党内外有识之士清醒地认识到，西方的多党制不适合中国的国情，盲目照搬西方的政党制度，必然会给中国社会带来灾难。

复旦大学的浦兴祖教授指出，应该把中国共产党的统战能力建设和执政能力建设结合起来。他分析了两种能力建设的共同取向及其实践中面临的共同难题，指出，增强统战能力与执政能力均要求执政党能善于代表最广大人民的根本利益，善于提升各民主党派参与政权的力度与效度，善于鼓励与接受各民主党派的监督。然而，在吸纳新阶层的精英分子入党时，如何保证新的精英代表忠诚于执政党，如何调节党内新阶层与原有阶层之间的利益对立与冲突；在参与政权时，民主党派如何建立自己独特鲜明的利益基础，如何提升党派成员在政府与司法机关中任职的层级与比重；执政党如何进行意识形态教育，“反右”与“文革”的历史阴影和成员对自身政治前途的担心是否会影响民主党派监督作用的发挥，这些问题仍需学者专家们进一步研究探讨。

为什么在当代中国政党制度中必须坚持中国共产党的领导，天津师范大学常士訚教授指出，党的领导是保证以人民民主为核心内容的政体的重要保证。中国共产党是领导中国革命与建设的核心力量。正是在这一核心力量下，中国国家政权不仅组织了起来，而且经过不断摸索，中国的民主政治得到了不断的扩大和完善。同时，正是有了这一核心力量，保证了国家长期的、可持续发展。今天中国成为世界第二经济强国，无不得益于中国共产党这一核心力量的作用。离开了这一核心力量，国势必将下降，国力必将削弱，国家必将走向分裂。在此，苏联和东欧国家就是教训。进一步说，将两党或多党制作为理想制度，以为两党或多党可以避免腐败和增进民主。实际上在两党或多党政治中，既不能防止腐败，也未必能够实现民主。经过程序民主上来的政党或领袖，只要其没有出现违宪和违法行为，执政期间同样可以是专断的。而那些处在在野地位上的政党往往以反对的态势，阻碍或限制执政的政党发挥作用。观察今天西方国家的政体构成，处处渗透着“对抗”的精神。在中国的多党合作制度中，服膺的是一种“公民和国家和谐而非对抗”的政治哲学 。

南京大学王建华教授指出，就政党制度而言，各国政党制度虽有诸多差异，但相互监督无疑是政党的功能之一。在竞争性政党制度下，党派监督在维护国家权力的良性运转与惩治腐败中，发挥了重要作用。政治制度不能照搬，但政治技术是互通的，如何借鉴西方政党政治的监督技术，建构中国特色的党派监督体系，成为中国政党发展乃至政治体制改革的重要一环。中国特色的政党制度是基于民族成长与社会进步的历史选择，不能简单地以优劣高下加以评判。人民主权的逻辑起点，决定了各种现代制度文明对话的可能性与必要性。人类制度的进步就在于相互借鉴基础上的涅槃与共生。检讨政党监督制度建构的内在逻辑，替代性监督下的政党，虽也存在诸多问题；但其在技术层面的工具效用对中国特色的政党制度无疑具有借鉴意义。由此出发，建构中国特色的党派监督体系，发挥党派监督在政党政治中的应有作用，成为现代政党发展的必然逻辑。

大连理工大学魏晓文教授和徐成芳教授对多党合作的价值和功能进行了研究。徐成芳教授中国特色党际民主问题进行了价值与优化路径的分析，认为党际协商民主的优化路径应以选举民主的发展为前提，做大做实做细其内容，循序渐进推进基层党际协商民主，同时还应有一定的硬约束。魏晓文教授则从文化生态角度探析了中国特色政党制度。

本次研讨会正值全国各地贯彻落实党的十八大精神之际，会议主题鲜明、观点明确、交流充分、氛围和谐，与会学者同心协力、锐意进取、协同创新，为政党与政党制度的研究工作继续深化作出新贡献。与会学者认为，随着中国综合国力的不断攀升和中国特色社会主义事业的进一步发展，中国共产党、中国政党制度、中国的统一战线和多党合作制度逐渐成为海内外学术界关注的热点问题。今后有必要在整体研究的基础上，推进这一领域研究的继续深入。

学术人物

胡旭晟，男，湖南省社会主义学院院长、教授，中国致公党党员。1963 年 12 月出生，湖南省安化县人。

1980 年 9 月—1984 年 7 月中国人民大学法律系本科，法学学士学位，1984 年 7 月—1987 年 7 月中国人民大学法律系硕士研究生，法学硕士学位，1987 年 7 月—1994 年 9 月湘潭大学法律系助教、讲师、副教授，1994 年 9 月—1997 年 7 月中国人民大学法学院博士研究生，法学博士学位，继续师从曾宪义教授研习法律史（比较法律文化方向）；1997 年 7 月—2000 年 4 月湘潭大学法学院副院长、院学位委员会主席（期间：1999 年 7 月晋升为教授），2000 年 4 月—2001 年 2 月湘潭大学法学院副院长、院学位委员会主席、致公党湘潭市委主委，2001 年 2 月—2001 年 9 月湖南省社会主义学院副院长、致公党湘潭市委会主委，2001 年 9 月—2002 年 7 月湖南省社会主义学院副院长、致公党长沙市委会主委，2002 年 7 月—2003 年 1 月湖南省社会主义学院副院长、致公党湖南省委会副主委兼长沙市委会主委，2003 年 1 月—2008 年 5 月湖南省社会主义学院副院长、致公党湖南省委副主委兼长沙市委会主委、长沙市人大常委会副主任（期间：2003 年 1 月—2008 年 1 月，长沙市第十二届人大常委会副主任；2008 年 1 月长沙市第十三届人大常委会副主任），2008 年 5 月—2010 年 1 月湖南省社会主义学院院长、致公党湖南省委会兼职副主委，长沙市委会主委、长沙市人大常委会副主任（期间：2009 年 3 月至 9 月，最高人民检察院挂职政策研究室副主任），2010 年 1 月—2012 年 5 月湖南省社会主义学院院长、致公党湖南省委会副主委，2012 年 5 月至今湖南省社会主义学院院长、致公党湖南省委会主委（期间：2011 年 7 月—2012 年 7 月甘肃省庆阳市挂职副市长）。1998 年 1 月—2003 年 1 月湖南省人大常委会委员，2003 年 1 月至今十、十一届、十二届全国政协委员。

发表学术论文 100 余篇，出版著作 10 余部，主编教材 2 部。主持课题多项，其中涉及政党制度的主要论文：《论多党合作视角下的“同心”思想》《中央社院学报》（2012 年第 6 期）；《当今中国政治制度的“特色”从何而来——以历史文化的视角观察》；《湖南社院学报》（2011 年第 2 期）；《对我国多党合作与人民政协的法学考察——以“软法”为主要分析工具》《湖南社院学报》（2008 年第 6 期）；《试论中共中央 [1989]14 号文件的进一步完善——以多党合作的制度化为侧重点》《湖南社院学报》（2004 年第 6 期）；《试论当前民主党派地方组织的参政议政——以省级组织为侧重点（连载）》《湖南社院学报》

（2003 年第 1—4 期）。主持课题：中央社会主义学院课题：2010—2011 年招标课题：《新形势下民主党派提高参政议政能力的方式和途径》。

获得的荣誉：2008 年，论文《对我国多党制度的法学考察》获中央统战部优秀奖，荣获湖南省首届（2006 年）“十大杰出青年法学家”称号。培养法律专业博士生 7 名，硕士生数十名，为数千名本科生直接授课。在湘潭大学法学院任教期间，多次获全校教学比赛优胜奖；专著《法治建设论》（合著）获湖南省社科优秀成果二等奖。任湖南省社院副院长期间主持探索的“党外干部能力培养教学体系”获中央统战部教学改革成果评比一等奖，在全国社院系统推广。有关统战和人民政协的理论研究论文多次获中央统战部、湖南省政协、湖南省委统战部理论成果一等奖。任致公党长沙市委会主委期间，调整组织布局，创新体制机制，大力推进了市委会的各项工作，尤其使市委会的参政议政和社会服务得以在所属各区（市）全面展开；同时还率先试行党内监督，全面建立党内监督的制度体系，为各民主党派提供了经验。任湖南省社院院长后，通过大力实施校园改造、后勤社会化改革、教学改革、文化建设、行政与后勤标准化管理、绩效考核等几大工程，使省社院在两三年间从内到外都发生了很大变化；2010 年底至 2011 年初，在中央社院、省委统战部和各民主党派省委领导的支持下，科学谋划，精心运作，促成省委省政府同意湖南社院整体搬迁新建。

中南大学法学院教授、博士生导师，湖南大学法学院教授、博士生导师，湖南省法学会副会长。致公党中央理论研究会副会长、致公党中央法制委员会副主任。

孙瑞华，女，北京市社会主义学院教授。1961 年 11 月出生，山东省人。1996 年 5 月加入农工民主党，2009 年 7 月加入中国共产党。1983 年 7 月 毕业于兰州大学哲学系哲学专业（修业四年）获兰州大学哲学学士学位；2004 年 8 月—2007 年 8 月在中共中央党校进修科学社会主义（统战理论方向）研究生班课程。

主要著作和教材有：专著《中国参政党建设研究》、编著《中国参政党建设的理论与实践》、合著《中国参政党运行机制》。参撰参编的书籍有：《多党合作的历史与现实》、《统一战线理论研究综述》、《民主党派和无党派人士树立践行社会主义核心价值体系简明读本》、《中国共产党统一战线 90 年简明读本》、《中国多党合作与政治协商制度专题资料汇编》、《多党合作纪实》、《政协工作简明手册》、《新编中国统一战线基本教程》。公开发表的论文主要有：《中国参政党建设理论体系研究》、《参政党建设理论的理论基础与理论框架》、《对参政党党内民主的一点思考》、《参政党的理论建设与参政党建设理论》、《将社会服务确立为参政党职能的一点思考》、《对参政党运行机制的初步考察》、《对新时期多党合作理论研究状况的分析和展望》、《中共对民主党派性质确认的过程分析》、《对建国初期民主党派性质认识的回顾》、《从纲领的兼容性看民主党派的存在价值》、《参政党领导干部素质模型的构建》、《信息化进程中的当代中国政党政治》、《政治文明实现模式的价值取向》、《关于政治协商性质与作用的再探讨》、《人民政协的功能及其开发研究》、《人民政协的广泛代表性与其利益表达》、《人民政协是我国社会主义民主政治的重要形式》。参与的国家与北京市课题主要有：全国社会主义学院系统2009年度研究课题《对中国参政党建设理论体系的实证考察》；中央社院“马工程”课题的子课题《人民政协在促进社会各阶层关系和谐中的作用》、中央统战部2006年度调研课题《中国特色政党制度与参政党建设》；中央统战部2011年重点委托课题《民主党派政治资源合理配置问题研究》；中央统战部2012年度招标课题《“同心”思想的科学地位与重要价值》；北京市哲学社会科学规划办公室“九五”重点规划项目《中国参政党参与国家政治生活的程序与方式》；北京市哲学社会科学规划办公室“十一五”规划项目(07BAKD048)《党外代表人士评价体系研究》。获得省部级以上科研成果奖的有：《探索和开创 成果和辉煌 ———多党合作理论50年研究历程的回顾和分析》获2001年“全国新世纪统一战线理论暨教学改革研讨会”论文评选一等奖；《党外代表人士综合评价体系研究》获中央统战部2008年全国统战理论研究优秀成果一等奖；《参政党领导干部素质模型的构建》获中国农工民主党中央“2007年理论研究优秀成果”一等奖；《人民政协功能与功能开发研究》2011—2012年全国社院系统课题成果评比优秀奖；《参政党领导班子建设研究》获中央统战部2006年理论研究优秀成果三等奖；《中国参政党建设的理论与实践》获中央统战部“全国统一战线干部教育教学改革奖”；《学习与践行社会主义核心价值体系的科学方法》北京市统战系统理论研究优秀成果一等奖；《关于政治协商性质与作用的再探讨》第三届北京市人民政协理论与实践研究会（2008—2012）研究成果评比优秀奖。

兼任中国统一战线理论研究会理事、北京市人民政协理论与实践研究会理事；农工党中央教育委员会委员、农工党北京市委教育委员会副主任。

罗振建，男，重庆市社会主义学院教授、多党合作历史研究室主任、学报常务副主编、编辑部主任、重庆多党合作历史研究中心秘书长、研究员。。1957年1月出生，四川渠县人。

1975年在重庆市綦江县郭扶区石龙公社上山下乡。1977年在重庆市房地产管理局市中区分局解放碑所工作。1978年在西南师范学院政治系哲学专业学习；1982年毕业并获法学学士学位，同年在兵器工业部四川省南溪县国营红光化工厂子弟中学校任教并任文科教研组组长。1984年在重庆社会主义学院教研室工作。1987年任重庆社会主义学院讲师。1992年作武汉大学国内访问学者，加入中国共产党并任重庆社会主义学院教研室副主任。1996年任重庆社会主义学院副教授、教研室副主任（主持工作）。1997年任重庆社会主义学院教研室副主任（主持工作）、函授站副站长。1998年任重庆社会主义学院科研处副处长（主持工作）。1999年任重庆社会主义学院科研处副处长（主持工作）、学报副主编、编辑部主任。2000年任重庆社会主义学院科研处处长、学报副主编、编辑部主任。2008年任重庆社会主义学院教授、科研处处长、学报副主编、编辑部主任。2009年任重庆社会主义学院科研处处长、学报常务副主编、编辑部主任。2011年任重庆社会主义学院多党合作历史研究室主任、学报常务副主编、编辑部主任，重庆多党合作历史研究中心秘书长、研究员。

发表《进一步发挥民主党派在人民政协参政议政中的基础性作用》、《开拓进取十年功，多党合作新局面——以江泽民为核心的第三代领导集体对多党合作理论与实践的重要贡献》、《团结与民主：人民政协的两大主题》、《关于吸收新的社会阶层中有代表性的进步分子加入民主党派的思考》、《民主党派是“三者代表”》、《论新世纪新阶段民主党派的代表性》、《对中国政党制度学科体系若干问题的探讨》、《协商民主在中国政治体制中的地位和作用》、《论爱国统一战线政权》、《论中国共产党统一战线政权理论》、《社会主义时期我国国家政权是否具有统一战线性质》等80多篇论文（核心期刊论文13篇），主持完成《爱国统一战线政权问题研究》、《协商民主在中国政治体制中的地位和作用》、《社会主义时期我国国家政权是否具有统一战线性质》等7个省部级社科研究项目，主编出版的《统一战线学研究》学术专著是我国“第一部最系统的、真正意义上的统一战线学方面的研究性著作”，获得社科优秀成果奖项20个。

中国统一战线理论研究会理事、重庆市政协理论研究会理事、重庆市政治学学会理事、重庆市期刊协会理事、重庆市高校期刊研究会理事、重庆市社会科学界联合会第二届委员会常委、重庆市首批社会科学专家库政治学学科成员。

蒋学基，男，浙江省委统战部副部长，浙江省社会主义学院党组书记、常务副院长，研究员。1956年1月出生，浙江象山人。1978年3月—1982年1月，杭州大学中文系学习；1982年1月—1983年12月，宁波人民广播电台文艺部工作；1983年12月—2008年7月，浙江省政协秘书处干部、副处长，文史办公室副主任（期间1992年5月—1993年5月，下派天台县任县长助理），综合一办主任，研究室主任（副厅），副秘书长、研究室主任（正厅）。（期间2001年7月—2001年11月，参加省第三期领导干部经济管理研究班学习，并赴美国培训；2002年9月—2005年7月，在中央党校经济管理专业研究生班学习毕业）；2008年7月—2013年3月省委统战部副部长（保留正厅长级）；2013年3月至今，省委统战部副部长，省社院党组书记、常务副院长。

在政党制度研究方面的主要成果包括：《中国特色政党制度与外国政党制度》第4章，人民政协在多党合作中的功能（1.5万字），独著，2003年12月浙江人民出版社出版；浙江省《政协理论研讨论文选编》（20万字），主编，1999年9月内部发行；《政协工作要览》（22万字），主编，2002年2月，浙江省政协系统内部发行；《全省政协理论研讨会论文集》（30万字），主编，2005年12月内部发行；《充分发挥人民政协在扩大公民有序政治参与中的作用》，第一作者，载《中国政协》2006年第7期；《关于我省进一步加强共产党领导的多党合作和政治协商制度建设的对策研究》，课题组第一负责人，载2005年9月浙江人民出版社《“十一五”时期浙江社会主义民主法制建设研究》；《中国政党制度与人民政协》，独著，载1999年9月浙江省政协《政协理论研讨论文选编》。

具体牵头的《经济社会转型对统一战线的影响及对策》、《关于新居民统战工作的实践探索和理论思考》分别获2010年度、2011年度全国统战理论政策研究优秀成果一等奖。

姚俭建，男，上海市社会主义学院副院长、教授。1958年9月出生，上海市人。1972年8月—1974年4月，上海市金山县新农中学学习；1974年4月—1978年3月，上海市金山县新农公社插队；1978年3月—1980年1月，上海市第六师范学校学习；1980年1月—1982年8月上海市金山县新农中心小学教师；1982年8月—1986年8月，上海师范大学政教系本科学习获法学学士；1986年8月—1989年8月，上海师范大学研究生哲学专业学习（获杭州大学哲学硕士）；1989年8月—1992年6月，华东化工学院基础部讲师；1992年6月—1997年1月，上海交通大学社会科学及工程系副教授；1997年1月—2005年9月，上海交通大学人文学院副教授、教授、硕导、副院长（期间：2001年11月—2002年9月美国哈佛大学费正清东亚研究中心高级访问学者）;2005年9月—2007年4月，上海交通大学文科建设处处长（期间：2003年9月—2007年4月上海大学社会学专业学习获法学博士）；2007年4月—2010年8月农工党上海市委会专职副主委；2010年7至今，上海市社会主义学院副院长、教授。

在政党制度研究方面的主要成果：发表《健全社会主义协商民主制度与参政党的新任务》（前进论坛，2013年第3期）、《政协文化建设与文化自觉》（中国政协理论研究，2012年第2期）、《论共产党的执政能力建设对参政党的引领与启示》（上海市社会主义学报，2012年第4期）、《政治共识与参政党思想建设的路径选择》（中央社会主义学院学报，2011年第6期）等论文10篇。参与农工党中央2007—2008年重点课题《中国特色和谐政党关系研究》，承担《中国特色和谐政党关系论》（中国言实出版社，2009年4月版）大纲、导论、第六章。

论文《论中国特色和谐政党关系的理论基础》获农工党中央“2007年理论研究优秀成果奖”一等奖；论文《论民主党派新一代的特点及其形成原因》获2001年上海统战理论研究优秀成果二等奖；论文《核心价值观的构建与认同：参政党思想理论建设的路径选择》获农工党中央“2010年理论研究优秀成果奖”二等奖；论文《政协界别的潜在优势与公民有序参与的引导》获上海市人民政协理论研究会2010年论文三等奖；论文《科学发展观与参政议政的新课题》，农工党中央“2009年理论研究优秀成果奖”三等奖。

兼任上海市统战理论研究会副会长、上海市人民政协理论研究会副会长。

曹蓉，女，1954年11月生。1983年毕业于四川大学历史系历史专业，获历史学学士。大学期间加入中国共产党，毕业后分配到中共四川省委统战部政策研究室工作，历任科员、副处级调研员、副主任、主任。2001年由省委统战部研究室主任升任四川省社会主义学院副院长、党组成员，2001年8月—2012年12月长期分管该院教学和科研工作；现任该院巡视员、教授，分管该院科研工作、任《四川省社会主义学院学报》主编。

作为分管教学、科研的副院长，管理教研“双肩挑”，除教务、教学管理工作外，还完成了大量的教学科研工作：一是深入教学第一线，给主体班讲课，主要有“统一战线的基本理论和政策”、“构建社会主义和谐社会与统一战线”、“十七大与统一战线”、“爱国统一战线的几个基本问题”、“民主党派和无党派人士的胜任能力建设”、“如何提高合作共事能力”、“巩固和壮大新世纪爱国统一战线”等专题。二是带头潜心搞科研。长期从事统战理论政策和历史研究，发表论文 60 余篇，40 余万字，其中核心期刊 10 余篇；撰写调研报告 10 余篇 10 万余字；组织编写或参与编著十多部书籍；主持或参与省部级立项课题 3 项；获得中共中央统战部全国统战理论优秀成果三等奖 2 项，省级学会优秀成果一等奖 6 项、二等奖 8 项、三等奖 3 项，共计 19 项；参加学术交流会议 20 余次，其中全国性学术会议 12 次；有 10 余篇论文先后被人民大学报刊复印资料《中国政治》、人民网、人民政协网、中国社会科学网、新华月报－时政文摘、人民文摘杂志社—文摘网、中央统战部网站、政协安徽省委员会网站、知网空间、维普资讯、新浪博客、四川省社会科学在线等十多家媒体转载，学术影响放大；前期成果转化为主体班的教学专题后，引起关注受到好评。

完成的中央社会主义学院首届面向社会招标课题《中国政党制度的功能与价值研究》，获中共中央统战部全国统战理论研究优秀成果三等奖。

鉴于在统战理论尤其是多党合作和参政党建设方面研究的成果和影响，三次被特邀参加了北京大学政党研究中心、中央社院政党制度研究中心召开的“首届中国政党论坛暨中国政党制度的功能与价值研讨会”、“第二届中国政党研究论坛暨政党内部民主与人民民主关系学术讨论会”以及“第三届中国政党研究论坛暨中国政党制度的回顾与展望学术研讨会”作学术交流，并作大会发言；提交大会的三篇论文均收入了该研究论坛论文集并已出版。

长期从事统一战线理论政策和历史的研究及教学工作，对统战理论政策、统战历史尤其是多党合作和人民政协的理论和历史，有较深的研究和独到的见解。力图用新视角来审视基础理论和现行政策，注重占有丰富翔实的资料和深入社会进行实地调研，学术成果多，在学术界和统战系统具有一定的学术影响力和声誉。现为中国政党制度研究会常务理事、四川省统战理论研究会副会长、四川省中共党史学会副会长、四川省人民政协理论研究会常务理事、四川省科学社会主义学会常务理事。

主要相关研究成果：《关于参政党建设的思考》《四川省社院学报》2004 年第 2 期；《政协章程修正案与我国基本政治制度建设》《人民政协报》2004 年 8 月 23 日理论专刊；《抗日战争时期民主党派发祥在重庆的成因探析”，在《中央社会主义学院学报》2005 年第 5 期 (核心期刊) 发表；《实现我国政党关系长期和谐的根本路径》，《四川省社会主义学院学报》2006 年第 4 期发表；《政治协商的制度化、规范化、程序化建设——推进社会主义政治制度的自我完善与发展》，《人民政协报》“学习与探索”理论专栏 2008 年 3 月 24 日发表；《参政议政的制度化、规范化、程序化建设——推进社会主义政治制度的自我完善与发展》，《人民政协报》“学习与探索”理论专栏 2008 年 10 月 6 日发表；《中国特色政治发展道路的探索与实践——中国参政党履行职能的运行模式和特点》，《中央社会主义学院学报》2008 年第 2 期发表；《中国参政党参政议政的历史发展》，《四川统一战线》2009 年第 1 期；《民主监督的制度化、规范化、程序化建设——推进社会主义政治制度的自我完善与发展》，《四川省社会主义学院学报》2009 年第 2 期；《民主监督的制度化、规范化、程序化建设——推进社会主义政治制度的自我完善与发展》，《四川省社会主义学院学报》2009 年第 3 期发表；《中国特色政党制度的功能与价值的实现途径》，《中央社会主义学院学报》（核心期刊）2010 年第 1 期发表；论文《中国特色政党制度的功能与价值的实现途径》，《中央社会主义学院学报》核心期刊）2010 年第 1 期发表；《中国执政党和参政党履行职能的模式、特点和启示》，《中华文化论坛》（核心期刊）2010 年第 2 期发表；《中国特色政党制度的功能与价值体现了社会主义民主的特色和优势》，《重庆社会主义学院学报》2011 年第 3 期发表。

获奖情况：《政治协商两种基本方式的互补互动》获 2005 年度四川省统战理论研究优秀成果二等奖；《抗战时期民主党派发祥在重庆原因探析》获四川省第 12 次党史学科优秀成果二等奖；《实现我国政党关系长期和谐的根本路径》，获 2007 年全省统战理论研究优秀成果一等奖；《中国特色政治发展道路的探索与实践——中国参政党履行职能的运行模式和特点》，获中共四川省委统战部、四川省统战理论研究会 2008 年度全省统战理论研究优秀成果一等奖；《民主监督的制度化、规范化、程序化建设——推进社会主义政治制度的自我完善与发展》获 2009 年度四川省统战理论研究优秀成果一等奖；论文《中国特色政党制度的功能与价值的实现途径》，获四川省第十五次党史学科优秀成果一等奖；中央社院招标课题：《中国特色政党制度的功能与价值研究》获中央统战部全国统战理论优秀成果三等奖；论文《中国执政党和参政党履行职能的模式、特点和启示》，获四川省马克思主义中国化研究会社会科学研究成果一等奖；论文《中国特色政党制度的功能与价值体现了社会主义民主的特色和优势》，获四川省中共党史学会优秀成果二等奖；论文《多党合作制度是中国特色协商政治的探索与实践》，获四川省统战理论研究会优秀成果二等奖。

张瑞琨，女，山东高密人，1964 年 2 月出生，山东省社会主义学院教授。1987 年曲阜师范大学政治系毕业，1987 年 7 月至 1991 年 1 月，在潍坊师范学校任教；1991 年 2 月至今，在山东省社会主义学院从事政党制度及统一战线理论的教学与科研工作。

在政党制度研究方面的论文主要有：《论周恩来的多党合作思想》，载于《理论学刊》1998 年第 4 期；《对坚持和完善我国政党制度的认识与思考》，载于《山西省社会主义学院学报》2000 年第 1 期；《我国政党制度的强大生命力》，载于《中央社会主义学院学报》2003 年第 4 期；《新社会阶层与参政党的组织发展问题》，载于《重庆社会主义学院学报》2004 年第 6 期；《民主党派代表性问题研究》，人大复印资料《中国政治》2008 年第 1 期转载；《参政党组织发展趋势探析》，载于《天津市社会主义学院学报》2009 年第 4 期；《民主集中制理论：我国政党制度的重要基石》，载于《中央社会主义学院学报》2010 年第 1 期；《人民民主理论与多党合作制度再思考》，载于《上海市社会主义学院学报》2010 年第 5 期；《提高民主党派参政议政能力刍议》，载于《中央社会主义学院学报》2012 年第 2 期。承担的课题主要有：山东省委统战部 2008 年委托课题《科学发展观与多党合作》；中央统战部下达课题《民主党派组织发展趋势研究》，获 2009 年度中央统战部三等奖；中国统一战线理论研究会 2010—2011 年度招标课题《民主集中制理论与中国特色政党制度》，鉴定等次为优秀；中央社会主义学院 2010—2011 年度招标课题《新形势下民主党派提高参政议政能力的方式与途径》，鉴定等次为优秀；完成中央社会主义学院 2012—2013 年度招标课题《中国共产党领导的多党合作和政治协商制度理论基础研究》。著作主要有：《中国民主党派简史》（参编），延边大学出版社，1993 年出版；《中国政党》（中国各民主党派卷）（副主编），华文出版社，2002 年出版。

兼任中央社会主义学院中国政党制度研究中心理事、山东省统一战线理论研究会理事。

王树臣，男，河北省阜城县人，1969 年 11 月 13 日出生，河北省社会主义学院教授、教学部副主任。

1989 年 9 月—1993 年 6 月在河北大学哲学系哲学专业学习，1993 年 7 月—1997 年 12 月在河北经贸大学教学，1998 年 1 月至今 在河北省社会主义学院教学，2004 年—2006 年攻读河北师范大学马克思主义思想政治教育专业硕士。

研究成果：在《中共中央党校学报》、《学术交流》、《求实》、《河北师范大学学报（哲社版）》、《中央社院学报》、《河北学刊》、《河北日报》（理论版）、中央社院《调研参考》等国家和省级学术报刊刊物上发表《我国多党合作制内部的政党和谐关系》、《西方政党应对社会挑战的做法及启示》、《加强党的执政能力建设 推进多党合作事业新发展》、《中国政党制度核心价值观基本要义解读》、《我国政党建设相互促进关系探究》、《多党合作制度的价值观研究》、《中国特色政党制度基本架构探究》、《关于党外代表人士政治素质构成要素的分析》、《多党合作视域下参政党"同心"解析》等学术论文 80 余篇；先后完成政党制度方面及其相关方面的课题 12 项，其中，主持了 2011 年度中央统战部招标课题《统一战线与同心思想研究》，主持的河北省社科基金课题《河北民营企业活力、实力、竞争力研究》获河北省社科优秀成果三等奖。主持或主研了 8 项国家、省部级科研项目。主编《读党史 学谈判》一部，参编《统一战线理论与实践》等著作 4 部。获中央统战部统战理论成果三等奖 1 次，河北省统战理论优秀成果一等奖两次。

兼任：中央社会主义学院政党制度研究中心理事，河北省统一战线学会理事，石家庄市长安区政协委员。

张玲，女，天津市社会主义学院教研室主任、教授。1962 年 9 月出生，山东莱阳人。1980 年 9 月—1984 年 7 月，天津师范大学中文系本科毕业；1984 年 7 月—1988 年 3 月，天津第四中学语文教师；1983 年 3 月—1994 年 6 月，天津第四中学中学二级教师；1991 年 9 月—1992 年 6 月，天津河西区教师进修学校学习培训；1994 年 6 月—2002 年 10 月，天津第四中学中学一级教师；1997 年 9 月—1999 年 7 月，天津师大研究生进修班学习；2002 年 10 月—2005 年 6 月，天津第四中学中学高级教师；2005

年 7 月—2006 年 11 月，天津市社会主义学院科研处教师；2005 年 9 月在中央社院全国社院师资培训班学习结业；2006 年 11 月—2010 年 10 月，天津社会主义学院科研处副教授；2010 年 11 月—2012 年 11 月，天津社院教研室副主任、副教授；2012 年 11 月—2013 年 6 月，天津社院教研室副主任、教授；2013 年 6 月，天津社院教研室主任、教授。

在政党制度研究方面的主要成果包括：论文《社会主义协商民主的内涵价值和实现形式》发表于《人民政协报》2013 年 4 月 17 日；《建设高素质参政党需要把握的几个关键点》发表于《中国党政干部论坛》2012 年 3 月；《不断提高参政议政的科学化水平》发表于《天津社会主义学院学报》2012 年第 2 期；《坚持“同心”思想　建设高素质参政党》发表于《湖北省社会主义学院学报》2012 年第 2 期；《李瑞环协商民主思想研究》发表于《天津社会主义学院学报》2012 年第 3 期；《中国特色统一战线理论初探》发表于《江苏省社会主义学院学报》2012 年第 6 期；《论中华文化和谐思想的当代价值》发表于《天津社会主义学院学报》2011 年第 4 期；《积极扩大公民有序政治参与，不断推进社会主义民主政治建设》发表于《湖南省社会主义学院学报》2011 年第 3 期；《关于推进人民政协履行民主监督职能的思考》发表于《天津社会主义学院学报》2011 年第 1 期；《要进一步加强和完善民族区域自治制度》发表于《天津社会主义学院学报》2010 年第 1 期；《对中国特色社会主义政党制度的新思考》发表于《湖南省社会主义学院学报》2009 年第 6 期；《要进一步发挥民主党派在社会主义和谐社会建设中的重要作用》发表于《民主》增刊 2009 年 8 月刊；《“中国民主党派民主监督”问题研究综述》发表于《天津社会主义学院学报》2009 年第 3 期；《从政党制度的视角解读中国特色社会主义政治发展道路的内涵》发表于《天津社会主义学院学报》2008 年第 1 期；《五一口号　永放光芒》发表于《天津统一战线》2008 年第 4 期；《进一步深化干部人事制度改革》发表于《求贤》2008 年第 4 期；《新世纪新阶段参政党建设面临的几个重大课题》发表于《天津社会主义学院学报》2008 年第 3 期；《坚持党的领导　人民当家做主　依法治国的有机统一　不断推进中国特色社会主义民主政治建设》发表于《天津社会主义学院学报》2007 年第 1 期；《要建立和完善参政党参政议政的新机制》发表于《天津社会主义学院学报》2007 年第 4 期；《要努力找准统战工作与社会主义和谐社会建设的结合点》发表于《中央社会主义学院学报》2007 年第 5 期；《中国特色社会主义民主政治建设的几点思考》发表于《天津社会主义学院学报》2006 年第 1 期；《谈谈统战干部应具有的几种素质》发表于《河北省社会主义学院学报》2006 年第 3 期；《循环经济发展与党政领导干部教育问题研究》发表于《天津社会主义学院学报》2006 年第 3 期；《试论统一战线作为中国共产党执政兴国重要法宝的理论和实践意义》发表于《中央社会主义学院学报》2006 年第 6 期。

主持天津市 2012 年度哲学社会科学规划课题《当代中国政党制度探究》、天津市委统战部课题《要努力找准统战工作与社会主义和谐社会建设的结合点》、《关于加强参政党基层组织建设问题》、《中国特色统一战线理论初探》、天津市政协课题《坚持和完善中国特色社会主义政党制度的探索与研究》、民进中央课题《论民进组织在建设社会主义核心价值体系中的作用》。

《新一代党外代表人士特点及成长规律研究》获 2012 年天津市第十二届优秀调研成果二等奖、《高素质参政党建设面临的新问题》获 2009 年民进中央“纪念多党合作制度

60 周年”征文活动优秀奖、《新世纪新阶段参政党建设面临的几个重大课题》获 2008 年市统战理论研究评选优秀奖、《要进一步发挥民主党派在社会主义和谐社会建设中的重要作用》获民进中央纪念改革开放 30 周年参政党建设理论研讨会优秀奖、《要努力找准统战工作与社会主义和谐社会建设的结合点》获 2007 年天津市委统战理论研究成果二等奖、《李瑞环协商民主思想研究》获 2011 年市政协理论研究成果一等奖、《中国特色统一战线理论初探》获 2011 年市统战理论调研优秀成果三等奖。

专著《中国特色社会主义民主政治概论》南开大学出版社、合著《当代中国政党制度探究》天津教育出版社。

兼任民进天津市委会统一战线理论研究会副会长、政协天津市南开区第十四届委员会委员、民进天津市监督委员会委员、民进天津市委会理论研究会副会长。

参政议政案例选

中国国民党革命委员会参政议政案例

一、推动农村文化建设，促进新农村和谐发展

为贯彻落实中共十七届六中全会提出的“推动社会主义文化大发展大繁荣”与“加快城乡文化一体化发展，增加农村文化服务总量，缩小城乡文化发展差距”的战略方针，探索如何进一步推动农村文化建设、构建社会主义和谐新农村，2012年5月22日至25日，民革中央主席周铁农率领民革中央调研组与中共中央统战部、中宣部、农业部、文化部有关负责同志及相关专家学者，深入到辽宁省沈阳市、营口市、大连市的社区、农村进行实地调研、走访和座谈。先后在沈阳、营口、大连等地，就大力推动农村文化建设问题进行了考察和调研。

5月23日，调研组一行与辽宁省、沈阳市有关方面举行座谈，听取当地有关文化建设方面的汇报。在听取汇报后周铁农指出，适逢毛泽东同志《在延安文艺座谈会上的讲话》发表70周年之际召开这次座谈会，虽然是一种时间上的巧合，但也使得这次调研具有特殊的意义。毛泽东同志在70年前的讲话，实际上涉及的是新民主主义文化和社会主义文化需要注意的根本问题，即文化发展的方向和方针问题。在全面贯彻中共十七届六中全会精神的背景下，“为人民服务、为社会主义建设服务”，“百花齐放、百家争鸣”的“两为双百方针”对于推动社会主义文化大发展、大繁荣依然具有很强的指导意义。

5月23日下午，调研组来到沈阳市沈北新区文化馆和图书馆，考察这个位于城乡结合部的群众文化场馆。在美术培训室、音乐培训室和农家书屋，调研组一行详细了解场馆建设的情况以及在实际中发挥的作用。据悉，这个被国家文化部命名为国家一级图书馆的图书馆拥有各类图书、期刊近万册，在满足当地群众读书看报方面发挥了巨大作用。图书馆工作人员告诉记者，每天来图书馆看书的群众有300多人，既有附近农村的农民，也有上学的学生，还有退休的老同志，而图书馆每年的图书更新也非常快。在营口市大石桥市金桥管理区后碰山村，热情的村民在群众文化广场敲起鼓，跳起秧歌，向调研组展现了这个东北农村农民的“精气神儿”。周铁农先后来到后碰山村农家书屋和群众文艺队中间，向他们了解情况，鼓励他们再接再厉，把农村群众文化活动办得更加丰富多彩。

通过考察和调研，调研组了解到，在中共中央、国务院的总体部署下，中共十七大以来，辽宁省委、省政府结合本省的情况和特点，始终高度重视农村文化建设，把发展农村文化放在文化建设的突出位置，将其作为建设社会主义新农村的重要举措，作为推动社会

主义文化大发展、大繁荣的重要途径，和全面振兴老工业基地的重要目标和内容，不仅在政策上给予支持，而且加大投入力度，促进不同部门之间的合作协调，形成了具有辽宁特色的农村文化品牌和优势。几年来，辽宁在建设农村公共文化服务体系、大力实施农村文化惠民基础工程、广泛深入开展农村群众文化活动、不断加强农村文化队伍建设、积极发展农村文化产业等方面，做了大量的工作，取得了显著的成绩。目前，辽宁的农村文化建设已经迈上了新台阶，文化体制改革全面推进，农村文化事业日益繁荣，农村文化产业快速发展，群众文化生机蓬勃，文化精品不断涌现，为到“十二五”末期将辽宁建成文化强省打下了坚实的基础。

调研组还了解到，虽然总体上看，当前农村文化建设的发展形势良好，但也存在农村与城市之间文化发展不均衡，贫困地区与发达地区文化发展不均衡，基层公共文化设施建设资金不足，文化体制不顺、机制不活，农村文化队伍建设亟待加强，农村文化消费群体存在结构性缺失，农村文化生活相对匮乏单调、不能充分满足不同层次群体的文化需要，农村文化产业很大程度上仍处于自发状态等等问题。这些问题的存在，势必会影响农村文化建设，从而制约农村社会的和谐发展和城乡一体化的进程。

针对在调研过程中发现的问题，民革中央在后来形成的调研报告中提出七点建议：

一是推动农村文化建设，要进一步加强和改进中国共产党对农村文化建设的领导。各级党委和政府，都必须从战略和全局的角度出发，认真贯彻落实十七届六中全会精神，高度重视农村文化建设工作，按照建设社会主义新农村的整体要求，根据我国农村经济社会发展的新趋势新特点，把握农村文化发展的规律，改进工作方式方法，不断加强和改进对农村文化建设的领导和投入。

二是推动农村文化建设，要坚持正确的文化导向，不断满足农民群众不断增长的文化需求。农村文化建设，必须要有正确的方向指引，必须要坚持社会主义先进文化的发展方向，坚持建设社会主义核心价值体系，坚持以科学发展为主题；必须要以改革作为社会主义文化大发展大繁荣的动力，用不断深入改革来解决农村文化建设与发展中遇到的问题和困难；必须遵循政府主导、群众参与的原则，坚持以人为本，以满足农民群众精神文化需求为出发点和落脚点，尤其是要让农民群众充分享受到文化发展和繁荣的成果。

三是推动农村文化建设，要把农村公益性文化事业和经营性文化产业作为当前投资的重点方向，推进城乡文化发展一体化新格局。有关部门要使投资的方向，从传统的投资渠道，转变到文化建设尤其是农村文化建设上来，一方面要鼓励多样化的农村公共文化投资方式，另一方面要把农村文化产业投资，从过去基本上是以国有资金为主逐步转向多元投资机制，建立健全多元化、多层次、多渠道的文化产业投融资体系，不断扩大农村文化产业吸引投资的领域。要把农村文化建设纳入到城乡文化一体化和全国文化产业发展的大格局中，加快形成城乡文化发展一体化新格局。

四是推动农村文化建设，要加大政府投入力度，建立同国力相匹配、同农民群众文化需求相适应的保障机制。必须不断完善和创新农村文化建设的体制机制，继续深化文化体制改革，加强政策支持和制度保障，构建农村文化建设的良好运行机制。必须高度重视农村文化建设的基础性工作，注重体系建设、制度实施、设施建设和人才培养，要进一步加大对农村文化建设的财政支持和经常性投入，进一步完善农村公共文化服务体系建设、建立农村尤其是欠发达地区农村公共文化服务优先机制，进一步建立健全保障农村文化事业的法律、法规，进一步规范和完善基层文化服务队伍管理制度。

五是推动农村文化建设，要不断创新服务形式和活动内容，在注重硬件建设的同时也要注重软件的建设。农村文化建设涉及到农村社会的各个方面，应根据我国农村的实际，不断创新农村公共文化服务机制，努力实现农村公共文化资源的综合利用，共建共享。农村文化活动的内容，既要保留、传承、发扬农村文化的乡土特色，又要与推动城乡一体化进程、缩小城乡差距相结合。既要彰显专业文艺工作者的作用，也要发挥乡土文艺人才的专长，鼓励他们多为农村文化建设提供服务。同时要注重根据区域文化资源的特点，在继承、保护的基础上，运用新颖、独特的创意加以开发和利用，不断形成区域文化优势和品牌，构建具有中国特色的农村文化载体。

六是推动农村文化建设，要把农村文化产业发展置于新农村建设和城乡统筹的大视野中。目前我国城乡文化产业发展很不平衡，在产业结构、产业层次、产业规模、文化消费等各方面都表现出不平衡性，因此要把农村文化产业的发展，与城乡统筹结合，与现代农业体系建设结合，与培养新型农民结合。要通过农村文化产业的发展，来探寻破解城乡文化二元结构的难题，进一步加大农村文化产业基础投入，加大农村文化资源的开发利用，加大农村文化产业经营人才的培养和挖掘，加大农村新型文化合作组织的建设。同时，政府要充分认识到，经济与文化的发展是相辅相成的，必须要协调好包含农村文化建设在内的文化发展对于整个农村经济发展的支持与推动作用。要把发展农村文化经济和文化产业，作为保持农村经济增长和转变发展方式的有效途径，并以此来推动农村经济社会转型和经济结构调整。

七是推动农村文化建设，要把发展农村文化产业作为创新和健全农业业态、推进现代农业发展的重要途径。推动农村文化产业特别是农村文化创意产业，加快发展农业新型业态，充分挖掘现代农业生态保护、观光休闲、文化传承等多种功能，不仅可以推动我国农业的产业结构调整，而且能够进一步加快农业产业化、现代化的步伐。要把农村文化产业发展与农业现代化结合起来，以文化创意为核心，以农业产业链为载体，形成多产业的交融互动，通过文化与科技的融入，使传统功能单一的农业及农产品加工成为现代时尚创意产品的载体，通过新业态开发新市场，引导新型消费。

该建议上报中共中央、国务院后，很快得到了中共中央政治局常委、全国政协主席贾庆林以及中共中央政治局委员、国务院副总理回良玉同志的重要批示。

二、关注城乡饮水安全问题，力促老区人民早日喝上“安心水”

固原地区地处宁夏中南部干旱带，长年干旱少雨、蒸发强烈，人均水资源量不足全国的 1/23，水资源的长期严重匮乏给当地各族群众的生活带来了严重的影响和制约。多年来，中共中央、全国人大和国务院十分关心该地区的饮水问题。胡锦涛总书记、吴邦国委员长、温家宝总理都曾亲临该地区视察，并明确指示要抓好水利工程建设，尤其是要切实解决人民群众最关心、最直接、最现实的饮水困难问题。为了进一步贯彻上述指示精神，由民革中央副主席齐续春同志率领的民革中央调研组于 5 月 27—29 日赴宁夏固原，就“宁夏固原地区（宁夏中南部）城乡饮水安全水源工程”建设问题进行调研考察。

调研组一行先后深入城乡居民家中、学生食堂、工程基地进行调研。在固原市召开的座谈会上，齐续春对民革宁夏区委会在协调宁夏中南部地区城乡饮水安全水源工程项目做出的成绩给予充分肯定。他强调，宁夏中南部地区城乡饮水安全水源工程是中共中央、国务院关心支持解决宁夏中南部地区群众喝水问题、改善基本生存条件、维护区域发展和民族团结和谐大局的一项极为紧迫的民生工作。

调研组在考察中了解到，宁夏一方面通过坚持不懈地采取封山育林、退耕还林、生态移民等一系列政策措施，有效地涵养和保护六盘山东麓泾河水系的水资源，为供给中南部地区人畜饮水做了充分准备；另一方面通过多年的勘察设计和奔走呼吁，为工程的立项和审批做了大量工作。自治区各级干部为了切实解决老百姓的饮水难题，在艰苦的条件下不抱怨、不懈怠、脚踏实地、忘我工作。固原地区朴实善良的各族群众长年面对如此恶劣的生存条件，不仅没有埋怨和指责，还对党和政府的关心帮助连声感谢。但是，由于工程尚未开工建设，该地区的饮水困难问题仍十分严重。尤其是受到 2003 年以来的持续干旱影响，固原市中心城区尚有五万城市人口用不上自来水，所用大口井水卫生条件极差，西吉等县城每天供水不足两个小时，西吉县一些乡镇只能靠花高价从很远的地方买水吃，很多贫困家庭因为无力负担每立方米 50 元的昂贵费用，一家四口人一个月才能吃上一立方米水，海原县的贫苦农民甚至只有在春节期间才靠几家拼凑，花 90 元合买一立方米的高价水。整个地区因无法保障基本生存用水而在干渴中苦苦挣扎，发展经济、改善生活更是无从谈起。这种情况不仅严重影响了各族群众的生活，制约了当地的经济发展，也不利于民族团结和社会稳定。

“宁夏固原地区（宁夏中南部）城乡饮水安全水源工程”的建设任务是从泾河源流区引水，为干旱缺水的固原市原州区、彭阳县、西吉县和中卫市海原县部分城镇居民生活和农村人畜饮水安全提供水源保障。水利部上报国家发改委的设计供水人口为 131.07 万人（其中农村 77.04 万人，占 58.8%），工程总投资 17.1 亿元，总工期 4 年。工程受水区位于全国 11 个集中连片特殊贫困地区的六盘山山区，是西部少数民族聚居区，也是国家“三西”重点扶贫区和陕甘宁革命老区之一，曾经为中国的革命和建设事业做出了巨大的贡献。解决老区人民的饮水安全水源问题，改善各族群众的基本生存条件，是一项十分紧迫、重要的民生工程、战略工程，是响应总书记的号召、让全国人民共享改革开放 30 年的成果的具体体现，对西部少数民族地区的经济发展、社会稳定和民族团结具有十分重要的意义。针对在调研中发现的问题，民革中央在提交的调研报告中提出了三点建议：

第一，落实国家有关投资政策，确保中央补助工程投资比例不少于 80%。宁夏属经济欠发达地区，财政收入不足全国平均水平的 7%，财力极为薄弱。固原更是国家级特殊贫困地区，平均每花 100 元有 95 元来自政府的转移支付。近年来，国家在一系列文件中均明确表明了提高中央对西部连片特困地区、革命老区公益性建设项目的投入力度。国家发改委和水利部共同颁发的“发改投资 [2008]3141 号”文中明确规定，西部地区农村饮水安全工程建设的中央补助投资比例由现状的 68% 提高到 80%。对水资源极度匮乏的固原地区而言，可靠的水源是解决饮水安全的首要条件。本工程从建设任务、受益群体来看与常规引水工程截然不同，是毋庸置疑的“饮水”工程、“活命”工程。因此，恳请在批复本工程的资金筹措方案时，切实执行国家有关投资政策，中央补助的投资比例应不少于80%。

第二，加快项目审批进度，力促工程早日开工。该项目建议书于2009年上报以来，国家发改委、水利部等有关部委给予了大力支持，为推动工程早日开工做了大量卓有成效的工作。该本工程引水量控制在分配给宁夏的泾河用水指标内，并与宁夏的黄河用水指标相协调，对泾河上、下游地区的用水影响不大，陕、甘、宁已在水利部的协调下就该问题达成一致意见。因此，加快项目审批进程，力争早日开工建设，是早日让老区人民喝上活命水、安全水的关键。

第三，加快研究制定区域发展和扶贫规划，促进六盘山片区整体协调发展。加快解决集中连片特殊困难地区的贫困问题，是中共中央、国务院转变扶贫开发方式、实现贫困地区跨越发展的重大战略部署。六盘山区作为集中连片特殊贫困地区之一，贫困面广、程度深，生态环境脆弱，资源性缺水问题突出，基础设施落后，县域经济薄弱，产业发展乏力，市场活力不足，人与自然协调可持续发展的形势十分严峻。建议国家在该地区投资公益性建设项目、保障基本民生的同时，围绕生态建设、环境保护、产业结构调整、经济发展方式转变等方面，加快制定六盘山区区域整体发展和扶贫攻坚规划，加大资金、政策和人才的扶持力度并出台明确的扶持方案，为促进六盘山区整体协调发展、科学发展理清思路，帮助老区人民早日走上致富路、幸福路。

调研结束后，民革中央主席周铁农同志于6月13日给温家宝总理写了亲笔信，就调研中发现的问题和建议向总理作了简要介绍。温家宝总理在批示中强调，解决群众饮水问题实为一向重要而紧迫的民生工程。要抓紧开展固原地区城乡饮水安全水源工程前期工作，力促工程早日开工，同时加快制定六盘山区区域整体发展和扶贫攻坚规划。

三、关注建立健全商业化育种新机制问题，为推进现代种业健康发展建言献策

按照《“十二五”规划纲要》提出的“坚持走中国特色农业现代化道路，增强粮食安全保障能力，加快农业科技创新”战略方针的要求，为深入了解国务院《关于加快推进现代农作物种业发展的意见》(以下简称《意见》)贯彻落实情况，探索进一步推进我国现代种业健康发展的有关对策，2012年8月8日至10日，民革中央副主席齐续春率民革中央调研组赴安徽省，先后在合肥、淮北、宿州等地就我国种业安全与发展问题进行了调研和考察。民革中央对此次调研高度重视，特别邀请了科技部中国农村技术开发中心、江苏省农委、安徽省种子总站和安徽农业大学等单位的有关专家学者参加调研。

调研组实地考察了合肥市丰乐种业，淮北市口子谷物良种繁育专业合作社、濉溪县五铺农场，宿州市安徽紫芦湖良种场等，并在合肥、淮北和宿州分别召开座谈会，就我国种业安全与发展提出意见和建议。在调研中齐续春同志强调，农作物种业是国家战略性、基础性的核心产业，是促进农业长期稳定发展、保障国家粮食安全的根本。国以农为本，农以种为先。要找到落实国务院《关于加快推进现代农作物种业发展的意见》的突破口，

真正实现文件要求的“逐步建立以企业为主体的商业化育种新机制”。同时，还应进一步加强探索与高校科研院所的合作新路径，打造一批具有核心竞争力和较强国际竞争力的“育繁推一体化”种子企业。

通过调研和考察，调研组了解到，自新世纪我国种业进入市场化阶段以来，我国农作物品种选育水平、良种供应能力和种业实力有了明显提升，为粮食连续增产和农民持续增收作出了重要贡献。特别是2011年4月《意见》发布以来，安徽省结合本省种业发展情况和特点，认真研究出台配套文件，确立了省种业发展近期和远期目标，并围绕扶持种子企业做大做强、提升种业科研创新能力、保障良种供应能力、加强种子监督管理、加大扶持和服务保障等重点，对省种业发展工作做出了全面部署，特别是在破除体制机制障碍、创新现代种业产学研合作模式方面进行了积极探索，取得了一定成效，种业发展工作整体呈现健康向上的发展趋势。

调研组也了解到，虽然贯彻落实《意见》的总体态势良好，但存在的问题与深层次矛盾比较突出。种子企业科研投入严重不足、科研教学单位对企业育种创新支持不够等老问题依然存在，科技人才面向企业流动的积极性不强、科研教学单位剥离商业化育种的主动性不高等新情况不断凸显，建立健全商业化育种新机制，按照“育繁推一体化”要求做大做强种子企业的任务非常繁重。

调研结束后，民革中央形成了《关于建立健全商业化育种新机制、推进现代种业健康发展的几点建议》，针对调研中反映比较集中的几个问题，提出了三个方面的建议：

第一，注重政策引导，加大资金扶持，鼓励种子企业做大做强。

坚持企业主体地位，是《意见》的一大亮点，也是我国育种体制的一大突破。确立企业在种业发展中的主体地位，体现了现代农业的内在要求，指明了中国种业的未来方向。但我国种业市场化时间短，种子企业发展水平整体偏低，小、散、乱问题普遍存在，与其主体地位极不匹配，这是我国种业发展面临的最大问题。因此，做大做强种子企业，应是当前种业工作的重中之重。

一是坚持“扶优择强”的原则，在细化、实化《意见》提出的税收、信贷、政策性补助等一系列优惠政策时，对规模大、实力强、成长性好的种子企业要进一步加大倾斜力度。二是按照“育繁推一体化”的要求，及早研究制定并实施种子企业综合竞争力评价标准，为政府有目标、有重点地实施优惠政策创造公正公平的制度环境，并能积极引导和有效推动种子企业兼并重组、做大做强。三要建立科研教学单位与企业互动的人才资源共享平台，积极探索种业科研成果交易和转化平台建设，完善品种的价值评估和市场评估体系，进一步加强产学研结合，增添企业发展核心驱动力。四是设立种业发展基金，支持有条件的种子企业通过自建育种科研基地、并购科研单位、定向培养高级科研和管理人才等途径，提升自身育种创新和市场拓展能力。五是鼓励国内种子企业与国外种子企业、科研机构开展技术合作，到境外建立科研、生产基地，开展科研育种与生产经营。最后，要针对种子生产特点，认真研究出台国家政策性种子生产保险，重点是加大财政投保补贴力度，调动保险公司和种子企业开展种子生产保险服务积极性，为企业壮大和种业发展保驾护航。

第二，坚持实事求是的原则，推进改革创新，稳步建立商业化育种新机制。

提升自主创新能力，是推动产业发展的根本途径和转变发展方式的中心环节，也是当前种业发展的迫切任务。为此，必须不断强化企业在商业化育种中的主体地位，科研教学单位则要逐步退出商业化育种，转向种业基础性、公益性方面的研究。这是一个复杂的改革创新过程，国家有关部门在时间进度和政策安排方面应做好规划，根据实际情况，实事求是地规定一个过渡期。

在此基础上，国家应大幅增加对科研教学单位从事种质资源等基础性、公益性研究的投入，并创新和完善以基础性、公益性研究为重点的科研教学单位成果评价和工作绩效考核机制，建立公益性种质资源创新和应用技术研究成果的鉴定、奖励和政策性补助制度，形成有利于加强种业基础性、公益性研究的评价体系，为基础性研究创造良好的环境，激发科技人员从事基础性研究的热情。同时，继续积极探索和推进事业单位人事制度改革和社会保障制度改革，健全全社会统一的社会保障制度，逐步解决事业单位育种人才的后顾之忧。除此之外，还要积极支持企业研发机构通过与公共科研单位竞争或合作项目得到国家科研资金，项目成果所有权可全部或部分归企业所有。同时，逐步减少对科研教学单位商业化育种项目的审批数量和研发资金的国家投入比例，鼓励其通过与种子企业开展委托研究、合作育种等方式补足资金缺口，促进科研成果、育种资源和人才向企业流动。鼓励科研机构主动开展机制创新，充分尊重首创精神，支持先行先试，并认真总结成功经验，做好宣传和推广工作。

第三，完善法律法规，着力营造现代种业健康发展的外部环境。

没有公平竞争、规范发展的市场秩序，不可能造就有竞争力的种业。当前，种子管理法律法规体系不完、监管能力弱的问题比较突出，企业和科研机构对此反映比较强烈，是发展现代种业必须要解决的问题。

一是抓紧《中华人民共和国种子法》、《中华人民共和国植物新品种保护条例》等相关法律法规的修改、完善，提高种子企业和农作物品种的市场准入门槛，尽快对不符合种业现状甚至阻碍种业发展的法规条文进行集中清理，加强司法部门与农业行政管理部门的横向联系，严肃处理各种违法行为，以适应种业发展新形势，为种业的持续健康发展提供必要的法制保障；二是要切实加大对种子科研成果尤其是原创性、突破性亲本和新品种的保护力度，加强品种真实性测试，并制定切实可行的植物新品种权转让和实施许可规范，同时加强市场监管，大幅提高侵权成本，维护品种权人合法权益，保护“育繁推一体化”种子企业的自主创新动力；三是加强种子监管体系建设。要重点加强县级种子管理机构建设，积极推动将工作经费纳入同级财政预算，提高县级种子市场监督和质量检测能力，加大种子市场质量抽检频率和覆盖面。

该建议上报中共中央、国务院后，很快得到了中共中央政治局常委、全国政协主席贾庆林同志的重要批示。

四、积极参与扶贫开发工作，
就武陵山区等集中连片特困地区发展问题献计出力

2011年发布实施的《中国农村扶贫开发纲要（2011—2020年）》，从统筹区域平衡发展的高度对新一轮扶贫开发进行整体规划，确定了把六盘山区、秦巴山区、武陵山区、乌蒙山区、滇桂黔石漠化区等11个集中连片特殊困难地区和已经明确实施特殊扶持政策的西藏、四省藏区和新疆南疆三地州作为新阶段扶贫攻坚主战场。随着新一轮扶贫开发战略的实施和武陵山区等新片区的确定，民革积极关注并直接参与武陵山片区区域发展与扶贫攻坚试点工作。2012年2月，民革中央与重庆市人民政府签订了“民渝合作”协议，将位于武陵山区腹地的石柱县作为民革新一轮定点扶贫联系县；8月下旬，为进一步推进落实民渝合作项目，深入实地了解武陵山片区区域发展与扶贫攻坚试点有关工作情况，民革中央主席周铁农率调研组赴重庆石柱县、武隆县等地就武陵山区城乡统筹专题开展调研，民革中央副主席何丕洁参加调研。

在石柱县，调研组考察调研了同心·情系武陵——民革中央定点帮扶石柱县项目重庆地球卫士石头纸业有限公司，参加了该公司项目投产典礼，并详细了解了该公司主要产品和生产线。在听取了中共石柱县委、县政府的工作汇报后，周铁农强调，重庆要发挥自然优势、区位优势、资源优势和生态优势，并且要抓住这些优势，保持这些优势，发展这些优势，争取在今后让这些优势更加凸显；要发挥后发优势，现在整个中国经济发展呈现一种态势，先发展地区的发展速度在下降，它们在发展初期的一些优越条件开始逐渐少了，然而后起的地区这些优势仍然存在。要善于发挥后发优势，促进地方经济社会发展。在武隆县，调研组考察调研了仙女山镇新区建设和旅游发展，详细了解当地经济社会发展情况和农民增收情况。

通过考察调研，调研组了解到，近年来，特别是武陵山片区区域发展与扶贫攻坚试点工作启动后，重庆市加快城乡统筹发展步伐，大力推动农业现代化，为农民增收和城镇化建设以及破解城乡发展难题进行了一系列有益探索。例如，石柱县在积极引导鼓励农民发展黄连、辣椒、长毛兔、莼菜等特色产业的同时，因地制宜、打造成立了以“黄水人家”为品牌的重庆市首家乡村旅游专业合作社，有效解决了乡村旅游发展诸多难题；武隆县大力发展设施农业观光游、民俗生态休闲游，使乡村旅游业成为县域经济的主导产业，既解决了城乡就业也带动了区域发展。石柱、武隆的成功实践证明，像武陵山区这样集中连片特困地区，虽然农业生产条件差、经济基础薄、总体发展落后的状况突出并依然长期存在，然而正是由于工业开发相对滞后，才使得这些地区较好地保留了原始的自然风貌、丰富的生态资源、浓郁的民俗风情，使发展旅游业在当地具有十分广阔的前景。这对于全国其他贫困地区的发展也具有一定的借鉴意义。

调研组也发现，此次片区规划编制和实施过程中仍然存在一些问题和不足，将会影响扶贫开发工作进程，主要包括：

片区内跨行政区域的协调机制不够完善。同一片区内有关省市在实施规划过程中尚未打破行政分割，各自为战，缺乏沟通与协调，难以实现资源共享和整体效益的发挥。

扶贫资金使用分散、缺乏有效整合。落实片区规划项目及实施中，需要整合使用各行业部门的现有资金。但由于目前各行业部门资金有限且使用分散，项目互不衔接，针对性不强，统筹安排难度较大，根本无法满足片区规划目标的需要。

基础设施滞后仍是制约片区加快发展的主要瓶颈。据了解，造成集中连片特困地区经济落后的历史因素众多，但主要原因还是交通、水利、能源等基础设施建设滞后。例如在武陵山片区，即使像武隆这样旅游业较为发达的县，仍有 10% 的村庄未通公路；而在石柱县甚至出现了高速公路"断头路"。

集中连片区域扶持政策考虑不够全面，存在"开天窗"现象。例如武陵山区区域发展扶贫攻坚规划中覆盖了 71 个县，但实质上享受片区政策的贫困县为 64 个，有 7 个市县因不完全符合指标而被划在外边，所谓开了"天窗"。较典型例子是遵义市余庆县，位于武陵山片区和滇桂黔石漠化片区交界地带，指标刚刚超出标准一点点，因此成为武陵山片区内 7 个不享受政策优惠区（市、县）中唯一的"县"，就余庆所处区位看，其周边县市都或从武陵山片区，或从滇桂黔石漠化片区规划中得到了政策扶持，唯独将余庆县从新一轮扶贫开发攻坚战中抛开，更不利于这一地区实现整体脱贫。

为尽快统筹解决片区规划实施过程中遇到的诸如此类问题，早日实现国家总体发展战略目标，民革中央在调研结束后形成了《关于统筹解决武陵山区等集中连片特困地区发展问题的建议》，提出了五点建议：

一是进一步加大中央统筹力度，建立并完善各片区跨省协调联系机制。加强区域组织协调，明确分工，落实责任，督查指导。特别要强化同一片区跨省合作，打破辖域分割，促进相互沟通与联系，处理好片区全局利益与地方局部利益关系，有效解决区域一体化建设中出现的同步发展问题。应统筹兼顾对集中连片特困地区政策扶持范围的划分，既要考虑到标准的统一性，也要照顾到个别地方的特殊性，防止由于政策"一刀切"影响到地方扶贫的积极性。

二是建议国家设立集中连片特困地区专项资金，专门用于片区区域发展与扶贫攻坚项目。同时要进一步健全财政专项扶贫资金稳定增长机制，尽快落实投入到片区发展的中央财政专项扶贫资金，并本着重点突破、整体推进的原则，整合片区交通、能源、水利、通信等行业部门的建设资金，充分发挥国家重大项目的规模效应和资金使用的综合效益。

三是加大对连片特困地区基础设施建设的支持力度，重点解决制约这些地区发展遇到的瓶颈难题。要加快推进以交通、水利为重点的基础设施建设和以教育、卫生为重点的公共服务设施建设，构建连通内外、功能配套、安全高效、适度超前的现代化基础设施体系，夯实贫困地区连片开发的基础条件。特别对片区内跨行政区域的交通设施建设要通盘考虑，避免出现省际间的"断头路"；要统筹规划和完善大交通网络格局，对武隆等以旅游为主导产业的地区，支持加快旅游支线机场的建设，从而带动片区整体经济发展。

四是尽快建立扶贫开发示范区并给予优惠政策扶持，鼓励先行先试，探索积累经验，为全国其他片区发展提供有益借鉴。目前全国 11 个集中连片特困地区中，《武陵山片区区域发展与扶贫攻坚规划（2011—2020 年）》是率先编制完成并得到国务院批复，因此可以尝试将武陵山片区建设成国家扶贫开发示范区，选择几个有代表性的县市作试点，发挥当地资源优势，引导通过产业扶贫推动城乡统筹发展，使其成为扶贫开发改革创新的新典型和成功范例。

五是加大社会宣传力度，引导和鼓励社会各方面力量参与片区扶贫。应注重发挥央企对口帮扶作用，特别是在集中连片地区合理布点重大产业项目，借助其资金、技术及市场优势，帮助贫困地区开发优势资源，从而增强自我“造血”机能，拓宽产业扶贫渠道，带动农民增收致富。

该建议上报中共中央、国务院后，得到了中共中央、国务院领导的高度重视，中共中央政治局常委、国务院副总理李克强同志对建议作出重要批示。

五、建言中医药事业发展，助推医疗体制改革

2009年开始的新医改已历时三年，取得了基本医疗保障面大幅扩大、基层医疗卫生服务能力明显增强、基本药物制度建立和公立医院改革试点有序推进等初步成效，但群众“看病难，看病贵”的矛盾仍未得到根本解决，“为群众提供安全、有效、方便、价廉的医疗卫生服务”的医改目标仍未完全实现。

为大力促进中医药事业发展，助推我国医改目标的实现，2012年8月13日至17日，民革中央副主席傅惠民率民革中央调研组赴甘肃就相关问题进行调研。调研组听取了甘肃省及定西市有关中医药事业发展及中医药产业发展情况的专题汇报，与甘肃省中医药管理局、定西市政府有关部门负责同志就中药材标准化生产、中医人才培养及中药材深加工等方面的问题进行了座谈交流。调研组还实地考察了安定区李家堡镇和宁远镇卫生院、陇西县首阳镇中药材科技示范园、甘肃中天中药材物流园、文峰药材交易城以及岷县麻子川当归标准化基地和岷海制药等中医药企业。

通过考察和调研，调研组了解到，在医疗体制改革中，为了发挥中医药的独特优势，甘肃省率先出台了《在深化医药卫生体制改革中充分发挥中医药作用的实施办法(试行)》，提出了四大优惠政策：一是在城镇医保中对中医医院起付线降低一个档次，报销比例提高10%。在新农合中对县级以上医疗机构的中医药服务报销比例提高20%，起付线降低30%；二是在医疗机构补偿中，各级财政要提高中医医院和综合医院中医科的床位补助标准；三是在实施基本药物制度时，鼓励基层卫生机构提供中医药服务，对中医药工作成绩突出的予以补偿倾斜；四是调剂质量稳定、疗效确切的院内中药制剂在全省范围内使用，适时调整中医药诊疗服务价格。据统计，2011年，甘肃省医院次均门诊费用为99.52元，全国平均为183.3元；甘肃省医院人均住院费用为3156.02元，全国平均为6745.6元；甘肃省乡镇卫生院次均门诊费用为27.76元，全国平均为49.6元。除西藏外，甘肃省平均住院费和门诊费是全国平均数的一半左右，为全国最低。“实践证明，在医改中发挥中医药作用，有利于促进医改目标的实现，有利于促进基本医疗卫生制度的构建。”

调研组认为，甘肃省及定西市在经济条件特别困难的情况下，大力发展中医药事业，取得了很好的成效，尤其是甘肃在全省推行的“四大优惠政策”更是值得肯定。“四大优惠政策”充分发挥了中医药的独特优势，也为经济欠发达地区的医改探索了新途径。甘肃是全国中药材生产大省。甘肃这样一个贫困省份，近年来通过扶持和促进中医药事业发展，一定程度上解决了贫困人口的“看病难、看病贵”问题。因此，在全国范围内大

力扶持中医药事业发展，对于解决全国范围内贫困人口“看病难、看病贵”问题，对于充分发挥中医药在促进医疗体制改革中的作用具有重要意义。但同时，调研组也认为，相对于西医的蓬勃发展现状，我国中医药事业的发展相对滞后，中医药在促进医改实现目标中的作用没有得到充分发挥。我国拥有全世界最丰富的天然药物资源，在中药材的种植、研究和利用等方面有着悠久的历史和丰富的经验，中医药的群众基础广泛而深厚；中医药注重对疾病的有效防治和对身体的整体调节，通过预防疾病和健康教育减少发病人数，进而能更好地解决医疗资源紧张的问题；中医药具有临床疗效确切、费用比较低廉和治疗方式灵活等独特优势，有利于缓解目前仍然存在的“看病难、看病贵”矛盾。甘肃的医改实践也充分彰显了中医药在我国医药卫生体制改革中日益重要的地位和作用。大力促进中医药事业发展，有利于助推我国医改目标的实现。但目前，我国中医药事业的发展还存在着一些困难：

基础设施不完善。我国各地区之间中医院发展水平差距明显，尤其是贫困省份的社区、农村等基层中医医疗机构数量有限。新型中医诊疗、中药加工等设备缺乏，中医科室建设缓慢，服务环境差。

支持力度不到位。由于对中医药在医疗卫生体系中的地位、作用认识不足，导致有关部门对中医药事业发展的政策支持力度有限。在部分地区的城镇医保和新农合中，被纳入医保支付范围的中医医疗机构、服务项目和中药品种数量都相当有限。对中药材种植、加工和研发等项目也没有相应的优惠政策。

法律法规不健全。长期以来，有关中药材的种植、加工和应用过程中的重金属、农药残留量的标准，我国的法律法规一直没有明确的规定。不久前的“硫黄熏蒸”事件更是凸显了国内有关二氧化硫残留量限度标准的缺失。中药材未被纳入《药品法》管理,《中医药法》至今未能出台。

管理主体不明确。中医药产业是中医药事业的支撑，但现在中医药管理局的管理权限无法涉及到产业。管理中医药产业的部门有质监、工商和卫生等部门，多部门各负其责，职能分割、重复管理，无法统筹协调工作，不利于中医药产业发展，并影响中医药事业发展。

人才培养不科学。中医人才的培养与西医差别较大，在其成长中又有赖于师承因素和在传承中形成自身特色。但目前，中医药教育严重西化，重仪器、重实验、重外语，中医药文化与中医药技能却被轻视，由此导致中医药技能型、实用型人才缺乏。同时，中医药高水平人才在基层尤其是贫困落后地区仍然稀缺，“留不住人”是基层卫生机构的突出问题。

地区协作不密切。甘肃等地虽然中药材资源丰富，但受到研发力量薄弱、科技人才有限和发展资金不足等种种因素的制约，仅依靠自身力量发展本地中医药事业困难重重。尤其是在中药材的加工方面，甘肃等地的多数中药材加工企业仍主要从事清洗整理和饮片处理，产品科技含量和附加值低。相比之下，北京、上海、广东等地区中医药事业力量雄厚，但与甘肃等地在中医药方面的协作有限。

调研结束后，民革中央形成了《关于加强中医药事业发展扶持力度，促进我国医疗体制改革的建议》，针对我国中医药事业发展中存在的困难提出了六个建议：

一是加大基础设施的建设力度。政府加大对中医院，尤其是贫困落后地区中医院的财政投入。加强综合医院、乡镇卫生院和社区卫生服务中心的中医科室建设，支持中医药设备的配置，改善中医医疗机构的服务环境。打造农村、社区基层中医药诊疗网络，构建有中医药特色的预防保健服务体系，实现中医药服务的“关口前移”。

二是出台扶持政策和优惠措施。进一步落实好城镇医疗和新农合中鼓励提供和利用中医药的政策，将更多的中医医疗机构、服务项目和中药品种数量纳入医保支付范围。采取类似“粮食直补”的补贴政策，国家财政按一定的补贴标准和实际种植面积，直接给予种植户补贴，以此来鼓励中药材的种植。通过税收减免等一系列优惠措施，加大对中药材研发企业，尤其是高科技企业的扶持力度。引导社会资本投入到中医药医疗机构中来，创办营利性、连锁性的能满足各类人群需要的医疗服务企业集团，以分流公立医院的病源，缓解“看病难”问题。

三是建立健全法律法规。建议国家有关部门尽快出台《中医药法》，或将中药材纳入《药品法》进行严格管理。制定科学合理的程序，落实执行中医药各项规章制度和标准化建设，并加大监督力度。就中药材在药用、食用等不同用途中的农药、重金属的残留量，出台明确的标准。对于为防潮、杀虫而使用类似“硫黄熏蒸”这类特殊加工手段的中药材，实施严格监管。建立中药材种植、加工和销售的安全和质量的追溯体系。

四是明确管理主体。中医药管理局作为中医药产业管理主体的地位应进一步强化，并明确中医药管理局独立承担的社会责任和法律责任。建立一支以中医药管理局为主体，质监、工商、卫生等多部门协调分工的管理队伍，保证工作理念和方法的一致统一。同时，可以对中药价格的管理实行类似“西药价格控制”的措施，以解决目前中药价格虚高的问题。

五是科学培养中医药人才。坚持以中医药专业为主体，按照中医药人才成长规律施教，强化中医药基础理论教育、中医药经典古籍研读和临床实践技能培养。建立师承教育制度，加大对知名老中医传承工作室的支持力度。同时，加大贫困落后地区当地中医药人才的培养力度。在执业考核、职称晋升、津贴补偿等方面制定优惠政策，吸引鼓励更多的中医药人才，服务于基层尤其是贫困落后地区的卫生机构。

六是密切区域协作交流。建议政府有关职能部门，为甘肃等地牵线搭桥，帮助他们与北京、上海、广东等地建立对口帮扶协作关系，鼓励发达地区民间资本到甘肃等地投资发展中医药。积极引导中药材加工企业与高校、科研院所合作建立研发中心，重点攻关中成药提纯、植物药提取等技术，开发高附加值的新产品。同时，组织甘肃等地的中医药科技人员，到北京、上海、广东的高校、科研院所和知名医院进修和培训，缩小地区之间中医药事业发展的不平衡，从整体上促进中医药事业大发展，助推中国医改早日实现“为群众提供安全、有效、方便、价廉的医疗卫生服务”的目标。

该建议上报中共中央、国务院后，得到了中共中央、国务院领导的高度重视，中共中央政治局常委、国务院副总理李克强同志对建议作出重要批示。

陶相宁　民革中央宣传部宣教处处长
卢　森　民革中央宣传部干部

中国民主同盟参政议政案例

一、建言统筹教育资源配置，促进教育公平发展

中共十七大报告明确指出，教育是民族振兴的基石，教育公平是社会公平的重要基础。教育是国家发展之基，在经济社会发展中具有基础性和先导性作用；同时，教育也是民生之基，是最基础的民生事业，是保障改善民生、促进社会公平的重要而有效的手段和途径。因此，必须坚持教育优先发展，统筹教育资源配置，切实推进教育公平。

受中共中央委托，民盟中央 2012 年以“统筹教育资源配置，促进教育公平发展”为题开展重点调研，着重从经费投入、师资队伍、政策导向三个方面入手，考察在义务教育、高中和中职等不同教育阶段，在城市和农村、东中西部等不同区域，在公办和民办等不同性质学校，教育资源配置的统筹和教育公平发展的推进情况、存在的问题和改进办法；在广泛调查整体情况的前提下，侧重研究义务教育阶段的进城务工人员随迁子女入学、中职教育的改革发展与政策导向、高中教育阶段需求分化与公平推进等问题。

6 月 3 日至 8 日，全国人大常委会副委员长、民盟中央主席蒋树声，中共中央统战部常务副部长朱维群，民盟中央常务副主席张宝文率民盟中央调研组在湖北省进行了实地考察调研。

6 月 3 日，调研组刚抵达武汉市，中共湖北省委书记、省人大常委会主任李鸿忠，省委副书记、省长王国生会见蒋树声主席一行。6 月 4 日上午，调研组与湖北省政府及相关部门进行座谈，湖北省副省长、民盟湖北省委会主委郭生练介绍了湖北省统筹教育资源配置、促进教育公平发展的整体情况，湖北省教育厅、发改委、财政厅、人社厅的负责人介绍了有关情况。调研组成员与出席会议的领导就教育资源配置与公平发展问题进行了热烈讨论。

6 月 4 日下午—8 日，调研组兵分两路，分别侧重城市和农村地区情况，以实地考察、座谈研讨等方式展开深入调研。一组由蒋树声主席、张宝文常务副主席、陈晓光副主席带队，中共中央统战部一局陈延武副局长、靳昊轩同志和盟内专家刘长铭、王蓉、陶春梅、王耀辉等参加；另一组由中共中央统战部常务副部长朱维群和民盟中央副主席索丽生、徐辉带队，中共中央统战部一局局长吴晓礼和盟内专家钟祖荣、谭艺琴、王钢城、陈秋荣等参加。在调研过程中，民盟中央调研组实地考察各级各类学校、办学点 15 个，召开座谈会 12 次，广泛接触了各级政府官员、各类学校的教职员工以及学生和家长，掌握了

不同学校运行状况的第一手资料，倾听广大群众对统筹教育资源配置、促进教育公平发展的真切呼唤。同时，湖北省各级政府及相关部门提供了丰富的材料、翔实的数据，给予了大力的支持与配合。

6月8日下午，调研组向中共湖北省委、省政府交流反馈了调研情况和初步意见建议。

按照民盟中央的统一部署，民盟福建、山东、云南省委也分别在当地展开调研，向盟中央提交调研报告。

在一系列调研和座谈的基础上，民盟中央调研组撰写了调研报告，并在此基础上撰写了报中共中央、国务院的政策建议信《关于进城务工人员随迁子女义务教育问题的建议》。

在建议信中，民盟中央提出了当前进城务工人员随迁子女就学中所存在的问题：一是进城务工人员集中居住地附近没有公办学校或公办学校接纳能力不足；一些接收随迁子女较多的学校硬件条件难以及时跟上，教师编制压力增大。二是多数地方都对公办学校设置了较高的准入条件，随迁子女难以达到。三是公办学校招生的自由裁量权过大，有些公办学校收取较高的赞助费或捐资助学款等，进城务工人员负担不起。同时，还存在“有学上”与“上好学”、“学得好”的矛盾：接纳随迁子女的多是一些生源不足的薄弱学校或民办简易学校，随迁子女进入公办学校后普遍需要适应新的教学环境和不同的教材、教学进度、考试题型，特别是由于户籍障碍，在流入地升学、参加高考受限，想要“学得好”不容易。

在建议信中，民盟中央从制度政策、教育投入、地方政府、公办学校、农民工子弟学校、进城务工人员及其随迁子女等方面分析了产生问题的具体原因，并指出：进城务工人员为我国的社会经济建设和城市化进程做出了巨大而突出的贡献。对于他们的付出与切身利益，应加倍予以补偿与呵护，特别是应使他们的后代能够通过接受良好的教育而提升社会地位。目前，务工人员随迁子女的义务教育问题，已成为关系教育公平和城市发展稳定的突出问题。

据此，民盟中央提出了四项具体建议：

第一，打破城乡二元教育管理体制，建立以纳税人身份为基础享受教育权利的制度；同时，改革现行教育财政管理制度，建立“教育资金随学生流动”管理体系。

改革依附在户籍制度之上的入学政策，改“依户籍地就近入学”为“依居住地入学”，把进城务工人员随迁子女义务教育纳入城市经济和社会发展的统一规划。在提高教育在公共财政中的支出比例的同时，要加大中央财政投入，将教育财政管理由“地方负责、分级办学”改为“中央政府买单、地方政府管理”，打消地方政府的财政负担顾虑，也为随迁子女在城市上学扫除财政障碍。

规范学籍管理制度，通过建立全国联网的电子学籍管理系统，跟踪掌握每一个学生入学、转学、休学、失学、辍学状况，加强对进城务工人员随迁子女就学信息的全面监管；并以此为平台，改革教育财政资源配置模式，调整中央政府财政转移支付方式，由过去以户籍为依据的向流出地转移，改为向城市流入地转移，同时完善财政监督制度，保证专款专用。考虑试行“教育券”制度，将教育财政资源配置路径由“政府—学校—学生”转为“政府—学生—学校”，保证学生从政府获得教育资助，平衡流入地政府与流出地政府在教育财政上的关系，也为学生冲破户籍限制、自主选择就学地创造条件。

第二，明确政府的教育职能与责任，建立流入地政府与流出地政府双主体模式。

明确政府的教育供给、经费投入、教育管理和引入教育竞争机制等职能。一是政府必须承担教育供给的主要责任，为随迁子女提供义务教育是地方政府义不容辞的责任，绝不能用任何附加条件选择性提供。二是确立政府的教育投资主体地位，合理确定中央与地方的教育投入分担比例，建立各级政府共同分担、以省和市级政府为主的进城务工人员随迁子女义务教育经费分担机制，直辖市政府承担省市两级责任。三是在明确国务院教育行政部门职责的基础上，进一步明确县级以上政府教育行政部门和其他有关部门在教育工作中的责任。四是政府要树立扶持民办教育的责任意识和服务意识，在教师培训、校舍用地和建设等方面给予帮助，并完善财政投入机制，比如现有学校治理结构改革基础上的拨款制、特许经营、委托管理、教育券等，既要保证财政资金真正用于随迁子女教育，又要促进办学者的积极性。

明确中央政府和流入地、流出地政府的责任。中央政府对教育投入的增加应向农村倾斜，努力缩小城乡教育差距，从而有效缓解教育移民问题。针对人口流动的不稳定性，流入地政府可以在流动人口集中地区建设各种简易学校，区县政府提供短期使用的土地、校舍等办学条件和设施。在有可能实现流动人口集中分布的地方，流入地政府应加强引导，并由流出地政府教育部门予以教学指导，保证随迁子女在异地接受的教育与户籍地相统一。同时，流出地政府应致力于发展本地教育，特别是提高农村教育水平，以减轻教育移民压力。

第三，规范公办学校的入学、收费和资助制度，扩大公办学校对随迁子女的接纳。

在增加公办学校供给的同时，着力简化准入条件，规范管理和收费。一是将公办学校的准入条件统一简化为进城务工人员的身份证明和就业证明两项。二是地方政府须在媒体上公开公办学校接收随迁子女入学的条件、程序和收费规定；规范学校接收随迁子女的管理，严查乱收费。三是落实随迁子女义务教育免学杂费政策，全部提供免费教科书，对家庭特别困难的提供免费午餐。

第四，建立贫困进城务工人员随迁子女教育救助制度，实现从道义性扶贫向制度性扶贫转变。

比如，建立进城务工人员工会组织，对随迁子女在入学、升学、教学条件、教育资源等环节的受歧视现象进行系统监控和有效干预，从而加强对随迁子女平等接受教育权利的保护。

该政策建议信获中共中央、国务院领导重要批示。

二、关注实体经济发展，推动企业质量体系与创新能力建设

2012 年 1 月 6 日至 8 日，全国政协副主席、民盟中央第一副主席张梅颖，全国政协经济委员会副主任、工业和信息化部原部长李毅中，国务院国资委副主任姜志刚，以及财政部、工信部、国务院国资委、科技部相关司局领导组成的调研组赴上海振华重工集团就“国有企业自主创新与人才培养机制”课题进行调研。

此次调研的目的，旨在了解公司自主创新的动力源泉，如何调整产业结构、推动传统产业升级，如何培育自主创新和人才成长的环境，目前遇到的主要困难和挑战，以及政府在公司深化改革过程中发挥的作用等方面内容。

1月6日，调研组在上海振华重工集团考察。集团公司董事长周纪昌简要汇报了公司的总体情况，并从国际市场影响、人民币升值造成的外汇压力、产能过剩与市场需求带来的压力等方面介绍了公司当前遇到的困难和挑战。公司总裁康学增做了题为《勇于担当，创新驱动，转型发展，让中国名牌继续响遍全世界》的情况汇报。公司党委书记陆建忠介绍了公司在人才培养、体制机制创新以及营造科技创新环境等方面情况。

1月7日上午，调研组一行来到长兴分公司，参观了钢结构车间、自动化码头示范线，听取了自动化码头建设情况介绍。调研组一行就“科技创新”、“人才创新”、“走出去战略”三个主题与振华重工员工代表，以及同济大学、上海交通大学等部分院校代表进行了专题座谈。

1月8日，调研组召开调研总结会。上海市副市长艾宝俊、上海市人大、市政协、市有关委办局负责同志，宝钢集团、振华重工企业负责人出席会议。会上，艾宝俊介绍了上海市国有企业在科技创新，以及构建人才成长机制等方面的情况。

在此次调研的基础上，调研组撰写了报中共中央、国务院的政策建议信《关于加强质量体系与创新能力建设的建议》。在建议信中，调研组指出：振华重工敢于啃硬骨头，苦干实干，从一个由西方国家长期垄断的制造业领域中突出重围，做到世界第一，领跑行业世界先进水平，我们认为关键是牢牢把握了两个制胜的因素：质量是生命，创新是灵魂。其港口机械产品雄霸世界75%的市场份额，势在必然。

建议信还指出，上海振华重工质量体系与创新能力建设的做法和经验很值得研究、学习、推广。同时，对这样的典型企业在“二次创业”中遇到的问题应认真研究，有关方面应拿出扶持意见和措施，支持竞争性实体经济克服目前的困难，使中国向制造业强国的目标迈出实质性步伐。

据此，调研组在建议信中提出两方面的建议：

一方面，以“质量强国”为目标转变发展方式，全面提升产品质量。

我国经济总量现居世界第二，但总量大不等于质量好。事实上多年来我国经济重数量、重速度的粗放增长，导致产品总体质量不高，是造成国家核心竞争力不强的关键因素之一。国际市场某些“中国制造”产品，甚至成为劣质商品的代名词，有损中国制造业的形象和国家声誉。在国内，随着人民生活水平的不断提高，大众质量安全意识增强，对质量需求升级，而这方面的供给明显不足，导致崇拜洋货、出国消费持续升温，直接影响内需对国民经济的贡献率。“稳中求进”急切呼唤质量提高，急需将提高各行业质量摆在国家战略高度全面推进。

其一，“十二五”期间，尤其是在党的“十八大”上，应提出“质量兴国、质量强国”的战略目标、任务和相应的政策措施，使质量意识作为党和政府的施政纲领发挥其功效。

其二，完善质量法规体系，建立质量促进的激励机制。设立国家级质量年度大奖，承担或创设国际质量主题峰会。从GDP数量为导向转为以质量效益为导向。

其三，以国际标准创品牌，制定“品牌”激励机制。品牌是质量的最高形式，也是大国形象的重要标志。欲参与制定规则，需以自有品牌主导国际标准。

其四，以政策引导职业教育适应市场需求，提高制造业各种工艺技术水平，建立激励能工巧匠成长的机制，培养本领过硬的高端蓝领人才。

其五，开展全民质量教育。利用目前修改确定国家新课程标准的机会，在中小学、大中专课本中增加质量法律法规的普及教育内容，促使质量意识成为国民基本素质的必要构成部分。

其六，依法严惩质量问题当事人及机构，使质量违法成本足以起到威慑作用。

另一方面，建立有利于激发创新活力和保护知识产权的机制与环境。

改革开放以来，我们经历了以市场换技术的过程，如引进—过时、再引进—再过时，这种依赖引进的循环往复，虽然为技术追赶、锻炼队伍、壮大自己发挥过作用，但大多数情况是丢了市场却没有换来技术，教训深刻。自主知识产权实质上是“国家主权”，核心技术是换不来的。我们买设备、买技术专利，结果是为培养对手研发能力投资，反过来再赚我们的钱。创新引领、技术“自主”应成为挺起中国制造的脊梁。用技术优势带动品牌优势、资本优势和人才优势，才能在国际市场竞争中占有先机。

其一，改造不利于创新的市场环境。当前实体经济发展面临最突出的问题是缺乏公平竞争的市场环境，特别是金融、房地产及被赋予垄断资源、垄断经营权力的行业与企业坐收渔利，无功暴富，不仅催生资产泡沫，威胁金融安全，而且对实体经济的发展构成冲击，严重地压抑企业的创新动力。因此，要加大反垄断法执行力度，努力营造不同行业、不同企业公平竞争的市场环境。

其二，加强知识产权保护，降低创新成本和风险。企业能够形成自主知识产权的创新活动风险与投入很大，而侵权行为屡屡得逞、维权成本太高，必然挫伤企业创新的积极性。要加强《知识产权保护法》的监管力度，给侵权者以应有惩罚。

其三，建立尊重、宽容“首台首套”的体制机制。因历史原因，我国“首台首套”常常被排除在政府采购之外，振华的港机也是在行销国外市场后才得以进入本土市场。建立创新型国家必须重塑民族自信，对“首台首套”不仅不能排斥，还应形成政策上“一路绿灯”的体制机制。

其四，使产学研用相结合，形成校企合作双赢的局面。企业根据市场需求出题，高校（研究院所）立项联合攻关，解决产业关键环节的难题，在项目实施过程中锻炼培养人才，并对企业未来转型发展开展前瞻性研究。企业为高校（研究院所）创造多方面有利条件，校企双赢才能激发创新活力。

其五，多方激励创新人才队伍成长。一是不能垄断人才评价机制和选人用人标准，不能搞一刀切，不唯资历、不拘一格，放手让年轻人挑大梁，为他们搭建施展才华平台，通过一个项目培养一批人才，摔打的过程就是造就人才的过程。二是重视企业家及产学研用领军人才的造就培养。企业家、领军人才善于抓住转型发展的机遇，善于捕捉市场信息、凝聚人才和人气，有决断的胆识、敢冒风险。企业家和领军人才十分难得，要有足够的政策支持。三是从一代新人培养创新意识和素质。当前我国中小学教育仍无法摆脱应试教育的束缚，重分数不重素质培养，使学生丧失独立思考和解决实际问题的能力，潜伏着民族创造力退化的巨大危险。这应是当前教育改革重点研究和解决的一个根本问题。

建议信得到中共中央、国务院领导的高度重视，很快得到了中共中央、国务院有关领导的重要批示。

三、关注民生领域，建言医药卫生体制改革

2009年以来，在中央的高度重视下，医药卫生投入大幅增长，医疗保险普惠全民的目标基本实现，城乡居民医疗保障水平持续提高，公共卫生事业和基本药物制度的建设等均取得了新的进展，人民群众的疾病后顾之忧大为减轻。然而，“十二五”时期的医药卫生体制改革仍面临着繁重而艰巨的任务。

2012年，在民盟中央经济委员会专家建议的基础上，结合多年调研的积累，民盟中央起草并向中共中央、国务院递交了《关于全面深化医改的建议》。建议信指出了我国目前医药卫生体制改革中面临的问题：普惠全民易，实质公平难；建立制度易，整合制度难；加大投入易，提高效率难；单项推进易，多项协同难；硬件改善易，软件建设难；满足一般参保人的要求易，解决特殊群体的困难难。

据此，民盟中央在建议信中提出了五项建议：

第一，将深化医疗卫生事业管理体制的改革摆到重要位置并优先推进，为整体医改推进扫清障碍；进行部门职责重组，减少改革中的部门掣肘，使相关部门集中精力切实承担起相应的责任，并为行政问责制提供具体依据。

可赋予国务院医改办对医改全局进行顶层设计的独立权力。医改涉及发改委、财政、卫生、人社、民政、药品等诸多部门，部门分割容易衍生出部门利益，导致一些部门只从自身利益出发而不顾医改规律，因此，由超越部门的独立机构来进行顶层设计十分必要。

可尽快赋予人力资源社会保障部门统一管理城乡医疗保障事务的权力，并实现问责制。我国城镇居民与职工的医疗保险一直由人社部门管理，城市人口占总人口已逾一半，未来的城市化进程还会加快，基于医疗保险的一体化要求和风险分散的大数法则，由该部门统一管理是最佳选择，特别是在卫生部门与公立医院一直未能全面脱钩的情形下更应如此。并且，成都、杭州等地实行由该部门统一管理的实践已经证明是成功的，其经验值得在全国推广。

应建立独立的医院管理机构。公立医院改革难以推进，根本原因在于卫生行政部门与公立医院的“父子关系”。建议国务院设立直属的医院管理机构（或由卫生部代管但独立行使职权），专司公立医院改革和促进民办医疗服务系统发展的重任，同样推行问责制。

应督促卫生部门切实抓好卫生事业总体规划，推进公共卫生事业发展。公共卫生事业不仅是医疗保险制度的重要基础，也是全民健康的基石，经过前述体制改革后，卫生部门不再将精力分散在合作医疗的管理与经办上，也不会再“呵护”公立医院，从而可以超脱出来全面部署卫生事业规划，强力推进公共卫生工作。

上述改革作为过渡办法，在完成各项改革任务后，建议考虑设置大卫生部，即届时可以考虑将公共卫生、医院管理、医疗保险、中医药事业等全部纳入该部门管理。

第二，尽快打造公、私并重的新型医疗卫生服务体系。医疗卫生服务体系建设的质量，取决于合理布局、适度竞争和最大可能地调动社会与市场资源。因此，必须打破公立医

院垄断格局，尽快打造公立与私立或社会医疗服务系统并行并相互竞争的新型体系。

应尽快启动公立医院改革。内容包括：一是降低公立医院的比重，建议保留约50%左右的公立医院，其他通过改制转为民有民营，在自然形成的竞争中优化布局。二是切实维护公立医院的公益性，确保公立医院运行有保障、执业医生有较高的收入，完全切断医药合谋的利益链条。三是完善公立医院的法人治理结构，按照现代医院的管理模式进行重组，赋予其真正自主的业务经营权。

可大力发展私立或社会办的医疗卫生服务事业，满足全民医疗服务的个体性需要。建议效仿推进民营企业发展的方式，为社会资源与市场资源投入医疗卫生服务系统提供财税优惠、设施建造、金融支持等政策扶持，最终形成公、私并重的新型医疗卫生服务体系。

应下大力气打造发达的基层医疗卫生服务网络。医疗保障水平的提高可以缓解城乡居民“看病贵”难题，而解决“看病难”则需要健全、完善的基层医疗卫生服务网络。建议将发展重心放在乡镇街道与城乡社区，鼓励有条件的单位自办医疗卫生服务网点，形成发达的基层服务网络，与公共卫生事业的实施紧密结合，与医疗保险的首诊制挂钩，同时推进解决长期困扰并恶化医患关系的信息不对称问题。

应积极推进城市家庭医生试点。随着国民经济的持续高速增长，高收入家庭会越来越多，对家庭医生的需求也会持续攀升。建议加快在大中城市试行家庭医生制度的步伐，可以从公立医院的退休医生或从个体执业的医生开始实行。

第三，进行制度整合，全方位统筹医疗保险制度改革，化解公平性不足与效率不高两大难题。

尽快统一城乡医疗保险经办机构。取消农村合作医疗独立经办的做法，将各地根据城乡分割设置的不同经办机构统一到一个机构，统一管理与运行规程，统一医保信息系统，以对全体参保人负责。这是消除当前经办成本过高、效率偏低、重复参保并浪费国家资财现象的治本之计。

尽快推进城乡居民医疗保险制度整合。城镇居民基本医疗保险与新型农村合作医疗的筹资机制均为政府补贴与个人缴费组合，其医疗保障待遇应当统一，从而亟须打破城乡分割格局，尽快根据城乡统筹的原则，将两项制度整合成统一的城乡居民医疗保险制度。在条件具备的地方,还应鼓励将城乡居民基本医疗保险与职工基本医疗保险进行整合，向全民医疗保险制度迈进。

改革医疗保险制度的缴费方式与责任承担比例。一是逐步实现医疗保险费由雇主或政府与参保人平等分担（各50%），即参保人承担与雇主或政府同等的缴费义务，以适当强化个人责任并确保医保的财务稳定与可持续性。二是除已退休的老年人外，制度整合后退休的老年人应当缴费，即将城乡居民终身缴费的制度安排向职工扩展，在扩充基金来源的同时，也为老年人异地就医创造条件。三是最终过渡到以家庭为单位缴费。四是改变医疗保险基金结余过多现象，以追求年度平衡为目标。

全力推进疾病医疗首诊制。一方面，定点医院虽扩大了参保人的就医选择权，但参保人往往并不明了自己的真实医疗需求，通常盲目选择大医院。建议尽快建立首诊制，保证医患之间信息对称和确保参保人就医选择的有效性。另一方面，首诊制还有利于基层医疗卫生服务网络的建设与发展，扭转当前畸形的医疗需求与布局。

提高医疗费用实际补偿水平，改革医疗保险费用支付方式。近年来，医疗保险政策范围的报销水平持续上升，但保障范围外的就医支出及范围内的比例分担依然沉重，加之医药价格虚高不降，城乡居民的实际医疗支出并未有太多减轻。因此，建议加快落实大病保险，同时制定促使商业健康保险发展的具体政策，以满足不同群体的需求和弥补基本医疗保险的不足，切实减轻参保人的医疗费用自负额，使实际补偿水平得到提高。

停止商业保险公司经办社会医疗保险的试验。商业保险公司的本质是企业而非公益机构，追逐利润最大化是其在竞争条件下生存与发展的本性使然，这一点不会因外部因素而改变，其职责是销售自己的健康保险产品而不是代办社保业务，目前个别地方的试点不仅会打乱社会医疗保险体制、机制优化变革的稳步推进，而且必定影响真正意义上的商业健康保险的发展。上世纪 80 年代政府曾委托保险公司经办集体企业养老保险，结果却是保险公司不久即因利益不足而放弃、全国以百万计的集体企业退休人员无养老金可领、国家最终为此付出了高昂的经济与声誉代价，这一深刻的历史教训值得吸取。因此，建议停止对保险公司经办农村合作医疗业务的做法，以避免重蹈当年保险公司经办集体企业养老保险并导致两败俱伤的覆辙。

第四，加大全科医生的培养力度和壮大全科医生队伍，并制定相应的政策确保基层医疗卫生机构队伍稳定。

针对全科医生严重不足的现状，在财政性教育经费占 GDP4% 目标实现后，建议国家加大对培养全科医生的投入，并通过多种途径加快缓解。一是设立专项投入，扩大医学院校中的全科医生招生名额，并参照师范生给予相应的扶持；二是将基层卫生机构的医务人员的培训纳入公益性就业培训体系，并给予相应的补贴，尽快促使其成为合格的全科医生；三是开展针对广大农村的原“赤脚医生”的培训，让其继续发挥有益作用。

提高基层卫生机构全科医生的待遇。建议国家在医改投入中划出一定份额，设置欠发达地区农村基层卫生机构全科医生专项津贴；同时，调动社会资源参与进来。以稳定基层队伍。

将全科医生队伍建设与当地的老年护理事业、残疾人事业、公共卫生事业等紧密地结合起来，通过扩充服务功能来提升全科医生的社会地位，同时提升收入水平，最终实现队伍壮大并保持稳定。

第五，高度重视医疗卫生事业法制建设。

我国的医改目标明确，方向清晰，但因政策的弹性太大，规范性不足，急切需要上升到法制规范的层面。因此，制定相应的法律与法规刻不容缓。在全国人大常委会立法进程较慢的条件下，建议国务院先行制定相关行政法规。

尽快制定《医疗保险条例》。以《社会保险法》为基本依据，制定专门的《医疗保险条例》已属必要；在立法中，不能屈从现行制度分割的格局，而必须从统筹城乡、整合制度、促进公平、提升效率的角度出发，为建立统一的医疗保险制度提供法制依据。

尽快制定《医疗救助条例》。医疗救助的功能正在不断扩大，但缺乏相应的法制规范，它同样需要制定专门的法规来规范资金来源、救助对象及救助程序等。

尽快制定《药品专卖条例》。药品是特殊商品，不能完全市场化，尤其是基本药物更是需建立计划供应体制，以降低流通成本。建议制定《药品专卖条例》，设立专卖机构，并强化监管，以便彻底根治药品流通中的无序、混乱格局，使之纳入有序、公益的轨道。

尽快制定《医院管理条例》。医院是医疗服务的提供者，但它既不同于企业，也不同于其他事业单位，建议制定专门法规，规范所有医院的设立、监管与运行，为公立、私立医院提供相应的法律依据。

尽快制定《民办医疗卫生服务促进条例》。大力发展民办医疗卫生服务事业是我国医改成功的一个关键，没有稳定的政策扶持不可能实现这一目标。建议参照《民办教育促进法》，制定专门的《民办医疗卫生服务促进条例》，明确相应的扶持政策。同时，放开单位办医，提倡用人单位将举办医疗点作为职业福利体系一部分，并对个体行医实行全面解禁。

中共中央、国务院领导高度重视该建议信，并作出重要批示。

四、打造品牌活动，促进两岸四地高等教育合作与交流

2012年7月21日至26日，由民盟中央、北京大学、南京大学、台湾大学主办，南京大学承办，民盟江苏省委协办的第八届“海峡两岸暨港澳地区大学校长联谊活动”在江苏成功举行。民盟中央主席蒋树声、副主席李重庵、索丽生、陈晓光出席活动。参加本次活动有两岸四地的校长及夫人，前校长及夫人，中央统战部、省人大、省委统战部、民盟江苏省委及各方工作人员约150余人，创历届参会人数之最。

作为联谊活动的重要组成部分和核心项目，大学校长论坛于7月22日在南京大学举行。与往届不同的是，按照校长们的意见，此次活动专门将论坛时间增加到一天：上午进行论坛上半场，校长代表介绍一年来两岸四地高等教育发展情况，就“两岸四地大学和大学校长如何共同弘扬中华文化”作主题发言；下午进行论坛下半场——圆桌座谈，全体与会嘉宾自由发言。

南京大学校长陈骏、北京大学校长周其凤共同主持论坛上半场，南京大学党委书记洪银兴致欢迎词。台湾大学校长李嗣涔、香港中文大学校长沈祖尧、浙江大学校长杨卫分别介绍了台湾、香港和大陆地区一年来高等教育发展的新情况。复旦大学杨玉良校长、香港城市大学张信刚前校长、台湾联合大学系统曾志朗校长围绕“两岸四地大学和大学校长如何共同弘扬中华文化”等问题作主题发言。杨玉良校长认为，大学有很多功能，而“文化传承与发展”是大学属性里面最本质的功能；大学要成为一个国家和民族的文化继承、更新以及发展的发源地之一，首先要保证大学里文化的多元性，并要捍卫各种文化的表达权利。张信刚前校长从“家”讲起，令人耳目一新：两岸四地同根同源，拥有着同样的文化血脉，其中最有代表性的就是“家”；他认为“复兴中华文化的重点不在‘复’，而在于‘兴’”。曾志郎校长在发言中说到，他正在做“两岸中华大词库”，整合学术名词和特别词典内容，最终形成共同的“云端大辞典”，这需要两岸四地各高校共同努力与合作。

校长们的精彩发言，对与会所有嘉宾有很大启发。在当前世界经济、政治、科技迅速发展的情况下，如何更好地推动中华文化传承与发展，成为校长们关注的焦点。这也

为论坛下半场更为精彩的自由发言与讨论奠定了基础。

香港大学徐立之校长主持校长论坛下半场。在交流沟通、相互启发的气氛中，大学校长们不再满足坐而论道。在蒋树声主席和徐立之校长的提议下，大家围绕“如何推动中华文化传承与发展”展开了热烈讨论。台湾政治大学吴思华校长说，我们要重视中文发表的论文和文字传承；社会科学的理论探索中，应让中华文化扮演更为重要的角色。台湾清华大学陈力俊校长表示非常赞成文化的可持续发展，呼吁两岸四地大学共同合作。台湾成功大学赖明诏校长提出了自己新的想法：适时地将欧美的大学囊括到活动中来，让他们也有机会亲身感受中华文化。台湾中央大学李罗权前校长感言：我们要让全世界了解中华文化，变被动为主动。澳门大学赵伟校长谈到，弘扬中华文化是大学校长们的共识，可做持续性的研究，使得校长们对这个议题的贡献持久化。南昌大学周文斌校长很有感触地说，最近刚参加了孔子学院的协调会议，很多亚洲国家都在进行汉语推广工作，希望在坐各位校长能在海外汉语推广中进行交流与合作。

蒋树声主席在认真听取大家的发言后说，文化是一个民族的灵魂，如果一个民族没有灵魂，这个民族就不可能崛起。两岸四地相互合作，共同弘扬中华文化，需要一个过程，但是我们要开始着手做这件事了。要传承优秀的中华文化，吸取外来文化的精华。这个过程无疑是漫长的，大学校长如何从战略的角度，具有前瞻性地进行文化交流，进一步传承、发展中华文化极为重要。我们两岸四地同根同源同文化，要为中华民族崛起共同努力。

经过一天的研讨，校长们一致认为，两岸四地高校是中华文化传承的重要载体和创新的重要源泉，各校将以传承、弘扬、发展中华文化为己任，努力建设中华民族共有精神家园；鼓励开展中华文化传承、弘扬与发展的合作研究；支持开展中华文化传承与发展的人才培养；鼓励和支持开展国际文化交流；致力于合作提升中华文化的国际影响力。为此，27 位校长共同签署了《海峡两岸暨港澳地区高校关于合作推动中华文化传承与发展的备忘录》。《备忘录》的签订，是继第四届联谊活动中两岸四地大学校长们共同签订的《海峡两岸暨港澳地区高校联合培养高端人才合作意向书》后，取得的又一次重大成果，标志着两岸四地高校间的合作又迈上新台阶。

之后短短的几天内，校长们从南京中山陵、旧总统府、南京大屠杀遇难同胞纪念馆，到考察太湖治理、参观台资企业，再到历史街区、传统工艺坊、苏州拙政园，江南吴地的深厚文化底蕴和今朝经济的蓬勃发展令校长们赞叹不已。在南京大屠杀纪念馆，校长们一边参观一边相互交流，脚步越来越沉重，声音越来越颤抖：“历史可以原谅，但不能忘记。”“只有国家富强，他的人民才不会受到欺辱。”“也只有全世界中华儿女团结一心，祖国才会更加强盛”“前事不忘，后事之师”……

此次活动的举办还恰逢南京大学建校 110 周年校庆期间，南京大学作为此次活动的主办单位之一，将联谊活动作为校庆最后一场压轴的重大活动。专门在仙林校区建立了“海峡两岸暨港澳地区大学校长联谊活动”纪念林。

“海峡两岸暨港澳地区大学校联谊活动”自 2005 年民盟中央、南京大学、北京大学共同发起以来，就确立了明确宗旨：以民间交流的形式，使两岸四地的著名大学校长，在以休假联谊为主的宽松、和谐氛围中，就两岸四地著名大学的交流合作进行广泛和深入探讨，从而达到加深了解、增进友谊、扩大共识、促进交流的目的。并通过校长们在社会各界人士和广大青年学生中的影响，潜移默化地发挥“反独促统”的积极作用；并努力开辟新渠道，推进内地高校与台港澳高校的沟通、交流与合作。

据不完全估算，截至目前，各校间开展的合作项目已超过百项。

五、落实规划纲要精神，推进基础教育发展

教育是民盟最重要的界别特色之一，是民盟长期以来参政议政的重要领域。改革开放之初，民盟就以各种会议或论坛的形式对教育问题进行集中研讨，“民盟部分省市高等教育研讨会”是其中成果较多、影响较大的研讨会之一。它由部分地方民盟组织发起和参与，持续举办了20多年，虽属地方性会议，规模不大，但研讨效果和社会影响不俗，颇受民盟老一辈领导人的高度重视。为更好地发挥其作用、扩大其影响，民盟中央决定自2007年起将其升格为全盟会议，并形成了一年一届、偶数年就基础教育问题进行研讨、奇数年就高等教育问题进行研讨的办会模式。六年来，这一会议无论规模、质量还是影响，都有很大提高，成为民盟参政议政工作的重要品牌。

2012年9月21日至22日，民盟基础教育研讨会在广东省深圳市举办，主题是：落实规划纲要精神，推进基础教育发展。会议由民盟中央教育委员会、民盟广东省委主办，民盟深圳市委、深圳市教育局承办。民盟中央副主席索丽生，民盟中央副主席、广东省政协副主席、民盟广东省委主委温思美，民盟中央秘书长高拴平，民盟中央教育委员会主任、中科院院士、清华大学教授王光谦，教育部基础教育一司副司长王定华等领导出席了会议。

全国人大常委会副委员长、民盟中央主席蒋树声因故不能出席会议，但仍十分关注会议，委托民盟中央秘书长高拴平代为宣读精心准备的讲话稿。蒋树声主席在讲话中指出，新世纪以来，在党和政府的领导下，我国基础教育事业在促进公平和均衡发展方面取得了长足进步。随着“两基”目标的实现，我国在基础教育阶段“有学上”的问题已经基本解决，然而“上好学”的问题不容忽视，特别是与普及义务教育相比，推进教育均衡发展所面临的情况更复杂、任务更艰巨、牵涉问题也更多。一方面，全社会基础教育资源尤其是优质资源供给严重不足，不能满足人们接受良好教育的普遍要求；另一方面，教育发展依然存在着较为严重的地区、城乡、校际和群体不均衡，学龄儿童享受基础教育这一政府公共产品有着很大的差异。

蒋树声主席提出，必须坚持改革创新，通过制度设计、机制建设、政策完善等手段，科学调整资源配置，逐步缩小城乡、区域教育差距，向着义务教育均衡发展的目标不断前进。一是加大经济社会发展中的改革力度，打破二元分割的教育体制和政策限制；二是扩大财政投入，拓宽投资渠道，建立科学的教育经费投入分担和使用分配机制；三是加强体制机制的改革与创新，保障义务教育均衡发展的有序有效推进。他还亲切勉励全盟为推动义务教育的均衡发展建睿智之言、献务实之策。

中共广东省委统战部副部长唐晓萍到会祝贺，热情欢迎会议代表的到来，简要介绍了广东省近年来的经济、社会、教育发展情况，高度评价了民盟与广东合作发展的历史

和成绩。民盟中央副主席、民盟广东省委主委温思美在致辞中介绍了广东省盟参政议政工作发展情况以及为促进教育均衡发展所做的努力，强调了本次会议对广东省盟参政议政工作水平和服务教育发展能力的提升作用。

本次研讨会上的大会报告层次高，权威性、针对性强。三位报告人深刻分析了当前基础教育发展面临的一些热点和难点问题，深入阐述了自己的真知灼见，并提出了很多开创性、建设性意见和建议。王定华副司长作了《关于我国义务教育均衡发展的战略》的报告，积极评价了民盟对我国教育发展所做的工作和付出的努力，详细介绍了促进我国基础教育改革与发展的十大战略，并对近年来基础教育工作中的一些问题和做法作了解读。民盟中央调研组关于《统筹教育资源配置，推进教育公平发展》的报告，简要介绍了民盟中央 2012 重点调研的基本情况，着重从进城务工人员随迁子女义务教育、中职教育的改革发展和政策导向、普通高中教育的需求分化与公平推进三个方面深入分析了基础教育发展的现状和问题，并提出了具体、可行的政策建议。民盟广东省委教育委员会主任、华南师范大学国际文化交流学院院长李盛兵教授作了《政府在合理配置义务教育资源中的责任》的报告，介绍了政府对义务教育资源配置责任的学理、法律和政策依据，深刻分析了义务教育发展不均衡的原因，并阐述了政府责任的实现路径。这三个报告蕴含丰富，信息量大，为我们今后深入开展教育方面的参政议政工作提供了新的思路和素材。

本次会议共有 27 个省级盟组织向会议提交论文 101 篇，经过专家评审，最终有 18 篇论文被遴选为大会发言。在大会发言环节，来自全盟的 18 位同志凭借自己的扎实调研和深刻研究，重点围绕教育资源合理配置、学校的多样化与特色化发展、校长职业化与教师专业化发展、学生全面发展与个性发展、民办教育的改革与发展等问题，从不同侧面进行了深刻剖析，提出了创新、可行的解决思路和具体建议。在这一环节中，增加了听众与发言人的互动，大家就发言人所谈的问题、观点和建议做直接的、进一步的探讨和辩论，很好地补充和强化了发言内容，也有效提升了会议效果和气氛。会上，民盟中央教育委员会向入选大会发言的论文作者颁发了教育研讨会“优秀论文”荣誉证书。

9 月 22 日上午，会议在崛起教育集团翻身实验学校进行了“第三会议室”活动。在民盟江西省委专职副主委任江南的主持下，民盟浙江省委副主委、浙江省教育厅副厅长韩平，民盟福建省委基础教育工作委员会主任、福州文博中学校长俞继圣，民盟上海市委教育委员会副主任、上海教育科学研究院研究员朱怡华，深圳市教育局副局长范坤，民盟深圳市委委员、崛起教育集团董事长林良浩等嘉宾与代表们围绕“民办基础教育改革、创新与发展”的主题，着重从民办基础教育的发展现状、主要问题以及发展建议和未来展望等方面，对民办基础教育改革发展所面临的紧迫任务和核心问题进行了交流与“争鸣”，也产生了很多“共鸣”，并提出了加强法制建设、积极推行民办基础教育领域改革与创新、倡导民办与公办基础教育的差异化发展等许多具体的政策建议。此次活动创新性地采用了网络直播和微博互动的方式，扩大了受众群和参与面，也有效提升了会议的效果和影响。

会议还得到了全盟上下的积极参与和社会各界的广泛关注。各省级盟组织、民盟中央教育委员会、民盟中央机关和群言杂志社均派出代表参会，据会务组统计，盟内外近 40 个单位的 100 多位领导、专家和教师参加了本次会议，其中既有从事基础教育研究的专家、学者以及处于教学一线的学校领导和师生，也有党政机关和教育行政部门的同志。大家齐聚一堂，就基础教育改革发展方面的问题进行了广泛深刻、求真务实的研讨，会议汇集了很多新颖的观点和非凡的智慧，受到新闻媒体的积极报道，其社会影响力得到了进一步的提升和扩大。

姚　远　民盟中央参政议政部办公室副主任科员

中国民主建国会参政议政案例

一、建议大力发展文化旅游产业，促进经济结构调整

中共十七届六中全会提出加快发展文化产业，推动文化产业成为国民经济支柱性产业，并指出要积极发展文化旅游，发挥旅游对文化消费的促进作用。国务院明确提出要把旅游业培育成国民经济的战略性支柱产业和人民群众更加满意的现代服务业。因此，推动服务业大发展是“十二五”期间实现产业结构优化升级的战略重点，文化旅游业作为现代服务业的重要内容，在这一重大战略性调整中，更加凸显了自身的优势和地位。民建中央长期关注国家“转方式、调结构”战略，近年来围绕这一主题进行持续调研，2012年将“大力发展文化旅游产业，促进经济结构调整”作为重点调研专题，由民建中央主席陈昌智担任专题负责人。参加调研的成员有民建中央副主席李说及有关会内外的专家学者、实际部门工作人员等，中央统战部、文化部、国家旅游局等也参加了调研。

2月，成立专题组，陈昌智主持召开开题座谈会，确定调研方案。4月，陈昌智带队赴河南调研，实地考察了郑州、登封、开封、淮阳、焦作、平顶山、洛阳、安阳八个地市，召开了五场座谈会，了解了河南文化旅游产业发展的基本情况和成功经验，并向中共河南省委、省政府提供了书面交换意见。5月上旬，陈昌智主席带队，李说副主席等调研组成员参加，在北京调研，召开了三场座谈会，实地考察了什刹海历史文化旅游区、恭王府、历代帝王庙、“798”艺术园区等。5月下旬，陈昌智主席在海南召开座谈会，调研海南国际旅游岛的建设情况。民建河南、北京、安徽、浙江、重庆、内蒙、湖南、河北等省级组织也积极围绕此课题进行调研，并提供了相关调研材料。通过多种形式调研、座谈，专题组认为文化与旅游是两个相互关联又各有特点的产业，但文化的资源性和旅游市场的包容性使得文化和旅游因要素融合而成为一个新的文化产品和旅游产品。当前，文化旅游是促进文化走向产业化的一个新领域；同时是中国旅游产业提升的重要方面。文化旅游产业的发展，是调整经济结构、转变经济发展方式的有效途径，具有良好的经济效益和社会效益；大力发展文化旅游业对当前把握稳中求进的总基调具有特殊意义和作用。因此，在“十二五”乃至更长的时期内，应该着力培育发展文化旅游产业，使其尽快成为我国国民经济的战略性支柱产业和现代服务业。在此基础上，专题组形成了民建中央关于《大力发展文化旅游产业，促进经济结构调整》的专项报告。

报告指出，伴随着国家将旅游业上升为战略性支柱产业，各地纷纷制订规划，出台

政策措施，采取各种手段加强宣传，通过多种有效渠道加大投入，探索改革相关的体制机制，加快人才队伍建设，提高管理服务水平，积极培育市场，优化发展环境，开展区域合作和对外交流，文化旅游总体上呈现全面、快速发展的形势。报告分析了文化旅游产业发展面临的困难和问题。一些地方尚未从转变经济发展方式、调整产业结构的高度，来认识文化旅游产业的重要作用。体制机制不顺畅制约了文化旅游产业的快速发展。相关法律法规滞后，政策扶持力度不足。目前还没有一部国家旅游法来规范旅游市场。政策扶持力度还不够。文化旅游产业链短，市场开发不足，秩序不规范、缺少文化旅游精品和品牌。发展资金不足，投融资渠道单一。缺乏文化旅游产业发展的人才。旅游演出市场秩序有待规范，价格机制和收入分配机制尚不成熟。

调研报告强调要进一步转变观念，统一认识，从支柱产业和现代服务业高度，培育和推动文化旅游产业发展，把发展文化旅游产业放在经济结构调整的大背景中，深化文化和旅游的融合，充分发挥文化旅游产业对扩大内需和经济结构调整的带动作用，通过大力发展文化旅游产业，促进经济结构的优化升级。为此，建议：

加强顶层设计，把大力发展文化旅游产业作为转方式、调结构的重要抓手。一是制定全国文化旅游业发展规划，注重保护与开发并重，科学发展文化旅游产业。二是认真贯彻落实《国家“十二五”时期文化改革发展规划纲要》和《文化部“十二五”时期文化产业倍增计划》的相关措施。三是尽快出台《中华人民共和国旅游法》，完善相关法律法规建设。四是研究编制《旅游质量发展纲要》，统一规则，加强监管，规范文化旅游市场秩序。五是加快出台《国民旅游休闲纲要》。

加快对文化旅游产业管理体制机制的改革和创新。一是理顺管理体制和完善机制。二是推动建立国家层面的文化旅游产业发展综合协调机制。三是积极推进旅游业改革试点工作。四是鼓励景区管理体制改革。

抓紧落实和完善配套支持政策，加大对文化旅游产业的支持力度。一是加快落实《国务院关于加快发展旅游业的意见》，加大对文化旅游产业的政策扶持力度。二是充分发挥财政税收政策的扶持引导作用。三是把旅游基础设施，特别是连片特困地区的文化旅游基础设施建设作为扩大内需、增加投资的重点。四是加快建设海南国际旅游岛先行试验区，进一步在政策、资金、项目上，支持海南发展文化旅游产业，放宽旅客离岛免税购物政策的金额、次数和品种等方面限制。

拓宽资金渠道，加大金融支持文化旅游产业的力度。一是完善投融资扶持政策。二是鼓励商业银行创新信贷产品，提高专业化服务水平。三是扩大文化旅游企业直接融资规模。四是搭建金融对接文化旅游产业的公共服务平台。

加强文化旅游人才培养，提升文化旅游行业人员素质。一是在整合现有旅游教育资源基础上，加强学科建设，优化专业设置，加大应用型、技能型文化旅游人才培养力度。二是建立文化人才信息网和交流平台，创新奖励机制，大力引进文化旅游人才、高级文化旅游经营管理人才、文化经纪人才，广泛吸引国内外知名艺术家、经纪人、企业家创业。三是建立和完善旅游职业资格和职称制度，健全职业技能鉴定体系，培育职业经理人市场。

加强文化旅游产品的深度开发，调整旅游结构，延长文化旅游的产业链，实现文化旅游产业结构的优化升级。从旅游目的地建设和旅游产业吃、住、行、游、购、娱各个环节提升旅游产品的文化价值，延伸产业链条；加大对文化旅游创意策划、资源整合、营销推广，开拓文化旅游产业的新业态、新市场；加强现代科技在旅游领域中的应用，以网络化、数字化技术装备文化旅游产业及以高科技为载体创新文化产品，不断创造新的文化旅游需求。

健全文化旅游中介组织建设，完善文化旅游市场体系。一是要加强行业组织建设，鼓励旅游演出表演团体以城市为单位建立联盟、协会等行业组织，推动行业自律、抵制恶性竞争，维护行业权益，改革分配机制，公布旅游演出指导价格和推荐项目名录，制订旅游演出行业标准和服务规范；二是要大力扶持旅游演出中介机构，推动市场价格机制趋向成熟，鼓励演出票务公司和服务平台参与市场运营，引进激励机制，吸引优秀的策划营销人才，推广真正符合市场需求的文化精品；三是加强政府对文化旅游市场的引导和宏观调控，制订相关法规规范市场经营行为，加大对原创文化产品的扶持和保护力度，提供更加务实有效的行政指导和信息服务。

该调研报告报送中共中央国务院后，得到国务院领导同志的批示。6月，民建中央向全国政协常委会报送了《大力发展现代服务业，推进产业结构调整》发言材料。12月，有关调研报告提交民建九届六中全会审议，并转化为政协大会发言、提案。

二、为六盘山集中连片特困地区扶贫开发献策

2012年政府工作报告明确提出“加大集中连片特殊困难地区扶贫开发力度，让扶贫对象更多的分享改革发展成果”。六盘山片区涵盖处于甘肃、陕西、青海、宁夏四省区交界地带，集革命老区、民族地区和贫困地区于一体，在全国14个连片特困地区中具有十分重要的战略地位，对深入贯彻科学发展观，推进西部大开发，全面实现小康社会、构建和谐社会意义重大。

4月16日至22日，民建中央第一副主席张榕明率民建中央“六盘山集中连片特困地区”专题调研组，行程1700公里，实地考察了甘肃省定西、平凉、庆阳等3个市的5个县、8个乡（镇）、9个村，走访了18户贫困户。期间召开了3场座谈会，听取了甘肃省政府、兰州等8个市政府、40位县区长的工作汇报及扶贫攻坚迫切需要解决的问题。整个调研期间，还听取了陕西、宁夏两省区政府情况汇报，收到了青海省政府书面汇报。调研组掌握了大量翔实的第一手材料，形成了《关于六盘山集中连片特困地区的情况与建议》。

调研报告分析了六盘山片区面临的实际困难，自然条件恶劣、自我发展能力太小、贫困比重过大、抵御灾害能力脆弱等贫困特征明显，扶贫攻坚任务仍十分艰巨。建议六盘山片区总体享受《武陵山片区区域发展与扶贫攻坚规划》的财政、税收、金融等相关政策。同时，还需要出台特殊的扶持政策。具体建议如下：

第一，增加六盘山片区专项转移支付配套补助。各县对公益性建设项目县级资金配套问题反映强烈。由于省财政自给能力弱，将配套资金转嫁市县，使取消县配套的政策落实不了。建议降低省级配套比例，或者中央财政设立转移支付配套专项，免相应项目的市级配套资金，对六盘山片区公益性建设项目的实施予以支持。

第二，对六盘山片区移民搬迁和危房改造资金予以支持。六盘山片区中约有57万

户、250万人仍居住在自然环境恶劣的偏远山区和生态保护区域范围，由于国家补助标准低，省内缺少合适的安置地，一些区域水土流失严重，自然灾害频繁，就地无法有效扶贫，移民搬迁任务重，群众无力自筹。建议对居住偏僻分散、生态脆弱、就地脱贫非常困难的边远山区实施易地扶贫搬迁，进一步提高易地搬迁和危房改造补贴标准，从根本上解决生态保护区贫困群众脱贫问题。

第三，加大对片区重点基础设施建设的投入力度。建议落实好片区已纳入国家"十二五"规划的交通、水利、饮水安全、农网改造等项目建设工作。按照国家批复的片区基础设施发展规划，加强基础设施建设区域统筹，实施水、电、路、气、房和环境改善"六到户"工程，以镇村道路、公路桥梁、人畜饮水、电网改造等工程项目为重点，首先解决片区贫困群众吃水难、行路难、用电难等突出问题，提高片区自来水的普及率和饮水安全保障水平，"十二五"末实现80%具备条件的行政村通沥青（水泥）路和客运班车，基本完成片区农村危房改造，全面推广农宅节能工程，在山区要实施贫困户节能减柴工程，改灶、改炕，发展沼气，推广太阳能等新型能源，培育文明时尚的生活方式。

第四，加大职业技术培训的力度。建议进一步加大"雨露计划"实施力度，强化贫困县中等职业技术学校发展，全部免除农村学员的学费，并给予生活费、交通费等特殊补贴，建立家庭特困学生资助制度，加强农民职业技能和实用技术的培训，更好地促进劳务扶贫，解决贫困人口增收难问题，切实提高贫困地区劳动力素质。出台帮扶措施，帮助片区内贫困家庭大中专毕业生尽快就业。

第五，坚持以人为本，努力提高片区基本公共服务水平。建议中央加大投入力度，在六盘山片区集中安排并实施一批教育、卫生、文化、就业、社会保障等民生工程，并把提高片区人力资本投资作为从根本上解决脱贫致富的重要手段。

第六，设立扶贫攻坚的专项资金。建议设立针对特色优势产业的专项资金，并适度扩大扶贫贷款贴息资金规模，全力支持产业扶贫。加大科技扶贫力度。对干旱地区植被恢复、低成本高强度可降解地膜进行专项研究。加大圈舍养殖、整村推进的资金投入力度，进一步加大扶持农作物秸秆转化饲草和畜种改良力度。推进"一村一品"战略，因地制宜，加大扶持特色农业、高效农业、循环农业的力度，积极扶持龙头企业、农村专业合作社发展，在资金方面予以支持。

第七，拓宽融资渠道，强化金融支持力度。支持发展村镇银行，培育以小额信贷为主的贷款公司和以贫困村互助资金为主的农村资金互助社等新型农村金融机构，支持有条件的县区设立地方性银行，尽快实现金融机构空白乡镇的金融服务全覆盖。对贫困地区实行有差别的、激励的信贷政策，降低信用评级标准和授信条件，实行利率优惠或者财政贴息政策。

第八，优化产业布局，开展百强县与百贫县、央企民企与片区结对子活动。发展片区优势特色产业是增强片区自我发展能力、实现脱贫致富的关键。通过结对子活动，把经济发达地区先进经验、先进技术、管理理念介绍到贫困县，使贫困地区干部群众的思想观念得到提高。通过结对子活动，促进劳动密集型产业向西部贫困地区转移，既能促进百强县产业结构优化升级，促进劳动密集型产业向西部贫困地区转移。建议通过结对子活动，促进中央企业和参加光彩行动的民营企业，认识和了解贫困县资源特征和发展潜力，增强投资信心，彰显对贫困地区的社会责任，促进贫困地区脱贫致富。

第九，率先进行石油、煤炭开发的资源税改革试点，建立生态补偿机制。建议强化资源开发收益与地方共享，建立资源开发收益与地方老百姓互利共赢的利益共享机制。建立生态建设基金，开展与生态效益挂钩的生态功能区转移支付试点和国家林业碳汇造林项目试点，实行生态补偿和水资源补偿，进一步加大生态治理力度，努力实现资源富集区经济效益、环境效益和社会效益的统一。促进央企实现发展生产、保护生态、履行社会责任的统一。

第十，提高退耕还林（还草）补偿标准，支持六盘山片区草畜业的发展。建议对六盘山片区的退耕还林、退耕还草实行特殊政策，根据物价总水平及农民工务工机会成本的提高，适当提高退耕还林补偿标准，加大倾斜支持。在资源开发地区尽可能多地吸纳农村劳动力。同时，要突出生态的保护和水资源的合理利用。整合扶贫项目资金，充分发挥资金使用效益。把甘肃天水市秦州区的12个困难乡纳入规划范围予以扶持。加强片区干部队伍培训，更新观念，发扬自力更生的精神，逐步提高片区内公务员、教师、医务人员、技术人员津补贴待遇。推广陕西省“进村入户摸清底数，实施动态管理”的经验。建立扶贫项目评估机制，总结推广扶贫工作经验，使扶贫工作取得更大实效。

5月初，调研报告报送中共中央和国务院。有关中央领导同志分别阅读了调研报告、作出了重要批示。8月份，国务院扶贫办、国家发展改革委制定了《六盘山片区区域发展与扶贫攻坚规划（2011—2020）》，报送国务院并得到批复。在批准的规划中，采纳了调研报告中的全部十条建议，特别重大突破的是“中央安排的公益性建设项目，取消县以下（含县）以及集中连片特殊困难地区市州级配套资金”，这在以往只取消县级配套资金的基础上，向取消市级配套资金又迈出了一大步。8月23日，国务院在甘肃省定西市召开了六盘山片区区域发展与扶贫攻坚启动会。12月，有关调研报告提交民建九届六中全会审议，并转化为政协大会发言、提案。

三、建议深化金融改革创新，促进实体经济发展

实体经济是经济发展的坚实基础。当前，我国经济发展不平衡、不协调、不可持续的问题日益显现，同时，受国际金融危机、欧债危机和世界经济结构加速调整的影响，我国实体经济发展动力下降、产业升级较慢、部分资金从实业转向投机市场，经济发展面临严峻挑战。深化金融改革、推动实体经济发展，对稳定扩大就业、改善人民生活、促进经济平稳较快发展具有重要意义。

2012年民建中央把“深化金融改革创新，促进实体经济发展”列为重点专题，民建常务副主席马培华带队负责，先后赴浙江省杭州、宁波、台州和温州等地，实地调研相关企业，并与当地政府部门、金融机构和企业负责人深入交流座谈。调研组还在北京召开两次专家座谈会。来自广东、福建、北京、江苏、陕西、湖南、河南等地的民建组织和专家学者围绕如何促进实体经济发展积极建言献策。调研组在有关报告中分析了我国实体经济发展面临的主要困难，指出受国际金融危机、欧债危机和全球经济复苏步伐缓慢、国内短期需求收缩和中长期潜在增长率下降等因素影响，近期我国一些主要经济指标呈

回落态势，实体经济增长面临一定的下行压力。不同规模和所有制的企业的生产经营都不同程度地受到一定影响。其具体表现为：一是要素市场全面紧张。二是企业成本大幅攀升。三是产业转型升级缓慢。四是企业家信心不足。五是银行不良贷款上升。六是投资和贸易增幅下降。因此，从长远看，解决融资难、融资贵，提高金融服务水平，仅靠出台一些应急性的政策措施远远不够，还有待于切实发挥金融支持实体经济发展的作用，从体制层面上进一步解决金融存在的一些结构性问题，主要包括：法规体系有待健全，金融改革有待深化，金融创新有待引导，组织体系有待完善，体制外金融有待规范，小型金融机构有待扶持。

调研组就进一步深化金融体制改革创新提出政策建议：

必须牢牢把握金融为实体经济服务的大方向。一是强化金融与实体经济互利共赢关系。坚决摈弃一切脱离实体经济要求、损害实体经济利益、片面追求金融自身发展的错误经营理念和做法。二是贯彻执行国家产业政策。重点将有限的信贷资源投放到重点建设工程、小微企业和“三农领域”，促进实体经济按照国家产业政策导向科学发展。三是创新服务方式，提高服务水平。围绕实体经济对金融服务的多样化需求，加大金融机构整合力度，提高管理和运营效率，降低营运成本，大力开展产品创新、网点调整和渠道建设，不断提高金融服务的覆盖面和快捷度。四是规范收费。建立科学合理、公开透明的收费制度，听证和公布收费标准，严禁一切违规收费。五是建立面向实体经济的科学的评估制度和激励机制。

努力为实体经济发展营造良好金融环境。一是加强和完善金融宏观调控。保持金融平稳运行，防止信贷和货币政策大起大落、资金供求失衡和流动性变化无常冲击和影响实体经济。二是加快利率市场化改革步伐。防范利率长期“双轨”和“倒挂”导致资金“脱实向虚”、金融“脱媒”现象的大量发生。三是进一步完善汇率制度。汇率水平的调整要充分考虑中小企业的承受能力。四是实施差异化的金融和监管政策。通过有松有紧、张弛有度的差异化金融和监管措施，加强政策引导，促使各金融机构有保有压，倾斜资源。五是进一步加强社会信用体系建设。

大力拓展实体经济融资渠道。一是打破国有资本对金融的垄断。坚持市场化改革方向，鼓励、支持和引导民间资本进入金融领域，科学放宽金融业准入门槛，让民间资本在阳光下规范运作。通过金融适度竞争，降低融资成本，提高金融服务水平。二是减少金融管制。进一步开放股票和债券一级市场。建议股票债券发行按照市场化要求，实行“登记制”，并将“发行”与“上市”分开。按照“登记制”，任何自然人和法人均可依法申请组建股份有限公司并向社会募股，证监部门将不再审批，但应加强对证券发行、交易全过程的监管，并依法惩处违法违规行为。三是完善金融组织体系。按照“国有主导，大、中、小共生”的改革思路，以民营小型金融机构为重点，进一步构建和完善我国金融组织体系。要认真解决小型金融机制目前存在的困难和问题，为实体经济提供就近服务、特色服务，满足中小企业多样化的金融需求。四是开拓创新。认真借鉴国外一些社区银行的成功经验，试办“主银行制度”下的中小企业银行，组建我国政策性的中小企业发展银行，大力推进“小企业金融服务专营金融机构”建设，为中小微企业提供专业化分类金融服务。优先满足战略性新兴产业、高新技术产业和先进装备制造业的金融需求，促进实体经济转型发展。

此外，还应充分发挥中国邮政储蓄银行的作用，督促其按照成立时的定位即“服务三农、支持小微，立足社区”进行发展；加快进出口银行和农业发展银行的改革和重新定位，发挥政策性金融的“补台”作用。五是大力发展金融中介组织，搞好金融市场的配套协调。

切实加强金融法律法规体系建设。一是尽快出台《放款人条例》、《商业银行法（社区银行补充条例）》和《社区再投资法》，为相关经营主体和经营行为提供法律依据。二是规范市场准入。从法规的角度，对相关金融主体的资质、设立条件、注册资本等做出严格规定，防范全民办金融、泛金融化的倾向。三是规范经营行为。对相关自然人和法人机构的经营地域、市场定位、业务范围、经营规模、资金投向等做出严格规定，促其依法经营。四是加强金融监管。明确法律责任，相关法人机构对存款人或者其他客户造成损失的，要依据损失的不同程度承担相应的法律责任。金融监管部门要依法加强监管。五是建立退出机制。金融机构已经或可能发生信用危机、严重影响存款人利益时，国家金融监管部门可以对其实行接管，以保护存款人利益，恢复金融机构的正常经营能力。必要时，人民银行作为“最后贷款人”可给予相应救助。六是建立银行业强制性存款保险制度，增强公众对银行，特别是社区小银行的信心，维护金融的安全与稳定。

充分发挥中央政府和地方政府两个积极性。在推动金融改革创新中，一方面，中央可从全局的高度，区别不同情况，对各地金融改革创新实施分类指导，积极稳妥地推进全国的金融改革。建议在温州试点的基础上，再选择有代表性的、不同类型的一至两个省区市进行试点，取得经验后，再向全国推广。另一方面，应充分发挥地方政府在推动地方金融改革创新中的作用。一是地方政府应切实加强对地方金融创新和发展规划的领导，参照温州市金融综合改革试验区总体方案，从当地实体经济发展的需要出发，制定相应的政策措施，并抓好落实和监督。二是加强社会信用体系建设，地方各相关部门应统筹协调，进一步建立和完善中小企业信用担保服务体系。三是创新融资方式，大力拓展企业发展的资金渠道。地方政府可从推介金融产品、搭建融资平台、强化银企对接服务、扩大中小企业贷款贴息规模等方面完善措施，缓解企业融资难问题。四是培育地方资本市场，不断扩大地方社会融资总量。五是在坚持现有金融监管体制情况下，授权地方政府对法人银行、非银行金融机构和放款人实施金融监管，建立金融预警通报和会商制度机制，进一步防范地方金融风险。

在调研基础上，调研组广泛征求有关部门和专家意见，4 月，撰写完成《深化金融改革创新，促进实体经济发展》专项建议报告，国务院领导同志对报告作了重要批示。6 月，民建中央在全国政协常委会上作了《深化金融改革创新，促进实体经济发展》的书面发言。此外，调研报告还分别为民建中央在 7 月的高层协商会和 11 月的全国政协常委会上的发言提供重要依据。12 月，有关调研报告提交民建九届六中全会审议，并转化为政协大会发言、提案。

四、建议深化改革，促进资本市场安全健康发展

资本市场是经济发展的制高点。资本市场能否安全健康发展，关乎国民经济能否持续稳定较快增长，金融市场能否安全稳定健康发展，金融体制改革能否继续深化推进，

其与实体经济发展息息相关。民建中央在2012年初成立了以张少琴副主席为组长的“深化改革，促进资本市场安全健康发展”专题调研组。调研组4月份在民建中央机关召开了开题会议；5月份和6月份资本市场较为发达的上海市和深圳市开展调研活动，在两地分别召开了券商座谈会、上市公司座谈会，考察了上市企业，参观了上海证券交易所、深圳证券交易所并与两所深入交换了意见；7月份大量研阅了证券公司的相关研究报告，召开了起草专题调研报告的讨论会。在一系列工作的基础上形成了《深化改革，促进资本市场安全健康发展》专题调研报告。

报告指出，改革开放30多年来，我国资本市场历经萌芽、新兴和转轨三个阶段，各项功能逐步健全，有力推动了我国的经济金融体制改革，促进了国民经济快速增长，对经济和社会产生了日益深刻的影响，取得了令人瞩目的巨大成就。报告分析了当前资本市场发展存在的突出问题及其表现，一是存在结构性和系统性风险，风险防范能力不强，风险防范制度和机制不健全；二是服务实体经济的能力还不强，优化配置资源、尤其优化资本配置的能力还不够。市场过度波动造成风险。实体经济和虚拟经济之间结构扭曲，融资结构、产品结构、利率结构、金融各子行业的业务结构均扭曲，制约了企业融资。体制机制不完善，造成投资者的收益严重受损。资本市场对于实体经济的支持与服务力度不够。调研报告对全面促进资本市场安全健康发展，服务于实体经济提出了如下建议：

强化金融改革顶层设计，建立金融监管跨部门行政协调机构。建议参考美国于金融危机后设立的由财政部牵头、九家监管机构领导组成的金融稳定监督委员会，成立国务院指导下的统一行政协调组织，将目前各个金融监管机构统一联系起来，共同制定金融和资本市场运行中的各项规则，以推进金融改革，推进中国特色市场经济全面发展。

大力发展多层次资本市场，扩大企业融资平台。首先，应完善主板、中小板、创业板、新三板这几大板块，改善目前主板上市公司相对过多、市场容量相对过大的问题，保持场内市场和场外市场的协调发展。其次，应保持不同层次的市场在发行、上市、交易、监控到退市制度等方面的差异性，从而有效满足市场多层次和差异化的资本需求，避免将建设多层次资本市场演变为简单的扩容。再次，应注意不同层次市场之间的衔接问题，如合理规定各层次市场的上市条件和标准，构建合理的上市程序和退市机制，凸显资本市场建设的多样性。在进行监管时，应兼顾行政监管与自律监管相结合的监管方式。作为行政监管的主要监管机构，中国人民银行、证监会、银监会、保监会应当起到主导监管的作用，通过制定各项规则来规范多层次资本市场整体的建设和运行；同时，借鉴德国和美国等自律监管发展较为完善国家的经验，充分发挥行业协会和交易所在自律监管中的作用。

大力发展债券市场，提供更方便的融资渠道。从市场建设上，切实围绕统一市场的目标、遵循国际权威标准建设和发展债券市场，构建有效、合理的债券交易与结算服务体系。从制度建设上，由审批制向注册制过度，简化债券发行的流程；打破壁垒，允许不同的投资机构投资全部品种；强化目前的做市商制度，对做市商建立有效的激励约束机制，明确做市标准和质量要求。从创新产品上，根据市场的需要积极推进固定收益品种创新，如推出利率衍生品等。从监管工作上，加强对评级机构的监管，贯穿到事前、事中、事后全流程监管。

培育多层次的市场投资主体，为市场引入源头活水。要改善因短期炒作以及投机资金的快速进出造成的股指非理性波动，必须壮大长期投资者队伍，机构投资者占比应在60%—70%。由以下组成：第一层是地方社保基金和公积金，由地方组建地方社保基金理事会和公积金理事会，委托市场专业机构管理；第二层是企业年金，要扩充企业年金投资管理人、基金公司、证券公司三种队伍；第三层是扩大QFII额度和发展RQFII，引入境外成熟的机构投资者；第四层是发展私募基金；第五层是将个人及短期资金作为有益补充。重新构建的投资者“金字塔”分这样五个层次，资金量依次由多到少，投资时期依次从长到短。同时，应注意机构投资者队伍的扩张必须与市场容量相匹配。

合理发行，改善上市公司结构，夯实市场的基石。坚定不移地推进发行制度的市场化改革。一是从询价机构着手，完善新股发行制度。强化对询价对象信用的约束，推动询价过程进一步的公开化和透明化，实行社会监督；建立询价对象问责机制，对违规或信用较低的机构采取禁入的方式予以惩戒。二是调整和完善保荐制度。随着保荐人市场信誉机制的建立及保荐代表人队伍的成熟，逐步缩小其审核范围，缩短审批时间，提高市场效率。三是加大对主承销商的监控和约束。提高主承销商的定价能力,引导理性竞价；杜绝承销商在定价过程中迎合投资者利益的现象；加大对承销过度包装、提供的资料不实等行为的惩处力度。

加强综合防控体系建设，注重保护投资者利益。在严防内幕交易方面：监管机构应继续坚持零容忍的态度，加强对内幕交易的打击和预防工作，尤其应加强对一级发行市场中的内幕交易的防范和处罚。首先，加强综合防控体系建设，形成防治合力，从制度层面实现对内幕交易的源头治理。其次，集中监管资源，提高内幕交易违法犯罪成本。再次，通过各部门的努力，强化“群防联控、综合防治”的内幕交易防控体系建设。在加强上市公司信息披露方面：首先，应完善会计准则和会计制度，加强上市公司信息披露质量的及时动态分析，针对操作空间，细化披露指引，加强规则的时效性和针对性，进一步统一上市公司信息披露的口径和可比性，保证会计信息的披露质量，鼓励、引导上市公司自愿性信息披露。其次，推行分类监管，重点监管经营业绩较差且经营业绩不稳定上市公司的信息披露，严厉打击信息披露方面的违法违规行为，严厉惩处负有责任的当事人及主管者，提高上市公司信息披露的违规成本。以此保护广大投资者的利益，使市场焕发新的生机。

加速推进中介机构的业务创新、产品创新和组织创新。一是大力推进证券公司创新，使其由单一通道服务模式向提供全方位服务的财富管理方向转型；支持证券公司进入货币市场、债券市场、外汇市场等金融市场；允许代销其他金融机构依法创设的金融产品，扩大其理财产品的投资范围。二是支持证券公司在私募公司债、新兴产业基金、股权结构性产品、并购基金等新型产品和服务领域发挥积极作用，放宽大宗交易和场外交易的限制条款。三是出台支持政策，鼓励证券公司拓展跨境业务，参与跨国并购、跨国另类投资等金融活动。允许设立专项QDII经纪业务，允许将RQFII业务的投资从资产管理领域扩大至经纪业务领域，允许中资机构享有与外资机构同样的美元QFII额度。

调研报告12月提交民建九届六中全会审议，并转化为政协大会发言、提案。

五、为缓解小微企业发展困境建言献计

中小企业，尤其是小微企业，是社会稳定之基，关系到国民经济增长的后劲与活力，影响着我国“十二五”经济的成功转型。据统计，我国小型微型企业占到企业总数的约97.3%，总量超过1000万户，外加近4000万户的个体工商户，如此庞大的中国“草根”经济体对扩大就业、提升居民消费能力、激活民间投资、增强经济内生动力等方面起到了不可忽视的作用。

民建中央中小企业调研组本届五年来，每年围绕不同的重点，在全国30个省市自治区的110多个直辖市、省会城市和地级市，召开企业家及专家座谈会150多场次，与1800名会内外企业家进行了面对面的座谈交流。实地考察大中小企业近200家。在人民日报、新华网、求实杂志等发表调研报告和论文近100篇，出席报告会宣讲调研成果和政策建议百余场次，形成报送全国政协社情民意近20份，转化成全国政协提案15件以上，一件被定为一号提案。调研报告和政策建议受到中央领导指示8件，其中实体经济政策建议推动国务院形成专门的文件。当前小微企业正面临前所未有的“融资难”、日趋严峻的“用工荒”和全方位的“高成本”构成的三大生存困境。为了深入对小微企业这些发展困境进行研究，在去年对小微企业用工难、用工贵等问题调研的基础上，今年以来，由民建中央副主席辜胜阻带领的专题调研组又就小微企业融资难、融资贵、成本高、税负重等发展困境，先后赴19个省市自治区进行了调查，召开了30多场座谈会，听取了逾300名企业家、专家和职能部门的业内人士意见，同时还实地考察了几十家小微企业，了解他们的生产经营和企业发展情况。在这些调查、讨论的基础上，调研组形成了调研报告和政策建议，具体内容如下：

第一，关于缓解小微企业融资困境的政策建议。调查表明，当前小微企业在融资环境方面不仅融资难，而且融资贵。融资贵已经上升为小微企业的头号困境。缓解小微企业融资贵、融资难需要重构我国金融体系。

要引导民间金融健康有序发展，使民间借贷从地下无序的“灰色地带”走向地上“阳光灿烂”的规范运作。

要构建与企业构成相匹配“正金字塔型”信贷体系，引导民间资本大力发展城市社区中小银行，形成中小银行支持中小企业，民间资本支持民营企业，草根金融支持草根经济的“门当户对”的金融格局。

鼓励大银行发展差异化的微型金融，同时支持城商行、农商行等相关银行上市融资，鼓励银行开展小微融资服务，多渠道扩大融资供给。

要加大政策扶持力度，解决小微企业融资中的“市场失灵”问题，减少金融机构与小微企业之间的信息不对称，完善小微企业金融生态环境。

要提高中小企业特别是小微企业直接融资比重，构建以天使投资、风险投资和私募股权投资为主体的股权投资链，完善股票市场、“新三板”市场、债券市场、产权交易等多层次资本市场体系，让资本市场惠及中小微企业。

要立足区域内小微企业面临的融资难和融资贵通病，加快建设和改进投融资公共服

务平台，为小微企业提供集约化、共享式服务，降低融资成本。

第二，关于减少小微企业税费负担的政策建议。小企业需要缴纳包括所得税、增值税、营业税、流转税附加、印花税、契税等二十多种税项，面向中小企业的行政收费项目多达 69 个大类，企业为职工支付的社会保险费在工资中的比重相对偏高。一些小企业反映，如果把各种隐性、显性的税加在一起，企业的平均税负在 40% 以上。小微企业沉重的税费负担已经成为阻碍其自身生存发展的重要因素。因此，当前为小微企业大幅减负刻不容缓。

进一步提高增值税和营业税的起征点，加大所得税的税收优惠，放宽费用列支标准，加快营业税改增值税步伐，切实减轻小微企业税收负担。政府要进一步提高小微企业税收的起征点，并探讨改增值税和营业税起征点为免税额，只对销售额中超过月免税额的部分征税。要优化增值税纳税人划分与管理，建议放宽小规模纳税人开具增值税专业发票的限制，促进小规模纳税人与一般纳税人之间的正常经济交往。要总结上海营业税改增值税试点经验，推动其在新扩试点地区有序开展，为实现“营改增”在全国范围和更多行业推行奠定基础。

要加快税制改革，对初创小型微型企业实行免税，研究针对小微企业的税收制度向税基统一、少税种、低税率的“简单税”转变。首先，要探讨对无纳税能力的微型企业实行免税。处在创业初期的微型企业生存风险较大，企业收入主要用来维持个人及家庭生活费用，建议参考工薪阶层所得税税制，确定无纳税能力小微企业的免征额。其次，要研究借鉴国际或境外经验，将目前对小微企业征收的税种进行合并，征收统一的“简单税”，对总收入或利润进行低税率征税。

要清理现有企业收费项目，规范政府费用征收行为，以更大的力度减轻企业缴费负担，让其轻装上阵。要加大对小微企业必要行政收费的优惠，降低小微企业各类收费费率。在当前免征管理类、登记类和证照类费用的基础上，进一步扩大免征范围，尤其是初创期企业建议全免 1—2 年。完善缴费者的相关服务。缴费者有权利获得相关公共服务，要强化政府服务职能，落实行政收费对应的服务内容和质量。要推进“费转税”改革，增强企业负担的透明度，推进政府财政收入法制化。

要完善纳税服务，优化税收环境，降低小微企业纳税成本和“隐形负担”。要优化税收管理服务体系，简化办税程序、改革办税方法、改进办税手段、强化税收宣传等，努力为小微企业提供免费办理税务登记、进行纳税培训与辅导、提供税务咨询等服务。要推广多元化的申报缴税制度，适应信息化时代形势，推动税务部门扁平化，鼓励小微企业采用电子申报，实行计算机审计制度，进一步推广电话服务，探索预约服务，降低收税成本。要规范税收执法行为，明确执法标准和程序，保护小微企业合法经营。

在经济增速下行，政府税收下降条件下，要“坚决不收过头税”，严防小微企业税负反弹。根据调查，当前的收“过头税费”有五种突出表现：一是“挖地三尺”，稽核历史旧账，大力清收“漏税”；二是“寅吃卯粮”，把来年甚至以后几年的税提前征收，收“预缴税”；三是“竭泽而渔”，突击征税，或提高税率或收费标准；四是“杀鸡取卵”，取消一些企业的税收优惠资格，有的甚至对关门歇业的企业征税，挤压企业生存空间；五是巧立名目，滥收税费，一些地方甚至强制征收国家已经明令取消的收费。政府要改变过度强调保障财政增收的思维，学会过“紧日子”，努力节省开支，以更大的“减税”力度支持实体经济和企业发展，为企业“雪中送炭”而不是“雨中收伞”，真正做到“放水养鱼”。

有关调研报告的部分内容分作六社情民意，报送全国政协；同时，在多次召开的中共中央党外人士高层协商会议的发言中，也吸纳了调研报告里的部分内容。国务院领导同志对调研报告作了重要批示，批示指出：调研深入剖析了实体型中小企业生存和发展面临的困难和问题，提出了支持实体经济、特别是中小企业发展的五点建议，请发改委会同财政部、人民银行等部门研究，做出支持实体型中小企业发展的总体方案。调研报告12月提交民建九届六中全会审议，并转化为政协大会发言、提案。

六、建议充分发挥社会组织作用，加强和创新社会管理

规范发展我国社会组织具有十分重要的意义。“十二五规划”首次以专章形式阐述“加强社会组织建设”，将这一管理体制正式写入纲要，明确要“培育扶持和依法管理社会组织，支持、引导其参与社会管理和服务”。为此，民建中央把“充分发挥社会组织作用，加强和创新社会管理”列为2012年重点调研专题，成立专题调研组，副主席宋海任组长，带队深入实际开展调研。

调研组先后在广东、上海、北京进行调研，分别与省（市）、市（区）社会工作委员会、发展和改革委员会、财政厅（局）、民政厅（局）等职能部门以及有关社会组织、行业协会和社区等，召开了13场座谈会，听取社会组织建设以及社会管理工作情况介绍，并围绕社会组织发展的重点、难点问题进行深入探讨；实地考察了10余家街道或社区综合服务中心、行业协会、基金会和相关企业、农村社会组织的发展情况。同时，民建地方组织还对广西、湖北、宁夏、重庆、山东、河北等地社会组织发展情况进行实地调研。在调研的基础上，调研组撰写完成了《充分发挥社会组织作用，加强和创新社会管理》专题调研报告。

调研报告指出，面对社会管理中出现的新情况、新问题，广东、上海、北京等地党委、政府积极进行改革创新的探索实践，专门研究部署社会建设工作，把社会建设摆在与经济建设同等重要的位置。这些改革创新为发挥社会组织的积极作用，加强和改善社会管理提供了宝贵经验。从总体上说，我国社会组织发展还处于初级阶段，与政府的要求和群众的需求仍有距离，与国际社会组织发展水平尚有差距。在调研中，我们了解到社会组织在迅速发展的同时，也遇到了一些困难和问题。社会组织建设亟须解决以下几方面的问题：一是对社会组织的认识有待进一步深化。二是社会组织管理相关法律体系相对滞后。三是社会组织规范化程度不高，社会组织监管体制仍需进一步完善，行政化、垄断化、企业化倾向并存。四是培育扶持政策不到位。

调研报告认为，深化改革开放、加快转变经济发展方式进入攻坚期，社会组织发展和规范被纳入当前和今后一段时期深化改革的重点领域和关键环节之一。报告提出以下建议：

进一步解放思想，加强顶层制度设计。一是从思想认识上更加重视、信任、接受社会组织。要从巩固和加强党的执政基础的高度，更新思想观念，在思想上接受社会组织，

在政治上认可社会组织，在政策上支持社会组织，在体制上吸纳社会组织，引导社会组织在党和政府希望、人民群众需要的领域充分发挥积极作用，限制、抑制其消极作用，切实把社会组织发展成为党和政府可以放心、可以依靠和可以使用的力量。二是建立政府向社会组织转移职能和购买服务制度，促进社会组织参与公共管理。正确处理政府与社会组织之间的关系，明确各方主体在社会管理中的定位，实现政府和社会组织的职能归位。

建立健全“统一登记、各司其职、协调配合、分级负责、依法监管”的社会组织管理体制，为社会组织参与社会管理和服务创造良好的体制机制环境。一是推进社会组织登记管理创新，拓展社会组织直接登记范围。二是取消设立社会组织的地域限制和一业一会的限制，鼓励竞争，促进社会组织的良性发展。三是因地制宜，放宽部分省份涉外社会组织登记管理权限。四是注重引导网络社团的健康发展。

健全法律法规体系，实行社会组织分类评估制度。一是适时制定出台《社会组织法》，对社会组织的法律地位、主体资格、登记成立、活动原则、经费来源、税收待遇、监督管理、内部自律等做出明确的规定。二是尽快修订出台《社会团体登记管理条例》、《基金会管理条例》和《民办非企业单位登记管理暂行条例》3个行政法规，并尽快制定一些社会组织管理的专项法律，完善社会组织的公益资产管理、内部治理、信息公开、税收优惠、捐赠管理、权利救济等相关规定，提高对社会组织的依法监管水平。三是制定出台境外非政府组织的管理法规。把境外非政府组织在国内活动纳入依法管理范围。对全国性和地方性社会组织之间可能出现的矛盾和冲突，通过法律法规给予明确规定。对于政治性组织，加强依法监管，从严控制其活动范围和活动内容。健全社会组织负责人管理、资金管理、年度检查、查处退出等制度。四是不断完善评估指标，健全评估机制，严肃评估纪律，增强评估工作的透明度。

出台扶持社会组织发展的相关政策和措施，增强社会组织服务社会能力，提高社会组织的社会地位。建议：一是在国家层面，设立财政扶持社会组织发展专项基金；二是出台社会组织专职工作人员权益保障办法和社会组织专职工作队伍职业化、专业化管理制度；三是出台社会组织税收优惠政策，增加非营利组织取得税收减免优惠的种类和范围。四是从国家层面允许在政协单独设立社会组织界别；分配一定比例的党代表、人大代表、政协委员名额给社会组织，由社会组织登记管理机关按照代表（委员）名额、条件和程序组织推荐。同时，建议建立重大行业决策征询社会组织意见的制度，充分发挥社会组织在依法参政议政中的重要作用。五是加强社会组织人才队伍建设。

加强社会组织党建工作，建立和完善枢纽型社会组织。一是进一步理顺社会组织党建工作机制，在各级登记管理机关建立社会组织党工委。建议明确社会组织党组织的功能定位，建立健全党组织领导体制和工作机制，努力推进社会组织党的组织和工作覆盖，探索社会组织党组织和党员发挥作用的有效途径，加强对社会组织发起人的教育引导，强化社会组织党建工作的人员、经费和场所等基础保障，推广北京、上海和广东等地社会组织党建工作的好的经验和做法，由地方党委在各级登记管理机关建立社会组织党工委，形成登记管理与党建管理的合力。二是继续探索建设群团组织枢纽型社会组织体系。由于社会组织以第三方身份介入，与利益相关方没有任切身利益关系，能比较公正、客观地调处矛盾，容易被各方所接受。通过联盟平台调动各方资源，整合各方优势。社会组织积极参与社会矛盾的化解，充分发挥“政府不能，市场不为，社会组织能有作为”的功能。

建立现代社会组织制度，推动社会管理区域平衡发展。一是健全权责明晰、协调运转、有效制衡的法人治理结构，明确会员大会、理事会、监事会和管理层的职责，强化章程的核心地位，健全议事、选举、机构、财务、人事等制度。减少社会组织行政化倾向。规定党政机关领导干部原则上不得兼任社会组织负责人职务。社会组织与党政机关在办公、人、财、物方面脱钩。政府部门不得直接敢于社会组织开展业务活动。提高项目运作水平。社会组织开展活动主要通过各种项目进行，要注重项目开发的针对性和可行性，对项目实行规范管理，注重打造品牌项目。二是中央对西部地区进行政策倾斜。中西部地区，特别是西部地区社会组织在观念、资金等很多方面不足，建立社会组织信息交流平台，加强西部地区社会组织的培训，将东部地区社会组织先进经验、运营方式传输到西部地区，促进社会组织能力和建设水平的提高；加大政府购买扶持资金向西部地区的倾斜力度。

在调研基础上形成的《关于规范发展我国社会组织，创新社会管理方式的政策建议》为民建中央在全国政协专题协商会上的发言提供了重要依据，并作为专项建议报中共中央、国务院。国务院领导同志对该建议作了重要批示。调研报告 12 月提交民建九届六中全会审议，并转化为政协大会发言、提案。

孟孝忠　民建中央秘书长

王永飞　民建中央宣传部宣传处处长

中国民主促进会参政议政案例

一、关注社会建设，推进基层社会管理创新

为进一步了解我国基层社会管理体制改革创新的情况，分析存在的问题和制约因素，形成关于推进基层社会管理改革创新的政策性建议，民进中央将“加强社会建设，推进基层社会管理创新”作为2012年的专题考察题目。5月12日至19日，全国人大常委会副委员长、民进中央主席严隽琪，全国政协副主席、民进中央常务副主席罗富和率民进中央考察团，在山东省进行了专题调研。

调研期间，考察团深入烟台、潍坊、泰安和济南4个市进行了调研，召开了5场专题座谈会，还实地考察了15个基层社会管理创新的经验典型，各地的相关领导、职能部门、基层社会组织及一线工作人员系统地介绍了其基层社会管理创新的相关情况，也提出了一些很有针对性的政策建议。

这次调研活动是中共中央委托中央统战部组织各民主党派中央、全国工商联和无党派人士一年一度开展专题考察活动的重要组成部分。中央统战部、中央综治委、民政部、上海社科院的相关同志参与了调研。北京、上海、江苏、山东、安徽、广东、重庆、四川、浙江等民进省级组织也在本省（市）范围内同步进行调研，并向民进中央提交了调研报告。

综合各地调研情况，民进中央认为，各地在社会管理创新方面取得了很大的成绩，也创造了很多好的经验；但在加强社会建设和推进社会管理创新的过程中，还需要进一步提高认识，发挥好各方面的作用，以真正形成“党委领导、政府负责、社会协同、公众参与”的格局。

一是进一步提高对社会建设重要性的认识。经过30多年的发展，在我国经济建设取得巨大成就的同时，经济与社会发展不协调凸显，社会建设滞后，民生欠账较多，在一定程度上制约着国家的全面协调可持续发展，也影响着广大人民群众对发展的满意度。中共十七大正式提出“四位一体”的总体布局，把社会建设提高到重要的位置。十七大以来，以保障和改善民生为重点的社会建设、加强和创新社会管理在全国各地都取得了积极进展，但社会建设作为短板的状况还没有完全改观。不少地方的党委、政府在实际工作中仍偏重经济建设，对社会建设是中国特色社会主义事业总体布局的重要组成部分，对社会建设是中国共产党执政为民的具体体现、是贯彻落实科学发展观的题中应有之义，对经济建设和社会建设之间有机统一、互为条件、不可分割的认识还差距很大，对这是-

当前社会建设仍存在许多不尽如人意之处的重要原因。

二是进一步明确加强社会建设与社会管理工作的着力点。现阶段，从中央到地方，大多数省（市、区）、地级市社会管理工作的领导机构是社会管理综合治理委员会。在一定程度上说，现有的工作体制基本构架是以政法委为基础，工作思路仍立足于维稳、解决社会治安问题、化解社会矛盾等，还没有达到“随着实际情况的变化，转变社会管理理念思路”的要求。而在基层社会管理的实践中，首要问题是要服务好百姓，按照老百姓的需要去解决实际问题，从“治安”到“管理”、到“建设”这应成为各级党委、政府加强社会建设与社会管理的基本思路。我们认为，社会管理工作体制机制的建设应向着建立服务型政府的方向努力，其基本职能是提供好基本公共服务，在管理思路上应树立寓管理于服务中，通过服务实现管理的理念。将社会管理创新服务于维护社会稳定的观念，将严重制约着社会建设的发展。

三是进一步发挥好社会协同、公众参与的作用。中共十六届四中全会提出建立健全“党委领导、政府负责、社会协同、公众参与”的社会管理格局，是在深刻把握我国国情和社会管理规律的基础上提出的。目前,从全国各地实践的情况来看,在社会管理工作中,“党委领导”和“政府负责”易于做实，“社会协同”和“公众参与”还相对较弱，多元主体齐头并进、优势互补、力量互联的共治局面尚未普遍形成。大量事实说明，社会力量和公众参与在社会服务管理中的作用越来越不可忽视和替代。如何发挥好人民团体的作用，如何培育引导更多更好地社会组织参与公共服务和社会管理，引导企事业单位承担社会责任，引导和组织公众有序参与社会管理，解决好社会协同和公众参与社会管理的瓶颈，值得进一步思考。

四是进一步加大投入，优化资源配置。中共中央提出“加强和创新社会管理”以来，各级党委政府在社会管理创新方面的积极性很高，通过工作机制和措施的创新破解了许多工作中的难点问题，取得了积极成效。但是，随着人民群众合理需求的不断增长，政府服务管理社会的职责将不断强化，任务会越来越重。与此相比，目前无论是财力还是行政力量的配备都存在不足。加大财力和人力的投入，特别是向基层倾斜是必然的趋势。

同时，我们也感觉到，加强和创新社会管理工作不仅需要加大投入，而且越来越需要加大社会管理的统筹协调力度，这包括加强对体制机制创新谋划上的统筹和协调，对社会管理资源配置上的统筹和协调，对社会矛盾调处上的统筹和协调。目前因各地发展不平衡，基层所承担的事权与其拥有的财力、人力之间不匹配的状态仍较普遍，要解决好这个问题，需要进一步加大省、市、区（县）三级领导体制、财力、人员编制配置上的统筹协调力度。

五是进一步夯实基层社会管理的基础。在加强和创新社会管理工作中，基层党委政府和社区工作人员处于社会管理的第一线，也是各级党委政府应对社会风险、维护社会稳定的主要依托力量。面对日益繁重的社会管理任务，虽然通过工作机制的创新，社会管理的效率得到了提高，但面对社会管理的新形势、新特点和新要求，基层社会管理力量不足的问题十分突出，特别是社区工作人员的社会地位和经济待遇低，主要工作大多是行政部门下派的活，任务繁重，职业地位缺少上升通道。这种状况不利于社区工作者队伍的稳定和建设，也不利于社区发展。

因此，围绕加强社会建设，推进社会管理创新，民进中央提出了五点建议：

一是各级党委、政府要更加重视社会建设，把大力加强社会建设、促进经济社会协调发展作为中心工作。

如果说，从“以阶级斗争为纲”到“以经济建设为中心”的转型，带来的是我们国家经济的高速发展，综合国力的大幅度增强；那么，大力加强社会建设，实现经济、社会的协调发展，将极大地焕发出人民群众的积极性和创造力，为如期实现全面建成小康社会，进而基本实现社会主义现代化打下坚实基础。在一定意义上说，这将是我们国家发展道路和发展方式的又一次转型，也是转变经济发展方式的题中应有之义。

按照十七大报告“必须在经济发展的基础上，更加注重社会建设”的要求，大力加强社会建设、促进经济社会协调发展，应成为今后较长一段时期各级党委、政府的中心、核心工作。建议在中共十八大报告中，从中国共产党执政为民的高度，从贯彻落实科学发展观的高度，对社会建设在“五位一体”总体布局的重要地位，加强社会建设的工作思路以及社会建设的两大主要内容，为社会事业和社会管理做出更全面、深刻的阐述，为今后一段时期推进社会建设指明方向。同时，还要对各级党委、政府更加重视社会建设、大力促进经济社会协调发展提出明确要求。

为提高全党对社会建设重要性的认识，进一步加大工作推进力度，我们建议适时召开以研究社会建设和社会发展为主题的中央社会建设工作会议。由最高决策层召开这样的会议，对加快社会建设和社会发展进程，促进经济和社会协调发展，具有非常重要的战略和现实意义。

二是统筹谋划、有序推进，自上而下地完善和创新体制。

省、市、县不仅是区域经济建设的责任主体，也是加强社会建设和创新社会管理、统筹区域经济与社会协调发展的责任主体。实践表明，在推进社会建设和社会管理创新中，基层街镇以及市县党委、政府，比较多的是进行工作机制、工作方式的创新，但相应的体制改革滞后，难以超越自己的能力在更大范围内配置资源、统筹处置重大社会矛盾。在这方面，中央、省级党委政府的作用就显得特别重要，迫切需要通过体制的创新来保障社会建设和社会管理的统一领导、全面谋划、有序推进。为此建议，在中央层面，在中央社会管理综合治理委员会的基础上，成立中共中央社会建设工作领导小组，统一领导社会建设和社会管理工作；同时，参照北京、广东等地方经验，相应理顺全国社会建设和社会管理的领导体制和推进体系。

三是探索城乡社区体制建设，在重建基层社会组织方式中解决好社区这个中心环节。

随着经济社会的发展，以及政府公共服务提供方式的转变，以城乡二元结构为特征，以熟人社会为基础，群众自治和政府有限投入相结合的方式建立起来的村委会、居委会体制，已在很大程度上不能适应当前社会建设的需要。为探索政府服务管理职能与基层群众自治有效结合的载体，各地在新型社区建设方面都进行了较好的尝试。比如，深圳等地推进“居站分设”和“一站多居”的社区服务管理体制改革，山东等地“多村一社区”、“一村一社区”的农村社区建设等。

建议国家有关部门及时总结地方探索经验，按照“区域规划最佳、设施配置最优、服务效率最高、管理能力最强、资源效益最大、居民自治最便利”的原则来全面考虑社区建设，建立健全政府服务管理与群众自治有效衔接、良性互动的基层社会组织架构，在社区层面形成政府、社会、居民多方力量共建共治的格局。按照目前各地的探索，社区并不一定等同于“村、居”，构成社区的要素既包含基层自治，也包含社会共治和政府的服务管理。为此，需要对城乡社区建设在政策和法律上进行通盘考虑，做出相应的规划和调整。建议国家相关部门对城乡统一的《社区组织法》的立法前景进行论证，并适时启动相关的前期调研活动。

在基层社会管理中，社会组织和民间团体是一支不可或缺的重要力量。社会组织和民间团体既是对公众提供服务，反映诉求，规范行为，参与管理的重要载体，也是公众实现有序参与的重要途径。因此，要积极培育社会组织，引导公众参与社会管理。目前，我国在社会组织和民间团体的培育、发展和发挥作用上，还处于起步的阶段。建议国家有关主管部门，通过调研，出台指导文件，大力扶持基层社会组织和民间团体发展，以建立健全并真正实现“党委领导、政府负责、社会协同、公众参与”的社会管理格局。

四是制定相应规划和落实方案，缓解社会建设与管理的投入保障不足。

在全面建设小康社会的过程中，人民群众对公共服务和社会管理的要求将越来越高，公共财政作为社会建设和管理主要财力保障的地位更加突出。依照 2020 年全面建设小康社会的要求，全国对于社会建设和社会管理究竟需要多大的资源投入，在财力上尚缺乏切合实际的规划和可行的分级负担方案；各地因认识不同，投入力度也各异。建议国务院相关部门按照经济发展和财力增长的预期，对社会建设与管理的财力投入做出相应增长的规定。考虑到社会建设欠账较多，财力投入的增幅应略高于当年的全国财力增幅。基于地区经济发展不平衡的现实，加大中央财政和省级财政的统筹力度与可持续增长尤为重要。

在行政编制的管理上，中央编委长期以来采取“总量控制，动态调整”的方针，但实际操作中却是总量控制有力，动态调整不足，致使与公共服务和社会管理相关的行政编制与实际需要之间存在较大的缺口。目前，从国家层面来说，对加强社会建设和社会管理所需的行政、事业和辅助力量编制的总量和结构还缺乏较为准确的评估、规划和合理的配置方案。在社会建设和管理领域解决好财力与人力保障问题已非常迫切。建议相关部门按照“尽力而为、量力而行”原则，在深入调研的基础上，尽早对社会建设和管理领域中人员编制资源的投入做出规划和安排，并给予相应的法制保障。

五是总结推广地方创新经验，不断优化、创新社会管理的机制和举措。

为推进社会管理创新，中央政法委、中央综治委于 2010 年确定 35 个市、县(市、区)为全国社会管理创新综合试点，并制定了《全国社会管理创新综合试点指导意见》。两年来，各地在社会管理创新工作中都进行了机制、举措的创新，取得了不少好的经验。比如，北京市朝阳区以网格办为综合协调机构，通过全模式管理系统平台，实现了职能部门资源、社会资源等社会管理资源整合；江苏省南通市建立社会矛盾大调解机制，有效地化解了医患、土地等纠纷和矛盾；江苏省连云港市海州区、山东省潍坊市奎文区通过建立社区“大党委”，有效地整合了辖区内社会建设资源；山东省新泰市的平安协会在市委积极引导和培育下，已成为基层社会管理的重要力量……

目前，全国社会管理创新综合试点城市的两年试点期即将结束，建议中央综治委及时召开总结推广大会，梳理总结出较为系统的社会管理创新经验，向全国推广。经验的总结应特别注重统筹资源配置、化解社会矛盾、改革创新体制、破除体制机制障碍等方面的功能发挥。

2012年9月，民进中央正式向中共中央报送了关于“加强社会建设，推进社会管理创新”的建议，受到高度重视。多位党和国家领导人很快先后作出重要批示，高度评价调研成果，并要求有关方面和部门，认真研究，顺应形势发展需要及时研拟制定相应政策措施。

二、心系教育事业发展，建言农村学校布局调整

2001年国务院《关于基础教育改革与发展的决定》（以下简称《决定》）提出要“因地制宜调整农村义务教育学校布局”。

近年来的布局调整，整合了农村教育资源，提高了教育质量和办学效益，总体上是应当肯定的。但在撤并中存在工作简单化、程序不规范，以及撤并后办学条件没有跟上的问题。不少地方不顾客观实际，提出“小学进镇”、“初中进城”，有的地方甚至提出要“消灭农村教育”。从2000年到2010年十年间，我国农村的小学减少了一半，从55万所减少到26万所（平均每天消失56所农村小学），初中从6.4万所减少到5.5万所。

在《决定》中，对“撤点并校”是提出了明确要求的：“在交通不便的地区仍需保留必要的教学点，防止因布局调整造成学生辍学。”但事实上，许多地方在执行《决定》时，偏离了布局调整的初衷，以整合教育资源为借口，把撤并当成了唯一的目的。其实质是为了方便地方教育主管部门对学校的管理、并减少教育投入。现实情况是，越“在交通不便的地区”，撤并的力度越大，甚至发生过强行撤并事件。

乡村小学的撤并导致乡村文化氛围、适宜居住度严重降低，公共生活空间减少，学校与乡村社区关系疏离，引发新的教育不公平，同时成为诱发学生辍学的新影响因素。长远看，还将严重影响新农村建设、城乡社会和谐发展和国家粮食安全。

为规范农村学校的布局调整，民进中央在全国政协十一届五次会议上提出了《关于制定〈农村学校布局调整若干规定〉的提案》，建议国家教育主管部门尽快出台《农村学校布局调整若干规定》，在该规定中要对以下方面作出明确的规定：

一是明确规定调整的重点与补偿机制。农村学校布局调整的主要矛盾在小学，应重点对小学布局调整的原则作出明确规定，并阐明保留村小和教学点的重要意义。对因农村学校布局调整导致的弱势群体上学成本增加，政府为由此产生的额外负担进行补偿，建立相应的补偿机制。

二是明确因地制宜撤并学校的政策因素。因地制宜的布局调整政策给了基层政府较大自主裁量权的同时，没有明确基层政府应如何怎么因地制宜。实际上，农村学校布局调整受三大类12个因素的制约，即物质性约束条件（自然地理状况，交通状况）、社会性约束条件（人口，民族、宗教文化，社会治安，家庭生存形态，地方政府资金供给，百姓教育意愿）、教育性约束条件（学生身心发展，学校与农村社区关系，学校自身历史文化，学校功能发挥）等。农村义务教育学校布局调整，要全面考量这些因素。

三是明确规定农村学校撤并的标准。考虑到全国各地具体情况的不同，农村学校撤

并可实行“底线+弹性”的标准进行综合评价。“底线标准”包括：该乡镇只有一所小学；跨越不同民族、宗教群体的学校，或邻近宗族之间存在矛盾冲突；邻近学校的交通道路存在重大安全隐患，如泥石流、山体塌方、江河决堤、野兽出没等；学校建筑历史超过100年以上；60%以上社区居民强烈反对等。应明确，只要符合上述任何一条，原则上就不宜进行撤并。“弹性标准”包括：在校生人数、学生学业测试成绩、居住地到学校的距离、可用的交通方式、学校历史、学校与农村社区关系、社区的学龄人口结构、地方政府年度资金投入、原校区用途、社会治安安全感率等。

四是明确规定恢复、扩建农村学校的标准。在该《规定》中应明确提出，确因客观需要，可适当恢复一些村小和教学点，扩建一些农村学校。恢复和扩建学校的标准应按服务半径、服务人口、学校规模、资源配置、占地面积（建筑面积）等五大指标全面考量。小学和初中应区别对待，边远山区和丘陵平原地区应区别对待。例如：边远山区新建扩建的小学服务半径以1.5—2.5公里为宜；丘陵平原恢复、扩建小学的服务半径一般应为2—3公里；边远山区新建扩建的初中服务半径应为7—12公里；丘陵平原恢复、扩建初中的服务半径一般应为10公里左右。寄宿制学校服务半径可适当扩大。

五是明确规定村小和教学点支持性举措。在《规定》中，应建立学区中心校总法人制度，实行村小和教学点教师“中心校管、统一使用”的政策；实行教学点教师和偏远村小教师特殊岗位津贴制度和专项培训制度，鼓励教师到村小和教学点任教的积极性，提高实施小班化教学和复试教学的能力；加强教学点和村小网络平台和远程信息平台建设，促进优质教育资源的共享。

六是明确规定农村学校撤并的基本程序。农村学校撤并程序不民主、不公正已成为影响农村社会不安定的重要甚至直接原因。为保障做到学校撤并的信息公开、多方参与、过程民主、决策科学，首先，要保障受到决策影响的主体实质性地参与撤并过程，建立受决策影响主体的利益表达机制和行政部门的意见听取机制，要有“听”有“取”；其次，建立撤并过程的科学论证机制，要全面收集与整理相关事实、数据和意见等信息，应有对事实数据的分析、对决策方案的讨论、对不同意见的评议、对教育政策的解读等环节，公布决策结果并说明理由；最后，撤并全过程要公开。实行学校撤并决策依据、过程和结果的公开，推进事关农民切身利益的重大教育问题决策的科学化和民主化。

教育部对这个提案高度重视，并着手起草《规范农村义务教育学校布局调整的意见》。在起草《意见》过程中，教育部多次与民进中央沟通，征求意见。提案撰写人之一、东北师范大学农村教育研究所所长邬志辉也应邀参加教育部专题调研，参与了该意见的起草工作。2012年7月23日，教育部公布了《规范农村义务教育学校布局调整的意见（征求意见稿）》（以下简称《意见》），民进中央《关于制定〈农村学校布局调整若干规定〉的提案》中提出的明确农村学校撤并的基本程序及标准，明确规定农村新建扩建学校的标准以及对村小和教学点的支持性措施等建议，基本都在《意见》中得到体现。该提案为重大教育问题的决策发挥了切实的推动作用。

三、把脉水利事业，促进流域综合管理

改革开放30年，我国的水利事业取得了巨大的成就，为国民经济增长、粮食安全保障和人民生活水平提高作出了重要贡献。与此同时，我们也应该清醒地看到，面对新的发展时期和发展挑战，水利及相关涉水领域的发展与国家战略需求之间还存在一定差距，还有一些问题亟待解决。我们面临着流域和湿地方面的挑战和机遇。为落实贾庆林主席在《切实抓好生态文明建设的若干重大工程》文章中提出的重要任务，在充分调研的基础上，民进中央与全国政协人口资源环境委员会联合提出了《关于进一步加强我国水利工作，促进流域综合管理的提案》。

提案指出，流域性和跨界水问题已成为未来中国最为棘手的重大挑战之一。流域性水问题主要包括流域性水资源配置及功能调控，流域性、跨行政区、复合型水污染，流域性生态破坏及生态补偿，流域性旱涝灾害及突发事件等。在气候变化背景下，流域性水问题将具有更大的不确定性。国际河流的开发与保护受到越来越多的关注。

水利设施建设进入新的发展阶段。未来10年，水利工程将从大规模建设转向建设与管理并重以及注重协调发展的阶段，流域水功能的综合开发、大型水利工程的运行管理及联合调度、中小型水利设施的建设与维护、需水管理与提高用水效率、避免水利设施建设造成的生态破碎化等成为优先领域。

流域性水功能恢复将成为一项长期工作。流域环境质量和生态服务水平下降是历史积累的结果，其治理和恢复需要经历一个长期而艰巨的过程，也是一项重大的系统工程。建议尽快出台千岛湖及新安江流域生态补偿机制系列政策。

各类涉水制度的实施存在潜在的矛盾冲突。随着最严格水资源管理制度及相关涉水政策的执行，各种制度和政策间的冲突将不断显现，需要对各类制度和政策进行综合评估，根据时空特点进行合理安排和调整，以避免管理成本的提高和资源浪费。

针对上面提出的问题，提案建议，应在我国一些重要河流、湖泊流域逐步实行和推进流域综合管理工作，以实现水利事业健康、协调、可持续发展，具体内容如下：

一是在未来水利事业发展中应突出流域综合管理的理念。

流域综合管理不是原有水资源、水环境、水土流失等要素管理的简单加合，而是强调发挥流域的整体性、综合性功能，强调发挥河流经济功能要与河流的自然生态过程相协调，统一用水指标、用水效率与生态需水。通过综合规划、公众有效参与、信息共享等方式，促进利益相关方的交流与沟通，并把它作为解决流域内上下游、左右岸、不同部门与地区间冲突的综合手段。

目前，我国已在在黄河流域实行了以水资源统一管理为主的流域综合管理，在太湖流域试行了流域综合管理，其生态和经济、社会效益十分显著。建议在长江、珠江、淮河、海河、松花江、辽河等重要河流和湖泊逐步推进流域综合管理，把流域综合管理的理念更好地纳入流域综合规划修编、水利工程项目建设、水电开发论证等具体工作中去，以保证我国经济社会发展的综合水安全。

二是统筹协调相关涉水法律，强化公益性水利设施建设与管理的责任和义务，促进

流域管理的立法进程。

在流域综合管理的理念下修订《水污染防治法》和《水法》,进一步明确各部门的职责，强化协调机制的简历。在修改过程中应特别关注加强各级政府在涉水公益事务的责任和义务，明确相关责任制度；扩大公益诉讼原告的范围（包括政府机构）及其权利和义务；加强和完善涉水环境信息公开的制度等。同时开展专门性流域立法（如大江大河法）的立法可行性和立法模式研究。在地方层面，主要是提高地方流域性立法的能力建设，通过流域综合管理的试点，总结相关经验，并上升为法律规定。

三是综合论证大江大河的流域综合规划及重大水利建设项目，积极推进中小河流规划，开展以流域为单元的河流治理。

我国七大江河的流域综合规划作为流域管理的指导性规划和综合手段之一，应在重要利益相关方参与的综合论证基础上修改完善，尽快颁布实施，并作为水电、灌溉、供水等相关专业规划和中小河流（支流）治理规划的指导。中小河流治理要以流域为单元，有序、合理、科学、透明地部署，避免一哄而上，更不能仅以行政区为单元无序建设各类水利设施，破坏流域的整体性和水文联系。流域规划和治理方案等都需要严格的审查，并向利益相关方进行公示和咨询，并进行动态评估和调整。

四是加大投资力度，把水生态保护作为水利工程建设和调度的目标，维持和重建关键河段、湖泊和湿地等水生态系统服务功能。

国务院应尽快制定大江大河水利设施综合管理条例或联合调度的指导意见，综合协调其防洪抗旱、水质水量、发电、航运、生态等功能的发挥，将高质量的水利工程建设与不断增长的生态保护需求统一起来，缓解日益紧张的流域性水问题及其利益冲突。各流域也应制定相应的综合调度方案。

目前，我国重大水利工程调度主要有防洪、抗旱、发电、航运等目标，今后应将生态管理目标纳入到重大水利工程管理的目标体系，把满足生态需求的水利工程调度由“一事一议”转变为常态化和制度化，以保障具有生物多样性保护意义的关键河段、湖泊和湿地对水量的需求。特别是北京官厅至延庆湿地带，河北衡水湖、白洋淀湿地、沧州南大港湿地，内蒙古河套水系与乌梁素海湿地，新疆乌伦古湖湿地，辽宁辽河、太子河和盘锦湿地，黑龙江吉兴河水系及湿地、扎龙湿地等北方湖泊和湿地对维持全流域的整体健康具有重要意义，应通过加强水利基础设施建设与工程调度，满足这些湖泊与湿地的水量需求。建议在“十二五”期间优先将上述重要水系、湿地列入重要专项工程，并加快规划，尽早开工建设。

五是加大流域管理体制改革，建立和完善涉水部门之间的联络与协调机制，开展跨行政区的中型河流的流域综合管理试点。

国家层面上，制定建立涉水大部制的改革路线图，逐步整合流域水资源、水环境、水生态、水灾害等管理职能，不断落实流域综合管理的各项制度。

七大流域的水利委员会应吸纳省（区、市）涉水行政部门为成员，使其成为有地方水利行政管理部门参加的委员会，加强地方政府在流域管理决策中的作用。不断完善涉水流域管理机构（如防洪抗旱、航运、渔业等）之间的联络与协调机制。

在跨行政区的大河主要支流或中型河流，开展流域综合管理试点，成立由相应地方政府参加的流域管理机构。

六是加强流域管理的科学研究和技术开发，综合运用工程和非工程措施，积极适应气候变化，应对干旱、洪水等灾害。

流域综合管理需要坚实的信息与科学基础，其中完善的流域监测网络和现代信息技术应用对进行流域自然、社会、经济的综合决策与管理至关重要。只有科学地认识流域问题才可能做出科学的规划与决策。花大力气建立流域管理的科技支撑体系，综合运用工程和非工程措施，积极适应气候变化，应对干旱、洪涝等灾害。

该提案被全国政协列为专门委员会重点督办提案，还得到了水利部的高度重视。2012年8月，水利部与民进中央、全国政协人口资源环境委员会共同组成调研组，就流域综合管理问题赴辽河流域开展调研，为推同国家水利事业的发展进一步建言献策。

四、探索我国制造业转型升级之道

制造业是实现工业化和现代化的原动力，是国家实力的支柱。从当今世界来看，是否具有高度发达的制造业，是衡量一个国家综合国力和竞争力是否强大的重要标志之一。近年来，我国制造业取得了长足发展，规模位居世界第一。然而，由于自主创新能力不强，在"核心、高端、基础"的关键技术、关键元器件和关键部件方面仍然薄弱，制造业"大而不强"问题十分突出，严重制约着发展方式转变和转型升级。

当前世界经济持续动荡，经历了国际金融危机、欧债危机的欧美国家，都开始重新审视发展以制造业为主的实体经济的意义，"实体经济是国民经济基础和重要支撑"已成共识。在复杂多变的国内外经济形势下，我国要实现稳中求进，也必须牢牢抓住实体经济这一坚实基础，加快推进制造业转型升级，为发展战略性新兴产业夯实工业基础，为扩大就业容量提供有力保障。

目前，我国制造业转型升级面临的主要问题有以下几个方面 :

一是企业的"微利困局"，导致制造业"空心化"现象凸显。长期以来，我国制造业，特别是传统制造业，主要集中在低附加值的非核心部件加工制造和劳动密集型的装配环节，在全球产业链上处于中低端，制造业大而不强的问题十分突。近几年，受资源产品价格、土地价格、租住价格、劳动力成本、融资成本等要素价格上升等影响，制造业利润进一步摊薄，而订单减少、出口萎缩、企业税负较重等，更导致制造企业举步维艰。大量中小制造业企业既面临着严酷的市场竞争，同时又得不到金融政策的支持，不少企业在其他利润增值的诱惑下，出现去实业化、去制造化和个别地区制造业空心化。

二是竞争加剧，外部市场"挤出效应"凸显。美国金融危机与欧洲债务危机爆发后，世界经济发展进入新的阶段。美欧国家开始改变高负债消费方式，相继提出"再工业化"概念，并推出税收优惠政策以重振制造业，导致我国境内的美欧制造业开始"回流"。越南、印度等发展中国家利用更加低廉的资源和劳动成本，近些年吸引不少劳动密集型企业迁出我国。同时，全球市场发生深度变化，我国产业转型升级越来越受到美欧国家发展高端产业的"挤压"和发展中国家发展低端产业的"挤出"双重影响。

三是企业创新推动力不足，制造业转型升级进展缓慢。我国制造业总体还处在资本驱动、平面扩张阶段，创新还没有成为制造业的主要推动力。“中国制造”在相当程度上只能称为“中国组装”（Assembled in China），或“在中国制造”（Made in China），而不等于“由中国制造”（Made by China）。由于劳动生产率过低（中国制造业劳动生产率约为美国的4.38%、日本的4.37%和德国的5.56%），利润率过低，再加上税率、利率、费率偏高，使得企业研发资金十分有限，导致我国企业缺乏竞争力，甚至难以为继。“核心、高端、基础”的关键技术、关键元器件和关键部件严重缺乏，高端设备主要依赖进口，质量、标准、专利、环保等配套制度建设滞后，所有这些都约束到制造业的整体水平提高和转型升级。

中央经济工作会议指出，要“牢牢把握发展实体经济这一坚实基础”。传统制造业体现着我国的比较优势，是我国外向型经济的支撑力量，是吸纳就业的主力军，也是发展新兴产业的工业基础。发展实体经济、促进产业结构优化升级，必须大力促进我国制造业的转型升级。

2012年，民进中央向全国政协十一届五次会议提交了《关于促进我国制造业转型升级的提案》，就传统制造业的转型升级提出了五点具体建议：

一是加快发展为中小制造企业提供服务的生产性服务业。可以在产业集聚区域和集中度高的传统产业，由政府整合科技、培训和咨询服务资源，建立区域和行业的公共技术平台，实行企业化运作，面向地区和行业内的中小制造企业开放，为企业的产品升级、产业升级服务。同时，要安排专项资金，加强研发投入，对重大关键技术和共性技术，特别是关键部件的制造技术，进行攻关；发挥政府的组织优势，使区域内的职业技术培训资源与中小制造企业更好地对接，帮助中小制造企业培训专业技术人才和熟练技术工人，助推中小制造企业发展。

二是大力推进制造业企业的自主创新。整合军民、中央与地方、各地区各部门各行业之间的科技资源，完善“产学研用”相结合的技术创新体系。一是建立以企业为依托的重大技术项目中试基地，支持有技术优势和特色的企业与相关科研院所、高等学校合作共建中试基地；二是实施小微企业技术创新计划，每年拨出一定比例的研究开发经费，专门支持科技型中小微企业的技术创新活动；三是有关部门要定期编制制造业各领域重大技术前瞻和技术进展报告，提供给地方政府、主管部门、行业协会和重点企业。

三是鼓励行业协会发挥更大作用。要推广建立由政府推动、行业核心企业主导、中小企业广泛参与的专业化行业协会，向会员企业提供技术、信息、咨询、法律、专业培训等方面的服务。适度扩大行业协会的话语权、建议权，让其在市场引导、“行业自律”等方面发挥主导作用，维护会员之间公平竞争的权利，防止恶性竞争，保证正常的生产和销售秩序。在进出口贸易中，实行“抱团出海”战略，采用集体订单形式，以龙头企业为核心，代表本地、本行业对外进行价格谈判，提升行业的集体议价能力。

四是控制制造业成本过快上涨。制定出台工资条例，逐步完善劳资谈判机制，同时加强职业教育和培训，着力提升职工劳动生产率，实现制造业人力成本与劳动生产率同步增长。进一步降低税率、利率、费率，稳定汇率，下调企业社保负担比例，消除和减少各种隐形成本，破解制造企业“微利困境”。

五是形成“鼓励脚踏实地、勤劳创业、实业致富”的社会氛围。加大力度规范市场投机行为，坚决抑制房市、股市泡沫，引导资金流向实体经济。打破行业垄断并减少国家干预，为企业发展创造更公平环境，引导民间资金流向实体经济。同时，要营造良好的社会氛围，鼓励“脚踏实地、勤劳创业、实业致富”。

该提案被列为重点办理提案，参加了全国政协十一届五次会议期间的首次提案办理协商会，得到了国家发改委、工信部、商务部、科技部等部委的肯定。

马　宪　民进中央参政议政部干部

中国农工民主党参政议政案例

一、积极推进县级公立医院改革发展

推进县级公立医院改革发展是“十二五”期间医疗卫生体制改革的重点任务。2012 年，国务院办公厅印发了《关于县级公立医院综合改革试点意见的通知》，明确提出要建立起维护公益性、调动积极性、保障可持续的县级公立医院运行机制。为深入贯彻落实中共中央、国务院的决策和部署，积极推动我国医疗卫生事业改革发展，在中共中央统战部的大力支持和帮助下，2012 年 6 月 4 日至 8 日，农工党中央主席桑国卫、副主席刘晓峰邀请国务院医改办、财政部、人力资源和社会保障部、卫生部、国家中医药管理局等有关部门的领导和专家赴湖北省就县级公立医院改革发展问题进行了专题调研。调研组先后赴武汉市红钢城社区卫生服务中心、二桥街社区卫生服务中心、武汉市第五医院、黄冈市红安县人民医院、红安县中医院、麻城市人民医院、黄石市大冶市人民医院进行了实地调研，认真听取了基层医务工作者和患者及家属的意见、建议，并与省、市、县相关部门进行了座谈和交流，了解湖北在县级公立医院改革方面的经验和做法。

调研组深入到大别山区的基层县市、深入到社区，边走、边看、边总结。调研中大家了解到，湖北省积极推进县级公立医院改革，基层群众就医的公平性、可及性、便利性得到改善，看病难、看病贵问题有所缓解。一是多措并举，县级公立医院能力建设得到了加强。近年来，湖北省通过采取加强基础设施建设、做好城乡对口支援、提高信息化水平、推进远程医疗体系建设、抓好县级医院管理人员能力培训、完善薄弱地区和薄弱科室建设等举措，不断提升县级公立医院服务能力，取得了较好的成效；二是全面推出便民惠民措施，县级公立医院服务水平得到了提升。湖北省出台了卫生便民惠民措施 50 条，改进了群众就医服务，以县级公立医院为依托，开展了提高参合农民重大疾病医疗保障水平试点工作，通过推行临床路径管理、单病种付费和医院成本核算严格控制医疗费用过快上涨，扎实开展医院等级评审、临床重点专科建设、医疗质量万里行等活动不断提高医疗服务质量；三是上下联动，县级公立医院的龙头作用得到进一步发挥。湖北省在县级公立医院改革实践中，探索出了“宜城市县级医院与乡镇卫生院组建实质性医疗集团”、“武汉市五医院直管社区卫生服务中心”、“城市大医院托管基层县级医院”、“部属医院与县级医院建立远程培训会诊系统平台”等医院运营新模式，为探索分级医疗分流病人、逐步实现“小病在社区、大病到医院、康复回社区”的目标，提高医疗服务效率和效益作出了新的贡献，为我国新型医疗卫生服务模式的探索提供了典型经验。

然而，由于长期以来我国医疗资源配置总量相对不足，优质资源绝对匮乏，分布不科学，基层医疗服务能力难以满足人民群众健康需求的根本矛盾仍然突出，亟待以县级公立医院改革发展为重点，全面提高基层医疗服务水平。从调研情况看，调研组认为各地还存在如下突出问题：一是政府责任有待进一步加强。由于对县级公立医院改革的认识水平不同，一些地方政府的相关职能部门在政策制定和执行过程中各自为政、相互掣肘的情况仍然存在。二是县级财政普遍压力较大。基层医疗卫生机构实施药品零差率销售之后，县级财政压力很大，如果县级公立医院改革仍以当地财政投入为主，将难以保障县级公立医院的可持续发展，这种情况在经济困难地区尤为突显。三是县级公立医院服务能力亟待提升。好的医卫人员在基层流失严重，专业人才匮乏，医务人员配置不足，业务水平有待加强，普遍存在人才"招不来、留不住"等问题。四是县域内科学合理的分级诊疗、双向转诊机制尚未建立。由于医疗机构经济利益的驱动，基层服务能力的差距，诊疗信息的不畅通，以及患者趋高就医的心理影响，县域内分级诊疗、双向转诊机制的建立仍存在许多障碍，尤其是向下转诊难度很大。五是县级公立中医医院基础设施薄弱，补偿机制不尽合理。县级公立中医医院起步晚、底子薄，基础设施投入少，加之中医药服务价格相对低廉，适合中医药诊疗特点的医疗服务价格机制和公立中医医院补偿机制尚未形成。

结合调研情况，农工党中央在认真征求国家有关部委及科研院所专家意见的基础上，形成了《关于积极推进县级公立医院改革发展的建议》。2012 年 7 月 30 日，农工党中央通过中共中央统战部向中共中央、国务院报送了该建议。建议提出：

第一，进一步强化政府责任，加强政府相关职能部门协调联动，积极探索政事分开、管办分开的有效实现形式。建议将推进县级公立医院改革的成效纳入各级政府政绩考核重要指标，切实维护县级公立医院的公益性，履行政府办医职责。进一步加强协调联动，特别是财政、发改、编办、人社、卫生、中医药等相关职能部门应建立沟通协调机制，定期召开协调会议，在经费投入、医疗服务价格体系调整、人员编制设置、人事分配制度改革、教育培训体制改革等诸多方面应统一思想、达成共识、加强协作，共同推进县级公立医院的综合改革。要鼓励地方积极探索政事分开、管办分开的有效实现形式，在"职能有机统一的大部门体制"框架内，形成统一、高效、权责一致的政府办医体制。

第二，实施"医药分开"，破除"以药养医"，深入推进财政补偿、支付方式等机制改革。一是探索建立县级公立医院财政补助的量化指标和长效机制，切实按照医疗服务需求，科学测算县级公立医院运行成本，建立中央、省、县分级补偿机制，明确各级财政合理分担比例，适当降低县级财政的负担比例，对有困难的县市（特别是老少边贫地区县市）要由中央和省级财政加大扶持力度。二是改革现行的按项目付费制度，努力探索一套适合中国国情、符合现阶段经济和社会发展水平、同时也和现行医疗体制相一致的综合支付方式，以解决由此带来的过度医疗、以药养医和基本医疗制度的不可持续等问题。支付制度改革要和县级公立医院以及其他医疗机构的内部费用控制相衔接，建立起费用支付方和服务提供方之间的有效协商谈判机制，提升对不同支付方式的技术分析能力，特别是对新农合信息的深入挖掘，提高新农合资金的使用效率。三是建议国家相关部委联合开展医疗服务成本专项调研，提出合理的医疗服务价格定价标准，按照总量控制、结构调整、逐步推进的原则，适当提高护理、诊疗等技术劳务价格，既要防止因为“两头翘”带来的费用上涨，又要与医保支付相衔接，通过价格调整理顺激励机制。据了解，北京市近期“医药分开”的试点改革，通过取消15%的药品加成，增设“医事服务费”，医保定额报销，建立了多渠道补偿机制，改变了以药养医的格局，在降低药品费用的同时，体现了医务工作者的劳动价值，使患者得实惠、医务人员受鼓舞、医院得发展。河南省宜阳县、重庆市黔江市、陕西省汉滨区等开展的以临床路径为基础、以支付制度改革为手段、以制度建设为保障、以激励机制为动力，以信息化为平台的县级医疗机构综合改革试点，逐步实现了规范、控费、监管、激励的改革目标。我们认为，这些做法值得县级公立医院改革借鉴参考。

第三，切实提高县级公立医院医疗服务能力。进一步探索县级公立医院法人治理结构，鼓励建立现代医院管理制度，实行院长负责制和任期目标责任考核制度，全力加强人才队伍建设和培养，提高医务人员技术服务水平。要在“5+3”住院医生培训制度、全科医生培养制度的基础上，加大基层医疗卫生人才订单式定向培养力度，对艰苦偏远地区给予必要的政策倾斜，做好县级公立医院骨干医师培养工作，依托城市大医院的力量培养县域学科带头人；继续加强远程医疗系统和农村医疗信息系统建设。充分利用新农合的信息系统，分析县域居民疾病谱，根据疾病谱和居民外出就诊的疾病信息，确定县级公立医院服务能力提升的重点。建议卫生部、科技部、工信部对远程医疗系统和农村医疗信息系统加强研究，在信息的采集与数据挖掘以及目前存在的远程医疗系统发展的主要瓶颈上加大指导力度，避免因各自为战、信息子系统不衔接、关键信息采集缺失等问题影响其使用效率和效益。

第四，建立符合医疗行业特点的薪酬体系，调动医务人员积极性。根据目前的医疗需求及工作量，重新核定县级公立医院医务人员编制，建立起一个长期有效的、科学合理的人员编制核定模式。建立健全符合医疗行业特点的薪酬体系，将医院的服务收入主要用于日常运营和收入分配，探索突破事业单位工资总额控制的分配制度，改善医务人员待遇。相关卫生行政部门要坚决控制县级公立医院超标准、超规格建设和举债建设，推动县级公立医院将结余着重用于改善医务人员待遇水平上来。

第五，积极探索科学合理、切实可行的县域内分级医疗、双向转诊制度。一是建立健全县级公立医院与农村基层医疗卫生机构的分工协作机制，对农村基层医疗卫生机构加大技术合作和管理支持的力度，促进人才流动，支持县级公立医院对乡镇卫生院和村卫生室医务人员进行专项培训和定期轮训；二是提升基层基本医疗服务能力，引导一般常见病、慢性病、康复等患者下沉到农村基层医疗卫生机构，逐步使基层首诊、分级医疗、双向转诊的医疗服务模式制度化，推动分级诊疗、双向转诊格局的形成；三是鼓励有条件的地区积极探索县乡医疗一体化运行机制，建立医疗集团、托管、直管或重组医疗机构等形式，提倡三级医院托管二级医院，二级医院托管一级医院或社区卫生服务中心。如上海市新华—崇明区域形成一、二、三级医院组成的以管理为纽带，以章程为规范，以技术、人员、流程、信息方面的业务整合为切入点的医疗服务联合体，推进了所属医疗机构的资源整合，提高了医疗服务效率和效益。

第六，充分发挥中医药的作用，继续推进县级公立中医医院改革。进一步发挥中医药在县级公共医疗保障方面价廉质优的作用，深入推广适宜技术，积极开展面向基层医生的中医药基本知识与适宜技术培训。督促各地全面贯彻《国务院关于扶持和促进中医药事业发展的若干意见》精神，切实落实《中共中央 国务院关于深化医药卫生体制改革的意见》中“对中医院（民族医院）在投入政策上予以倾斜”的政策，制定符合当地实际并切实可行的政策，对县级公立中医医院进行重点建设，探索建立适合中医药诊疗特点的医疗服务价格机制和公立中医医院补偿机制，使县级公立中医医院实现可持续发展。

第七，针对地区差异实行差别化政策。正确面对地区经济社会发展水平差异大，医疗卫生事业发展不平衡的现状，在指导性配置标准的基础上，更注重卫生资源的规划设置原则，突出分类指导和因地制宜。要根据国家医改的目标，发挥地方政府的主动性和创造性，鼓励地方大胆探索、先行先试，不断完善政策，积累改革经验。

农工党中央参政议政部部长隋路在调研结束后，于《人民日报》发表署名文章《实践中走出来的医改路》，引起了较大社会反响。农工党中央还在此次调研成果基础上撰写了《关于进一步深化公立医院改革发展的几点建议》的提案，提交至 2013 年全国政协十二届一次会议。

二、建议尽快将“中国吉林·东北亚投资贸易博览会”升级为“中国—东北亚博览会”

近年来，我国会展业发展迅猛，已成为推进国家战略性新兴产业快速发展的重要支撑。以东盟博览会、亚欧博览会、中国吉林·东北亚投资贸易博览会为代表的政府主导型展会，在促进地方经济发展和推动区域合作，乃至实现我国外交政策等方面都起着至关重要的作用。2012 年 6 月 20 日至 21 日，农工党中央副主席陈述涛率中央调研组赴吉林省，就提升东北亚博览会战略平台建设进行了专题调研。调研中大家了解到，东北亚博览会创办七年来，极大地促进了我国东北沿边地区的稳定繁荣、加速了东北老工业基地振兴、推动了东北亚区域合作进程。调研组认为，进一步从国家高度提升“中国—东北亚博览会”举办层次具有重要的战略意义：一是从国家战略规划考虑，提升“中国吉林·东北亚投资贸易博览会”举办层次迫在眉睫。目前，国家发改委正组织编制《中国东北地区面向东北亚区域合作规划纲要》，把东北地区定位为面向东北亚区域各国开展合作的前沿和桥头堡，为东北老工业基地振兴发展提供了难得的机遇。而以促进东北老工业基地振兴为主题的东北亚博览会也亟须提升自身水平和档次，充分发挥其在推动国家战略深入实施过程中的优势载体作用。二是从国家总体安全和国家外交平台考虑，提升“中国吉林·东北亚投资贸易博览会”举办层次影响深远。目前，东北亚博览会“以经促政”的作用得以较好发挥，也增强了我国在东北亚区域合作中的主动性与主导权，以平和的方式抢占了东北亚合作先机，并通过博览会和高层论坛给复杂的东北亚各方以进退自如的回旋空间，给复杂的东北亚局势以包容与合作的新契机。三是从国际多边合作考虑，提升“中国吉林·东北亚投资贸易博览会”举办层次必要性凸显。东北亚区域各国资源丰富且各具特色、经济发展水平和产业结构不尽相同，经济上具有较强的互补性，合作潜力巨大。

提升东北亚博览会的层次和水平，将为促进东北亚各国间开展务实合作开辟重要途径，为东北亚区域经济战略的深入实施与有效对接提供快速通道，推动东北乃至东北亚区域经济的协调发展与繁荣。

与此同时，调研组也发现了制约东北亚博览会发展的一些瓶颈问题：一是东北亚博览会重要平台作用尚未得到充分发挥和利用。由于诸多原因，东北亚区域各国在东北亚博览会上举办的国家层面的会议活动相对较少，由我国主办的探讨东北亚区域合作的高端会议和高端信息发布也很少考虑通过东北亚博览会这一平台来实施，这在很大程度上制约了东北亚博览会知名度的提升和影响力的扩大，影响了国家赋予其职能的充分发挥和利用。二是东北亚部分国家政府高级官员对东北亚博览会的参与度不够。除蒙古国每届都有一位副总理参会外，其他几国参会的经贸官员层次参差不齐。目前，由于东北亚博览会尚未实现六国联办，加之我国国家层面对东北亚博览会的利用程度不够，导致东北亚区域各国并未将东北亚博览会置于十分重要的地位，影响了区域各国国家领导人的参与热情，特别是对日、韩、俄三国政府高官的邀请难度较大，在一定程度上也影响了东北亚经贸合作年度高端对话的总体效果；三是我国政府对东北亚博览会的支持力度有待继续加强。较之国内其他展会，我国政府对东北亚博览会在资金、政策、人力等方面的支持力度偏弱。无论是在大图们江区域合作开发、中日韩自贸区建设等国际战略，还是在东北老工业基地振兴等诸多国内战略的实施进程中，政府尚未把东北亚博览会这一重要平台作为国家战略实施的强力支撑。

调研结束后，农工党中央起草了《关于尽快将“中国吉林·东北亚投资贸易博览会”升级为“中国—东北亚博览会”的建议》，并于2012年7月9日，通过中共中央统战部报送温家宝总理，建议从国家战略高度，为了加速提升“中国吉林·东北亚投资贸易博览会”重要平台建设，大力推进东北亚区域合作，具体如下：

一是尽早确定东北亚博览会的更名。我国面向周边区域开展合作都有一个国家级博览会发挥主导作用。面向东南亚国家开展经贸交流的国家级展会有东盟博览会；面向中亚、西亚和欧洲等地区的国家开展经贸交流的国家级展会有亚欧博览会；与此相对应，面向东北亚区域各国开展经贸交流的国家级展会有中国吉林·东北亚投资贸易博览会。但这三个国家级博览会在名称、组织体系等方面还不统一。为顺应展会发展趋势，彰显“中国吉林·东北亚投资贸易博览会”的国际性和综合性特点，发挥展会在推动我国面向东北亚区域各国开展经贸交流过程中的作用，建议尽快把现有的“中国吉林·东北亚投资贸易博览会”正式更名为“中国—东北亚博览会”。去掉现有名称中的“吉林”二字，能更好地体现展会在地域范围的包容性，进一步增强对这一展会区域概念的认同，激发东北亚各国及我国东北各省（自治区）乃至国内其他省（自治区、市）对展会的参与热情。去掉“投资贸易”，更有利于我国与东北亚区域各国在科技、文化、教育、法律、旅游乃至政治、外交等领域更广泛地开展交流合作。近年来，东北亚的政治局势和区域合作发生了重大变化。在此背景下，我们建议国务院尽早审批确定东北亚博览会的名称。

二是逐步实现东北亚六国联合主办。据我们所知，东盟博览会由中国和东盟十国经贸主管部门及东盟秘书处共同主办，每届确定一个东盟国家作为主题国，极大地调动了东盟十国的参与热情。目前，东北亚博览会尚未实现由六国联办，东北亚区域其他国家经贸高官参与的主动性不够，需要商务部和吉林省政府年年多次邀请，有时仍保证不了参会的经贸官员的层次。我们建议，国务院要加大指导力度，积极支持商务部、国家发改委、外交部等国家部委邀请东北亚其他五国经贸部门作为东北亚博览会的主办单位，力争把东北亚博览会打造成为东北亚区域六国共办、共享、共用的重要战略平台，使之真正成为推动东北亚区域合作的经贸盛会。

三是使东北亚博览会成为承载中日韩自贸区建设等诸多国家战略的服务平台，承担起更多的责任。今年是中日邦交正常化40周年、中韩建交20周年、中国“俄罗斯旅游年”，中日韩自贸区谈判也将于年内正式启动，东北亚博览会组委会已多次主动争取将有关活动放在东北亚博览会期间举办，吉林省将积极为办会、接待等方面提供方便。我们建议国务院协调国家部委，今后把以中日韩自贸区建设、东北亚区域合作为主题的有关重要、高端会议活动固定放在东北亚博览会上举办，并将东北亚博览会定位为中日韩自贸区建设展览展示、政策信息发布、主题活动开展的服务平台，牢牢把握中日韩自贸区建设过程中的先机和主动权，争取使之早日成为承载中日韩自贸区建设、推动东北亚区域经济一体化的重要平台之一，从而积极促进东北亚区域各国贸易投资便利化和区域经济一体化。

四是希望国家加大人力、财力、物力等方面的支持力度，把东北亚博览会平台做大做强，做出实效。建议国家给予东北亚博览会更大的支持力度，帮助建立更为有效的部委协调机制，建立与东盟博览会、亚欧博览会大体相当的组织体系，从日常筹办过程的工作协调到会期的务实推动等，体现出各部委对国家级展会的主动参与热情，体现出为完成国家战略重要使命的共同努力。

此建议得到了中央领导同志高度重视，商务部据此给予积极回应，大力支持东北亚博览会的更名。2012年8月，商务部就加速东北亚博览会更名提出了具体指导意见。9月7日，国务院正式批准，从第九届开始，中国吉林·东北亚投资贸易博览会将正式更名为“中国—东北亚博览会”。

三、建立宁夏内陆开放型经济试验区

目前，世界穆斯林人口已超过17亿，占全球总人口近1/4，与穆斯林国家和地区的经贸发展已经成为当今国际经贸合作的战略重点。2012年6月中旬，农工党中央副主席汪纪戎率调研组赴宁夏就建立宁夏内陆开放型经济试验区，进一步促进我国西向开放进行了专题调研。国家发改委、商务部、民委等相关部门领导同志及专家应邀参加了调研。调研组一行先后到中阿经贸论坛会址、中华回族医药博物馆进行了调研，并与宁夏相关部门负责人共同召开座谈会通过调研，调研组了解到，宁夏作为我国唯一省级建制的回族自治区，在人文历史、区位环境、民族结构等方面具有明显优势，在宁夏创建内陆开放型经济试验区，打造内陆开放新高地，推动我国与阿拉伯国家及穆斯林地区的政治经贸交流合作，以大开放促进大发展，对于扩大向西开放的广度和深度，加快形成我国全方位、多层次、宽领域的对外开放新格局，具有重大而深远的意义。可以说，将宁夏建设成为内陆开放型经济试验区是国家所需，中阿所盼，宁夏所能。

第一，建设宁夏内陆开放型经济试验区是国家所需。一是有利于促进我国扩大向西开放。通过试验区建设，建立我国向西开放的“宁夏通道”，有利于在空间上形成沿海、沿边和内陆开放互为依托、相辅相成的战略格局，更好地提升我国对外开放的水平和质量。二是有利于促进能源国际合作。通过试验区建设，进一步密切我国与阿拉伯国家及世界穆斯林地区的友好关系，有利于巩固扩大我国与中东等石油主产国的友好合作，建立长期稳定的石油进口渠道，为保障国家能源安全做出积极贡献。三是有利于资源型地区转变经济发展方式。通过试验区建设，引进国内外资本、技术、管理等要素，在更大范围、更高层次、更宽领域参与国际分工与合作，有利于促进经济结构战略性调整，实现发展方式的根本性转变，为我国资源型地区转变发展方式提供示范。四是有利于构建西部生态安全屏障。通过试验区建设，落实主体功能区规划，有利于分区推进生态脆弱区综合治理，加强重点生态功能区和禁止开发区生态建设和保护，促进西部生态安全屏障建设。五是有利于促进民族地区团结和谐稳定。通过试验区建设，以沿黄经济区发展辐射带动中南部地区扶贫开发，统筹区域城乡协调发展，有利于促进民族地区跨越发展和民生的持续改善，为我国民族地区的经济发展和社会稳定提供有益经验。

第二，建设宁夏内陆开放型经济试验区是中阿所盼。

一是国际经济局势及金融危机迫使阿拉伯国家调整对外开放战略。当前，国际经济形势复杂多变，国际产业分工与合作日趋深化。世界各国顺应时代潮流，加强经济合作互利共赢。阿拉伯国家纷纷调整对外开放战略，积极推行多边合作政策，普遍希望通过加强与中国等新兴经济体的合作，解决其经济发展中的投资、技术、就业等一系列问题。为此，阿拉伯国家出现了“向东看”的趋向，金融危机以来，阿拉伯国家这种“向东看”的趋向更明显。

二是加强中阿经贸合作符合双方战略利益。一是能源利益。据国际能源署预测，若按目前速度递增，中国对国际石油市场依存度到2020年将达到75%，而中东石油储量占世界60%以上，因此，与阿拉伯国家深化合作对中国经济长远发展至关重要；二是经贸利益。据商务部前期统计，我国已有170多种商品生产量居全球第一，已经成了全球瞩目的“世界工厂”。因此，在世界范围内开拓市场成为当务之急。全世界现有57个穆斯林国家和地区，17亿穆斯林人口，每年2万亿美元的消费市场，其主要工业品消费大多依赖进口。目前中东已成为中国重要的轻工、机械、服装、家电、粮食、通讯设施等为主的商品销售市场。2008年，中阿贸易额猛增至1328亿美元，提前两年实现了双方拟定的于2010年贸易额达到1000亿美元的既定目标。阿拉伯国家已成为我国第八大贸易伙伴、第七大出口市场和第七大进口来源地。同时，中国快速发展的经济和拥有13亿人口的巨大市场也为阿拉伯国家的企业提供了无限商机；此外，阿拉伯国家单一的经济结构及自身特点也使其在世界经济中成为一个很大的潜在市场，包括消费市场、劳动力市场、技术和资金市场、工程承包与劳务合作、清真产业、旅游业等等。

第三，建设宁夏内陆开放型经济试验区是宁夏所能。宁夏地理位置特殊，特色优势明显，开发空间广阔，已连续两年成功举办中阿经贸论坛，具有加快发展的良好条件和扩大对外开放的潜在的优势。

一是人文优势。宁夏回族占全国回族人口近1/5，是我国最大的回族聚居区。回族与阿拉伯民族及世界各个国家的穆斯林生活习俗相近，文化认同度高，双边历史交往较早。以回族文化为纽带，大力发展与阿拉伯国家及世界穆斯林地区的双边关系具有明显优势。二是区位优势。宁夏地处新亚欧大陆桥国内段的中枢位置，位于我国“两横三纵”城市化战略格局中陆桥横轴通道和包昆纵轴通道交汇处，是我国华北地区、东北地区通往中东、中亚最便捷的陆空通道，具有承东启西、连南接北的区位优势。三是资源优势。宁夏煤炭、风能、太阳能资源丰富，是国家重要的煤电化基地和新能源开发示范区。农业优势突出，光、热、水、土资源组合良好，是保障国家粮食安全的重点发展区域之一。旅游资源特色鲜明，是我国西部独具特色的旅游目的地。四是环境优势。沿黄经济区环境优美，宜居宜业，被誉为“塞上江南”，是我国“十大新天府”之一。六盘山地区是黄土高原重要的水源涵养区，是消夏避暑的“天然绿岛”。宁夏民族团结，社会稳定，具有发展内陆开放型经济的良好社会基础。

为进一步发挥宁夏回族穆斯林文化优势及与阿拉伯世界先行交往优势，探索面向穆斯林世界的经贸文化合作，将宁夏建成国家向西开放的前沿阵地。在调研基础上，农工党中央起草了《关于建立宁夏内陆开放型经济试验区的建议》，并于 2012 年 7 月 17 日通过中共中央统战部报送李克强副总理。具体建议为：

一是将在宁夏创立内陆开放型经济试验区从地区举措上升为国家战略，请国务院尽快批复建立宁夏内陆开放型经济实验区。在此基础上，建议组成由国家发改委及相关部委和自治区政府共同组成的内陆开放型经济试验区建设领导小组，专门负责制定试验区建设的实施细则，建议领导小组组长由分管国家发改委的国务院副总理担任。

二是建议国家在土地、财税、金融、投资、人才等政策方面给予相关优惠措施，帮助宁夏尽早实现创建内陆开放型经济试验区的目标，实现国家向西开放的总体战略。具体讲，第一，建议国家支持宁夏利用中阿经贸论坛开展与中东、中亚地区的油气资源合作，允许试验区拥有石油进口资质，为建设国家特大型能源储备和加工转化基地奠定基础；第二，允许宁夏发行地方政府债券，解决试验区基本建设资金问题，中央财政通过转移支付对试验区建设给予一定数额的补助；第三，支持在试验区内设立综合保税区，除享受西部大开发税收优惠政策外，对在试验区注册的公司给予返税优惠政策，由中央财政按一定比例返还企业；第四，允许国内外各类金融机构特别是阿拉伯国家和穆斯林地区的金融机构在宁夏设立分支机构，开展伊斯兰金融试点；第五，对试验区建设用地规模和新增建设用地指标进行单列，不占用自治区年度用地计划指标；第六，支持将银川河东机场建设成为面向阿拉伯国家及穆斯林地区的国际门户机场，支持组建股份制宁夏航空公司，允许非国有企业和外资参股合资经营，以及民间资本开办航空学校；第七，国家在试验区设立人才基金，支持试验区从国内外引进重点领域急需专门人才，支持将试验区建设成为全国阿语及其他穆斯林语言人才培训基地；第八，支持试验区设立国家清真食品认证中心，支持宁夏开展清真食品国际互认，设立国家清真产业发展基金。

该建议得到了中共中央领导同志高度重视，并作出了重要批示。2012 年 9 月 12 日，国务院副总理李克强在 2012 宁洽会暨第三届中阿经贸论坛开幕式上宣布，同意在宁夏回族自治区设立内陆开放型经济试验区。这标志着宁夏内陆开放型经济试验区正式设立。宁夏成为了内陆地区第一个开放试验区，全国第一个以整个省域为单位的试验区，也是全国第一个将总体《规划》与综合保税区同步批复的试验区。

王善学　农工党中央参政议政部调研处处长
熊　凤　农工党中央参政议政部调研处主任科员

四、以社会的视角重新发现城市

“促进区域协调发展，积极稳妥推进城镇化”是国家“十二五”规划中明确提出的全面建设小康社会、加快推进现代化建设的重大战略任务。2011 年底，我国城市化率已经达到 51.27%，城镇人口比重首次超过农村。然而，传统的“摊大饼”式粗放型城市扩展方式，导致城市在人口、资源、环境、交通承载力方面突破极限，导致公共服务和社会管理无法均等覆盖；同时，城市化模式单一加剧了人的情绪紧张、心理焦虑等现代“城市病”。这些都是在城镇化进程中亟待认真研究并加以解决的重要问题，农工党中央对此十分关注。2011 年底，农工党中央参政议政部在农工党陕西省委会上报的调研材料中，看到了《关于将西咸新区提升为国家级新区的建议》，得知陕西省西咸新区以科学发展为主题，以转变发展方式为主线，以保护耕地和提高人口承载力为基本原则，始终坚持集约节约用地，严格限定城市发展边界，促进城乡融合，积极探索社会主义新型城市化发展道路，在城市发展理念、城市发展形态、城市管理模式、城市综合功能、城市产业形态等方面进行了开拓创新，具备了规划理念先进、基础条件优越、创新成果显著等明显优势。农工党中央领导敏锐地感觉到，这也许是调研我国创新城市发展方式的一个良好契机。2012 年 1 月，农工党中央参政议政部邀请了中国工程院院士王如松等专家学者专程赶赴西咸新区，与陕西本土学者、西咸规划设计专家组座谈讨论，又赴各组团新区建设工地了解情况。大家了解到，按照当前国家总体规划，全国主体功能区把关中—天水，兰州—西宁，宁夏沿黄、天山北坡确定为西北地区的重点开发区，但现状只有以西安为核心的关中—天水地区具有经济、科技、人才、自然环境和基础设施的发展优势及辐射潜力。曾经是 13 朝古都的西安，在《史记》中被誉为“金城千里，天府之国”，中国历史上四个最鼎盛的朝代，周、秦、汉、唐均建都于此，泾渭沣涝潏滈浐灞八水绕城，秦岭北山、塬照相间，科技教育资源雄厚、历史文化积淀深重、自然和人文生态得天独厚，地理区位优越，社会安定团结，是我国除北京外绝无仅有的科技文化中心和生态潜势城市。而西北开发，也正需要一个社会安定的生态经济和科技文化核心。根据王如松院士的说法，全球气候变暖将使该地区未来的降水增加、秦川植被北移，千里秦川将回归周秦盛世的天府生态，进入千载难逢的大发展时期，可谓集天时地利人和为一身。

为进一步促进西安国际化大都市的协调可持续发展，陕西省出台了《西咸新区总体规划》。新区按照“核心区 + 组团”的模式规划，并以全面统筹城乡发展为切入点，通过土地集约、节约开发利用，建设适宜人居的生态田园新区和产业基地。用西咸新区管委会常务副主任王军的话来说，西咸新区正在以社会的视角重新发现城市。为此，农工党中央结合当前城市化快速发展的大背景，以加快西咸新区建设，促进大西安发展为前提，数易其稿，最终在全国政协十一届五次会议上建言：西咸新区的建设，将有利于建设大西安、带动大关中、引领大西北、推进亚欧开放合作；对于大西北发展、促进全国区域协调发展、深入实施西部大开发战略和我国内陆开放及向西开放具有重大意义；对于我国实施能源安全、国防现代化、科教兴国和人才强国等国家战略具有重要支撑作用；对于促进我国文化大发展大繁荣、增强发展软实力将产生积极而深远的影响。建议把西咸新区设立为国家创新城市发展方式的试验区。通过西咸新区的先行先试，创新城乡一体化统筹协调发展建设模式，走出一条显现后发优势、具有西部特色、符合我国国情的新型城市发展道路，在国家城市化发展进程中起到积极的引领和示范作用。

全国政协对农工党中央的这一提案非常重视，将其列为了2012年的重点督办调研提案。2012年3月底，全国"两会"刚刚闭幕，全国政协提案委的同志便打来电话，一方面是邀请农工党中央参政议政部的同志作为提案单位代表参加全国政协提案委组织的重点提案调研组；另一方面是希望农工党中央能与全国政协提案委合作，邀请部分城市规划方面的专家学者共同参与此次调研活动。2012年4月23日至27日，全国政协组成了部分全国政协委员、提案单位以及国家发改委、民政部、财政部、国土资源部、住房和城乡建设部、国务院政策研究室等部委的领导和有关专家共同参与的调研组，由全国政协副主席陈宗兴同志带队到陕西进行了为期五天的专题调研。

按陕西省颁布的发展规划，西咸新区主体部分在西安和咸阳之间的隔离地带，又涉及到西安、咸阳的一部分行政区域，总规划882平方公里，是西北地区土地最为宽阔和肥沃的一块宝地，自古是西北最大的粮仓。对西咸的问题，已经不是要不要发展的问题，而是必然会快速发展，该如何协调有序、科学发展的问题。陕西的领导者将这个问题当成了发展的机遇，随着全国主体功能区涉及西咸新区三个文件的发布，陕西省也适时颁布了《西咸新区总体规划》，宣布正式对西咸新区开发建设，计划将西安和咸阳的结合部打造成为一个田园城市，并表示将在创新城市发展方式上作出努力，为国家城市化发展走出一条创新之路。在前期的调研中，调研组比较详细地研究了西安国际化大都市发展的必要性和必然性，也对西咸新区的发展进行了充分肯定，然而随着全国政协调研组的继续深入调研，也暴露出了一些问题。可以概括为四句话：西咸的合法定位、田园的甜美诱惑、科技的优势转化、文化的传承保护。即要使得西咸的地域划分，城市规划与原来西安和咸阳的地域和城市规划不形成冲突；要切实开展农村集体建设用地流转制度改革试点，创建集体农用地流转补偿机制，让农民带着田地进城；要把独特的科技创新优势与促进经济发展更好地结合起来，推进科学研究与高等教育结合、科研机构与企业结合、科技与金融结合、军工与民用结合；要进一步将历史文化与生态保护相结合，以保护促开发，以开发促传承，以传承显特色，提升城市历史文化潜在的价值。

四个问题，实际上前两个是定位和创新的问题，后两个是如何利用和发挥西咸自身特点的问题。西咸的发展，首先需要陕西省与国家相关部委进一步做好沟通，争取早日明确西安国际化大都市和西咸新区的定位。在法律层面上确定和落实其行政区域及领导机构，做好短期、中期及长期城市发展规划；第二是要进一步明确创新城市发展的内涵，如生态保护指标、金融制度创新等等，尤其是涉及到农村土地制度的问题要敢于承担历史责任，如果不敢担当、没有一点牺牲精神，就谈不上改革创新；第三是要最大化地发挥好本地科技资源优势，创建高新技术为先导的产业发展新机制、新方式、新业态，采取集群式、耦合式跨产业循环经济链条的方法，加快发展现代农业，构建以战略性新型产业、现代制造业、现代服务业和现代都市农业为主体的现代产业体系，以产业布局合理高效、产业发展创新驱动，实现产业形态高端攀升；第四是要以历史的眼光看待历史，西咸境内历史文化遗址遗迹丰富，对待历史文化保护与传承，必须具备历史的眼光，不能只顾当前经济发展需求，盲目规划和开发利用。

为更加扎实地起草好调研报告，全国政协提案委又多次组织调研组全体成员召开了调研报告修改研讨会议，最终在农工党中央提案的基础上又提出了四点建议：一是建议国务院批准西咸新区为国家创新城市发展方式试验区；二是建议国务院赋予西咸新区在城乡一体化发展、科技和文化体制改革、社会管理和行政管理体制改革等方面先行先试的权利；三是建议国家在科研和尖端技术等重大战略布局上向西咸新区倾斜，在规划、土地、金融等方面给予政策上的支持；四是建议陕西省委、省政府在西咸新区建设上严格控制规划建设用地，避免“摊大饼”变为“分散摊更大的饼”，真正实现“大开大合”。2012 年 7 月底，中共中央领导同志专门就该调研报告作出重要批示。

熊　凤　农工党中央参政议政部调研处主任科员

中国致公党参政议政案例

一、建言加快和深化职业教育改革

职业教育是整个国民教育的重要组成部分，国家中长期教育规划对此提出了明确的发展目标。但是职业教育在针对性和需求性等方面与普通学历教育有很大的不同，职业教育的发展仍存在许多复杂的矛盾和困难。

致公党中央历来关注职业教育，在查阅有关省市材料的基础上，2012 年 2 月组成调研组由全国人大常委、致公党中央副主席严以新带队，赴四川省和江苏省的成都、无锡、南通等地考察了中等和高等职业学校情况，召开了由各级政府、职能部门、职业学校校长、教师、以及学生和家长参加的座谈会。在充分调研的基础上，调研组撰写了《关于加快和深化职业教育改革的建议》，针对调研中发现的问题提出建议：

第一，努力改善办学条件。

一是落实教学经费和教师编制。近年来，虽然职业教育经费不断增加，但中等职业教育经费占预算内教育经费的比例不断下降。如 1997 年，中职占预算内教育经费的比例为 11.5%, 2009 年，这一比例降为 7.2%；再如，2001 年，中职与普高的学生平均预算比为 2.53∶1, 而到了 2010 年，这一比例降低为 1.53∶1。而实际上职业教育要培养学生动手能力，所需经费应更多。此外，1996 年，国家就要求各地制定职业学校的生均标准，但至今只有 7 个省制定了这一标准。另外，在教师编制方面，现在大多数地区都达不到 1∶20 的师生比，而且越是相对贫穷落后的地方差距越大，西部地区整体超过 1∶30。为此，应该切实落实《职业教育法》以及相关规定，在保证教育经费支出占 GDP 总值的 4% 编制预算的同时，使这 4% 的分配更加合理，加大对职业教育的支持力度。

二是扩大职业教育免除学费的范围、提高学生生活费补助标准。扩大中职生的免学费范围是吸引初中毕业生报考职业学校的有效办法。从逐步实行农村生源免学费，扩展到免学费的全覆盖。另外，应增加学生的生活补助，从每年 1500 元增加到 3000 元，使每个学生每天有 10 元的生活费。因为中职学生的主体来自于农村和城市的低收入家庭，资助中职学生生活费、扩大免学费范围，有利于改善低收入家庭民生，增强职业教育的吸引力。

三是制定和落实达标工程、鼓励和扶持示范校和重点校建设。按照教育部现有的规定，职业学校至少半数达不到标准，很多农村以及西部地区的职业学校严重缺少教学设备，更缺乏继续发展的资金。对于国家确定的连片贫困地区、西部民族地区、边境地区的县级职业学校，以及招收这些地区学生的地市职业学校，中央财政应设置专项扶持经费。对职业学校建设达不到教育部《中等职业学校设置标准》的地方，要通过对职业教育的督导评估，实现每个县（市、区）至少有一所达标的职业学校，鼓励有条件的地方创建示范校和重点校。

第二，加快双师型教师队伍的建设。

双师型教师队伍建设普遍存在的突出问题，一是教师资格，二是教师待遇。

从整体和长远发展来讲，必须设立一批培养职业教育双师型教师的高等院校；一是可以在一般或工科高校选择若干学科，增设适应双师型人才需要的专门课程和培养目标。毕业生可以同时获得普通学历证书和职业教育双师型学历证书。二是可以根据职业学校对双师型教师的需求，对相关专业的工科类高校毕业生，进行半年至一年的职业教育师资培训，使其获得教师资格，解决职业教育师资紧缺问题。

在还不能稳定和充分提供双师型人才的较长时期内，可以采取两个过渡办法：一是对于有实际技能并愿意从事职业教育的企业人员，在其转为职业学校在编教师的时候应放宽学历、职称等资格条件；二是由政府支付或补贴外聘教师的薪酬，以及帮助解决在校教师的双师型培训并给予经费支持。

第三，建立促进校企合作的机制。

校企合作不仅符合职业教育的一般规律和需要，也是办好职业教育的重要方式。但是，由于缺少法律规范和政策制度，现在校企合作的普遍情况是靠人际关系维持，亟待建立相应的规范机制。

一要明确规定企业对职业教育的义务；以各种方式宣传包括企业在内社会各方面支持职业教育的意义，努力树立这种支持的责任心和荣誉感。

二要明确政府对校企合作的责任，各级政府都应制定促进校企合作的办法。

三要制定优惠办法，包括为参加实施校企合作的企业减免税收、享受一定的优惠政策、政府对进校授课的企业人员给予补贴、扶持职业学校自己办企业等。

第四，加快涉农职教办学的改革。

涉农职业教育的生源萎缩是一个普遍现象，即使报考了涉农业专业，绝大多数也不会回到农村就业。事实上，真正需要现代农业知识和技能的人是已经或只能留在农村务农的群体，他们应该成为现在涉农职业教育的主要对象。

一是学制和学历改革。涉农职业学校可以在保留三年学制的同时，大大增加短期和专项的培训。学校的教学体系和相关课程既要面向当地的农业生产特点和需要，更要着重现代农业知识和技能的普及和提高；学生可以根据自己的需要多次参加各种培训。短期培训可以根据实际情况设置并核发相应的结业证书，其资质和效用应与行业或工种等级的资格证书相同。对学生都不作年龄限制。

二是规范办学和自主办学。对于接受全日制涉农专业学历教育的在乡农民，按国家现有政策享受免学费和助学金政策。对于非全日制接受涉农专业学历教育的在乡农民，要严格审核涉农职业学校相应专业是否具备与招生规模相适应的教学和实习实践条件；要实行学分认定和宽进严出的考核办法，保证中职学历教育的基本质量；此外财政部、教育部共同研究制定在乡农民非全日制学习中职涉农专业的免学费和助学金政策，为农业现代化和社会主义新农村建设培养大批“留得住”、“用得上”的农村实用人才和新型职业农民。在涉农职业教育方面，要给学校更多的办学自主权，尤其是鼓励和支持创制更加灵活的教学方式；在校企合作方面，要鼓励涉农职校探索多种办法，包括与农村合作组织、甚至农户的合作方式。

第五，正确把握职业教育的战略性发展。

相关法规和教育规划都说职业教育是整个国民教育的重要组成部分，但是在具体做法上，一方面对职业教育特点的认识首先是以它在知识和学术上低于普通教育为前提的，另一方面，职业学校许多重要的、甚至基本的办学体制并不健全，只是说参照普通学校执行。这不仅是对职业教育的歧视，而且是整个教育认识上的误区。

应加快修订《职业教育法》。《职业教育法》自 1996 年出台以来，已有 16 年，有些地方已不适用于时代的要求，全国人大应加快修订《职业教育法》的进程，确保职业教育健康持续地发展。

应理顺职业教育的管理体制。目前教育部、人社部以及行业协会等的多头管理，加重了学生负担，浪费了行政资源，直接影响到职业教育资源的整合和职业教育发展，应坚持各级教育部门对教育的统筹规划和管理，有关部门支持配合的原则，从法律层面、部门职能分工上解决此问题。

应构建科学的职业教育体系。从目前的学制上看，中等和高等职业教育的衔接不够顺畅，职高和普通高中的学历等同，可以考大学，采取“知识加技能”的考试方法，扩大中职毕业生升大学的比例；高职和普通高校的学历等同，可以考硕士研究生和公务员；制定高职设置应用本科以及硕士和博士学位专业授权点等办法。同时加强职业教育的继续教育，为职业教育毕业生后续发展拓展通道。

应努力发挥地方和学校的主体作用。由于地区差异和发展不平衡，各地在职业教育方面存在的问题和改革的要求很不一样。各种差异和不同需求的解决路径，就是鼓励创新实验，扩大地方的自主权限。事实上，教育部及四川、江苏都制定了创新或改革方案，目前需要的是在国家层面认可并出台地方对职教分类改革和创新的指导性政策，主要内容包括职教专业设置、教师编制的增扩、教师培训提高、外聘教师的资格门槛以及教学培养方向和学制（尤其是涉农专业）等，并制定相应的实施细则。

建议上报中共中央、国务院后，获得了中央领导的重要批示。

二、建言优化农村金融组织，促进农业与农村发展

农村金融发展对“十二五”时期中国农村经济健康成长至关重要。2012 年致公党中央组成“农村金融发展”调研组，由全国人大常委、华侨委副主任、致公党中央副主席杨邦杰，全国人大常委、致公党中央副主席严以新带队，3 月中下旬先后赴冀苏皖等地进行了实地调研。调研组认为，当前我国农村金融改革发展的整体态势可概括为“政策有要求、农民有需求、农村金融供不应求”，但同时也呈现出农村金融服务功能整体弱化、政策性农村金融机构支农力度不足、以村镇银行和小贷公司为主的新型金融机构发展初

期困难较多等问题。在充分调研、反复论证的基础上，调研组形成《关于优化农村金融组织，促进农业与农村发展的建议》，建议提出：

第一，完善中国农村金融发展的宏观政策。

完善监管体系，切实加强政策扶持。建议人行总行和银监会对各类商业银行和地方性金融机构在服务“三农”的范围、内容、标准和考核及补贴方面制定指导性规范。将财政惠农资金与新型农村金融组织发展相结合，将支农资金按比例存入专户，用于增加村镇银行、小贷公司和信用担保公司注册资本金；对农村商业银行、邮储银行、村镇银行和小贷公司涉农贷款业务营业税减半。

创新适应三农发展的金融服务产品、信贷模式和担保方式。尽快出台《征信管理条例》；大力发展财政资助的担保机构，鼓励农村专业合作社和涉农企业牵头成立担保公司和风险补偿基金；开展农村承包地、林地和宅基地等“三块地”的使用权、农民专业合作社及骨干成员的有效资产及合法权益抵押贷款业务，有效解决农民抵押难题。

第二，发挥农村商业银行为主的合作金融的主导作用。

继续推进农村信用社深化改革，保持县域法人地位稳定，增强支农服务功能。

一是加大金融创新力度。改进业务流程，方便农民贷款；不断创新农村金融产品和服务方式，重点做好小额信贷推广工作。

二是大力提高金融服务覆盖面。着力完善网点布局，逐步在所有乡镇设立固定营业网点；着力布设 ATM 机和 POS 机等自助设备，早日实现农村金融服务“全覆盖”。

三是增加对农商行的政策扶持。继续享受与农村信用社一样的存款准备金率；对农商行涉农贷款提高存贷比；省级财政加大对农商行涉农贷款补贴标准。

第三，重视中国邮储银行服务三农的特殊地位，发挥其生力军作用。

真正全面落实银监会对邮储银行的市场定位。充分发挥其网络优势，以零售业务和中间业务为主，为农民提供基础性金融服务，与其他商业银行形成良好互补关系。

利用其资金和网点优势，加大产品创新。重点发展农村小额信贷业务，开办小额质押贷款、小额担保贷款、个人商务贷款、小企业生产贷款业务。

第四，积极发展村镇银行，充分发挥在农村金融中的辅助作用。

鼓励村镇银行发展分支业务网点。加快审批时间，防止简单复制，严格控制区域布局，总部限制在县城范围，分支网点限制在乡镇区域。

在财税政策和业务监管方面加强对村镇银行的扶持。新成立村镇银行可享受三年减免营业税和企业所得税的优惠政策；根据其资产质量、流动性和风险可控性，地方银监局可适度提高存贷比；降低银联入网费，符合条件的可纳入人民银行征信管理系统。

第五，发展农村小额贷款公司，发挥其特殊的金融支持作用。

尽快明确小额贷款公司的性质地位。给予小贷公司财政和税收优惠政策扶持；放开开办指标限制，放宽准入门槛；规范精英操守，防止过度逐利，鼓励符合条件的农村小额贷款公司转制为村镇银行。

根据小贷公司经营业绩和规范程度，分类制定和提高融资比例。可考虑设立 100%、150% 和 200% 三个标准，满足业务发展需要。

强化监管防范风险。建立省、市、县（区）三级一体化监管体系；实行分类监管制度，建立退出机制；鼓励成立农村小贷协会，强化行业自律。

第六，规范扶持农民（农村）资金互助社发展，加快互助金融建设。

明确其法律地位和监管模式。初级发展阶段称为农民资金互助社，由地方县（区）级政府农村管理部门直接审批，民政部门登记，限制在村级开展互助业务；待发展成熟后可升级为农村资金互助社，改为县（区）级金融局（办）审批、工商部门注册的区域性准金融组织，限制在乡镇开展互助业务，防止非法集资和高利贷。

完善风险防范机制。尽快制定统一的市（县）一级的发展政策和管理规定；强化资金互助社的资金监管。

强化政策扶持，创新服务范围。加大税收扶持力度，对五万元以下小额投放免征所得税；逐步拓宽互助社服务领域；加快农村金融人才队伍建设。

《关于优化农村金融组织，促进农业与农村发展的建议》上报中共中央、国务院后，得到了领导重要批示。

三、促进环首都区域水资源保护与协调发展

2012 年 4 月 9 日至 12 日，全国人大常委、华侨委副主任、致公党中央副主席杨邦杰，全国人大常委、致公党中央副主席严以新率领致公党中央调研组赴河北承德、张家口等地就“京津冀区域水资源协调发展”问题进行调研。调研组认为，环首都水源涵养区生态保护和功能维护对于首都乃至东亚国家的生态安全极为重要。但这一区域经济发展落后，亟须建立长效生态补偿机制，以确保该区域社会经济可持续发展、生态服务功能长期稳定。

为此，调研组形成了《关于环首都区域水资源保护与协调发展的对策与建议》，提出建议如下：

第一，设立国务院环首都区域环境与发展机构，统筹协调环首都资源与环境配置。

国务院环首都区域环境与发展协调机构是国家综合协调的高级平台，其主要职责是：研究和审定环首都区域资源能源开发、水源涵养、生态环境保护和产业发展规划，制定改善环首都区域生态环境、确保首都生态安全的重大经济政策和措施，组织协调区域内重大环境与发展行动和生态工程建设，统一协调区域内资源配置和经济社会发展。该机构可由国务院发改委、财政部、环保部、水利部、农业部和国务院办公厅等有关部门，北京市、河北省等省市政府领导以及有关高级专家组成。

第二，建立环首都水资源生态补偿区，设立水源涵养专项基金。

开展环首都水源涵养区生态服务功能评估，划定生态保护红线，确立不同等级的生态保护范围。依据生态红线划定范围和保护严格程度，建立水资源生态补偿区和补偿等级。设立环首都水源涵养专项基金，由财政部与北京市、河北省以及山西省、内蒙古自治区共同设立水资源补偿专项基金。专项基金由两部分组成：一是中央财政资金；二是环首都区域受益方出资。

生态补偿以提供的水资源量和提供的生态服务为基础计算。在开展初始水权分配的基础上，对于上游超额下泄水量以及集中向下游输水应予以高标准付费，下游对上游提供的综合生态服务应合并予以补偿；对于跨界断面水质不达标的，上游地区应向下游地

区作赔偿。建立“奖优罚劣”的渐进式补偿机制，以充分体现区域生态公平。

第三，实施环首都水源涵养区促进扶贫、支持重要生态功能区生态功能保护的特殊财政支持机制。

环首都周边的贫困是导致水源涵养区生态环境恶化的重要原因。因此国家应该实施环首都水源涵养区促进扶贫、支持重要生态功能区生态功能保护的特殊财政支持机制。在国务院批发的《全国主体功能区划》中,环首都很多市县都被划进“限制开发区”和“禁止开发区”范围。因此，国家可借助生态功能区财政补助政策，在环首都水源涵养区内实施特殊的财政支持，将中央扶贫和生态功能保护统筹考虑，建立特殊的财政支持机制，加大产业转移力度，提升水源涵养、防风固沙等生态服务功能。同时积极探索发挥市场在资源配置中的有效作用，推动社会各方资金投入到生态建设之中。

第四，统筹现有各种规划，制定统一的环首都水资源区域协调规划。

目前，涉及环首都水源涵养区的规划既有国家层面的规划、也有地方与地方相互间制定的规划，还有各地区自己制定的规划。一方面，涵养区内的市县执行规划时常常相互重叠，不能集中力量充分发挥有限资金的作用；另一方面，规划的权威性不够，很多规划执行不到位。因此，应由国务院相关部委牵头，制定统一的环首都水资源保护规划。《21 世纪首都水资源可持续利用规划》(以下简称《首水规划》) 是目前执行较好的国家层面的规划，可以该规划为基础，由国务院委托有关部门，联合北京、天津、河北、山西和内蒙古共同制定一部新的规划，作为《首水规划》的完善和延续，促进环首都水资源保护有关的生态保护、产业结构调整、资金补偿等行动计划的统一协调。

第五，深化合作机制，推动建立环首都一体化政策体系。

在植树造林、水资源输送、“稻改旱”工程等方面加大京外地区的补偿标准。同时，需加大区域产业转移的政策支持力度，深化京津与河北、山西和内蒙古的合作机制，促进绿色产业发展。通过土地流转、税收优惠等政策，鼓励水源涵养区市县承接北京的卫星城和产业园区；加强北京在生产性服务业、科技信息、市场流通、人才资源、高新技术等方面对上游省区的辐射，使水源涵养区内市县逐步形成自我发展的良性机制。

通过调任、转任、挂职锻炼等形式，建立以任期制为核心的上下游行政区干部交流制度。加强干部对区域整体水资源和生态状况的理解，促进建立流域生态整体观，同时，通过干部交流机制，深化区域合作，以人力资源带动资金、项目、产品等资源的融通互补。

《关于环首都区域水资源保护与协调发展的对策与建议》上报中共中央、国务院后，得到了领导重要批示。

四、推进陕甘宁革命老区振兴与可持续发展

陕甘宁革命老区为新中国的建立作出了巨大的牺牲和不可磨灭的贡献，同时老区也是我国能源和矿产等资源富集的一块宝地。贯彻实施好《陕甘宁革命老区振兴规划》，对改变老区面貌，促进西部大开发，以及保障国家战略能源安全具有特殊的政治意义和全局性意义。

2012 年 5 月 22 日至 26 日，全国人大常委、全国人大华侨委副主任、致公党中央副主席杨邦杰，全国人大常委、致公党中央副主席严以新率致公党中央调研组就“推进陕

甘宁革命老区振兴与可持续发展”赴甘肃省的庆阳市和陕西省的延安市、榆林市等地调研。

通过调研了解到，陕甘宁革命老区文化底蕴深厚，区位条件独特，但基础设施落后，制约明显；生态地位重要，但植被稀少，水土流失严重，生态环境整体上十分脆弱；能源富集，但发展粗放，集聚度低，结构单一；区域发展不平衡，仍是全国最贫困的地区之一。随着《规划》的推进和实施，六类矛盾相对突出，即：资源富集与整体贫困的矛盾、资源开发贡献与地方收益的矛盾、产业开发与基础保障滞后的矛盾、资源开发与生态环境保护的矛盾、企业经营区块计划配置与可持续发展的矛盾、《规划》实施亟须深入推进与整体工作机制缺乏的矛盾。据此，调研组精心形成了《关于推进陕甘宁革命老区振兴与可持续发展的建议》，具体建议内容如下：

第一，完善工作机制，促进《规划》贯彻落实。

协调出台由三省区政府担任轮值主席、各省区相关部门和市县为成员的联席会议制度，以协调解决《规划》实施中的共性问题，部署开展日常工作。

第二，推进黄土高原生态文明示范区建设。

一是完善生态环境补偿机制。选择有代表性的地区（如庆阳）设立试验区，建立资源开发区生态补偿机制，在石油、煤炭、天然气开发中计价征收生态环境补偿费。二是优先支持水资源开发利用和保护。以水资源可用总量来规划产业发展的方向和规模，充分考虑生态环境的承载力。三是合理分配主要污染物减排指标。充分考虑陕甘宁革命老区作为落后地区以及国家级能源化工基地的实际和潜在的发展空间，优化国土空间开发格局，实施资源环境战略性保护，推动经济发展方式的战略性转变，以环境保护优化经济发展，确保生态功能不退化、水土资源不超载、污染物排放总量不突破、环境准入不降低。

第三，完善资源开发税费政策。

一是深化资源产品价格与资源税费配套综合改革，扩大资源税从价计征范围，解决税价背离问题，并将陕甘宁革命老区列为煤炭资源税从价计征试点区。二是改革企业所得税“统一汇总”缴纳制，对大型企业设立在老区的下属企业，实行企业法人属地注册登记，属地纳税，改变企业所得税跨区域转移的不合理现状。三是调整西部大开发税收优惠政策实施办法。对跨区域设立而在西部从事资源深度开发转化的企业，仅对属地分支机构享受税费优惠政策；对从事转卖廉价资源谋利的，一律不得享受税费优惠。

第四，加快基础设施建设步伐，支持陕甘宁革命老区先行先试，为西部欠发达地区探索发展经验。

一是加大力度支持银西铁路建设，推动国家能源化工基地建设。二是将陕甘宁革命老区列为资源探采区块配置权改革试点区。对资源探采区块占据量大、集约开发程度低、履行社会责任差的资源开发企业，对其资源区块实行二次市场化配置，采取公开竞争的方式予以外划；对于多种资源重叠共储区块，进行综合勘探评价，打破“领地分割”界限，建立多家企业合作、科学有序探采、集约开发利用的机制，提高资源回采率和利用率。三是选择条件较好的地级市（如庆阳），在基本公共服务均等化、西部革命老区金融综合改革、重点技术研发和科技示范基地方面进行试点。四是给予陕甘宁革命老区重大项目与建设用地优先报批特惠权，在用地审批方面优先安排、特事特办，重大项目立项与建设用地预审整体同时核准，并适当下放能源化工生产项目建设用地的预审权限。同时，支持地方政府与国企共同出资成立能源开发股份制企业。

第五，强化企业尤其是大型央企的社会责任。

一是在区域内从事资源开发的大型企业应在主产区成立独立法人机构，带动当地经济社会发展。二是区域内的大型企业应实行属地化融资，支持当地金融业健康发展。三是大型央企要模范执行国家有关环境保护、生态补偿、税费征缴等政策，实现企业与地方的互利共赢。四是央企要充分发挥自身优势，对地方各项建设给予大力支持，努力构建和谐的地企关系。

第六，研究制定支持革命老区振兴发展的统一政策。

一是将陕北试点的成功经验推广到整个陕甘宁革命老区。即在当地取得资源探采权的公司，除上缴税收之外，还应向当地缴纳一定比例的费用，包括水利建设基金、矿产资源补偿费、水土流失补偿费和石油资源开发费等，用以当地民生改善和环境保护等事业。二是按照“全国一盘棋，项目差异化，政策统一化”的原则，研究出台全国统一的支持各革命老区振兴发展的政策，在税收、转移支付、扶贫开发等方面给予相同的扶持照顾。

《关于推进陕甘宁革命老区振兴与可持续发展的建议》上报中共中央、国务院后得到了中央领导的高度重视和批示。

五、推进资源型城市可持续发展

资源型城市作为我国社会经济建设重要的能源和原材料供应地，为我国经济健康、持续和快速的发展作出了突出贡献。但是,我国资源型城市发展目前面临着产业结构单一、产业结构不合理，城市经济基础比较薄弱、城市服务功能滞后，人才结构单一、就业矛盾突出，生态衰退和环境破坏严重等现象，可持续发展问题十分突出。由于对资源的过分依赖及资源的不可再生等特点，决定了资源型城市依赖资源发展的不可持续性，因此，若不适时调整产业结构，及时实施经济转型，资源型城市将会随着资源的枯竭而衰退。

资源型城市转型是一个系统工程，需要通过对产业、城市、生态和民生等四个主要因素的综合治理，才能达到应有的效果，参考国外资源型城市的发展经验，转型需要长期持续的积累才能成功。2012 年 9 月，为纪念可持续发展在中国实施 20 周年，致公党中央与湖北省人民政府在湖北省黄石市以资源枯竭型城市转型发展为题举办中国发展论坛，邀请相关专家展开研讨，并在一些城市进行典型调查。综合各方意见，致公党中央撰写了《关于推进资源型城市可持续发展的建议》，对稳步推进资源型城市可持续发展建议如下：

第一，因时、因地制宜，不同发展周期、不同资源类型的城市应选择不同转型路径。

处于生命周期不同发展阶段的资源型城市，其转型的路径选择会有所差别，而资源型城市根据自身特点对待各转型要素的转型尝试也各不相同。资源型城市科学地选择适合自身的转型路径，有利于其实现较快平稳地发展，达到转型目的。第一，从发展周期角度看，资源型城市分为兴起期、繁荣期和衰退期。处于不同发展阶段的城市，由于其面临的困难程度不同，其所能选择的转型路径也会随着自身情况的变化而变化。第二，从开采的资源类型角度看，资源价值和属性不同，其城市的产业发展、城市建设和生态破坏特征都有差别，导致了不同的城市转型路径的不同选择。第三，高效利用资源，提倡开源节流与因地制宜并重。转变传统的开采和发展模式，缓解资源矛盾，并逐步解决城市发展过程中带来的一系列环境恶化问题。

第二，发挥企业在资源型城市转型发展中的主体作用。

资源型城市可持续发展中要注重发挥企业的主体作用，明确资源开采企业责任，学习和借鉴国外资源型城市转型的成功经验，在规划资源开采之初，综合考虑，合理统筹资源开采、循环利用、生态恢复等全部环节，在开采过程中要尽量避免和防止对环境生态造成不可逆的污染。要制定法规在开启新矿坑、巷道的同时，对废弃的矿坑、巷道进行生态恢复，避免"矿息城衰"的恶性循环。

第三，以产业园区循环化改造作为推进资源型城市可持续发展的重要手段。

一是将资源型城市的产业园区循环化改造列为我国生态文明建设的一项重要内容。二是将资源型城市的园区循环化改造纳入国家园区循环化改造示范试点。在生态文明建设的重要时期，国家高度重视园区的循环化改造，中央财政安排了循环经济发展的专项资金，用于支持园区循环化改造示范试点。国家应出台相关政策鼓励资源型城市尤其是资源枯竭型城市重视城市园区循环化改造，把园区循环化改造作为转变发展方式、实现园区绿色低碳循环发展的重要抓手，统筹规划。园区所在地政府应结合本地区资源环境、产业发展现状及园区特点，确定园区循环化改造的具体目标和任务，进而全面推进城市的可持续发展。

第四，依靠科技创新，加快产业转型，发展新兴产业。

一是要依靠科技创新，加大产业链的延伸力度，发展接续产业，扩展资源型产品的加工深度，使产业链向高端延伸，提高产品附加值。二是制定税收等方面的鼓励政策，改造传统工业，发展新兴产业。选择适合当地资源禀赋且有市场前景的产业，促进新产业的建立和发展，形成不依赖资源的新兴产业群，从而达到转型目的。三是扶持接续替代产业发展。国家应在重大基础设施建设、重点项目安排上给予资源型城市优先考虑。设立资源型城市接续替代产业发展引导资金，集中扶持资源型城市发展一批能充分吸纳就业、资源综合利用和生态环境修复、发展接续替代产业的项目，主要用于对中央预算内资金补助项目的配套资金和省级支持项目的投资补助。

第五，把保障和改善民生作为资源型城市转型的出发点和落脚点。

一是协调解决好产业发展和环境整治的关系，完善矿山环境治理及土地复垦保证金制度，建立健全可持续发展准备金制度，降低生态环境保护成本。科学合理利用、配置水资源。加大矿山地质灾害的研究与治理力度。同时要促进节能减排，控制工业"三废"，推动循环经济发展，实现资源的综合利用，推广清洁生产技术，将经济增长、社会效益和环境保护统一起来，兼顾经济效益与注重环境保护并重，创造宜居环境。二是完善社会保障体系，加强转岗技能培训和再就业安置工作。根据城市产业发展的需求和个人自愿，开展有针对性的职业技能培训。通过提供创业支持和优惠政策，鼓励转型人员个人创业和自谋职业，形成良好的个人创业环境和氛围。

《关于推进资源型城市可持续发展的建议》上报中共中央、国务院后得到了中央领导的高度重视和批示。

董巍伟　致公党中央参政议政部主任科员

九三学社参政议政案例

一、关注统筹城乡发展问题，促进新型农村社区建设

九三学社长期关注统筹城乡发展问题。近年来，九三学社中央主席韩启德多次率队深入成都、重庆、陕西和河南等地农村调研，并要求九三学社各级组织围绕城乡统筹问题深入调研，建言献策。2012 年 5 月上旬，九三学社中央副主席赖明率调研组赴河南省就“新型农村社区建设”问题进行了调研。期间，调研组听取了河南省及有关城市政府的情况介绍，考察了安阳市、鹤壁市、济源市、新乡市、平顶山市相关的二十余个新型农村社区项目，并召开了五次专题座谈会交流城乡统筹和新型农村社区建设的情况。2012 年 5 月底，九三学社第十二届中央常务委员会第十九次会议决定动员全社力量共同围绕“新型农村社区建设”这一课题开展参政议政工作，并将其作为整合全社力量的一项重要手段。

2012 年 6 月中旬，全国人大常委会副委员长、九三学社中央主席韩启德带领调研组前往河南，就“统筹城乡发展与新型农村社区建设”进行专题调研。期间，调研组听取了河南省及有关城市政府的情况介绍，考察了鹤壁市王庄镇中鹤社区等相关的新型农村社区项目，并召开了两次专题座谈会交流城乡统筹和新型农村社区建设的情况。

九三学社在调研中发现，2010 年，河南省明确了新型农村社区概念，并将其提升到统筹城乡发展和新型城镇化的高度，各地结合当地实际开展积极探索，取得了很好的成效，也深受农民的欢迎。2011 年，中原经济区上升为国家战略，为河南持续、拓展、延伸、深化这项重要改革、探索粮食主产区协调发展带来了难得机遇。2011 年 9 月，河南在省第九次党代会上将贯彻落实《国务院关于支持河南加快建设中原经济区的指导意见》与立足河南实际紧密结合，对中原经济区建设作了全面部署，提出坚持“两不三新”，以大中小城市、小城镇、新型农村社区协调发展、互促共进的新型城镇化，引领“三化”协调科学发展；着力增强新型农村社区战略基点作用，按照“分类指导、科学规划、群众自愿、就业为本、量力而行、尽力而为”的原则，因地制宜地积极推进。在各级党委、政府的努力下和各方力量的支持下，河南在建新型农村社区达 2302 个，已初步建成 500 个左右。按照规划目标，2015 年，将完成 35% 的新型农村社区建设；2020 年，完成率将达到 80%。

通过调研，九三学社中央认为河南在新型农村社区建设中的以下几点做法值得关注：

第一，高度重视规划的龙头作用。河南要求各地在新型农村社区规划建设工作中，

按照县域村镇体系规划、产业发展规划、土地利用总体规划、社区建设规划“四规合一”的要求，根据各地的地形地貌、产业基础、生态环境、交通条件和文化传承等因素编制规划、确定社区规模，将保民生、可持续发展的理念贯穿其中。例如，平顶山按照“科学规划、适度规模、产业为基、完善设施、注重特色、生态宜居”的原则，统筹编制农村经济发展规划和新型农村社区建设规划；南阳将农村社区规划与扶贫搬迁、移民安置、危房改造和环境整治等紧密结合，打造宜居社区，等等。

第二，强化产业支撑。大力推进农业产业化经营与产业集聚区构建，加强特色产业发展和特色工业园建设，积极拓展社区居民就业，保证社区农民“稳得住、能致富”。例如，洛阳要求社区建设规划必须与产业规划配套，确保每个新型社区周边都有产业、入住社区的每个家庭至少一人有稳定收入；新乡要求每个市级示范社区至少成立一个农民专业合作社，形成“一区一业”产业布局，规划建设 27 个产业集聚区和 19 个农民创业园，可吸纳 65.5 万农民就业。据统计，河南已规划建设了 180 个产业集聚区，2011 年规模以上工业主营收入已占全省工业总收入的 41.8%，成为转移农民就业的主渠道和县域经济的重要增长极。

第三，注重改善民生。河南把新型农村社区作为城镇基础设施向下延伸和基本公共服务均等化的载体，努力实现“六通六有两集中”。例如，济源在加强社区交通、水电等基础建设的同时，注重推动网络入户、清洁能源使用，建立了一个社区至少配备十项标准化公共服务设施的“1+10”社区服务模式；鹤壁浚县新镇保证农民入住社区的同时，享受城市户口、养老保险、城镇医疗保险等市民待遇，困难群众享受城市低保，社区农民生活水平大幅提升。

第四，多渠道筹措资金。通过整合涉农资金、城乡建设用地增减挂钩、吸引社会资本投资等方式支持新型农村社区建设。如安阳整合社区建设投入，通过“政府引导、市场运作、多方投入、上下联动”的运作机制，各职能部门将各项涉农资金按“渠道不乱，用途不变，各司其职，各负其责，各记其功”的办法，统筹安排，捆绑使用。同时搭建融资平台，鼓励社会力量通过投资、捐助等多种方式参与社区建设，有效地缓解了资金压力。

第五，切实维护农民权益。在新型农村社区建设的时间、地点、方式，以及入住、治理等方面尊重农民意愿，保障农民知情权、参与权、监督权和决策权。例如，在全省要求社区规划建设落实“四议两公开”，经村民大会或村代表会 2/3 以上成员同意方可实施，部分地区要求 1/2 以上农户签订同意协议后方可启动建设；鹤壁以“两尊重”、“三不”为基本理念，采用“4+2”工作法和“一事一议”工作制度，让群众自主建设新型社区，深受农民拥护。

通过调研，九三学社中央深切感到，新型农村社区建设符合科学发展观的要求，适应了农村生产方式变化的需要，对于解决“三农”问题，扩大内需，调整经济结构，转变发展方式，全面建设小康社会具有重要的意义。

九三学社中央认为，当前，河南等地通过源自基层的新型农村社区建设实践，正在探索一条大中小城市和小城镇协调发展、城镇化与新农村建设双轮驱动的城镇化发展道路，可以说是继家庭联产承包责任制之后，又一次触动农村生产方式、生活方式和社会结构的历史性变革，也是一场更为深刻、更为艰巨的改革。为了推动这一工作，2012 年 8 月，九三学社中央向中共中央、国务院报送了《关于建设新型农村社区推进城乡统筹的调研报告》，提出以下建议：

第一，立足长远，做好国家层面的战略规划。尽管各地在新型农村社区建设中展现出极高的热情和丰富的创造力，但普遍缺少清晰的远景目标，对一些全局性、长期性问题认识不足，影响了规划建设的前瞻性。为此建议，应从国家战略的高度对新型农村社区建设予以重视，将其纳入新型城镇化体系统筹规划，整体定位于城镇与农村的过渡，出台指导意见和相关配套政策，明确发展的方向、途径、目标和重点等，既不能“走一步算一步再看一步”，也不能大干快上“搞运动”，求一步到位和一切标准向城市看齐。一是尽快对未来我国人口结构、分布、劳动力数量及素质等指标变化的趋势、强度和时间窗口进行研究和预测，为城镇体系和产业的科学布局提供前瞻性指导。二是根据各地资源禀赋、生态环境等自然条件与变化趋势，对新型农村社区建设加强指导。三是强化对历史文化资源和特色风貌的保护传承。四是明确新型农村社区建设的长期性和艰巨性，凝聚共识，循序渐进。

第二，发展现代农业，确保国家粮食安全。保障国家粮食安全，是粮食主产区“三化”协调和建设新型农村社区的首要前提。为此建议，一是通过法规强化土地流转用途的硬性管制，确保基本农田数量和质量；完善粮食补贴政策，加大对种粮大户、合作社等主体的补贴力度。二是加快建立耕地质量标准体系，对拟复垦土地评估定级。适于复垦的，应按标准进行复垦并加大监督力度；难以复垦或复垦成本较高的，可因地制宜地发展设施农业。三是借助农业规模化经营的有利条件，加快构建资源环境实时监测和粮食预警预报系统，大力发展节水、节地、节肥、节能、环保的现代设施农业和循环农业，利用现代信息技术建设基层农技推广信息化平台。四是实行粮食调出奖励政策，由中央财政对粮食主产区向省外调拨、移库、集并原粮按量奖励，用于农业基础设施建设，增强粮食综合生产能力和防灾抗灾能力。

第三，推进土地制度改革，促进农民非农化、城镇化。我国达到 70% 的城镇化率目标后，将有 4 到 5 亿农民离开农村。防止“拉美陷阱”的关键，在于立足长远、转变方式、把握进度，逐步将富余农村劳动力从土地上释放出来，稳步地非农化、城镇化。新型农村社区建设使农民从农业向工业、服务业有序转移，并能享受土地流转的财产性收入，体现出亦工亦农、亦城亦乡特色，是城镇化的良好过渡。然而，现行土地制度还存在一些障碍。为此建议，一是将新型农村社区建设与土地制度改革相结合，推进宅基地、房屋确权颁证，开展流转、交易、抵押等方面的探索，构建新型农村社区建设用地统一平台。坚持“产权明晰、用途管制”和建立城乡统一土地市场的基本原则，在明晰土地产权、遵守土地利用规划和用途管制的基础上，逐步从城乡住房价差较小的中小城市放开市场，允许农村社区住房入市交易。二是修订《农村土地承包法》，制定集体经济组织成员资格认定标准。明确农村土地承包流转经营纠纷仲裁机构性质，将其工作经费列入财政预算；研究论证、提升推广成都等地新型农村基层治理机制成功经验，构建基层土地矛盾调解机制。同时，土地流转必须考虑老幼妇孺等特殊群体对土地的依赖，对人均承包地低于基本口粮保障面积且没有稳定收入的社区农户加大保障、就业扶助力度。三是为新型农村社区建设打通制度障碍。修订法律法规，允许开展新型农村社区建设的地区，不必通过征收途径即可跨村组使用集体土地建设住宅；结合新型农村社区建设的实际情况，适当延长“土地增减挂钩”周转用地时限。

第四，加快财税体制改革。据各地反映，新型农村社区建设普遍面临资金难题。为此建议，一是加大中央对粮食主产区一般性、均衡性转移支付比例，逐步清理归并各类涉农专项转移支付项目。同时，大幅度增加对农村公共设施建设的财政支持，这是当前和今后相当长时期都有效率和效益的投资方向。二是加强统筹协调，提高投入效率。将新型农村社区建设纳入支农惠农政策体系，在划定新型农村社区基础必建项目和必备公共服务的基础上，将涉农资金按省打包分配，强化市、县根据国家目标在整合和使用各类涉农资金上的自主权，并从各级财政预算编制、财政监督等方面确保建设资金落实到位；建立农村社区建设资金投入评估体系；在法律层面建立长效机制，保障新型农村社区建设中土地置换产生的增值收益大部分回馈农村。

第五，高度重视产业支撑。20 世纪 90 年代以来，乡镇企业在市场经济中的溃败直接导致了小城镇发展的停滞。同样，新型农村社区发展的前景，仍然取决于产业的布局、结构发展前景以及与社区的关系。为此建议，一是因地制宜作好产业规划和评估。规划必须符合国家产业结构调整方向和布局，应明确主导产业，因地制宜地培育企业集群。建立包括产业集聚关联情况、社区居民就业情况和收入水平等指标的评估体系，指导产业健康发展。二是将农产品深加工作为现阶段城镇化的主要突破口予以重点扶持。建议综合运用财政、税收、信贷、金融和保险等手段，建立专项扶持基金，特别加大对农民农产品深加工业创业的扶持力度；降低农产品深加工业的增值税税率；将农产品深加工产业纳入惠农政策范畴。三是稳妥推进大企业带动的社区建设。规划建设前应对企业的经营状况、发展前景进行审慎评估，对承担社区建设、带动居民就业的大企业给予长期税收减免等扶持政策。

第六，完善社区管理体制机制。新型农村社区究竟是城是乡，在当前社会管理体制下产生了一些实际问题。为此建议，一是着力探索构建社区自治管理和社区民主运行机制，提高基层组织整合资源和化解矛盾的能力，推动农村社区管理水平不断提高。二是加大面向新型农村社区社会保障、教育、医疗等方面投入，逐步推进城乡公共服务均等化。三是结合社区发展的水平、潜力，以及农民的个人意愿，决定其是否转入城镇户口和福利保障待遇接轨问题，避免“一刀切”。

第七，设立国家新型农村社区建设示范区。考虑到我国的基本国情，保障粮食安全是经济社会发展的根基，而作为粮食主产区的省份量大面广，积极稳妥地推进粮食主产区“三化”协调发展既十分紧迫又非常重要。鉴于河南省近年来在“三化”协调发展方面的大量实践，建议将其作为国家新型农村社区建设示范区，鼓励因地制宜地先试先行，为破解“三农”问题，全面建设小康社会进行更加深入的探索。

中共中央政治局、国务院有关领导高度重视九三学社中央报送的《关于建设新型农村社区推进城乡统筹的调研报告》，并作出重要批示。

二、推动政府将兴义市纳入《滇桂黔石漠化片区区域发展与扶贫攻坚规划》

九三学社自20个世纪80年代就开始关注大西南地区的经济社会发展。几十年来，九三学社始终“情系喀斯特”，带着对黔西南人民的深情厚谊，在帮助黔西南人民早日脱贫致富的道路上孜孜以求。2012年“两会”期间，贵州省的人大代表和政协委员反映黔西南州兴义市的石漠化问题比较突出，此事引起九三学社中央的高度关注。2012年4月底至5月初，全国政协副主席、九三学社中央副主席王志珍围绕“少数民族贫困地区经济发展与生态保护”这一主题率队专程赴贵州考察调研。

经过认真调研，九三学社中央了解到兴义市的石漠化问题确为严重，全市石漠化、潜在石漠化国土面积达50.9%，当地80%以上的贫困人口生活、劳作在石漠化或潜在石漠化地区。由于当地石漠化问题的突出和持续恶化，衍生出一系列经济社会问题，形成了一个“石漠化问题陷阱”。重要表现在以下几个方面：

一是石漠化状况制约着农业生产和农民生活。在兴义，受石漠化影响，当地生态环境的承载能力十分有限，农民的生产、生活受到严重限制。一些乡镇的岩石出露率高达85%以上，水土流失严重，旱涝灾害频繁。在正常年份，农业增产与农民增收不得不挤压仅有的绿地资源，生态环境不堪重负，极易向石漠化转变；如遇严重干旱，情况会更糟，往往发生群众吃粮、吃水困难。二是石漠化治理影响着民族地区的经济发展和社会稳定。石漠化或潜在石漠化地区往往又是少数民族聚集区，造成民族贫困乡（镇）、村在兴义集中存在，过于落后的经济对民族地区的社会管理是一种极大挑战，影响着民族地区的社会稳定。三是石漠化程度致使地区贫困恶性循环。受石漠化影响，兴义的脱贫与返贫现象交替发生。经过多年扶贫开发，当地仍有13.8万贫困人口，致使扶贫开发的成果被弱化，甚至有使地区贫困问题恶化的趋势。

九三学社中央认为，仅仅依靠当地自己的力量，很难从根本上解决由石漠化引起的诸多问题，需要政府在更高层面统筹规划，对当地的石漠化状况进行综合治理，引导其走出“石漠化问题陷阱”。中共中央和国务院一直关怀贵州，心系兴义。2010年，国务院总理温家宝在兴义指导抗旱救灾工作时，曾指出“要把水利建设与生态建设、石漠化治理三者结合起来，从根本上解决制约贵州发展的问题。”2012年，国务院就贵州经济社会又好又快发展专门出台2号文件，其中提出将兴义市作为节点城市之一，建设成为我国南方重要的战略资源支撑基地。在国家大力扶持贵州发展、积极帮助兴义脱贫致富的大形势下，石漠化问题已经成为绕不开的一个关键环节。

九三学社中央认为，国务院扶贫办与国家发改委正在编写制定的《滇桂黔石漠化片区区域发展与扶贫攻坚规划》是全国14个集中连片贫困地区扶贫攻坚规划之一，也是石漠化地区寻求综合治理、实现根本转变的一个历史机遇。然而，兴义市却未被列入《规划》，在贵州的石漠化片区治理版图上“开了一个天窗”。兴义市经济区位重要，位于《规划》中“三纵三横经济带”的交汇点，列入《规划》对整体石漠化片区治理、带动黔西南区域发展具有示范作用；兴义市地理区位特殊，处于珠江上游、滇桂黔三省（区）结合部，列入《规划》有利于珠江水源地的保护和西南交通枢纽的建设；兴义市的石漠化程度更深、贫困面更广，列入《规划》更能体现民族平等和区域公平。

鉴于兴义市石漠化问题的实际，九三学社中央向中共中央、国务院报送了《关于将兴义市纳入〈滇桂黔石漠化片区区域发展与扶贫攻坚规划〉的建议》，建议政府将兴义市作为中心城市之一纳入《规划》，以实现石漠化片区治理的完整性和彻底性，破除兴义发展的一大障碍，从而进一步推动贵州地区全面协调可持续发展。

该建议报送后，很快得到中共中央有关领导的批示和肯定。2012 年 6 月 21 日，国务院对滇桂黔石漠化片区区域发展与扶贫攻坚规划（2011—2020 年）作出批复，同意该规划组织实施。此前未纳入该规划的兴义市被纳入规划，并确定为片区中心城市之一。兴义市将从基础设施、产业发展、人居环境、就业、社会事业与公共服务、生态保护、财税等多个方面得到中央大力度扶持，80 多万兴义人民将迎来新的历史机遇期。

三、呼吁加快推动我国 TD—LTE 产业发展

充分发挥九三学社的科技优势，始终是九三学社参政议政工作的一大特色。2012 年，九三学社围绕科技发展中战略规划、管理体制、政策环境等方面的问题积极建言献策，发挥了重要作用，为中共中央决策提供了科学依据。从“十二五”规划的制定、科技重大专项的组织实施、到国家中长期科学和技术发展规划的研究制定等等，无不凝聚着九三学社的心血和智慧。2012 年 2 月，科技部部长万钢访问九三学社中央，提出我国的 TD-LTE（第四代移动通信技术与标准）产业发展需要得到重视，希望九三学社能够积极支持。为此，九三学社中央专门专门组织调研并多次召开座谈会。

九三学社中央经过认真调研和研讨后认为，2012 年初，拥有自主知识产权的、中国主导制定的 TD-LTE（我国 TD-SCDMA 的升级技术）被国际电信联盟确定为第四代移动通信三大国际标准之一。从无缘标准制定，到占据领先地位，我国企业依靠自主创新，实现了从技术追随到技术领先的巨大飞跃。TD-LTE 不仅可以满足移动互联网发展的巨大需求，扭转我国在重要领域的关键技术上依赖国外的状况，而且对增强我国产业竞争力，抢占国际竞争的制高点，是一次重大的战略机遇。但标准领先只是产业崛起的第一步。未来 TD-LTE 能否真正走向国际，关键是产业化与商业应用的成效。这是一个竞争十分激烈的领域，行动上稍有延迟，领先地位稍纵即逝。当前我国必须加速推动 TD-LTE 技术的产业化，并加快国际化商业应用进程。

九三学社中央发现，当前我国遇到了频率规划的瓶颈问题。频率是无线移动通信发展所需的关键资源，决定了未来市场的空间大小。2010 年至今，工信部确定将 2.6GHz 频段中的 40M 频率作为 TD—LTE 实验频率开展规模试验，但由于该频段属于高端频段，传播性能较差、建网成本高、覆盖面低，不利于产业发展。相比之下，700MHz 低频段频率具备传播特性好、覆盖范围大等优点，被誉为移动通信的黄金频段。但是，该频段是原广播电视频段，有关部门表示，由于受广播电视数字化实际进程所限，我国难以在 2015 年前将该频段腾出。相比之下，欧美各国为支持他们制定的技术标准 LTE FDD 的推广，

已将频率分配作为重要的战略,将700MHz-800MHz低频段频率用以支持LTE FDD的发展。由于我国TD-LTE频率规划迟迟不能出台，商业化进程时间表也不明确，从而导致TD-LTE产业化进程不断延误，与竞争对手LTE FDD的差距有逐渐拉大的趋势。据统计，目前欧美主导的LTE FDD标准在全球已有64个商用网络，到今年底，该标准预计将建设超过100个商用网络。相比之下，目前仅有24个国家37个TD-LTE的试验网络，其中正式宣布商用的仅有7个国家的8个网络。如果上述趋势不能及时扭转，在国际竞争激烈的环境下，TD-LTE的发展极可能在国际竞争中逐渐边缘化，重蹈3G时代TD-SCDMA“起大早，赶晚集”的覆辙，成为局限于国内的孤岛技术，最终导致我国从设备研发、制造到市场运营等整个产业受制于人。

九三学社中央认为，发展TD-LTE产业需要中央给予高度重视。为此，2012年5月，九三学社中央向国务院报送了《关于加快推动我国TD-LTE产业发展的建议》，提出如下意见建议：

第一，应从国家创新战略的高度，尽快明确支持我国TD-LTE产业发展的频率规划，在700MHz频段上为TD-LTE分配频率。第二，统筹规划，在产业政策、科研组织等各方面对TD-LTE给予持续强力支持。第三，尽快明确TD-LTE商业化进程时间表，发出清晰的市场信号。通过这些措施，坚定国内和国际市场信心，吸引更多国家加入TD-LTE标准，带动相关企业对TD-LTE产品开发规模化投入，实现大规模应用，在国际市场上形成与LTE FDD全面竞争的格局。

国务院有关领导高度重视九三学社中央报送的《关于加快推动我国TD-LTE产业发展的建议》，并作出重要批示。

四、为加强基层社区社会管理建言献策

近些年来，中共中央、国务院高度重视社会管理，将加强和创新社会管理作为一项重大战略任务。九三学社中央及一些省级组织也围绕社会管理问题进行了深入调研。

九三学社中央及一些省级组织在调研中发现，在当前形势下，加强和创新社会管理，必须固本强基，健全基层社会管理和服务体系，从根基上夯实中国特色社会主义的社会管理基础。社区是社会管理的基层单元，只有健全和创新社区管理体制机制，做到“问题解决在基层、矛盾化解在基层、工作推动在基层”，才能引导居民以理性、合法的途径表达利益诉求，协调社会关系，从源头上预防社会风险、化解社会矛盾；只有以人为本加强社区服务体系建设，丰富服务内容，才能满足社区居民日益增长的公共服务需求和参与公共事务管理的要求，才能更好地维护社会秩序，调适社会心态，促进社区和谐；只有加强以党委领导为核心的社区管理体系建设，才能更好地服务群众、凝聚人心，巩固党的执政基础。

九三学社中央认为，目前社区管理工作虽然取得了很大成就，但仍然面临着一系列问题和挑战。

一是社区管理缺乏统筹协调，各行政部门在社区的派出机构之间缺乏协调，职能混淆，工作重复；街道办缺乏相应的财权和人事权，难以发挥主导作用，处理实际问题甚

至是一些小问题时，也往往需要层层上报来协调。社区管理格局单一，驻区单位和社区居民在社区管理中的参与度不高，民间组织发育不足。社区管理信息资源缺乏共享，如人口等基本信息上，公安、计生、民政、劳保等部门往往使用不同口径的信息，导致社区管理底数不清。二是街道办承接政府工作，任务繁重；居委会和社区机构事实上接受街道办领导并负责具体事务，疲于奔命，如大连沙河口区某街道居委会日常工作达 133 项，涉及就业、治安、救济、信访等诸多方面，行政色彩较浓厚且“有责无权”，制约了社区自治职能的有效发挥，加剧了街道、社区同居民的对立。三是社区管理的投入不足，管理机制不完善。社区经费的拨付和使用一般由街道办事处决定,“居财街管、管用分开”、“权随责走、费随事转”等原则还有待落实。投入渠道单一，社会资金参与社区建设的机制还未真正形成，政府负担较重。四是社区工作人员收入较低、同地区同工不同酬、社保覆盖不足、激励机制缺失等问题突出。大部分社区管理与服务机构不具备法人资格，无法与工作人员订立劳务合同。五是监督机制亟待完善。政府职能部门的工作难以受到街道和社区的监督，面向社区管理机构的考核偏重硬性行政指标和量化考核任务，社区居民满意度评价指标未能得到充分重视。

此外，还存在一些管理空缺问题。如流动人口管理上，出现“能管的都好管，难管的管不到、没人管”状况，又如房屋租赁上存在中介公司“不服管”现象，同时部分出租房屋由于人口流动性大，租住信息往往难以及时把握。这些管理不到位的问题留下很多社会稳定隐患。

2012 年，九三学社中央根据调研情况，形成了报送给全国政协十一届五次会议的《关于加强基层社区社会管理的提案》，提出以下意见建议：

第一，强化统筹，健全机构，完善社区管理体制。一是进一步明确社区服务机构和街道办的定位和责权关系。授予街道办一定的行政执法权，提高其管理执行效能。探索简化社区管理层级、下沉管理职能的不同路径。二是因地制宜地强化街道或社区层面的统筹协调机制，实现与基层政府和社区自治组织的有效对接。利用社区管理服务平台，整合各部门资源，让社区机构发挥更大的作用，将各类问题解决在基层。三是完善社区服务组织构架。在社区层面成立居民议事决策机构,社区工作站和居民委员会为执行机构。将工作站作为政府指导、独立运作的非企业法人，解决社区工作人员无法订立劳动合同问题。居民委员会侧重于调解矛盾、维护治安、丰富生活、反映诉求等方面的工作。社区工作站和居民委员会在经费和财产管理上应相对分离，后者应享有制度保障的经济自主权。

第二，强化保障，排查隐患，健全社区管理机制。一是构建多元化的资金投入机制。加大社区一级的公共财政投入，通过社会赞助和募集等渠道。推动社区服务业发展，开展一些非盈利性社区服务项目，将所得收益返还社区建设，形成良性循环。二是完善人才队伍建设机制。根据各地实际，提高专业社区工作人员的待遇，保护其合法权益，完善激励机制。推进社区工作者职业化，引导成立专业社区工作服务机构。三是强化监督机制。建立社区和居民双重监督机制，加大居民满意度等指标的权重；通过网络、社区公告等途径公开财务、政务和事务信息，落实群众评议和听证制度，增加各项决策透明度。四是着重加强矛盾调解机制和社会风险评估机制建设。在街道党委领导下，整合信访、综治、治安、法律纠纷、社区矫正和法律调解服务等功能，建立区域性矛盾纠纷排查网络；加强基层社会矛盾调处机构建设，从各方面给予充分保障；建立社区矛盾调解信息库，结合实际评估隐蔽的社会风险。采用专项信访事项评估小组等形式，对城市房屋拆迁、环境污染等专项问题进行评估。另外，针对流动人口、租房中介等管理难点问题，应完善民警驻区、责任倒查等工作机制。对管理体制较完善的社区，探索市场机制在社区医疗、教育、文体服务等方面的运用，适度引入多个服务主体开展竞争。

第三，凝聚合力，规范服务，促进社区管理科学化。一是综合考虑资源投入、实际绩效和居民满意程度，构建社区管理与服务的评价指标体系。二是推动社区管理信息共享。统筹整合政府各职能部门、公益组织和居民自治组织等方面的信息资源，建立较为完善的社区管理信息库。建立由党委、政府部门、街道、社区、驻区单位、公益组织等多方组成的政策信息交流社区平台，实现社区公共信息资源的共享。三是通过设立公益专项、减免税收等优惠政策，支持在社区建设中承担社会责任机构的发展，逐步提升中介组织、自治组织的社会地位。四是结合各地实际制定和完善社区服务设施、服务内容、服务质量等各项标准，推动社区管理服务的规范化。根据居民的不同需求开展多样化的社区服务，如老年群体照料、青少年群体心理引导、困难家庭就业培训等；着重关注流动人口和特殊人群的利益诉求和服务需求；定期面向居民开展社区服务绩效评估。

第四，明晰权责，提升意识，加强社区管理法制建设。尽快改变《城市街道办事处组织条例》废止后出现的法律缺失现象，制定和完善有关社区管理的法律、法规。因地制宜地制定符合自身特色的社区管理条例，明确街道、社区、居委会的性质、地位、职能及其与驻区机关和企事业单位的权责关系，提高社区管理法制化水平。

2012 年 3 月，九三学社中央向全国政协十一届五次会议提交的《关于加强基层社区社会管理的提案》入选全国政协《重要提案摘报》。中央社会管理综合治理委员会办公室就该提案进行了回复，表示将认真研究九三学社中央提出的意见建议，重点抓好以下几个方面工作：一是推进基层政府行政管理体制改革；二是推广建立基层社会管理服务平台；三是建立新型城乡社区管理和服务体系；四是加强社区居委会自身建设；五是加强相关立法工作。中央社会管理综合治理委员会办公室表示，将进一步加大工作力度，协调督促各地各有关部门做好基层社区管理创新工作，夯实基层社会管理的根基。

五、建言发展服务外包业，促进我国资源枯竭型城市转变经济发展方式

资源型城市所面临的资源不可再生与加快发展的矛盾，决定了必须发展接续产业。服务外包作为当今世界经济的新引擎，引领了全球新一轮产业转移浪潮。结合我国资源型城市转型需要，以服务外包业务来培育资源型城市的接续、替代产业，对促进资源型城市经济发展方式转变极具理论和现实价值。

九三学社中央在调研中发现，资源型城市特别是资源枯竭型城市经济转型是世界性难题。我国资源型城市 118 座，占全国城市总数 662 座的 18%，总人口 1.54 亿人。其中，44 座被确定为资源枯竭型城市。目前，大部分资源型城市所拥有可供开发的后备矿产资源已经不多，经济发展每况愈下，迫切需要将其作为可持续发展的一个重大而又特殊的

问题来对待。

经过认真调研，九三学社中央认为，我国资源型城市经济发展方式转变的制约因素主要有以下几个方面：

一是资源采掘业在资源型城市经济中占据了极大的比重。在我国资源型城市的产业结构中，资源采掘业占据了极大的比重，部分城市曾占到9成以上。经济发展对资源呈现高度的依赖性，“一业独大”的问题明显，一旦资源枯竭就会对城市的生存发展造成严重的影响。二是可采掘的后备资源不足。目前约1/3的资源型城市后备开发资源不足，将面临矿竭城衰的严重问题。三是产业工人技能单一，就业压力短期内难以缓解。第五次人口普查数据显示，全国资源枯竭型城市失业率高达12.3%，就业压力明显高于非资源型城市5个百分点。在失业人员不断增多、就业岗位不断减少的双重因素影响下资源枯竭型城市就业压力不断放大。

根据调研情况，九三学社中央认为，发展服务外包是资源型城市转变经济发展方式的一种可行选择。主导产业选择是资源型城市转型的关键所在，国家已把发展接续产业作为当前资源型城市经济转型的一项重大而紧迫的现实任务。资源型城市产业转型主要有两种模式：一是产业延伸模式。在原有资源开发基础上，发展下游加工业，延伸产业链，建立资源深度加工和利用产业群，即使将来本地资源枯竭，也可从外部输入资源进行加工，维持城市持久繁荣。二是产业更新模式。利用资源开发所积累的资金、技术和人才，建立基本不依赖原有资源的全新产业群，把原来从事资源开发的人员转移到新兴产业上来，但如何利用采掘业优势，发展有竞争力的替代产业群是该模式面临的最大挑战。服务外包具有低消耗、低污染、高附加值、高就业、高科技含量等特点。服务外包正由以信息技术外包为主向以业务流程外包和知识流程外包为主演进，正在以生产性服务业为主线从服务领域渗透到生产领域。其中医药服务外包、石油天然气和煤炭服务外包以及装备制造业服务外包尤为引人注目。应兼容两种模式长处，充分发挥资源型城市在生产、管理和技术等方面的优势，在国内外市场承接资源勘探开发、流程管理和技术服务等生产性服务外包业务。以大庆为例。大庆依托大庆石油石化产业技术和管理优势，加快发展以石油勘探开发和石化生产数据采集处理、工程设计、自动化控制等为重点的石油石化服务外包业务，产业发展格局初具规模。市场遍及中亚洲、美洲、中东和北非等20多个国家以及我国新疆等地区，石油石化技术服务已成为大庆市服务外包产业发展的主体。再如我国煤炭服务外包实践。中国煤炭经济技术进出口总公司在煤炭等工程技术服务外包方面做了有益的探索。该企业提供从煤矿开采权的购买、勘探、开发、设计、造井到生产经营整个流程的服务供给，在实现煤矿规模生产经营时，再向市场整体出售。采用这一模式在印度尼西亚开发了数个金矿和煤矿，取得了丰厚的经济回报。

九三学社中央根据调研情况，向全国政协十一届五次会议提交了《关于发展服务外包业，促进我国资源枯竭型城市转变经济发展方式》的提案，提出以下建议：

第一，总体目标。要充分发挥资源型城市管理、技术和劳动力等优势，紧紧把握新一轮国际服务业加速转移的契机，制定优惠政策，把服务外包打造成为资源型城市的接续产业。将生产外包与服务外包有机结合，以中东、南美、非洲等为目标市场开展石油离岸外包业务，以东南亚、俄罗斯等为目标市场开展煤炭离岸外包业务，以澳大利亚、巴西和非洲国家为目标市场开展金属矿等离岸外包业务，引导资源型城市产业转型，实现经济可持续发展。

第二，重点领域。一是石油石化产业。主要有以石油勘探开发和石化生产数据采集处理、数据分析、工程设计、自动化控制等为重点的石油石化技术服务、地质制图、地震解释、研发设计、实时数据库分析等。二是煤炭、金属矿产业。主要业务领域有矿业勘探数据处理、开发流程全过程控制、煤矿开采权的购买、勘探、开发、设计、造井、工程技术等。三是森林工业。林业利用遥感、遥测、地理信息系统，承揽林业管护、防火防虫、资源统计数据处理、承接俄罗斯的印刷外包等。

第三，主要任务。一是打造服务外包示范区工程。借助资源型城市管理、技术和劳动力等优势，围绕离岸服务外包业务、境内服务外包业务、特定行业或特定流程服务外包业务，建设服务外包示范区。使其成为人才聚集、资本融通、技术共享、信息汇聚，具有引导和带动作用的专业服务外包产业示范区。二是培育服务外包规模企业。选择一批业务前景好、管理水平高、技术能力和创新能力强的服务外包企业，从政策、资金等方面进行重点扶持，使之成为资源型城市带动服务外包产业发展的龙头企业。三是建设服务外包公共服务平台。包括战略研究公共服务平台，为资源枯竭型城市服务外包提供智力支持；人力资源公共服务平台，为服务外包企业提供人才政策落实、人才培训、人才派遣和人才招聘等服务；技术支撑公共服务平台，提供技术研发、数据存储、质量保证、测试、演示、验证、培训、项目管理等服务；招商引资与市场开拓公共服务平台，为企业提供招商引资、企业形象设计、产品设计、产品推广、展览展销、技术合作咨询、品牌打造和传播等服务；投融资公共服务平台，为服务外包企业提供风险投资、融资担保、出口信贷和咨询等服务。

第四，四项措施。一是重视资源型城市服务外包的专业培训。针对不同目标市场需求实施定制化培训，强化专业能力和业务流程训练。建立政府、企业、高校、职业培训机构和社会力量多元投入的人才培训体系。二是加大资源型城市服务外包推介力度。突出各类园区在服务外包产业招商中的载体作用，通过聚焦重点园区，打造服务外包基地。突出发挥海外留学生和华人华侨的桥梁纽带作用，解决本土企业承接外包业务的诸多“短腿”问题。突出对跨国公司的招商引资，主动承接跨国公司内部的离岸外包，大力吸引跨国公司地区总部和研发中心落户资源型城市。突出专业化招商，把招商的重点放在采矿设计、研发、流程管理、技术服务等外包领域。三是塑造资源型城市服务外包国际品牌。加大品牌宣传力度，打造大庆等几个资源型城市服务外包品牌，增强企业实力，提升品牌价值；加强行业自律，维护行业服务外包品牌的整体形象。制定全国资源型城市总体外包品牌战略，制定针对全球外包客户和服务提供商的宣传计划，方便外商了解我国资源型城市服务外包方面的优势、能力及优惠政策。加强与在中国发包的全球知名跨国企业合作，打造全国服务外包典型案例。四是注重资源型城市服务外包诚信体系建设。诚实守信，重视与国外发包商的战略合作关系，以战略的眼光争取跨国公司外包合同，认真履约，与跨国公司长期合作，建立战略联盟，成为价值链上不可缺少的部分。加强与服务外包商的交流和沟通，充分了解客户的需求，提高服务质量，提升客户满意度。推动诚信体系建设，制定行业自律公约制度、外包从业人员准入制度和外包企业诚信备案制度，建立行业诚信数据库，健全个人信息安全法律条款。规范从业人员的职业行为，规范市场秩序，保守客户的商业机密。

2012年3月，九三学社中央向全国政协十一届五次会议提交的《关于发展服务外包业，促进我国资源枯竭型城市转变经济发展方式》的提案入选政协各专门委员会督办重点提案。

乔发进　九三学社中央研究室综合处副处长

台湾民主自治同盟参政议政案例

一、建言赣台经贸文化交流，促进原中央苏区振兴

2012 年 5 月 3 日至 9 日，台盟中央赴江西省，以“深化赣台经贸文化交流，促进原中央苏区振兴”为主题，围绕赣台经贸文化交流合作、原中央苏区振兴以及江西省相关地市融入海峡西岸经济区的进展情况，开展了为期七天的民主党派大考察活动。

考察活动由全国政协副主席、台盟中央主席林文漪同志带队，全国人大常委、台盟中央常务副主席汪毅夫，全国政协常委、副秘书长，台盟中央副主席黄志贤，以及台盟中央参政议政专委会和部分地方组织负责同志参加，并邀请中央统战部、国家发改委、国台办等相关中央国家机关的同志参与指导。

考察调研活动受到了中共江西省委、省政府的高度重视。省委书记苏荣、省长鹿心社等领导同志会见了考察团并介绍了相关情况。

在赣期间，考察团先后出席了由中共江西省委和赣州市委召集的两次调研座谈会，实地考察了菱光高科技有限公司、英华达科技有限公司、联创电子有限公司、博硕科技有限公司、华忆职业学校、庐陵新名婚纱时装有限公司、光宝力信科技有限公司、华坚国际鞋城有限公司等 8 家台资企业，并参观了井冈山革命博物馆，凭吊了井冈山革命烈士。

这次大考察，是重温历史、接受教育、坚定理想信念的“同心之旅”。江西具有光荣的革命传统，无数先烈用生命铸就的井冈山精神和苏区精神、老区人民与共产党生死相依的深厚感情，已经融入血脉，世代相传，成为中华民族的宝贵精神财富。

通过深入实地的调研，考察团了解到，近年来，在中共中央、国务院的正确领导下，江西省委、省政府带领全省人民，以鄱阳湖生态经济区建设为龙头，实施科学发展、进位赶超、绿色崛起，不断推动经济社会发展迈上新台阶。2011 年，全省主要经济指标实现了“四个超万亿，一个翻一番”，人民生活水平持续提高，取得了喜人的成果。

与此同时，作为祖国大陆距离台湾最近的内陆省份，赣台的历史文化渊源同样十分深厚。赣南是客家人聚居地之一，与台湾同胞“祖同宗、文同源、语同音、歌同调、俗同风、食同好”。今天，江西籍在台乡亲有 50 万人，江西省台胞台属也有 50 万人，江西乡亲在两岸交流交往中是一个非常活跃的、有影响力的群体，对于促进祖国和平统一发挥着重要的作用。

考察团通过实地调研，了解总结了江西省在不断加强对台工作，积极推动赣台交流

合作过程中一些好的经验和做法，包括：

抢抓历史机遇，谋划跨越发展。中共江西省委、省政府把中央实施海峡西岸经济区发展规划作为全省深化改革、扩大开放、加快发展的重大历史机遇，将相关内容列入“十二五”规划。直接处于海峡西岸经济区范围内的赣州、上饶、鹰潭、抚州等四地市，都积极主动地针对融入海峡西岸经济区制定和细化了工作方案，并就项目、政策的对接进行了认真研究。

提升基础设施，服务海西建设。目前，京抚、赣厦、石（城）吉（安）高速公路已经贯通，厦蓉高速公路赣州段将于年内通车，向（塘）莆（田）快速铁路、赣龙铁路扩能改造工程正在建设。赣台空中直航于2009年9月开通，2011年10月由每周2班加密为7班，“赣台八小时交通圈”初步形成。加之通过与厦门、福州等主要业务口岸、海关签订区域通关协议以推进通关便利化，实现与厦门、福州、深圳等出海口岸的铁海、天海联运转关，都为江西相关地市加快融入海峡西岸经济区创造了重要条件。

加强省际合作，探索积累经验。在《海峡西岸经济区规划方案》框架下，江西省因地制宜，先后发起建立和参加了跨省市的“闽粤赣十三地市经济协作区”、“闽浙赣皖福州经济协作区”、“闽浙赣皖九方经济区”、“浙闽赣边际县域经济协作区”等区域性合作组织，开展了广泛合作，取得了初步成效。在交通合作方面，完成了《闽粤赣十三市协作区交通规划》编制，确立了闽粤赣交通网大框架。在物流产业合作方面，闽赣两省在全国率先实施跨省区进出口货物直通放行和区域通关协作制度，并逐步向湖南等中西部地区延伸。在区域旅游发展合作方面，签订了闽粤赣十三市旅游合作协议，各方通过开展实质性对接，共同拓展客源市场，初步实现了赣南闽西无障碍旅游。区域内合作交流日趋密切，进一步加快了江西对接、融入海峡西岸经济区的步伐，同时也为在海西区内开展省际合作进行了有益的探索。

打造一流平台，承接产业转移。省委主要领导同志明确作出“赴台交流和招商的人数、次数和在台时间不受限”的“三个不受限”重要批示后，全省上下注重以项目为载体，以“落地”为根本，以创新为动力，积极打造承接台湾地区和海峡西岸经济区产业梯度转移的优良平台。一是加强对台招商引资。通过赣台经贸合作研讨会等载体，着力宣传推介鄱阳湖生态经济区规划建设等投资机遇，促进台胞来赣投资兴业，目前全省累计引进台资项目2869个，实际利用台资71.86亿美元，在中部地区名列前茅。台湾“百大企业”已有16家、27个项目在江西落户。二是充分发挥工业园区、产业承接走廊等载体的作用，积极承接海西经济区和长珠闽地区产业梯度转移，目前已涵盖了纺织服装、商贸物流、生物和新医药、化工、食品加工、汽车制造等众多产业。台资的产业聚集效应和带动效应初步显现，促进了江西的产业转型升级。三是重点引进台湾良种、深加工设备、技术和资金，提升了赣台农业领域合作水平。

发挥文化优势，密切对台交往。一是重乡情。江西省充分发掘赣台特有的历史渊源，在对台交往中注重乡情、亲情，通过“世界客属恳亲大会”、“海峡两岸客家高峰论坛”等平台，广泛开展多种形式的双向交流互动，相关地市还坚持每年组团入岛走访赣籍、客家籍乡亲和企业家，热忱邀请他们回乡参观考察、投资兴业。二是重文化。江西省立足陶瓷文化、道教文化、禅宗文化等资源优势，先后举办了“海峡两岸道教文化论坛”、

"两岸陶瓷艺术大师交流笔会"、"赣台禅宗文化交流活动"、"两岸青年学生中华传统文化研习营"等规模大、层次高、影响广的文化交流活动，在海峡两岸引起了广泛关注。三是重实效。近年来江西省以台湾中南部基层民众为重点，把交流领域扩大到台湾乡镇里长、农会干事、妇女团体、青年学生、道徒僧姑等群体，与台湾中南部各界人士建立了广泛的联系。赣台交流形式更趋多样、领域更趋扩大，为今后赣台交流合作积蓄了后劲。

以赣南为主的原中央苏区，是土地革命时期全国苏维埃运动的核心区域，是毛泽东思想的发源地，是中国共产党探索建政之路的起点，也是全国革命老区的典型代表。原中央苏区人民为新中国的建立作出了重大贡献和巨大牺牲。考察团了解到，中共江西省委省政府对振兴原中央苏区工作高度重视，将其放在"南有中央苏区，北有鄱阳湖区"的战略层面谋划，明确提出构筑"龙头昂起，两翼齐飞，苏区振兴，绿色崛起"的全省区域科学发展大格局。在中共中央、国务院的关心支持下，积极制定实施《江西省中央苏区振兴规划》、《江西省支持中央苏区重点帮扶县的若干意见》和《赣闽粤中央苏区发展规划（建议稿）》，多管齐下，大力推进原中央苏区加快发展。

通过深入实地的调研，考察团了解到，当前江西干部群众最为关注、最迫切要求解决的问题，就是江西省原中央苏区经济社会建设长期滞后，成为影响江西省经济和民生全面科学发展的薄弱环节，并阻碍了赣台经贸合作向纵深发展。目前，当地人均主要经济指标只有全国水平的三至四成。按照国家新的扶贫标准，赣州市尚有贫困人口215.5万，占农村人口的29.9%。老区人民十分盼望得到中央的支持。

同时，原中央苏区是与海峡对岸有着特殊历史渊源和亲缘关系的客家摇篮、台胞聚居地，在对台工作中具有重要的战略地位和后发优势，加快原中央苏区发展振兴，将有力地推动海峡西岸经济区建设和赣台经贸文化交流。

考察团认为，国务院出台的《关于支持赣南等原中央苏区振兴发展的若干意见》明确指出，支持赣南等原中央苏区振兴发展，是一项长期而艰巨的任务。为此，建议中央继续对此项工作给予特别关注，在《若干意见》的基础上，加快编制《原中央苏区振兴发展规划》，细化各项政策，帮扶革命老区尽快落实战略定位，加快发展。

考察团还形成了一些相应的政策建议，包括在中央党史研究室牵头下，加快对原中央苏区以县为单位的申报进行认定的工作进度；在对赣、闽、粤三省原中央苏区经济和社会发展情况综合性比较研究的基础上，研拟赣南等原中央苏区振兴发展规划的主要指标体系；整合现有的政策资源，提出和细化更贴近实际、更能激发老区内生动力的政策支撑体系；采取有力措施，充分发挥海峡西岸经济区的整体效应等。

在扎实深入的调研基础上，台盟中央形成了《关于深化赣台经贸文化交流，促进原中央苏区振兴发展的几点建议》以及相关调研报告，报送中共中央、国务院，得到了胡锦涛同志的重要批示。国台办等有关部门还专门邀请台盟中央召开座谈会，研究相关政策，落实相关工作，有力地推动了相关工作的开展。

二、聚焦城乡社区建设，助力社会管理体制创新

社区作为社会最基本的组成单元，是人们社会生活的共同体和居住的基本平台。随

着我国改革开放的不断深入和社会主义市场经济的快速发展，无论是城市社区还是农村社区，都发生了重大变化，新型社区管理体制框架正在形成，社区成为社会建设和管理的基础环节，承担的社会管理事务越来越多；社区作为居民的生活家园，需要提供的服务越来越多；社区成为各种社会矛盾的交汇点，对化解社会矛盾、维护社会稳定具有越来越重要的作用。

为了深入了解社区建设与管理的现状，并提出有针对性的政策建议，2012年，台盟中央组织协调北京、上海、重庆、辽宁、吉林、广东、云南、安徽等台盟地方组织，围绕着社区建设、培育社会组织发展、社工队伍建设、“城中村”治理等问题开展了深入实地的调研。

调研发现，近年来，我国的社区建设工作取得了显著成效，包括：从中央到地方，根据各阶段的发展情况，不断建立健全相关的法规政策，包括各类规划、指导意见、管理办法、实施方案、标准细则等等，为社区建设工作的发展提供了较好的制度保障；各地根据本地区发展要求以及各个社区的特点，不断创新社区工作运行管理的机制体制，在此基础上，社区服务与管理的功能不断得到细化、优化和强化，为社区居民提供了更加优良的服务；各地不断加大社区办公服务基础设施的建设力度，为更好地开展社区服务与管理工作奠定了坚实的基础；推动社工队伍的专业化、职业化发展，进一步提高了社区建设和管理水平；各地不断创新培育社会组织发展的政策，初步形成了涉及科教文卫、劳动、民政、体育、环保、法律服务等众多领域，与我国经济社会发展基本适应，能够服务于基层群众的门类齐全、层次各异、覆盖广泛的社会组织体系；社区承担的服务和管理功能越来越多，已成为社会建设和管理的重要组成部分，对居民日常生活的影响越来越大。

在取得可喜成绩、积累了许多成功经验的同时，调研也发现，我国的社区建设在发展过程中还存在一些亟待解决的问题，主要有以下几个方面：

一是社区硬件设施落后，难以满足服务与管理等多方面需求。部分社区的办公场地和公益活动场所不是没有、就是偏小，设施简陋、功能单一，严重影响着社区功能的发挥。

二是社区工作者队伍的数量、结构、素质等与社区工作的要求不相适应。社会工作人才队伍不稳定，学历普遍较低，多数没有接受过系统的社会工作专业教育，年龄偏大，对自身的服务意识和岗位角色定位认识不够，不能满足快速发展的社区服务与管理工作的需求。

三是服务于社区建设工作的社会组织发展还需要进一步加强。公益性社会组织的总体数量偏少，结构也不合理，自身内部管理机制体制不健全，定位不够明确，行政化色彩浓厚，相关从业人员的素质也不高，影响到社会组织作用的发挥。对社会组织地位和作用的认识还需要进一步优化，扶持社会组织发展的法规制度还有待进一步改进和完善。

四是社区服务与管理功能不能满足居民日益增长的物质文化需求。社区服务项目的设置仍旧比较单一，服务范围小、服务水平差和服务质量低仍旧没有得到根本上的改变。

五是社区建设经费难以满足日益发展的社区服务与管理的需求。社区建设经费来源渠道单一且数量不足，大多没有列入财政专项资金科目，微薄的经费只能维持低水平的工作运转，在改进服务和管理水平上时常捉襟见肘。

六是社区建设的体制机制以及管理水平有待进一步完善提高。社区建设规划因人口、空间、历史等方面的原因，还不尽完善和合理，社区发展定位还不明确。需要进一步理顺社区和政府的关系，改变以行政管理为主的状况。

七是群众参与社区建设的程度不够。群众参与共建社区的意识不强，自我管理意识还很薄弱，社区建设的宗旨未能完全落实。

八是法律法规以及规章制度建设不能满足快速发展的社区建设工作需求。引导和规范社会建设发展的法律法规以及规章制度体系尚不健全，已有的法律法规以程序性规范为主，实体性规范不足，已经不能适应新的形势发展要求，制约了依法推进社区建设的进程。

九是城市和农村社区建设存在差距。农村社区建设较城市来说起步晚、基础较差，在思想观念、建设合力、管理机制等方面与城市社区建设还存在较大的差距。同时，随着城市化的不断发展，农村人口大量向城市转移，一方面使得农村社会“空心化”日益严重，农村社区建设对老龄专业社会工作者的需求更加迫切；另一方面，城市中因流动人口的大量增加，给城市社区建设带来极大的压力和考验，“城中村”问题在不少城市尤其是大中城市显得尤为突出，对城市社区工作者的要求越来越高。但是不容忽视的是，在发展的过程中也存在一些亟待解决的问题，

在综合各地调研成果，并参考台湾地区社区发展情况的基础上，台盟形成了《进一步加强和创新社区建设与管理工作的若干政策建议》，主要包括：

一是进一步为社区建设提供完备的法律制度保障体系。根据社区建设的实际，加大社会工作法律、行政法规、部门规章等实体性规范的立法和建设力度，推动社区建设有法可依、有章可循，为社区建设的各方面包括社会组织的发展、社区工作者队伍建设等提供完备的制度保障。

二是进一步推进社区建设的体制机制创新。进一步理顺社区和政府的关系，改变以行政管理为主的状况，积极运用诸如法律法规、制度、经济等手段，有效发挥企业、社会组织、社会团体以及社区居民等的作用，形成多方参与、活泼有效的社区建设局面。

三是有效完善和提升社区服务与管理功能。进一步强化社区服务体系和信息化建设，建立起较为完善的社区服务设施、服务内容、服务队伍、服务网络和运行机制，提高社区信息装备条件和社区服务的信息化水平。进一步采用项目运行方式，加快社会服务专业化进程。

四是不断完善社区硬件设施建设。多方筹措，加大对社区硬件设施建设的资金投入力度，不断改善基础设施落后、场所偏小、偏旧的现状，促进社区功能的有效发挥。

五是大力加强社会工作人才队伍的职业化、专业化建设。2010 年颁布出台的《国家中长期人才发展规划纲要（2010—2020 年）》，首次将社会工作人才纳入国家六类主体人才之一。建议进一步加强舆论宣传引导，加强社会工作人才培养、评价、使用和激励机制的建设，加大财政投入力度，为社会工作人才队伍建设创造良好的成长环境，切实解决社会工作从业人员薪酬待遇普遍偏低、晋升机制欠缺、职业发展空间不足以及社会地位不高等问题。在高校中合理培养社工专业的大学生，吸引社会优秀人才加入社工队伍，切实加强专业社工队伍的培养。

六是不断推进包括社区组织在内的社会组织的发展。充分认识和把握社会组织的价

值，改变忽视社会组织的观念。进一步建立和完善社会组织管理法律法规体系，推动社会组织发展步入规范化、法制化发展的轨道，不断提高其社会地位。在建设“小政府”、“大社会”的进程中，大力构建培育扶持政策体系，推动政府的一些社会服务职能向社会组织转移，重点通过购买服务、委托职能、特殊拨款、税收优惠等措施对社会组织进行扶持和引导，实现政府与社会组织的良性互动，形成社会管理和服务工作的合力。

七是采取多种方式，解决社区建设的经费来源。建议为社区工作单独立项经费，由政府出资购买并在第三方监督下开展面向社区居民的社区公共服务；广开渠道，鼓励和吸引各类社会资源以企业资助、民间筹募、社会捐赠等形式参与社区建设；进一步规范社区建设资金的使用管理，坚持实行预算制度、财务制度，加强对社区经费使用的监管。

八是不断拓展居民参与渠道，创新社区自治建设方式。强化社区居民的主体地位，树立社区人意识，使社区居民真正认同社区、归属社区和参与社区活动。

九是不断推动城乡社区建设协调发展。建议在城市社区建设中建立“城中村”治理的长效机制，强化社区管理，强化各职能部门的联防联动机制，有效改进对流动人口的服务和管理水平，引导流动人口自我管理，积极参与城市社区建设工作。在农村社区建设中，建议加强各地建设经验的总结和交流，帮助农村社区引进先进的管理和服务理念，加强农村社工专业队伍建设，妥善解决好“空心化”问题，不断提升农村社区建设水平，形成城乡一体化的社区服务管理体系。

十是加强和改善党的领导，建立强力推进的落实机制。建议进一步形成各级党委、政府重视和支持社区管理服务工作的局面，切实将社区管理服务工作纳入各级党委的重要议事日程，纳入各级政府履行社会管理和公共服务职能的重要内容，纳入各地经济社会发展总体规划，制定社区管理服务专项规划，确定发展目标和重点，完善相关政策措施，形成整体推进合力。

台盟中央通过高层协商、政协会议等渠道将相关调研成果转化为具体的政策建议，切实发挥了参政议政作用，为有关部门开展相关工作提供了重要参考。其中，在9月胡锦涛同志于中南海主持召开的中共十八大报告稿党外人士征求意见座谈会上，台盟中央围绕着以社区建设为突破口，加强和创新社会管理的问题提出了具体建议；在全国政协十一届五次会议上，台盟中央提交了《关于加强社会建设和创新社会管理的提案》，并入选了全国政协重要提案摘报；在全国政协加强和创新社会管理专题协商会上，台盟中央提交了《关于加快推进政府公共服务覆盖到社区的建议》、《加强城乡社区建设，打牢社会管理的基础环节》等大会发言。

三、关注海峡两岸交流基地建设，推动两岸民间交流与合作

近年来，国家先后设立了山东台儿庄、湖北武当山、山东威海、福建马尾、青礁和白礁慈济宫、广东梅州、湖南芷江、海南保亭、南京中山陵、福建永定客家文化园、山西运城解州关帝庙、河南固始根亲博物馆、四川成都大熊猫繁育研究基地、安徽合肥刘铭传故居以及浙江象山县等17个海峡两岸交流基地。

为深入了解海峡两岸交流基地建设情况，2012年，台盟中央组织协调南京、海南、广东、

浙江、湖北等台盟地方组织，围绕着进一步发挥海峡两岸交流基地平台作用开展了深入调研。

调研了解到，各地海峡两岸交流基地成立后，在国台办和当地政府的具体指导和大力支持下，组建机构，搭建平台，构建工作机制，加强基础设施建设，并结合所处区域和对台工作的各自特点，切实发挥自身优势，举办了大量丰富多彩的交流活动，取得了良好的社会效果。比如，南京中山陵加强对孙中山思想研究，整合民国文化资源，拓展了两岸交流的层次和领域；湖北武当山充分发挥玄天上帝信仰在台湾地区的影响优势，加强与台湾道教信众的文化交流；广东以客家文化交流为纽带，发挥客家青年在引领两岸交流与发展中的积极作用；湖南芷江是蜚声海内外的抗战胜利受降名城，芷江交流基地创造性地将抗战文化升华为和平文化，通过举办中国芷江国际和平文化节加强对台宣传，等等。海峡两岸交流基地的设立，为进一步深化两岸民间交流与合作，巩固两岸关系和平发展的文化和社会基础搭建了重要平台。

调研中也发现，当前，海峡两岸交流基地建设过程中还面临一些困难和问题，主要表现为：政策支持有待进一步加大，在资金扶持、课题立项、政策审批等方面需要进一步加大力度；管理体系有待进一步完善，作为国家级基地，尚没有一个统一的管理办法和规范的管理体系，在具体管理方法上，对台交流交往、台胞旅游接待、配套设施建设、文物保护维修以及机构设置、人员配备、资金保障等方面也缺乏统一的标准和要求；教育引导作用有待进一步发挥，缺乏深入的对台文化研究，急需找到参观游览与对台交流的切入点，进一步发挥基地在对台工作中的政治影响力；对台宣传有待进一步加强，影响力大多局限于所在地区，宣传的持久性和社会效果相对欠缺，等等。

在综合各地调研成果的基础上，台盟形成了《进一步发挥海峡两岸交流基地平台作用的若干政策建议》，主要包括：

一是强化组织领导，完善管理办法。首先是强化领导机构建设，加强领导，抓好落实，推动发展；其次是做好科学合理规划，各地应依据本地资源优势，围绕对台做文章，突出地方特色，科学制定短期、中期和长期发展规划；再次是明确审批程序，出台规范管理办法，在审批时对基地的机构编制、人员配备、资金保障、活动开展等方面提出统一的要求，保证对台交流工作的正常开展，同时加强对各地“海峡两岸交流基地”建设的工作指导，制定规范性的管理文件，努力打造一批示范性基地。最后是建立交流协作机制，通过成立交流基地协会，举办联席会议、论坛等形式，建立各基地间信息交流的平台和交流合作机制。

二是统筹各级资源，加大政策扶持。首先是加大财政投入，积极争取中央财政对基地建设的投入，同时建立统一协调机制，充分发挥地方政府的积极性，整合利用各类资金，形成合力，建议由国台办定目标、定要求，国家、省、市的地方各级财政都给予一定比例的支持；其次是出台扶持政策，建议国家和有关部门调研起草支持海峡两岸交流基地建设的政策文件，尽快出台支持海峡两岸交流基地建设的相关具体政策措施，如重大建设项目立项，用地保障等；再次是拓宽资金来源，设立海峡两岸交流基地发展基金，以两岸共建、惠及两岸为宗旨，邀请台湾各党派和知名人士参与，动员吸引海内外台胞捐资，共同推动交流基地建设；最后是简化基地人员赴台手续，建议下放部分管理权限，赋予一些特殊政策，放宽交流基地人员赴台和文化办展等审批权限，简化程序及手续，方便海峡两岸交流基地开展对台交流活动。

三是加强对台研究，深化交流内涵。首先是深入开展对台文化研究，设立对台文化研究专项基金，帮助各地与台湾文化、艺术场馆等建立联系、加强合作，支持并鼓励各地开展文化遗产保护、文化创意产业、历史文化名人、文学艺术创作等对台文化学术课题的研究，为基地建设提供理论支持和决策依据；其次是不断丰富对台交流内涵，找准旅游发展与对台交流的结合点，以喜闻乐见的内容和生动活泼的形式把对台交流引导贯穿于旅游的各个环节，发挥潜移默化的作用；再次是加强对大陆民众的涉台教育，不断提高大陆民众对祖国统一和两岸关系和平发展的认识，通过民间自由往来和交流合作，深入做好台湾人民工作；最后是进一步加大对重大交流项目的奖励力度，给予资金扶持，并积极鼓励多出文化精品，对交流基地所形成的重要成果如专著、音像制品、主题展览等给予奖励或资助。

四是整合宣传资源，扩大对台影响。首先是提升宣传的层次，各级新闻单位，特别是中央媒体应为交流基地加强对台宣传提供条件，组织中央媒体开展集中采访活动，通过深入宣传、延伸报道进一步扩大各地交流基地在岛内的知名度；其次是增强宣传的效果，针对台湾民众的喜好，通过各种载体如网络、微博等加强对岛内民众的宣传，可适时邀请台湾媒体对交流基地建设情况进行报道；再次是扩大宣传的影响，国台办重点交流项目和重要对台工作资源上应向地方倾斜，多在地方举办高规格、大规模、有深远影响和意义的活动，以对台活动带动对台宣传。

五是增加申报范围，积极有序推进。在认真总结现有交流基地工作的基础上，进一步完善顶层设计和总体布局，充分考虑到各地的特色和在对台工作中的影响，有计划、分步骤，逐步增加申报城市的范围。建议可以增加浙江衢州孔庙、湖北武昌辛亥革命纪念馆、湖北黄梅县五祖寺和四祖寺等为海峡两岸交流基地。

建议提交全国政协大会后，在成果转化中得到了相关部门的重视和吸收，为进一步深化两岸民间文化交流与合作发挥了重要的助推作用。

四、建言创新驱动战略，推进西部地区转变发展方式

在当前国内外经济格局发生深刻变化的关键时期，不失时机地以技术创新为动力，深入推动工业结构调整与升级，推进西部地区发展方式转变，关系到改革开放与社会主义现代化建设大局，是我国当前面临的重大战略任务。

为此，2012 年，台盟中央将“加快转变发展方式，促进西部地区开发开放”作为年度重点参政议政课题，组织协调重庆、陕西、成都、云南等台盟地方组织组成课题组，联合开展调研。

课题组在调研中发现，近年来，国家通过一系列政策推动原始创新、集成创新和引进消化吸收再创新，加快创新型国家建设步伐，在基础研究和高科技研究领域取得一批重大成果，取得了良好的经济社会效益。但是，我国自主创新能力不强，产业技术水平偏低，基础和前沿研究比较薄弱，科技体制同经济和科技发展不相适应等一系列问题仍

然存在，特别是科技和经济相脱节的问题十分突出，亟须进一步改革困扰科技与经济融合的体制机制，以技术创新为动力，推动经济发展方式实现转型发展。

课题组对当前我国实施创新驱动战略面临的关键瓶颈问题进行了剖析，主要包括：

一是对创新概念认识混淆，创新主体异位。企业作为经济活动中最活跃的因素，不仅仅是研究开发的主体和创新活动的主体，而且是创新收益的主体，直接参与市场竞争，对产业和产品新技术的发展创新最为敏感。但在实际运作中，政府部门在推动创新时侧重于针对大学和科研院所的课题，企业的创新主体地位受到各种因素的制约，并未得以真正发挥，创新的整个机制及环境还有待于进一步改善。企业总体上的研发和创新能力还比较弱，作为创新活动的主要载体和重要支撑的企业技术中心（研发机构），西部地区也明显落后于东部地区和中部地区，特别是缺乏具有重要影响力和显著带动作用的行业或区域性企业技术中心，造成共性关键技术的研发和推广不够，中试环节脱节，形成企业技术创新全流程中“鞍”型结构，制约了整体创新水平的发挥，导致未能在战略领域和关键环节取得重大突破，缺乏核心技术，许多领域至今还处于起步和跟踪模仿外国技术阶段。

二是没有建立起完善健全的创新投融资体系。过去我们的视野和精力主要集中于大企业，这是由于做大经济的需要，而做强经济，必须有创新，必须抓中小企业。但是，中小企业发展中遇到许多障碍，其中很重要的就是投融资体制问题。我国缺少鼓励公民个人投资创新的激励机制，同时也缺乏宽容失败的文化，缺少有效地扶持创新、促进初创企业发展的投融资机制和土壤。

三是缺乏对资源创新的有效整合。以产学研合作为例，真正成功的案例并不多，原因在于合作的机制存在严重的不适应性，具体来讲就是没有解决好主体之间利益取向的问题，创新内生动力不足、合作同心度低、互信度低、违约成本低、交易成本高、合作壁垒高，呈现出“三低两高”的根本性障碍，同时，产学研合作的层次不高，局限于地方化、低层次的合作模式，不能在更高层次更大范围进行要素整合，配置创新资源为我所用。

四是创新人才及成果评价机制不尽科学。长期以来，我国对人才评价及奖励制度主要是基于论文以及专利状况，科研成果评价标准表现出重数量、轻质量，重眼前、轻长远的倾向，急功近利；评价机构难以保持客观中立，学术评价泛行政化，成果评价的公正性容易受到质疑；科研成果的激励制度过于物质化和利益化，一些耗时且成效慢的基础性项目乏人问津等等。这些问题严重损害了科技人员的创新积极性，阻碍了科研的长远和全面发展，急需研究建立新的成果评估和人才评估体系，形成良好的创新奖励政策导向和环境氛围。

在深入调研的基础上，课题组从建立完备科学的创新投融资体制，探索建立以企业为主体的创新实施主体，建立科学客观的创新成果与人才评价机制等方面，针对西部地区转变发展方式、推进创新驱动战略的主要路径提出了若干政策建议，具体包括：

一是支持在西部地区建设长江上游技术创新中心和全国技术改造重点推进区。建议在两江新区、天府新区、西咸新区等重点开发区，推进国家统筹科技资源改革示范区、国家级信息产业园区建设。通过技术创新中心和技术改造推进区的建设，加快西部龙头省市的发展，引领和带动辐射西部周边省市，实现整个西部的创新跨越发展。

二是出台支持企业技术创新的优惠政策。在金融、财税等方面给予优惠，对企业新产品开发、科技成果转化、创新人才引进等方面给以补贴和扶持，加大研发费用税前抵扣力度，鼓励企业联合大学、科研机构开展产学研合作，鼓励企业走出去整合创新要素资源，出台优惠政策引导和扶持企业特别是中小企业开展技术创新，支持核心企业和产业龙头开展产业核心技术、关键技术攻关，切实发挥好企业的创新主体作用。

三是扩大民间投资参与技术创新和技术改造的参与度。鼓励民营企业加大新产品开发力度，实现产品更新换代，开发新产品的研究开发费用可按照规定享受优惠政策；鼓励民营企业实施品牌发展战略；通过加速固定资产折旧等方式鼓励民营企业技术技术改造，淘汰落后产能，加速技术升级；加大公民参与技术创新投入力度，鼓励公民将个人收入投入企业产业技术创新领域，对个人参与技术创新的个人所得税以及公民个人按照合同转让或租赁专利、技术秘诀或新工艺收入，个人所得税予以减免，营造全社会关心、支持、参与技术创新的良好氛围。

四是进一步加大对独立研发主体开展创新的政策支持力度。通过引进和培育独立的研发主体，在财税等方面给予相应的优惠政策，鼓励建立如台湾工研院的独立研发主体，开展产业共性、关键、核心技术研发，通过政府的引领带动，促使一批独立研发公司的成长和发展，促进一批核心技术的研发和产业化。

在温家宝同志主持召开的政府工作报告党外人士征求意见座谈会上，台盟中央围绕着积极实施创新驱动战略，促进西部地区加快发展的问题做了发言，充分阐述了意见建议，积极为国家深入实施西部大开发战略建言献策。

郭　婷　台盟中央研究室干部

附　录

附录一：台湾政党制度研究

2012 年为台湾大选年。从政经景气循环理论的基本视角来看，台湾岛内政治变迁又来到了一个新旧交替的分水岭上，它也形成并体现出新的阶段性特征。单一选区两票并立制的新选制第二次适用，它对台湾地区政党体制的塑造效应正在日趋稳定和明确。随着政权和平轮替逐渐常态化，也因应台湾民间对政策问题的偏好逐渐超越对意识形态特别是“统独”问题的趋势，台湾选举和政党政治也日渐回归正轨。台湾政党政治的主要活动主体——国民党、民进党和台湾选民，他们转而更加关注政党的改革和发展问题，以及政党政治与治理绩效问题。因应新形势、新特征，除对选举一以贯之的追踪、聚焦以外，是年岛内外学者对台湾政党制度研究的重点，也很自然地放置在了这两个方面。

一、研究论文概要

（一）国民党研究

政党同其所处的政治生态存在着对立统一关系。换言之，所有政党都在受限的政治生态中创造了这些限制自身的政治生态。由此，作为政治系统中相对灵动的政治主体，作为政治变迁进程中的“自变量”，政党唯一有效地适应变化了的政治生态的方法，就是以自身变革诱发政治生态变革，并从中为自己找寻出路、为自己营造最满意的生存和发展环境。所以，政党的适应性，不是被动地、消极地顺应和服从，而是主动地、积极地改革和开拓。就其百多年的历史来看，国民党的确还算是一个适应性比较强的政党。长期以来，国民党自身改革是这个党能够每每在政治悬崖边际尚能够老干发新枝、不断焕发竞争活力的关键所在，也是关乎这个党能否继续维持其政治地位的关键所在。特别是现国民党当局两个任期转承、过渡的阶段中，严重的腐败弊案再次出现，更是凸显了国民党自身全面、深刻变革的重要意义。由此，2012 年国民党研究的主轴就是党务改革问题。学者们或是整体上审视了这个问题，又或者是从党产、组织、派系等方面分别加以考察。从学者们的研究结果来看，国民党党务改革的力度和成效还是比较可观的，譬如党产清零的问题、削弱派系影响的问题，以及党政关系调整的问题。但我们同时也注意到，相关研究在对这些改革的后果、影响作出评价时，又往往体现出某种犹疑的色彩。实际上，在竞争性政党体制下，政党改革应当是一种正常态，有政党改革而来的许多政治上的不确定性恰恰是政党创造性地适应政治生态变化的机会所系。问题不在于要不要这些不确定性、这些机会，而在于如何去看待和把握这些不确定性、机会。总括学者们评价不一的原因，一方面盖因旁观者不在场的缘故，另一方面则可能是本身就对改革所及的利益相关者如地方派系等抱有预设的同情态度。由此，学术研究如何处理客观性与情境感的关系，的确形成了一个很是微妙的问题。

《国民党党产问题初探》（王鸿志、孙林，《台湾研究》2012 年第 1 期）对国民党党产的形成、清理及其影响等问题进行了探讨。首先是回顾了国民党党产的来源构成及其发展。党产来源可上溯到辛亥革命前海内外华人华侨的捐献。国民党大规模置办党产和党营事业始于抗战以后。败退台湾后，国民党党产来源主要是 1949 年撤离大陆时转运的党营事业公司及黄金外汇储备、抗战胜利后接收日本殖民台湾时的财产，以及退踞台湾后依托威权体制置办的党产和筹建的党营企业。党产曾经对维护国民党长期执政发挥了重要作用：一是为维持庞大党机器运作提供保障，二是选举资金的主要来源，三是积极配合当局的经济政策，四是“金元外交”的幕后金主。随着台湾政治、经济的现代化发展，党产逐渐成为国民党的沉重包袱，主要体现在：其一，庞大党产备受社会诟病，成为影响国民党形象的重要因素；其二，民进党大肆操弄党产问题，并将其当作“选举提款机”。国民党深刻认识到党产问题已经成为困扰自身发展，导致党丧失民心的“负资产”。从连战开始，国民党便开始进行改革，建立按照现代政党制度运作的党产经营机制。相关做法主要包括：连战任党主席期间彻底清查党产并以回赠、信托方式处理党产；马英九继任后延续连战做法并加大对党产的处理力度；2008 年国民党重新执政后加紧标售“中投”，推动“党产清零”。抛弃党产有助于国民党向选举型政党转型，符合台湾政党政治发展的现代化方向。但是，一个长期依靠党产的国民党，能否在脱离党产后依靠社会捐助打赢选战？这仍然值得关注。

《国民党的平衡与艰辛》（刘相平，《两岸关系》2012 年第 1 期）认为，2011 年国民党朝“选举机器”转化的趋势更加明显。随着中央职能的弱化，国民党员对“中常委”的位置缺乏兴趣，党对马英九及其明星效应的依赖仍然不减。国民党必须在政治改革和政治现实中寻找平衡。马宣称要对国民党进行改革，地方派系则是首当其冲的改革对象。这固然对缓和台湾族群矛盾具有正面效应，但也引发党内支持者尤其是地方派系的不满。此外，党内外关于马“所有人都想讨好，最后却什么都做不成”，“想同时讨好所有人，结果问题越处理越多”的传闻，也为马、国民党赢得 2012 年选举蒙上阴影。由此，马英九、国民党被迫调整策略，暂时把“道德的傲慢”放一边，一定程度上向地方派系妥协，重新“拥抱”它们以利选战。不过，马英九及国民党中央还是想维系和重塑党的理想，坚持改革路线。譬如其 2011 年 11 月 16 日公布的“令人跌破眼镜、带来期待的”“不分区立委”候选人名单，就充分展现了它改头换面的企图，因而被台湾媒体评价为“年轻清新的弱势团体代表、一向敢言的知识分子均名列前茅，不再将不分区当成政治酬庸，一举翻新了国民党的刻板和老旧形象。”总的来看，老党改革步履蹒跚，在长远的政治理想和当下的选举考虑之间，国民党的政治平衡极为艰辛。

《马英九推动国民党党务改革任重道远》（董玉洪，《两岸关系》2012 年第 4 期）对马英九 2008 年以来主导的国民党党务改革进行了梳理。文章指出，马推动改革的目的为顺利推动政务与党务，改变国民党长期存在的在选举中以资源交换同地方派系结盟的行为模式，助推其由传统政党转向现代政党，由政治资源分配机器转变为选举机器，在未来选举中能依靠政党的理念、公共政策和施政能力获得选票，而不再以传统家族体制下地方派系的运作参与和权力交易的方式进行政治动员。四年来，党务改革主要表现在：精简机构人事，专职党工精简至900余人，将国民党这个"百年老店"转型为选举机器、"小而美"的政党。端正党风。以改革力量带动干净的选风，促进清廉执政，打造国民党正派、清廉的形象。逐步处理党产。拟定并推进实施党产透明化、精简化、信托化和公益化的"四步走"计划。与地方派系划清界限。不再对派系挹注大量资源，而是通过参选人本身的政绩和魅力去赢得选举。马英九推动国民党党务改革虽取得成效，但总体上进展缓慢，一些目标也未能如期实现。原因在于：一是党产问题未能彻底解决。二是与派系划清界限说易行难。三是党内反弹强烈疏离感严重。总之，国民党党务改革既是迎接挑战、巩固政权的需要，又面临着种种复杂因素，难以毕其功于一役。只有兼顾理想与现实，结合党意与民意，既注重目标又讲究过程，不断扩大改革的党意基础，提高党员积极参与的自觉性，方能减少阻力，达成目标。

《台湾两党制趋势下国民党改革特点与前景》（徐家勇，《广州社会主义学院学报》2012年第2期）指出，随着台湾两党制逐渐成形，国民党在组织架构逐渐以选举机器为改革目标，为此做出了很多的努力，意识形态本土化、两岸政策维持现状化和组织结构选举机器化是其主旋律。文章指出，国民党经历了从两蒋时期"非竞争性威权政党"到李登辉时期"支配性一党体制"再到2000年下野后的"竞争性的民主政党"的转变。国民党改革与台湾选举有密切关系。在面临激烈的选战时，它常无暇顾及党务改革或不愿在改革上大幅着墨以免破坏团结，结果形成"选举挫败——士气低落——改革受挫"、"选举胜利——得意忘形——忽略改革"的循环，改革以胜选为目标，却又因选举得失而发生大的波动。国民党组织结构选举机器化的总的思路，是建立适应两党制下"选举机器"式政党，将其作用领域限定于组织动员选民、宣传党的政策、传达民意和政策的沟通协调等。文章分别从党政关系、组织体系、党产、青年人才的培养、与地方派系的关系、廉能建设和选举动员方式几个方面对国民党的组织结构改革做了具体阐述。关于国民党改革的问题与前景，文章指出：在台湾两党政治的发展趋势下，转型为选举机器是必要的，但不是唯一出路。国民党不仅要在组织结构上做好妥善的转型，而且在意识形态和政党价值的建设上也要有大方向，改革要因地制宜，不可照搬美国式的选举机器模式；还要加强意识形态，政党价值理念的建设；国民党在两岸关系上的表现对它的改革发展前景也会产生重要的作用。

《试论中国国民党的三次改造》（赵海方，《商》2012年第16期）回顾了退据台湾后国民党的三次改造，认为尽管这三次改造目的不同，但反共立场没变，而改造运动也最终使得国民党由一个专制、独裁的党走上民主的、现代化政党的道路。文章指出，第一次改造削弱了"党国元老"的实力，削弱了国民党内非蒋系的派别势力。通过改造运动，建立和和恢复了以蒋介石为首的领导核心，实施了"党禁"，加强了国民党一党专制独裁统治。第二次改造是要"以党务革新带动行政革新"、以"行政革新带动全面革新"，力图从组织训练等方面对国民党进行整顿，以"充分发挥组织效能"，提高国民党的"竞争能力"，克服自身危机，以适应新的岛内外形势，保护国民党在台湾的统治地位。此次"革新"

对国民党的执政能力提出了新要求，从而提高了国民党的执政与竞争能力，逐步改变了国民党“专制政党”的形象，开始向“民主政党”过渡。为了变被动为主动，国民党还采取了解除戒严、开放党禁等措施，并适当放宽出入境限制，为政党政治开了绿灯。第三次改造是李登辉“宪政改革”被动催生的。李登辉为解决了国民党退台后一直存在的“法统”危机问题，以“宪改”化解了国民党台湾政权的合法性约束。国民党由外来政权变成了本土政权，实现了国民党、台湾政权的内部定位，即国民党政权台湾化，“中华民国”台湾化，这就在某种程度上为“台独”留下了可乘之机。改革本身是国民党台湾当局政治革新的继续，但它是国民党自身的蜕变，它使国民党由中国国民党变成了台湾国民党，这种蜕变必然给国民党的大陆政策取向带来深刻的影响。经过上述三次改造，国民党渐进走上了现代化政党的轨道。

《以党辅政中常会角色改变》（唐开太、萧全政，《中国时报》2012 年 9 月 4 日 A12 版）指出，国民党一年一度的中常委改选结束，在没有买票、请客，或黑道、派系操弄的传闻下，这次改选值得肯定。目前，公众关注这次改选的重点集中于中常会决策功能弱化、中常委权力式微，以及“挺马中常委”得票、排名、落选之变化等。国民党历史上曾党政密切结合，“以党领政”明显。其中，作为党最高权力机构的中常会，对国家的重大决策参与程度极高。但 1987 年解除戒严、1991 年终止戡乱后，台湾民主化快速发展，政党不能凌驾于国家之上的理念渐被摒弃。国民党历经在野与重组的经验，党内民主逐渐建立，中常委不但增加名额，也改由较具草根性的党代表选举产生。2008 年马英九上台之后，国民党已经是一个转型的政党，故党政之间的关系，被界定为“以党辅政”而非“以党领政”，中常会也不再是决策机构，而是要在“以党辅政”的定位下，扮演联结“政”与“党”及党内上下的沟通平台。中常委由党代表选出，并在中常会中提出反映党内基层的声音，且和若干名指定中常委的从政同志得以交换意见；这时候，党主席就扮演了一个重要的枢纽角色，即须对中常委说明行政部门的思考，同时也向行政部门反映党内基层的意见。中常会实质上就是扮演这种沟通平台的角色；中常委越具有能反映党内基层的代表性，将越具有党内上下与党政之间的沟通意义与效果，而与党主席个人的利害得失，却反而不是那么直接或明显。

《林益世冲击 整合派系契机》（廖达琪，《联合报》2012 年 7 月 3 日 A15 版）林益世案对以清廉挂牌的马政府无疑是沉重的打击。林的出事，固然反映马认人不明、致使国民党南部布局大乱、人才告罄、翻盘机会渺茫，但危机通常也蕴含了转机，对马政府或国民党而言，可以掌握的契机或是：其一，可以进一步治理滋养地方派系势力的源头活水——回扣或佣金，在此问题上更严厉地警惕、牵制所有地方派系人士。其二，可顺势取得国民党在地方培养人才的主导权：林益世虽被马强力拔擢，但他所以能而立从政，与父亲林仙保是原高雄县红派大老之一，有很大的关系。林出事，让马或有较大的空间及指挥的力量驾驭地方派系势力，从而让政党在培养地方人才上有较大的主导挑选力道。其三，可借此整合彼此抵制的派系势力：国民党在原高雄县大体分成红、白两大派，但长久互相掣肘，所以民进党在县市合并前，在高雄县长期执政廿余年；林这一事件对地方派系相信有棒喝的效用，如果结合第一项提到的善治滋养派系的源头活水，应可相当程度整合派系势力，将之纳入政党体系，成就较良性的体制内竞争，而非政党常屈从派系的需索。

（二）民进党研究

任何事物最初生成时所获得的本质特征都将对其未来的发展和存续产生决定性影响。民进党创党时期是要在台湾搞革命的，所以一开始就有意识地模仿革命党。于是，相对于一个较早实现了意识形态实用化的国民党而言，比较年轻的民进党却有着更强的组织和意识形态刚性特征。如果说国民党的变革更多地体现在组织和行为层面，那么，民进党的变革则更多体现在思想和观念层面。关于这一问题，学者们 2012 年的相关研究还是把握得很准、论述得很详尽的。相比较而言，民进党生成时即为自己预设的“命运”，使得当下这个党致力于自身转型以适应政治生态变迁的前景更为凶险。台湾政坛的风向变得很快，民进党十年执政的历程更是直接促成了台湾政治生态的迅速演变。岛内外的学者们都清楚地看到，近年来台湾政治生态的全新变化，使得民进党曾经屡试不爽的“台独”意识形态牌不再通灵。选举结果表明：“台独”挂帅的两岸政策，以及选民对这个党能否搞好同大陆关系的疑虑，已成为此次大选及以后相当长一个时期内制约这个党的发展空间、破坏其执政前景的关键所在。民进党败选后在努力检讨，特别是在反思它的两岸政策。由此，民进党能否顺利实现意识形态和基本政策的转变、能否实现自身转型，也就成为 2012 年相关研究的焦点所在。总括相关研究的成果，它们都直接或间接地只想这样一个事实：2008 年以来的民进党迷失了自身的政治方向，在选举和政策层面上显然缺乏明确的定位，仍然沉溺于想“独”“独”不得、不“独”心不甘的纠结，而且深陷非“左”非“右”、左右难堪和动辄得咎的尴尬境地。作为一个长期用意识形态高度捆绑自身存在以至将意识形态等同于自身存在的党，面对这样一种因意识形态反噬而形成的政治困境，也是极其自然的事情。就学者们所推及的结论来看，未来民进党若要成功地实现政治转型，似乎只有一个努力的方向：承认现实，充分把握当下台湾政治变迁中正在集结的左翼和右翼潮流，积极回归政策层面，逐步将自己改造成一个意识形态实用型的政党。

《试析民进党民粹主义的成因、本质及困境》（石勇，《理论界》2012 年第 4 期）在辨析了民粹主义意涵的基础上，对民进党民粹主义的成因、本质及困境进行了深入的剖析。作者指出，民进党民粹主义的成因在于：第一，台湾民主重制度设计轻文化吸收、照搬西方模式导致民主形式与实质“两张皮”的现象，以及由此而成的台湾特殊的政治文化环境。第二，台湾现代公民意识不健全。台湾民众的公民素养虽有了值得称道的进步，但由于深受中国传统臣民文化影响，又因长期受殖民统治、专制统治压抑因而有强烈“出头天”的愿望，结果距离真正意义上的现代公民的品质仍有相当的差距。第三，体制内资源匮乏是民进党走上民粹道路的重要原因。出于对政治现实的无奈，它只能觊觎体制外运动并一再诉诸民粹以积聚能量。作者继而概括了民进党民粹主义的本质：一是虚伪的政治策略。一切以政治利益为转移，民进党民粹主义完全成了“基于精心预谋的诉诸民众利益或偏见的政治策略”，其实无异于“政治操纵”。二是破坏性的政治思维。民进党民粹操作泛政治化、泛意识形态化，凡与自己相左者皆被其污名化，结果导致政党恶斗、族群撕裂和两岸关系紧张。三是空洞的政治价值。民进党民粹主义缺乏立身的关键政治价值支撑，只能依附于自由、民主等价值，或假借“台独”口号维生。在该党进步性与正当性湮灭的情况下，其民粹主义操作所宣扬的政治价值也就徒具其表。由此，民进党也就自然面临道德形象难以修补、激进群众动员的组织瓶颈难以克服，自身重获民众信任任务十分艰困的政治困境。

《过去四年民进党两岸政策调整综述》（陈先才，《两岸关系》2012 年 4 月）以为，2008 年败选后，在蔡英文领导下，民进党开始对陈水扁时期激进的大陆政策进行调整和修正。整体上看，该党大陆政策的调整虽没有实质性的突破，但还是取得了一些成效。蔡英文领党以来的大陆政策调整有以下特点：务实性：基本上放弃了陈水扁执政时期奉行的激进、冲突的大陆政策，也一定程度上淡化了刺激大陆的言行举动。摇摆性：在两岸政策调整上的反复摇摆，使其两岸政策调整的可信度大大降低，无法取得岛内民众的认可，也无法降低大陆方面的顾虑，更使其大陆政策调整的功效大为降低。策略性：蔡并没有改变民进党的基本立场和价值观，民进党只是在具体政策及宣导上做了务实、弹性和技术上的调整——只是对过去大陆政策进行了重新包装。事实证明，民进党大陆政策的这种策略性调整，只是投机取巧。文章继而分析了制约蔡英文大陆政策调整的基本因素："独"派势力尾大不掉，改革意愿不够理性、坚定，派系政治多方掣肘，选举压力无从释放，政治人物举棋不定。因此，蔡英文、民进党无法与陈水扁大陆政策路线彻底切割和决裂，只能在维持本党大陆政策总体框架的前提下进行部分微调，因而也不可能推动大陆政策的重大突破。

《民进党：两岸政策调整方向之迷思》（王建民，《世界知识》2012 年第 7 期）指出，尽管民进党败选后两岸政策调整涉及党的转型问题，但还不是全部。民进党转型涉及的面更大，更广，更深刻，影响更远。依目前形势看，民进党转型的可能性并不大。作者以为，民进党提出的一系列与大陆互动、交往的主张建议包括三个方面：展开第二次"中国政策辩论"；恢复设立"中国事务部"；设立"驻中国代表"。对党内出现的检讨与调整两岸政策的声音与讨论，应予肯定。但仔细观察发现，民进党仍在做表面文章，两岸政策调整与转向没有触及实质问题。即便民进党中一般被认为是相对理性、较为开明、主张与大陆交往与互动、"反中"情绪和"台独"意识也不强烈的改革派，也都明确主张"台独"，都以台湾"主权独立"作为两岸政策论述核心的，其主要区别在于与大陆互动和两岸政策的开放程度上，在于"激进台独"与"温和台独"的差别上。由此，民进党两岸政策调整的目的仍在于巩固本党社会基础，指望它能推动实现党的转型是不现实的。首先，其"台独"主张已制度化与固化，成为凝聚支持者的重要精神纽带，这一主张很难放弃，因此该党也就不可能完成转型。其次，党内主流声音认为蔡英文在"大选"中所获选票与马英九差距并不大，离胜选"只差一里路"，因而担心一旦改革与转型，虽可争取中间选民，但可能造成绿营选民流失。另外，民进党能否转型，还取决于是否有一个强有力的领导者。民进党第一次转型是因为党内有一大批政治精英与政治领袖，能由上而下推动。目前民进党群龙无首，没有一言九鼎的领导者，党内存在多元的政治力量与势力，内部权力争夺十分激烈。这些都制约与影响着民进党的转型。

《关于中国台湾民进党的几点看法——兼谈民进党的未来走向》（张久营、寇子春，《上海市社会主义学院学报》2012 年第 5 期）指出，民进党在更换新的领导人和领导机构之际，能否反思和明确其主要特点及未来走向，是大陆方面有效推进今后对台工作的重要参考。作者看到，民进党早期适应社会需要、充满活力、追求进步，是台湾政坛一股极为清新的重要政治力量。从人员构成上看，民进党最初很多重要成员并非“台独”分子；在思想意识形态上，早期民进党人排除“台独”，甚至更接近社会主义，赞同两岸交流；在选举路线上，该党也相当程度上回避了“台独”路线。但过去12年，该党被“台独”理念遮住望眼，丧失了大好前程。民进党执政时期，陈水扁极力推动“台独”路线；蔡英文掌控民进党时期，民进党始终没有放弃“台独”路线；苏贞昌接任民进党主席以来，该党还是无意进行“台独”转型。展望未来，民进党有三个最有可能的走向，由此演变出最有可能的三个结果。一是继续坚持“为反对而反对”的立场并重创台湾社会；二是明知不可为而为之，顽固坚持“台独”路线，蚍蜉撼树，终将殃及台湾民众；三是成功转型，并有可能因此重返执政舞台，造福两岸民众，为两岸关系和平发展进程做出重大历史性贡献。

《苏贞昌时代民进党大陆政策研究》（杨泽军、王维，《世界经济与政治论坛》第4期）从民进党大陆政策调整面临的动力、阻力进行分析探讨，进而揭示民进党大陆政策未来可能的走向。文章指出，重返执政、党内及民意压力、两岸关系快速发展都迫使民进党调整大陆政策，岛内主流民意、美国等外部势力也希望两岸关系良性互动发展，民进党大陆政策面临调整的巨大压力，不调整难。但是，由于党内意见难以统一、“台独”政党性质局限、深绿势力强力牵制，民进党大陆政策调整、尤其是突破性调整亦难，可能引发深绿力量的强烈反弹，使民进党丧失基本支持力量，动摇民进党根基。由此，民进党未来大陆政策变守两难，将“有所为，有所不为”。一方面，为扩大社会基础、重返执政，民进党在两岸问题上不得不“有所为”。譬如淡化“台独”色彩，变相承认“一中各表”，争取突破与大陆关系僵局；弱化“逢中必反”立场，改变僵硬的大陆政策思维，设法展现民进党有处理两岸问题的能力；采取“政经分离”原则，有限度展开与大陆经贸交流，争抢两岸和平发展红利。另一方面为避免深绿反弹、凝聚基本盘，民进党在大陆政策上将坚持“有所不为”。譬如维持“台独”党纲，确保“台独”政党性质不变；拒不承认“九二共识”，坚持两岸“一边一国”；加大监督制衡力度，力阻两岸政治关系发展；以及加强与美日关系，增加大陆政策中的美日因素。文章最后指出，对祖国大陆而言，民进党大陆政策调整影响有利有弊，弊大于利。

《选后民进党两岸论述调整的基本走向》（陈星，《统一论坛》2012年第2期）认为，2012年台湾大选举失败的一个十分重要的因素是两岸政策模糊、空洞和自相矛盾，无法形成有实质内容的论述。一方面，民进党坚持反对“九二共识”，顽固坚持“台独”立场，拒绝承认一个中国原则。另一方面，在面对两岸交流扩大所带来的两岸关系的结构性改变时，民进党无法向选民说明如何在上台后继续维持两岸关系和平发展的局面，以及如何保证民众在两岸关系和平发展中获得的实际利益。这是民进党的困境，也是其对两岸论述调整的压力所在。压力之下，民进党内出现了支持和反对调整两岸论述的两种对立倾向。但调整能否实现，并进而实现“台独”转型，还取决于：两岸关系和平发展带来的持续性压力；民进党对“台独”转型必要性的认知。文章最后指出，就民进党两岸政策调整的具体内容来看，该党不可能在“台独”立场上急速后撤，而是可能采取迂回方式进行渐进式调整。民进党会逐渐淡化“台独”路线，但是短期内不会放弃该路线。

《民进党政治转型的挣扎》（张文生，《两岸关系》2012年第4期）介绍了当年民进党败选后的党内检讨报告。“检讨报告”有“提升全党执政信赖感、摆脱反中锁国的刻板印象、基层经营与政治板块的突破”三个检讨方向。针对外界聚焦的两岸政策，蔡英文表示：“民进党在过去以致到将来，都要面对一个很严酷的问题，就是我们要如何面对中国，我们要如何加强处理中国问题的能量与能力，才会得到社会对我们的信赖”，“要处理中国问题不是坐在家里想要怎么处理，要处理中国问题必须要了解中国，要了解中国必须要在互动中去了解，我们也期待，党能够在一个良好的制度上面，让我们的党员与基层可以去更了解中国，从互动当中可以去找出替我们自己与替台湾面对中国一个新的解决方法”。文章认为，虽然蔡最后的两岸政策论述仍建立在“一边一国”的政治定位上，但还是给民进党留下了“在互动中了解中国”的政治遗产。此后，民进党开始推进党内改革，并首次主动派代表参与旨在促进两岸交流与对话的腾冲会议，做出了解大陆的初步尝试。但不久，吴伯雄参访大陆时提出的两岸“一国两区”见解即遭到民进党严厉诛伐，反映了出两党在两岸关系定位上的核心分歧仍在于是否承认“大陆和台湾同属一个中国”。吴伯雄“一国两区”四个字就让民进党政治转型破功，这也表明：该政治转型实为“皇帝新衣”，是否放弃“台独”意识形态、是否接受“九二共识”既是民进党两岸政策必须跨越的门槛，也是其能否执政的关键门槛。

《民进党权力改组对朝野政党竞合之影响》（张孟涌，台湾《中央日报网络报》2012年7月22日）就民进党权力改组后未来台湾朝野政党竞合的影响提出如下分析：其一，未来民进党将着重人才甄选及组织经营，积极为“七合一选举”布局。其二，民进党内部竞合局势，“新苏连”系及跨派系合作人士在中常会掌控绝对权力，蔡系、谢系、游系等亦能发挥一定程度的影响力。未来民进党可能调整选举提名办法，后者将对主张朝野竞争对峙的人士有利，对主张朝野对话合作人产生吓阻作用，进而影响朝野政党竞合态势。其三，未来朝野政党关系恐将呈现“竞争多、合作少”的态势。民进党虽不排斥朝野领袖对话，但态度亦不甚积极。尤其在美牛案、油电双涨及林益世案等影响下，民进党回避朝野领袖对话的立场更加坚定。其四，七合一选举前，朝野政党对于两岸关系的着墨与辩论可能偏低，各自调整的空间亦不大，岛内政经议题将是未来二年朝野竞争的主要场域。若这样的态势果然成真，那将对台湾未来的政经发展产生非常不利的影响；长期以来，人们对于朝野政党和解与对话的殷切期盼，短期内亦恐难以实现。

《民进党开始进入中国政策的深水区》（范世平，台湾《中国时报》2012年11月26日A14版）指出，十八大召开后，习近平提早接任中共中央军委主席、提前完全负责对台工作。这对国民党2016年大选将是利多；但对民进党则是压力倍增，这恐怕是苏贞昌急于成立“中国事务委员会”的原因。甫任民进党主席的苏贞昌显然不想重蹈蔡英文在两岸关系上的覆辙。但由于“独”派强力拉扯及党内“宁左勿右”的氛围，民进党两岸关系政策调整甚为不易。民进党是否要进行党内两岸政策大辩论，也出现犹豫，深恐尚未形成共识，就会面临党的四分五裂。因此，虽然“中国事务委员”会已经开张，但未来要做什么、能做什么，实在令人怀疑。民进党始终不承认“九二共识”，但2008年迄今，它已成为两岸恢复两会协商、签署十八项协议的基础，已由“虚拟”走向“实境”。若民进党2012年大选时否定其存在尚能获得共鸣，那么，2016年大选时是否还能继续否定？其说服力恐怕大打折扣。但民进党内部不少人却认为，国民党大谈“九二共识”，大选得票从2008年到2012年却减少70多万票；民进党不提“九二共识”，却增加了60多万票，这显示“九二共识”绝非万灵丹。因此，在2014年“七合一”大选之前，民进党两岸政策将暂被冷却。2014年选举后，民进党是否能在短期内建立两岸政策的共识，并获得北京的“谅解”，以因应2016年大选，是一大挑战。届时如民进党大胜，则其调整当前其中国政策的合理性恐将更低。

《520民生革命？民进党陷左派困境》(左正东，台湾《联合报》2012年5月14日A15版）首先比较了世界范围内政党政治中的左翼、右翼力量在价值理念和政治／政策倾向上的基本区别，继而指出，即令左右政党的政策都合乎左或右的派别逻辑，若未能满足选民的道德期待，仍难胜选执政，执政也会困难重重。右派的弱点是过于强调竞争以致缺乏人性温暖，造成选民疏离；而左派的困境则是过于强调理想而无法解决实质问题，一旦执政反令选民失望。作者指出，在台湾，国民党居于右派，其立场向来被认为偏向企业主。民进党算是左派，在劳工阶层拥有广大支持者。但两党执政期间，皆实行有利于企业的政策，尤其民进党也出现了很明显的右转迹象，致其与社运团体逐渐疏离。因经济政策差异缩小，两党竞争愈来愈突出道德问题。国民党的中国人认同和民进党的独立情结，各有其维护传统与追求解放的意义。在资本自由流动的结构下，任何地区的经济政策要大幅左转都难免于资金外逃的惩罚。面对一个右派政策环境和左派社会心理混合的局面，态度冷酷的右派和缺乏能力的左派，皆难逃民怨的灭顶之灾。由此，民进党所面临的考验绝不亚于国民党。由于党主席选举，民进党各派争相表现挑战权威的戏码，要控制抗议群众本属不易。若又未能提出建设性的对案，在政府财政结构调整过程，扮演正面的积极角色，难免强化左派给人无法解决问题的刻板印象，对于民进党重返执政，只怕更加不利。

（三）选举与政党治理研究

选举所以引人注目，往往是因为人们可能更加关注选出谁来做官。但选举的作用却并非选出人来做官这么简单。它起码还包括如下几方面的作用：完成赋权过程，实现合乎现代合法性要求的统治；组织政府、确立责任政治，实现对公权力的有效控制；意见表达、凝聚共识，形成公众政治议程并且对政府议程形成潜在或直接的影响和控制；实现权力的平稳交接，化解分歧和冲突。此外，还包括作为公民教育重要手段和途径等其他功能。由此，尽管民主政治并非一选就灵，但选举对于有效地治理来说确实是不可或缺的。在竞争性的政党体制下，政党作为联结社会与公权力系统的桥梁和纽带，自然成为选举的主体，它们也因此而自然成为治理的重要主体。由此，选举与治理自然构成政党政治、政党制度的关键内容。一般来说，选举塑造政党体制，选举决定治理目标和治理形式。反之，治理的绩效决定选举的结果，同时决定每个政党未来的政治前途。2012年有关台湾选举与政党治理的研究基本上比较均匀地覆盖了选民与政党、政党与政党、政党与公权力系统等基本领域。较之以往，学者们（特别是大陆学者）对台湾选民的关注更多一些，譬如对中间选民、经济选民和青年选民的专门研究，以及对选民选制知识、选民所承受的交叉压力的研究等，无论是在研究方法、研究理念上都充分显示对台湾竞争性政党政治更加深入的把握。

《国民党胜选后的格局演变》（彭维学，《中国报道》2012年2月总第96期）分析了2012年台湾大选的结果，分析了岛内选民格局的变化，认为此次选举是回归蓝绿基本盘和岛内政治现实的重要选举，选举结果可从四个方面解读：第一，马英九“小赢即是大胜”。第二，“蓝略大于绿”的基本盘没有根本改变。第三，“北蓝南绿”格局进一步强化。第四，民进党在南部的优势大大低于预期，与ECFA所带来的经济效益密切相关。选举表明，国民党维持“完全执政”局面，重挫民进党锐气，为2016年继续执政奠定了基础。两岸关系和平发展理念和马英九两岸政策的民意基础进一步扩大，“台独”分裂操作空间进一步压缩，中美关系及台海稳定局势得到维护，台湾经济继续提升的内外环境进一步改善。但对于马英九支持率的下降也不能忽视：第一，民众对马“执政”“马上好”的高度期待落空。第二，马施政与改革未顾及泛蓝支持者感受，致使基本盘松动。第三，蔡英文“非典型”形象包装、“中华民国就是台湾”的“柔性台独”主张、“当选后概括承受前朝政策”的政治操作，对中间选民具有欺骗性。就民进党而言，蔡英文败选辞去党主席后，党内领导权之争、路线之争、世代交替之争、派系发展之争将更加激烈，两岸政策论述、贪腐形象改善、接班人才培养等重大问题将更加突出。这些问题能否妥善解决，是制约其2016年能否夺取执政权的关键。岛内主流舆论认为，民进党得票率从45%到突破50%，中间差距虽不足5%，但成长之路却十分漫长。该党如不愿务实转型，提不出让大陆与美国认可、让老百姓放心的两岸政策论述，就无法争取足够多的中间选民，只能长期在野。

《2012年台湾选举的深层解读》（黄嘉树，《两岸关系》2012年2月）首先从左右选举的结构性因素、内部矛盾、两党改革动向、候选人的形象、竞选策略五个方面分析国民党相比较于民进党而言的五大优势。作者看到，尽管国民党拥有胜选因素，但民进党也动力十足，使双方选情都出现紧张情况。造成此种状况的四项新要素是：一是两岸关系转入和平发展的新轨道。大陆因素首次不再单纯是负面因素，但对大陆的恐惧与敌意在台湾仍很有市场。因此，此次选举也成为对和平发展成效的民意测验。二是民进党的政策调整。蔡英文“温柔台独”为民进党构建了一个战略高地，与马英九大陆政策形成鲜明对比。此次选举因此而成为关于“九二共识”的公投，并由此来检验台湾的多数民意。三是全球性经济不景气对台湾经济的影响。民进党利用相当多的人对经济复苏的“无感”挑起阶级矛盾，寻求中下收入者的支持，使台湾陷入所谓“民主内战”，这一策略表现出了一些成效。四是此次选举是在国、民两党都经历了较大的内部权力调整和程度不同的改革的情况下进行的。两党新形象的树立使选举结果产生了不确定性。最后，文章总结了选举结果带来的启示，主要包括四个方面：一是经过近四年的和平发展，向“一中”回归的力量已经在台湾内部压制住“台独”的势头。二是台湾的多数民意，最终选择了支持国民党的“弱统”或“弱一中”，而没有选择支持民进党的“柔独”或“柔两国”。三是选举结果证明，民进党想以阶级矛盾替代族群矛盾的策略是不成功的。四是选举结果表明，马英九坚持改革是成功的，对“新国民党”要有新认识，同时应尽快建立同“新国民党”内中生代乃至新生代的关系。

《混合选举制会形成两党制吗？——基于台湾地区“立法院”选举的分析》（周建勇，《上海行政学院学报》2012年第6期）看到，选制与政党体制间有高度的相关性，著名的迪韦尔热定律即揭示了此种观点。研究证明，单一选区制和议会内两大党制度的形成有高度关联性。文章以台湾地区为例，以“立法院”七次选举为例，分析了混合选制改革以来政党体系的变化，验证了选制变化同政党体制变化间的直接联系、验证了单一选区两票制客观上倾向于奖励大党和塑造两党体制这么两条规律性的东西。作者指出，在选制改革前，台湾长期实行中选区、单记名不可转让投票制，在政党政治上就长期保持了一党独大的体制。2008 年，台湾第一次适用混合选举制后至今，“立法院”出现两大党并存的局面，并开始出现政党轮替现象；两大党竞争日趋激烈，小党发展空间有限，难以与两大党抗衡；从议会有效政党数量来看，两党制趋势十分明显。作者强调指出，选制对政党体制的影响，还必须考虑到宪政体制、选区规模和议席规模的影响。以宪政体制为例，如果总统选举采用相对多数制，而且如果立法选举时与总统选举同时进行，则总统制政体可能对立法选举产生重大的影响力；由于小党通常没有机会拥有它们自己的总统候选人，大党在总统角逐上拥有优势，这种优势倾向于利及立法选举中的大党。因此，总统制通常会抑制多党体系的产生；总统选举与立法选举同时进行时，也有利于两党制的出现。

《社会民生政策与台湾选举政治》（郑振清，《新产经》2012 年第 2 期）看到，作为开放经济体，台湾身处全球经济衰退之中，不可避免地会面临经济增长趋缓、贫富分化扩大的问题，无论蓝、绿何方执政都是如此。因此蓝绿两党在民生议题上的角力将长期化，不会因为选举的结束而结束。文章指出，纵观 2010—2012 年台湾“五都市长”选举和“总统”选举，不难发现公共政策领域的民生问题——而非意识形态色彩强烈的统独问题——正在塑造台湾的政党选举进程与结果，这是台湾前所未有的政党政治新现象。从 2011 年选举进程来看，民进党主打就业环境恶化、贫富差距、财富分配不均等攸关民生福利的公共政策议题。在这个政策议题空间中，民进党自我定位为“中偏左”政党，着眼“分配”层面的社会公平问题，并试图将马英九和国民党打造成只在乎“经济增长”的“右派”政党。但是，台湾主要政党的形成模式和选举决战中对中间选民的争取，使得单纯的“左派”或“右派”政党并不存在。台湾新兴的政党政治的主要特点，一是政党政治的形成路径不同于欧美国家以纵向的社会财富分化为基础的路径，而是以横向的社会族群分歧为基础的；二是长期以来统“独”矛盾经常被当作选举主轴，而且这两者则是紧密相关的。尽管如此，由于两党体制日趋明朗的关系，蓝绿主要政党在选举竞争中的民生公共政策问题虽有异有同，但是同大于异，并且正在不断的论辩中互相趋向对方的合理主张。

《台湾大选新特点及两岸关系展望》（李家泉，《统一论坛》2012 年第 1 期）对 2012 年台湾大选予以积极的评价：总的说还是平和的、说理的，较之过去的历次大选，没有出现那种粗暴的人身攻击、辱骂叫喊、肢体冲突等现象，更没有出现“3·19 枪击案”和“连胜文被枪击”等恶性伤人事件。往昔一些政党那种草根性、鲁莽性、甚至是蛮横不讲理的好斗性，少见以至不见了。应该说，这是“台式民主”道路上的一种进步。作者指出，选举特别是民主选举，本身就是比政绩、比政策、比为选民服务的各种措施，而不是比嗓门、比口水、比怪招，甚至比动粗、比武行，动辄“拔剑而起，挺身而斗”，给人们带来一种恐怖感。本次选举的进步则给人们带来某种希望。文章认为，马英九连任成功是“九二共识”的胜利，蔡英文的败选应从根本上（“台独”立场和路线）找原因。文章展望未来两岸关系并指出，马英九虽获得连任，稳定了台湾政局，稳固了两岸关系大盘。然因蓝消绿长之势仍在继续、国民党在“立法院”席位优势大减，其第二任期的担子并不轻松，尤其是两岸关系的未来仍任重而道远。

《台湾经济选民的作用》（胡石青，《两岸关系》2012年第5期）认为2012年台湾地区大选中经济选民发挥了举足轻重的作用。所谓经济选民，意即投票意向受自身的经济利益支配，谁的经济政策更能维护其利益便支持谁。由于两岸经贸目前已占台湾出口总额的40%以上，经济选民对两岸关系，特别是对两岸经贸的动向更为敏感，国民党与民进党在两岸政策上的差异使其义无反顾地做出了选择。而台湾经济选民的具体数量，据民进党前主席许信良在选前估计，约有150万人，而一些民进党人士根据选后所做的民调认为，经济选民占台湾选民的4.5%—6%，而这项数据正好符合了投票选举的最终结果，马英九以52%的选票，近80万票的优势，超出蔡英文得票46%的选战成绩。文章指出，鉴于经济选民对台湾发展的贡献突出且在台湾经济社会中发挥积极、重要的作用，经济选民的理性选择也将是决定台湾未来政治发展的关键力量。

《台湾青年与台湾的政治选举》（苏颂兴，《青年探索》2012年第3期）看到，在2012年台湾“大选”中，那些刚刚有投票资格的青年选民——“首投族”在“大选”投票时出现了严重的“窝票”（自动放弃投票权、不投票）现象。原因是：台湾青年普遍对“看得见的未来”缺乏信心；长期以来政治意识淡化的必然结果；逆反心理强化“首投族”对选战的反感；台湾青年在激烈选战中出现“审美疲劳”；客观上考试时间与回乡投票冲突。“窝票”背后隐藏着的台湾青年政治价值观危机，随着两岸长期和平发展的进程而给未来台湾选举带来影响：台湾青年“窝票”仍将是“教训”政治人物的“杀手锏”；公民意识的淡化造成选举投票率滑坡不止；缺乏政治经验使投票意向更加难以预测；两岸认同危机因教科书问题而继续存在。追踪台湾青年政治价值观的未来走向，是研究未来台湾政治选举的重要课题。

《政治娱乐在选举政治中的工具性效用——以台湾选举政治为例》（陈琦，《中共南京市委党校学报》2012年第4期）将娱乐政治定义为以政治需要为最终目标，在吸引公众关注的前提下，将政治目的隐藏在娱乐活动的表象中的一种政治现象。文章指出，随着经济的繁荣、市场的开放，政治资源的竞争日趋激烈，政治传播的手段日益先进，政治娱乐、娱乐政治总会进入人们的视野。政治娱乐的政治性决定了其本身不可能作为一种单纯的政治现象存在，台湾的政治生态正好说明了这一点。作者通过分析台湾社会中政治娱乐对选举政治的影响因素，总结出关于政治娱乐的几点工具性效用——传播政治信息、影响公众舆论、缓解阶级矛盾、实现政治控制、引导大众心理。但由于娱乐文化追求感官刺激和趋于媚俗的特性，一味的政治娱乐可能造成整个社会价值观的垮塌，给社会带来负效应。因此，在承认政治娱乐合理性的同时，不能放弃清醒的价值评判，只有正确利用政治娱乐这个工具，它才能发挥出积极的社会作用。

《不中间的中间选民：以质性方法初探有政党倾向选民隐藏政党倾向的原因》（刘正山、朱淑华，《东吴政治学报》2012年第4期）注意到在台湾各项选举的民意调查中，不少受访者在被问及政党认同时，会选择选择不表态或隐藏政党倾向。虽然他们宣称自己是“中间选民”或“独立选民”，但是在理论上他们很可能仍然是具有政党倾向的选民。作者从电话访问数据中找到具有政党倾向却宣称为“中间选民”的受访者之后，经过再接触、深度访谈的方式，抽丝剥茧、探询他们不表态的原因。研究发现，除了个人家庭和自身成长文化背景的影响外，其他相关的重要因素还包括“保障个人自身安全避免与他人制造纷争”，以及“避免造成社群人际关系紧张”等理由。这些发现印证了目前学术研究对密歇根学派的补充观点，即存在着伪中间选民。换言之，所谓的中间选民，其实很可能已经具有政党倾向，他们只是不愿表态（说出自身的政党倾向）。文章进而指出，即使号称中间、独立的选民，其政党倾向并非真的不存在，而是未被召唤出来。

《选制知识对投票参与的影响》（黄纪、王宏忠、林长志，《台湾政治学刊》2012 年第 1 期）检视了 2008 年第七届“立法委员”选举以来，选民对新选制的了解，亦即选制知识的高低，是否对选民的投票参与产生了较大的影响。台湾现行的新选制是单一选区两票制（FPTP），结合了单一选区多数决与政党名单比例代表制两种席次分配方式，与过去的“复数选区单记非让渡投票制”（SNTV）在制度特性上截然不同。传统研究或者假定选民对选制有充分的理解而无须纳入分析，或者即便探讨选制知识高低对投票行为之影响，往往将选民的选制知识本身视为外因变量（exogenous variable）。区别于既有的研究，文章有三点主要的创新：一是不贸然假定选民对于两票制的新选举制度拥有充分的信息与了解，而是以四个问卷题目来测量选民对新选举制度的了解程度。二是在选制知识的测量方法上，在对问卷数据直接加总处理的基础上，进一步运用项目反应理论建构了“二参数项目反应模型”，以评估各个测量项目对选制知识的区辨能力，进而实现了带有连续变量特点的选制知识测量。三是认为选制知识在对投票行为的影响上，应属内因变量（endogenous variable）。研究结果验证了选民的选制知识的确属于内因变数，并进而证实：选制知识对投票参有显著的正效应：选民对新选制越了解，参与投票的机率也越高；反之，则越低。

《立法委员选举的贿选诱因与效果 – 从 SNTV 到 FPTP》（吴亲恩，《台湾民主季刊》2012 年第 1 期）以第六与第七届“立委选举”贿选案一审判决的数据，分析影响“立委”选举贿选的因素以及影响候选人当选的原因，重心放在考察选制变项的作用上面。实证研究发现，选制除了与贿选诱因明显相关之外，也影响到贿选对当选的帮助。在贿选诱因方面：在 SNTV 下，选区中候选人的数目或应选名额增加，或当选高门槛降低时，候选人进行贿选的机率跟着增加；在 FPTP 下，同一选区候选人数目增加时，候选人进行贿选的机率并不会跟着增加。实证研究也发现，与此相关，同一选区中同党参选人数目多少也是预测贿选出现机率的显着变项。在影响当选的因素方面：一是在 SNTV 中，贿选会增加当选的机率；不过在 FPTP 下，贿选对增加当选的机率并没有明显的帮助。二是在 SNTV 中，候选人或其桩脚在过往的参选经历中曾有贿选案件被起诉或判刑，并不会影响其当选的机率；而在 FPTP 下，候选人过往贿选记录会降低其当选的机率。

《台湾立委选制变迁的新制度论解释》（谢易宏，《台湾民主季刊》2012 年第 1 期）采用理性选择制度理论对“理性自利行为者”的预设、历史制度论的“关键时刻”概念，以及社会学制度论对行为者“情境化认知”（contextualized cognition）的强调，用以解释台湾“立委”选制变迁“如何发生”、“为什么是在 2004 年”、“为什么是单一选区两票并立制出线”这三个环环相扣的问题。文章认为：“立委”选制变迁的“关键时刻”是“2004 年 3 月的总统大选后”至“同年 12 月的立委选举前”这段时间。“总统”选举结果带来的新信息，使得民进党与国民党从消极地维持旧选制转变为推动选制改革的主要力量；

外生压力与选举逻辑两者形成“可信的威胁”（credible threat），彻底压服了两个小党以及个别“立委”对新选制的抗拒。选制只可能在这关键时刻的时段内产生变迁，在2004年“总统”大选前不可能变迁，过了这段关键时刻后变迁也成为不可能。新选制之所以成为国民党与民进党共同接受的新选项，原因在于：国民党想藉此扳回一城并兼收合并亲民党之效；而民进党则想藉此达成完全执政兼收消灭台联之效。亲民党与台联最终仍对国会改革法案投下赞成票，乃是忌惮“反改革的代价”之缘故。

《初体验与粗体验：台湾民众对立委新选制的认知、参与及评价》（游清鑫，《选举研究》2012年第1期）台湾2008年的立委选制从复数选区单记非让渡投票制改为混合式选举制度，面对新旧选制的差异，多数学术界的讨论集中在新选制如何影响政党或是候选人的选举，较少探索民众对新选制的知识以及选制知识如何影响其参与行为，本文透过选前30天的滚动调查了解民众对新选制的认知程度以及在不同时间的变化情形，发现民众对新选制的了解程度不算高，但随着投票日的接近，了解程度也有增加的趋势；而且民众的年龄、教育程度、媒体接触、政治兴趣以及政党认同等因素，与民众对选制知识的累积有密切的关联性。其次，由选后的定群调查发现，当民众选制知识愈高时，也愈会在选举时投票。再者，与原有选制相比，民众对新选制同时有正面与负面的评价，民众认为新选制有利于提高候选人的素质与有利台湾民主的发展，但却会增加社会对立，其中，民众的政党认同是影响选制评价的重要因素，但选制知识的高低则没有显著关联性。在讨论与结语部分，本文提醒2008年的选举乃是台湾民众对新选制的第一次经验，随着经验的增加，其选制知识也会跟着增加，并藉由新西兰选制改革的经验以及本文的分析结果，说明政府的宣传信息以及政党在选举期间的动员策略，皆会影响民众对新选制的认知与评价。

《交叉压力、意见表达与政党认同：2008年立法委员选举的实证分析》（刘自平、吴重礼、戴士展，《选举研究》2012年第1期）旨在探讨不同的人际互动关系会否影响民众政治表达的问题。论文不同于以往研究政治参与所偏重的“社会人口因素”、“政治动员”等解释途径，而是援引“交叉压力”（cross-pressures）作为研究架构，分析在2008年“立委”竞选期间，选民个体处于交叉压力下，特别是在自己政治立场与家人不同时的意见表达情况。作者采用“2005年至2008年‘选举与民主化调查’4年期研究规划（III）：2008年立法委员选举面访案”（TEDS2008L）的数据，将选民区分为四种类型，以“政党认同”作为“意见表达”的代理变量，利用“双变量交叉分析”与“多项胜算对数模型”进行检证，探讨四类选民与政党认同意见表达的相关性。结果显示，在考虑其他变量影响的情况下，四类民众与意见表达的关系大致符合研究预期。换言之，尽管若干选民抱持特定政治偏好与立场，但由于受交叉压力影响，在面访调查时往往会委婉拒绝表达政治态度或政党偏好，并回答不支持任何朝野政党，继而被归类为中间选民。这就印证了作者的研究假设：在社会人际网络中，较能处理交叉压力的选民，其从事政治表达的机会较高；反之，其直接表达政治立场的可能性较低。

《政治因素对于法院审理之影响分析——以台湾选举诽谤司法案件为例》（吴重礼、李伊婷、孙炜，《台湾民主季刊》2012年第1期）看到，在台湾激烈的选战过程中，采取“负面竞选”是颇为普遍的手法，也因此经常引发选举诽谤诉讼案件。这类具有高度政治敏感性的司法案件，其判决结果会否受到政治因素影响？有鉴于此，作者藉由“司法院法学数据检索系统”，搜集各级法院（地方法院、高等法院、“最高法院”）2000 年 1 月至 2011 年 3 月间的选举诽谤案件判决，透过“政党因素”、“当选与否”、“关系网络”、“审判层级”等四个指标，利用量化统计与定性研究两种途径，进行了有针对性的研究。分析结果显示：除当选者较容易被判无罪外，其余三个指标（政党因素、关系网络、审判层级）与法院判决之间并不存有必然的因果关系。总体而言，民间普遍抱持的审判印象，譬如“法院是国民党开的”、“当选过关，落选被关”、“有关系就没关系、没关系就有关系”、“一审重判，二审减半，三审不算”等观点，皆与实际情形有所出入。

（四）政党与政治变迁研究

如前所述，政党的存在和发展总是同特定的政治生态相联系。政党总是在受限的条件下尝试塑造和改变既有的政治环境。但在这一过程中，政党也不可避免地会发生相应的变化。现代社会中，政党透过自身变化、它们与相关政治主体之间关系的变化，在理念、行为和制度等诸多方面推动政治发展或政治变迁。与此同时，政党往往还是直接推动政治变迁进程、决定政治变迁内容和节奏的首要力量。政党也以此充分体现出其作为民主政治工具和手段的基本价值与功能。这一点在当前台湾地区政治生活中就非常明显。由此，同政党及其所处政治、经济、社会和文化生态相关联的政党与政治发展研究，自然深受学者们的青睐。其中，台湾政党力量的时空分布和变化、台湾政党同社会结构和社会矛盾之关系、台湾政党同两岸关系发展以及岛内政治认同变化之关系等相对具体的问题，更是相关研究的热点、焦点。需要特别指出的是，由于适逢选举年，人们对台湾意识、台湾认同问题的讨论更加热络。与以往相比，这方面问题研究的成果更加客观、平实，这当然是因为如下缘故：由于各自所处的社会情境皆有所变化，海峡两岸学者都已分别能够在一定程度上摆脱理念上意识形态的束缚、方法上预设结论的偏颇，大胆突破且努力还原问题的本来面目。其实，唯有客观的、合乎科学规范的研究才能够有益于经验实践中矛盾和问题的解决。一定意义上讲，关于政党与政治变迁问题，它原本是个什么样子、政党在思维中将其重构为什么样子，都可能深刻地影响到经验层面的政治过程。所不同的是，客观、规范的研究能够促进政治变迁，对政党及其所致力的事业形成长远利益；主观、杜撰的研究则会扰乱和阻碍政治变迁，给政党及其所追寻的目标形成潜在的或严重的危害。总的来看，2012 年学者们在台湾政党与台湾政治变迁领域中的相关研究无疑是非常深入的，迈上了一个新的台阶，不仅有利于正确地解读、促进台湾政治变迁，也有利于相关方面形成正确的政治判断并作出审慎、及时的政策和策略调整，从而从根本上有利于中国的统一事业和民族的伟大复兴。

《初析选后台湾南部政党实力状况》（吕存诚，《统一论坛》2012 年 2 月）分析了 2012 年大选后台湾南部蓝绿政党实力对比状况：首先，绿营比蓝营高出约 12—14 个百分点、47—55 万张选票；从得票数量来看，蓝绿实力对比约为 4.2 : 5.5；从区域民意代表得票情况看，蓝绿实力对比约为 4.3 ： 5.7；从不分区民意代表得票情况看，蓝绿实力对比约为 4.4 : 5.6。其次，南部选民投票热情普遍偏低，意味着绿营支持者的政党忠诚度开始降低。主要体现在：南部投票率较全台湾平均水平略低；与北部平均水平差距更大；从具体县市看，绿营执政县市投票率相对靠后。因此，绿营选民的民进党忠诚度有所弱化。最后，南部基层民进党快速上升势头放缓，但国民党基本盘尚未溃散，仍保持稳定状态。主要表现在：从两届立法机构选举得票数比较看，民进党实力回升至基本水平，国民党维持稳定。从大选与县市长选举得票数比较看，民进党上升态势趋于回落，国民党阵脚暂稳。从民意代表具体选区看，国民党在南部的地方派系还有根基。主要表现在：地方实力派基本保住国民党优势选区席次；大部分失利选区得票数没有大幅降低；部分劣势巨大选区的差距有所拉近。因此，南部传统支持国民党的地方派实力尚存，在南部仍有支持基础。

《台湾问题与台湾社会的认同危机》（李道湘，《中央社会主义学院学报》2012 年第 1 期）指出，解决台湾问题是实现中华民族统一的重要任务，但我们按“一国两制”方针去解决台湾问题时，却会遭遇台湾社会在国家、民族和文化上的全面而严重的认同危机，这是阻碍两岸实现统一的更深层次问题。文章揭示了台湾社会认同危机的含义及主要表现，指出这种认同危机主要体现在台湾社会对中华民族、中华文化、“一个中国”认同的弱化和有意削弱，甚至于歪曲和攻击这种认同；与此同时，他们又着意建立一种独立于中华民族之外的民族认同、独立于中华文化之外的台湾文化认同，以及台湾是独立于中国之外的主权国家的国家认同。在此基础上，文章着重分析了台湾社会认同危机产生的历史原因：1. 侵略者的占领和长期与祖国分离造成民族、文化和国家认识的弱化；2. 蒋介石集团长期“反共”宣传，造成台湾同胞对民族、文化和国家认同的混淆和错位；3. 李登辉、陈水扁执政时大搞“台独”活动，有意制造民族、文化和国家认同的危机。文章最后指出，中国的统一离不开两岸人民对民族、文化和国家的认同，这是两岸统一的思想基础，必须予以高度重视。

《台湾地区政党体制形成的特点及其启示》（孙莉莉，《当代世界与社会主义》2012 年第 1 期）概括了台湾地区政党体制形成的特点：一是台湾政党体制演变是在现有体制框架内由国民党主导进行的。国民党主导了“宪政”改革以及选举，为政党体制的转型与演变奠定了制度基础；二是台湾政党体制演变受到台湾独有的政治文化的影响。台湾政治文化中既包含中国传统政治文化，又有台湾地区特殊的政治文化，以及由此引发的国家认同的统“独”立场的分歧对立，对台湾政党体制的发展产生了深远影响；三是台湾政党体制演变受选制改革的影响。台湾选举制由“复数选区单记不可让渡制”和“一票制的政党比例代表制”转变为“单一选区相对多数票决制”，使台湾政党政治格局面临新的调整与变动，将有利于两党制形成，也有可能摆脱长期以来的统“独”现象而使政党政治回归理性竞争。四是台湾政党体制目前属不稳定的两党制。民进党内的冲突和矛盾以及“创党价值”遭到颠覆而使民进党出现巨大危机，国民党能否一党独大，取决于民进党能否克服危机，对其进行有效制衡。台湾政党体制仍在变动之中。最后，文章总结了台湾政党体制转型演变的几点启示：第一，竞争性政党体制的建立需要民主的社会生态环境。第二，执政党要抓住有利的政治时机，主动改革政治体制。第三，政党体制要反映政治发展的要求。第四，政党体制的建立要与国情相适应。

《自尊需求与“台湾人认同”》（陈孔立，《台湾研究集刊》2012 年第 2 期）指出，应从更广阔的视角认识“台湾人认同”，不能将其等同于政治认同。文章在区分了“政治认同”、“国家认同”和“社会认同”的基础上，着重从社会认同动机中“提升自尊”的角度探讨“台湾人认同”的相关问题并指出：“台湾人认同”是满足自尊的需求。由于历史原因，台湾当局、许多本省人士和外省人感受到自己尊严受损，迫切要求提升自尊。但也有许多人追求“台湾人认同”是出于其他需要，一是取得台湾“群体资格”的需要。二是表达个人对台湾的积极评价，以台湾为荣，从而提高自己的价值和尊严。其次，“台湾人”自尊是通过与“中国人”的社会比较实现的。李登辉和陈水扁时期，当局极力构建台湾区别于大陆的主体认识，同时又将大陆当作与台湾进行群体区分的主要对象，在政治、经济、文化等层面凸显台湾的优越，突显“我群”优势，夸大“他群”劣势，从而提高自尊。文章最后指出，这样的社会比较，在“台湾人认同”中必然出现“内群偏好”与“外群敌意”，出现对中国大陆的偏见与刻板化印象，必然不利于群际关系的发展。但是，这又是社会认同过程中必然的现象，这类现象又是不易消除的。因此，开展对两岸各自存在的“偏见”与“刻板印象”的研究，降低“偏见”与“刻板化印象”所造成的负面后果，是关系到两岸关系和平发展的一个重要课题。

《台湾民意的三个层次》（陈孔立，《台湾研究集刊》2012 年第 1 期）指出，台湾民意是指在当前台湾社会里大多数人对于当地的政治、经济、社会、民生以及两岸关系等方面的公共事务以及各种现象的意见与态度。文章认为，研究台湾民意至少要注意以下几点：第一，台湾民意包括许多方面，按其重要性来说，是有区别的。第二，台湾民意是会改变的。第三，台湾民意是多元的、不一致的，各人有各人的偏好。作者在综合论证的基础上认为：两岸关系和平稳定发展、在两岸关系上“维持现状”，以及“台湾认同”都已成为当前台湾主流的民意。文章对“台湾认同”做了特别深入的剖析，以为“台湾认同”或“台湾人认同”是指多数人认定自己是台湾人，即以台湾人为“我群”与非台湾人区别开来，视台湾人以外的人为“他群”。“台湾认同”的形成并非偶然。而是有它的内部因素、国际因素和大陆因素，其中大陆因素根本在于两岸的社会制度不同，台湾民众很难认同大陆的制度。文章强调：第一，“台湾人认同”是正常的现象。第二，“台湾人认同”不完全等同于政治态度。第三，“认同台湾”与“认同中国”并不一定互相对立。文章的结论是：由于认同问题是两岸的核心问题，所以研究台湾民意的重点在于研究“台湾认同”，这一研究不仅涉及政治学，而且涉及社会心理学等其他学科，是一个需要两岸学界共同研究的两岸关系重大理论课题，而不是提出几个具体“办法”或“对策”就能解决的。

《近期台湾政局动向分析》（刘红，《统一论坛》2012 年第 2 期）认为，当年的台湾“二合一”选举马英九取得连任、泛蓝军拥有立法机构多数席位的结果，不仅使两岸关系和平发展得以继续，而且对台湾政局影响深远，总体体现为如下几方面：两党政治格局日趋稳固，但有波动；执政当局过半多数，但有牵制；泛蓝阵营重在长远，但有难度；泛绿阵营调整起步，但有分歧；和平发展继续前进，但有争论。作者于文末指出：胜选后的国民党需要创造政绩，败选后的民进党需要疗伤止痛。随着 2014 年的“七合一”选举和 2016 年台湾大选“换届”的临近，台湾政局将逐渐进入紧绷期，朝野之争将进入白热化。

《台湾 2012 年选举与两党体系的强化》（林冈、吴维旭，《江苏行政学院学报》2012 年第 4 期）注意到了选举制度对政党体系的诱导性作用，认为 2012 年台湾地区最高领导人和立法机构选举表明单名选区相对多数当选制有利于两党体系的强化。文章在先后分析了单名选区制对台湾现存政治生态的照顾、2012“二合一”选举的联动效应，以及“蓝、绿”执政县市对政治板块的牵动的基础上指出，2012年大选延续了“蓝大于绿”的政治版图，体现了单名选区制对现任“立委”和既有政治生态的照顾，而“总统”和“立法院”合并选举，则又加强了两党对决的氛围。此外，“北蓝南绿”、“蓝大于绿”的县市执政格局，也影响到两位“总统”候选人的具体得票多寡和选举的最终结果，强化了台湾的两党体系。概言之，台湾政治转型后，社会上的主要分歧逐渐由早期的省籍冲突以及对政治改革的不同态度，转化为意识形态上的国家认同对立和经济社会政策的左、右分野，由此塑造了两个主要政党的社会基础。社会分歧塑造选民的政党认同，而制度因素则是通过心理效应和机械效应来分别完成从选民中政党体系向选票中政党体系的转化和从选票中政党体系向席位中政党体系的转化。

《论和平发展战略对台湾政党政治的影响》（陈星，《北京联合大学学报・人文社会科学版》2012年第3期）认为，随着两岸关系和平发展持续推进，大陆官方所提出的两岸和平发展战略已经产生了强大的溢出效应，得两岸关系结构、台湾民众对两岸关系的认知结构以及台湾岛内话语结构等都发生了根本性变化，对岛内政党政治的基本生态和未来发展趋势产生了较大影响。和平发展战略的持续推进使两岸关系互动模式发生了根本性变化，台湾岛内的话语权流动出现了新趋势，反映了台湾岛内民意的新变动——“台独”话语霸权的打破。岛内两个主要政党都进行了一定的调整，以求适应局势的结构性变化。由于对两岸和平发展持开放态度并且持续关注民生议题，国民党的社会信任度有所上升。民进党顽固坚持“台独”、反对两岸关系和平发展的面目不断清晰，在民众道德认知中的地位逐渐下滑。打着“社会运动”旗号的群众性政治运动快速萎缩，两岸关系的缓和对民进党建构在两岸对抗基础上的“台独”和“主体性”价值诉求也产生去道德化的作用，社运团体对民进党利用社会运动进行政治动员的做法越来越反感，民进党对社会运动的控制权日益流失。台湾两个主要政党会在两岸关系格局变化的约束下，逐步寻求自身的政策定位和进行论述调整。随着和平发展战略的持续推进，台湾社会对两岸关系和台湾社会本身的认知还会进一步发生结构性改变，这些改变作为影响政治变迁的深层因素，对台湾政党政治的发展会产生长期的深远影响。

《南台湾经济社会结构对岛内政治与两岸关系影响初析》（王建民，《台湾研究》2012年第2期）认为，以农业、传统产业与重化工业为主体的南台湾经济结构与以闽南人、农民、产业工人为主体的南台湾社会结构，对南台湾“蓝弱绿强”政治结构与政治生态、对重大选举、对台湾当局的执政决策、对南台湾与大陆的互动及两岸关系发展均有重要影响。文章首先分析了南台湾经济社会结构对台湾政治生态与政治发展的影响，并指出：由于国民党威权统治时期的政策偏颇，造成南台湾的经济结构制约或影响南台湾经济的转型升级与经济发展，造成南台湾经济发展长期相对落后。南台湾经济结构为民进党的崛起、壮大提供了重要的经济社会基础。南台湾的阶级结构、族群结构都呈现出本土性强，反国民党性强的特征，形成、强化了南台湾“蓝小绿大”与蓝绿差距持续扩大的政治生态。文章分析了南台湾经济社会结构对台湾民进党、国民党执政当局岛内施政决策的影响，指出：受南台湾经济、社会与政治结构的影响与制约，“平衡南北”尤其是重视南台湾经济社会发展，是台湾当局必须面对的重大问题。不论蓝绿谁执政，都非常重视南台湾的经济发展，以争取南台湾选民的支持。文章最后分析了南台湾经济社会结构对两岸关系发展的影响，认为：南台湾经济结构现状及民意变化驱动南台湾加强与大陆的往来与经济合作，加上大陆不断出台惠及南台湾民众的政策措施，南台湾民众从中得到经济实惠，正在改变着南台湾民众的政治观与两岸观，南台湾民众对两岸关系发展的疑虑降低，排斥感减少，希望两岸关系改善与加强经济合作逐渐成为南台湾的主流声音，有利两岸关系和平发展和南台湾与大陆关系的进一步改善。

《台湾地区两党制格局分析》（王猛，《广州社会主义学院学报》2012 年第 1 期）认为台湾地区的政党体制历经国民党一党威权体制、一党主导的竞争性政党体制、两党政党阵营的对峙，目前已经初步形成了两党政治的格局。文章指出，在台湾政党体制转变的过程中，社会经济因素、选举制度因素、“总统”制度因素、政党认同与选民投票行为等因素都起到重要的作用，台湾当下的社会经济结构、选举制度、“总统制”政体以及政党认同、选民投票行为客观上都有利于两党制的形成。根据唐斯的“中间选民定理”，两党制在台湾将导致主要两党向心竞争、政策趋同，同时又能确保两党在基本立场问题上彼此区隔，因而能够满足不同人群的不同需求。在完善的政策指导和可行性建议下，台湾的两党体制不仅有利于社会的和谐稳定，也会转为一种有益的社会资源。

《台湾社会阶层关系现状及其对政局的影响》（李鹏，《台湾研究集刊》2012 年第 3 期）认为台湾是一个阶层结构相对清晰的社会。文章根据马克斯・韦伯、塔尔科特・帕森斯、戴维斯、莫尔等西方学者对阶层划分的三个指标，即经济资源、政治权力、职业声望，将台湾分为上层、中层、下层三个主要阶层。在此基础上，作者指出：近 20 年来，随着台湾“政治民主化”和经济自由化进程的深化，上述阶层在垂直和水平两个面向上都出现了不同程度的分化。当前台湾社会阶层关系的基本特征表现为：“结构化”特征最为明显，“中产化”特征并未改变，“碎片化”特征越来越明显，但尚未发展到“断裂化”的程度。20 世纪 90 年代以来经济的恶化，制度和政策的不合理，以及政治上的蓝绿恶斗，都是影响到台湾社会关系复杂化的主要因素。首先，社会阶层关系会影响到台湾政治体系和政治过程的稳定。其次，社会阶层关系会影响到台湾的选举政治生态和政党的政策走向。再次，社会阶层关系会影响到台湾民众的政治意识和政治倾向。最后，社会阶层关系也深刻影响到台湾民众政治参与的态度与方式。文章指出，当前台湾各阶层民众政治参与程度较高，政治参与形式越来越多样化，政治参与不均衡的现象有所缓解，不同阶层基本上都能找到适合自身的政治参与方式，这是社会阶层分化到一定程度的产物。同时，台湾民众积极有序的政治参与，也是防止社会阶层分化过程中矛盾和冲突的恶化，促进台湾政治发展的有效途径。

《台湾社会政治文化结构变迁及其冲突性特征》（王为，《太平洋学报》2012 年第 2 期）以台湾为例，分析了转型社会中政治文化结构变迁及其内部冲突对民主政治、政党政治的影响。文章指出，当代台湾政治文化的某些特质特别是作为其主体与灵魂的“台湾意识”甚至可以追溯至明末清初“北清南明”的 18 年间。经过日本殖民、国民党专制统治，台湾政治文化开始了现代转型。20 世纪以来，台湾社会政治文化经历了结构性的变迁，其中所包纳的中国传统政治文化与台湾本土政治文化的关系结构发生了转变。这种政治文化结构的改变是伴随政治转型的发生而完成的。政治转型初期政党竞争的方式及其对社会的政治宣传，将长期以来形成的政党之间的敌视心态与对抗方式传递给社会，使台湾社会出现“争议政治”，凸显其冲突性政治文化的碎分化特征：1. 对地方的政治忠诚高于对国家的政治忠诚；2. 对控制冲突缺乏被广泛接受且可操作的民事程序；3. 社会组织之间的政治不信任普遍存在；4. 国家政府组织结构和持久性方面趋向于不稳定；5. 此种政治文化往往导致政治分裂和冲突的出现。文章指出：在台湾民主化进程中，政党多元化和政党竞争的方式对台湾政治文化结构变化起到明显的推动作用，强化了台湾冲突性政治文化。政党的理念、行为方式等通过社会化过程不断传导于社会民众，形成泛意识形态化的对立，政治分裂与冲突不断发生。冲突性政治文化的加剧最终势必摧毁台湾的政治发展，故政治文化的改造问题须提上议事日程。未来台湾民主政治要走向完善成熟,就必须：1. 通过主要的政治集团（政党）发挥其影响和示范作用；2. 通过完善“公民社会”建立社会的理解和包容精神，寻求建立更广泛的共识基础。3. 完善法治社会的机能，建立有效解决政治冲突的终端机制。总之，只有走好、完成“公民文化”构建的复杂政治实践过程，台湾民主政治前景才会更美好。

《秩序的逻辑研究：台湾“统独”立场与政党认同》（王靖兴,《问题与研究（英文版）》2012 年第 4 期）就台湾民众个体的“统独”立场与其政党认同之间的逻辑关系进行了实证研究。研究假设：在台湾，任何个体在“统独”问题上所持的看法及他们的政党认同都会彼此影响。通过应用多项分对数模型，对“台湾选举和民主化研究”相关的固定样板调查数据进行了分析处理。研究结果表明，台湾民众个体的“统独”立场与其政党认同之间的确存在某种彼此促进的关系——尽管在对民进党的政党认同以及支持“台湾独立”的政治立场之间的关系非常复杂。至于国民党，由于它没有较强的“统独”意识形态色彩，所以其支持者的相关政党认同与其“统独”立场之间的关系亦相应的不甚明显。概言之，本研究的基本价值在于：澄清了台湾人“统独”立场与其政党认同之间的因果关系，并揭示出了以往相关研究会因无法触及这一逻辑关系而潜在的“内生性”风险。

《经济利益与符号态度：解析台湾认同的动力》（陈陆辉、陈映男、王信贤，《东吴政治学报》2012 年第 3 期）指出，2008 年“五二〇”以来，两岸关系趋于和缓、交流也愈趋热络,而此种发展究竟对台湾民众的“认同”造成何种影响。作者的研究从“理性自利”及“感性认同”的层面切入，探讨了 2008—2010 年两岸和解是否影响台湾民众“台湾人认同”，并进一步分析影响台湾民众“台湾人认同”的因素为何。研究结果发现，2008 年以来，台湾民众的“台湾人认同”上升趋势不减反增，而其中感性因素对“台湾人认同”的影响尤为显著。因此，作者结论认为，隐藏于“理性自利”背后的“感性认同”或许才是左右台湾民众政治认同的真正关键。

《总统国会制的一致政府与宪政运作：以马英九总统第一任任期为例》（蔡荣祥、陈宏铭,《东吴政治学报》2012 年第 4 期）认为，半总统制的基本特点在于：一致政府比少数政府更容易出现政治稳定和较少的政治僵局。然而，台湾的一致政府运作却还是存在着行政和立法部门之间的冲突或行政内部的分歧。文章深入探讨了台湾政治体制为何会出现此种一致政府中府会不同调、府院不协调的现象，以及这些现象对于半总统制的运作会产生何种的影响等问题。作者研究发现：一致政府时期，特定一些法案的通过彰显国会对于总统或行政部门的制衡；总统权力的延伸，限缩了行政院院长的权力和自主性以及促成内阁决策的非集体化；总统化的现象，弱化了政党的功能；虽然台湾的“总统国会制”并没有经历民主崩溃，但是这样的体制即使在一致政府的形态下，还是不太容易运作。透过台湾个案分析，文章最后指出：挑战总统国会制下的一致政府较有可能产生良性、顺利的宪政运作。

《检测台湾民众六分类统独立场：一个测量改进的提出》（萧怡靖、游清鑫，《台湾政治学刊》2012 年第 2 期）提及，目前惯用的以“统独”立场理解台湾民众“统独”偏好的六分量表，大致是以单一面向的方式，将统一与“独立”分置于面向的两端，直接询问民众的立场位置，此途径虽然测量语句相当简洁，但其结果却是有相当高比例的民众选择“维持现状”。为此，部分学者另辟蹊径，提出“条件语句”的测量途径，尝试在“中共武力犯台”及“两岸政经落差”的条件设定下，探询民众的“统独”立场。此法不但能有效拆解“维持现状”者的真实偏好，也得以厘清民众在“统独”偏好上“理念”与“务实”的考虑。但这一做法在测量执行与数据处理上则较为复杂。而且，现实条件的设定也极可能随不同时空环境而改变。为此，本文作者尝试在“保持单一面向”又能“有效拆解维持现状”意向的前提下，利用“正面追问”及“反面探询”的方式，重新再现民众的“统独”立场。透过实际的经验数据检证，新“统独六分量”表得以建立，后者不但比原有量表更能有效拆解“维持现状”者的“统独”偏好、呈现出“统独”偏好的强弱分布，而且在测量效度的检测上亦有较佳的结果。此外，在方法论上，本文作者的尝试也有助于测量方法的改进，因而也能够在本质上更精确地解读台湾民众真实的“统独”立场。

《父母政党偏好组合对大学生政党偏好之影响——定群追踪之研究》(刘嘉薇、黄纪,《台湾民主季刊》2012 年第 3 期）运用调查研究资料分析台湾大学生政党偏好的形成，透过“定群追踪研究”（panel study），持续考察了大学生进入大学后四年间政党偏好的持续与变化。研究发现，大学生四年间政党偏好皆稳定者占 52%，其余 48% 皆为变化者。政治社会化为解释政党偏好变化的原因之一。这其中，家庭父母的政党偏好更是影响子女政党偏好变化的主要原因。其一，父母政党偏好相同时，对子女政党偏好的影响最大。然而，即使“父绿母绿”，子女仍有可能较支持泛蓝，只不过其系数较“父蓝母蓝”对子女支持泛蓝影响小；即使“父蓝母蓝”，子女仍有可能较支持泛绿，但其可能性较“父蓝母蓝”对子女支持泛绿影响小。其二，关于父母一方有蓝或绿的政党偏好、另一方为中立时对子女的影响，当“父蓝母中”或“父中母蓝”时，子女多数支持泛蓝。但当“父蓝母中”或“父中母蓝”时，子女仍可能较支持泛绿，但其可能性要低于父母偏好相同变量下对子女支持泛蓝的影响，且同一个体的此种差异表现因时而异；当“父绿母中”或“父中母绿”时，子女仍有可能较支持泛蓝，但其系数影响低于父母偏好相同变量下对泛绿的影响，且同一个体的此种差异表现因时而异。其三，关于当父母政党偏好相左时对子女政党偏好的影响，“父绿母蓝”对子女泛蓝的影响大于“父蓝母绿”的影响；“父蓝母绿”对子女泛绿的影响大于“父绿母蓝”的影响，以上差异并非因时而异，但却因个体差异而不同。整体而言，母亲政党偏好对子女的影响要大于父亲。

《稳定与变动：台湾民众的“台湾人／中国人”认同与统独立场之分析》（林琼珠,《选举研究》2012 年第 1 期）使用台湾选举与民主化调查计划 2004—2008 年的定群追踪资料，探讨台湾民众的“台湾人／中国人”认同是否确实比民众的“统独”立场态度更具稳定性，并进一步讨论和态度稳定／变动相关的社会人口学变项，试图检视这两个重要政治态度之间的影响方向。研究结果发现：台湾民众的“台湾人／中国人”认同稳定性相对来说确实比较高，但受访者态度的一致性也仅仅是一种中度的一致。和受访者在此两个议题态度变化或稳定具关联的因素有：个人受教育的程度、政治世代，以及是否具有大陆经验等。教育程度较低、属于第一世代和没去过大陆者，往往会有较高的比例发生态度上的改变。进一步考察受访者“台湾人／中国人”认同与“统独”立场的影响关系，作者发现：在模型中，同时考虑受访者2004年的“统独”立场和其“台湾人／中国人”认同，其中“台湾人／中国人”认同对于受访者2008年的“统独”立场仍有重要解释力，因此本文认为“台湾人／中国人”认同不仅较“统独”立场稳定，并且影响个人的“统独”立场。

二、研究性著作简介

1.《地方派系与政党轮替》（林政纬、沈锣志著，台湾兰台出版公司2012年版）

本书是以台湾中部地区都市化最深的台中市为个案研究，企图探究2000年政党轮替前后政党与派系两项变量对选举投票率之间的因果关系，并借此对台中市支持国民党的张、赖两派与拥护民进党的何派作系统论述，使地方政治研究更臻完整。全书共五章，第一章为绪论，交代了研究目的，综述了相关文献及研究方法；第二章为台中市地方派系与政党发展，回顾了台中市地方派系的形成与变迁以及民进党派系的发展历程，考察了政党轮替后台中市政党体系的发展；第三章为台中市地方派系与选举关系之转变，分别考察了台中市长、“立委”和市议员的选举体制及态势；第四章是台中市派系、政党与选举的经验分析，检视了派系与政党关系之变迁，设计和校验了派系、政党与选举关系的模型；第五章为结论，交代了研究发现和研究的局限。在文献分析与访谈结果的基础上，作者发现，台中市地方派系对选举的影响力，已随民主化与都市化的浪潮而逐步下滑；尤其经济衰退更是给予其致命之击，派系对选举结果的影响，已是明日黄花、今非昔比了。

2.《民进党浮沉内幕》（李立著，华文出版社2012年版）

本书以纪实的笔法，披露了民进党、国民党及其他政治势力的角逐与较量，揭秘了民进党台前幕后的政治博弈及不为人知的档案。全书以时间推演为主线索，前后分作十章，第一章从“中坜事件”、“美丽岛风暴”起讲，介绍了民进党突破党禁抢滩组党的情境和过程；第二章交代了“台独”的历史由来，以及民进党成立后究竟是如何一步步走上“台独”之路、蜕变成“台独党”的；第三章介绍了民进党同国民党的夺权斗争及其政治策略；第四章回顾了2000年大选陈水扁“渔翁得利”、 民进党仓促上台的一些细节；第五章刻画了绿色执政期间没完没了的政党恶斗；第六章、第七章交代了民进党执政无能、“台独”狂飙，结果逐步丧失民心、也使两岸关系濒临绝境的过程；第八章、第九章叙述了陈水扁、民进党勉强蝉联执政同时迅速腐化堕落以至最终被逐出执政舞台的情况；最后一章重点揭秘了陈水扁世纪弊案的内幕，并对未来民进党能否卷土重来进行了展望分析。总的看，本书可读性较强，既有较高的研究资料和参考价值，又可谓是有关民进党历史及其内外斗争常识的普及性读物。

3.《台湾政治转型过程中表达自由问题》（杨久华著，知识产权出版社 2012 年版）

本书主要从政治转型角度，以 1949 年后的台湾为案例，分析了威权政体政治转型过程中表达自由发展的理论问题。本书由导论和五章内容组成，分别探讨了威权政体的政治转型、政治转型与表达自由的基本逻辑、台湾表达自由的历史变迁、台湾政治转型中表达自由发展的动力和阻力等问题，并对台湾政治转型过程中表达自由变迁提出几点思考。作者认为，威权政体、极权政体与民主政体下表达自由的哲学基础、理论和制度状态各不相同，这在 1949 年后台湾政治发展历程中得到相应体现。台湾表达自由依次呈现严格管制下的"有限自由"、表达自由的大发展和表达自由保障制度继续完善的状态。表达自由发展既推进了台湾政治的民主化历程，带给台湾民众诸多福祉，但同时也带来诸多负面影响。这是其他政治转型中的国家或地区在保障公民表达自由权利时应予以避免的。

4.《台湾民主转型的经验与启示》（朱云汉著，社会科学文献出版社 2012 年版）

本书由两岸政治学者有关台湾政治转型问题的论述结集而成，收录了港台如王业立、江宜桦、王绍光等，以及内地于建嵘、张维迎、杨光斌等知名学者的研究论文。本书对台湾民主转型过程的经验从各个角度进行了客观总结与分析，第一编涉及台湾的民主转型与经济发展、民主转型与政商关系重组、政治民主化与"公民社会"的发展、民主转型与宪政选择以及民主转型与政党竞争和国民党与台湾民主转型等议题。第二编主要是台湾学者与大陆学者对话的内容，包括经济自由化与政治民主化应孰先孰后、台湾民主化的路径依赖、民主化中网络的作用、宪政转型与民主法治的关系、台湾的选举以及政党在宪政转轨中的作用等。学者们者在肯定台湾民主经验的同时，对其不足也提出了批评，对于美国式民主的局限与"假民主"的弊病也进行了批判、分析与探讨。这些都极具启发意义。再者，作者多对社会主义民主持肯定与同情态度，认同社会主义民主对于台湾的自由民主或者宪政民主具有参考与借鉴的价值。与此同时，各位学者在研讨的过程中也有交锋，对于深入认识民主的本质也具有启发作用。当然，由于学者们观察的角度不同、政治立场党派立场不同，所持论点也因而有异，但其学术研究的努力仍属难能可贵。

三、重要学术会议概况

1. 第十届两岸关系研讨会

会议由海峡两岸关系研究中心主办，2012 年 3 月 15 日至 18 日在云南腾冲举行。此次研讨会的主题是"巩固深化 再创新局"。中共中央台办、国务院台办主任王毅出席开幕式并发表重要讲话系统阐述了对当前两岸关系形势的看法，提出了进一步推动两岸关系和平发展的基本思路和积极措施。会议期间，来自海峡两岸、港澳及海外约 110 位专家学者围绕会议主题，就过去 4 年两岸关系发展历程的启示、巩固深化两岸关系和平发展的思路与途径、未来四年两岸关系前景展望等议题进行了广泛深入的讨论。研讨会中，全国台湾研究会执行副会长、秘书长周志怀认为，如今，两岸关系和平发展面临又一个难得的机遇。两岸应在现有基础上，进一步深化政治互信、扩大互惠合作，推动对话协商，积极引导和推动两岸关系和平发展不断取得新成果，以此来回应两岸人民的共同期待，开创两岸关系和平发展的光明前景。海峡两岸关系协会副会长王在希将 20 年前的两岸交流与 20 年后的今天对比。他认为如今的两岸交流，就像老友重逢，兄弟团聚，彼此能够理性、冷静、轻松地探讨两岸关系发展路程，共同维护两岸关系发展的良好势头，推动两岸关系不断向前发展。中国人民大学黄嘉树教授认为，两岸关系目前面临两岸民众对和平发展取得更丰硕成果的高度期待，和两岸将入深水区取得成果不易，或者取得成果也让民众相对无感的矛盾，以及两岸政经分离和只经不政的矛盾等几个矛盾，虽然没有马上产生负面作用，但如果处理不好，可能变成负面冲击。他指出：签署了 ECFA 后，再签订经贸政策，都不会再那么吸引眼球了；而一旦发生误会，倒会引发争吵。而且，两岸经济往来的规模与政治接触已严重不对称了，“政治与经济是鸟之两翼，只有相对平衡才能飞向远方，光靠一个翅膀猛扑腾，是飞不远的。台湾学者如台湾政治大学教授汤绍成、世新大学教授戚嘉林、淡江大学教授王高成代等认为，2012 台湾“大选”的结果表明，“九二共识”已经受了岛内民众的考验，被台湾民众普遍认可，“台湾民众用选票肯定了‘九二共识’”。学者们也指出，有学者认为，选民将票投给民进党，未必就是支持“台独”。由于在 2012 年 1 月台湾地区两项重要选举落败后，民进党在败选检讨中提出要从互动中多了解大陆，因此，该党罗致政和民进党前大陆事务部主任、警察大学副教授董立文，以及原陈水扁办公室主任陈淞山等 3 名绿营学者首次破冰与会，因而深受关注。罗致政表示，关于两岸关系，民进党与大陆方面对一些问题有不同看法，因此才需要更多沟通、对话与交流。尽管对于两岸问题，民进党内有不同主张，但无论如何须先要对大陆有第一手的了解。希望类似这样的交流未来能继续进行。

2. 2012 年台湾政治学会年会

此次会议由台湾师范大学政治学研究所、台湾政治学会主办，2012 年 12 月 7 日至 9 日在台湾师范大学召开。会议主题为当代世界与台湾的正义、能源与发展问题。会议讨论所涉及的领域、内容广泛涉及：全球化与民主治理的转变；国际整合与区域主义；宪政主义与人权自由；经验政治与选举研究，包括选制改革、政党政治、投票选择、政治社会化、政治效能感、政治传播等；公共政策与“国家”发展，包括环境政策、电子化政府、组织再造、危机管理、公共管理、府际关系、廉政等；未来两岸关系与政治的发展，包括两岸合作与冲突、两岸政治对话、中国内地社会转型、中共精英政治、中国大陆外交与经贸发展等；海洋事务的新进展；蜕变中的政治思潮，包括政治哲学、转型正义、中西哲学比较研究等。此次会议所发表的学术论文中有不少同台湾政党政治相关，限于资料来源，这里仅将论文名目列举如下：关于选举与政党治理研究，包括郑夙芬《2012年总统选举中的台湾认同》；齐光裕《台湾三位民选总统之两岸政策初探》；林长志《选民如何看待副总统候选人角色？ 2012 年总统选举的实证分析》；刘自平、吴重礼《制衡认知、政策中和与分裂投票：2012 年总统选举与立法委员选举的实证分析》；李立茹、邓志松、吴亲恩《选举与投票：台湾 358 乡镇投票率的空间分析》；以及王金寿、陈鸿章《政党轮替与检察体系的控制——以一、二审检察长调动为例》；包正豪《原住民立委的实质代表模式：2002—2012 法院质询发言之实证分析》；吴秦雯《违宪审查机关对于立法行政僵局之合宪控制：法国与我国之比较》；许恒祯《半总统制下不同政府型态之比较：罗马尼亚与台湾》；卢国益《我国半总统制运作困境因素之分析》。关于政党与政治发展研究，有黄信豪、简至彣的《解释台湾民众不同层级的政治信任：Converse 模型的应用》；萧怡靖《台湾民众的政治课责观》；张君慧、刘正山《以焦点团体访谈法初探台湾民众国家认同的样貌》；盛杏湲、蔡韵竹《政党在立法院的合作与对立：1996—2011 年的观察》；徐子轩、高晨峯《内生或外因？一个台湾民主巩固的比较观点》；郭俊伟《由政治献金制度分析台湾民主社会的性别议题》；以及林邑轩的《没有抵抗者的平反：解严后白色恐怖的知识建构与转型正义论述的政治起源》。

徐　锋　中央社会主义学院中国政党制度研究中心副教授
宋淑玉　北京联合大学台湾研究院政党研究所所长、副教授

附录二：国外政党制度研究

与2011年度相比，国内学界2012年度关于国外政党问题的研究既表现出稳定性与延续性，也有许多不同之处。稳定性与延续性主要表现在研究的主要问题、主要领域等方面，国外政党建设与执政经验、国外政党发展、国外政党政治及政党制度的形势与发展变化等依然是研究的主要问题与主要领域。不同之处表现在成果数量、观察问题的角度、侧重点等方面。2012年度的相关研究成果比2011年有显著增加，观察问题的角度更为丰富，侧重点有所调整，在继续关注、解析现实热点问题的同时，对历史问题的研究增多，对国外政党理论的引介与研究也更为丰富。

研究的稳定性与差异性并存是众多因素综合作用的结果。一方面，世界各国政党面临的大的时代背景与客观形势及其对政党的要求未变，各国政党的建设与发展逐步推进；另一方面，2012年度政治、经济与社会等各领域的具体情况与2011年有较大不同，尤其是在50多个举行了大选的国家中，有近20个实现了政权轮替，政治格局发生了变化。客观形势及政党实际情况的变与不变，使以现实问题为关切与导向的国外政党研究在稳定与延续中变化。

一、国外政党建设与执政经验研究

（一）国外政党建设的主要举措及经验研究

加强建设既是外部环境的客观要求，也是推动政党自身发展的需要。国外政党一方面对内致力于推进党的时代化、民主化、制度化与信息化，一方面着重对外增强与民众的沟通与联系，相关举措具有重要借鉴价值。

1. 国外政党推进党的时代化、民主化、制度化与信息化研究

时代化强调政党不断创新思想理论以增强其包容力与解释力。在新情况、新问题层出不穷的时代，创新思想理论、推进党的时代化尤为必要与迫切。在《国外政党理论创新启示》（《人民论坛》2012年第4期）一文中，施雪华梳理了近年来国外政党理论创新的主要成果及其内容，如“第三条道路”理论、“中间路线”理论、“新共产主义”理论、“媒体党”理论、政党“软实力”理论等。他认为国外政党在理论创新方面表现出“非意识形态化”、竞争重心的理论位移、重视政党软实力和现代大众传媒等特点。对中国理论创新的启示有：保持党在根本政治信仰上的连续性和一致性，建设使命型政党；坚持与

时俱进，不断适时适地调整、改进党的纲领，建设学习型政党；努力整合社会各阶级阶层的利益，扩大政党的阶级基础，建设开放型政党；重视现代媒体对政党及其政治功能的影响，改进媒体管理，建设媒介型政党。

民主化系指政党不断发展党内民主以实现党内生活的民主化。党内民主是政党的生命，是需要政党不断探索的课题。对于这一“老”问题，2012年的有关研究主要关注了国外政党党内民主建设的情况、做法与新趋向。在《党内民主视域内国外政党加强自身建设的经验与启示》（《中共福建省委党校学报》2012年第4期）一文中，刘维春认为，国外政党在逐步形成和发展党内民主的政策主张和运行模式理论主张的同时，也切实践行了这些主张和原则。她从理论主张与民主实践的基本一致、党内决策的民主化、政党监督的规范化和制度化三个方面梳理了国外政党党内民主的主张与实践。中组部党建所世界政党研究室的集体成果《国外政党加强党内基层民主建设的新举措》（《党建研究》2012年第3期）不仅梳理了西方发达国家、发展中国家主要政党加强党的基层民主建设的新举措，也梳理了社会主义国家执政党加强党的基层民主建设的新举措。谢峰、王燕在《西方政党党内民主发展的新趋势》（《社会主义研究》2012年第4期）中既分析了西方政党党内民主发展的新趋势，也梳理了西方政党发展党内民主的主要做法。新趋势表现为：政党重视提高代表性，扩大女性、少数族群等群体的权利；重视扩大党员权利，扩展直接民主运用；国家运用法律对党内民主进行规范，党内民主重要性及制度化程度上升。主要做法既有实行分权、扩大参与、增强选举竞争性等传统做法，也有提高政党代表性、扩展直接民主、重视用法律管制党内民主等新关注点。

制度化指通过建立、完善有关制度以确保政党运行规范、有序。规章制度建设是政党制度建设的重要内容。《巴西政党党内规章制度建设与启示——以巴西劳工党与共产党为例》（《理论月刊》2012年第2期）一文围绕党内规章制度的基本情况、党员参与党内规章制度制定的情况及党员权利的维护、党内规章制度与国家宪法法律的关系、党内规章制度的作用进行了梳理与分析。作者认为，政党的发展状况、政党功能或价值实现的程度在很大程度上取决于政党党内规章制度建设的情况。党内规章制度建设应该立足于协调党内关系，促进党内关系和谐。党内规章制度建设应该体现党内民主的价值取向，切实保障党员民主权利。党内规章制度建设应该与政党其他方面的建设尤其是党内制度建设、党内文化建设相互配合，统筹兼顾，形成合力。注意协调党内规章制度建设与国家法律法规的关系。

信息化主要指政党充分利用以网络为代表的技术与平台推动自身建设。新兴信息技术的兴起与运用极大改变了政党面临的外部环境，对政党建设提出了新要求。《比较及启示：基于世界若干个政党网站建设的考察》（《厦门特区党校学报》2012年第2期）一文考察了中国国民党、美国民主党、英国保守党等世界政党的网站建设情况，并进行了比较和评估。得出如下启示：网站设计应当归类清晰、功能整合、界面优化；积极应用交易功能、社交网络、移动技术；探索应用网络社区、内部论坛、电子参与功能。

2. 国外政党增强与民众联系研究

民众是政党的社会基础与重要力量源泉。如何处理自身与民众的关系是政党必须面对的课题。对国外政党增强与民众联系的研究是2012年关于政党建设问题研究的一大重点与亮点。相关研究从梳理国外政党处理党群关系的举措、总结国外政党加强社会工作的经验以及分析国外政党如何开展社会动员等方面展开。

代金平、唐海军的《国外一些政党处理党群关系的经验教训》(《当代世界与社会主义》2012 年第 2 期)认为，面对全球化、信息化背景下的新挑战，不少国外政党从战略高度认识和审视党群关系，强调其事关党的兴衰存亡。国外政党做群众工作的主要经验有党的领导人带头建立和完善相关制度机制、扩大群众参与、加强对腐败的预防和惩治，等等。中组部党建所世界政党研究室的集体成果《国外政党积极推进党员和基层组织沟通联系民众的经常化与制度化》(《党建研究》2012 年第 2 期）重点关注了国外政党通过党员与党的基层组织联系民众的做法，包括：基层干部和议员通过定期走访选民和接待群众实现与民众沟通联系的制度化；在基层组织设立民众联系机构，安排政党专门的领导人负责管理，以保持政党与民众之间经常化、制度化的联系。

在《国外政党社会工作经验及其启示》(《理论探索》2012 年第 2 期）一文中，李春耕认为，政党社会工作是体现现代政党利益表达功能、利益综合功能的有效载体，是现代社会对政党功能的客观要求。国外政党社会工作的经验主要是：以信息技术为重要手段，以民意调查为首要环节，以基层党组织为实施主体，以城乡社区为主要阵地，以群众社团为外围组织。其启示主要有：应用现代技术，实现党的社会工作信息化；建立体制机制，实现党的社会工作日常化；重视青年力量，实现党的社会工作年轻化；重视能力培训，实现党的社会工作专业化；扩大社会基础，增强党的社会工作的开放性。《从国外政党加强群众工作中得到的几点启示》(《经济视角》2012 年第 2 期）梳理的国外政党加强群众工作的措施有：依据社会发展规律，不断调整政党纲领和政策措施，保证群众工作沿着正确政治方向进行；加强群众工作理念，创新工作思路；改进党的组织体制，变“金字塔”式为“扁平化”形式；完善制度，形成群众工作的有效机制；创新各种方式方法，使群众工作生活化、社会化。

在《外国政党动员公民参与的途径研究》(《上海党史与党建》2012 年 4 月号）中，张舒婷探讨了国外政党动员公民政治参与的四种途径，即政党纲领、传媒与网络、社会团体动员作用以及选举投票活动。在《网络时代西方政党的社会动员》(《党政论坛》2012 年 8 月号）中，邹洪凯认为网络对西方政党社会动员的影响主要表现为网络为西方政党与选民直接沟通提供了新渠道、为西方政党加强自身组织建设提供了新平台、给西方政党社会动员带来了新挑战。西方政党创新社会动员的举措主要有：建立虚拟组织，转变动员方式；加强交流互动，塑造政党形象；推进电子党务，拓展党内民主；筹集政治资源，开展网上竞选。

（二）苏共亡党的教训研究

2012 年关于苏共亡党教训的研究是 2011 年苏共亡党亡国 20 周年研究浪潮的余波。张全景在《对苏联亡党亡国的几点思考》(载《铁流 20——庆祝中国共产党成立 90 周年、纪念新四军军部重建 70 周年、缅怀皖南事变死难烈士》，解放军出版社 2012 年版）中指出，苏共亡党，既有政治原因又有经济原因，政治原因是主要的；既有内因又有外因，内因是主要的；既有主观原因又有客观原因，主观原因是主要的；既有历史原因又有现实原因，现实原因是主要的。从根本上来说，问题主要出在苏共党内。具体而言，主要在于：否定党的历史，否定党的领袖；丧失意识形态领域的主导权；党的组织丧失了先进性，失去了凝聚力、号召力、战斗力；党风败坏，严重脱离群众；严重违背马克思列宁主义的干部路线。朱继东在《苏共亡党的意识形态教训及时代警示》(《思想教育研究》2012 年第 9 期）中总结了苏共亡党过程中意识形态方面的教训，包括：苏共领导干部尤其是高级领导干部缺乏甚至没有坚定的共产主义理想信念；对斯大林等党和国家重要领导人的攻击诋毁摧毁了苏联人民理想信念的基石；“抽象人道主义”等西方思潮盛行摧毁了苏联党和人民的思想和经济基础；意识形态多元化导致非马克思主义和反马克思主义等反动思想甚嚣尘上；意识形态领域主管领导干部的“僵化”、“西化”以及媒体纷纷站到苏共的对立面导致人们的思想观念变得日益迷茫和混乱。在《从苏共解体看党的监督机制建设》(《社科纵横》2012 年第 9 期）中,作者从监督机制的角度分析了苏共解体问题。作者认为，苏共亡党的原因是多方面的。其中，监督机制不完善、不能有效制约权力是一个重要原因。尽管苏共非常重视权力监督并且力图消除党内腐败，但由于斯大林在建立监督机制过程中陷入误区、斯大林的后继者不能走出误区，苏共腐败问题未得到有效制止导致苏共亡党的悲剧。

（三）不同类型政党执政的经验教训与启示研究

2012 年，在举行大选的国度，上演着各色悲喜剧，既有连任，也有痛失政权，既有卷土重来、异军突起，也有风光不再。国内学界从多种角度对国外政党执政的经验教训进行了梳理与总结。

1. 国外主流政党执政经验研究

《当代世界与社会主义》杂志 2012 年第 2 期集中刊登了一批关于国外主流政党执政经验教训的文章，涉及英国工党、法国社会党、日本自民党、墨西哥革命制度党、巴西劳工党。在《日本自民党执政经验教训及启示》中,朱艳圣将自民党长期执政的经验归纳为：将现代的民主政治理念建立在日本传统的保守主义基础之上，实现了传统保守主义与现代民主政治的有机融合。以经济发展作为国家优先发展目标，致力于实现日本的现代化。把改善民生、实现社会均衡化发展作为国家目标，实现日本的“平等社会”。自民党内的派阀政治助其在党内实现了“拟似政权更替”，在很大程度上垄断了国家权力资源，确保了权力长期保持在自民党手中。利用执政的特权，通过政策制定和行政管理来实施利益诱导，建立起一套维护其政权稳定的“利益诱导体制”。自民党失败的教训有：制度性的、结构性的腐败是自民党失去政权的最大原因。在现代政治中，一个政党要取得和维持政权，经济成败往往具有决定性影响和作用。没有处理好国际自由市场经济规则与国内利益集团之间的关系，在很大程度上失去了支持基础。执政能力的逐渐弱化和低下，使得自民党无法处理危机时期包括经济、社会、外交等在内的各种问题。在《法国社会党执政经验教训及启示》中，李姿姿认为，法国社会党执政党经验有五点，即适应形势发展，进行思想和观念的革新；改革党的组织结构，增强党的整合力；政策向中下层倾斜，促进社会公平；吸引新中间阶层，扩大选民基础；团结左翼力量，搭建左翼联合平台。教训有四点，即政党自我定位模糊，长期受意识形态困扰；派系权力斗争严重，党内共识难以达成；政策向中派倾斜，失去传统左翼选民的支持；左翼政党各有打算，左翼联盟貌合神离。《新时期英国工党执政经验教训及启示》认为1997年以来工党执政的经验在于：第一，以提高宏观经济稳定性、创造良好的投资环境为目标，促进了经济持续良性发展；第二，以开放政府、改革议会、分散权力为主要内容的政治制度及国家结构调整符合政治发展需要和民众意愿；第三，从“福利国家”向“社会投资国家”转型，着眼于社会党长远发展，调动了企业及个人的积极性；第四，顺应形势变化，加强党的建设，增强党的吸引力、凝聚力和执政力。2010年工党败选的原因有：政绩不佳是直接原因，党自身存在问题是深层原因，布朗竞选表现不佳起了负面推动作用。《墨西哥革命制度党执政经验教训及启示——基于生态资源的分析视角》从生态资源的角度解读了墨西哥革命制度党执政的经验教训。作者认为，革命制度党拥有的内外生态资源为其长期执政提供了强力支撑，而新自由主义改革侵蚀了革命制度党的生态资源，动摇了其执政基础。《巴西劳工党执政经验及面临的挑战》一文总结了巴西劳工党成功上台并连续执政的十一条经验，明确了劳工党执政面临的十一项挑战，得出了以下启示：第一，执政党要注重自身思想理论建设，不断推进本党思想理论的本土化、时代化，保持其稳定性，增强其包容性。第二，执政党要注重自身组织建设，通过党内规章制度建设，促进党内民主，协调党内派别，实现党内生活规范、有序，维护党内团结，增强党的凝聚力。第三，执政党要注意加强道德廉政建设，遏制党内腐败对党的侵蚀。第四，执政党要注意加强经费的筹措与管理，开源节流，有效利用。第五，执政党要注意探索适合本国的发展模式，推动经济发展，改善人民生活。

2. 曾长期执政的老党在野一段时间后重新执政研究

2012年，在阔别政权12年后，曾执政长达71年的墨西哥革命制度党重掌政权，引发政界、学界对于曾长期执政的老党在野一段时间后重新执政相关问题的关注与思考。徐世澄在《墨西哥革命制度党为何能东山再起》(《拉丁美洲研究第》2012年第5期）一文中对比分析了革命制度党在2000、2006年大选中失败而2012年大选中东山再起的主要原因。2000年大选失败的原因在于：第一，放弃了党的指导思想和原则——革命民族主义。第二，经济社会政策失当，贫富差距加大。第三，缺乏党的自身建设，缺乏自我监督和社会监督机制，党内腐败现象严重。第四，党内争权夺利，派系斗争激烈，造成组织分裂、意见不统一。第五，塞迪略总统未全力支持本党总统候选人，墨西哥有的报刊称他为革命制度党的“掘墓人”。第六，革命制度党失去年轻人的支持。2006年再次失败的原因有：第一，党内不团结。第二，候选人马德拉索的竞选纲领缺乏新意。第三，原来作为党的支柱的三大职团系统，即工人部、农民部和人民部名存实亡。2012年胜选的原因是：吸取了两次失败的教训，加强了党内团结，推举新人、“少壮派”领袖涅托作为候选人；国家行动党12年执政政绩平平，经济增长乏力，贫困人口增加，暴力活动有增无减；民主革命党内部不团结。

3. 长期执政的执政党执政经验研究

在2011年的大选中，新加坡人民行动党成功赢得选举继续保有政权；同时，反对党也在选举中取得历史性突破。围绕人民行动党何以长期执政、如何应对挑战的问题，学界展开了研究。相关研究既有从整体上对人民行动党执政经验的探讨，也有从特定问题、特定角度的解读。

在《新加坡人民行动党长期执政的基本经验》(《当代世界与社会主义》2012 年第 6 期)中，王瑾、季正矩将人民行动党长期执政的基本经验概括为：第一，构建共同的价值观，夯实执政思想根基；第二，推动经济社会发展，拓展执政绩效资源；第三，密切联系广大选民，巩固执政群众基础；第四，积极主动自我更新，保持执政强大活力；第五，坚决抵御贪污腐败，维护执政廉洁形象。

从某一角度解读人民行动党的执政经验主要集中在人民行动党的理念、意识方面。在《试论新加坡人民行动党的忧患意识教育》(《社会主义研究》2012 年第 4 期)、《试论新加坡人民行动党忧患意识的内涵》(《社会科学研究》2012 年第 4 期)、《试论新加坡人民行动党忧患意识的生成逻辑》(《河南师范大学学报》2012 年第 2 期)三篇论文中，作者较为全面地分析了人民行动党的忧患意识。他们认为，忧患意识是新加坡政治稳定、经济社会发展的契机，是新加坡社会发展和人民行动党执政地位延续的精神支撑，是人民行动党执政理念的内在依据。《新加坡人民行动党廉政理念的践行与启示》(《新视野》2012 年第 1 期)考察了人民行动党的廉政理念及实践。主要包括：树立强烈的反贪意识，创造抵制贪腐的文化氛围；领导人率先垂范，树立清正廉洁形象；建立严格制度，减少公职人员贪腐机会；从实际出发，建立“行得通”的薪金制度，降低贪腐冲动；依法治贪，从严治官。《新加坡人民行动党法治理念的践行与启示》(《新视野》2012 年第 4 期)考察了人民行动党的法治理念及实践。认为，新加坡人民行动党及其领导人基于历史和现实的种种考量，将法治作为重要执政方略，并将切合实际、规范权力、规制社会、平等适用、独立公正等理念贯穿在法治建设实践中，取得了举世瞩目的成就。

4. 国外执政党在某一领域或某一方面的经验研究

相关研究关注的问题涉及官员的选拔、执政社会基础等方面。选拔任用官员是现代政党的一项重要功能。如何在党内选贤与能并助其成功获取公职，是国外政党面临的课题。吴辉的《西方政党选拔官员的情况及启示》(《中共石家庄市委党校学报》2012 年第 4 期)梳理了三权分立和党政分开政治背景下西方政党选拔官员的做法。包括不同类型的官员适用不同的选任方式、官员的选拔紧紧围绕竞选展开、注重扩大官员选拔中的民主、重视发挥候选人个人选举才能、官员选拔向社会开放。

执政党要保有政权，必须有坚实的社会基础，而民心向背决定着社会基础的巩固与否。《国外执政党解决民生问题的经验及启示》(《中共天津市委党校学报》2012 年第 1 期)梳理了国外执政党解决民生问题的成功举措：保障教育经费，促进教育公平；建立就业服务体系，加强就业培训与援助；强化服务职能，建立覆盖全民的医疗保障体系；推行“居者有其屋”计划，实现住房保障法治化；实行全民养老保障制度，完善社会养老模式。并形成了改善民生的现实启示：确立民生为本的执政理念；促进民生建设主体多元化；推进民生建设制度化、法制化进程。《国外执政党执政基础建设对我国执政党的借鉴与反思》(《湖南科技大学学报・社会科学版》2012 年第 2 期)认为，丧失群众基础的执政党，终将被人民所抛弃；经济发展不力的执政党，必将失去人民的信任；自身建设不过硬的执政党，终将不能担负起执政的使命。执政党因而要：关心民众疾苦，重视改善党群关系；不断发展经济，提高执政的有效性；加强自身能力建设，增强党的执政凝聚力。

二、国外政党政治及政党制度发展研究

政党、政党制度与政党政治是紧密相关而又不同的问题。2012 年度有关研究对三者开展了丰富研究，以对国外政党发展的研究居多。

（一）国外政党发展研究

对于政党发展的研究，既有一般性考察，也有对国外政党某一方面变化的侧重，既有从类型学角度出发对某一类政党发展变化的分析，也有从国别角度出发对某国政党发展变化的考察。

1. 国外政党发展变化的一般性考察

有的学者从较为中立的立场出发考察政党变化，用“变革”来描述政党的发展变化。《热话题与冷思考——关于新时期世界主流政党变革与创新及其启示的对话》(《当代世界与社会主义》2012 年第 2 期）一文全面探讨了世界主流政党变革的动力、表现、特点及应对等问题。政党变革的动力在于：随着现代社会日益多元化和复杂化，阶级、阶层和利益群体日益分化，政党赖以存在的基础也随之发生变化；日益发达的媒体改变了传统政党的运作方式和组织方式；近年来席卷全球的金融危机给各国带来深层影响。政党变革的表现与特点有：各种社会运动、绿色组织甚至极端宗教、民族主义组织兴起，但还是主流政党引领国家政治生活；政党的功能作用开始“泛化”。为了应对新变化，执政党需要制定出可行的执政方略，提高执政水平，改善执政方式，加强执政党自身建设。

有学者对政党的发展变化及其趋势持积极肯定的态度，用“政党现代化”来概括政党的发展变化。于海青的《国外政党现代化的观察与思考》(《山东社会科学》2012 年第 1 期）考察了国外政党现代化的背景因素及其主要做法、国外政党现代化的主要经验及出现的新情况和新问题。认为，政党现代化是指政党在一定社会历史条件下基于自身发展和治国理政的现实需要，对思想观念、组织结构、组织基础、制度规范和活动方式等政党要素进行的调整、转变或转型。政党现代化是当今世界各国政党的普遍选择，是政党政治科学发展的关键变量与核心驱动。国外政党现代化主要经验在于：通过建立规范的政治参与制度形成以政党为核心的利益共同体；通过政党立法把政党行为限定在法律规范内；通过建立扁平化的网络管理模式促使政党由控制型权力结构向参与型权力结构转变。

有学者则对政党的发展变化尤其是前途命运持悲观态度，重点探讨政党的发展危机。《持续深化的欧洲政党危机》(《当代世界》2012 年第 5 期）一文认为，近 30 年来，欧洲传统民主国家的政党政治陷入危机。这种危机，不是暂时性或周期性的，而是一种持续不断的衰落。表现为：欧洲政党已不再是传统意义上的群众性政治组织，与草根社会的裂痕加大；党员人数下降加剧欧洲政党组织危机，促使其进行组织和功能上的调整，并引发欧洲民主政治模式的变化；欧洲政党的组织危机，源于其政治功能与社会需求的脱节，在欧洲全面步入后现代社会的形势下，欧洲政党的前景堪忧。

2. 国外政党某一方面变化研究

对国外政党某一方面变化的研究重点关注了国外政党意识形态、指导思想方面的变化与调整。《当代国外政党意识形态的新变化及其启示》(《当代世界与社会主义》2012 年第 3 期) 认为，在全球化和多元化的推动下，当代国外政党的意识形态呈现出中间化、现代化与大众化等新变化。其主要原因在于社会结构的变化、政党自身发展及谋求执政合法性的需要。周敬青的《国外一些执政党意识形态、执政理念和治党原则的矛盾与调整》(《学术界》2012 年第 12 期) 一文基于对国外一些执政党纲领章程建设的反思，从执政党的意识形态、执政理念、治党原则三个维度展开了研究。指出国外政党面临意识形态的冲突，即"阶级意识"与"中间化意识形态"碰撞的危机；执政理念的对立，即"群众性政党"的追求与"阶级私利"的泥潭；治党原则的两难，即政党组织纪律要求与民众非政治化倾向的发展。吴玉林在《冷战结束以来国外政党指导思想的变革与启示》(《新视野》2012 年第 5 期）中考察了国外政党面对新挑战、新要求而调整指导思想方面的主要举措。认为，冷战结束以来，各国政党所面临的内外形势发生重大变化，对政党的指导思想提出了许多新挑战和新要求。为此，国外不少政党加紧转变观念，加快理论创新，加紧推进指导思想的本土化、现代化，特别是增强指导思想对于本国经济社会建设的指导作用，提高指导思想的凝聚力、向心力。在改革和调整中，一些政党取得明显成效，但也有一些政党走入偏道，甚至丧权亡党。

也有学者对政党体质问题进行了研究。曲静的《日本政治改革后政党体质的变化》(《日本学刊》2012 年第 1 期）认为，政党体质是政党在政治活动中从财政与组织上表现出来的性质及特征。政治资金和组织效能是支撑政党发展的重要因素，也是评价政党体质的主要指标。政党体质会随着政治制度的变化而变化。

3. 某种类型政党的发展变化研究

根据不同的标准,有不同的政党类型划分。既可有左中右之分,也可有传统、新型之别。从类型学的角度对国外政党发展变化进行的研究，对多种政党类别都有涉及。

（1）左翼政党研究

《"左翼政党——国际发展趋势"国际学术研讨会综述》(《上海行政学院学报》2012 年第 1 期）梳理了"左翼政党——国际发展趋势"国际学术研讨会的主要观点。关于左翼政党的主要类型及其发展特征，世界左翼政党发展受本国社会发展的影响而呈现出较大的区域化差异，发展特征各有不同，大致可以分为以欧洲为代表的发达国家左翼政党、亚洲与南美洲新型工业化国家的左翼政党、非洲与中东的左翼政党三种类型。关于当前左翼政党面临的挑战及未来发展趋势，左翼政党的三种类型在发展中遭遇的挑战及未来的发展趋势不同。欧洲左翼政党发展面临的主要挑战有选举危机、代表性危机、政党分裂与竞争带来的政治影响力危机、治理实效不佳带来的合法性危机。亚洲和南美洲左翼政党面临的挑战主要源于国内政治经济形势的发展。在北非和中东，左翼政党受到的羁绊和挑战更为复杂。

共产党是左翼阵营的主要力量。关于国外共产党的研究，既有对曾经存在的共产党衰亡的探讨，也有对现在活跃的共产党的研究；既有对共产党历史发展的梳理，也有对共产党现状的把握；既有对某一共产党的分析，也有对共产党国际组织的关注。周华平的《意大利共产党衰亡的原因初探》(《社会主义研究》2012 年第 6 期）运用历史事件合力论的方法分析了意共衰亡的问题。认为，意共的衰亡是国际国内、党内党外诸多因素共同作用的结果。具体而言，第一，战后意大利经济社会的新变化，削弱了意共存在的阶级基础；第二，战后福利国家建设和政治民主的发展，降低了社会主义在意大利的影响力；第三，意大利的宗教和政党格局，制约了意共的发展；第四，垄断资本与帝国主义联手进行反共宣传，限制了意共在意识形态领域的活动空间；第五，意共在战略策略上的失误，是其衰落的根本原因；第六，苏东剧变是意共衰亡的重要催化剂。吴国富的《印度共产党（毛主义）的源起及其演进》（《社会主义研究》2012 年第 6 期）认为，印共（毛）继承了查鲁·马宗达的组织遗产，吸收了安得拉共产党的理论和长期领导武装斗争的经验，坚持并发展了纳萨尔巴里式的农民武装斗争。该党的演进历经挫折却从未断裂，其缘起虽受国内外共运气候的影响，但仍植根于印度社会经济现实。李亚洲的《政党政治视角下的俄罗斯联邦共产党》（《中国延安干部学院学报》2012 年第 1 期）一文以政党政治为视角论述俄罗斯政党政治发展进程中的俄共及其对俄罗斯政党政治发展的影响，分析了俄共在参加政党政治问题上面临的困境和难题，并对俄共参加政党政治的前景给予了前瞻。认为，俄共建立 20 年来，其发展受到俄罗斯政党政治演变的制约和重大影响。与此同时，俄共在俄罗斯政党政治的发展过程中扮演了极其重要的角色，尤其是 1993 年恢复重建以来，俄共的存在促进了俄罗斯政党政治的规范和完善，对俄罗斯政党政治的发展起着特殊作用。但是俄共在参加政党政治的问题上仍然存在诸多难题。俄共的发展应当引起整个俄罗斯社会的关注，而俄共自身更应痛定思痛，通过改革重新走向复兴之路。王喜满、王子凤的《1999—2011 年世界“共产党和工人党国际会议”评析》（《马克思主义研究》2012 年第 4 期）研究了“共产党和工人党国际会议”的产生发展进程、组成和运行机制、性质和特点。文章认为，“共产党和工人党国际会议”在 20 世纪末应运而生，经过十几年的发展，逐渐成长为一个资本主义国家马克思主义工人政党主导的反帝反垄断的社会主义性质的国际会议，成为与会各党加强联系、交流思想观点和工作经验以及促进世界社会主义运动发展的重要形式。

共产主义后继党是前苏东国家共产党的继承者，是左翼阵营的重要成员。学界重点对共产主义后继党的转型问题进行了研究。柳彦、金平的《东欧共产主义后继党的政治转型》（《山西大学学报·哲学社会科学版》2012 年第 6 期）主要分析了东欧政治转轨对共产主义后继党组织体系的影响，以及后继党为应对制度环境挑战所做的组织调整。文章认为，“有选择地继承”和“彻底否定过去”是后继党对待历史遗产的两种主要方式。后继党在组织资源和组织结构上选择了第一种方式，继承了前共产党的组织结构和人力资源；在政党意识形态上采取了第二种方式。其组织调整表现为：优化内部组织结构，提升政党竞争力；提高党组织的社会渗透力，从“组织扩张”向“组织增殖”转变；实现刚性结构和弹性规范的有效契合；维持组织体系的自主性发展。王毅、王志连的《前南各国共产主义后继党的转型：矛盾、困境与挑战》（《科学社会主义》2012 年第 3 期）认为，前南各国共产主义后继党的转型，既体现出与中东欧其他国家共产主义后继党转型类似的规律与过程，也具有特殊性。前期长达 10 余年的时间里，这些政党的转型过程充斥着自相矛盾；国际金融危机及欧洲主权债务危机爆发后出现的新问题和趋势，又使其在意识形态、欧洲化及经济社会发展目标等方面陷入两难；与此相关，经济层面的长期落后与政治层面的新民粹主义兴起又给它们造成新的压力。前南各国共产主义后继党的转型之路漫长而曲折。

社会党是左翼阵营的又一支主要力量。学界重点关注了其面临的挑战及转型问题。关于社会党面临的挑战，在《德国社会民主党缘何困境丛生》（《人民论坛》2012 年第 4 期）中，周敬青将德国社会民主党面临的挑战概括为："阶级意识"与"中间化意识形态"碰撞的危机；党员规模和党员队伍的质量下降，特别是年轻党员数量减少；党组织生活对普通党员失去了吸引力；组织呈现松散、无序和虚弱的特征；巩固社会基础面临诸多挑战。关于社会党的转型，张玉宝的《论二战后欧洲社会民主党的转型与当前危机》（《理论月刊》2012 年第 1 期）认为，二战后，欧洲社会的方方面面都发生了巨大变化，对欧洲社会民主党产生了显著影响。为适应时代发展，社会民主党开始在意识形态、群众基础、纲领政策、组织方式以及竞选策略等方面进行转型。虽然经过改变后的社会民主党在战后的欧洲政坛上保持了重要影响，但转型也给社会民主党带来了认同危机、组织危机、执政危机等新问题，欧洲社会民主党必须尽快克服转型带来的消极影响，才能获得进一步发展。王存福在《二战后德国中产阶级的发展壮大与社会民主党由"阶级党"到"人民党"的转型》（《云南行政学院学报》2012 年第 3 期）中认为，二战后德国社会民主党实现了由"阶级党"到"人民党"为主要特征的第二轮转型。主要表现为：重新界定了社会主义的价值目标和基本特征，确立了多元化的指导思想，在经济政策上实现了对资本主义私有制的认同，政党性质由"阶级党"转变为"人民党"。赵婷的《二战后澳大利亚工党从群众型政党向全方位政党的转型》（《当代世界社会主义问题》2012 年第 2 期）考察了澳工党转型的动因、表现与举措。澳大利亚工党向全方位政党转型的动因在于：产业结构及就业结构的变化、工党和自由党竞争执政权力的需要、工党的传统政治遭到诸多批评。转型的主要举措和表现有：淡化意识形态色彩，逐步走向理性主义和实用主义；面向全社会发展党员，扩大选民基础；党费筹集方面摆脱对工会的财政依赖，转向寻求社会捐赠。

（2）右翼政党研究

相关研究虽然也有对传统右翼政党的关注，但关注的重点是右翼政党的极化现象暨极右翼政党问题。

自民党是传统的中偏右政党，对自民党有关问题的研究历来是学界的一个重点。2012 年自民党重回执政地位，引发了又一轮研究。邱静的《"日本式保守主义"辨析——自民党 2010 年纲领及其保守倾向》（《日本学刊》2012 年第 6 期）对自民党的新纲领进行了详细分析。文章认为，自民党《2010 年纲领》更加突出保守色彩，不但首次在纲领中将党定位为"保守政党"，而且首次明确宣称要"以日本式的保守主义为政治理念再出发"。"日本式保守主义"并非对其路线方针的大幅修正，而是对既有"保守主义"方针的继承。既不同于西方政治思想概念中的"保守主义"，也不同于吉田茂一派的"传统保守主义"，而是更接近岸信介一派的"保守修正主义"或近年来日本实践的"新保守主义"。

近年来右翼政党出现极化倾向，或者说，极右翼政党近年来发展迅速、影响变大。学界对右翼政党极化现象的研究开始增多。杨云珍的专著《当代西欧极右翼政党研究》（上海世纪出版集团 2012 年版）明确了极右翼政党的概念及其意识形态，分析了当代西欧不同国家极右翼政党、思潮出现的原因与影响、共性与不同，梳理了西欧各国现有极右翼政党的缘起、创建、演变及发展历程，分析了其组织机构、领袖及纲领与政策主张，从性别、受教育程度、阶层和年龄等维度考察了支持极右翼政党的选民群体，从组织结构和领袖、政党竞争方式、制度环境等方面解释了极右翼政党的不同选举结果，分析了极右翼政党对西欧社会的影响。该书的主要观点有：极右翼政党奉行极端主义，拒绝民主宪政国家最基本的价值观、程序和制度；拒绝人与人之间平等这一最基本原则。极右翼政党的产生及其在选举中的胜利，并非它自身能力有多高，恰恰是主流政党给极右翼政党提供了好机会，与其说是极右翼政党对民主造成了威胁，毋宁说是主流政党在面对急剧变化的社会时，缺乏应变能力，未能作出适时的应变和调整。

（3）草根政党、新型政党研究

绿党是新型政党的代表，经过多年的发展，已成为多国政治舞台上的重要力量。“海盗党”是近年来兴起并迅速发展的组织，业已开始在部分国家发挥较大政治影响。茶党是美国新近兴起的草根运动，也成为影响美国政治生活的重要力量。学界对绿党、“海盗党”、茶党展开了研究。

郁庆治的《选举向度下的澳大利亚绿党》（《国外理论动态》2012 年第 5 期）通过集中分析澳大利亚绿党在 2010 年大选中的竞选表现及其结果，探讨了绿党在何种意义上已经或可能成为联邦选举政治中的“第三政党”或现实政治中的平衡力量。刘小青的《欧洲绿党的政党发展比较——以英、德两国为例的制度因素分析》（《重庆社会主义学院学报》2012 年第 4 期）在概述英、德两国绿党发展历史的基础上，对两国绿党的政治绩效进行了比较，通过分析差异产生的原因展示了新型政党与既有制度之间的冲突与妥协，并对绿党发展的制度限制因素作出了解释。文章认为，现阶段的绿党还不能给传统政治带来实质性挑战，传统制度却塑造着绿党的发展路径。政党体制和议会选举制度是正式制度对绿党的限制与塑造，绿党本身对于这类制度更多呈现的是被动接受。在被动接受既有正式制度塑造的同时，绿党也在主动调整自身。绿党只有建立多维度且广泛的政治联盟与合作，才能够为自身创造更多参与政治决策的机会，才有可能摆脱传统政党制度的局限，真正走向政党发展的实际操作之路。

成立以来，海盗党发展迅速，大有后来居上之势。尤其是德国海盗党先后在柏林州、萨尔州、石荷州和北威州等政治色彩不尽相同的联邦州进入州议会后，更是引起人们的广泛关注。其前景如何，对传统政党、各国政治生活有怎样的影响，都是需要解答的课题。黄蕊的《海盗党国际与网络政治的发展》（《红旗文稿》2012 年第 23 期）考察了海盗党的宗旨、特点及影响。其宗旨是：保护个人隐私，要求网络信息公开透明、政府行政透明，要求改革版权制度，要求保证公民网络自由，反对以保护社会利益为由限制个人进行网上知识传播及获取网络信息。其特点有：发展速度快，范围广；充满各种非议；创新组织形式；受众指向青年；紧密依靠技术。海盗党的快速崛起反映的是当今世界发展及政党政治的一系列新趋势，它的壮大也预示了网络政治时代的到来。《德国海盗党的兴起及其影响》（《德国研究》2012 年第 2 期）关注了德国海盗党兴起的因素、对德国政治生活的影响等问题。新媒体的发展和德国政治生活的固化是海盗党兴起的背景。海盗党成功的因素主要有以下三点：鲜明的政策主张，核心政策都基于人的自由和个人保护，核心主张都反映了个人对自由和尊严的重视；占据技术优势，利用优势宣传自己、组织辅选，充分利用维基平台作为实现政党透明的工具；组织创新，引入一种名为 crew（全体船员）的组织形式，在柏林等地设立和经营俱乐部。德国海盗党的发展已经刺激了其他政党和组织，影响了政党联合组阁的形式。随着海盗党组织的进一步完善，它必将影响到某些较小政党的生存，促使德国政治生活发生某种程度的变革。时静的《德国海盗党掀起“橙色风暴”》（《当代世界》2012 年第 5 期）则认为，海盗党是以互联网快速发展为标志的信息化时代的产物；海盗党为选民发泄对德国僵化的政治体制的不满提供了渠道；海盗党利用新媒体技术手段积极开展党务和竞选活动吸引支持者。

房广顺、唐彦林的《茶党运动的兴起及其对美国政党政治的影响》（《高校理论战线》2012 年第 8 期）认为，茶党不是一个政党，而是一场草根运动，是右翼民粹主义运动。茶党运动具有如下特点：组织松散但组织形式灵活多样；具备美国右翼民粹主义运动的基本特征，暗含白人至上种族主义。茶党运动兴起的根本原因在于，美国资本主义制度基本矛盾所造成的经济动荡、周期性金融危机所引发的社会恐慌，它暴露了美国政党制度的局限与缺陷。茶党已经成为美国政治中不可忽视的一支力量，影响着美国的选举，并对政府的政策和做法展开辩论，施加了影响。

（4）宗教性政党研究

宗教性政党尤其是伊斯兰政党在局部地区的兴起，也引发了学界的关注。出现了关于宗教性政党的缘起、发展、特点、影响等问题的研究成果。在《北非成长中的伊斯兰政党》（《中国与世界》2012 年第 17 期）中，覃胜勇认为埃及自由与正义党、突尼斯复兴党、摩洛哥正义与发展党等伊斯兰政党是温和的。因为它们没有宣扬暴力、认识到执政合法性来自包容不同观点的组织、承认女性权利、没有要求妇女身着传统服装并在事实上努力让更多妇女参政。作者还认为，伊斯兰政党要完全摆脱北非根深蒂固的威权传统，道路还相当漫长。如果没有政治的多元化，北非不可能有持久的社会变革、持续的社会发展，以及对个人和社团权利的尊重。

4. 国别政党发展新动向研究

李兴耕在《“普梅换位”以来俄罗斯政党的最新动态》（《国外理论动态》2012 年第 12 期）中指出，在修改后的《政党法》开始生效、普京再次入主克里姆林宫的背景下，俄罗斯政党发生了明显变化，出现了令人瞩目的新动向，涌现出大批新党。新登记政党的组织成分混杂，政治倾向各异，既有现政权的坚决支持者，也有持反对派立场的左翼或右翼政党，还有中间派政党。即使在同一政治流派内部，也存在相互竞争的几个政党。与此同时，统一俄罗斯党作为执政党加强了自身建设，完善了党内民主选举制度和党员教育培训机制。昆波拉提、徐海燕的《金融危机背景下的俄罗斯政党动向》（《俄罗斯中亚东欧研究》2012 年第 5 期）考察了金融危机背景下俄各主要政党在“应对危机”时体系思想和行为方面发生的变化。认为，金融危机推动了俄政党重新审视和调整自己的政策纲领；政治体系的社会性因素进一步加强，民意在各政党中受到重视，公平与正义的理念获得了更加广泛的认同。但从总体上说，俄罗斯政党在应对金融危机时的变化尚处在进行当中，且本身还面临着诸多风险。随着政党的进一步规范整合，俄罗斯真正意义上的成熟政党必将出现。俄罗斯政党在政治发展过程中体现出如下基本特征。一是政党作为市民社会与国家政权之间联系纽带的作用得到了加强，各个政党对社会舆情更加重视；二是政党与国家元首关系密切，在原则、立场上寻求与政权的契合点成为俄政党生存发展的基础；三是现代传媒的发展促使政党更加关注大众媒体的作用。未来俄罗斯政党面临的最大挑战是公民社会借助网络崛起。如何改善政党形象、认真聆听来自民间的声音、增加资讯供给和透明度、建立政党与社会积极互动的模式，成为各大政党面临的重大挑战。

（二）世界政党制度研究

2012 年度对于世界政党制度的研究，绝大部分是针对某国政党制度的，从一般意义上进行的综合性研究较少。

1. 世界政党制度综合性研究

陈家喜、黄卫平的《一党体制衰落的制度探源文献述评与框架建构》（《社会科学》2012 年第 7 期）一文回顾了 20 世纪 80 年代末以来一党体制衰落的三次浪潮，在对既有文献述评的基础上，尝试构建新的解释框架。作者从两个方面理解政党制度化：一是政党内在制度的建设、完善与优化；二是政党在与内外环境相互作用下体现出来的内聚性、适应性和自主性。作者认为，政党制度建设包括六个层面：(1) 领导制度，涉及党内领导层的产生与权力交接等内容；(2) 组织制度，涉及党组织设立与发展，组织结构与组织原则的制定；(3) 干部制度，涉及到党内精英录用、培养与擢升，对社会精英的吸纳与整合；(4) 民主制度，涉及政党领袖与组织、上下级组织以及党组织与党员之间的关系调节；(5) 监督制度，涉及党内权力监督与廉洁情况；(6) 意识形态，指政党统合党员和凝聚民众的思想、纲领和口号。

2. 国别政党制度研究

有研究对某国政党制度里政党之间、政党与政府之间、政党与司法之间的关系等问题进行了研究。董郁玉《美国的党争》（《炎黄春秋》2012 年第 5 期）关注了民主、共和两党之间的关系。认为，美国的党争是民主框架下的党争。公开、合法反对与民主是美国党争拳击场的三条围绳。尤其是公开性，约束了党争“坏的一面”。没有公开的党争，就不会有经过公开承诺因而值得信任的政党利益范围，也不会有来自因公开而产生的实现利益承诺的压力。《简析美国政党与政府关系的特征及成因》（《科学社会主义》2012 年第 4 期）考察了美国政党与政府之间关系的特征及原因。文章认为，美国是政府主导型的党政关系，政党组织对本党政府及本党国会党团的渗透及影响力有限。美国形成这类党政关系，与美国政党自身松散分权的组织结构、国家对政党内部事务的干预、传统的政治文化的影响等有着密切关系。卓英子的《美国司法审判中的政党政治因素及其启示》（《国家行政学院学报》2012 年第 3 期）回顾了美国政党政治影响司法的历程，分析了政党政治因素通过三权分立的政体模式、两党轮流执政的政党制度，以及立法、行政、司法相互制衡等制度特点影响司法的方式；揭示了宪法至上、政治法律化倾向等法律、文化传统下，美国政党政治因素影响司法形成的合法性、隐蔽性等特点。

有研究分析了政党制度与国家制度之间的互动关系。谭道明的《墨西哥联邦制与政党制度的良性互动——墨西哥 2012 年总统大选结果分析》（《拉丁美洲研究》2012 年第 5 期）以墨西哥为例考察了联邦制度与政党制度之间的关系。认为，在革命制度党一党独大时期，墨西哥有联邦制之名，而无联邦制之实。在革命制度党执政后期，联邦制这项宪政制度逐渐复苏。2000年大选，革命制度党失利，国家行动党执政，墨西哥的政党制度变为多党竞争制，联邦制获得了重生。2012年大选，革命制度党东山再起，联邦制与政党制度产生了良性互动。墨西哥的经验表明，政党制度的集权程度是联邦制是否能够持续存在的重要条件。在墨西哥这样的宪政转型国家里，联邦制与政党制度之间的互动关系较为复杂，总体向着积极方向发展。

有研究对某国政党制度的变迁与走向进行了研究。宋静的《冷战后捷克政党体制嬗变与政党沉浮》(《天津行政学院学报》2012年第6期）认为，自1989年“天鹅绒革命”以后，捷克进入政治转型期，突出的标志是西方民主议会制的建立。经历了二十年跌宕起伏的发展演变，两大政党轮流掌控政府并与小党联合执政的竞争性政党体制基本形成。根据政党执政和各政党实力消长，捷政党体制的变迁大致可划分为三个阶段。当前，捷克政党体制正步入新一轮变革演化的“十字路口”，趋同化、极化、碎片化这三大趋势的固化或转化程度将直接影响捷克政党体制今后的发展走向。杜继锋的《缅甸政党体制变革及未来走向》(《当代世界》2012年第12期）考察了缅甸政党制度的历史沿革、缅甸政治改革背景及缅甸政党制度的变革。认为，政治改革是缅甸“民主路线图”计划要求的自然产物。政治改革是缅甸政府寻求政权“合法性”和获得国际支持的前提条件。政治改革是缅甸国家实现经济发展、改善民生的客观要求。政治改革也是解决国内错综复杂民族矛盾的唯一方法。未来缅甸政治改革的重点将逐步围绕宪法和政党制度改革等焦点议题展开,核心问题是维持现有的“军人主导型”多党制还是通过宪法改革建立全新的“军人参与型”多党制。唐秀玲、李建光的《泰国的民主发展与政党定型分析》(《中共中央党校学报》2012年第3期）从民主转型与政党作为的角度分析了泰国政党制度的艰难定型及实现从“宗派性部分”向“整体性部分”转变的问题。文章认为，在泰国的民主化进程中，政党往往以现代政治力量的面目出现在国家政治体制及其变革之中。面对国家的政治发展，泰国的政党及其政党制度，虽经数十年的艰难发展，至今却没有发挥出应有的整合功用，没有真正成为政治社会化和民众政治参与的工具。泰国的政党格局不稳或政党制度化艰难发展的深层原因，既有政党自身存在的诸多重大缺陷，也有总体不利的政治生态空间。具体而言，泰国政党的政治目标大多是简单的选举，带有短期的私利性，成员的忠诚度低。泰国政党的基层组织建设相当薄弱。泰国政党具有地域性宗派性的特征。泰国政党数目众多，但长期存在的政党不多。泰国政党遭遇长期的党禁，导致其发展断续，进而严重影响政党制度的完善和发展。泰国的军人政变频繁与官僚机构稳定形成鲜明对比。

有研究考察了某国政党制度面临的挑战。黄卫平、陈文的《2011年新加坡大选的观察与思考——兼论一党长期执政如何直面竞争性选举挑战》(《中共四川省委省级机关党校学报》2012年第2期）认为，2011年大选是“新加坡政治的分水岭”。新加坡人民行动党的执政实践证明：一党长期执政不仅可能保持廉洁，也可能逐步推进多党竞选政治。长期以执政绩效和经济发展为合法性基础的执政党，也可能面临重大的民意挑战。缺乏民主传统的东亚威权体制，也可能逐步发展出宪政民主和优质的竞选制度。信息技术和新媒体的发展，对现代国家的执政党及其政府的民主、科学、依法执政的能力提出了前所未有的挑战。在非对称性政党体制下开放民主选举并不必然带来混乱、动荡和民粹主义。

在新兴经济发展国家实现“优质民主选举”需要具备一些必要条件。

（三）世界政党政治发展过程与趋势研究

2012 年度世界政党政治发展过程与趋势研究重点围绕世界政党政治形势、世界政党政治的发展动向、各国政党政治状况、发展历程展开。

1.2012 年世界政党政治形势研究

石晓虎在《2012 年上半年世界政党形势综述》（《当代世界》2012 第 7 期）中概述了 2012 年上半年的世界政党形势。认为这段时间世界政党形势出现了如下新变化：其一，选举牵动不少重要国家政党政治走向。其二,发达国家政党政治乱象向纵深发展。政党“极化”倾向更加突出，非主流政党进入政治舞台中心，左翼政党实现一定程度发展推动地区政党政治“向左转”。其三，发展中国家政党政治中的“乱”与“治”同步发展。新兴国家受金融危机冲击加大，执政党应对难度上升；西亚北非地区政党政治呈现复杂发展态势。其四，社会主义国家执政党着力加强能力建设，巩固执政基础。其五,一些大党老党适应形势变化着力加快自我更新。

2. 世界政党政治发展动向一般性研究

张云飞、石晓虎的《当前世界政党政治发展的五大突出动向》（《当代世界》2012 年第 5 期）认为，伴随国际金融危机以及欧洲债务危机的持续发酵，各国政党面临的内外环境不断发展变化，世界政党政治出现一些新的突出动向。第一，主流政党引领发展的难度普遍增大，对发展模式的探索更加深入。第二，发达国家政府弱势化、政治庸俗化倾向明显，西方政治制度弊端凸显。第三,一些发展中国家执政党加快推进政治改革，以维护和实现自身利益。第四，西亚北非地区伊斯兰政治力量强势崛起，引发多国政治生态新变化。第五，资本优势地位进一步增强，对多国政党政治的影响上升。

姜崇辉、武昕在《发展中的世界五大政党治党模式分析》（《传承》2012 年第 10 期）中考察了发展中的世界五大政党治党模式——以基层组织为平台：积极招募党员；以民心为取向：及时调整竞选方略；以时代发展为坐标：积极实施政党变革；以信息化、网络化为契机：宣传动员手段创新。并分析了五大模式的特点——重视理念更新：提升政党的适应性；注重组织变革：扩大政党的合法性；借重先进科技：增强政党的创新性。

史志钦的《西欧政党竞争呈现新特征》（《人民论坛》2012 第 10 期）认为，欧洲正隐约出现一种新政治。在这种新政治中，旧的忠诚已经消失，政治认同模糊，选民对熟悉政党的信任在减少。无论是在原欧盟 15 国，还是在欧盟新成员国，老百姓越来越不信任政党。具体而言，传统主流左右翼政党趋同加强，方向感不断迷失，主流政党碎片化、政党体系碎片化，边缘性政党的作用开始凸显并产生一定的影响力。在全球化及信息化不断深化及不断蔓延的经济危机和金融危机的背景下，欧洲政党政治正面临许多新的挑战和各种危机，面对许多问题束手无策，即使有策也效果不佳，传统的主流政党在逐渐丧失自己的能力，日益多元化的选民也不再把传统主流政党作为自己的利益代言人，多渠道的利益表达方式在急剧地改变着欧洲的政治面貌。传统的欧洲政党政治正处于深刻的转型之中。

刘长江的《资本、政党与代议制民主的困境》（《江苏行政学院学报》2012 年第 6 期）

以意大利力量党为案例考察了资本对于政党及代议制民主党影响。认为，意大利力量党是一个资本主导形成的政党，党与企业在组织上形成共生关系。该党将企业营销方式运用于政治活动，连续竞选获胜；利用执政地位，为企业获得众多利益，引发了巨大的利益冲突与政治腐败。意大利力量党的一切政治活动都符合程序性选举民主，它的连续当选及其引发的持续的利益冲突正是代议制民主陷入困境的标志。

3. 国别政党政治发展研究

有的对几国政党政治发展历程进行了研究。刘仕平的《世界主要国家政党政治发展历程研究》（当代世界出版社 2012 年）一书，对英、美、法、俄、中等国的政党政治由来进行了梳理。作者认为，必须承认和尊重政治文明的多样性和差异性，必须从本国实际出发设计和确立政治制度，必须坚决反对政治制度上的霸道和野蛮行径。

有的对几国政党政治发展进行了比较研究。任军锋的《超越左与右？北欧五国政党政治比较研究》（上海三联书店 2012 年版）一书从北欧国家政党自身发展理路出发，将政党置于北欧特殊政治语境中进行了综合考察，力图揭示现代政党政治生成与变迁的普遍性与特殊性，以及政党于现代政治生活复杂的互动网络中所呈现的组织结构与功能结构。该书认为，第一，在以多党制为主要特征的北欧国家，由于大多数政党均无法单靠自身力量主导议会并进而左右政府，所以反对党更倾向于同执政党达成妥协，通过与其他政党建立政治联盟，获得进入政府的机会。第二，北欧国家普遍采行的比例代表制和国家对各政党的补助金制度从客观上有利于新兴的小型政党发挥其影响力。第三，公众价值取向模式的改变对北欧政党政治的影响主要表现在：政党分野由当初以阶级为基础的分野开始向以议题为基础的分野转变；传统政党竞争结构中的左——右分野呈现空前的多维性和复杂性；选民传统意义上相对稳定的党派忠诚开始趋于弱化。

有的对某国政党政治发展的特点与规律进行了探究。包红梅的《当代俄罗斯政党发展状况比较研究》（《前沿》2012 年第 23 期）认为，俄罗斯政党政治发展具有如下特征：俄罗斯政党政治的发展被打上了“权威主义”烙印，政党制度在“主权民主”影响之下的发展受到了一定限制；俄罗斯各政党之间的关系紧张而微妙，在竞争与妥协中不断推进俄罗斯政党政治的发展；各政党在发展过程中调整和改革政党政策，均体现出据本国国情，“走自己的路”的思想观点。谢韬的《从大选看美国的历史周期、政党重组和区域主义》（《美国研究》2012 年第 4 期）从历史周期、政党重组和区域主义三大历史比较分析视角，对美国 1968 年和 1992 年的大选进行了分析。作者认为，1968 年大选和 1992 年大选都属于关键性选举，因为它们都引发了新一轮党派重组和区域重组，从根本上改变了美国政治版图，而 2012 年大选的结果是 1992 年大选以后形成的党派重组和区域关系的延续。2016 年之后的美国或许将迎来新一轮政党重组，在这一轮重组后，共和党将重新占据主导地位。

有的对某国政党政治发展的变化、趋向进行了研究。孔志坚的《缅甸大选后政党政治发展趋向》（《东南亚南亚研究》2012 年第 2 期）认为，2010 年大选后缅甸国内的政党政治出现了新变化。党的民族性和地域性特征愈加明显，执政党——巩固与发展党一党主导下的多党政治有望逐步走向有序化。刘渝梅的《政治文化视角下的新加坡政党政治及其转型》（《南京社会科学》2012 年第 5 期）考察和分析了新加坡一党独大体制的政党政治形态及其政治文化环境。文章认为，政党政治形态的生成及其变化，有其特殊的政治文化土壤。变革中的新加坡政党政治反映了该政治体系所蕴含的政治文化的变迁。自独立以来，新加坡逐渐形成人民行动党一党独大的政党政治形态，这根植于如下政治文化环境：其一，“亚洲价值”；其二，对秩序的尊崇；第三，精英民主理念与去政治化的取向；第四，为经济发展和稳定让渡个人自由。近年来新加坡政党政治形态在向更为民主的方向转型，这种转型的背后是政治文化所发生的变迁：其一，参与式政治文化正逐渐消解着政治冷漠；其二，伴随着公民社会的成熟，公民文化逐渐得以培育；其三，政治理性成为对多元竞争体制认同的重要前提；其四,一种宽容性的政治文化正在形成。

三、政党理论和观点引介与评析

2012 年度国内学界既梳理了国外政党关于某些问题的观点与主张，也翻译、引介了国外政党研究成果，也梳理了国外关于某些政党问题的研究现状，还对国外政党思想理论尤其是经典性思想理论进行了研究。

（一）国外政党观点梳理

此类成果主要梳理了国外共产党关于社会主义模式、社会主义民主、资本主义经济危机、世界形势等问题的观点主张。王淼的《“社会主义模式”从“一”到“多”的嬗变——以国外共产党的理论探索为视角》(《陕西师范大学学报·哲学社会科学版》2012 年第 5 期)对共产党人关于社会主义模式问题的探索进行了梳理。认为，冷战后国外共产党在审视苏联模式经验与教训的基础上，普遍认为社会主义没有固定模式，各党应该根据本国国情建设适合本国的多样化的社会主义发展道路，并对备受世界关注的“中国模式”给予高度肯定。王淼《当代国外共产党对社会主义民主的探索》(《当代世界与社会主义》2012 年第 3 期)认为，“二战”后苏东社会主义国家普遍在坚持无产阶级专政和一党制的政治建设过程中忽视了社会主义民主建设，这不仅导致了西方资产阶级对社会主义“缺失民主”的攻击，而且使得群众对“无产阶级专政”与“社会主义民主”之间的关系产生了质疑。事实上，在马克思主义经典作家那里，“无产阶级专政”、“一党制”与“社会主义民主”之间并无矛盾，还是相互统一的关系。冷战结束后，世界各国共产党在反思苏东社会主义经验教训的基础上，进一步对“社会主义民主”的目标、性质、作用、实现途径等诸多方面进行了深入探索，并结合新的历史条件提出了许多新主张和新思路。宋丽丹《国外共产党论当前资本主义经济危机及世界形势》(《当代世界与社会主义》2012 年第 3 期)指出，国外共产党认为当前的经济危机仍然是资本主义基本矛盾发展的结果，有全球性、全面性的特点。资本主义不能消除自身矛盾，只能通过对内、对外两种方式进行转移。危机使帝国主义侵略性凸显，世界进入新的危机与革命时代。走出资本主义危机的唯一出路是工人阶级联合其他群众进行反对资本统治的斗争，社会主义才是人类的未来。李凯旋的《团结左翼，重新建立共产党—意大利共产党人党第六次全国代表大会述评》(《当代世界与社会主义》2012 年第 3 期）对意大利共产党人党第六次全国代表大会情况进行了介绍。指出，意大利共产党人党第六次全国代表大会分析了深陷危机的意大利经济形势和充满不确定性因素的意大利政治局势，提出了应对危机的建议以及与意重建共进行政治联盟的必要性，并在此基础上提出了重新建立一支统一的意大利共产党的党建目标。在总结对外联系成就的同时，也提出了在全欧洲建立统一共产主义组织的希望。意共产党人党六大对其在工会组织中影响力微弱的判断，是目前多数发达资本主义国家共产党与工人运动关系的缩影。

也有成果对第十三次共产党和工人党国际会议的观点进行了梳理。聂运麟、周华平、王喜满、吴国富的《社会主义才是未来——第十三次共产党和工人党国际会议述评》(《红旗文稿》2012 年第 7 期）和杨成果的《社会主义才是未来——第十三次共产党和工人党国际会议述评》(《马克思主义研究》2012 年第 3 期）均对第十三次共产党和工人党国际会议的有关观点进行了介绍。第十三次共产党和工人党国际会议的主题是“社会主义是人类的未来！苏联反革命胜利 20 年来的国际形势和共产党人的经验。在资本主义危机和帝国主义战争的条件下发展阶级斗争、推进当前的人民斗争和起义的任务，争取工人阶级和人民的权利、加强无产阶级国际主义和反帝国主义战线、推翻资本主义和建设社会主义的任务。”会议围绕苏东剧变 20 年来的国际形势和共产党人的经验、资本主义危机和帝国主义战争、当前人民的斗争和起义、社会主义是人类的未来、当前条件下的任务等问题展开了讨论，并形成了共识。

（二）国外政党研究成果的引介

对国外政党研究成果的引介没有明显的地域、语言、主题等方面的特点。仅选择其中涉及政党与国家或社会的关系、政党发展的趋向、政党制度发展特点与趋势等问题的译作。

政党与国家或社会关系方面，吴宏娟翻译了新加坡王赓武的《东南亚的政党与国家》(《东南亚研究》2012 年第 4 期)。该文主要考察了“引进”的民族国家模式在东南亚如何催生各式政党，这些政党又为何需要强大的国家来塑造未来的民族。文章认为，在民族国家中能发挥影响力的政党，对正努力将自己看做新生民族的人们及其生活，可能起着分化与破坏作用。胡振良翻译了法国贝尔古纽与格伦贝格合著的《法国社会党与国家权力的关系：模式、历史与逻辑》(《国外理论动态》2012 年第 10 期)。文章认为，法国社会党形成特殊模式的原因在于：20 世纪初以来法国特殊的政治文化，尤其是独特的法国左翼政治文化；共和国政治制度及其特殊的活力；法国社会党在法国混沌的左翼和工人运动中的特殊地位；法国社会党自身独特的发展历史和活动方式。陈哲翻译了日本渡边雅男著的《日本社会结构的变化及民主党政权的未来》(《国外理论动态》2012 年第 8 期)。文章从社会结构和阶级的角度，对日本政治及经济的变化进行剖析，指出当前日本在新自由主义和全球化竞争的压力之下，执政党已不再具备调节、缓和阶级矛盾的技术和能力，这导致了当前弥漫日本上下的闭塞感和失落感。在此背景下，日本政治开始呈现出法西斯化兼剧场化的特征。作者还指出，只要国家和社会能成功地实现政治上的凝聚和团结，政党政治就是运转良好的。当运转出现问题时，政党政治系统就会出现疲劳、闭塞或功能不全的现象。为打破这种闭塞，这时人们就会期待政党政治的变革（政界重组）。至于变革是革命的，还是法西斯主义的，抑或是和平的政权更替，关键取决于社会结构的走向。

政党发展趋向方面，聂大富翻译了德国托马斯·迈尔等著的《德国社民党作为一个全民党的未来》(《当代世界与社会主义》2012 年第 4 期)。文章的主要观点如下：只有政党致力于整合和实现自身内部不同利益的平衡，开放地协调分歧，才会达致增加党的整合能力和外部吸引力的效果。政党必须将其成员的利益与广泛的社会利益和观点联系起来，并将此建立在自身的核心价值基础上。全民党，尤其是德国社民党，应避免不分主次地考虑所有的社会利益。全民党应具备的特征在于，尽管有主次之分，但努力代表其来自不同社会阶层的所有成员；对所有社会阶层选民的强烈吸引力；一个以建立在党的核心价值基础上的公益观为核心的具有自身特色的党纲；最重要的是，有赢得政治选举或至少是作为主导政党建立两党执政联盟的抱负。

政党制度发展的特点与趋势方面，靳呈伟编译了瑞士伯恩斯切尔著的《民主化与拉美回应性政党制度的出现》(《国外理论动态》2012 年第 2 期)。论文通过创新性地将历史分析和定量研究结合的方式，对政党制度在民主化过程中的作用问题进行研究。论文认为，回应性政党制度的出现是民主化取得成功的一个重要决定性因素，它对政党经费管理原则的设计和对有利于纲领性政党连接方式选举机制的选择至关重要。靳呈伟摘译了美国坎图与德斯帕萨图合著的《墨西哥政党制度与新联邦制》(《国外理论动态》2012 年第 8 期)。该文重点关注了全国性政党内部的地区性矛盾冲突，探讨了正式机构和非正式机构在塑造联邦政治过程中的作用,较好地考察了墨西哥近期的政治转型问题。作者认为，在一党主导时期，政党内部是不存在地区分裂的；而伴随政党制度的转型，政党内部的地区分裂却迅速出现,主要政党内部都显示出分裂迹象。这有助于解释联邦制形式的多样性，也有助于证明正式机构与非正式机构对政治生活的重要影响。邓青翻译了日本大串敦的《支配型政党的统制界限？——统一俄罗斯党与地方领导人》(《俄罗斯研究》2012 年第 2 期)。文章认为,当前,俄罗斯地方领导人的任命方式演变为统一俄罗斯党主导下的推荐制。曾是地方政治核心人物的地方领导人职位，被编入统一俄罗斯党主导下的猎取官职的一部分。作为协作型支配政党，统一俄罗斯党既想把地方精英拉拢进政党内部，又要他们恪守纪律，困难重重。然而，支配政党能够抑制潜在反对派的观点，在俄罗斯得到了印证。支配政党主导下的独裁体制，也表现出优于其他独裁方式的强劲的可持续性。不过，协作型支配政党本质上是保守的，容易出现维持现状的倾向，结果造成统一俄罗斯党动员能力下滑的问题。

（三）国外关于某一政党问题的研究现状

孔凡义、姜卫平的《国外党内民主研究：贡献和局限》(《国外社会科学》2012 年第 4 期）梳理了国外研究党内民主问题的代表性分析视角，包括政治组织的视角、民主理论的视角、集体行动理论的视角和议会内外政党关系的视角。例如，从政党组织入手研究党内民主，主要涉及组织结构与民主之间的关系。只从组织内部讨论党内民主，往往忽略组织外部因素对党内民主的影响，容易对党内民主得出比较悲观的结论。民主理论的视角把注意力转移到党内民主与民主政体的关系上来，主要涉及党内民主对于民主政体的必要性、民主政体对党内民主的影响、党内民主和党际民主的关系、党内民主和审议民主的关系等问题。因为对民主的理解不同,学者们在分析党内民主和民主政体的关系时，也会得出不同结论，会给党内民主以不同甚至截然相反的评价。

韩强的《国外对中国共产党建设的研究述评》(《马克思主义研究》2012 年第 9 期）对当前国外学者关于中国共产党的研究展开了梳理与评析。作者认为，国外有关研究的领域主要包括中国共产党的思想建设、组织建设、反腐倡廉建设、未来发展和比较研究几个方面。这些研究有值得肯定之处：能够客观地看待中国共产党所采取的加强自身建设的举措；注重对中国共产党执政和发展前景的研究；不同观点之间既相互碰撞又和谐共存。也有需要商榷之处：缺乏分析的新框架；缺乏研究的实质性的新资料；对中国共产党的未来发展存在主观臆测的成分。

（四）国外政党思想理论研究

2012 年度国外政党思想理论研究重点对米歇尔斯、韦伯、威尔逊、葛兰西等名家的政党思想进行了研究。

姜卫平在《米歇尔斯政党思想的解读和批判》(《政治学研究》2012 年第 5 期）中回顾了米歇尔斯的思想基础及理论贡献，梳理了非马克思主义者对米歇尔斯的理论批判，并对米歇尔斯的政党思想进行了批判。作者认为，从马克思主义的角度来看，“寡头统治”之所以能够成为一种“铁律”，最根本的原因是社会性质。米歇尔斯论证的“寡头统治铁律”在历史上是存在的，但它只是历史产物，它只是出现在前社会主义社会。米歇尔斯没有看到导致寡头统治的组织背后的阶级社会的力量，从而误认为是组织导致了寡头统治。倪春纳的《民主与寡头——国外政党民主的理论研究及其启示》(《甘肃理论学刊》2012 年第 5 期）在梳理国外学界关于“寡头统治铁律”论争的基础上，认为，在观念上，建设和培育现代政党文化可以对党内民主的政治生态形成规范性约束。在制度上，厘清和改进党内权力结构关系，可以从根本上改变权力垂直单向的流动格局。在程序上，构建完善的党内问责制度可以对党内权力运行造成全面而有效的监督。

王永茂、张星久在《韦伯政党思想探析》(《江西财经大学学报》2012 年第 1 期）中认为，政党思想是韦伯政治社会理论的重要组成部分。韦伯肯定了政党在现代国家存在的合理性，分析了政党组织官僚化的现象，认为政党采用官僚化组织形式程度的高低表现了理性化程度的高低，也是国家政治发展的重要表现。政党的发展与大众民主的发展是一种双向发展的格局。韦伯将政党、阶级、等级作为社会内部分配权力的不同载体进行分析。韦伯认为阶级的故土在经济制度里，等级的故土在社会制度里，即在荣誉分配的领域里，而政党的故土原则上在权力的领域里。政党总是在一定的共同体之下产生、进行活动。共同体、权力网络是政党活动的环境，共同体的结构、权力网络影响政党的行为、组织形态、结构、功能与目的。

张澜、熊巍在《威尔逊的责任政党政府理论与美国 1913 年关税法》(《江西社会科学》2012 年第 3 期）中回顾了威尔逊责任政党政府理论产生的背景、来龙去脉与主要内容。文章将威尔逊责任政党政府理论的内容归纳为：民主政府要对人民负责；负责的前提是权力与责任必须统一；过度分权导致责任缺失，为此需要集权；集权需要建立责任政党政府；总统是责任政党政府的权力核心，既是党的领袖也是国家领袖。文章还认为，威尔逊借助责任政党政府理论扩张总统权力，是一项政治创举，为继任者提供了扩张总统权力的理论基础。在关税立法期间，威尔逊践行政党政府理论，打破一系列隔离行政与立法直接沟通的惯例，确立了为后来总统所遵循的惯例，开创了美国总统制新格局。

胡爱玲的《试论葛兰西的政党认同理论》(《江西社会科学》2012 年第 4 期）一文认为，葛兰西从政党与国家、政党与民众关系等方面分析了政党认同问题。葛兰西政党认同理论的主要内容是，民众自愿认同的政党是体现国家精神的政党，是注重伦理道德、“有机”民主建设的政党。

朱昔群　中央编译局政治发展研究所所长
靳呈伟　中央编译局副研究员

附录三：中国政党制度年鉴文献目录

本目录共收录论文 1036 篇，分为政党制度、执政党建设、参政党建设、国外政党研究和比较研究四部分。收录图书 112 种。

一、论文

1. 政党制度

李金河 . 辛亥革命对中国政党政治的影响 . 重庆社会主义学院学报，2012（1）.

孟大川 . 法治化：中国多党合作制度的必由之路 . 中共成都市委党校学报，2012（6）.

沈丹萍 . 多党合作与国家软实力问题研究 . 辽宁省社会主义学院学报，2012（4）.

福建省社会主义学院课题组 . 中国特色政党制度理论体系的理论基础研究 . 福建省社会主义学院学报，2012（6）.

石媛 . 提高我国多党合作政党制度效能的路径选择 . 中共银川市委党校学报，2012（6）.

易光敏 . 简论我国政党政治发展的三大挑战 . 内蒙古农业大学学报（社会科学版），2012（6）.

吴艳春 . 社会主义民主政治视域下发展和完善我国政党制度的现实路径探析 . 黑龙江省社会主义学院学报，2012（4）.

刘志礼，魏晓文 . 我国多党合作"同心"思想的后现代意蕴 . 马克思主义与现实，2012（6）.

张新波 . 中国共产党领导的多党合作制度的形成与发展 . 学理论，2012（32）.

车辚 . 多党合作制视野下中国共产党执政生态系统的多样性分析 . 党政干部学刊，2012（11）.

伊胜利 . 论有中国特色社会主义政党制度的优势 . 北方经贸，2012（11）.

郑志文 . 十六大以来多党合作政策发展与完善 . 四川统一战线，2012（11）.

崔珏 . 刍议政治文化对我国政党制度运行和发展的影响 . 岭南学刊，2012（6）.

刘秋聆，焦雪勐 . 基于生态视角的多党合作分析 . 山东青年政治学院学报，2012（6）.

陈延武 . 中国特色社会主义民主政治理论的创新——党的十六大以来多党合作和政治协商发展简述 . 政协天地，2012（11）.

金筱萍 . 论中国政党关系的长期和谐 . 武汉大学学报（哲学社会科学版），2012（6）.

唐华生 . 人民政协在社会主义民主政治建设中的四大作用 . 前进论坛，2012（11）.

莫岳云张青红 . 民主协商是中国独具特色的民主政治模式 . 求是，2012（21）.

刘诚，李琼琼 . 中国特色政党制度创立和发展的历史经验——基于中苏比较的视角 . 毛泽东邓小平理论研究，2012（10）.

杨声驰，王相红，李卓垚 . 中华文化与中国多党合作制度的建立与发展 . 湖北省社会主义学院学报，2012（5）.

李文献，魏丽萍 . 转型期多党合作制度与政党关系和谐 . 湖北省社会主义学院学报，2012（5）.

杨松禄 . 试论我国多党合作制度化的合法性基础 . 上海市社会主义学院学报，2012（5）.

陶建兵，陈意，陈路明 . 从中国特色政党制度看民主政治发展 . 中共成都市委党校学报，2012（5）.

卢亮亮 . 当代中国政党制度的政治价值探析 . 福建省社会主义学院学报，2012（5）.

邱永文，马丽，田艳天 . 完善多党合作和政治协商制度扩大公民有序政治参与 . 江苏省社会主义学院学报，2012（5）.

彭虎，孔祥林 . 多党合作制度的传统文化土壤 . 江苏省社会主义学院学报，2012（5）.

梁宏，马力 . 关于构建中国特色政党制度理论体系的几点思考 . 江苏省社会主义学院学报，2012（5）.

施雪华 . 中国共产党领导的多党合作和政治协商制度研究回眸与改进建议 . 广州社会主义学院学报，2012（4）.

杨爱珍 . 提升双月座谈会的水平夯实和扩大多党合作的基础 . 广州社会主义学院学报，2012（4）.

邱永文，张秀霞 . "同心" 思想与多党合作之浅见 . 广州社会主义学院学报，2012（4）.

周桂芹 . 胡锦涛多党合作思想论析 . 社会科学家，2012（S1）.

郭清梅，梁捍东 . 浅析多党合作制度下的"同心"思想 . 中央社会主义学院学报，2012（5）.

朱虹 . 进一步加强我国多党合作制度化建设——2012 年全国社会主义学院系统理论研讨会暨中央社会主义学院中国政党制度研究中心第十届年会会议综述 . 中央社会主义学院学报，2012（5）.

温小勇 . 西柏坡多党合作文化的生成演进及其价值内涵 . 河北省社会主义学院学报，2012（4）.

郭祎 . 宪法视野下多党合作制度的规范化路径 . 河北省社会主义学院学报，2012（4）.

岳世平 . 浅析我国多党合作制度规范化的内涵与途径 . 湖南省社会主义学院学报，2012（5）.

范春婷 . 十六大以来政党关系的理论发展及路径 . 天水行政学院学报，2012（5）.

汪秀梅 . 新形势下多党合作制度建设的现实选择 . 天水行政学院学报，2012（5）.

常庆林 . 现阶段中国特色政党制度运行中的问题与对策 . 广东省社会主义学院学报，2012（4）.

郭祎 . 我国多党合作制度规范化的宪法思考 . 广东省社会主义学院学报，2012（4）.

倪立新，石媛 . 以"制度设计" 的视角推进多党合作制度化 . 广东省社会主义学院学报，2012（4）.

佟一 . 中共十六大以来我国多党合作理论的创新与发展 . 前进论坛，2012（8）.

佟一 . 蓬勃发展的多党合作事业——中共十六大以来我国多党合作理论、政策和实践

的创新与发展 . 中国统一战线，2012（8）.

佟一 . 中共十六大以来我国多党合作政策的发展与完善 . 前进论坛，2012（9）.

佟一 . 中共十六大以来我国多党合作实践的创新与发展 . 前进论坛，2012（10）.

马莎 . 巩固多党合作的思想政治基础 . 前进论坛，2012（10）.

厉无畏 . 坚定不移地推进改革开放不断坚持和完善多党合作制度 . 毛泽东邓小平理论研究，2012（9）.

董树彬 . 协商民主：促进政党关系和谐的重要途径 . 马克思主义与现实，2012（5）.

佟一 . 中共十六大以来我国多党合作的理论、政策与实践 . 当代中国史研究，2012（5）.

王淑华 . 多党合作基本经验研究 . 辽宁省社会主义学院学报，2012（3）.

常庆林 . 试论多党合作文化的思想内涵 . 天津市社会主义学院学报，2012（3）.

岳世平 . 当前多党合作优势未能充分发挥的主要原因及其对策建议 . 天津市社会主义学院学报，2012（3）.

刘青春 . 加强多党合作制度化建设提升国家软实力 . 吉林省社会主义学院学报，2012（3）.

白树海，林萍 . 加强多党合作制度化建设的几点思考 . 吉林省社会主义学院学报，2012（3）.

许超宇，王野 . 中国多党合作制度化建设的必要前提 . 吉林省社会主义学院学报，2012（3）.

李翠兰 . 充分发挥民主党派的民主监督作用是坚持和完善多党合作制度的内在要求 . 吉林省社会主义学院学报，2012（3）.

潘越 . 多党合作制度化及其内涵 . 吉林省社会主义学院学报，2012（3）.

刘雪岩 . 推进多党合作制度化规范化程序化建设要素探析 . 吉林省社会主义学院学报，2012（3）.

常庆林 . 试论我国多党合作制度的基本经验与问题 . 吉林省社会主义学院学报，2012（3）.

管新华，杜娟 . 简析多党合作制度与中国特色社会主义政治发展道路的互动辩证关系 . 重庆社会主义学院学报，2012（5）.

张慧艳，万利民 . 中国多党合作制度的政治文化内涵探析 . 黑龙江省社会主义学院学报，2012（3）.

马力 . 坚持和完善多党合作制度发展社会主义民主政治 . 黑龙江省社会主义学院学报，2012（3）.

魏晓文，刘志礼 . 中国特色政党制度的文化特征与文化建设 . 理论探讨，2012（5）.

赵伟 . 协商政治：中国特色政党制度的实践与探索 . 改革与开放，2012（16）.

卢亮亮 . 我国合作型政党关系形成的历史考察 . 哈尔滨学院学报，2012（8）.

蔡旺儒 . 从党际监督机制探析中国政党制度的发展路径 . 广西社会主义学院学报，2012（4）.

徐彬 . 以制度为基础健全和完善多党合作机制 . 云南社会主义学院学报，2012（3）.

黄国雄，彭春宇 . 论中国共产党领导的多党合作制的优越性 . 福建论坛（人文社会科学版），2012（8）.

惠晓峰，郝琦 . 后改革时代多党合作与和谐发展 . 延安大学学报（社会科学版），2012（4）.

邸乘光，贾绍俊．中国特色政党制度的思想渊源．黑龙江社会科学，2012（4）.

李飞．以政党关系和谐推进社会和谐．湖南省社会主义学院学报，2012（4）.

胡庆亮．网络民主对我国政党制度的影响及因应对策．湖北社会科学，2012（8）.

安彩英．浅析中国政党制度路径优化的选择．新乡学院学报（社会科学版）,2012（4）.

李博．中国特色政党制度的历史必然性．科技信息，2012（21）.

赵淼．多党合作协商与协商民主成长——多党合作参与毕节试验区建设的经验研究．三峡大学学报（人文社会科学版），2012（4）.

王树臣．中国特色政党制度基本架构探究．重庆社会主义学院学报，2012（4）.

许奕锋．中国多党合作制度的变迁格局与逻辑展望．广州社会主义学院学报，2012（3）.

张梅龙，郭少华．多党合作与和谐的政党关系的构建．马克思主义研究，2012（7）.

王刚．坚定政治信念再续多党合作新篇．河北省社会主义学院学报，2012（3）.

周宁宁．中国转型期多党合作制度化建设．陕西社会主义学院学报，2012（3）.

郭锦杭．从 1955 年中央统战文件看多党合作的意蕴．广东省社会主义学院学报，2012（3）.

羿宗哲．关于在多党合作制度中保持党际差异的初步思考．广东省社会主义学院学报，2012（3）.

薛奋飞．中国特色政党制度模式的内在逻辑．决策与信息，2012（7）.

马锋．关于副省级城市多党合作制度建设的实践与思考——以武汉市为例．湖北省社会主义学院学报，2012（3）.

管新华．近年来多党合作制度下中国特色社会主义政治发展道路研究综述．山西社会主义学院学报，2012（2）.

常庆林．浅析我国多党合作制度与执政党能力建设．山西社会主义学院学报，2012（2）.

熊必军．现代化视域中的中国政党制度选择——兼论中国特色政党制度的历史必然性．上海市社会主义学院学报，2012（3）.

邸乘光，贾绍俊．论中国特色政党制度创设的理论依据．辽宁省社会主义学院学报，2012（2）.

王远启，沈立铭．中国多党合作制度化的原则阐释．天津市社会主义学院学报，2012（2）.

朱广亮．略论中国特色社会主义政党制度的理论基础——一种系统论的解读．长春理工大学学报（社会科学版），2012（6）.

任春晓．中国特色政党制度理论体系框架结构研究．中央社会主义学院学报，2012（3）.

刘卫．中国特色政治协商：从功能性的政治协商走向制度化的协商民主．中央社会主义学院学报，2012（3）.

熊必军．合作理论视域下的中国特色政党制度理论基础探源．黑龙江省社会主义学院学报，2012（2）.

任世红．毛泽东多党合作思想的战略思维．湖南省社会主义学院学报，2012（3）.

王小鸿．加强党外代表人士队伍建设坚持和完善多党合作制度．湖南省社会主义学院学报，2012（3）.

杨新杰．试析当代中国政党制度建设．学术交流，2012（S1）.

张文岩．我国政党制度与社会稳定的关系：一种比较的视角．兰州大学学报（社会科学版），2012（3）．

薛锋．论中国政党制度的制度性民主．甘肃理论学刊，2012（3）．

白元祖，曾庆亮．中国特色社会主义政党制度形成的理论渊源．学理论，2012（13）．

刘晓峰．坚持参政党与执政党同心走中国特色社会主义政治发展道路．前进论坛，2012（5）．

华宇．网络民主对我国政党制度的影响和对策研究．前沿，2012（9）．

刘洁，陆翠岩．马克思主义多党合作学说中国化的理论创新．社会科学战线，2012（5）．

杨选锋．同心思想与多党合作．湖北省社会主义学院学报，2012（2）．

崔珏．政治共识与多党合作制度的发展．湖北省社会主义学院学报，2012（2）．

陶林，左用章．论周恩来对马克思主义多党合作理论中国化的独特贡献．沧桑，2012（2）．

肖艳．十六大以来多党合作和政治协商制度的发展创新及其现实意义．福建省社会主义学院学报，2012（2）．

王春云，陶利汇．论加强中国共产党与民主党派合作的主要途径及意义．延边党校学报，2012（2）．

王武岗，肖玲令．民主革命时期毛泽东多党合作思想的历史考察．福建党史月刊，2012（8）．

管新华．近年来多党合作制度下的中国特色社会主义政治发展道路的研究综述．广西社会主义学院学报，2012（2）．

杜青林．加强政治共识教育不断夯实多党合作的共同思想政治基础．中央社会主义学院学报，2012（2）．

蒲跃．毛泽东与中国特色多党合作理论的创立．湖南省社会主义学院学报，2012（2）．

张颖，杨爱珍．完善中国特色政党制度的重点问题研究——政党规范的中国式表达．湖南省社会主义学院学报，2012（2）．

何秉群，崔福林，朱纪刚，李少英，石亮．发挥无党派人士群体作用的机制问题研究．河北省社会主义学院学报，2012（2）．

侯竹青．历史视域下的中国政党制度研究．中共福建省委党校学报，2012（4）．

杜青林．增进多党合作政治共识夯实共同思想政治基础．中国统一战线，2012（4）．

邸乘光，贾绍俊．中国特色政党制度创设的理论依据．山西社会主义学院学报，2012（1）．

沈世培．论发展多党合作事业的路径选择．安徽行政学院学报，2012（1）．

段援埃．多党合作制和政治协商制度是相互包含的两项制度．重庆社会主义学院学报，2012（2）．

孙存良，祁一平．中国政党制度与公民有序政治参与．重庆社会主义学院学报，2012（2）．

孙俊杰．中国特色政党制度的历史必然选择．协商论坛，2012（3）．

熊必军．制度设计理论对完善与发展中国特色政党制度的启示．天津市社会主义学院学报，2012（1）．

孙信．论中国特色政党制度理论的理论基础．新视野，2012（2）．

周民良．“十二五”时期的科学发展与深化多党合作．创新，2012（2）．

邱章乐，刘光复．发挥多党合作优势提升国家软实力．群言，2012（3）．

张先华．党派合作文化研究．四川省社会主义学院学报，2012（1）．

赵竹村．从合作思维到“同心”思想．发展，2012（3）．

李琼琼，陈云云．十七大以来中国特色政党制度前沿热点问题研究综述．毛泽东邓小平理论研究，2012（2）．

胡照洲．执政党建设和参政党建设互相促进理论之魅力．湖北省社会主义学院学报，2012（1）．

乔方亭．论增强我国多党合作制度的社会认同感．湖北省社会主义学院学报，2012（1）．

刘红凛．我国政党关系和谐面临的若干方面问题．上海市社会主义学院学报，2012（1）．

李铃．浅析我国社会主义政党制度的坚持和完善．湖北函授大学学报，2012（2）．

吴棉国．试论我国多党合作事业的新成果新经验．福建省社会主义学院学报，2012（1）．

程竹汝．多党合作和政治协商制度的几个基本范畴．中国政协理论研究，2012（1）．

李羚．从中国特色政治制度看人民政协制度的发展与完善．中国政协理论研究，2012（1）．

周千惠，彭泽艳．论马克思主义中国化与中国多党派合作制度．重庆科技学院学报（社会科学版），2012（4）．

邱永文．中国政党制度的功能与价值——一种政党理论的比较视角．当代世界与社会主义，2012（1）．

许丽丽．政治文明与中国特色政党制度的确立、发展和完善．党史文苑，2012（4）．

庄莉．试论高校和谐政党关系的构建．湖南省社会主义学院学报，2012（1）．

高体健．践行“同心”思想推动多党合作事业持续健康发展．前进论坛，2012（2）．

陶建兵，徐罗卿．论中国特色政党制度．中共太原市委党校学报，2012（1）．

闫立光．论邓演达的联共思想与实践——兼论坚持和完善我国的多党合作制．工会论坛（山东省工会管理干部学院学报），2012（1）．

卢正涛，洪明星．试论比较政党制度视野下的同心思想．理论与当代，2012,（2）．

刘蓉宝．中国共产党政党文化与中国特色政党制度．重庆社会主义学院学报，2012（1）．

黄利鸣．加强党外代表人士队伍建设．世纪行，2012（1）．

刘慧娟，黄斌．促进当代中国政党关系和谐发展路径的理性思考．广东省社会主义学院学报，2012（1）．

苏日娜．论衡量政党制度的标准．集宁师范学院学报，2012（2）．

伍俊斌．政治参与的影响因素分析．南京航空航天大学学报（社会科学版），2012（2）．

于洪生．我国党际领导关系的定位及处理方式探析．领导科学，2012（17）．

余源培．人民政协体现中国特色包容性政治．中国政协理论研究，2012（2）．

徐晓刚．政治资源的合理配置与中国特色政党制度的价值实现．徐州工程学院学报（社会科学版），2012（3）．

林秋生．新形势下高校构建和谐政党关系之重要意义．福州大学学报（哲学社会科学版），2012（3）．

梁统锋．民国初中国多党制的尝试．湖北省社会主义学院学报，2012（2）．

吴丽萍．奠基之伟贡献之巨——毛泽东对中国特色政党制度的艰辛探索与光辉实践．南华大学学报（社会科学版），2012（2）．

梁成意．论民主的三重维度．湖南警察学院学报，2012（2）．

王建华，王云骏．中国共产党对民主党派的资源配置研究——基于国家治理的考察视角．南京社会科学，2012（4）．

石媛．中国政党制度背景下协商民主的特色．山西社会主义学院学报，2012（1）．

夏雨．我国政党制度发展与改革的法学思考．社会科学家，2012（3）．

孟大川．论中国特色政党制度法治化的走向．理论与改革，2012（2）．

于秋兰．政协制度在我国政治制度中的地位．党政论坛，2012（3）．

狄平，何萍，邓方国．试论同心思想与多党合作．湖北省社会主义学院学报，2012（6）．

刘开寿．关于"基层多党合作"问题的调查与思考．重庆社会主义学院学报，2012（6）．

张文彤．坚持"同心"引领共创"中国模式"．湖北省社会主义学院学报，2012（5）．

杨爱珍．提升双月座谈会的水平夯实和扩大多党合作的基础．广州社会主义学院学报，2012（4）．

陶凯元．让多党合作事业薪火相传蓬勃发展——关于践行"同心"思想、深化政治交接的思考．民主，2012（10）．

刘青春．加强多党合作制度化建设提升国家软实力．吉林省社会主义学院学报，2012（3）．

闫立光．构建高校和谐的政党关系．福建省社会主义学院学报，2012（4）．

蒋树声．同心指引方向历史见证未来．群言，2012（8）．

姚克．树立"同心"理念永葆多党合作生机与活力．前进论坛，2012（8）．

高育红．浅议我国多党合作制度的优势和价值．中国统一战线，2012（8）．

王小鸿．加强党外代表人士队伍建设坚持和完善多党合作制度．湖南省社会主义学院学报，2012（3）．

金刚，臧秀玲．执政党建设是发展和完善中国特色政党制度的关键．理论探讨，2012（3）．

张山．网络民主对我国政党制度的影响．四川省社会主义学院学报，2012（2）．

吴艳春．中国民主政治发展进程中政党制度的成长．黑龙江省社会主义学院学报，2012（1）．

张玲．建设高素质参政党需要把握的几个关键点．中国党政干部论坛，2012（3）．

刘晓峰．坚持求同存异加强社会主义民主政治建设．前进论坛，2012（3）．

王远启．打破西方政党制度话语遮蔽构建中国特色政党制度理论体系．江苏省社会主义学院学报，2012（1）．

梁晓宇．试论践行"同心"思想的基本原则．四川统一战线，2012（2）．

郑宪．我国民主监督的回顾与思考．湖南省社会主义学院学报，2012（1）．

杜青林．培养使用党外干部是我国基本政治制度的重要设计安排．中国浦东干部学院学报，2012（1）．

任维民．中国能否组建新的政党．四川统一战线，2012（1）．

李建，徐凤月．中国政党制度创造性价值探究．宁夏党校学报，2012（1）．

于文明．关于党外领导干部标准要求的若干思考．前进论坛，2012（1）．

张海英，沈艳．中国特色的政党制度与国家政权关系的思考．辽宁省社会主义学院学报，2012（4）.

彭雪莲.从政党制度视角透视“同心”思想的价值.贵州社会主义学院学报,2012（4）.

周维启.当代中国政党制度的科学内涵与科学发展.上海党史与党建，2012（12）.

毛加明.论解放战争时期毛泽东的政党建设思想.科教文汇（下旬刊），2012（11）.

赵世英，姚志倩.浅谈胡锦涛同志的政党学习观.中国证券期货，2012（11）.

黄永胜.再论政党文化的构成要素.哈尔滨市委党校学报，2012（6）.

孙津.政党分类的依据及其普适性——兼论领导党和参政党.中国政协理论研究，2012（4）.

聂圣平，郑易平.三党角逐对英国政局稳定的影响及其原因探究——基于文化和历史的视角.世界经济与政治论坛，2012（6）.

刘晓钟，张月琴.关于党外代表人士队伍建设价值目标定位的理性思考.湖北省社会主义学院学报，2012（5）.

曾仁端，彭光华.坚持和完善我国的政党制度.湖北省社会主义学院学报，2012（5）.

邱永文，姜丽华.中国政党制度的特点与参政党的功能定位.首都师范大学学报（社会科学版），2012（5）.

杨松才，林沛勋，刘素燕.网络民主对我国政党制度的影响和对策研究.广州社会主义学院学报，2012（4）.

李建华，潘忠.论政党政治及政党伦理关系.学习论坛，2012（10）.

王晓.网络民主的兴起及其对我国政党制度建设的影响.辽宁省社会主义学院学报，2012（3）.

李玲，张笑飞.三权分立为什么不适合中国.中国—东盟博览，2012（9）.

马晓梅.从中国传统文化的历史演进看和谐政党关系.贵州社会主义学院学报，2012（3）.

马力.坚持和完善多党合作制度发展社会主义民主政治.黑龙江省社会主义学院学报，2012（3）.

胡志宏.党政关系与党际关系的历史困境与超越性追求.上海市社会主义学院学报，2012（4）.

周域.深化当代中国政党制度理论研究应关注的几个重要问题.云南社会主义学院学报，2012（3）.

王晶.充分发挥网络民主在我国政党制度建设中的积极作用.云南社会主义学院学报，2012（3）.

周坤鹏，杨仁厚.毕节试验区与“同心思想”研讨会观点综述.贵阳市委党校学报，2012（4）.

赵威.网络民主对我国政党制度的影响及对策研究.辽宁行政学院学报，2012（7）.

孙力.中国对社会主义现代化模式的三大重塑.湖湘论坛，2012（4）.

胡荣荣.政党制度化：理论框架与实践分析.广州社会主义学院学报，2012（3）.

王家滨.浅谈中国公务员制度与政党制度的关系.广州社会主义学院学报，2012（3）.

汪琳.构建和谐政党关系.现代营销（学苑版），2012（7）.

陈毅.政党建设与现代国家发展的内在关联性——基于中国政党制度发展的考察与分

析 . 山东大学学报（哲学社会科学版），2012（1）.

王明春 . 政党政治现代化的涵含和标准解析 . 前沿，2012（1）.

董树彬 . 非对称性和谐：中国模式的特色与优势 . 求实，2012（1）.

龙兵 . 部分大学生对我国政党制度产生困惑认识的原因及对策探析 . 思想理论教育导刊，2012（1）.

张卫平，黎晓君 . 网络民主对我国政党制度的影响和对策研究 . 价值工程，2012（07）.

郝涛 . 中国特色的政党制度：现实与展望 . 福建党史月刊，2012（2）.

上官酒瑞，程竹汝 . 中国特色政治制度成长的适应性分析 . 华东理工大学学报（社会科学版），2012（1）.

袁廷华 . 中国政党制度功能探析 . 政治学研究，2012（1）.

谢忠文 . 作为政治沟通方式的"同心思想"：结构、定位和意义 . 中共宁波市委党校学报，2012（2）.

罗振建，林华山，周潞资 . 协商民主在中国政治体制中的地位和作用 . 四川省社会主义学院学报，2012（1）.

刘俊杰 . 对中国党际协商民主地位的思考 . 黑龙江社会科学，2012（1）.

王克群 . 毛泽东、邓小平、江泽民、胡锦涛对协商民主的发展 . 山西社会主义学院学报，2012（4）.

张宏艳 . 协商民主：推进中国民主政治建设的重大举措 . 黑龙江省社会主义学院学报，2012（4）.

平旭 . 发展协商民主推进政治文明建设 . 南京航空航天大学学报（社会科学版），2012（4）.

张青红 . 建国初期中国共产党协商民主思想初探 . 华南理工大学学报（社会科学版），2012（6）.

李罡 . 协商民主视野下的人民政协制度建设 . 北京行政学院学报，2012（5）.

蔡旺儒，范康宁 . 和谐视域下中国党际政治沟通的特点和作用 . 长春工程学院学报（社会科学版），2012（3）.

温小勇 ."同心"思想的实践效用 . 重庆社会主义学院学报，2012,（5）.

孙明哲，张森林 . 协商民主：当代中国政治文明发展的重要方向 . 学术交流，2012（9）.

王洪树 . 协商合作民主形式研究——兼论中国特色民主政治的发展 . 中国政协理论研究，2012（3）.

李雯 . 人民政协与协商民主 . 天津市社会主义学院学报，2012（1）.

李羚 . 政党监督视角下人民政协民主监督有效性思考 . 中国政协理论研究，2012（4）.

乔方亭 . 发挥好人民政协维护中国政党关系的重要作用 . 新西部（理论版），2012（Z4）.

沈光明，梁晓宇 . 人民政协协商民主在中国政治体制中的地位和作用研究 . 四川统一战线，2012（3）.

梁晓宇 . 中国特色社会主义政党制度的创造性价值研究 . 创新，2012（4）.

李金河 . 多党合作制度创造了一种新型的民主实现形式 . 人民政协报，2012-03-28.

陈喜庆 . 关于推进多党合作和政治协商程序化建设的认识 . 人民政协报，2012-05-02C（4）.

王韶兴．中国特色政党制度与民主政治发展．中国社会科学报，2012-08-31A（6）.

叶小文．中国特色政治发展道路“特”在哪里．人民日报海外版，2012-08-180（1）.

王慧峰．协商民主：我国人民民主的重要形式．人民政协报，2012-12-01A（1）.

段鸣骅．以“同心”思想为统领，加强贵州高职高专党外人士政治引导．贵州商业高等专科学校学报，2012,（4）.

胡旭晟，刘军．论多党合作视角下的“同心”思想．中央社会主义学院学报，2012,（6）.

刘亮红．“同心”思想：统一战线的核心政治伦理．湖北省社会主义学院学报，2012,（5）.

王勇．“同心”思想的哲学意蕴及其当代价值．湖北省社会主义学院学报，2012,（6）.

中共重庆市涪陵区委统战部课题组．新时期统一战线“同心”思想研究．山西社会主义学院学报，2012,（4）.

刘晓楠．“同心”思想的政治文化内涵．科学社会主义，2012,（6）.

强亦忠．“同心”思想浅析．江苏省社会主义学院学报，2012,（6）.

石媛．浅析“同心”思想的共赢价值．江苏省社会主义学院学报，2012,（6）.

谢石生．论“同心”思想的内容架构、价值意义及理论创新．天津市社会主义学院学报，2012,（4）.

许峰．同心思想的历史考察与基本经验．学习论坛，2012,（10）.

2. 执政党建设

李俊伟．论提高企业党建科学化水平．石油政工研究，2012,（1）.

汪健．加强执政党软实力建设的几点思考．理论建设，2012,（1）.

云电军，王华彪，付秀芬，王洁．提高党的建设科学化水平研究．产业与科技论坛，2012,（4）.

曹仁军．浅论党内民主机制的完善．改革与开放，2012,（4）.

宁博．提高党建科学化水平的思考．职业时空，2012,（2）.

李娟．加强党的批评与自我批评作风建设．宜宾学院学报，2012,（2）.

刘涛．政治合法性与加强党的执政能力建设．兴义民族师范学院学报，2012,（1）.

王亚萍．过渡时期加强党的建设的启示．学习月刊，2012,（4）.

黄玲丽．建国初期中共关于学习型政党建设的探索．福建党史月刊，2012,（4）.

宋洁．当前中国共产党政党文化建设的路径探析．教育文化论坛，2012,（1）.

季冬晓．中国共产党治国理政与自身建设关系探析．理论学刊，2012,（2）.

徐仲韬．关于党风建设的几个基础理论问题．江汉论坛，2012,（2）.

常宗耀．论新时期中国共产党的基本执政经验．华南理工大学学报（社会科学版），2012,（1）.

赵剑云．基于党群关系视角的党风建设．中央社会主义学院学报，2012,（1）.

夏勇心．浅谈新时期如何加强党的作风建设．商业文化（上半月），2012,（2）.

许爽．提高党建水平必须深化对执政规律的认识．北方经贸，2012,（2）.

杨德山．“南方谈话”．执政党转型的关节点．中国特色社会主义研究，2012,（1）.

徐凤琴．网络廉政建设．新技术时代党的建设新途径．领导科学，2012,（5）.

秦慧杰．中国共产党历次党章的制定及修正见证党的建设伟大成就（一）世纪桥，2012,（3）.

李江 . 改革开放以来党政干部队伍建设的改革与创新 . 现代商业，2012,（5）.

江亚南 . 基层民主建设首先要做好党内民主 . 法制与社会，2012,（4）.

罗志军 . 进一步加强党的建设始终保持党的纯洁性 . 群众，2012,（2）.

王雪竹 . 以政德建设丰富和创新党的思想理论建设 . 中共伊犁州委党校学报，2012,（1）.

康琦 . 列宁的《怎么办》对我国执政党建设的启示 . 中共太原市委党校学报，2012,（1）.

尹渝萍 . 浅谈长征精神对党风建设的启示 . 长江师范学院学报，2012,（1）.

岳奎 . 中共八大探索执政党建设的政治生态学思考 . 华中师范大学学报（人文社会科学版），2012,（1）.

刘先江 . 建国以来中国共产党执政公信力建设的基本经验 . 湖南师范大学社会科学学报，2012,（1）.

任晒 . 论转型期中国法治建设的现实困境 . 法制与社会，2012,（3）.

肖向平 . 邓小平执政党建设思想及其现实意义 . 广西社会科学，2012,（1）.

黄亦君 . 新民主主义革命时期中共关于学习型政党建设的理论探求 . 中共贵州省委党校学报，2012,（1）.

张艳 . 浅谈加强党风建设重大意义 . 才智，2012,（3）.

钟莉 .1956—1959 年间党内民主建设的起与落 . 湘潮（下半月），2012,（1）.

胡伟 . 现代政党发展规律探析．以党建科学化为视角 . 天津社会科学，2012,（1）.

朱前星，陈果，李佳金，陈春华 . 执政道德：中国共产党政党功能调适的素质保障 . 湖南行政学院学报，2012,（1）.

泽仁拉姆 . 浅析执政党之创新建设 . 中国—东盟博览，2012,（1）.

王建国 . 中国共产党建设要把好四个关口 . 理论探讨，2012,（1）.

王长江 . 执政党建设前沿问题研究 . 中共天津市委党校学报，2012,（1）.

陈少康 . 创新社会管理是共产党执政能力建设的新任务 . 陕西社会主义学院学报，2012,（1）.

齐卫平 . 从“存亡”论到“危险”论．党的作风建设的语境转换 . 河南师范大学学报（哲学社会科学版），2012,（1）.

田忠钰，吕先文 . 风险社会下党执政能力面临的挑战及对策 . 实事求是，2012,（1）.

唐强奎 . 论批评与自我批评与中国共产党的执政能力建设 . 宁夏党校学报，2012,（1）.

励东升 . 科学制度的建构是提高党的建设科学化水平的重要保障 . 宁波通讯，2012,（1）.

王立峰 . 依法执政与党内法规建设 . 中国党政干部论坛，2012,（1）.

叶青春 . 中国共产党在建设社会主义核心价值体系中的地位和责任 . 中共四川省委省级机关党校学报，2012,（1）.

王长江 . 正视执政党建设面临的新情况新问题 . 领导科学，2012,（1）.

赵升强 . 新时期党群关系现状探析 . 沧桑，2012,（2）.

戴安林 . 论江泽民新时期执政党的作风建设思想 . 怀化学院学报，2012,（4）.

刘丽萍，揭光成 . 全球化、信息化与我国执政党建设 . 改革与开放，2012,（8）.

夏从亚，孔巧晨 . 科技政治背景下中国共产党执政方式的改善 . 广西社会科学，2012,（4）.

马光选 . 农村基层党建的成就与经验总结 . 中共南昌市委党校学报，2012,（2）.

邵明玉 . 执政党视角下党群关系的再思考 . 济宁学院学报，2012,（2）.

姜世颖 . 浅谈新形势下如何提高党的执政力和战斗力 . 科技创新与应用，2012,（9）.

杨欣欣，黄娉婷 . 试析社会转型期中国共产党的适应性变革——基于亨廷顿的政党适应性理论 . 教育教学论坛，2012,（11）.

李磊 . 中共第一代中央领导集体认识和使用“执政党”概念论析 . 党的文献，2012,（2）.

曾照烨 . 加强执政党软实力建设问题探析 . 学习论坛，2012,（4）.

侯晋雄 . 论思想意识多元与执政党观念整合 . 探索，2012,（2）.

姚桓 . 关于提高党建研究质量和党建学科化建设的思考 . 探索，2012,（2）.

王志立 . 中国共产党的执政能力提升探析 . 安顺学院学报，2012,（2）.

刘东杰 . 公共政策能力与党的执政能力论析 . 湖南省社会主义学院学报，2012,（2）.

姚家福 . 关于加强党的执政能力建设问题的几点思考 . 商业文化（上半月），2012,（4）.

王瑞芳 . 新时期加强党的意识形态建设初探 . 企业家天地，2012,（4）.

张瑞苓 . 论新时期提高党的建设科学水平的主要途径 . 商品与质量，2012,（S4）.

曹关平，刘新庚 . 共产党员素质的提升与和谐社会建设 . 湖南第一师范学院学报，2012,（2）.

李静 . 高校党建科学化的实现路径——关于进一步加强高校党的建设的思考 . 宁夏师范学院学报，2012,（2）.

付翠莲，池凤兰 . 提高党的组织建设科学化水平研究 . 浙江海洋学院学报（人文科学版），2012,（2）.

王体琨 . 和谐社会视野下的政党现代化建设的路径选择 . 江西行政学院学报，2012,（2）.

易小兵 . 中国共产党软实力提升的路径选择——基于廉政文化建设的视角 . 理论导刊，2012,（4）.

宋佳蔓 . 执政合法性视域下的领导干部作风建设 . 中共福建省委党校学报，2012,（4）.

梁妍慧，侯晋雄 . 十七大以来党的建设理论的丰富与发展 . 中国党政干部论坛，2012,（4）.

田秀水 . 党内民主与中国政治体制改革的突破口选择 . 办公室业务，2012,（7）.

王伟 . 保持党的纯洁性建设坚强有力的马克思主义执政党 . 求是，2012,（7）.

吴珍 . 强化“四个自我”保持党的纯洁性 . 兵团党校学报，2012,（2）.

徐玉生 . 执政生态的构成及其评价——兼论中国共产党执政生态的现状及其优化 . 兰州大学学报（社会科学版），2012,（2）.

江冰雪 . 新媒体时代中国共产党的形象建设探讨 . 河海大学学报（哲学社会科学版），2012,（1）.

石文龙 . 公民权利保障与中国执政党的权力建设 . 上海师范大学学报（哲学社会科学版），2012,（2）.

徐世强，闫梦瑶 . 执政党党风廉政建设与跳出历史周期率 . 党史博采（理论），2012,（3）.

张洪萍 . 论探索建设时期中国共产党执政包容性思想 . 宜春学院学报，2012,（3）.

高新民 . 党建理论三十年若干重大发展 . 泰山学院学报，2012,（2）.

郝文清，卢少求．中国共产党执政文化．概念、问题与评析．阜阳师范学院学报（社会科学版），2012,（2）.

程海亮，韩俊丽．试论时代的发展与执政党自身的现代化．长白学刊，2012,（2）.

宋洁．中国共产党政党文化建设的挑战与路径探析．甘肃理论学刊，2012,（2）.

许枫，杨宗丽．毛泽东执政党建设思想探析．福建党史月刊，2012,（6）.

中共广东省委党校党史党建教研部课题组，毕德．广东基层社会建设的组织保证研究．岭南学刊，2012,（2）.

冯晨静，王晓朴．略论建设学习型政党．人民论坛，2012,（8）.

赵淑梅．试论加深党的执政能力建设研究的四重维度．大连干部学刊，2012,（3）.

陈蒙．民主革命时期中国共产党组织建设的历史启示．山东省农业管理干部学院学报，2012,（2）.

黄昕．浅析城市社区党建工作的对策．市场周刊（理论研究），2012,（3）.

图力古尔．论胡锦涛关于执政党建设思想的创新发展．河套大学学报，2012,（1）.

梁煜,朱前星．论中国共产党政党功能调适历史与现实的内在逻辑．理论界,2012,（3）.

秦慧杰．中国共产党历次党章的制定及修正见证党的建设伟大成就（二）世纪桥，2012,（5）.

金沙曼，肖红，刘明侠．执政党责任与社会性别主流化．理论导刊，2012,（3）.

杨灿，刘忠艳．新时期的执政党建设探析．现代商贸工业，2012,（5）.

杨金铭，刘洋．党的制度运行价值取向之四维分析——党的制度建设科学化研究．学理论，2012,（18）.

梁波．新时期党的思想理论建设的重要意义．长春教育学院学报，2012,（6）.

曲宏歌．从资源依赖理论视角探讨党执政能力建设的途径选择．厦门特区党校学报，2012,（3）.

刘先春，孙明杰．新时期中国共产党执政文化建设探索．广西社会科学，2012,（6）.

阮黄南．中国共产党执政党建设理论发展轨迹．中共南昌市委党校学报，2012,（3）.

安娜．强化制度保障．加强党的执政能力建设的关键．党史博采（理论），2012,（6）.

王锐，朱士亮．从加强党的组织建设谈保持党的纯洁性．中共济南市委党校学报，2012,（3）.

文宏．中国共产党执政合法性建设的总体回顾与基本经验．探索，2012,（3）.

何影，李伟．党内民主建设．执政党利益整合的路径选择．唯实，2012,（6）.

张荣臣．不断深化对党的建设重大现实问题的研究．理论学刊，2012,（6）.

王瑛．加强和巩固基层党组织执政能力建设．党政论坛，2012,（6）.

杨德山．新时期以来执政党建设理论体系完善历程考察——以党的全国代表大会和中央委员会文献为例．中国特色社会主义研究，2012,（3）.

刘宗洪．执政党纯洁性建设的挑战与对策．中共福建省委党校学报，2012,（6）.

雷芸．从延安时代看新时期党的作风建设．求实，2012,（S1）.

周俊，王淼．加强党的先进性体制机制建设．唯实（现代管理），2012,（6）.

王锐，朱士亮．加强党的组织建设保持党的纯洁性．上海党史与党建，2012,（6）.

龚少情．科学化、现实性和跨学科．党建理论研究的重要面对．上海党史与党建，2012,（6）．

马小芳．中国共产党加强先进性建设的当代创新——有关马克思主义执政党跳出“历史周期率”的思考．中共中央党校学报，2012,（3）．

唐皇凤．社会转型进程中的执政党建设——中国经验及其理性审视．复旦学报（社会科学版），2012,（3）．

周耀宏．改革开放以来党的建设根本目标转变与发展．学校党建与思想教育，2012,（15）．

王菁，高继国．国家构建与中国共产党执政能力建设——新中国成立60年来政治发展的双重逻辑．广西社会科学，2012,（5）．

韩明暖，赵爽，宋作臣．党的依法执政能力建设的意义和途径．工会论坛（山东省工会管理干部学院学报），2012,（3）．

肖湘，肖展．提高党的领导制度建设科学化水平．中国井冈山干部学院学报，2012,（3）．

张洪萍．论改革开放时期中国共产党的执政包容性思想．宜春学院学报，2012,（5）．

张钟声，孙鹤，刘凤国．从伟大的工程到新的伟大工程——党的建设科学化的历史思考．学习月刊，2012,（10）．

李媛媛．互联网时代党的组织建设面临的挑战与机遇．甘肃理论学刊，2012,（3）．

曾楚乔．网络民主对我国执政党的建设的影响及对策研究．理论导报，2012,（5）．

崔春．“政党在乡”．执政党在中国乡村社会的政治建设转向．江汉论坛，2012,（5）．

林学启．不断提高党的建设科学化水平——基于党的组织结构的分析．学习论坛，2012,（5）．

高建生．把党的先进性建设作为党的建设主线的首要要求．中国延安干部学院学报，2012,（3）．

吴灿新．执政党建设与中华民族凝聚力．岭南学刊，2012,（3）．

陈家喜，黄文龙．阶层分化与执政党维稳能力建设．理论探讨，2012,（3）．

阴燕云．毛泽东关于党的执政能力建设思想的现实启示．经济研究导刊，2012,（14）．

彭穗宁．公共利益．执政党密切党群关系必须坚守的轴心．理论与改革，2012,（3）．

王春江．党的先进性建设面临的消极文化挑战及应对之策．理论与改革，2012,（3）．

杨新红．关于中国共产党先进政党文化建设的思考．理论界，2012,（5）．

蔡永生．遵循马克思主义执政党保持纯洁性的规律．红旗文稿，2012,（9）．

魏兆萍．加强党的先进性建设与党的意识形态建构的重要性．学理论，2012,（13）．

艾霞．基于社会阶层结构嬗变下党建工作的创新发展——以陕西榆林为例．中外企业家，2012,（10）．

励东升．推进农村基层党内民主制度建设关键要实现好四个转变．宁波通讯，2012,（9）．

孙长来．公民社会视野下的执政党建设．上海党史与党建，2012,（5）．

陈行捷．试论推进国企基层党建工作及其创新管理．经营管理者，2012,（9）．

翟延明．基层党建工作的要点分析．才智，2012,（13）．

赵耀．党建科学化的宏观背景及执政党的应对——以选人用人为例．求知，2012,（5）．

中共天津市委党校第 84 期进修一班 " 党的建设科学化 " 课题组 . 关于基层党建工作科学化建设的思考 . 求知，2012,（5）.

李锦斌 . 加强领导班子党性建设始终保持党的纯洁性 . 党建研究，2012,（5）.

吕臻 . 毛泽东思想生平研究会 2012 年年会暨“弘扬西柏坡精神，加强新时期党的建设”学术研讨会综述 . 毛泽东邓小平理论研究，2012,（8）.

张清忠 . 文化自觉与执政党文化建设的途径 . 湖北函授大学学报，2012,（8）.

薛亚东 . 加强企业基层组织和党员队伍建设实践研究 . 学理论，2012,（24）.

吴小军 . 充分发挥网络党建功能不断提高党的建设科学化水平 . 理论建设，2012,（4）.

包亚宁 . 努力提升各级领导干部的领导力——兼论执政能力与领导力的辩证关系 . 新东方，2012,（4）.

刘政湖，杨万君 . 当前社会阶层分化对执政党建设的影响研究 . 理论研究，2012,（4）.

付承菊 . 保持党的纯洁性的历史回顾与建议 . 学习月刊，2012,（16）.

王琼 . 试述中国共产党党内文化建设的本质、核心与关键 . 福建党史月刊，2012,（16）.

邱小玲 . 关于执政党伦理建设的三维思考 . 长春市委党校学报，2012,（4）.

籍庆利 . 中共执政合法性资源建设的基本规律探析 . 江苏社会科学，2012,（4）.

张荣臣 . 始终保持执政党的生机与活力 . 中共石家庄市委党校学报，2012,（8）.

刘建文，谭丽杰 . 建设马克思主义学习型政党的意义——一种政治合法性的视角 . 长春理工大学学报（社会科学版），2012,（8）.

刘东杰 . 浅论党的政策能力建设 . 党政论坛，2012,（8）.

王雪竹 . 西柏坡精神与保持党的纯洁性 . 领导之友，2012,（8）.

屠飞鹏 . 政府治理能力与党的执政能力的关系浅析 . 法制与社会，2012,（23）.

刘维春 . 论十六大以来党的制度建设的新成果 . 盐城师范学院学报（人文社会科学版），2012,（4）.

张洁云 . 努力提高机关党建科学化水平 . 唯实（现代管理），2012,（8）.

金力军，余瑛 . 新形势下加强党的纯洁性建设的路径分析 . 理论与当代，2012,（8）.

季冬晓 . 中国共产党治国理政与自身建设关系科学化的对策研究 . 学术论坛，2012,（8）.

刘政湖，杨万君 . 当前社会阶层分化对执政党自身建设的影响 . 攀登，2012,（4）.

杨彧，张砉，王保彦，徐琛 . 十六大以来党对马克思主义执政党建设理论的丰富和发展 . 求知，2012,（8）.

田克勤，王心月 . 从“学习型革命党”到“学习型执政党”——中国共产党对建设马克思主义学习型政党的历史探索 . 社会科学战线，2012,（8）.

刘昀献 . 新时期党的建设总体布局的形成发展与实践创新 . 中国浦东干部学院学报，2012,（4）.

张素芝 . 着力加强党的依法执政能力建设 . 决策探索（下半月），2012,（7）.

司甜 . 提高党的建设科学化水平问题初探 . 江苏教育学院学报（社会科学），2012,（4）.

陈大明，曾昭富，杨斌斌 . 借鉴中共建党经验建设学习型参政党 . 广州社会主义学院学报，2012,（3）.

李倩 . 浅析网络环境下的执政党形象建设 . 合作经济与科技，2012,（14）.

赵允福．科学发展观．中国共产党执政合法性的巩固和拓展．中央民族大学学报（哲学社会科学版），2012,（4）.

吴伯奎．我国执政党形象建设的途径分析．大连干部学刊，2012,（7）.

张浩．马克思主义执政党纯洁性的内涵．党政论坛，2012,（7）.

杨宁．论新世纪加强党的执政能力建设的三大要求．宁夏党校学报，2012,（4）.

曹蕾．新时期加强党的纯洁性建设及其现实意义．经营管理者，2012,（13）.

杜本礼．刘少奇对中国共产党从革命党向执政党转变的探索．桂海论丛，2012,（4）.

赵周贤，刘光明．保持党的纯洁性永葆党的先进性．求是，2012,（13）.

梁妍慧，侯晋雄．中共十七大以来党建理论的发展．决策与信息，2012,（7）.

李覃思．张闻天晚年执政党建设的思想及其现实意义．赤峰学院学报（汉文哲学社会科学版），2012,（10）.

王彦明．执政党意识的本质意蕴及作用研究．党史博采（理论），2012,（10）.

韩振峰，纪淑云．党的三大优良作风的由来与发展．传承，2012,（19）.

李辉．软实力视域下的中国共产党执政能力建设．重庆行政（公共论坛），2012,（5）.

兰华．执政环境的变化对执政党执政方式的新要求．江汉论坛，2012,（10）.

齐卫平．提高党的建设科学化水平与执政党的政治自觉．理论学刊，2012,（10）.

梁妍慧．新时期党的建设理论的重大创新——制定与完善党的建设总体布局．领导之友，2012,（10）.

宋剑．提高基层党组织建设科学化水平机理研究．才智，2012,（29）.

张明，潘宇倩．新时期中国共产党执政资源面临的问题及对策．科技视界，2012,（29）.

许丽丽．中国共产党的适应性与中国传统政治文化的关系探析．内蒙古农业大学学报（社会科学版），2012,（5）.

卢继元．论中国共产党执政方式的历史演进及经验．中共石家庄市委党校学报，2012,（10）.

李磊文．第一代中央领导集体的“执政党”意识．党史纵览，2012,（10）.

罗莉．对加强社区党建工作的思考．理论与当代，2012,（10）.

李志强．社会主义执政党文明）内涵、特性与推进理路．中共福建省委党校学报，2012,（10）.

苏瑞莹，马拥军．从执政党建设的视角看中国特色社会主义核心价值观．求实，2012,（10）.

许耀桐．发展基层党内民主的有效途径．学习月刊，2012,（19）.

汪健．人民认同．中国共产党执政的基本经验．南方论刊，2012,（10）.

慎海雄．新媒体时代加强党的执政能力建设的几点思考．中国记者，2012,（10）.

王孝勇．建设学习型政党实现从革命党到执政党的转型．湖北广播电视大学学报，2012,（10）.

谭菊华，韩桥生．民生政治背景下党的执政伦理建设．湖南社会科学，2012,（5）.

周建勇．对党的执政资源分类和变化的再思考．中共杭州市委党校学报，2012,（5）.

王超，江艺．加强党建“顶层设计”建设创新型执政党．探求，2012,（5）.

姜卫平．在转型社会中提高党的社会整合能力．中共云南省委党校学报，2012,（5）.

吴福环．保持党的纯洁性建设坚强的马克思主义执政党．新疆社会科学，2012,（5）.

郭根．社会转型期执政党政治认同：内涵维度、现状特征及其建设路径．行政与法，2012,（9）.

朱宪臣．十七大以来执政党建设的新进展——党的建设的实践创造与理论创新．甘肃理论学刊，2012,（5）.

冯伟．新时期党政人才队伍建设的几点思考．才智，2012,（26）.

王辉．党性修养的加强与党的先进性建设．人民论坛，2012,（27）.

田芝健．马克思主义服务型政党建设若干基本问题研究．学习论坛，2012,（9）.

高海杰．科学改善党群关系．理想与现实．云南行政学院学报，2012,（5）.

钟亮．中国共产党法治理念的树立与发展．西南交通大学学报（社会科学版），2012,（5）.

吴宏放．执政规律探索的中国路径．理论与改革，2012,（5）.

蒋维兵．党的历史方位改变条件下党群关系的新要求．领导之友，2012,（9）.

沈荣华．基层党组织再造是巩固执政党地位之本．理论探讨，2012,（5）.

王锋，张军凯．利益整合中的执政风险．北京航空航天大学学报（社会科学版），2012,（5）.

母连龙．提高党的执政能力的路径探析．学理论，2012,（25）.

汤满江．党内民主带动人民民主的路径探析．学理论，2012,（25）.

庄前生，朱鸿军．运用网络科技杠杆加速推进党的建设．红旗文稿，2012,（17）.

邵宇．论转型时期执政党的政治资源整合．理论月刊，2012,（9）.

刘伟．中国共产党民意汲取模式演进与发展的历史回溯．理论导刊，2012,（9）.

王峰．网络问政．中国共产党执政能力建设的新课题．西北农林科技大学学报（社会科学版），2012,（5）.

齐卫平．建设廉洁型执政党的中国意义．社会科学研究，2012,（5）.

丁晓强．论执政党的作风建设．社会科学研究，2012,（5）.

张明军．党的执政资源开发必须深化党的廉政建设．社会科学研究，2012,（5）.

刘宗洪．党建总目标与廉洁型政党建设．社会科学研究，2012,（5）.

唐莲英．坚持群众路线建设廉洁型政党．社会科学研究，2012,（5）.

戴剑飞．中国共产党文化建设基本架构设计——基于组织文化的视角．社会科学研究，2012,（5）.

李华，王保庆．论新时期中国共产党执政文化建设．毛泽东邓小平理论研究，2012,（12）.

李俊伟．以中国特色社会主义理论体系武装党的思想政治工作．石油政工研究，2012,（6）.

徐伟民．批评与自我批评的作风建设与执政党建设．职大学报，2012,（6）.

唐海潇．论社会阶层变化对执政党建设定位的影响——以湖南省道县为例．中共铜仁市委党校学报，2012,（6）.

王克群．加强党的自身建设新部署——学习党的十八大报告．中共南宁市委党校学报，2012,（6）.

胡伟．党的建设科学化．含义与意义探析．上海交通大学学报（哲学社会科学版），2012,（6）.

王跃勇．试论我党的党群观及其时代价值．湘潮（下半月），2012,（12）.

祖言．进一步深化基层服务型党组织建设．今日浙江，2012,（24）.

罗晓红．党群关系建设问题研究综述．四川行政学院学报，2012,（6）.

耿铎文．坚持中国特色反腐倡廉道路建设廉洁政治——论陈云党风廉政建设思想．新疆社科论坛，2012,（6）.

栗红侠．邓小平廉政思想与现阶段的执政党建设．党史文苑，2012,（24）.

屈宪广．浅议新形势下如何保持党的纯洁性．中国—东盟博览，2012,（12）.

闫桂芬．党的“四群教育”的政治学思考——基于政治合法性的分析．楚雄师范学院学报，2012,（12）.

向继．论新时期执政党利益整合能力建设．贵州社会主义学院学报，2012,（4）.

戴文宪．把握党建主线新内容建设纯洁的马克思主义执政党．理论学习与探索，2012,（6）.

刘勇．党建科学化的民本意蕴探微．中共珠海市委党校珠海市行政学院学报，2012,（6）.

唐晓清．以科学发展观为指导全面提高党的建设科学化水平．党政干部学刊，2012,（12）.

肖君华．建设“三型”政党学习先行．新湘评论，2012,（24）.

甄小英．执政党建设将步入一个新境界——也谈十八大“新意”．人民论坛，2012,（S2）.

戴军．充分发挥机关党建的表率作用．唯实，2012,（12）.

麻秀荣．后危机时代影响党群关系发展的原因探析．黑龙江社会科学，2012,（6）.

张丽霞．网络新媒体视域下加强党建的思考．吉林广播电视大学学报，2012,（12）.

李烈满．以改革创新精神拓展党的建设新局面．福州党校学报，2012,（6）.

高新民．建设“三型”马克思主义执政党．理论视野，2012,（12）.

黄金辉，丁忠庚．论党内民主建设的交互性动力及其培育．理论视野，2012,（12）.

韩久根．十八大关于党的建设的新思想、新论断、新要求．当代江西，2012,（12）.

冯仿娅．现代信息技术对于提高党建科学化水平的作用探析．红广角，2012,（12）.

胡文利，李滨，唐山．浅谈如何加强基层组织党风廉政建设．泸天化科技，2012,（4）.

姜小兰．对提高基层党组织自建能力的调查与思考．农村经济与科技，2012,（12）.

王喜权．“三型政党”，执政党建设的新自觉．北方经贸，2012,（12）.

韩久根．十八大作出新部署提高党建科学化水平．当代贵州，2012,（35）.

姚桓．论科学发展观对执政党建设的理论贡献．中国特色社会主义研究，2012,（6）.

赵长芬．提高党的群众工作科学化水平．临沂大学学报，2012,（6）.

余德华．党风建设若干问题的思考．丽水学院学报，2012,（6）.

鲁全吉．党风廉政建设的重要性及对策分析．科技创新与应用，2012,（32）.

祝宝钟．建设学习型服务型创新型的马克思主义执政党．求知，2012,（12）.

袁留波．全面提高党的建设科学化水平．湖北函授大学学报，2012,（11）.

任福全，刘慧思．建设服务型执政党是党建的永恒主题．太原城市职业技术学院学报，

2012,（11）.

王伟 . 建国 60 多年来执政党建设的理性思考 . 党史博采（理论），2012,（11）.

田苏苏，周艳芝，雷明 . 论西柏坡时期党对科学建设与科学发展的思想认识 . 党史博采（理论），2012,（11）.

张明涛 . 浅谈发展型党组织建设问题 . 科技风，2012,（22）.

张毅峰 . 浅谈加强和改进国有企业基层党组织建设 . 科技与企业，2012,（22）.

申文明 . 论十年来执政党自身建设理论的新发展 . 胜利油田党校学报，2012,（6）.

刘智安，余晓萍，晏龙和 . 正确认识党性和党风的辩证关系 . 理论导报，2012,（11）.

张德寿 . 新形势下党群关系遇到的三个方面挑战及科学应答 . 云南行政学院学报，2012,（6）.

刘东杰，张长立 . 公共政策能力视野下党的执政能力论析 . 云南行政学院学报，2012,（6）.

李景治 . "党管干部"制度的进一步发展完善 . 中国延安干部学院学报，2012,（6）.

高新民 . 新媒体与党的建设 . 理论探讨，2012,（6）.

程浩 . 十七大以来党的制度建设的主要历程、成就与经验 . 理论与改革，2012,（6）.

齐卫平 . 十八大创新党的建设的六个关注点 . 江西社会科学，2012,（11）.

胡承槐 . 论以权利为逻辑基点开拓党的建设新路径 . 浙江学刊，2012,（6）.

王侃 . 服务型基层组织建设——中国共产党的功能创新与调适 . 浙江学刊，2012,（6）.

吴家骥 . 推进党建伟大工程的时代自觉 . 创造，2012,（11）.

徐喜林 . 关于保持党的纯洁性的若干思考 . 中州学刊，2012,（6）.

杨艳春 . 提高党的领导水平与执政能力探析 . 求实，2012,（11）.

龙树平 . 论新形势下党员纯洁性教育 . 钢铁文化，2012,（11）.

陆攀 . 意识形态的日常生活化与党的执政能力建设 . 河南师范大学学报（哲学社会科学版），2012,（6）.

何深思 . 试论长期执政视阈下的政党建设 . 新视野，2012,（6）.

梁亚敏，朱建军 . 新时期党的建设推进理路研究 . 学校党建与思想教育，2012,（31）.

康苏中 . 继承优良传统加强党风建设 . 学周刊，2012,（31）.

任映红 . 党的组织建设科学化水平提升应遵循的若干准则 . 求实，2011,（12）.

尹学朋，龙志芳 . 论党内民主与人民民主的良性互动与有效衔接 . 求实，2012,（2）.

李荣华 . 把握时代脉搏推动党的建设不断发展 . 求实，2012,（S1）.

李冰梅，傅广华 . 对"提高党的建设科学化水平"的思考 . 求实，2012,（S）.

严小龙 . 中国共产党农村基层组织建设科学化的评价标准探析 . 当代世界与社会主义，2012,（5）.

王长江 . 党内民主须向纵深发展 . 当代世界与社会主义，2012,（6）.

王金水，徐民华 . 中国共产党对于执政规律的探索 . 当代世界与社会主义，2012,（4）.

杨绍华 . 十六大以来党的建设理论与实践创新 . 党建研究，2012,（7）.

刘红凛 . 近年来党的理论建设的重大成就 . 党建研究，2012,（7）.

石仲泉 . 党的建设理论的新发展 . 中国党政干部论坛，2012,（12）.

李俊伟 . 非公有制经济组织党的建设的实践创新及意义追寻 . 中国党政干部论坛，2012,（3）.

张荣臣 . 中国共产党如何应对执政考验 . 中国党政干部论坛，2012,（3）.

王金柱 . 新形势下如何保持党的纯洁性 . 中国党政干部论坛，2012,（4）.

蔡志强，谢峰，王长江 . 执政科学化：瓮安由乱到治的经验与启示 . 中国党政干部论坛，2012,（5）.

汪杰 . 改革开放以来中国共产党应对重大突发事件与提高执政能力的互动 . 理论探讨，2012,（6）.

赵铁锁，王广峰 . 新时期中国共产党推进党建科学化经验的初步总结 . 理论探讨，2012,（6）.

朱联平 . 四维一体：执政党政治与社会改革的路向选择 . 理论探讨，2012,（2）.

杜艳华，贺永泰 . 理论创新是中国共产党长期执政之政治优势 . 理论探讨，2012,（2）.

唐志龙 . 党的思想作风建设理论与实践 . 理论探讨，2012,（2）.

王翠芳 . 论中国共产党党内监督的目标指向 . 理论探讨，2012,（2）.

齐卫平 . 十六大以来党建科学化思想的形成及其意义 . 理论探讨，2012,（3）.

黄桂英 . 建设社会主义核心价值体系与党的思想文化建设 . 理论探讨，2012,（4）.

赵周贤 . 提高党的建设科学化水平 . 人民日报，2012–11–7007.

张垚 . 全面推进党的建设新的伟大工程 . 人民日报，2012–11–08008.

许忠明 . 如何理解党的建设“三型”目标 . 人民日报，2012–12–28007.

邵维正 . 以新视角深化执政党建设研究 . 人民日报，2012–01–10007.

孙怀山 . 应重视执政党文化建设 . 人民日报，2012–04–25020.

姚桓 . 构建中国执政党理论的话语体系 . 光明日报，2012–10–31012.

张荣臣 . 继续推进党的建设新的伟大工程 . 光明日报，2012–10–13010.

张晓燕 . 以党内民主制度创新增强党的创造活力 . 学习时报，2012–11–19005.

蔡志强 . 以完善党内法规促基层党建创新 . 学习时报，2012–12–03005.

王炳林，方建 . 建设学习型服务型创新型政党 . 学习时报，2012–12–24003.

沈士光 . 党内民主分层的合理性及意义 . 学习时报，2012–01–02005.

杨德山 . 从系统论看党建“新的伟大工程”. 北京日报，2012–08–20017.

梁妍慧 . 近年来执政党建设理论的新发展 . 北京日报，2012–09–24018.

3. 参政党建设

徐剑锋 . 论民主党派的政治责任 . 新视野，2012（1）.

郑宪，赵剑云 . 参政党社会功能开发的途径探析 . 山西社会主义学院学报，2012（1）.

梁丽萍 . 参政党民主监督的理论思考 . 中共中央党校学报，2012（1）.

刘菊香 . 参政党与中国核心价值观建设研究 . 湖北省社会主义学院学报，2013,（1）.

阚熙 . 参政党推进中国科技发展立法研究 . 金华职业技术学院学报，2013,（1）.

邓辉 . 新形势下参政党在文化建设中的思维取向 . 厦门特区党校学报，2013,（1）.

刘菊香 . 以“同心”思想为引领培育参政党核心价值观 . 江苏省社会主义学院学报，2013,（1）.

王远启 . 参政党在我国文化建设中的作用 . 江苏省社会主义学院学报，2013,（1）.

李文涛，顾国柱 . 参政党文化建设中价值认同问题研究 . 广西社会主义学院学报，2013,（1）.

李金河，黄天柱 . 夯实基础扎根社会——“参政党的社会基础和社会功能”理论研讨会综述 . 中央社会主义学院学报，2013,（1）.

靳晓光 . 加强我国参政党民主监督的路径选择 . 岭南学刊，2013,（1）.

鲁开垠，徐晓迪 . 参政党参与社会服务的政治内涵、功能及其理论价值 . 广东省社会主义学院学报，2013,（1）.

杨雪燕 . 发挥参政党职能和优势提高服务社会管理科学化水平 . 江苏省社会主义学院学报，2013,（1）.

张达青 . 程序监督：参政党民主监督着力点 . 天津市社会主义学院学报，2012,（1）.

孙忠良 . 论微博时代民主党派的角色定位 . 贵州社会主义学院学报，2012,（1）.

张达青 . 试论参政党民主监督的程序缺陷问题 . 贵州社会主义学院学报，2012,（1）.

宋村珠 . 浅谈新时期参政党政治交接的重点任务 . 吉林省社会主义学院学报,2012,（1）.

李其春 . 参政党思想政治建设若干问题及对策研究 . 吉林省社会主义学院学报，2012,（1）.

方彦明 . 中国参政党参政能力建设的制约因素与对策 . 河南大学学报（社会科学版），2013,（1）.

宋琳琳 . 新时期民主党派自身建设问题的反思 . 赤峰学院学报(汉文哲学社会科学版），2012,（1）.

谢炜如 . 参政党的政党文化构建刍议 . 广州社会主义学院学报，2012,（1）.

唐华生 . 民主党派社会服务的内涵、价值和机制构建 . 四川统一战线，2012,（1）.

杨晓飞 . 关于建立和完善参政党内部监督机制的探讨 . 河北省社会主义学院学报，2012,（1）.

靳晓光 . 高校民主党派民主监督机制的构建路径研究 . 安徽工业大学学报（社会科学版），2012,（1）.

王正荣 . 加强参政党理论建设丰富和发展中国特色社会主义理论体系 . 前进论坛，2012,（1）.

张瑞琨，吉秀华，程芳 . 解读民主党派参政议政能力的两种视角 . 江苏省社会主义学院学报，2012,（1）.

王远启 . 民主党派开展新的社会阶层人士政治引导工作的优势 . 广西社会主义学院学报，2012,（1）.

胡庆亮 . 媒介民主背景下参政党的网络参政议政能力建设 . 山西社会主义学院学报，2013,（1）.

王远启，张鹏立 . 浅析文化建设对我国参政党的基本要求 . 天津市社会主义学院学报，2013,（1）.

卢晓华，孙瑞华 . 中国参政党理论的理论基础与理论框架 . 中央社会主义学院学报，2012,（1）.

石光树 . 论加强参政党思想理论建设——学习胡锦涛同志“七一”重要讲话的认识和

体会 . 湖北省社会主义学院学报，2012,（1）.

徐凤月，刘英英 . 论共产党的执政经验对民主党派的示范和引领作用 . 福建省社会主义学院学报，2012,（1）.

台盟福州市委会课题组，杨雪燕 . 以社会主义核心价值体系引领参政党思想建设 . 福建省社会主义学院学报，2012,（1）.

李红霞 . 新形势下加强参政党思想建设研究 . 山西社会主义学院学报，2012,（1）.

刘丽，郑永丰 . 试论民主党派发挥民主监督作用的制约因素 . 辽宁省社会主义学院学报，2012,（1）.

李晓艳 . 探析学习型参政党建设的基本着力点 . 湖南省社会主义学院学报，2012,（2）.

农工党河北省委课题组 . 对新时期民主党派提高参政议政能力建设问题的思考 . 河北省社会主义学院学报，2012,（2）.

魏东 . 社会整合视域下参政党民主监督问题与对策 . 云南行政学院学报，2012,（2）.

许奕锋 . 民主党派社会属性的科学判断 . 陕西社会主义学院学报，2012（2）.

邱永文 . 论参政党建设的目标选择——以中国特色政党制度的功能与价值为视角 . 中央社会主义学院学报，2012（3）.

崔珏 . 试论我国民主党派的职能与功能 . 重庆社会主义学院学报，2012（2）.

刘雪岩 . 参政党在国家政权建设中的地位与作用 . 新长征，2012（2）.

邓凌 . 社会主义核心价值体系与民主党派思想建设 . 四川省社会主义学院学报，2012,（2）.

张峰 . 同心同向——论参政党的理想信念选择 . 湖北省社会主义学院学报，2012,（2）.

王竞，张玲 . 坚持“同心”思想建设高素质参政党 . 湖北省社会主义学院学报，2012,（2）.

王远启 . 民主党派对新社会阶层人士政治引导的内涵分析 . 湖北省社会主义学院学报，2012,（2）.

刘继华 . 高校民主党派基层组织建设机制研究 . 江苏省社会主义学院学报，2012,（2）.

孙瑞华 . 将社会服务确立为参政党职能的一点思考 . 江苏省社会主义学院学报，2012,（2）.

赵岐山 . 参政党学习中共党史是深刻领会“同心”思想的重要路径 . 广西社会主义学院学报，2012,（2）.

刘菊香 . 我国民主党派的特色初探 . 广西社会主义学院学报，2012,（2）.

方彦明 . 加强参政能力建设是解决群体性事件的重要路径 . 吉林建筑工程学院学报，2012,（2）.

石光树 . 要重视和加强参政党思想理论建设 . 中央社会主义学院学报，2012,（2）.

王本奎，沈艳 . 论参政党的内涵 . 中央社会主义学院学报，2012,（2）.

张玲 . 不断提高参政议政的科学化水平 . 天津市社会主义学院学报，2012,（2）.

龙刚 . 参政党思想建设初探 . 贵州社会主义学院学报，2012,（2）.

孙照红 . 试析民主党派社会基础的特殊性和复杂性 . 吉林省社会主义学院学报，2012,（2）.

裴圣军 . 论民主党派在我国协商民主中的地位及其实现 . 贵州社会主义学院学报，

2012,(2).

马力.关于新形势下民主党派代表性的思考.黑龙江省社会主义学院学报,2012,(2).

袁伟东.建设学习型民主党派机关的若干思考.黑龙江省社会主义学院学报,2012(3).

侯天佐.参政党核心价值建设的主要内容及实现途径研究.贵州社会主义学院学报,2012,(3).

汪辉.完善参政议政方式研究.贵州社会主义学院学报,2012,(3).

周金凤.加强高素质参政党建设的若干思考.吉林省社会主义学院学报,2012,(3).

梁宏,马力.中国政党格局中的参政党民主监督.陕西社会主义学院学报,2012,(4).

刘长青.加强参政党组织建设问题的思考.黑龙江省社会主义学院学报,2012,(3).

樊玉枝.增强政党意识提升参政党的民主监督能力.湖北省社会主义学院学报,2012,(4).

任瑞玨.对民建会员树立和践行社会主义核心价值观的思考.湖北省社会主义学院学报,2012,(4).

王彩玲.论民主党派在构建社会主义和谐社会中的地位与作用.上海市社会主义学院学报,2012,(4).

汪守军,马驭骅.关于加强党外代表人士队伍建设的思考——以民主党派组织建设为视角.江苏省社会主义学院学报,2012,(4).

王彩玲.论参政党思想建设理论的基本问题.中央社会主义学院学报,2012,(4).

李飞.试论加强参政党文化建设.四川统一战线,2012,(8).

温雪琼.参政党在创新社会管理中的作用.团结,2012,(4).

刘振清.参政党参政能力提高的制约因素与路向选择.湖南省社会主义学院学报,2012,(4).

杜丽君.民主党派应把反映社情民意作为政党的重要职责.民主,2012,(8).

赵振洲.民主党派树立和践行社会主义核心价值体系路径问题研究.四川省社会主义学院学报,2012,(3).

邓元景.进一步提高民主党派参政议政能力的思考.四川省社会主义学院学报,2012,(3).

刘宏民.民主党派要为建设社会主义核心价值体系贡献力量.中国统一战线,2012,(8).

康菲.小议民主党派树立和践行社会主义核心价值体系的途径和载体.吉林省教育学院学报(下旬),2012,(7).

崔璐璐.新时期加强参政党思想建设的必要性.学理论,2012,(20).

杨绪盟.民主党派的党内派别问题初步调查研究.重庆社会主义学院学报,2012,(4).

李朝林.论参政党在增强公民政治参与有序性中的作用.重庆社会主义学院学报,2012,(4).

陈大明,曾昭富,杨斌斌.借鉴中共建党经验建设学习型参政党.广州社会主义学院学报,2012,(3).

樊玉枝.论民主集中制与民主党派建设.鄂州大学学报,2012,(4).

张凤玲.民主党派践行社会主义核心价值体系的实证考察.广东省社会主义学院学报,

2012,(3).

范瑞娟．浅谈如何发挥基层民主党派组织的作用．东方企业文化，2012,(13).

朱新光．我国参政党文化建设探析．前进论坛，2012,(7).

卞国平．更新理念实践第一——参政党在加强和创新社会管理中作用的思考．前进论坛，2012,(7).

郭辉．贯彻“同心”思想重在为民主党派搭建“同心实践”的平台．中国统一战线，2012,(7).

吴先宁．论提高参政党“四种能力”．湖北省社会主义学院学报，2012,(3).

钟俊．论民主党派参政议政工作机制的完善．山西社会主义学院学报，2012,(2).

张耀影．参政党在文化建设中的作用．福建省社会主义学院学报，2012,(3).

王树臣．多党合作视域下参政党“同心”解析．江苏省社会主义学院学报,2012,(3).

参政党对推动依法治国的贡献．团结，2012,(3).

黄天柱．政治过程视野中的中国参政党——“参政党与公共政策”理论研讨会观点评述．湖南省社会主义学院学报，2012,(3).

张峰．参政党的理想信念选择．理论参考，2012,(6).

叶莲．参政党建设的党际依赖分析．宁夏大学学报（人文社会科学版），2012,(3).

廖轩．民主党派优良传统与社会主义核心价值体系．民主，2012,(5).

张继兰，李良中．参政党建设重要性与紧迫性分析．人民论坛，2012,(11).

谭锐．略论参政党肩负的构建社会主义和谐社会的重任．黑河学刊，2012,(3).

刘长青．加强参政党组织建设的思考．前进论坛，2012,(3).

杨宗麟．关于我国民主党派趋同化问题的研究．法制与社会，2012,(6).

赵晋阳．试论中国参政党利益表达功能．民主，2012,(2).

李建，齐莹，齐志鹏．论中国参政党有序政治参与的政治保障．理论界，2012,(2).

田玉科．深入学习贯彻中共十八大精神认真履行参政党职能．湖北省社会主义学院学报，2013,(2).

邱永文．参政党的社会功能探析——以国家—政党—社会关系为分析框架．湖北省社会主义学院学报，2013,(2).

李丹，邹自豪．参政党学习型组织建设研究——现状、问题及对策．四川大学学报（哲学社会科学版），2013,(2).

王行道．民主党派与协商民主．湖北省社会主义学院学报，2013,(2).

周长城，曹亚娟．民主党派参与社会管理创新的新思考．湖北省社会主义学院学报，2013,(2).

汪根木，贺俊春．以政治参与组织化促进民主党派代表人士队伍建设．湖北省社会主义学院学报，2013,(2).

赵安琪．创新统战政策提高民主党派代表队伍的建设水平．黑河学刊，2013,(4).

王宝生．在社会主义核心价值体系下民主党派思想建设的原则与主要内容．山西社会主义学院学报，2013,(1).

万纪耀．准确认识和切实保持民主党派政党本色．清江论坛，2013,(1).

彭璐 . 基于网络时代下民主党派参政议政的思考与研究 . 企业研究，2013,（6）.

顾建军 . 推进参政党党际协商健全社会主义协商民主 . 重庆社会主义学院学报，2013,（2）.

曾仁端，彭光华 . 学习“七一”讲话精神推动参政党建设 . 湖北省社会主义学院学报，2012,（3）.

魏丽萍 . 借鉴执政党建设经验提高参政党建设科学化水平 . 湖北省社会主义学院学报，2012,（3）.

周长城，张锋 . 试论民主党派在加强和创新社会管理中的角色定位 . 湖北省社会主义学院学报，2012,（3）.

袁冬冬，王文龙 . 民主党派在我国立法中的利益整合功能研究 . 郑州航空工业管理学院学报（社会科学版），2012,（3）.

李莉，代云 . 新时期高校民主党派组织建设存在的问题及对策 . 西南农业大学学报（社会科学版），2012,（6）.

张文举 . 关于民主党派发展新的社会阶层人士工作的思考——基于政治资源合理配置的视角 . 中央社会主义学院学报，2012,（3）.

严隽琪 . 以“同心”思想为指导学习践行社会主义核心价值体系 . 中央社会主义学院学报，2012,（3）.

张长宏 . 民主党派智力支边扶贫工作面临的问题与对策 . 团结，2012,（3）.

姜永纯，阚国华 . 民主党派政治资源合理配置的实践与思考 . 黑龙江省社会主义学院学报，2012,（2）.

陈喜庆 . 关于加强参政党理论研究的思考 . 团结，2012,（3）.

欧阳晓安，叶国平 . 民主党派参与公共决策的现实效果及影响因素分析 . 湖南省社会主义学院学报，2012,（3）.

常庆林 . 民主党派政治资源合理配置问题研究 . 湖南省社会主义学院学报，2012,（3）.

林莉 .“同心”思想是民主党派的核心价值理念和行动指南 . 前进论坛，2012,（6）.

杜青林 . 贯彻“同心”思想，将学习践行社会主义核心价值体系活动继续推向深入 . 中国统一战线，2012,（6）.

江华丽 . 加强高校民主党派基层组织建设的有效途径 . 产业与科技论坛，2012,（10）.

丁琳琳 . 同舟共济风雨情——刍议民主党派接受中国共产党领导的原因 . 传承，2012,（10）.

郭峰 . 浅析当前高校民主党派组织建设的问题与对策 . 教育教学论坛，2012,（14）.

刘亮红 . 合理配置民主党派政治资源的对策建议 . 长沙大学学报，2012,（3）.

尚漪，周旭霞 . 对做好高校民主党派思想政治工作的思考 . 安徽工业大学学报（社会科学版），2012,（3）.

王志泓，陈忠全 . 高校民主党派政治资源合理配置问题研究 . 理论界，2012,（5）.

王军为 . 新时期高校民主党派工作的实践与思考 . 理论导刊，2012,（5）.

章新友，衷彦，邹国明 . 支持高校民主党派基层组织提高组织生活质量的新思考 . 科教文汇（上旬刊），2012,（5）.

贺俊春，王相红．关于民主党派政治参与组织化的理论探讨．湖北省社会主义学院学报，2012,（4）.

金勤明．高校民主党派成员的政党认同研究．上海市社会主义学院学报，2012,（4）.

骆平，周巧生．抗战时期民主党派与国民党关系衍变探析．云南社会主义学院学报，2012,（2）.

彭桓．探索科学规范有序的调研路径不断提高民主党派参政议政的质量和水平．云南社会主义学院学报，2012,（2）.

江华丽．高校民主党派基层组织建设存在的问题及对策．产业与科技论坛,2012,（15）.

王俊华，杨爱珍．民主党派“同心”思想研究．中央社会主义学院学报，2012,（4）.

王远启．加强民主党派对新的社会阶层人士的政治引导．中央社会主义学院学报，2012,（4）.

汪守军．新形势下关于加强党外代表人士队伍建设的探讨——以民主党派人才队伍建设为视角．中央社会主义学院学报，2012,（4）.

汪守军．关于多党合作制度框架下民主党派自主性问题的探讨．探索，2012,（4）.

王晓贤．浅谈民主党派领导干部的素养．四川统一战线，2012,（8）.

姜仿其．新时期民主党派民主监督的特点及改进对策．人民论坛，2012,（23）.

潘慧春．学习型参政党建设中存在的问题及对策研究．湖南省社会主义学院学报，2012,（4）.

涂志凌．完善民主党派参与公共政策制定的路径探析．团结，2012,（4）.

梁晓宇．新时期民主党派基层组织发展现状研究．观察与思考，2012,（8）.

胡宇彬．新时期民主党派参政议政、民主监督建设存在的问题及思考．中外企业家，2012,（16）.

周洪宇．民主党派工作应“务实化”．民主，2012,（8）.

陈晓晔．多维度观照下的民主党派社会服务职能．民主，2012,（8）.

邓伟志．关于民主党派的核心理念．民主，2012,（8）.

桑国卫．实践“同心”思想深化政治交接．前进论坛，2012,（8）.

夏立新．民主党派自身建设的路径研究．产业与科技论坛，2012,（14）.

汪守军，邱雪茹．关于加强民主党派队伍建设的探讨——以加强民主党派参政议政能力建设为视角．广州社会主义学院学报，2012,（3）.

郑又贤．民主党派政治资源优化配置研究．福建论坛（人文社会科学版），2012,（7）.

常庆林．从性质和任务双重维度论我国民主党派的代表性．河北省社会主义学院学报，2012,（3）.

储建增．民主党派基层干部的角色定位．河北省社会主义学院学报，2012,（3）.

秦德君．建立参政议政“履政”培训制．决策，2012,（7）.

姚俭建．论共产党的执政能力建设对参政党的引领与启示．上海市社会主义学院学报，2012,（4）.

张文彤．坚持“同心”引领共创“中国模式”．湖北省社会主义学院学报，2012,（5）.

魏晓东．我国民主党派接受共产党领导的成因及启迪．上海市社会主义学院学报，

2012,（5）.

宫捷，叶华青．论公共政策功能性视角中民主党派调研课题的选择．上海市社会主义学院学报，2012,（5）.

杨文欢．民主党派动员知识分子参与社会建设的机制研究——基于合作治理的视角．上海市社会主义学院学报，2012,（5）.

魏银立，郝勇，杨勋兵．广东高职院校民主党派党员发展的现状、问题与对策．经济研究导刊，2012,（30）.

许文锋．海西民主党派青年组织工作面临的问题及解决建议．福建省社会主义学院学报，2012,（5）.

龚继民．民主党派政治资源建设机制初探．福建省社会主义学院学报，2012,（5）.

郑福田．深入学习把握"同心"思想加强自身建设提高履职能力．内蒙古统战理论研究，2012,（5）.

石萌．民主党派在中国特色政党制度中的监督角色．学理论，2012,（29）.

黄列．利益代表机制的理论自觉和实践自信——民主党派应努力成为我国利益代表机制的完善者和担当者．江苏省社会主义学院学报，2012,（5）.

陈珏．以"同心"思想为引领建设高素质参政党．广西社会主义学院学报，2012,（5）.

顾榕昌．关于加强民主党派参政议政制度化建设的思考．广西社会主义学院学报，2012,（5）.

王世杰．强化"五要素"，发挥领导班子整体功能．团结，2012,（5）.

雷国春．民主党派地方组织宣传思想工作的实践与思考——以民革重庆市委会为例．团结，2012,（5）.

任世红．民主党派思想建设的理论分层．中央社会主义学院学报，2012,（5）.

刘亮红．论民主党派政治资源的内涵、构成体系与基本特征．中央社会主义学院学报，2012,（5）.

倪文敏，文杰．中国民主党派史料文献开发与建设的调研报告．中央社会主义学院学报，2012,（5）.

靳晓光．关于民主党派民主监督意识的思考．求实，2012,（10）.

苏福斗．以科学发展观为指针全面加强国有企业民主党派工作．前进，2012,（10）.

刘保明，刘雪君，宋作宇．农工党十四大以来理论研究主要观点简述（一）．前进论坛，2012,（10）.

任小伟．民主党派如何在加快经济发展方式转变中发挥作用．前进论坛，2012,（10）.

林木．"长期共存，互相监督"——20世纪50年代中共领导人与民主党派领袖的互动．党史博览，2012,（10）.

张丙宣．民主党派动员党外知识分子政治参与的机制研究——基于参与式治理的理论视角．山西社会主义学院学报，2012,（3）.

王春梅．民主党派如何在新农村文化建设中发挥作用．山西社会主义学院学报，2012,（3）.

刘芳．民主党派参与社会管理创新的路径选择．中共云南省委党校学报，2012,（5）.

林秋生，高磐，庄莉．关于高校民主党派基层组织自身建设的思考．泉州师范学院学报，2012,（5）.

张弓长，郭晓明，王新英．网络民主语境下民主党派政治功能面临的挑战与对策．辽宁省社会主义学院学报，2012,（3）.

王彬彬，张和平，陈文娇，杜铁光．借鉴中共巡视制度加强和完善民主党派内部监督机制建设．辽宁省社会主义学院学报，2012,（3）.

黄朝峰．高校民主党派参与高校管理的作用发挥和路径选择．辽宁省社会主义学院学报，2012,（3）.

谢小琴．新时期高校民主党派组织建设及功能发挥．学理论，2012,（26）.

王玉佩，刘俊迈，李津川，刘春艳，张剑羽，代欣慰，王瑞．民主党派履行参政议政职能问题研究．天津市社会主义学院学报，2012,（3）.

张献生．试论当代中国民主党派的核心价值．新视野，2012,（5）.

胡照洲．省部级民主党派领导干部的几个典型事例及其成长规律．湖北省社会主义学院学报，2012,（6）.

胡宇彬．新时期民主党派参政议政和民主监督建设存在的问题及思考．湖北省社会主义学院学报，2012,（6）.

何化利，符玉梅．发挥民主党派优势，助推国际旅游岛建设．琼州学院学报，2012,（6）.

李文涛，顾国柱．民主党派应对网络政治的挑战及对策．上海市社会主义学院学报，2012,（6）.

中共重庆市涪陵区委统战部课题组．新时期统一战线“同心”思想研究．山西社会主义学院学报，2012,（4）.

孙照红．从章程看中国各民主党派纲领的同与不同．辽宁省社会主义学院学报，2012,（4）.

张鹏．关于民主党派运用提案履行参政议政职能的若干思考．辽宁省社会主义学院学报，2012,（4）.

杜丽君．反映社情民意是民主党派的重要职责刍议．辽宁省社会主义学院学报，2012,（4）.

赵晋春．民主党派服务社会管理的必要性和实践性．前进论坛，2012,（10）.

任存霞．关于我国民主党派基层组织建设的思考和建议．前进论坛，2012,（10）.

吉秀华．参政党文化的内涵及价值功能．重庆社会主义学院学报，2012,（5）.

谭净．论民主党派参政议政的工作实践．重庆社会主义学院学报，2012,（5）.

张爱军，崔莹．民主党派政治资源的合理配置问题研究．渤海大学学报（哲学社会科学版），2012,（5）.

周松强．民主党派在弱势群体权益维护中的作用研究综述．福建省社会主义学院学报，2012,（6）.

靳冬玲．论民主党派对解放战争的贡献．今日中国论坛，2012,（12）.

王亚琴．民主党派发展非公有制经济人士的思考．吕梁教育学院学报，2012,（4）.

高静．民主党派参与社会管理的时代逻辑和实现路径．理论观察，2012,（6）.

黄玉燕．民主党派参与社会管理创新问题研究．广西社会主义学院学报，2012,（6）.

吉秀华．民主党派组织发展的现状及特点．湖南省社会主义学院学报，2012,（6）.

颜桂平．采柔性监督，显刚性约束——试论民主党派民主监督的形式和方法．湖南省社会主义学院学报，2012,（6）.

张献礼，刘奇叶．新时期提高民主党派监督的实效和积极性的几点思考．湖南省社会主义学院学报，2012,（6）.

蔡永飞．民革涉农参政议政工作重点的形成．团结，2012,（6）.

段培荷．民主党派践行社会主义核心价值体系研究．现代营销（学苑版），2012,（12）.

刘保明，刘雪君，宋作宇．农工党十四大以来理论研究主要观点简述．黑龙江省社会主义学院学报，2012,（4）.

胡庆亮．基于媒介平台的分享式治理及其实现——以民主党派网络参政议政的机制建设为例．社会主义研究，2012,（6）.

梁晓宇．关于民主党派基层组织发展现状的调研与思考．社会主义研究，2012,（6）.

民进福建省委课题组．社会服务工作是参政党履行职能的重要载体．民主，2012,（12）.

奥亚锋，梁万艺．对民主党派监督机制的若干思考．广西教育学院学报，2012,（6）.

李菁．知行合一，高校民主党派践行“同心”思想．沈阳师范大学学报（社会科学版），2012,（6）.

常一青．论高校民主党派在学校建设与发展中的作用．中南民族大学学报（人文社会科学版），2012,（6）.

刘斌志．新时期高校民主党派基层组织发展现状研究．重庆社会主义学院学报，2012,（6）.

李柏椴．深刻认识并积极践行“同心”思想．江苏政协，2012,（11）.

商玉泉．论民主党派在社会管理创新中的政治功能．云南社会主义学院学报，2012,（4）.

蒋丽英．试论民主党派践行社会主义核心价值体系的必要性．四川统一战线，2012,（11）.

戴秀英．参政党践行“同心”思想的思考．前进论坛，2012,（11）.

肖建东．中国参政党与社会主义政治文明建设．湖北省社会主义学院学报，2012,（5）.

王小鸿．关于参政党理论建设的几点思考．上海市社会主义学院学报，2012,（5）.

田野．关于新时期民主党派核心价值观的思考．江苏省社会主义学院学报，2012,（5）.

周统建．关于充分发挥高校民主党派民主监督作用的思考．江苏省社会主义学院学报，2012,（5）.

杨静．创建以进步性为核心的民主党派党建文化．广西社会主义学院学报，2012,（5）.

汤颖．网络民主视角下参政党建设的机遇及其实现路径分析．经济研究导刊，2013,（6）.

唐长久，周慧玲．论民主党派成员树立和践行社会主义核心价值体系的内涵与途径．湖北省社会主义学院学报，2012,（6）.

王夫玉．新时期民主党派建设理论创新与实践．江苏省社会主义学院学报，2012,（6）.

张献生，肖照青．论中国“参政党”的内涵．政治学研究，2012,（6）.

姜丽华．发挥参政党优势积极推动公民社会健康发展．中央社会主义学院学报，

2012,(6).

钟伟.努力加强民革参政能力建设.中国统一战线，2012,(12).

靳晓光.关于民主党派民主监督需要厘清的几个基本问题分析.山西高等学校社会科学学报，2012,(11).

孙信.参政党形象建设初探.重庆社会主义学院学报，2012,(6).

蒋世兴，田彬.推进基层组织建设规范化制度化——遂宁市民主党派基层组织建设调查与思考.四川统一战线，2012,(11).

邓凌.参政党民主监督效能评估及影响因素的实证研究.中共浙江省委党校学报，2012,(6).

谢乾丰.我国多党合作中民主监督的理论与实践问题管窥——以人民政协中各民主党派的民主监督为分析视角.前沿，2012,(22).

吕瑞东.应加强民主党派基层组织的通讯员队伍建设.民主，2012,(11).

侯治富.对社会转型期民主党派履职能力建设的思考.前进论坛，2012,(11).

刘保明，刘雪君，宋作宇.农工党十四大以来理论研究主要观点简述（二）前进论坛，2012,(11).

吴学军.论网络媒体给民主党派带来的机遇与挑战.四川省社会主义学院学报，2012,(4).

林耕.浅论“同心”思想与社会主义核心价值体系的内在联系.四川省社会主义学院学报，2012,(4).

范前锋.应将无党派人士工作纳入参政党理论研究范畴——兼谈无党派人士工作的研究方法.湖北省社会主义学院学报，2012,(6).

袁为海，吴辉.论发挥参政党民主监督功能的价值与路径.长春市委党校学报，2012,(6).

范前锋.应将无党派人士工作纳入到参政党理论研究范畴之内——兼谈无党派人士工作的研究方法.湖南省社会主义学院学报，2012,(6).

何化利，符玉梅.发挥民主党派优势助推国际旅游岛建设.琼州学院学报，2012（6）.

于小英.建国以来民主党派政治资源的配置特点及合理性研究.四川大学学报（哲学社会科学版），2012（6）.

4. 国外政党研究和比较研究

贾旭阳.外国政党动态.当代世界，2012,(1).

于海青.国外政党现代化的观察与思考.山东社会科学，2012,(1).

赵静.英国内阁制两党制与其宪政体制的关系.法制与社会，2012,(2).

马瑞.试论马克思主义政党执政理念的演进.四川文理学院学报，2012,(1).

刘燕.中西政党制度比较及对当代中国政党制度发展的思考.经营管理者，2012,(1).

曲静.日本政治改革后政党体质的变化.日本学刊，2012,(1).

程林辉.中越两党的忧患意识及其比较.桂海论丛，2012,(1).

谢江涛.印共（马）执政策略的进步性与局限性探析.成功（教育），2012,(1).

胡荣荣.政党适应性视角下的政治变迁——基于二战后新加坡和台湾地区的分析.中

共浙江省委党校学报，2012,（1）.

励东升．列宁对马克思主义执政党建设科学化的初步探索．党史文苑，2012,（2）.

刘志明．列宁加强执政党思想理论先进性建设的思想与实践．中国社会科学院研究生院学报，2012,（1）.

李亚洲．政党政治视角下的俄罗斯联邦共产党．中国延安干部学院学报，2012,（1）.

王永茂，张星久．韦伯政党思想探析．江西财经大学学报，2012,（1）.

周敬青．德国社会民主党缘何困境丛生．人民论坛，2012,（4）.

孟亚波．美国两党组织松散凭何吸引选民．人民论坛，2012,（4）.

王猛．台湾地区两党制格局分析．广州社会主义学院学报，2012,（1）.

中组部党建所世界政党研究室．国外政党积极推进党员和基层组织沟通联系民众的经常化与制度化．党建研究，2012,（2）.

靳呈伟，刘玉．西方国家非执政党参与政策过程的实践及对我国民主党派的启示．广州社会主义学院学报，2012,（1）.

张鹤丽．日本的政党政治对国家利益的影响．辽宁教育行政学院学报，2012,（1）.

赵建彬．英国的政党政治与福利共识．辽宁教育行政学院学报，2012,（1）.

康琦．列宁的《怎么办》对我国执政党建设的启示．中共太原市委党校学报,2012,（1）.

杨云珍．当代西欧极右翼政党意识形态剖析．国际关系学院学报，2012,（1）.

史志钦．英国自由党兴衰借鉴．人民论坛，2012,（4）.

秦德占．新加坡人民行动党人民理念的践行与启示．北京行政学院学报，2012,（1）.

古洪能．政党制度还是政党政治模式——中文世界里政党政治研究的一个习惯性错误．湖北行政学院学报，2012,（1）.

靳呈伟,刘玉．巴西政党党内规章制度建设与启示——以巴西劳工党与共产党为例．理论月刊，2012,（2）.

王道志．英国政党制度的特点及发展趋势前瞻．人大研究，2012,（2）.

贾旭阳．外国政党动态．当代世界，2012,（2）.

王进．我国与前东欧社会主义国家政党制度之比较．经济研究导刊，2012,（5）.

尤乐，周霞辉．论普选后香港政党发展趋势与核心理念．汕头大学学报（人文社会科学版），2012,（1）.

王高贺．西方执政党民意运用的经验与局限简析．湖北社会科学，2012,（2）.

刘琳琳．从国外政党加强群众工作中得到的几点启示．经济视角，2012,（2）.

周忠丽．国外政党如何做群众工作．群众，2012,（2）.

西蒙·伯恩斯切尔，靳呈伟．民主化与拉美回应性政党制度的出现．国外理论动态，2012,（2）.

赵大兴．论台湾政党制度的特点．长春市委党校学报，2012,（1）.

孙莉莉．台湾地区政党体制形成的特点及其启示．当代世界与社会主义，2012,（1）.

吕金娥．苏联共产党执政的经验教训及其对中国共产党的借鉴．黑河学刊,2012,（2）.

王磊,臧秀玲．战后日本政党体制的转型及制度化．中共济南市委党校学报,2012,（1）.

王鸿志，孙林．国民党党产问题初探．台湾研究，2012,（1）.

靳晓光．西方竞争性政党体制下的政党共识及思考．中共南昌市委党校学报，2012,(1).

姜喆.20世纪初俄国国家杜马中的主要党派．长春教育学院学报，2012,(2).

李春耕．国外政党社会工作经验及其启示．理论探索，2012,(2).

胡忠明．新加坡政党制度的特点和优点．理论建设，2012,(1).

李士元．美国政党组织和运行机制对我国党内民主建设的借鉴意义．前沿，2012,(5).

中组部党建所世界政党研究室．国外政党加强党内基层民主建设的新举措．党建研究，2012,(3).

贾旭阳．外国政党动态．当代世界，2012,(3).

孙景峰，匡竞．试论新加坡人民行动党忧患意识的生成逻辑．河南师范大学学报（哲学社会科学版），2012,(2).

黄卫平，陈文.2011年新加坡大选的观察与思考——兼论一党长期执政如何直面竞争性选举挑战．中共四川省委省级机关党校学报，2012,(2).

崔燕，王丽．拉美左派崛起的影响探析．中国青年政治学院学报，2012,(2).

林德山．欧洲中左翼政党面临的挑战．探索与争鸣，2012,(3).

李后梅．卢森堡与伯恩斯坦的政党观比较研究及对我党建设的启示．南昌航空大学学报（社会科学版），2012,(1).

李满长．从南斯拉夫分裂看多党制的危害．红旗文稿，2012,(6).

史志钦．西欧政党竞争呈现新特征．人民论坛，2012，10).

张静．民国初年的政党政治探析．群文天地，2012,(6).

刘永哲．尼泊尔共产党的历史现状与挑战．经济与社会发展，2012,(3).

高抗，吴兴智．当代西方参与式民主的理路及其限度．理论月刊，2012,(4).

王翠芳．前苏共党内监督的变异及历史教训．社会主义研究，2012,(2).

贾旭阳．外国政党动态．当代世界，2012,(4).

汪信砚，梁玉兰．罗莎•卢森堡的民主思想及其启示．马克思主义研究，2012,(4).

刘维春．党内民主视域内国外政党加强自身建设的经验与启示．中共福建省委党校学报，2012,(4).

吴辉．西方政党选拔官员的情况及启示．中共石家庄市委党校学报，2012,(4).

谢嘉梁，黄岩．新时期中外政党执政经验研究概述．高校社科动态，2012,(2).

赵耀．政党政治录用的中西比较及启示．攀登，2012,(2).

张舒婷．外国政党动员公民参与的途径研究．上海党史与党建，2012,(4).

胡爱玲．试论葛兰西的政党认同理论．江西社会科学，2012,(4).

丁长艳．共识民主——西方民主理论的一种新形式．上海人大月刊，2012,(4).

向国华．法国社会党意识形态演变的因素分析．白城师范学院学报，2012,(2).

柴尚金，季正矩，彭萍萍．热话题与冷思考——关于新时期世界主流政党变革与创新及其启示的对话．当代世界与社会主义，2012,(2).

童建挺．德国社会民主党党建经验教训．当代世界与社会主义，2012,(2).

刘玉．墨西哥革命制度党执政经验教训及启示——基于生态资源的分析视角．当代世界与社会主义，2012,(2).

靳呈伟．巴西劳工党执政经验及面临的挑战．当代世界与社会主义，2012,（2）.

代金平，唐海军．国外一些政党处理党群关系的经验教训．当代世界与社会主义，2012,（2）.

吕存诚．初析选后台湾南部政党实力状况．统一论坛，2012,（2）.

徐家勇．台湾两党制趋势下国民党改革特点与前景．广州社会主义学院学报，2012,（2）.

周淑真．西方主要国家政治选举与政党制度关系分析．政治学研究，2012,（2）.

董郁玉．美国的党争．炎黄春秋，2012,（5）.

刘维春．国外政党丧失执政地位的教训和启示．石河子大学学报（哲学社会科学版），2012,（2）.

谭鹏．论战后西欧社会民主党执政的经验与启示．理论建设，2012,（2）.

郇庆治．选举向度下的澳大利亚绿党．国外理论动态，2012,（5）.

刘晨华．从政党与公民社会的关系看当代西方政党的发展趋势．学理论，2012，13）.

张云飞，石晓虎．当前世界政党政治发展的五大突出动向．当代世界，2012,（5）.

张海洋．持续深化的欧洲政党危机．当代世界，2012,（5）.

丁逾．非洲国家执政党如何发扬党内民主．当代世界，2012,（5）.

贾旭阳．外国政党动态．当代世界，2012,（5）.

刘渝梅．政治文化视角下的新加坡政党政治及其转型．南京社会科学，2012,（5）.

刘明辉．对台湾政党政治的几点认识．重庆社会主义学院学报，2012,（3）.

王存福．二战后德国中产阶级的发展壮大与社会民主党由“阶级党”到“人民党”的转型．云南行政学院学报，2012,（3）.

鲍雪松．西方政党领导经验对提高党的领导科学化水平的启示．中共天津市委党校学报，2012,（3）.

胡刚，王晟．论列宁执政党建设理论及现实启示．中共云南省委党校学报，2012,（3）.

张荣臣．马克思主义经典作家关于保持党的纯洁性思想及现实意义．中国井冈山干部学院学报，2012,（3）.

张钟声，刘凤国．国外马克思主义执政党建设规律的启示．长春工业大学学报（社会科学版），2012,（3）.

赵璐．浅谈美国政党制度的创立．长春市委党校学报，2012,（3）.

王庭坚．试论列宁关于保持执政党纯洁性的最初探索．当代世界与社会主义，2012,（3）.

范树成，李海．当代国外政党意识形态的新变化及其启示．当代世界与社会主义，2012,（3）.

李小雨．试析中产阶级对香港政党政治的影响．中共济南市委党校学报，2012,（3）.

王毅，王志连．前南各国共产主义后继党的转型、矛盾、困境与挑战．科学社会主义，2012,（3）.

孔志坚．缅甸大选后政党政治发展趋向．东南亚南亚研究，2012,（2）.

李士元．西方国家政党监督机制与我国参政党民主监督模式比较．辽宁省社会主义学院学报，2012,（2）.

赵清华．论列宁工人阶级执政党保持团结统一的价值观——列宁执政党建设理论与实践钩沉．河北经贸大学学报（综合版），2012,（2）.

程广丽．论罗莎•卢森堡的政党伦理思想及其当代价值．湖州职业技术学院学报，2012,（2）.

张云飞，石晓虎．当前世界政党政治发展动向．决策与信息，2012,（7）.

赵婷．二战后澳大利亚工党从群众型政党向全方位政党的转型．当代世界社会主义问题，2012,（2）.

石晓虎.2012 年上半年世界政党形势综述．当代世界，2012,（7）.

贾旭阳．外国政党动态．当代世界，2012,（7）.

徐文娟．国外政党党际监督有效性因素分析及启示．上海党史与党建，2012,（7）.

李竞强．突尼斯主要政党．国际资料信息，2012,（6）.

姬生翔．西方国家政党政治发展困境与前景——基于政党社会基础研究视角．党政干部学刊，2012,（7）.

侯晋雄．国外执政党发挥整合功能的经验与启示．领导科学，2012,（20）.

王浩斌．马克思恩格斯关于党的理论创新的重要思想．中共贵州省委党校学报，2012,（4）.

司永海．列宁党内民主价值观探要．湖北社会科学，2012,（7）.

孔凡义，姜卫平．国外党内民主研究、贡献和局限．国外社会科学，2012,（4）.

刘小青．欧洲绿党的政党发展比较——以英、德两国为例的制度因素分析．重庆社会主义学院学报，2012,（4）.

薛梅．浅析资产阶级革命党与会党关系决裂的原因．现代阅读（教育版）,2012,（13）.

胡荣荣．政党制度化、理论框架与实践分析．广州社会主义学院学报，2012,（3）.

吕增艳．日苏邦交正常化时期日本政党政治的特点分析．哈尔滨师范大学社会科学学报，2012,（4）.

黄亦茹．二战后西方政党类型的嬗变——以德国全民党为例．中外企业家,2012,（16）.

向骏．墨西哥“二次政党轮替”启示．南风窗，2012,（15）.

申云兰，王志连．匈牙利社会党发展演变探析．俄罗斯中亚东欧研究，2012,（4）.

董郁玉．美国政党的轮流执政与司法独立．炎黄春秋，2012,（8）.

谢峰，王燕．西方政党党内民主发展的新趋势．社会主义研究，2012,（4）.

刘清．近年来欧洲极右翼势力兴起的原因探析．上海党史与党建，2012,（8）.

林怀艺．世界共产党的当前态势及发展趋势．社会主义研究，2012,（4）.

贾旭阳．外国政党动态．当代世界，2012,（8）.

F. 坎图,S. 德斯帕萨图,靳呈伟．墨西哥政党制度与新联邦制．国外理论动态,2012,(8).

房广顺，唐彦林．茶党运动的兴起及其对美国政党政治的影响．高校理论战线，2012,（8）.

李世玉．苏联共产党灭亡的原因及启示初探．鸡西大学学报，2012,（8）.

项佐涛．苏共党员数量的变化与其执政能力的关系探析．中共四川省委省级机关党校学报，2012,（5）.

莫莉，黄合水．台湾两大政党竞选广告策略比较分析——以 2012 台湾地区领导人选

举竞选广告为例 . 台湾研究集刊，2012,（4）.

邹洪凯 . 网络时代西方政党的社会动员 . 党政论坛，2012,（8）.

施雪华 . 国外政党理论创新启示 . 人民论坛，2012,（24）.

于海青 . 国外政党理论创新四点教训 . 人民论坛，2012,（24）.

谢峰，王燕 . 简析美国政党与政府关系的特征及成因 . 科学社会主义，2012,（4）.

覃胜勇 . 北非成长中的伊斯兰政党 . 南风窗，2012,（17）.

沈鹏 . 两场社会运动对美国政党政治的影响 . 当代世界，2012,（9）.

陈文学 . 冷战结束以来拉美传统政党兴衰沉浮的经验教训及其启示 . 当代世界，2012,（9）.

贾旭阳 . 外国政党动态 . 当代世界，2012,（9）.

韩华 . 从一党独大到联合执政——印度国大党的衰落 . 人民论坛，2012,（26）.

王赓武，吴宏娟 . 东南亚的政党与国家 . 东南亚研究，2012,（4）3.

吴玉林 . 冷战结束以来国外政党指导思想的变革与启示 . 新视野，2012,（5）.

马韶华 . 从东欧剧变看执政党建设——以波兰工人党的历史为例分析执政党建设 . 东方企业文化，2012,（17）.

谭鹏 . 战后西欧社会民主党意识形态调整的经验与启示 . 中共云南省委党校学报，2012,（5）.

赵清华，苏凤超 . 论列宁工人阶级执政党保持团结统一的价值观——列宁的执政党建设理论与实践钩沉 . 中北大学学报（社会科学版），2012,（5）.

于丛笑 . 俄罗斯政治体制及其现代化问题 . 理论界，2012,（10）.

张钟声，李艳华 . 国外社会主义国家执政党建设规律的启示 . 理论界，2012,（10）.

王慧 . 西方政党执政合法性理论研究与启示 . 探索，2012,（5）.

刘维春 . 国外政党发展视角下的党内民主 . 上海市经济管理干部学院学报，2012,（5）.

颜武 . 蒙古政党间的角力 . 检察风云，2012,（19）.

张子恺 . 英国工党的主流意识形态演变与大选沉浮 . 苏州科技学院学报(社会科学版)，2012,（5）.

贺建涛 . 加拿大左翼政党的理论主张与现实地位 . 国外理论动态，2012,（10）.

宋效峰 . 马来西亚的“第三条道路”——民主行动党的理念与实践 . 东南亚南亚研究，2012,（3）.

赵婷 . 金融危机以来的西欧政党格局变化研究 . 德州学院学报，2012,（5）.

蒙泫润 . 回归 15 年香港政党演变轨迹 . 广州社会主义学院学报，2012,（4）.

冯石岗，王国松 . 当代西方“第三条道路”发展轨迹 . 北方经济，2012,（19）.

刘红 . 论日本民主党政权下的政治决策体制改革 . 日本研究，2012,（3）.

程桂龙 . 论日本政党体制与中日关系 . 太平洋学报，2012,（10）.

甄鹏 . 塞尔维亚大选与塞社会党的复兴 . 当代世界，2012,（10）.

贾旭阳 . 外国政党动态 . 当代世界，2012,（10）.

谭道明 . 墨西哥联邦制与政党制度的良性互动——墨西哥 2012 年总统大选结果分析 . 拉丁美洲研究，2012,（5）.

蒋锐．拉美与欧洲民主社会主义理论比较．社会主义研究，2012,（5）.

昆波拉提，徐海燕．金融危机背景下的俄罗斯政党动向．俄罗斯中亚东欧研究，2012,（5）.

杨立志．政党文化及其建设——政党政治的比较视野．学习与探索，2012,（11）.

贾旭阳．外国政党动态．当代世界，2012,（11）.

周淑真．亟待研究政党变革的深层逻辑．人民论坛，2012,（31）.

宋静．冷战后捷克政党体制嬗变与政党沉浮．天津行政学院学报，2012,（6）.

徐万胜．政党体制转型与日本对外政策．外交评论（外交学院学报），2012,（6）.

李妙颜．国外主要政党密切党群关系的主要做法和经验教训．湖北成人教育学院学报，2012,（6）.

王彦敏．论以色列沙斯党的崛起和发展．理论学刊，2012,（11）.

张小芳．国外政党执政的经验教训及其启示——基于政党先进性的视角．中共山西省委党校学报，2012,（6）.

杜继锋．缅甸政党体制变革及未来走向．当代世界，2012,（12）.

冯基华．从加沙战乱解读以色列政党政治发展及其未来大选．当代世界，2012,（12）.

贾旭阳．外国政党动态．当代世界，2012,（12）.

刘少华，黄蕊．施罗德时代德国社民党政策调整及其影响．理论界，2012,（11）.

艾琳•阿莱恩,蒂姆•贝尔,刘玉,靳呈伟．政党与利益集团．国外理论动态,2012,(12).

李兴耕．"普梅换位"以来俄罗斯政党的最新动态．国外理论动态，2012,（12）.

汤兰珍．从苏联失败的政治体制改革谈中国的执政党建设．中共云南省委党校学报，2012,（6）.

谢勇．部族政治与非洲多党民主化．唐山师范学院学报，2012,（6）.

王寅平．浅谈加拿大的联邦制度和政党制度．求实，2012,（S2）.

袁群,郭澄澄．尼联共(毛)的建党理论与实践探析．中共云南省委党校学报,2012,(6).

周敬青．国外一些执政党意识形态、执政理念和治党原则的矛盾与调整．学术界，2012,（12）.

蒯正明，王玉．列宁关于保持无产阶级执政党纯洁性的思想与现实启示．学术论坛，2012,（12）.

包红梅．当代俄罗斯政党发展状况比较研究．前沿，2012,（23）.

柴宝勇．资源抑或反讽？——论政党执政绩效与政党认同的关系．探索，2012,（6）.

赵清华，郭珍．防止和反对党内宗派活动确保党的团结统一——列宁执政党建设理论与实践钩沉．阿坝师范高等专科学校学报，2012,（4）.

赵建波．各国政党关注农民利益问题探析．中共青岛市委党校．青岛行政学院学报，2012,（6）.

韩强．美国政党党务管理对中国共产党自身建设的启示．当代世界与社会主义，2012,（6）.

刘红凛．法国社会党胜选的三维理论分析——从民情民意、结盟策略到政党调适．当代世界与社会主义，2012,（6）.

丁浩原. 利普哈特论选举制度与西方政党制度. 山西高等学校社会科学学报, 2012, (12).

李艳枝. 中东伊斯兰政党崛起评析. 国际资料信息, 2012, (12).

邢文利. 西方执政党防范执政风险评述. 中共中央党校学报, 2012, (3).

高奇琦. 国外中左翼政党与工会团体的互动研究——一种政党结盟与解盟理论的分析. 社会主义研究, 2012, (3).

张钟声, 刘凤国. 国外马克思主义执政党建设规律的启示. 长春工业大学学报（社会科学版）, 2012, (3).

刘小青. 欧洲绿党的政党发展比较——以英、德两国为例的制度因素分析. 重庆社会主义学院学报, 2012, (4).

殷文超. 中西政党入宪的比较分析——基于宪法文本的考察. 常熟理工学院学报, 2012, (5).

施雪华. 国外政党理论创新启示. 人民论坛, 2012, (24).

于海青. 国外政党理论创新四点教训. 人民论坛, 2012, (24).

肖存良. 政党、社会组织与统一战线——社会组织统一战线的政治学考察. 重庆社会主义学院学报, 2012, (5).

胡荣荣. 政党制度化——论框架与实践分析. 广州社会主义学院学报, 2012, (3).

孟鑫. 新社会运动对西方左翼的影响分析. 科学社会主义, 2012, (5).

裴昉. 立宪派对西方政党思想的传播及其政党观的确立. 渭南师范学院学报, 2012, (1).

王远启. 打破西方政党制度话语遮蔽构建中国特色政党制度理论体系. 江苏省社会主义学院学报, 2012, (1).

李海, 范树成. 当代西方政党意识形态新变化对我国意识形态建设的挑战与回应. 求实, 2012, (3).

左玲, 马启民. 中国共产党向西方学习的历程与现实启示——建设马克思主义学习型政党的新视角. 广西社会科学, 2012, (4).

池忠军. 论当代西方政党意识形态演变中的公共行政改革取向. 贵州社会科学, 2012, (6).

肖存良. 社会组织与政党——挑战与回应——基于社会组织统一战线的视角. 理论与改革, 2012, (4).

邱静. "日本式保守主义"辨析——自民党 2010 年纲领及其保守倾向. 日本学刊, 2012, (6).

邢文利. 列宁防范执政风险思想探析. 理论视野, 2012, (9).

孔凡义, 姜卫平. 国外党内民主研究——贡献和局限. 国外社会科学, 2012, (4).

倪春纳. 民主与寡头——国外政党民主的理论研究及其启示. 甘肃理论学刊, 2012, (5).

韩强. 国外对中国共产党建设的研究述评. 马克思主义研究, 2012, (9).

吴国富. 印度共产党（毛主义）的源起及其演进. 社会主义研究, 2012, (6).

周华平. 意大利共产党衰亡的原因初探. 社会主义研究, 2012, (6).

黄蕊. 海盗党国际与网络政治的发展. 红旗文稿, 2012, (23).

王建．戈尔巴乔夫执政时期苏共基层党组织建设失误的教训．前沿，2012,（24）.

董卫华,曾长秋．古巴共产党和老挝人民革命党以宗教促进社会和谐的理念与做法．当代世界与社会主义，2012,（6）.

谭鹏．战后西欧社会民主党福利国家建设及其现实启示．广西社会主义学院学报，2012,（6）.

夏波．新加坡人民行动党科学治党的经验借鉴．辽宁行政学院学报，2012,（12）.

王瑾，季正矩．新加坡人民行动党长期执政的基本经验．当代世界与社会主义，2012,（6）8.

赵婷，娄士强．喀麦隆社会民主阵线的发展历程及其衰落原因分析．当代世界与社会主义，2012,（6）.

林冈．民进党内的派系演化轨迹及其制度性原因．上海交通大学学报（哲学社会科学版），2012,（6）.

刘国华．布尔什维克党民主集中制的缘起．西伯利亚研究，2012,（6）.

赵清华．列宁党内监督思想及其对我党的启示．广播电视大学学报(哲学社会科学版)，2012,（4）.

向文华．贝・布托时代巴基斯坦人民党执政实践评价．当代世界社会主义问题，2012,（4）.

范若兰．马来西亚华人社会与伊斯兰党关系简析．世界民族，2012,（1）.

孙景峰，匡竞．试论新加坡人民行动党忧患意识的内涵．社会科学研究，2012,（4）.

徐世澄．墨西哥革命制度党为何能东山再起．拉丁美洲研究，2012,（5）.

张久营，寇子春．关于中国台湾民进党的几点看法——兼谈民进党的未来走向．上海市社会主义学院学报，2012,（5）.

朱继东．苏共亡党的意识形态教训及时代警示．思想教育研究，2012,（9）.

李姿姿．法国社会党执政经验教训及启示．当代世界与社会主义，2012,（2）.

陈家喜，黄卫平．一党体制衰落的制度探源——文献述评与框架建构．社会科学，2012,（7）.

杜卫华，蒋颖．德国海盗党的兴起及其影响．德国研究，2012,（2）.

李慎明，陈之骅，吴恩远，刘树人，张树华，汪亭友，刘淑春．苏联亡党亡国反思——“公开性”与指导思想“多元化”．红旗文稿，2012,（5）.

石冀平．执政党与革命党之辨．马克思主义研究，2012,（4）.

姜龙范，尹虎．论日本民主党执政后的中日关系．东疆学刊，2012,（2）.

翟新．日本民主党政权“国有化”钓鱼岛的动因．国际问题研究，2012,（5）.

李慎明．苏联亡党亡国20年祭(上)——俄罗斯人在诉说．马克思主义研究，2012,(3).

李慎明．苏联亡党亡国20年祭(下)——俄罗斯人在诉说．马克思主义研究，2012,(4).

托马斯・迈尔，沃尔夫冈・默克尔，克里斯蒂娜・席尔德曼，沃尔夫冈・于特纳，尤里安・尼达—吕梅林，聂大富．德国社民党作为一个全民党的未来．当代世界与社会主义，2012,（4）.

二、著作

中央社会主义学院中国政党制度研究中心编．中国政党制度年鉴.2011．北京：中央文献出版社，2012.

赵理富著．中国政党制度的表与里．武汉：湖北人民出版社，2012.

中央社会主义学院中国政党制度研究中心编．中国特色政党制度理论．北京：九州出版社，2012.

丁俊萍，李向勇编著．执政党建设的路与标．武汉：湖北人民出版社，2012.

丁晓强等著．党内民主——党的建设与工作的生命线．北京：人民出版社，2012.

于小英著．中国民主党派与人民政协的建立．成都：四川人民出版社，2012.

于莉著．新形势下加强和改进党的建设的几个问题．呼伦贝尔：内蒙古文化出版社，2012.

何盛明著．党史专题研究集．北京：中共党史出版社，2012.

冉小平，吴绍珍著．西部欠发达地区学习型党组织建设的理论与实践研究：以甘肃省为例．西宁：青海人民出版社，2012.

刘付春著．中国共产党党性党风党纪建设研究．北京：华文出版社，2012.

刘凤兰，李少斐主编．科学发展视野中党的执政能力建设．天津：天津社会科学院出版社，2012.

刘宗洪等著．中国共产党执政资源新论．南昌：江西人民出版社，2012.

刘建主编．首都基础教育党建科学化实践研究．北京：党建读物出版社，2012.

刘德喜主编．党建工作科学化落实体系．北京：中共中央党校出版社，2012.

刘德荣等著．社会转型中的社区党建：以浦东为例．上海：上海人民出版社，2012.

刘晓根著．党在中国公民社会发展中的作用研究．南昌：江西人民出版社，2012.

刘永哲，高兴国著．党的领导学研究．西宁：青海人民出版社，2012.

刘汉俊，王京生主编．学习就是力量：学习型党组织建设创新理论文集．北京：学习出版社，2012.

刘西水著．党史研究札记．北京：中央文献出版社，2012.

吴波，董磊著．中国共产党怎样解决发展问题．南昌：江西人民出版社，2012.

吴珏著．民主革命时期中国共产党党内监察机制研究．北京：人民出版社，2012.

周振国，李晓明，薛建中主编．执政党建设基本经验史话．上．石家庄：河北人民出版社，2012.

周振国，李晓明，薛建中主编．执政党建设基本经验史话．下．石家庄：河北人民出版社，2012.

唐尚朴，陈万松主编；四川师范大学“廉政文化建设研究”课题组编著．中国共产党四代主要领导人反腐倡廉思想与实践研究．成都：四川人民出版社，2012.

唐青阳主编．提高党的建设科学化水平研究：纪念中国共产党成立90周年文集．北京：光明日报出版社，2012.

奚洁人主编．党的先进性建设系列研究．北京：人民出版社，2012.

姜卫平著 . 社会转型期中国共产党社会整合能力问题研究 . 北京 : 中国社会科学出版社，2012.

孙占元主编 . 中国共产党理论创新史 . 济南 : 山东人民出版社，2012.

尹杰钦主编 . 中国共产党与中国政治发展 . 长沙 : 湖南大学出版社，2012.

崔桂田等著 . 马克思主义政党防范执政风险研究 . 济南 : 山东大学出版社，2012.

庄跃成主编 ; 全国党的建设研究会非公有制经济组织党建研究专业委员会编 . 非公有制企业党建研究年度报告 .2012. 北京 : 党建读物出版社，2012.

张健著 . 中国共产党民主建设的实践与思考 . 北京 : 新华出版社，2012.

张恒山 [等] 著 . 依法执政 : 中国共产党执政方式研究 . 北京 : 法律出版社，2012.

张惠康主编 . 参政党与公共政策 . 北京 : 中共中央党校出版社，2012.

张成新, 苏建华主编 . 党的十六大以来重大战略思想体系研究 . 济南 : 山东人民出版社，2012.

张春丽著 . 中国共产党新民主主义文化理念形成研究 . 北京 : 中共中央党校出版社，2012.

张燚著 . 宣传与政党领导的合法性建构 : 以中国共产党为研究对象 . 武汉 : 湖北人民出版社，2012.

张爱武著 . 全球化进程中的中国共产党先进性建设 . 北京 : 社会科学文献出版社，2012.

张荣臣著 . 十六大以来执政党建设经验述要 . 北京 : 中共中央党校出版社，2012.

徐彬著 . 十六大以来党员队伍规模问题研究 . 杭州 : 浙江工商大学出版社，2012.

徐彬著 . 党的第一代领导人的民主宪政思想研究 . 杭州 : 浙江工商大学出版社，2012.

朱耀平著 . 悄然嬗变 : 基层党建工作二十年 . 武汉 : 湖北人民出版社，2012.

李士元著 . 新时期党的建设专题研究 . 呼和浩特 : 内蒙古人民出版社，2012.

李慎明著 . 党的建设与中国特色社会主义 . 合肥 : 合肥工业大学出版社 ; 北京 : 人民出版社，2012.

李新泰, 李永清, 孙占元等著 . 以改革创新精神加强党的建设重大问题研究报告 . 济南 : 山东人民出版社，2012.

李春华著 . 新时期中国共产党文化创新研究 . 北京 : 中国社会科学出版社，2012.

李羚著 . 城乡关系视角下基层党建新格局发展 . 成都 : 四川人民出版社，2012.

李雄舟著 . 新时期提高党的建设科学化水平问题研究 . 武汉 : 中国地质大学出版社有限责任公司，2012.

杨向荣等著 . 十六大以来中国共产党党建思想研究 . 青岛 : 青岛出版社，2012.

杨志，侯书生著 . 引领航向 : 十六大以来党的执政理论的历史性创新 . 北京 : 国家行政学院出版社，2012.

汪洋著 . 党内文化新论 . 昆明 : 云南大学出版社 : 云南人民出版社，2012.

游龙波 [等] 著 . 中国社会阶层结构的变迁与党的执政基础研究 . 北京 : 中国社会科学出版社，2012.

王乃波著 . 基层党建工作新格局 . 北京 : 党建读物出版社，2012.

王伟光著 . 党的建设研究 . 北京 : 社会科学文献出版社，2012.

王光森著 . 党的建设新论 : 基于三个维度 . 北京 : 知识产权出版社，2012.

王宇著 . 党建专题理论与实践研究 . 呼和浩特 : 内蒙古人民出版社，2012.

王金柱著 . 全国基层党建科学化的典型样本研究 . 西安 : 陕西人民出版社，2012.

王韶兴，吕连仁主编 . 政党政治研究 : 第四届中国政党论坛文集 . 济南 : 山东大学出版社，2012.

程恩富,张兴茂主编 . 中国共产党建党九十周年与马克思主义中国化的理论与实践 . 北京 : 中国社会科学出版社，2012.

胡光伟主编 . 基层党建创新 . 北京 : 国家行政学院出版社，2012.

胡新平著 . 高校创建学习型基层党组织 : 理论与实践 . 重庆 : 重庆大学出版社，2012.

莫坷著 . 创新高校学生党建工作的实践与思考 . 北京 : 中国社会科学出版社，2012.

董遂强著 . 中国共产党作风建设理论与实践研究 . 北京 : 光明日报出版社，2012.

蒋铁柱主编 . 企业党建科学化导引 : 上海 58 家企业党建理论和实践创新 . 上海 : 文汇出版社，2012.

许海清著 . 中国共产党党情概论 . 北京 : 党建读物出版社，2012.

谢方意著 . 党的现代化研究 . 杭州 : 浙江工商大学出版社，2012.

谢春涛主编 . 中国共产党如何治理国家? 北京 : 新世界出版社，2012.

谭锐著 . 中国共产党统一战线理论与实践形式研究 . 成都 : 西南财经大学出版社，2012.

邢文利著 . 执政安全研究 . 北京 : 光明日报出版社，2012.

邬敏懿，吴明华等著 . 理论探究实践求索 : 新时期高校基层党建研究 . 上海 : 立信会计出版社，2012.

郭大方著 . 中国共产党执政党建设研究 . 北京 : 军事科学出版社，2012.

陈传伟，谭东华著 . 论提升新时期党的建设科学化水平 . 北京 : 中央文献出版社，2012.

陈坚著 . 党的建设改革与创新 . 北京 : 中共党史出版社，2012.

韩冰著 . 新世纪新阶段党的建设新论 . 北京 : 中共中央党校出版社，2012.

颜杰峰著 . 发展党内民主维护党的团结问题研究 . 北京 : 中国社会科学出版社，2012.

高桂云主编 . 网络媒体与党的执政能力建设 . 北京 : 中国社会科学出版社，2012.

中央建设学习型党组织工作协调小组办公室编 . 学习型党组织建设理论研讨会文集 . 北京 : 学习出版社，2012.

中共湖南省委建设学习型党组织工作领导小组办公室，中共常德市委建设学习型党组织工作领导小组办公室主编 . “四化一考”学习型党组织建设的新模式 . 长沙 : 湖南人民出版社，2012.

中共中央组织部党建研究所编著 . 党建研究纵横谈 .2011. 北京 : 党建读物出版社，2012.

陈叙 . 政党政治与文化关系 : 中国共产党的文化选择与文化实践 . 成都 : 四川大学出版社 2012.

管廷莲著．社会组织中党的建设研究．北京：知识产权出版社，2012.

张希贤著．新形势下加强党的纯洁性建设．北京：中共中央党校出版社，2012.

李在全著．法治与党治．北京：社会科学文献出版社，2012.

曹成伟[等]著．执政襄助：中国民主党派参政议政之路．北京：知识产权出版社，2012.

孙照红著．中国各民主党派章程研究．北京：知识产权出版社，2012.

《浙江大学民主党派简史》编委会编．浙江大学民主党派简史．杭州：浙江大学出版社，2012.

陈雅棠主编．科学发展观与参政党建设研究．北京：中共党史出版社，2012.

鲁开垠主编．中国参政党建设概论．广州：广东高等教育出版社，2012.

王宁生，彭钊，石光树主编．同心思想论：中国农工民主党实践“同心”思想深化政治交接经验交流暨理论研讨会文集．桂林：广西师范大学出版社，2012.

王彩玲著．参政党思想建设研究．北京：团结出版社，2012.

黄利鸣主编．参政党理论研究论文集．第六辑．武汉：湖北人民出版社，2012.

中国参政党参政议政案例选．第一辑．中央社会主义学院中国政党制度研究中心编．北京：中央文献出版社，2012.

蔡鸿源，徐友春主编．民国会社党派大辞典．合肥：黄山书社，2012.

田润宇著．政党角色论．海口：南海出版公司，2012.

薛剑符主编．政党制度比较研究．哈尔滨：黑龙江人民出版社，2012.

陈星著．民进党权力结构与变迁研究．北京：九州出版社，2012.

于洪君主编．当代世界政党文献:2011. 北京：党建读物出版社，2012.

任军锋著．超越左与右？——北欧五国政党政治比较研究．上海：上海三联书店，2012.

刘仕平著．世界主要国家政党政治发展历程研究．北京：当代世界出版社，2012.

周淑真，陈勇主编．变革世界中的政党政治．北京：华文出版社，2012.

林勋健，吴辉，陈崎主编．西方党政关系论析．北京：时事出版社，2012.

李永忠，董瑛著．苏共亡党之谜：从权力结构之伤到用人体制之亡．北京：商务印书馆，2012.

王喜满著．希腊共产党争取民主和社会主义革命的理论与实践．北京：中国社会科学出版社，2012.

(美)拉里•戴蒙德(LarryDiamond),(美)理查德•冈瑟(RichardGunther)主编；徐琳译．政党与民主．上海：上海人民出版社，2012.

张文化著．葡萄牙共产党争取“先进民主”和社会主义的理论与实践研究．北京：中国社会科学出版社，2012.

袁群著．尼泊尔联合共产党（毛主义）“新民主主义革命”的理论和实践．北京：中国社会科学出版社，2012.

解国良著．俄国社会革命党研究．北京：社会科学文献出版社，2012.

杨云珍著．当代西欧极右翼政党研究．上海：上海人民出版社，2012.

林勋建，吴辉，陈崎 . 西方政党关系论析 . 北京：时事出版社，2012.
钱文华 . 美国两大政党组织结构研究 . 上海 : 上海人民出版社，2012.
陈丙辉 [等] 著 . 参与式民主的理论 . 厦门：厦门大学出版社，2012.

朱　虹　中央社会主义学院中国政党制度研究中心编辑

图书在版编目（CIP）数据

中国政党制度年鉴·2012/中央社会主义学院中国政党制度研究中心编.
—北京：中央文献出版社，2013.10
ISBN 978-7-5073-3939-0

Ⅰ.①中… Ⅱ.①中… Ⅲ.①政党-政治制度-中国-2012-年鉴
Ⅳ.①D665-54

中国版本图书馆CIP数据核字（2013）第248970号

中国政党制度年鉴·2012

编　者/中央社会主义学院中国政党制度研究中心
责任编辑/李月兰
文字编辑/朱　虹
封面设计/敬德永业

出版发行/中央文献出版社
地　址/北京西四北大街前毛家湾1号
网　址/http：//www.zywxpress.com
邮　编/100017
销售热线/63097018　66513569　66183303
编辑热线/66552779
经　销/新华书店
排　版/敬德永业
印　刷/北京嘉恒彩色印刷有限公司

787×1092mm　16开　　70.625印张　1600千字
2013年12月第1版　　2013年12月第1次印刷

ISBN 978-7-5073-3939-0　　定价：290.00元